D1639871

Kommentar zum BDSG

Schriftenreihe
Kommunikation & Recht

Herausgegeben von

Professor Dr. Bernd Holznagel, LL.M., Münster
Professor Dr. Christian König, LL.M., Bonn
Professor Dr. Joachim Scherer, LL.M., Frankfurt am Main
Dr. Thomas Tschentscher, LL.M., Düsseldorf

Kommentar zum BDSG
und zu den Datenschutzvorschriften des TKG und TMG

Herausgegeben von

Prof. Dr. Jürgen Taeger

Carl von Ossietzky Universität Oldenburg

und

Dr. Detlev Gabel

Rechtsanwalt, Frankfurt am Main

Bearbeitet von

RA Dr. Martin Braun · Prof. Dr. Benedikt Buchner, LL.M.
RA Dr. Detlev Gabel · RA Joachim Grittmann
Prof. Dr. Dirk Heckmann · RAin Britta Hinzpeter, LL.M.
RA Dr. Karsten Kinast, LL.M. · RA Dr. Thomas Mackenthun
RA Dr. Jan Geert Meents · Dr. Britta A. Mester · RA Dr. Flemming Moos
RA Dr. Martin Munz, LL.M. · RA Dr. Gregor Scheja
RA Dr. Bernd Schmidt, LL.M. · RA Dr. Jyn Schultze-Melling, LL.M.
Prof. Dr. Jürgen Taeger · Dr. Dietrich Westphal, M.Jur.
RA Oliver Zöll · RAin Dr. Kerstin A. Zscherpe, Lic. en Droit

2., überarbeitete Auflage 2013

Deutscher Fachverlag GmbH
Fachmedien Recht und Wirtschaft

Zitiervorschlag: Taeger/Gabel-*Bearbeiter*, § ... (Gesetz) Rn. ...

Bibliografische Information der Deutschen Nationalbibliothek

Die Deutsche Nationalbibliothek verzeichnet diese Publikation in der Deutschen Nationalbibliografie; detaillierte bibliografische Daten sind im Internet über http://dnb.d-nb.de abrufbar.

ISBN: 978-3-8005-1531-8

© 2013 Deutscher Fachverlag GmbH, Fachmedien Recht und Wirtschaft, Frankfurt am Main

Satzkonvertierung: Lichtsatz Michael Glaese GmbH, 69502 Hemsbach

Druck und Verarbeitung: Kösel GmbH & Co. KG, 87452 Altusried-Krugzell

Gedruckt auf säurefreiem, alterungsbeständigem Papier, hergestellt aus chlorfrei gebleichtem Zellstoff (TCF-Norm)

Printed in Germany

Vorwort zur zweiten Auflage

Seit dem Erscheinen der ersten Auflage des vorliegenden Kommentars ist die Sensibilität der Öffentlichkeit in Datenschutzfragen weiter gestiegen. Grund hierfür sind nicht zuletzt die Enthüllungen in Bezug auf das US-amerikanische Überwachungsprogramm PRISM. Angesichts der voranschreitenden technischen Entwicklungen (Cloud Computing, Bring your own Device, Social Media, Smart Metering etc.) begegnet der Datenschutz daneben auch im beruflichen und privaten Umfeld stetig neuen Herausforderungen.

Der Gesetzgeber vermag mit diesen Entwicklungen nicht immer Schritt zu halten. Zwar hat die TKG-Novelle 2012 zu einer Modernisierung des TK-Datenschutzes geführt. Zugleich ist der Gesetzgeber – zumindest in der laufenden Legislaturperiode – mit dem Versuch einer umfassenden Neuregelung des Beschäftigtendatenschutzes gescheitert. Auf europäischer Ebene wirft unterdessen der Anfang 2012 von der EU-Kommission vorgestellte und seitdem intensiv diskutierte Entwurf einer EU-Datenschutz-Grundverordnung, die den bisherigen Rechtsrahmen europaweit ablösen und vereinheitlichen soll, ihre Schatten voraus.

Die nunmehr vorgelegte zweite Auflage des Kommentars hat zum Ziel, die Veränderungen in diesem dynamischen Umfeld nachzuvollziehen und datenschutzrechtlich zu würdigen. Rechtsprechung und Literatur befinden sich grundsätzlich auf dem Stand Mai 2013; neuere Entscheidungen und Veröffentlichungen wurden vereinzelt bis zur Drucklegung nachgetragen.

Der Autorenkreis der zweiten Auflage des Kommentars wurde durch Frau Rechtsanwältin Britta Hinzpeter verstärkt, ist im Übrigen aber gegenüber der ersten Auflage des Kommentars unverändert geblieben. Allen Beteiligten sei auch an dieser Stelle wieder herzlich für ihre Mitwirkung gedankt.

Für Kritik und Anregungen sind wir weiterhin offen.

Juli 2013   *Die Herausgeber*

Vorwort zur ersten Auflage

Kaum ein Rechtsgebiet hat in jüngerer Vergangenheit derart an Bedeutung hinzugewonnen wie das Datenschutzrecht, das durch verschiedene Datenschutzskandale in der Privatwirtschaft sowie zunehmende staatliche Überwachungsmaßnahmen wie die Vorratsdatenspeicherung seit Anfang 2008 in das breite Licht der Öffentlichkeit getreten ist. Seitdem hat sich auch der Kreis der mit datenschutzrechtlichen Fragestellungen befassten Personen deutlich erweitert. Diese sehen sich indes mit einer Materie konfrontiert, die als schwer zugänglich und nur bedingt entwicklungsoffen gilt. Die in Reaktion auf die zuvor erwähnten Datenschutzskandale im Jahr 2009 vor allem zur Verbesserung des Kunden- und des Arbeitnehmerdatenschutzes verabschiedeten Gesetzesnovellierungen vermochten diesen Befund nicht zu ändern, sondern haben den in der Praxis bestehenden Wunsch nach Orientierung in Grundsatzfragen des Datenschutzes und nach Hilfestellung in Detailfragen weiter verstärkt.

Das vorliegende Werk will dem Bedürfnis nach einer wissenschaftlichen Ansprüchen genügenden, dennoch leicht verständlichen, aktuellen und an den Erfordernissen der Praxis orientierten Erläuterung der wichtigsten datenschutzrechtlichen Regelungswerke Rechnung tragen. Der Schwerpunkt liegt dabei auf der Kommentierung des Bundesdatenschutzgesetzes, das zahlreiche grundlegende datenschutzrechtliche Regelungen enthält und damit ungeachtet seiner Subsidiarität und Auffangfunktion gegenüber bereichsspezifischen Datenschutzgesetzen eine zentrale Stellung im Regelungsgefüge einnimmt. Zudem werden die datenschutzrechtlichen Vorschriften des Telemediengesetzes und des Telekommunikationsgesetzes behandelt, die den Umgang mit personenbezogenen Daten speziell bei Angeboten im Internet bzw. bei der Erbringung von Telekommunikationsdiensten regeln. Weitere einschlägige Regelungswerke sind im Anhang abgedruckt.

Kommentiert werden die Vorschriften von Autorinnen und Autoren, die sich bereits seit längerem in der anwaltlichen Beratungspraxis oder in der Wissenschaft intensiv mit Fragen des Datenschutzrechts befassen. Ihrer Bereitschaft zur Mitwirkung gilt unser Dank.

Rechtsprechung und Literatur befinden sich auf dem Stand vom 31. Dezember 2009; neuere Entscheidungen und Veröffentlichungen wurden vereinzelt bis zur Drucklegung nachgetragen. Gesetzesänderungen sind bis zu der am 11. Juni 2010 in Kraft tretenden Ergänzung des Bundesdatenschutzgesetzes, die der Umsetzung von Art. 9 der Verbraucherkreditrichtlinie (Richtlinie 2008/48/EG vom 23. April 2008) dient, berücksichtigt.

Für Kritik und Anregungen sind wir dankbar.

März 2010   *Die Herausgeber*

Bearbeiterverzeichnis

Dr. Martin Braun	§§ 100–107, 113a, 113b TKG
Prof. Dr. Benedikt Buchner, LL.M.	§§ 2, 3, 27, 31, 45, 46 BDSG
Dr. Detlev Gabel	§§ 1 Abs. 5, 4b, 4c, 7, 8, 11, 42a BDSG
Joachim Grittmann	§§ 21–26, 38 BDSG
Prof. Dr. Dirk Heckmann	§§ 12–16, 18 BDSG
Britta Hinzpeter, LL.M.	§§ 6, 33–35 BDSG
Dr. Karsten Kinast, LL.M.	§§ 5, 38a BDSG
Dr. Thomas Mackenthun	§§ 6a, 28a, 28b, 39, 43, 44 BDSG
Dr. Jan Geert Meents	§§ 6, 33–35 BDSG
Dr. Britta A. Mester	§§ 19–20, 40 BDSG
Dr. Flemming Moos	Einf. TMG, §§ 11–13, 15a, 16 TMG
Dr. Martin Munz, LL.M.	§ 30a BDSG, Einf. TKG, §§ 88–91, 93–99, 109a TKG
Dr. Gregor Scheja	§§ 4d–4g BDSG
Dr. Bernd Schmidt, LL.M.	Einf. BDSG, § 1 Abs. 1–4 BDSG
Dr. Jyn Schultze-Melling, LL.M.	§§ 9–10, 48 BDSG, Anlage zu § 9 Satz 1 BDSG
Prof. Dr. Jürgen Taeger	Einf. BDSG, §§ 4, 4a, 28, 29, 30, 47 BDSG
Dr. Dietrich Westphal, M.Jur.	§§ 41, 42 BDSG
Oliver Zöll	§ 32 BDSG
Dr. Kerstin A. Zscherpe, Lic. en Droit	§§ 3a, 6b, 6c BDSG, §§ 14, 15 TMG

Inhaltsverzeichnis

Teil 1:
Kommentierung BDSG

Erster Abschnitt
Allgemeine und gemeinsame Bestimmungen

Zweiter Abschnitt
Datenverarbeitung der öffentlichen Stellen

Erster Unterabschnitt
Rechtsgrundlagen der Datenverarbeitung

Zweiter Unterabschnitt
Rechte des Betroffenen

Dritter Unterabschnitt
Bundesbeauftragter für den Datenschutz
und die Informationsfreiheit

Dritter Abschnitt
Datenverarbeitung nicht-öffentlicher Stellen und
öffentlich-rechtlicher Wettbewerbsunternehmen

Erster Unterabschnitt
Rechtsgrundlagen der Datenverarbeitung

Zweiter Unterabschnitt
Rechte des Betroffenen

Dritter Unterabschnitt
Aufsichtsbehörde

Vierter Abschnitt
Sondervorschriften

Fünfter Abschnitt
Schlussvorschriften

Sechster Abschnitt
Übergangsvorschriften

Teil 2:
Kommentierung TMG (Auszug)

Abschnitt 4
Datenschutz

Abschnitt 5
Bußgeldvorschriften

Teil 3:
Kommentierung TKG (Auszug)

Teil 7:
Fernmeldegeheimnis, Datenschutz, Öffentliche Sicherheit

Abschnitt 1
Fernmeldegeheimnis

Anhang

Abkürzungsverzeichnis

3DES	Triple Data Encryption Standard
a. A.	anderer Ansicht
ABl.	Amtsblatt
ABl. EG	Amtsblatt der Europäischen Gemeinschaft
ABl. EU	Amtsblatt der Europäischen Union
AcP	Archiv für die civilistische Praxis (Zeitschrift)
ADD	Aufsichts- und Dienstleistungsdirektion
ADV	Automatische Datenverarbeitung
AES	Advanced Encryption Standard
AEUV	Vertrag über die Arbeitsweise der Europäischen Union (EU-Arbeitsweisevertrag)
AfP	Archiv für Presserecht (Zeitschrift)
AG	Aktiengesellschaft
AGB	Allgemeine Geschäftsbedingungen
AGG	Allgemeines Gleichbehandlungsgesetz
AiB	Arbeitsrecht im Betrieb
AktG	Aktiengesetz
AMGuaÄndG	Gesetz zur Änderung arzneimittelrechtlicher und anderer Vorschriften
Anm.	Anmerkung
AnwBl.	Anwaltsblatt
AO	Abgabenordnung
AÖR	Archiv des öffentlichen Rechts (Zeitschrift)
API	Advance Passenger Information
ArbG	Arbeitsgericht
ArbRB	Arbeitsrechtsberater (Zeitschrift)
ArbSchG	Gesetz über die Durchführung von Maßnahmen des Arbeitsschutzes zur Verbesserung der Sicherheit und des Gesundheitsschutzes der Beschäftigten bei der Arbeit (Arbeitsschutzgesetz)
ASOG	(Berliner) Allgemeines Sicherheits- und Ordnungsgesetz
ASP	Application Service Providing
AsylVfG	Asylverfahrensgesetz
AtG	Gesetz über die friedliche Verwendung der Kernenergie und den Schutz gegen ihre Gefahren (Atomgesetz)
AuA	Arbeit und Arbeitsrecht (Zeitschrift)
AuR	Arbeit und Recht (Zeitschrift)
AuslG	Gesetz über die Einreise und den Aufenthalt von Ausländern im Bundesgebiet (Ausländergesetz)
Az.	Aktenzeichen
AZRG	Gesetz über das Ausländerzentralregister

BaFin	Bundesanstalt für Finanzdienstleistungsaufsicht
BAG	Bundesarbeitsgericht
BAGE	Entscheidungen des Bundesarbeitsgerichts
BAT	Bundesangestelltentarifvertrag
BayDSG	Bayerisches Datenschutzgesetz
BayGVBl.	Bayerisches Gesetz- und Verordnungsblatt
BayStMI	Bayerisches Staatsministerium des Innern
BayVBl.	Bayerische Verwaltungsblätter (Zeitschrift)
BB	Betriebs-Berater (Zeitschrift)
BBG	Bundesbeamtengesetz
BbgDSG	Gesetz zum Schutz personenbezogener Daten im Land Brandenburg (Brandenburgisches Datenschutzgesetz)
Bbg. OLG	Brandenburgisches Oberlandesgericht
BDatG-E	Beschäftigtendatenschutzgesetz (Entwurf)
BDIU	Bundesverband der Deutschen Inkasso-Unternehmen
BDSAuditG-E	Bundesdatenschutzauditgesetz (Entwurf)
BDSG	Bundesdatenschutzgesetz
BeckOK BDSG	Beck'scher Onlinekommentar
Begr.	Begründung
BerHessLR	Bericht der (Hessischen) Landesregierung über die Tätigkeit der für den Datenschutz im nicht-öffentlichen Bereich in Hessen zuständigen Aufsichtsbehörden
BetrVG	Betriebsverfassungsgesetz
BfDI	Bundesbeauftragter für den Datenschutz und die Informationsfreiheit
BGB	Bürgerliches Gesetzbuch
BGBl.	Bundesgesetzblatt
BGH	Bundesgerichtshof
BGHZ	Entscheidungen des Bundesgerichtshofs in Zivilsachen (Entscheidungssammlung)
BGSG	Gesetz über den Bundesgrenzschutz (Bundesgrenzschutzgesetz)
Bit	binary digit
BITKOM	Bundesverband Informationswirtschaft, Telekommunikation und neue Medien e.V.
BKAG	Gesetz über das Bundeskriminalamt und die Zusammenarbeit des Bundes und der Länder in kriminalpolizeilichen Angelegenheiten (Bundeskriminalamtgesetz)
BKR	Zeitschrift für Bank- und Kapitalmarktrecht
BlnBDI	Berliner Beauftragter für Datenschutz und Informationsfreiheit
BlnDSG	Gesetz zum Schutz personenbezogener Daten in der Berliner Verwaltung (Berliner Datenschutzgesetz)
BMI	Bundesministerium des Inneren
BMinG	Gesetz über die Rechtsverhältnisse der Mitglieder der Bundesregierung

BNDG	Gesetz über den Bundesnachrichtendienst (BND-Gesetz)
BNotO	Bundesnotarordnung
BORA	Berufsordnung der Rechtsanwälte
BOStB	Satzung über die Rechte und Pflichten bei der Ausübung der Berufe der Steuerberater und der Steuerbevollmächtigten (Berufsordnung)
BPersVG	Bundespersonalvertretungsgesetz
BPolG	Gesetz über die Bundespolizei
BRAO	Bundesrechtsanwaltsordnung
BRat-Drs.	Drucksache des Deutschen Bundesrates
BremDSAuditV	Bremische Datenschutzauditverordnung
BremDSG	Bremisches Datenschutzgesetz
BremKRG	Gesetz über das Krebsregister der Freien Hansestadt Bremen (Krebsregistergesetz)
BremÖGDG	Bremer Öffentlicher Gesundheitsdienstgesetz
brmApBO	Berufsordnung der Apothekerkammer Bremen
BRRG	Rahmengesetz zur Vereinheitlichung des Beamtenrechts (Beamtenrechtsrahmengesetz)
BSG	Bundessozialgericht
BSGE	Entscheidungen des Bundessozialgerichts
BSI	Bundesamt für Sicherheit in der Informationstechnik
BStatG	Gesetz über die Statistik für Bundeszwecke (Bundesstatistikgesetz)
BT	Bundestag
BT-Drs.	Drucksache des Deutschen Bundestages
BvD	Berufsverband der Datenschutzbeauftragten Deutschlands
BVerfG	Bundesverfassungsgericht
BVerfGE	Entscheidungen des Bundesverfassungsgerichts
BVerfSchG	Gesetz über die Zusammenarbeit des Bundes und der Länder in Angelegenheiten des Verfassungsschutzes und über das Bundesamt für Verfassungsschutz (Bundesverfassungsschutzgesetz)
BVerwGE	Entscheidungen des Bundesverwaltungsgerichts
BWHinwBDSG	Hinweise des Innenministeriums Baden-Württemberg zum Datenschutz für private Unternehmen und Organisationen
CCBE	Rat der Anwaltschaften der Europäischen Union
CDROM	Compact Disc Read-Only Memory
CD-RW	Compact Disc ReWritable
CR	Computer und Recht
Cri	Computer und Recht International
CRM	Customer Relationship Management
DAT	Digital Audio Tape
DB	Der Betrieb (Zeitschrift)
dbr	der betriebsrat (Zeitschrift)

DES	Data Encryption Standard
Diss.	Dissertation
DJT	Deutscher Juristentag
DKK	Däubler, Wolfgang/Kittner, Michael/Klebe, Thomas/Wedde, Peter (Hrsg.): Betriebsverfassungsgesetz, 12. Auflage, Frankfurt am Main 2010
DÖV	Die Öffentliche Verwaltung (Zeitschrift)
Drs.	Drucksache
DSB	Datenschutzberater (Zeitschrift)
DSB	Datenschutzbeauftragter
DSB-DW	Datenschutzbeauftragter der Deutschen Welle
DSG-LSA	Gesetz zum Schutz personenbezogener Daten der Bürger (Land Sachsen-Anhalt)
DSGVO	Datenschutz-Grundverordnung
DSRl	Datenschutzrichtlinie (hier: Richtlinie 95/46/EG des Europäischen Parlaments und des Rates vom 24. 10. 1995 zum Schutz natürlicher Personen bei der Verarbeitung personenbezogener Daten und zum freien Datenverkehr)
DSG M-V	Gesetz zum Schutz des Bürgers bei der Verarbeitung seiner Daten (Landesdatenschutzgesetz Mecklenburg-Vorpommern)
DSWR	Datenverarbeitung – Steuern – Wirtschaft – Recht (Zeitschrift)
DTAG	Deutsche Telekom AG
DuD	Datenschutz und Datensicherheit (Zeitschrift)
DV	Datenverarbeitung
DVBl.	Deutsches Verwaltungsblatt (Zeitschrift)
DVD	Digital Versatile Disc
DVP	Deutsche Verwaltungspraxis (Zeitschrift)
e.V.	Eingetragener Verein
EC2	Elastic Computing Cloud
ECRL	Richtlinie 2000/31/EG des Europäischen Parlaments und des Rates vom 8. Juni 2000 über bestimmte rechtliche Aspekte der Dienste der Informationsgesellschaft, insbesondere des elektronischen Geschäftsverkehrs, im Binnenmarkt (Richtlinie über den elektronischen Geschäftsverkehr – E-Commerce Richtlinie)
EDI	Electronic Data Interchange
EDV	Elektronische Datenverarbeitung
EG	Europäische Gemeinschaft
eG	Eingetragene Genossenschaft
EGBGB	Einführungsgesetz zum Bürgerlichen Gesetzbuch
EG-DSRl	Richtlinie 95/46/EG des Europäischen Parlaments und des Rates vom 24. 10. 1995 zum Schutz natürlicher Personen bei der Verarbeitung personenbezogener Daten und zum freien Datenverkehr (EG-Datenschutzrichtlinie)

EGG	Gesetz über die rechtlichen Rahmenbedingungen für den elektronischen Geschäftsverkehr (Elektonischer-Geschäftsverkehr-Gesetz)
EKD	Evangelische Kirche in Deutschland
EKU	Evangelische Kirche der Union
ElGVG	Gesetz zur Vereinheitlichung von Vorschriften über bestimmte elektronische Informations- und Kommunikationsdienste (Elektronischer-Geschäftsverkehr-Vereinheitlichungsgesetz)
EMRK	Konvention zum Schutze der Menschenrechte und Grundfreiheiten (Europäische Menschenrechtskonvention)
EAI	Enterprise Application Integration
ErfK	Müller-Glöge/Preis/Schmidt (Hrsg.): Erfurter Kommentar zum Arbeitsrecht, 8. Aufl., München 2008
ERP	Enterprise Resource Planning
EU-DSGVO-E	Vorschlag für eine Verordnung des Europäischen Parlaments und des Rates zum Schutz natürlicher Personen bei der Verarbeitung personenbezogener Daten und zum freien Datenverkehr (Datenschutz-Grundverordnung)
EuGH	Europäischer Gerichtshof
EuroPrise	European Privacy Seal
EWR	Europäischer Wirtschaftsraum
EWS	Europäisches Wirtschafts- und Steuerrecht (Zeitschrift)
f.	folgende
FA	Fachanwalt für Arbeitsrecht (Zeitschrift)
FAQ	Frequently Asked Questions
ff.	fortfolgende
Fn.	Fußnote
FS	Festschrift
FTC	Federal Trade Commission
FuR	Familie und Recht (Zeitschrift)
GBl. BW	Gesetzblatt Baden-Württemberg
GBO	Grundbuchordnung
GDD	Gesellschaft für Datenschutz und Datensicherheit
GDV	Gesamtverband der Deutschen Versicherungswirtschaft e.V.
GebrMG	Gebrauchsmustergesetz
GenDG	Gendiagnostikgesetz
GeschmMG	Gesetz über den rechtlichen Schutz von Mustern und Modellen (Geschmacksmustergesetz)
GewArch	Gewerbearchiv (Zeitschrift)
GewO	Gewerbeordnung
GG	Grundgesetz
GK	Gemeinschaftskommentar
GmbH	Gesellschaft mit beschränkter Haftung

GmbHG	Gesetz betreffend die Gesellschaften mit beschränkter Haftung
GoBS	Grundsätze ordnungsmäßiger DV-gestützter Buchführungs-systeme
GPRS	General Packet Radio Service
GVG	Gerichtsverfassungsgesetz
h. M.	herrschende Meinung
Halbs.	Halbsatz
HBÜ	Haager Übereinkommen vom 18. 3.1970 über die Beweisaufnahme im Ausland in Zivil- und Handelssachen
Hdb.	Handbuch
Hdb. DSR	Handbuch Datenschutzrecht
Hess. GVBl.	Hessisches Gesetz- und Verordnungsblatt
HGB	Handelsgesetzbuch
HIV	Human Immunodeficiency Virus
HmbDSG	Hamburgisches Datenschutzgesetz
HR	Human Resources
HSOG	Hessisches Gesetz über die öffentliche Sicherheit und Ordnung
i. S. d.	im Sinne des
i. S. v.	im Sinne von
ID	Identity
IDS	Intrusion Detection System
IFG	Gesetz zur Regelung des Zugangs zu Informationen des Bundes (Informationsfreiheitsgesetz)
IHK	Industrie- und Handelskammer
IKS	Internes Kontrollsystem
IP	Intellectual Property
IPS	Intrusion Prevention System
IPSec	Internet Protocol Security
ISMS	IT-Sicherheitsmanagement-System
ISO	Internationale Organisation für Normung
IT	Informationstechnologie
ITRB	Der IT-Rechts-Berater (Zeitschrift)
IuKDG	Gesetz zur Regelung der Rahmenbedingungen für Informations- und Kommunikationsdienste (Informations- und Kommunikationsdienste-Gesetz)
JA	Juristische Arbeitsblätter (Zeitschrift)
JArbschG	Gesetz zum Schutz der arbeitenden Jugend (Jugendarbeitsschutzgesetz)
JGG	Jugendgerichtsgesetz
jurisPK	Juris Praxiskommentar
JurPC	Internet-Zeitschrift für Rechtsinformatik und Informationsrecht, www.jurpc.de

JZ	Juristenzeitung (Zeitschrift)
K&R	Kommunikation und Recht (Zeitschrift)
KBSt	Koordinierungs- und Planungsstelle der Bundesregierung für Informationstechnik
KDO	Anordnung über den kirchlichen Datenschutz
KGaA	Kommanditgesellschaft auf Aktien
KGR	KG-Report Berlin (Schnelldienst für Zivilrechtsprechung des Kammergerichts)
KonTraG	Gesetz zur Kontrolle und Transparenz im Unternehmensbereich
KrW-/AbfG	Gesetz zur Förderung der Kreislaufwirtschaft und Sicherung der umweltverträglichen Beseitigung von Abfällen (Kreislaufwirtschafts- und Abfallgesetz)
KunstUrhG	Gesetz betreffend das Urheberrecht an Werken der bildenden Künste und der Photographie
KWG	Gesetz über das Kreditwesen (Kreditwesengesetz)
LAG	Landesarbeitsgericht
LAN	Local Area Network
LDA Bbg	Die Landesbeauftragte für den Datenschutz und für das Recht auf Akteneinsicht Brandenburg
LDSG	Landesdatenschutzgesetz
LDSG BW	Gesetz zum Schutz personenbezogener Daten (Landesdatenschutzgesetz Baden-Württemberg)
LDSG NRW	Gesetz zum Schutz personenbezogener Daten (Datenschutzgesetz Nordrhein-Westfalen)
LDSG RPf	Landesdatenschutzgesetz Rheinland-Pfalz
LDSG SH	Schleswig Holsteinisches Gesetz zum Schutz personenbezogener Informationen (Landesdatenschutzgesetz)
LfD	Landesbeauftragte/Landesbeauftragter für den Datenschutz
LfD Nds	Der Landesbeauftragte für den Datenschutz Niedersachsen
LG	Landgericht
LKHG BW	Landeskrankenhausgesetz Baden-Württemberg
LSA	Land Sachsen-Anhalt
LT-Drs.	Landtags-Drucksache
LuftSiG	Luftsicherheitsgesetz
LV	Landesverfassung
LVerf	Landesverfassung
LVwG	Landesverwaltungsgesetz
LVwVfG	Landesverwaltungsverfahrensgesetz
MABl	Ministerialamtsblatt der bayerischen inneren Verwaltung (bis 31.12.1987)
MADG	Gesetz über den militärischen Abschirmdienst (MAD-Gesetz)

MaRisk	Mindestanforderungen an das Risikomanagement
MarkenG	Gesetz über den Schutz von Marken und sonstigen Kennzeichen (Markengesetz)
MDR	Monatsschrift für Deutsches Recht (Zeitschrift)
MDStV	Staatsvertrag über Mediendienste (Mediendienste-Staatsvertrag)
MedR	Medizinrecht (Zeitschrift)
MES	Manufacturing Execution System
MiFID	Richtlinie 2004/39/EG des Europäischen Parlaments und des Rates vom 21. April 2004 über Märkte für Finanzinstrumente, zur Änderung der Richtlinien 85/611/EWG und 93/6/EWG des Rates und der Richtlinie 2000/12/EG des Europäischen Parlaments und des Rates und zur Aufhebung der Richtlinie 93/22/EWG des Rates (Finanzmarktrichtlinie)
MIT	Massachusetts Institute of Technology
MMR	Multimedia und Recht (Zeitschrift)
MRRG	Melderechtsrahmengesetz
MuSchG	Gesetz zum Schutz der erwerbstätigen Mutter (Mutterschutzgesetz)
m.w.N.	mit weiteren Nachweisen
NASDAQ	National Association of Securities Dealers Automated Quotations
NDSG	Niedersächsisches Datenschutzgesetz
NJOZ	Neue Juristische Online Zeitschrift
NJW	Neue Juristische Wochenschrift (Zeitschrift)
NJW-CoR	Neue Juristische Wochenschrift – Computer Report (Zeitschrift)
NJW-RR	NJW-Rechtsprechungsreport (Zeitschrift)
Nr.	Nummer
Nrn.	Nummern
NRW	Nordrhein-Westfalen
NStZ	Neue Zeitschrift im Strafrecht
NVwZ	Neue Zeitschrift für Verwaltungsrecht
NYSE	New York Stock Exchange
NZA	Neue Zeitschrift für Arbeitsrecht
OECD	Organisation für wirtschaftliche Zusammenarbeit und Entwicklung (Organisation for Economic Co-operation and Development)
OHG	Offene Handelsgesellschaft
OLG	Oberlandesgericht
OVG	Oberverwaltungsgericht
OWiG	Gesetz über Ordnungswidrigkeiten

PartGG	Gesetz über Partnerschaftsgesellschaften Angehöriger Freier Berufe (Partnerschaftsgesellschaftsgesetz)
PatG	Patentgesetz
PC	Personal Computer
PCMCIA	Personal Computer Memory Card International Association
PDA	Personal Digital Assistant
PDSV	Verordnung über den Datenschutz bei der geschäftsmäßigen Erbringung von Postdiensten (Postdienste-Datenschutzverordnung)
PGP	Pretty Good Privacy
PIN	Persönliche Identifikationsnummer
PM	Pressemitteilung
PNR	Passenger Name Records
PostG	Postgesetz
PPS	Produktionsplanung und -steuerung
RDV	Recht der Datenverarbeitung (Zeitschrift)
RegE	Regierungsentwurf
RFID	Radio Frequency Identification
RfStV	Staatsvertrag für Rundfunk und Telemedien (Rundfunkstaatsvertrag)
rlpApBO	Berufsordnung für Apotheker der Landesapothekerkammer Rheinland-Pfalz
Rn.	Randnummer
Rs.	Rechtssache (EuGH)
RSA	Asymmetrisches Verschlüsselungssystem nach Rivest, Shamir und Adleman
S.	Seite, Satz (bei Rechtsnormen)
S/MIME	Secure Multipurpose Internet Mail Extension
SaaS	Software as a Service
SächsDSG	Gesetz zum Schutz der informationellen Selbstbestimmung im Freistaat Sachsen (Sächsisches Datenschutzgesetz)
SAN	Storage Area Networks
SchlHA	Schleswig-Holsteinische Anzeigen
SCHUFA	Schutzgemeinschaft für allgemeine Kreditsicherung
SDSG	Saarländisches Gesetz zum Schutz personenbezogener Daten (Saarländisches Datenschutzgesetz)
SEC	Security and Exchange Commission
SGB I	Sozialgesetzbuch Erstes Buch
SGB III	Sozialgesetzbuch Drittes Buch
SGB V	Sozialgesetzbuch Fünftes Buch
SGB X	Sozialgesetzbuch Zehntes Buch
SigG	Gesetz über Rahmenbedingungen für elektronische Signaturen (Signaturgesetz)

SIM	Subscriber Identity Module
SK-StGB	Rudolphi/Horn/Samson/Günther (Hrsg.), Systematischer Kommentar zum Strafgesetzbuch, Loseblattwerk, Neuwied u. a., Stand: 2005
SLA	Service Level Agreement
SMS	Short Message Service
SortenschG	Sortenschutzgesetz
SOX	Sarbanes-Oxley Act
SozG	Sozialgericht
SprAuG	Gesetz über Sprecherausschüse der leitenden Angestellten (Sprecherausschussgesetz)
SpURt	Zeitschrift für Sport und Recht
SSH	Secure Shell
StaaS	Storage as a Service
StAnz	Staatsanzeiger
StBerG	Steuerberatungsgesetz
StGB	Strafgesetzbuch
StMi	(Bayerisches) Staatsministerium des Inneren
St. Rspr.	ständige Rechtsprechung
StPO	Strafprozessordnung
Strafo	Strafverteidiger forum (Zeitschrift)
StUG	Gesetz über die Unterlagen des Staatssicherheitsdienstes der ehemaligen Deutschen Demokratischen Republik (Stasi-Unterlagen-Gesetz)
StV	Der Strafverteidiger (Zeitschrift)
StVG	Straßenverkehrsgesetz
SWIFT	Society for Worldwide Interbank Financial Telecommunications
Tb	Tätigkeitsbericht
TCM	Trusted Computing Module
TDDSG	Gesetz über den Datenschutz bei Telediensten (Teledienstedatenschutzgesetz)
TDG	Gesetz über die Nutzung von Telediensten (Teledienstegesetz)
TDSV	Verordnung über den Datenschutz für Unternehmen, die Telekommunikationsdienstleistungen erbringen (Telekommunikationsdienstunternehmen-Datenschutzverordnung)
ThürDSG	Thüringer Datenschutzgesetz
TierSchG	Tierschutzgesetz
TK-DSRl	Richtlinie 2002/58/EG des Europäischen Parlaments und des Rates vom 12. Juli 2002 über die Verarbeitung personenbezogener Daten und den Schutz der Privatsphäre in der elektronischen Kommunikation
TKG	Telekommunikationsgesetz
TKO	Telekommunikationsordnung

TKMR	TeleKommunikations- und MedienRecht (Zeitschrift)
TMG	Telemediengesetz
TPG	Gesetz über die Spende, Entnahme und Übertragung von Organen und Geweben (Transplantationsgesetz)
TÜV	Technischer Überwachungsverein
UAG	Gesetz zur Ausführung der Verordnung (EG) Nr. 761/2001 des Europäischen Parlaments und des Rates vom 19.3.2001 über die freiwillige Beteiligung von Organisationen an einem Gemeinschaftssystem für das Umweltmanagement und die Umweltbetriebsprüfung (EMAS) (Umweltauditgesetz)
UIG	Umweltinformationsgesetz
UKlaG	Gesetz über Unterlassungsklagen bei Verbraucherrechts- und anderen Verstößen (Unterlassungsklagengesetz)
ULD SH	Unabhängiges Landeszentrum für Datenschutz Schleswig-Holstein
UMTS	Universal Mobile Telecommunications System
UPR	Zeitschrift für Umwelt- und Planungsrecht
UrhG	Gesetz über Urheberrecht und verwandte Schutzrechte (Urheberrechtsgesetz)
URL	Uniform Resource Locator
USA	United States of America
USB	Universal Serial Bus
UstG	Umsatzsteuergesetz
USV	unterbrechungsfreie Stromversorgung
UV	ultraviolett
UWG	Gesetz gegen den unlauteren Wettbewerb
VAG	Gesetz über die Beaufsichtigung der Versicherungsunternehmen (Versicherungsaufsichtsgesetz)
Var.	Variante
VELKD	Vereinigte Evangelisch-Lutherische Kirche Deutschlands
VersG	Gesetz über Versammlungen und Aufzüge (Versammlungsgesetz)
VersR	Zeitschrift für Versicherungsrecht, Haftungs- und Schadensrecht
VG	Verwaltungsgericht
vgl.	vergleiche
VoIP	Voice over IP
Vol.	Volume
VPN	Virtual private Network
VR	Virtuelle Realität
VuR	Verbraucher und Recht (Zeitschrift)
VVaG	Versicherungsverein auf Gegenseitigkeit

VVG	Gesetz über den Versicherungsvertrag (Versicherungsvertragsgesetz)
VW	Versicherungswirtschaft (Zeitschrift)
VwGO	Verwaltungsgerichtsordnung
VwVfG	Verwaltungsverfahrensgesetz
WAN	Wide Area Network
WIMAX	Worldwide Interoperability for Microwave Access
Wistra	Zeitschrift für Wirtschafts- und Steuerstrafrecht
WLAN	Wireless Local Area Network
WM	Wertpapier-Mitteilungen – Zeitschrift für Wirtschafts- und Bankrecht
WP	Working Paper
WpHG	Gesetz über den Wertpapierhandel (Wertpapierhandelsgesetz)
WPO	Gesetz über eine Berufsordnung der Wirtschaftsprüfer (Wirtschaftsprüferordnung)
WRP	Wettbewerb in Recht und Praxis (Zeitschrift)
WRV	Weimarer Reichsverfassung
ZAfTDa	Zentralarchiv für Tätigkeitsberichte des Bundes- und der Landesdatenschutzbeauftragten und der Aufsichtsbehörden für den Datenschutz
ZD	Zeitschrift für Datenschutz
ZevKR	Zeitschrift für evangelisches Kirchenrecht
ZfdG	Gesetz über das Zollkriminalamt und die Zollfahndungsämter (Zollfahndungsdienstgesetz)
ZGR	Zeitschrift für Unternehmens- und Gesellschaftsrecht
ZHR	Zeitschrift für das gesamte Handels- und Wirtschaftsrecht
Ziff.	Ziffer
ZirkRegV	Verordnung über die Registrierung von Erlaubnissen zur Zurschaustellung von Tieren an wechselnden Orten (Zirkusregisterverordnung)
ZPO	Zivilprozessordnung
ZRP	Zeitschrift für Rechtspolitik
ZUM	Zeitschrift für Urheber- und Medienrecht
ZVI	Zeitschrift für Verbraucher- und Privat-Insolvenzrecht

Teil 1:

Kommentierung BDSG

Einführung

Literatur: *Abel*, EuGH: Güterabwägung im Datenschutz muss gewährleistet bleiben, DSB 2012, S. 31; *Bäcker/Hornung*, Rechtsgrundlage EU-Richtlinie für die Datenverarbeitung bei Polizei und Justiz in Europa, ZD 2012, S. 147; *Bartsch*, Die Vertraulichkeit und Integrität informationstechnischer Systeme als sonstiges Recht nach § 823 Abs. 1 BGB, CR 2008, S. 613; *Boehm*, Datenschutz in der Europäischen Union, JA 2009, S. 435; *Braum*, „Parallelwertungen in der Laiensphäre", ZRP 2009, S. 174; *Brühann*, EU-Datenschutzrichtlinie – Umsetzung in einem vernetzten Europa, RDV 1996, S. 12; *Buchner*, Informationelle Selbstbestimmung im Privatrecht, Tübingen 2006; *Claessen*, Das neue Datenschutzgesetz in der evangelischen Kirche, DuD 1995, S. 8; *Diedrich*, Vollharmonisierung des EU-Datenschutzrechts, CR 2013, S. 408; *Diller*, „Konten-Ausspäh-Skandal" bei der Deutschen Bahn: Wo ist das Problem?, BB 2009, S. 438; *Dix*, Datenschutzaufsicht im Bundesstaat – ein Vorbild für Europa, DuD 2012, S. 318; *Drewes*, Werbliche Nutzung von Daten, ZD 2012, S. 115; *Duisberg*, Datenschutz im Internet der Energie, in: Peters/Kersten/Wolfenstetter (Hrsg.), Innovativer Datenschutz, Berlin 2012; *Durner*, Zur Einführung: Datenschutzrecht, JuS 2006, S. 213; *Ehmann*, Prinzipien des deutschen Datenschutzrechts – unter Berücksichtigung der Datenschutz-Richtlinie der EG vom 24.10. – (1. Teil), RDV 1998, S. 235; *Ehmann*, Prinzipien des deutschen Datenschutzrechts – unter Berücksichtigung der Datenschutz-Richtlinie der EG vom 24.10. – (2. Teil), RDV 1999, S. 12; *Faber*, Verrechtlichung – ja, aber immer noch kein „Grundrecht"! – Zwanzig Jahre informationelles Selbstbestimmungsrecht, RDV 2003, S. 278; *Fachet*, Datenschutz in der katholischen Kirche, RDV 1996, S. 177; *Forst*, Beschäftigtendatenschutz im Kommissionsvorschlag einer EU-Datenschutzverordnung, NZA 2012, S. 364; *Franzen*, Der Vorschlag für eine EU-Datenschutz-Grundverordnung und der Arbeitnehmerdatenschutz, DuD 2012, S. 322; *Frey*, Direktmarketing und Adresshandel im Spannungsfeld von UWG und BDSG, in: Taeger/Wiebe (Hrsg.), Inside the Cloud – Neue Herausforderungen für das Informationsrecht, Tagungsband Herbstakademie 2009, Edewecht 2009, S. 33; *Gabel*, Update EDV-Vertragsrecht, in: Taeger/Wiebe (Hrsg.), Inside the Cloud – Neue Herausforderungen für das Informationsrecht, Tagungsband Herbstakademie 2009, Edewecht 2009, S. 193; *Germann*, Das kirchliche Datenschutzrecht als Ausdruck kirchlicher Selbstbestimmung, ZevKR 48, S. 446; *Giesen*, Das Grundrecht auf Datenverarbeitung, JZ 2007, S. 918; *Gola*, EU-Datenschutz-Grundverordnung und der Beschäftigtendatenschutz, RDV 2012, S. 60; *Grentzenberg/Schreibauer/Schuppert*, Die Datenschutznovelle (Teil I), K&R 2009, S. 368; *Grentzenberg/Schreibauer/Schuppert*, Die Datenschutznovelle (Teil II), K&R 2009, S. 535; *Gundel*, Vorratsdatenspeicherung und Binnenmarktkompetenz: Die ungebrochene Anziehungskraft des Art. 95 EGV, Europarecht 2009, S. 536; *Gürtler*, Baustelle Datenschutz – internationale Entwicklungen, RDV 2012, S. 126; *Hanloser*, Die BDSG-Novelle II: Neuregelungen zum Kunden- und Arbeitnehmerdatenschutz, MMR 2009, S. 594; *Härting*, Starke Behörden, schwaches Recht – der neue EU-Datenschutzentwurf, BB 2012, S. 459; *Herrmann*, Modernisierung des Datenschutzrechts – ausschließlich eine europäische Aufgabe?, ZD 2012, S. 49; *Hoffmann-Riem*, Der grundrechtliche Schutz der Vertraulichkeit und Integrität eigengenutzter informationstechnischer Systeme, JZ 2008, S. 1009; *Hohmann-Dennhardt*, Freiräume – Zum Schutz der Privatheit, NJW 2006, S. 545–549; *Hornung*, Ein neues Grundrecht, CR 2008, S. 299; *Holznagel/Schumacher*, Auswirkungen des Grundrechts auf Vertraulichkeit und Integrität informationstechnischer Systeme auf RFID-Chips, MMR 2009, S. 3; *Hornung*, Datenschutz durch Technik in Europa, ZD 2011, S. 51; *Hornung*, Eine Datenschutz-Grundverordnung für Europa, ZD 2012, S. 99; *Huppertz/Ohrmann*, Wettbewerbsvorteile durch Datenschutzverletzungen, CR 2011, S. 449; *Jasper*, Die EU-Datenschutz-Grundverordnung, DuD 2012, S. 571; *Kahler*, Auftragsdatenverarbeitung im Drittstaat, RDV 2012, S. 167; *Kamlah*, Right of Privacy, Köln et al. 1969; *Kilian*, Informationelle Selbstbestimmung und Marktprozesse, CR 2002, S. 921; *Kilian/Lenk/Steinmüller (Hrsg.)*, Datenschutz, Darmstadt 1973; *Klug*, Revision des EU-Datenschutzrechts aus Unternehmersicht, RDV 2011, S. 129; *Kock/Francke*, Mitarbeiterkontrolle durch systematischen Datenabgleich zur Korruptionsbekämpfung, NZA 2009, S. 646; *Kock/Francke*, „Mitarbeiter-Screenings" zur internen Korruptionsbekämpfung, ArbRB 2009, S. 110; *Kühling*, Auf dem Weg zum vollharmonisierten Datenschutz!?, EuZW 2012, S. 281; *Kuner*, European Data Protection Law: Corporate Compliance and Regulation, 2. Aufl., Oxford 2007; *Kutscha*, Das „Computer-Grundrecht" – eine Erfolgsgeschichte?, DuD 2012, S. 391; *Lang*, Reform des EU-Datenschutzrechts, K&R 2012, S. 145; *Leopold*, Datenschutz auf Skandinavisch – Das norwegische Datenschutzgesetz, DuD 2000, S. 471; *von Lewinski*, Europäisierung des Datenschutzrechts, DuD 2012, S. 564; *von Lewinski*, Geschichte des Datenschutzrechts von 1600 bis 1977, in: Arndt et al. (Hrsg.), Freiheit – Sicherheit – Öffentlichkeit, 48. Assistententagung Öffentliches Recht, Baden Baden 2009, S. 196; *von Lewinski*, Tätigkeitsberichte der Datenschutzbehörden – Neuer Zugang zu sprudelnden Quellen, RDV 2009, S. 267; *Lorenz*, Die Novellierung des Bundesdatenschutzgesetzes in ihren Auswirkungen auf die Kirchen, DVBl. 2001, S. 428; *Luch*, Das neue „IT-Grundrecht", MMR 2011, S. 75; *Masing*, Ein Abschied von den Grundrechten, SZ v. 9.1.2012; *Moos*, Die Entwicklung des Datenschutzrechts im Jahr 2008, K&R 2009, S. 154; *Moos*, Die Entwicklung des Datenschutzrechts im Jahr 2009, K&R 2010, S. 166; *Moos*, Die Entwicklung des Datenschutzrechts im Jahr 2010, K&R 2011, S. 145; *Moos*, Update Datenschutzrecht, in: Taeger/Wiebe (Hrsg.), Inside the Cloud – Neue Herausforderungen für das Informationsrecht, Tagungsband Herbstakademie 2009, Edewecht 2009, S. 79; *Piltz/Schulz*, Die Stiftung Datenschutz – moderner Datenschutz neu gedacht, RDV 2011, S. 117; *Podlech*, Verfassungsrechtliche Probleme öffentlicher Informationssysteme, DVR 1972/73, S. 149; *Reding*, Herausforderungen an den Datenschutz bis 2020: Eine europäische Perspektive, ZD 2011, S. 1; *Reding*, Sieben Grundbausteine der europäischen Datenschutzreform, ZD 2012, S. 195; *Richter*, Datenschutz durch Technik und die Grundverordnung der EU-Kommission, DuD 2012, S. 576; *Riesenhuber*, Die Einwilligung des Arbeitnehmers im Datenschutzrecht, RdA 2011, S. 257; *Ronellenfitsch*, Fortentwicklung des Datenschutzes, DuD 2012, S. 561; *Roßnagel*, Modernisierung des Datenschutzrechts – Empfehlung eines Gutachtens für den Bundesinnenminister, RDV 2002, S. 61; *Roßnagel/Müller*, Ubiquitous Computing – neue Herausforderungen für den Datenschutz, CR 2004, S. 625; *Schaar*, Datenschutz muss mit einer Stimme sprechen!, DuD 2011, S. 756; *Schild/Tinnefeld*, Datenschutz in der Union – Gelungene oder missglückte Gesetzesentwürfe?, DuD 2012, S. 312; *Schmidt*, Arbeitnehmerdatenschutz in § 32 BDSG – Eine Neuregelung (fast) ohne Veränderung der Rechtslage, RDV 2009, S. 193; *Schmidt*, Beschäftigtendatenschutz in § 32 BDSG, DuD 2010, S. 207; *Schneider*, Hemmnis für einen modernen Datenschutz: Das Verbotsprinzip, AnwBl 2011, S. 233; *Schneider*, Anforderungen an eine Neugestaltung des Datenschutzes, ITRB 2011, S. 243; *Schneider/Härting*,

Warum wir ein neues BDSG brauchen, ZD 2011, S. 63; *Schneider/Härting*, Wird der Datenschutz nun endlich internettauglich? ZD 2012, S. 199; *Schultze-Melling*, Ein Datenschutzrecht für Europa – eine schöne Utopie oder irgendwann ein gelungenes europäisches Experiment?, ZD 2012, S. 97; *Schulz*, Das neue IT-Grundrecht – staatliche Schutzpflicht und Infrastrukturverantwortung, DuD 2012, S. 395; *Schwartmann*, Ausgelagert und ausverkauft – Rechtsschutz nach der Datenschutz-Grundverordnung, RDV 2012, S. 55; *Simon/Taeger*, Rasterfahndung, Baden-Baden 1981; *Steinmüller*, Datenverkehrsrecht, Film und Recht 1977, S. 440; *Steinmüller*, Das informationelle Selbstbestimmungsrecht – Wie es entstand und was man daraus lernen kann, RDV 2007, S. 158; *Stögmüller*, Vertraulichkeit und Integrität informationstechnischer Systeme in Unternehmen, CR 2008, S. 435; *Taeger*, Grenzüberschreitender Datenverkehr und Datenschutz in Europa, Clausthal-Zellerfeld 1995; *Taeger*, Datenschutzrecht in Europa, EWS 1995, S. 69; *Taeger*, Risiken web-basierter Personalisierungsstrategien, in: Taeger/Wiebe, Informatik – Wirtschaft – Recht: Regulierung in der Wissensgesellschaft, Festschrift für Wolfgang Kilian zum 65. Geburtstag, Baden-Baden 2004, S. 241; *Wagner*, Bundesstiftung Datenschutz – Chancen? Grenzen!, RDV 2011, S. 229; *Wagner*, Grenzen des europäischen Datenschutzrechts, DuD 2012, S. 303; *Weichert*, Wem gehören die privaten Daten, in: Taeger/Wiebe, Informatik – Wirtschaft – Recht: Regulierung in der Wissensgesellschaft, Festschrift für Wolfgang Kilian zum 65. Geburtstag, Baden-Baden 2004, S. 281; *Westin*, Privacy and Freedom, New York 1967; *Westphal*, Grundlagen und Bausteine des europäischen Datenschutzrechts, in: Bauer/Reimer (Hrsg.), Handbuch Datenschutzrecht, Wien 2009, S. 53; *Winteler*, Betrugs- und Korruptionsbekämpfung vs. Arbeits- und Datenschutzrecht, in: Taeger/Wiebe (Hrsg.), Inside the Cloud Cloud – Neue Herausforderungen für das Informationsrecht, Tagungsband Herbstakademie 2009, Edewecht 2009, S. 469; *Wuermeling*, Beschäftigtendatenschutz auf der europäischen Achterbahn, NZA 2012, S. 368; *Wybitul*, Das neue Bundesdatenschutzgesetz: Verschärfte Regeln für Compliance und interne Ermittlungen, BB 2009, S. 1582; *Wybitul*, Handbuch Datenschutz im Unternehmen, Frankfurt a. M. 2010; *Wybitul/Rauer*, EU-Datenschutz-Grundverordnung und Beschäftigtendatenschutz, ZD 2012, S. 160; *Wybitul*, Wie geht es weiter mit dem Beschäftigtendatenschutz, ZD 2013, S. 99; *Ziekow*, Datenschutz und evangelisches Kirchenrecht, Tübingen 2002; *Zilkens*, Europäisches Datenschutzrecht – Ein Überblick, RDV 2007, S. 196.

Übersicht

I. Entwicklung des Datenschutzrechts

1   Erste Überlegungen zum Schutz von Betroffenen vor den Gefahren elektronischer Datenverarbeitung kamen in den 60er Jahre des vergangenen Jahrhunderts auf, zunächst in den USA und dann auch in Deutschland, als die automatisierte Datenverarbeitung (ADV) mit ihren Großrechnern in der öffentlichen Verwaltung Einzug hielt.[1] In Deutschland mündeten sie Ende der 1970er Jahre in die ersten Kodifizierungen allgemeiner Datenschutzgesetze im Land Hessen und im Bund.

1. Normierung des Datenschutzrechts

2   Die Normierung des Datenschutzrechts ist eng verknüpft mit der technischen Entwicklung von Datenverarbeitungssystemen. Diese lässt sich vereinfacht in drei Phasen darstellen.[2] Am Anfang standen dezentrale Rechenzentren und Einzelrechner, die eine intensivierte Datenverarbeitung in lokalen Strukturen ermöglichten. Die zweite Phase war geprägt von einer Verknüpfung dezentraler Rechnerstrukturen, durch die zunächst der Austausch von Daten zwischen einzelnen Rechnern und Rechenzentren ermöglicht wurde und die in ihrer Entwicklung zur umfassenden globalen Vernetzung durch das Internet geführt hat. Die dritte Phase zeichnet sich durch die Entstehung einer Vielzahl von Diensten aus, die das Einstellen von Informationen in lokalen Netzwerken und dem Internet vereinfachten und zu einem rasanten Anwachsen globaler Datenströme und Datenbestände geführt hat. Das heutige „Web 2.0" ermöglicht eine weltweite Kommunikation und Interaktion über Plattformen, in die Nutzer selbst Inhalte – häufig mit sehr persönlichen Daten über sich selbst und Dritte – einstellen. „Social networks" sind Ausdruck einer anhaltenden Tendenz der Verlagerung des realen Lebens in das Internet. Eine erhebliche Zunahme der kollaborativen Plattformen (Virtuelle Welten) wird für das Web 3.0 erwar-

---

1   Grundlegend aus Anlass des Aufbaus einer staatlichen Datenbank in den USA die verfassungsrechtliche Studie von *Westin*, Privacy and Freedom. Zur Folgediskussion in Deutschland etwa *R. Kamlah*, Right of Privacy; *Kilian/Lenk/Steinmüller* (Hrsg.), Datenschutz; *Podlech*, DVR 1972/73, S. 149; *Steinmüller*, Datenverkehrsrecht, Film und Recht 1977, S. 440. Die Geschichte des Persönlichkeitsschutzes vor den Risiken der (analogen) Datenverarbeitung lässt sich wesentlich weiter zurückverfolgen; siehe zur Entwicklung des Datenschutzrechts von 1600 bis 1977 *von Lewinski*, in: Freiheit – Sicherheit – Öffentlichkeit, S. 196.

2   *Roßnagel/Müller*, CR 2004, S. 625 (627 f.).

tet. Zudem sehen sich Betroffene mit dem Phänomen konfrontiert, dass einmal in das Internet gelangte Informationen nicht mehr zuverlässig entfernt werden können und z.B. durch die Nutzung von Internet-Archiven[3] auch noch Jahre nach einer „Entfernung" auffindbar sein können.

Die technische Entwicklung im gewerblichen Bereich wird in jüngster Zeit durch **3** Anwendungen geprägt, die unter dem Stichwort „Big Data" diskutiert werden.[4] In der Privatwirtschaft ist es in den letzten Jahren durch den technischen Fortschritt, etwa durch den zunehmenden Einsatz von Cloud Computing, SaaS, mobiler Kommunikation, Social-Media-Kanälen oder RFID-Chips zu einem rasanten Anwachsen von Datenbeständen gekommen und es ist zu erwarten, dass sich dieser Trend noch verstärken wird.[5] Big Data Anwendungen setzen dort an, wo die Möglichkeiten konventioneller Anwendungen aufhören, die unter den Stichworten Data Warehousing und Data Mining diskutiert wurden. Ziel von „Big Data" ist es, diese extrem großen Datenmengen zu strukturieren und als „vierte[n] Produktionsfaktor neben Kapital, Arbeitskraft und Rohstoffe[n]"[6] nutzbar zu machen. Neben dem potenziellen Nutzen, etwa in den Bereichen Wissenschaft und Forschung, Marketing oder Korruptionsbekämpfung stellt „Big Data" das Datenschutzrecht vor neue Herausforderungen.

Die Fortschritte in der Datenverarbeitungstechnik waren stets ein bestimmendes **4** Element für die Weiterentwicklung des Datenschutzrechts,[7] und sie werden auch in Zukunft dessen weitere Entwicklung prägen. Die Tätigkeitsberichte der Aufsichtsbehörden, die über das „Zentralarchiv für Tätigkeitsberichte des Bundes- und der Landesdatenschutzbeauftragten und der Aufsichtsbehörden für den Datenschutz (ZAfTDa)" erschlossen werden können,[8] sind ein Spiegelbild der ständig neuen Herausforderungen für die Datenschutzaufsicht. Die Vorstellung der Steuerung technischer Entwicklung durch das Datenschutzrecht wird sich nur bedingt umsetzen lassen. Vielmehr ist anzunehmen, dass die technischen Entwicklungen auch in der Zukunft neue Herausforderungen für die Gewährleistung des Betroffenenschutzes durch das Datenschutzrecht schaffen werden.

Die Normierung des Datenschutzrechts stellt eine Reaktion der Gesellschaft auf **5** diese Veränderung ihrer sozialen Umwelt dar. Sie begann mit dem weltweit ersten Datenschutzgesetz,[9] das 1970 in Hessen in Kraft trat. Es wurde gefolgt von einem vergleichbaren Regelungswerk in Bayern, das jedoch nicht als Datenschutzgesetz,

---

3 Wayback machines, wie www.archive.org.
4 Siehe hierzu BITKOM Leitfaden „Big Data im Praxiseinsatz".
5 BITKOM Leitfaden „Big Data im Praxiseinsatz", S. 12, der davon ausgeht, dass 2020 das Weltweite Datenvolumen 100 Zettabytes erreichen wird.
6 BITKOM Leitfaden „Big Data im Praxiseinsatz", S. 7.
7 Vgl. hierzu auch *Taeger*, Risiken web-basierter Personalisierungsstrategien, in: Taeger/Wiebe (Hrsg.), FS Kilian, S. 241.
8 www.zaftda.de; dazu *von Lewinski*, RDV 2009, S. 267.
9 Datenschutzgesetz vom 7.10.1970, Hess. GVBl. I, S. 625.

sondern als EDV-Organisationsgesetz betitelt wurde,[10] dem schwedischen Datenschutzgesetz aus dem Jahr 1973,[11] dem Privacy Act von 1974[12] in den USA und dem norwegischen Datenschutzgesetz von 1978.[13] Die Bundesregierung befasste sich mit dem Problem des Datenschutzes erstmals Ende der 60er Jahre;[14] das Bundesministerium des Innern erteilte der Universität Regensburg 1970 einen Forschungsauftrag zur Erstellung eines Datenschutzkonzepts,[15] das die Entwicklung des Datenschutzrechts in der Folge prägen sollte.[16] 1977 wurde das erste Datenschutzgesetz des Bundes[17] verabschiedet, das am 1.1.1978 in Kraft trat und materielle Regeln der Datenverarbeitung für öffentliche und private Stellen enthielt. Nach Hessen folgten die übrigen Bundesländer mit allgemeinen Datenschutzgesetzen auf Landesebene zur Regelung des Datenschutzes bei landesunmittelbaren Stellen. Im Bund und in den Ländern wurde, insbesondere im Anschluss an das BVerfG-Urteil zur Volkszählung 1983, eine große Zahl bereichsspezifischer Datenschutzgesetze verabschiedet, die dem BDSG bzw. dem LDSG nur insoweit vorgehen, als sie eine abweichende Regelung vorgesehen; im Übrigen bleiben die allgemeinen Datenschutzgesetze anwendbar. Die bereichsspezifischen Gesetze konkretisieren die Erlaubnistatbestände des allgemeinen Datenschutzrechts und knüpfen die Erhebung und Verarbeitung an besondere Voraussetzungen, wie dies etwa beim Telemediengesetz oder dem Telekommunikationsgesetz der Fall ist, oder schränken die Rechte der Betroffenen aufgrund einer von der Legislative vorgenommenen Interessenabwägung ein, wie beispielsweise durch das BKA-Gesetz. Die Kirchen regeln den Datenschutz aufgrund der Freiheitsgarantie des Art. 140 GG i.V.m. Art. 137 Abs. 3 Satz 1 WRV und des daraus folgenden kirchlichen Selbstbestimmungsrechts selbst[18] und haben sich dabei weitgehend an den allgemeinen Datenschutzgesetzen orientiert.

---

10 Gesetz über die Organisation der elektronischen Datenverarbeitung im Freistaat Bayern vom 12.10.1970, GVBl. S. 457.

11 Datalagen (1973:289) verabschiedet am 11.5.1973, in Kraft getreten am 1.6.1974.

12 www.justice.gov/opcl/privstat.htm.

13 Lov om personregistre, hierzu *Leopold*, DuD 2000, S. 471.

14 *Tinnefeld/Ehmann/Gerling*, Einführung in das Datenschutzrecht, S. 88.

15 *Steinmüller/Lutterbeck/Mallmann/Harbort/Kolb/Schneider*, Grundfragen des Datenschutzes, Gutachten im Auftrag des Bundesministeriums des Innern, Juli 1971, BT-Drs. 6/3826, S. 5; dazu *Steinmüller*, RDV 2007, S. 158.

16 Hierzu *Steinmüller*, RDV 2007, S. 158.

17 Gesetz zum Schutz vor Missbrauch personenbezogener Daten bei der Datenverarbeitung (Bundesdatenschutzgesetz – BDSG) vom 27.1.1977, BGBl. I, S. 201; hierzu *Buchner*, Informationelle Selbstbestimmung im Privatrecht, S. 26 ff.

18 Siehe dazu etwa *Ziekow*, Datenschutz und evangelisches Kirchenrecht; *Germann*, Das kirchliche Datenschutzrecht als Ausdruck kirchlicher Selbstbestimmung, ZevKR 48, S. 446; *Fachet*, Datenschutz in der katholischen Kirche, RDV 1996, S. 177; *Claessen*, Das neue Datenschutzgesetz in der evangelischen Kirche, DuD 1995, S. 8; *Lorenz*, Die Novellierung des Bundesdatenschutzgesetzes in ihren Auswirkungen auf die Kirchen, DVBl. 2001, S. 428.

Mit der Vorstellung des Entwurfs der EU-DSGVO durch die Kommission steht die **6** Entwicklung des Datenschutzrechts vor einer neuen Zäsur, indem erstmals verbindliches und in den Mitgliedstaaten unmittelbar anwendbares Recht geschaffen wird.[19]

2. Gesetzgebungskompetenz

Eine ausdrückliche Regelung der legislativen Zuständigkeit findet sich für den Da- **7** tenschutz nicht, sodass seine Normierung weder auf eine klare Kompetenz der Länder noch des Bundes gestützt werden kann. Will man diese ermitteln, so muss nach dem konkreten Regelungszusammenhang gefragt werden, und dieser muss in die Zuständigkeitsregelungen gem. Art. 70 ff. GG eingeordnet werden.[20] Gem. Art. 70 Abs. 1 GG gilt der Grundsatz der Länderkompetenz. Abweichungen sind zulässig, soweit zu schaffende datenschutzrechtliche Regelungen einen Zusammenhang zu einer Kompetenz des Bundes aufweisen.[21] Zur Regelung des Datenschutzes für die Datenverarbeitung durch nicht-öffentliche Stellen kann sich der Bund insbesondere auf seine Kompetenz zur konkurrierenden Gesetzgebung gem. Art. 74 Abs. 1 Nr. 1, Nr. 11 und Nr. 14 GG berufen, da eine einheitliche Regelung des Datenschutzrechts zur Wahrung der Rechts- und Wirtschaftseinheit erforderlich ist.[22]

Die Zuständigkeit des Bundes für den Erlass von Datenschutzvorschriften für Stel- **8** len der Judikative ergibt sich aus seiner Zuständigkeit für die Gerichtsverfassung und das gerichtliche Verfahren gem. Art. 74 Nr. 1 GG. Für die Kompetenz zur Regelung des Datenschutzes in der öffentlichen Verwaltung gibt es darüber hinaus keine unmittelbar passende Kompetenzgrundlage. Regelungen des materiellen Datenschutzrechts dienen primär nämlich nicht der organisatorischen Anleitung der Verwaltung bei der Ausübung ihrer Tätigkeit, sondern dem Schutz der Betroffenen vor den Gefahren der Datenverarbeitung. Eine Bundeskompetenz kann sich daher nicht aus der Zuständigkeit für die Regelung des Verwaltungsverfahrens ergeben,[23] sondern nur aus einer Annexkompetenz zu Art. 73 und 74 GG, wenn öffentliche Stellen personenbezogene Daten im Zusammenhang mit einer Materie bearbeiten, für die eine Bundeskompetenz besteht.[24] Eine Ausnahme hiervon ergibt sich für die Bestellung eines Datenschutzbeauftragten des Bundes als besonderer Kontrollinstanz. In dieser Funktion unterscheidet sich der Bundesdatenschutzbeauftragte von den übrigen Behörden und öffentlichen Stellen des Bundes. Dennoch ist er die-

---

19 Hierzu Rn. 56 ff.
20 BT-Drs. 7/1072, S. 16; *Simitis*, in: Simitis, BDSG, § 1 Rn. 1; *Weichert*, in: Däubler/Klebe/ Wedde/Weichert, BDSG, Einl. Rn. 59.
21 *Simitis*, in: Simitis, BDSG, § 1 Rn. 4.
22 *Gola/Klug*, Grundzüge des Datenschutzrechts, S. 8.
23 *Simitis*, in: Simitis, BDSG, § 1 Rn. 8 ff.
24 *Simitis*, in: Simitis, BDSG, § 1 Rn. 13.

sen als Bestandteil der Organisationsgewalt des Bundes soweit angenähert, dass sich eine Zuständigkeit zur Regelung seiner Kompetenzen aus Art. 86 GG ergibt.[25]

9 Vor dem Hintergrund dieser heterogenen Kompetenzzuweisung ist die Differenzierung datenschutzrechtlicher Vorschriften nach ihrem Adressatenkreis in § 1 Abs. 2 BDSG und in §§ 12 ff. BDSG sowie §§ 27 ff. BDSG zu begrüßen.

3. BDSG-Novellen seit 1977

10 Das BDSG erfuhr seit seiner erstmaligen Verabschiedung 1977 drei wesentliche Überarbeitungen. Die Novelle des BDSG aus dem Jahr 1990 durch das Gesetz zur Fortentwicklung der Datenverarbeitung und des Datenschutzes[26] entwickelte das BDSG auf der Basis des verfassungsrechtlichen Meilensteins des Datenschutzrechts,[27] dem Volkszählungsurteil des Bundesverfassungsgerichts vom 15.12. 1983,[28] weiter.[29] Der Schwerpunkt lag hierbei auf der Überarbeitung der Regelungen des Datenschutzes im öffentlichen Bereich.[30] Die zweite Überarbeitung des BDSG erfolgte im Jahr 2001 durch das Gesetz zur Änderung des Bundesdatenschutzgesetzes und anderer Gesetze,[31] in dem der Gesetzgeber die Anforderungen der EG-DSRl in deutsches Recht umsetzte.[32]

11 Zuletzt wurde das BDSG 2009 durch drei Reformgesetze geändert.[33] Die sog. BDSG-Novelle I[34] erfolgte durch das Gesetz zur Änderung des Bundesdatenschutzgesetzes vom 29.7.2009.[35] Sie trat zum 1.4.2010 in Kraft und befasst sich mit Scoring, Rating und dem Recht der Auskunfteien. Die Novelle brachte Neuerungen des Datenschutzrechts insbesondere in vier Bereichen; so werden Mitteilungs- und Erklärungspflichten bei automatisierten Einzelentscheidungen, Zulässigkeitsregeln für Scoring-Verfahren sowie die Übermittlung von Daten an Auskunfteien und Auskunftspflichten im Bezug auf Scorewerte neu geregelt.[36]

---

25 Vgl. *Simitis*, in: Simitis, BDSG, § 1 Rn. 14 ff.
26 BGBl. I, S. 2954.
27 *Tinnefeld/Ehmann/Gerling*, Einführung in das Datenschutzrecht, S. 89.
28 BVerfGE 65, 1.
29 *Tinnefeld/Ehmann/Gerling*, Einführung in das Datenschutzrecht, S. 89 f.
30 *Gola/Schomerus*, BDSG, Einl. Rn. 7.
31 BGBl. I, S. 904.
32 Richtlinie zum Schutz natürlicher Personen bei der Verarbeitung personenbezogener Daten und zum freien Datenverkehr, RL 95/46/EG.
33 Darstellung bei *Moos*, in: Taeger/Wiebe, Inside the Cloud, S. 79.
34 Hierzu *Grentzenberg/Schreibauer/Schuppert*, K&R 2009, S. 368; *Moos*, in: Taeger/Wiebe, Inside the Cloud, S. 79.
35 BGBl. I, S. 2254.
36 *Moos*, Update Datenschutz, in: Taeger/Wiebe, Inside the Cloud, S. 79.

Die zweite Novellierung des BDSG[37] im Jahr 2009 erfolgte durch das Gesetz zur **12**
Änderung datenschutzrechtlicher Vorschriften vom 14.8.2009.[38] Sie trat in ihren
wesentlichen Teilen zum 1.9.2009 in Kraft, in den durch Art. 5 des Änderungsge-
setzes benannten Ausnahmen hingegen erst mit Wirkung zum 1.4.2010. Durch das
Gesetzesvorhaben sollten nach ursprünglicher Intention des Bundeskabinetts insbesondere die Voraussetzung zur Durchführung eines freiwilligen Datenschutzaudits
gem. § 9a BDSG[39] durch ein Datenschutzauditgesetz[40] geschaffen werden. Hiervon
wurde im Laufe des Gesetzgebungsverfahrens aber Abstand genommen. Die Novelle brachte jedoch Veränderungen für das sog. Listenprivileg gem. § 28 Abs. 3
Sätze 2–5 BDSG,[41] die Auftragsdatenverarbeitung gem. § 11 BDSG[42] sowie eine
Erhöhung des Bußgeldrahmens für Datenschutzverstöße gem. § 43 BDSG,[43] die
Neuregelung von Informationspflichten bei unrechtmäßiger Kenntniserlangung
von Daten gem. § 42a BDSG[44] und die Einführung einer Regelung zum Arbeitnehmerdatenschutz in § 32 BDSG.[45]

Die BDSG-Novelle III[46] erfolgte durch Art. 5 des Gesetzes zur Umsetzung der Ver- **13**
braucherkreditrichtlinie, des zivilrechtlichen Teils der Zahlungsdienstrichtlinie sowie zur Neuordnung der Vorschriften über das Widerrufs- und Rückgaberecht vom
29.7.2009.[47] Sie enthält unter anderem Regelungen zum Umgang mit personenbezogenen Daten im Zusammenhang mit der Kreditwürdigkeitsprüfung von Verbrauchern und Änderungen der Informationspflichten beim Abschluss bzw. der Ablehnung von Verbraucherdarlehensverträgen in § 29 BDSG.[48]

Die Änderungen des BDSG wurden unmittelbar vor Ende der Legislaturperiode be- **14**
schlossen. Im Koalitionsvertrag[49] der schwarz-gelben Regierung kündigten die Ko-
alitionsparteien an, dass sie für mehr Datenschutz, insbesondere einen stärkeren
Selbstdatenschutz sorgen wollten, um Datenmissbrauch vorzubeugen. Die Koalition wolle prüfen, wie durch eine Änderung des Datenschutzrechts der Schutz per-

---

37 Hierzu *Grentzenberg/Schreibauer/Schuppert*, K&R 2009, S. 535 (535 ff.); *Hanloser*,
   MMR 2009, S. 594.
38 BGBl. I, S. 2814.
39 Vgl. § 9a BDSG Rn. 8 ff.
40 Hierzu *Grenzenberg/Schreibauer/Schuppert*, K&R 2009, S. 535 (541 f.); *Moos*, K&R
   2009, S. 154 (160).
41 Vgl. § 28 BDSG Rn. 8, 152 ff.; *Frey*, in: Taeger/Wiebe, Inside the Cloud, S. 33 (36 ff.).
42 Ausführlich hierzu § 11 BDSG Rn. 65 ff.; *Gabel*, in: Taeger/Wiebe, Inside the Cloud,
   S. 193 (203 f.).
43 Siehe § 43 BDSG Rn. 73 ff.; *Moos*, in: Taeger/Wiebe, Inside the Cloud, S. 79 (82 f.).
44 Vgl. § 42a BDSG Rn. 7 ff.; *Moos*, in: Taeger/Wiebe, Inside the Cloud, S. 79 (83 f.).
45 Ausführlich hierzu § 32 BDSG Rn. 1 ff.; *Schmidt*, RDV 2009, S. 193; *Winteler*, in: Taeger/
   Wiebe, Inside the Cloud, S. 469 (471 ff.).
46 Hierzu *Moos*, in: Taeger/Wiebe, Inside the Cloud, S. 79 (85); *Moos*, K&R 2010, S. 166
   (170).
47 BGBl. I, S. 2355; Inkrafttreten: 1.6.2010.
48 Ausführlich hierzu § 29 BDSG Rn. 33.
49 www.cdu.de/doc/pdfc/091024-koalitionsvertrag-cducsu-fdp.pdf.

sonenbezogener Daten im Internet verbessert werden könne. Die Koalition kündigte an, dass das BDSG unter Berücksichtigung der europäischen Rechtsentwicklung lesbarer und verständlicher sowie zukunftsfest und technikneutral ausgestaltet werden solle. Dabei sei die Einwilligung eine wesentliche Säule des informationellen Selbstbestimmungsrechts. Im Verlauf dieser Legislaturperiode ist es bisher jedoch lediglich zum Beschluss der Gründung einer Stiftung Datenschutz durch den Bundestag gekommen,[50] während insbesondere die Diskussion um eine Neuregelung des Beschäftigtendatenschutzes bisher nicht zur Verabschiedung einer gesetzlichen Regelung geführt hat.[51]

4. Stiftung Datenschutz

15 Die Idee einer Stiftung Datenschutz geht zurück auf ein Positionspapier der FDP-Bundestagsfraktion aus dem Jahr 2008[52] und fand Eingang in den Koalitionsvertrag. Die Stiftung Datenschutz sollte hiernach den Auftrag bekommen, Produkte und Dienstleistungen auf Datenschutzfreundlichkeit zu prüfen, die Bildung im Bereich des Datenschutzes zu stärken, den Selbstdatenschutz durch Aufklärung zu verbessern, die Sensibilität und Selbstverantwortung zu stärken und ein Datenschutzaudit zu entwickeln.[53]

16 Auf dieser Grundlage hat der Bundestag am 28.6.2012 mit den Stimmen der Regierungsfraktionen beschlossen, bis zum Oktober 2012 eine Stiftung Datenschutz zu errichten.[54] Nachdem die Datenschutzbeauftragten der Länder am 8.11.2012 beschlossen haben, auf ihre Sitze im Beirat zu verzichten, ist die Zukunft des Projekts ungewiss.

17 Mit der Stiftung Datenschutz soll die Idee einer „(regulierten) Selbstregulierung"[55] verwirklicht werden und den Herausforderungen an einen modernen Datenschutz entsprochen werden. Diese werden insbesondere darin gesehen, dass der Datenschutz auf eine fortschreitende Virtualisierung und Dezentralisierung der Datenverarbeitung im Internet sowie auf einen zunehmend offenherzigen Umgang mit personenbezogenen Daten im Zeitalter webbasierter sozialer Vernetzung reagieren müsse.[56]

18 Der Bundestag hat 10 Mio. Euro Stiftungskapital zur Verfügung gestellt. Zusätzliche Mittel kann die Stiftung Datenschutz aus der Vergabe von Gütesiegeln und Au-

---

50 Hierzu Rn. 15 ff.
51 Hierzu Rn. 23 ff.
52 Positionspapier der FDP-Bundestagsfraktion „Datenschutz im öffentlichen und nicht-öffentlichen Bereich vom 14.10.2008, hierzu *Piltz/Schulz*, RDV 2011, S. 117 (119).
53 Koalitionsvertrag, S. 97 f.
54 Vgl. den hierauf gerichteten gemeinsamen Antrag, BT-Drs. 17/10092.
55 *Piltz/Schulz*, RDV 2011, S. 117 (119).
56 *Piltz/Schulz*, RDV 2011, S. 117 (118).

dits sowie durch Spenden erwirtschaften, soweit hierdurch ihre Unabhängigkeit nicht gefährdet wird.[57]

Die Stiftung Datenschutz soll in der Rechtsform einer gemeinnützigen Stiftung bür- **19** gerlichen Rechts[58] mit Sitz in Leipzig errichtet werden. Ihre Aufgaben liegen insbesondere in der Stärkung des Selbstdatenschutzes durch Aufklärung und Bildungsangebote sowie in der Einführung eines Datenschutzgütesiegels für digitale Anwendungen.[59] Das Gütesiegel soll einen bundeseinheitlichen Zertifizierungsstandard einführen, der vergleichbar dem Testsiegel der Stiftung Warentest für die Nutzer in vertrauenswürdiger Weise über die Datenschutzfreundlichkeit einer Anwendung Auskunft gibt und darüber hinaus für Unternehmen Anreize für einen verbesserten Datenschutz bei Prozessen und Anwendungen schafft.[60]

Die Organe der Stiftung Datenschutz sind der Vorstand, der Verwaltungsrat und der **20** Beirat. Die Satzung soll vorsehen, dass als Mitglieder des Vorstands und des Verwaltungsrats nur solche Personen bestellt werden, bei denen Interessenkonflikte – insbesondere Konflikte mit Unternehmensinteressen – ausgeschlossen sind.[61] Der Vorstand soll im Benehmen mit der Stifterin vom Verwaltungsrat bestimmt werden und der Verwaltungsrat auf Vorschlag des Beirats von der Stifterin ernannt werden. Der Beirat soll pluralistisch besetzt werden und aus Mitgliedern, die von der Stifterin benannt werden sowie Vertreter aus den Bereichen Datenschutz, Wirtschaft und Verbraucherschutz bestehen.

Während die Errichtung der Stiftung Datenschutz insbesondere von der Wirt- **21** schaft[62] und vom Bundesbeauftragten für den Datenschutz und die Informationsfreiheit[63] unterstützt wird, finden sich in der Netzgemeinde und den Aufsichtsbehörden auch kritische Stimmen. So wird bemängelt, dass durch die Angliederung an das Innenressort und die Einbindung der Wirtschaft von dem Ziel der Stärkung des Verbraucherschutzes nicht viel übrig geblieben und die Stiftung ein „zahnloser Tiger" sei.[64] Vorbehalte bestehen auch im Hinblick auf die verfassungsrechtlichen Grenzen der Kompetenzen einer Stiftung Datenschutz. So könne die Stiftung Datenschutz keine Testreihen an Produkten und Dienstleistungen durchführen, soweit sie hiermit in Widerspruch zu verbindlichen Anordnungen der Aufsichtsbehörden

---

57 BT-Drs. 17/10092; Diskussionspapier des Bundesbeauftragten für den Datenschutz und die Informationsfreiheit vom 1.2.2011.

58 Vgl. Diskussionspapier des Bundesbeauftragten für den Datenschutz und die Informationsfreiheit vom 1.2.2011.

59 Vgl. BT-Drs. 17/10092.

60 Hierzu *Piltz/Schulz*, RDV 2011, S. 117 (120 ff.).

61 Diskussionspapier des Bundesbeauftragten für den Datenschutz und die Informationsfreiheit vom 1.2.2011.

62 BITKOM Presseinformation zur Stiftung Datenschutz vom 28.6.2012.

63 Diskussionspapier des Bundesbeauftragten für den Datenschutz und die Informationsfreiheit vom 1.2.2011.

64 http://netzpolitik.org/2012/zahnloser-tiger-regierung-stellt-stiftung-datenschutz-vor/; siehe auch *Weichert*, DuD 2012, S. 230.

nach § 38 BDSG treten kann, da hierdurch der Grundsatz der Länderexecutive gem. Art. 83 GG verletzt würde.[65] Kompetenzkonflikte bestünden auch bei einer Tätigkeit im Zusammenhang mit Bildungsangeboten, da die Gesetzgebungskompetenz hier gem. Art. 70 Abs. 1 GG ausschließlich bei den Ländern liege, sowie bei Aufklärungs- und Informationsaufgaben, da sich die Zuständigkeit nur aus einer Annexkompetenz für die Sachmaterie ergeben könne.[66] Die Stiftung Datenschutz stehe daher auf verfassungsrechtlich unsicherem Boden, sodass besser vorhandene Strukturen gestärkt werden sollten, anstatt eine neue Institution zu schaffen. Jedenfalls sei es aber erforderlich, der Stiftung im Hinblick auf bestehende Zuständigkeiten der Aufsichtsbehörden eine Zurückhaltungspflicht aufzugeben und ihre Zuständigkeit enumerativ festzuschreiben.[67]

22 Die verfassungsrechtliche Kritik an der Stiftung Datenschutz setzt an der heterogenen Kompetenzzuweisung des GG für den Datenschutz an,[68] die zur Folge hat, dass sich eine (Bundes)Stiftung Datenschutz nicht nahtlos in die Kompetenzverteilung zwischen Bund und Ländern, insbesondere im Hinblick auf die Tätigkeit der Aufsichtsbehörden, einfügt. Den Zuständigkeiten der Länder, insbesondere bei der Datenschutzaufsicht, muss daher bei der Ausgestaltung der Kompetenzen der Stiftung Datenschutz Rechnung getragen werden.

5. Beschäftigtendatenschutz

23 Nachdem 2009 im Rahmen der BDSG-Novelle II[69] die Regelung des § 32 BDSG als Provisorium zur Verankerung des Beschäftigtendatenschutzes in das BDSG eingefügt wurde, ohne hiermit eine abschließende Regelung schaffen zu wollen,[70] hat die Diskussion um die Neuregelung des Beschäftigtendatenschutzes bis heute nicht zu einer über § 32 BDSG hinausgehenden gesetzlichen Regelung geführt.[71]

24 Der vom damaligen Bundesminister für Arbeit *Scholz* (SPD) zur Diskussion gestellte Entwurf eines Beschäftigtendatenschutzgesetzes wurde von der SPD-Fraktion am 28.11.2009 als Gesetzentwurf[72] in den Bundestag eingebracht und am 3.12.2009 an den Innenausschuss überwiesen.

25 Auf Grundlage des Eckpunktepapiers des Bundesinnenministeriums vom 31.3.2010 hat die Bundesregierung am 25.8.2010 den Entwurf eines Beschäftigtendatenschutzgesetzes beschlossen und in den Bundestag eingebracht.[73] Nachdem der

---

65 *Wagner*, RDV 2011, S. 229 (230).
66 *Wagner*, RDV 2011, S. 229 (230 f.).
67 *Wagner*, RDV 2011, S. 229 (232 f.).
68 Siehe hierzu Rn. 7 ff.
69 Hierzu Rn. 12.
70 Hierzu *Schmidt*, DuD 2010, S. 207 (208).
71 Hierzu § 32 Rn. 2 f.
72 BT-Drs. 17/69.
73 BT-Drs. 17/4230; hierzu § 32 Rn. 3; *Moos*, K&R 2011, S. 145; *Wybitul*, Handbuch Datenschutz im Unternehmen, Anhang 3.

Bundesrat hierzu Stellung genommen hat,[74] wurde der Entwurf gemeinsam mit einem Entwurf der Fraktion der Grünen[75] in erster Lesung am 25.2.2011 an den federführenden Innenausschuss und die mitberatenden Ausschüsse überwiesen. Im Innenausschuss fand am 23.5.2011 eine Expertenanhörung statt. Anfang Februar 2012 verständigten sich die Regierungsfraktionen über strittige Punkte des Entwurfs, ohne dass dies jedoch zu einem Fortschritt im Gesetzgebungsverfahren geführt hätte. Nachdem es zunächst aussah, als solle die Entwicklung auf europäischer Ebene im Hinblick auf den Entwurf der Kommission für eine EU-DSGVO vom 25.1.2012[76] abgewartet werden,[77] war zuletzt wieder Schwung in das Gesetzgebungsverfahren gekommen.[78] Nach heftiger Kritik u. a. von der Opposition, den Gewerkschaften und Arbeitgeberverbänden[79] wurde die Beratung mehrfach von der Tagesordnung im Innenausschuss und im Plenum des Bundestages gestrichen. Die Bundesregierung hat das Thema im Februar 2013 endgültig zurückgestellt. Ein Gesetz zum Beschäftigtendatenschutz wird es daher frühestens in der nächsten Legislaturperiode geben. Von der europäischen Entwicklung hängt das Schicksal einer deutschen Regelung jedenfalls nicht ab, da die derzeitige Fassung mit Art. 82 EU-DSGVO-E eine Öffnungsklausel für eine nationale Regelung des Beschäftigtendatenschutzes vorsieht.[80]

Der Entwurf enthält unter anderem Regelungen zur Videoüberwachung am Arbeitsplatz, zur Datenverarbeitung zur Aufdeckung von Straftaten sowie zum Zugriff auf Bewerberdaten in Social Networks.[81] **26**

II. Recht auf informationelle Selbstbestimmung

Prägend für die Entwicklung des Datenschutzrechts war neben der Entstehung und **27** der technischen Weiterentwicklung von Datenverarbeitungseinrichtungen das Recht auf informationelle Selbstbestimmung. Das Grundgesetz enthält dieses, im Gegensatz zu Art. 8 der Europäischen Grundrechtscharta, jedoch nicht ausdrücklich. Entscheidend für seine Entwicklung und damit auch für die Entwicklung des Datenschutzrechts wurde daher das Volkszählungsurteil,[82] in dem das BVerfG erst-

---

74 BR-Drs. 535/10.
75 BT-Drs. 17/4853.
76 KOM (2012) 11, hierzu Rn. 56 ff.
77 Für den Abschluss des Gesetzgebungsverfahrens unter Berücksichtigung der Überlegungen der Kommission spricht sich *Gola*, RDV 2012, S. 60 (63) aus.
78 Ein letzter Änderungsvorschlag der Regierungsfraktionen datiert vom 10.1.2013 (Ausschuss-Drs. 17(4)636).
79 Hierzu *Wybitul*, ZD 2013, S. 99 (101 f.).
80 *Wuermeling*, NZA 2012, S. 368 (370), hierzu Rn. 66; *Wybitul/Rauer*, ZD 2012, S. 160 (161).
81 Hierzu ausführlich § 32 Rn. 4 f.
82 BVerfGE 65, 1; Darstellung bei *Buchner*, Informationelle Selbstbestimmung im Privatrecht, S. 30 ff.; *Ehmann*, RDV 1998, S. 235 (240 ff.); *Faber*, RDV 2003, S. 278 (278 ff.).

mals ein solches Recht auf informationelle Selbstbestimmung, als Fallgruppe des allgemeinen Persönlichkeitsrechts aus Art. 2 Abs. 1 i.V.m. Art. 1 Abs. 1 GG und damit ein Grundrecht zum Schutz personenbezogener Daten ableitete. Der Grundrechtscharakter des Rechts auf informationelle Selbstbestimmung wurde in der Folge durch das BVerfG in einer Vielzahl von Entscheidungen betont.[83]

1. Schutzbereich

28 Im Volkszählungsurteil stellte das BVerfG fest, dass es vor dem Hintergrund technischer Entwicklung zunehmend entbehrlich würde, personenbezogene Informationen manuell zusammenzutragen. Diese könnten stattdessen technisch unbegrenzt gespeichert, miteinander verknüpft und zu einem Persönlichkeitsbild zusammengefügt werden und seien schnell abrufbar, ohne dass der Betroffene die Möglichkeit habe, die Richtigkeit der Daten und deren Verwendung zu beeinflussen. Hieraus ergäben sich neue Möglichkeiten der Einsicht- und Einflussnahme, die es zu kontrollieren gelte. Wer nämlich nicht mit hinreichender Sicherheit überschauen könne, welche personenbezogenen Informationen seiner sozialen Umwelt bekannt seien, könne in der Ausübung seiner Selbstbestimmung wesentlich gehemmt sein. Solange der Einzelne nicht in der Lage sei, darüber zu entscheiden, wer über seine personenbezogenen Daten verfügt und zu welchen Zwecken dies erfolgt, laufe Gefahr, die Fähigkeit der Teilnahme am Kommunikationsprozess als Subjekt zu verlieren und zum Informationsobjekt gemacht zu werden.[84] Dies führe insbesondere dazu, dass es kein „belangloses" Datum mehr gebe,[85] sodass die freie Entfaltung der Persönlichkeit unter den Bedingungen moderner Informationstechnologien voraussetze, dass der Einzelne gegen unbegrenzte Erhebung, Speicherung, Verwendung und Weitergabe seiner persönlichen Daten geschützt werde, indem ihm die Befugnis eingeräumt wird, selbst über die Preisgabe und Verwendung seiner personenbezogenen Daten zu bestimmen.[86] Art. 2 Abs. 1 i.V.m. Art. 1 Abs. 1 GG schützt daher das Recht zur Selbstbestimmung darüber, wann und innerhalb welcher Grenzen persönliche Lebenssachverhalte offenbart werden.[87] Dieses Recht auf informationelle Selbstbestimmung erfasst sämtliche Daten mit Personenbezug und betrifft alle Formen ihrer Erhebung und Verwendung.[88] Damit stellt es ein rechtliches Gegengewicht zu sich intensivie-

---

83 BVerfGE 78, 77 (84); BVerfGE 100, 313 (381); BVerfG NJW 2004, 999 (1016); BVerfG NJW 2008, 822 (836); BVerfG NJW 2008, 1505 (1505); *Simitis* leitet das Recht auf informationelle Selbstbestimmung, anders als das BVerfG aus dem regulatorischen Konnex einer Reihe von Grundrechtsartikeln, wie Art. 2 Abs. 1 GG i.V.m. Art. 1 Abs. 1 GG, Art. 5 GG, Art. 8, 9 GG und Art. 10 GG ab, *Simitis*, in: Simitis, BDSG, § 1 Rn. 46.

84 Vgl. *Simitis*, in: Simitis, BDSG, § 1 Rn. 36.

85 BVerfG NJW 1984, 419 (421 f.).

86 BVerfG NJW 1984, 419 (422).

87 BVerfG NJW 1984, 419 (421); BVerfG NJW 1990, 563 (563); *Ehmann*, RDV 1998, S. 235 (239); *Duisberg*, in: Peters/Kersten/Wolfenstetter, S. 243 (247 f.). *Gola/Schomerus*, BDSG, § 1 Rn. 7.

88 *Roßnagel*, RDV 2002, S. 61 (62); *Weichert*, FS Kilian 2004, S. 281 (291).

renden Möglichkeiten der Verarbeitung personenbezogener Daten dar und verschafft dem Betroffenen die Möglichkeit, den Informationsstand seiner Kommunikationspartner über die eigene Person abzuschätzen und eigene Standpunkte als gleichwertiger Kommunikationspartner zu formulieren.[89] In das Recht auf informationelle Selbstbestimmung wird durch jede Erhebung und Verarbeitung personenbezogener Daten eingegriffen, die ohne Einwilligung des Betroffenen vorgenommen werden.[90]

2. Integrität informationstechnischer Systeme

Das BVerfG hat das Recht auf informationelle Selbstbestimmung nach dem Volks- **29** zählungsurteil laufend weiterentwickelt. Bisher letzter Meilenstein dieser Rechtsprechung ist die Entwicklung der Fallgruppe des Rechts auf Integrität informationstechnischer Systeme, um neue Gefährdungen der Persönlichkeit vom Grundrechtsschutz zu erfassen, die durch den wissenschaftlichen und technischen Fortschritt entstehen.[91] Hier schützt das sog. „Computergrundrecht" als subsidiäres Freiheitsrecht vor dem Zugriff auf informationstechnische Systeme. Ein informationstechnisches System besteht aus Hard- und Software sowie aus Daten und dient der Erfassung, Speicherung, Verarbeitung, Übertragung und Anzeige von Informationen und Daten. Erfasst werden hiervon z.B. Personalcomputer, Mobiltelefone und elektronische Terminkalender sowie externe Speichermedien, die mit dem eigentlichen System verbunden sind.[92]

Neben dem Vorliegen eines informationstechnischen Systems ist es für die Eröff- **30** nung des Schutzbereichs erforderlich, dass der Betroffene das System als eigenes nutzt und nach den Umständen davon ausgehen darf, dass er allein oder mit anderen gemeinsam selbstbestimmt über das System verfügt[93] und dem System personenbezogene Daten in einem Umfang anvertraut, die einen Einblick in wesentliche Teile der Lebensgestaltung seiner Person ermöglichen oder ein aussagekräftiges Bild über die Persönlichkeit zulassen[94] und dies in dem Glauben tut, diese Daten seien für unbefugte Dritte unzugänglich.[95]

Die räumliche und thematische Erweiterung des Schutzbereichs der informationel- **31** len Selbstbestimmung soll Gefahren für die Persönlichkeitsentfaltung abwehren, die darin begründet sind, dass Betroffene persönliche Daten in ein informationstechnisches System einstellen oder durch dessen Nutzung automatisch liefern, sodass das System potenziell aussagekräftige Datenbestände enthält, die die Persön-

---

89 *Simitis*, in: Simitis, BDSG, § 1 Rn. 37; *Weichert*, in: Däubler/Klebe/Wedde/Weichert, BDSG, Einl. Rn. 9.
90 *Weichert*, in: Däubler/Klebe/Wedde/Weichert, BDSG, Einl. Rn. 9 ff.
91 BVerfG NJW 2008, 822 (824).
92 *Hornung*, CR 2008, S. 299 (303); *Stögmüller*, CR 2008, S. 435 (436).
93 BVerfG NJW 2008, 822 (827).
94 BVerfG NJW 2008, 822 (827); *Kutscha*, DuD 2012, S. 391; *Schulz*, DuD 2012, S. 395.
95 *Holznagel/Schumacher*, MMR 2009, S. 3 (4); *Luch*, MMR 2011, S. 75 (76).

lichkeit des Betroffenen berühren und so die Funktion eines „ausgelagerten Gehirns" oder einer „ausgelagerten Psyche" erhält.[96] Hinzu tritt die zunehmende Vernetzung, die neben neuen Nutzungsmöglichkeiten auch neue Gefährdungen für die Persönlichkeitsentfaltung mit sich bringt,[97] die der Einzelne nur eingeschränkt wahrnehmen und vor denen sich zumindest der durchschnittliche Nutzer nur bedingt schützen kann.[98] Nicht erst die in den klassischen Schutzbereich der informationellen Selbstbestimmung fallende tatsächliche Erhebung, sondern schon das Eindringen in dieses System und die Verschaffung einer Zugriffsmöglichkeit auf potenziell sehr aussagekräftige Datenbestände bedroht die freie Persönlichkeitsentfaltung und ist von dem „neuen Grundrecht" geschützt.[99]

32 Ein Eingriff in das Grundrecht auf Integrität informationstechnischer Systeme ist gegeben, wenn zielgerichtet auf das System zugegriffen wird, sodass dessen Leistungen, Funktionen und Speicherinhalte durch Dritte genutzt werden können und deren Vertraulichkeit oder Integrität beeinträchtigt ist, ohne dass es auf den hierfür erforderlichen Aufwand ankommt.[100]

3. Einschränkung der informationellen Selbstbestimmung

33 Das Recht auf informationelle Selbstbestimmung bewegt sich in einem Spannungsfeld, das von den Interessen des Individuums an der Verfügungsgewalt über seine personenbezogenen Daten sowie den Interessen seiner sozialen Umwelt an der Nutzung dieser Daten geprägt wird. Diese Interessen Dritter sind typischerweise auf die Zugänglichkeit von Information gerichtet[101] und neben dem Betroffenenschutz bei der Ausgestaltung des Datenschutzrechts angemessen zu berücksichtigen. Für die rechtliche Bewertung des Spannungsfeldes zwischen dem Interesse an der Geheimhaltung von Information und dem Interesse an deren Zugänglichkeit ist auch zu beachten, dass dem Betroffenen nicht immer damit geholfen ist, wenn andere möglichst wenig über ihn wissen. Als Intimperson auf der einen und Sozialperson auf der anderen Seite hat er vielmehr eine ambivalente Interessensausrichtung. Als Individuum und Intimperson strebt der Betroffene nämlich typischerweise danach, bestimmte Informationen zu seiner Person vor anderen zu verbergen. Als Sozialperson hingegen ist er an Kommunikation und dem Austausch von Informationen, auch zu seiner Person, mit seiner Umwelt interessiert.[102] Diese Interessenambivalenz ist auch für die Bestimmung des Schutzes durch das Recht auf informationelle Selbstbestimmung und seine Einschränkbarkeit prägend. Als Abbild sozialer Realität, unter Berücksichtigung der Angewiesenheit des Individuums auf die Kommuni-

---

96 *Hoffmann-Riem*, JZ 2008, S. 1009 (1012).
97 BVerfG NJW 2008, 822 (824).
98 BVerfG NJW 2008, 822 (825).
99 BVerfG NJW 2008, 822 (826); *Schneider/Härting*, ZD 2012, S. 63 (68).
100 BVerfG NJW 2008, 822 (827); *Bartsch*, CR 2008, S. 613 (615).
101 *Bull*, NJW 2006, S. 1617 (1622 f.); *Schneider/Härting*, ZD 2012, S. 199 (200).
102 *Ehmann*, RDV 1998, S. 235 (236); *Hohmann-Dennhardt*, NJW 2006, S. 545 (547).

kation mit seiner sozialen Umwelt, kann das Recht auf informationelle Selbstbestimmung daher nicht als absolute Verfügungsbefugnis des Einzelnen über seine personenbezogenen Daten im Sinne eines absoluten, nicht einschränkbaren Herrschaftsrechts des Betroffenen über seine Daten verstanden werden und schrankenlos gewährleistet sein.[103] Informationelle Selbstbestimmung ist vielmehr ein Mitbestimmungsrecht des Betroffenen über die Verwendung seiner Daten im Rahmen der verfassungsmäßigen Ordnung.

Einschränkungen des Rechts auf informationelle Selbstbestimmung durch ein Gesetz sind nur im überwiegenden Allgemeininteresse zulässig.[104] Im Allgemeininteresse kann die Verarbeitung personenbezogener Daten insbesondere dann liegen, wenn hierdurch grundrechtlich geschützten Informationsrechten Dritter zur Geltung verholfen wird.[105] Informationsinteressen der Allgemeinheit erhalten in diesem Zusammenhang Relevanz, wenn sie der Ausübung grundrechtlicher Freiheiten dienen.[106] Dies ist etwa bei der Berufung von Religionsgemeinschaften auf ihre Glaubens- und Bekenntnisfreiheit gem. Art. 4 GG, für den Zugriff auf Daten aus Melderegistern, relevant. Auch die Berufung auf die Meinungsfreiheit (Art. 5 GG) kann die informationelle Selbstbestimmung einschränken, wenn personenbezogene Daten Gegenstand einer Meinungsäußerung sind oder ihre Nutzung für diese erforderlich ist. Gleiches gilt für die Verarbeitung personenbezogener Daten bei der Ausübung der Versammlungsfreiheit gem. Art. 8 GG. Direkt erfasst wird die Freiheit des Informationszugangs auch von der allgemeinen Handlungsfreiheit gem. Art. 2 Abs. 1 GG.[107] Die Nutzung personenbezogener Daten hat auch als Wirtschaftsgut Relevanz und ist daher potenziell vom Schutzbereich von Art. 14 GG erfasst. So hängen z. B. Massenmedien und die Werbewirtschaft, aber auch die Forschung wesentlich von der Verarbeitung personenbezogener Daten ab.[108]

34

Der Grundrechtsschutz Dritter rechtfertigt jedoch nicht die generelle Zurückdrängung des Schutzbereichs der informationellen Selbstbestimmung, sondern kann deren Einschränkung nur in spezifischen Verarbeitungssituationen rechtfertigen.[109] Hieraus folgt, dass zur Einschränkung des Grundrechts ein allgemeiner Hinweis auf das Bestehen von Allgemeinwohlinteressen oder dessen bloße Umschreibung nicht hinreichend ist. Erforderlich ist vielmehr, dass das Informationsbedürfnis der Allgemeinheit spezifisch und nachvollziehbar dargelegt ist und begründet wird,

35

---

103 BVerfG NJW 1984, 419 (422); *Giesen*, JZ 2007, S. 918 (918 f.); *Simitis*, in: Simitis, BDSG, § 1 Rn. 86.
104 BVerfG NJW 1984, 419 (422); *Ambs*, in: Erbs/Kohlhaas, BDSG, § 1 Rn. 6; *Bergmann/Möhrle/Herb*, BDSG, § 1 Rn. 8; *Durner*, JuS 2006, S. 213 (214).
105 *Simitis*, in: Simitis, BDSG, § 1 Rn. 90.
106 Hierzu *Buchner*, Informationelle Selbstbestimmung im Privatrecht, S. 60 ff.
107 *Giesen*, JZ 2007, S. 918 (918).
108 *Giesen*, JZ 2007, S. 918 (919); *Hupertz/Ohrmann*, CR 2011, S. 449.
109 *Simitis*, in: Simitis, BDSG, § 1 Rn. 91 ff.

warum die Informationserwartung der Allgemeinheit im Einzelfall das Recht der Selbstbestimmung über personenbezogene Informationen des Betroffenen zurückdrängt.[110]

36 Darüber hinaus bedarf die Einschränkung des informationellen Selbstbestimmungsrechts gem. Art. 2 Abs. 1 GG einer verfassungsmäßigen, gesetzlichen Ermächtigung.[111] Diese Anforderung erfüllen insbesondere lediglich nach innen wirkende Verwaltungsvorschriften nicht.[112] Eine gesetzliche Ermächtigungsgrundlage muss auch dem Gebot der Normenklarheit entsprechen, was voraussetzt, dass sich aus ihr in nachvollziehbarer Weise die Voraussetzungen der Datenverarbeitung, des Ablaufs der Verarbeitung sowie dessen Umfang und Beschränkungen ergeben.[113] Hierbei gilt der Grundsatz, dass eine Eingriffsbefugnis umso konkreter ausgestaltet werden muss, je eingriffsintensiver sie ist. Die bloß indirekt erkennbare Intention der Datenverarbeitung kann die Beschränkung der informationellen Selbstbestimmung jedoch selbst bei geringerer Eingriffsintensität nicht legitimieren. Gleiches gilt für bloße Aufgabenbeschreibungen, die keinen konkret herausgearbeiteten Bezug zur Datenverarbeitung aufweisen.[114] Dem Gebot der Normenklarheit kann der Gesetzgeber daher nicht mit der Schaffung einer datenschutzrechtlichen Generalklausel als Erlaubnistatbestand entsprechen, sondern nur durch ein Konzept bereichsspezifischer Datenschutzregelungen.[115]

37 Bereits das erste BDSG ist für seine mangelnde Normenklarheit kritisiert worden,[116] und auch an der heutigen Fassung wird noch bemängelt, das BDSG habe einen zu hohen Abstraktionsgrad und enthalte zu viele unbestimmte Rechtsbegriffe.[117] Allgemein gefasste Eingriffsermächtigungen im BDSG können und müssen aufgrund der konzeptionell bedingten Auffangfunktion des BDSG jedoch bis zu einer gewissen Eingriffsintensität hingenommen werden,[118] soweit der Gesetzgeber die Voraussetzungen und Grenzen für intensivere Eingriffe in das Recht auf informationelle Selbstbestimmung im besonderen Datenschutzrecht regelt.

---

110 *Simitis*, in: Simitis, BDSG, § 1 Rn. 87 f.; *Weichert*, in: Däubler/Klebe/Wedde/Weichert, BDSG, Einl. Rn. 16 ff.

111 BVerfG NJW 1984, 419 (422); *Durner*, JuS 2006, S. 213 (214); *Wybitul*, Handbuch Datenschutz im Unternehmen, Rn. 5.

112 *Simitis*, in: Simitis, BDSG, § 1 Rn. 98; *Weichert*, in: Däubler/Klebe/Wedde/Weichert, BDSG, Einl. Rn. 19.

113 BVerfG NJW 1984, 419 (422); BVerfG NJW 1991, 2129 (2132); *Ambs*, in: Erbs/Kohlhaas, BDSG, § 1 Rn. 6; *Durner*, JuS 2006, S. 213 (214); *Simitis*, in: Simitis, BDSG, § 1 Rn. 100.

114 *Simitis*, in: Simitis, BDSG, § 1 Rn. 102.

115 *Simitis*, in: Simitis, BDSG, § 1 Rn. 107; *Wybitul*, Handbuch Datenschutz im Unternehmen, Rn. 5.

116 *Denninger*, ZRP 1981, S. 231 (235); *Heussner*, in: FS Wannagat, S. 173 (186); *Sasse*, in: FS Mallmann, S. 213 (224 f.); *Simitis*, in: Simitis, BDSG, § 1 Rn. 109.

117 *Simitis*, in: Simitis, BDSG, § 1 Rn. 109; *Wybitul*, Handbuch Datenschutz im Unternehmen, Rn. 14.

118 *Simitis*, in: Simitis, BDSG, § 1 Rn. 111.

Für die Datenverarbeitung durch öffentliche Stellen folgt aus dem Gebot der Nor- **38**
menklarheit, dass die Datenverarbeitung nicht auf eine generalklauselartige Ermächtigung gestützt werden kann, was anschaulich durch die Bezeichnung der
„Amtshilfefestigkeit"[119] der informationellen Selbstbestimmung durch das BVerfG
umschrieben wird. Dies gilt im Grundsatz auch für nicht-öffentliche Stellen, für die
eine Datenverarbeitung ohne die Einwilligung des Betroffenen ebenfalls nur aufgrund einer ausdrücklichen gesetzlichen Ermächtigung gestattet ist, was § 4 Abs. 1
BDSG einfachgesetzlich regelt.[120]

Die gesetzliche Ermächtigung muss darüber hinaus auch dem Grundsatz der Ver- **39**
hältnismäßigkeit genügen;[121] so darf der Gesetzgeber die Datenverarbeitung nur gestatten, wenn sie zur Erreichung des angestrebten Zwecks geeignet, erforderlich
und angemessen ist. Er hat daher den Eingriff in die informationelle Selbstbestimmung für den Betroffenen möglichst schonend zu gestalten.[122] Die gleiche Verantwortung trifft auch den Normanwender bei der Umsetzung der datenschutzrechtlichen Erlaubnisnorm. Für die Zulässigkeit der Einschränkung des Persönlichkeitsrechts im Hinblick auf die Verhältnismäßigkeit differenzierte das BVerfG
ursprünglich zwischen drei Sphären, die sich nach der Tiefe des Eindringens in den
privaten Lebensbereich des Betroffenen unterscheiden lassen.

So wurde schon vor dem Volkszählungsurteil, in der Mikrozensus-Entscheidung[123] **40**
durch das BVerfG auf die Unverletzlichkeit der Intimsphäre hingewiesen. Diese
schützt den „Innenraum" der Persönlichkeit, in dem sich der Einzelne „selbst besitzt"
und „in den er sich zurückziehen kann, zu dem die Umwelt keinen Zutritt hat, in dem
man in Ruhe gelassen wird und ein Recht auf Einsamkeit genießt".[124] Der Intimsphäre sind der Außenwelt unzugängliche Informationen zuzuordnen, die von Natur aus
Geheimnischarakter haben.[125] Die Intimsphäre genießt als Ausprägung der Men-
schenwürdegarantie (Art. 1 Abs. 1 GG) absoluten Schutz. Eingriffe sind selbst zur
Wahrung schwerwiegender Interessen des Allgemeinwohls nicht gerechtfertigt.[126]

Die Intimsphäre wird von der Privatsphäre umgeben. Sie schützt die private Entfal- **41**
tung der Persönlichkeit und ist im Gegensatz zur Öffentlichkeit zu verstehen, als
ein nach außen erkennbar abgegrenzter Bereich des Einzelnen,[127] „in dem er allein

---

119 BVerfG NJW 1984, 419 (422); BVerfG NJW 1991, 2129 (2132).
120 Vgl. § 4 BDSG Rn. 15.
121 BVerfG NJW 1984, 419 (422); *Durner*, JuS 2006, S. 213 (214); *Simitis*, in: Simitis,
   BDSG, § 1 Rn. 106.
122 *Simitis*, in: Simitis, BDSG, § 1 Rn. 106; *Wybitul*, Handbuch Datenschutz im Unternehmen, Rn. 5 f.
123 BVerfG NJW 1969, 1707.
124 BVerfG NJW 1969, 1707 (1707).
125 BVerfG NJW 1969, 1707 (1707).
126 BVerfG NJW 1973, 891 (891); BVerfG NJW 1990, 563 (563); *Dietrich/Schmidt*, ErfK,
   GG, Art. 2 Rn. 60.
127 *Tinnefeld/Ehmann/Gerling*, Einführung in das Datenschutzrecht, S. 140.

zu bleiben, seine Entscheidungen in eigener Verantwortung zu treffen und von Eingriffen jeder Art nicht behelligt zu werden wünscht".[128] Ob ein Sachverhalt dem unantastbaren Kernbereich privater Lebensgestaltung oder dem Bereich privater Lebensgestaltung zuzuordnen ist, hängt von der Art und Intensität eines sozialen Bezugs der Information zur privaten Umwelt des Betroffenen ab und ist unter Berücksichtigung der Besonderheiten des Einzelfalls zu bestimmen.[129]

42 Den äußeren Schutzbereich des Persönlichkeitsrechts bildet die Sozialsphäre. Sie umfasst die Teilnahme des Einzelnen am öffentlichen Leben. Ihr sind solche Informationen zuzuordnen, die für die Allgemeinheit frei zugänglich sind. Auch Daten aus der Sozialsphäre sind vom Grundrechtsschutz der informationellen Selbstbestimmung erfasst.[130]

43 Die Sphärentheorie ist starker Kritik ausgesetzt.[131] Bemängelt wird hieran insbesondere, dass eine klare Abgrenzung zwischen den Sphären nicht möglich sei.[132] Heute gilt die Sphärentheorie für das Recht auf informationelle Selbstbestimmung weitgehend als überholt,[133] da das BVerfG den Schutz einer Information seit dem Volkszählungsurteil nicht mehr von der Zuordnung zu einer Sphäre abhängig macht und davon ausgeht, dass es wegen der technisch möglichen Verknüpfung einzelner Daten kein „belangloses Datum" mehr gebe. Es komme daher nicht darauf an, ob Daten einer „äußeren" oder „inneren" Sphäre zuzurechnen seien, sondern allein darauf, ob die Belastung des Einzelnen mit dem Verhältnismäßigkeitsprinzip vereinbar ist.[134]

44 Aus diesem Umstand ist jedoch nicht der Schluss zu ziehen, dass die Sensitivität der Daten für die Frage nach dem Schutz vor ihrer Verarbeitung belanglos wäre. Aus der Feststellung, dass es kein belangloses Datum mehr gebe, lässt sich nämlich nur der Schluss ziehen, dass auch der Zugriff auf vermeintlich harmlose Daten, insbesondere solcher aus der Sozialsphäre, aufgrund der möglichen Verknüpfung mit anderen Daten einen unverhältnismäßigen Eingriff in das Persönlichkeitsrecht bedeuten kann. Der Schluss, dass es für den Zugriff auf Daten aus der Privat- oder Intimsphäre keine erhöhte Rechtfertigungslast mehr gebe, lässt sich hingegen nicht ziehen. So gilt weiterhin der absolute Schutz der Intimsphäre vor staatlichem Zu-

---

128 BVerfG GRUR 1974, 45 (47).
129 BVerfGE 34, 238 (248); BVerfG NJW 1990, 563.
130 BVerfG NJW 2008, 1505 (1506).
131 *Albers*, Informationelle Selbstbestimmung, S. 208 ff.; *Dreier*, in: Dreier, GG, Art. 2 I Rn. 87 f.; *Kunig*, in: v. Münch/Kunig, GG, Art. 2 Rn. 41; *Murswieck*, in: Sachs, GG, Art. 2 Rn. 105; *Simon/Taeger*, Rasterfahndung, S. 36 f.
132 *Dreier*, in: Dreier, GG, Art. 2 I Rn. 87 f.; *Kunig*, in: v. Münch/Kunig, GG, Art. 2 Rn. 41; *Murswieck*, in: Sachs, GG, Art. 2 Rn. 105.
133 *Dietrich/Schmidt*, in: ErfK, GG, Art. 2 Rn. 64; *Dreier*, in: Dreier, GG, Art. 2 I Rn. 88; *Murswieck*, in: Sachs, GG, Art. 2 Rn. 106; *Weichert*, in: Däubler/Klebe/Wedde/Weichert, BDSG, Einl. Rn. 11.
134 *Dietrich/Schmidt*, in: ErfK, GG, Art. 2 Rn. 64; *Dreier*, in: Dreier, GG, Art. 2 I Rn. 88; *Murswieck*, in: Sachs, GG, Art. 2 Rn. 106.

griff,[135] aus dem sich ein Verbot der Verarbeitung ihr zuzuordnender Daten für öffentliche Stellen und aufgrund der mittelbaren Drittwirkung der Grundrechte[136] auch für private Stellen ergibt. Auch für die Verarbeitung von Daten außerhalb der Intimsphäre können die Kriterien der Sphärentheorie für eine Groborientierung berücksichtigt werden.[137] Die Zuordnung zu einer Sphäre kann die Betrachtung des Verarbeitungszusammenhangs jedoch nicht ersetzen, da es per se belanglose Daten nicht mehr gibt.[138] Der Verarbeitungszusammenhang wird bestimmt durch die Zwecke, die mit einer Datenverarbeitung verfolgt werden. Es gilt der Grundsatz, dass durch den Schutz hochwertiger Interessen weitergehende Eingriffsbefugnisse gerechtfertigt werden können. Dabei ist auch der Umfang verwendeter Daten zu berücksichtigen. Mit steigender Zahl verwendeter Daten ergeben sich somit erschwerte Eingriffsvoraussetzungen. Eine absolute Zulässigkeitsgrenze ergibt sich, wenn der Umfang einer Datenverarbeitung die Bildung vollständiger Persönlichkeitsprofile ermöglicht.[139] Auch die Zahl von der Datenverarbeitung betroffener Personen ist im Rahmen der Verhältnismäßigkeitsprüfung zu berücksichtigen. So kann sich die Nutzung von Daten vieler Personen z. B. im Rahmen von Massenscreenings[140] im Rahmen der Verhältnismäßigkeitsprüfung erschwerend auf die Rechtfertigung der Datenverarbeitung auswirken, insbesondere, wenn viele Unbeteiligte von der Maßnahme betroffen sind.[141]

4. Bedeutung für das Datenschutzrecht

Das informationelle Selbstbestimmungsrecht bindet zunächst den Gesetzgeber. **45** Dieser ist gem. Art. 1 Abs. 1 Satz 2 GG zur Achtung der Menschenwürde verpflichtet, aus der sich insbesondere die herausgehobene Schutzwürdigkeit der Intimsphäre ergibt. Diese ist bei der Gestaltung des Datenschutzrechts zu beachten und bildet die äußerste Grenze der Ausgestaltung von Eingriffsvorbehalten. Aber auch über die Gewährleistung der Menschenwürde hinaus ist der Gesetzgeber gem. Art. 1 Abs. 3 GG zur Beachtung der Grundrechte verpflichtet, sodass auch die Wahrung und die Durchsetzung des Rechts auf informationelle Selbstbestimmung im Übrigen für ihn zur verbindlichen Handlungsvorgabe wird. Hieraus ergibt sich für den Gesetzgeber das Gebot zur Abwehr von Gefahren für das informationelle Selbstbestimmungsrecht durch die Datenverarbeitung von öffentlichen, aber auch privaten

---

135 Vgl. BVerfG NJW 1990, 563.
136 Hierzu ausführlich *Dreier*, in: Dreier, GG, Vorb. Rn. 96 ff.
137 *Dreier*, in: Dreier, GG, Art. 2 I Rn. 88.
138 BVerfG NJW 1984, 419 (421 f.).
139 BVerfG NJW 1969, 1707 (1707).
140 Hierzu *Kock/Francke*, ArbRB 2009, S. 110; *Kock/Francke*, NZA 2009, S. 646; *Winteler*, in: Taeger/Wiebe, Inside the Cloud, S. 469 (474); *Wybitul*, BB 2009, S. 1582.
141 *Kock/Francke*, NZA 2009, S. 646 (648); *Schmidt*, RDV 2009, S. 193 (198 f.); a. A. offenbar *Diller*, BB 2009, S. 438 (439 f.).

Stellen.[142] Zudem muss er sicherstellen, dass Einschränkungen des Rechts auf informationelle Selbstbestimmung nur erfolgen, soweit sie zur Wahrung der Rechte anderer erforderlich sind und sie den Anforderungen der verfassungsmäßigen Ordnung entsprechen. Insbesondere ergeben sich daraus das Gebot der Normenklarheit und die Pflicht zur Beachtung des Verhältnismäßigkeitsgrundsatzes.[143]

46 Das Gebot der Normenklarheit erfordert, dass aus der datenschutzrechtlichen Eingriffsermächtigung für den Betroffenen die Voraussetzungen der Datenerhebung, dessen Umfang sowie die Grenzen erkennbar sind.[144] Völlig unbestimmte Generalklauseln sind als Eingriffsermächtigung daher nicht zulässig. Aus der Pflicht zur Beachtung des Verhältnismäßigkeitsgrundsatzes ergibt sich, dass die Eingriffsermächtigung zur Zweckerreichung geeignet, erforderlich und angemessen sein muss.[145] Datenschutzrechtliche Eingriffsermächtigungen sind daher nur in Ausnahmefällen rechtmäßig, wenn sie zur Verarbeitung von Daten aus der Intimsphäre ermächtigen. Für Eingriffe in das informationelle Selbstbestimmungsrecht im Übrigen sind die Gesamtumstände der Datenverarbeitung zu berücksichtigen.

47 Über diese direkte Einwirkung auf die Gestaltung des Datenschutzrechts hinaus sind die Implikationen des Rechts auf informationelle Selbstbestimmung aber auch für den Vorgang der Anwendung datenschutzrechtlicher Erlaubnistatbestände zu berücksichtigen. Hierbei ist zwischen der Auswirkung des Rechts auf informationelle Selbstbestimmung im öffentlichen und im nicht-öffentlichen Bereich zu differenzieren. Bei der Datenverarbeitung durch die Verwaltung ergibt sich für diese, vergleichbar dem Gesetzgeber, eine direkte Verpflichtung zur Achtung der Menschenwürde aus Art. 1 Abs. 1 Satz 2 GG und aus Art. 1 Abs. 3 GG sowie eine Verpflichtung zur Beachtung der Grundrechte im Übrigen. Die Verwaltung hat folglich das Recht auf informationelle Selbstbestimmung bei der Datenverarbeitung zu beachten, indem sie gesetzliche Erlaubnistatbestände im Lichte der informationellen Selbstbestimmung auslegt, aber auch, indem sie unabhängig von der Erfüllung der Voraussetzungen des Erlaubnistatbestands prüft, ob die Datenverarbeitung im Einzelfall einen unverhältnismäßigen Eingriff in das Recht des Betroffenen auf informationelle Selbstbestimmung bedeutet.

48 Art. 1 Abs. 1 Satz 2 GG und Art. 1 Abs. 3 GG verpflichten direkt nur die staatliche Gewalt. Grundrechte enthalten darüber hinaus objektive Wertentscheidungen, die aufgrund ihrer mittelbaren Drittwirkung von Privaten zu beachten sind.[146] Einbruchstellen dieser Wertung sind insbesondere, aber nicht ausschließlich, General-

---

142 BVerfG MMR 2007, 93 (93); vgl. auch *Buchner*, Informationelle Selbstbestimmung im Privatrecht, S. 51.
143 BVerfG NJW 1984, 419 (422); *Simitis*, in: Simitis, BDSG, § 1 Rn. 48; *Tinnefeld/Ehmann/Gerling*, Einführung in das Datenschutzrecht, S. 149.
144 BVerfG NJW 1984, 419 (422).
145 *Tinnefeld/Ehmann/Gerling*, Einführung in das Datenschutzrecht, S. 149.
146 BVerfG NJW 1958, 257 (257); *Dreier*, in: Dreier, GG, Vorb. Rn. 96 ff.; *Murswiek*, in: Sachs, GG, Art. 2 Rn. 37; *Schneider/Härting*, ZD 2012, S. 63 (64).

klauseln und unbestimmte Rechtsbegriffe.[147] Auch bei der Datenverarbeitung durch nicht-öffentliche Stellen sind die Wertungen des Rechts auf informationelle Selbstbestimmung daher zu berücksichtigen. Als „Einbruchstellen" lassen sich unbestimmte Rechtsbegriffe in den datenschutzrechtlichen Ermächtigungsnormen, aber auch die Zweckbestimmung in § 1 Abs. 1 BDSG identifizieren.

Auch nicht-öffentliche Stellen haben daher das Recht auf informationelle Selbstbestimmung der Betroffenen bei der Datenverarbeitung zu wahren. Insbesondere ergibt sich daraus, dass sie Daten aus der Intimsphäre nur in Ausnahmefällen und unter Beachtung strenger Anforderungen an die Verhältnismäßigkeitsprüfung verarbeiten dürfen sowie das Gebot, Daten aus der Privat- und Sozialsphäre nur zu verarbeiten, wenn der Grundsatz der Verhältnismäßigkeit gewahrt ist, wobei sich für die Verarbeitung von Daten aus der Privatsphäre im Vergleich zur Sozialsphäre erhöhte Anforderungen ergeben. Dieser Wertung wird durch die Definition besonderer Arten personenbezogener Daten in § 3 Abs. 9 BDSG Rechnung getragen, für die sich ein besonderer Schutz ergibt, etwa durch gesteigerte Anforderungen an die Einwilligung gem. § 4a Abs. 3 BDSG.   **49**

Die informationelle Selbstbestimmung ist daher Maßstab und Grundlage für die rechtliche Bewertung jeder Datenverarbeitung. Daraus folgende Rechte des Betroffen bestehen unabhängig von gesetzlichen Vorschriften, wenn sie sich aus dem Recht auf informationelle Selbstbestimmung ergeben.[148]   **50**

III. Europäisches Datenschutzrecht

Noch Anfang der 1990er Jahre differierte das Datenschutzniveau innerhalb der Europäischen Union erheblich und wurde damit ein Hindernis für den innereuropäischen Handel.[149] Dies war Anlass für den europäischen Gesetzgeber, den Schutz personenbezogener Daten in der EG-DSRl[150] zu regeln.[151]   **51**

1. Regelungsintention

Die EG-DSRl sollte in einem Rechtsakt die Grundsätze zum Schutz personenbezogener Daten so zusammenzufassen, dass dieser als Grundlage der Normierung des Datenschutzrechts in den Mitgliedstaaten dienen konnte,[152] um das Datenschutz-   **52**

---

147 BVerfG NJW 1958, 257 (257).
148 *Simitis*, in: Simitis, BDSG, § 1 Rn. 48.
149 *Zilkens*, RDV 2007, S. 196 (196); *Weichert*, in: Däubler/Klebe/Wedde/Weichert, BDSG, Einl. Rn. 76.
150 Richtlinie zum Schutz natürlicher Personen bei der Verarbeitung personenbezogener Daten und zum freien Datenverkehr, RL 95/46 EG.
151 *Westphal*, in: Bauer/Reimer, Handbuch Datenschutzrecht, S. 53 (56); *Brühann*, RDV 1996, S. 12 (12); *Weichert*, in: Däubler/Klebe/Wedde/Weichert, BDSG, Einl. Rn. 76.
152 *Brühann*, RDV 1996, S. 12 (13).

recht auf möglichst hohem Niveau zu vereinheitlichen.[153] Zu diesem Zweck ordnet die EG-DSRl in Erwägungsgrund 10 an, dass ihre Umsetzung nicht zu einer Absenkung des Schutzniveaus in einem Mitgliedstaat führen darf. Die EG-DSRl strebt eine umfassende, aber nicht lückenlose Harmonisierung des Datenschutzrechts in der Europäischen Union und den Abbau rechtlicher Hindernisse für den freien Datenverkehr an (Erwägungsgrund 7).[154] Die Rechtsprechung des EuGH soll bekräftigt haben, dass die EG-DSRl nicht nur einen Mindeststandard schafft, sondern eine Vollharmonisierung des Datenschutzes gewährleisten will.[155] Die Normierung des Datenschutzrechts erfolgte in Ergänzung zur EG-DSRl auf europäischer Ebene durch weitere Richtlinien, wie die Datenschutzrichtlinie für elektronische Kommunikation,[156] die Richtlinie über die Vorratsdatenspeicherung[157] und die Cookie-Richtlinie.[158]

2. Konzeption der Datenschutzrichtlinie im Vergleich zum BDSG

53 Unterschiede der EG-DSRl zur deutschen Datenschutzkonzeption bestehen unter anderem in der fehlenden Differenzierung zwischen der Datenverarbeitung durch öffentliche und nicht-öffentliche Stellen. Dies steht der Differenzierung zwischen Regeln des Datenschutzes für öffentliche und private Stellen im deutschen Recht jedoch nicht entgegen,[159] wie sie das BDSG mit §§ 12 ff. und §§ 27 ff. vorsieht. Die EG-DSRl differenziert auch nicht zwischen der verwendeten Technologie und er-

---

153 *Zilkens*, RDV 2007, S. 196 (196).
154 *Tinnefeld/Ehmann/Gerling*, Einführung in das Datenschutzrecht, S. 123.
155 Vgl. zuletzt EuGH, Urt. v. 24.11.2011, C-468/10, ZD 2012, 33 = K&R 2012, 40 m. Anm. *Lang* = DuD 2012, 370 = RDV 2012, 22 = CR 2012, 29 m. Anm. *Freund*. Vgl. auch *Abel*, DSB 2012, S. 31; *Drewes*, ZD 2012, S. 115; *Kahler*, RDV 2012, S. 167; *Wuermeling*, NZA 2012, S. 368; *Diedrich*, CR 2013, S. 408; *Kühling*, EuZW 2012, S. 281; *Schaffland/ Wiltfang*, BDSG, § 28 Rn. 130a. Zu Recht differenzierender *Riesenhuber*, RdA 2011, S. 257 (262 f.), sowie *Höhne*, AnwZert ITR 3/2012, Anm. 3.
156 Richtlinie 2002/58/EG des Europäischen Parlaments und des Rates vom 12.7.2002 über die Verarbeitung personenbezogener Daten und den Schutz der Privatsphäre in der elektronischen Kommunikation (Datenschutzrichtlinie für elektronische Kommunikation); Darstellung bei *Gola/Klug*, Grundzüge des Datenschutzrechts, S. 26 ff.
157 Richtlinie 2006/24/EG des Europäischen Parlaments und des Rates vom 15.3.2006 über die Vorratsspeicherung von Daten, die bei der Bereitstellung öffentlich zugänglicher elektronischer Kommunikationsdienste erzeugt oder verarbeitet werden, und zur Änderung der Richtlinie 2002/58/EG.
158 Richtlinie 2009/136/EG des Europäischen Parlaments und des Rates vom 25. November 2009 zur Änderung der Richtlinie 2002/22/EG über den Universaldienst und Nutzerrechte bei elektronischen Kommunikationsnetzen und -diensten, der Richtlinie 2002/58/EG über die Verarbeitung personenbezogener Daten und den Schutz der Privatsphäre in der elektronischen Kommunikation und der Verordnung (EG) Nr. 2006/2004 über die Zusammenarbeit im Verbraucherschutz Text von Bedeutung für den EWR.
159 *Ehmann*, RDV 1999, S. 12 (15 f.).

fasst automatisierte und nicht automatisierte Verarbeitung im gleichen Maße.[160] Ferner liegt ihr ein umfassender Begriff der Datenverarbeitung zugrunde, der auch die Datenerhebung und -nutzung umfasst.[161] Dieser umfassende Begriff der Datenverarbeitung wird heute in § 3 Abs. 4 BDSG auch für das BDSG zugrunde gelegt.[162] Die EG-DSRl knüpft im Übrigen an die Grundsätze des Datenschutzes nach der Datenschutzkonvention des Europarates an,[163] die auch in Deutschland bereits Bestandteil der Konzeption des Datenschutzrechts gewesen sind, sodass davon auszugehen war, dass die Umsetzung der EG-DSRl keine Neukonzeption des Datenschutzes erforderlich machte, sondern vergleichsweise einfach und schnell umgesetzt werden konnte.[164]

3. Umsetzung der Datenschutzrichtlinie

Neben den grundrechtlichen Vorgaben zum Schutz personenbezogener Daten war   **54** die Umsetzung der EG-DSRl prägend für die Entwicklung des Datenschutzrechts in Deutschland. Sie war gemäß Art. 32 Abs. 1 EG-DSRl bis zum 24.10.1998 vorzunehmen, zog sich jedoch, zum einen bedingt durch das Ende der Legislaturperiode, zum anderen durch die Forderung nach einer grundlegenden Modernisierung des Datenschutzrechts im Rahmen der anstehenden BDSG-Novelle, in die Länge und erfolgte im Jahr 2001,[165] zweieinhalb Jahre nach Ablauf der Umsetzungsfrist und erst nach der Einleitung eines Vertragsverletzungsverfahrens durch die Europäische Kommission.[166] Bei der Umsetzung beschränkte sich der Gesetzgeber nicht zuletzt aufgrund des Zeitdrucks weitgehend auf die Umsetzung der EG-DSRl.[167] Es wurden hierbei aber auch Grundsätze eines modernen Datenschutzrechts mit Elementen ökonomischer Anreize eingeführt, wie die Prinzipien der Datenvermeidung und der Datensparsamkeit (§ 3a BDSG[168]), des Datenschutzes durch Technik oder eines Datenschutzaudits (§ 9a BDSG[169]).[170] Zur grundlegenden Reform des BDSG kam es im Rahmen der Umsetzung der EG-DSRl durch das Gesetz zur Änderung des Bundesdatenschutzgesetzes und anderer Gesetze[171] jedoch nicht, und so blieb es auch in der Folge bei der Forderung nach einer umfassenderen Modernisierung.[172]

---

160 *Brühann*, RDV 1996, S. 12 (13).
161 *Ehmann*, RDV 1998, S. 235 (242).
162 Vgl. § 3 BDSG Rn. 27 ff.
163 *Gola/Schomerus*, BDSG, Einl. Rn. 10.
164 *Gola/Schomerus*, BDSG, Einl. Rn. 10.
165 *Gola/Schomerus*, BDSG, Einl. Rn. 11.
166 Hierzu *Tinnefeld/Ehmann/Gerling*, Einführung in das Datenschutzrecht, S. 120.
167 *Gola/Schomerus*, BDSG, Einl. Rn. 11.
168 Vgl. § 3a BDSG Rn. 22 ff.
169 Vgl. § 9a BDSG Rn. 2.
170 *Gola/Schomerus*, BDSG, Einl. Rn. 12.
171 BGBl I 2001, S. 904.
172 *Roßnagel/Pfitzmann/Garstka*, Modernisierung des Datenschutzrechts. Gutachten im Auftrag des Bundesministers des Innern, S. 13; hierzu *Kilian*, CR 2002, S. 921. Zur Kritik an

4. Vertrag von Lissabon

55 Durch den am 1.12.2009 in Kraft getretenen Vertrag von Lissabon wurden die drei Säulen der Europäischen Union, die Europäischen Gemeinschaften (EG), die Gemeinsame Außen- und Sicherheitspolitik (GASP) und die polizeiliche und justizielle Zusammenarbeit in Strafsachen (PJZS), weitgehend vereinigt. Gleichzeitig haben sich in datenschutzrechtlicher Hinsicht wichtige Änderungen ergeben: Art. 16 Abs. 2 AEUV[173] regelt nun die Zuständigkeit für den Erlass von Datenschutzvorschriften umfassend und ordnet an, dass diese von Parlament und Rat im ordentlichen Gesetzgebungsverfahren erlassen werden, was zu einer Zustimmungspflicht des Parlaments für sämtliche datenschutzrelevante Rechtsakte führt und dessen Kompetenzen erheblich vergrößert.[174] Von seiner neuen Kompetenz hat das Parlament bereits wenige Tage nach Inkrafttreten des Vertrages von Lissabon, anlässlich des SWIFT-Abkommens, Gebrauch gemacht. Auch inhaltlich erweitert der Vertrag von Lissabon die Kompetenzen der EU, indem diese nun die Verarbeitung personenbezogener Daten nicht nur für europäische Organe und Einrichtungen, sondern auch für die Mitgliedstaaten regeln kann.[175] Über die kompetenzielle Neuordnung hinaus wurde mit dem Vertrag von Lissabon auch die Europäische Grundrechte-Charta rechtsverbindlich, die in Art. 8 das Grundrecht auf den Schutz personenbezogener Daten enthält. Für die Entwicklung des Datenschutzrechts in seiner europäischen Dimension kommt dem Vertrag von Lissabon damit eine herausgehobene Stellung zu. Der derzeit diskutierte Entwurf einer EU-DSGVO stützt sich auf die neu geschaffene europäische Kompetenz für das Datenschutzrecht.[176]

IV. EU Datenschutz-Grundverordnung

56 Am 25.1.2012 hat die Kommission einen Vorschlag für die EU-DSGVO[177] und eine Richtlinie für die behördliche Datenverarbeitung zu Zwecken der Aufklärung und Verhinderung von Straftaten[178] dem Europäischen Parlament und dem Ministerrat vorgelegt, durch den das europäische Datenschutzrecht grundlegend reformiert und an die Anforderungen moderner Datenverarbeitung angepasst werden

---

der Konzeption des BDSG, insbesondere am Prinzip des Verbots der Datenverarbeitung mit Erlaubnisvorbehalt siehe *Schneider*, AnwBl 2011, S. 233, und *Schneider*, ITRB 2011, S. 243. Siehe auch die Kommentierung zu § 4 BDSG Rn. 6.

173 Konsolidierte Fassung des Vertrags über die Arbeitsweise der Europäischen Union, ABl. EU C 115/47 v. 9.5.2008.

174 Hierzu *Reding*, ZD 2012, S. 195.

175 Siehe dazu auch den 37. Tätigkeitsbericht des hessischen Datenschutzbeauftragten, abrufbar unter www.datenschutz.hessen.de/download.php?download_ID=180%3Cbr%20/%3E&downloadentry_ID=308&downloadpage_ID=55.

176 Hierzu Rn. 58.

177 KOM (2012) 11.

178 KOM (2012) 10, hierzu *Bäcker/Hornung*, ZD 2012, S. 147.

Taeger/Schmidt

soll.[179] Die Bedeutung dieser Reform für das Datenschutzrecht kann nicht überschätzt werden.[180]

Am 10.1.2013 hat der Berichterstatter, Jan Philipp Albrecht, seinen Berichtsentwurf zum EU-DSGVO-E mit 350 Änderungsvorschlägen[181] dem Europäischen Parlament vorgelegt. Die Abstimmung im federführenden Innenausschuss (LIBE) wurde mehrfach verschoben und zuletzt für Oktober 2013 terminiert. Ob und wann der Entwurf umgesetzt wird, hängt auch vom Verlauf der Verhandlungen (Trilog) zwischen dem Ministerrat, dem Europäischen Parlament und der Kommission ab, die sich an die Abstimmung anschließen soll.

57

Die Kompetenz für den Erlass der Richtlinie folgt aus Art. 16 Abs. 2 AEUV, wonach das Europäische Parlament und der Rat die Kompetenz zur Rechtsetzung zum Schutz natürlicher Personen bei der Verarbeitung personenbezogener Daten haben.[182] Diese Kompetenz besteht gem. Art. 5 Abs. 3 EUV jedoch nur unter dem Vorbehalt der Subsidiarität.[183] Eine gemeinschaftsrechtliche Regelung kann daher nur getroffen werden, wenn ihre Ziele durch eine Umsetzung auf mitgliedstaatlicher Ebene nicht erreicht werden können. Eine weitere Kompetenzbegrenzung folgt aus Art. 5 Abs. 4 EUV, wonach europäische Regelungen nur soweit zulässig sind, wie sie sich im Hinblick auf den Regelungszweck im Rahmen der Verhältnismäßigkeit bewegen. Dass die Grundsätze der Subsidiarität und Verhältnismäßigkeit gewahrt sind, wird in der Literatur bezweifelt.[184]

58

1. Bedeutung für das deutsche Datenschutzrecht

Die EU-DSGVO soll an die Stelle der EG-DSRl treten und wird für die Mitgliedstaaten gem. Art. 288 Abs. 2 AEUV als unmittelbar anwendbares Recht gelten.[185] Der EU-DSGVO-E strebt eine umfassende Regelung des Datenschutzrechts auf europäischer Ebene an und enthält nur eine überschaubare Anzahl von Öffnungsklauseln, die Regelungen auf mitgliedstaatlicher Ebene ermöglichen.[186] Die Öffnungsklauseln beziehen sich insbesondere auf die Datenverarbeitung zu journalistischen Zwecken, auf Forschungs- und Gesundheitsdaten, Geheimhaltungsregeln

59

---

179 *Reding*, ZD 2012, S. 195 (195 f.).
180 *Masing*, SZ v. 9.1.2012, geht davon aus, die Wirkung der Reform habe das Potenzial einer tief greifenden Verfassungsänderung.
181 2012/0011(COD).
182 KOM (2012) 11, S. 6.
183 Hierzu *Hornung*, ZD 2011, S. 51 (56).
184 *Dix*, DuD 2012, S. 318; *Forst*, NZA 2012, S. 364 (365); *Ronellenfitsch*, DuD 2012, S. 561 (562 f.); *Schild/Tinnefeld*, DuD 2012, S. 312 (313); a.A. *von Lewinski*, DuD 2012, S. 564 (565).
185 KOM (2012) 11, S. 6; *Gola*, RDV 2012, S. 60 (60 f.); *Hornung*, ZD 2012, S. 99 (100).
186 *Hornung*, ZD 2012, S. 99 (100); *Schild/Tinnefeld*, DuD 2012, S. 312 (313); *Wybitul/Rauer*, ZD 2012, S. 160 (161).

und den Beschäftigtendatenschutz.[187] Einer mitgliedstaatlichen Umsetzung der EU-DSGVO bedarf es nicht. Bundes- und Landesgesetzgeber könnten daher das BDSG bzw. die LandesDSG und die bereichsspezifischen Regelungen des Datenschutzes in Kraft lassen, mit der Folge, dass diese im Anwendungsbereich der EU-DSGVO verdrängt würden. Alternativ könnten verdrängte Vorschriften aufgehoben oder die Datenschutzgesetze insgesamt aufgehoben und durch neue Vorschriften im Rahmen verbliebener Kompetenzen ersetzt werden.[188]

2. Konzeption und Anwendungsbereich

60 Der EU-DSGVO-E gliedert sich in 11 Kapitel mit 91 Artikeln, denen 139 Erwägungsgründe vorangestellt sind. Inhaltlich baut der Entwurf auf der EG-DSRl auf,[189] enthält aber auch neue Elemente, mit denen das europäische Datenschutzrecht an die Anforderungen moderner Datenverarbeitung angepasst werden soll. In der Literatur wird jedoch kritisiert, dass wichtige Aspekte einer Modernisierung des Datenschutzrechts, wie der Datenschutz im Konzern, in dem EU-DSGVO-E nicht berücksichtigt würden.[190]

Der sachliche Anwendungsbereich folgt aus Art. 2 Abs. 1 EU-DSGVO-E und erfasst entsprechend dem Anwendungsbereich der EG-DSRl jede – auch teilweise – automatisierte Datenverarbeitung.[191] Der räumliche Anwendungsbereich folgt aus Art. 3 EU-DSGVO-E und erfasst Stellen, die Daten im Rahmen der Tätigkeit einer Niederlassung innerhalb der europäischen Union verarbeiten oder die Daten außerhalb der europäischen Union verarbeiten, um Personen innerhalb der europäischen Union Waren oder Dienstleistungen anzubieten oder deren Verhalten zu beobachten.[192]

61 Aus Art. 5 EU-DSGVO-E folgen grundlegende Prinzipien, wie die Verarbeitung nach dem Grundsatz von Treu und Glauben, der Grundsatz der Transparenz, Direkterhebung, Zweckbindung, Erforderlichkeit, Datenvermeidung und Datensparsamkeit.[193]

62 Dem EU-DSGVO-E liegt der Grundsatz des Verbots der Datenverarbeitung mit Erlaubnisvorbehalt zugrunde.[194] Aus Art. 6 Abs. 1 a–f EU-DSGVO-E ergeben sich die Voraussetzungen der Rechtfertigung einer Datenverarbeitung. Dies sind die Einwilligung des Betroffenen, die Erforderlichkeit für die Erfüllung eines Vertrages

---

187 *Gola*, RDV 2012, S. 60 (62); *Schild/Tinnefeld*, DuD 2012, S. 312 (313).
188 *von Lewinski*, DuD 2012, S. 564 (566).
189 *Schneider/Härting*, ZD 2012, S. 199 (203).
190 *Herrmann*, ZD 2012, S. 49 (50); *Klug*, RDV 2012, S. 129 (137); *Schulze-Melling*, ZD 2012, S. 97.
191 Hierzu *Lang*, K&R 2012, S. 145 (146); *Wybitul/Rauer*, ZD 2012, S. 160 (161).
192 *Härting*, BB 2012, S. 459 (462); *Wybitul/Rauer*, ZD 2012, S. 160 (161).
193 *Lang*, K&R 2012, S. 145 (146).
194 *Härting*, BB 2012, S. 459 (463).

oder einer gesetzlichen Verpflichtung sowie die Notwendigkeit für den Schutz lebenswichtiger Interessen und die Erforderlichkeit für eine Aufgabe im öffentlichen Interesse oder eigener berechtigter Interessen der datenverarbeitenden Stelle. Die Erlaubnistatbestände sind abschließend und differenzieren, anders als das BDSG, nicht danach, ob Daten durch eine öffentliche oder eine nichtöffentliche Stelle verarbeitet werden.

Die Verarbeitung personenbezogener Daten von Kindern unter 13 Jahren zum Anbieten von Diensten setzt gem. Art. 8 Abs. 1 EU-DSGVO-E die Einwilligung der Eltern voraus. Die Voraussetzungen der Verarbeitung besonderer Kategorien personenbezogener Daten folgt aus Art. 9 und entspricht im Wesentlichen Art. 8 EG-DSRl.[195]   **63**

Ergänzende Pflichten der datenverarbeitenden Stelle umfassen u. a. die Dokumentation, die Datenschutz-Folgenabschätzung und die Meldung von Datenschutzpannen an die Aufsichtsbehörde.[196] Gem. Art. 35 Abs. 1 EU-DSGVO-E ist die Bestellung eines Datenschutzbeauftragten künftig nur noch für Behörden sowie für Unternehmen mit mehr als 250 Mitarbeiter oder der Kerntätigkeit im Bereich der Datenverarbeitung verpflichtend.[197]   **64**

Im Hinblick auf die Rechte der Betroffenen enthält die EU-DSGVO-E in Art. 17 das Recht auf Löschung und Vergessenwerden. Bei Letzterem handelt es sich faktisch um ein erweitertes Recht auf Löschung, das insbesondere auf das Medium Internet zugeschnitten ist. Es soll einem Kontrollverlust der Betroffenen über Daten, die dieser in das Internet gestellt hat, entgegenwirken[198] und verpflichtet die verantwortliche Stelle, zumutbare Maßnahmen zu unternehmen, um Dritte auf ein Löschungsbegehren hinzuweisen.[199]

Ein Recht auf Datenübertragbarkeit ergibt sich aus Art. 18 EU-DSGVO-E und ist darauf gerichtet, bei einem Wechsel des Dienstanbieters zur Verfügung gestellte Daten in einem gängigen Format „zur Mitnahme" bereitgestellt zu bekommen.[200]   **65**

Der Beschäftigtendatenschutz ist im EU-DSGVO-E nicht besonders geregelt. Eine Datenverarbeitung in Beschäftigungsverhältnissen ist daher grundsätzlich an den allgemeinen Voraussetzungen gem. Art. 6 Abs. 1 EU-DSGVO-E zu messen. Art. 82 Abs. 1 EU-DSGVO-E enthält jedoch eine Öffnungsklausel und ermöglicht es den Mitgliedstaaten eigene Regelungen zum Beschäftigtendatenschutz zu erlassen. Mitgliedstaatliche Regelungen sind jedoch ausdrücklich nur in den Grenzen der   **66**

---

195 *Härting*, BB 2012, S. 459 (463).
196 Zu den ergänzenden Pflichten der datenverarbeitenden Stelle ausführlich *Lang*, K&R 2012, S. 145 (147 f.).
197 Hierzu *Lang*, K&R 2012, S. 145 (148); kritisch hierzu *Hornung*, ZD 2012, S. 99 (100); *Jasper*, DuD 2012, S. 571 (574); *Wybitul/Rauer*, ZD 2012, S. 160 (163).
198 *Reding*, ZD 2012, S. 195 (198).
199 *Moos*, K&R 2011, S. 151 (156); *Jasper*, DuD 2012, S. 571 (573); *Lang*, K&R 2012, S. 145 (149); *Wybitul/Rauer*, ZD 2012, S. 160 (161).
200 Hierzu *Lang*, K&R 2012, S. 145 (149); *Richter*, DuD 2012, S. 576 (578).

EU-DSGVO zulässig.[201] Eine weitere Einschränkung ergibt sich aus Art. 82 Abs. 3 EU-DSGVO-E, wonach die Kommission delegierte Rechtsakte zur Regelung von Kriterien und Anforderungen an die Datenverarbeitung in diesem Bereich erlassen kann.[202]

3. Datenschutzaufsicht und Rolle der Kommission

67 Die Datenschutzaufsicht steht gem. Art. 46 EU-DSGVO-E in der Verantwortung der Mitgliedstaaten. Diese können vorsehen, dass die Aufsicht durch eine oder mehrere Aufsichtsbehörden ausgeführt wird. Die föderale Struktur der deutschen Aufsichtsbehörden könnte daher beibehalten werden, aber auch eine Zentralisierung wäre möglich.[203] Die Befugnisse der Aufsichtsbehörden werden durch die EU-DSGVO-E präzisiert und erweitert.[204] Die Aufsichtsbehörden der Mitgliedstaaten sind gem. Art. 56 EU-DSGVO-E zur Zusammenarbeit verpflichtet. An die Stelle der Art. 29 Gruppe soll ein Datenschutzausschuss treten, der aus den Leitern der Aufsichtsbehörden besteht und deren Aufgabe über die beratende Funktion der Art. 29 Gruppe hinausgeht.[205]

68 Zudem wird mit Art. 57 EU-DSGVO-E ein Kohärenzverfahren für Maßnahmen mit grenzüberschreitender Wirkung eingeführt,[206] an dessen Spitze die Kommission mit weit reichenden Befugnissen steht. Sie kann Maßnahmen der Aufsichtsbehörden hemmen und aussetzen. Ein verbindliches Weisungsrecht hat sie nicht, kann jedoch das zugrundeliegende Datenschutzrecht im Wege delegierter Rechtsakte bestimmen, sodass die Aufsichtsbehörden „auf einem Teppich stehen, den ihr die Kommission jederzeit unter den Füßen wegziehen kann".[207] Das Kohärenzverfahren steht damit im Widerspruch zur Unabhängigkeit der Aufsichtsbehörden, die auch durch die EU-DSGVO gewährleistet werden soll.[208]

69 Die Kommission soll durch die EU-DSGVO zudem die Kompetenz zum Erlass delegierter Rechtsakte erhalten. Delegierte Rechtsakte entsprechen in ihrer Funktion einer Verordnung im deutschen Recht und ermöglichen der Kommission flexibel auf neue Entwicklungen in Technik und Recht zu reagieren.[209] Während die Möglichkeit der flexiblen Anpassung des Datenschutzrechts durch das Instrument des delegierten Rechtsakts im Grundsatz zu begrüßen ist, sieht sich der Umfang der hiermit begründeten neuen Kompetenzen der Kommission, die diese auch vor dem

---

201 *Gola*, RDV 2012, S. 60 (63); *Wybitul/Rauer*, ZD 2012, S. 160 (161).
202 Hierzu *Franzen*, DuD 2012, S. 322 (324 f.).
203 *Schaar*, DuD 2011, S. 756; *von Lewinski*, DuD 2012, S. 564 (566).
204 Ausführlich hierzu *Hornung*, ZD 2012, S. 99 (104 f.).
205 *Härting*, BB 2012, S. 459 (460 f.); *von Lewinski*, DuD 2012, S. 564 (567).
206 Hierzu *Härting*, BB 2012, S. 459 (461).
207 *von Lewinski*, DuD 2012, S. 564 (567).
208 So auch *Hornung*, ZD 2012, S. 99 (105); *Ronellenfitsch*, DuD 2012, S. 561 (563); kritisch zur Rolle der Kommission *Herrmann*, ZD 2012, S. 49 (50).
209 *Hornung*, ZD 2012, S. 99 (105).

Hintergrund ihrer Rolle im Rahmen des Kohärenzverfahrens faktisch zur zentralen Institution der Regulierung und Kontrolle des europäischen Datenschutzrechts macht, starker Kritik ausgesetzt.[210] Diese Kritik ist nicht zuletzt vor dem Hintergrund von Art. 290 Abs. 1 AEUV berechtigt, wonach der Kommission die Kompetenz nur zur Ergänzung und Änderung nicht wesentlicher Vorschriften des Regelungswerkes übertragen werden darf. Die Wesentlichkeit der Kompetenzübertragung folgt vorliegend jedoch bereits aus dem Umfang der übertragenen Kompetenzen,[211] die zudem wesentliche Bereiche wie etwa die inhaltliche Ausgestaltung der Kriterien und Anforderungen der Datenverarbeitung im Rahmen von Beschäftigungsverhältnissen umfasst.

4. Verfassungsrechtliche Kritik

Das europäische Recht genießt im Rahmen der Kompetenzübertragung an die europäischen Institutionen Anwendungsvorrang vor dem deutschen Recht.[212] Dies hat zur Konsequenz, dass die EU-DSGVO und auch delegierte Rechtsakte der Kommission nicht an den Grundrechten gemessen werden könnten.[213] Zutreffend kann man daher anmerken, dass 30 Jahre Rechtsprechung des BVerfG zum Datenschutzrecht obsolet würden.[214] Dies wird in materiellrechtlicher Hinsicht dadurch kompensiert, dass die EU-DSGVO auf europäischer Ebene an dem Grundrecht auf Datenschutz gem. Art. 8 GRCh zu messen ist,[215] das jedenfalls nach seinen Buchstaben der Gewährleistung der informationellen Selbstbestimmung entspricht. Dennoch sieht sich der EU-DSGVO-E erheblicher verfassungsrechtlicher Kritik ausgesetzt.[216] Diese ist zum einen dadurch begründet, dass es auf europäischer Ebene keine Rechtsprechung gibt, die ein, der Grundrechtssprechung des BVerfG entsprechendes, Niveau erreicht.[217] Zudem führt die Regelung des Datenschutzes auf europäischer Ebene dazu, dass den Betroffenen der Weg zu einer Verfassungsbeschwerde vor dem BVerfG verschlossen ist, während es auf europäischer Ebene keinen Rechtsbehelf gibt, der den Betroffenen nach der Erschöpfung des Rechtsweges Rechtsschutz wegen der Verletzung von Grundrechten aus der GRCh bietet.[218]

70

---

210 *Dix*, DuD 2012, S. 318 (321); *Härting*, BB 2012, S. 459 (466); *Hornung*, ZD 2012, S. 99 (105); *Jasper*, DuD 2012, S. 571; *Schild/Tinnefeld*, DuD 2012, S. 312 (314).

211 An 26 Stellen in der Verordnung finden sich Befugnisse für delegierte Rechtsakte der Kommission, vgl. *Härting*, BB 2012, S. 459 (460).

212 *von Lewinski*, DuD 2012, S. 564 (568).

213 *Hornung*, ZD 2012, S. 99 (100); *Masing*, SZ v. 9.1.2012; *von Lewinski*, DuD 2012, S. 564 (567).

214 So *Masing*, SZ v. 9.1.2012.

215 *Reding*, ZD 2011, S. 1.

216 *Lang*, K&R 2012, S. 145 (150); *Masing*, SZ v. 9.1.2012.

217 *Hornung*, ZD 2012, S. 99 (100); *Masing*, SZ v. 9.1.2012; *Schwartmann*, RDV 2012, S. 55 (58); *Wagner*, DuD 2012, S. 303 (304).

218 *Hornung*, ZD 2012, S. 99 (100); *Masing*, SZ v. 9.1.2012; *Schwartmann*, RDV 2012, S. 55 (57).

71 Der Primärrechtsschutz wegen der Verletzung von Rechten nach dem EU-DSGVO-E ändert sich hingegen nicht, da die mitgliedsstaatlichen Gerichte auch für die Anwendung des Gemeinschaftsrechts zuständig sind.[219] Gegen Maßnahmen der Aufsichtsbehörden bleibt es daher bei der Zuständigkeit der Verwaltungsgerichte und gegen Datenschutzverstöße von Privaten kann Rechtsschutz vor den ordentlichen Gerichten erlangt werden.[220] Ein entscheidender Unterschied ergibt sich jedoch im Fall der Erschöpfung des Rechtsweges, da das BVerfG hier keine Entscheidungskompetenz hat. Nach der Solange-Rechtsprechung des BVerfG überprüft dieses europäische Rechtsakte nämlich nicht am Maßstab des Grundgesetzes, solange die europäischen Gemeinschaften insbesondere durch die Rechtsprechung des EuGH einen Grundrechtsschutz gewährleisten, der in seinem Wesensgehalt mit dem der Grundrechte des GG vergleichbar ist.[221] Während in der Solange I Entscheidung[222] noch davon ausgegangen wurde, dass dieses Schutzniveau nicht erreicht ist, geht das BVerfG seit der Solange II-Entscheidung[223] davon aus, dass ein entsprechendes Schutzniveau besteht. Eine Überprüfungskompetenz des BVerfG besteht daher nur für solche Rechtsakte, die aufgrund einer Öffnungsklausel in der EU-DSGVO erlassen wurden[224] und nach den Grundsätzen der Lissabon-Entscheidung für europäische Rechtsakte, die offensichtlich in den Kernbereich souveräner Staatlichkeit eingreifen,[225] soweit diese strukturelle Bedeutung haben und vom EuGH unbeanstandet geblieben sind.[226]

72 Ein Verstoß gegen europäische Grundrechte kann daher nur indirekt im Wege des Vorabentscheidungsverfahrens gem. Art. 267 Abs. 3 AEUV durch eine Vorlage eines Fachgerichts vom EuGH auf einen Verstoß gegen europäische Grundrechte geprüft werden.[227] Eine Pflicht zur Vorlage ergibt sich gem. Art. 267 Abs. 3 AEUV für Gerichte deren Entscheidungen nicht mehr mit innerstaatlichen Rechtsmitteln angefochten werden können, insbesondere also für Entscheidungen des BVerwG und des BGH.[228]

73 Alternativ verbleibt die Möglichkeit einer Nichtigkeitsfeststellungsklage gem. Art. 263 Abs. 4 i.V.m. Art. 256 Abs. 1 AEUV,[229] mit der die Nichtigkeit der Verordnung erklärt werden könnte.[230] Die Klage setzt jedoch den regelmäßig nicht erbringbaren Nachweis voraus, dass der Kläger unmittelbar und individuell wegen

---

219 *Gola*, RDV 2012, S. 60 (61).
220 *Schwartmann*, RDV 2012, S. 55 (56 f.); *von Lewinski*, DuD 2012, S. 564 (568).
221 BVerfG NJW 1987, 577.
222 BVerfG NJW 1974, 1697.
223 BVerfG NJW 1987, 577.
224 *von Lewinski*, DuD 2012, S. 564 (568).
225 BVerfG NJW 2009, 2267 (2271).
226 BVerfG NJW 2010, 3422; hierzu *von Lewinski*, DuD 2012, S. 564 (569).
227 *Schwartmann*, RDV 2012, S. 55 (57); *von Lewinski*, DuD 2012, S. 564 (569).
228 *Schwartmann*, RDV 2012, S. 55 (57).
229 *von Lewinski*, DuD 2012, S. 564 (569).
230 *Schwartmann*, RDV 2012, S. 55 (58).

besonderer Eigenschaften betroffen ist, die ihn aus dem Kreis aller übrigen Personen heraushebt.[231]

Als letzte Möglichkeit verbleibt nach einem Beitritt der EU zum Europarat die **74**
Möglichkeit einer Klage vor dem EGMR unter Berufung auf die EMRK. Die Verfahrensvoraussetzungen sind nicht besonders hoch, jedoch ist aufgrund der Überlastung des Gerichts mit einer langen Verfahrensdauer zu rechnen,[232] sodass auch hierdurch eine fehlende Überprüfbarkeit durch das BVerfG nicht kompensiert werden kann.

V. Normierung des Datenschutzes im internationalen Recht

Wie bei der Normierung des nationalen Datenschutzrechts ist auch auf internatio- **75**
naler Ebene die technische Entwicklung Schrittmacher des Datenschutzrechts.[233]
Die globale Vernetzung und die Entstehung des Internets sind nicht an nationale Grenzen gebunden und machen eine internationale Regulierung des Datenschutzrechts erforderlich.[234]

1. OECD

Bereits 1980 wurden von der OECD „Leitlinien für den Schutz des Persönlichkeits- **76**
rechts und den Grenzüberschreitenden Verkehr personenbezogener Daten" verabschiedet. Diese enthalten materielle und verfahrensrechtliche Regelungen des Datenverkehrs im privaten und im öffentlichen Sektor sowie Regeln für die grenzüberschreitende Datenübermittlung.[235] Bedeutung kommt ihnen insbesondere durch die Etablierung des Datenschutzrechts als Gegenstand internationaler Regulierung zu.[236] Zudem hatten die Regelungen prägenden Einfluss auf zahlreiche Regelungen zum Datenschutz in OECD-Mitgliedstaaten.[237] Derzeit überprüft eine Arbeitsgruppe, ob eine Anpassung der OECD-Leitlinien erforderlich ist.[238]

2. Vereinte Nationen

Auch die Vereinten Nationen haben sich des Problems der automatisierten Daten- **77**
verarbeitung angenommen und 1985 einen ersten Richtlinienentwurf zum Daten-

---

231 *Schwartmann*, RDV 2012, S. 55 (59).
232 *von Lewinski*, DuD 2012, S. 564 (569).
233 Hierzu *Gürtler*, RDV 2012, S. 126.
234 *Boehm*, JA 2009, S. 435; *Kuner*, European Data Protection Law: Corporate Compliance and Regulation; *Taeger*, Grenzüberschreitender Datenverkehr und Datenschutz in Europa; *Taeger*, EWS 1995, S. 69.
235 *Gürtler*, RDV 2012, S. 126 (127).
236 *Burkert*, in: Roßnagel, Hdb. DSR, Kap. 2.3, Rn. 31.
237 *Gürtler*, RDV 2012, S. 126 (127).
238 *Gürtler*, RDV 2012, S. 126 (127).

schutz durch die UN-Menschenrechtskommission erarbeitet.[239] 1990 wurden die „Richtlinien zur Verarbeitung personenbezogener Daten in automatisierten Dateien" verabschiedet. Sie enthalten allgemeine Empfehlungen für die Gestaltung des Datenschutzrechts unter Beachtung des Grundsatzes der Datenrichtigkeit, der Zweckbestimmung und der Beachtung der Rechte der Betroffenen[240] im privaten und im öffentlichen Sektor. Wie bei den OECD-Leitlinien handelt es sich jedoch nicht um bindendes Völkerrecht, sodass sich keine Umsetzungspflicht für nationale Gesetzgeber ergibt.[241]

3. Europarat

78   Die erste völkerrechtlich verbindliche Normierung des Datenschutzrechts ist die Europäische Datenschutzkonvention,[242] die – 1981 verabschiedet – den Mitgliedstaaten zur Ratifizierung vorgelegt und 1985 mit der Verabschiedung des Ratifizierungsgesetzes[243] in Deutschland geltendes Recht wurde. Mit Stand März 2012 ist die Konvention von 43 Staaten ratifiziert worden.[244] Sie regelt den Datenschutz bei der automatischen Verarbeitung personenbezogener Daten natürlicher Personen und enthält Prinzipien des Datenschutzes, wie den Grundsatz der rechtmäßigen Datenerhebung nach Treu und Glauben (Art. 5a), den Zweckbindungsgrundsatz der Datenerhebung und Verarbeitung (Art. 5b und 5c), den Grundsatz der richtigen Datenerhebung (Art. 5d), den Grundsatz der Anonymisierung (Art. 5e) sowie den Grundsatz der Datensicherheit (Art. 7). In Art. 12 werden zudem Regelungen zum grenzüberschreitenden Datenverkehr getroffen. Das Übereinkommen differenziert, anders als das BDSG, aber nicht zwischen der Datenverarbeitung durch öffentliche und private Stellen, sondern unterwirft sie den gleichen Regelungen.

---

239 *Tinnefeld/Ehmann/Gerling*, Einführung in das Datenschutzrecht, S. 99.
240 *Gürtler*, RDV 2012, S. 126 (127 f.).
241 *Tinnefeld/Ehmann/Gerling*, Einführung in das Datenschutzrecht, S. 99.
242 Übereinkommen zum Schutz des Menschen bei der automatischen Verarbeitung personenbezogener Daten vom 28.1.1981. Siehe zur Entwicklung des Datenschutzes in Europa, *Westphal*, in: Bauer/Reimer, Handbuch Datenschutzrecht, S. 53 (56 ff.).
243 Gesetz zu dem Übereinkommen vom 28.1.1981 zum Schutz des Menschen bei der automatischen Verarbeitung personenbezogener Daten vom 13.3.1985, BGBl. II, S. 538.
244 *Gürtler*, RDV 2012, S. 126 (127).

Erster Abschnitt
Allgemeine und gemeinsame Bestimmungen

§ 1 Zweck und Anwendungsbereich des Gesetzes

(1) Zweck dieses Gesetzes ist es, den Einzelnen davor zu schützen, dass er durch den Umgang mit seinen personenbezogenen Daten in seinem Persönlichkeitsrecht beeinträchtigt wird.

(2) Dieses Gesetz gilt für die Erhebung, Verarbeitung und Nutzung personenbezogener Daten durch

1. öffentliche Stellen des Bundes,
2. öffentliche Stellen der Länder, soweit der Datenschutz nicht durch Landesgesetz geregelt ist und soweit sie
   a) Bundesrecht ausführen oder
   b) als Organe der Rechtspflege tätig werden und es sich nicht um Verwaltungsangelegenheiten handelt,
3. nicht-öffentliche Stellen, soweit sie die Daten unter Einsatz von Datenverarbeitungsanlagen verarbeiten, nutzen oder dafür erheben oder die Daten in oder aus nicht automatisierten Dateien verarbeiten, nutzen oder dafür erheben, es sei denn, die Erhebung, Verarbeitung oder Nutzung der Daten erfolgt ausschließlich für persönliche oder familiäre Tätigkeiten.

(3) Soweit andere Rechtsvorschriften des Bundes auf personenbezogene Daten einschließlich deren Veröffentlichung anzuwenden sind, gehen sie den Vorschriften dieses Gesetzes vor. Die Verpflichtung zur Wahrung gesetzlicher Geheimhaltungspflichten oder von Berufs- oder besonderen Amtsgeheimnissen, die nicht auf gesetzlichen Vorschriften beruhen, bleibt unberührt.

(4) Die Vorschriften dieses Gesetzes gehen denen des Verwaltungsverfahrensgesetzes vor, soweit bei der Ermittlung des Sachverhalts personenbezogene Daten verarbeitet werden.

(5) Dieses Gesetz findet keine Anwendung, sofern eine in einem anderen Mitgliedstaat der Europäischen Union oder in einem anderen Vertragsstaat des Abkommens über den Europäischen Wirtschaftsraum belegene verantwortliche Stelle personenbezogene Daten im Inland erhebt, verarbeitet oder nutzt, es sei denn, dies erfolgt durch eine Niederlassung im Inland. Dieses Gesetz findet Anwendung, sofern eine verantwortliche Stelle, die nicht in einem Mitgliedstaat der Europäischen Union oder in einem anderen Vertragsstaat des Abkommens über den Europäischen Wirtschaftsraum belegen ist, personenbezogene Daten im Inland erhebt, verarbeitet oder nutzt. Soweit die verantwortliche Stelle nach diesem Gesetz zu nennen ist, sind auch Angaben über im Inland ansässige Vertreter zu machen. Die Sätze 2 und 3 gelten nicht, sofern

Datenträger nur zum Zweck des Transits durch das Inland eingesetzt werden. § 38 Abs. 1 Satz 1 bleibt unberührt.

Literatur: *Alich/Nolte*, Zur datenschutzrechtlichen Verantwortlichkeit (außereuropäischer) Hostprovider für Drittinhalte, CR 2011, S. 741; *Alich/Voigt*, Mitteilsame Browser – Datenschutzrechtliche Bewertung des Trackings mittels Browser-Fingerprints, CR 2012, S. 344; *Bode*, Der Auskunftsanspruch des (vorläufigen) Insolvenzverwalters gegenüber der Bank des Schuldners, Edewecht 2007; *Bohnstedt*, Fernwartung – Die rechtlichen Grenzen des IT-Outsourcing durch Banken, Baden-Baden 2005; *Born*, Gen-Milch und Goodwill – Äußerungsrechtlicher Schutz durch das Unternehmenspersönlichkeitsrecht, AfP 2005, S. 110; *Bull*, Zweifelsfragen um die informationelle Selbstbestimmung – Datenschutz als Datenaskese?, NJW 2006, S. 1617; *Büllesbach/Garstka*, Meilensteine auf dem Weg zu einer datenschutzgerechten Gesellschaft, CR 2005, S. 720; *Burianski/Reindl*, Deutsches Datenschutzrecht in internationalen Schiedsverfahren – Anwendbarkeit, Konflikte und Lösungshinweise, RDV 2011, S. 214; *Busse*, Wechselwirkungen zwischen BDSG und UWG – Auswirkungen auf das Direktmarketing, RDV 2005, S. 260; *Dammann*, Internationaler Datenschutz, RDV 2002, S. 70; *Dolderer/von Garrel/Müthlein/Schlumberger*, Die Auftragsdatenverarbeitung im neuen BDSG, RDV 2001, S. 223; *Draf*, Die Regelung der Übermittlung personenbezogener Daten in Drittländer nach Art. 25, 26 der EG-Datenschutzrichtlinie, Frankfurt a. M. 1999; *Drewes/Siegert*, Die konkludente Einwilligung in Telefonmarketing und das Ende des Dogmas von der datenschutzrechtlichen Schriftform, RDV 2006, S. 139; *Duhr/Naujok/Peter/Seiffert*, Neues Datenschutzrecht für die Wirtschaft, DuD 2002, S. 5; *Duisberg*, Datenschutz im Internet der Energie, in: Peters/Kersten/Wolfenstetter, Innovativer Datenschutz, Berlin 2012; *Durner*, Zur Einführung: Datenschutzrecht, JuS 2006, S. 213; *Ehmann*, Prinzipien des deutschen Datenschutzrechts – unter Berücksichtigung der Datenschutz-Richtlinie der EG vom 24.10. – (1.Teil), RDV 1998, S. 235; *Ehmann*, Prinzipien des deutschen Datenschutzrechts – unter Berücksichtigung der Datenschutz-Richtlinie der EG vom 24.10. – (2.Teil), RDV 1999, S. 12; *Fishan*, Bankgeheimnis und informationelle Selbstbestimmung, CR 1995, S. 632; *Forgo/Krügel*, Der Personenbezug von Geodaten, MMR 2010, S. 17; *Forst*, Verarbeitung personenbezogener Daten in der internationalen Unternehmensgruppe, Der Konzern 2012, S. 170; *Gaul/Koehler*, Mitarbeiterdaten in der Computer Cloud: Datenschutzrechtliche Grenzen des Outsourcing, BB 2011, S. 2229; *Gedert*, Wettbewerbswidrigkeit datenschutzrechtlicher Verstöße, in: Hammermeister/Reich/Rose (Hrsg.), Information – Wissen – Kompetenz, Oldenburg 2004, S. 17; *Geis/Geis*, Rechtsaspekte des virtuellen Lebens, CR 2007, S. 721; *Gostomzyk*, Äußerungsrechtliche Grenzen des Unternehmenspersönlichkeitsrechts – Die Gen-Milch-Entscheidung des BGH, NJW 2008, S. 2082; *Grundmann*, EG-Richtlinie und nationales Privatrecht, JZ 1996, S. 274; *Härting*, IT-Sicherheit in der Anwaltskanzlei – Das Anwaltsgeheimnis im Zeitalter der Informationstechnologie, NJW 2005, S. 1248; *Härting*, Starke Behörden, schwaches Recht – der neue EU-Datenschutzentwurf, BB 2012, S. 459; *Heil*, Neues Wettbewerbsrecht: Wechselwirkungen zwischen UWG und Datenschutz, RDV 2004, S. 205; *Hennrich*, Compliance in Clouds, CR 2011, S. 546; *Hilber/Knorr/Müller*, Serververlagerungen im Konzern – Rechtliche Konsequenzen in export-, steuer-, datenschutz- und lizenzrechtlicher Hinsicht, CR 2011, S. 417; *Hillenbrand-Beck*, Aktuelle Fragestellungen des internationalen Datenverkehrs, RDV 2007, S. 231; *Höpfner/Rüthers*, Grundlagen der europäischen Methodenlehre, AcP 2009, S. 1; *Höpfner*, Über Sinn und Unsinn so genannter „richtlinienkonformer Rechtsfortbildung", JZ 2009,

S. 403; *Huppertz/Ohrmann*, Wettbewerbsvorteile durch Datenschutzverletzungen?, CR 2011, S. 449; *Jandt*, Grenzenloser Mobile Commerce, DuD 2008, S. 664; *Jotzo*, Gilt deutsches Datenschutzrecht auch für Google, Facebook & Co. bei grenzüberschreitendem Datenverkehr?, MMR 2009, S. 232; *Kloepfer*, Geben moderne Technologien und die europäische Integration Anlass, Notwendigkeiten und Grenzen des Schutzes personenbezogener Daten neu zu bestimmen?, Gutachten für den 62. Deutschen Juristentag, München 1998, D 72; *Klug*, Beispiele Richtlinienkonformer Auslegung des BDSG, RDV 2001, S. 266; *Krüger/Maucher*, Ist die IP-Adresse wirklich ein personenbezogenes Datum?, MMR 2011, S. 433; *Lang*, Einführung in das Datenschutzrecht, JA 2006, S. 395; *von Lewinski*, Geschichte des Datenschutzrechts von 1600 bis 1977, in: Arndt et al. (Hrsg.), Freiheit – Sicherheit – Öffentlichkeit, 48. Assistententagung Öffentliches Recht, Baden-Baden 2009, S. 196; *Meyer*, Cookies & Co. – Datenschutz und Wettbewerbsrechts, WRP 2002, S. 1028; *Moritz*, Zur Zulässigkeit von Google Street View unter dem Aspekt des deutschen Datenschutzrechts, K&R Beihefter 2/2010, S. 1; *Petersen*, Grenzen des Verrechtlichungsgebots im Datenschutz, Hamburg 2000; *Piltz*, Rechtswahlfreiheit im Datenschutzrecht?, K&R 2012, S. 640; *Rath/Klug*, e-Discovery in Germany?, K&R 2008, S. 594; *von Rosen*, Rechtskollision durch grenzüberschreitende Sonderermittlungen, BB 2009, S. 230; *Roßnagel/Laue*, Zweckbindung im Electronic Government, DÖV 2007, S. 543; *Rüpke*, Datenschutz, Mandatsgeheimnis und anwaltliche Kommunikationsfreiheit, NJW 2008, S. 1121; *Saeltzer*, Sind diese Daten personenbezogen oder nicht?, DuD 2004, S. 218; *Schaar*, Datenschutz im Internet, München 2002; *Scheja*, Datenschutzrechtliche Zulässigkeit einer weltweiten Kundendatenbank, Baden-Baden 2006; *Schnabel*, Der Schutz personenbezogener Daten bei informationsfreiheitsrechtlichen Ansprüchen nach § 11 HmbIFG, DuD 2012, S. 520; *Schneider/Härting*, Warum wir ein neues BDSG brauchen, ZD 2011, S. 63; *Schindel*, Das Recht auf Information (freedom of Information) als Kontrollrecht des Bürgers gegenüber der Staatsmacht, DuD 1989, S. 591; *Schmidt*, Übermittlung personenbezogener Daten bei staatlichen Auskunftsbegehren, ZD 2012, S. 63; *Schmitz/Jastrow*, Das Informationsfreiheitsgesetz des Bundes, NVwZ 2005, S. 984; *Schüßler*, Facebook und der Wilde Westen – Soziale Netzwerke und Datenschutz, in: Taeger (Hrsg.), Digitale Evolution – Herausforderungen für das Informations- und Medienrecht, Edewecht 2010, S. 233; *Voigt*, Auftragsdatenverarbeitung mit ausländischen Auftragnehmern, ZD 2012, S. 546; *Wedde*, Die Novelle des Bundesdatenschutzgesetzes, AiB 2001, S. 373; *Weichert*, Datenschutz bei Internetveröffentlichungen, VuR 2009, S. 323; *Weichert*, Datenschutz im Wettbewerbs- und Verbraucherrecht, VuR 2006, S. 377; *Weichert*, Cloud Computing und Datenschutz, DuD 2010, S. 679; *Weisser/Bauer*, Datenschutz bei internationalen klinischen Studien, MedR 2005, S. 339; *Wisskirchen*, Grenzüberschreitender Transfer von Arbeitnehmerdaten, CR 2004, S. 862; *Zilkens*, Geheimnisschutz und Datenschutz – Rechtliche Aspekte der Gutachtenpraxis im öffentlichen Gesundheitsdienst des Landes Nordrhein-Westfalen, RDV 2011, S. 180; *Zscherpe*, Datenschutz im Internet, K&R 2005, S. 264.

Übersicht

I. Europarechtliche Grundlagen Allgemeines

1 Maßgeblich wurde das deutsche Datenschutzrecht durch europäische Rechtsakte beeinflusst, wie die Datenschutzrichtlinie für elektronische Kommunikation,[1] die Richtlinie über die Vorratsdatenspeicherung,[2] aber vor allem durch die EG-DSRl.[3] Deren Vorgaben wurden 2001 in einer Novellierung des BDSG umgesetzt[4] und haben auch § 1 BDSG geprägt. So beruht die Ausweitung des Anwendungsbereichs auf die aktenmäßige Datenverarbeitung und auf die Verarbeitung von Kurzfristdateien[5] auf Erwägungsgrund 27 EG-DSRl. Die aktuelle Formulierung von § 1 Abs. 2 Nr. 3 BDSG lässt sich auf die Umsetzung von Art. 3 Abs. 2, 2. Spiegelstrich EG-DSRl[6] zurückführen. Die eingeschränkte Anwendbarkeit des BDSG auf die Datenverarbeitung zu persönlichen und familiären Zwecken wurde durch Erwägungsgrund 12 sowie Art. 3 Abs. 2 EG-DSRl vorgegeben,[7] und auch die Regelung zur in-

---

1 Richtlinie 2002/58/EG des Europäischen Parlaments und des Rates vom 12.7.2002 über die Verarbeitung personenbezogener Daten und den Schutz der Privatsphäre in der elektronischen Kommunikation (Datenschutzrichtlinie für elektronische Kommunikation).
2 Richtlinie 2006/24/EG des Europäischen Parlaments und des Rates vom 15.3.2006 über die Vorratsspeicherung von Daten, die bei der Bereitstellung öffentlich zugänglicher elektronischer Kommunikationsdienste erzeugt oder verarbeitet werden, und zur Änderung der Richtlinie 2002/58/EG.
3 Richtlinie zum Schutz natürlicher Personen bei der Verarbeitung personenbezogener Daten und zum freien Datenverkehr, RL 95/46/EG.
4 Hierzu Einl. Rn. 10.
5 Hierzu ausführlich Rn. 22.
6 Siehe Rn. 27.
7 Für eine ausführliche Darstellung siehe Rn. 29 ff.

ternationalen Anwendbarkeit des BDSG in § 1 Abs. 5 BDSG ist in der EG-DSRl angelegt, nämlich in Art. 4 EG-DSRl.[8]

Mit der Vorstellung des DSGVO-E[9] steht das europäische Datenschutzrecht vor einer Zäsur, die weitreichende Bedeutung für das materielle Datenschutzrecht und den grundrechtlichen Rechtsschutz haben wird. Der Zweck sowie der sachlich/räumliche Anwendungsbereich der DSGVO und der EG-DSRl sind jedoch im Wesentlichen identisch, sodass die materiellen Auswirkungen für die derzeit in § 1 getroffenen Regelungen nicht wesentlich wären.[10]   2

II. Regelungszweck (Abs. 1)

Mit § 1 Abs. 1 BDSG erfolgt eine Zweckbestimmung, die mehr als ein bloßer Programmsatz des BDSG ist. Sie gibt im Sinn einer Anwendungsvorgabe einen datenschutzrechtlichen Interpretationsrahmen vor.[11] Seit der BDSG-Novelle von 1990 finden sich in § 1 BDSG keine generellen Aussagen zum Datenschutz mehr, was sich auf die Erkenntnis zurückführen lässt, dass ein einziges Gesetz nicht hinreichend ist, um den Gefahren der Datenverarbeitung für das Persönlichkeitsrecht entgegenzutreten.[12] So erhebt das BDSG nicht den Anspruch, den Datenschutz abschließend zu regeln. Im Zusammenspiel mit einer steigenden Zahl bereichsspezifischer Datenschutzregelungen[13] kommt ihm vielmehr eine Auffangfunktion zu.[14] Der Zweck des BDSG ist gemäß § 1 Abs. 1 BDSG auf die Gewährleistung des Schutzes des Einzelnen vor Beeinträchtigungen seines Persönlichkeitsrechts durch den Umgang mit personenbezogenen Daten gerichtet. Damit sollen Bürger über den bloßen Missbrauch personenbezogener Daten hinaus vor den Gefahren für das Persönlichkeitsrecht durch die Verarbeitung und Nutzung personenbezogener Daten geschützt werden.[15] Dieser Ansatz hat durch die Novelle 1990 Eingang in das BDSG gefunden; davor war der Anwendungsbereich auf die Vermeidung der missbräuchlichen Datenverarbeitung beschränkt.[16]   3

8 Ausführlich Rn. 49.
9 KOM (2012) 11. Hierzu ausführlich Einf. Rn. 56 ff.
10 Ausführlich zur EU-DSGVO, Einl. Rn. 56 ff.
11 *Bergmann/Möhrle/Herb*, BDSG, § 1 Rn. 7; *Simitis*, in: Simitis, BDSG, § 1 Rn. 23.
12 *Simitis*, in: Simitis, BDSG, § 1 Rn. 23.
13 Kritisiert wird „eine häufig überdetaillierte, unübersichtliche und schwer zu vollziehende Normenmasse" *Kloepfer*, 62. DJT, D 72; siehe auch *Roßnagel/Laue*, DÖV 2007, S. 543 (545 f.): „Normenflut immer feiner differenzierender Normen für nahezu jeden Spezialbereich; unübersehbare Fülle bereichsspezifischer Regelungen"; vgl. auch *Petersen*, Grenzen des Verrechtlichungsgebots im Datenschutz, S. 76.
14 *Plath*, in: Plath, BDSG, § 1 Rn. 19; *Simitis*, in: Simitis, BDSG, § 1 Rn. 23.
15 BT-Drs. 11/4306, S. 38.
16 *Bergmann/Möhrle/Herb*, BDSG, § 1 Rn. 2; *Simitis*, in: Simitis, BDSG, § 1 Rn. 24.

4   Der Schutzzweck der EG-DSRl ist im Vergleich zum BDSG umfassender formuliert und richtet sich gem. Art. 1 Abs. 1 EG-DSRl auf den Schutz der Grundrechte und Grundfreiheiten, insbesondere den Schutz der Privatsphäre natürlicher Personen bei der Verarbeitung personenbezogener Daten. Dennoch wird von einer inhaltlichen Übereinstimmung der Schutzzielbeschreibungen der EG-DSRl einerseits und des BDSG andererseits ausgegangen.[17] Trotz der Unterschiede im Wortlaut ist dieser Ansicht zuzustimmen, da europäische Richtlinien nationales Recht nicht nur durch ihre Umsetzung direkt beeinflussen, sondern darüber hinaus den Rechtsanwender auch zur richtlinienkonformen Auslegung nationalen Rechts verpflichten.[18] Dies bewirkt, dass der Regelungszweck gem. § 1 Abs. 1 BDSG auch unter Beachtung der Vorgaben aus der EG-DSRl definiert werden muss und nicht auf den Schutz des Persönlichkeitsrechts beschränkt ist, sondern auch andere Grundrechte und Grundfreiheiten in den Schutzbereich einbezogen sein können. Datenschutz dient daher dem Grundrechtsschutz insgesamt und ist nicht auf den Schutz des Persönlichkeitsrechts reduziert.

1. Datenschutz

5   Ursprünglich verstand man unter dem Begriff des Datenschutzes den Schutz von Daten. Als Folge einer Begriffsverschiebung werden für die ursprüngliche Bedeutung heute jedoch die Begriffe „Datensicherheit" bzw. „Datensicherung" verwendet.[19] Ohne das Wort selbst zu gebrauchen, definiert der Gesetzgeber in § 1 Abs. 1 BDSG den Begriff des Datenschutzes in diesem neuen Verständnis, ohne dass es sich dabei um eine Legaldefinition im technischen Sinn handelt. Anders als der strenge Wortsinn es nahelegen würde, versteht man daher unter Datenschutz den Schutz von Personen vor den Gefahren für das Persönlichkeitsrecht durch die Verarbeitung personenbezogener Daten.[20]

2. Umgang mit personenbezogenen Daten

6   Die Feststellung, dass Daten Gegenstand eines Verarbeitungsvorgangs sind, ist regelmäßig nicht mit Problemen verbunden. Zur „Gretchenfrage des Datenschutzes"[21] wird jedoch die Feststellung des Bestehens eines Personenbezugs der verar-

---

17 *Ambs*, in: Erbs/Kohlhaas, BDSG, § 1 Rn. 1.
18 Zur richtlinienkonformen Auslegung *Grundmann*, JZ 1996, S. 274; *Höpfner*, JZ 2009, S. 403; *Höpfner/Rüthers*, AcP 2009, S. 1; *Klug*, RDV 2001, S. 266.
19 *Von Lewinski*, in: Freiheit – Sicherheit – Öffentlichkeit, S. 196 (197 f.).
20 *Härting*, BB 2012, S. 459; *Schneider/Härting*, ZD 2012, S. 63 (64); *von Lewinski*, in: Freiheit – Sicherheit – Öffentlichkeit, S. 196 (197 f.).
21 *Saeltzer*, DuD 2004, S. 218; siehe dazu auch den Beschluss des Düsseldorfer Kreises vom 27.11.2009 zur datenschutzkonformen Ausgestaltung von Analyseverfahren zur Reichweitenmessung bei Internet-Angeboten, wonach IP-Adressen keine Pseudonyme, sondern personenbezogene Daten sind, die ohne Einwilligung nicht zur Erstellung von Nutzungsprofilen erhoben und verarbeitet werden dürfen (www.bfdi.de).

beiteten Daten. Personenbezogen sind Daten gemäß der Legaldefinition in § 3 Abs. 1 BDSG, wenn sie Einzelangaben über persönliche oder sachliche Verhältnisse einer bestimmten oder bestimmbaren natürlichen Person enthalten.[22]

Die Bedeutung des „Umgangs mit Daten" ist gesetzlich nicht definiert. Hiermit wird untechnisch jede Form der Datenverarbeitung umschrieben. Dies sind zunächst die Erhebung, Speicherung, Veränderung, Übermittlung, Sperrung, Löschung und Nutzung von Daten.[23] Diese Begriffe sind jeweils in § 3 Abs. 2–4 BDSG legaldefiniert.[24] Der Begriff des Datenumgangs umfasst darüber hinaus aber auch technische und organisatorische Maßnahmen nach § 9 BDSG sowie Maßnahmen zur Gewährleistung von Betroffenenrechten gem. § 6 BDSG.[25] Der Schutz des Rechts auf informationelle Selbstbestimmung ist nicht von der Verarbeitungsform abhängig, sodass auch der Anwendungsbereich des BDSG sowohl die manuelle als auch die automatisierte Verarbeitung umfasst und das Verarbeitungsmittel für die Konzeption des Datenschutzes im BDSG nur eine periphere Rolle spielt.[26]

3. Schutz vor Beeinträchtigungen des Persönlichkeitsrechts

Im Gegensatz zu den meisten LDSG[27] wird im BDSG nicht auf den Schutz des Rechts auf informationelle Selbstbestimmung und damit auf die Fallgruppe des Persönlichkeitsrechts in der Prägung durch die Rechtsprechung des BVerfG, sondern auf den Schutz des Persönlichkeitsrechts im Allgemeinen abgestellt. Diese Wertung geht zurück auf die Formulierung in der Novelle des BDSG aus dem Jahr 1990 und ist zumindest auch Ausdruck des Widerstands des Gesetzgebers gegen die Anerkennung des Rechts auf informationelle Selbstbestimmung durch das BVerfG.[28] Die Auslegung des Begriffs des Persönlichkeitsrechts in § 1 Abs. 1 BDSG hat jedoch unter Beachtung seiner Ausprägung durch die Rechtsprechung des BVerfG zu erfolgen,[29] sodass auch der Schutz der informationellen Selbstbestimmung, als Fallgruppe des Persönlichkeitsrechts, vom Schutzzweck des BDSG erfasst wird.

7

8

---

22 Vgl. § 3 BDSG Rn. 3 ff.; zum Personenbezug von Geodaten siehe *Forgo/Krügel*, MMR 2010, S. 17 (18).

23 *Weichert*, in: Däubler/Klebe/Wedde/Weichert, BDSG, § 1 Rn. 7.

24 Vgl. § 3 BDSG Rn. 25 ff.

25 *Dammann*, in: Simitis, BDSG, § 1 Rn. 134.

26 *Simitis*, in: Simitis, BDSG, § 1 Rn. 70 ff.

27 So § 1 Abs. 1 Nr. 1 LDSG Berlin, § 1 LDSG Brandenburg, § 1 Abs. 1 Nr. 1 LDSG Bremen, § 1 LDSG Hamburg, § 1 Abs. 1 Nr. 1 LDSG Hessen, § 1 LDSG Mecklenburg-Vorpommern, § 1 LDSG Niedersachsen, § 1 LDSG NRW, § 1 Abs. 1 LDSG Rheinland-Pfalz, § 1 LDSG Saarland, § 1 LDSG Sachsen, § 1 LDSG Schleswig-Holstein, auf den Schutz des Persönlichkeitsrechts abstellend hingegen § 1 LDSG Bayern, § 1 LDSG BW, § 1 Abs. 1 LDSG Sachsen-Anhalt, § 1 LDSG Thüringen.

28 *Simitis*, in: Simitis, BDSG, § 1 Rn. 25.

29 *Gola/Schomerus*, BDSG, § 1 Rn. 6.

9   Gefährdungen für das Persönlichkeitsrecht, denen durch das Datenschutzrecht entgegengewirkt werden soll, ergeben sich insbesondere aus dem Einsatz automatisierter Datenverarbeitungseinrichtungen.[30] So hat die technische Entwicklung der letzten Jahrzehnte IT-Systeme hervorgebracht, die in der Lage sind, personenbezogene Daten in praktisch unbegrenztem Umfang zu speichern und miteinander zu kombinieren, sodass sich weitreichende Rückschlüsse auf betroffene Personen ziehen lassen, die bis zur Bildung eines vollständigen Persönlichkeitsprofils reichen können. Diese Entwicklung wurde durch eine zunehmende Serververnetzung verstärkt, in deren Rahmen in größer werdendem Maße auch dezentral gespeicherte Informationen miteinander kombinierbar wurden, sodass personenbezogene Daten heute global miteinander verknüpft und abgerufen werden können und weitergehende Rückschlüsse über eine größere Zahl von Betroffenen durch die datenverarbeitenden Stellen gezogen werden können.[31]

Der Betroffene, der sich mit diesen technischen Möglichkeiten der Datenverarbeitung konfrontiert sieht, kann faktisch nur in geringem Maß darauf Einfluss nehmen, welche Daten über ihn erhoben und von wem und zu welchem Zweck sie verwendet oder miteinander verknüpft werden. Er kann daher nicht mehr überschauen, welche Informationen zu seiner Person in seinem sozialen Umfeld bekannt sind und über welches Wissen Kommunikationspartner verfügen. Dadurch, dass der Einzelne nicht weiß, ob und in welchem Umfang sein Verhalten von staatlichen oder privaten Stellen erfasst, gespeichert, weitergeleitet oder gar öffentlich gemacht wird, entsteht ein psychischer Druck, nicht durch solche Verhaltensweise aufzufallen, die Gegenstand staatlicher oder privater Datenerfassung und Nutzung sind.[32]

Die freie Entfaltung der Persönlichkeit erfordert daher im Hinblick auf die Möglichkeiten moderner Datenverarbeitung den Schutz des Einzelnen gegen unbegrenzte Erhebung, Speicherung, Verwendung und Weitergabe seiner persönlichen Daten.[33] Das BDSG soll diesen Gefahren der Datenverarbeitung entgegenwirken, indem das Verfügungsrecht des Betroffenen über seine personenbezogenen Daten gestärkt wird.[34] Um Betroffene vor diesen Gefahren der Datenverarbeitung zu schützen, erfordert die Konzeption eines Datenschutzrechts das Ansetzen der Schutzwirkung vor dem Auftreten tatsächlicher Beeinträchtigungen des Persönlichkeitsrechts durch eine Datenverarbeitung. Sind Daten nämlich rechtswidrig erfasst oder verarbeitet worden, kann es für einen effektiven Betroffenenschutz bereits zu

---

30 Zur technischen Entwicklung von Datenverarbeitungseinrichtungen siehe *Büllesbach/Garstka*, CR 2005, S. 720 (722 ff.); *Ehmann*, RDV 1998, S. 235 (236).
31 *Ehmann*, RDV 1998, S. 235 (236); *Gola/Schomerus*, BDSG, § 1 Rn. 8.
32 Vgl. *Gola/Schomerus*, BDSG, § 1 Rn. 9.
33 *Gola/Schomerus*, BDSG, § 1 Rn. 10.
34 *Gola/Schomerus*, BDSG, § 1 Rn. 8 f.; *Plath*, in: Plath, BDSG, § 1 Rn. 10.

spät sein. Diesem Gedanken folgt auch das BDSG, sodass es einer Vorfeldsicherung des Persönlichkeitsrechts entspricht.[35]

Den Gedanken einer Vorfeldsicherung hat auch das BVerfG aufgegriffen und in der Entscheidung zum „Computergrundrecht"[36] aufgegriffen und auf grundrechtlicher Ebene weiterentwickelt.[37]

Fraglich und umstritten ist in diesem Zusammenhang, ob dem Recht auf informationelle Selbstbestimmung und der Konzeption des BDSG die Annahme der Gefährlichkeit jeder Datenverarbeitung zugrunde liegt, wie es teilweise angenommen wird,[38] während andere davon ausgehen, dass eine solche Annahme dem BDSG nicht zu entnehmen sei.[39] So wird darauf hingewiesen, dass es eine Vielzahl harmloser Zwecke und Verwendungsmöglichkeiten von Daten gebe, sodass das Ziel des Datenschutzes nicht darauf gerichtet sein könne, Datenflüsse generell zu verringern und die Datenverarbeitung möglichst weit einzuschränken.[40] Der Schutzzweck des BDSG wird in § 1 Abs. 1 BDSG klar benannt und ist darauf gerichtet, den Gefahren der Datenverarbeitung für das Persönlichkeitsrecht entgegen zu wirken. Soweit nach der Wertung des Rechts auf informationelle Selbstbestimmung eine Datenverarbeitung eine zulässige Maßnahme darstellt, ist sie regelmäßig auch ein datenschutzrechtlich zu tolerierender Eingriff, was für die Annahme der Möglichkeit ungefährlicher Datenverarbeitung durch das BDSG spricht. Ob der Konzeption des BDSG die Annahme grundsätzlicher Gefährlichkeit von Datenverarbeitungsvorgängen zugrunde liegt, ist für seine Anwendung letztlich von nachgeordneter Bedeutung.

10

4. BDSG als Schutzgesetz

Das BDSG dient dem Schutz natürlicher Personen vor den Gefahren der Datenverarbeitung für ihr Persönlichkeitsrecht. Das BDSG hat daher Schutzgesetzcharakter. Hieraus ergibt sich, dass bei Verstößen gegen datenschutzrechtliche Normen Ansprüche der betroffenen Person gegen die datenverarbeitende Stelle aus § 823 Abs. 2 BGB i.V.m. der verletzten Norm des BDSG bestehen können.[41] Schadenser-

11

---

35 *Ambs*, in: Erbs/Kohlhaas, BDSG, § 1 Rn. 1; *Bull*, NJW 2006, S. 1617 (1623); *Ehmann*, RDV 1998, S. 235 (239); *Gola/Schomerus*, BDSG, § 1 Rn. 6; *Weichert*, in: Däubler/Klebe/ Wedde/Weichert, BDSG, § 1 Rn. 7; *von Lewinski*, in: Freiheit – Sicherheit – Öffentlichkeit, S. 196 (199).

36 BVerfG NJW 2008, 822.

37 Hierzu Einl. Rn. 29 ff.

38 *Gola/Schomerus*, BDSG, § 1 Rn. 14; *Simitis*, in: Simitis, BDSG, § 1 Rn. 23; a.A. *Weichert*, in: Däubler/Klebe/Wedde/Weichert, BDSG, § 1 Rn. 2.

39 *Bull*, NJW 2006, S. 1617 (1618 f.), für das Recht auf informationelle Selbstbestimmung; *Weichert*, in: Däubler/Klebe/Wedde/Weichert, BDSG, § 1 Rn. 2.

40 *Bull*, NJW 2006, S. 1617 (1618 f.).

41 *Gola/Schomerus*, BDSG, § 1 Rn. 3; *Plath*, in: Plath, BDSG, § 1 Rn. 13; *Sprau*, in: Palandt, BGB, § 823 Rn. 62; *Wagner*, in: MüKo-BGB, § 823 Rn. 360; *Weichert*, in: Däubler/Klebe/ Wedde/Weichert, BDSG, § 1 Rn. 4.

satzansprüche bestehen zudem unter den Voraussetzungen der §§ 7 und 8 BDSG gegen die verantwortliche Stelle.[42]

12   Bei dem BDSG handelt es sich auch um ein Arbeitnehmer schützendes Gesetz,[43] zu dessen Beachtung Arbeitgeber und der Betriebsrat insbesondere gem. § 75 Abs. 2 BetrVG verpflichtet sind und das direkte Auswirkung auf das individuelle und das kollektive Arbeitsrecht hat, sodass dem Personalrat gem. § 68 Abs. 1 Nr. 2 BPersVG und dem Betriebsrat gem. § 80 Abs. 1 Nr. 1 BetrVG die Kompetenz zukommt, die Rechte der Beschäftigten im Hinblick auf den Schutz ihrer informationellen Selbstbestimmung durch das Datenschutzrecht zu überwachen.[44] Hiervon erfasst ist neben der Überwachung materiellrechtlicher auch die Kontrolle prozeduraler Normen. Der Personal- bzw. der Betriebsrat hat daher auch Kompetenzen zur Kontrolle der Aufgabenwahrnehmung durch den betrieblichen Datenschutzbeauftragten gem. §§ 4f, 4g BDSG[45] oder der Durchführung technischer und organisatorischer Maßnahmen der datenverarbeitenden Stelle gem. § 9 BDSG.[46]

13   Die Frage, ob den Vorschriften des BDSG eine wettbewerbs- und verbraucherschützende Funktion i.S.d. § 1 UWG zukommt, lässt sich nicht pauschal beantworten. Vor der UWG-Reform im Jahr 2004[47] musste zur Begründung der Wettbewerbswidrigkeit eines Datenschutzverstoßes direkt auf die wettbewerbsrechtliche Generalklausel gem. § 1 UWG a. F. zurückgegriffen und festgestellt werden, dass der Datenschutzverstoß sittenwidrig im Sinne der Vorschrift war.[48] Zu diesem Zweck wurde von der Rechtsprechung die Fallgruppe des „Vorsprungs durch Rechtsbruch" entwickelt.[49] Der Begriff der „guten Sitten" ist mit der UWG-Reform entfallen. Abzustellen ist heute auf die Unlauterkeit einer geschäftlichen Handlung i.S.d. § 1 UWG. Diese ist unter den Voraussetzungen gem. § 3 UWG insbesondere für die durch § 4 UWG normierten Beispiele anzunehmen. Die Fallgruppe des „Vorsprungs durch Rechtsbruch" wurde durch den Gesetzgeber aufgegriffen und findet sich heute in § 4 Nr. 11 UWG.[50] Hiernach ist der Verstoß gegen solche gesetzlichen

---

42 Vgl. § 7 BDSG Rn. 6 ff.; § 8 BDSG Rn. 5 ff.
43 *Gola/Schomerus*, BDSG, § 1 Rn. 5; *Weichert*, in: Däubler/Klebe/Wedde/Weichert, BDSG, § 1 Rn. 6.
44 *Gola/Schomerus*, BDSG, § 1 Rn. 5; *Weichert*, in: Däubler/Klebe/Wedde/Weichert, BDSG, § 1 Rn. 6.
45 Vgl. § 4f BDSG Rn. 33 ff.
46 *Weichert*, in: Däubler/Klebe/Wedde/Weichert, BDSG, § 1 Rn. 6; zu technischen und organisatorischen Maßnahmen gem. § 9 BDSG, vgl. § 9 BDSG Rn. 13 ff.
47 Gesetz gegen den unlauteren Wettbewerb vom 3.6.2004 (BGBl. I, S. 1414).
48 *Gedert*, in: Hammermeister/Reich/Rose, Information – Wissen – Kompetenz, S. 17 (21); *Meyer*, WRP 2002, S. 1028 (1032); *Weichert*, VuR 2006, S. 377 (379).
49 OLG Frankfurt CR 2001, 294; OLG Koblenz DuD 1999, 357; OLG Köln WRP 1982, 540; Darstellung bei *Gedert*, in: Hammermeister/Reich/Rose, Information – Wissen – Kompetenz, 17 (24 ff.); *Weichert*, VuR 2006, S. 377 (379).
50 Vgl. *Schulze zur Wiesche*, in: Spindler/Schuster, Recht der elektronischen Medien, § 4 UWG Rn. 214.

Vorschriften wettbewerbswidrig, die auch dazu bestimmt sind, im Interesse der Marktteilnehmer das Marktverhalten zu regeln.

Datenschutzrecht dient gem. § 1 Abs. 1 BDSG primär dem Schutz des Persönlich- **14** keitsrechts, insbesondere dem Schutz der informationellen Selbstbestimmung.[51] Die Vorschriften des BDSG sind damit nicht per se wettbewerbsrelevant.[52] Überwiegend wird jedoch zu Recht angenommen, dass auch datenschutzrechtliche Vorschriften einen hinreichen Marktverhaltensbezug aufweisen können.[53] Für diese Ansicht spricht insbesondere der Umstand, dass personenbezogene Daten faktisch zum Wirtschaftsgut geworden sind, sodass der Schutz personenbezogener Daten untrennbar auch mit dem Schutz des Wettbewerbs verbunden ist.[54] Nicht einheitlich wird jedoch die Frage beantwortet, in welchem Umfang Vorschriften des BDSG wettbewerbsbezogen sind. Einschränkende Ansätze gehen davon aus, dass Datenschutzverstöße aufgrund der divergierenden Schutzrichtung von UWG und BDSG regelmäßig nicht, sondern nur in Ausnahmefällen Wettbewerbsrelevanz haben.[55] Hinreichend für die Annahme einer Wettbewerbsbezogenheit ist jedoch auch eine nur sekundär wettbewerbsschützende Funktion,[56] was seine Ausprägung im Wortlaut des § 4 Nr. 11 UWG durch das Wort „auch" gefunden hat. Trotz der primären Ausrichtung auf den Schutz der informationellen Selbstbestimmung können daher Vorschriften des BDSG Wettbewerbsrelevanz insbesondere dann haben, wenn sie das Auftreten von Wettbewerbern auf dem Markt regeln.[57] Elementare Voraussetzung für die Wettbewerbsrelevanz ist, dass die adressierte Stelle im Wettbewerb steht. Hieraus folgt, dass Vorschriften des zweiten Abschnitts regelmäßig nicht von

---

51 *Busse*, RDV 2005, S. 260 (264); *Gedert*, in: Hammermeister/Reich/Rose, Information – Wissen – Kompetenz, S. 17 (26); *Huppertz/Ohrmann*, CR 2011, S. 449 (450); *Köhler*, in: Hefermehl/Köhler/Bornkamm, UWG, § 4 Rn. 11.42; *Weichert*, VuR 2006, S. 377 (379).

52 *Köhler*, in: Hefermehl/Köhler/Bornkamm, UWG, § 4 Rn. 11.42; *Weichert*, VuR 2006, S. 377 (379).

53 *Gedert*, in: Hammermeister/Reich/Rose, Information – Wissen – Kompetenz, S. 17 (31); *Heil*, RDV 2004, S. 205 (210); *Köhler*, in: Hefermehl/Köhler/Bornkamm, UWG, § 4 Rn. 11.42; *Plath*, in: Plath, BDSG, § 1 Rn. 16; *Schulze zur Wiesche*, in: Spindler/Schuster, Recht der elektronischen Medien, § 4 UWG Rn. 226; *Weichert*, in: Däubler/Klebe/Wedde/ Weichert, BDSG, Einl. Rn. 100; *Weichert*, VuR 2006, S. 377 (379); davon ausgehend, dass datenschutzrechtliche Vorschriften regelmäßig nicht erfasst würden hingegen *Busse*, RDV 2005, S. 260 (265); *Ebert-Weidenfeller*, in: Götting/Nordemann, UWG, § 4 Rn. 11.90: „Eine unzulässige Datenerhebung ist gem. § 4 UWG ohne Marktbezug; es besteht auch kein sekundärer Marktbezug."

54 *Huppertz/Ohrmann*, CR 2011, S. 449 (450).

55 *Busse*, RDV 2005, S. 260 (265).

56 *Busse*, RDV 2005, S. 260 (264); *Gedert*, in: Hammermeister/Reich/Rose, Information – Wissen – Kompetenz, S. 17 (31).

57 *Heil*, RDV 2004, S. 205 (210); *Huppertz/Ohrmann*, CR 2011, S. 449 (451); *Köhler*, in: Hefermehl/Köhler/Bornkamm, UWG, § 4 Rn. 11.42; *Weichert*, VuR 2006, S. 377 (380); OLG Köln DuD 2009, 696; § 4 Abs. 1 BDSG und § 28 Abs. 4 Satz 2 BDSG a. F. beinhalten Marktverhaltensregeln.

§ 4 Nr. 11 UWG erfasst sind,[58] da sie die Datenverarbeitung durch öffentliche Stellen regeln, die nicht im Wettbewerb stehen (§ 12 Abs. 1 BDSG).

15 Die Regelungen des fünften Abschnitts enthalten Sanktionsmechanismen des BDSG, ihnen lassen sich regelmäßig jedoch keine Verhaltensvorgaben für das Marktverhalten entnehmen, sodass sie nicht vom Anwendungsbereich des § 4 Nr. 11 UWG erfasst sind. Das Gleiche ist für die Vorschriften des sechsten Abschnitts anzunehmen. Potenziell wettbewerbsrelevante Vorschriften sind daher solche des ersten und dritten Abschnitts. Pauschal lässt sich aber auch für sie eine Wettbewerbsrelevanz nicht begründen. Vielmehr ist eine individuelle Bestimmung ihrer regelnden Beeinflussung des Marktverhaltens vorzunehmen.[59] Diese ist insbesondere gegeben, wenn sich aus der datenschutzrechtlichen Norm Voraussetzungen für eine direkte kommerzielle Datenverarbeitung oder die Datenverarbeitung zu Werbezwecken ergeben.[60] So ist die Nutzung von Daten, die im Zusammenhang mit einem Vertragsverhältnis erlangt und genutzt werden, wettbewerbsrechtlich relevant.[61] Dies hat zur Konsequenz, dass eine Nutzung von Kundendaten zu Werbezwecken, außerhalb der Rechtfertigung gem. § 28 Abs. 3 BDSG, auch zur Wettbewerbswidrigkeit der Maßnahme führt. Gleiches gilt für die Weitergabe von Vertragsdaten zu Werbezwecken an einen Dritten, soweit dies nicht gemäß § 29 BDSG erlaubt ist. Auch soweit die Nutzung solcher Daten zum Scoring oder für Zwecke der Marktforschung datenschutzrechtlich nicht gestattet wird, ist dies von § 4 Nr. 11 UWG erfasst, sodass gegen sie wettbewerbsrechtliche Maßnahmen ergriffen werden können.

5. BDSG als Eingriffsgesetz

16 Datenschutz als Ausprägung des Rechts auf informationelle Selbstbestimmung bewegt sich in einem Spannungsfeld zwischen Interessen an der Informationsfreiheit und den Geheimhaltungsinteressen der betroffenen Personen, zwischen denen das Datenschutzrecht einen angemessenen Ausgleich finden muss. Hieraus ergibt sich,

---

58 *Weichert*, VuR 2006, S. 377 (380).

59 *Heil*, RDV 2004, S. 205 (210); *Köhler*, in: Hefermehl/Köhler/Bornkamm, UWG, § 4 Rn. 11.42; *Weichert*, VuR 2006, S. 377 (380).

60 *Gedert*, in: Hammermeister/Reich/Rose, Information – Wissen – Kompetenz, S. 17 (26); *Köhler*, in: Hefermehl/Köhler/Bornkamm, UWG, § 4 Rn. 11.42; *Weichert*, VuR 2006, S. 377 (380 f.); diskutiert wird die wettbewerbsrechtliche Relevanz insbesondere von § 8 BDSG, § 4a BDSG und § 29 BDSG; zu § 4 BDSG OLG Frankfurt GRUR 2005, 785; OLG Köln CR 2001, 454; LG Berlin VuR 2002, 413; *Weichert*, VuR 2006, S. 377 (380); zu § 4a BDSG LG Berlin VuR 2002, 413; *Weichert*, VuR 2006, S. 377 (380); zu § 28 BDSG OLG Hamburg AfP 2004, 554; OLG Köln CR 2001, 454; OLG Naumburg NJW 2003, 3566; OLG Stuttgart GRUR-RR 2007, 330; *Köhler*, in: Hefermehl/Köhler/Bornkamm, UWG, § 4 Rn. 11.42; *Weichert*, VuR 2006, S. 377 (381); zu § 29 BDSG OLG Köln CR 2001, 454; *Weichert*, VuR 2006, S. 377 (381); siehe zum Themenkreis ferner die Kommentierung zu § 7 BDSG Rn. 31.

61 Zur wettbewerbsrechtlichen Relevanz der §§ 4, 28 BDSG siehe OLG Karlsruhe GRUR-Prax 2012, 358 mit Anmerkung von *Grentzenberg*.

dass das Datenschutzrecht neben dem Schutz der Interessen betroffener Personen auch Regelungen zum Schutz der Informationsfreiheit trifft. Das BDSG spielt daher auch bei der Legitimierung von Beschränkungen des Rechts auf informationelle Selbstbestimmung als Eingriffsgesetz eine Rolle.[62] Die Voraussetzungen des Eingriffs in die informationelle Selbstbestimmung durch öffentliche Stellen finden sich in §§ 12 ff. BDSG, für nicht-öffentliche Stellen in §§ 27 ff. BDSG.

6. Informationszugangsrecht

Über die beschriebenen Funktionen des BDSG hinaus wird teilweise davon ausgegangen, dass es als Kehrseite des Datenschutzes oder als korrespondierendes Element hierzu ein Recht auf Zugang zu Informationen gebe.[63] Die Annahme, dass ein solches Recht zwangsläufig als Kehrseite aus dem Datenschutzrecht folge, ist aber auch berechtigten Zweifeln ausgesetzt.[64] Für die Frage, ob ein solches Recht bestehen kann, ist vom zugrunde liegenden Regelungszweck des Datenschutzrechts auszugehen. Dieser ergibt sich aus § 1 Abs. 1 BDSG und ist auf den Schutz des Persönlichkeitsrechts vor den Gefahren der Datenverarbeitung gerichtet. Wesentlich geprägt wird er durch das Recht auf informationelle Selbstbestimmung, das dem Betroffenen ein Herrschaftsrecht über Daten zur eigenen Person verschafft. Hieraus folgt, dass sich ein Recht auf Informationszugang aufgrund der informationellen Selbstbestimmung nur auf Daten zur eigenen Person und nicht auf Informationen über Dritte beziehen kann.

17

Aufgrund des Rechts auf informationelle Selbstbestimmung kann der Einzelne selbst darüber bestimmen, wer über seine personenbezogenen Daten verfügt und zu welchen Zwecken sie erhoben und verwendet werden.[65] Dies deutet auf das Bestehen von Abwehrrechten und nicht auf Ansprüche zur Verschaffung von Informationen hin, auch wenn zuweilen angenommen wird, dass Informationszugang und Datenschutz das gleiche Ziel verfolgten, nämlich die Förderung der Selbstbestimmung über Informationen.[66] Mit der informationellen Selbstbestimmung können Informationsansprüche daher nur soweit begründet werden, wie sie für die Durchsetzung der abwehrrechtlichen Funktionen der informationellen Selbstbestimmung erforderlich sind. Die informationelle Selbstbestimmung ist nämlich durch den Gesetz-

18

---

62 *Duisberg*, in: Peters/Kersten/Wolfenstetter, S. 243 (248); *Simitis*, in: Simitis, BDSG, § 1 Rn. 108; *Weichert*, in: Däubler/Klebe/Wedde/Weichert, BDSG, § 1 Rn. 5.

63 *Bull*, NJW 2006, S. 1617 (1617); *Schindel*, DuD 1989, S. 591 (594); *Simitis*, in: Simitis, BDSG, § 1 Rn. 42 f.; zum Verhältnis von Datenschutz und Informationsfreiheit siehe auch: *Schnabel*, DuD 2012, S. 520.

64 *Gola/Schomerus*, BDSG, § 1 Rn. 18.

65 BVerfG NJW 1984, 419 (421); BVerfG NJW 1990, 563 (563); *Ehmann*, RDV 1998, S. 235 (239); *Gola/Schomerus*, BDSG, § 1 Rn. 7.

66 *Weichert*, in: Däubler/Klebe/Wedde/Weichert, BDSG, Einl. Rn. 53; hingegen von einem Konflikt beider Interessen ausgehend *Buchner*, Informationelle Selbstbestimmung im Privatrecht, S. 80 ff.

geber und den Normanwender so zur Geltung zu bringen, dass den Betroffenen ihre effektive Wahrnehmung ermöglicht wird.

19 Vor diesem Hintergrund ergibt sich die Notwendigkeit des Schutzes von Betroffenen vor der faktischen Gefahr des Einflussverlustes auf die Erhebung und Verarbeitung ihrer Daten. Nur wenn eine betroffene Person weiß, welche Stelle Daten über sie erhebt und verwendet sowie zu welchen Zwecken dies erfolgt, kann sie die subjektiven Rechtspositionen aus ihrem informationellen Selbstbestimmungsrecht wahrnehmen. Soweit Daten nicht direkt bei ihr erhoben werden, sondern bei Dritten oder aus öffentlich zugänglichen Quellen, etwa aus dem Telefonbuch oder Social Networks, hat sie keine tatsächliche Kontrolle darüber, welche Daten über sie erhoben werden und zu welchen Zwecken sie Verwendung finden. Zudem verliert sie den faktischen Einfluss auch über solche Daten, die bei ihr direkt erhoben wurden, sobald sie bei der verantwortlichen Stelle gespeichert sind. Damit sie ihre Verfügungsbefugnis jedoch effektiv ausüben kann, ist sie auf diese Informationen angewiesen. Es ist im Hinblick auf die informationelle Selbstbestimmung daher erforderlich, den Betroffenen ein Recht auf Zugang zu diesen Daten bzw. auf Information gegenüber der datenverarbeitenden Stelle zu gewähren. Im BDSG hat der Gedanke eines Rechts auf Informationszugang seine Ausprägung in dem Auskunftsanspruch des Betroffenen gem. § 19 BDSG gegen öffentliche Stellen[67] sowie den Benachrichtigungs- und Auskunftspflichten nicht-öffentlicher Stellen gem. § 33 BDSG und § 34 BDSG gefunden.[68]

20 Informationszugangsrechte finden sich auch in verschiedenen gesetzlichen Regelungen, ohne dass diese sich direkt auf das Recht auf informationelle Selbstbestimmung zurückführen ließen, etwa in Art. 21 Abs. 4 der brandenburgischen LVerf, indem hier ein Einsichtsrecht in Akten und amtliche Unterlagen gewährleistet wird. Die sächsische LVerf gewährt in Art. 34 und die LVerf von Sachsen-Anhalt in Art. 6 Abs. 2 ein Auskunftsrecht zu Umweltdaten. Zudem finden sich verschiedene Aktivitäten des Gesetzgebers, die auf die Verschaffung eines Informationszugangsrechts gerichtet sind, wie das Umweltinformationsgesetz des Bundes[69] oder Akteneinsichts- und Informationszugangsgesetze in verschiedenen Bundesländern[70] und das Stasi-Unterlagengesetz (StUG)[71] sowie das Informationsfreiheitsgesetz des Bundes (IFG).[72] Für diese Rechte auf Informationszugang können das Recht auf informationelle Selbstbestimmung und das Datenschutzrecht relevant werden, soweit personenbezogene Daten Dritter Gegenstand eines Informationsbegehrens sind.

---

67 Vgl. § 19 BDSG Rn. 3.
68 Siehe § 33 BDSG Rn. 3 f. und § 34 BDSG Rn. 3 f.
69 Umweltinformationsgesetz vom 22.12.2004, BGBl. I, S. 3704.
70 *Gola/Schomerus*, BDSG, § 1 Rn. 18.
71 Gesetz über die Unterlagen des Staatssicherheitsdienstes der ehemaligen Deutschen Demokratischen Republik (Stasi-Unterlagen-Gesetz) vom 20.12.1991, BGBl. I, S. 2272.
72 Informationsfreiheitsgesetz vom 5.9.2005, BGBl. I, S. 2722; hierzu *Bull*, NJW 2006, S. 1617 (1617); *Schmitz/Jastrow*, NVwZ 2005, S. 984.

III. Anwendungsbereich (Abs. 2)

§ 1 Abs. 2 BDSG bestimmt den Anwendungsbereich des BDSG in doppelter Hin- **21**
sicht. Zum einen wird der sachliche Anwendungsbereich im Hinblick auf die all-
gemeine Zweckbestimmung in Abs. 1 konkretisiert.[73] Zum anderen werden die
Adressaten der Regelungen des BDSG genannt. Dies sind öffentliche Stellen des
Bundes (Nr. 1), öffentliche Stellen der Länder (Nr. 2) und nicht-öffentliche Stellen
(Nr. 3).

1. Sachlicher Anwendungsbereich des BDSG

Voraussetzung für die Anwendbarkeit des BDSG ist die Erhebung, Verarbeitung **22**
oder Nutzung personenbezogener Daten.[74] Diese Begriffe werden in § 3 Abs. 3–5
BDSG legaldefiniert und erfassen alle Formen des Umgangs mit personenbezogenen Daten.[75] Vor 2001 war die Anwendbarkeit des BDSG für vorübergehend erstellte Dateien und bestimmte nicht automatisierte Verarbeitungsformen eingeschränkt.
Diese Regelung stand jedoch im Widerspruch zur EG-DSRl und war daher aufzuheben, was zu einer Ausweitung der sachlichen Anwendbarkeit des BDSG geführt
hat.[76] Somit ist das BDSG heute auch auf die Verarbeitung von Daten in Akten anwendbar. Die Regelung zu den Voraussetzungen der Einbeziehung von Akten in
den Anwendungsbereich des BDSG in § 3 Abs. 2 Satz 2 und Abs. 3 BDSG ist entfallen.[77] Aus Erwägungsgrund 27 EG-DSRl ergibt sich in diesem Zusammenhang,
dass sowohl die automatisierte, als auch die nicht automatisierte Verarbeitung von
der Regelung des Datenschutzes erfasst werden sollte. Die Intention hierfür ist, die
Anwendbarkeit des Datenschutzrechts von der eingesetzten Technik unabhängig zu
gestalten, um die Gefahr von Umgehungen des Datenschutzrechts zu vermeiden.
Bei manueller, also aktenmäßiger Datenverarbeitung muss der Inhalt nach der Intention des europäischen Gesetzgebers jedoch nach personenbezogenen Kriterien
strukturiert sein, die den Zugriff erleichtern, damit der Anwendungsbereich der
EG-DSRl eröffnet ist. Akten und Aktensammlungen sowie deren Deckblätter sind
danach vom Anwendungsbereich der EG-DSRl dann ausgeschlossen, wenn sie
nicht nach personenbezogenen Kriterien strukturiert sind. Der deutsche Gesetzgeber hat diese Differenzierung in § 1 Abs. 2 Nr. 1 und 2 BDSG nicht übernommen,
sodass für öffentliche Stellen des Bundes und der Länder, soweit das BDSG auf diese anwendbar ist, auch die Datenverarbeitung in Akten nach dem BDSG zu beurteilen ist. Das Abweichen des deutschen Gesetzgebers bei der Umsetzung der EG-
DSRl ist zulässig, da sie nicht zu einer Absenkung des Datenschutzniveaus führt.
Die Differenzierung des Erwägungsgrundes 27 EG-DSRl findet sich jedoch für

---

73 *Dammann*, in: Simitis, BDSG, § 1 Rn. 116.
74 Vgl. *Krüger/Maucher*, MMR 2011, S. 433 (436).
75 Darstellung bei § 3 BDSG Rn. 25 ff.; *Dammann*, in: Simitis, BDSG, § 1 Rn. 116.
76 *Duhr/Naujok/Peter/Seiffert*, DuD 2002, S. 5.
77 *Ambs*, in: Erbs/Kohlhaas, BDSG, § 1 Rn. 13.

nicht-öffentliche Stellen in § 1 Abs. 2 Nr. 3 BDSG wieder, wo angeordnet wird, dass das BDSG für sie nicht anwendbar ist, soweit Daten in nicht automatisierten Dateien verarbeitet werden.[78]

2. Datenverarbeitung durch öffentliche Stellen des Bundes

23 Das BDSG ist gemäß § 1 Abs. 2 Nr. 1 BDSG in vollem Umfang auf die Datenverarbeitung durch öffentliche Stellen des Bundes anwendbar. Es entspricht der Regelungsintention, die Anwendbarkeit des BDSG vollständig auf diesen Bereich zu erstrecken, sodass keine Ausnahmen der Anwendbarkeit vorgesehen sind.[79] Der Begriff der öffentlichen Stellen des Bundes wird in § 2 Abs. 1 BDSG legaldefiniert.[80] Dies sind Behörden und Organe der Rechtspflege sowie andere öffentlich-rechtlich organisierte Einrichtungen des Bundes, der bundesunmittelbaren Körperschaften, Anstalten und Stiftungen des öffentlichen Rechts sowie deren Vereinigungen, ungeachtet ihrer Rechtsform. Gemäß § 12 Abs. 1 BDSG gelten für öffentlich-rechtliche Unternehmen des Bundes, die am Wettbewerb teilnehmen, jedoch nicht die Vorschriften der §§ 12 ff. BDSG, sondern die Vorschriften der §§ 27 ff. BDSG.[81] Als öffentliche Stellen des Bundes galten zudem aus dem Sondervermögen der Deutschen Bundespost durch Gesetz hervorgegangene Unternehmen, solange ihnen ein ausschließliches Recht nach dem Postgesetz zusteht (§ 51 PostG). Die Exklusivrechte der Deutsche Post AG sind jedoch seit dem 1.1.2008 entfallen, sodass nunmehr alle aus der Privatisierung der Deutschen Bundespost hervorgegangenen Unternehmen nicht mehr als öffentliche Stelle einzuordnen sind.[82] Die speziellen Voraussetzungen der Datenverarbeitung durch öffentliche Stellen ergeben sich aus §§ 12 ff. BDSG.

3. Datenverarbeitung durch öffentliche Stellen der Länder

24 Soweit eine Länderkompetenz zur Normierung des Datenschutzrechts besteht und diese genutzt wurde, bestimmen sich die rechtlichen Anforderungen an die Datenverarbeitung durch öffentliche Stellen der Länder im Grundsatz nach den jeweiligen LDSG. Mittlerweile haben alle 16 Bundesländer eigene LDSG verabschiedet, die für landesunmittelbare öffentliche Stellen im Grundsatz vorrangig anwendbar sind.[83] Der Anwendungsvorrang der LDSG geht jedoch nur soweit, wie eine landesrechtliche Regelung besteht und soweit die jeweilige Norm anwendbar ist. Fehlt es

---

78 Vgl. *Wedde*, AiB 2001, S. 373 (375).
79 *Dammann*, in: Simitis, BDSG, § 1 Rn. 119.
80 Vgl. § 2 BDSG Rn. 5 ff.
81 Vgl. § 12 BDSG Rn. 10 ff.
82 Vgl. § 2 BDSG Rn. 13; § 18 BDSG Rn. 16; zu beachten ist hier die bereichsspezifische Verordnung über den Datenschutz bei der geschäftsmäßigen Erbringung von Postdiensten (Postdienste-Datenschutzverordnung-PDSV) vom 2.7.2002 (BGBl. I, S. 2494).
83 *Durner*, JuS 2006, S. 213 (214); *Gola/Schomerus*, BDSG, § 1 Rn. 19a.

Schmidt

an einer landesrechtlichen Regelung oder ist diese nicht anwendbar, bleibt es bei der Anwendbarkeit des BDSG für die öffentlichen Stellen des Landes.[84] Für diese ist das BDSG darüber hinaus gemäß § 1 Abs. 2 Nr. 2a BDSG anwendbar, wenn sie Bundesrecht ausführen, oder gemäß § 1 Abs. 2 Nr. 2b BDSG, soweit sie als Organe der Rechtspflege tätig werden und in dieser Funktion Verwaltungstätigkeiten ausüben.

Die Regelung in § 1 Abs. 2 Nr. 2 BDSG wurde bei der Reform des BDSG im Jahr 1990 eingefügt und geht zurück auf eine Empfehlung des Vermittlungsausschusses. Sie trägt dem Umstand Rechnung, dass keine klare Gesetzgebungskompetenz für den Datenschutz existiert und sich diese nur aus dem jeweiligen Regelungszusammenhang ergibt.[85] § 1 Abs. 2 Nr. 3 BDSG nimmt hier eine Abgrenzung des Anwendungsbereichs des BDSG und der LDSG für öffentliche Stellen der Länder vor und vermeidet die parallele Anwendbarkeit des BDSG und der LDSG im Einzelfall.[86] **25**

Der Begriff der öffentlichen Stelle der Länder wird in § 2 Abs. 2 BDSG legaldefiniert.[87] Dies sind Behörden, Organe der Rechtspflege und andere öffentlich-rechtlich organisierte Einrichtungen eines Landes, einer Gemeinde, eines Gemeindeverbandes oder andere, der Landesaufsicht unterstehende juristische Personen des öffentlichen Rechts sowie deren Vereinigungen ungeachtet ihrer Rechtsform. **26**

4. Datenverarbeitung durch nicht-öffentliche Stellen

Die Formulierung von § 1 Abs. 2 Nr. 3 BDSG beruht auf der Umsetzung von Art. 3 Abs. 2, 2. Spiegelstrich EG-DSRl und wurde mit Wirkung zum 23.5.2001 in das BDSG eingefügt. Sie hat die Anforderungen für die Datenverarbeitung durch nicht-öffentliche Stellen in zweierlei Hinsicht verändert. So ist das BDSG nun auch für nicht-öffentliche Stellen bei jeder automatisierten Datenverarbeitung anwendbar. Die Ausnahme für verarbeitungsbedingte Kurzfristdateien gem. § 1 Abs. 3 Nr. 1 BDSG a. F. ist entfallen.[88] Für die manuelle Datenverarbeitung durch nicht-öffentliche Stellen ist das BDSG nur anwendbar, wenn die Verarbeitung in oder aus einer Datei erfolgt, jedoch ist die Ausnahme für interne Dateien gem. § 1 Abs. 3 Nr. 2 BDSG a. F. entfallen. Nicht-automatisierter Datenumgang fällt also in den Anwendungsbereich des BDSG, wenn er einen Dateibezug aufweist.[89] Der Begriff der automatisierten Datenverarbeitung wird in § 3 Abs. 2 Satz 1 BDSG legaldefiniert, der Begriff der nicht **27**

---

84 *Dammann*, in: Simitis, BDSG, § 1 Rn. 125 f.
85 *Dammann*, in: Simitis, BDSG, § 1 Rn. 120 f.; *Weichert*, in: Däubler/Klebe/Wedde/Wiechert, BDSG, Einl. Rn. 59 ff.
86 *Dammann*, in: Simitis, BDSG, § 1 Rn. 121.
87 Vgl. § 2 BDSG Rn. 14.
88 *Bergmann/Möhrle/Herb*, BDSG, § 1 Rn. 4.
89 *Dammann*, in: Simitis, BDSG, § 1 Rn. 143.

automatisierten Datei in § 3 Abs. 2 Satz 2 BDSG.[90] Für den Arbeitnehmerdatenschutz wird die Anwendbarkeit von § 32 Abs. 1 BDSG in § 32 Abs. 2 BDSG auf jede Form der Datenverarbeitung ausgeweitet.[91]

28 Nicht-öffentliche Stellen sind gem. § 2 Abs. 3 BDSG natürliche und juristische Personen, Gesellschaften und andere Personenvereinigungen des privaten Rechts.[92] Auch die Datenverarbeitung in Vereinen richtet sich gem. § 1 Abs. 2 Nr. 3 BDSG nach dem BDSG.[93] Durch die Erstreckung der Anwendbarkeit des BDSG auf nicht-öffentliche Stellen wird der insbesondere in den letzten Jahrzehnten erheblich gestiegenen „Datenmacht der Privatwirtschaft" Rechnung getragen[94] und der Schutz der informationellen Selbstbestimmung, auch vor Beeinträchtigungen durch nicht-öffentliche Stellen, gewährleistet. Die Zulässigkeit der Datenverarbeitung durch nicht-öffentliche Stellen ist im BDSG, vorbehaltlich einer Normierung durch bereichsspezifisches Datenschutzrecht, in §§ 27 ff. BDSG geregelt.

29 Einschränkungen der Anwendbarkeit des BDSG im nicht-öffentlichen Bereich ergeben sich, soweit die Datenverarbeitung ausschließlich zu persönlichen oder familiären Zwecken erfolgt. Die Regelung geht auf Erwägungsgrund 12 und Art. 3 Abs. 2 EG-DSRl zurück, deren Wertung auch in den neu gefassten § 1 Abs. 2 Nr. 3 BDSG zu übernehmen war.[95] Für die Anwendbarkeit des BDSG auf nicht-öffentliche Stellen kommt es nicht mehr auf den gewerblichen Zweck der Datenverarbeitung, sondern auf die Art und Weise der Datenverarbeitung an.[96] Der Gesetzgeber korrigiert damit die ursprünglich positiv formulierte Beschränkung der Anwendbarkeit des BDSG auf die kommerzielle Datenverarbeitung.[97] Die Ausnahme der Anwendbarkeit der Datenschutzrichtlinie und damit auch des BDSG für die Datenverarbeitung zu persönlichen, familiären Zwecken ist gem. Erwägungsgrund 12 und Art. 3 Abs. 2 EG-DSRl nur für natürliche Personen eröffnet. Juristische Personen können sich in diesem Zusammenhang nicht auf Datenschutzrecht berufen, auch wenn die Rechtsprechung ihnen ein Unternehmenspersönlichkeitsrecht zugesprochen hat.[98] Die Anwendbarkeit des BDSG wird nur ausgeschlossen, soweit ausschließlich privat, familiäre Zwecke verfolgt werden, bei einer Mischnutzung, die auch gewerblichen Zwecken dient sowie bei der Nutzung zu ausschließlich gewerblichen Zwecken bleibt das BDSG daher anwendbar. Der Auffassung, dass bei einer vereinzelten oder gelegentlichen anderweitigen Nutzung die ausschließlich private

---

90 § 3 BDSG Rn. 23 f.
91 § 32 BDSG Rn. 47.
92 § 2 BDSG Rn. 15.
93 *Duhr/Naujok/Peter/Seiffert*, DuD 2002, S. 5.
94 *Lang*, JA 2006, S. 395 (396).
95 BT-Drs. 14/4329.
96 *Bergmann/Möhrle/Herb*, BDSG, § 1 Rn. 15; *Dammann*, in: Simitis, BDSG, § 1 Rn. 146 f.; *Duhr/Naujok/Peter/Seiffert*, DuD 2002, S. 5.
97 *Gola/Schomerus*, BDSG, § 1 Rn. 21.
98 BGH NJW 2008, 2110; OLG Hamburg, AfP 2009, 151; vgl. hierzu auch *Born*, AfP 2005, S. 110; *Gostomzyk*, NJW 2008, S. 2082.

bzw. familiäre Nutzungscharakter nicht gestört sei,[99] ist aufgrund des klaren Wortlauts der Regelung zu widersprechen.

Die Ausnahme von der Anwendbarkeit des BDSG ist vor dem Hintergrund der völkerrechtlichen Verpflichtung der Bundesrepublik zur Beachtung der Datenschutzkonvention des Europarates grundsätzlich restriktiv anzuwenden, da diese keine datenschutzrechtliche Privilegierung für persönliche und familiäre Zwecke, sondern nur für Fälle der Vorrangigkeit öffentlicher Interessen zum Schutz von Betroffenenrechten oder zum Schutz der Rechte Dritter vorsieht, soweit dies in einer demokratischen Gesellschaft eine hierfür erforderliche Maßnahme ist.[100] Der Anwendungsbereich des BDSG kann daher nur so weit ausgeschlossen sein, wie es zur Wahrung verfassungsmäßiger Rechte der datenverarbeitenden Stelle erforderlich und angemessen ist. § 1 Abs. 2 Nr. 3 BDSG dient dem Schutz der Privatsphäre im privaten und familiären Bereich[101] und ist im Rahmen der persönlichen und familiären Selbstverwirklichung insbesondere durch Art. 6 GG und Art. 2 Abs. 1 GG geschützt. Im Hinblick auf völkerrechtliche Verpflichtungen der Bundesrepublik, etwa aufgrund der Datenschutzkonvention des Europarates, ergeben sich daher keine Schwierigkeiten zur Rechtfertigung der Ausnahme des Anwendungsbereichs des BDSG gem. § 1 Abs. 2 Nr. 3 BDSG.

30

Die Feststellung eines persönlichen/familiären Zwecks ist anhand der Verkehrsauffassung zu treffen. Die Größe einer Datensammlung ist hierfür nicht entscheidend, sie kann jedoch Indiz für eine gewerbliche Nutzung sein.[102] Erwägungsgrund 12 EG-DSRl nennt als persönlichen/familiären Zweck beispielhaft das Führen privater Adressverzeichnisse. Typischerweise dient eine Datenverarbeitung darüber hinaus familiären/persönlichen Zwecken, wenn sie im Rahmen einer nicht geschäftlichen Tätigkeit einer natürlichen Person vorgenommen wird. Dies sind z.B. Freizeit, Liebhabereien, Privatreisen, Unterhaltung oder private Kommunikation. Datenverarbeitung kann hierbei durch den Austausch, die Erfassung und Verwendung personenbezogener Daten wie Anschriften, Webadressen, Telefonnummern, E-Mailadressen oder Geburtstage geschehen, aber auch durch die Anfertigung von Fotos, Videos oder Zeichnungen. Die Verwaltung eigenen Vermögens ist eine private Tätigkeit, solange sie aufgrund ihres Umfangs nicht als gewerblich zu qualifizieren ist.[103] Für die Annahme eines familiären Zwecks ist in Abgrenzung zum persönlichen Zweck das Bestehen eines Bezugs zu einem ehelichen oder einem eheähnlichen Verhältnis nicht relevant, sondern erforderlich, dass Kinder vorhanden sind.[104]

31

Im Gegensatz zu staatlichen Stellen unterliegen nicht-öffentliche Stellen keiner direkten Pflicht zur Beachtung der Grundrechte gem. Art. 1 Abs. 3 GG. Auch private

32

---

99 *Bergmann/Möhrle/Herb*, BDSG, § 1 Rn. 22.
100 *Dammann*, in: Simitis, BDSG, § 1 Rn. 148.
101 *Bergmann/Möhrle/Herb*, BDSG, § 1 Rn. 18.
102 *Dammann*, in: Simitis, BDSG, § 1 Rn. 150 f.
103 *Bergmann/Möhrle/Herb*, BDSG, § 1 Rn. 21; *Plath*, in: Plath, BDSG, § 1 Rn. 31.
104 *Bergmann/Möhrle/Herb*, BDSG, § 1 Rn. 20.

Stellen sind jedoch im Rahmen der mittelbaren Drittwirkung von Grundrechten zur Wahrung der in den Grundrechten zum Ausdruck kommenden objektiven Wertordnung verpflichtet.[105] Die Verpflichtung zur Achtung der informationellen Selbstbestimmung trifft sie im Vergleich zu öffentlichen Stellen jedoch nicht mit der gleichen Intensität, sodass die datenschutzrechtlichen Ermächtigungsnormen des allgemeinen Datenschutzrechts für sie relativ großzügiger sind als für öffentliche Stellen.[106] Die Datenverarbeitung für private Stellen ist im Grundsatz zulässig, wenn ihr Interesse an der Datenverarbeitung das Interesse der betroffenen Person überwiegt.[107] Für die Anwendbarkeit des BDSG auf die Datenverarbeitung durch nicht-öffentliche Stellen ist im Übrigen § 27 BDSG zu beachten.

IV. Subsidiarität des BDSG (Abs. 3)

1. Vorrang des besonderen Datenschutzrechts (Satz 1)

33 § 1 Abs. 3 BDSG ist eine Kollisionsnorm zur Bestimmung der Anwendbarkeit des BDSG im Verhältnis zu anderen datenschutzrechtlichen Vorschriften.[108] Sie ordnet die Subsidiarität des BDSG gegenüber solchen Rechtsvorschriften des Bundes an, die den Umgang mit personenbezogenen Daten einschließlich deren Veröffentlichung regeln. Der Anwendungsvorrang gem. § 1 Abs. 3 Satz 1 BDSG bezieht sich nur auf das BDSG. Im Verhältnis des besonderen Datenschutzrechts zu den LDSG hingegen gilt der Grundsatz „Bundesrecht bricht Landesrecht" gem. Art. 31 GG, aus dem sich der Anwendungsvorrang des besonderen Datenschutzrechts des Bundes ergibt. Ausnahmen bestehen insoweit, als in dem von §§ 1 Abs. 2 und 3, 12 BDSG beschriebenen Umfang eine Landeskompetenz gegeben ist und diese zum Erlass datenschutzrechtlicher Normen genutzt wurde.[109] Vom Vorrang der leges specialis vor dem BDSG werden sämtliche Gesetze im formellen und im materiellen Sinn erfasst, sodass auch speziellere Vorschriften zum Datenschutz in Rechtsverordnungen oder in Satzungen bundesunmittelbarer juristischer Personen des öffentlichen Rechts Vorrang vor der Anwendbarkeit des BDSG genießen.[110] Für die Vorrangigkeit einer Regelung ist nicht erforderlich, dass sie ausdrücklich Bezug auf das BDSG nimmt.[111] Zur Interpretation formeller Gesetze können auch allgemeine Verwaltungsvorschriften und sonstige Verwaltungsanordnungen herangezo-

---

105 BVerfGE 7, 198 (204); *Ambs*, in: Erbs/Kohlhaas, BDSG, § 1 Rn. 3; a. A. *Ehmann*, RDV 1999, S. 12 (15).
106 *Durner*, JuS 2006, S. 213 (217).
107 *Ehmann*, RDV 1999, S. 12.
108 *Drewes/Siegert*, RDV 2006, S. 139 (142).
109 *Ambs*, in: Erbs/Kohlhaas, BDSG, § 1 Rn. 17.
110 *Ambs*, in: Erbs/Kohlhaas, BDSG, § 1 Rn. 17; *Gola/Schomerus*, BDSG, § 1 Rn. 23; *Walz*, in: Simitis, BDSG, § 1 Rn. 164 f.; *Weichert*, in: Däubler/Klebe/Wedde/Weichert, BDSG, § 1 Rn. 12; siehe auch § 4 BDSG Rn. 20 ff.
111 *Drewes/Siegert*, RDV 2006, S. 139 (142).

Schmidt

gen werden. Diese genießen jedoch keinen direkten Anwendungsvorrang i. S. d. § 1 Abs. 3 Satz 1 BDSG.[112] Auch Regelungen in Tarifverträgen und Betriebsvereinbarungen verdrängen die Regelungen des BDSG nicht in ihrer Anwendbarkeit, da es sich trotz der zwingenden Wirkung ihres normativen Teils nicht um Rechtsvorschriften des Bundes handelt,[113] ihnen kann eine Bedeutung, dessen ungeachtet, jedoch im Rahmen von § 4 Abs. 1 BDSG als sonstige Rechtsvorschrift zur Rechtfertigung der Datenverarbeitung zukommen.[114]

Voraussetzung des Anwendungsvorrangs gem. § 1 Abs. 3 Satz 1 BDSG ist das Vorliegen von Tatbestandskongruenz. Speziellere Normen gehen dem BDSG hiernach in ihrer Anwendbarkeit nur dann und nur soweit vor, wie der Regelungsgegenstand deckungsgleich mit dem der BDSG-Norm ist.[115] Nicht relevant ist in diesem Zusammenhang, ob die Norm des besonderen Datenschutzes engere oder weitere Voraussetzungen für die Datenverarbeitung vorsieht.[116] Soweit der Regelungsgegenstand der Norm des besonderen Datenschutzrechts nur teilweise mit dem Regelungsgegenstand der Norm des BDSG deckungsgleich ist, kann zwischen zwei Fallgruppen differenziert werden. Ist der Regelungsgegenstand der Norm des BDSG vollständig im Regelungsgegenstand der Norm des besonderen Datenschutzrechts enthalten, so bleibt kein Raum für die Anwendbarkeit des BDSG. Enthält die Regelung des BDSG jedoch eine weitergehende Regelung oder erfasst sie Sachverhalte, die im besonderen Datenschutzrecht nicht geregelt sind, so ist das BDSG in diesem Umfang anwendbar.[117]

Nur soweit spezielle datenschutzrechtliche Vorschriften unanwendbar sind, kann für die Datenverarbeitung auf die Erlaubnistatbestände des BDSG zugegriffen werden, sodass diesen eine Auffangfunktion zukommt.[118] Darüber hinaus dient das BDSG aber auch der Förderung bereichsspezifischer Datenschutzbestimmungen.[119] Die Datenschutzgesetze der Länder enthalten § 1 Abs. 3 BDSG vergleichbare Subsidiaritätsklauseln, sodass ihnen ebenfalls eine Auffangfunktion im Verhältnis zu den Regelungen des besonderen Datenschutzrechts zukommt.[120] Auch auf Landesebene ergibt sich damit die Unterscheidung zwischen allgemeinem und besonderem Datenschutzrecht.[121]

34

35

---

112 *Gola/Schomerus*, BDSG, § 1 Rn. 23.
113 *Gola/Schomerus*, BDSG, § 1 Rn. 23; *Walz*, in: Simitis, BDSG, § 1 Rn. 166.
114 Vgl. § 4 BDSG Rn. 34 ff.; *Gola/Schomerus*, BDSG, § 1 Rn. 23; *Weichert*, in: Däubler/Klebe/Wedde/Weichert, BDSG, § 1 Rn. 12.
115 *Drewes/Siegert*, RDV 2006, S. 139 (142 f.); *Gola/Schomerus*, BDSG, § 1 Rn. 24; *Schmidt*, ZD 2012, S. 63 (64 f.); *Weichert*, in: Däubler/Klebe/Wedde/Weichert, BDSG, § 1 Rn. 12.
116 *Gola/Schomerus*, BDSG, § 1 Rn. 24.
117 *Gola/Schomerus*, BDSG, § 1 Rn. 24; *Walz*, in: Simitis, BDSG, § 1 Rn. 171.
118 *Ambs*, in: Erbs/Kohlhaas, BDSG, § 1 Rn. 18; *Durner*, JuS 2006, S. 213 (216).
119 *Ambs*, in: Erbs/Kohlhaas, BDSG, § 1 Rn. 18.
120 *Durner*, JuS 2006, S. 213 (216).
121 *Durner*, JuS 2006, S. 213 (214).

36   Bereichsspezifische Datenschutzregelungen klären teilweise selbst die Frage der Abgrenzung ihres Anwendungsbereichs, wie § 90 TKG, § 95 Abs. 1 TKG oder § 43 Satz 2 StUG. In diesem Fall kommt es auf die Subsidiaritätsklausel des BDSG nicht mehr an.[122] In der Folge des Volkszählungsurteils entstanden vielfältige datenschutzrechtliche Spezialgesetze, die heute Legion sind.[123] Anhaltende gesetzgeberische Tätigkeit erschwert den Versuch, sie abschließend aufzulisten, sodass dieser nicht unternommen, sondern lediglich beispielhaft auf einige Gesetze hingewiesen werden soll, welche Regelungen enthalten, die lex specialis im Verhältnis zu Regelungen des BDSG sind,[124] wie die Abgabenordnung (AO), das Allgemeine Gleichbehandlungsgesetz (AGG), das Ausländergesetz (AuslG), das Bundesgrenzschutzgesetz (BGSG), das Bundeskriminalamtgesetz (BKAG), das Kreislaufwirtschafts- und Abfallgesetz (KrW-/AbfG), das Kreditwesengesetz (KWG), das Meldegesetz (MeldeG), das Luftsicherheitsgesetz (LuftSiG), die Polizeigesetze der Länder und des Bundes, das Postgesetz (PostG), die Sozialgesetze (SGB I–X), die Strafprozessordnung (StPO), das Stasiunterlagengesetz (StUG), das Straßenverkehrsgesetz (StVG), das Telekommunikationsgesetz (TKG) das Transplantationsgesetz (TPG) sowie das Zollfahndungsdienstgesetz (ZfdG).

2. Gesetzliche und ungeregelte Berufs- und Amtsgeheimnisse (Satz 2)

37   Bereichsspezifischen Geheimhaltungspflichten kommt eine große Bedeutung zu, da sie, mitunter schon lange vor der Verabschiedung des ersten BDSG, die Grundlage einer besonderen Vertrauensbeziehung des Einzelnen zu bestimmten Berufsständen begründet haben.[125] § 1 Abs. 3 Satz 2 BDSG stellt klar, dass gesetzliche Geheimhaltungspflichten sowie Berufs- und besondere Amtsgeheimnisse durch das BDSG unberührt bleiben. Damit wird sichergestellt, dass die Anwendung des BDSG nicht zu einer Verminderung des Datenschutzstandards in diesen als besonders sensibel eingeordneten Bereichen führt. § 1 Abs. 3 Satz 2 BDSG erfasst drei Fallgruppen. Dies sind gesetzliche Geheimhaltungspflichten sowie nicht gesetzlich geregelte Berufs- und Amtsgeheimnisse.[126]

a) Gesetzliche Geheimhaltungspflichten

38   Gesetzliche Geheimhaltungspflichten sind Berufs- oder Amtsgeheimnisse, die den Berufs- oder Amtsträger verpflichten, über ihm in seiner Funktion bekannt gewor-

---

122 *Walz*, in: Simitis, BDSG, § 1 Rn. 160.
123 *Bergmann/Möhrle/Herb*, BDSG, Systematik Ziff. 4.2.2.
124 Für eine umfassendere Übersicht siehe *Bergmann/Möhrle/Herb*, BDSG, Systematik Ziff. 4.2.2; vgl. auch *Weichert*, in: Däubler/Klebe/Wedde/Weichert, BDSG, Einl. Rn. 68 ff.
125 *Gola/Schomerus*, BDSG, § 1 Rn. 25; *Walz*, in: Simitis, BDSG, § 1 Rn. 175.
126 Zu den Voraussetzung der Datenverarbeitung durch Stellen, die sich auf Berufs- und Amtsgeheimnisse berufen können siehe § 39 BDSG Rn. 6 ff.

dene Angelegenheiten Verschwiegenheit zu bewahren[127] und die im Vergleich zu § 1 Abs. 3 Satz 2, 2. und 3. Alt. BDSG eine gesetzliche Normierung erfahren haben. Die Erwähnung im BDSG und insbesondere in § 203 StGB sind hierfür jedoch nicht hinreichend, da diese Geheimhaltungspflichten mehrheitlich selbst nicht gesetzlich verankert sind.[128] Gesetzliche Geheimhaltungspflichten i. S. d. § 1 Abs. 3 Satz 2 BDSG sind z. B. das Verbot der Offenbarung von Betriebs- und Geschäftsgeheimnissen (§ 17 UWG), Schweigepflichten für Klinikärzte aufgrund von Landeskrankenhausgesetzen (die allgemeine ärztliche Schweigepflicht ist hingegen ein nicht-gesetzliches Berufsgeheimnis, das aber über § 203 StGB Geltung beansprucht), das Anwaltsgeheimnis (§ 43a BRAO), das Notargeheimnis (§ 18 BNotO), die Schweigepflicht von Beamten (§ 37 BeamtStG, § 61 BBG) und die Verschwiegenheitspflicht des Steuerberaters (§ 62 StBerG) sowie des Wirtschaftsprüfers (§ 50 WPO). Gesetzliche Geheimhaltungspflichten sind auch das Steuergeheimnis (§ 30 AO),[129] das Sozialgeheimnis (§ 35 SGB I) und das Meldegeheimnis (§ 5 MRRG) sowie das Statistikgeheimnis (§ 16 Abs. 1 BStatG).[130] Diese verpflichten primär die datenverarbeitende Stelle, sind im Wege des Arbeits- bzw. Dienstrechts aber auch für den einzelnen Mitarbeiter verpflichtend.[131] Soweit Geheimhaltungspflichten auf einer gesetzlichen Regelung beruhen, die lex specialis im Verhältnis zum BDSG ist, ergibt sich ihr Anwendungsvorrang schon aus § 1 Abs. 3 Satz 1 BDSG.

Seit der BDSG-Novelle von 1990 findet sich keine Differenzierung zwischen gesetzlichen Geheimhaltungspflichten und nicht-gesetzlichen Geheimhaltungspflichten mehr. Zuvor wurde in § 45 Satz 2 Nr. 1 BDSG 1977 angeordnet, dass gesetzliche Geheimhaltungspflichten Anwendungsvorrang gegenüber dem BDSG zukam. Dieser Unterschied ist formal entfallen, indem für gesetzliche und nicht-gesetzliche Geheimhaltungspflichten gleichermaßen angeordnet wird, dass sie unberührt bleiben. Fraglich ist daher, ob nun auch für gesetzliche Geheimhaltungspflichten von einem Nebeneinander der Regelungen mit der Folge auszugehen ist, dass das jeweils höhere Schutzniveau ausschlaggebend ist (Zwei-Schranken-Theorie).[132] Dies macht einen Unterschied, wenn die Regelung im BDSG weiter geht, als die in der spezialgesetzlich normierten Geheimhaltungspflicht. Bleibt diese unberührt, ist das höhere Schutzniveau des BDSG zu gewährleisten; geht die Spezialregelung dem BDSG in der Anwendung hingegen vor, kommt ihr geringeres Schutzniveau zur Anwendung.[133] Aus den Gesetzgebungsmaterialien[134] lässt sich nicht erkennen, dass die Aufgabe einer bestehenden Differenzierung angestrebt war, dennoch weist der Wort-

39

---

127 *Zilkens*, RDV 2011, S. 180 (181 f.).
128 *Walz*, in: Simitis, BDSG, § 1 Rn. 180.
129 Hierzu *Zilkens*, RDV 2011, S. 180 (182).
130 Hierzu *Zilkens*, RDV 2011, S. 180 (182).
131 *Walz*, in: Simitis, BDSG, § 1 Rn. 177.
132 Darstellung bei *Miedbrodt*, in: Roßnagel, Hdb. DSR, Kap. 4.9, Rn. 2; *Zilkens*, RDV 2011, S. 181 (183).
133 Vgl. *Walz*, in: Simitis, BDSG, § 1 Rn. 186.
134 BT-Drs. 11/4306, S. 39 f.

laut der Norm in diesem Punkt klar darauf hin, dass eine rechtliche Gleichstellung gesetzlicher und nicht-gesetzlicher Geheimhaltungspflichten geboten ist. Auch beim Vorliegen einer gesetzlichen Geheimhaltungspflicht ist daher das jeweils höhere datenschutzrechtliche Niveau im Sinn der Zwei-Schranken-Theorie zu gewährleisten.

40   Für das Anwaltsgeheimnis wird die Frage aufgeworfen, ob es sich bei diesem in § 43a BRAO normierten Grundsatz um eine lex specialis zum BDSG handelt, deren Anwendungsvorrang sich aus § 1 Abs. 3 Satz 1 BDSG ergibt, sodass Daten, die unter das Anwaltsgeheimnis fallen, dem Anwendungsbereich des BDSG gem. § 1 Abs. 3 Satz 2 BDSG entzogen wären,[135] oder ob es sich dabei um eine gesetzliche Geheimhaltungspflicht i. S. d. § 1 Abs. 3 Satz 2 BDSG handelt.[136] Die Bedeutung des Vertrauensverhältnisses zwischen Anwalt und Mandant gebiete es hierbei, das Anwaltsgeheimnis unter § 1 Abs. 3 Satz 2 BDSG zu subsumieren.[137] Dieser Ansicht wird, im Ergebnis zutreffend, allgemein zugestimmt.[138] Das Anwaltsgeheimnis ist daher eine gesetzliche Geheimhaltungspflicht, deren Anwendungsvorrang sich jedoch schon aus § 1 Abs. 3 Satz 1 BDSG ergibt.

b) Nicht-gesetzliche Berufsgeheimnisse

41   Nicht-gesetzliche Geheimhaltungspflichten, die sich aus dem Standesrecht ergeben, sind z. B. das „Psychologengeheimnis" und die allgemeine ärztliche Schweigepflicht.[139] Letztere ergibt sich für Mitglieder der Ärztekammer aus der Berufsordnung der Bundesärztekammer als autonomem Satzungsrecht.[140] Für Klinikärzte ergeben sich Schweigepflichten hingegen aus Landeskrankenhausgesetzen,[141] sodass diese als gesetzliche Geheimhaltungspflicht zu qualifizieren sind.

42   Auch das Bankgeheimnis ist eine Geheimhaltungspflicht ohne gesetzliche Normierung,[142] die in § 30a AO vom Gesetzgeber durch die Einschränkung der Befugnisse der Finanzämter bei einer Ermittlung bei Kreditinstituten anerkannt wird und sich darüber hinaus aus vertraglichen Nebenpflichten der Bank gegenüber ihren Kunden ergibt.[143]

---

135 Darstellung bei *Härting*, NJW 2005, S. 1248 (1250).

136 So *Walz*, in: Simitis, BDSG, § 1 Rn. 177.

137 *Härting*, NJW 2005, S. 1248 (1250); *Rüpke*, NJW 2008, S. 1121 (1122).

138 *Gola/Schomerus*, BDSG, § 1 Rn. 25; *Rüpke*, NJW 2008, S. 1121 (1122).

139 Vgl. *Gola/Schomerus*, BDSG, § 1 Rn. 25; *Walz*, in: Simitis, BDSG, § 1 Rn. 181.

140 *Gola/Schomerus*, BDSG, § 1 Rn. 25; *Walz*, in: Simitis, BDSG, § 1 Rn. 181; *Weichert*, in: Däubler/Klebe/Wedde/Weichert, BDSG, § 1 Rn. 14.

141 *Walz*, in: Simitis, BDSG, § 1 Rn. 181.

142 *Gola/Schomerus*, BDSG, § 1 Rn. 25; *Walz*, in: Simitis, BDSG, § 1 Rn. 181; ausführlich zum Bankgeheimnis *Fishan*, CR 1995, S. 632 und *Bode*, Der Auskunftsanspruch des (vorläufigen) Insolvenzverwalters gegenüber der Bank des Schuldners, S. 13 ff.

143 *Bode*, Der Auskunftsanspruch des (vorläufigen) Insolvenzverwalters gegenüber der Bank des Schuldners, S. 17; *Walz*, in: Simitis, BDSG, § 1 Rn. 182.

c) Nicht-gesetzliche Amtsgeheimnisse

Der Anwendungsbereich nicht-gesetzlicher Amtsgeheimnisse i. S. d. § 1 Abs. 3 **43** Satz 2, 3. Alt. BDSG ist gering. Dieser Fallgruppe zuzuordnen war das durch die Rechtsprechung entwickelte Personalaktengeheimnis. Es hat mittlerweile jedoch für Beamte eine gesetzliche Normierung durch § 90 Abs. 1 BBG und § 37 BeamtStG erfahren, sodass es nur noch für Angestellte und Arbeitnehmer als nicht-gesetzliche Amtspflicht qualifiziert werden kann. Verschwiegenheitspflichten, wie sie sich aus der tarifvertraglichen Regelung des § 9 BAT ergeben, weiten das allgemeine, gesetzliche Amtsgeheimnis für Beamte auf Angestellte im öffentlichen Dienst aus.[144] Die pflichtbegründende Wirkung ergibt sich jedoch nicht aus § 37 BeamtStG oder § 61 BBG, sondern aus § 9 BAT, als tarifvertraglicher Regelung, sodass die Verschwiegenheitspflicht für Angestellte im öffentlichen Dienst als nicht-gesetzliches Amtsgeheimnis i. S. d. § 1 Abs. 3 Satz 2, 3. Alt. BDSG zu qualifizieren ist.[145]

V. Verhältnis des BDSG zum VwVfG (Abs. 4)

§ 1 Abs. 4 BDSG ordnet an, dass die Vorschriften des BDSG denen des VwVfG **44** vorgehen und regelt damit das Konkurrenzverhältnis zugunsten des BDSG.[146] Zieht man die Wertung aus § 1 Abs. 2 Nr. 2 BDSG heran, so liegt auf der Hand, dass hiermit nur das VwVfG des Bundes gemeint sein kann und nicht die VwVfG der Länder. Über die Ausnahmen gem. § 1 Abs. 2 Nr. 2 BDSG hinaus hat der Bundesgesetzgeber nämlich keine Kompetenz zur Normierung des Datenschutzrechts für landesunmittelbare öffentliche Stellen und auch nicht zur Regelung des Verwaltungsverfahrens für diese.[147] Soweit dem VwVerfG speziellere Regelungen zum Datenschutz zu entnehmen sind, stellt § 1 Abs. 4 BDSG eine Rückausnahme vom Grundsatz in § 1 Abs. 3 Satz 1 BDSG dar. Die Regelung in § 1 Abs. 4 BDSG betrifft insbesondere § 24 VwVfG und § 26 VwVfG, aus denen sich weitreichende Befugnisse für Behörden bei der Sachverhaltsermittlung im Verwaltungsverfahren und bei der Beweiserhebung ergeben. Der Untersuchungsgrundsatz verpflichtet Behörden zur umfassenden Sachverhaltsaufklärung[148] und lässt ihnen hierbei weitgehend freie Hand in der Wahl der Mittel zur Informationsbeschaffung.[149] Soweit in diesem Rahmen personenbezogene Daten erhoben werden, hat die Behörde aufgrund von § 1 Abs. 4 BDSG die Anforderungen des BDSG zu berücksichtigen.

Eine strenge Interpretation des Wortlauts von § 1 Abs. 4 BDSG könnte den Schluss **45** nahelegen, dass die Vorgaben des BDSG nach der Ermittlung des Sachverhalts im

---

144 *Walz*, in: Simitis, BDSG, § 1 Rn. 183; vgl. auch *Gola/Schomerus*, BDSG, § 1 Rn. 25.
145 A. A. *Walz*, in: Simitis, BDSG, § 1 Rn. 183.
146 Siehe auch *Claussen*, in: Knack, VwVfG, § 24 Rn. 16.
147 Vgl. Art. 84–86 GG.
148 *Kopp/Ramsauer*, VwVfG, § 24 Rn. 8.
149 *Walz*, in: Simitis, BDSG, § 1 Rn. 191.

Verwaltungsverfahren für die Behörde nicht mehr beachtlich sind. Hiergegen ist einzuwenden, dass dies der Bedeutung des Datenschutzrechts für die Gewährleistung des Rechts auf informationelle Selbstbestimmung nicht gerecht wird, sodass von der Geltung des BDSG auch in den übrigen Phasen des Verwaltungsverfahrens nach der Sachverhaltsermittlung auszugehen ist.[150] Im Ergebnis hiermit übereinstimmend gehen andere von der Anwendbarkeit des BDSG in den übrigen Phasen des Verwaltungsverfahrens aus, stützen sich dabei jedoch auf die Anordnung der Subsidiarität des VwVfG in § 1 Abs. 1 VwVfG gegenüber inhaltsgleichen oder entgegenstehenden bundesgesetzlichen Bestimmungen.[151] Für die Anwendbarkeit des BDSG im gesamten Verwaltungsverfahren sprechen zudem gesetzessystematische Erwägungen. So sehen die §§ 12 ff. BDSG Regelungen vor, die Datenverarbeitungsvorgänge im gesamten Verlauf des Verwaltungsverfahrens regeln und die entbehrlich wären, wenn nur die Datenerhebung bei der Sachverhaltsermittlung vom Anwendungsvorrang des BDSG erfasst wäre. Zudem sind Behörden schon aufgrund von Art. 1 Abs. 1 Satz 2, Abs. 3 GG und aufgrund ihrer Pflicht zur gesetzmäßigen Verwaltungstätigkeit[152] zur Achtung des informationellen Selbstbestimmungsrechts verpflichtet, was zum einen vor dem Hintergrund von § 1 Abs. 1 BDSG die Anwendbarkeit des BDSG nahelegt, aber selbst bei der Verneinung der Anwendbarkeit des BDSG aufgrund der direkten Verpflichtung zur Beachtung des informationellen Selbstbestimmungsrechts zu ähnlichen Anforderungen für die Datenverarbeitung im Verwaltungsverfahren führen würde. Es ist folglich davon auszugehen, dass der Vorrang der Anwendbarkeit des BDSG nicht auf die Datenverarbeitung zur Ermittlung des Sachverhalts begrenzt ist, sondern sich auch auf die übrigen Phasen des Verwaltungsverfahrens bezieht.

46 Von besonderer Relevanz für die Datenverarbeitung im Verwaltungsverfahren ist die Anwendbarkeit des Grundsatzes des Vorrangs der Datenerhebung beim Betroffenen, der sich aus § 4 Abs. 2 BDSG,[153] hingegen nicht aus dem VwVfG ergibt.[154] Auch die Bindung an den Zweck der Datenerhebung ergibt sich nur aus dem BDSG (§ 14 Abs. 1 BDSG). Soweit das VwVfG weitergehende oder unabhängige Rechte des Betroffenen vorsieht, werden diese nicht durch den Anwendungsvorrang des BDSG beschnitten. Der Betroffene behält etwa sein Recht auf Akteneinsicht gem. § 29 VwVfG neben seinem Recht auf Auskunft über den Akteninhalt gem. § 19 Abs. 1 BDSG[155]. Verstößt die Behörde bei der Sachverhaltsaufklärung gegen datenschutzrechtliche Vorgaben, so können sich hieraus Beweisverwertungsverbote zu ihren Lasten ergeben.[156]

---

150 *Plath*, in: Plath, BDSG, § 1 Rn. 44; *Walz*, in: Simitis, BDSG, § 1 Rn. 192.
151 *Bergmann/Möhrle/Herb*, BDSG, § 1 Rn. 31.
152 Hierzu *Kopp/Ramsauer*, VwVfG, § 24 Rn. 3.
153 Vgl. § 4 BDSG Rn. 58 ff.
154 *Walz*, in: Simitis, BDSG, § 1 Rn. 191.
155 *Walz*, in: Simitis, BDSG, § 1 Rn. 195.
156 *Kopp/Ramsauer*, VwVfG, § 24 Rn. 29.

VI. Internationale Anwendbarkeit des BDSG (Abs. 5)

§ 1 Abs. 5 BDSG regelt die Frage, wann bei Fällen mit Auslandsberührung das **47** BDSG Anwendung findet. Die Vorschrift unterscheidet dabei generell zwischen zwei Fallgestaltungen:

– Die verantwortliche Stelle hat ihren Sitz in einem anderen Mitgliedstaat der Europäischen Union oder in einem anderen Vertragsstaat des Abkommens über den Europäischen Wirtschaftsraum (Satz 1).

– Die verantwortliche Stelle hat ihren Sitz in einem Drittstaat (Sätze 2 bis 4).

Darüber hinaus behandelt die Vorschrift Fragen der Aufsicht über die betreffenden ausländischen Stellen (Satz 5).

Sofern die verantwortliche Stelle ihren Sitz im Inland hat und hier personenbezoge- **48** ne Daten, selbst oder durch einen Auftragsdatenverarbeiter nach § 11 BDSG, erhebt, verarbeitet oder nutzt, gilt – insoweit unausgesprochen – das BDSG.[157]

1. Europarechtliche Grundlagen

Die Regelungen in § 1 Abs. 5 BDSG gehen auf Art. 4 EG-DSRl zurück. Dieser re- **49** gelt sowohl im Verhältnis der Mitgliedstaaten zueinander als auch im Verhältnis der Mitgliedstaaten zu Drittstaaten die Frage, auf welche grenzüberschreitenden Sachverhalte die Mitgliedstaaten ihr nationales Datenschutzrecht anzuwenden haben. Ziel war es dabei insbesondere, das Entstehen von Schutzlücken für die Betroffenen zu vermeiden. Außerdem sollte der Datenverkehr im Binnenmarkt durch möglichst anwenderfreundliche, konkurrierenden Regelungsansprüchen der Mitgliedstaaten entgegenwirkende Regelungen gefördert werden. Als grundsätzlicher Anknüpfungspunkt für die Anwendung einer bestimmten Rechtsordnung wurde vor diesem Hintergrund der Ort der jeweiligen Niederlassung des für die Verarbeitung Verantwortlichen gewählt.[158] Aus deutscher Sicht bedeutete dies einen Wechsel von dem bis dahin geltenden Territorialprinzip zum Sitzlandprinzip.[159] Die mit dem anwendbaren Recht verbundenen Fragen werden aufgrund der voranschreitenden Globalisierung und der Entwicklung neuer Technologien freilich zunehmend komplexer, sodass eine Überprüfung und ggf. Anpassung des diesbezüglichen Rechtsrahmens grundsätzlich wünschenswert erscheint.[160]

---

157 Begründung des Entwurfs der Bundesregierung für ein Gesetz zur Änderung des BDSG und anderer Gesetze, BT-Drs. 14/4329, S. 32 („Mit Blick auf das im BDSG im Übrigen geltende Territorialprinzip ..."); *Bergmann/Möhrle/Herb*, BDSG, § 1 Rn. 35; *Wisskirchen*, CR 2004, S. 862 (864); *Jotzo*, MMR 2009, S. 232 (233).

158 *Dammann/Simitis*, EG-Datenschutzrichtlinie, Art. 4 Rn. 1.

159 BT-Drs. 14/4329, S. 31; *Jandt*, DuD 2008, S. 664 (668).

160 Siehe dazu Arbeitspapier der Artikel 29-Datenschutzgruppe vom 16.12.2010, WP 179, S. 38 ff.

2. Verhältnis zu anderen Vorschriften

50 Als speziellere Regelung verdrängt § 1 Abs. 5 BDSG im Anwendungsbereich des BDSG die Vorschriften der Rom-II-Verordnung über das auf außervertragliche Schuldverhältnisse anzuwendende Recht[161] (vgl. Art. 1 Abs. 2 lit. g, 30 Abs. 2 Rom-II-Verordnung) und des EGBGB zum Internationalen Privatrecht (Art. 3–46c EGBGB).[162] Soweit privatrechtliche Ansprüche aus unerlaubter Handlung aufgrund des rechtswidrigen Umgangs mit personenbezogenen Daten nicht aus dem BDSG folgen, richtet sich das anwendbare Recht aber nach dem allgemeinen Deliktsstatut (Art. 40 EGBGB).[163] Vertraglich vereinbarte Rechtswahlklauseln, auch unter der Rom-I-Verordnung über das auf vertragliche Schuldverhältnisse anzuwendende Recht,[164] sind für die Anwendbarkeit des BDSG unbeachtlich.[165]

51 Die im Strafrecht geltenden Territorialregeln (§§ 3 ff. StGB) bleiben durch § 1 Abs. 5 BDSG unberührt.[166] Das bedeutet, dass der Straftatbestand des § 44 BDSG auch dann anwendbar sein kann, wenn das BDSG im Übrigen nicht gilt.[167]

52 Außer in § 1 Abs. 5 BDSG enthält das Gesetz in §§ 4b, 4c BDSG Regelungen zu grenzüberschreitenden Sachverhalten. Diese befassen sich jedoch nicht mit dem anwendbaren Recht. Die Anwendbarkeit dieser Regelungen hängt vielmehr von der kollisionsrechtlichen Vorfrage des § 1 Abs. 5 BDSG ab.[168]

53 Da weder das TMG – das Herkunftslandprinzip in § 3 TMG trifft keine Regelungen im Bereich des Internationalen Privatrechts (vgl. § 1 Abs. 5 TMG) – noch das TKG eigene Kollisionsnormen enthalten, findet § 1 Abs. 5 BDSG insoweit ergänzend Anwendung.[169]

---

161 Verordnung (EG) Nr. 864/2007 des Europäischen Parlaments und des Rates vom 11.7.2007 über das auf außervertragliche Schuldverhältnisse anzuwendende Recht („Rom II"), ABl. Nr. L 199/40 vom 31.7.2007.

162 *Forst*, Der Konzern 2012, S. 170 (172); *Dammann*, in: Simitis, BDSG, § 1 Rn. 216.

163 *Dammann*, in: Simitis, BDSG, § 1 Rn. 216; weitergehend *Jotzo*, MMR 2009, S. 232 (233), und *Moritz*, K&R Beihefter 2/2010, S. 1 (4), die das anwendbare Recht für alle privatrechtlichen Ansprüche aus dem widerrechtlichen Umgang mit personenbezogenen Daten nach dem allgemeinen Deliktsstatut (Art. 40 EGBGB) bestimmen wollen.

164 Verordnung (EG) Nr. 593/2008 des Europäischen Parlaments und des Rates vom 17.6.2008 über das auf vertragliche Schuldverhältnisse anzuwendende Recht („Rom I"), ABl. Nr. L 177/6 vom 4.7.2008.

165 *Forst*, Der Konzern 2012, S. 170 (172); *Piltz*, K&R 2012, S. 640 (641); *Burianski/Reindl*, RDV 2011, S. 214 (216).

166 Vgl. Erwägungsgrund 21 EG-DSRl.

167 *Gola/Schomerus*, BDSG, § 1 Rn. 31.

168 Siehe auch Kommentierung zu § 4b BDSG Rn. 8.

169 *Jandt*, DuD 2008, S. 664 (668); *Weichert*, VuR 2009, S. 323 (326); *Jotzo*, MMR 2009, S. 232 (234); *Moritz*, K&R Beihefter 2/2010, S. 1 (4).

3. Innergemeinschaftliche Kollisionsregelung (Satz 1)

Nach § 1 Abs. 5 Satz 1 1. Halbs. BDSG findet das BDSG grundsätzlich keine An-   **54**
wendung, sofern eine in einem anderen Mitgliedstaat der Europäischen Union oder
in einem anderen Vertragsstaat des Abkommens über den Europäischen Wirtschaftsraum belegene verantwortliche Stelle personenbezogene Daten im Inland erhebt, verarbeitet oder nutzt. Der Begriff „belegen" bezieht sich dabei auf den Sitz
der verantwortlichen Stelle.[170] Im Verhältnis zu anderen EU-Staaten sowie den übrigen EWR-Staaten (Norwegen, Island, Liechtenstein) richtet sich das anzuwendende
nationale Recht folglich nicht nach dem Ort der Verarbeitung (sog. Territorialprinzip), sondern nach dem Sitz der verantwortlichen Stelle (sog. Sitzlandprinzip).[171]
Dies beruht auf der Vereinheitlichung des Datenschutzniveaus in diesen Staaten
durch die EG-DSRl[172] und soll den Belangen der Wirtschaft Rechnung tragen; diese
soll ihr gewohntes Datenschutzrecht „exportieren" dürfen und nicht durch unbekannte Datenschutzvorschriften in ihrer unternehmerischen Tätigkeit gehemmt
werden.[173] Die Erhebung, Verarbeitung oder Nutzung personenbezogener Daten
durch ausländische verantwortliche Stellen im Inland ist demnach nicht nach den
Vorschriften des BDSG zu beurteilen, wenn diese im Europäischen Wirtschaftsraum ansässig sind. Das Gleiche gilt bei richtlinienkonformer Auslegung, wenn die
verantwortliche Stelle im Europäischen Wirtschaftsraum eine Niederlassung unterhält, die im konkreten Fall die Datenerhebung, -verarbeitung oder -nutzung betreibt
(vgl. Art. 4 Abs. 1 lit. a EG-DSRl).[174] Aufgrund der Wertungen der §§ 3 Abs. 8
Satz 3, 11 BDSG gilt dies auch im Falle der Einschaltung eines inländischen (deutschen) Auftragnehmers durch solche im Europäischen Wirtschaftsraum ansässige
Stellen. Bezüglich der durch den Auftragnehmer zur Gewährleistung der Datensicherheit zu ergreifenden technischen und organisatorischen Maßnahmen bleibt es
insoweit aber bei den Anforderungen des § 9 BDSG (vgl. Art. 17 Abs. 3 2. Spiegelstrich EG-DSRl).[175]

Zur Wahrung der Rechte der Betroffenen[176] stellt § 1 Abs. 5 Satz 1 2. Halbs. BDSG   **55**
eine praktisch bedeutsame Ausnahme vom Sitzlandprinzip auf, wenn die Datenerhe-

---

170 *Dammann*, RDV 2002, S. 70 (71); siehe zu den weiteren Tatbestandsmerkmalen die Legaldefinitionen in § 3 BDSG.
171 BT-Drs. 14/4329, S. 31; *Duhr/Naujok/Peter/Seiffert*, DuD 2002, S. 5 (6).
172 Arbeitspapier der Artikel 29-Datenschutzgruppe vom 30.5.2002, WP 56, S. 7; *Jandt*,
DuD 2008, S. 664 (668); zur Umsetzung von Art. 4 EG-DSRl in den Mitgliedstaaten
siehe *Dammann*, in: Simitis, BDSG, § 1 Rn. 200.
173 BT-Drs. 14/4329, S. 31.
174 OVG Schleswig-Holstein, NJW 2013, 1977 (1978 f.) (dort Rn. 20); zum Begriff der Niederlassung siehe unten Rn. 55.
175 Fünfzehnter Bericht der Hessischen Landesregierung über die Tätigkeit der für den Datenschutz im nicht-öffentlichen Bereich in Hessen zuständigen Aufsichtsbehörden, LT-
Drs. 15/4659, S. 19 f.; ebenso Arbeitspapier der Artikel 29-Datenschutzgruppe vom
16.12.2010, WP 179, S. 17.
176 BT-Drs. 14/4329, S. 31.

bung, -verarbeitung oder -nutzung „durch eine Niederlassung im Inland" erfolgt. Das BDSG ist dann auf die Tätigkeit der betreffenden Niederlassung uneingeschränkt anwendbar (sog. eingeschränktes oder modifiziertes Sitzlandprinzip). Nach Erwägungsgrund 19 EG-DSRl setzt eine Niederlassung im Hoheitsgebiet eines Mitgliedstaates die effektive und tatsächliche Ausübung einer Tätigkeit mittels einer festen Einrichtung voraus, ohne dass es auf die Rechtsform einer solchen Niederlassung ankommt. Dies deckt sich im Wesentlichen mit der Begriffsdefinition in § 4 Abs. 3 GewO, wonach eine Niederlassung besteht, wenn eine selbstständige gewerbsmäßige Tätigkeit auf unbestimmte Zeit und mittels einer festen Einrichtung von dieser aus tatsächlich ausgeübt wird.[177] Ausgeschlossen vom Begriff der Niederlassung sind damit nur vorübergehend angelegte Aktivitäten wie das Unterhalten eines Messestands oder die Tätigkeit eines Handelsvertreters ohne Geschäftsräume.[178] Das Gleiche gilt mangels effektiver Tätigkeitsausübung für eine reine Briefkastenfirma[179] oder einen bloßen Rechner- oder Serverstandort.[180] Eine mobile Verkaufsstelle kann dagegen eine Niederlassung darstellen, wenn sie regelmäßig an einem oder mehreren bestimmten Orten errichtet wird.[181] Die bloße Existenz einer im konkreten Fall unbeteiligten inländischen Niederlassung ist ohne Belang.[182] Um feststellen zu können, ob eine bestimmte Niederlassung als Anknüpfungspunkt für die Anwendung des nationalen Datenschutzrechts geeignet ist, gilt es jeweils im Einzelnen zu prüfen, welche Tätigkeiten von welcher Niederlassung ausgeführt werden (wer macht was?).[183] Fungiert eine Niederlassung lediglich als Auftragsdatenverarbeiter für eine andere, im Europäischen Wirtschaftsraum belegene Konzerngesellschaft, bleibt es bei der Anwendung des am Sitz des Auftraggebers geltenden Datenschutzrechts.[184]

---

177 Zur Bezugnahme auf die GewO zur weiteren Konkretisierung des Niederlassungsbegriffs BT-Drs. 14/4329, S. 31; *Dammann*, in: Simitis, BDSG, § 1 Rn. 203; kritisch *Bergmann/Möhrle/Herb*, BDSG, § 1 Rn. 42.

178 *Dammann*, in: Simitis, BDSG, § 1 Rn. 203; *Bergmann/Möhrle/Herb*, BDSG, § 1 Rn. 43; *Dolderer/von Garrel/Müthlein/Schlumberger*, RDV 2001, S. 223 (230); *Draf*, Die Regelung der Übermittlung personenbezogener Daten in Drittländer nach Art. 25, 26 der EG-Datenschutzrichtlinie, S. 52.

179 *Dammann/Simitis*, EG-Datenschutzrichtlinie, Art. 4 Rn. 3; a. A. *Bergmann/Möhrle/Herb*, BDSG, § 1 Rn. 43.

180 Arbeitspapiere der Artikel 29-Datenschutzgruppe vom 30.5.2002, WP 56, S. 9, und vom 16.12.2010, WP 179, S. 15; OVG Schleswig-Holstein, NJW 2013, 1977 (dort Rn. 13); *Dammann*, in: Simitis, BDSG, § 1 Rn. 203; *Zscherpe*, K&R 2005, S. 264 (265); *Scheja*, Datenschutzrechtliche Zulässigkeit einer weltweiten Kundendatenbank, S. 83 f.; a. A. *Bergmann/Möhrle/Herb*, BDSG, § 1 Rn. 43.

181 *Bergmann/Möhrle/Herb*, BDSG, § 1 Rn. 43; zustimmend *Dammann*, in: Simitis, BDSG, § 1 Rn. 203.

182 *Dammann*, in: Simitis, BDSG, § 1 Rn. 201.

183 Ausführlich dazu Arbeitspapier der Artikel 29-Datenschutzgruppe vom 16.12.2010, WP 179, S. 16 ff.

184 Fünfzehnter Bericht der Hessischen Landesregierung über die Tätigkeit der für den Datenschutz im nicht-öffentlichen Bereich in Hessen zuständigen Aufsichtsbehörden, LT-Drs. 15/4659, S. 19.

Spiegelbildlich zu den vorstehenden Ausführungen stellt sich die Frage, wann das **56** BDSG bei der Datenerhebung, -verarbeitung oder -nutzung durch eine in Deutschland belegene verantwortliche Stelle in einem anderen Mitgliedstaat der Europäischen Union oder in einem anderen Vertragsstaat des Abkommens über den Europäischen Wirtschaftsraum Anwendung findet. Das Gesetz trifft hierzu keine Aussage. Die zuvor dargelegten, der EG-DSRl entstammenden Grundsätze gelten jedoch auch insoweit. Das bedeutet, dass für die Aktivitäten deutscher verantwortlicher Stellen im Europäischen Wirtschaftsraum deutsches Datenschutzrecht gilt, wenn diese nicht im Einzelfall durch lokale Niederlassungen agieren. Das BDSG und ggf. die Rechtsvorschriften der fraglichen Mitglied- bzw. Vertragsstaaten sind insoweit richtlinienkonform auszulegen.[185] Die Zulässigkeit der Datenverarbeitung richtet sich konsequenterweise auch dann nach deutschem Datenschutzrecht, wenn sich die deutsche verantwortliche Stelle eines im EWR-Ausland ansässigen Auftragsdatenverarbeiters bedient.[186]

4. Kollisionsregelung im Verhältnis zu Drittländern (Sätze 2 bis 4)

Nach § 1 Abs. 5 Satz 2 BDSG findet das BDSG Anwendung, sofern eine verant- **57** wortliche Stelle personenbezogene Daten im Inland erhebt, verarbeitet oder nutzt, die nicht in einem Mitgliedstaat der Europäischen Union oder in einem anderen Vertragsstaat des Abkommens über den Europäischen Wirtschaftsraum belegen ist. Hierdurch soll verhindert werden, dass ein möglicherweise geringerer als der im Europäischen Wirtschaftsraum etablierte Datenschutzstandard Platz greift, wenn in Drittstaaten ansässige Stellen Datenerhebungen, -verarbeitungen oder -nutzungen im Inland betreiben.[187] Ob in dem jeweiligen Drittland tatsächlich ein niedrigeres Schutzniveau besteht, ist gleichgültig. Die Regelung gilt auch für Staaten, denen die Kommission im Verfahren nach Art. 25 Abs. 6, 31 Abs. 2 EG-DSRl ein adäquates Schutzniveau bescheinigt hat.[188] Ist im konkreten Fall § 1 Abs. 5 Satz 1 BDSG einschlägig, kommt eine Anwendung von § 1 Abs. 5 Satz 2 BDSG nicht in Betracht.[189]

§ 1 Abs. 5 Satz 2 BDSG setzt voraus, dass durch eine in einem Drittland ansässige **58** verantwortliche Stelle personenbezogene Daten im Inland erhoben, verarbeitet oder

---

185 *Duhr/Naujok/Peter/Seiffert*, DuD 2002, S. 5 (6); *Dammann*, in: Simitis, BDSG, § 1 Rn. 206 (dort Ziff. 4); *Jotzo*, MMR 2009, S. 232 (235).
186 Fünfzehnter Bericht der Hessischen Landesregierung über die Tätigkeit der für den Datenschutz im nicht-öffentlichen Bereich in Hessen zuständigen Aufsichtsbehörden, LT-Drs. 15/4659, S. 19; zur Vertragsgestaltung mit ausländischen Auftragnehmern, auch vor dem Hintergrund der fehlenden direkten Geltung von § 11 Abs. 4 BDSG, siehe *Voigt*, ZD 2012, S. 546.
187 BT-Drs. 14/4329, S. 31.
188 *Dammann*, RDV 2002, S. 70 (73); näher zur Frage des angemessenen Datenschutzniveaus in Drittstaaten siehe die Kommentierung zu § 4b BDSG Rn. 21 ff.
189 OVG-Schleswig-Holstein, NJW 2013, 1977 (1978) (dort Rn. 18).

genutzt werden. Die Existenz einer inländischen Niederlassung, die an den spezifischen Vorgängen nicht beteiligt ist, ist auch insoweit ohne Belang.[190] Nach den nur unzureichend im BDSG umgesetzten Vorgaben der EG-DSRl muss die ausländische Stelle bei der Datenerhebung, -verarbeitung oder -nutzung auf automatisierte oder nicht automatisierte (aber dateimäßige[191]) Mittel zurückgreifen, die im Inland belegen sind (vgl. Art. 4 Abs. 1 lit. c EG-DSRl).[192] Bei der Datenverarbeitung und -nutzung ist dies meist ohne größere Probleme feststellbar. So genügt für die Datenverarbeitung in Deutschland z.B. der Einsatz von hier betriebenen DV-Anlagen[193] oder auch von Kamera-Fahrzeugen, wie sie im Zusammenhang mit der Aufzeichnung von Gebäuden, Straßen, Plätzen und anderen Geodaten, bei der es auch vielfach zur Erfassung von Angaben über einzelne natürliche Personen kommt, Verwendung finden.[194] Auf die eigentumsrechtliche Zuordnung oder die Kostentragung kommt es nicht zwingend an.[195] Die ausländische Stelle muss jedoch zumindest einen bestimmenden Einfluss auf die eingesetzten Mittel ausüben und damit die ausschlaggebenden Entscheidungen in Bezug auf den Dateninhalt und die Art der Verarbeitung treffen können.[196] Dies ist aufgrund von dessen Weisungsabhängigkeit in der Regel auch bei der Einschaltung eines deutschen Auftragsdatenverarbeiters der Fall, was zur Folge hat, dass auf den Auftraggeber im Drittstaat insoweit deutsches Datenschutzrecht Anwendung findet.[197] Dies gilt grundsätzlich auch im Falle des Cloud Computing, wenn der Cloud-Nutzer seinen Sitz im EWR-Ausland hat und

---

190 Arbeitspapier der Artikel 29-Datenschutzgruppe vom 16.12.2010, WP 179, S. 24.

191 Vgl. § 1 Abs. 2 Nr. 3 BDSG; zur nicht automatisierten Erhebung von Daten durch Zusendung von Formularen und Fragebögen beim Direktmarketing siehe *Dammann*, in: Simitis, BDSG, § 1 Rn. 225.

192 Zu dieser Abweichung des BDSG von der EG-DSRl siehe *Dammann*, RDV 2002, S. 70 (73 f.).

193 *Duhr/Naujok/Peter/Seiffert*, DuD 2002, S. 5 (7); *Dammann*, in: Simitis, BDSG, § 1 Rn. 220; *Jandt*, DuD 2008, S. 664 (669).

194 *Moritz*, K&R Beihefter 2/2010, S. 1 (3); Arbeitspapier der Artikel 29-Datenschutzgruppe vom 16.12.2010, WP 179, S. 26.

195 *Dammann/Simitis*, EG-Datenschutzrichtlinie, Art. 4 Rn. 6.

196 Fünfzehnter Bericht der Hessischen Landesregierung über die Tätigkeit der für den Datenschutz im nicht-öffentlichen Bereich in Hessen zuständigen Aufsichtsbehörden, LT-Drs. 15/4659, S. 21; Arbeitspapier der Artikel 29-Datenschutzgruppe vom 30.5.2002, WP 56, S. 10; *Dammann*, in: Simitis, BDSG, § 1 Rn. 220; *Schaar*, Datenschutz im Internet, Rn. 239; *Duhr/Naujok/Peter/Seiffert*, DuD 2002, S. 5 (7); *Scheja*, Zulässigkeit einer weltweiten Kundendatenbank, S. 87; zur Anwendbarkeit deutschen Datenschutzrechts speziell bei grenzüberschreitenden Ermittlungen *Rath/Klug*, K&R 2008, S. 594 (596); *von Rosen*, BB 2009, S. 230 (232).

197 Zwanzigster Bericht der Hessischen Landesregierung über die Tätigkeit der für den Datenschutz im nicht-öffentlichen Bereich in Hessen zuständigen Aufsichtsbehörden, LT-Drs. 16/7646, S. 22; *Hillenbrand-Beck*, RDV 2007, S. 231 (235); Arbeitspapier der Artikel 29-Datenschutzgruppe vom 16.12.2010, WP 179, S. 25; a.A. *Weisser/Bauer*, MedR 2005, S. 339 (343); *Dammann*, in: Simitis, BDSG, § 1 Rn. 230.

sich eines hier ansässigen Cloud-Anbieters bedient.[198] Die bei dieser Anknüpfung in Kauf genommene Folge ist freilich, dass deutsches Datenschutzrecht auch in Fällen zur Anwendung kommen kann, in denen nur eine begrenzte Verbindung zu Deutschland und der EU besteht (z.B. bei der Verarbeitung von Daten ausschließlich von Nicht-EU-Bürgern).[199] Hingegen reicht die bloße Abrufbarkeit einer Website in Deutschland, die Beiträge mit personenbezogenen Daten enthält und in einem Drittstaat gehostet wird, auch dann nicht zur Begründung der Anwendbarkeit des deutschen Datenschutzrechts aus, wenn die Website sich bestimmungsgemäß an deutsche Nutzer richtet.[200] Die gegenteilige Sichtweise ist mit den oben beschriebenen Vorgaben der EG-DSRl nicht vereinbar.[201]

Schwierigkeiten bereitet häufig die Frage, ob personenbezogene Daten im Inland **59** erhoben werden. Dies gilt insbesondere für Erhebungsvorgänge mit Hilfe von Distanzkommunikationsmitteln wie dem Internet. Nach dem zuvor Gesagten ist bei einer Datenerhebung mit Hilfe einer Website jedenfalls dann deutsches Datenschutzrecht anwendbar, wenn diese im Inland gehostet und von der verantwortlichen Stelle im Ausland administriert wird oder die betreffende Stelle im Inland spezielle Einwahlknoten oder andere Zugangseinrichtungen für ihre Kunden betreibt.[202] Auf Telekommunikationseinrichtungen (Backbones, Kabel usw.) kann dabei aber nur insoweit abgestellt werden, als dass diese aus Sicht der betreffenden Stelle nicht nur der Durchleitung von Informationen dienen dürfen, sondern die Stelle auch vom Ausland her die Möglichkeit zur Steuerung und Administration des Netzbetriebes und damit zum Zugriff auf anfallende Daten haben muss.[203] Nach h.M. fehlt es hingegen an einer Datenerhebung im Inland, wenn ein Nutzer lediglich auf einer Website, die auf einem Server in einem Drittland abgelegt ist, ein Anmeldeformular oder eine andere Datenmaske ausfüllt, da der Betreiber der Website grundsätzlich keinen Einfluss darauf hat, wer wann in welchem Umfang von seinem Angebot Gebrauch macht. Die Dateneingabe beruht in diesen Fällen in erster Linie auf der Entscheidung und Initiative des Betroffenen, sodass es an einer Datenerhebung durch die jeweilige ausländische Stelle im Inland fehlt.[204] Auf die von der Gegenmeinung

---

198 Arbeitspapier der Artikel 29-Datenschutzgruppe vom 1.7.2012, WP 196, S. 7.

199 Arbeitspapier der Art. 29-Datenschutzgruppe vom 16.12.2010, WP 179, S. 26.

200 A.A. OLG Hamburg ZD 2011, 138 (139) m. abl. Anm. *Arning*.

201 *Arning*, ZD 2011, S. 140 (141); *Alich/Nolte*, CR 2011, S. 741 (742); ähnlich zum Trakking mittels Browser-Fingerprints *Alich/Voigt*, CR 2012, S. 344 (346).

202 Fünfzehnter Bericht der Hessischen Landesregierung über die Tätigkeit der für den Datenschutz im nicht-öffentlichen Bereich in Hessen zuständigen Aufsichtsbehörden, LT-Drs. 15/4659, S. 21; *Schaar*, Datenschutz im Internet, Rn. 239; *Duhr/Naujok/Peter/Seiffert*, DuD 2002, S. 5 (7); *Zscherpe*, K&R 2005, S. 264 (265); *Jandt*, DuD 2008, S. 664 (669).

203 *Dammann*, in: Simitis, BDSG, § 1 Rn. 229; zur Ausnahme der reinen Durchfuhr von Informationen mit Hilfe von Telekommunikationsnetzen siehe auch Arbeitspapier der Artikel 29-Datenschutzgruppe vom 30.5.2002, WP 56, S. 10.

204 *Duhr/Naujok/Peter/Seiffert*, DuD 2002, S. 5 (7); *Dammann*, in: Simitis, BDSG, § 1 Rn. 223; *Zscherpe*, K&R 2005, S. 264 (265); *Geis/Geis*, CR 2007, S. 721 (725).

in Anlehnung an das wettbewerbsrechtliche Marktortprinzip zur Bestimmung des anwendbaren Rechts herangezogene Zielrichtung der Website[205] kommt es nicht an. Auch wenn eine solche Anknüpfung in bestimmten Fällen aus Verbraucherschutzgründen wünschenswert sein mag, so kann ihr nach gegenwärtiger Rechtslage nicht gefolgt werden, da sie in Widerspruch zu Art. 4 Abs. 1 lit. c EG-DSRl steht, der voraussetzt, dass die verantwortliche Stelle auf ein in Deutschland belegenes und von ihr beherrschtes Mittel zurückgreift.[206] Es genügt auch nicht, dass der Betroffene zur Dateneingabe (z. B. bei sozialen Netzwerken) zwangsläufig seinen PC verwendet, da es auch insoweit grundsätzlich an dem Kriterium der Beherrschbarkeit durch die verantwortliche Stelle fehlt.[207] Anders ist dies jedoch zu beurteilen, wenn sich die betreffende Stelle Einfluss auf den PC des Betroffenen verschafft und diesen gleichsam für ihre Zwecke instrumentalisiert. Dies kann z. B. bei der Verwendung von Cookies, Active-X-Controls und ähnlicher Programme sowie beim Einsatz von Viren, Würmern und Trojanischen Pferden der Fall sein.[208] Werden die Daten später im Inland verarbeitet (z. B. in einer Datenbank gespeichert) oder genutzt, gilt insoweit in jedem Fall das BDSG.[209] Bei der im Rahmen der Fernwartung von DV-Anlagen erfolgenden Remote-Steuerung eines inländischen PCs durch einen in einem Drittland ansässigen Dienstleister ist entsprechend auch das deutsche Datenschutzrecht anwendbar, da der Zugreifende bestimmenden Einfluss auf den im Inland belegenen PC ausübt.[210]

60   Für Aktivitäten deutscher verantwortlicher Stellen in Drittländern gilt grundsätzlich das in dem jeweiligen Drittland anwendbare Datenschutzrecht. Bedingen diese Aktivitäten einen Datenaustausch zwischen Deutschland und dem Drittland, so unterliegt der Datenaustausch aus deutscher Sicht jedoch den Anforderungen des

---

205 Siehe *Weichert*, VuR 2009, S. 323 (326); *Jotzo*, MMR 2009, S. 232 (235).
206 Siehe oben Rn. 58; ferner *Schüßler*, in: Taeger (Hrsg.), Digitale Evolution – Herausforderungen für das Informations- und Medienrecht, S. 233 (236); *Alich/Nolte*, CR 2011, S. 741 (742 f.); *Dammann*, in: Simitis, BDSG, § 1 Rn. 220.
207 Zumindest missverständlich insoweit der Beschluss der obersten Aufsichtsbehörden für den Datenschutz im nicht-öffentlichen Bereich (Düsseldorfer Kreis) vom 8.12.2011 zum Datenschutz in sozialen Netzwerken, in dem es heißt: „Aber auch Anbieter, die außerhalb des Europäischen Wirtschaftsraumes ansässig sind, unterliegen hinsichtlich der Daten von Betroffenen in Deutschland gemäß § 1 Abs. 5 Satz 2 BDSG dem hiesigen Datenschutzrecht, soweit sie ihre Datenerhebungen durch Rückgriff auf Rechner von Nutzerinnen und Nutzern in Deutschland realisieren."
208 Fünfzehnter Bericht der Hessischen Landesregierung über die Tätigkeit der für den Datenschutz im nicht-öffentlichen Bereich in Hessen zuständigen Aufsichtsbehörden, LT-Drs. 15/4659, S. 21; Arbeitspapier der Artikel 29-Datenschutzgruppe vom 30.5.2002, WP 56, S. 11 ff.; *Dammann*, RDV 2002, S. 70 (75); *Schaar*, Datenschutz im Internet, Rn. 241; *Scheja*, Zulässigkeit einer weltweiten Kundendatenbank, S. 93 f.; *Duhr/Naujok/Peter/Seiffert*, DuD 2002, S. 5 (7); *Zscherpe*, K&R 2005, 264 (265); *Jandt*, DuD 2008, S. 664 (669).
209 *Jotzo*, MMR 2009, S. 232 (235) m. w. N.
210 So wohl auch *Dammann*, in: Simitis, BDSG, § 1 Rn. 229; *Jandt*, DuD 2008, S. 664 (669); zur technischen Seite siehe *Bohnstedt*, Fernwartung, S. 17 ff.

BDSG.[211] Speziell im Falle der Datenweitergabe aus Deutschland in ein Drittland muss die verantwortliche Stelle auch weiterhin für ein adäquates Datenschutzniveau Sorge tragen (vgl. §§ 4b, 4c BDSG).[212] Dies gilt auch bei der Inanspruchnahme von Cloud-Diensten in Drittländern.[213]

Nach § 1 Abs. 5 Satz 3 BDSG bedarf es der Benennung eines inländischen Vertreters, soweit nach den Vorschriften des BDSG die verantwortliche Stelle zu nennen ist (z. B. §§ 4 Abs. 3, 6b Abs. 2, 28 Abs. 4, 33 Abs. 1 BDSG). Dies betrifft praktisch nur die Fälle des § 1 Abs. 5 Satz 2 BDSG (vgl. Art. 4 Abs. 2 EG-DSRl),[214] da bei der Datenverarbeitung durch Stellen aus dem Europäischen Wirtschaftsraum gem. § 1 Abs. 5 Satz 1 BDSG entweder bereits eine Niederlassung im Inland besteht oder das BDSG insgesamt nicht anwendbar ist. Durch die Bestimmung soll sichergestellt werden, dass sowohl Betroffene als auch Aufsichtsbehörden einen geeigneten Ansprechpartner im Inland haben, dem insoweit eine Mittlerrolle zukommt.[215] Eine Verletzung der Pflicht zur Bestellung eines Inlandsvertreters wird jedoch durch das BDSG nicht sanktioniert. Auch die Rechtsdurchsetzung gegenüber der verantwortlichen ausländischen Stelle wird faktisch kaum erleichtert, da Klagen und aufsichtsrechtliche Verfügungen nach wie vor gegen diese selbst zu richten sind. Durch die Bestellung eines Inlandsvertreters wird daher im Streitfall lediglich die Zustellung an die betreffende Stelle erleichtert.[216] Als inländische Vertreter können z. B. Rechtsanwälte oder Serviceunternehmen fungieren, welche jeweils auch durch mehrere verantwortliche Stellen benannt werden können.[217]

61

Nach § 1 Abs. 5 Satz 4 BDSG gelten die Regelungen in § 1 Abs. 5 Satz 2 und 3 BDSG nicht für den Fall, dass Datenträger nur zum Zwecke des Transits durch das Inland eingesetzt werden. Das Merkmal „Transit von Datenträgern" ist weit zu verstehen. Gemeint ist nicht nur der physische Transport von Datenträgern, sondern auch die leitungsgebundene oder funktechnische Weiterleitung von Daten. Entscheidend ist, dass ein Datentransfer erfolgt, ohne dass die betreffenden Daten im Inland zur Kenntnis genommen werden.[218] Das BDSG ist bei Datenübermittlungen zwischen Stellen in Drittstaaten über das Internet dementsprechend nicht anwendbar, wenn lediglich Zwischenspeicherungen auf inländischen Servern und Routern stattfinden, die nach Abschluss des Übertragungsvorganges alsbald gelöscht wer-

62

---

211 Siehe die Kommentierung zu § 4b BDSG Rn. 14 ff. und § 11 Rn. 25 f.
212 Arbeitspapier der Artikel 29-Datenschutzgruppe vom 16.12.2010, WP 179, S. 19 f.; für den Fall konzerninterner Serververlagerungen auch *Hilber/Knorr/Müller*, CR 2011, S. 417 (421).
213 Arbeitspapiere der Artikel 29-Datenschutzgruppe vom 16.12.2010, WP 179, S. 27, und vom 1.7.2012, WP 196, S. 7; *Weichert*, DuD 2010, S. 679 (682); *Gaul/Koehler*, BB 2011, S. 2229 (2231); differenzierend *Hennerich*, CR 2011, S. 546 (548).
214 *Gola/Schomerus*, BDSG, § 1 Rn. 29.
215 BT-Drs. 14/4329, S. 31.
216 Kritisch zu dem Konstrukt daher *Dammann*, in: Simitis, BDSG, § 1 Rn. 233 und 236 f.
217 *Gola/Schomerus*, BDSG, § 1 Rn. 29; *Dammann*, in: Simitis, BDSG, § 1 Rn. 234.
218 *Gola/Schomerus*, BDSG, § 1 Rn. 30.

den.[219] Das Gleiche gilt im Falle der Auftragsdatenverarbeitung, wenn der deutsche Auftragnehmer z. B. aufgrund einer Verschlüsselung nicht auf die vom Auftraggeber im Drittstaat übermittelten Daten zugreifen kann, die Datenverarbeitung also in einem geschlossenen System erfolgt.[220]

5. Kontrolle durch Aufsichtsbehörden (Satz 5)

63   Gem. §§ 1 Abs. 5 Satz 5, 38 Abs. 1 Satz 1 BDSG unterliegen ausländische Stellen bei ihrer Tätigkeit in Deutschland der Aufsicht durch die deutschen Aufsichtsbehörden. Dies gilt für alle in § 1 Abs. 5 BDSG geregelten Konstellationen.[221] Im Falle des § 1 Abs. 5 Satz 1 1. Halbs. BDSG bedingt dies freilich, dass die Aufsichtsbehörden das Recht des EU-Staates oder EWR-Staates kennen und anwenden müssen, in dem die verantwortliche Stelle belegen ist. Vor allem im Verhältnis zu Stellen in Drittstaaten stellt sich ferner das Problem der Durchsetzung von hoheitlichen Kontroll- und Eingriffsbefugnissen auf fremdem Territorium.[222]

219 *Scheja*, Zulässigkeit einer weltweiten Kundendatenbank, S. 80; *Duhr/Naujok/Peter/Seiffert*, DuD 2002, S. 5 (7); *Dammann*, in: Simitis, BDSG, § 1 Rn. 238; *Jotzo*, MMR 2009, S. 232 (235); Arbeitspapier der Artikel 29-Datenschutzgruppe vom 30.5.2002, WP 56, S. 10.

220 *Hillenbrand-Beck*, RDV 2007, S. 231 (235); a. A. *Bergmann/Möhrle/Herb*, BDSG, § 1 Rn. 47, die jede Form der Verarbeitung oder Nutzung während des Transits für schädlich halten.

221 *Bergmann/Möhrle/Herb*, BDSG, § 1 Rn. 49.

222 Näher zu diesen Problemen *Duhr/Naujok/Peter/Seiffert*, DuD 2002, S. 5 (8); *Dammann*, RDV 2002, S. 70 (77).

§ 2 Öffentliche und nicht-öffentliche Stellen

(1) Öffentliche Stellen des Bundes sind die Behörden, die Organe der Rechtspflege und andere öffentlich-rechtlich organisierte Einrichtungen des Bundes, der bundesunmittelbaren Körperschaften, Anstalten und Stiftungen des öffentlichen Rechts sowie deren Vereinigungen ungeachtet ihrer Rechtsform. Als öffentliche Stellen gelten die aus dem Sondervermögen Deutsche Bundespost durch Gesetz hervorgegangenen Unternehmen, solange ihnen ein ausschließliches Recht nach dem Postgesetz zusteht.

(2) Öffentliche Stellen der Länder sind die Behörden, die Organe der Rechtspflege und andere öffentlich-rechtlich organisierte Einrichtungen eines Landes, einer Gemeinde, eines Gemeindeverbandes und sonstiger der Aufsicht des Landes unterstehender juristischer Personen des öffentlichen Rechts sowie deren Vereinigungen ungeachtet ihrer Rechtsform.

(3) Vereinigungen des privaten Rechts von öffentlichen Stellen des Bundes und der Länder, die Aufgaben der öffentlichen Verwaltung wahrnehmen, gelten ungeachtet der Beteiligung nicht-öffentlicher Stellen als öffentliche Stellen des Bundes, wenn
1. sie über den Bereich eines Landes hinaus tätig werden oder
2. dem Bund die absolute Mehrheit der Anteile gehört oder die absolute Mehrheit der Stimmen zusteht.
Andernfalls gelten sie als öffentliche Stellen der Länder.

(4) Nicht-öffentliche Stellen sind natürliche und juristische Personen, Gesellschaften und andere Personenvereinigungen des privaten Rechts, soweit sie nicht unter die Absätze 1 bis 3 fallen. Nimmt eine nicht-öffentliche Stelle hoheitliche Aufgaben der öffentlichen Verwaltung wahr, ist sie insoweit öffentliche Stelle im Sinne dieses Gesetzes.

Literatur: *Buchner*, Informationelle Selbstbestimmung im Privatrecht, Tübingen 2006; *Dammann*, Die Anwendung des neuen Bundesdatenschutzgesetzes auf die öffentlich-rechtlichen Religionsgemeinschaften, NVwZ 1992, S. 1147; *Detterbeck*, Allgemeines Verwaltungsrecht, 10. Aufl., München 2012; *Heckel*, Behördeninterne Geheimhaltung – Ein Beitrag zum amtsinternen Datenaustausch, NVwZ 1994, 224; *Huber*, Allgemeines Verwaltungsrecht, 3. Aufl., Heidelberg 2012; *Kurz*, Bremst Richtervorbehalt den Datenschutz aus? – Richtervorbehalt versus datenschutzrechtliche Kontrollkompetenz, DuD 2012, S. 258; *Sachs*, Grundgesetz, Kommentar, 6. Aufl., München 2011.

Übersicht

I. Allgemeines

1. Gesetzeszweck

1 § 2 BDSG ist ebenso wie § 3 BDSG eine Definitionsnorm. Die Vorschrift bestimmt, welche datenverarbeitenden Stellen als öffentliche und welche als nicht-öffentliche Stellen einzuordnen sind. Notwendig ist diese Begriffsbestimmung, weil das BDSG insb. bei den Datenverarbeitungsbefugnissen und den Betroffenenrechten nach staatlicher und privater Datenverarbeitung differenziert und für beide Bereiche jeweils getrennte Regelungsabschnitte bereithält. Im 2. Abschnitt finden sich die Vorschriften für die Datenverarbeitung öffentlicher Stellen (§§ 12–26 BDSG), im 3. Abschnitt die Vorschriften für die Datenverarbeitung nicht-öffentlicher Stellen und öffentlich-rechtlicher Wettbewerbsunternehmen (§§ 27–38a BDSG). Das Bundesdatenschutzgesetz unterscheidet sich damit von den neueren bereichsspezifischen Datenschutzregelungen wie etwa den §§ 91 ff. TKG oder den §§ 11 ff. TMG, die eine solche Zweiteilung nicht kennen, sondern einheitliche Vorgaben für die Datenverarbeitung öffentlicher und nicht-öffentlicher Stellen normieren.

2 Sichtbarste Ausprägung des zweigeteilten Regelungsansatzes des BDSG sind die unterschiedlich ausgestalteten gesetzlichen Datenverarbeitungsbefugnisse öffentlicher und nicht-öffentlicher Stellen. Für die staatliche Datenverarbeitung beschränken sich die §§ 13 ff. BDSG dem Grund nach auf die allgemeine Vorgabe, dass die Datenverarbeitung im Rahmen staatlicher Aufgabenerfüllung erfolgen muss; der mit einer Datenverarbeitung verfolgte Zweck muss als staatliche Aufgabe festgeschrieben und die verantwortliche Stelle hierfür zuständig sein.[1] Letztlich wird damit die Entscheidung über die Datenverarbeitungsbefugnis öffentlicher Stellen anderen Rechtsvorschriften als denen des BDSG überlassen. Was hingegen die Datenverarbeitung nicht-öffentlicher Stellen angeht, findet sich im BDSG selbst in den §§ 28 ff. ein ausdifferenzierter Katalog der verschiedensten Zulässigkeitstatbestände, bei deren Erfüllung nicht-öffentliche Stellen grundsätzlich zur Datenverarbeitung befugt sind.

---

1 *Gola/Schomerus*, BDSG, § 13 Rn. 2.

Insgesamt sollte die Aufteilung des BDSG in zwei getrennte Normenkomplexe für **3**
öffentliche und nicht-öffentliche Stellen in ihrer Bedeutung nicht übergewichtet
werden. So verfolgt auch das BDSG ungeachtet seiner Zweiteilung in vielerlei Hinsicht einen einheitlichen Regelungsansatz, der die Datenverarbeitung öffentlicher
und nicht-öffentlicher Stellen den gleichen rechtlichen Rahmenbedingungen unterwirft. Insbesondere gelten zentrale datenschutzrechtliche Prinzipien wie der Grundsatz der Datenvermeidung und Datensparsamkeit, das Verbotsprinzip mit Erlaubnisvorbehalt sowie die Grundsätze der Zweckbindung und der Direkterhebung
gleichermaßen für öffentliche wie für nicht-öffentliche Stellen. Was wiederum die
oben angesprochene unterschiedliche Ausgestaltung der Datenverarbeitungsbefugnisse öffentlicher und nicht-öffentlicher Stellen angeht, so kann diese aufgrund der
Unterschiedlichkeit der zu regelnden Sachverhalte auch im Rahmen eines „einheitlichen" BDSG der Sache nach nicht aufgegeben werden.[2]

2. Europarechtliche Grundlagen

Der zweigeteilte Regelungsansatz des BDSG begegnet seit jeher Kritik – verbunden **4**
mit der Forderung nach einer Aufhebung dieser Zweiteilung und der Einführung eines einheitlichen Regelungsansatzes für staatliche und private Datenverarbeitung.[3]
Zusätzliches Gewicht hat diese Forderung durch die beiden EU-Datenschutzrichtli-
nien (Datenschutzrichtlinie 95/46/EG und E-Privacy-Richtlinie 2002/58/EG) erhalten, die im Gegensatz zum BDSG keine nach öffentlichen und nicht-öffentlichen
Stellen getrennten Regelungsabschnitte kennen, sondern auf einem einheitlichen
Regelungsmodell für den öffentlichen und den nicht-öffentlichen Sektor fußen. Entsprechend enthalten diese Richtlinien auch keine dem § 2 BDSG vergleichbare Legaldefinition von öffentlichen und nicht-öffentlichen Stellen. Ebenso wenig sieht
der aktuelle Kommissionsentwurf für eine Datenschutz-Grundverordnung[4] eine Differenzierung nach öffentlichen und nicht-öffentlichen Stellen vor. Die Regelungen
der Grundverordnung gelten vielmehr einheitlich für natürliche und juristische Personen ebenso wie für Behörden, Einrichtungen oder sonstige Stellen.

II. Öffentliche Stellen des Bundes (Abs. 1)

1. Behörden

a) Definition

§ 2 Abs. 1 BDSG zählt zum Kreis der öffentlichen Stellen des Bundes zunächst die **5**
Behörden. Mangels eigenständiger Definition im BDSG ist für den Begriff der Be-

---

2 *Buchner*, Informationelle Selbstbestimmung im Privatrecht, S. 36 ff.
3 *Tinnefeld/Buchner/Petri*, Einführung in das Datenschutzrecht, S. 219 ff.
4 KOM(2012) 11 endgültig.

hörde auf die Definition des Verwaltungsverfahrensgesetzes zurückzugreifen. Behörde im Sinne des VwVfG ist gemäß dessen § 1 Abs. 4 „jede Stelle, die Aufgaben der öffentlichen Verwaltung wahrnimmt" (wortgleich § 1 Abs. 2 SGB X). Entscheidend für die Einordnung einer Stelle als Behörde ist, ob die von ihr zu erfüllende Aufgabe Teil des öffentlichen Verwaltungshandelns ist.[5] Auf die Organisationsform der Stelle kommt es ebenso wenig an wie auf die Rechtsform ihres Handelns. Auch natürliche oder juristische Personen des Privatrechts können dem Behördenbegriff unterfallen. Dass diese als öffentliche Stellen im Sinne des BDSG einzuordnen sind, soweit sie hoheitliche Aufgaben der öffentlichen Verwaltung wahrnehmen („beliehene Unternehmen"), ergibt sich ausdrücklich auch aus Abs. 4 Satz 2.

b) Funktionaler versus organisatorischer Behördenbegriff

6   Streitig ist, ob der Behördenbegriff des BDSG funktional oder organisatorisch zu verstehen ist. Die Zugrundelegung eines streng funktionalen (aufgabenbezogenen) Behördenbegriffs würde dazu führen, dass jede Zuweisung einer Verwaltungsaufgabe zugleich auch die Behördeneigenschaft des jeweiligen Aufgabenträgers begründen würde.[6] Behörde wäre also nicht nur – wie nach dem organisatorischen Behördenbegriff – eine Organisationseinheit im Ganzen (etwa Ministerium oder Gemeinde). Behörden wären vielmehr auch die unselbstständigen internen Untergliederungen einer solchen Organisationseinheit (Abteilungen, Dezernate, Referate), soweit ihnen nur eine bestimmte Aufgabe zugewiesen ist (also etwa auch die einzelnen Abteilungen eines Ministeriums oder die Ämter einer Gemeinde). Der Vorteil einer solchen Zersplitterung einer einheitlichen Organisationseinheit in verschiedene Einzelbehörden liegt aus datenschutzrechtlicher Perspektive darin, dass damit auch der Datenaustausch zwischen verschiedenen Aufgabenbereichen einer Organisationseinheit als Datenübermittlung an Dritte im Sinne des § 3 Abs. 8 Satz 2 erfasst wird und damit den datenschutzrechtlichen Vorgaben des BDSG für die Datenübermittlung unterliegt.[7]

7   Problematisch ist ein streng funktionales Verständnis des Behördenbegriffs vor allem wegen der damit einhergehenden „Atomisierung der öffentlichen Verwaltung".[8] Die besseren Gründe sprechen daher dafür, für die Behördeneigenschaft auf die Organisationseinheit im Ganzen abzustellen und nicht auf deren interne Untergliederungen. Ohnehin sind auch bei Zugrundelegung eines organisatorischen Behördenbegriffs keine datenschutzrechtlichen Defizite zu befürchten. Der organisatorische Behördenbegriff führt nicht dazu, dass interne Datenübermittlungen zwischen den verschiedenen Aufgabenbereichen einer Organisationseinheit aus dem

---

5 *Wedde*, Verantwortliche Stellen, in: Roßnagel, Hdb. DSR, S. 526 (530); *Schaffland/Wiltfang*, BDSG, § 2 Rn. 1.

6 *Gola/Schomerus*, BDSG, § 2 Rn. 7.

7 *Gola/Schomerus*, BDSG, § 2 Rn. 8.

8 *Schaffland/Wiltfang*, BDSG, § 2 Rn. 2 m. N.

Regelungsbereich des BDSG herausfallen. Insbesondere durch das Zweckbindungsgebot ist gewährleistet, dass auch der behördeninterne Datenaustausch nicht in einem rechtsfreien Raum stattfindet. Personenbezogene Daten, die eine Behörde zu einem bestimmten Zweck erhoben hat, dürfen außerhalb dieser Zwecksetzung auch behördenintern nur weitergegeben werden, wenn die Voraussetzungen des § 14 BDSG erfüllt sind. Im Ergebnis hängt daher die Zulässigkeit eines behördeninternen Datenaustauschs vor allem davon ab, wie eng oder weit man die konkrete Zwecksetzung einer bestimmten Datenerhebung fasst.[9]

c) Bundesbehörden

Bundesbehörden nehmen die Aufgaben der unmittelbaren Bundesverwaltung wahr   **8**
(auch bundeseigene Verwaltung genannt; siehe Art. 86 GG).[10] Sie sind hierarchisch in drei Stufen gegliedert: oberste Bundesbehörden, Bundesmittel- und Bundesunterbehörden. Beispiele für oberste Bundesbehörden sind das Bundespräsidialamt, das Bundeskanzleramt, die Bundesministerien, das Bundesverfassungsgericht sowie der Bundesrechnungshof. Bundesmittelbehörden sind einer obersten Bundesbehörde nachgeordnet; zu ihnen zählen u. a. die Wasser- und Schifffahrtsdirektionen sowie die Wehrbereichsverwaltungen. Zu den Bundesunterbehörden als den Bundesmittelbehörden nachgeordnete Verwaltungsstellen gehören beispielsweise die Kreiswehrersatzämter und die Wasser- und Schifffahrtsämter. Zum Kreis der Bundesbehörden zählen schließlich auch noch die für das gesamte Bundesgebiet zuständigen Bundesoberbehörden, die sich nicht direkt in den dreistufigen Behördenaufbau eingliedern lassen, weil sie zwar einer obersten Bundesbehörde unterstellt sind, aber keinen eigenen Verwaltungsunterbau besitzen.[11] Zu den derzeit 69 Bundesoberbehörden zählen das Bundeskriminalamt, das Bundesverwaltungsamt, das Bundeszentralamt für Steuern, das Bundesamt für Verbraucherschutz und Lebensmittelsicherheit, das Kraftfahrt-Bundesamt sowie das Bundeskartellamt.

2. Organe der Rechtspflege

Organe der Rechtspflege sind Gerichte, Staatsanwaltschaften und Strafvollzugsbe   **9**
hörden.[12] Soweit diese Aufgaben der Justizverwaltung wahrnehmen, zählen sie bereits in ihrer Eigenschaft als Justizbehörde zu den öffentlichen Stellen. Von praktischer Bedeutung ist die ausdrückliche Erwähnung der Organe der Rechtspflege, soweit Gerichte in ihrer Eigenschaft als rechtsprechende Institutionen tätig sind. Von

---

9 *Heckel*, NVwZ 1994, S. 224 (226).
10 Diff. demgegenüber die sog. mittelbare Bundesverwaltung durch bundesunmittelbare Körperschaften, Anstalten und Stiftungen des öffentlichen Rechts, siehe dazu unten Rn. 11.
11 Vgl. dazu *Huber*, Allgemeines Verwaltungsrecht, S. 145, sowie *Detterbeck*, Allgemeines Verwaltungsrecht, S. 58.
12 *Weichert*, in: Däubler/Klebe/Wedde/Weichert, BDSG, § 2 Rn. 6.

der Datenschutzkontrolle sind Bundesgerichte allerdings ausgenommen (§ 24 Abs. 3 BDSG).[13]

10 Notare zählen nach der Rechtsprechung des BGH ebenfalls zum Kreis der öffentlichen Stellen (der Länder), auch wenn diese nicht unmittelbar in die staatliche Organisation eingegliedert sind; ausreichend ist nach Auffassung des BGH, dass Notare auf der Grundlage einer Beleihung tätig werden.[14] Rechtsanwälte sind demgegenüber als nicht-öffentliche Stellen den Bestimmungen des BDSG gemäß §§ 1 Abs. 2 Nr. 3, 2 Abs. 4 Satz 1 BDSG unterworfen.[15]

3. Andere öffentlich-rechtlich organisierte Einrichtungen

a) Auffangtatbestand

11 Der umfassende Geltungsanspruch des BDSG gegenüber dem gesamten Bereich staatlichen Handelns wird dadurch sichergestellt, dass § 2 Abs. 1 BDSG ergänzend auch „andere öffentlich-rechtlich organisierte Einrichtungen" in den Kreis der öffentlichen Stellen einbezieht.[16] Erfasst sind alle öffentlichen Stellen, die weder den Behörden noch den Rechtspflegeorganen zugeordnet werden können. Hierzu zählen insbesondere die bundesunmittelbaren Körperschaften, Anstalten und Stiftungen des öffentlichen Rechts, die Regie- und Eigenbetriebe der öffentlichen Hand sowie die gesetzgebenden Körperschaften Bundestag und Bundesrat (nicht jedoch der einzelne Abgeordnete[17]).

b) Religionsgemeinschaften

12 Auch Religionsgemeinschaften können gemäß Art. 140 GG i.V.m. Art. 137 Abs. 5 Satz 1 WRV als öffentlich-rechtliche Körperschaften organisiert sein (Weltanschauungsgemeinschaften sind den Religionsgemeinschaften gemäß Art. 137 Abs. 7 WRV gleichgestellt). Das BDSG lässt jedoch offen, ob öffentlich-rechtliche Religionsgesellschaften auch als öffentliche Stellen i.S.d. § 2 BDSG einzuordnen sind und damit dem Geltungsbereich des BDSG unterfallen.[18] Teils ist daraus gefolgert worden, dass das BDSG die korporierten Religionsgemeinschaften durch „beredtes

---

13 Zum Konflikt zwischen Richtervorbehalt und datenschutzrechtlicher Kontrollkompetenz im Falle von Ermittlungsmaßnahmen s. *Kurz*, DuD 2012, S. 258 ff.

14 BGH NJW 1991, 568 (Datenschutzgesetz des Landes Nordrhein-Westfalen auf Notare anwendbar).

15 Die Bestimmungen der BRAO sind keine bereichsspezifischen Sonderregelungen i.S.d. § 1 Abs. 3 Satz 1 BDSG; KG Berlin DuD 2011, 366.

16 *Gola/Schomerus*, BDSG, § 2 Rn. 14.

17 *Dammann*, in: Simitis, BDSG, § 2 Rn. 29.

18 Eine ausdrückliche Erwähnung finden öffentlich-rechtliche Religionsgesellschaften allein in § 15 Abs. 4 BDSG (Datenübermittlung an Stellen der öffentlich-rechtlichen Religionsgesellschaften); die Vorschriften für die Datenübermittlung an öffentliche Stellen sollen danach allerdings lediglich „entsprechend" auch für öffentlich-rechtliche Religionsgesellschaften gelten.

Buchner

Schweigen" ausklammert.[19] Dies ist jedoch streitig.[20] Gegen einen umfassenden Geltungsanspruch des BDSG spricht, dass Art. 140 GG i.V.m. Art. 137 Abs. 2 WRV den Religionsgemeinschaften ein Selbstverwaltungsrecht garantiert. Andererseits gilt auch dieses Selbstverwaltungsrecht nur „innerhalb der Schranken des für alle geltenden Gesetzes" und es ist nicht ersichtlich, weshalb das BDSG nicht ein solches für alle geltendes Gesetz i.S.d. Art. 137 Abs. 3 Satz 1 WRV sein soll.[21] Unbestritten ist jedenfalls, dass die Religionsgemeinschaften kein datenschutzfreier Raum sind, sondern auch diese das Recht des Einzelnen auf informationelle Selbstbestimmung beachten müssen. Diejenigen, die die öffentlich-rechtlichen Religionsgemeinschaften nicht dem Geltungsbereich des BDSG unterstellen wollen, sehen daher die Religionsgemeinschaften selbst als verpflichtet an, angemessene Datenschutzregelungen mit allgemeiner Wirkung zu schaffen.[22] Die großen christlichen Kirchen sind dieser Verpflichtung durch den Erlass eigener datenschutzrechtlicher Regelungen nachgekommen.[23] Privatrechtlich organisierte kirchliche Einrichtungen sollen demgegenüber den §§ 27 ff. BDSG unterfallen; jedenfalls für rein wirtschaftliche Betriebe der Kirche ist dies unstreitig.[24]

4. Unternehmen, denen ein ausschließliches Recht nach dem Postgesetz zusteht (Abs. 1 Satz 2)

Die Vorschrift ist seit Ende 2007 bedeutungslos; bis zu diesem Zeitpunkt stand ge- **13** mäß § 51 Postgesetz der Deutschen Post AG noch ein Exklusivrecht bei Briefsendungen und adressierten Katalogen zu, diese war daher gemäß Abs. 1 Satz 2 als öffentliche Stelle einzuordnen. Der Datenschutz bei der geschäftsmäßigen Erbringung von Postdiensten ist weitgehend bereichsspezifisch durch die PDSV[25] geregelt; für die Datenschutzkontrolle ist gemäß § 42 Abs. 3 Postgesetz der BfDI zuständig.

---

19 In diesem Sinne etwa *Sachs*, GG, Art. 140 GG, Art. 137 WRV Rn. 14; gegen eine Geltung des BDSG für öffentlich-rechtliche Religionsgesellschaften jedenfalls im Bereich der kirchlichen Tätigkeit auch *Gola/Schomerus*, BDSG, § 2 Rn. 14a, und *Weichert*, in: Däubler/Klebe/Wedde/Weichert, BDSG, § 2 Rn. 9.

20 Dagegen *Dammann*, in: Simitis, BDSG, § 2 Rn. 86 ff.; *Dammann*, NVwZ 1992, S. 1147 (1148).

21 Vgl. *Dammann*, in: Simitis, BDSG, § 2 Rn. 91.

22 Vgl. *Sachs*, GG, Art. 140 GG, Art. 137 WRV Rn. 14 Fn. 100; *Gola/Schomerus*, BDSG, § 2 Rn. 14a.

23 Siehe für die Evangelische Kirche das *Datenschutzgesetz der Evangelischen Kirche in Deutschland (Datenschutzgesetz-EKD)* sowie für die Katholische Kirche die *Anordnung über den kirchlichen Datenschutz (KDO)*.

24 *Tinnefeld/Buchner/Petri*, Einführung in das Datenschutzrecht, S. 150.

25 Postdienste-Datenschutzverordnung vom 2.7.2002 (BGBl. I, S. 2494).

III. Öffentliche Stellen der Länder (Abs. 2)

14 § 2 Abs. 2 BDSG definiert die öffentlichen Stellen der Länder. Die Bedeutung dieser Definition ist gering. Gemäß § 1 Abs. 2 Nr. 2 BDSG kommt eine Geltung des BDSG für die öffentlichen Stellen der Länder von vornherein nur dann in Frage, soweit der Datenschutz nicht durch Landesgesetz geregelt ist. Mittlerweile haben jedoch alle Länder eigene Landesdatenschutzgesetze erlassen.

IV. Vereinigungen des privaten Rechts als öffentliche Stellen (Abs. 3)

15 Die Regelung des Abs. 3 ordnet privatrechtliche Vereinigungen von öffentlichen Stellen des Bundes und der Länder als öffentliche Stellen ein und zwar unabhängig von einer Beteiligung auch nicht-öffentlicher Stellen. Erfasst werden von Abs. 3 alle Arten von Vereinigungen des privaten Rechts, auch Kapitalgesellschaften.[26] Voraussetzung ist, dass die öffentlichen Stellen Aufgaben der öffentlichen Verwaltung wahrnehmen; einen hoheitlichen Charakter muss die Aufgabenwahrnehmung jedoch nicht haben.[27] Für die Abgrenzung nach öffentlichen Stellen des Bundes und solchen der Länder sind zwei Kriterien maßgeblich: Eine öffentliche Stelle des Bundes ist zum einen dann anzunehmen, wenn die Vereinigung über den Bereich eines Landes hinaus tätig wird (Abs. 3 Nr. 1). Zum anderen ist eine öffentliche Stelle des Bundes auch dann anzunehmen, wenn die Vereinigung nicht landesübergreifend tätig wird, der Bund jedoch über 50 Prozent der Anteile oder Stimmen hat (Abs. 3 Nr. 2). Liegen diese Voraussetzungen nicht vor, unterfällt die Vereinigung dem Datenschutzrecht der Länder. Letzteres ist auch dann der Fall, wenn lediglich öffentliche Stellen verschiedener Länder an einer Vereinigung beteiligt sind.

V. Nicht-öffentliche Stellen (Abs. 4 Satz 1)

16 Abs. 4 Satz 1 definiert als nicht-öffentliche Stellen alle natürlichen und juristischen Personen, Gesellschaften und andere Personenvereinigungen des Privatrechts, die nicht unter die Abs. 1 bis 3 fallen. Voraussetzung für eine Anwendung des BDSG auf nicht-öffentliche Stellen ist, dass diese die Daten nicht lediglich für persönliche oder familiäre Tätigkeiten verwenden (§§ 1 Abs. 2 Nr. 3, 27 Abs. 1 BDSG).

17 Nicht-öffentliche Stelle ist jede natürliche Person, also nicht nur diejenige, die sich wirtschaftlich oder beruflich betätigt, sondern auch jede Privatperson. Nicht-öffentliche Stelle ist weiterhin jede juristische Person (AG, GmbH, eG, KGaA, VVaG, eingetragener Verein, Stiftung). Schließlich fallen auch alle Gesellschaften und anderen

---

26 *Dammann*, in: Simitis, BDSG, § 2 Rn. 64.
27 Umkehrschluss aus § 2 Abs. 4 Satz 2 BDSG; vgl. *Dammann*, in: Simitis, BDSG, § 2 Rn. 69.

Buchner

Personenvereinigungen des privaten Rechts unter den Begriff der nicht-öffentlichen Stellen. Die BGB-Gesellschaft zählt hierzu ebenso wie der nicht-rechtsfähige Verein, die OHG und die Partnerschaftsgesellschaft nach dem PartGG. Auf das Maß der juristischen Selbstständigkeit kommt es ebenso wenig an wie auf den Kapitalisierungsgrad.[28] Auch ausländische datenverarbeitende Stellen können als nicht-öffentliche Stellen dem Anwendungsbereich des BDSG unterfallen; unter welchen Voraussetzungen dies zu bejahen ist, ergibt sich aus § 1 Abs. 5 Satz 1 und 2 BDSG.[29]

VI. Beliehene (Abs. 4 Satz 2)

Auch nicht-öffentliche Stellen können ungeachtet ihrer privatrechtlichen Rechtsform als sog. Beliehene dem Kreis der öffentlichen Stellen zuzurechnen sein. Stets gilt diese Einordnung allerdings nur „insoweit", als diese Stellen hoheitliche Aufgaben der öffentlichen Verwaltung wahrnehmen; ansonsten sind und bleiben sie statusmäßig nicht-öffentliche Stellen. Beliehene sind damit regelmäßig zugleich öffentliche und nicht-öffentliche Stellen und unterfallen so einem „Doppelregime".[30] Soweit ihre Datenverarbeitung mit der Wahrnehmung hoheitlicher Aufgaben zusammenhängt, gelten für diese die datenschutzrechtlichen Vorgaben für öffentliche Stellen; sonstige Datenverarbeitungsvorgänge unterfallen dagegen den datenschutzrechtlichen Vorschriften für den nicht-öffentlichen Bereich. Zum Kreis der Beliehenen im Sinne des Abs. 4 Satz 2 zählen u. a. TÜV-Sachverständige,[31] Schornsteinfeger,[32] Notare gemäß § 1 BNotO und Prüfingenieure für Baustatik.[33] Privatschulen sind Beliehene, soweit es sich nicht nur um staatlich genehmigte, sondern um staatlich anerkannte Ersatzschulen handelt.[34]

18

---

28 *Gola/Schomerus*, BDSG, § 2 Rn. 20.
29 Siehe dazu oben § 1 BDSG Rn. 54 ff.
30 *Dammann*, in: Simitis, BDSG, § 2 Rn. 131.
31 Vgl. BGH NJW 1993, 1784.
32 Vgl. BGH NJW 1974, 1507.
33 BVerwG DöV 1972, 500; BVerwGE 57, 55 (58).
34 BVerwGE 17, 41, und BVerwGE 45, 117.

§ 3 Weitere Begriffsbestimmungen

(1) Personenbezogene Daten sind Einzelangaben über persönliche oder sachliche Verhältnisse einer bestimmten oder bestimmbaren natürlichen Person (Betroffener).

(2) Automatisierte Verarbeitung ist die Erhebung, Verarbeitung oder Nutzung personenbezogener Daten unter Einsatz von Datenverarbeitungsanlagen. Eine nicht automatisierte Datei ist jede nicht automatisierte Sammlung personenbezogener Daten, die gleichartig aufgebaut ist und nach bestimmten Merkmalen zugänglich ist und ausgewertet werden kann.

(3) Erheben ist das Beschaffen von Daten über den Betroffenen.

(4) Verarbeiten ist das Speichern, Verändern, Übermitteln, Sperren und Löschen personenbezogener Daten. Im Einzelnen ist, ungeachtet der dabei angewendeten Verfahren:

1. Speichern das Erfassen, Aufnehmen oder Aufbewahren personenbezogener Daten auf einem Datenträger zum Zwecke ihrer weiteren Verarbeitung oder Nutzung,

2. Verändern das inhaltliche Umgestalten gespeicherter personenbezogener Daten,

3. Übermitteln das Bekanntgeben gespeicherter oder durch Datenverarbeitung gewonnener personenbezogener Daten an einen Dritten in der Weise, dass

   a) die Daten an den Dritten weitergegeben werden oder

   b) der Dritte zur Einsicht oder zum Abruf bereitgehaltene Daten einsieht oder abruft,

4. Sperren das Kennzeichnen gespeicherter personenbezogener Daten, um ihre weitere Verarbeitung oder Nutzung einzuschränken,

5. Löschen das Unkenntlichmachen gespeicherter personenbezogener Daten.

(5) Nutzen ist jede Verwendung personenbezogener Daten, soweit es sich nicht um Verarbeitung handelt.

(6) Anonymisieren ist das Verändern personenbezogener Daten derart, dass die Einzelangaben über persönliche oder sachliche Verhältnisse nicht mehr oder nur mit einem unverhältnismäßig großen Aufwand an Zeit, Kosten und Arbeitskraft einer bestimmten oder bestimmbaren natürlichen Person zugeordnet werden können.

(6a) Pseudonymisieren ist das Ersetzen des Namens und anderer Identifikationsmerkmale durch ein Kennzeichen zu dem Zweck, die Bestimmung des Betroffenen auszuschließen oder wesentlich zu erschweren.

(7) Verantwortliche Stelle ist jede Person oder Stelle, die personenbezogene Daten für sich selbst erhebt, verarbeitet oder nutzt oder dies durch andere im Auftrag vornehmen lässt.

(8) Empfänger ist jede Person oder Stelle, die Daten erhält. Dritter ist jede Person oder Stelle außerhalb der verantwortlichen Stelle. Dritte sind nicht der Betroffene sowie Personen und Stellen, die im Inland, in einem anderen Mitgliedstaat der Europäischen Union oder in einem anderen Vertragsstaat des Abkommens über den Europäischen Wirtschaftsraum personenbezogene Daten im Auftrag erheben, verarbeiten oder nutzen.

(9) Besondere Arten personenbezogener Daten sind Angaben über die rassische und ethnische Herkunft, politische Meinungen, religiöse oder philosophische Überzeugungen, Gewerkschaftszugehörigkeit, Gesundheit oder Sexualleben.

(10) Mobile personenbezogene Speicher- und Verarbeitungsmedien sind Datenträger,

1. die an den Betroffenen ausgegeben werden,

2. auf denen personenbezogene Daten über die Speicherung hinaus durch die ausgebende oder eine andere Stelle automatisiert verarbeitet werden können und

3. bei denen der Betroffene diese Verarbeitung nur durch den Gebrauch des Mediums beeinflussen kann.

(11) Beschäftigte sind:

1. Arbeitnehmerinnen und Arbeitnehmer,

2. zu ihrer Berufsausbildung Beschäftigte,

3. Teilnehmerinnen und Teilnehmer an Leistungen zur Teilhabe am Arbeitsleben sowie an Abklärungen der beruflichen Eignung oder Arbeitserprobung (Rehabilitandinnen und Rehabilitanden),

4. in anerkannten Werkstätten für behinderte Menschen Beschäftigte,

5. nach dem Jugendfreiwilligendienstegesetz Beschäftigte

6. Personen, die wegen ihrer wirtschaftlichen Unselbständigkeit als arbeitnehmerähnliche Personen anzusehen sind; zu diesen gehören auch die in Heimarbeit Beschäftigten und die ihnen Gleichgestellten,

7. Bewerberinnen und Bewerber für ein Beschäftigtenverhältnis sowie Personen, deren Beschäftigtenverhältnis beendet ist,

8. Beamtinnen, Beamte, Richterinnen und Richter des Bundes, Soldatinnen und Soldaten sowie Zivildienstleistende.

Literatur: *Abel*, Rechtsfragen von Scoring und Rating, RDV 2006, S. 108; Art. 29-Datenschutzgruppe, Arbeitspapier. Privatsphäre im Internet – Ein integrierter EU-Ansatz zum Online-Datenschutz vom 21.11.2000 (WP 37); Art. 29-Datenschutzgruppe, Arbeitspapier. Datenschutzfragen im Zusammenhang mit der RFID-Technik vom 19.1.2005 (WP 105); Art. 29-Datenschutzgruppe, Stellungnahme zum Begriff „personenbezogene Daten" vom 20.6.2007 (WP 136); *Bizer*, Der Datentreuhänder, DuD 1999, S. 392; *Dammann*, Der EuGH im Internet – Ende des internationalen Datenschutzes?, RDV 2004, S. 19; *Dotzler*, Eine datenschutzrechtlich motivierte Untersuchung Tippverhalten basierender Authentifizierungssysteme, DuD 2011, S. 192; *Kamlah*, Das SCHU-FA-Verfahren und seine datenschutzrechtliche Zulässigkeit, MMR 1999, S. 395; *Karg/Thomsen*, Tracking und Analyse durch Facebook – Das Ende der Unschuld, DuD 2012, S. 729; *Kloepfer/Kutzschbach*, Schufa und Datenschutzrecht, MMR 1998, S. 650; *Koch*, Scoring-Systeme in der Kreditwirtschaft. Einsatz unter datenschutzrechtlichen Aspekten, MMR 1998, S. 458; *Kort*, Überwachungsrecht des Betriebsrats bei Maßnahmen des betrieblichen Eingliederungsmanagements, DB 2012, S. 688; *Krüger/Maucher*, Ist die IP-Adresse wirklich ein personenbezogenes Datum?, MMR 2011, S. 433; *Lutz*, Identifizierung von Urheberrechtsverletzungen, DuD 2012, S. 584; *Mackenthun*, Datenschutzrechtliche Voraussetzungen der Verarbeitung von Kundendaten beim zentralen Rating und Scoring im Bank-Konzern, WM 2004, S. 1713; *Menzel*, Datenschutz in der Arztpraxis, in: Buchner (Hrsg.), Datenschutz im Gesundheitswesen, Remagen 2012, Kap. G; *Möller/Florax*, Datenschutzrechtliche Unbedenklichkeit des Scoring von Kreditrisiken?, NJW 2003, S. 2724; *Pahlen-Brandt*, Datenschutz braucht scharfe Instrumente – Beitrag zur Diskussion um „personenbezogene Daten", DuD 2008, S. 34; *Petri*, Das Scoringverfahren der Schufa, DuD 2001, S. 290; *Petri*, Sind Scorewerte rechtswidrig?, DuD 2003, S. 631; *Roßnagel*, Anmerkung zu EuGH, Urt. v. 6.11.2003 – Rs. C-101/01 (*Lindqvist/Schweden*), MMR 2004, S. 99; *Roßnagel/Scholz*, Datenschutz durch Anonymität und Pseudonymität – Rechtsfolgen der Verwendung anonymer und pseudonymer Daten, MMR 2000, S. 721; *Taeger*, Datenschutz bei Direktmarketing und Bonitätsprüfung, in: Brunner/Seeger/Turturica (Hrsg.), Fremdfinanzierung von Gebrauchsgütern, Wiesbaden 2010, S. 51; *Tillenburg*, Stimmt die Stimme? – Biometrielösungen im Einsatz, DuD 2001, S. 197; *ULD*, Scoringsysteme zur Beurteilung der Kreditwürdigkeit – Chancen und Risiken für den Verbraucher, Schlussbericht Kiel 2006; *Weichert*, Der Schutz genetischer Informationen, DuD 2002, S. 133; *Wente*, Ist die Veröffentlichung von Daten (k-)eine Übermittlung im Sinne von § 2 Abs. 2 Nr. 2 BDSG?, RDV 1986, S. 256; *Westerholt/Döring*, Datenschutzrechtliche Aspekte der Radio Frequency Identifikation, CR 2004, S. 710; *Wuermeling*, Scoring von Kreditrisiken, NJW 2002, S. 3508.

Übersicht

I. Allgemeines

1. Gesetzeszweck

§ 3 BDSG ist die zentrale Definitionsnorm des BDSG. Bis auf die Begriffe der öf- **1** fentlichen und der nicht-öffentlichen Stelle, die in § 2 BDSG definiert sind, finden sich die für die Anwendung des BDSG wichtigsten Begriffsbestimmungen in der Vorschrift des § 3 BDSG aufgezählt. Eine weitere Definitionsnorm ist schließlich § 46 BDSG, der allerdings für die Anwendung des BDSG selbst ohne Bedeutung ist.[1]

2. Europarechtliche Grundlagen

Ebenso wie das BDSG mit § 3 BDSG enthält auch die EG-DSRl mit Art. 2 eine **2** Norm mit den wichtigsten in der Richtlinie bestimmten Begriffen. Der deutsche Gesetzgeber hat mit der Novellierung des BDSG 2001 die Datenschutzrichtlinie zwar umgesetzt, zu einer vollständigen Vereinheitlichung der Terminologie in BDSG und EG-DSRl hat diese Umsetzung jedoch nicht geführt. Teilweise wurden die Begriffsbestimmungen des BDSG denen der Richtlinie zwar angepasst (so in Abs. 2, Abs. 7 und Abs. 8).[2] Insbesondere beim zentralen Begriff des „Verarbeitens" personenbezogener Daten gelten jedoch weiterhin unterschiedliche Definitionen: Während der Begriff der Verarbeitung in der Richtlinie umfassend ist und auch das Erheben und Nutzen von Daten mit einbezieht, gilt im BDSG noch immer ein enger Begriff des Verarbeitens. Auch der Vorschlag der EU-Kommission für eine Datenschutz-Grundverordnung sieht in Art. 4 Abs. 3 des Entwurfs einen umfassenden Begriff der Datenverarbeitung vor.

---

1 Näher dazu unten § 46 BDSG.
2 Siehe im Einzelnen dazu bei den jeweiligen Kommentierungen.

II. Begriffsbestimmungen im Einzelnen

1. Personenbezogene Daten; Betroffener (Abs. 1)

a) Weites Verständnis

3   Der Begriff der personenbezogenen Daten ist von zentraler Bedeutung für die Anwendung der Bestimmungen des BDSG. Nur wenn „personenbezogene Daten" betroffen sind, ist der Anwendungsbereich des BDSG überhaupt eröffnet. Entgegen dem Wortlaut („personenbezogene Daten") reicht jedoch auch der Umgang mit einer Einzelinformation (d. h. mit einem „personenbezogenen Datum") aus, um den Anwendungsbereich des BDSG zu eröffnen.[3] Der Begriff ist grundsätzlich umfassend zu verstehen. Dies ist insbesondere auch durch die EG-DSRl vorgegeben, da es die Absicht des europäischen Gesetzgebers war, den Begriff „personenbezogene Daten" möglichst weit zu fassen. Dem ist durch eine richtlinienkonforme Auslegung auch auf nationaler Ebene Rechnung zu tragen.[4]

4   Personenbezogene Daten sind sämtliche Einzelangaben über persönliche oder sachliche Verhältnisse einer bestimmten oder bestimmbaren natürlichen Person. Zu den persönlichen und sachlichen Verhältnissen einer Person zählen so verschiedene Aspekte wie deren körperliche und geistige Eigenschaften (Aussehen, Gesundheit, Einstellungen, Vorlieben), ihre Verhaltensweisen (einschließlich Bewegungsdaten[5]) und Beziehungen (beruflich, wirtschaftlich, sozial, privat) oder identifizierende Angaben (Name, Personenkennzeichen, IP-Adressen,[6] biometrische Daten[7]).[8] Unerheblich ist es für die Einordnung einer Information als personenbezogenes Datum, wie sensibel die Information ist oder in welchem Maße sie den höchstpersönlichen Bereich einer Person betrifft. Der Grad der Sensibilität personenbezogener Daten ist lediglich insofern von Bedeutung, als das BDSG – dem Vorbild der EG-DSRl folgend – innerhalb der Kategorie der personenbezogenen Daten nochmals nach personenbezogenen Daten im Allgemeinen und einer speziellen Kategorie der „besonderen Arten" personenbezogener Daten differenziert[9] und für letztere Kategorie teils strengere Anforderungen an die Zulässigkeit einer

---

3   *Dammann*, in: Simitis, BDSG, § 3 Rn. 3.

4   Zur Auslegung des Begriffs der personenbezogenen Daten im Sinne der Richtlinie siehe die Stellungnahme der Art. 29-Datenschutzgruppe (Stellungnahme zum Begriff „personenbezogene Daten" vom 20.6.2007 (WP 136)). Ziel der Stellungnahme ist es, eine „gemeinsame Verständnisgrundlage" in den Mitgliedstaaten für den Begriff der personenbezogenen Daten zu schaffen.

5   Konkret für GPS-Daten siehe LG Lüneburg DuD 2011, 821.

6   Näher dazu unten Rn. 17.

7   Näher dazu unten Rn. 15.

8   *Dammann*, in: Simitis, BDSG, § 3 Rn. 10.

9   Definiert sind diese „besonderen Arten personenbezogener Daten" in § 3 Abs. 9 BDSG; siehe unten Rn. 57.

Buchner

Verarbeitung stellt.[10] Inwieweit eine solche Differenzierung möglich und sinnvoll ist, ist umstritten.[11]

Personenbezogene Daten sind nicht nur objektive Informationen über eine Person, **5** sondern auch Werturteile wie etwa die Einordnung als zuverlässig, kreditwürdig oder ehrlich. Die Einordnung einer Information als personenbezogenes Datum setzt nicht voraus, dass diese Information zutreffend oder bewiesen ist. Dass das BDSG auch unrichtige Informationen als personenbezogene Daten einstuft, ergibt sich bereits aus der Normierung der Betroffenenrechte auf Berichtigung, Löschung und Sperrung (§§ 20, 35 BDSG), die gerade voraussetzen, dass personenbezogene Daten unrichtig sind oder zumindest ihre Richtigkeit sich nicht feststellen lässt.

Auch Wahrscheinlichkeitsaussagen zu einer Person sind personenbezogene Da- **6** ten.[12] Dies gilt insbesondere auch für das sog. Scoring, dessen Zulässigkeit in § 28b BDSG geregelt ist. Charakteristisch für Scoring ist, dass auf der Grundlage mathematisch-statistischer Analysen von Erfahrungswerten aus der Vergangenheit Prognosen über das zukünftige Verhalten von Personen erstellt werden.[13] Unterschiedliche Auffassungen bestehen, inwieweit Planungsdaten (insb. die Personalplanungsdaten von Unternehmen) personenbezogene Daten sein können. Bejaht wird dies mit dem Hinweis darauf, dass die Planungen eines Arbeitgebers über die berufliche Zukunft seiner Arbeitnehmer bereits deren gegenwärtige „Verhältnisse" nachhaltig berühren könnten.[14] Jedoch ist es für eine Qualifizierung als personenbezogene Daten nicht allein ausreichend, dass Planungsdaten Auswirkungen auf die Verhältnisse einer Person haben können. Entscheidend muss vielmehr sein, ob sich aus diesen Planungsdaten auch konkrete Informationen über die gegenwärtigen persönlichen Verhältnisse einer Person ableiten lassen. Bei abstrakten Planungsdaten eines Unternehmens ist dies nicht der Fall, diese zählen daher auch nicht zum Kreis der personenbezogenen Daten.[15]

Personenbezogene Daten können in beliebigen Formaten (alphabetisch, numerisch, **7** grafisch, fotografisch, akustisch) und auf beliebigen Trägern (Papier, CD, Festplatte, Videoband, „Cloud") gespeichert sein.[16] Auch Proben von menschlichem Gewebe kommen als Datenträger (z. B. von genetischen Daten) in Betracht.[17]

---

10 Siehe etwa §§ 13 Abs. 2, 14 Abs. 5 und 6, 28 Abs. 6 bis 9, 29 Abs. 5 BDSG.
11 Näher dazu unten Rn. 58.
12 *Weichert*, DuD 2002, S. 133 (134); zu den sog. Scores siehe unter Rn. 16.
13 Näher dazu unten Rn. 16 („Credit Scores").
14 Siehe *Gola/Schomerus*, BDSG, § 3 Rn. 9, mit dem Beispiel, dass ein hoch qualifizierter Fachmann aufgrund der Planungen seines Unternehmens in diesem keinerlei Entwicklungsmöglichkeiten mehr sieht und sich daher entscheidet, den Arbeitgeber zu wechseln.
15 Vgl. *Bergmann/Möhrle/Herb*, BDSG, § 3 Rn. 34.
16 Art. 29-Datenschutzgruppe, Personenbezogene Daten, S. 8; zu Bildern als personenbezogenen Daten siehe VG Wiesbaden DVBl. 1981, 790.
17 *Weichert*, DuD 2002, S. 133 (134).

b) Natürliche Person

8 Geschützt sind nur die personenbezogenen Daten natürlicher Personen. Von einer Einbeziehung juristischer Personen und anderer Personenmehrheiten (Personengesellschaften, Vereine, Gruppen) hat der Gesetzgeber bewusst abgesehen.[18] Im Falle einer Ein-Mann-GmbH sind jedoch die Angaben über die finanzielle Situation der GmbH, die als Teil der Angaben über die Person des alleinigen Gesellschafters und Geschäftsführers der GmbH für Kreditauskünfte gespeichert sind, zugleich personenbezogene Daten dieses Gesellschafters und Geschäftsführers.[19]

9 Im Sinne einer Vorwirkung wird auch die Einbeziehung des ungeborenen Lebens in den Schutzbereich des BDSG bejaht.[20] Daher sind etwa die vor Geburt mittels Genomanalyse gewonnen Daten über die Erbanlagen eines Nasciturus ebenfalls als personenbezogene Daten einzuordnen.[21] Ein Schutz von Verstorbenen durch das BDSG wird dagegen ganz überwiegend abgelehnt.[22] Überzeugend ist dies mit Blick darauf, dass das informationelle Selbstbestimmungsrecht ebenso wie das allgemeine Persönlichkeitsrecht auf die freie Entfaltung der Persönlichkeit gerichtet ist und als solches „die Existenz einer wenigstens potenziell oder zukünftig handlungsfähigen Person, also eines lebendigen Menschen als unabdingbar voraussetzt".[23] Geschützt ist die Persönlichkeit des Einzelnen jedoch auch über den Tod hinaus im Rahmen des sog. postmortalen Persönlichkeitsrechts, welches auf Grundlage von Art. 1 Abs. 1 GG den allgemeinen Achtungsanspruch des Menschen sowie dessen sittlichen, personalen und sozialen Geltungswert schützt.[24]

c) Personenbezogenheit

10 Eine Personenbezogenheit von Daten ist unproblematisch immer dann anzunehmen, wenn sich ihr Informationsgehalt unmittelbar auf die persönlichen oder sachlichen Verhältnisse einer Person bezieht. Eine Krankenakte enthält unstreitig personenbezogene Daten über den Patienten, eine Beschäftigtenakte unstreitig personenbezogene Daten über den Arbeitnehmer und eine Kundendatei unstreitig personenbezogene Daten über den Kunden. Personenbezogene Daten können aber auch dann vorliegen, wenn sich Daten primär auf die Eigenschaften eines bestimmten Gegenstands, eines Prozesses oder eines Ereignisses beziehen, die Daten zugleich aber auch mit einer Person in Verbindung gebracht werden können. Daher ist

---

18 OLG Karlsruhe RDV 1987, 142; *Dammann*, in: Simitis, BDSG, § 3 Rn. 17.

19 BGH NJW 1986, 2505.

20 *Weichert*, in: Däubler/Klebe/Wedde/Weichert, BDSG, § 3 Rn. 3; *Bergmann/Möhrle/Herb*, BDSG, § 3 Rn. 5 und 10; *Schaffland/Wiltfang*, BDSG, § 3 Rn. 4.

21 *Weichert*, DuD 2002, S. 133 (137).

22 *Dammann*, in: Simitis, BDSG, § 3 Rn. 17; *Schaffland/Wiltfang*, BDSG, § 3 Rn. 3; *Weichert*, in: Däubler/Klebe/Wedde/Weichert, BDSG, § 3 Rn. 4; für einen Schutz auch Verstorbener jedoch *Bergmann/Möhrle/Herb*, BDSG, § 3 Rn. 5 ff.

23 BGH NJW 2009, 751 (752).

24 BGH a. a. O.

beispielsweise auch der Wert einer Immobilie ein personenbezogenes Datum, wenn dieser gegenüber dem Eigentümer zur Steuerfestsetzung herangezogen wird.[25] Ebenso sind Informationen über erhaltene Subventionszahlungen personenbezogene Daten, da sie auch über die Einkommens- und Vermögensverhältnisse des Betroffenen Aufschluss geben.[26]

d) Bestimmte oder bestimmbare Person

Gemäß Abs. 1 liegen personenbezogene Daten dann vor, wenn sie sich auf die Ver-   **11** hältnisse einer „bestimmten oder bestimmbaren" natürlichen Person beziehen. „Bestimmt" ist eine Person immer dann, wenn sie sich in einer Personengruppe von allen anderen Mitgliedern dieser Gruppe unterscheiden lässt; in erster Linie geschieht dies anhand ihres Namens. Nachdem das Gesetz zwischen Bestimmtheit und Bestimmbarkeit keinen Unterschied macht, ist letzteres Kriterium der Bestimmbarkeit das entscheidende – und klärungsbedürftige – Abgrenzungskriterium. Die „Bestimmbarkeit" einer Person setzt voraus, dass grundsätzlich die Möglichkeit besteht, ihre Identität festzustellen. Mögliche Identifizierungsmerkmale können wiederum der Name sein, ebenso aber auch alle anderen Arten von Daten wie etwa Telefonnummer, Autokennzeichen, Reisepassnummer oder eine Kombination verschiedener Kriterien (Alter, Beruf, Wohnort), die im konkreten Kontext die Wiedererkennung einer Person ermöglichen.[27] Nach der Entscheidung des EuGH in der Rechtssache *Lindqvist/Schweden* ist ein Hinweis auf einer Internetseite auf verschiedene Personen dann eine Verarbeitung personenbezogener Daten, wenn dieser Hinweis geeignet ist, die Personen „entweder durch ihren Namen oder auf andere Weise, etwa durch Angabe ihrer Telefonnummer oder durch Informationen über ihr Arbeitsverhältnis oder ihre Freizeitbeschäftigung, erkennbar zu machen".[28] Welche Informationen eine Person bestimmbar machen, lässt sich nicht abstrakt-generell beurteilen, sondern ist stets im Hinblick auf die konkreten Umstände des Einzelfalls zu beurteilen. Mitunter kann ein einzelnes Merkmal ausreichend sein, um Daten einer bestimmten Person zuordnen zu können, mitunter kann es hierfür einer ganzen Reihe von Einzelbeschreibungen bedürfen.

Die Bestimmbarkeit einer Person hängt auch davon ab, wie einfach oder schwierig   **12** es ist, die für eine Identifizierbarkeit notwendigen Kenntnisse zu erlangen. Gemäß Erwägungsgrund 26 der EG-DSRl sollen bei der Entscheidung, ob eine Person bestimmbar ist, alle Mittel berücksichtigt werden, die „vernünftigerweise" von dem verantwortlichen Datenverarbeiter oder von einem Dritten eingesetzt werden könnten, um die betreffende Person zu bestimmen. Die rein hypothetische Möglichkeit, eine Person zu bestimmen, soll daher nicht ausreichen, um diese Person als „bestimmbar" anzusehen.[29] Entscheidend ist vielmehr, ob es im Rahmen eines realisti-

---

25 Beispiel bei Art. 29-Datenschutzgruppe, Personenbezogene Daten, S. 10 ff.
26 OVG Münster DVBl. 2011, 698.
27 Art. 29-Datenschutzgruppe, Personenbezogene Daten, S. 15.
28 EuGH MMR 2004, S. 95 (96).

schen Aufwands an Zeit, Kosten und Arbeitskraft möglich ist, Informationen einer bestimmten Person zuzuordnen.

13 Umstritten ist, ob das Kriterium der Bestimmbarkeit nach relativen oder objektiven Maßstäben zu beurteilen ist. Nach der relativen Theorie soll es für die Bestimmbarkeit ausschließlich auf die Kenntnisse und Möglichkeiten der datenverarbeitenden Stelle selbst ankommen. Diese muss einen Personenbezug mit den ihr normalerweise zur Verfügung stehenden Hilfsmitteln und ohne unverhältnismäßigen Aufwand durchführen können, ein mögliches Zusatzwissen Dritter bleibt hierbei unberücksichtigt.[30] Daten können daher unter der relativen Theorie je nach individuellem Kenntnisstand für die eine Stelle personenbezogen sein, für die andere Stelle hingegen nicht. Nach der absoluten Theorie sollen demgegenüber für die Bestimmbarkeit objektive Maßstäbe gelten und die Bestimmbarkeit gerade nicht nur ausschließlich nach den Kenntnissen und Möglichkeiten der datenverarbeitenden Stelle zu beurteilen sein.[31] Ausreichend für die Annahme eines Personenbezugs ist auch, dass irgendein Dritter das hierfür nötige Zusatzwissen besitzt. Wie so oft dürfte die Wahrheit in der Mitte liegen. Einerseits geht es zu weit, Daten immer schon dann als personenbezogen einzuordnen, wenn irgendjemand diese Daten einer bestimmten Person zuordnen kann. Andererseits darf für die Frage der Bestimmbarkeit auch nicht ausschließlich auf den tatsächlichen Kenntnisstand allein der datenverarbeitenden Stelle abgestellt werden. Vielmehr muss auch ein Zusatzwissen Dritter berücksichtigt werden, jedenfalls dann, wenn dieses Zusatzwissen auch für die datenverarbeitende Stelle selbst ohne einen unverhältnismäßig großen Aufwand verfügbar gemacht werden kann.[32] Letztlich sind daher sowohl objektive als auch relative Kriterien maßgeblich: Die Bestimmbarkeit ist zunächst einmal relativ aus der Perspektive der datenverarbeitenden Stelle zu bestimmen, wobei jedoch die Frage, welches Wissen für diese verfügbar ist, nach objektiven Kriterien zu bestimmen ist.

e) Betroffener

14 Im Zusammenhang mit der Legaldefinition der personenbezogenen Daten definiert Abs. 1 auch den Begriff des Betroffenen. „Betroffener" ist besagte „bestimmte oder bestimmbare natürliche Person", deren personenbezogene Daten erhoben, verarbeitet oder sonst wie genutzt werden. Dieser Betroffene steht im Zentrum des Regelungsgefüges des BDSG. So bedarf es insbesondere seiner Einwilligung in die Datenverarbeitung, wenn kein gesetzlicher Erlaubnistatbestand einschlägig ist,[33] es

---

29 Art. 29-Datenschutzgruppe, Personenbezogene Daten, S. 17.
30 In diesem Sinne etwa *Gola/Schomerus*, BDSG, § 3 Rn. 10.
31 *Pahlen-Brandt*, DuD 2008, S. 34; *Weichert*, in: Däubler/Klebe/Wedde/Weichert, BDSG, § 3 Rn. 13.
32 Ähnlich *Lutz*, DuD 2012, S. 584 (587): Bestimmbarkeit zu bejahen, wenn Personenbezug mit Hilfe eines Dritten herstellbar ist, weil dieser rechtlich dazu verpflichtet ist und der Aufwand für die Inanspruchnahme der Hilfe nicht unverhältnismäßig ist.
33 § 4 Abs. 1 BDSG.

sind grundsätzlich bei ihm die personenbezogenen Daten zu erheben[34] und ihm stehen die – teils unabdingbaren – sog. Betroffenenrechte zu (Recht auf Auskunft und Benachrichtigung; Recht auf Berichtigung, Löschung und Sperrung; Widerspruchsrecht).[35]

f) Einzelne Anwendungsfälle (in alphabetischer Reihenfolge)

Biometrische Merkmale: Biometrische Merkmale sind biologische Eigenschaften, **15**
physiologische Merkmale, Gesichtszüge oder reproduzierbare Handlungen, die für
eine bestimmte Person spezifisch und messbar sind. Zu den biometrischen Merkmalen zählen nicht nur die klassischen Beispiele wie Fingerabdrücke, Augennetzhaut, Gesichtsform oder Stimme[36], sondern auch spezielle Fähigkeiten oder sonstige Verhaltensmerkmale (z. B. Unterschrift, Tippverhalten[37], charakteristische
Gangart oder Sprechweise).[38] Biometrische Merkmale sind personenbezogene Daten im Sinne des § 2 Abs. 1 und zwar auch dann, wenn der Träger zunächst nicht
namentlich bekannt ist. Ausreichend ist, dass er – wenn auch nur mit geringer
Wahrscheinlichkeit – durch einen Vergleich ermittelt werden kann.[39]

Credit Scores: Mittels Credit Scores liefern Kreditauskunfteien ihren Partnerunter- **16**
nehmen eine Prognose darüber, mit welcher Wahrscheinlichkeit ein potenzieller
Kunde ordnungsgemäß zahlen wird oder nicht. Zu diesem Zweck ordnen Kreditauskunfteien die Daten dieses Kunden der Risikowahrscheinlichkeit einer Gruppe
mit gleichartigen Merkmalen und damit einer bestimmten Risikoklasse zu. Die so
erfolgte Risikoklassifizierung wird in Form eines Punktewerts („score") ausgedrückt, der umso höher ist, desto besser in der Vergangenheit die Erfahrungen mit
der entsprechenden Vergleichsgruppe waren und desto positiver damit auch die Risikoprognose für den konkret angefragten Kunden ausfällt. Die datenschutzrechtliche Relevanz von Scorewerten ist früher vereinzelt noch bestritten worden.[40] Schon
vor der Aufnahme von § 28b in das BDSG sind Scorewerte jedoch von der ganz
h. M. als personenbezogene Daten eingeordnet und daher grundsätzlich unter die
datenschutzrechtlichen Vorgaben des BDSG gefasst worden.[41] Die Verarbeitung
von Scorewerten musste daher auch schon vor der letzten Novellierung des BDSG
insbesondere von einem gesetzlichen Erlaubnistatbestand gedeckt sein. Mit § 28b
BDSG ist dieser Streit nunmehr endgültig im Sinne der h. M. entschieden.

---

34 § 4 Abs. 2 BDSG (Grundsatz der Direkterhebung); siehe dazu unten § 4 Rn. 56.
35 Siehe §§ 6, 19 ff., 33 ff. BDSG.
36 *Tillenburg*, DuD 2011, S. 197.
37 *Dotzler*, DuD 2011, S. 192.
38 Art. 29-Datenschutzgruppe, Personenbezogene Daten, S. 9.
39 *Dammann*, in: Simitis, BDSG, § 3 Rn. 73.
40 *Kamlah*, MMR 1999, S. 395 (400); *Wuermeling*, NJW 2002, S. 3508 (3509).
41 *Dammann*, in: Simitis, BDSG, § 3 Rn. 71; *Gola/Schomerus*, BDSG, § 3 Rn. 3a; *Abel*, RDV
   2006, S. 108 (110 f.); *Kloepfer/Kutzschbach*, MMR 1998, S. 650 (657); *Koch*, MMR 1998,
   S. 458; *Möller/Florax*, NJW 2003, S. 2724; *Petri*, DuD 2001, S. 290 (291); *Petri*, DuD
   2003, S. 631 (633); *Mackenthun*, WM 2004, S. 1713 (1715).

17 IP-Adressen: IP-Adressen sind die technische Grundlage der Internet-Kommunikation; als Absender- und Zieladressen identifizieren sie die an das Internet angeschlossenen Rechner und ermöglichen so den Austausch von Datenpaketen zwischen diesen.[42] Unterschieden wird zwischen statischen und dynamischen IP-Adressen. Statische IP-Adressen sind einem bestimmten Rechner fest zugeordnet; ist der Inhaber dieses Rechners eine natürliche Person, ist ein Personenbezug im Sinne des Abs. 1 regelmäßig zu bejahen.[43] Dynamischen IP-Adressen fehlt diese feste Zuordnung, sie werden Internet-Nutzern von ihren Access-Providern vielmehr bei jedem Einwählvorgang neu zugeordnet. Umstritten ist, ob gleichwohl auch bei dynamischen Adressen ein Personenbezug anzunehmen ist, wie dies insbesondere von den Aufsichtsbehörden vertreten wird.[44] Die Rechtsprechung hierzu ist uneinheitlich, teils wird dies generell bejaht,[45] teils wird für den Personenbezug im Sinne der relativen Theorie eine Bestimmbarkeit gerade für die datenverarbeitende Stelle gefordert.[46] Das für die Bestimmbarkeit erforderliche Zusatzwissen haben zunächst einmal unstreitig die Access-Provider selbst, die Datum, Zeitpunkt und Dauer der Internetverbindung und die dem Internet-Nutzer zugeteilte dynamische IP-Adresse festhalten.[47] Dieses Zusatzwissen müssen sich auch andere datenverarbeitende Stellen zurechnen lassen, wenn diese ohne unverhältnismäßigen Aufwand darauf zurückgreifen können; zu bejahen ist Letzteres etwa bei Anti-Piracy Firmen, die im Auftrag von Rechteinhabern IP-Adressen ermitteln.[48] Im Fall von Facebook, Google und vergleichbar großen Datenverarbeitern ist ein Personenbezug der Datenverarbeitung unabhängig von der Einordnung dynamischer IP-Adressen regelmäßig schon dann zu bejahen, wenn sich angelegte Nutzungsprofile aufgrund der Menge an Daten derart verdichtet haben, dass eine Bestimmbarkeit der betroffenen Person nicht mehr ausgeschlossen werden kann.[49]

18 RFID-Technologie:[50] Die RFID-Technologie („Radio Frequency Identification") ist das bekannteste und datenschutzrechtlich am häufigsten diskutierte Beispiel für das Phänomen, dass infolge technologischer Miniaturisierung und Vernetzung die Datenverarbeitung zunehmend in den Alltag integriert wird und dort omnipräsent ist (sog. Ubiquitous Computing – „allgegenwärtige Datenverarbeitung"). Bei der RFID-Technologie werden sog. RFID-Tags (kleinste, an Gegenstände angeheftete Transponder) von einem Lesegerät („Reader") in einer bestimmten Frequenz be-

---

42 *Bäumler/Breinlinger/Schrader*, Datenschutz von A–Z, I 670, S. 1.
43 VG Wiesbaden DuD 2009, 251 (257); *Dammann*, in: Simitis, BDSG, § 3 Rn. 63.
44 Ausführlich zum Streitstand *Krüger/Maucher*, MMR 2011, S. 433.
45 In diesem Sinne etwa AG Berlin DuD 2007, 856 (857); VG Wiesbaden DuD 2009, 251 (257 f.).
46 In diesem Sinne etwa OLG Hamburg DuD 2011, 213 (214).
47 Art. 29-Datenschutzgruppe, Privatsphäre im Internet, S. 17.
48 *Lutz*, DuD 2012, S. 584 ff.
49 In diesem Sinne *Karg/Thomsen*, DuD 2012, S. 729 (734).
50 Vgl. dazu auch *Westerholt/Döring*, CR 2004, S. 710, sowie *Schmitz/Eckhardt*, CR 2007, S. 171.

strahlt, um dann ihre gespeicherten Daten als Antwortnachricht an diesen Reader zurückzusenden. Wurde die RFID-Technologie ursprünglich im Wesentlichen für „datenschutzneutrale" Zwecke eingesetzt (Wegfahrsperren, Lagerverwaltung, Tierkennzeichnung), bringt die aktuelle und zukünftige Entwicklung der Technologie zunehmend auch eine Gefährdung des Rechts auf informationelle Selbstbestimmung mit sich (RFID-Tags in Ausweisdokumenten, Kundenkarten etc.). Ob mittels RFID-Technologie personenbezogene Daten verarbeitet werden, hängt – wie sonst auch – davon ab, ob diese Daten im Sinne des Abs. 1 als „Einzelangaben über persönliche oder sachliche Verhältnisse einer bestimmten oder bestimmbaren natürlichen Person" zu qualifizieren sind. Zu bejahen ist dies immer dann, wenn die Informationen auf einem RFID-Tag mit den Identifizierungsdaten einer Person (Foto, Name, Anschrift, wiederkehrende Kennnummer) verknüpft werden (können).[51] Sind daher beispielsweise im Einzelhandel nicht nur die einzelnen Produkte, sondern auch die Kundenkarten mit RFID-Tags ausgestattet und ist es daher technisch möglich, einen bestimmten Artikel seinem jeweiligen Käufer zuzuordnen, so handelt es sich bei den Informationen, die das RFID-Tag eines bestimmten Produkts übermittelt, nicht mehr nur um warenbezogene Daten dieses Produkts, sondern auch um personenbezogene Daten des Kunden.

Videoüberwachung: Grundsätzlich können auch Bildaufnahmen personenbezogene **19** Daten im Sinne des Abs. 1 sein.[52] Der Personenbezogenheit von Videoaufnahmen steht auch nicht entgegen, dass im Falle der Überwachung öffentlich zugänglicher Räume regelmäßig nur ein ganz geringer Prozentsatz des Bildmaterials tatsächlich zur Identifizierung von Personen genutzt wird. Entscheidend ist vielmehr, dass der Zweck der Videoüberwachung gerade darin besteht, die auf den Videobildern festgehaltenen Personen zu identifizieren, wenn die für die Verarbeitung Verantwortlichen dies für notwendig halten.[53] Der Gesetzgeber hat der zunehmenden Bedeutung der Videoüberwachung durch die Aufnahme einer eigenen Sondervorschrift in das BDSG (§ 6b) Rechnung getragen.

2. Automatisierte Verarbeitung; nicht automatisierte Datei (Abs. 2)

Abs. 2 knüpft an Art. 3 Abs. 1 EG-DSRI an, der den Geltungsbereich der Richtlinie **20** auf die automatisierte Verarbeitung personenbezogener Daten erstreckt sowie auf die nicht automatisierte Verarbeitung personenbezogener Daten, die in einer Datei gespeichert sind oder gespeichert werden sollen. In Umsetzung dieser Kategorisierung definiert das BDSG 2001 nun in Abs. 2 die Begriffe der automatisierten Verarbeitung und der nicht automatisierten Datei.

---

51 Art. 29-Datenschutzgruppe, RFID, S. 9.
52 Siehe bereits oben Rn. 7.
53 Art. 29-Datenschutzgruppe, Personenbezogene Daten, S. 19.

a) Automatisierte Verarbeitung (Abs. 2 Satz 1)

21 Die Hilfestellung, die die Legaldefinition der automatisierten Verarbeitung in Abs. 2 Satz 1 für die Auslegung und Anwendung des BDSG leistet, hält sich in Grenzen. Dort, wo es auf den Begriff der automatisierten Verarbeitung ankommt, nämlich bei der Bestimmung des Anwendungsbereichs des BDSG in § 1 Abs. 2 Nr. 3 BDSG und § 27 Abs. 1 BDSG, verwendet das Gesetz ohnehin nicht diesen Begriff selbst, sondern ebenfalls dessen Definition.[54] Unglücklich gewählt ist auch die Definition als solche. Letztlich ist das Kriterium, das für die Frage der Anwendbarkeit des BDSG auf die Datenverarbeitung durch nicht-öffentliche Stellen entscheidend ist, das Kriterium der „automatisierten" Datenverarbeitung; eben dieses Kriterium wird aber durch die Definition („unter Einsatz von Datenverarbeitungsanlagen") eher verallgemeinert als konkretisiert.

22 Der Begriff der automatisierten Verarbeitung ist weit auszulegen. Zu den Datenverarbeitungsanlagen im Sinne des Abs. 2 Satz 1 zählen Netzwerke und autonome PC, Groß- und Kleinstcomputer, Bürokommunikationssysteme, Aktenerschließungssysteme, digitale Bildverarbeitungssysteme (soweit eine Verknüpfung der Bilder mit personenbezogenen Daten stattfindet[55]) usw. Auf die Größe und Leistungsfähigkeit der Datenverarbeitungsanlage kommt es nicht an.[56] Entscheidend ist, ob die automatisierte Verarbeitung zur leichteren Zugänglichkeit einer Datensammlung beiträgt und die Möglichkeit eröffnet, die Datensammlung nach Merkmalen auszuwerten; denn eben diese Auswertung ist das eigentliche Ziel einer automatisierten Verarbeitung.[57]

b) Nicht automatisierte Datei (Abs. 2 Satz 2)

23 Liegt keine automatisierte Datenverarbeitung vor, ist der Anwendungsbereich des BDSG bei einer Datenverarbeitung durch nicht-öffentliche Stellen gemäß §§ 1 Abs. 2 Nr. 3, 27 Abs. 1 BDSG nur dann eröffnet, wenn die Daten „in oder aus nicht automatisierten Dateien" verarbeitet, genutzt oder dafür erhoben werden. Beispiele für nicht automatisierte Dateien sind etwa Krankheitsdateien[58], Personalkarteien[59] oder Sammlungen ausgefüllter Formulare (z. B. Fragebogenaktion[60]). Eine nicht automatisierte Datei wird gemäß Abs. 2 Satz 1 durch vier Kriterien definiert: Es muss sich um eine nicht automatisierte Sammlung personenbezogener Daten handeln, diese muss gleichartig aufgebaut sein, nach bestimmten Merkmalen zugänglich sein und schließlich die Möglichkeit einer Auswertung eröffnen.

---

54 *Dammann*, in: Simitis, BDSG, § 3 Rn. 78.
55 Ausführlich *Dammann*, in: Simitis, BDSG, § 3 Rn. 79.
56 *Bergmann/Möhrle/Herb*, BDSG, § 3 Rn. 45.
57 *Bergmann/Möhrle/Herb*, BDSG, § 3 Rn. 47; *Dammann*, in: Simitis, BDSG, § 3 Rn. 79; *Schaffland/Wiltfang*, BDSG, § 3 Rn. 96.
58 *Dammann*, in: Simitis, BDSG, § 3 Rn. 99.
59 BAG NJW 2011, 1306 (1307).
60 BAG DuD 2012, 606 (608).

Eine Datensammlung ist bei jeder planmäßigen Zusammenstellung von Daten an- **24** zunehmen, wenn diese in einem inneren Zusammenhang zueinander stehen. Solch ein innerer Zusammenhang ist beispielsweise anzunehmen, wenn sich die Daten inhaltlich auf eine gemeinsame Personengruppe (Kunden, Arbeitnehmer) beziehen. Keine Voraussetzung für eine Sammlung ist, dass diese die Daten von mehreren Personen enthält; auch über eine Einzelperson kann eine Datensammlung angelegt werden. Die Datensammlung muss gleichartig aufgebaut sein, was dann der Fall ist, wenn alle Merkmale in einer einheitlichen Ordnung gespeichert werden. Ein solcher gleichartiger Aufbau ist zugleich auch Voraussetzung für die Zugänglichkeit der Datensammlung nach bestimmten Merkmalen (drittes Kriterium des Abs. 2 Satz 2). Erforderlich hierfür ist, dass eine Datei nach einzelnen, festgelegten Merkmalen strukturiert ist, sodass sie auch nach solchen Merkmalen durchsucht werden kann.[61] Sind diese Voraussetzungen gegeben, ist grundsätzlich auch von einer Auswertbarkeit nach bestimmten Merkmalen (viertes Kriterium) auszugehen.

3. Erheben (Abs. 3)

Abweichend von der EG-DSRl fällt nach dem BDSG das Erheben von Daten nicht **25** unter den umfassenden Begriff der Datenverarbeitung, sondern steht eigenständig neben diesem. Erheben ist gemäß Abs. 3 das Beschaffen von Daten über den Betroffenen. Ein Erheben personenbezogener Daten setzt nicht zwingend voraus, dass die Daten nach dem Beschaffen auch gespeichert werden.[62] Durch die Datenerhebung erlangt die betreffende Stelle Kenntnis von den Daten und begründet ihre Verfügungsmacht über diese.[63] Auf welche Weise dies geschieht – mündliche Befragung, heimliche Beobachtung, Untersuchungen, schriftliche Anforderung von Informationen, automatischer Abruf von Daten – ist unerheblich. Auch das Extrahieren von Informationen aus Proben von menschlichem Gewebe kann eine Datenerhebung sein.[64]

Das Erheben von Daten setzt ein aktives und zielgerichtetes Handeln der erheben- **26** den Stelle voraus.[65] Hierfür reicht es nicht aus, wenn einer Stelle infolge einer unaufgefordert eingereichten Antragstellung, Bewerbung oder Nachricht personenbezogene Daten zugehen. Auch die Datenübermittlung aufgrund einer gesetzlichen Mitteilungspflicht begründet auf Seiten der Empfangsstelle noch keine Datenerhebung. Voraussetzung ist vielmehr stets, dass die betreffende Stelle die zugegangenen Daten gezielt für einen Zweck entgegennimmt.[66]

---

61 *Bergmann/Möhrle/Herb*, BDSG, § 3 Rn. 57.
62 OVG Münster RDV 2002, 127.
63 *Dammann*, in: Simitis, BDSG, § 3 Rn. 102.
64 Art. 29-Datenschutzgruppe, Personenbezogene Daten, S. 10.
65 LAG Hamm ZD 2012, 183.
66 *Bergmann/Möhrle/Herb*, BDSG, § 3 Rn. 62; *Weichert*, in: Däubler/Klebe/Wedde/Weichert, BDSG, § 3 Rn. 31 f.

4. Verarbeiten (Abs. 4)

27 Zum Verarbeiten von Daten gehört nach der Terminologie des BDSG das Speichern, Verändern, Übermitteln, Sperren und Löschen personenbezogener Daten. Die Tätigkeit des Erhebens und des Nutzens von Daten fällt demgegenüber – anders als nach der EG-DSRl – nicht unter den Begriff des Verarbeitens, sondern findet in den Bestimmungen des BDSG jeweils eine eigenständige Erwähnung und wird dementsprechend auch eigenständig im Rahmen des § 3 in den Absätzen 3 und 5 definiert. Ein stichhaltiger Grund für diese unnötige Kompliziertheit lässt sich nicht ausmachen.[67] Durch den Zusatz „ungeachtet der dabei angewendeten Verfahren" wird nochmals klargestellt, dass zur Datenverarbeitung im Sinne des BDSG die manuelle Datenverarbeitung grundsätzlich ebenso zählt wie die automatisierte Datenverarbeitung.

a) Speichern (Abs. 4 Satz 2 Nr. 1)

28 Speichern ist das „Erfassen, Aufnehmen oder Aufbewahren personenbezogener Daten auf einem Datenträger zum Zwecke ihrer weiteren Verarbeitung oder Nutzung". Als Datenträger kommen alle denkbaren Speichermedien in Betracht, angefangen bei der traditionellen Karteikarte bis hin zu mobilen Speicherchips. „Gespeichert" sind auch zwischengespeicherte Daten, Daten in Sicherungskopien oder in Archivbeständen.[68] Kein tauglicher Datenträger ist hingegen das menschliche Gedächtnis. Das Notieren auf einem Hand- oder Telefonzettel ist zwar grundsätzlich auch ein „Speichern"; zumindest im nicht-öffentlichen Bereich wird dieses Speichern aber regelmäßig ohne datenschutzrechtliche Relevanz sein, weil eine solche Datenspeicherung weder automatisiert noch dateigebunden ist.

29 Die Definition des Abs. 4 Satz 2 Nr. 1 setzt für ein „Speichern" weiterhin voraus, dass die Daten „zum Zwecke ihrer weiteren Verarbeitung oder Nutzung" gespeichert werden. Die praktische Bedeutung dieser Voraussetzung wird als gering eingeschätzt, da in der Praxis das Speichern von Daten kein Selbstzweck ist, sondern regelmäßig nur dann stattfindet, wenn die Daten auch genutzt werden sollen – sei es auch nur in der Form, dass sie für die Zukunft verfügbar gehalten werden sollen.[69]

b) Verändern (Abs. 4 Satz 2 Nr. 2)

30 Verändern ist das „inhaltliche Umgestalten gespeicherter personenbezogener Daten". Eine Veränderung liegt dann vor, wenn bereits gespeicherte Daten durch eine Aufbereitung oder Verknüpfung mit anderen Daten einen neuen Informationsgehalt

---

67 *Weichert*, in: Däubler/Klebe/Wedde/Weichert, BDSG, § 3 Rn. 28 f.
68 *Bergmann/Möhrle/Herb*, BDSG, § 3 Rn. 78 ff.
69 Vgl. *Dammann*, in: Simitis, BDSG, § 3 Rn. 120; im selben Sinne *Bergmann/Möhrle/Herb*, BDSG, § 3 Rn. 80; *Gola/Schomerus*, BDSG, § 3 Rn. 28.

Buchner

bekommen. Eine bloße äußerliche Umgestaltung personenbezogener Daten, die aber deren Informationsgehalt nicht verändert, fällt nicht unter Abs. 4 Satz 2 Nr. 2.

An sich führt auch eine Berichtigung von Daten zu einem neuen Informationsgehalt **31** dieser Daten; jedoch bestehen hier unterschiedliche Auffassungen, ob die Berichtigung von Daten als ein Unterfall des Veränderns anzusehen ist[70] oder ob dieser Tatbestand als ein Löschen alter und ein Speichern neuer Daten einzuordnen ist.[71] Im praktischen Ergebnis dürfte die Unterscheidung kaum eine Rolle spielen, da für das Speichern und das Verändern personenbezogener Daten jeweils die gleichen Zulässigkeitsvoraussetzungen gelten.[72]

Eine Datenveränderung im Sinne des Abs. 4 Satz 2 Nr. 2 ist auch das sog. Scoring. **32** Mittels Scoring werden auf der Grundlage von bereits existierenden Daten zu einer Person Prognosen über deren zukünftiges Verhalten erstellt. Daten mit einem bestimmten Informationsgehalt (Verhalten in der Vergangenheit) wird also ein neuer Informationsgehalt (Verhalten in der Zukunft) beigemessen.[73] Damit handelt es sich beim Scoring um ein typisches Beispiel der Veränderung von Daten, die bereits unter Abs. 4 Nr. 2 fällt und nicht erst unter den Auffangtatbestand des Abs. 5 (Datennutzung).[74] Bereits vor der letzten Novellierung des BDSG musste sich daher das Scoring an der Regelung des § 29 BDSG messen lassen, der zwar nicht die Zulässigkeit des Nutzens, wohl aber die des Veränderns von Daten regelte. Mittlerweile kommt es auf diese Unterscheidung ohnehin nicht mehr an, da der neue § 29 BDSG sowohl die Veränderung von Daten als auch die Datennutzung erfasst.[75]

Auch für das Anonymisieren und Pseudonymisieren von Daten wird vertreten, dass **33** es sich hierbei um ein Verändern im Sinne des Abs. 4 Satz 2 Nr. 2 BDSG handelt.[76] Dafür spricht zunächst, dass der Gesetzgeber selbst in Abs. 6 das Anonymisieren als ein „Verändern" personenbezogener Daten definiert. Andererseits zielt ein Anonymisieren oder Pseudonymisieren darauf ab, die Zuordnung von Daten zu einer bestimmten Person aufzuheben oder zumindest wesentlich zu erschweren. Nicht aber führt ein Anonymisieren oder Pseudonymisieren zu einem neuen Informationsgehalt der betreffenden Daten und stellt daher auch kein Verändern im Sinne des Abs. 4 Satz 2 Nr. 2 dar.[77]

---

70 In diesem Sinne *Gola/Schomerus*, BDSG, § 3 Rn. 31.
71 Im letzteren Sinne *Schaffland/Wiltfang*, BDSG, § 3 Rn. 66.
72 Vgl. § 14 BDSG für den öffentlichen und §§ 28, 29 BDSG für den nicht-öffentlichen Bereich.
73 Vgl. schon oben Rn. 6 und Rn. 16; siehe zu den ökonomischen Hintergründen und rechtlichen Anforderungen an Bonitätsprüfungen *Taeger*, in: Brunner/Seeger/Turturica, Fremdfinanzierung von Gebrauchsgütern, S. 51.
74 *ULD*, Scoringsysteme, S. 79; *Weichert*, in: Däubler/Klebe/Wedde/Weichert, BDSG, § 3 Rn. 35; a. A. *Bergmann/Möhrle/Herb*, BDSG, § 3 Rn. 125 (Datennutzung); *Petri*, DuD 2003, S. 631 (636).
75 Siehe dazu unten § 29 BDSG.
76 Vgl. *Weichert*, in: Däubler/Klebe/Wedde/Weichert, BDSG, § 3 Rn. 35.
77 Vgl. *Gola/Schomerus*, BDSG, § 3 Rn. 31.

c) Übermitteln (Abs. 4 Satz 2 Nr. 3)

34 Übermitteln ist das „Bekanntgeben gespeicherter oder durch Datenverarbeitung gewonnener personenbezogener Daten an einen Dritten". Dritter ist gemäß Abs. 8 Satz 2 jede Person oder Stelle außerhalb der verantwortlichen Stelle, nicht aber der Betroffene selbst sowie diejenigen, die Daten im Auftrag erheben, verarbeiten oder nutzen.[78] Keine Übermittlung liegt daher vor, wenn Daten an den Betroffenen oder an einen Auftragnehmer weitergegeben werden oder wenn Daten innerhalb einer datenverarbeitenden Stelle ausgetauscht werden. Im letzteren Fall kann es sich allerdings um eine Nutzung von Daten im Sinne des Abs. 5 handeln.

35 Das Übermitteln von Daten kann gemäß Abs. 4 Satz 2 Nr. 3 auf zweierlei Weise stattfinden: dadurch, dass die Daten an den Dritten weitergegeben werden, oder dadurch, dass der Dritte Daten, die zur Einsicht oder zum Abruf bereitgehalten werden, einsieht oder abruft. In welcher Form die Übermittlung stattfindet (mündlich, fernmündlich, schriftlich, auf elektronischem Wege), ist unerheblich. Nicht erforderlich ist, dass die Übermittlung gegenüber einem bestimmten Dritten erfolgt.[79] Auch die öffentliche Bekanntmachung personenbezogener Daten ist vielmehr eine Übermittlung im Sinne des BDSG.[80]

36 Auch das Einstellen von Daten in das Internet ist eine Datenübermittlung im Sinne des Abs. 4 Satz 2 Nr. 3.[81] Zwar hat der EuGH in der Rechtssache *Lindqvist/ Schweden* entschieden, dass das Angebot zum Abruf von Seiten aus dem Internet keine „Übermittlung" im Sinne des Art. 25 EG-DSRI darstellt. Zu berücksichtigen ist allerdings, dass Art. 25 EG-DSRI die Datenübermittlung in Drittländer betrifft und Art. 25 ff. EG-DSRI solch eine Datenübermittlung in Drittländer im Ergebnis nur bei Wahrung eines angemessenen Datenschutzniveaus in diesen Ländern zulassen. Hätte der EuGH auch das Einstellen von Daten in das – weltumspannende – Internet als „Übermittlung" im Sinne des Art. 25 eingeordnet, wäre bei Vollzug des Art. 25 das Internet in Europa weitgehend zum Erliegen gebracht worden, da sich – weltweit – wohl stets ein Land finden lässt, in dem ein angemessenes Datenschutzniveau nicht gewährleistet ist.[82] Vor diesem Hintergrund dürfte die Entscheidung des EuGH für die Auslegung des Abs. 4 Satz 2 Nr. 3 nicht ausschlaggebend sein.

---

78 Näher zur Definition des Dritten unten Rn. 56. Zu unterscheiden ist der „Dritte" vom weitergehenden Begriff des sog. Empfängers, wie er in Abs. 8 Satz 1 definiert ist (dazu unten Rn. 55).

79 *Gola/Schomerus*, BDSG, § 3 Rn. 33; *Weichert*, in: Däubler/Klebe/Wedde/Weichert, BDSG, § 3 Rn. 37.

80 Vgl. BVerfG NVwZ 1990, 1162 (öffentliche Bekanntmachung als die „intensivste Form einer Übermittlung personenbezogener Daten"); *Wente*, RDV 1986, S. 256 (257).

81 In diesem Sinne *Dammann*, RDV 2004, S. 19 (20 f.); *Gola/Schomerus*, BDSG, § 3 Rn. 33; *Weichert*, in: Däubler/Klebe/Wedde/Weichert, BDSG, § 3 Rn. 37.

82 Siehe *Roßnagel*, MMR 2004, S. 99.

Eine Übermittlung von Daten liegt auch bei der Weitergabe kompletter Dateien, **37** etwa im Zuge einer Kanzlei- oder Praxisveräußerung, vor.[83] Die Rechtsprechung sieht hier die Übergabe von Mandanten- oder Patientenakten – unabhängig von der Frage einer Einordnung dieser Übergabe als Datenübermittlung – grundsätzlich nur dann als zulässig an, wenn diese mit Einwilligung der Betroffenen erfolgt.[84] Da in der Praxis diese Einwilligung regelmäßig nur schwer zu erreichen ist, werden alternativ zwei Vorgehensweisen vorgeschlagen: zum einen der Weg über ein Widerspruchsrecht des Betroffenen;[85] zum anderen das sog. Zweischränkemodell, bei dem die Patientenakten in einem verschlossenen Schrank an den Erwerber übergeben werden und dieser sich verpflichtet, auf die Patientendaten nur fallbezogen und nach einem entsprechenden Einverständnis des Betroffenen zuzugreifen.[86] Keine Einwilligung ist schließlich nötig, wenn es sich bei dem Erwerber nicht um einen außenstehenden Dritten handelt, der den betroffenen Patienten völlig unbekannt ist, sondern um jemanden, der vor Erwerb der Praxis bereits einen längeren Zeitraum in dieser mitgearbeitet und freien Zugang zu allen Akten gehabt hat.[87]

d) Sperren (Abs. 4 Satz 2 Nr. 4)

Sperren ist das „Kennzeichnen gespeicherter personenbezogener Daten, um ihre **38** weitere Verarbeitung oder Nutzung einzuschränken". Das BDSG sieht in bestimmten Fällen eine Verpflichtung der verantwortlichen Stelle zur Sperrung von Daten vor.[88] Ziel jeder Datensperrung ist es, dass Daten nicht mehr verarbeitet oder genutzt werden, ohne dass diese aber, wie bei der Datenlöschung, unkenntlich gemacht werden. Daten können umfassend zu sperren sein, etwa wenn sich ihre Richtigkeit nicht feststellen lässt;[89] eine Sperrung kann aber auch zweckgebunden erfolgen, etwa wenn Daten „für Zwecke der Werbung oder der Markt- und Meinungsforschung" zu sperren sind.[90]

Der verantwortlichen Stelle steht es grundsätzlich frei, auf welche Weise sie eine **39** Sperrung von Daten kenntlich machen will. Die Form der Kennzeichnung wird ins-

---

83 *Gola/Schomerus*, BDSG, § 3 Rn. 35. Zur Übergabe von Patientendaten bei der Veräußerung einer Arztpraxis siehe BGH NJW 1992, 737; zur Übergabe von Mandantenakten im Rahmen einer Kanzleiveräußerung BGH NJW 2001, 2462.

84 BGH NJW 1992, 737; BGH NJW 2001, 2462; siehe auch § 10 Abs. 4 Satz 2 MBO-Ä; „Ärztinnen und Ärzte, denen bei einer Praxisaufgabe oder Praxisübergabe ärztliche Aufzeichnungen über Patientinnen und Patienten in Obhut gegeben werden, müssen diese Aufzeichnungen unter Verschluss halten und dürfen sie nur mit Einwilligung der Patientin oder des Patienten einsehen oder weitergeben".

85 *Gola/Schomerus*, BDSG, § 3 Rn. 35.

86 *Menzel*, in: Buchner, Datenschutz im Gesundheitswesen, G/7.1.

87 Vgl. LG Darmstadt NJW 1994, 2962 (zur Veräußerung einer Rechtsanwaltspraxis).

88 Siehe § 20 Abs. 3 bis 6 BDSG (für den öffentlichen Bereich) und §§ 28 Abs. 4, 29 Abs. 4, 35 Abs. 3 und 4 BDSG (für den nicht-öffentlichen Bereich).

89 Vgl. §§ 20 Abs. 4, 35 Abs. 4 BDSG.

90 Vgl. § 28 Abs. 4 Satz 3 BDSG.

besondere davon abhängen, ob es sich um eine automatisierte Datenverarbeitung oder um nicht automatisierte Dateien handelt und ob es um die Sperrung von einzelnen Daten, von Datensätzen oder von ganzen Dateien geht. Je nachdem kann eine Kennzeichnung technisch oder textlich erfolgen, sie kann in den Datenbeständen selbst, auf den Datenträgern oder auch auf deren „Verpackung" vorgenommen werden.[91] Auch eine getrennte Aufbewahrung von Daten ist eine Form der Datensperrung.

e) Löschen (Abs. 4 Satz 2 Nr. 5)

40   Löschen ist das „Unkenntlichmachen gespeicherter personenbezogener Daten". Ein solches Unkenntlichmachen setzt voraus, dass ein Rückgriff auf die gespeicherten Daten nicht mehr möglich ist; dies ist dann nicht der Fall, wenn Daten zwar auf einem Datenträger vollständig gelöscht sind, weiterhin jedoch auf einem anderen Datenträger gespeichert sind. Ein Löschen kann durch Unleserlichmachen, Überschreiben oder sonstige Formen der Datenbeseitigung erfolgen. Auch die Vernichtung des Datenträgers selbst ist eine Datenlöschung. Nicht ausreichend ist es, wenn Daten lediglich als ungültig oder gelöscht gekennzeichnet werden, jedoch weiterhin lesbar sind; ebenso wenig reicht die bloße Auslagerung von Datenbeständen.

5. Nutzen (Abs. 5)

41   Anders als nach Art. 2 lit. b EG-DSRl ist das Nutzen von Daten nach der Terminologie des BDSG kein Unterfall der Datenverarbeitung, sondern steht als eigenständiger Begriff neben der Datenverarbeitung. Das Nutzen von Daten ist gemäß Abs. 5 jede Verwendung personenbezogener Daten, soweit es sich nicht um eine Verarbeitung handelt. Es handelt sich damit um einen klassischen Auffangtatbestand, der immer dann einschlägig ist, wenn eine bestimmte Art der Datenverwendung keiner Phase der Datenverarbeitung im Sinne des Abs. 4 zugeordnet werden kann.

42   Ob ein Umgang mit Daten als Datennutzung im Sinne des Abs. 5 einzuordnen ist, hängt von der Verwendung des Informationsgehaltes dieser Daten ab. Wird dieser Informationsgehalt gerade in seiner Eigenschaft als personenbezogene Information gebraucht, weil sich die Verwendung von Daten auch auf deren Personenbezug erstreckt, liegt eine Datennutzung im Sinne des Abs. 5 vor.[92] Ein Nutzen von personenbezogenen Daten setzt voraus, dass die Daten zu einem bestimmten Zweck ausgewertet, zusammengestellt, abgerufen oder sonst zielgerichtet zur Kenntnis genommen werden sollen.[93] Zum Tatbestand der Datennutzung zählen u.a. das Duplizieren von Daten, die Auswertung von Daten, die behördeninterne Bekannt-

---

91 *Schaffland/Wiltfang*, BDSG, § 3 Rn. 73a; *Weichert*, in: Däubler/Klebe/Wedde/Weichert, BDSG, § 3 Rn. 42.
92 OLG Köln RDV 2001, 103 (Nutzung personenbezogener Daten zu Zwecken der „Rückwärtssuche" nach Telefonnummern).
93 LAG Hamm ZD 2012, 183.

machung und Mitteilung von Daten oder die Mitteilung an den Betroffenen selbst.[94] Für das Scoring[95] ist der Auffangtatbestand der Datennutzung nicht von Relevanz, da das Scoring als Datenveränderung bereits unter die Kategorie der Datenverarbeitung nach Abs. 4 fällt.[96]

6. Anonymisieren (Abs. 6)

Das Anonymisieren personenbezogener Daten zielt darauf ab, die Beziehung zwischen diesen Daten und der Person, auf die sie sich beziehen, aufzulösen. Abs. 6 unterscheidet in seiner Definition zwei Arten des Anonymisierens. Zum einen handelt es sich dann um ein Anonymisieren, wenn personenbezogene Daten dergestalt verändert werden, dass Einzelangaben über persönliche oder sachliche Verhältnisse „nicht mehr" einer bestimmten oder bestimmbaren natürlichen Person zugeordnet werden können (erste Alternative des Abs. 6). Zum anderen handelt es sich auch dann noch um ein Anonymisieren, wenn die Daten so verändert werden, dass sie nur noch „mit einem unverhältnismäßig großen Aufwand an Zeit, Kosten und Arbeitskraft" einer Person zugeordnet werden können (zweite Alternative des Abs. 6).

43

Während es sich in der ersten Alternative bei dergestalt anonymisierten Daten zweifellos nicht mehr um „personenbezogene" Daten im Sinne des BDSG handelt, ist in der zweiten Alternative fraglich, ob es sich trotz an sich erfolgter Anonymisierung weiterhin um „personenbezogene" Daten handelt, die dem Schutz des BDSG unterfallen. Letztlich hängt dies davon ab, wie man im Rahmen von Abs. 1 „personenbezogene Daten" definiert. Nach hier vertretener Auffassung soll insoweit – in Anlehnung an die EG-DSRl und deren Auslegung durch die *Art. 29 Datenschutzgruppe* – die bloß hypothetische Möglichkeit, eine Person zu bestimmen, noch nicht ausreichen, um diese Person als „bestimmbar" anzusehen und damit ein personenbezogenes Datum anzunehmen.[97] Gemäß Erwägungsgrund 26 der Richtlinie sollen vielmehr bei der Entscheidung, ob eine Person bestimmbar ist, alle (aber auch nur diese) Mittel berücksichtigt werden, die „vernünftigerweise" von dem verantwortlichen Datenverarbeiter oder von einem Dritten eingesetzt werden könnten, um die betreffende Person zu bestimmen. Gleiche Kriterien müssen für die Frage der Personenbezogenheit auch im Rahmen der Anonymisierung gelten, auf die sich Erwägungsgrund 26 ebenfalls bezieht.[98] Eine Personenbezogenheit von anonymisierten Daten ist daher abzulehnen, wenn die Reidentifizierung einer Person nur durch einen unverhältnismäßigen Aufwand an Zeit, Kosten und Arbeitskraft möglich ist.

44

---

94 Weitere Beispiele bei *Dammann*, in: Simitis, BDSG, § 3 Rn. 195.
95 Zum Scoring siehe schon oben Rn. 6.
96 Siehe oben Rn. 32.
97 Art. 29-Datenschutzgruppe, Personenbezogene Daten, S. 17; siehe schon oben Rn. 12.
98 Siehe Satz 3 des Erwägungsgrunds 26 sowie Art. 29-Datenschutzgruppe, Personenbezogene Daten, S. 24.

45 Für die Frage, ob die Möglichkeit einer Reidentifizierung nach relativen oder objektiven Maßstäben zu beurteilen ist, kann ebenfalls an obige Ausführungen zur Bestimmbarkeit angeknüpft werden.[99] Maßgebend ist nicht, welches Wissen abstrakt-allgemein für eine Reidentifizierung zur Verfügung steht, sondern welches Wissen konkret gerade der datenverarbeitenden Stelle zur Verfügung steht (relativer Maßstab).[100] Hierzu zählt allerdings auch jedes außerhalb der Stelle vorhandene Zusatzwissen, sofern der Zugriff darauf keinen (nach objektiven Kriterien zu bestimmenden) unverhältnismäßigen Aufwand erfordert.

7. Pseudonymisieren (Abs. 6a)

46 Der Begriff des Pseudonymisierens ist mit dem BDSG 2001 neu in den Definitionskatalog des § 3 aufgenommen worden. Datenschutzrechtliche Verwendung hat der Begriff schon vorher in den §§ 4 Abs. 6 und 6 Abs. 3 TDDSG (nunmehr §§ 13 Abs. 6, 15 Abs. 3 TMG) gefunden.[101] Pseudonymisieren wird gemäß Abs. 6a definiert als das „Ersetzen des Namens und anderer Identifikationsmerkmale durch ein Kennzeichen zu dem Zweck, die Bestimmung des Betroffenen auszuschließen oder wesentlich zu erschweren".

47 Die Grenze zwischen Anonymisieren und Pseudonymisieren ist fließend. Hier wie dort geht es darum, die Personenbezogenheit von Daten auszuschließen oder zumindest zu erschweren. Während jedoch das Anonymisieren von Daten darauf abzielt, deren Zuordnung zu einer Person möglichst dauerhaft gegenüber jedem auszuschließen, existiert beim Pseudonymisieren eine Zuordnungsregel, die es zumindest dem Kenner dieser Regel ermöglicht, die Pseudonymisierung wieder rückgängig zu machen und den Personenbezug der pseudonymisierten Daten wieder herzustellen.[102] Allerdings kann auch ein Pseudonymisierungsverfahren so ausgestaltet werden, dass von einem Kennzeichen überhaupt nicht mehr auf eine konkrete Person rückgeschlossen werden kann und daher eine Reidentifizierung für niemand mehr möglich ist, (irreversibles Pseudonymisierungsverfahren). Die dergestalt pseudonymisierten Daten unterfallen dann ebenso wie anonymisierte Daten nicht mehr dem Schutz des BDSG.[103]

48 Ist ein Pseudonymisierungsverfahren reversibel ausgestaltet, ist also ein Rückschluss von einem Kennzeichen auf eine konkrete Person möglich, ist je nach der Art des Pseudonyms zu differenzieren, ob die pseudonymisierten Daten als personenbezogene Daten einzuordnen sind oder nicht:[104]

---

99 Siehe oben Rn. 13.
100 Vgl. *Gola/Schomerus*, BDSG, § 3 Rn. 44; a. A. *Weichert*, in: Däubler/Klebe/Wedde/Weichert, BDSG, § 3 Rn. 47 ff.
101 Siehe dazu die Kommentierung bei § 13 TMG Rn. 48, und § 15 TMG Rn. 66.
102 *Roßnagel/Scholz*, MMR 2000, S. 721 (724).
103 Art. 29-Datenschutzgruppe, Personenbezogene Daten, S. 21.
104 Vgl. hierzu und zum Folgenden *Roßnagel/Scholz*, MMR 2000, S. 721 (725 ff.).

Handelt es sich um ein sog. „selbstgeneriertes Pseudonym", hat also der Betroffene **49** selbst sein Pseudonym ausgewählt und verfügt dieser allein über die Zuordnungsregel, fallen die pseudonymisierten Daten nicht unter den Schutz des BDSG – vorausgesetzt dass Außenstehende die Zuordnungsregel nicht entschlüsseln und auch sonst den Personenbezug der pseudonymisierten Daten nicht oder nur mit einem unverhältnismäßig großen Aufwand an Zeit, Kosten und Arbeitskraft wieder herstellen können.

Ist umgekehrt die Zuordnungsregel von einer datenverarbeitenden Stelle vergeben **50** und verwaltet diese das Pseudonym, sind die pseudonymisierten Daten jedenfalls gegenüber dieser Stelle als personenbezogene Daten einzuordnen. Viel spricht darüber hinaus dafür, die Daten auch im Verhältnis zu Dritten als personenbezogene Daten einzustufen – zumindest dann, wenn es sich bei der datenverarbeitenden Stelle nicht um eine Stelle handelt, die mit besonderen Vertraulichkeitspflichten und -rechten ausgestattet ist, und daher nicht mit hinreichender Wahrscheinlichkeit für die Zukunft ausgeschlossen werden kann, dass die datenverarbeitende Stelle den Personenbezug der pseudonymisierten Daten gegenüber Dritten wieder herstellt.

Schließlich können Pseudonyme auch von einer vertrauenswürdigen Institution ver **51** geben werden, die allein über die Zuordnungsregel verfügt und das Pseudonym nur gegenüber bestimmten datenverarbeitenden Stellen zu fest definierten Zwecken aufdeckt. Ein Beispiel für solch eine Institution ist der Datentreuhänder in der wissenschaftlichen Forschung.[105] Im Verhältnis zu dieser Institution und im Verhältnis zu denjenigen Stellen, denen gegenüber das Pseudonym bestimmungsgemäß wieder aufgedeckt werden soll, handelt es sich bei den so pseudonymisierten Daten um personenbezogene Daten. Fraglich ist, ob darüber hinaus diese Daten auch allgemein gegenüber jedem anderen Dritten als personenbezogene Daten einzuordnen sind. Letztlich kann diese Frage nur je nach Art der Institution, die mit der Zuordnungsregel betraut ist, beantwortet werden. Unterliegt diese Institution Vertraulichkeitspflichten, deren Verletzung ordnungswidrigkeiten- oder strafbewehrt ist, und ist sie überdies auch mit entsprechenden Rechten zur Geheimhaltung, gerade gegenüber staatlichen Stellen, ausgestattet, so kann mit hinreichender Wahrscheinlichkeit davon ausgegangen werden, dass die Anonymität der Daten im Allgemeinen gewahrt bleibt und es sich insoweit daher nicht um personenbezogene Daten handelt, die dem Schutz des BDSG unterfallen würden.

8. Verantwortliche Stelle (Abs. 7)

Mit dem BDSG 2001 wurde der Begriff der speichernden Stelle durch den der ver **52** antwortlichen Stelle ersetzt. Abs. 7 entspricht damit der Terminologie der EG-DSRl, die in Art. 2 lit. d Satz 1 den Begriff des „für die Verarbeitung Verantwortlichen" definiert. Definiert wird die verantwortliche Stelle in Abs. 7 als „jede Person oder Stelle, die personenbezogene Daten für sich selbst erhebt, verarbeitet oder nutzt oder

---

105 Dazu *Bizer*, DuD 1999, S. 392 (394 f.).

dies durch andere im Auftrag vornehmen lässt". Dass im letzteren Fall der Auftragsdatenverarbeitung nicht der Auftragnehmer, sondern der Auftraggeber der „Verantwortliche" ist, der für die Einhaltung der datenschutzrechtlichen Vorgaben zu sorgen hat, ergibt sich auch nochmals ausdrücklich aus § 11 Abs. 1 BDSG. Der Begriff der Verantwortlichkeit ist grundsätzlich weit zu verstehen; ausreichend ist, dass die Verarbeitungstätigkeit im eigenen Tätigkeits- und Haftungsbereich stattfindet und die Möglichkeit besteht, in tatsächlicher Hinsicht auf den Verarbeitungsvorgang einzuwirken. Daher ist auch der Betreiber eines Internetforums eine für die Datenübermittlung verantwortliche Stelle – unabhängig davon, dass die personenbezogenen Daten selbst von außenstehenden Dritten in das Internetforum eingestellt werden.[106]

53 Im nicht-öffentlichen Bereich gilt für die Abgrenzung der verantwortlichen Stelle eine rechtliche Betrachtungsweise. „Verantwortliche Stelle" ist die juristische Einheit (die juristische Person, die Gesellschaft oder andere Personenvereinigung), nicht dagegen die einzelne Abteilung oder unselbstständige Zweigstelle eines Unternehmens. Auch ein Konzernprivileg kennt das BDSG nicht.[107] Auch hier kommt es auf die rechtliche Selbstständigkeit an; jede juristisch selbstständige „Konzerntochter" ist – ungeachtet einer wirtschaftlichen Einheit – jeweils auch eine verantwortliche Stelle.

54 Im öffentlichen Bereich sind nicht die juristischen Personen (Bund, Länder, Gemeinden), sondern die in § 2 Abs. 1 und 2 BDSG definierten öffentlichen Stellen die „verantwortlichen Stellen". Für Behörden gilt wiederum nicht der funktionale, sondern der organisatorische Behördenbegriff.[108] Verantwortliche Stellen sind daher niemals die unselbstständigen internen Untergliederungen einer Organisationseinheit (z. B. die einzelnen Abteilungen eines Ministeriums oder die Ämter einer Gemeinde), sondern stets nur die Organisationseinheit im Ganzen (z. B. Ministerium, Gemeinde).

9. Empfänger; Dritter (Abs. 8)

a) Empfänger (Abs. 8 Satz 1)

55 In Umsetzung von Art. 2 lit. g EG-DSRI wurde mit dem BDSG 2001 in Abs. 8 zusätzlich zum „Dritten" der Begriff des „Empfängers" eingeführt. Empfänger ist gemäß Abs. 8 Satz 1 jede Person oder Stelle, die Daten erhält. Relevant ist der Begriff des Empfängers in erster Linie im Rahmen von Informationspflichten der verantwortlichen Stelle und Auskunftsrechten des Betroffenen; der Inhalt dieser Informationspflichten und Auskunftsrechte erstreckt sich auch darauf, wer die Empfänger personenbezogener Daten sind.[109] Als Adressat eigener Verpflichtungen ist der

---

106 OLG Hamburg DuD 2011, 897 (898).
107 *Weichert*, in: Däubler/Klebe/Wedde/Weichert, BDSG, § 3 Rn. 55 f., 59.
108 Siehe dazu oben § 2 BDSG Rn. 7.
109 Siehe § 4 Abs. 3 Satz 1 Nr. 3, § 19 Abs. 1 Satz 1 Nr. 2, § 19a Abs. 1 Satz 2, § 33 Abs. 1 Satz 3, § 34 Abs. 1 Satz 1 Nr. 2 und Abs. 2 Satz 2 BDSG.

Empfänger lediglich in einer Vorschrift aufgeführt (§ 29 Abs. 3 Satz 2 BDSG).[110] Teils werden zum Kreis der Empfänger auch die Organisationseinheiten innerhalb einer verantwortlichen Stelle gezählt (z. B. Betriebs- und Personalrat).[111]

b) Dritter (Abs. 8 Satz 2)

Dritter ist gemäß Abs. 8 Satz 2 jede Person oder Stelle außerhalb der verantwortli-   **56** chen Stelle, nicht jedoch der Betroffene selbst oder Auftragsdatenverarbeiter innerhalb der EU bzw. des EWR (Abs. 8 Satz 3). Keine Dritten sind die Untereinheiten (Ämter, Dezernate, Zweigstellen) einer größeren Organisationseinheit (Gemeinde, Ministerium, Unternehmen).[112] Die behörden- oder unternehmensinterne Mitteilung personenbezogener Daten von Amt zu Amt bzw. von Zweigstelle zu Zweigstelle ist daher keine Datenübermittlung an Dritte nach Abs. 4 Nr. 3, sondern eine Datennutzung nach Abs. 5.[113] Auch die Personen innerhalb der verantwortlichen Stelle (z. B. Mitarbeiter) sind regelmäßig keine Dritten, es sei denn, sie erhalten die Daten nicht im Rahmen ihrer dienstlichen Funktion, sondern zu anderen (privaten oder geschäftlichen) Zwecken.[114] Schließlich sind auch Organe der Betriebs- und Personalvertretung keine Dritten i. S. d. Abs. 8 Satz 2, sondern nur unselbstständiger Teil der verantwortlichen Stelle, soweit ihnen personenbezogene Daten im Hinblick auf ihre gesetzlichen Aufgaben zugänglich gemacht werden.[115]

10. Besondere Arten personenbezogener Daten (Abs. 9)

Abs. 9 mit seiner Definition der besonderen Arten von personenbezogenen Daten   **57** wurde in Umsetzung des Art. 8 EG-DSRl neu in das BDSG 2001 aufgenommen. Zu den besonderen Arten von personenbezogenen Daten gehören gemäß Abs. 9 Angaben über die rassische und ethnische Herkunft, politische Meinungen, religiöse oder philosophische Überzeugungen, Gewerkschaftszugehörigkeiten, Gesundheit oder Sexualleben. Vor Umsetzung des Art. 8 EG-DSRl hatte das BDSG nicht explizit nach mehr oder weniger sensitiven Daten differenziert; eine Berücksichtigung der Sensitivität von Daten fand lediglich im Einzelfall im Rahmen der allgemeinen Interessenabwägungsklauseln statt.[116] Fallen nunmehr personenbezogene Daten unter eine der in Abs. 9 aufgeführten Datengruppen, ist der Umgang mit diesen Daten besonderen Restriktionen unterworfen.

---

110 Siehe dazu § 29 BDSG Rn. 64.
111 So *Gola/Schomerus*, BDSG, § 3 Rn. 51; *Schaffland/Wiltfang*, BDSG, § 3 Rn. 86a; a. A. *Weichert*, in: Däubler/Klebe/Wedde/Weichert, BDSG, § 3 Rn. 64.
112 *Gola/Schomerus*, BDSG, § 3 Rn. 52; a. A. *Bergmann/Möhrle/Herb*, BDSG, § 3 Rn. 158 ff.
113 Siehe oben § 2 BDSG Rn. 7 (zur behördeninternen Mitteilung).
114 *Gola/Schomerus*, BDSG, § 3 Rn. 54.
115 LAG Niedersachsen DuD 2012, 915. 916.
116 *Bergmann/Möhrle/Herb*, BDSG, § 3 Rn. 166.

58 Der Sinn einer Differenzierung nach mehr oder weniger sensitiven Daten wird überwiegend bezweifelt. Gegen eine solche Differenzierung spricht vor allem, dass sich die Sensitivität personenbezogener Daten niemals abstrakt, sondern stets nur in Bezug auf den jeweiligen Verwendungszweck beurteilen lässt. Auch vermeintlich harmlose Daten wie Name oder Adresse können im entsprechenden Kontext einen äußerst sensitiven Charakter annehmen.[117] Entsprechend hat bereits das BVerfG im Volkszählungsurteil betont, dass je nach Datenverarbeitungszweck und Datenverarbeitungsmöglichkeiten auch ein für sich gesehen belangloses Datum einen neuen Stellenwert bekommen kann und es daher unter den Bedingungen der automatischen Datenverarbeitung kein „belangloses" Datum mehr gibt.[118]

59 Die Auflistung der in Abs. 9 erfassten besonderen Gruppen von personenbezogenen Daten ist abschließend. Zu den Angaben über rassische und ethnische Herkunft gehören alle Angaben, die den Betroffenen einer bestimmten Rasse, Hautfarbe, Volksgruppe oder Minderheit zuordnen, nicht jedoch dessen Staatsangehörigkeit oder geographische Herkunft.[119] Angaben über politische Meinungen, religiöse oder philosophische Überzeugungen erfassen nicht nur die Zugehörigkeit (oder Nicht-Zugehörigkeit) zu einer bestimmten Partei, Religions- oder sonstigen Glaubensgemeinschaft, sondern – vorgelagert – auch sämtliche Verhaltensweisen, die auf eine bestimmte politische, religiöse oder philosophische Einstellung schließen lassen. Angaben über die Gesundheit sind alle Angaben, die den körperlichen und geistigen Zustand eines Menschen betreffen. Hierzu zählen Zustandsbeschreibungen, Befundmitteilungen und Krankheitsgeschichten ebenso wie genetische Daten oder eine Schwerbehinderteneigenschaft.[120] Auch bei einer Aufstellung von Mitarbeitern mit Arbeitsunfähigkeitszeiten von mehr als sechs Wochen handelt es sich um Gesundheitsdaten i. S. d. Abs. 9.[121]

11. Mobile personenbezogene Speicher- und Verarbeitungsmedien (Abs. 10)

60 Mit § 6c BDSG wurde durch das BDSG 2001 eine besondere Regelung für mobile personenbezogene Speicher- und Verarbeitungsmedien (sog. Chipkarten oder „Smart Cards") in das BDSG aufgenommen. Die Neuregelung des § 6c BDSG machte auch die Einfügung einer Definition der mobilen personenbezogenen Speicher- und Verarbeitungsmedien notwendig, wie sie nunmehr in Abs. 10 normiert ist.

---

117 Vgl. die Beispiele bei *Gola/Schomerus*, BDSG, § 3 Rn. 56, und *Dammann*, in: Simitis, BDSG, § 3 Rn. 251 (Aufnahme von Namen und Adressen in die Kartei einer Heilanstalt oder Drogenberatungsstelle).
118 BVerfGE 65, 1 (45) – Volkszählungsurteil.
119 *Bergmann/Möhrle/Herb*, BDSG, § 3 Rn. 168.
120 *Bergmann/Möhrle/Herb*, BDSG, § 3 Rn. 171 f.
121 BAG DB 2012, 1517; *Kort*, DB 2012, S. 688.

Gemäß Abs. 10 handelt es sich bei mobilen personenbezogenen Speicher- oder Ver- **61**
arbeitungsmedien um Datenträger, die an den Betroffenen ausgegeben werden
(Nr. 1). Keine Voraussetzung ist, dass bereits bei Ausgabe der Medien irgendwelche
Daten auf diesen abgespeichert sind; vielmehr können auch „blanko" ausgegebene
Medien unter Abs. 10 fallen.[122] Es muss sich um Speicher- oder Verarbeitungsmedien handeln, auf denen personenbezogene Daten über die Speicherung hinaus
durch die ausgebende oder eine andere Stelle automatisiert verarbeitet werden können (Nr. 2). Bloße Speichermedien (CDs, Magnetkarten) werden daher nicht erfasst. Darüber hinaus kommt es auf Beschaffenheit und Gestaltung dieser Medien
nicht an; es muss sich bei diesen nicht um eine Karte handeln, möglich ist etwa
auch ein Armband, eine Kette oder ein anderer Gegenstand.[123] Dritte Voraussetzung
ist schließlich, dass der Betroffene die Datenverarbeitung auf diesen Medien nur
durch den „Gebrauch" des Mediums beeinflussen kann (Nr. 3). Ein solcher Gebrauch kann etwa das Einführen einer Chipkarte in ein Lesegerät sein oder die Auswahl zwischen einigen wenigen vom Verfahren vorgegebenen Alternativen, etwa
das Drücken einer Taste an einem Lesegerät. Kann hingegen der Benutzer die Verarbeitungsvorgänge auf vielfältige Weise steuern wie etwa bei Mobiltelefonen oder
Notebooks, handelt es sich nicht mehr um mobile personenbezogene Speicher- und
Verarbeitungsmedien im Sinne des Abs. 10.[124]

12. Beschäftigte (Abs. 11)

Durch die Aufnahme eines neuen § 32 BDSG zum Datenschutz in Beschäftigten- **62**
verhältnissen ist der Begriff des Beschäftigten erstmals im BDSG verankert worden. Diese Neuregelung machte auch die Einführung einer Definition notwendig,
die festlegt, wer als Beschäftigter im Sinne des § 32 BDSG zu verstehen ist. Dem
trägt § 3 Abs. 11 BDSG Rechnung. Die Regelung stellt klar, dass zum Begriff des
Beschäftigten nicht nur Arbeitnehmer im engeren Sinn gehören, sondern auch die
zur Berufsausbildung Beschäftigten und Personen, denen eine arbeitnehmerähnliche Stellung zukommt.[125] Auf den Schutzbereich des § 32 BDSG können sich folglich nahezu alle Personen, die in einem Beschäftigtenverhältnis stehen, berufen. Lediglich die Beamtinnen und Beamte sowie die Richterinnen und Richter der Länder
sind in § 3 Abs. 11 BDSG nicht erwähnt, da dem Bundesgesetzgeber insoweit die
Gesetzgebungskompetenz fehlt.

---

122 BT-Drs. 14/5793, S. 60.
123 BT-Drs. 14/5793, S. 60.
124 BT-Drs. 14/5793, S. 60.
125 Gesetzesbegründung zu BT-Drs. 16/13657, S. 27.

§ 3a Datenvermeidung und Datensparsamkeit

Die Erhebung, Verarbeitung und Nutzung personenbezogener Daten und die Auswahl und Gestaltung von Datenverarbeitungssystemen sind an dem Ziel auszurichten, so wenig personenbezogene Daten wie möglich zu erheben, zu verarbeiten oder zu nutzen. Insbesondere sind personenbezogene Daten zu anonymisieren oder zu pseudonymisieren, soweit dies nach dem Verwendungszweck möglich ist und keinen im Verhältnis zu dem angestrebten Schutzzweck unverhältnismäßigen Aufwand erfordert.

Literatur: *Bäumler*, Der neue Datenschutz, RDV 1999, S. 5; *Bäumler*, Das TDDSG aus Sicht eines Datenschutzbeauftragten, DuD 1999, S. 258; *Borking*, Einsatz datenschutzfreundlicher Technologien in der Praxis, DuD 1998, S. 636; *Brunst*, Anonymität im Internet – rechtliche und tatsächliche Rahmenbedingungen (2009); *Freund/Schnabel*, Bedeutet IPv6 das Ende der Anonymität im Internet? – technische Grundlagen und rechtliche Beurteilung des neuen Internet-Protokolls, MMR 2011, S. 495; *Hampel*, Handlungsempfehlungen beim Datenabgleich zur Aufdeckung wirtschaftskrimineller Handlungen durch die interne Revision, ZIR 2009, S. 99; *Heldmann*, Betrugs- und Korruptionsbekämpfung zur Herstellung von Compliance, DB 2010, S. 1235; *Hornung*, Datenschutz durch Technik – Die Reform der Richtlinie als Chance für eine modernes Datenschutzrecht, ZD 2011, S. 51; *Jacob*, Perspektiven des neuen Datenschutzrechts, DuD 2000, S. 5; *Kock/Francke*, Mitarbeiterkontrolle durch systematischen Datenabgleich zur Korruptionsbekämpfung, NZA 2009, S. 646; *Kort*, Zum Verhältnis von Datenschutz und Compliance im geplanten Beschäftigtendatenschutzgesetz, DB 2011, S. 651; *Pfitzmann*, Datenschutz durch Technik, DuD 1999, S. 405; *Roßnagel*, Handbuch Datenschutzrecht, Kap. 3.3, 3.4 und 3.5; *Roßnagel*, Modernisierung des Datenschutzrechts – Empfehlungen eines Gutachtens für den Bundesinnenminister, RDV 2002, S. 61; *Roßnagel*, Neues Recht für Multimediadienste, NVwZ 1998, S. 1; *Roßnagel/Desoi/Hornung*, Gestufte Kontrolle bei Videoüberwachungsanlagen, DuD 2011, S. 694; *Roßnagel/Schulz*, Datenschutz durch Anonymität und Pseudonymität, MMR 2002, S. 721; *Salvenmoser/Hauschka*, Korruption, Datenschutz und Compliance, NJW 2010, S. 331; *Schmidt/Jacob*, Die Zulässigkeit IT-gestützter Compliance- und Risikomanagementsysteme nach der BDSG-Novelle, DuD 2011, 88; *Wilke/Kiesche*, Datenschutz durch Datenvermeidung und -sparsamkeit, CuA 11/2009, S. 16; *Zikesch/Reimer*, Datenschutz und präventive Korruptionsbekämpfung – kein Zielkonflikt, DuD 2010, S. 96.

Übersicht

I. Allgemeines

1. Gesetzeszweck

Der Gedanke der Datenvermeidung und Datensparsamkeit ist dem Konzept des **1** BDSG als Verbotsgesetz mit Erlaubnisvorbehalt[1] (vgl. § 4 Abs. 1 BDSG) grundsätzlich immanent: Denn wenn personenbezogene Daten nach dem Willen des Gesetzgebers nur ausnahmsweise und unter engen Voraussetzungen verwendet werden dürfen, folgt daraus zwingend, dass auch möglichst sparsam mit den betreffenden Daten umzugehen ist.[2]

Datenvermeidung und Datensparsamkeit sind auch als Ausformung des verfassungsrechtlichen Erforderlichkeitsgebots anzusehen[3], wonach eine Datenverarbeitung für die Erreichung des angestrebten Ziels erforderlich sein muss.[4] Inhaltlich geht § 3a BDSG allerdings über das Erforderlichkeitsprinzip hinaus: Denn zusätzlich zur Frage der Zulässigkeit der Datenverwendung (§ 4 Abs. 1 BDSG) und deren Erforderlichkeit für die jeweilige Zweckbestimmung setzt die Regelung auch rechtliche Grenzen für die technische Ausgestaltung der verwendeten Datenverarbeitungssysteme.[5] Entsprechend ist die Einhaltung des § 3a BDSG in einem nachgeordneten Prüfungsschritt gesondert zu prüfen, da auch eine grundsätzlich zulässige und erforderliche Datenverarbeitung technisch so ausgestaltet werden kann und – nach dem erklärten Willen des § 3a BDSG – muss, dass möglichst wenige Daten verwendet werden.[6] Bei der entsprechenden Optimierung ist dann zunächst zu prüfen, ob und ggf. in welchem Umfang die Erhebung, Verarbeitung und Nutzung personenbezogener Daten vermieden werden kann, und wenn das nicht möglich ist, muss anschließend versucht werden, die Verwendungsmöglichkeit der zwingend notwendigen Daten soweit wie möglich einzuschränken.[7] **2**

---

1 Siehe hierzu ausführlich § 4 BDSG Rn. 15 ff.
2 *Gola/Schomerus*, BDSG, § 3a Rn. 1, sprechen von einer „Präferenz der anonymen und pseudonymen Verarbeitung".
3 Anders *Schreiber*, in: Plath, BDSG, § 3a Rn. 2, der § 3a lediglich als Konkretisierung des Verhältnismäßigkeitsgrundsatzes verstehen will.
4 BT-Drs. 14/4329, S. 33.
5 Ähnlich bereits *Bäumler*, DuD 1999, S. 258 (260).
6 *Gola/Schomerus*, BDSG, § 3a Rn. 5; *Roßnagel*, in: Roßnagel, Hdb. DSR, Kap. 1, Rn. 40; *ders.*, NJW 1998, S. 1 (4); *Bäumler*, DuD 1999, S. 258 (260).
7 *Roßnagel*, in: Roßnagel, Hdb. DSR, Kap. 2.2, Rn. 40.

3 Im Gesetz festgeschrieben wurden die Grundsätze der Datenvermeidung und Datensparsamkeit erst im Zuge der Modernisierung des Datenschutzrechts mit der BDSG-Reform von 2001.[8] Im Jahre 2009 erfuhr die gesetzliche Regelung dann eine weitergehende sprachliche Präzisierung sowie eine Ausdehnung ihres Anwendungsbereiches als Anforderung nicht nur für die verwendeten Datenverarbeitungssysteme sondern für die Erhebung, Verarbeitung und Nutzung personenbezogener Daten allgemein.[9]

4 Grund für die explizite gesetzliche Regelung ist die Überlegung des Gesetzgebers, dass das informationelle Selbstbestimmungsrecht[10] der Betroffenen aufgrund der raschen technischen Weiterentwicklung der zur Verfügung stehenden Datenverarbeitungstechniken,[11] die eine Verarbeitung und Weitergabe von personenbezogenen Daten quasi „auf Knopfdruck" ermöglichen, bereits präventiv besonders geschützt werden müsse.[12] Die verantwortliche Stelle wird daher verpflichtet, sich bereits vor der ersten Erhebung von personenbezogenen Daten – und danach in jedem weiteren Stadium der Datenverwendung – Gedanken zu machen, ob und in welchem Umfang eine solche Erhebung – bzw. Verwendung – im Hinblick auf den geplanten Nutzungszweck überhaupt erforderlich und geboten ist; hierbei hat sie insbesondere kritisch zu hinterfragen, ob nicht auch anonymisierte oder pseudonymisierte Daten verwendet werden können. Da heutzutage das Gros der Datenverarbeitung durch technische Mittel erfolgt, verpflichtet der Gesetzgeber die verantwortliche Stelle konsequent, die von ihr verwendeten Datenverarbeitungssysteme an diesen Vorgaben auszurichten. Die verantwortliche Stelle muss ihre Datenverarbeitungssysteme gezielt so aussuchen und gestalten, dass eine möglichst anonyme/pseudonyme bzw. sparsame Datenverwendung sichergestellt ist (sog. Präferenz der anonymen und pseudonymen Verarbeitung).[13]

5 Ziel des Gesetzgebers ist, den Schutz personenbezogener Daten mit und durch den Einsatz technischer Verfahren und Mittel zu gewährleisten (sog. Konzept des „Datenschutzes durch Technik"[14]); einen Schutz gegen bestimmte Verarbeitungstechniken sieht das Gesetz hingegen nicht vor. Die Gesetzesbegründung von 2001 spricht insofern von einer Verpflichtung zur „Gestaltung der Systemstrukturen" mit dem „Ziel der Datenvermeidung und der Stärkung der Selbstbestimmung der Betroffe-

---

8 *Schreiber*, in: Plath, BDSG, § 3a Rn. 1; ausführlich dazu *Dix*, in: Roßnagel, Hdb. DSR, Kap. 3.5 C; kürzer *Roßnagel*, NVwZ 1998, S. 1 ff.; zur Gesetzgebungsgeschichte vgl. auch *Bizer*, in: Simitis, BDSG (6. Auflage), § 3a Rn. 3 ff.

9 Ausführlich dazu Rn. 14 ff.

10 Grundlegend zum Recht auf informationelle Selbstbestimmung BVerfGE 65, 1 ff.

11 Zum Wandel in der Datenverarbeitung grundlegend *Bizer*, in: Simitis, BDSG (6. Auflage), § 3a Rn. 10 ff.

12 BT-Drs. 14/4329, S. 29.

13 BT-Drs. 14/4329, S. 29; ebenso *Gola/Schomerus*, BDSG, § 3a Rn. 1.

14 Ausführlich hierzu *Roßnagel*, in: Roßnagel, Hdb. DSR, Kap. 2.2, Rn. 7 ff.; vgl. ferner die Nachweise bei *Gola/Schomerus*, BDSG, § 3a Rn. 1.

nen".[15] Die entsprechende Technikgestaltung soll also nicht nur dem sog. Systemdatenschutz[16] (d.h. der Einhaltung der rechtlichen Vorgaben zum Datenschutz) dienen, sondern auch dem Selbstdatenschutz[17] der Betroffenen, indem sie entscheiden können sollen, in welchem Umfang sie personenbezogene Daten zur Verfügung stellen oder gar anonym oder unter Pseudonym auftreten wollen.[18] Entsprechend hat auch das BVerfG gefordert, dass beim Einholen einer Einwilligung dem Betroffenen, wenn die geplante Datenverarbeitung auch in datenarmer Form möglich ist, die Möglichkeit einzuräumen ist, nur der weniger umfassenden Datenverarbeitung zuzustimmen und damit seinen informationellen Selbstschutz auszuüben.[19]

Schließlich dienen die Grundsätze der Datenvermeidung und Datensparsamkeit **6** auch dem Vorteil der verantwortlichen Stelle. Da sie angehalten wird, nicht unreflektiert Daten(mengen) zu erheben, zu verarbeiten und zu nutzen, kann sie Aufwand und Kosten sparen, die sonst ggf. für die unkontrollierte Datenverwendung angefallen wären.

Allerdings gehen die Vorteile für die verantwortliche Stelle noch weiter, da eine „of- **7** fensive" Nutzung datenvermeidender und datensparsamer Verarbeitungssysteme – insbesondere vor dem Hintergrund der „Datenskandale" bei verschiedenen namhaften Unternehmen in Deutschland in den Jahren 2008 bis 2012 – auch der Bindung bestehender und der Akquise neuer Kunden dienen kann. Somit kann die Einhaltung der Vorgaben von § 3a BDSG als wirksames Werbemittel eingesetzt und damit zu einem nützlichen Wettbewerbsfaktor werden. Durch die eigene Compliance vermeidet man einerseits Beschwerden von Kunden und Klagen von Wettbewerbern und kann andererseits wirksam gegen Konkurrenzunternehmen vorgehen, die genau dies nicht tun.

2. Verhältnis zu anderen Vorschriften

Die Grundsätze der Datenvermeidung und -sparsamkeit gelten als allgemeine Da- **8** tenschutzprinzipien bei jeder Datenerhebung, -verarbeitung und -nutzung, sofern nicht vorrangig gesetzliche Spezialregelungen zur Anwendung kommen (§ 1 Abs. 3 Satz 1 BDSG).

Als eine solche Spezialregelung kann § 78b SGB X angesehen werden, der eine **9** § 3a BDSG entsprechende, wortidentische Regelung für die Verarbeitung von Sozialdaten enthält.

---

15 BT-Drs. 14/4329, S. 33.
16 Ausführlich hierzu *Dix*, in: Roßnagel, Hdb. DSR, Kap. 3.5.
17 *Roßnagel*, in: Roßnagel, Hdb. DSR, Kap. 3.4; zur aufkommenden Forderung Rahmenbedingungen für eine Selbstregulierung der Wirtschaft zu schaffen, sog. regulierte Selbstregulierung siehe *Schreiber*, in: Plath, BDSG, § 3a Rn. 7 m.w.N.
18 *Gola/Schomerus*, BDSG, § 3a Rn. 1 und 4; so auch eindeutig *Roßnagel*, NVwZ 1998, S. 1 (4).
19 BVerfG, Beschluss vom 23.10.2006 – 1 BvR 2027/02, abrufbar unter www.bundesverfas sungsgericht.de/entscheidungen/rk20061023_1bvr202702.html (Stand: Mai 2013).

10   Eine sektorspezifische Präzisierung von § 3a Satz 2 BDSG findet sich in § 13 Abs. 6 TMG, wonach Telemedien-Diensteanbieter verpflichtet sind, dem Nutzer die Inanspruchnahme und Bezahlung von Telemedien anonym oder unter Pseudonym zu ermöglichen.[20] Im Gegensatz zu § 3a BDSG statuiert die Vorschrift allerdings nicht nur den Grundsatz der Datenvermeidung und -sparsamkeit, sondern verpflichtet die Telemedien-Diensteanbieter auch, die Betroffenen über die Möglichkeiten der anonymen oder pseudonymen Inanspruchnahme ihrer Leistungen aktiv zu informieren.[21]

11   § 30 Abs. 1 BDSG und § 40 Abs. 2 BDSG enthalten weitere gesetzliche Anwendungsfälle der Pflicht zur Anonymisierung und/oder Pseudonymisierung.[22]

12   Die meisten Landesdatenschutzgesetze enthalten inzwischen ebenfalls § 3a BDSG entsprechende Regelungen, vgl. § 5a BlnDSG, § 7 Abs. 1 Satz 2 BbgDSG, § 7 BremDSG, § 5 Abs. 4 HmbDSG, § 10 Abs. 2 HDSG, § 5 DSG M-V, § 7 Abs. 4 NDSG, § 4 Abs. 2 DSG NRW, § 1 Abs. 2 LDSG RPf, § 4 Abs. 4 SDSG, § 1 Abs. 2 DSG-LSA, § 4 LDSG S-H und § 1 Abs. 2 ThürDSG.

3. Europarechtliche Vorgaben

13   Die Grundsätze der Datenvermeidung und Datensparsamkeit sind auch im europäischen Datenschutzrecht verankert bzw. vorausgesetzt: Art. 6 Abs. 1 lit. c) der Datenschutzrichtlinie 95/46/EG[23] statuiert den diesen Prinzipien immanenten Erforderlichkeitsgrundsatz und schreibt damit faktisch das Prinzip der Datenvermeidung fest. Darüber hinaus kann dem Erwägungsgrund 46 der Richtlinie entnommen werden, dass Datenvermeidung und Datensparsamkeit als ein gutes Mittel zur Umsetzung effektiver technischer Sicherheitsmaßnahmen angesehen werden. Denn wo keine oder nur wenige Daten erhoben werden, müssen auch nur weniger oder geringere Sicherheitsmaßnahmen getroffen werden.

4. Datenschutznovelle 2009

14   Durch die Datenschutznovelle 2009 wurde der Wortlaut von § 3a BDSG neu gefasst, ohne dass jedoch sein Regelungsgehalt maßgeblich geändert wurde.[24]

15   Der Wortlaut von § 3a BDSG a. F. lautete:

---

20 Siehe hierzu ausführlich § 13 TMG Rn. 47 ff.
21 Dazu im Detail § 13 TMG Rn. 55.
22 Ausführlich dazu § 30 BDSG Rn. 16 ff., § 40 BDSG Rn. 11 ff.
23 Richtlinie 95/46/EG des europäischen Parlaments und des Rates vom 24.10.1995 zum Schutz natürlicher Personen bei der Verarbeitung personenbezogener Daten und zum freien Datenverkehr, ABl. EG Nr. L 281/31 ff. v. 23.11.1995, abrufbar unter http://eur-lex.eu ropa.eu/LexUri. S.erv/LexUri. S.erv.do?uri=OJ:L:1995:281:0031:0050:DE:PDF   (Stand: Mai 2013).
24 In diese Richtung auch BT-Drs. 16/13657, S. 27.

„Gestaltung und Auswahl von Datenverarbeitungssystemen haben sich an dem Ziel auszurichten, keine oder so wenig personenbezogene Daten wie möglich zu erheben, zu verarbeiten oder zu nutzen. Insbesondere ist von den Möglichkeiten der Anonymisierung und Pseudonymisierung Gebrauch zu machen, soweit dies möglich ist und der Aufwand in einem angemessenen Verhältnis zu dem angestrebten Schutzzweck steht."

Damit stellt der alte Gesetzeswortlaut ausschließlich auf die Verwendung von Datenverarbeitungssystemen ab, wohingegen § 3a BDSG ist seiner neuen Fassung auch allgemein die Datenerhebung, -verarbeitung und -nutzung betrifft.   **16**

Nach dem alten Gesetzeswortlaut traf die verantwortliche Stelle nach Satz 1 also   **17**
lediglich die Pflicht, den Grundsätzen der Datenvermeidung und Datensparsamkeit Rechnung zu tragen, wenn sie zur Datenverarbeitung (technische) Datenverarbeitungssysteme einsetzte. Dies wirkt auf den ersten Blick so, als hätten die Grundsätze der Datenvermeidung und Datensparsamkeit nach altem Recht nur für Datenverarbeitungsvorgänge mit technischen Mitteln gegolten (und nicht für alle anderen Arten der Datenverarbeitung). Allerdings erweist sich diese Annahme beim näheren Hinsehen als Trugschluss. Denn auch schon vor der Novelle 2009 war aus § 3a BDSG und der Regelung in § 13 Abs. 6 TMG der allgemeine Grundsatz abgeleitet worden, dass die Verpflichtung zur Datenvermeidung und Datensparsamkeit für alle Stadien (Erhebung, Verarbeitung und Nutzung) der technischen und nicht-technischen Datenverarbeitung personenbezogener Daten gilt, sodass die Vorschrift durch die Novelle keine inhaltliche Änderung erfahren hat.[25]

Satz 2 erfuhr durch die Novelle ebenfalls keine wirkliche Änderung, sondern lediglich   **18**
lich ein gewisse Präzisierung:[26] Der Vorbehalt des (technisch) Möglichen wurde durch die Bezugnahme auf den Verwendungszweck konkreter und damit eindeutiger gefasst. Außerdem wurde klargestellt, dass personenbezogene Daten möglichst zu anonymisieren oder pseudonymisieren sind.

II. Normadressat

Normadressat der Regelung in § 3a BDSG ist derjenige, der die personenbezogenen   **19**
Daten erhebt, verarbeitet und nutzt, also primär die verantwortliche öffentliche oder nicht-öffentliche Stelle (§ 3 Abs. 7 BDSG).[27] Dies sind in der Regel die zustän-

---

25 *Hornung*, ZD 2011, S. 51 (53); *Scholz*, in: Simits, BDSG, § 3a Rn. 7; *Wilke/Kiesche*, CuA 11/2009, S. 16 (17); siehe zum alten Gesetzeswortlaut statt aller nur *Bizer*, in: Simitis, BDSG (6. Auflage), § 3a Rn. 51; a. A. scheinbar die Gesetzesbegründung (BT-Drs. 16/13657, S. 27), die lediglich von einer „Erstreckung" der Grundsätze auch auf die Datenerhebung, -verarbeitung und -nutzung spricht.
26 In diese Richtung auch BT-Drs. 16/13657, S. 28.
27 Zur „verantwortlichen Stelle" im Detail siehe § 3 BDSG Rn. 52 ff.

digen Behörden oder Unternehmen, im Bereich der Telekommunikations- und Telemediendienste deren Anbieter.

20 Zwar gelten die Grundsätze der Datenvermeidung und Datensparsamkeit selbstverständlich auch für Auftragsdatenverarbeiter (§ 11 BDSG), aber hier gilt § 3a BDSG nach dem Willen des Gesetzgebers nicht unmittelbar, sondern der Auftragsdatenverarbeiter ist von seinem Auftraggeber als „Herr der Daten"[28] entsprechend zu instruieren.[29] Dienstleister, die keine Auftragsdatenverarbeiter sind, sondern Daten für eine andere Stelle im Wege der Funktionsübertragung[30] verarbeiten, treffen die Verpflichtungen aus § 3a als „zweite verantwortliche Stelle" hingegen wieder unmittelbar.

21 § 3a BDSG gilt nach seinem Wortlaut nicht für Hersteller oder Anbieter von Datenverarbeitungssystemen,[31] wirkt sich aber maßgeblich auf diese aus. Denn die verantwortliche Stelle wird bei der Überlegung, welches der verschiedenen, im Markt angebotenen Datenverarbeitungssysteme sie verwenden will, ein deutliches Augenmerk darauf legen, ob das betreffende System ohne großen Aufwand so konfiguriert werden kann, dass es die Anforderungen der Datenvermeidung und Datensparsamkeit unproblematisch erfüllt.[32]

III. Grundsatz der Datenvermeidung (Satz 1)

1. Regelungsgehalt der Vorschrift

22 Nach § 3a Satz 1 BDSG ist jede verantwortliche Stelle verpflichtet, (i) bei der Erhebung, Verarbeitung und Nutzung personenbezogener Daten sowie (ii) beim Einsatz technischer Datenverarbeitungssysteme den Grundsätzen der Datenvermeidung und Datensparsamkeit Rechnung zu tragen. Konkrete Vorgaben, was zur Erfüllung dieser Verpflichtungen erforderlich ist, macht das Gesetz allerdings nicht, sondern gibt der verantwortlichen Stelle – ähnlich wie bei den technischen und organisatorischen Sicherheitsmaßnahmen nach § 9 BDSG – nur eine abstrakte Zielvorgabe[33] („sind an dem Ziel auszurichten").

23 Entsprechend überlässt das Gesetz das „wie" der Zielerreichung, also insbesondere die Wahl und Umsetzung entsprechender Maßnahmen, der verantwortlichen Stelle.[34]

---

28 Ausführlich hierzu § 11 BDSG Rn. 3.
29 Jetzt ebenso *Schneider*, in: Plath, BDSG, § 3a Rn. 12.
30 Zur Abgrenzung von Auftragsdatenverarbeitung und Funktionsübertragung vgl. § 11 BDSG Rn. 14 ff.
31 *Scholz*, in: Simitis, BDSG, § 3a Rn. 26 f.
32 Ebenso nun *Schneider*, in: Plath, BDSG, § 3a Rn. 13.
33 So auch die Gesetzesbegründung zur Novelle 2009, vgl. BT-Drs. 16/13657, S. 27 f.
34 Vgl. statt aller nur *Roßnagel*, NVwZ 1998, S. 1 (4); *Bizer*, in: Simitis, BDSG (6. Auflage), § 3a Rn. 36, sprach von einem „Regelungselement indirekter staatlicher Techniksteuerung".

Hauptgrund hierfür ist, dass je nach Art, Umfang und Ziel(en) der geplanten Datenerhebung und weiteren Verwendung der Daten sowie nach Zweck und Größe des datenverarbeitenden Unternehmens völlig unterschiedliche Maßnahmen und Konzepte erforderlich sein können, um den Grundsätzen der Datenvermeidung und Datensparsamkeit zu genügen. Außerdem sollte eine Regelung geschaffen werden, die sich inhaltlich dem stetigen Fortschreiten der Technik anpassen kann und neue Entwicklungen in diesem Bereich nicht verhindert.[35]

Für die Praxis bedeutet dies, dass das „Ob" der Datenvermeidung und Datensparsamkeit zwingend vorgeschrieben ist, während der verantwortlichen Stelle hinsichtlich des „Wie" der Realisierung hierzu geeigneter Maßnahmen ein Umsetzungsspielraum eingeräumt wurde, den sie – im Rahmen der für sie geltenden gesetzlichen Vorgaben – nach eigenem Ermessen ausfüllen kann.[36] Prüfungsmaßstab ist daher letztlich nur, ob die verantwortliche Stelle ihr Ermessen überhaupt und in sinnvoller Weise ausgeübt hat. Eine Prüfung, ob andere Maßnahmen gleich geeignet oder geeigneter gewesen wären, die Datenvermeidung und Datensparsamkeit sicherzustellen, ist hingegen grundsätzlich nicht möglich; eine gewisse Ausnahme dazu bildet lediglich die Vorgabe aus § 3a Satz 2 BDSG.[37]   24

Im Rahmen der Ermessensausübung durch die verantwortliche Stelle sind insbesondere folgende alternative, aber ggf. auch kombinierbare Vorgehensweisen zur Einhaltung der Vorgaben aus § 3a BDSG denkbar: 25

(1) Entsprechend den Vorgaben in § 3a Satz 2 BDSG werden von Anfang an geeignete Verfahren zur Anonymisierung und Pseudonymisierung eingesetzt.   26

(2) Die Erhebung, Verarbeitung und Nutzung von personenbezogenen Daten wird von vornherein weitgehend eingeschränkt, z. B. durch den vollständigen Verzicht auf die Erhebung bestimmter Daten, die Minimierung der zu erfassenden Datensätze oder eine klare Festlegung der geplanten Datenverarbeitungszwecke.   27

(3) Die verschiedenen Stadien der Datenverwendung (d. h. Erhebung, Verarbeitung und Nutzung) werden einzeln betrachtet, und es werden die für den jeweiligen Einzelschritt jeweils geeigneten (unterschiedlichen) Maßnahmen zur Datenvermeidung und Datensparsamkeit ergriffen.   28

Alle diese Alternativen sind ermessengerechte und daher zulässige Umsetzungsmöglichkeiten der Grundsätze der Datenvermeidung und Datensparsamkeit. Dabei sind einerseits natürlich weitere Varianten und Unterfälle denkbar. Andererseits sind die Maßnahmen zu deren technischer Umsetzung aufgrund der jeweils verfügbaren technischen Mittel wiederum so vielfältig, dass sie ihrerseits noch   29

---

35 *Scholz*, in: Simitis, BDSG, § 3a Rn. 28.
36 *Scholz*, in: Simitis, BDSG, § 3a Rn. 29.
37 Dazu ausführlich unter Rn. 48 ff.

einmal Spielraum bei der Auswahl und Gestaltung der entsprechenden Vorgänge lassen.[38]

30 Daher kann eine Wertigkeit zwischen den verschiedenen Handlungsalternativen nur mit Blick auf den jeweils zu beurteilenden Einzelfall getroffen werden. Die verantwortliche Stelle sollte sich daher gut überlegen, was für ihren konkreten Fall das jeweils richtige Vorgehen und die hierfür geeigneten technischen Maßnahmen sind.

2. Einzelheiten

a) Datenverarbeitungssysteme

31 Gegenstand der Verpflichtung aus § 3a BDSG sind u. a. die Auswahl und Gestaltung der verwendeten Datenverarbeitungssysteme; allerdings wird der Begriff der „Datenverarbeitungssysteme" im BDSG nicht definiert.

32 Nach dem Sinn und Zweck der Vorschrift, insbesondere der vorangestellten Wendung „Erhebung, Verarbeitung und Nutzung personenbezogener Daten", sind unter „Datenverarbeitungssystemen" alle Arten von Hardware und Software zu verstehen, die zum Zwecke der Datenverarbeitung eingesetzt werden.[39] Dies muss nach dem Gesetzeszweck auch unabhängig davon gelten, ob diese von der verantwortlichen Stelle aktiv eingesetzt oder dem Betroffenen – quasi passiv – zur Verfügung gestellt werden, damit dieser seine Daten eingeben kann.

b) Datenvermeidung

33 § 3a BDSG verpflichtet die verantwortliche Stelle, Datenverwendungsvorgänge und die hierfür genutzten Systeme so zu gestalten, dass „so wenig personenbezogene Daten wie möglich" verwendet werden.

34 Anders als noch vor der Novelle 2009 spricht das Gesetz nun nicht mehr davon, dass möglichst „keine" personenbezogenen Daten erhoben, verarbeitet und genutzt werden sollen. Es wäre allerdings irrig zu glauben, dass durch diesen anderen Wortlaut auch eine Änderung des gesetzlichen Regelungsgehaltes gewollt war. Denn § 3a BDSG will die Datenverwendung zum Schutz der Betroffenen so weit wie möglich einschränken.[40] Eine optimale Umsetzung dieser Zielvorgabe wird aber erst dann erreicht, wenn gar keine personenbezogenen Daten erhoben und verwendet werden.[41] Entsprechend ist die vollständige Datenvermeidung als die durchgrei-

---

38 So *Bizer*, in: Simitis, BDSG (6. Auflage), § 3a Rn. 39; heute enger *Scholz*, in: Simitis, BDSG, § 3a Rn. 29.

39 Zu weitgehend insofern *Bizer*, in: Simitis, BDSG (6. Auflage), § 3a Rn. 42, der durch eine Analogie zu DIN 44300 Nr. 99 nicht nur zur Datenverarbeitung verwandte Hardware und Software unter den Begriff der „Datenverarbeitungssysteme", sondern auch die für den Datenverarbeitungsprozess notwendigen Informationen und Daten fassen wollte.

40 Dazu oben Rn. 4.

41 *Gola/Schomerus*, BDSG, § 3a Rn. 6; *Roßnagel*, NVwZ 1998, S. 1 (4).

fenste Form der Datensparsamkeit[42] anzusehen.[43] Dies stellt auch die Überschrift des § 3a BDSG klar, die unverändert „Datenvermeidung und Datensparsamkeit" lautet.

Die verantwortliche Stelle sollte also die Datenvermeidung als das erstrebenswerte Optimum nach § 3a BDSG ansehen.[44] Sie hat daher jeweils vorrangig zu prüfen, ob eine Datenerhebung und die weitere Verwendung der Daten überhaupt notwendig ist.   **35**

Abhängig von den Umständen des Einzelfalles kann die absolute Datenvermeidung zur Einhaltung des § 3a sogar zwingend erforderlich sein. Dies gilt insbesondere dann, wenn die notwendigen Informationen auch aus anonymisierten oder pseudonymisierten Daten gewonnen werden können (§ 3a Satz 2 BDSG). Daher ist es für Untersuchungen über das Kaufverhalten von Kunden hinsichtlich neuer Produkte beispielsweise nicht erforderlich, personenbezogene Daten dieser Kunden zu erfassen. Aus demselben Grund ist auch das gerne von Website-Providern für die Ermittlung des Nutzerverhaltens genutzte Tracking von personenbezogenen Nutzer-IDs oder IP-Adressen unzulässig (vgl. auch § 13 Abs. 6 TMG[45]).   **36**

Umgekehrt kann eine absolute Datenvermeidung im Einzelfall weder möglich noch sinnvoll sein,[46] beispielsweise wenn dies im offensichtlichen Widerspruch zu den Interessen der beteiligten Parteien (z. B. bei der Erfüllung eines Vertrages) stehen würde.[47] Daher statuiert § 3a BDSG – anders als vor 2009 – auch keine absolute Verpflichtung zur Datenvermeidung mehr, sondern schreibt lediglich vor, dass die Datenverwendung und die dazu eingesetzten Systeme so zu gestalten sind, dass so wenig personenbezogene Daten wie möglich anfallen. Entsprechend ist von der verantwortlichen Stelle bei jedem Einzelnen Verarbeitungsschritt (Erhebung, Speicherung, Verarbeitung, Übermittelung und sonstiger Nutzung) kritisch zu hinterfragen, ob die zu verarbeitenden Daten für den entsprechenden Schritt wirklich notwendig sind oder ob nicht auch weniger Daten verwendet werden könnten; dabei ist insbesondere auch zu bedenken, dass auch die „Verwendungsdauer" der Daten nur so kurz wie möglich sein sollte.[48]   **37**

---

42 In diese Richtung auch *Scholz*, in: Simitis, BDSG, § 3a Rn. 31; ebenso – zur Rechtslage vor 2009 – *Hanse*, in: Roßnagel, Hdb. DSR, Kap. 3.3, Rn. 48; a. A. (für echte Alternativregelung) *Bizer*, in: Simitis, BDSG (6. Auflage), § 3a Rn. 51.

43 *Hansen*, in: Roßnagel, Hdb. DSR, Kap. 3.3, Rn. 48.

44 Ebenso nun auch *Scholz*, in: Simitis, BDSG, § 3a Rn. 31.

45 Ausführlich hierzu § 13 TMG Rn. 48 ff.

46 Zu den gesetzlichen vorgeschriebenen Datenverarbeitungen siehe *Bizer*, in: Simitis, BDSG (6. Auflage), § 3a Rn. 38.

47 Ähnlich *Roßnagel*, NVwZ 1998, S. 1 (4).

48 So schon zur alten Rechtslage *Hansen*, in: Roßnagel, Hdb. DSR, Kap. 3.3, Rn. 47.

c) Datensparsamkeit

38 Eine sparsame Datenverwendung ist im Wesentlichen auf zwei Wegen möglich:[49]

(1) Reduktion der Menge der Daten (sog. quantitative Reduktion), oder

(2) Minderung des Personenbezugs der Daten (sog. qualitative Reduktion).

39 Nach dem eindeutigen Gesetzeswortlaut ist die qualitative Reduktion der Daten durch Maßnahmen der Anonymisierung und Pseudonymisierung die vom Gesetzgeber vorgegebene und damit bevorzugte Methode (vgl. Wortlaut von § 3a Satz 2 BDSG „insbesondere").[50] Entsprechend sollte eine Erhebung und jede weitere Verarbeitung und Nutzung personenbezogener Daten erst dann stattfinden, wenn vorher die Möglichkeit der Anonymisierung oder Pseudonymisierung der Daten in Betracht gezogen wurde.

40 Erst wenn eine Anonymisierung oder Pseudonymisierung nicht in Frage kommt, weil diese nach dem Verwendungszweck nicht möglich sind oder deren Aufwand in keinem angemessenen Verhältnis zum Schutzzweck steht (§ 3a Satz 2 Halbs. 2 BDSG),[51] verpflichtet § 3a BDSG die verantwortliche Stelle in einem zweiten nächsten Schritt eine quantitativen Reduktion der zu verarbeitenden Daten vorzunehmen. Die verantwortliche Stelle muss dann also Maßnahmen treffen, die die Menge der zu verarbeitenden Daten reduziert bzw. möglichst gering hält – und dies gilt für jedes Stadium der Datenverwendung.

41 Dieser Pflicht, den eigenen Umgang mit personenbezogenen Daten quasi ständig zu überwachen, kann die verantwortliche Stelle relativ gut begegnen, indem sie von vornherein nur das Minimum an Daten erhebt, das sie für ihren jeweiligen Verarbeitungszweck benötigt. So dürfen beispielsweise bei der Bestellung einer Ware nur die zwingend für die Abwicklung der Bestellung notwendigen Daten des Nutzers (Name und Adresse) erhoben werden, nicht aber zusätzlich noch andere, „nützliche" Angaben wie E-Mail, Telefonnummer oder Geburtsdatum.

42 Darüber hinaus muss darauf geachtet werden, dass bei jedem Verwendungsschritt ggf. nicht mehr für den ursprünglichen Verarbeitungszweck erforderliche Daten umgehend gelöscht werden (vgl. insofern allgemein § 20 Abs. 2 Nr. 2 BDSG und § 35 Abs. 2 Nr. 3 BDSG[52] sowie § 13 Abs. 4 Nr. 2 TMG für die während der Internetnutzung anfallenden Daten[53]). Dies gilt vor allem für vorausbezahlte Dienstleistungen, wie z. B. eine Prepaid-Telefonkarte oder eine Zehnerkarte in einem Fitnessclub. Hier ist zwar für die Erteilung der Karte zunächst die Erhebung bestimmter Nutzerdaten, wie Name, Adresse und Zahlungsmodalitäten, erforderlich, nach Be-

---

49 Ähnlich auch *Scholz*, in: Simitis, BDSG, § 3a Rn. 32 f.
50 Hierzu ausführlich unten Rn. 45 ff.
51 Ausführlich hierzu unten Rn. 56 ff.
52 Vgl. zu den entsprechenden Regelungen § 20 BDSG Rn. 18 und § 35 BDSG Rn. 25 ff.
53 Ausführlich hierzu § 13 TMG Rn. 38 ff.

zahlung und Aushändigung der Gutscheinkarte ist jedoch die weitere Verwendung dieser Nutzerdaten nicht mehr notwendig.

Eine Reduktion der Menge der verarbeiteten Daten ist allerdings auch dadurch **43** möglich, dass nicht nur die Zahl der Daten, sondern auch die Häufigkeit der vorgenommenen Datenverwendungen, der Kreis der Betroffenen und/oder der Kreis der mit der Datenverwendung betrauten Personen eingeschränkt wird.[54]

In der Praxis umgesetzt wird der Grundsatz der Datensparsamkeit vor allem durch **44** entsprechende technische und organisatorische Maßnahmen[55] sowie entsprechende Schulungen der Mitarbeiter. Insbesondere müssen Daten, die nicht mehr für den ursprünglichen Verwendungszweck benötigt werden, gelöscht werden (§ 35 Abs. 2 Nr. 3 BDSG); hierzu dienen beispielsweise technisch gestützte Prüf- und Löschroutinen.[56] Zur Sicherstellung von Anonymität und Pseudonymität der Betroffenen werden außerdem krypto-basierte Verfahren eingesetzt oder durch Schulungen und entsprechende organisatorische Maßnahmen gewährleistet, dass nur die unbedingt notwendigen Daten erhoben, verarbeitet und genutzt werden.

d) Finanzieller Aufwand

Hinsichtlich des finanziellen Aufwandes, den die verantwortliche Stelle auf sich **45** nehmen muss, um ihren Verpflichtungen nachzukommen, muss – ebenso wie in Satz 2 und trotz der fehlenden Normierung in Satz 1 – der Grundsatz der Verhältnismäßigkeit gelten.[57] Aufwand und Erfolg der von der verantwortlichen Stelle getroffenen Datenvermeidungsmaßnahmen müssen also in einem angemessenen Verhältnis zum Schutzzweck stehen. Grund hierfür ist, dass Satz 1 keine unbedingte Verpflichtung der verantwortlichen Stelle statuiert („die verantwortliche Stelle muss"), sondern lediglich die Zielvorgabe macht, der möglichst nahezukommen ist („sind an dem Ziel auszurichten"). Daher muss die verantwortliche Stelle lediglich angemessene Anstrengungen unternehmen, um die Ziele der Datenvermeidung und Datensparsamkeit möglichst gut zu verwirklichen.

e) Zeitpunkt

Der Zeitpunkt, ab dem die Zielvorgaben der Datenvermeidung und Datensparsam- **46** keit eingehalten werden müssen, ist ein sehr früher: Nach dem Gesetzeswortlaut muss bereits bei der „Auswahl der Datenverarbeitungssysteme" – und nicht erst bei einer konkret bevorstehenden Datenerhebung – darauf geachtet werden, dass diese Systeme den Grundsätzen der Datenvermeidung und Datensparsamkeit Rechnung tragen. Dies ist zur Einhaltung der Grundsätze allerdings auch sinnvoll, denn nur

---

54 *Gola/Schomerus*, BDSG, § 3a Rn. 1b; ebenso aber missverständlich, auf „qualitative Reduktion" abstellend: *Schreiber*, in: Plath, BDSG, § 3a Rn. 9.

55 So schon zur Rechtslage vor 2009 *Hansen*, in: Roßnagel, Hdb. DSR, Kap. 3.3, Rn. 49.

56 *Scholz*, in: Simitis, BDSG, § 3a Rn. 36; ebenso *Schreiber*, in: Plath, BDSG, § 3a Rn. 10; ausführlich zu programmiertem Verfallsdaten auch *Bull*, NVwZ 2011, S. 257 (260 f.).

57 Ebenso *Gola/Schomerus*, BDSG, § 3a Rn. 7; *Bäumler*, DuD 1999, S. 258 (260).

wenn diese schon in einem so frühen Stadium beachtet werden müssen, ist sichergestellt, dass die verantwortliche Stelle sich hinterher nicht mehr darauf berufen kann, ihre Systeme könnten nicht anders konfiguriert werden.

47 Für die verantwortliche Stelle bedeutet dies, dass sie bereits vor der Anschaffung und Inbetriebnahme entsprechender Systeme überdenken muss, welche Datenverarbeitungsvorgänge sie durchführen will, und ob das angestrebte Ergebnis ohne Datenverarbeitung bzw. durch Verwendung anonymer/pseudonymer Daten oder möglichst weniger personenbezogener Daten erreicht werden kann. Die verantwortliche Stelle muss folglich eine Vorab-Analyse der beabsichtigten Verarbeitungsprozesse vornehmen und verschiedene Alternativszenarien, wie die Prozesse gestaltet und technisch umgesetzt werden können, durchspielen. Auf diese Weise kann sie – ggf. mit der Hilfe von (externen) Fachleuten – eine unter dem Gesichtspunkt der Datenvermeidung und Datensparsamkeit optimale Lösung finden.

IV. Anonymisierung und Pseudonymisierung (Satz 2)

1. Regelungsgehalt der Vorschrift

48 § 3a Satz 2 BDSG ist eine gesetzgeberische Konkretisierung der allgemeinen Verpflichtung nach Satz 1 und verpflichtet die verantwortliche Stelle, personenbezogene Daten zum Zwecke der Datenvermeidung und Datensparsamkeit „insbesondere" zu anonymisieren oder pseudonymisieren bzw. von vorneherein anonymisiert oder pseudonymisiert zu erheben.[58] Allerdings hat der Gesetzgeber diese Verpflichtung der verantwortlichen Stelle unter einem doppeltem Vorbehalt gestellt: die jeweilige Zweckbindung und die Verhältnismäßigkeit des Aufwandes zum Einsatz solcher Verfahren (§ 3a Satz 2 Halbs. 2 BDSG).

49 Die Regelung in § 3a Satz 2 BDSG ist nicht abschließend, sondern gibt aufgrund ihres eindeutigen Wortlautes („insbesondere") ein Regelbeispiele für zwei, vom Gesetzgeber vorgegebene Möglichkeiten der Datenvermeidung und Datensparsamkeit.[59] Entsprechend gilt der doppelte Vorbehalt nach Satz 2 Halbs. 2 auch nur für diese Regelbeispiele;[60] bei anderen Maßnahmen der Datenvermeidung und Datensparsamkeit greift aber ggf. der allgemeine Verhältnismäßigkeitsgrundsatz.

2. Einzelheiten

a) Anonymisieren

50 Für die Bestimmung des Begriffs der „Anonymisierung" kann die Legaldefinition in § 3 Abs. 6 BDSG herangezogen werden: Demnach sind personenbezogene Daten

---

58 Das BVerfG spricht hier vom „Grundsatz der Datenvermeidung durch Technik", vgl. BVerfGE 65, 1 (48 f.).
59 BT-Drs. 14/4329, S. 33.
60 Ebenso *Scholz*, in: Simitis, BDSG, § 3a Rn. 45.

so zu verändern, dass sie einer bestimmten oder bestimmbaren natürlichen Person entweder überhaupt nicht mehr oder nur noch mit einem unverhältnismäßig großem Aufwand an Zeit, Kosten und Arbeitskraft zugeordnet werden können.[61] Entsprechend setzt auch eine Anonymisierung nach § 3a BDSG voraus, dass der Betroffene, überhaupt nicht mehr oder nur mit erheblichem Aufwand identifiziert werden kann. Dies gilt auch für denjenigen, der die Anonymisierung durchführt: Die Identifikation des Betroffenen muss für ihn ebenfalls quasi unmöglich sein.

Maßstab ist also eine Analyse des „Re-Identifizierungsrisikos":[62] Dabei ist im jeweiligen Einzelfall die Frage zu stellen, ob der Aufwand der Neubeschaffung der betreffenden Daten geringer ist als der Aufwand, der für die Re-Identifizierung notwendig wäre. Wenn dies zu bejahen – und somit eine Re-Identifizierung nicht zu erwarten – ist, liegen anonymisierte Daten vor.

51

b) Pseudonymisieren

Der Begriff des Pseudonymisierens ist in § 3 Abs. 6a BDSG legaldefiniert. Erforderlich ist hier das Ersetzen des Namens und anderer Identifikationsmerkmale durch ein Kennzeichen, sodass die Bestimmung der Betroffenen entweder ausgeschlossen oder doch zumindest wesentlich erschwert wird. Pseudonymisieren ist anonymisieren auf den ersten Blick also ziemlich ähnlich, allerdings besteht der Unterschied darin, dass beim Pseudonymisieren nur eine sog. relative Anonymität erreicht wird: Der Betroffene bleibt für den, der das Pseudonym vergibt, identifizierbar und seine Daten können ihm zugeordnet werden, da dieser auch die Referenzliste mit Namen und Pseudonymen hat; für außenstehende Dritte ist der Betroffene hingegen anonym.[63] Entsprechend sind die pseudonymisierten Daten auch für denjenigen, der die Pseudonyme vergibt, personenbezogene Daten und nur für außenstehende Dritte, z. B. Datenempfänger, anonyme Daten.

52

Eine gesetzliche Vorgabe, wann die Anonymisierung bzw. Pseudonymisierung erfolgen soll, gibt es nicht. Nach dem Sinn und Zweck des § 3a BDSG sollte dies allerdings immer möglichst frühzeitig sein,[64] also bestenfalls vor bzw. bei Erhebung der Daten. Wenn Schritte zur Anonymisierung oder Pseudonymisierung erst bei weiteren Datenverwendungsschritten vorgenommen werden, muss der genaue Zeitpunkt jeweils nach den spezifischen Gegebenheiten des Einzelfalles bestimmt werden.

53

---

61 Ausführlich zur Anonymisierung § 3 BDSG Rn. 43 ff.; zu unterschiedlichen Anonymisierungstechniken vgl. *Rau/Behrens*, K&R 2009, S. 766 ff., und *Schmidt/Jacob*, DuD 2011, S. 88 ff.; zum Begriff der technischen Anonymität siehe *Hansen*, in: Roßnagel, Hdb. DSR, Kap. 3.3, Rn. 50.

62 Abgrenzung in Anlehnung an *Tinnefeld/Ehmann/Gerling*, Einführung in das Datenschutzrecht, S. 288 m. w. N.

63 *Roßnagel/Schulz*, MMR 2000, S. 721 (724, 726); ähnlich auch *Gola/Schomerus*, BDSG, § 3a Rn. 10; weiter differenzierend zwischen „absolut" und „faktisch anonymen" Daten: *Dammann*, in: Simitis, BDSG, § 3 Rn. 20 ff.

64 In diesem Sinne auch Art. 6e der Datenschutzrichtlinie 95/46/EG (vgl. Fn. 23).

c) Zweckvorbehalt

54 Maßnahmen der Anonymisierung und Pseudonymisierung sind nur zu ergreifen „soweit dies nach dem Verwendungszweck möglich ist".

55 Nach dem Willen des Gesetzgebers vor der Novelle 2009 war bei dieser Beurteilung auf die technische Möglichkeiten abzustellen (sog. Vorbehalt des technisch Möglichen);[65] d. h. es musste technisch möglich sein, die entsprechenden Maßnahmen umzusetzen. Beispielhaft können hier Filtermaßnahmen genannt werden, die verhindern, dass Personen auf Videoaufnahmen erkannt werden[66] (z. B. bei einem Geldautomaten die auf der Straße vorbeigehenden Personen). „Technisch möglich" waren dabei auch Maßnahmen, die konzeptionell entwickelt waren und realisiert werden konnten, selbst wenn sie tatsächlich noch nicht umgesetzt worden waren; als Grenze diente hier lediglich die Frage der Angemessenheit der Maßnahme.[67] Entsprechend schwierig war es für die verantwortliche Stelle zu beurteilen, wo die Grenze des technisch Möglichen zu ziehen war.

56 Mit der Novelle 2009 hat der Vorbehalt der „Möglichkeit" einen anderen Bezugspunkt erfahren:[68] Maßgeblich ist nun der Verwendungszweck. Das bedeutet, dass nun nicht mehr allein die technische Möglichkeit ausschlaggebend ist, sondern der konkrete Verwendungszweck der Daten die Grenze der von § 3a Satz 2 BDSG gewollten „Möglichkeit" vorgibt. Damit wird interessengerecht auf die konkret geplante Verwendung der Daten abgestellt. Der Datenverarbeiter darf nur dann personenbezogene Daten verwenden, wenn er nur dadurch seinen Verwendungszweck erreichen kann. Illustrieren lässt sich dies am Beispiel eines E-Mail-Newsletters: Hier ist es zur Zusendung der Publikation nicht erforderlich, dass der Versender eine namensbezogene E-Mail-Adresse des Empfängers vorliegen hat. Vielmehr wäre eine Erfüllung des Zwecks „Versendung eines Newsletters" auch dann möglich, wenn der Newsletter an eine Pseudonym-Adresse (wie z. B. singvogel@anonymous.de) versandt würde.

57 Umgekehrt kann der Betroffenen nicht auf eine Anonymisierung oder Pseudonymisierung bestehen, wenn dadurch eine zweckgerechte Verwendung unmöglich wird. Zu denken wäre hier beispielsweise an Altersverifikationssysteme, die überprüfen, ob eine bestimmte Person schon alt genug ist, um bestimmte Waren und Dienstleistungen zu beziehen.

58 Die Beweislast für die Unmöglichkeit oder Unzumutbarkeit obliegt der verantwortlichen Stelle.[69]

---

65 BT-Drs. 14/4329, S. 33.
66 *Tinnefeld/Ehmann/Gerling*, Einführung ins Datenschutzrecht, S. 314.
67 *Bizer*, in: Simitis, BDSG (6. Auflage), § 3a Rn. 75.
68 Die Gesetzesbegründung spricht hier unzutreffend von einer „Präzisierung", vgl. BT-Drs. 16/13657, S. 28.
69 *Gola/Schomerus*, BDSG, § 3a Rn. 8; *Bäumler*, DuD 1999, S. 258 (260).

Zscherpe

d) *Verhältnismäßigkeit*

§ 3a Satz 2 Halbs. 2 BDSG schreibt weiterhin die Verhältnismäßigkeit zwischen   **59**
dem für die Anonymisierung und Pseudonymisierung erforderlichen Aufwand und
dem verfolgten Schutzzweck (Schutz des informationellen Selbstbestimmungsrechts) fest.[70] Dies soll nach dem Willen des Gesetzgebers im Interesse der verantwortlichen Stelle sicherstellen, dass nicht die besten aller möglichen Maßnahmen
getroffen werden müssen, sondern auch weniger aufwendige Maßnahmen getroffen
werden können, wenn sie nur sachgerecht sind.[71]

Entsprechend wird man auch keinen kompletten Risikoausschluss im Sinne einer   **60**
Verpflichtung zur Verwendung der besten oder neuesten Maßnahmen fordern können. Ausreichend muss vielmehr sein, wenn „angemessene" Maßnahmen zur Anonymisierung und Pseudonymisierung getroffen werden. Denn dann ist das Risiko
einer Verletzung des informationellen Selbstbestimmungsrechts der Betroffenen
bereits als relativ gering anzusehen.

Sicher noch „angemessen" sind die Aufwendungen für standardmäßig verfügbare   **61**
Anonymisierungs- und Pseudonymisierungsverfahren oder für Software, die mit
geringem Aufwand programmiert werden kann.[72] Schwieriger wird es hingegen bei
der Frage, ob eine Neuanschaffung eines Datenverarbeitungssystems notwendig ist,
wenn das alte System nur unzureichende Anonymisierungs- und Pseudonymisierungsmaßnahmen beinhaltet. Aus wirtschaftlichen Gründen ist eine Unangeme-
ssenheit zumindest dann anzunehmen, wenn das alte System noch nicht steuerlich
abgeschrieben ist.[73] Da es nach dem Wortlaut von § 3a Satz 2 BDSG nicht erforderlich ist, alle Anstrengungen zur Anonymisierung und Pseudonymisierung zu unternehmen, ist darüber hinaus in jeden Einzelfall zu prüfen, ob eine Neuanschaffung
die verantwortliche Stelle in finanzieller Hinsicht unangemessen benachteiligen
würde.

e) *Einzelfälle*

Ein klassischer Anwendungsfall der Anforderungen des § 3a Satz 2 BDSG ist das   **62**
präventive oder repressive Monitoring von Beschäftigten oder Screening von Beschäftigtendaten im Rahmen der Vorbeugung und Aufdeckung von Korruptionsfällen und Straftaten.[74] Hier wurde der Grundsatz, dass zunächst so wenig perso-

---

70 Zur Problematik, dass es häufig schwierig sein wird, die entsprechende Relation zu bestimmen, da das Recht auf informationelle Selbstbestimmung ein immaterielles Recht ist,
 vgl. *Bizer*, in: Simitis, BDSG (6. Auflage), § 3a Rn. 79 (m.w.N. zur Frage der Ökonomi-
 sierung des informationellen Selbstbestimmungsrechts in Fn. 92).
71 BT-Drs. 14/4329, S. 33.
72 *Scholz*, in: Simitis, BDSG, § 3a Rn. 56.
73 So auch *Scholz*, in: Simitis, BDSG, § 3a Rn. 56.
74 Ausführlich dazu z.B. *Thüsing*, Arbeitnehmerdatenschutz und Compliance (2010),
 Rn. 145 ff.; *Heldmann*, DB 2010, S. 1235 ff.; *Salvenmoser/Hauschka*, NJW 2010,
 S. 331 ff.; *Zikesch/Reimer*, DuD 2010, S. 96 ff.

nenbezogene Daten wie möglich zu verwenden sind, von den Arbeitsgerichten wiederholt statuiert. So ist beispielsweise der klassische Abgleich von Beschäftigten-Kontodaten mit Kontodaten von Lieferanten (sog. „Mitarbeiter-Rasterfahndung") zunächst mit pseudonymisierten Daten durchzuführen und erst nach Identifikation von Auffälligkeiten darf das Unternehmen – unter Hinzuziehung von Datenschutzbeauftragten und Betriebsrat – einen Personenbezug der „auffälligen" Daten herstellen.

V. Rechtsfolgen

63 Ein Verstoß gegen die in § 3a BDSG niedergelegten Prinzipien ist per se nicht sanktioniert, insbesondere bleibt eine entsprechende Datenverarbeitung rechtmäßig und ist gemäß §§ 43, 44 BDSG weder bußgeld- noch strafbewehrt.[75] Insofern wird § 3a BDSG von vielen Autoren auch als „reiner Programmsatz" ohne Sanktion gesehen, der „Rechtpflichten ohne Verpflichtungscharakter" statuiert.[76]

64 Denkbar wäre lediglich, dass § 43 Abs. 2 Nr. 1 BDSG greift, wonach die „unbefugte" Datenverarbeitung als Ordnungswidrigkeit einzustufen ist.[77] Allerdings ist bei einem Verstoß gegen § 3a BDSG die Verarbeitung der Daten an sich befugt und nur der Umfang der verarbeiteten Daten zu weit gefasst. Daher scheidet eine – auch entsprechende – Anwendung von § 43 Abs. 2 Nr. 1 BDSG aus, weil die tatbestandlichen Voraussetzungen nicht erfüllt sind.

65 Wenn also die verantwortliche Stelle ihre Datenverarbeitung nicht datensparsam und datenvermeidend gestaltet, bleibt dies auf den ersten Blick grundsätzlich folgenlos.

66 Eine gewisse Kontrolle könnten in diesem Bereich allerdings die zuständigen Aufsichtsbehörden im nicht-öffentlichen Bereich ausüben (§ 38 Abs. 1 BDSG).[78] Mangels ausdrücklicher gesetzlicher (Eingriffs-)Befugnisse können aber auch sie eine Verletzung der Grundsätze der Datenvermeidung und Datensparsamkeit nicht wirklich verfolgen.[79]

67 Ferner ist eine wachsende Tendenz seitens der Betriebsräte zu sehen, bei einem Verstoß gegen § 3a BDSG die Zustimmung zu den in Frage stehenden Datenverarbeitungsvorgängen zu verweigern.[80] Dies kann allerdings nur bei der Verarbeitung von

---

75 *Gola/Schomerus*, BDSG, § 3a Rn. 2; *Schneider*, in: Plath, BDSG, § 3a Rn. 14.

76 *Scholz*, in: Simitis, BDSG, § 3a Rn. 27; *Schaffland/Wildfang*, BDSG, § 3a Rn. 2; *Schneider*, in: Plath, BDSG, § 3a Rn. 14.

77 Ausführlich hierzu § 43 BDSG Rn. 51 ff.

78 Dazu im Detail § 38 BDSG Rn. 5 ff.

79 *Schaffland/Wildfang*, BDSG, § 3a Rn. 2; *Schneider*, in: Plath, BDSG, § 3a Rn. 14; Einzelheiten auch bei *Moos*, DuD 1998, S. 163 ff.

80 Ebenso *Gola/Schomerus*, BDSG, § 3a Rn. 8.

Beschäftigtendaten eine Rolle spielen, weil der Betriebsrat nur hier mitbestimmungsbefugt ist.

Bedeutung kann die Einhaltung von oder der Verstoß gegen § 3a BDSG auch im Hinblick auf die neue Informationspflicht bei Datenschutzverstößen nach § 42a BDSG haben. Denn das Risiko einer solchen Meldepflicht[81] erhöht sich selbstverständlich mit der Menge an Daten, die eine verantwortliche Stelle verarbeitet. Umgekehrt kann die Vermeidung von Daten somit zu einer entsprechenden Risikominimierung im Hinblick auf mögliche Meldepflichten der verantwortlichen Stelle nach § 42a BDSG beitragen. **68**

Nicht zu unterschätzen ist nicht zuletzt auch der schon erwähnte „Werbecharakter", den die Einhaltung bzw. Nicht-Einhaltung des § 3a BDSG bergen kann. Zwar statuiert § 3a BDSG – anders als § 13 Abs. 6 TMG[82] – keine Verpflichtung der verantwortlichen Stelle, die Betroffenen über unternommene Datenvermeidungsmaßnahmen zu informieren. Es steht der verantwortlichen Stelle jedoch selbstverständlich frei, mit ihrer datensparsamen oder datenvermeidenden Verarbeitung zu werben. **69**

Vor dem Hintergrund, dass Datenschutzaudits und Gütesiegel in der Wahrnehmung von Unternehmen durch ihre Kunden eine zunehmende Rolle spielen, kann dies ein entscheidender Wettbewerbsfaktor sein. Denn ein Unternehmen, das die Vorgaben des § 3a BDSG umsetzt und sich dafür ggf. auch noch zertifizieren lassen konnte, wird eine erheblich positivere Kunden- und Mitarbeiterwahrnehmung erfahren als ein Unternehmen, das keine solche Zertifizierung aufweisen kann. **70**

---

81 Zu den Tatbestandvoraussetzungen vgl. § 42a BDSG Rn. 7 ff.
82 Vgl. dazu § 13 TMG Rn. 56.

§ 4 Zulässigkeit der Datenerhebung, -verarbeitung und -nutzung

(1) Die Erhebung, Verarbeitung und Nutzung personenbezogener Daten sind nur zulässig, soweit dieses Gesetz oder eine andere Rechtsvorschrift dies erlaubt oder anordnet oder der Betroffene eingewilligt hat.

(2) Personenbezogene Daten sind beim Betroffenen zu erheben. Ohne seine Mitwirkung dürfen sie nur erhoben werden, wenn

1. eine Rechtsvorschrift dies vorsieht oder zwingend voraussetzt oder

2. a) die zu erfüllende Verwaltungsaufgabe ihrer Art nach oder der Geschäftszweck eine Erhebung bei anderen Personen oder Stellen erforderlich macht oder

b) die Erhebung beim Betroffenen einen unverhältnismäßigen Aufwand erfordern würde

und keine Anhaltspunkte dafür bestehen, dass überwiegende schutzwürdige Interessen des Betroffenen beeinträchtigt werden.

(3) Werden personenbezogene Daten beim Betroffenen erhoben, so ist er, sofern er nicht bereits auf andere Weise Kenntnis erlangt hat, von der verantwortlichen Stelle über

1. die Identität der verantwortlichen Stelle,

2. die Zweckbestimmungen der Erhebung, Verarbeitung oder Nutzung und

3. die Kategorien von Empfängern nur, soweit der Betroffene nach den Umständen des Einzelfalles nicht mit der Übermittlung an diese rechnen muss,

zu unterrichten. Werden personenbezogene Daten beim Betroffenen aufgrund einer Rechtsvorschrift erhoben, die zur Auskunft verpflichtet, oder ist die Erteilung der Auskunft Voraussetzung für die Gewährung von Rechtsvorteilen, so ist der Betroffene hierauf, sonst auf die Freiwilligkeit seiner Angaben hinzuweisen. Soweit nach den Umständen des Einzelfalles erforderlich oder auf Verlangen, ist er über die Rechtsvorschrift und über die Folgen der Verweigerung von Angaben aufzuklären.

Literatur: *Barthel/Huppertz*, Arbeitsrecht und Datenschutz, AuA 2006, S. 204; *Baßlsperger*, Beteiligung des Personalrats beim „Betrieblichen Eingliederungsmanagement" (BEM) nach § 84 Abs. 2 SGB IX, PersV 2010, S. 450; *Bausewein*, Legitimationswirkung von Einwilligung und Betriebsvereinbarung im Beschäftigtendatenschutz, Edewecht 2012; *Bitter*, Kreditverträge in Umwandlung und Umstrukturierung, ZHR 173 (2009), S. 379; *Böhner*, Datenschutz im Intranet von Franchisenetzwerken, in: Taeger/Wiebe (Hrsg.), Inside the Cloud – Neue Herausforderungen für das Informationsrecht, Edewecht 2009, S. 47; *Braun/Wybitul*, Übermittlung von Arbeitnehmerdaten bei Due

Taeger

Diligence – Rechtliche Anforderungen und Gestaltungsmöglichkeiten, BB 2008, S. 782; *Breinlinger/Krader*, Whistleblowing – Chancen und Risiken bei der Umsetzung von anonym nutzbaren Hinweisgebersystemen im Rahmen des Compliance-Managements von Unternehmen, RDV 2006, S. 60; *B. Buchner*, Betriebliche Datenverarbeitung zwischen Datenschutz und Informationsfreiheit, Festschrift für Herbert Buchner zum 70. Geburtstag, München 2009, S. 153; *B. Buchner*, Die Einwilligung im Datenschutzrecht – vom Rechtfertigungsgrund zum Kommerzialisierungsinstrument, DuD 2010, S. 39; *Bull*, Netzpolitik: Freiheit und Rechtsschutz im Internet, Baden-Baden 2013; *Daniels*, Neues zum betrieblichen Eingliederungsmanagement, PersR 2010, S. 428; *Deiters*, Betriebsvereinbarung Kommunikation, ZD 2012, S. 109; *Diller/Schuster*, Rechtsfragen der elektronischen Personalakte, DB 2008, S. 928; *Durner*, Datenschutzrecht in der Fach- und Bauleitplanung, UPR 2003, S. 262; *Durner*, Zur Einführung: Datenschutzrecht, JuS 2006, S. 213; *Dworkin*, Sox and Whistleblowing, Michigan Law Review, Vol. 105, p. 1757; *Eisenberg*, Der praktische Fall – Jugendstrafrecht und Kriminologie: Fruchtloser Streit des Jugendgerichts mit dem Jugendamt, JuS 2002, S. 258; *Engelien-Schulz*, Zur Bedeutung und Ausgestaltung der datenschutzrechtlichen Einwilligungserklärung für öffentliche Stellen, VR 2009, S. 73; *Ewer*, Regelungsbedarf bei Cloud Computing in Kanzleien, AnwBl 2012, S. 476; *Fischer*, Datenschutz in sozialen Beratungsstellen, RDV 2009, S. 18; *Forst*, Der Regierungsentwurf zur Regelung des Beschäftigtendatenschutzes, NZA 2010, S. 1043; *Forst*, Wie viel Arbeitnehmerdatenschutz erlaubt die EG-Datenschutzrichtlinie?, RDV 2010, S. 150; *Forst*, Bewerberauswahl über soziale Netzwerke im Internet?, NZA 2010, S. 427; *Forst*, Social Media Guidelines – Regelung durch Betriebsvereinbarung?, ZD 2012, S. 251; *Franzen*, Datenschutz im Unternehmen – Zwischen Persönlichkeitsschutz der Arbeitnehmer und Compliance-Anforderungen, ZfA 2012, S. 172; *Frey*, Direktmarketing und Adresshandel im Spannungsfeld von UWG und BDSG, in: Taeger/Wiebe (Hrsg.), Inside the Cloud, 2009, S. 33; *Fritz*, Beschäftigtendatenschutz im Konzern Deutsche Bahn aus arbeitsrechtlicher Sicht, ZfA 2012, S. 197; *Geiger*, Die Einwilligung in die Verarbeitung von persönlichen Daten als Ausübung des Rechts auf informationelle Selbstbestimmung, NVwZ 1989, S. 35; *Geis*, Schutz von Kundendaten im E-Commerce und elektronische Signatur, RDV 2000, S. 208; *Gola*, Die Erhebung und Verarbeitung „besonderer Arten personenbezogener Daten" im Arbeitsverhältnis, RDV 2001, S. 125; *Gola*, Die Einwilligung als Legitimation für die Verarbeitung von Arbeitnehmerdaten, RDV 2002, S. 109; *Gola*, Das Gebot der Direkterhebung im Arbeitsverhältnis und Informationspflichten gegenüber Bewerbern, RDV 2003, S. 177; *Gola/Reif*, Datenschutz im Urlaub und auf Reisen – Die gesetzlichen Rahmenbedingungen, RDV 2008, S. 177; *Grobys*, Die Überwachung von Arbeitnehmern in Call Centern, Baden-Baden 2007; *Grönemeyer*, Die Einwilligung im Beschäftigtendatenschutz, Edewecht 2012; *Härting*, IT-Sicherheit in der Anwaltskanzlei – Das Anwaltsgeheimnis im Zeitalter der Informationstechnologie, NJW 2005, S. 1248; *Härting*, Datenschutz und Anwaltsgeheimnis, ITRB 2009, S. 138; *Härting*, Anwaltsgeheimnis: Schutz vor dem Datenschutz, AnwBl 2011, S. 50; *Härting*, Datenschutzrecht: Verbotsprinzip und Einwilligungsfetisch, AnwBl 2012, S. 716; *Härting*, Datenschutz-Grundverordnung, in: Taeger (Hrsg.), IT und Internet – mit Recht gestalten, Edewecht 2012, S. 687; *Härting*, Starke Behörden, schwaches Recht – der neue EU-Datenschutzentwurf, BB 2012, S. 459; *Härting*, Datenschutz und Persönlichkeitsrecht: Verbotsprinzip und offener Tatbestand, in: Leible/Kutschke (Hrsg.), Der Schutz der Persönlichkeit im Internet, Stuttgart 2013, S. 55; *Härting/Schneider*, Das Dilemma der Netzpolitik, ZRP 2011, S. 233; *Härting/Schneider*, Datenschutz in Europa: Ein Alternativentwurf für eine Datenschutz-Grundverordnung, CRi 2013, Supplement 1, S. 19; *Haußmann/Krets*, EDV-Betriebsvereinbarungen im Test, NZA 2005, S. 259; *Herrn*, Elektronischer Datenversand und Verschwiegenheitspflicht, NWB 2012, S. 4249; *Hilber*, Die datenschutzrechtliche Zulässigkeit intranetbasierter Datenbanken internationaler Konzerne, RDV 2005, S. 143; *Hilber/Hartung*, Auswirkungen des Sarbanes-Oxley Act auf deutsche WP-Gesellschaften: Konflikte mit der Verschwiegenheitspflicht der Wirtschaftsprüfer und dem Datenschutz, BB 2003, S. 1054; *Hillenbrand-Beck*, Aktuelle Fragestellungen des internationalen Datenverkehrs, RDV 2007, S. 231; *Hoeren*, Banken und Outsourcing, DuD 2002, S. 736; *Hoeren*, Risikoprüfung in der Versicherungswirtschaft – Datenschutz und wettbewerbsrechtliche Fragen beim Aufbau zentraler Hinweissysteme, VersR 2005, S. 1014; *Hoeren*, Rechtliche Grundlagen des SCHUFA-Scoring-Verfahrens, RDV 2007, S. 93; *Hummel/Hilbrans*, Übermittlung von Arbeitnehmerdaten im Konzernverbund im Rahmen eines konzerneinheitlichen Datenverarbeitungssystems, AuR 2005, S. 207; *Imhof*, One-to-One-Marketing im Internet – Das TDDSG als Marketinghindernis, CR 2000, S. 110; *Iraschko-Luscher*, Einwilligung – ein stumpfes Schwert des Datenschutzes?, DuD 2006, S. 706; *Karg*, Die Renaissance des Verbotsprinzips im Datenschutz, DuD 2013, S. 75; *Kesten*, RFID und Datenschutz, RDV 2008, S. 97; *Kock/ Francke*, Mitarbeiterkontrolle durch systematischen Datenabgleich zur Korruptionsbekämpfung, NZA 2009, S. 646; *Kort*, Einsatz von IT-Sicherheitsmaßnahmen durch den Arbeitgeber, DB 2011, S. 2092; *Kort*, Datenschutzrechtliche und betriebsverfassungsrechtliche Fragen bei IT-Sicherheitsmaßnahmen, NZA 2011, S. 1319; *Kort*, Zum Verhältnis von Datenschutz und Compliance im geplanten Beschäftigtendatenschutzgesetz, DB 2011, 651; *Kort*, Überwachungsrecht des Betriebsrats bei Maßnahmen des betrieblichen Eingliederungsmanagements, DB 2012, S. 688; *Kort*, Die Stellung des Betriebsrats im System des Beschäftigtendatenschutzes, RDV 2012, S. 8; *Kort*, Online-Datenzugriff im Betrieb, ZD 2012, S. 247; *Knobloch*, Der Schutz der Persönlichkeit im Internet, in: Leible/Kutschke (Hrsg.), Der Schutz der Persönlichkeit im Internet, Stuttgart 2013, S. 9; *Kroschwald/Wicker*, Zulässigkeit von Cloud Computing für Berufsgeheimnisträger, in: Taeger (Hrsg.), IT und Internet – mit Recht gestalten, Edewecht 2012, S. 733; *Kroschwald/Wicker*, Kanzleien und Praxen in der Cloud – Strafbarkeit nach § 203 StGB, CR 2012, S. 758; *Leutheusser-Schnarrenberger*, Regelungsbedarf bei Cloud Computing in Kanzleien, AnwBl 2012, S. 477; *Liedke*, Die Einwilligung im Datenschutzrecht, Edewecht 2012; *Lindemann/Simon*, Betriebsvereinbarungen zur E-Mail-, Internet- und Intranet-Nutzung, BB 2001, S. 1950; *Löwisch*, Fernmeldegeheimnis und Datenschutz bei der Mitarbeiterkontrolle, DB 2009, S. 2782; *Maschmann*, Compliance versus Datenschutz, NZA-Beil. 2012, S. 50; *Mattl*, Die Kontrolle der Internet- und E-Mail-Nutzung am Arbeitsplatz, Hamburg 2008; *Menzel*, Datenschutzrechtliche Einwilligungen, DuD 2008, S. 400; *Mester*, Arbeitnehmerdatenschutz – Notwendigkeit und Inhalt einer gesetzlichen Regelung, Edewecht 2009; *Möller*, Betriebsvereinbarungen zur Internetnutzung, ITRB 2009, S. 44; *Mund*, Grundrechtsschutz und genetische Information, Basel 2005; *Nettesheim*, Grundrechtsschutz der Privatheit, VVDStRL Bd. 170 (2011), S. 7; *Neufeld*, Das Auskunftsrecht des Betriebsrats geht dem Recht auf informationelle Selbstbestimmung vor, BB 2012, 2315; *Neufeld*, Herausforderungen des Gesundheitsmanagements meistern, PersF 8/2010, S. 126; *Pfeifer*, Verhaltensorientierte Nutzeransprüche – Tod durch Datenschutz oder Moderation durch das Recht?, K&R 2011, S. 543; *Plath/Frey*, Direktmarketing nach der BDSG-Novelle: Grenzen erkennen, Spielräume optimal nutzen, BB 2009, S. 1762; *Pörksen*, Veröffentlichung von Gegnerlisten im Internet durch Rechtsanwälte, AnwZert ITR 19/2012 Anm. 2; *Raay van/Meyer-van-*

Raay, Opt-in, Opt-out und (k)ein Ende der Diskussion, VuR 2009, S. 103; *Redeker*, Datenschutz und Internethandel – Zur Abgrenzung der datenschutzrechtlichen Regelungen in TMG und BDSG, ITRB 2009, S. 204; *Reiter/Kühnel*, Lohnpfändung – Auskünfte des Arbeitgebers, AuA 2004, S. 40; *Rittweger/Schmidl*, Arbeitnehmerdatenschutz im Lichte des Allgemeinen Gleichbehandlungsgesetzes, RDV 2006, S. 235; *Rose*, Betriebsvereinbarung, DuD 2011, S. 136; *Roßnagel/Banzhaf/Grimm*, Datenschutz im Electronic Commerce, Heidelberg 2003; *Roßnagel/Knopp*, Mobilisierte Verwaltung: Perspektiven und rechtlicher Gestaltungsbedarf, DÖV 2006, S. 982; *Roßnagel/Laue*, Zweckbindung im Electronic Government, DÖV 2007, S. 543; *Rüpke*, Das spezifische Datenschutzrecht des Notars, NJW 1991, S. 548; *Rüpke*, Anwaltsrecht und Datenschutzrecht, NJW 1993, S. 3097; *Rüpke*, Ein Beauftragter für den Datenschutz in der Anwaltskanzlei?, AnwBl 2004, S. 552; *Rüpke*, Datenschutz, Mandatsgeheimnis und anwaltliche Kommunikationsfreiheit, NJW 2008, 1121; *Rüpke*, Mehr Rechtssicherheit für anwaltliche Datenverarbeitung, ZRP 2008, S. 87; *Sassenberg/Bamberg*, Betriebsvereinbarung contra BDSG?, DuD 2006, S. 226; *Scharf*, Umwandlung und Datenschutz, Köln 2009; *Schmidl*, Dokumentationsdaten nach dem Allgemeinen Gleichbehandlungsgesetz (AGG), DuD 2007, S. 11; *Schmidl*, Die Subsidiarität der Einwilligung in Arbeitsverhältnissen, DuD 2007, S. 756; *Schmidt, Bernd*, Arbeitnehmerdatenschutz nach § 32 BDSG – Eine Neuregelung (fast) ohne Veränderung der Rechtslage, RDV 2009, S. 193; *Schneider*, Datenschutz und Beauftragter für den Datenschutz in der Anwaltskanzlei, AnwBl. 2004, S. 618; *Schneider*, Datenschutz 2.0, ITRB 2011, S. 243; *Schneider*, Hemmnis für einen modernen Datenschutz: Das Verbotsprinzip, AnwBl 2011, S. 233; *Schneider*, Datenschutz-Grundverordnung, ITRB 2012, S. 180; *Schneider/Härting*, Wird der Datenschutz nun endlich internettauglich?, ZD 2012, S. 199; *Schrader/Schubert*, Das AGG in der Beratungspraxis, 2. Aufl., Baden-Baden 2009; *Schwintowski*, Anwaltliches Datenschutzmanagement – Qualitätsstandards, VersR 2012, S. 1325; *Seiler*, Zur datenschutzrechtlichen Kontrolle notarieller Daten, DNZ 2002, S. 693; *Selk*, Kundendaten in der Hotellerie – Aktuelle Datenschutzprobleme vom Check-In bis zum CRM, RDV 2008, 187; *Simitis*, Umwandlungen: ein blinder Fleck im Datenschutz?, ZHR 165 (2001), S. 453; *Spindler*, Persönlichkeitsrechtsschutz im Internet – Anforderungen und Grenzen einer Regulierung, Gutachten zum 69. DJT, München 2012; *Stück*, Betriebliches Eingliederungsmanagement (BEM), MDR 2010, S. 1235; *Taeger*, Datenschutz bei Direktmarketing und Bonitätsprüfung, in: Brunner/Seeger/Turturica (Hrsg.), Fremdfinanzierung von Gebrauchsgütern, Wiesbaden 2010, S. 51; *Teichmann/Kiessling*, Datenschutz bei Umwandlungen, ZGR 2001, S. 33; *Thüsing*, Licht und Schatten im Entwurf eines neuen Beschäftigtendatenschutzgesetzes, RDV 2010, S. 147; *Thüsing*, Verbesserungsbedarf beim Beschäftigtendatenschutz, NZA 2011, S. 16; *Trittin/Fischer*, Datenschutz und Mitbestimmung, NZA 2009, S. 343; *Tuchbreiter*, Beteiligungsrechte des Betriebsrats bei der Einführung und Anwendung moderner Kommunikationsmittel, Hamburg 2007; *Vogel/Glas*, Datenschutzrechtliche Probleme unternehmensinterner Ermittlungen, DB 2009, S. 1747; *Wedde*, Datenschutz in Arbeitsverhältnissen, AiB 2003, S. 285; *Wedde*, Arbeitnehmerdatenschutz in der Praxis, AiB 2003, S. 727; *Weichert*, Datenschutz auch bei Anwälten?, NJW 2009, S. 550; *Weichert*, Wider das Verbot mit Erlaubnis im Datenschutz?, DuD 2013, S. 246; *Wengert/Widmann/Wengert*, Bankenfusion und Datenschutz, NJW 2000, S. 1289; *Werle*, Beteiligungsrechte des Betriebsrates beim Einsatz von EDV, Diss. Berlin 2001; *Winteler*, Betrugs- und Korruptionsbekämpfung vs. Arbeits- und Datenschutzrecht, in: Taeger/Wiebe (Hrsg.), Inside the Cloud – Neue Herausforderungen für das Informationsrecht, Edewecht 2009, S. 469; *Wronka*, Berechtigte Eingrenzungen des informationellen Selbstbestimmungsrechts des Arbeitnehmers?, RDV 2012, S. 277; *Wybitul*, Das neue Bundesdatenschutzgesetz: Verschärfte Regeln für Compliance und interne Ermittlungen, BB 2009, S. 1582; *Wybitul*, Überwachungsrecht des Betriebsrats beim betrieblichen Eingliederungsmanagement, ZD 2012, S. 485; *Zilkens*, Datenschutz am Arbeitsplatz, DuD 2005, S. 253; *von Zimmermann*, Whistleblowing und Datenschutz, RDV 2006, S. 242; *Zöllner*, Umwandlung und Datenschutz, ZHR 165 (2001), S. 440.

Übersicht

I. Allgemeines

1 Jede Erhebung, Verarbeitung oder Nutzung von personenbezogenen Daten ist verboten, wenn nicht ausnahmsweise eine Erlaubnis oder Anordnung durch Gesetz oder eine wirksame Einwilligung des Betroffenen vorliegt. Dieser das Datenschutzrecht prägende Grundsatz wird mit „Verbot mit Erlaubnisvorbehalt" treffend bezeichnet. Ein gesetzliches Verbot im verwaltungsrechtlichen Sinn, das durch einen Verwaltungsakt aufzuheben wäre, enthält die Vorschrift, die als Verbotsadressaten auch die öffentlichen Stellen anspricht, nicht.[1]

2 Während vor Inkrafttreten des BDSG nur bestimmte Daten in einem zweckgebundenen Verarbeitungs- und Nutzungskontext als geschützt galten,[2] wird mit dem BDSG jede Einzelangabe über persönliche oder sachliche Verhältnisse einer bestimmten oder bestimmbaren Person (Betroffener, § 3 Abs. 1 BDSG) in den sanktionsbewehr-

---

1 Deshalb bevorzugt *Bäcker*, in: Wolff/Brink, Beck'scher Online-Kommentar Datenschutzrecht, § 4 Rn. 1, den Begriff „Verbotsgrundsatz". Zur Funktion der Norm *Sokol*, in: Simitis, BDSG, § 4 Rn. 2 f.

2 Dazu zählen die Geheimhaltung von Berufsgeheimnissen aus § 203 StGB, das Steuergeheimnis aus § 30 AO, das Statistikgeheimnis aus § 16 BStatG und das allgemeine Amts- bzw. Dienstgeheimnis.

ten Schutzbereich des Gesetzes einbezogen und die Zulässigkeit ihrer Erhebung und Verwendung in allen vom Gesetz genannten Phasen (§ 3 Abs. 3 bis 5 BDSG) vom Vorliegen der Voraussetzungen nach Abs. 1 abhängig gemacht.[3] Seit der Novellierung von 2001 steht auch die Erhebung unter dem Vorbehalt der gesetzlichen Erlaubnis, auch bei den nicht-öffentlichen Stellen und den öffentlichen Wirtschaftsunternehmen.[4] Nur „ungezielt und allein technikbedingt zunächst miterfasste" und „unmittelbar nach der Signalaufbereitung technisch wieder spurenlos ausgesonderte" Daten werden von diesem Verbot nicht erfasst.[5] Wer personenbezogene Daten Dritter erheben oder verwenden will, darf dies also nur unter einer der vom Gesetz genannten Voraussetzungen. Öffentliche Stellen haben dieses Verbot bei jeder Form der Erhebung und Verwendung personenbezogener Daten zu beachten (§ 1 Abs. 2 Nr. 1 und 2 BDSG); nicht-öffentliche Stellen nur dann, wenn die Daten nicht ausschließlich für persönliche oder familiäre Tätigkeiten unter Einsatz von Datenverarbeitungsanlagen oder in bzw. aus Dateien verwendet werden (§ 1 Abs. 2 Nr. 3 BDSG).

Jeder Verstoß gegen dieses Verbot kann Rechtsfolgen nach sich ziehen. Der Verstoß **3** ist bußgeldbewehrt; er stellt eine Ordnungswidrigkeit gem. § 42 Abs. 2 Nr. 1 BDSG dar und kann unter den Bedingungen des § 44 Abs. 1 BDSG auch eine Straftat sein. Schadensersatzforderungen können auf §§ 7 bzw. 8 BDSG oder auf § 823 Abs. 1 BGB (Datenschutz als sonstiges Recht) und § 823 Abs. 2 BGB i.V.m. § 4 BDSG gestützt werden.

Soweit hoheitliche Stellen personenbezogene Daten erheben, verarbeiten oder nut- **4** zen, gilt über dieses einfachgesetzliche Verbot mit Erlaubnisvorbehalt hinaus das schon aus dem Grundrecht auf informationelle Selbstbestimmung (Art. 2 Abs. 1 i.V.m. Art. 1 Abs. 1 GG) abzuleitende verfassungsrechtliche Verbot mit Eingriffsvorbehalt. Danach stehen die Erhebung, Verarbeitung und Nutzung durch hoheitliche Stellen unter einem Gesetzesvorbehalt und sind dementsprechend nur dann zulässig, wenn ein verfassungsmäßiges, den Verhältnismäßigkeitsgrundsatz beachtendes Gesetz diesen Eingriff in die grundrechtlich geschützte informationelle Selbstbestimmung des Bürgers ausdrücklich erlaubt.[6] Eingriffszweck und Umfang müssen vom Gesetz ausdrücklich und normenklar beschrieben werden. Aus dem allgemeinen Datenschutzrecht (BDSG, Landesdatenschutzgesetze) kann sich deshalb keine Erlaubnis der Datenerhebung, -verarbeitung und -nutzung allein ergeben; es bedarf einer bereichsspezifischen Eingriffserlaubnis. Soweit in diesem Gesetz Rechtsvorschriften für öffentliche Stellen enthalten sind, kommt der Zweite Abschnitt des BDSG mit § 13 BDSG in Betracht, der aber ohne eine gesetzliche Erlaubnis außerhalb des BDSG in der Regel auch keinen ausreichenden Erlaubnistatbestand enthält.[7]

---

3 Zur Sinnhaftigkeit der Einbeziehung auch der Erhebung, wenn eine Verarbeitung daraufhin nicht erfolgt, *Gola/Schomerus*, BDSG, § 4 Rn. 2.
4 Die Einbeziehung erfolgt aufgrund der Vorgabe aus Art. 2 lit. b) EG-DSRl.
5 BVerfGE 100, 313 (366); 107, 299 (328); 115, 320 (343); 120, 378 (433).
6 BVerfGE 65, 1 (44) – Volkszählung. Dazu *Walz*, in: Simitis, BDSG, § 4 Rn. 14.
7 Siehe dazu näher § 4 BDSG Rn. 16 ff., und § 13 BDSG Rn. 2.

1. Europarechtliche Grundlagen

5 Nach Art. 7 EG-DSRl darf die Verarbeitung personenbezogener Daten ausschließlich dann zugelassen sein, wenn entweder die betroffene Person ihre Einwilligung „ohne jeden Zweifel" gegeben hat, oder wenn die Verarbeitung wegen einer der in Art. 7 abschließend aufgeführten Gründe erforderlich ist. Dazu zählt zunächst die Erforderlichkeit der Daten für die Erfüllung eines Vertrags, dessen Vertragspartei die betroffene Person ist, oder für die Durchführung vorvertraglicher, auf Initiative der betroffenen Person erfolgter Maßnahmen. Erlaubt sein kann die Verarbeitung der Daten auch dann, wenn sie für die Erfüllung einer für die verantwortliche Stelle bestehenden Verpflichtung erforderlich ist. Schließlich kann die Verarbeitung auch erlaubt sein, wenn sie für die Wahrung lebenswichtiger Interessen der betroffenen Person erforderlich ist oder für die Wahrnehmung einer Aufgabe, die im öffentlichen Interesse liegt oder in Ausübung öffentlicher Gewalt erfolgt und dem für die Verarbeitung Verantwortlichen oder dem Dritten, dem die Daten übermittelt werden, übertragen wurde. In einer Art „Generalklausel" kann die Verarbeitung schließlich auch erlaubt sein, wenn sie zur Verwirklichung des berechtigten Interesses der verantwortlichen Stellen oder derjenigen Stelle, an welche die Daten übermittelt werden sollen, erforderlich ist und das Interesse oder die Grundrechte und Grundfreiheiten der betroffenen Person, die gemäß Art. 1 Abs. 1 EG-DSRl geschützt sind, diesen Interessen gegenüber nicht überwiegen.

6 Der Entwurf der EU-Datenschutz-Grundverordnung (EU-DSGVO-E)[8] hält zu Recht an dem alternativlosen Grundsatz des Verbots mit Erlaubnisvorbehalt fest.[9] An erster Stelle wird in Art. 7 Ziff. 1 EU-DSGVO-E als möglicher Erlaubnistatbe-

---

8 Vorschlag für Verordnung des Europäischen Parlaments und des Rates zum Schutz natürlicher Personen bei der Verarbeitung personenbezogener Daten und zum freien Datenverkehr (Datenschutz-Grundverordnung), v. 25.1.2012, KOM(2012) 11 endgültig. Dazu legte das Europäische Parlament einen Entwurf einer legislativen Entschließung mit Änderungsanträgen zum Entwurf der DSGVO am 17.12.2012 vor 2012/0011(COD).

9 Siehe dazu ebenda, Erwägungsgrund 31: „Damit die Verarbeitung rechtmäßig ist, müssen personenbezogene Daten mit Einwilligung der betroffenen Person oder auf einer sonstigen zulässigen Rechtsgrundlage verarbeitet werden, die sich aus dieser Verordnung oder – wann immer in dieser Verordnung darauf Bezug genommen wird – aus dem sonstigen Unionsrecht oder dem Recht der Mitgliedstaaten ergibt." Für die Beibehaltung und Stärkung des Verbotsprinzips *Karg*, DuD 2013, S. 75; *Weichert*, DuD 2013, S. 246; *Bäcker*, in: Wolff/Brink, Beck'scher Online-Kommentar Datenschutzrecht, § 4 Rn. 3; *Spindler*, Persönlichkeitsschutz im Internet, Gutachten F zum 69. DJT, S. 102. Den Grundsatz des Verbots mit Erlaubnisvorbehalt ablehnend *Bull*, Netzpolitik, 2013, S. 136; *Nettesheim*, VVDStRL Bd. 170 (2011), S. 7, und – bezogen auf den Beschäftigtendatenschutz – *Franzen*, ZfA 2012, S. 172 (180 ff.), sowie *Härting* und *Schneider*: Härting, in: Taeger, IT und Internet, S. 687; *Härting/Schneider*, ZRP 2011, S. 233; *Härting*, AnwBl 2012, S. 716; *Härting*, BB 2012, S. 459; *Härting*, in: Leible/Kutschke, Schutz der Persönlichkeit im Internet, 2013, S. 55; *Härting/Schneider*, ZRP 2011, S. 233; *Härting/Schneider*, CRi 2013, Supplement 1, S. 19; *Pfeiffer*, K&R 2011, S. 543; *Schneider*, ITRB 2011, S. 243; *Schneider*, AnwBl 2011, S. 233; *Schneider*, ITRB 2012, S. 180; *Schneider/Härting*, ZD 2012, S. 199. Kritisch auch *Knobloch*, in: Leible/Kutschke, Schutz der Per-

stand die Einwilligung genannt. Der Erwägungsgrund 25 äußert sich zu den Anforderungen an eine solche Einwilligung wie folgt: „Die Einwilligung sollte explizit mittels einer geeigneten Methode erfolgen, die eine ohne Zwang, für den konkreten Fall und in Kenntnis der Sachlage abgegebene Willensbekundung der betroffenen Person in Form einer Erklärung oder einer eindeutigen Handlung ermöglicht, die sich erstellt, dass der betreffenden Person bewusst ist, dass sie ihre Einwilligung in die Verarbeitung personenbezogener Daten gibt, etwa durch Anklicken eines Kästchens beim Besuch einer Internetseite und durch jede sonstige Erklärung oder Verhaltensweise, mit der die betroffene Person in dem jeweiligen Kontext klar und deutlich ihr Einverständnis mit der beabsichtigten Verarbeitung ihrer personenbezogenen Daten signalisiert."

2. Gesetzeszweck

Das Verbot der Erhebung, Verarbeitung oder Nutzung personenbezogener Daten, 7 das unter dem Vorbehalt der gesetzlichen Erlaubnis oder der wirksamen Einwilligung durch die betroffene Person steht, ist der für das Datenschutzrecht derzeit alternativlose und unverzichtbare[10] zentrale Regelungsinhalt. Mit ihm wird der Gesetzeszweck, den Einzelnen davor zu schützen, dass er durch den Umgang mit seinen personenbezogenen Daten in seinem Persönlichkeitsrecht beeinträchtigt wird (§ 1 Abs. 1 BDSG), verwirklicht.

3. Verhältnis zu anderen Vorschriften

Mit dem in § 4 Abs. 1 BDSG enthaltenen Gesetzesvorbehalt korrespondieren entsprechende Vorschriften in den Landesdatenschutzgesetzen, die als allgemeine Datenschutzgesetze den Datenschutz bei den landesunmittelbaren Stellen regeln. Diesen in den Anwendungsbereich der Landesdatenschutzgesetze fallenden Stellen wird durch Landesrecht ebenfalls ein unter Gesetzesvorbehalt stehendes Verbot der Erhebung, der Verarbeitung und des Nutzens personenbezogener Daten ausgesprochen. Damit wird gegenüber den öffentlichen Stellen des Landes einfachgesetzlich ausgedrückt, was sich als verfassungsrechtliches und damit unter einem Eingriffsvorbehalt stehendes Verbot schon aus dem Grundgesetz und auch aus den Landesverfassungen ergibt, die teilweise einen *ausdrücklichen* verfassungsrechtlichen Datenschutz aufgenommen haben.[11]

---

sönlichkeit im Internet, 2013, S. 9, und aus der Perspektive des Arbeitgebers bei Beschäftigungsverhältnissen *Maschmann*, NZA-Beil. 2012, S. 50.

10 *Karg*, DuD 2013, S. 75; *Weichert*, DuD 2013, S. 246.

11 Art. 33 LV Berlin; Art. 11 Abs. 1 und 2 LV Brandenburg; Art. 11 LV Bremen; Art. 6 LV M–V; Art. 4 Abs. 2 LV NRW; Art. 2 Satz 2 und 3 LV Saarland; Art. 33 LV Sachsen; Art. 6 Abs. 1 LV LSA; Art. 6 Abs. 2 und 3 LV Thüringen.

9 Bei grenzüberschreitender Datenverarbeitung sind ergänzend die Vorschriften der §§ 1 Abs. 5, 4a und 4b BDSG heranzuziehen. Telemedienanbieter haben die bereichsspezifische Vorschrift des § 13 Abs. 1 TMG zu beachten.

10 Zu beachten ist, dass eine sich aus dem allgemeinen Datenschutzrecht ergebende gesetzliche Erlaubnis durch eine Ausnahmeregelung wieder eingeschränkt werden kann. Ein solches Verarbeitungsverbot bzw. eine die Erlaubnis an weitere Bedingungen knüpfende Vorschrift besteht etwa bezüglich der besonderen Arten personenbezogener Daten (§ 3 Abs. 9 BDSG),[12] die als besonders sensitive Daten über die betroffene Person unter einem besonderen Schutz stehen. Sie unterliegen einer Verarbeitungsbeschränkung (gleichsam einer Kaskade aus Verbots- und Erlaubnisvorschriften) aus § 13 Abs. 2, § 14 Abs. 6, § 28 Abs. 6, § 29 Abs. 5 i.V.m. § 28 Abs. 6 BDSG.[13] Das BDSG führt abschließend Gründe auf, nach denen eine Erhebung, Verarbeitung oder Nutzung dieser besonderen Arten personenbezogener Daten ausnahmsweise zulässig ist.

11 Weitere Verbote, die trotz einer sich bei einem ersten Prüfungsschritt als zulässig erweisenden Datenerhebung und -verarbeitung zur Unzulässigkeit führen, können sich aus vorgehenden bereichsspezifischen Vorschriften ergeben, denen gegenüber das BDSG auch mit seinen Erlaubnisvorschriften subsidiär sein kann.

4. Subsidiarität

12 Auch wenn im Wortlaut der Norm die Möglichkeit, dass eine andere Rechtsvorschrift des Bundes außerhalb des BDSG eine Erlaubnis enthalten kann, erst nachrangig genannt wird („dieses Gesetz oder eine andere Rechtsvorschrift"), ist zunächst nach einer solchen zu suchen; denn wenn es sie gibt, geht sie als speziellere Rechtsvorschrift der allgemeinen Rechtsvorschrift aus dem BDSG insofern vor (§ 1 Abs. 3 Satz 1 BDSG).[14] Diese bereichsspezifischen Regelungen verweisen umgekehrt teilweise wieder zurück auf das im Übrigen, soweit im bereichsspezifischen Gesetz keine besondere Regelung getroffen wurde, weiter anzuwendende allgemeine Datenschutzrecht.[15] Das Verhältnis zu den anderen Rechtsvorschriften bestimmt deshalb § 1 Abs. 3 BDSG und nicht § 4 Abs. 1 BDSG.[16] So ist im Hinblick auf die Erhebung und Verwendung von Bestands- und Verkehrsdaten, die bei der Nutzung von Telemedien anfallen, § 12 Abs. 1 TMG als vorrangige Rechtsvorschrift anzuwenden. Zu beachten ist aber, dass über Eingabemasken von Telemedien übermittelte Daten und mit dem Telemediendienst offenbarte Daten – etwa diejenigen personenbezogenen Daten, die sich auf den Webseiten als Angaben des Anbieters oder

---

12 Eingefügt 2001 aufgrund Art. 8 EG-Rl.
13 Dazu näher § 3 BDSG Rn. 57 ff.
14 Siehe § 1 BDSG Rn. 33 ff.
15 Vgl. etwa § 12 Abs. 3 TMG. Siehe zur Subsidiarität § 1 BDSG Rn. 33 ff.
16 Kritisch zu dieser dogmatischen Unklarheit auch *Sokol*, in: Simitis, BDSG, § 4 Rn. 8, *Gola/Schomerus*, BDSG, § 4 Rn. 7.

in Blogs und in Foren auch als Eintragungen durch Dritte zu finden sind – als Inhaltsdaten nicht in den Anwendungsbereich des TMG, sondern weiterhin des BDSG fallen, sodass hier § 4 BDSG anwendbar bleibt.[17] Die speziellen Datenschutzvorschriften verdrängen die Vorschriften des allgemeinen Datenschutzrechts also nur insoweit, als sie eine spezielle und damit vorrangige Regelung treffen.[18] Es ist denkbar, dass eine andere Rechtsvorschrift nur die Erlaubnis zur Erhebung und Verwendung enthält und sich die weiteren erforderlichen Regelungsinhalte aus dem BDSG ergeben (u. a. Bestellung eines Datenschutzbeauftragten, Rechte der betroffenen Person); die andere Rechtsvorschrift kann aber neben der Erlaubnis auch Einschränkungen der Betroffenenrechte enthalten (wie im Sicherheitsrecht) oder die Verwendung beschränken. Im Übrigen bleibt dann das BDSG anwendbar.

Nur dann, wenn keine andere Rechtsvorschrift außerhalb des BDSG vorhanden ist, ist das BDSG danach zu befragen, ob es eine eigene gesetzliche Erlaubnis enthält und insofern als Auffanggesetz anzusehen ist.   **13**

Zu verfolgen ist eine intensiv geführte Diskussion über die Anwendbarkeit der   **14**
Datenschutzvorschriften und damit des § 4 BDSG neben den berufsrechtlichen Regelungen zur anwaltlichen Verschwiegenheit (§ 43a Abs. 2 BRAO, § 203 StGB). Vergleichbare ungeklärte Rechtsfragen gibt es auch in Bezug auf andere berufsbezogene Verschwiegenheitspflichten.[19] Die BRAO enthält kein explizites datenschutzrechtliches Konzept hinsichtlich der mandatsbezogenen Datenverarbeitung, sodass das anwaltliche Berufsgeheimnis in § 43a Abs. 2 BRAO keine das BDSG verdrängende lex specialis ist.[20] Das BDSG ist gegenüber dem Anwaltsgeheimnis keinesfalls mit der Folge subsidiär, dass die unter das Berufsgeheimnis fallenden Daten dem BDSG gänzlich entzogen sind.[21] Als unzutreffend wird man die Analyse ansehen müssen, nach der sich die datenschutzrechtliche Systematik der §§ 4 Abs. 1, 28 BDSG „als unvereinbar mit den grundrechtlichen Freiheiten anwaltlicher Informationsverarbeitung" erweise.[22] Richtig ist die Ansicht, nach der sowohl das anwaltliche Berufsgeheimnis als auch das Datenschutzrecht nebeneinander anzuwenden sind. Vorrangig ist die anwaltliche Verschwiegenheitspflicht nach der BRAO im Anwendungsbereich des Berufsrechts; soweit es auf den Umgang mit personenbezogenen Daten keine Regelungen enthält, bleibt das BDSG anwend-

---

17 So auch *Wolber*, CR 2003, S. 859 (860), *Roßnagel/Hanzhaf/Grimm*, Datenschutz im Electronic Commerce, S. 159; alle noch für das TDDSG. Anderer Ansicht *Imhof*, CR 2000, S. 110 (113); *Geis*, RDV 2000, S. 208 (209); differenzierend *Redeker*, ITRB 2009, S. 204.

18 *Dix*, in: Simitis, BDSG, § 1 Rn. 170.

19 BGHZ 112, 178 = RDV 1991, 139; zustimmend *Rüpke*, NJW 1991, S. 548.

20 *Gola/Schomerus*, BDSG, § 1 Rn. 9 ff.; *Schneider*, AnwBl. 2004, S. 618; *Weichert*, NJW 2009, S. 550.

21 *Rüpke*, NJW 1993, S. 3097; *ders.*, AnwBl 2004, S. 552 (555); *ders.*, NJW 2008, S. 1121 (1124).

22 *Rüpke*, NJW 2008, S. 1121 (1124); *Rüpke*, ZRP 2008, S. 87; *Härting*, NJW 2005, S. 1248 (1250); *Härting*, ITRB 2009, S. 138.

bar.[23] Das BDSG enthält etwa auch die von Berufsgeheimnisträgern zu beachtenden Vorschriften über Datensicherungsmaßnahmen, die insbesondere in der Kommunikation des Geheimnisträgers mit Dritten zu beachten sind.[24] Die Aufsichtsbehörden sind deshalb befugt, die Einhaltung von technisch-organisatorischen Maßnahmen gemäß der Anlage zu § 9 BDSG zu überprüfen;[25] wieweit auch mandatsbezogene Informationen gegenüber der Datenschutzaufsicht zu offenbaren sind, ist umstritten.[26] Die Zulässigkeit der Übermittlung personenbezogener Daten von nicht dem Berufsgeheimnis unterliegenden Daten – wie etwa die Veröffentlichung im Internet von (auf natürliche Personen bezogene) Gegnerlisten – bemisst sich zudem nach BDSG und nicht nach der anwaltlichen Verschwiegenheitspflicht.[27]

II. Verbot mit Erlaubnisvorbehalt (Abs. 1)

15   Nach Abs. 1 sind die Erhebung, Verarbeitung oder Nutzung nur dann zulässig, wenn eine Rechtsvorschrift dies für jede der genannten Phasen für sich[28] erlaubt oder eine Einwilligung vorliegt. Die Erlaubnis kann sich aus dem BDSG ergeben, aber auch aus bereichsspezifischen Datenschutzvorschriften.

1. Zulässigkeit nach einer Vorschrift des BDSG

16   Für die nicht-öffentlichen Stellen und die öffentlich-rechtlichen Wettbewerbsunternehmen kann sich eine Erlaubnis aus den §§ 28–30, 35 und 40 BDSG ergeben. Der zweite Abschnitt des BDSG enthält ebenfalls in den §§ 13–16 und 20 Erlaubnisvorschriften, die allein aber noch keine Erlaubnis für die Erhebung oder Verwendung personenbezogener Daten durch öffentliche Stellen, die in den Anwendungsbereich des zweiten Abschnitts fallen, enthalten. Es bedarf in diesem Fall einer bereichsspezifischen Erlaubnisnorm außerhalb des BDSG, die nicht nur die Beschreibung einer Aufgabe der öffentlichen Stellen enthält, für deren Erfüllung personenbezogene Daten erforderlich sind. Vielmehr muss aus der Aufgabenbeschreibung zumindest eindeutig der klare Wille des Gesetzgebers erkennbar werden, dass zur Aufga-

23 *Schwintowski*, VersR 2012, S. 1325; *Leutheusser-Schnarrenberger*, AnwBl 2012, S. 477; *Albrecht*, jurisPR-ITR 1/2011 Anm. 3; KG NJW 2011, 324 m. w. N.
24 *Herrn*, NWB 2012, S. 4249. Siehe zur Verarbeitung geheimzuhaltender Informationen in der Cloud *Kroschwald/Wicker*, in: Taeger, IT und Internet, 2012, S. 733; *dies.*, CR 2012, S. 758; *Ewer*, AnwBl 2012, S. 476; *Leutheusser-Schnarrenberger*, AnwBl 2012, S. 477.
25 Ebenso *Dix*, in: Simitis, BDSG, § 1 Rn. 187.
26 Siehe *Schmidt*, § 1 BDSG Rn. 40; *Albrecht*, jurisPR-ITR 1/2011 Anm. 3 m. w. N. zum Meinungsstand; KG, Beschl. v. 20.8.2010, K&R 2010, 745 = RDV 2010, 285 = CR 2011, 187 = DuD 2011, 366, m. krit. Anm. *Breinlinger*, CR 2011, S. 188; dem KG zustimmend *Härting*, AnwBl 2011, S. 50. Zur datenschutzrechtlichen Kontrolle notarieller Daten ablehnend *Seiler*, DNZ 2002, S. 693.
27 Vgl. *Pörksen*, AnwZert ITR 19/2012 Anm. 2; *Gravel/Mahari*, MMR-Aktuell 2010, 307094.
28 Vgl. *Weichert*, in: Däubler/Klebe/Wedde/Weichert, BDSG, § 4 Rn. 1.

benerfüllung auch konkret bezeichnete Daten erhoben, verarbeitet und genutzt werden dürfen.[29] Die herrschende Meinung lässt es aber bei Eingriffen geringer Intensität genügen, wenn eine Aufgabenzuweisungsnorm vorhanden ist und die Erhebung und die Verwendung personenbezogener Daten zu ihrer Erfüllung erforderlich sind. Dann soll der Rückgriff auf die allgemeinen Erlaubnistatbestände der §§ 13–16 BDSG ausnahmsweise zulässig sein.[30]

Handelt es sich bei der verantwortlichen Stelle um eine hoheitliche Stelle, wird sie **17** eine Eingriffserlaubnis zunächst unter den „anderen Rechtsvorschriften außerhalb des BDSG" suchen müssen.[31] Der Gesetzgeber muss mit dieser Eingriffserlaubnis bereits eine Abwägung vorgenommen und geprüft haben, ob ein Eingriff im überwiegenden Allgemeininteresse erforderlich ist. Die bereichsspezifische Eingriffserlaubnis muss dann selbst verfassungsmäßig sein.[32] Zu schwerwiegenden Grundrechtseingriffen führen daher polizeiliche Befugnisse in einem Polizeiaufgabengesetz zur heimlichen Erhebung von Daten, wenn die Eingriffsnorm nicht hinreichend klar und bestimmt gefasst ist. Nach einer Entscheidung des Thüringer Verfassungsgerichtshofs ist das Gebot der Normenklarheit verletzt, wenn eine Vorschrift die Befugnisse so ausgestaltet, dass die Polizei die Voraussetzungen und die Reichweite ihres Handelns selbst festlegen muss, um ihren verfassungsrechtlichen Schutzauftrag erfüllen zu können.[33]

Weder § 4 BDSG noch die §§ 13–16 BDSG enthalten eine „Generalklausel" des **18** Datenschutzgesetzes, die öffentlichen Stellen des Bundes bei Ermangelung einer ausdrücklichen Eingriffsermächtigung zu allen Datenerhebungs- und Verarbeitungsvorgängen ermächtigt, welche zur Erfüllung ihrer Verwaltungsvorgänge objektiv erforderlich sind.[34] § 4 BDSG vermag das Fehlen einer bereichsspezifischen Erlaubnisnorm für öffentliche Stellen, die hinreichend konkret Datenarten und Zweck der vorgesehenen Erhebung und Verwendung nennt, nicht generell auszugleichen. Nur dann, wenn neben der allgemeinen Aufgabenbeschreibung hinaus

---

29 Siehe sogleich Rn. 17 f. und 23 ff., anders § 13 BDSG Rn. 2 für die Erhebung und § 14 BDSG Rn. 3, 38 für die Verarbeitung.
30 Siehe etwa *Sokol*, in: Simitis, BDSG, § 4 Rn. 15; *Bergmann/Möhrle/Herb*, Datenschutzrecht, § 4 Rn. 16; *Gola/Schomerus*, BDSG, § 4 Rn. 8: „Wenn in §§ 13 bis 16 die dort geregelte Datenverarbeitung zulässig ist, wenn eine Rechtsvorschrift dies zwingend voraussetzt, dann kann damit nichts anderes gemeint sein, als dass die zu erfüllende Aufgabe diese Form der Verarbeitung erfordert." Anders dagegen aber auch *Globig*, in: Roßnagel, Hdb. DSR, Kap. 4.7, Rn. 17 ff.
31 Siehe dazu vorstehend Rn. 12.
32 BVerfGE 65, 1 (71); *Sokol*, in: Simitis, BDSG, § 4 Rn. 14.
33 Urt. v. 21.11.2012, ZD 2013, 79 m. Anm. *Petri*; ZD 2013, S. 88. Siehe zu den Anforderungen an die Bestimmtheit einer die heimliche Datenerhebung vorsehenden (TKÜ-)Eingriffsbefugnis auch BVerfG, Beschl. v. 12.10.2011, BVerfGE 129, 208 = ZD 2012, 123.
34 So aber *Durner*, UPR 2003, S. 262 (266). *Durner*, JuS 2006, S. 213 (216), spricht gar von der „Ermächtigung durch die ‚Generalklausel' in den einschlägigen Datenschutzgesetzen des Bundes und der Länder" als einer von drei Gruppen von Erlaubnistatbeständen, die „eine Art Auffangfunktion" erfüllen.

aus dem Wortlaut der Norm klar erkennbar ist, dass der Gesetzgeber die erforderliche Abwägung der grundrechtlich geschützten Interessen des Einzelnen und des Allgemeinwohls vorgenommen hat und zu der Überzeugung gekommen ist, dass das Recht auf informationelle Selbstbestimmung zugunsten eines überwiegenden Allgemeininteresses oder einer konkurrierenden Grundrechtsposition zurücktreten muss, und der Informationseingriff gewollt ist, können die §§ 13–16 BDSG neben der bereichsspezifischen Vorschrift legitimierend herangezogen werden.[35]

19   Unter Beachtung des Vorstehenden kann sich für öffentliche Stellen in den Ausnahmefällen mit geringer Eingriffsintensität und bei Erkennbarkeit des gesetzgeberischen Willens auch ohne umfassend ausformulierte bereichsspezifische Eingriffserlaubnis eine Erlaubnis der Erhebung von Daten aus den §§ 4 Abs. 2 und 3, 13 BDSG ergeben, für die Speicherung, Veränderung und Nutzung aus dem § 14 BDSG und für die Übermittlung aus den §§ 4b, 4c, 15 und 16 BDSG.

20   Die Erhebung durch nicht-öffentliche Stellen kann nach den §§ 4 Abs. 2 und 3, 28 Abs. 1, 28b, 29 Abs. 1, 6, 7 sowie 9 BDSG und nach § 30 BDSG zulässig sein. Die Erlaubnis für Speicherung, Übermittlung und Nutzung für eigene Zwecke richtet sich nach § 28 BDSG, für fremde Zwecke nach §§ 28a, 29 und 30 BDSG. Die Sperrung und Löschung als weitere Verwendungsphasen richtet sich nach dem § 35 BDSG. Besondere Regelungen finden sich für die Verarbeitung zu Forschungszwecken in §§ 4a Abs. 2 und 40 BDSG und für die Verarbeitung durch Medien in § 41 BDSG.

2. Zulässigkeit nach einer anderen Vorschrift

21   Eine die Erhebung, Verarbeitung oder Nutzung personenbezogener Daten erlaubende Rechtsvorschrift außerhalb des BDSG kann jede Rechtsvorschrift sein, die den Umgang mit personenbezogenen Daten ausdrücklich zulässt oder anordnet. Die Erlaubnis muss erkennen lassen, ob nur einzelne oder alle genannten Phasen von ihr erfasst werden.[36]

22   Die Erlaubnis kann sich für öffentliche Stellen des Bundes wie für die nicht-öffentlichen Stellen und öffentlich-rechtlichen Wettbewerbsunternehmen aus einer Rechtsvorschrift des Bundes ergeben.[37] Vereinzelt finden sich auch in Landesgesetzen Erlaubnistatbestände für in den Dritten Abschnitt des BDSG fallende nicht-öffentliche Stellen und öffentlich-rechtliche Wettbewerbsunternehmen.[38]

---

35 Dazu sogleich unter Rn. 25.
36 Vgl. *Sokol*, in: Simitis, BDSG, § 4 Rn. 12.
37 Siehe die umfangreichen Nachweise bei *Bergmann/Möhrle/Herb*, Datenschutzrecht, 4. Teil, sowie die Beispiele aus dem Bankwesen bei *Suhren*, in: Vahldiek, Datenschutz in der Bankpraxis, 2012, S. 21 (25 f.).
38 Neben zahlreichen weiteren Beispielen: In Bremen sind niedergelassene Ärzte aus § 14a Gesundheitsdienstgesetz (BremÖGDG) zur Erhebung von Daten der zur Früherkennungsuntersuchung erschienenen Kinder und zur Übermittlung dieser Daten an das Jugendamt

Als Rechtsvorschrift im Sinne von § 4 BDSG kommen alle verfassungsmäßigen[39]   **23**
Regelungen mit normativem Charakter, alle Gesetze im materiellen Sinn in Betracht,[40] also auch sich auf gesetzliche Ermächtigungen stützende Verordnungen[41]
oder Satzungen einer Körperschaft, einer Stiftung oder einer Anstalt. Satzungen
können allerdings nur Regelungen hinsichtlich der Erhebung, Verarbeitung und
Nutzung der Daten ihrer Mitglieder vorsehen. Verwaltungsvorschriften wirken nur
innerhalb der öffentlichen Verwaltung ohne Außenwirkung, stellen also keine Gesetze dar und können demnach ebenso wenig wie Erlasse oder Richtlinien eine andere Rechtsvorschrift im Sinne des § 4 BDSG sein.[42] Der im BDSG verwendete Begriff der „Rechtsvorschrift" ist bewusst weiter als der in § 88 Abs. 3 Satz 3 TKG
verwendete engere Begriff der „anderen [sich auf Telekommunikationsvorgänge
beziehenden] gesetzlichen Vorschrift", nach der unter das Telekommunikationsgeheimnis fallende Daten zweckentfremdend verwendet oder an Dritte weitergegeben
werden dürfen. Gleichwohl sind damit Betriebsvereinbarungen von § 88 Abs. 3
Satz 3 TKG nicht ausgeschlossen; zu prüfen ist stets, ob die Betriebsparteien eine
Regelungsmacht hinsichtlich telekommunikationsrechtlicher Regelungsgegenstände haben.[43] Ist das nicht der Fall, kommt nur eine Einwilligung der Beschäftigten in
Betracht; denn das Fernmeldegeheimnis ist dispositiv.[44]

a) Anforderungen an Erlaubnistatbestände zugunsten öffentlicher Stellen

Im öffentlich-rechtlichen Bereich genügt eine ausschließliche die Aufgaben einer   **24**
hoheitlichen Stelle beschreibende gesetzliche Regelung, zu deren Erfüllung sie personenbezogene Daten benötigt, nicht, um als Rechtsvorschrift den Umgang mit personenbezogenen Daten in einer der genannten Phasen zu legitimieren.[45] Auch kann
das einer anderen hoheitlichen Stelle gegenüber geäußerte Ersuchen, personenbezogene Daten zu übermitteln, nicht auf Amtshilfegrundsätze aus Art. 35 Abs. 1
GG, §§ 4–8 VwVfG, §§ 3–7 SGB X oder §§ 111–117 AO gestützt werden. Im Lichte der nach Inkrafttreten des ersten BDSG, auf den der § 4 BDSG noch zurückgeht,
ergangenen Verfassungsrechtsprechung kann es nicht mehr als ausreichend angesehen werden, wenn eine hoheitliche Stelle die Erlaubnis zur Datenerhebung und

---

verpflichtet. Die Bremer Ärzte und Zahnärzte dürfen nach § 2 Krebsregistergesetz des
Landes Bremen (BremKRG) Patientendaten an die Vertrauensstelle übermitteln.
39 Zu den verfassungsrechtlichen Anforderungen an die „anderen Rechtsvorschriften" *Sokol*,
in: Simitis, BDSG, § 4 Rn. 14.
40 Siehe dazu die Aufzählung unter § 1 BDSG Rn. 36.
41 Beispielsweise §§ 3 und 4 der Verordnung über die Registrierung von Erlaubnissen zur
Zurschaustellung von Tieren an wechselnden Orten (Zirkusregisterverordnung – Zirk-
RegV) mit der Verordnungsermächtigung in § 16 Abs. 6 Satz 1 TierSchG.
42 Vgl. *Sokol*, in: Simitis, BDSG, § 4 Rn. 9.
43 Dazu näher *Kort*, DB 2011, S. 2092 (2093).
44 Siehe dazu ausführlich *Grönemeyer*, Die Einwilligung im Beschäftigtendatenschutz,
S. 58 ff.
45 So auch *Sokol*, in: Simitis, BDSG, § 4 Rn. 15.

-verarbeitung allein aus der gesetzlichen Aufgabenbeschreibung in Verbindung mit einer Erlaubnisvorschrift der §§ 13 ff. BDSG ableitet.[46]

25   Deshalb erweisen sich die Erlaubnisvorschriften der §§ 13–16 BDSG im zweiten Abschnitt des BDSG für die hoheitlichen Stellen als konkretisierende Vorschriften, die dann ergänzend heranzuziehen sind, wenn eine bereichsspezifische (Eingriffs-) Erlaubnis vorliegt. Es muss demnach zwingend eine Vorschrift außerhalb des BDSG vorhanden sein, aus der über eine Aufgabenbeschreibung hinaus zumindest erkennbar ist, dass der Gesetzgeber eine Abwägung vorgenommen hat und den hoheitlichen Eingriff in das informationelle Selbstbestimmungsrecht zulassen wollte. Anders § 14 BDSG (Rn. 3, 38), wonach eine bereichsspezifische Regelung nur bei besonderer Schwere des Eingriffs erforderlich sein soll. Eine eindeutige Erlaubnis enthält etwa § 7 AsylVfG.

26   Soweit der Gesetzgeber den Eingriff nicht näher bestimmt hat, mag es als ausreichend angesehen werden, dann auf die ausgestaltenden Erlaubnistatbestände des BDSG auch im öffentlich-rechtlichen Raum zuzugreifen. Je stärker der Verwendungszweck jedoch nach einer Interessenabwägung geeignet ist, das informationelle Selbstbestimmungsrecht zu verletzen und die Interessen der betroffenen Personen zu berühren, umso stärker wird man erwarten müssen, dass der Grundrechtseingriff in der bereichsspezifischen Norm nach Zweck und Umfang des Eingriffs klar geregelt ist.[47]

27   So wird man etwa § 38 JGG noch als eine Erlaubnisnorm in Verbindung mit §§ 4 Abs. 1, 13 Abs. 1 BDSG ansehen können, obwohl § 38 JGG im eigentlichen Sinn nur eine Aufgabenbeschreibung enthält. In § 38 JGG wird dennoch der Wille des Gesetzgebers erkennbar, dass die Jugendgerichtshilfe Daten erheben und an Dritte übermitteln können soll, indem es in § 38 Abs. 2 Satz 2 JGG etwa heißt, dass die Jugendgerichtshilfe die beteiligten Behörden durch Erforschung der Persönlichkeit, der Entwicklung und der Umwelt des Beschuldigten unterstützen und sich zu den Maßnahmen, die zu ergreifen sind, äußern soll. Zwar wird nicht ausdrücklich die datenschutzrechtliche Terminologie verwandt, wonach es der Jugendgerichtshilfe erlaubt wäre, personenbezogene Daten bei fehlender Mitwirkungsbereitschaft des Beschuldigten auch bei Dritten erheben und speichern zu dürfen und an das Gericht und an die bei Jugendstrafsachen beteiligten Behörden zu übermitteln. Genau dieser ge-

---

46 Siehe dazu auch *Bäcker*, Beck'scher Online-Kommentar Datenschutzrecht, § 4 Rn. 6; *Sokol*, in: Simitis, BDSG, § 4 Rn. 15; *Gola/Schomerus*, BDSG, § 4 Rn. 8; a. A. wohl *Bergmann/Möhrle/Herb*, Datenschutzrecht, § 4 Rn. 17, die dann, wenn nur eine Aufgabenbeschreibung vorliegt, die Zulässigkeit nach den Erlaubnisnormen des BDSG genügen lassen wollen; die Praxis zeigt, dass der Gesetzgeber diesen Schluss nicht als ausreichend ansieht, weil in der hoheitlichen Praxis inzwischen wohl keine Datenerhebung und -verarbeitung mehr allein auf eine Aufgabenbeschreibung in Verbindung mit den Erlaubnisvorschriften des zweiten Abschnitts des BDSG gestützt wird.
47 Vgl. schon BVerfGE 65, 1 (4); dazu auch *Gola/Schomerus*, BDSG, § 4 Rn. 8.

setzgeberische Wille wird aber aus dem Wortlaut der Norm deutlich, sodass in Verbindung mit §§ 4 Abs. 1, 13 Abs. 1 BDSG die entsprechende Eingriffsbefugnis besteht.[48]

Soweit eine Aufgabenbeschreibung eine Datenerhebung oder -verwendung voraussetzt, diese aber nicht ausdrücklich benennt, wird man nicht von einer hinreichend normenklaren Eingriffsbefugnis ausgehen können, die auch §§ 4, 13 ff. BDSG nicht durch eine Normergänzung schaffen können. Ist die Formulierung in der Aufgabenbeschreibung aber insoweit normenklar, dass der gesetzgeberische Wille deutlich zum Ausdruck kommt und die umfassten Daten erkennbar, der Zweck der Erhebung bzw. Verwendung deutlich wird und die Verarbeitungsphasen bezeichnet werden, lässt sich wie im vorbezeichneten Beispiel eine verfassungskonforme Einschränkung des informationellen Selbstbestimmungsrecht legitimieren.   **28**

Es bedarf demnach einer konkreten bereichsspezifischen Eingriffserlaubnis, die hinreichend normenklar den Zweck, dem der Eingriff in das Grundrecht dienen soll, und den Umfang der zur Zweckerreichung erforderlichen Datenerhebung und -verarbeitung benennt, sodass die betroffene Person wissen kann, welche Stelle welche Daten zu welchem Zweck verarbeitet.   **29**

b) Anforderungen an Erlaubnistatbestände zugunsten nicht-öffentlicher Stellen

Auch außerhalb des hoheitlichen Bereiches gilt, dass andere Rechtsvorschriften die Erhebung und Verwendung personenbezogener Daten entsprechend der Vorgabe des Bundesverfassungsgerichts[49] mit einem Höchstmaß an Normenklarheit regeln müssen. Vorschriften, die wie § 91 AktG, § 10 WpHG oder § 25a KWG (in Verbindung mit den MaRisk der Bafin) die Geschäftsleitung eines Unternehmens sehr allgemein zur Errichtung eines Überwachungssystems verpflichten, das in der Regel auch personenbezogene Daten enthält, sind deshalb keine anderen Rechtsvorschriften im Sinne von § 4 BDSG.[50] Ihnen fehlt die konkrete Erlaubnis zur Erhebung und Verwendung personenbezogener Daten. Sie können demnach nicht als gegenüber § 32 Abs. 1 Satz 2 BDSG hinausgehende spezielle, vorrangige Erlaubnistatbestände zur Aufklärung von Verstößen gegen Rechtsvorschriften oder gar betriebliche Ethikregeln herangezogen werden. Die genannten Pflichten der Banken können allerdings bei der Prüfung der Erforderlichkeit i. S. d. als Erlaubnisnorm stattdessen in Betracht kommenden § 28 Abs. 1 Satz 1 Nr. 2 oder § 28 Abs. 2 Nr. 1 BDSG zu berücksichtigen sein. § 25c KWG erlaubt dagegen den Kreditinstituten, personenbezogene Daten zu erheben, zu verarbeiten und zu nutzen, soweit dies zur Erfüllung ihrer Pflicht zur Verhinderung von Geldwäsche, von Terrorismusfinanzierung und   **30**

---

48 Siehe auch den von *Eisenberg*, JuS 2002, S. 258 (259), behandelten Fall.
49 BVerfGE 65, 1 (44).
50 So auch *Hoeren*, DuD 2002, S. 736 (738): „Im Ergebnis ist festzustellen, dass § 25a Abs. 2 KWG keine bereichsspezifische Rechtsvorschrift i. S. der §§ 4 Abs. 1, Abs. 3 BDSG darstellt." A. A. dagegen *Hoeren*, RDV 2007, S. 93 (94 f.).

von betrügerischen Handlungen zum Nachteil der Institute gem. § 25c Abs. 1 und Abs. 2 Sätze 1 und 2 KWG erforderlich ist.

31 Auch § 20 Abs. 1 Nr. 1 UmwG ist eine solche Rechtsvorschrift nicht,[51] weil hier lediglich beschrieben wird, dass bei einer Verschmelzung dinglich das Vermögen der übertragenden Rechtsträger – zu denen die Bestände an personenbezogenen Kundendaten gehören können – einschließlich der Verbindlichkeiten auf den übernehmenden Rechtsträger übergehen. Weder wird in der Norm ausdrücklich der Bezug zu personenbezogenen Daten hergestellt, noch gibt der Gesetzgeber in irgendeiner Weise zu erkennen, dass er im Umwandlungsgesetz eine materielle Erlaubnis zur Verarbeitung personenbezogener Daten habe regeln wollen. Im Fall etwa einer Bankenfusion ist vielmehr auf § 28 Abs. 1 Satz 2 Nr. 2 BDSG abzustellen.

32 Das Allgemeine Gleichbehandlungsgesetz (AGG) führt in der Praxis dazu, dass Arbeitgeber Bewerbungsunterlagen länger als vor Inkrafttreten des AGG üblich und zulässig aufbewahren, um einem Vorwurf der Verletzung des Gleichbehandlungsgebots entgegentreten zu können. Ein datenschutzrechtlicher Erlaubnistatbestand ist im AGG gleichwohl nicht enthalten; weder sieht es eine Dokumentationspflicht vor, noch enthält es eine ausdrückliche Vorschrift über die Erhebung und Verwendung personenbezogener Daten.[52]

33 Es gibt jedoch eine Fülle an Rechtsvorschriften, die die Erhebung und Verwendung personenbezogener Daten erlauben oder auch anordnen. So ist etwa der Arbeitgeber aufgrund zahlreicher Vorschriften verpflichtet, Daten über einen Arbeitnehmer zu erheben; so hat der Arbeitgeber etwa nach § 5 ArbSchG (auch personenbezogene) Daten zur Gewährleistung der Sicherheit am Arbeitsplatz zu erheben. Soweit es ein Gesetz erlaubt oder anordnet, muss der Arbeitgeber im Rahmen von Drittschuldnererklärungen nach § 840 Abs. 1 ZPO nach Zustellung des Pfändungs- und Überweisungsbeschlusses darüber Auskunft geben, ob und inwieweit er die Forderung als begründet anerkennt und zur Zahlung bereit ist, ob und welche Ansprüche andere Personen an der Forderung geltend machen und ob und wegen welcher Ansprüche die Forderung bereits für andere Gläubiger gepfändet ist.[53] Dem Familiengericht hat der Arbeitgeber gem. § 643 Abs. 2 Nr. 1 ZPO

---

51 Vgl. *Simitis*, ZHR 165 (2001), S. 453. Anders dagegen *Schaffland*, NJW 2002, S. 1539 (1540), der es nicht als notwendig ansieht, dass ausdrücklich die datenschutzrechtliche Relevanz angesprochen werden muss. Siehe zum Datenschutz bei Umwandlungen auch *Wengert/Widmann/Wengert*, NJW 2000, S. 1289; *Zöllner*, ZHR 165 (2001), S. 440; *Teichmann/Kiessling*, ZGR 2001, S. 33; *Scharf*, Umwandlung und Datenschutz, 2009; *Bitter*, ZHR 173 (2009), S. 379 (380 ff. m. w. N.).

52 Ebenso *Schrader/Schubert*, AGG S. 68; *Rittweger/Schmidl*, RDV 2006, S. 235 (238); *Schmidl*, DuD 2007, S. 11; unklar *Schafft*, AuA 2006, S. 517 (518), der zwar als Erlaubnistatbestand für die Bewerbungsphase den § 28 Abs. 1 Satz 1 Nr. 1 heranzieht, die Erlaubnis zur Speicherung nach Abschluss des Einstellungsverfahrens bis zu einem Zeitraum von zwei Monaten auf § 15 Abs. 4 AGG stützen will; dazu § 28 BDSG Rn. 13.

53 Siehe *Reiter/Kühnel*, AuA 2004, S. 40, m. w. N.

die Höhe der Einkünfte eines Arbeitnehmers mitzuteilen. Der Staatsanwaltschaft ist vom Arbeitgeber, der als Zeuge vorgeladen werden kann, Auskunft aufgrund von § 161 StPO zu geben. Dem Finanzamt kann der Arbeitgeber aufgrund von § 93 Abs. 1 Satz 1 AO und §§ 249 Abs. 2, 93 AO auskunftspflichtig sein. Die Gewerbeaufsichtsämter können Ansprüche auf Auskunft über Lohn bzw. Gehalt aus § 50 Abs. 1 Nr. 2 JArbschG und aus § 19 Abs. 1 Nr. 2 MuSchG geltend machen. Diese Aufzählung ist nur beispielhaft.[54]

c) Innerstaatliche Rechtsvorschrift

Eine in den Anwendungsbereich des Bundesdatenschutzgesetzes fallende Stelle **34** kann sich nicht darauf berufen, sie sei aufgrund einer gesetzlichen Vorschrift eines anderen Staates zur Erhebung und Verwendung personenbezogener Daten in Deutschland befugt. Verlangt wird vielmehr das Vorliegen einer anderen innerstaatlichen Rechtsvorschrift. Deswegen kann sich etwa ein an der NYSE oder NASDAQ gelistetes deutsches Unternehmen nicht darauf berufen, dass es aufgrund des Sarbanes-Oxley Acts (SOX) von 2002[55] verpflichtet sei, in seinen deutschen Betriebsstätten ein Whistleblowing-System zu errichten und sich die Verpflichtung zur Datenerhebung und -verarbeitung aus der Rechtsvorschrift des von ihm zu beachtenden SOX ergebe.[56] Das wird man ablehnen müssen, sodass vor dem Hintergrund einer fehlenden Einwilligung des „Angeschwärzten" oder einer fehlenden Betriebsvereinbarung nur die Prüfung einer Erlaubnis aus § 32 BDSG oder § 28 Abs. 1 Satz 1 Nr. 1 und 2 BDSG bleibt.[57]

d) Tarifverträge und Betriebsvereinbarungen

Für die nicht-öffentlichen Stellen sind der normative Teil der Tarifverträge und **35** auch Betriebsvereinbarungen, für die § 77 Abs. 4 Satz 1 BetrVG die normative Außenwirkung anordnet, sowie der eine Betriebsvereinbarung ersetzende Spruch der Einigungsstelle als Rechtsvorschrift (Gesetz im materiellen Sinne) grundsätzlich anerkannt.[58] Auch das BAG hat mehrfach festgestellt: „Soweit auf diese Weise [mit-

---

54 Siehe *Bergmann/Möhrle/Herb*, Datenschutzrecht, § 1 Rn. 25; *Sokol*, in: Simitis, BDSG, § 4 Rn. 13.
55 Sarbanes-Oxley Act, Pub. L. No. 107–204, 116 Stat. 745; siehe dazu *Dworkin*, Michigan Law Review, Vol. 105, p. 1757; *Dworkin* ist zuversichtlich, dass der Konflikt zwischen SOX und dem europäischen Datenschutzrecht „can be eliminated through judicious use of exemptions and/or through judicial interpretation".
56 Ebenso *Gola/Schomerus*, § 4 Rn. 7; *Hilber/Hartung*, BB 2003, S. 1054 (1059); *Schmidl*, DuD 2006, S. 414 (415); *Breinlinger/Krader*, RDV 2006, S. 60 (64); *von Zimmermann*, RDV 2006, S. 242 (245); *Bäcker*, in: Wolff/Brink, Beck'scher Online-Kommentar Datenschutzrecht, § 4 BDSG Rn. 4. Siehe auch AG Wuppertal DB 2005, 1800; LAG Düsseldorf BB 2006, 162 = RDV 2006, 79; Jahresbericht 2005 des Berliner Beauftragten für Datenschutz und Datensicherheit, S. 168.
57 Siehe dazu § 28 BDSG Rn. 68; *Barthel/Huppertz*, AuA 2006, S. 204 (207).
58 BAG NZA 1996, 218 (221); *Kania*, in: ErfK, 2008, § 83 BetrVG Rn. 11; *Fitting/Engels/Schmidt/Trebinger/Linsenmaier*, BetrVG, § 83 Rn. 29 f. (zur Konkretisierung des BDSG

tels Gesprächsaufzeichnung durch eine Telefonanlage zu Ausbildungszwecken auf der Grundlage einer Einigungsstellenentscheidung] personenbezogene Daten der Arbeitnehmer i. S. v. § 3 Abs. 1 und § 4 Abs. 1 BDSG verarbeitet und genutzt werden, ist das zulässig".[59] Eine Betriebsvereinbarung darf datenschutzrechtliche Regelungen über die Erhebung und Verwendung von Arbeitnehmerdaten enthalten, wenn sich die Erlaubnisvorschrift im Rahmen der Regelungsautonomie der Betriebsparteien bewegt und die den Betriebsparteien etwa aus § 75 Abs. 2 BetrVG gezogenen Regelungsschranken nicht überschreitet.[60] Dann ist sie „ein datenschutz-

---

oder weiteren Einschränkung); DKK/*Klebe*, § 87 BetrVG Rn. 163; *Gola/Schomerus*, BDSG, § 4 Rn. 10; *Schaffland/Wiltfang*, § 4 Rn. 3; *Weichert*, in: Däubler/Klebe/Wedde/ Weichert, BDSG, § 4 Rn. 2; *Kühling/Seidel/Sivridis*, Datenschutzrecht, S. 133; *Däubler*, Gläserne Belegschaften?, Rn. 453; *Gola*, RDV 2002, S. 109 (116); *Braun/Wybitul*, BB 2008, S. 782 (784); *Haußmann/Krets*, NZA 2005, S. 259 (262); *Hummel/Hilbrans*, AuR 2005, S. 207 (208); *Tuchbreiter*, Beteiligungsrechte des Betriebsrats bei der Einführung und Anwendung moderner Kommunikationsmittel, 2007, S. 155; *Wybitul*, BB 2009, S. 1582 (1585); *Lindemann/Simon*, BB 2001, S. 1950; *Trittin/Fischer*, NZA 2009, S. 343 (344); *Löwisch*, DB 2009, S. 2782 (2784, 2787); *Winteler*, Betrugs- und Korruptionsbekämpfung vs. Arbeits- und Datenschutzrecht, in: Taeger/Wiebe, Inside the Cloud, 2009, S. 469 (473 f.), der allerdings dann doch zu dem Schluss kommt, dass es kaum eine Datenverarbeitung geben kann, die nur aufgrund einer Betriebsvereinbarung zulässig wäre; ähnlich *Kock/Francke*, NZA 2009, S. 646 (648). Zu der im Kontext des § 4 bestehenden Unerheblichkeit der Frage, ob die Betriebsvereinbarung aus der privatautonomen, durch die Selbstbestimmung des einzelnen Arbeitnehmers oder aus staatlicher Delegation folgender Rechtsetzungsmacht der Betriebsparteien abgeleitet wird, *Lambrich/Cahlik*, RDV 2002, S. 287 (294) m. w. N.

59 BAGE 80, 366 = CR 1996, 155 = RDV 1996, 30, unter Hinweis auf BAGE 52, 88 (102 f.).
60 Siehe etwa BAGE 52, 88 (102 f.) = NZA 1986, 643 (646) = CR 1986, 571 = RDV 1986, 199; BAGE 80, 366 = CR 1996, 155 = RDV 1996, 30, 218 (221); BAG NZA 1996, 945 (947); LAG Hamburg CR 1990, 51 (52); ErfK/Hanau/*Kania*, BetrVG, § 87 Rn. 61; *Fitting/ Engels/Schmidt/Trebinger/Linsenmaier*, BetrVG, § 83 Rn. 30; GK-BetrVG/*Kreutz*, § 77 Rn. 350; DKK/*Buschmann*, BetrVG, § 83 Rn. 23; DKK/*Klebe*, BetrVG, § 87 Rn. 163; *Schaffland/Wiltfang*, BDSG, § 4 Rn. 3; *Liedke*, Einwilligung in Datenschutzrecht, S. 41 ff.; *Däubler*, Gläserne Belegschaften?, Rn. 786 ff.; *Gola*, RDV 2001, S. 125 (126); *Werle*, Beteiligungsrechte des Betriebsrates beim Einsatz von EDV, 2001, S. 36; *Lambrich/ Cahlik*, RDV 2002, S. 287 (294); *Wedde*, AiB 2003, S. 285 (286); *Grobys*, Die Überwachung von Arbeitnehmern in Call Centern, 2007, S. 91 ff.; *Kock/Francke*, NZA 2009, S. 646 (647); *Tuchbreiter*, Beteiligungsrechte des Betriebsrats bei der Einführung und Anwendung moderner Kommunikationsmittel, 2007, S. 158; *Erfurth*, DB 2011, S. 1275 (1276); *Kort*, NZA 2011, 1319 (1322); *Maschmann*, NZA-Beil. 2012, S. 50 (53). Zur Einführung einer konzernweiten elektronischen Personalakte auf der Grundlage einer Betriebsvereinbarung *Diller/Schuster*, DB 2008, S. 928 (929). Auch der Erwägungsgrund 9 der EG-DSRl betont den Spielraum, der auch von den Wirtschafts- und Sozialpartnern genutzt werden könne.

rechtlich sinnvolles Regelungsinstrument",[61] das auch die Rechtssicherheit für die Beschäftigten wesentlich zu erhöhen vermag.[62]

Die Tarifpartei der Arbeitnehmer oder der Betriebsrat, der nach § 75 Abs. 2 BetrVG   **36** die Persönlichkeitsrechte der Arbeitnehmer zu schützen und zu fördern hat, haben bei der Abwägung der Interessen des Arbeitgebers mit denen der Arbeitnehmer besonders die Persönlichkeitsrechte der Arbeitnehmer zu würdigen. Es ist also von den Vertragsparteien der Betriebsvereinbarung stets der Schutzauftrag des § 75 Abs. 2 BetrVG zu berücksichtigen;[63] auch in dieser Hinsicht ist das vom „Gesetzgeber" zu beachtende Verhältnismäßigkeitsprinzip streng zu wahren, sonst wäre eine vom Arbeitgeber aus der Betriebsvereinbarung abgeleitete Erlaubnis schon deswegen unwirksam.

Das wäre z. B. der Fall, wenn eine Betriebsvereinbarung vorsehen würde, dass be-   **37** sondere Arten personenbezogener Daten (§ 3 Abs. 9 BDSG) zum Genom-Screening der Arbeitnehmer übermittelt werden dürfen. Eine solche Regelung der Betriebsparteien wäre wegen eines schwerwiegenden Eingriffs in das Selbstbestimmungsrecht des einzelnen Arbeitnehmers, dessen Gesundheitsdaten zu dem besonders geschützten innersten Kern seiner Persönlichkeitssphäre gehören, unzulässig.[64] Hier müsste der Gesetzgeber selbst regulierend tätig werden und erforderlichenfalls durch ein Gesetz – wie das Arbeitsschutzgesetz – regeln, ob und unter welchen materiellen und formellen Schutzvoraussetzungen im Interesse des Arbeitnehmers ausnahmsweise eine Datenerhebung und -verwendung der Arbeitnehmerdaten für eine Genomanalyse erlaubt sein sollte.[65] Unabhängig davon kann eine Betriebsvereinbarung zum Gesundheitsmanagement im Betrieb aber zulässig sein.[66]

---

61 *Kort*, NZA 2011, 1319 (1322). Zustimmung verdient der Änderungsvorschlag des Bundesrates zum nicht Gesetz gewordenen Entwurf eines § 32l BDSG-E „Soweit in Tarifverträgen sowie Betriebs- und Dienstvereinbarungen von den übrigen Vorschriften dieses Unterabschnitts abgewichen wird, haben diese sich aus grundgesetzlichen Wertungen und den allgemeinen Grundsätzen des Arbeitsrechts ergebenden Beschränkungen zu beachten und der datenschutzrechtlichen Verantwortung der Beteiligten Rechnung zu tragen." (BR-Drs. 535/ 2/10 v. 25.10.2010, S. 43).

62 Darauf weist besonders *Rose*, DuD 2011, S. 136, hin.

63 *Schaffland/Wiltfang*, BDSG, § 4 Rn. 3; *Möller*, ITRB 2009, S. 44 (46 f.).

64 Siehe zur Betriebsvereinbarung über Drogen-Screening in der Vertragsanbahnungsphase *Wedde*, AiB 2003, S. 727. Eine genetische Untersuchung oder Analyse darf nach § 8 GenDG (BGBl. I, S. 2529) nur vorgenommen und eine dafür erforderliche genetische Probe nur gewonnen werden, wenn die betroffene Person in die Untersuchung und die Gewinnung der dafür erforderlichen genetischen Probe ausdrücklich und schriftlich gegenüber der verantwortlichen ärztlichen Person eingewilligt hat.

65 Zum diskutierten Gendiagnostikgesetz *Mund*, Grundrechtsschutz und genetische Information, 2005.

66 Eine solche wird in der Regel allerdings Rechte und Pflichten der Betriebsparteien zur Prävention von Gesundheitsgefährdungen regeln und nicht den Umgang mit personenbezogenen Daten der Beschäftigten; siehe dazu *Neufeld*, PersF 8/2010, S. 126.

38 Auch die Nutzung von Arbeitnehmerdaten etwa zur Korruptionsbekämpfung oder zu anderen Maßnahmen zur Herstellung von Compliance im Unternehmen kann wegen der weitgehenden Eingriffe in die Arbeitnehmerpersönlichkeitsrechte nicht auf eine Betriebs- oder Personalvereinbarung gestützt werden.[67] Eine solche ist unzulässig, wenn sie in grundrechtlich besonders geschützte Rechte der Beschäftigten eingreift, sie also etwa das Erheben und Verwenden von Daten durch das Abhören privater Telekommunikation, durch Belauschen oder verstecktes Filmen erlauben würde.[68] Eine Betriebsvereinbarung begegnet dann Bedenken, wenn sie zwingende telekommunikationsrechtliche Regelungen (§§ 88, 91 ff. TKG) modifizieren soll. Der Regelungsgegenstand einer Betriebsvereinbarung müsste zudem von der Regelungsbefugnis der Partner einer Betriebsvereinbarung umfasst sein, was bei der Regelung der dienstlichen Nutzung von TK-Einrichtungen der Fall wäre.[69] Wenn der Arbeitgeber die private Nutzung dienstlicher Kommunikationseinrichtungen in einem bestimmten Rahmen erlauben will, kann durch eine Betriebsvereinbarung geregelt werden, dass er trotz der dann auch privaten Kommunikation unter der betrieblichen E-Mail-Adresse die Einhaltung des angemessenen Nutzungsumfangs privater Kommunikation kontrollieren darf.[70]

39 Unzulässig wäre auch eine Betriebsvereinbarung, die es dem Arbeitgeber gestatten würde, Namen und Fehlzeiten von Arbeitnehmern, die nach § 84 Abs. 2 SGB X die Voraussetzungen für ein betriebliches Eingliederungsmanagement[71] erfüllen, dem Betriebsrat zur Erfüllung eines betriebsverfassungsrechtlichen Informationsanspruchs aus § 80 Abs. 2 Satz 2 BetrVG zur Verfügung zu stellen.[72] Das gilt auch für Vereinbarungen mit einem Personalrat.[73] Wenn man mit *Kort*[74] und entgegen einer Entscheidung des BAG[75] trotz des weiten Informationsrechts des Betriebs-

---

67 *Kock/Francke*, NZA 2009, S. 646 (647); *Winteler*, in: Taeger/Wiebe, Inside the Cloud, S. 469 (473 f.). Siehe zu den datenschutzrechtlichen Grenzen von Compliance-Maßnahmen *Kort*, DB 2011, 651.

68 *Zilkens*, DuD 2005, S. 253 (255).

69 Siehe zum Umfang der Regelungsmacht der Betriebspartner bei einer Regelung über Voraussetzung und Umfang der Privatnutzung *Kort*, DB 2011, S. 2092 (2093).

70 Dazu *Gola*, RDV 2002, S. 109 (114).

71 Siehe dazu *Stück*, MDR 2010, S. 1235.

72 So wohl auch *Wronka*, RDV 2012, S. 277.

73 So auch VGH München RiA 2012, 229 m. Anm. *Braun*.

74 DB 2012, S. 688. Siehe auch *Wronka*, RDV 2012, S. 277.

75 Urt. v. 7.2.2012, – 1 ABR 46/10, ZD 2012, 481 = BB 2012, 2310 m. Anm. Neufeld. Zustimmend *Schwarz-Seberger*, ZMV 2012, S. 356; *Wybitul*, ZD 2012, S. 485. Kritisch *Wronka*, RDV 2012, S. 277. Einen Informationsanspruch des Personalrats, im Rahmen von § 84 Abs. 2 Satz 7 SGB IX ohne Zustimmung der Bediensteten zur Überprüfung von Maßnahmen des betrieblichen Eingliederungsmanagements über Fehlzeiten ohne Zustimmung der Betroffenen lehnt der VGH München ab (Beschl. v. 30.4.2009 – 17 P 08.3389, VGHE BY 62, 41, und Beschl. v. 12.6.2012 – 17 P 11.1140, RiA 2012, 229), weil „dem Grundrecht der Betroffenen auf informationelle Selbstbestimmung auch in der ersten Phase des Eingliederungsmanagements, dem Herantreten des Arbeitgebers an die jeweils in Frage

rats[76] im konkreten Fall einen betriebsverfassungsrechtlichen Informationsanspruch zu Recht ablehnt, so kann dieser nicht zum Nachteil der Arbeitnehmer durch eine Betriebsvereinbarung erlaubt werden.[77]

Auch die konzerninterne Übermittlung von Arbeitnehmerdaten etwa zum Aufbau **40** einer konzernweiten Arbeitnehmerdatenbank zur Personalentwicklung im Konzern kann, weil konzernverbundene Unternehmen zueinander Dritte sind und es ein Konzernprivileg nicht gibt,[78] auf eine Betriebsvereinbarung gestützt werden.[79] Hat ein Drittstaatenunternehmen Zugriff auf die Datenbank, müsste sich das Unternehmen der Betriebsvereinbarung unterwerfen. Zulässig wäre eine Betriebsvereinbarung darüber, dass und in welcher Weise der betriebliche Datenschutzbeauftragte den Betriebsrat in seine gesetzlich vorgesehene datenschutzrechtliche Kontrolle einbezieht.[80]

Umstritten ist, ob Betriebsvereinbarungen über die Aufnahme einer die Verhältnis- **41** mäßigkeit wahrenden Erlaubnis,[81] personenbezogene Daten von Arbeitnehmern für einen bestimmten Zweck zu erheben, zu verarbeiten oder zu nutzen, hieraus auch Rechte wie das Auskunfts- oder Löschungsrecht beschränken oder gar aufheben können, die das allgemeine Datenschutzrecht zugunsten der betroffenen Personen enthält. Entgegen einer früheren Rechtsprechung des BAG[82] wird dies heute überwiegend abgelehnt.[83] Auch insofern ist es richtig, dass eine untergesetzliche Norm nicht im Widerspruch zu den gesetzlich gewährten Rechten stehen darf; nur insofern ist der Hinweis von *Sokol*, Betriebsvereinbarungen dürften den Datenschutz gegenüber dem BDSG nicht einschränken, richtig;[84] einen Erlaubnistatbestand dürfen Betriebsvereinbarungen unter Beachtung der verfassungsrechtlichen Standards durch die Verpflichtung zur Wahrung der Persönlichkeitsrechte nach § 75 BetrVG gleichwohl schaffen, weil das allein den Datenschutz nicht einschränkt, sondern nur die in § 4 BDSG vorgesehene „gesetzliche" Erlaubnis vorsieht.

---

kommende Person, der Vorrang gebührt und deshalb der Personalrat von der Initiative des Arbeitgebers im konkreten Einzelfall nur mit Zustimmung des betroffenen Beschäftigten in Kenntnis gesetzt werden darf". Siehe auch BVerwG, Beschl. v. 23.6.2010, PersR 2010, 437, und dazu *Daniels*, PersR 2010, S. 428, und *Baßlsperger*, PersV 2010, S. 450.

76 Siehe allgemein zu den Grenzen des Informationszugangs, insbesondere zu den datenschutzrechtlichen Schranken eines allgemeinen Einsichtsrechts und Online-Zugriffsrechts des Betriebsrats auf die Datenverarbeitung des Arbeitgebers *Kort*, RDV 2012, S. 8 (14) m. w. N. zur Rechtsprechung.

77 Anders *Kort*, ZD 2012, S. 247 (248 f.).

78 Dazu § 28 BDSG Rn. 128.

79 So auch *Hillenbrand-Beck*, RDV 2007, S. 231 (233).

80 *Kort*, RDV 2012, S. 8 (17).

81 Siehe zu den Grenzen einer Erlaubnis durch eine untergesetzliche Erlaubnisnorm Rn. 41.

82 BAGE 52, 88 = CR 1986, 571 = RDV 1986, 199.

83 Siehe etwa *Bergmann/Möhrle/Herb*, Datenschutzrecht, § 4 Rn. 25 f.; dazu auch *Sassenberg/Bamberg*, DuD 2006, S. 226 (229).

84 Dazu mit weiteren Nachweisen *Sokol*, in: Simitis, BDSG, § 4 Rn. 17, *Gola/Schomerus*, BDSG, § 4 Rn. 10 f.

42 Die Formulierung, dass eine Betriebsvereinbarung eine ansonsten datenschutzrechtlich unzulässige Verarbeitung oder Nutzung nicht legalisieren kann,[85] ist dagegen zumindest missverständlich. Auch die eine Betriebsvereinbarung pauschal als Erlaubnisvorschrift ablehnenden Formulierungen, dass „von den Vorschriften des Bundesdatenschutzgesetzes zu Ungunsten der Arbeitnehmer durch eine Betriebsvereinbarung" nicht abgewichen werden dürfe[86] „oder der Schutzstandard des BDSG … durch eine Betriebsvereinbarung nicht unterlaufen werden" darf,[87] sind substanzlos, weil zunächst nur zu klären ist, ob eine Betriebsvereinbarung als ein Gesetz, das eine Erlaubnis gem. § 4 BDSG zu schaffen vermag, in Betracht kommt. Das ist wegen des Normcharakters der Betriebsverfassung grundsätzlich zu bejahen. Dann kann sich die rechtliche Bewertung des Regelungsinhalts anschließen, bei der zu klären ist, ob überhaupt eine für Arbeitnehmer nachteilige Regelung getroffen wurde und dann, wenn dies der Fall sein sollte, ob diese Regelung die Arbeitnehmerpersönlichkeitsrechte über das hinnehmbare Maß hinaus einschränkt. Das Kassieren von nicht abdingbaren Rechten von Arbeitnehmern nach den höherrangigen Datenschutzgesetzen steht dabei gar nicht zur Diskussion.

43 Die Ansicht, die der Betriebsvereinbarung gänzlich abspricht, eine Erlaubnis für die Datenerhebung und -verwendung durch den Arbeitgeber enthalten zu dürfen, übersieht, dass ohne eine – im beschriebenen Rahmen zulässige – Betriebsvereinbarung als normative Erlaubnis der Datenerhebung und -verwendung diese mangels sonstiger gesetzlicher Erlaubnis oder Einwilligung von Beginn an unzulässig wäre. Die Unzulässigkeit wird gerade durch eine Betriebsvereinbarung als gemäß § 4 BDSG zulässige gesetzliche Erlaubnis vermieden. Die Betriebsvereinbarung darf im Rahmen des für eine untergesetzliche Norm Möglichen einen Erlaubnistatbestand zur Erhebung und Verwendung personenbezogener Arbeitnehmerdaten schaffen.[88]

44 Eine Betriebsvereinbarung kann nach alledem nicht nur eine bestehende Erlaubnis konkretisieren und ausgestalten, sondern auch eine Erlaubnis selbst schaffen, wenn sie als untergesetzliche Norm beachtet, dass der Eingriff nicht die Substanz der gesetzlich ausgestalteten Rechte berührt und die Verfahrens- und Kontrollrechte der betroffenen Person (z.B. Zuständigkeit des betrieblichen Datenschutzbeauftragten; Auskunfts- und Löschungsrechte) unberührt lässt.[89] Ein gelungenes Beispiel für

---

85 *Hummel/Hilbrans*, AuR 2005, S. 207 (208); *Fitting/Engels/Schmidt/Trebinger/Linsenmaier*, BetrVG, § 83 Rn. 30; *Hilber*, RDV 2005, S. 143 (148).

86 Siehe die Nachweise bei *Tuchbreiter*, Beteiligungsrechte des Betriebsrats bei der Einführung und Anwendung moderner Kommunikationsmittel, 2007, Fn. 606.

87 *Trittin/Fischer*, NZA 2009, S. 343 (344).

88 *B. Buchner*, Betriebliche Datenverarbeitung zwischen Datenschutz und Informationsfreiheit, FS Buchner, S. 153 (162), plädiert dafür, dass nicht die Einwilligung des einzelnen Betroffenen, sondern „Tarifvertrag und Betriebsvereinbarung … beim Arbeitnehmerdatenschutz die primäre Alternative zu den gesetzlichen Erlaubnistatbeständen sein" sollten.

89 Ebenso *Diller/Schuster*, DB 2008, S. 928 (929); *Kock/Francke*, NZA 2009, S. 646 (647); *Deiters*, ZD 2012, S. 109 (112); *Mattl*, Die Kontrolle der Internet- und E-Mail-Nutzung

eine rechtlich zulässige Betriebsvereinbarung über Beschäftigtendaten, die zudem Kollektivrechte zum Schutz der Persönlichkeitsrechte ausweitet, stellt die „Konzernbetriebsvereinbarung Beschäftigtendatenschutz" der Deutschen Bahn AG (KBV BDS) von 2010 dar.[90]

Eine Betriebsvereinbarung vermag nicht nur eine Erlaubnis normativ zu schaffen, sondern kann als dann vorrangige gesetzliche Regelung eine etwa auf § 28 Abs. 1 Satz 1 Nr. 2 BDSG[91] gestützte Erhebung und Verwendung von Arbeitnehmerdaten für einen zu benennenden konkreten Fall einschränken oder untersagen. Sollte die von der EU-Kommission vorgeschlagene EU-Datenschutz-Grundverordnung (DS-GVO-E) Gesetz werden, dürfte sich nach jetzigem Stand an dieser Wertung nichts ändern. Die Mitgliedstaaten der EU werden durch Art. 82 DSGVO ermächtigt, für den Beschäftigtendatenschutz weitreichende Sonderregelungen zu verabschieden, zu denen auch Kollektivvereinbarungen gehören können.[92]   **45**

3. Zulässigkeit aufgrund einer Einwilligung

Das aus dem allgemeinen Persönlichkeitsrecht abgeleitete informationelle Selbst-   **46**
bestimmungsrecht (Art. 2 Abs. 1 i.V.m. Art. 1 Abs. 1 GG) gewährleistet dem Einzelnen ein umfassendes Selbstbestimmungsrecht darüber, wer welche Daten über ihn zu welchem Zweck erhalten soll. Dieser Grundrechtsschutz umfasst die Befugnis des Einzelnen, über die Preisgabe und Verwendung seiner persönlichen Daten selbst zu bestimmen. Die Erteilung einer Einwilligung erweist sich so als Grundrechtsausübung und nicht etwa als Grundrechtsverzicht.[93] Als Norm des objektiven Rechts entfaltet dieses Grundrecht seinen Rechtsgehalt auch im Privatrecht.[94] Mit § 4 BDSG und der darin vorgesehen Möglichkeit, durch Einwilligung eine Erlaubnis in die Erhebung und Verwendung der personenbezogenen Daten zu schaffen, wird dieses Selbstbestimmungsrecht einfachgesetzlich zum Ausdruck gebracht. Die mit der Novellierung des BDSG 2009 aufgenommene Regelung in § 28a Abs. 2 Satz 4 BDSG, die eine auf die Übermittlung von Daten an Auskunfteien gerichtete Einwilligung als unzulässig erklärt, begegnet daher erheblichen verfassungsrechtlichen Bedenken.[95] Der Entwurf einer EU-Datenschutzgrundverordnung (EU-DSGVO-E) hält mit Art. 7 an der Einwilligung als Erlaubnis grundsätzlich fest und nennt sie als erste Möglichkeit der Erlaubnis einer ansonsten unzulässigen Daten-

---

am Arbeitsplatz, S. 106 f., und, allerdings sehr weitgehend selbst für Kontrollen und interne Ermittlungen im Rahmen der Compliance-Organisation, *Wybitul*, BB 2009, S. 1582 (1585); siehe dagegen zur Einwilligungsmöglichkeit in diesem Kontext *Vogel/Glas*, DB 2009, S. 1747 (1748).

90 Vgl. *Fritz*, ZfA 2012, S. 197.

91 Zur Anwendbarkeit des § 28 Abs. 1 BDSG neben § 32 BDSG ausführlich *Vogel/Glas*, DB 2009, S. 1747; *Bernd Schmidt*, RDV 2009, S. 193, m.w.N.

92 Vgl. *Forst*, ZD 2012, S. 251 (252).

93 *Simitis*, in: Simitis, BDSG, § 4a Rn. 2; *Geiger*, NVwZ 1989, S. 35 (37).

94 BVerfGE 113, 273.

95 Siehe § 28a BDSG Rn. 37.

erhebung und -verarbeitung. Das ist schon deswegen geboten, weil auch Art. 8 Abs. 2 Satz 1 der Grundrechtecharta das Grundrecht kennt, über den Umgang mit personenbezogenen Daten selbst zu bestimmen und in die Datenverarbeitung einzuwilligen.[96] Mit der Ziffer 4, die eine Einwilligung bei einem erheblichen, strukturellen Ungleichgewicht zwischen der betroffenen Person und der verantwortlichen Stelle ausschließt, wird eine Ausnahme vorgeschlagen, die gar keiner Regulierung bedarf, weil die unerwünschten Situationen bei entsprechender Auslegung des Tatbestandsmerkmals der Freiwilligkeit (§ 4a Abs. 1 BDSG) zu vermeiden sind, ohne dass es eines pauschalen Ausschlusses bedarf.[97] Die Einwilligung ist als ein „zentrales Instrument"[98] der Schutzes der Persönlichkeit zu erhalten, solange von einem Verbot mit Erlaubnisvorbehalt auszugehen ist.

47 Eine schrankenlose Selbstbestimmung des Betroffenen mit einer uneingeschränkten Verfügung über seine personenbezogenen Daten im öffentlichen und nicht-öffentlichen Bereich gibt es nicht. Auch das Recht auf informationelle Selbstbestimmung wird nicht schrankenlos gewährleistet. Das BVerfG hob dies in seinem Volkszählungsurteil hervor und betonte, dass der Einzelne kein Recht im Sinne einer absoluten, unbeschränkbaren Herrschaft über „seine" Daten hat, sondern dieser vielmehr eine sich innerhalb der sozialen Gemeinschaft entfaltende, auf Kommunikation angewiesene Persönlichkeit sei. Information, auch soweit sie personenbezogen ist, stelle ein Abbild sozialer Realität dar, das nicht ausschließlich dem Betroffenen allein zugeordnet werden könne.[99] Im Sinne der Gemeinschaftsbezogenheit und Gemeinschaftsgebundenheit der Person müsse daher der Einzelne Einschränkungen seines Rechts auf informationelle Selbstbestimmung im überwiegenden Allgemeininteresse hinnehmen. In diesem Sinn erwähnt das Gesetz zunächst die Legitimation durch gesetzliche Erlaubnistatbestände, die die Erhebung und Verwendung von Daten aufgrund einer Abwägungsentscheidung des Gesetzgebers zulassen.[100] Bei den gesetzlichen Erlaubnisnormen wird unterschieden, ob sie die Datenerhebung und Verwendung anordnen bzw. auch bei einem entgegenstehenden Interesse der betroffenen Person zulassen oder ob von der verantwortlichen Stelle eine Abwägung des eigenen Interesses mit dem mutmaßlichen oder artikulierten Interesse der betroffenen Person vorzunehmen ist.

48 Nur dann, wenn danach keine Erlaubnis aufgrund eines Gesetzes besteht, kann die Einwilligung als weitere Möglichkeit zur Legitimation einer Erhebung, Verarbei-

---

96 Ebenso *Forst*, NZA 2012, S. 364 (365) m. w. N.
97 Grundlegend dazu *Grönemeyer*, Die Einwilligung im Beschäftigungsverhältnis, 2012, passim, sowie *Liedke*, Die Einwilligung im Datenschutzrecht, 2012, S. 33 ff.
98 *Spindler*, Gutachten zum 69. DJT, 2012, F 133.
99 BVerfGE 65, 1 (43 f.).
100 Zur Umkehrung dieses Selbstbestimmungsgedanken und der Notwendigkeit des Vorrangs der gesetzlichen Regelung in Abhängigkeitsverhältnissen *Schmidl*, DuD 2007, S. 756.

tung oder Nutzung eingeholt werden. Eine pauschale Einwilligung in die Datenerhebung und beliebige Verwendung ist unwirksam.[101]

Die Einwilligung erstreckt sich zunächst auf die selbstbestimmte, freie Entscheidung des Betroffenen, ob er überhaupt personenbezogene Daten über sich zur Verfügung stellen will, dann aber auch weiter, welche Daten zu welchem Zweck und an welchem Verarbeitungsort verarbeitet oder genutzt werden. So kann er seine Einwilligung in die Verarbeitung insoweit davon abhängig machen, dass sie nicht durch Cloud Computing an einem nicht bestimmbaren Ort oder dass sie nicht in einem Staat, in dem kein angemessenes Schutzniveau erreicht wird, verwendet werden. **49**

Die Einwilligung sollte nicht eingeholt werden, wenn eine gesetzliche Erlaubnis vorliegt, weil der Betroffene es kaum nachvollziehen könnte, wenn die verantwortliche Stelle bei einem Widerruf seiner Einwilligung auf eine bestehende gesetzliche Erlaubnis verweisen und die Datenverwendung wegen der „Subsidiarität der Einwilligung"[102] fortsetzen würde.[103] Die weitere Verarbeitung wäre aber nur dann unzulässig, wenn die gesetzliche Erlaubnis die Zulässigkeit daran knüpft, dass keine Anhaltspunkte für ein schutzwürdiges Interesse der betroffenen Person bestehen. Mit dem Widerruf hat der Betroffene dieses entgegenstehende Interesse zum Ausdruck gebracht. Wenn die Auslegung der gesetzlichen Erlaubnis ergibt, dass das Interesse der verantwortlichen Stelle demgegenüber dennoch überwiegt oder wenn es auf das Interesse der betroffenen Person gar nicht ankommt, ist die Datenerhebung und -verwendung auch dann zulässig, wenn der Betroffene seine (überflüssigerweise eingeholte) Einwilligung widerrufen hat.[104] **50**

Die Gesetzgeber des Bundes und der Länder haben im Anschluss an das Volkszählungsurteil des BVerfG vom Dezember 1983, in dem der Eingriffscharakter der hoheitlichen Erhebung und Verarbeitung personenbezogener Daten erstmals auch verfassungsgerichtlich bestätigt wurde, für die *öffentlich-rechtlichen* Bedürfnisse zur datenschutzkonformen Aufgabenerfüllung in großem Umfang Eingriffsregelungen **51**

---

101 Siehe auch § 4a BDSG Rn. 30.
102 *Schmidl*, DuD 2007, S. 756.
103 Ebenso *Sokol*, in: Simitis, BDSG, § 4 Rn. 6; *Gola/Schomerus*, BDSG, § 4 Rn. 16; *Mester*, Arbeitnehmerdatenschutz, S. 85; a. A. *Hoeren*, VersR 2005, S. 1014 (1018), der allerdings dafür plädiert, dass dem Einwilligenden mitgeteilt wird, dass die Datenverarbeitung bei Vorliegen der Voraussetzungen auch bei einem Widerruf der Einwilligung aufgrund einer gesetzlichen Erlaubnis vorgesetzt werden könnte.
104 A. A. *Bäcker*, in: Wolff/Brink, Beck'scher Online-Kommentar Datenschutzrecht, § 4 Rn. 20, der meint, mit der Einholung der Einwilligungserklärung würde ein Vertrauenstatbestand geschaffen, weshalb eine zwar gesetzlich erlaubte Datenverwendung bei Widerruf der Einwilligung ermessensfehlerhaft bzw. treuwidrig sei. A. A. auch unter Hinweis auf einen Verstoß gegen § 242 BGB *Kühling/Seidel/Sivridis*, Datenschutzrecht, 2008, S. 141, deren Nachweise in Fn. 369 die vertretene Meinung so jedoch nicht belegen. Siehe dazu auch *Bausewein*, Legitimationswirkung von Einwilligung und Betriebsvereinbarung im Beschäftigtendatenschutz, S. 51; *Grönemeyer*, Die Einwilligung im Beschäftigtendatenschutz, S. 53.

verabschiedet. Wegen des Gebots der Gesetzmäßigkeit der Verwaltung wird abgeleitet, dass staatliche Stellen Daten nur erheben dürfen, wenn dies zur Erfüllung ihrer Aufgaben erforderlich ist; eine Erlaubnis ergebe sich aus dem Gesetz mit der Folge, dass eine Einwilligung allenfalls dann in Betracht komme, wenn sie für die Aufgabenerfüllung „nützlich" sei[105] oder im Bereich nicht gebundenen Verwaltungshandelns erfolge.[106]

52 Hoheitliche Stellen agieren mit unterschiedlichen Zwecksetzungen, die bei der Frage nach der Zulässigkeit von Einwilligungen zugunsten öffentlicher Stellen zu berücksichtigen sind: hoheitliche Eingriffsverwaltung oder Leistungsverwaltung. Sie werden auch in der Form des Verwaltungsprivatrechts oder rein fiskalisch tätig. Die Eingriffsverwaltung wird nur auf Grundlage formeller Gesetze handeln und in Grundrechte eingreifen können. Der grundrechtliche Gesetzesvorbehalt lässt sich nicht durch eine Einwilligung aushebeln.[107] Die Praxis der Eingriffsverwaltung kennt allerdings auch hier Einwilligungsbeispiele, deren Zulässigkeit von den Aufsichtsbehörden unterschiedlich beurteilt wird.[108] Je weiter sich die hoheitliche Stelle von der Eingriffsverwaltung entfernt, um so eher werden Einwilligungen als zulässig anzusehen sein, insbesondere dann, wenn sie mit einem Vorteil für die Betroffenen verbunden ist. So begegnet etwa die Einwilligung von Studierenden in die Übermittlung eines treuhänderisch von einer anderen hoheitlichen Stelle verwalteten Identitätsmanagements, das den anonymen Zugriff auf elektronische Ressourcen an anderen Hochschulen ermöglicht, keinen Bedenken.

53 Zutreffend ist, dass eine öffentliche Stelle personenbezogene Daten nur im Rahmen ihrer Aufgabenzuweisung erheben, verarbeiten oder nutzen darf. Soweit eine bereichsspezifische Eingriffserlaubnis fehlt, welche die §§ 13, 14 BDSG in Verbindung allein mit einer Aufgabenzuweisung nicht ersetzen können, ist eine Legitimation der hoheitlichen Datenerhebung und -verwendung durch Einwilligung außerhalb der mit Vorbehalt eines formellen Gesetzes handelnden Eingriffsverwaltung möglich,[109] auch wenn sie eher eine Ausnahme sein wird.

54 Eine solche stellt etwa § 12c Abs. 3 AtG dar, der es erlaubt, gem. § 12 AtG erhobene Daten über die Strahlenexposition beruflich strahlenexponierter Personen für Zwecke der wissenschaftlichen Forschung zu übermitteln, wenn die Anonymisierung der Daten nicht mit einem vertretbaren Aufwand erreicht werden kann. Meldebehörden dürfen Daten nicht meldepflichtiger Personen erheben, verarbeiten und

---

105 *Buchner*, Informationelle Selbstbestimmung im Privatrecht, S. 63 f.: „Eine Einwilligung als Rechtfertigung für die Datenverarbeitung öffentlicher Stellen ist ... fragwürdig". Siehe dazu näher § 4a BDSG Rn. 19 ff.

106 *Roßnagel/Laue*, DÖV 2007, S. 543 (546): Im öffentlichen Bereich „kann der Umgang mit personenbezogenen Daten vom Grundsatz her nicht am freien Willen der Beteiligten orientiert werden".

107 *Menzel*, DuD 2008, S. 400 (401); *Simitis*, in: Simitis, BDSG, § 4a Rn. 15.

108 Siehe dazu *Menzel*, DuD 2008, S. 400 (401) m. w. N.

109 *Engelien-Schulz*, VR 2009, S. 73.

Taeger

nutzen, wenn die Betroffenen eingewilligt haben (§ 1 Abs. 2 MRRG). Nach § 37 Abs. 2 Satz 2 AZRG dürfen gesperrte Daten nur mit Einwilligung der betroffenen Person genutzt werden. Auch nach § 32 Abs. 2 Satz 3 BKAG dürfen gesperrte Daten u. a. dann übermittelt und genutzt werden, wenn der Betroffene einwilligt. Nur mit Einwilligung des Betroffenen dürfen gesperrte Daten gem. § 12 Abs. 2 Satz 4 BVerfSchG übermittelt werden. Gesperrte Daten dürfen nach § 7 Abs. 11 Satz 3 LuftSiG nur mit Einwilligung der betroffenen Person verwendet werden, es sei denn, sie sind zur Abwehr einer erheblichen Gefahr erforderlich. § 35b Abs. 1 Satz 2 BVerfGG erlaubt Einsicht in die Gerichtsakten bei Einwilligung des Betroffenen. Nach § 5 Abs. 1 IFG darf der Zugang zu personenbezogenen Daten nur mit Einwilligung gewährt werden, bei besonderen Arten personenbezogener Daten nur mit ausdrücklicher Einwilligung.

Eine Einwilligung stellt daher primär für die nicht-öffentlichen Stellen eine bedeut-   **55** same Möglichkeit dar, zu einer Erlaubnis der Datenerhebung und -verarbeitung zu kommen, auch wenn *nicht-öffentliche* Stellen ihren Bedarf an personenbezogenen Daten im Wesentlichen auf die weitgesteckten Erlaubnisnormen der §§ 28, 29 BDSG mit ihren offenen, auch von Abwägungsprozessen geprägten Erlaubnistatbeständen stützen können, sodass nur ein „Restbedarf" besteht, die Erlaubnis durch Einwilligung zu erlangen.[110]

Dieser Restbedarf aber ist zweifellos vorhanden. Sowohl – in Grenzen[111] – bei ho-   **56** heitlichen Stellen sowie – überwiegend – bei nicht-öffentlichen Stellen besteht häufig ein Interesse an der Erhebung und Verarbeitung personenbezogener Daten, das sich nicht auf eine gesetzliche Erlaubnisnorm stützen kann und deshalb die Einwilligung der betroffenen Person erforderlich macht. Da es kein datenschutzrechtliches Konzernprivileg gibt, kann eine Datenübermittlung bei fehlender gesetzlicher Erlaubnis nur auf eine individuelle Einwilligung gestützt werden; das gilt auch bei Datenaustausch zwischen selbstständigen, in einer Kette zusammengeschlossenen Hotels[112] oder innerhalb von Franchise-Systemen.[113] Dieses Interesse an Einwilligungslösungen wird insbesondere für den Adresshandel und für die werbende Wirtschaft mit der 2009 erfolgten Novellierung des BDSG steigen, weil der neue § 28 Abs. 3 Satz 1 BDSG die Privilegierung der Übermittlung von Listen ohne weitere Einwilligung eingeschränkt hat.[114]

---

110 Ähnlich auch *Gola/Schomerus*, BDSG, § 4 Rn. 5, die sogar von einem „Notfall" sprechen, wenn auf eine Einwilligung zurückgegriffen werden muss, ebenso *Gola*, RDV 2002, S. 109 (110).

111 *Kühling/Seidel/Sivridis*, Datenschutzrecht, S. 140.

112 *Gola/Reif*, RDV 2008, S. 177 (182); *Selk*, RDV 2008, S. 187.

113 *Böhner*, Datenschutz im Intranet von Franchisenetzwerken, S. 47.

114 Dazu *Frey*, in: Inside the cloud, S. 33; *Plath/Frey*, BB 2009, S. 1762; *Taeger*, in: Brunner/ Seeger/Turturica, Fremdfinanzierung von Gebrauchsgütern, S. 51 (53); noch zum Stand des Regierungsentwurfs *Hanloser*, DB 2009, S. 663; *Hanloser*, CR 2008, S. 713; *van Raay/Meyer-van Raay*, VuR 2009, S. 103. Die Gewinnung von Kundendaten für das Di-

57 An die Form der Einwilligung, der stets eine präzise Information darüber vorauszugehen hat, worin eingewilligt wird, darüber, dass die Einwilligung mit Wirkung für die Zukunft widerrufen werden kann und welche Folgen eine Nichterteilung der Einwilligung haben würde, werden unterschiedlich hohe Anforderungen gestellt, die sich aus der allgemeinen Regelung des § 4a BDSG ergeben, die aber durch bereichsspezifische Anforderungen an eine Einwilligung (§ 13 TMG) verdrängt werden können.

III. Datenerhebung (Abs. 2)

58 Bei einer Datenerhebung erfolgt nach der Feststellung, ob ein Erlaubnistatbestand vorliegt (Abs. 1), im nächsten Schritt die Prüfung, ob der Grundsatz der Direkterhebung beachtet wurde (Abs. 2 Satz 1) oder anderenfalls ein Ausnahmefall (Abs. 2 Satz 2) vorlag.

1. Datenerhebung bei der betroffenen Person (Abs. 2 Satz 1)

59 Mit Abs. 2 Satz 1 werden öffentliche wie nicht-öffentliche Stellen in gleicher Weise verpflichtet, dann, wenn eine Erlaubnis aus Gesetz oder Einwilligung vorliegt, die personenbezogenen Daten beim Betroffenen selbst zu erheben, also unter seiner Mitwirkung oder zumindest mit seiner Kenntnis (Gebot der Direkterhebung).[115] Der Vorgang des Erhebens ist in § 3 Abs. 3 BDSG näher definiert und meint das Beschaffen von Daten über den Betroffenen.[116] Das Erheben kann beispielsweise durch Befragen oder Beobachten des Betroffen, durch das Ausfüllen von Formularen oder Fragebögen oder durch Anfordern von Unterlagen erfolgen. Das Beschaffen direkt beim Betroffenen ist der vom Gesetzgeber gewünschte Regelfall. Sie ist folgerichtige Konsequenz aus dem Selbstbestimmungsgedanken. Dadurch soll sichergestellt werden, dass die Daten authentisch und nicht fehlerhaft sind und dass die betroffene Person Kenntnis davon hat, welche Stelle Daten zu welchem Zweck über sie erhebt und verarbeitet. Nur eine informierte Person kann die Zulässigkeit der Erhebung, der regelmäßig auch eine Verarbeitung der Daten nachfolgt, prüfen und ihre Rechte auf Auskunft, Berichtigung und Löschung effizient wahrnehmen. Dies impliziert, dass der Betroffene auch weiß, wer die verantwortliche Stelle ist, zu welchem Zweck sie die Daten erhebt und anschließend verarbeitet oder nutzt und an wen die Daten möglicherweise übermittelt werden. Auch soll der Betroffene bei dieser Gelegenheit erfahren, ob die Daten aufgrund einer Rechtsvorschrift erhoben werden oder ob die Daten von ihm freiwillig, also nur mit seiner Einwilligung, gegeben werden und welche Folgen eine Verweigerung von Angaben

---

rektmarketing durch Gewinnspiele wird nun zumindest erheblich erschwert, vgl. *Pauli*, WRP 2009, S. 245. Siehe § 28 BDSG Rn. 191 ff.
115 Vgl. *Gola*, RDV 2003, S. 177 (178 ff.); *Iraschko-Luscher*, DuD 2006, S. 706 (706).
116 Näher § 3 BDSG Rn. 25 f.

Taeger

haben würde. Deswegen korrespondiert eine entsprechende Informationspflicht in
Abs. 3 mit der Pflicht aus § 4 Abs. 2 Satz 1 BDSG, die Daten direkt beim Betroffenen zu erheben.

Als Mitwirkung wird auch angesehen, wenn die Erhebung bei einem Bevollmäch **60**
tigten oder im Einzelfall auch bei einem verständigen Familienangehörigen erfolgt,
wenn angenommen werden kann, dass die Mitwirkung des Betroffenen gewollt
wäre (Antragstellung unter notwendiger Angabe der Daten des Ehepartners) oder
von einer Inkenntnissetzung ausgegangen werden kann.[117]

Bei nicht voll Geschäftsfähigen sind die Daten bei dem gesetzlichen oder gewill **61**
kürten Vertreter einzuholen, es sei denn, eine minderjährige Person besitzt bereits
die Einsichtsfähigkeit.[118]

Daten, die zwar bei der betroffenen Person, aber heimlich oder ohne ihre Kenntnis **62**
erhoben werden (heimliches Fotografieren oder Belauschen, Mitnahme von DNA-
Material, Auslesen von RFID-Chips),[119] erfüllen nicht die Anforderung an eine Direkterhebung. Erfolgt eine Datenerhebung, an deren Mitwirkung die betroffene Person aufgrund einer vorübergehenden Bewusstseinsstörung gehindert ist, muss die
Information nachgeholt werden, sobald sie möglich ist. Die Mitwirkung kann auch
passiv, etwa durch Duldung der gesetzlich legitimierten Erhebung erfolgen.[120]

2. Datenerhebung ohne Mitwirkung des Betroffenen (Abs. 2 Satz 2)

Von der sich aus Satz 1 ergebenden Regel, die Daten direkt beim Betroffenen zu **63**
erheben, sind Ausnahmen möglich. Die Ausnahmegründe für eine Erhebung „hinter dem Rücken" werden in Abs. 2 Satz 2 genannt. Auch sie kommen nur dann zum
Tragen, wenn zuvor festgestellt wurde, dass eine Erlaubnis aus Gesetz oder aufgrund einer Einwilligung vorliegt.

Als Ausnahme vom Grundsatz der Direkterhebung ist eine Erhebung ohne Mitwir **64**
kung des Betroffenen nach Abs. 2 Satz 2 Nr. 1 dann zulässig, wenn eine Rechtsvorschrift dies *vorsieht* (1. Alternative) oder *zwingend voraussetzt* (2. Alternative).

Eine Rechtsvorschrift sieht die Erhebung ohne Mitwirkung beispielsweise dann **65**
vor, wenn aus ihr ausdrücklich folgt, dass Daten zur betroffenen Person ohne dessen
Mitwirkung erhoben werden dürfen. Eine solche Rechtsvorschrift kann auch im
BDSG selbst vorhanden sein. So erlauben die §§ 28 und 29 BDSG die Datenerhebung aus allgemein zugänglichen Quellen ohne Kenntnis des Betroffenen.[121]

---

117 Siehe auch *Gola/Schomerus*, BDSG, § 4 Rn. 21; *Sokol*, in: Simitis BDSG, § 4 Rn. 20.
118 Dazu näher *Bergmann/Möhrle/Herb*, Datenschutzrecht, § 4 Rn. 30. Vgl. § 4a BDSG
    Rn. 29.
119 *Sokol*, in: Simitis, BDSG, § 4 Rn. 23; *Kesten*, RDV 2008, S. 97 (99).
120 *Sokol*, in: Simitis, BDSG, § 4 Rn. 23.
121 *Schulz*, BB 2011, S. 2552 (2553); *Forst*, NZA 2010, S. 427 (431); *Gola/Schomerus*,
    BDSG, § 4 Rn. 24; *Plath*, in: Plath, BDSG, § 4 Rn. 14.

66 Außerhalb des BDSG gehört die Erhebung von Schuldnerdaten durch die IHK zur Erstellung von Schuldnerlisten nach §§ 915e, 915f ZPO ebenso wie § 93 Abs. 1 AO mit der nicht zwingend verdeckten Erhebung von Daten über einen Steuerschuldner bei Dritten zu den Ausnahmevorschriften.

67 Zwingend vorausgesetzt wird die Datenerhebung ohne Mitwirkung – zumindest zunächst ohne Kenntnis – des Betroffenen jedenfalls stets dann, wenn die Datenerhebung im Interesse der Aufgabenerfüllung verdeckt erfolgen muss. Das ist bei der Datenerhebung im Zuge von Rasterfahndungen (§§ 98a Abs. 2, 98c StPO), bei einer Postbeschlagnahme (§ 100 StPO), bei der Telekommunikationsüberwachung (§§ 100a, 100b StPO) ebenso der Fall wie bei Abhörmaßnahmen (§§ 100c, 100f StPO), bei versteckten Bildaufnahmen im Zuge von Observationen (§ 100h StPO) oder bei automatisierten Auskunftsverfahren bezüglich der bei Telekommunikationsdiensteanbietern gespeicherten Kundendaten (§§ 111 ff. TKG).[122]

68 Keineswegs kann aber die eine Erhebung ohne Mitwirkung des Betroffenen zwingend voraussetzende Rechtsvorschrift mit dem Argument in eine Erlaubnisnorm umgedeutet werden, dass eine Erfüllung von gesetzlich zugewiesenen Aufgaben auch eine Erhebung von Daten „zwingend voraussetze" und damit die Erhebung zulässig sei.[123] Diese Ansicht übersieht, dass der recht unbestimmt formulierte Abs. 2 lediglich einen Direkterhebungsgrundsatz mit Ausnahmeregelung vorsieht, die überhaupt nur dann beachtlich wird, wenn zuvor die Zulässigkeit der Erhebung nach Abs. 1 in Verbindung mit einer Erlaubnisnorm oder einer Einwilligung festgestellt wurde. Abs. 2 erweitert keinesfalls die Erlaubnistatbestände.

69 Erfolgt die Datenerhebung ohne Mitwirkung des Betroffenen in besonderer Weise wie etwa durch eine Videoüberwachung (§ 6b BDSG), sind ergänzend besondere Regelungen zu beachten.

70 Des Weiteren ist die Erhebung ohne Mitwirkung des Betroffenen bei Vorliegen der Abs. 2 Satz 2 Nr. 2a und Nr. 2b genannten Gründe zulässig. Das kann der Fall sein, wenn die zu erfüllende Verwaltungsaufgabe ihrer Art nach oder der Geschäftszweck eine Erhebung bei anderen Personen oder Stellen erforderlich macht (Nr. 2a) oder die Erhebung beim Betroffenen einen unverhältnismäßigen Aufwand erfordern würde (Nr. 2b). Diese in Nrn. 2a und 2b aufgeführten Ausnahmemöglichkeiten dürfen aber nur dann herangezogen werden, wenn keine Anhaltspunkte dafür bestehen, dass überwiegend schutzwürdige Interessen des Betroffenen beeinträchtigt werden (Abwägungsvorbehalt). Eine Beeinträchtigung wird in der Regel anzunehmen sein, wenn sensitive Daten über den Betroffenen erhoben werden sollen.

71 Ist eine Beeinträchtigung nicht erkennbar, dürfen die Erhebungen ohne Mitwirkung des Betroffenen gem. Nr. 2a dann erfolgen, wenn dies entweder für die Erledigung einer Verwaltungsaufgabe einer öffentlichen Stelle oder eines nicht-öffentlichen

---

122 Weitere Beispiele bei *Gola/Schomerus*, BDSG, § 4 Rn. 23.
123 So aber *Bergmann/Möhrle/Herb*, Datenschutzrecht, § 4 Rn. 33.

Geschäftszwecks erforderlich ist. Ein typisches Beispiel für eine nicht direkt beim Betroffenen stattfindende nach dieser Ausnahmevorschrift zulässige Erhebung durch eine öffentliche Stelle stellt nach einer Ordensanregung die Befragung von Referenzpersonen dar, mit der die Entscheidung über eine Ordensverleihung vorbereitet wird, und auf die nach der Natur der Sache und im Eigeninteresse der betroffenen Person auch keine Benachrichtigung gem. § 19a BDSG erfolgt. Bei einer nicht-öffentlichen Stelle macht der Geschäftszweck eine Erhebung von Daten über die betroffene Person beispielsweise dann erforderlich, wenn vor Abschluss eines mit einem kreditorischen Risiko verbundenen Vertrags die Bonität des Vertragspartners mithilfe eines Dritten (Kreditauskunftei) überprüft werden soll.

Würde die Erhebung der Daten beim Betroffenen selbst einen unverhältnismäßigen **72** Aufwand hinsichtlich Zeit, Arbeitskraft oder unmittelbarer Kosten bedingen, darf die verantwortliche Stelle die Erhebung ebenfalls ohne Mitwirkung des Betroffenen vornehmen.

IV. Information des Betroffenen (Abs. 3)

Entsprechend der Anforderung aus Art. 10 Abs. 3 EG-DSRl sieht Abs. 3 Informa- **73** tionspflichten, genauer: Unterrichtungs- (Satz 1) sowie Hinweis- und Aufklärungspflichten (Satz 2), vor. Die verantwortliche Stelle hat aufgrund von Satz 1 den Betroffenen schon bei der Erhebung und nicht erst bei der sich zumeist anschließenden Phase der Verarbeitung über die Identität der erhebenden Stelle (1.), die Zweckbestimmungen der Erhebung, Verarbeitung oder Nutzung (2.) und – soweit der Betroffene nach den Umständen des Einzelfalls nicht mit der Übermittlung an diese rechnen muss – die Kategorien von Empfängern (3.) zu unterrichten. Nur auf Grundlage dieser Informationen vermag die betroffene Person die Risiken und Gefahren einer Einwilligung abzuschätzen (informierte Einwilligung/informed consent).

Zur Identität der erhebenden Stelle genügen bei natürlichen Personen und Gesell- **74** schaften bürgerlichen Rechts die Namen und die Anschriften der Personen, sowie Telefonnummer und E-Mail-Adresse. Bei juristischen Personen sind die Firma, die vollständigen Namen einschließlich der ausgeschriebenen Vornamen der Vertretungsberechtigten, die ladungsfähige Anschrift (also keine Postfachadresse) und die Telefonnummer sowie die E-Mail-Adresse anzugeben; auch das Registergericht und die Registernummer.[124]

Außerdem muss der Betroffene über den Zweck der Erhebung bzw. die Zwecke, **75** wenn es mehrere sind, so präzise und verständlich unterrichtet werden, dass er sich ohne Weiteres ein Bild machen kann; demnach würde es etwa nicht genügen, lediglich auf eine Vorschrift hinzuweisen, aus der sich der Erhebungszweck ergibt. Diese

---

124 Ebenso *Bergmann/Möhrle/Herb*, Datenschutzrecht, § 4 Rn. 42.

Hinweise erübrigen sich, wenn der Betroffene auf andere Weise Kenntnis davon hat, zu welchem Zweck die Datenerhebung bei ihm erfolgt, etwa dann, wenn er ein Formular herunterlädt oder dieses sogleich online ausfüllt, um Informationen zugeschickt zu bekommen oder sich auf eine Stelle zu bewerben. Sollen die Daten aber auch für einen anderen Zweck erhoben werden als der Betroffene annehmen kann, so ist er auf die weiteren verfolgten Zwecke der Erhebung ausdrücklich hinzuweisen. Bei einer wesentlichen Änderung des Verarbeitungszwecks ist die betroffene Person gem. § 33 BDSG zu benachrichtigen.

76 Die Empfänger von Daten müssen nicht im Einzelnen mit ihrer Identität benannt werden; es genügt, die Kategorien von Empfängern zu nennen (z. B. Versicherungen, Auskunfteien). Auch wenn in der Norm die Pflicht zur Information über die „Empfänger" genannt wird, sind damit nicht diejenigen gemeint, die aufgrund einer Auftragsdatenverarbeitung als „verlängerter Arm" der verantwortlichen Stelle Daten nach § 11 BDSG zur Verarbeitung erhalten, weil nach dem Zweck der Norm nur über „Dritte", nicht über die Auftragsdatenverarbeiter zu informieren ist.[125] Für dieses Ergebnis spricht auch, dass nur über die „Übermittlung" zu informieren ist; an einen Auftragsdatenverarbeiter wird aber im rechtlichen Sinn nach § 3 Abs. 4 Satz 2 Ziff. 3 BDSG nicht übermittelt.[126]

77 Neben der Unterrichtung über die Identität der verantwortlichen Stelle, den Zweck der Erhebung und etwaige Empfänger muss die verantwortliche Stelle auch darauf hinweisen, ob die Erhebung aufgrund einer zur Auskunft verpflichtenden Rechtsvorschrift erfolgt, ob die Erhebung zur Erlangung beantragter Rechtsvorteile erforderlich ist oder ob die Angaben freiwillig und ohne Nachteil bei der Verweigerung (der sich nach § 4a BDSG richtenden Einwilligung) gegeben werden.

78 Besteht Aufklärungsbedarf über die zur Angabe verpflichtende Rechtsvorschrift, bedarf es einer Aufklärung des Betroffenen, insbesondere dann, wenn er darum ersucht (Abs. 3 Satz 3 BDSG). Der betroffenen Person muss schließlich auch bewusst sein, ob es Folgen hätte, wenn sie die Angaben verweigert, und ggf. welche.[127]

79 Hat der Betroffene anderweitige Kenntnis von der Übermittlung oder hätte er sie haben können, dann entfällt die Informationspflicht (Abs. 3 Satz 1).[128] Wird die betroffene Person nicht auf die Freiwilligkeit oder auf die Folgen der Auskunftsverweigerung hingewiesen, dürfen die Daten nicht verwendet werden.[129]

---

125 Ebenso *Plath*, in: Plath, BDSG, § 4 Rn. 32.
126 A. A. *Gola/Schomerus*, BDSG, § 4 Rn. 33.
127 Näher hierzu *Sokol*, in: Simitis, BDSG, § 4 Rn. 51–55.
128 Vgl. *Plath*, in: Plath, BDSG, § 4 Rn. 36 f.
129 *Roßnagel/Knopp*, DÖV 2006, S. 982 (986), sprechen für den öffentlichen Bereich von einem Verwertungsverbot der erlangten Daten. Siehe auch *Sokol*, in: Simitis, BDSG, § 4 Rn. 57.

V. Rechtsfolgen

Erfolgen Erhebung, Speicherung oder Nutzung, obwohl ein Erlaubnistatbestand im 80
Sinne des Abs. 1 nicht vorliegt, ist die Verwendung der Daten unzulässig. Die erhobenen, verarbeiteten oder genutzten Daten sind zu löschen. Diese Rechtsfolge ergibt sich aus § 20 Abs. 2 bzw. § 30 Abs. 3 oder § 35 Abs. 2 BDSG. Als unerlaubte Handlung ist auch ein Beseitigungsanspruch aus § 1004 BGB mit § 823 Abs. 1 BGB bzw. § 823 Abs. 2 BGB i.V.m. § 4 BDSG denkbar.[130]

Neben dem Löschungsanspruch kommen auch ein zivilrechtlicher und ein daten- 81
schutzrechtlicher Schadensersatzanspruch in Betracht. Die unzulässige Verwendung personenbezogener Daten stellt eine Verletzung des Persönlichkeitsrechts des Betroffenen als ein sonstiges Recht i.S. des § 823 Abs. 1 BGB dar.[131] § 4 BDSG ist auch ein Schutzgesetz im Sinne des § 823 Abs. 2 BGB, was ebenfalls einen Schadensersatz auslösen kann. Zu ersetzen sind der materielle Schaden (z.B. Rechtsverfolgungskosten) und, soweit die Persönlichkeitsrechtsverletzung erheblich ist, der immaterielle Schaden in Form eines Schmerzensgeldes. Führt eine verantwortliche Stelle durch eine unzulässige Erhebung, Verarbeitung oder Nutzung dem Betroffenen einen Schaden zu, besteht zudem ein verschuldensunabhängiger Anspruch nach § 7 BDSG.[132]

Wenn personenbezogene Daten erhoben, verarbeitet oder genutzt werden, ist der 82
Tatbestand der Ordnungswidrigkeit gem. § 43 BDSG oder u.U. einer Straftat (§ 44 BDSG) erfüllt.

Beruht die Erhebung auf einer Mitwirkung des Betroffen, ohne dass dieser über die 83
Freiwilligkeit seiner Mitwirkung informiert worden war, ist die Speicherung der Daten unzulässig, wenn der Betroffene die Daten in Kenntnis der Sachlage nicht freiwillig gegeben hätte. Die Daten sind dann zu löschen, wovon auch etwaige Empfänger der Daten zu unterrichten sind. Ein Bußgeld- oder Straftatbestand ist die unterbliebene Information über die Freiwilligkeit nicht.

§ 4 Abs. 1 BDSG wird nicht als Verbraucherschutzgesetz im Sinne von § 2 UKlaG 84
angesehen, weil die Vorschrift alle natürlichen Personen, aber nicht speziell Verbraucher schützt.[133] Zu den verbraucherschützenden Gesetzen zählen aber die §§ 305 ff. BGB. Nach § 307 Abs. 1 Satz 2, Abs. 2 BGB wird ein Verbraucher unangemessen benachteiligt, wenn die Anforderungen an eine wirksame Einwilligung aus § 4 BDSG (z.B. besondere Hervorhebung der Klausel, Transparenz des Umfangs der Datenverwendung, Hinweis auf das Widerrufsrecht) nicht beachtet wer-

---

130 Siehe zu einem Löschungsanspruch aus § 824 BGB OLG Frankfurt/M. BB 1988, 652.
131 BGH NJW 1984, 436.
132 Siehe dazu § 7 BDSG Rn. 1 ff.
133 OLG Frankfurt/M., Urteil v. 30.6.2005 – 6 U 168/04, MMR 2005, 696 = CR 2005, 830–832 = RDV 2005, 270; BGH, Urteil v. 16.7.2008 – VIII ZR 348/06, BGHZ 177, 253; LG Hamburg, Urteil v. 7.8.2009 – 324 0 650/08, JurPC Web-Dok. 185/2009.

den.[134] Qualifizierte Einrichtungen im Sinne der §§ 3 Abs. 1 Nr. 1, 4 Abs. 2 UKlaG sind deshalb legitimiert, die Unterlassung der Verwendung unwirksamer Einwilligungserklärungen in AGB zu fordern.

85 Rechtsfolgen der unterlassenen Informationspflichten sind gesetzlich nicht geregelt. Im öffentlichen Bereich stellt eine Aufforderung zur Mitteilung personenbezogener Daten einen Verwaltungsakt dar, der dann als formell rechtswidrig angefochten werden kann, wenn er die nach § 4 Abs. 3 BDSG vollständigen Informationen nicht enthält. Werden die Informationen nachgeholt, wird der formelle Mangel dadurch geheilt. Im nicht-öffentlichen Bereich kann die unterlassene Information eine Löschungspflicht nach sich ziehen und mit einem Bußgeld gem. § 43 Abs. 2 Nr. 1 BDSG sanktioniert werden.[135]

---

134 LG Hamburg, Urteil v. 7.8.2009 – 324 0 650/08, JurPC Web-Dok. 185/2009 (Google).
135 Siehe zu den Rechtsfolgen unterlassener Information *Sokol*, in: Simitis, BDSG, § 4 Rn. 57.

§ 4a Einwilligung

(1) Die Einwilligung ist nur wirksam, wenn sie auf der freien Entscheidung des Betroffenen beruht. Er ist auf den vorgesehenen Zweck der Erhebung, Verarbeitung oder Nutzung sowie, soweit nach den Umständen des Einzelfalles erforderlich oder auf Verlangen, auf die Folgen der Verweigerung der Einwilligung hinzuweisen. Die Einwilligung bedarf der Schriftform, soweit nicht wegen besonderer Umstände eine andere Form angemessen ist. Soll die Einwilligung zusammen mit anderen Erklärungen schriftlich erteilt werden, ist sie besonders hervorzuheben.

(2) Im Bereich der wissenschaftlichen Forschung liegt ein besonderer Umstand im Sinne von Absatz 1 Satz 3 auch dann vor, wenn durch die Schriftform der bestimmte Forschungszweck erheblich beeinträchtigt würde. In diesem Fall sind der Hinweis nach Absatz 1 Satz 2 und die Gründe, aus denen sich die erhebliche Beeinträchtigung des bestimmten Forschungszwecks ergibt, schriftlich festzuhalten.

(3) Soweit besondere Arten personenbezogener Daten (§ 3 Abs. 9) erhoben, verarbeitet oder genutzt werden, muss sich die Einwilligung darüber hinaus ausdrücklich auf diese Daten beziehen.

Literatur: *Albrecht*, Aderlass für den Arbeitgeber?, AiB 2010, S. 158; *Albrecht/Seidl*, Überprüfung im sicherheitsrelevanten Bereich eingesetzter Mitarbeiter anhand sog. Terrorismuslisten, jurisPR-ITR 21/2012 Anm. 6; *Backu*, Datenschutzrechtliche Relevanz bei Online-Spielen, ZD 2012, S. 59; *Bausewein*, Legitimationswirkung von Einwilligung und Betriebsvereinbarung im Beschäftigtendatenschutz, Edewecht 2012; *Beck*, Fragerecht und Recht zur Lüge, Frankfurt/M. 2004; *Beucher/Räther/Stock*, Non-Performing Loans – Datenschutzrechtliche Aspekte der Veräußerung von risikobehafteten Krediten, AG 2006, S. 277; *Bizer*, Datenschutzrecht, in: Schulte (Hrsg.), Handbuch des Technikrechts, Berlin et al. 2003, S. 561; *Bizer*, Sieben Goldene Regeln des Datenschutzes, DuD 2007, S. 350; *Böhner*, Datenschutz im Intranet von Franchisenetzwerken, in: Taeger/Wiebe (Hrsg.), Inside the Cloud – Neue Herausforderungen für das Informationsrecht, Edewecht 2009, S. 49; *Braun*, Fragerecht und Auskunftspflicht – Neue Entwicklungen in Gesetzgebung und Rechtsprechung, MDR 2004, S. 64; *Bräutigam*, Das Nutzungsverhältnis bei sozialen Netzwerken, MMR 2012, S. 635; *Breinlinger/Scheuing*, Der Vorschlag für eine EU-Datenschutzverordnung und die Folgen für Verarbeitung und Nutzung von Daten für werbliche Zwecke, RDV 2012, S. 64; *Breinlinger*, Screening von Kundendaten im Rahmen der AEO-Zertifizierung, ZD 2013, S. 267; *Bremer*, Möglichkeiten und Grenzen des Mobile Commerce, CR 2009, S. 12; *Brink*, BFH gibt Beschäftigtendaten für Antiterror-Screenings frei, jurisPR-ArbR 45/2012 Anm. 3; *Bruns/Luhn*, Verbraucherschutz durch Mitentscheidung bei Online-Verträgen, in: Taeger (Hrsg.), Law as a service (LaaS) – Recht im Internet- und Cloudzeitalter, Tagungsband DSRI – Herbstakademie 2013, Edewecht 2013, S. 859; *B. Buchner*, Betriebliche Datenverarbeitung zwischen Datenschutz und Informationsfreiheit, in: Bauer et al. (Hrsg.), Festschrift für Herbert Buchner zum 70. Geburtstag, München 2009, S. 153; *B. Buchner*, Die Einwilligung im Datenschutzrecht – vom Rechtfertigungsgrund zum Kommerzialisierungs-instrument, DuD 2010, S. 39; *Busche*, Internationaler Datenverkehr und Bundesdaten-schutzgesetz (BDSG), in: Taeger/Wiebe (Hrsg.), Inside the Cloud – Neue Herausforde-rungen für das Informationsrecht, Edewecht 2009, S. 61; *Cahn*, Bankgeheimnis und For-derungsverwertung, WM 2004, S. 2041; *Cebulla*, Datenschutz und Postgeheimnis beim Einsatz von Unterauftragnehmern im Postsektor, RDV 2009, S. 6; *Däubler*, Das neue Bundesdatenschutzgesetz und seine Auswirkungen im Arbeitsrecht, NZA 2001, S. 874; *Däubler*, Gläserne Belegschaften, 5. Aufl., Frankfurt/M. 2010; *Däubler-Gmelin*, Nicht mal ein Verdacht ist erforderlich …, dbr 10/2011, S. 28; *Däubler-Gmelin*, AEO – Zer-tifizierung, Terrorlisten und Mitarbeiterscreening, DuD 2011, S. 455; *Deutsch/Diller*, Die geplante Neuregelung des Arbeitnehmerdatenschutzes in § 32 BDSG, DB 2009, S. 1462; *Ernst*, Datenschutz, Direktmarketing und Rabattvereine, VuR 2001, S. 225; *Ernst*, Unzulässige Erhebung von Daten Minderjähriger bei Gewinnspielen, jurisPR-WettbR 12/2012 Anm. 4; *Eschenbacher*, Datenerhebung im arbeitsrechtlichen Vertrags-anbahnungsverhältnis, Frankfurt/M. 2008; *Fischer*, Datenschutz in der Apotheke, RDV 2005, S. 93; *Forst*, Blutproben vor der Einstellung?, RDV 2010, S. 8; *Franzen*, Arbeit-nehmerdatenschutz – rechtspolitische Perspektiven, RdA 2010, S. 257; *Frey*, Direktmar-keting und Adresshandel im Spannungsfeld von UWG und BDSG, in: Taeger/Wiebe (Hrsg.), Inside the Cloud – Neue Herausforderungen für das Informationsrecht, Ede-wecht 2009, S. 33; *Fricke*, Die teleologische Reduktion des § 48 VVG bei Streitigkeiten aus Versicherungsverträgen, die im Internet abgeschlossen wurden, VersR 2001, S. 925; *Fricke*, Die Erhebung personenbezogener Gesundheitsdaten bei Dritten, VersR 2009, S. 297; *Gloy/Loschelder*, Handbuch des Wettbewerbsrechts, 3. Aufl., München 2005; *Goede*, Kriterien für einen datenschutzgerechten Internetauftritt der Kanzlei, DSWR 2004, S. 280; *Gola*, Die Frage nach dem Verhinderungsfall – ein Versuch zur Umgehung unzulässiger Datenerhebungen?, RDV 2000, S. 202; *Gola*, Die Einwilligung als Legiti-mation für die Verarbeitung von Arbeitnehmerdaten, RDV 2002, S. 109; *Grentzenberg/ Schreibauer/Schuppert*, Die Datenschutznovelle (Teil II), K&R 2009, S. 535; *Gröne-meyer*, Die Einwilligung im Beschäftigtendatenschutz, Edewecht 2012; *Hanloser*, Neuer Rechtsrahmen für das Direktmarketing, DB 2009, S. 663; *Hanloser*, Die BDSG-Novelle II: Neuregelungen zum Kunden- und Arbeitnehmerdatenschutz, MMR 2009, S. 594; *Hehlmann/Sachs*, Sanktionslistenprüfung im Unternehmen, EuZW 2012, S. 527; *Held-mann*, Betrugs- und Korruptionsbekämpfung zur Herstellung von Compliance, DB 2010, S. 1235; *Helle*, Die Einwilligung beim Recht am eigenen Bild, AfP 1985, S. 93; *Hilber*, Die datenschutzrechtliche Zulässigkeit intranet-basierter Datenbanken interna-tionaler Konzerne, RDV 2005, S. 143; *Hilber/Hartung*, Auswirkungen des Sarbanes-Ox-ley Act auf deutsche WP-Gesellschaften: Konflikte mit der Verschwiegenheitspflicht der Wirtschaftsprüfer und dem Datenschutzrecht, BB 2003, S. 1054; *Hofmann/Walter*, Die Veräußerung Not leidender Kredite – aktives Risikomanagement der Bank im Span-nungsverhältnis zwischen Bankgeheimnis und Datenschutz, WM 2004, S. 1566; *Hold*, Arbeitnehmer-Datenschutz – Ein Überblick, RDV 2006, S. 249; *Hornung*, Erweite-rungen der SCHUFA-Klausel möglich?, CR 2007, S. 753; *Kamlah/Hoke*, Das Schufa-Verfahren im Lichte jüngerer obergerichtlicher Rechtsprechung, RDV 2007, S. 242; *Kaufmann*, Mitarbeiterdaten auf der Homepage, DuD 2005, S. 262; *Klüwer/Meister*, Forderungsabtretung und Bankgeheimnis, WM 2004, S. 1157; *Kock/Francke*, Mitar-beiterkontrolle durch systematischen Datenabgleich zur Korruptionsbekämpfung, NZA 2009, S. 646; *Kohte*, Die rechtfertigende Einwilligung, AcP 185 (1985), S. 105; *Kümpel*, Bank- und Kapitalmarktrecht, Köln 2004; *Korff*, Meldepflichten des WADA-Codes und

Persönlichkeitsrechte, SpuRt 2009, S. 94; *Kroschwald/Wicker*, Zulässigkeit von Cloud Computing für Berufsgeheimnisträger: Strafbarkeit von Anwälten und Ärzten durch die Cloud?, in: Taeger (Hrsg.), IT und Internet, S. 733; *Kunst*, Individualarbeitsrechtliche Informationsrechte des Arbeitnehmers, Frankfurt/M. 2003; *Lambrich/Cahlik*, Austausch von Arbeitnehmerdaten in multinationalen Konzernen, RDV 2002, S. 287; *v. Lewinski*, Schweigepflicht von Arzt und Apotheker, Datenschutzrecht und aufsichtsrechtliche Kontrolle, MedR 2004, S. 95; *Liedke*, Die Einwilligung im Datenschutzrecht, Edewecht 2012; *Lober*, Spielend werben: Rechtliche Rahmenbedingungen des Ingame-Advertising, MMR 2006, S. 643; *Lunk/Hinrichs*, Die Firmenkreditkarte, DB 2007, S. 2144; *Maschmann*, Compliance versus Datenschutz, NZA-Beil. 2012, S. 50; *Mattl*, Die Kontrolle der Internet- und E-Mail-Nutzung am Arbeitsplatz, Hamburg 2008; *S. Meyer*, Ortung eigener Mitarbeiter zu Kontrollzwecken, in: Taeger/Wiebe (Hrsg.), Von AdWords bis Social Networks – Neue Entwicklungen im Informationsrecht, Edewecht 2008, S. 369; *S. Meyer*, Mitarbeiterüberwachung: Kontrolle durch Ortung von Arbeitnehmern, K&R 2009, S. 14; *Müller*, Die Zulässigkeit der Videoüberwachung am Arbeitsplatz, Baden-Baden 2007; *Musiol*, Verschärfung der Meldepflichten im Dopingkontrollverfahren, SpuRt 2009, S. 90; *Nord/Manzel*, „Datenschutzerklärungen" – misslungene Erlaubnisklauseln zur Datennutzung, NJW 2010, S. 3756; *von Nussbaum/Krienke*, Telefonwerbung gegenüber Verbrauchern nach dem Payback-Urteil, MMR 2009, S. 372; *Ohly*, „Volenti non fit iniuria". Die Einwilligung im Privatrecht, Tübingen 2002; *Otto/Rüdlin/Koch*, Weitergabe von Explorationsdaten aus der Drogenberatung an Leistungsträger, DuD 2002, S. 484; *Otto/Lampe*, Terrorabwehr im Spannungsfeld von Mitbestimmung und Datenschutz, NZA 2011, S. 1134; *Pauli*, Direktmarketing und die Gewinnung von Kundendaten, WRP 2009, S. 245; *Petri*, Datenschutzrechtliche Einwilligung im Massengeschäftsverkehr, RDV 2007, S. 153–158; *Plath/Frey*, Direktmarketing nach der BDSG-Novelle: Grenzen erkennen, Spielräume optimal nutzen, BB 2009, S. 1762; *Raabe/Lorenz*, Die datenschutzrechtliche Einwilligung in Internet der Dienste, DuD 2011, S. 279; *Raif*, Auswirkungen von Sanktionslisten auf das Arbeitsverhältnis, Hamburg 2010; *Riesenhuber*, Die Einwilligung des Arbeitnehmers im Datenschutzrecht, RdA 2011, S. 257; *Roeder/Buhr*, Tatsächlich unterschätzt: Die Pflicht zum Terrorlistenscreening von Mitarbeitern, BB 2012, S. 193; *Rögner*, Bankgeheimnis im Spannungsfeld mit dem Kapitalmarktrecht?, NJW 2004, S. 3230; *Roggenkamp*, Elektronische Einwilligung in Datenverarbeitung, AnwZert ITR 2011 Anm. 2; *Rudolph*, E-Mails als Marketinginstrument im Rahmen neuer Geschäftskontakte, CR 2010, S. 257; *Schafft*, Speicherung von Bewerber-Daten, AuA 2006, S. 517; *Schapper/Dauer*, Die Entwicklung der Datenschutzaufsicht im nicht-öffentlichen Bereich (1), RDV 1987, S. 169; *Schimansky/Bunte/Lwowski*, Bankrechts-Handbuch, Band I, 2. Aufl., München 2001; *Schleipfer*, Das 3-Schichten-Modell des Multimediadatenschutzrechts, DuD 2004, S. 727; *Schleipfer*, Datenschutzgerechte Gestaltung von Web-Eingabeformularen, RDV 2005, S. 56; *Schmidl*, Die Subsidiarität der Einwilligung in Arbeitsverhältnissen, DuD 2007, S. 756; *B. Schmidt*, Arbeitnehmerdatenschutz gemäß § 32 BDSG, RDV 2009, S. 193; *B. Schmidt*, Vertrauen ist gut, Compliance ist besser! – Anforderungen an die Datenverarbeitung im Rahmen der Compliance-Überwachung, BB 2009, S. 1295; *Schmidt/Jacob*, Die Zulässigkeit IT-gestützter Compliance- und Risikomanagementsysteme nach der BDSG-Novelle, DuD 2011, S. 88; *N. Schmidt*, Das Payback-Urteil des BGH, Ein Schritt in die richtige Richtung, DuD 2009, S. 107; *Schmitz/Eckhardt*, AGB – Einwilligung in Werbung, CR 2006, S. 533; *Schmoll*, Die Einwilligung im Datenschutz- und Wettbewerbsrecht, in: Taeger/Wiebe (Hrsg.), Aktuelle Entwicklungen im Informationstechnologierecht, Edewecht 2007, S. 143; *Schüßler*, Facebook und der Wilde Westen, in: Taeger (Hrsg.), Digitale Evolution – Herausforderungen für das Informations- und Medienrecht, Edewecht 2010, S. 233; *Schuster*, Die Internetnutzung als Kündigungsgrund, Hamburg 2009; *Schuster*, Sicherheitsüberprüfung der Bediensteten als Voraussetzung für AEO-Zertifikat, jurisPR-SteuerR 47/2012 Anm. 4; *Schwenke*, Individualisierung und Datenschutz, Wiesbaden 2006; *Seffer/Mayer-Wegelin*, Whistleblowing, ITRB 2009, S. 41; *Simitis*, Die Erosion des Datenschutzes – Von der Abstumpfung der alten Regelungen und den Schwierigkeiten, neue Instrumente zu entwickeln, in: Sokol (Hrsg.), Neue Instrumente im Datenschutz, Düsseldorf 1999, S. 5; *Simitis*, Arbeitnehmerdatenschutzgesetz – Realistische Erwartung oder Lippenbekenntnis?, AuR 2001, S. 429; *Simitis*, Zur Internationalisierung des Arbeitnehmerdatenschutzes – Die Verhaltensregeln der Internationalen Arbeitsorganisation, in: Hanau/Heither/Kühling (Hrsg.), Richterliches Arbeitsrecht, Festschrift für Dieterich, München 1999, S. 601; *Spindler*, Persönlichkeitsrechtsschutz im Internet – Anforderungen und Grenzen einer Regulierung, Gutachten zum 69. DJT, München 2012; *Theewen*, Problemkredite und die Mindestanforderungen an das Kreditgeschäft der Kreditinstitute – Workout, Outsourcing oder Bad Bank?, WM 2004, S. 105; *Sokolowski*, E-Mail-Werbung als Spamming, WRP 2008, S. 888; *Thüsing/Lambrich*, Das Fragerecht des Arbeitgebers – aktuelle Probleme zu einem klassischen Thema, BB 2002, S. 1146; *Trittin/Fischer*, Datenschutz und Mitbestimmung, NZA 2009, S. 343; *Vogel/Glas*, Datenschutzrechtliche Probleme unternehmensinterner Ermittlungen, DB 2009, S. 1747; *von Wallenberg*, Ist das Telefonmarketing gegenüber Verbrauchern tot?, BB 2009, S. 1768; *Weber*, Der Arbeitnehmerdatenschutz nach dem Referentenentwurf eines Gesetzes zur Regelung des Beschäftigtendatenschutzes, in: Taeger (Hrsg.), Digitale Evolution – Herausforderungen für das Informations- und Medienrecht, Edewecht 2010, S. 39; *Wedde*, Die wirksame Einwilligung im Arbeitnehmerdatenschutzrecht, DuD 2004, S. 169; *Weichert*, Dopingbekämpfung und Persönlichkeitsschutz, DANA 2011, S. 166; *Winteler*, Betrugs- und Korruptionsbekämpfung vs. Arbeits- und Datenschutzrecht, in: Taeger/Wiebe (Hrsg.), Inside the Cloud – Neue Herausforderungen für das Informationsrecht, Edewecht 2009, S. 469; *Wintermeier*, Inanspruchnahme sozialer Netzwerke durch Minderjährige, ZD 2012, S. 210; *Wybitul*, Das neue Bundesdatenschutzgesetz: Verschärfte Regeln für Compliance und interne Ermittlungen, BB 2009, S. 1582; *Wybitul/Goroll*, Keine Einwilligung in Compliance-Maßnahmen nach § 32l des Gesetzesentwurfs vom 25.8.2010 zur Regelung des Beschäftigtendatenschutzes, in: Stober (Hrsg.), Sicherheitsgewerbe und Human Resources, Köln 2012, S. 23; *Yildirim*, Datenschutz im Electronic Government, Wiesbaden 2004; *Zoebisch*, Stimmungsanalyse durch Call-Center, DuD 2011, S. 394; *Zscherpe*, Anforderungen an die datenschutzrechtliche Einwilligungen im Internet, MMR 2004, S. 723; *Zscherpe*, Direktmarketing per E-Mail – wie können Unternehmen rechtlich einwandfrei vorgehen?, VuR 2009, S. 327.

Übersicht

I. Allgemeines

1. Europarechtliche Grundlagen

Der Erwägungsgrund Nr. 30 der EG-DSRl nennt die Einwilligung als Erlaubnistatbe- **1**
stand an erster Stelle: „Die Verarbeitung personenbezogener Daten ist nur dann rechtmäßig, wenn sie auf der Einwilligung der betroffenen Person beruht ..." Art. 7 lit. a)
EG-DSRl verpflichtet die Mitgliedstaaten zu einer gesetzlichen Regelung, die vorsieht, dass die Verarbeitung personenbezogener Daten erfolgen darf, wenn die betroffene Person ohne jeden Zweifel ihre Einwilligung gegeben hat. Art. 2 lit. h) EG-DSRl
definiert die „Einwilligung der betroffenen Person" als „jede Willensbekundung, die
ohne Zwang, für den konkreten Fall und in Kenntnis der Sachlage erfolgt und mit der
die betroffene Person akzeptiert, dass personenbezogene Daten, die sie betreffen, verarbeitet werden." § 4a BDSG setzt diese Anforderungen in nationales Recht um.

Den Mitgliedstaaten war durch Art. 8 Abs. 2 lit. a) Halbsatz 2 EG-DSRl anheim ge- **2**
stellt, hinsichtlich der Verwendung sensitiver (sensibler) Daten eine Erlaubnis
durch Einwilligung zu verschließen. Das BDSG macht von dieser Möglichkeit keinen Gebrauch, sondern sieht im informationellen Selbstbestimmungsrecht ein umfassendes Recht, über die Verwendung der eigenen personenbezogenen Daten frei
verfügen zu können. Allerdings wurden die Anforderungen an die Einwilligungserklärung mit § 4a Abs. 3 BDSG angehoben, wenn sie sich (auch) auf die Verwendung besonderer Arten personenbezogener Daten bezieht. Die betroffene Person

muss vor der Einwilligung wissen, welche personenbezogenen Daten Gegenstand der Einwilligung sind, insbesondere ob und welche sensitiven Daten einbezogen sind, zu welchem Zweck die Daten erhoben, verarbeitet oder genutzt werden sollen und an wen unter Umständen die Daten übermittelt werden. Die Einwilligung muss sich dann ausdrücklich auch auf diese sensitiven Daten beziehen.[1]

3 Auch eine formularmäßige Einwilligung in die Erhebung und Verwendung von Daten der Nutzer einer zur Kundenbindung ausgegebenen Rabattkarte wie Payback oder HappyDigits haben dies zu beachten, wenn bei Apotheken oder Optikern sensitive Daten erfasst werden. Auch bei der Ausgabe einer Kundenkarte einer Apotheke ist eine ausdrückliche Einwilligung des Patienten einzuholen. Wird die Einwilligung widerrufen, muss auch die Kundenkarte gesperrt werden.[2] Auch Optiker insbesondere von Franchiseketten sind verpflichtet, eine den Anforderungen an § 4a BDSG genügende Einwilligung der Kunden einzuholen, wenn diese sich eine Brille herstellen lassen und im Zuge des Herstellungsprozesses die sensitiven Gesundheitsdaten des Kunden an den Franchisegeber, der diese Daten zudem für Kundenbindungsmaßnahmen nutzen will, und an den Hersteller der Brillengläser übermittelt werden.[3]

4 Der Entwurf der EU-Datenschutz-Grundverordnung (EU-DSGVO-E)[4] geht weiterhin von dem Grundsatz aus, dass die Erhebung und Verarbeitung personenbezogener Daten verboten ist, wenn sie nicht durch eine Einwilligung oder eine Rechtsvorschrift erlaubt wird (Art. 6 Ziff. 1: „Die Verarbeitung personenbezogener Daten ist nur rechtmäßig, wenn …").[5] Anders als im BDSG wird die Erlaubnis durch Einwilligung hier an erster Stelle genannt. Die Einwilligung wird in Art. 4 Ziff. 8 EU-DSGVO-E definiert: „‚Einwilligung der betroffenen Person' jede ohne Zwang, für den konkreten Fall und in Kenntnis der Sachlage erfolgte explizite Willensbekundung in Form einer Erklärung oder einer sonstigen eindeutigen Handlung, mit der die betroffene Person zu verstehen gibt, dass sie mit der Verarbeitung der sie betreffenden personenbezogenen Daten einverstanden ist."

---

1 Ausführlich *Bergmann/Möhrle/Herb*, Datenschutzrecht, § 4a Rn. 95 ff.
2 Dazu *Fischer*, RDV 2005, S. 93 (95).
3 Im Verhältnis zum Hersteller der Gläser mag ein privilegierendes Auftragsdatenverhältnis gesehen werden, sodass keine Übermittlung stattfindet, nicht aber im Verhältnis zum dominanten, alle Datenverarbeitungsprozesse und -abläufe auch bei den Franchisenehmern steuernden Franchisegeber. Siehe *Böhner*, in: Taeger/Wiebe, Inside the Cloud, S. 49 (62).
4 Entwurf v. 25.1.2012, KOM(2012) 11 endgültig. Siehe dazu den Entwurf einer legislativen Entschließung des Europäischen Parlaments mit Änderungsanträgen zum Entwurf der DSGVO v. 17.12.2012, 2012/0011(COD).
5 Siehe dazu § 4 Rn. 6 mit Nachweisen zur Kritik an dem Verbotsprinzip maßgeblich durch *Härting* und *Schneider*.

2. Gesetzeszweck

Die Einwilligung stellt keinen Grundrechtsverzicht, sondern eine Grundrechtsaus-   5
übung dar (Recht auf informationelle Selbstbestimmung).[6] Die mit § 4a BDSG
vorgenommene Regelung geht von der grundsätzlichen und in § 4 BDSG als Erlaubnisnorm anerkannten Möglichkeit der Einwilligung in die Verarbeitung der
personenbezogenen Daten aus und regelt hier die inhaltlichen und formellen Anforderungen an die Wirksamkeit der Einwilligung.

3. Verhältnis zu anderen Vorschriften

Neben den §§ 4, 4a BDSG ist seit der Änderung des BDSG vom 14.8.2009 auch   6
der § 28 Abs. 3, 3a, 3b und 4 BDSG zu beachten, der besondere Anforderungen an
die Einwilligung in die Erhebung und Verwendung personenbezogener Daten im
Rahmen des Adresshandels oder der Werbung enthält. Wurde für diese Zwecke
nicht unter Wahrung der Schriftform eingewilligt, ist die Einwilligung schriftlich
zu bestätigen, es sei denn, eine elektronisch abgegebene Einwilligungserklärung
wird protokolliert, steht dem Betroffenen jederzeit zum Abruf zur Verfügung und
kann jederzeit widerrufen werden.[7]

Liegt eine gesetzliche Erlaubnis nicht vor, dürfen besondere Arten personenbezoge-   7
ner Daten (§ 3 Abs. 9 BDSG) von öffentlichen Stellen nur erhoben werden, wenn
darin nach Maßgabe von § 4a Abs. 3 BDSG eingewilligt wurde.[8] Eine entsprechende Vorschrift enthält § 28 Abs. 6 BDSG für die Erhebung und Verwendung besonderer Arten personenbezogener Daten durch nicht-öffentliche Stellen.

Das Speichern, Verändern oder Nutzen von personenbezogenen Daten durch öffent-   8
liche Stellen für andere als die nach § 14 Abs. 1 BDSG erlaubten Zwecke ist nach
§ 14 Abs. 2 Nr. 2 BDSG auch aufgrund einer Einwilligung zulässig, nach Nr. 3 sogar aufgrund einer mutmaßlichen Einwilligung, wenn die zweckändernde Verwendung offensichtlich im Interesse des Betroffenen liegt.[9]

Eine gesonderte Einwilligung ist nach § 40 Abs. 3 BDSG erforderlich, wenn wis-   9
senschaftliche Forschung betreibende Stellen personenbezogene Daten veröffentlichen wollen, es sei denn, dass die Veröffentlichung für die Darstellung von Forschungsergebnissen über Ereignisse der Zeitgeschichte unerlässlich ist.[10]

Auch andere Gesetze mit bereichsspezifischen Datenschutzvorschriften sehen vor-   10
gehende Anforderungen an die Einwilligung vor. Einige vorgehende bereichsspezi-

---

6 *Simitis*, in: Simitis, BDSG, § 4a Rn. 2; *Geiger*, NVwZ 1989, S. 35 (37); *Polenz*, in: Kilian/
  Heussen, Computerrechts-Hdb., Teil 13, Rn. 52; *Liedke*, Die Einwilligung im Datenschutzrecht, S. 13 m. w. N.; a. A. *Wedde*, DuD 2004, S. 169 (171).
7 Dazu § 28 BDSG Rn. 166 ff.
8 Zur Einwilligung in sozialen Beratungsstellen *Fischer*, RDV 2009, 18; vgl. auch. § 13
  BDSG Rn. 45.
9 Siehe dazu § 14 BDSG Rn. 44 ff.
10 Siehe auch § 40 BDSG Rn. 16.

fische Datenschutzgesetze enthalten spezielle Einwilligungsregelungen, wie §§ 12 Abs. 1, 13 Abs. 2 und 3 TMG. Diese Vorschrift bezieht sich allerdings nur auf Bestands- oder Verkehrsdaten, nicht auf die Inhaltsdaten, für die § 4 BDSG heranzuziehen ist.[11]

11 § 67c Abs. 2 Nr. 2 SGB X erlaubt die Speicherung, Veränderung oder Nutzung von Sozialdaten zu anderen Zwecken als zu denen, für die sie erhoben wurden, auch aufgrund einer Einwilligung des Betroffenen;[12] bei einer Übermittlung zu Forschungs- oder Planungszwecken ist zudem § 75 Abs. 2 SGB X, bei einer Übermittlung in das Ausland § 77 Abs. 3 SGB X zu beachten. Vermittler i. S. d. § 291 SGB III dürfen personenbezogene Daten des eine Ausbildungsstelle oder einen Arbeitsplatz Suchenden überhaupt nur mit einer Einwilligung nach Maßgabe des § 4a BDSG erheben, verarbeiten und nutzen (§ 298 SGB III). Vor dem Hintergrund der Ende 2009 begonnenen Ausgabe der Elektronischen Gesundheitskarte ist die Vorschrift des § 291a Abs. 3 Satz 2 ff. SGB V von besonders aktueller Bedeutung. Danach haben die Krankenkassen spätestens bei der Versendung der Karte die Versicherten umfassend und in allgemein verständlicher Form über deren Funktionsweise, einschließlich der Art der auf ihr oder durch sie zu erhebenden, zu verarbeitenden oder zu nutzenden personenbezogenen Daten zu informieren (Satz 2). Außerdem darf mit dem Erheben, Verarbeiten und Nutzen von Daten der Versicherten erst begonnen werden, wenn die Versicherten jeweils gegenüber dem Arzt, Zahnarzt, Psychotherapeuten oder Apotheker dazu ihre Einwilligung erklärt haben (Satz 3). Diese Einwilligung muss bei der ersten Verwendung der Karte vom Leistungserbringer oder unter dessen Aufsicht von einer Person, die bei dem Leistungserbringer oder in einem Krankenhaus als berufsmäßiger Gehilfe oder zur Vorbereitung auf den Beruf tätig ist, auf der Karte dokumentiert werden; die Einwilligung ist jederzeit widerruflich und kann auf einzelne Anwendungen nach diesem Absatz beschränkt werden (Satz 4).

12 Nach § 41 Abs. 4 Satz 2 bis 5 PostG müssen Postdienste erbringende Unternehmen die hier normierten speziellen Voraussetzungen einer wirksamen Einwilligung, die nach § 41 Abs. 3 BDSG auch für Werbung, Kundenberatung und Marktforschung einzuholen ist, beachten. § 213 VVG enthält Anforderungen an die Einwilligung bei der Erhebung personenbezogener Gesundheitsdaten durch den Versicherer bei Dritten.[13]

13 Die Möglichkeit der Einwilligung in einen Persönlichkeitsrechtseingriff sieht § 22 Satz 1 KUG vor, wonach Bildnisse nur mit Einwilligung des Abgebildeten verbreitet oder öffentlich zur Schau gestellt werden dürfen.

---

11 Siehe § 12 TMG Rn. 16.

12 Bei der Erhebung, Verarbeitung und Nutzung von Sozialdaten für Modellvorhaben der Krankenkassen und ihrer Verbände ist die Einwilligung des Betroffenen erforderlich, § 63 Abs. 3a SGB V.

13 Weitere Regelungen zur datenschutzrechtlichen Einwilligung finden sich in den folgenden Vorschriften: § 14 Abs. 1 SigG; §§ 81f Abs. 1, 155b Abs. 2 StPO; § 184 Abs. 2 StVollzG.

Wird die Datenerhebung oder -verwendung durch eine andere Rechtsvorschrift au- **14** ßerhalb des BDSG ausdrücklich zugelassen oder von einer Einwilligung abhängig gemacht, ohne besondere Anforderungen an die Einwilligung vorzusehen, sind die Anforderungen aus § 4a BDSG zu beachten.[14]

Soll eine Datenübermittlung in einen Nicht-EWR-Staat ohne ein entsprechendes **15** Schutzniveau erfolgen, so kann die Übermittlung gleichwohl durch Einwilligung gem. § 4c Abs. 1 Nr. 1 BDSG erlaubt werden. Ist vorgesehen, eine Datenübermittlung in das nicht EU-Ausland vorzunehmen, sind neben § 4 BDSG auch die besonderen Anforderungen aus § 4b BDSG zu beachten. Sind diese nicht gegeben, weil beispielsweise im Zielland kein ausreichendes Datenschutzniveau erreicht wird, so kann die Datenübermittlung nur aufgrund einer Einwilligung des Betroffenen erfolgen. Dies setzt aber voraus, dass er detailliert über die damit verbundenen besonderen Risiken aufgeklärt wird. Bei einer Übermittlung in eine Cloud impliziert das auch, über etwaige Risiken, den Ort des Servers und Maßnahmen zur Gewährleistung der Datensicherheit (Umfang der Verschlüsselungen) informiert zu werden, was wohl eher bei einer Private als bei einer Public Cloud möglich ist.[15] Die Einwilligung enthebt die verantwortliche Stelle nicht von der Pflicht, durch geeignete Maßnahmen, etwa durch Vertrag, die Einhaltung von EU-Standards beim Empfänger sicherzustellen.[16]

Eine Einwilligung ist keineswegs deshalb ausgeschlossen, weil der Gesetzgeber **16** eine bereichsspezifische Erlaubnisnorm zur Regelung der Übermittlung von der Verschwiegenheitspflicht unterliegenden Daten geschaffen hat. Liegt nach dieser bereichsspezifischen Regelung keine Erlaubnis vor, kann diese Erlaubnis gleichwohl durch Einwilligung geschaffen werden. Falsch ist deswegen die Entscheidung des Bundessozialgerichts vom 10.12.2008,[17] eine Einwilligungslösung zur Erlaubnis der Übermittlung von Patientendaten an Abrechnungsstellen schon deshalb als unzulässig zu versagen, weil der Gesetzgeber in seiner bereichsspezifischen Regelung des SGB X einen Rückgriff auf die allgemeinen Vorschriften des BDSG mit den §§ 4, 4a BDSG nicht vorgesehen habe. Es verwundert nicht, dass das Urteil so verstanden wird, dass „der sonst geltende Grundsatz des BDSG, demzufolge eine Übermittlung personenbezogener Daten zulässig ist, wenn entweder eine gesetzliche Grundlage es erlaubt oder der Patient eingewilligt hat, im Bereich der gesetzlichen Krankenversicherung nicht greift" und „das Vorliegen einer rechtswirksa-

---

14 Darauf weist etwa § 187 StVollzG ausdrücklich hin.

15 Vgl. *Schmidt-Bens*, Cloud Computing Technologien und Datenschutz, 2012, S. 29.

16 Näher dazu § 4b BDSG Rn. 21 ff.

17 BSG CR 2009, 460, mit ablehnender Anm. von *Brisch/Laue*, CR 2009, S. 465. Siehe auch jurisPR-ITR 10/2009, Anm. 5, *Berger*. Der Gesetzgeber hat auf das Urteil mit dem Gesetz zur Änderung arzneimittelrechtlicher und anderer Vorschriften (AMGuaÄndG vom 17.7.2009, BGBl. I S. 1990) reagiert und mit den § 120 Abs. 6 SGB V und § 295 Abs. 1b) SGB V eine gesetzliche Erlaubnis zur Weitergabe von Patientendaten an eine private Abrechnungsstelle rückwirkend zum 18.6.2009 – also innerhalb der vom BSG eingeräumten Frist bis 30.6.2009 – in Kraft gesetzt.

men Einwilligung die Datenübermittlung nicht zulässig machen" kann.[18] Diese Rechtsansicht übersieht, dass das grundrechtlich gewährleistete informationelle Selbstbestimmungsrecht dem Einzelnen auch dann zur Seite steht, wenn eine bereichsspezifische Norm die Legitimation durch Einwilligung nicht ausdrücklich vorsieht. Dem kann auch nicht entgegengehalten werden, dass im öffentlichen Bereich die Einwilligung eingeschränkt sei, weil gesetzlich definierte Aufgaben und Eingriffsbefugnisse nicht über eine Einwilligung erweitert werden dürften.[19]

17 Ergänzend ist auf die wettbewerbsrechtlichen Anforderungen an eine Einwilligung hinzuweisen: Nach § 7 Abs. 2 Nr. 2 und 3 UWG ist die werbliche Ansprache von Marktteilnehmern über das Telefon bzw. durch elektronische Post (E-Mail, SMS) u. Ä. bei Vorliegen einer Einwilligung, die durch eine ausdrückliche, der beabsichtigten Werbeansprache zustimmende Erklärung erfolgen muss, nicht unzumutbar belästigend.[20]

II. Einwilligung in die Erhebung und Verwendung

18 Die (einseitige widerrufliche) Einwilligung ist das klassische Instrument zur Gestattung von Eingriffen in persönliche Interessen und Güter.[21] Mit ihr – als einer rechtsgeschäftlichen vorherigen Zustimmung entsprechend § 183 BGB[22] – kann die nicht schon durch ein Gesetz erlaubte Verarbeitung legitimiert werden (§ 4 BDSG). Erhebungen und Verwendungen personenbezogener Daten, die durch ausdrückliche gesetzliche Erhebungs- und Verwendungsverbote untersagt sind, können durch eine

---

18 *Hauser*, Das Krankenhaus 2009, S. 463 (466).
19 So aber *Roßnagel*, Hdb. DSR, 2003, S. 688.
20 Näher dazu *Zscherpe*, VuR 2009, S. 327 (328); *Plath/Frey*, BB 2009, S. 1762; *Gola/Reif*, RDV 2009, S. 104 (105 ff.); *Frey*, in: Taeger/Wiebe, Inside the Cloud, S. 33. Ohne Einwilligung liegt weiter ausnahmsweise unter den Voraussetzungen des § 7 Abs. 3 UWG keine unzumutbare Belästigung vor.
21 *Schack*, AcP 195 (1995), S. 594 (597); *Buchner*, Informationelle Selbstbestimmung im Privatrecht, S. 231 ff.
22 Grundlegend *Liedke*, Einwilligung im Datenschutzrecht, S. 5 ff. Ebenso *Kloepfer*, Informationsrecht, § 8 Datenschutzrecht, Rn. 75; *Simitis*, in: Simitis, BDSG, § 4a Rn. 20; *Helfrich*, in: Hoeren/Sieber, Hdb. Multimedia-Recht, Teil 16.1, Rn. 56; *Polenz*, in: Kilian/Heussen, Computerrechts-Hdb., Teil 13, Rn. 53, *Helle*, AfP 1985, S. 93 (97); LG Bremen, Urt. v. 23.2.2001 – 1 O 2275/00, DuD 2001, 602. Als Realakt eingestuft von *Gola/Schomerus*, BDSG, § 4a Rn. 10; ihnen folgend *Schüßler*, in: Taeger, Digitale Evolution, S. 233 (248); *Schaffland/Wiltfang*, BDSG, § 4a Rn. 2 und 21; *Spindler/Nink*, in: Spindler/Schuster, Recht der elektronischen Medien, § 4a BDSG, Rn. 3. Die Einwilligung als eine geschäftsähnliche Handlung sehen *Holznagel/Sonntag*, in: Roßnagel, Hdb. DSR, BDSG, § 4a Rn. 19 ff. m. w. N.; *Fricke*, VersR 2009, S. 297; *Menebröcker*, in: Götting/Nordemann, UWG, § 7 Rn. 109; als „tatsächliche Handlung" *Riesenhuber*, RdA 2011, S. 257 (258). Ausführlich zur Rechtsnatur der Einwilligung *B. Buchner*, Informationelle Selbstbestimmung im Privatrecht, S. 236 ff.; *Kühling/Seidel/Sivridis*, Datenschutzrecht, S. 142 f.; *Ohly*, „Volenti non fit iniuria" – Die Einwilligung im Privatrecht, 2002.

Einwilligung nicht erlaubt werden (§ 134 BGB). Die Einwilligungserklärung, die häufig mit einer zum Vertragsschluss führenden rechtsgeschäftlichen Erklärung verknüpft ist, braucht nicht höchstpersönlich zu erfolgen, sondern sie kann auch von einem Vertreter abgegeben werden.[23] Deckte sich die von einem Stellvertreter erteilte Einwilligung nicht mit dem tatsächlichen Willen des Vertretenen, muss dieser die bis dahin wirksame Einwilligung widerrufen. Bei nicht oder beschränkt Geschäftsfähigen, denen die Einsichtsfähigkeit in die Folgen einer Einwilligung fehlt, kann jedenfalls der gesetzliche Vertreter die Einwilligung erklären.[24] Ehegatten geben nicht als Vertreter des anderen, aber doch eigene Einwilligungen ab, die im Rahmen der Geschäfte für den Lebensbedarf (§ 1357 Abs. 1 BGB) auch für den anderen wirken.[25]

1. Einwilligung in Datenverarbeitung durch öffentliche Stellen

Hoheitliche Stellen haben den Grundsatz der Gesetzmäßigkeit der Verwaltung zu beachten und werden einen Eingriff in die grundrechtlich geschützte informationelle Selbstbestimmung nur aufgrund einer hinreichend normenklaren und verhältnismäßigen gesetzlichen Eingriffsbefugnis vornehmen. Diese gesetzliche Ermächtigung erfolgt in der Regel durch ein Gesetz im formellen Sinne des Bundes oder der Länder oder durch eine sich auf eine in einem formellen Gesetz enthaltene Ermächtigung stützende Verordnung. Ist der gesetzgeberische Wille erkennbar, dass zur Aufgabenerfüllung personenbezogene Daten erhoben und verwendet werden dürfen, mögen als gesetzliche Erlaubnisnormen in weniger eingriffsintensiven Situationen auch die §§ 13, 14 BDSG in Verbindung mit der Aufgabenbeschreibung in Betracht kommen. Für eine Einwilligung bleibt dann Raum, wenn sich die beabsichtigte Datenerhebung und -verwendung im Rahmen der Aufgabenbeschreibung der öffentlichen Stelle bewegt und sie für den Betroffenen nützlich ist. Im Übrigen hat die auf eine Einwilligung gestützte hoheitliche Datenverarbeitung nur eine geringe Bedeutung.[26] **19**

Wegen des Eingriffs in die verfassungsrechtlich geschützten Positionen der Betroffenen sind besonders hohe Anforderungen an die Feststellung der Freiwilligkeit zu **20**

---

23 *Grönemeyer*, Die Einwilligung im Beschäftigtendatenschutz, S. 49 m. w. N.; *Plath*, in: Plath, BDSG, § 4a Rn. 9; *Schaffland/Wiltfang*, BDSG, § 4a Rn. 24; *Gola/Schomerus*, BDSG, § 4a Rn. 25; anders *Simitis*, in: Simitis, BDSG, § 4a Rn. 30; *Däubler*, in: Däubler/Klebe/Wedde/Weichert*, BDSG, § 4a Rn. 6; *Liedke*, Die Einwilligung im Datenschutzrecht, S. 12 f.; *Kohte*, AcP 185 (1985), S. 105 (142); kritisch dazu *Ohly*, Die Einwilligung im Privatrecht, S. 460.
24 *Grönemeyer*, Die Einwilligung im Beschäftigtendatenschutz, S. 48 m. w. N. Siehe auch Art. 8 EU-DSGVO-E.
25 Vgl. den Hinweis bei *Plath*, in: BDSG, § 4a Rn. 10 auf OLG Bamberg, Urt. v. 9.6.2010 – 3 U 44/10.
26 Vgl. *Holznagel/Sonntag*, in: Roßnagel, Hdb. DSR, Kap. 4.8, Rn. 24; *Albers*, Informationelle Selbstbestimmung, S. 580.

stellen; der Bürger ist in seiner Entscheidung dann nicht frei, wenn er sich persönlich durch die Einwilligung erhebliche Vorteile verspricht, auf deren Erlangung er sonst keinen Anspruch hätte; hier geht es also nicht lediglich um die Mitwirkung durch Angabe von Daten zur Erlangung eines gesetzlichen Anspruchs. Maßstab ist auch die Verfassungsrechtsprechung, nach der von Freiwilligkeit nicht mehr gesprochen werden kann, wenn sich aus der Perspektive des Betroffenen zeigt, dass er gar keine andere Wahl als die Einwilligung hat.[27]

2. Einwilligung in Datenverarbeitung durch nicht-öffentliche Stellen

21   Nicht-öffentliche Stellen machen gern von der Möglichkeit Gebrauch, über eine Einwilligung die Erlaubnis zu erhalten, Daten über das gesetzlich Zulässige hinaus erheben und verwenden zu dürfen. Die betroffene Person kann einem konkreten weiteren Verwendungszweck einseitig zustimmen. Unverkennbar nimmt es zu, Verbrauchern im Rahmen von Kundenbindungssystemen Vergünstigungen oder besondere Leistungen anzubieten, wenn sie einer vertraglich nicht erforderlichen Verarbeitung oder Nutzung ihrer Daten zustimmen. Zahlreiche Dienstleister im Internet und bei der Telekommunikation machen die kostenlose Nutzung ihres Angebots von der Hergabe personenbezogener Nutzerdaten zumeist für werbliche Zwecke abhängig. Diese Entwicklung der Kommerzialisierung der Selbstbestimmung wird unter dem Stichwort von dem Tauschmodell „Listung gegen Einwilligung" kritisch gesehen.[28] Es heißt, die Einwilligung rücke mehr und mehr in das Zentrum vertraglicher Austauschverhältnisse und werde zu einer Hauptleistung im gegenseitigen Vertrag.[29]

22   Bei Vertragsbeziehungen erfolgt eine Zustimmung häufig über Vertragsklauseln zusammen mit anderen Erklärungen. Das entspricht einer verbreiteten Forderung, dass der Gesetzgeber davon absehen sollte, im nicht-öffentlichen Bereich die Vielzahl von Interessenkollisionen selbst regeln zu wollen, sondern „den Interessenausgleich soweit wie möglich dem privatautonomen Aushandeln der Beteiligten selbst zu überlassen".[30] Besonders bei Massengeschäften, denen AGB zugrunde gelegt werden, besteht aber die Gefahr der Fremdbestimmung, wenn mangels gesetzlicher Erlaubnis durch vorformulierte Klauseln die Datenlage und Datenverwendungsmöglichkeit im ausschließlich eigenen Interesse des Verwenders verbessert werden sollen. Liegt ein einseitiges Machtgefälle vor, das ohne Interessenabwägung und unter Verletzung wesentlicher Grundgedanken des BDSG mittels Einwilligungserklärung einen rechtmäßigen Zustand herbeiführen soll, so ist eine Einwilligungserklärung im Lichte des § 307 Abs. 2 Nr. 1 BGB unzulässig und unwirksam.

---

27 BVerfG NJW 1982, 375 – Lügendetektor.
28 So etwa von *Simitis*, in: Simitis, BDSG, § 4a Rn. 5; *Simitis*, in: Sokol, Neue Instrumente im Datenschutz, S. 14 ff.; *Däubler*, in: Däubler/Klebe/Wedde/Weichert, BDSG, § 4a Rn. 1. Siehe auch *Bräutigam*, MMR 2012, S. 635.
29 So *B. Buchner*, DuD 2010, S. 39.
30 *B. Buchner*, in: FS Buchner, S. 153 (160).

Taeger

Versicherungsunternehmen können Daten über eine Schweigepflichtentbindung **23**
nicht durch vorformulierte Einwilligungserklärungen erlangen. Das Bundesverfassungsgericht sieht das Recht auf informationelle Selbstbestimmung verletzt, wenn
in Versicherungsverträgen eine generelle Pflicht zur Schweigepflichtentbindung
enthalten ist, um Feststellung treffen zu können, ob ein Versicherungsfall vorliegt.[31]
Unzulässig ist auch eine Klausel, wonach Informationen aus dem Vertragsverhältnis – wie beispielsweise Mahnungen oder Kündigungen – an Dritte weitergegeben
werden können, ohne dass im Einzelfall noch eine Interessenabwägung stattfinden
soll.[32]

Abgesehen von derartigen besonderen Lagen ist eine Einwilligung nach § 4 Abs. 1 **24**
Satz 4 BDSG datenschutzrechtlich auch wirksam, wenn sie zusammen mit anderen
Erklärungen schriftlich erteilt wird.[33] Das gilt auch für Gewinnspiele, deren Teilnahmeberechtigung von der Einwilligung des Teilnehmers in die Verwendung für
Werbezwecke abhängig gemacht wird.[34]

Es ist nicht erforderlich, dass der Betroffene seine Einwilligung gesondert erklärt, **25**
indem er eine zusätzliche Unterschrift leistet oder ein dafür vorgesehenes Kästchen
zur positiven Abgabe der Einwilligungserklärung ankreuzt („Opt-in"-Erklärung).
Eine in den AGB enthaltene Klausel muss allerdings in drucktechnisch deutlicher
Gestaltung besonders hervorgehoben werden, sodass der Betroffene leicht erkennen
kann, dass er in die Erhebung und Verarbeitung von Daten einwilligt; die Einwilligung darf nicht im „Kleingedruckten" versteckt werden.[35] Für die Einwilligung in
die Verwendung für den Adresshandel und die Werbung ist die Möglichkeit der
Einbindung in AGB mit der Pflicht der drucktechnischen besonderen Hervorhebung nun ausdrücklich in § 28 Abs. 3a Satz 2 BDSG geregelt; erfolgt die Einwilligung online, sind die Anforderungen aus § 13 Abs. 2 TMG zu beachten.[36] Für Telekommunikationsdiensteanbieter gilt § 95 Abs. 2 TKG.[37] Wollen Postdienste erbrin-

---

31 BVerfGE 113, 273 = RDV 2007, 20.
32 OLG Naumburg VuR 1995, 42 (47); OLG Karlsruhe MDR 1996, 1230 (1231).
33 *Spindler*, Gutachten zum 69. DJT, 2012, F 49.
34 Ebenso – aus wettbewerbsrechtlicher Perspektive – das OLG Köln K&R 2008, 48 =
RDV 2008, 25 = DuD 2008, 142, m. Anm. *Schöttler*, jurisPR-ITR 4/2008 Anm. 5. Das
OLG Köln sah nur in der zu spät mitgeteilten Verknüpfung der Teilnahme mit der Einwilligung einen nicht hinzunehmenden psychischen Druck.
35 BGH, Urteil vom 16.7.2008 – VIII ZR 348/06, NJW 2008, 3055 = K&R 2008, 678 =
MMR 2008, 731 = CR 2008, 720 = RDV 2008, 678 (payback); OLG Brandenburg CR
2006, 490; OLG Hamm K&R 2011, 411 = MMR 2011, 539 = CR 2011, 539. Vgl. auch
Ernst, VuR 2001, S. 225 (228); *Schmitz/Eckhardt*, CR 2006, S. 533; *Wybitul*, Handbuch
Datenschutz im Unternehmen, S. 64; *Schüßler*, in: Taeger, Digitale Evolution, S. 233
(246); *Simitis*, in: Simitis, BDSG, § 4a Rn. 41; *Schaffland/Wiltfang*, BDSG, § 4a Rn. 12.
36 Zum Verhältnis der Einwilligungsnormen zueinander *Hanloser*, DB 2009, S. 636 (666);
Plath/Frey, BB 2009, S. 1762 (1765).
37 Dazu näher § 95 TKG Rn. 12 ff.

gende Unternehmen Daten für Zwecke der Werbung erheben und verwenden, so ist von ihnen § 41 Abs. 3 und 4 PostG zu berücksichtigen.

26 Wird mit der Einwilligung eine Übermittlung detaillierter Kundeninformationen zu Werbezwecken an andere Unternehmen, z. B. eine Datenverarbeitung und Nutzung für die Briefwerbung, angestrebt, so genügt ein entsprechender, allerdings drucktechnisch deutlich hervorgehobener Hinweis in den AGB, der auch auf die Widerrufsmöglichkeit aufmerksam machen muss. Bei der Verarbeitung und Nutzung für Zwecke des Adresshandels gehen die besonderen Anforderungen aus § 28 Abs. 3–4 BDSG dem § 4a BDSG vor.

27 Zu beachten ist, dass neben der Einwilligung in die Datenverarbeitung und -nutzung aus datenschutzrechtlicher Sicht auch die Anforderungen aus dem UWG zu beachten sind. Die Übermittlung und Nutzung für die werbliche Ansprache durch SMS oder E-Mails stellen nach § 7 Abs. 2 Nr. 3 UWG eine unzumutbare Belästigung dar, die nur hingenommen werden kann, wenn eine spezifische Einwilligung vorliegt, die den wettbewerbsrechtlichen Ansprüchen genügt;[38] Eine Opt-out-Lösung ist in diesen Fällen nicht ausreichend.[39]

28 Der BGH hat in der Payback-Entscheidung[40] klargestellt, dass hier aufgrund der besonderen wettbewerbsrechtlichen Komponente eine ausdrückliche Einwilligung erfolgen muss (Opt-in-Lösung).[41] Für Unternehmen stellen die unterschiedlichen Anforderungen an die Wirksamkeit einer Einwilligungserklärung aus BDSG und UWG eine kaum zu rechtfertigende Herausforderung dar. Sie müssen genau differenzieren, welche Datenverarbeitung und -nutzung bereits aufgrund eines gesetzlichen Erlaubnistatbestands wie dem des § 28 Abs. 1 Satz 1 Nr. 1 BDSG zulässig und welche erst aufgrund einer Einwilligung, bei deren Einholung gestufte Anforderungen aus § 4a BDSG und § 7 Abs. 2 Nr. 3 und Abs. 3 UWG zu beachten ist, wirksam ist. Hinzu kommen nun noch die mit der Änderung des BDSG 2009 eingefügten besonderen Anforderungen an die Einwilligungserklärung aus § 28 Abs. 3–4 BDSG in die Verarbeitung und Nutzung für Zwecke des Adresshandels und der Werbung, die den allgemeinen, in § 4a BDSG geregelten Anforderungen vorgehen.[42]

---

38 Zum Verhältnis der Einwilligungsvorschriften aus § 4a BDSG, § 28 Abs. 3 BDSG, § 13 Abs. 2 u. 3 TMG und § 7 UWG zueinander *Plath/Frey*, BB 2009, S. 1762, und *Frey*, Direktmarketing und Adresshandel, in: Taeger/Wiebe, Inside the Cloud, S. 33.

39 Siehe dazu § 28 Rn. 178.

40 BGH NJW 2008, 3055 (payback). Damit führt der BGH seine Judikatur zur Unzulässigkeit formularmäßiger Einwilligungserklärungen in Telefonwerbung fort, siehe BGH NJW 1999, 1864. Siehe zum Urteil *von Nussbaum*, MMR 2009, S. 372; *Bremer*, CR 2009, S. 12; *N. Schmidt*, DuD 2009, S. 107.

41 Ebenso *Sokolowski*, WRP 2008, S. 888 (894); *Pauli*, WRP 2009, S. 245 (247 ff.).

42 Siehe § 28 BDSG Rn. 160 ff.

3. Einwilligungsfähigkeit des Betroffenen

Die Einwilligungsfähigkeit setzt die Fähigkeit des Betroffenen zur Einsicht in mög- **29** liche Folgen der Erhebung und Verwendung der ihn betreffenden personenbezogenen Daten voraus. Soweit es sich um eine isolierte, einseitige und nicht um eine in einen Vertrag eingebundene Einwilligung handelt, bedarf es nicht zwingend der Geschäftsfähigkeit des Erklärenden gem. §§ 104 ff. BGB; die Einsichtsfähigkeit ist für die datenschutzrechtliche Einwilligung trotz ihres rechtsgeschäftlichen Charakters ausreichend.[43] Eine feste Altersgrenze, etwa 14 oder 16 Jahre, sollte nicht festgelegt werden; dazu sind die Erfahrungshorizonte Jugendlicher in Bezug auf verschiedene Sachverhalte zu unterschiedlich.[44] Der Entwurf einer EU-Datenschutzgrundverordnung sieht in Art. 8 Ziff. 1 gar vor, dass Kinder, die das 13. Lebensjahr vollendet haben, analog zum Children's Online Privacy Protection Act (COPPA)[45] von 1998 eine Einwilligung wirksam abgeben können, was in dieser Pauschalität unangemessen früh erscheint.[46] Nach dem OLG Hamm kann nicht davon ausgegangen werden, dass Minderjährige ab dem 15. Lebensjahr grundsätzlich die nötige Reife haben, um die Tragweite der Einwilligungserklärung zur Datenspeicherung und Datenverwendung zu Werbezwecken abzusehen.[47] Zu beachten ist auch, dass etwa bei Online-Spielen der Teilnahmeanreiz so groß sein kann, dass Bedenken gegen die Datenübermittlung zurückgestellt und Einwilligungen darin zu unreflektiert erteilt werden.[48] Soweit der Einwilligende grundrechtsmündig ist und nach entsprechender Aufklärung über Zweck und Folgen der angestrebten Datenerhebung und

---

43 Siehe auch *Bergmann/Möhrle/Herb*, Datenschutzrecht, § 4a Rn. 9; *Schmoll*, in: Taeger/ Wiebe, Von AdWords bis Social Networks, S. 144; *Simitis*, in: Simitis, BDSG, § 4a Rn. 20; *Zscherpe*, MMR 2004, S. 723 (724); *Liedke*, Die Einwilligung im Datenschutzrecht, S. 14 f. m. w. N.

44 Ebenso *Liedke*, Die Einwilligung im Datenschutzrecht, S. 14 f. mit Hinweisen zum Meinungsstand; *Schüßler*, in: Taeger, Digitale Evolution, S. 233 (249). Kritisch auch *Spindler*, Gutachten zum 69. DJT, 2012, F 51.

45 15 U.S.C. § 6501–6506 (Publ.L. 105–277 Stat. 2581-728 v. 21.10.1998. Soziale Netzwerke wie Facebook orientieren sich ebenfalls an dieser Altersgrenze.

46 Die Kommission hatte diese frühe Altersgrenze bereits in den 'Safer Social Networking Principles for the EU' (IP/09/232) festgelegt, die sie 2009 mit führenden Anbietern von Webseiten zur Verbesserung der Sicherheit von Minderjährigen vereinbart hatte. Vgl. zum Ganzen *Schüßler*, in: Taeger, Digitale Evolution, S. 233 (247 ff.).

47 OLG Hamm, Urt. v. 20.9.2012, ZD 2013, 29 = K&R 2013, 53 = DuD 2013, 106; mit kritischer Anm. von *Schröder*, K&R 2013, S. 56. Das besondere Problem bei dem zu entscheidenden Sachverhalt lag darin, dass die Teilnahme an einem Gewinnspiel eingewilligt wurde, das der Kundengewinnung durch eine Krankenkasse dient und nach dem Normzweck des § 176 Abs. 1 Satz 3 SGB V Minderjährige ab einem Alter von 15 Jahren ihre Krankenkasse frei wählen können. Die Einwilligung hier dürfte nur nach datenschutzrechtlichen Kriterien zu bewerten sein, weil der Vorgang einem höchst vagen Vertragsschluss mit der Krankenkasse weit vorgelagert ist. Von einer die Einsichtsfähigkeit ausschließenden geschäftlichen Unerfahrenheit geht auch *Ernst*, jurisPR-WettbR 12/2012 Anm. 4, aus.

48 Siehe zur Einsichtsfähigkeit minderjähriger Online-Spieler *Backu*, ZD 2012, S. 59; LG

-verwendung die Tragweite der zu treffenden Entscheidung abzuschätzen vermag, kann er auch wirksam einwilligen.[49] Bei Eingriffen von besonderer Tragweite ist die Einwilligungsfähigkeit auch bei Geschäftsfähigen gesondert festzustellen; bei genetischen Untersuchungen sieht dies § 14 GenDG[50] ausdrücklich vor.

4. Bestimmtheit

30   Eine pauschale Einwilligung, die die Zweckbestimmung der beabsichtigten Daten-verwendung oder die Empfänger einer beabsichtigten Datenübermittlung nicht nennt, ist unzulässig. Vielmehr muss die Erklärung so bestimmt sein, dass die Art der personenbezogenen Daten und der Zweck der Erhebung oder Verwendung so-wie im Falle der Übermittlung etwaige Empfänger hinreichend genau benannt wer-den.[51] Die EG-DSRl setzt voraus, dass die Einwilligungserklärung „für den konkre-ten Fall und in Kenntnis der Sachlage" erfolgt (Art. 2 lit. h) EG-DSRl). Das Pay-back-Urteil des BGH hat insofern einige Anforderungen an die Bestimmtheit konkretisiert, als das Gericht in dem zu entscheidenden Fall die Bestimmtheit der Informationen über den angegebenen Nutzungszweck, die Adressaten der Über-mittlung und die Form der beabsichtigten werblichen Ansprache prüfte und als aus-reichend anerkannte.[52]

5. Erhebung und Verwendung besonderer Arten personenbezogener Daten

31   Die wirksame Einwilligung in die Erhebung und in die Verwendung von besonde-ren Arten personenbezogener Daten (§ 3 Abs. 9 BDSG) setzt voraus, dass auf die Sensitivität und besondere Schutzwürdigkeit der Daten ausdrücklich und in beson-derer Weise Bezug genommen wird.[53] Immerhin stellt der Gesetzgeber mit § 28 Abs. 6 BDSG auch für den Fall, dass eine Erlaubnis aus Gesetz vorliegt, an das Er-heben und Verwenden sensitiver Daten besondere Anforderungen. Sie kommen zwar, wie sich aus § 28 Abs. 6 BDSG ergibt, bei einer Einwilligung nicht zum Tra-gen. Der Schutzgedanke des Gesetzes macht es aber erforderlich, die Wirksamkeit der Einwilligung daran zu knüpfen, dass an die Informationspflicht der verantwort-lichen Stellen besonders hohe Anforderungen gestellt werden, sodass der Betroffe-ne die Risiken einer Übermittlung der ihn betreffenden besonders schutzwürdigen

Saarbrücken MMR 2012, 261, und minderjähriger Teilnehmer an sozialen Netzwerken *Wintermeier*, ZD 2012, S. 210.

49 *Kloepfer*, Informationsrecht, § 8 Datenschutzrecht, Rn. 75.

50 Gendiagnostikgesetz, BGBl. I, S. 2529.

51 *Däubler*, in: Däubler/Klebe/Wedde/Weichert, BDSG, § 4a Rn. 18 f.; *Simitis*, in: Simitis, BDSG, § 4a Rn. 77; *Holznagel/Sonntag*, in: Roßnagel, Hdb. DSR, 4.8, Rn. 49; *Zscherpe*, MMR 2004, S. 723 (725).

52 BGH NJW 2008, 3055.

53 Art. 8 Abs. 1 EG-DSRl; *Gola/Schomerus*, § 3 Rn. 57; *Wybitul*, Handbuch Datenschutz im Unternehmen, S. 236; siehe auch § 13 Rn. 45 und § 14 Rn. 115 ff.

Daten abschätzen kann. Die Einwilligung muss sich dementsprechend auch ausdrücklich auf die Erhebung bzw. Verwendung dieser sensitiven Daten beziehen (§ 4a Abs. 3 BDSG).

6. Zeitpunkt der Einwilligung

Die Einwilligung ist eine Zustimmung, die einer künftigen Erhebung oder Verwen- **32** dung zur Zulässigkeit verhelfen soll. Sie kann also eine ursprünglich gesetzlich nicht erlaubte oder ohne vorherige Zustimmung erfolgte Erhebung oder Verwendung nicht rückwirkend legitimieren.[54]

7. Form der Einwilligung

Das Gesetz geht davon aus, dass die mit der Einwilligung auf der Grundlage voll- **33** kommener Transparenz über Art der Daten, Zweck und Umfang der Datenverwendung einhergehende Warnfunktion in der Regel am Besten durch Wahrung der Schriftform (§ 126 BGB) erfüllt wird. Die Schriftform wird vom Gesetzgeber verlangt, um dadurch im Interesse des Verbraucher- bzw. Betroffenenschutzes Entscheidungsprozesse zu verlangsamen und Überlegungszeit zu gewinnen. Die einwilligende Person soll sich dadurch bewusst werden, dass sie sich eines Schutzes aus dem Verbot mit Erlaubnisvorbehalt begibt (Warnfunktion der Unterschrift[55]). Die eigenhändige Unterschrift unterstreicht zudem die besondere Bedeutung der Erklärung und möglicherweise mit ihr verbundene bedenkenswerte Nachteile (Warnfunktion). Die schriftliche Einwilligung gem. § 4 Abs. 1 Satz 3 BDSG ist also mit eigenhändiger Unterschrift unter der Einwilligungserklärung zu erteilen.

Die Schriftform kann gem. § 126a BGB durch die Verwendung einer qualifizierten **34** elektronischen Signatur substituiert werden. Diese technische Möglichkeit hat sich allerdings noch immer nicht durchgesetzt und ist auf Einzelfälle beschränkt.

Es ist allerdings auch nicht zwingend erforderlich, bei der Nutzung eines elektro- **35** nischen Kommunikationsweges die Schriftform durch die qualifizierte digitale Signatur gem. § 126a BGB zu ersetzen; denn das Gesetz räumt die Möglichkeit ein, von dieser Anforderung an die Form der Erklärung abzuweichen, wenn aufgrund besonderer Umstände des Einzelfalls eine andere Form angemessen ist. Die Anfor-

---

54 *Gola/Schomerus*, BDSG, § 4a Rn. 15; OLG Köln NJW 1993, 793. Siehe zu den Rechtsfolgen auch Rn. 72 f. Zur Unwirksamkeit der nachträglichen Billigung eines nach § 7 Abs. 2 Nr. 2 UWG unzumutbar belästigenden Werbeanrufs LG Traunstein MMR 2008, 858 = RDV 2008, 210. Die Einwilligung gem. § 7 Abs. 2 UWG soll dagegen keine „vorherige" sein müssen, weshalb der Gesetzgeber in § 7 Abs. 2 Nr. 2 UWG ausdrücklich die „vorherige … Einwilligung" zur Pflicht gemacht habe, so *von Wallenberg*, BB 2009, S. 1768 (1769).

55 *Liedke*, Die Einwilligung im Datenschutzrecht, S. 15; *Polenz*, in: Kilian/Heussen, Computerrechts-Hdb., Teil 13, Rn. 56; *Mester*, Arbeitnehmerdatenschutz, S. 87; *Roggenkamp*, AnwZert ITR 2011, Anm. 2.

derungen dürfen auch nicht zu hoch gesetzt werden, insbesondere dann nicht, wenn die Kommunikation auf elektronischem Weg erfolgt. Wer das „Internet" in der Form des World Wide Web nutzt und auf einer Webseite über ein Formular Daten über sich einträgt, wird bei der Nutzung nicht die Erwartungshaltung haben, in schriftlicher Form einwilligen zu müssen. Hier liegt in der Nutzung des elektronischen Mediums ein besonderer Umstand, der es erlaubt, von der Anforderung an die schriftliche Einwilligung abzusehen. Allerdings muss in diesem Fall die in der Schriftform liegende Warnfunktion auf andere Weise substituiert werden. Das kann dadurch erfolgen, dass der Betroffene seine Einwilligung durch Anklicken einer die Einwilligung bestätigenden Klick-Box erteilt oder, wenn die Einwilligung zusammen mit anderen Vertragsklauseln eingeholt wird, zumindest eine optisch eindeutige Hervorhebung erfolgt.[56]

36 Liegen keine besonderen Umstände vor, bleibt es in § 4a BDSG bei der Schriftform als Regelfall, während § 13 Abs. 2 TMG ausdrücklich zulässt, dass die Einwilligungserklärung bei Beachtung der in der Norm aufgeführten Anforderungen dem genutzten Medium entsprechend elektronisch abgegeben werden kann. Eine Einwilligung kann nach § 4a BDSG demnach in der Regel, also dann, wenn keine besonderen, ein Abweichen von der Regel rechtfertigenden besondere Umstände vorliegen, nicht in Textform mittels Fax oder E-Mail erklärt werden. In diesem Fall wäre eine nicht das Formerfordernis beachtende Einwilligungserklärung nichtig (§ 125 BGB).[57]

a) Abweichen vom Formerfordernis bei Vorliegen besonderer Umstände

37 Allerdings ist die Schriftform nicht in jeder Situation zwingend zu verlangen. Von diesem Formerfordernis kann abgewichen werden, wenn besondere Umstände vorliegen. Insbesondere dann, wenn für die Kommunikation ein elektronisches Medium wie E-Mail oder das World Wide Web genutzt wird, muss auch die elektronische Einwilligung nach § 4a BDSG in Textform möglich sein;[58] denn die Nutzung eines Telemediums führt nicht in jedem Fall zur vorrangigen Anwendung des § 12 TMG. Erfolgt eine Einwilligung in die Erhebung und Verwendung von Inhaltsdaten, so ist § 4a BDSG auch dann anzuwenden, wenn als Kommunikationsweg ein Telemediendienst genutzt wird. Das gilt auch bei einer Zustimmung zur zweckändernden Nutzung von Bestandsdaten.

---

56 Ebenso *Raabe/Lorenz*, DuD 2011, S. 279. Siehe auch *Fricke*, VersR 2001, S. 925 (930); weitere Möglichkeiten der den Umständen des elektronischen Mediums entsprechenden Einwilligungserklärung unter Beachtung der Warnfunktion *Goede*, DSWR 2004, S. 280 (281).
57 *Liedke*, Die Einwilligung im Datenschutzrecht, S. 16; *Simitis*, in: Simitis, BDSG, § 4a Rn. 26.
58 Zustimmend *Roggenkamp*, AnwZert ITR 2011 Anm. 2; *Plath/Frey*, BB 2009, S. 1762 (1766); *Plath*, in: Plath, BDSG, § 4a Rn. 14 f.

Der Anbieter des Telemediendienstes, der auf seiner Webseite das Formular zum **38** Ausfüllen bereithält, unterliegt zwar den Regelungen des TMG und damit auch der bereichsspezifischen Vorschrift des § 13 TMG über die Einwilligung. Diese dem BDSG vorgehende Vorschrift bezieht sich allerdings nur auf diejenigen Daten, die als Bestands- oder Verkehrsdaten mit der Nutzung des Telemediendienstes korrelieren. Vom TMG nicht geregelt sind insoweit die Inhaltsdaten, also solche personenbezogenen Daten, die der Telemediendiensteanbieter auf den Webseiten kommuniziert oder die bei der Kommunikation mit dem Inhaltsanbieter entstehen, wie etwa bei dem Ausfüllen eines Formulars – solange hier nicht Bestandsdaten zur Registrierung als Voraussetzung für die Inanspruchnahme des Dienstes erhoben werden – oder bei Einträgen in Online-Gästebücher oder Blogs. Nach dem 3-Schichten-Modell[59] fallen Inhaltsdaten in den Anwendungsbereich des BDSG.[60]

Im Ergebnis ist aber in beiden Fällen die elektronische Einwilligung möglich, nach **39** § 13 Abs. 2 TMG aufgrund einer ausdrücklichen, die elektronische Einwilligung zulassenden gesetzlichen Regelung, nach § 4a Abs. 1 Satz 3 BDSG nur aufgrund des Zugeständnisses bei Vorliegen besonderer Umstände. Wesentlich wird die Auswahl der anzuwendenden Vorschrift über Form und Inhalt der Einwilligung erst bei der Frage, ob die Einwilligung bei elektronischer Zustimmung zu protokollieren ist und der Nutzer den Inhalt der Einwilligung jederzeit abrufen können muss (§ 13 Abs. 2 Nr. 2 und 3 BDSG). Bei einer elektronischen Einwilligung nach § 4a BDSG muss die verantwortliche Stelle dies nicht sicherstellen. Die weiteren Anforderungen aus § 13 Abs. 2 Nr. 1 und 4 TMG (der Nutzer muss seine Einwilligung bewusst und eindeutig erteilen und die Einwilligung jederzeit mit Wirkung für die Zukunft widerrufen können) sind auch bei Anwendung von § 4a BDSG zu beachten.

Neben der Textform kommt die mündliche Einwilligung in Betracht, die der Ge- **40** setzgeber mit dem 2009 eingefügten § 28 Abs. 3a BDSG mittelbar anerkennt.

b) Konkludente Einwilligung

Auch eine konkludente Einwilligung ist als ein Verhalten in einer anderen Form als **41** der Schriftform[61] möglich.[62] Voraussetzung ist zunächst, dass das Gesetz keine besondere Form oder – wie bei der Einwilligung in die Verarbeitung und Nutzung besonderer Arten personenbezogener Daten nach § 4a Abs. 3 BDSG oder nun nach

---

59 Zum 3-Schichten-Modell *Schleipfer*, DuD 2004, S. 727; *ders.*, RDV 2005, S. 56 (57).
60 Ebenso *Schafft*, AuA 2006, S. 517 (519); *Schleipfer*, RDV 2005, S. 56 (57).
61 Darauf weist *Rudolph*, CR 2010, S. 257 (260), hin.
62 Ausführlich *Liedke*, Die Einwilligung im Datenschutzrecht, S. 17 ff., und *Grönemeyer*, Die Einwilligung im Beschäftigtendatenschutz, S. 43 ff. Siehe auch *Schwenke*, Individualisierung und Datenschutz, S. 205; *Däubler*, in: Däubler/Klebe/Wedde/Weichert, BDSG, § 4a Rn. 16; *Auernhammer*, BDSG, § 4 Rn. 15; *Gola/Schomerus*, BDSG, § 4a Rn. 13; *Spindler*, Gutachten zum 69. DJT, 2012, F 49; Begründung zum Regierungsentwurf, BT-Drs. 11/ 4306, S. 41. Der Weg zur Annahme einer konkludenten Einwilligung ist verbaut, wenn das Gesetz wie nunmehr in § 7 Abs. 2 Nr. 2 UWG eine ausdrückliche Einwilligung verlangt.

§ 28 Abs. 3a BDSG bei der Einwilligung in die Nutzung für Werbezwecke – eine ausdrückliche Einwilligungserklärung verlangt. Außerdem muss ein eindeutiges Erklärungsverhalten vorliegen, das einen Rückschluss auf den eindeutigen Willen des Erklärenden zulässt. Schließlich müssen alle Anforderungen an die Wirksamkeit erfüllt sein, also auch die der Einwilligungserklärung vorausgehenden Informationspflichten, damit die durch konkludente Erklärung ausgedrückte Entscheidung auf der Basis ausreichenden Wissens erfolgt. Liegt dann zwar keine schriftliche, textliche oder mündliche Erklärung, wohl aber ein schlüssiges Verhalten vor, ist die konkludente Einwilligung wirksam.[63]

Ein Fall der konkludenten Einwilligung könnte vorliegen, wenn im Rahmen eines Whistleblowing-Systems eine Meldung in nicht-anonymisierter Form abgegeben wird und deshalb auch die Daten des meldenden Mitarbeiters gespeichert werden.[64] Dieser Ansicht ist dann zuzustimmen, wenn sich die meldende Person bewusst ist, dass, wie lange und zu welchem Zweck die Daten auch des Meldenden gespeichert werden. Es müsste demnach durch geeignete Informationen seitens des Arbeitgebers sichergestellt sein, dass für jeden Arbeitnehmer hinreichende Transparenz hinsichtlich der Verwendung der Daten des Whistleblowers besteht, bevor diese Meldung erfolgt. Weil mit der Einwilligung aber auch die Möglichkeit des jederzeitigen Widerrufs mit Wirkung ex nunc gegeben sein muss, was in einem Whistleblowing-System zu erheblichen Verfahrensproblemen führen würde, bleiben Zweifel an der Sinnhaftigkeit einer Einwilligungslösung. Der Abschluss einer Betriebsvereinbarung zum Whistleblowing, die auch die datenschutzrechtlichen Aspekte regelt, ist deshalb vorzugswürdig, weil dann im Fall einer nicht anonymisierten Meldung eine gesetzliche Grundlage für die nicht widerrufbare Verwendung der Daten geschaffen wäre.

42   Von einer konkludenten Einwilligung kann ausgegangen werden, wenn ein Anrufer zu Beginn des Gesprächs vom Angerufenen darüber informiert wird, dass das Gespräch zu Qualitätssicherungszwecken oder zur Stimmungsanalyse aufgezeichnet (gespeichert) wird, wenn dem nicht widersprochen wird, und der Anrufer das Gespräch dann ohne Widerspruch fortführt.[65]

43   In dem Sachverhalt der Abtretung von risikobehafteten Kreditforderungen („Non-Performing Loans") an einen Dritten, in dem eine konkludente Einwilligung in die

---

63 Auch der BGH hält – jedenfalls aus wettbewerbsrechtlicher Perspektive – eine konkludente Einwilligung in die telefonische oder E-Mail-Werbung für möglich, die einer sonst als unzumutbare Belästigung eingestuften Telefonwerbung die Unlauterkeit nimmt (§ 7 Abs. 2 Nr. 2 und 3 UWG), wobei in der Veröffentlichung einer Telefonnummer oder E-Mail-Adresse auf der Webseite noch keine konkludente Einwilligungserklärung gesehen werden kann, BGH, Urteil v. 17.7.2008 – I ZR 197/05, K&R 2008, 600 = MMR 2008, 662 = CR 2008, 718 (FC Troschenreuth) m. Anm. *Roggenkamp*, jurisPR-ITR 20/2008 Anm. 4. Siehe auch LG Darmstadt, Urt. v. 24.9.1998, RDV 1999, 29.
64 *Seffer/Mayer-Wegelin*, ITRB 2009, S. 41 (43).
65 *Zoebisch*, DuD 2011, S. 394 (397).

Übermittlung von Darlehensnehmerdaten diskutiert wird,[66] fehlt es überhaupt schon an einer äußerlich erkennbaren Willensäußerung des Darlehensnehmers, aus der sich ein entsprechender Zustimmungswille zwar nicht ausdrücklich, aber eben doch konkludent ableiten ließe.[67] Der Wille des durch das Datenschutzrecht Geschützten muss durch sein Verhalten hinreichend klar zum Ausdruck kommen.

Eine konkludente Einwilligung in die Verarbeitung der personenbezogenen Daten **44** liegt ebenfalls nicht vor, wenn eine junge Frau in einer Disco überredet wird, ein Fotoshooting mitzumachen und die Fotos anschließend im Internet veröffentlicht werden. Aus der Zustimmung zu Fotoaufnahmen ist nicht schon konkludent die Einwilligung in die Verbreitung der Fotos zu schließen.[68] Auch aus dem Besuch einer Diskothek kann keine konkludente Einwilligung in Fotoaufnahmen und ihre digitale Verbreitung im Internet abgeleitet werden.[69]

In der Regel wird es bei der in der Praxis geltend gemachten konkludenten Einwilli- **45** gung zur Legitimation der Datenerhebung oder -verwendung an einer eindeutigen Willensäußerung, die neben der Pflicht zur Transparenz über den Zweck der gewünschten Datenerhebung und -verwendung Bedingung für der Wirksamkeit der Einwilligung ist, fehlen, sodass die konkludente Einwilligung als Erlaubnis gem. § 4a BDSG kaum eine Zukunft hat.[70]

c) Mutmaßliche Einwilligung

Eine mutmaßliche Einwilligung erfüllt – wie eine „Einwilligung durch Schweigen" **46** – nicht die Anforderungen des § 4a BDSG.[71] Auf die Ausnahme in § 14 Abs. 2 Nr. 2 BDSG ist hinzuweisen. Bei einer mutmaßlichen Einwilligung müsste davon ausgegangen werden, dass der Betroffene ein Interesse daran haben würde, dass Daten über ihn verwendet würden. Diese Annahme verbietet sich von vornherein, weil die Zulässigkeit nicht mehr von dem Willen des Betroffenen, den dieser zu erklären hätte, sondern allein von einem Abwägungsprozess bei der verantwortli-

---

66 So etwa bei *Kümpel*, in: Bank- und Kapitalmarktrecht, Rn. 2.163; *Bruchner*, in: Schimansky/Bunte/Lwowski, Bankrechts-Handbuch, Band I, § 39 Rn. 15; *Hofmann/Walter*, WM 2004, S. 1566 (1573); *Theewen*, WM 2004, S. 105 (114).
67 *Hilber/Hartung*, BB 2003, S. 1054 (1056).
68 LG Berlin – 27 O 870/07.
69 AG Ingolstadt vom 3.2.2009 – 10 C 2700/08. Siehe auch den 1. Tb der bayerischen Datenschutzaufsichtsbehörde 2002/2003, 13.5.1.
70 Vgl. *Yildirim*, Datenschutz im Electronic Government, S. 172; skeptisch auch *Kloepfer*, Informationsrecht, § 8 Datenschutzrecht, Rn. 78.
71 *Däubler*, in: Däubler/Klebe/Wedde/Weichert, BDSG, § 4a Rn. 16; *Spindler*, Gutachten zum 69. DJT, 2012, F 48. Zustimmend *Liedke*, Die Einwilligung im Datenschutzrecht, S. 19 f., und letztlich auch für die Verarbeitung personenbezogener Patienten- und Mandantendaten durch Berufsgeheimnisträger in der Cloud *Kroschwald/Wicker*, in: Taeger, IT und Internet, S. 733 (749). Siehe auch den Beschluss des BGH vom 10.12.2009, jurPC Web-Dok. 13/2010, zur nicht wirksamen mutmaßlichen Einwilligung gem. dem entsprechenden § 7 Abs. 2 Nr. 3 UWG 2004.

chen Stelle abhinge.[72] In dem konkret angesprochenen Verfahren einer Abtretung von Non-Performing Loans, die häufig in die Abtretung eines ganzen Paketes notleidender Kredite nach vorangegangener Due Diligence eingebunden ist, wird deshalb nur ein gesetzlicher Erlaubnistatbestand aus § 28 Abs. 1 Satz 1 Nr. 2 BDSG mit der dabei vorzunehmenden Abwägung der Interessen der Bank an einer wirtschaftlich sinnvollen Verwertung ihrer Forderungen durch Abtretung an einen interessierten Dritten mit den Geheimhaltungsinteressen des sich nicht vertragstreu verhaltenden Darlehensnehmers in Betracht kommen; die mutmaßliche Einwilligung bietet hier kein Modell für die Begründung der Zulässigkeit.[73] Auch § 13 BDSG kennt keine mutmaßliche Einwilligung in die Datenerhebung durch öffentliche Stellen, sondern normiert in § 13 Abs. 2 Nr. 3 BDSG einen eigenen *gesetzlichen* Erlaubnistatbestand für den Fall, dass die Erhebung zum Schutz lebenswichtiger Interessen erforderlich ist und der Betroffene an der Abgabe einer Einwilligungserklärung tatsächlich oder rechtlich gehindert ist.[74]

47 Eine mutmaßliche Einwilligung kommt nur dort in Betracht, wo der Gesetzgeber in einer dem BDSG vorgehenden Regelung diese Möglichkeit ausdrücklich zulässt. Solche auch eine mutmaßliche Einwilligung vorsehenden Vorschriften existieren für öffentliche Stellen; zu nennen ist neben § 14 Abs. 2 Nr. 3 BDSG[75] der § 7 Abs. 2 Nr. 2 AsylVfG. Danach dürfen Asylbehörden Daten über den Betroffenen auch bei anderen Stellen erheben, wenn offensichtlich ist, dass dies im Interesse des Betroffenen liegt und kein Grund zu der Annahme besteht, dass er in Kenntnis der Erhebung seine Einwilligung verweigern würde.

d) Formularmäßige Einwilligung

48 Bei der Eingabe von Daten in ein Formular ist darauf zu achten, dass als Pflichtfelder nur diejenigen Datenfelder ausgewiesen werden, mit denen Daten aufgrund einer gesetzlichen Erlaubnis erhoben werden. Liegt bereits eine Einwilligung vor, ein bestimmtes Datum erheben und verwenden zu dürfen, so kann dieses Feld aufgrund der Möglichkeit, die Einwilligung jederzeit für die Zukunft widerrufen zu können, gleichwohl nicht als Pflichtfeld ausgewiesen werden. Es kann aber auf das Vorliegen einer Einwilligung verwiesen werden. Es ist üblich, Felder auszuweisen, die nicht als Pflichtfelder gekennzeichnet sind, in die der Betroffene also freiwillig Daten eintragen kann. Nimmt der Betroffene eine Eintragung vor, kann dies nur dann als wirksame Einwilligung angesehen werden, wenn auf dem Formular die Hinweise gegeben

---

72 BGH NJW 1993, 1638 (1639); *Klüwer/Meister*, WM 2004, S. 1157 (1162); *Rögner*, NJW 2004, S. 3230 (3232); *Beucher/Räther/Stock*, AG 2006, S. 277 (278 f.); *Schwenke*, Individualisierung und Datenschutz, S. 205. Aus wettbewerbsrechtlicher Sicht zu § 7 UWG a. F. Gloy/Loschelder-*Hasselblatt*, Hdb. Wettbewerbsrecht, § 71 Rn. 54.

73 Dazu ausführlich *Bütter/Tonner*, ZBB 2005, S. 165 (allerdings unter weitgehender Ausklammerung der datenschutzrechtlichen Begutachtung), *Cahn*, WM 2004, S. 2041 (2050), sowie *Beucher/Räther/Stock*, AG 2006, S. 277.

74 *Gola/Schomerus*, BDSG § 13 Rn. 17; siehe aber § 13 BDSG Rn. 48 ff.

75 Siehe § 14 BDSG Rn. 44 ff.

werden, die in Abs. 1 Satz 2 gefordert werden; das gilt auch dann, wenn das Formular elektronisch über eine Maske im World Wide Web („Internet") ausgefüllt wird.

Die Einwilligungserklärung kann auch formularmäßig zusammen mit anderen Er- **49** klärungen schriftlich erteilt werden;[76] die Einwilligung selbst braucht dann nicht noch gesondert unterzeichnet zu werden.[77] Auch auf einseitige formularmäßige rechtsgeschäftliche Erklärungen wie die Einwilligungen werden die §§ 305 ff. BGB angewendet.[78]

Nach Abs. 1 Satz 4 ist die Einwilligungsklausel besonders hervorzuheben, wenn sie **50** zusammen mit anderen Erklärungen schriftlich erteilt wird. Daraus folgt, dass eine Einwilligungsklausel in AGB oder bei individuell ausgehandelten Vertragswerken drucktechnisch in einer solchen Weise hervorgehoben werden muss, dass die Aufmerksamkeit des Betroffenen darauf gelenkt wird, beispielsweise durch Schriftgröße, Schrifttyp, Formatierung oder Einrahmung.[79] Die Pflicht, die datenschutzrechtliche Einwilligung hervorzuheben, besteht im Übrigen auch bei individuell ausgehandelten Vertragswerken. Fehlt es an der Hervorhebung, ist die Einwilligung unwirksam.[80] Die hervorgehobene Klausel darf nicht mit einer missverständlichen Überschrift wie „Datenschutz" versehen werden, weil der Erklärende dann von einer Information über den Datenschutz ausgehen und über den tatsächlichen Inhalt getäuscht werden könnte.[81] Die Anforderungen sind nicht geringer als die entsprechenden nach § 28 Abs. 3a Satz 2 BDSG.[82] Es ist nicht erforderlich, die Klausel durch Ankreuzen eines Feldes gesondert anzunehmen;[83] die Möglichkeit, sie durchstreichen zu können (opt-out) genügt in der Regel; bei elektronischen Willenserklärungen sind allerdings strengere Anforderungen (opt-in) zu beachten.

Auch im Internet können somit formularmäßige Einwilligungsklauseln verwendet **51** werden,[84] wenn diese Klauseln durch Hervorhebung leicht erkennbar sind, nicht

---

76 Zustimmend *Plath*, in: Plath, BDSG, § 4a Rn. 38, *Liedke*, Die Einwilligung im Datenschutzrecht, S. 23, und *Grönemeyer*, Die Einwilligung im Beschäftigtendatenschutz, S. 35. Siehe im Übrigen ausführlich dazu *Taeger*, § 28 Rn. 175. Vgl. auch BGH NJW 2010, 864 = K&R 2010, 116 m. Anm. *Wäßle* = DuD 2010, 493 = CR 2010, 87 (HappyDigits); OLG Köln ZD 2011, 34 = CR 2012, 130 = DuD 2011, 820. Siehe auch *Nord/Manzel*, NJW 2010, S. 3756.

77 *Munz*, Datenschutzklauseln, in: von Westphalen/Thüsing, Vertragsrecht und AGB-Klauselwerke, Rn. 32.

78 Siehe dazu die Nachweise bei *Liedke*, Die Einwilligung im Datenschutzrecht, S. 21 ff.

79 Siehe schon Rn. 25. Vgl. BGH NJW 2008, 3055 (payback); OLG Schleswig NJW-RR 1998, 54 (56); LG Halle VuR 1996, 369 (370).

80 AG Elmshorn CR 2005, 642; *Däubler*, in: Däubler/Klebe/Wedde/Weichert, § 4a BDSG Rn. 13; *Liedke*, Die Einwilligung im Datenschutzrecht, S. 23 f.

81 Vgl. *Plath*, in: Plath, BDSG, § 4a Rn. 45.

82 A. A. (geringere Anforderungen) *Hanloser*, MMR 2009, S. 594 (595).

83 BGH NJW 2010, 866 – Happy Digits; BGH NJW 2008, 3056 – Payback.

84 *Breinlinger/Scheuing*, RDV 2012, S. 64 (66) halten eine formularmäßige Einwilligung im Internet wegen des Schriftformerfordernisses nicht für zulässig, wobei sie übersehen, dass

durch missverständliche Überschriften („Datenschutzerklärung") über den tatsächlichen Inhalt („Einwilligung in die Datenerhebung und -verarbeitung") getäuscht wird und die weiteren Anforderungen aus § 7 UWG und, wenn es sich um Daten handelt, auf die das TMG Anwendung findet, die Anforderungen des § 13 Abs. 2 TMG[85] beachtet werden.

III. Freiwilligkeit der Einwilligungserklärung

52 Die Einwilligungserklärung muss freiwillig erfolgen (§ 4a Abs. 1 Satz 1 BDSG). Das setzt eine der Erhebung oder Verwendung vorhergehende freie Zustimmung auf der Grundlage einer vorangegangenen umfassenden Information über die erhebende und verantwortliche Stelle, die Art der Daten und den Zweck sowie alle weiteren für eine Entscheidungsfindung relevanten und hinreichend bestimmten Informationen voraus.[86] Allgemein zu bestimmen, wann ‚Freiwilligkeit' vorliegt, ist kaum möglich.[87] Die Artikel 29-Datenschutzgruppe definiert Freiwilligkeit als die Möglichkeit des Betroffenen, eine echte Wahl zu treffen, d.h. im Zuge der Einholung der Einwilligung nicht vor vollendete Tatsachen gestellt zu werden und eine realistische Möglichkeit zur Verweigerung oder zum Widerruf der Einwilligung zu haben, ohne dadurch einen Nachteil zu erleiden.[88] In den Einzelfällen der Praxis erweist sich diese Definition als noch konkretisierungsbedürftig.

53 Wird die Einwilligung im Zusammenhang mit der Gewährung staatlicher Leistungen oder dem Abschluss von Verträgen erteilt, kann von Freiwilligkeit nur die Rede sein, wenn die staatliche Leistung oder der Vertragsschluss bei Versagen der Einwilligung nicht gefährdet sind.

54 Es steht dem Einzelnen frei, Daten anderen gegenüber zu offenbaren. Es ist grundsätzlich möglich, dass jemand eine vertragliche Verpflichtung oder Obliegenheit eingeht, Informationen über die eigene Person seinem Vertragspartner mitzuteilen oder Dritte zu derartigen Mitteilungen zu ermächtigen.[89] Eine solche aus der Selbstbestimmung abgeleitete (Willens-)Erklärung kann in Privatrechtsbeziehungen auch im Rahmen eines Vertrags abgegeben werden, dessen Inhalt von der anderen Seite

---

die Einwilligung auch in anderer als der Schriftform erteilt werden kann (§ 28 Abs. 3a i.V.m. § 4a Abs. 1 S. 3 BDSG).

85 Siehe dazu die Kommentierung von *Moos* zu § 13 TMG Rn. 16 ff.

86 Zur älteren Rechtsprechung zur Wirksamkeit von Einwilligungserklärungen *Heidemann-Peuser*, DuD 2002, S. 392. Zu den Anforderungen an die Freiwilligkeit BGH NJW 2008, 3055 (3056). Siehe auch den Überblick bei *Iraschko-Luscher*, DuD 2006, S. 706; zur Einwilligung in die SCHUFA-Klausel *Hornung*, CR 2007, S. 753; *Kamlah/Hoke*, RDV 2007, S. 242 (242 ff.).

87 Siehe dazu ausführlich *Bausewein*, Legitimationswirkung von Einwilligung und Betriebsvereinbarung im Beschäftigtendatenschutz, S. 60 ff.

88 Arbeitspapier Nr. 114 v. 25.11.2005, S. 13.

89 BVerfGE 113, 273.

vorgegeben wird, weil der Vertrag Ausdruck des freien und eigenverantwortlichen Handelns beider Vertragsparteien ist, mit dem in der Regel ein sachgerechter Interessenausgleich vorgenommen wird.

1. Koppelungsverbot

Bekanntlich kann es in Privatrechtsbeziehungen bei den sich gegenübertretenden Vertragsparteien bei einer der beiden Parteien eine stärkere Marktmacht mit der Folge ungleicher Verhandlungsmacht geben. Deshalb ist zu diskutieren, ob die Freiwilligkeit der Einwilligungserklärung dort ihre Grenze findet, wo dem Betroffenen seine Einwilligung von der stärkeren Partei „abgepresst" wurde.[90] Im Fall einer einseitigen Bestimmungsmacht eines überlegenen Vertragspartners hinsichtlich der angebotenen Leistung, die für die andere Vertragspartei zur Sicherung ihrer persönlichen Lebensverhältnisse von erheblicher Bedeutung ist, kann die Versagung der Einwilligung in eine weitgehende Preisgabe persönlicher Informationen für sie unzumutbar sein. In einem solchen Fall der einseitigen Bestimmungsmacht ist der „informationelle Selbstschutz" mit der Konsequenz nicht mehr gewährleistet, dass nicht mehr von einer freien Entscheidung als Voraussetzung für die Wirksamkeit der Einwilligung ausgegangen werden kann.[91]   **55**

Ansonsten gilt aber weiterhin grundsätzlich: Die Einwilligung ist nicht allein dadurch unwirksam, dass der Einwilligende nur durch die Einwilligung in den Genuss einer Leistung kommt.[92] Andersherum: Die Aussicht, dass das Versagen der Einwilligung zu einem Nachteil führen könnte, lässt nicht allein schon deshalb die Freiwilligkeit entfallen. Die Unwirksamkeit wäre aber jedenfalls dann gegeben, wenn die Verweigerung der erstrebten Leistung schon eine solche Bedeutung für den Betroffenen hätte, dass er zu ihrer Erlangung, auch ohne an die Folgen zu denken, selbst sensitive personenbezogene Daten trotz Übermittlung an Dritte aufgrund des Drucks preiszugeben bereit wäre. Die aus dem Prinzip der Selbstbestimmung abgeleitete Möglichkeit der Einwilligung kann aber dann nicht mehr im Interesse des Betroffenen liegen, wenn sie sich von der Selbstbestimmung in eine Fremdbestimmung verkehrt.[93]   **56**

Die Steuerungsfähigkeit eines Betroffenen besteht beispielsweise dann nicht mehr, wenn sich ein Drogenabhängiger an eine Drogenhilfeeinrichtung wendet, die erwartet, dass im Interesse der vom Leistungsträger geforderten Qualitätssicherung mehr   **57**

---

90 So *Schapper/Dauer*, RDV 1987, S. 170, sowie sich anschließend *Gola/Schomerus*, BDSG, § 4a Rn. 6. Siehe zum Koppelungsverbot auch *Simitis*, in: Simitis, BDSG, § 4a Rn. 63, und *Petri*, RDV 2007, S. 153 (154).

91 BVerfGE 113, 273.

92 Zustimmend *Liedke*, Die Einwilligung im Datenschutzrecht, S. 27 f.; ebenso *Plath*, in: Plath, BDSG, § 4a, Rn 30. Ebenso *Hanloser*, Anm. zu BGH NJW NJW 2010, 864 = MMR 2010, 138, MMR 2010, 140. Anders wohl *Däubler*, in: Däubler/Klebe/Wedde/Weichert, BDSG, § 4a Rn. 24, und *Simitis*, in: Simitis, BDSG, § 4a Rn. 63.

93 BVerfGE 89, 214 (232); E 114, 1 (34).

als die für die Leistungserbringung an den Leistungsträger zwingend erforderlichen Daten auf Grundlage einer Einwilligung übermittelt werden sollen. Die besondere Notlage des betroffenen Drogenabhängigen würde hier dazu führen, dass eine nur mit dem Ziel, dringend benötigte Hilfe zu erhalten, gegebene Einwilligung in eine umfassende Übermittlung von besonders sensitiven Explorationsdaten unwirksam wäre.[94]

58 In dem genannten Beispiel einer notwendigerweise vertrauensvollen Beziehung zwischen dem Betroffenen und der verantwortlichen Stelle ist ein besonderes Vertrauensverhältnis unabdingbar, das aber durch eine Übermittlung von detaillierten Explorationsdaten Schaden nehmen und die Basis der auf Vertrauen aufbauenden Beziehung zerstören würde. Hier sollte schon die verantwortliche Stelle eine Einwilligung gar nicht erst ins Auge fassen, sondern eine Erhebung und Verwendung der Daten des Betroffenen nur vornehmen, wenn und soweit sie durch eine gesetzliche Vorschrift dazu verpflichtet ist.

59 Ist der Druck gegeben, eine Leistung erlangen zu wollen, die nur bei Einwilligung in eine Datenverwendung erbracht wird, kann von Freiwilligkeit also nicht mehr die Rede sein; die Koppelung einer Leistung an die Zustimmung in eine Datenerhebung oder -verwendung ist dann generell unwirksam. Nochmals: Macht eine verantwortliche Stelle eine Leistungszusage davon abhängig, dass ihr im Gegenzug vom Betroffenen eine Einwilligung in eine mit dem Leistungsbezug in keinem Zusammenhang stehende Datenverarbeitung erteilt wird, ist die Einwilligung unzulässig und unwirksam.[95]

60 Ausdrücklich ist das Koppelungsverbot durch die BDSG-Änderung vom 14.8.2009[96] mit dem neuen § 28 Abs. 3b BDSG eingeführt worden. Danach darf die verantwortliche Stelle den Abschluss eines Vertrags nicht von einer Einwilligung des Betroffenen in die Verarbeitung und Nutzung für Zwecke des Adresshandels oder der Werbung abhängig machen, wenn dem Betroffenen ein anderer Zugang zu gleichwertigen vertraglichen Leistungen ohne die Einwilligung nicht oder nicht in zumutbarer Weise möglich ist.[97] Vor dem Hintergrund einer verbreiteten Praxis, den Vertragsschluss mit einer Einwilligung in die Datennutzung für das Dialogmarketing zu verknüpfen, ist das allgemeine in § 4a BDSG enthaltene Koppelungsverbot verstärkend hervorgehoben[98] worden.

61 Das Koppelungsverbot war bis zur ersatzlosen Streichung 2009 als allgemeines Prinzip in § 12 Abs. 3 TMG ausdrücklich auch für die Datenverarbeitung von Bestands- und Verkehrsdaten durch Telemedien normiert worden.[99] Auch im Telekom-

---

94 Ausführlich zur Bewertung des Sachverhalts *Otto/Rüdlin/Koch*, DuD 2002, S. 484 (491).
95 Ebenso *Bizer*, DuD 2007, S. 350 (351).
96 BGBl. I, S. 2814.
97 Ausführlich § 28 BDSG, Rn. 78 ff.
98 *Grentzenberg/Schreibauer/Schuppert*, K&R 2009, S. 535 (537): „ergänzend klargestellt".
99 Dazu § 12 TMG Rn. 3.

munikationsgesetz findet sich in § 95 Abs. 5 TKG die Vorschrift, nach der die Erbringung von Telekommunikationsdiensten nicht von einer Einwilligung des Teilnehmers in eine Verwendung seiner Daten für andere Zwecke abhängig gemacht
werden darf, wenn dem Teilnehmer ein anderer Zugang zu diesen Telekommunikationsdiensten ohne die Einwilligung nicht oder in nicht zumutbarer Weise möglich
ist.[100] Es wird in Satz 2 klargestellt, dass eine unter solchen Umständen erteilte Einwilligung unwirksam ist.

Ein spezielles Koppelungsverbot für Postunternehmen i. S. v. § 41 Abs. 2 PostG ent-   **62**
hält § 41 Abs. 4 Satz 1 PostG, wonach die geschäftsmäßige Erbringung von Postdiensten und deren Entgeltfestlegung nicht von der Angabe personenbezogener Daten abhängig gemacht werden darf, die für die Erbringung oder Entgeltfestlegung
dieser Dienste nicht erforderlich sind.[101]

2. Freiwilligkeit in Beschäftigungsverhältnissen

Umstritten ist die Frage, ob eine Einwilligung auch im Arbeitsverhältnis wirksam   **63**
erteilt werden kann. Mit dem „Gesetz zur Änderung datenschutzrechtlicher Vorschriften" wurde mit § 32 BDSG eine Regelung zum Schutz von Arbeitnehmerdaten aufgenommen. Diese neue Vorschrift enthält nun in Abs. 1 Satz 1 die allgemeine Ermächtigung zur Datenerhebung und -verwendung im Rahmen von Beschäftigungsverhältnissen, die als spezielle, dem § 28 Abs. 1 Satz 1 BDSG vorgehende
Norm aus der Arbeitgeberperspektive eine Verschärfung des Arbeitnehmerdatenschutzrechts enthalte,[102] was sich aber bei genauem Hinsehen relativiert.[103] Dennoch wird wegen der vermeintlichen Einschränkung des gesetzlichen Erlaubnistatbestands verstärkt nach der Einwilligungsmöglichkeit im Arbeitsverhältnis gefragt,
sodass diese Frage für die betriebliche Praxis von Bedeutung ist. Es besteht hier das
Interesse, die zulässigen Datenerhebungs- und Verarbeitungsmöglichkeiten über
das gesetzlich Erlaubte hinaus mittels Einwilligung zu erweitern.

Das Gesetz schließt – anders als beim Scoring – die Erteilung einer Einwilli-   **64**
gung im Arbeitsverhältnis nicht aus. Die Gesetzesbegründung zum 2009 eingefügten § 32 BDSG erhellt, dass nach dem Willen des Gesetzgebers „eine Datenerhebung oder -verwendung auf der Grundlage einer freiwillig erteilten Einwilligung des Beschäftigten … durch § 32 nicht ausgeschlossen" ist.[104] Ein

---

100 In das TKG eingefügt durch Art. 3 des Gesetzes zur Änderung datenschutzrechtlicher
    Vorschriften vom 14.8.2009 (BGBl. I, S. 2814), siehe dazu § 95 TKG Rn. 17.
101 Die mit der Ermächtigungsgrundlage des § 41 PostG ergangene Postdienste-Datenschutz-
    verordnung (PDSV) enthält in § 3 Abs. 2 PDSV ebenfalls ein Koppelungsverbot, das al-
    lerdings hinter dem gesetzlichen Verbot des § 41 Abs. 4 PostG zurückbleibt und damit
    nicht zum Tragen kommt. Siehe dazu auch *Cebulla*, RDV 2009, S. 6 (10).
102 So etwa *Deutsch/Diller*, DB 2009, S. 1462; *Vogel/Glas*, DB 2009, S. 1747; *Wybitul*, BB
    2009, S. 1582.
103 Siehe dazu *B. Schmidt*, RDV 2009, S. 193.
104 BT-Drs. 16/13657, S. 20.

solcher Ausschluss würde erheblichen verfassungsrechtlichen[105] und europarechtlichen[106] Bedenken begegnen. Deshalb ist es zu begrüßen, dass der Gesetzesentwurf der Bundesregierung zur Regelung des Beschäftigtendatenschutzes[107] 2013 im Gesetzgebungsverfahren scheiterte. Nach dem vorgeschlagenen § 32l Abs. 1 BDSG-E sollte die Einwilligung in Beschäftigtenverhältnissen keine Erlaubnis für die Verarbeitung von Beschäftigtendaten mehr begründen können, es sei denn, dies wäre in den Vorschriften dieses Unterabschnitts ausdrücklich vorgesehen.

65   Gerade die über diesen Verweis erlaubten Einwilligungen in Datenerhebungen und -verarbeitungen wären solche, bei denen ein besonderer Zweifel an der Freiwilligkeit der Einwilligung angebracht ist und bei denen nach der hier vertretenen Auffassung zur Prüfung der Freiwilligkeit der strukturell unterlegenen Vertragspartei im Einzelfall Bedenken bestünden (§§ 32a und 32b BDSG-E: Gesundheitsuntersuchung/Eignungstests).[108] Gerade diese Erlaubnisse zur Einwilligung hätten allerdings das Argument nachhaltig entkräftet, den Beschäftigten würde die notwendige Unabhängigkeit fehlen.[109] Auch deshalb war die gescheiterte Entwurfsfassung misslungen. Der gewollte Schutz von Beschäftigten in ihrer Disparität gegenüber dem Arbeitgeber hätte womöglich in der Praxis zu neuer, durch den Gesetzestext nicht zu lösender Rechtsunsicherheit geführt. Dass nach geltendem Recht Einwilligungen von Beschäftigten „nach der herrschenden Meinung" nur „ganz ausnahmsweise und nur auf gesetzlicher Grundlage in Betracht kommen können", ist schlicht unzutreffend.[110]

66   Ablehnend gegenüber der grundsätzlich möglichen Einwilligungslösung im Beschäftigungsverhältnis liest sich auch Erwägungsgrund 34 der EU-DSGVO-E,[111] was in dieser absoluten Form nicht vom Normwortlaut des Art. 7 Ziff. EU-

---

105 Dazu mehr unter § 28a BDSG Rn. 37.

106 *Weber*, in: Taeger, Digitale Evolution, S. 39 (42); *Maschmann*, NZA-Beil. 2012, S. 50 (52); *Schmidt/Jacob*, DuD 2011, S. 88 (89); *Forst*, NZA 2010, S. 1043 (1044); *Forst*, RDV 2010, S. 150; *Thüsing*, RDV 2010, S. 147 (148); *Thüsing*, NZA 2011, S. 16 (18).

107 BT-Drs. 17/4230 v. 15.12.2010; zuletzt wurden mit Innenausschuss-Drs. 17(4)636 vom 10.1.2013 noch Änderungen von der Regierungskoalition vorgeschlagen, bevor die Koalition am 29.1.2013 den Gesetzesentwurf endgültig zurück zog.

108 Ebenso *Maschmann*, NZA-Beil. 2012, S. 50 (52). Siehe auch *Forst*, RDV 2010, S. 8, und *Albrecht*, AiB 2010, S. 158, der auf die Unzulässigkeit von Blutuntersuchungen und Genomanalysen nach geltendem Recht hinweist; *Däubler*, Gläserne Belegschaften, Rn. 161.

109 Kritisch auch *Thüsing*, in: Taeger, Digitale Evolution, S. 39 (42).

110 So aber *Brink*, jurisPR-ArbR 45/2012 Anm. 3.

111 „Die Einwilligung liefert keine rechtliche Handhabe für die Verarbeitung personenbezogener Daten, wenn zwischen der Position der betroffenen Person und des für die Verarbeitung Verantwortlichen ein klares Ungleichgewicht besteht. Dies ist vor allem dann der Fall, wenn sich die betroffene Person in einem Abhängigkeitsverhältnis von dem für die Verarbeitung Verantwortlichen befindet, zum Beispiel dann, wenn personenbezogene Daten von Arbeitnehmern durch den Arbeitgeber im Rahmen von Beschäftigungsverhältnissen verarbeitet werden."

DSGVO-E gedeckt wird, wo es nur heißt, dass die Einwilligung keine Rechtsgrundlage für die Verarbeitung bietet, wenn zwischen der Position der betroffenen Person und des für die Verarbeitung Verantwortlichen ein erhebliches Ungleichgewicht besteht. Gleichwohl ist auch diese Formulierung wenig hilfreich und sollte entfallen, weil sie „Einwilligungslösungen etwa gegenüber Arbeitnehmern, Versicherungsnehmern und Bankkunden aus(hebelt) und … Unklarheiten (schafft), da sich letztlich bei jedem Verbrauchervertrag ein ‚Ungleichgewicht' feststellen lässt".[112]

Auch die Artikel-29-Gruppe hat sich in zwei Arbeitspapieren mit der Einwilligungsmöglichkeit in Beschäftigungsverhältnissen befasst.[113] Sie formuliert zwar Skepsis, dass es in Beschäftigungsverhältnissen eine Einwilligung ohne Zwang gibt, hat dies aber auch nicht ausgeschlossen, sondern darauf hingewiesen, dass ein Arbeitgeber sich in bestimmten Fällen auf eine Einwilligung seiner Beschäftigten stützen können muss und diese auch wirksam ist, wenn nachweislich aus der Verweigerung der Einwilligung oder aus dem Widerruf der Einwilligung kein Nachteil entsteht. **67**

Ist die Einwilligung durch Beschäftigte in die Erhebung und Verarbeitung ihrer Daten nicht schon durch Gesetz erlaubt oder angeordnet (z.B. durch §§ 32, 28 Abs. 1 Nr. 2 BDSG oder bereichsspezifische Vorschriften), dann könnte die Verarbeitung von Beschäftigtendaten aufgrund einer Einwilligung nicht aus allgemeinen Verboten oder grundsätzlichen Erwägungen, sondern nur daran scheitern, dass die Einwilligungserklärung wegen eines Abhängigkeitsverhältnisses des Beschäftigten gegenüber dem Arbeitgeber nicht auf einer freien Entscheidung beruht, soweit Beschäftigte im Verhältnis zum Arbeitgeber nicht über die notwendige rechtsgeschäftliche Autonomie verfügen.[114] Deshalb wird die Einwilligung des Arbeitnehmers als Erlaubnis zur Erhebung und Verwendung von Arbeitnehmerdaten von Teilen der Literatur abgelehnt,[115] etwa deswegen, weil eine „Einwilligung unzulässige Eingriffe in das Persönlichkeitsrecht des Arbeitnehmers nicht legitimieren" könne,[116] oder **68**

---

112 *Härting/Schneider*, www.schneider-haerting.de/2012/02/ds-gvo/, Ziffer 4.

113 Stellungnahme 8/2001 zur Verarbeitung personenbezogener Daten von Beschäftigten (Arbeitspapier 48) und Arbeitspapier über eine gemeinsame Auslegung des Art. 26 Abs. 1 der Richtlinie 95/46/EG (Arbeitspapier 114), zu finden auch auf der Webseite der Art.-29-Gruppe http://ec.europa.eu/justice_home/fsj/privacy/workinggroup/index_de. htm. Ausführlich zu den Papieren *Schmidl*, DuD 2007, S. 756.

114 Vgl. dazu *Büllesbach*, in: Roßnagel, Hdb. DSR, Kap. 6.1, Rn. 14; *Gola*, RDV 2002, S. 109 (110); *Däubler*, Gläserne Belegschaften, Rn. 150 ff.; *Simitis*, in: Simitis, BDSG, § 4a Rn. 64 f.; *Bergmann/Möhrle/Herb*, Datenschutzrecht, § 4a BDSG Rn. 5a; *Backes/Eul/Guthmann/Martwich/Schmidt*, RDV 2004, S. 156 (159); *B. Schmidt*, BB 2009, S. 1295 (1298). Siehe auch *B. Buchner*, in: FS Buchner, S. 153 (160).

115 Siehe nur *Simitis*, FS Dieterich, S. 601 (628); *ders.*, AuR 2001, S. 429 (431); *S. Meyer*, Ortung eigener Mitarbeiter zu Kontrollzwecken, in: Taeger/Wiebe, Von AdWords bis Social Networks – Neue Entwicklungen im Informationsrecht, S. 369 (372); *ders.*, K&R 2009, S. 14 (16); *Trittin/Fischer*, NZA 2009, 343 (344); *Kunst*, Individualarbeitsrechtliche Informationsrechte des Arbeitnehmers, S. 77.

116 *Kunst*, Individualarbeitsrechtliche Informationsrechte des Arbeitnehmers, S. 77.

dem Arbeitnehmer die nötige Unabhängigkeit fehle.[117] Natürlich kann ein erfolgter Eingriff in die Arbeitnehmerpersönlichkeitsrechte, dessen Unzulässigkeit feststeht, nicht über eine (nachfolgende) Einwilligung das Stigma des Rechtswidrigen verlieren. Das ist aber nicht die hier gestellte Frage. Diese geht vielmehr dahin, ob es für eine beabsichtigte Datenerhebung oder -verwendung von Beschäftigtendaten durch den Arbeitgeber neben einer geprüften und als nicht vorhanden erachteten gesetzlichen Erlaubnis noch die vom Gesetz mit § 4 BDSG eröffnete Möglichkeit einer Einwilligungslösung gibt. „Unzulässig" kann der beabsichtigte „Eingriff" erst dann werden, wenn auch eine wirksame Einwilligung nicht eingeholt werden kann. Ob eine Einwilligungslösung ausscheidet, ist erst noch zu prüfen.

69   Bei näherer Betrachtung zeigt sich: Eine generelle, uneingeschränkte Ablehnung kann keinen Bestand haben.[118] Mit *Wybitul/Goroll* ist festzustellen, dass auch im Beschäftigungsverhältnis die in Einzelfällen fehlende Freiwilligkeit „nicht dazu führen darf, dass die Einwilligung als wesentliches Element der informationellen Selbstbestimmung in Frage zu stellen ist".[119] Auch „im Falle eines Machtungleichgewichts zwischen Datenverarbeiter und Betroffenem (ist) die Freiheit des Einzelnen zur Selbstbestimmung nicht notwendigerweise ausgeschlossen".[120] Sicherlich: In der Bewerbungssituation wird ein Arbeitnehmer, der im Wettbewerb mit anderen Arbeitsuchenden steht, in der Entscheidung nicht frei sein können, über die gesetzlich zulässige Verarbeitung seiner Daten hinaus seinem möglichen künftigen Arbeitgeber die Nutzung seiner Daten für andere als die gesetzlich erlaubten Zwecke zu gestatten. Von einer freien Willensbildung wird man in dieser Lage nicht ausgehen können.

70   Dennoch wird man ipso jure auch einem Arbeitnehmer nicht grundsätzlich, insbesondere nicht außerhalb der Bewerbungssituation, absprechen können, frei und ohne Druck zu entscheiden, ob er eine Einwilligungserklärung abgeben soll. Soweit geht die strukturelle Unterlegenheit nicht. Auch das BAG spricht dem Arbeitnehmer seine Handlungsautonomie gegenüber dem Arbeitgeber nicht ab. Es bedarf also auch im Arbeitsverhältnis konkreter Anhaltspunkte, dass der Arbeitnehmer im Einzelfall eine Einwilligung nicht frei, nach der EG-DSRl nicht „ohne Zwang", erteilte und die Einwilligung damit unwirksam ist. Das BDSG enthält hinsichtlich der Möglichkeit zur Einwilligung „keine Bereichsausnahme für das Arbeitsrecht".[121]

---

117 Hamburger DSB, 18. TB, S. 197.
118 Ebenso *Heldmann*, DB 2010, S. 1235; *Riesenhuber*, RdA 2011, S. 257 (261); *Wybitul*, Handbuch Datenschutz im Unternehmen, S. 65; *Hilber*, RDV 2005, S. 143 (147); *Hold*, RDV 2006, S. 249 (252); *Schuster*, Die Internetnutzung als Kündigungsgrund, 2009, S. 135 f.; *Müller*, Die Zulässigkeit der Videoüberwachung am Arbeitsplatz, 2007, S. 36.
119 *Wybitul/Goroll*, in: Stober (Hrsg.), Sicherheitsgewerbe und Human Resources, S. 23 (29).
120 *Buchner*, Informationelle Selbstbestimmung im Privatrecht, S. 65; grundlegend *Bausewein*, Legitimationswirkung von Einwilligung und Betriebsvereinbarung im Beschäftigtendatenschutz, S. 53. Siehe auch Artikel 29-Datenschutzgruppe, Arbeitspapier Nr. 114 v. 25.11.2005, S. 13.
121 *Thüsing/Lambrich*, BB 2002, S. 1146 (1150). Siehe auch *Franzen*, RdA 2010, S. 257, und *Wybitul/Goroll*, in: Stober (Hrsg.), Sicherheitsgewerbe und Human Resources, S. 23 (30).

Man wird eher davon ausgehen können, dass der Arbeitnehmer nach der erfolgten **71** Einstellung in seiner Willensbildung autonom ist, soweit nicht aus dem Arbeitsverhältnis eine Verhaltenspflicht folgt, und er im Arbeitsverhältnis nicht automatisch stets aufgrund einer wirtschaftlichen Machtposition des Arbeitgebers einem solchen Druck unterliegt, dass kein Spielraum für Einwilligungen im Arbeitsverhältnis bleibt. Arbeitnehmer müssen allerdings auch dann eine echte Wahl zwischen Abgabe und Ablehnung der Einwilligungserklärung haben und die Erklärung jederzeit mit Wirkung für die Zukunft widerrufen können.[122] Soweit sie keinen Zwängen aus dem Abhängigkeitsverhältnis unterliegen, können sie wirksam in die Erhebung und Verarbeitung ihrer Daten durch den Arbeitgeber einwilligen. Bei der Entscheidung, ob sie ihre personenbezogenen Daten zur Verfügung stellen, um eine personalisierte Magnetkarte zu erhalten, mit der die Schranke zum Mitarbeiterparkplatz geöffnet werden kann, oder ob sie in eine Übermittlung einwilligen – sogar mit der Folge der Übermittlung der Daten an ein Kreditkartenunternehmen –, um eine Firmenkreditkarte im Interesse einer vereinfachten Abrechnung bei Dienstreisen zu nutzen,[123] ob sie schriftlich in die Weitergabe an eine Versicherung zustimmen, um einen Firmenrabatt beanspruchen zu können,[124] ob sie am Personalentwicklungsprogramm des Konzerns teilnehmen und deshalb wegen des fehlenden Konzernprivilegs einer Personaldatenübermittlung an die konzernverbundenen Unternehmen für den Zweck der Personalentwicklung einwilligen müssen oder ob sie Unternehmensaktien von der Konzernmutter bevorrechtigt erhalten möchten,[125] werden sie regelmäßig ihre Interessen nicht negativ berührt sehen und jedenfalls dann zustimmen, wenn der Arbeitgeber sich verpflichtet, die Daten nicht zu anderen als zu den angegebenen Zwecken zu nutzen.[126]

Wenn ein Beschäftigter seine Einwilligung erteilen soll, sind – neben der bei jeder **72** beabsichtigten Datenerhebung notwendigen Prüfung der Erforderlichkeit und Verhältnismäßigkeit – besonders hohe Anforderungen an die Prüfung zu stellen, ob im Abhängigkeitsverhältnis eine freie Entscheidung möglich ist.[127] Bei der Prüfung der Wirksamkeit der Einwilligung im Arbeitsverhältnis können auch die von der Rechtsprechung zum Fragerecht des Arbeitgebers entwickelten Grundsätze herangezogen werden.[128] Die Grenzen des arbeitgeberseitigen Fragerechts sind auch für

---

122 *Busche*, in: Taeger/Wiebe, Inside the Cloud, S. 61 (65). Ausführlich *Grönemeyer*, Die Einwilligung im Beschäftigtendatenschutz, S. 9 ff.
123 Siehe dazu *Lunk/Hinrichs*, DB 2007, S. 2144 (2149 f.).
124 *Gola*, RDV 2002, S. 109 (113).
125 *Gola*, RDV 2002, S. 109 (111).
126 Siehe auch *Mattl*, Die Kontrolle der Internet- und E-Mail-Nutzung am Arbeitsplatz, S. 90 ff., zur Einwilligung in die Kontrolle der E-Mail-Nutzung und die damit verbundene Verletzung des Telekommunikationsgeheimnisses bei Einräumung der privaten E-Mail-Nutzung.
127 Siehe dazu eine Checkliste bei *Wybitul*, Handbuch Datenschutz im Unternehmen, S. 71.
128 *Gola*, RDV 2000, S. 202 (207); *Däubler*, NZA 2001, S. 874 (876); *Braun*, MDR 2004, S. 64 (68); *Beck*, Fragerecht und Recht zur Lüge. *Eschenbacher*, Datenerhebung im ar-

das Datenschutzrecht zwingend.[129] Bestehen Zweifel an der Freiwilligkeit der Einwilligung in einem Arbeitsverhältnis kann an den Einsatz eines Treuhändermodells gedacht werden, bei dem die Einwilligung einem neutralen Treuhänder erteilt wird, der dann selbstständig über die Weitergabe der Daten zu entscheiden hätte.[130]

73   Im Anbahnungsverhältnis oder bei präventiven Maßnahmen zur Korruptionsbekämpfung[131] werden die Zweifel kaum entkräftet werden können. Insbesondere werden die von der Rechtsprechung gezogenen Grenzen des Fragerechts nicht durch eine Einwilligung erweitert.[132]

74   Auf Ablehnung muss eine Entscheidung des BFH vom 19.6.2012[133] stoßen,[134] wonach ein Arbeitgeber, der zu Recht[135] Zweifel daran hegt, dass § 32 BDSG als Erlaubnisgrundlage für die Durchführung eines Abgleiches der Stammdaten seiner Beschäftigten mit den sog. Terrorismuslisten herangezogen werden kann, seine Beschäftigten um Einwilligung bitten könne, sich einer Sicherheitsüberprüfung zu unterziehen.

---

beitsrechtlichen Vertragsanbahnungsverhältnis, S. 161–166, hält – nicht überzeugend – eine Einwilligung dagegen selbst dann für wirksam, wenn der Einwilligende die im Zuge der Datenerhebung beim Einstellungsgespräch gestellte, nach arbeitsrechtlichen Kriterien unzulässige Frage, nicht als „Drohung" empfinde, weil er die Antwort auf die Frage für seine Chancen im Bewerbungsverfahren als vorteilhaft ansieht.

129 *Däubler*, Gläserne Belegschaften?, Rn. 205.

130 Die Berliner Datenschutzbehörde hat in einem speziell gelagerten Fall eine solche Einwilligungslösung über ein Treuhandmodell zugelassen, siehe dazu *Busche*, in: Taeger/Wiebe, Inside the Cloud, S. 61 (73).

131 Dazu *Heldmann*, DB 2010, S. 1235; *Winteler*, in: Taeger/Wiebe, Inside the Cloud, S. 469 (473); *Kock/Francke*, NZA 2009, S. 646 (647).

132 *Thüsing/Lambrich*, BB 2002, S. 1146 (1150); *Däubler*, RDV 1999, S. 243 (246); *Gola*, RDV 2000, S. 202 (207); *Braun*, MDR 2004, S. 64 (68).

133 BFHE 237, 562 = ZD 2013, 129 = RDV 2012, 303. In der Sache ging es bei der Entscheidung des VII. Senats um die Frage, ob die Erteilung des Status' eines „zugelassenen Wirtschaftsbeteiligten" (AEO-Zertifikat) durch das Hauptzollamt davon abhängig gemacht werden kann, dass der Antragsteller seine in sicherheitsrelevanten Bereichen tätigen Beschäftigten einer Sicherheitsüberprüfung anhand der sog. Terrorismuslisten der Anhänge der VO (EG) Nr. 2580/2001 und der VO (EG) Nr. 881/2002 unterzieht. Ausführlich zum Thema *Bartmann*, Terrorlisten, 2011; *Däubler-Gmelin*, dbr /102011, S. 28; *Otto/Lampe*, NZA 2011, S. 1134 (1137); *Hehlmann/Sachs*, EuZW 2012, S. 527; *Raif*, Auswirkungen von Sanktionslisten auf das Arbeitsverhältnis, 2010; *Roeder/Buhr*, BB 2012, S. 193 (dem Urteil i. E. zustimmend); *Albrecht/Seidl*, jurisPR-ITR 21/2012 Anm. 6 m. w. N. Zu den Auswirkungen in der Unternehmenspraxis *Däubler-Gmelin*, DuD 2011, S. 455. Siehe auch die Anm. von *Strauf* zur vorinstanzl. Entscheidung ZD 2011, S. 299.

134 Pointiert und in der Sache zutreffend durch *Brink*, jurisPR-ArbR 45/2012 Anm. 3, und *Albrecht/Seidl*, jurisPR-ITR 21/2012 Anm. 6. Zustimmung erhält die Entscheidung von Vors. Ri'in BFH (VII. Senat) *Schuster*, jurisPR-SteuerR 47/2012 Anm. 4. Siehe auch *Breinlinger*, ZD 2013, S. 267.

135 Siehe auch *Zöll*, § 32 BDSG Rn. 35, sowie *Albrecht/Seidl*, jurisPR-ITR 21/2012 Anm. 6 m. w. N. und *Hehlmann/Sachs*, EuZW 2012, S. 527.

Wenn nicht aus der besonderen Funktion des Arbeitnehmers die Notwendigkeit   75
folgt, im Internet beispielsweise als Ansprechpartner für Kundenanfragen ausgewiesen zu werden, wird die Veröffentlichung von Namen des Arbeitnehmers regelmäßig nicht ohne seine Zustimmung zulässig sein.[136] Ist die Verbreitung im World
Wide Web schon aufgrund einer gesetzlichen Erlaubnis zulässig, wird genau zu
prüfen sein, auf welche Daten sich die Erlaubnis bezieht. Zunächst wird man nur
von den Minimalerfordernissen ausgehen (dienstliche Telefonnummer und E-Mail-
Adresse). Die Veröffentlichung von Fotos wird allenfalls dann dazu gehören, wenn
es branchenüblich ist. Ein Widerspruchsrecht wird man dem Beschäftigten dann,
wenn eine gesetzliche Erlaubnis vorliegt, nicht einräumen können.[137]

3. Einzelfälle

a) Dopingkontrollen

Zur zweifellos gebotenen Dopingbekämpfung werden bei Leistungssportlern Trai-   76
nings- und Wettkampfkontrollen (Dopingkontrollen) durchgeführt. Hierzu werden
Urin- oder Blutproben des Athleten analysiert, um nach den Regelwerken verbotene
Substanzen oder Methoden nachzuweisen oder zum Zwecke der Dopingbekämp-
fung Profile relevanter Parameter im Urin oder Blut eines Athleten zu erstellen.
Hierzu zählt auch die DNS- oder Genomprofilerstellung (siehe Art. 6 Abs. 2 des
Anti-Doping-Codes der Nationalen Anti Doping Agentur Deutschland (NADA).[138]
Nach dem den „World Anti Doping Code"[139] umsetzenden „Nationalen Anti Do-
ping Code" (NADC 2009) Version 2.0[140] müssen sich die benannten Kaderathleten
des Testpools Dopingkontrollen unterziehen (Art. 5.2.2. NADC). Nach Art. 5.3.1 in
Verbindung mit dem „Standard für Meldepflichten"[141] müssen sie gegenüber der
NADA genaue Angaben über Wohnsitze und jede Änderung der Wohnanschrift,
über den gewöhnlichen Aufenthaltsort bei mehreren Wohnsitzen, Ort und Zeit des
Trainings, Ort und Zeit von Wettkämpfen und Trainingslagern, über die telefonische Erreichbarkeit bei Verlassen des gewöhnlichen Aufenthaltsortes und An- und
Abmeldungen bei Abwesenheit vom gewöhnlichen Aufenthaltsort machen. Es liegt
auf der Hand, dass damit über diese Sportler ein genaues Bewegungsprofil entsteht

---

136 Dazu *Gola*, NJW 2000, S. 3749; *Gola/Schomerus*, BDSG, § 28 Rn. 22; *Kaufmann*, DuD
2005, S. 262.

137 Anders wohl *Gola*, RDV 2002, S. 109 (114).

138 Die NADA ist eine rechtsfähige Stiftung des bürgerlichen Rechts (§ 1 Abs. 2 Stiftungs-
verfassung der NADA; www.nada-bonn.de). Die NADA nimmt Aufgaben der öffentlichen Verwaltung wahr und ist daher nach § 2 Abs. 3 Satz 1 Nr. 1 BDSG öffentliche Stelle
des Bundes, die der Aufsicht des BfDI unterliegt.

139 Zu den Regelwerken und den beteiligten Institutionen des Anti-Doping-Kampfes *Korff*,
SpuRt 2009, S. 94.

140 www.nada-bonn.de/fileadmin/user_upload/nada/Recht/Regelwerke/100701_NADA-Co
de_komplett.pdf.

141 Nicht im NADA-Code angedruckter Anhang zu diesem: www.nada-bonn.de/fileadmin/
user_upload/nada/Downloads/Regelwerke/100630_Standard_fuer_Meldepflichten.pdf.

und sie sich dadurch in ihren Persönlichkeitsrechten verletzt sehen.[142] Die betroffenen Sportler müssen sich der Meldepflicht unterwerfen und geben höchst sensible Profildaten in das internetbasierte Anti-Doping Administration & Management System (ADAMS) ein, ohne dass dafür eine gesetzliche Erlaubnis für die NADA oder die anderen an der Erhebung und Verarbeitung der Bewegungs- und sensiblen Gesundheitsdaten beteiligten Stellen vorhanden ist. Zwar sieht bereits § 8 Abs. 1 i.V.m. § 1 Abs. 1 der Rahmenrichtlinien zur Bekämpfung des Dopings der Gemeinsamen Anti-Doping-Kommission von DSB und NOK vor, dass Sportler der Mitgliedsorganisationen des Deutschen Olympischen Sportbundes (DOSB) die Vornahme von Dopingkontrollen zu dulden haben. Verbandsrecht der Sportverbände kann grundsätzlich auch die Erhebung und Verarbeitung von Daten ihrer Mitglieder vorsehen und damit eine gesetzliche Erlaubnis im Sinne von § 4 BDSG schaffen; die Datenerhebung durch die Blut- oder Urinprobe im Einzelfall und die Teilnahme von Kader- bzw. Testpoolathleten[143] am Meldeverfahren erfolgen allerdings allein aufgrund schuldrechtlicher Erklärungen der betroffenen Athleten, die sie regelmäßig im Rahmen ihrer Lizenzerteilung (bei Mannschaftssportarten: Sportler- oder Spielerpass bzw. Spielerausweis) oder bei Individualsportarten mittels sog. Athletenvereinbarungen gegenüber den jeweiligen Sportverbänden abgeben und hierbei die Regelwerke anerkennen. Diese Regelwerke der Bundesfachverbände einschließlich der Anti-Dopingbestimmungen der Bundesfachverbände entsprechen regelmäßig dem NADA-Code bzw. machen diesen und seine Standards zum Bestandteil der eigenen Verbandsbestimmungen.[144] Die Verweigerung der Teilnahme an einer Dopingkontrolle oder am Meldeverfahren und die Abwesenheit am angegebenen Ort innerhalb der angemeldeten täglichen kurzen Zeitfenster würde den Ausschluss der Athleten vom Wettkampfsport bedeuten und als Dopingverstoß die Sanktionen (Sperre ggf. in Kombination mit Geldstrafe) gemäß dem NADA-Code[145] bzw. den Anti-Doping-Bestimmungen des jeweiligen Sportfachverbandes

---

142 Siehe dazu die Hinweise auf vehemente Proteste bekannter Spitzensportler gegen die Verschärfung der Meldepflichten bei *St. Musiol*, SpuRt 2009, S. 90. Für jeden Tag des Jahres müssen die Sportler ein Quartal im Voraus eine bestimmte Stunde festlegen, an der sie für eine Dopingkontrolle erreichbar sind. *Weichert*, DANA 2011, S. 166, nennt es eine „fast totalitären Persönlichkeitsbeeinträchtigung". Siehe auch die Eingaben bei dem rheinland-pfälzischen Datenschutzbeauftragten wegen „einer unerträglichen Verletzung ihrer Intim- und Privatsphäre", Datenschutzbericht 2011, LT-Drs. 16/882 v. 14.2.2012, S. 64.

143 Die NADA legt in Abstimmung mit dem jeweiligen nationalen Sportfachverband den jeweiligen Testpool fest. Dafür meldet der nationale Sportfachverband einmal jährlich der NADA den Kreis der Athleten, die den Testpoolkriterien unterfallen (siehe Art. 2.3 des Standard für Meldepflichten).

144 Siehe z.B. § 1 des Anti-Doping Code des Deutschen Leichtathletik-Verbandes: www.deutscher-leichtathletik-verband.de/image.php?AID=38419&VID=0.

145 Eine Sperre von mindestens einem Jahr ist vorgesehen, wenn ein Athlet innerhalb von 18 Monaten insgesamt drei Meldepflicht- und Kontrollversäumnisse begangen hat; siehe z.B. Art. 1.6 u. 1.7 des Standard für Meldepflichten der NADA i.V.m. Art. 2.4 und Art. 10.3.3 NADA-Code.

nach sich ziehen.[146] Wenn man den Verzicht auf den Leistungs- und Wettkampf-sport richtigerweise nicht als Alternative in Betracht zieht, liegt deshalb keine echte Wahlfreiheit für die Athleten vor, sodass von Freiwilligkeit in ihrer Entscheidung nicht ausgegangen werden kann.[147] Das derzeitige Meldeverfahren, das auf einer Einwilligung in ein nicht-transparentes, unsicheres Verfahren beruht, ist daher un-zulässig.[148] Ausgesprochenen Sanktionen würde die Grundlage fehlen.

Im Übrigen begegnet es auch Bedenken, wenn über die betroffenen Sportler „allen gemäß NADA- und WADA[149]-Code zuständigen Organisationen" Laborergebnisse aufgrund der Einwilligung mitgeteilt werden dürfen, ohne dass dem Sportler be-kannt ist, wer diese Organisationen sind. Weil es hier an der Transparenz über die Empfänger einer Datenübermittlung fehlt, ist die Einwilligungsklausel unzuläs-sig[150] und damit eine etwaige, auf dieser Klausel beruhende Einwilligung unwirk-sam. Die Sportler sind auch verpflichtet, sich bei der von der WADA betriebenen Datenbank ADAMS anzumelden, damit dort personenbezogen die Ergebnisse der Dopingkontrollen und die Aufenthaltsorte (Whereabouts) eingetragen werden kön-nen. Bei der Registrierung ist eine weitere Einverständniserklärung abzugeben, die – soweit deutsches Datenschutzrecht anwendbar wäre – aus den vorgenannten Gründen fehlender Freiwilligkeit und Transparenz ebenfalls unwirksam ist. Soweit an die WADA Ergebnisse der Dopingkontrolle gemeldet werden, müsste die Ein-willigung auch in diese Datenübermittlung erfolgen. Das auf die WADA anzuwen-dende Datenschutzrecht aufgrund einer Selbstbindung der Organisation liegt unter-halb des Niveaus des EU-/EWR-Datenschutzrechts, sodass auch unter diesem As-

77

---

146 Der rh.-pf. LfD spricht von einem „Berufsverbot" und dem „Entzug der Lebensgrundla-ge" bei Verweigerung der Einwilligung, Datenschutzbericht 2011, LT-Drs. 16/882 v. 14.2.2012, S. 65. Unzutreffend ist die Annahme des rh.-pf. LfD auf S. 65, die Einwilli-gung wäre für Spitzensportler dann, wenn sie Beschäftigte wären, gegenüber ihrem Ar-beitgeber wegen ihres Abhängigkeitsverhältnisses grundsätzlich nicht wirksam.

147 Ebenso *Musiol*, SpuRt 2009, S. 90 (93); rheinl.-pf. LfD, Datenschutzbericht 2011, LT-Drs. 16/882 v. 14.2.2012, S. 64.

148 Siehe auch *Musiol*, SpuRt 2009, S. 90 (93) m.w.N., und *Korff*, SpuRt 2009, S. 94.Wenn die NADA mit der zum 1.1.2013 in Kraft gesetzten Anlage 1 zum Standard für Daten-schutz Speicherfristen vorsieht, das zu begrüßen; allerdings fehlt den erhobenen Daten bei unwirksamer Einwilligung die Erlaubnis für die Erhebung und Speicherung. Das Ge-setz v. 26.3.2007 zu dem Internationalen Übereinkommen vom 19.10.2005 gegen Doping im Sport verpflichtet nur die Bundesrepublik Deutschland, entsprechend dem Überein-kommen tätig zu werden (siehe etwa den aufgrund des Abkommens eingeführten §6a AMG), verpflichtet aber nicht die Sportler.

149 World Anti-Doping Agency, einer Stiftung nach Schweizer Recht mit Sitz in Montreal, bei der schon ungeklärt ist, welches Datenschutzrecht auf diese Organisation anzuwen-den ist; siehe *Schaar*, Anforderungen des Datenschutzes an Dopingkontrollen, S. 19f. Die WADA betreibt die Datenbank ADAMS, in die die Sportler ihre Aufenthaltsorte zu melden haben und in der die Ergebnisse von Dopingkontrollen eingetragen werden.

150 Zutreffend *Musiol*, SpuRt 2009, S. 90 (93).

pekt die Wirksamkeit einer Einwilligung fragwürdig ist,[151] weil hier die schutzwürdigen Interessen des Sportlers bei der Auslandsübermittlung (§ 4b Abs. 2 BDSG) negativ beeinträchtigt sind.

78   Es ist unbestritten, dass die Dopingbekämpfung notwendig ist. Die gewählte Bekämpfungsmethode verletzt jedoch massiv die Persönlichkeitsrechte der Athleten, führt zu Verstößen gegen das Bundesdatenschutzgesetz und setzt die eine Sperre als Sanktion gegen Meldepflichten aussprechende Institution dem Risiko aus, den betroffenen Sportlern schadensersatzpflichtig zu werden. Notwendig sind gesetzliche Erlaubnisse der datenschutzrechtlich relevanten Vorgänge unter Abwägung mit den schutzwürdigen Interessen der Betroffenen.

b) Verkauf von Arztpraxen

79   Eine Einwilligung wird auch als erforderlich angesehen, wenn eine Arztpraxis oder eine Apotheke als Vermögensgegenstand an einen anderen Berufsträger veräußert wird und – auch im Interesse der Patienten – die Patienten- bzw. Kundenakten dem Erwerber weiter zur Verfügung stehen, zumal § 10 MBO die Vernichtung der Patientenakten untersagt. Mangels gesetzlicher Erlaubnis und vor dem Hintergrund einer strengen BGH-Rechtsprechung[152] schien dies nur aufgrund einer Einwilligung jedes einzelnen Betroffenen möglich,[153] was enorme bürokratische Züge annehmen würde. Deshalb hat die Praxis andere Lösungen entwickelt. In Betracht kommt das „Zwei-Schrank-Modell",[154] bei dem die übernommenen Patientenakten aus dem Schrank des Vorgängers erst in den eigenen des Nachfolgers übernommen werden, wenn ein Patient sich vorstellt und die Einwilligung dazu erteilt. Eine andere Lösung beschreibt die „Übergangsgemeinschaftspraxis", in welcher der übernehmende Berufsträger zunächst eine Gemeinschaft mit dem alsbald Ausscheidenden bildet und so nach dem „Prinzip des sanften Übergangs"[155] die Akten mit den Patientendaten zunächst zulässigerweise auf die Gemeinschaftspraxis übergehen und dann dort verbleiben, auch wenn ein Arzt daraus ausscheidet.[156]

c) Advertising

80   Moderne Werbeformen des Online-Marketing knüpfen an Verhaltensmustern, geografischem Aufenthaltsgebiet oder anderen Kriterien mit Personenbezug an. Diese Informationen werden an den Werbeveranlasser zumeist unbemerkt über die IP-

---

151 Die Einwilligung in die Übermittlung in ein Drittland mit geringerem Datenschutzniveau ist nach § 4c Abs. 1 Nr. 1 BDSG möglich.
152 BGH NJW 1992, 737 (739 f.).
153 So sahen es auch einige Berufsordnungen der Apotheker vor: § 2 S. 3 brmApBO; § 2 Abs. 2 rlpApBO.
154 Münchener Empfehlung, MedR 1992, S. 207.
155 In Bezug auf Rechtsanwaltskanzleien so formuliert von *Henssler/Kilian*, MDR 2001, S. 1274.
156 Siehe zum Ganzen ausführlich *v. Lewinski*, MedR 2004, S. 95 (99).

Adresse oder über Cookies oder aufgrund einer Registrierung erhoben und übermittelt. Dies lässt sich nicht über die Zweckbestimmung eines Vertragsverhältnisses oder – wegen des fehlenden eigenen Interesses des Portalanbieters – aus der Generalnorm des § 28 Abs. 1 Satz 1 Nr. 2 BDSG legitimieren. Vielmehr bedarf es auch hier einer Einwilligung, die nicht in den AGB versteckt sein darf.[157]

IV. Widerruf der Einwilligung

Wer die Folgen der Verarbeitung seiner Daten zu spät erkennt, muss die Folgen der einst erteilten Einwilligung auffangen und sie für die Zukunft widerrufen können.[158] Die Widerrufbarkeit gewährleistet, dass der Einzelne nicht unwiederbringlich seines Rechts auf informationelle Selbstbestimmung beraubt wird, sondern ihm wegen der mit der Einwilligung wahrgenommenen Grundrechtsausübung ein „Weg zurück" offen steht.[159] Dieser actus contrarius zur Einwilligung ist allgemein anerkannt[160] und nicht nur bei elektronischen Einwilligungserklärungen seit der BDSG-Novelle von 2009 mit dem neu eingefügten § 28 Abs. 3a Satz 1 BDSG möglich,   **81**

Die Widerrufserklärung, die ebenfalls von einem Stellvertreter abgegeben werden kann, ist an keine Form gebunden.[161] Sie wirkt ex nunc. Die aufgrund einer Einwilligung erhobenen und gespeicherten Daten sind, wenn nicht ausnahmsweise auch eine gesetzliche Erlaubnis vorliegt, zu löschen, was sich auch ausdrücklich aus § 35 Abs. 2 S. 2 Nr. 1 BDSG ergibt.[162] Wurden die Daten an Dritte übermittelt, ist dieser über den Widerruf und die gesetzliche Löschungspflicht zu informieren.[163] Bezog sich die Einwilligung auf verschiedene Phasen der Datenverarbeitung, so kann die Einwilligung auch nur bezüglich einer bestimmten Phase widerrufen werden; so kann der Betroffene der Übermittlung, in die er eingewilligt hatte, widersprechen, sodass dies als Widerruf der Einwilligung in eine bestimmte Datenverarbeitungsphase gleichkommt und die verantwortliche Stelle im Übrigen die Datenverarbeitung und Nutzung auf der Grundlage der Einwilligung fortsetzen kann.   **82**

---

157 Zum Datenschutz beim Ingame-Advertising *Lober*, MMR 2006, S. 643 (646).
158 *Simitis*, in: Simitis, BDSG, § 4a Rn. 90, 94.
159 Vgl. *Buchner*, Informationelle Selbstbestimmung im Privatrecht, S. 235; *Ohly*, Die Einwilligung im Privatrecht, S. 412 ff.
160 Siehe nur *Liedke*, Die Einwilligung im Datenschutzrecht, S. 29, und *Grönemeyer*, Die Einwilligung im Beschäftigtendatenschutz, S. 37 ff., jeweils mit umfangreichen Nachweisen.
161 Ausführlich mit weiteren Nachweisen dazu *Liedke*, Die Einwilligung im Datenschutzrecht, S. 31; a. A. *Simitis*, in: Simitis, BDSG, § 4a Rn. 96; *Däubler*, in: Däubler/Klebe/Wedde/Weichert, BDSG, § 4a Rn. 36.
162 Dazu auch *Däubler*, in: Däubler/Klebe/Wedde/Weichert, BDSG, § 4a Rn. 36; *Mester*, Arbeitnehmerdatenschutz, S. 94; *Grönemeyer*, Die Einwilligung im Beschäftigtendatenschutz, S. 38.
163 *Grönemeyer*, Die Einwilligung im Beschäftigtendatenschutz, S. 38.

83 Wird der Widerruf erklärt, darf die Datenverarbeitung nur fortgesetzt werden, wenn (neben der Einwilligung) eine gesetzliche Erlaubnis vorlag. Der Widerruf schafft keinen Vertrauenstatbestand dahin, dass die Datenverarbeitung auch bei Vorliegen einer gesetzlichen Erlaubnis nach dem Rechtsgedanken der Bindung an das geschaffene Vertrauen aus § 242 BGB unzulässig würde. Auch wenn beim Betroffenen von der verantwortlichen Stelle durch die Einwilligung die Annahme entstanden sei, er allein könne mit seiner Einwilligung die Datenverarbeitung legitimieren, bleibt der Rückgriff auf die gesetzliche Erlaubnis möglich.[164] Die beim Betroffenen hervorgerufene Irritation sollte dadurch vermieden werden, dass keine Einwilligung eingeholt wird, wenn eine gesetzliche Erlaubnis vorliegt.

V. Rechtsfolgen fehlender oder fehlerhafter Einwilligung

84 Liegt keine Einwilligung in die nicht aufgrund eines Gesetzes zulässige Erhebung oder Verwendung personenbezogener Daten vor, oder genügt die Einwilligung wegen Missachtung der Form, wegen fehlender Transparenz oder wegen fehlendem Hinweis auf die Folgen der Verweigerung der Einwilligung nicht den gesetzlichen Anforderungen, ist der erfolgte Umgang mit den Daten unbefugt und rechtswidrig. Die Daten sind zu löschen, wenn sich nicht eine nachträgliche Einwilligung ausdrücklich auf die Fortsetzung der Verarbeitung oder Nutzung der ursprünglich rechtswidrig verwendeten Daten bezieht.[165] Die nachträglich, also verspätet erfolgte Einwilligung schließt aufsichtsbehördliche Maßnahmen wegen der ursprünglich unzulässigen Erhebung oder Verwendung der Daten nicht aus. Wer nicht allgemein zugängliche Daten ohne gesetzliche Erlaubnis und ohne Einwilligung erhebt und verarbeitet, begeht eine Ordnungswidrigkeit gem. § 43 Abs. 2 Nr. 1 BDSG, die mit einer Geldbuße bis zu dreihunderttausend Euro geahndet werden kann. Ist der wirtschaftliche Vorteil höher als eine Geldbuße in dieser Höhe, kann der Vorteil abgeschöpft werden (§ 43 Abs. 3 Satz 3 BDSG).

85 Zivilrechtlich kommt bei einer trotz fehlender Einwilligung vorgenommenen unbefugten Verarbeitung ein Schadensersatzanspruch aus §§ 7 bzw. 8 BDSG sowie aus § 823 Abs. 1 BGB i.V.m. § 4a BDSG in Betracht. Ein Schmerzensgeldanspruch setzt eine wesentliche Beeinträchtigung des Persönlichkeitsrechts voraus.[166] Wird die Einwilligung nachträglich erteilt, besteht ein Schadensersatzanspruch wegen der zuvor ohne Erlaubnis erfolgten, also rechtswidrigen Datenverwendung nicht.[167]

---

164 Ebenso *Bausewein*, Legitimationswirkung von Einwilligung und Betriebsvereinbarung im Beschäftigtendatenschutz, S. 51; *Grönemeyer*, Die Einwilligung im Beschäftigtendatenschutz, S. 53; *Plath*, in: Plath, BDSG, § 4a Rn. 73; *Gola/Schomerus*, BDSG, § 4a Rn. 40.

165 Siehe *Gola/Schomerus*, BDSG, § 4a Rn. 15; *Zscherpe*, MMR 2004, S. 723 (724).

166 Siehe dazu § 8 BDSG Rn. 8.

167 *Däubler*, in: Däubler/Klebe/Wedde/Weichert, § 4a BDSG Rn. 4.

§ 4b Übermittlung personenbezogener Daten ins Ausland sowie an über- oder zwischenstaatliche Stellen

(1) Für die Übermittlung personenbezogener Daten an Stellen

1. in anderen Mitgliedstaaten der Europäischen Union,

2. in anderen Vertragsstaaten des Abkommens über den Europäischen Wirtschaftsraum oder

3. der Organe und Einrichtungen der Europäischen Gemeinschaften

gelten § 15 Abs. 1, § 16 Abs. 1 und §§ 28 bis 30a nach Maßgabe der für diese Übermittlung geltenden Gesetze und Vereinbarungen, soweit die Übermittlung im Rahmen von Tätigkeiten erfolgt, die ganz oder teilweise in den Anwendungsbereich des Rechts der Europäischen Gemeinschaften fallen.

(2) Für die Übermittlung personenbezogener Daten an Stellen nach Absatz 1, die nicht im Rahmen von Tätigkeiten erfolgt, die ganz oder teilweise in den Anwendungsbereich des Rechts der Europäischen Gemeinschaften fallen, sowie an sonstige ausländische oder über- oder zwischenstaatliche Stellen gilt Absatz 1 entsprechend. Die Übermittlung unterbleibt, soweit der Betroffene ein schutzwürdiges Interesse an dem Ausschluss der Übermittlung hat, insbesondere wenn bei den in Satz 1 genannten Stellen ein angemessenes Datenschutzniveau nicht gewährleistet ist. Satz 2 gilt nicht, wenn die Übermittlung zur Erfüllung eigener Aufgaben einer öffentlichen Stelle des Bundes aus zwingenden Gründen der Verteidigung oder der Erfüllung über- oder zwischenstaatlicher Verpflichtungen auf dem Gebiet der Krisenbewältigung oder Konfliktverhinderung oder für humanitäre Maßnahmen erforderlich ist.

(3) Die Angemessenheit des Schutzniveaus wird unter Berücksichtigung aller Umstände beurteilt, die bei einer Datenübermittlung oder einer Kategorie von Datenübermittlungen von Bedeutung sind; insbesondere können die Art der Daten, die Zweckbestimmung, die Dauer der geplanten Verarbeitung, das Herkunfts- und das Endbestimmungsland, die für den betreffenden Empfänger geltenden Rechtsnormen sowie die für ihn geltenden Standesregeln und Sicherheitsmaßnahmen herangezogen werden.

(4) In den Fällen des § 16 Abs. 1 Nr. 2 unterrichtet die übermittelnde Stelle den Betroffenen von der Übermittlung seiner Daten. Dies gilt nicht, wenn damit zu rechnen ist, dass er davon auf andere Weise Kenntnis erlangt, oder wenn die Unterrichtung die öffentliche Sicherheit gefährden oder sonst dem Wohl des Bundes oder eines Landes Nachteile bereiten würde.

(5) Die Verantwortung für die Zulässigkeit der Übermittlung trägt die übermittelnde Stelle.

(6) Die Stelle, an die die Daten übermittelt werden, ist auf den Zweck hinzuweisen, zu dessen Erfüllung die Daten übermittelt werden.

Literatur: *Abel*, Umsetzung der Selbstregulierung im Datenschutz: Probleme und Lösungen, RDV 2003, S. 11; *Backes/Eul/Guthmann/Martwich/Schmidt*, Entscheidungshilfe für die Übermittlung personenbezogener Daten in Drittländer, RDV 2004, S. 156; *Becker/Nikolaeva*, Das Dilemma der Cloud-Anbieter zwischen US Patriot Act und BDSG, CR 2012, S. 170; *Bierekoven*, Internationaler Handel mit Kundendaten, ITRB 2009, S. 39; *Brisch/Laue*, E-Discovery und Datenschutz, RDV 2010, S. 1; *Brühann*, Die Veröffentlichung personenbezogener Daten im Internet als Datenschutzproblem, DuD 2004, S. 201; *Büllesbach/Höss-Löw*, Vertragslösung, Safe Harbor oder Privacy Code of Conduct, DuD 2001, S. 135; *Burianski/Reindl*, Deutsches Datenschutzrecht in internationalen Schiedsverfahren – Anwendbarkeit, Konflikte und Lösungshinweise, RDV 2011, S. 214; *Busche*, Internationaler Datenverkehr und Bundesdatenschutzgesetz („BDSG"), in: Taeger/Wiebe (Hrsg.), Inside the Cloud – Neue Herausforderungen für das Informationsrecht, Edewecht 2009, S. 63; *Conrad*, Transfer von Mitarbeiterdaten zwischen verbundenen Unternehmen, ITRB 2005, S. 164; *Conrad/Antoine*, Betriebsvereinbarungen zu IT- und TK-Einrichtungen, ITRB 2006, S. 90; *Däubler*, Die Übermittlung von Arbeitnehmerdaten ins Ausland, CR 1999, S. 49; *Deutlmoser/Filip*, Europäischer Datenschutz und US-amerikanische (e-)Discovery-Pflichten – Ein Praxisleitfaden für Unternehmen, ZD-Beilage 6/2012, S. 1; *Dix/Gardain*, Datenexport in Drittstaaten, DuD 2006, S. 343; *Draf*, Die Regelung der Übermittlung personenbezogener Daten in Drittländer nach Art. 25, 26 der EG-Datenschutzrichtlinie, Frankfurt am Main 1999; *Duhr/Naujok/Peter/Seiffert*, Hamburger DuD-Kommentierung zum BDSG, DuD 2002, S. 5; *Erd*, Zehn Jahre Safe Harbor Abkommen – kein Grund zum Feiern, K&R 2012, S. 624; *Erd*, Auftragsdatenverarbeitung in sicheren Drittstaaten, DuD 2011, S. 275; *Filip*, Binding Corporate Rules (BCR) aus der Sicht einer Datenschutzaufsichtsbehörde, ZD 2013, S. 51; *Fischer/Steidle*, Brauchen wir neue EG-Standardvertragsklauseln für das „Global Outsourcing"?, CR 2009, S. 632; *Forst*, Verarbeitung personenbezogener Daten in der internationalen Unternehmensgruppe, Der Konzern 2012, S. 170; *Gabel/Asmussen/Wieczorek*, Das novellierte Telekommunikationsrecht – Überblick und Auswirkungen auf Verbraucher- und Datenschutz, JurPC Web-Dok. 58/2012; *Gackenholz*, Datenübermittlung ins Ausland, DuD 2000, S. 727; *Giesen*, Datenverarbeitung im Auftrag in Drittstaaten – eine misslungene Gesetzgebung, CR 2007, S. 543; *Gola*, Die Einwilligung als Legitimation für die Verarbeitung von Arbeitnehmerdaten, RDV 2002, S. 109; *Grapentin*, Binding Corporate Rules in der Praxis, in: Taeger/Wiebe (Hrsg.), Inside the Cloud – Neue Herausforderungen für das Informationsrecht, Edewecht 2009, S. 457; *Grapentin*, Datenschutz und Globalisierung – Binding Corporate Rules, CR 2009, S. 693; *Grapentin*, Haftung und anwendbares Recht im internationalen Datenverkehr, CR 2011, S. 102; *Greer*, Safe Harbor – ein bewährter Rechtsrahmen, RDV 2011, S. 267; *Grützmacher*, Datenschutz und Outsourcing, ITRB 2007, S. 183; *Hilber*, Die datenschutzrechtliche Zulässigkeit intranet-basierter Datenbanken internationaler Konzerne, RDV 2005, S. 143; *Hillenbrand-Beck*, Aktuelle Fragestellungen des internationalen Datentransfers, RDV 2007, S. 231; *Hoeren*, EU-Standardvertragsklauseln, BCR und Safe Harbor Principles – Instrumente für ein angemessenes Datenschutzniveau, RDV 2012, S. 271; *Hustinx*, Datenschutz im Licht des Vertrags von Lissabon und die Konsequenz für heutige Regelungen, 11. Fachkonferenz Datenschutz und Datensicherheit, DuD 2009, Berlin, 8.6.2009 (online abrufbar unter:

www.edps. europa.eu/EDPSWEB/webdav/shared/Docu ments/EDPS/Publications/Spee-ches/2009/09–06-08_Berlin_DP_Lisbon_Treaty_DE.pdf; Stand: 13.11.2009); *Jandt*, Grenzenloser Mobile Commerce, DuD 2008, S. 664; *Junker*, Electronic Discovery gegen deutsche Unternehmen, Frankfurt am Main 2008; *Karger/Sarre*, Wird Cloud Computing zu neuen juristischen Herausforderungen führen?, in: Taeger/Wiebe (Hrsg), Inside the Cloud – Neue Herausforderungen für das Informationsrecht, Edewecht 2009, S. 441; *Kraus/Tiedemann*, Outsourcing – Beteiligung des Betriebsrates und Überblick über Datenschutz-Fragen, ArbRB 2007, S. 207; *Kuner/Hladjk*, Die alternativen Standardvertragsklauseln der EU für internationale Datenübermittlungen, RDV 2005, S. 193; *Lambrich/Cahlik*, Austausch von Arbeitnehmerdaten in multinationalen Konzernen, RDV 2002, S. 287; *Lange*, Datentransfer ins Ausland, AuA 2006, S. 712; *Lejeune*, Datentransfer in das außereuropäische Ausland, ITRB 2005, S. 94; *Lensdorf*, Auftragsdatenverarbeitung in der EU/EWR und Unterauftragsdatenverarbeitung in Drittländern, CR 2010, S. 735; *Marnau/Schlehahn*, Cloud Computing und Safe Harbor, DuD 2011, S. 311; *Moos*, Die EU-Standardvertragsklauseln für Auftragsverarbeiter 2010, CR 2010, S. 281; *Moritz*, Die DaimlerChrysler Codes of Conduct – Der Königsweg?, TKMR 2003, S. 227; *Moritz/Tinnefeld*, Der Datenschutz im Zeichen einer wachsenden Selbstregulierung, JurPC Web-Dok. 181/2003; *Müthlein/Heck*, Outsourcing und Datenschutz, 3. Aufl., Frechen 2006; *Nielen/Thum*, Auftragsdatenverarbeitung durch Unternehmen im Nicht-EU-Ausland, K&R 2006, S. 171; *Niemann/Paul*, Bewölkt oder wolkenlos – rechtliche Herausforderungen des Cloud Computings, K&R 2009, S. 444; *Peeters*, Security Policy vs. Data Protection, MMR 2005, S. 11; *Pohle/Ammann*, Über den Wolken ... – Chancen und Risiken des Cloud Computing, CR 2009, S. 273; *Rath/Klug*, e-Discovery in Germany?, K&R 2008, S. 596; *Räther*, Datenschutz und Outsourcing, DuD 2005, S. 461; *Räther/Seitz*, Übermittlung personenbezogener Daten in Drittstaaten – Angemessenheitsklausel, Safe Harbor und die Einwilligung, MMR 2002, S. 425; *Räther/Seitz*, Ausnahmen bei Datentransfer in Drittstaaten – Die beiden Ausnahmen nach § 4c Abs. 2 BDSG: Vertragslösung und Code of Conduct, MMR 2002, S. 520; *Reindl*, Cloud Computing & Datenschutz, in: Taeger/Wiebe (Hrsg.), Inside the Cloud – Neue Herausforderungen für das Informationsrecht, Edewecht 2009, S. 441; *Retzer/Rich/Wugmeister*, Corporate Codes Of Conduct Under Scrutiny, CRi 2003, S. 129; *Rittweger/Schmidl*, Einwirkung von Standardvertragsklauseln auf § 28 BDSG, DuD 2004, S. 617; *Rittweger/Weiße*, Unternehmensrichtlinien für den Datentransfer in Drittländer, CR 2003, S. 142; *Ronellenfitsch*, Der Vorrang des Rechts auf informationelle Selbstbestimmung nach Art. 1 Abs. 1 i.V.m. Art. 2 Abs. 1 GG vor dem AEUV, Dokumentation der Fachtagung „Datenschutz in Deutschland nach dem Vertrag von Lissabon" am 9.12.2008 (online abrufbar unter: www.datenschutz.hessen.de/europa.htm; Stand: 10.9.2009); *Sander/Kremer*, Datenübermittlung in die USA und die Unmöglichkeit rechtmäßigen Handelns, in: Taeger (Hrsg.), IT und Internet – mit Recht gestalten, Edewecht 2012, S. 657; *Scheja*, Datenschutzrechtliche Zulässigkeit einer weltweiten Kundendatenbank, Baden-Baden 2005; *Schmidl*, Die Subsidiarität der Einwilligung im Arbeitsverhältnis, DuD 2007, S. 765; *Schmidl*, Datenschutzrechtliche Anforderungen an innereuropäische Personaldatenübermittlungen in Matrixorganisationen, DuD 2009, S. 364; *Schmidt-Bens*, Cloud Computing Technologien und Datenschutz, Edewecht 2012; *Schneider*, Cloud Computing und US-amerikanische Ermittlungsbefugnisse nach dem Patriot Act, in: Taeger (Hrsg.), IT und Internet – mit Recht gestalten, Edewecht 2012, S. 759; *Schröder*, Der Zugriff der USA auf Daten europäischer Flugpassagiere, RDV 2003, S. 285; *Schröder*, Verbindliche Unternehmensregelungen, DuD 2004, S. 462; *Schröder*, Die Haftung für

Verstöße gegen Privacy Policies und Code of Conduct nach US-amerikanischem und deutschem Recht, Baden-Baden 2007; *Schulz*, Die (Un-)Zulässigkeit von Datenübertragungen innerhalb verbundener Unternehmen, BB 2011, S. 2552; *Schulz/Rosenkranz*, Cloud Computing – Bedarfsorientierte Nutzung von IT-Ressourcen, ITRB 2009, S. 232; *Seffer*, Deutscher Datenschutz und US-Zivilprozessrecht, ITRB 2002, S. 66; *Söbbing/ Weinbrenner*, Die Zulässigkeit der Auslagerung von IT-Dienstleistungen durch Institute in sog. Offshore-Regionen, WM 2006, S. 165; *Spies*, USA: Grenzüberschreitende elektronische Beweiserhebung (Discovery) vs. Datenschutz?, MMR 2007, Heft 7, S. V; *Spies*, USA: Neue Datenschutzvorschriften auf dem Prüfstand, ZD 2011, S. 12; *Spies*, Europa: Wer hat Angst vor dem US-Patriot Act, ZD 10/2012, S. V; *Spies/Schröder*, Auswirkungen der elektronischen Beweiserhebung (eDiscovery) in den USA auf deutsche Unternehmen, MMR 2008, S. 275; *Starosta*, Transnationaler Datenaustausch zur Terrorismusbekämpfung, DuD 2010, S. 236; *Steinbach*, Die Umsetzung der EG-Richtlinie Datenschutz im Sozialgesetzbuch, NZS 2002, S. 15; *Stelzer*, Abkommen zur Weitergabe von Fluggastdaten durch das EU-Parlament bestätigt – gleiches Vorhaben auch auf europäischer Ebene?, ZD 10/2012, S. VII; *Taraschka*, „Auslandsübermittlung" personenbezogener Daten im Internet, CR 2004, S. 280; *Voigt/Klein*, Deutsches Datenschutzrecht als „blocking statute"?, ZD 2013, S. 16; *Wächter*, Datenübermittlung und „Global Connectivity", JurPC Web-Dok. 147/2004; *Weichert*, Privatheit und Datenschutz im Konflikt zwischen den USA und Europa, RDV 2012, S. 113; *Weichert*, BDSG-Novelle zum Schutz von Internet-Inhaltsdaten, DuD 2009, S. 7; *Weisser/Bauer*, Datenschutz bei internationalen klinischen Studien, MedR 2005, S. 339; *Wilske*, Datenschutz in den USA, CR 1993, S. 297; *Wisskirchen*, Grenzüberschreitender Transfer von Arbeitnehmerdaten, CR 2004, S. 862; *Wybitul/Patzak*, Neue Anforderungen beim grenzüberschreitenden Datenverkehr, RDV 2011, S. 11; *Zerdick*, Folgerungen aus der Vergemeinschaftung der Justiz- und Innenpolitik für den Datenschutz, Dokumentation der Fachtagung „Datenschutz in Deutschland nach dem Vertrag von Lissabon" am 9.12.2008 (online abrufbar unter: www.datenschutz.hessen. de/europa.htm; Stand: 10.9.2009); *Zscherpe*, Überwachung von Finanztransaktionen durch die USA datenschutzrechtlich zulässig?, MMR 2006, Heft 12, S. XI.

Übersicht

I. Allgemeines

1. Gesetzeszweck

Die §§ 4b, 4c BDSG enthalten zusätzliche Anforderungen an die Zulässigkeit einer **1**
Datenübermittlung ins Ausland, die im nicht-öffentlichen wie auch im öffentlichen
Bereich neben die allgemeinen Zulässigkeitsvoraussetzungen für eine Datenübermittlung treten. Zweck der Vorschriften ist es, den Betroffenen davor zu schützen,
dass seine personenbezogenen Daten an ausländische Stellen weitergegeben werden, bei denen kein adäquates Schutzniveau gewährleistet ist. Zugleich soll jedoch
durch bestimmte Ausnahmeregelungen vermieden werden, dass der grenzüberschreitende Datenverkehr unangemessen beeinträchtigt wird.[1]

Die §§ 4b, 4c BDSG gelten nur für die Datenübermittlung ins Ausland, nicht auch **2**
für die Datenübermittlung ins Inland.[2] Letztere richtet sich mangels spezieller Regelungen nach den allgemeinen Verarbeitungsvorschriften des BDSG.[3]

Die §§ 4b, 4c BDSG differenzieren grundsätzlich zwischen dem Datenverkehr mit **3**
EU- und EWR-Staaten sowie mit Drittländern: Während Datenübermittlungen in
EU-Staaten und die anderen EWR-Staaten (Island, Liechtenstein, Norwegen) infolge der Umsetzung der EG-DSRl durch diese Staaten inländischen Datenübermittlungen praktisch gleichgestellt werden (§ 4b Abs. 1 BDSG), hängt die Zulässigkeit
von Datenübermittlungen in Drittländer davon ab, ob in dem betreffenden Drittland
ebenfalls ein angemessenes Datenschutzniveau besteht (§ 4b Abs. 2, 3 BDSG). Ist
das nicht der Fall und ist das Vorliegen eines solchen Schutzniveaus nicht ausnahmsweise nach dem Gesetz entbehrlich (§ 4c Abs. 1 BDSG), bedarf es zusätzlicher Garantien für die Rechte der Betroffenen wie Vertragsklauseln oder verbindlicher Unternehmensregelungen (§ 4c Abs. 2 BDSG), um die Datenübermittlungen
zu legitimieren.[4]

2. Europarechtliche Grundlagen

Vor Umsetzung der EG-DSRl ins deutsche Recht war die Übermittlung personen- **4**
bezogener Daten ins Ausland in § 17 BDSG 1990 nur für öffentliche Stellen geregelt. Dieser knüpfte nicht an das Bestehen eines angemessenen Datenschutzniveaus
im Empfängerland an, sondern enthielt nur eine allgemeine Ordre-public-Klausel.[5]
Im Rahmen der 2001 erfolgten Gesetzesnovellierung wurde die Vorschrift aufgehoben und die Datenübermittlung ins Ausland entsprechend den Vorgaben der Richt-

---

1 Begründung des Entwurfs der Bundesregierung für ein Gesetz zur Änderung des BDSG
  und anderer Gesetze, BT-Drs. 14/4329, S. 29.
2 Siehe BAG DB 2005, 1916, worin § 4b BDSG allerdings fälschlicherweise als Kollisions-
  regel bezeichnet wird.
3 Näher dazu *Däubler*, CR 1999, S. 49 (55); *Simitis*, in: Simitis, BDSG, § 4b Rn. 97 ff.
4 Vgl. Arbeitspapier der Artikel 29-Datenschutzgruppe vom 25.11.2005, WP 114, S. 5 ff.
5 *Bergmann/Möhrle/Herb*, BDSG, § 4b Rn. 1.

linie für den öffentlichen und den nicht-öffentlichen Bereich einheitlich neu geregelt.[6]

5   Art. 1 Abs. 2 EG-DSRl sieht vor, dass die Mitgliedstaaten den freien Verkehr personenbezogener Daten untereinander nicht aus Gründen beschränken dürfen, die dem Schutz des Betroffenen dienen. Denn durch die Richtlinie sollen die Rechtsvorschriften der Mitgliedstaaten in diesem Bereich angeglichen und ein gleichwertiges Schutzniveau hergestellt werden.[7] Art. 25 EG-DSRl bestimmt ferner, dass die Übermittlung personenbezogener Daten in ein Drittland nur dann zulässig sein soll,[8] wenn das Drittland ein angemessenes Schutzniveau gewährleistet. In diesem Zusammenhang wird die Kommission zu entsprechenden Feststellungen im Verfahren nach Art. 25 Abs. 6, 31 Abs. 2 EG-DSRl sowie zur Aufnahme von Verhandlungen mit Drittländern ermächtigt, um zukünftig für einen angemessenen Schutz der Daten zu sorgen. Diese Vorgaben wurden, soweit sie sich an den nationalen Gesetzgeber richten, in § 4b BDSG umgesetzt.

6   Art. 26 EG-DSRl enthält bestimmte Ausnahmen, bei deren Vorliegen eine Übermittlung personenbezogener Daten in ein Drittland, in dem kein angemessenes Schutzniveau besteht, gleichwohl zulässig ist. Davon unabhängig dürfen die Mitgliedstaaten derartige Übermittlungen im Einzelfall genehmigen, wenn der für die Verarbeitung Verantwortliche ausreichende Garantien hinsichtlich der Rechte der Betroffenen bietet, die sich insbesondere aus Vertragsklauseln ergeben können. Diese Anforderungen wurden vom deutschen Gesetzgeber weitgehend wortgleich in § 4c BDSG übernommen. Darüber hinaus verpflichtet die Richtlinie die Mitgliedstaaten, die Kommission und die anderen Mitgliedstaaten über erteilte Genehmigungen zu informieren, die diesen jeweils förmlich widersprechen können. Zudem ist vorgesehen, dass die Kommission darüber befinden kann, ob bestimmte Standardvertragsklauseln ausreichende Garantien für einen Datentransfer in Drittländer aufweisen.

3. Verhältnis zu anderen Vorschriften

7   Der Anwendungsbereich der §§ 4b, 4c BDSG unterliegt den allgemeinen Anwendungsschranken des BDSG. Aufgrund der Regelungen in § 1 Abs. 2 Nr. 1 und 2 BDSG sind im öffentlichen Bereich die nach der Umsetzung der EG-DSRl auf Länderebene weitgehend identisch ausgestalteten Regelungen der LDSG über die Datenübermittlung ins Ausland zu beachten.[9] Im nicht-öffentlichen Bereich können

---

6 Siehe BT-Drs. 14/4329, S. 34 f.
7 Vgl. Erwägungsgrund 9 der EG-DSRl.
8 Entgegen der insoweit missverständlichen deutschen Sprachfassung („Die Mitgliedstaaten sehen vor, dass die Übermittlung personenbezogener Daten … in ein Drittland … zulässig ist, wenn …") stellt Art. 25 Abs. 1 EG-DSRl keine Erlaubnisnorm dar, sondern ein besonderes Verbot (vgl. *Dammann/Simitis*, EG-Datenschutzrichtlinie, Art. 25 Rn. 4).
9 Siehe dazu *Gola/Schomerus*, BDSG, § 4b Rn. 21; *Simitis*, in: Simitis, BDSG, § 4b Rn. 101 f.

die in § 1 Abs. 2 Nr. 3 BDSG vorgesehenen Einschränkungen (insbesondere hinsichtlich persönlicher oder familiärer Tätigkeiten) einer Anwendung der §§ 4b, 4c BDSG entgegenstehen. Darüber hinaus erklärt § 1 Abs. 3 Satz 1 BDSG andere Rechtsvorschriften des Bundes, die auf personenbezogene Daten anzuwenden sind, für vorrangig. Zu diesen bereichsspezifischen Rechtsvorschriften zählen vorliegend etwa § 77 SGB X[10] für die Sozialverwaltung und § 37 StVG für Straßenverkehrsbehörden. § 92 TKG, der die Datenübermittlung an ausländische nicht-öffentliche Stellen durch Telekommunikationsanbieter regelte, ist im Zuge der TKG-Novelle 2012 weggefallen, da das BDSG insoweit abschließend gelten soll.[11]

Neben den §§ 4b, 4c BDSG enthält das Gesetz in § 1 Abs. 5 BDSG eine weitere Regelung zur Datenverarbeitung mit Auslandsberührung. Im Unterschied zu den §§ 4b, 4c BDSG regelt § 1 Abs. 5 BDSG jedoch nicht die Zulässigkeit der Datenübermittlung ins Ausland, sondern die Anwendbarkeit des BDSG insgesamt. Daraus folgt für die Prüfung einer grenzüberschreitenden Datenverarbeitung, dass zunächst nach § 1 Abs. 5 BDSG zu fragen ist, ob das BDSG überhaupt anwendbar ist,[12] bevor – bejahendenfalls – die §§ 4b, 4c BDSG geprüft werden können.[13] Die Anwendbarkeit der §§ 4b, 4c BDSG hängt mit anderen Worten von der kollisionsrechtlichen Vorfrage des § 1 Abs. 5 BDSG ab.   **8**

Wie eingangs bereits angedeutet,[14] stellen die §§ 4b, 4c BDSG keine eigenständigen Rechtsgrundlagen für die Datenübermittlung ins Ausland dar, sondern enthalten lediglich zusätzliche Anforderungen an eine solche Übermittlung. Das bedingt bei einer Datenübermittlung ins Ausland generell eine zweistufige Zulässigkeitsprüfung: Auf der ersten Stufe ist anhand der allgemeinen Zulässigkeitsvoraussetzungen (z. B. §§ 28 bis 30a BDSG) zu fragen, ob für die Datenübermittlung als solche eine hinreichende Rechtsgrundlage besteht; insoweit gelten im Grundsatz die gleichen Anforderungen wie bei der Datenübermittlung im Inland. Auf der zweiten Stufe ist dann anhand der §§ 4b, 4c BDSG zu prüfen, ob auch die Voraussetzungen für eine Datenübermittlung ins Ausland gegeben sind. Fehlt es bereits an den allgemeinen Voraussetzungen für eine Datenübermittlung, so kommt es auf die zusätzlichen Anforderungen für eine Auslandsübermittlung nicht mehr an. Die Datenübermittlung ist dann von vornherein unzulässig.[15]   **9**

10 Ausführlich zu § 77 SGB X *Steinbach*, NZS 2002, S. 15 (21 ff.).
11 Siehe *Gabel/Asmussen/Wieczorek*, JurPC Web-Dok. 58/2012, Abs. 44 m. w. N.
12 Siehe im Einzelnen die Kommentierung zu § 1 BDSG Rn. 47 ff.
13 *Bergmann/Möhrle/Herb*, BDSG, § 4b Rn. 10.
14 Siehe oben Rn. 1.
15 *Simitis*, in: Simitis, BDSG, § 4b Rn. 38 f.; *Bergmann/Möhrle/Herb*, BDSG, § 4b Rn. 11; *Gackenholz*, DuD 2000, S. 727 (728); *Räther/Seitz*, MMR 2002, S. 425 (426); *Lejeune*, ITRB 2005, S. 94; *Scheja*, Zulässigkeit einer weltweiten Kundendatenbank, S. 109; *Forst*, Der Konzern 2012, S. 170 (176); *Filip*, ZD 2013, S. 51 (55); *Neunzehnter* Bericht der Hessischen Landesregierung über die Tätigkeit der für den Datenschutz im nicht-öffentlichen Bereich in Hessen zuständigen Aufsichtsbehörden, LT-Drs. 16/5892, S. 24.

II. Datenübermittlungen innerhalb der EU/des EWR (Abs. 1)

10 § 4b Abs. 1 BDSG führt praktisch zu einer Gleichstellung der Übermittlung personenbezogener Daten an die dort genannten Stellen mit der Übermittlung an inländische Stellen, indem die Vorschrift auch insoweit auf die allgemeinen Verarbeitungsvorschriften des BDSG verweist.[16] In Bezug auf andere EU-Mitgliedstaaten ist dies Folge der mit der EG-DSRl angestrebten Harmonisierung des Datenschutzniveaus in der Gemeinschaft.[17] Die Einbeziehung der übrigen EWR-Staaten (Island, Liechtenstein, Norwegen) rechtfertigt sich durch die zum 1.1.2000 erfolgte Übernahme der EG-DSRl in diesen Staaten.[18] Die Vorgaben der Richtlinie sind darüber hinaus auch für die Organe und Einrichtungen der Europäischen Gemeinschaften verbindlich[19] und werden insoweit durch die Verordnung (EG) Nr. 45/2001 des Europäischen Parlaments und des Rates vom 18.12.2000 konkretisiert.[20] Die ordnungsgemäße Anwendung der Verordnung wird durch den Europäischen Datenschutzbeauftragten als unabhängige Kontrollinstanz überwacht.[21]

11 Die in § 4b Abs. 1 BDSG vorgesehene Gleichstellung gilt indes nicht unbeschränkt. Datenübermittlungen an die betreffenden Stellen werden nur privilegiert, soweit sie im Rahmen von Tätigkeiten erfolgen, die ganz oder zumindest teilweise in den Anwendungsbereich des Rechts der Europäischen Gemeinschaften fallen. Dies beruht auf dem begrenzten Anwendungsbereich der EG-DSRl. Erfasst werden nur Tätigkeiten, die dem zum Zeitpunkt der Verabschiedung der EG-DSRl geltenden EG-Vertrag (seit dem Vertrag von Maastricht Teil des EU-Vertrages[22]) und damit der früheren sog. ersten Säule der EU, der wirtschaftlichen Zusammenarbeit der Mitgliedstaaten, unterliegen. Hiervon zu unterscheiden sind die sog. zweite und dritte Säule, die die gemeinsame Außen- und Sicherheitspolitik bzw. die polizeiliche und

---

16 *Duhr/Naujok/Peter/Seiffert*, DuD 2002, S. 5 (15); *Simitis*, in: Simitis, BDSG, § 4b Rn. 25.

17 Siehe oben Rn. 5; näher zum Grad der Umsetzung der EG-DSRl in den Mitgliedstaaten einschließlich den Beitrittsländern: Erster Bericht der EU-Kommission über die Durchführung der Datenschutzrichtlinie (EG 95/46), KOM (2003) 265 endgültig.

18 BT-Drs. 14/5793, S. 60; siehe auch den entsprechenden Beschluss des Gemeinsamen EWR-Ausschusses Nr. 83/1999 vom 25.6.1999, ABl. EG Nr. L 296/41 vom 23.11.2000.

19 BT-Drs. 14/5793, S. 60.

20 Verordnung (EG) Nr. 45/2001 des Europäischen Parlaments und des Rates vom 18.12.2000 zum Schutz natürlicher Personen bei der Verarbeitung personenbezogener Daten durch die Organe und Einrichtungen der Gemeinschaft und zum freien Datenverkehr, ABl. EG Nr. L 8/1 vom 12.1.2001.

21 Siehe neben der vorgenannten Verordnung auch Beschluss Nr. 1247/2002/EG des Europäischen Parlaments, des Rates und der Kommission vom 1.7.2002 über die Regelungen und allgemeinen Bedingungen für die Ausübung der Aufgaben des Europäischen Datenschutzbeauftragten, ABl. EG Nr. L 183 vom 12.7.2002.

22 ABl. Nr. C 191 vom 29.7.1992.

justizielle Zusammenarbeit in Strafsachen betreffen,[23] in deren Fall sich die Zulässigkeit der Datenübermittlung nicht nach § 4b Abs. 1 BDSG, sondern nach § 4b Abs. 2 BDSG beurteilt. Zur zweiten und dritten Säule zählt beispielsweise die Übermittlung von Fluggastdaten durch Fluggesellschaften an ausländische Sicherheitsbehörden zum Zwecke der Gefahrenabwehr und der Strafverfolgung.[24] Von derartigen Überschneidungen staatlicher und privatwirtschaftlicher Datenverarbeitungsinteressen abgesehen, ist die Bedeutung der Einschränkung im nicht-öffentlichen Bereich gering, da sich Datenübermittlungen dort in der Regel im Bereich der ersten Säule bewegen.[25] Zwar wurde die Säulenstruktur des EU-Vertrages durch den am 1.12.2009 in Kraft getretenen Vertrag von Lissabon[26] aufgehoben und der bis dahin der dritten, weitgehend intergouvernementalen Säule zugeordnete Bereich der polizeilichen und justiziellen Zusammenarbeit in Strafsachen „vergemeinschaftet". Der Anwendungsbereich der EG-DSRl (und damit auch konsequenterweise der Anwendungsbereich der Umsetzungsvorschriften) bleibt hiervon jedoch unberührt.[27] Vielmehr gilt insoweit bis auf Weiteres die vorstehend beschriebene Abgrenzung fort.[28]

Soweit die Gleichstellung in § 4b Abs. 1 BDSG reicht, richtet sich die Zulässigkeit **12** der Datenübermittlung ausschließlich nach den allgemeinen Verarbeitungsvorschriften des BDSG. Darüber hinausgehende Anforderungen, insbesondere in Form der Prüfung des bei der empfangenden Stelle vorhandenen Datenschutzniveaus oder der Schaffung zusätzlicher Garantien für die Rechte der Betroffenen, bestehen nicht. Die in § 4b Abs. 1 BDSG enthaltene Aufzählung der Rechtsgrundlagen für eine Datenübermittlung an die fraglichen Stellen ist nicht abschließend. Außer

---

23 Siehe Art. 3 Abs. 2 EG-DSRl und BT-Drs. 14/4458, S. 1; ferner *Bergmann/Möhrle/Herb*, BDSG, § 4b Rn. 4, 14; *Däubler*, in: Däubler/Klebe/Wedde/Weichert, BDSG, § 4b Rn. 6; näher zu den Datenschutzinstrumenten im Bereich der zweiten und dritten Säule *Zerdick*, Folgerungen aus der Vergemeinschaftung der Justiz- und Innenpolitik für den Datenschutz, Ziff. II.; zum transnationalen Datenaustausch zur Terrorismusbekämpfung *Starosta*, DuD 2010, S. 236.

24 EuGH NJW 2006, 2029 (2032) – Fluggastdaten = MMR 2006, 527 (528 f.) m. Anm. *Geis/Geis* = EuZW 2006, S. 403 (404 f.) m. Anm. *Westphal* = EWS 2006, S. 357 (362) m. Anm. *Gabel/Arhold*; zur Abgrenzung der ersten von der dritten Säule siehe auch EuGH 2009, 1801 – Vorratsdatenspeicherung = MMR 2009, 244 = CR 2009, 151.

25 *Däubler*, in: Däubler/Klebe/Wedde/Weichert, BDSG, § 4b Rn. 6; ähnlich BT-Drs. 14/4458, S. 1; *Duhr/Naujok/Peter/Seiffert*, DuD 2002, S. 5 (15).

26 Vertrag von Lissabon vom 13.12.2007 zur Änderung des Vertrages über die Europäische Union und des Vertrages zur Gründung der Europäischen Gemeinschaft, ABl. EG Nr. C 306/1 vom 17.12.2007.

27 Zu Reformüberlegungen aufgrund des Vertrages von Lissabon siehe *Zerdick*, Folgerungen aus der Vergemeinschaftung der Justiz- und Innenpolitik für den Datenschutz, Ziff. V.

28 *Hustinx*, Datenschutz im Licht des Vertrags von Lissabon und die Konsequenzen für heutige Regelungen, Ziff. 5; *Zerdick*, Folgerungen aus der Vergemeinschaftung der Justiz- und Innenpolitik für den Datenschutz, Ziff. IV.1 und V.; *Ronellenfitsch*, Der Vorrang des Rechts auf informationelle Selbstbestimmung nach Art. 1 Abs. 1 i.V.m. Art. 2 Abs. 1 GG vor dem AEUV, Ziff. C.III.2.b); *von dem Bussche*, in: Plath, BDSG, § 4b Rn. 10; a.A. wohl VG Wiesbaden JurPC Web-Dok. 5/2011, Abs. 51.

§§ 15 Abs. 1, 16 Abs. 1 BDSG für öffentliche Stellen sowie §§ 28 bis 30a BDSG für nicht-öffentliche Stellen kann die Datenübermittlung auch auf eine Einwilligung der Betroffenen[29] oder einen anderen Erlaubnistatbestand i. S. d. § 4 Abs. 1 BDSG (einschließlich § 32 BDSG) gestützt werden. Dies ergibt sich zwar nicht unmittelbar aus dem Wortlaut von § 4b Abs. 1 BDSG, folgt aber aus der allgemeinen Systematik des BDSG.[30] Spezielle Gesetze und Vereinbarungen für die Datenübermittlung an die fraglichen Stellen wie z. B. Rechts- und Amtshilfeabkommen sind indes stets vorrangig zu beachten ("… nach Maßgabe der für diese Übermittlung geltenden Gesetze und Verordnungen …").[31]

13 Die Zulässigkeit der Auftragsdatenverarbeitung durch einen in einem EU- oder EWR-Staat ansässigen Auftragnehmer richtet sich ausschließlich nach § 11 BDSG. Aufgrund der durch § 3 Abs. 8 Satz 3 BDSG erzielten Gleichstellung dieser ausländischen Auftragnehmer mit inländischen Auftragnehmern kommt es auf § 4b BDSG nicht an. Da ausländische Auftragnehmer insoweit nicht als Dritte gelten, fehlt es schon an einer Übermittlung gem. § 3 Abs. 4 Nr. 3 BDSG.[32]

III. Datenübermittlungen in Drittländer (Abs. 2 und 3)

1. Anwendungsbereich

14 Die Regelungen in § 4b Abs. 2 und 3 BDSG gelten

- für Datenübermittlungen an die in § 4b Abs. 1 Nr. 1 bis 3 genannten Stellen, sofern diese Übermittlungen *nicht* im Rahmen von Tätigkeiten erfolgen, die ganz oder zumindest teilweise in den Anwendungsbereich des Rechts der Europäischen Gemeinschaften fallen,[33] sowie

- für Datenübermittlungen an sonstige ausländische oder über- oder zwischenstaatliche Stellen.

Die zuletzt genannten sonstigen ausländischen Stellen, d. h. Stellen außerhalb der EU und des EWR, werden typischerweise generalisierend als Stellen in Drittländern bezeichnet. Bei den sonstigen über- und zwischenstaatlichen Stellen handelt es sich um andere inter- oder supranationale Organisationen mit Rechtssubjektsqualität als die Organe und Einrichtungen der Europäischen Gemeinschaften.[34]

---

29 So ausdrücklich BT-Drs. 14/4329, S. 43; *Gackenholz*, DuD 2000, S. 727 (728).

30 *Duhr/Naujok/Peter/Seiffert*, DuD 2002, S. 5 (15); *Gola/Schomerus*, BDSG, § 4b Rn. 3 f.; *Schaffland/Wiltfang*, BDSG, § 4b Rn. 2.

31 BT-Drs. 14/4329, S. 34; *Bergmann/Möhrle/Herb*, BDSG, § 4b Rn. 24; *Simitis*, in: Simitis, BDSG, § 4b Rn. 37.

32 *Hillenbrand-Beck*, RDV 2007, S. 231 (235); Innenministerium Baden-Württemberg, Hinweise zum Datenschutz für private Unternehmen und Organisationen (Nr. 39), Ziff. A.2; siehe auch die Kommentierung zu § 11 BDSG Rn. 25.

33 BT-Drs. 14/4329, S. 34; zur diesbezüglichen Abgrenzung siehe oben Rn. 11.

34 Siehe statt vieler *Dammann/Simitis*, EG-Datenschutzrichtlinie, Art. 25 Rn. 6.

Da das BDSG kein Konzernprivileg kennt, sind die aus § 4b Abs. 2 und 3 BDSG **15** resultierenden Anforderungen an den Datenverkehr mit Drittländern auch im Falle des internationalen Datenaustauschs innerhalb eines Konzerns zu beachten.[35] Nach Ansicht der Aufsichtsbehörden gilt dies auch beim Datenverkehr mit unselbstständigen Unternehmensteilen, sei es der Hauptsitz oder sei es eine Zweigstelle, in Drittländern. Zwar fehlt es in diesen Fällen an einer Übermittlung an einen Dritten i.S.d. § 3 Abs. 4 Nr. 3 BDSG. Nach ihrem Sinn und Zweck sollen die §§ 4b, 4c BDSG dennoch anwendbar sein.[36]

Nach h.M. wird von den betreffenden Regelungen ferner die Weitergabe von Daten **16** durch einen inländischen Auftraggeber an einen in einem Drittland tätigen Auftragsdatenverarbeiter, wie dies z.B. beim Cloud Computing häufig der Fall ist, erfasst. Im Gegensatz zur Auftragsdatenverarbeitung innerhalb der EU bzw. des EWR[37] behandelt das Gesetz den Auftragnehmer nach § 3 Abs. 8 Satz 3 BDSG insoweit als Dritten, sodass von einer Datenübermittlung in ein Drittland auszugehen ist. Dies gilt auch, wenn es sich um ein sog. sicheres Drittland handelt, d.h. um einen Staat außerhalb der EU und des EWR, dem die Kommission im Verfahren nach Art. 25 Abs. 6, 31 Abs. 2 EG-DSRl ein adäquates Schutzniveau bescheinigt hat.[38] Im umgekehrten Fall, in dem der Auftragnehmer im Inland für einen Auftraggeber aus einem Drittland tätig wird, sollen die §§ 4b, 4c BDSG beim Rücktransfer der Daten durch den Auftragnehmer nach Ansicht der Aufsichtsbehörden hingegen nicht anwendbar sein. Dem Auftragnehmer soll in diesem Zusammenhang neben der Pflicht zur Datensicherung (§ 9 BDSG) allenfalls eine Remonstrationspflicht analog § 11 Abs. 3 Satz 2 BDSG sowie eine Pflicht zur materiellen Plausibilitätsprüfung in Bezug auf die von ihm selbst in Deutschland vorgenommene Datenerhebung, -verarbeitung oder -nutzung obliegen.[39]

---

35 Innenministerium Baden-Württemberg, Hinweise zum Datenschutz für private Unternehmen und Organisationen (Nr. 39), Ziff. A.1 und 3.4; ausführlich *Scheja*, Datenschutzrechtliche Zulässigkeit einer weltweiten Kundendatenbank, S. 68 f. m.w.N.

36 Fünfzehnter Bericht der Hessischen Landesregierung über die Tätigkeit der für den Datenschutz im nicht-öffentlichen Bereich in Hessen zuständigen Aufsichtsbehörden, LT-Drs. 15/4659, S. 14; Neunzehnter Bericht der Hessischen Landesregierung über die Tätigkeit der für den Datenschutz im nicht-öffentlichen Bereich in Hessen zuständigen Aufsichtsbehörden, LT-Drs. 16/5892, S. 26; a.A. mit beachtlichen Argumenten *Scheja*, Datenschutzrechtliche Zulässigkeit einer weltweiten Kundendatenbank, S. 70 ff.; *Giesen*, CR 2007, S. 543 (544 ff.); zu möglichen vertraglichen Folgen siehe die Kommentierung zu § 4c BDSG Rn. 25.

37 Siehe oben Rn. 13.

38 Siehe im Einzelnen zur Drittlandsproblematik bei Auftragsverhältnissen die Kommentierung zu § 11 BDSG Rn. 25 f. sowie zu materiell-rechtlichen Anforderungen speziell beim Cloud Computing die Kommentierung zu § 11 BDSG Rn. 18.

39 Zwanzigster Bericht der Hessischen Landesregierung über die Tätigkeit der für den Datenschutz im nicht-öffentlichen Bereich in Hessen zuständigen Aufsichtsbehörden, LT-Drs. 16/7646, S. 22 f.; Positionspapier des Düsseldorfer Kreises vom 19./20.4.2007 zum Internationalen Datenverkehr, Ziff. III.2; *Hillenbrand-Beck*, RDV 2007, S. 231 (235).

17 Nach der Rechtsprechung des EuGH ist eine Übermittlung von Daten in ein Drittland schließlich auch dann nicht gegeben, wenn eine sich in einem EU-Mitgliedstaat aufhaltende Person personenbezogene Daten auf einer Internetseite veröffentlicht, solange der Host-Provider ebenfalls in einem EU-Mitgliedstaat ansässig ist.
Darauf, dass die Daten durch eine solche Veröffentlichung jeder Person, die eine
Verbindung zum Internet herstellt und die fragliche Seite aufruft (einschließlich
Personen in Drittländern), zugänglich gemacht werden, kommt es nicht an.[40] Dessen ungeachtet sind auch bei der Veröffentlichung personenbezogener Daten im Internet stets die allgemeinen Verarbeitungsvorschriften zu beachten.[41]

2. Ausschluss der Übermittlung bei schutzwürdigen Interessen der Betroffenen

18 Hinsichtlich der Zulässigkeit der Datenübermittlung besteht in den Fällen des § 4b
Abs. 2 Satz 1 BDSG zunächst kein Unterschied gegenüber der Regelung in § 4b
Abs. 1 BDSG („… gilt Absatz 1 entsprechend …"). Das bedeutet, dass auch insoweit ein Erlaubnistatbestand im Sinne des § 4 Abs. 1 BDSG für die Datenübermittlung vorliegen muss.[42] Rechtsvorschriften des Empfängerlandes sind für sich genommen nicht geeignet, die Datenübermittlung zu legitimieren, da das Empfängerland es sonst in der Hand hätte, unter Umgehung der durch die EG-DSRl
geschaffenen Datenschutzstandards Art und Umfang der Übermittlung selbst festzulegen.[43] Relevant ist dies z.B. für durch ausländische Rechtsnormen begründete
Compliance-Anforderungen, die häufig auch von deutschen Unternehmen zu beachten sind und Datenübermittlungen ins Ausland erfordern. Für diese Übermittlungen bedarf es zusätzlich einer dem deutschen Datenschutzrecht genügenden
Rechtsgrundlage, was in der Regel deren Parallelbewertung anhand der Verarbeitungsvorschriften des BDSG bedingt.[44]

---

40 EuGH MMR 2004, 95 – Bodil Lindqvist = JZ 2004, 242 = CRi 2004, 23; zustimmend *Roßnagel*, MMR 2004, S. 99 f.; *Fechner*, JZ 2004, S. 246 f.; kritisch hingegen *Gola/Schomerus*,
BDSG, § 4b Rn. 6; *Scheja*, Zulässigkeit einer weltweiten Kundendatenbank, S. 80 ff.; *Brühann*, DuD 2004, S. 201; *Dammann*, RDV 2004, S. 19 (20 f.); *Retzer/Ritter*, CRi 2004,
S. 23 (25); *Taraschka*, CR 2004, S. 280 (282 ff.); zu Reformüberlegungen in Bezug auf den
Schutz von Internet-Inhaltsdaten siehe *Weichert*, DuD 2009, S. 7.
41 *Fechner*, JZ 2004, S. 246 (248); *Taraschka*, CR 2004, S. 280 (285).
42 Siehe oben Rn. 9; ferner *Duhr/Naujok/Peter/Seiffert*, DuD 2002, S. 5 (15); *Simitis*, in: Simitis, BDSG, § 4b Rn. 38.
43 Stellungnahme der Artikel 29-Datenschutzgruppe vom 1.1.2006, WP 117, S. 8; Siebzehnter Bericht der Hessischen Landesregierung über die Tätigkeit der für den Datenschutz im
nicht-öffentlichen Bereich in Hessen zuständigen Aufsichtsbehörden, LT-Drs. 16/3650,
S. 21.
44 Siehe z.B. *Gola/Schomerus*, BDSG, § 4b Rn. 8, die bei dem durch den US-amerikanischen
Sarbanes-Oxley Act vorgesehenen „Whistleblowing", d.h. der Meldung von Missständen
in Unternehmen, § 28 Abs. 1 Satz 1 Nr. 2 BDSG in Bezug auf die Weiterleitung solcher
Meldungen an die US-amerikanische Konzernzentrale für anwendbar halten.

§ 4b Abs. 2 Satz 2 BDSG statuiert unterdessen eine weit reichende Einschränkung **19** für eine Datenübermittlung an die in § 4b Abs. 2 Satz 1 BDSG genannten Stellen. Diese darf nicht erfolgen, wenn und soweit die Betroffenen ein schutzwürdiges Interesse an dem Ausschluss der Übermittlung haben. Als Regelbeispiel für ein derartiges entgegenstehendes Interesse nennt das Gesetz das Fehlen eines angemessenen Datenschutzniveaus bei der empfangenden Stelle, das sich nach § 4b Abs. 3 BDSG beurteilt.[45] Anders als es der Wortlaut von § 4b Abs. 2 Satz 2 BDSG vielleicht nahelegt, kommt es jedoch nicht nur auf das Datenschutzniveau bei der Stelle an, an die die Übermittlung konkret gerichtet ist, sondern auch allgemein auf das Datenschutzniveau im Empfängerland (vgl. Art. 25 Abs. 1 EG-DSRl).[46] Entsprechend sind allein auf das Datenschutzniveau bei der empfangenden Stelle abzielende Schutzgarantien wie Vertragsklauseln oder verbindliche Unternehmensregelungen im vorliegenden Zusammenhang unbeachtlich; diesen kommt erst im Rahmen von § 4c Abs. 2 BDSG Bedeutung zu.[47] Außer dem Fehlen eines angemessenen Datenschutzniveaus bei der empfangenden Stelle sind auch andere mögliche Interessen der Betroffenen am Unterbleiben der Übermittlung zu beachten. Insofern handelt es sich bei den schutzwürdigen Interessen der Betroffenen und der Angemessenheit des Datenschutzniveaus um zwei voneinander unabhängige Tatbestandsmerkmale.[48] Andere schutzwürdige Interessen können sich z. B. aus der besonderen Sensibilität der zur Übermittlung vorgesehenen Daten ergeben.[49]

Ohne besondere Rücksicht auf die Interessen der Betroffenen dürfen öffentliche **20** Stellen des Bundes nach § 4b Abs. 2 Satz 3 BDSG Datenübermittlungen vornehmen, wenn diese zur Erfüllung der Aufgaben der jeweiligen Stelle aus zwingenden Gründen

– der Verteidigung,

– der Erfüllung über- oder zwischenstaatlicher Verpflichtungen auf dem Gebiet der Krisenbewältigung oder Konfliktverhinderung oder

– für humanitäre Maßnahmen

erforderlich sind. In diesen eng umgrenzten Fällen wird öffentlichen Interessen der Vorrang gegenüber den individuellen Interessen der Betroffenen eingeräumt. Die

---

45 Siehe unten Rn. 21.
46 *Rittweger/Weiße*, CR 2003, S. 142 (147); *Moritz*, TKMR 2003, S. 227 (228); *Moritz/Tinnefeld*, JurPC WebDok. 181/2003, Abs. 13; *Forst*, Der Konzern 2012, S. 170 (175); *von dem Bussche*, in: Plath, BDSG, § 4b Rn. 23 ff.; a. A. *Simitis*, in: Simitis, BDSG, § 4b Rn. 46; *Backes/Eul/Guthmann/Martwich/Schmidt*, RDV 2004, S. 156 (157).
47 Speziell für verbindliche Unternehmensregelungen *Rittweger/Weiße*, CR 2003, S. 142 (148); *Moritz*, TKMR 2003, S. 227 (229); *Moritz/Tinnefeld*, JurPC WebDok. 181/2003, Abs. 13; ähnlich auch *Gola/Schomerus*, BDSG, § 4b Rn. 18; a. A. dagegen *Wächter*, JurPC Web-Dok. 147/2004, Abs. 46; siehe auch die Kommentierung zu § 4c BDSG Rn. 31.
48 BT-Drs. 14/4329, S. 34.
49 *Gola/Schomerus*, BDSG, § 4b Rn. 8.

Darlegungslast für das Vorliegen der tatsächlichen Voraussetzungen dieser Ausnahmeregelungen liegt freilich bei der übermittelnden öffentlichen Stelle.

3. Angemessenheit des Datenschutzniveaus

21 Die Angemessenheit des Schutzniveaus beurteilt sich gem. § 4b Abs. 3 BDSG unter Berücksichtigung aller Umstände, die bei einer Datenübermittlung oder einer Kategorie von Datenübermittlungen, d. h. bei gleichartigen, wiederkehrenden Datenübermittlungen (z. B. Buchungen für Reiseverkehrsleistungen, Übermittlungen von Arbeitnehmerdaten in internationalen Konzernen),[50] von Bedeutung sind. Die Vorschrift führt zu diesem Zweck eine Reihe von Kriterien auf, die der EG-DSRl entnommen sind[51] und grundsätzlich eine Betrachtung der jeweiligen Datenübermittlung im Einzelfall erforderlich machen.[52] Aufgrund ihrer Wechselwirkung zu den übrigen Kriterien kommt dem Inhalt der für den Empfänger geltenden Rechtsnormen und den Mitteln zu ihrer Durchsetzung faktisch aber besondere Bedeutung zu.[53] Das Schutzniveau ist in der Regel als angemessen anzusehen, wenn den Betroffenen aufgrund dieser Rechtsnormen und Mittel ein Schutz hinsichtlich der geplanten Datenverarbeitung zuteil wird, der den Grundsätzen der EG-DSRl im Wesentlichen entspricht. In diesem Zusammenhang ist zu beachten, dass das Gesetz lediglich ein angemessenes Schutzniveau fordert, nicht etwa ein gleichwertiges oder sogar ein identisches Schutzniveau. Deshalb sind Abstriche bei einzelnen Schutzinstrumenten ebenso denkbar wie gewisse Minderungen in Bezug auf das Schutzniveau insgesamt.[54]

22 Die EU-Kommission ist durch die EG-DSRl ermächtigt, formell festzustellen, dass ein Drittland aufgrund seiner innerstaatlichen Rechtsvorschriften oder internationaler Verpflichtungen, die dieses eingegangen ist, ein angemessenes Datenschutzniveau gewährleistet.[55] Bei einer positiven Feststellung ist eine Einzelfallbetrachtung entbehrlich, sodass die Datenübermittlung erfolgen kann, sofern die all-

---

50 *Bergmann/Möhrle/Herb*, BDSG, § 4b Rn. 32; *Dammann/Simitis*, EG-Datenschutzrichtlinie, Art. 25 Rn. 9.
51 BT-Drs. 14/4329, S. 34.
52 *Simitis*, in: Simitis, BDSG, § 4b Rn. 48; *Bergmann/Möhrle/Herb*, BDSG, § 4b Rn. 31 ff.; *Draf*, Die Regelung der Übermittlung personenbezogener Daten in Drittländer nach Art. 25, 26 der EG-Datenschutzrichtlinie, S. 87; *Scheja*, Zulässigkeit einer weltweiten Kundendatenbank, S. 112; *Rittweger/Weiße*, CR 2003, S. 142 (143); Stellungnahme der Artikel 29-Datenschutzgruppe vom 24.7.1998, WP 12, S. 28.
53 *Gola/Schomerus*, BDSG, § 4b Rn. 11; *Däubler*, in: Däubler/Klebe/Wedde/Weichert, BDSG, § 4b Rn. 11; ausführlich Stellungnahme der Artikel 29-Datenschutzgruppe vom 24.7.1998, WP 12, S. 5 ff.
54 *Dammann/Simitis*, EG-Datenschutzrichtlinie, Art. 25 Rn. 8; *Gola/Schomerus*, BDSG, § 4b Rn. 12; *Däubler*, in: Däubler/Klebe/Wedde/Weichert, BDSG, § 4b Rn. 12; *Draf*, Die Regelung der Übermittlung personenbezogener Daten in Drittländer nach Art. 25, 26 der EG-Datenschutzrichtlinie, S. 82 ff.
55 Siehe oben Rn. 5.

gemeinen Übermittlungsvoraussetzungen vorliegen und keine sonstigen Interessen der Betroffenen i. S. v. § 4b Abs. 2 Satz 2 BDSG der Übermittlung entgegenstehen.[56] Solche allgemeingültigen Angemessenheitsentscheidungen hat die EU-Kommission bislang für Andorra,[57] Argentinien,[58] die Färöern,[59] Guernsey,[60] die Isle of Man,[61] Israel,[62] Jersey,[63] Kanada (eingeschränkt auf bestimmte Arten von Daten),[64] Neuseeland,[65] die Schweiz[66] und Uruguay[67] getroffen. Daneben existieren weitere Entscheidungen, deren Anwendungsbereich jedoch auf bestimmte Übermittlungssituationen beschränkt ist, wie z. B. auf die Übermittlung von Fluggastdatensätzen (sog. „Passenger Name Records") durch Fluggesellschaften an Ordnungs- und Sicherheitsbehörden in Australien, Kanada und den USA.[68] Möglich sind nach der EG-DSRl auch negative Angemessenheitsentscheidungen. Datenübermittlungen in die fraglichen Drittländer haben dann zwingend zu unterbleiben.[69] Eine solche formelle Negativentscheidung ist jedoch bislang nicht ergangen.

Zusätzliche Besonderheiten bestehen in Bezug auf den Datentransfer in die USA, **23** in denen aus europäischer Sicht aufgrund des dort verfolgten Regulierungsansatzes grundsätzlich kein angemessenes Schutzniveau besteht.[70] Um Beeinträchtigungen

---

56 *Gola/Schomerus*, BDSG, § 4b Rn. 14; *Däubler*, in: Däubler/Klebe/Wedde/Weichert, BDSG, § 4b Rn. 13; Innenministerium Baden-Württemberg, Hinweise zum Datenschutz für private Unternehmen und Organisationen (Nr. 39), Ziff. A.3.1.1; a. A. *Simitis*, in: Simitis, BDSG, § 4b Rn. 66 (nur Anregung für die Einzelfallbetrachtung).

57 Entscheidung der Kommission vom 19.10.2010, ABl. Nr. L 277/27 vom 21.10.2010.

58 Entscheidung der Kommission vom 30.6.2003, ABl. Nr. L 168/19 vom 5.7.2003.

59 Entscheidung der Kommission vom 5.3.2010, ABl. Nr. L 58/17 vom 9.3.2010.

60 Entscheidung der Kommission vom 21.11.2003, ABl. Nr. L 308/27 vom 25.11.2003.

61 Entscheidung der Kommission vom 28.4.2004, ABl. Nr. L 151/51 vom 30.4.2004.

62 Entscheidung der Kommission vom 31.1.2011, ABl. Nr. L 27/39 vom 1.2.2011.

63 Entscheidung der Kommission vom 8.5.2008, ABl. Nr. L 138/21 vom 28.5.2008.

64 Entscheidung der Kommission vom 20.12.2001 über die Angemessenheit des Datenschutzes, den der kanadische Personal Information Protection and Electronic Documents Act bietet, ABl. Nr. L 2/13 vom 4.1.2002.

65 Entscheidung der Kommission vom 19.12.2012, ABl. Nr. L 28/12 vom 30.1.2013.

66 Entscheidung der Kommission vom 26.7.2000, ABl. Nr. L 215/1 vom 25.8.2000.

67 Entscheidung der Kommission vom 21.8.2012, ABl. Nr. L 227/11 vom 23.8.2012.

68 Die Entscheidungen zur Angemessenheit des Datenschutzniveaus in Drittländern sind abrufbar unter: „http://ec.europa.eu/justice/data-protection/document/international-transfers/adequacy/index_en.htm".

69 *Dammann/Simitis*, EG-Datenschutzrichtlinie, Art. 25 Rn. 20.

70 *Räther/Seitz*, MMR 2002, S. 425 (427); *Scheja*, Zulässigkeit einer weltweiten Kundendatenbank, S. 153; *Seffer*, ITRB 2002, S. 66 (67); *Büllesbach/Höss-Löw*, DuD 2001, S. 135 f.; *Wilske*, CR 1993, S. 297; *Weichert*, RDV 2012, S. 113 (115 ff.); *Sander/Kremer*, in: Taeger, IT und Internet – mit Recht gestalten, S. 657 (670 ff.); Neunzehnter Bericht der Hessischen Landesregierung über die Tätigkeit der für den Datenschutz im nicht-öffentlichen Bereich in Hessen zuständigen Aufsichtsbehörden, LT-Drs. 16/5892, S. 23; zu aktuellen Reformüberlegungen im Datenschutzbereich in den USA *Spies*, ZD 2011, S. 12.

des allgemeinen Datenverkehrs mit den USA nach Möglichkeit zu vermeiden, hat die EU-Kommission mit der US-Regierung sog. Grundsätze des „sicheren Hafens" („Safe Harbor Principles") sowie diesbezüglich „Häufig gestellte Fragen" („FAQ") ausgehandelt und darauf anschließend eine Angemessenheitsentscheidung gestützt.[71] Danach ist bei solchen Stellen in den USA, die den Grundsätzen des „sicheren Hafens" beigetreten sind und diese den „Häufig gestellten Fragen" entsprechend umgesetzt haben, ebenfalls von einem angemessenen Schutzniveau auszugehen.[72] Der Beitritt erfordert eine entsprechende Erklärung gegenüber dem US-Handelsministerium, das eine Liste der beigetretenen Unternehmen führt und diese im Internet veröffentlicht.[73] Er kann sich neben dem Antragsteller auch auf in den USA ansässige Konzerngesellschaften erstrecken.[74] Die Beitrittsmöglichkeit besteht nur für Unternehmen, die der Zuständigkeit bestimmter US-Behörden (bislang nur der Federal Trade Commission und dem US-Verkehrsministerium) unterliegen, welche bei Nichteinhaltung der Grundsätze des „sicheren Hafens" Beschwerden prüfen und Abhilfe schaffen sollen. Bestimmte Wirtschaftsbereiche können daher nicht an den Vorteilen der Angemessenheitsentscheidung partizipieren. Dies betrifft z. B. Finanzinstitute, Betreiber öffentlicher Telekommunikationsnetze und Luftverkehrsunternehmen.[75] Eine weitere Einschränkung resultiert daraus, dass die Unternehmen bei ihrem Beitritt in bestimmtem Umfang selbst bestimmen können, welche Arten von Daten sie den Grundsätzen des „sicheren Hafens" unterstellen wollen. Ein angemessenes Schutzniveau besteht folglich nicht pauschal, sondern nur für die vom Beitritt tatsächlich umfassten Daten. Dabei kann es sich auch um Personaldaten handeln; insoweit bedarf es jedoch eines besonderen Hinweises in der Beitrittserklärung.[76] Der Beitritt ist jährlich zu erneuern, ansonsten entfällt der Listen-

71 Entscheidung der Kommission vom 26.7.2000, ABl. EG Nr. L 215/7 vom 25.8.2000.

72 *Bergmann/Möhrle/Herb*, BDSG, § 4b Rn. 43; *Schaffland/Wiltfang*, BDSG, § 4b Rn. 4a; *Gola/Schomerus*, BDSG, § 4b Rn. 15; *Backes/Eul/Guthmann/Martwich/Schmidt*, RDV 2004, S. 156 (161); *Wisskirchen*, CR 2004, S. 862 (864 f.); *Lejeune*, ITRB 2005, S. 94 (96); Innenministerium Baden-Württemberg, Hinweise zum Datenschutz für private Unternehmen und Organisationen (Nr. 39), Ziff. A.3.1.2; Arbeitspapier der Artikel 29-Datenschutzgruppe vom 25.11.2005, WP 114, S. 6; Neunzehnter Bericht der Hessischen Landesregierung über die Tätigkeit der für den Datenschutz im nicht-öffentlichen Bereich in Hessen zuständigen Aufsichtsbehörden, LT-Drs. 16/5892, S. 24; a. A. Simitis: in: Simitis, BDSG, § 4b Rn. 79 (Prüfung von Fall zu Fall); kritisch gegenüber dem durch die Grundsätze des „sicheren Hafens" geschaffenen Schutzniveau *Räther/Seitz*, MMR 2002, S. 425 (429 ff.); *Däubler*, in: Däubler/Klebe/Wedde/Weichert, BDSG, § 4b Rn. 15 f.

73 Abrufbar unter www.export.gov/safeharbor/.

74 Siehe Einundzwanzigster Bericht der Hessischen Landesregierung über die Tätigkeit der für den Datenschutz im nicht-öffentlichen Bereich in Hessen zuständigen Aufsichtsbehörden, LT-Drs. 17/663, S. 32.

75 *Räther/Seitz*, MMR 2002, S. 425 (429); *Lejeune*, ITRB 2005, S. 94 (96).

76 *Backes/Eul/Guthmann/Martwich/Schmidt*, RDV 2004, S. 156 (161); siehe auch Einundzwanzigster Bericht der Hessischen Landesregierung über die Tätigkeit der für den Datenschutz im nicht-öffentlichen Bereich in Hessen zuständigen Aufsichtsbehörden, LT-Drs. 17/663, S. 33.

eintrag und somit auch das angemessene Schutzniveau in Bezug auf das betroffene Unternehmen.[77] Bei der Weitergabe von Daten durch ein Safe-Harbor-zertifiziertes Unternehmen an eine dritte Stelle sind die diesbezüglichen Anforderungen der Kommissionsentscheidung einzuhalten.[78]

Aufgrund von erheblichen Vollzugsdefiziten auf US-Seite vertreten die deutschen **24** Aufsichtsbehörden unterdessen die Auffassung, dass sich ein Daten exportierendes Unternehmen bei Übermittlungen an Stellen in die USA nicht allein auf die Behauptung einer Safe Harbor-Zertifizierung des Datenempfängers verlassen darf. Vielmehr hat es die Einhaltung der Safe Harbor-Grundsätze anhand von bestimmten Mindestkriterien selbst zu überprüfen. So muss sich das Daten exportierende Unternehmen nachweisen lassen, dass die Safe Harbor-Zertifizierung des Datenempfängers tatsächlich besteht und noch gültig ist. Außerdem muss es sich nachweisen lassen, wie der Datenempfänger seinen Informationspflichten nach den Grundsätzen des „sicheren Hafens" gegenüber den Betroffenen nachkommt. Das Ergebnis seiner Prüfung hat das Daten exportierende Unternehmen zu dokumentieren und auf Nachfrage der zuständigen Aufsichtsbehörde vorzulegen. Sollten im Rahmen der Prüfung Zweifel an der Einhaltung der Safe Harbor-Kriterien durch das US-Unternehmen aufkommen, wird auf alternative Schutzgarantien wie Vertragsklauseln oder verbindliche Unternehmensregelungen verwiesen.[79]

Soweit ein Drittland kein angemessenes Datenschutzniveau aufweist, sei es generell **25** oder sei es hinsichtlich der konkreten Übermittlungssituation, so hat die Übermittlung gemäß § 4b Abs. 2 Satz 2 BDSG zur Wahrung der Interessen der Betroffenen zu unterbleiben. Neben § 4b Abs. 2 Satz 3 BDSG[80] sieht das Gesetz jedoch wie erwähnt[81] in § 4c BDSG Ausnahmen von diesem Grundsatz vor.

---

77 *Backes/Eul/Guthmann/Martwich/Schmidt*, RDV 2004, S. 156 (161).

78 Siehe Anhang I zur Entscheidung der Kommission vom 26.7.2000, ABl. Nr. L 215/7 vom 25.8.2000, Abschnitt „Weitergabe"; dazu näher Einundzwanzigster Bericht der Hessischen Landesregierung über die Tätigkeit der für den Datenschutz im nicht-öffentlichen Bereich in Hessen zuständigen Aufsichtsbehörden, LT-Drs. 17/663, S. 33 f.

79 Beschluss der obersten Aufsichtsbehörden für den Datenschutz im nicht-öffentlichen Bereich vom 28./29.4.2010 zur Prüfung der Selbst-Zertifizierung des Datenimporteurs nach dem Safe Harbor-Abkommen durch das Daten exportierende Unternehmen; dazu näher *Erd*, K&R 2011, S. 624; *Wybitul/Patzak*, RDV 2011, S. 11 (14); *Greer*, RDV 2011, S. 267; *Marnau/Schlehahn*, DuD 2011, S. 311 (313 ff.); *Weichert*, RDV 2012, S. 113 (117); *Schmidt-Bens*, Cloud Computing Technologien und Datenschutz, S. 45 ff.; *Sander/Kremer*, in: Taeger, IT und Internet – mit Recht gestalten, S. 657 (664 ff.); *von dem Bussche*, in: Plath, BDSG, § 4b Rn. 31; siehe zur Einhaltung der Safe Harbor-Grundsätze bei der transatlantischen Datenübermittlung auch BT-Drs. 17/3375, S. 1 ff.

80 Siehe oben Rn. 20.

81 Siehe oben Rn. 3.

IV. Pflichten der übermittelnden Stelle

1. Unterrichtung des Betroffenen (Abs. 4)

26 Öffentliche Stellen, die auf der Grundlage von § 16 Abs. 1 Nr. 2 BDSG Datenübermittlungen an nicht-öffentliche Stellen vornehmen, sind nach § 4b Abs. 4 Satz 1
BDSG verpflichtet, den Betroffenen von der Übermittlung seiner Daten zu unterrichten. Die Unterrichtungspflicht entfällt in den in § 4b Abs. 4 Satz 2 BDSG genannten Fällen, die den für Inlandsübermittlungen geltenden Unterrichtungsschran-
ken nach § 16 Abs. 3 Satz 2 BDSG entsprechen.[82]

2. Verantwortlichkeit für die Übermittlung (Abs. 5)

27 Die Verantwortung für die Zulässigkeit der Übermittlung liegt nach § 4b Abs. 5
BDSG bei der übermittelnden Stelle. Das bedeutet, dass diese bei Datenübermittlungen ins Ausland neben der Einhaltung der allgemeinen Zulässigkeitsvoraussetzungen grundsätzlich auch die Einhaltung der in §§ 4b, 4c BDSG beschriebenen
Voraussetzungen zu prüfen und zu gewährleisten hat.[83] Dies erscheint insofern
sachgerecht, als dass die übermittelnde Stelle am ehesten die konkreten Umstände
kennt, unter denen die Übermittlung vorgenommen wird und diese beeinflussen
kann.[84] Tatsächlich dürften aber nur wenige Stellen über die Ressourcen verfügen,
um für jedes mögliche Drittland die nach § 4b Abs. 2 und 3 BDSG erforderliche
Prüfung, insbesondere die aufwendige und schwierige Prüfung der im Drittland geltenden Rechtsnormen und deren Vereinbarkeit mit der EG-DSRl, vorzunehmen.[85]
Dies zeigen schon Dauer und Intensität des Verfahrens, das typischerweise einer
Angemessenheitsentscheidung der EU-Kommission vorausgeht. Angesichts der
Rechtsfolgen[86] und Reputationsschäden, die mit unzulässigen Datenübermittlungen
verbunden sein können, ist den übermittelnden Stellen jedenfalls grundsätzlich zur
Vorsicht im Zusammenhang mit der Prüfung nach § 4b Abs. 2 und 3 BDSG zu ra-
ten. Ohne Weiteres lässt sich ein angemessenes Schutzniveau im Empfängerland

---

82 Siehe die Kommentierung zu § 16 BDSG Rn. 37 ff.; kritisch zu der eingeschränkten Unterrichtungspflicht *Simitis*, in: Simitis, BDSG, § 4b Rn. 85 ff.

83 Statt vieler *Simitis*, in: Simitis, BDSG, § 4b Rn. 91.

84 *Simitis*, in: Simitis, BDSG, § 4b Rn. 89; *Gola/Schomerus*, BDSG, § 4b Rn. 18.

85 Ebenso *Däubler*, in: Däubler/Klebe/Wedde/Weichert, BDSG, § 4b Rn. 13; ähnlich *Rittwe-
ger/Weiße*, CR 2003, S. 142 (148).

86 Die vorsätzliche oder fahrlässige unbefugte Übermittlung personenbezogener Daten stellt
eine Ordnungswidrigkeit dar, die mit einer Geldbuße bis zu € 300.000 geahndet werden
kann (§ 43 Abs. 2 Nr. 1, Abs. 3 Satz 1 2. Alt. BDSG). Im Falle der vorsätzlichen Handlung
gegen Entgelt oder in Bereicherungs- oder Schädigungsabsicht kann es sich auch um eine
Straftat handeln, die mit Freiheitsstrafe bis zu zwei Jahren oder mit Geldstrafe bestraft
wird (§ 44 Abs. 1 BDSG). Zudem macht sich die verantwortliche Stelle gegenüber dem
Betroffenen schadensersatzpflichtig (§ 7 BDSG). Siehe zu diesen Rechtsfolgen auch *Rät-
her/Seitz*, MMR 2002, S. 425 (426); *Backes/Eul/Guthmann/Martwich/Schmidt*, RDV
2004, S. 156 (163).

nur bei Vorliegen einer entsprechenden Angemessenheitsentscheidung der EU-Kommission (einschließlich der Grundsätze des „sicheren Hafens") bejahen.[87] Im Zweifel empfiehlt es sich, die zuständige Aufsichtsbehörde zu konsultieren.

Die übermittelnde Stelle ist grundsätzlich mit der verantwortlichen Stelle nach § 3 Abs. 7 BDSG identisch.[88] Im Falle konzernweiter Verarbeitungssysteme (z. B. Datenbanken), bei denen durch verschiedene Stellen weltweit Daten eingespeist und abgerufen werden, stellt sich allerdings die Frage, ob alle europäischen (und speziell die deutschen) Konzernunternehmen als übermittelnde Stellen anzusehen sind. Die deutschen Aufsichtsbehörden vertreten hierzu die Auffassung, dass es insoweit maßgeblich auf die tatsächliche Entscheidungsbefugnis bezüglich des Datentransfers in Drittländer ankomme, die auch bei einer einzelnen Niederlassung oder der Konzernmutter liegen könne.[89] So sind die Aufsichtsbehörden z. B. im Falle eines deutschen Konzerns davon ausgegangen, dass nur die in Berlin ansässige Konzernmutter als übermittelnde Stelle für den konzerninternen Datentransfer anzusehen sei, weil sämtliche personenbezogenen Daten von den europäischen Tochtergesellschaften in eine zentrale Datenbank der Konzernmutter übermittelt würden und diese allein über den Umgang mit der Datenbank einschließlich Übermittlungen aus der Datenbank an die weltweiten, auch in Drittländern ansässigen Tochtergesellschaften entscheide.[90] In derartigen Fällen liegt die Verantwortung für die Einhaltung der Anforderungen der §§ 4b, 4c BDSG in der Praxis somit in erster Linie bei der entscheidungsbefugten Stelle. Diese ist bei Fehlen eines angemessenen Schutzniveaus unter anderem für den Abschluss von Verträgen oder die Abstimmung verbindlicher Unternehmensregelungen mit den Aufsichtsbehörden nach § 4c Abs. 2 BDSG zur Ermöglichung des Drittlandstransfers zuständig.[91] Dabei ist zu berücksichtigen, dass rechtlich unselbstständige Niederlassungen nach Ansicht der Aufsichtsbehörden zwar übermittelnde Stellen i. S. d. §§ 4b, 4c BDSG sein können, nicht jedoch Antragsteller oder Adressat von entsprechenden Genehmigungsverfahren; dies soll der jeweiligen Hauptniederlassung vorbehalten bleiben.[92] Abhängig vom Sitz der auf diese Weise zur Einhaltung der Anforderungen der §§ 4b, 4c BDSG ermittelten Stelle beurteilt sich jeweils auch die Zuständigkeit der nationa-

28

---

87 Siehe oben Rn. 22 ff.
88 *Schaffland/Wiltfang*, BDSG, § 4b Rn. 6; *Hillenbrand-Beck*, RDV 2007, S. 231 (232).
89 *Hillenbrand-Beck*, RDV 2007, S. 231 (232); Zwanzigster Bericht der Hessischen Landesregierung über die Tätigkeit der für den Datenschutz im nicht-öffentlichen Bereich in Hessen zuständigen Aufsichtsbehörden, LT-Drs. 16/7646, S. 17 f.; Positionspapier des Düsseldorfer Kreises vom 19./20.4.2007 zum Internationalen Datenverkehr, Ziff. I.1. und I.2.
90 Zwanzigster Bericht der Hessischen Landesregierung über die Tätigkeit der für den Datenschutz im nicht-öffentlichen Bereich in Hessen zuständigen Aufsichtsbehörden, LT-Drs. 16/7646, S. 17 f. und 27, mit weiteren Beispielen.
91 *Hillenbrand-Beck*, RDV 2007, S. 231 (232).
92 *Hillenbrand-Beck*, RDV 2007, S. 231 (232); Zwanzigster Bericht der Hessischen Landesregierung über die Tätigkeit der für den Datenschutz im nicht-öffentlichen Bereich in Hessen zuständigen Aufsichtsbehörden, LT-Drs. 16/7646, S. 18; Positionspapier des Düsseldorfer Kreises vom 19./20.4.2007 zum Internationalen Datenverkehr, Ziff. I.3.

len Aufsichtsbehörden.[93] Wenn z.B. die rechtlich unselbstständige Niederlassung eines französischen Unternehmens in Deutschland personenbezogene Daten in ein Drittland transferiert, ist in der Regel die Genehmigungszuständigkeit der für das rechtlich selbstständige Unternehmen in Frankreich zuständigen Aufsichtsbehörde begründet.[94] Dessen ungeachtet sollen die übrigen Konzernteile bei der Prüfung der allgemeinen Zulässigkeitsvoraussetzungen für die Datenübermittlung (z.B. im Rahmen der Interessenabwägung nach § 28 Abs. 1 Satz 1 Nr. 2 BDSG) zu berücksichtigen haben, ob die Voraussetzungen für den geplanten Drittlandtransfer gegeben sind. Diese sollen sich also nicht „blind" darauf verlassen dürfen, dass die entscheidungsbefugte Stelle schon die erforderlichen Vorkehrungen getroffen haben werde.[95] Die gleichen Grundsätze wenden die deutschen Aufsichtsbehörden auch bei Auslagerungsverhältnissen an, die von einem Unternehmen zentral für den Konzern initiiert werden.[96] Ob die anderen europäischen Aufsichtsbehörden die vorstehend umrissene Sichtweise teilen, ist freilich nicht garantiert;[97] entsprechend ist im konkreten Fall das Bestehen zusätzlicher Konsultations- und Genehmigungspflichten im Ausland zu prüfen.

3. Hinweis auf Zweckbindung (Abs. 6)

29 § 4b Abs. 6 BDSG verpflichtet die übermittelnde Stelle, den Datenempfänger auf den Zweck hinzuweisen, zu dessen Erfüllung die Daten übermittelt werden. Diese Regelung soll zwar der Beachtung des Zweckbindungsgebots durch die empfangende Stelle dienen,[98] unterliegt jedoch zwei wesentlichen Einschränkungen: Da das Zweckbindungsgebot nach dem BDSG nicht uneingeschränkt gilt, sind zum einen auch für die empfangende Stelle entsprechende Ausnahmen anzuerkennen (siehe etwa § 28 Abs. 5 BDSG).[99] Zum anderen vermag das BDSG aufgrund seines beschränkten räumlichen Geltungsbereichs, dem Empfänger im Ausland selbst keine

---

93 *Hillenbrand-Beck*, RDV 2007, 231 (232 f.); Zwanzigster Bericht der Hessischen Landesregierung über die Tätigkeit der für den Datenschutz im nicht-öffentlichen Bereich in Hessen zuständigen Aufsichtsbehörden, LT-Drs. 16/7646, S. 17 f.

94 Zwanzigster Bericht der Hessischen Landesregierung über die Tätigkeit der für den Datenschutz im nicht-öffentlichen Bereich in Hessen zuständigen Aufsichtsbehörden, LT-Drs. 16/7646, S. 18.

95 Positionspapier des Düsseldorfer Kreises vom 19./20.4.2007 zum Internationalen Datenverkehr, Ziff. I.5.

96 Zwanzigster Bericht der Hessischen Landesregierung über die Tätigkeit der für den Datenschutz im nicht-öffentlichen Bereich in Hessen zuständigen Aufsichtsbehörden, LT-Drs. 16/7646, S. 18.

97 *Hillenbrand-Beck*, RDV 2007, S. 231 (232, dort Fn. 9).

98 Siehe BT-Drs. 14/5793, S. 61.

99 BT-Drs. 14/5793, S. 61; Innenministerium Baden-Württemberg, Hinweise zum Datenschutz für private Unternehmen und Organisationen (Nr. 40), Ziff. B.1.; *Scheja*, Zulässigkeit einer weltweiten Kundendatenbank, S. 115 und 120; a.A. *Simitis*, in: Simitis, BDSG, § 4b Rn. 94.

Zweckbindungspflicht aufzuerlegen.[100] Diese muss sich vielmehr aus denjenigen Regelungen ergeben, die unmittelbar für den Empfänger gelten und bei ihm für das Bestehen eines angemessenen Datenschutzniveaus sorgen. Insoweit ist zu berücksichtigen, dass der Zweckbindungsgrundsatz ein zentrales Element der EG-DSRl darstellt und sich daher auch in den Regelungen, die ein angemessenes Schutzniveau gewährleisten, wiederfinden muss.[101] Folgerichtig ist die Hinweispflicht nach § 4b Abs. 6 BDSG grundsätzlich auf die Mitteilung des Übermittlungszwecks beschränkt. Eine weitergehende Pflicht der übermittelnden Stelle, für die Einhaltung der Zweckbindung durch den Empfänger zu sorgen und diesen entsprechend zu überwachen, sieht das Gesetz nicht vor.[102] Insoweit bestehen keine grundlegenden Unterschiede zur Datenübermittlungen im Inland (siehe etwa §§ 28 Abs. 5 Satz 3, 29 Abs. 4 BDSG).

---

100 *Bergmann/Möhrle/Herb*, BDSG, § 4b Rn. 55.
101 *Gola/Schomerus*, BDSG, § 4b Rn. 20; *Simitis*, in: Simitis, BDSG, § 4b Rn. 94.
102 *Schaffland/Wiltfang*, BDSG, § 4b Rn. 7; a. A. *Simitis*, in: Simitis, BDSG, § 4b Rn. 94 (Verpflichtung der übermittelnden Stelle, auf die Einhaltung der Zweckbindung durch den Empfänger zu achten).

§ 4c Ausnahmen

(1) Im Rahmen von Tätigkeiten, die ganz oder teilweise in den Anwendungsbereich des Rechts der Europäischen Gemeinschaften fallen, ist eine Übermittlung personenbezogener Daten an andere als die in § 4b Abs. 1 genannten Stellen, auch wenn bei ihnen ein angemessenes Datenschutzniveau nicht gewährleistet ist, zulässig, sofern

1. der Betroffene seine Einwilligung gegeben hat,

2. die Übermittlung für die Erfüllung eines Vertrags zwischen dem Betroffenen und der verantwortlichen Stelle oder zur Durchführung von vorvertraglichen Maßnahmen, die auf Veranlassung des Betroffenen getroffen worden sind, erforderlich ist,

3. die Übermittlung zum Abschluss oder zur Erfüllung eines Vertrags erforderlich ist, der im Interesse des Betroffenen von der verantwortlichen Stelle mit einem Dritten geschlossen wurde oder geschlossen werden soll,

4. die Übermittlung für die Wahrung eines wichtigen öffentlichen Interesses oder zur Geltendmachung, Ausübung oder Verteidigung von Rechtsansprüchen vor Gericht erforderlich ist,

5. die Übermittlung für die Wahrung lebenswichtiger Interessen des Betroffenen erforderlich ist oder

6. die Übermittlung aus einem Register erfolgt, das zur Information der Öffentlichkeit bestimmt ist und entweder der gesamten Öffentlichkeit oder allen Personen, die ein berechtigtes Interesse nachweisen können, zur Einsichtnahme offen steht, soweit die gesetzlichen Voraussetzungen im Einzelfall gegeben sind.

Die Stelle, an die die Daten übermittelt werden, ist darauf hinzuweisen, dass die übermittelten Daten nur zu dem Zweck verarbeitet oder genutzt werden dürfen, zu dessen Erfüllung sie übermittelt werden.

(2) Unbeschadet des Absatzes 1 Satz 1 kann die zuständige Aufsichtsbehörde einzelne Übermittlungen oder bestimmte Arten von Übermittlungen personenbezogener Daten an andere als die in § 4b Abs. 1 genannten Stellen genehmigen, wenn die verantwortliche Stelle ausreichende Garantien hinsichtlich des Schutzes des Persönlichkeitsrechts und der Ausübung der damit verbundenen Rechte vorweist; die Garantien können sich insbesondere aus Vertragsklauseln oder verbindlichen Unternehmensregelungen ergeben. Bei den Post- und Telekommunikationsunternehmen ist der Bundesbeauftragte für den Datenschutz und die Informationsfreiheit zuständig. Sofern die Übermittlung durch öffentliche Stellen erfolgen soll, nehmen diese die Prüfung nach Satz 1 vor.

(3) Die Länder teilen dem Bund die nach Absatz 2 Satz 1 ergangenen Entscheidungen mit.

Literatur: Siehe die Literaturangaben zu § 4b BDSG.

Übersicht

I. Allgemeines

1. Gesetzeszweck

§ 4c BDSG knüpft inhaltlich an die Regelung des § 4b Abs. 2 BDSG an und ermög- **1**
licht unter bestimmten Voraussetzungen die Übermittlung personenbezogener Daten an Stellen in Drittländern sowie an andere über- und zwischenstaatliche Stellen
als die Organe und Einrichtungen der Europäischen Gemeinschaften („... an andere
als die in § 4b Abs. 1 genannten Stellen ..."), auch wenn bei diesen Stellen keine
angemessenen Datenschutzstandards bestehen mögen. Zu diesem Zweck enthält
§ 4c Abs. 1 BDSG zunächst einen weit reichenden Ausnahmekatalog, durch den gewährleistet werden soll, dass der Wirtschaftsverkehr mit Drittländern nicht unangemessen beeinträchtigt wird.[1] Grundgedanke hinter den Ausnahmeregelungen ist,
dass das Schutzbedürfnis der Betroffenen in diesen Fällen vergleichsweise gering
einzustufen ist.[2] Darüber hinaus können Übermittlungen in Drittländer nach § 4c
Abs. 2 BDSG stattfinden, wenn die zuständige Aufsichtsbehörde sie genehmigt.
Dies setzt voraus, dass die verantwortliche Stelle ausreichende Garantien (z. B. in
Form von Vertragsklauseln oder verbindlichen Unternehmensregelungen) zum

---

1 So Begründung des Entwurfs der Bundesregierung für ein Gesetz zur Änderung des BDSG
und anderer Gesetze, BT-Drs. 14/4329, S. 34.
2 BT-Drs. 14/4329, S. 34; *Gola/Schomerus*, BDSG, § 4c Rn. 4.

Schutz der Betroffenen vorweist. Ohne solche Garantien kommt eine Genehmigung nicht in Betracht.

2 Im Unterschied zu § 4b Abs. 2 BDSG setzt § 4c BDSG stets voraus, dass die Datenübermittlungen im Rahmen von Tätigkeiten erfolgen, die ganz oder teilweise in den Anwendungsbereich des Rechts der Europäischen Gemeinschaften fallen.[3] Gemeint ist damit wie bei § 4b Abs. 1 BDSG die frühere sog. erste Säule der EU, die wirtschaftliche Zusammenarbeit der Mitgliedstaaten.[4] Unanwendbar ist die Vorschrift daher bei Übermittlungen im Rahmen der gemeinsamen Außen- und Sicherheitspolitik (zweite Säule) sowie der polizeilichen und justiziellen Zusammenarbeit in Strafsachen (dritte Säule).[5] Insoweit bleibt es bei dem Übermittlungsverbot des § 4b Abs. 2 BDSG, falls bei der empfangenden Stelle kein angemessenes Datenschutzniveau gegeben ist und auch kein Fall des § 4b Abs. 2 Satz 3 BDSG vorliegt.

2. Europarechtliche Grundlagen

3 § 4c BDSG dient der Umsetzung von Art. 26 EG-DSRl, der die Anforderungen regelt, unter denen vom Grundsatz des angemessenen Datenschutzniveaus abgewichen werden kann. Der deutsche Gesetzgeber hat diese Anforderungen weitgehend wortgleich übernommen.[6]

3. Verhältnis zu anderen Vorschriften

4 Für das Verhältnis zu anderen datenschutzrechtlichen Vorschriften gelten die gleichen Grundsätze wie bei § 4b BDSG.[7] Insbesondere stellt auch § 4c BDSG – ungeachtet des insoweit missverständlichen Wortlauts („… ist eine Übermittlung … zulässig, sofern …") – keine eigenständige Erlaubnisnorm für Datenübermittlungen in Drittländer dar. Vielmehr müssen stets zusätzlich die allgemeinen Zulässigkeitsvoraussetzungen für Datenübermittlungen (z.B. §§ 28 ff. BDSG) erfüllt sein.[8]

II. Ausnahmetatbestände (Abs. 1)

5 § 4c Abs. 1 BDSG umfasst sechs alternativ zu verstehende Ausnahmetatbestände, bei deren Erfüllung eine Datenübermittlung jeweils erfolgen darf, obwohl bei der

---

3 BT-Drs. 14/4329, S. 34; *Simitis*, in: Simitis, BDSG, § 4c Rn. 4.
4 Siehe Kommentierung zu § 4b BDSG Rn. 11.
5 *Däubler*, in: Däubler/Klebe/Wedde/Weichert, BDSG, § 4c Rn. 3 m.w.N.
6 Siehe Kommentierung zu § 4b BDSG Rn. 6.
7 Siehe Kommentierung zu § 4b BDSG Rn. 7 ff.
8 *Dammann/Simitis*, EG-Datenschutzrichtlinie, Art. 26 Rn. 3; *Simitis*, in: Simitis, BDSG, § 4c Rn. 6; *Draf*, Die Regelungen der Übermittlung personenbezogener Daten in Drittländer nach Art. 25, 26 der EG-Datenschutzrichtlinie, S. 106 f.; *Scheja*, Datenschutzrechtliche Zulässigkeit einer weltweiten Kundendatenbank, S. 169.

empfangenden Stelle kein angemessenes Datenschutzniveau besteht. Die Aufzählung ist abschließend. Aufgrund ihres Ausnahmecharakters sind die Regelungen grundsätzlich restriktiv auszulegen.[9] Zum Teil wird empfohlen, nur dann auf die Ausnahmebestimmungen des Abs. 1 zurückzugreifen, wenn eine Übermittlung auf der Grundlage von Abs. 2 (Genehmigung durch die Aufsichtsbehörde bei ausreichenden Garantien) nicht oder nur schwerlich möglich wäre.[10] Doch findet diese Subsidiarität des Abs. 1 weder in Art. 26 EG-DSRl noch in § 4c BDSG eine Stütze.[11]

1. Einwilligung (Satz 1 Nr. 1)

Die erste Ausnahme vom Übermittlungsverbot an Stellen ohne angemessenes **6** Schutzniveau bildet nach § 4c Abs. 1 Satz 1 Nr. 1 BDSG die Einwilligung des Betroffenen. Zusätzlich zu den allgemein an eine wirksame Einwilligung zu stellenden Anforderungen (vgl. § 4a BDSG) ist für die Einwilligung zu einem Drittlandstransfer erforderlich, dass der Betroffene auf die jeweiligen Risiken der Datenübermittlung in ein Land ohne ausreichendes Schutzniveau hingewiesen wird. Hierfür bedarf es insbesondere der Angabe der Art der betroffenen Daten, des Verarbeitungszwecks und -umfangs, des Empfängers, des Zielortes sowie der dort geltenden Verarbeitungsvoraussetzungen einschließlich Weitergabemöglichkeiten der Daten an Dritte.[12] Zudem muss die Einwilligung für den konkreten Fall erteilt werden und darf keine Pauschaleinwilligung darstellen.[13] Die Einwilligung muss freiwillig, d.h. ohne Zwang erfolgen. Dies wird insbesondere bei Beschäftigungsverhältnissen als problematisch angesehen, weil zwischen Arbeitgeber und Arbeitnehmer typischerweise ein hierarchisches Verhältnis besteht.[14] Generell ausgeschlossen ist die Ein-

---

9 *Däubler*, in: Däubler/Klebe/Wedde/Weichert, BDSG, § 4c Rn. 4; *Simitis*, in: Simitis, BDSG, § 4c Rn. 7; *Busche*, in: Taeger/Wiebe, Inside the Cloud – Neue Herausforderungen für das Informationsrecht, S. 63 (69); ebenso zu Art. 26 Abs. 1 EG-DSRl Arbeitspapier der Artikel 29-Datenschutzgruppe vom 25.11.2005, WP 114, S. 8 f.

10 Arbeitspapier der Artikel 29-Datenschutzgruppe vom 25.11.2005, WP 114, S. 11.

11 Zur Frage der Antragsbefugnis nach § 4c Abs. 2 BDSG bei Vorliegen eines Ausnahmetatbestandes nach § 4c Abs. 1 BDSG siehe unten Rn. 15.

12 *Gola/Schomerus*, BDSG, § 4c Rn. 5; *Simitis*, in: Simitis, BDSG, § 4c Rn. 9; *Räther/Seitz*, MMR 2002, S. 425 (431 f.); *Busche*, in: Taeger/Wiebe, Inside the Cloud – Neue Herausforderungen für das Informationsrecht, S. 63 (67); *Hoeren*, RDV 2012, S. 271 (273); Vierzehnter Bericht der Hessischen Landesregierung über die Tätigkeit der für den Datenschutz im nicht-öffentlichen Bereich in Hessen zuständigen Aufsichtsbehörden, LT-Drs. 15/2950, S. 25; Arbeitspapier der Artikel 29-Datenschutzgruppe vom 25.11.2005, WP 114, S. 14; speziell zur Einwilligung bei internationalen klinischen Studien *Weisser/Bauer*, MedR 2005, S. 339 (345 f.).

13 *Simitis*, in: Simitis, BDSG, § 4c Rn. 10; *Däubler*, in: Däubler/Klebe/Wedde/Weichert, BDSG, § 4c Rn. 5; *Gola/Schomerus*, BDSG, § 4c Rn. 5; *Räther/Seitz*, MMR 2002, S. 425 (431); *Schmidl*, DuD 2007, S. 756; *Hoeren*, RDV 2012, S. 271 (273); Arbeitspapier der Artikel 29-Datenschutzgruppe vom 25.11.2005, WP 114, S. 14.

14 *Däubler*, CR 1999, S. 49 (52); *Backes/Eul/Guthmann/Martwich/Schmidt*, RDV 2004, S. 156 (159); *Conrad*, ITRB 2005, S. 164 (166); *Schmidl*, DuD 2007, S. 756 (758 ff.); Vier-

willigung aber auch hier nicht. Allerdings darf den Beschäftigten nachweislich kein Nachteil daraus entstehen, dass sie ihre Einwilligung zur Übermittlung verweigern oder diese später widerrufen.[15] Denkbar ist eine Einwilligung vor allen Dingen bei Maßnahmen, die für die Beschäftigten vorteilhaft sind, wie z.B. die Datenübermittlung zum Zwecke der Teilnahme an Aktienoptionsprogrammen („Stock Options") der im Drittland ansässigen Konzernmutter.[16] Der Weg über die Einwilligung gestaltet sich jedoch grundsätzlich schwierig, falls der Kreis der Betroffenen nicht überschaubar ist und nicht damit gerechnet werden kann, dass sämtliche Betroffenen ihre Einwilligung erteilen bzw. dauerhaft aufrechterhalten werden. Die Einwilligung bietet sich deshalb nicht unbedingt als Legitimation von Maßnahmen an, die notwendigerweise einheitlich für alle Betroffenen umzusetzen sind, wie beispielsweise die Einführung konzernweiter Personalwirtschaftslösungen oder das Outsourcing interner Systeme oder Prozesse.[17]

2. Vertrag mit dem Betroffenen (Satz 1 Nr. 2)

7 Die Übermittlung personenbezogener Daten an Stellen ohne angemessenes Schutzniveau ist nach § 4c Abs. 1 Satz 1 Nr. 2 BDSG außerdem zulässig, wenn sie zur Vertragserfüllung oder zur Durchführung vorvertraglicher Maßnahmen erforderlich ist. Dies setzt voraus, dass der Betroffene Partei des betreffenden Vertrages ist oder die vorvertraglichen Maßnahmen veranlasst hat, wobei der zugrunde liegende Vorgang einen für ihn deutlich erkennbaren Auslandsbezug aufweisen muss. In diesem Fall weiß der Betroffene nicht nur um die Notwendigkeit der Datenübermittlung ins Ausland, sondern diese deckt sich auch mit seinen vertraglichen Interessen. Er ist deshalb nicht besonders schutzwürdig.[18] Beispiele für entsprechende Übermittlungen sind die Ausführung von internationalen Überweisungen durch die eigene Bank und die Weitergabe von Kundendaten durch Reisebüros an Hotels und andere

---

zehnter Bericht der Hessischen Landesregierung über die Tätigkeit der für den Datenschutz im nicht-öffentlichen Bereich in Hessen zuständigen Aufsichtsbehörden, LT-Drs. 15/2950, S. 25; Arbeitspapier der Artikel 29-Datenschutzgruppe vom 25.11.2005, WP 114, S. 13; kritisch gegenüber dieser Auffassung *Lambrich/Cahlik*, RDV 2002, S. 287 (292 ff.).

15 *Gola/Schomerus*, BDSG, § 4c Rn. 5; *Busche*, in: Taeger/Wiebe, Inside the Cloud – Neue Herausforderungen für das Informationsrecht, S. 63 (68); Arbeitspapier der Artikel 29-Datenschutzgruppe vom 25.11.2005, WP 114, S. 13; näher dazu aus arbeitsrechtlicher Sicht *Lambrich/Cahlik*, RDV 2002, S. 287 (293 f.).

16 *Gola*, RDV 2002, S. 109 (115); Vierzehnter Bericht der Hessischen Landesregierung über die Tätigkeit der für den Datenschutz im nicht-öffentlichen Bereich in Hessen zuständigen Aufsichtsbehörden, LT-Drs. 15/2950, S. 25.

17 *Däubler*, CR 1999, S. 49 (52); *Räther*, DuD 2005, S. 461 (464); *Lange*, AuA 2006, S. 712 f.; *Busche*, in: Taeger/Wiebe, Inside the Cloud – Neue Herausforderungen für das Informationsrecht, S. 63 (68); Arbeitspapier der Artikel 29-Datenschutzgruppe vom 25.11.2005, WP 114, S. 13 f.; *Hoeren*, RDV 2012, S. 271 (273 f.).

18 *Simitis*, in: Simitis, BDSG, § 4c Rn. 13; *Backes/Eul/Guthmann/Martwich/Schmidt*, RDV 2004, S. 156 (157).

Leistungsträger im Reiseland, die sich um den Aufenthalt des Kunden kümmern.[19] Begrenzt wird diese Ausnahmeregelung durch das Kriterium der Erforderlichkeit, zu dessen Erfüllung zunächst zwischen dem Vertrag und der Übermittlung ein direkter und objektiver Bezug bestehen muss. Hieran fehlt es, wenn die Übermittlung letztlich zur Verwirklichung eigener Interessen der verantwortlichen Stelle dient, wie z. B. die Übermittlung von Mitarbeiterdaten in internationalen Konzernen zur Zentralisierung von Gehalts- und Personalverwaltungsfunktionen.[20] Denkbar ist die konzerninterne Übermittlung von Mitarbeiterdaten aufgrund von § 4c Abs. 1 Satz 1 Nr. 2 BDSG jedoch, wenn sich Mitarbeiter ausdrücklich zu Auslandseinsätzen verpflichtet haben und ihre Daten entsprechend zwischen den beteiligten Konzernstellen ausgetauscht werden müssen.[21] Die übermittelten Daten müssen zudem bei sachgerechter Auslegung für die Erfüllung des Vertrages oder die Durchführung der betreffenden vorvertraglichen Maßnahmen tatsächlich erforderlich sein. Dies schließt die Übermittlung überschießender Informationen ebenso aus wie die Übermittlung für andere Zwecke als für die Erfüllung des konkreten Vertrages.[22]

3. Vertrag im Interesse des Betroffenen (Satz 1 Nr. 3)

Nach § 4c Abs. 1 Satz 1 Nr. 3 BDSG sind Datenübermittlungen in Drittländer gestattet, wenn sie zum Abschluss oder Erfüllung von Verträgen erforderlich sind, die im Interesse des Betroffenen von der verantwortlichen Stelle mit einem Dritten geschlossen wurden oder geschlossen werden sollen. Im Unterschied zur vorangegangenen Regelung ist der Betroffene dabei selbst nicht Vertragspartner, er wird lediglich begünstigt. Von dieser Ausnahme werden daher vor allem Verträge zugunsten Dritter i. S. v. § 328 BGB erfasst,[23] aber auch andere Deckungsgeschäfte ohne ein eigenes Forderungsrecht des Betroffenen.[24] Praktische Beispiele sind etwa der Abschluss von Mitarbeiterversicherungen bei ausländischen Gesellschaften[25] oder die Einschaltung von Korrespondenzbanken im Rahmen internationaler Überweisungen.[26] Begrenzt wird die Übermittlungsbefugnis wieder durch das Merkmal der Erforderlichkeit. Als kritisch wird unter diesem Aspekt, wenngleich auch ohne nähere Begründung, die Datenübermittlung an Finanzdienstleister in Drittländern

8

---

19 Siehe statt vieler *Dammann/Simitis*, EG-Datenschutzrichtlinie, Art. 26 Rn. 6.
20 *Büllesbach/Höss-Löw*, DuD 2001, S. 135 (136); *Lange*, AuA 2006, S. 712 (713); Arbeitspapier der Artikel 29-Datenschutzgruppe vom 25.11.2005, WP 114, S. 15; ebenso zur Datenweitergabe beim Cloud Computing *Reindl*, in: Taeger/Wiebe, Inside the Cloud – Neue Herausforderungen für das Informationsrecht, S. 441 (447).
21 *Gola*, RDV 2002, S. 109 (115); *Lejeune*, ITRB 2005, S. 94 (95); *Lange*, AuA 2006, S. 712 (713); *Däubler*, in: Däubler/Klebe/Wedde/Weichert, BDSG, § 4c Rn. 6.
22 Arbeitspapier der Artikel 29-Datenschutzgruppe vom 25.11.2005, WP 114, S. 15 f.; *Büllesbach/Höss-Löw*, DuD 2001, S. 135 (136).
23 *Gola/Schomerus*, BDSG, § 4c Rn. 6; *Bergmann/Möhrle/Herb*, BDSG, § 4c Rn. 9.
24 So wohl auch *Simitis*, in: Simitis, BDSG, § 4c Rn. 17.
25 *Lambrich/Cahlik*, RDV 2002, S. 287 (296 f.); *Gola/Schomerus*, BDSG, § 4c Rn. 6.
26 *Bergmann/Möhrle/Herb*, BDSG, § 4c Rn. 9; *Simitis*, in: Simitis, BDSG, § 4c Rn. 17.

angesehen, welche im Auftrag von Unternehmen Aktienoptionspläne im Interesse der Nutznießer dieser Pläne verwalten. Insoweit soll es grundsätzlich an der verantwortlichen Stelle sein, nachzuweisen, dass die Datenübermittlung im engeren Sinne „erforderlich" sei.[27] Gelingt dies nicht, bleibt im Zweifel zur Vermeidung einer erheblich aufwands- und kostenintensiveren regionalen Verwaltung der Aktienoptionspläne der Ausweg über die Instrumente des § 4c Abs. 2 BDSG.

4. Wahrung öffentlicher Interessen und Durchsetzung von Rechtsansprüchen vor Gericht (Satz 1 Nr. 4)

9   Übermittlungen in Drittländer sind ferner erlaubt, wenn dies zur Wahrung eines wichtigen öffentlichen Interesses oder zur Geltendmachung, Ausübung oder Verteidigung von Rechtsansprüchen vor Gericht erforderlich ist, § 4c Abs. 1 Satz 1 Nr. 4 BDSG. Wichtigen öffentlichen Belangen und dem Interesse an effektivem Rechtsschutz wird insoweit der Vorrang gegenüber dem Schutz des Persönlichkeitsrechts des Einzelnen eingeräumt. Maßstab für Art und Umfang der Übermittlung ist dabei der Verhältnismäßigkeitsgrundsatz, der im Einzelfall eine Abwägung der widerstreitenden Interessen gebietet.[28]

10   Die Berufung auf wichtige öffentliche Interessen i.S.v. § 4c Abs. 1 Satz 1 Nr. 4 1. Alt BDSG kommt z.B. im Hinblick auf den internationalen Datenaustausch zwischen Steuer- und Zollverwaltungen oder Sozialversicherungsträgern in Betracht.[29] Außerdem soll durch diese Öffnung die internationale Zusammenarbeit in Bereichen wie der Bekämpfung der Geldwäsche und der Überwachung von Finanzinstituten ermöglicht werden.[30] Denkbar erscheint ein Rückgriff auf die Ausnahmeregelung entsprechend auch im Compliance-Bereich, der in den vergangenen Jahren in der Unternehmenspraxis stetig an Bedeutung hinzugewonnen hat.[31] Zu beachten ist jedoch, dass § 4c BDSG stets eine Tätigkeit voraussetzt, die ganz oder zumindest teilweise in den Anwendungsbereich des Gemeinschaftsrechts fällt.[32] Zudem muss das im konkreten Fall angeführte Interesse nach den innerstaatlichen Rechtsvorschriften auch für die verantwortliche Stelle gelten. Das Interesse ausländischer Behörden an der Datenübermittlung allein genügt nicht zu deren Legitimierung, da ausländische Behörden ansonsten aufgrund unilateraler Entscheidungen die gesetz-

---

27 Arbeitspapier der Artikel 29-Datenschutzgruppe vom 25.11.2005, WP 114, S. 16 f.
28 BT-Drs. 14/4329, S. 34 f.
29 Siehe Erwägungsgrund 58 der EG-DSRl.
30 Siehe Begründung zu Art. 26 des geänderten Vorschlags der EG-DSRl, abgedruckt bei *Dammann/Simitis*, EG-Datenschutzrichtlinie, S. 283.
31 Zustimmend *von dem Bussche*, in: Plath, BDSG, § 4c Rn. 12; a.A. wohl *Däubler*, in: Däubler/Klebe/Wedde/Weichert, BDSG, § 4c Rn. 8, der meint, dass ein Rückgriff auf die Ausnahmeregelung im nicht-öffentlichen Bereich nur schwer vorstellbar sei.
32 Siehe oben Rn. 2.

lichen Anforderungen an das Bestehen eines angemessenen Schutzniveaus im Empfängerland umgehen könnten.[33]

Daneben sind Datenübermittlungen zur Geltendmachung, Ausübung oder Verteidi- **11** gung von Rechtsansprüchen vor Gericht zulässig. Nach Auffassung der Aufsichtsbehörden setzt dies grundsätzlich voraus, dass die für solche internationalen Sachverhalte geltenden Regeln über Straf- oder Zivilverfahren eingehalten werden, wie etwa das Haager Übereinkommen vom 18.3.1970 über die Beweisaufnahme im Ausland in Zivil- und Handelssachen (HBÜ).[34] Mit Blick auf das in Deutschland geltende Erledigungsverbot nach Art. 23 HBÜ für Rechtshilfeersuchen, welche der sog. „Pre-Trial Discovery" dienen, erweist sich diese Anforderung speziell im Rechtsverkehr mit den USA als problematisch. Bei der US-amerikanischen „Pre-Trial Discovery" handelt es sich um ein dem deutschen Zivilprozessrecht fremdes Beweismittelverfahren zwischen Klageerhebung und Hauptverhandlung, mit dessen Hilfe der Prozessgegner und Dritte (z. B. die deutsche Niederlassung einer in den USA verklagten Partei) zur umfangreichen Vorlage von Beweismitteln einschließlich E-Mails und anderer elektronischer Dokumente (sog. „eDiscovery"), die häufig personenbezogene Daten umfassen, verpflichtet werden können. Zur Vermeidung von prozessualen Nachteilen befürworten die Aufsichtsbehörden hierzulande ein zweistufiges Vorgehen in Bezug auf den Umgang mit solchen Vorlageanordnungen, das zunächst die Übermittlung anonymisierter oder pseudonymisierter Angaben und nur im Bedarfsfall die offene Datenübermittlung von deutscher Seite vorsieht.[35] Zur Wahrung der Verhältnismäßigkeit ist die Datenweitergabe in jedem Fall sachlich (Filterung, Relevanzprüfung etc.) wie personell (Gericht, Prozessparteien, Prozessvertreter etc.) auf das für die Durchführung des betreffenden Verfahrens notwendige Maß zu beschränken.[36] Alternativ ist unter den Vorausset-

---

33 Siehe Arbeitspapier der Artikel 29-Datenschutzgruppe vom 25.11.2005, WP 114, S. 17, mit Hinweis auf die ablehnende Haltung der Gruppe, die Ausnahmeregelung zur Wahrung eines wichtigen öffentlichen Interesses auf die Übermittlung von Fluggastdaten an amerikanische Sicherheitsbehörden anzuwenden.

34 Arbeitspapier der Artikel 29-Datenschutzgruppe vom 25.11.2005, WP 114, S. 18; Arbeitspapier der Artikel 29-Datenschutzgruppe vom 11.2.2009, WP 158, S. 15 f.; Jahresbericht BlnBDI 2007, S. 187 ff.; hiergegen jedoch US District Court Utah MMR 2010, S. 275 m. Anm. *Spies/Schröder*.

35 Jahresbericht BlnBDI 2006, S. 170 f.; Jahresbericht BlnBDI 2007, S. 191; Jahresbericht BlnBDI 2009, S. 139; Tätigkeitsbericht 2009/2010 des Bayerischen Landesamts für Datenschutzaufsicht (nicht-öffentlicher Bereich), S. 70 f.; näher zum Problemkreis *Junker*, Electronic Discovery gegen deutsche Unternehmen, S. 69 ff.; *Deutlmoser/Filip*, ZD-Beilage 6/2012, S. 1; *Spies/Schröder*, MMR 2008, S. 275; *Rath/Klug*, K&R 2008, S. 596; *Busche*, in: Taeger/Wiebe, Inside the Cloud – Neue Herausforderungen für das Informationsrecht, S. 63 (74 ff.); *Brisch/Laue*, RDV 2010, S. 1; Arbeitspapier der Artikel 29-Datenschutzgruppe vom 11.2.2009, WP 158.

36 *Simitis*, in: Simitis, BDSG, § 4c Rn. 21 („Verfahrenszwecke rechtfertigen und begrenzen zugleich den Zugriff auf die Daten"); siehe auch Arbeitspapier der Artikel 29-Datenschutzgruppe vom 25.11.2005, WP 114, S. 18; Tätigkeitsbericht 2009/2010 des Bayeri-

zungen des § 4c Abs. 1 Satz 1 Nr. 1 BDSG die Einholung von Einwilligungserklärungen aller betroffenen Personen zur Datenübermittlung denkbar (falls praktikabel).[37] Vorgeschlagen wird auch, der anderen Prozesspartei anstelle der Dokumentenvorlage Zeugenbeweis anzubieten, der nicht unter die Beschränkungen des Art. 23 HBÜ fällt.[38] Die Ausnahmeregelung in § 4c Abs. 1 Satz 1 Nr. 4 2. Alt. BDSG ist auf Datenübermittlungen in Drittländer im Rahmen internationaler Schiedsverfahren grundsätzlich nicht anwendbar.[39] Sie ist ebenfalls unanwendbar, wenn Stellen im Inland zur Herausgabe von Daten gegenüber ausländischen Behörden im Rahmen von straf- oder verwaltungsrechtlichen Verfahren verpflichtet werden, ohne dass ein Gerichtsverfahren anhängig ist. Die deutschen Aufsichtsbehörden verweisen in solchen Fällen auf die einschlägigen Rechtshilfeabkommen und raten zur Einschaltung der insoweit zuständigen Behörden, die das Herausgabeverlangen jeweils auch unter Datenschutzgesichtspunkten zu prüfen haben und denen zur Erhaltung zumindest des Kernbereiches des Datenschutzes eine Art „Filterfunktion" zukommen soll.[40] Unbefriedigend ist die geschilderte Situation für die betroffenen Unternehmen nicht nur aufgrund des sichtbaren Konflikts zwischen bindender Vorlageanordnung einerseits und Datenschutz andererseits, sondern auch im Hinblick auf die unterschiedliche Handhabung dieser Fälle in den verschiedenen Ländern.[41] So sind nicht zuletzt die Eingriffsbefugnisse US-amerikanischer Behörden nach dem US Patriot Act gegenüber Cloud-Anbietern Gegenstand anhaltender Diskussionen. Die bloße Möglichkeit, dass US-Behörden im Einzelfall auf deutsche Daten zugreifen können, führt – ungeachtet der Frage der datenschutzrechtlichen Zulässigkeit – freilich nicht dazu, dass entsprechende Dienstleistungsverträge generell als unzulässig anzusehen wären. Der Auftraggeber sollte sich jedoch durch entsprechende vertragliche Regelungen (z. B. Anzeige- und Koordinierungspflichten des Auftragnehmers) die Möglichkeit schaffen, im Ernstfall gegensteuern zu können.[42]

---

schen Landesamts für Datenschutzaufsicht (nicht-öffentlicher Bereich), S. 70 f.; zur Einbeziehung von externen Dienstleistern im Rahmen des Verfahrens siehe Arbeitspapier der Artikel 29-Datenschutzgruppe vom 11.2.2009, WP 158, S. 14 f.

37 Arbeitspapier der Artikel 29-Datenschutzgruppe vom 11.2.2009, WP 158, S. 10; siehe zu einer möglichen Einwilligungslösung in Kombination mit einem Treuhandmodell Jahresbericht BlnBDI 2006, S. 171.

38 *Busche*, in: Taeger/Wiebe, Inside the Cloud – Neue Herausforderungen für das Informationsrecht, S. 63 (76).

39 *Burianski/Reindl*, RDV 2011, S. 214 (218).

40 Jahresbericht BlnBDI 2007, S. 191; Jahresbericht BlnBDI 2008, S. 119 f. (Ziff. 12.2).

41 So vollkommen zu Recht Jahresbericht BlnBDI 2007, S. 191; siehe auch US District Court Utah MMR 2010, S. 275 m. Anm. *Spies/Schröder*.

42 *Voigt/Klein*, ZD 2013, S. 16 (19 f.) m. w. N.; siehe zum Spannungsverhältnis zwischen US Patriot Act und deutschem Datenschutzrecht auch *Becker/Nikolaeva*, CR 2012, S. 170; *Schneider*, in: Taeger, IT und Internet – mit Recht gestalten, S. 759; *Spies*, ZD 10/2012, S. V.

5. Wahrung lebenswichtiger Interessen (Satz 1 Nr. 5)

Ähnlich wie die zuvor erörterte Regelung erlaubt auch § 4c Abs. 1 Satz 1 Nr. 5   **12**
BDSG eine Datenübermittlung in Drittländer aufgrund vorrangiger Interessen, hier
jedoch des Betroffenen. Voraussetzung ist, dass die Übermittlung für die Wahrung
seiner lebenswichtigen Interessen erforderlich ist. Gedacht ist dabei vor allem an
medizinische Notfälle, in denen der Betroffene selbst nicht in der Lage ist, eine
Einwilligung zur Übermittlung seiner Daten zu erteilen;[43] in einem solchen Fall ist
nach § 28 Abs. 6 Nr. 1 BDSG auch die Verarbeitung sensitiver Daten zulässig.
Unanwendbar ist die Ausnahmebestimmung, wenn die Übermittlung nicht konkret
der Behandlung des Betroffenen, sondern der medizinischen Forschung dient, die
erst in der Zukunft zu verwertbaren Ergebnissen führen wird.[44]

6. Übermittlung aus Registern (Satz 1 Nr. 6)

Eine Datenübermittlung an Stellen ohne angemessenes Schutzniveau darf nach   **13**
§ 4c Abs. 1 Satz 1 Nr. 6 BDSG zudem erfolgen, wenn es sich um die Übermittlung
aus einem Register handelt, das zur Information der Öffentlichkeit bestimmt ist.
Dies ist letztlich Ausdruck des allgemeinen Gleichbehandlungsgrundsatzes: Wenn
Personen im Inland ein Register offensteht, gibt es keinen triftigen Grund, Personen
im Ausland die fraglichen Informationen vorzuenthalten.[45] Dabei ist es nicht erforderlich, dass das Register von einer Behörde geführt wird, sodass auch Übermittlungen aus Branchenbüchern oder ähnlichen Publikationen erfasst werden.[46] Das
Register muss auch nicht der gesamten Öffentlichkeit zugänglich sein, sondern es
genügt, dass es Personen offensteht, die ein berechtigtes Interesse an der Einsichtnahme nachweisen können. Deshalb werden grundsätzlich auch Übermittlungen
aus dem Grundbuch, dem Bundeszentralregister oder dem gerichtlichen Schuldnerverzeichnis (§ 915 ZPO) erfasst.[47] Erforderlich ist in einem solchen Fall jedoch,
dass die Voraussetzungen für eine Einsichtnahme in das Register in der Person des
Datenempfängers vorliegen.[48] Als unzulässig wurde entsprechend die Übermittlung
aus den bei den Amtsgerichten geführten gerichtlichen Schuldnerverzeichnissen an
einen indischen Dienstleister angesehen, der die betreffenden Daten großflächig für

---

43 *Simitis*, in: Simitis, BDSG, § 4c Rn. 22; *Draf*, Die Regelungen der Übermittlung personenbezogener Daten in Drittländer nach Art. 25, 26 EG-DSRl, S. 115 f.
44 Arbeitspapier der Artikel 29-Datenschutzgruppe vom 25.11.2005, WP 114, S. 18.
45 *Dammann/Simitis*, EG-Datenschutzrichtlinie, Art. 26 Rn. 11.
46 *Draf*, Die Regelungen der Übermittlung personenbezogener Daten in Drittländer nach
   Art. 25, 26 der EG-Datenschutzrichtlinie, S. 117; *Simitis*, in: Simitis, BDSG, § 4c Rn. 23.
47 *Dammann/Simitis*, EG-Datenschutzrichtlinie, Art. 26 Rn. 11; *Simitis*, in: Simitis, BDSG,
   § 4c Rn. 23; *Gola/Schomerus*, BDSG, § 4c Rn. 8; *Bergmann/Möhrle/Herb*, BDSG, § 4c
   Rn. 12.
48 Erwägungsgrund 58 EG-DSRl; *Simitis*, in: Simitis, BDSG, § 4c Rn. 23.

eine hiesige Wirtschaftsauskunftei in eine Datenbank einpflegen sollte.[49] Selbst bei frei zugänglichen Registern darf die Übermittlung aus dem Register nicht die Gesamtheit oder ganze Kategorien der im Register enthaltenen Daten umfassen, sondern sie muss sich auf einzelne, für bestimmte Zwecke benötigte Datensätze beschränken.[50]

7. Hinweis auf Zweckbindung (Satz 2)

14   § 4c Abs. 1 Satz 2 BDSG enthält eine gegenüber § 4b Abs. 6 BDSG stärker betonte Hinweispflicht der übermittelnden Stelle gegenüber dem Datenempfänger in Bezug auf die zweckgebundene Verwendung der übermittelten Daten. Dieser ist darauf hinzuweisen, dass die übermittelten Daten „nur zu dem Zweck" verarbeitet oder genutzt werden dürfen, zu dessen Erfüllung sie übermittelt werden. Diese strengere Zweckbindung rechtfertigt sich dadurch, dass anders als in den Fällen des § 4b Abs. 1 und 2 BDSG nicht vom Vorliegen eines angemessenen Datenschutzniveaus auszugehen ist, das regelmäßig das Bestehen einer angemessenen Zweckbindung impliziert. Hinsichtlich der faktisch eingeschränkten Durchsetzbarkeit der Zweckbindung gegenüber ausländischen Datenempfängern gilt freilich das Gleiche wie bei § 4b Abs. 6 BDSG.[51]

III. Genehmigung durch die Aufsichtsbehörde (Abs. 2)

1. Allgemeines

15   Besteht in dem betreffenden Drittland kein angemessenes Schutzniveau i.S.v. § 4b Abs. 2 und 3 BDSG und liegt auch keiner der Ausnahmetatbestände des § 4c Abs. 1 BDSG vor, hat die verantwortliche Stelle noch die Möglichkeit, den geplanten Datentransfer nach § 4c Abs. 2 BDSG von der zuständigen Aufsichtsbehörde genehmigen zu lassen.[52] Dafür muss sie „ausreichende Garantien hinsichtlich des Schutzes des Persönlichkeitsrechts und der Ausübung der damit verbundenen Rechte" vorweisen. Gemeint sind Garantien, die bezogen auf die konkrete Übermittlung ein angemessenes Datenschutzniveau schaffen. Die Anforderungen an die zu gewährleistenden Datenschutzstandards sind insoweit grundsätzlich die Gleichen wie im

---

49 Siebzehnter Bericht der Hessischen Landesregierung über die Tätigkeit der für den Datenschutz im nicht-öffentlichen Bereich in Hessen zuständigen Aufsichtsbehörden, LT-Drs. 16/3650, S. 16 ff.

50 Erwägungsgrund 58 EG-DSRl; Arbeitspapier der Artikel 29-Datenschutzgruppe vom 25.11.2005, WP 114, S. 19; *Gola/Schomerus*, BDSG, § 4c Rn. 8.

51 Siehe Kommentierung zu § 4b BDSG Rn. 29.

52 *Duhr/Naujok/Peter/Seiffert*, DuD 2002, S. 5 (18); Innenministerium Baden-Württemberg, Hinweise zum Datenschutz für private Unternehmen und Organisationen (Nr. 40), Ziff. B.2.1.

Rahmen von § 4b Abs. 2 und 3 BDSG.[53] Entsprechende Garantien können sich vor allem aus privatautonomen Regelungen[54] wie Vertragsklauseln oder verbindlichen Unternehmensregelungen ergeben. Ist in dem fraglichen Drittland hingegen ein angemessenes Datenschutzniveau vorhanden, fehlt die für die Genehmigung nach § 4c Abs. 2 BDSG erforderliche Antragsbefugnis.[55] Nach h. M. gilt dies auch, wenn im konkreten Fall einer der Ausnahmetatbestände des § 4c Abs. 1 BDSG erfüllt ist.[56]

Nicht-öffentliche Stellen haben die Genehmigung jeweils bei der für sie nach § 38 Abs. 6 BDSG zuständigen Aufsichtsbehörde nachzusuchen.[57] Davon abweichend kommt es nach Auffassung der deutschen Aufsichtsbehörden im Falle von Datenübermittlungen durch Konzernunternehmen darauf an, ob die tatsächliche Entscheidungsbefugnis bezüglich des Datentransfers in Drittländer bei den einzelnen Unternehmen oder nur bei einer Stelle (z. B. der Konzernmutter) liegt. Im letztgenannten Fall soll nur diese als Datenexporteur gelten und für den Abschluss von Verträgen bzw. die Abstimmung von verbindlichen Unternehmensregelungen zur Ermöglichung des Drittlandstransfers verantwortlich sein. Liegt die Entscheidungsbefugnis hingegen bei den einzelnen Unternehmen, haben diese jeweils selbst die Genehmigung bei der für sie zuständigen Aufsichtsbehörde zu beantragen. Rechtlich unselbstständige Unternehmensteile können nach Ansicht der Aufsichtsbehörden zwar übermittelnde Stellen i. S. d. §§ 4b, 4c BDSG, nicht aber Adressat entsprechender Genehmigungsverfahren sein.[58] Bei Post- und Telekommunikationsunternehmen ist nach § 4c Abs. 2 Satz 2 BDSG der BfDI für die Erteilung der Genehmigung zuständig. Öffentliche Stellen nehmen die Prüfung der Genehmigungsvoraussetzungen nach § 4c Abs. 2 Satz 3 BDSG eigenständig vor.[59]

16

Inhaltlich bezieht sich die Genehmigung nach § 4c Abs. 2 Satz 1 BDSG nicht auf die vorgebrachten Schutzgarantien als solche, sondern auf „einzelne Übermittlungen" oder „bestimmte Arten von Übermittlungen" (z. B. Kundendaten, Arbeitnehmerdaten). Die Garantien werden von der zuständigen Aufsichtsbehörde aber im Rahmen der Prüfung der Genehmigungsvoraussetzungen für die geplanten Über-

17

---

53 Ausführlich *Draf*, Die Regelungen der Übermittlung personenbezogener Daten in Drittländer nach Art. 25, 26 der EG-Datenschutzrichtlinie, S. 124 ff.; *Scheja*, Datenschutzrechtliche Zulässigkeit einer weltweiten Kundendatenbank, S. 201 f.
54 *Däubler*, in: Däubler/Klebe/Wedde/Weichert, BDSG, § 4c Rn. 12.
55 *Scheja*, Datenschutzrechtliche Zulässigkeit einer weltweiten Kundendatenbank, S. 184 f.
56 Innenministerium Baden-Württemberg, Hinweise zum Datenschutz für private Unternehmen und Organisationen (Nr. 40), Ziff. B.2.1; *Bergmann/Möhrle/Herb*, BDSG, § 4c Rn. 15; *Duhr/Naujok/Peter/Seiffert*, DuD 2002, S. 5 (18); ablehnend hingegen *Scheja*, Datenschutzrechtliche Zulässigkeit einer weltweiten Kundendatenbank, S. 186.
57 Innenministerium Baden-Württemberg, Hinweise zum Datenschutz für private Unternehmen und Organisationen (Nr. 40), Ziff. B.2.7.
58 Siehe im Einzelnen Kommentierung zu § 4b BDSG Rn. 28.
59 BT-Drs. 14/4329, S. 35; kritisch hierzu *Simitis*, in: Simitis, BDSG, § 4c Rn. 39.

mittlungen herangezogen.[60] Die Unterlagen, aus denen sich die vorgesehenen Übermittlungen und die diesbezüglichen Garantien ergeben, sind in der Regel in deutscher Sprache oder Übersetzung vorzulegen, wenngleich diese im internationalen Wirtschaftsverkehr meist in englischer Sprache verfasst werden. Die Genehmigung der Aufsichtsbehörde bezieht sich entsprechend auf die deutschsprachige Fassung der Garantien.[61] Übermittlungen in mehrere Drittländer können in einem Genehmigungsantrag zusammengefasst werden. Da sich die Frage nach ausreichenden Garantien für jedes Drittland gesondert stellt, sind die betroffenen Drittländer sowie die jeweiligen Datenempfänger und die an sie vorgesehenen Übermittlungen aber konkret im Antrag anzugeben. „Blanko-Genehmigungen" werden nicht erteilt.[62]

18   Bei der Entscheidung über die Genehmigung steht der Aufsichtsbehörde nach § 4c Abs. 2 Satz 1 BDSG grundsätzlich ein Ermessensspielraum zu („kann … genehmigen"). Liegen die Voraussetzungen für die Erteilung der Genehmigung in Form ausreichender Garantien vor, ist diese jedoch zumeist nach allgemeinen verwaltungsrechtlichen Grundsätzen verpflichtet, die Genehmigung zu erteilen (Ermessenreduzierung auf null).[63] Unabhängig von der Qualität der vorgelegten Garantien hat die Aufsichtsbehörde die Genehmigung zu versagen, wenn diese bei ihrer Prüfung feststellt, dass es für die Übermittlung an einem Erlaubnistatbestand nach den allgemeinen Zulässigkeitsvorschriften fehlt (1. Stufe der Prüfung).[64] Diese sind zwar nicht unmittelbar Prüfungsgegenstand. Wenn das Fehlen einer hinreichenden Rechtsgrundlage für die Übermittlung festgestellt wird, ist jedoch für eine Genehmigung des Datentransfers kein Raum mehr.[65]

---

60 Innenministerium Baden-Württemberg, Hinweise zum Datenschutz für private Unternehmen und Organisationen (Nr. 40), Ziff. B.2.2; *Scheja*, Datenschutzrechtliche Zulässigkeit einer weltweiten Kundendatenbank, S. 198; *Gola/Schomerus*, BDSG, § 4c Rn. 17; *Schaffland/Wiltfang*, BDSG, § 4c Rn. 5; unscharf insoweit die Gesetzesbegründung, BT-Drs. 14/4329, S. 35.

61 Sechzehnter Bericht der Hessischen Landesregierung über die Tätigkeit der für den Datenschutz im nicht-öffentlichen Bereich in Hessen zuständigen Aufsichtsbehörden, LT-Drs. 16/1680, S. 16; *Backes/Eul/Guthmann/Martwich/Schmidt*, RDV 2004, S. 156 (163).

62 Innenministerium Baden-Württemberg, Hinweise zum Datenschutz für private Unternehmen und Organisationen (Nr. 40), Ziff. B.2.2; Zweiundzwanzigster Bericht der Hessischen Landesregierung über die Tätigkeit der für den Datenschutz im nicht-öffentlichen Bereich in Hessen zuständigen Aufsichtsbehörden, LT-Drs. 18/1015, S. 11; siehe speziell zum Genehmigungsverfahren bei der Verwendung von verbindlichen Unternehmensregelungen *Filip*, ZD 2013, S. 51 (55).

63 *Duhr/Naujok/Peter/Seiffert*, DuD 2002, S. 5 (18); *Bergmann/Möhrle/Herb*, BDSG, § 4c Rn. 25; *Räther/Seitz*, MMR 2002, S. 520 (521); *Rittweger/Weiße*, CR 2003, S. 142 (145); für ein weites Ermessen der Aufsichtsbehörde hingegen *Lambrich/Cahlik*, RDV 2002, S. 287 (297).

64 Siehe oben Rn. 4.

65 *Gola/Schomerus*, BDSG, § 4c Rn. 10; Innenministerium Baden-Württemberg, Hinweise zum Datenschutz für private Unternehmen und Organisationen (Nr. 40), Ziff. B.2.4; Fünfzehnter Bericht der Hessischen Landesregierung über die Tätigkeit der für den Daten-

Die Genehmigung der Aufsichtsbehörde stellt einen Verwaltungsakt mit Drittwir-   **19**
kung dar.[66] Das bedeutet zum einen, dass bei Ablehnung der Genehmigung eine Verpflichtungsklage vor dem Verwaltungsgericht erhoben werden kann (ggf. nach
Durchführung eines Widerspruchverfahrens).[67] Zum anderen ist die Aufsichtsbehörde berechtigt, eine einmal erteilte Genehmigung nach §§ 48 ff. VwVfG unter bestimmten Voraussetzungen wieder zurückzunehmen oder zu widerrufen.[68] Aufgrund
der Möglichkeit eines Widerspruchs eines anderen Mitgliedstaates oder der Kommission gegen die Genehmigung (vgl. Art. 26 Abs. 3 EG-DSRl) wird die Genehmigung
in der Regel nur unter einem Widerrufsvorbehalt erteilt.[69] Darüber hinaus werden mitunter weitere Widerrufsvorbehalte aufgenommen, etwa für den Fall, dass Datenexporteur und -importeur die den Datentransfer ermöglichenden Regelungen nicht ein-
halten. Die Genehmigung hängt bei der Vorlage von Verträgen als Garantien zudem
davon ab, dass die Verträge tatsächlich abgeschlossen werden bzw. Bestand haben.[70]

Aufgrund der Schutzfunktion für die Betroffenen begründet § 4c Abs. 2 BDSG eine   **20**
Amtspflicht und kann daher bei einer fehlerhaften Genehmigung zu einer Amtshaftung nach § 839 BGB führen.[71]

2. Vertragsklauseln

Ausreichende Garantien i. S. v. § 4c Abs. 2 BDSG können sich insbesondere aus   **21**
Vertragsklauseln ergeben. Dies setzt den Abschluss eines Vertrages zwischen der
übermittelnden Stelle und dem Datenempfänger im Drittland voraus, in dem sich
der Datenempfänger verpflichtet, die Grundprinzipien der EG-DSRl einzuhalten.[72]

---

schutz im nicht-öffentlichen Bereich in Hessen zuständigen Aufsichtsbehörden, LT-Drs.
15/4659, S. 17.
66 *Gola/Schomerus*, BDSG, § 4c Rn. 18; *Scheja*, Datenschutzrechtliche Zulässigkeit einer
weltweiten Kundendatenbank, S. 192.
67 *Däubler*, in: Däubler/Klebe/Wedde/Weichert, BDSG, § 4c Rn. 14; *Räther/Seitz*, MMR
2002, S. 520 (521).
68 *Duhr/Naujok/Peter/Seiffert*, DuD 2002, S. 5 (18); *Scheja*, Datenschutzrechtliche Zulässigkeit einer weltweiten Kundendatenbank, S. 206.
69 Vgl. Innenministerium Baden-Württemberg, Hinweise zum Datenschutz für private Unternehmen und Organisationen (Nr. 40), Ziff. B.2.6; Sechzehnter Bericht der Hessischen Landesregierung über die Tätigkeit der für den Datenschutz im nicht-öffentlichen Bereich in
Hessen zuständigen Aufsichtsbehörden, LT-Drs. 16/1680, S. 16; *Gola/Schomerus*, BDSG,
§ 4c Rn. 20; *Bergmann/Möhrle/Herb*, BDSG, § 4c Rn. 24; *Schaffland/Wiltfang*, BDSG,
§ 4c Rn. 3.
70 Siehe im Einzelnen Sechzehnter Bericht der Hessischen Landesregierung über die Tätigkeit der für den Datenschutz im nicht-öffentlichen Bereich in Hessen zuständigen Aufsichtsbehörden, LT-Drs. 16/1680, S. 16 f.; *Duhr/Naujok/Peter/Seiffert*, DuD 2002, S. 5
(18); zu den Interventionsmöglichkeiten der Aufsichtsbehörden auch *Simitis*, in: Simitis,
BDSG, § 4c Rn. 58.
71 *Simitis*, in: Simitis, BDSG, § 4c Rn. 42.
72 *Dammann/Simitis*, EG-Datenschutzrichtlinie, Art. 26 Rn. 14 f.; *Gola/Schomerus*, BDSG,
§ 4c Rn. 11; *Räther/Seitz*, MMR 2002, S. 520 (521).

Zu diesen Grundprinzipien zählen insbesondere die Zweckgebundenheit der Daten-übermittlung, die Gewährleistung einer Kontrolle der Datenverarbeitung durch un-abhängige Stellen sowie die Möglichkeit für die Betroffenen, die Einhaltung der vertraglichen Schutzbestimmungen rechtlich und tatsächlich durchsetzen zu kön-nen.[73] Auch müssen die Vertragsklauseln nach ihrem Abschluss der Disposition der Parteien entzogen sein. Daran fehlt es, wenn der Vertrag ohne Weiteres geändert oder aufgehoben werden kann.[74] Die Vertragsklauseln können in dem Vertrag, der dem Datentransfer zugrunde liegt, oder in einer Zusatzvereinbarung enthalten sein.[75] Aus Unternehmenssicht stellt der Abschluss individueller Vereinbarungen zum Drittlandstransfer (sog. Ad-hoc-Vertrag) eine flexible Handlungsmöglichkeit dar, die sich vor allem für gelegentliche, einzelfallbezogene Übermittlungen eignet. Dem steht jeweils der Aufwand für die Abstimmung der Vertragsklauseln mit den Aufsichtsbehörden gegenüber.[76]

22   Aufgrund der wirtschaftlichen Bedeutung des Datentransfers in Drittländer ohne angemessenes Schutzniveau sowie aus Gründen der Vereinheitlichung und Verein-fachung hat die EU-Kommission gemäß Art. 26 Abs. 4 EG-DSRl sog. Standardver-tragsklauseln entwickelt. Finden diese in unveränderter Form Verwendung, so ist eine Genehmigung durch die zuständige Aufsichtsbehörde in Deutschland entbehr-lich.[77] Grund hierfür ist, dass die Standardvertragsklauseln auf die Schaffung aus-reichender Garantien für den Drittlandstransfer gerichtet sind und die Mitgliedstaa-ten in diesem Punkt europarechtlich binden, weshalb eine Genehmigung eine über-flüssige Förmlichkeit darstellen würde.[78] Es besteht in diesem Fall auch keine Vorlagepflicht gegenüber den deutschen Aufsichtsbehörden, es sei denn, diese ver-langt die Vorlage der abgeschlossenen Standardvertragsklauseln im Rahmen ihrer Aufsichtstätigkeit nach § 38 BDSG.[79] Die Verwendung der Standardvertragsklausel

---

73 *Gola/Schomerus*, BDSG, § 4c Rn. 11.

74 *Bergmann/Möhrle/Herb*, BDSG, § 4c Rn. 21.

75 *Räther/Seitz*, MMR 2002, S. 520 (521).

76 Zu den Vor- und Nachteilen individueller Datenschutzverträge *Büllesbach/Höss-Löw*, DuD 2001, S. 135 (137); *Räther/Seitz*, MMR 2002, S. 520 (521).

77 Die Verwaltungspraxis der Aufsichtsbehörden anderer Mitgliedstaaten weicht hiervon teil-weise ab. So verlangt etwa die Hälfte der Mitgliedstaaten eine Vorlage der abzuschließen-den Standardverträge (siehe Commission Staff Working Document on the implementation of the Commission decisions on standard contractual clauses for the transfer of personal data to third countries (2001/497/EC and 2002/16/EC), SEC(2006) 95, S. 6).

78 Innenministerium Baden-Württemberg, Hinweise zum Datenschutz für private Unterneh-men und Organisationen (Nr. 40), Ziff. B.2.8; Fünfzehnter Bericht der Hessischen Landes-regierung über die Tätigkeit der für den Datenschutz im nicht-öffentlichen Bereich in Hes-sen zuständigen Aufsichtsbehörden, LT-Drs. 15/4659, S. 15; *Däubler*, in: Däubler/Klebe/Wedde/Weichert, BDSG, § 4c Rn. 18c; *Gola/Schomerus*, BDSG, § 4c Rn. 14; *Bergmann/Möhrle/Herb*, BDSG, § 4c Rn. 23; *Simitis*, in: Simitis, BDSG, § 4c Rn. 51; *Schaffland/Wiltfang*, BDSG, § 4c Rn. 3; a. A. *Duhr/Naujok/Peter/Seiffert*, DuD 2002, S. 5 (18).

79 Innenministerium Baden-Württemberg, Hinweise zum Datenschutz für private Unterneh-men und Organisationen (Nr. 40), Ziff. B.2.8; Fünfzehnter Bericht der Hessischen Landes-

weist somit erkennbar Vorteile gegenüber individuell gestalteten Vertragsklauseln auf, die in der Rechtssicherheit und schnellen Implementierbarkeit dieser Lösung liegen. Demgegenüber bieten sie nur einen sehr begrenzten Spielraum in Bezug auf die Anpassung an spezielle Übermittlungssituationen (jedenfalls ohne Gefährdung der Genehmigungsfreiheit).[80] Eine Pflicht zur Verwendung der Standardvertragsklauseln besteht nicht.[81]

Bislang hat die EU-Kommission drei Arten von Standardvertragsklauseln verabschiedet: **23**

– Standardvertragsklauseln für die Übermittlung personenbezogener Daten in Drittländer vom 15.6.2001 (sog. Standardvertrag I);[82]

– alternative Standardvertragsklauseln für die Übermittlung personenbezogener Daten in Drittländer vom 27.12.2004 (sog. Standardvertrag II);[83]

– Standardvertragsklauseln für die Übermittlung personenbezogener Daten an Auftragsverarbeiter in Drittländern vom 5.2.2010.[84]

---

regierung über die Tätigkeit der für den Datenschutz im nicht-öffentlichen Bereich in Hessen zuständigen Aufsichtsbehörden, LT-Drs. 15/4659, S. 16; *Bergmann/Möhrle/Herb*, BDSG, § 4c Rn. 23; eine Vorlagepflicht hingegen bejahend *Simitis*, in: Simitis, BDSG, § 4c Rn. 51; *Däubler*, in: Däubler/Klebe/Wedde/Weichert, BDSG, § 4c Rn. 18c.

80 *Backes/Eul/Guthmann/Martwich/Schmidt*, RDV 2004, S. 156 (163); siehe zu den Vor- und Nachteilen der Verwendung der Standardvertragsklauseln auch *Hoeren*, RDV 2012, S. 271 (275); *Forst*, Der Konzern 2012, S. 170 (178).

81 Siehe nur Erwägungsgrund 5 der Entscheidung der Kommission vom 15.6.2001 hinsichtlich Standardvertragsklauseln für die Übermittlung personenbezogener Daten in Drittländer nach der Richtlinie 95/46/EG, ABl. EG Nr. L 181/19 vom 4.7.2001.

82 Entscheidung der Kommission vom 15.6.2001 hinsichtlich Standardvertragsklauseln für die Übermittlung personenbezogener Daten in Drittländer nach der Richtlinie 95/46/EG, ABl. EG Nr. L 181/19 vom 4.7.2001.

83 Entscheidung der Kommission vom 27.12.2004 zur Änderung der Entscheidung 2001/497/EG bezüglich der Einführung alternativer Standardvertragsklauseln für die Übermittlung personenbezogener Daten in Drittländer, ABl. EG Nr. L 385/74 vom 29.12. 2004.

84 Entscheidung der Kommission (K(2010) 593) vom 5.2.2010 über Standardvertragsklauseln für die Übermittlung personenbezogener Daten an Auftragsverarbeiter in Drittländern nach der Richtlinie 95/46/EG, ABl. EU Nr. L 39/5 vom 12.2.2010. Nach Art. 7 Abs. 1 dieser Entscheidung wurde die (Vorgänger-)Entscheidung der Kommission (2002/16/EG) vom 27.12.2001 hinsichtlich Standardvertragsklauseln für die Übermittlung personenbezogener Daten an Auftragsverarbeiter in Drittländern nach der Richtlinie 95/46/EG, ABl. EG Nr. L 6/52 vom 10.1.2002, mit Wirkung zum 15.5.2010 aufgehoben. Nach Art. 7 Abs. 2 der Entscheidung bleiben auf der Grundlage der Entscheidung 2002/16/EG geschlossene Verträge aber grundsätzlich so lange in Kraft, wie die Übermittlungen und die Datenverarbeitung aufgrund dieser Verträge unverändert weiterlaufen. Beschließen die Vertragsparteien jedoch diesbezügliche Änderungen oder vergeben sie einen Unterauftrag über Verarbeitungsvorgänge, die unter den Vertrag fallen, sind sie verpflichtet, einen neuen Vertrag auf der Grundlage der neuen Standardvertragsklauseln zu schließen.

Die Standardvertragsklauseln bestehen jeweils aus von der übermittelnden Stelle und dem Datenempfänger zu unterzeichnenden Vertragstexten, welche insbesondere die wechselseitigen Rechte und Pflichten einschließlich der Haftung der Parteien, die Zusammenarbeit mit Kontrollstellen, die Rechte der Betroffenen in Form einer Drittbegünstigungsklausel, Beendigungs- und Änderungsmöglichkeiten, das anwendbare Recht sowie Streitbeilegungsmechanismen definieren. Die Einzelheiten der vorgesehenen Datenübermittlung werden in Anlagen geregelt, die verbindliche Datenschutzgrundsätze für die Vertragsdurchführung enthalten und von den Parteien anhand des konkreten Vorhabens zu vervollständigen sind. Individuelle Regelungen, welche in der Praxis eine mehr oder weniger hohe Komplexität aufweisen können, finden sich bei den Standardvertragsklauseln also nur in den Anlagen.[85]

24 Während sich der Standardvertrag I und II auf „normale" Übermittlungen in Drittländern beziehen, sind die Standardvertragsklauseln für die Übermittlung personenbezogener Daten an Auftragsverarbeiter für die Weitergabe von Daten an Dienstleister in Drittländern zu Zwecken gedacht, die (ungeachtet § 3 Abs. 8 Satz 3 BDSG)[86] dem Charakter der Auftragsdatenverarbeitung entsprechen.[87] Die Standardverträge I und II sind grundsätzlich alternativ anwendbar.[88] Der Standardvertrag II gilt jedoch als wirtschaftsfreundlicher und enthält im Unterschied zum Standardvertrag I vor allem statt einer gesamtschuldnerischen Haftung der übermittelnden Stelle und des Datenempfängers eine verursacherbezogene Haftung.[89] Generell ist zu beachten, dass es zwischen den allgemeinen Anforderungen an die Datenverarbeitung und den Standardvertragsklauseln nicht zu Widersprüchen kommen darf. So ist der Standardvertrag II nach Auffassung der hiesigen Aufsichtsbehörden nur bedingt für die Übermittlung von Arbeitnehmerdaten geeignet, weil aufgrund der eingeschränkten Haftung und Auskunftspflicht der übermittelnden Stelle in Widerspruch zu deren Pflichten als Arbeitgeber stehen kann. In solchen Fällen sind die Standardvertragsklauseln entsprechend zu ändern oder zu ergänzen.[90]

---

85 Vgl. *Lejeune*, ITRB 2005, S. 94 (95); Neunzehnter Bericht der Hessischen Landesregierung über die Tätigkeit der für den Datenschutz im nicht-öffentlichen Bereich in Hessen zuständigen Aufsichtsbehörden, LT-Drs. 16/5892, S. 10.

86 Siehe hierzu Kommentierung zu § 11 BDSG Rn. 25.

87 Fünfzehnter Bericht der Hessischen Landesregierung über die Tätigkeit der für den Datenschutz im nicht-öffentlichen Bereich in Hessen zuständigen Aufsichtsbehörden, LT-Drs. 15/4659, S. 15, mit verschiedenen Anwendungsbeispielen.

88 *Lejeune*, ITRB 2005, S. 94 (95); Neunzehnter Bericht der Hessischen Landesregierung über die Tätigkeit der für den Datenschutz im nicht-öffentlichen Bereich in Hessen zuständigen Aufsichtsbehörden, LT-Drs. 16/5892, S. 27.

89 Ausführlich zum Standardvertrag II und den Unterschieden zum Standardvertrag I *Kuner/ Hladjk*, RDV 2005, S. 193; speziell zu Haftungsfragen und anwendbarem Recht *Grapentin*, CR 2011, S. 102.

90 *Hillenbrand-Beck*, RDV 2007, S. 231 (234); *Simitis*, in: Simitis, BDSG, § 4c Rn. 57; Positionspapier des Düsseldorfer Kreises vom 19./20.4.2007 zum Internationalen Datenver-

Die Standardvertragsklauseln gehen zwar grundsätzlich von zwei Parteien aus. Da-   **25**
ran ist jedoch kein Hindernis zu sehen, diese auch in einem Mehrparteienverhältnis
einzusetzen. Auf diese Weise können sie z. B. alternativ zu den unten näher beschriebenen verbindlichen Unternehmensregelungen[91] zur konzernweiten Erfüllung
der datenschutzrechtlichen Anforderungen an den Datenverkehr mit Drittländern
genutzt werden.[92] Allerdings muss klar geregelt werden, wer an wen welche Daten
übermittelt. Insbesondere muss geregelt werden, welche Unternehmen Datenex-
porteure und welche Unternehmen Datenimporteure sind und welche Rolle (verantwortliche Stelle oder Auftragsdatenverarbeiter) der Datenimporteur jeweils einnimmt und welcher Satz der Standardvertragsklauseln (Standardvertrag I oder II
bzw. Standardvertrag für Auftragsdatenverarbeiter) insoweit Anwendung findet.
Außerdem bedarf es – wie sonst auch – hinreichend bestimmter Angaben zu den
vorgesehenen Übermittlungen in den Anlagen zu den Standardvertragsklauseln
(ggf. mit weiteren Konkretisierungen außerhalb des Vertrages).[93] Die Standardvertragsklauseln können darüber hinaus zur Legitimation des Datenverkehrs mit unselbstständigen Unternehmensteilen in Drittländern[94] verwendet werden. Zur Vermeidung eines unzulässigen In-sich-Geschäfts schlagen die Aufsichtsbehörden insoweit die Ausgestaltung als einseitige Garantieerklärung des Datenempfängers
vor, durch die im Wege der Benachrichtigung, Veröffentlichung im Internet oder
Zugänglichmachung auf andere Weise ein Garantievertrag mit den Betroffenen begründet werden soll.[95]

---

kehr, Ziff. II.2.; konkret zu Lösungsmöglichkeiten bei der Verwendung des Standardvertrages II zur Übermittlung von Arbeitnehmerdaten Zweiundzwanzigster Bericht der Hessischen Landesregierung über die Tätigkeit der für den Datenschutz im nicht-öffentlichen
  Bereich in Hessen zuständigen Aufsichtsbehörden, LT-Drs. 18/1015, S. 32.

91 Siehe unten Rn. 28 ff.

92 Vgl. *Backes/Eul/Guthmann/Martwich/Schmidt*, RDV 2004, S. 156 (160), die insoweit von
  einem „multilateralen Ringvertrag" sprechen; siehe auch Arbeitspapier der Artikel 29-Da-
  tenschutzgruppe vom 3.6.2003, WP 74, S. 6; Commission Staff Working Document on the
  implementation of the Commission decisions on standard contractual clauses for the transfer of personal data to third countries (2001/497/EC and 2002/16/EC), SEC(2006) 95,
  S. 8; einschränkend *Hoeren*, RDV 2012, S. 271 (275), der meint, dass die Standardvertragsklauseln sich nur für sternförmige, nicht aber auch für netzartige Datentransferstruk-
  turen eigneten, dabei aber nicht auf die Möglichkeit von Mehrparteienverträgen eingeht.

93 Näher dazu Dreiundzwanzigster Bericht der Hessischen Landesregierung über die Tätigkeit der für den Datenschutz im nicht-öffentlichen Bereich in Hessen zuständigen Aufsichtsbehörden, LT-Drs. 18/2942, S. 18 f.; siehe auch Zweiundzwanzigster Bericht der Hessischen Landesregierung über die Tätigkeit der für den Datenschutz im nicht-öffentlichen
  Bereich in Hessen zuständigen Aufsichtsbehörden, LT-Drs. 18/1015, S. 10 f., zu einem
  Mehrparteienvertrag zwischen den europäischen und außereuropäischen Unternehmen eines Konzerns, der jedoch nur an die Standardvertragsklauseln „angelehnt" war.

94 Siehe dazu Kommentierung zu § 4b BDSG Rn. 15.

95 Neunzehnter Bericht der Hessischen Landesregierung über die Tätigkeit der für den Datenschutz im nicht-öffentlichen Bereich in Hessen zuständigen Aufsichtsbehörden, LT-
  Drs. 16/5892, S. 26 f.

26 Bei der Verwendung der Standardvertragsklauseln für die Übermittlung personenbezogener Daten an Auftragsverarbeiter stellt sich insbesondere die Frage, unter
welchen Voraussetzungen der Auftragnehmer einen Unterauftragnehmer einschalten kann. Im Unterschied zum Standardvertrag I und II sah der Standardvertrag für
die Auftragsdatenverarbeitung ursprünglich keine ausdrücklichen Regelungen zur
Weitergabe der Daten seitens des Auftragnehmers vor. Um dem Globalisierungs-
trend und der zunehmenden Auslagerung von Datenverarbeitungstätigkeiten Rechnung zu tragen,[96] wurden entsprechende Regelungen jedoch in der am 5.2.2010 verabschiedeten, überarbeiteten Fassung der Klauseln[97] ergänzt. Danach muss ein Auftragnehmer, der bestimmte Verarbeitungstätigkeiten weitervergeben möchte,
vorher die schriftliche Einwilligung des Auftraggebers einholen. Wird die Zustimmung erteilt, hat der Auftragnehmer dem Unterauftragnehmer in einer schriftlichen
Vereinbarung die gleichen Pflichten aufzuerlegen, die der Auftragnehmer gemäß
den Standardvertragsklauseln zu erfüllen hat. Dies gilt insbesondere im Hinblick
auf die Rechte des Auftraggebers und der Betroffenen. Die Vereinbarung ist dem
Auftraggeber vom Auftragnehmer vorzulegen. Der Auftragnehmer ist gegenüber
dem Auftraggeber für die Erfüllung der Pflichten des Unterauftragnehmers uneingeschränkt verantwortlich.[98] Der Anwendungsbereich dieser Regelungen ist indes
auf den Fall beschränkt, dass sowohl Auftragnehmer als auch Unterauftragnehmer
in einem Drittland ansässig sind und Datenverarbeitung für einen in der EU niedergelassenen Auftraggeber betreiben.[99] Für den in der Praxis ebenfalls häufig anzutreffenden Fall, dass sich ein in der EU ansässiger Auftragnehmer eines Unterauftragnehmers in einem Drittland bedient, gelten die Regelungen nicht (auch nicht
analog). In einem solchen Fall verlangen die Aufsichtsbehörden vielmehr den direkten Abschluss eines Standardvertrages zwischen dem Auftraggeber (ggf. vertreten durch den Auftragnehmer) und dem Unterauftragnehmer. Alternativ kommt der
Abschluss von – dann allerdings der Genehmigung durch die Aufsichtsbehörden
unterliegenden – individuellen Vereinbarungen zum Drittlandstransfer (sog. Ad-
hoc-Verträge) in Betracht.[100] Der Abschluss eines Datenschutzvertrages allein zwischen Auftragnehmer und Unterauftragnehmer ohne die Mitwirkung des Auftrag-

---

96 Erwägungsgrund 16 der Entscheidung K(2010) 593 vom 5.2.2010.
97 Siehe oben Rn. 23.
98 Klauseln 3 Abs. 3, 5 h)–j), 6 und 11 der der Entscheidung K(2010) 593 vom 5.2.2010 bei-
   gefügten Standardvertragsklauseln; näher zu den Regelungen über die Unterauftragsvergabe Arbeitspapier der Artikel 29-Datenschutzgruppe vom 12.7.2010, WP 176, S. 6 ff.;
   Moos, CR 2010, S. 281 (282 ff.); *Wybitul/Patzak*, RDV 2011, S. 11 (16 f.).
99 Erwägungsgrund 17 und Art. 2 Abs. 2 der Entscheidung K(2010) 593 vom 5.2.2010.
100 Ausführlich Tätigkeitsbericht 2011/2012 des Bayerischen Landesamts für Datenschutzaufsicht (nicht-öffentlicher Bereich), S. 57 ff.; Arbeitspapier der Artikel 29-Datenschutz-
   gruppe vom 12.7.2010, WP 176, S. 3 ff. (das allerdings offen lässt, welcher Beteiligter
   den Unterauftrag bei Abschluss eines Ad-hoc-Vertrags erteilen kann); siehe ferner *Lensdorf*, CR 2010, S. 735 (738 ff.); *Moos*, CR 2010, S. 281 (285); *von dem Bussche*, in: Plath,
   BDSG, § 4c Rn. 32.

gebers wird nicht als ausreichend angesehen.[101] Dafür kann der Standardvertrag auch zur Erfüllung der Anforderungen des § 11 BDSG genutzt werden.[102] Soweit die betreffenden Anforderungen nicht ohnehin schon durch dessen Klauseln abgedeckt sind, können die notwendigen Festlegungen in den Anhängen ergänzt werden.[103]

Werden die Standardvertragsklauseln zur Anpassung an den jeweiligen Verwendungszweck nicht nur äußerlich (z. B. Umstellung auf einen Mehrparteienvertrag[104] oder auf eine einseitige Garantieerklärung[105]), sondern inhaltlich modifiziert, so lebt das Genehmigungserfordernis des § 4c Abs. 2 BDSG wieder auf, es sei denn, die Änderungen erfolgen eindeutig zugunsten der Betroffenen. Dies ist ggf. vorab mit der zuständigen Aufsichtsbehörde zu klären.[106] Erfolgt lediglich eine Anpassung der Klauseln an die konkreten Umstände im Konzern, führt dies nicht zwingend zu einer Genehmigungspflicht, wenn zugleich klar gestellt wird, dass die Standardvertragsklauseln inhaltlich unberührt bleiben und im Falle von Widersprüchen Vorrang haben.[107] Dies gilt auch dann, wenn den Standardvertragsklauseln (z. B. bei einer Verwendung als Mehrparteienvertrag) ein Haupt- oder Rahmenvertrag vorangestellt wird.[108] Die Ergänzung der Standardvertragsklauseln für die Übermittlung personenbezogener Daten an Auftragsverarbeiter um die fehlenden

27

---

101 Tätigkeitsbericht 2011/2012 des Bayerischen Landesamts für Datenschutzaufsicht (nicht-öffentlicher Bereich), S. 58; siehe auch schon zur früheren Rechtslage *Hillenbrand-Beck*, RDV 2007, S. 231 (234); Jahresbericht BlnBDI 2003, S. 126; kritisch *Fischer/Steidle*, CR 2009, S. 632 (635 ff.).

102 Siehe dazu Kommentierung zu § 11 BDSG Rn. 26.

103 Dreiundzwanzigster Bericht der Hessischen Landesregierung über die Tätigkeit der für den Datenschutz im nicht-öffentlichen Bereich in Hessen zuständigen Aufsichtsbehörden, LT-Drs. 18/2942, S. 18; Tätigkeitsbericht 2009/2010 des Bayerischen Landesamts für Datenschutzaufsicht (nicht-öffentlicher Bereich), S. 72 f.; zur Frage der Genehmigung durch die Aufsichtsbehörden siehe unten Rn. 27.

104 Siehe oben Rn. 25; zur Genehmigungs- und Vorlagefreiheit in diesem Fall Dreiundzwanzigster Bericht der Hessischen Landesregierung über die Tätigkeit der für den Datenschutz im nicht-öffentlichen Bereich in Hessen zuständigen Aufsichtsbehörden, LT-Drs. 18/2942, S. 19.

105 Siehe oben Rn. 25; zur Genehmigungs- und Vorlagefreiheit in diesem Fall Neunzehnter Bericht der Hessischen Landesregierung über die Tätigkeit der für den Datenschutz im nicht-öffentlichen Bereich in Hessen zuständigen Aufsichtsbehörden, LT-Drs. 16/5892, S. 27.

106 *Hillenbrand-Beck*, RDV 2007, S. 231 (234); Zwanzigster Bericht der Hessischen Landesregierung über die Tätigkeit der für den Datenschutz im nicht-öffentlichen Bereich in Hessen zuständigen Aufsichtsbehörden, LT-Drs. 16/7646, S. 20; Positionspapier des Düsseldorfer Kreises vom 19./20.4.2007 zum Internationalen Datenverkehr, Ziff. II.4.

107 Neunzehnter Bericht der Hessischen Landesregierung über die Tätigkeit der für den Datenschutz im nicht-öffentlichen Bereich in Hessen zuständigen Aufsichtsbehörden, LT-Drs. 16/5892, S. 11.

108 Dreiundzwanzigster Bericht der Hessischen Landesregierung über die Tätigkeit der für den Datenschutz im nicht-öffentlichen Bereich in Hessen zuständigen Aufsichtsbehörden, LT-Drs. 18/2942, S. 19.

§ 4c Ausnahmen

Angaben nach § 11 BDSG ist ebenfalls genehmigungsfrei möglich.[109] Zudem werden seitens der Aufsichtsbehörden im Rahmen von Genehmigungsverfahren häufig bestimmte Abweichungen von den Standardvertragsklauseln akzeptiert. So ist etwa eine ausschließliche Vereinbarung deutschen Rechts möglich, nachdem die Haftung des Datenempfängers nach dessen nationalen Rechtsvorschriften speziell von US-amerikanischen Unternehmen aufgrund der Gefahr ruinöser Schadensersatzprozesse gescheut wird. Als unverzichtbar wird hingegen die Drittbegünstigungsklausel angesehen.[110]

3. Verbindliche Unternehmensregelungen

28   Als weitere Möglichkeit, ausreichende Garantien für einen Datentransfer in Drittländer zu schaffen, nennt § 4c Abs. 2 BDSG verbindliche Unternehmensregelungen (sog. „Binding Corporate Rules").[111] Das trägt dem Umstand Rechnung, dass internationale Unternehmen häufig für alle Teilunternehmen einheitliche Regelungen über den Datenschutz erlassen.[112] Der Begriff des Unternehmens entspricht dabei dem des Konzerns, schließt andere Kooperationsformen jedoch nicht aus, soweit diese in einer Weise verfestigt sind, dass sie die datenschutzrechtlichen Anforderungen an eine verbindliche Unternehmensregelung verwirklichen können.[113]

---

109 Siehe oben Rn. 26; Dreiundzwanzigster Bericht der Hessischen Landesregierung über die Tätigkeit der für den Datenschutz im nicht-öffentlichen Bereich in Hessen zuständigen Aufsichtsbehörden, LT-Drs. 18/2942, S. 18; Tätigkeitsbericht 2009/2010 des Bayerischen Landesamts für Datenschutzaufsicht (nicht-öffentlicher Bereich), S. 72 f.

110 Sechzehnter Bericht der Hessischen Landesregierung über die Tätigkeit der für den Datenschutz im nicht-öffentlichen Bereich in Hessen zuständigen Aufsichtsbehörden, LT-Drs. 16/1680, S. 15 f.

111 Zur Abgrenzung gegenüber datenschutzrechtlichen Verhaltensregeln gemäß § 38a BDSG, die von Berufsverbänden und anderen Interessenvereinigungen vorgelegt werden können und die für sich genommen nicht geeignet sind, um ausreichende Garantien im Sinne des § 4c Abs. 2 BDSG zu begründen, siehe *Abel*, RDV 2003, S. 11; *Schröder*, Haftung für Verstöße gegen Privacy Policies und Codes of Conduct, S. 171 ff. (insbesondere S. 179 f.). Zum begrifflichen Unterschied zwischen „binding corporate rules" und den damit häufig gleichgesetzten „codes of conduct" siehe *Scheja*, Datenschutzrechtliche Zulässigkeit einer weltweiten Kundendatenbank, S. 250 f.

112 Siehe BT-Drs. 14/4329, S. 35; zur Möglichkeit der unternehmensweiten Vereinheitlichung der Verarbeitungsbedingungen für personenbezogene Daten mit Hilfe von verbindlichen Unternehmensregelungen siehe Arbeitspapier der Artikel 29-Datenschutzgruppe vom 24.6.2008, WP 155, S. 2; allgemein zu den geschäftspolitischen Hintergründen der Einführung von Datenschutz-Policies in Unternehmen siehe *Wächter*, JurPC Web-Dok. 147/2004, Abs. 31 ff.; eine Liste der Unternehmen, die verbindliche Unternehmensregelungen bereits eingeführt haben, ist abrufbar unter: http://ec.europa.eu/justice/data-protection/document/international-transfers/binding-corporate-rules/bcr_cooperation/index_en.htm.

113 Ausführlich *Schröder*, Haftung für Verstöße gegen Privacy Policies und Codes of Conduct, S. 201 ff.; siehe auch Arbeitspapier der Artikel 29-Datenschutzgruppe vom 3.6.2003, WP 74, S. 8.

Durch die Erwähnung von verbindlichen Unternehmensregelungen in § 4c Abs. 2 BDSG wird auch für den Fall des Datentransfers in Drittländer klargestellt, dass das deutsche Datenschutzrecht kein Konzernprivileg kennt.[114]

Verbindliche Unternehmensregelungen gewähren ausreichende Garantien für das   29
Persönlichkeitsrecht der Betroffenen, wenn sie für die ins Auge gefassten Übermittlungen ein angemessenes Schutzniveau i. S. v. § 4b Abs. 2 und 3 BDSG schaffen.[115] Die größte Gewähr dafür, dass dies der Fall ist, ist nach Auffassung der Aufsichtsbehörden dann gegeben, wenn sich die verbindlichen Unternehmensregelungen an den von der EU-Kommission verabschiedeten Standardvertragsklauseln bzw. den daraus ableitbaren Grundsätzen, insbesondere in Bezug auf die Drittbegünstigungsklausel sowie die Haftungsregelungen, orientieren.[116] In der Sache müssen sie auf die Gegebenheiten im jeweiligen Unternehmen (z. B. Tätigkeitsfelder, Arten von Daten) zugeschnitten sein.[117] Hilfestellung bei der Gestaltung verbindlicher Unternehmensregelungen bieten die Arbeitspapiere der Artikel 29-Datenschutzgruppe zu diesem Thema, welche die notwendigen Elemente sowie einen möglichen Aufbau der Regelungen näher beschreiben.[118] Da die Arbeitspapiere in der Regel auch die Arbeitsgrundlage der Aufsichtsbehörden bei der Prüfung von verbindlichen Unternehmensregelungen bilden, sollte diesen entsprechend Beachtung geschenkt werden.[119] Unterliegt der Gegenstand der verbindlichen Unternehmensregelungen der

---

114 Innenministerium Baden-Württemberg, Hinweise zum Datenschutz für private Unternehmen und Organisationen (Nr. 39), Ziff. A.1 und 3.4; siehe auch Kommentierung zu § 4b BDSG Rn. 15.

115 Siehe oben Rn. 15.

116 Innenministerium Baden-Württemberg, Hinweise zum Datenschutz für private Unternehmen und Organisationen (Nr. 40), Ziff. B.2.5; Fünfzehnter Bericht der Hessischen Landesregierung über die Tätigkeit der für den Datenschutz im nicht-öffentlichen Bereich in Hessen zuständigen Aufsichtsbehörden, LT-Drs. 15/4659, S. 16; Arbeitspapier der Artikel 29-Datenschutzgruppe vom 3.6.2003, WP 74, S. 12; zustimmend *Moritz/Tinnefeld*, JurPC WebDok. 181/2003, Abs. 35; *Schröder*, Haftung für Verstöße gegen Privacy Policies und Codes of Conduct, S. 206; siehe speziell zum Umfang der Drittbegünstigung und zum Haftungsregime *Filip*, ZD 2013, S. 51 (56 f.); näher zur Haftung und zum anwendbaren Recht *Grapentin*, CR 2011, S. 102 (104 ff.).

117 *Räther/Seitz*, MMR 2002, S. 520 (527); *Simitis*, in: Simitis, BDSG, § 4c Rn. 60.

118 Siehe insbesondere die Arbeitspapiere der Artikel 29-Datenschutzgruppe vom 24.7. 1998, WP 12, vom 3.6.2003, WP 74, vom 14.4.2005, WP 108, vom 10.1.2007, WP 133 (Antragsformular) sowie vom 24.6.2008, WP 153, 154 und 155; zu den inhaltlichen Anforderungen an verbindliche Unternehmensregelungen auch *Grapentin*, in: Taeger/Wiebe, Inside the Cloud – Neue Herausforderungen für das Informationsrecht, S. 457 (458 ff.), *Forst*, Der Konzern 2012, S. 170 (179), sowie aus Sicht der Aufsichtsbehörden *Filip*, ZD 2013, S. 51 (55 ff.).

119 Siehe *Filip*, ZD 2013, S. 51 (55), auch zu weiteren Einzelheiten des Antragsverfahrens.

Mitbestimmung durch den Betriebsrat ist dieser bei deren Erstellung entsprechend zu beteiligen.[120]

30 Die bloße Existenz von Unternehmensregelungen reicht für sich genommen nicht aus, um ein ausreichendes Schutzniveau zu schaffen. Hinzukommen muss, dass diese intern wie extern „verbindlich" sind. Reine Wohlverhaltenserklärungen genügen nicht. Die interne Verbindlichkeit setzt voraus, dass die Einhaltung der Unternehmensregelungen durch die einzelnen Unternehmensteile und deren Mitarbeiter gewährleistet ist.[121] Die externe Verbindlichkeit erfordert, dass die Betroffenen die Einhaltung der Regelungen sowohl durch die Datenschutzbehörden als auch auf gerichtlichem Wege durchsetzen können.[122] Wie diese Anforderungen jeweils erfüllt werden können, hängt maßgeblich von der Struktur des betreffenden Unternehmens und den einzelstaatlichen Rechtsvorschriften der EU- bzw. EWR-Staaten ab, in denen das Unternehmen ansässig ist und die von den Regelungen erfasst werden sollen.[123] Im Hinblick auf die Herstellung der notwendigen externen Verbindlichkeit ist dabei zu berücksichtigen, dass einfache einseitige Erklärungen oder Versprechen in den meisten Ländern nicht zu durchsetzbaren Ansprüchen für die Betroffenen führen. So verhält es sich nach § 311 Abs. 1 BGB auch im deutschen Recht. Danach ist zur Begründung eines Schuldverhältnisses grundsätzlich ein Vertrag erforderlich, der ggf. auch konkludent zustande kommen kann.[124] Für Dritte (z. B. externe Dienstleister) gelten verbindliche Unternehmensregelungen grundsätzlich nicht. Insoweit bedarf es zur Durchführung eines etwaigen Drittlandstransfers in der Regel

---

120 *Simitis*, in: Simitis, BDSG, § 4c Rn. 63; *Wächter*, JurPC Web-Dok. 147/2004, Abs. 50 ff.; zur Mitbestimmung bei Erlass von Ethikrichtlinien im Unternehmen BAG RDV 2009, 25.

121 Siehe dazu Arbeitspapier der Artikel 29-Datenschutzgruppe vom 14.4.2005, WP 108, S. 5; näher dazu *Filip*, ZD 2013, S. 51 (57).

122 Siehe dazu Arbeitspapier der Artikel 29-Datenschutzgruppe vom 14.4.2005, WP 108, S. 6.

123 Arbeitspapier der Artikel 29-Datenschutzgruppe vom 14.4.2005, WP 108, S. 5.

124 Ausführlich *Schröder*, Haftung für Verstöße gegen Privacy Policies und Codes of Conduct, S. 212 ff. m. w. N., der die in der Praxis häufig als „Konzernrichtlinien" bezeichneten Unternehmensregelungen als konzerninterne Verträge ansieht, die auch ohne formellen Vertragsschluss durch die Umsetzung der Regelungen in den einzelnen Unternehmensteilen aufgrund der Weisung der Konzernspitze zustande kommen können; ähnlich *Moritz*, TKMR 2003, S. 227 (232), der Konzernrichtlinien als Garantieerklärungen auffasst, die schlüssig durch die betroffenen Kunden, Lieferanten und Mitarbeitern angenommen werden, indem diese ihre personenbezogenen Daten einer konzernangehörigen Gesellschaft überlassen; nach *Filip*, ZD 2013, S. 51 (57 f.), sind aus Sicht der Aufsichtsbehörden indes ausdrückliche Vereinbarungen mit Drittbegünstigung (§ 328 BGB) zur Vermeidung von Rechtsunsicherheiten wünschenswert; ähnlich wiederum *Forst*, Der Konzern 2012, S. 170 (180), der dies global gesehen für den einzig praktikablen Weg hält, *Grapentin*, CR 2011, S. 102 (105 f.), und *Hoeren*, DuD 2012, S. 271 (274); zur Ausgestaltung der Unternehmensregelungen als Konzernbetriebsvereinbarung beim Transfer von Mitarbeiterdaten siehe *Hillenbrand-Beck*, RDV 2007, S. 231 (233); *Räther/Seitz*, MMR 2002, S. 520 (527).

zusätzlicher Vorkehrungen (z.B. in Form des Abschlusses der Standardvertragsklauseln).[125] Eine Ausnahme bildet die zum 1.1.2013 neu geschaffene Möglichkeit für Unternehmensgruppen, die nach ihrem Geschäftsgegenstand typischerweise als Auftragsdatenverarbeiter fungieren und dabei die zu verarbeitenden Daten auch an Konzernunternehmen außerhalb der EU bzw. des EWR weitergeben möchten, eigene verbindliche Unternehmensregelungen einzuführen, die dann auch für den jeweiligen Auftraggeber als verantwortliche Stelle eine hinreichende Übermittlungsgrundlage darstellen. Zwar ist dieses Instrument derzeit noch in der Entwicklung begriffen. Es dürfte aber nicht zuletzt für neuartige Dienstleistungsangebote wie das Cloud Computing zukünftig von erheblicher praktischer Bedeutung sein.[126]

Unterschiedlich beurteilt wird die Frage, ob Datenübermittlungen auf der Grundlage von verbindlichen Unternehmensregelungen einer formellen Genehmigung durch die zuständigen Aufsichtsbehörden bedürfen.[127] Dies wird zum Teil mit der Begründung verneint, dass verbindliche Unternehmensregelungen ein angemessenes Datenschutzniveau i.S.v. § 4b Abs. 2 und Abs. 3 BDSG beim Datenempfänger schaffen würden, was die übermittelnde Stelle nach § 4b Abs. 5 BDSG grundsätzlich eigenverantwortlich zu prüfen habe. Ein Rückgriff auf § 4c Abs. 2 BDSG sei daher entbehrlich.[128] Gegen diese Auffassung spricht aber das Regel-Ausnahme-Verhältnis von § 4b und § 4c BDSG. § 4c Abs. 2 BDSG wäre weitgehend überflüssig, wenn verbindliche Unternehmensregelungen per se ein angemessenes Schutzniveau i.S.v. § 4b Abs. 2 und Abs. 3 BDSG zur Folge hätten.[129] Eine mit den Standardvertragsklauseln vergleichbare Situation, die eine Genehmigung ausnahmsweise entbehrlich machen würde,[130] ist nicht ersichtlich. Richtigerweise ist daher von einem Genehmigungserfordernis auszugehen.[131] In der Praxis wirkt sich dieser

31

---

125 Arbeitspapiere der Artikel 29-Datenschutzgruppe vom 3.6.2003, WP 74, S. 9, und vom 24.6.2008, WP 155, S. 2 f.; *Däubler*, in: Däubler/Klebe/Wedde/Weichert, BDSG, § 4c Rn. 23; *Grapentin*, in: Taeger/Wiebe, Inside the Cloud – Neue Herausforderungen für das Informationsrecht, S. 457 (463).

126 Arbeitspapiere der Artikel 29-Datenschutzgruppe vom 6.6.2012, WP 195, und vom 19.4.2013, WP 204; dazu auch *Filip*, ZD 2013, S. 51 (58 f.).

127 Zum Meinungsstand unter den Aufsichtsbehörden Jahresbericht BlnBDI 2002, S. 120; *Scheja*, Datenschutzrechtliche Zulässigkeit einer weltweiten Kundendatenbank, S. 180 f.; *Filip*, ZD 2013, S. 51 (52 und 54).

128 So *Gola/Schomerus*, BDSG, § 4c Rn. 16 m.w.N.; differenzierend *Hilber*, RDV 2005, S. 143 (150), und *Lange*, AuA 2006, S. 712 (714); nach denen Unternehmensregelungen dann keiner Genehmigung bedürften, wenn sie sich auf sämtliche datenschutzrechtliche Vorgänge im Unternehmen bezögen.

129 *Scheja*, Datenschutzrechtliche Zulässigkeit einer weltweiten Kundendatenbank, S. 182; in diese Richtung auch Fünfzehnter Bericht der Hessischen Landesregierung über die Tätigkeit der für den Datenschutz im nicht-öffentlichen Bereich in Hessen zuständigen Aufsichtsbehörden, LT-Drs. 15/4659, S. 16.

130 Siehe oben Rn. 22.

131 So im Ergebnis auch *Simitis*, in: Simitis, BDSG, § 4c Rn. 66; *von dem Bussche*, in: Plath, BDSG, § 4c Rn. 42; *Lambrich/Cahlik*, RDV 2002, S. 287 (297); *Moritz*, TKMR 2003, S. 227 (229); *Schröder*, DuD 2004, S. 462; *Räther*, DuD 2005, S. 461 (464); *Lejeune*,

Streit allerdings kaum aus, da verbindliche Unternehmensregelungen regelmäßig von der zuständigen Aufsichtsbehörde mit den übrigen Aufsichtsbehörden im sog. „Düsseldorfer Kreises", einem bundesweiten Gremium der obersten Aufsichtsbehörden für den Datenschutz im nicht-öffentlichen Bereich, abgestimmt werden und das Abstimmungsergebnis dann entweder zur Erteilung einer formellen Genehmigung oder zur Anerkennung der Unternehmensregelungen als Grundlage für ein angemessenes Datenschutzniveau nach § 4b BDSG dient.[132] Spätere Änderungen der Unternehmensregelungen ziehen erneut eine Genehmigungspflicht nach sich, soweit es sich nicht nur um Bagatelländerungen handelt.[133]

32 Für die Genehmigung seitens der deutschen Aufsichtsbehörden gelten die oben beschriebenen Grundsätze.[134] Was die ggf. erforderliche Genehmigung durch weitere europäische Aufsichtsbehörden angeht, in denen das betreffende Unternehmen ansässig ist, hat die Artikel 29-Datenschutzgruppe ein Kooperationsverfahren einschließlich Muster-Anträgen und -Checklisten erarbeitet,[135] welches den Unternehmen ein „One-Stop-Shopping" ermöglichen, zugleich jedoch ein „Forum Shopping" verhindern soll.[136] Kern des Verfahrens ist die Bestimmung einer federführenden Aufsichtsbehörde (in der Regel die Aufsichtsbehörde an dem Hauptsitz bzw. der Europazentrale des Unternehmens), welche die Unternehmensregelungen dann mit dem betroffenen Unternehmen und ggf. anderen Aufsichtsbehörden abstimmt. Das Kooperationsverfahren lässt die Genehmigungszuständigkeit der einzelnen Aufsichtsbehörden indes unberührt.[137] Um auch insoweit eine Erleichterung für die betroffenen Unternehmen zu schaffen und den Abstimmungsaufwand unter allen Beteiligten zu verringern, haben sich inzwischen die Aufsichtsbehörden von 21 EU- und EWR-Staaten einschließlich der deutschen Aufsichtsbehörden zur gegenseitigen Anerkennung („Mutual Recognition") der durch

---

ITRB 2005, S. 94 (96); *Hoeren*, DuD 2012, S. 271 (275); siehe auch Arbeitspapier der Artikel 29-Datenschutzgruppe vom 3.6.2003, WP 74, S. 4.

132 Siehe z.B. Zwanzigster Bericht der Hessischen Landesregierung über die Tätigkeit der für den Datenschutz im nicht-öffentlichen Bereich in Hessen zuständigen Aufsichtsbehörden, LT-Drs. 16/7646, S. 11, zur Abstimmung der Unternehmensregelungen für einen Pharmakonzern mit Hauptsitz in Hessen; *Filip*, ZD 2013, S. 51 (52).

133 *Räther/Seitz*, MMR 2002, S. 520 (527); Arbeitspapier der Artikel 29-Datenschutzgruppe vom 3.6.2003, WP 74, S. 15f.

134 Siehe oben Rn. 16ff. und Rn. 31.

135 Siehe insbesondere die Arbeitspapiere der Artikel 29-Datenschutzgruppe vom 25.11. 2004, WP 102, vom 14.4.2005, WP 107 u. 108, sowie vom 10.1.2007, WP 133.

136 *Dix/Gardain*, DuD 2006, S. 343 (345); näher zum Verfahrensablauf *Filip*, ZD 2013, S. 51 (52ff.).

137 *Dix/Gardain*, DuD 2006, S. 343 (345f.); zum Genehmigungsverfahren auf europäischer Ebene siehe auch *Grapentin*, in: Taeger/Wiebe, Inside the Cloud – Neue Herausforderungen für das Informationsrecht, S. 457 (465f.); eine Übersicht über die Anforderungen und den Ablauf der jeweiligen nationalen Anerkennungsverfahren ist abrufbar unter: http://ec.europa.eu/justice/data-protection/document/international-transfers/files/table_nat_ad min_req_en.pdf.

die federführende Aufsichtsbehörde und bis zu zwei weiteren Aufsichtsbehörden als Co-Prüfer geprüften Unternehmensregelungen verpflichtet. Zusätzliche Prüfungen durch die anderen teilnehmenden Aufsichtsbehörden finden nicht statt. Dadurch wird die Attraktivität von verbindlichen Unternehmensregelungen sicher weiter gesteigert.[138] Die Aufsichtsbehörden derjenigen Mitgliedstaaten, die nicht an dem Verfahren zur gegenseitigen Anerkennung teilnehmen, erhalten von der federführenden Aufsichtsbehörde den Entwurf der Prüfungsergebnisse zur eigenen Überprüfung, verbunden mit der Gelegenheit, hierzu innerhalb einer bestimmten Frist Anmerkungen zu machen. Diese Anmerkungen können dann auch noch in den abschließenden Gesprächen mit der antragsstellenden Unternehmensgruppe berücksichtigt werden.[139] Ungeachtet dieser begrüßenswerten Entwicklungen darf der Aufwand, der mit der Abstimmung von verbindlichen Unternehmensregelungen sowie mit deren Etablierung im Unternehmen verbunden ist, nicht unterschätzt werden. Wirtschaftlich betrachtet sollte er in einem angemessenen Verhältnis zu der Anzahl der erwarteten Datenexporte stehen.[140]

4. Weitere Gestaltungsformen

Die in § 4c Abs. 2 Satz 1 BDSG enthaltene Aufzählung ist nicht abschließend („insbesondere"). Speziell für den Transfer von Mitarbeiterdaten kommen auch Betriebsvereinbarungen als Möglichkeit in Betracht, um ausreichende Garantien für den Schutz der Betroffenen zu schaffen. Aufgrund des begrenzten räumlichen Geltungsbereichs von Betriebsvereinbarungen gilt dies allerdings nur, wenn sich ausländische Unternehmensteile diesen verbindlich unterwerfen.[141] Weitere Gestal-   **33**

---

138 Vgl. Tätigkeitsbericht 2011/2012 des Bayerischen Landesamts für Datenschutzaufsicht (nicht-öffentlicher Bereich), S. 60; *Filip*, ZD 2013, S. 51 (54). Zu den beteiligten Ländern gehören neben Deutschland Belgien, Bulgarien, Estland, Frankreich, Großbritannien, Irland, Island, Italien, Lettland, Liechtenstein, Luxemburg, Malta, Niederlande, Norwegen, Österreich, Slowakei, Slowenien, Spanien, Tschechien und Zypern (vgl. http://ec.europa. eu/justice/data-protection/document/international-transfers/binding-corporate-rules/mu tual_recognition/index_en.htm).

139 *Filip*, ZD 2013, S. 51 (54); zu ersten Erfahrungen mit dem Kooperationsverfahren aus deutscher Sicht siehe Zweiundzwanzigster Bericht der Hessischen Landesregierung über die Tätigkeit der für den Datenschutz im nicht-öffentlichen Bereich in Hessen zuständigen Aufsichtsbehörden, LT-Drs. 18/1015, S. 11 ff., und Tätigkeitsbericht 2011/2012 des Bayerischen Landesamts für Datenschutzaufsicht (nicht-öffentlicher Bereich), S. 60 f.

140 Zu den Vor- und Nachteilen verbindlicher Unternehmensregelungen *Räther/Seitz*, MMR 2002, S. 520 (527 f.); *Backes/Eul/Guthmann/Martwich/Schmidt*, RDV 2004, S. 156 (160 f.); *Büllesbach/Höss-Löw*, DuD 2001, S. 135 (137); *Hoeren*, RDV 2012, S. 271 (275 f.); *Forst*, Der Konzern 2012, S. 170 (183); *Schmidt-Bens*, Cloud Computing Technologien und Datenschutz, S. 70 ff.; Arbeitspapier der Artikel 29-Datenschutzgruppe vom 3.6.2003, WP 74, S. 4 ff.

141 *Hillenbrand-Beck*, RDV 2007, S. 231 (233); Zwanzigster Bericht der Landesregierung über die Tätigkeit der für den Datenschutz im nicht-öffentlichen Bereich in Hessen zuständigen Aufsichtsbehörden, LT-Drs. 16/7646, S. 19.

tungsformen sind nicht ausgeschlossen, müssen aber ebenfalls zu einem ausreichenden Schutz der Betroffenen führen.[142]

IV. Mitteilung von Genehmigungsentscheidungen (Abs. 3)

34 Nach § 4c Abs. 3 BDSG sind die Länder verpflichtet, dem Bund die im Rahmen des § 4c Abs. 2 Satz 1 BDSG ergangenen Entscheidungen mitzuteilen. Dies ist notwendig, damit der Bund seinerseits in der Lage ist, nach Art. 26 Abs. 3 EG-DSRl die Kommission und die anderen Mitgliedstaaten über erteilte Genehmigungen für Datenübermittlungen in Drittländer zu unterrichten. Jenen steht insoweit ein Widerspruchsrecht zu. Bei begründetem Widerspruch erlässt die Kommission nach dem Verfahren des Art. 31 Abs. 2 EG-DSRl geeignete Maßnahmen zur Abhilfe.[143]

---

142 Mangels Nachweis der rechtlichen Durchsetzbarkeit wurde dies durch die zuständige Aufsichtsbehörde beispielsweise in einem Fall verneint, in dem Datenübermittlungen nach Bermuda auf ein nach dortigem Recht mögliches „Privatgesetz" gestützt werden sollten (vgl. Dreizehnter Bericht der Landesregierung über die Tätigkeit der für den Datenschutz im nicht-öffentlichen Bereich in Hessen zuständigen Aufsichtsbehörden, LT-Drs. 15/1539, S. 36 ff.).

143 BT-Drs. 14/4329, S. 35; näher dazu *Dammann/Simitis*, EG-Datenschutzrichtlinie, Art. 26 Rn. 23 und 26 f.; *Draf*, Die Regelungen der Übermittlung personenbezogener Daten in Drittländer nach Art. 25, 26 der EG-Datenschutzrichtlinie, S. 121 ff.

§ 4d Meldepflicht

(1) Verfahren automatisierter Verarbeitungen sind vor ihrer Inbetriebnahme von nicht-öffentlichen verantwortlichen Stellen der zuständigen Aufsichtsbehörde und von öffentlichen verantwortlichen Stellen des Bundes sowie von den Post- und Telekommunikationsunternehmen dem Bundesbeauftragten für den Datenschutz und die Informationsfreiheit nach Maßgabe von § 4e zu melden.

(2) Die Meldepflicht entfällt, wenn die verantwortliche Stelle einen Beauftragten für den Datenschutz bestellt hat.

(3) Die Meldepflicht entfällt ferner, wenn die verantwortliche Stelle personenbezogene Daten für eigene Zwecke erhebt, verarbeitet oder nutzt, hierbei in der Regel höchstens neun Personen ständig mit der Erhebung, Verarbeitung oder Nutzung personenbezogener Daten beschäftigt und entweder eine Einwilligung der Betroffenen vorliegt oder die Erhebung, Verarbeitung oder Nutzung für die Begründung, Durchführung oder Beendigung eines rechtsgeschäftlichen oder rechtsgeschäftsähnlichen Schuldverhältnisses mit den Betroffenen erforderlich ist.

(4) Die Abs. 2 und 3 gelten nicht, wenn es sich um automatisierte Verarbeitungen handelt, in denen geschäftsmäßig personenbezogene Daten von der jeweiligen Stelle

1. zum Zweck der Übermittlung,

2. zum Zweck der anonymisierten Übermittlung oder

3. für Zwecke der Markt- oder Meinungsforschung

gespeichert werden.

(5) Soweit automatisierte Verarbeitungen besondere Risiken für die Rechte und Freiheiten der Betroffenen aufweisen, unterliegen sie der Prüfung vor Beginn der Verarbeitung (Vorabkontrolle). Eine Vorabkontrolle ist insbesondere durchzuführen, wenn

1. besondere Arten personenbezogener Daten (§ 3 Abs. 9) verarbeitet werden oder

2. die Verarbeitung personenbezogener Daten dazu bestimmt ist, die Persönlichkeit des Betroffenen zu bewerten einschließlich seiner Fähigkeiten, seiner Leistung oder seines Verhaltens,

es sei denn, dass eine gesetzliche Verpflichtung oder eine Einwilligung des Betroffenen vorliegt oder die Erhebung, Verarbeitung oder Nutzung für die Begründung, Durchführung oder Beendigung eines rechtsgeschäftlichen oder rechtsgeschäftsähnlichen Schuldverhältnisses mit den Betroffenen erforderlich ist.

(6) Zuständig für die Vorabkontrolle ist der Beauftragte für den Datenschutz. Dieser nimmt die Vorabkontrolle nach Empfang der Übersicht nach § 4g

Abs. 2 Satz 1 vor. Er hat sich in Zweifelsfällen an die Aufsichtsbehörde oder bei den Post- und Telekommunikationsunternehmen an den Bundesbeauftragten für den Datenschutz und die Informationsfreiheit zu wenden.

Literatur: *Engelien-Schulz*, Die Vorabkontrolle gemäß § 4d Abs. 5 und 6 Bundesdatenschutzgesetz (BDSG), RDV 2003, S. 270; *Gerhold*, Aktuelle Überlegungen zur Änderung der Bestellpflicht von betrieblichen Datenschutzbeauftragten, RDV 2006, S. 6; *Klug*, Die Vorabkontrolle – Eine neue Aufgabe für betriebliche und behördliche Datenschutzbeauftragte, RDV 2001, S. 12; *Rüpke*, Freie Advokatur, anwaltliches Berufsgeheimnis und datenschutzrechtliche Kontrollbefugnisse, RDV 2003, S. 72; *Weitze*, Haben Steuerberater einen betrieblichen Datenschutzbeauftragten zu bestellen?, DStR 2004, S. 2218; *Weniger*, Das Verfahrensverzeichnis als Mittel datenschutzkonformer Unternehmensorganisation, RDV 2005, S. 153.

Übersicht

I. Allgemeines

1. Europarechtliche Grundlagen

1 Mit der Vorschrift entspricht der Gesetzgeber den Vorgaben der Art. 18 und 20 EG-DSRl. Das in Art. 18 vorgesehene Meldeverfahren soll in erster Linie der Transparenz der relevanten Datenverarbeitungsvorgänge dienen, indem insbesondere die Zweckbestimmungen der einzelnen Verarbeitungen bzw. Verfahren sowie ihre

wichtigsten Merkmale offengelegt werden.[1] Im Entwurf zu einer EU-Datenschutz-grundverordnung[2] ist eine Meldepflicht gegenüber einer staatlichen Stelle nicht mehr vorgesehen. Stattdessen sollen gemäß Art. 28 Abs. 1 EU-DSGVO-E, entspre-chend der schon heute bestehenden deutschen Rechtslage, die relevanten Verarbei-tungsvorgänge von der verantwortlichen Stelle lediglich intern dokumentiert und nur auf Anforderung einer zuständigen Aufsichtsbehörde zugänglich gemacht wer-den. Die Dokumentationspflicht soll nach Art. 28 Abs. 4 EU-DSGVO-E wegfallen, wenn der für die Verarbeitung Verantwortliche eine Privatperson ist oder ein Unter-nehmen mit weniger als 250 Beschäftigten, die personenbezogene Daten nur als Nebentätigkeit verarbeiten. Leider sieht sich der europäische Gesetzgeber derzeit nicht dazu veranlasst, von diesem für die Praxis überwiegend nutzlosen Bürokratis-mus in Gänze Abstand zu nehmen. Verfahrensübersichten, Verarbeitungsverzeich-nisse und Behördenmeldungen sind nämlich zumeist für die in die Verarbeitung von personenbezogenen Daten involvierten Personenkreise weitgehend wertlos. Weder Betroffene und ihre Betriebs-/Personalräte, die Aufsichtsbehörden oder an-dere öffentliche Stellen, wie etwa Gerichte, noch die verantwortlichen Stellen selbst zeigen in der Praxis großes Interesse an diesen Informationen.

Des Weiteren wurde auf der Grundlage von Art. 20 EG-DSRl die Vorabkontrolle in **2** § 4d Abs. 5 und 6 BDSG übernommen. Bestimmte Verarbeitungen können auf-grund ihrer Art, Tragweite, Zweckbestimmung oder aufgrund der besonderen Ver-wendung einer neuen Technologie besondere Risiken in Hinblick auf die Rechte und Freiheiten der betroffenen Personen aufweisen.[3] Demgemäß gibt Art. 20 EG-DSRl dem deutschen Gesetzgeber auf, im vorgezeigten Rahmen festzulegen, wel-che Verarbeitungen spezifische Risiken für die Rechte und Freiheiten der Personen beinhalten können, die dann einer Vorabkontrolle zu unterziehen sind. Nach der ge-planten EU-Datenschutzgrundverordnung soll das Institut der Vorabkontrolle ge-mäß Art. 33 EU-DSGVO-E durch eine Datenschutz-Folgenabschätzung ersetzt werden. Diese würde – entgegen der noch aktuellen deutschen Rechtslage, die inso-weit auf den Datenschutzbeauftragten abstellt – nicht in den Verantwortungsbereich des Datenschutzbeauftragten fallen, sondern von den für die Verarbeitung Verant-wortlichen durchzuführen sein, die ggf. die Aufsichtsbehörde nach Art. 34 EU-DSGVO-E hinzuziehen müssen. Der Datenschutzbeauftragte soll seinerseits jedoch nach Art. 37 Abs. 1 Buchstabe f EU-DSGVO-E die Durchführung der Datenschutz-Folgenabschätzung „überwachen".

---

1 Vgl. Erwägungsgrund (48) der EG-DSRl.
2 Vorschlag für eine Verordnung des Europäischen Parlaments und des Rates zum Schutz na-türlicher Personen bei der Verarbeitung personenbezogener Daten und zum freien Datenver-kehr (Datenschutz-Grundverordnung), KOM (2012) 11 endg., S. 11.
3 Vgl. Erwägungsgrund (53) der EG-DSRl.

2. Zweck und Aufbau der Norm

3 Die Vorschrift regelt für öffentliche und nicht-öffentliche Stellen die Meldepflicht bei automatisierter Datenverarbeitung und führt das Institut der Vorabkontrolle ein, soweit automatisierte Verarbeitungen besondere Risiken für die Rechte und Freiheiten der Betroffenen aufweisen.

4 Meldepflicht und Vorabkontrolle ist gemein, dass sie der Kontrolle der Einhaltung des Datenschutzrechts dienen, einerseits in Hinblick auf die Kontrolle durch die Aufsichtsbehörden, andererseits in Hinblick auf die (Selbst-)Kontrolle der verantwortlichen Stelle durch ihren DSB. Die Meldepflicht unterstützt in erster Linie die Aufsichtsbehörde, die so ihre Aufgabe des Führens eines Melderegisters gem. § 38 Abs. 2 Satz 1 BDSG erfüllen kann. Die Vorabkontrolle verpflichtet daneben den DSB, der seiner allgemeinen Überwachungsaufgabe gemäß § 4g Abs. 1 Satz 1 BDSG bei datenschutzrelevanten Verfahren mit besonderen Risiken für die Rechte und Freiheiten der Betroffenen gegebenenfalls im Wege der Vorabkontrolle in besonders hervorgehobenem Maße nachkommen muss.

5 Die Regelungen zur Meldepflicht bestehen aus einem Regel-Ausnahme-Verhältnis. Während Abs. 1 den Grundsatz aufstellt, dass Verfahren automatisierter Verarbeitung vor ihrer Inbetriebnahme der Aufsichtsbehörde zu melden sind, machen die Abs. 2 und 3 hiervon Ausnahmen, welche in der Praxis dazu führen, dass der vermeintliche Grundsatz eher zur Ausnahme wird. So lässt Abs. 2 die Meldepflicht entfallen, wenn die verantwortliche Stelle einen DSB bestellt hat. Insoweit wird der enge Bezug zu § 4g BDSG deutlich, denn die in Abs. 2 genannte und in der Praxis häufig einschlägige Ausnahme führt dazu, dass die Meldung zwar regelmäßig nicht mehr erfolgen muss, die gleichen Informationen aber nunmehr in einer internen Verarbeitungsübersicht zu dokumentieren sind. Die verantwortliche Stelle wird also aufgrund der Bestellung eines DSB im Rahmen der Selbstkontrolle von der Verpflichtung befreit, die Meldung an die zuständige Aufsichtsbehörde zu übermitteln, muss aber nach wie vor die entsprechenden Informationen zusammentragen und dokumentieren, Letztere aber lediglich intern vorhalten und dem DSB zur Verfügung stellen. Insoweit dient der DSB also als Substitut zur Aufsichtsbehörde, wenngleich sich der DSB in der Praxis regelmäßig zu dem Zugeständnis veranlasst sieht, sich selbst um die Zusammentragung der erforderlichen Informationen zu kümmern.

6 Abs. 3 privilegiert kleinere Unternehmen, die personenbezogene Daten für eigene Zwecke erheben, verarbeiten oder nutzen, mit dieser Arbeit höchstens neun Personen betrauen und entweder eine Einwilligung des Betroffenen vorliegt oder die Erhebung, Verarbeitung oder Nutzung für die Begründung, Durchführung oder Beendigung eines rechtsgeschäftlichen oder rechtsgeschäftsähnlichen Schuldverhältnisses mit den Betroffenen erforderlich ist.[4] Insoweit nimmt die Regelung Bezug auf

---

4 Wie im gesamten BDSG von 2009 werden auch in § 4d Abs. 3 und Abs. 5 Satz 2 BDSG aufgrund der Schuldrechtsnovelle des Jahres 2002 die Begriffe „Vertragsverhältnis" und „ver-

eine Einwilligung nach § 4a Abs. 1 BDSG und die vertragsbezogene Regelung in §§ 28 Abs. 1 Satz 1 Nr. 1, 32 Abs. 1 Satz 1 BDSG. Eine Meldepflicht entfällt somit für kleinere Unternehmen, wenn die Datenverarbeitung auf einer Einwilligung oder einer vertraglichen oder vorvertraglichen Beziehung beruht.

Abs. 4 stellt eine Ausnahme von der Ausnahme dar und fordert immer dann eine   **7**
Meldung, wenn es sich um automatisierte Verarbeitungen handelt, bei denen geschäftsmäßig personenbezogene Daten von der jeweiligen Stelle zum Zweck der (auch anonymisierten) Übermittlung oder für Zwecke der Markt- und Meinungsforschung gespeichert werden. Die Meldepflicht gilt alsoweiterhin u. a. für Auskunfteien, Markt- oder Meinungsforschungsinstitute, Werbeagenturen oder Adresshändler.[5]

Abs. 5 regelt unter welchen Voraussetzungen eine Vorabkontrolle durchzuführen   **8**
ist. Inhaltlich steht das Institut der Vorabkontrolle in keinem Zusammenhang zur Meldepflicht. Eine getrennte Regelung beider Institute wäre ebenfalls möglich gewesen. Einer Vorabkontrolle unterliegen insbesondere Erhebungen, Verarbeitungen und Nutzungen sensitiver Daten (§ 3 Abs. 9 BDSG) und personenbezogener Daten, die dazu bestimmt sind, die Persönlichkeit des Betroffenen zu bewerten. Diese Aufzählung ist nicht abschließend und hat lediglich beispielhaften Charakter. Die Vorabkontrolle hat aber in der Praxis eine relativ geringe Bedeutung: zum einen ist sie nach Abs. 5 Satz 2 nur durchzuführen, wenn die Datenverarbeitung nicht auf einer gesetzlichen Verpflichtung, der Einwilligung der Betroffenen oder einem legitimierenden rechtsgeschäftlichen oder rechtsgeschäftsähnlichen Schuldverhältnis beruht (was in der Praxis sehr häufig der Fall ist). Zudem hat der DSB gemäß § 4g Abs. 1 Satz 1 BDSG ohnehin die Aufgabe, auf die Einhaltung des BDSG und anderer Vorschriften zum Datenschutz hinzuwirken. Eine „Vorabkontrolle" der datenschutzrelevanten Systeme und Prozesse ist also im weiteren Sinne des Wortes ohnehin schon erforderlich, und dies selbstredend zeitlich vor ihrer Inbetriebnahme bzw. Einführung, also bevor es zu einer etwaigen Verletzung von Persönlichkeitsrechten kommen kann. Schließlich überträgt Abs. 6 die Zuständigkeit für die Vorabkontrolle dem DSB[6] und schreibt zudem bindend vor, dass der DSB in Zweifelsfällen die Aufsichtsbehörde konsultieren muss.

---

tragsähnliches Vertrauensverhältnis" in Anpassung an die durch die Schuldrechtsnovelle des Jahres 2002 eingeführte Terminologie durch die Begriffe „rechtsgeschäftliches Schuldverhältnis" und „rechtsgeschäftsähnliches Schuldverhältnis" ersetzt.

5 Die Nr. 3 hinsichtlich Markt- oder Meinungsforschung ist erst mit dem BDSG 2009 in den Gesetzestext aufgenommen worden, hat allerdings nur deklaratorische Bedeutung, da diese Fallgruppe auch schon bisher als eine Speicherung zum Zwecke der (anonymisierten) Übermittlung angesehen wurde, *Bergmann/Möhrle/Herb*, BDSG, § 4d Rn. 34.

6 Soweit eine Vorabkontrolle erforderlich ist, muss die verantwortliche Stelle daher unabhängig von der Anzahl ihrer auf personenbezogene Daten zugriffsberechtigten MitarbeiterInnen einen DSB bestellen (vgl. § 4f Abs. 1 Satz 6 BDSG).

3. Verhältnis zu anderen Vorschriften

9   Die nach § 4d Abs. 1 BDSG in besonderen Fällen gebotene Meldung dient der Aufsichtsbehörde und ihrer Tätigkeit gemäß § 38 BDSG. Ferner ist im Falle des Bestehens einer Meldepflicht § 4e BDSG zu berücksichtigen, der die Inhalte einer etwaigen Meldung vorgibt.[7] Da die Vorabkontrolle vom DSB durchzuführen ist, besteht insofern ein Bezug zu den Aufgaben des DSB gemäß § 4g BDSG.

10   Außerhalb des BDSG, etwa im TMG oder im TKG, gibt es keine entsprechenden Regelungen, die etwaige Melde- oder Vorabkontrollpflichten festschreiben, sodass für die insoweit betroffenen Branchen der Telemedien- und TK-Dienste die Subsidiaritätsklausel des § 1 Abs. 3 BDSG greift, § 4d BDSG also Anwendung findet.

II. Die Meldpflicht und ihre Voraussetzungen (Abs. 1)

1. Meldepflichtige Stellen

11   Nach Abs. 1 gibt es drei Arten von meldepflichtigen Stellen: nicht-öffentliche Stellen, öffentliche Stellen des Bundes und Post- und Telekommunikationsunternehmen.[8] Unter Einbeziehung der LDSG sind also im Grundsatz alle verantwortlichen Stellen zuerst einmal meldepflichtig. Der Grundsatz der Meldepflicht gilt selbstredend auch für solche Stellen, die einem Berufs- oder besonderen Amtsgeheimnis unterliegen (etwa Wirtschaftsprüfer, Steuerberater, Ärzte und Rechtsanwälte). Erstaunlicherweise ist gerade in Hinblick auf Rechtsanwälte, Steuerberater und Wirtschaftsprüfer in der Vergangenheit die Frage diskutiert worden, inwieweit ihre Tätigkeit überhaupt unter den Anwendungsbereich des BDSG falle.[9] So ging die Bundesrechtsanwaltskammer in Anlehnung an *Rüpke*[10] davon aus, dass eine Anwendung des BDSG generell nicht in Betracht komme, und bemühte sich, dies mit berufs- und verfassungsrechtlichen Argumenten zu begründen.[11] Eine Aufsicht durch die Aufsichtsbehörde etwa komme schon deshalb nicht in Frage, da der Rechtsanwalt einen freien Beruf ausübe, der staatliche Kontrolle und Bevormundung grundsätzlich ausschließe.[12] Eine Datenschutzaufsicht sollte daher lediglich durch die zuständigen Rechtsanwaltskammern erfolgen können. Eine Nichtanwendung des BDSG für o. g. Berufsstände widersprach aber schon nach dem BDSG

---

7 Diese sind auch für die Erstellung der internen Verarbeitungsübersicht (§ 4g Abs. 2 Satz 1 BDSG) bzw. weitgehend für das öffentliche Verfahrensverzeichnis (§ 4g Abs. 2 Satz 2 BDSG) maßgeblich.

8 Für landesunmittelbare öffentliche Stellen gelten die entsprechenden Landesdatenschutzgesetze.

9 Dazu *Weitze*, DStR 2004, S. 2218.

10 *Rüpke*, RDV 2003, S. 72.

11 Vgl. hierzu die Stellungnahme der BRAK unter: www.brak.de/seiten/pdf/Stellungnahmen/ 2005/Stn10_05.pdf (Stand: 8/2013); *Rüpke*, RDV 2003, S. 72.

12 Dazu BVerfGE 34, 293 (302).

2001 dem eindeutigen Gesetzeswortlaut (vgl. § 1 Abs. 2 BDSG) und machte auch in der Sache keinen Sinn. Die Modifikationen des BDSG 2006 bereiteten diesem „Strohfeuer" ein Ende: Gemäß § 4f Abs. 2 Satz 3 BDSG kann auch eine Person außerhalb der verantwortlichen Stelle zum Datenschutzbeauftragten ernannt werden. Die durchzuführende Kontrolle erstreckt sich dabei auch auf solche personenbezogenen Daten, die einem Berufs- oder besonderen Amtsgeheimnis unterliegen. Ein externer DSB kann also auch für o. g. Berufsgruppen bestellt werden, was bedingt, dass das BDSG auf deren Tätigkeit auch Anwendung findet. Korrespondierend hierzu bestimmt der 2006 eingefügte Abs. 4a, dass, soweit der Datenschutzbeauftragte bei seiner Tätigkeit Kenntnis von Daten erhält, für die dem Leiter oder einer bei der öffentlichen oder nicht-öffentlichen Stelle beschäftigten Person ein Zeugnisverweigerungsrecht zusteht, auch dem DSB dieses Recht zusteht. Besteht für die jeweilige Berufsgruppe mithin eine Verschwiegenheitspflicht, so ist diese auch vom DSB zu beachten, soweit dieser überhaupt Kenntnis von entsprechenden Daten erhält.[13] Entsprechend müssen o. g. Berufsstände nicht lediglich einen DSB bestellen, sondern auch die sonstigen Regelungen des BDSG berücksichtigen.[14] Dies gilt folgerichtig auch für die Meldepflicht der verantwortlichen Stellen. Ausnahmen von dieser Pflicht sind im Berufs- und Standesrecht o. g. Berufsstände nicht enthalten. Dies ist auch nicht erforderlich. Durch die Durchführung einer Meldung sind Informationen, die den berufsspezifischen Schweigeverpflichtungen dieser Stände unterliegen, ohnehin nicht betroffen.[15]

In Abweichung zum BDSG 90 ist die Meldepflicht für Auftragsdatenverarbeiter seit dem BDSG 2001 entfallen. Der insoweit seinerzeit einschlägige § 32 BDSG wurde ersatzlos gestrichen.[16] Im Rahmen der Auftragsdatenverarbeitung ist der Auftraggeber nunmehr auch zur Meldung derjenigen Datenverarbeitungen verpflichtet, die er durch einen Auftragsdatenverarbeiter vornehmen lässt. Dem Auftraggeber als für die Datenverwendung verantwortliche Stelle ist die weisungsabhängige Dienstleistung des Auftragnehmers vollumfänglich zuzurechnen (vgl. § 11 BDSG). Folgerichtig müssen auch diejenigen Verfahren in die Verfahrensübersicht[17] des Auftraggebers aufgenommen werden, die im Rahmen von § 11 BDSG durch einen Auftragnehmer ausgeführt werden. **12**

---

13 Vgl. *Klebe*, in: Däubler/Klebe/Wedde/Weichert, BDSG, § 4f Rn. 54a. Die Sicherstellung des Datenschutzes bedingt nämlich nur in seltenen Fällen den Zugriff des DSB auf Echtdaten.

14 Ausnahmen von diesem Grundsatz im berufsspezifischen Standesrecht existieren bislang nicht.

15 A. A. *Rüpke*, RDV 2003, S. 72 (80); insoweit wird offensichtlich irrtümlich davon ausgegangen, eine Meldung erfordere die Übermittlung personenbezogener Daten.

16 Mit der Implementierung des aktuellen § 32 mit dem BDSG 2009 wurde die entstandene Lücke in der Paragraphennummerierung geschlossen.

17 Siehe hierzu § 4e BDSG.

2. Gegenstand der Meldepflicht

13 Gegenstand der Meldepflicht sind „Verfahren automatisierter Verarbeitungen". Der Begriff des Verfahrens ist nicht definiert. Gemäß Erwägungsgrund 48 der EG-DSRl dienen die Meldeverfahren der Offenlegung der Zweckbestimmung der Verarbeitungen sowie ihrer wichtigsten Merkmale, mit dem Ziel, die Überprüfung ihrer Vereinbarkeit mit den einzelstaatlichen Vorschriften zur Umsetzung der Richtlinie zu erleichtern. In diesem Sinne bestimmt auch § 18 Abs. 1 EG-DSRl, dass Gegenstand eines Verfahrens „die Verarbeitung oder eine Mehrzahl von Verarbeitungen zur Realisierung einer oder mehrerer verbundener Zweckbestimmungen" ist. Abgestellt werden muss also in erster Linie auf den mit der Datenverarbeitung verfolgten Zweck. Dieser ist maßgeblich und gibt in der Praxis vor, was unter ein Verfahren gefasst werden muss. Demnach können auch mehrere Hard- und Softwarekomponenten letztlich nur einem einzigen Zweck dienen und deshalb ein einheitliches Verfahren bilden. Der Begriff des „Verfahrens" stellt also darauf ab, dass nicht einzelne Verarbeitungsvorgänge erfasst und gesondert zu dokumentieren sind, sondern ganze „Verarbeitungspakete", die allerdings einem einheitlichen Zweck dienen müssen.[18]

14 Welche Datenverarbeitungszwecke zu einem Verarbeitungspaket zusammengefasst werden, hängt maßgeblich von der Betrachtungsweise der Daten verarbeitenden Stelle ab.[19] Eine allzu kleinteilige Verfahrensbeschreibung sollte nicht erfolgen, da es dergestalt allzu schwer und aufwändig werden könnte, sich einen Überblick über die relevanten Datenverarbeitungsprozesse zur Einschätzung der mit der Datenverwendung zusammenhängenden Risiken für die Rechte und Freiheiten der von der Datenverarbeitung Betroffenen zu verschaffen.[20] Freilich wird insoweit die Unbestimmtheit der maßgeblichen Regelung offenbar. Zwecke der Datenverarbeitung können schließlich ihrer Natur nach weniger oder mehr konkretisiert werden. Für das Maß der erforderlichen Konkretisierung gibt der Gesetzgeber keinerlei Anhaltspunkte. Dies führte in der Vergangenheit zu der Erstellung von Verfahrensübersichten, die aufgrund ihrer generellen und wenig konkretisierten Ausgestaltung ihrem Zweck, nämlich der Schaffung von Transparenz, kaum nachkamen.[21] Mittlerweile

---

18 *Gola/Schomerus*, BDSG, § 4d Rn. 9a; *Petri*, in: Simitis, BDSG, § 4d Rn. 25; *Hillenbrand-Beck*, in: Roßnagel, Hdb. DSR, Kap. 5.4, Rn. 49; BT-Drs. 14/4329, S. 54; hierzu die Hinweise des LfD NW („Was ist Gegenstand der Meldepflicht?"), abrufbar unter: www.ldi.nrw.de/mainmenu_Datenschutz/submenu_Verfahrensregister/Inhalt/FAQ/Was_ist_Gegenstand.php (Stand: 8/2013).

19 *Weniger*, RDV 2005, S. 153 (154).

20 Vgl. hierzu die Hinweise des LfD NW zur Auslegung des § 4e BDSG, abrufbar unter: www.ldi.nrw.de/mainmenu_Datenschutz/submenu_Verfahrensregister/Inhalt/FAQ/Was_ist_ein_Verfahren.php (Stand: 8/2013).

21 Vgl. *Petri*, in: Simitis, BDSG, § 4d Rn. 26; Praxishilfe 1 der GDD „Verarbeitungsübersicht, Verfahrensverzeichnis, Vorabkontrolle", 2002, die entgegen dem Gesetzeswortlaut zwischen dem Detaillierungsgrad einer Verarbeitungsübersicht und einem Verfahrensverzeichnis unterscheidet.

sind deutlich höhere Anforderungen an das Maß der Konkretisierung allgemein anerkannt, wobei sich die Dokumentationen insbesondere auf die Verfahren beziehen sollten, von denen ein Außenstehender in ihrer konkreten Ausgestaltung nicht ohnehin ausgehen kann, sondern die irgendwelche Besonderheiten für die Rechte und Freiheiten der Betroffenen aufweisen.

3. Empfänger, Form und Zeitpunkt der Meldung

Empfänger der Meldung sind nach Abs. 1 die zuständigen Aufsichtsbehörden, soweit es sich bei der verarbeitenden Stelle um eine nicht-öffentliche handelt. Bei öffentlichen Stellen des Bundes sowie bei Telekommunikationsunternehmen hat die Meldung gegenüber dem BfDI zu erfolgen.[22] **15**

Eine bestimmte Formvorschrift für die Meldung gibt es nicht. Sie erfolgt in der Praxis häufig schriftlich, wird aber von den Aufsichtsbehörden regelmäßig auch in elektronischer Textform als E-Mail-Anhang akzeptiert.[23] Gleichwohl veröffentlichen die meisten Aufsichtsbehörden auf ihren Internetangeboten Musterformulare zur Durchführung der Meldung, deren Verwendung in der Praxis zur Minimierung von „Reibungsverlusten" führen dürfte. **16**

Nach dem eindeutigen Gesetzeswortlaut hat die Meldung vor der Inbetriebnahme der relevanten Datenverarbeitungsprozesse zu erfolgen. **17**

4. Rechtsfolgen der Meldung bzw. Nichtmeldung

Gemäß § 38 Abs. 2 Satz 1 BDSG hat die Aufsichtsbehörde ein Melderegister zu führen, in das die angemeldeten Verfahren einzutragen sind. Die Eintragung in das Melderegister stellt keinen Verwaltungsakt dar.[24] Dabei erfolgt gemeinhin nur eine formelle Rechtmäßigkeitsprüfung dergestalt, dass die Meldung auf ihre Vollständigkeit i. S. v. § 4e BDSG jedoch nicht auf ihren Inhalt hin überprüft wird. Allein die Tatsache, dass ein Verfahren bei der Aufsichtsbehörde registriert worden ist, sagt folglich nichts über seine materielle Rechtmäßigkeit aus. Da die jeweiligen Verfahren ggf. regelkonform vor ihrer Inbetriebnahme gemeldet wurden, bleibt zu hoffen, dass eine Prüfung der materiellen Rechtmäßigkeit zumindest seitens der verantwortlichen Stelle bzw. ihres Datenschutzbeauftragten stattgefunden hat.[25] **18**

Eine pflichtwidrig unterlassene Meldung stellt eine Ordnungswidrigkeit dar, § 43 Abs. 1 Nr. 1 BDSG, und kann mit einer Geldbuße bis zur Höhe von EUR 50.000 geahndet werden. Neben der Möglichkeit, bindende Anordnungen zu erteilen (vgl. § 38 BDSG), kann die Aufsichtsbehörde bei schwerwiegenden Verstößen zudem **19**

---

22 Vgl. § 38 BDSG.
23 Dazu auch *Klebe*, in: Däubler/Klebe/Wedde/Weichert, BDSG, § 4d Rn. 3.
24 *Petri*, in: Simitis, BDSG, § 4d Rn. 30.
25 Vgl. *Petri*, in: Simitis, BDSG, § 4d Rn. 29 ff.

von der Möglichkeit Gebrauch machen, die Gewerbeaufsichtsbehörde einzuschalten, § 38 Abs. 1 Satz 6 BDSG.

III. Ausnahmen von der Meldepflicht (Abs. 2–3)

1. Bestellung eines Beauftragten für den Datenschutz (Abs. 2)

20 Die wichtigste Ausnahme von der Meldepflicht ist in Abs. 2 geregelt, der letztere dann entfallen lässt, wenn die verantwortliche Stelle einen DSB bestellt hat.[26] Insoweit kommt es nicht darauf an, ob der DSB von der verarbeitenden Stelle aufgrund eines rechtlichen Erfordernisses eingesetzt worden ist oder diese gemäß § 4f BDSG hierzu ohnehin verpflichtet ist. Damit verfolgt der Gesetzgeber eine effektive Methode zur Unterstützung einer „regulierten Selbstregulierung". Die sich selbst unter Einschaltung eines DSB regulierende Stelle hat nämlich von dieser Maßnahme einen konkreten Nutzen: Sie wird durch die Bestellung des Selbstregulierungsorgans DSB von der Meldepflicht befreit.[27]

2. Erhebung der Daten für eigene Zwecke (Abs. 3)

21 Die Meldepflicht entfällt nach § 4d Abs. 3 BDSG ferner dann, wenn die verantwortliche Stelle personenbezogene Daten für eigene Zwecke erhebt, verarbeitet oder nutzt und hierbei in der Regel höchstens neun Personen ständig mit der Erhebung, Verarbeitung oder Nutzung beschäftigt und entweder eine Einwilligung des Betroffenen vorliegt oder die Erhebung, Verarbeitung oder Nutzung für die Begründung, Durchführung oder Beendigung eines rechtsgeschäftlichen oder rechtsgeschäftsähnlichen Schuldverhältnisses mit dem Betroffenen erforderlich ist.[28]

22 Das Tatbestandsmerkmal „für eigene Zwecke" ist inhaltsgleich mit dem in § 28 BDSG verwandten Begriff. Hier wie dort macht es deutlich, dass die Datenverarbeitung lediglich Hilfsmittel für eigene, außerhalb der eigentlichen Datenverarbeitung liegende Geschäftzwecke sein muss.[29]

23 Vornehmlich um kleinere Betriebe zu entlasten, hat der Gesetzgeber das am 26.8.2006 in Kraft getretene „Erste Gesetz zum Abbau bürokratischer Hemmnisse insbesondere in der mittelständischen Wirtschaft" erlassen.[30] In diesem Zusammenhang wurden die Schwellenwerte für das Erfordernis der Meldung in Abs. 3 und für die Notwendigkeit der Bestellung eines DSB in § 4f Abs. 1 Satz 4 BDSG von vier

---

26 Zur Ausnahme von der Ausnahme vgl. § 4d Abs. 4 BDSG.
27 Die gleichen Informationen muss sie allerdings nunmehr in der internen Verarbeitungsübersicht dokumentieren (§ 4g Abs. 2 BDSG), nicht aber der zuständigen Aufsichtsbehörde vorlegen.
28 Zur Ausnahme von der Ausnahme § 4d Abs. 4 BDSG.
29 § 28 BDSG Rn. 31; *Klebe*, in: Däubler/Klebe/Wedde/Weichert, BDSG, § 28 Rn. 10; *Simitis*, in: Simitis, BDSG, § 28 Rn. 22 ff.
30 BGBl. I, S. 1970/1971.

auf neun Personen angehoben. Der Bundesrat führt zu dieser Novelle aus: „Die Erhöhung der maßgeblichen Personenzahl von vier auf neun schafft einen sachgerechten Ausgleich im Spannungsverhältnis zwischen dem Ziel, kleinere Unternehmen zu entlasten, und dem Erfordernis, personenbezogene Daten zu schützen. Unternehmen, die weniger als zehn Personen mit der automatisierten Verarbeitung personenbezogener Daten beschäftigen, wickeln in der Regel entweder ein im Hinblick auf den Datenschutz eher weniger belastendes Massengeschäft ab oder bedienen einen überschaubaren Kundenkreis. Eine Entlastungswirkung kann auch für größere Unternehmen eintreten, wenn diese nur in geringem Umfang personenbezogene Daten verarbeiten".[31] War nach dem BDSG 2006 noch umstritten, inwiefern Personen zu berücksichtigen waren, die etwa teilzeitbeschäftigt waren, in einem Ausbildungsverhältnis standen, ein Praktikum absolvierten, als Mitarbeiter eines Drittunternehmens bzw. als Freiberufler tätig wurden oder nur sporadisch auf die Daten zugreifen konnten, so hat sich der Gesetzgeber mit dem BDSG 2009 um Konkretisierung bemüht, indem nunmehr zur Befreiung von der Meldepflicht „in der Regel" höchstens neun Personen „ständig" mit der Erhebung, Verarbeitung oder Nutzung der Daten beschäftigt sein dürfen. Damit ist klargestellt, dass Personen, die nur ausnahmsweise bzw. unregelmäßig oder nur sporadisch auf personenbezogene Daten Zugriff haben, nicht zu berücksichtigen sind. In der Praxis dürfte dem legislativen Versuch der Klarstellung allerdings untergeordnete Bedeutung zukommen: jede Person, die Internet- und/oder E-Mail-Zugriff hat, kann in der Regel ständig auf personenbezogene Daten zugreifen. Relevant dürfte die Ausnahme also nur für die Unternehmen sein, die ausnahmsweise mehr als neun zugriffsbefugte Personen beschäftigen. Dies dürfte etwa bei der einmaligen Beschäftigung eines Praktikanten für wenige Wochen der Fall sein, bei der wiederholten Beschäftigung von Praktikanten hingegen nicht. Die Beschäftigung von Auszubildenden oder Teilzeitbeschäftigten ist ebenso mitzuzählen. Nicht nur kurzfristig „ausgeliehene" Mitarbeiter eines Drittunternehmens oder einbezogene Freiberufler sind ebenfalls im Rahmen von § 4d Abs. 3 BDSG zahlenmäßig zu berücksichtigen, da das Tatbestandsmerkmal „beschäftigt" insoweit nicht gem. der Begriffsbestimmung des „Beschäftigten" nach § 3 Abs. 11 BDSG auszulegen ist, wonach ausschließlich auf (vor-)arbeitnehmerähnliche Verhältnisse abzustellen ist, sondern der Begriff „beschäftigt" hier in einen Sinnzusammenhang zu der Erhebung, Verarbeitung und Nutzung personenbezogener Daten gebracht wird.

Nicht nur im Zuge der Gesetzesänderung 2009 sondern auch in Hinblick auf die **24** vormals bestehende Rechtslage stellt sich nach wie vor die Frage, ob und inwieweit diese Regelung mit den Anforderungen der EG-DSRl im Einklang steht. Art. 18 Abs. 2 der EG-DSRl sieht zwar Vereinfachungen und Ausnahmen von der Meldepflicht vor, einen Ausschluss der Meldepflicht aufgrund der Anzahl der zugriffsberechtigten Mitarbeiter ist aber nicht vorgesehen. Eine Ausnahme von der Meldepflicht ist nach der EG-DSRl neben der Bestellung eines DSB nämlich nur dann

---

31 BR-Drs. 302/06, S. 20.

möglich, wenn „für Verarbeitungskategorien, bei denen unter Berücksichtigung der zu verarbeitenden Daten eine Beeinträchtigung der Rechte und Freiheiten der betroffenen Personen unwahrscheinlich ist, die Zweckbestimmungen der Verarbeitung, die Daten oder Kategorien der verarbeiteten Daten, die Kategorie(n) der betroffenen Personen, die Empfänger oder Kategorien der Empfänger, denen die Daten weitergegeben werden, und die Dauer der Aufbewahrung" festgelegt sind. Die EG-DSRl stellt also auf die der Verarbeitung implizite Gefährdung für den Betroffenen ab und lässt die rein quantitative Menge von Zugriffsberechtigten auf Seiten der verantwortlichen Stelle außer Betracht. Die deutsche Regelung wird demnach vereinzelt für europarechtswidrig gehalten.[32]

25 Abs. 3 kann jedoch auch mit anderem Ergebnis ausgelegt werden, dass er nicht hinter der EG-DSRl zurückbleibt, sondern vielmehr über diese hinausgeht: Die Voraussetzung nach dem BDSG für ein Entfallen der Meldepflicht ist ja nicht nur die, dass eine bestimmte Anzahl an Daten verarbeitenden Personen unterschritten wird, sondern auch (kumulativ), dass eine „Einwilligung der Betroffenen vorliegt oder die Erhebung, Verarbeitung oder Nutzung der Begründung, Durchführung oder Beendigung eines rechtsgeschäftlichen oder rechtsgeschäftsähnlichen Schuldverhältnisses mit den Betroffenen dient". Die letztgenannten Tatbestandsalternativen haben gemeinsam, dass der Betroffene über die Verarbeitung seiner Daten regelmäßig Bescheid weiß. Bei der Einwilligung hat er ausdrücklich zugestimmt und auch bei rechtsgeschäftlichen Beziehungen dürfte sich der Betroffene der Datenerhebung im Regelfall durchaus bewusst sein. Das der Meldepflicht zugrunde liegende Transparenzgebot wird also in diesen Fällen regelmäßig schon Berücksichtigung gefunden haben. Entsprechend heißt es in dem für Art. 18 EG-DSRl maßgeblichen Erwägungsgrund 49, dass von einer Meldepflicht abgesehen oder diese vereinfacht werden kann, wenn eine „Beeinträchtigung der Rechte und Freiheiten der Betroffenen nicht zu erwarten ist". Eben dies ist im Falle des Vorliegens wirksamer Einwilligungserklärungen oder im Zusammenhang mit Datenverarbeitungen, die zur Anbahnung oder zur Abwicklung von Vertragsverhältnissen erforderlich sind, regelmäßig der Fall. Schließlich wird die Privilegierung des § 4d Abs. 3 BDSG durch die Gegenausnahme des § 4d Abs. 4 BDSG begrenzt, indem u. a. der Adresshandel sowie die Markt- und Meinungsforschungsinstitute von der Privilegierung ausgenommen werden.

26 Auch wenn die deutsche Regelung europarechtskonform ist, so ist dennoch zu kritisieren, dass im Gegensatz zur Ansicht des Gesetzgebers es grundsätzlich nicht auf die Anzahl der Daten verarbeitenden Personen ankommen sollte. Auch recht kleine Betriebe, die sogar den Schwellenwert der vormaligen Regelung von vier Personen unterschreiten, können, abhängig von ihrer Branche, ihrem Kundenkreis und der Art, Weise oder Sensibilität ihrer Datenverarbeitung, die „Rechte und Freiheiten der betroffenen Personen" erheblich gefährden. Rechtsanwälte, Steuerberater oder

---

[32] Vgl. hierzu *Gerhold*, RDV 2006, S. 6 (9 f.).

Ärzte etwa verarbeiten regelmäßig recht sensible Daten, fallen aber häufig unter die oben genannte Privilegierung. Gleiches gilt für Kleinunternehmen, die unter Zuhilfenahme moderner Technologien und Datenverarbeitungstechnologien auch mit geringer Mitarbeiterzahl beachtliche Datenmengen verarbeiten oder hochkomplexe Datenverarbeitungsprozesse betreiben können. Auch Einzelunternehmer etwa können im elektronischen Geschäftsverkehr durchaus tausende von Endkunden verwalten. Die Anzahl der zugriffsberechtigten Personen bei der verantwortlichen Stelle ist also ein relativ schlechtes Kriterium, um das Gefährdungspotenzial von Datenverarbeitungen für die Rechte und Freiheiten der Betroffenen zu ermessen. Um die daher im Datenschutz bestehende Regelungslücke zu vermeiden, wäre es sachdienlicher, die Meldepflicht von der jeweiligen Verarbeitung und dem damit einhergehenden Risiko abhängig zu machen. Zu berücksichtigen ist, dass die angesprochenen Kleinunternehmen selbstverständlich auch unterhalb der besagten Personengrenze materiellrechtlich die Anforderungen des Datenschutzes erfüllen müssen, wobei die Aufgaben des Datenschutzbeauftragten in diesen Fällen von der Unternehmensleitung in eigener Regie erfüllt werden müssen (vgl. § 4g Abs. 2a BDSG).[33]

IV. Gegenausnahmen zu Abs. 2 und Abs. 3 (Abs. 4)

Die Befreiung von der Meldepflicht gilt nach Abs. 4 nicht, wenn es sich um automatisierte Verarbeitungen handelt, in denen geschäftsmäßig personenbezogene Daten von der jeweiligen Stelle zum Zwecke der (auch anonymisierten) Übermittlung oder für Zwecke der Markt- oder Meinungsforschung[34] gespeichert werden.[35] Abs. 4 bezieht sich damit auf eine Datenverarbeitung gemäß §§ 29, 30, 30a BDSG und fordert ausnahmslos eine Meldung, wenn die insoweit erforderlichen Tatbestandsvoraussetzungen vorliegen.   27

Der Begriff der „Geschäftsmäßigkeit" setzt nach überwiegender Ansicht eine Tätigkeit voraus, die auf eine gewisse Dauer oder auf regelmäßige Wiederholung, insgesamt also auf Nachhaltigkeit ausgerichtet ist; u. U. kann sogar ein bislang einmaliges Tätigwerden ausreichend sein.[36] Dies gilt vor allem dann, wenn die Organisation, die Struktur und Vorkehrungen der verarbeitenden Stelle auch auf eine weitergehende Betätigung ausgerichtet sind. Auf Entgeltlichkeit, also ob es eine   28

---

33 So auch der 18. Datenschutz- und Informationsfreiheitsbericht der Landesbeauftragten für Datenschutz und Informationsfreiheit Nordrhein-Westfalen, S. 136, abrufbar unter: www.ldi.nrw.de/mainmenu_Service/submenu_Berichte/Inhalt/18_DIB/18__Datenschutz-_und_Informationsfreiheitsbericht.pdf (Stand: 8/2013).

34 Die Einbeziehung der Markt- und Meinungsforschung in den Ausnahmekatalog des § 4d Abs. 4 BDSG wurde erst mit dem BDSG 2009 eingeführt.

35 Die Begründung zum Gesetzesentwurf verweist auf eine „Rückausnahme", BT-Drs. 14/4329, S. 35.

36 *Klebe*, in: Däubler/Klebe/Wedde/Weichert, BDSG, § 4d Rn. 7.

kommerzielle Tätigkeit ist, kommt es dabei nicht an. Der Begriff der Geschäftsmäßigkeit ist damit genauso auszulegen wie in § 157 ZPO, § 91 TKG, § 1 Rechtsberatungsgesetz oder § 46 Abs. 4 AO.[37]

29   Hintergrund des Abs. 4 und für die weite Auslegung des Begriffs der Geschäftsmäßigkeit ist u. a. die von der Übermittlungtätigkeit ausgehende, gesteigerte Gefahrenlage, denn das Recht auf informationelle Selbstbestimmung ist bei geschäftsmäßigen Informationsoffenbarungen gegenüber Dritten in der Regel stärker tangiert als bei anderen DV-Vorgängen.[38] Für die Rechte und Freiheiten des Betroffenen macht es folgerichtig hingegen keinen Unterschied, ob die verarbeitende Stelle durch ihre Tätigkeit einen Gewinn erzielt oder nicht.

30   Eine bisher wenig im Rahmen des Abs. 4 diskutierte Rechtsfolge rührt aus dem Umstand, dass es nach dem BDSG kein „Konzernprivileg" gibt. Adressat des BDSG ist stets das einzelne Unternehmen bzw. die einzelne juristische Person, ohne dass konzernbedingte Verflechtungen Berücksichtigung fänden.[39] Das konzernangehörige Unternehmen ist – eine Datenverarbeitung im Auftrag einmal außer Acht gelassen[40] – Dritter i. S. d. § 3 Abs. 8 Satz 2 BDSG. Fraglich ist nunmehr, wie ein konzerninterner Informationsaustausch im Lichte des § 4d Abs. 4 BDSG zu bewerten ist. Ergeben sich etwa Meldepflichten aus dem Umstand, dass ein Konzernunternehmen seine Daten in eine Konzerndatenbank weitergibt bzw. einstellt, welche von den anderen Konzernunternehmen jederzeit abgerufen werden können? Maßgeblich für diese Überlegung sind die §§ 28 ff. und 29 BDSG und deren gegenseitige Abgrenzung voneinander. Ist die Übermittlung der angestrebte Zweck, so ist der Anwendungsbereich des § 29 BDSG eröffnet, mit der Folge, dass das Daten einstellende Konzernunternehmen zur Meldung gegenüber der Aufsichtsbehörde verpflichtet wäre. In der gegenwärtigen Praxis werden derartige Meldungen kaum getätigt. Die Auswirkungen einer stringenten Anwendung und Umsetzung des § 4d Abs. 4 BDSG auf konzerninterne Datenflüsse hätte u. a. weitreichende Konsequenzen für die derzeitige Verwaltung der Melderegister. Hingewiesen sei insoweit zudem auf den einschlägigen Bußgeldtatbestand nach § 43 Abs. 1 Nr. 1 BDSG.

31   Die Meldepflicht ist aber nicht nur für konzerninterne Datenbanken, sondern auch für sog. Social-Media-Dienste wie Facebook, XING, LinkedIn, Studi-/SchülerVZ und Twitter relevant, da besagte Dienste personenbezogene Daten zum Zwecke der Übermittlung verarbeiten. Gleiches gilt für Suchmaschinen, soweit diese mittels

---

37 BGH NJW 1986, 1050 (1051 f.); BGH NJW 2000, 1560 (1561); BGH NJW 2001, 756; *Ehmann*, in: Simitis, BDSG, § 29 Rn. 49 ff.; vgl. hierzu auch die Amtliche Mitteilung des Innenministeriums Baden-Württemberg (Nr. 30 v. 11.12.1991), Nr. 1; siehe auch § 29 BDSG Rn. 15.

38 *Petri*, in: Simitis, BDSG, § 4d Rn. 15.

39 Statt vieler *Tinnefeld/Ehmann/Gerling*, Einführung in das Datenschutzrecht, S. 350, und § 3 BDSG Rn. 53; § 27 BDSG Rn. 27; § 28 BDSG Rn. 127 m. w. N.

40 Vgl. § 3 Abs. 8 Satz 3 BDSG.

sog. „Web Crawler" personenbezogene Daten aus dem WWW herunterladen und zum Abruf durch Dritte bereithalten.

V. Die Meldepflicht innerhalb der Europäischen Gemeinschaft

Auch die anderen Mitgliedstaaten der Europäischen Gemeinschaft haben aufgrund der EG-DSRl die Meldepflicht in ihre nationalen Datenschutzgesetze integriert, wobei die meisten von der Möglichkeit Gebrauch gemacht haben, Ausnahmen zuzulassen. Dabei ist die Bestellung eines DSB in den meisten Mitgliedstaaten nicht im nationalen Datenschutzgesetz vorgesehen, sodass eine Befreiung von der Meldepflicht allein aufgrund der Bestellung eines DSB in diesen Ländern ausscheidet. Die sonstigen Ausnahmeregelungen sind sehr unterschiedlich ausgestaltet, beinhalten teils Querverweise zu anderen Regelungen, beziehen sich teils auf Verordnungen oder bestehen aus mitunter relativ langen Ausnahmekatalogen.[41]   **32**

Gemeinsamkeiten bestehen hingegen auch: In fast allen Mitgliedstaaten gibt es Ausnahmen für Verarbeitungen, deren einziger Zweck das Führen eines Registers ist, das zur Information für die Öffentlichkeit bestimmt ist.[42] In einem großen Teil der Länder existieren Regelungen, die eine Ausnahme von der Meldepflicht dann vorsehen, wenn es um die Verwaltung von (auch sensiblen) personenbezogenen Daten geht und keine kommerziellen Zwecke verfolgt werden. Beispiele sind insoweit die Mitgliedschaft in einer religiösen Vereinigung oder Gewerkschaft. Zudem bestehen weithin Ausnahmen von der Meldepflicht, soweit journalistische Zwecke betroffen sind oder die Datenverarbeitung aufgrund eines Gesetzes erfolgt.[43]   **33**

Folgender Überblick, stellt die grundsätzliche Systematik dar und beschränkt sich auf die wichtigsten Ausnahmen:[44]   **34**

In **Belgien** besteht grundsätzlich eine Meldepflicht für alle automatisierten Verarbeitungen. Ausnahmen bestehen in erster Linie dann, wenn die Datenverarbeitung   **35**

---

41 Vgl. den Bericht der Art. 29-Datenschutzgruppe über die Pflicht zur Meldung bei den nationalen Kontrollstellen, die bestmögliche Nutzung der Ausnahmen und der Vereinfachung und die Rolle der Datenschutzbeauftragten in der Europäischen Union, abrufbar unter: http://ec.europa.eu/justice/policies/privacy/docs/wpdocs/2005/wp106_de.pdf (Stand: 8/2013).

42 Im BDSG hingegen findet sich diese Ausnahme nicht, sodass grundsätzlich auch insoweit eine Meldepflicht besteht, soweit die verantwortliche Stelle keinen Datenschutzbeauftragten bestellt hat.

43 Bericht der Art. 29-Datenschutzgruppe über die Pflicht zur Meldung bei den nationalen Kontrollstellen, die bestmögliche Nutzung der Ausnahmen und der Vereinfachung und die Rolle der Datenschutzbeauftragten in der Europäischen Union (Fn. 43), S. 8.

44 Vgl. zur folgenden Übersicht: Article 29 Data Protection Working Party – Vademecum On Notification Requirements, abrufbar unter: http://ec.europa.eu/justice/policies/privacy/docs/wpdocs/others/2006-07-03-vademecum.doc (Stand: 8/2013).

die Rechte und Freiheiten der Betroffenen nur unerheblich berührt (z. B. Personalverwaltung; Lohn- und Gehaltsabrechnung). Ein DSB ist gesetzlich nicht vorgesehen.

36 **Dänemark** hat die Meldepflicht der nicht-öffentlichen verantwortlichen Stellen auch auf nicht-automatisierte Verarbeitungen ausgedehnt, wenn es sich um besondere personenbezogene Daten handelt. Ausnahmslos besteht die Meldepflicht hinsichtlich von Datenübermittlungen in Drittstaaten. Weitere Ausnahmen bestehen, soweit Arbeitnehmerdaten verarbeitet werden, es sei denn, es handelt sich um besondere personenbezogene Daten oder die Person bewertende Daten. Gesundheitsdaten dürfen meldefrei verarbeitet werden, solange es gesetzlich vorgeschrieben ist bzw. aufgrund des Bestehens eines Arbeitsverhältnisses entsprechende Informationen benötigt werden. Weitere Ausnahmen existieren im Bereich der Kundenverwaltung und anderer vertraglicher Beziehungen. Schließlich gibt es Ausnahmen im Bereich des Marketing und soweit eine Datenverarbeitung allein dem Zweck der Abwicklung eines Vertragsverhältnisses dient. Ein DSB ist nicht vorgesehen.

37 In **England** besteht für automatisierte Verarbeitungen ebenfalls grundsätzlich eine Meldepflicht. Ausnahmen bestehen für Werbung, Marketing und Öffentlichkeitsarbeit, wenn dies zugunsten des eigenen Unternehmens geschieht. Ansonsten bestehen Ausnahmen bezüglich personenbezogener Daten für die Personalverwaltung. Die Bestellung eines Datenschutzbeauftragten wird vom Data Protection Act bisher nicht vorgesehen.

38 **Estland** sieht die Meldepflicht für alle Verarbeitungsarten vor. Ausnahmen bestehen u. a. für natürliche Personen, die personenbezogene Daten für eigene, private Zwecke verarbeiten, und für Verarbeitungen, die Staatsgeheimnisse betreffen. Regelungen zum DSB gibt es keine.

39 **Finnland** sieht eine Meldepflicht grundsätzlich für alle automatisierten Verarbeitungen vor. Bei einer Übermittlung in Drittstaaten besteht eine solche auch für nicht-automatisierte Verfahren. Ausnahmen bestehen, wenn der Betroffene in die Verarbeitung seiner personenbezogenen Daten einwilligt, die Verarbeitung der Zweckbestimmung eines Vertragsverhältnisses dient oder wenn Personal- oder Kundendaten konzernintern verarbeitet werden.[45] Ein DSB ist gesetzlich nicht vorgesehen.

40 **Frankreich** verlangt eine Meldung für alle automatisierten Verarbeitungen. Ausnahmen bestehen u. a. dort, wo die Rechte und Freiheiten der Betroffenen nicht besonderen Risiken ausgesetzt sind. In diesem Zusammenhang existiert ein komplexes System, welches die Meldung bzw. deren Umfang von Entscheidungen der CNIL (Commission Nationale de l'Informatique et des Libertés) abhängig macht.

---

45 Hinsichtlich der Meldepflicht wird also ein Konzernprivileg im Widerspruch zur EG-DSRl geschaffen.

Von einer Meldung kann unter gewissen Voraussetzungen abgesehen werden, wenn ein DSB bestellt ist.

Griechenland verlangt eine vorherige Meldung grundsätzlich für alle Verfahren. **41** Ausnahmen bestehen u. a. im Zusammenhang mit Arbeitsverhältnissen oder einer Kundenverwaltung, solange die Daten nicht an Dritte übermittelt werden. Ausgeschlossen von dem Ausnahmekatalog sind der Datenhandel und der Finanzsektor. Ein DSB ist gesetzlich nicht vorgesehen.

Irland hat eine komplexe Aufstellung derjenigen öffentlichen und nicht-öffentli- **42** chen verantwortlichen Stellen, die einer Meldepflicht unterliegen. Ausnahmeregelungen sind derzeit in Gänze nicht vorhanden. Bestimmungen zum DSB existieren ebenfalls nicht.

Italien hat das Regel-Ausnahme-Prinzip aufgegeben und sieht eine Meldepflicht **43** u. a. nur in folgenden Fällen vor: Die Verarbeitung bezieht sich auf genetische oder biometrische Daten, sensitive Daten, Daten, die dazu bestimmt sind, die Persönlichkeit des Betroffenen zu bewerten oder ein Persönlichkeitsprofil zu erstellen, und auf Daten, die die Kreditwürdigkeit, Vermögenswerte oder Verbindlichkeiten betreffen. Ein DSB ist in der italienischen Gesetzgebung nicht vorgesehen.

Auch **Lettland** sieht eine Meldepflicht für automatisierte Datenverarbeitungen vor. **44** Ausnahmen bestehen zum Beispiel im Bereich der Personalverwaltung. Ein DSB ist gesetzlich nicht vorgesehen.

Die auch in **Litauen** grundsätzlich obligatorische Meldepflicht kann u. a. dann un- **45** terbleiben, wenn Zweck der Verarbeitung die öffentliche Verwaltung bzw. die medizinische Versorgung ist oder wenn Staatsgeheimnisse betroffen sind. Ein DSB ist vorgesehen.

Luxemburg sieht eine Ausnahme von der Meldepflicht für verantwortliche Stellen **46** vor, die freiwillig einen DSB bestellt haben. Eine Vorabkontrolle ist an Stelle der Meldung durchzuführen, wenn sensitive Daten betroffen sind, bei einer Videoüberwachung (auch am Arbeitsplatz), bei der Nutzung personenbezogener Daten über die ursprünglich verfolgten Zwecke hinaus und soweit die Kreditwürdigkeit der Betroffenen berührt ist.

In **Malta** sind grundsätzlich alle Verarbeitungen von der verantwortlichen Stelle **47** melden, es sei denn die verantwortliche Stelle hat einen Datenschutzbeauftragten bestellt. Dieser hat ein Register zu führen, in dem alle Verfahren geführt werden, die, wäre er nicht bestellt, Gegenstand der Meldepflicht wären.

In den **Niederlanden** ist vom Recht, Ausnahmen von der Meldepflicht vorzusehen, **48** extensiv Gebrauch gemacht worden: So sind Verarbeitungen von der Meldepflicht generell ausgenommen, bei denen es unwahrscheinlich ist, dass die Rechte und Freiheiten des Betroffenen verletzt werden. Darüber hinaus zählt ein sog. „Exemption Decree" verschiedenste Ausnahmetatbestände auf. Diese sind unterteilt in Kategorien wie „Mitgliedschaft und Förderung", „Arbeitsleben und Ruhestand", „Waren und Dienstleistungen" und „Gesundheit und Pflege". Davon umfasst sind bei-spielsweise sämtliche Datenverarbeitungen im Zusammenhang mit Stiftungen und Berufsorganisationen sowie Personalverwaltung und Pensionierung. Ist ein DSB bestellt, entfällt die Meldepflicht.

49 In **Österreich** muss jede Daten verarbeitende Stelle vor der Inbetriebnahme der Da-tenverarbeitung das jeweilige Verfahren grundsätzlich melden. Hiervon sind nicht-automatisierte Verfahren allerdings nur betroffen, wenn sie der Vorabkontrolle un-terliegen. Nicht meldepflichtig sind hingegen Verfahren, die nur indirekte perso-nenbezogene Daten enthalten oder die von natürlichen Personen ausschließlich zum privaten Gebrauch betrieben werden. Der Bundeskanzler kann zudem durch Verordnung sog. Standardanwendungen bestimmen, die ebenfalls nicht melde-pflichtig sind. Ein DSB ist vom Gesetz nicht vorgesehen.[46]

50 Die Meldepflicht ist in **Polen** ausnahmsweise nicht obligatorisch, wenn Staatsge-heimnisse betroffen sind, die Verarbeitung der Zweckbestimmung eines Vertrags-verhältnisses dient oder wenn arbeitsrechtliche bzw. wissenschaftliche Bereiche be-troffen sind. Ähnlich wie in den Niederlanden bestehen weiterhin Ausnahmen in den Bereichen „Verwaltungswesen", „Mitgliedschaft und Förderung", „Gesundheit und Pflege" und „Waren und Dienstleistungen". Ein DSB ist gesetzlich nicht vorge-sehen.

51 Auch **Portugal** sieht grundsätzlich eine Meldepflicht für alle Verfahren vor. Ausge-nommen hiervon sind u. a. Lohnkostenabrechnungsverfahren, die Benutzung von Archiven sowie Bibliotheken und Verarbeitungen, die der Zweckbestimmung eines Vertragsverhältnisses dienen.[47] Gesetzliche Regelungen zum DSB fehlen.

52 Die Meldepflicht für automatisierte Verarbeitungen entfällt in **Schweden**, wenn ein DSB bestellt ist. Eine Verpflichtung zur Bestellung eines DSB besteht indes nicht. In Schweden wurde eine Verordnung zum Datenschutzgesetz verabschiedet, die die Ausnahmen von der Notifizierungspflicht näher definiert. Dies betrifft u. a. Verar-beitungen mit Einwilligung der Betroffenen oder im Rahmen von vertraglichen Be-ziehungen.[48]

53 Gemäß den Meldevorschriften in der **Slowakei** sind Daten verarbeitende Stellen dazu verpflichtet, einen DSB zu bestellen, wenn sie mehr als fünf Arbeitnehmer be-schäftigen. Die Meldepflicht entfällt dann. Weitere Ausnahmen bestehen u. a.,

---

46 Zahlreiche Unternehmen bestellen diesen jedoch auf freiwilliger Basis. In der DSG-Novel-le 2008 ist noch ein betrieblicher Datenschutzbeauftragter vorgesehen gewesen. Nach zahlreicher Kritik findet sich dieser im aktuellen Entwurf nicht wieder (die Entwürfe sind abrufbar unter: www.parlament.gv.at/PG/DE/XXIII/ME/ME_00182/pmh.shtml und www.parlament.gv.at/PG/DE/XXIV/ME/ME_00062/pmh.shtml (Stand: 8/2013).
47 Vgl. www.cnpd.pt/english/bin/notification/exemptions.htm (Stand: 8/2013).
48 Zu den weiteren zahlreichen Ausnahmen vgl. „Personal Data Ordinance", abrufbar unter: www.sweden.gov.se/content/1/c6/02/56/33/ed5aaf53.pdf (Stand: 8/2013).

wenn die Verarbeitungen der Zweckbestimmung eines Vertragsverhältnisses dienen oder eine gesetzliche Bestimmung die Verarbeitung anordnet.

In **Spanien**, dessen Datenschutzgesetz einen DSB nicht vorsieht, gilt eine nahezu ausnahmslose Meldepflicht. Nur wenn natürliche Personen Daten zum rein privaten Gebrauch verarbeiten, eine gesetzliche Legitimation besteht oder die Verarbeitung der Terrorismusbekämpfung dient, ist eine Meldung nicht obligatorisch.   **54**

In **Tschechien** sind ebenfalls grundsätzlich alle Verfahren meldepflichtig. Ausnahmen bestehen nur in den eingangs genannten Bereichen (s. oben Rn. 33). Das Institut des DSB ist gesetzlich nicht verankert.   **55**

Die Meldepflicht in **Ungarn** bezieht sich grundsätzlich auf alle Arten der Verarbeitung. Hiervon ausgenommen sind u. a. öffentliche Erhebungen zu statistischen Zwecken, solange gewährleistet ist, dass die Betroffenen anonym bleiben, Verarbeitungen zu lediglich privaten Zwecken, Übermittlungen an ein öffentliches Archiv oder Verfahren zum Zwecke einer behördlichen, staatsanwaltlichen oder gerichtlichen Maßnahme.   **56**

Zypern schließlich lässt dann Ausnahmen von der Meldepflicht zu, wenn die Verarbeitungen der Zweckbestimmung eines Vertragsverhältnisses dienen und die Daten nicht an Dritte weitergegeben werden. Ausgenommen hiervon sind wiederum Versicherungsunternehmen, pharmazeutische Unternehmen, Auskunfteien und Unternehmen im Bereich des Finanzsektors. Schließlich sind Ärzte und Rechtsanwälte von der Meldepflicht ausgenommen. Ein DSB ist gesetzlich nicht vorgesehen.   **57**

VI. Die Vorabkontrolle (Abs. 5–6)

Die Vorabkontrolle musste aufgrund von Art. 20 Abs. 1 EG-DSRl von allen europäischen Mitgliedstaaten in das nationale Datenschutzrecht implementiert werden. Dabei ist der Sinngehalt dieses Instituts durchaus zu bezweifeln. Schließlich müssen die verantwortliche Stelle und ggf. auch ihr DSB ohnehin alle datenschutzrelevanten Verfahren vor ihrer Inbetriebnahme auf die Einhaltung von Datenschutzstandards hin überprüfen. Aufgrund der überflüssigen zusätzlichen Normierung dieser Verpflichtung im Rahmen der Vorabkontrolle kann nunmehr leider der falsche Eindruck entstehen, eine solche Prüfung sei nur bei Verfahren mit besonderen Risiken für die Rechte und Freiheiten der Betroffenen erforderlich. Der Vorabkontrolle kommt in der Praxis als besonderes Erfordernis der Datenschutzkontrolle aufgrund der weitreichenden Ausnahmetatbestände eine relativ geringe Relevanz zu. Soweit eine Vorabkontrolle ausnahmsweise erforderlich ist, muss die verantwortliche Stelle unabhängig von der Anzahl der auf personenbezogene Daten zugriffsberechtigten Mitarbeiter einen Datenschutzbeauftragten bestellen (§ 4f Abs. 1 Satz 5 BDSG). Eine gesetzliche Dokumentationspflicht zur Durchführung der Vorabkontrolle und in Hinblick auf die gewonnenen Ergebnisse besteht nicht, anders als dies   **58** nunmehr seit dem BDSG 2009 für die Kontrolle des Auftragnehmers hinsichtlich seines Auftraggebers erforderlich ist (§ 11 Abs. 2 Satz 5 BDSG).

1. Anwendungsbereich

a) *Automatisierte Verarbeitungen*

59 Eine Vorabkontrolle ist nur bei automatisierter Datenverarbeitung durchzuführen (zur automatisierten Verarbeitung vgl. § 3 Abs. 2 BDSG). Eine Verarbeitung, die nicht unter Einsatz von Datenverarbeitungsanlagen durchgeführt wird (z.B. die physische Akten- oder Datenträgervernichtung), unterliegt also von vornherein nicht der Vorabkontrolle. Dies gilt selbst dann, wenn besondere personenbezogene Daten oder andere Informationen, die ein gesteigertes Risiko für die Betroffenen darstellen, verarbeitet werden.

b) *Besondere Risiken nach Abs. 5 Satz 1*

60 Nach Abs. 5 Satz 1 ist eine Vorabkontrolle immer dann erforderlich, soweit automatisierte Verarbeitungen „besondere Risiken für die Rechte und Freiheiten der Betroffenen aufweisen". Was unter dem Begriff der „besonderen Risiken" zu verstehen ist, hat der Gesetzgeber offen gelassen. Lediglich die genannten Regelbeispiele geben einen Hinweis darauf, welche Kategorien von Verarbeitungen der Gesetzgeber als besonders „risikoreich" einstuft. Allein vom Wortlaut ausgehend, muss es sich um Risiken handeln, die die allgemeinen, mit der automatisierten Verarbeitung personenbezogener Daten einhergehenden Gefahren übersteigen. Auch der Wortlaut des Art 20 Abs. 1 EG-DSRl bleibt recht unbestimmt, indem auf „spezifische Risiken" abgestellt wird. Nach Erwägungsgrund 53 der EG-DSRl können „bestimmte Verarbeitungen aufgrund ihrer Art, ihrer Tragweite oder ihrer Zweckbestimmung oder aufgrund der besonderen Verwendung einer neuen Technologie besondere Risiken im Hinblick auf die Rechte und Freiheiten der betroffenen Personen aufweisen". Für die Anforderungen an die Notwendigkeit zur Durchführung einer Vorabkontrolle ergibt sich hieraus zumindest, dass Gefahren drohen müssen, die den Betroffenen nicht nur kurz und oberflächlich beeinträchtigen, sondern in der Lage sind, ihn nachhaltig zu beeinträchtigen.[49] In Anbetracht dieser vagen Eingrenzungsansätze bleibt der Begriff der „besonderen Risiken" unbestimmt und eröffnet dem Anwender einen breiten Beurteilungsspielraum. Trotz der fragwürdigen Berechtigung des Instituts der Vorabkontrolle kann im Ergebnis, da die Vorabkontrolle nicht mehr und nicht weniger als die Beachtung des Datenschutzrechts bedingt, auch die Faustregel von *Petri*[50] herangezogen werden, die besagt, dass, sobald Zweifel bestehen, ob eine Vorabkontrolle durchzuführen ist, dies zumindest ein Indiz für eine Gefährdungslage ist, die über das „normale", von der Vorabkontrolle nicht umfasste Maß hinausgeht.

---

49 *Petri*, in Simitis, BDSG, § 4d Rn. 35; vgl. in diesem Zusammenhang auch § 6a BDSG.
50 *Petri*, in: Simitis, BDSG, § 4d Rn. 36.

c) Indikation der besonderen Risiken nach Abs. 5 Satz 2

Abs. 5 Satz 2 nennt zwei Regelbeispiele, bei denen eine Vorabkontrolle „insbeson- **61** dere" durchzuführen ist, nämlich einmal dann, wenn besondere personenbezogene Daten i. S. d. § 3 Abs. 9 BDSG verarbeitet werden (Nr. 1), und zum zweiten, wenn die Datenverarbeitung dazu bestimmt ist, die Persönlichkeit des Betroffenen zu bewerten (Nr. 2).

Personaldatenverarbeitungssysteme sind in der Regel nicht von der Vorabkontrolle **62** erfasst. Diese beinhalten zwar bei deutschen Unternehmen zumeist Angaben zur Religionszugehörigkeit und zu evtl. Schwerbehinderungen, sind allerdings zur Abwicklung der zugrunde liegenden Arbeitsverträge erforderlich, sodass die Notwendigkeit zur Durchführung einer Vorabkontrolle entfällt (vgl. die Ausnahmeregelung in § 4d Abs. 5 Satz 2 BDSG bzgl. rechtsgeschäftlicher oder rechtsgeschäftsähnlicher Schuldverhältnisse).

Bezieht sich Nr. 1 auf die Art der personenbezogenen Daten, hat Nr. 2 die Verwen- **63** dung dieser Daten zum Gegenstand. Hiervon werden ggf. Assessment-Verfahren,[51] Lifestyle-Datenbanken,[52] Scoring-Prozesse oder Warndateien der Versicherungswirtschaft erfasst.

Eine Vorabkontrolle kommt auch in anderen Bereichen in Betracht: So kann vor **64** allem der Verwendungszusammenhang dazu führen, dass Daten oder Datensätze, die bislang nicht in den Anwendungsbereich der Vorabkontrolle fielen, nunmehr durch ihre konkrete Verwendung und kontextgebundene Verarbeitung von der Notwendigkeit der Durchführung einer Vorabkontrolle erfasst werden.[53] Das Bundesverfassungsgericht hat bereits im *Volkszählungsurteil* maßgeblich auf die Nutzbarkeit und Verwendungsmöglichkeiten von personenbezogenen Daten abgestellt: „Diese hängen einerseits von dem Zweck, dem die Erhebung dient, und andererseits von den der Informationstechnologie eigenen Verarbeitungs- und Verknüpfungsmöglichkeiten ab. Dadurch kann ein für sich gesehen belangloses Datum einen neuen Stellenwert bekommen; insoweit gibt es unter den Bedingungen der automatischen Datenverarbeitung kein „belangloses" Datum mehr."[54] Infolgedessen dürften regelmäßig auch das sog. Data-Warehousing und Data-Mining der Vorabkontrolle unterliegen, da hier häufig bislang unabhängig voneinander existierende Daten miteinander neu verknüpft und in einen neuen Bezug zueinander gesetzt werden, sodass ein neuer Informationsgehalt entsteht, der vom ursprünglichen Erhebungszweck nicht mehr gedeckt ist.[55]

---

51 *Engelien-Schulz*, RDV 2003, S. 270 (272).
52 *Gola/Schomerus*, BDSG, § 4d Rn. 13.
53 Aufschlussreich insofern die Beispiele bei *Tinnefeld/Ehmann/Gerling*, Einführung in das Datenschutzrecht, S. 441 ff.
54 BVerfGE 65, 1.
55 Vgl. die Entschließung der 59. Konferenz der Datenschutzbeauftragten des Bundes und der Länder unter: www.bfdi.bund.de/SharedDocs/Publikationen/Entschliessungssamm

65 Ein Vorabkontrollverfahren kann insbesondere im Anwendungsbereich der §§ 6a, 6b und 6c BDSG geboten sein, denn gerade in diesen Bereichen ist die Gefahr einer Persönlichkeitsverletzung als besonders hoch einzustufen.[56] Insoweit kommt etwa der Erhebung, Verarbeitung und Nutzung biometrischer Daten eine beachtliche Rolle zu. Videoüberwachungssysteme etwa unterliegen ggf. dann einer Vorabkontrolle, wenn die Überwachung weitreichende Eingriffe in die Rechte und Freiheiten der Betroffenen ermöglicht und einer Einwilligung oder vertraglichen Grundlage entbehrt. Dies ist weniger im Bereich der häufigen Überwachung von öffentlichen Eingangsbereichen von Gebäuden oder Betriebsgeländen der Fall, als vielmehr bei der Überwachung von sozialen Brennpunkten oder Bereichen, in denen sich Betroffene dauerhaft aufhalten oder mit einer Videoüberwachung nicht rechnen müssen.

d) Ausnahmen von der Vorabkontrolle

66 Nach Abs. 5 Satz 2 entfällt die Pflicht zur Durchführung der Vorabkontrolle, wenn eine gesetzliche Verpflichtung, eine Einwilligung oder ein Fall des § 28 Abs. 1 Satz 1 Alt. 1 BDSG vorliegt, also die Begründung, Durchführung oder Beendigung eines rechtsgeschäftlichen oder rechtsgeschäftsähnlichen Schuldverhältnisses die Erhebung, Verarbeitung oder Nutzung rechtfertigt.

67 Hinsichtlich der dogmatischen Einordnung stellt sich zum einen die Frage, ob sich die genannten Ausnahmetatbestände auf beide Regelbeispiele bzw. auf alle Fälle der Vorabkontrolle beziehen, und zum anderen, inwieweit die Ausnahmetatbestände überhaupt mit den europarechtlichen Vorgaben übereinstimmen. Auch wenn eine Auslegung nach der Syntax nicht zwangläufig ergibt, dass sich die Ausnahmetatbestände auf alle Fälle der Vorabkontrolle erstrecken, so spricht doch die Tatsache, dass es sich lediglich um Beispiele handelt, dafür, die Ausnahmen auf sämtliche Fälle der Vorabkontrolle anzuwenden.[57] Auch systematisch wäre es widersinnig, einen komplexen Ausnahmenkatalog nur für zwei zuvor benannte Beispielsfälle zu schaffen. Vielmehr besteht ein generelles Regel-Ausnahme-Verhältnis, wobei die Regel durch zwei konkretisierte Beispiele veranschaulicht wird: Eine Vorabkontrolle kann somit immer dann unterbleiben, wenn einer der Ausnahmetatbestände greift.[58] Fraglich ist weiterhin, ob die Ausnahmen gemäß § 4 Abs. 5 Satz 2 BDSG den europarechtlichen Vorgaben entsprechen: Nach Art. 20 Abs. 3 EG-DSRl können „die Mitgliedstaaten eine solche Prüfung (Anm. d. Verfassers: gemeint ist die Vorabkontrolle) auch im Zuge der Ausarbeitung einer Maßnahme ihres Parlaments oder einer auf eine solche gesetzgeberische Maßnahme gestützten Maßnahme durchführen, die die Art der Verarbeitung festlegt und geeignete Garantien vorsieht". Die sehr weit gefasste Vorschrift soll nach *einer Mindermeinung in*

---

lung/DSBundLaender/59DSK-DataWarehouse_DataMiningUndDatenschutz.html?nn=409240 (Stand: 8/2013).
56 *Petri*, in: Simitis, BDSG, § 4d Rn. 35.
57 *Gola/Schomerus*, BDSG, § 4d Rn. 11.
58 A. A. *Engelien-Schulz*, RDV 2003, S. 270 (273); *Petri*, in: Simitis, BDSG, § 4d Rn. 34.

der Literatur dahingehend verstanden werden, dass von der Vorabkontrolle nur dann eine Ausnahme gemacht werden dürfe, wenn eine gesetzliche Verpflichtung dazu bestehe.[59] Dem ist entgegenzuhalten, dass nach Art. 20 Abs. 1 EG-DSRl die Mitgliedstaaten festlegen, welche Verarbeitungen spezifische Risiken für die Rechte und Freiheiten der Personen beinhalten können. Den Mitgliedstaaten ist es alsoweitgehend selbst überlassen, zu bestimmen, welche Verarbeitungen einer Vorabkontrolle unterfallen sollen und welche nicht.[60] Ob sie dieser Verpflichtung durch eine positive Benennung der Verfahren nachkommen und/oder diese negativ durch einen Ausnahmekatalog bestimmen, liegt im Ermessen der Mitgliedstaaten und befindet sich im Einklang mit der EG-DSRl.

Eine Vorabkontrolle ist nicht durchzuführen, wenn die automatisierte Datenverarbeitung aufgrund einer gesetzlichen Verpflichtung erfolgt. Die jeweilige Norm muss die Verarbeitung allerdings zweifellos vorsehen.[61] Einer Vorabkontrolle bedarf es daher etwa nicht für die Führung des Bundeszentralregisters.[62] **68**

Eine Vorabkontrolle kann ferner unterbleiben, wenn eine Einwilligung des Betroffenen vorliegt. Diese Variante ist grundsätzlich unproblematisch. Zu beachten sind jedoch stets die Reichweite der jeweiligen Einwilligung und die Einhaltung der Rechtmäßigkeitsanforderungen an eine wirksame Einwilligung (vgl. § 4a BDSG). **69**

Eine Vorabkontrolle ist schließlich dann nicht durchzuführen, wenn die Erhebung, Verarbeitung oder Nutzung der Begründung, Durchführung oder Beendigung eines rechtsgeschäftlichen oder rechtsgeschäftsähnlichen Schuldverhältnisses dient. Diese Regelung hat für die Praxis sehr weitreichende Auswirkungen und führt etwa dazu, dass Personalinformationssyteme in aller Regel nicht einer Vorabkontrolle unterfallen, da die geführten Daten der Durchführung des Arbeitsverhältnisses dienen. Nichtsdestotrotz ist von dem für die Durchführung der Vorabkontrolle zuständigen DSB stets zu berücksichtigen, dass jede geplante Verarbeitung personenbezogener Daten ohnehin an den Zulässigkeitstatbeständen des BDSG und weiterer ggf. einschlägigen Datenverarbeitungsgrundsätze zu messen ist. **70**

2. Durchführung des Vorabkontrollverfahrens (Abs. 6)

a) Zuständigkeit des DSB

Gemäß Abs. 6 Satz 1 BDSG ist der DSB für die Vorabkontrolle zuständig.[63] Diese Anforderung bedingt, dass eine verantwortliche Stelle, soweit eines ihrer Datenverarbeitungsverfahren einer Vorabkontrolle unterliegt, einen DSB bestellen muss **71**

---

59 *Simitis*, in: Simitis, BDSG, § 4g Rn. 88.
60 In diesem Sinne andererseits ja auch *Dammann/Simitis*, EG-Datenschutzrichtlinie, Art. 20 Rn. 1.
61 *Petri*, in: Simitis, BDSG, § 4d Rn. 34, verlangt darüber hinaus eine „explizite Anordnung".
62 Ebenda.
63 Hiermit sind alle DSB gemeint, also sowohl betriebliche, als auch behördliche DSB, vgl. hierzu im Einzelnen *Simitis*, in: Simitis, BDSG, § 4g Rn. 82.

(vgl. auch § 4f Abs. 1 Satz 6 BDSG). Anders als bei der Meldepflicht hat die verantwortliche Stelle die zur Durchführung der Vorabkontrolle erforderlichen Informationen nicht der jeweiligen Aufsichtbehörde zu melden, sondern den DSB rechtzeitig entsprechend zu informieren.

b) Gegenstand, Umfang und Form der Vorabkontrolle

72 Die verantwortliche Stelle hat dem DSB vor Beginn der Verarbeitung eine Übersicht über die in § 4e Satz 1 BDSG genannten Angaben sowie über zugriffsberechtigte Personen zur Verfügung zu stellen, Abs. 6 Satz 2 i.V.m. § 4g Abs. 2 Satz 1 BDSG.[64] Die Übergabe der Verarbeitungsübersicht soll nach der Vorstellung des Gesetzgebers „rechtzeitig" erfolgen. Dies ergibt sich u.a. aus § 4g Abs. 1 Satz 4 Nr. 1 Hs. 2 BDSG und hat zur Folge, dass der DSB so frühzeitig über die geplante Verarbeitung zu informieren ist, dass es ihm möglich ist, dem präventiven Gedanken der Vorabkontrolle folgend, eine adäquate Prüfung durchzuführen.[65]

73 Der DSB hat nach der Konzeption der Regelung zu prüfen und zu beurteilen, ob hinsichtlich der geplanten Verarbeitung „besondere Risiken" für die Rechte und Freiheiten der Betroffenen bestehen. Aus der Begründung des Gesetzesentwurfs[66] und dem präventiven Charakter der Vorabkontrolle ergibt sich, dass der DSB bei der Einführung neuer Systeme und Verfahren frühzeitig hinzugezogen werden sollte. Im Rahmen der Vorabkontrolle ist selbstredend festzustellen, ob das Recht auf informationelle Selbstbestimmung der Betroffenen unverhältnismäßig tangiert oder gar verletzt wird. Ausgehend von dieser Grundvoraussetzung ist im Einzelnen auch zu prüfen, ob die Grundsätze der Datenvermeidung und Datensparsamkeit (§ 3a BDSG) gewahrt sind und ob die technischen und organisatorischen Maßnahmen i.S.d. § 9 BDSG und dessen Anlage hinreichend beachtet wurden.[67]

74 Daran anknüpfend stellt sich die Frage, ob die Vorabkontrolle Rechtmäßigkeitsvoraussetzung für das angestrebte Verfahren ist. Darf Letzteres also erst durchgeführt werden, wenn der DSB insoweit seine Einwilligung erteilt hat? Die EG-DSRl gibt hierzu keinerlei Auskunft. Aus dem BDSG ergibt sich ebenfalls kein Hinweis, der für ein (formales) Genehmigungsrecht sprechen würde. Auch sehen die Straf- und Bußgeldvorschriften in §§ 43, 44 keinen diesbezüglichen Tatbestand vor, was letztlich gegen einen zwingenden Genehmigungsvorbehalt des DSB spricht, womit der Vorabkontrolle der Charakter einer (konstitutiven) Rechtmäßigkeitsvoraussetzung nicht zukommt.[68] Dies entspricht der formalen Stellung des DSB, der per lege keine Weisungsrechte hat.

---

64 In der Praxis muss sich der DSB allerdings vielmehr selbst um die Dokumentation der entsprechenden Verfahren mühen.

65 *Petri*, in: Simitis, BDSG, § 4d Rn. 37; *Gola/Schomerus*, BDSG, § 4d Rn. 14.

66 BT-Drs. 14/4329, S. 35.

67 *Klebe*, in: Däubler/Klebe/Wedde/Weichert, BDSG, § 4d Rn. 11; *Gola/Schomerus*, BDSG, § 4d Rn. 15, 17.

68 *Klug*, RDV 2001, S. 12 (18).

Anders als bei der Vorkontrolle des Auftraggebers seines Auftragnehmers gem.   **75**
§ 11 Abs. 2 Satz 5 BDSG ist der DSB im Rahmen der Vorabkontrolle an keine festen Vorgaben gebunden. Es empfiehlt sich aber, das gesamte Vorabkontrollverfahren schriftlich zu dokumentieren. Wenigstens sollte das Ergebnis schriftlich und/ oder elektronisch dokumentiert werden. Dadurch werden nicht nur etwaige Audits/ Kontrollen wesentlich erleichtert und eine interne Kommunikation des festgestellten datenschutzrechtlichen Status quo gefördert, sondern auch ein Beweisstück für etwaige haftungsrechtliche Fragestellungen erzeugt (vgl. das Erfordernis der Exkulpation gemäß § 7 Satz 2 BDSG).[69]

c) Ergebnis der Vorabkontrolle und Einschaltung der Aufsichtsbehörde

Nach Erwägungsgrund 54 EG-DSRl besteht nach Durchführung der Vorabkontrolle   **76**
entweder die Möglichkeit, eine Stellungnahme abzugeben oder die Verarbeitung zu genehmigen. Da der deutsche Gesetzgeber von der Genehmigungsvariante keinen Gebrauch gemacht hat, endet eine Vorabkontrolle nach BDSG regelmäßig mit einer Stellungnahme des DSB. Zentrale Bestandteile dieser Stellungnahme sollten die Dokumentation der Prüfung und eine abschließende Bewertung bestenfalls mit Empfehlung für die Praxis sein.[70] Die Stellungnahme kann sowohl positiv als auch negativ ausfallen. Sind etwaige „besondere Risiken" für den Betroffenen durch schützende/flankierende Maßnahmen auszuschließen, sodass eine Rechtsverletzung unter Zugrundelegung des allgemeinen und sorgfältigen Erwartungshorizonts nicht droht, kann der DSB der verantwortlichen Stelle empfehlen, das entsprechende System oder Verfahren freizugeben. Sollte sich nach der Vorabkontrolle hingegen herausstellen, dass den Rechten und Freiheiten der Betroffenen – u. U. unausräumbare – erhebliche Gefahren drohen, wird der DSB der verantwortlichen Stelle von der Inbetriebnahme des Verfahrens abraten und bestenfalls Vorschläge dazu machen, wie die festgestellten Defizite zu korrigieren sind bei gleichzeitiger Wahrung der Effektivität des avisierten Geschäftsprozesses.[71]

Da es sich bei der Durchführung der Vorabkontrolle nicht um eine Rechtmäßig   **77**
keitsvoraussetzung handelt, kommt dem DSB im Rahmen seiner Stellungnahme kein Veto-Recht zu.[72] Tatsächlich ist die verantwortliche Stelle frei darin, den Empfehlungen des DSB zu folgen oder nicht.[73] Das Prüfungsergebnis entfaltet für die verantwortliche Stelle keine rechtliche Bindungswirkung.[74] Teilen Mitarbeiter der verantwortlichen Stelle die Einschätzung des DSB nicht, so ist dieser ggf. dazu ver

---

69 *Bergmann/Möhrle/Herb*, BDSG, § 4d Rn. 51.
70 Vgl. *Engelien-Schulz*, RDV 2003, S. 270 (276).
71 *Bergmann/Möhrle/Herb*, BDSG, § 4d Rn. 50 f.
72 *Engelien-Schulz*, RDV 2003, S. 270 (276).
73 Die Verantwortung trägt hingegen letztlich die verantwortliche Stelle allein, wenn der DSB im Rahmen der Vorabkontrolle seinen Obliegenheiten hinreichend gerecht geworden ist. Vgl. auch *Petri*, in: Simitis, BDSG, § 4d Rn. 37; *Engelien-Schulz*, RDV 2003, S. 270 (276); *Gola/Schomerus*, BDSG, § 4d Rn. 16.
74 *Königshofen*, in: Roßnagel, Hdb. DSR, Kap. 5.5, Rn. 58.

pflichtet, den entstanden Konflikt der Geschäftsführung vorzutragen, der gegenüber er ohnehin gemäß § 4f Abs. 3 Satz 1 BDSG berichtspflichtig ist.

78 Nach Abs. 6 Satz 3 BDSG hat sich der DSB im Rahmen einer Vorabkontrolle „in Zweifelsfällen" an die Aufsichtsbehörde oder bei Post- und Telekommunikationsunternehmen an den BfDI zu wenden. Die Regelung geht auf Art. 20 Abs. 2 EG-DSRl zurück („… der im Zweifel die Kontrollstelle konsultieren muss."). Der eindeutige Wortlaut stellt es somit nicht ins Ermessen des DSB, ob dieser sich im Rahmen der Durchführung einer Vorabkontrolle bei Unklarheiten über die datenschutzrechtliche Zulässigkeit des Verfahrens an die Aufsichtsbehörde wenden muss oder nicht. Zweifelsfälle liegen vor, wenn nach Durchführung der Vorabkontrolle Zweifel an der Rechtmäßigkeit der geplanten Datenverarbeitung bestehen. Dies bedeutet – grotesker Weise – allerdings nicht, dass sich der DSB an die zuständige Aufsichtsbehörde wenden muss, wenn er die Rechtswidrigkeit der geprüften Verarbeitung unzweifelhaft feststellt.[75] Eine solche „Anzeigepflicht" des DSB bzw. der verantwortlichen Stelle hat weder der europäische noch der deutsche Gesetzgeber intendiert. Im Geltungsbereich des BDSG sind die „Selbstanzeigepflichten" in § 42a BDSG abschließend geregelt. Eine darüber hinausgehende generelle Anzeigepflicht hätte explizit durch den Gesetzgeber festgeschrieben und in ein formalisiertes Verfahren eingebettet werden müssen. In der Praxis sollte sich der DSB im Konfliktfall aber letztlich immer an die Leitung der verantwortlichen Stelle wenden, um die festgestellte Verletzung der Betroffenenrechte anzuzeigen. Sollten diese Bemühungen nicht fruchten, so ist der DSB – ggf. gegen den Willen der verantwortlichen Stelle – nur dann verpflichtet, die Aufsichtsbehörde zu konsultieren, wenn die Rechtslage zweifelhaft ist. Ein hinreichend fachkundiger DSB sollte aber letztlich stets in der Lage sein, seine Rechtsauffassung ohne Zweifel zu finden, sodass eine Anzeigepflicht für die Praxis regelmäßig ausscheiden dürfte.[76] Der DSB ist mithin nicht dazu verpflichtet, sich an die Aufsichtsbehörde zu wenden, wenn seine vorgebrachten Bedenken auch auf sein Drängen hin nicht beseitigt werden und die verantwortliche Stelle mit der nach Ansicht des DSB unzulässigen Verarbeitung beginnen will.

79 Im Ergebnis ist aufgrund des klaren Wortlautes des § 4d Abs. 6 Satz 2 BDSG von einer Konsultationspflicht des DSB in Hinblick auf die Aufsichtsbehörde nur in Zweifelsfällen auszugehen. Bei Feststellung einer Unzulässigkeit treffen den DSB zwar Hinweispflichten gegenüber der Leitung der verantwortlichen Stelle, nicht aber gegenüber den Aufsichtsbehörden.

---

75 *Gola/Schomerus*, BDSG, § 4d Rn. 19.
76 *Gola/Schomerus*, BDSG, § 4d Rn. 19; *Klug*, RDV 2001, S. 12 (17); a.A *Petri*, in: Simitis, BDSG, § 4d Rn. 38.

d) Rechtsfolgen der (pflichtwidrigen Nicht-)Durchführung des Verfahrens

Der Tatbestand einer pflichtwidrig unterlassenen Vorabkontrolle ist nicht in den **80** Straf- und Bußgeldvorschriften der §§ 43 und 44 BDSG enthalten.

Wird die Vorabkontrolle durchgeführt und gibt der DSB das Verfahren frei, darf die **81** verantwortliche Stelle auf die Rechtmäßigkeit des Verfahrens vertrauen. Die Aufsichtsbehörde hingegen ist an die Einschätzung des DSB selbstredend nicht gebunden und kann in Ausübung ihrer Kontrollfunktion die Rechtmäßigkeit des jeweiligen Verfahrens eigenständig prüfen und bewerten.

§ 4e Inhalt der Meldepflicht

Sofern Verfahren automatisierter Verarbeitungen meldepflichtig sind, sind folgende Angaben zu machen:

1. **Name oder Firma der verantwortlichen Stelle,**

2. **Inhaber, Vorstände, Geschäftsführer oder sonstige gesetzliche oder nach der Verfassung des Unternehmens berufene Leiter und die mit der Leitung der Datenverarbeitung beauftragten Personen,**

3. **Anschrift der verantwortlichen Stelle,**

4. **Zweckbestimmungen der Datenerhebung, -verarbeitung oder -nutzung,**

5. **eine Beschreibung der betroffenen Personengruppen und der diesbezüglichen Daten oder Datenkategorien,**

6. **Empfänger oder Kategorien von Empfängern, denen die Daten mitgeteilt werden können,**

7. **Regelfristen für die Löschung der Daten,**

8. **eine geplante Datenübermittlung in Drittstaaten,**

9. **eine allgemeine Beschreibung, die es ermöglicht, vorläufig zu beurteilen, ob die Maßnahmen nach § 9 zur Gewährleistung der Sicherheit der Verarbeitung angemessen sind.**

§ 4d Abs. 1 und 4 gilt für die Änderung der nach Satz 1 mitgeteilten Angaben sowie für den Zeitpunkt der Aufnahme und der Beendigung der meldepflichtigen Tätigkeit entsprechend.

Übersicht

I. Allgemeines

1. Europarechtliche Grundlagen und Gesetzeszweck

1   § 4e BDSG setzt Art. 19 EG-DSRl um. Danach sollen die Mitgliedstaaten festlegen, welche Angaben die Meldung als verbindlichen Mindestinhalt enthalten muss.[1] Der deutsche Gesetzgeber hat sich an dem Katalog der meldepflichtigen Angaben ge-

---

1 *Dammann/Simitis*, EG-Datenschutzrichtlinie, Art. 19 Rn. 1.

mäß Art. 19 Abs. 1 EG-DSRl eng orientiert, mit einer Ausnahme: Regelfristen für die Löschung der Daten sind nach der Richtlinie nicht zwingend zu dokumentieren. § 4e BDSG steht nicht nur in Bezug zu § 4d BDSG, sondern auch zu § 4g Abs. 2 BDSG hinsichtlich der internen „Verarbeitungsübersicht" und des „Verfahrensverzeichnisses für jedermann". Da Meldepflicht und interne Verarbeitungsübersicht dem gleichen gesetzlichen Katalog von erforderlichen Inhalten unterliegen, sind die jeweils zu dokumentierenden Inhalte folgerichtig auch die gleichen. Soweit eine verantwortliche Stelle nicht meldepflichtig ist, etwa aufgrund von geringer Anzahl auf personenbezogene Daten zugriffsberechtigte Personen (§ 4d Abs. 3 BDSG) oder der Bestellung eines DSB (§ 4d Abs. 2 BDSG), muss sie dennoch alle für eine Meldung erforderlichen Informationen zusammentragen und dokumentieren. Die Privilegierung besteht einzig und allein darin, dass das Ergebnis dieser Vorkehrungen nicht mehr an die zuständige Aufsichtsbehörde zu übermitteln ist.[2] Im Entwurf zu einer EU-Datenschutzgrundverordnung[3] wird dieses Modell nunmehr europaweit nahezu identisch übernommen, wobei die Inhalte dieser internen Dokumentation relevanter Verfahren gem. Art. 28 Ziff. 4 EU-DSGV-E den Vorgaben des Art. 19 Abs. 1 EG-DSRl weitgehend entsprechen. Der deutsche Gesetzgeber kommt mit § 4e BDSG und dessen Verbindung zur Meldepflicht einerseits und zur Verarbeitungsübersicht andererseits zugleich den Anforderungen des BVerfG an eine präventive Datenschutzgesetzgebung nach, nämlich „verfahrensrechtliche Vorkehrungen zu treffen, die der Gefahr einer Verletzung des Persönlichkeitsrechts entgegenwirken".[4]

2. Die interne Verarbeitungsübersicht bzw. das Verfahrensverzeichnis

Die Relevanz des § 4e BDSG beschränkt sich nicht auf die Meldepflicht allein, sondern gibt auch ein Mindestmaß an Angaben vor, die bei der Erstellung der internen Verarbeitungsübersicht bzw. des Verfahrensverzeichnisses für jedermann nach § 4g Abs. 2 BDSG Beachtung finden müssen. Interne Verfahrensübersicht und externes Verfahrensverzeichnis für jedermann unterscheiden sich dadurch, dass sich Letzteres auf die Angaben nach § 4e Satz 1 Nr. 1–8 BDSG beschränkt, da es nicht gewollt ist, dass die verarbeitende Stelle auch ihre technischen und organisatorischen Sicherheitsmaßnahmen nach § 4e Satz 1 Nr. 9 BDSG gegenüber Dritten offenlegen muss. Die gemäß § 4e BDSG zu dokumentierenden Aspekte der personenbezogenen Datenverarbeitung sollten, unabhängig davon, ob es sich um eine Meldung, eine interne Verarbeitungsübersicht oder ein Verfahrensverzeichnis für jedermann handelt, dem Anspruch gerecht werden, hinreichende Transparenz zu schaffen indem präzise all diejenigen Information aufgelistet werden, die es einer außerhalb

2

---

2 Zur Meldepflicht allgemein § 4d Rn. 1.
3 Vorschlag für eine Verordnung des Europäischen Parlaments und des Rates zum Schutz natürlicher Personen bei der Verarbeitung personenbezogener Daten und zum freien Datenverkehr (Datenschutz-Grundverordnung), KOM (2012) 11 endg., S. 11.
4 BVerfG NJW 1984, 419 – *Volkszählungsurteil*; so auch *Petri*, in: Simitis, BDSG, § 4e Rn. 1.

der verantwortlichen Stelle stehenden Person ermöglichen, sich einen Überblick über die bei der verantwortlichen Stelle betriebenen Systeme und Prozesse mit Personenbezug zu verschaffen. Die Dokumentation der Datensicherheitsmaßnahmen darf sich insoweit auf eine „allgemeine Beschreibung, die es ermöglicht, vorläufig zu beurteilen, ob die getroffenen Maßnahmen angemessen sind", beschränken. Gefordert ist also lediglich ein Überblick im Rahmen einer allgemeinen Übersicht zu einigen technisch-organisatorischen Datensicherheitsmaßnahmen, als ein detailliertes Datensicherheitskonzept auf Systemebene. Die nach § 4e BDSG erforderliche Dokumentation umfasst also nicht den kompletten Kenntnisstand, den ein DSB zur Wahrnehmung seiner Aufgaben braucht, sondern fordert lediglich die Grundlage für eine erste summarische Überprüfung der datenschutzrechtlichen Anforderungen.[5]

3   Neben den von § 4e Satz 1 BDSG geforderten Mindestangaben kann die Dokumentation des Verfahrensverzeichnisses für jedermann sinnvoller Weise zudem Name und Kontaktdaten des DSB enthalten, da dieser den Betroffenen jederzeit als Ansprechpartner zur Verfügung stehen muss (§ 4f Abs. 5 Satz 2 BDSG). Insoweit ist sicherzustellen, dass eine Kontaktaufnahme unter Wahrung der Vertraulichkeit möglich ist (vgl. § 4f Abs. 4 BDSG). Weitergehende Angaben, etwa zu zugrunde liegenden Rechtsvorschriften oder erfolgte Informationen/Benachrichtigungen, können in die interne Verarbeitungsübersicht mit aufgenommen werden, für das Verfahrensverzeichnis für jedermann sind solche materiell-rechtliche Bewertungen bzw. Zusatzinformationen nicht erforderlich und in der Praxis auch eher unüblich. Gleiches gilt für eine etwaige Dokumentation der Durchführung von Vorabkontrollen gemäß § 4d Abs. 5 und 6 BDSG und eine eventuelle Dokumentation der (Vor-) Kontrolle eines Auftragnehmers gem. § 11 Abs. 2 Satz 4 und 5 BDSG.

3. Zuständigkeiten

4   Zuständig für eine Meldung ist per lege nicht der DSB, sondern die verantwortliche Stelle. Nach dem Gesetzeswortlaut sind grundsätzlich alle Stellen, seien es öffentliche oder nicht-öffentliche, von dieser Verpflichtung betroffen. Tatsächlich reduzieren sich in der Praxis die Meldungen aber auf einen kleinen Kreis verantwortlicher Stellen, die geschäftsmäßig personenbezogene Daten zum Zwecke der (auch anonymisierten) Übermittlung verarbeiten (vgl. § 4d Abs. 4 BDSG).[6]

5   Die gegenüber den zuständigen Aufsichtsbehörden durchgeführten Meldungen werden in einem öffentlichen Register geführt, das jedermann zur Einsicht offen

---

5 Die Verarbeitungsübersicht muss dem DSB gem. § 4g Abs. 2 Satz 1 von der verantwortlichen Stelle zur Verfügung gestellt werden. In der Praxis ist es indes so, dass der DSB die fertige Verfahrensübersicht zumeist nicht von der verarbeitenden Stelle zur Verfügung gestellt bekommt, sondern diese – ggf. unter Mithilfe unterschiedlicher Funktionsträger – unter eigener Regie erstellt werden muss.

6 *Bergmann/Möhrle/Herb*, BDSG, § 4e Rn. 4.

steht. Nicht ersichtlich ist aus diesem Register allerdings die Dokumentation zu den getroffenen Datensicherheitsmaßnahmen und den zugriffsberechtigten Personen (§ 38 Abs. 2 Satz 3 BDSG). Der Ausschluss des Einblicks auf den zugriffsberechtigten Personenkreis verwundert, da einerseits eine „Übersicht der zugriffsberechtigten Personen", wie sie von § 4g Abs. 2 Satz 1 vorgesehen wird, ohnehin nicht in das Register der Aufsichtsbehörden einzumelden ist, die Angaben zu den „Empfängern bzw. den Kategorien von Empfängern, denen die jeweiligen Informationen mitgeteilt werden", gem. § 4e Nr. 6 schon in jedem öffentlichen Verfahrensverzeichnis für jedermann enthalten sein müssen und sinnvollerweise in den behördlichen Registern zu besonders datenschutzrelevanten Unternehmen erst recht enthalten sein sollten.

II. Katalog der meldepflichtigen Angaben (Satz 1 Nr. 1–9)

Nach § 4e Satz 1 Nr. 1–3 BDSG kommt es im Sinne des Transparenzgebots darauf **6** an, dass exakte Angaben gemacht werden und eine zweifelsfreie Identifizierung der verantwortlichen Stelle und der für das Verfahren zuständigen Personen möglich ist. Potenziell Betroffenen muss jederzeit möglich sein, sich an die verantwortliche Stelle wenden zu können. Die Angaben müssen daher stets vollständig und aktuell sein. Sofern die verantwortliche Stelle ausnahmsweise eine natürliche Person ist, ist zumindest der Nachname der natürlichen Person zu nennen. Bei Unternehmen ist nur deren Firma, nicht auch, wie anderweitig ohne entsprechende gesetzliche Grundlage gefordert, die entsprechende Handelsregisternummer sowie das zuständige Amtsgericht zu nennen.[7] Der Begriff der „verantwortlichen Stelle" entspricht der Definition in § 3 Abs. 7 Nr. 2 BDSG. Zudem wird zwischen denjenigen Personen, die mit der Geschäftsleitung betraut sind, und denjenigen, die mit der Datenverarbeitung betraut sind, unterschieden. Zudem kann als sinnvoll erachtet werden – auch wenn gesetzlich nicht gefordert –, die Person des DSB zu benennen.[8] Die Angabe von Telefon-/Telefaxnummern oder einer E-Mail-Adresse ist nicht erforderlich.[9] Die nach Nr. 3 geforderte Anschrift sollte aus Transparenzgründen die vollständige und aktuelle Adresse der verantwortlichen Stelle sein. Da der Gesetzeswortlaut aber lediglich die Angabe der Anschrift fordert, reicht auch eine Angabe eines Postfachs aus.[10]

Nr. 4 verlangt die Angabe der Zweckbestimmungen der Datenerhebung, -verarbei- **7** tung oder -nutzung. Entsprechend ist auf Sinn und Zweck des jeweiligen Verfahrens in Hinblick auf die mit der Durchführung des Prozesses verfolgten Ziele abzustel-

---

7 So aber *Petri*, in: Simitis, BDSG, § 4e Rn. 4, 6; *Bergmann/Möhrle/Herb*, BDSG, § 4e Rn. 7.
8 *Petri*, in: Simitis, BDSG, § 4e Rn. 5.
9 *Petri*, in: Simitis, BDSG, § 4e Rn. 6.
10 A. A. *Bergmann/Möhrle/Herb*, BDSG, § 4e Rn. 9; *Klebe*, in: Däubler/Klebe/Wedde/ Weichert, BDSG, § 4e Rn. 2.

len. Insoweit sind die gesetzlichen Vorgaben äußerst unbestimmt, bleibt es doch der Einschätzung der verantwortlichen Stelle vorbehalten, wie konkret und detailliert die einzelnen Zwecke benannt werden. Maßstab sollte insofern ein Differenzierungsgrad sein, der eine summarische Überprüfung der relevanten Verfahren ermöglicht. Insoweit ist also ein vernünftiges Maß an Konkretisierung erforderlich, das einerseits die datenschutzrelevanten Prozesse aussagekräftig beschreibt, andererseits nicht zu sich inhaltlich weitgehend entsprechenden Beschreibungen von ähnlichen und miteinander verbundenen Verfahren führt. In der Praxis bewährt sich ein Abstellen auf die Systeminfrastruktur bei der verantwortlichen Stelle. Folgende Verfahren werden daher häufig im Rahmen der erforderlichen Dokumentation aufzuführen sein, allerdings nur, soweit es insoweit tatsächlich zu der Erhebung, Verarbeitung und Nutzung personenbezogener Daten kommt: Personalverwaltungssysteme, Zeiterfassungssysteme, Lohn-/Gehaltsabrechnungssysteme, Trainingsmanagementsysteme, Performance Management Systeme, Vorgesetztenbewertungssysteme (sog. 360° Feedback), sog. „Skilldatenbanken" (bzgl. Qualifikationen der Mitarbeiter), elektronisches Comp & Ben-Systeme, elektronische Bewerberdatenbanken, Videoüberwachungssysteme, Akten- und Datenträgervernichtungsverfahren, elektronische/s Zutrittsmanagement/Schlüsselverwaltung oder anderweitige automatisierte Zugangskontrollsysteme, E-Mail-Systeme, elektronische Mitarbeiterverzeichnisse/Adressbücher, elektronische Kalender, Virenscanner, Spamfilter, Software Lizenz Management Systeme, Speicherung von Internet-Log-Files, individualisierte Telekommunikationskostenabrechnungssysteme, elektronische Kundendatenbanken, CRM-Systeme, Buchhaltungssysteme, Inkassosysteme, ERP-Systeme, Reisekostenabrechnungssysteme, Reisebuchungssysteme, Qualitätssicherungssysteme und Projektmanagementsysteme.

8   Gemäß Nr. 5 sind die betroffenen Personengruppen und die diesbezüglich verwendeten Daten oder Datenkategorien zu dokumentieren. Die betroffenen Personengruppen leiten sich dabei aus den einzelnen Verfahren ab und können entsprechend häufig unterteilt werden, etwa in: Kunden, Lieferanten, Mitarbeiter, Bewerber, Führungskräfte, Interessenten, Handelsvertreter, Vertragspartner, aber auch Darlehensnehmer, Bürgen, Ärzte etc.[11] Personengruppen i. S. v. § 4e Nr. 5 BDSG können auch anhand von speziell festgelegten Kriterien entstehen, etwa aufgrund von bestimmten Einkommens- oder Altersstrukturen, die Gegenstand der Erhebung, Verarbeitung oder Nutzung sind. Es ist stets zu gewährleisten, dass die Beschreibung der Personengruppe eine Abgrenzbarkeit schafft und sich nicht auf Oberbegriffe beschränkt, unter die letztlich nahezu alle Personen oder Personengruppen subsumierbar wären. Den Personengruppen sind die Daten oder Datenkategorien jeweils konkret zuzuordnen. Dazu können z. B. die zum angestrebten Zweck erforderlichen Identifikations- und Adressdaten, Vertragsstammdaten, Vertragsabrechnungs- und

---

11 *Gola/Schomerus*, BDSG, § 4e Rn. 7; *Klebe*, in: Däubler/Klebe/Wedde/Weichert, BDSG, § 4e Rn. 4; *Petri*, in: Simitis, BDSG, § 4e Rn. 8; *Bergmann/Möhrle/Herb*, BDSG, § 4e Rn. 11.

Zahlungsdaten, Planungs- und Steuerungsdaten, sowie Auskunftsdaten, IT-Nutzungsdaten und ggf. sensible Daten gemäß § 3 Abs. 9 BDSG gehören. Gemäß Nr. 6 sollen die Empfänger oder Kategorien von Empfängern, denen die Daten mitgeteilt werden „können",[12] genannt werden. Nach § 3 Abs. 8 Satz 1 BDSG ist Empfänger jede Person oder Stelle, die Daten erhält. Insoweit reichen potenzielle Zugriffsrechte aus, unabhängig davon, ob von diesen Zugriffsrechten Gebrauch gemacht wird. Empfänger können daher auch innerhalb der verarbeitenden Stelle sein, weshalb in der Verfahrensübersicht zwischen internen (bloße Datenweitergabe) und externen Empfängern (Datenübermittlung an einen Dritten) unterschieden werden sollte. Empfänger können auch Auftragsdatenverarbeiter sein.[13] Aus der weitgehenden Festlegung des Empfängerbegriffs resultiert, dass die Dokumentation der (auch potenziellen) Empfänger der sog. „Übersicht über zugriffsberechtigte Personen" gemäß § 4g Abs. 2 Satz 1 BDSG nahekommt. Konkrete Personen sollten nicht namentlich benannt, sondern lediglich in ihrer Funktion bzw. Rolle dokumentiert werden. Zudem sind wahlweise auch Kategorisierungen von gleichartigen/homogenen Empfängergruppen möglich.

Nr. 7 verlangt von der verantwortlichen Stelle, die Regelfristen für die Löschung der Daten anzugeben. Grundsätzlich sind personenbezogene Daten dann zu löschen, wenn sie für den konkreten Zweck, zu dem sie gespeichert wurden, nicht mehr benötigt werden. (§ 35 Abs. 2 Satz 2 Nr. 3 BDSG, etwa bei Vertragserfüllung). Über den jeweiligen Zeitpunkt der Erforderlichkeit hinaus dürfen sie regelmäßig nur dann gespeichert werden, wenn dies gesetzlich vorgesehen oder eine Sperrung der Daten, etwa aufgrund von unverhältnismäßig hohem Aufwand einer Löschung, hinreichend ist (§ 35 Abs. 3 Nr. 3 BDSG). Neben diesen eher allgemeinen Hinweisen im BDSG existieren zahlreiche andere Vorschriften, die Aufbewahrungs-, Archivierungs-, Löschungs- bzw. Sperrungsfristen zum Gegenstand haben (etwa § 257 HGB oder § 147 AO). Ein pauschaler Hinweis auf die Berücksichtigung der allgemein geltenden Löschungsfristen gemäß § 35 BDSG reicht dann aus, wenn spezielle Löschungsfristen nicht einschlägig sind und somit eine sinnvolle Eingrenzung der Löschfristen nicht möglich ist. Auch eine Benennung der relevanten Normen kann im Ausnahmefall ausreichend sein.[14] In der Praxis bereitet die Angabe

9

---

12 Nach *Gola/Schomerus*, BDSG, § 4e Rn. 8 m. w. N., soll das „können" im Gesetzestext eigentlich als „sollen" zu verstehen sein. *Petri*, in: Simitis, BDSG, § 4e Rn. 10, meint, dass eine „realistische Möglichkeit" der Weitergabe ausreichend sei. Da personenbezogene Daten grundsätzlich jedermann zugänglich gemacht werden können, wäre Sinn und Zweck der Vorschrift ad absurdum geführt, wenn jeweils auf diese weitreichende Möglichkeit hingewiesen würde. Daher ist insoweit mit *Gola/Schomerus* lediglich auf „planmäßige Zugriffsrechte" abzustellen. Die Einbeziehung jeder „realistischen Möglichkeit" gem. *Petri* droht aber ins „Uferlose" zu gehen und ist daher wenig sinnvoll.

13 *Gola/Schomerus*, BDSG, § 4e Rn. 8; *Klebe*, in: Däubler/Klebe/Wedde/Weichert, BDSG, § 4e Rn. 4.

14 So LDI NRW unter: www.ldi.nrw.de/mainmenu_Datenschutz/submenu_Verfahrensregister /Inhalt/FAQ/Wie_detailliert.php (Stand: 8/2013).

von Löschfristen große Probleme. Zu oft ist die Speicherung eines Datensatzes von den konkreten Umständen des Einzelfalls abhängig, kann also für ein gesamtes Verfahren nicht sinnvoll festgelegt werden. Entsprechend war der deutsche Gesetzgeber schlecht beraten, diese Dokumentationspflicht in Erweiterung des Katalogs gemäß Art. 19 Abs. 1 EG-DSRl im Alleingang zusätzlich zu begründen. Der von den Aufsichtsbehörden vorgeschlagene Kompromiss, lediglich die maßgeblichen Rechtsgrundlagen für eine Speicherung/Löschung zu benennen, steht nun auch in klarem Widerspruch zum Wortlaut des § 4e Satz 1 Nr. 7 BDSG, der ja die Benennung einer „Regelfrist" verlangt.

10 Da nach der EG-DSRl und dem BDSG grundsätzlich erst einmal innerhalb des EWR von einem angemessenen Datenschutzniveau ausgegangen wird, verlangt Nr. 8 lediglich die Meldung einer geplanten Datenübermittlung in Drittstaaten. Übermittlungen von personenbezogenen Daten in Drittländer ist eine gewisse Sensibilität immanent, da diese den unmittelbar geltenden Schutzbereich der europäischen Datenschutzgesetze verlassen. Zur Sicherung des Transparenzgebotes ist daher im Rahmen der Meldung eines Verfahrens auf diesen Umstand gesondert hinzuweisen. Ein genauer Zeitpunkt und die konkreten Modalitäten der Übermittlung müssen nicht dokumentiert, wohl aber müssen sämtliche in Frage kommenden Drittländer konkret benannt werden.[15]

11 Nr. 9 verlangt schließlich eine allgemeine Beschreibung, die es ermöglicht, vorläufig zu beurteilen, ob die Maßnahmen nach § 9 BDSG zur Gewährleistung der Sicherheit der Verarbeitung angemessen sind. Da die Norm nur eine „allgemeine Beschreibung" und lediglich eine „vorläufige Beurteilung" verlangt, ist es ausreichend, wenn sich die Dokumentation insoweit an den sog. „8 Geboten" der Datensicherung der Anlage zu § 9 BDSG orientiert und stichwortartig die vorhandenen Sicherheitsmaßnahmen aufzählt.

III. Aktualisierungspflicht der verantwortlichen Stelle (Satz 2)

12 Satz 2 verfolgt den Zweck, das von den Aufsichtsbehörden geführte Register stets auf dem aktuellsten Stand zu halten. Die verantwortlichen Stellen sind daher verpflichtet, der Aufsichtsbehörde jede Änderung mitzuteilen, bevor diese in Kraft tritt. Dies gilt auch für die Beendigung einer relevanten Datenverarbeitung. Sollte der Grund für die Beendigung einer gemeldeten Datenverarbeitung eine Insolvenz sein, so trifft die diesbezügliche Meldepflicht den Insolvenzverwalter.[16]

---

15 *Petri*, in: Simitis, BDSG, § 4e Rn. 12.
16 *Bergmann/Möhrle/Herb*, BDSG, § 4e Rn. 18.

IV. Rechtsfolgen des pflichtwidrigen Unterlassens der Meldung

Eine pflichtwidrig unterlassene Meldung stellt eine Ordnungswidrigkeit dar, § 43 **13** Abs. 1 Nr. 1 BDSG, und kann mit einer Geldbuße bis zu einer Höhe von EUR 50.000 geahndet werden. Nicht umfasst von § 43 Abs. 1 Nr. 1 BDSG ist jedoch das Nichterstellen der Verfahrensübersicht. Insoweit obliegt es allerdings der Aufsichtsbehörde, die Erstellung einer internen Verarbeitungsübersicht im Wege einer Anordnung herbeizuführen. Zudem kann „jedermann" die Vorlage des Verfahrensverzeichnisses verlangen und bei Verweigerung dieser Vorlage sein Ansinnen auch gerichtlich durchsetzen.

§ 4f Beauftragter für den Datenschutz

(1) Öffentliche und nicht-öffentliche Stellen, die personenbezogene Daten automatisiert verarbeiten, haben einen Beauftragten für den Datenschutz schriftlich zu bestellen. Nicht-öffentliche Stellen sind hierzu spätestens innerhalb eines Monats nach Aufnahme ihrer Tätigkeit verpflichtet. Das Gleiche gilt, wenn personenbezogene Daten auf andere Weise erhoben, verarbeitet oder genutzt werden und damit in der Regel mindestens 20 Personen beschäftigt sind. Die Sätze 1 und 2 gelten nicht für die nichtöffentlichen Stellen, die in der Regel höchstens neun Personen ständig mit der automatisierten Verarbeitung personenbezogener Daten beschäftigen. Soweit auf Grund der Struktur einer öffentlichen Stelle erforderlich, genügt die Bestellung eines Beauftragten für den Datenschutz für mehrere Bereiche. Soweit nicht-öffentliche Stellen automatisierte Verarbeitungen vornehmen, die einer Vorabkontrolle unterliegen, oder personenbezogene Daten geschäftsmäßig zum Zweck der Übermittlung, der anonymisierten Übermittlung oder für Zwecke der Markt- oder Meinungsforschung automatisiert verarbeiten, haben sie unabhängig von der Anzahl der mit der automatisierten Verarbeitung beschäftigten Personen einen Beauftragten für den Datenschutz zu bestellen.

(2) Zum Beauftragten für den Datenschutz darf nur bestellt werden, wer die zur Erfüllung seiner Aufgaben erforderliche Fachkunde und Zuverlässigkeit besitzt. Das Maß der erforderlichen Fachkunde bestimmt sich insbesondere nach dem Umfang der Datenverarbeitung der verantwortlichen Stelle und dem Schutzbedarf der personenbezogenen Daten, die die verantwortliche Stelle erhebt oder verwendet. Zum Beauftragten für den Datenschutz kann auch eine Person außerhalb der verantwortlichen Stelle bestellt werden; die Kontrolle erstreckt sich auch auf personenbezogene Daten, die einem Berufs- oder besonderen Amtsgeheimnis, insbesondere dem Steuergeheimnis nach § 30 der Abgabenordnung, unterliegen. Öffentliche Stellen können mit Zustimmung ihrer Aufsichtsbehörde einen Bediensteten aus einer anderen öffentlichen Stelle zum Beauftragten für den Datenschutz bestellen.

(3) Der Beauftragte für den Datenschutz ist dem Leiter der öffentlichen oder nicht-öffentlichen Stelle unmittelbar zu unterstellen. Er ist in Ausübung seiner Fachkunde auf dem Gebiet des Datenschutzes weisungsfrei. Er darf wegen der Erfüllung seiner Aufgaben nicht benachteiligt werden. Die Bestellung zum Beauftragten für den Datenschutz kann in entsprechender Anwendung von § 626 des Bürgerlichen Gesetzbuchs, bei nicht-öffentlichen Stellen auch auf Verlangen der Aufsichtsbehörde, widerrufen werden. Ist nach Absatz 1 ein Beauftragter für den Datenschutz zu bestellen, so ist die Kündigung des Arbeitsverhältnisses unzulässig, es sei denn, dass Tatsachen vorliegen, welche die verantwortliche Stelle zur Kündigung aus wichtigem Grund ohne Einhaltung einer Kündigungsfrist berechtigen. Nach der Abberufung als Beauftragter für den

Scheja

Datenschutz ist die Kündigung innerhalb eines Jahres nach der Beendigung der Bestellung unzulässig, es sei denn, dass die verantwortliche Stelle zur Kündigung aus wichtigem Grund ohne Einhaltung einer Kündigungsfrist berechtigt ist. Zur Erhaltung der zur Erfüllung seiner Aufgaben erforderlichen Fachkunde hat die verantwortliche Stelle dem Beauftragten für den Datenschutz die Teilnahme an Fort- und Weiterbildungsveranstaltungen zu ermöglichen und deren Kosten zu übernehmen.

(4) Der Beauftragte für den Datenschutz ist zur Verschwiegenheit über die Identität des Betroffenen sowie über Umstände, die Rückschlüsse auf den Betroffenen zulassen, verpflichtet, soweit er nicht davon durch den Betroffenen befreit wird.

(4a) Soweit der Beauftragte für den Datenschutz bei seiner Tätigkeit Kenntnis von Daten erhält, für die dem Leiter oder einer bei der öffentlichen oder nicht-öffentlichen Stelle beschäftigten Person aus beruflichen Gründen ein Zeugnis-verweigerungsrecht zusteht, steht dieses Recht auch dem Beauftragten für den Datenschutz und dessen Hilfspersonal zu. Über die Ausübung dieses Rechts entscheidet die Person, der das Zeugnisverweigerungsrecht aus beruflichen Gründen zusteht, es sei denn, dass diese Entscheidung in absehbarer Zeit nicht herbeigeführt werden kann. Soweit das Zeugnisverweigerungsrecht des Beauftragten für den Datenschutz reicht, unterliegen seine Akten und andere Schriftstücke einem Beschlagnahmeverbot.

(5) Die öffentlichen und nicht-öffentlichen Stellen haben den Beauftragten für den Datenschutz bei der Erfüllung seiner Aufgaben zu unterstützen und ihm insbesondere, soweit dies zur Erfüllung seiner Aufgaben erforderlich ist, Hilfs-personal sowie Räume, Einrichtungen, Geräte und Mittel zur Verfügung zu stellen. Betroffene können sich jederzeit an den Beauftragten für den Datenschutz wenden.

Literatur: *Beder*, Datenschutzbeauftragter im Unternehmen: eine originär anwaltliche Aufgabe, CR 1990, S. 618; *Breinlinger*, Anforderungen des BDSD an den betrieblichen Datenschutzbeauftragten, RDV 1993, S. 53; *Brühann*, Richtlinie 95/45/EG zum Schutz natürlicher Personen bei der Verarbeitung personenbezogener Daten und zum freien Datenverkehr, in: Grabitz/Hilf (Hrsg.), Das Recht der Europäischen Union, Band II, München, Loseblatt, Stand: 2008, A.30; *Büllesbach*, Überblick über europäische Datenschutzregelungen bezüglich des Datenaustauschs mit Ländern außerhalb der Europäischen Union, RDV 2002, S. 55; *Däubler*, Gläserne Belegschaften? Die Verwendung von Gendaten im Arbeitsverhältnis, RDV 2003, S. 7; *Ehrich*, Ordentliche Kündigung des betrieblichen Datenschutzbeauftragten, CR 1993, S. 226; *Ehrich*, Die Bedeutung des § 36 III 4 BDSG für die Kündigung des betrieblichen Datenschutzbeauftragten durch den Arbeitgeber, NZA 1993, S. 248; *Gola*, Die Position des Datenschutzbeauftragten nach dem neuen BDSG, DuD 1991, S. 341; *Gola/Jaspers*, Datenschutz bei Telearbeit: zur Anwendung von BDSG, TKG und TDDSG, RDV 1998, S. 243; *Grunewald*, Der betriebliche Datenschutzbeauftragte im Spannungsfeld zwischen Arbeitgeber, Betriebsrat und Arbeitnehmer, RVG 1993, S. 226; *Haferkorn/Ahrens*, Datensicherheits- und Datenschutzausbildung an deutschen Universitäten aus studentischer Sicht, DuD 1992, S. 521; *Jaspers/Reif*, Der betriebliche Datenschutzbeauftragte nach der geplanten EU-Datenschutz-Grundverordnung – ein Vergleich mit dem BDSG, RDV 2012, S. 78; *Klug*, Internationalisierung der Selbstkontrolle im Datenschutz, RDV 2005, S. 163; *Koch*, Der betriebliche Datenschutzbeauftragte, 6. Aufl., Frechen 2006; *Lingenberg/Hummel/Zuck/Eich (Hrsg.)*, Kommentar zu den Grundsätzen des anwaltlichen Standesrechts, 2. Aufl., Köln 1988; *Linnenkohl*, Der betriebliche Beauftragte für den Datenschutz, Rechtsfragen im Zusammenhang mit der Bestellung, NJW 1979, S. 1190; *Münch*, Zum fachlichen Profil der Beauftragten zum Datenschutz und Datensicherheit, RDV 1993, S. 157; *Ostrowicz*, Kündigungsschutz versus Abberufungsschutz des Datenschutzbeauftragten, RDV 1995, S. 112; *Richardi/Wlotzke/Wißmann* (Hrsg.), Münchener Handbuch zum Arbeitsrecht, München 2009; *Rudolf*, Aufgaben und Stellung des betrieblichen Datenschutzbeauftragten, NZA 1996, S. 296; *Schierbaum/Kiesche*, Der betriebliche Datenschutzbeauftragte, CR 1992, S. 726; *Simitis*, Data Protection in the European Union – the Quest for common Rules 2001; *Simitis*, Die EG-Datenschutzrichtlinie oder der schwierige Weg von einer partikulären zu einer gemeinsamen Regelung des Datenschutzes, in: Drexl u. a. (Hrsg.), Europarecht im Informationszeitalter, Baden-Baden 2000, S. 23; *Taeger*, Rechtsstellung der Beauftragten in der Dienststelle und Beteiligung des Personalrats bei ihrer Bestellung, Der Personalrat 2000, S. 400; *Taeger*, Anm. z. Urteil des BAG vom 13.3. 2007 – 9 AZR 612/05, Abberufung eines angestellten betrieblichen Datenschutzbeauftragten, jurisPR – ITR 6/2007 Anm. 3; *Taeger*, Einbindung des betrieblichen Datenschutzbeauftragten in eine Compliance-Organisation, in: Conrad (Hrsg.), Inseln der Vernunft, Liber Amicorum für Jochen Schneider, Köln 2008, S. 149; *Weber*, Der betriebliche Datenschutzbeauftragte im Lichte der EG-Datenschutzrichtlinie, DuD 1995, S. 698; *Wohlgemuth*, Neuere Entwicklungen im Arbeitnehmerdatenschutz, BB 1992, S. 281; *Wybitul*, Neue Anforderungen an betriebliche Datenschutzbeauftragte, Vorgaben der Datenschutzaufsichtsbehörden, MMR 2011, S. 372.

Übersicht

I. Allgemeines

1. Europarechtliche Grundlagen

Die EG-DSRl weist keine mit den §§ 4f und 4g BDSG vergleichbare Regelung auf. **1**
Den Mitgliedstaaten ist frei gestellt, das Institut des DSB im nationalen Recht zu
verankern oder nicht. Neben Art. 20 EG-DSRl findet der Datenschutzbeauftragte
lediglich in Art. 18 Abs. 2 EG-DSRl im Rahmen der Regelungen zur Meldepflicht
Erwähnung. Diese Ausnahmebestimmung hinsichtlich der generellen Meldepflicht
geht wohl in erster Linie auf eine deutsche Anregung zurück,[1] da im deutschen Datenschutzrecht der DSB als Institut der Selbstkontrolle schon seit dem BDSG 1977
verankert war. Nach Art. 18 Abs. 2 EG-DSRl können die Mitgliedstaaten in der nationalen Umsetzung der Richtlinie die Möglichkeit der Bestellung eines Datenschutzbeauftragten durch den für die Verarbeitung der personenbezogenen Daten
Verantwortlichen implementieren, um im Gegenzug eine Vereinfachung oder sogar
eine Freistellung von der nach Art. 28 EG-DSRl grundsätzlich erforderlichen ex-
ante Meldung von automatisierten Verarbeitungen zu gewähren.

Die Richtlinie sieht für den DSB folgende Aufgaben vor: 1. Die unabhängige Über- **2**
wachung der Anwendung der zur Umsetzung der Richtlinie erlassenen einzelstaatlichen Bestimmungen sowie 2. die Führung eines Verzeichnisses mit in der
Richtlinie konkretisierten Informationen über „die durch den für die Verarbeitung
Verantwortlichen vorgenommene Verarbeitungen". Die dem betrieblichen Datenschutzbeauftragten damit durch den „Verantwortlichen" – im BDSG ist das die
„verantwortliche Stelle" – zwingend zu gewährende Unabhängigkeit ist ein wichti-

---

1 *Weber*, DuD 1995, S. 698.

ger Bestandteil der Konzeption dieses Instituts. Bestärkung findet diese Anforderung auch durch den Erwägungsgrund 49 Satz 3 EG-DSRl: „Ein solcher Beauftragter, ob Angestellter des für die Verarbeitung Verantwortlichen oder externer Beauftragter, muss seine Aufgaben in vollständiger Unabhängigkeit ausüben können." Die Konzeption der EG-DSRl, dass nämlich der DSB die Rolle und Aufgaben der Kontrollbehörden in bestimmtem Ausmaß übernimmt, wird auch in Anbetracht von Art. 20 EG-DSRl deutlich, der vor der Verarbeitung besonders sensibler Daten grundsätzlich eine Vorabprüfung durch die staatliche Kontrollstelle oder in Zusammenarbeit mit ihr durch den Datenschutzbeauftragten vorsieht.

3 Obwohl die Regelungen der EG-DSRl zum betrieblichen Datenschutzbeauftragten auf eine deutsche Anregung zurückzuführen sind, übernimmt die EG-DSRl mit ihrer fakultativen Regelung des Art. 18 Abs. 2 nicht schlicht die – zum Zeitpunkt des Inkrafttretens der Richtlinie gültigen – §§ 36 und 37 BDSG 90, die eine Bestellung eines Datenschutzbeauftragten ab einer ständigen Beschäftigung von fünf Arbeitnehmern mit der Verarbeitung von personenbezogenen Daten zwingend vorsahen. Vielmehr ist nach Art. 18 Abs. 2 EG-DSRl die Bestellung eines Datenschutzbeauftragten für den nationalen Gesetzgeber nur eine optionale Möglichkeit, um von der Meldepflicht gem. Art. 18 Abs. 1 EG-DSRl frei zu werden. Die weiteren Grundsätze der deutschen Normen zum betrieblichen Datenschutzbeauftragten macht sich die Richtlinie hingegen nicht zu Eigen.[2]

4 Während das BDSG ausweislich seiner §§ 4f, 4g BDSG die interne, selbstregulierte Kontrolle durch den Datenschutzbeauftragten als primäre Kontrollinstanz favorisiert, hat der europäische Gesetzgeber der staatlichen Überwachung grundsätzlich Priorität eingeräumt. Vorteile an der deutschen Lösung liegen in der Entlastung des Staates von der Schaffung „kostenträchtiger Verwaltungsinstanzen" (bei öffentlichen Stellen) und der Unternehmerschaft vor „bürokratischer Gängelei". Doch fällt für die deutschen verantwortlichen Stellen eine mögliche Auseinandersetzung mit den Aufsichtsbehörden nicht ersatzlos weg, auch wenn ein DSB bestellt wurde, denn mit der Bestellung des Datenschutzbeauftragten geht keine Aufhebung der Kontrollkompetenzen der Aufsichtsbehörden einher. Vielmehr ist der unabhängige DSB unter Umständen sogar dazu verpflichtet, den Kontakt zur Kontrollbehörde zu suchen (vgl. § 4d Abs. 6 Satz 2 BDSG).[3] Andererseits wird es sich für die dem Datenschutz verpflichtete Stelle regelmäßig „auszahlen", eine kompetente Person in den eigenen Reihen zu wissen, die – auch im Rahmen des Konsultationsrechts nach

---

2 Dazu weitergehend *Simitis*, Data Protection in the European Union – the Quest for common Rules 2001, S. 40; kritisch insoweit *Weber*, DuD 1995, S. 698.

3 In der Praxis aber nicht relevant, da der DSB Fachkunde aufweisen muss (§ 4f Abs. 2 S. 1), die das Vorliegen von „Zweifelsfällen" weitgehend ausschließen sollte. Zweifelt der DSB hingegen nicht, sondern ist er von der Unzulässigkeit einer Datenverwendung überzeugt, so muss er sich nicht an die zuständige Aufsichtsbehörde wenden. Eine solche (Selbst-)Anzeigepflicht neben § 42a BDSG ist in der Konzeption und Systematik des BDSG nicht vorgesehen.

§ 4g Abs. 1 Satz 2 und 3 BDSG – den regelmäßigen Kontakt zur Aufsichtsbehörde „auf Augenhöhe" pflegt. So können – nach § 38 BDSG grundsätzlich mögliche – Anordnungen und Verfügungen der behördlichen Kontrollstelle, die aufwändige und kostspielige Nacharbeiten erfordern könnten, a priori vermieden werden.[4] Als nachteilig kann sich hingegen die Notwendigkeit der Bestellung eines DSB aufgrund der kosten- und ressourcenmäßigen Belastung darstellen. Dies gilt besonders bei kleinen und mittelständischen Organisationen für die Bestellung eines internen DSB, insbesondere aufgrund der Notwendigkeit von adäquaten Aus- und Fortbildungsmaßnahmen (dazu § 4f Abs. 3 Satz 7 BDSG) und des recht weitgehenden Kündigungsschutzes (dazu § 4f Abs. 3 Satz 4 ff. BDSG). Da in kleineren und mittelständischen Unternehmen der DSB regelmäßig nur einen Teil seiner Arbeitskraft der Wahrnehmung seiner Aufgaben widmen kann, kommt als potenzielle Schwierigkeit ein möglicher Konflikt hinzu, einerseits als interner Mitarbeiter weisungsgebunden dem wirtschaftlichen Erfolg der verantwortlichen Stelle verschrieben zu sein, und zugleich „weisungsfrei" im Rahmen der Wahrnehmung seiner Aufgaben als Datenschutzbeauftragter, insbesondere als Kontrollorgan agieren zu sollen.

Dennoch haben sich bisher relativ wenige Mitgliedstaaten dazu entschlossen, das Institut des betrieblichen Datenschutzbeauftragten in ihr nationales Recht aufzunehmen. Neben Deutschland kennen so ausschließlich die Rechtsordnungen Frankreichs, Litauens, Luxemburgs, der Niederlande, Schwedens und der Slowakei die Bestellung eines Datenschutzbeauftragten als Ausnahme von der Meldepflicht.[5] Andere Mitgliedstaaten, z. B. Malta, sehen in ihrem nationalen Datenschutzrecht ebenfalls Datenschutzbeauftragte vor, jedoch ist deren Bestellung dort nicht mit einer Ausnahme von der Meldepflicht verbunden.[6] In zahlreichen Ländern werden darüber hinaus DSB häufig freiwillig bestellt, ohne dass der nationale Gesetzgeber diese Möglichkeit überhaupt gesetzlich vorgesehen hat. **5**

Mit der Begründung der Schaffung eines unbürokratischeren und effektiveren Datenschutzes und unter Berufung auf die positiven Erfahrungen der Mitgliedstaaten, die einen DSB gesetzlich vorgesehen haben, gibt die Kommission allen anderen Mitgliedstaaten die Empfehlung, das Institut des DSB u. a. auch als Alternative zur Meldepflicht einzuführen.[7] Dieser Empfehlung hat sich bemerkenswerter Weise auch die (aus den nationalen Datenschutzbehörden bestehende) Artikel-29-Daten- **6**

---

4 *Koch*, Der betriebliche Datenschutzbeauftragte, S. 22.
5 Art. 29-Datenschutzgruppe, Bericht der Art. 29-Datenschutzgruppe über die Pflicht zur Meldung bei den nationalen Kontrollstellen, die bestmögliche Nutzung der Ausnahmen und der Vereinfachung und die Rolle der Datenschutzbeauftragten in der Europäischen Union, 1227/05/DE, abzurufen unter http://ec.europa.eu/justice/policies/privacy/docs/wpdocs/2005/wp106_en.pdf, Seite 16 f.
6 Ebenda, S. 21 f.
7 Art. 29-Datenschutzgruppe, Bericht der Kommission – Erster Bericht über die Durchführung der Datenschutzrichtlinie (EG 95/46), KOM/2003/0265 endg., abzurufen unter http://eur-lex.europa.eu/LexUriServ/LexUriserv.do?uri=CELEX:52003DC0265:DE:HTML, S. 24 (Stand: 8/2013).

schutzgruppe angeschlossen, die also eine stärkere Selbstregulierung der verantwortlichen Stellen befürwortet, was auf der anderen Seite eine staatliche Kontrolle durch die Aufsichtsbehörden weniger erforderlich machen könnte.[8] Entsprechend fällt auch der gegenwärtige Entwurf zu einer europäischen Datenschutzgrundverordnung[9] aus (Art. 35–37), nach dem die Bestellung eines eigenen DSB durch die verantwortliche Stelle unter bestimmten Voraussetzungen nunmehr europaweit obligatorisch werden soll.

7   Nicht nur für die Mitgliedstaaten, deren nationales Datenschutzrecht derzeit keinen DSB vorsieht, sind erhebliche Veränderungen durch die EU-DSGVO-E zu erwarten, sondern auch für Deutschland. Art. 35 Abs. 1 Buchst. b EU-DSGVO-E hebt für Unternehmen den Schwellenwert der Mitarbeiteranzahl, ab der ein DSB zu bestellen ist, auf 250 Mitarbeiter an, wobei die Mitarbeiter entgegen der gegenwärtigen Rechtslage in Deutschland nicht mit der Verarbeitung personenbezogener Daten betraut sein müssen (etwa durch Internet- oder E-Mail-Nutzung), sondern auch datenschutzrechtlich völlig unerheblichen Tätigkeiten nach gehen können. Der Zweck dieser EU-Verordnung, für einen stärkeren europäischen Datenschutz zu sorgen und ein „umfassenderes, kohärentes Konzept für das Grundrecht auf Schutz personenbezogener Daten" zu schaffen, wird hinsichtlich der Rechtslage in Deutschland durch diese Untergrenze in Frage gestellt. Nach Schätzungen des BfDI würden angeblich nur ca. 0,3 % der deutschen Unternehmen den Schwellenwert erreichen.[10] Allerdings hebt der EU-DSGVO-E den Schwellenwert in Gänze auf, wenn die „Kerntätigkeit" des Unternehmens in Datenverarbeitungen besteht, die aufgrund ihres Wesens, ihres Umfangs und/oder ihrer Zwecke eine regelmäßige und systematische Beobachtung von betroffenen Personen erforderlichen machen. Insoweit stellt sich die Frage, was der „Kerntätigkeit" eines Unternehmens zuzurechnen ist. Würde man dies einzig und allein auf den Hauptgeschäftszweck beziehen, so wären nur Unternehmen erfasst, deren Hauptgeschäftszweck in der Verarbeitung personenbezogener Daten läge (z. B. Adresshändler oder Dialogmarketingagenturen). Rechnet man allerdings auch die Verarbeitungen personenbezogener Daten zur Kerntätigkeit eines Unternehmens hinzu, die den jeweiligen Hauptgeschäftszweck des Unternehmens lediglich unterstützen, so käme der Anwendungserweiterung

---

8 Art. 29-Datenschutzgruppe, WP 106 vom 18.1.2005, Bericht der Art. 29-Datenschutzgruppe über die Pflicht zur Meldung bei den nationalen Kontrollstellen, die bestmögliche Nutzung der Ausnahmen und der Vereinfachung und die Rolle der Datenschutzbeauftragten in der Europäischen Union, 1227/05/DES.23 http://ec.europa.eu/justice/policies/priva cy/docs/wpdocs/2005/wp106_de.pdf (Stand: 8/2013).

9 Vorschlag für eine Verordnung des Europäischen Parlaments und des Rates zum Schutz natürlicher Personen bei der Verarbeitung personenbezogener Daten und zum freien Datenverkehr (Datenschutz-Grundverordnung), KOM (2012) 11 endg.

10 Pressemitteilung des BfDI vom 25.1.2012, EU-Datenschutz-Paket: Wichtiger Schritt zur Modernisierung des Datenschutzes, abzurufen unter: www.bfdi.bund.de/DE/Oeffentlich keitsarbeit/Pressemitteilungen/2012/02_EUDatenschutzPaket.html?nn=408920 (Stand: 8/2013).

eine maßgebliche Bedeutung zu, da Datenverarbeitungen häufig die regelmäßige und systematische Beobachtung von betroffenen Personen erforderlich machen. Insoweit bleibt also abzuwarten, ob es überhaupt beim Wortlaut des Entwurfs für eine Datenschutzgrundverordnung bleibt, und wie dann ggf. das Tatbestandsmerkmal der Kerntätigkeit auszulegen wäre.

Die weiteren Bestimmungen des EU-DSGVO-E zum DSB weisen große Ähnlich- **8**
keiten zum deutschen Modell auf. So fordert Art. 35 Abs. 5 EU-DSGVO-E eine angemessene Fachkunde in Abhängigkeit zu den individuellen Anforderungen im jeweiligen Unternehmen. Art. 36 EU-DSGVO-E enthält Vorgaben zur Stellung des DSB wie bspw. seine frühzeitige Einbeziehung in datenschutzrechtlich relevante Fragestellungen, seine Unabhängigkeit, sein Berichtsrecht an die Geschäftsleitung und die Unterstützungspflicht des für die Verarbeitung Verantwortlichen. Dies entspricht im Wesentlichen § 4f Abs. 3 Satz 1 und 2, Abs. 5 BDSG. Art. 37 EU-DSGVO-E beinhaltet ein Mindestmaß an Kernaufgaben, mit denen der DSB betraut werden soll. Hierzu gehört z. B. eine Unterrichtung und Beratung der für die Verarbeitung Verantwortlichen nebst Dokumentation dieser Tätigkeit (Abs. 1 Buchst. a), eine umfassende Kontrolle der Einhaltung der EU-DSGVO (Abs. 1 Buchst. c) und eine Überwachung der Mitarbeiterschulungen (Abs. 1 Buchst. b).[11] Der Entwurf der EU-DSGVO-E sieht hingegen anders als § 4f BDSG in Art. 35 Abs. 7 Satz 1 die Möglichkeit einer Befristung der Bestellung eines DSB vor, wobei die Bestellung jedoch auf mindestens 2 Jahre erfolgen muss. Eine vorzeitige Abbestellung des DSB kann, wie ähnlich bereits in § 4f Abs. 3 Satz 4 BDSG vorgesehen, nach Art. 35 Abs. 7 Satz 3 in diesem Zeitraum nur erfolgen, wenn der DSB die Voraussetzung für die Erfüllung seiner Pflichten nicht mehr erfüllt. Gleichwohl ist der Entwurf zur Datenschutzgrundverordnung insoweit als Schwächung des Kündigungsschutzes des Datenschutzbeauftragten zu sehen. Das Modell „Datenschutzbeauftragter auf Lebenszeit", unabhängig von der persönlichen Leistung und dem beruflichen Erfolg des DSB, würde dergestalt abgeschafft und aller Voraussicht nach zu einer Stärkung des Wettbewerbs um diese Position führen.

2. Gesetzeszweck

Zweck des § 4f BDSG ist die Ausgestaltung eines Teils des Datenschutz-Kontroll- **9**
systems im Wege der Institutionalisierung einer regulierten Selbstkontrolle für Organisationen ab einer bestimmten Größe in Form eines fachkundigen und mit den notwendigen Mitteln ausgestatteten, zuverlässigen, verschwiegenen und unabhängigen DSB. Im Gegenzug entfällt für die verantwortliche Stelle die Meldepflicht. Angesichts der „Substitutsfunktion", die der DSB im Hinblick auf die Meldepflicht einnimmt, kommt diesem im Gegenzug für die Pflege der Kontakte zwischen der verantwortlichen Stelle, den Betroffenen und der Aufsichtsbehörde eine zentrale

---

11 Vgl. zum gesamten Themenkomplex z. B. *Jaspers/Reif*, RDV 2012, 78 ff.

Rolle zu. Entsprechend regelt § 4f BDSG sowohl die persönlichen Voraussetzungen als auch die Rechtsstellung des DSB.

3. Verhältnis zu anderen Vorschriften

10 Während § 4f BDSG insbesondere die Erforderlichkeit der Bestellung, die persönlichen Anforderungen und die (Rechts-)Stellung des DSB regelt, werden die Aufgaben des DSB vornehmlich in § 4g BDSG festgelegt. Darüber hinaus hat der DSB gem. § 4d Abs. 6 Satz 1 BDSG soweit erforderlich die sog. „Vorabkontrolle" durchzuführen. Entsprechend ist in § 4f Abs. 1 Satz 6 BDSG die Notwendigkeit der Bestellung eines DSB für den Fall des Erfordernisses einer Vorabkontrolle festgelegt.[12] Die enge Verknüpfung und Überschneidung der Tätigkeiten der DSB und der staatlichen Kontrollstellen wird durch § 38 Abs. 1 Satz 2 BDSG gefördert, wonach die Aufsichtsbehörde den DSB „mit Rücksicht auf (dessen) typischen Bedürfnisse (…) berät und unterstützt". § 38 Abs. 5 Satz 3 BDSG gewährt der Aufsichtsbehörde andererseits auch das Recht, die Abberufung des DSB zu verlangen, sofern die gem. § 4f Abs. 2 Satz 1 BDSG erforderliche Zuverlässigkeit und Fachkunde nicht besteht. Der an sich unabhängige DSB unterliegt also einer mittelbaren „Fachaufsicht" durch die Aufsichtsbehörden.[13] Ansonsten ergeben sich weder aus allgemeinen noch aus besonderen datenschutzrelevanten Gesetzen (TKG, TMG, SGB etc.) Abweichungen oder Besonderheiten zu § 4f BDSG.

II. Die Bestellung eines Datenschutzbeauftragten

11 § 4f Abs. 1 BDSG konstituiert für verantwortliche Stellen unter bestimmten Voraussetzungen die Pflicht zur Bestellung eines betrieblichen bzw. behördlichen DSB. Im Wege einer Einzelfallprüfung ist festzustellen, ob die verantwortliche Stelle der Pflicht zur Bestellung unterliegt. Insoweit sieht das Gesetz zwei Gruppen von Kriterien vor: Zum einen knüpft das Gesetz – auf formelle Aspekte des Datenverarbeitungsprozess abstellend – an die Art der Datenerhebung, -verarbeitung und -nutzung (automatisiert/nicht automatisiert), die Rechtsnatur der verarbeitenden Stelle (öffentlich/nicht öffentlich) sowie die Anzahl der bei der Verarbeitung beschäftigten Personen an. Zum anderen stehen mit der Qualität der betroffenen Daten (Notwendigkeit einer Vorabkontrolle gem. § 4d Abs. 5 BDSG) bzw. dem Zweck der Verarbeitung (Geschäftsmäßigkeit) Kriterien materieller Natur im Blickpunkt.

12 Die Gruppe der formellen Kriterien (Art der Datenverarbeitung; Rechtsnatur der verarbeitenden Stelle; Anzahl der verarbeitenden Personen) verwendet der Gesetzgeber, ineinander verwoben, zur Bestimmung der Bestellpflicht wie folgt: Öffentliche Stellen, die personenbezogene Daten automatisiert verarbeiten, haben stets ei-

---

12 Eine Vorabkontrolle ist aber relativ selten erforderlich, s. § 4d Rn. 66 ff.
13 In der Praxis war das Verlangen der Abberufung eines DSB seitens einer Aufsichtsbehörde bisher wenig relevant.

nen Beauftragten für den Datenschutz zu bestellen.[14] Nicht-öffentliche Stellen, die personenbezogene Daten automatisiert verarbeiten, haben nur dann einen Beauftragten für den Datenschutz zu bestellen, wenn sie in der Regel 10 oder mehr Personen ständig mit der automatisierten Verarbeitung personenbezogener Daten beschäftigen. Öffentliche und nicht-öffentliche Stellen, die personenbezogene Daten „auf andere Weise" – also nicht automatisiert – erheben, verarbeiten oder nutzen, unterliegen der Bestellpflicht nur dann, wenn in der Regel damit mindestens 20 Personen beschäftigt sind (§ 4f Abs. 1 Satz 3 BDSG). Die letzte Fallgruppe verliert in der Praxis mehr und mehr an Relevanz. Jede Benutzung von Internet oder E-Mail impliziert in der Praxis regelmäßig schon eine automatisierte Erhebung, Verarbeitung oder Nutzung personenbezogener Daten. Die nicht automatisierte Verwendung personenbezogener Daten tritt schon allein in Anbetracht dieses Umstandes weitgehend in den Hintergrund.

Die materiellen Kriterien zur Bestellpflicht eines DSB ergänzen die formellen Anforderungen um die folgenden zwei Ausnahmen: Soweit nicht-öffentliche Stellen automatisierte Verarbeitungen vornehmen, die einer Vorabkontrolle unterliegen, oder personenbezogene Daten geschäftsmäßig zum Zweck der Übermittlung, der anonymisierten Übermittlung oder für Zwecke der Markt- oder Meinungsforschung automatisiert verarbeiten, haben sie unabhängig von der Anzahl der mit der automatisierten Verarbeitung beschäftigten Personen einen Beauftragten für den Datenschutz zu bestellen (§ 4f Abs. 1 Satz 6 BDSG). **13**

An die Frage der Einschlägigkeit der Pflicht zur Bestellung eines DSB knüpfen weitere grundlegende Fragen an, die sich auf diese Pflicht beziehen. So ergibt sich ebenfalls aus § 4f Abs. 1 BDSG der vorgeschriebene Zeitpunkt und die Notwendigkeit der Schriftlichkeit der Bestellung. Bei der Bestellung können zudem betriebliche bzw. behördliche Mitbestimmungsrechte bedeutsam werden. **14**

1. Die verantwortliche Stelle (Abs. 1)

Grundsätzlich muss jede Stelle, die personenbezogene Daten erhebt, verarbeitet oder nutzt, einen Beauftragten für den Datenschutz bestellen. Ob eine öffentliche oder eine nicht-öffentliche Stelle für die Datenverarbeitung verantwortlich ist, ist insoweit erst einmal unbeachtlich. Hintergrund ist, dass auch Auftragnehmer einer Auftragsdatenverarbeitung gem. § 11 BDSG bei Vorliegen der Voraussetzungen des § 4f BDSG der Pflicht zur Bestellung eines DSB unterliegen, obwohl sie nicht „verantwortliche Stelle" gem. § 3 Abs. 7 BDSG sind, vgl. § 11 Abs. 4 Nr. 2 BDSG. **15**

Die verantwortliche Stelle ist stets als rechtlich selbstständige Einheit zu sehen und kann sowohl eine natürliche als auch eine juristische Personen sein. Bei der Einord- **16**

---

14 Nach dem BDSG 1990 waren verantwortliche Stellen im Sinne des § 4f Abs. 1 BDSG regelmäßig nur nicht-öffentliche Stellen. Die Bestellung eines DSB für öffentliche Stellen stand gem. § 18 BDSG im Ermessen der für die Datenschutzorganisation zuständigen Behördenleitung. Seit 2001 sind auch öffentliche Stellen von der Bestellpflicht umfasst.

nung der Zuständigkeitsreichweite können einzelne Betriebsteile geografisch oder organisatorisch auseinander fallen, ohne dass das Mandat des DSB dadurch berührt oder durchbrochen würde, soweit die Betriebsteile zu ein und derselben juristischen Person gehören.

17 Eine „konzernmäßige" enge Verbindung unterschiedlicher juristischer Personen ist kein für die Bestimmung der verantwortlichen Stelle ausschlaggebendes Kriterium.[15] Im Konzernverbund muss daher jedes Unternehmen eigenständig einen DSB bestellen. Dies ist aus Gründen der Praktikabilität und Effektivität, insbesondere im Sinne eines einheitlichen Datenschutzkonzeptes, regelmäßig ein- und dieselbe Person, der sog. „Konzerndatenschutzbeauftragte".[16]

2. Kriterien der Pflicht zur Bestellung (Abs. 1)

a) Anzahl der bei der Verarbeitung beschäftigten Personen (Sätze 3–4)

18 Nicht-öffentliche Stellen haben bei der automatisierten Datenverarbeitung einen DSB zu bestellen, wenn sie in der Regel damit mindestens 10 Personen beschäftigen (vgl. § 4f Abs. 1 Satz 4 BDSG). Datenverarbeitende Stellen, die nicht automatisiert personenbezogene Daten verarbeiten, haben einen DSB zu bestellen, wenn sie in der Regel damit mindestens 20 Personen beschäftigen (vgl. § 4f Abs. 1 Satz 3 BDSG).

19 Die 2006 in Kraft getretene Kodifikation dieser Regelung[17] hat einen Meinungsstreit zu der alten Regelung obsolet gemacht, indem nunmehr klar gestellt ist, dass ausschließlich die Anzahl der mit der automatisierten Verarbeitung personenbezogener Daten beschäftigten Personen entscheidend ist, und zwar unabhängig von ihrem arbeitsrechtlichen Status als Arbeitnehmer, freie Mitarbeiter oder Auszubildende.[18] Es ist erst Recht nicht zwischen Teilzeit- und Vollzeitarbeitnehmern[19] zu unterscheiden. Dasselbe gilt für Leiharbeiter, Telearbeitende sowie Praktikanten und

---

15 *Gola/Schomerus*, BDSG, § 4f Rn. 8; *Däubler*, in: Däubler/Klebe/Wedde/Weichert, BDSG, § 4f Rn. 7; a. A. wohl *Bergmann/Möhrle/Herb*, BDSG, § 4f Rn. 39, die eine Konzernbestellung für ausreichend erachten.

16 Die geplante EU-Datenschutz-Grundverordnung (Vorschlag für eine Verordnung des Europäischen Parlaments und des Rates zum Schutz natürlicher Personen bei der Verarbeitung personenbezogener Daten und zum freien Datenverkehr, KOM (2012) 11 endg.) sieht in Art. 35 Abs. 2 des aktuellen Entwurfs vor, dass eine Gruppe von Unternehmen einen gemeinsamen DSB bestellen kann, womit erstmals der Konzerndatenschutzbeauftragte gesetzlich normiert werden würde.

17 Bürokratieabbaugesetz vom 22.8.2006 (BGBl. I, S. 1970).

18 Zu Letzterem vgl. Begründung zum Entwurf des Ersten Mittelstands-Entlastungs-Gesetzes, S. 13 (www.bmwi.de/BMWi/Navigation/Service/gesetze,did=130250.html).

19 *Däubler*, Gläserne Belegschaften?, Rn. 587; *Däubler*, in: Däubler/Klebe/Wedde/Weichert, BDSG, § 4f Rn. 14.

Volontäre[20] sofern diese beschäftigt sind und regelmäßig Zugriff auf personenbezogene Daten in automatisierten Datenverarbeitungsanlagen haben.[21] Ebenfalls zu berücksichtigen sind leitende Personen (Vorstände, Geschäftsführer usw.).[22]

Fraglich ist hingegen, ob selbstständige Handelsvertreter im Sinne des § 4f Abs. 1 **20** BDSG „mit der automatisierten Verarbeitung personenbezogener Daten beschäftigt" und deshalb bei den Personengrenzen zu berücksichtigen sind. In Hinblick auf diese – zum Beispiel im Versicherungsgeschäft relevante – Personengruppe soll es nach vielfach vertretener Ansicht darauf ankommen, ob sie organisatorisch in die Datenverarbeitung der verpflichteten Stelle eingegliedert sind bzw. ob sie die Datenverarbeitung vollständig oder überwiegend mit eigenen Mitteln betreiben.[23] Zu Recht stellt diese Ansicht auf die Integration der selbstständigen Handelsvertreter in die Datenverarbeitung der verantwortlichen Stelle ab. Modifiziert werden sollte sie freilich dahingehend, dass maßgebliches Entscheidungskriterium sein muss, inwiefern auf Seiten der Handelsvertreter unmittelbare Zugriffsrechte hinsichtlich der Datenverarbeitungssysteme der verantwortlichen Stelle bestehen. Nur wenn solche (Fremd-)Zugriffsrechte bestehen, kann von einer „Beschäftigung" der Handelsvertreter „mit" der automatisierten Datenverarbeitung die Rede sein. Ob sich die Handelsvertreter beim Datenzugriff eigener Hard- und Software bedienen, ist insoweit unerheblich.

Die Neufassung des § 4f Abs. 1 Satz 3 und 4 BDSG stellt darauf ab, wie viele Per- **21** sonen „in der Regel" mit der automatisierten Verarbeitung personenbezogener Daten „ständig" beschäftigt werden. Dadurch soll vermieden werden, dass Unternehmen einen DSB bestellen müssen, wenn sie die maßgebliche Personengrenze für die Verpflichtung zur Bestellung eines Beauftragten für den Datenschutz nur kurzzeitig überschreiten.[24] Auch sind nach Ansicht des Gesetzgebers Personen, die nur gelegentlich, z.B. als Urlaubsvertretung, personenbezogene Daten automatisiert verarbeiten, nicht mitzuzählen.[25] Es ist also auf eine Dauerbeschäftigung abzustellen, die durch eine entsprechende Kontinuität gekennzeichnet ist.[26] Eine Person ist

---

20 Zur alten Rechtslage *Simitis*, in: Simitis, BDSG, § 4f Rn. 24 ff.; zur aktuellen Fassung: *Däubler*, in: Däubler/Klebe/Wedde/Weichert, BDSG, § 4f Rn. 15 f.

21 Das Tatbestandsmerkmal „beschäftigt" ist insoweit nicht gem. der Begriffsbestimmung des „Beschäftigten" nach § 3 Abs. 11 BDSG auszulegen, wonach ausschließlich auf (vor-)arbeitnehmerähnliche Verhältnisse abzustellen ist, da der Begriff „beschäftig" hier in den Sinnzusammenhang zur automatisierten Verarbeitung personenbezogener Daten gebracht wird.

22 A.A. *Bergmann/Möhrle/Herb*, BDSG, § 4f Rn. 29; *Däubler*, in: Däubler/Klebe/Wedde/Weichert, BDSG, § 4f Rn. 15; *Gola/Schomerus*, BDSG, § 4f Rn. 14.

23 *Simitis*, in: Simitis, BDSG, § 4f Rn. 25; *Däubler*, in: Däubler/Klebe/Wedde/Weichert, BDSG, § 4f Rn. 15.

24 Begründung zum Entwurf des Ersten Mittelstands-Entlastungs-Gesetzes, S. 13 (www.bmwi.de/BMWi/Navigation/Service/gesetze,did=130250.html).

25 Ebenda.

26 *Gola/Schomerus*, BDSG, 4f Rn. 11; *Simitis*, in: Simitis, BDSG, § 4f Rn. 19.

„ständig" mit der Verarbeitung personenbezogener Daten beschäftigt, wenn sie auf längere oder unbestimmte Zeit mit dieser betraut ist. Auch eine gelegentliche Verarbeitung findet „ständig" statt, solange die Person immer dann tätig wird, wenn die Verarbeitung notwendig wird.[27] Eine nur gelegentliche Übernahme einer fremden Aufgabe erfüllt dagegen nicht die gegebenen Anforderungen an eine Ständigkeit. Der Gesetzgeber hat deutlich zum Ausdruck gebracht, dass es auf den arbeitsrechtlichen Status der verarbeitenden Person nicht ankommt. Es ist daher abwegig, Auszubildenden eine „regelmäßige" und „ständige" Tätigkeit abzusprechen.[28] Ebenfalls fraglich ist es, einer Tätigkeit erst dann das Attribut „ständig" zuzuerkennen, wenn sie mindestens ein Jahr andauert.[29] Ein Zeitraum von drei Monaten erscheint insoweit interessengerechter.

22 Schon eine geringe oder abschnittsweise planmäßige Beteiligung an den Verarbeitungsvorgängen ist hinreichend, soweit dabei ein Zugriff der Mitarbeiter auf personenbezogene Daten nicht ausgeschlossen werden kann.[30] Es ist nicht von Belang, welcher Anteil der Gesamtarbeitszeit auf die datenverarbeitende Tätigkeit entfällt.[31]

23 Ein DSB ist nur zwingend zu bestellen, wenn einer der beiden Grenzwerte bei der automatisierten oder nicht automatisierten Datenverarbeitung (vgl. § 4f Abs. 1 Satz 3 und 4 BDSG) überschritten wird. Für den Fall einer gleichzeitigen, knappen Verfehlung beider Grenzwerte spricht sich eine Mindermeinung in der Literatur nach einem rechnerisch relativ komplizierten Verfahren für eine Addition der beiden Ist-Werte aus.[32] Dafür gibt der Wortlaut der Norm allerdings nichts her. Für eine Analogie mangelt es schon an der erforderlichen planwidrigen Regelungslücke. Einer freiwilligen Bestellung eines DSB steht hingegen nichts entgegen, insbesondere vor dem Hintergrund, dass ansonsten der Leiter einer nicht-öffentlichen Stelle die Erfüllung der Aufgaben eines Datenschutzbeauftragten in anderer Weise sicher zu stellen hat (§ 4g Abs. 2a BDSG).

24 Die numerische Regelungssystematik des § 4f Abs. 1 Satz 3 und 4 BDSG ist von Grund auf zu hinterfragen, da die zahlenmäßige Abgrenzung zwischen Bestellpflicht und Bestellfreiheit anhand von zugriffsbefugten Mitarbeitern dem Gefahrenpotenzial der Datenverwendung in Anbetracht des allgemeinen Persönlichkeits-

---

27 *Gola/Schomerus*, BDSG, 4f Rn. 12.
28 A. A. *Linnenkohl*, NJW 1979, S. 1191.
29 So aber die h. M., *Bergmann/Möhrle/Herb*, BDSG, § 4f Rn. 33; *Gola/Schomerus*, BDSG, § 4f Rn. 11; *Simitis*, in: Simitis, BDSG, § 4f Rn. 19.
30 *Gola/Schomerus*, BDSG, § 4f Rn. 13 f.; *Schaffland/Wiltfang*, BDSG, § 4f Rn. 6 und 12; *Bergmann/Möhrle/Herb*, BDSG, § 4f Rn. 35d; *Simitis*, in: Simitis, BDSG, § 4f Rn. 28; *Däubler*, in: Däubler/Klebe/Wedde/Weichert, BDSG, § 4f Rn. 14; jeweils m. w. N.
31 *Däubler*, Gläserne Belegschaften?, Rn. 587; *Däubler*, in: Däubler/Klebe/Wedde/Weichert, BDSG, § 4f Rn. 14; *Simitis*, in: Simitis, BDSG, § 4f Rn. 23; *Bergmann/Möhrle/Herb*, BDSG, § 4f Rn. 35d; Aufsichtsbehörde Baden-Württemberg, Hinweis zum BDSG Nr. 6, Staatsanzeiger 1979, Nr. 1/2, S. 6; a. A. *Schaffland/Wiltfang*, BDSG, § 4f Rn. 12.
32 *Däubler*, Gläserne Belegschaften?, Rn. 586; *Däubler*, in: Däubler/Klebe/Wedde/Weichert, BDSG, § 4f Rn. 19.

rechts der Betroffenen häufig nicht entspricht. Der Hintergrund für die zahlenmäßige Abgrenzung ist historisch gegeben. Dies gilt auch heute noch für die Fälle nicht automatisierter Verarbeitung, da je mehr Menschen an einem solchen Vorgang beteiligt sind, desto mehr Betroffene tendenziell erfasst werden. Der Gesetzgeber ist allerdings auch heute noch der Ansicht, dass Unternehmen mit weniger Mitarbeitern ein „eher weniger belastendes Massengeschäft" abwickeln oder „einen überschaubaren Kundenkreis" bedienen.[33] Doch der Gesetzgeber verkennt mit dieser Einschätzung die Sachlage: Mittlerweile sind Unternehmen mit weniger als zehn Mitarbeitern durchaus dazu in der Lage, hunderttausende von Datensätzen unterschiedlicher Betroffener zu verwalten, etwa im Rahmen des Betriebs von Webshops, des Online-Vertriebs von elektronischen Medienangeboten (z. B. Download von Software bzw. Bild-/Tondateien) oder der Versendung von Newslettern. Zudem können die den Verarbeitungen gegenständlichen Daten eine erhebliche Sensibilität aufweisen, etwa wenn besondere personenbezogene Daten (vgl. § 3 Abs. 9 BDSG) hiervon betroffen sind. Man denke an einen allein oder in einer Kleinpraxis praktizierenden Arzt, der ein Internetportal betreibt, in dem die Nutzer von ihren Krankheiten berichten. Soweit die Nutzer ein vertragliches oder vertragsähnliches Vertrauensverhältnis eingehen, unterliegt ein solches Portal per se erst einmal nicht der Vorabkontrolle, sodass die Bestellung eines DSB entbehrlich ist. Auf das den Datenkategorien immanente Risiko nimmt der Gesetzgeber allerdings nur insoweit in Hinblick auf das Erfordernis eines betrieblichen DSB Rücksicht, als dieses zur Notwendigkeit der Durchführung einer Vorabkontrolle führt. Auch größere Unternehmen gliedern teilweise datenschutzrelevante Abteilungen in eigene Gesellschaften aus (sog. internes Outsourcing). Obwohl diese Gesellschaften etwa für die Personalverwaltung oder IT-Dienstleistung für ein wesentlich größeres Unternehmen zuständig sein können, brauchen sie nach der gegenwärtigen Rechtslage ggf. keinen DSB zu bestellen, obwohl das Datenschutzrecht gerade auf diese Abteilungen und Prozesse abstellt. Das starre Kriterium der beschäftigten Personen ist daher überholt und geht an der Sachlage vorbei. In den Mittelpunkt des Interesses sollte vielmehr die Anzahl der Betroffenen bzw. die Qualität der verarbeiteten Daten rücken. Gleichwohl ähnelt die Methode des gegenwärtigen Entwurfs für eine EU-Datenschutzgrundverordnung dem deutschen Ansatz, indem zwar nicht auf die Anzahl der mit der Verarbeitung beschäftigten Personen sondern auf die Anzahl der Beschäftigten der verantwortlichen Stelle insgesamt abgestellt wird (ab 250). Dieser Methode ist die gleiche Kritik wie dem derzeitigen deutschen Modell entgegenzuhalten, auch wenn der Entwurf insoweit nicht auf die – in der Praxis seltene – Vorabkontrolle abstellt, sondern darauf, wenn die „Kerntätigkeit" des Unternehmens in Datenverarbeitungen besteht, die „aufgrund ihres Wesens, ihres Umfangs und/oder ihrer Zwecke eine regelmäßige und systematische Beobachtung von betroffenen Personen erforderlichen machen.

---

[33] Begründung zum Entwurf des Ersten Mittelstands-Entlastungs-Gesetzes, S. 13 (www.bmwi.de/BMWi/Navigation/Service/gesetze,did=130250.html).

b) Notwendigkeit einer Vorabkontrolle (Satz 6)

25 Neben der Einordnung nach den Sätzen 1–4, bei der die Art der Verarbeitung der personenbezogenen Daten, die Rechtsnatur der verantwortlichen Stelle und die Anzahl der bei der Verarbeitung beschäftigten Personen Ausschlag gebend sind, löst gem. Satz 6 darüber hinaus die Notwendigkeit einer Vorabkontrolle (§ 4d Abs. 5 BDSG) eine Pflicht zur Bestellung eines DSB aus. Der Tatbestand des § 4f Abs. 1 Satz 6 ist auf nicht-öffentliche Stellen und die automatisierte Verarbeitung von Daten begrenzt. Systematisch enthält § 4f Abs. 1 Satz 6 BDSG das Pendant zu § 4d Abs. 6 Satz 1 BDSG, nach dem eine Vorabkontrolle stets durch einen DSB durchzuführen ist. So ist die notwendige Fachkunde, Zuverlässigkeit und Unabhängigkeit bei der Begutachtung der besonders risikoreichen Verarbeitungsvorgänge im Sinne von § 4d Abs. 5 BDSG gewährleistet. Die letzteren immanenten Gefährdungspotenziale für die Betroffenenrechte haben den Gesetzgeber dazu bewogen, auch kleinen Unternehmen in diesen Fällen den Aufwand der Bestellung eines DSB zuzumuten. Da die Erforderlichkeit der Durchführung einer Vorabkontrolle jedoch relativ selten gegeben ist, hat diese Sonderregelung nur recht geringe praktische Auswirkungen.

c) Geschäftsmäßige Verarbeitung zum Zweck der (anonymisierten) Übermittlung oder der Markt- oder Meinungsforschung (Satz 6)

26 Nicht nur die Größe des Unternehmens oder die Notwendigkeit einer Vorabkontrolle können eine DSB-Bestellpflicht für nicht-öffentliche Stellen auslösen. Eine Bestellung ist auch dann obligatorisch, wenn zum Zweck der Übermittlung oder der Markt- oder Meinungsforschung eine geschäftsmäßige Datenverarbeitung personenbezogener Daten stattfindet. Soweit der Anwendungsbereich der §§ 29, 30 oder 30a BDSG eröffnet ist, wird gleichsam die Bestellung eines DSB zwingend. Die Bestellpflicht gilt ausweislich des Wortlautes der Norm unabhängig davon, ob personenbezogene oder anonymisierte Daten übermittelt werden. Wesentliche Bedeutung hat in diesem Zusammenhang – wie auch für § 4d Abs. 4 BDSG – insbesondere das Merkmal der „Geschäftsmäßigkeit". Insoweit ist eine gewisse Dauer bzw. eine (jedenfalls beabsichtigte) regelmäßige Wiederholung der Tätigkeit erforderlich, eine etwaige Unentgeltlichkeit hingegen unbeachtlich. Entscheidend ist also, inwiefern eine nachhaltige Verarbeitung geplant ist. Eine Geschäftsmäßigkeit kann folglich schon bei Aufnahme einer dauer- oder langfristig wiederkehrenden Verarbeitung bejaht werden. Zudem muss auch der zweite „Risikofaktor"[34] vorliegen, nämlich neben der Aufnahme einer nachhaltigen Verarbeitung muss auch der Zweck einer späteren Übermittlung der Daten oder der Verwendung derselben für die Markt- oder Meinungsforschung verfolgt werden. In der Praxis sind primär – in entsprechender Anwendung der §§ 29, 30, 30a BDSG – Auskunfteien, Adressverlage sowie Markt- und Meinungsforschungsinstitute betroffen.

---

34 *Simitis*, in: Simitis, BDSG, § 4f Rn. 15.

3. Zeitpunkt und Form der Bestellung

Gemäß Abs. 1 Satz 2 sind nicht-öffentliche Stellen zur Bestellung eines DSB im **27** Falle des Vorliegens der sonstigen Voraussetzungen sowohl im Falle automatisierter als auch nicht-automatisierter Verarbeitung spätestens „innerhalb eines Monats nach Aufnahme ihrer Tätigkeit" verpflichtet. Diese Frist gilt unbeachtlich des Zeitpunkts der Erreichung der das Erfordernis der Bestellung eines DSB auslösenden Anzahl von datenverarbeitenden Personen, einer etwaigen geschäftsmäßigen Verarbeitung zum Zweck der Übermittlung und/oder Markt- und Meinungsforschung sowie einer eventuell durchzuführenden Vorabkontrolle.[35]

Das Gesetz bestimmt für den Fristbeginn die „Aufnahme ihrer Tätigkeit", wobei **28** sprachlich nicht eindeutig ist, ob sich diese Regelung auf die Tätigkeit des Unternehmens im Allgemeinen bezieht, oder aber die Aufnahme der die Bestellpflicht auslösenden Datenverarbeitung gemeint ist. Für letzteres spricht, dass die Aufnahme der generellen Tätigkeit eines Unternehmens mit Nichten bedeuten muss, dass zeitgleich die Verarbeitung personenbezogener Daten in einer Weise aufgenommen wird, die die Bestellung eines DSB erforderlich machen würde.[36]

Der Sinn des Schriftformerfordernisses geht über reine „Förmelei" hinaus. Er be- **29** steht insbesondere in einer Warnfunktion, die dem Schutz vor Unbedachtheit und Übereilung dienen soll. Ein geeigneter DSB soll sorgfältig ausgewählt werden können. Die Folgen einer Fehlentscheidung können gravierend sein, nicht nur wegen der Gefahr von Sanktionen und Imageschäden, sondern auch aufgrund des starken Kündigungsschutzes für einen internen DSB. Sollte dieser seine Aufgaben nicht zufriedenstellend erfüllen, ist eine Abbestellung dennoch häufig nur schwierig durchsetzbar. Alle Beteiligten sollen sich mit der Bedeutung der Bestellung vertraut machen. Die Schriftform dient zudem der Nachweis- und Beweisbarkeit einer ordnungsgemäßen Bestellung. Die Aufsichtsbehörde kann sich unter Zuhilfenahme der Bestellungsurkunde valide darüber informieren, ob die verpflichtete Stelle ihrer Bestellpflicht nachgekommen und wer ihr Ansprechpartner für Datenschutzbelange ist.

Aus der Bedeutung und Stellung des DSB folgt nicht zwangsläufig, dass die Bestel- **30** lung mittels eines gesonderten Dokuments zu erfolgen hat. Die Bestellung kann also auch als eine Klausel unter mehreren in einen ohnehin zu schließenden Vertrag aufgenommen werden. Die Regelung des § 4f Abs. 3 BDSG kann aus Gründen der Rechtssicherheit (Bestandsschutz vor etwaigen Gesetzesänderungen) wörtlich Eingang auch noch einmal in den Vertrag finden, soweit nicht explizit auf die Anwendbarkeit dieser Norm auch im Falle einer Gesetzesänderung referenziert werden. Daneben sollte eine möglichst praxisbezogene Aufgabenbeschreibung enthalten

---

35 *Simitis*, in: Simitis, BDSG, § 4f Rn. 54.
36 Im Ergebnis so auch *Simitis*, in: Simitis, BDSG, § 4f Rn. 55; *Bergmann/Möhrle/Herb*, BDSG, § 4f Rn. 54.

sein.[37] Als sinnvoll kann sich zudem erweisen, den Umfang und die Art und Weise der personellen und sachlichen Unterstützung durch die verantwortliche Stelle festzuhalten, wobei aus Gründen der Flexibilität darauf geachtet werden kann, dieser Regelung keinen abschließenden Charakter zu geben. Schließlich können sich im Laufe der Tätigkeit eines DSB durchaus geänderte sachliche oder rechtliche Rahmenbedingungen ergeben, die eine Anpassung der Projektressourcen erforderlich machen.

31 Die nach § 4f Abs. 1 Satz 1 BDSG für die Bestellung des DSB erforderliche Schriftform bedingt eine Anwendung des § 126 BGB. Die Bestellung eines DSB ist eine zweiseitige Erklärung und bedarf der Einigung und Annahme durch beide Parteien, also der verantwortlichen Stelle ebenso wie des DSB. Die Bestellungsurkunde sollte mithin von beiden Parteien „eigenhändig durch Namensunterschrift oder mittels notariell beglaubigten Handzeichens unterzeichnet werden". Dies gilt auch für DSB, die im Verhältnis zu der verpflichteten Stelle in einem ansonsten formfreien Arbeitsverhältnis stehen.[38] Eine Bestellung eines bereits angestellten Mitarbeiters zum DSB ist dementsprechend nicht vom Direktionsrecht des Arbeitgebers umfasst.[39] Eine Bestellung eines DSB, der es an der Schriftform mangelt, ist formell rechtswidrig. Da § 43 Abs. 1 Nr. 2 BDSG schon eine Bestellung eines DSB „nicht in der vorgeschriebenen Weise" als Bußgeldtatbestand festlegt, könnte die formelle rechtswidrige Bestellung eines DSB ohne Einhaltung des Schriftformerfordernisses im Extremfall eine Geldbuße bis zu einer Höhe von 50.000 EUR nach sich ziehen.

32 Alternativ zum papiergebundenen Vertrag kommt zur Einhaltung des Schriftformerfordernisses die elektronische Schriftform in Betracht, § 126a BGB. Dazu ist freilich eine qualifizierte elektronische Signatur[40] nach dem Signaturgesetz erforderlich.

4. Mitbestimmungsrechte des Betriebs-/Personalrats

33 Die Bestellung des DSB unterliegt nach § 4f Abs. 1 Satz 1 BDSG ausschließlich der verantwortlichen Stelle. Sie erfordert das Einvernehmen mit dem DSB. Dies entspricht dem Konzept der regulierten Selbstregulierung, geeignete Maßnahmen seitens der verantwortlichen Stelle in Kenntnis der individuellen Bedürfnisse eigenverantwortlich treffen zu können. Das „Wie" der Besetzung ist in bestimmtem Um-

---

37 *Simitis*, in: Simitis, BDSG, § 4f Rn. 58; ein Muster einer Bestellungsurkunde findet sich auf der Webseite des Unabhängigen Landeszentrums für Datenschutz Schleswig-Holstein unter: www.datenschutzzentrum.de/wirtschaft/mustbdsb.htm (Stand: 8/2013).

38 *Simitis*, in: Simitis, BDSG, § 4f Rn. 57.

39 So aber *Däubler*, in: Däubler/Klebe/Wedde/Weichert, BDSG, § 4f Rn. 25, was wohl nicht mit der insoweit unmissverständlichen Rechtsprechung des BAG RDV 2007, 123, vereinbar ist.

40 Vgl. zur elektronischen qualifizierten Signatur *Ellenberger*, in: Palandt, BGB, 2013, § 126a Rn. 3 ff. m. w. N.

fang dem Unternehmen überlassen. Das „Ob" der Bestellung ist gem. § 4f Abs. 1 BDSG so wie die Ausfüllung der Aufgabe selbst nach § 4g BDSG hingegen weitgehend gesetzlich vorgegeben, sodass der unternehmerische Einfluss auf die Tätigkeit des DSB insbesondere aufgrund dessen gesetzlich garantierten Unabhängigkeit sehr begrenzt ist.

Die Bestellung des DSB ist grundsätzlich frei von Mitbestimmungsrechten des Betriebs- bzw. Personalrates.[41] Ihnen steht allerdings bei einer internen Besetzung der Stelle das generelle Mitbestimmungsrecht der Einstellung oder Versetzung von Mitarbeitern zu.[42] Ist also die Bestellung des DSB mit dessen Einstellung oder Versetzung verknüpft, besteht ein Mitbestimmungsrecht der entsprechenden Vertretung. Bezüglich der Einstellung nicht leitender Angestellter – also auch eines DSB[43] – gilt § 99 Abs. 1 BetrVG. Sind im Unternehmen in der Regel mehr als 20 wahlberechtigte Mitarbeiter beschäftigt, besteht demnach ein Zustimmungsverweigerungsrecht. Für den öffentlichen Dienst besteht ein Mitbestimmungsrecht des Personalrates ggf. gem. § 75 Abs. 1 Nr. 1 und 3 BPersVG. Eine Versetzung gem. § 95 Abs. 3 Satz 1 BetrVG findet insbesondere statt, wenn ein Mitarbeiter zusätzlich oder anstelle seiner bisherigen Tätigkeit mit den Aufgaben des DSB betraut wird.[44] **34**

Im Fall der Mitbestimmung unterliegt die verantwortliche Stelle gegenüber der Mitarbeitervertretung einer Unterrichtungspflicht, der rechtzeitig vor der Einstellung bzw. Versetzung nachgekommen werden muss. Angesichts der Tatsache, dass die Zustimmung bei fehlender Fachkunde bzw. Zuverlässigkeit unter Berufung auf das Kontrollrecht aus § 80 Abs. 1 BetrVG bzw. § 68 Abs. 1 BPersVG verweigert werden darf,[45] sind auch Auskünfte zur fachlichen wie persönlichen Qualifikation der Kandidaten bzw. Mitarbeiter beizubringen. **35**

Eine Sondersituation besteht bezüglich der Bestellung externer DSB. Denn die Beschäftigung Externer entzieht sich den Mitbestimmungsrechten, da es schlichtweg an der Mitarbeitereigenschaft fehlt. Ausnahmsweise wird jedoch durch Teile der Rechtsprechung und der Literatur eine diesbezügliche Gleichbehandlung mit internen DSB für angemessen und erforderlich gehalten, wenn ein externer DSB organi- **36**

---

41 BAG NZA 1994, 1049 = DB 1994, 1678; *Gola/Schomerus*, BDSG, 4f Rn. 33; *Bergmann/Möhrle/Herb*, BDSG, 4f Rn. 75; *Däubler*, in: Däubler/Klebe/Wedde/Weichert, BDSG, § 4f Rn. 36; *Breinlinger*, RDV 1993, S. 53; *Rudolf*, NZA 1996, S. 296 (298); *Taeger*, Der Personalrat 2000, S. 400 (407), der zudem auf einige Ausnahmeregelungen hierzu in manchen Personalvertretungsgesetzen der Länder hinweist.
42 BAG RDV 1994, 182.
43 Vgl. *Gola/Schomerus*, BDSG, 4f Rn. 33; *Bergmann/Möhrle/Herb*, BDSG, § 4f Rn. 76; *Simitis*, in: Simitis, BDSG, § 4f Rn. 71.
44 LAG München DB 1979, 1561; *Bergmann/Möhrle/Herb*, BDSG, § 4f Rn. 77; *Däubler*, in: Däubler/Klebe/Wedde/Weichert, BDSG, § 4f Rn. 38.
45 BAG DB 1994, 1687 = MDR 1995, 291 = RDV 1994, 182; der Arbeitgeber kann in der Folge die fehlende Zustimmung ggf. arbeitsgerichtlich ersetzen lassen.

satorisch wie ein Interner in den Betrieb eingebunden wird.[46] Diese Sicht wird durch Teile der Literatur u. a. unter Berufung auf ein gem. § 4f Abs. 3 Satz 2 BDSG fehlendes Direktionsrecht sowie die angeblich fehlende Einbindung des externen DSB in die innerbetrieblichen Arbeits- und Organisationsprozesse abgelehnt.[47] Obwohl es insoweit weder auf ein etwaiges Direktionsrecht noch auf die Einbindung in interne Prozesse ankommt, ist letztgenannter Meinung im Ergebnis beizupflichten. Die Annahme eines Mitbestimmungsrechtes bei der Bestellung eines externen DSB ist abzulehnen. Letzterer ist mangels Mitarbeitereigenschaft genauso wenig Teil des Betriebs bzw. der Behörde, wie jeder andere externe Berater auch. Und die betriebliche bzw. behördliche Mitbestimmung findet nun einmal ihre Grenzen in außerbetrieblichen Angelegenheiten, Personen und Sachen. Gleichwohl ist der verantwortlichen Stelle und dem externen DSB dringend dazu anzuraten, im Vorgang einer Bestellung eine umfassende Unterrichtung und ggf. auch Entscheidungsbeteiligung der jeweiligen Personal-/Betriebsräte zu gewährleisten. Aufgrund der Schnittmengen im Verantwortungsbereich von Personal-/Betriebsräten und DSB ist eine gegenseitige Unterstützung und vertrauensvolle Zusammenarbeit essenziell. Zudem hat der DSB nicht nur Geschäftsführung und Betroffene unabhängig zu beraten (vgl. § 4f Abs. 5 Satz 2 BDSG), sondern ebenso unabhängig die Mitbestimmungsorgane zu betreuen. Für eine erfolgreiche Wahrnehmung seines Amtes wäre es also für den DSB eine denkbar ungünstige Ausgangssituation, sein Amt gegen den Widerstand von Betriebs-/Personalräten anzutreten.

5. Die Rechtsverhältnisse zwischen DSB und verantwortlicher Stelle

37 Der DSB unterhält mit Bestellung eine im weiten Sinne „organschaftliche Rechtsbeziehung" mit der verantwortlichen Stelle.[48] Dazu kommt eine vertragsrechtliche Beziehung. Das BDSG sieht nicht vor, was für ein schuldrechtliches Verhältnis mit Bestellung zu begründen ist. In der Regel wird, jedenfalls bei der Bestellung durch eine private Stelle,[49] ein Arbeits- bzw. Dienstverhältnis oder – häufig beim externen, ausnahmsweise und aufgrund ausdrücklicher Abrede[50] ggf. auch beim internen

---

46 LAG Frankfurt RDV 1990, 150; LAG Hamburg CR 1990, 342; *Breilinger*, RDV 1993, S. 53 (53 f.); *Gola/Schomerus*, BDSG, § 4f Rn. 33; *Däubler*, Gläserne Belegschaften?, Rn. 599; *Däubler*, in: Däubler/Klebe/Wedde/Weichert, BDSG, § 4f Rn. 40; die äußeren Umstände nicht genügen lassend: BAG CR 1992, 170.

47 *Simitis*, in: Simitis, BDSG, § 4f Rn. 77; *Bergmann/Möhrle/Herb*, BDSG, § 4f Rn. 82; *Grunewald*, RVG 1993, S. 226 (226).

48 Zum Teil wird auch von einem „Amtsverhältnis" gesprochen, vgl. *Däubler*, in: Däubler/ Klebe/Wedde/Weichert, BDSG, § 4f Rn. 27; dieser Begriff darf natürlich nicht wörtlich verstanden werden, sondern vielmehr im Sinne eines amtsähnlichen Verhältnisses, das durch die Neutralität und Kontrollfunktion des DSB geprägt ist. Insbesondere ist der DSB nicht Amtsträger gem. § 11 Nr. 2 StGB.

49 Zur Abgrenzung bei der Bestellung durch öffentliche Stellen *Simitis*, in: Simitis, BDSG, § 4f Rn. 60.

50 BAG RDV 2007, 123.

DSB – ein Geschäftsbesorgungsvertrag (§ 675 BGB) geschlossen,[51] durch den sich der Beauftragte zur entgeltlichen Besorgung eines ihm von dem Auftraggeber übertragenen Geschäfts verpflichtet.[52] Schuldrechtliches Grundverhältnis und Bestellung nach dem BDSG sind miteinander verknüpft.[53] Veränderungen im Grundverhältnis, zum Beispiel eine Kündigung, können auf die Bestellung als DSB durchschlagen. Umgekehrt ist eine einseitige Abberufung regelmäßig nicht ohne Änderung des Grundverhältnisses möglich.[54]

Das BDSG sieht keine Befristung der Bestellung zum DSB vor. Deren Zulässigkeit **38** ist umstritten. Relevant ist diese Diskussion auch für die Benennung eines „kommissarischen" DSB. Eine befristete oder kommissarische Bestellung könnte nämlich genutzt werden, um die Anforderungen des § 4f Abs. 3 Sätze 4–6 BDSG i.V.m. § 626 BGB an einen Widerruf der Bestellung zu umgehen. Es ist insbesondere nicht ausgeschlossen, dass sich die verantwortliche Stelle – getrieben von der Befürchtung, an einen „unliebsamen DSB" geraten zu können, der seine Aufgaben ggf. „zu ernst" nehmen könnte – durch die Befristung einer Bestellung eine einflussreiche Position gegenüber dem DSB verspricht, um so die vorgeschlagenen Datenschutzmaßnahmen beeinflussen zu können. Ein solcher Einfluss ließe sich in der Regel über die Möglichkeit des Widerrufes einer Bestellung wegen der dafür erforderlichen gewichtigen Gründe (vgl. § 626 BGB) nicht realisieren. Eine Befristung erscheint vielen Unternehmen daher als eine adäquate Lösung.

Um einem Missbrauch durch Befristung entgegenzuwirken, ist deshalb nach ver- **39** breiteter Ansicht eine Befristung der Bestellung wie ein Widerruf vom Vorliegen eines wichtigen Grundes abhängig zu machen.[55] Man könnte dies mit einem Erst-Recht-Schluss aus § 4f Abs. 3 Satz 4 BDSG begründen. Andere erachten die Befristung ungeachtet des Vorliegens etwaiger besonderer Gründe für zulässig.[56] Für diese Sichtweise ist anzuführen, dass der Gesetzgeber explizit nur den Widerruf geregelt hat und es keine Hinweise dafür gibt, dass diese Regel auch auf eine Befristung zu erstrecken ist. Insbesondere mangelt es für die Annahme einer solchen Analogie an einer planwidrigen Regelungslücke. Zwar ist die Befristung nicht geregelt. Dass der Gesetzgeber dies unbeabsichtigt so gestaltet hat und tatsächlich ein Befristungsverbot gewollt ist, ist jedoch fernliegend: In Kenntnis der Diskussion hat es bereits Novellierungen des BDSG gegeben, ohne dass der Gesetzgeber eine dahingehende

---

51 *Bergmann/Möhrle/Herb*, BDSG, § 4f Rn. 69; *Däubler*, in: Däubler/Klebe/Wedde/Weichert, BDSG, § 4f Rn. 27; *Simitis*, in: Simitis, BDSG, § 4f Rn. 60.

52 In der Praxis dürfte die Ausgestaltung als Werkvertrag aufgrund der weisungsfreien Tätigkeit des externen DSB und seiner Ungebundenheit an Zeit und Ort ebenfalls häufig gegeben sein.

53 BAG RDV 2007, 123; Anmerkung zu diesem Urteil *Taeger*, Abberufung eines angestellten betrieblichen Datenschutzbeauftragten, juris PR-ITR 6/2007 Anm. 3.

54 Dazu ausführlich *Taeger*, Abberufung eines angestellten betrieblichen Datenschutzbeauftragten, juris PR-ITR 6/2007 Anm. 3, Ziff. B u. D.

55 *Gola/Schomerus*, BDSG, § 4f Rn. 32; *Bergmann/Möhrle/Herb*, BDSG, § 4f Rn. 68.

56 *Tinnefeld/Ehmann/Gerling*, Einführung Rn. 450 f.; *Simitis*, in: Simitis, BDSG, § 4f Rn. 61.

Normierung der Befristung vorgenommen hätte. Aus den in Ermangelung spezialgesetzlicher Vorschriften des BDSG anwendbaren allgemeinen Regeln – es gilt der Grundsatz der Vertragsfreiheit – ergibt sich jedenfalls für das schuldrechtliche Grundgeschäft kein Befristungsverbot. Dies spricht wegen des akzessorischen Verhältnisses von Grundgeschäft und Bestellung ebenfalls für die Möglichkeit einer Befristung auch des Bestellungsverhältnisses. All dies deutet letztlich darauf hin, dass das Instrument der Befristung einer Bestellung der verantwortlichen Stelle zur Ausübung ihrer unternehmerischen Freiheit zur Verfügung steht. Eine missbräuchliche und zu kurze Bestellung wäre dann gegeben, wenn die Bestelldauer im Verhältnis zum Umfang der Aufgaben des DSB so kurz bemessen wäre, dass der DSB keine Möglichkeit zu einer ordentlichen und gesetzesadäquaten Kontrolle und Beratung der verantwortlichen Stelle hätte.[57] Dies kann, jedoch nur für den Einzelfall und in Kenntnis des zu betreuenden Unternehmens und des individuellen Beratungs- und Kontrollaufwandes beurteilt werden. Gleichwohl kann eine Mindestbestelldauer etwa von zwei Jahren[58] durchaus eine angemessene Lösung für die Praxis sein, um etwas mehr Rechtssicherheit in dieser Frage zu gewinnen. In der Praxis ist die befristete Einstellung bzw. Bestellung eines DSB eine Seltenheit. Ein Grund hierfür könnte sein, dass sich potenzielle und geeignete Kandidaten zur Bestellung als DSB auf eine Befristung nicht einlassen würden. Zu oft wird das Amt des DSB als „Nischentätigkeit" angesehen, von der aus andere Tätigkeiten schwer wieder aufgenommen werden können. Als „Sprungbrett" in eine gewichtige Rolle, etwa als „Compliance-Manager" oder „Chief Security Manager", wird das Amt des Datenschutzbeauftragten leider selten eingeschätzt. Entsprechend möchte man regelmäßig ungern eine derart „exotische" und spezialisierte Aufgabe übernehmen, wenn unklar ist, ob sie auf Dauer angelegt ist.

40 Die Diskussion hinsichtlich der Möglichkeit von Befristungen der Bestellung zum DSB dürfte durch einen Beschluss des Düsseldorfer Kreises vom 24./25.11.2010 maßgeblich beeinflusst werden.[59] Hierin führt der Düsseldorfer Kreis explizit aus, dass Befristungen der Bestellung möglich und zum Teil auch angezeigt sind (Ziffer II. 2.). Er empfiehlt, bei Neubestellungen eine Vertragslaufzeit von 1 bis 2 Jahren zu wählen, um in diesem Zeitraum prüfen zu können, ob der bestellte DSB die erforderliche Eignung aufweist; darüber hinaus wird grundsätzlich eine Mindestlaufzeit von 4 Jahren empfohlen (Ziffer II. 2.).

---

57 *Simitis*, in: Simitis, BDSG, § 4f Rn. 62.

58 *Simitis*, in: Simitis, BDSG, § 4f Rn. 62, schlägt „grundsätzlich (…) zwei Jahre" als Mindestbestelldauer vor.

59 Beschluss der obersten Aufsichtsbehörden für den Datenschutz im nicht-öffentlichen Bereich (Düsseldorfer Kreis am 24./25.11.2010) – Mindestanforderungen an Fachkunde und Unabhängigkeit des Beauftragten für den Datenschutz nach § 4f Abs. 2 und 3 Bundesdatenschutzgesetz (BDSG).

Nach dem gegenwärtigen Entwurf zu einer europäischen Datenschutzgrundverord- **41**
nung[60] ist die Benennung zum Datenschutzbeauftragten nach Art. 35 Abs. 7 für zumindest zwei Jahre vorzunehmen, womit über die Mindestbestelldauer laut Düsseldorfer Kreis von einem Jahr hinausgegangen wird. Angesichts des komplexen An-
forderungsprofils für einen DSB erscheint eine Frist von zwei Jahren als
angemessen, um die Befähigung und Eignung eines DSB valide beurteilen zu können.

Die Vereinbarung einer Probezeit hingegen ist stets unwirksam,[61] wird doch dabei **42**
die Verlängerung des Vertragsverhältnisses im Wesentlichen von den fachlichen
Leistungen des DSB abhängig gemacht werden. Genau auf diese bezieht sich aber
das Postulat der Weisungsfreiheit, das durch die Festlegung einer Probezeit ad absurdum geführt würde.

6. Die Abberufung und der Kündigungsschutz (Abs. 3 Sätze 4–6) sowie weitere Beendigungstatbestände

Soweit keine Gründe für eine fristlose Entlassung nach § 626 BGB vorliegen, sind **43**
die Kündigung des Arbeitsverhältnisses eines internen DSB und der Widerruf seiner Bestellung grundsätzlich unzulässig. Selbst bei einer zulässigen oder erfolgreichen Abbestellung eines DSB bleibt sein Kündigungsschutz für ein weiteres Jahr
erhalten. Neben der einseitigen Abberufung gibt es diverse Beendigungstatbestände
für die Tätigkeit als DSB, so z. B. den Wegfall der Bestellpflicht, ggf. eine Fusion,
die Niederlegung des Mandats durch den DSB oder auch eine einvernehmliche
Auflösung. Um die Unabhängigkeit des DSB zu stärken, hat der Gesetzgeber mit
dem BDSG 2009 den Kündigungsschutz des DSB verstärkt und dem Kündigungsschutz der Betriebsräte und anderer vergleichbarer Funktionsträger (etwa Gewäs-
serschutz-, Immissionsschutz-, Abfallschutz- oder Störfallbeauftragter) gleichgestellt. Die insoweit ergangene umfangreiche Rechtsprechung der Arbeitsgerichte
zum Kündigungsschutz kann nunmehr entsprechend hinsichtlich des Amtes des
Datenschutzbeauftragten hilfsweise berücksichtigt werden.

a) Die Abberufung und der Kündigungsschutz (Abs. 3 Sätze 4 und 5)

Ein zulässiger Widerruf der Bestellung zum DSB kann auf zweierlei Art und Weise **44**
erfolgen: Zum einen kann die Bestellung als DSB bei öffentlichen wie nicht-öffentlichen Stellen gemäß § 4f Abs. 3 Satz 4 1. Halbs. BDSG in entsprechender Anwendung von § 626 BGB widerrufen werden. Daneben kommt bei nicht-öffentlichen

---

60 Vorschlag für eine Verordnung des Europäischen Parlaments und des Rates zum Schutz
  natürlicher Personen bei der Verarbeitung personenbezogener Daten und zum freien Datenverkehr (Datenschutz-Grundverordnung), KOM (2012) 11 endg.
61 *Simitis*, in: Simitis, BDSG, § 4f Rn. 63; inzwischen wohl auch *Däubler*, in: Däubler/Klebe/
  Wedde/Weichert, BDSG, § 4f Rn. 75.

Stellen eine Abberufung gem. § 38 Abs. 5 Satz 3 i.V.m. § 4 Abs. 3 Satz 4 BDSG auf Verlangen der Aufsichtsbehörde in Betracht.

45 § 4f Abs. 3 Satz 4 1. Halbs. BDSG, der die entsprechende Anwendung von § 626 BGB für den Widerruf der Bestellung anordnet, statuiert mit dem Verweis auf die Notwendigkeit der Voraussetzungen des § 626 BGB einen weitreichenden und erheblichen Schutz für den DSB. § 626 BGB ist eine arbeitsrechtliche Kündigungsschutzklausel, die für eine Kündigung das Vorliegen eines „wichtigen Grundes" voraussetzt. Zweck des Verweises auf § 626 BGB ist die Stärkung der unabhängigen Position des betrieblichen DSB. Ein unliebsamer DSB soll nicht ohne Weiteres abberufen werden können, sondern nur dann, wenn objektive und überwiegende Gründe dafür sprechen. So wird die Unabhängigkeit des DSB gestärkt, der nicht fürchten müssen soll, für eine konsequent am Schutzweck des Gesetzes ausgerichtete Wahrnehmung seiner Aufgaben durch Abbestellung abgestraft zu werden.

46 Zentrales Tatbestandsmerkmal des § 626 BGB ist das Vorliegen von „Tatsachen, aufgrund derer dem Kündigenden unter Berücksichtigung aller Umstände des Einzelfalles und unter Abwägung der Interessen beider Vertragsteile die Fortsetzung des Dienstverhältnisses bis zum Ablauf der Kündigungsfrist oder bis zu der vereinbarten Beendigung des Dienstverhältnisses nicht zugemutet werden kann". Es kommen insbesondere Haupt- und schwerwiegende Nebenpflichtverletzungen in Betracht.[62] Die dauerhafte Verletzung von Kernaufgaben etwa wäre die weitreichende Vernachlässigung der Schulungs- und Sensibilisierungspflicht oder die permanente Ignorierung von Prüfungs- und Kontrollaufgaben. Eine schwerwiegende Verletzung von Nebenpflichten könnte etwa in einem Geheimnisverrat bzw. einer Verletzung von Verschwiegenheitspflichten liegen.[63] Ein wichtiger Grund liegt auch vor, wenn der DSB nicht (mehr) die erforderliche Fachkenntnis oder Zuverlässigkeit besitzt und daher die Ausübung seines Amts unmöglich wird bzw. gefährdet erscheint.[64] Das Fehlen der erforderlichen Fachkunde kann auch darin begründet sein, dass sich die fachlichen Anforderungen an den DSB durch eine Änderung der Strukturen bzw. Geschäftsfelder der verantwortlichen Stelle oder durch neue gesetzliche Anforderungen erhöht haben. Als Grund für einen Widerruf kann in Ausnahmefällen auch eine Betriebsschließung oder die Abwendung einer betrieblichen Notsituation in Betracht kommen.[65] Wird im Übrigen ein DSB ausdrücklich von mehreren rechtlich selbstständigen Unternehmen gleichzeitig bestellt, so muss jedes dieser Unter-

---

62 Dazu mit Einzelfällen *Weidenkaff*, in: Palandt, BGB, 2013, § 626 Rn. 42–56 m.w.N.

63 Vgl. bzgl. Beispielen auch *Däubler*, in: Däubler/Klebe/Wedde/Weichert, BDSG, § 4f Rn. 67; *Simitis*, in: Simitis, BDSG, § 4f Rn. 183; *Bergmann/Möhrle/Herb*, BDSG, § 4f Rn. 142.

64 BAG, Urteil v. 23.3.2011 – 10 AZR 562/09 –; LAG Niedersachen, Urteil v. 19.8.2010 – 7 Sa 1131/09, Rz. 38.

65 BAG, Urteil v. 23.3.2011 – 10 AZR 562/09 – Rz. 21, unter Verweis auf BAG, Urteil v. 26.6.2008 – 2 AZR 147/07, Rz. 22; LAG Berlin-Brandenburg MMR 2010, 61.

nehmen den Widerruf gesondert aussprechen.[66] Unter Umständen kann eine zur Abbestellung eines DSB berechtigende Unzumutbarkeit für die verantwortliche Stelle dazu führen, dass als Folge der Abbestellung auch das Arbeitsverhältnis beendet wird.[67] Insoweit ist auch eine Kündigung des Arbeitsvertrages und eine auf das Arbeitsverhältnis bezogene, zusätzliche Begründung[68] erforderlich, sei es im Wege einer Änderungskündigung, um dem abbestellten DSB ein neues oder sein altes Tätigkeitsfeld (wieder) zuzuteilen, oder sei es als Beendigungskündigung.[69]

Bei der berechtigten Abbestellung eines hauptamtlichen DSB scheidet das Weiterbestehen des arbeitsrechtlichen Schuldverhältnisses grundsätzlich aus, ohne dass es einer zusätzlichen Kündigung des Arbeitsverhältnisses seitens des Arbeitgebers bedürfen würde.[70] Wenn schon die Schutznorm des § 4f Abs. 3 Satz 4 1. Halbs. BDSG eine Beendigung des Bestellungsverhältnisses eines hauptamtlichen DSB zulässt, liegen die Voraussetzungen für eine Kündigung des Arbeitsverhältnisses aus wichtigem Grund ohnehin vor. Auch die Jahresfrist des § 4f Abs. 3 Satz 6 BDSG kommt in diesem Fall nicht zur Anwendung.[71]   **47**

Die Mitbestimmungsrechte der Personal- bzw. Betriebsräte sind nicht nur bei Neueinstellung sondern auch bei Beendigung des Arbeitsverhältnisses sowie einer im Zuge des Widerrufs der Bestellung erfolgenden Versetzung zu berücksichtigen (§§ 99f. BetrVG, 77 Abs. 3, 79 BPersVG). Bei Beendigung des Arbeitsverhältnisses bzw. einem Widerruf der Bestellung ist durch die verantwortliche Stelle eine Anhörung unter Beteiligung der Beschäftigtenvertretung durchzuführen. Entsprechend ist eine dem Procedere bei der Einstellung gleichkommende Informationspflicht gegeben, wobei die zur Auflösung führenden Gründe hinreichend konkret und transparent mitzuteilen sind. Eine Verweigerung der Zustimmung kommt gem. §§ 99 Abs. 2 Nr. 1 BetrVG, 79 Abs. 1 i.V.m. 77 Abs. 2 Nr. 1 BPersVG ebenfalls in Betracht.   **48**

Die Frist des § 626 Abs. 2 BGB ist wie alle weiteren Voraussetzungen des § 626 BGB zu beachten, da § 4f Abs. 3 Satz 4 1. Halbs. BDSG auf die gesamte Norm verweist. Die Frist beginnt mit Kenntnisnahme des Widerrufgrundes zu laufen. Innerhalb der darauf folgenden zwei Wochen ist der Widerruf also zu erklären. Danach muss der DSB regelmäßig nicht mehr mit dem Widerruf rechnen. Die Erklärung   **49**

---

66 LAG Niedersachen, Urteil v. 19.8.2010 – 7 Sa 1131/09.

67 *Gola/Schomerus*, BDSG, § 4f Rn. 39; *Blomeyer*, in: MünchArbR, § 99 Rn. 87.

68 *Simitis*, in: Simitis, BDSG, § 4f Rn. 188; *Gola/Schomerus*, BDSG, § 4f Rn. 39.

69 *Gola/Schomerus*, BDSG, § 4f Rn. 39; dazu ausführlich *Taeger*, juris PR-ITR 6/2007 Anm. 3.

70 Vgl. freilich *Däubler*, in: Däubler/Klebe/Wedde/Weichert, BDSG, § 4f Rn. 70, 71, explizit für das Beispiel der fehlenden Fachkunde, die auch beim ausschließlich mit der Tätigkeit des DSB betrauten Arbeitnehmer nach Abbestellung grundsätzlich keine Kündigung des Arbeitsverhältnisses nach sich ziehen soll.

71 „… es sei denn, dass Tatsachen vorliegen, welche die verantwortliche Stelle zur Kündigung aus wichtigem Grund ohne Einhaltung einer Kündigungsfrist berechtigen."

des Widerrufs muss zudem eindeutig und ausdrücklich erfolgen. Ist auch eine Schriftlichkeit des Widerrufs weder in § 4f Abs. 3 Satz 3 BDSG noch in § 626 BGB vorgesehen, so ist diese im Umkehrschluss zum Schriftformerfordernis der Bestellung selbstredend auch für den Widerruf der Bestellung unumgänglich.

50   Obsolet sind nach neuer Rechtslage Diskussionen darüber, inwiefern dem betrieblichen Datenschutzbeauftragten ein besonderer Kündigungsschutz zukommt, wenn eine gesetzliche Verpflichtung zur Bestellung eines Datenschutzbeauftragten nicht bestand. Indem § 4f Abs. 3 Satz 5 BDSG von der Prämisse einer Bestellpflicht ausgeht,[72] ergibt sich aus dem entsprechenden Umkehrschluss, dass der besondere Kündigungsschutz für den Datenschutzbeauftragten nicht einschlägig ist, wenn eine verantwortliche Stelle freiwillig einen DSB bestellt hat.[73] Allerdings findet die Jahresfrist des § 4f Abs. 3 Satz 6 BDSG Anwendung, da die Prämisse einer Bestellpflicht insoweit nicht gegeben ist. Das Arbeitsverhältnis des freiwillig bestellten DSB kann also frühestens ein Jahr nach – grundlos möglicher – Abbestellung gekündigt werden. Der allgemeine Kündigungsschutz findet insoweit bei Vorliegen der entsprechenden Voraussetzungen selbstredend weiterhin Anwendung.

51   Weniger Komplex stellt sich der Widerruf der Bestellung eines externen DSB nebst Kündigung des zugrunde liegenden Dienstvertrages dar. Weil der Geschäftsbesorgungsvertrag eigens geschlossen wurde, um eine Bestellung als DSB zu ermöglichen, fällt mit rechtmäßigem Widerruf der Bestellung auch die Geschäftsgrundlage für den schuldrechtlichen Vertrag weg.[74] § 4f Abs. 3 Satz 4 1. Halbs. BDSG, der nicht etwa auf interne DSB beschränkt ist, kommt unproblematisch zur Anwendung. Die Tatsache, dass keine arbeitsvertragliche Bindung besteht, spricht dem auch nicht entgegen; denn die arbeitsvertragliche Norm des § 626 BGB soll lediglich „entsprechend angewendet" werden. Soweit der Geschäftsbesorgungsvertrag mit einem externen Datenschutzbeauftragten nicht befristet oder aufgrund entsprechender Vereinbarung befristet kündbar ist, kann die Bestellung zum externen DSB nur aus wichtigem Grunde im Sinne von § 626 BGB widerrufen werden. In der Praxis sehen die Geschäftsbesorgungsverträge zur Betreuung durch einen externen DSB zumeist anlassunabhängige Kündigungsfristen vor, sodass eine fristgemäße Kündigung und Abbestellung ohne das Vorliegen dazu berechtigender Gründe jederzeit möglich ist. Um die Unabhängigkeit bzw. Weisungsgebundenheit auch des externen DSB zu wahren, sollte die Kündigungsfrist nicht zu kurz bemessen sein. Nach einem Beschluss des Düsseldorfer Kreises vom 24./25.11.2010[75] wird bei der

---

72 „Ist nach Abs. 1 ein Beauftragter für den Datenschutz zu bestellen …"

73 Begründung der Bundesregierung zum Gesetzentwurf vom 18.2.2009, BT-Drs. 16/12011, S. 24 f.

74 So im Ergebnis auch *Däubler*, in: Däubler/Klebe/Wedde/Weichert, BDSG, § 4f Rn. 74.

75 Beschluss der obersten Aufsichtsbehörden für den Datenschutz im nicht-öffentlichen Bereich (Düsseldorfer Kreis am 24./25.11.2010) – Mindestanforderungen an Fachkunde und Unabhängigkeit des Beauftragten für den Datenschutz nach § 4f Abs. 2 und 3 Bundesdatenschutzgesetz (BDSG).

Neubestellungen eines externen DSB eine Vertragslaufzeit von 1 bis 2 Jahren gefordert, um in diesem Zeitraum prüfen zu können, ob dieser die erforderliche Eignung aufweist; darüber hinaus wird für den externen DSB eine Mindestvertragslaufzeit von 4 Jahren empfohlen (Ziffer II. 2.).

Gem. § 4f Abs. 3 Satz 4 2. Halbs. BDSG kommt bei nicht-öffentlichen Stellen auch **52** auf Verlangen der Aufsichtsbehörde ein Widerruf in Betracht. Die Vorschrift korrespondiert mit § 38 Abs. 5 Satz 3 BDSG. Dieses Initiativrecht der Aufsichtsbehörde ist auf die Fälle des Fehlens der zur Aufgabenerfüllung erforderlichen Fachkunde bzw. der entsprechenden Zuverlässigkeit des DSB beschränkt. Sollte tatsächlich Fachkunde oder Zuverlässigkeit fehlen, mangelt es an einer Bestellung in „vorgeschriebener Weise", was wiederum den Bußgeldtatbestand des § 43 Abs. 1 Nr. 2 BDSG erfüllt.[76] Ob nach § 4f Abs. 3 Satz 4 2. Halbs. BDSG eine Berechtigung oder eine Pflicht für die verantwortliche Stelle besteht, ihren DSB auf Verlangen der Aufsichtsbehörde abzubestellen, ist offen. Die Norm selbst spricht davon, dass die Bestellung auf Verlangen der Aufsichtsbehörde widerrufen werden „kann". Diese Formulierung konstituiert ein Entschließungsermessen der verantwortlichen Stelle. Dem entspricht auch die Formulierung des § 38 Abs. 5 Satz 3 BDSG, die der Aufsicht lediglich das Recht einräumt, den Widerruf verlangen zu können. Die verantwortliche Stelle ist aus dem Treue- und Fürsorgeverhältnis zu ihrem DSB ggf. verpflichtet, der Behörde gegenüber Gegenvorstellungen zu erheben und ggf. negative Feststellungsklage bei der Verwaltungsgerichtsbarkeit einzulegen, wenn sie selbst das Fehlen der erforderlichen Fachkunde bzw. Zuverlässigkeit ihres DSB nicht bestätigen kann.[77] Die verantwortliche Stelle kann bei Uneinigkeit mit der Aufsichtsbehörde über die Abbestellung ihres DSB aber auch untätig bleiben und es der Aufsichtsbehörde überlassen, das Verwaltungsvollstreckungsverfahren zur Durchsetzung ihres Anliegens zu beschreiten. Grundsätzlich bleibt die Entscheidung über den Widerruf der Bestellung des DSB auch bei einem entsprechenden Verlangen der Aufsichtsbehörde der verantwortlichen Stelle vorbehalten.[78]

Die Aufsichtsbehörde kann der Befolgung ihrer Anordnung im Wege eines Verwal- **53** tungsvollstreckungsverfahrens Nachdruck verleihen. Neben den Rechten der verantwortlichen Stelle steht auch dem DSB gegen eine Anordnung zum Widerruf der Bestellung eines DSB durch die Aufsichtsbehörde der Verwaltungsrechtsweg offen, weil er mittelbar in seinen Rechten betroffen ist, obwohl er nicht Empfänger des gegenüber der verantwortlichen Stelle ergangenen Verwaltungsaktes ist.[79] Vor dem Widerruf der Bestellung durch die verantwortliche Stelle, aber nicht notwendigerweise vor der Anordnung der Aufsichtsbehörde, ist der DSB zudem berechtigt,

---

76 *Gola/Schomerus*, BDSG, § 4f Rn. 37a.
77 *Däubler*, in: Däubler/Klebe/Wedde/Weichert, § 4f Rn. 66.
78 A. A. *Simitis*, in: Simitis, BDSG, § 4f Rn. 194, § 38 Rn. 67.
79 *Däubler*, in: Däubler/Klebe/Wedde/Weichert, § 4f Rn. 66; *Simitis*, in: Simitis, BDSG, § 38 Rn. 67.

Stellung zu beziehen.[80] Bestehen demnach gute Chancen für eine kurzfristige Behebung der behaupteten Mängel, so müssen die Behörde und die verantwortliche Stelle zumindest für einen angemessenen Zeitraum für die Mängelbeseitigung vom Widerruf absehen.[81]

b) Wegfall der Bestellpflicht

54   Eine Beendigung des Mandats des DSB ist auch denkbar, weil die Bestellverpflichtung der verantwortlichen Stelle wegfällt. Eine Ursache kann das Absinken der Anzahl der mit der Datenverarbeitung beschäftigten Personen unter das gesetzliche Mindestmaß sein. Soweit ein DSB nur aufgrund der Erforderlichkeit einer Vorabkontrolle bestellt werden musste, kann eine andere Ursache darin liegen, dass die vorabkontrollpflichtigen Verfahren, Prozesse oder Systeme nicht weiter betrieben werden. Kurzzeitige Schwankungen hinsichtlich der Anzahl der ausschlaggebenden Personen oder des Betreibens eines vorabkontrollpflichtigen Verfahrens, Prozesses oder Systems spielen keine Rolle. Vielmehr muss eine gewisse Dauerhaftigkeit des maßgeblichen Zustands bestehen. Ein Widerruf der Bestellung ist selbstredend auch in diesen Fällen in schriftlicher Form notwendig.[82]

c) Niederlegung; Auflösung

55   Ein DSB kann sein Amt jederzeit ohne Angabe von Gründen niederlegen, soweit keine entgegenstehenden vertraglichen Verpflichtungen, etwa vertragliche Kündigungsfristen bestehen. Sollte ein DSB sein Amt unter Verletzung solcher vertraglicher Auflagen niederlegen, so kann er ggf. arbeitsgerichtlich zur Wahrnehmung seines Amtes verpflichtet werden. Darüber hinaus ist er der verantwortlichen Stelle gegenüber u. U. zum Ersatz eines eingetretenen Schadens verpflichtet. Eine unangekündigte, sofortige Niederlegung ist für die verantwortliche Stelle zumeist schon daher inakzeptabel, weil nicht direkt ein Nachfolger gefunden werden kann.[83] Der zu kompensierende Schaden liegt jedenfalls in dem Mehraufwand, der betrieben werden musste, um außerplanmäßig und unverzüglich einen Nachfolger zu finden und ggf. erst adäquat auszubilden und einzuarbeiten.[84] Ein zu ersetzender Schaden ist hingegen auszuschließen, wenn die Niederlegung vertragsgemäß erfolgt. Selbiges gilt, wenn die Niederlegung mit seitens des DSB nicht zu vertretender Unzumutbarkeit der Weiterführung begründet werden kann, etwa weil es an den nach § 4f Abs. 5 BDSG erforderlichen Unterstützungsmaßnahmen der verantwortlichen Stelle fehlt. Neben der Niederlegung kommt selbstverständlich auch eine einvernehmliche Beendigung im Wege eines Aufhebungsvertrages in Betracht. Es ist an-

---

80 *Bergmann/Möhrle/Herb*, BDSG, § 4f Rn. 147.
81 *Simitis*, in: Simitis, BDSG, § 4f Rn. 195.
82 *Däubler*, in: Däubler/Klebe/Wedde/Weichert, BDSG, § 4f Rn. 64.
83 *Simitis*, in: Simitis: BDSG, § 4f Rn. 179.
84 A. A. *Däubler*, in: Däubler/Klebe/Wedde/Weichert, BDSG, § 4f Rn. 63, der von einem nicht bezifferbaren Schaden ausgeht.

zuraten, in einem solchen Auflösungsvertrag u.a. zu regeln, wie die reibungslose Übernahme des Amtes durch den neuen DSB gewährleistet werden soll.[85] Sollte es an einer entsprechenden Regelung im Aufhebungsvertrag fehlen, ist allerdings dennoch von einer neben-/nachvertraglichen Mitwirkungspflicht des scheidenden DSB auszugehen, eine ordentliche Übergabe an den neuen DSB zu gewährleisten. Hierzu gehört die Übergabe etwa der Teilnahmelisten an Schulungs- und Sensibilisierungsmaßnahmen, der Dokumentation von in der Vergangenheit durchgeführten Überwachungs- und Kontrolltätigkeiten, der Dokumentation etwaig stattgefundener Vorabkontrollen, der Verfahrensübersichten und ggf. Listen von Zugriffsberechtigungen, der Unterlagen bzgl. der Beratung datenschutzrelevanter Projekte und etwaiger Auftragsdatenverarbeitungen mit Drittanbietern, relevante Besprechungsprotokolle, ggf. vorliegende Unterlagen zur Beratung in Hinblick auf Betriebsvereinbarungen oder Unternehmensrichtlinien und die ggf. erstellten Tätigkeitsberichte. Gleich ob einseitige Niederlegung des Amtes durch den DSB noch einvernehmliche Aufhebung, der einjährige Kündigungsschutz des § 4f Abs. 3 Satz 6 BDSG gilt nach der Abberufung gleichermaßen. Gleiches gilt selbstredend für das Schriftformerfordernis des Widerrufs der Bestellung.

d) Fusionen/Verschmelzung

Interne DSB verlieren im Falle von Fusionen bzw. Verschmelzungen ihr Mandat, soweit die jeweils bestellende Gesellschaft in der neuen aufgeht[86] und so die Geschäftsgrundlage für die Bestellung wegfällt. Die ursprüngliche verantwortliche Stelle existiert dann nicht mehr, das Amt des DSB erlischt; vielmehr ist die aus der Fusion entstehende neue verantwortliche Stelle dazu verpflichtet, einen DSB zu bestellen.[87] Auch hier gilt der einjährige Kündigungsschutz des § 4f Abs. 3 Satz 6 BDSG. Dieser Schutz der unabhängigen Wahrnehmung des DSB muss auch in Ansehung eines sich nahenden Zusammenschlusses bestehen bleiben. Denn vorgebeugt werden muss auf diese Weise der Gefahr, dass ein DSB im Vorgang zu einem Zusammenschluss die unabhängige Wahrnehmung seines Amtes von Arbeitgeberinteressen beeinflussen lässt, um ggf. eine weiterdauernde Bestellung durch die neue Gesellschaft zu befördern. Bei externen Beauftragten führt eine Fusion bzw. Verschmelzung, die dazu führt, dass die verantwortliche Stelle in eine andere juristische Person aufgeht, zu einer Auflösung des zugrunde liegenden Geschäftsbesorgungsvertrages und damit zu einem Widerruf der Bestellung aus wichtigem Grunde.

56

---

85 *Bergmann/Möhrle/Herb*, BDSG, § 4f Rn. 58; *Simitis*, in: Simitis, BDSG, § 4f Rn. 176.
86 A. A. ArbG Frankfurt/M. RDV 2001, 290, das in systemfremder Weise für eine Bestellung mehrerer DSB nebeneinander plädiert.
87 Vgl. BAG, Urteil v. 29.9.2010 – 10 AZR 588/09, Rz. 23; i. E. auch LAG Berlin-Brandenburg MMR 2010, 61.

e) *Kündigungsschutz nach Abberufung (Abs. 3 Satz 6)*

57   Gem. § 4f Abs. 3 Satz 6 BDSG ist nach der Abberufung als DSB eine Kündigung innerhalb eines Jahres nach der Beendigung der Bestellung unzulässig, es sei denn, dass die verantwortliche Stelle zur Kündigung aus wichtigem Grund ohne Einhaltung eine Kündigungsfrist berechtigt ist. Soweit also keine Gründe für eine fristlose Kündigung vorliegen, ist die Jahresfrist in Hinblick auf alle Varianten einer Abberufung einzuhalten, egal ob diese einvernehmlich von Statten ging, der DSB sein Amt einseitig niederlegt, die Bestellpflicht wegfällt oder eine Fusion bzw. Verschmelzung ursächlich ist.

III. Die Person des Datenschutzbeauftragten (Abs. 2 Satz 1)

58   § 4f Abs. 2 Satz 1 BDSG konstituiert für die Person des Datenschutzbeauftragten zwei Bestellungsvoraussetzungen: Fachkunde und Zuverlässigkeit. Weitere Voraussetzungen für die persönliche Eignung eines DSB nennt das Gesetz nicht. Im Umkehrschluss wird deutlich: Eine bestimmte Ausbildung oder Zertifizierung ist, wenn ihr Erwerb auch mehr und mehr in der Praxis angeboten wird,[88] nicht zwingend erforderlich.[89] Dennoch ist die Tätigkeit des Datenschutzbeauftragten als eigener „Beruf" im Sinne von Art. 12 GG einzuordnen.[90] Dies ist auf die offensichtlichen technischen und rechtlichen Komponenten der Tätigkeit zurückzuführen. Eine diese Tatsache berücksichtigende Schaffung von Mindeststandards über § 4f Abs. 2 Satz 1 und 2 BDSG hinaus oder gar die Schaffung einer einheitlichen Berufsordnung und verbindlicher Leistungsanforderungen für den betrieblichen DSB ist der Gesetzgeber bisher schuldig geblieben. Dieser Umstand ist außerordentlich misslich, gibt es doch derzeit überhaupt keine rechtliche Gewährleistung von Qualitätsstandards. Der gegenwärtige Entwurf zu einer europäischen Datenschutzgrundverordnung[91] ermächtigt mit Art. 37 Abs. 2 die Kommission dazu, weitere Rechtsakte hinsichtlich einer Zertifizierung und der Stellung des DSB zu erlassen. Aufgrund der fachlichen Anforderungen an die Wahrnehmung des Amtes des DSB ist allgemein anerkannt, dass eine akademische Ausbildung zum Informatiker oder Juristen viele der erforderlichen fachlichen Voraussetzungen für einen DSB verschaffen kann.[92]

59   Grundsätzlich steht die Ausübung des Berufs des DSB jedermann frei, ohne dass es eines Nachweises der Fachkunde oder Zuverlässigkeit bedarf. Die rechtliche

---

88 Dazu *Schaffland/Wiltfang*, BDSG, § 4f Rn. 22; *Diverse*, DuD 2007, S. 327 (Schwerpunkt Ausbildung).

89 *Gola/Schomerus*, BDSG, § 4f Rn. 20.

90 LG Ulm CR 1991, 103; *Schaffland/Wiltfang*, BDSG, § 4f Rn. 22.

91 Vorschlag für eine Verordnung des Europäischen Parlaments und des Rates zum Schutz natürlicher Personen bei der Verarbeitung personenbezogener Daten und zum freien Datenverkehr (Datenschutz-Grundverordnung), KOM (2012) 11 endg.

92 *Haferkorn/Ahrens*, DuD 1992, S. 521; vgl. auch Rn. 66.

Schieflage ist frappierend: Ein Schankwirt bedarf für den Betrieb einer Schankwirt-schaft einer behördlichen Genehmigung – der DSB eines Bank-, (Kranken-)Versi-cherungs- oder Telekommunikationsunternehmens etwa bedarf weder einer behörd-lichen Genehmigung noch einer Zertifizierung. Unklar ist auch, welches Ausmaß bzw. welche Intensität die erforderlichen Fortbildungsmaßnahmen annehmen müs-sen, wobei gem. § 4f Abs. 3 Satz 7 BDSG 2009 die verantwortliche Stelle grund-sätzlich dazu verpflichtet ist, dem DSB die Teilnahme an Fort- und Weiterbildungs-veranstaltungen zu ermöglichen und deren Kosten zu übernehmen. Die Anforde-rungen an den Datenschutzbeauftragten sind einem steten rechtlichen und technischen Wandel und Änderungsprozess unterworfen. Ob der DSB diesen sich stetig ändernden Anforderungen gerecht wird, bleibt auch nach der neuen Regelung des § 4f Abs. 3 Satz 7 BDSG in erster Linie der Selbstkontrolle und Selbstregulie-rung der verantwortlichen Stelle mit Hilfe ihres DSB vorbehalten.

60 Der Düsseldorfer Kreis hat in einem Beschluss vom 24./25.11.2010 verschiedene Mindestanforderungen an Fachkunde und Unabhängigkeit des DSB aufgestellt.[93] Hierin führt er u. a. aus, dass Einfluss auf die Tätigkeit des DSB neben der Größe auch die Anzahl der zu betreuenden verantwortlichen Stellen und der Grad der Schutzbedürftigkeit der Daten habe.[94] Darüber hinaus müssten die verantwortlichen Stellen bestimmte Rahmenbedingungen gewährleisten, damit der DSB seiner Tä-tigkeit nachgehen könne. Hierzu gehöre, dass dem DSB Zutritt und Einsicht in alle betrieblichen Bereiche gewährt würde (Ziffer III. 1). Der DSB müsse in alle wichti-gen Planungs- und Entscheidungsabläufe einbezogen werden (Ziffer III. 2). Da-rüber hinaus sei dem DSB die erforderliche Arbeitszeit zur Ausübung seiner Tätig-keit zuzugestehen (Ziffer III. 4). Schlussendlich unterstreicht der Düsseldorfer Kreis die Verpflichtung der verantwortlichen Stelle aus § 4f Abs. 5 BDSG, dem DSB in angemessenem Rahmen Personal, Räume, Einrichtung, Geräte und Mittel zur Verfügung zu stellen (Ziffer III. 5).

61 Initiative hat auch der Berufsverband der Datenschutzbeauftragten Deutschlands (BvD) e.V. gezeigt, der umfangreiche Ausführungen über „Das berufliche Leitbild des Datenschutzbeauftragten" veröffentlicht hat.[95] Die Berufsgrundsätze geben ei-nen recht umfassenden Überblick über die Tätigkeitsfelder eines Datenschutzbe-auftragten, wobei branchentypische Aspekte wenig Berücksichtigung finden. Eini-ge Forderungen und Vorschläge in diesem Dokument entbehren einer hinreichen-den Rechtsgrundlage und sind zudem hinsichtlich der Sinnhaftigkeit ihrer praktischen Auswirkungen in Frage zu stellen. Dazu gehören etwa:

---

93 Beschluss der obersten Aufsichtsbehörden für den Datenschutz im nicht-öffentlichen Be-reich (Düsseldorfer Kreis am 24./25.11.2010) – Mindestanforderungen an Fachkunde und Unabhängigkeit des Beauftragten für den Datenschutz nach § 4f Abs. 2 und 3 Bundesda-tenschutzgesetz (BDSG).
94 Zu den einzelnen Anforderungen siehe unten.
95 Abrufbar unter https://bvdnet.de/berufsbild.html in der 2. Auflage, 2011 (Stand: 8/2013).

– Prüfungsmaßstäbe gem. der Grundsätze ordnungsgemäßer DV-gestützter Buchführungssysteme (GoBS),

– Inhalt der internen Verarbeitungsübersicht soll über die gesetzlichen Anforderungen des § 4e BDSG hinaus Informationen über den Datenfluss, das Systemumfeld sowie über die Organisation und den Schutz der Datenverwendung sein,

– Erstellung und Weiterentwicklung der Dokumentation eines Datenschutzkonzeptes,

– Erstellung eines mindestens jährlichen schriftlichen Datenschutzberichts,

– Kontaktaufnahme zur Aufsichtsbehörde bei unlösbaren Konflikten um die Datenschutzkonformität von Verfahren zwischen dem DSB und der verantwortlichen Stelle, auch wenn das entsprechende Verfahren keiner Vorabkontrolle gem. § 4 Abs. 5 und 6 BDSG unterliegt oder wenn dem DSB die Rahmenbedingungen für seine Schulungsmaßnahmen bei der verantwortlichen Stelle nicht in angemessenem Maße zur Verfügung gestellt werden,

– Berücksichtigung der Gesetzgebung zur Arbeitssicherheit und zur Sozialgesetzgebung und

– Tätigkeitsausübung überwiegend im Unternehmen oder in der Behörde mit persönlicher Präsenz.

Die Angemessenheit und Erforderlichkeit dieser Anforderungen ist nicht in jedem Einzelfall gegeben. Entsprechend fehlt es ihnen auch an einer entsprechenden gesetzlichen Grundlage. Zudem meint der BvD, einen Datenschutzbeauftragten solle ihm gegenüber, also dem Verband gegenüber, eine Nachweispflicht hinsichtlich seiner absolvierten Weiterbildungen treffen (Satz 9). Eine solche Nachweispflicht ließe sich allenfalls vertragsrechtlich aus der Mitgliedschaft eines DSB im BvD herleiten. Insoweit wäre allerdings sicherzustellen, dass die Aufnahmeanträge und die Satzung des BvD hinreichend klar und transparent sind. Schließlich handelt es sich beim BvD nicht um eine berufsständige Kammer, die ähnliche Nachweise ggf. aufgrund ihres gesetzlich vorgegebenen Mandats von ihren (Pflicht-)Mitgliedern einfordern darf.

1. Die erforderliche Fachkunde

62 Eine Definition der erforderlichen Fachkunde ist § 4f Abs. 2 BDSG nicht zu entnehmen. Es ist mithin eine Auslegung des Begriffes erforderlich.[96] Insoweit bietet sich eine Orientierung an den Aufgaben nach § 4g BDSG an. Insoweit kommt der „Einwirkung auf die Einhaltung" des BDSG (§ 4g Abs. 1 Satz 1 BDSG), der Überwachungsfunktion und der Schulungsaufgabe (§ 4g Abs. 1 Satz 2 BDSG) eine besondere Bedeutung zu. Dabei kommt der rechtlichen Kompetenz des DSB aufgrund

---

96 Vgl. dazu BWHinwBDSG Nr. 31, 1.1, Dok B 1.36; *Gola/Schomerus*, BDSG, § 4f Rn. 20 ff., *Bergmann/Möhrle/Herb*, BDSG, § 4f Rn. 95, *Breinlinger*, RDV 1993, S. 53 (53 f.).

der zunehmend komplexen Regelungsmaterie im Datenschutzrecht und der zahlreichen ausfüllungs- und auslegungsbedürftigen Generalklauseln und Abwägungserfordernisse eine herausragende Bedeutung zu.[97]

Der Düsseldorfer Kreis[98] differenziert im Hinblick auf die Anforderungen, die an **63** die Fachkunde des DSB zu stellen sind, zwischen Kenntnissen im allgemeinen Datenschutzrecht, die jeder DSB haben müsse, und branchenspezifischen Datenschutzkenntnissen. Der DSB müsse Grundkenntnisse zu den verfassungsrechtlich garantierten Grundrechten, umfassende Kenntnisse zu den Vorschriften des BDSG und Kenntnisse in technischer und organisatorischer Hinsicht insbesondere in Bezug auf die Datensicherheit aufweisen (Ziffer I. 1.). Zudem seien je nach Branche, Größe, IT-Infrastruktur und Sensibilität der zu verarbeitenden Daten umfassende Kenntnisse der spezifischen gesetzlichen Standards erforderlich. Hinzu kämen Kenntnisse über die Informations- und Telekommunikationstechnologie, betriebswirtschaftliche Grundkompetenzen und Kenntnisse der technischen und organisatorischen Strukturen und Kenntnisse im praktischen Datenschutzmanagement (Ziffer I. 2.). Zwar postuliert der Düsseldorfer Kreis einerseits, dass diese Kenntnisse bereits im Zeitpunkt der Bestellung vorliegen müssten. Andererseits gibt er aber zu, dass – sollten einzelne Kenntnisse im Bestellungszeitpunkt noch nicht vorliegen – dass die Fachkompetenz auch nach der Bestellung durch geeignete Fortbildungsmaßnahmen noch erworben werden könne (Ziffer I. 2.). Entsprechend legt der Düsseldorfer Kreis Wert auf die Weiterbildungspflicht des DSB (Ziffer I. 2.).

Insbesondere die Kommunikation mit Dritten (Betroffene, Betriebsräte, Aufsichts- **64** behörden, Businesspartnern, Leitung der verantwortlichen Stelle) erfordert gute Rechtskenntnisse. Da mit der Einführung/Aufrechterhaltung datenschutzrechtlicher Standards zumeist Kosten zusammenhängen, stellt sich für den DSB ständig die Frage der rechtlichen Gebotenheit. Die gesetzliche Überwachungsfunktion kann aber nur ein DSB ausfüllen, der auch die technischen Kenntnisse aufweist und somit den Fachabteilungen die „richtigen" Fragen stellen kann. In der sog. „Ulmer Entscheidung"[99] stellt das LG Ulm fest, der DSB müsse „Computerexperte" sein, ein für den Einzelfall sicher auslegungsbedürftiger Begriff. Die gesetzliche Schulungs- und Sensibilisierungsaufgabe des DSB erfordert darüber hinaus didaktische und lehrmethodische Fähigkeiten.[100] Auch „psychologisches Einfühlungsvermögen", „Organisationstalent" und schiedsrichterliche Fähigkeiten („angemessener

---

97 So auch *Simitis*, in: Simitis, BDSG, § 4f Rn. 88.

98 Beschluss der obersten Aufsichtsbehörden für den Datenschutz im nicht-öffentlichen Bereich (Düsseldorfer Kreis am 24./25.11.2010) – Mindestanforderungen an Fachkunde und Unabhängigkeit des Beauftragten für den Datenschutz nach § 4f Abs. 2 und 3 Bundesdatenschutzgesetz (BDSG).

99 LG Ulm CR 1991, 103.

100 LG Ulm CR 1991, 103, *Däubler*, in: Däubler/Klebe/Wedde/Weichert, BDSG, § 4f Rn. 28.

Umgang in Konflikten um seine Person, seine Funktion und seine Aufgabe") will das LG Ulm im Anforderungsprofil eines DSB berücksichtigt wissen.[101]

65 Die juristischen und technisch-organisatorischen Kompetenzen des DSB sind jedoch mit Abstand am wichtigsten. Die juristischen Fachkenntnisse dienen dazu, das „Ob" einer Datenverarbeitung zu analysieren und zu bewerten, also die Frage, ob eine konkrete Datenerhebung, -verarbeitung oder -nutzung überhaupt zulässig ist. Ausgehend und abhängig von der entsprechenden Antwort stellt sich zudem die Frage nach dem „Wie" einer Datenverarbeitung, also die Frage nach den erforderlichen technisch-organisatorischen Datensicherheitsmaßnahmen. In beiden Fragen kann und sollte sich der DSB ggf. durch Juristen und Datensicherheitsexperten beraten lassen. Im Ergebnis aber trägt er in Person die Verantwortung für eine ordentliche Ausübung seines Amtes und die richtige Beratung und Betreuung der an der Datenverarbeitung Beteiligten. Um diese Verantwortung wahrnehmen zu können, ist es unerlässlich, dass der DSB in Person die erforderliche Fachkunde aufweist. Er muss zwar kein Experte für jede Spezialfrage in seiner Zuständigkeit sein, doch ist zwingend erforderlich, dass er die Unterstützung, Beratung und Hilfe von anderer Seite aus selbst auf ihre Qualität, Validität und Vertrauenswürdigkeit prüfen und bewerten kann.

66 Das Maß der erforderlichen Fachkunde bestimmt sich gem. § 4f Abs. 2 Satz 2 BDSG insbesondere an dem Umfang der Datenverarbeitung der verantwortlichen Stelle und dem Schutzbedarf der verwendeten personenbezogenen Daten („Quantität und Qualität"). Bei der Frage nach dem Erfordernis einer Bestellung gem. § 4f Abs. 1 BDSG knüpft der Gesetzgeber in erster Linie an die Anzahl der Mitarbeiter und damit allenfalls mittelbar an den Umfang der Datenverarbeitung an. Insofern ist es zu begrüßen, dass der Gesetzgeber zumindest in diesem Fall zutreffend an der Quantität und Qualität der jeweiligen Datenverarbeitungsprozesse anknüpft. Das Maß der erforderlichen Fachkunde des DSB ist also in Wirtschaftsbranchen mit naturgemäß hohem, personenbezogenen Datenaufkommen entsprechend hoch anzusiedeln. Dies gilt etwa für den Warenversand, E-Commerce-Anbieter/Internethändler, Adresshändler, telekommunikationsgestützte Dienste und andere Unternehmen mit zahlreichen Endkunden oder Mitarbeitern. Gleiches gilt für Branchen, die regelmäßig sensible personenbezogene Datenkategorien verarbeiten, etwa Ärzte, Rechtsanwälte und Notare, Steuerberater, Banken, Versicherungen und andere Finanzdienstleister, Telekommunikationsdienste, Wirtschaftsauskunfteien, Krankenhäuser, Krankenkassen oder Inkassodienste.

67 Insbesondere die Aufgaben eines sog. „Konzerndatenschutzbeauftragten" erfordern dem Umfang und den Anforderungen entsprechende Kapazitäten und Kenntnisse. Dies gilt im organisatorischen wie auch im fachlichen Sinne. Auslandsbezug – sei es im multinationalen Konzern oder im deutschen Konzern mit Niederlassungen im Ausland, was die Anwendung des dort geltenden Datenschutzrechts zur Folge ha-

---

101 LG Ulm CR 1991, 103.

ben kann – wirkt sich zusätzlich auf das Anforderungsprofil des DSB aus. So ist es regelmäßig im multinationalen Konzern durchaus Aufgabe des DSB, die Einhaltung des § 4c Abs. 2 Satz 1 2. Halbs. BDSG, also die Gewährleistung eines angemessenen Datenschutzniveaus im Drittland durch Schaffung ausreichender Garantien, zu überwachen.[102] Auf organisatorischer Ebene sind eine hinreichende Personaldecke sowie ggf. auch internationale Erreichbarkeit, Reisebereitschaft und Kommunikationsfähigkeit erforderlich. Ein konzernweites, homogenes, den Schutz- und Transparenzanforderungen der jeweiligen Länder genügendes Datenschutzkonzept lässt sich durch eine zentrale Steuerung unter Nutzung vielfältiger Synergien für den gesamten Konzern im Regelfall wesentlich effektiver und erfolgversprechender durchsetzen als eine dezentrale Konzeption.[103]

In der Praxis ist häufig anzutreffen, dass der DSB aufgrund einer Mehrzahl von einzelnen Verträgen für alle selbstständigen Konzerneinheiten bestellt ist. Aber auch der Abschluss multilateraler Vereinbarungen, in denen der DSB durch die verschiedenen Konzerngesellschaften für den gesamten Konzern bestellt wird, ist in der Praxis üblich.[104] Soweit für eine der Gesellschaften ein Abbestellungsgrund gegeben ist, kann der Widerruf der Bestellung durch diese Gesellschaft gesondert erfolgen, ohne dass es einer gemeinsamen Erklärung aller Gesellschaften bedarf.[105] Der Einwand, die Bestellung eines DSB für den gesamten Konzern könne „unterschiedliche Unternehmensinteressen nicht überspielen",[106] ist abwegig, da für die Tätigkeit des DSB die Unternehmensinteressen nicht primär maßgeblich sind, sondern die Sicherstellung des gesetzlich geforderten Datenschutzniveaus. **68**

Einmal erworbene Fachkunde reicht nicht aus. Es besteht die Pflicht der stetigen Weiterbildung.[107] Diese korrespondiert, jedenfalls beim internen betrieblichen DSB, mit der Unterstützungspflicht der verantwortlichen Stelle gegenüber dem DSB (Abs. 5 Satz 1).[108] Mittlerweile gibt es diverse Organisationen, die Ausbildungen und Zertifizierungen zum „geprüften DSB" anbieten, etwa die GDD,[109] der **69**

---

102 *Simitis*, in: Simitis, BDSG, § 4f Rn. 37; *Däubler*, in: Däubler/Klebe/Wedde/Weichert, BDSG, § 4f Rn. 8.
103 Vgl. nur *Büllesbach*, RDV 2002, S. 55 (57); *Gola/Schomerus*, BDSG, § 4f Rn. 8.
104 In diesem Sinne wohl *Däubler*, in: Däubler/Klebe/Wedde/Weichert, BDSG, § 4f Rn. 7.
105 S. o. § 4f Fn. 43 ff.
106 *Simitis*, in: Simitis, BDSG, § 4f Rn. 76, der, unter Berufung auf den 13. BerHessLR, LT-Drs. 15/1539, 50, konzernweite organisatorische Vereinbarungen für die Koordination der Zusammenarbeit verschiedener DSB in einem Konzern vorschlägt.
107 Beschluss der obersten Aufsichtsbehörden für den Datenschutz im nicht-öffentlichen Bereich (Düsseldorfer Kreis am 24./25.11.2010) – Mindestanforderungen an Fachkunde und Unabhängigkeit des Beauftragten für den Datenschutz nach § 4f Abs. 2 und 3 Bundesdatenschutzgesetz (BDSG), Ziffer I. 2. a. E.; *Münch*, RDV 1993, S. 157; *Simitis*, in: Simitis, BDSG, § 4f Rn. 87; *Bergmann/Möhrle/Herb*, BDSG, § 4f Rn. 96.
108 Vgl. zum Ganzen *Münch*, RDV 1993, S. 157.
109 www.gdd.de.

TÜV Nord[110] oder die Ulmer Akademie.[111] Dabei bestehen zwischen den Ausbildungsinhalten, der Ausbildungszeit und dem Renommee der Dozenten erhebliche Differenzen.[112] Befördert wurde der Weiterbildungsanspruch des DSB durch § 4f Abs. 3 Satz 7 BDSG 2009, der die verantwortliche Stelle nunmehr explizit dazu verpflichtet, dem DSB zur Erhaltung der zur Erfüllung seiner Aufgaben erforderlichen Fachkunde die Teilnahme an Fort- und Weiterbildungsmaßnahmen zu ermöglichen und deren Kosten zu übernehmen. Wie viele Teilnahmen an Fort- und Weiterbildungsveranstaltungen damit pro Jahr gemeint sind, bleibt offen. Insoweit ist sicher das Maß der erforderlichen Fachkunde gem. § 4f Abs. 2 Satz 2 BDSG zu berücksichtigen. Soweit ein DSB auch anderweitige Fort- und Weiterbildungsnachweise nutzt (etwa Studium einschlägiger Fachzeitschriften und Internetangebote), können seltene Teilnahmen an derartigen Veranstaltungen ausreichend sein, soweit die Datenverarbeitung der verantwortlichen Stelle keine besonderen Risiken aufweisen. Andernfalls können es bis zu mehreren Veranstaltungen im Monat sein, auf denen ein DSB sich informieren und weiterbilden sollte, etwa wenn ein Thema von fachlicher Seite aus konträr diskutiert wird und/oder eine hohe Relevanz und Aktualität aufweist, sodass einem Warten und Hoffen auf adäquate Publikationen in diesem Bereich eine zu große Ungewissheit oder eine nicht akzeptable zeitliche Verzögerung gegenüber stehen.

2. Die erforderliche Zuverlässigkeit

70 Ähnlich wie bei der Frage nach der Fachkunde muss auch beim Zuverlässigkeitsbegriff geprüft und festgestellt werden, welches Maß an Zuverlässigkeit für das konkrete Amt des DSB im Einzelfall erforderlich ist. Dabei gilt gleiches wie bei der erforderlichen Fachkunde: Je mehr Personen von der Datenverarbeitung der verantwortlichen Stelle betroffen und je sensibler/risikoimmanenter die durchgeführten Datenverarbeitungsprozesse sind, desto höhere Anforderungen sind an das Maß der erforderlichen Zuverlässigkeit zu stellen. Insoweit geht es – was auf den ersten Blick nicht notwendiger Weise nahe liegt – nicht ausschließlich um subjektive, also in der Person begründete, sondern auch um objektive, mithin an die formale Position anknüpfende Merkmale.

71 Der Begriff der Zuverlässigkeit ist im deutschen Verwaltungsrecht als Voraussetzung für die Erteilung bestimmter Erlaubnisse durch eine Behörde bekannt und betrifft in diesem Zusammenhang regelmäßig subjektive Kriterien. Wo eine unzuverlässige Ausübung einer Tätigkeit den Eintritt eines Schadens für die Gesellschaft befürchten lässt, sieht der Gesetzgeber regelmäßig eine entsprechende Überprüfung durch die Behörde vor. Typische Beispiele dafür sind die Gewerbeordnung (z.B.

---

110 www.tuevnordakademie.de.
111 www.udis.de.
112 Der gegenwärtige Entwurf zu einer europäischen Datenschutzgrundverordnung ermächtigt mit Art. 37 Abs. 2 die Kommission dazu, weitere Rechtsakte hinsichtlich einer Zertifizierung des DSB zu erlassen.

Scheja

Restaurationsbetrieb und Getränkeausschank), Straßenverkehrsrecht (z. B. Führerschein), Jagd- und Waffengesetze und die Zulassung zu Berufsgruppen (Ärzte, Rechtsanwälte, Apotheker). Von der Unzuverlässigkeit etwa eines Gewerbetreibenden spricht man, wenn er „bei einer Gesamtschau seines bisherigen Verhaltens keine Gewähr für eine ordnungsgemäße Betriebsführung in der Zukunft bietet".[113] Gründe, die eine Unzuverlässigkeit indizieren, sind punktuell in diesen Gesetzen selbst angeführt. Unzuverlässig nach § 4 Abs. 1 Satz 1 Nr. 1 GastG ist zum Beispiel, wer „dem Trunke ergeben ist". Wenngleich der Datenschutzbeauftragte für die Aufnahme seiner Tätigkeit keiner behördlichen Zulassung bedarf und auch die beispielhaft aufgezählten Zulassungsregelungen anders als das BDSG an der „Unzuverlässigkeit" (und nicht der Zuverlässigkeit) anknüpfen, liegt es angesichts der öffentlichen Verantwortung des DSB und der jedenfalls nach Aufnahme der Tätigkeit gegebenen Überwachung des DSB durch die Aufsichtsbehörde nahe, das Risiko eines etwaig für die Zukunft zu befürchtenden Schadens auch für § 4f Abs. 2 BDSG zu Rate zu ziehen. So gilt nach allgemeiner Ansicht als Kriterium im Sinne von § 4f Abs. 2 BDSG beispielsweise, dass der DSB in der Vergangenheit seine Verschwiegenheitspflicht nicht verletzt haben darf oder bei der Verrichtung seiner Aufgaben die erforderliche Sorgfalt nicht hat nachweislich mangeln lassen.[114] Vorstrafen sollen hingegen nur eine Rolle spielen, soweit Sie (noch) Gegenstand des Führungszeugnisses sind.[115] Gegen eine darüber hinaus gehende Berücksichtigung von Vorstrafen soll der Resozialisierungsgedanke sprechen, gegen eine Einbeziehung von Ordnungswidrigkeiten der Bagatellgedanke. Das Führungszeugnis als Maßstab der Beurteilung der Zuverlässigkeit eines DSB ist insoweit nur bedingt geeignet. Warum etwa sollte jemandem, der sich eines schweren Straßenverkehrsdelikts oder einer Körperverletzung strafbar gemacht hat, die erforderliche Zuverlässigkeit als DSB fehlen? Sollte eine DSB allerdings einen Tatbestand verwirklicht haben, der etwa eine unzulässige Datenverarbeitung, einen Geheimnisbruch, eine Bestechung oder eine Untreue zum Gegenstand hat, und ist eine entsprechende Sanktionierung ggf. nicht ins Führungszeugnis eintragepflichtig, so dürfte dem jeweiligen DSB die erforderliche Zuverlässigkeit regelmäßig fehlen.

Interessenskonflikte begründen regelmäßig objektive Zuverlässigkeitshindernisse. **72** Essentiell ist insoweit die strenge Trennung zwischen der verantwortlichen Stelle und dem DSB. Selbstverständlich darf und muss es vertragliche Bindungen zwischen den Parteien geben. Doch muss der DSB zu jeder Zeit unabhängig von seinem Auftraggeber agieren können. Ausschlaggebend für Handlungsweisen des DSB dürfen die Interessen der verantwortlichen Stelle nur sein, solange diese sich mit den datenschutzrechtlichen Anforderungen vereinbaren lassen. Problematisch sind insbesondere Anweisungen nach vermeintlichem Direktionsrecht des Arbeitgebers, die in § 4f Abs. 3 Satz 2 BDSG ihre Grenzen finden, wonach der DSB „in

---

113 Ständige Rechtsprechung, vgl. statt vieler OVG Rheinland-Pfalz GewArch 2007, 165.
114 *Däubler*, in: Däubler/Klebe/Wedde/Weichert, BDSG, § 4f Rn. 28.
115 *Däubler*, in: Däubler/Klebe/Wedde/Weichert, BDSG, § 4f Rn. 29.

Ausübung seiner Fachkunde auf dem Gebiet des Datenschutzes weisungsfrei" ist. Die Norm schützt insbesondere den internen DSB, der ja häufig neben dem Gebiet des Datenschutzes noch sein herkömmliches Aufgabengebiet bearbeitet. Hinsichtlich dieser Tätigkeit unterliegt er selbstredend noch dem fachlichen Direktionsrecht seines Arbeitgebers. Ein externer DSB unterliegt einem solchen Interessenskonflikt weniger, zumal er aufgrund seines breit gefächerten Mandantenstammes regelmäßig nicht in existenzieller wirtschaftlicher Abhängigkeit zur verantwortlichen Stelle steht. Vielmehr muss er bei einer (unternehmens-)interessensgesteuerten Wahrnehmung seines Amtes befürchten, dass diese im Rahmen einer Kontrolle durch eine Aufsichtsbehörde zur Aberkennung seiner Zuverlässigkeit und/oder Fachkunde und in Folge dessen zum Widerruf seiner Bestellung(en) führen kann, was für einen externen Datenschutzbeauftragten einem Berufsverbot gleich kommen kann.

73 Soweit ein interner DSB auch andere Aufgaben im Unternehmen wahrnimmt, unterliegt er umso eher Interessenskonflikten, als er seine andere Tätigkeit für die verantwortliche Stelle zugleich in der Rolle des DSB zu kontrollieren und überwachen hat, da die primär wirtschaftlichen Interessen der verantwortlichen Stelle mit der Schutzintention des Datenschutzrechts häufig nicht übereinstimmen. Entsprechend wird bei Unternehmensinhabern und Geschäftsführern sowie den Leitern und anderen „Schlüsselfiguren" der IT-,[116] Personal- oder Marketingabteilung ein Interessenskonflikt vermutet, der zur Unzuverlässigkeitsannahme führt. Auch für externe DSB kommt ein Interessenskonflikt in Betracht: Ein externen IT-Dienstleister oder Anbieter von Lohn- und Gehaltsabrechnungen etwa dürfte zugleich als DSB ungeeignet sein. Gleiches gilt für einen freien Unternehmensberater, der einerseits die betriebswirtschaftliche Effizienz von Datenverarbeitungsprozessen optimieren oder ein kostengünstigeres IT-Sicherheitskonzept einführen soll, andererseits aber eben diese Prozesse als externer DSB zu überwachen hat. Ein freier Unternehmensberater, der zugleich für das Datensicherheitskonzept des Unternehmens zuständig ist, ist ebenfalls als DSB nicht geeignet, da es solchermaßen zu einer Interessenskollision aufgrund von erforderlicher Selbstkontrolle kommen würde.

74 Allerdings werden teilweise Interessenskonflikte zu Unrecht schon dann angenommen, wenn nicht die Gefahr einer Selbstkontrolle besteht, sondern ganz allgemein wirtschaftliche Interessen der verantwortlichen Stelle befördert werden, die nicht im Widerspruch zur Gewährleistung eines angemessenen Datenschutzniveaus stehen. So soll etwa die Rechtsberatung als auch jedwede andere Beratung, bei der das

---

116 *Taeger*, Der Personalrat 2000, S. 400 (404); LAG Hamm, Beschluss vom 8.4.2011 – 13 TaBV 92/10 m. w. N., führt aus, dass bei der Entscheidung, ob einem IT-Mitarbeiter die erforderliche Zuverlässigkeit fehlt, auch darauf abzustellen sei, ob die betroffene Person in ihrem Einsatzbereich als Arbeitnehmer damit betraut sei, für eine datenschutzkonforme Verarbeitung personenbezogener Daten zu sorgen. Denn nur in einer solchen Konstellation bestehe die Gefahr, dass es bei einer parallelen Wahrnehmung der gesetzlichen Aufgaben als Datenschutzbeauftragter, nämlich auf die Einhaltung aller datenschutzrechtlichen Bestimmungen im Bereich personenbezogener Daten hinzuwirken, auf eine Kontrolle der eigenen Arbeit hinauslaufen würde.

Scheja

Unternehmen bzw. die Behörde vertreten werden, zu einem die erforderliche Unabhängigkeit ausschließenden Interessenskonflikt führen.[117] Diese Ansicht ist abwegig, muss doch die Wahrnehmung der genannten Aufgaben für ein Unternehmen überhaupt keine datenschutzrechtliche Implikation haben. Eine Interessenswahrnehmung für die verantwortliche Stelle steht regelmäßig überhaupt nicht im Widerspruch zur Gewährleistung der gesetzlichen Standards zum Datenschutz. Entsprechend sind die sog. „Compliance-Abteilungen" bzw. „Chief Compliance Officer" häufig der Rechtsabteilung organisatorisch zuzuordnen, da die Erfüllung gesetzlicher und vertraglicher Standards – und dabei geht es ja auch im Datenschutz – eben überhaupt nicht im Widerspruch zum Wirken und Walten der Rechtsabteilung eines Unternehmens steht.[118] Folgerichtig ist in der Praxis der DSB zu Recht nicht selten der Rechtsabteilung organisatorisch angeschlossen, auch wenn er direkt dem Leiter der verantwortlichen Stelle in fachlicher Hinsicht berichtet. Es kann auch gut sein, dass die Vergabe eines „sonstigen" Auftrages an den DSB in seiner Eigenschaft als Berater besonders sachgerecht ist. Entsprechend ist nicht nachvollziehbar, warum etwa ein zum externen DSB bestellter Rechtsanwalt das Unternehmen nicht auch in seiner Eigenschaft als freier Rechtsanwalt beraten sollte und etwa ein Gutachten zum Datenschutz oder auch in anderen angrenzenden Rechtsfragen, etwa dem IT-Recht oder dem Arbeitsrecht erstellen sollte.[119] Dass man dem Rechtsanwalt als Organ der Rechtspflege, das ständig dazu verpflichtet ist, etwaige Interessenskollisionen aufzulösen, die erforderliche Zuverlässigkeit in Bezug auf die Vereinbarkeit von Beratermandat und Tätigkeit als DSB zugestehen will und eine solche Doppelstellung generell für unzulässig befinden will, ist abwegig und mit der Rechtsstellung der deutschen Anwaltschaft unvereinbar.

Nach einer vormals recht verbreiteten Ansicht, galten die Ämter der Betriebs- und **75** Personalräte mit dem Amt des DSB als unvereinbar. Dieses wurde insbesondere mit einem „Vier-Augen-Prinzip" und der erforderlichen Unabhängigkeit des DSB auch gegenüber der Arbeitnehmervertretung begründet. Nach einem Urteil des Bundesarbeitsgerichts vom 23.3.2011[120] ist diese Position nun nicht mehr haltbar. Danach „folgt aus der Mitgliedschaft im Betriebsrat keine – generelle – Unzuverlässigkeit des Arbeitnehmers für die Ausübung des Amtes eines Beauftragten für den Datenschutz". Dass der DSB Kontroll- und Überwachungsbefugnisse gegenüber dem Ar-

---

117 „Berufsgrundsätze des Datenschutzbeauftragten" des BVD unter www.bvdnet.de/filead min/BvD_eV/pdf_und_bilder/leitbild/bvd-leitbild-2011.pdf (Stand: 8/2013), S. 34; *Simitis*, in: Simitis, BDSG, § 4f Rn. 110.

118 Siehe zur Einbindung des DSB in eine Compliance-Organisation *Taeger*, in: Conrad, Inseln der Vernunft, S. 149.

119 Der Rechtsanwalt ist durch Berufsstandregeln als Organ der Rechtspflege zu einer objektiven Beratung angehalten. Die Unabhängigkeit der Rechtsanwälte ist ein Kernbereich der deutschen Anwaltschaft, *Hummel*, in: Lingenberg/Hummel/Zuck/Eich, Kommentar zu den Grundsätzen des anwaltlichen Standesrechts, § 40 Rn. 1.

120 BAG, Urteil v. 23.3.2011 – 10 AZR 562/09.

beitgeber habe, mache ein Betriebsratsmitglied nicht generell für diesen Aufgabenbereich ungeeignet. Eine Interessenskollision beider Ämter sei nicht ersichtlich.

3. Rechtsfolgen der fehlenden Fachkunde/Zuverlässigkeit

76 Als Rechtsfolge der fehlenden Fachkunde oder Zuverlässigkeit in der Person des
DSB ist die Bestellung als DSB zu widerrufen.[121] Die Aufsichtsbehörde könnte
nach pflichtgemäßem Ermessen ein Bußgeld gem. § 43 Abs. 1 Nr. 2 BDSG gegenüber der verantwortlichen Stelle verhängen, soweit die fehlende Fachkunde oder
Zuverlässigkeit der verantwortlichen Stelle hätte bekannt sein müssen oder die im
Verkehr erforderliche Sorgfalt im Rahmen der Bestellung anderweitig nicht walten
gelassen wurde. Soweit der DSB eine fehlende Fachkunde oder Zuverlässigkeit
durch zusätzliche Maßnahmen nach erfolgter Bestellung beseitigen kann, wird der
Mangel der Bestellung geheilt.

IV. Die Stellung des Datenschutzbeauftragten (Abs. 2 Sätze 2, 3; Abs. 3, Sätze 1, 2, 3; Abs. 4; Abs. 5 Satz 1)

1. Interne oder externe Bestellung (Abs. 2 Satz 3); Bestellung für eine „andere öffentliche Stelle" (Abs. 2 Satz 4)

77 § 4f Abs. 2 Satz 3 1. Halbs. BDSG erklärt es für zulässig, als DSB eine Person außerhalb der verantwortlichen Stelle zu bestellen. Diese Option bietet sich gleichermaßen für öffentliche wie nicht-öffentliche Stellen. Auch Bundesbehörden können
sich also eines externen Dienstleisters auf dem freien Markt bedienen. In Bezug auf
Landesbehörden ist insoweit auf die jeweils einschlägigen Landesdatenschutzgesetze abzustellen. Öffentliche Stellen können zudem nach § 4f Abs. 2 Satz 4 BDSG
auch einen Bediensteten einer anderen öffentlichen Stelle bestellen, soweit sie dazu
die Zustimmung der Aufsichtsbehörde erhalten. Für alle Stellen gilt: Auch Berufsgeheimnisträger dürfen sich eines externen Dienstleisters bedienen. Die Verschwiegenheitspflicht des DSB schließt gemäß § 4f Abs. 2 Satz 3 2. Halbs. BDSG eine
etwaige Verletzung von § 203 StGB von vornherein aus.

78 Ungeachtet der gesetzlichen Gleichstellung von internem und externem DSB gibt
es in der Praxis gewichtige Unterschiede: Der interne DSB ist stets exklusiv für die
ihn bestellende verantwortliche Stelle tätig; die Beratungsleistung des externen
DSB wird regelmäßig für eine Vielzahl von verantwortlichen Stellen erbracht. Dies
hat häufig Unterschiede in der Betreuung durch einen internen oder externen DSB
zur Folge. Die verantwortliche Stelle greift bei einem externen Dienstleister regelmäßig auf einen erfahrenen Datenschützer mit vielfältigen Praxiserfahrungen zurück. DSB, die sich auf dem freien Markt mit ihrer Dienstleistung erfolgreich be-

---

121 Für eine Nichtigkeit der Bestellung plädiert *Däubler*, in: Däubler/Klebe/Wedde/Weichert,
BDSG, § 4f Rn. 35.

haupten, sollten über die erforderliche Fachkunde und Zuverlässigkeit verfügen. Im Zuge der Bestellung eines externen DSB werden die internen Ressourcen der verantwortlichen Stelle geschont, insbesondere da sich ein interner DSB regelmäßig erst in einem recht aufwändigen Prozess die erforderliche Fachkunde aneignen muss, was neben etwaigen Fortbildungskosten auch auf Kosten der eigentlichen (Haupt-)Tätigkeiten geht.[122]

Der externe DSB wird für seine Tätigkeit aufwandsabhängig oder pauschal honoriert. Seine Beauftragung ist auch unter Kostengesichtspunkten häufig die bessere Alternative als die Bestellung eines internen DSB, da auch ein externer DSB – entgegen weitläufiger Meinung – bei entsprechender Ausgestaltung des Beratungskonzeptes die von seiner Unterstützungspflicht umfassten Datenschutzmaßnahmen weitgehend selbstständig in direkter Abstimmung mit den jeweiligen Fachabteilungen abstimmen und umsetzen kann. Dabei profitiert er von den Erfahrungen und Synergien der Beratung anderer verantwortlicher Stellen. Aufgabe und Ziel sollten es auch für den externen DSB sein, eine „wirklich selbstständige" Betreuung aufzubauen und aufrecht zu erhalten.[123] **79**

Der externe DSB sollte aufgrund der Vielzahl seiner Aktivitäten mit Datenschutzbezug auch eine stabile und vertrauensvolle Beziehung zu den Aufsichtsbehörden aufbauen und so eine Mittlerfunktion zwischen verantwortlicher Stelle und Behörde einnehmen. Auch bei den Mitarbeitern der verantwortlichen Stelle kann ein externer Berater auf hohe Akzeptanz stoßen, indem er einerseits den erforderlichen Zugang zu den relevanten Prozessen und das erforderliche Gehör auf Seiten seiner Ansprechpartner findet, und zugleich dem Neutralitätsgedanken verpflichtet bleibt, ohne Gefahr zu laufen, von den Mitarbeitern als unkollegial bewertet zu werden. Ein externer DSB hat häufig aufgrund seines Tätigkeitsschwerpunkts ausschließlich im Bereich des Datenschutzrechts eine höhere fachliche Expertise als ein interner (Teilzeit-)DSB diese im Rahmen der ihm zur Verfügung stehenden Ressourcen aufbauen kann, zumal der externe DSB unter Umständen auf eigene Mitarbeiter und/oder Kollegen zurückgreifen kann. Ein ausgewiesener Datenschutzexperte kann zudem zwischen bindenden gesetzlichen Standards und auf „Datenschutzpolitik" und Lobbyismus fußenden, fiktiven Anforderungen unterscheiden, um nur diejenigen Maßnahmen bei der verantwortlichen Stelle umzusetzen, die auch rechtlich unabdingbar sind. Ein solches schlankes aber effektives Datenschutzmanagement kann einerseits dem erforderlichen Schutz der Betroffenen Genüge tun und anderer- **80**

---

122 Das Arbeitsgericht Offenbach (RDV 1993, 83) hat im Jahr 1993 für einen Betrieb von weniger als 300 Beschäftigten den Zeitaufwand für die Tätigkeit als interner DSB auf weniger als 20% eingeschätzt. Aufgrund der technischen Entwicklung der vergangenen 20 Jahre (im Jahr 1993 hatte ein Unternehmen regelmäßig etwa noch keine Internet- oder E-Mailnutzung) dürfte diese Einschätzung heute als überholt gelten (a. A. *Gola/Schomerus*, BDSG, § 4f Rn. 25, die an dieser „Faustformel" zumindest als „Anhaltspunkt" noch festhalten wollen).

123 *Simitis*, in: Simitis, BDSG, § 4f Rn. 46.

seits helfen, teure und unnötige Modifikationen der Systeme und Prozesse bei der verantwortlichen Stelle zu vermeiden. Dergestalt ist das Honorar für einen externen Fachmann ggf. schnell wieder amortisiert, indem die verantwortliche Stelle praxisorientiert in Hinblick auf einen „sinnvollen Datenschutz" beraten wird.

81 Die Anforderungen der Fachkunde, der Effizienz, der Selbstständigkeit und der Neutralität gelten auch für die Wahrnehmung der Position eines sog. „Konzern-DSB". Der Einsetzung eines Konzerndatenschutzbeauftragten wird vereinzelt entgegengehalten, dass ein Konzerndatenschutzbeauftragter, der sowohl die Konzernmutter als auch die Töchter betreut, im Falle von unterschiedlichen Interessen der Konzernunternehmen hinsichtlich seiner Neutralität und Unabhängigkeit beschränkt sei.[124] Ein hinreichend zuverlässiger und fachkundiger DSB sollte allerdings in keinen unlösbaren Konflikt mit derartigen Interessenkollisionen kommen, da es ihm ohnehin obliegt, in völliger Unabhängigkeit schlichtweg seine Fachkunde walten zu lassen. An den Erfordernissen des Gesetzes ausgerichtet verfügt der DSB dergestalt über die besten Argumente, um einen homogenen und erfolgreichen Datenschutz im gesamten Konzern zu etablieren.[125] Unterschiedlichen Interessen ist ein DSB auch innerhalb ein- und derselben Gesellschaft häufig ausgesetzt. Im Zweifelsfall könnte ein Konzern-DSB zudem die Aufsichtsbehörden gem. § 4g Abs. 1 Satz 2 BDSG zur Lösung etwaiger konzerninterner Widersprüche bemühen.

82 Eine starke Meinung in der Literatur vertritt die Ansicht, dass der DSB nur eine natürliche Person sein dürfe.[126] Diese Ansicht findet keinen Rückhalt im Gesetz. Es ist lediglich von „Person" die Rede. Dies spricht für eine Einbeziehung natürlicher und juristischer Personen. Schließlich ist diese Diskussion seit dem BDSG 1977 virulent, ohne dass der Gesetzgeber eine Eingrenzung auf natürliche Personen normiert hätte. Ungeachtet des weitreichenden Wortlautes des § 4f BDSG wird der Ausschluss von juristischen Personen mit einer angeblich nicht zu gewährleistenden Fachkunde und Zuverlässigkeit begründet. Diese Eigenschaften sollen nur natürliche Personen aufweisen können.[127]

83 Das Argument des Ausschlusses von Fachkunde und Zuverlässigkeit für eine juristische Person greift nicht. Die Zuverlässigkeitseigenschaft ist im deutschen Recht selbstredend nicht auf natürliche Personen begrenzt. § 27 Wirtschaftsprüferordnung

---

124 So etwa für Konzerne mit Gesellschaften, die heterogene Zwecke verfolgen: TB zum Datenschutz im nicht-öffentlichen Bereich in Hessen, LT-Drs. 15/1539 = RDV 2000, S. 289.

125 Statt vieler *Gola/Schomerus*, § 4f Rn. 24, m.w.N.

126 *Bergmann/Möhrle/Herb*, BDSG, § 4f Rn. 93; *Schaffland/Wiltfang*, BDSG § 4f Rn. 45; *Gola/Schomerus*, BDSG, § 4f Rn. 19; *Däubler*, in: Däubler/Klebe/Wedde/Weichert, BDSG, § 4f Rn. 22.

127 *Bergmann/Möhrle/Herb*, BDSG, § 4f Rn. 93; *Schaffland/Wiltfang*, BDSG, § 4f Rn. 45, *Gola/Schomerus*, BDSG, § 4f Rn. 19; *Däubler*, in: Däubler/Klebe/Wedde/Weichert, BDSG, § 4f Rn. 22; „Berufsgrundsätze des Datenschutzbeauftragten" des BVD unter www.bvdnet.de/fileadmin/BvD_eV/pdf_und_bilder/leitbild/bvd-leitbild-2011.pdf (Stand 6/2011), S. 19.

etwa bezieht sich explizit auf juristische Personen, auch wenn die Eigenschaft der Zuverlässigkeit und Fachkunde von der WiPrO ausdrücklich eingefordert wird. Auch im Verwaltungsrecht wird die Fachkunde und Zuverlässigkeit von juristischen Personen vorausgesetzt bzw. eingefordert. Sonst wären etwa Betreibergesellschaften für Restaurants oder Gaststätten nicht denkbar. Fachliche Kenntnisse und Zuverlässigkeit können von einer juristischen Person dergestalt aufgewiesen werden, dass diese Eigenschaften von den Gesellschaftern und Mitarbeitern in die Gesellschaft eingebracht werden. Da die Gesellschafter einer Personengesellschaft Bestandteil der juristischen Person sind, ist ihre Zuverlässigkeit und Fachkunde selbstredend auch der Gesellschaft zuzubilligen. Teilweise wird vertreten, es käme eine Bestellung eines Gesellschafters oder Mitarbeiters des betreuenden Unternehmens in Person in Betracht.[128] Bestellte (natürliche) Person und vertraglich gebundene (juristische) Person würden dergestalt auseinander fallen. Die Klammer bestünde im Gesellschafts- oder Arbeitsvertrag zwischen Anstellungsunternehmen und der natürlichen Person. Fiele dieser Vertrag aber weg, bliebe auf der einen Seite der ehemalige Arbeitnehmer DSB – sofern man nicht einen Wegfall der Geschäftsgrundlage und mithin Nichtigkeit der Bestellung annehmen wollte – und auf der anderen Seite wäre das Dienstleistungsunternehmen dazu verpflichtet, die Dienstleistung weiter zu erbringen. Daher sprechen auch (teleologische) Gründe des Zwecks der Vorschrift und der Praktikabilität der Befolgung in der Praxis gegen eine Auslegung entgegen des Gesetzeswortlauts. Juristische Personen können daher als externe DSB bestellt werden.[129] Der gegenwärtige Entwurf zu einer europäischen Datenschutzgrundverordnung[130] ermächtigt mit Art. 37 Abs. 2 die Kommission dazu, weitere Rechtsakte hinsichtlich der Stellung des DSB zu erlassen.

2. Die unmittelbare Unterstellung unter die Geschäftsleitung (Abs. 3 Satz 1)

Abs. 3 Satz 1 sieht vor, dass der DSB der Leitung der verantwortlichen Stelle unmittelbar zu unterstellen ist. Ziel der Regelung ist es, Datenschutz gewissermaßen „zur Chefsache" zu machen, indem dergestalt die Anforderungen für eine erfolgreiche Umsetzung des Datenschutzkonzeptes auf dem Weg zum Entscheidungsträger nicht in der Hierarchie der verantwortlichen Stelle „versanden" können und zudem der DSB bei der Umsetzung der erforderlichen Datenschutzmaßnahmen die bestmögliche Unterstützung erfährt, um effektiv tätig sein zu können. Leiter ist der Behördenleiter, Vorstand, Geschäftsführer, Inhaber etc. der verantwortlichen Stelle. **84**

---

128 Vgl. etwa „Berufsgrundsätze des Datenschutzbeauftragten" des BVD unter www.bvdnet.de/fileadmin/BvD_eV/pdf_und_bilder/leitbild/bvd-leitbild-2011.pdf (Stand 6/2011), S. 19.

129 So im Ergebnis *Taeger*, juris PR-ITR 6/2007, Anm. 3.

130 Vorschlag für eine Verordnung des Europäischen Parlaments und des Rates zum Schutz natürlicher Personen bei der Verarbeitung personenbezogener Daten und zum freien Datenverkehr (Datenschutz-Grundverordnung), KOM (2012) 11 endg.

Die exponierte Stellung des DSB in der Hierarchie der verantwortlichen Stelle sichert die unabhängige Amtsausübung des DSB und seine (fach-)abteilungsweite Gesamtzuständigkeit für alle datenschutzrechtliche Belange innerhalb der verantwortlichen Stelle. Die herausgehobene Stellung des DSB befördert dergestalt die erforderliche Weisungsfreiheit nach Abs. 3 Satz 2. Obwohl der Begriff „Unterstellung" im Sinne einer Über-/Unterordnung verstanden werden könnte, bleibt der DSB gerade auch dem Leiter der verantwortlichen Stelle gegenüber in der Ausübung seiner Fachkunde weisungsfrei. Außerhalb der Ausübung seiner Fachkunde unterliegt der DSB allerdings der Dienstaufsicht bzw. dem Direktionsrecht der verantwortlichen Stelle, welche wiederum nicht direkt vom Leiter der verantwortlichen Stelle ausgeübt werden müssen, sondern die im Rahmen einer organisatorischen Unterstellung auch durch eine Fachabteilung ausgeübt werden können.[131] Vielmehr ist der Begriff der „Unterstellung" im Sinne eines Berichtswesens/Reporting direkt an die Leitung zu verstehen. Mithin muss die Leitung als Vertretung der verantwortlichen Stelle über Erfordernisse und das Fortkommen des Datenschutzes im Bilde gehalten werden. Andersherum ist der DSB berechtigt, mit seinen fachlichen Nachfragen und in Bezug auf etwaige Datenschutzverstöße und deren Behandlung einschließlich der Entscheidung über ggf. erforderliche Meldungen von Datenschutzverstößen (etwa „Selbstanzeige" gem. § 42a BDSG) sowie u. U. zu treffende (einschneidende) Maßnahmen direkt an die Leitung der verantwortlichen Stelle heranzutreten.

85 Um die Stellung des DSB innerhalb der verantwortlichen Stelle und damit auch seine Unabhängigkeit sicherzustellen, müssen nach Auffassung des Düsseldorfer Kreises vertragliche Regelungen getroffen werden, welche innerhalb der Stelle und nach außen hin publik zu machen sind.[132] Was eine Publikation nach außen insoweit umfassen soll, lässt der Düsseldorfer Kreis aber offen. Den DSB auf der Website der verantwortlichen Stelle mit seinen Kontaktdaten zu benennen, soll nach dieser Meinung wohl nicht ausreichen.[133] Die Forderung der Aufsichtsbehörden befremdet, ist sie doch in keiner Weise gesetzlich vorgesehen. Selbstverständlich könnte sich eine zuständige Aufsichtsbehörde im Rahmen einer Kontrolle diese vertraglichen Regelungen vorlegen lassen. Ein Einsichtsrecht Dritter ist allerdings rechtlich nicht vertretbar. Der Anforderung der Aufsichtsbehörde kann aber in der Praxis durch eine entsprechende inhaltliche Ausgestaltung der Bestellungsurkunde ent-

---

131 In Privatunternehmen ist der DSB organisatorisch/disziplinarisch häufig HR/Personal, IT/EDV, Legal/Recht, Compliance oder auch bisweilen Finance/Buchführung zugeordnet und berichtet „nur" in fachlichen Fragen direkt an die Leitung.
132 Beschluss der obersten Aufsichtsbehörden für den Datenschutz im nicht-öffentlichen Bereich (Düsseldorfer Kreis am 24./25.11.2010) – Mindestanforderungen an Fachkunde und Unabhängigkeit des Beauftragten für den Datenschutz nach § 4f Abs. 2 und 3 Bundesdatenschutzgesetz (BDSG), Ziffer II. 1.
133 So auch *Wybitul*, MMR 2011, S. 372 (375).

sprochen werden. Einer Veröffentlichung dieser Urkunde[134] dürften keine Interessen der verantwortlichen Stelle oder ihres DSB entgegenstehen. Auszüge eines korrespondierenden Arbeits- oder Geschäftsbesorgungsvertrags etwa hingegen gehen grundsätzlich erst einmal niemanden etwas an.

3. Die Weisungsfreiheit (Abs. 3 Satz 2)

Der Grundsatz der „Unabhängigkeit" des DSB, der sich auf europarechtlicher Ebene aus Art. 18 Abs. 2 EG-DSRl sowie Erwägungsgrund 49 EG-DSRl ergibt, wird durch das Gebot der Weisungsfreiheit in § 4f Abs. 3 Satz 2 BDSG in nationales Recht umgesetzt. Demnach ist der DSB „bei der Anwendung seiner Fachkunde auf dem Gebiet des Datenschutzes weisungsfrei". Das Bestehen eines Instruktionsrechts auf Seiten des Leiters der verantwortlichen Stelle ist nach einem Umkehrschluss dieses Wortlautes nicht in Gänze ausgeschlossen.[135] Eine rein organisationsbezogene Dienstaufsicht ist zulässig.[136] Diese betrifft etwa Anordnungen in Bezug auf die Organisation dienstlicher Belange, wie die Urlaubsplanung, Freistellungen oder auch Budgetverhandlungen. Die darüber hinaus gehende Weisung, bestimmte Bereiche nicht zu vernachlässigen oder etwa die Einforderung von Beratung und von praktikablen Vorschlägen für die Umsetzung erforderlicher Maßnahmen, kann der verantwortlichen Stelle zwar nicht versagt werden, ist aber gleichwohl ein – ggf. mittelbarer – Eingriff in die Ausübung der Fachkunde durch den DSB und daher für diesen nicht verbindlich. Gleiches gilt für etwaige Prüfaufträge der verantwortlichen Stelle bzw. des Betriebs- oder Personalrats, da damit eine Beeinträchtigung der Wahrnehmung der vom DSB als vordringlich eingeschätzten Aufgaben einhergehen kann.[137] Es ist also in letzter Konsequenz allein Sache des DSB, wann er wie welche Systeme und Prozesse kontrolliert oder Mitarbeiter mit den relevanten Vorschriften des Datenschutzes vertraut macht. Jedwede inhaltliche Beeinflussung der Tätigkeit des DSB hat lediglich empfehlenden Charakter und ist rechtlich nicht verbindlich.[138] Welche Ergebnisse der DSB dann in Anwendung seiner Fachkunde erzielt, bleibt selbstredend ebenfalls seiner persönlichen Bewertung vorbehalten.[139] Gleichwohl ist der DSB gut beraten, etwaige Prüfaufträge nach Möglichkeit anzunehmen. So kann er ggf. einen wertvollen Beitrag für den Betriebsfrieden stiften und unnötige Diskussionen vermeiden helfen. Zudem können sich Betroffene gem. § 4f Abs. 5 Satz 2 BDSG jederzeit an den DSB wenden. Selbstredend ist

86

---

134 Etwa im Internet unter den ohnehin publik zu machenden Kontaktinformationen des DSB.
135 Vgl. BAG RDV 2007, 123.
136 *Gola/Schomerus*, BDSG, § 4f Rn. 48; *Simitis*, in: Simitis, BDSG, § 4f Rn. 125.
137 *Simitis*, in: Simitis, BDSG, § 4f Rn. 122; *Däubler*, in: Däubler/Klebe/Wedde/Weichert, BDSG, § 4f Rn. 46; *Gola/Schomerus*, BDSG, § 4f Rn. 48a.
138 *Simitis*, in: Simitis, BDSG, § 4f Rn. 122; *Däubler*, in: Däubler/Klebe/Wedde/Weichert, BDSG, § 4f Rn. 44.
139 *Bergmann/Möhrle/Herb*, BDSG, § 4f Rn. 124.

der DSB in einem solchen Fall verpflichtet, dem Anliegen des Betroffenen nachzugehen und eine etwaige Verletzung seiner Persönlichkeitsrechte zu untersuchen.

87 Eine Entscheidungskompetenz in Bezug auf das Treffen von Datenschutzmaßnahmen ist dem DSB hingegen vom Gesetz her nicht übertragen. Diese liegt allein bei der verantwortlichen Stelle, soweit diese dem DSB etwaige Weisungsbefugnisse nicht von sich aus überträgt. Dies ist in der Praxis insbesondere in größeren Unternehmen oder Konzernen der Fall, in denen die Geschäftsführung die Verantwortung für die Wahrung des Datenschutzes an den DSB (und ggf. seine ihm unterstellten Mitarbeiter) delegiert. Nicht nur für konkrete Einzelprojekte werden dergestalt Entscheidungsbefugnisse an den DSB übertragen, sondern auch im Rahmen von generellen Unternehmensrichtlinien/Policies und Betriebsvereinbarungen. Soweit dem DSB kein aktives und operatives Mandat zur Umsetzung der erforderlichen Maßnahmen gegeben wird, wird in der Praxis häufig zumindest seine Genehmigung bzw. sein „Approval" zur Bedingung gemacht, wobei die Leitung jederzeit in der Lage wäre, das Votum des DSB zu modifizieren oder zurückzunehmen. Grundsätzlich steht der DSB der verantwortlichen Stelle aber lediglich beratend zur Seite, was seiner unabhängigen Position als Kontrollinstanz entgegenkommt. Je mehr der DSB nämlich selbst zur Umsetzung der erforderlichen Datenschutzmaßnahmen verpflichtet wird, je mehr ist er dazu angehalten, sich selbst zu kontrollieren. Der gegenwärtige Entwurf zu einer europäischen Datenschutzgrundverordnung[140] berücksichtigt diesen Aspekt, indem sie dem DSB weniger operative Aufgaben als viel mehr Kontrollaufgaben in Hinblick auf den Datenschutz zuweist. Insoweit ermächtigt sie zudem mit Art. 37 Abs. 2 die Kommission dazu, weitere Rechtsakte hinsichtlich der Stellung und der Befugnisse des DSB zu erlassen.

88 Ignoriert die verantwortliche Stelle die Hinweise und Empfehlungen des DSB, könnte der DSB gem. § 4g Abs. 1 Satz 2 BDSG die zuständige Aufsichtsbehörde konsultieren. Eine Einbeziehung der Aufsichtsbehörde durch den DSB aufgrund von fehlender Bereitschaft der verantwortlichen Stelle, erforderliche Datenschutzmaßnahmen zu ergreifen, ist in der Praxis allerdings äußerst ungewöhnlich und wird von den Aufsichtsbehörden auch nicht eingefordert. Schließlich adressiert das BDSG seine Pflichten und insbesondere seine Melde- bzw. Selbstanzeigepflichten zumeist an die verantwortliche Stelle und nicht an den DSB. Soweit das zu beurteilende Verfahren nicht der Vorabkontrolle durch den DSB (§ 4d Abs. 5 und 6 BDSG) unterliegt und dieser Zweifel an seiner Rechtmäßigkeit hat, was bei einem hinreichend fachkundigen DSB relativ selten der Fall sein sollte, ist eine Anzeigepflicht des DSB (vgl. § 4d Abs. 6 Satz 3 BDSG) abzulehnen und die Entscheidung über die Einbeziehung der Aufsichtsbehörde sollte der verantwortlichen Stelle vorbehalten bleiben. Der gegenwärtige Entwurf zu einer europäischen Datenschutz-

---

140 Vorschlag für eine Verordnung des Europäischen Parlaments und des Rates zum Schutz natürlicher Personen bei der Verarbeitung personenbezogener Daten und zum freien Datenverkehr (Datenschutz-Grundverordnung), KOM (2012) 11 endg.

grundverordnung[141] verpflichtet mit Art. 37 Abs. 1 Nr. e hingegen den DSB die Benachrichtigung gem. Art. 31, 32 (Selbstanzeige) selbst durchzuführen.

4. Das Benachteiligungsverbot (Abs. 3 Satz 3)

Der Datenschutzbeauftragte darf wegen der Erfüllung seiner Aufgaben nach § 4f   **89**
Abs. 3 Satz 3 BDSG nicht benachteiligt werden. Die Unabhängigkeit des DSB soll so gewahrt bleiben. Insbesondere ein interner DSB läuft Gefahr, sich durch die Einforderung von ggf. aufwändigen oder lästigen Datenschutzmaßnahmen bei der Leitung der verantwortlichen Stelle und/oder bei Kollegen unbeliebt zu machen. Dies kann sich unter Umständen negativ auf das zugrunde liegende Arbeitsverhältnis und das Betriebsklima auswirken. Eine Benachteiligung des DSB – sei es direkter oder indirekter Natur[142] – ist gem. Abs. 3 Satz 3 nicht nur der Leitung der verantwortlichen Stelle sondern auch allen Dritten untersagt, wie zum Beispiel den Arbeitskollegen und der Personalabteilung. Die Geltung der Norm erstreckt sich auch auf einen nach einem etwaigen Widerruf einer Bestellung zum DSB liegenden Zeitraum.[143] In der Praxis ist die Vorschrift von mäßiger Relevanz.[144] Denkbar ist, dass ein DSB eine adäquate Büroausstattung oder die Zurverfügungstellung von Mobiltelefon, Laptop und Firmenwagen verlangen kann, wenn es ihm gelingt, nachzuweisen, dass diese Privilegien Kollegen mit vergleichbarem oder weniger wichtigem Aufgaben- und Verantwortungsbereich gewährt werden. Gleiches gilt auch für seine Gehaltsbezüge.[145] Die Beweisbarkeit des Zusammenhanges zwischen der Stellung als DSB und etwaig erfolgter Benachteiligung ist selten gegeben. So ist die Vergleichbarkeit mit anderen Kollegen häufig schwer nachweisbar. Wenn auch ein Vorsatz nicht erforderlich ist[146] und mithin nicht bewiesen werden muss, lassen sich viele behauptete Benachteiligungen in der Praxis oft objektiv rechtfertigen. Sanktionen sind insoweit ebenfalls nicht verbrieft. Eine Abschreckungswirkung geht von Abs. 3 Satz 3 damit kaum aus. Für einen externen DSB schließlich hat das Benachteiligungsverbot keine Relevanz.[147]

---

141 Vorschlag für eine Verordnung des Europäischen Parlaments und des Rates zum Schutz natürlicher Personen bei der Verarbeitung personenbezogener Daten und zum freien Datenverkehr (Datenschutz-Grundverordnung), KOM (2012) 11 endg.

142 *Bergmann/Möhrle/Herb*, BDSG, § 4f Rn. 130; *Schierbaum/Kiesche*, CR 1992, S. 726; *Simitis*, in: Simitis, BDSG, § 4f Rn. 133.

143 Vgl. *Simitis*, in: Simitis, BDSG, § 4f Rn. 139; *Bergmann/Möhrle/Herb*, BDSG, § 4f Rn. 133; *Däubler*, in: Däubler/Klebe/Wedde/Weichert, BDSG, § 4f Rn. 48; *Gola/Schomerus*, BDSG, § 4 Rn. 53.

144 *Schierbaum/Kiesche*, CR 1992, S. 726 (731); *Däubler*, in: Däubler/Klebe/Wedde/Weichert, BDSG, § 4f Rn. 50.

145 Zum Schutzbereich des Benachteiligungsverbots *Taeger*, Der Personalrat 2000, S. 400 (405).

146 *Simitis*, in: Simitis: BDSG, § 4f Rn. 138.

147 *Taeger*, juris PR-ITR 6/2007, Anm. 3, Ziff. D.

5. Die Verschwiegenheitspflicht (Abs. 4)

90 Der DSB ist gemäß Abs. 4 im Sinne eines Berufsgeheimnisses[148] zur Verschwiegenheit über die Identität des Betroffenen sowie über Umstände, die Rückschlüsse auf den Betroffenen zulassen, verpflichtet. Eine Ausnahme gilt für den Fall, dass der Betroffene den DSB von dieser Pflicht entbindet. Auch diese Norm korrespondiert mit der Unabhängigkeit des DSB. Sie steht in engem Zusammenhang mit dem Anrufungsrecht des Betroffenen nach § 4f Abs. 5 Satz 2 BDSG. Die Verschwiegenheitspflicht schützt in erster Linie zunächst einmal den Betroffenen, der mit seinem datenschutzrechtlichen Anliegen Kontakt zum DSB aufnimmt. Stellt ein DSB bei der Überprüfung eines entsprechenden Sachverhaltes Rechtsverstöße in Bezug auf die Datenverarbeitung oder -nutzung fest, muss er, soweit erforderlich, den Sachverhalt so darstellen, dass die Identität des jeweils Betroffenen nicht offenkundig wird. Der Name von Betroffenen oder nähere Umstände, die eine Identifizierung der Beteiligten ermöglichen, dürfen daher nie Gegenstand eines datenschutzrechtlichen Berichts sein, es sei denn, der DSB ist von den Betroffenen von seiner Verschwiegenheitspflicht befreit worden.

91 Die Verschwiegenheitspflicht des DSB hat auch Vorrang, wenn der DSB von einem Betroffenen auf einen Datenschutzverstoß hingewiesen wird, eine Beseitigung des Verstoßes aber die Benennung des konkret Betroffenen gegenüber Dritten erfordern würde. Soweit die Identität des Betroffenen in diesem Fall nicht geschützt werden kann, muss der DSB die Beseitigung des Datenschutzverstoßes unterlassen, wenn der Betroffene keine Freigabe erteilt. Dies muss, das legt ein Erst-Recht-Schluss aus Abs. 4 nahe, auch für einen Nicht-Betroffenen gelten, der sich versehentlich an den DSB wendet.

92 Eine Grenze findet die Verschwiegenheitspflicht bei einem schweren Datenschutzverstoß durch einen Betroffenen selbst.[149] Soweit ein Betroffener selbst Datenschutzregelungen verletzt, genießt er keinen Vertraulichkeitsschutz,[150] es sei denn, es handelt sich im konkreten Fall um eine Lappalie, die ein Offenkundigmachen der verletzenden Person zur nachhaltigen Abstellung des Verstoßes nicht erforderlich macht.

93 Zur Erleichterung der Verschwiegenheitspflicht sind dem DSB im Zuge der Unterstützungspflicht des Abs. 5 Satz 1 durch die verantwortliche Stelle die erforderlichen Rahmenbedingungen zur Verfügung zu stellen. Der DSB muss mithin von einer eventuell ansonsten vorgenommenen (Mobil-)Telefonverkehrsdatenerfassung ausgenommen sein. Es müssen allen potenziell Betroffenen Möglichkeiten der vertraulichen Kontaktaufnahme eingeräumt werden; sei es mittels der Einrichtung ent-

---

148 *Däubler*, in: Däubler/Klebe/Wedde/Weichert, BDSG, § 4f Rn. 51.
149 *Schaffland/Wiltfang*, BDSG, § 4f Rn. 100.
150 A. A. „Berufsgrundsätze des Datenschutzbeauftragten" des BvD unter www.bvdnet.de/fi leadmin/BvD_eV/pdf_und_bilder/leitbild/bvd-leitbild-2011.pdf (Stand: 8/2013), S. 14 u. 22.

sprechender E-Mailadressen, Telefone oder auch der Zurverfügungstellung geeigneter Räumlichkeiten für vertrauliche Gespräche. Selbstredend muss auch eine Überwachung des E-Mail-Postfachs des DSB ausgeschlossen sein. Die Kontaktdaten für eine vertrauliche Kommunikation müssen allen potenziell Betroffenen frei zugänglich sein. Daher sollten die Kontaktdaten des DSB im Rahmen eines Internetangebotes der verantwortlichen Stelle an geeigneter Stelle, etwa im Zusammenhang mit einer Datenschutzerklärung, veröffentlicht werden.

6. Die Unterstützungspflicht (Abs. 5 Satz 1)

Mit der Unterstützungspflicht des Abs. 5 Satz 1, die die verantwortliche Stelle gegenüber dem für sie bestellten DSB trifft, geht ein damit korrespondierendes Recht des DSB einher. Die Norm dient der Handlungsfähigkeit des DSB als Kontrollinstanz.[151] Die erforderliche Handlungsfreiheit soll durch die Schaffung angemessener materieller, personeller und organisatorischer Rahmenbedingungen gewährleistet werden.[152] Der Umfang der Pflicht wird vom Gesetz nicht konkretisiert. Angesichts der Vielfalt der individuellen Konstellationen ist dies auch schlecht möglich. Insoweit gilt der Verhältnismäßigkeitsgrundsatz, der in die vorzunehmende Einzelfallbetrachtung einzubeziehen ist. Die objektive Beurteilung des konkreten Bedarfs ist zunächst Sache der verantwortlichen Stelle. Selbstredend ist auch der DSB dazu aufgerufen, seine Sicht der Dinge darzulegen. Regelmäßig wird die verantwortliche Stelle bei ihrer Beurteilung die Vorstellungen des DSB berücksichtigen. Sollte dies in einer für den DSB nicht zu akzeptierenden Weise der Fall sein, verbleibt es diesem, eine Lösung unter Konsultation der zuständigen Aufsichtsbehörde gem. § 4g Abs. 1 Satz 2 BDSG anzustreben.[153] Der gegenwärtige Entwurf zu einer europäischen Datenschutzgrundverordnung[154] ermächtigt mit Art. 37 Abs. 2 die Kommission dazu, weitere Rechtsakte hinsichtlich der Ressourcen des DSB zu erlassen.

94

Wenn auch Abs. 5 Satz 1 eine generelle Unterstützungspflicht normiert, gibt das Gesetz in der Folge einige Regelbeispiele vor. Auf personeller Ebene wird „Hilfspersonal" angeführt. In materieller Hinsicht nennt das Gesetz neben „Räumen" auch die Ausstattungsmerkmale „Einrichtungen, Geräte und Mittel". Dieselben Anforderungen sind aus dem Bereich der Arbeitssicherheit in Bezug auf die den Betriebsärzten oder im Bereich des Kollektivarbeitsrechts in Bezug auf die den Betriebsräten[155] zu gewährenden Rahmenbedingungen bekannt. Insbesondere im Falle umfangreicher Verarbeitungssysteme, von Unternehmen mit sensiblen Daten-

95

---

151 *Gola/Schomerus*, BDSG, § 4f Rn. 55; *Simitis*, in: Simitis, BDSG, § 4f Rn. 142; *Däubler*, in: Däubler/Klebe/Wedde/Weichert, § 4f Rn. 55.

152 *Bergmann/Möhrle/Herb*, BDSG, § 4f Rn. 161 ff.

153 *Simitis*, in: Simitis, BDSG, § 4f Rn. 143.

154 Vorschlag für eine Verordnung des Europäischen Parlaments und des Rates zum Schutz natürlicher Personen bei der Verarbeitung personenbezogener Daten und zum freien Datenverkehr (Datenschutz-Grundverordnung), KOM (2012) 11 endg.

155 Vgl. § 40 Abs. 2 BetrVG.

verarbeitungsprozessen oder bei der Zuständigkeit eines Konzerndatenschutzbeauftragten für zahlreiche Gesellschaften einer Unternehmensgruppe kann dies bedeuten, dass sich der DSB ggf. ausgewiesener (interner oder externer) Experten für einzelne Problembereiche innerhalb seines Aufgabenbereiches bedienen können muss, etwa eines spezialisierten Datenschutzberaters, IT-(Sicherheits-)Experten oder Arbeits-, Versicherungs- oder Sozialrechtlers.

96 Bei der Wahl der zu stellenden Räumlichkeiten sind auf die Gewährleistung der Vertraulichkeit des Kontaktes sowie auf die etwa für Schulungen erforderliche Größe zu achten. Der interne DSB muss in der Lage sein, auf Kosten der verantwortlichen Stelle Fachliteratur in angemessenem Rahmen zu beziehen. Zudem sollten dem DSB die gängigen Kommunikationsmittel zur Verfügung stehen.[156] Dabei sind besondere Anforderungen an die Vertraulichkeit und Datensicherheit zu stellen. Ein Einzelverbindungsnachweis für das Festnetztelefon oder dass ggf. gestellte Mobilfunkgerät etwa verbietet sich. Verschlüsselungssoftware für Datenträger und E-Mail sind regelmäßig zur Verfügung zu stellen. Auch ein Internet- und Intranet-Zugang sowie, wenn zweckmäßig, die Stellung der Ressourcen (Webspace und Kooperation mit IT) für einen Auftritt des DSB im Intranet oder im Internet ist empfehlenswert (Letzteres insbesondere, soweit zahlreiche außerhalb der verantwortlichen Stelle stehende Personen betroffen sind). Jedenfalls muss der DSB, was seine Ausstattung betrifft, der Unternehmenskultur entsprechende Standards genießen, um seine Tätigkeit auf entsprechendem Niveau ausüben zu können. Während es für eine weniger datenschutzsensitive verarbeitende Stelle ausreichend sein kann, dass der DSB seine selbst erstellten Schulungsunterlagen mit dem ihm zur Verfügung gestellten Drucker ausdruckt, wird für eine datenschutzsensitive Stelle zu konstatieren sein, dass insoweit etwa eine hochwertige Broschüre oder eine virtuelle Schulungssoftware angemessen sind.

97 Dies vor Augen, ergibt sich ein Sonderproblem für den nebenamtlichen DSB. Für diesen fällt auch die Gewährung des notwendigen Zeitkontingents unter die Unterstützungspflicht.[157] Der insoweit schlecht ausgestattete DSB wird sich immer auf seine Kernaufgaben konzentrieren müssen und kaum dem Datenschutz die erforderliche Aufmerksamkeit widmen können. In diesen Fällen realisiert sich die sanktionsbewehrte Gefahr, dass die Bestellung des DSB eine reine Formalie bleibt. Die Nichtigkeit und Bußgeldbewehrung (§ 43 Abs. 1 Nr. 2 BDSG) einer unter solchen Umständen vorgenommenen Bestellung liegt auf der Hand. Gleiches hat für den innerbetrieblichen DSB zu gelten, dem – aus welchen Gründen auch immer – die zeitlichen und finanziellen Ressourcen fehlen, sich angemessen aus- und fortbilden

---

156 Z.B. Telefon, Mobiltelefon, Internet, E-Mail, Fax, Laptop, Drucker, Kopierer, Verschlüsselungstechnologien, VPN-Verbindung ins Netzwerk der verantwortlichen Stelle von extern, vgl. auch insofern *Hauptverband der gewerblichen Berufsgenossenschaften*, Grundsätze über Hilfspersonal, Räume, Einrichtungen, Geräte und Mittel für Betriebsärzte im Betrieb, www.bge.de/asp/dms.asp?url=/zh/z528/titel.htm, Ziff. 2.2 (Stand: 8/2013).
157 *Simitis*, in: Simitis, BDSG, § 4f Rn. 148.

zu können.[158] Dem wird mit § 4f Abs. 3 Satz 7 BDSG entgegengesteuert, in dem die verantwortliche Stelle dazu verpflichtet wird, dem (internen) DSB die Teilnahme an Fort- und Weiterbildungsveranstaltungen zu ermöglichen und deren Kosten zu übernehmen.

Die Anforderungen des § 4f Abs. 5 Satz 1 BDSG an die verantwortliche Stelle sind in Bezug auf einen externen DSB sehr geringer Natur. Zwar sind insofern auch die Ermöglichung vertraulicher Kommunikation und die Stellung von Räumlichkeiten für Besprechungen und Schulungen von Relevanz. Doch hat sich ein externer DSB selbst um seine Aus- und Fortbildung zu kümmern. Auch die Beiträge für Mitgliedschaften in Fachvereinigungen oder die Kosten von Fachliteratur wird ein externer DSB im Regelfall aus eigenen Mitteln bestreiten. Diese reduzierte Unterstützungspflicht der verarbeitenden Stelle für den externen DSB ist ein nicht unerheblicher Kostenvorteil gegenüber einem internen DSB. **98**

V. Das Anrufungsrecht der Betroffenen (Abs. 5 Satz 2)

Das mit der Verschwiegenheitspflicht des DSB korrespondierende Anrufungsrecht des Betroffenen kann den DSB in seiner täglichen Arbeit unterstützen.[159] Schließlich erfährt der DSB so ggf. erstmals vom Vorliegen von Datenschutzverstößen, um darauf reagieren zu können. Die Gefahr, dass ein Betroffener das Anrufungsrecht zur Denunzierung bestimmter Personen missbraucht, ist in der Praxis nicht relevant. Der DSB könnte einer solchen Instrumentalisierung seiner Person auch Entgegenwirken. Freilich muss der DSB zunächst grundsätzlich jeder Beschwerde nachgehen und die Ergebnisse dem Beschwerdeführer zur Kenntnis geben, sowie – für den Fall der Rechtsverletzung – auf die verantwortliche Stelle einwirken, um diese dazu zu bewegen, etwaig erforderliche Abhilfe zu schaffen. Die Erfüllung dieser Obliegenheit ist Kernbestandteil der Tätigkeit eines DSB und Ausdruck seiner erforderlichen Zuverlässigkeit. **99**

Das Anrufungsrecht ist vom Auskunftsrecht gem. §§ 19, 34 BDSG abzugrenzen. Letzteres fällt in den Verantwortungsbereich der verantwortlichen Stelle. Diese ist dazu verpflichtet, über das „Ob" und das „Wie" einer personenbezogenen Datenverarbeitung Auskunft zu geben. In der Praxis wird allerdings der DSB bei Auskunftsbegehren gem. §§ 19, 34 zumeist beteiligt und ggf. operativ tätig. **100**

---

158 *Bergmann/Möhrle/Herb*, BDSG, § 4f Rn. 164; *Gola/Schomerus*, BDSG, § 4f Rn. 54; *Simitis*, in: Simitis, BDSG, § 4f Rn. 148.
159 *Däubler*, in: Däubler/Klebe/Wedde/Weichert, BDSG, § 4f Rn. 62.

§ 4g Aufgaben des Beauftragten für den Datenschutz

(1) Der Beauftragte für den Datenschutz wirkt auf die Einhaltung dieses Gesetzes und anderer Vorschriften über den Datenschutz hin. Zu diesem Zweck kann sich der Beauftragte für den Datenschutz in Zweifelsfällen an die für die Datenschutzkontrolle bei der verantwortlichen Stelle zuständige Behörde wenden. Er kann die Beratung nach § 38 Abs. 1 Satz 2 in Anspruch nehmen. Er hat insbesondere

1. die ordnungsgemäße Anwendung der Datenverarbeitungsprogramme, mit deren Hilfe personenbezogene Daten verarbeitet werden sollen, zu überwachen; zu diesem Zweck ist er über Vorhaben der automatisierten Verarbeitung personenbezogener Daten rechtzeitig zu unterrichten,

2. die bei der Verarbeitung personenbezogener Daten tätigen Personen durch geeignete Maßnahmen mit den Vorschriften dieses Gesetzes sowie anderen Vorschriften über den Datenschutz und mit den jeweiligen besonderen Erfordernissen des Datenschutzes vertraut zu machen.

(2) Dem Beauftragten für den Datenschutz ist von der verantwortlichen Stelle eine Übersicht über die in § 4e Satz 1 genannten Angaben sowie über zugriffsberechtigte Personen zur Verfügung zu stellen. Der Beauftragte für den Datenschutz macht die Angaben nach § 4e Satz 1 Nr. 1 bis 8 auf Antrag jedermann in geeigneter Weise verfügbar.

(2a) Soweit bei einer nichtöffentlichen Stelle keine Verpflichtung zur Bestellung eines Beauftragten für den Datenschutz besteht, hat der Leiter der nichtöffentlichen Stelle die Erfüllung der Aufgaben nach den Absätzen 1 und 2 in anderer Weise sicherzustellen.

(3) Auf die in § 6 Abs. 2 Satz 4 genannten Behörden findet Absatz 2 Satz 2 keine Anwendung. Absatz 1 Satz 2 findet mit der Maßgabe Anwendung, dass der behördliche Beauftragte für den Datenschutz das Benehmen mit dem Behördenleiter herstellt; bei Unstimmigkeiten zwischen dem behördlichen Beauftragten für den Datenschutz und dem Behördenleiter entscheidet die oberste Bundesbehörde.

Literatur: *Engelien-Schulz*, Die Vorabkontrolle gemäß § 4d Abs. 5 und 6 Bundesdatenschutzgesetz (BDSG), RDV 2003, S. 270; *Gerhold*, Aktuelle Überlegungen zur Änderung der Bestellpflicht von betrieblichen Datenschutzbeauftragten, RDV 2006, S. 6; *Haas*, Aufbewahrungspflichten und -fristen, Freiburg 2012; *Karper/Schutz*, Die aktuellen Neuerungen des Bundesdatenschutzgesetzes, DuD 2006, S. 789; *Kaufmann*, Die Neuregelungen zum betrieblichen Datenschutzbeauftragten, MMR 2006, Heft 10, S. XIV; *Klug*, Die Vorabkontrolle – Eine neue Aufgabe für betriebliche und behördliche Datenschutzbeauftragte, RDV 2001, S. 12; *Koch* (Hrsg.), Der betriebliche Datenschutzbeauftragte, 6. Aufl., Frechen 2006; *Rüpke*, Freie Advokatur, anwaltliches Berufsgeheimnis und datenschutzrechtliche Kontrollbefugnisse, RDV 2003, S. 72; *Simitis*, Die

Scheja

betrieblichen Datenschutzbeauftragten – Zur notwendigen Korrektur einer notwendigen Kontrollinstanz, NJW 1998, S. 2395; *Weitze*, Haben Steuerberater einen betrieblichen Datenschutzbeauftragten zu bestellen?, DStR 2004, S. 2218; *Weniger*, Das Verfahrensverzeichnis als Mittel datenschutzkonformer Unternehmensorganisation, RDV 2005, S. 153.

Übersicht

I. Allgemeines

Die Vorschrift legt, entsprechend ihrer Überschrift, die Aufgaben des DSB fest. Als **1** Grundaufgabe ist das Hinwirken auf die Einhaltung des BDSG und anderer Vorschriften über den Datenschutz anzusehen.[1] Die darauf aufbauenden, weiteren Aufgaben des DSB, insbesondere der Kontrolle und Überwachung sowie der Schulung werden von § 4g BDSG hervorgehoben, sind aber nicht abschließend aufgezählt, was schon durch die Verwendung des Wortes „insbesondere" in Abs. 1 Satz 4 deutlich wird. § 4g BDSG trägt so dem Anforderungsprofil an einen DSB Rechnung, das sich nicht abschließend und allumfassend aus einer ex ante Sicht heraus festlegen lässt.[2] Vielmehr müssen die konkreten Aufgaben anhand der Umstände des Einzelfalles bestimmt und anschließend erledigt werden. Die Pflichten des DSB, so wie sie in § 4g BDSG niedergelegt sind, adressieren lediglich einige Kernaufgaben. Die Unterstützung und Beratung der verantwortlichen Stelle bei der Implementierung neuer Verfahren, Systeme und Prozesse etwa als eine der weiteren Kernaufgaben, wird nicht explizit hervorgehoben. Nicht nur in § 4g BDSG sind die Aufgaben des DSB festgelegt. Auch an anderen Stellen im Gesetz lassen sich teils unmittelbare, teils mittelbare Aufgaben des DSB ausmachen. So obliegt dem DSB etwa die Vorabkontrolle gemäß § 4d Abs. 5 und 6 BDSG oder auch die Pflicht, für etwaige Anregungen, Anfragen oder Beschwerden von Betroffenen zur Verfügung zu stehen

---

1 *Bergmann/Möhrle/Herb*, BDSG, § 4g Rn. 10.
2 *Simitis*, in: Simitis, BDSG, § 4g Rn. 1 ff.

($ 4f Abs. 5 Satz 2 BDSG).[3] § 4g Abs. 1 Satz 1 BDSG erweitert das Pflichtenfeld zudem auch insofern, als „andere Vorschriften über den Datenschutz" mit einzubeziehen sind. Abhängig von der Geschäftstätigkeit der verantwortlichen Stelle können auch Vorschriften z. B. des TMG, TKG, UWG, HGB, SGB oder StGB für den DSB relevant sein.[4] Allein in Hinblick auf Aufbewahrungsfristen sind zig Gesetze und Verordnungen von Relevanz und müssen vom DSB im Rahmen seiner Aufgabenwahrnehmung berücksichtigt werden.[5]

2   Spiegelbildlich zu diesen Anforderungen existieren auch Pflichten der verantwortlichen Stelle, um eine bestimmungsgemäße Arbeit des DSB zu ermöglichen bzw. zu unterstützen. Die Zurverfügungstellung der internen Verarbeitungsübersicht gemäß § 4g Abs. 2 BDSG ist ein Beispiel dafür. Im Idealfall kommt es zu einem ständigen Austausch zwischen DSB und verantwortlicher Stelle, um so etwaigen Datenschutzverstößen bestmöglich präventiv vorzubeugen. Die Entscheidungsbefugnis verbleibt letztlich weitgehend allein bei der verantwortlichen Stelle, soweit sie diese nicht an den DSB delegiert hat.

3   Neben der Aufzählung der wichtigsten Aufgaben des DSB und der Verpflichtung zur Dokumentation der datenschutzrelevanten Verfahren legt der durch das am 26.8.2006 in Kraft getretene „Erste Gesetz zum Abbau bürokratischer Hemmnisse insbesondere in der mittelständischen Wirtschaft"[6] neu eingefügte Abs. 2a zudem die Verantwortlichkeit des Leiters einer nicht-öffentlichen Stelle für das Treffen aller erforderlichen Datenschutzmaßnahmen fest, wenn ein DSB nicht bestellt werden muss. Diese Neuregelung hat lediglich deklaratorische Bedeutung, war doch auch nach dem alten BDSG und seiner Systematik schon klar, dass der Datenschutz auch von nicht-öffentlichen Stellen sicherzustellen ist, wenn ein Datenschutzbeauftragter nicht bestellt zu werden braucht. Diese Verpflichtung umfasste selbstredend auch die Schulungs- und Kontrollobliegenheiten eines DSB.

4   Abs. 3 ist nur für öffentliche Stellen relevant und schließt insbesondere die Erstellung eines sog. „Verfahrensverzeichnisses für jedermann" aus, wenn Sicherheitsinteressen öffentlicher Stellen betroffen sind, und trifft zudem Regelungen zu dem Verhältnis zwischen DSB und Behördenleiter.

5   Die EG-DSRl weist keine mit § 4g BDSG vergleichbare Regelung auf. Der gegenwärtige Entwurf zu einer europäischen Datenschutzgrundverordnung[7] hingegen stellt mit Art. 37 einen Mindestkatalog für die Aufgaben des DSB auf, der umfasst:

---

3 *Däubler*, in: Däubler/Klebe/Wedde/Weichert, BDSG, § 4g Rn. 1.
4 *Koch*, Der betriebliche Datenschutzbeauftragte, S. 45.
5 Vgl. die dazu vielfältige Literatur. Statt vieler *Ingeborg Haas*, Aufbewahrungspflichten und -fristen, Freiburg 2012.
6 BGBl. I, S. 1970/1971.
7 Vorschlag für eine Verordnung des Europäischen Parlaments und des Rates zum Schutz natürlicher Personen bei der Verarbeitung personenbezogener Daten und zum freien Datenverkehr (Datenschutz-Grundverordnung), KOM (2012) 11 endg.

Scheja

- Unterrichtung und Beratung der verantwortlichen Stelle nebst Dokumentation,
- Unterrichtung und Beratung von Auftragsverarbeitern nebst Dokumentation,
- Überwachung des Schutzes personenbezogener Daten einschließlich Zuständigkeiten, Schulungen der verantwortlichen Stelle und von Auftragsverarbeitern,
- Überwachung der Umsetzung der Datenschutz Grundverordnung insbesondere hinsichtlich Technik, Datensicherheit und Benachrichtigungspflichten,
- Führen von Dokumentationen der datenschutzrelevanten Verfahren, Prozesse und Systeme,
- Überwachung der Dokumentation der Meldung von Verletzungen,
- Überwachung der „Datenschutz-Folgenabschätzung" der verantwortlichen Stelle und von Auftragsverarbeitern,
- Überwachung der aufgrund von Anfragen der Aufsichtsbehörden ergriffenen Maßnahmen,
- Zusammenarbeit mit den Aufsichtsbehörden u. a. als Ansprechpartner und als Ratsuchender.

Insoweit fällt auf, dass der europäische Gesetzgeber der Unterrichtungs- und Bera- **6** tungsfunktion des DSB einen höheren Stellenwert als nach dem BDSG einräumt. Bemerkenswert ist auch die Aufgabenerstreckung in die Sphären von etwaigen Auftragsverarbeitern. Zudem wird deutlich zwischen der Überwachungsaufgabe des DSB und der Pflicht zur operativen Umsetzung der erforderlichen Datenschutzmaßnahmen durch die verantwortliche Stelle unterschieden. Zudem „rückt" der DSB deutlich näher an die Aufsichtsbehörden und wird zu einer relativ intensiven Zusammenarbeit mit der Aufsichtsbehörde verpflichtet.

Der Entwurf zur europäischen Datenschutzgrundverordnung ermächtigt mit Art. 37 **7** Abs. 2 die Kommission darüber hinaus, weitere Rechtsakte hinsichtlich der Aufgaben des DSB zu erlassen.

II. Aufgaben nach § 4g Abs. 1 BDSG

1. Das Hinwirken auf die Einhaltung des BDSG (§ 4g Abs. 1 Satz 1 BDSG)

Das Hinwirken auf die Einhaltung dieses Gesetzes und anderer Vorschriften über **8** den Datenschutz ist vornehmliche Aufgabe des DSB. Die Regelung beinhaltet als Generalklausel die Legitimation für grundsätzlich jedes Handeln eines DSB, soweit der Schutz von Persönlichkeitsrechten hiermit in Verbindung gebracht werden kann. Soweit DSB gelegentlich Zweifel an ihrer Zuständigkeit entgegengebracht werden, sollte im Regelfall ein Verweis auf diese Generalklausel und das darin enthaltene gesetzliche Mandat des DSB Abhilfe schaffen. Mit dem Begriff des „Hinwirkens" wird, insbesondere in Abgrenzung zum BDSG 1990, wo noch von „Sicherstellung" die Rede war, deutlich gemacht, dass dem DSB eine beratende und unterstützende Funktion zukommt und seine Person keine uneingeschränkte Gewähr dafür übernehmen kann, dass alle datenschutzrechtlichen Standards von der verantwortlichen Stelle gewährleistet werden. Der DSB hat den „datenschutzrechtlichen status quo" in all seinen Facetten zu analysieren und zu begutachten. Er hat zudem etwaige „Mängel" und Verstöße festzustellen und der Geschäftsleitung zu melden. Schließlich ist es auch der DSB, der ob seiner Fachkunde und seiner Qualifikation geeignete Vorschläge und Konzepte unterbreiten sollte, wie ein angemessener Datenschutzstandard erreicht werden kann. Die verantwortliche Stelle ist es jedoch regelmäßig, die letztlich entscheidet, ob sie entsprechend den Hinweisen des DSB auch handeln wird. Der DSB ist gegenüber der verantwortlichen Stelle gemäß § 4f Abs. 3 Satz 2 BDSG zwar weisungsfrei, aber in umgekehrter Hinsicht auch nicht weisungsbefugt.[8] Primär verantwortlich ist die verantwortliche Stelle, was u. a. durch die Schadensersatzregelung in Hinblick auf die verantwortliche Stelle in § 7 bestätigt wird.[9] Soweit ein DSB seinen Empfehlungen Nachdruck geben will, könnte er freilich stets von sich aus die zuständige Aufsichtsbehörde konsultieren (§ 4g Abs. 1 Satz 2 BDSG). Eine Verpflichtung zu diesem unkonventionellen Schritt, der einer – der verantwortlichen Stelle vorbehaltenen – Selbstanzeige gleichkommt, gibt es allerdings, von dem seltenen Fall von Zweifeln des DSB im Rahmen einer Vorabkontrolle abgesehen, nicht.

9   Diese Verteilung der Verantwortung darf aber nicht darüber hinwegtäuschen, dass die vorbereitende, prüfende, evaluierende und beratende Tätigkeit des DSB allein in seinem Verantwortungsbereich liegt. Wie eingangs bereits dargestellt, hat der DSB eine beträchtliche Anzahl an gesetzlichen Bestimmungen zu beachten. Auch internationale Gesetzgebung kann im Rahmen der datenschutzrechtlichen Betreuung eine wichtige Rolle spielen. So müssen etwa bei Zuständigkeit des DSB für Niederlassungen oder Konzerngesellschaften im Ausland nicht nur die deutschen Gesetze zum Datenschutz berücksichtigt werden, sondern ggf. auch innerstaatliche Einzelregelungen sowohl europäischer als auch außereuropäischer Länder. Zwar hat die EG-DSRl innerhalb Europas insoweit zu einer gewissen Harmonisierung beigetragen, ein Gleichlaut der Datenschutzbestimmungen der Mitgliedstaaten ist jedoch nicht gegeben.

10   Die gesetzlichen Kontrollpflichten des DSB erstrecken sich nicht nur auf die generelle Zulässigkeit der Verarbeitung personenbezogener Daten. Auch die Angemessenheit technischer und organisatorischer Maßnahmen zur Datensicherheit ist Gegenstand der datenschutzrechtlichen Prüfung.[10] Der DSB muss demnach nicht nur über eine gewisse juristische Qualifikation sondern darüber hinaus auch über technisches Know-how verfügen. Es ist zum Beispiel erforderlich, dass der DSB aktuelle Entwicklungen im IT-Bereich verfolgt, diesbezügliche Fragestellungen be-

---

8 *Schaffland/Wiltfang*, BDSG, § 4g Rn. 4.
9 *Bergmann/Möhrle/Herb*, BDSG, § 4g Rn. 15.
10 *Königshofen*, in: Roßnagel, Hdb. DSR, Kap. 5.5, Rn. 52.

rücksichtigt und einen Überblick über insoweit gängige Softwarelösungen hat. In diesem Zusammenhang kann es zudem erforderlich sein, die IT- und medienrechtliche Rechtsprechung mit einzubeziehen. Bei der Prüfung der datenschutzrelevanten Verfahren kommt es mithin darauf an, dass der DSB alle „neuralgischen Punkte" innerhalb der verantwortlichen Stelle ausmacht. Hierzu sollte er sich der internen Fachabteilungen der verantwortlichen Stelle bedienen und gemeinsam datenschutzrelevante Prozesse analysieren und rechtlich bewerten.

Eine weitere Herausforderung für den DSB ergibt sich im Bereich der Arbeitnehmervertretung. Zum einen hat der DSB Mitbestimmungsrechte (§ 87 BetrVG) des Betriebsrates zu berücksichtigen. Beispiele hierfür sind datenschutzrechtliche Maßnahmen, die den Lohn, die Arbeitszeit oder die Einführung und Anwendung von technischen Einrichtungen betreffen, die dazu bestimmt sind, das Verhalten oder die Leistung des Arbeitnehmers zu überwachen. Missachtet der DSB insoweit bestehende Mitbestimmungsrechte, so führt dies ggf. zur Unzulässigkeit der geplanten oder sogar schon getroffenen Maßnahmen.[11] Der DSB sollte daher von Beginn seiner Bestellung an nicht versäumen, die Arbeitnehmervertretung hinreichend zu informieren und nach Möglichkeit in seine Arbeit konstruktiv mit einzubeziehen. **11**

An dieser Stelle ergibt sich für die Kontrollaufgabe des DSB ein besonderes Problem: Betriebsrat und DSB bekleiden selbstständige Funktionen und sind unabhängig voneinander für die Sicherstellung des Arbeitnehmerdatenschutzes verantwortlich.[12] U. a. die eigenständige und unabhängige Funktion des Betriebsrates hat das BAG in einem Beschluss vom 11.11.1997[13] dazu bewogen, festzustellen, dass der Betriebsrat, Personalrat und andere Arbeitnehmervertretungen auch nicht der Kontrolle des DSB unterliegen. Obwohl das BAG den Betriebsrat als Teil des Unternehmens betrachtet, betont es dennoch dessen Unabhängigkeit gegenüber dem Arbeitgeber. Ein Kontrollrecht des Datenschutzbeauftragten, so das BAG, sei mit der vom Betriebsverfassungsgesetz vorgeschriebenen Unabhängigkeit des Betriebsrates unvereinbar, denn der DSB werde, ohne dass es insofern der Mitbestimmung des Betriebsrates bedürfe, vom Arbeitgeber bestellt und sei daher auch dessen Sphäre zuzuordnen. Eine Kontrollbefugnis des DSB würde somit mittelbar eine unzulässige Kontrolle des Arbeitgebers bewirken.[14] **12**

Das Urteil des BAG ist dogmatisch aber keineswegs zwingend, in europarechtlicher Hinsicht sogar falsch: das BAG missachtet in seiner Entscheidung, dass der DSB eine unabhängige Institution ist und gegenüber dem Arbeitgeber weisungsfrei agiert. Zudem ist der DSB auch in Hinblick auf den Betriebsrat zur Verschwiegenheit verpflichtet, soweit es zur Identifikation von Betroffenen kommen kann (§ 4f **13**

---

11 Vgl. *Däubler*, in: Däubler/Klebe/Wedde/Weichert, BDSG, § 4g Rn. 7; *Gola/Schomerus*, BDSG, § 4g Rn. 6.

12 *Bergmann/Möhrle/Herb*, BDSG, § 4g Rn. 18.

13 BAG NJW 1998, 2466. Das BAG-Urteil vom 23.3.2011 – 10 AZR 562/09 – lässt diese Frage explizit „dahin gestellt".

14 BAG NJW 1998, 2466 (2467).

Abs. 4 BDSG).[15] Ferner darf nicht außer Acht bleiben, dass der DSB auf die Einhaltung des Datenschutzes innerhalb der ganzen verantwortlichen Stelle hinwirken muss. Das BAG hat selbst festgestellt, dass der Betriebsrat Teil der – im damaligen Terminus – „speichernden Stelle" sei.[16] Der DSB hat qua gesetzlichen Auftrags auf die Einhaltung des Datenschutzes bei der gesamten verantwortlichen Stelle hinzuwirken, sodass insoweit das BAG in Widerspruch zu den gesetzlichen Regelungen steht. Dieser Widerspruch wiegt besonders schwer, da es auch bei Betriebsräten zu datenschutzrechtlich sensiblen Erhebungen, Verarbeitungen und Nutzungen personenbezogener Daten kommen kann. Zur Verhinderung eines gänzlich kontrollfreien Raumes verbleibt aufgrund der Rechtsprechung des BAG lediglich die Kontrolle durch die zuständige Aufsichtsbehörde oder des Abschlusses freiwilliger Betriebsvereinbarungen, in denen dann ggf. ein Kontrollrecht des DSB vereinbart werden könnte, was in der Praxis allerdings sehr ungewöhnlich ist. Das Urteil begegnet auch europarechtlichen Bedenken. Die EG-DSRl geht in ihrer Gesamtkonzeption von einem lückenlosen Schutz aus. Gemäß Art. 18 Abs. 2, 2. Spiegelstrich EG-DSRl ist die Bestellung des DSB und das eigenverantwortliche Führen einer Verarbeitungsübersicht das Surrogat für eine umfassende Meldung, sodass die korrespondierenden Kontrollbefugnisse des DSB nicht für ganze Unternehmensbereiche ausgeschlossen werden dürfen. Es besteht auch kein Zweifel daran, dass sich die Meldepflicht bzw. die Pflicht zur Führung einer Verarbeitungsübersicht auch auf Verfahren erstreckt, die von der Mitarbeitervertretung betrieben werden.[17] Gemäß Art. 18 Abs. 2, 2. Spiegelstrich EG-DSRl muss dem DSB „die unabhängige Überwachung der Anwendung der zur Umsetzung dieser Richtlinie erlassenen einzelstaatlichen Bestimmungen" obliegen. Dabei bedeutet „unabhängige Überwachung", dass der DSB nicht nur weisungsfrei zu stellen ist, sondern auch von einer organisatorischen Unter- oder Zuordnung freigehalten werden muss, die seiner Kontrollaufgabe zuwiderlaufen könnte.[18] Entsprechend verstößt die Rechtsprechung des BAG auch gegen das Postulat der „unabhängigen Überwachung" gemäß der EG-DSRl. Gemessen an den aufgezeigten Gegenargumenten zur Rechtsprechung des BAG sollte der Gesetzgeber eine klare Regelung schaffen. Bis dahin bleibt zu wünschen, dass sowohl Arbeitnehmervertretung als auch DSB auf eine vertrauensvolle Kooperation hinarbeiten.[19]

14 Die Bestellung eines weiteren (eigenen) Datenschutzbeauftragten nur für den Betriebsrat als Lösung gegen dessen datenschutzrechtliche Kontrollfreiheit ist abwe-

---

15 *Bergmann/Möhrle/Herb*, BDSG, § 4f Rn. 83 ff.; *Gola/Wronka*, Handbuch zum Arbeitnehmerdatenschutz, Rn. 1396 ff.; *Gola/Schomerus*, BDSG, § 4g Rn. 6; vgl. auch *Simitis*, NJW 1998, S. 2395.

16 BAG NJW 1998, 2466.

17 *Bergmann/Möhrle/Herb*, BDSG, § 4f Rn. 88.

18 *Dammann/Simitis*, EG-RL, Art. 18 Rn. 11.

19 Eine Abkehr des BAG von seiner Rechtsprechung ist auch nicht im Urteil des BAG vom 23.3.2011 – 10 AZR 562/09 – zu sehen. Das Gericht lässt diese Frage vielmehr explizit offen.

gig. Eine solche Doppelzuständigkeit zweier DSB innerhalb einer verantwortlichen Stelle widerspricht der gesamten konzeptionellen Struktur des BDSG. Man stelle sich vor, die beiden DSB kämen etwa hinsichtlich der Bewertung eines neu einzuführenden Systems zu unterschiedlichen Ergebnissen. Auch der Aufwand einer solchen Doppelbestellung steht in keinem Verhältnis zum zu erwartenden Nutzen. Präferiert werden sollte eine von gegenseitigem Vertrauen getragene Zusammenarbeit zwischen Betriebsrat und DSB.[20]

2. Die Programmkontrolle (§ 4g Abs. 1 Satz 4 Nr. 1 BDSG)

Gemäß § 4g Abs. 1 Satz 4 Nr. 1 BDSG gehört es insbesondere zu den Kontrollaufgaben des DSB, die „ordnungsgemäße Anwendung der Datenverarbeitungsprogramme, mit deren Hilfe personenbezogene Daten verarbeitet werden sollen, zu überwachen". Die Formulierung „sollen" weist darauf hin, dass sich die Kontrolle nicht nur auf den status quo beschränken darf, sondern auch zukünftig geplante Datenverarbeitungen umfassen muss, über die der DSB gemäß § 4g Abs. 1 Satz 4 Nr. 1, 2. Halbs. BDSG von der verantwortlichen Stelle rechtzeitig zu unterrichten ist. **15**

Datenverarbeitungsprogramme sind alle Programme, mit denen personenbezogene Daten unter Einsatz von Datenverarbeitungsanlagen erhoben, verarbeitet und genutzt werden können.[21] Die Regelung stellt insoweit auf den Kontext der Datenverarbeitung im Rahmen eines Systems bzw. einer Applikation ab und weist einen weitreichenden Anwendungsbereich auf, der sich zudem auf die „ordnungsgemäße Anwendung" dieser Systeme bezieht. Nicht nur typische Kundendaten- oder Mitarbeiterdatenverarbeitungssysteme sind insoweit umfasst. Jede Outlook-, Word- oder Exceldatei, die personenbezogene Daten enthält, wird mit Hilfe eines Datenverarbeitungsprogramms im Sinne von § 4g Abs. 1 Satz 4 Nr. 1 BDSG verarbeitet. „Ordnungsgemäß" ist die Verwendung dieser Systeme dann, wenn alle Vorschriften zum Datenschutz und zur Datensicherheit beachtet werden.[22]

In der Praxis wird der DSB damit vor nicht unerhebliche Aufgaben gestellt, da bei der rasant fortschreitenden Entwicklung im IT-Bereich die Anforderungen an die entsprechende Fachkunde stetig höher werden und der DSB zahlreiche sich ständig in der Aktualisierung befindliche gesetzliche Bestimmungen und Anforderungen der Aufsichtsbehörden zu beachten hat. Angesichts dessen verpflichtet der Gesetzgeber die verantwortliche Stelle im Rahmen ihrer ohnehin bestehenden Unterstützungspflicht (§ 4f Abs. 5 BDSG), den DSB rechtzeitig über geplante Vorhaben zur automatisierten Datenverarbeitung zu unterrichten. Unter „Vorhaben" fallen dabei alle technischen oder organisatorischen Veränderungen und Entwicklungen sowie der geplante Einsatz neuer Anwendungen und Prozesse, soweit hiervon personen- **16**

---

20 Im Ergebnis so auch *Simitis*, in: Simitis, BDSG, § 4g Rn. 41.
21 Zum Begriff der Datenverarbeitungsanlagen siehe § 3 Abs. 2 Satz 1 BDSG.
22 So auch *Bergmann/Möhrle/Herb*, BDSG, § 4g Rn. 26.

bezogene Daten betroffen sind.[23] „Rechtzeitig" bedeutet, dass der DSB idealerweise von Anfang an in in den Entwicklungs- und Entscheidungsprozess mit einbezogen wird. Auf jeden Fall muss der DSB noch die Möglichkeit haben, entscheidend eingreifen und die Einführung des Verfahrens soweit geboten sogar verhindern zu können. Seine Bedenken, Anregungen und Schutzmaßnahmen sollten auf jeden Fall vor Einführung eines neuen Systems oder Änderung an einem bestehenden Prozess Berücksichtigung finden. Eine Unterrichtung des DSB nur wenige Tage bevor ein System „live" geht, ist daher im Regelfall nicht ausreichend und führt in der Praxis häufig zu ungeplanten Verzögerungen.[24]

17   Die Bandbreite der im Rahmen einer Zulässigkeitsprüfung zu beachtenden Fragen ist groß. Wesentlichste Frage und Ausgangspunkt für die weiteren Überlegungen ist stets die rechtliche Rechtfertigung der Datenverarbeitung. Hinzu kommen die Grundsätze der Datenvermeidung und der Datensparsamkeit (§ 3a BDSG) sowie etwa besondere Verfahren nach §§ 6a–6c BDSG. Ein weiterer Schwerpunkt sind die Überprüfung der technischen und organisatorischen Datensicherheitsmaßnahmen nach der Anlage zu § 9 BDSG. Um diese und andere grundsätzliche Fragen klären zu können, hat sich für die Praxis als hilfreich erwiesen, anhand von Checklisten vorzugehen, die systematisch die wesentlichen rechtlichen sowie technisch-organisatorischen Aspekte der Systeme adressieren.

18   Im Zuge einer solchen Überwachungsmaßnahme kann es zu den Beratungspflichten des DSB gehören, erforderliche unternehmensinterne Richtlinien und/oder Anweisungen zu initiieren oder selbst zu erstellen. Im Bereich des Arbeitnehmerdatenschutzes führt dieses in der Praxis häufig zur Unterstützung seitens des DSB bei dem Entwurf von Betriebs- oder Dienstvereinbarungen.

19   Die Schnelllebigkeit der Datenverarbeitungslandschaft bedeutet für den DSB eine ständige Kontrollpflicht. Einmal überprüfte Verfahren können durch – auf den ersten Blick als geringfügig erscheinende – Modifikationen einen erheblichen Einfluss auf die datenschutzrechtliche Zulässigkeit derselben entfalten. Infolgedessen obliegt es dem DSB, die relevanten Programme in periodischen Zeitintervallen immer wieder zu auditieren.[25]

20   Die Ergebnisse der Kontrollmaßnahmen sind vom DSB zu dokumentieren und finden in der Praxis, auch wenn dies nach der gesetzlichen Systematik eigentlich die Aufgabe der verantwortlichen Stelle sein sollte, ihren Niederschlag in der vom DSB gepflegten Verarbeitungsübersicht.[26] Die Überwachung von Datenverarbei-

---

23 *Schaffland/Wiltfang*, BDSG, § 4g Rn. 11.

24 Vgl. *Bergmann/Möhrle/Herb*, BDSG, § 4g Rn. 28; *Däubler*, in: Däubler/Klebe/Wedde/
    Weichert, BDSG, § 4g Rn. 15; *Gola/Schomerus*, BDSG, § 4g Rn. 18; *Königshofen*, in:
    Roßnagel, Hdb. DSR, Kap. 5.5, Rn. 26.

25 *Bergmann/Möhrle/Herb*, BDSG, § 4g Rn. 30; *Simitis*, in: Simitis, BDSG, § 4g Rn. 48.

26 Nach Art. 37 Abs. 1 des Entwurfs für eine Datenschutzgrundverordnung trifft den DSB die
    Dokumentationspflicht selbst.

tungsprogrammen impliziert nicht notwendigerweise einen unmittelbaren Zugriff des DSB auf das entsprechende System oder die jeweiligen Datenbestände. Vielmehr kann eine Auditierung auch mittels Fragebögen erfolgen, die von den Systemverantwortlichen zu bearbeiten sind. Der DSB darf sich grundsätzlich darauf verlassen, dass ihm gegenüber wahrheitsgemäß berichtet wird. Soweit allerdings Anlass zu Zweifeln am Wahrheitsgehalt von Informationen gegeben ist, muss der DSB diesen nachgehen und eine Klärung der Sachlage sicherstellen. Insoweit kommen auch Auditmaßnahmen unmittelbar an der Applikation und/oder vor Ort in Betracht, wobei dem DSB ein etwaiger Datenzugriff nicht verwehrt werden darf.

3. Die Schulungsaufgabe (§ 4g Abs. 1 Satz 4 Nr. 2 BDSG)

§ 4g Abs. 1 Satz 4 Nr. 2 BDSG überträgt dem DSB ferner die Aufgabe, die mit der **21** Verarbeitung personenbezogener Daten befassten Personen durch geeignete Maßnahmen mit den relevanten, datenschutzrechtlichen Vorschriften und den jeweiligen besonderen Erfordernissen des Datenschutzes vertraut zu machen. „Vertrautmachen" bedeutet, dass die Mitarbeiter über die Grundzüge des Datenschutzrechtes im Allgemeinen und über die besonderen datenschutzrechtlichen Anforderungen, die sich für sie hinsichtlich der Tätigkeit für die verantwortlichen Stelle ergeben, informiert werden.[27] Ziel dieser Unterrichtung ist in erster Linie, Aufmerksamkeit zu fördern und die Mitarbeiter hinsichtlich datenschutzrechtlicher Fragestellungen zu sensibilisieren.[28] Das Gesetz verlangt nicht, dass jeder Mitarbeiter zum Datenschutzexperten werden soll. Vielmehr soll ein Grundverständnis vermittelt werden, das es den Mitarbeitern im Rahmen ihrer täglichen Arbeit ermöglicht, datenschutzrelevante Sachverhalte und Situationen zu erkennen und insoweit bestehende Probleme zu lösen oder sich ansonsten an den DSB zu wenden. Neben der Darstellung und Vermittlung der materiell-rechtlichen Zulässigkeitsanforderungen hat der DSB auch die Grundzüge der technischen und organisatorischen Maßnahmen zur Datensicherheit i. S. d. § 9 BDSG und der Anlage zu § 9 BDSG zu erläutern und deren Berücksichtigung in der Praxis plausibel zu machen. Er sollte ferner die Rechte der Betroffenen darstellen (§§ 19 ff., 33 ff. BDSG) und über die Bedeutung der Verpflichtungserklärung gemäß § 5 BDSG aufklären. Soweit interne Richtlinien, Policies, Arbeits- oder Dienstanweisungen oder Betriebsvereinbarungen mit datenschutzrechtlichem Bezug bestehen, sollten diese selbstredend ebenfalls angemessenen Eingang in die Trainingsmaßnahmen finden.

Wie das „Vertrautmachen" im Einzelnen zu erfolgen hat, bleibt dem DSB überlassen. **22** So kann dies im Rahmen eines Seminars bzw. einer Seminarreihe oder eines Workshops erfolgen. Ebenfalls geeignet sind schriftliche Informationsmaterialien, Arbeitsanweisungen oder auch Schulungsmaßnahmen im internen Intranet.[29] Ab-

---

27 *Schaffland/Wiltfang*, BDSG, § 4g Rn. 15.
28 *Koch*, Der betriebliche Datenschutzbeauftragte, S. 78.
29 *Bergmann/Möhrle/Herb*, BDSG, § 4g Rn. 39.

hängig von der Größe der verarbeitenden Stelle kann es sich anbieten, die Schulungsmaßnahmen nach Abteilungen (z.B. IT, HR, Marketing) aufzugliedern, da so u.a. auf abteilungsspezifische Probleme weitgehend eingegangen werden kann.[30] Da sich Gesetzesänderungen, neue oder gewandelte Rechtsprechung oder technische Änderungen wesentlich auf Datenverarbeitungsvorgänge auswirken können und die Sensibilisierung der Mitarbeiter stetig gefördert werden soll, bleibt die Schulungsaufgabe eine Daueraufgabe.[31] Der DSB hat dafür Sorge zu tragen, dass die Mitarbeiter stets aktuell informiert sind, um etwaige Neuerungen in der behördlichen oder betrieblichen Praxis berücksichtigen zu können.

23 Der DSB hat Schulungsmaßnahmen nicht notwendigerweise höchstpersönlich durchzuführen oder zu konzipieren.[32] Er kann sich bereits existenter Fortbildungseinrichtungen oder E-Learning-Anwendungen bedienen und auch externe Dienstleister hinzuziehen. Wichtig ist jedoch, dass etwaige Schulungsveranstaltungen im Verantwortungsbereich des DSB verbleiben und dieser auf Konzeption und Durchführung unmittelbaren Einfluss hat.[33] Die Schulungsmaßnahmen unterliegen gemäß § 98 BetrVG der Mitbestimmung des Betriebsrates, da es sich hierbei auch um eine Maßnahme der betrieblichen Berufsbildung handelt.[34] Aufgrund der Weisungsunabhängigkeit des DSB hat der Betriebsrat aber keine bindende Einflussmöglichkeit auf die Inhalte der Schulung. Gleichwohl kann und sollte der DSB auf etwaige Vorschläge oder Kritik der Mitarbeitervertretung möglichst eingehen. Für die entsprechenden Schulungs- und Trainingsmaßnahmen sind die betroffenen Mitarbeiter innerhalb ihrer Arbeitszeit soweit im Einzelnen erforderlich freizustellen.

24 Der DSB ist auch hinsichtlich des „Vertrautmachens" der Mitarbeiter mit den Vorschriften des Datenschutzes weisungsfrei (vgl. § 4f Abs. 3 Satz 2 BDSG). Das heißt, es steht in seinem persönlichen Ermessen, welche Sensibilisierungsmaßnahmen er für richtig hält und wie er sie durchführen will. Auch die aktive Teilnahme an Besprechungen/Meetings oder Telefonate des DSB können diesem Anspruch (in Teilen) gerecht werden. Gleiches gilt für die Verteilung von Merkblättern oder Flyern. In der Praxis hat es sich bewährt, aus mehr oder weniger aktuellem Anlass Rund-E-Mails mit datenschutzrechtlichen Hinweisen zu versenden. Diese können sich auf relativ profane, technisch-organisatorische Maßnahmen beziehen (z.B. Vernichtung von Datenträgern) oder komplexe juristische Fragestellungen des Umgangs mit personenbezogenen Daten umfassen (z.B. Archivierungspflichten). Bei verantwortlichen Stellen, die aufgrund ihrer Größe, einer großen Mitarbeiterfluktuation (z.B. in Callcentern) oder der Sensibilität ihrer Geschäftätigkeit die Schulung ei-

---

30 *Königshofen*, in: Roßnagel, Hdb. DSR, Kap. 5.5, Rn. 41.
31 *Bergmann/Möhrle/Herb*, BDSG, § 4g Rn. 38.
32 *Koch*, Der betriebliche Datenschutzbeauftragte, S. 78; *Schaffland/Wiltfang*, BDSG, § 4g Rn. 17; *Däubler*, in: Däubler/Klebe/Wedde/Weichert, BDSG, § 4g Rn. 18; einschränkend: *Simitis*, in: Simitis, BDSG, § 4g Rn. 59.
33 *Königshofen*, in: Roßnagel, Hdb. DSR, Kap. 5.5, Rn. 45.
34 *Simitis*, in: Simitis, BDSG, § 4g Rn. 55 f.

ner großen Anzahl oder sich stetig ändernden Gruppen von Mitarbeitern erfordern, haben sich E-Learning-Anwendungen bewährt. Die Qualität der insoweit auf dem Markt befindlichen Standardsysteme differiert teilweise erheblich hinsichtlich Qualität und Preis. Letzten Endes sollten sich die Maßnahmen des Vertrautmachens mit den Vorschriften zum Datenschutz stets an den konkret bei der verantwortlichen Stelle und in ihren jeweiligen Fachabteilungen bestehenden Risiken für die Rechte und Freiheiten der Betroffenen orientieren.

4. Die interne Verarbeitungsübersicht (§ 4g Abs. 2 Satz 1 BDSG)

§ 4g Abs. 2 Satz 1 BDSG verpflichtet die verantwortliche Stelle, dem DSB eine **25** Übersicht über die in § 4e Satz 1 BDSG genannten Angaben sowie über die zugriffsberechtigten Personen zur Verfügung zu stellen. Die Erstellung obliegt, anders als es die amtliche Überschrift zu § 4g BDSG („Aufgaben des Beauftragten für den Datenschutz") vermuten lässt, de lege lata der verantwortlichen Stelle. Eine Delegation dieser Aufgabe auf den DSB ist damit freilich nicht ausgeschlossen[35] und in der Praxis, wenn auch nicht immer hinsichtlich der operativen Erstellung, so doch hinsichtlich der Verantwortlichkeit durchaus üblich. Dass der DSB der Verarbeitungsübersicht gleichsam „hinterherlaufen" muss oder diese selbst erstellt, entspricht zwar nicht der gesetzlichen Systematik,[36] begegnet allerdings auch keinen rechtlichen Bedenken, soweit der DSB die Übernahme dieser Aufgabe akzeptiert und seine Unabhängigkeit im Wege der Erstellung der Verarbeitungsübersicht nicht gefährdet sieht, was insbesondere dann der Fall sein dürfte, wenn der DSB insoweit die erforderliche Unterstützung aus den Fachbereichen erhält (vgl. § 4 Abs. 5 Satz 1 BDSG). Auch hinsichtlich der Verfahren automatisierter Verarbeitung, die ein Auftragnehmer für einen Auftraggeber gemäß § 11 BDSG erbringt, trifft den Auftraggeber die gesetzliche Dokumentationspflicht. Freilich kann der Auftraggeber den Auftragnehmer dazu verpflichten, die zur Dokumentation der relevanten Verfahren erforderlichen Informationen zur Verfügung zu stellen. Letztere sollten ohnehin gem. § 11 BDSG schon im Wege des Vertragsschlusses beigebracht worden sein.

Entsprechend bietet es sich in der Praxis an, den DSB mit der Erstellung der Verar- **26** beitungsübersicht zu beauftragen, denn dieser verfügt über die notwendigen Kenntnisse hinsichtlich der erforderlichen Dokumentation und dem Einsatz effektiver Hilfsmittel (insbes. Leitfäden, Software oder Fragebögen) zur Erstellung der Verarbeitungsübersicht. Entsprechend ist es die Regel, dass der DSB die verantwortliche Stelle bei der Erstellung der Verarbeitungsübersicht zumindest unterstützt, sei es durch die Zurverfügungstellung von Anleitungen, Formularen und Glossaren oder durch die Beratung bei der Erstellung der Übersicht selbst. Vielfach nämlich dürften datenschutzrechtliche Besonderheiten zu Nachfragen führen, die nur mit hinreichender fachlicher Expertise zufriedenstellend beantwortet werden können.

---

35 *Simitis*, in: Simitis, BDSG, § 4g Rn. 63.
36 *Weniger*, RDV 2005, S. 154.

27 Die interne Verarbeitungsübersicht kann ein hilfreiches Arbeitsmittel für den DSB sein, da ein Teil derjenigen Informationen zu dokumentieren ist, der für eine erste Einschätzung der datenschutzrechtlichen Situation benötigt wird. Die Verarbeitungsübersicht verfolgt dementsprechend den Zweck, einen Überblick über einige tatsächliche, technische und organisatorische Gegebenheiten zu geben, und ist in Umsetzung des Transparenzgebots eine Grundlage für die Kontrollpflichten des DSB.[37] Freilich hat der DSB auch zu überprüfen, inwieweit die in der Verarbeitungsübersicht gemachten Angaben zutreffend sind und ob diese gegebenenfalls der Modifizierung oder Präzisierung bedürfen. Relevante Änderungen oder Neuerungen der Verarbeitungsübersicht sind entsprechend dem DSB anzuzeigen.[38] Gleichwohl sind die in der Verarbeitungsübersicht zu dokumentierenden Umstände häufig nicht ausreichend, um eine finale datenschutzrechtliche Zulässigkeitsprüfung zu ermöglichen. Letztere kann nämlich immer nur für den Einzelfall erfolgen. Da die Verarbeitungsübersicht regelmäßig aber eine Vielzahl etwa von Datenkategorien, Zwecken, Betroffenen und Empfängern beinhaltet, ist nur eine summarische Prüfung der Datenschutzkonformität des jeweiligen Verfahrens möglich. Ob es aber etwa zulässig ist, den Zahlungsausfall eines bestimmten Kunden in einem CRM-System zu dokumentieren, wer auf diese Information ggf. Zugriff haben darf, wie diese Information bei der Verarbeitung technisch geschützt werden muss und wann diese Information u.U. zu löschen ist, lässt sich nicht anhand der Informationen einer nach gesetzlichen Anforderungen geführten Verarbeitungsübersicht bewerten.

28 Inhaltlich muss die Verarbeitungsübersicht die in § 4e Satz 1 BDSG genannten Angaben enthalten. Die Übersicht ist nicht auf automatisierte Verfahren beschränkt, sondern bezieht im Sinne eines umfassenden Schutzes alle Verfahren der Datenerhebung, -verarbeitung und -nutzung in – automatisierten und nicht-automatisierten – Dateien mit ein.[39] Die in § 4e BDSG enthaltenen Angaben sind obligatorisch, sodass die Verarbeitungsübersicht nicht gekürzt werden darf. Erweiterungen sind freilich zulässig, insbesondere wenn sie der Transparenz und der genaueren Darstellung einzelner Verfahren dienen.

29 Gemäß § 4g Abs. 2 Satz 1 BDSG ist dem DSB von der verantwortlichen Stelle zudem eine Übersicht „über zugriffsberechtigte Personen zur Verfügung zu stellen". Diese Übersicht kann getrennt von der internen Verarbeitungsübersicht geführt werden. Zugriffsberechtigte Personen sind nicht nur Mitarbeiter der verantwortlichen Stelle, sondern alle Personen, die – sei es aufgrund gesetzlicher Regelungen oder aufgrund vertraglicher Beziehungen – potenziell Zugriffsmöglichkeiten haben. In der Praxis sind häufig nicht nur Mitarbeiter der verantwortlichen Stelle einzubeziehen, sondern auch die Mitarbeiter etwaiger Dienstleister und Auftragsdatenverarbeiter. Ob diese Mitarbeiter namentlich benannt werden müssen oder ob

---

37 *Bergmann/Möhrle/Herb*, BDSG, § 4g Rn. 43; *Weniger*, RDV 2005, S. 154 (156).
38 *Gola/Schomerus*, BDSG, § 4g Rn. 24.
39 *Simitis*, in: Simitis, BDSG, § 4g Rn. 67.

eine Benennung der Funktion (Rolle) ausreichend ist, ist umstritten.[40] Der Wortlaut der Regelung stellt auf „Personen" und nicht auf „Funktionen" ab. Allerdings ist eine „namentliche" Dokumentation der zugriffsbefugten Personen nicht gefordert. Entsprechend ist es nach dem Wortlaut der Vorschrift ausreichend, wenn die zugriffsberechtigten Personen eindeutig bestimmbar sind. Eine namentliche Nennung ist daher möglich, aber nicht obligatorisch. Für ein Personalinformationssystem etwa kann hinreichend sein, wenn als zugriffsberechtigte Personen „Personalreferenten", „Arbeitsdirektor" und „Systemadministrator" benannt und dokumentiert werden, da eine Identifizierung der individuellen Personen zweifelsfrei möglich ist. Ziel und Zweck der Dokumentation der Zugriffsberechtigungen, nämlich die Schaffung von Transparenz, wird also erreicht.

Lediglich die Personen sind aufzuzählen, die ständige Zugriffsmöglichkeit haben. **30** Sporadische Zugriffsrechte, wie etwa im Rahmen von Kontrollen durch Wirtschaftsprüfer, Revisionsmitarbeiter, Aufsichtsbehörden oder Datenschutzbeauftragte sind nicht aufzuführen. Gleiches gilt für Zugriffsmöglichkeiten im Rahmen einer Pflege und Wartung des Systems, soweit diese nur kurzfristig besteht und einer durchgehenden Kontrolle durch die Systemverantwortlichen unterliegt, sodass eine über die Zeitdauer der gesonderten Pflege und Wartung des Systems hinausgehende Verfügbarkeit der Daten ausgeschlossen ist.

Aus Praktikabilitätsgründen kann es sinnvoll sein, die Zugriffsberechtigungen in **31** die Dokumentation der Verarbeitungsübersicht mit aufzunehmen, da die Zugriffsberechtigungen für jedes Verfahren gesondert festzustellen und zu dokumentieren sind und die Empfänger bzw. Kategorien der Empfänger (Personen – auch innerhalb der verantwortlichen Stelle – die Daten erhalten) ohnehin in der Verfahrensübersicht zu dokumentieren sind. Die in der Praxis gebräuchlichen Fragebögen und Softwarelösungen zur Erhebung der erforderlichen Informationen für die interne Verarbeitungsübersicht lassen sich dementsprechend auch zur Evaluation der Zugriffsberechtigungen verwenden. Falls Zugriffsberechtigungen in der Verarbeitungsübersicht dokumentiert werden, sind sie allerdings ebenso wenig wie die technisch-organisatorischen Sicherheitsmaßnahmen in das „Verfahrensverzeichnis für jedermann" gemäß § 4g Abs. 2 Satz 2 BDSG aufzunehmen (insoweit reicht eine Auflistung der Kategorien von Empfängern). Allerdings ist eine Zusammenführung von Verarbeitungsübersicht und Liste der Zugriffsberechtigungen nicht anzuraten, wenn eine Dokumentation der Zugriffsberechtigungen anderweitig gewährleistet ist, etwa durch eine systemimmanente oder manuell gepflegte Rollen-/Zugriffsdokumentation. Insbesondere bei komplexen Systemen mit einer Vielzahl unterschiedlicher User ist letztere Vorgehensweise in der Praxis üblich.

---

40 Für eine namentliche Nennung *Gola/Schomerus*, BDSG, § 4g Rn. 26; *Bergmann/Möhrle/ Herb*, BDSG, § 4g Rn. 47; dagegen: *Simitis*, in: Simitis, BDSG, § 4g Rn. 69; *Schaffland/ Wiltfang*, BDSG, § 4g Rn. 37.

5. Das Verfahrensverzeichnis für jedermann
(§ 4g Abs. 2 Satz 2 BDSG)

32 Gemäß § 4g Abs. 2 Satz 2 BDSG hat der DSB die Angaben nach § 4e Satz 1 Nr. 1–8 „auf Antrag jedermann in geeigneter Weise verfügbar" zu machen. Das Informationsbedürfnis der Öffentlichkeit, das im Falle der Bestellung eines DSB mangels Meldepflicht und entsprechend öffentlich zugänglichem Melderegister nicht anderweitig befriedigt wird, soll dergestalt durch das Verfahrensverzeichnis für jedermann gestillt werden. Der Umfang des Verfahrensverzeichnisses für jedermann ist insoweit eingeschränkt, als die Angaben zur Datensicherheit nach § 4e Nr. 9 BDSG nicht enthalten sein müssen. Verantwortlich für die Verfügbarmachung ist der DSB, falls ein solcher nicht zu bestellen ist, der Leiter der verantwortlichen Stelle (§ 4g Abs. 2a BDSG). Gemäß § 4g Abs. 3 Satz 1 BDSG bedarf es eines Verzeichnisses für jedermann nicht, wenn die in § 6 Abs. 2 Satz 4 BDSG genannten Stellen verantwortlich für die Datenverarbeitung sind. An dieser Stelle wird der staatliche Geheimbereich berührt, der das öffentliche Informationsinteresse verdrängt, denn eine öffentliche Darstellung aller Verarbeitungsvorgänge würde die Arbeit dieser Behörden mitunter ad absurdum führen.

33 Das Auskunftsrecht hinsichtlich des Verfahrensverzeichnisses steht jedem Interessenten gleichermaßen zu, egal ob natürliche oder juristische Person. Der Antrag, der formfrei gestellt werden kann, braucht das Vorliegen eines berechtigten Interesses nicht zu beinhalten. Auch etwaige Geschäftsgeheimnisse können dem nicht entgegengehalten werden. Hinsichtlich der Frage, wie die Informationen dem Antragsteller bekannt zu machen sind, gewährt der Gesetzgeber einen weiten Spielraum und bestimmt lediglich, dass dies in „geeigneter Weise" zu erfolgen hat. Dem DSB bzw. dem Leiter der verantwortlichen Stelle steht es damit grundsätzlich frei, welcher Form die Informationen übermittelt werden. So kann eine schriftliche Mitteilung grundsätzlich ebenso erfolgen wie eine elektronische, wenn der Anfragende die erforderlichen Mittel zum Empfang einer elektronischen Nachricht hat. Auch die Zurverfügungstellung auf der Internetseite der verantwortlichen Stelle ist möglich. Alternativ dazu kommt auch das Angebot der Einsichtnahme in den Räumlichkeiten der verantwortlichen Stelle in Betracht. Der DSB bzw. der Leiter der verantwortlichen Stelle sind zudem nicht dazu angehalten, stets ein Verfahrensverzeichnis für jedermann vorzuhalten. Ausreichend ist es, wenn im Falle eines Antrages aus der – aktuell zu haltenden – internen Verfahrensübersicht die gewünschten Informationen extrahiert werden können.[41]

34 Das Verfahrensverzeichnis für jedermann spielt – im Gegensatz zur internen Verarbeitungsübersicht nach § 4g Abs. 2 Satz 1 BDSG – in der Praxis eine untergeordnete Rolle. Außerhalb von aufsichtsbehördlichen Kontrollen wird eine Einsicht nahezu nicht eingefordert. Das mangelnde Interesse an der Einsichtnahme in das Verfahrensverzeichnis für jedermann ist ein Indiz dafür, dass diese Obliegenheit,

---

41 *Scheja/Haag*, Einführung in das Datenschutzrecht, S. 77.

ebenso wie eine etwaige Meldepflicht, wie sie in den meisten europäischen Mitgliedstaaten besteht, für einen Großteil der betroffenen verantwortlichen Stellen als ein unangemessener Bürokratismus zu bewerten ist, da schlichtweg ein den Aufwand rechtfertigendes Interesse auf Seiten der Betroffenen fehlt. Gleichwohl hält der gegenwärtige Entwurf zu einer europäischen Datenschutzgrundverordnung[42] mit Art. 28 ähnlich dem deutschen Modell an einer internen Dokumentation der datenschutzrelevanten Prozesse, Verfahren und Systeme durch den DSB (Art. 37 Abs. 1 lit. d EU-DSGVO) fest.

III. Einschaltung der Aufsichtsbehörden (§ 4g Abs. 1 Satz 2 BDSG)

Gemäß § 4g Abs. 1 Satz 2 BDSG kann sich „der Beauftragte für den Datenschutz in Zweifelsfällen an die zuständige Aufsichtsbehörde wenden".[43] Im öffentlichen Bereich, namentlich bei den in § 6 Abs. 2 Satz 4 BDSG genannten Bundesbehörden, hat der DSB gemäß § 4g Abs. 3 Satz 2, 2. Halbsatz BDSG das Benehmen mit dem Behördenleiter herzustellen. § 4g Abs. 1 Satz 3 BDSG legt zudem fest, dass der DSB die Beratung der Aufsichtsbehörde auch nach § 38 Abs. 1 Satz 2 BDSG in Anspruch nehmen kann. Neben der Beratung umfasst dies auch die Unterstützung des DSB und der verantwortlichen Stelle mit Rücksicht auf deren typischen Bedürfnisse (§ 38 Abs. 1 Satz 2 BDSG). Das Gesetz geht also davon aus, dass beide Institutionen, Aufsichtsbehörde und DSB, nicht getrennt voneinander agieren sondern kooperieren sollen.[44] Im Rahmen einer Vorabkontrolle ist eine Konsultation der Aufsichtsbehörde „im Zweifelsfall"[45] sogar zwingend vorgeschrieben. § 4g Abs. 1 Satz 2 und 3 BDSG belässt es bei einer „Kann-Vorschrift" und stellt somit die Einbindung der zuständigen Aufsichtsbehörde in das Ermessen des DSB.   **35**

Ein Zweifelsfall ist dann zu bejahen, wenn der DSB bei der Anwendung und Auslegung gesetzlicher Bestimmungen unsicher ist.[46] Die Konsultation der Aufsichtsbehörde kann etwa geboten sein, wenn zwar die gesetzlichen Regelungen eindeutig sind, aber fraglich ist, ob bestimmte Maßnahmen angemessen sind, um einen ausreichenden datenschutzrechtlichen Standard zu gewährleisten.[47] Ein Zweifelsfall ist nicht anzunehmen, wenn sich DSB und Leitung der verantwortlichen Stelle über   **36**

---

42 Vorschlag für eine Verordnung des Europäischen Parlaments und des Rates zum Schutz natürlicher Personen bei der Verarbeitung personenbezogener Daten und zum freien Datenverkehr (Datenschutz-Grundverordnung), KOM (2012) 11 endg.

43 Vgl. insoweit auch § 4d BDSG Rn. 14.

44 Der Entwurf einer EU-DSGVO intensiviert in Art. 37 vergleichsweise die erforderliche Abstimmung und Zusammenarbeit.

45 Soweit der DSB das geprüfte Verfahren für zweifellos unzulässig befindet, besteht hingegen keine Konsultationspflicht der zuständigen Aufsichtsbehörde.

46 *Gola/Wronka*, Handbuch zum Arbeitnehmerdatenschutz, Rn. 1403.

47 *Gola/Schomerus*, BDSG, § 4g Rn. 14.

die Durchführung etwaig erforderlicher Datenschutzmaßnahmen nicht einigen können. In einem solchen Fall hat die verantwortliche Stelle das letzte Wort. Eine Konsultation der Aufsichtsbehörde durch den Datenschutzbeauftragten kommt stets nur als ultima ratio in Betracht. Dies gilt auch für etwaige Zweifel im Zusammenhang mit einer Vorabkontrolle. Grundsätzlich sollte zuerst gemeinsam mit der verantwortlichen Stelle nach Lösungen gesucht werden, um solche Zweifel des DSB zu zerstreuen, bevor eine Konsultation der Aufsichtsbehörde stattfindet.[48]

37   Sollte es bei etwaigen Meinungsverschiedenheiten zwischen DSB und verantwortlicher Stelle zu keiner Einigung kommen, stellt sich die Frage, ob sich das dem DSB eingeräumte Ermessen auf Null reduziert, ob er also verpflichtet ist, die Aufsichtsbehörde anzurufen. Die u.a. von *Simitis*[49] vertretene Auffassung, dass der DSB bei Verstößen gegen Datenschutzregeln grundsätzlich verpflichtet sei, die externe Kontrollinstanz anzurufen, kann nicht gefolgt werden. Zum einen widerspricht sie dem Wortlaut der Vorschrift, die insofern von einem „Können" spricht. Zum anderen hat der Gesetzgeber, wie bereits erwähnt, an zwei Stellen die Konsultation der Aufsichtsbehörde vorgesehen, nämlich im Rahmen der Vorabkontrolle und bei der hier diskutierten, „allgemeinen" Tätigkeit des DSB. Die insoweit unterschiedliche Regelung („Er hat sich in Zweifelsfällen ..." und „Zu diesem Zweck kann sich der Beauftragte ...") ist nicht willkürlich, was sich aus der Gesetzesbegründung eindeutig ergibt.[50] In Betracht kommt eine Konsultation der Aufsichtsbehörde gegen den Willen der verantwortlichen Stelle in der Praxis nur, falls strafrechtlich relevante Sachverhalte vorliegen.[51] Darüber hinaus ist eine Einbeziehung der Aufsichtsbehörde durch den DSB in der Praxis äußerst ungewöhnlich und wird von den Aufsichtsbehörden auch nicht eingefordert. Das BDSG adressiert seine Pflichten und insbesondere seine Melde- bzw. Selbstanzeigepflichten schließlich an die verantwortliche Stelle und nicht an den DSB.

IV. Verantwortlichkeit des Leiters einer nichtöffentlichen Stelle (§ 4g Abs. 2a BDSG)

38   Gemäß § 4g Abs. 2a BDSG hat der Leiter einer nicht-öffentlichen Stelle, soweit bei dieser keine Verpflichtung zur Bestellung eines DSB besteht, die Erfüllung der originären Aufgaben des DSB nach den Abs. 1 und 2 in „anderer Weise" sicherzustellen. Der Leiter der verantwortlichen Stelle hat also die Erfüllung sämtlicher Aufga-

---

48 *Gola/Wronka*, Handbuch zum Arbeitnehmerdatenschutz, Rn. 1406; *Bergmann/Möhrle/Herb*, BDSG, § 4g Rn. 21. A. A. *Simitis*, in: Simitis, BDSG, § 4g Rn. 24, der sich dagegen ausspricht, dass der DSB vor einer Einbeziehung der Aufsichtsbehörde vorab die verantwortliche Stelle zu informieren hat.

49 *Simitis*, in: Simitis, BDSG, § 4g Rn. 23.

50 BT-Drs. 14/4329, S. 36.

51 *Gola/Wronka*, Handbuch zum Arbeitnehmerdatenschutz, Rn. 1406; *Schaffland/Wiltfang*, BDSG, § 4g Rn. 5.

ben des DSB anderweitig sicherzustellen. Soweit der Leiter der verantwortlichen Stelle diese Aufgaben nicht persönlich selbst übernimmt, sondern einer anderen Person überträgt, setzt er faktisch einen DSB ein, ohne dass dieser allein damit die Rechtsstellung eines DSB nach § 4f BDSG einnimmt.[52] Eine solche freiwillige und nicht-formelle Beauftragung würde entsprechend nicht den Kündigungsschutz für den Datenschutzbeauftragten nach § 4f Abs. 3 Satz 5 BDSG nach sich ziehen, da diese Regelung nur anwendbar ist, wenn ein DSB formell ordentlich bestellt wird. Inwiefern der durch das „Erste Gesetz zum Abbau bürokratischer Hemmnisse insbesondere in der mittelständischen Wirtschaft" im Jahre 2006 eingefügte Abs. 2a tatsächlich der Entbürokratisierung unter Einhaltung der datenschutzrechtlichen Anforderungen dient, ist vor diesem Hintergrund fragwürdig. Die Gesetzesbegründung lässt jegliche Stellungnahme zu Abs. 2a vermissen. In der Praxis sieht es indes so aus, dass der Leiter der verantwortlichen Stelle, beispielsweise der Geschäftsführer einer GmbH, regelmäßig einem Interessenskonflikt ausgesetzt ist, denn die Leitung einer verantwortlichen Stelle ist im Regelfall am wirtschaftlichen Fortkommen und einem möglichst unkomplizierten und ökonomischen Arbeitsablauf eher als an der Einhaltung von ggf. lästigen Datenschutzstandards interessiert.[53] Es ist daher zu befürchten, dass diese Regelung in der Praxis keine wesentlichen Auswirkungen hat.[54] Die Bestimmung ist vielmehr in der Praxis primär hilfreich, um den Leiter einer verantwortlichen Stelle auch dann zur Bestellung eines DSB zu bewegen, wenn die rechtlichen Voraussetzungen für eine Bestellpflicht nicht gegeben sind, um die Verantwortung für die Aufgabenerfüllung gemäß § 4g Abs. 1 und 2 BDSG von seinen Schultern zu nehmen.

V. Die Haftung des Datenschutzbeauftragten

Geht es um die Frage der Haftung des DSB, so ist allen folgenden Überlegungen **39** voranzustellen, dass es in erster Linie die verarbeitende Stelle ist, der die Entscheidungshoheit obliegt und die etwaigen Schadensersatzansprüchen primär ausgesetzt ist. Im Rahmen der Zusammenarbeit mit ihrem DSB ist sie nicht dazu verpflichtet, dessen Anregungen und Vorschlägen nachzukommen. Freilich kann dies ein Tätigwerden der Aufsichtsbehörde nach sich ziehen, letztverantwortlich bleibt aber die datenverarbeitende Stelle. Dennoch lässt sich die gegenseitige Abhängigkeit beider, des DSB auf der einen und der verantwortlichen Stelle auf der anderen Seite, nicht leugnen. Vor allem diejenigen Situationen, in denen der DSB entscheiden muss, ob ein Einschalten der Aufsichtsbehörde unvermeidlich ist, führen dazu, dass die verantwortliche Stelle regelmäßig ein ureigenes Interesse daran hat, Anregungen und Optimierungsvorschläge des DSB ernst zu nehmen und umzusetzen.

---

52 *Karper/Schutz*, DuD 2006, S. 789 (792).
53 *Kaufmann*, MMR 2006, Heft 10, S. XIV (XV).
54 *Karper/Schutz*, DuD 2006, S. 789 (792).

40   Eine Haftung des DSB wäre dem Grunde nach nicht ausgeschlossen, wenn er seinen Pflichten schuldhaft nicht nachgekommen und dadurch ein Schaden im Wege einer Persönlichkeitsrechtsverletzung eingetreten wäre. Eine spezielle im BDSG befindliche Norm, die als Anspruchsgrundlage für die Haftung des DSB in Frage kommt, gibt es nicht (§ 7 BDSG ist nur für Ansprüche gegen die verantwortliche Stelle anwendbar). Eine Haftung des DSB kommt gegenüber den Betroffenen daher nur nach den deliktischen Anspruchsgrundlagen in Betracht, insbesondere nach § 823 Abs. 1 und 2 BGB. Soweit es zu gerichtlichen Auseinandersetzungen kommt, ist aus prozesstaktischen Gründen in Erwägung zu ziehen, den DSB ggf. neben der verantwortlichen Stelle zu verklagen, da der DSB dergestalt Partei des Verfahrens wird und der verantwortlichen Stelle als Zeuge für eine Haftungsexculpation nicht zur Verfügung steht (vgl. §§ 445 ff. ZPO). Eine solche Situation kann aber prozesstaktisch auch von Nachteil sein. Ein unabhängig agierender DSB wird wahrheitsgemäß Zeugnis geben und kann so die Beweislage für den Anspruchsteller auch verbessern.

1. Ansprüche der verantwortlichen Stelle

41   Hinsichtlich der Voraussetzungen einer Haftung des DSB gegenüber der verantwortlichen Stelle muss grundsätzlich unterschieden werden, ob es sich um einen internen oder externen DSB handelt. In beiden Konstellationen gilt, dass ein wirksames Schuldverhältnis, eine Pflichtverletzung, ein „Vertretenmüssen" und ein Schaden vorliegen müssen, mithin also die Voraussetzungen des § 280 BGB – je nach Fallgestaltung in Kombination mit § 282 BGB. Schließlich muss eine Kausalität zwischen dem eingetretenen Schaden und der Pflichtverletzung bestehen.[55] Auch wenn vorgenannte Voraussetzungen gegeben sind, ist im Einzelfall zu entscheiden, wie hoch der Verschuldensanteil des DSB ist. So kann ein Mitverschulden i.S.d. § 254 BGB der verantwortlichen Stelle die Haftung des DSB mindern, wenn etwa die verantwortliche Stelle ihren Unterstützungspflichten gemäß § 4f Abs. 5 BDSG nicht nachgekommen ist. Eine Inanspruchnahme des DSB seitens der verantwortlichen Stelle ist im Regelfall ausgeschlossen, wenn sie die vom DSB geforderten Maßnahmen nicht oder nur unzureichend umsetzt und ihr dadurch ein Schaden entsteht. Diesbezügliche Ansprüche Betroffener sind dann auch nicht im Wege des Regresses auf den DSB überzuleiten.[56] Vor diesem Hintergrund sollte der DSB stets darauf bedacht sein, die Kommunikation mit der verantwortlichen Stelle zu dokumentieren, um im Konfliktfall beweisen und darlegen zu können, dass etwaige Probleme von ihm erkannt, Lösungsvorschläge präsentiert, aber von der verantwortlichen Stelle nicht umgesetzt worden sind.

42   Ist ein Mitarbeiter als interner DSB bestellt worden, so findet nach den vom BAG aufgestellten allgemeinen Grundsätzen für die Haftung von Arbeitnehmern eine

---

55 *Koch*, Der betriebliche Datenschutzbeauftragte, S. 167.
56 *Bergmann/Möhrle/Herb*, BDSG, § 4g Rn. 63.

Haftungsbeschränkung dergestalt statt, dass nur bei Vorsatz und grober Fahrlässigkeit eine vollumfängliche Haftung in Betracht kommt. Bei mittlerer bzw. normaler Fahrlässigkeit ist die Haftung abhängig vom Verschuldensbeitrag anteilig zu bemessen. Bei leichtester Fahrlässigkeit scheidet eine Haftung gänzlich aus.[57] Der externe DSB kommt per se nicht in den Genuss der für den internen DSB geltenden Haftungsbeschränkungen. Vielmehr haftet er grundsätzlich unbeschränkt nach allgemeinen vertraglichen Grundsätzen, insbesondere auch schon für leichte/einfache Fahrlässigkeit. Entsprechend ist die erweiterte Haftung eines externen Datenschutzbeauftragten für fahrlässige Fehlberatung nicht selten ein Argument für eine externe Lösung. Individualvertraglich vereinbarte Haftungsbeschränkungen – in der Praxis durchaus üblich – und die dargestellten Konstellationen des Mitverschuldens freilich vermögen eine grundsätzlich gegebene Haftung des externen DSB zu begrenzen.

2. Ansprüche der Betroffenen

Betroffene können gegenüber einem DSB – gleich ob interner oder externer – keine vertraglichen Ansprüche geltend machen. Rechtsinstitute wie der Vertrag zugunsten Dritter oder der Vertrag mit Schutzwirkung für Dritte sind schon mangels Leistungsnähe und Einbeziehungsinteresse nicht einschlägig.[58] In Ermangelung vertraglicher Ansprüche kommt somit nur das Deliktsrecht in Betracht. Mögliche Anspruchsgrundlagen sind in erster Linie § 823 Abs. 1 und 2 BGB. Das informationelle Selbstbestimmungsrecht als Unterfall des allgemeinen Persönlichkeitsrechts des Betroffenen ist ein „sonstiges Recht" im Sinne des § 823 Abs. 1 BGB.[59] Eine Verletzung desselben liegt dann vor, wenn eine Datenverarbeitung rechtswidrig gewesen ist, was im Umkehrschluss zu § 4 Abs. 1 BDSG immer dann der Fall ist, wenn die Datenverarbeitung weder von einer Rechtsvorschrift noch von der Einwilligung des Betroffenen getragen wird. Die Tatbestandsvoraussetzungen des § 823 Abs. 2 BGB sind zu bejahen, wenn eine schuldhafte Verletzung eines Schutzgesetzes gegeben ist. Als relevante Schutzgesetze sind hinsichtlich der Haftung des DSB insbesondere die §§ 4f, 4g BDSG relevant. Beide Normen sind letztendlich Ausdruck der Zielsetzung des gesamten Datenschutzes: das Recht auf informationelle Selbstbestimmung adäquat und umfassend zu schützen. Durch die Schaffung der Institution des DSB, als unabhängiges und weisungsfreies Organ innerhalb der verantwortlichen Stelle, soll sichergestellt werden, dass keine Datenverarbeitungen stattfinden, die den Betroffenen in seinem Recht auf informationelle Selbstbestim-

43

---

57 *Königshofen*, in: Roßnagel, Hdb. DSR, Kap. 5.5, Rn. 125; *Koch*, Der betriebliche Datenschutzbeauftragte, S. 166; *Simitis*, in: Simitis, BDSG, § 4g Rn. 100; vgl. auch *Weidenkaff*, in: Palandt, BGB, § 611 Rn. 152 ff.

58 *Simitis*, in: Simitis, BDSG, § 4g Rn. 103; vgl. zum Ganzen nur *Grüneberg*, in: Palandt, BGB, § 328 Rn. 1 ff., 13 ff.

59 *Sprau*, in: Palandt, BGB, § 823 Rn. 19.

mung verletzten. Daher weisen diese Normen eine Drittbezogenheit auf, die sie zu Schutzgesetzen im Sinne des § 823 Abs. 2 BGB machen.[60]

44 In allen Anspruchsvarianten muss ein Verschulden im Sinne des § 276 BGB gegeben sein, dessen Vorliegen und Ursächlichkeit für den entstandenen Schaden regelmäßig die haftungsentscheidende Frage ist. Sehen sich DSB nicht-öffentlicher Stellen Ansprüchen Betroffener ausgesetzt, so kann sich eine Schadensersatzpflicht nur dann ergeben, wenn das Handeln des DSB für die eingetretene Rechtsgutverletzung auch kausal war (haftungsbegründende Kausalität) und die Rechtsgutverletzung wiederum den Schaden verursacht hat (haftungsausfüllende Kausalität). Dies ist aber regelmäßig nur dann der Fall, wenn die eingetretene Verletzung des informationellen Selbstbestimmungsrechts des Betroffenen dem DSB unmittelbar zuzurechnen ist. Der DSB muss mithin seinen Pflichten nicht nachgekommen sein, obwohl er alle notwendigen Informationen besaß und es ihm möglich gewesen wäre, eine präventive Maßnahme einzuleiten. Zu denken ist beispielsweise an eine fehlerhafte tatsächliche oder datenschutzrechtliche Bewertung eines relevanten Datenverarbeitungsverfahrens.[61] Wie oben[62] bereits ausgeführt, scheidet eine Haftung des DSB aber dann aus oder wird zumindest gemindert, wenn die verantwortliche Stelle (ebenfalls) ihren Pflichten nicht nachgekommen ist, obwohl der DSB dies angemahnt hat. Ferner ist eine Haftung auch dann ausgeschlossen, wenn Mitarbeiter der verantwortlichen Stelle eine rechtswidrige Datenverarbeitung vorgenommen haben, obwohl der DSB seinen Pflichten in sorgfältiger Weise nachgekommen ist. Ansonsten gelten für einen internen DSB die vom BAG aufgestellten Grundsätze zur Haftungserleichterung im Arbeitsverhältnis. Hat der DSB also weder vorsätzlich noch grob fahrlässig gehandelt, besteht regelmäßig ein Freistellungsanspruch. Anspruchsverpflichteter ist dann allein die verantwortliche Stelle.[63] Was die Beweislast angeht, so liegt diese regelmäßig beim Anspruchsteller. Die in § 7 Satz 2 BDSG kodifizierte Beweislastumkehr für die verantwortliche Stelle findet keine Anwendung auf die Haftung des DSB im Rahmen deliktischer Ansprüche.[64] Entsprechend hat es bisher kein Urteil zur Schadensersatzpflicht eines DSB gegenüber einem in seinen Persönlichkeitsrechten verletzten Betroffenen gegeben.

45 Die in der Praxis nahezu ausgeschlossene, faktisch aber potenziell mögliche Haftung des DSB führt dazu, dass sich auch interne DSB zu Weilen gegen eine berufliche Haftung versichern. Alternativ dazu wird häufig mit der verantwortlichen Stelle eine Haftungsfreistellung im Innenverhältnis vereinbart. Letzteres würde den in-

---

60 *Königshofen*, in: Roßnagel, Hdb. DSR, Kap. 5.5, Rn. 125; *Simitis*, in: Simitis, BDSG, § 4g Rn. 106; *Koch*, Der betriebliche Datenschutzbeauftragte, S. 167; vgl. zum Ganzen auch *Sprau*, in: Palandt, BGB, § 823 Rn. 57.

61 *Königshofen*, in: Roßnagel, Hdb. DSR, Kap. 5.5, Rn. 126.

62 Vgl. Rn. 39.

63 *Simitis*, in: Simitis, BDSG, § 4g Rn. 112.

64 *Däubler*, in: Däubler/Klebe/Wedde/Weichert, BDSG, § 7 Rn. 16.

ternen DSB allerdings nicht gegen etwaige Ansprüche Betroffener schützen, wenn die verantwortliche Stelle zwischenzeitlich zahlungsunfähig geworden wäre.

Dies ist bei der Betreuung durch einen externen DSB anders, da insoweit eine Haf-   **46**
tung gegenüber der Auftrag gebenden verantwortlichen Stelle im Regelfall gewollt ist. Externe Datenschutzbeauftragte wollen ihre Haftung gegenüber der verantwortlichen Stelle zwar häufig vertraglich begrenzen. Aufgrund des bei den verantwortlichen Stellen wachsenden Bedürfnisses der Beschränkung von Haftungsrisiken, gelingt dies aber zunehmend nur eingeschränkt, sodass externe Datenschutzbeauftragte mittlerweile häufig erhebliche Haftungsrisiken übernehmen.

Bei DSB öffentlicher Stellen kann sich die Frage ergeben, ob es allein bei einer An-   **47**
wendung des § 823 BGB bleibt oder ob alternativ oder kumulativ auch eine Haftung aus § 839 BGB in Frage kommt, welche u. U. in Anwendung von Art. 34 GG auf den Staat verlagert werden kann. Für eine Anwendung der subsidiären amtshaftungsrechtlichen Grundsätze besteht allerdings keine Notwendigkeit. Der DSB einer öffentlichen Stelle muss die gleichen datenschutzrechtlichen Anforderungen erfüllen und sich um die gleichen datenschutzrechtlichen Belange kümmern, wie der DSB einer nicht-öffentlichen Stelle. Seine Stellung als DSB ist insofern von seiner sonstigen Stelle als Beamter oder Angestellter im öffentlichen Dienst zu separieren, mit der Folge, dass es bei einer Anwendung der §§ 823 ff. BGB bleibt.[65]

---

65 *Simitis*, in: Simitis, BDSG, § 4g Rn. 108 ff.; anzweifelnd *Bergmann/Möhrle/Herb*, BDSG, § 4g Rn. 64.

§ 5 Datengeheimnis

Den bei der Datenverarbeitung beschäftigten Personen ist untersagt, personenbezogene Daten unbefugt zu erheben, zu verarbeiten oder zu nutzen (Datengeheimnis). Diese Personen sind, soweit sie bei nicht-öffentlichen Stellen beschäftigt werden, bei der Aufnahme ihrer Tätigkeit auf das Datengeheimnis zu verpflichten. Das Datengeheimnis besteht auch nach Beendigung ihrer Tätigkeit
fort.

Literatur: *Behm*, Verletzung des Dienstgeheimnisses – Anmerkung zum LG Ulm, Beschluss vom 17.12.1999, NStZ 2001, S. 153; *Bizer*, Veröffentlichung rechtswidrig be-
schaffter Kundendaten durch die Presse, DuD 2002, S. 561; *Bohnert*, Der beschuldigte
Amtsträger zwischen Aussagefreiheit und Verschwiegenheitspflicht, NStZ 2004, S. 301;
Dieckmann, Die Verpflichtung externer Personen – insbesondere externer Prüfer – zur
Einhaltung datenschutzrechtlicher Vorschriften, RDV 2004, S. 256; *Fernandez/Heine-
mann*, Datenschutz beim Einsatz von Leiharbeitnehmern, DuD 2011, S. 711; *Gliss*, Ver-
pflichtung von Mitarbeitern auf das Datengeheimnis, DSB 2001, Nr. 9, S. 11; *Gola*, Die
Einwilligung als Legitimation für die Verarbeitung von Arbeitnehmerdaten, RDV 2002,
S. 109; *Gola/Klug*, Die Entwicklung des Datenschutzrechts in den Jahren 2008/2009,
NJW 2009, S. 2577; *Gola/Wronka*, Arbeitnehmerdatenverarbeitung beim Betriebs-/Per-
sonalrat und Datenschutz, NZA 1991, S. 790; *Hold*, Arbeitnehmer-Datenschutz – Ein
Überblick, RDV 2006, S. 249; *Linnenkohl*, Datenschutz und Tätigkeit des Betriebsrats –
Verarbeitung personenbezogener Arbeitnehmerdaten durch den Betriebsrat, NJW 1981,
S. 202; *Müthlein/Heck*, Einstieg in die Datenschutzorganisation, RDV 1994, S. 121;
Runge, Datengeheimnis und Mitarbeiterschulung, DuD 1993, S. 321; *Sensburg*, Daten-
schutz im Bürgeramt, DuD 1998, S. 650; *Weichert*, Datenschutzstrafrecht – ein zahnlo-
ser Tiger?, NStZ 1999, S. 490.

Übersicht

I. Allgemeines

1. Gesetzeszweck

§ 5 Satz 1 BDSG postuliert als sog. Datengeheimnis ein umfassendes Verbot der **1** unbefugten Datenverwendung. Die Sicherstellung der Rechtmäßigkeit der Verwendung von personenbezogenen Daten obliegt demnach nicht abschließend der jeweiligen verantwortlichen Stelle. Eine entsprechende Rechtspflicht trifft für seinen eigenen Tätigkeitsbereich vielmehr unmittelbar und persönlich auch jeden Einzelnen, der personenbezogene Daten verwendet. Das gem. § 1 Abs. 2 BDSG an die verantwortliche Stelle gerichtete „Verbot mit Erlaubnisvorbehalt" des § 4 Satz 1 BDSG findet damit seine Entsprechung für die mit der Datenverarbeitung betrauten natürlichen Personen in § 5 Satz 1 BDSG. Diese sind gesetzlich zur Wahrung des Datengeheimnisses verpflichtet. Es bleibt mithin nicht etwa der verantwortlichen Stelle überlassen, Letzteren eine Pflicht zur Wahrung des Datengeheimnisses aufzugeben, also eine Beachtung des Verbotes der unbefugten Datenverarbeitung vertraglich mit dem Arbeitnehmer zu vereinbaren. Somit handelt es sich bei § 5 Satz 1 BDSG um ein gesetzliches Verbot,[1] das unabhängig von einer Vereinbarung im Grundverhältnis gilt und in dieser Hinsicht die Privatautonomie der Parteien im Grundverhältnis, etwa dem Arbeitsverhältnis, beschränkt.

§ 5 Satz 2 BDSG sieht gleichwohl zumindest für nicht-öffentliche Stellen vor, dass **2** die bei der Datenverarbeitung beschäftigten Personen auf das Datengeheimnis „zu verpflichten (sind)". Eine „Pflicht zur Verpflichtung" ergibt sich daraus freilich nicht. Angesichts des gesetzlichen Verbots der unbefugten Datenverwendung bleibt für eine Pflicht zu dessen rechtsgeschäftlicher Begründung kein Raum. Aus § 5 Satz 2 BDSG folgt daher keine Rechtspflicht für die verantwortliche Stelle, den Beschäftigten zusätzlich zu verpflichten. Die Nichtvornahme durch den Arbeitgeber ist als solche nicht unmittelbar schädlich und auch nicht sanktionsbewehrt. Doch kann eine fehlende Verpflichtung für die datenverarbeitende Stelle einen ggf. zu führenden Entlastungsbeweis vereiteln und so eine Obliegenheitsverletzung darstellen.[2] Eine datenverarbeitende Stelle, die die Verpflichtung nicht vornimmt, kann deshalb aus Organisationsverschulden haften.[3]

---

1 *Ehmann*, in: Simitis, BDSG, § 5 Rn. 5.

2 Siehe § 5 BDSG Rn. 25.

3 § 7 Satz 2 BDSG sieht wie § 831 Abs. 1 Satz 2 BGB eine Exkulpationsmöglichkeit vor. Diese entfällt, wenn die verantwortliche Stelle die nach den Umständen des Falles gebotene Sorgfalt missachtet hat. Dazu gehört insbesondere auch das Unterlassen der Verpflichtung nach § 5 BDSG, vgl. § 7 BDSG Rn. 19; *Gola/Schomerus*, BDSG, § 7 Rn. 10; *Simitis*, in: Simitis, BDSG, § 7 Rn. 61.

2. Europarechtliche Grundlagen

3 § 5 BDSG ist originär deutsches Recht. Lediglich die Ergänzung um die zusätzliche Verarbeitungsphase des Erhebens von Daten anlässlich des BDSG 2001 geht auf Art. 2 lit. b der EG-Datenschutzrichtlinie zurück.[4] Durch Art. 7 der Richtlinie wurde die Erhebung von Daten auch im nicht-öffentlichen Bereich reguliert, sodass auch dieser Unterfall der Verarbeitung von den Zulässigkeitsbedingungen der Richtlinie sowie des BDSG (§ 3 Abs. 3) erfasst wird.[5]

3. Verhältnis zu anderen Vorschriften

4 Andere gesetzliche oder berufsrechtliche Geheimhaltungpflichten werden durch das BDSG gem. § 1 Abs. 3 Satz 2 BDSG nicht berührt.[6] Das Datengeheimnis verdrängt also insbesondere Berufs- oder Amtsgeheimnisse nicht, sondern ergänzt diese. Da das Datengeheimnis ohne entsprechende Vereinbarung wirkt, wäre ansonsten nie Raum für einen vertraglichen oder berufsrechtlichen Geheimnisschutz. Das wäre nicht im Sinne eines umfassenden Schutzes, den § 5 BDSG bezweckt. Das Datengeheimnis bietet also einen gesetzlichen Mindeststandard für den Geheimnisschutz,[7] der durch eventuell darüber hinausgehende Pflichten zum Geheimnisschutz, sei es gesetzlicher oder nicht gesetzlicher Natur,[8] ergänzt wird. Das Datengeheimnis und diese weitergehenden Pflichten wirken demnach kumulativ. So sind etwa neben dem Datengeheimnis immer auch berufsrechtliche Geheimhaltungvorschriften, etwa § 2 BORA, § 43a BRAO, Ziff. 2.3 CCBE-Richtlinien[9] (Rechtsanwälte), § 50 WPO (Wirtschaftsprüfer)[10] sowie § 57 Abs. 1 StBerG i.V.m. § 9 BOStB, § 62 StBerG (Steuerberater) zu beachten, die parallel gelten.[11] Gleiches gilt für die Schweigepflicht aus § 4f Abs. 4 BDSG für die betrieblichen Datenschutzbeauftragten[12] und die ärztliche Schweigepflicht bzw. das Patientengeheimnis, die

---

4 BT-Drs. 14/4329, S. 37.

5 *Ehmann,* in: Simitis, BDSG, § 5 Rn. 1.

6 Siehe § 1 BDSG Rn. 36 f.

7 A.A. *Weichert,* in: Däubler/Klebe/Wedde/Weichert, BDSG, § 1 Rn. 14, der auf den Normzweck abstellt; wie hier wohl *Simitis,* in: Simitis, BDSG, § 1 Rn. 186; *Gola/Schomerus,* BDSG, § 1 Rn. 25.

8 Z. B. das Bankgeheimnis, das nicht gesetzlich, sondern allein in den AGB der Banken verankert ist. Unabhängig von personenbezogenen Daten erfasst das Bankgeheimnis sämtliche Informationen aus dem Verhältnis zwischen Bank und Kunden.

9 Berufsregeln der Rechtsanwälte der Europäischen Union, geändert durch die Vollversammlung des Council of Bars and Law Societies of Europe am 28.11.1998 in Lyon in der Fassung vom 1.11.2001.

10 *Dieckmann,* RDV 2004, S. 256 (260) zum Erfordernis der gesonderten Verpflichtung gem. § 5 BDSG für Wirtschaftsprüfer.

11 *Ehmann,* in: Simitis, BDSG, § 5 Rn. 7.

12 Siehe § 4f BDSG Rn. 84.

sich aus den Berufsordnungen der Ärztekammern ergeben[13] sowie das kanonische[14] oder pfarrdienstgesetzliche[15] Beicht- und Seelsorgegeheimnis.

Gesetzliche Vorschriften zum Geheimnisschutz gehen demgegenüber gem. § 1   **5** Abs. 3 Satz 1 BDSG dem allgemeinen Datengeheimnis vor, soweit sie spezieller sind. Dieser Vorrang gilt ausschließlich, soweit die Spezialnormen genau den Sachverhalt ansprechen oder regeln, den auch das BDSG regelt, sie also „deckungsgleich"[16] im Sinne einer Tatbestandskongruenz sind. Dies betrifft zum Beispiel das Meldegeheimnis nach § 5 Abs. 1 MRRG, das demnach vorrangig ist. Spezieller und deckungsgleich ist auch das auf die in den Finanzbehörden beschäftigten Amtsträger und diesen gleichgestellte Personen anwendbare Steuergeheimnis nach § 30 AO.

Gesetzliche Geheimhaltungspflichten, die nicht i. S. d. § 1 Abs. 3 Satz 1 BDSG zur   **6** Gänze deckungsgleich mit § 5 BDSG sind, können jedoch nur hinsichtlich ihres spezielleren Anwendungsbereiches vorrangig sein. Außerhalb dessen kommt § 5 BDSG als Mindeststandard für den Geheimnisschutz zur Anwendung. Für den Bereich des Statistikgeheimnisses setzt einzig § 16 BStatG die Voraussetzungen für die Zulässigkeit der Übermittlung und Veröffentlichung von Statistikdaten. Die Rechtmäßigkeit einer diesbezüglichen Einwilligung des Befragten richtet sich also nicht nach § 4a BDSG. Vielmehr kann die Übermittlung und Veröffentlichung statistischer Einzelangaben nur aufgrund einer schriftlichen Einwilligung des Befragten gem. § 16 Abs. 1 Satz 2 Nr. 1 BStatG erfolgen. Damit bestimmt das Spezialgesetz für seinen Anwendungsbereich die Reichweite der Verwendungsbefugnisse, die es gem. § 5 BDSG einzuhalten gilt.[17] Entsprechend verhält es sich mit dem Sozialgeheimnis gem. § 35 SGB I.[18] Auch hier finden sich spezielle Rechtmäßigkeitserfordernisse, die abschließend und daher gem. § 5 BDSG zu beachten sind. Unbeachtlich ist, dass sich § 35 SGB I im Gegensatz zu § 16 BStatG nicht an die natürliche Person, sondern die verarbeitende Stelle wendet. § 5 BDSG stellt einzig auf die fehlende Befugnis zur Verwendung der personenbezogenen Daten ab, die in beiden Fällen gegeben ist.

In den vorgenannten Fällen führt § 1 Abs. 3 Satz 1 BDSG also zu einer Erhöhung   **7** der materiellen Anforderungen an eine Datenverarbeitung gegenüber dem Mindeststandard des § 5 BDSG. In anderen Fällen stellt § 5 BDSG gegenüber dem Spezialgesetz datenschutzrechtlich die höheren Anforderungen und setzt sich insoweit

---

13 *Ehmann*, in: Simitis, BDSG, § 5 Rn. 7; *Weichert*, in: Däubler/Klebe/Wedde/Weichert, BDSG, § 1 Rn. 14.

14 Can. 983 § 1 CIC.

15 Die Pfarrdienstgesetze der Landeskirchen regeln für den evangelischen Geistlichen das Beichtgeheimnis.

16 *Walz*, in: Simitis, BDSG, 6. Aufl., § 5 Rn. 8; *Gola/Schomerus*, BDSG, § 1 Rn. 24.

17 Vgl. § 1 BDSG Rn. 36 f.

18 So wohl *Weichert*, in: Däubler/Klebe/Wedde/Weichert, BDSG, § 1 Rn. 14, der das Sozialgeheimnis als „spezieller" bezeichnet.

durch. Allenfalls außerhalb des Bereichs der Verwendung von personenbezogenen Daten kommt die Spezialnorm dann noch zur Anwendung. Eine solche kumulative Anwendbarkeit des Datengeheimnisses ergibt sich nicht nur zusammen mit vertraglichen und berufsrechtlichen Berufs- und Amtsgeheimnissen,[19] sondern auch bezüglich der gesetzlichen, sog. allgemeinen Amtsverschwiegenheit gem. § 67 Abs. 1 BBG bzw. den entsprechenden Landesbeamtengesetzen. Denn die dort konstituierte Verschwiegenheitspflicht betrifft einerseits nur einen kleinen Teil der durch das Datengeheimnis umfassend geschützten Datenverwendung. Insofern ist die allgemeine Amtsverschwiegenheit gegenüber dem Datengeheimnis subsidiär.[20] Andererseits geht der sachliche Schutzbereich der allgemeinen Amtsverschwiegenheit über den des informationellen Selbstbestimmungsrechtes, den § 5 BDSG als einziges Schutzziel beinhaltet, hinaus. Soweit die allgemeine Amtsverschwiegenheit z. B. die ordnungsgemäße Aufgabenerfüllung der öffentlichen Verwaltung im Blick hat, ohne dass diese Sachfrage Bezug zur Verwendung personenbezogener Daten aufweisen würde, kommt diese Norm unmittelbar zur Anwendung.[21] Das sich aus § 30 VwVfG ergebende Geheimhaltungsgebot im Verwaltungsverfahren verpflichtet „die Behörde" und damit die am Verfahren auf deren Seite beteiligten Personen. Beamte betreffend geht diese Norm in der allgemeinen Amtsverschwiegenheit auf, sodass die vorgenannten Grundsätze auch hier gelten. Für Nicht-Beamte gilt § 30 VwVfG nur außerhalb des sachlichen Anwendungsbereiches von § 5 BDSG, der daneben vollständig zur Anwendung kommt. Das in § 88 TKG geregelte Fernmeldegeheimnis ist in seinem Verhältnis zum Datengeheimnis in gleicher Weise zu beurteilen. Zur Wahrung des Fernmeldegeheimnisses ist jeder verpflichtet, der ganz oder teilweise geschäftsmäßig Telekommunikationsdienste erbringt oder an der Erbringung solcher Dienste mitwirkt. Sofern diese Tätigkeit gleichzeitig eine Datenverwendung von personenbezogenen Daten betrifft, tritt das Fernmeldegeheimnis zurück. Es wirkt jedoch unmittelbar, etwa wenn der Inhalt der Telekommunikation wegen fehlenden Personenbezuges nicht unter den Anwendungsbereich des BDSG fällt. Eine derartige Geltungsweise findet sich auch für Geschäfts- oder Betriebsgeheimnisse eines Unternehmens gem. § 17 UWG. Betriebs- und Geschäftsgeheimnisse sind Tatsachen, die im Zusammenhang mit einem Geschäftsbetrieb stehen, nur einem eng begrenzten Personenkreis bekannt sind und nach dem bekundeten Willen des Betriebsinhabers geheim zu halten sind.[22] Die Pflicht zur Wahrung dieser Geheimnisse besteht zwar ausschließlich für im Unternehmen beschäftigte Personen und ist damit spezieller als das Datengeheimnis, doch ist § 17 UWG in seinem Anwendungsbereich nicht auf personenbezogene Daten beschränkt. Er ist

---

19 Siehe § 5 BDSG Rn. 4.

20 *Ehmann*, in: Simitis, BDSG, § 5 Rn. 8; a. A. wohl *Dörr/Schmidt*, Neues Bundesdatenschutzgesetz, Anm. zu § 5 BDSG.

21 Zur Frage, ob eine Preisgabe von Halterdaten aus einem Informationssystem in den Anwendungsbereich des Dienstgeheimnisses fällt, *Behm*, NStZ 2001, S. 153 f.

22 BAG DB 1988, 1020 = MDR 1988, 607 = BB 1988, 980; ausführlich *Taeger*, Die Offenbarung von Betriebs- und Geschäftsgeheimnissen, 1988.

auch etwa auf technische Zeichnungen anwendbar und daher nicht deckungsgleich mit dem Datengeheimnis. Soweit eine Handlung das Betriebs- und Geschäftsgeheimnis berührt, ohne dass personenbezogene Daten betroffen wären, fällt diese unter § 17 UWG. Ansonsten greift insoweit § 5 BDSG. Entsprechendes gilt für § 79 BetrVG, der sich ebenfalls auf Betriebs- und Geschäftsgeheimnisse bezieht, jedoch nur solche Geheimnisse betrifft, die vom Arbeitgeber ausdrücklich als geheimhaltungsbedürftig bezeichnet worden sind.[23]

Das Medienprivileg gem. § 41 Abs. 1 BDSG nimmt die ausschließlich journalistisch-redaktionelle und literarische Erhebung, Verarbeitung und Nutzung personenbezogener Daten weitgehend von den ansonsten einzuhaltenden Datenschutzbestimmungen aus. Doch verpflichtet § 41 Abs. 1 BDSG[24] als Rahmengesetzgebung die Länder, das Datengeheimnis in ihr Presserecht zu implementieren. Dies erfolgt letztlich durch eine Selbstregulierung des Deutschen Presserates,[25] die für die angeschlossenen Medienunternehmen bindend ist. Diese Normen der Selbstregulierung erreichen also mindestens den Schutzstandard des Datengeheimnisses, wenngleich § 5 BDSG nicht selbst zur Anwendung kommt. **8**

II. Das Datengeheimnis (Satz 1)

1. Verpflichteter Personenkreis

§ 5 Satz 1 BDSG richtet sein Verbot der unbefugten Datenverarbeitung unmittelbar an alle „bei der Datenverarbeitung beschäftigten Personen". Erfasst sind damit alle jene Personen, die mit der Erhebung, Verarbeitung und Nutzung personenbezogener Daten bei der verantwortlichen Stelle betraut sind, vgl. § 3 Abs. 3–5 BDSG. Für die Bestimmung des verpflichteten Personenkreises ist auf den Schutzzweck der Norm abzustellen. Dieser gebietet eine weite Auslegung des personellen Anwendungsbereiches von § 5 Satz 1 BDSG.[26] Verpflichtet sind damit auch Personen, die lediglich die tatsächliche Möglichkeit des Zugangs zu personenbezogenen Daten der verantwortlichen Stelle haben.[27] Einer rechtlichen Befugnis zur Bearbeitung der personenbezogenen Daten bedarf es zur Eröffnung des Anwendungsbereiches von § 5 BDSG also nicht. **9**

Insbesondere auf eine Handlung im Rahmen des zugewiesenen Aufgabenbereichs für die Wirkung des Datengeheimnisses sowie auf eine Bestimmung des im Ideal- **10**

---

23 Von einem Nebeneinander spricht *Gola*, DuD 1987, S. 440; a. A. *Linnenkohl*, NJW 1981, S. 202 (207), der vom Vorrang des § 79 BetrVG ausgeht.

24 Siehe § 41 BDSG Rn. 13.

25 Pressekodex sowie die Grundsätze zum Redaktionsdatenschutz des deutschen Presserates, vgl. *Bizer*, DuD 2002, S. 561 (561).

26 *Bergmann/Möhrle/Herb*, BDSG, § 5 Rn. 10; *Gola/Schomerus*, BDSG, § 5 Rn. 9.

27 *Bergmann/Möhrle/Herb*, BDSG, § 5 Rn. 13; *Ehmann*, in: Simitis, BDSG, § 5 Rn. 13; *Däubler*, in: Däubler/Klebe/Wedde/Weichert, BDSG, § 5 Rn. 4; Schreibkräfte und Registratoren ausnehmend und daher wohl a. A. *Schaffland/Wiltfang*, BDSG, § 5 Rn. 5.

fall auf das Datengeheimnis zu verpflichtenden Personenkreises kommt es demnach nicht an.[28] Das umfassende Verbot des § 5 Satz 1 BDSG greift allen Beschäftigten mit Möglichkeit des Zugangs zu personenbezogenen Daten gegenüber, unabhängig davon, ob diese rechtmäßiger oder unrechtmäßiger Weise eine solche Möglichkeit besitzen. Eine per se in rechtmäßiger Weise gegebene Zugriffsmöglichkeit vermag nicht jede erdenkliche Datenverarbeitung des Mitarbeiters zu rechtfertigen.

11 Der Anwendungsbereich von § 5 BDSG ist nach allgemeiner Ansicht weiterhin auf solche Personen beschränkt, die zum Zeitpunkt der Datenverarbeitung mit der verarbeitenden Stelle ein „Beschäftigungsverhältnis" unterhalten.[29] Darunter fallen abhängige Arbeitsverhältnisse ohne Unterscheidung zwischen Innen- und Außendienst,[30] auch Beschäftigte im Anwendungsbereich des Heimarbeitsgesetzes sind erfasst.[31] In Zeiten einer weniger starken Durchdringung von öffentlichen und nicht-öffentlichen Stellen durch Computertechnik waren primär die in einem Rechenzentrum Beschäftigten zu verpflichten gewesen.[32] Heutzutage gibt es in Unternehmen oder Behörden kaum noch Beschäftigte, die nicht unter das Datengeheimnis fallen und nicht entsprechend verpflichtet werden sollten. Schon die Möglichkeit zum Versand oder Empfang von E-Mails mündet in der Pflicht zur Beachtung des Datengeheimnisses. Erfasst sind mithin in der Regel die Beschäftigten sämtlicher Unternehmensbereiche. Zur Bestimmung des von der Verpflichtung betroffenen Personenkreises scheint es angesichts der zunehmenden Ubiquität der Datenverarbeitung und der Nutzung von mobilen Computern oder sog. Smartphones sachgerecht, im Zweifel von der Anwendbarkeit von § 5 BDSG auszugehen und nur im Ausnahmefall von einer Verpflichtung abzusehen. Dies gilt umso mehr aufgrund der Geltung von § 5 BDSG auch gegenüber solchen Mitarbeitern, die zwar unbefugt aber dennoch faktisch die Möglichkeit haben, mit personenbezogenen Daten in Berührung zu kommen.[33] Sie sind zwar nicht mit, aber „bei der Datenverarbeitung" gem. § 5 Satz 1 BDSG beschäftigt. Deshalb sollte z.B. beschäftigtes Reinigungs- oder Wachpersonal von der verantwortlichen Stelle verpflichtet werden.[34] Gelegentlich können die hauptsächlich mit der Produktion von Gütern Beschäftigten ausgenommen sein. Die dabei anfallenden Tätigkeiten gehen nicht zwangsläu-

---

28 *Ehmann*, in: Simitis, BDSG, § 5 Rn. 13.

29 *Ehmann*, in: Simitis, BDSG, § 5 Rn. 16; *Gola/Schomerus*, BDSG, § 5 Rn. 8; *Gola/Wronka*, Handbuch zum Arbeitnehmerdatenschutz, Rn. 1200. Kritisch zum Begriff vgl. § 5 BDSG Rn. 13.

30 *Gliss*, Verpflichtung von Mitarbeitern auf das Datengeheimnis, DSB 2001, Nr. 9, S. 11.

31 *Däubler*, in: Däubler/Klebe/Wedde/Weichert, BDSG, § 5 Rn. 4; für die regelmäßig mit der Heimarbeit zusammenfallende Telearbeit *Gliss*, Verpflichtung von Mitarbeitern auf das Datengeheimnis, DSB 2001, Nr. 9, S. 11.

32 *Runge*, DuD 1993, S. 321 (323); *Ehmann*, in: Simitis, BDSG, § 5 Rn. 15.

33 Siehe § 5 BDSG Rn. 10.

34 *Ehmann*, in: Simitis, BDSG, § 5 Rn. 15; anders *Gola/Schomerus*, BDSG, § 5 Rn. 9, wonach Reinigungspersonal nur im Falle des Ausleerens von Papierkörben zu verpflichten sei. Entscheidend dürfte vielmehr sein, ob in den Räumlichkeiten personenbezogene Daten offen liegen. Im Zweifel sollte auch das Reinigungspersonal verpflichtet sein.

fig mit Datenverarbeitung einher. Doch wirkt auch hier der weite Anwendungsbereich des § 5 Abs. 1 BDSG. Es fallen auch im Fertigungsbereich zunehmend personenbezogene Daten an, die Kollegen betreffen und zu gegenseitiger Kenntnis gelangen oder gelangen könnten, beispielsweise wegen eines geteilten Logins an einem Rechner oder einer Produktionsmaschine. Auch Kundendaten können an dieser Stelle verarbeitet werden, zum Beispiel wegen individueller Kundendaten bei maßgeschneiderten Produkten.

Nicht nur abhängige Arbeitnehmerinnen und Arbeitnehmer sind von der verarbei- **12** tenden Stelle zu verpflichten, sondern sämtliche Mitarbeiter, die in einer Art Beschäftigungsverhältnis zu der datenverarbeitenden Stelle stehen, etwa arbeitnehmerähnliche Personen, Teilzeitbeschäftigte, Werksstudenten, Aushilfen und Lehrlinge.[35] Ebenso können Werk- oder Dienstverträge den Anwendungsbereich eröffnen.[36] Weiterhin sind, unter den allgemeinen Voraussetzungen, freie Mitarbeiter und Praktikanten[37] betroffen. Der weit verstandene Tatbestand der „bei der Datenverarbeitung beschäftigten Personen" wird letztlich im Sinne einer Lagertheorie interpretiert. Diese basiert auf der Annahme, dass die Rechtsnatur des Beschäftigungsverhältnisses für die Pflicht zur Wahrung des Datengeheimnisses unbeachtlich ist. Das gesetzliche Verbot des § 5 Satz 1 BDSG greift sogar dann, wenn das Arbeitsverhältnis unwirksam ist.

Organe einer Kapitalgesellschaft, Inhaber von Unternehmen oder Geschäftsführer **13** einer GmbH fallen zwar unter den Wortlaut von § 5 Satz 1 BDSG. Mit der fehlenden Beschäftigteneigenschaft wird aber begründet, dass diese Gruppe nicht zum von § 5 BDSG erfassten Personenkreis zählt.[38] Der Begriff des „Beschäftigungsverhältnisses" scheint im vorliegenden Zusammenhang jedoch inzwischen irreführend. Der seit dem 1.9.2009 durch § 3 Abs. 11 BDSG definierte Begriff des „Beschäftigten" ist nicht deckungsgleich mit dem sozialversicherungsrechtlichen Beschäftigtenbegriff[39] und betrifft anders als hier einen auf bestimmte Rechtsverhältnisse beschränkten Kreis.[40] Es kann in Anlehnung an den Wortlaut von § 5 Satz 2 und 3 BDSG vielmehr etwa von einer „Tätigkeit für die datenverarbeitende Stelle" gesprochen werden. Unabhängig von dieser Begrifflichkeit sind die genannten Gruppen stets bei der Datenverarbeitung beschäftigt. Sie haben die Möglichkeit des Zugriffs auf personenbezogene Daten und das Datengeheimnis somit zu wah-

---

35 *Bergmann/Möhrle/Herb*, BDSG, § 5 Rn. 14; *Ehmann*, in: Simitis, BDSG, § 5 Rn. 14.

36 *Ehmann*, in: Simitis, BDSG, § 5 Rn. 14; *Auernhammer*, BDSG, § 5 Rn. 2; *Bergmann/Möhrle/Herb*, BDSG, § 5 Rn. 14 und 21, meinen abweichend, dass bei Zugrundeliegen von Werkverträgen der Auftraggeber des Drittunternehmens die Verpflichtung vornehmen soll.

37 *Däubler*, in: Däubler/Klebe/Wedde/Weichert, BDSG, § 5 Rn. 4.

38 *Däubler*, in: Däubler/Klebe/Wedde/Weichert, BDSG, § 5 Rn. 8; *Ehmann*, in: Simitis, BDSG, § 5 Rn. 16; kritisch zu dieser Begrifflichkeit oben Rn. 11; *Gola/Wronka*, Handbuch zum Arbeitnehmerdatenschutz, Rn. 1200.

39 BT-Drs. 16/13657, 17.

40 Siehe § 3 BDSG Rn. 62.

ren. Eine Verpflichtung gem. Satz 2 ist aber dennoch nicht angezeigt. Denn sie selbst sind vorgesehen, die Verpflichtung auf das Datengeheimnis vorzunehmen. Es ist nicht ersichtlich, wem gegenüber sie sich verpflichten sollen.[41]

14 Der Betriebsrat ist nach allgemeiner Auffassung Teil der verantwortlichen Stelle i. S. v. § 3 Abs. 7 BDSG.[42] Daher und aufgrund der Tatsache, dass er in dieser Funktion regelmäßig personenbezogene Daten verarbeitet, etwa Personallisten oder Sozialpläne, gilt für ihn und seine Mitglieder § 5 Satz 2 BDSG.[43] Zum Teil wird dies – wohl wegen der ansonsten tangierten Unabhängigkeit – verneint.[44] Diese Ansicht verkennt jedoch die rein deklaratorische Wirkung der Verpflichtung auf das Datengeheimnis. Eine materielle Belastung durch eine Belehrung ergibt sich für den Betriebsrat ersichtlich nicht.[45]

15 Der betriebliche Datenschutzbeauftragte erhält regelmäßig Kenntnis von personenbezogenen Daten der verarbeitenden Stelle und ist daher ebenso zu verpflichten.[46]

16 Im Rahmen der Auftragsdatenverarbeitung sind Personen, die bei der Datenverarbeitung beschäftigt und zugleich Mitarbeiter des Auftragnehmers sind, durch diesen und nicht durch die datenverarbeitende Stelle zu verpflichten. Selbiges gilt für die Subunternehmerschaft entsprechend. Diese Mitarbeiter sind organisatorisch dem jeweiligen Auftragnehmer bzw. Unterauftragnehmer zugeordnet und erfüllen schuldrechtlich dessen Pflicht.[47] Dementsprechend sieht § 11 Abs. 4 Satz 1 BDSG ausdrücklich vor, dass für den Auftragnehmer § 5 BDSG gilt. Der Auftraggeber hat kein gesetzliches Kontrollrecht oder gar eine korrespondierende Pflicht in Hinblick auf die Vornahme der Verpflichtungen nach § 5 BDSG durch diesen,[48] obgleich in dem Vertrag über die Auftragsdatenverarbeitung gem. § 11 Abs. 2 Satz 2 Nr. 5 BDSG i. V. m. § 11 Abs. 4 BDSG die Pflicht zur Vornahme der Verpflichtung nach § 5 BDSG „festge-

---

41 *Bergmann/Möhrle/Herb*, BDSG, § 5 Rn. 16; *Däubler*, in: Däubler/Klebe/Wedde/Weichert, BDSG, § 5 Rn. 8; *Gola/Wronka*, Handbuch zum Arbeitnehmerdatenschutz, Rn. 1204; für Bundesminister und Parlamentarische Staatssekretäre mit derselben Begründung *Ehmann*, in: Simitis, BDSG, § 5 Rn. 16.

42 BayVGH RDV 1988, 36 (37); *Ehmann*, in: Simitis, BDSG, § 5 Rn. 18; § 3 BDSG Rn. 52.

43 *Gola/Wronka*, Handbuch zum Arbeitnehmerdatenschutz, Rn. 1185 und 1190; *Hold*, RDV 2006, S. 249 (259); *Kort*, NZA 2010, S. 1267 (1269).

44 *Däubler*, in: Däubler/Klebe/Wedde/Weichert, BDSG, § 5 Rn. 8 m. w. N.

45 Im Ergebnis so wohl auch *Gola/Schomerus*, BDSG, § 1 Rn. 16; *Ehmann*, in: Simitis, BDSG, § 5 Rn. 18.

46 Aufsichtsbehörde Baden-Württemberg, Hinweise zum BDSG Nr. 33, Staatsanzeiger vom 4.1.1995, Nr. 1/2, S. 6; *Ehmann*, in: Simitis, BDSG, § 5 Rn. 17; a. A. unter Verweis auf lediglich Kenntnisnahme *Schaffland/Wiltfang*, BDSG, § 5 Rn. 8.

47 Aus demselben Grund sind auch unter das Arbeitnehmerüberlassungsgesetz fallende Personen von der überlassenden Stelle zu verpflichten, so im Ergebnis auch *Bergmann/Möhrle/Herb*, BDSG, § 5 Rn. 21.

48 Diese Pflicht wurde wie hier für den wortgleichen § 11 Abs. 4 BDSG a. F. jedoch vertreten, vgl. nur *Schaffland/Wiltfang*, BDSG, § 5 Rn. 11; a. A. *Gola/Wronka*, Handbuch zum Arbeitnehmerdatenschutz, Rn. 1205; *Bergmann/Möhrle/Herb*, BDSG, § 5 Rn. 22.

legt" werden muss. Gemeint ist insofern lediglich ein vertraglicher Hinweis auf die ohnehin bestehende Aufgabe des Auftragnehmers, seine Mitarbeiter gemäß § 5 BDSG zu verpflichten und nicht eine gesetzliche Pflicht zur vertraglichen Detaillierung der Pflichten, wie in Hinblick auf eine Kontrollpflicht des Auftraggebers. Denn der Wortlaut der Norm bezieht sich klar auf die Pflicht des Auftragnehmers, nicht aber auf eine solche des Auftraggebers. Daran ändern auch die in § 11 Abs. 2 Satz 2 Nr. 5 BDSG genannten „Kontrollen", die ebenfalls festzulegen sind, nichts. Diese betreffen im Kontext mit § 11 Abs. 4 BDSG ersichtlich lediglich die dort genannten Vorschriften über die Datenschutzkontrollpflicht. Zudem betrifft diese Pflicht nicht lediglich die des Auftraggebers, sondern ebenfalls die des Auftragnehmers. Freilich bleibt den Parteien eine privatautonome Vereinbarung solcher Pflichten oder Rechte überlassen. Raum dafür gibt § 11 Abs. 2 Satz 2 Nr. 7 BDSG, die – als einzige der Mindestvoraussetzungen Kontrollrechte regelnd – die Definition der „Kontrollrechte des Auftraggebers und der entsprechenden Duldungs- und Mitwirkungspflichten des Auftragnehmers" vorsieht. Diese Kontrollrechte betreffen jedoch die Einholung der Verpflichtungen durch den Auftragnehmer und nicht etwa beiderseitige Kontrollrechte oder gar ausschließlich Kontrollrechte des Auftragnehmers.

2. Unbefugte Datenverwendung

§ 5 Satz 1 BDSG verbietet der mit der Datenverarbeitung beschäftigten Person jegliche unbefugte Erhebung, Verarbeitung und Nutzung personenbezogener Daten. Der Verarbeitungsbegriff und damit das Verbot der unbefugten Vornahme umfassen die Speicherung, Veränderung, Übermittlung, Sperrung und Löschung.[49] Alle Phasen der Datenverarbeitung bedürfen also einer Befugnis, um nicht in Widerspruch zu § 5 Satz 1 BDSG zu stehen. Der Begriff des Datengeheimnisses ist mithin irreführend, legt er doch einen Schutz lediglich vor unzulässiger interner Weitergabe, also einer Form der Nutzung, oder vor unzulässiger Übermittlung nahe,[50] obwohl tatsächlich jeglicher rechtswidriger Umgang mit personenbezogenen Daten untersagt ist.[51]   **17**

Für die Bestimmung der Rechtmäßigkeit der Datenverarbeitung sind alle einschlägigen Rechtsnormen zu berücksichtigen. Wenn für die konkrete Datenerhebung, -verarbeitung und -nutzung keine datenschutzrechtliche Zulässigkeitsnorm greift bzw. der Betroffene nicht oder nicht wirksam in die Datenverarbeitung eingewilligt hat, handelt der Datenverwender gem. § 4 Abs. 1 BDSG unbefugt und damit pflichtwidrig. Auch eine Missachtung von für die Verarbeitung von Mitarbeiterdaten mitunter relevanten Mitbestimmungsrechten nach BetrVG indiziert einen Verstoß gegen das Datengeheimnis.[52]   **18**

---

49 § 3 BDSG Rn. 27 f.
50 *Ehmann*, in: Simitis, BDSG, § 5 Rn. 19.
51 *Gola/Schomerus*, BDSG, § 5 Rn. 1; *Trute*, in: Roßnagel, Hdb. DSR, Kap. 2.5, Rn. 6.
52 *Gola/Schomerus*, BDSG, § 5 Rn. 5; *Gola/Wronka*, Handbuch zum Arbeitnehmerdatenschutz, Rn. 1193.

19 Weiterhin handelt ein Mitarbeiter unbefugt im Sinne von § 5 Satz 1 BDSG, wenn er überhaupt nicht autorisiert ist, Daten zu verarbeiten, die dazu bestehende Möglichkeit aber trotzdem nutzt;[53] denn ihm gebietet das Datengeheimnis, personenbezogene Daten nach Möglichkeit weder zur Kenntnis zu nehmen noch auf andere Weise zu nutzen.[54]

20 Die befugt bei der Datenverarbeitung beschäftigten Personen bindet das Datengeheimnis nicht hinsichtlich des „Ob", sondern in Bezug auf das „Wie" der Datenverarbeitung. Dann ergeben sich für den Mitarbeiter die Beachtung des Gebotes der Datensparsamkeit und damit eine auf das Nötigste reduzierte Kenntnisnahme. Unbefugt handelt ein Mitarbeiter daher insbesondere dann, wenn er eine Datenverarbeitung vornimmt, die seine Aufgabenstellung nicht vorsieht.[55] Für den Verstoß, sei es aus Neugier[56] oder zwecks anderweitiger missbräuchlicher Verwendung,[57] etwa für eigene Zwecke[58] oder unberechtigter Dritter,[59] ist ohne Belang, ob die verarbeitende Stelle zur Datenverarbeitung legitimiert ist.[60] Wie weit der Aufgabenbereich und damit die Befugnis reichen, ist für den Einzelfall zu bestimmen. Eine Befugnis ergibt sich stets durch interne Geschäfts- und Zuständigkeitsverteilung,[61] oder jede andere Zugriffsbeschränkung im Sinne von Satz 1 der Anlage zu § 9 BDSG[62] oder etwa durch mündliche Weisungen in Ausübung des arbeitsrechtlichen Direktionsrechts oder durch aufgrund von Duldung erworbene Rechte des Mitarbeiters, z. B. durch wiederholtes Geschehenlassen der Kenntnisnahme durch den Vorgesetzten. Schon die einmalige objektiv nicht gebotene, weil nicht dem Arbeitsbereich entsprechende Kenntnisnahme von personenbezogenen Daten kann in diesem Sinne eine Befugnis auslösen. Alles andere würde den Mitarbeiter zu Unmöglichem verpflichten. Insbesondere kann es nicht Ziel des Datengeheimnisses sein, den Mitarbeiter zu einer umfassenden Rechtmäßigkeitsprüfung der ihm obliegenden Datenverarbeitung zu verpflichten.[63] Insofern muss sich der Mitarbeiter grundsätzlich auf einen bestehenden Arbeitsprozess oder eine Weisung verlassen können. Eine Aus-

---

53 *Gola/Schomerus*, BDSG, § 5 Rn. 6.

54 Zur Anwendbarkeit des Datengeheimnisses auf Personen ohne Befugnis zur Datenverarbeitung vgl. § 5 BDSG Rn. 10; zur Kenntnisnahme als Form der Nutzung vgl. *Bergmann/Möhrle/Herb*, BDSG, § 3 Rn. 124.

55 *Ehmann*, in: Simitis, BDSG, § 5 Rn. 21; *Bergmann/Möhrle/Herb*, BDSG, § 5 Rn. 30; a. A. *Schaffland/Wiltfang*, BDSG, § 5 Rn. 5.

56 *Ehmann*, in: Simitis, BDSG, § 5 Rn. 23.

57 *Ehmann*, in: Simitis, BDSG, § 5 Rn. 23.

58 *Däubler*, in: Däubler/Klebe/Wedde/Weichert, BDSG, § 5 Rn. 9; *Ehmann*, in: Simitis, BDSG, § 5 Rn. 23.

59 *Däubler*, in: Däubler/Klebe/Wedde/Weichert, BDSG, § 5 Rn. 9.

60 *Däubler*, in: Däubler//Klebe/Wedde/Weichert, BDSG, § 5 Rn. 9; *Sensburg*, DuD 1998, S. 650 (651 f.); BGH NJW-RR 1999, 767.

61 *Bergmann/Möhrle/Herb*, BDSG, § 5 Rn. 30; LAG Baden-Württemberg RDV 1995, 81, in Hinblick auf einen Zugriff auf für den Mitarbeiter gesperrte Daten.

62 *Bergmann/Möhrle/Herb*, BDSG, § 5 Rn. 30; a. A. *Schaffland/Wiltfang*, BDSG, § 5 Rn. 11.

63 *Gola/Wronka*, Handbuch zum Arbeitnehmerdatenschutz, Rn. 1194.

Kinast

nahme gilt insbesondere dann, wenn der Mitarbeiter seinen Aufgabenbereich hinsichtlich der Reichweite der Datenverarbeitung eigenverantwortlich zu organisieren hat, etwa im Rahmen der Entwicklung eines neuen Vertriebsmodells. Dann muss sich der Mitarbeiter im Zweifelsfall über die Rechtmäßigkeit seines Tuns vorab informieren, z.B. beim Datenschutzbeauftragten, der Rechtsabteilung oder seinem Vorgesetzten. Bei strafrechtlicher Relevanz, zumindest wenn die Rechtswidrigkeit der Datenverarbeitung auf der Hand liegt, kann dem Mitarbeiter ggf. zuzumuten sein, die angewiesene Datenverarbeitung zu verweigern bzw. auf die Rechtswidrigkeit hinzuweisen.[64] Unterlässt er dies, kommt ein Verschulden des Mitarbeiters in Betracht. Selbiges ist Voraussetzung für einen Regress des Arbeitgebers wegen unbefugter Datenverarbeitung sowie für arbeitsrechtliche Konsequenzen.[65]

III. Die Verpflichtung auf das Datengeheimnis (Satz 2)

Ausschließlich nicht-öffentliche Stellen gem. § 2 Abs. 4 Satz 1 BDSG sind vorgesehen, die Verpflichtung auf das Datengeheimnis vorzunehmen.[66] Das Datengeheimnis, so die Begründung für diese Beschränkung,[67] sei bereits Teil der im öffentlichen Dienst bestehenden „Verschwiegenheitspflicht" und entsprechender Verpflichtungen.[68] Dies als zutreffend unterstellt, hätte wohl eine gesetzliche Etablierung des Datengeheimnisses beschränkt auf nicht-öffentliche Stellen ausgereicht.   **21**

1. Rechtsnatur und -wirkung der Verpflichtung

Bei der Verpflichtung handelt es sich um eine einseitige, deklaratorische[69] Erklärung des Arbeitgebers gegenüber seinem Mitarbeiter, die den ausdrücklichen Hinweis auf das durch ihn zu wahrende Datengeheimnis zum Inhalt hat. Damit wird der Mitarbeiter belehrt,[70] nicht im Rechtssinne verpflichtet, wenngleich hier nicht, wie sonst bei Belehrungen[71] über Rechte, sondern über Pflichten informiert wird.   **22**

---

64 *Däubler*, in: Däubler/Klebe/Wedde/Weichert, BDSG, § 5 Rn. 16; *Gola/Wronka*, Handbuch zum Arbeitnehmerdatenschutz, Rn. 1195, spricht von einer „Remonstrationspflicht".
65 *Schaffland/Wiltfang*, BDSG, § 5 Rn. 14.
66 Siehe § 2 BDSG Rn. 16 und 17.
67 BT-Drs. 11/4306, S. 74.
68 So zum Beispiel *Runge*, DuD 1993, S. 321 (323); *Gola/Schomerus*, BDSG, § 5 Rn. 10, womit wohl die allgemeine Amtsverschwiegenheit nach § 67 Abs. 1 BBG und gem. entsprechender Landesgesetze gemeint ist, die gem. § 1 Abs. 3 Satz 1 BDSG, soweit ihr Schutzzweck personenbezogene Daten betrifft, hinter § 5 BDSG zurücktritt, vgl. § 5 BDSG Rn. 7.
69 *Ehmann*, in: Simitis, BDSG, § 5 Rn. 26.
70 Wie hier *Gola/Schomerus*, BDSG, § 5 Rn. 12.
71 Vgl. nur § 156 StPO und § 355 BGB.

23 Genauso wenig, wie die Vornahme der Belehrung für die verpflichtende Stelle verpflichtend ist, kann sich für die natürliche Person aus selbiger eine Verpflichtung
im Rechtssinne ergeben. Es handelt sich bei der Entgegennahme der Verpflichtung
um eine bloße Kenntnisnahme durch den Mitarbeiter. Diese weist als Realakt[72] keinen eigenen rechtlichen Gehalt auf und stellt insbesondere keine Willenserklärung
dar, sondern lediglich eine Wissenserklärung.

24 Die Verpflichtung durch den Arbeitgeber indiziert damit das Wissen und mithin im
Falle einer unbefugten Datenverwendung ein Verschulden des Mitarbeiters, welches Voraussetzung jeglicher haftungs- und arbeitsrechtlicher Konsequenzen ist.
Mit Belehrung wird der Mitarbeiter also gewissermaßen bösgläubig. Eine nachweislich erfolgte Verpflichtung macht die Berufung auf einen Verbotsirrtum seitens
des unbefugt handelnden Mitarbeiters unmöglich.[73]

2. Form, Bestandteile und Organisation der Verpflichtung

25 Die Verpflichtung ist formlos möglich.[74] Die Ernsthaftigkeit der Belehrung kann
jedoch durch Schriftlichkeit oder zumindest durch Textform unterstrichen werden.
Beide Formen dienen insbesondere der Beweisbarkeit der Vornahme der Verpflichtung. Schriftlichkeit ist, sofern nicht die Textform im konkreten Fall durch nicht
manipulierbare Sicherstellung und Dokumentation der Kenntnisnahme den Zweck
genauso gut oder durch besonders gut aufbereitete Inhalte sogar besser zu erfüllen
vermag, anzuraten.[75] Die Beweisbarkeit ist schon dann gegeben, wenn der Verpflichtende die Verpflichtung unterschreibt und damit nachvollziehbar macht,
wann er wen unterrichtet hat. Um Auseinandersetzungen über die Echtheit solcher
Dokumentationen zu vermeiden, kann es hilfreich sein, die Bestätigung der Durchführung der Belehrung und des Erhalts des Merkblattes durch eine Unterschrift eines jeden Mitarbeiters einzuholen.[76] Auch nur Letzteres ist möglich. Nur Ersteres
ist jedenfalls bei Verweigerung der Gegenzeichnung des Mitarbeiters sinnvoll.
Dann kann sich auch die Zeichnung von zwei Personen, etwa durch einen Mitarbei-

---

72 *Ehmann*, in: Simitis, BDSG, § 5 Rn. 26.
73 *Gola/Schomerus*, BDSG, § 5 Rn. 4.
74 *Runge*, DuD 1993, S. 321 (323); *Ehmann*, in: Simitis, BDSG, § 5 Rn. 29; *Gola/Schomerus*,
   BDSG, § 5 Rn. 11; *Gola/Wronka*, Handbuch zum Arbeitnehmerdatenschutz, Rn. 1208;
   Däubler, in: Däubler/Klebe/Wedde/Weichert, BDSG, § 5 Rn. 8.
75 Ohne auf diese möglichen Vorteile einer auch den Kommunikationsgewohnheiten zunehmend entsprechenden Möglichkeit einzugehen, wird z. T. eine persönliche Verpflichtung
   für erforderlich gehalten, vgl. nur *Gola/Schomerus*, BDSG, § 5 Rn. 11.
76 Einzig die Beweislage ist für die Formfrage und deren best practise von Bedeutung und
   nicht etwa, wie z. T., vgl. nur *Runge*, DuD 1993, S. 321 (323), angenommen, der Grad der
   Schutzbedürftigkeit der Daten. § 5 BDSG schützt als umfassendes Verbot alle Datenkategorien und nicht etwa nur besondere personenbezogene Daten, bei denen nach der gesetzlichen Konzeption von einer gehobenen Schutzbedürftigkeit ausgegangen werden darf.
   Nur ausgewählte Personenkreise um eine Gegenzeichnung der Verpflichtung zu bitten, erscheint daher nicht sinnvoll.

ter der Personalabteilung und den Vorgesetzten aus beweisrechtlichen Gründen oder ein durch eine zweite Person gegengezeichneter Aktenvermerk anbieten. Erforderlich ist dies angesichts der rein deklaratorischen Wirkung der Kenntnisnahme naturgemäß nicht.[77] Üblich dürfte jedenfalls die Hinzunahme der schriftlichen Ausfertigung zur Personalakte des Mitarbeiters und die Übergabe einer Zweitausfertigung an die verpflichtete Person sein,[78] sofern es sich nicht etwa um einen freien Mitarbeiter handelt. Für insoweit heterogene Belegschaften sollten homogene Prozesse eingeführt werden. Wird also entsprechend mit festen Mitarbeitern verfahren, sollten auch die Verpflichtungen der freien Mitarbeiter aufbewahrt werden, wenngleich es für diese Gruppe keine Personalakten gibt. Aus beweisrechtlicher Sicht erscheint sonst eine gewisse Negativindikation nicht abwegig. Die Verpflichtung fester Mitarbeiter akribisch durchzuführen und gleichzeitig freie Mitarbeiter etwa nur mündlich zu verpflichten, könnte zu dem Eindruck führen, Letztere seien gar nicht oder nur eingeschränkt verpflichtet worden. Umgekehrt erscheint es nicht aussichtslos, eine zwar durchgeführte, aber ausnahmsweise nicht aktenkundige Verpflichtung in einem Gerichtsprozess als durchgeführt beweisen zu können. Einem klaren Arbeitsprozess dürfte dahingehende Indizwirkung beigemessen werden können.[79] Hier gilt es also, einem Organisationsverschulden vorzubeugen. Zulässig, aber ggf. in diesem Sinne schuldhaft ist es, wenn die Verpflichtung nur am schwarzen Brett ausgehängt wird[80] oder in einer Arbeitsanweisung des Unternehmens[81] enthalten ist. Als insbesondere für Großunternehmen verhältnismäßig, jedoch im Falle eines Fehlens von Lesebestätigungen oder Rückläufern nachteilig kann sich die Wahl der Textform, etwa die Verwendung von nicht nach SignG signierten E-Mails auswirken. Auch die Aufnahme der Verpflichtung in den Arbeitsvertrag ohne besondere Hervorhebung leistet einer Haftungsbegründung für den Fall der unbefugten Datenverarbeitung Vorschub.[82] Gleiches gilt für die mangelnde Wiedergabe der wichtigsten Normen oder eine Mitteilung nur der einschlägigen Normen.[83]

Neben einer gut verständlichen Information über den Inhalt und die Bedeutung[84] des Datengeheimnisses ist der Aufforderungscharakter zur Einhaltung dieser Vorschriften für die Verpflichtung essenziell. Die Belehrung hat weiterhin arbeitsplatzbezogen zu erfolgen. Es sind also grundsätzlich branchen- oder positionstypische Verhaltenshinweise zu geben. Um die Ernsthaftigkeit der Verpflichtung zu verdeutlichen und einen Verbotsirrtum nachhaltig auszuschließen, sollten im Zuge der Ver- **26**

---

77 Zu den Rechtsfolgen der Verweigerung einer Unterschrift siehe § 5 BDSG Rn. 34 f.
78 *Ehmann*, in: Simitis, BDSG, § 5 Rn. 28.
79 Zur Integration der Verpflichtung in die Datenschutzorganisation *Müthlein/Heck*, RDV 1994, S. 121 (126).
80 *Gola/Schomerus*, BDSG, § 5 Rn. 12.
81 *Gola/Schomerus*, BDSG, § 5 Rn. 12 regt dies ohne Einschränkung an.
82 Wie hier *Ehmann*, in: Simitis, BDSG, § 5 Rn. 28; *Schaffland/Wiltfang*, BDSG, § 5 Rn. 22; *Gola/Schomerus*, BDSG, § 5 Rn. 12 regt dies ohne Einschränkung an.
83 Für Letzteres auch *Gola/Schomerus*, BDSG, § 5 Rn. 11.
84 Wie hier *Hold*, RDV 2006, S. 249 (259).

pflichtung zudem die Konsequenzen eines Verstoßes erläutert werden. Neben Arbeitsanweisungen mit Datenschutzrelevanz hat der Arbeitgeber auf gesetzliche Sanktionen und Schadensersatzbestimmungen hinzuweisen. Es liegt darüber hinaus nahe, angrenzende Geheimnispflichten zu erläutern und zum Datengeheimnis abzugrenzen, etwa auch § 88 TKG.[85] Die Verpflichtung auf das Datengeheimnis und auf andere Geheimnispflichten sollten zudem zusammen vorgenommen werden.[86] Den Informationspflichten wird regelmäßig, was anzuraten ist, neben einer entsprechenden mündlichen Unterrichtung, über ein der eigentlichen Verpflichtung beiliegendes Merkblatt genügt.[87]

27 Wer die Unterrichtung und die Verpflichtung im Namen der verantwortlichen Stelle[88] vornimmt, ist gesetzlich nicht bestimmt. Die Praxis ist uneinheitlich. Je nach der konkreten Organisationsstruktur eines Unternehmens kommen dafür verschiedene Funktionsträger in Betracht. Der betriebliche Datenschutzbeauftragte ist nach allgemeiner Ansicht für die Aufgabe geeignet.[89] Für dessen Betrauung mit dieser Aufgabe spricht, dass er ohnehin gem. § 4g Abs. 1 Satz 4 Nr. 2 BDSG regelmäßige Datenschutzschulungen durchführt.[90] Zum einen dürften diese allerdings nicht immer zeitlich mit der Einstellung neuer Mitarbeiter zusammenfallen, also dem Zeitpunkt, an dem die Verpflichtung auf das Datengeheimnis gem. § 5 Satz 2 BDSG zu erfolgen hat. Zum anderen ist der Datenschutzbeauftragte dazu gehalten, darauf hinzuwirken, dass die Verpflichtung erfolgt.[91] Ist es daher nicht der betriebliche Datenschutzbeauftragte, der die Belehrung vornimmt, so fungiert er als Kontrollinstanz hinsichtlich der Ordnungsgemäßheit der Verpflichtungen. Wird die Verpflichtung gem. § 5 BDSG zusammen mit anderen Geheimnisverpflichtungen vorgenommen,[92] spricht dies ohnehin für eine Vornahme durch die verantwortliche Stelle. Da die Belehrung zudem im Haftungsinteresse der verantwortlichen Stelle steht, sollte diese aus diesem Grunde auch für die Vornahme des Prozesses sorgen. Der Datenschutzbeauftragte wird dabei regelmäßig aufgrund seiner Fachkunde die Rahmenbedingungen des Prozesses vorgeben. Nimmt die Personalabteilung die

---

85 Zum Verhältnis des § 5 BDSG zu anderen Vorschriften § 5 BDSG Rn. 4.

86 A.A. *Runge*, DuD 1993, S. 321 (323), der meint, auf das Datengeheimnis biete sich eine mündliche Verpflichtung an, wenn auf andere Geheimnisse bereits schriftlich verpflichtet wurde. Dies könnte dem Mitarbeiter jedoch suggerieren, das Datengeheimnis sei anderen Geheimnispflichten gegenüber stets subsidiär, was nicht der Fall ist, vgl. § 5 BDSG Rn. 4 f.

87 Der Bundesbeauftragte für den Datenschutz und die Informationsfreiheit, http://www.bfdi.bund.de/nn_530434/DE/Themen/GrundsaetzlichesZumDatenschutz/Einzelfragen/Artikel/Datengeheimnis.html.

88 Für die Verantwortlichkeit derselben, demnach gegen eine Verantwortlichkeit des betrieblichen Datenschutzbeauftragten, plädiert *Däubler*, in: Däubler/Klebe/Wedde/Weichert, BDSG, § 5 Rn. 12.

89 *Walz*, in: Simitis, BDSG 6. Aufl., § 5 Rn. 32; *Gola/Schomerus*, BDSG, § 5 Rn. 13.

90 Siehe § 4g BDSG Rn. 17.

91 *Gola/Schomerus*, BDSG, § 5 Rn. 13.

92 Siehe § 5 BDSG Rn. 26.

Verpflichtung vor, kann es direkt zu einer – vorteilhaften[93] – Aufnahme der Unterlagen in die Personalakte kommen. Wird der Vorgesetzte des neuen Mitarbeiters mit der Aufgabe betraut, kann dieser die Arbeitsplatzbezogenheit der Belehrung sicherstellen. Aber auch der Inhaber oder Geschäftsführer kommt, gerade in kleineren und mittleren Unternehmen, für eine Übernahme der Verpflichtung in Betracht. Macht er den Datenschutz von Anfang an so „zur Chefsache", kann über die grundlegende Bedeutung des Datenschutzes für das Unternehmen für den Mitarbeiter kein Zweifel aufkommen. So wird der zentrale Zweck der Verpflichtung befördert.

Ein Mitbestimmungsrecht nach § 87 Abs. 1 Nr. 1 BetrVG bei der Einholung von **28** standardisierten, gegebenenfalls auch datenschutzrelevanten Verschwiegenheitserklärungen verneint das BAG.[94] Wenngleich die Belehrungen gem. § 5 BDSG arbeitsplatzbezogen auszugestalten sind, kann insofern von standardisierten Verpflichtungen gesprochen werden, weil ersteren Beispielscharakter zukommt, nicht aber etwa eine Modifikation des gesetzlichen Datengeheimnisses vorgenommen wird. Mithin besteht auch kein Mitbestimmungsrecht bei der Verpflichtung auf das Datengeheimnis.[95]

IV. Fortbestand des Datengeheimnisses (Satz 3)

Das Datengeheimnis gilt gem. § 5 Satz 3 BDSG nicht nur für ein bestehendes Beschäftigungsverhältnis, sondern besteht auch nach Beendigung der Tätigkeit fort. **29** Wie bei der Frage nach der Eröffnung des Anwendungsbereiches des § 5 BDSG ist auch hier auf die tatsächliche Möglichkeit eines Zugriffs auf personenbezogene Daten abzustellen. Eine Tätigkeit ist also dann beendet, wenn faktisch dauerhaft keine Möglichkeit zur Datenverarbeitung mehr besteht. Regelmäßig ist dies der Fall, wenn der Mitarbeiter aus der verantwortlichen Stelle ausscheidet, etwa durch Wechsel des Arbeitgebers, Eintritt in den Ruhestand o. ä.[96] Erfasst ist darüber hinaus die innerbetriebliche oder -behördliche Umsetzung auf einen Arbeitsplatz, bei dessen Wahrnehmung keine Möglichkeit zur Datenverarbeitung besteht.[97] Eine eigene Verpflichtung zum Zeitpunkt der Beendigung ist nicht gesetzlich vorgeschrieben, kann sich aber als sinnvoll erweisen.[98]

Ab dem Beendigungszeitpunkt wird der – für die Dauer der Tätigkeit zu enge –[99] **30** Begriff des „Datengeheimnisses" dem relevanten Tatbestand gerecht. Dieser beschränkt sich nunmehr auf das Verbot der unzulässigen Weitergabe.

---

93 Siehe § 5 BDSG Rn. 25.
94 BAG MDR 2009, 1176 f.
95 *Gola/Klug*, NJW 2009, S. 2577 (2582).
96 *Ehmann*, in: Simitis, BDSG, § 5 Rn. 31.
97 *Ehmann*, in: Simitis, BDSG, § 5 Rn. 31.
98 Ein Muster, das auch die sonstigen fortgeltenden Schweigeverpflichtungen einbezieht, findet sich bei *Gola/Wronka*, Handbuch zum Arbeitnehmerdatenschutz, Rn. 1217.
99 Siehe § 5 BDSG Rn. 17.

V. Rechtsfolgen

31   Die mit § 5 BDSG zusammenhängenden Rechtsfolgen sind danach zu unterscheiden, ob die verantwortliche Stelle die Verpflichtung auf das Datengeheimnis pflichtwidrig unterlassen hat, ob der Mitarbeiter sich weigert, die formale Kenntnisnahme der Verpflichtung, insbesondere durch deren Gegenzeichnung, zu bestätigen, oder ob es nach einer rechtmäßigen Verpflichtung und unproblematischer Kenntnisnahme zu einem Verstoß gegen das Datengeheimnis kommt.

1. Unterlassung der Verpflichtung auf das Datengeheimnis

32   Für die verantwortliche Stelle ergeben sich durch eine Unterlassung oder Schlechtvornahme der Verpflichtung auf das Datengeheimnis als solche, d.h. ohne folgenden Verstoß gegen das Datengeheimnis, keinerlei unmittelbaren straf- oder zivilrechtlichen Sanktionen. Dies stellt jedoch einen Verstoß gegen Satz 1 der Anlage zu § 9 BDSG dar,[100] der Grundlage für eine behördliche Anordnung gem. § 38 Abs. 5 Satz 1 BDSG sein kann.[101]

33   Weiterhin können deliktische Ansprüche des Betroffenen bestehen, wenn eine Verpflichtung unterlassen wurde und es daraufhin zu einem Verstoß gegen das Datengeheimnis kommt. Gegen die verantwortliche Stelle kommen Schadensersatzansprüche gem. § 823 Abs. 1 BGB (Recht auf informationelle Selbstbestimmung als sonstiges Recht) wegen Organisationsverschuldens oder gem. § 831 Abs. 1 Satz 1 BGB in Betracht. Aufgrund der fehlenden Verpflichtung besteht keine Exkulpationsmöglichkeit gem. § 831 Abs. 1 Satz 2 BGB.[102] Letzteres gilt auch für den daneben anwendbaren § 7 BDSG. Ein Schadensersatzanspruch gegen den Mitarbeiter kann in dieser Situation ausscheiden, wenn er sich in einem – von ihm zu beweisenden – unvermeidbaren Verbotsirrtum befand.[103]

34   Gelingt ihm dies, scheidet auch eine sonst gem. §§ 43, 44 BDSG gegen ihn in Frage kommende strafrechtliche oder ordnungsrechtliche Ahndung aus.

2. Verweigerung der Kenntnisnahme

35   Verweigert der Mitarbeiter nach einer ordnungsgemäßen Belehrung die formale Kenntnisnahme der Verpflichtung durch Gegenzeichnung oder bei der elektronischen Verpflichtung die Lesebestätigung, sollte die verantwortliche Stelle Beweissicherungsmaßnahmen in Hinblick auf die erfolgte Verpflichtung durchführen.[104] Zwar unterliegt der Mitarbeiter ungeachtet einer etwaigen Verweigerung un-

---

100 *Ehmann*, in: Simitis, BDSG, § 5 Rn. 36.
101 *Ehmann*, in: Simitis, BDSG, § 5 Rn. 36.
102 *Däubler*, in: Däubler/Klebe/Wedde/Weichert, BDSG, § 5 Rn. 15.
103 *Gola/Schomerus*, BDSG, § 5 Rn. 4.
104 Siehe oben Rn. 25.

streitig dem Datengeheimnis,[105] doch wird zum Teil vertreten, dass entsprechende Mitarbeiter daran zu hindern seien, personenbezogene Daten zur Kenntnis zu nehmen.[106] Teilweise wird auch gefordert, arbeitsrechtliche Konsequenzen zu ziehen, um den Umgang „eines solchen Mitarbeiters" mit personenbezogenen Daten zu beenden.[107] Arbeitsrechtliche Sanktionen abseits der Ermahnung sind indes nicht pauschal anzuraten, sondern bedürfen einer vorherigen Einzelfallabwägung, um dem Ultima-ratio-Prinzip gerecht zu werden. Die Weigerung eines Mitarbeiters zur Gegenzeichnung indiziert nicht notwendiger Weise eine Verweigerung der Einhaltung des Datengeheimnisses.

Erst wenn für Letzteres ein hinreichender Verdacht besteht und sich der Mitarbeiter **36** nicht z. B. nur aus Angst vor einer unüberschaubaren Haftungsübernahme einer Gegenzeichnung enthält, fällt die Weigerung auf das Arbeitsverhältnis zurück, sodass arbeitsrechtliche Sanktionen nach den allgemeinen Regeln ergriffen werden können und sollten. Ansonsten gilt: Sanktionen wegen der Nichtbefolgung einer unwirksamen Weisung verstoßen gegen das Maßregelungsverbot gem. § 612a BGB. Eine Weisung muss als Konkretisierung des Leistungsbestimmungsrechts im Sinne von §§ 315 ff. BGB darauf abzielen, die vertraglichen Pflichten des Arbeitnehmers zu konkretisieren. Eine Pflicht zur Unterzeichnung der Belehrung dürfte sich allerdings bei nicht zum Ausdruck gebrachter Weigerung der Einhaltung des Datengeheimnisses weder aus einer gesetzlichen Norm ergeben noch im Arbeitsvertrag angelegt sein. Denn die Unterschrift dient einzig dem Beweissicherungsinteresse des Arbeitgebers und damit nicht der Erfüllung des Arbeitsverhältnisses. Eine ausnahmsweise dennoch bestehende Schadensabwehrpflicht des Mitarbeiters in Form der Unterzeichnung scheidet hier aus, weil das Interesse des Arbeitgebers ohne Weiteres anderweitig zu gewährleisten ist.[108]

3. Verstöße gegen das Datengeheimnis

Anders als die Weigerung der Bestätigung der Kenntnisnahme als solche, stellt ein **37** Verstoß gegen das Datengeheimnis[109] ohne Weiteres einen Grund für arbeitsrechtliche Sanktionen dar, sofern eine ordnungsgemäße Verpflichtung erfolgt ist.[110]

In Betracht kommt daneben ein Schadensersatzanspruch des Arbeitgebers wegen **38** der Verletzung des Arbeitsvertrages gem. §§ 280 Abs. 1, 611 BGB. Ein Schadensersatz gegen die verantwortliche Stelle kann sich aus § 7 BDSG, daneben aus Delikts-

---

105 Siehe Rn. 1; *Walz*, in: Simitis, BDSG, 6. Aufl., § 5 Rn. 31.
106 Der Bayerische Landesbeauftragte für den Datenschutz, http://www.datenschutz-bayern.de/faq/FAQ-technik-to/FAQ-datengeheimnis.html.
107 *Ehmann*, in: Simitis, BDSG, § 5 Rn. 29.
108 Siehe § 5 BDSG Rn. 25.
109 Siehe § 5 BDSG Rn. 17 f.
110 *Däubler*, in: Däubler/Klebe/Wedde/Weichert, BDSG, § 5 Rn. 16; *Ehmann*, in: Simitis, BDSG, § 5 Rn. 37; *Gola/Schomerus*, BDSG, § 5 Rn. 3.

recht[111] oder gem. § 280 BGB ergeben. Soweit sich der Arbeitnehmer selbst einem – stets deliktischen und regelmäßig lediglich materiellen –[112] Schadensersatzanspruch des Geschädigten gegenübersieht, muss der Arbeitgeber den Arbeitnehmer im Innenverhältnis aus Fürsorge und wegen des ihn treffenden Betriebsrisikos u. U. zu Teilen freihalten. Bei Vorsatz und grober Fahrlässigkeit haftet der Arbeitnehmer jedoch voll. Zur Ermittlung des Verschuldensgrades dürfte es auch auf die Qualität der Belehrung ankommen, allerdings nur soweit ein Belehrungsverstoß schadensursächlich geworden ist. Dabei muss der Arbeitgeber gem. § 619a BGB beweisen, dass der Arbeitnehmer den Schaden verschuldet hat (Beweislastumkehr).

39 Für öffentliche Stellen kann sich bei einem Verstoß gegen das Datengeheimnis eine Amtshaftung gem. Art. 34 GG, § 839 BGB ergeben. Im fiskalischen Bereich sind §§ 31, 89 bzw. § 831 BGB anwendbar. Weiterhin erscheint der Anspruch gegen den eventuell auch persönlich haftenden Bediensteten z. B. nach § 839 BGB nicht ausgeschlossen.[113] Mit § 8 BDSG existiert weiterhin eine parallel anwendbare eigenständige Haftungsnorm für öffentliche Stellen mit der Besonderheit des verschuldensunabhängigen Haftungstatbestands bei automatisierter Datenverarbeitung.

40 Mit einem Verstoß gegen das Datengeheimnis können gleichzeitig Ordnungswidrigkeiten nach § 43 Abs. 2 BDSG verwirklicht werden. Die Voraussetzung des § 43 Abs. 2 BDSG, nach der nicht allgemein zugängliche Daten[114] betroffen sein müssen, sieht das Datengeheimnis nicht vor. Nicht jeder Verstoß gegen das Datengeheimnis ist also von § 43 Abs. 2 BDSG umfasst.[115] Andererseits ist der personelle Anwendungsbereich des § 43 Abs. 2 BDSG anders als der des § 5 BDSG nicht auf bei der Datenverarbeitung beschäftigte Personen begrenzt und erfasst auch Dritte. Sofern Ordnungswidrigkeiten gegen Entgelt oder in Bereicherungs- oder Schädigungsabsicht vorgenommen werden, stellt § 44 Abs. 1 BDSG diese unter Strafe, wobei gem. § 44 Abs. 2 BDSG ein Strafantrag erforderlich ist.

41 Weitere strafrechtliche Sanktionen eines Verstoßes gegen das Datengeheimnis ergeben sich aus dem StGB. Die Verletzung von Berufs- und Amtsgeheimnissen ist in § 203 StGB geregelt. Ein Verstoß eines Berufs- bzw. Amtsgeheimnisträgers enthält immer auch einen Verstoß gegen das Datengeheimnis, sofern personenbezogene Daten betroffen sind.[116] Qualifiziert ist diese Norm durch § 353b StGB, der eine Gefährdung wichtiger öffentlicher Interessen voraussetzt. § 355 StGB ist für den

---

111 Siehe Rn. 32 f.
112 Ein immaterieller Schadensersatzanspruch kommt bei schweren Grundrechtseingriffen in das informationelle Selbstbestimmungsrecht oder das allgemeine Persönlichkeitsrecht in Betracht; a. A. *Simitis*, in: Simitis, BDSG, § 7 Rn. 62; vgl. zum Ganzen *Gola/Wronka*, Handbuch zum Arbeitnehmerdatenschutz, Rn. 1230, 1231 f. und 1253.
113 *Gola/Wronka*, Handbuch zum Arbeitnehmerdatenschutz, Rn. 1264.
114 Zur Offenkundigkeit *Weichert*, NStZ 1999, S. 490.
115 *Ehmann*, in: Simitis, BDSG, § 5 Rn. 34.
116 Zum Verhältnis zwischen den Daten-, Berufs- und Amtsgeheimnissen siehe oben Rn. 4 und 7.

Fall einer Verletzung von § 30 AO einschlägig.[117] Die Verletzung des Fernmeldege-heimnisses gem. § 88 TKG ist strafrechtlich durch § 206 StGB sanktioniert.[118] Für den Prozess beachtlich sind die Schweigerechte des § 53 Abs. 1 Nr. 3 StPO für den Arzt und des § 53a Abs. 1 StPO für seine berufsmäßigen Gehilfen. § 54 StPO sieht für einen Amtsträger, der im Zeugenstand steht, eine Aussagegenehmigung vor. Sofern er jedoch als Beschuldigter prozessbeteiligt ist, gelten seine Verschwiegen-heitspflichten uneingeschränkt.[119]

---

117 Zum Verhältnis zwischen Daten- und Steuergeheimnis siehe oben Rn. 5.
118 Zum Verhältnis zwischen Daten- und Fernmeldegeheimnis siehe oben Rn. 7.
119 *Bohnert*, NStZ 2004, S. 301 f.

§ 6 Rechte des Betroffenen

(1) Die Rechte des Betroffenen auf Auskunft (§§ 19, 34) und auf Berichtigung, Löschung oder Sperrung (§§ 20, 35) können nicht durch Rechtsgeschäft ausgeschlossen oder beschränkt werden.

(2) Sind die Daten des Betroffenen automatisiert in der Weise gespeichert, dass mehrere Stellen speicherungsberechtigt sind, und ist der Betroffene nicht in der Lage festzustellen, welche Stelle die Daten gespeichert hat, so kann er sich an jede dieser Stellen wenden. Diese ist verpflichtet, das Vorbringen des Betroffenen an die Stelle, die die Daten gespeichert hat, weiterzuleiten. Der Betroffene ist über die Weiterleitung und jene Stelle zu unterrichten. Die in § 19 Abs. 3 genannten Stellen, die Behörden der Staatsanwaltschaft und der Polizei sowie öffentliche Stellen der Finanzverwaltung, soweit sie personenbezogene Daten in Erfüllung ihrer gesetzlichen Aufgaben im Anwendungsbereich der Abgabenordnung zur Überwachung und Prüfung speichern, können statt des Betroffenen den Bundesbeauftragten für den Datenschutz und die Informationsfreiheit unterrichten. In diesem Fall richtet sich das weitere Verfahren nach § 19 Abs. 6.

(3) Personenbezogene Daten über die Ausübung eines Rechts des Betroffenen, das sich aus diesem Gesetz oder aus einer anderen Vorschrift über den Datenschutz ergibt, dürfen nur zur Erfüllung der sich aus der Ausübung des Rechts ergebenden Pflichten der verantwortlichen Stelle verwendet werden.

Literatur: *Däubler*, Individualrechte des Arbeitnehmers nach dem neuen BDSG, CR 1991, S. 475; *Pauly/Ritzer*, Datenschutz-Novellen: Herausforderungen für die Finanzbranche, WM 2010, S. 8.

Übersicht

I. Allgemeines

1. Vorbemerkung

Die Effektivität des Datenschutzes hängt maßgeblich von dem Bestand der in **1** Abs. 1 genannten Rechte ab; denn diese können ihre Wirkung nur dann entfalten, wenn deren Geltendmachung nicht zu Lasten der Betroffenen ausgeschlossen werden kann.[1] Um zu verhindern, dass sich die betroffenen Personen ihrer Rechtsposition begeben oder ihnen diese Position genommen wird, bedarf es eines dahingehenden gesetzlichen Schutzes. Die Komplexität der datenschutzrechtlichen Vorschriften macht es den Betroffenen nicht immer leicht, ihre rechtliche Lage zu kennen. Um ihnen die gewährten Rechte in zentralen Punkten zu erhalten, wird ihr Bestand durch Abs. 1 geschützt.[2] Auf diese Weise soll den Betroffenen die Datentransparenz erhalten bleiben, die nach der Volkszählungsentscheidung Voraussetzung für Ausübung und Existenz des Rechts auf informationelle Selbstbestimmung ist.[3]

In Abs. 1 sind Auskunft, Berichtigung, Löschung und Sperrung genannt. Die ge- **2** nannten Rechte werden durch die Aufzählung in Abs. 1 nicht gewährt, sondern bereits als vorhanden vorausgesetzt.[4] Überdies stellt Abs. 1 keine abschließende Aufzählung der Rechte dar, welche den Betroffenen zustehen können.[5] Abs. 1 nennt zentrale Rechte der Betroffenen, die nach dieser Vorschrift unabdingbar sind.[6] Das BDSG kennt weitere unabdingbare Rechte des Betroffenen. Darunter das Recht, sich an den BfDI und an die Aufsichtsbehörde zu wenden und die dort geführten Register einzusehen, das allgemeine Widerspruchsrecht, das Widerspruchsrecht gegen die Nutzung personenbezogener Daten zu Direktwerbezwecken, der Schadensersatzanspruch nach § 7 BDSG und das Recht auf Speicherung einer Gegendarstellung gegenüber Bundesrundfunkanstalten.[7]

Bei den in Abs. 1 genannten Rechten handelt es sich um höchstpersönliche Rechte, **3** die nicht vererbbar oder anderweitig übertragbar sind. Die Höchstpersönlichkeit steht jedoch der Bevollmächtigung einer anderen Person nicht entgegen.[8]

---

1 So auch *Wedde*, in: Roßnagel, Hdb. DSR, Kap. 4.4, Rn. 84.
2 *Tinnefeld/Ehmann/Gerling*, Einführung in das Datenschutzrecht, S. 411.
3 Volkszählungsurteil BVerfGE 65, 1 (43); vgl. auch *Däubler*, CR 1991, S. 475 (476, 482).
4 *Bergmann/Möhrle/Herb*, BDSG, § 6 Rn. 4.
5 *Gola/Schomerus*, BDSG, § 6 Rn. 2. Zu nennen sind insbesondere das Recht der Anrufung des betrieblichen Datenschutzbeauftragten (§ 4f Abs. 5 Satz 2; § 4f BDSG Rn. 93 ff.) und der Anrufung des BfDI (§ 21 BDSG Rn. 1 ff.).
6 Zu den weiteren Rechten der Betroffenen näher *Bergmann/Möhrle/Herb*, BDSG, § 6 Rn. 39–51.
7 Vgl. *Dix*, in Simitis, BDSG, § 6 Rn. 20 m. w. N.; *Gola/Schomerus*, BDSG, § 6 Rn. 2.
8 *Wedde*, in: Roßnagel, Hdb. DSR, Kap. 4.4, Rn. 87; *Bergmann/Möhrle/Herb*, BDSG, § 6 Rn. 10–12.

4   Abs. 2 enthält Regelungen zum Schutz der Betroffenen für den Fall, dass ihre persönlichen Daten in Dateien gespeichert werden, auf welche mehrere Stellen Zugriff haben.[9] Darunter fallen die sogenannten Verbunddateien. Abs. 2 Satz 4 und 5 sollen den Besonderheiten im Sicherheitsbereich Rechnung tragen. Der mit der Datenschutznovelle I 2009 in das BDSG eingeführte Abs. 3 sieht ein Zweckbindungsgebot hinsichtlich der personenbezogenen Daten über die Ausübung der Betroffenenrechte vor. Er enthält, anders als Abs. 1, keine Einschränkung auf die Betroffenenrechte auf Auskunft (§§ 19, 34 BDSG) bzw. auf Berichtigung, Löschung oder Sperrung (§§ 20, 35 BDSG).

2. Normadressaten

5   Die in § 6 BDSG genannten Rechte stehen dem Betroffenen zu. Der Begriff des Betroffenen ist in § 3 Abs. 1 BDSG legaldefiniert. Betroffener kann danach jede natürliche Person[10] sein, über die personenbezogene Daten in datenschutzrechtlich relevanter Weise erhoben, verarbeitet oder genutzt werden.

6   Den Rechten der Betroffenen nachzukommen, obliegt der verantwortlichen Stelle. Dies ist in § 3 Abs. 7 BDSG als Person oder Stelle definiert ist, die personenbezogene Daten für sich selbst erhebt, verarbeitet oder nutzt oder dies durch andere im Auftrag vornehmen lässt.

II. Unabdingbarkeit (Abs. 1)

1. Allgemeines zur Unabdingbarkeit

7   Die in Abs. 1 aufgezählten Rechte des Betroffenen können nicht durch Rechtsgeschäft ausgeschlossen oder beschränkt werden.[11] Durch diese Vorschrift wird die grundrechtlich (Art. 1 und 2 GG) geschützte Privatautonomie zum Schutz des Betroffenen beschränkt.[12] Hingegen ist es den Betroffenen durch diesen Ausschluss nicht verwehrt, eine rechtsgeschäftliche Vereinbarung über die Verbesserung ihrer Rechtsposition hinsichtlich der in Abs. 1 genannten Rechte zu schließen. Eine Verstärkung der aufgezählten Rechte ist möglich.[13] Es handelt sich bei der Unabdingbarkeit daher um ein Verböserungsverbot.[14]

8   Die Unabdingbarkeit umfasst den öffentlichen wie auch den nicht-öffentlichen Bereich. Hinsichtlich öffentlicher Handlungen kommen – ebenso wie in der Privat-

---

9 *Gola/Schomerus*, BDSG, § 6 Rn. 6.
10 *Bergmann/Möhrle/Herb*, BDSG, § 6 Rn. 8.
11 *Gola/Schomerus*, BDSG, § 6 Rn. 4.
12 BT-Drs. 11/4306, S. 41; *Däubler*, CR 1991, S. 475 (482); *Dix*, in: Simitis, BDSG, § 6 Rn. 4.
13 *Gola/Schomerus*, BDSG, § 6 Rn. 4.
14 *Wedde*, in: Roßnagel, Hdb. DSR, Kap. 4.4, Rn. 85.

wirtschaft – rechtsgeschäftliche Ausschlüsse oder Beschränkungen der in Abs. 1 genannten Rechte nicht in Betracht; von der Unabdingbarkeit der Betroffenenrechte ist aber auch der Verwaltungsakt als klassische Handlungsform der Verwaltung umfasst.[15]

2. Ausschluss und Beschränkung im Sinne des Abs. 1

Ausschluss im Sine des Abs. 1 bedeutet, dass ein aufgezähltes Recht vollständig nicht mehr geltend gemacht werden kann.[16]   **9**

Eine Beschränkung liegt vor, wenn ein solches Recht nicht mehr vollständig ausgeübt werden kann oder an die vollständige Ausübung erschwerende Faktoren wie etwa zusätzliche Voraussetzungen, Bedingungen oder der Verzicht auf abdingbare Rechte geknüpft sind.[17] So beispielsweise die Vereinbarung eines Entgeltes für die Auskunft entgegen § 34 Abs. 8 BDSG.   **10**

3. Rechtsfolgen eines Verstoßes gegen Abs. 1

Wurden die Rechte eines Betroffenen entgegen der Unabdingbarkeit ausgeschlossen oder beschränkt, liegt ein Verstoß gegen Abs. 1 vor. Ein solcher Verstoß führt bei Verwaltungsakten zur Nichtigkeit und nicht lediglich zur Rechtwidrigkeit.[18] Bei rechtsgeschäftlichen Handlungen der Privatwirtschaft führt ein Verstoß direkt zur Nichtigkeit des Rechtsgeschäfts.[19] Überdies kann sich gem. §§ 7, 8 BDSG auch ein Schadensersatzanspruch des Betroffenen gegen die nicht-öffentliche Stelle ergeben.[20]   **11**

III. Sonderregelung für Verbunddateien und vernetzte Systeme (Abs. 2)

1. Allgemeines zu Verbunddateien und vernetzten Systemen

In Abs. 2 Sätze 1–3 sind Regelungen enthalten, die dem Betroffenen die Geltendmachung seiner Rechte, die in Abs. 1 genannt sind, erleichtern bzw. ermöglichen, sofern mehrere Stellen berechtigt sind, die persönlichen Daten des Betroffenen automatisiert zu speichern. Die Notwendigkeit einer solchen Regelung ergibt sich aus dem Umstand, dass für den Betroffenen die vorliegenden Verarbeitungs- und Orga-   **12**

---

15 *Gola/Schomerus*, BDSG, § 6 Rn. 4; *Bergmann/Möhrle/Herb*, BDSG, § 6 Rn. 30–33.
16 *Dix*, in: Simitis, BDSG, § 6 Rn. 21; *Gola/Schomerus*, BDSG, § 6 Rn. 5; *Bergmann/Möhrle/ Herb*, BDSG, § 6 Rn. 27.
17 *Bergmann/Möhrle/Herb*, BDSG, § 6 Rn. 28.
18 *Gola/Schomerus*, BDSG, § 6 Rn. 5; *Bergmann/Möhrle/Herb*, BDSG, § 6 Rn. 34 und 35.
19 *Gola/Schomerus*, BDSG, § 6 Rn. 5; *Dix*, in: Simitis, BDSG, § 6 Rn. 23; etwas abweichend *Bergmann/Möhrle/Herb*, BDSG, § 6 Rn. 38, der § 6 Abs. 1 BDSG als Verbotsnorm i. S. d. § 134 BGB betrachtet.
20 *Bergmann/Möhrle/Herb*, BDSG, § 6 Rn. 38.

nisationsstrukturen nicht mehr durchschaubar sind.[21] So können Konzernstrukturen für Außenstehende undurchsichtig und dadurch für diese nicht erkennbar sein, in welchem der Konzernunternehmen die Daten gespeichert werden. Abs. 2 findet auch auf die Auftragsdatenverarbeitung Anwendung. Zum einen kann sich bei dieser eine ähnlich undurchschaubare Lage ergeben,[22] zum anderen spricht der Wortlaut in Abs. 2 von speichernden Stellen und nicht von verantwortlichen Stellen. Dies gilt auch entsprechend für den öffentlichen Bereich.[23]

2. Voraussetzungen (Abs. 2 Satz 1)

13   Neben der Berechtigung mehrerer Stellen zur Speicherung der persönlichen Daten des Betroffenen verlangt das Gesetz in Abs. 2 Satz 1 auch, dass der Betroffene nicht in der Lage ist, festzustellen, bei welcher Stelle seine Daten gespeichert sind. Die Vorschrift dient dazu, dem Betroffenen aufwendige Nachforschungen zu ersparen.[24] Durch Abs. 2 Satz 1 kann sich der Betroffene an jede der Stellen wenden, die zur Speicherung seiner persönlichen Daten berechtigt sind. Es wird ihm abgenommen, zuvor in Erfahrung zu bringen, bei welcher Stelle die Daten tatsächlich gespeichert sind, sofern er nicht in der Lage ist, zu dieser Erkenntnis ohne Nachforschungen zu gelangen. Daneben ist vorausgesetzt, dass die adressierte Behörde an dem in Betracht kommenden System tatsächlich beteiligt ist.[25]

3. Weiterleitungs- und Unterrichtungspflicht (Abs. 2 Satz 2 u. Satz 3)

14   Sofern sich ein Betroffener an die Stelle gewandt hat, welche zwar zur Speicherung der Daten berechtigt wäre, jedoch – tatsächlich – die Daten nicht gespeichert hat, so besteht für diese Stelle eine Weiterleitungspflicht aus Abs. 2 Satz 2. Überdies trifft diese Stelle die Pflicht, den Betroffenen über die Weiterleitung des Vorbringens und auch die zuständige Stelle zu unterrichten.

15   Der Umstand, dass es dem Betroffenen ermöglicht wird, sich mit seinem Vorbringen an jede der im Verbund beteiligten Stellen zu wenden, führt jedoch nicht dazu, dass eine der Gesamtschuld entsprechende Verantwortlichkeit über die Daten begründet wird. Vielmehr bleibt die Stelle, welche die Daten gespeichert hat, datenschutzrechtlich verantwortlich.[26] Durch diese Regelung wird lediglich der Adressa-

---

21 *Bergmann/Möhrle/Herb*, BDSG, § 6 Rn. 55.
22 *Ambs*, in: Erbs/Kolhaas, Strafrechtliche Nebengesetze, § 6 BDSG Rn. 10; *Gola/Schomerus*, BDSG, § 6 Rn. 6.
23 *Bergmann/Möhrle/Herb*, BDSG, § 6 Rn. 55.
24 *Gola/Schomerus*, BDSG, § 6 Rn. 6; *Bergmann/Möhrle/Herb*, BDSG, § 6 Rn. 55.
25 *Ambs*, in: Erbs/Kolhaas, Strafrechtliche Nebengesetze, § 6 BDSG Rn. 10.
26 So die amtliche Begründung der Bundesregierung zu dem Gesetzesentwurf BT-Drs. 11/4306, S. 41; vgl. auch *Bergmann/Möhrle/Herb*, BDSG, § 6 Rn. 56.

tenkreis für den Betroffenen erweitert, an welchen er sich mit seinem datenschutzrechtlichen Vorbringen wenden kann.

Diese Pflichten stellen für staatliche Stellen Amtspflichten dar und können daher **16** gegenüber den Betroffenen Amtshaftungsansprüche begründen. Bei nicht-öffentlichen Stellen kann sich ein Schadensersatzanspruch aus § 823 Abs. 2 BGB ergeben.[27]

4. Sonderregelung für Behörden im Sicherheitsbereich

In Abs. 2 Sätze 4 und 5 sind für Behörden im Sicherheitsbereich besondere Regelungen getroffen worden, mit welchen den Besonderheiten dieser Behörden Rechnung getragen werden soll.[28] Es handelt sich dabei um eine Ausnahme von der in Abs. 2 Satz 3 vorgesehenen Unterrichtungspflicht. Nach dieser ist grundsätzlich der Betroffene selbst zu unterrichten. Behörden im Sicherheitsbereich können von diesem Grundsatz abweichend statt den Betroffenen auch den Bundesbeauftragten für Datenschutz unterrichten. **17**

Bei den in Abs. 2 Satz 4 genannten Stellen bekommt der Betroffene möglicherweise keine Auskunft über seine Daten. In Betracht kommt eine Verweigerung der Auskunftserteilung, etwa weil § 19 Abs. 3 BDSG entgegensteht oder durch Erteilung der Auskunft gemäß § 19 Abs. 1 BDSG die öffentliche Sicherheit und Ordnung gefährdet würde.[29] **18**

Die Aufzählung der Behörden in Abs. 2 Satz 4 ist abschließend.[30] **19**

IV. Zweckbegrenzung (Abs. 3)

Abs. 3 wurde im Zuge der BDSG I-Novelle in das BDSG eingefügt und trat am **20** 1.4.2010 in Kraft. Dieser soll sicherstellen, dass der Betroffene durch die Geltendmachung seiner Rechte keinen Nachteil erleidet.[31] Daher ist die Speicherung von persönlichen Daten über die Ausübung der Betroffenenrechte nur noch in dem Maße zulässig, wie es zur Erfüllung der Aufgaben nach diesem Gesetz notwendig ist.

Aus der Begründung des Gesetzesentwurfs[32] geht ferner hervor, dass es die Absicht **21** des Gesetzgebers war, mit der Änderung des BDSG unter anderem die Transparenz

27 *Gola/Schomerus*, BDSG, § 6 Rn. 7.
28 BT-Drs. 11/4306, S. 41.
29 *Gola/Schomerus*, BDSG, § 6 Rn. 8; zum Verfahren sehr ausführlich *Mallmann*, in: Simitis, BDSG, § 6 Rn. 46 ff.
30 *Mallmann*, in: Simitis, BDSG, § 6 Rn. 44.
31 *Bergmann/Möhrle/Herb*, BDSG, § 6 Rn. 55.
32 BT-Drs. 16/10529, S. 13.

der von Auskunfteien[33] durchgeführten Verfahren durch die Stärkung von Auskunftsrechten zu erhöhen. Dies sei jedoch nur möglich, wenn der Betroffene bei Ausübung seiner Rechte keine negativen Folgen fürchten müsse. So solle ausgeschlossen werden, dass die Geltendmachung der dem Betroffenen unabdingbar gewährten Rechte zu einer schlechteren Bewertung seiner Bonität bei einer Kreditvergabe führen könne. Im Rahmen des Arbeitsverhältnisses folgt aus dem Verwendungsschutz, dass der Arbeitgeber die Einsichtnahme des Arbeitnehmers in die Personalakte nicht kommentieren darf.[34]

22 Mit der Schaffung des Abs. 3 tritt neben die schon bestehenden Zweckbegrenzungen aus § 28 BDSG[35] eine weitere Beschränkung. Im Unterschied zu der bestehenden Begrenzung ist Abs. 3 nicht unmittelbar auf die Verwendung der personenbezogenen Daten selbst, sondern auf die Verwendung der Daten, die aus der Geltendmachung der Rechte der Betroffenen aus Abs. 1 entstehen, gerichtet. Die bisher diesbezüglich bestehende Gesetzeslücke wurde damit geschlossen.

23 Abs. 3 ist ein Verbotsgesetz im Sinne des § 134 BGB sowie ein Schutzgesetz im Sinne von § 823 Abs. 2 BGB.

24 Aus der Zweckbegrenzung folgt, dass personenbezogene Daten über die Ausübung der Betroffenenrechte nach unstreitiger Anspruchserfüllung zu löschen oder zu anonymisieren (§ 35 Abs. 2 Satz 2 Nr. 3 BDSG) sind.[36]

V. Rechtsweg

25 Eine gerichtliche Durchsetzung der Rechte des Betroffenen hat in dem Rechtsweg zu verfolgen, in dem anderweitige Ansprüche zwischen den Beteiligten geltend zu machen wären. Der Rechtsweg richtet sich nach dem Verhältnis der Beteiligten untereinander.[37]

---

33 BT-Drs. 16/10529, S. 9; Auskunfteien sind Unternehmen, die ohne konkreten Anlass bonitätsrelevante Daten über Unternehmen oder Privatpersonen sammeln, um sie bei Bedarf Geschäftspartnern für die Beurteilung für die Bewertung deren Bonität zur Verfügung zu stellen. Vgl. auch *Ehmann*, in: Simitis, BDSG, § 29 Rn. 73.

34 *Gola/Schomerus*, BDSG, § 6 Rn. 8a.

35 Näher dazu *Pauly/Ritzer*, WM 2010, S. 8.

36 *Scholz*, in: Simitis, BDSG, § 6 Rn. 65; *Däubler*, in: Däubler/Klebe/Wedde/Weichert, BDSG, § 6 Rn. 15.

37 *Ambs*, in: Erbs/Kolhaas, Strafrechtliche Nebengesetze, § 6 BDSG Rn. 8.

§ 6a Automatisierte Einzelentscheidung

(1) Entscheidungen, die für den Betroffenen eine rechtliche Folge nach sich ziehen oder ihn erheblich beeinträchtigen, dürfen nicht ausschließlich auf eine automatisierte Verarbeitung personenbezogener Daten gestützt werden, die der Bewertung einzelner Persönlichkeitsmerkmale dienen. Eine ausschließlich auf eine automatisierte Verarbeitung gestützte Entscheidung liegt insbesondere dann vor, wenn keine inhaltliche Bewertung und darauf gestützte Entscheidung durch eine natürliche Person stattgefunden hat.

(2) Dies gilt nicht, wenn

1. die Entscheidung im Rahmen des Abschlusses oder der Erfüllung eines Vertragsverhältnisses oder eines sonstigen Rechtsverhältnisses ergeht und dem Begehren des Betroffenen stattgegeben wurde oder

2. die Wahrung der berechtigten Interessen des Betroffenen durch geeignete Maßnahmen gewährleistet ist und die verantwortliche Stelle dem Betroffenen die Tatsache des Vorliegens einer Entscheidung im Sinne des Absatzes 1 mitteilt sowie auf Verlangen die wesentlichen Gründe dieser Entscheidung mitteilt und erläutert.

(3) Das Recht des Betroffenen auf Auskunft nach den §§ 19 und 34 erstreckt sich auch auf den logischen Aufbau der automatisierten Verarbeitung der ihn betreffenden Daten.

Literatur: *Abel*, Rechtsfragen von Scoring und Rating, RDV 2006, S. 108; *Bachmeier*, EG-Datenschutzrichtlinie – Rechtliche Konsequenzen für die Datenschutzpraxis, RDV 1995, S. 49; *Beckhusen*, Das Scoring-Verfahren der SCHUFA im Wirkungsbereich des Datenschutzrechts, BKR 2005, S. 335; *Beckhusen*, Der Datenumgang innerhalb des Kreditinformationssystems der SCHUFA, 2004; *Behm*, Datenschutzrechtliche Anforderungen an Scoringverfahren unter Einbeziehung von Geodaten, RDV 2010, S. 61; *Beule/Diergarten/Geis/Kötterheinrich/Kolb/Petersen/Stöhr*, Datenschutzrecht in Banken und Sparkassen, 2005; *Braunfeld/Richter*, Bonitätsbeurteilung mittels DV-gestützter Verfahren, CR 1996, S. 775; *Bull*, Neue Bewegung im Datenschutz – Mißbrauchsbekämpfung oder Ausbau, ZRP 2008, S. 233; *Gola/Klug*, Die Entwicklung des Datenschutzrechts in den Jahren 2008/2009, NJW 2009, S. 2577; *Grentzenberger/Schreibauer/Schuppert*, Die Datenschutznovelle (Teil I), K&R 2009, S. 368; *Gürteler/Kriese*, Die Scoringtransparenz bei Banken, RDV 2010, S. 47; *Helfrich*, Kreditscoring und Scorewertbildung der SCHUFA, Frankfurter Studien zum Datenschutz Bd. 36, 2010; *Hoeren*, Rechtliche Grundlagen des SCHUFA-Scoring-Verfahrens, RDV 2007, S. 93; *Kamlah*, Scoring-Verfahren – Statistik und Datenschutzrecht, ZVI 2009, S. 4; *Kilian/Heussen*, Computerrecht, Stand: 31. EL 2012; *Klein*, Zur datenschutzrechtlichen Relevanz des Scoring von Kreditrisiken, BKR 2003, S. 488; *Kloepfer/Kutzbach*, Schufa und Datenschutzrecht, MMR 1998, S. 650; *Klug*, Revision des EU-Datenschutzrechtes aus Unternehmenssicht, RDV 2011, S. 129; *Klug*, BDSG-Interpretation, 3. Aufl., 2007; *Koch*, Scoring-Systeme in der Kreditwirtschaft, MMR 1998, S. 458; *Mackenthun*, Datenschutzrechtliche Voraussetzungen der Verarbeitung von Kundendaten beim zentralen Rating und Scoring im Bank-Konzern WM 2004, S. 1713; *Möller/Florax*, Kreditwirtschaftliche Scoring-Verfahren, MMR 2002, S. 806; *Möller/Florax*, Datenschutzrechtliche Unbedenklichkeit des Scoring von Kreditrisiken, NJW 2003, S. 2724; *Moos*, Die Entwicklung des Datenschutzrechts im Jahr 2008, K&R 2009, S. 154; *Petri*, Sind Scorewerte rechtswidrig?, DuD 2003, S. 631; *Petri*, DuD 2001, S. 290; *Polenz*, in: Kilian/Heussen, Computerrecht, Stand: 30. EL 2011; *Roßnagel*, Die Novelle zum Datenschutzrecht – Scoring und Adresshandel, NJW 2009, S. 2716; *Taeger*, Schutz von Betriebs- und Geschäftsgeheimnissen im Regierungsentwurf zur Änderung des BDSG, K&R 2008, S. 513; *Wäßle/Heinemann*, Scoring im Spannungsfeld von Datenschutz und Informationsfreiheit, RDV 2010, S. 410; *Weichert*, Verbraucher-Scoring meets Datenschutz, DuD 2006, S. 399; *Weichert*, Datenschutzrechtliche Anforderungen an Verbraucher-Kredit-Scoring, DuD 2005, S. 582; *Wolber*, Datenschutzrechtliche Zulässigkeit automatisierter Kreditentscheidungen, CR 2003, S. 623; *Wuermeling*, Umsetzung der europäischen Datenschutzrichtlinie – Konsequenzen für die Privatwirtschaft –, DB 1996, S. 663; *Wuermeling*, Scoring von Kreditrisiken, NJW 2002, S. 3508.

Übersicht

I. Allgemeines

1. Gesetzeszweck

1 § 6a BDSG regelt die Zulässigkeit von Entscheidungen, die ausschließlich auf einer automatisierten Verarbeitung zur Bewertung von einzelnen Persönlichkeitsmerkmalen beruhen. Automatisierte Einzelentscheidungen sollen nur begrenzt zulässig sein. § 6a BDSG soll zum einen verhindern, dass die Individualität des Einzelnen negiert wird und die betroffene Person zum Objekt von Computeroperationen herabgesetzt wird.[1] Zum anderen soll ein Mensch die persönliche Verantwortung für die zu treffende Entscheidung übernehmen.[2] Das Auskunftsrecht über den logischen Aufbau der automatisierten Verarbeitung soll Transparenz für den Betroffenen schaffen, indem ihm veranschaulicht wird, was mit seinen Daten geschieht.[3] Die Norm richtet sich an öffentliche und nicht-öffentliche Stellen.

---

1 *Dammann*, EG-DSRl, Art. 15 Rn. 2.
2 *Dammann*, EG-DSRl, Art. 15 Rn. 1.
3 BT-Drs. 14/4329, S. 37 f.

2. Gesetzgebungsgeschichte

§ 6a BDSG wurde im Jahr 2011 in das BDSG eingeführt und setzt in Abs. 1 und **2**
Abs. 2 Art. 15 und in Abs. 3 Art. 12 lit. a) 3. Spiegelstrich der EG-Datenschutzrichtlinie[4] in deutsches Recht um. Art. 15 wurde aufgrund der Initiative Frankreichs aufgenommen.[5] Die entsprechende Regelung aus dem französischen Datenschutzrecht
bildet das Vorbild für Art. 15.[6] Art. 15 Abs. 1 EG-DSRl stellt auf die automatische
Bildung von Persönlichkeitsprofilen ab und nennt als Beispiele berufliche Leistungsfähigkeit, Kreditwürdigkeit, Zuverlässigkeit und Verhalten. Der Entwurf der EU-Datenschutzgrundverordnung spricht in Art. 20 das „Profiling" nunmehr ausdrücklich
an und führt als weitere Aspekte der Persönlichkeit die wirtschaftliche Situation, den
Aufenthaltsort, den Gesundheitszustand und die persönlichen Vorlieben an.[7]

Ein Fall der automatisierten Entscheidung bildet auch das „Scoring". Hierbei han- **3**
delt es sich um ein „mathematisch-statistisches Verfahren zur Berechnung der
Wahrscheinlichkeit mit der eine bestimmte Person ein bestimmtes Verhalten
zeigt".[8] Ebenso stellt das „Rating" ein gleichgelagertes Verfahren (allerdings zur
Ermittlung des Ausfallrisikos eines Kreditnehmers) dar, sodass beide Begriffe datenschutzrechtlich als automatische Entscheidungen betrachtet werden können.[9] Zu
dem Regierungsentwurf des § 6a BDSG erfolgte eine Klarstellung des Innenausschusses hinsichtlich der Begründung: So war in dem Regierungsentwurf noch zu
lesen, dass die Scoringverfahren nur dann unter die Regelung des § 6a BDSG fallen, wenn sowohl das Scoringverfahren selbst als auch die anschließende Entscheidung in einer Hand liegen.[10] Der Innenausschuss stellte hierzu klar, dass die Regelung auch Anwendung findet, wenn das Scoringverfahren und die abschließende
Entscheidung nicht in einer Hand liegen, sondern das Scoring z. B. von einer Auskunftei beigesteuert wird.[11] Eine Bewertung von Persönlichkeitsmerkmalen erfordere in jedem Fall eine Beurteilung durch einen Menschen, die das Ergebnis einer
standardisierten Computeranalyse nicht zur einzigen Entscheidungsgrundlage mache, sondern Raum für eine Überprüfung und Relativierung dieses Ergebnisses las-

---

4 Richtlinie 95/46/EG des Europäischen Parlaments und des Rates vom 24.10.1995 zum
   Schutz natürlicher Personen bei der Verarbeitung personenbezogener Daten und zum frei-
   en Datenverkehr.
5 *Bachmeier*, RDV 1995, S. 49 (51); *Wuermeling*, DB 1996, S. 663 (668).
6 *Wuermeling*, DB 1996, S. 663 (668).
7 *Petri*, RDV 2011, S. 129, zu den Zielen der Revision des EU-Datenschutzrechtes.
8 *Helfrich*, Kreditscoring und Scorewertbildung der SCHUFA, Frankfurter Studien zum Datenschutz, Bd. 36, S. 22; BT-Drs 16/13219, S. 1; *Gürteler/Kriese*, RDV 2010, S. 47 ff. mit
   Praxisbeispielen (S. 55 ff.).
9 *Helfrich*, Kreditscoring und Scorewertbildung der SCHUFA, Frankfurter Studien zum Datenschutz, Bd. 36, S. 58.
10 BT-Drs. 14/4329, S. 37.
11 BT-Drs. 14/5793, S. 65.

se, insbesondere auf Grund eigener zusätzlicher Erkenntnisse oder besonderer Umstände des Einzelfalls.[12]

3. Spezialregelungen

4 Das Beamtenrecht sieht in § 114 BBG eine Spezialregelung für die Verarbeitung personenbezogener Daten im Personalbereich vor. Danach dürfen beamtenrechtliche Entscheidungen nicht ausschließlich auf die Verarbeitung personenbezogener Daten gestützt werden, die der Bewertung einzelner Persönlichkeitsmerkmale dienen. Nach § 67b Abs. 4 SGB X dürfen Entscheidungen, die für den Betroffenen eine rechtliche Folge nach sich ziehen oder ihn erheblich beeinträchtigen, nicht ausschließlich auf eine automatisierte Verarbeitung von Sozialdaten gestützt werden, die der Bewertung einzelner Persönlichkeitsmerkmale dient.[13]

II. Begriff der automatisierten Einzelentscheidung (Abs. 1)

1. Vorliegen einer Entscheidung

5 Zunächst setzt Abs. 1 voraus, dass eine Entscheidung erfolgt. Eine Entscheidung ist die Wahl einer von mehreren Möglichkeiten. So kommen für ein Kreditinstitut bei einem Kreditantrag beispielsweise die Handlungsoptionen Kreditgewährung, Kreditgewährung nur mit zusätzlichen Sicherheiten oder Kreditablehnung in Betracht.

6 Keine Entscheidung soll nach der Gesetzesbegründung vorliegen bei Vorgängen wie Abhebungen am Geldausgabeautomaten, automatisierten Genehmigungen von Kreditkartenverfügungen oder automatisiert gesteuerten Kontostandsabgleichen zur Ausführung von Überweisungs-, Scheck- oder Lastschriftaufträgen.[14] Anlässlich der Geldtransaktion werde lediglich ausgeführt, was in dem zugrunde liegenden Rechtsverhältnis zwischen Kreditinstitut und Kunde bereits zuvor vereinbart wurde.[15] Dem ist zuzustimmen. Wenn bereits vorher festgelegt wurde, dass beispielsweise bei fehlendem Guthaben oder unzureichender Kreditlinie keine Auszahlung am Geldausgabeautomaten erfolgt, so liegt schon in der vorherigen Vereinbarung zwischen Kreditinstitut und Kunde die Entscheidung, welche bei der Verfügung am Geldausgabeautomaten lediglich ausgeführt wird. Auch bloße Vorentscheidungen, wie etwa die automatisierte Vorauswahl im Vorfeld einer Personalbesetzung (automatisierter Abgleich des Personalbestandes anhand bestimmter Suchkriterien, wie etwa Ausbildung, Zusatzqualifikation u.Ä.), sind nicht erfasst.[16] Die automatische Überprüfung des Vorliegens der vereinbarten Vorausset-

---

12 BT-Drs. 14/5793, S. 65.
13 *Von Lewinski*, in: Wolff/Brink, Beck'scher Online-Kommentar Datenschutzrecht, § 6a BDSG Rn. 4.
14 BT-Drs. 14/4329, S. 37.
15 BT-Drs. 14/4329, S. 37.
16 BT-Drs. 14/4329, S. 37.

zungen für eine bestimmte Rechtsfolge stellt keine automatische Entscheidung dar. So sind die automatische Ermittlung der Arbeitsstunden zur Berechnung der Mehrarbeitsvergütung oder der Umsatzhöhe zur Provisionsfestsetzung nicht von § 6a BDSG erfasst.

2. Konsequenz der Entscheidung

Die Entscheidung muss eine rechtliche Folge für den Betroffenen nach sich ziehen oder alternativ eine erhebliche Beeinträchtigung für ihn darstellen.   **7**

a) Rechtliche Folge der Entscheidung (Alt. 1)

Das Tatbestandsmerkmal der rechtlichen Folge greift unabhängig davon, ob es sich um eine für den Betroffenen nachteilige oder günstige Folge handelt.[17]   **8**

Auf dem Gebiet des öffentlichen Rechts haben beispielsweise Verwaltungsakte eine rechtliche Folge.[18] Eine rechtliche Folge hat auch die Kündigung eines öffentlich-rechtlichen Vertrages, die Feststellung eines Rechtsverhältnisses oder der Anspruch auf ein tatsächliches Handeln oder Unterlassen.[19]   **9**

Für den privatrechtlichen Bereich sind vor allem Willenserklärungen, wie beispielsweise eine Kündigung, zu nennen.[20]   **10**

Strittig ist, ob in der Ablehnung der Eingehung von Verträgen eine rechtliche Folge zu sehen ist. Nach einer Auffassung ist dies nicht der Fall, da grundsätzlich Vertragsfreiheit bestehe und somit regelmäßig (noch) keine Rechtspositionen berührt seien.[21] Der Status des Betroffenen werde zudem nicht verändert.[22] Durch die Ablehnung beispielsweise eines Kreditantrages oder einer Stellenbewerbung komme eine vertragliche Verpflichtung gerade nicht zustande.[23] Nach einer anderen Auffassung liegt eine rechtliche Folge bereits dann vor, wenn der beabsichtigte Vertragsschluss nicht zu Stande kommt.[24] Laut *Bizer* kommt es auf die Konstellation im Einzelfall an.[25] Im Ergebnis kann es letztlich dahinstehen, ob die Vertragsablehnung eine rechtliche Folge nach sich zieht, denn zumindest stellt sie eine erhebliche Beeinträchtigung im Sinne der 2. Alt. dar.   **11**

---

17 *Gola/Schomerus*, BDSG, § 6a Rn. 11.
18 *Gola/Schomerus*, BDSG, § 6a Rn. 11; *Wolber*, CR 2003, S. 623 (625); *Klug*, BDSG-Interpretation, IV. 2. a).
19 *Bizer*, in: Simitis, BDSG, § 6a Rn. 18.
20 *Bizer*, in: Simitis, BDSG, § 6a Rn. 19.
21 *Klug*, BDSG-Interpretation, IV. 2. c).
22 *Wolber*, CR 2003, S. 623 (626).
23 Anderes kann im Öffentlichen Dienstrecht gelten, wenn ein Einstellungsanspruch gegeben ist, siehe *von Lewinski*, in: Wolff/Brink, Beck'scher Online-Kommentar Datenschutzrecht, § 6a Rn. 29.
24 *Möller/Florax*, MMR 2002, S. 806 (809); *Weichert*, DuD 2005, S. 582 (585).
25 *Bizer*, in: Simitis, BDSG, § 6a Rn. 19.

b) Erhebliche Beeinträchtigung (Alt. 2)

12 Die Tatbestandsalternative der erheblichen Beeinträchtigung wurde überwiegend aus dem Grund eingeführt, dass umstritten war, ob die Ablehnung etwa eines Kreditantrages oder einer Stellenbewerbung für den Betroffenen rechtliche Folgen hat.[26] Die Alternative der erheblichen Beeinträchtigung soll diese Fälle zweifelsfrei erfassen.[27]

13 Die Ablehnung eines Antrages auf einen Kredit oder ein anderes Rechtsgeschäft stellt eine erhebliche Beeinträchtigung i. S. d. § 6a BDSG dar, weil sie seine Interessen beeinträchtigt.[28] Selbst eine Ablehnung eines Antrages auf Eingehung eines Vertragsverhältnisses auf gesetzlicher Grundlage (z. B. mangelnde Geschäftsfähigkeit, Minderjährigkeit etc.) soll die Beeinträchtigung begründen.[29] Wann eine Beeinträchtigung erheblich ist, muss im Einzelfall bestimmt werden.[30]

3. Bewertung einzelner Persönlichkeitsmerkmale

14 Die Norm greift nur, wenn die Daten, auf die sich die Entscheidung stützt, der Bewertung einzelner Persönlichkeitsmerkmale dienen.[31] Beispiele für solche Persönlichkeitsmerkmale sind die berufliche Leistungsfähigkeit einer Person, ihre Kreditwürdigkeit, ihre Zuverlässigkeit oder ihr Verhalten.[32] Soweit biometrische Merkmale lediglich zur Identifizierung einer Person verarbeitet oder genutzt werden (z. B. mittels Fingerabdruck oder Iris-Scan), liegt hierin keine Bewertung einzelner Persönlichkeitsmerkmale vor.[33] Nach einer Auffassung erfordern die Merkmale eine gewisse Komplexität.[34] So sind physiologische Messwerte nach dieser Auffassung mangels ausreichender Komplexität nicht erfasst.[35] Der Tatbestand setzt eine Komplexität der Merkmale jedoch nicht voraus. Daher wird nach anderer Ansicht der Begriff des „Persönlichkeitsmerkmals" i. S. d. § 6a BDSG mit dem „personenbezogenen Datum" i. S. d. § 3 Abs. 1 BDSG gleichgesetzt.[36] Diese Auffassung erscheint zu weitgehend, weil Daten, die in keinem Zusammenhang mit dem Verhalten einer Person stehen, ausscheiden (z. B. Identifikationsdaten, wie der Name, Ausweisnummer etc.).

---

26 *Beckhusen*, Der Datenumgang innerhalb des Kreditinformationssystems der SCHUFA, S. 268.
27 *Bizer*, in: Simitis, BDSG, § 6a Rn. 21.
28 Gesetzesbegründung, BT-Drs. 16/10529, S. 13.
29 Gesetzesbegründung, BT-Drs. 16/10529, S. 13.
30 *Möller/Florax*, MMR 2002, S. 806 (809).
31 *Wank*, ErfK, § 6a BDSG Rn. 1, sieht die Verhinderung von Entscheidungen allein aufgrund von Persönlichkeitsprofilen als Regelungsgegenstand an.
32 BT-Drs. 14/4329, S. 37; Art. 15 Abs. 1 EG-DSRl.
33 *Bizer*, in: Simitis, BDSG, § 6a Rn. 37.
34 So *Dammann/Simitis*, EG-DSRl, Art. 15 Rn. 4.
35 *Dammann/Simitis*, EG-DSRl, Art. 15 Rn. 4.
36 *Von Lewinski*, in: Wolff/Brink, Beck'scher Online-Kommentar Datenschutzrecht, § 6a BDSG Rn. 8. Zu der Einbeziehung von Geodaten beim Scoringverfahren *Behm*, RDV 2010, S. 61 ff.

Umstritten ist die Einordnung von Scorewerten als Daten, die der Bewertung einzelner Persönlichkeitsmerkmale dienen. Hierbei geht die weitestgehende Meinung davon aus, dass der Scorewert als statistisch abgeleiteter Wahrscheinlichkeitswert für das Risiko des Kreditausfalles nicht die Voraussetzungen des § 3 Abs. 1 BDSG für das Vorliegen einer personenbezogenen oder personenbeziehbaren Einzelangabe über persönliche oder sachliche Verhältnisse erfülle.[37] Die Zuordnung eines statistischen Wahrscheinlichkeitswertes besage nicht, dass der statistisch wahrscheinliche Umstand auf das konkrete Individuum zutreffe. Die Gegenauffassung sieht den Scorewert als personenbezogenes Datum an, sobald er einer konkreten Person zugeordnet wird, weil dann eine Aussage über die Zugehörigkeit der Person zu einer Vergleichsgruppe bzw. einer Risikolage getroffen wird. Dies reicht aus, weil es auf Art oder Inhalt der Einzelangabe nicht ankommt.[38]   **15**

4. Ausschließlich automatisierte Entscheidung

Eine automatisierte Verarbeitung ist gem. § 3 Abs. 2 BDSG die Erhebung, Verarbeitung oder Nutzung personenbezogener Daten unter Einsatz von Datenverarbeitungsanlagen.   **16**

Die Entscheidung muss ausschließlich auf die automatisierte Verarbeitung oder Nutzung gestützt werden. Dies ist der Fall, wenn eine erneute Überprüfung durch einen Menschen nicht vorgesehen ist.[39] Fraglich ist, wie intensiv die Überprüfung sein muss, damit die Entscheidung nicht ausschließlich als auf eine automatisierte Verarbeitung gestützt anzusehen ist. Eine automatisierte Einzelentscheidung liegt jedenfalls bei Vorliegen eines Ausschlusskriteriums vor, wenn ein Vertragsschluss ganz ohne menschliche Beteiligung abgelehnt wird.[40] Ebenso ist der Fall zu beurteilen, wenn ein Vertragsabschluss – z.B. der Abschluss eines Kreditvertrages – mit dem Unterschreiten eines vorher festgesetzten Cut-off-Score aufgrund entsprechender Richtlinien stets vom Sachbearbeiter abzulehnen ist.[41] Hier ist keine Überprüfung vorgesehen, vielmehr reduziert sich die Aufgabe des Sachbearbeiters auf die schlichte Bekanntgabe der Entscheidung.[42]   **17**

---

37 *Kamlah*, ZVI 2004, S. 4 (9); *Wuermeling*, NJW 2002, S. 3509.

38 *Abel*, RDV 2006, S. 108 (110); *Gola/Schomerus*, BDSG, § 3 Rn. 3, *Koch*, MMR 1998, S. 458; *Petri*, DuD 2001, S. 290; *Kloepfer-Kutzbach*, MMR 1998, S. 650 (657); *Möller/Florax*, NJW 2003, S. 2724; *Wäßle/Heinemann*, RDV 2010, S. 410 f.

39 BT-Drs. 14/4329, S. 37; *Gola/Schomerus*, BDSG, § 6a Rn. 5, denen zufolge auch ohne Überprüfung des automatisierten Ergebnisses bei der Letztentscheidung eines Menschen keine Ausschließlichkeit vorliegt.

40 *Koch*, MMR 1998, S. 458 (460); *Kamlah*, in: Plath, BDSG, § 6a Rn. 11 ff.

41 *Beckhusen*, Der Datenumgang innerhalb des Kreditinformationssystems der SCHUFA, S. 267.

42 *Beckhusen*, Der Datenumgang innerhalb des Kreditinformationssystems der SCHUFA, S. 267.

18 Durch die ab 1.4.2010 in Kraft getretene Neureglung enthält das Gesetz in § 6a Abs. 1 BDSG ein Regelbeispiel für das Vorliegen einer ausschließlich automatisierten Entscheidung. Diese liegt insbesondere dann vor, wenn keine inhaltliche Bewertung und darauf gestützte Entscheidung durch eine natürliche Person stattgefunden hat. Hierdurch wird klargestellt, dass es nicht ausreicht, wenn eine natürliche Person die Entscheidung an den Betroffenen übermittelt, ohne eine Befugnis zu besitzen, auf die Entscheidung inhaltlichen Einfluss zu nehmen, insbesondere die automatisierte Vorgabe abzuändern.[43] Von dem Verbot sollen also Umgehungen erfasst werden, bei denen Personen eingeschaltet werden, die nicht inhaltlich an der Entscheidungsfindung, sondern nur bei der Übermittlung eingeschaltet sind. Für eine Überprüfung und abweichende Entscheidung durch eine natürliche Person kann das Herausgreifen unplausibler Entscheidungen ausreichen.[44]

III. Ausnahmetatbestände

1. Stattgabe des Begehrens des Betroffenen (Nr. 1)

19 Eine automatisierte Entscheidung ist zulässig, wenn sie im Rahmen des Abschlusses oder der Erfüllung eines Vertragsverhältnisses oder eines sonstigen Rechtsverhältnisses ergeht und dem Begehren des Betroffenen stattgegeben wurde.

20 Hierbei ist unerheblich, ob die Entscheidung rechtliche Verpflichtungen nach sich zieht und insofern belastend für den Betroffenen wirkt; erforderlich ist lediglich, dass dem Begehren stattgegeben wurde.[45] Typisches Beispiel ist die Annahme eines Vertragsangebotes.[46]

21 Der Begriff des sonstigen Rechtsverhältnisses meint eine mit der ersten Alternative vergleichbare Fallgestaltung im öffentlichen Bereich.[47]

2. Wahrung der berechtigten Interessen des Betroffenen (Nr. 2)

22 Abs. 1 gilt zudem nicht, wenn die berechtigten Interessen des Betroffenen durch geeignete Maßnahmen gewährleistet und ihm die Tatsache des Vorliegens einer Entscheidung im Sinne des Abs. 1 mitgeteilt wird. Das bisherige gesetzliche Regelbeispiel für eine geeignete Maßnahme zur Wahrung der berechtigten Interessen des Betroffenen war die Möglichkeit des Betroffenen, seinen Standpunkt geltend zu machen. Dies kann weiterhin als Ausnahmetatbestand angesehen werden. Die ver-

---

43 *Abel*, RDV 2009, S. 147 (148); *Roßnagel*, NJW 2009, S. 2716 (2717); *Polenz*, in: Kilian/Heussen, Computerrechts-Handbuch, Stand: 2012, Teil 13, Rn. 113, hält einen Ermessensspielraum der natürlichen Person für erforderlich.

44 *Von Lewinski*, in: Wolff/Brink, Beck'scher Online-Kommentar Datenschutzrecht, § 6a BDSG Rn. 18.

45 *Bizer*, in: Simitis, BDSG, § 6a Rn. 39.

46 *Bizer*, in: Simitis, BDSG, § 6a Rn. 39.

47 BT-Drs. 14/4329, S. 37.

antwortliche Stelle muss ihre Entscheidung erneut prüfen. Die erneute Überprüfung darf nicht ausschließlich automatisiert erfolgen.[48] Sonst wäre dem Schutzzweck der Norm nicht gedient. Fraglich ist, ob der Betroffene auf die Möglichkeit, dass er seinen Standpunkt geltend machen kann, hingewiesen werden muss.[49] Dagegen spricht die Systematik des BDSG, das dem Betroffenen verschiedene Rechte ohne Hinweispflicht der verantwortlichen Stelle zubilligt.[50] Für die aktive Hinweispflicht spricht jedoch wiederum der Schutzzweck. Vorsichtshalber sollte – ein großer Aufwand ist hiermit ohnehin nicht verbunden – zusammen mit der Entscheidung ein kurzer Hinweis erfolgen.

IV. Auskunftsanspruch (Abs. 3)

Abs. 3 erweitert das Recht des Betroffenen auf Auskunft nach §§ 19 und 34 BDSG   **23** auf den logischen Aufbau der automatisierten Verarbeitung der ihn betreffenden Daten. Die Regelung soll Transparenz für den Betroffenen schaffen.[51] Bei der Anwendung der Norm sind das Geschäftsgeheimnis und das Recht am geistigen Eigentum (Urheberrecht) zu beachten. Nicht erfasst sind unter dem Gesichtspunkt des Schutzes des Geschäftsgeheimnisses beispielsweise Auskünfte über die verwendete Software.[52] Zu berücksichtigen ist insbesondere, dass die Berechnung des Scorewertes ein Geschäftsgeheimnis darstellen kann, insbesondere, wenn die Risikopolitik des Unternehmens in der Gestaltung des Scoreverfahrens, insbesondere der Gewichtung der einzelnen Merkmale zum Ausdruck kommt, sodass die Wettbewerbsposition des Unternehmens berührt wird.[53] Auch besteht keine Verpflichtung zur Offenlegung von der Bewertung zugrunde liegenden Algorithmen.[54] Umstritten ist, ob die bei der Bewertung herangezogenen Entscheidungskriterien, wie etwa Art und Anzahl der verwendeten Informationen und ihre angenommene Wertigkeit offengelegt werden müssen.[55] Laut *Beckhusen*[56] ergibt sich aus der Nichtübernahme des § 6a Abs. 3 des Referentenentwurfes zur Novellierung des BDSG, dass die herangezogenen Entscheidungskriterien nicht offengelegt werden müssen. Nach dem Referentenentwurf sollte sich das Auskunftsrecht des Betroffenen „auch auf den strukturierten Ablauf der automatisierten Verarbeitung oder Nutzung der ihn betref-

---

48 BT-Drs. 14/4329, S. 37.
49 Dafür *Bizer*, in: Simitis, BDSG, § 6a Rn. 48; dagegen *Koch*, MMR 1998, S. 458 (461).
50 *Koch*, MMR 1998, S. 458 (461).
51 BT-Drs. 14/4329, S. 37 f.
52 BT-Drs. 14/4329, S. 38; 14/5793, S. 65; Erwägungsgrund 41 der Richtlinie 95/46/EG.
53 *Taeger*, K&R 2008, S. 513 (516 f.); *Kamlah*, in: Plath, BDSG, § 6a Rn. 29 ff.
54 *Weichert*, DuD 2006, S. 399 (403); *Abel*, RDV 2006, S. 108 (114).
55 Für die Offenlegung *Bizer*, in: Simitis, BDSG, § 6a Rn. 55, dagegen *Beckhusen*, BKR 2005, S. 335 (343). Für eine Beschreibung des Zustandekommens des Scores im Sinne einer Bewertung mit mehreren Modellen und Praxisbeispielen *Gürteler/Kriese*, RDV 2010, S. 47 (S. 58 ff.).
56 *Beckhusen*, BKR 2005, S. 335 (343).

fenden Daten und die dabei herangezogenen Entscheidungskriterien" erstrecken.[57] Laut Erwägungsgrund 41 der EG-Datenschutzrichtlinie soll das Auskunftsrecht über den logischen Aufbau der automatisierten Verarbeitung dazu dienen, dass die betroffene Person sich von der Richtigkeit dieser Daten und der Zulässigkeit ihrer Verarbeitung überzeugen kann.[58] Der Betroffene kann sich dann von der Richtigkeit der Daten überzeugen, wenn er überhaupt erfährt, welche Daten herangezogen wurden. Nicht notwendig ist hingegen die Information darüber, welche Wertigkeit den jeweiligen Daten beigemessen wurde. Im Zuge der Diskussion zur „Modernisierung des Datenschutzes" wurde vorgeschlagen, gesetzlich festzulegen, dass die für die Entscheidung wichtigsten Merkmale genannt werden.[59] *De lege lata* besteht jedoch keine diesbezügliche Pflicht.

---

57 Referentenentwurf zur Novellierung des Bundesdatenschutzgesetzes, Stand: 11.3.1999; *Gürteler/Kriese*, RDV 2010, S. 45 (52 ff.); keine Offenlegung des Scorewerts, sondern beschreibende Erläuterung der Bewertung *Kamlah*, in: Plath, BDSG, § 6a Rn. 24.
58 Erwägungsgrund 41 der Richtlinie 95/46/EG.
59 BT-Drs. 16/683.

§ 6b Beobachtung öffentlich zugänglicher Räume mit optisch-elektronischen Einrichtungen

(1) Die Beobachtung öffentlich zugänglicher Räume mit optisch-elektronischen Einrichtungen (Videoüberwachung) ist nur zulässig, soweit sie

1. zur Aufgabenerfüllung öffentlicher Stellen,

2. zur Wahrnehmung des Hausrechts oder

3. zur Wahrnehmung berechtigter Interessen für konkret festgelegte Zwecke

erforderlich ist und keine Anhaltspunkte bestehen, dass schutzwürdige Interessen der Betroffenen überwiegen.

(2) Der Umstand der Beobachtung und die verantwortliche Stelle sind durch geeignete Maßnahmen erkennbar zu machen.

(3) Die Verarbeitung oder Nutzung von nach Absatz 1 erhobenen Daten ist zulässig, wenn sie zum Erreichen des verfolgten Zwecks erforderlich ist und keine Anhaltspunkte bestehen, dass schutzwürdige Interessen der Betroffenen überwiegen. Für einen anderen Zweck dürfen sie nur verarbeitet oder genutzt werden, soweit dies zur Abwehr von Gefahren für die staatliche und öffentliche Sicherheit sowie zur Verfolgung von Straftaten erforderlich ist.

(4) Werden durch Videoüberwachung erhobene Daten einer bestimmten Person zugeordnet, ist diese über eine Verarbeitung oder Nutzung entsprechend den §§ 19a und 33 zu benachrichtigen.

(5) Die Daten sind unverzüglich zu löschen, wenn sie zur Erreichung des Zwecks nicht mehr erforderlich sind oder schutzwürdige Interessen der Betroffenen einer weiteren Speicherung entgegenstehen.

Literatur: *Bäumler*, Datenschutzrechtliche Grenzen der Videoüberwachung, RDV 2001, S. 67; *Bayreuther*, Videoüberwachung am Arbeitsplatz, NZA 2005, S. 1038; *Byers*, Die Videoüberwachung am Arbeitsplatz unter besonderer Berücksichtigung des neuen § 32 BDSG, Frankfurt/M. 2010; *Byers/Pracka*, Die Zulässigkeit der Videoüberwachung am Arbeitsplatz, BB 2013, S. 760; *Czernik*, Heimliche Bildaufnahmen – ein beliebtes Ärgernis, GRUR 2012, S. 457; *Forst*, Videoüberwachung am Arbeitsplatz und der neue § 32 BDSG, RDV 2009, S. 204; *Gola/Klug*, Videoüberwachung gemäß § 6b BDSG – Anmerkungen zu einer verunglückten Gesetzeslage, RDV 2004, S. 65; *Hornung/Desoi*, „Smart Cameras" und automatische Verhaltensanalyse, K&R 2011, S. 153; *Iraschko-Luscher*, Aufgaben des betrieblichen Datenschutzbeauftragten: Videoüberwachung, IT-Sicherheit & Datenschutz 2007, S. 292; *Lang*, Private Videoüberwachung im öffentlichen Raum, Hamburg 2008; *Maties*, Arbeitnehmerüberwachung mittels Kamera, NJW 2008, S. 2219; *Meyer*, Mitarbeiterüberwachung: Kontrolle durch Ortung von Arbeitnehmern, K&R 2009, S. 14; *Nguyen*, Videoüberwachung in sensiblen Bereichen, DuD 2011, S. 715; *Oberwetter*, Arbeitnehmerrechte bei Lidl, Aldi & Co, NZA 2008, S. 609; *Roßnagel/Desoi/Hornung*, Noch einmal: Spannungsverhältnis zwischen Datenschutz und Ethik – Am Beispiel der smarten Videoüberwachung, ZD 2012, S. 459; *Roß-nagel/Hornung/Desoi*, Gestufte Kontrolle bei Videoüberwachungsanlagen, DuD 2011, S. 694; *Wohlfahrt*, Staatliche Videoüberwachung des öffentlichen Raums, RDV 2000, S. 101; *Wrede*, Rechtliche Einordnung von Webcams, DuD 2012, S. 225; *Zilkens*, Videoüberwachung – Eine rechtliche Bestandaufnahme, DuD 2007, S. 279.

I. Allgemeines

1. Gesetzeszweck

1 Die optisch-elektronische Überwachung von öffentlich zugänglichen Räumen ist seit über 30 Jahren immer alltäglicher werdende Realität. Jeder Bürger, der den von ihm beherrschbaren Raum verlässt, muss damit rechnen, nicht nur von Überwachungseinrichtungen im öffentlich-rechtlichen Raum mehrfach am Tage videotechnisch erfasst zu werden sondern auch die Intensität der Beobachtung von eigentlich privaten, gleichwohl von jedermann betretbaren Örtlichkeiten (wie z.B. Bankschalterhallen, Bahnhöfe oder Parkhäuser, aber auch Konzerthallen oder Sportarenen) hat angesichts der fortschreitenden technischen Möglichkeiten erheblich zugenommen.

Betroffene, die sich gegen ihre bildtechnische Erfassung zur Wehr setzen wollten, 2
wurden bis zur Einführung des § 6b BDSG im Jahre 2001[1] auf die privatrechtlichen
Regelungen zum Schutz des eigenen Bildes im Rahmen des Vertrags- und Deliktrechts – und hier insbesondere auf das Kunsturheber- sowie das Besitz- und Eigentumsrecht – verwiesen.[2] Entsprechend spielte sich die Videoüberwachung auch vor
Einführung des § 6b BDSG durchaus nicht im rechtsfreien Raum ab; jedoch fand
sich bis dahin keine gesetzliche Regelung, die unmittelbar auf den notwendigen
Ausgleich der Interessen aller an der Überwachung Beteiligten – also sowohl Betroffene als auch Durchführende – abstellte.

Mit der Schaffung des § 6b BDSG sollte den besonderen Gefahren der Videotech- 3
nik für das Recht auf informationelle Selbstbestimmung[3] Rechnung getragen werden, das nach der Rechtsprechung der BVerfG[4] auch den Schutz des einzelnen in
der Öffentlichkeit bezwecken will.[5] Die Vorschrift schreibt daher eine vergleichsweise einschränkende Verwendungspraxis fest, die jedoch gleichzeitig bestimmte
„schützenswerte Beobachtungszwecke" anerkennt und damit das Selbstbestimmungsrecht der Betroffenen mit den berechtigten Interessen der Verwender von Videoüberwachung in Einklang bringt.[6]

Durch die Regelung der Videoüberwachung in § 6b BDSG wird den Betroffenen 4
auch die Möglichkeit eröffnet, alternativ zu einem gerichtlichen Vorgehen nach
Vertrags- und Deliktrechts die Datenschutzbehörden einzuschalten und sich somit
ein ggf. kostenintensives Gerichtsverfahren zu sparen.[7]

2. Verhältnis zu anderen Vorschriften

Das Verhältnis von § 6b BDSG zu anderen Normen ist ausgesprochen komplex: So- 5
fern es um die Voraussetzungen einer rechtlich zulässigen Videoüberwachung geht,
wird § 6b BDSG verdrängt, wenn vorrangig gesetzliche Spezialregelungen zur Anwendung kommen (§ 1 Abs. 3 Satz 1 BDSG). Sofern es jedoch um die Rechte des
Betroffenen hinsichtlich einer „Abwehr" gegen eine Videoüberwachung geht, ist
§ 6b BDSG als komplementäre Vorschrift zu den andern Vorschriften, die zugunsten des Betroffenen gelten, zu sehen.[8]

---

1 Vgl. zur Gesetzgebungsgeschichte z. B. *Scholz*, in: Simitis, § 6b Rn. 22 ff.
2 Zur Abgrenzung der verschiedenen Normen im Verhältnis zu § 6b siehe unten Rn. 5 ff.
3 Grundlegend zum Recht auf informationelle Selbstbestimmung siehe BVerfGE 65, 1, 42 f.
4 Vgl. nur BVerfG, Urteil vom 11.8.2009 – 2 BvR 941/08, abzurufen unter www.bverfg.de/
   entscheidungen/rk20090811_2bvr094108.html (Stand: Januar 2013).
5 Ebenso *Becker*, in: Plath, BDSG, § 6b Rn. 1.
6 Ähnlich auch *Gola/Schomerus*, BDSG, § 6b Rn. 1.
7 In diesem Sinne auch *Becker*, in: Plath, BDSG, § 6b Rn. 1.
8 Entsprechend hat auch die Gesetzesbegründung vorgesehen, dass bereichsspezifische Vorschriften von § 6b BDSG unberührt bleiben, vgl. BT-Drs. 14/4329, S. 38.

a) Öffentlich-rechtlicher Bereich

6 § 6b BDSG tritt zurück, wenn Vorschriften des Bundes auf die Erhebung personen- bezogener Daten per Videoüberwachung anzuwenden sind (§ 1 Abs. 3 Satz 1 BDSG). Dies sind insbesondere folgende öffentlich-rechtliche Normen: §§ 100c Abs. 1 Nr. 1a, 100c Abs. 2 und Abs. 3, 100h Abs. 1 StPO für die Strafverfolgungs- behörden, §§ 12a, 19a VersG für öffentliche Versammlungen, §§ 27, 28 BGSG für den Bundesgrenzschutz, §§ 20g, 20h, 23 Abs. 2 BKAG für das Bundeskriminalamt, §§ 26, 27 BPolG für die Bundespolizei, §§ 19, 29 ZFdG für das Zollkriminalamt, § 8 Abs. 2 Satz 1 i.V.m. § 9 BVerfSchG für den Verfassungsschutz, § 3 BNDG für den Bundesnachrichtendienst sowie § 5 MADG für den Militärischen Abschirm- dienst.

7 In jedem Einzelfall ist allerdings die Frage zu klären, ob die konkreten Maßnahmen sich tatsächlich nach einer dieser Vorschrift richten. Es sind durchaus Fälle denk- bar, in denen nicht die vorgenannten Spezialvorschriften sondern § 6b BDSG an- wendbar ist, so etwa bei der Überwachung des Außenbereichs eines Gebäudes des Verfassungsschutzes. Im Weiteren ist im Einzelfall zu prüfen, ob § 6b BDSG voll- ständig oder nur teilweise verdrängt wird; so verweist z.B. § 8 Abs. 1 BVerfSchG ausdrücklich zurück auf das BDSG.

8 Auch die meisten Landesdatenschutzgesetze sowie die Polizeigesetze der Länder enthalten Regelungen zur Videoüberwachung öffentlicher Räume;[9] diese sind weit- gehend inhaltsgleich mit § 6b BDSG, gehen diesem aber gemäß § 1 Abs. 3 Satz 1 BDSG vor.

9 In diesem Zusammenhang ist hervorzuheben, dass nach einem Urteil des BVerfG die Erhebung von Filmaufnahmen zum Zwecke der Verkehrsüberwachung (und da- bei insbesondere zum Nachweis von Ordnungswidrigkeiten) keine gesetzliche Rechtsgrundlage hat und damit ein Verstoß gegen das Recht auf informationelle Selbstbestimmung vorläge.[10] Insbesondere hat das BVerfG auch § 6b BDSG nicht als Norm in Betracht gezogen, die für eine derartige Maßnahme den Grundrechts- eingriff rechtfertigen könnte. Diese Wertung ist zweifellos auch auf andere Fälle der Überwachung mit fotografischen Mitteln durch die öffentliche Hand anzuwen- den, wenn diese der Verkehrsüberwachung in Form der Verfolgung von Ordnungs- widrigkeiten dienen soll.

b) Presse

10 Für die Presse geht § 41 BDSG dem § 6b BDSG vor, soweit die Presseorgane in ihrer Eigenschaft als Presse tätig werden.[11] Daher richtet sich die Videoaufnahme in einem öffentlich zugänglichen Raum zum Zweck der Presseberichterstattung

---

9 *Becker*, in: Plath, BDSG, § 6b Rn. 5.
10 Vgl. BVerfG, Urteil vom 11.8.2009 – 2 BvR 941/08, abzurufen unter www.bverfg.de/ent scheidungen/rk20090811_2bvr094108.html (Stand: Mai 2013).
11 Vgl. statt aller *Bizer*, in: Simitis, BDSG (6. Auflage), § 6b Rn. 15.

nach § 41 BDSG, während die Beobachtung eines dem Presseorgan zuzuordnenden öffentlichen Raums zur Wahrung des Hausrechts nach § 6b BDSG beurteilt wird.

Neben § 41 BDSG ist für die Verarbeitung von Ton- und Bilddaten für journalisti- **11** sche, literarische oder künstlerische Zwecke auch der Erwägungsgrund 17 und Art. 9 der Datenschutzrichtlinie 1995/46/EG[12] wertend zu beachten.

c) Verhältnis zum KUG

Das Verhältnis zwischen § 6b BDSG und §§ 22 ff. KUG bestimmt sich nach dem **12** Sinn und Zweck der beiden Gesetze anhand der Trennlinie zwischen Erheben und Verwenden einerseits (BDSG) und Verbreiten und Zuschaustellen andererseits (KUG). Daher mag eine Bildaufnahme im Einzelfall nach § 6b BDSG rechtmäßig erhoben worden sein, ihre Verbreitung kann aber trotzdem nach §§ 22 ff. KUG unzulässig und nach § 33 KUG strafbewehrt sein. Letztlich wird man hier eine Beurteilung im Einzelfall vornehmen müssen.

3. Europarechtliche Vorgaben

Erwägungsgrund 16 der Datenschutzrichtlinie 95/46/EG bestimmt, dass Ton- und **13** Bilddaten vom Anwendungsbereich der Richtlinie ausgenommen sind, wenn diese für Zwecke der öffentlichen Sicherheit, der Landesverteidigung, der Sicherheit des Staates oder des Strafrechts erhoben und verarbeitet werden. Im Umkehrschluss fallen daher alle anderen Ton- und Bilddaten in den Anwendungsbereich der Richtlinie. Hiervon geht auch Artikel 33 der Richtlinie aus, der hinsichtlich der Anwendung der Richtlinie auf Ton- und Bilddaten auf eine spätere Überprüfung und die Unterbreitung von geeigneten Verbesserungsvorschlägen abstellt. Die Zulässigkeit von solchen anderen Ton- und Bilddaten ist folglich an den in der Richtlinie enthaltenen Zulässigkeitsvoraussetzungen (bzw. deren Umsetzung in nationales Recht) zu messen. Eine Norm, die sich explizit mit der Videoüberwachung befasst, enthält die Richtlinie allerdings nicht, sodass der deutsche Gesetzgeber auch keine Notwendigkeit sah, den bereits 2001 in das BDSG eingefügten § 6b BDSG an etwaige Vorgaben der Richtlinie anzupassen.

II. Normadressat

Adressat der Regelung in § 6b BDSG sind alle öffentlichen und nicht-öffentlichen **14** verantwortlichen Stellen gemäß § 2 BDSG.[13]

---

12 Richtlinie 95/46/EG des europäischen Parlaments und des Rates vom 24.10.1995 zum Schutz natürlicher Personen bei der Verarbeitung personenbezogener Daten und zum freien Datenverkehr, ABl. EG Nr. L 281/31 ff. v. 23.11.1995, abrufbar unter http://eur-lex.europa.eu/LexUri.S.erv/LexUri.S.erv.do?uri=OJ:L:1995:281:0031:0050:DE:PDF (Stand: Mai 2013).
13 Siehe dazu § 2 BDSG Rn. 5 ff.

15 Soweit diese die Videoüberwachung nicht selbst durchführen, sondern im Auftrag durch einen Auftragnehmer durchführen lassen, bleibt bei einer Auftragsdatenverarbeitung gemäß § 11 BDSG[14] die verantwortliche Stelle Normadressat, bei einer Funktionsübertragung[15] hingegen nicht. Die Unterscheidung zwischen den beiden Konstellationen lässt sich an dem folgenden Beispiel anschaulich verdeutlichen: Eine Auftragsdatenverarbeitung läge vor, wenn der Auftragnehmer nur die technischen Einrichtungen installiert, um die Videoüberwachung durchzuführen und die Daten zu speichern, die Daten selbst aber von Mitarbeitern des Auftraggebers angesehen und ggf. darauf reagiert werden. Im Gegensatz dazu läge eine Funktionsübertragung vor, wenn der Auftragnehmer selbst die Bilder ansehen und im konkreten Fall reagieren können würde.

III. Erhebung von Daten (Abs. 1)

1. Regelungsgehalt der Vorschrift

16 § 6b Abs. 1 BDSG regelt die Frage der Zulässigkeit der Erhebung von personenbezogenen Daten mittels optisch-elektronischer Einrichtungen. Diese ist nur zulässig, wenn dies (1) zur Aufgabenerfüllung öffentlicher Stellen, (2) zur Wahrnehmung des Hausrechts oder (3) zur Wahrnehmung berechtigter Interessen für konkret festgelegte Zwecke erforderlich ist und keine Anhaltspunkte bestehen, dass schutzwürdige Interessen der Betroffenen überwiegen. Damit statuiert das Gesetz enge Ausnahmefälle, in denen eine Videoüberwachung öffentlich zugänglicher Räume zulässig ist. Entsprechend sind Videoüberwachungen, die nicht unter die vorgenannten Fälle fallen, grundsätzlich unzulässig, sofern sie nicht aufgrund einer gesetzlichen Spezialregelung gerechtfertigt werden können.

2. Einzelheiten

a) Beobachtung mit Hilfe von „optisch-elektronischen Einrichtungen"

17 Eine „Beobachtung" bezieht sich nach ihrem Wortsinn auf die visuelle Betrachtung. Daher sind rein akustische oder sonstige Überwachungen nicht von § 6b BDSG gedeckt, können aber anderen gesetzlichen Regelungen unterfallen. Umgekehrt muss § 6b BDSG für die kombinierte visuelle und akustische Überwachung gelten, da dies zum einen ein „Mehr" im Vergleich zu der nur visuellen Überwachung darstellt (das informationelle Selbstbestimmungsrecht der Betroffenen also stärker beeinträchtigt wird) und zum anderen andernfalls die Vorschrift sehr einfach umgangen werden könnte.

---

14 Ausführlich zur Auftragsdatenverarbeitung § 11 BDSG Rn. 11 ff.
15 Zur Abgrenzung von Auftragsdatenverarbeitung und Funktionsübertragung siehe § 11 BDSG Rn. 14 ff.

Der Begriff der Beobachtung muss richtigerweise auch die Fotografie erfassen.[16] **18** Zwar scheint der vom Gesetzgeber verwandte Begriff der „Videoüberwachung" dagegen zu sprechen. Dies liegt aber im Wesentlichen an dem heute üblichen umgangssprachlichen Verständnis dieses Wortes, das eine Videoüberwachung im Sinne eines laufenden Bildes interpretiert. Eine solche Interpretation ist aber nicht zwingend, denn „video" bedeutet seinem lateinischen Wortsinn nach nicht nur „ich sehe", sondern auch „ich betrachte". Außerdem kann auch eine einzelne Fotografie das Selbstbestimmungsrecht des Betroffenen in derselben Weise beeinträchtigen, wie ein kurzer Film, der zweifellos unter § 6b BDSG fällt. Damit erfasst die Vorschrift beispielsweise das Auslösen eines Fotos an der Schranke eines Parkhauses bei Einfahrt eines Fahrzeuges ebenso wie die dauernde filmische Überwachung des Zapfsäulenbereichs einer Tankstelle.

Die Beobachtung muss mit Hilfe von „optisch-elektronischen Einrichtungen" erfolgen. Hiermit meint der Gesetzgeber alle Geräte, die ein Bildsignal aufzeichnen, **19** wahrnehmbar machen und/oder weiterleiten.[17] Damit sind, unabhängig von der verwendeten Technik, analoge und digitale (Video-)Kameras erfasst,[18] ebenso Webcams.[19] Ob die Kamera dabei starr auf einen bestimmten Bereich gerichtet ist, automatisch oder manuell ausgelöst wird, hin und her schwenkt oder gar mobil (z. B. auf einem fahrbaren Untersatz) eingerichtet ist, muss nach dem Gesetzeszweck von § 6b BDSG unerheblich sein;[20] gleiches gilt für die Verwendung eines Zoomobjektivs. Entscheidend ist bei allen diesen Fallgestaltungen nur, dass die tatsächliche Bilderfassung „optisch-elektronisch" erfolgt; ob hingegen die Bewegung oder andere Funktionen der Kamera „elektronisch" erfolgen, ist unerheblich.[21] Umgekehrt sind Beobachtung durch Menschen – auch wenn sie sich optischer Hilfsmittel, wie z. B. eines Fernglases, bedienen – sicher nicht von § 6b BDSG erfasst. Ebenso eindeutig

---

16 Ebenso *Bizer*, in: Simitis, BDSG (6. Auflage), § 6b Rn. 35.

17 BT-Drs. 14/5793, S. 62.

18 Siehe Gesetzesbegründung BT-Drs. 14/5793, S. 62, durch die Formulierung zu Abs. 1 mit „insbesondere bei Anwendung digitaler Kameratechnik" stellt der Gesetzgeber indirekt klar, dass auch die analoge Technik, die in der Gesetzesbegründung zu Abs. 4 ausdrücklich Erwähnung findet, gemeint ist, da es nach Stand der Technik zum Zeitpunkt der Abfassung der Gesetzesbegründung keine anderen Techniken gibt.

19 *Becker*, in: Plath, BDSG, § 6b Rn. 12 m. w. N. in Fn. 2.

20 Ähnlich, wenn auch weniger weitgehend *Becker*, in: Plath, BDSG, § 6b Rn. 12; eine Anwendung von § 6b BDSG auf mobile Geräte eindeutig bejahend *Gola/Klug*, RDV 2004, S. 65 (66).

21 In diese Richtung auch *Gola/Schomerus*, BDSG, § 6b Rn. 8; *Duhr/Naujock/Peter/Seiffert*, DuD 2002, S. 5 (26 f.); a. A. *Bizer*, in: Simitis, BDSG (6. Auflage), § 6b Rn. 36 m. w. N., der auch die elektronische Steuerung einer ansonsten nicht elektronischen Bilderfassung unter § 6b BDSG fassen will.

ist, dass das Kriterium der „optisch-elektronischen Einrichtung" nicht durch Attrappen erfüllt wird, selbst wenn sich diese bewegen.[22]

20 Es ist allerdings für das Kriterium der Beobachtung nicht erforderlich, dass das Bild von der Kamera aufgezeichnet wird.[23] Schon der Gesetzgeber hat bestimmt, dass es von § 6b BDSG ebenso erfasst wird, wenn ein Bild möglicherweise zeitgleich übertragen, woanders von einem Menschen angesehen und nicht gespeichert wird, wie eine Aufzeichnung am gleichen oder einem anderen Ort, die zeitlich versetzt erfolgt.[24] Auf eine gleichzeitige oder zeitversetzte Komponente des Beobachtens kann es somit ebenfalls nicht ankommen, d. h. ob die Beobachtung zeitgleich mit dem beobachteten Ereignis erfolgt oder zeitversetzt in Form der nachträglichen Betrachtung einer gespeicherten Aufnahme stattfindet, ist irrelevant.

21 Der Vorgang der „Beobachtung" setzt schließlich eine gewisse zeitliche Dauer voraus.[25] Damit soll zwischen einer kurzen Momentaufnahme und einer länger andauernden Beobachtung des gleichen öffentlich zugänglichen Raums abgegrenzt werden. Allerdings ist zu beachten, dass auch eine kurzfristige Videoüberwachung oder eine von vornherein befristete Überwachung von § 6b BDSG erfasst werden, denn sofern beim Überwachenden nur ein Beobachtungswille und ein gewisse Zielgerichtetheit vorhanden ist, ist der Schutzweck von § 6b BDSG betroffen.[26]

b) Öffentlich zugänglicher Raum

22 Der Begriff „Raum" ist nach seinem Wortsinn dreidimensional zu verstehen, d. h. es ist nicht nur Boden, auf dem Menschen gehen oder stehen können, sondern auch der Raum über dieser Fläche gemeint.

23 Im Übrigen ist streitig, was genau unter „öffentlich zugänglichem Raum" zu verstehen ist:[27] Teilweise wird vertreten, dass es sich um einen baulich abgegrenzten, „umbauten" Raum handeln muss. Dieses Erfordernis ist aber weder aus § 6b BDSG noch aus der Gesetzesbegründung ableitbar. Vielmehr muss der Begriff des „öffentlich zugänglichen Raums" weit verstanden werden und alle Räume erfassen, die nach dem Willen des rechtlichen Besitzers für die Öffentlichkeit zugänglich oder gewidmet sind.[28] Entsprechend muss es auch unschädlich sein, wenn einzelne Personen diesen Bereich, z. B. wegen des vorherigen Ausspruchs eines Hausverbotes,

---

22 Siehe OLG Düsseldorf DuD 2007, 307 f.; zur Unzulässigkeit der Kündigung eines Mietvertrages aus wichtigem Grund wegen Installation einer Attrappe einer Videokamera in einem Hausflur nachdem der Mieter bereits ausgezogen war.
23 So auch *Becker*, in: Plath, BDSG, § 6b Rn. 13.
24 BT-Drs. 14/5793, S. 62.
25 Vgl. statt aller nur *Becker*, in: Plath, BDSG, § 6b Rn. 11; *Gola/Schomerus*, BDSG, § 6b Rn. 12.
26 Ebenso *Becker*, in: Plath, BDSG, § 6b Rn. 11.
27 So die ganz h. M., vgl. nur *Bizer*, in: Simitis, BDSG, § 6b Rn. 36; a. A. *Gola/Schomerus*, BDSG, § 6b Rn. 8.
28 Ähnlich auch *Becker*, in: Plath, BDSG, § 6b Rn. 9.

(vorübergehend) nicht betreten dürfen. Zu so verstandenen öffentlich zugänglichen Räumen gehören beispielsweise auch der Eingangsbereich eines Bürogebäudes, in dem nicht nur die Angestellten, sondern auch Lieferanten und Kunden ankommen, die Verkaufsflächen eines Ladenlokals oder die öffentlich zugänglichen Bereiche eines Flughafens.

In Abgrenzung zu den öffentlichen Räumen stehen nicht-öffentliche Räume, also **24** Räume, die nicht der Öffentlichkeit zugänglich sind. Hierzu gehören insbesondere die Wohnung (verfassungsrechtlicher Schutz durch Art. 13 GG) oder die nicht öffentlich zugänglichen Bereiche eines Flughafens, eines Bahnhofs oder eines Hotels sowie diejenigen Teile von Amtsräumen, nicht dem Publikumsverkehr gewidmet sind. Die Beobachtung derartiger Räumlichkeiten ist nicht von § 6b BDSG gedeckt[29] und bedarf einer anderen Eingriffsnorm.

§ 6b BDSG gestattet bei der Beobachtung keine Überschreitung von Grenzen zwi- **25** schen öffentlichen und nicht-öffentlichen Räumen. Daher müssen Kameras exakt so eingestellt werden, dass sie nur öffentlichen Raum beobachten und dabei kein nicht-öffentlicher Raum mitbeobachtet wird.[30] Dies gilt selbstverständlich auch umgekehrt: Ist z. B. die Überwachung der Außenanlagen eines Privathauses auf einem umfriedeten Grundstück durch den Besitzer zulässig, müssen auch hier die Kameras so ausgerichtet sein, dass sie nur den nicht-öffentlichen Raum beobachten, da die Beobachtung (auch) des öffentlichen Raums des an dem Grundstück vorbeiführenden Bürgersteigs nur in sehr extremen Ausnahmefällen nach § 6b BDSG gerechtfertigt sein kann.[31] Streitig sind daher z. B. Fälle wie die Beobachtung eines Treppenaufgangs zu einer allgemein zugänglichen Arztpraxis oder der Raum im Eingangsbereich einer Bankfiliale in dem die Geldautomaten stehen.[32]

Ein Sonderfall besteht im Bereich der Gerichtsbarkeit. Der öffentlich abgehaltene **26** Gerichtstermin findet regelmäßig in einem öffentlich zugänglichen Raum statt. Dennoch ist das Beobachten mittels optisch-elektronischer Einrichtungen hier unzulässig (vgl. § 169 Satz 2 GVG).

Die Beobachtung von Arbeitsplätzen ist differenziert zu beurteilen: Handelt es sich **27** (auch) um öffentliche Räume, wie z. B. ein Ladenlokal, dann ist § 6b BDSG einschlägig. Meistens wird es sich allerdings bei den Räumen, in denen sich Arbeitsplätze befinden, nicht um öffentliche Räume handeln.[33] Die Rechtsprechung hat dazu eine weitgehende Kasuistik entwickelt, die auch die arbeitsrechtliche Sonderbeziehung zwischen Überwacher und Überwachtem berücksichtig und die infolge-

---

29 *Becker*, in: Plath, BDSG, § 6b Rn. 10, weist richtigerweise darauf hin, dass auch eine analoge Anwendung des § 6b BDSG mangels Regelungslücke nicht in Frage kommt.
30 A.A. BGH NJW 1995, 1955 = RDV 1996, 26.
31 Siehe hierzu ausführlich BGH NJW 1995, 1955 = RDV 1996, 26.
32 Ablehnend *Gola/Schomerus*, BDSG, § 6b Rn. 9; dagegen bejahend *Bizer*, in: Simitis, BDSG (6. Auflage), § 6b Rn. 42.
33 *Meyer*, K&R 2009, S. 14 (15).

dessen an eine solche Videoüberwachung ähnlich strenge Anforderungen stellt wie § 6b BDSG.[34] Ferner ist hier die Regelung in § 32 BDSG zu beachten.[35]

c) Zweckbestimmung und Zweckbindung

28 Die Videoüberwachung öffentlich zugänglicher Räume ist nach dem Willen des Gesetzgebers nur in eng beschriebenen Ausnahmefällen zulässig. Die gesetzliche Zwecksetzung ist in einer verobjektivierten Weise zu betrachten; dies gilt insbesondere im nicht-öffentlichen Bereich.[36] Dies bedeutet, dass eine durchaus subjektiv motivierte Videoüberwachung auch aufgrund objektiver Gründe erfolgen und gerechtfertigt sein muss; andererseits ist sie unzulässig. Maßgeblich für die Beurteilung kann nach dem Gesetzeszweck nur der tatsächliche, nicht aber der ggf. von der verantwortlichen Stelle vorgegebene Zweck sein.[37]

29 Die aufgrund der Videoüberwachung gewonnenen Daten unterliegen einer strengen Zweckbindung nach § 6b Abs. 3 BDSG: sie dürfen nur dann für einen anderen als den ursprünglichen Zweck verwendet werden, wenn dies in § 6b Abs. 3 BDSG erlaubt ist.[38]

aa) „zur Aufgabenerfüllung öffentlicher Stelle" (Nr. 1)

30 Die Befugnis zur Videoüberwachung zum Zweck der Aufgabenerfüllung öffentlicher Stellen (§ 6b Abs. 1 Nr. 1 BDSG) gilt nach ihrem eindeutigen Wortlaut nach ausschließlich für öffentliche Stellen i.S.v. § 2 BDSG;[39] nicht-öffentliche Stellen können sich hierauf nicht berufen.

31 Strukturell ist die Vorschrift als „Auffangtatbestand" zu verstehen, d.h. sie greift in der Regel nur, wenn nicht schon eine spezialgesetzliche Regelung anwendbar ist.[40] In Frage kommen hier vor allem die Eingriffsrechte nach der Strafprozessordnung und den jeweiligen Länderpolizeigesetzen. Sollten die Voraussetzungen eines anwendbaren Spezialgesetzes nicht gegeben sein, ist ein Rückgriff auf § 6b BDSG ausgeschlossen.[41] Umgekehrt ist § 6b BDSG einschlägig, wenn ein Zweck verfolgt wird, der in der spezielleren Vorschrift nicht geregelt ist.

---

34 Vgl. z.B. BAG, Urteil vom 21.6.2012 – 2 AZR 153/11, abzurufen unter www.jurpc.de/jurpc/show?id=20130008 (Stand: Mai 2013); vgl. ferner BAG RDV 2011, 192; LAG Köln DuD 2007, 308 f.; zur Unzulässigkeit der versteckten Videoüberwachung eines Arbeitnehmers ohne Vorliegen eines konkreten Verdachts einer Straftat oder sonstigen schwerwiegenden arbeitsrechtlichen Verfehlung.

35 Vgl. § 32 BDSG Rn. 43; ausführlich dazu auch *Byers*, Videoüberwachung und § 32 BDSG (2010); siehe ferner *Forst*, RDV 2009, S. 204 (206 f.).

36 *Becker*, in: Plath, BDSG, § 6b Rn. 14.

37 Ähnlich auch *Becker*, in: Plath, BDSG, § 6b Rn. 14.

38 Vgl. dazu unter Rn. 71.

39 Zum Begriff ausführlich § 2 BDSG Rn. 5 ff.

40 *Scholz*, in: Simitis, BDSG, § 6b Rn. 72.

41 Ebenso *Becker*, in: Plath, BDSG, § 6b Rn. 15.

Der Begriff der „Aufgabenerfüllung" in § 6b Abs. 1 Nr. 1 BDSG ist weit zu verste- **32**
hen:[42] Er bezieht sich auf die Aufgaben, die der jeweiligen öffentlichen Stelle aufgrund Gesetz oder anderer Rechtsvorschrift zugewiesen sind sowie damit verbundene Zwecke, wie z. B. die Überwachung eines Flures im Gebäude der öffentlichen
Stelle zwecks Einhaltung der Hausordnung oder Abschreckung von Tätern die beispielsweise in einer Drogenberatungsstelle dort lagernde Drogen oder Ersatzstoffe
entwenden wollen.

bb) „zur Wahrnehmung des Hausrechts" (Nr. 2)

Die Befugnis, eine Videoüberwachung zur Wahrnehmung des Hausrechts durchzu- **33**
führen, gilt sowohl für öffentliche Stellen als auch für nicht-öffentliche Stellen.

Das Hausrecht[43] ist im BDSG nicht geregelt und richtet sich daher grundsätzlich **34**
nach §§ 859 ff., 904, 1004 BGB sowie § 123 StGB.[44] Zusätzlich gilt § 535 BGB für
das Recht des Mieters und § 21 WEG für die Wohnungseigentümergemein-
schaft[45];[46] im öffentlich-rechtlichen Bereich sind außerdem § 89 VwVfG und
§§ 175–183 GVG zu beachten.

Entsprechend richtet sich auch nach diesen Normen, wer zur Ausübung oder **35**
„Wahrnehmung" des Hausrechts befugt ist. In der Regel wird dies der unmittelbare
Besitzer des jeweiligen öffentlich zugänglichen Raums sein; dies muss – wie auch
schon § 535 BGB zeigt – nicht der Eigentümer sein. Entsprechend kann das Haus-
recht auch mehreren Personen zustehen, so z. B. den verschiedenen Parteien eines
Mehrfamilienhauses bzgl. der Treppe im Haus (vgl. hierzu auch § 21 WEG).

Eine Delegation des Hausrechts ist selbstverständlich möglich, z. B. an ein Sicher- **36**
heitsunternehmen.[47] Bei einer solche Delegation ist allerdings zu bedenken, dass
der Auftragnehmer ggf. selbst zur verantwortlichen Stelle für die Videoüberwachung werden kann, so beispielsweise, wenn der Auftraggeber ihm einen eigenen
Entscheidungsspielraum hinsichtlich der mittels der Videoüberwachung gewonnen
Daten eingeräumt hat.[48]

Das Hausrecht – und damit auch die Beobachtungsbefugnis des Hausrechtsinhabers **37**
nach § 6b Abs. 1 Nr. 2 BDSG – endet grundsätzlich an den Grenzen des Grund-

---

42 Vgl. BT-Drs. 14/5793, S. 61; ebenso *Gola/Schomerus*, BDSG, § 6b Rn. 15.
43 Grundsätzlich zum Begriff des Hausrechts *Ziegler*, DuD 2003, S. 337 ff.
44 Anders *Becker*, in: Plath, BDSG, § 6b Rn. 16, der eine weite Interpretation des Hausrechts
   im Sinne eines „umfassenden Bestimmungs-, Abwehr- und Sicherungsrechts" vertritt.
45 Siehe OLG Düsseldorf DuD 2007, 306 f. zur Unzulässigkeit der Videoüberwachung des
   Garagenbereichs einer WEG durch nur ein Mitglied der WEG.
46 Zur Videoüberwachung von Mietwohnungen und WEG siehe z. B. *Huff*, NZM 2004,
   S. 535 ff.
47 So auch *Gola/Schomerus*, BDSG, § 6b Rn. 16.
48 Missverständlich insofern allerdings *Gola/Schomerus*, BDSG, § 6b Rn. 16, die davon sprechen, dass die Zulässigkeit der Videoüberwachung sich dann aufgrund eigener Geschäftszwecke des Sicherheitsdienstes ergeben würden.

stücks.[49] Entsprechend können darüber hinaus Videoaufnahmen nicht auf § 6b BDSG gestützt werden, so z.B. die Überwachung einer öffentlichen Straße, die an einem privaten, aber öffentlich zugänglichen Grundstück vorbeiführt, durch den Grundstückseigentümer.

38 Zur Wahrnehmung des Hausrechts kann die Videoüberwachung sowohl präventiv als auch repressiv eingesetzt werden.[50] Der präventive Einsatz dient der Abschreckung potenzieller Übeltäter, während der repressive Einsatz im Falle einer versuchten oder vollzogenen Verletzung des Hausrechts der Beweissicherung für ein mögliches späteres gerichtliches Vorgehen gegen den Täter dient. Selbstverständlich können sich präventive und repressive Zwecke auch überschneiden, so z.B. wenn ein potenzieller Täter durch eine offensichtlich installierte Videoüberwachung abgeschreckt wird, weil er befürchtet, dass die Strafverfolgungsbehörden alarmiert werden, wenn er eine Tat begeht. Bei einer Videoüberwachung in den öffentlich zugänglichen Räumen von Kreditinstituten oder in Parkhäusern kommt darüber hinaus noch eine dritte Schutzrichtung der Videoüberwachung zum Tragen, denn hier wird es grundsätzlich auch im (Sicherheits-)Interesse des Betroffenen sein, dass er und sein Umfeld aufgenommen wird.[51]

39 Im Bereich der Videoüberwachung öffentlich-rechtlich genutzter Räume sowie bei der Videoüberwachung von Arbeitnehmern ist umgekehrt zu beachten, dass die Betroffenen letztlich gezwungen sind, zur Erledigung ihrer Anliegen bzw. zur Erbringung ihrer vertraglichen Arbeitsleistung die betroffenen Räume aufzusuchen bzw. zu durchqueren. Daher wird es hier regelmäßig schwierig sein, eine Videoüberwachung mit dem Hausrecht zu rechtfertigen;[52] im Arbeitsverhältnis wird dies sogar regelmäßig ausscheiden.[53]

cc) „Wahrnehmung berechtigter Interessen für konkret festgelegte Zwecke" (Nr. 3)

40 Die Videoüberwachung zur Wahrnehmung berechtigter Interessen ist eine Zulässigkeitsalternative, die nach dem expliziten Willen des Gesetzgebers[54] – und entgegen der insoweit keine Einschränkung treffenden Formulierung des Gesetzes – nur nicht-öffentlichen Stellen offen steht.

41 Inhaltlich ähnelte der Wortlaut von § 6b Abs. 1 Nr. 2 BDSG dem von § 28 Abs. 1 Satz 1 Nr. 2 BDSG[55] und ist entsprechend zu interpretieren. Allerdings ist zu beach-

---

49 BGH RDV 1996, 26; ebenso *Becker*, in: Plath, BDSG, § 6b Rn. 16; *Gola/Schomerus*, BDSG, § 6b Rn. 16.
50 So auch *Gola/Schomerus*, BDSG, § 6b Rn. 17.
51 Ebenso *Gola/Schomerus*, BDSG, § 6b Rn. 16.
52 *Becker*, in: Plath, BDSG, § 6b Rn. 16.
53 *Forst*, RDV, S. 204 (208).
54 BT-Drs. 14/5793, S. 61.
55 Ausführlich hierzu § 28 BDSG Rn. 54 ff.

ten, dass § 6b BDSG nach seinem Zweck die Fälle, in denen eine Videoüberwachung erlaubt sein soll, möglichst einschränken will, sodass diese Zulässigkeitsalternative generell eng auszulegen ist.[56]

Das berechtigte Interesse kann generell sowohl rechtlicher als auch wirtschaftlicher **42** als auch ideeller Art sein.[57] Allerdings muss es objektiv bestehen, sodass die bloße Behauptung eines solchen Interesses nicht ausreichend ist.[58] Nach der Gesetzesbegründung kann ferner von einem berechtigten Interesse nicht ausgegangen werden, wenn die Beobachtung ein Hauptzweck oder wesentlicher Nebenzweck der Geschäftstätigkeit des Beobachtenden ist.[59] Entsprechend ist auch die Tätigkeit eines Unternehmens, das losgelöst von dem berechtigten Interesse eines Rechtsinhabers einen öffentlichen Raum beobachtet und diesem dann diese Beobachtung oder Auswertungen daraus übermittelt, unzulässig.[60]

Bei Vorliegen eines berechtigten Interesses muss zusätzlich der Zweck der Beob- **43** achtung festgelegt werden. Aufgrund der Wortwahl des Gesetzgebers („für konkret festgelegte Zwecke") wird deutlich, dass eine nur allgemeine Umschreibung eines Zwecks (z. B. „zur Abwehr von Straftaten"), hierfür nicht ausreichend ist. Sinn der Formulierung ist vielmehr, dass sich derjenige, der sich auf § 6b Abs. 1 Nr. 3 BDSG stützen will, vor Beginn der Beobachtung mit der Zulässigkeit seines Vorhabens auseinandersetzt und dieses so konkret wie möglich formuliert. Denn nur, wenn er diese Zwecke unveränderbar schriftlich oder elektronisch festgelegt hat,[61] kann später auch überprüft werden, ob er die gesetzlichen Voraussetzungen für eine zulässige Videoüberwachung beachtet hat. Eine solche Überprüfung kann ggf. auch bereits vor Beginn der Beobachtung erfolgen, wenn eine Vorabkontrolle nach § 4d Abs. 5 BDSG[62] zu erfolgen hat.[63] Fehlt eine entsprechende Festlegung, die generell vor Beginn der Videoüberwachung erfolgen muss,[64] so geht dies zu Lasten der verantwortlichen Stelle.[65]

Nach Sinn und Zweck des § 6b BDSG sind nur legale Beobachtungszwecke von **44** § 6b BDSG gedeckt. Eine Beobachtung zum Zweck einer Straftat, z. B. Erpressung, ist damit unzulässig. Was allerdings auf den ersten Blick vollkommen selbstverständlich klingt, wird dann problematisch, wenn nicht eindeutig entschieden werden kann, ob der verfolgte Zweck rechtmäßig oder unzulässig ist.

---

56 *Scholz*, in: Simitis, BDSG, § 6b Rn. 77; *Becker*, in: Plath, BDSG, § 6b Rn. 17.
57 Ebenso *Becker*, in: Plath, BDSG, § 6b Rn. 17.
58 BT-Drs. 14/5793, S. 61.
59 Vgl. BT-Drs. 14/5793, S. 61.
60 Streitig, so wie hier BT-Drs. 14/5793, S. 61; *Bizer*, in: Simitis, BDSG (6. Aufl.), § 6b Rn. 52; *Weichert*, DuD 2000, S. 662 (667); a. A. *Gola/Schomerus*, BDSG, § 6b Rn. 18.
61 Vgl. *Zilkens*, DuD 2007, S. 279 (281).
62 Ausführlich zur Vorabkontrolle § 4d BDSG Rn. 58 ff.
63 *Jacob*, RDV 2005, S. 5 (7).
64 Vgl. BT-Drs. 14/5793, S. 61.
65 *Becker*, in: Plath, BDSG, § 6b Rn. 17.

d) Erforderlichkeit

45 Beim Begriff der „Erforderlichkeit" ist vom allgemeinen rechtlichen Verständnis dieses Begriffs auszugehen:[66] Daher ist zunächst auf den Zweck der Beobachtung abzustellen und zu prüfen, ob die gewählte Videoüberwachung geeignet ist, diesen Zweck zu erreichen. Anschließend ist zu klären, ob man den verfolgten Zweck auch mit einem milderen Mittel, also insbesondere ohne Videoüberwachung, hätte erreichen können. Bei beiden Prüfungsschritten ist ein objektiver Maßstab anzulegen,[67] sodass subjektive Erwägungen der verantwortlichen Stelle keine Rolle spielen dürfen.

46 Im ersten Prüfungsschritt geht es nicht darum, die beste Handlungsalternative zu identifizieren, sondern darum, ungeeignete Maßnahmen auszusortieren und sicherzustellen, dass die ergriffene Maßnahme die Erreichung des verfolgten Zwecks maßgeblich unterstützt.[68] Dabei kann eine Maßnahme schon alleine praktisch ungeeignet sein, insbesondere, weil sie dem Beobachtungszweck nicht oder nur unzureichend dient. Daher wäre beispielsweise die Videoüberwachung in einer Bank, die der Abschreckung potenzieller Straftäter dienen soll, nicht nur dann ungeeignet, wenn sie nicht gut erkennbar ist,[69] sondern auch wenn bei ihr die Kameras so ausgerichtet sind, dass es – ersichtlich – tote Winkel gibt, durch die man die eigentlich zu schützenden Bereiche unerkannt erreichen kann. Gleiches gilt für eine Videoanlage, die in der Dunkelheit aufgrund fehlender Beleuchtung oder fehlender Sensitivität nicht ausreichend gute Bilder liefern kann. Entsprechend kann bei einer repressiven Videoüberwachung nur dann von einer Geeignetheit ausgegangen werden, wenn die verwendete Kamera technisch so gut ist, dass mit ihren Bildern Beweis geführt werden kann, insbesondere die potenziellen Täter möglichst gut erkennbar sind.[70] Das muss sowohl für die Auflösung der Bilder als auch die Installation der Kamera hinsichtlich Abdeckung von Räumen und Sichtbarkeit der potenziellen Straftaten gelten.

47 Eine Maßnahme kann aber auch deswegen ungeeignet sein, weil sie unnötig weit in die Rechte der Betroffenen eingreift, so kann z.B. eine Beobachtung mit Aufzeichnung dann unzulässig sein, wenn zur Erreichung des verfolgten Zwecks auch schon eine reine Beobachtung ausreichen würde.[71]

48 Beim zweiten Prüfungsschritt, nämlich ob es andere geeignete Maßnahmen gibt, mit denen der Zweck der Beobachtung ebenfalls erreicht werden kann, die aber einen geringeren Eingriff in das informationelle Selbstbestimmungsrecht bedeuten,

---

66 *Gola/Schomerus*, BDSG, § 6b Rn. 18a; *Becker*, in: Plath, BDSG, § 6b Rn. 20.
67 *Becker*, in: Plath, BDSG, § 6b Rn. 20.
68 Vgl. hierzu exemplarisch BAG RDV 2005, 216 zur Eignung von Videoüberwachungsanlagen zur Verhinderung von Diebstählen in einem Unternehmen.
69 *Scholz*, in: Simitis, BDSG, § 6b Rn. 87.
70 A.A. *Becker*, in: Plath, BDSG, § 6b Rn. 20.
71 In diesem Sinne auch *Gola/Schomerus*, BDSG, § 6b Rn. 18a.

geht es um die Frage, ob ein „milderes Mittel" eingesetzt werden kann, um den Beobachtungszweck zu erreichen. Bei dieser Beurteilung kann es aber nicht um das Finden der „besten Lösung" für die Betroffenen gehen, sondern nur darum den Eingriff in die Rechte der Betroffenen im Rahmen des wirtschaftlich Zumutbaren möglichst gering zu halten. Daher sind Maßnahmen, die wesentlich höhere Kosten verursachen oder sonstige erhebliche Nachteile herbeiführen, regelmäßig kein milderes Mittel.[72] Entsprechend sind beispielsweise persönliche Kontrollen durch Mitarbeiter, die hohe Personalkosten verursachen und diese Mitarbeiter ggf. auch einer persönlichen Gefährdung aussetzen würden, keine „erforderliche" Alternative zu einer Videoüberwachung.[73] Umgekehrt kann der verstärkte Einsatz von (externem) Sicherheitspersonal oder die Verwendung von anderen Sicherheitseinrichtungen (z.B. andere Schlösser, Sicherheitskontrollen) den verfolgten Schutzzweck u.U. besser erfüllen.

Bereits in den Bereich der nachfolgend zu treffenden Abwägung mit den geschützten Interessen der Betroffenen reicht die Frage, ob die präventive und repressive Beobachtung eines öffentlichen Raums dann erforderlich ist, wenn bei der Beobachtung in der deutlichen Überzahl nicht Straftäter sonder Privatpersonen beobachtet würden. Als Beispiel kann hier die Beobachtung eines öffentlichen Vorplatzes und der am Grundstück vorbeifahrenden Kfz dienen, bei dem ein automatischer Abgleich vorgenommen wird, ob immer die gleichen Personen in einem Fahrzeug sitzen. In der Regel dürfte ein solches System allerdings schon wegen der überwiegenden Beobachtung von unbeteiligten Betroffenen unzulässig sein. **49**

Im Zusammenhang mit der Prüfung der Erforderlichkeit ist auch auf die in § 3a BDSG verankerten Grundsätze der Datenvermeidung und Datensparsamkeit[74] zu verweisen. Kameras sind also möglichst so zu installieren, dass so wenig personenbezogene Daten wie möglich erhoben werden, indem beispielsweise Videoaufnahmen nur dann gemacht werden, wenn dies wirklich erforderlich ist (z.B. während Bank- oder Ladenöffnungszeiten) und räumlich nur der Bereich erfasst wird, der für den verfolgten Zweck erforderlich ist (z.B. der Bereich vor den Geldautomaten und nicht auch der Bereich vor den Kontoauszugdruckern). **50**

e) Schutzwürdige Interessen Betroffener

Im letzten Prüfungsschritt von § 6b Abs. 1 BDSG hat schließlich eine Interessenabwägung zwischen den Interessen des Rechtsausübenden und den Rechten der potenziell von der Beobachtung erfassten Betroffenen zu erfolgen. Bei dieser Abwägung werden sich häufig auch Verfassungsrechte der beteiligten Parteien gegenüberstehen, wie beispielsweise der Schutz des Eigentums oder der körperlichen **51**

---

72 Vgl. *Becker*, in: Plath, BDSG, § 6b Rn. 21.
73 So z.B. AG Berlin-Mitte NJW-RR 2004, 531.
74 Ausführlich dazu § 3a BDSG Rn. 22 ff.

Unversehrtheit auf der einen Seite und der Schutz auf informationelle Selbstbestimmung und das Persönlichkeitsrecht auf der anderen Seite.

52 Maßgeblich für die Beurteilung sind die konkreten Umstände des Einzelfalls „ex ante":[75] die verantwortliche Stelle muss vor Einrichten der Videoüberwachung eine Zukunftsprognose erstellen, bei der sie alle ihr bekannten Umstände berücksichtigt. Entsprechend scheidet eine zulässig Beobachtung bereits dann aus, wenn die verantwortliche Stelle wesentliche Anhaltspunkte für ein Überwiegen der Interessen der Betroffenen nicht ausräumen kann.[76]

53 Bei der Abwägung sind auf Seiten der verantwortlichen Stelle insbesondere die Zwecksetzung der Beobachtung sowie die sie begleitenden Umstände (insbesondere deren technische Ausgestaltung) zu beachten.

54 Entsprechend ist eine Videoüberwachung, die Sicherheitszwecken dient, anders zu beurteilen als eine Beobachtung von Passanten bzgl. ihrer Reaktion auf eine Werbedarstellung in einem Schaufenster. In diesem Zusammenhang kommt auch der „Erwartungshaltung" der Öffentlichkeit eine gewisse Bedeutung zu:[77] während heute selbstverständlich davon ausgegangen wird, dass Bank-Selbstbedienungsterminals, U-Bahnen und Parkhäuser per Kamera überwacht werden, ist es wohl nach wie vor eher ungewöhnlich, dass der Toilettenbereich eines Restaurants mit Videoüberwachungsanlagen ausgestattet wird. Denn im ersten Fall dient die Überwachung letztlich auch der Sicherheit (bzw. dem subjektiven Sicherheitsgefühl) der Betroffenen, sodass eine mögliche Beeinträchtigung ihrer schützenwerten Interessen unwahrscheinlicher ist. Im zweiten Fall allerdings werden die Betroffenen in ihrer Intimsphäre beobachtet, was eindeutig zu einem Überwiegen ihrer Interessen an einer Nicht-Beobachtung führt.

55 Die technische und personelle Ausgestaltung einer Videoüberwachung hat maßgeblichen Einfluss auf die Intensität der Beobachtung und damit den Eingriff in das informationelle Selbstbestimmungsrecht der Betroffenen.[78] Kernelement hierbei sind die Auflösung der Kamera(s) und die damit zusammenhängende Erkennbarkeit von Personen, die Dauer bzw. Zeiten der Überwachung sowie Art und Umfang des Zugriffs auf das Videomaterial durch Mitarbeiter der verantwortlichen Stelle. Weitere wesentliche Aspekte der Ausgestaltung der Beobachtung sind der gewählte Bildausschnitt, die verfügbaren Zoomfunktionen, die Anzahl der verwendeten Kameras sowie zur Verfügung stehende Schwärzungs- und Verpixelungstechniken.[79]

56 So überwiegen beispielsweise eindeutig die Interessen der verantwortlichen Stelle, wenn der Verpixelungsgrad der aufgenommenen Bilder so hoch ist, dass keine Identifizierung einzelner Personen möglich ist; denn in diesem Fall werden von

---

75 *Becker*, in: Plath, BDSG, § 6b Rn. 22.
76 Ähnlich auch *Gola/Schomerus*, BDSG, § 6b Rn. 19.
77 Vgl. *Becker*, in: Plath, BDSG, § 6b Rn. 23.
78 Ebenso *Becker*, in: Plath, BDSG, § 6b Rn. 23.
79 Vgl. dazu ausführlich *Hornung/Dosei*, K&R 2011, S. 153 ff.

vornherein keine schutzwürdigen Interessen der Betroffenen beeinträchtigt. Da allerdings eine Beobachtungseinrichtung, die kein klareres Bild erlaubt, wenig sinnvoll erscheint, ist bei einer entsprechenden Behauptung des Betreibers jeweils kritisch zu hinterfragen, ob es sich hierbei nicht nur um eine Schutzbehauptung handelt.

Eine verantwortliche Stelle, die die vorstehenden Aspekte schon bei der Planung ihrer Videoüberwachung einbezieht und diese entsprechend möglichst wenig „invasiv" gestaltet, hat die Möglichkeit, die Interessenabwägung damit zu ihren Gunsten zu beeinflussen.   **57**

Wegen eindeutig überwiegender Interessen der Betroffenen unzulässig sind Beobachtungen, die die Intimsphäre der Beobachteten verletzen, so etwa die Observierung von Toiletten und Umkleidekabinen.[80] Ebenso ist eine dauerhafte Beobachtung („rund um die Uhr") als unangemessener Eingriff in das informationelle Selbstbestimmungsrecht der Betroffenen zu sehen.[81]   **58**

Diese Grundsätze gelten auch bzw. verstärkt in Fallgestaltungen, in denen Arbeitgeber ihre Mitarbeiter in öffentlichen Räumen beobachten (lassen).[82] Denn die Arbeitnehmer können sich an ihrem Arbeitsplatz einer Beobachtung nicht wirklich entziehen, wenn sie ihre Arbeitsleistung vertragsgemäß erbringen wollen. Daher werden bei der Abwägung in der Regel die Persönlichkeitsrechte der Arbeitnehmer überwiegen, sofern der Arbeitgeber nicht schwerwiegende Gründe, wie z. B. den Verdacht einer Straftat, vorbringen kann.[83]   **59**

In Einzelfällen kann jedoch auch das Interesse des Arbeitgebers überwiegen, insbesondere wenn durch seine Beobachtung gleichzeitig ein Schutz der betroffenen Arbeitnehmer erzielt wird oder offensichtlich überwiegende objektive Sicherheitsinteressen bestehen.[84] So ist beispielsweise die Überwachung der Schalterhalle einer Bank zum Zweck der Abwehr von Banküberfällen oder eine Beobachtung von Laboratorien, in denen mit gefährlichen Stoffen hantiert wird, zulässig. Nicht erlaubt ist hingegen eine langfristige und durchgehende Videoüberwachung von Arbeitnehmern im Kassenbereich eines Supermarktes, weil eine solche, letztlich rein präventive Überwachung zu sehr in deren Persönlichkeitsrecht eingreift.[85]   **60**

80 BT-Drs. 14/5793, S. 62; vgl. auch *Nguyen*, DuD 2011, S. 715 ff.
81 So allgemein *Becker*, in: Plath, BDSG, § 6b Rn. 24; für die Videoüberwachung von Arbeitnehmern vgl. auch BAG, Urteil vom 21.6.2012 – 2 AZR 153/11, abzurufen unter www.jurpc.de/jurpc/show?id=20130008 (Stand: Mai 2013).
82 Grundlegend zur Videoüberwachung von Arbeitnehmern *Byers*, Videoüberwachung und § 32 BDSG, 2010.
83 Vgl. statt aller nur BAG NZA 1992, 42 (43); weiterführend auch BAG RDV 2005, 216 (216); kritisch zur Abgrenzung *Bayreuther*, NZA 2005, S. 1038 (1039).
84 Vgl. LAG Mannheim RDV 2000, 27 (27 f.); LAG Köln BB 1997, 475 (476).
85 *Oberwetter*, NZA 2008, S. 609 (610 f.).

61 Im Zusammenhang mit Videoüberwachungsmaßnahmen hinsichtlich Arbeitnehmern sind stets auch ggf. einschlägige arbeits- oder betriebsverfassungsrechtliche Gründe zu berücksichtigen (vgl. insofern § 87 Abs. 1 Nr. 6 BetrVerfG, § 75 Abs. 3 Nr. 17 BPersVG). Fehlt es an derartigen Regelungen, obwohl sie vorgeschrieben wären, kann dem betroffenen Arbeitnehmer ein Unterlassungsanspruch zustehen, und er kann ggf. die Arbeitsleistung so lange aussetzen, wie sein Arbeitsplatz einer Beobachtung ausgesetzt ist.[86]

IV. Kenntlichmachen von Beobachtungseinheiten (Abs. 2)

1. Regelungsgehalt der Vorschrift

62 Sinn und Zweck der Verpflichtung der verantwortlichen Stelle zur Kenntlichmachung der Beobachtung nach § 6b Abs. 2 BDSG ist die Schaffung von Transparenz für den Betroffenen: er soll wissen, dass er beobachtet wird bzw. werden kann, damit er sein Verhalten danach ausrichten und ggf. der Beobachtung ausweichen kann.[87] Soweit eine Beobachtung präventiv erfolgt, ist dies außerdem auch nur dann sinnvoll, wenn die Beobachtung auch deutlich kenntlich gemacht wird.[88]

63 § 6b Abs. 2 BDSG steht in Konkurrenz zu § 4 Abs. 3 BDSG und geht diesem in seinem Anwendungsbereich vor.[89]

2. Einzelheiten

64 Das Gesetz sagt über die erforderliche Art und Weise der Kenntlichmachung nichts aus; es fordert lediglich „geeignete Maßnahmen", um den Umstand der Beobachtung und die verantwortliche Stelle deutlich zu machen. Interessant ist allerdings, dass sich die Kenntlichmachung nach dem Wortlaut von § 6b Abs. 2 BDSG nur auf die Tatsache der Beobachtung bezieht, nicht aber auf die Frage, ob Daten auch verarbeitet oder genutzt werden. Damit kann nach dem Gesetzeswortlaut für die Betroffenen unklar bleiben, ob nur beobachtet oder auch aufgezeichnet wird. Eine verantwortliche Stelle, die sinnvoll und datenschutzkonform handeln möchte, sollte jedoch in Betracht ziehen, auch diesen Aspekt kenntlich zu machen.[90]

---

86 Vgl. ArbG Dortmund CR 1989, 715 (715); vgl. auch SozG München RDV 1992, 85 ff., für eine Kündigung durch den Arbeitnehmer bei einer zulässigen Videoüberwachung und deren sozialrechtliche Ungerechtfertigtkeit.

87 *Gola/Schomerus*, BDSG, § 6b Rn. 24; *Becker*, in: Plath, BDSG § 6b Rn. 27; *Bayreuther*, NZA 2005, S. 1038 (1040).

88 Vgl. BGH NJW 1995, 1955 (1955); BAG NZA 1988, 92 (93); LAG BW RDV 2000, 26 (27); LAG Hamburg RDV 2001, 288 (289).

89 Streitig, a.A. *Gola/Schomerus*, BDSG, § 6b Rn. 22: Wenn sich die Beobachtung auf bestimmte Betroffene bezieht und eine Verarbeitung mit Hilfe von Dateien oder automatisiert erfolgt, soll § 4 Abs. 3 BDSG vorgehen.

90 *Scholz*, in: Simitis, BDSG, § 6b Rn. 103; *Gola/Klug*, RDV 2004, S. 65 (73); a.A. *Gola/Schomerus*, BDSG, § 6b Rn. 24.

In vielen Fällen wird der Umstand der Beobachtung bereits durch die deutlich sicht-   **65**
bare Installation einer Kamera kenntlich sein, sodass diskutiert wird, ob darüber
hinaus das Aufhängen eines Schildes o. ä. verlangt werden kann.[91] Dies ist zu bejahen. Zum einen haben sich in der Praxis Piktogramme mit einem Kamerasymbol
durchgesetzt,[92] zum anderen ist nur auf diese Weise sichergestellt, dass die Betroffenen von der Videoüberwachung informiert werden ohne sich zunächst intensiv
nach eventuellen Kameras umsehen zu müssen.

Die Kennzeichnung muss für die jeweiligen Empfänger verständlich und wahr-   **66**
nehmbar sein, um ihren Zweck zu erfüllen.[93] Während sich Piktogramme/Text
grundsätzlich sehr gut für eine solche Kennzeichnung eignen, genügt dies nicht
mehr für einen Raum, der im Wesentlichen von Blinden aufgesucht wird. Umgekehrt ist die in diesem Fall geeignete akustische Warnung für Räumlichkeiten, die
überwiegend von Gehörlosen genutzt werden, ungenügend.

Weiterhin muss auch auf die sprachlichen Kenntnisse der möglicherweise Betroffe-   **67**
nen Rücksicht genommen werden. Daher ist eine rein textliche Kennzeichnung in
deutscher Sprache im Ausländeramt in der Regel unzureichend,[94] während umgekehrt eine Kennzeichnung mit einem eindeutigen Piktogramm sehr gut geeignet
sein kann.[95]

Ein bloßes Piktogramm ist dann nicht ausreichend, wenn nicht eindeutig erkennbar   **68**
ist, wer für die Beobachtung verantwortlich ist (Name und Postadresse der verantwortlichen Stelle).[96] Während eine solche Kennzeichnung möglicherweise in den
Räumlichkeiten eines Ladenlokals oder einer Bankfiliale entfallen kann, weil der
Betroffene hier selbst eine eindeutige Zuordnung vornehmen kann,[97] gibt es Fälle,
in denen dies nicht eindeutig ist, wie z. B. bei einem Parkhaus, das sich in einem
Kaufhaus befindet, aber von einem anderen Unternehmen betrieben wird. Soweit
die Beobachtung durch Erfüllungsgehilfen erfolgt, z. B. eine Sicherheitsfirma, ist
nicht diese sondern deren Auftraggeber, zu benennen (vgl. § 11 Abs. 1 BDSG).

Die Hinweispflicht kann nur dann sinnvoll erfüllt werden, wenn die Kenntlichma-   **69**
chung erfolgt, bevor der Betroffene den Bereich der Videoüberwachung betritt.[98]
Kann der Betroffene erst nach Erfassung durch die Videokamera feststellen, dass er
einer Beobachtung ausgesetzt ist bzw. war, erfüllt die Kenntlichmachung nicht ihren Zweck.

---

91 In diese Richtung auch *Gola/Schomerus*, BDSG, § 6b Rn. 24.
92 So auch *Becker*, in: Plath, BDSG, § 6b Rn. 27.
93 A. A. *Becker*, in: Plath, BDSG, § 6b Rn. 27.
94 Streitig, so wie hier *Iraschko-Luscher*, IT-Sicherheit & Datenschutz 2007, S. 292 (293);
   a. A. *Gola/Schomerus*, BDSG, § 6b Rn. 24.
95 Ebenso *Scholz*, in: Simitis, BDSG, § 6b Rn. 105.
96 In diese Richtung auch *Becker*, in: Plath, BDSG, § 6b Rn. 28.
97 *Gola/Schomerus*, BDSG, § 6b Rn. 25.
98 Ebenso *Becker*, in: Plath, BDSG, § 6b Rn. 28.

70 Eine fehlende oder verspätete Kenntlichmachung ist keine Rechtsmäßigkeitsvoraussetzung, d. h. die entsprechende Beobachtung ist nicht automatisch unzulässig.[99] Jedoch wird eine fehlende Kenntlichmachung regelmäßig im Rahmen der Interessenabwägung nach § 6b Abs. 1 BDSG herangezogen werden und kann ggf. zu einer Unzulässigkeit der Videoüberwachung wegen entgegenstehender Interessen der Betroffenen führen. So ist z. B. die heimliche Videoüberwachung von Arbeitnehmern in der Regel nicht erlaubt.[100]

V. Weitere Verarbeitung und Nutzung der Daten (Abs. 3)

1. Regelungsgehalt der Vorschrift

71 § 6b Abs. 3 BDSG betont noch einmal die strenge Zweckbindung, die das Gesetz hinsichtlich der per Videoüberwachung erfassten Daten vorsieht. Die Vorschrift trifft zu diesem Zweck zwei sich gegeneinander abgrenzende Regelungen: Satz 1 legt fest, dass eine Verarbeitung und Nutzung von zulässig nach § 6b Abs. 1 BDSG erhobenen Daten nur dann zulässig ist, wenn dies zur Zweckerreichung erforderlich ist und keine schutzwürdigen Interessen der Betroffenen überwiegen. Sollte dies zu verneinen sein, ist zu prüfen, ob ausnahmsweise eine Zulässigkeit nach Satz 2 besteht, also die Verwendung der Daten für die Abwehr von Gefahren für die öffentliche Sicherheit oder zur Verfolgung von Straftaten erforderlich ist.

72 § 6b Abs. 3 BDSG postuliert somit einen eigenen, von Abs. 1 abzugrenzenden Zulässigkeitstatbestand: Aus der Zulässigkeit der Beobachtung nach Abs. 1 folgt nicht automatisch die Zulässigkeit der Verarbeitung und Nutzung der hierbei gewonnen Daten nach Abs. 3, sondern diese muss eigenständig geprüft werden.[101]

2. Einzelheiten

a) Verarbeitung zur Zweckerreichung (Satz 1)

73 Ob die (weitere) Verarbeitung oder Nutzung von beobachteten Daten zur Erreichung des mit der Beobachtung originär verfolgten Zwecks erforderlich ist, kann nur im jeweiligen Einzelfall und unter Beachtung aller relevanten Umstände beurteilt werden.

74 Sofern mit der Videoüberwachung repressive Zwecke verfolgt wurden, insbesondere einem Verdacht auf eine Straftat nachgegangen wurde, wird dies in der Regel

---

99 Wie hier *Becker*, in: Plath, BDSG, § 6b Rn. 28; vgl. zum Meinungsstand *Gola/Schomerus*, BDSG, § 6b Rn. 26.
100 *Forst*, RDV 2009, S. 204 (209); *Bayreuther*, NZA 2005, S. 1038 (1040).
101 *Schaffland/Wiltfang*, BDSG, § 6b Rn. 5; *Bizer*, in: Simitis, BDSG, § 6b Rn. 75.

zu bejahen sein;[102] allerdings werden für die gesammelten Daten aufgrund ihrer Sensitivität strenge Löschungsanforderungen bei Zweckerreichung gelten.

Umgekehrt wird eine Verarbeitung, insbesondere eine Speicherung personenbezo-   **75**
gener Daten für nur präventive Zwecke in aller Regel unzulässig sein. Ausnahmen können gelten, wenn von vornherein auch repressive Zwecke verfolgt wurden, so z.B. bei einer Videoüberwachung in einer Bank, oder wenn bei aktuellen Tatabläufen den Strafverfolgungsorganen das Eingreifen (z.B. in einer Entführung oder einen Überfall) erleichtert werden soll.[103]

Der Zweck für die Beobachtung nach § 6b Abs. 1 BDSG und der Zweck für die   **76**
weitere Verarbeitung oder Nutzung der hierbei ggf. gewonnen Daten nach § 6b Abs. 3 BDSG muss nach dem Wortlaut des Gesetzes identisch sein. Daher ist eine Änderung oder „Umwidmung" des Zwecks nach der Beobachtung unzulässig. Es wäre also beispielsweise unzulässig, wenn eine Videoüberwachung, die in einer Bank für den Zweck eingerichtet wurde, Banküberfällen vorzubeugen und ggf. für die Verfolgung von (trotzdem) begangenen Straftaten Beweismittel zu sammeln, dazu genutzt würde, arbeitsrechtliche Schritte gegen eine Bankangestellte einzuleiten, die dabei beobachtet wurde, wie sie ihre arbeitsvertraglichen Pflichten (ohne Durchführung eines Banküberfalls) verletzt hat.

Die weiterhin notwendige Erforderlichkeitsprüfung und Interessenabwägung sind   **77**
entsprechend den in § 6b Abs. 1 BDSG dargestellten Grundsätzen vorzunehmen,[104] allerdings bezogen auf die weitere Verarbeitung und Nutzung der mittels der Videoüberwachung gewonnenen Daten.

Die Strenge der Prüfung in § 6b Abs. 3 Satz 1 BDSG hängt maßgeblich davon ab,   **78**
welcher Maßstab bei der Prüfung in § 6b Abs. 1 BDSG angelegt wurde und wie viel Zeit bis zur Löschung (vgl. § 6b Abs. 5 BDSG) vergehen soll. Ist also schon bei der Zulässigkeit der Beobachtung an sich ein sehr strenger Maßstab angelegt worden (z.B. weil nur ein sehr kleiner Ausschnitt des öffentlichen Raums beobachtet wird oder weil optisch-elektronische Einrichtungen so eingerichtet werden, dass die Persönlichkeitssphäre der einzelnen beobachteten Menschen möglichst gering betroffen ist), kann im Rahmen von § 6b Abs. 3 BDSG kein geringerer Maßstab gelten; dies müsste insbesondere dann gelten, wenn gleichzeitig eine kurze Zeit bis zur Löschung gewählt wird.

Illustriert werden kann dies an folgendem Beispiel: Eine Parkgarage wird video-   **79**
überwacht, um (präventiv) Täter von Sachbeschädigung, Diebstahl und Überfällen etc. abzuhalten und gleichzeitig (repressiv) die entsprechenden Beweise zur Straf-

---

102 In diese Richtung auch BT-Drs. 14/5793, S. 62; *Becker*, in: Plath, BDSG, § 6b Rn. 19
   bejaht auch die Veröffentlichung der Aufnahmen, wenn es um die Aufklärung schwerwiegender Straftaten geht (obwohl dies ein klarer Fall von § 6b Abs. 3 Satz 2 BDSG ist).
103 Vgl. *Bizer*, in: Simitis, BDSG (6. Auflage), § 6b Rn. 78.
104 Siehe oben Rn. 45.

verfolgung zu sichern. Dabei werden die Kameras so ausgerichtet, dass die Nummernschilder der geparkten oder ein- und ausfahrenden Autos nicht erfasst werden. Die entsprechenden Aufzeichnungen werden nach fünf Kalendertagen gelöscht, soweit nicht eine Straftat beobachtet wurde oder sich eine geschädigte Person bei der verantwortlichen Stelle gemeldet hat. Hier kann aufgrund der beschriebenen Limitierung der Maßnahmen angenommen werden, dass die schutzwürdigen Interessen der Betroffenen ausreichend berücksichtigt wurden und nicht nur die Überwachung, sondern auch die fünftägige Speicherung der Daten zulässig ist.

b) Verarbeitung „für einen anderen Zweck" (Satz 2)

80 Der Wortlaut von § 6b Abs. 3 Satz 2 BDSG („für einen anderen Zweck") macht deutlich, dass eine Prüfung nach dieser Vorschrift nur erfolgen kann, wenn der Zweck der Verarbeitung oder Nutzung nicht nach § 6b Abs. 3 Satz 1 BDSG gedeckt ist. Praktische Relevanz hat dies z.B. in dem Fall, in dem eine Beobachtung grundsätzlich ohne automatische Speicherung der Bilder vorgenommen wird, eine solche Speicherung von einem Menschen aber dann ausgelöst werden kann, wenn eine Straftat beobachtet wird. Gleiches gilt, wenn eine Übermittlung von Speicherungen zunächst nicht bezweckt ist, aber dann zur Verfolgung von Straftaten durch die zuständigen Strafverfolgungsbehörden zulässig wird.[105]

81 Die in § 6b Abs. 3 Satz 2 BDSG genannten Gründe sind abschließend (vgl. Wortlaut „nur"); ein Rückgriff auf andere Zulässigkeitstatbestände (z.B. nach § 28 BDSG) ist daher nach dem Willen des Gesetzgebers – außer im Fall einer Einwilligung nach § 4a BDSG – ausgeschlossen.[106] Daher ist allerdings auch die Herausgabe von Aufzeichnungen zu anderen Zwecken, als den in § 6b Abs. 3 Satz 2 BDSG genannten Gründen, unzulässig.

82 Die Inhalte der genannten Kriterien richten sich nach den jeweils für die „Abwehr von Gefahren für die staatliche und öffentliche Sicherheit" sowie zur „Verfolgung von Straftaten" einschlägigen Gesetzen.

VI. Benachrichtigung (Abs. 4)

1. Regelungsgehalt der Vorschrift

83 Die Benachrichtigungspflicht nach § 6b Abs. 4 BDSG hat in der Praxis nur einen eingeschränkten Anwendungsbereich: Sie tritt nach dem Gesetzeswortlaut nämlich nur dann ein, wenn erhobene Daten einer bestimmten Person tatsächlich zugeordnet

---

105 Ebenso *Scholz*, in: Simitis, BDSG, § 6b Rn. 124, der sogar davon ausgeht, dass § 6b Abs. 3 Satz 2 BDSG für nicht-öffentliche Stellen keinen wirklichen Anwendungsbereich hat, weil er lediglich die Übermittelung ggf. gespeicherter Daten an die öffentlichen Strafverfolgungsbehörden rechtfertigen könne.

106 *Scholz*, in: Simitis, BDSG, § 6b Rn. 126 unter – zutreffendem – Verweis auf BT-Drs. 14/ 5793, S. 62; ebenso *Gola/Schomerus*, BDSG, § 6b Rn. 29.

worden sind; die bloße Möglichkeit der Bestimmbarkeit löst hingegen die Benachrichtigungspflichten nicht aus.[107]

Der Gesetzgeber hat diese explizite Regelung ins Gesetz aufgenommen, obwohl **84** schon § 6b Abs. 2 BDSG verlangt, dass die Beobachtung kenntlich gemacht werden muss und obwohl nach § 19a Abs. 2 Nr. 1 BDSG und § 33 Abs. 2 Nr. 1 BDSG eine Benachrichtigung nicht erfolgen muss, wenn der Betroffene in anderer Weise Kenntnis von der Speicherung oder Übermittlung seiner Daten erlangt hat. Daraus ist zu schließen, dass der Gesetzgeber davon ausgeht, dass der Betroffene selbst bei einer Kenntlichmachung nach § 6b Abs. 2 BDSG keine positive Kenntnis von einer Verarbeitung oder Nutzung seiner durch die Videoüberwachung erhobenen Daten haben muss.[108] Dies ist auch folgerichtig, da die Pflicht aus § 6b Abs. 2 BDSG sich nur auf die Beobachtung selbst, nicht aber auf die weitere Verarbeitung oder Nutzung der hierbei ggf. gewonnenen Daten bezieht. Hinzu kommt, dass der Betroffene nur aufgrund der Information, dass eine Beobachtung erfolgt, noch nicht zwingend darauf schließen muss, dass eine Identifikation seiner Person vorgenommen wurde.[109]

Entsprechend kann umgekehrt eine Benachrichtigung der Betroffenen unterbleiben, **85** wenn der Hinweis nach § 6b Abs. 2 BDSG bereits ausreichende Informationen über die weitere Verarbeitung oder Nutzung der bei der Videoüberwachung ggf. erhobenen Daten eines identifizierten Betroffenen enthält.[110]

2. Einzelheiten

Der Schritt, dass eine Beobachtung einer Person so zugeordnet wird, dass diese **86** überhaupt benachrichtigt werden kann, setzt logischerweise voraus, dass die betreffende Person soweit identifiziert wurde, dass ihre Adresse oder eine anderen Kontaktmöglichkeit bekannt ist.[111] Denn angesichts der in der Benachrichtigung zu nennenden Einzelheiten ist eine solche Benachrichtigung praktisch nur schriftlich oder auf elektronischem Weg sinnvoll.[112]

§ 6b Abs. 4 BDSG unterscheidet nicht zwischen einzelnen Personengruppen und **87** erfasst auch nur zufällig im Bild erscheinende Personen, Täter oder Opfer. Sie alle sind zu informieren, soweit nur eine Identifikation in der vorgenannten Art und Weise erfolgt.[113] Letztlich wird eine solche genauere Identifikation – außer im Falle

---

107 *Scholz*, in Simitis, BDSG, § 6b Rn. 133 f.; ebenso *Schaffland/Wiltfang*, BDSG, § 6b Rn. 6.

108 So auch *Becker*, in: Plath, BDSG, § 6b Rn. 29.

109 Vgl. *Schaffland/Wiltfang*, BDSG, § 6b Rn. 6.

110 So auch *Bergmann/Möhrle/Herb*, BDSG, § 6b Rn. 50.

111 Ebenso *Scholz*, in: Simitis, BDSG, § 6b Rn. 134; *Bergmann/Möhrle/Herb*, BDSG, § 6b Rn. 49a; *Gola/Klug*, RDV, S. 65, 74.

112 *Scholz*, in: Simitis, BDSG, § 6b Rn. 129.

113 So auch noch *Bizer*, in: Simitis, BDSG (6. Auflage), § 6b Rn. 94 und 104 f.

einer Mitarbeiterüberwachung – allerdings selten der Fall sein und nur z. B. in Frage kommen, wenn ein regelmäßiger Kunde, der der verantwortlichen Stelle gut bekannt ist, sich später einmal auffällig verhält und dies mittels Video erfasst wird.

88 Ein Verstoß gegen die Benachrichtigungspflicht ist gemäß § 33 Abs. 1 BDSG i. V. m. § 43 Abs. 1 Nr. 8 BDSG als Ordnungswidrigkeit bußgeldbewehrt. In Anbetracht dessen, dass die unzulässige Videoüberwachung und die unzulässige Verarbeitung oder Nutzung von dabei ggf. gewonnenen Daten weder eine Ordnungswidrigkeit noch eine Straftat darstellt, erscheint dies allerdings unverhältnismäßig. Es wäre daher rechtspolitisch hier eine entsprechende Anpassung der gesetzgeberischen Wertung in § 6b BDGS insgesamt wünschenswert.

VII. Löschung (Abs. 5)

1. Regelungsgehalt der Vorschrift

89 Nach § 6b Abs. 5 BDSG, der inhaltlich § 20 Abs. 2 BDSG und § 35 Abs. 2 BDSG entspricht, sind die durch Videoüberwachung gewonnenen Daten unverzüglich zu löschen, wenn sie zur Erreichung des ursprünglich verfolgten Zwecks nicht mehr erforderlich sind oder schutzwürdige Interessen der Betroffenen einer weiteren Speicherung entgegenstehen.

90 Nach seinem Wortlaut hat Abs. 5 also die ungeschriebene Voraussetzung, dass die betreffenden Beobachtungen zunächst zulässig gespeichert wurden. Daher kann ihm allgemein die Wertung entnommen werden, dass Daten umgehend zu löschen sind, wenn die Voraussetzungen nach § 6b Abs. 1 und/oder Abs. 3 BDSG nicht oder nicht mehr vorliegen.[114]

2. Einzelheiten

91 Daten sind zur Erreichung des Zwecks der Videoüberwachung nicht mehr erforderlich, wenn ihre jeweilige Zweckbestimmung erfüllt ist. Daher können Beobachtungen und dabei gewonnenen Daten generell nur dann länger als für die in § 6b Abs. 1 und Abs. 3 Satz 1 BDSG genannten Zwecke gespeichert bleiben, wenn es den in § 6b Abs. 3 Satz 2 BDSG genannten Zwecken dient.

92 Bei einer rein präventiven Videoüberwachung wird es häufig ohnehin nicht zu einer Speicherung von Daten kommen, sodass § 6b Abs. 5 BDSG keine Anwendung findet. Sollten doch Daten gespeichert werden, ist eine sehr kurzfristige Löschung, möglichst noch am gleichen Tag oder doch zumindest innerhalb der nächsten Tage durchzuführen.[115]

---

114 Ebenso *Scholz*, in: Simitis, BDSG § 6b Rn. 141.
115 Vgl. BT-Drs. 14/5793, S. 63.

Wenn (auch) repressive Zwecke verfolgt werden, ist eine zweigeteilte Betrachtung **93** vorzunehmen:[116] Sollte tatsächlich eine Straftat beobachtet worden sein, so kann dieser Teil der Aufzeichnung bis zum Ende der Strafverfolgung gespeichert werden. Dieses Ende ist nicht schon mit der rechtswirksamen Verurteilung, sondern erst mit der vollständigen Erledigung der Strafe erreicht. Alle anderen Teile der gleichen Aufzeichnung wären dagegen in der Regel ähnlich rasch zu löschen wie präventive Aufnahmen.

Etwas anders kann allerdings dann gelten, wenn erst durch Hinweise von geschädig- **94** ten Personen der repressive Zweck erfüllt werden kann.[117] Beispielsweise könnte die Aufzeichnung aus einem Parkhaus, bei der nicht ständig eine manuelle Beobachtung erfolgt, sondern die Darstellung der Kamerabilder auf dem Bildschirm desjenigen, der die Kontrolle durchführt, ständig wechselt, so lange aufbewahrt werden, bis sich mögliche Geschädigte nach durchschnittlicher Erwartung bei der aufzeichnenden Stelle hätten melden müssen, um Zugriff auf die Aufzeichnung zu erlangen.

Wenn die Beobachtung (auch) dem Schutz der Betroffenen und damit zusammen- **95** hängenden, geschäftlichen Zwecken dient, können auch Fristen aus anderen Geset- zen oder vertraglichen Vereinbarungen eine Rolle spielen. Daher sollten beispiels- weise Aufzeichnungen von Beobachtungen von Geldautomaten für die Dauer von drei Monaten und sechs Wochen aufbewahrt werden können, da erst danach die Wi- derspruchsfristen der jeweiligen Bankkunden hinsichtlich der getätigten Abhebun- gen abgelaufen sind.[118]

Unabhängig vom Erreichen der Beobachtungszwecke sind die Daten zu löschen, **96** wenn sich ergibt, dass die Interessen der Betroffenen einer weiteren Speicherung entgegenstehen (§ 6b Abs. 5 Alt. 2 BDSG). Dies kann auch eine Löschungspflicht zu einem Zeitpunkt bedeuten, zu dem die Zweckbestimmung der Beobachtung noch gar nicht vollständig erfüllt ist.[119] Bedeutung erlangt diese Alternative insbe- sondere bei der zögerlichen Aufklärung von verdächtigen Vorfällen, weil es hier für die verdächtigten Betroffenen nicht zumutbar ist, dem Verdacht unangemessen lan- ge ausgesetzt zu sein.

Gängige Löschungsfristen, die in Rechtsprechung und Literatur immer wieder ge- **97** nannt werden, sind z.B. 24 Stunden für Aufnahmen an Tankstellen (24 Stunden), 48 Stunden für Beobachtungen in öffentlichen Verkehrsmitteln, zwei bis drei Ar- beitstage für Videoaufnahmen aus einem Kaufhaus (hingegen soll in „kleineren" Läden eine Löschung ggf. schon nach 24 Stunden erforderlich sein), mehrere Wo- chen für Überwachungsbilder von Geldautomaten.[120]

---

116 Ebenso noch *Bizer*, in: Simitis, BDSG (6. Auflage), § 6b Rn. 105; in diese Richtung auch *Gola/Schomerus*, BDSG, § 6b Rn. 30.
117 Ähnlich noch *Bizer*, in: Simitis, BDSG (6. Auflage), § 6b Rn. 105.
118 Zustimmend *Schaffland/Wiltfang*, BDSG, § 6b Rn. 2; *Zilkens*, DuD 2007, S. 279 (282).
119 Ähnlich *Scholz*, in: Simitis, BDSG § 6b Rn. 146.
120 Beispiele nach *Scholz*, in: Simitis, BDSG § 6b Rn. 144 m. w. N.

VIII. Rechtsfolgen

98 Ein Verstoß gegen § 6b Abs. 1 bis 3 und 5 BDSG stellt keine Ordnungswidrigkeit nach § 43 BDSG dar: § 6b BDSG ist im Katalog des § 43 Abs. 1 BDSG nicht genannt. Eine Ordnungswidrigkeit nach § 43 Abs. 2 BDSG scheidet ebenfalls aus, da diese Vorschrift nur dann eingreift, wenn es sich um nicht allgemein zugängliche Daten handelt. Dass eine Person sich in einem öffentlichen Raum aufgehalten hat, ist aber ein allgemein zugängliches Datum, da dies jeder beobachten kann.[121]

99 Entsprechend kommt auch eine Straftat nach § 44 BDSG nicht in Frage.

100 Je nach Fallgestaltung kommt allerdings eine Strafbarkeit nach § 201a StGB in Betracht. Bei den dort beschriebenen, „gegen Einblick besonders geschützten" Räumen kann es sich auch um öffentliche Räume im Sinne des § 6b BDSG, wie z. B. Umkleidekabinen oder Toiletten, handeln.

101 Außerdem kann eine unzulässig Beobachtung ggf. zu Unterlassungs- und Schadensersatzansprüchen des Betroffenen nach § 7 BDSG und §§ 823, 1004 BGB i. V. m. dem Recht auf informationelle Selbstbestimmung (Art. 2 Abs. 1, Art. 1 Abs. 2 GG) führen, sofern sie hinreichend individuell betroffen sind.[122] Ferner können rechtwidrige Videoaufzeichnungen einem prozessualen Beweisverwertungsverbot unterliegen.[123]

---

121 Im Ergebnis wie hier *Bizer*, in: Simitis, BDSG (6. Auflage), § 6b Rn. 57; a. A. *Bergmann/ Möhrle/Herb*, BDSG, § 6b Rn. 58.

122 *Becker*, in: Plath, BDSG, § 6b Rn. 31.

123 Dazu im Detail *Bayreuther*, NZA 2005, S. 1038 (1041).

§ 6c Mobile personenbezogene Speicher- und Verarbeitungsmedien

(1) Die Stelle, die ein mobiles personenbezogenes Speicher- und Verarbeitungsmedium ausgibt oder ein Verfahren zur automatisierten Verarbeitung personenbezogener Daten, das ganz oder teilweise auf einem solchen Medium abläuft, auf das Medium aufbringt, ändert oder hierzu bereithält, muss den Betroffenen

1. über ihre Identität und Anschrift,

2. in allgemein verständlicher Form über die Funktionsweise des Mediums einschließlich der Art der zu verarbeitenden personenbezogenen Daten,

3. darüber, wie er seine Rechte nach den §§ 19, 20, 34 und 35 ausüben kann, und

4. über die bei Verlust oder Zerstörung des Mediums zu treffenden Maßnahmen

unterrichten, soweit der Betroffene nicht bereits Kenntnis erlangt hat.

(2) Die nach Absatz 1 verpflichtete Stelle hat dafür Sorge zu tragen, dass die zur Wahrnehmung des Auskunftsrechts erforderlichen Geräte oder Einrichtungen in angemessenem Umfang zum unentgeltlichen Gebrauch zur Verfügung stehen.

(3) Kommunikationsvorgänge, die auf dem Medium eine Datenverarbeitung auslösen, müssen für den Betroffenen eindeutig erkennbar sein.

Literatur: *Artikel 29-Datenschutzgruppe*, Rahmen für Datenschutzfolgen-Abschätzungen für RFID-Anwendungen, WP Dokumente Nr. 175/180 vom 13.7.2010/11.2.2011; *Bizer*, Gesundheitskarte, DuD 2004, S. 243; *Gola*, Datenschutz bei der Kontrolle mobiler Arbeitnehmer – Zulässigkeit und Transparenz, NZA 2007, S. 1139; *Holznagel/Bonnekoh*, Radio Frequency Identification – Innovation vs. Datenschutz?, MMR 2006, S. 17; *Hornung*, Datenschutz für Chipkarten, DuD 2004, S. 15; *ders.*, RFID und datenschutzrechtliche Transparenz, MMR 5/2006, S. XX; *Kramer*, Ist die Geldkarte ein „mobiles personenbezogenes Speicher- und Verarbeitungsmedium"?, DSB 2002, S. 8; *Lahner*, Anwendung des § 6c BDSG auf RFID, DuD 2004, S. 723; *Polenz*, Der neue elektronische Personalausweis, MMR 2010, S. 671; *Roßnagel/Hornung*, Ein Ausweis für das Internet – der neue Personalausweis enthält einen elektronischen Identitätsnachweis, DÖV 2009, S. 301; *Schmitz/Eckhardt*, Einsatz von RFID nach dem BDSG, CR 2007, S. 171; *Weichert*, Datenschutzrechtliche Anforderungen an Chipkarten, DuD 1997, S. 266; *ders.*, die elektronische Gesundheitskarte, DuD 2004, S. 391; *Westerholdt/Döring*, Datenschutzrechtliche Aspekte der Radio Frequency Identification, CR 2004, S. 710; *Zilkens*, Datenschutz im Personal – und Personalausweis, RDV 2010, S. 14; vgl. ferner auch die Literatur zu § 6b.

I. Allgemeines

1. Gesetzeszweck

1 § 6c BDSG statuiert eine Informationspflicht, aufgrund derer dem Betroffenen die Erhebung und Verwendung seiner personenbezogenen Daten mittels bestimmter mobiler Speichermedien angezeigt werden muss. Damit soll seinem Recht auf informationelle Selbstbestimmung[1] Rechnung getragen werden und ihm eine frühzeitige Möglichkeit der Geltendmachung seiner Rechte ermöglicht werden. Denn bei der Verwendung solcher Speichermedien kann der Betroffene seine von dem Speichermedium erhobenen und verarbeiteten personenbezogenen Daten nicht ohne Weiteres wahrnehmen, sondern bedarf hierfür der Hilfe von Technik, weil die Verarbeitung und/oder Speicherung seiner Daten auf einem mobilen Speichermedium erfolgt, das ihm zwar nach dem Willen der ausgebenden Stelle zugeordnet ist, das er aber nicht ohne Weiteres auslesen kann.

2 § 6c BDSG statuiert daher im Interesse der Transparenz der (geplanten) Verarbeitungsprozesse[2] sowohl für die das mobile Speichermedium ausgebende Stelle als auch für alle Stellen, die auf dem Speichermedium Datenverarbeitungsverfahren aufbringen oder diese ändern wollen, bestimmte Informationspflichten. Insofern entstehen die Informationspflichten auch schon bei der bloßen Ausgabe des mobilen Speichermediums bzw. dem Aufspielen des Datenverarbeitungsverfahrens, während die erste Speicherung und Verarbeitung personenbezogener Daten erst sehr viel später stattfinden kann.[3] Tatsächlich kann es nach dem Schutzzweck des § 6c BDSG nicht darauf ankommen, ob tatsächlich eine Datenverarbeitung der auf dem mobilen Datenträger gespeicherten Daten durchgeführt wird, sondern es muss

---

1 Grundlegend zum Recht auf informationelle Selbstbestimmung BVerfGE 65, 1 ff.
2 Vgl. *Gola/Schomerus*, BDSG, § 6c Rn. 2b.
3 Ähnlich auch *Gola/Schomerus*, BDSG, § 6c Rn. 2b; vgl. auch BT-Drs. 14/4329, Ziffer VI.3.

die bloße Möglichkeit ausreichend sein, um die Verpflichtungen des § 6c BDSG eingreifen zu lassen.[4]

Die Informationspflicht nach Abs. 1 wird flankiert von der Pflicht zur Bereitstellung technischer Einrichtungen, die das Auslesen der mobilen Speichermedien ermöglichen (Abs. 2) und der Regelung in Abs. 3, wonach das Ablaufen von Datenverarbeitungsvorgängen auf dem Speichermedium erkenntlich gemacht werden müssen.[5]   **3**

2. Verhältnis zu anderen Vorschriften

Das Verhältnis von § 6c BDSG zu anderen Vorschriften des BDSG ist davon geprägt, dass § 6c BDSG ausschließlich Informationspflichten statuiert. Die Frage, ob die Erhebung und Verarbeitung der auf dem Speichermedium erfassten Daten zulässig ist oder nicht, beantwortet § 6c BDSG nicht, sondern hier gelten die allgemeinen Zulässigkeitstatbestände; gleiches gilt für die nach § 9 BDSG zu ergreifenden technischen und organisatorischen Sicherheitsmaßnahmen.[6]   **4**

Eine Einwilligung nach den §§ 4 Abs. 1, 4a BDSG stellt allerdings nur dann eine zulässige Möglichkeit dar, die Datenverarbeitung zu legalisieren, wenn die Information nach § 6c BDSG zeitlich vor dem Einholen der Einwilligung erfolgt; andernfalls weiß der Betroffene ja auch gar nicht, in was genau er einwilligt. Daher sollte auch zwischen der Information nach § 6c BDSG und der Einwilligung ein ausreichender Zeitraum zur Überlegung für den Betroffenen bestehen, damit die Einwilligung später nicht angreifbar ist.   **5**

Die Regelung in § 6c BDSG tritt zurück, wenn vorrangig gesetzliche Spezialregelungen zur Anwendung kommen (§ 1 Abs. 3 Satz 1 BDSG). Hierzu gehören insbesondere die in den §§ 291, 291a SGB V zur Gesundheitskarte getroffenen Regelungen, die Regelungen für den elektronischen Personalausweis im Personalausweisgesetz (PAusG) sowie die Regelungen des Signaturgesetzes (SigG).   **6**

Speziell sind auch die in den meisten Landesdatenschutzgesetzen enthaltenen Regelungen, die nicht nur eine Informationspflicht statuieren, sondern gleich die Zulässigkeit der Verwendung von mobilen Speichermedien regeln.[7] Lediglich Bayern und Baden-Württemberg haben bisher noch keine entsprechenden Rechtsvorschriften erlassen, sodass insofern ggf. eine Analogie zu § 6c BDSG gezogen werden muss.   **7**

---

4 Ebenso *Gola/Schomerus*, BDSG, § 6c Rn. 2b und 3 Rn. 58; *Bizer*, in: Simitis, BDSG (6. Auflage), § 6c Rn. 30; *Bergmann/Möhrle/Herb*, BDSG, § 6c Rn. 12.
5 *Hullen*, in: Plath, BDSG, § 6c Rn. 2.
6 *Gola/Schomerus*, BDSG, § 6c Rn. 5; ausführlich zu den Maßnahmen nach § 9 BDSG *Scholz*, in: Simitis, BDSG § 6c Rn. 20 f.
7 Eine ausführliche Liste der jeweiligen Rechtsvorschriften findet sich z. B. bei *Gola/Schomerus*, BDSG, § 6c Rn. 12.

3. Europarechtliche Grundlagen

8   Die Regelung in § 6c BDSG wurde zwar im Jahre 2001 im Rahmen des Gesetzes zur Umsetzung der Datenschutzrichtlinie 1995/46/EG[8] in das BDSG eingefügt, beruht selbst aber nicht auf der Datenschutzrichtlinie, sondern wurde vom deutschen Gesetzgeber zum Schutz der Betroffenen eigenständig statuiert.[9]

9   In diesem Zusammenhang wichtige Dokumente aus dem europäischen Recht sind allerdings die Stellungnahmen der Artikel 29-Datenschutzgruppe zu RFID-Anwendungen.[10]

II. Normadressat

10   Normadressat des § 6c BDSG ist die „verpflichtete Stelle". Dieser Begriff findet sich zwar erst in Abs. 2, ist aber auch in Abs. 1 gemeint, wenn von der „Stelle" die Rede ist. Gemeint sind damit alle öffentlichen und nicht-öffentlichen Stellen gemäß § 1 Abs. 2 BDSG i.V.m. § 2 BDSG.

11   Die „verpflichtete Stelle" ist allerdings nicht mit der „verantwortlichen Stelle" i.S.v. § 3 Abs. 7 BDSG identisch.[11] Aus der Systematik von Abs. 1 ergibt sich vielmehr, dass § 6c BDSG drei unterschiedliche verpflichtete Stellen unterscheidet, die kumulativ verpflichtet sein können:

(1) die Stelle, die ein mobiles Speichermedium ausgibt,

(2) die Stelle, die ein „Verfahren zur automatisierten Verarbeitung personenbezogener Daten" auf ein solches Speichermedium aufbringt, ändert oder bereithält,

(3) die für die Datenverarbeitung verantwortliche Stelle nach § 3 Abs. 7 BDSG.

12   Verpflichtete Stelle nach § 6c BDSG ist dabei immer nur diejenige Stelle, bei der die entsprechenden Voraussetzungen gegeben sind; dies kann, muss aber nicht zwingend die verantwortliche Stelle sein. Illustrieren kann man dies am Beispiel einer Kundenkarte, die für unterschiedliche Unternehmen gilt, jedoch zentral administriert wird (wie z.B. die Payback-Karte oder die Deutschland-Card). Diese Kun-

---

8 Richtlinie 95/46/EG des europäischen Parlaments und des Rates vom 24.10.1995 zum Schutz natürlicher Personen bei der Verarbeitung personenbezogener Daten und zum freien Datenverkehr, ABl. EG Nr. L 281/31 ff. v. 23.11.1995, abrufbar unter http://eur-lex.euro pa.eu/LexUri.S.erv/LexUri.S.erv.do?uri=OJ:L:1995:281:0031:0050:DE:PDF (Stand: Mai 2013).

9 Ebenso *Gola/Schomerus*, BDSG, § 6c Rn. 1.

10 Stellungnahmen 5/2010 (WP 175 vom 13. Juli 2010) und 9/2011 (WP 180 vom 11. Februar 2011) zum Vorschlag der Branche für einen Rahmen für Datenschutzfolgeabschätzungen für RFID-Anwendungen, abrufbar unter http://ec.europa.eu/justice/policies/privacy/docs/wpdocs/2010/wp175_de.pdf bzw. http://ec.europa.eu/justice/policies/privacy/docs/wpdocs/2011/wp180_de.pdf (Stand: Mai 2013).

11 So auch *Bergmann/Möhrle/Herb*, BDSG, § 6c Rn. 9.

denkarte wird durch jedes der teilnehmenden Unternehmen ausgegeben, sodass auch jedes dieser Unternehmen die Pflichten aus § 6c BDSG erfüllen muss. Verantwortliche Stelle im Sinne des § 3 Abs. 7 BDSG hingegen ist die Stelle, die die zentralisierte Verarbeitung der Daten vornimmt, soweit das nicht auf dem in § 6c BDSG bezeichneten Medium erfolgt. Umgekehrt sind natürlich Überschneidungen zwischen den verschiedenen nach § 6c BDSG verpflichteten Stellen möglich. So kommt es häufig vor, dass diejenige Stelle, die das mobile Speichermedium ausgibt auch die für die Datenverarbeitung verantwortliche Stelle ist, so beispielsweise bei einer Kundenkarte nur eines Unternehmens.

„Ausgebende Stelle" ist die öffentliche oder nicht-öffentliche Stelle, die die Übergabe des mobilen Speichermediums an den Betroffenen zu verantworten hat; dabei ist die Einschaltung eines Transporteurs (z. B. DHL) irrelevant.[12] **13**

Die verpflichtete Stelle, die ein Verfahren zur automatisierten Datenverarbeitung auf ein mobiles Speichermedium aufbringt, ändert oder bereithält (sog. Verfahrensstelle[13]), ist die Stelle, die die entsprechende Handlung vornimmt;[14] dabei ist es unbeachtlich, ob dies vor oder nach Übergabe des mobilen Speichermediums an den Betroffenen erfolgt. **14**

Die Verfahrensstelle, die ein einmal auf ein mobiles Speichermedium aufgebrachtes Datenverarbeitungsverfahren ändert, muss allerdings nicht die Stelle sein, die das Verfahren ursprünglich aufgebracht hat.[15] Der Begriff „ändert" bezieht sich dabei auf die inhaltliche Umgestaltung des verwendeten Verfahrens, nicht der personenbezogenen Daten. Die Rechtmäßigkeit der durch die Umgestaltung des Verfahrens ggf. gleichzeitig bewirkten Veränderung der personenbezogenen Daten richtet sich nicht nach § 6c BDSG sondern den allgemeinen Zulässigkeitsvoraussetzungen des BDSG. **15**

Die Verfahrensstelle, die ein Verfahren zur automatisierten Datenverarbeitung bereithält, ist schließlich jede Stelle, die die Möglichkeit bietet, ein solches Verfahren auf das mobile Speichermedium aufzubringen (bzw. ein bestehendes Verfahren zu ändern). Dies kann etwa durch Verteilung eines Datenträgers erfolgen, mit dessen Hilfe der Betroffene das Datenverarbeitungsverfahren selbst aufspielen oder ändern kann, oder dadurch, dass dem Betroffenen die Möglichkeit eröffnet wird, ein entsprechendes Programm aus dem Internet oder einer Datenbank herunterzuladen.[16] **16**

---

12 Ebenso *Bizer*, in: Simitis, BDSG (6. Auflage), § 6c Rn. 24.
13 *Hullen*, in Plath, BDSG, § 6c Rn. 5.
14 *Bergmann/Möhrle/Herb*, BDSG, § 6c Rn. 9; ähnlich auch *Gola/Schomerus*, BDSG, § 6c Rn. 3; beiden folgend auch *Hullen*, in Plath, BDSG, § 6c Rn. 5.
15 Vgl. statt aller nur *Bergmann/Möhrle/Herb*, BDSG, § 6c Rn. 9.
16 Ebenso *Hullen*, in Plath, BDSG, § 6c Rn. 5; *Bergmann/Möhrle/Herb*, BDSG, § 6c Rn. 9.

III. Unterrichtung bei der Ausgabe von mobilen personenbezogenen Speicher- und Verarbeitungsmedien (Abs. 1)

1. Begriff der mobilen personenbezogenen Speicher- und Verarbeitungsmedien

17   Der Begriff der „mobilen personenbezogenen Speicher- und Verarbeitungsmedien" ist in § 3 Abs. 10 BDSG legal definiert:[17] Danach handelt es sich (a) um Datenträger, die (b) an einen Betroffenen ausgegeben werden, (c) auf denen personenbezogene Daten gespeichert werden, die nicht nur gespeichert, sondern auch durch die ausgebende Stelle oder einen Dritten verarbeitet werden und (d) deren Verarbeitung der Betroffenen nur durch den Gebrauch dieses Datenträgers beeinflussen kann.

18   Unstreitig fallen unter diese Definition alle mobile Speichermedien, die aufgrund eines integrierten Prozessors selbst eine automatisierte Datenverarbeitung vornehmen (sog. Chip Karten bzw. Smart Cards).[18] Dazu gehören beispielsweise EC- und Kreditkarten mit Geldkartenfunktion oder Krankenversicherungskarten sowie die elektronische Gesundheitskarte und der elektronische Personalausweis, ferner Signaturkarten nach dem SigG.

19   Umstritten ist hingegen, ob auch reine Speichermedien, die keine eigene Prozessoreinheit besitzen, mit deren Hilfe eine automatische Datenverarbeitung vorgenommen werden kann (sog. Read-only bzw. Read-write Medien) unter § 6c BDSG fallen.[19] Klassische Beispiel für solche Karten sind z. B. Kundenkarten oder Zugangsausweise von Unternehmen.

20   Nach einer starken Meinung in der Literatur sollen diese Karten nicht unter § 6c BDSG fallen.[20] Begründet wird dies mit einem Verweis auf den Wortlaut von § 3 Abs. 10 Nr. 2 BDSG, der explizit statuiert, dass „auf [dem Speichermedium] personenbezogene Daten (…) automatisiert verarbeitet werden können" müssen.

21   Diese Auffassung ist jedoch nicht mit dem Gesetzeszweck von § 6c BDSG vereinbar, der es vielmehr erfordert, dass nicht nur Smart Cards vom Gesetzeswortlaut umfasst sind, sondern auch reine Speichermedien. Denn in vielen Fällen wird es in der Praxis so sein, dass die eigentliche Datenverarbeitung nicht auf dem Datenträger sondern in einem Rechenzentrum erfolgt – und damit ebenfalls außerhalb der Zugriffs- und Kenntnisnahme-Möglichkeit des Betroffenen. Es ist aber unter dem

---

17 Zu den Details, vgl. § 3 BDSG Rn. 60 ff.
18 Vgl. nur *Gola/Schomerus*, BDSG, § 6c Rn. 2 f.; *Schaffland/Wiltfang*, BDSG, § 6c Rn. 1; *Hullen*, in Plath, BDSG, § 6c Rn. 8.
19 Vgl. *Hornung*, MMR 2006, S. XX, zur Übersicht über die vertretenen Meinungen.
20 So beispielsweise *Gola/Schomerus*, BDSG, § 6c Rn. 2 f. und § 3 Rn. 58; *Bergmann/Möhrle/Herb*, BDSG, § 6c Rn. 4; *Schaffland/Wiltfang*, BDSG, § 6c Rn. 1.

Gesichtspunkt der von § 6c BDSG gewollten Transparenz nicht ersichtlich, warum die Betroffenen in einem solchen Fall weniger geschützt werden sollten.[21]

Unstreitig ist wiederum, dass mobile Speichermedien, die es dem Betroffenen sel-   **22**
ber ermöglichen die Datenverarbeitung zu steuern, nicht unter § 6c BDSG fallen.[22]
Dazu gehören etwa die vom Arbeitgeber ausgegebenen Notebooks oder SIM-Karten in Mobiltelefonen.

Diskutiert wird wiederum, ob auch die Verwendung von RFID die Informations-   **23**
pflichten nach § 6c BDSG auslöst.[23] RFID (Radio Frequency Identification)[24] bezeichnet eine Technik, bei der mittels Funketiketten (sog. RFID-Chips) gespeicherte Daten berührungslos an ein Empfangsgerät übertragen werden, das die Daten dann weiter verarbeitet und ggf. mit bereits in einer Datenbank vorhandenen Daten abgleicht. Hierzu wird vorwiegend vertreten, dass es auf die konkrete Gestaltung des verwendeten Speichermediums ankomme, d. h. sofern ein Prozessor vorhanden sei, sei § 6c BDSG anzuwenden.[25] Nach der hier vertretenen Auffassung, wonach § 6c BDSG auch reine Speichermedien erfasst,[26] fallen alle RFID-Chips unproblematisch unter den Begriff der „mobilen personenbezogenen Speicher- und Verarbeitungsmedien".

Klassischer Anwendungsfall von RFID ist der Bereich der Logistik.[27] Da allerdings   **24**
RFID-Chips nicht nur auf Waren, sondern auch auf von Betroffenen mitzuführenden Gegenständen (wie z.B. Zugangsausweisen oder Mobiltelefonen) angebracht werden können, wurde in den vergangenen Jahren heftig diskutiert, ob die Verwendung solcher RFID-Chips datenschutzrechtlich zulässig oder zu invasiv hinsichtlich der Persönlichkeitsrechte der Betroffenen sei.[28] Letztlich muss es bei einer Beurteilung der Zulässigkeit des Einsatzes solcher Verfahren auf den konkreten Funktionsumfang und die Speicherung und Verwendung der personenbezogenen Daten ankommen. So kann die Erfassung von „Bewegungsdaten" über Kunden in einem Ladengeschäft nach richtiger Ansicht[29] nur nach vorheriger, informierter Einwilli-

---

21 Die genau gegenteilige Meinung vertritt explizit z.B. *Hullen*, in Plath, BDSG, § 6c Rn. 10.
22 *Däubler/Klebe/Wedde/Weichert*, BDSG, § 6c Rn. 2; ebenso *Hullen*, in Plath, BDSG, § 6c Rn. 28.
23 So auch *Hullen*, in Plath, BDSG, § 6c Rn. 27; bejahend für nur „aktive" RFID-Funktion (ohne zu erläutern, was damit gemeint ist) *Gola/Schomerus*, BDSG, § 6c Rn. 2a.
24 Eine anschauliche Erläuterung zur RFID-Technik findet sich z.B. bei *Hornung*, MMR 5/2006, S. XX (XXI) oder *Scholz* in: Simitis, BDSG, § 6c Rn. 10.
25 Vgl. statt aller nur *Hornung*, MMR 5/2006, S. XX (XXI); ihm folgend auch *Hullen*, in Plath, BDSG, § 6c Rn. 27.
26 Vgl. oben Rn. 21.
27 Ausführlich dazu *Gola/Schomerus*, BDSG, § 6c Rn. 2a.
28 Daher fordern z.B. *Eisenberg/Puschke/Singelnstein*, ZRP 2005, S. 9 ff., eine eigenständige Datenschutzregelung; a. A. allerdings *Westerholt/Döring*, CR 2004, S. 710 (715).
29 *Westerholt/Döring*, CR 2004, S. 710 (712); ihnen folgend *Gola/Schomerus*, BDSG, § 6c Rn. 5b.

gung zulässig sein, während das „Tracking" von Speditionsware auch bereits nach § 28 Abs. 1 Satz 1 Nr. 2 BDSG erlaubt sein muss.

2. Unterrichtung des Betroffenen

25 Die verpflichtete Stelle hat den (zukünftig[30]) Betroffenen über die in § 6c Nr. 1 bis 4 BDSG genannten Informationen zu unterrichten.

a) Art und Form der Unterrichtung

26 Dabei meint „unterrichten", dass der Betroffene in einer Form informiert werden muss, die es ihm ermöglicht, die Information nachzuvollziehen.[31] Dies muss ggf. auch zeitlich versetzt möglich sein, d.h. der Betroffene muss bei einer länger andauernden Verwendung eines derartigen Mediums die Unterrichtung über die ganze Dauer der Nutzung wahrnehmen können, um ggf. darauf aufbauend seine Rechte wahrnehmen zu können.[32]

27 Da das Gesetz für die Unterrichtung keine Form festlegt, wäre es grundsätzlich denkbar, dass eine lediglich mündliche Unterrichtung auch möglich ist. Dies ist allerdings abzulehnen, denn eine solche Unterrichtung ist zu „flüchtig" und genügt nicht der Anforderung, dass während der Dauer der Nutzung des mobilen Speichermediums die Unterrichtung wahrgenommen werden können muss.

28 Entsprechend ist davon auszugehen, dass grundsätzlich eine schriftliche oder ähnlich „bleibende" Unterrichtung erforderlich ist.[33] Eine Ausnahme muss allerdings wiederum gelten, wenn der Betroffene entweder des Lesens nicht mächtig oder blind ist. Dann kann und muss eine mündliche Information ausreichend sein,[34] sofern sie auch wiederholt eingeholt werden kann.

29 Sprachlich muss die Unterrichtung auf den Betroffenen abgestimmt sein, d.h. sie wird grundsätzlich in deutscher Sprache zu erfolgen haben, außer wenn besondere Umstände des Einzelfalles eine andere Sprache rechtfertigen.

30 Die Unterrichtung kann entfallen, wenn der Betroffene bereits unterrichtet wurde. Da dies im Wesentlichen nur bei Änderungen der verwendeten Datenverarbeitungsverfahren (ohne Änderung der betroffenen Daten und der Verarbeitungszwecke), nicht aber bei der erstmaligen Ausgabe des mobilen Speichermediums der Fall sein

---

30 *Scholz*, in: Simitis, BDSG, § 6c Rn. 29 f., und *Gola/Schomerus*, BDSG, § 6c Rn. 6, weisen zu Recht darauf hin, dass eigentlich der zukünftige Inhaber des mobilen Speichermediums gemeint ist, der vor einer Datenverarbeitung eigentlich noch gar nicht den Begriff des „Betroffenen" i. S. v. § 3 Abs. 1 BDSG erfüllt.

31 Vgl. *Bizer*, in: Simitis, BDSG (6. Auflage), § 6c Rn. 64.

32 Ebenso *Bizer*, in: Simitis, BDSG (6. Auflage), § 6c Rn. 64 und 66.

33 Ähnlich *Bizer*, in: Simitis, BDSG (6. Auflage), § 6c Rn. 64 und 66.

34 So *Schaffland/Wiltfang*, BDSG, § 6c Rn. 3.

wird, sind insofern in den letzten Halbsatz von § 6c Abs. 1 BDSG die Wörter „eine nochmalige Unterrichtung kann entfallen, soweit" hineinzulesen.[35]

b) Art und Inhalt der Informationen

Informiert werden muss der Betroffene zunächst über die Identität und die An- **31** schrift der verpflichteten Stelle. Dies erfolgt regelmäßig durch Nennung des Namens und der Anschrift der Stelle sowie – wenn die verantwortliche Stelle ein Unternehmen ist – Nennung von Namen und Kontaktdaten eines Ansprechpartners innerhalb des Unternehmens. Denn die Angabe von Namen und Anschrift soll es dem Betroffenen erleichtern, ggf. seine Rechte durchsetzen zu können;[36] daher ist es aus Effektivitätsgründen sinnvoll, wenn er einen Ansprechpartner genannt bekommt.

Eine Nennung der verantwortlichen Stelle (§ 3 Abs. 7 BDSG) ist grundsätzlich **32** nicht gesetzlich gefordert. Es kann aber sinnvoll sein, die verantwortliche Stelle ebenfalls zu benennen, da die in § 6c Abs. 1 Nr. 3 BDSG genannten Rechte regelmäßig gegenüber der verantwortlichen Stelle geltend zu machen sind.[37]

Die verpflichtete Stelle muss weiter „in allgemein verständlicher Form über die **33** Funktionsweise des Mediums" informieren. Dies erfolgt in der Regel durch einen kurzen, erläuternden Text. Dabei können zum leichteren Verständnis Bilder oder Grafiken erläuternd hinzugezogen werden.

Wichtig ist, dass die Information für den Betroffenen allgemein verständlich ver- **34** fasst ist. Der hierbei maßgebliche Verständnishorizont ist die Verständlichkeit für den technischen Laien.[38] Entsprechend sind nicht detaillierte technische Darstellungen gefordert[39] sondern einfach formulierte Erläuterungen, aufgrund derer auch technische Laien verstehen können, welche Daten zu welchen Verarbeitungszwecken von welchen Stellen verwendet werden.[40] In der Praxis kann die Verständlichkeit der Information am Besten durch ein „Gegenlesen" der Information durch einige der potenziell Betroffenen getestet werden.

Die verpflichtete Stelle muss über die Art der zu verarbeitenden personenbezoge- **35** nen Daten informieren. Hierbei meint „Art" der personenbezogenen Daten, dass verständliche Oberbegriffe für die zu verarbeitenden Daten gegeben werden müssen. So werden beispielsweise auf einer Gesundheitskarte Namens-, Adress-, Gesundheits- und gegebenenfalls Versicherungsdaten gespeichert.

---

35 In diesem Sinne auch *Gola/Schomerus*, BDSG, § 6c Rn. 8; ebenso *Hullen*, in: Plath, BDSG, § 6c Rn. 17.

36 *Hullen*, in: Plath, BDSG, § 6c Rn. 13.

37 Ebenso nun *Hullen*, in: Plath, BDSG, § 6c Rn. 13.

38 *Däubler/Klebe/Wedde/Weichert*, BDSG § 6c Rn. 5; *Gola/Schomerus*, BDSG, § 6c Rn. 6.

39 Diese sind auch gar nicht verlangt, vgl. BT-Drs. 14/5793, S. 63.

40 Entsprechend sieht die Gesetzesbegründung diese Information als „zentral" an, vgl. BT-Drs. 14/5793, S. 63.

36 Die verpflichtete Stelle muss den Betroffenen darüber informieren, wie er seine Rechte nach §§ 19 f. bzw. 34 f. BDSG geltend machen kann. Soweit diese Rechte gesetzlich nicht nur gegenüber der verpflichteten Stelle geltend gemacht werden können, sondern auch gegenüber der verantwortlichen Stelle oder anderen Stellen (vgl. z. B. § 34 Abs. 2 BDSG), so sind diese Stellen so zu bezeichnen, dass der Betroffene seine Rechte dort geltend machen kann. Da der Gesetzgeber formuliert hat „wie er seine Rechte (…) ausüben kann", hat die Unterrichtung auch eine Anleitung oder einen Verweis auf eine Anleitung zu umfassen, wie die Rechtsausübung erfolgen kann.

37 Die verpflichtete Stelle muss den Betroffenen schließlich darüber informieren, welche Maßnahmen er ergreifen muss, sollte das Medium verloren gehen oder zerstört werden. Sinnvoll ist, in diesen Teil der Unterrichtung auch eine Information für den Fall der Beschädigung aufzunehmen.[41] Praktisch ist insbesondere darüber zu informieren, ob bei Verlust, Zerstörung oder Beschädigung des mobilen Speichermediums eine Information an eine bestimmte Stelle erfolgen muss und ob Ersatz durch den Betroffenen anzufordern ist. Falls für eine Ersatzlieferung Kosten entstehen sollten, ist dies dem Betroffenen ebenfalls im Voraus mitzuteilen.

c) Zeitpunkt der Informationen

38 In zeitlicher Hinsicht hat die Unterrichtung vor der erstmaligen Verwendung des mobilen Speichermediums durch den Betroffenen zu erfolgen,[42] weil andernfalls der Schutzzweck von § 6c BDSG leer laufen würde.

IV. Geräte oder Einrichtungen zur Wahrung des Auskunftsrechts (Abs. 2)

39 § 6c Abs. 2 BDSG verpflichtet die Stellen, die die mobilen Speichermedien ausgeben und/oder verwenden, die technische Voraussetzungen zu schaffen, dass der Betroffene in Wahrnehmung seiner Auskunftsrechte nach §§ 19 f. bzw. 34 f. BDSG die zu seiner Person gespeicherten Daten auch selbst zur Kenntnis nehmen kann. Grund für diese Regelung ist der Umstand, dass der Betroffene zwar in der Regel die physische Sachherrschaft über das mobile Speichermedium ausübt, jedoch nicht ohne Weiteres in der Lage ist, dieses auch auszulesen.[43]

40 Entsprechend sind hier nur solche technischen Geräte oder Einrichtungen gemeint, die zum Auslesen des Mediums erforderlich sind. Nicht gemeint sind hingegen die Geräte oder Einrichtungen, die ansonsten zur Geltendmachung von Ansprüchen benötigt werden, z. B. Telefone, Computer oder sonstige Kommunikationsmittel.

---

41 So nun auch *Hullen*, in: Plath, BDSG, § 6c Rn. 16.
42 *Gola/Schomerus*, BDSG, § 6c Rn. 2b und 6.
43 *Scholz*, in: Simitis, BDSG, § 6c Rn. 49; *Hullen*, in: Plath, BDSG, § 6c Rn. 18.

Im Umkehrschluss folgt ferner, dass keine technischen Geräte oder Einrichtungen **41** zur Verfügung gestellt werden müssen, wenn der Betroffene zur Wahrnehmung seiner Auskunftsrechte ausnahmsweise keine solchen technischen Geräte oder Einrichtungen braucht, also die auf dem mobilen Speichermedium gespeicherten Daten unschwer auch selbst auslesen kann.

Die technischen Geräte oder Einrichtungen müssen „im angemessenen Umfang zur **42** Verfügung" stehen. Dies ist der Fall, wenn der Betroffene sie mit vertretbarem Aufwand aufsuchen und nutzen kann; dabei sollen für die Beurteilung, wann ein Aufwand „vertretbar" ist, Aspekte wir die Sensibilität der Daten, wirtschaftliche Erwägungen und Verbreitungsgrad des verwendeten technischen Verfahrens eine Rolle spielen.[44]

Nicht erforderlich ist, dass der Betroffene derartige Geräte oder Einrichtungen zur **43** ausschließlichen, persönlichen Nutzung übergeben bekommt, sei dies temporär oder auf Dauer.[45] So muss es beispielsweise für Geldkarten ausreichend, wenn die sie herausgebenden Banken in ihrem Selbstbedienungsbereich entsprechende Terminals zur Verfügung stellen.[46] Umgekehrt kann es aber sinnvoll sein, dem Betroffenen ein Lesegerät auszuhändigen, z. B. bei der von Unternehmen gegenüber ihren Beschäftigten angewiesenen Verwendung von Signaturkarten nach dem SigG.

Die Zurverfügungstellung der technischen Geräte oder Einrichtungen muss – ent- **44** sprechend der Logik aller BDSG-Regelungen zur Auskunftserteilung, die von einer kostenlosen Auskunftserteilung ausgehen (vgl. § 19 Abs. 7 BDSG, § 34 Abs. 8 Satz 1 BDSG) – unentgeltlich erfolgen.[47]

V. Erkennbarkeit von Kommunikationsvorgängen (Abs. 3)

§ 6c Abs. 3 BDSG statuiert eine einzelfallbezogene Informationspflicht, wenn **45** Kommunikationsvorgänge auf dem mobilen Speichermedium eine Datenverarbeitung auslösen. Gesetzeszweck ist hier die Verhinderung von „heimlichen" Verarbeitungsvorgängen, die beispielsweise durch das Vorbeigehen an einem entsprechenden Terminal unbemerkt ausgelöst werden könnten:[48] der Betroffenen soll Bescheid wissen, wenn seine Daten verarbeitet werden.

Entsprechend muss das mobile Speichermedium oder die technische Einrichtung, **46** durch die die Kommunikation ausgelöst wird, so ausgestattet sein, dass der Kommunikationsvorgang für den Betroffenen dann eindeutig erkennbar ist, wenn dadurch eine Datenverarbeitung auf dem Medium ausgelöst wird. Eine Datenverar-

---

44 Vgl. insofern die Gesetzesbegründung, BT-Drs. 14/5793, S. 64.
45 So auch *Gola/Schomerus*, BDSG, § 6c Rn. 9.
46 *Gola/Schomerus*, BDSG, § 6c Rn. 10.
47 Ebenso *Gola/Schomerus*, BDSG, § 6c Rn. 10; vgl. dazu auch § 19 BDSG Rn. 39 und § 34 BDSG Rn. 43.
48 *Hullen*, in: Plath, BDSG, § 6c Rn. 22.

beitung wird dabei immer dann ausgelöst, wenn eine Verarbeitung der auf dem Medium gespeicherten personenbezogenen Daten vorgenommen wird; dabei ist es ausreichend, wenn dies mit Hilfe einer anderen technischen Einrichtung erfolgt.

47 Dabei ist unter Kommunikationsvorgang jegliche Art des Informationsaustauschs zwischen dem Medium und einer anderen technischen Einrichtung oder einem Menschen zu verstehen. Dies gilt unabhängig von der verwendeten Technik, sodass sowohl berührungslose Informationsaustausche erfasst sind, also auch solche, die mit Hilfe der Berührung von Gegenständen erfolgen. Auch der Inhalt des Informationsaustauschs ist unerheblich. Es kann sich darum handeln, einfach einen Zähler zu erhöhen oder eine komplexe Verarbeitung personenbezogener Daten vorzunehmen.

48 Ein Kommunikationsvorgang ist für den Betroffenen dann eindeutig erkennbar, wenn er im Rahmen seiner Wahrnehmungsfähigkeiten ohne weitere technische Einrichtungen ein Signal bekommt, das ihn darauf aufmerksam macht, dass eine Verarbeitung seiner personenbezogenen Daten vorgenommen wird. In Frage kommen hierbei vor allem akustische oder visuelle Signale (also insbesondere Anzeigen im Display, Signaltöne oder Lichtzeichen),[49] je nachdem ob der Betroffene die Signale besser mit den Augen oder den Ohren wahrnehmen kann.

49 Der Zeitpunkt der Signalgebung hängt davon ab, welche Art von Datenverarbeitung erfolgt: So ist es für die Kontrolle an einer Tür ausreichend, wenn ein akustisches Signal ertönt, um zu kennzeichnen, dass gerade gespeichert wird, dass der Betroffene den entsprechenden Raum betritt. Handelt es sich aber darum, dass der Betroffene sensitive Daten, wie z.B. Gesundheitsdaten, übermitteln soll, so ist ihm die Gelegenheit zu geben, diese Entscheidung bewusst zu treffen und auch abzulehnen, also z.B. dadurch, dass er eine Abfrage durch eine technische Einrichtung erhält oder ein PIN eingeben muss.[50]

VI. Rechtsfolgen

50 § 6c BDSG findet keine Erwähnung in den §§ 43, 44 BDSG, sodass ein Verstoß gegen die Informations- und übrigen Pflichten aus § 6c BDSG weder eine Ordnungswidrigkeit noch eine Straftat darstellt.

---

49 *Däubler/Klebe/Wedde/Weichert*, BDSG, § 6c Rn. 8; weitere Details finden sich bei *Scholz*, in: Simitis, BDSG § 6c Rn. 63 ff.
50 Weitergehend *Hullen*, in: Plath, BDSG, § 6c Rn. 23, der generell von einer Verpflichtung zur Signalgebung vor dem Abschluss der Datenverarbeitung ausgeht; ebenso *Scholz*, in: Simitis, BDSG § 6c Rn. 65.

§ 7 Schadensersatz

Fügt eine verantwortliche Stelle dem Betroffenen durch eine nach diesem Gesetz oder nach anderen Vorschriften über den Datenschutz unzulässige oder unrichtige Erhebung, Verarbeitung oder Nutzung seiner personenbezogenen Daten einen Schaden zu, ist sie oder ihr Träger dem Betroffenen zum Schadensersatz verpflichtet. Die Ersatzpflicht entfällt, soweit die verantwortliche Stelle die nach den Umständen des Falles gebotene Sorgfalt beachtet hat.

Literatur: *Abel*, Mehr Datenschutz durch Zivilrecht?, RDV 2009, S. 51; *Backu*, Pflicht zur Verschlüsselung? Gefahren und Konsequenzen der unverschlüsselten E-Mail-Kommunikation, ITRB 2003, S. 251; *Beucher/Räther/Stock*, Non-Performing Loans: Datenschutzrechtliche Aspekte der Veräußerung von risikobehafteten Krediten, AG 2006, S. 277; *Bierekoven*, Schadensersatzansprüche bei Verletzungen von Datenschutzanforderungen nach der BDSG-Novelle, ITRB 2010, S. 88; *Busse*, Wechselwirkungen zwischen BDSG und UWG – Auswirkungen auf das Direktmarketing, RDV 2005, S. 260; *Dörr*, Die Folgen der Nichtbeachtung der Pflichten aus § 4 Abs. 2 BDSG, RDV 1992, S. 167; *Dzida/Grau*, Rechtsfolgen von Verstößen gegen den Beschäftigtendatenschutz, ZIP 2012, S. 504; *Eckl*, Das Bankgeheimnis und die Rechtsfolgen seiner Verletzung, DZWIR 2004, S. 221; *Engelien-Schulz*, Schmerzensgeld? Seit wann tut der Umgang mit Daten weh?, UBWV 2010, S. 341; *Forst*, Die Rechte des Arbeitnehmers infolge einer rechtswidrigen Datenverarbeitung durch den Arbeitgeber, AuR 2010, S. 106; *Fricke*, Die Erhebung personenbezogener Gesundheitsdaten bei Dritten, VersR 2009, S. 297; *Gärtner/Heil*, Kodifizierter Rechtsbruchtatbestand und Generalklausel – Zur Bedeutung des Marktbezugs im neuen UWG, WPR 2005, S. 20; *Giesen*, Das Grundrecht auf Datenverarbeitung, JZ 2007, S. 918; *Gola/Reif*, Datenschutzrelevante Aspekte des novellierten UWG, RDV 2009, S. 104; *Greve/Schärdel*, Der digitale Pranger – Bewertungsportale im Internet, MMR 2008, S. 644; *Hecker*, Neue Regeln gegen unerlaubte Telefonwerbung, K&R 2009, S. 601; *Heil*, Neues Wettbewerbsrecht: Wechselwirkungen zwischen UWG und Datenschutz, RDV 2004, S. 205; *Hoeren*, Risikoprüfung in der Versicherungswirtschaft – Datenschutz und wettbewerbsrechtliche Fragen beim Aufbau zentraler Hinweissysteme, VersR 2005, S. 1014; *Hoeren*, Rechtliche Grundlagen des SCHUFA-Scoring-Verfahrens, RDV 2007, S. 93; *Huppertz/Ohrmann*, Wettbewerbsvorteile durch Datenschutzverletzungen?, CR 2011, S. 449; *Kamlah/Hoke*, Das SCHUFA-Verfahren im Lichte jüngerer obergerichtlicher Rechtsprechung, RDV 2007, S. 424; *Kamlah/Hoke*, Datenschutz und UWG – Unterlassungsansprüche bei Datenschutzverstößen, RDV 2008, S. 226; *Klett/Lee*, Vertraulichkeit des E-Mailverkehrs, CR 2008, S. 644; *Koch*, Haftung für die Weiterverbreitung von Viren durch E-Mails, NJW 2004, S. 801; *Köhler*, Die Verwendung unwirksamer Vertragsklauseln: ein Fall für das UWG, GRUR 2010, S. 1047; *Köhler*, Zur Mitbewerberklage gegen die Verwendung unwirksamer AGB, WRP 2012, S. 1475; *Koch/Krestas*, Wie umfassend ist der Datenschutz? Schmerzensgeldanspruch bei unberechtigter Dateneinziehung, Neue Justiz 1993, S. 21; *Kühling/Bohnen*, Zur Zukunft des Datenschutzrechts – Nach der Reform ist vor der Reform, JZ 2010, S. 600; *Lensdorf/Steger*, IT-Compliance im Unternehmen, ITRB 2006, S. 206; *Libertus*, Zivilrechtliche Haftung und strafrechtliche Verantwortlichkeit bei unbeabsichtigter Verbreitung von Computerviren, MMR 2005, S. 507; *Lindhorst*, Wettbewerbsrecht und Datenschutz, DuD 2010, S. 713; *Mathy*, Der problematische Datenrechtsschutz in der Rechtsschutzversicherung, VersR 2010, S. 318; *Müller*, Der Schutzbereich des Persönlichkeitsrechts im Zivilrecht, VersR 2008, S. 1141; *Niedermeier/Schröcker*, Ersatzfähigkeit immaterieller Schäden aufgrund rechtswidriger Datenverarbeitung, RDV 2002, S. 217; *Nobbe*, Bankgeheimnis, Datenschutz und Abtretung von Darlehensforderungen, WM 2005, S. 1537; *Nobbe*, Der Verkauf von Krediten, ZIP 2008, S. 97; *Oberwetter*, Überwachung und Ausspähung von Arbeitnehmern am Arbeitsplatz – alles ohne Entschädigung?, NZA 2009, S. 1120; *Rössel*, Haftung für Computerviren – Die aktuelle Rechtslage zur Haftung im Überblick, ITRB 2002, S. 214; *Roth/Schneider*, IT-Sicherheit und Haftung, ITRB 2005, S. 19; *Schild*, Schadensersatz oder Gewerbeuntersagung als mögliche Folgen bei Lidl und der Telekom?, MMR 2008, S. XII; *Schild/Tinnefeld*, Entwicklungen im Arbeitnehmerdatenschutz, DuD 2009, S. 469; *Schneider/Günther*, Haftung für Computerviren, CR 1997, S. 389; *Schrey*, Persönliche Verantwortung und Haftungsrisiken von IT-Verantwortlichen – Ein Überblick, RDV 2004, S. 247; *Schultze-Melling*, IT-Sicherheit in der anwaltlichen Beratung – Rechtliche, praktische und wirtschaftliche Aspekte eines effektiven Information Security Managements, CR 2005, S. 73; *Schulz*, Halbwertzeit bei Bestandskundenwerbung?, CR 2012, S. 686; *Steger*, Rechtliche Verpflichtungen zur Notfallplanung im IT-Bereich, CR 2007, S. 137; *Taeger*, Datenschutzrechtliche Haftung – insbesondere bei unrichtiger Datenverarbeitung durch fehlerhafte Computerprogramme, RDV 1996, S. 77; *Taeger*, Kundenprofile im Internet – Customer Relationship Management und Datenschutz, K&R 2003, S. 220; *Weichert*, Datenschutz im Wettbewerbs- und Verbraucherrecht, VuR 2006, S. 377; *Wind*, Haftung bei der Verarbeitung personenbezogener Daten, RDV 1991, S. 16.

Übersicht

I. Allgemeines

1. Gesetzeszweck

1 Die Vorschrift normiert zu Gunsten des Betroffenen einen verschuldensabhängigen Schadensersatzanspruch gegenüber jeder verantwortlichen Stelle aus dem öffentlichen und nicht-öffentlichen Bereich für den Fall einer unzulässigen oder unrichtigen Erhebung, Verarbeitung oder Nutzung seiner personenbezogenen Daten. Sie dient damit in erster Linie der Kompensation einer bereits eingetretenen Schädi-

gung, schafft jedoch gleichzeitig auch einen präventiven Anreiz zum Schutz des Betroffenen.[1] Der Sache nach handelt es bei § 7 BDSG um einen deliktischen Anspruch.[2] In der Praxis spielt die Vorschrift bisher allerdings kaum eine Rolle. Entsprechende Fälle werden meist auf der Grundlage des allgemeinen Vertrags- und Deliktsrechts gelöst.[3]

2. Europarechtliche Grundlagen

Die Verpflichtung zur Leistung von Schadensersatz bei Datenschutzverletzungen ist durch Art. 23 EG-DSRl vorgegeben. Danach soll „jede Person, der wegen einer rechtswidrigen Verarbeitung oder jeder anderen mit den einzelstaatlichen Vorschriften zur Umsetzung dieser Richtlinie nicht zu vereinbarenden Handlung ein Schaden entsteht", das Recht haben, von der verantwortlichen Stelle Ersatz zu verlangen. Der verantwortlichen Stelle kann jedoch die Möglichkeit eingeräumt werden, sich von ihrer Haftung zu befreien, indem sie nachweist, dass ihr der Umstand, durch den der fragliche Schaden entstanden ist, nicht zur Last fällt. Nach Erwägungsgrund 55 EG-DSRl soll dies insbesondere der Fall sein, wenn ein Fehlverhalten des Betroffenen oder ein Fall höherer Gewalt vorliegt. **2**

Im BDSG 1990 behandelten schon die §§ 7 und 8 BDSG Schadensersatzfragen. Allerdings betrafen beide Vorschriften – § 7 BDSG für öffentliche Stellen und § 8 BDSG für nicht-öffentliche Stellen – nur die automatisierte Datenverarbeitung. Für nicht-öffentliche Stellen beschränkte sich das Gesetz in § 8 BDSG zudem auf eine bloße Beweislastregelung und enthielt keine eigenständige Anspruchsgrundlage.[4] Zur Umsetzung von Art. 23 EG-DSRl beschloss der Gesetzgeber im Rahmen des BDSG 2001, die bisherigen Vorschriften neu zu fassen und in § 7 BDSG eine eigenständige Anspruchsgrundlage für eine Verschuldenshaftung zu schaffen, die für alle Arten der Datenverarbeitung gilt, und zwar unabhängig davon, ob es sich um eine automatisierte oder nicht-automatisierte Datenverarbeitung handelt und diese von einer öffentlichen oder nicht-öffentlichen Stelle vorgenommen wird. Der ehemals in § 7 BDSG enthaltene verschuldensunabhängige Schadensersatzanspruch für die automatisierte Datenverarbeitung einer öffentlichen Stelle findet sich nun im Wesentlichen unverändert in § 8 BDSG.[5] **3**

---

1 *Taeger*, RDV 1996, S. 77 (78); *Simitis*, in: Simitis, BDSG, § 7 Rn. 6 und 8.
2 Begründung des Entwurfs der Bundesregierung für ein Gesetz zur Änderung des BDSG und anderer Gesetze, BT-Drs. 14/4329, S. 56.
3 So auch *Däubler*, in: Däubler/Klebe/Wedde/Weichert, BDSG, § 7 Rn. 3, und *Bierekoven*, ITRB 2012, S. 88; zu Überlegungen zur Stärkung des Datenschutzes durch zivilrechtliche Mittel siehe *Abel*, RDV 2009, S. 51.
4 Siehe statt vieler *Bergmann/Möhrle/Herb*, BDSG, § 7 Rn. 1.
5 BT-Drs. 14/4329, S. 38.

3. Verhältnis zu anderen Vorschriften

4 Der Anwendungsbereich von § 7 BDSG ist durch den allgemeinen Anwendungsbereich des BDSG beschränkt. So sind im öffentlichen Bereich aufgrund der Regelungen in § 1 Abs. 2 Nr. 1 und 2 BDSG die z.T. abweichenden Vorschriften der LDSG über Schadensersatzansprüche zu beachten.[6] Im nicht-öffentlichen Bereich können die in § 1 Abs. 2 Nr. 3 BDSG vorgesehenen Einschränkungen in Bezug auf persönliche oder familiäre Tätigkeiten einer Anwendung von § 7 BDSG entgegenstehen. Die für den Bereich der Telemedien geltenden Verantwortlichkeitsbeschränkungen der §§ 7 ff. TMG finden in Bezug auf die datenschutzrechtliche Haftung indessen keine Anwendung.[7]

5 Mit dem bereits erwähnten § 8 BDSG enthält das BDSG zudem eine Schadensersatzvorschrift, die bei der automatisierten Datenverarbeitung durch öffentliche Stellen anwendbar ist und für diesen Fall eine Gefährdungshaftung vorsieht. § 7 BDSG wird durch diese Regelung nicht verdrängt, sondern bleibt daneben anwendbar. Dies ist insbesondere dann von Bedeutung, wenn der entstandene Schaden im Einzelfall den in § 8 Abs. 3 BDSG vorgesehenen Haftungshöchstbetrag von 130.000 Euro übersteigt.[8]

II. Schadensersatzanspruch nach § 7 BDSG

1. Verletzungshandlung

6 Grundvoraussetzung für eine Haftung nach § 7 BDSG ist eine nach dem BDSG oder anderen Vorschriften über den Datenschutz unzulässige oder unrichtige Erhebung, Verarbeitung oder Nutzung personenbezogener Daten.[9]

7 Unzulässig ist im Umkehrschluss zu § 4 Abs. 1 BDSG jede Erhebung, Verarbeitung und Nutzung personenbezogener Daten, die weder durch eine Rechtsvorschrift noch durch eine Einwilligung des Betroffenen gedeckt ist. Darüber hinaus kann sich die Unzulässigkeit der Datenverwendung auch aus einem Verstoß gegen andere datenschutzrechtliche Bestimmungen innerhalb und außerhalb des BDSG ergeben. So kommen z.B. die unterlassene Berichtigung unrichtiger Angaben (§§ 20 Abs. 1 Satz 1, 35 Abs. 1 BDSG), die Verletzung von Hinweis-[10] und Informationspflichten (z.B. nach § 42a BDSG[11]), Verstöße gegen die datenschutzrechtlichen Regelungen des TKG oder TMG sowie die Verletzung von datenschutzbezogenen Betriebsver-

---

6 Näher zu den verschiedenen landesrechtlichen Regelungen *Gola/Schomerus*, BDSG, § 7 Rn. 21.

7 Siehe Kommentierung TMG, Einführung Rn. 17 ff.

8 *Simitis*, in: Simitis, BDSG, § 8 Rn. 36.

9 Siehe in diesem Zusammenhang die Legaldefinitionen in § 3 BDSG.

10 Speziell zur Verletzung der Hinweispflicht nach § 4 Abs. 2 BDSG *Dörr*, RDV 1992, S. 167.

11 Ausführlich dazu *Bierekoven*, ITRB 2010, S. 88.

einbarungen als Haftungsgrund in Betracht.[12] Nicht zuletzt aufgrund der intensiv geführten Compliance-Diskussion rückt darüber hinaus die Haftung für unzulängliche Datensicherungsmaßnahmen, d.h. für einen Verstoß gegen § 9 BDSG und dessen Anlage, zusehends in den Blickpunkt.[13] Ebenso verhält es sich mit der Haftung bei den in der Öffentlichkeit häufig als „Datenschutzskandale" diskutierten Verstößen gegen den Beschäftigtendatenschutz (§§ 32, 3 Abs. 11 BDSG).[14]

Unrichtig ist die Erhebung, Verarbeitung oder Nutzung personenbezogener Daten **8** dann, wenn die Daten mit der Realität nicht übereinstimmen (also schlicht „falsch" sind), im Hinblick auf den Verwendungszweck unvollständig sind und daher ein unzutreffendes Bild vom Betroffenen vermitteln oder während des Verarbeitungsvorgangs verfälscht werden. Auf die Ursache der Unrichtigkeit kommt es nicht an. Diese kann sowohl in menschlichem als auch in technischem Versagen (z.B. Hard- oder Softwarefehler) begründet liegen.[15] Da jede unrichtige grundsätzlich auch eine unzulässige Verwendung der Daten darstellt, überschneiden sich beide Alternativen.[16]

2. Schaden und Kausalität

Für einen Anspruch nach § 7 BDSG ist der Eintritt eines Schadens beim Betroffe- **9** nen erforderlich.[17] Nach der Differenzhypothese[18] liegt ein Schaden vor, wenn der Betroffene einen Vermögensnachteil erlitten hat, d.h. sein wirtschaftlicher Zustand faktisch schlechter ist als die hypothetische Lage ohne die Datenschutzverletzung.[19] Ein solcher Vermögensnachteil kann z.B. darin bestehen, dass dem Betroffenen bei der Verfolgung seiner Rechte notwendigerweise Aufwendungen entstanden sind. Hat eine Behörde den Datensatz eines Bediensteten mit einem falschen Namen gespeichert und kann der Bedienstete erst nach Einschaltung eines Rechtsanwalts die Richtigstellung erreichen, so hat der Bedienstete einen Schadensersatzanspruch auf

---

12 *Bergmann/Möhrle/Herb*, BDSG, § 7 Rn. 8 ff.; *Simitis*, in: Simitis, BDSG, § 7 Rn. 16 und 19; *Gola/Schomerus*, BDSG, § 7 Rn. 3 und 5; einschränkend *Niedermeier/Schröcker*, RDV 2002, S. 217 (218), nach denen ein Verstoß gegen bloße Ordnungsvorschriften nicht ausreichend sein soll.
13 Dazu näher *Schultze-Melling*, CR 2005, S. 73; *Roth/Schneider*, ITRB 2005, S. 19; *Lensdorf/Steger*, ITRB 2006, S. 206; *Klett/Lee*, CR 2008, S. 644.
14 Dazu näher *Oberwetter*, NZA 2009, S. 1120; *Forst*, AuR 2010, S. 106; *Dzida/Grau*, ZIP 2012, S. 504; speziell zu Schadensersatzansprüchen gegen den Träger öffentlicher Stellen des Bundes *Engelien-Schulz*, UBWV 2010, S. 341 (343).
15 *Simitis*, in: Simitis, BDSG, § 7 Rn. 20; *Gola/Schomerus*, BDSG, § 7 Rn. 4; ausführlich zur datenschutzrechtlichen Haftung bei unrichtiger Datenverarbeitung durch fehlerhafte Computerprogramme *Taeger*, RDV 1996, S. 77.
16 *Gola/Schomerus*, BDSG, § 7 Rn. 4; *Taeger*, RDV 1996, S. 77 (81).
17 *Schaffland/Wiltfang*, BDSG, § 7 Rn. 2; zur Beweislast siehe unten Rn. 19.
18 Allgemein zur Differenzhypothese *Heinrichs*, in: Palandt, BGB, Vorb. von § 249 Rn. 9.
19 *Niedermeier/Schröcker*, RDV 2002, S. 217 (219).

Ersatz der Rechtsanwaltskosten.[20] Ein Schaden kann ferner gegeben sein, wenn infolge einer unrichtigen Datenübermittlung im Rahmen einer Kreditauskunft ein zinsgünstiger Kredit widerrufen und der Betroffene hierdurch gezwungen wird, bei einer anderen Bank einen Kredit zu einem höheren Zinssatz aufzunehmen.[21] Oftmals bleibt eine Datenschutzverletzung jedoch ohne greifbare wirtschaftliche Folgen für den Betroffenen. Eine Ersatzpflicht der verantwortliche Stelle scheidet dann aus.[22]

10 Schäden, die nicht Vermögensschäden sind (sog. immaterielle Schäden), werden nach h. M. von § 7 BDSG nicht erfasst.[23] Wie sich aus § 253 Abs. 1 BGB ergibt, kann der Ersatz von immateriellen Schäden grundsätzlich nur dann verlangt werden, sofern das Gesetz dies bestimmt. Eine entsprechende Regelung findet sich zwar in § 8 Abs. 2 BDSG für den Fall der automatisierten Datenverarbeitung durch öffentliche Stellen, nicht aber für die allgemeine Schadensersatzregelung nach § 7 BDSG.[24] Eine Pflicht zum Ausgleich von immateriellen Schäden ergibt sich auch nicht aus § 253 Abs. 2 BGB, da dieser die Zahlung von Schmerzensgeld im Falle der Verletzung des allgemeinen Persönlichkeitsrechts nicht vorsieht.[25] Zwar wird angenommen, dass Art. 23 EG-DSRl auch eine Verpflichtung zum Ersatz von immateriellen Schäden beinhalte.[26] Die Notwendigkeit einer richtlinienkonformen Auslegung von § 7 BDSG[27] ergäbe sich hieraus aber nur, wenn der von der EG-DSRl geforderte Schutz nicht auf andere Weise gewährleistet wäre. Insoweit ist zu berücksichtigen, dass Eingriffe in das allgemeine Persönlichkeitsrecht bereits unmittelbar nach § 823 Abs. 1 BGB i.V.m. Art. 1 Abs. 1 und Art. 2 Abs. 1 GG den Ersatz immaterieller

---

20 LG Hannover, 15 O 181/90, zitiert nach *Taeger*, RDV 1996, S. 77 (78); zum Ersatz von Rechtsanwaltskosten im Verhältnis zwischen dem Kreditunternehmen und dem Betroffenen im Falle einer unzulässigen oder unrichtigen Datenübermittlung an die SCHUFA siehe OLG Frankfurt a. M. NJW-RR 1988, 562 (564 f.); OLG Düsseldorf CR 2007, 534 (536); zu möglichen Schäden bei Datenschutzverletzungen durch öffentliche Stellen *Engelien-Schulz*, UBWV 2010, S. 341 (345).

21 LG Paderborn DB 1981, 1083.

22 *Niedermeier/Schröcker*, RDV 2002, S. 217 (219); *Simitis*, in: Simitis, BDSG, § 7 Rn. 30.

23 *Gola/Schomerus*, BDSG, § 7 Rn. 12 f.; *Däubler*, in: Däubler/Klebe/Wedde/Weichert, BDSG, § 7 Rn. 19; *Schaffland/Wiltfang*, BDSG, § 7 Rn. 9; *Giesen*, JZ 2007, S. 918 (924); *Engelien-Schulz*, UBWV 2010, S. 341 (345); a. A. wohl *Simitis*, in: Simitis, BDSG, § 7 Rn. 32; *Rössel*, ITRB 2002, S. 214 (215); siehe zum Meinungsstand auch *Kühling/Bohnen*, JZ 2010, S. 600 (609).

24 *Däubler*, in: Däubler/Klebe/Wedde/Weichert, BDSG, § 7 Rn. 19.

25 Siehe *Heinrichs*, in: Palandt, BGB, § 253 Rn. 10 m. w. N.

26 *Dammann/Simitis*, EG-Datenschutzrichtlinie, Art. 23 Rn. 5; *Niedermeier/Schröcker*, RDV 2002, S. 217 (222 ff.); *Bergmann/Möhrle/Herb*, BDSG, § 7 Rn. 12 m. w. N.

27 Dafür *Bergmann/Möhrle/Herb*, BDSG, § 7 Rn. 12; *Niedermeier/Schröcker*, RDV 2002, S. 217 (222 ff.).

Schäden in Form der Zahlung eines angemessenen Schmerzensgelds nach sich ziehen können.[28] Einer Ausdehnung von § 7 BDSG bedarf es daher nicht.[29]

Zwischen dem geltend gemachten Schaden und der unzulässigen oder unrichtigen **11** Datenerhebung, -verarbeitung oder -nutzung muss ein Ursachenzusammenhang bestehen.[30] Dieser beurteilt sich nach allgemeinen zivilrechtlichen Grundsätzen.[31] Er entfällt beispielsweise, wenn Außenstehende unerlaubt in den Verarbeitungsvorgang eingreifen oder Übermittlungsempfänger bzw. Auftragnehmer die betreffenden Daten eigenmächtig weiterverwenden. Dies gilt allerdings nur, wenn die verantwortliche Stelle ihren gesetzlichen Pflichten, die in diesem Zusammenhang bestehen, insbesondere jenen aus § 9 BDSG und ggf. aus § 11 BDSG, ordnungsgemäß nachgekommen ist. Ansonsten liegt eine zur Begründung der Ersatzpflicht ausreichende Mitverursachung vor.[32] Der erforderliche Kausalzusammenhang kann auch aus anderen Gründen zu verneinen sein. So entfällt dieser im Sinne des rechtmäßigen Alternativverhaltens bei der unzulässigen Meldung eines Mahnverfahrens an die SCHUFA, wenn der Betroffene bei der Beantragung weiterer Kredite im Rahmen der Selbstauskunft ohnehin entsprechende Angaben über seine finanzielle Lage und damit auch über das Mahnverfahren machen müsste.[33] Auch ein Falscheintrag bei der SCHUFA ist in der Regel nicht als adäquat-kausal für die Verweigerung eines Kredits anzusehen, sondern nur die diesem zugrunde liegende Datenerklärung des einmeldenden Kreditunternehmens. Dies ergibt sich daraus, dass die SCHUFA an dem Vertrags- und Abrechnungsverhältnis zwischen dem Kreditunternehmen und dem Betroffenen nicht beteiligt ist und daher grundsätzlich darauf vertrauen darf, dass die ihr übermittelten Daten richtig sind.[34]

---

28 St. Rspr., siehe etwa BVerfG NJW 2000, 1817; BGH NJW 2005, 215; ausführlich *Müller*, VersR 2008, S. 1141 (1150 f.) m. w. N.; näher zu diesem Schmerzensgeldanspruch siehe unten Rn. 26.
29 So auch *Forst*, AuR 2010, S. 106 (112); *Däubler*, in: Däubler/Klebe/Wedde/Weichert, BDSG, § 7 Rn. 5 und 20 m. w. N.; a. A. *Schild*, MMR 2008, S. XII f.; kritisch für den Bereich des Arbeitnehmerdatenschutzes und mit der Forderung nach einer Art von „immateriellen Strafschadensersatz" auch *Schild/Tinnelfeld*, DuD 2009, S. 469 (473 f.).
30 *Gola/Schomerus*, BDSG, § 7 Rn. 7; zur Beweislast siehe unten Rn. 19.
31 Siehe im Einzelnen *Heinrichs*, in: Palandt, BGB, Vorb. von § 249 Rn. 54 ff.
32 *Simitis*, in: Simitis, BDSG, § 7 Rn. 25; *Schaffland/Wiltfang*, BDSG, § 7 Rn. 2.
33 OLG Saarbrücken MDR 2006, 525 (527).
34 LG Stuttgart DB 2002, 1499; LG Wiesbaden, Urteil vom 14.12.2006 – 2 O 165/06 (unveröffentlicht); *Schaffland/Wiltfang*, BDSG, § 7 Rn. 10; a. A. LG Paderborn DB 1981, 1083, das im konkreten Fall eine Pflicht zur Prüfung der gemeldeten Angaben annahm; zur fehlenden Haftung der SCHUFA in Bezug auf Fehler der Anschlussfirmen bei der Nutzung der diesen übermittelten Daten BGH NJW 1978, 2151 (2152 f.); ausführlich zur Rechtsprechung zum SCHUFA-Verfahren *Kamlah/Hoke*, RDV 2007, S. 242.

3. Verschulden

12 Die Schadensersatzpflicht nach § 7 BDSG hängt grundsätzlich von einem Verschulden der verantwortlichen Stelle ab.[35] Anders als nach § 276 Abs. 2 BGB kommt es insoweit jedoch nicht auf die Einhaltung der „im Verkehr erforderlichen Sorgfalt", sondern der „nach den Umständen des Falles gebotenen Sorgfalt" an. Der Unterschied besteht darin, dass § 276 Abs. 2 BGB auf einen objektiv-abstrakten Sorgfaltsmaßstab verweist, der sich an allgemeinen Verkehrsbedürfnissen ausrichtet, während § 7 Satz 2 BDSG einen modifiziert-subjektiven Maßstab zugrunde legt.[36] Dies hat zur Folge, dass die verantwortliche Stelle nur dann von einer Haftung befreit ist, wenn sie alle im konkreten Fall erforderlichen Maßnahmen ergriffen hat, um eine gesetzeskonforme Datenverwendung sicherzustellen.[37] Dies wird regelmäßig zu höheren Sorgfaltsanforderungen führen als nach § 276 Abs. 2 BGB. Der Sorgfaltsnachweis kann beispielsweise mit Hilfe entsprechend aussagekräftiger Zertifizierungen oder Auditierungen geführt werden.[38] Die Ersatzpflicht entfällt nach den Erwägungsgründen zur EG-DSRl auch dann, wenn der Schaden auf ein Fehlverhalten des Betroffenen zurückzuführen ist oder ein Fall höherer Gewalt vorliegt.[39]

13 Fraglich ist, ob sich die verantwortliche Stelle auch im Rahmen des Anspruchs nach § 7 BDSG auf die Exkulpationsmöglichkeit des § 831 Abs. 1 Satz 2 BGB berufen kann. Falls ja, wäre eine Haftung ausgeschlossen, wenn diese nachweist, dass der Beschäftigte, der den Schaden verursacht hat, sorgfältig ausgesucht und überwacht wurde.[40] Neben systematischen Gründen[41] spricht dagegen jedoch der Umstand, dass der Betroffene schlechter gestellt wäre, wenn ein Fehler bei der Datenverarbeitung auf dem Versagen des Personals der verantwortlichen Stelle beruht, als wenn dieser auf ein Versagen der verwendeten technischen Einrichtungen zurückzuführen ist.[42] § 7 BDSG trifft jedoch keine Unterscheidung hinsichtlich der möglichen Fehlerquelle, sondern stellt einheitlich auf die verantwortliche Stelle ab. Die Schadensersatzpflicht tritt deshalb unabhängig davon ein, aus welcher Sphäre innerhalb der verantwortlichen Stelle der Fehler stammt. Diese hat somit grundsätzlich auch für ein etwaiges Fehlverhalten ihrer Beschäftigten einzustehen.[43]

---

35 *Gola/Schomerus*, BDSG, § 7 Rn. 8; zur Beweislast siehe unten Rn. 19.

36 *Niedermeier/Schröcker*, RDV 2002, S. 217 (219).

37 *Simitis*, in: Simitis, BDSG, § 7 Rn. 24; *Bergmann/Möhrle/Herb*, BDSG, § 7 Rn. 14.

38 *Klett/Lee*, CR 2008, S. 644 (647) m. w. N.

39 Siehe oben Rn. 2; zur rechtlichen Behandlung von Fällen höherer Gewalt im Zusammenhang mit Notfallmaßnahmen *Steger*, CR 2007, S. 137 (141).

40 Bejahend jedenfalls in Fällen unzulässiger Datenverarbeitung, die auf rein persönlichen Motiven des betreffenden Mitarbeiters beruhen, *Wind*, RDV 1991, S. 16 (20); *Gola/Schomerus*, BDSG, § 7 Rn. 10.

41 Vgl. *Simitis*, in: Simitis, BDSG, § 7 Rn. 25 („§ 7 Abs. 1 Satz 2 überträgt weder unmittelbar noch mittelbar § 831 BGB in das BDSG.").

42 Darauf weisen auch *Gola/Schomerus*, BDSG, § 7 Rn. 10, hin.

43 *Simitis*, in: Simitis, BDSG, § 7 Rn. 25; *Däubler*, in: Däubler/Klebe/Wedde/Weichert, BDSG, § 7 Rn. 15.

4. Ersatzberechtigter und Ersatzverpflichteter

Ersatzberechtigt ist nach dem Wortlaut des § 7 BDSG nur der Betroffene, also die **14**
gemäß § 3 Abs. 1 BDSG von der Verwendung ihrer Daten konkret betroffene natürliche Person. Juristische Personen sind nach § 7 BDSG nicht aktivlegitimiert.[44]
Sonstige Dritte können ebenfalls keine Ansprüche aus § 7 BDSG herleiten, obwohl
auch diese durch eine unrichtige oder unzulässige Datenverarbeitung geschädigt
sein können.[45] Zu denken ist beispielsweise an einen Kreditgeber, der dem Betroffenen aufgrund einer unrichtigen Kreditauskunft einen Kredit gewährt, obwohl dieser
nicht kreditwürdig ist und später dann prompt die Rückzahlung schuldig bleibt. Gegen diese Einschränkung scheint zwar wieder Art. 23 EG-DSRl zu sprechen, wonach „jede Person" berechtigt sein soll, einen Schadensersatzanspruch geltend zu
machen, der aufgrund einer rechtswidrigen Datenverwendung ein Schaden entsteht.[46] Einer richtlinienkonformen Auslegung des § 7 BDSG bedarf es jedoch auch
insoweit nicht, da andere Anspruchsgrundlagen (z.B. §§ 280, 823 BGB) dem Dritten einen ausreichenden Ersatzanspruch gewähren.[47]

Ersatzverpflichtet sind nach § 7 BDSG die verantwortliche Stelle und ihr Träger. **15**
Verantwortliche Stelle ist gemäß der Legaldefinition in § 3 Abs. 7 BDSG jede Person oder Stelle, die personenbezogene Daten für sich selbst erhebt, verarbeitet oder
nutzt oder dies durch andere im Auftrag vornehmen lässt. Auftragnehmer i.S.v.
§ 11 BDSG haften demnach ebenso wenig nach § 7 BDSG[48] wie die bei der verantwortlichen Stelle beschäftigten Personen einschließlich des Datenschutzbeauftragten. Letztere können aber ggf. nach allgemeinen zivilrechtlichen Grundsätzen haftbar sein.[49] Die Unterscheidung zwischen der verantwortlichen Stelle und ihrem Träger ist unterdessen nur für öffentliche Stellen von Belang. Verantwortliche Stelle ist
hier häufig eine einzelne Behörde, haftungsrechtlicher Träger das Land, der Bund
etc.[50]

5. Rechtsfolgen

Nach § 7 BDSG ist die verantwortliche Stelle (oder ihr Träger) gegenüber dem Be- **16**
troffenen zum Ersatz des durch die unzulässige oder unrichtige Datenerhebung,
-verarbeitung oder -nutzung entstandenen Schadens verpflichtet. Inhalt und Um-

---

44 BAG NJW 2009, 1990 (1996); *Schaffland/Wiltfang*, BDSG, § 7 Rn. 1; *Gola/Schomerus*,
  BDSG, § 7 Rn. 6; *Engelien-Schulz*, UBWV 2010, S. 341 (343).
45 *Schaffland/Wiltfang*, BDSG, § 7 Rn. 1; für den von § 7 BDSG ebenfalls umfassten Unterlassungsanspruch auch BAG NJW 2009, 1990 (1996).
46 *Simitis*, in: Simitis, BDSG, § 7 Rn. 9.
47 *Däubler*, in: Däubler/Klebe/Wedde/Weichert, BDSG, § 7 Rn. 5.
48 Siehe auch Kommentierung zu § 11 BDSG Rn. 27 ff.
49 *Däubler*, in: Däubler/Klebe/Wedde/Weichert, BDSG, § 7 Rn. 8 f.; *Simitis*, in: Simitis,
  BDSG, § 7 Rn. 11 ff.; näher dazu unten Rn. 25.
50 *Bergmann/Möhrle/Herb*, BDSG, § 7 Rn. 5; *Gola/Schomerus*, BDSG, § 7 Rn. 14.

fang des Schadensersatzanspruches richten sich nach den §§ 249 ff. BGB. Immaterielle Schäden werden nach § 7 BDSG jedoch nicht ersetzt.[51] Für die verantwortliche Stelle besteht die Möglichkeit, sich in bestimmtem Umfang gegen Schadensersatzansprüche aufgrund von Datenschutzverletzungen zu versichern.[52]

17 Neben dem Schadensersatzanspruch können sich aus § 7 BDSG auch ein Unterlassungs- und ein Beseitigungsanspruch ergeben.[53] In Bezug auf den Unterlassungsanspruch setzt dies nach allgemeinen zivilrechtlichen Grundsätzen zusätzlich das Bestehen einer Erstbegehungs- oder Wiederholungsgefahr voraus. Gerichtet ist der Anspruch auf das Unterlassen einer konkreten Verletzungshandlung wie etwa die Speicherung und Übermittlung bestimmter Daten.[54] Voraussetzung für den Beseitigungsanspruch ist ein Fortwirken der durch die widerrechtliche Handlung geschaffenen Beeinträchtigung. Praktisch kommt insofern dem Anspruch auf Beseitigung in Form des Widerrufs rechtswidrig übermittelter Daten besondere Bedeutung zu.[55] Dieser besteht jedenfalls solange, wie die Daten beim Empfänger noch nicht gelöscht sind.[56] Würde der Widerruf einer unrichtigen Datenübermittlung seinerseits zu unzutreffenden Schlüssen führen, reduziert sich der Beseitigungsanspruch auf einen Richtigstellungsanspruch.[57] Gegenüber einem Anspruch auf Löschung von Daten als weitere mögliche Form der Beseitigung sind die einschlägigen Regelungen des BDSG hingegen abschließend.[58] Ein allgemeiner Unterlassungs- und Beseitigungsanspruch, auf dessen Grundlage die verantwortliche Stelle „stellvertretend" für die Betroffenen gegen jeden vorgehen könnte, der sich unzulässigerweise in den Besitz personenbezogener Daten gebracht hat und diese sodann verarbeitet oder nutzt, ergibt sich aus § 7 BDSG nicht.[59]

---

51 Siehe oben Rn. 10.
52 Näher dazu *Simitis*, in: Simitis, BDSG, § 7 Rn. 49 ff.; speziell zum Datenrechtsschutz im Rahmen der Rechtsschutzversicherung *Mathy*, VersR 2010, S. 318.
53 BAG NJW 2009, 1990 (1996); LG Düsseldorf MMR 2011, 415; *Simitis*, in: Simitis, BDSG, § 7 Rn. 35 f.; allgemein zum Anspruch auf Unterlassung und Beseitigung als Rechtsfolge einer unerlaubten Handlung *Sprau*, in: Palandt, BGB, Einf. von § 823 Rn. 18 ff.
54 Näher zum Unterlassungsanspruch bei Datenschutzverletzungen auf der Grundlage allgemeiner deliktischer Vorschriften siehe OLG Hamm NJW 1996, 131; OLG Stuttgart NJW-RR 2003, 1410; OLG Düsseldorf MMR 2005, 538 (540); OLG Brandenburg GRUR-RR 2006, 199.
55 Näher dazu BGH NJW 1984, 436; OLG Hamm ZIP 1983, 552 (554 f.); OLG Düsseldorf MMR 2005, 538; OLG Düsseldorf CR 2007, 534; LG Düsseldorf MMR 2011, 415; zur Durchsetzung des Widerrufs im einstweiligen Rechtsschutz bei datenschutzwidriger SCHUFA-Meldung gegenüber dem einmeldenden Kreditinstitut siehe LG Düsseldorf MMR 2009, 138.
56 BGH NJW 1984, 436; OLG Frankfurt a. M. NJW-RR 1988, 562 (564 f.).
57 OLG Düsseldorf CR 2007, 534.
58 BGH BB 1986, 485 (487); a. A. wohl *Simitis*, in: Simitis, BDSG, § 7 Rn. 36, soweit sich die im BDSG normierten Beseitigungsrechte als nicht ausreichend erweisen sollten.
59 Zweifelnd auch BAG NJW 2009, 1990 (1996).

6. Ergänzende Anwendung des BGB

Da § 7 BDSG einen deliktischen Anspruch zum Gegenstand hat, gelten ergänzend **18**
die Regelungen des BGB.[60] So muss sich der Betroffene gemäß § 254 BGB ein etwaiges Mitverschulden – auch seiner Erfüllungsgehilfen – anrechnen lassen.[61] Zudem finden die Verjährungsvorschriften der §§ 195, 199 BGB Anwendung, sodass
Ansprüche aus § 7 BDSG grundsätzlich in drei Jahren ab Kenntnis des Betroffenen
von den anspruchsbegründenden Umständen verjähren.[62] Mehrere verantwortliche
Stellen, welche den Schaden durch ihr Verhalten gemeinsam verursacht haben, haften dem Betroffenen als Gesamtschuldner (§§ 840 Abs. 1, 421 ff. BGB).[63] Da der
Schadensersatzanspruch des § 7 BDSG nicht zu den unabdingbaren Rechten der
Betroffenen nach § 6 Abs. 1 BDSG zählt, sind vertragliche Haftungsausschlüsse
und -beschränkungen wie bei anderen Ansprüchen aus unerlaubter Handlung im
gesetzlich zugelassenen Rahmen beachtlich.[64]

7. Beweislast

Nach allgemeinen zivilrechtlichen Grundsätzen hätte der Betroffene die Beweislast **19**
für alle objektiven und subjektiven Voraussetzungen des Schadensersatzanspruchs
zu tragen.[65] Ähnlich wie § 280 Abs. 1 Satz 2 BGB enthält § 7 Satz 2 BDSG jedoch
in Bezug auf das Verschulden eine Umkehr der Beweislast. Danach ist es nicht am
Betroffenen zu beweisen, dass die verantwortliche Stelle schuldhaft gehandelt hat.
Vielmehr hat diese zu beweisen, dass bei dem fraglichen Vorgang die nach den Umständen des Falles gebotene Sorgfalt[66] beachtet wurde. Gelingt dies nicht, wird ihr
Verschulden unterstellt.[67] Grund für diese Beweislastverteilung ist, dass der Betroffene in der Regel keinen Einblick in die Datenverarbeitung bei der verantwortlichen
Stelle hat und ihm deshalb der Schuldbeweis kaum gelingen würde.[68]

Teilweise wird vertreten, dass sich die Beweislastumkehr nach § 7 Satz 2 BDSG da- **20**
rüber hinaus auf die Kausalität zwischen Verletzungshandlung und Schaden er-

---

60 BT-Drs. 14/4329, S. 56.
61 *Gola/Schomerus*, BDSG, § 7 Rn. 20; *Bergmann/Möhrle/Herb*, BDSG, § 7 Rn. 15.
62 *Bergmann/Möhrle/Herb*, BDSG, § 7 Rn. 18; zum möglichen Eingreifen von tariflichen
   oder einzelvertraglichen Ausschlussfristen für Ansprüche des Arbeitnehmers gegen den
   Arbeitgeber wegen Datenschutzverletzungen *Dzida/Grau*, ZIP 2012, S. 504 (507).
63 *Gola/Schomerus*, BDSG, § 7 Rn. 15; *Simitis*, in: Simitis, BDSG, § 7 Rn. 37.
64 A. A. *Däubler*, in: Däubler/Klebe/Wedde/Weichert, BDSG, § 7 Rn. 24; *Simitis*, in: Simitis,
   BDSG, § 7 Rn. 46 f.; allgemein zur Anwendung vertraglicher Haftungsbeschränkungen
   auf deliktische Ansprüche *Heinrichs*, in: Palandt, BGB, § 276 Rn. 35 m. w. N.
65 Siehe *Heinrichs*, in: Palandt, BGB, Vorb von § 249 Rn. 162.
66 Dazu bereits oben Rn. 12.
67 *Gola/Schomerus*, BDSG, § 7 Rn. 9; *Simitis*, in: Simitis, BDSG, § 7 Rn. 22; *Däubler*, in:
   Däubler/Klebe/Wedde/Weichert, BDSG, § 7 Rn. 14.
68 *Niedermeier/Schröcker*, RDV 2002, S. 217 (218); *Schrey*, RDV 2004, S. 247 (251).

strecken würde.[69] Dagegen spricht aber bereits der Wortlaut von § 7 BDSG, wonach das Kausalitätserfordernis ("... durch ...") in Satz 1 zu den Anspruchsvoraussetzungen zählt und sich die Beweislastumkehr in Satz 2 auf die Frage des Verschuldens beschränkt. Für eine Erweiterung der Beweislastumkehr besteht angesichts der allgemeinen gesetzlichen und richterrechtlichen Beweiserleichterungen wie § 287 ZPO und des Beweises des ersten Anscheins auch in der Sache kein Anlass.[70] Das Argument des fehlenden Einblicks auf Seiten des Betroffenen verfängt hier – auch im Vergleich zu § 280 Abs. 1 Satz 2 BGB sowie mit § 7 BDSG konkurrierenden deliktsrechtlichen Ansprüchen[71] – nicht.

21   Der Betroffene trägt demnach die Beweislast für

– die Verletzungshandlung,

– die Kausalität und

– den Schaden.

Die verantwortliche Stelle trägt demgegenüber die Beweislast für ihr fehlendes Verschulden.

8. Rechtsweg

22   Für die Durchsetzung des Schadensersatzanspruchs nach § 7 BDSG ist die Zuständigkeit der Zivilgerichte begründet. Dies gilt aufgrund von § 40 Abs. 2 Satz 1 VwGO auch für Schadensersatzansprüche gegen öffentliche Stellen.[72] Sofern es sich um den Schadensersatzanspruch eines Arbeitnehmers gegen den Arbeitgeber handelt, sind nach § 2 Abs. 1 Nr. 3d ArbGG die Arbeitsgerichte zuständig.[73]

III. Weitere Anspruchsgrundlagen

23   Im Falle der unzulässigen oder unrichtigen Erhebung, Verarbeitung oder Nutzung von personenbezogenen Daten können sich auch nach allgemeinen vertrags- und deliktsrechtlichen Vorschriften Schadensersatzansprüche ergeben. Diese unter-

---

69 So *Simitis*, in: Simitis, BDSG, § 7 Rn. 23; *Gola/Schomerus*, BDSG, § 7 Rn. 11; *Forst*, AuR 2010, S. 106 (108); wohl auch LG Bonn NJW-RR 1994, 1392 (1393); a. A. *Schaffland/Wiltfang*, BDSG, § 7 Rn. 2; *Bergmann/Möhrle/Herb*, BDSG, § 7 Rn. 17; *Wind*, RDV 1991, S. 16 (23).
70 Allgemein zu diesen Beweiserleichterungen *Greger*, in: Zöller, ZPO, Vorb. von § 284, Rn. 25 ff.
71 Siehe zur Beweislastverteilung für die Kausalität im Rahmen von § 280 Abs. 1 Satz 2 BGB sowie § 823 BGB bei der Verletzung des Allgemeinen Persönlichkeitsrechts *Heinrichs*, in: Palandt, BGB, § 280 Rn. 38 ff., bzw. *Sprau*, in: Palandt, BGB, § 823 Rn. 80 ff.
72 BT-Drs. 14/4458, S. 2.
73 *Bergmann/Möhrle/Herb*, BDSG, § 7 Rn. 19.

scheiden sich in Bezug auf Anspruchsvoraussetzungen und Rechtsfolgen teilweise deutlich von § 7 BDSG und stehen deshalb unabhängig neben § 7 BDSG.[74]

1. Vertragliche Schadensersatzansprüche

Vertragliche Schadensersatzansprüche können in erster Linie nach §§ 280 Abs. 1, 241 Abs. 2 BGB bzw. §§ 280 Abs. 1, 241 Abs. 2, 311 Abs. 2 BGB aufgrund der Verletzung einer (vor-)vertraglichen Pflicht bestehen. Die entsprechenden Voraussetzungen dürften in vielen Fällen gegeben sein, da die verantwortliche Stelle die Daten häufig zur Anbahnung oder im Rahmen eines Vertragsverhältnisses mit dem Betroffenen (z. B. Arbeitsvertrag, Kreditvertrag, Reisevertrag) verwendet und die Einhaltung der Datenschutzvorschriften zumindest eine (vor-)vertragliche Nebenpflicht darstellt.[75] Außerdem können im Einzelfall besondere Geheimhaltungspflichten wie etwa das Bankgeheimnis bestehen, deren Verletzung ebenfalls zu vertraglichen Schadensersatzansprüchen führt.[76] Im Unterschied zu § 7 BDSG kann ein vertraglicher Schadensersatzanspruch bei einer missbräuchlichen Datenverwendung auch zugunsten einer juristischen Person entstehen, da diese zwar nicht Betroffener nach dem BDSG, jedoch Gläubiger entsprechender vertraglicher Schutz- und Verhaltenspflichten sein kann. Ähnlich wie bei § 7 BDSG obliegt der verantwortlichen Stelle der Beweis für ihr fehlendes Verschulden (§ 280 Abs. 1 Satz 2 BGB), wobei sich dieser auch auf Erfüllungsgehilfen (§ 278 Satz 1 BGB) wie Beschäftigte und den Datenschutzbeauftragten erstreckt.[77] Ersetzt werden aufgrund von § 253 BGB auch insoweit nur Vermögensschäden.[78]

24

2. Deliktische Schadensersatzansprüche

Eine Ersatzpflicht kann sich daneben auf der Grundlage von deliktischen Schadensersatzansprüchen ergeben. Zu denken ist hierbei zunächst an § 823 Abs. 1 BGB unter dem Gesichtspunkt der Verletzung des allgemeinen Persönlichkeitsrechts. Dieses ist als „sonstiges Recht" i. S. v. § 823 Abs. 1 BGB anerkannt[79] und schützt sowohl natürliche Personen als auch – hinsichtlich ihrer Funktion und sozialen

25

---

74 BT-Drs. 14/4458, S. 2; *Gola/Schomerus*, BDSG, § 7 Rn. 16; *Niedermeier/Schröcker*, RDV 2002, S. 217 (219); *Schrey*, RDV 2004, S. 247 (251); für einen grundsätzlichen Vorrang des § 7 BDSG wohl hingegen *Simitis*, in: Simitis, BDSG, § 7 Rn. 69.

75 OLG Düsseldorf CR 2007, 534 (536); *Gola/Schomerus*, BDSG, § 7 Rn. 18; *Simitis*, in: Simitis, BDSG, § 7 Rn. 56; *Wind*, RDV 1991, S. 16 f.; speziell zum Arbeitsverhältnis *Forst*, AuR 2010, S. 106 (109); *Dzida/Grau*, ZIP 2012, S. 504 f.

76 Siehe für das Bankgeheimnis *Nobbe*, ZIP 2008, S. 97 (102) m. w. N.

77 *Simitis*, in: Simitis, BDSG, § 7 Rn. 58; *Däubler*, in: Däubler/Klebe/Wedde/Weichert, BDSG, § 7 Rn. 27; a. A. für den Datenschutzbeauftragten *Wind*, RDV 1991, S. 16 (17).

78 *Däubler*, in: Däubler/Klebe/Wedde/Weichert, BDSG, § 7 Rn. 27.

79 Siehe statt vieler *Sprau*, in: Palandt, BGB, § 823 Rn. 84 f. m. w. N.

Wertgeltung als Wirtschaftsunternehmen – juristische Personen.[80] Letztere können sich zudem auf das ebenfalls als „sonstiges Recht" anerkannte Recht am eingerichteten und ausgeübten Gewerbebetrieb stützen.[81] Anspruchsverpflichtet ist die Person, welche die jeweilige Verletzungshandlung tatsächlich begangen hat. Im Unterschied zu § 7 BDSG können sich aus § 823 Abs. 1 BGB folglich auch Ersatzansprüche gegen einzelne Beschäftigte der verantwortlichen Stelle ergeben.[82] Soweit jedoch die Beschäftigten nach den Grundsätzen des innerbetrieblichen Schadensausgleichs den Schaden nicht oder nur teilweise zu ersetzen haben, steht diesen im Innenverhältnis zur verantwortlichen Stelle als Arbeitgeber ein Freistellungsanspruch zu.[83] Handelt es sich bei der verantwortlichen Stelle um ein Unternehmen, haftet dieses unmittelbar, wenn die Rechtsgutverletzung durch verfassungsmäßig berufene Vertreter (§§ 30, 31, 89 BGB) begangen oder gegen Organisationspflichten verstoßen wurde. Ein Verstoß gegen Organisationspflichten kann im vorliegenden Kontext etwa in der unterlassenen Bestellung eines betrieblichen Datenschutzbeauftragten (§ 4f BDSG) oder in unzureichenden Datensicherungsmaßnahmen (§ 9 BDSG) liegen.[84]

26 Schwerwiegende Eingriffe in das allgemeine Persönlichkeitsrecht können nach § 823 Abs. 1 BGB i.V.m. Art. 1 Abs. 1 und Art. 2 Abs. 1 GG auch zum Ersatz von immateriellen Schäden in Form der Zahlung eines angemessenen Schmerzensgelds führen.[85] Häufig fehlt es indes an der notwendigen Schwere des Eingriffs. Dabei kommt es weniger darauf an, wie sehr sich der Betroffene in subjektiver Hinsicht verletzt fühlt, als vielmehr auf die tatsächliche Verkürzung der Persönlichkeitssphäre und damit auf die objektive Seite der Verletzung.[86] So wurde ein Anspruch auf Schmerzensgeld beispielsweise in folgenden Fällen verneint: Überlassung von Teilen der Personalakte (Arbeitsvertrag, Personalkreditvertrag) durch den Arbeitgeber an einen potenziellen neuen Arbeitgeber ohne Einwilligung des Betroffenen;[87] Verwendung öffentlich zugänglich gemachter Personalausweisdaten einer Prominenten;[88] Veröffentlichung der Telefonnummer in öffentlichen Telefonverzeichnissen

---

80 BAG NJW 2009, 1990 (1992); KG Berlin MMR 2006, 169; OLG Köln NJW-RR 2001, 1486 (1487); *Sprau*, in: Palandt, BGB, § 823 Rn. 92.
81 *Sprau*, in: Palandt, BGB, § 823 Rn. 127; OLG Rostock NJOZ 2001, 950 (951 f.); siehe ferner BGH WRP 2011, 1061, wenn auch einen Anspruch im konkreten Fall letztlich verneinend.
82 *Simitis*, in: Simitis, BDSG, § 7 Rn. 71; *Wind*, RDV 1991, S. 16 (20 ff.).
83 *Schrey*, RDV, 2004, S. 247 (248); *Däubler*, in: Däubler/Klebe/Wedde/Weichert, BDSG, § 7 Rn. 38.
84 *Wind*, RDV 1991, S. 16 (18); *Däubler*, in: Däubler/Klebe/Wedde/Weichert, BDSG, § 7 Rn. 29.
85 Siehe oben Rn. 10.
86 LG Hanau NJW-RR 2003, 1410; *Oberwetter*, NZA 2009, S. 1120 (1121 f.); nach *Simitis*, in: Simitis, BDSG, § 7 Rn. 34 und 65, und *Koch/Krestas*, Neue Justiz 1993, S. 21 (22), soll dagegen die Schwere des Eingriffs nur für die Höhe des Anspruchs von Bedeutung sein.
87 BAG DB 1985, 2307.
88 LG Berlin NJW-RR 2005, 1565 (zu § 8 Abs. 2 BDSG, Art. 34 GG, § 839 BGB).

entgegen der ausdrücklichen Weisung des Kunden und trotz mehrfacher Beschwerde;[89] rechtswidrige Datenübermittlung in die USA trotz mehrfachen Hinweises des Kunden;[90] vorsätzlich unrichtige Weitergabe negativer Angaben über ein Kreditverhältnis durch ein Kreditinstitut an die SCHUFA;[91] unterlassene Löschung des Hinweises „EV abgegeben" in der Datenbank eines Inkassobüros.[92] Bejaht wurde ein Schmerzensgeldanspruch hingegen in folgenden Fällen: Ausspähen von sensiblen personenbezogenen Daten auf dem Computer des Betroffenen und deren anschließenden Missbrauch;[93] Bekanntmachung von im Bundeszentralregister bereits getilgten Vorstrafen in der Presse;[94] Bezeichnung einer bestimmten Arbeitnehmerin als „faulste Mitarbeiterin Deutschlands" und als „Königin der Tagediebe" unter Veröffentlichung ihrer Fehlzeiten und Freizeitbeschäftigungen in einem Wochenblatt;[95] Überwachung des Arbeitsbereiches eines Arbeitnehmers über einen längeren Zeitraum mit Hilfe einer Videoanlage, die ohne die erforderliche betriebsverfassungsrechtliche Mitbestimmung installiert wurde;[96] Anfertigung und Veröffentlichung unerlaubter Aufnahmen von einer Patientin im unbekleideten Zustand;[97] Durchführung eines HIV-Tests ohne Einwilligung des Patienten.[98]

Schadensersatzansprüche können sich ferner aus § 823 Abs. 2 BGB ergeben, wenn **27** gegen ein den Schutz des Betroffenen bezweckendes Gesetz verstoßen wird. Neben der Verletzung von gesetzlichen Geheimhaltungspflichten[99] kommen als Haftungsgrund insoweit Verstöße gegen datenschutzrechtliche Vorschriften in Betracht. In der Literatur wird das BDSG aufgrund seines individuellen Schutzzwecks (§ 1 Abs. 1 BDSG) teilweise insgesamt als Schutzgesetz angesehen.[100] In der Rechtspre-

---

89 LG Hanau NJW-RR 2003, 1410.
90 AG Kassel CR 1999, 749 f. m. Anm. *Ehmann.*
91 OLG Frankfurt a. M. NJW-RR 1988, 562 (565).
92 AG Speyer RDV 2008, 161.
93 AG Frankfurt a. M. RDV 2002, 86 (87); ähnlich LG Köln RDV 2007, 128 (129), im Fall der unbefugten Beschaffung und Veröffentlichung von E-Mails, an deren Geheimhaltung seitens des Absenders ein erhebliches Interesse besteht.
94 LG Köln RDV 1993, 138; anders jedoch bei der Weitergabe von Vorstrafen durch die Polizei gegenüber Privaten LG Deggendorf NJW-RR 1993, 410.
95 BAG NZA 1999, 645; siehe auch LAG Hamburg NZA 1992, 509, zur Aufforderung eines Arbeitgebers, ihn anzurufen, falls sich ein von ihm scharf kritisierter Arbeitnehmer anderweitig bewerben sollte.
96 ArbG Frankfurt a. M. RDV 2001, 190.
97 OLG Karlsruhe VersR 1994, 994; zur Höhe des Schmerzensgelds bei unberechtigter Verbreitung erotischer Fotos im Internet siehe LG Kiel ZUM 2008, 447; zum Schmerzensgeldanspruch eines Betroffenen, der im betrunkenen Zustand gefilmt und die Aufnahmen anschließend an Dritte weitergegeben wurden, siehe OLG Frankfurt a. M. NJW 1987, 1087.
98 LG Köln NJW 1995, 1621.
99 Siehe z. B. zum Anspruch aus §§ 823 Abs. 2 BGB, 203 StGB bei einer Verletzung der ärztlichen Schweigepflicht *Sprau,* in: Palandt, BGB, § 823 Rn. 148 m. w. N.
100 *Däubler,* in: Däubler/Klebe/Wedde/Weichert, BDSG, § 7 Rn. 33; *Simitis,* in: Simitis, BDSG, § 7 Rn. 68.

chung sind bislang jedenfalls folgende Vorschriften als Schutzgesetze angesehen worden: § 4 BDSG;[101] § 6b BDSG;[102] § 28 Abs. 1 Satz 1 Nr. 1 BDSG;[103] § 28 Abs. 1 Satz 1 Nr. 2 BDSG;[104] § 28 Abs. 1 Satz 1 Nr. 3 BDSG;[105] § 29 Abs. 1 Satz 1 Nr. 2 BDSG;[106] § 29 Abs. 2 BDSG.[107] Bejaht wurde die Schutzgesetzeigenschaft zudem für § 15 Abs. 4 TMG.[108] Verneint wurde sie hingegen für § 4d Abs. 5 BDSG.[109] In Anbetracht des Gesetzeszwecks (Schutz der Betroffenen vor möglichen Beeinträchtigungen ihrer Rechte und Interessen bei Datenschutzverletzungen) wird man ferner § 42a BDSG als Schutzgesetz i. S. d. § 823 Abs. 2 BGB ansehen müssen.[110]

28 Im Fall der unrichtigen oder unzulässigen Datenverwendung sind darüber hinaus Schadensersatzansprüche nach § 824 Abs. 1 BGB oder § 826 BGB denkbar. Nach § 824 Abs. 1 BGB besteht eine Ersatzpflicht, wenn unrichtige Tatsachen behauptet oder verbreitet werden, die geeignet sind, den Kredit eines anderen zu gefährden oder sonstige Nachteile für dessen Erwerb oder Fortkommen herbeizuführen. So verhält es sich z. B. bei der vorsätzlich unrichtigen Weitergabe negativer Angaben über ein Kreditverhältnis durch ein Kreditinstitut an die SCHUFA.[111] Demgegenüber begründen Bonitätsbeurteilungen, soweit es sich um bloße Meinungsäußerungen handelt, in der Regel keine Ansprüche aus § 824 BGB.[112] Nach § 826 BGB ist eine Schadensersatzpflicht gegeben, wenn eine sittenwidrige vorsätzliche Schädigung vorliegt. Dies ist etwa bei der unberechtigten Verbreitung erotischer Fotos im Internet der Fall.[113]

29 Nach § 831 Abs. 1 Satz 1 BGB haftet die verantwortliche Stelle außerdem für deliktische Handlungen ihrer Beschäftigten, die sie zu einer Verrichtung von Tätigkeiten bestellt hat. Anders als nach § 7 BDSG[114] kann diese sich aber von der Haftung befreien, wenn sie bei der Auswahl und Überwachung der Beschäftigten die im Verkehr erforderliche Sorgfalt beachtet hat (§ 831 Abs. 1 Satz 2 BGB).

---

101 OLG Köln MMR 2008, 101 (105), wenn auch einen Datenschutzverstoß letztlich verneinend; ebenso *Greve/Schärdel*, MMR 2008, S. 644 (646).
102 AG Berlin-Mitte NJW-RR 2004, 531 (532).
103 OLG Hamm ZIP 1983, 552 (554), noch zu § 24 BDSG 1977.
104 OLG Frankfurt a. M. MDR 2005, 881 (882); LG Düsseldorf MMR 2011, 415.
105 LG Köln K&R 2008, 188 (190), wenn auch einen Datenschutzverstoß letztlich verneinend.
106 LG Köln MMR 2007, 729 (731); LG Paderborn DB 1981, 1038, noch zu § 32 BDSG 1977.
107 OLG Hamm NJW 1996, 131.
108 AG Berlin-Mitte RDV 2007, 257.
109 AG Berlin-Mitte NJW-RR 2004, 531 (533).
110 Siehe Kommentierung zu § 42a BDSG Rn. 6.
111 OLG Frankfurt a. M. NJW-RR 1988, 562 (564 f.); zum Anspruch aus § 824 BGB gegenüber der SCHUFA selbst BGH NJW 1978, 2151; LG Wiesbaden, Urteil vom 14.12.2006 – 2 O 165/06 (unveröffentlicht).
112 BGH WRP 2011, 1061.
113 LG Kiel ZUM 2008, 447.
114 Siehe oben Rn. 13.

Im Rahmen von hoheitlichen Tätigkeiten hat derjenige, welcher eine unrichtige **30** oder unzulässige Datenverwendung vornimmt und dabei gegen eine Amtspflicht verstößt, dem Betroffenen gemäß § 839 Abs. 1 BGB den daraus entstandenen Schaden zu ersetzen. Durch Art. 34 GG wird diese Haftung auf den Staat bzw. die beschäftigende Körperschaft übergeleitet.[115]

Neben den allgemeinen deliktsrechtlichen Schadensersatzansprüchen der §§ 823 ff. **31** BGB kann sich ein Schadensersatzanspruch im hiesigen Kontext auch unter wettbewerbsrechtlichen Gesichtspunkten ergeben.[116] Eine Ersatzpflicht besteht nach § 9 UWG allerdings nur gegenüber Mitbewerbern des Schädigers. Außerdem muss eine Wettbewerbsverletzung vorliegen. An einer solchen wird es hier jedoch häufig fehlen. Zwar ist nach § 4 Nr. 11 UWG eine wettbewerbswidrige Handlung anzunehmen, wenn gegen eine gesetzliche Vorschrift verstoßen wird. Diese muss allerdings dazu bestimmt sein, im Interesse der Marktteilnehmer das Marktverhalten zu regeln. Dies ist bei den Vorschriften des BDSG grundsätzlich nicht der Fall, da diese nicht das Marktverhalten regeln wollen, sondern dem Schutz des Persönlichkeitsrechts des Einzelnen dienen (vgl. § 1 Abs. 1 BDSG).[117] Nach überwiegender Auffassung ist dem BDSG ein das Marktverhalten regelnder Charakter jedoch ausnahmsweise im Bereich der Werbung zuzusprechen. So kommt § 28 Abs. 3 BDSG ein hinreichender Marktbezug zu, wenn der Datenempfänger, der um die rechtswidrige Weitergabe von Daten weiß, diese von vornherein zu Werbezwecken oder auf sonstige Weise wettbewerbserheblich verwenden will.[118] Das Gleiche gilt, wenn sich das werbende Unternehmen über die Bestimmungen des § 28 Abs. 3 und 4 BDSG hinwegsetzt, indem es entgegen diesen Vorschriften während einer Kundenbeziehung gewonnene Daten für Rückgewinnungsschreiben einsetzt und die betroffenen Kunden nicht über ihr Recht zum Widerspruch gegen die werbliche Nutzung ihrer Daten unterrichtet.[119] Nicht anders verhält es sich, wenn sich ein Unternehmen

---

115 Siehe LG Berlin NJW-RR 2005, 1565, wenn auch einen Ersatzanspruch letztlich verneinend.

116 *Weichert*, VuR 2006, 377 (382).

117 OLG Frankfurt a.M. GRUR 2005, 785 (786); *Taeger*, K&R 2003, S. 220 (224); *Heil*, RDV 2004, S. 205 (210 f.); *Gärtner/Heil*, WRP 2005, S. 20 (22 f.); *Busse*, RDV 2005, S. 260 (264 f.); *Hoeren*, VersR 2005, S. 1014 (1022); *Kamlah/Hoke*, RDV 2008, S. 226 (229); a.A. *Weichert*, VuR 2006, S. 377 (380 ff.); offen gelassen bei OLG Hamburg MMR 2005, 617 (619). Aus demselben Grund kommt dem BDSG unmittelbar auch kein verbraucherschützender Charakter zu, woran die Klagebefugnis nach dem UKlaG regelmäßig scheitert; siehe OLG Düsseldorf RDV 2004, 222; OLG Hamburg AfP 2004, 554; OLG Frankfurt a.M. GRUR 2005, 785. Siehe jedoch zu Unterlassungsklagen bei der Verwendung von unwirksamen AGB allgemein BGH WRP 2012, 1086; *Köhler*, WRP 2012, S. 1475; speziell zu datenschutzwidrigen AGB *Kamlah/Hoke*, RDV 2008, S. 226; instruktiv auch LG Hamburg JurPC Web-Dok. 185/2009.

118 OLG Stuttgart MMR 2007, 437; ähnlich OLG Naumburg NJW 2003, 3566; *Taeger*, K&R 2003, S. 220 (224).

119 OLG Köln GRUR-RR 2010, 34; OLG Köln CR 2011, 680; *Lindhorst*, DuD 2010, S. 713; a.A. OLG München K&R 2012, 299.

an einen ehemaligen Kunden wendet, um ihm – unter Nutzung der im Zusammenhang mit der Vertragsbeendigung erlangten Information darüber, zu welchem neuen
Anbieter der Kunde gewechselt ist – ein Angebot zu unterbreiten, in welchem er
die eigenen Preise und Tarife denjenigen des neuen Anbieters gegenüberstellt; im
Hinblick auf die Anforderungen der §§ 4, 28 BDSG kann dem Unternehmen insoweit zugemutet werden, auf die Nutzung der Information über die Identität des neu-
en Anbieters und damit auf einen spezifisch zugeschnittenen Vergleich in der Werbung zu verzichten.[120] Mangels ausreichendem Marktbezug führt demgegenüber
die Verwendung des „Gefällt mir"-Buttons von Facebook durch Online-Händler
auf deren Internetseiten nicht zu einem Wettbewerbsverstoß, selbst wenn darin eine
Verletzung von § 13 Abs. 1 TMG liegen mag, da eine relevante Außenwirkung regelmäßig erst nach weiteren Verarbeitungsschritten durch Facebook eintritt.[121] Unabhängig von der Frage, ob § 4 Nr. 11 UWG auch Datenschutzverletzungen sanktioniert, können bestimmte Verhaltensweisen im Einzelfall unter anderen Gesichtspunkten originär wettbewerbswidrig sein, so etwa die zu Werbezwecken erfolgende
Datenerhebung bei Kindern (Ausnutzung der geschäftlichen Unerfahrenheit, § 4
Nr. 2 UWG)[122] oder die unerwünschte Telefonwerbung (unzumutbare Belästigung,
§ 7 Abs. 2 Nr. 2 UWG).[123]

32 Schadensersatzansprüche im Zusammenhang mit der unberechtigten Datenverwendung können sich schließlich aus dem Urheberrecht ergeben. Gemäß § 97 Abs. 1
UrhG ist zum Schadensersatz verpflichtet, wer ein durch das UrhG geschütztes
Recht schuldhaft verletzt. Als eine solche Rechtsverletzung kommt beispielsweise
eine unzulässige Verwertung von Datenbankinhalten (§§ 87a ff. UrhG) in Betracht.
Anders als das Datenschutzrecht zielt das Urheberrecht jedoch nicht auf den Schutz
des Betroffenen, sondern auf den Schutz des Urhebers bzw. des Inhabers verwand-
ter Schutzrechte,[124] im vorstehend genannten Beispiel also auf den Schutz des Da-
tenbankherstellers ab. Anders verhält sich dies bei Ansprüchen wegen unerlaubter
Verwendung von Bildnissen nach § 97 UrhG bzw. § 823 Abs. 2 BGB i.V.m. §§ 22,
23 KUG. Hier ist der Abgebildete und somit gleichsam Betroffene anspruchsbe-
rechtigt.[125]

---

120 OLG Karlsruhe K&R 2012, 762.
121 KG CR 2011, 468; ausführlich zur wettbewerbsrechtlichen Relevanz von Datenschutz-
    verstößen in diesem Umfeld *Huppertz/Ohrmann*, CR 2011, S. 449.
122 OLG Frankfurt a. M. GRUR 2005, 785 (786 f.); OLG Hamm, K&R 2013, 53 (54 f.).
123 Ausführlich zu datenschutzrelevanten Aspekten im UWG-Bereich *Gola/Reif*, RDV 2009,
    S. 104; speziell zum Verbot unerwünschter Telefonwerbung *Hecker*, K&R 2009, S. 601.
124 Zur Abgrenzung zwischen dem Schutz des allgemeinen Persönlichkeitsrechts und dem
    Urheberrecht siehe *Dreier*, in: Dreier/Schulze, UrhG, Einl., Rn. 34; *Abel*, RDV 2009,
    S. 51 (54 f.).
125 Siehe etwa BGH MDR 2009, 687; BGH VersR 2007, 697; OLG München K&R 2007,
    320.

§ 8 Schadensersatz bei automatisierter Datenverarbeitung durch öffentliche Stellen

(1) Fügt eine verantwortliche öffentliche Stelle dem Betroffenen durch eine nach diesem Gesetz oder nach anderen Vorschriften über den Datenschutz unzulässige oder unrichtige automatisierte Erhebung, Verarbeitung oder Nutzung seiner personenbezogenen Daten einen Schaden zu, ist ihr Träger dem Betroffenen unabhängig von einem Verschulden zum Schadensersatz verpflichtet.

(2) Bei einer schweren Verletzung des Persönlichkeitsrechts ist dem Betroffenen der Schaden, der nicht Vermögensschaden ist, angemessen in Geld zu ersetzen.

(3) Die Ansprüche nach den Absätzen 1 und 2 sind insgesamt auf einen Betrag von 130.000 Euro begrenzt. Ist auf Grund desselben Ereignisses an mehrere Personen Schadensersatz zu leisten, der insgesamt den Höchstbetrag von 130.000 Euro übersteigt, so verringern sich die einzelnen Schadensersatzleistungen in dem Verhältnis, in dem ihr Gesamtbetrag zu dem Höchstbetrag steht.

(4) Sind bei einer automatisierten Verarbeitung mehrere Stellen speicherungsberechtigt und ist der Geschädigte nicht in der Lage, die speichernde Stelle festzustellen, so haftet jede dieser Stellen.

(5) Hat bei der Entstehung des Schadens ein Verschulden des Betroffenen mitgewirkt, gilt § 254 des Bürgerlichen Gesetzbuchs.

(6) Auf die Verjährung finden die für unerlaubte Handlungen geltenden Verjährungsvorschriften des Bürgerlichen Gesetzbuchs entsprechende Anwendung.

Literatur: Siehe die Literaturangaben zu § 7 BDSG. Speziell zu § 8 BDSG: *Engelien-Schulz*, Schmerzensgeld? Seit wann tut der Umgang mit Daten weh?, UBWV 2010, S. 341; *Müller/Wächter*, Zur Aufnahme einer verschuldensunabhängigen Schadensersatzregelung in das BDSG, DuD 1989, S. 239; *Teschner*, Schadensersatzpflicht nach Verletzung datenschutzrechtlicher Vorschriften, SchlHA 1999, S. 65; *Wächter*, § 7 Bundesdatenschutzgesetz: ein Akt symbolischer Gesetzgebung?, DuD 1992, S. 402.

I. Allgemeines

1. Gesetzeszweck

1 Die Vorschrift normiert ebenso wie § 7 BDSG einen Schadensersatzanspruch zugunsten des Betroffenen für den Fall einer unzulässigen oder unrichtigen Erhebung, Verarbeitung oder Nutzung seiner personenbezogenen Daten. Im Unterschied zu § 7 BDSG besteht die Haftung nach § 8 BDSG sogar unabhängig von jedem Verschulden. Indessen bezieht sich § 8 BDSG nur auf die automatisierte Datenverarbeitung durch öffentliche Stellen und sieht außerdem eine summenmäßige Haftungsbeschränkung vor.

2 Das gesetzgeberische Motiv für § 8 BDSG liegt darin, dass die automatisierte Datenverarbeitung ein besonderes Risiko für das Persönlichkeitsrecht der Betroffenen aufweise, „nämlich die technisch unbegrenzte Möglichkeit, auch falsche Daten dauerhaft zu speichern und in Sekundenschnelle ohne Rücksicht auf Entfernungen abrufen zu können". In Anbetracht der komplexen, für Außenstehende kaum nachvollziehbaren Vorgänge bei der automatisierten Datenverarbeitung sei es den Betroffenen unzumutbar, dem Betreiber der Anlagen ein Verschulden nachzuweisen.[1] In dem aus § 8 BDSG ersichtlichen Umfang ordnet der Gesetzgeber daher das Risiko des Einsatzes solcher Techniken der verantwortlichen Stelle bzw. ihrem Träger zu. Warum der Gesetzgeber nicht-öffentliche Stellen nicht dem gleichen Haftungsregime unterworfen hat, lässt sich wohl nur durch die Gesetzgebungshistorie erklären.[2]

2. Europarechtliche Grundlagen

3 Im BDSG 1990 existierte bereits eine gegenüber § 8 BDSG im Wesentlichen inhaltsgleiche Regelung.[3] Mit seiner verschuldensunabhängigen Haftung geht dieser insoweit über die Anforderungen der EG-DSRl hinaus, als dass nach deren Art. 23 Abs. 2 eine Entlastungsmöglichkeit der verantwortlichen Stelle vorgesehen werden kann (aber nicht muss[4]).

3. Verhältnis zu anderen Vorschriften

4 § 8 BDSG steht zu § 7 BDSG in Anspruchskonkurrenz. Ein Rückriff auf § 7 BDSG ist daher jederzeit möglich.[5] Das Gleiche gilt für etwa bestehende vertrags- oder all-

---

1 Gesetzesbegründung zum BDSG 1990, BR-Drs. 618/88, S. 108; zur symbolischen Dimension von § 8 BDSG *Wächter*, DuD 1992, S. 402.
2 Dazu *Engelien-Schulz*, UBWV 2010, S. 341 (346), sowie nachfolgend Rn. 3.
3 Siehe Kommentierung zu § 7 BDSG Rn. 3.
4 *Dammann/Simitis*, EG-Datenschutzrichtlinie, Art. 23 Rn. 7.
5 Siehe Kommentierung zu § 7 BDSG Rn. 5.

gemeine deliktsrechtliche Schadensersatzansprüche,[6] insbesondere § 839 Abs. 1 BGB i.V.m. Art. 34 GG.

II. Schadensersatzanspruch nach § 8 BDSG

1. Anspruchsvoraussetzungen (Abs. 1, 1. Halbs.)

Bezüglich der Anspruchsvoraussetzungen entspricht § 8 BDSG größtenteils § 7   **5** BDSG. So muss der Betroffene durch eine nach dem BDSG oder nach anderen Vorschriften über den Datenschutz unzulässige oder unrichtige Erhebung, Verarbeitung oder Nutzung seiner personenbezogenen Daten einen Schaden erlitten haben.[7] Unterschiede zwischen den beiden Regelungen bestehen dagegen in folgenden Punkten:

– Es werden nur Verletzungshandlungen einer öffentlichen Stelle[8] erfasst.

– Die Verletzungshandlung muss im Wege der automatisierten Datenerhebung, -verarbeitung oder -nutzung begangen worden sein.

– Die Haftung tritt unabhängig von einem Verschulden der verantwortlichen öffentlichen Stelle ein (sog. Gefährdungshaftung).[9]

Nach der Legaldefinition in § 3 Abs. 2 Satz 1 BDSG liegt eine automatisierte Da-   **6** tenerhebung, -verarbeitung oder -nutzung bei der Erhebung, Verarbeitung oder Nutzung personenbezogener Daten unter Einsatz von DV-Anlagen vor. Für die Abgrenzung gegenüber der nicht-automatisierten Datenverarbeitung kommt es darauf an, ob eine „typische Automatisationsgefährdung" gegeben ist, für die § 8 BDSG einzig gelten soll.[10] Die speichernde Stelle haftet folglich nicht nach dieser Vorschrift, wenn die Unrichtigkeit der betreffenden Daten bereits vor der Speicherung vorlag, weil z.B. ein Erhebungsbogen manuell fehlerhaft ausgefüllt wurde.[11] Ebenso scheidet eine Haftung nach § 8 BDSG aus, wenn die Datenverarbeitung nur deshalb unzulässig war, weil die erforderliche Zustimmung des Betriebsrats zum Personalfragebogen fehlte.[12] Demgegenüber ist die Unrichtigkeit der Daten beispielsweise dann durch die Automatisation verursacht und damit eine Haftung nach § 8 BDSG denkbar, wenn bei der elektronischen Verarbeitung Ziffern vertauscht oder be-

---

6 BT-Drs. 14/4458, S. 2; *Simitis*, in: Simitis, BDSG, § 8 Rn. 35 f.

7 Siehe zu diesen Voraussetzungen im Einzelnen Kommentierung zu § 7 BDSG Rn. 6 ff.

8 Siehe die Legaldefinitionen in § 2 BDSG.

9 Siehe zu den Anspruchsvoraussetzungen auch *Engelien-Schulz*, UBWV 2010, S. 341 (346 f.).

10 BR-Drs. 618/88, S. 109; *Gola/Schomerus*, BDSG, § 8 Rn. 9; OLG Schleswig OLG-Report Bremen/Hamburg/Schleswig 1998, 290.

11 BR-Drs. 618/88, S. 109; *Schaffland/Wiltfang*, BDSG, § 8 Rn. 10.

12 *Gola/Schomerus*, BDSG, § 8 Rn. 9; zum Mitbestimmungsrecht des Betriebsrates an Personalfragebögen BAG NJW 1987, 2459.

stimmte Kriterien nicht richtig zugeordnet werden.[13] Unstreitig fällt auch die Dateneingabe im Wege des automatisierten Einlesens von maschinenlesbaren Belegen in den Anwendungsbereich von § 8 BDSG, soweit diese nicht bereits vor dem Einlesen unrichtig waren.[14] Nicht abschließend geklärt ist jedoch, ob es sich auch bei manuellen Eingabefehlern um eine typische Automatisationsgefährdung handelt, welche zu einer Haftung nach § 8 BDSG führt. Nach der Gesetzesbegründung soll dies nicht der Fall sein.[15] Gegen diese Wertung wird jedoch z. T. angeführt, dass die Eingabe in die DV-Anlage naturgemäß zur automatisierten Verarbeitung gehöre und somit durchaus deren Gefahrenbereich zugeordnet werden könne.[16]

2. Schadensersatz (Abs. 1, 2. Halbs.)

7   Der Träger der verantwortlichen öffentlichen Stelle ist dem Betroffenen nach § 8 BDSG unabhängig von einem Verschulden und ohne die Möglichkeit der Exkulpation zum Schadensersatz verpflichtet. Vorbehaltlich der Regelungen in § 8 Abs. 2 und 3 BDSG ergeben sich insoweit keine Unterschiede zu § 7 BDSG.[17]

3. Schmerzensgeld (Abs. 2)

8   Im Gegensatz zu § 7 BDSG[18] verpflichtet § 8 Abs. 2 BDSG den Träger der verantwortlichen öffentlichen Stelle bei schweren Verletzungen des Persönlichkeitsrechts ausdrücklich zum Ersatz immaterieller Schäden in Form der Zahlung eines angemessenen Schmerzensgelds. Dies entspricht der ständigen Rechtsprechung zu Eingriffen in das allgemeine Persönlichkeitsrecht, auf die insoweit verwiesen werden kann.[19] Die Schwere der Verletzung stellt dabei ausweislich des Wortlauts von § 8 Abs. 2 BDSG eine Anspruchsvoraussetzung dar und ist nicht nur für die Höhe des Anspruchs relevant.[20] An einer schweren Verletzung des Persönlichkeitsrechts wird es im Zusammenhang mit einer unzulässigen oder unrichtigen Datenverarbeitung indes häufig fehlen.[21]

---

13 BR-Drs. 618/88, S. 109.
14 BR-Drs. 618/88, S. 110.
15 BR-Drs. 618/88, S. 109; ablehnend auch *Teschner*, SchlHA 1999, S. 65 (66); *Müller/ Wächter*, DuD 1989, S. 239 (241).
16 *Däubler*, in: Däubler/Klebe/Wedde/Weichert, BDSG, § 8 Rn. 3; *Simitis*, in: Simitis, BDSG, § 8 Rn. 11; *Gola/Schomerus*, BDSG, § 8 Rn. 9.
17 Siehe Kommentierung zu § 7 BDSG Rn. 9 und 11.
18 Siehe Kommentierung zu § 7 BDSG Rn. 10.
19 Siehe Kommentierung zu § 7 BDSG Rn. 26.
20 So aber *Koch/Krestas*, NJ 1993, S. 21 (22).
21 Siehe Kommentierung zu § 7 BDSG Rn. 26; abgelehnt etwa im Fall des LG Hanau NJW-RR 2003, 1410, und des LG Berlin NJW-RR 2005, 1565.

4. Haftungshöchstgrenze (Abs. 3)

Die Ansprüche aus § 8 Abs. 1 und 2 BDSG sind der Höhe nach auf einen Betrag **9**
von insgesamt 130.000 Euro (früher 250.000 DM) begrenzt (§ 8 Abs. 3 Satz 1
BDSG). Diese Haftungshöchstgrenze gilt für alle Schäden, die auf dasselbe Scha-
densereignis zurückzuführen sind. Auch wenn der Träger der verantwortlichen
Stelle an mehrere Personen Schadensersatz zu leisten hat, ist dieser insgesamt auf
den Betrag von 130.000 Euro beschränkt. Zugleich reduzieren sich in einem solchen Fall die Ersatzansprüche der Einzelnen entsprechend ihrem Verhältnis (§ 8
Abs. 3 Satz 2 BDSG).[22] Eine solche Haftungsbegrenzung wurde vom Gesetzgeber
grundsätzlich als notwendig erachtet, damit das Haftungsrisiko nicht völlig unkal-
kulierbar werden würde.[23]

5. Haftung bei unklarer Schadensverursachung (Abs. 4)

Bei Bestehen eines Datenpools haftet nach § 8 Abs. 4 BDSG jede der beteiligten **10**
Stellen dem Betroffenen, wenn sich nicht feststellen lässt, welche von ihnen den
Schaden verursacht hat. Dies entspricht im Prinzip der Regelung in § 830 Abs. 1
Satz 2 BGB. Der Gesetzgeber hat diese in das BDSG übernommen, weil für den
Betroffenen bei einer Speicherungsberechtigung mehrerer Stellen oft nur schwer
feststellbar ist, welcher dieser Stellen eine unrichtige oder unzulässige Verarbeitung
anzulasten ist.[24] Die fraglichen Stellen sollen daher als Gesamtschuldner haften.[25]
Ihnen bleibt es jedoch unbenommen, im Innenverhältnis auf den eigentlichen Verursacher Rückgriff zu nehmen.[26] Bei der Ausgestaltung des Nutzungsverhältnisses
sollten von vornherein entsprechende Bestimmungen getroffen werden.[27] Weil es
für eine Haftung nach § 8 Abs. 4 BDSG darauf ankommt, dass sich der Verursacher
nicht ermitteln lässt, scheidet die Anwendung der Vorschrift aus, wenn bezüglich
der Person des Schädigers Klarheit besteht.[28] Den fraglichen Stellen steht außerdem
der Beweis offen, dass ihr eigenes Verhalten für den Schaden nicht ursächlich war;
sie können sich auf diese Weise entlasten.[29]

---

22 Anders noch die durch die spätere Einfügung von § 8 Abs. 3 Satz 2 BDSG obsolet gewor-
    dene Gesetzesbegründung zum BDSG 1990, BR-Drs. 618/88, S. 110 (Haftungsbegren-
    zung pro Geschädigtem).
23 BR-Drs. 618/88, S. 110; kritisch dazu *Simitis*, in: Simitis, BDSG, § 8 Rn. 21 und 23.
24 BR-Drs. 618/88, S. 110 f.
25 BR-Drs. 618/88, S. 111.
26 BR-Drs. 618/88, S. 111; *Simitis*, in: Simitis, BDSG, § 8 Rn. 24.
27 *Engelien-Schulz*, UBWV 2010, S. 341 (348).
28 *Simitis*, in: Simitis, BDSG, § 8 Rn. 25.
29 Siehe zu § 830 Abs. 1 Satz 2 BGB *Sprau*, in: Palandt, BGB, § 830 Rn. 11; weitergehend
    Müller/Wächter, DuD 1989, S. 239 (243), die unter Hinweis auf § 6 Abs. 2 BDSG meinen,
    dass dem Betroffenen eine Recherche bezüglich des Schadensverursachers zumutbar sei,
    bevor dieser überhaupt Ersatzansprüche geltend mache.

6. Mitverschulden (Abs. 5)

11 § 8 Abs. 5 BDSG stellt klar, dass gemäß § 254 BGB der Schadensersatzanspruch gekürzt werden oder sogar ganz entfallen kann, wenn bei dessen Entstehung ein Verschulden des Betroffenen mitgewirkt hat. Ebenso verhält es sich, wenn der Betroffene es unterlässt, den Schaden abzuwenden oder zu mindern. Dies ist etwa dann der Fall, wenn der Betroffene gegenüber einer ihm bekannten unrichtigen Speicherung keinen Berichtigungsanspruch geltend macht, obwohl er hinreichend Gelegenheit dazu hatte.[30]

7. Verjährung (Abs. 6)

12 § 8 Abs. 6 BDSG erklärt die für unerlaubte Handlungen geltenden Verjährungsvorschriften des BGB (§§ 195, 199 BGB) für entsprechend anwendbar. Der Schadensersatzanspruch verjährt danach grundsätzlich innerhalb von drei Jahren ab Kenntnis des Betroffenen von den anspruchsbegründenden Umständen und dem Träger der verantwortlichen Stelle.

8. Rechtsdurchsetzung

13 Im Rahmen von § 8 BDSG trägt der Betroffene die Beweislast für

– die unzulässige oder unrichtige automatisierte[31] Erhebung, Verarbeitung oder Nutzung seiner personenbezogenen Daten durch eine öffentliche Stelle,

– die Kausalität (bei Beteiligung mehrerer speicherberechtigter Stellen und unklarer Schadensverursachung unter Berücksichtigung von § 8 Abs. 4 BDSG) und

– den Schaden.

Die verantwortliche Stelle trägt hingegen die Beweislast für ein eventuelles Mitverschulden des Betroffenen.[32] In den Fällen des § 8 Abs. 4 BDSG können sich die beteiligten Stellen zudem durch den Nachweis entlasten, dass sie den Schaden nicht verursacht haben.[33]

14 In Bezug auf den Rechtsweg gelten die Ausführungen zu § 7 BDSG entsprechend.[34]

---

30 *Gola/Schomerus*, BDSG, § 8 Rn. 13.

31 A. A. entgegen dem Wortlaut von § 8 Abs. 1 BDSG und ohne nähere Begründung *Bergmann/Möhrle/Herb*, BDSG, § 8 Rn. 19, wonach der verantwortlichen Stelle der Beweis obliegen soll, dass der Fehler außerhalb der automatisierten Verarbeitung entstanden ist.

32 *Heinrichs*, in: Palandt, BGB, § 254 Rn. 74.

33 Siehe oben Rn. 10.

34 Siehe Kommentierung zu § 7 BDSG Rn. 22.

§ 9 Technische und organisatorische Maßnahmen

Öffentliche und nicht-öffentliche Stellen, die selbst oder im Auftrag personenbezogene Daten erheben, verarbeiten oder nutzen, haben die technischen und organisatorischen Maßnahmen zu treffen, die erforderlich sind, um die Ausführung der Vorschriften dieses Gesetzes, insbesondere die in der Anlage zu diesem Gesetz genannten Anforderungen, zu gewährleisten. Erforderlich sind Maßnahmen nur, wenn ihr Aufwand in einem angemessenen Verhältnis zu dem angestrebten Schutzzweck steht.

Anlage zu § 9 Satz 1[1]

Werden personenbezogene Daten automatisiert verarbeitet oder genutzt, ist die innerbehördliche oder innerbetriebliche Organisation so zu gestalten, dass sie den besonderen Anforderungen des Datenschutzes gerecht wird. Dabei sind insbesondere Maßnahmen zu treffen, die je nach Art der zu schützenden personenbezogenen Daten oder Datenkategorien geeignet sind,

1. Unbefugten den Zutritt zu Datenverarbeitungsanlagen, mit denen personenbezogene Daten verarbeitet oder genutzt werden, zu verwehren (Zutrittskontrolle),

2. zu verhindern, dass Datenverarbeitungssysteme von Unbefugten genutzt werden können (Zugangskontrolle),

3. zu gewährleisten, dass die zur Benutzung eines Datenverarbeitungssystems Berechtigten ausschließlich auf die ihrer Zugriffsberechtigung unterliegenden Daten zugreifen können, und dass personenbezogene Daten bei der Verarbeitung, Nutzung und nach der Speicherung nicht unbefugt gelesen, kopiert, verändert oder entfernt werden können (Zugriffskontrolle),

4. zu gewährleisten, dass personenbezogene Daten bei der elektronischen Übertragung oder während ihres Transports oder ihrer Speicherung auf Datenträger nicht unbefugt gelesen, kopiert, verändert oder entfernt werden können, und dass überprüft und festgestellt werden kann, an welche Stellen eine Übermittlung personenbezogener Daten durch Einrichtungen zur Datenübertragung vorgesehen ist (Weitergabekontrolle),

5. zu gewährleisten, dass nachträglich überprüft und festgestellt werden kann, ob und von wem personenbezogene Daten in Datenverarbeitungssysteme eingegeben, verändert oder entfernt worden sind (Eingabekontrolle),

6. zu gewährleisten, dass personenbezogene Daten, die im Auftrag verarbeitet werden, nur entsprechend den Weisungen des Auftraggebers verarbeitet werden können (Auftragskontrolle),

---

1 Fundstelle des Originaltextes BGBl. I 2003, S. 88.

7. zu gewährleisten, dass personenbezogene Daten gegen zufällige Zerstörung oder Verlust geschützt sind (Verfügbarkeitskontrolle),

8. zu gewährleisten, dass zu unterschiedlichen Zwecken erhobene Daten getrennt verarbeitet werden können.

Eine Maßnahme nach Satz 2 Nummer 2 bis 4 ist insbesondere die Verwendung von dem Stand der Technik entsprechenden Verschlüsselungsverfahren.

Literatur: *Bierekoven*, Korruptionsbekämpfung vs. Datenschutz nach der BDSG-Novelle, CR 2010, S. 20; *Beutelsbacher/Schwenk/Wolfenstetter*, Moderne Verfahren der Kryptographie, Wiesbaden 2001; *Bizer*, Verpflichtung zum Sicherheitskonzept, DuD 2006, S. 44; *Bohnstedt*, Fernwartung – Die rechtlichen Grenzen des IT-Outsourcing durch Banken, Baden-Baden 2005; *Brookmann*, Können wir der Cloud vertrauen?, ZD 2012, S. 401; *Bucher*, Die Archivierung von Geschäftsunterlagen, ZInsO 2007, S. 1031; *Eckhardt*, Archivierung von E-Mails, DuD 2008, S. 103; *Conrad/Schneider*, Einsatz von „privater IT" im Unternehmen – Kein privater USB-Stick, aber „Bring your own device" (BYOD)?, ZD 2011, S. 153; *Ehmann/Helfrich*, EG Datenschutzrichtlinie, Kurzkommentar, Köln 1999; *Gliss*, Nachweis der IT-Sicherheit: Auswirkung des novellierten § 11 BDSG, DSB 2005, S. 14; *Gola*, RFID und Biometrie am Arbeitsplatz, DSB 2007, S. 13; *Heckmann*, Rechtspflichten zur Gewährleistung von IT-Sicherheit im Unternehmen, MMR 2006, S. 280; *Heinson/ Schmidt*, IT-gestützte Compliance-Systeme und Datenschutzrecht, CR 2010, S. 540; *Hoeren/Spittka*, Aktuelle Entwicklungen des IT-Vertragsrechts – ITIL, Third Party Maintainance, Cloud Computing und Open Source Hybrids, MMR 2009, S. 583; *Kahn*, The Codebreakers: The Comprehensive History of Secret Communication from Ancient Times to the Internet, New York 1996; *Lensdorf*, IT-Compliance – Maßnahmen zur Reduzierung von Haftungsrisiken von IT-Verantwortlichen, CR 2007, S. 413; *Lensdorf/Steger*, IT-Compliance im Unternehmen, ITRB 2006, S. 206; *Lensdorf/Mayer-Wegelin*, Die Bedeutung von Standards und Best Practices beim Schutz personenbezogener Daten – Eine Analyse der IT-Grundschutzkataloge des BSI-Standards, CR 2009, S. 545; *Leopold*, Protokollierung und Mitarbeiterdatenschutz, DuD 2006, S. 274; *Meier*, Informationsschutz durch Data Loss Prevention, Computer und Arbeit (CuA) 2011, S. 10; *Meints*, Datenschutz nach BSI-Grundschutz?, DuD 2006, S. 13; *Moos/Gallenkemper/Volpers*, Rechtliche Aspekte der Abgabe von gebrauchter Hardware – Die Unternehmenspraxis des Umgangs mit Altgeräten auf dem Prüfstand, CR 2008, S. 477; *Münch*, Qualifizierung nach IT-Grundschutz, DuD 2002, S. 346; *Müthlein/Heck*, Outsourcing und Datenschutz, Frechen 2006; *Niemann/Paul*, Bewölkt oder wolkenlos – rechtliche Herausforderungen des Cloud Computings, K&R 2009, S. 444; *Pohle/Ammann*, Über den Wolken … – Chancen und Risiken des Cloud Computing, CR 2009, S. 273; *Räther*, Datenschutz und Outsourcing, DuD 2005, S. 461; *Reindl*, Cloud Computing & Datenschutz, in: Taeger/Wiebe (Hrsg.), Inside the Cloud – Neue Herausforderungen für das Informationsrecht, Edewecht 2009, S. 441; *Reinhard/Pohl/Capellaro*, IT-Sicherheit und Recht, Rechtliche und technisch-organisatorische Aspekte für Unternehmen, Berlin 2007; *Roth/Schneider*, IT-Sicherheit und Haftung, ITRB 2005, S. 19; *Schneider*, 40 Jahre Datenschutz – Die Zukunft des Datenschutzes, MMR 2009, Heft 7, S. VII; *Schneider*, Die Datensicherheit – eine vergessene Regelungsmaterie? Ein Plädoyer für Aufwertung, stärkere Integration und Modernisierung des § 9 BDSG, ZD 2011, S. 6; *Schröder/Haag*, Neue Anforderungen an Cloud Computing für die Praxis – Zusammenfassung und erste Bewertung der „Orientierungshilfe – Cloud Computing", ZD 2011, S. 147; *Schröder/Haag*, Stellungnahme der Art. 29-Datenschutzgruppe zum Cloud

Computing – Gibt es neue datenschutzrechtliche Anforderungen für Cloud Computing?, ZD 2012, S. 495; *Schreier*, Applied Cryptography, Hoboken (NY) 1996; *Schumann*, IT-Sicherheitsprozess, DuD 2002, S. 688; *Sassenberg*, Umgang mit IT in der Anwaltskanzlei, AnwBl 2006, S. 196; *Schulz/Rosenkranz*, Cloud Computing – Bedarfsorientierte Nutzung von IT-Ressourcen, ITRB 2009, S. 232; *Schultze-Melling*, Effizientes Information Security Management im Rahmen von IT-Outsourcing-Verträgen, ITRB 2005, S. 42; *Schultze-Melling*, IT-Sicherheit in der anwaltlichen Beratung, CR 2005, S. 73; *Schultze-Melling*, IT-Compliance – Challenges in a Globalized World, CRi 2008, S. 142; *Schultze-Melling*, Teil 5: Datenschutz, in: Bräutigam (Hrsg.), IT-Outsourcing – Eine Darstellung aus rechtlicher, technischer, wirtschaftlicher und vertraglicher Sicht, Berlin 2012, S. 319; *Schultze-Melling*, Public Cloud – quo vadis?, ITRB 2011, S. 239; *Schultz*, Rechtliche Aspekte des Cloud Computing im Überblick, in: Taeger/Wiebe (Hrsg.), Inside the Cloud – Neue Herausforderungen für das Informationsrecht, Edewecht 2009, S. 402; *Söbbing*, Cloud und Grid Computing: IT-Strategien der Zukunft rechtlich betrachtet, MMR 2008, Heft 5, S. XII; *Spies*, Cloud Computing – Schwarze Löcher im Datenschutzrecht, MMR 2009, Heft 5, S. XI; *Spindler*, IT-Sicherheit – Rechtliche Defizite und rechtspolitische Alternativen, MMR 2008, S. 7; *Steger*, Rechtliche Verpflichtungen zur Notfallplanung im IT-Bereich, CR 2007, S. 137; *Strunk*, Datensicherheit versus Datenschutz, Computer und Arbeit (CuA) 2011, S. 5; *Ulmer*, Das Datenschutz-Management im Unternehmen und der Wertbeitrag der Datenschutzorganisation, RDV 2008, S. 15; *Volle*, Aufwand und Ertrag bei Datensicherungsmaßnahmen gemäß § 9 BDSG, CR 1995, S. 120; *Wagner*, Quantenkryptografie – der Weg zur Sicherheit?, DSWR 2006, S. 181; *Wätjen*, Kryptographie: Grundlagen, Algorithmen, Protokolle, Berlin 2009; *Wedde*, Aktuelle Rechtsfragen der Telearbeit, NJW 1999, S. 527.

Übersicht

Schultze-Melling

I. Allgemeines

1. Europarechtlicher Hintergrund und Gesetzeszweck

1 Der Zweck der Bestimmung ist die Unterstützung und Durchsetzung der im BDSG geregelten Vorschriften durch technische und organisatorische Mittel. § 9 BDSG richtet sich daher in erster Linie auf den Schutz der Rechte und Freiheiten der von einer Datenverarbeitung betroffenen Personen. Deren schutzwürdige Interessen dürfen beispielsweise nicht durch Störungen oder infolge eines Missbrauchs der zur Datenverarbeitung eingesetzten Systeme beeinträchtigt werden.[2]

2 Dies umfasst dabei insbesondere auch (im Rahmen des Möglichen und unter Wahrung der Verhältnismäßigkeit) die technische und organisatorische Gewähr dafür, dass personenbezogene Daten im Unternehmen nicht unrechtmäßig verarbeitet werden.[3] Die Vorschrift richtet sich demnach nicht lediglich gegen äußere oder nur gegen missbräuchliche Einflüsse, sondern verpflichtet die verantwortliche Stelle stets auch zu einer sorgfältigen Strukturierung und Überwachung der Sicherheit der eigenen betrieblichen Arbeitsprozesse, soweit diese die Verarbeitung von personenbezogenen Daten betreffen.[4]

2. Das Verhältnis zwischen Datenschutz- und Informationssicherheitsrecht

3 Da der Schutz elektronisch verarbeiteter und gespeicherter Daten in technischer und organisatorischer Hinsicht nicht zwischen personenbezogenen und nicht-personenbezogenen Daten unterscheidet, weisen der Datenschutz und die Informationssicherheit[5] eine große Schnittmenge auf, obwohl sie zunächst grundsätzlich unterschiedliche Ziele verfolgen: Während das Datenschutzrecht vor allem festlegt, auf

---

2 Vgl. hierzu statt vieler *Bergmann/Möhrle/Herb*, BDSG, § 9 Rn. 4 und 12.

3 Siehe hierzu Erwägungsgrund 46 der Richtlinie 95/46/EG des Europäischen Parlaments und des Rates vom 24.10.1995 zum Schutz natürlicher Personen bei der Verarbeitung personenbezogener Daten und zum freien Datenverkehr, ABl. EG Nr. L 281/31 vom 23.11.1995.

4 Wobei nicht zwingend ein komplettes Information Security Management System (ISMS) nach ISO 27001 erforderlich ist, Teile dieser anerkannten Norm aber sinnvoll eingesetzt werden können; seit Mai 2009 gibt es zudem den Standard BS10012 (*Data protection. Specification for a personal information management system*), der jedoch vorrangig auf den englischen Data Protection Act referenziert. Im internationalen Umfeld werden mittlerweile vermehrt die von kanadischen und amerikanischen Wirtschaftsprüferverbänden gemeinsam erarbeiteten Generally Accepted Privacy Principles (GAPP) zum Einsatz gebracht, die nicht nur klar strukturierte Kontrollen für Informationssicherheit beinhalten, sondern für die es mittlerweile sogar auch ausgeklügelte Reifegradmodelle gibt (www.aicpa.org/Interest Areas/InformationTechnology/Resources/Privacy/GenerallyAcceptedPrivacyPrinciples/Pa ges/Generally%20Accepted%20Privacy%20Principles.aspx).

5 Vor dem Hintergrund des vorrangig technischen Charakters der IT-Sicherheit hat es sich mittlerweile eingebürgert, stattdessen den abstrakteren Begriff der Informationssicherheit zu benutzen, der neben der Sicherheit der zugrunde liegenden IT-Systeme und der darin

welche Art und Weise personenbezogene Daten erhoben, verarbeitet und gespeichert werden dürfen und § 9 BDSG in diesem Zusammenhang speziell regelt, wie die verantwortliche Stelle dabei mit diesen Daten umzugehen hat, richtet sich die Informationssicherheit auf die im Vergleich eher elementaren Anforderungen an die Verfügbarkeit, die Authentizität, die Integrität und die Vertraulichkeit elektronischer Informationen jeglicher Art.

Trotz dieser unterschiedlichen Grundausrichtungen besteht eine Symbiose zwischen beiden Bereichen. Während das Datenschutzrecht die Sicherheit der personenbezogenen Daten als eine notwendige Voraussetzung der Umsetzung datenschutzrechtlicher Anforderungen betrachtet, versteht das Informationssicherheitsrecht den Datenschutz als eine wesentliche Quelle rechtlicher Anforderungen, die es mit technischen und organisatorischen Mitteln umzusetzen gilt.[6] § 9 BDSG stellt in diesem Verhältnis die Schnittmenge beider Bereiche dar und gilt nicht zuletzt dadurch als eine der Kernnormen im Bereich des Informationssicherheitsrechts.[7] Dies wird dadurch unterstützt, dass § 9 BDSG auch eine der wenigen gesetzlichen Regelungen ist, die sich unmittelbar mit dem Thema Datensicherheit beschäftigen. Während viele weitere Normen im Gesellschafts-, Telemedien- und Telekommunikationsrecht oft eher indirekt als ausdrücklich die Etablierung von IT-Sicherheitsinfrastrukturen verlangen, ist speziell der Maßnahmenkatalog in der Anlage zu § 9 BDSG erkennbar auf eine automatisierte Datenverarbeitung ausgerichtet, wie sie beispielsweise in Rechenzentren vorgenommen wird.[8]   **4**

Nicht zuletzt dieser Hintergrund hat auch dazu geführt, dass in der Praxis lange   **5** Zeit im Rahmen der Erstellung von IT-Sicherheitskonzepten auf die Regelungen in § 9 BDSG und speziell auf die konkreten Kontrollanweisungen in der Anlage zu dieser Norm zurückgegriffen wurde. Tatsächlich sind auch die Anforderungen, die an die Sicherung personenbezogener Daten gestellt werden, ohne Weiteres auf andere sensible oder vertrauliche Daten übertragbar. Erst die Weiterentwicklung professioneller IT-Sicherheitsmanagement-Systeme (ISMS) nach Maßgabe internationaler Standards wie der ISO-Norm 27001 hat dazu geführt, dass heute vermehrt auf diese Grundlagen zurückgegriffen wird. Dadurch werden die Anforderungen des § 9 BDSG jedoch keinesfalls Makulatur: Verarbeitet das Unternehmen personenbezogene Daten, wird das zu errichtende ISMS auch den Anforderungen dieser Regelung entsprechen müssen, um rechtliche Compliance zu erreichen.[9]

---

elektronisch gespeicherten Daten auch die Sicherheit von nicht elektronisch verarbeiteten Informationen erfasst.

6 Weiterführend hierzu *Heckmann*, MMR 2006, S. 280.

7 Vgl. auch *Däubler/Klebe/Wedde/Weichert*, BDSG, § 9 Rn. 1; mit Verweis auf *Ernestus/Geiger*, in: Simitis, BDSG, § 9 Rn. 1.

8 Siehe auch *Däubler/Klebe/Wedde/Weichert*, BDSG, § 9 Rn. 3.

9 Hierzu weiterführend *Lensdorf*, CR 2007, S. 413.

3. Europarechtliche Grundlagen und Entwicklung der Norm

6 Die Regelung des § 9 BDSG dient der Umsetzung der Regelungen in Artikel 17 der Richtlinie 95/46/EG des Europäischen Parlaments und des Rates vom 24.10.1995 zum Schutz natürlicher Personen bei der Verarbeitung personenbezogener Daten und zum freien Datenverkehr.[10] Der erklärte Wunsch des europäischen Gesetzgebers war es hierbei, dass im Interesse der von der Datenverarbeitung Betroffenen gewisse technische und organisatorische Maßnahmen getroffen werden, um die Sicherheit der verarbeiteten personenbezogenen Daten zu gewährleisten. Die Richtlinie bezieht sich dabei konkret auf die zufällige oder unrechtmäßige Zerstörung, den zufälligen Verlust, die unberechtigte Änderung, die unberechtigte Weitergabe, den unberechtigten Zugang und jede sonstige unrechtmäßige Verarbeitung dieser Daten und stellt damit umfassende Anforderungen an die Sicherheit der personenbezogenen Daten und damit letztlich auch an die Datenverarbeitungsprozesse selbst.[11]

7 In dem allerersten in Deutschland kodifizierten Datenschutzgesetz – dem Hessischen Datenschutzgesetz von 1970 – kommt das Thema Datensicherheit naturgemäß noch nicht vor.[12] Seit dem ersten Entwurf des Bundesdatenschutzgesetzes hingegen finden sich bereits die Anforderungen an die technischen und organisatorischen Schutzmaßnahmen,[13] wie sie im Wesentlichen auch heute noch Verwendung finden und dabei eigentlich eine Selbstverständlichkeit im verantwortungsbewussten und rechtskonformen Umgang mit personenbezogenen Daten und damit mit den Rechten der Betroffenen darstellen.[14]

8 Im Zuge der Reform des Datenschutzrechts 2001 wurde die Regelung des § 9 BDSG strukturell unverändert gelassen und erfuhr lediglich eine geringfügige sprachliche Erweiterung: Da auch im neuen BDSG der weite Verarbeitungsbegriff aus Art. 2 Buchst. b) der Datenschutzrichtlinie nicht übernommen wurde, mussten zusätzlich zu der Verarbeitung auch die Phasen der Erhebung und der Nutzung ex-

---

10 Artikel 17 (Sicherheit der Verarbeitung) lautet:
(1) Die Mitgliedstaaten sehen vor, dass der für die Verarbeitung Verantwortliche die geeigneten technischen und organisatorischen Maßnahmen durchführen muss, die für den Schutz gegen die zufällige oder unrechtmäßige Zerstörung, den zufälligen Verlust, die unberechtigte Änderung, die unberechtigte Weitergabe oder den unberechtigten Zugang – insbesondere wenn im Rahmen der Verarbeitung Daten in einem Netz übertragen werden – und gegen jede andere Form der unrechtmäßigen Verarbeitung personenbezogener Daten erforderlich sind. Diese Maßnahmen müssen unter Berücksichtigung des Standes der Technik und der bei ihrer Durchführung entstehenden Kosten ein Schutzniveau gewährleisten, das den von der Verarbeitung ausgehenden Risiken und der Art der zu schützenden Daten angemessen ist.

11 *Ehmann/Helfrich*, EG Datenschutzrichtlinie, Kurzkommentar, Art. 17, S. 239 ff.

12 Vgl. Gesetz- und Verordnungsblatt für das Land Hessen vom 12.10.1970.

13 *Heibey*, in: Roßnagel, Hdb. DSR, S. 573.

14 Vgl. auch *Däubler/Klebe/Wedde/Weichert*, BDSG, § 9 Rn. 1, mit Verweis auf ähnliche Ansicht bei *Gola/Schomerus*, BDSG, § 9 Rn. 2.

plizit Erwähnung finden.[15] Abgesehen hiervon wurden im Zuge der Reform lediglich die einzelnen Kontrollen im Anhang ergänzt. Und auch die jüngste Novellierung im Jahr 2009 verschonte die Norm im Wesentlichen und ergänzte erneut lediglich die Anlage. Am Ende existiert nun ein gesonderter Hinweis auf die – auch bisher bereits gegebene – Möglichkeit, Maßnahmen speziell für Zugriffs-, Zugangs- und Weitergabekontrollen unter Anwendung von Verschlüsselungstechnologien durchzuführen.[16]

In der Rechtsprechung erfährt das Thema Informationssicherheit leider immer **9** noch eine nur sehr geringe Reflektion. Diese bezieht sich zudem im Wesentlichen auf die Anforderungen, die aus verfassungsrechtlicher Sicht an die gesetzlichen Rechtsgrundlagen zu stellen sind. So hat das BVerfG in einer Entscheidung hervorgehoben, dass es hinsichtlich der Datensicherheit Regelungen bedürfe, die einen besonders hohen Sicherheitsstandard normenklar und verbindlich vorgeben. Dabei sei es vom Gesetzgeber sicherzustellen, dass sich Standards an dem Entwicklungsstand der Fachdiskussion orientieren, neue Erkenntnisse und Einsichten fortlaufend aufnehmen und nicht unter dem Vorbehalt einer freien Abwägung mit allgemeinen wirtschaftlichen Gesichtspunkten stehen. Auf europäischer Ebene findet sich eine der wenigen beachtenswerten Erwähnungen in einer Entscheidung des Europäischen Gerichtshofes für Menschenrechte (EGMR), in der sich das Gericht mit dem Umgang mit genetischen Informationen auseinandersetzt. Hierbei wird betont, dass eine Verwertung genetischer Daten nicht gegen Art. 8 EMRK verstoßen darf und dabei insbesondere die Datensicherheit Aufgabe des nationalen Rechts ist. Dieses müsse nicht nur sicherstellen, dass beispielsweise ein genetischer Fingerabdruck nur so lange aufbewahrt werden darf, wie es der Zweck der Speicherung verlangt, sondern ausdrücklich auch, dass der falsche Gebrauch sowie der Missbrauch der Daten ausgeschlossen sind.[17]

Das nationale und europäische Verfassungsrecht setzt also erkennbar hohe Maßstä- **10** be an die handwerkliche Qualität der Regelungen zur Informationssicherheit. Die diesbezüglichen Defizite der gegenwärtigen deutschen Regelung sind augenscheinlich.[18]

4. Verhältnis zu anderen Vorschriften

Im System des BDSG hat § 9 BDSG eine gewisse Sonderrolle. Die Norm regelt **11** nicht explizit die Anforderungen an die grundsätzlich unzulässige und nur unter einem Erlaubnisvorbehalt rechtskonforme Erhebung, Verarbeitung und Nutzung per-

---

15 Statt vieler *Gola/Schumerus*, BDSG, § 9 Rn. 1.
16 Bereits die Begründung der Datenschutz-Richtlinie führte die Verschlüsselung der Daten als ein Beispiel der gewünschten technischen Maßnahmen auf, vgl. *Ehmann/Helfrich*, EG Datenschutzrichtlinie, Kurzkommentar, Art. 17 Rn. 3.
17 EGMR v. 4.12.2009 – 3056 O 30566/04, Ls. 6.
18 Vgl. hierzu auch *Schneider*, ZD 2011, S. 6 (7).

sonenbezogener Daten, sondern regelt die hierzu eher mittelbar erforderliche Sicherung dieser Daten und der mit ihrer Verarbeitung verbundenen Prozesse. Dennoch steht § 9 BDSG in einem engen Verhältnis zu anderen Vorschriften des BDSG. So sind die Regelungen zur Datensicherheit beispielsweise im Rahmen der Bestimmungen zur Auftragsdatenverarbeitung in § 11 BDSG referenziert und sind wesentlicher Bestandteil der aufsichtsrechtlichen Normen in § 38 Abs. 5 BDSG.

12 Ein gerade in der Praxis hochrelevantes Problem ist jedoch die fehlende Verwurzelung der Norm im sonstigen materiellen Recht.[19] Die Informationssicherheit legislativ lediglich als einen Teilaspekt des Datenschutzrechts zu begreifen führt zu zeitweise unauflösbaren Interessenwidersprüchen bei der konkreten praktischen Umsetzung. Denn obgleich einige Anforderungen der Norm durchaus allgemeine Informationssicherheitsbedürfnisse eines Unternehmens befriedigen können, erweist sich in der Praxis ein ganz erheblicher Teil der rein aus datenschutzrechtlicher Sicht erforderlichen Maßnahmen als geradezu kontraproduktiv zur betrieblichen Sicherheit (z. B. Mitarbeiterscreenings zur Korruptionsbekämpfung oder Abnahmetests mit Echtdaten).[20] Ähnlich problematisch wird es, wenn gesetzliche Sicherheitsanforderungen ganze Geschäftsmodelle wie z. B. das Cloud-Computing in Frage stellen.[21] Eine fundiertere legislative Reflexion dieses wichtigen Themas in Form einer sachgerechten gesetzlichen Verknüpfung der verschiedenen Interessenlagen würde hier zu einem deutlich gesteigerten Maß an Rechtssicherheit beitragen können.

II. Technische und organisatorische Maßnahmen (Satz 1)

1. Persönlicher Anwendungsbereich

13 Die Vorschrift gilt grundsätzlich für jede Stelle, die personenbezogene Daten erhebt, verarbeitet oder nutzt. Datensicherheit ist damit ein Thema, mit dem sich jede Stelle zwingend auseinandersetzen muss, die mit personenbezogenen Daten in Kontakt kommt, und zwar unabhängig davon, ob es sich dabei um eine öffentliche oder nicht-öffentliche Stelle handelt oder in welchem quantitativen Umfang eine Datenverarbeitung stattfindet.[22] Da der im Zuge der Novellierung 2009 ergänzte § 11 Abs. 2 Satz 2 Nr. 3 BDSG nunmehr unter anderem eine vertragliche Festlegung der vom Auftragnehmer nach § 9 BDSG zu treffenden technischen und organisatorischen Maßnahmen fordert, gilt dies auch unabhängig davon, ob eine Datenverarbeitung für eigene Zwecke oder im Falle eines Auftragsdatenverarbeiters für fremde Zwecke geschieht.[23]

---

19 Vgl. hierzu auch *Schneider*, ZD 2011, S. 6 (7), der ausdrücklich auf die bestehenden Interessenkonflikte beispielsweise mit einer Reihe von Compliance-Vorschriften verweist.
20 Vgl. hierzu auch *Bierekoven*, CR 2010, S. 20 und *Heinson/Schmidt*, CR 2010, S. 540.
21 Vgl. hierzu *Schröder/Haag*, ZD 2011, S. 147.
22 *Däubler/Klebe/Wedde/Weichert*, BDSG, § 9 Rn. 10.
23 *Ernestus*, in: Simitis, BDSG, § 9 Rn. 5; weiterführend hierzu *Gliss*, DSB 2005, S. 14.

Komplett verantwortlich für die Einhaltung der Sicherheitsbestimmungen bleibt je- **14** doch stets die im datenschutzrechtlichen Sinne verantwortliche Stelle selbst. Diese hat daher im Rahmen der nach § 11 Abs. 2 Satz 2 Nr. 3 BDSG erforderlichen vertraglichen Regelung der Auftragsdatenverarbeitung sowohl die bei sich selbst als auch die beim Auftragsdatenverarbeiter erforderlichen technischen und organisatorischen Maßnahmen zu berücksichtigen und zu kontrollieren.[24] Letzteres muss aufgrund der ergänzten Regelung in § 11 Abs. 2 Satz 4 BDSG nunmehr ausdrücklich vor Beginn der Datenverarbeitung und sodann regelmäßig danach geschehen, wobei das Ergebnis zu dokumentieren ist. Das Gesetz schweigt sich dabei sowohl im Hinblick auf die dadurch geforderte Prüfungstiefe als auch hinsichtlich der Regelmäßigkeit der Folgeprüfungen aus. Unter Heranziehung des Erforderlichkeitsgrundsatzes, der ein bestimmender Faktor im Rahmen des § 9 BDSG ist, muss jedoch davon ausgegangen werden, dass sowohl die Intervalle der Sicherheitsüberprüfungen als auch die Intensität der Prüfungen in einem angemessenem Verhältnis zu dem angestrebten Schutzzweck stehen müssen. Auftragnehmer, die beispielsweise besonders sensible personenbezogene Daten im Sinne von § 3 Abs. 9 BDSG im Auftrag verarbeiten, werden voraussichtlich häufigere und umfangreichere Überprüfungen erdulden müssen als solche, die lediglich mit normalen Daten arbeiten. Auch die konkrete Form der Auftragsdatenverarbeitung muss Einfluss auf diese Abwägung haben: Die Überprüfung einer langfristigen Auftragsdatenspeicherung wird schwerpunktmäßig auf die Verfügbarkeits- sowie auf die Zutritts-, Zugangs- und Zugriffskontrolle auszurichten sein, während eine Auftragsdatenerhebung, bei der die Daten nur sehr kurzfristig beim Auftragnehmer gespeichert werden, diese Aspekte zwar auch nicht vernachlässigen darf, aber den Schwerpunkt eher auf die Eingabe- und die Auftragskontrolle legen wird. Der Umstand eines bereits sehr langfristig ohne Beanstandung laufenden Vertragsverhältnisses wird des Weiteren für sich genommen eine im späteren Verlauf seltenere Überprüfung kaum rechtfertigen können. Nach einer gewissen Anfangsphase kann jedoch im Rahmen der Überprüfungen ein Schwerpunkt auf die technisch oder organisatorisch besonders kritischen Bereiche gelegt werden, sodass eine vollständige Überprüfung aller vom Auftraggeber ergriffenen Maßnahmen erst wieder relevant wird, wenn dieser eine Veränderung an seiner technischen Infrastruktur oder an relevanten innerbetrieblichen Abläufen meldet. Entsprechende vertragliche Reportingpflichten des Auftragnehmers im Rahmen der Auftragsdatenverarbeitungsvereinbarung können also geeignet sein, die durch die Kontrollen bedingte Belastung des Auftragnehmers zu verringern.

Die Planung, Umsetzung, und vor allem die regelmäßige inhaltliche und technische **15** Kontrolle der ergriffenen Sicherheitsmaßnahmen ist eine der Aufgaben des betrieblichen Datenschutzbeauftragten. Verantwortliche Stellen, die die Anforderungen des § 4f BDSG nicht erfüllen und demnach keinen eigenen betrieblichen Datenschutzbeauftragten bestellen müssen, sollten einem Mitarbeiter ausdrücklich die

---

24 Vgl. nachfolgend § 11 BDSG Rn. 44; *Däubler/Klebe/Wedde/Weichert*, BDSG, § 11 Rn. 39.

Verantwortung für diese Aufgabe auferlegen. Existiert im Unternehmen ein Sicherheitsbeauftragter, bietet sich diese Funktion aufgrund der gegebenen Sachnähe hierzu an und kann im Übrigen selbstverständlich auch einen bestellten betrieblichen Datenschutzbeauftragten bei der Erfüllung seiner Aufgabe unterstützen. Schon aus praktischen Erwägungen, aber nicht zuletzt auch zur Beweissicherung sind in diesen Fällen stets eine angemessene Protokollierung dieser Aufgabenzuordnungen und auch die beständige Überwachung der gegebenenfalls vom betrieblichen Datenschutzbeauftragten eingesetzten Mitarbeiter erforderlich.[25]

2. Sachlicher Anwendungsbereich

16 Ein häufiges Missverständnis in der Praxis ist es, dass sich die von § 9 BDSG verlangten technischen und organisatorischen Maßnahmen nur auf die in der Anlage aufgeführten Kontrollanforderungen beziehen würden, und damit letztlich nur auf die Daten- und Systemsicherung. Tatsächlich sollen durch die geforderten technischen und organisatorischen Maßnahmen auch alle anderen Datenschutzregelungen des BDSG erfasst werden. Auch wenn somit sicherlich ein Schwerpunkt der Norm im Bereich der Datensicherheit liegt, gilt § 9 BDSG aber zum Beispiel insbesondere auch für die sichere Umsetzung der den Betroffenen gemäß §§ 19–20 bzw. §§ 33–35 BDSG zustehenden Rechte auf Auskunft, Berichtigung und Löschung.[26]

17 Die in § 9 BDSG geregelten Anforderungen an die Datensicherheit gelten zudem auch unabhängig davon, ob die personenbezogenen Daten automatisiert oder nicht automatisiert verarbeitet werden. Im Rahmen der Datensicherung müssen folglich auch Akten, Dossiers, Urkunden oder Karteien entsprechend gesichert werden, wenn und soweit sie personenbezogene Daten beinhalten und (im Falle nicht-öffentlicher Stellen) Dateien i. S. v. § 1 Abs. 2 Nr. 3 BDSG darstellen.[27] Ausgenommen von der Anwendbarkeit der Vorschrift sind lediglich ausschließlich familiäre oder private Datenverarbeitungstätigkeiten. Dieser Rahmen ist jedoch unter Berücksichtigung des generell eher weiteren Schutzrahmens des BDSG tendenziell eher eng auszulegen. Die Verwaltung einer Mitgliederdatenbank eines Vereins ragt beispielsweise aus dem rein privaten Bereich heraus und tangiert die Rechtsbereiche anderer Personen und würde demnach ebenso den Bestimmungen des BDSG und damit dem § 9 BDSG unterliegen wie ein Tagebuch, in dem ein Unternehmenslenker seine persönlichen Eindrücke über seine Mitarbeiter für deren spätere Evaluation notiert.

---

25 Die verantwortliche Stelle hat die Erfüllung der sich aus § 9 BDSG ergebenden Anforderungen nachzuweisen, vgl. *Bizer*, DuD 2006, S. 44; im Übrigen sind für jeden Datenverarbeitungsprozess ohnehin die technischen und organisatorischen Maßnahmen im Verfahrensverzeichnis zu erfassen.

26 So auch *Heibey*, in: Roßnagel, Hdb. DSR, S. 576.

27 *Däubler/Klebe/Wedde/Weichert*, BDSG, § 9 Rn. 2.

Lediglich die acht Kontrollmaßnahmen, die in der Anlage zu § 9 BDSG aufgelistet **18** sind, gelten ausdrücklich nur für automatisierte Verarbeitungsverfahren.[28] Aufgrund ihrer Art und ihrer speziellen Anforderungen lassen sie sich aber ohnehin höchstens entsprechend auf nicht automatisierte Verarbeitungsprozesse anwenden. Dies ist dann jedoch – soweit es möglich und sinnvoll ist und dem Verhältnismäßigkeitsprinzip des § 9 Satz 2 BDSG entspricht – auch erforderlich.[29] Unmittelbare Anwendung wiederum finden die Kontrollmaßnahmen jedoch, wenn sich nicht automatisierte Verfahren an vorangehende automatisierte Verfahren anschließen.[30] Ausdrucke von maschinell verarbeiteten personenbezogenen Datensätzen unterliegen also folglich den gleichen Anforderungen wie die zuvor automatisiert verarbeiteten personenbezogenen Daten selbst.[31]

Eine in der Praxis durchaus relevante Fragestellung bezieht sich auf die zumindest **19** teilweise Abdingbarkeit der Norm durch den Betroffenen. In manchen Situationen (z. B. im Rahmen der Inanspruchnahme von Leistungen im Rahmen des E-Commerce) ergeben sich nämlich durchaus nicht unerhebliche praktische Probleme beim Versuch, die Sicherheitsanforderungen des § 9 BDSG mit anderen Maßgaben (z. B. mit gesetzlichen Informationsanforderungen beim Betrieb eines Webshops) zu kombinieren.[32] Ein implizierter Verzicht auf angemessene technisch-organisatorische Maßnahmen – zum Beispiel auf das Versenden verschlüsselter E-Mails – im Rahmen einer entsprechend gestalteten Einwilligung i. S. v. § 4a BDSG kommt hierbei aber wohl nicht in Frage. Zum einen stellt die Einwilligung einen Erlaubnistatbestand zur Datenverwendung dar, während § 9 BDSG zum anderen zwar vom Schutzzweck abhängige, aber letztlich aufgrund objektiver Kriterien erforderliche Maßnahmen zur Datensicherheit bei dieser Verwendung verlangt. Hier wurde vom Gesetzgeber kaum Raum für subjektive Beweggründe der Betroffenen gelassen. Deshalb kann sich selbst eine eindeutige diesbezügliche Einlassung des Betroffenen nicht auf die Erforderlichkeit i. S. des § 9 Satz 2 BDSG auswirken. Selbst wenn man diese Auswirkung jedoch sähe, wäre hierbei wohl eine äußerst restriktive Herangehensweise geboten. Am ehesten aber müsste diese Thematik wohl bei einer gegebenenfalls stattfindenden aufsichtsrechtlichen Überprüfung der Angemessenheit der technisch-organisatorischen Maßnahmen nach § 38 BDSG im Rahmen des behördlichen Ermessens gebührend berücksichtigt werden.

---

28 Vgl. *Schaffland/Wiltfang*, BDSG, § 9 Rn. 8; *Däubler/Klebe/Wedde/Weichert*, BDSG, § 9 Rn. 35.

29 Vgl. *Gola/Schomerus*, BDSG, § 9 Rn. 6; *Ernestus/Geiger*, in: Simitis, BDSG, § 9 Rn. 61; *Däubler/Klebe/Wedde/Weichert*, BDSG, § 9 Rn. 3; ähnlich *Schaffland/Wiltfang*, BDSG, § 9 Rn. 8, 12 und 16.

30 Vgl. *Gola/Schomerus*, BDSG, § 9 Rn. 9.

31 So auch *Däubler/Klebe/Wedde/Weichert*, BDSG, § 9 Rn. 3.

32 Vgl. hierzu *Bergt*, NJW 2011, S. 3752; *ders.*, NJW 2012, S. 3545, mit Zusammenfassung des Diskussionsstandes in Fn. 44.

3. Regelungsgehalt der Norm

20 Der Begriff der technischen und organisatorischen Maßnahmen ist als Sammelbegriff zu verstehen und daher inhaltlich weit zu fassen.[33] Erfasst sind grundsätzlich alle Maßnahmen, die geeignet sind, den Regelungszweck der Norm, also die Sicherung der Daten und der zu ihrer Verarbeitung eingesetzten Prozesse, zu unterstützen. Der Rahmen der tauglichen technischen Maßnahmen ist hierbei letztlich nur durch die jeweils aktuell verfügbaren technologischen Möglichkeiten beschränkt. Er umfasst vergleichsweise einfache Sicherheitsvorkehrungen wie die Abfrage von Passworten oder bestimmten biometrischen Identifikationsmerkmalen (wie Hand- oder Fingerabdrücke oder Sprach- oder Irismuster) ebenso wie den Einsatz von Chipkarten oder unter die Haut transplantierbare RFID-Transponder. Zu den denkbaren organisatorischen Maßnahmen gehören zunächst die Planung, Strukturierung und laufende Kontrolle der Datenverarbeitungsprozesse, beispielsweise durch die Etablierung von verbindlichen Sicherheitsrichtlinien oder durch die Verabschiedung von Arbeitsanweisungen oder sicherheitsrelevanten Betriebsvereinbarungen. Aber auch die Verpflichtung der mit der eigentlichen Datenverarbeitung beauftragten Mitarbeiter auf das Datengeheimnis nach § 5 BDSG gehört in diesen Bereich, auf den sich auch der Einleitungssatz der Anlage zu § 9 BDSG bezieht.[34]

21 Der Rahmen des § 9 BDSG ist damit jedoch noch nicht ausgeschöpft. Neben den auf den ersten Blick als technisch oder organisatorisch einstufbaren Maßnahmen können beispielsweise auch bauliche Veränderungen (wie z. B. der Einbau von Brandschutzmaßnahmen oder Personenvereinzelungsschleusen) oder vertragsrechtliche Maßnahmen (wie beispielsweise die datensicherheitsorientierte Nachverhandlung von IT-Fernwartungsverträgen oder die Beschränkung eines Cloud-Computing-Vertrages auf eine innerhalb der EU positionierte Infrastruktur) hierunter fallen.[35] Ein vor allem in praktischer Hinsicht relevanter Aspekt im Zusammenhang mit der Ergreifung der erforderlichen technischen und organisatorischen Maßnahmen ist die hochdynamische Entwicklung des Themas Informationssicherheit. Die Absicherung von personenbezogenen Daten bei ihrer Erhebung, Verarbeitung und Speicherung steht in einem unmittelbaren Abhängigkeitsverhältnis sowohl mit der stetigen Fortentwicklung möglicher Gefährdungen und Risiken als auch der hierauf reagierenden und daher in gleichem Maße voranschreitenden organisatorischen, rechtlichen und technologischen Entwicklung des Sicherheitsbereichs. Es ist daher zwingend erforderlich, dass die Sicherheitsaspekte sowohl zum Zeitpunkt der Planung eines Datenverarbeitungssystems als auch zum Zeitpunkt der eigentlichen Datenverarbeitung berücksichtigt werden.[36] Ihre Umsetzung ist demnach auch eher als fortlaufender Prozess, denn als einmaliger Akt zu verstehen.[37] Die verantwortliche

---

33 So auch *Däubler/Klebe/Wedde/Weichert*, BDSG, § 9 Rn. 17.
34 Siehe hierzu unten unter V. 2., Rn. 43 ff.
35 *Schaffland/Wiltfang*, BDSG, § 9 Rn. 3; *Ernestus*, in: Simitis, BDSG, § 9 Rn. 20.
36 Vgl. hierzu Erwägungsgrund 46 der Richtlinie 95/46/EG.
37 So auch *Däubler/Klebe/Wedde/Weichert*, BDSG, § 9 Rn. 30.

Schultze-Melling

Stelle hat hierbei die sich stetig verändernden technischen Rahmenbedingungen im Auge zu behalten und ihre technischen und organisatorischen Maßnahmen gegebenenfalls entsprechend an die Anforderungen neuer Gegebenheiten anzupassen.[38]

III. Bedeutung des Verhältnismäßigkeitsprinzips (Satz 2)

1. Hintergrund

Erforderlich sind Maßnahmen nur, wenn ihr Aufwand in einem angemessenen Verhältnis zu dem angestrebten Schutzzweck steht.[39] Diese nicht unerhebliche Einschränkung der im ersten Satz formulierten ansonsten absoluten Gewährleistungspflicht[40] ist jedoch letztlich eine Reflektion des ungeschriebenen Verfassungsgrundsatzes der Verhältnismäßigkeit.[41] Maßnahmen nach § 9 BDSG zur Sicherung sowohl der personenbezogenen Daten selbst als auch ihrer Verarbeitungsprozesse sind daher kein Selbstzweck, sondern sind stets am individuellen Schutzbedürfnis auszurichten.[42]   **22**

Entscheidend für eine Einschätzung der Erforderlichkeit ist das Verhältnis zwischen Schutzzweck und Aufwand. Die Maßnahmen müssen also unter Berücksichtigung des Standes der Technik und der bei ihrer Durchführung entstehenden Kosten ein Schutzniveau gewährleisten, das den von der Verarbeitung ausgehenden Risiken und der Art der zu schützenden Daten angemessen ist.[43]   **23**

2. Bestimmung des Schutzzwecks

Der vom Gesetzgeber gewählte Begriff Schutzzweck ist im Zusammenhang mit der in § 9 BDSG geforderten Datensicherheit letztlich nicht aussagekräftig. Der Schutzzweck der Norm sagt für sich genommen nichts darüber aus, wie hoch das erforderliche Schutzniveau konkreter personenbezogener Daten und der diese Daten verarbeitenden Systeme ist. Genau dies ist aber letztlich intendiert. Der Begriff Schutzzweck in § 9 BDSG ist daher eher im Sinne der im Rahmen der IT-Sicherheit verbreiteteren Fachtermini *„Schutzbedarf"* oder *„Schutzbedürftigkeit"* zu verstehen.[44] Der Schutzzweck kann nicht allgemein bestimmt werden, was sich schon aus der Formulierung der Anlage ergibt, wonach es *„auf die Art der zu schützenden per-*   **24**

---

38 Vgl. auch *Ernestus*, in: Simitis, BDSG, § 9 Rn. 15.
39 Ausführlich hierzu *Volle*, CR 1995, S. 120.
40 *Schaffland/Wiltfang*, BDSG, § 9 Rn. 6.
41 *Däubler/Klebe/Wedde/Weichert*, BDSG, § 9 Rn. 20.
42 *Bergmann/Möhrle/Herb*, BDSG, § 9 Rn. 27.
43 So ausdrücklich Erwägungsgrund 46 der Richtlinie 95/46/EG.
44 Letzteren Begriff verwenden u. a. auch *Gola/Schomerus* und *Bergamnn/Möhrle/Herb* im Rahmen ihrer Kommentierung.

sonenbezogenen Daten" ankommt.[45] Der Schutzzweck ist daher also letztlich für jeden Einzelfall zu bestimmen und Änderungen der Umstände können jederzeit eine Neueinschätzung des Schutzzwecks erforderlich machen.

25 Der Schutzzweck bestimmt sich grundsätzlich danach, wie sensibel die zu verarbeitenden Daten sind und als wie gefährdet sie unter Berücksichtigung aller relevanten Umstände angesehen werden müssen.[46] Hierbei spielt zuallererst die Art der zu verarbeitenden Daten eine Rolle. Besonders sensible Daten im Sinne des § 3 Abs. 9 BDSG erfordern schon aufgrund dieser eindeutigen Wertung des Gesetzgebers grundsätzlich ein höheres Schutzniveau als andere personenbezogene Daten.[47] Aber auch Daten, die nicht unter die Regelung des § 3 Abs. 9 BDSG fallen, können aus praktischen Erwägungen nach einem erhöhten Schutzniveau verlangen. Datensätze, die beispielsweise von Dritten zur Rückgängigmachung einer zuvor vorgenommenen Anonymisierung genutzt werden können oder die eine folgenschwere Verknüpfung von für sich alleine genommenen weniger schutzwürdigen Datensätzen ermöglichen, können hierunter fallen. Ebenso als besonders sensibel müssen des Weiteren auch zentral verwendete Identifikatoren wie z.B. Steueridentifikations- oder Sozialversicherungsnummern angesehen werden, deren Kenntnis oftmals die Recherche weiterer zu der betroffenen Person gehöriger Daten erheblich erleichtert. Fallen personenbezogene Daten mit unterschiedlich einzuschätzenden Schutzzwecken zusammen, muss sich der anzuwendende Schutzstandard zwingend an den sensibelsten Daten orientieren, und zwar unabhängig von ihrem quantitativen Anteil.[48]

26 Die Koordinierungs- und Planungsstelle der Bundesregierung für Informationstechnik in der Bundesverwaltung (KBSt) hat in diesem Zusammenhang ein Schutzstufenmodell mit drei Schutzkategorien entwickelt. Die Schutzstufe 1 (*„gering bis mittel"*) betrifft dort personenbezogene Daten in öffentlichen Verzeichnissen und sonstigen offen zugänglichen Quellen. Schutzstufe 2 (*„hoch"*) umfasst in der Bundesverwaltung Daten, die geeignet sind, bei falscher Handhabung den Betroffenen in seiner gesellschaftlichen Stellung zu beeinträchtigen und Schutzstufe 3 (*„sehr hoch"*) bezieht sich dort auf solche Daten, deren Missbrauch unmittelbaren Einfluss auf Leben, Gesundheit oder Freiheit des Betroffenen haben kann.[49] Auch wenn derartige Modelle nicht dazu führen dürfen, die notwendigen Schutzzweckeinstufungen mechanisch und unter Vernachlässigung der Umstände des jeweiligen Einzelfalles vorzunehmen, können entsprechend detailliert beschriebene Bewertungsmaß-

---

45 Vgl. auch *Däubler/Klebe/Wedde/Weichert*, BDSG, § 9 Rn. 25; *Ernstus/Geiger*, in: Simitis, BDSG, § 9 Rn. 25.

46 Vgl. statt vieler *Gola/Schomerus*, BDSG, § 9 Rn. 9.

47 So auch *Däubler/Klebe/Wedde/Weichert*, BDSG, § 9 Rn. 25; *Ernstus/Geiger*, in: Simitis, BDSG, § 9 Rn. 29.

48 Vgl. *Ernestus*, in: Simitis, BDSG, § 9 Rn. 28; *Däubler/Klebe/Wedde/Weichert*, BDSG, § 9 Rn. 25.

49 Abrufbar unter www.kbst.bund.de; vgl. auch *Ernestus*, in: Simitis, BDSG, § 9 Rn. 29.

stäbe, die auf einem derartigen Stufenmodell aufbauen, im Alltag eine erhebliche Hilfe bei der Einstufung und Bewertung von Standardfällen sein.[50]

Ein weiterer Abwägungsfaktor im Hinblick auf die Sensibilität personenbezogener 27 Daten und damit auf ihren Schutzzweck ist ihr individuelles Schadenspotenzial. Hierbei ist hypothetisch zu bestimmen, welche konkreten Auswirkungen ein Verlust oder eine unkontrollierte Offenbarung bestimmter personenbezogener Daten haben würde. Besonders sensible Daten mit einem höheren Schutzbedürfnis werden in der Regel auch ein höheres Schadenspotenzial aufweisen. Aber selbst Daten, die auf den ersten Blick als nicht besonders sensibel angesehen werden, können unter bestimmten Umständen erhebliche Schäden verursachen. Als Beispiel hierfür können Personennamen, E-Mail-Adressen oder Adressdaten herangezogen werden, deren Kenntnis unter bestimmten Bedingungen einen Identitätsdiebstahl mit weitreichenden Konsequenzen ermöglicht.

Auch das mögliche Schadenspotenzial darf jedoch nicht abstrakt festgelegt werden, 28 sondern muss ebenfalls anhand der Umstände des Einzelfalles ermittelt werden. Die Kenntnis des Namens und der E-Mail-Adresse eines bestimmten Bankangestellten führt beispielsweise erst dann zu einem höheren Schadenspotenzial, wenn einem betrügerischen Dritten zugleich Informationen über die gerade von diesem Mitarbeiter betreuten Bankkunden vorliegen, da diese im Zweifel einer geschickt formulierten Nachricht ihres ihnen persönlich und namentlich bekannten Sachbearbeiters mehr Glauben schenken werden, als der Nachricht eines Fremden. Unter anderen Umständen kann die Kenntnis dieser Daten ein wesentlich geringeres oder sogar überhaupt kein Schadenpotenzial aufweisen. Bei den Abwägungen zum Schadenspotenzial darf daher nicht jedes in der Theorie denkbare Risiko berücksichtigt werden.[51] Eine praktische Schwierigkeit besteht folglich oft schon in der Einschätzung, wie realistisch eine bestimmte Gefährdung tatsächlich ist. Sollten sich zukünftige Gefährdungslagen jedoch bereits abzeichnen, muss auch diese hypothetische Betrachtung in die Entscheidung einfließen. Dabei können und sollten Informationsquellen wie zum Beispiel der im Zweijahresturnus vom Bundesamt für Sicherheit in der Informationstechnik (BSI) veröffentlichte Lagebericht zur IT-Sicherheit[52] hinzugezogen werden. Bei der ohnehin erforderlichen Protokollierung des Gesamtentscheidungsprozesses sollten die in diesem Zusammenhang zugrunde gelegten Annahmen jedoch unbedingt dargestellt werden, um später die im Einzelfall getroffenen Entscheidungen hinreichend begründen zu können.

---

50 Ein anschauliches Beispiel hierfür ist die IT-Sicherheitsrahmenrichtlinie für die Freie Universität Berlin, die anhand eines auf dem Stufenmodell der KBSt basierenden und an die Belange der FU angepassten Bewertungsmodells die Standard-Schutzbedarfsanalyse für IT-Verfahren regelt, online abrufbar unter www.fu-berlin.de/service/zuvdocs/fu-rundschreiben/2005/V11-05-Anlage.pdf.

51 Vgl. *Däubler/Klebe/Wedde/Weichert*, BDSG, § 9 Rn. 24.

52 Der Bericht zur Lage der IT-Sicherheit in Deutschland 2009 ist unter der Adresse www.bsi.bund.de/literat/lagebericht/Lagebericht2009.pdf abrufbar.

3. Feststellung des Aufwandes

29 Praktisch jede Maßnahme, die geeignet ist, personenbezogene Daten zu schützen, verursacht einen gewissen Aufwand. Dieser ist oft in erster Linie technischer Natur und ist dabei sowohl abhängig von der technischen Komplexität der jeweiligen Maßnahme, als auch von weiteren Faktoren, wie beispielsweise der Erforderlichkeit weiterer technischer Infrastrukturen und anderen Folgekosten. Nicht vernachlässigt werden dürfen jedoch im Rahmen der Feststellung des Gesamtaufwandes auch die personellen Konsequenzen: Einige Sicherheitsinfrastrukturen sind wartungsaufwändiger als andere, und wer sich nicht auf entsprechende Dienstleistungsverträge mit den Herstellern stützen möchte, kann sich gezwungen sehen, zusätzliches Personal einzustellen. Ebenso können zusätzliche Geschäftsprozesse, die beispielweise infolge der Ergreifung organisatorischer Maßnahmen aufgesetzt werden müssen, zusätzlichen Personalbedarf erzeugen.

30 In der Praxis werden diese Einschätzungen jedoch regelmäßig durch den Umstand erleichtert, dass sich sowohl der technische als auch der personelle Aufwand immer auch finanziell abbilden lassen, weshalb dieser Aspekt häufig als am aussagekräftigsten erkannt wird.[53] Angesichts der heute bereits bestehenden Vielzahl technischer Lösungen am Markt und einer breit gefächerten Preisstruktur für die einzelnen Produkte muss hierbei jedoch sichergestellt sein, dass nicht nur die jeweils teuersten Lösungen Berücksichtigung finden – ansonsten kämen den Kosten einer Maßnahme höchstens Indizwirkung zu. Stellt sich jedoch heraus, dass eine erforderliche Maßnahme die finanzielle Leistungsfähigkeit einer Stelle überfordert, bedeutet dass in keinem Fall, dass dann von dem als erforderlich erkannten Schutzniveau abgewichen werden darf. Im Gegenteil muss in diesen Fällen angenommen werden, dass eine ungesicherte Datenverarbeitung zu unterbleiben hat oder auf ein mit den vorhandenen finanziellen Ressourcen noch hinreichend sicherbares Maß beschränkt werden muss.[54]

31 Nicht zu dem zu berücksichtigenden Aufwand gehören jedoch diejenigen Kosten, die unabhängig von der ordnungsgemäßen Verarbeitung der personenbezogenen Daten anfallen, wie die Aufwände für solche Datensicherheitsmaßnahmen, die bereits ohnehin im Zusammenhang mit der Verarbeitung nicht-personenbezogener Daten anfallen.[55]

---

53 Vgl. *Bergmann/Möhrle/Herb*, BDSG, § 9 Rn. 26; a. A. *Heibey*, in: Roßnagel, Hdb. DSR, S. 578, der dort keinen Zusammenhang zwischen dem Investitionsvolumen und dem Schutzzweck sieht.

54 So auch *Däubler/Klebe/Wedde/Weichert*, BDSG, § 9 Rn. 26, und *Heibey*, in: Roßnagel, Hdb. DSR, S. 577; im zwar Ergebnis ähnlich, jedoch abstellend auf eine „objektive Betrachtungsweise" *Schaffland/Wiltfang*, BDSG, § 9 Rn. 19.

55 Soweit auch *Ernestus*, in: Simitis, BDSG, § 9 Rn. 36, der jedoch unter Inkaufnahme von nicht unerheblichen Abgrenzungsschwierigkeiten in der Praxis noch weitergeht und auch solche Kosten von dem durch § 9 BDSG veranlassten Aufwand ausnimmt, die „allein durch eine ordnungsgemäße Verarbeitung personenbezogener Daten" und daher „durch

4. Abwägung zwischen Schutzzweck und Aufwand

Im Rahmen einer Einzelfallabwägung ist schließlich durch eine Risikoanalyse fest- **32**
zustellen, ob der mit einer bestimmten Maßnahme verbundene Aufwand im Verhältnis zu dem mit Ihrer Umsetzung verfolgten Schutzzweck steht.[56] Diesem Entscheidungsprozess ist dabei zunächst zugrunde zu legen, dass absolute Sicherheit
in vernetzten Systemen selbst mit erheblichem Aufwand kaum erreichbar ist. Es
gilt stattdessen, ausreichende Hürden gegen einen Missbrauch der Systeme und angemessene Vorkehrungen gegen Störungen zu planen, umzusetzen und regelmäßig
im Hinblick auf ihre Wirksamkeit zu kontrollieren.

Im Rahmen dieser Einzelfallabwägung ist dabei die Summe aller getroffenen Maß- **33**
nahmen entscheidend.[57] Übersteigt oder unterschreitet das dadurch erreichte
Schutzniveau das in Anbetracht der Schutzbedürftigkeit der betroffenen Daten erforderliche Maß, spricht dies für ein Missverhältnis. Dabei sind im Falle einer
Übersicherung zumindest die Kostenfolgen ein Anreiz, für eine Überarbeitung der
technischen und organisatorischen Maßnahmen. Im Falle eines Unterschreitens der
Verhältnismäßigkeitsanforderungen ist jedoch eine Anpassung dringend geboten,
um Anordnungen der Aufsichtsbehörde oder Zwangsgelder nach § 38 Abs. 5
BDSG zu vermeiden.[58]

Eine gewisse Hilfestellung in der Praxis können bereits bestehende Standards oder **34**
Best Practices geben. Im Rahmen seiner Grundschutzstandards und -kataloge hat
das Bundesamt für Sicherheit in der Informationstechnik (BSI) auch einen speziellen Baustein für den Datenschutz veröffentlicht.[59] Dieser wurde vom Bundesbeauftragten für den Datenschutz und Informationsfreiheit gemeinsam mit dem Arbeitskreis Technik der Datenschutzbeauftragten des Bundes und der Länder sowie den
Datenschutzaufsichtsbehörden der Länder erstellt und richtet sich an die privaten
und öffentlichen Anwender der IT-Grundschutz-Kataloge. Das Angebot des BSI
umfasst dabei sowohl den eigentlichen Baustein selbst, als auch die zugehörigen
Kreuzreferenz-Tabellen und Formulare zur IT-Grundschutzerhebung. Außerdem
wurde eine Tabelle erarbeitet, in der die einzelnen Maßnahmen der verschiedenen
IT-Grundschutz-Kataloge unter Berücksichtigung der datenschutzrechtlichen Zielsetzungen auf ihre Relevanz hin bewertet worden sind. Entscheidungsrelevant kann
sich hierbei unter Umständen auswirken, dass sich ein nach Maßgabe dieser Anforderungen aufgesetztes betriebliches Datensicherheitskonzept nach ISO 27001 auch
zertifizieren lässt.

---

das ureigene Interesse" und durch „rein wirtschaftliche Erwägungen der verantwortlichen
Stelle" anfallen.

56 Vgl. *Gola/Schomerus*, BDSG, § 9 Rn. 9; *Däubler/Klebe/Wedde/Weichert*, BDSG, § 9
Rn. 19.

57 *Schaffland/Wiltfang*, BDSG, Anlage zu § 9 Ziffer 2.

58 Vgl. unten IV. Rechtsfolgen, Rn. 36 ff.

59 Online abrufbar unter www.bsi.de/gshb/baustein-datenschutz/index.htm, weiterführend
hierzu *Meints*, DuD 2006, S. 13; *Münch*, DuD 2002, S. 346.

35   Die Heranziehung von aktuellen Standards und Best-Practice-Ansätzen unterstützt die verantwortliche Stelle nicht zuletzt auch dabei, den von der EG-DSRl ausdrücklich geforderten jeweiligen „Stand der Technik" zu berücksichtigen, der zumindest im Rahmen des § 9 BDSG wenn auch nicht explizit erwähnt, wohl aber stillschweigend unterstellt wird.[60] Unabhängig davon, ob die verantwortliche Stelle bei der Umsetzung der Anforderungen aus § 9 BDSG eigene Wege geht oder sich auf bewährte Standards verlässt, sollte der gesamte Vorgang der Entscheidungsfindung im Rahmen der Abwägung zwischen Schutzzweck und Aufwand und die daraus resultierende Priorisierung der einzelnen Maßnahmen sorgfältig dokumentiert werden und letztlich in ein schriftliches Sicherheitskonzept einfließen.[61] Dies entspricht nicht nur modernen Ansätzen des Wissensmanagements im Unternehmen, sondern dient nicht zuletzt auch der Beweismittelsicherung für den Fall, dass das Ergebnis der Abwägung eines Tages einer behördlichen oder gar richterlichen Überprüfung unterzogen werden muss.

IV. Rechtsfolgen

36   Gemäß § 38 BDSG ist die zuständige Aufsichtsbehörde zunächst berechtigt, Maßnahmen zur Beseitigung festgestellter Verstöße bei der Erhebung, Verarbeitung oder Nutzung personenbezogener Daten oder technischer oder organisatorischer Mängel anzuordnen (§ 38 Abs. 5 Satz 1 BDSG). Bei schwerwiegenden Mängeln, insbesondere wenn diese eine besondere Gefährdung von Persönlichkeitsrechten der Betroffenen befürchten lassen, kann die Aufsichtsbehörde darüber hinaus den Einsatz einzelner Datenverarbeitungsverfahren untersagen (§ 38 Abs. 5 Satz 2 BDSG). Voraussetzung hierfür ist jedoch, dass eine zuvor ergangene Anordnung ignoriert wurde und die festgestellten Mängel dann sogar trotz der vorangehenden Verhängung eines Zwangsgeldes nicht in angemessener Zeit beseitigt wurden.

37   Die Tendenz einer in der letzten Zeit vermehrt aufgekommenen Inanspruchnahme ihrer gesetzlichen Möglichkeiten durch die Aufsichtsbehörden wurde durch die Rechtsprechung jedoch wieder teilweise eingeschränkt. Ein Urteil des Hamburgischen Oberverwaltungsgerichts vom 7.7.2005[62] stellt ausdrücklich fest, dass eine Anordnung des Hamburgischen Datenschutzbeauftragten zur Sicherstellung der Rechtmäßigkeit einer nicht-automatisierten Datenerhebung unzulässig sei. Im Lichte dieser Rechtsprechung hängt die Anordnungsbefugnis der Aufsichtsbehörde davon ab, ob sich die entsprechende Anordnung auf solche Vorschriften bezieht, die die automatisierte Verarbeitung personenbezogener Daten regeln. Wo dies nicht der Fall sei, besteht keine Anordnungsbefugnis. Mit dieser restriktiven Auslegung der Aufsichtskompetenz wird faktisch auch im Hinblick auf die Sicherheit die ge-

---

60 Vgl. hierzu auch *Heibey*, in: Roßnagel, Hdb. DSR, S. 577.
61 So auch *Däubler/Klebe/Wedde/Weichert*, BDSG, § 9 Rn. 19.
62 NJW 2006, 310 = RDV 2006, 73.

samte nicht-automatisierte Datenerhebung von der Kontrolle durch die Aufsichtsbehörden ausgenommen.

Ansonsten hat ein Verstoß gegen die Datensicherungspflichten aus § 9 BDSG keine   **38**
unmittelbare Rechtsfolge im Rahmen der Bußgeld- oder Straftattatbestände des
BDSG.[63] Unterlassungen im Rahmen der Datensicherheit können sich jedoch im
Rahmen des § 42a BDSG oder im Zusammenspiel mit Drittnormen mittelbar auswirken. Mangelhafte Datensicherheit beinhaltet oftmals auch unzureichende Re-
porting-Mechanismen, was wiederum dazu führen kann, dass ein Unternehmen von
einem stattgefundenen Datenverlust fahrlässig gar nichts mitbekommt. Weiterhin
wäre es auch denkbar, dass Geschäftsführer oder Vorstände im Rahmen ihrer persönlichen Haftung nach § 43 Abs. 2 GmbHG bzw. § 93 Abs. 2 AktG zur Verantwortung gezogen werden, wenn ihren Unternehmen bei einem Sicherheitsvorfall beispielsweise durch eine Untersagungsverfügung einer Aufsichtsbehörde nach § 38
BDSG oder – was sogar noch wahrscheinlicher sein dürfte – im Hinblick auf seine
Reputation ein Schaden entsteht.[64]

V. Anwendung der Anlage zu § 9

1. Vorbemerkungen

Im Rahmen der parlamentarischen Beratungen zum ersten Entwurf des BDSG war   **39**
die Aufnahme von konkreten technischen Einzelmaßnahmen nicht unumstritten.
Während vor allem die wissenschaftlichen Gutachter davon zu Gunsten der größeren Flexibilität der abstrakteren gesetzlichen Formulierung abrieten, waren es vor
allem die Vertreter der Wirtschaft, die sich durch die Aufnahme von konkreten Anforderungen eine erhöhte Rechtssicherheit versprachen. Die heute noch vorhandenen Kontrollanforderungen entsprangen dann einem Kompromissvorschlag des Innenausschusses des Deutschen Bundestages und sollten einen Mittelweg zwischen
den aufgrund der technischen Fortentwicklung laufend zu aktualisierenden konkreten Maßnahmen und der sehr abstrakten gesetzlichen Generalklausel darstellen.[65]

Vor diesem Hintergrund lassen sich die Formulierungen in der Anlage zu § 9   **40**
BDSG, die sich seit den ersten Entwürfen des BDSG strukturell und inhaltlich im
Laufe der Zeit nur geringfügig verändert haben, verstehen und interpretieren. Bei
den einzelnen Kontrollmaßnahmen handelt es sich nämlich streng genommen um
immer noch vergleichsweise abstrakte Zielvorgaben für die von der verantwortlichen Stelle zu ergreifenden technischen und organisatorischen Maßnahmen.[66] Obgleich der hier vom Gesetzgeber vorgeschlagene Maßnahmenkatalog nicht ab-

---

63 Vgl. hierzu auch *Plath*, in Plath, BDSG, § 9 Rn. 19, 20.
64 Weiterführend hierzu *Roth/Schneider*, ITRB 2005, S. 19.
65 Weiterführend hierzu *Heibey*, in: Roßnagel, Hdb. DSR, S. 573.
66 So auch *Pohl*, in: Reinhard/Pohl/Capellaro, IT-Sicherheit und Recht, Rechtliche und tech-
    nisch-organisatorische Aspekte für Unternehmen, S. 61.

schließend ist und wohl schon aufgrund der wörtlichen Formulierung der Norm eher als das Mindestmaß des Notwendigen betrachtet werden muss,[67] gibt es sowohl in technischer als auch in organisatorischer Hinsicht viele Entscheidungsmöglichkeiten und Handlungswege, die in Frage kommen können.

41   Die verantwortliche Stelle hat somit eine gewisse Gestaltungsfreiheit, und kann daher auch selbst dafür sorgen, dass die Intensität des Eingriffs in ihre Rechte nicht außer Verhältnis zur Bedeutung der Sache steht.[68] Denn nicht jede technologisch oder organisatorisch mögliche Lösung ist den konkreten Umständen eines Einzelfalles angemessen, und nicht jedes Problem verlangt zwingend nach aufwändigen technischen Anschaffungen.[69] Viele der im Folgenden näher beschriebenen Kontrollmaßnahmen lassen sich durch eine entsprechende innerbetriebliche Strukturierung und durch systematische Organisationsformen und entsprechend formulierte Arbeitsanweisungen umsetzen, ohne dabei zwingend das Budget der IT-Abteilung über Gebühr zu belasten.[70]

42   Dennoch ist zu bemerken, dass die Anlage zu § 9 BDSG selbst nach ihrer teilweisen Neufassung im Zuge der Reform des BDSG zum Jahrtausendwechsel nicht mehr zeitgemäß erscheint und dringend vom Gesetzgeber überarbeitet werden müsste. Die Entwicklungen, die seitdem im Bereich der Datensicherheit und speziell im Zusammenhang mit der IT-Sicherheit eingetreten sind, werden durch den Katalog der Anlage wenn überhaupt nur ansatzweise abgebildet.[71] Es gehört vielmehr heutzutage eine gewisse gestalterische Kreativität dazu, die dort geforderten Zielvorgaben unter Heranziehung aktueller Technologien und moderner Managementverfahren der Informationssicherheit umzusetzen. Dass das BDSG auch nicht die mittlerweile im Bereich der IT-Sicherheit eingebürgerten Begrifflichkeiten wie Verfügbarkeit, Integrität oder Vertraulichkeit benutzt, oder sich bewährter Verfahren wie der Schutzbedarfsanalyse oder der des Risikomanagements bedient, tut hierzu sein Übriges.[72] Hilfreich kann jedoch der Rückgriff auf bewährte Informationssicherheitsstandards wie beispielsweise die Grundschutzstandards und -kataloge des Bundesamts für Sicherheit in der Informationstechnik (BSI) sein, die zum Teil mit Blick auf die Schnittmenge zum Datenschutzrecht gestaltet worden sind.[73]

---

67 Vgl. *Ernestus*, in: Simitis, BDSG, § 9 Rn. 17; *Däubler/Klebe/Wedde/Weichert*, BDSG, § 9 Rn. 3.
68 Vgl. Definition der Verhältnismäßigkeit durch das BVerfG, z. B. in BVerfGE 27, 352.
69 So auch *Däubler/Klebe/Wedde/Weichert*, BDSG, § 9 Rn. 20.
70 Zur Abwägung siehe hierzu oben Teil III. Bedeutung des Verhältnismäßigkeitsprinzips (Satz 2) (Rn. 22 ff.).
71 So auch *Däubler/Klebe/Wedde/Weichert*, BDSG, § 9 Rn. 30.
72 Ähnlich *Däubler/Klebe/Wedde/Weichert*, BDSG, § 9 Rn. 9.
73 Die Grundschutzstandards und -kataloge des BSI (www.bsi.bund.de) enthalten detaillierte Empfehlungen für den Einsatz von IT-Systemen mit dem Ziel einer grundlegenden Sicherheit. Im Rahmen des Bausteins zum Datenschutz (1.5) hat das BSI unter anderem eine Tabelle erarbeitet, in der die Maßnahmen der IT-Grundschutz-Kataloge unter Berücksichti-

2. Organisationskontrolle

Die alte Fassung des BDSG sah als ursprünglich noch gesonderten Punkt die sog. **43** Organisationskontrolle vor. Dieser als Kernbereich der Datensicherheit[74] verstandene Aspekt, der eine Ausrichtung der innerbetrieblichen Organisation an den Anforderungen des Datenschutzes verlangt, wurde im Zuge der Reformierung des Datenschutzrechts nun dem Katalog der acht Kontrollmaßnahmen vorangestellt, um deutlich zu machen, dass der Aufbau angemessener Strukturen und die Etablierung abgestimmter Abläufe unbedingte Voraussetzung für die Umsetzung der in § 9 BDSG aufgestellten Anforderungen sind.[75]

Die Anforderungen an die Organisationskontrolle und damit an die Aufbau- und **44** Ablauforganisation des Unternehmens sind vergleichsweise umfassend. Sie betreffen zunächst grundsätzlich alle Bereiche, in denen im Unternehmen personenbezogene Daten erhoben, verarbeitet und gespeichert werden. Dies betrifft in der Praxis daher nicht nur die Fachabteilungen und das Rechenzentrum selbst, sondern meistens zusätzlich auch die Anwendungsentwicklung und – als datenschutzrechtlich ohnehin zu oft vernachlässigten Bereich – auch das Archiv.

Im Rahmen der organisatorischen Maßnahmen reicht es jedoch regelmäßig nicht **45** aus, lediglich ein Sicherheitskonzept zu entwerfen[76] und darin betriebliche Anweisungen und Untersagungen auszusprechen. Nur eine regelmäßige Überprüfung der Einhaltung dieser Anweisungen und eine angemessene Sanktionierung im Falle ihrer Verletzung stellt eine hinreichende Gewähr dafür da, dass die organisatorischen Anforderungen auch befolgt werden und damit im Sinne der Datensicherheit erfolgreich sind.[77] Diese Überwachung der Einhaltung aufgestellter Regeln wird im Normalfall in den Aufgabenbereich des betrieblichen Datenschutzbeauftragten fallen. Ist kein solcher bestellt worden, obliegt es dem mit der Verantwortung für die Datensicherheit betrauten Mitarbeiter, den regelgerechten Umgang mit personenbezogenen Daten zu überwachen.

Um jeweils die rechtzeitige Einbindung dieser Personen zu gewährleisten, müssen **46** nicht nur die Mitarbeiter entsprechend geschult und sensibilisiert, sondern in der Regel auch die Geschäftsprozesse entsprechend gestaltet werden. In der Praxis hat es sich beispielsweise bewährt, entsprechende Freigaben (entweder im Wege einer Datenschutzfolgenabschätzung (Privacy Impact Assessment, PIA) oder im Rahmen einer ggf. erforderlichen Vorabkontrolle) sehr früh in den jeweiligen Prozessen zu verankern, um die mit fortschreitendem Projektverlauf in der Regel steigenden

---

gung der Zielsetzungen des Datenschutzes bewertet worden sind www.bsi.bund.de/cae/
servlet/contentblob/475578/publicationFile/31093/b01005_ hilfsmittel_tabelle_pdf.pdf.
74 Vgl. *Bergmann/Möhrle/Herb*, BDSG, Anlage zu § 9 Ziffer 0, S. 13; *Däubler/Klebe/Wedde/ Weichert*, BDSG, § 9 Rn. 34.
75 So auch *Heibey*, in: Roßnagel, Hdb. DSR, S. 579.
76 Weiterführende Betrachtung hierzu aus der IT-Sicherheit *Schumann*, DuD 2002, S. 688.
77 Vgl. *Schaffland/Wiltfang*, BDSG, § 9 Rn. 40.

Mehraufwands- und vor allem Zusatzkostenrisiken bei nicht datenschutzkonformen Lösungen zu vermeiden. Hierbei bietet sich z. B. die Budget-Freigabe als relevanter Meilenstein an, zu dem eine (ggf. regelmäßig zu wiederholende oder zu ergänzende) Datenschutzfolgeabschätzung samt Schutzzweckbestimmung vorliegen muss.[78]

47 Bestandteil jeder vorausschauenden Organisation zur Datensicherung sind jedoch auch verbindliche Notfall-Konzepte (Disaster Recovery Procedures). Im Falle einer Störung oder einer sonstigen überraschenden Gefährdung der Daten selbst oder der Datenverarbeitungsanlagen müssen vorher konzipierte und möglichst auch eingeübte Handlungs- und Alarmierungsprozeduren ablaufen, um die Betriebskontinuität zu bewahren oder zumindest schnellstmöglich wiederherzustellen und nicht zuletzt auch um eine weitestgehende Schadensbegrenzung zu gewährleisten.[79] Und nach der Einführung der an den US-amerikanischen Security Breach Notification Obligation orientierten Informationspflichten in § 42a BDSG im Zuge der jüngsten Novellierung des BDSG gehören nun auch diesbezüglich entsprechende Prozesse in den Bereich der Organisationspflichten.[80]

48 Denkbare Maßnahmen, die die Organisation der verantwortlichen Stelle an die Belange des Datenschutzes anpassen[81] und damit in den Bereich der Organisationskontrolle fallen:

- Bestellung eines betrieblichen Datenschutzbeauftragten bzw. eines für die Umsetzung der Datensicherungsmaßnahmen ausdrücklich verantwortlichen Informationssicherheitsbeauftragten;
- Erarbeitung von verbindlichen Unternehmensvorgaben zur Etablierung des Datenschutzes in der Unternehmenskultur;
- standardisierte Verpflichtung der Mitarbeiter auf das Datengeheimnis im Sinne von § 5 BDSG und Erarbeitung schriftlicher Dienstanweisungen zum Datenschutz;
- regelmäßige Schulungen der Mitarbeiter in Datenschutz- und -sicherheitsangelegenheiten;
- frühzeitige Integration von Datenschutzfolgeabschätzungen (Privacy Impact Assessments) in relevante Geschäftsprozesse;
- Kontrolle der Aufbewahrungszeiten und ggf. Einführung von Wiedervorlagen zur Überprüfung auf die weiterhin erforderliche Aufbewahrung personenbezogener Daten;
- Planung, Durchführung und Überprüfung von Sicherungsprozeduren sowie erforderlichenfalls Auslagerung von Sicherungsmedien;

---

78 Nicht zuletzt ist die frühzeitige Einbindung des Datenschutzes und der Datensicherheit auch ein Kernaspekt von „Privacy by Design", vgl. http://privacybydesign.ca/about/principles.
79 Weiterführend hierzu *Steger*, CR 2007, S. 137.
80 Weiterführend hierzu § 42a BDSG Rn. 1 ff.
81 Vgl. *Däubler/Klebe/Wedde/Weichert*, BDSG, § 9 Rn. 34; *Ernestus/Geiger*, in: Simitis, BDSG, § 9 Rn. 57.

– Formulierung und kontinuierliche Fortführung des Verfahrensverzeichnisses;

– vertragliche Gestaltung der Datenverarbeitung, im grenzüberschreitenden Bereich ggf. durch den Abschluss von Verträgen auf Grundlage der EU-Standardklauseln oder die Erstellung von verbindlichen Unternehmensrichtlinien (Binding Corporate Rules);

– Entwicklung und regelmäßige Überprüfung von Notfallmaßnahmen zur Aufrechterhaltung der Betriebskontinuität (Business Continuity Procedures);

– Etablierung von Verhaltensrichtlinien für erkannte oder drohende Datenverluste und Information der Aufsichtsbehörde und der Betroffenen nach Maßgabe des § 42a BDSG.

3. Zutrittskontrolle (Nr. 1)

Die Zutrittskontrolle verlangt, dass Unbefugten der räumliche Zutritt zu den Datenverarbeitungsanlagen verwehrt wird. Als unbefugt gelten in diesem Zusammenhang nicht nur unternehmensfremde Dritte, sondern grundsätzlich alle Personen, deren unmittelbare Arbeit an den Datenverarbeitungsanlagen nicht unbedingt erforderlich ist.[82] Dies ist der Fall für Besucher und Kunden, aber auch für eigene Mitarbeiter, die nicht mit den Datenverarbeitungsanlagen arbeiten. Administratoren, Backup-Operatoren, Sachbearbeiter und natürlich der Datenschutz- und ggf. der (IT-)Sicherheitsbeauftragte müssen demgegenüber Zutritt zu den Datenverarbeitungsanlagen haben, um ihre Aufgaben erfüllen zu können. Unter Zutritt ist dabei die räumliche Annäherung einer Person zu verstehen,[83] wodurch von vornherein die Möglichkeit unbefugter Kenntnis und Einflussnahme ausgeschlossen werden soll. **49**

Die Zutrittskontrolle erfasst von ihrem Wortlaut her nur die Datenverarbeitungsanlagen und die an sie angehängte Peripherie selbst, nicht hingegen die Netzwerk- und sonstigen Infrastrukturen oder einzelne Datenträger, obgleich beispielsweise auch die Ausnutzung der magnetischen Abstrahlung von Netzwerkkabeln (Van-Eck-Phreaking) eine Möglichkeit unbefugter Kenntnisnahme böte. Angesichts der enormen Rechenkapazitäten heutiger Netzwerkinfrastruktur (sog. Smart-Switches oder Router in selbst-heilenden Netzwerken beinhalten heute bemerkenswerte Hardwareressourcen zur optimierten Steuerung und Sicherung des Netzwerkverkehrs) liegt es allerdings nahe, zumindest diese Komponenten im Verhältnis zu ihrer Schutzbedürftigkeit in die Zutrittskontrolle einzubeziehen.[84] Laptops und ande- **50**

---

82 Siehe *Ernestus/Geiger*, in: Simitis, BDSG, § 9 Rn. 78; *Däubler/Klebe/Wedde/Weichert*, BDSG, § 9 Rn. 37; *Schaffland/Wiltfang*, BDSG, § 9 Rn. 54.

83 Vgl. *Ernestus/Geiger*, in: Simitis, BDSG, § 9 Rn. 77.

84 Das BSI behandelt die Abstrahlsicherheit im Rahmen des IT Grundschutzhandbuchs in Maßnahme M 4.89 (www.bsi.de/gshb/deutsch/m/m04089.html) und hat für den militärnahen Bereich ein Zonenmodell mit drei wesentlichen Zonen entwickelt, deren Unterscheidung sich hauptsächlich in der Begrenzung der erlaubten Abstrahlung auf bestimmte Stärken bei bestimmten Bandbreiten findet.

re mobile Endgeräte wie PDAs oder Smartphones gelten hingegen unstrittig als Datenverarbeitungsanlagen, selbst wenn sie nicht dauerhaft mit den Datenverarbeitungsanlagen des Unternehmens verbunden sind.[85] Heutzutage, wo nur noch wenige IT-Systeme zentral betrieben werden und die Nutzung der Informationstechnologie immer dezentralisierter erfolgt (sei es am individuellen Arbeitsplatz der Mitarbeiter, an dem eine strikte Zutrittskontrolle nur schwerlich umzusetzen ist oder beim Einsatz von Cloud-Computing), wird man jedoch Abstriche bei der Umsetzbarkeit dieser Kontrollmaßnahme hinnehmen müssen. Je weiter sich dieser Prozess entwickelt, desto mehr steigt mithin auch die Bedeutung der weiteren Kontrollen im Bereich des Zugangs zu und des Zugriffs auf die personenbezogenen Daten und die DV-Anlagen.[86]

51   Neben der bloßen Trennung zwischen Befugten und Unbefugten muss im Rahmen der Zutrittskontrolle aber auch sichergestellt werden, dass diese nicht durch ein gewaltsames Eindringen oder durch Umgehung unterlaufen wird. Die hierzu erforderlichen baulichen Maßnahmen zur Erhöhung der Einbruchsicherheit sind daher beispielsweise durch entsprechende Sichtschutzmaßnahmen (wie z.B. Polarisationsfolien auf Laptop-Bildschirmen) zu ergänzen. Weiterhin muss berücksichtigt werden, dass die Zutrittskontrolle nicht nur eine unbefugte Datenverarbeitung, sondern auch ein mutwilliges Zerstören der Datenverarbeitungsanlagen verhindern soll.[87] Hier überlappt sich der Schutzzweck der Zutrittskontrolle geringfügig mit dem der Verfügbarkeitskontrolle.[88]

52   Moderne Schließanlagen funktionieren mittlerweile schon ganz ohne Schlüssel und arbeiten dafür mit Transpondern, die einer Tür über Funkwellen Aufschluss über die ihrem Träger gewährten Zutrittsberechtigungen geben können. Ein noch höheres Maß an Sicherheit bieten in den Schließmechanismus integrierte Fingerabdruck- oder Iris-Scanner, die jedoch aufgrund der dann erforderlichen automatisierten Verwaltung der entsprechenden biometrischen Merkmale wiederum datenschutzrechtliche Probleme verursachen können.[89]

53   Denkbare Maßnahmen, die geeignet sind, die Datenverarbeitungsanlagen physisch zu schützen und die damit in den Bereich der Zutrittskontrolle fallen:

–   Gebäudeschutz durch die weitestgehende Vermeidung von Fensterflächen für Räume, in denen sich Datenverarbeitungsanlagen befinden (soweit Fenster doch erforderlich sind die Verwendung von einseitig sichtgeschütztem und bruchsicherem Spezialglas), die unzugängliche Vertunnelung und Abschirmung von

---

85 *Pohl*, in: Reinhard/Pohl/Capellaro, IT-Sicherheit und Recht, Rechtliche und technisch-organisatorische Aspekte für Unternehmen, S. 61.
86 Vgl. hierzu auch *Heibey*, in: Roßnagel, Hdb. DSR, S. 579.
87 *Schaffland/Wiltfang*, BDSG, § 9 Rn. 56.
88 Hierzu unten (Rn. 73 ff.) unter 9. Verfügbarkeitskontrolle (Nr. 7).
89 Vgl. hierzu *Gundermann/Köhntopp*, „Juristische Aspekte biometrischer Verfahren", Beitrag abrufbar beim Unabhängigen Landeszentrum für Datenschutz Schleswig-Holstein unter http://www.datenschutzzentrum.de/projekte/biometrie/biometkk.htm.

Kabelverbindungen gegen elektrische Emissionen und Einwirkungen, die systematische Installation von Bewegungs- und Wärmemeldern im Freigelände, der Einbau einer redundanten (ggf. extern verbauten) Alarmanlage, die Absicherung von Zäunen, Mauern und Schächten;

– Raumschutz, bestehend aus redundanten Zugangskontrollsystemen und strategisch platzierten Personenvereinzelungsschleusen, unterbrechungsfreien und lückenlosen Videoüberwachungssystemen und taktisch platzierten Bewegungs- und Wärmemeldern, Sicherheitsschlössern, nach Möglichkeit mit digitalen Schlüsseln (Token);

– strikte Zutrittsbefugnisregelungen auf Basis von individualisierten Zugangsberechtigungen, die möglichst elektronisch eingeräumt und ohne zeitliche Verzögerung auch wieder entzogen werden können, wenn möglich Hinterlegung und Überprüfung biometrischer Merkmale (Finger- oder Handflächenabdruck, Irismuster);

– sorgfältige Auswahl, Anweisung und jederzeitige Überwachung von Reinigungs- und anderem externen Wartungspersonal;

– Anwesenheit im Bereich der Datenverarbeitungsanlagen und jegliche Arbeit an diesen durch externes technisches Wartungspersonal nur unter unmittelbarer Kontrolle von befugten Mitarbeitern;

– Einführung und Pflege einer akzeptierten Sicherheitskultur unter den Mitarbeitern, die dazu führt, dass Fremde oder Mitarbeiter, die ihren Mitarbeiterausweis nicht offen und erkennbar tragen, bei jeder Begegnung selbstverständlich darauf angesprochen und gegebenenfalls dem Sicherheitsbeauftragten zugeführt werden.

4. Zugangskontrolle (Nr. 2)

Während die Zutrittskontrolle die Überwachung des räumlichen Zugangs zu den DV-Systemen betrifft, richtet sich die Zugangskontrolle auf die tatsächliche Benutzung der Systeme. Diese soll nur Befugten möglich sein, während Unbefugten der Zugang zu den Systemen verwehrt werden sollte. Letztlich geht es also um die Authentifizierung der Benutzer, um ihre individuelle Zugangsbefugnis festzustellen.[90]   **54**

Die Zugangskontrolle richtet sich dabei ausdrücklich auf DV-Systeme. Der Begriff ist weiter zu verstehen, als der der Datenverarbeitungsanlage im Rahmen der Zutrittskontrolle und erfasst danach nicht nur die eigentlichen Server, sondern auch die mit ihnen verbundenen Netzwerk- und andere Infrastrukturen,[91] da im Rahmen der Zugangskontrolle nicht nur der interne Zugang kontrolliert werden muss, sondern auch der externe.[92] Im Wege der Authentifizierung müssen also nicht nur Mit-   **55**

---

90 Vgl. *Pohl*, in: Reinhard/Pohl/Capellaro, IT-Sicherheit und Recht, Rechtliche und technisch-organisatorische Aspekte für Unternehmen, S. 64.
91 *Ernestus/Geiger*, in: Simitis, BDSG, § 9 Rn. 90; *Schaffland/Wiltfang*, BDSG, § 9 Rn. 54.
92 Vgl. *Däubler/Klebe/Wedde/Weichert*, BDSG, § 9 Rn. 44.

arbeiter verschiedener Fachabteilungen auseinandergehalten werden, sondern auch im Außendienst tätige Mitarbeiter von Crackern und anderen unbefugten Dritten unterschieden werden.

56 Ein relevantes Praxisproblem stellt in diesem Zusammenhang vor allem die heute aufgrund der damit verbundenen Kosteneinsparungspotenziale schon aus Wirtschaftlichkeitsgesichtspunkten beliebte Möglichkeit einer Fernwartung der DV-Systeme dar.[93] Hier sind die beiden Aspekte Wirtschaftlichkeit und Datensicherheit sorgfältig gegeneinander abzuwägen. Grundlage jeder Fernwartung sollte (aus den gleichen Gründen wie dies auch bei der Auftragsdatenverarbeitung der Fall ist) eine schriftliche Vereinbarung sein. Hier sollten die Parteien insbesondere regeln, wie der Fernzugriff auf die DV-Anlagen im Detail zu geschehen hat, welche Formalitäten zur Authentifizierung der berechtigten Wartungsmitarbeiter des Auftragnehmers zu erfüllen sind, welche Verschlüsselungstechnik für die Kommunikation über den Fernwartungszugang verwendet wird und wie die während der Wartung vorgenommenen Arbeiten protokolliert werden.

57 Eine in der Praxis immer öfter anzutreffende technische Maßnahme sind hierbei sog. „Falltür"-Systeme. Bei diesen muss sich der Wartungsmitarbeiter des Auftragnehmers bei entsprechendem Nachweis seiner persönlichen Berechtigung zum Zugriff auf das betroffene System den Fernwartungszugang zu diesem System zunächst von einem verantwortlichen Mitarbeiter des Auftraggebers explizit und unter Angabe der voraussichtlichen Dauer der Wartungsmaßnahme freischalten lassen. Daraufhin wählt das System selbstständig einen zufälligen Port und protokolliert die gesamte über diesen Zugang laufende Kommunikation zur Sicherheit laufend mit. Ist das zuvor vereinbarte Zeitfenster abgelaufen, beendet das System von sich aus die Verbindung über den dedizierten Fernwartungszugang und schließt den dafür verwendeten Port wieder hermetisch. Dieser automatisierte Mechanismus kann nur von einem Administrator des Auftraggebers umgangen werden, der dies jedoch nur auf ausdrücklichen Wunsch des Wartungsmitarbeiters und erneut nur für einen weiteren vereinbarten Zeitraum tun darf. Diese Systematik verhindert, dass die DV-Anlagen dauerhaft offene Verbindungen nach außen und damit sicherheitstechnische Sollbruchstellen aufweisen, selbst wenn diese während eines Großteils der Zeit gar nicht gebraucht werden.

58 Mögliche Maßnahmen, die den logischen Zugang zu den relevanten personenbezogenen Daten regeln und die damit in den Bereich der Zugangskontrolle fallen:

– Verschlüsselung von Daten;[94]

– Abkapselung von sensiblen Systemen durch getrennte Netzbereiche oder sogar durch unvernetzte Anlagen (Stand-Alone Systeme);

---

93 Weiterführend hierzu *Bohnstedt*, S. 46 ff.; LfD Rh.-Pf., 15. TB, Ziffer 21.6.2.

94 Vgl. Abschnitt M 4.34 (Einsatz von Verschlüsselung, Checksummen oder Digitalen Signaturen) des BSI Grundschutz-Kataloges.

– Integration von sicheren, möglichst biometriegestützten Authentifizierungsverfahren in die der Benutzeridentifikation dienenden Programmprozeduren, sofern dies durch die Vergabe von Passworten geschehen soll, müssen diese individualisiert sein, zwingenden Mindestanforderungen genügen, regelmäßig automatisch verfallen und durch den Nutzer selbst neu vergeben werden, blind eingegeben und verschlüsselt gespeichert werden;[95]

– Etablierung von Regelungen für Urlaubs- oder Krankheitsfälle, sowie für den Fall, das Mitarbeiter das Unternehmen dauerhaft verlassen;[96]

– Bindung von Zugangsrechten an spezifische IT-Systeme, sodass Nutzer nur von ihrem eigenen System aus Zugang zu den DV-Systemen nehmen können;[97]

– Protokollierung der Anmeldeversuche und Abbruch des Anmeldevorgangs nach einer einstellbaren Zahl von erfolglosen Versuchen, ggf. automatische Sperrung des Nutzerkontos in diesem Fall sowie regelmäßige Auswertung der Protokolle;

– Integration von Intrusion Detection Systemen (IDS) und Intrusion Prevention Systemen (IPS) in die Unternehmensnetzwerke zur Identifikation von und umgehenden angemessenen Reaktion auf verdächtige Netzwerkaktionen;

– Einrichten von regelmäßig aktualisierten Antiviren- und Spywarefiltern im Netzwerk und auf den einzelnen PC und mobilen Endgeräten.[98]

5. Zugriffskontrolle (Nr. 3)

Die Zugriffskontrolle fasst heute die ursprünglichen Datenträger-, Speicher- und Zugriffskontrollen zu einer Kontrolle zusammen. Sie bezieht sich daher auf die zulässige Benutzung der DV-Systeme durch grundsätzlich nutzungsbefugte Nutzer.[99] Um diese Kontrolle umzusetzen sind technische und organisatorische Maßnahmen zu ergreifen, mit denen sichergestellt werden kann, dass zuvor authentifizierte Nutzer nur in den Grenzen der ihnen zugewiesenen Zugriffsberechtigungen auf personenbezogene Daten zugreifen können. Zusätzlich zu diesem Leserecht müssen jedoch auch die Berechtigungen für das Kopieren, das Verändern, das Löschen sowie das elektronische Versenden von personenbezogenen Daten geregelt werden. **59**

Dies ist bereits bei nicht lediglich sehr überschaubaren Benutzergruppen nur durch ein klar strukturiertes, hinreichend flexibles und zentral verwaltetes firmenweit verbindliches Berechtigungskonzept möglich.[100] Derartige Berechtigungskonzepte müssen – unabhängig von der konkreten technischen Ausgestaltung – in der Regel **60**

---

95 Siehe Abschnitt M 2.11 (Regelung des Passwortgebrauchs) des BSI Grundschutz-Kataloges.
96 Vgl. Abschnitt M 3.3 (Vertretungsregelungen) des BSI Grundschutz-Kataloges.
97 Vgl. Abschnitt M 2.154 (Erstellung eines Computer-Virenschutzkonzepts) des BSI Grundschutz-Kataloges.
98 Vgl. Abschnitt M 3.3 (Vertretungsregelungen) des BSI Grundschutz-Kataloges.
99 *Gola/Schomerus*, BDSG, § 9 Rn. 25.
100 *Däubler/Klebe/Wedde/Weichert*, BDSG, § 9 Rn. 54.

bei der verantwortlichen Stelle selbst realisiert werden, denn nur sie kann letztlich entscheiden, wer auf welche Daten zugreifen können soll und wem diese Berechtigung wieder entzogen werden soll.[101] Aufgrund ihrer Zweckrichtung sollten Berechtigungskonzepte in der Regel personenbezogen umgesetzt werden. Wichtig ist im Zusammenhang mit der Zuweisung von Berechtigungen, dass hierbei von einer rein und streng funktionalen Betrachtung ausgegangen wird, und nicht von einer hierarchischen. Mit anderen Worten ausgedrückt, soll derjenige Zugriff auf bestimmte personenbezogene Daten erhalten, der diesen Zugriff zur Erfüllung seiner beruflichen Tätigkeit zwingend benötigt, und nicht derjenige, der in der Hierarchie des Unternehmens höher steht. Das bedeutet im Zweifelsfall, dass ein einfacher Sachbearbeiter der Personalabteilung einen unbeschränkteren Zugriff auf Mitarbeiterdaten haben kann, als der Finanzvorstand, obwohl dieser der Geschäftsführung des Unternehmens angehört.

61   Soweit bestimmte Zugriffsberechtigungen aus gegebenen Gründen ausnahmsweise doch funktionsbezogen (beispielsweise fachabteilungs- oder standortbezogen) erteilt werden müssen, sollte im Rahmen des Berechtigungskonzeptes zumindest eine aus personen- und funktionsbezogenen Ansätzen kombinierte Lösung erarbeitet werden,[102] um nicht die erheblichen Vorteile einer individualisierten Lösung zu Lasten der Zweckrichtung der Kontrollmaßnahme zu verlieren.

62   Übliche Maßnahmen, die unberechtigte Zugriffe auf personenbezogenen Daten verhindern und damit in den Bereich der Zugriffskontrolle fallen:

– Verschlüsselung der Daten;[103]

– Aufbau von Berechtigungskonzepten, die dabei zwingend funktional- oder rollenorientiert und nicht hierarchieabhängig aufgebaut sein müssen;[104]

– Einrichtung eines Benutzerverwaltungssystems (User (Identification) Management System), das den Zu- und Abgang von Nutzern und ihren jeweiligen Berechtigungen so aktuell wie möglich abbildet und zentral im Netzwerk zum Abruf durch anfragende DV-Systeme zur Verfügung stellt;[105]

– Aufbau eines lückenlosen Klassifizierungskonzeptes, das verbindliche Klassifizierungen (z. B. öffentlich, intern, vertraulich, streng vertraulich) durch die Eigentümer der Daten im Zeitpunkt ihrer Erstellung vorgibt und damit die Grundlage einer automatisierten Zugriffskontrolle darstellt;

---

101 So im Ergebnis auch *Däubler/Klebe/Wedde/Weichert*, BDSG, § 9 Rn. 53.

102 *Schaffland/Wiltfang*, BDSG, § 9 Rn. 82.

103 Vgl. Abschnitt M 4.34 (Einsatz von Verschlüsselung, Checksummen oder Digitalen Signaturen) des BSI Grundschutz-Kataloges.

104 Vgl. Abschnitte M 2.8 (Vergabe von Zugriffsrechten) und M 2.31 (Dokumentation der zugelassenen Benutzer und Rechteprofile) des BSI Grundschutz-Kataloges.

105 Vgl. Abschnitt M 2.63 (Einrichten der Zugriffsrechte) des BSI Grundschutz-Kataloges. In der Praxis hat es sich bewährt, das Einrichten bzw. das Entziehen von Zugriffsrechten in den Onboarding- bzw. den Offboarding-Prozess zu integrieren.

- Blockieren von Ein- und Ausgabeschnittstellen (Drucker-, USB-, Firewire- und PCMCIA-Schnittstellen sowie CD- und DVD-Laufwerke), um einen unautorisierten Zugriff unter Umgehung der Schutzmaßnahmen des Systems beispielsweise durch Starten des Rechners mit Fremdbetriebssystemen zu umgehen;
- Protokollierung von Zugriffen und Missbrauchsversuchen;
- Einrichtung einer Taschenkontrolle beim Verlassen von zu sichernden Räumen;
- Einsatz von professionellen und sicheren Archivierungslösungen;[106]
- zuverlässige Vernichtung oder Löschung von Datenträgern;[107]
- Sperren der IP-Adressen von üblichen Cloud-Storage-Anbietern (z. B. Dropbox, Google Drive, Microsoft SkyDrive, Amazon Cloud Drive oder S3);
- Blockieren der Installation von Drittsoftware zur automatischen Synchronisierung von Daten auf Cloud-gestützten Backup-Diensten (z. B. Mozy, CloudSafe, iCloud) oder Personal Information Management (PIM) Diensten (z. B. Evernote, Springpad) und sperren der IP-Adressen derer Online-Zugänge;
- Einrichten von E-Mail-Filtern, die entweder das Versenden von Anhängen generell oder zumindest von bestimmten Anhängen unterbinden (Data Loss Prevention).

6. Weitergabekontrolle (Nr. 4)

Die Weitergabekontrolle bezieht sich auf jegliche Form der Übermittlung von personenbezogenen Daten, und zwar unabhängig davon ob dies mit Hilfe von klassischen Datenträgern (z. B. CD-RWs, DVD-RWs, USB-Sticks, persönliche tragbare Musikabspielgeräte oder Smartphones), über Mobilfunkverbindungen (z. B. GPRS, UMTS, LTE, WIMAX, WLAN), über Nahfunklösungen (z. B. Bluetooth oder NFC) oder über kabelgebundene Netzwerke (z. B. LAN, WAN) geschieht. Die Weitergabekontrolle verfolgt dabei zwei Zielrichtungen. Auf der einen Seite ist sicherzustellen, dass die personenbezogenen Daten während der Übermittlung weder von unbefugten Dritten eingesehen, noch durch diese verändert oder unterdrückt werden können.[108] Auf der anderen Seite soll nachvollziehbar werden, wo überhaupt eine Übermittlung vorgesehen bzw. geplant ist.[109]   **63**

Im Rahmen der Überwachung und Sicherung der Datenübermittlung gilt es letztlich, die Daten während des Übertragungsvorgangs von einem System auf das andere vor dem Zugriff unbefugter Dritter abzuschirmen oder vor dem logischen Verlust zu bewahren. Der Rahmen der von dieser Kontrolle betroffenen Übermittlung ist dabei vergleichsweise weit zu ziehen. Nicht nur die eigentliche Übermittlung   **64**

---

106 Vgl. Abschnitt B 1.12 (Archivierung) des BSI Grundschutz-Kataloges.
107 Vgl. Abschnitt M 2.167 (Sicheres Löschen von Datenträgern) des BSI Grundschutz-Kataloges.
108 *Däubler/Klebe/Wedde/Weichert*, BDSG, § 9 Rn. 66.
109 *Pohl*, in: Reinhard/Pohl/Capellaro, IT-Sicherheit und Recht, Rechtliche und technisch-organisatorische Aspekte für Unternehmen, S. 69.

von Daten an externe Dritte fällt hierunter, sondern insbesondere auch die Weiterleitung von personenbezogenen Daten innerhalb des eigenen Unternehmens oder an einen Auftragsdatenverarbeiter.[110] Selbstverständlich fällt auch die Übermittlung von personenbezogenen Daten an den Betroffenen selbst – beispielsweise im Zuge einer Auskunftserteilung – unter die Anforderungen der Weitergabekontrolle.

65 Im Zusammenhang mit der zweiten Zielrichtung dieser Kontrollmaßnahme geht es darum, Übermittlungsstellen oder Knotenpunkte zwischen Kommunikationsnetzen ausfindig zu machen. Nach weitläufiger Meinung ist die Vorschrift dabei wörtlich zu lesen, sodass es letztlich nicht darauf ankommt, wann tatsächlich jemand Daten weitergegeben hat, sondern nur, an welchen Stellen dies nach dem Willen der verantwortlichen Stelle überhaupt möglich ist.[111] Diese Lesart ist aber nicht zwingend.[112] Da die Kontrollmaßnahmen im Rahmen des § 9 BDSG typischerweise nicht lediglich der Protokollierung des Soll-Zustandes der Datenverarbeitung dienen, sondern auch eine Nachvollziehbarkeit und vor allem die Überprüfbarkeit des Ist-Zustandes ermöglichen sollen, muss der Wortlaut der Reglung unter Nr. 4 wohl ergänzend mit dem Ziel ausgelegt werden, nicht nur geplante Weitergaben zu erfassen, sondern gerade auch die – letztlich für die Vertraulichkeit der personenbezogenen Daten viel gefährlicheren – ungeplanten Transfers.

66 Soweit gewollte Übermittlungsstellen kontrolliert werden sollen, muss sichergestellt werden, dass die zu kontrollierenden Weitergabepunkte auch tatsächlich vollständig und abschließend erfasst worden sind und die Übermittlung von personenbezogenen Daten über weitere Punkte ausgeschlossen wird. Das kann konkret bedeuten, dass nicht hinreichend kontrollierbare Schnittstellen (wie z. B. WLAN-Adapter, deren Konfigurationen auch eine Verbindung mit offenen Funknetzwerken zulassen) durch entsprechende technische Maßnahmen geschlossen werden müssen – selbst wenn dies unter Umständen im Einzelfall zu gewissen Erschwernissen bei der Benutzung der Datenverarbeitungsanlagen führt.

67 Ist eine Schließung derartiger Schnittstellen nicht möglich, sollte zumindest eine umfassende Protokollierung ihrer Benutzung vorgesehen werden, um einerseits einen gewissen Abschreckungseffekt zu erreichen und andererseits im Schadensfalle dessen Ausmaß kalkulieren zu können. Im Zusammenhang mit der Protokollierung ist jedoch der datenschutzrechtliche Grundsatz der Datensparsamkeit zu beachten und zudem zu gewährleisten, dass das Erfordernis des Erlaubnisvorbehaltes erfüllt ist. Zusätzliche Schwierigkeiten können in der Praxis durch die unter Umständen nach § 87 Abs. 1 Nr. 6 BetrVG erforderliche Einbeziehung des Betriebsrates entstehen, der im Rahmen seines Mitbestimmungsrechtes unter Umständen die Möglichkeit hat, z. B. verbindliche Regeln zur Zweckbindung oder Verwertungsverbote ein-

110 *Däubler/Klebe/Wedde/Weichert*, BDSG, § 9 Rn. 65.
111 Vgl. *Ernestus/Geiger*, in: Simitis, BDSG, § 9 Rn. 116.
112 Offenlassend *Däubler/Klebe/Wedde/Weichert*, BDSG, § 9 Rn. 72.

zufordern.[113] Besondere Vorsicht sollte im Übrigen im Zusammenhang mit jeglicher Protokollierung der Kommunikation des Betriebsrates aufgewandt werden, die durch entsprechende arbeitsrechtliche und betriebsverfassungsrechtliche Bestimmungen zusätzliche Privilegien genießt. Auch wenn der Betriebsrat nicht der Kontrolle durch den Datenschutzbeauftragten unterliegt,[114] hat er sich doch als Teil des Betriebs an die innerbetrieblichen Regelungen zum Datenschutz zu halten, was insbesondere auch den Bereich Datensicherheit betrifft.

Denkbare Maßnahmen, die geeignet sind, die Übermittlung personenbezogener Da- **68**
ten zu überwachen und die damit in den Bereich der Weitergabekontrolle fallen:

– Absicherung der elektronischen Kommunikationswege durch Einrichten von geschlossenen Netzwerken, möglichst nur Übermittlung von anonymisierten oder pseudonymisierten Daten, ansonsten Benutzung von kryptografischen Verfahren zur Verschlüsselung der zu übertragenden Daten;[115]

– Kontrollieren von Fernwartungsarbeiten im Zusammenhang mit Netzwerkkomponenten wie Routern oder Gateways, über die personenbezogene Daten geleitet werden können;[116]

– Einrichten von Datenstandleitungen;

– Verwendung sicherer Transportbehälter für Datenträger;

– Einrichtung von Fernlöschfunktionen bei mobilen Endgeräten;

– Einsatz überprüfbarer Transportprozesse mit individueller Verantwortlichkeit der Transportperson (Ab- und Gegenzeichnung, Identitätsnachweise, Dokumentation aller Übergaben);[117]

– Sicherstellung, dass nur dazu berechtigte Empfänger die übermittelten Daten nach deren Empfang einsehen können, wozu sich Identitätsprüfungen unter Einbeziehung von biometrischen Merkmalen oder zumindest der Abfrage von Informationen, die nur dem Berechtigten bekannt sind, benutzt werden sollten.

7. Eingabekontrolle (Nr. 5)

Die Eingabekontrolle dient dem Zweck, nachvollziehen zu können, wer wann wel- **69**
che Daten in ein System eingegeben hat.[118] Die Eingabekontrolle soll folglich auch dokumentieren, auf welchem Wege falsche Daten in die Systeme gelangt sind, und

---

113 Vgl. *Däubler/Klebe/Wedde/Weichert*, BDSG, § 9 Rn. 85.
114 Siehe hierzu die Grundsatzentscheidung des BAG in BB 1998, 897 = NJW 1998, 2466.
115 Vgl. Abschnitt M 4.34 (Einsatz von Verschlüsselung, Checksummen oder Digitalen Signaturen) des BSI Grundschutz-Kataloges.
116 Vgl. Abschnitte M 4.81 (Audit und Protokollierung der Aktivitäten im Netz) und G 5.10 (Missbrauch von Fernwartungszugängen) des BSI Grundschutz-Kataloges.
117 Vgl. Abschnitte M 2.45 (Regelung des Datenträgeraustausches) und G 2.18 (Ungeregelte Weitergabe von Datenträgern) des BSI Grundschutz-Kataloges.
118 *Pohl*, in: Reinhard/Pohl/Capellaro, IT-Sicherheit und Recht, Rechtliche und technisch-organisatorische Aspekte für Unternehmen, S. 69.

wo möglicherweise andere Kontrollen zuvor versagt haben. Die Eingabekontrolle beschränkt sich jedoch nicht auf die eigentliche (erstmalige) Eingabe von personenbezogenen Daten in ein DV-System, sondern erstreckt sich ebenfalls auf jeden späteren Zugriff auf die Daten, sei es durch im Zuge einer Veränderung, einer Ergänzung oder einer Löschung der Daten.[119] Im Gegensatz zu anderen Kontrollmaßnahmen, die vorrangig der Verhinderung unberechtigter Nutzung von DV-Systemen dienen, zielt die Eingabekontrolle in erster Linie darauf ab, nachträglich Fehler erkennen und nachvollziehen zu können.[120]

70 Ob die Eingabekontrolle auch noch den genauen Zeitpunkt der Eingabe bzw. des Zugriffs auf die Daten erfassen soll, ist unklar.[121] Der Wortlaut spricht hier ähnlich wie im Falle der Weitergabekontrolle gegen dieses zusätzliche Erfordernis. Angesichts der Zielsetzung dieser Kontrollmaßnahme könnte jedoch eine zusätzliche Protokollierung des konkreten Zeitpunktes einer Dateneingabe oder einer Datenmanipulation das Erkennen und Untersuchen von Fehlern erheblich vereinfachen. Unter Berücksichtigung heutiger Speicherkapazitäten würde sich die vergleichsweise minimale Vergrößerung der zu speichernden Protokolldaten auch nicht wesentlich auf den Aufwand auswirken.

71 Letztlich kann es aber dahingestellt bleiben, ob sich die Verpflichtung zur zeitlichen Erfassung einer Datenmanipulation aus der Eingabekontrolle oder aus anderen Kontrollen wie der Zugangs- oder Zugriffskontrolle ergibt. Eine hilfreiche technische Maßnahme zur Datensicherheit, die noch dazu mit nur verhältnismäßig geringem Aufwand in die laufende Protokollierung einbezogen werden kann, ist die zeitliche Erfassung von Dateizugriffen in jedem Fall. Auf das Erfordernis einer datenschutzrechts- und arbeitsrechtskonformen Ausgestaltung eines solchen Vorgehens wurde bereits zuvor hingewiesen.[122]

72 Denkbare Maßnahmen, die geeignet sind, die Eingabe personenbezogener Daten zu überwachen und die damit in den Bereich der Eingabekontrolle fallen:

– detaillierte Protokollierung jeglicher Erstellung, Veränderung oder Entfernung von Datensätzen, nach Möglichkeit unter gleichzeitiger Erfassung des Zeitpunktes;

– Integration der eingebenden Person in den erfassten Datensatz selbst durch entsprechende Protokollfelder.

---

119 Vgl. *Däubler/Klebe/Wedde/Weichert*, BDSG, § 9 Rn. 78.

120 Ähnlich *Ernestos/Geiger*, in: Simitis, BDSG, § 9 Rn. 129, jedoch unter Hinweis auf den eher präventiven Charakter der Kontrollmaßnahme.

121 Wohl a. A. *Bergmann/Möhrle/Herb*, BDSG, Anlage zu § 9 Ziffer 5; offenlassend *Däubler/Klebe/Wedde/Weichert*, BDSG, § 9 Rn. 81; ähnlich *Gola/Schomerus*, BDSG, § 9 Rn. 27.

122 Vgl. Abschnitt M 2.110 (Datenschutzaspekte bei der Protokollierung) des BSI Grundschutz-Kataloges.

8. Auftragskontrolle (Nr. 6)

Die Auftragskontrolle ist eine speziell auf die Auftragsdatenverarbeitung nach § 11   **73**
BDSG ausgelegte Kontrollmaßnahme und soll gewährleisten, dass in einem Auf-
tragsdatenverarbeitungsverhältnis jede Verarbeitung von personenbezogenen Daten
nur im Rahmen der ergangenen Weisungen der verantwortlichen Stelle geschieht.

Bei der Umsetzung von Maßnahmen zur Auftragskontrolle ist jedoch zu beachten,   **74**
dass der in § 9 Satz 2 BDSG festgehaltene Verhältnismäßigkeitsgrundsatz nicht
dazu führt, die strengen Anforderungen in § 11 BDSG zu relativieren. Die Beschränkung auf angemessene Maßnahmen bezieht sich in jedem Fall lediglich auf
die flankierenden technischen Maßnahmen, wohingegen die eigentlichen Pflichten
aus der Auftragsdatenverarbeitung unter allen Umständen erfüllt werden müssen.

Die Auftragskontrolle erfasst dabei sowohl den Auftraggeber, der sicherzustellen   **75**
hat, dass seine Weisungen eindeutig und präzise übermittelt werden, und den Auftragnehmer, der seinerseits dafür Sorge zu tragen hat, dass Abweichungen von den
empfangenen Anweisungen nicht vorkommen.

Eine sorgfältige Erfüllung der sich aus der Auftragskontrolle ergebenden Pflichten   **76**
kann unter Umständen auch die Einholung von Vorabinformationen über den Auftragnehmer umfassen. In Abhängigkeit von dem beauftragten Umfang der Auftragsdatenverarbeitung und der Sensibilität der auf diese Weise verarbeiteten Daten
kann es sogar zwingend erforderlich sein, dass sich der Auftraggeber im Voraus
beispielsweise unter Nutzung von Referenzen ein Bild über die Qualität und Sorgfalt der Auftragserfüllung durch den Auftragnehmer macht.[123] Für die Einhaltung
der erforderlichen technischen und organisatorischen Maßnahmen ist eine Vorab-
überprüfung wegen § 11 Abs. 2 Satz 4 BDSG ohnehin notwendig.

Denkbare Maßnahmen, die geeignet sind, die strenge Weisungsgebundenheit einer   **77**
Auftragsdatenverarbeitung personenbezogener Daten zu überwachen und die damit
in den Bereich der Auftragskontrolle fallen:

– formularisierte und damit standardisierte Erfassung und Übermittlung von Da-
  tenverarbeitungsweisungen;

– klare Kompetenzabgrenzungen und vorausschauende Vermeidung von Unklarheiten bezüglich des Ermessensspielraums des Auftragnehmers;

– technische Vorkehrungen zur Identitätserfassung der weisungsgebenden und der
  weisungsempfangenden Personen;

– besondere Prozesse für Eilaufträge, welche eine nachträglich schriftliche Bestätigung umfasst;

– verbindliche Regelungen für das verlässliche Identifizieren von und den Umgang
  mit nicht mehr benötigten Daten.

---

123 Vgl. *Däubler/Klebe/Wedde/Weichert*, BDSG, § 9 Rn. 91, die ein solches Vorgehen spezi-
    ell im Falle von Outsourcingprojekten anraten, sowie Abschnitt M 2.251 (Festlegung der
    Sicherheitsanforderungen für Outsourcing-Vorhaben) des BSI Grundschutz-Kataloges.

9. Verfügbarkeitskontrolle (Nr. 7)

78 Die Verfügbarkeitskontrolle richtet sich gegen den Verlust bzw. gegen die zufällige Zerstörung von personenbezogenen Daten und stellt damit die Verbindung zu dem im Rahmen der IT-Sicherheit häufig benutzten Begriff der Verfügbarkeit von sensiblen Daten dar. Diese Kontrollmaßnahme entsprang der EG-DSRl und wurde folglich erst im Rahmen der Reform 2001 in das BDSG eingeführt.

79 Die zufällige Zerstörung personenbezogener Daten wird in der Regel auf ungeplante Ereignisse oder Notfälle wie Stromausfälle, Hardwareversagen oder Störungen der Telekommunikationsnetzwerke zurückzuführen sein. Aber auch mutwillige Handlungen (wie z.B. Sabotageakte oder Vandalismus) oder schädliche Umwelteinflüsse (z.B. Wasserschäden, Blitzschlag oder Feuer) können für einen Ausfall der Verfügbarkeit verantwortlich sein. Eine der gängigsten Maßnahmen zur Sicherstellung der Verfügbarkeit von elektronischen Daten ist die Anfertigung von Sicherungskopien (Backups) in regelmäßigen Abständen. Hierbei reicht es schon für mittelgroße Datenbeständen jedoch oft nicht mehr aus, lediglich in periodischen Abständen den Datenbestand von einer Festplatte auf Sicherungsmedien wie beispielsweise Bandlaufwerke zu kopieren, da zwischen den Sicherungsintervallen die Verfügbarkeit der mittlerweile zusätzlich angefallenen Daten nicht gewährleistet werden kann.

80 Eine im Verhältnis zur einfachen Sicherung aufwändigere, aber aufgrund der beschriebenen praktischen Probleme mittlerweile branchenübliche Lösung für dieses Problem besteht in Form von sog. *„Disk-to-Disk-to-Tape"*-Prozeduren. Hierbei werden die Daten simultan auf eine zweite Festplatteneinheit geschrieben und erst von hier aus in periodischen Abständen zur Langzeitarchivierung zusätzlich auf Datenbänder gespielt. Der große Vorteil dieser Lösung liegt darin, dass selbst solche Daten, die vom Anwender gerade erst gespeichert wurden, bereits redundant abgelegt sind und das Gesamtsystem zudem nicht unter der regelmäßig wesentlich geringeren Datenübertragungskapazität gängiger Bandlaufwerke leidet. Derartige Lösungen sind zudem beliebig skalierbar und aufgrund der im Vergleich geringen Kosten für Plattenspeicherplatz auch wirtschaftlich tragbar.

81 Oftmals wird jedoch mit Abschluss eines jeden Backup-Durchlaufs das Problem als gelöst angesehen, ohne dabei die spezifischen Besonderheiten heutiger Sicherungsmethoden zu beachten. Backups sollten zum einen regelmäßig daraufhin getestet werden, ob mit ihrer Hilfe tatsächlich eine Rekonstruktion eines laufenden Systems möglich ist. Immer noch zu häufig werden Sicherungskopien nur von den eigentlichen Daten geschrieben, die dann zu einem späteren Zeitpunkt aufgrund des verwendeten proprietären Datenformates ohne die dazugehörige Anwendungssoftware nicht mehr auslesbar sind. Oftmals werden auch nach einem anfangs einmal erfolgten Vollbackup jahrelang nur inkrementelle Teilsicherungen erstellt, die darauf angewiesen sind, dass jeder einzelne der vorangehenden Sicherungen noch vollständig auslesbar ist. Trotz entsprechender Vorkehrungen moderner Siche-

rungslösungen werden Sicherungskopien auch immer noch unwissentlich auf schreibgeschützte Bänder geschrieben oder aufgrund einer falschen Konfiguration der Sicherungssoftware erst gar nicht angefertigt. Kritisch sind solche Fälle jedoch erst dann, wenn die angefertigten Sicherungskopien nicht regelmäßig auf ihre Integrität und Funktionsfähigkeit hin geprüft und eventuelle Mängel dadurch erst nach längeren Zeiträumen erkannt werden. Eine Rekonstruktion der Daten ist dann oft kaum noch möglich.

Ein erhebliches Praxisproblem ist jedoch oft der Umgang mit den beschriebenen **82** Sicherungsmedien selbst. Oft wird nicht berücksichtigt, dass selbst allgemein gängige Medien wie CDROM oder DVD keinen unbeschränkten Lebenszyklus haben, sondern je nach Lagerungsbedingungen nach einigen Jahren unlesbar werden. Elektromagnetischen Medien wie DAT-Bänder leiden zudem erheblich unter Magnetfeldern, wenn diese lange genug auf die Bänder einwirken können. Ein sorgfältiger Umgang mit Sicherungsmedien erfordert deswegen in erster Linie die Verwendung hochwertiger Sicherungsmedien, deren angemessene Aufbewahrung (trocken, kühl, vor direktem Sonnen- und UV-Licht geschützt und abgeschirmt gegen allgegenwärtige elektromagnetische Felder, die zum Beispiel Lautsprecher, Kabelstränge und Netzteile umgeben) und eine regelmäßige Überprüfung der Einlagerungsdauer und gegebenenfalls ein Umkopieren der gesicherten Daten auf frische Medien.

Technische und organisatorische Maßnahmen gegen eine zufällige Zerstörung oder **83** den Verlust von personenbezogenen Daten, die folglich in den Bereich der Verfügbarkeitskontrolle fallen:

– sicherheitsbewusste Planung eines Outsourcing-Vorhabens;[124]

– sorgfältige Auswahl eines Outsourcing-Anbieters;[125]

– Installation von unterbrechungsfreien (akkugestützten) Stromversorgungen (USV);[126]

– Vermeidung von wasserführenden Leitungen über oder neben Serverräumen, Nähe zu hochwassergefährdeten Bereichen[127] und Einbau von Klimaanlagen zur Umweltregulation;[128]

– Integration von redundanten Feuer- und Wassermeldern sowie von Alarmanlagen in das Sicherheitskonzept des Unternehmens;

---

124 Vgl. Abschnitt M 2.251 (Festlegung der Sicherheitsanforderungen für Outsourcing-Vorhaben) des BSI Grundschutz-Kataloges.

125 Vgl. Abschnitt M 2.252 (Wahl eines geeigneten Outsourcing-Dienstleisters) des BSI Grundschutz-Kataloges.

126 Vgl. Abschnitt M 1.28 (Lokale unterbrechungsfreie Stromversorgung) des BSI Grundschutz-Kataloges.

127 Vgl. Abschnitt G 1.5 (Wasser) des BSI Grundschutz-Kataloges.

128 Vgl. Abschnitt M 1.27 (Klimatisierung) des BSI Grundschutz-Kataloges.

– regelmäßige Erstellung von vollwertigen Sicherungskopien und deren anschließende Überprüfung und Auslagerung an einen anderen Ort;[129]
– regelmäßiges Testen der Datenwiederherstellung;
– regelmäßiges Umkopieren von Sicherungsmedien (Bänder und optische Datenträger haben individuelle Lebenszeiten, die niemals zu mehr als der Hälfte ausgenutzt werden sollten);
– Absicherung auch des Aufbewahrungsortes der Sicherungsmedien gegen Umwelt- und sonstige Dritteinflüsse;
– Erstellung eines umfassenden Notfall-Konzeptes und entsprechender schriftlicher Unterlagen.[130]

10. Trennungsgebot (Nr. 8)

84   Das Trennungsgebot soll sicherstellen, dass die Einhaltung des datenschutzrechtlichen Gebots der Zweckbindung technisch und organisatorisch unterstützt wird. Dazu wird eine Gewährleistung dahingehend verlangt, dass Daten, die zu unterschiedlichen Zwecken erhoben wurden, getrennt verarbeitet werden können. Dies betrifft in erster Linie Fälle, in denen eine zulässige Zweckänderung ausgeschlossen ist.

85   In der Praxis ist das Trennungsgebot vor allem in zwei verschiedenen Konstellationen relevant. Zum einen entstehen Schwierigkeiten, wenn Daten unterschiedlichen Ursprungs an einer zentralen Stelle gespeichert werden. In einem solchen Fall muss technisch oder organisatorisch gewährleistet sein, dass das Auslesen einzelner Datensätze aus dem Datenpool nur und ausschließlich zweckgebunden erfolgen kann. Es darf zum Beispiel nicht möglich sein, dass eine Anwendung außer auf die für den ursprünglichen Zweck eigentlich relevanten Daten auch noch auf weitere, zweckfremde Daten zugreifen kann, selbst wenn der Nutzer dies wünschen würde.[131]

86   Darüber hinaus stellt das Trennungsgebot IT-Dienstleister vor eine Herausforderung. Sobald diese mehr als einen Kunden haben und damit zwangsläufig personenbezogene Daten unterschiedlichen Ursprungs und mit verschiedenen Zweckbindungen auf ihren DV-Systemen speichern, muss sichergestellt werden, dass sich die Datenbereiche der Kunden nicht versehentlich überschneiden und dadurch Daten des einen Kunden vom anderen mit ausgelesen werden können. Ist dies nicht zuverlässig möglich, müssen die Daten auf physisch getrennten Speichern abgelegt werden, was jedoch heute in Zeiten von hochflexiblen und global ausgerichteten Spei-

---

129 Vgl. Abschnitte M 6.32 (Regelmäßige Datensicherung) und M 6.20 (Geeignete Aufbewahrung der Backup-Datenträger) des BSI Grundschutz-Kataloges.
130 Vgl. Abschnitt M 6.3 (Erstellung eines Notfall-Handbuches) des BSI Grundschutz-Kataloges.
131 *Pohl*, in: Reinhard/Pohl/Capellaro, IT-Sicherheit und Recht, Rechtliche und technisch-organisatorische Aspekte für Unternehmen, S. 76.

chernetzwerken (sog. Storage Area Networks oder SANs) kaum praktikabel sein dürfte und sich spätestens im Rahmen der Nutzung von Cloud-Computing-Diensten als vollends unmöglich darstellt.

Mögliche Maßnahmen zur Sicherstellung einer möglichen getrennten Verarbeitung **87** zweckgebundener personenbezogener Daten:
– Erarbeitung von Berechtigungskonzepten zur Regelung des Zugriffs auf personenbezogene Daten;
– verschlüsselte Speicherung von personenbezogenen Daten, die daraufhin selbst im Falle eines versehentlichen Abrufens durch Dritte nicht von diesen gelesen werden können;
– softwareseitige Mandantentrennung;
– Trennung von Test- und Produktivsystemen.

11. Anwendung von Verschlüsselungsverfahren (Satz 3)

Durch die BDSG-Novelle 2009 ist ein Nachtrag in die Anlage zu § 9 BDSG integ- **88** riert worden, die im Hinblick auf die Maßnahmen nach Satz 2 Nummer 2 bis 4 (Zugangs-, Zugriffs- und Weitergabekontrolle) ausdrücklich die Verwendung von dem Stand der Technik entsprechenden Verschlüsselungsverfahren nennt. Hierbei handelt es sich jedoch nicht um ein neues gesetzliches Gebot, sondern lediglich um einen kreativ platzierten gesetzgeberischen Hinweis. Kryptografische Verfahren gehörten bereits vor der Novellierung zum Repertoire der geeigneten technischen und organisatorischen Maßnahmen zur Zugangs-, Zugriffs- und Weitergabekontrolle. Der Bericht des Innenausschusses, in dem diese unauffällige Ergänzung der Anlage zu § 9 BDSG zum ersten Mal erwähnt wurde, weist jedoch darauf hin, dass Verschlüsselungsverfahren in der Praxis „noch nicht im wünschenswerten Umfang eingesetzt" würden. Die gewählte Formulierung verweist dabei laut der Begründung auf „fortschrittliche Verfahren", die sich „in der Praxis bewährt haben" und geeignet sind, „einen hohen Sicherheitsstandard" zu gewährleisten.[132]

In der Praxis stellt sich jedoch die Frage, welche Verschlüsselungsverfahren jeweils **89** dem Stand der Technik entsprechen. Die verlangte Fortschrittlichkeit der verwendeten Verschlüsselungstechnologie hängt dabei einerseits von der konkreten Verschlüsselungsform und dem dabei verwendeten spezifischen Verschlüsselungsalgorithmus und andererseits von der zur Anwendung kommenden Schlüssellänge ab. Dabei wird hinsichtlich der Verschlüsselungsformen im Wesentlichen zwischen symmetrischen (z.B. DES, 3DES oder AES) und asymmetrischen Verschlüsselungsalgorithmen (z.B. RSA) unterschieden.[133]

132 Beschlussempfehlung und Bericht des Innenausschusses (4. Ausschuss), BT-Drs. 16/13657 vom 1.7.2009, S. 23.
133 Weiterführende Literatur zum Thema bspw. *Schneier*, Applied Cryptography, 1996; *Kahn*, The Codebreakers: The Comprehensive History of Secret Communication from

90 Die Schlüssellänge ist hingegen der Faktor, der die Komplexität der mathematischen Berechnungen darstellt und damit – da jeder verschlüsselte Text letztlich durch einfaches Ausprobieren aller möglicher Schlüsselvarianten entschlüsselt werden kann – unmittelbar die Sicherheit der Verschlüsselung beeinflusst. 2007 war absehbar, dass eine seinerzeit häufig verwendete Verschlüsselung auf Basis des RSA-Algorithmusses[134] und einer Schlüssellänge von 1024 Bit erfolgreich angegriffen werden konnte. Diese Betrachtungen ändern sich jährlich. Während für den Zeitraum bis Ende 2008 noch eine Länge von 1280 Bit als ausreichend sicher angesehen wurde, wird bis Ende 2009 bereits eine Bitlänge von mindestens 1536, bis Ende 2010 von mindestens 1728 Bit und ab Anfang 2011 sogar von mindestens 1976 Bit als erforderlich angesehen.[135] Die deutsche Bundesnetzagentur geht sogar davon aus, dass für die Gewährleistung eines langfristigen Sicherheitsniveaus eine Erhöhung der Schlüssellänge auf 2048 Bit notwendig ist.[136]

91 Der Einsatz eines von einer Bundesbehörde untersuchten Verschlüsselungsverfahrens mit einer von einer dieser Stelle angeratenen Schlüssellänge sollte das Fortschrittlichkeitskriterium erfüllen können. Diese vom Gesetzgeber gewünschte Konkretisierung der geeigneten Maßnahmen darf jedoch nicht als notwendig ausreichend verstanden werden. Die hochwertige Verschlüsselung von personenbezogenen Daten vor ihrem Transport ist beispielsweise nur eine Teilmaßnahme im Rahmen der Durchführung der Weitergabekontrolle. Darüber hinaus ist der sorgfältige Umgang mit den verwendeten Schlüsseln ebenso erforderlich wie die Absicherung der eigentlichen Verschlüsselungssoftware vor Manipulationen. Dabei ist stets ein gesamtheitlicher Betrachtungsansatz notwendig. Single-Sign-On (SSO)-Lösungen, bei denen der Anwender lediglich eine einmalige Authentifizierung durchführt, und in der Folge ohne erneute Berechtigungsüberprüfung auf weitere Rechner und Server in einem bestimmten Netzwerk zugreifen kann, so lange er für diese lokal berechtigt wurde, sind beispielsweise ein sicherheitstechnisch nicht unum-

---

Ancient Times to the Internet, 1996; *Wätjen*, Kryptographie: Grundlagen, Algorithmen, Protokolle, 2009; *Beutelspacher/Schwenk/Wolfenstetter*, Moderne Verfahren der Kryptographie. Von RSA zu Zero-Knowledge, 2001.

134 RSA ist ein von den Amerikanern Rivest, Shamir und Adleman 1977 am Massachusetts Institute of Technology (MIT) entwickeltes asymmetrisches Kryptosystem, das sowohl zur Verschlüsselung als auch zum digitalen Signieren eingesetzt werden kann und zum Beispiel in der Internet- und Telekommunikations-Infrastruktur (X.509-Zertifikate), bei Internet-Übertragungsprotokollen (IPSec oder SSH) und bei der E-Mail-Verschlüsselung (PGP oder S/MIME) zur Anwendung kommt.

135 Vgl. die Übersicht über geeignete Algorithmen im Rahmen der Bekanntmachung zur elektronischen Signatur nach dem Signaturgesetz und der Signaturverordnung der Bundesnetzagentur für Elektrizität, Gas, Telekommunikation, Post und Eisenbahnen vom 17.11.2008 (http://www.bundesnetzagentur.de/media/archive/15549.pdf).

136 Vgl. Entwurf einer aktualisierten Fassung der Übersicht vom 24.8.2009 bis Ende 2016 (https://www.bsi.bund.de/cae/servlet/contentblob/645388/publicationFile/36895/Algorithmenkatalog_Entwurf.pdf).

strittenes Konzept[137] und sollten – speziell wenn dadurch der Zugriff auf verschlüsselte Daten ermöglicht wird – nur mit großer Vorsicht und unter Abwägung der erkennbaren Vor- und Nachteile zum Einsatz kommen.

VI. Praxisaspekte

1. Datensicherheit beim Einsatz mobiler Endgeräte

Die Erhebung und Verarbeitung personenbezogener Daten findet heute immer häufiger unter Benutzung mobiler Endgeräte, wie Laptops, Handhelds oder Smartphones statt. Nicht zuletzt, da diese Geräte trotz beachtlicher Rechenleistungen immer kleiner und mobiler werden und zudem oftmals mit verschiedenen Technologien netzwerktauglich geworden sind und auf die ein oder andere Weise Zugriffe auf das Firmennetz erlauben, müssen sie als besonders gefährdet betrachtet werden, was oft zu einer besonders hohen Schutzzweckeinstufung führt. **92**

Die von der verantwortlichen Stelle zu ergreifenden technischen und organisatorischen Maßnahmen müssen diese besonderen Umstände beim Einsatz mobiler Endgeräte berücksichtigen. Dies gilt besonders im Zusammenhang mit der Zutritts-, der Zugangs- und der Zugriffskontrolle.[138] So sind mobile Endgeräte zwingend unter Anwendung bewährter kryptographischer Methoden zu verschlüsseln. Ob eine ausschließliche Benutzung durch den rechtmäßigen Anwender dann durch Passwörter, über geheime Gesten auf den berührungsempfindlichen Bildschirmen von Smartphones oder durch biometrische Verfahren wie Fingerabdruckscanner oder einer Gesichtserkennung über die eingebauten Frontkameras moderner Smartphones sichergestellt wird, ist dann wiederum eher eine Frage im Zusammenhang mit der Abwägung zwischen Aufwand und Schutzzweck.[139] Absolute Pflicht ist aber heutzutage beim Einsatz mobiler Endgeräte die Verwendung und zentrale Verwaltung von Lokalisations- und Fernlöschungsmechanismen (Remote Wipe), wie sie für die gängigen mobilen Betriebssysteme iOS von Apple und Android von Google entweder mit Bordmitteln oder unter Verwendung von Drittsoftware verfügbar sind. Speziell beim Einsatz von Lokalisationslösungen sind jedoch gegebenenfalls bestehende Rechte von Arbeitnehmervertretungen zu beachten, da sie zur Leistungs- und Verhaltenskontrolle gebraucht werden könnten. **93**

Zur weiteren Reduzierung des Risikos wird es regelmäßig erforderlich sein, den Umfang der unmittelbar auf den mobilen Endgeräten gespeicherten personenbezo- **94**

---

137 Dabei zielt der Schwerpunkt der Kritik auf die Tatsache, dass die Sicherheit des Gesamtsystems auf das Niveau eines einzigen Elementes reduziert wird (Single Point of Failure). Eine unerkannte Schwäche des Zugangssystems kompromittiert möglicherweise eine Vielzahl von – für sich gesehen – sicheren Systemen.
138 *Däubler/Klebe/Wedde/Weichert*, BDSG, § 9 Rn. 42.
139 Zu den Anforderungen an die Passwortgestaltung siehe *Schaffland/Wiltfang*, BDSG, § 9 Rn. 7a, mit Verweis auf die Empfehlungen des Bundesdatenschutzbeauftragten aus RDV 1993, S. 274.

genen Daten soweit wie möglich zu minimieren und den Zugriff auf die dann auf entfernten Datenservern zu speichernden Datensätze bestmöglich abzusichern. Hierzu bieten sich in der Praxis zum Beispiel die Virtualisierungstechnologien an, bei denen der Mitarbeiter über gesicherte Verbindungen auf sog. virtuelle Maschinen zugreifen und auf diesen quasi per visueller Fernsteuerung arbeiten kann, ohne, dass die personenbezogenen Daten jemals tatsächlich die Server des Unternehmens verlassen.

95   Bereits bei der Anschaffung sollten Datensicherheitsaspekte Berücksichtigung finden. Dies kann zum Beispiel dazu führen, dass zusammen mit den mobilen Endgeräten auch Sicherheitsschlösser, feste, verschließbare Transport- und Aufbewahrungsgehäuse und manuelle Schutzvorrichtungen für die vorhandenen Schnittstellen mit angeschafft werden müssen.[140] In modernen Laptops und Notebooks finden sich auch immer öfter sog. TCMs (Trusted Computing Modules), die – sofern dies vom Betriebssystem unterstützt wird – eine hochwertige, weil hardwarebasierte Verschlüsselung der Systeme ermöglichen.[141]

96   Die technische Entwicklung geht gerade im Bereich der mobilen Endgeräte rasant voran. Dennoch sind manche Sicherheitsmechanismen auf diesen Geräten aufgrund bestehender Speicher- oder Rechenbeschränkungen immer noch kompromissbehaftet. Technische Beschränkungen bilden jedoch keinen Entschuldigungstatbestand. Das kann bedeuten, dass in Fällen, in denen eine angemessene Einhaltung der Anforderungen des § 9 BDSG nicht möglich ist, von einer Verarbeitung personenbezogener Daten auf oder über mobile Endgeräte abgesehen werden muss.[142]

97   Dies gilt ganz besonders im Bereich der mittlerweile von manchen Arbeitgebern geförderten dienstlichen Nutzung privater Endgeräte („Bring Your Own Device", BYOD).[143] Auch wenn hier die gängigen Betriebssysteme iOS von Apple und Android von Google mittlerweile über die Voraussetzungen für zentral verwalte Sicherheitsprofile verfügen und Drittanbieter über spezielle mobile Anwendungen[144] eine hochverschlüsselte und damit relativ sichere Einbindung privater Endgeräte in Unternehmensnetze ermöglichen, ändert das nichts an der Prämisse, dass wirklich unternehmenskritische Daten das Unternehmen möglichst nicht verlassen sollten.

---

140 Vgl. *Schaffland/Wiltfang*, BDSG, § 9 Rn. 33b, mit Verweis auf entsprechende Empfehlungen des Bremischen Landesdatenschutzbeauftragten zum Einsatz tragbarer PCs.
141 Weitere Informationen zum Thema „Trusted Computing" finden sich z. B. unter www.trustedcomputinggroup.org/.
142 Vgl. *Wedde*, in: Däubler/Klebe/Wedde/Weichert, BDSG, § 9 Rn. 32.
143 Zu weiteren datenschutzrechtlichen Aspekten des Themas BYOD vgl. z. B. *Conrad/Schneider*, ZD 2011, S. 153.
144 Vgl. als repräsentatives Beispiel die Software *Good for Enterprise* der Fa. Good Technology Inc. (www.good.com).

2. Datensicherheit im Rahmen von Outsourcing-Projekten

Ein weiterer in der Praxis überaus wichtiger Themenbereich ist die Sicherheit von **98** personenbezogenen Daten, wenn ein Unternehmen einen Teil seiner Informationstechnologie oder sogar ganze Geschäftsprozesse an einen Dienstleister auslagert. Hierbei spielt neben den üblichen IT-sicherheitsrechtlichen Anforderungen aus dem Gesetz zur Kontrolle und Transparenz im Unternehmensbereich (KonTraG), dem Telemediengesetz (TMG), dem Telekommunikationsgesetz (TKG) und aus Regelwerken wie Basel II oder MiFID auch der Datenschutz eine ganz erhebliche Rolle.[145]

Im Zusammenhang mit dem Thema Datensicherheit im Rahmen von Outsourcing-**99** Projekten muss stets beachtet werden, dass der Auftraggeber trotz der Auslagerung in der Verantwortung bleibt. Lässt sich die Auslagerung der IT in den selteneren Fällen noch als eine Auftragsdatenverarbeitung im Sinne von § 11 BDSG gestalten, bleibt der Auftraggeber schon wegen der ausdrücklichen Regelung in § 11 Abs. 1 Satz 1 BDSG für die Einhaltung der datenschutzrechtlichen Vorschriften verantwortlich. Aber selbst, wenn die Auslagerung der IT aus datenschutzrechtlicher Sicht eine Übermittlung von personenbezogenen Daten an einen Dritten darstellt, steht der Auftraggeber in der Verantwortung.

Das Thema Datensicherheit sollte daher verbindlich und in angemessenem Umfang **100** in die Vertragsgrundlagen integriert werden. Hierzu bietet es sich an, bereits im Rahmenvertrag die grundlegenden Verpflichtungen zu regeln. Dabei sollte sichergestellt sein, dass die Verantwortungsbereiche zwischen Auftraggeber und Auftragnehmer so detailliert und eindeutig wie möglich abgegrenzt werden.[146] Dies ist insbesondere vor dem Hintergrund der neuen Informationspflichten hochgradig praxisrelevant. Die Verantwortlichkeit für eine rechtzeitige Meldung eines Datenverlustes an die Betroffenen und an die zuständige Aufsichtsbehörde nach § 42a BDSG trägt allein die verantwortliche Stelle. Wenn ein Datenverlust beim Dienstleister geschieht, muss also eine unmittelbare Unterrichtung des Auftraggebers erfolgen, um diesem die gesetzeskonforme Meldung des Vorfalls zu ermöglichen. Diese Thematik sollte zudem im Rahmen der Haftungsregelungen reflektiert werden, denn eine unterlassene oder verspätete Meldung eines Vorfalls kann schon für sich genommen empfindliche Bußgelder auslösen.[147]

Im Rahmen der Leistungsscheine (Service Level Agreements) sollten dann die in **101** technischer Hinsicht an die Datensicherheit zu stellenden Anforderungen dargestellt werden. Auch hier gilt grundsätzlich, dass Ausführlichkeit grundsätzlich nicht schadet. Statt lediglich Verschlüsselung der Daten zu fordern, sollten zunächst explizit die gewünschten kryptografischen Verfahren geregelt werden (meistens werden heute hybride Verfahren benutzt, bei denen der Austausch des Schlüssels über

---

145 Weiterführend hierzu *Müthlein/Heck/Räther*, DuD 2005, S. 461.
146 Weiterführend hierzu *Schultze-Melling*, ITRB 2005, S. 42.
147 Vgl. § 43 Abs. 2 Nr. 7 BDSG.

vergleichsweise langsame asymmetrische Verfahren wie RSA abgewickelt wird, woraufhin die Verschlüsselung der eigentlichen Daten mit wesentlich schnelleren symmetrischen Verschlüsselungsmethoden wie 3DES oder AES durchgeführt wird). Da die Stärke einer Verschlüsselung im Wesentlichen von der Länge der verwendeten Schlüssel abhängig ist, macht es regelmäßig Sinn, zusätzlich die gewünschten Schlüssellängen zu vereinbaren.[148] Da aufgrund der rasant fortschreitenden technologischen Möglichkeiten heute noch sichere Schlüssellängen in einigen Jahren als unsicher gelten werden, sollten bei symmetrischen Verschlüsselungsverfahren schon heute Werte von mindestens 128 Bit und bei asymmetrischen Verfahren von mindestens 2048 Bit gewählt werden. Keinesfalls sicher sind jedoch symmetrische Schlüssellängen von 40 Bit, wie sie z. B. in der Vergangenheit in den Exportversionen gängiger Softwareprodukte enthalten waren und teilweise sogar heute noch sind.

102 Angesichts der Wichtigkeit des Themas Datensicherheit und der gegebenen Komplexität der damit verbundenen technischen Fragen, erscheint es jedoch sinnvoll, zumindest bei der Gestaltung der Service Level Agreements Sicherheitsexperten mit hinzuzuziehen, um sicher zu gehen, dass aktuelle technische Standards Berücksichtigung finden. Deren Einhaltung sollte dann jedoch auch regelmäßig kontrolliert werden. Entsprechende Audit-Rechte sind zwar schon lange Routine in Outsourcing-Verträgen, wurden aber in der Vergangenheit recht selten auch genutzt. Dies ändert sich in der Praxis nun, wohl nicht zuletzt, weil den Auftraggebern die Tragweite der eigenen Haftung klarer wird und sie erkennen, dass sich Datenverluste heutzutage kaum noch vertuschen lassen und ein unprofessioneller Umgang mit diesem Thema weitreichende Reputationsschäden mit sich bringen kann.

3. Datensicherheit im Zusammenhang mit Cloud Computing

103 Cloud Computing ist eine Entwicklung in der Informationstechnik, die im Wesentlichen den Schritt von lokal installierter Hardware und darauf ablaufenden Anwendungen bis hin zu einer Vielzahl von Lokationen über Datennetzwerke wie das Internet abrufbare Dienste beschreibt.[149] Entwicklungsplattformen wie Azure von Microsoft[150] oder die force.com-Plattform des Anbieters Salesforce[151] sind dafür ebenso Beispiele wie die diversen über das Internet nutzbaren Office-Anwendungen von Google[152] oder die virtuellen Speicherserver der Elastic Compute Cloud (EC2) von Amazon.[153]

---

148 Weiterführend hierzu *Wagner*, DSWR 2006, S. 181.
149 Weiterführend *Armbrust et al.*, Above the Clouds: A Berkeley View of Cloud Computing, 2009, http://d1smfj0g31qzek.cloudfront.net/abovetheclouds.pdf; *Brookmann*, ZD 2012, S. 401.
150 www.microsoft.com/azure/.
151 www.salesforce.com.
152 www.google.com/apps/.
153 http://aws.amazon.com/ec2.

Speziell im Zusammenhang mit dem Einsatz dieser neuen Technologien in Unter-   **104**
nehmensnetzwerken spielt neben den üblichen IT-sicherheitsrechtlichen Anforderungen auch der Datenschutz eine ganz erhebliche Rolle. Das deutsche und europäische Datenschutzrecht geht nicht nur davon aus, dass eine datenverarbeitende Stelle
jederzeit weiß, wo sich einzelne Daten befinden, was im Rahmen des Cloud Computings ebenso datenschutzrechtliche Probleme mit sich bringt[154] wie die Abgrenzung
einer in diesen Konstellationen theoretisch denkbaren Auftragsdatenverarbeitung
gegen die in aller Regel vorliegende Funktionsübertragung.[155] Auch speziell die Umsetzung der nach § 9 BDSG erforderlichen Sicherheitsmaßnahmen stellt Anbieter
und – dank der Notwendigkeit des neuen § 11 BDSG, der eine Festlegung der zu treffenden technischen und organisatorischen Maßnahmen vorschreibt – datenverarbeitende Stelle gleichermaßen vor praktische Probleme. Von den neun Kontrollen der
Anlage zu § 9 BDSG stellen sich bei genauerer Betrachtung wenigstens fünf als
kaum realistisch darstellbar heraus. So wird es einer verantwortlichen Stelle bei der
Inanspruchnahme von Cloud-Computing-Diensten wie Software-as-a-Service
(SaaS) oder Storage-as-a-Service (StaaS) beispielsweise schwer fallen, im Rahmen
der Weitergabekontrolle zu überprüfen und festzustellen, an welche Stellen eine
Übermittlung personenbezogener Daten durch Einrichtungen zur Datenübertragung
vorgesehen ist oder im Rahmen der Zugriffskontrolle zu gewährleisten, dass einerseits berechtigte Benutzer ausschließlich auf die ihrer jeweiligen Zugriffsberechtigung unterliegenden Daten zugreifen können, und dass andererseits personenbezogene Daten bei der Verarbeitung, Nutzung und nach der Speicherung nicht unbefugt
gelesen, kopiert, verändert oder entfernt werden können. Diese Kontrollen sind ausgelegt auf räumlich abtrennbare und damit physisch absicherbare Speicherorte und
geraten bei virtuellen Datenspeichern aufgrund der letztlich mangelnden faktischen
Überprüfbarkeit der gebotenen Kontrollen an ihre Grenzen. Dasselbe gilt im Hinblick auf die Durchführung von Zugangskontrollen, Auftragskontrollen und – wie
aktuelle Fälle immer wieder zeigen – letztlich auch von Verfügbarkeitskontrollen.[156]

Die Datenschutzbeauftragten des Bundes und der Länder haben im September   **105**
2011 eine „Orientierungshilfe – Cloud Computing" verabschiedet.[157] Diese stellt

---

154 Zu weiteren generellen datenschutzrechtlichen Aspekten im Zusammenhang mit Cloud
Computing vgl. *Schultze-Melling*, CRi 2008, S. 142 (143); *Spies*, MMR 2009, Heft 5,
S. XI; *Reindl*, in: Taeger/Wiebe, Inside the Cloud, S. 441; *Schulz*, in: Taeger/Wiebe, Insi-
de the Cloud, S. 402 (411 ff.); *Hoeren/Spittka*, MMR 2009, S. 583.

155 Vgl. *Schneider*, Beitrag zum 8. Bayerischen IT-Rechtstag, S. 9; a. A. *Schulz/Rosenkranz*,
ITRB 2009, S. 232 (235), die von einer regelmäßigen Anwendbarkeit einer Auftragsdatenverarbeitung ausgehen; zur Abgrenzung vgl. *Walz*, in: Simitis, BDSG, § 11 Rn. 17 ff.

156 Vgl. *Ingo Pakalski*, Sidekick-Ausfall: Klage gegen T-Mobile und Microsoft; Beitrag auf
Golem.de, abrufbar unter www.golem.de/0910/70525.html, und *Guido Kolberg*, „Kippt
das Cloud-Konzept? Ausfälle bei Amazon und Google", abrufbar unter www.it-director.
de/startseite/itd-news/archive/2008/juni/browse//3/artikel/634/kippt-das-cloud-konzept-
ausfaelle-bei-amazon-und-google.html.

157 Abrufbar unter www.datenschutz-bayern.de/technik/orient/oh_cloud.pdf.

die aus Sicht der Aufsichtsbehörden relevantesten Risiken bei der Datenverarbeitung in Clouds dar, definiert die Anforderungen an die vertragliche Ausgestaltung von Cloud-Diensten und gibt Empfehlungen zu den technischen und organisatorischen Anforderungen.[158] Hierbei wird jeweils gesondert für die Cloud-Modelle Infrastructure-as-a-Service (IaaS), Platform-as-a-Service (PaaS) und SaaS erläutert, welche spezifischen Risiken bestehen und wie diesen mit technisch-organisatorischen Maßnahmen begegnet werden kann. Der für erforderlich gehaltene Standard ist jedoch vergleichsweise hoch und geht in Teilen weit über das hinaus, was der Gesetzgeber z.B. in § 11 BDSG im Rahmen der vertraglichen Gestaltung einer Auftragsdatenverarbeitung fordert.

106 Auch die Art. 29-Datenschutzgruppe als Zusammenschluss der europäischen Aufsichtsbehörden hat mittlerweile ihre Vorgaben zur datenschutzgerechten Nutzung von Cloud Computing veröffentlicht (WP 196).[159] Dabei setzt die Artikel-29-Gruppe auf den bisherigen Stellungnahmen auf und ergänzt diese nicht nur durch konkrete Aussagen zu Zertifizierungen und Audits, sondern auch durch Anforderungen an die Datensicherheit. Welche Maßnahmen jedoch ganz konkret zur Erreichung eines hinreichenden Sicherheitsniveaus ergriffen werden müssen, wird auch in diesem Papier nur sehr knapp ausgeführt. Konkretere Empfehlungen hierzu können aber zum Beispiel einer Veröffentlichung des Bundesamtes für Sicherheit in der Informationstechnik (BSI) zur Informationssicherheit beim Cloud Computing entnommen werden.[160]

4. Prävention von Datenverlusten (Data Loss Prevention, DLP)

107 Mit dem stetigen Wachsen der heutzutage elektronisch verfügbaren Daten steigt auch die Gefahr eines fahrlässigen oder vorsätzlichen Verlustes dieser Daten.[161] Gleichzeitig steigen die Schadenspotenziale wegen der damit einhergehenden wirtschaftlichen und reputationsbezogenen Schäden. Der Kampf gegen Datenverluste –

---

158 Eine ausführliche Zusammenfassung der Orientierungshilfe findet sich bei *Schröder/ Haag*, ZD 2011, S. 147.

159 Vgl. Stellungnahme 05/2012 zum Cloud Computing (WP 196), abrufbar unter http:// ec.europa.eu/justice/data-protection/article-29/documentation/opinion-recommendation/ files/2012/wp196_de.pdf.

160 Sicherheitsempfehlungen für Cloud Computing-Anbieter, abrufbar unter: www.bsi. bund.de/SharedDocs/Downloads/DE/BSI/Mindestanforderungen/Eckpunktepapier-Si cherheitsempfehlungen-CloudComputing-Anbieter.pdf; vgl auch das Working Paper der International Working Group on Data Protection in Telecommunications on Cloud Computing „Privacy and data protection issues", eine deutsche Übersetzung ist abrufbar unter: www.datenschutz-berlin.de/attachments/882/675.44.10.pdf?1340178180.

161 Das Beratungshaus Ernst&Young erwartet beispielsweise, dass es bereits in zehn Jahren 44 Mal so viele digitale Informationen geben wird wie heute, nämlich 35 Zettabyte (35 Bio. Gigabyte), vgl. die Studie „Data loss prevention – Keeping your sensitive data out of the public domain", abrufbar unter www.ey.com/Publication/vwLUAssets/Data_loss_ prevention_en/$FILE/Data-loss-prevention.pdf.

üblicherweise mit dem englischen Begriff „Data Loss Prevention" umschrieben – wurde damit zu einem der Kernthemen moderner Datensicherheitskonzepte.

Im Rahmen eines DLP-Konzeptes sind grundsätzlich sämtliche Kontrollen der Anlage des § 9 BDSG relevant, vor allem aber die Zutritts-, Zugangs-, Zugriffskontrollen sowie die Weitergabekontrolle. Die Anwendung von Verschlüsselungssystemen ist heute ein in der Praxis bewährter Schutzmechanismus im Rahmen der DLP, lässt sich aber u. a. mangels flächendeckender Verbreitung der notwendigen Infrastruktur (etwa im Bereich der elektronischen Kommunikation) nicht immer zur Anwendung bringen. Darüber hinaus unterfallen Schutzmaßnahmen, die z. B. in den USA gängige Routine sind, in Europa erheblichen datenschutz- und vor allem arbeitsrechtlichen Bedenken.[162]

108

---

162 Eine umfassendere Aufarbeitung der datenschutz- und mitbestimmungsrechtlichen Fragestellungen findet sich u. a. bei *Strunk*, Computer und Arbeit 2011, S. 5, oder bei *Meier*, Computer und Arbeit (CuA) 2011, S. 10.

§ 9a Datenschutzaudit

Zur Verbesserung des Datenschutzes und der Datensicherheit können Anbieter von Datenverarbeitungssystemen und -programmen und datenverarbeitende Stellen ihr Datenschutzkonzept sowie ihre technischen Einrichtungen durch unabhängige und zugelassene Gutachter prüfen und bewerten lassen sowie das Ergebnis der Prüfung veröffentlichen. Die näheren Anforderungen an die Prüfung und Bewertung, das Verfahren sowie die Auswahl und Zulassung der Gutachter werden durch besonderes Gesetz geregelt.

Literatur: *Bäumler*, Ein Gütesiegel für den Datenschutz, DuD 2004, S. 80; *Bäumler*, Datenschutzaudit und IT-Gütesiegel im Praxistest, RDV 2001, S. 167; *Bäumler*, Audits und Gütesiegel im Datenschutz, CR 2001, S. 795; *Bäumler*, Datenschutzaudit und Gütesiegel in Schleswig-Holstein, DuD 2001, S. 252; *Bizer*, Bausteine eines Datenschutzaudits, DuD 2006, S. 5; *Bizer*, Aktuelle Stimmen zum Datenschutzaudit, DuD 1997, S. 535; *Bizer/Petri*, Kompetenzrechtliche Fragen des Datenschutzaudits, DuD 2001, S. 97; *Büllesbach*, Datenschutz und Datensicherheit als Qualitäts- und Wettbewerbsfaktor, RDV 1997, S. 237; *Drews/Kranz*, Argumente gegen die gesetzliche Regelung eines Datenschutzaudits, DuD 1998, S. 93; *Drews/Kranz*, Datenschutzaudit – Anmerkungen zum Rechtsgutachten von A. Roßnagel vom Mai 1999, DuD 2000, S. 226; *Gola*, Der auditierte Datenschutzbeauftragte – oder von der Kontrolle der Kontrolleure, RDV 2000, S. 93; *Grentzenberg/Schreibauer/Schuppert*, Die Datenschutznovelle (Teil I), K&R 2009, S. 535; *Grentzenberg/Schreibauer/Schuppert*, Die Datenschutznovelle (Teil II), K&R 2009, S. 368; *Grimm/Roßnagel*, Datenschutz für das Internet in den USA, DuD 2000, S. 446; *Hladjk*, Gütesiegel als vertrauensbildende Maßnahme im E-Commerce, DuD 2002, S. 597; *Kinast/Schröder*, Audit & Rating: Vorsprung durch Selbstregulierung – Datenschutz als Chance für den Wettbewerb, ZD 2012, S. 207; *Kladroba*, Datenschutzrating statt Datenschutzaudit – Eine Alternative?, DuD 2002, S. 335; *Königshofen*, Chancen und Risiken eines gesetzlich geregelten Datenschutzaudits, DuD 2000, S. 357; *Kuck/Weller*, Stellungnahme des Teams Datenschutzaudit zum Entwurf eines Bundesdatenschutzauditgesetzes (Referentenentwurf vom 7. September 2007 des Bundesministers des Innern), JurPC Web-Dok. 148/2008; *Meissner*, Zertifizierungskriterien für das Datenschutzgütesiegel EuroPriSe, DuD 2008, S. 525; *Moos*, Die Entwicklung des Datenschutzrechts im Jahr 2008, K&R 2009, S. 154; *Reiländer/Weck*, Datenschutzaudit nach IT-Grundschutz – Konvergenz zweier Welten, DuD 2003, S. 692; *Rösser*, quid! Datenschutzzertifizierung, DuD 2003, S. 401; *Roßnagel*, Datenschutzaudit in Japan, DuD 2001, S. 154; *Roßnagel*, Datenschutzaudit, DuD 1997, S. 505; *Roßnagel*, Audits stärken Datenschutzbeauftragte, DuD 2000, S. 231; *Roßnagel/Pfitzmann/Garstka*, Modernisierung des Datenschutzrechts – Gutachten im Auftrag des Bundesministeriums des Innern, RDV 2002, S. 61, und DuD 2001, S. 253 (Zusammenfassungen); *Münch*, Harmonisieren – dann Auditieren und Zertifizieren, RDV 2003, S. 223; *Neundorf*, Praxisbericht – Konzerninternes Datenschutzaudit, DuD 2002, S. 338; *Petri*, Vorrangiger Einsatz auditierter Produkte, DuD 2001, S. 150; *Schaar/Stutz*, Datenschutz-Gütesiegel für Online-Dienstleistungen, DuD 2002, S. 330; *Schläger*, Gütesiegel nach Datenschutzauditverordnung Schleswig-Holstein, DuD 2004, S. 459; *Schläger/Stutz*, ips – Das Datenschutz-Zertifikat für Online-Dienste, DuD 2003, S. 406; *Spindler*, IT-Sicherheit – Rechtliche Defizite und rechtspolitische Alternativen, MMR 2008, S. 7; *Voß-bein*, Datenschutzauditierung, DuD 2004, S. 92; *Voßbein*, Vorabkontrolle und Datenschutzaudit – Gemeinsamkeiten und Unterschiede, RDV 2002, S. 322; *Weber/Sievers*, Externes Datenschutzaudit, DuD 2002, S. 342; *Weichert*, Datenschutz als Verbraucherschutz, DuD 2001, S. 264; *Wilke/Kiesche*, Datenschutzaudit, dbr 2009, S. 20.

I. Allgemeines

1. Gegenstand der Norm

Regelungsgegenstand des § 9a BDSG ist die vom Gesetzgeber seit 2001 geplante **1** Möglichkeit, dass Unternehmen freiwillig ihre Datenschutzkonzepte und die zur Verarbeitung personenbezogener Daten eingesetzten technischen Einrichtungen überprüfen und bewerten lassen können, um das Ergebnis im Anschluss veröffentlichen und insbesondere beim Vertrieb ihrer Produkte oder Dienstleistungen nutzen zu können (Satz 1).[1] Das nähere Verfahren für die Durchführung des Audits und die Vergabe der Zertifikate sind jedoch durch ein gesondertes Gesetz zu regeln (Satz 2), das es trotz intensiver Debatten – speziell im Zusammenhang mit der letzten Novellierung des Datenschutzrechts im Jahre 2009 – immer noch nicht gibt.

2. Zweck und Hintergrund der Regelung

Ziel der Norm ist ausdrücklich eine Verbesserung des Datenschutzes und der Da- **2** tensicherheit. Dies soll dadurch erreicht werden, dass Anbieter und datenverarbeitende Stellen motiviert werden, auf freiwilliger Basis ihre Datenschutzkonzepte und ihre technischen Einrichtungen durch unabhängige Dritte überprüfen zu lassen. Rechtskonformer Datenschutz soll damit zu einem Differenzierungsmerkmal im

---

1 Vgl. *Bizer*, in: Simitis, BDSG, § 9a Rn. 6.

Wettbewerb gemacht werden und das in § 9a BDSG vorgesehene Datenschutzaudit wird dadurch zu einem marktwirtschaftlichen Steuerungsinstrument.[2] Die Begründung zum Gesetzesentwurf verweist dementsprechend auch auf den Wunsch, über die Regelung des § 9a BDSG datenschutzfreundliche Produkte auf dem Markt zu fördern – ein Gedanke, dem gerade anfangs auch von Datenschutzexperten viel Sympathie entgegengebracht wurde.[3]

3   Das Thema des Datenschutzaudits findet sich nicht in der EG-DSRl. Diese Vorschrift ist daher im Wesentlichen eine Eigenart des deutschen Datenschutzrechts. Mangels gesetzlicher Umsetzung hat die Vorschrift zudem einen nach wie vor eher deklaratorischen Charakter.[4] Sie lässt sich am ehesten mit einem Verfahren im Umweltrecht vergleichen, wo sich ein ähnliches Konzept in der Umweltaudit-Verordnung der Europäischen Gemeinschaften[5] und in dem entsprechenden Ausführungsgesetz, dem Umweltauditgesetz (UAG) vom 7.12.1995, findet.[6]

4   § 9a BDSG führt jedoch speziell im Bereich der Datensicherheit dazu, dass das ohnehin bestehende Nebeneinander verschiedener Konzepte noch weiter verkompliziert wird. Die Überprüfung insbesondere der technischen und organisatorischen Maßnahmen zur Datensicherheit fällt bereits in die Verantwortlichkeit des betrieblichen Datenschutzbeauftragten und zwar gegebenenfalls schon im Rahmen einer Vorabkontrolle nach § 4d Abs. 6 Satz 1 BDSG. Parallel dazu besteht der Baustein des BSI-Grundschutzkatalogs zum Datenschutz, der sich auch auf Grundlage der ISO 27001 zertifizieren lässt. Und schließlich ist die IT-Sicherheit als ein wesentlicher Bestandteil der Datensicherheit in einer Reihe anderer Gesetze verankert, insbesondere beispielsweise im Zusammenhang mit dem gemäß § 91 Abs. 2 AktG aufzusetzenden Internen Kontrollsystem (IKS) zur Früherkennung von die Existenz der Gesellschaft gefährdenden Entwicklungen.

5   Das Datenschutzaudit auf der Basis des § 9a BDSG tritt hier nun als weiteres Element hinzu. Hier wurde bereits im Rahmen der zum Referentenentwurf des Bundesdatenschutzauditgesetzes ergangenen Stellungnahmen verschiedentlich angemerkt, dass eine Abgrenzung dieser Ansätze zwar möglich ist, ihre bloße Anzahl aber zu Unsicherheit und zu Zweifel daran führt, welchen Vorteil das neu hinzutretende Audit bringen kann.[7] Hinzukommt, dass nicht zuletzt auch die zögerliche Haltung des Bundesgesetzgebers bei der Umsetzung der Vorgaben des § 9a BDSG

---

2 So auch *Bizer*, in: Simitis, BDSG, § 9a Rn. 6.
3 Vgl. z.B. *Ulrich*, DuD 1996, S. 668; *Bachmeier*, DuD 1996, S. 673; *Engel-Flechsig*, DuD 1997, S. 15; *Engel-Flechsig*, RDV 1997, S. 66; kritisch hingegen *Drews/Kranz*, DuD 1998, S. 94.
4 So auch *Bergmann/Möhrle/Herb*, BDSG, § 9a Rn. 2.
5 EWG 1836/93 vom 29.6.1996.
6 BGBl. I, S. 3490, neugefasst am 4.9.2002.
7 Vgl. bspw. Stellungnahme der Deutsche Gesellschaft für Recht und Informatik e. V. (DGRI), abrufbar unter www.dgri.de/dateien/stellungnahmen/stellungnahme_070907_au ditgesetz.doc.

nachvollziehbarerweise bei zahlreichen Unternehmen zu Verunsicherungen geführt hat. Dabei drängt sich allgemein der Eindruck auf, dass ein Gesetz, das offenbar seit mittlerweile mehr als acht Jahren auf sich warten lassen kann, ohne dass dies sich wirklich bemerkbar macht, kaum eine nennenswerte praktische Relevanz aufweisen kann.

Ob das in § 9a BDSG vom Bundesgesetzgeber angeregte Datenschutzaudit tatsächlich zu einem Wettbewerbsvorteil erwachsen kann, was derzeit noch bezweifelt werden kann,[8] kann sich erst im Laufe der Zeit zeigen. Vergleichbare Modelle wie beispielsweise das Gütesiegel des Unabhängigen Landesdatenschutzzentrums Schleswig-Holstein oder das European Privacy Seal (EuroPriSe) beginnen sich aber bereits durchzusetzen. Als wirksamer Wettbewerbsmechanismus setzt jedes Audit jedoch ein Maximum an Transparenz voraus, weil es sonst vom Markt nicht angenommen wird.[9] Diese herzustellen wird die Aufgabe einer endgültigen Fassung des Auditgesetzes sein. **6**

Im internationalen Kontext gibt es in den USA[10] und in Japan[11] vergleichbare Auditierungen. Ob sich jedoch ein deutsches Datenschutzaudit ausländischen Anbietern einen Anreiz bieten wird, mit ihren dann auditierten und zertifizierten Produkten auf dem deutschen Markt aufzutreten,[12] kann im Moment mangels verwertbarer Erfahrungen nur dahin gestellt bleiben. **7**

II. Der Entwurf eines Bundesdatenschutzauditgesetzes (BDSAuditG)

1. Gegenwärtiger Stand der Gesetzgebung

Rund 8 Jahre nachdem der Bundesgesetzgeber sich selbst die Verpflichtung zur Schaffung eines derartigen Gesetzes auferlegt hatte, wurde 2009 ein bereits vom Kabinett beschlossener und dem Bundestag zur Beratung zugeleiteter Entwurf eines Bundesdatenschutzauditgesetzes im Zuge der Novellierung des BDSG 2009 nicht verabschiedet.[13] Die Bundesregierung hatte bereits Anfang Dezember 2008 den *„Entwurf eines Gesetzes zur Regelung des Datenschutzaudits und zur Änderung datenschutzrechtlicher Vorschriften"* beschlossen und an den Bundesrat weitergeleitet, der in seiner Stellungnahme den Entwurf jedoch als dringend änderungsbedürftig erklärt hat. Der Deutsche Bundestag hat dann nach langwierigen Diskussionen mit den Stimmen der Koalitionsfraktionen von CDU/CSU und SPD am 3.7. **8**

---

8 Vgl. bspw. Stellungnahme der BITKOM, abrufbar unter http://www.bitkom.org/files/do cuments/BITKOM-Stellungnahme_BDSAuditG.pdf.
9 Ähnlich *Bizer*, in: Simitis, BDSG, § 9a Rn. 8.
10 Weiterführend hierzu *Grimm/Roßnagel*, DuD 2000, S. 446.
11 Weiterführend hierzu *Roßnagel*, DuD 2001, S. 154.
12 So aber *Bizer*, in: Simitis, BDSG, § 9a Rn. 9.
13 BT-Drs. 16/12011.

2009 beschlossen, das umstrittene Gesetz nicht zu verabschieden. Stattdessen wurde festgelegt, dass zunächst ein dreijähriges Pilotprojekt für eine Branche erfolgen solle, um weitere Erfahrungen zu sammeln.

9 Die Gründe für das Scheitern des jüngsten Versuches, ein Auditgesetz zu schaffen, sind vielfältig. Der enorme Zeitdruck am Ende der Legislaturperiode, der immerhin fast das gesamte Gesetzesvorhaben verhindert hätte, hat sicherlich ebenso dazu beigetragen wie die offenbar von der Regierungskoalition unterschätzte Komplexität der Materie und der Umstand, dass nach den vielen Datenschutzskandalen im Vorfeld der Datenschutzreform der Schwerpunkt der gesetzgeberischen Kreativität auf der Regulierung der Datenverarbeitung selbst lag. Der politische Spagat, ein klares und verständliches Gesetz zu schaffen, das einerseits Vertrauen bei den Betroffenen und andererseits wirksame Anreize für ein überobligatorisches datenschutzkonformes Verhalten in der Wirtschaft schaffen soll, ist misslungen.[14]

2. Die Stiftung Datenschutz

10 Die Stiftung Datenschutz für mehr Sicherheit im Internet sollte ursprünglich eine öffentlich-rechtliche Einrichtung werden. Ihre bestimmungsgemäße Aufgabe wäre es gewesen, zukünftig praktische Aspekte der Datenschutz-Gesetzgebung voranzutreiben, indem sie Produkte und Dienstleistungen auf Datenschutzfreundlichkeit prüft, die Bildung im Bereich des Datenschutzes stärkt und ein Datenschutzaudit entwickelt.[15] Obwohl der Bundestag mittlerweile einem Antrag der Regierungsfraktionen über die Einrichtung der Stiftung Datenschutz zugestimmt hat,[16] ist derzeit noch nicht einmal klar, ob es dabei überhaupt um das Testen von Produkten und Verfahren oder deren Anwendung vor Ort beim Unternehmen und deren Dienstleistern gehen soll. Auch ist nicht abschließend geklärt, ob die Aktivitäten auf den Internet-Datenschutz beschränkt bleiben[17] und ob die vorgesehene Finanzierung der Stiftung überhaupt ausreichen kann, um ihrer Aufgabenfülle auch nur ansatzweise gerecht zu werden.[18] Nachdem nun die Datenschutzbeauftragten des Bundes und der Länder auf ihre drei Sitze im Beirat verzichtet haben und die Opposition sich dieser Entscheidung angeschlossen hat,[19] muss wohl davon ausgegangen werden, dass damit die Errichtung der von der Bundesregierung geplanten Stiftung offenbar

---

14 Es wurde sogar offen die Ansicht vertreten, dass der Entwurf „fast alle Fehler vereinige, die bei einem Auditgesetz gemacht werden können, und so weder Unabhängigkeit der Bewertung und Qualität, noch Transparenz, noch Rechtssicherheit garantiere", vgl. Pressemitteilung des Unabhängigen Landeszentrums für Datenschutz Schleswig-Holstein vom 10.12.2008, abrufbar unter www.datenschutzzentrum.de/presse/20081210-datenschutz recht.htm.

15 Vgl. BT-Drs. 17/8513.

16 Vgl. ZD-Aktuell 2012, 03017.

17 *Kinast/Schröder*, ZD 2012, S. 207.

18 Vgl. ZD-Aktuell 2012, 03016.

19 Vgl. ZD-Aktuell 2012, 03264.

gescheitert ist. Der Start der Stiftung, die nach Beteuerungen des Bundesinnenministeriums noch in 2011 ihre Arbeit hätte aufnehmen sollen,[20] wurde mittlerweile auf einen unbestimmten Termin verschoben.[21]

3. Regelungsinhalte des BDSAuditG-E

a) Vorbemerkungen

Nachdem damit das BDSAuditG-E der bislang am weitesten gediehene Entwurf eines Auditgesetzes ist, lohnt es dennoch eine kritische Betrachtung. Eine umfassende und vollständige Einschätzung des Gesetzesentwurfes ist jedoch kaum möglich, da wichtige Teilaspekte (insbesondere die Form und das Verfahren der Beleihung der Kontrollstellen, die Einzelheiten der Verwendung des Datenschutzauditsiegels und die Ausgestaltung der Kontrollverfahren) gemäß § 16 BDSAuditG-E der späteren Regelung durch Rechtsverordnungen überlassen geblieben sind, zu denen es dann am Ende nicht gekommen ist. **11**

b) § 1 (Datenschutzaudit)

Gegenstand des Audits gemäß § 1 Abs. 1 BDSAuditG-E sind sowohl „Datenschutzkonzepte" als auch „informationstechnische Einrichtungen" der beantragenden Stelle. Dadurch wird systematisch die inhaltliche Verbindung zu § 9a BDSG hergestellt. Mit dem Begriff Datenschutzkonzept wird dabei die geordnete Darstellung bezeichnet, auf welche Weise die Anforderungen des Datenschutzes und der Datensicherheit erfüllt werden. Unter informationstechnische Einrichtung ist hingegen die Hardware und Software gemeint, die der automatisierten Verarbeitung personenbezogener Daten dient.[22] **12**

Grundlegender Maßstab für die Auditierung sind dabei naturgemäß einerseits die Vorschriften des geltenden Datenschutzrechts. Da der Gesetzgeber aber nicht die bloße Einhaltung gesetzlicher Vorschriften belohnen kann, sollten einer Auditierung weitere, darüber hinausgehende Richtlinien zur Verbesserung des Datenschutzes und der Datensicherheit zugrunde gelegt werden, die von einem sog. Datenschutzauditausschuss erlassen werden sollten. **13**

Von erheblicher praktischer Relevanz ist im Rahmen von Datenschutzaudits das in § 1 Abs. 1 BDSAuditG-E ausdrücklich festgehaltene Prinzip der Freiwilligkeit. Damit sollte zum einen verhindert werden, dass zum Beispiel öffentliche Auftraggeber zu einem späteren Zeitpunkt dazu übergehen, standardmäßig eine Datenschutzzertifizierung als Ausschreibungsbedingung vorzusehen. Dies würde nicht nur einen Wertungswiderspruch mit dem erklärten Ziel des § 9a BDSG bedingen, nach dem **14**

---

20 Vgl. www.heise.de/newsticker/meldung/Bundesinnenminister-will-strengen-Datenschutz-im-Internet-1345763.html.
21 Vgl.   www.heise.de/newsticker/meldung/Stiftung-Datenschutz-verzoegert-sich-weiter-1367366.html.
22 Zu den Begriffbestimmungen s. Begründung des BDSAuditG-E.

ausdrücklich eine freiwillige Selbstkontrolle einzurichten ist, sondern könnte darüber hinaus auch eine unzulässige Wettbewerbsverzerrung[23] und einen Eingriff in die Berufsfreiheit darstellen.

c) § 2 (Kontrollstellen)

15 Zur Ermöglichung einer flächendeckenden Durchführung von Datenschutzaudits sah der Entwurf des BDSAuditG ein Modell vor, nach dem die dafür erforderlichen Kontrollstellen vom Bundesbeauftragten für den Datenschutz zugelassen würden. Dieses Modell der behördlichen Zulassung von privaten Sachverständigen, die unmittelbar an der Auditierung beteiligt sein sollen, hat sich bereits im umweltrechtlichen Rahmen bewährt.

16 Die öffentlich-rechtliche Zertifizierung auf der Basis von Privatgutachten sieht auch das mittlerweile vergleichsweise erfolgreiche Datenschutz-Gütesiegel des Landes Schleswig-Holstein vor.[24] Die Vorreiterrolle des Unabhängigen Landeszentrum für Datenschutz Schleswig-Holstein (ULD) in dem Gebiet des Datenschutzaudits hat sogar die Europäische Kommission anerkannt, indem sie das „European Privacy Seal" (EuroPriSe) in Form eines Pilotverfahrens unter der Leitung des ULD gefördert hat.[25] Dieses Europäische Datenschutzsiegel ist im Rahmen dieses Pilotverfahrens in mehreren Staaten der EU mit dem Ziel eingeführt worden, damit eine grenzübergreifend anerkannte Basis für Datenschutzaudits zu schaffen.[26]

d) § 1 Satz 2 Nr. 1 und 2 und § 3 (Prüfungsmaßstab und Kontrolle)

17 Der Prüfungsmaßstab vorangehender Entwürfe bestand in der schlichten Einhaltung der datenschutzrechtlichen Vorgaben. Das wurde zu Recht als unzureichend kritisiert. Unabhängig von der praktischen Überlegung, ob nicht durch eine ausdrückliche Belohnung der Einhaltung der datenschutzrechtlichen Vorschriften diese letztlich entwertet werden, musste vor einem Inkrafttreten des BDSAuditG die Vereinbarkeit dieses Ansatzes mit den Grundsätzen des Wettbewerbsrechts sichergestellt werden. Hier wurden – vorrangig im Hinblick auf Regelungen wie § 5 UWG (Irreführung durch Werbung mit Selbstverständlichkeiten) – ernsthafte Probleme gesehen.[27] Dieser Mangel wurde mit der Ausweitung und Präzisierung des Prüf-

---

23 Vgl. hierzu auch die Stellungnahme der Datenschutz-Nord GmbH zu dem BDSG-E vom Dezember 2007, online abrufbar unter www.datenschutz-nord.de/presse/mitteilungen/2007/Stellungnahme_dsn_BDAG_Internet_20071219.pdf.

24 Weiterführende Informationen abrufbar unter www.datenschutzzentrum.de/guetesiegel/index.htm.

25 Weiterführende Informationen zum EuroPriSe vgl. *Meissner*, DuD 2008, S. 525.

26 Neue Entwicklung beim EuroPriSe sind auf der entsprechenden Homepage zu verfolgen www.european-privacy-seal.eu/.

27 Vgl. hierzu auch die Stellungnahme der BITKOM zu dem alten Gesetzesentwurf, die jedoch eine entsprechende Berücksichtigung dieser Fragen durch die Entwurfsverfasser ausdrücklich unterstellt.

maßstabs im jüngsten Entwurf behoben: §§ 1 und 3 BDSAuditG-E legen als Maßstab für die Kontrolle neben den gesetzlichen Datenschutzvorschriften die neuen Richtlinien zur Verbesserung des Datenschutzes und der Datensicherheit fest, die nach § 11 BDSAuditG-E vom beim Bundesdatenschutzbeauftragen gebildeten Datenschutzauditausschuss beschlossen und veröffentlicht werden.

Eine denkbare weitere Alternative für einen Prüfungsmaßstab findet sich möglicherweise in den Regelungen der Bremischen Datenschutzauditverordnung, wo nicht eine durch Richtlinien diktierte abstrakte Vorgabe, sondern die gegebene Ist-Situation der Datenverarbeitungssysteme hinsichtlich ihrer datenschutzrechtlichen Konformität im Zusammenhang mit den gesetzten Verbesserungszielen im Rahmen eines Datenschutzaudits geprüft wird.[28] Zur Erlangung des Datenschutz-Gütesiegels muss der öffentliche Antragssteller gemäß § 2 BremDSAuditV einen schriftlichen Datenschutzplan vorlegen, in dem er den bisher erreichten Stand des Datenschutzes und der Datensicherheit darlegt (§ 3 BremDSAuditV), die zu erreichenden Ziele bestimmt (§ 4 BremDSAuditV) und ein Datenschutzmanagementsystem (§ 5 BremDSAuditV) vorsieht.[29] Das vorzulegende Datenschutzmanagementsystem hat dabei die datenschutzrechtliche und datensicherheitstechnische Organisation der Datenverarbeitung einschließlich der Bestimmung von Zuständigkeiten, Arbeitsabläufen und Verhaltensweisen in Bezug auf das auditierte Verfahren zu beschreiben. Bestätigt der Auditor die Vollständigkeit und Schlüssigkeit des Datenschutzplans, so ist die öffentliche Stelle gemäß § 7 BremDSAuditV für einen Zeitraum von zwei Jahren berechtigt, das Bremische Datenschutzaudit-Gütesiegel zu verwenden. Nach Ablauf dieses Zeitraums ist ein erneutes Audit erforderlich, welches jedoch verkürzt werden kann, wenn in der Zwischenzeit keine wesentlichen Veränderungen eingetreten sind. **18**

Im Rahmen des BDSAuditG führen die Zertifizierung selbst die hierzu staatlich zugelassenen privaten Kontrollstellen durch. Die Art und Häufigkeit der Kontrollen wird dabei anhand des Risikos bestimmt, nachdem ein Verstoß gegen die Anforderungen des Gesetzes auftreten könnte. Der Gesetzesentwurf legte allerdings nicht näher fest, wer diese Risikobestimmung durchführen und nach welchen Kriterien oder Verfahren dies geschehen sollte, bestimmte jedoch stattdessen die Mindesthäufigkeit der Kontrollen. Danach musste die erste und zweite Kontrolle spätestens innerhalb eines Jahres ausgeführt werden, nachdem das zertifizierungswillige Unternehmen sein Vorhaben dem Bundesdatenschutzbeauftragten angezeigt hatte. Im Anschluss an die zweite Kontrolle wird die Mindesthäufigkeit der weiteren Kontrollen aufgrund der bereits vorhandenen Kenntnisse über den Auditierungsgegenstand auf achtzehn Monate ausgedehnt. **19**

---

28 Gesetzblatt der Freien Hansestadt Bremen vom 14.10.2004, H3234, S. 515.
29 Vgl. hierzu die Stellungnahme der Datenschutz Nord GmbH, S. 2.

e) § 9 (Datenschutzauditsiegel)

20   In § 9 Abs. 1 des Entwurfes wurden lediglich einige Rahmenbedingungen für die Verwendung eines Datenschutzauditsiegels geregelt, während die detaillierten Anforderungen aber einer nach § 16 Abs. 3 Nr. 5 BDSAuditG-E zu erschaffenden Rechtsverordnung überlassen wurden. Selbst diese Rahmenbedingungen führten jedoch zu erheblicher Kritik. Das Gütesiegel sollte danach bereits geführt werden können, wenn die zertifizierungswillige Stelle ihr Vorhaben dem Bundesdatenschutzbeauftragten lediglich angezeigt hatte und sie in ein Verzeichnis aufgenommen worden war. Das zu auditierende Unternehmen musste also nicht erst eine erfolgreiche Bewertung abwarten, um das Datenschutzsiegel führen zu dürfen. Die Konsequenz, dass ein Unternehmen das Datenschutzsiegel damit möglicherweise bis zu einem Jahr lang führen können sollte, ohne dafür tatsächlich auch geprüft worden zu sein, und die daraus entstehende Unsicherheit im Bezug auf die Qualität der im Markt geführten Siegel, führte zu heftigen Diskussionen.[30]

21   Im Gegensatz zu den vorangehenden Entwürfen sah die jüngste Fassung keine spätestens nach zwei Jahren durchzuführende Neuzertifizierung mehr vor. Diese Regelung ging nach Ansicht der IT-Industrie, in der erfahrungsgemäß der Lebenszyklus unveränderter Produkte tendenziell eher in Monaten gemessen wird, vollständig an der Wirklichkeit und Erforderlichkeit schneller Produkt- und Verfahrenszyklen vorbei.[31]

22   Eine Regelung, die für die Auszeichnung eines bestimmten Auditgegenstandes mit dem Siegel einen festgelegten Gültigkeitszeitraum festlegt, hätte zur Folge, dass das Datenschutzauditsiegel nur für das Produkt (Technische Einrichtung) oder nur für das Konzept gültig ist, das der Kontrollstelle baugleich oder textidentisch als Prüfmuster vorgelegen hat. Würde das Produkt bzw. das Konzept gegenüber dem evaluierten Prüfmuster verändert worden sein, hätte das Verfahren dadurch erneut durchgeführt werden müssen.

f) § 9 (Datenschutzaudit- und Kontrollstellenverzeichnis)

23   In § 9 regelte das BDSAuditG-E ein öffentlich einsehbares Verzeichnis erfolgreich beantragter Datenschutz-Gütesiegel, das auf der Internetseite des Bundesdatenschutzbeauftragten und im elektronischen Bundesanzeiger verfügbar zu machen gewesen wäre. Ein derartiges Register wäre eine notwendige Voraussetzung zur einfachen Kontrolle der Zertifikation gewesen und hätte erst den gesetzgeberisch gewünschten Wettbewerbsvorteil herbeigeführt. In gleicher Weise wurde in Abs. 2 ein Verzeichnis für die zugelassenen Kontrollstellen vorgesehen, das zertifizierungswilligen Unternehmen die Suche nach einer für sie in Frage kommenden Kontrollstelle erleichtern hätte sollen.

---

30 Vgl. Stellungnahem des ULD zum Gesetzesentwurf, online abrufbar unter www.daten schutzzentrum.de/bdsauditg/20081029-stellungnahme-dsag-e.html.
31 Vgl. Stellungnahme zu dem alten Gesetzesentwurf der BITKOM, Ziffer 2.6.2.

g) §§ 6, 7, 17 und 18 (Rücknahme und Widerruf der Zertifizierung, Bußgeld- und Straftatbestände)

Die in den §§ 6 Abs. 3 i.V.m. 7 Abs. 2 sowie 17 und 18 des BDSAuditG-E geregel- **24** ten Sanktionierungen, die von einer einfachen Rücknahme der Zertifizierung bis zu einer auf Antrag verfolgbaren Straftat mit einer Strafandrohung von bis zu zwei Jahren Freiheitsstrafe reichten, wenn die Zertifizierung in Bereicherungs- oder Schädigungsabsicht verwendet wird, waren zur Erleichterung der Durchsetzung und Stärkung des Gesetzes gedacht. § 18 BDSAuditG-E orientierte sich dabei zur Vermeidung von Wertungswidersprüchen im Hinblick auf das angedrohte Strafmaß erkennbar an dem bereits in § 44 BDSG geregelten Strafrahmen.

Die Tatsache jedoch, dass die Rücknahme oder der Widerruf eines Zertifikates **25** durch die zuständige Landesdatenschutzaufsichtsbehörde erfolgen sollte, erschien unpraktikabel, da damit letztlich die Auditierung selbst und die Überprüfung der Ergebnisse des Audits durch unterschiedliche Stellen erfolgt wäre. Konsequenter wäre es dabei erschienen, eine Informierungspflicht der zuständigen Behörde an den Bundesdatenschutzbeauftragten anzuordnen, zumal dieser ohnehin gemäß § 9 BDSAuditG-E das entsprechende Verzeichnis führen sollte.

h) §§ 11–15 (Datenschutzauditausschuss)

Der Datenschutzauditausschuss, der beim Bundesdatenschutzbeauftragten hätte ge- **26** bildet werden sollen, war dazu gedacht, in Richtlinien diejenigen Anforderungen an das Datenschutzaudit festzulegen, die über die Anforderungen des bestehenden Datenschutzrechts hinausgehen. Insbesondere sollten dadurch die Gewährleistung der Transparenz der Datenerhebung, -verarbeitung und -nutzung, die Umsetzung der Datenvermeidung und Datensparsamkeit, die Stärkung der organisatorischen Stellung des betrieblichen Datenschutzbeauftragen und die Ausgestaltung der technischen und organisatorischen Maßnahmen nach § 9 BDSG konkretisiert werden.

Der Wunsch des Gesetzgebers war es, den Datenschutzauditausschuss mit praxiser- **27** fahrenen und wirtschaftsnahen Experten zu besetzen, die einen engen Bezug zum Datenschutz und zur Datensicherheit hätten aufweisen sollen. Dieser gute Ansatz wurde jedoch durch eine erhebliche Bürokratisierung ausgehebelt. Vor allem die Auswahl zahlreicher Vertreter aus der Bundes- und Landesverwaltung wurde als fachfremd bemängelt. Zudem wurde von verschiedenen Seiten angemerkt, dass die ehrenamtliche Funktion der Mitglieder dieses Ausschusses und ihre Benennung durch das BMI nicht gerade förderlich für ihre Unabhängigkeit gewesen wären.[32]

Die Richtlinien, die der Datenschutzauditausschuss erlassen hätte, wären zur Si- **28** cherstellung der erforderlichen Transparenz sowohl auf der Webseite des Bundes-

---

32 Vgl. Stellungnahme des Berufsverbandes des Datenschutzbeauftragten Deutschlands (BvD) e. V. vom 22.10.2008, S. 9, online abrufbar unter www.bvdnet.de/themen.

datenschutzbeauftragten als auch im elektronischen Bundesanzeiger bekannt gemacht worden.

i) § 16 (Rechtsverordnung)

29 In § 16 BremDSAuditV sah der Entwurf vor, dass fast alle relevanten Details des Datenschutzaudits, insbesondere die Mindestanforderungen an die Kontrolle und an die im Rahmen der Kontrollen vorgesehen Vorkehrungen, das eigentliche Verfahren der Anzeige und die nähere Ausgestaltung des Datenschutzaudits (z. B. einheitliche Kennzeichnung), erst im Rahmen einer Rechtverordnung zu regeln gewesen seien. Ferner wären auch die konkreten Voraussetzungen für die Zulassung der Kontrollstellen, das Verfahren der Entziehung dieser Zulassung sowie das Verfahren der Beleihung der Kontrollstellen in einer Rechtverordnung geregelt worden.

§ 10 Einrichtung automatisierter Abrufverfahren

(1) Die Einrichtung eines automatisierten Verfahrens, das die Übermittlung personenbezogener Daten durch Abruf ermöglicht, ist zulässig, soweit dieses Verfahren unter Berücksichtigung der schutzwürdigen Interessen der Betroffenen und der Aufgaben oder Geschäftszwecke der beteiligten Stellen angemessen ist. Die Vorschriften über die Zulässigkeit des einzelnen Abrufs bleiben unberührt.

(2) Die beteiligten Stellen haben zu gewährleisten, dass die Zulässigkeit des Abrufverfahrens kontrolliert werden kann. Hierzu haben sie schriftlich festzulegen:

1. Anlass und Zweck des Abrufverfahrens,

2. Dritte, an die übermittelt wird,

3. Art der zu übermittelnden Daten,

4. nach § 9 erforderliche technische und organisatorische Maßnahmen.

Im öffentlichen Bereich können die erforderlichen Festlegungen auch durch die Fachaufsichtsbehörden getroffen werden.

(3) Über die Einrichtung von Abrufverfahren ist in Fällen, in denen die in § 12 Abs. 1 genannten Stellen beteiligt sind, der Bundesbeauftragte für den Datenschutz und die Informationsfreiheit unter Mitteilung der Festlegungen nach Abs. 2 zu unterrichten. Die Einrichtung von Abrufverfahren, bei denen die in § 6 Abs. 2 und in § 19 Abs. 3 genannten Stellen beteiligt sind, ist nur zulässig, wenn das für die speichernde und die abrufende Stelle jeweils zuständige Bundes- oder Landesministerium zugestimmt hat.

(4) Die Verantwortung für die Zulässigkeit des einzelnen Abrufs trägt der Dritte, an den übermittelt wird. Die speichernde Stelle prüft die Zulässigkeit der Abrufe nur, wenn dazu Anlass besteht. Die speichernde Stelle hat zu gewährleisten, dass die Übermittlung personenbezogener Daten zumindest durch geeignete Stichprobenverfahren festgestellt und überprüft werden kann. Wird ein Gesamtbestand personenbezogener Daten abgerufen oder übermittelt (Stapelverarbeitung), so bezieht sich die Gewährleistung der Feststellung und Überprüfung nur auf die Zulässigkeit des Abrufes oder der Übermittlung des Gesamtbestandes.

(5) Die Absätze 1 bis 4 gelten nicht für den Abruf allgemein zugänglicher Daten. Allgemein zugänglich sind Daten, die jedermann, sei es ohne oder nach vorheriger Anmeldung, Zulassung oder Entrichtung eines Entgelts, nutzen kann.

Literatur: *Bizer*, Das Recht der Protokollierung, DuD 2006, S. 270; *Geis*, Der Betroffene als Zahl – Wirtschaftsinteresse contra Betroffenenrechte?, RDV 2007, S. 1; *Hilber*, Die datenschutzrechtliche Zulässigkeit intranet-basierter Datenbanken internationaler Konzerne, RDV 2005, S. 143; *Koch*, Grid Computing im Spiegel des Telemedien-, Urheber- und Datenschutzrechts, CR 2006, S. 112; Leopold, Protokollierung und Mitarbeiterdatenschutz, DuD 2006, S. 274; *Menzel*, Informationelle Selbstbestimmung in Projekten der Gesundheits-Telematik, DuD 2006, S. 148; *Müthlein*, Datenschutz in Online-Diensten, RDV 1996, S. 224; *Reif*, Warnsysteme der Wirtschaft und Kundendatenschutz, RDV 2007, S. 4; *Riegel*, Informationelle Zusammenarbeit der Sicherheits- und Strafverfolgungsbehörden, CR 1986, S. 343; *Taraschka*, Auslandsübermittlung personenbezogener Daten im Internet, CR 2004, S. 280; *Wienke*, Möglichkeiten und Grenzen kundenorientierter Datenverarbeitung unter Berücksichtigung der Besonderheiten im Versicherungsbereich, VW 1992, S. 467.

Übersicht

I. Allgemeines

1. Regelungszweck

1 Gemäß § 3 Abs. 4 Nr. 3 BDSG kann eine Übermittlung entweder durch Weitergabe personenbezogener Daten an einen Dritten oder durch dessen Einsichtnahme in zum Abruf bereit gehaltene Daten geschehen. § 10 BDSG regelt daher vor diesem Hintergrund die Zulässigkeit der Einrichtung und des Betriebs eines automatisierten Abrufdienstes für personenbezogene Daten. In der Regel wird es sich hierbei um Online-Datenbanken handeln, die entweder im Wege eines Einzelabrufes oder eines Stapelabrufes Informationen zur Verfügung stellen. Das Erfordernis einer speziellen Vorschrift ergibt sich dabei aus dem erhöhten Schutzbedürfnis der Betroffenen, da die sie betreffenden personenbezogenen Daten bei derartigen Verfahren ohne weiteres Zutun der speichernden Stelle und damit letztlich unkontrolliert abgerufen werden können.[1]

2 Es muss dabei jedoch berücksichtigt werden, dass die Norm ursprünglich die Einrichtung derartiger Verfahren nicht erschweren oder besonders streng kontrollieren, sondern überhaupt erst möglich machen sollte. Nach der alten Rechtslage des BDSG 1990 war der Übermittlungtatbestand bereits mit der Zurverfügungstellung erfüllt und da zu diesem Zeitpunkt die Kenntnis der vorgehaltenen Daten regelmä-

---

1 Vgl. hierzu auch *Bergmann/Möhrle/Herb*, BDSG, § 10 Rn. 5; *Gola/Schomerus*, BDSG, § 10 Rn. 4.

ßig noch nicht erforderlich war, fehlte es ohne § 10 BDSG an dem notwendigen Erlaubnistatbestand.[2] Damit bestand jedoch eine Situation, nach der der Abruf von Daten zwar nicht explizit verboten, aber auf der anderen Seite auch in der Regel nicht erlaubt war. Erst mit der Reform des BDSG wurde die tatsächliche Kenntnisnahme als Voraussetzung der Übermittlung definiert und somit diese Problematik entschärft. Zugleich entstand damit jedoch eine gewisse rechtliche Lücke, da jetzt die bloße Errichtung eines Abrufverfahrens für sich genommen noch nicht datenschutzrechtlich geregelt und die Interessen der Betroffen folglich bis zum eigentlichen Abruf der Daten unberücksichtigt blieben. Dies war datenschutzrechtlich nicht hinnehmbar, da die Interessen der Betroffenen realistisch betrachtet durch die bloße Möglichkeit eines unkontrollierten Abrufes erheblich stärker gefährdet werden, als dies durch den eigentlichen Abruf selbst der Fall ist. Diese ungute Situation wird durch die Regelung des § 10 BDSG gelöst, indem sie die Interessen der Betroffenen durch materielle und prozedurale Anforderungen an derartige Abrufsysteme schützt.[3]

2. Anwendungsbereich

§ 10 BDSG gilt dabei nicht für jede Art eines Datenabrufes. Vielmehr wird der Anwendungsbereich durch verschiedene Merkmale erheblich eingeschränkt. Es muss sich zunächst um personenbezogene Daten handeln. Werden also aus einer Datenbank lediglich Zusatzinformationen abgerufen, fällt dieser Vorgang nicht unter § 10 BDSG, selbst wenn diese Daten für eine im Anschluss stattfindende Verarbeitung personenbezogener Daten erforderlich sind.   **3**

Die abrufbaren Daten dürfen ferner nicht allgemein zugänglich sein (§ 10 Abs. 5 BDSG), wobei der Gesetzgeber das Merkmal „allgemein zugänglich" selbst als von jedermann, und zwar mit oder ohne vorherige Anmeldung, Zulassung oder Bezahlung, zugreifbar definiert. Anders ausgedrückt muss also die Nutzung der Datenbestände auf bestimmte Benutzergruppen beschränkt sein, damit § 10 BDSG zur Anwendung kommt.[4] Dies gilt daher beispielsweise – und zwar unabhängig von der Frage, ob die Benutzung jeweils vergütet werden muss – nicht für über das Internet benutzbare Literaturdatenbanken mit Angaben zu den Autoren, für Branchenverzeichnisse der Industrie- und Handelskammern[5] und ebenso wenig für Fachdatenbanken wie Urteilssammlungen oder Medizin-Diagnostische Datenbanken, selbst wenn für diese aufgrund der erforderlichen Fachkenntnisse faktische Nutzbarkeitseinschränkungen bestehen.[6] Elektronische Gerichts- oder Patientenakten, Versiche-   **4**

---

2 Vgl. hierzu *Ehmann*, in: Simitis, BDSG, § 10 Rn. 3.
3 Vgl. hierzu *Ehmann*, in: Simitis, BDSG, § 10 Rn. 4.
4 Vgl. *Gola/Schomerus*, BDSG, § 10 Rn. 17.
5 Vgl. *Ehmann*, in: Simitis, BDSG, § 10 Rn. 121.
6 Vgl. *Bergmann/Möhrle/Herb*, BDSG, § 10 Rn. 44.

rungsdatenbanken oder öffentliche Register fallen demgegenüber jedoch problemlos unter § 10 Abs. 1 bis 4 BDSG.

5 Außerdem muss es sich um eine tatsächliche Übermittlung derartiger Daten im Sinne von § 3 Abs. 4 Nr. 3 BDSG, also eine Datenweitergabe an einen Dritten, handeln. Das bedeutet, dass beispielsweise ein Abruf von personenbezogenen Daten durch einen Mitarbeiter eines diese Daten verarbeitenden Unternehmens oder durch einen Auftragsdatenverarbeiter nach § 11 BDSG kein Datenabruf im Sinne von § 10 BDSG ist.[7] Ebenso wenig fallen Datenübermittlungen zwischen einzelnen Niederlassungen eines Unternehmens unter die Norm, wohl aber Datentransfers zwischen Konzernunternehmen, wenn diese selbstständige juristische Personen und damit Dritte im Sinne von § 3 Abs. 8 BDSG sind. Und schließlich handelt es sich auch dann nicht um einen Anwendungsfall von § 10 BDSG, wenn eine Person personenbezogene Daten ausschließlich privat oder familiär nutzt und hierbei diese Daten einer anderen Person zum Abruf zur Verfügung stellt, wenn auch diese die Daten lediglich privat nutzt.[8]

6 Die Norm gilt weiterhin nur für Fälle eines automatisierten Abrufes. Automatisiert ist ein Abruf dann, wenn die Daten elektronisch zur Verfügung gestellt werden.[9] Dabei muss jedoch die Initiative zum eigentlichen Abruf vom Empfänger ausgehen. Hierzu reicht es aber wohl aus, wenn dieser nicht jeden einzelnen konkreten Abruf selbst einleitet, sondern beispielsweise eine Datenbanksoftware für Telefon- oder Adressdaten so konfiguriert, dass sich diese automatisch als Update aktualisierte personenbezogene Daten herunterlädt. Die Norm differenziert zudem nach der Art und Weise des Datenabrufes. Wird in einem Durchgang der Gesamtbestand an Daten abgerufen, spricht das Gesetz ausdrücklich von einer „Stapelverarbeitung".[10] Demgegenüber wird man bei einzelnen, sequentiellen Abrufen von Dialogverarbeitung[11] oder Einzelabrufen[12] sprechen können.

3. Verhältnis zu anderen Vorschriften

7 Für die Anwendung von § 10 ist zu berücksichtigen, dass gemäß § 10 Abs. 1 Satz 2 BDSG die Norm keine eigene gesetzliche Grundlage für einen Erlaubnistatbestand zur Verarbeitung der personenbezogenen Daten darstellt. Die Vorschriften über die Zulässigkeit des einzelnen Abrufes bleiben vielmehr ausdrücklich unberührt. Das bedeutet konkret, § 10 BDSG regelt nur die Einrichtung eines Abrufdienstes, wohingegen die eigentliche Übermittlung der personenbezogenen Daten im Wege des

---

7 Vgl. *Gola/Schomerus*, BDSG, § 10 Rn. 1; *Hilber*, RDV 2005, S. 143 (145); *Schaffland/Wiltfang*, § 6 Rn. 6.

8 Vgl. *Bergmann/Möhrle/Herb*, BDSG, § 10 Rn. 6.

9 Vgl. *Schaffland/Wiltfang*, BDSG, § 10 Rn. 1.

10 Vgl. Legaldefinition in § 10 Abs. 4 Satz 4 BDSG.

11 So z. B. *Gola/Schomerus*, BDSG, § 10 Rn. 3.

12 *Bergmann/Möhrle/Herb*, BDSG, § 10 Rn. 3; *Müthlein*, RDV 1996, S. 224 (225).

Abrufes nach wie vor durch einen gesetzlichen Erlaubnistatbestand wie beispielsweise § 28 Abs. 1 Satz 1 BDSG zulässig sein muss. Befindet sich die abrufende Stelle im Ausland, müssen zusätzlich die §§ 4b und 4c BDSG berücksichtigt werden.

Des Weiteren ist zu beachten, dass Abrufverfahren in aller Regel zugleich Telemediendienste im Sinne des Telemediengesetzes (TMG) sind,[13] und daher auch den besonderen Datenschutzanforderungen der §§ 11 bis 15 TMG genügen müssen.[14] Da sich jedoch § 10 BDSG auf die vom TMG gerade nicht geregelten Inhalte der Information richtet, und folglich nicht den Nutzer selbst, sondern einen dritten Betroffenen vor diesem Nutzer schützen möchte, geht § 10 BDSG im Falle eines Widerspruchs als speziellere Vorschrift vor.[15] **8**

II. Zulässigkeit der Einrichtung eines Abrufsystems

1. Abwägungsprozess

In § 10 Abs. 1 BDSG wird die Zulässigkeit der Einrichtung eines Abrufverfahrens **9** grundsätzlich von einer Abwägung zwischen den Interessen des Betroffenen, den Aufgaben oder Geschäftszwecken der beteiligten Stellen und der Angemessenheit des Verfahrens abhängig gemacht. Die Interessen des Betroffenen richten sich dabei in erster Linie nach dem Grad der Gefährdung insbesondere seines Persönlichkeitsrechtes durch die Abrufbarkeit seiner personenbezogenen Daten. Diese Gefahr ist dabei umso höher, je sensibler die betroffenen Daten sind und je größer der potenzielle Kreis der Abrufer ist.[16] Im Rahmen der Interessen der beteiligten Stellen hingegen wird in erster Linie die Erforderlichkeit eines Abrufsystems und wohl auch, wenn auch nicht vorrangig, der finanzielle Aufwand einer Alternativlösung sein, die ohne einen automatisierten Abruf auskommt.

An der erforderlichen Angemessenheit fehlt es im Übrigen in jedem Fall, wenn der **10** Datenabruf gegen den Zweckbindungsgrundsatz oder gegen andere gesetzliche Normen verstößt. So dürften per Videoüberwachung gewonnene Daten gemäß § 6b BDSG nur zur Gefahrenabwehr oder zur Strafverfolgung und nur von einer Dienststelle an eine andere im Wege des Abrufes weitergegeben werden.[17] Ein Abrufsystem für derartige Daten muss daher durch entsprechende technische Maßnahmen sicherstellen, dass eine Übertragung an unberechtigte Dritte verhindert wird, und die beteiligten Stellen haben dies zudem gemäß § 10 Abs. 2 Satz 2 Nr. 3 BDSG schriftlich zu vereinbaren.

---

13 So auch *Gola/Schomerus*, BDSG, § 10 Rn. 7.
14 Vgl. hierzu § 11 TMG Rn. 20, § 14 TMG Rn. 6 ff., § 15 TMG Rn. 8 ff.
15 So auch *Gola/Schomerus*, BDSG, § 10 Rn. 7.
16 So auch *Gola/Schomerus*, BDSG, § 10 Rn. 11; *Reif*, RDV 2007, S. 4 (5).
17 Vgl. hierzu auch *Bergmann/Möhrle/Herb*, BDSG, § 10 Rn. 17.

2. Sonstige Zulässigkeitsvoraussetzungen

11 In bestimmten Bereichen regelt Abs. 3 weitere Voraussetzungen. Der Bundesdaten-schutzbeauftragte muss danach über die Festlegungen nach Abs. 2 informiert werden, wenn öffentliche Stellen des Bundes im Sinne von § 12 Abs. 1 BDSG betroffen sind.

12 Geht es dagegen um Behörden der Staatsanwaltschaft, der Polizei oder öffentlicher Stellen der Finanzverwaltung im Sinne von § 6 Abs. 2 BDSG oder sind Verfassungsschutzbehörden, der Bundesnachrichtendienst, der Militärische Abschirmdienst oder, soweit die Sicherheit des Bundes berührt wird, andere Behörden des Bundesministeriums der Verteidigung betroffen, müssen die für die speichernden und die abrufenden Stellen jeweils verantwortlichen Bundes- oder Landesministerien der Einrichtung des Abrufverfahrens ausdrücklich zustimmen.

III. Kontrollierbarkeit der Zulässigkeit

13 § 10 Abs. 2 BDSG regelt als ein weiteres wichtiges Element verschiedene Maßnahmen, die eine Kontrolle sowohl der Einrichtung des Abrufdienstes, als auch der einzelnen Abrufe selbst gewährleisten sollen. Hierzu gehört, dass die beteiligten Stellen, also zumindest die speichernde und die abrufende Stelle, bestimmte Aspekte ihres Handelns schriftlich festhalten müssen – und zwar, bevor das Abrufverfahren in Betrieb geht.[18] Diese Aspekte sind der Anlass und Zweck des Abrufverfahrens, die Benennung der Dritten, an die Daten übermittelt werden, die Art dieser Daten sowie die nach § 9 BDSG erforderlichen technischen und organisatorischen Maßnahmen, die zur Sicherung dieser Übermittlung getroffen werden sollen.

14 Während diese Festlegungen prinzipiell von den beteiligten Stellen selbst oder auch gemeinsam getroffen werden müssen, können sich ausnahmsweise im öffentlichen Bereich auch die zuständigen Fachaufsichtsbehörden hierbei einschalten und die Festlegungen für die ihnen fachaufsichtsrechtlich unterstellten Stellen treffen. Als weiterer, wenn auch nicht ausdrücklich genannter Bestandteil der schriftlichen Dokumentation sind auch die grundlegenden Aspekte, die zugrunde liegenden Annahmen sowie die Entscheidungsfindung der im Rahmen der Angemessenheitsprüfung durchgeführten Interessenabwägung darzustellen.[19] Und schließlich wird es zur Kontrolle der Zulässigkeit des ganzen Verfahrens auch erforderlich sein, nicht nur die Zulässigkeit der Einrichtung, sondern auch die jeder einzelnen Übertragung darzustellen.[20]

15 Diese Dokumentationspflicht ist dabei so detailliert zu erfüllen, dass durch die protokollierten Angaben eine tatsächliche Kontrolle der Zulässigkeit des Verfahrens

---

18 Vgl. hierzu auch *Bergmann/Möhrle/Herb*, BDSG, § 10 Rn. 20.
19 Vgl. hierzu ausführlich *Ehmann*, in: Simitis, BDSG, § 10 Rn. 49–81.
20 Vgl. *Gola/Schomerus*, BDSG, § 10 Rn. 14.

erfolgen kann. Die Datenempfänger beispielsweise sind daher so konkret wie möglich zu benennen. Allgemeine Aussagen oder die Nennung von potenziellen Empfängergruppen reicht nicht aus.[21] Bei der Kategorisierung der Daten sind weiterhin anstelle allgemeiner, umschreibender Formulierungen zur Umschreibung die jeweiligen zum Abruf bereitgehaltenen Daten konkret zu benennen und hinsichtlich ihrer Sensibilität einzuordnen.[22] Im Rahmen der Darstellung des Abwägungsvorgangs sollte dieser so dargestellt werden, dass die letztlich getroffene Entscheidung auch für mit den Einzelheiten der Sache nicht so vertrauten Prüfern nachvollziehbar wird. Zur Prüfung der Zweckbindung muss daher nicht zuletzt auch der Zweck des Abrufverfahrens und damit der Zweck der eigentlichen Datenverarbeitung beschrieben werden. Sind schließlich gemäß § 10 Abs. 3 Satz 2 BDSG Zustimmungen von Landes- oder Bundesbehörden erforderlich, sind auch diese im Rahmen der Protokollierung zu erwähnen.[23]

Die Protokollierung sollte generell nicht unterschätzt werden. Bei umfangreichen **16** Verfahren ist deren angemessene schriftliche Darstellung, wenn die vorstehend beschriebenen Anforderungen eingehalten werden, eine zeitaufwändige und ressourcenverlangende Arbeit. Dennoch sollte diese Aufgabe mit angemessener Sorgfalt erfüllt werden, denn die Dokumentationspflicht ist nicht lediglich eine Ordnungsvorschrift, sondern hat für die datenschutzrechtliche Zulässigkeit des Datenzugriffs konstituierenden Charakter.[24] Ohne eine den gesetzlichen Anforderungen entsprechende Dokumentation ist also das gesamte Abrufverfahren von vorneherein unzulässig.

Die Aufzählung in § 10 Abs. 2 BDSG ist abschließend formuliert. Weitere Angaben **17** im Rahmen der Dokumentation sind zwar nicht verpflichtend, können aber im Zusammenhang mit der Überprüfung der Zulässigkeit eines Abrufverfahrens sinnvoll und zweckdienlich sein. Werden die Daten beispielsweise nicht direkt an den abrufenden Dritten, sondern an einen von diesem bestellten Auftragsdatenverarbeiter übermittelt, wird es hilfreich sein, diesen Umstand im Rahmen der Dokumentation zu erklären und die Auftragsverarbeitung kurz darzustellen.[25]

IV. Verantwortung für die Rechtmäßigkeit der Abrufe

Gemäß § 10 Abs. 4 Satz 1 BDSG trägt der empfangende Dritte, der die Daten abruft, die Verantwortung für die Zulässigkeit des Datenabrufs, wohingegen die ver- **18**

---

21 Wie hier auch *Gola/Schomerus*, BDSG, § 10 Rn. 14, und *Bergmann/Möhrle/Herb*, BDSG, § 10 Rn. 22; a. A. *Schaffland/Wiltfang*, BDSG, § 10 Rn. 10, der auch zusammenfassende Beschreibungen der Daten für zulässig hält.
22 Vgl. *Bergmann/Möhrle/Herb*, BDSG, § 10 Rn. 26.
23 Vgl. *Ehmann*, in: Simitis, BDSG, § 10 Rn. 85.
24 Vgl. *Bergmann/Möhrle/Herb*, BDSG, § 10 Rn. 22, mit Verweis auf OLG Stuttgart NJW 2004, 83.
25 Vgl. auch *Gola/Schomerus*, BDSG, § 10 Rn. 14.

antwortliche[26] Stelle selbst dies nur aus gegebenem Anlass prüft. Hintergrund hierfür ist der Umstand, dass im Rahmen eines Abrufverfahrens die verantwortliche Stelle letztlich gar nicht die Möglichkeit hat, eine datenschutzkonforme Übermittlung und Verarbeitung der abgerufenen Daten sicherzustellen.[27] Hierfür ist vielmehr der Empfänger der Daten ebenso selbst verantwortlich, wie für den Umstand, dass seine Mitarbeiter gemäß § 5 BDSG auf das Datengeheimnis verpflichtet sind.

19   Die verantwortliche Stelle hat jedoch gemäß § 10 Abs. 4 Satz 3 BDSG die Pflicht, ein Verfahren zu etablieren, bei dem stichprobenhaft überprüft wird, ob ein Abruf geschehen ist und ob dieser zulässig gewesen ist. Diese Anforderung wird sich in der Praxis am ehesten durch eine entsprechende Protokollierung umsetzen lassen. Hierbei sind dann mindestens jeweils ein Identifikationsmerkmal des abrufenden Benutzers (z. B. Login oder IP-Adresse), der Zeitpunkt des Abrufes und die abgerufenen Daten zu protokollieren. Der erforderliche Umfang der Stichproben wird vom Gesetzgeber nicht näher spezifiziert, weshalb die verantwortliche Stelle im Rahmen des Normzwecks recht frei ist in der Umsetzung. Zur Orientierung können hierbei andere Vorschriften herangezogen werden, wobei hierzu gerne § 14 Abs. 4 Fahrzeugregisterverordnung bemüht wird.[28] Es sollte jedoch beachtet werden, dass die hier vorgesehene Quote von 2 Prozent nicht immer angemessen sein wird. Stattdessen ist immer auf die Besonderheiten des Einzelfalles abzustellen. Es kann hierbei zum Beispiel erforderlich sein, bestimmte Tageszeiten oder eingrenzbare Benutzergruppen in höherem Maße zu verfolgen, wenn sich darstellen lässt, dass hier besondere Gefährdungen anzunehmen sind. Je nach Sensibilität der zum Abruf bereitgehaltenen Daten kann sogar eine Vollprotokollierung notwendig sein.[29]

20   Bei der Protokollierung dürfen jedoch die sich aus den § 4e Abs. 1 Nr. 6 BDSG und § 4g Abs. 2 Satz 1 BDSG ergebenden Transparenzanforderungen nicht vernachlässigt werden. Ebenso ist zu berücksichtigen, dass bei geschäftsmäßiger Datenerhebung und -speicherung nach § 29 Abs. 2 Satz 4 BDSG zum Zweck der Überwachung ohnehin eine vollständige Protokollierung des Datenverkehrs gefordert wird.[30]

---

26 Die Benutzung des Wortes „speichernde" im Wortlaut der Norm ist ein Redaktionsversehen, es handelt sich um die verantwortliche Stelle im Sinne von § 3 Abs. 7 BDSG, vgl. *Bergmann/Möhrle/Herb*, BDSG, § 10 Rn. 32.

27 Vgl. *Bergmann/Möhrle/Herb*, BDSG, § 10 Rn. 33.

28 Vgl. *Gola/Schomerus*, BDSG, § 10 Rn. 16, mit Verweis auf *Bergmann/Möhle/Herb*, BDSG, § 10 Rn. 38.

29 So auch *Bergmann/Möhrle/Herb*, BDSG, § 10 Rn. 37; *Gola/Schomerus*, BDSG, § 10 Rn. 15.

30 Vgl. *Gola/Schomerus*, BDSG, § 10 Rn. 16a.

§ 11 Erhebung, Verarbeitung oder Nutzung personenbezogener Daten im Auftrag

(1) Werden personenbezogene Daten im Auftrag durch andere Stellen erhoben, verarbeitet oder genutzt, ist der Auftraggeber für die Einhaltung der Vorschriften dieses Gesetzes und anderer Vorschriften über den Datenschutz verantwortlich. Die in den §§ 6, 7 und 8 genannten Rechte sind ihm gegenüber geltend zu machen.

(2) Der Auftragnehmer ist unter besonderer Berücksichtigung der Eignung der von ihm getroffenen technischen und organisatorischen Maßnahmen sorgfältig auszuwählen. Der Auftrag ist schriftlich zu erteilen, wobei insbesondere im Einzelnen festzulegen sind:

1. der Gegenstand und die Dauer des Auftrags,

2. der Umfang, die Art und der Zweck der vorgesehenen Erhebung, Verarbeitung oder Nutzung von Daten, die Art der Daten und der Kreis der Betroffenen,

3. die nach § 9 zu treffenden technischen und organisatorischen Maßnahmen,

4. die Berichtigung, Löschung und Sperrung von Daten,

5. die nach Absatz 4 bestehenden Pflichten des Auftragnehmers, insbesondere die von ihm vorzunehmenden Kontrollen,

6. die etwaige Berechtigung zur Begründung von Unterauftragsverhältnissen,

7. die Kontrollrechte des Auftraggebers und die entsprechenden Duldungs- und Mitwirkungspflichten des Auftragnehmers,

8. mitzuteilende Verstöße des Auftragnehmers oder der bei ihm beschäftigten Personen gegen Vorschriften zum Schutz personenbezogener Daten oder gegen die im Auftrag getroffenen Festlegungen,

9. der Umfang der Weisungsbefugnisse, die sich der Auftraggeber gegenüber dem Auftragnehmer vorbehält,

10. die Rückgabe überlassener Datenträger und die Löschung beim Auftragnehmer gespeicherter Daten nach Beendigung des Auftrags.

Er kann bei öffentlichen Stellen auch durch die Fachaufsichtsbehörde erteilt werden. Der Auftraggeber hat sich vor Beginn der Datenverarbeitung und sodann regelmäßig von der Einhaltung der beim Auftragnehmer getroffenen technischen und organisatorischen Maßnahmen zu überzeugen. Das Ergebnis ist zu dokumentieren.

(3) Der Auftragnehmer darf die Daten nur im Rahmen der Weisungen des Auftraggebers erheben, verarbeiten oder nutzen. Ist er der Ansicht, dass eine Weisung des Auftraggebers gegen dieses Gesetz oder andere Vorschriften über den

Datenschutz verstößt, hat er den Auftraggeber unverzüglich darauf hinzuweisen.

(4) Für den Auftragnehmer gelten neben den §§ 5, 9, 43 Abs. 1 Nr. 2, 10 und 11, Abs. 2 Nr. 1 bis 3 und Abs. 3 sowie § 44 nur die Vorschriften über die Datenschutzkontrolle oder die Aufsicht, und zwar für

1. a) öffentliche Stellen,

   b) nicht-öffentliche Stellen, bei denen der öffentlichen Hand die Mehrheit der Anteile gehört oder die Mehrheit der Stimmen zusteht und der Auftraggeber eine öffentliche Stelle ist,

   die §§ 18, 24 bis 26 oder die entsprechenden Vorschriften der Datenschutzgesetze der Länder,

2. die übrigen nicht-öffentlichen Stellen, soweit sie personenbezogene Daten im Auftrag als Dienstleistungsunternehmen geschäftsmäßig erheben, verarbeiten oder nutzen, die §§ 4f, 4g und 38.

(5) Die Absätze 1 bis 4 gelten entsprechend, wenn die Prüfung oder Wartung automatisierter Verfahren oder von Datenverarbeitungsanlagen durch andere Stellen im Auftrag vorgenommen wird und dabei ein Zugriff auf personenbezogene Daten nicht ausgeschlossen werden kann.

Literatur: *Abel*, Rechtsfragen von Scoring und Rating, RDV 2006, S. 108; *Bauer/Herzberg*, Arbeitsrechtliche Probleme in Konzernen mit Matrixstrukturen, NZA 2011, S. 713; *Becker/Nikolaeva*, Das Dilemma der Cloud-Anbieter zwischen US Patriot Act und BDSG – Zur Unmöglichkeit rechtskonformer Datenübermittlung für gleichzeitig in USA und Deutschland operierende Cloud-Anbieter, CR 2012, S. 170; *Behrendt/Kaufmann*, Whistleblowing-Hotlines aus arbeits- und datenschutzrechtlicher Sicht – Lösungswege im Unternehmen, CR 2006, S. 642; *Bergles/Eul*, Warndateien für international agierende Banken – vereinbar mit Datenschutz und Bankgeheimnis?, BKR 2003, S. 273; *Bergt*, Datenschutzrechtliche Erstkontrolle durch vertrauenswürdige Dritte, ITRB 2012, S. 45; *Bierekoven*, Auftragsverarbeitung in der Cloud, DGRI Jahrbuch 2010, S. 95; *Bierekoven*, Auftragsdatenverarbeitung, in: Redeker (Hrsg.), Handbuch der IT-Verträge, Stand: Juli 2011, Kap. 7.2; *Bierekoven*, Aktuelle Entwicklungen zur Auftragsdatenverarbeitung, ITRB 2012, S. 280; *Biewald*, Externe Dienstleister im Krankenhaus und ärztliche Schweigepflicht – eine rechtliche Unsicherheit, DuD 2011, S. 867; *Bohnstedt*, Fernwartung – Die rechtlichen Grenzen des IT-Outsourcing durch Banken, Baden-Baden 2005; *Brachmann/Diepold*, Externe Gehaltsabrechnung, AuA, Sonderausgabe 2010, S. 52; *Bräutigam*, § 203 StGB und der funktionale Unternehmensbegriff – Ein Silberstreif am Horizont für konzerninternes IT-Outsourcing bei Versicherern, CR 2011, S. 411; *Büermann*, Datenschutzrechtliche Einordnung von Wartung und Fernwartung, RDV 1994, S. 202; *Büllesbach/Rieß*, Outsourcing in der öffentlichen Verwaltung, NVwZ 1995, S. 444; *Cahn*, Bankgeheimnis und Forderungsverwertung, WM 2004, S. 2041; *Conrad*, Transfer von Mitarbeiterdaten zwischen verbundenen Unternehmen, ITRB 2005, S. 164; *Dammann/Simitis*, EG-Datenschutzrichtlinie, Baden-Baden 1997; *Dieselhorst*, Second Generation Outsourcing, in: Büchner/Dreier (Hrsg.), Von der Lochkarte zum globalen Netzwerk – 30 Jahre DGRI, Köln 2007, S. 201; *Diller*, „Konten-Ausspäh-Skandal" bei der Deutsche Bahn: Wo ist das Problem?, BB 2009, S. 438; *Dolderer/von Garrel/Müthlein/Schlumberger*, Die Auftragsdatenverarbeitung im neuen BDSG, RDV 2001, S. 223; *Duhr/Naujok/Peter/Seiffert*, Hamburger DuD-Kommentierung zum BDSG, DuD 2002, S. 5; *Ehmann*, Strafbare Fernwartung in der Arztpraxis, CR 1991, S. 293; *Eichler*, Datenschutz bei Outsourcing, CI 2000, S. 145; *Elbel*, Zur Abgrenzung von Auftragsdatenverarbeitung und Übermittlung, RDV 2010, S. 203; *Engels*, Datenschutz in der Cloud – Ist hierbei immer eine Auftragsdatenverarbeitung anzunehmen?, K&R 2011, S. 548; *Erd*, Auftragsdatenverarbeitung in sicheren Drittstaaten, DuD 2011, S. 275; *Eul*, Datenschutz im Kreditwesen und Zahlungsverkehr, in: Roßnagel (Hrsg.), Handbuch Datenschutzrecht, München 2003, S. 1085; *Evers/Kiene*, Datenschutzrechtliche Folgen der Ausgliederung von Dienstleistungen, DuD 2003, S. 431; *Evers/Kiene*, Die Wirksamkeitskriterien von Einwilligungsklauseln und die Auslagerung von Finanzdienstleistungen im Sinne des § 11 BDSG, NJW 2003, S. 2726; *Fasbender*, Schwachstellen der Informationsverarbeitung durch Dritte, RDV 1994, S. 12; *Fischer/Steidle*, Brauchen wir neue EG-Standardvertragsklauseln für das „Global Outsourcing"?, CR 2009, S. 632; *Freise*, Erfahrungen mit der Umsetzung des neuen § 11 BDSG nach einem Jahr, in: Taeger (Hrsg.), Digitale Evolution – Herausforderungen für das Informations- und Medienrecht, Edewecht 2010, S. 161; *Fritzemeyer*, Outsourcing in der Versicherungsbranche, in: Söbbing (Hrsg.), Handbuch des IT-Outsourcing, 3. Aufl., Heidelberg 2006, S. 737; *Gabel*, Neue Rahmenbedingungen für den Datenschutz im Internet, ZUM 2002, S. 607; *Gabel*, Informationspflicht bei unrechtmäßiger Kenntniserlangung von Daten, BB 2009, S. 2045; *Gabel*, Update EDV-Vertragsrecht, in: Taeger/Wiebe (Hrsg.), Inside the Cloud – Neue Herausforderungen für das Informationsrecht, Edewecht 2009, S. 139; *Gaul/Koehler*, Mitarbeiterdaten in der Computer Cloud: Datenschutzrechtliche Grenzen des Outsourcing, BB 2011, S. 2229; *Gaulke*, Prüfung der Einhaltung der technischen und organisatorischen Maßnahmen bei Auftragsdatenverarbeitungen, DuD 2011, S. 417; *Giebichenstein*, Chancen und Risiken beim Einsatz von Cloud Computing in der Rechnungslegung, BB 2011, S. 2218; *Giesen*, Datenverarbeitung im Auftrag in Drittstaaten – eine misslungene Gesetzgebung, CR 2007, S. 543; *Giesen*, Zum Begriff des Offenbarens nach § 203 StGB im Falle der Einschaltung privatärztlicher Verrechnungsstellen, NStZ 2012, S. 122; *Gliss*, Outsourcing und Auftragsdatenverarbeitung: BDSG-Novelle zwingt zum Umdenken, DSB 2009, S. 16; *Gödeke/Ingwersen*, Die Auslagerung von Unternehmensfunktionen – Zulässigkeit und Grenzen im Hinblick auf § 203 Abs. 1 Nr. 6 StGB, VersR 2010, S. 1153; *Göpfert/Meyer*, Datenschutz bei Unternehmenskauf: Due Diligence und Betriebsübergang, NZA 2011, S. 486; *Gosche*, 1 Jahr Praxiserfahrung mit dem novellierten § 11 Abs. 2 BDSG, in: Taeger (Hrsg.), Digitale Evolution – Herausforderungen für das Informations- und Medienrecht, Edewecht 2010, S. 73; *Grentzenberg/Schreibauer/Schuppert*, Die Datenschutznovelle (Teil I) – Ein Überblick zum „Entwurf eines Gesetzes zur Regelung des Datenschutzaudits und zur Änderung datenschutzrechtlicher Vorschriften", K&R 2009, S. 368; *Grentzenberg/Schreibauer/Schuppert*, Datenschutznovelle (Teil II) – Ein Überblick zum „Gesetz zur Änderung datenschutzrechtlicher Vorschriften", K&R 2009, S. 535; *Grützmacher*, Vertragliche Ansprüche auf Herausgabe von Daten gegenüber dem Outsourcing-Anbieter, ITRB 2004, S. 260; *Grützmacher*, Außervertragliche Ansprüche auf Herausgabe von Daten gegenüber dem Outsourcing-Anbieter, ITRB 2004, S. 282; *Grützmacher*, Datenschutz und Outsourcing, ITRB 2007, S. 183; *Hallermann*, Wann müssen Auftragsdatenverarbeitungen vor Ort kontrolliert werden?, RDV 2012, S. 226; *Hanloser*,

Die BDSG-Novelle II: Neuregelungen zum Kunden- und Arbeitnehmerdatenschutz, MMR 2009, S. 594; *Hanloser*, Neuer Rechtsrahmen für das Direktmarketing, DB 2009, S. 663; *Hartmann*, Outsourcing in der Sozialverwaltung und Sozialdatenschutz, Baden-Baden 2002; *Hartung*, Datenschutz und Verschwiegenheit bei Ausgliederungen durch Versicherungsunternehmen, VersR 2012, S. 400; *Hecker*, Neue Regeln gegen unerlaubte Telefonwerbung, K&R 2009, S. 601; *Heghmanns/Niehaus*, Outsourcing im Versicherungswesen und der Gehilfenbegriff des § 203 III 2 StGB, NStZ 2008, S. 57; *Heghmanns/Niehaus*, Datenschutz und strafrechtliche Risiken beim Outsourcing durch private Versicherungen, wistra 2008, S. 161; *Heidrich/Wegener*, Sichere Datenwolken, MMR 2010, S. 803; *Hellmich*, „Whistleblowing" – Einführung von Ethik- und Antikorruptionsrichtlinien und Reportingstrukturen, in: Taeger/Wiebe (Hrsg.), Aktuelle Entwicklungen im Informationstechnologierecht, Edewecht 2007, S. 135; *Hennrich*, Compliance in Clouds, CR 2011, S. 546; *Herkenhöner/Fischer/de Meer*, Outsourcing im Pflegedienst, DuD 2011, S. 870; *Hilber*, Die datenschutzrechtliche Zulässigkeit intranet-basierter Datenbanken internationaler Konzerne, RDV 2005, S. 143; *Hilber/Knorr/Müller*, Serververlagerungen im Konzern, CR 2011, S. 417; *Hilgendorf*, Strafrechtliche Probleme beim Outsourcing von Versicherungsdaten, in: Hilgendorf (Hrsg.), Informationsstrafrecht und Rechtsinformatik, Berlin 2004, S. 81; *Hladjk*, Artikel 29-Gruppe: „Verantwortlicher der Datenverarbeitung" und „Auftragsdatenverarbeiter", DSB 2010, S. 12; *Hoenike/Hülsdunk*, Outsourcing im Versicherungs- und Gesundheitswesen ohne Einwilligung?, MMR 2004, S. 788; *Höppner*, Web Analytics und Datenschutz, in: Taeger (Hrsg.), Die Welt im Netz – Folgen für Wirtschaft und Gesellschaft, Edewecht 2011, S. 477; *Hoeren*, Zur Reichweite von § 25a KWG, DuD 2005, S. 736; *Hoeren*, Risikoprüfung in der Versicherungswirtschaft – Datenschutz und wettbewerbsrechtliche Fragen beim Aufbau zentraler Hinweissysteme, VersR 2005, S. 1014; *Hoeren*, Rechtliche Grundlagen des SCHUFA-Scoring-Verfahrens, RDV 2007, S. 93; *Hoeren*, Das neue BDSG und die Auftragsdatenverarbeitung, DuD 2010, S. 688; *Hoeren*, Google Analytics – datenschutzrechtlich unbedenklich?, ZD 2011, S. 3; *Holländer*, Datensündern auf der Spur – Bußgeldverfahren ungeliebtes Instrument der Datenschutzaufsichtsbehörden, RDV 2009, S. 215; *Intveen*, Fernwartung von IT-Systemen, ITRB 2001, S. 251; *Jahn/Palm*, Outsourcing in der Kanzlei: Verletzung von Privatgeheimnissen? – Die straf- und berufsrechtliche Bewertung eines „Anwaltssekretariats" außerhalb der Kanzlei, AnwBl. 2011, S. 613; *Kahler*, Auftragsdatenverarbeitung im Drittstaat: europarechtskonform! – Unmittelbare Anwendung der Datenschutzrichtlinie 95/46/EG in Deutschland, RDV 2012, S. 167; *Karger/Sarre*, Wird Cloud Computing zu neuen juristischen Herausforderungen führen?, in: Taeger/Wiebe (Hrsg.), Inside the Cloud – Neue Herausforderungen für das Informationsrecht, Edewecht 2009, S. 441; *Kessler*, Outsourcing von Sozialdaten zur Kostenreduzierung, DuD 2004, S. 40; *Kilian/Scheja*, Freier Datenfluss im Allfinanzkonzern?, BB 2002, Supplement Banken & Versicherungen, S. 19; *Kintzi*, Externe Datenverarbeitung von Berufsgeheimnissen im Kontext von § 203 StGB – Verletzung von Privatgeheimnissen, DRiZ 2007, 244; *Kirsch*, Auftragsdatenverarbeitung durch Steuerberater?, ZD 10/2012, S. VIII; *Koch*, Softwarepflege und anwaltliche Schweigepflicht, CR 1987, S. 284; *Kock/Francke*, Mitarbeiterkontrolle durch systematischen Datenabgleich zur Korruptionsbekämpfung, NZA 2009, S. 646; *Köpke*, Die Bedeutung des § 203 Abs. 1 Nr. 6 StGB für Private Krankenversicherer, Tübingen 2003; *Kort*, Rechte und Pflichten des internen Datenschutzbeauftragten beim IT-Outsourcing mit einem Auftragnehmer in einem „sicheren" Drittstaat in Hinblick auf § 4d Abs. 5 und 6 BDSG, RDV 2011, S. 79; *Kort*, Strafbarkeitsrisiken des Datenschutzbeauftragten nach § 203

StGB beim IT-Outsourcing, insbesondere in datenschutzrechtlich „sichere" Drittstaaten, NStZ 2011, S. 193; *Kotthoff/Gabel*, Outsourcing, München 2008; *Kramer/Herrmann*, Auftragsdatenverarbeitung, CR 2003, S. 938; *Kraus/Tiedemann*, Outsourcing – Beteiligung des Betriebsrates und Überblick über Datenschutz-Fragen, ArbRB 2007, S. 207; *Kroschwald/Wicker*, Kanzleien und Praxen in der Cloud – Strafbarkeit nach § 203 StGB, CR 2012, S. 758; *Langkeit*, Umfang und Grenzen der ärztlichen Schweigepflicht gemäß § 203 I Nr. 1 StGB, NStZ 1994, S. 6; *Lensdorf*, Die Vergabe von öffentlichen IT- und Outsourcing-Projekten, CR 2006, S. 138; *Lensdorf*, Auftragsdatenverarbeitung in der EU/EWR und Unterauftragsdatenverarbeitung in Drittländern, CR 2010, S. 735; *Lensdorf/Mayer-Wegelin*, Die Bedeutung von Standards und Best Practices beim Schutz personenbezogener Daten, CR 2009, S. 545; *Lensdorf/Mayer-Wegelin/Mantz*, Outsourcing unter Wahrung von Privatgeheimnissen, CR 2009, S. 62; *Marnau/Schlehahn*, Cloud Computing und Safe Harbor, DuD 2011, S. 311; *Müglich*, Datenschutzrechtliche Anforderungen an die Vertragsgestaltung beim eShop-Hosting – Anspruch, Wirklichkeit und Vollzugsdefizit, CR 2009, S. 479; *Müller/Wehrmann*, Fernwartung und Datenschutz, NJW-CoR 1993, S. 20; *Müthlein*, Probleme der Auftragsdatenverarbeitung für Auftraggeber und Auftragnehmer, RDV 1992, S. 63; *Müthlein*, Abgrenzungsprobleme bei der Auftragsdatenverarbeitung, RDV 1993, S. 165; *Müthlein/Heck*, Outsourcing und Datenschutz, 3. Aufl., Frechen 2006; *Nägele/Jacobs*, Rechtsfragen des Cloud Computing, ZUM 2010, S. 281; *Neumann*, Vorgaben des europäischen Datenschutzrechts für die Abtretung von Telekommunikationsentgeltforderungen, CR 2013, S. 21; *Nielen/Thum*, Auftragsdatenverarbeitung durch Unternehmen im Nicht-EU-Ausland, K&R 2006, S. 171; *Niemann/Paul*, Bewölkt oder wolkenlos – rechtliche Herausforderungen des Cloud Computings, K&R 2009, S. 444; *Niemann/Hennrich*, Kontrollen in der Wolke?, CR 2010, S. 686; *Nink/Müller*, Beschäftigtendaten im Konzern – Wie die Mutter so die Tochter?, ZD 2012, S. 505; *Otto*, Strafrechtliche Konsequenzen aus der Ermöglichung der Kenntnisnahme von Bankgeheimnissen in einem öffentlich-rechtlichen Kreditinstitut durch Wartungs- und Servicepersonal eines Computer-Netzwerkes, wistra 1999, S. 201; *Paterna*, „Ich ordne an, das Internet abzuschalten" – Datenschutzrecht im Konflikt mit modernen Telemedien, in: Taeger (Hrsg.), Die Welt im Netz – Folgen für Wirtschaft und Gesellschaft, Edewecht 2011, S. 545; *Patzak/Beyerlein*, Adressdatenhandel unter dem BDSG, MMR 2009, S. 525; *Paul/Gendelev*, Outsourcing von Krankenhausinformationssystemen – Praxishinweise zur rechtskonformen Umsetzung, ZD 2012, S. 315; *Pauly*, Bonitätsabfragen in laufenden Geschäftsbeziehungen aus Bankensicht, in: Taeger/Wiebe (Hrsg.), Aktuelle Entwicklungen im Informationstechnologierecht, Edewecht 2007, S. 111; *Petri/Dorfner*, E-Justiz und Datenschutz – Ausgewählte Rechtsfragen, ZD 2011, S. 122; *Plath/Frey*, Direktmarketing nach der BDSG-Novelle: Grenzen erkennen, Spielräume optimal nutzen, CR 2009, S. 1762; *Plath/Frey*, Online-Marketing nach der BDSG-Novelle, CR 2009, S. 613; *Pohle/Ammann*, Software as a Service – auch rechtlich eine Revolution?, K&R 2009, S. 625; *Pohle/Ammann*, Über den Wolken … – Chancen und Risiken des Cloud Computing, CR 2009, S. 273; *Räther*, Datenschutz und Outsourcing, DuD 2005, S. 461; *Reindl*, Cloud Computing & Datenschutz, in: Taeger/Wiebe (Hrsg.), Inside the Cloud – Neue Herausforderungen für das Informationsrecht, Edewecht 2009, S. 441; *Rittweger/Schmidl*, Einwirkung von Standardvertragsklauseln auf § 28 BDSG, DuD 2004, S. 617; *Robrecht*, Überblick über wesentliche Neuerungen der BDSG-Novelle II, ZD 2011, S. 23; *Röhrborn/Sinhart*, Application Service Providing – juristische Einordnung und Vertragsgestaltung, CR 2001, S. 65; *Roßnagel/Pfitzmann/Garstka*, Modernisierung des Datenschutzrechts, Gutachten im Auftrag des Bundesministeriums des Innern, Berlin 2001; *Roth*, Auswirkungen des BDSG 2001 auf Vertragsverhältnisse, ITRB 2001, S. 220; *Rüdlin/Josenhans*, Auftragsdatenverarbeitung im Krankenhaus: Probleme und Lösungsmöglichkeiten, DSB 10/2011, S. 13; *Scheja*, Datenschutzrechtliche Zulässigkeit einer weltweiten Kundendatenbank, Baden-Baden 2005; *Scherp/Stief*, Compliance – Sonderuntersuchungen in Banken und der Datenschutz, BKR 2009, S. 404; *Schild*, Automatisierte Datenverarbeitung in der Hessischen Justiz, JurPC Web-Dok. 155/2007; *Schild/Tinnefeld*, Datenverarbeitung im internationalen Konzern, DuD 2011, S. 629; *Schmidt-Bens*, Cloud Computing Technologien und Datenschutz, Edewecht 2012; *Schneider*, Handbuch des EDV-Rechts, 4. Aufl., Köln 2009; *Scholz/Lutz*, Standardvertragsklauseln für Auftragsdatenverarbeiter und § 11 BDSG, CR 2011, S. 424; *Schröder*, Franchising als Auftragsdatenverarbeitung?, ZD 2012, S. 106; *Schröder/Haag*, Neue Anforderungen an Cloud Computing für die Praxis, ZD 2011, S. 147; *Schröder/Haag*, Internationale Anforderungen an Cloud Computing – Zusammenfassung und Bewertung der Best Business-Empfehlungen der Berlin Group, ZD 2012, S. 362; *Schröder/Haag*, Stellungnahme der Art. 29-Datenschutzgruppe zum Cloud Computing, ZD 2012, S. 495; *Schulz/Rosenkranz*, Cloud Computing – Bedarfsorientierte Nutzung von IT-Ressourcen, ITRB 2009, S. 232; *Schulz*, Die (Un-)Zulässigkeit von Datenübertragungen innerhalb verbundener Unternehmen, BB 2011, S. 2552; *Schuster/Reichl*, Cloud Computing & SaaS: Was sind die wirklich neuen Fragen?, CR 2010, S. 38; *Schwintowski*, Anwaltliches Datenschutzmanagement – Qualitätsstandards, VersR 2012, S. 1325; *Seffer/Horter*, Datenschutzrechtliche Aspekte des EDV-Outsourcing privater Versicherungsnehmer, ITRB 2004, S. 165; *Sinewe/Frase*, Steuerrechtliche Aspekte des Cloud Computing, BB 2010, S. 2198; *Söbbing*, Auswirkungen der BDSG-Novelle II auf Outsourcingprojekte, ITRB 2010, S. 36; *Söbbing/Weinbrenner*, Die Zulässigkeit der Auslagerung von IT-Dienstleistungen durch Institute im Wege. Offshore-Regionen, WM 2006, S. 165; *Spatscheck*, Outsourcing trotz Anwaltsgeheimnis: Nationale Lösung – Der erste Diskussionsvorschlag des Deutschen Anwaltvereins: Das bestehende System nutzen, AnwBl. 2012, S. 478; *Splittgerber/Rockstroh*, Sicher durch die Cloud navigieren – Vertragsgestaltung beim Cloud Computing, BB 2011, S. 2179; *von Sponeck*, Überlassung von RZ-Kapazität – ein Fall der Auftragsdatenverarbeitung?, CR 1992, S. 594; *Steding/Meyer*, Outsourcing von Bankdienstleistungen: Bank- und datenschutzrechtliche Probleme der Aufgabenverlagerung von Kreditinstituten auf Tochtergesellschaften und sonstige Dritte, BB 2001, S. 1693; *Sutschet*, Auftragsdatenverarbeitung und Funktionsübertragung, RDV 2004, S. 97; *Szalai/Kopf*, Verrat von Mandantengeheimnissen – Ist Outsourcing strafbar nach § 203 StGB?, ZD 2012, S. 462; *Vander*, Auftragsdatenverarbeitung 2.0?, K&R 2010, S. 292; *Vogel/Glas*, Datenschutzrechtliche Probleme unternehmensinterner Ermittlungen, DB 2009, S. 1747; *von Westerholt/Berger*, Der Application Service Provider und das neue Schuldrecht, CR 2002, S. 81; *von Westphalen*, Ausgewählte arbeits- und datenschutzrechtliche Fragen beim „Outsourcing" im Rahmen von § 25a Abs. 2 KWG, WM 1999, S. 1810; *Wächter*, Rechtliche Grundstrukturen der Datenverarbeitung im Auftrag, CR 1991, S. 333; *Wächter*, Skill-Datenbanken bei global integrierten Unternehmen, JurPC Web-Dok. 89/2007; *Wanagas*, Ein Jahr BDSG-Novelle II – Rückblick unter besonderer Berücksichtigung der Fragen der Auftragsdatenverarbeitung und der Informationspflichten, DStR 2010, S. 1908; *Weber/Voigt*, Internationale Auftragsdatenverarbeitung, ZD 2011, S. 74; *Weichert*, Cloud Computing und Datenschutz, DuD 2010, S. 679; *Wellhöner/Byers*, Datenschutz im Betrieb – Alltägliche Herausforderung für den Arbeitgeber?!, BB 2009, S. 2310; *Westerwelle/Kahl*, Die Novellierung des Bundesdatenschutzgesetzes, ITRB 2009, S. 273;

Wronka, Zur Interessenlage bei der Auftragsdatenverarbeitung, RDV 2003, S. 132; *von Zimmermann*, Whistleblowing und Datenschutz, RDV 2006, S. 242; *Zöll/Kielkowski*, Arbeitsrechtliche Umsetzung von „Bring Your Own Device" (BYOD), BB 2012, S. 2625.

Übersicht

I. Allgemeines

1. Gesetzeszweck

Die Vorschrift definiert die Anforderungen an das Auftragsverhältnis sowie die **1** Rechte und Pflichten der Beteiligten für den Fall, dass die Erhebung, Verarbeitung oder Nutzung personenbezogener Daten im Auftrag der verantwortlichen Stelle ganz oder teilweise durch eine andere Stelle erfolgt. Sie trägt damit der in der Praxis häufig genutzten Möglichkeit eines arbeitsteiligen Vorgehens bei der Durchführung dieser Tätigkeiten Rechnung. Ziel der Vorschrift ist es, sicherzustellen, dass die für den Auftraggeber geltenden Datenschutz- und Datensicherheitsstandards auch bei der Einschaltung externer Dienstleister gewahrt werden.[1] Dies gilt sowohl für den öffentlichen als auch für den nicht-öffentlichen Bereich.

Dogmatisch gesehen handelt es sich bei der Vorschrift nicht um einen Erlaubnistat- **2** bestand i. S. v. § 4 Abs. 1 BDSG. Das Rechtsinstitut der Auftragsdatenverarbeitung

---

1 *Petri*, in: Simitis, BDSG, § 11 Rn. 1; *Schaffland/Wiltfang*, BDSG, § 11 Rn. 1.

beruht vielmehr auf einer gesetzlichen Fiktion.[2] Nach § 3 Abs. 8 Satz 3 BDSG ist der Auftragnehmer gegenüber dem Auftraggeber nicht als Dritter anzusehen.[3] Stattdessen werden beide vom Gesetz als rechtliche Einheit behandelt.[4] Dies hat zur Folge, dass die wechselseitige Weitergabe von personenbezogenen Daten zwischen Auftraggeber und Auftragnehmer keine Übermittlung im Rechtssinne darstellt.[5]

3 Im Rahmen der Auftragsdatenverarbeitung ist der Auftraggeber als verantwortliche Stelle grundsätzlich allein für die Einhaltung datenschutzrechtlicher Vorschriften verantwortlich, §§ 11 Abs. 1, 3 Abs. 7 BDSG. Er kann sich durch die Einschaltung anderer Stellen nicht von seinen datenschutzrechtlichen Pflichten befreien. Die Rechtmäßigkeit der Datenverarbeitung richtet sich folglich auch weiterhin nach den für ihn geltenden Anforderungen.[6] Die Rolle des Auftragnehmers ist hingegen grundsätzlich auf die eines Dienstleisters beschränkt, der die Datenverarbeitung getreu den Vorgaben des Auftraggebers betreibt, § 11 Abs. 3 BDSG. Dies wird zumeist mit dem Bild umschrieben, dass der Auftragnehmer nur als „verlängerter Arm" des Auftraggebers tätig wird, der alleinverfügungsberechtigter „Herr der Daten" bleibt.[7]

2. Europarechtliche Grundlagen und Entwicklung der Vorschrift

4 Die Vorschrift dient in weiten Teilen der Umsetzung europarechtlicher Vorgaben. Nach Art. 17 Abs. 2 EG-DSRl haben die Mitgliedstaaten vorzusehen, dass die verantwortliche Stelle einen Auftragnehmer auszuwählen hat, welcher ausreichend Gewähr für die technischen und organisatorischen Maßnahmen bietet, die in Bezug auf die ihm übertragenen Tätigkeiten zu treffen sind. Zudem hat sie sich von der Einhaltung dieser Maßnahmen zu überzeugen. Nach Art. 17 Abs. 3 EG-DSRl hat die Durchführung des Auftragsverhältnisses auf der Basis eines Vertrags oder Rechtsakts zu erfolgen, durch den der Auftragnehmer an die verantwortliche Stelle gebunden ist und der den Auftragnehmer insbesondere dazu verpflichtet, nur auf Weisung der verantwortlichen Stelle zu handeln und – unbeschadet einer gleichgerichteten Verpflichtung der verantwortlichen Stelle nach Art. 17 Abs. 1 EG-DSRl – die erforderlichen technischen und organisatorischen Maßnahmen gegen jede Form der unrechtmäßigen Datenverarbeitung zu treffen. Nach Art. 17 Abs. 4 EG-DSRl sind die datenschutzrelevanten Elemente des Vertrags oder Rechtsakts sowie die Anforderungen an die zu ergreifenden technischen und organisatorischen Maßnahmen zum Zwecke der Beweissicherung schriftlich oder in einer gleichwertigen Form zu dokumentieren.

---

2 *Dammann*, in: Simitis, BDSG, § 3 Rn. 244.
3 Begründung des Entwurfs der Bundesregierung für ein Gesetz zur Änderung des BDSG und anderer Gesetze, BT-Drs. 14/4329, S. 33.
4 *Müthlein*, RDV 1993, S. 165 (166); *Wronka*, RDV 2003, S. 132.
5 *Dammann*, in: Simitis, BDSG, § 3 Rn. 244.
6 *Petri*, in: Simitis, BDSG, § 11 Rn. 1.
7 Siehe statt vieler *Gola/Schomerus*, BDSG, § 11 Rn. 3.

Die vorgenannten Anforderungen wurden im Rahmen des BDSG 2001 durch eine **5**
geringfügige Anpassung der bis dahin geltenden Regelung zur Auftragsdatenverarbeitung umgesetzt.[8] Anlässlich der Richtlinienumsetzung hat der Gesetzgeber zudem die Prüfung und Wartung von DV-Anlagen im Auftrag einer ausdrücklichen Regelung zugeführt und diese aufgrund der vergleichbaren Gefährdungslage für das Persönlichkeitsrecht der Betroffenen den Vorschriften zur Auftragsdatenverarbeitung unterstellt.[9]

In Reaktion auf verschiedene Datenschutzskandale in der Wirtschaft, namentlich **6**
Datenmissbräuche in der Callcenter-Branche, wurden auf Anregung des Bundesrats[10] die Anforderungen des § 11 BDSG an die Auftragsgestaltung sowie an die Kontroll- und Dokumentationspflichten des Auftraggebers durch das „Gesetz zur Änderung datenschutzrechtlicher Vorschriften" mit Wirkung zum 1.9.2009 verschärft. Zugleich wurden in § 43 Abs. 1 Nr. 2b BDSG Bußgeldtatbestände für den Fall eingeführt, dass die neuen Anforderungen schuldhaft verletzt werden. Aufgrund des Umstandes, dass die Anforderungen konkret an den Vorgang der Auftragserteilung anknüpfen und eine Übergangsregelung für „Altaufträge" fehlt, ist indessen nicht von einer generellen Verpflichtung zur Anpassung von Aufträgen auszugehen, die vor dem 1.9.2009 erteilt wurden.[11] Jedenfalls kann aufgrund des in § 43 Abs. 1 Nr. 2b Alt. 1 BDSG festgelegten Handlungszeitpunkts („Auftrag … erteilt", nicht „Auftrag … erteilt oder erteilt hat") eine unterbliebene Anpassung nicht mittels Bußgeld geahndet werden, § 3 OWiG.[12] Da von aufsichtsbehördlicher Seite regelmäßig eine Anpassung von „Altaufträgen" zur Erfüllung der neuen Anforderungen gefordert wird, ist aus praktischer Sicht dennoch zu empfehlen, diese – sofern noch nicht geschehen – im Wege einer risikoorientierten Betrachtung zu überprüfen und sukzessive umzustellen.[13] Auf etwaige Vertragsneuabschlüsse, -verlängerungen oder -erweiterungen ab dem 1.9.2009 finden die neuen Anforderungen ebenso Anwendung wie auf Einzelverträge, die nach diesem Zeitpunkt auf der Grundlage eines bestehenden Rahmenvertrags abgeschlossen werden.[14]

---

8 Siehe im Einzelnen BT-Drs. 14/4329, S. 38.

9 BT-Drs. 14/4329, S. 39; dazu näher unten Rn. 65 ff.

10 Begründung des Entwurfs der Bundesregierung für ein Gesetz zur Regelung des Datenschutzaudits und zur Änderung datenschutzrechtlicher Vorschriften, BT-Drs. 16/12011, S. 46 f.

11 So auch *Hanloser*, MMR 2009, S. 594 (597), unter Hinweis auf den Rechtsgedanken des Art. 170 EGBGB; *Plath*, in: Plath, BDSG, § 11 Rn. 19; a. A. *Vander*, K&R 2010, S. 292 (297); *Söbbing*, ITRB 2010, S. 36; *Petri*, in: Simitis, BDSG, § 11 Rn. 52 f.

12 *Freise*, in: Taeger (Hrsg.), Digitale Evolution – Herausforderungen für das Informations- und Medienrecht, S. 161 (163).

13 *Gola/Schomerus*, BDSG, § 11 Rn. 17, unter Hinweis auf BfDI, 23. Tätigkeitsbericht 2009–2010, BT-Drs. 17/5200, S. 32 f.; ähnlich auch *Gosche*, in: Taeger (Hrsg.), Digitale Evolution – Herausforderungen für das Informations- und Medienrecht, S. 73 (84 f.); *Robrecht*, ZD 2011, S. 23 (24).

14 Ebenso *Plath*, in: Plath, BDSG, § 11 Rn. 19.

3. Verhältnis zu anderen Vorschriften

7   Die Anwendung von § 11 BDSG unterliegt bestimmten Grenzen, die zunächst aus dem allgemeinen Anwendungsbereich des Gesetzes resultieren. So gelten im öffentlichen Bereich außerhalb der in § 1 Abs. 2 Nr. 1 und 2 BDSG geregelten Fälle die Vorschriften der LDSG über die Auftragsdatenverarbeitung.

8   Darüber hinaus erklärt § 1 Abs. 3 Satz 1 BDSG andere Rechtsvorschriften des Bundes, die auf personenbezogene Daten anzuwenden sind, für vorrangig. Zu diesen Rechtsvorschriften gehört etwa § 80 SGB X, der die Verarbeitung von Sozialdaten im Auftrag regelt und die Vergabe entsprechender Aufträge an nicht-öffentliche Stellen von besonderen Voraussetzungen abhängig macht.[15] Bestimmungen mit Bezug zur Auftragsdatenverarbeitung finden sich daneben auch in registerrechtlichen Vorschriften (z. B. § 1 Abs. 1 Satz 2 AZRG, § 126 Abs. 3 GBO).[16]

9   Neben solchen bereichsspezifischen Vorschriften sind bei der Einschaltung externer Dienstleister auch Geheimhaltungspflichten i. S. v. § 1 Abs. 3 Satz 2 BDSG zu berücksichtigen. So ist in der Finanzverwaltung die Hinzuziehung Dritter zur Datenverarbeitung aufgrund des Steuergeheimnisses gem. § 30 AO nur eingeschränkt möglich.[17] Im nicht-öffentlichen Bereich kommt in diesem Zusammenhang dem durch § 203 StGB verfolgten Schutz von Privatgeheimnissen besondere Bedeutung zu. Danach ist es Berufsgeheimnisträgern wie Ärzten, Rechtsanwälten oder Steuerberatern untersagt, die ihnen im Rahmen ihrer beruflichen Tätigkeit bekannt gewordenen Tatsachen Dritten zu offenbaren. Hierzu kann es auch bei der Auslagerung der EDV oder der Inanspruchnahme von Wartungs- und Pflegeleistungen an DV-Anlagen kommen, wenn für Mitarbeiter von Fremdfirmen die Möglichkeit besteht, in gesetzlich geschützte Datenbestände Einsicht zu nehmen.[18] Nach h. M. scheidet insoweit eine Rechtfertigung durch § 11 BDSG aufgrund der divergierenden Schutzrichtungen des BDSG und der Geheimnisschutztatbestände des StGB aus.[19] Vielmehr bedarf es einer (strafrechtlichen) Einwilligung der Betroffenen, wenn die Offenbarung ihrer Daten nicht wirksam durch technische, organisatorische oder vertragliche Schutzmaßnahmen verhindert oder der Dienstleister als „berufsmäßig

---

15 Näher dazu *Kessler*, DuD 2004, S. 40 (noch zu § 80 SGB X a. F.); zur Problematik der Weitergabe von Patientendaten an externe Abrechnungsstellen aus Sicht des Sozialdatenschutzes siehe BSG CR 2009, 460 m. Anm. *Brisch/Laue*.

16 Siehe *Petri*, in: Simitis, BDSG, § 11 Rn. 14 f.; *Petri/Dorfner*, ZD 2011, S. 122 (127 f.).

17 Siehe *Büllesbach/Rieß*, NVwZ 1995, S. 444 (447 f.), mit weiteren Beispielen für Geheimhaltungspflichten aus dem Bereich der öffentlichen Verwaltung.

18 Siehe statt vieler *Koch*, CR 1987, S. 284 f.; *Ehmann*, CR 1991, S. 293 (294 f.).

19 *Seffer/Horter*, ITRB 2004, S. 165 (166); *Köpke*, Die Bedeutung des § 203 Abs. 1 Nr. 6 StGB für Private Krankenversicherer, S. 236 ff.; *Kintzi*, DRiZ 2007, S. 244 (246); *Fritzemeyer*, in: Söbbing, Handbuch des IT-Outsourcing, Rn. 859; a. A. *Hoenike/Hülsdunk*, MMR 2004, S. 788 (789 ff.); *Biewald*, DuD 2011, S. 867 (869); Tätigkeitsbericht 2011/ 2012 des Bayerischen Landesamts für Datenschutzaufsicht (nicht-öffentlicher Bereich), S. 69.

tätiger Gehilfe" i. S. v. § 203 Abs. 3 Satz 2 StGB angesehen werden kann.[20] Unter Umständen kann der Dienstleister auch aufgrund einer funktionalen Betrachtung zum Kreis der kenntnisberechtigten Personen zu zählen sein, sodass eine Datenweitergabe sanktionslos möglich ist.[21] Darüber hinaus erlauben landes- und berufsspezifische Regelungen teilweise in bestimmten Situationen die Datenweitergabe an Dienstleister (z. B. §§ 48, 49 LKHG BW).[22] Nach § 203 Abs. 1 Nr. 6, Abs. 2 Nr. 1 StGB stellt sich das Problem der Geheimhaltung bei Auslagerungen in gleicher Weise in der privaten Kranken-, Unfall- und Lebensversicherungsbranche[23] sowie für öffentlich-rechtliche Kreditinstitute,[24] soweit Versicherten- bzw. Kundendaten betroffen sind. Anders verhält sich dies im privaten Bankensektor; § 203 StGB gilt hier nicht.[25] Nach h. M. steht auch das Bankgeheimnis selbst der Auslagerung von solchen Aufgabenbereichen, die für die Durchführung von Bankgeschäften wesentlich sind, nicht entgegen, sofern die Vertraulichkeit von Kundendaten gewahrt bleibt. Dazu wird es regelmäßig als notwendig, aber auch als ausreichend angesehen, wenn sich der Dienstleister in Bezug auf die ihm zugänglich gemachten Kundendaten gegenüber dem beauftragenden Kreditinstitut umfassend zur Verschwiegenheit verpflichtet.[26]

Die Einrichtung und Nutzung automatisierter Abrufverfahren im Rahmen von Auftragsdatenverarbeitungsverhältnissen (z. B. in Form des automatisierten Abrufs von   **10**

---

20 Näher zu diesen Ausnahmen *Otto*, wistra 1999, S. 201 (205 f.); *Hilgendorf*, Strafrechtliche Probleme beim Outsourcing von Versicherungsdaten, S. 81 (83 ff.); *Fritzemeyer*, in: Söbbing, Handbuch des IT-Outsourcing, Rn. 859 f.; *Heghmanns/Niehaus*, NStZ 2008, S. 57; *Lensdorf/Mayer-Wegelin/Mantz*, CR 2009, S. 62; *Jahn/Palm*, AnwBl. 2011, S. 613; *Rüdlin/Josenhans*, DSB 10/2011, S. 13 (15); *Szalai/Kopf*, ZD 2012, S. 462; *Koschwald/Wicker*, CR 2012, S. 758.

21 Siehe BGH VersR 2010, 762, sowie auf dieses Urteil bezugnehmend *Gödeke/Ingwersen*, VersR 2010, S. 1153; *Bräutigam*, CR 2011, S. 411; *Paul/Gendelev*, ZD 2012, S. 315 (319); ähnlich auch *Kort*, NStZ 2011, S. 193 (194).

22 Näher zu den einschlägigen Regelungen in den Krankenhaus- bzw. Gesundheitsdatenschutzgesetzen der Länder *Rüdlin/Josenhans*, DSB 10/2011, S. 13; zur Reformdiskussion beispielsweise im anwaltlichen Berufsrecht *Spatschek*, AnwBl. 2012, S. 478.

23 *Hilgendorf*, Strafrechtliche Probleme beim Outsourcing von Versicherungsdaten, S. 81 ff.; *Hoenike/Hülsdunk*, MMR 2004, S. 788; *Seffer/Horter*, ITRB 2004, S. 165; *Köpke*, Die Bedeutung des § 203 Abs. 1 Nr. 6 StGB für Private Krankenversicherer, S. 225 ff.; *Fritzemeyer*, in: Söbbing, Handbuch des IT-Outsourcing, Rn. 858 ff.; *Heghmanns/Niehaus*, NStZ 2008, S. 57; *Kotthoff/Gabel*, Outsourcing, S. 5; *Gödeke/Ingwersen*, VersR 2010, S. 1153; *Bräutigam*, CR 2011, S. 411; *Hartung*, VersR 2012, S. 400.

24 *Otto*, wistra 1999, S. 201; *Bohnstedt*, Fernwartung, S. 135 ff.; einschränkend zur Anwendung von § 203 Abs. 2 StGB auf öffentlich-rechtliche Kreditinstitute zumindest bei der Abtretung von Darlehensforderungen jedoch BGH WM 2009, 2307.

25 BGH WM 2007, 643 (645).

26 *Bruchner/Krepold*, in: Schimansky/Bunte/Lwowski, Bankrechts-Handbuch, Band 1, § 39 Rn. 27 ff.; *Hoeren*, DuD 2002, S. 736 (737); *Cahn*, WM 2004, S. 2041 (2045 f.); *Stiller*, ZIP 2004, S. 2027 (2029); *Jobe*, ZIP 2004, S. 2415 (2418); a. A. *Steding/Meyer*, BB 2001, S. 1693.

Änderungsdaten durch einen Personaldienstleister direkt vom Auftraggeber[27]) richtet sich ausschließlich nach § 11 BDSG. § 10 BDSG findet unabhängig von der Ausgestaltung solcher Verfahren keine Anwendung; es fehlt insoweit am Merkmal der Übermittlung.[28]

II. Datenerhebung, -verarbeitung und -nutzung im Auftrag (Abs. 1)

1. Allgemeiner Anwendungsbereich

11   Voraussetzung für die Anwendung von § 11 BDSG ist, dass personenbezogene Daten im Auftrag der verantwortlichen Stelle durch eine andere Stelle erhoben, verarbeitet oder genutzt werden sollen.[29] Auf die Rechtsnatur des Auftrags kommt es nicht an. Es muss sich insbesondere nicht um einen Auftrag i. S. v. § 662 BGB handeln. Je nach Art und Umständen der Auftragserteilung kommen vielmehr unterschiedliche Gestaltungsformen aus dem zivilrechtlichen (z. B. Geschäftsbesorgungs-, Werk-, Dienst-, Mietvertrag) sowie dem öffentlich-rechtlichen Bereich (z. B. öffentlich-rechtlicher Vertrag, Verwaltungsvereinbarung) in Betracht.[30] Inhaltlich kann der Auftrag sich auf alle Arten personenbezogener Daten (einschließlich besonderer Arten personenbezogener Daten gem. § 3 Abs. 9 BDSG[31]) beziehen und einzelne oder mehrere der in § 3 BDSG genannten Phasen der Datenverarbeitung umfassen.[32] Umfang und Zeitdauer der Beauftragung sind unerheblich. Eine Auftragsdatenverarbeitung kommt auch in Betracht, wenn das Volumen der zu verarbeitenden Daten gering ist oder es sich um eine einmalige oder kurzzeitige Angelegenheit handelt.[33]

12   Eine Auftragsdatenverarbeitung liegt nach der Grundkonzeption von § 11 BDSG nur vor, wenn der Auftragnehmer weisungsgebunden, d. h. ohne einen eigenen Wertungs- und Entscheidungsspielraum, für den Auftraggeber tätig wird. Fehlt es daran, weil der Auftragnehmer den Auftrag eigenverantwortlich durchführen soll oder ihm die betreffenden Daten für eigene Geschäftszwecke (z. B. zur Durchführung von Vertriebstätigkeiten im eigenen Namen[34]) überlassen werden, so ist er als Dritter i. S. v.

---

27 *Gola/Schomerus*, BDSG, § 10 Rn. 6.
28 Siehe oben Rn. 2; ferner *Ehmann*, in: Simitis, BDSG, § 10 Rn. 20; *Müthlein*, RDV 1993, S. 165 (168).
29 Siehe die Legaldefinitionen in § 3 BDSG.
30 Siehe statt vieler *Schaffland/Wiltfang*, BDSG, § 11 Rn. 9a.
31 Vgl. *Walz*, in: Simitis, BDSG, 6. Aufl. (2006), § 11 Rn. 43, der insoweit allerdings auf das erhöhte technische und organisatorische Schutzbedürfnis hinweist; ebenso *Hartung*, VersR 2012, S. 400 (401 f.).
32 *Gola/Schomerus*, BDSG, § 11 Rn. 7.
33 *Wedde*, in: Däubler/Klebe/Wedde/Weichert, BDSG, § 11 Rn. 5.
34 Siehe z. B. Tätigkeitsbericht 2011/2012 des Bayerischen Landesamts für Datenschutzaufsicht (nicht-öffentlicher Bereich), S. 33.

Gabel

§ 3 Abs. 8 Satz 2 BDSG anzusehen, mit der Folge, dass bereits die Datenweitergabe durch den Auftraggeber an den Auftragnehmer eine Übermittlung darstellt, die nach § 4 Abs. 1 BDSG der datenschutzrechtlichen Rechtfertigung bedarf.[35] Die weitere Verwendung der Daten durch den Auftragnehmer ist dann gesondert auf ihre Zulässigkeit zu überprüfen, wobei dieser selbst zur verantwortlichen Stelle wird. Maßgebend für die Anwendbarkeit von § 11 BDSG ist der tatsächliche Inhalt des Auftrags, nicht eine Vereinbarung der Parteien über das anwendbare materielle Recht.[36] Daher ist auch der gelegentlich diskutierte Versuch abzulehnen, den Auftrag zur Vermeidung der Kontroll- und Dokumentationspflichten des § 11 BDSG kurzerhand in eine – ohnedies von eigenen Zulässigkeitsvoraussetzungen abhängige – Datenübermittlung umzuwidmen.[37] Der Umstand, dass spezialisierte Dienstleister häufig von sich aus standardmäßig bestimmte Leistungspakete und Geschäftsbedingungen festlegen und so faktisch bestimmte Verarbeitungsverfahren vorgeben, steht der Anwendbarkeit von § 11 BDSG per se nicht entgegen, denn es bleibt der freien Entscheidung des Auftraggebers überlassen, ein solches Angebot anzunehmen.[38]

Umstritten ist, ob über die Weisungsgebundenheit des Auftragnehmers hinaus An- **13** forderungen an die Anwendung von § 11 BDSG zu stellen sind:

a) Funktionsübertragungstheorie

Nach bislang h. M. liegt eine Auftragsdatenverarbeitung i. S. v. § 11 BDSG nur vor, **14** wenn sich die Tätigkeit des Auftragnehmers in einer reinen „Hilfsfunktion" (z. B. in Form der Erbringung von Rechenzentrumsleistungen) für die Erfüllung der Zwecke und Aufgaben des Auftraggebers erschöpft. Dahinter steht wohl der Gedanke, dass ein solchermaßen untergeordneter Auftragnehmer keine zusätzlichen Gefahren für den Datenschutz begründet, die mehr als die durch § 11 BDSG vorgesehenen Schutzmaßnahmen erfordern.[39] Demgegenüber soll es mit der von § 11 BDSG bezweckten Privilegierung nicht vereinbar sein, wenn der Auftragnehmer über die praktisch-technische Durchführung der Datenverarbeitung hinaus materielle vertragliche Leistungen erbringt oder ihm gar ganze Funktionen (z. B. in Form des Einkaufs oder Vertriebs) zur Erledigung mit Hilfe der ihm überlassenen Daten übertragen werden. Insoweit soll es sich um eine sog. Funktionsübertragung handeln,

---

35 *Wedde*, in: Däubler/Klebe/Wedde/Weichert, BDSG, § 11 Rn. 12.

36 *Müthlein/Heck*, Outsourcing und Datenschutz, S. 41.

37 Siehe *Vander*, K&R 2010, S. 292 (297 f.).

38 Arbeitspapier der Artikel 29-Datenschutzgruppe vom 16.2.2010, WP 169, S. 32.

39 *Kramer/Herrmann*, CR 2003, S. 938 (939); zur fragwürdigen historischen Fundierung der Funktionsübertragungstheorie siehe *Gliss*, DSB 9/2009, S. 16 („Die Abgrenzung zwischen Auftragsdatenverarbeitung und komplexer Funktionsübertragung wurde vor 30 Jahren in einem Arbeitskreis der Aufsichtsbehörden und Vertretern der Wirtschaft ausgehandelt und funktioniert seither gut."); *Heghmanns/Niehaus*, wistra 2008, S. 161 (163).

deren Zulässigkeit nach den allgemeinen Voraussetzungen für die Erhebung, Verarbeitung und Nutzung von personenbezogenen Daten zu beurteilen ist.[40]

b) Vertragstheorie

15 Nach einer im Vordringen befindlichen Auffassung soll es hingegen nicht auf die im konkreten Fall durch den Auftragnehmer übernommene Aufgabe ankommen. Für die Anwendung der Regeln über die Auftragsdatenverarbeitung wird vielmehr als entscheidend angesehen, dass sich der Auftragnehmer den Weisungen des Auftraggebers unterwirft und auch die übrigen Bedingungen des § 11 BDSG eingehalten werden.[41] Nach dieser Auffassung hängt es also nicht davon ab, *was* delegiert wird, sondern *wie* dies geschieht.[42] Begründet wird dies zunächst damit, dass eine Einschränkung der Anwendbarkeit von § 11 BDSG auf die Übertragung bloßer Hilfsfunktionen weder dem BDSG noch der EG-DSRl zu entnehmen sei.[43] Darüber hinaus wird auf die in der Praxis häufig anzutreffenden Schwierigkeiten bei der Abgrenzung von Auftragsdatenverarbeitung und Funktionsübertragung hingewiesen, die sich in Anbetracht der stetigen Weiterentwicklung der arbeitsteiligen Wirtschaft kaum „ohne Willkür" treffen lasse.[44] Mit Blick auf den Schutz der Betroffenen wird schließlich angeführt, dass eine extensive Interpretation von § 11 BDSG nicht zu einer Einschränkung der Persönlichkeitsrechte der Betroffenen führe, sondern im Gegenteil zu einer klaren Verantwortungszuweisung. Der Auftraggeber bleibe trotz der Einschaltung eines Dritten für die Zulässigkeit der Datenverarbeitung verantwortlich und könne von den Betroffenen bei Verstößen jederzeit in Anspruch ge-

---

40 *Petri*, in: Simitis, BDSG, § 11 Rn. 22 ff.; *Gola/Schomerus*, BDSG, § 11 Rn. 9; *Schaffland/ Wiltfang*, BDSG, § 11 Rn. 7; *Wedde*, in: Däubler/Klebe/Wedde/Weichert, BDSG, § 11 Rn. 14; *Müthlein/Heck*, Outsourcing und Datenschutz, S. 34 ff.; *Wächter*, CR 1991, S. 333; *Müthlein*, RDV 1992, S. 63 f.; *Müthlein*, RDV 1993, S. 165 (166 f.); *Wronka*, RDV 2003, S. 132; *Müglich*, CR 2009, S. 479 (481); Innenministerium Baden-Württemberg, Hinweise zum Datenschutz für die private Wirtschaft (Nr. 32), Ziff. 2; Arbeitspapier des Arbeitskreises „Grundsatzfragen der Verwaltungsmodernisierung" vom 20.11.2008, Datenschutzrechtliche Grundlagen bei Auftragsdatenverarbeitung/Outsourcing in der öffentlichen Verwaltung; Tätigkeitsbericht 2009/2010 des Bayerischen Landesamts für Datenschutzaufsicht (nicht-öffentlicher Bereich), S. 35 ff.; differenzierend *Heghmanns/Niehaus*, wistra 2008, S. 161 (164 ff.).

41 *Fasbender*, RDV 1994, S. 12 (14); *Sutschet*, RDV 2004, S. 97 (102); *Räther*, DuD 2005, S. 461 (465 f.); *Eul*, in: Roßnagel, Hdb. DSR, S. 1085 (1090 f.); *Nielen/Thum*, K&R 2006, S. 171 (174 ff.); *Hartmann*, Outsourcing in der Sozialverwaltung und Sozialdatenschutz, S. 167 f.; *Schmidt-Bens*, Cloud Computing Technologien und Datenschutz, S. 32; *Plath*, in: Plath, BDSG, § 11 Rn. 29; im Ergebnis auch *Kilian/Scheja*, BB 2002, Supplement Banken & Versicherungen, S. 19 (22 f.).

42 *Heghmanns/Niehaus*, wistra 2008, S. 161 (163).

43 *Kilian/Scheja*, BB 2002, Supplement Banken & Versicherungen, S. 19 (22); *Eul*, in: Roßnagel, Hdb. DSR, S. 1085 (1090 f.); *Sutschet*, RDV 2004, S. 97 (100); *Räther*, DuD 2005, S. 461 (465); *Nielen/Thum*, K&R 2006, S. 171 (175).

44 *Nielen/Thum*, K&R 2006, S. 171 (175 f.); ähnlich *Fasbender*, RDV 1994, S. 12 (14); ablehnend *Walz*, in: Simitis, BDSG, 6. Aufl. (2006), § 11 Rn. 17.

nommen werden. Diese hätten folglich nicht das Risiko, unter zwei potenziellen Anspruchsgegner den „richtigen" auswählen zu müssen.[45]

c) Bewertung

Der Unterschied zwischen den beiden Auffassungen besteht im Kern darin, dass **16** nach der Funktionsübertragungstheorie eine Auftragsdatenverarbeitung ausscheiden soll, wenn dem Auftragnehmer nicht nur die Datenverarbeitung, sondern auch die zugrunde liegende Funktion oder zusätzliche materielle Leistungen übertragen werden. Dieser Ausschluss findet jedoch im Gesetz keine ausreichende Stütze (im Gegenteil: § 11 Abs. 2 Satz 2 Nr. 2 BDSG überlässt es den Parteien, Umfang, Art und Zweck der vorgesehenen Datenverarbeitung im Auftrag zu definieren) und scheint auch kaum sachgerecht. Aufgrund der voranschreitenden Standardisierung und Automatisierung von Geschäftsprozessen sowie der beschränkten gesetzlichen Übermittlungsbefugnisse hätte ein solcher Ausschluss vielmehr zur Folge, dass den verantwortlichen Stellen die gesetzlich vorgesehene Möglichkeit, in unkomplizierter Weise an den Vorteilen einer arbeitsteiligen Wirtschaft teilzuhaben, ggf. verwehrt bliebe.[46] Anders als im öffentlichen Bereich, in dem unter Umständen organisationsrechtliche Einschränkungen einer „Funktionsübertragung" entgegenstehen,[47] spricht zumindest im nicht-öffentlichen Bereich nichts gegen ein weites Verständnis vom Anwendungsbereich der Auftragsdatenverarbeitung. In Anbetracht der Zielsetzung von § 11 BDSG, sicherzustellen, dass die für den Auftraggeber geltenden Datenschutz- und Sicherheitsstandards auch bei der Einschaltung von externen Dienstleistern eingehalten und somit die Belange der Betroffenen gewahrt werden,[48] ist insbesondere keine übermäßige Beeinträchtigung der Rechte der Betroffenen erkennbar, sofern sich die Erteilung und die Durchführung des Auftrags nach den Anforderungen dieser Vorschrift richten. Die Betroffenen werden nicht schlechter gestellt, als würde der Auftraggeber die fraglichen Leistungen selbst erbringen.[49] Vor diesem Hintergrund ist die Vertragstheorie vorzugswürdig. Sie ver-

---

45 *Sutschet*, RDV 2004, S. 97 (101); *Räther*, DuD 2005, S. 461 (465 f.); *Nielen/Thum*, K&R 2006, S. 171 (176); *Hartmann*, Outsourcing in der Sozialverwaltung und Sozialdatenschutz, S. 165; so auch *Heghmanns/Niehaus*, wistra 2008, S. 161 (163).

46 Ausführlich vor dem Hintergrund der verschärften Problematik im Sozialdatenschutz *Hartmann*, Outsourcing in der Sozialverwaltung und Sozialdatenschutz, S. 155 ff.

47 Siehe Arbeitspapier des Arbeitskreises „Grundsatzfragen der Verwaltungsmodernisierung" vom 20.11.2008, Datenschutzrechtliche Grundlagen bei Auftragsdatenverarbeitung/ Outsourcing in der öffentlichen Verwaltung; ferner *Petri/Dorfner*, ZD 2011, S. 122 (127): „Eine Auftragsdatenverarbeitung würde danach vor dem Hintergrund der verfassungsrechtlichen Grenzziehung zumindest dann ausscheiden, wenn die Datenverarbeitung auch den Kernbereich der hoheitlichen Tätigkeit berührt."

48 Siehe oben Rn. 1.

49 Siehe im Vergleich zu den Anforderungen an die Ausgestaltung einer Funktionsübertragung die pointierte Darstellung von *Gliss*, DSB 9/2009, S. 16 („Die Übertragung einer „komplexen Funktion" ist hingegen ein Outsourcing, bei dem der Auftragnehmer mehr oder weniger pauschal vom Auftraggeber gesagt bekommt, welche Ziele zu erreichen

meidet die mit der Funktionsübertragungstheorie verbundenen Abgrenzungsschwierigkeiten und führt zu interessensgerechten Ergebnissen. Dies deckt sich mit der Sichtweise auf europäischer Ebene. So hat die Artikel 29-Datenschutzgruppe unlängst im Kontext der EG-DSRl Stellung zur Abgrenzung der Begriffe „für die Verarbeitung Verantwortlicher" und „Auftragsverarbeiter" genommen und sich dabei weniger an formalrechtlichen Erwägungen als vielmehr an der faktischen Ausgestaltung des Auftragsverhältnisses orientiert. Wichtigstes Kriterium für die Auftragsdatenverarbeitung soll danach sein, *dass der Auftragsverarbeiter im Auftrag des für die Verarbeitung Verantwortlichen handeln muss. Im Auftrag eines anderen zu handeln bedeutet, in dessen Interesse zu handeln, und erinnert an die Rechtsfigur der Aufgabenübertragung ('Delegation'). Im Kontext des Datenschutzrechts ist es die Aufgabe eines Auftragsverarbeiters, die von dem für die Verarbeitung Verantwortlichen erteilten Weisungen zumindest hinsichtlich des Zwecks der Verarbeitung und der wesentlichen Elemente der Mittel zu befolgen.*[50] Einschränkungen in Bezug auf Art und Umfang des Auftragsgegenstandes, wie sie der Funktionsübertragungstheorie eigen sind, hat die Artikel 29-Datenschutzgruppe in diesem Zusammenhang nicht getroffen. Eingedenk des Umstands, dass die Aufsichtsbehörden zumeist der Funktionsübertragungstheorie folgen, ist in der Praxis bei dieser Frage zwar nach wie vor Vorsicht geboten. Die Aufsichtsbehörden gehen im Falle einer „Funktionsübertragung" jedoch davon aus, dass deren datenschutzrechtliche Zulässigkeit auch erreicht werden kann, indem die vertraglichen Vereinbarungen zwischen den beteiligten Stellen so gestaltet werden, dass die Anforderungen einer Erlaubnisnorm für die Datenübermittlung erfüllt sind. Dies betrifft vor allem die „Abwägungsvorschrift" des § 28 Abs. 1 Satz 1 Nr. 2 BDSG (soweit im konkreten Fall anwendbar).[51] Als entscheidend für den Ausgang der Interessenabwägung wird dabei eine an den Anforderungen des § 11 Abs. 2 BDSG orientierte Vertragsgestaltung angesehen,[52] was die Bedeutung des vorstehend dargestellten Meinungsstreits im praktischen Ergebnis merklich verringert.

---

sind. Wie er das regelt, ist seinem Sachverstand überlassen."); zu Vorschlägen für eine mögliche Angleichung der Anforderungen für die Auftragsdatenverarbeitung und die Funktionsübertragung siehe *Roßnagel/Pfitzmann/Garstka*, Modernisierung des Datenschutzrechts, S. 124 ff.

50 Arbeitspapier der Artikel 29-Datenschutzgruppe vom 16.2.2010, WP 169, S. 31; *Hladjk*, DSB 5/2010, S. 12; ähnlich auch Handreichung „Identifying Data Controllers and Data Processors – Data Protection Act 1998" des Britischen Information Commissioner's Office (ICO) vom 14.3.2012.

51 Tätigkeitsbericht 2009/2010 des Bayerischen Landesamts für Datenschutzaufsicht (nichtöffentlicher Bereich), S. 39.

52 Tätigkeitsbericht 2009/2010 des Bayerischen Landesamts für Datenschutzaufsicht (nichtöffentlicher Bereich), S. 39; 30. Tätigkeitsbericht des Landesbeauftragten für den Datenschutz Baden-Württemberg 2010/2011, LT-Drs. 15/955, S. 156; Arbeitsbericht der ad-hoc-Arbeitsgruppe „Konzerninterner Datentransfer" des Düsseldorfer Kreises, S. 7 ff.; *Weichert*, DuD 2010, S. 679 (683); *Hilber/Knorr/Müller*, CR 2011, S. 417 (421).

d) Einzelfälle

Führt ein Markt- und Meinungsforschungsinstitut für Unternehmen Kunden- oder   **17**
Haushaltsbefragungen durch, so handelt es sich um Auftragsdatenverarbeitung, falls
die Durchführung der Befragungen sowie die Auswertung der Ergebnisse durch die
Unternehmen genau bestimmt sind. Dies ist nicht der Fall, wenn die Befragungsaktionen durch das Institut aufgrund eigener Sachkunde sowohl hinsichtlich der Gestaltung der Fragebogens und des Ablaufs der Untersuchung als auch der Auswertung
der Befragungsergebnisse durchgeführt werden.[53] Die gleiche Unterscheidung gilt
prinzipiell auch bei der Beauftragung externer Dienstleister mit der Durchführung
von Marketingaktionen. Werden Fremddatenbestände im sog. Listbroking- oder Lettershop-Verfahren genutzt, so liegt regelmäßig eine Auftragsdatenverarbeitung vor.[54]
Bietet dagegen ein Unternehmen anderen Unternehmen die Ermittlung von Adressen
bei Meldeämtern an und speichert es diese für erneute Anfragen[55] oder werden sonst
Daten auf Vorrat vorgehalten und an Interessenten auf Anfrage zur weiteren Verwendung übermittelt,[56] scheidet eine Auftragsdatenverarbeitung aus. Als solche wird jedoch wiederum die im Auftrag erfolgende Anreicherung von Adressdaten mit bestimmten anderen Daten anzusehen sein.[57] Um eine Auftragsdatenverarbeitung handelt es sich in der Regel auch bei der Tätigkeit von Callcentern, wenn diese – wie
meist – nur exakt vordefinierte Serviceleistungen gegenüber den Anrufern erbringen.[58] Unabhängig von der Frage, ob es sich bei den vorstehend genannten Fallgestaltungen um eine Auftragsdatenverarbeitung i. S. v. § 11 BDSG handelt, sind in der
Sache jeweils die sich aus BDSG und UWG ergebenden Restriktionen in Bezug auf
die Nutzung personenbezogener Daten (insbesondere für Zwecke des Adresshandels,
der Werbung sowie der Markt- und Meinungsforschung) und die Ansprache der Betroffenen (insbesondere unerlaubte E-Mail- und Telefonwerbung) zu beachten.[59]

Die Inanspruchnahme fremder Rechnerleistung und Speicherplatz (sog. Hosting)   **18**
ist aufgrund der physischen Herrschaft des Dienstleisters über die genutzten Ein-

---

53 Erster Bericht des Innenministeriums Baden-Württemberg über die Tätigkeit der Aufsichtsbehörde für den Datenschutz im nicht-öffentlichen Bereich, LT-Drs. 13/40, S. 58.
54 *Gola/Schomerus*, BDSG, § 11 Rn. 12; *Plath/Frey*, BB 2009, S. 1762 (1767).
55 Achtzehnter Bericht der Hessischen Landesregierung über die Tätigkeit der für den Datenschutz im nicht-öffentlichen Bereich in Hessen zuständigen Aufsichtsbehörden, LT-Drs. 16/4752, S. 19 f.
56 *Sutschet*, RDV 2004, S. 97 (103) m. w. N.
57 Erster Bericht des Innenministeriums Baden-Württemberg über die Tätigkeit der Aufsichtsbehörde für den Datenschutz im nicht-öffentlichen Bereich, LT-Drs. 13/40, S. 41.
58 *Petri*, in: Simitis, BDSG, § 11 Rn. 29; *Sutschet*, RDV 2004, S. 97 (103).
59 Dazu näher *Plath/Frey*, BB 2009, S. 1762; *Plath/Frey*, CR 2009, S. 613; *Hecker*, K&R 2009, S. 601; *Patzak/Beyerlein*, MMR 2009, S. 525; *Grentzenberg/Schreibauer/Schuppert*, K&R 2009, S. 368; *Grentzenberg/Schreibauer/Schuppert*, K&R 2009, S. 535; *Hanloser*, DB 2009, S. 663; zur Nichtigkeit eines Callcenter-Vertrags, mit dem sich der Betreiber gegenüber dem Auftraggeber verpflichtet, bei Dritten ohne deren Einwilligung Telefonwerbung zu betreiben, siehe OLG Stuttgart MDR 2008, 1383.

richtungen und der daraus resultierenden Einflussmöglichkeiten auf die Datenverarbeitung regelmäßig ein Fall des § 11 BDSG.[60] Dies gilt auch für das klassische IT-Outsourcing, bei dem DV-Anlagen an den Dienstleister zum Betrieb übergeben werden, wenn der Dienstleister durch entsprechende vertragliche Vereinbarungen an die Vorgaben des auslagernden Unternehmens gebunden bleibt.[61] Beim sog. Outtasking werden dem Dienstleister hingegen nur ausgewählte Tätigkeiten und Prozessschritte der EDV übertragen. Die Hoheit über die zugrunde liegenden Systeme und Prozesse bleibt beim beauftragenden Unternehmen. Erhält der Dienstleister jedoch die Möglichkeit, auf datenverarbeitende Systeme einzuwirken, dürfte wieder von einer Auftragsdatenverarbeitung auszugehen sein. Dies gilt insbesondere dann, wenn dem Dienstleister hinsichtlich der fraglichen Systeme Überwachungs- und Wartungstätigkeiten anvertraut werden, § 11 Abs. 5 BDSG. Ebenso verhält es sich bei der Erbringung von Applikations-Services, wenn ein Zugriff des Dienstleisters auf personenbezogene Daten nicht auszuschließen ist.[62] Eine speziellere, in der Regel ebenfalls § 11 BDSG unterfallende Form des IT-Outsourcing stellt das sog. Application Service Providing (kurz: ASP) dar, bei welchem der Dienstleister sowohl die Systemumgebung als auch die Anwendungen bereitstellt, die dann durch den Kunden zum Zwecke der Datenverarbeitung über das Internet oder eine Datenfernleitung genutzt werden.[63] Auch beim sog. Cloud Computing, der bedarfsorientierten Nutzung von Software- und Hardwareressourcen mit Hilfe vernetzter Rechenzentren, wird ganz überwiegend von einer Auftragsdatenverarbeitung ausgegangen.[64] Cloud Computing untergliedert sich im Wesentlichen in drei Leistungsbereiche, nämlich die Bereitstellung virtueller Rechnernetzwerke (Infrastructure as a Service, kurz: Iaas), die Bereitstellung von Entwicklungsplattformen (Platform as a Service, kurz: PaaS) und die Bereitstellung von Software (Software

---

60 Ebenso *Walz*, in: Simitis, BDSG, 6. Aufl. (2006), § 11 Rn. 14; *Wedde*, in: Däubler/Klebe/Wedde/Weichert, BDSG, § 11 Rn. 11; speziell für Webhosting *Müglich*, CR 2009, S. 479 (481 f.); *Paterna*, in: Taeger (Hrsg.), Die Welt im Netz – Folgen für Wirtschaft und Gesellschaft, S. 545 (551); a. A. (datenschutzrechtlich neutraler Vorgang) *Gola/Schomerus*, BDSG, § 11 Rn. 8; *von Sponeck*, CR 1992, S. 594; *Müthlein*, RDV 1993, S. 165 (167 f.).
61 *Eichler*, CI 2000, S. 145 (147); *Grützmacher*, ITRB 2007, S. 183 (184 f.); *Kotthoff/Gabel*, Outsourcing, S. 137; für konzerninterne Serververlagerungen auch *Hilber/Knorr/Müller*, CR 2011, S. 417 (421).
62 Näher dazu unten Rn. 65 ff.
63 *Röhrborn/Sinhart*, CR 2001, S. 69 (75); *von Westerholt/Berger*, CR 2002, S. 81 (87 f.).
64 *Söbbing*, MMR 2008, Heft 5, S. XII (XIV); *Schulz/Rosenkranz*, ITRB 2009, S. 232 (235); *Pohle/Ammann*, CR 2009, S. 273 (276 f.); *Pohle/Ammann*, K&R 2009, S. 625 (630); *Karger/Sarre*, in: Taeger/Wiebe, Inside the Cloud – Neue Herausforderungen für das Informationsrecht, S. 427 (434); *Weichert*, DuD 2010, S. 679 (682 f.); *Niemann/Hennrich*, CR 2010, S. 686 (687 ff.); *Petri*, in: Simitis, BDSG, § 11 Rn. 30; *Gola/Schomerus*, BDSG, § 11 Rn. 8; *Plath*, in: Plath, BDSG, § 11 Rn. 46 ff.; kritisch *Heidrich/Wegener*, MMR 2010, S. 803 (805 f.); *Engels*, K&R 2011, S. 548 (549 f.); *Schmidt-Bens*, Cloud Computing Technologien und Datenschutz, S. 37.

as a Service, kurz: SaaS).[65] Anders als beim klassischen Outsourcing führt die Virtualisierung beim Cloud Computing zur Auflösung der räumlichen Bindung von Daten und deren Verarbeitungsorten und damit ggf. zur Verschiebung von Datenbeständen zwischen verschiedenen Rechenzentren und über Ländergrenzen hinweg.[66] Insbesondere bei sog. Public Clouds, also am Markt frei verfügbaren und außerhalb des eigenen Unternehmensnetzwerks gehosteten Cloud-Lösungen, besteht infolge der Flüchtigkeit und Redundanz des Datenbestandes sowie der eingeschränkten Zugriffsmöglichkeiten durch den Cloud-Anwender bei gleichzeitigem Vollzugriff durch den Cloud-Anbieter die Gefahr, dass der Cloud-Anwender als verantwortliche Stelle die Schutzziele der Verfügbarkeit, Vertraulichkeit, Integrität, Revisionssicherheit und Transparenz nicht mehr gewährleisten kann.[67] Um dem entgegenzuwirken, wurden die Anforderungen an die datenschutzrechtliche Zulässigkeit des Cloud Computings von aufsichtsbehördlicher Seite auf deutscher und europäischer Ebene im Kern wie folgt präzisiert:[68] Man geht zunächst davon aus, dass die Pflicht des Cloud-Anwenders zur (Vorab-)Kontrolle nach § 11 Abs. 2 S. 4 BDSG grundsätzlich bestehen bleibt und nicht durch die bloße Vorlage entsprechender Zertifikate ersetzt werden kann.[69] Um in einer virtualisierten Serverumgebung mit vielen Anwendern nicht durch extensiv ausgestaltete Zutrittsberechtigungen zusätzliche Datenschutzrisiken zu schaffen, kann der Cloud-Anwender seiner Kontrollpflicht jedoch dadurch genügen, dass er die individuelle Untersuchung vor Ort durch einen vertrauenswürdigen Dritten vornehmen lässt oder seinerseits die im Rahmen von Zertifizierungsverfahren entstandenen Prüfberichte prüft und bewertet.[70] In den Verträgen über Cloud-Services soll über die in § 11 Abs. 2 Satz 2 Nr. 1 bis 10 BDSG genannten Punkte hinaus eine umfassende Vertraulichkeitsvereinbarung

---

65 Siehe z. B. *Schuster/Reichl*, CR 2010, S. 38 (39); *Nägele/Jacobs*, ZUM 2010, S. 281 (282); *Schmidt-Bens*, Cloud Computing Technologien und Datenschutz, S. 15 ff.

66 Orientierungshilfe – Cloud Computing der Arbeitskreise Technik und Medien der Konferenz der Datenschutzbeauftragten des Bundes und der Länder, Version 1.0, Stand: 26.9.2011, S. 4, 14, 19.

67 Orientierungshilfe – Cloud Computing der Arbeitskreise Technik und Medien der Konferenz der Datenschutzbeauftragten des Bundes und der Länder, Version 1.0, Stand: 26.9.2011, S. 13; *Hennrich*, CR 2011, S. 546 (548).

68 Siehe im Einzelnen Orientierungshilfe – Cloud Computing der Konferenz der Technik und Medien der Konferenz der Datenschutzbeauftragten des Bundes und der Länder, Version 1.0, Stand: 26.9.2011; Arbeitspapier der Artikel 29-Datenschutzgruppe vom 1.7.2012, WP 196; Arbeitspapier Cloud Computing – Fragen des Schutzes der Privatsphäre und des Datenschutzes – „Sopot Memorandum"; dazu jeweils näher *Schröder/Haag*, ZD 2011, S. 147, ZD 2012, S. 362, und ZD 2012, S. 495; *Bierekoven*, ITRB 2012, S. 280; siehe zu Sicherheitsempfehlungen für Cloud Computing Anbieter ferner das diesbezügliche Eckpunktepapier des BSI, Stand: Februar 2012.

69 Orientierungshilfe – Cloud Computing der Arbeitskreise Technik und Medien der Konferenz der Datenschutzbeauftragten des Bundes und der Länder, Version 1.0, Stand: 26.9.2011, S. 9.

70 Arbeitspapier der Artikel 29-Datenschutzgruppe vom 1.7.2012, WP 196, S. 27; *Bierekoven*, ITRB 2012, S. 280 (281).

aufgenommen werden.[71] Zur Sicherung der Transparenz und Revisionssicherheit der Datenverarbeitung wird zudem gefordert, dass die Verträge eine vollständige Liste sämtlicher datenverarbeitungsrelevanter Orte sowie eine Vereinbarung über die Protokollierung und Prüfbarkeit der relevanten Datenverarbeitungsprozesse enthalten.[72] Der Cloud-Anbieter soll zudem verpflichtet werden, unverzüglich anzuzeigen, wenn behördliche oder gerichtliche Verfügungen zur Offenlegung personenbezogener Daten ergangen sind.[73] Schließlich soll sich der Cloud-Anbieter ausdrücklich zur Einhaltung der einschlägigen nationalen und internationalen Datenschutzanforderungen und -standards verpflichten.[74] Will der Cloud-Anbieter zur Erfüllung seiner Aufgaben Subunternehmer einsetzen, bedarf es hierzu der vorherigen Zustimmung des Cloud-Anwenders, die grundsätzlich auch durch eine Generalzustimmung mit Anzeigepflicht und Widerspruchsmöglichkeit im Einzelfall erteilt werden kann.[75] In jedem Fall muss der Cloud-Anbieter dem Cloud-Anwender die Subunternehmer einschließlich deren Name und Sitz bekannt geben und sicherstellen, dass der Cloud-Anwender seine Kontroll- und Informationsrechte auch uneingeschränkt gegenüber den Subunternehmern ausüben kann.[76] Bei Datenweitergaben an Stellen außerhalb der EU und des EWR bedarf es zur Gewährleistung eines angemessenen Datenschutzniveaus darüber hinaus weiterer Garantien wie der Anwendung des Safe-Harbor-Abkommens, Standardvertragsklauseln oder verbindlichen Unternehmensregeln (sog. Binding Corporate Rules).[77] Auch der Einsatz von Webanalyse-Tools und -Services, die von Dritten bereitgestellt werden (z. B. Google Analytics), kann im Wege der Auftragsdatenverarbeitung erfolgen, wenn die diesbezüglichen Voraussetzungen, insbesondere der Abschluss eines entsprechenden Vertrages zwischen Webseitenbetreiber und dem Dritten, erfüllt werden.[78] Als Auftragsdatenverarbeitung lässt sich außerdem die Entwicklung von Systemen ausgestalten, wenn der Dienstleister – was jeweils kritisch zu prüfen ist – hierfür überhaupt personenbezogene Daten benötigt.[79] Typische Fälle der Auftragsdaten-

---

71 Arbeitspapier der Artikel 29-Datenschutzgruppe vom 1.7.2012, WP 196, S. 16.
72 Arbeitspapier der Artikel 29-Datenschutzgruppe vom 1.7.2012, WP 196, S. 17; siehe auch *Reindl*, in: Taeger/Wiebe, Inside the Cloud – Neue Herausforderungen für das Informationsrecht, S. 441 (443 f.); *Niemann/Paul*, K&R 2009, S. 444 (449).
73 Arbeitspapier der Artikel 29-Datenschutzgruppe vom 1.7.2012, WP 196, S. 17.
74 Arbeitspapier der Artikel 29-Datenschutzgruppe vom 1.7.2012, WP 196, S. 17.
75 Arbeitspapier der Artikel 29-Datenschutzgruppe vom 1.7.2012, WP 196, S. 25.
76 Arbeitspapier der Artikel 29-Datenschutzgruppe vom 1.7.2012, WP 196, S. 25; Orientierungshilfe – Cloud Computing der Arbeitskreise Technik und Medien der Konferenz der Datenschutzbeauftragten des Bundes und der Länder, Version 1.0, Stand: 26.9.2011, S. 8.
77 Dazu näher unten Rn. 25 f.
78 *Petri*, in: Simitis, BDSG, § 11 Rn. 39; siehe speziell zu Google Analytics 23. Tätigkeitsbericht Datenschutz des Hamburgischen Beauftragten für Datenschutz und Informationsfreiheit, LT-Drs. 20/3570, IV. Ziff. 4.2; kritisch *Hoeren*, ZD 2011, S. 3 (5); *Höppner*, in: Taeger (Hrsg.), Die Welt im Netz – Folgen für Wirtschaft und Gesellschaft, S. 477 (485).
79 Siehe *Abel*, RDV 2006, S. 108 (111), zur Entwicklung von typischerweise EDV-gestützten Scoring- und Ratingsystemen; ferner *Hoeren*, RDV 2007, S. 93 (96).

verarbeitung im EDV-Bereich sind schließlich das Archivieren von Datenbeständen sowie das Löschen und Vernichten von Datenträgern.[80] Kein Fall der Auftragsdatenverarbeitung ist mangels Datenzugriff durch den Anbieter hingegen das sog. Housing, d. h. die bloße Bereitstellung von Rechenzentrumsfläche, auf der der Kunde seine eigene Hardware aufstellt, die er selbst administriert.[81] Auch bei der arbeitnehmerseitigen Nutzung privater Kommunikationsmittel wie Smartphones, Tablets oder Laptops zu betrieblichen Zwecken („Bring Your Own Device") besteht im Verhältnis zwischen Arbeitgeber und Arbeitnehmer in der Regel kein Auftragsverhältnis i. S. v. § 11 BDSG, da diese zur selben Stelle gehören, wenngleich sich eine entsprechende Ausgestaltung der Nutzung zur Gewährleistung von Datenschutz und Datensicherheit anbietet.[82]

Erstreckt sich das Outsourcing nicht (nur) auf die praktische oder technische Durch-   **19** führung der Datenverarbeitung, sondern (auch) auf Geschäftsprozesse, ist nach der hier vertretenen Ansicht eine Auftragsdatenverarbeitung gegeben, wenn der Dienstleister bei deren Ausführung den Weisungen des auslagernden Unternehmens unterliegt.[83] Daher kommt eine Auftragsdatenverarbeitung nicht nur in Betracht, wenn ein Unternehmen einem anderen Unternehmen die Erstellung von Lohn- und Gehaltsabrechnungen mit Hilfe der überlassenen Daten überträgt, sondern auch dann, wenn das beauftragte Unternehmen zudem die Erstellung der notwendigen Steuererklärungen, die Auszahlung der Löhne und Gehälter usw. anhand von Vorgaben des beauftragenden Unternehmens übernimmt, die keinen oder zumindest keinen wesentlichen inhaltlichen Entscheidungs- und Bewertungsspielraum zulassen.[84] Im Prinzip nicht anders verhält es sich bei der Auslagerung von standardisierten Bankdienstleistungen.[85] Erfolgt die Kreditbearbeitung und -entscheidung im Auftrag eines Kreditinstituts durch eine sog. Kreditfabrik aufgrund exakt vorherbestimmter und nachprüfbarer Beurteilungs- und Ergebnisfindungskriterien, ist dies als Auftragsdatenverarbeitung anzusehen. Dies betrifft in der Praxis vor allen Dingen das sog. Standard-Mengengeschäft wie Wohnungsbaufinanzierungen und Konsumentenkre-

---

80 *Gola/Schomerus*, BDSG, § 11 Rn. 7; Innenministerium Baden-Württemberg, Hinweise zum Datenschutz für die private Wirtschaft (Nr. 31), Ziff. 3; Fünfter Bericht des Innenministeriums Baden-Württemberg über die Tätigkeit der Aufsichtsbehörde für den Datenschutz im nicht-öffentlichen Bereich, LT-Drs. 14/4963, S. 60 f.; Jahresbericht BlnBDI 2012, Ziff. 6.3.

81 *Plath*, in: Plath, BDSG, § 11 Rn. 9; *Petri*, in: Simitis, BDSG, § 11 Rn. 33.

82 *Zöll/Kielkowski*, BB 2012, S. 2625.

83 Siehe oben Rn. 13 ff.; ferner *Grützmacher*, ITRB 2007, S. 183 (185), der auf die insoweit typischerweise bestehenden Gestaltungsmöglichkeiten hinweist.

84 Vgl. Arbeitsbericht der ad-hoc-Arbeitsgruppe „Konzerninterner Datentransfer" des Düsseldorfer Kreises, S. 3; *Brachmann/Diepold*, AuA, Sonderausgabe 2010, S. 52; a. A. *Schaffland/Wiltfang*, BDSG, § 11 Rn. 7; Innenministerium Baden-Württemberg, Hinweise zum Datenschutz für die private Wirtschaft (Nr. 32), S. 5.

85 *Evers/Kiene*, NJW 2003, S. 2726 f.; a. A. *Steding/Meyer*, BB 2001, S. 1693 (1697 ff.).

dite.[86] Eine Auftragsdatenverarbeitung kann außerdem bei der Auslagerung der Abwicklung von Zahlungsverkehrs-, Wertpapier-[87] und Kreditkartengeschäften[88] sowie anderer Back-Office-Leistungen[89] gegeben sein, vorausgesetzt, dem Dienstleister stehen dabei keine maßgeblichen Entscheidungsspielräume zu. Speziell im Banken- und Versicherungssektor sind in solchen Fällen bei der Beurteilung der Weisungsabhängigkeit des Dienstleisters auch die umfassenden Weisungs- und Kontrollrechte der Bank bzw. Versicherung nach §§ 25a Abs. 2 KWG, 64a Abs. 4 VAG zu berücksichtigen.[90] Beim Franchising, das in der Regel zahlreiche Datenübermittlungen zwischen Franchisegeber und -nehmer bedingt, ist in Bezug auf die Anwendbarkeit von § 11 BDSG jeweils danach zu differenzieren, ob der Franchisegeber bzw. -nehmer in der konkreten Situation weisungsgebunden tätig wird.[91] Kein Fall der Auftragsdatenverarbeitung liegt indessen vor, wenn ein Telekommunikationsanbieter zur Einziehung seiner Forderungen gegenüber Kunden einen Dritten einschaltet (einschließlich in Form der Forderungsabtretung), auch wenn der zu diesem Zweck nach § 97 Abs. 1 Satz 3 TKG zu schließende Vertrag zwischen dem Telekommunikationsanbieter und dem Dritten einem Vertrag über die Auftragsdatenverarbeitung faktisch stark angenähert ist.[92]

20   Aufgaben, die üblicherweise ein eigenständiges und unabhängiges Tätigwerden erfordern, eignen sich nicht zur Vergabe im Wege der weisungsabhängigen Auftragsdatenverarbeitung. Dazu gehört etwa die Auslagerung von Aufgaben der Internen Revision oder von anderen Kontrollinstanzen, da sich Überwachungsfunktion und Weisungsgebundenheit wechselseitig ausschließen.[93] Das Gleiche gilt bei der Einschaltung von Wirtschaftsprüfern, Rechtsanwälten oder anderen unabhängigen Stellen im Rahmen sog. Whistleblowing-Systeme, wenn ihnen nicht nur die Auf-

---

86 *Kilian/Scheja*, BB 2002, Supplement Banken & Versicherungen, S. 19 (23).

87 *Kilian/Scheja*, BB 2002, Supplement Banken & Versicherungen, S. 19 (23).

88 Vgl. Sechzehnter Bericht der Hessischen Landesregierung über die Tätigkeit der für den Datenschutz im nicht-öffentlichen Bereich in Hessen zuständigen Aufsichtsbehörden, LT-Drs. 16/1680, S. 18 f. (einschränkend jedoch dann, wenn der Dienstleister eigene Entscheidungsspielräume hat, z.B. Genehmigung von Limit-Überschreitungen, Bearbeitung von Reklamationen, Beitreibung von Außenständen); Vierter Tätigkeitsbericht des Innenministeriums Baden-Württemberg zum Datenschutz im nicht-öffentlichen Bereich, LT-Drs. 14/1475, S. 42; Bericht des Berliner Beauftragten für Datenschutz und Informationsfreiheit 2009, Ziff. 10.10.

89 Dreizehnter Bericht der Landesregierung über die Tätigkeit der für den Datenschutz im nicht-öffentlichen Bereich in Hessen zuständigen Aufsichtsbehörden, LT-Drs. 15/1539, Ziff. 5.3; Bericht des Berliner Beauftragten für Datenschutz und Informationsfreiheit 2009, Ziff. 10.3.

90 Für den Bankensektor *Schaffland/Wiltfang*, BDSG, § 11 Rn. 7; *von Westphalen*, WM 1999, S. 1810 (1816).

91 *Schröder*, ZD 2012, S. 106 (108).

92 EuGH K&R 2013, 31 – Josef Probst gegen mr.nexnet GmbH = CR 2013, 15 = ZD 2013, 77; *Neumann*, CR 2013, S. 21 (24); siehe auch *Petri*, in: Simitis, BDSG, § 11 Rn. 34.

93 *Kilian/Scheja*, BB 2002, Supplement Banken & Versicherungen, S. 19 (23).

nahme eingehender Meldungen über angebliche Verstöße, sondern auch deren Untersuchung obliegt.[94] Aufgrund ihrer nach der jeweiligen Berufsordnung eigenverantwortlichen Tätigkeit ist bei der Beauftragung von Wirtschaftsprüfern, Rechtsanwälten und Steuerberatern auch im Übrigen nicht von einer Auftragsdatenverarbeitung auszugehen.[95] Ebenso verhält es sich bei Unternehmensberatern und externen Gutachtern, wenn diese eigene intellektuelle Leistungen erbringen sollen.[96] Auch ein Detektiv, der für seinen Auftraggeber bestimmte Personen auskundschaften soll, wird nicht als Auftragsdatenverarbeiter tätig, wenn er grundsätzlich selbst bestimmt, wie er den Auftrag ausführt und welche Mittel er dafür einsetzt.[97] Werden hingegen Externe bei Ermittlungen lediglich als Hilfspersonen zugezogen, wie etwa Übersetzer oder technische Experten, die Datensätze aufbereiten oder Datenabgleiche durchführen, kann dies in der Regel im Wege der Auftragsdatenverarbeitung stattfinden.[98] Beim Führen von Warndateien und Abgeben von Warnmeldungen an die angeschlossenen Unternehmen hängt es von der Dispositionsbefugnis des handelnden Verbandes oder Unternehmens über die betreffenden Daten ab, ob ein Fall von § 11 oder § 29 BDSG gegeben ist.[99] Inkompatibel mit der weisungsgebundenen Auftragsdatenverarbeitung ist die – auch gesellschaftsrechtlich problematische – Delegation von Aufgaben der zentralen Unternehmensführung mit Hilfe entsprechenden Datenmaterials, da deren Wahrnehmung stets einen erheblichen Entscheidungsspielraum voraussetzt.[100]

---

94 Arbeitsbericht „Whistleblowing-Hotlines: Firmeninterne Warnsysteme und Beschäftigtendatenschutz" der ad-hoc-Arbeitsgruppe „Beschäftigtendatenschutz" des Düsseldorfer Kreises, S. 7; *Hellmich*, in: Taeger/Wiebe, Aktuelle Entwicklungen im Informationstechnologierecht, S. 135 (141); *Behrendt/Kaufmann*, CR 2006, S. 642 (648); a. A. *von Zimmermann*, RDV 2006, S. 242 (248), der von der grundsätzlichen Anwendbarkeit von § 11 BDSG ausgeht; differenzierend für Sonderuntersuchungen *Scherp/Stief*, BKR 2009, S. 404 (405 f.).

95 *Gola/Schomerus*, BDSG, § 11 Rn. 11; Tätigkeitsbericht 2011/2012 des Bayerischen Landesamts für Datenschutzaufsicht (nicht-öffentlicher Bereich), S. 32; für Rechtsanwälte auch *Weichert*, NJW 2009, S. 550 (552); offengelassen durch LSG Niedersachsen-Bremen ZD 2012, S. 436 f.; für Steuerberater *Wanagas*, DStR 2010, S. 1908 (1909 f.); *Kirsch*, ZD 10/2012, S. VIII f.

96 Tätigkeitsbericht 2011/2012 des Bayerischen Landesamts für Datenschutzaufsicht (nicht-öffentlicher Bereich), S. 32.

97 Fünfter Bericht des Innenministeriums Baden-Württemberg über die Tätigkeit der Aufsichtsbehörde für den Datenschutz im nicht-öffentlichen Bereich, LT-Drs. 14/4963, S. 53.

98 *Vogel/Glas*, DB 2009, S. 1747 (1748); *Diller*, BB 2009, S. 438 (439); *Kock/Francke*, NZA 2009, S. 646 (650 f.).

99 *Berges/Eul*, BKR 2003, S. 273 (279); *Hoeren*, VersR 2005, S. 1014 (1015 ff.); *Hoeren*, RDV 2007, S. 93 (96 f.); *Pauly*, in: Taeger/Wiebe, Aktuelle Entwicklungen im Informationstechnologierecht, S. 111 (114); *Petri*, in: Simitis, BDSG, § 11 Rn. 40, geht – ohne nähere Begründung – davon aus, dass grundsätzlich ein Fall von § 29 BDSG gegeben ist; zum Hinweissystem der Versicherungswirtschaft siehe Vierter Bericht des Innenministeriums Baden-Württemberg über die Tätigkeit der Aufsichtsbehörde für den Datenschutz im nicht-öffentlichen Bereich, LT-Drs. 14/1475, S. 34.

100 *Kilian/Scheja*, BB 2002, Supplement Banken & Versicherungen, S. 19 (23).

21 Erfolgt die Datenverarbeitung teils im Auftrag und teils zu anderen Zwecken, so gelten für das Erstere die Regelungen über die Auftragsdatenverarbeitung und für das Letztere die allgemeinen Zulässigkeitsvoraussetzungen.[101] Dies gilt sowohl im Falle der Verarbeitung jeweils unterschiedlicher Datenbestände zu jeweils unterschiedlichen Zwecken als auch im Falle der Verarbeitung desselben Datenbestandes zu unterschiedlichen Zwecken.[102] Lassen sich die mit der Verarbeitung verfolgten Zwecke nicht sauber trennen, so ist nach der überwiegenden Zweckbestimmung zu fragen.[103]

2. Auftragsdatenverarbeitung im Konzern

22 Die vorstehend dargestellten Grundsätze finden auch im Hinblick auf die zumeist aus Gründen der Effizienzsteigerung erfolgende Kooperation juristisch selbstständiger Unternehmen in einem Konzern Anwendung. Diese werden nach dem Gesetz als voneinander unabhängige Stellen behandelt. Ein Konzernprivileg ist dem BDSG fremd. Zur Sicherung der Transparenz des Datenverkehrs trifft es insoweit eine andere Wertung als etwa das Gesellschafts- oder Steuerrecht.[104] Konzernverbundene Unternehmen können jedoch bei ihrer Kooperation in gleicher Weise wie konzernfremde Unternehmen von der Regelung des § 11 BDSG Gebrauch machen. Voraussetzung hierfür ist, dass diese sich im konkreten Fall als Auftragsdatenverarbeitung abbilden lässt. Das Bestehen eines mit den Weisungsrechten der beauftragenden Konzernunternehmen ggf. kollidierenden gesellschaftsrechtlichen Über- und Unterordnungsverhältnisses ist unschädlich, solange keine Anhaltspunkte vorhanden sind, dass sich die beauftragte Ober- oder Muttergesellschaft nicht an die ihr erteilten Weisungen hält.[105]

23 Neben den oben bereits aufgeführten Einzelfällen[106] kommt eine Auftragsdatenverarbeitung zwischen konzernverbundenen Unternehmen etwa bei der Beauftragung eines Konzernunternehmens mit dem technischen Betrieb einer konzernweiten Personaldatenbank in Betracht, wenn dieses dabei an die Weisungen der übrigen Konzernunternehmen gebunden ist.[107] Beschaffung und Auswertung der Datenbankinhalte richten sich dagegen in der Regel nach den allgemeinen Voraussetzungen für

---

101 *Wronka*, RDV 2003, S. 132 (133) m. w. N.

102 Ebenso *Plath*, in: Plath, BDSG, § 11 Rn. 25.

103 *Schaffland/Wiltfang*, BDSG, § 11 Rn. 2 und 5; a. A. *Plath*, in: Plath, BDSG, § 11 Rn. 26 (im Zweifelsfall stets Anwendung der allgemeinen Zulässigkeitsvoraussetzungen).

104 Näher zu Historie und Hintergründen dieser Rechtsentwicklung *Kilian/Scheja*, BB 2002, Supplement Banken & Versicherungen, S. 19 (21 f.) m. w. N.; zu Reformüberlegungen im Bereich des konzerninternen Datenverkehrs *Schulz*, BB 2011, S. 2552; zum Verhältnis der Behörden eines Bundeslandes untereinander und den sich hieraus ergebenden Folgen für die Datenverarbeitung im Auftrag *Schild*, JurPC Web-Dok. 155/2007, Abs. 4 ff.

105 Arbeitsbericht der ad-hoc-Arbeitsgruppe „Konzerninterner Datentransfer" des Düsseldorfer Kreises, S. 3; *Plath*, in: Plath, BDSG, § 11 Rn. 43; zurückhaltend *Petri*, in: Simitis, BDSG, § 11 Rn. 35.

106 Siehe oben Rn. 17 ff.

die Erhebung, Verarbeitung und Nutzung personenbezogener Daten, da sie für die jeweiligen Zwecke der beteiligten Konzernunternehmen erfolgen.[108] Ausnahmsweise kann es sich jedoch um eine Auftragsdatenverarbeitung handeln, wenn die Personalverwaltung bei einem Konzernunternehmen gebündelt und von diesem anhand feststehender Kriterien ausgeführt wird, die keinen oder zumindest keinen wesentlichen inhaltlichen Bewertungs- oder Ermessensspielraum zulassen.[109] Bei einer Matrix-Organisation (Übertragung der Fachvorgesetztenfunktion, teilweise auch der Personalvorgesetztenfunktion auf eine oder mehrere Personen in anderen Konzernunternehmen) kommt eine Auftragsdatenverarbeitung zwischen den beteiligten Konzernunternehmen demgegenüber in der Regel nicht in Betracht.[110] Da bei dem zum „Cross-Selling" zwischen konzernverbundenen Unternehmen stattfindenden Austausch von Kundendaten die empfangenden Konzernunternehmen erkennbar ein Interesse an der Ausübung eigener Verarbeitungs- und Nutzungsrechte an den Kundendaten haben, scheidet eine Auftragsdatenverarbeitung insoweit ebenfalls aus.[111]

Keiner besonderen Rechtfertigung bedarf grundsätzlich der Datenverkehr zwischen **24** juristisch unselbstständigen Unternehmensteilen wie Niederlassungen und Zweigstellen.[112] Jedoch sind auch hier allgemeine datenschutzrechtliche Prinzipien wie der Grundsatz der Datenvermeidung und -sparsamkeit, der Zweckbindungsgrundsatz und das Trennungsgebot zu beachten. Als unproblematisch stellen sich unter dieser Voraussetzung sog. Shared Service Center dar, welche häufig in größeren Unternehmen eingerichtet werden, um sachgebietsübergreifende Funktionen in einer bestimmten Abteilung zu bündeln. Werden solche Shared Service Center unternehmensübergreifend geschaffen, stellt sich indes wieder allgemein die Frage nach der Auftragsdatenverarbeitung im Konzern.[113]

---

107 *Hilber*, RDV 2005, S. 143 f.; *Wächter*, JurPC Web-Dok. 89/2007, Abs. 11; speziell zum konzernweiten SAP-Einsatz *Schild/Tinnefeld*, DuD 2011, S. 629.

108 Ausführlich *Hilber*, RDV 2005, S. 143 (144 ff.); *Conrad*, ITRB 2005, S. 164 (167 ff.); Arbeitsbericht der ad-hoc-Arbeitsgruppe „Konzerninterner Datentransfer" des Düsseldorfer Kreises, S. 5 ff.

109 Arbeitsbericht der ad-hoc-Arbeitsgruppe „Konzerninterner Datentransfer" des Düsseldorfer Kreises, S. 3, 30. Tätigkeitsbericht des Landesbeauftragten für den Datenschutz Baden-Württemberg 2010/2011, LT-Drs. 15/955, S. 155 f.; *Nink/Müller*, ZD 2012, S. 505 (506); *Wellhöner/Byers*, BB 2009, S. 2310 (2314).

110 Arbeitsbericht der ad-hoc-Arbeitsgruppe „Konzerninterner Datentransfer" des Düsseldorfer Kreises, S. 13 f.; *Bauer/Herzberg*, NZA 2011, S. 713 (716).

111 *Scheja*, Datenschutzrechtliche Zulässigkeit einer weltweiten Kundendatenbank, S. 63 ff.; *Walz*, in: Simitis, BDSG, 6. Aufl. (2006), § 11 Rn. 22.

112 *Grützmacher*, ITRB 2007, S. 183 (184); *Scheja*, Datenschutzrechtliche Zulässigkeit einer weltweiten Kundendatenbank, S. 70; *Plath*, in: Plath, BDSG, § 11 Rn. 42; zu Besonderheiten beim grenzüberschreitenden Datenverkehr mit unselbstständigen Unternehmensteilen siehe nachfolgend Rn. 25.

113 Siehe oben Rn. 22 f.

3. Auftragsdatenverarbeitung durch ausländische Stellen

25 Aufgrund von § 3 Abs. 8 Satz 3 BDSG ist nach h. M. bezüglich der Anwendbarkeit von § 11 BDSG bei der Auftragsvergabe an ausländische Stellen (z. B. im Rahmen des Cloud Computing[114]) zu differenzieren: Soll die betreffende Stelle in einem anderen Mitgliedstaat der EU oder in einem anderen Vertragsstaat des Abkommens über den EWR – mithin im Geltungsbereich der EG-DSRl – tätig werden, ist § 11 BDSG ohne Einschränkung anwendbar. Da § 3 Abs. 8 Satz 3 BDSG auf den Ort der Datenverarbeitung abstellt, kommt es auf Sitz oder Nationalität des Auftragnehmers nicht an.[115] Soll die betreffende Stelle jedoch in einem Drittstaat tätig werden, ist § 11 BDSG grundsätzlich unanwendbar. Vielmehr sind bei der Weitergabe von Daten an eine solche Stelle die Übermittlungsvorschriften (einschließlich § 4b BDSG) zu beachten.[116] Dies gilt auch dann, wenn es sich um eine Stelle in einem sog. sicheren Drittstaat handelt, d. h. in einem Staat außerhalb der EU und des EWR, dem die Kommission im Verfahren nach Art. 25 Abs. 6, 31 Abs. 2 der EG-DSRl ein adäquates Schutzniveau bescheinigt hat.[117] Zum Teil werden jedoch Zweifel geäußert, ob § 3 Abs. 8 Satz 3 BDSG mit der EG-DSRl in Einklang steht, da diese eine derartige Unterscheidung nach dem Ort der Datenverarbeitung nicht kennt.[118] Soweit § 11 BDSG anwendbar ist, ist zu beachten, dass nicht immer alle Anforderungen, die sich aus dieser Regelung ergeben, auf einen ausländischen Auftragnehmer übertragbar sind. So muss ein Auftraggeber einen Auftragnehmer nicht nach § 11 Abs. 2 Satz 2 Nr. 5, Abs. 4 Nr. 2 BDSG zur Bestellung eines betrieblichen Datenschutzbeauftragten verpflichten, wenn dies in dem Land, in dem der Auftragnehmer ansässig ist, gesetzlich nicht vorgeschrieben ist.[119]

---

114 Siehe *Weichert*, DuD 2010, S. 679 (682); *Niemann/Hennrich*, CR 2010, S. 686 (688); Orientierungshilfe – Cloud Computing der Arbeitskreise Technik und Medien der Konferenz der Datenschutzbeauftragten des Bundes und der Länder, Version 1.0, Stand: 26.9.2011, S. 11.

115 *Dammann*, in: Simitis, BDSG, § 3 Rn. 246.

116 Zu dieser Unterscheidung siehe *Petri*, in: Simitis, BDSG, § 11 Rn. 8; *Gola/Schomerus*, BDSG, § 11 Rn. 16; *Plath*, in: Plath, BDSG, § 11 Rn. 13; *Rittweger/Schmidl*, DuD 2004, S. 617 (620); *Räther*, DuD 2005, S. 461 (464); *Nielen/Thum*, K&R 2006, S. 171; *Grützmacher*, ITRB 2007, S. 183 (186); *Giesen*, CR 2007, S. 543 (544 f.); *Kraus/Tiedemann*, ArbRB 2007, S. 207 (209); Fünfzehnter Bericht der Hessischen Landesregierung über die Tätigkeit der für den Datenschutz im nicht-öffentlichen Bereich in Hessen zuständigen Aufsichtsbehörden, LT-Drs. 15/4659, S. 15; Innenministerium Baden-Württemberg, Hinweise zum Datenschutz für die private Wirtschaft (Nr. 39), Ziff. 3.3.

117 *Weichert*, DuD 2010, S. 679 (686); *Erd*, DuD 2011, S. 275; *Kort*, RDV 2011, S. 79 (80); *Gola/Schomerus*, BDSG, § 11 Rn. 16.

118 *Nielen/Thum*, K&R 2006, S. 171 (174); *Giesen*, CR 2007, S. 543; *Kahler*, RDV 2012, S. 167; jedenfalls für sichere Drittstaaten auch *Erd*, DuD 2011, S. 275; *Kort*, RDV 2011, S. 79 (80).

119 23. Bericht der Hessischen Landesregierung über die Tätigkeit der für den Datenschutz im nicht-öffentlichen Bereich in Hessen zuständigen Aufsichtsbehörden, LT-Drs. 18/

Speziell für die Auftragsvergabe in Drittstaaten hat die EU-Kommission indessen **26**
Standardvertragsklauseln vorgelegt, die den Besonderheiten der Auftragsdatenverarbeitung Rechnung tragen und ausreichende Garantien für die Rechte der Betroffenen
schaffen.[120] Einigkeit besteht wohl dahingehend, dass die Weitergabe von Daten an
einen Auftragnehmer in einem Drittstaat unter Verwendung dieser Klauseln ungeachtet der Reichweite von § 3 Abs. 8 Satz 3 BDSG auch ohne Einwilligung der Betroffenen zulässig ist. Die dogmatische Begründung ist freilich umstritten, soweit es
die allgemeinen Zulässigkeitsvoraussetzungen für die Datenweitergabe (1. Stufe der
Prüfung) betrifft.[121] Sie reicht von einer entsprechenden Gewichtung der Interessen
der Beteiligten im Rahmen von § 28 Abs. 1 Satz 1 Nr. 2 BDSG[122] über eine direkte[123]
oder analoge[124] Anwendung von § 11 BDSG bis hin zu einer analogen Anwendung
von § 3 Abs. 8 Satz 3 BDSG.[125] Die Aufsichtsbehörden neigen im Prinzip der erstgenannten Auffassung zu, wobei sie im Rahmen der Abwägung nach § 28 Abs. 1 Satz 1
Nr. 2 BDSG regelmäßig die Erfüllung der in § 11 BDSG geregelten Anforderungen
verlangen, die durch die Standardvertragsklauseln über die Auftragsdatenverarbeitung bereits zum Teil abgedeckt sind. Die noch fehlenden Anforderungen sollen in
den Anhängen zu den Standardvertragsklauseln (ohne Genehmigungserfordernis
durch die Aufsichtsbehörden), schriftlichen Weisungen oder einem separaten
Dienstleistungsvertrag, auf den Bezug genommen wird, geregelt werden.[126] Dies ist
einerseits nachvollziehbar, da aus deutscher Sicht für die Einschaltung außereuropäischer Auftragnehmer letztlich keine geringeren Standards gelten können als für die
Einschaltung europäischer Auftragnehmer,[127] wirft aber andererseits aus EU-Sicht
Fragen in Bezug auf die mit den Standardvertragsklauseln verfolgten Harmonisie-
rungsbestrebungen auf.[128] Auch wenn ein angemessenes Datenschutzniveau auf andere Weise (z. B. verbindliche Unternehmensregeln, Safe-Harbor-Abkommen) hergestellt wird, befreit dies nach Ansicht der Aufsichtsbehörden in der Sache nicht von

---

2942, S. 18; eingehend zu möglichen Einschränkungen bei Verträgen mit ausländischen
Auftragnehmern *Voigt*, ZD 2012, S. 546.

120 Näher dazu Kommentierung zu § 4c BDSG Rn. 22 ff.

121 Siehe zur zweistufigen Zulässigkeitsprüfung bei Datenweitergaben ins Ausland die Kommentierung zu § 4b Rn. 9.

122 *Rittweger/Schmidl*, DuD 2004, S. 617 (619 f.); *Räther*, DuD 2005, S. 461 (464); *Grützmacher*, ITRB 2007, S. 183 (186 f.); *Hartung*, VersR 2012, S. 400 (402).

123 *Giesen*, CR 2007, S. 543 (546 f.).

124 *Nielen/Thum*, K&R 2006, S. 171 (174).

125 *Weber/Voigt*, ZD 2011, S. 74 (77 f.); *Plath*, in: Plath, BDSG, § 11 Rn. 14.

126 Vgl. 23. Bericht der Hessischen Landesregierung über die Tätigkeit der für den Datenschutz im nicht-öffentlichen Bereich in Hessen zuständigen Aufsichtsbehörden, LT-Drs.
18/2942, S. 18; Tätigkeitsbericht 2009/2010 des Bayerischen Landesamts für Datenschutzaufsicht (nicht-öffentlicher Bereich), S. 72 f.; *Weichert*, DuD 2010, S. 679 (686);
Niemann/Hennrich, CR 2010, S. 686 (688).

127 *Niemann/Hennrich*, CR 2010, S. 686 (688).

128 Kritisch *Scholz/Lutz*, CR 2011, S. 424 (427 f.); *Gola/Schomerus*, BDSG, § 11 Rn. 16.

der Einhaltung der Anforderungen des § 11 BDSG.[129] Unter den genannten Voraussetzungen ist die Zulässigkeit der Datenweitergabe an einen Auftragnehmer in einem Drittstaat bei der insoweit gebotenen gemeinschaftsrechtskonformen Gesetzesauslegung schließlich auch dann zu bejahen, wenn es sich um besondere Arten personenbezogener Daten i. S. v. § 3 Abs. 9 BDSG handelt.[130]

4. Verantwortlichkeit des Auftraggebers

27   Im Rahmen der Auftragsdatenverarbeitung bleibt der Auftraggeber nach §§ 11 Abs. 1 Satz 1, 3 Abs. 7 BDSG grundsätzlich allein für die Einhaltung der jeweils einschlägigen datenschutzrechtlichen Anforderungen verantwortlich. Die Verantwortlichkeit des Auftraggebers umfasst insbesondere

– die Zulässigkeit der Erhebung, Verarbeitung und Nutzung der Daten nach allgemeinen und bereichsspezifischen Vorschriften,
– die Wahrung der Rechte der Betroffenen sowie
– die Haftung gegenüber den Betroffenen.[131]

Die Verantwortlichkeit des Auftragnehmers ist demgegenüber grundsätzlich auf die Erfüllung der in § 11 Abs. 3 und 4 BDSG normierten Pflichten beschränkt.

28   Die gem. § 11 Abs. 2 BDSG erforderliche sorgfältige Auswahl und Überwachung des Auftragnehmers gehen anders als bei § 831 Abs. 1 Satz 2 BGB nicht zwingend mit einer Entlastung des Auftraggebers für das Verhalten des Auftragnehmers einher. Eine solche kommt nur in Betracht, wenn der Auftragnehmer den Rahmen der erteilten Weisungen überschreitet und der Auftraggeber nachweisen kann, selbst alles Erforderliche für eine ordnungsgemäße Durchführung des Auftrags getan zu haben. Verlässt der Auftragnehmer den Rahmen der erteilten Weisungen und schwingt er sich damit selbst zum „Herrn der Daten" auf, haftet auch er gegenüber den Betroffenen. Für Verstöße, zu denen es bei weisungsgemäßer Auftragserfüllung kommt, ist – von Fällen des kollusiven Zusammenwirkens von Auftraggeber und

---

129 Orientierungshilfe – Cloud Computing der Arbeitskreise Technik und Medien der Konferenz der Datenschutzbeauftragten des Bundes und der Länder, Version 1.0, Stand: 26.9.2011, S. 12; Jahresbericht BlnBDI 2010, Ziff. 8.3 (Übermittlung von Beschäftigtendaten an Konzernmutter in den USA); *Weichert*, DuD 2010, S. 679 (686 f.).

130 Siehe mit teilweise wieder unterschiedlicher dogmatischer Begründung *Rittweger/Schmidl*, DuD 2004, S. 617 (620); *Räther*, DuD 2005, S. 461 (465); *Nielen/Thum*, K&R 2006, S. 171 (174); *Hartung*, VersR 2012, S. 400 (402); einschränkend *Grützmacher*, ITRB 2007, S. 183 (187); ablehnend Orientierungshilfe – Cloud Computing der Arbeitskreise Technik und Medien der Konferenz der Datenschutzbeauftragten des Bundes und der Länder, Version 1.0, Stand: 26.9.2011, S. 11; für eine „Annexkompetenz" zur Weitergabe besonderer Arten personenbezogener Daten bei der Verlagerung von Aufgaben im Bereich der Personalverwaltung Arbeitsbericht der ad-hoc-Arbeitsgruppe „Konzerninterner Datentransfer" des Düsseldorfer Kreises, S. 9 ff.

131 *Müthlein*, RDV 1992, S. 63 (65).

Auftragnehmer abgesehen – hingegen datenschutzrechtlich allein der Auftraggeber verantwortlich.[132]

Die in § 11 BDSG vorgesehene Verantwortlichkeitsverteilung zwischen Auftragge- **29** ber und Auftragnehmer bezieht sich zunächst nur auf das Außenverhältnis, d. h. auf das Verhältnis gegenüber Betroffenen und Aufsichtsbehörden.[133] Im Innenverhältnis, d. h. im Verhältnis zwischen Auftraggeber und Auftragnehmer, sind hiervon abweichende Regelungen möglich, z. T. auch erforderlich. So wird der Auftraggeber ohne die Mitwirkung des Auftragnehmers häufig nicht in der Lage sein, den Betroffenen bestimmte Auskünfte zu geben. Die Delegation von Pflichten des Auftraggebers an den Auftragnehmer findet freilich wiederum in der Grundkonzeption der Auftragsdatenverarbeitung als weisungsgebundene Tätigkeit ihre Grenze. So darf der Auftragnehmer den Betroffenen die gewünschten Auskünfte nur mit entsprechender Autorisierung des Auftraggebers erteilen.[134] Davon unberührt bleiben zwingende gesetzliche Vorlage- und Offenbarungspflichten etwa nach der ZPO oder StPO.[135]

Nach § 11 Abs. 1 Satz 2 BDSG sind die in den §§ 6, 7 und 8 BDSG bezeichneten **30** Rechte der Betroffenen gegenüber dem Auftraggeber geltend zu machen. Aus der Gesamtschau mit §§ 11 Abs. 1 Satz 1, 3 Abs. 7 BDSG folgt jedoch, dass diese Aufzählung nicht abschließend ist. Die Pflichtenstellung des Auftraggebers in Bezug auf das Auftragsverhältnis erstreckt sich vielmehr auf alle Regelungen, deren Adressat die verantwortliche Stelle ist.[136] So ist etwa das Widerspruchsrecht nach § 28 Abs. 4 BDSG nicht gegenüber dem Auftragnehmer, sondern dem Auftraggeber geltend zu machen.[137] Die Informationspflicht nach § 42a BDSG trifft ebenfalls nur den Auftraggeber.[138] Für die Betroffenen ergibt sich freilich ein praktisches Problem, wenn der Auftraggeber seinen Pflichten nicht nachkommt, diesen aber nur die Person des Auftragnehmers bekannt ist. Ihnen bleibt im Zweifel nichts anderes übrig, als zunächst den Auftragnehmer in Anspruch nehmen. Der Auftragnehmer muss dann darlegen und ggf. beweisen, dass er nur als Auftragsdatenverarbeiter tätig geworden ist, um sich zu entlasten; hierzu gehört auch die Nennung der

---

132 *Müthlein*, RDV 1993, S. 165 (169 f.); *Gola/Schomerus*, BDSG, § 11 Rn. 26.

133 *Kramer/Herrmann*, CR 2003, S. 938; *Sutschet*, RDV 2004, S. 97 (98).

134 *Wächter*, CR 1991, S. 333 (335).

135 *Walz*, in: Simitis, 6. Aufl. (2006), BDSG, § 11 Rn. 60; entsprechend kritisch zu der auf bloße Anfrage der Staatsanwaltschaft nach § 161 Abs. 1 StPO ohne Wissen der jeweiligen Auftraggeber erfolgten Auswertung von Abrechnungsunterlagen zur Ermittlung von Straftaten durch mit der Verarbeitung von Kreditkartendaten beauftragten Unternehmen Vierter Tätigkeitsbericht des Innenministeriums Baden-Württemberg zum Datenschutz im nicht-öffentlichen Bereich, LT-Drs. 14/1475, S. 40 ff.; siehe zu diesem Fall, allerdings ohne auf die Besonderheiten der Auftragsdatenverarbeitung einzugehen, auch BVerfG CR 2009, 381.

136 *Walz*, in: Simitis, 6. Aufl. (2006), BDSG, § 11 Rn. 40.

137 *Müglich*, CR 2009, S. 479 (482) m. w. N.

138 Näher dazu Kommentierung zu § 42a BDSG Rn. 9.

verantwortlichen Stelle. Diese Beweislastverteilung folgt aus dem Umstand, dass das Gesetz als Normalfall von der vollen Verantwortlichkeit desjenigen ausgeht, der die tatsächliche Verfügungsgewalt über personenbezogene Daten ausübt.[139]

III. Anforderungen an das Auftragsverhältnis (Abs. 2)

1. Auswahl und Überwachung des Auftragnehmers

31   Der Auftraggeber wird durch die Regelungen in § 11 Abs. 2 Satz 1 und 4 BDSG verpflichtet, den Auftragnehmer sorgfältig auszuwählen und bei der Ausführung des Auftrags zu überwachen.

a) Auswahl des Auftragnehmers

32   Im Mittelpunkt der Auswahl eines bestimmten Auftragnehmers hat nach dem Gesetz die Eignung der von ihm angebotenen technischen und organisatorischen Maßnahmen zu stehen. Aus dieser Bezugnahme auf § 9 BDSG und die zugehörige Anlage ergibt sich eine enge Bindung dieser Maßnahmen an den jeweiligen Schutzzweck: Die Datensicherungsmaßnahmen des Auftragnehmers müssen mit der Schutzbedürftigkeit der betreffenden Daten korrespondieren.[140] Dies erfordert seitens des Auftraggebers regelmäßig die Durchführung einer Risikoanalyse und deren Abgleich mit dem vom Auftragnehmer vorgeschlagenen Sicherheitskonzept. Als Faustregel mag jedoch gelten, dass die vom Auftragnehmer vorgeschlagenen Sicherungsmaßnahmen nicht weniger streng sein dürfen als die eigenen des Auftraggebers. Um ein unnötiges Hin und Her zu vermeiden, empfiehlt es sich, dem Auftragnehmer vorab nähere Informationen in Bezug auf den Auftrag zu geben, damit dieser besser einschätzen kann, welche Maßnahmen erwartet werden.[141]

33   Mit dem Angebot geeigneter technischer und organisatorischer Maßnahmen ist es freilich nicht getan. Um insgesamt von einer sorgfältigen Auswahl des Auftragnehmers sprechen zu können, hat sich der Auftraggeber ein möglichst umfassendes Bild vom Auftragnehmer zu verschaffen. Abhängig von Art und Umfang des Auftrags sind dabei auch Faktoren zu berücksichtigen wie die personelle und finanzielle Ausstattung des Auftragnehmers, dessen Erfahrung und Verlässlichkeit.[142] Die erforderlichen Einblicke kann sich der Auftraggeber z. B. durch die Einholung von Auskünften und Referenzen, die Vorlage von Prüfberichten und Zertifizierungen oder die Besichtigung der Einrichtungen des Auftragnehmers verschaffen.[143] Allein

---

139 Innenministerium Baden-Württemberg, Hinweise zum Datenschutz für die private Wirtschaft (Nr. 16), S. 5; *Sutschet*, RDV 2004, S. 97 (100 f.).

140 *Petri*, in: Simitis, BDSG, § 11 Rn. 58.

141 *Wedde*, in: Däubler/Klebe/Wedde/Weichert, BDSG, § 11 Rn. 26 ff.; *Gola/Schomerus*, BDSG, § 11 Rn. 20.

142 Ähnlich *Wedde*, in: Däubler/Klebe/Wedde/Weichert, BDSG, § 11 Rn. 29.

143 Siehe *Schaffland/Wiltfang*, BDSG, § 11 Rn. 9d, mit konkreten Hinweisen für die Auswahl einer Firma zur Entsorgung von Geschäftspapieren.

auf einen gewissen Bekanntheitsgrad des Auftragnehmers darf sich der Auftraggeber nicht verlassen.[144] Um im Streitfall die ordnungsgemäße Erfüllung der gesetzlichen Auswahlpflicht belegen zu können, empfiehlt es sich, den Auswahlprozess
schriftlich zu dokumentieren.[145] Der betriebliche Datenschutzbeauftragte des Auftraggebers sollte möglichst frühzeitig in den Auswahlprozess einbezogen werden,
da es ihm auch insoweit obliegt, die Einhaltung der gesetzlichen Vorgaben zu gewährleisten.[146]

Eine Verpflichtung zur Ausschreibung des Auftrags und damit zur Beteiligung **34**
mehrerer potenzieller Auftragnehmer besteht aus datenschutzrechtlicher Sicht
nicht.[147] Eine solche Ausschreibung entspricht jedoch zumindest bei großvolumi-
gen IT- und Outsourcing-Projekten der üblichen Praxis und unterstreicht die Aus-
wahlbemühungen des Auftraggebers. Im Rahmen von § 11 BDSG spricht folglich
auch nichts gegen eine Auftragsvergabe an einen konzernangehörigen Dienstleister, sofern dieser die Gewähr für eine ordnungsgemäße Auftragserfüllung bietet.[148]

b) Überwachung des Auftragnehmers

Der Auftraggeber hat sich ferner von der Einhaltung der beim Auftragnehmer ge- **35**
troffenen technischen und organisatorischen Maßnahmen zu überzeugen.[149] Dies
hat nach dem Gesetz erstmals „vor Beginn der Datenverarbeitung und sodann regelmäßig" zu geschehen. Durch diese mit dem „Gesetz zur Änderung datenschutzrechtlicher Vorschriften" zum 1.9.2009 erfolgte Einfügung soll eine stärkere In-
pflichtnahme des Auftraggebers zur Durchführung von – in der Praxis häufig vernachlässigten – laufenden Kontrollen des Auftragnehmers erreicht werden.[150]
Gleichzeitig wurde in § 43 Abs. 1 Nr. 2b BDSG ein Bußgeldtatbestand für den Fall
geschaffen, dass die Kontrolle vor Beginn der Datenverarbeitung unterbleibt. Das
Unterlassen späterer Kontrollen ist dagegen aufgrund des insoweit unbestimmten
Handlungszeitpunkts sanktionslos.[151]

Der Auftraggeber hat sich vor dem tatsächlichen Beginn der Datenverarbeitung durch **36**
den Auftragnehmer davon zu überzeugen, dass dieser die erforderlichen technischen
und organisatorischen Maßnahmen ergriffen hat.[152] Während es im Rahmen der Auswahl des Auftragnehmers auf die generelle Eignung der von ihm getroffenen Maßnah-

---

144 *Grützmacher*, ITRB 2007, S. 183 (185).
145 Tätigkeitsbericht 2009/2010 des Bayerischen Landesamts für Datenschutzaufsicht
(nicht-öffentlicher Bereich), S. 37.
146 *Gola/Schomerus*, BDSG, § 11 Rn. 21 m. w. N.
147 Zur Vergabe von IT-Leistungen im öffentlichen Bereich *Lensdorf*, CR 2006, S. 138.
148 *Müthlein*, RDV 1993, S. 165 (169 f.); *Gola/Schomerus*, BDSG, § 11 Rn. 20.
149 Zu Informations- und Kontrollrechten der Mitarbeitervertretung bei der Verarbeitung von
Personaldaten im Auftrag BAG DB 1987, 1491 (1493).
150 Beschlussempfehlung und Bericht des Innenausschusses, BT-Drs. 16/13657, S. 28.
151 BT-Drs. 16/13657, S. 39; siehe auch BfDI, 23. Tätigkeitsbericht 2009–2010, BT-Drs. 17/
5200, S. 33 f.
152 BT-Drs. 16/13657, S. 28.

men ankommt, geht es nun also darum, sicherzustellen, dass diese zur Erledigung des Auftrags ordnungsgemäß implementiert sind. Der Auftraggeber ist zu diesem frühen Zeitpunkt der Zusammenarbeit mit den fraglichen Maßnahmen meist noch nicht vertraut, was deren nähere Prüfung erforderlich macht. Zudem sollen etwaige Unzulänglichkeiten identifiziert und beseitigt werden können, bevor es zur eigentlichen Datenverarbeitung kommt, was in der Sache ebenfalls eine genauere Prüfung voraussetzt. Der ersten Kontrolle vor Beginn der Datenverarbeitung kommt damit grundsätzlich besondere Bedeutung zu und diese hat entsprechend umfassend zu erfolgen.[153] Von einem verminderten Prüfungsumfang wird man indessen ausgehen können, wenn der Auftragnehmer – wie dies z. B. beim Outsourcing häufig der Fall ist – die bislang zur Leistungserbringung eingesetzten Ressourcen (Personal, DV-Anlagen etc.) vom Auftraggeber übernimmt und die Leistungserbringung mit Hilfe dieser Ressourcen zunächst unverändert fortsetzt; insoweit ergeben sich für den Auftraggeber keine grundlegenden Neuerungen, welche einen gesteigerten Prüfungsaufwand rechtfertigen würden. Das Gleiche gilt bei Vertragsverlängerungen ohne wesentliche Änderungen. Der Schwerpunkt der Kontrollen des Auftraggebers wird in solchen Fällen auf möglichen späteren Veränderungen in der Leistungserbringung liegen.[154]

37   Nach Beginn der Datenverarbeitung hat der Auftraggeber die Einhaltung der betreffenden technischen und organisatorischen Maßnahmen durch den Auftragnehmer regelmäßig zu überprüfen. Dadurch soll klargestellt werden, dass gerade bei langfristigen Auftragsverhältnissen eine einmalige Kontrolle durch den Auftraggeber nicht ausreicht. Aufgrund des in der Praxis anzutreffenden Spektrums an Auftragsverhältnissen lassen sich feste Prüfungsintervalle (z. B. jährliche Kontrollen) aber gesetzlich nicht vorgeben.[155] Es ist daher im Einzelfall auf Faktoren wie den Umfang der Auftragsdatenverarbeitung, das Gefährdungspotenzial für die Betroffenen, die Sensibilität der verarbeiteten Daten etc. abzustellen.[156] Für den Prüfungsturnus in laufenden Auftragsverhältnissen werden von aufsichtsbehördlicher Seite in der Regel Fristen von einem Jahr bis zu drei Jahren als angemessen angesehen, wobei die Verarbeitung besonders sensibler Daten oder das Eintreten neuer Entwicklungen (z. B. öffentliche Berichterstattung zu Datenschutzverletzungen oder Negativerfahrungen mit dem Auftragnehmer) auch zu kürzeren Prüfungsabständen führen kann.[157] Weil der Auftraggeber bei Wiederholungskontrollen auf bestehendem Wissen aufsetzt, ist die Kontrollintensität insoweit regelmäßig geringer als bei der erstmaligen Kontrolle vor Beginn der Datenverarbeitung. Typischerweise geht es vor allem um Veränderungen seit der letzten Kontrolle.[158]

---

153 BT-Drs. 16/13657, S. 39.
154 Zu den tatsächlichen Hintergründen siehe *Kotthoff/Gabel*, Outsourcing, S. 13 und 75 ff.
155 BT-Drs. 16/13657, S. 28.
156 BfDI, 23. Tätigkeitsbericht 2009-2010, BT-Drs. 17/5200, S. 34.
157 Tätigkeitsbericht 2009/2010 des Bayerischen Landesamts für Datenschutzaufsicht (nicht-öffentlicher Bereich), S. 37; *Vander*, K&R 2010, S. 292 (295 f.).
158 BT-Drs. 16/13657, S. 39.

Die Kontrollrechte des Auftraggebers und die entsprechenden Duldungs- und Mit- **38** wirkungspflichten des Auftragnehmers sind nach § 11 Abs. 2 Satz 2 Nr. 7 BDSG anhand dieser Vorgaben im Auftrag zu konkretisieren.[159]

Das Ergebnis der vom Auftraggeber durchgeführten Kontrollen ist zu dokumentie- **39** ren. An Art und Umfang der Dokumentation werden keine besonderen Anforderungen gestellt. Mit Blick auf den Zweck der Dokumentationspflicht, den Handlungszeitpunkt nachzuweisen und sich ggf. gegenüber der Aufsichtsbehörde zu entlasten,[160] sollte bei Prüfungen, die der Auftraggeber unmittelbar vor Ort oder selbst in Person durchführt, ein schriftliches Protokoll angefertigt werden, das zumindest Zeit und Ort der Prüfung, die Prüfungsbeteiligten, die Prüfungsthemen, die Prüfungsresultate sowie die daraus abgeleiteten Schritte, wie z.B. die Beseitigung festgestellter Mängel durch den Auftragnehmer innerhalb einer bestimmten Frist, umfasst (Ergebnisprotokoll). Die Dokumentation des Prüfungsverlaufs (Verlaufsprotokoll) ist hingegen nicht zwingend erforderlich. Überzeugt sich der Auftraggeber auf andere Weise von der Einhaltung der beim Auftragnehmer getroffenen technischen und organisatorischen Maßnahmen (z.B. durch die Einholung eines Testats durch einen Sachverständigen oder durch schriftliche Auskünfte des Auftragnehmers) muss dies ebenfalls revisionssicher festgehalten werden.

2. Auftragserteilung

§ 11 Abs. 2 Satz 2 BDSG enthält bestimmte Anforderungen in Bezug auf die Auf- **40** tragserteilung, die grundsätzlich durch Abschluss eines entsprechenden Vertrags zwischen dem Auftraggeber und dem Auftragnehmer erfolgt. Davon abweichend kann der Auftrag im öffentlichen Bereich auch durch die Fachaufsichtsbehörde erteilt werden, § 11 Abs. 2 Satz 3 BDSG. Dies kommt z.B. dann in Betracht, wenn für mehrere nachgeordnete Behörden einheitliche Datenverarbeitungsstandards geschaffen werden sollen. In diesem Fall bedarf es jedoch auch einer klaren Abgrenzung der Verantwortlichkeit und Kompetenzen der beteiligten öffentlichen Stellen.[161]

a) Inhalt des Auftrags

§ 11 Abs. 2 Satz 2 BDSG enthält eine nicht abschließende („... insbesondere ...") **41** Aufzählung von zehn Punkten, die im Auftrag adressiert werden müssen. Ziel der Aufzählung, die durch das „Gesetz zur Änderung datenschutzrechtlicher Vorschriften" mit Wirkung zum 1.9.2009 eingeführt wurde, ist es, die gesetzlichen Anforderungen an die Ausgestaltung des Auftrags transparenter zu machen, um Rechtssicherheit für Auftraggeber und Auftragnehmer sowie die Aufsichtsbehörden zu

---

159 Siehe dazu Rn. 48.
160 BT-Drs. 16/13657, S. 29.
161 *Walz*, in: Simitis, BDSG, 6. Aufl. (2006), § 11 Rn. 55.

schaffen.[162] Ob dieses Ziel angesichts des nur beispielhaften Charakters der Aufzählung und mangels Erläuterung der zum Teil nicht selbsterklärenden Anforderungen durch den Gesetzgeber erreicht wird, erscheint indes fraglich. Im Hinblick auf den parallel in § 43 Abs. 1 Nr. 2b BDSG für den Fall der nicht ordnungsgemäßen Auftragserteilung geschaffenen Bußgeldtatbestand werden entsprechend Zweifel an der notwendigen Bestimmtheit der gesetzlichen Vorgaben (Art. 103 Abs. 2 GG) geäußert.[163]

42 Nach § 11 Abs. 2 Satz 2 Nr. 1 BDSG sind Gegenstand und Dauer des Auftrags in selbigem festzuhalten. Der Auftragsgegenstand folgt häufig bereits aus den einleitenden Bestimmungen des Vertrags und wird durch die im Vertrag enthaltene oder diesem beigefügte Leistungsbeschreibung weiter detailliert. Er soll grundsätzlich so beschrieben werden, dass die vom Auftragnehmer vorzunehmende Verarbeitung einem bestimmten Vorgang zugeordnet werden kann.[164] Mit der Auftragsdauer ist die Vertragslaufzeit gemeint. Ihre Festlegung soll die Prüfung ermöglichen, ob der zeitliche Umfang des Auftrags eingehalten wird.[165] Es kann sich um eine einmalige, befristete oder unbefristete (mit angemessener Kündigungsmöglichkeit) Auftragserteilung handeln. Sofern parallel zu einem datenschutzrechtlichen Auftrag ein zivilrechtlicher Vertrag abgeschlossen wird, der aussagekräftige Regelungen zu Auftragsgegenstand und -dauer enthält, kann insoweit auch auf den zivilrechtlichen Vertrag verwiesen werden.[166]

43 Nach § 11 Abs. 2 Satz 2 Nr. 2 BDSG sind im Auftrag zudem der Umfang, die Art und der Zweck der vorgesehenen Erhebung, Verarbeitung oder Nutzung von Daten, die Art der Daten sowie der Kreis der Betroffenen festzulegen. Diese Angaben knüpfen an die bereits nach § 11 Abs. 2 Nr. 1 BDSG zu machenden Angaben an und ergänzen bzw. konkretisieren diese.[167] Erforderlich ist eine möglichst genaue Beschreibung der Leistungen im Vertrag, die vom Auftragnehmer zu erbringen sind.[168] Hinsichtlich der Zweckbestimmung der Datenverarbeitung, der Art der Daten und des Kreises der Betroffenen kann dabei auf die Angaben gem. § 4e Nr. 4 und 5 BDSG zurückgegriffen werden.[169] Anders als bei § 4e Nr. 5 BDSG wird in § 11 Abs. 2 Satz 2 Nr. 2 BDSG aber keine konkrete Zuordnung von Personengrup-

162 BT-Drs. 16/13657, S. 28.
163 *Hanloser*, MMR 2009, S. 594 (597); *Vander*, K&R 2010, S. 292 (296); in Bezug auf § 11 Abs. 2 Satz 2 Nr. 5 BDSG auch *Grentzenberg/Schreibauer/Schuppert*, K&R 2009, S. 535 (540).
164 *Petri*, in: Simitis, BDSG, § 11 Rn. 66.
165 *Petri*, in: Simitis, BDSG, § 11 Rn. 66.
166 *Gola/Schomerus*, BDSG, § 11 Rn. 18.
167 *Gola/Schomerus*, BDSG, § 11 Rn. 18a.
168 *Gola/Schomerus*, BDSG, § 11 Rn. 18a (schriftliche Festlegung, die die dem konkreten Auftrag immanenten Datenverwendungen im Wesentlichen beschreiben); weitergehend *Petri*, in: Simitis, BDSG, § 11 Rn. 68 (abschließende Festlegung des zulässigen Datenumgangs).
169 Siehe die Kommentierung zu § 4e BDSG Rn. 7 f.

pen und Daten gefordert. Da nur allgemein Angaben zur „Art der Daten" und zum „Kreis der Betroffenen" verlangt werden, wird man insoweit zudem gewisse Kategorisierungen und Abstrahierungen als zulässig ansehen müssen.

Nach § 11 Abs. 2 Satz 2 Nr. 3 BDSG sind ferner die vom Auftragnehmer zu treffen- **44** den technischen und organisatorischen Maßnahmen festzulegen. Es genügt also nicht, diese lediglich im Rahmen der Auswahl des Auftragnehmers zu berücksichtigen. Diese müssen auch zum Inhalt der Vereinbarung zwischen Auftraggeber und Auftragnehmer werden. Die bloße Wiedergabe des § 9 BDSG und seiner Anlage ist dabei nicht ausreichend. Erforderlich sind vielmehr Angaben, wie die gesetzlichen Vorgaben im Einzelnen umgesetzt werden.[170] Hinsichtlich der konkreten Maßnahmen kann dem Auftragnehmer im Rahmen der Angemessenheit freilich eine gewisse Flexibilität eingeräumt werden.[171] Die erforderlichen Angaben können sich auch aus einer Anlage ergeben, auf die im Vertrag Bezug genommen wird.[172] In der Sache müssen die betreffenden Maßnahmen den gesamten Zyklus der vom Auftragnehmer geschuldeten Tätigkeiten umfassen, d. h. sie müssen vom Eingang der Daten beim Auftragnehmer, über den Rücklauf der zu erzielenden Arbeitsergebnisse zum Auftraggeber bis hin zum Abschluss des Auftrags in Form der Rückgabe oder Vernichtung von Restdaten reichen.[173]

§ 11 Abs. 2 Satz 2 Nr. 4 BDSG betrifft die Berichtigung, Löschung und Sperrung **45** von Daten, die nach §§ 6 Abs. 1, 20, 35 BDSG zu den Rechten des Betroffenen zählen. Adressat dieser Regelungen ist gem. § 11 Abs. 1 Satz 2 BDSG der Auftraggeber. Der Auftragnehmer ist von sich aus nicht zur Berichtigung, Löschung und Sperrung von Daten berechtigt, zumal die Inhalte der Datenverarbeitung vom Auftraggeber bestimmt werden. Die Rolle des Auftragnehmers ist auf die Umsetzung entsprechender Weisungen des Auftraggebers beschränkt.[174] § 11 Abs. 2 Satz 2 Nr. 4 BDSG weist damit praktisch keinen weitergehenden Regelungsgehalt auf als § 11 Abs. 2 Satz 2 Nr. 2 und 9 BDSG. Die Pflicht des Auftragnehmers, Daten (nur) gemäß den Weisungen des Auftraggebers zu berichtigen, löschen oder sperren, sollte dennoch im Vertrag explizit festgehalten werden, um sicherzustellen, dass der Auftraggeber den Rechten der Betroffenen ordnungsgemäß nachkommen kann.[175]

Weithin unklar ist, welche Regelungen im Hinblick auf § 11 Abs. 2 Satz 2 Nr. 5 **46** BDSG zu treffen sind. Nach dieser Vorschrift bedürfen die nach § 11 Abs. 4 BDSG

---

170 *Gosche*, in: Taeger (Hrsg.), Digitale Evolution – Herausforderungen für das Informations- und Medienrecht, S. 73 (76); *Petri*, in: Simitis, BDSG, § 11 Rn. 73.
171 *Gola/Schomerus*, BDSG, § 11 Rn. 18b; Arbeitspapier der Artikel 29-Datenschutzgruppe vom 16.2.2010, WP 169, S. 31.
172 *Gola/Schomerus*, BDSG, § 11 Rn. 18b.
173 *Walz*, in: Simitis, BDSG, 6. Aufl. (2006), § 11 Rn. 51; zur Bedeutung von Standards und Best Practices wie den IT-Grundschutzkatalogen des BSI siehe *Lensdorf/Mayer-Wegelin*, CR 2009, S. 545.
174 *Wächter*, CR 1991, S. 333 (335); *Walz*, in: Simitis, 6. Aufl. (2006), BDSG, § 11 Rn. 40; *Hoeren*, DuD 2010, S. 688 (690).
175 *Gola/Schomerus*, BDSG, § 11 Rn. 18c; *Plath*, in: Plath, BDSG, § 11 BDSG Rn. 103.

bestehenden Pflichten des Auftragnehmers, insbesondere die von ihm vorzunehmenden Kontrollen, der vertraglichen Festlegung. Da § 11 Abs. 4 BDSG ohnehin für den Auftragnehmer gilt,[176] fragt es sich jedoch bereits, welchen Mehrwert eine inhaltsgleiche vertragliche Regelung hat. Hinzu kommt, dass der ganz überwiegende Teil der Vorschriften, die nach § 11 Abs. 4 BDSG auf den Auftragnehmer Anwendung finden, offenkundig einer Regelung zwischen Auftraggeber und Auftragnehmer unzugänglich ist (vgl. §§ 18, 24 bis 26, 38, 43, 44 BDSG). Mit Ausnahme des bereits durch § 11 Abs. 2 Satz 2 Nr. 3 BDSG abgedeckten § 9 BDSG (i.V.m. der Anlage zu § 9 Satz 1 BDSG) ordnet auch keine der in § 11 Abs. 4 BDSG enthaltenen Vorschriften die Vornahme von Kontrollen durch den Auftragnehmer an.[177] In Anbetracht dessen kommt man nicht umhin, § 11 Abs. 2 Satz 2 Nr. 5 BDSG in dieser Form als gesetzgeberisches Versehen zu werten.[178] Sinnvoll und in der Praxis üblich ist jedoch eine Regelung im Vertrag, nach der der Auftragnehmer seine Mitarbeiter auf das Datengeheimnis (§ 5 BDSG) zu verpflichten und dies auf Verlangen nachzuweisen hat. Das Gleiche gilt für die Benennung des betrieblichen Datenschutzbeauftragten (§§ 4f, 4g BDSG) des Auftragnehmers als Ansprechpartner für Fragen im Zusammenhang mit der Auftragsdurchführung. Verbreitet sind auch Regelungen, wonach der Auftragnehmer den Auftraggeber unverzüglich über Maßnahmen der zuständigen Behörden (§§ 38, 43, 44 BDSG) zu unterrichten hat.

47 Abweichend von § 278 BGB, der die Einschaltung von Hilfspersonen zur Erfüllung von Verbindlichkeiten grundsätzlich zulässt und für einen solchen Fall lediglich die Einstandspflicht des Schuldners für Pflichtverletzungen der Erfüllungsgehilfen anordnet, ist bei der Auftragsdatenverarbeitung vorab die Zustimmung des Auftraggebers zur Einschaltung von Unterauftragnehmern erforderlich, § 11 Abs. 2 Satz 2 Nr. 6 BDSG. Ansonsten bestünde die Gefahr, dass das im Verhältnis zwischen Auftraggeber und Auftragnehmer begründete Datenschutzniveau faktisch unterlaufen wird.[179] Da das Gesetz insoweit von der „Berechtigung zur Begründung von Unterauftragsverhältnissen" spricht, erscheint es jedoch nicht zwingend notwendig, die Person des Unterauftragnehmers und die ihm übertragenen Tätigkeiten unmittelbar im Vertrag zu benennen. Denkbar ist auch, generell Einigkeit über die Möglichkeit und Modalitäten einer Unterauftragsvergabe durch den Auftragnehmer zu erzielen. Der Abschluss eines direkten Vertrags zwischen Auftraggeber und Unterauftragnehmer ist nicht erforderlich.[180] Der Auftraggeber hat aber dafür Sorge zu tragen, dass der Auftragnehmer bei der Auswahl eines Unterauftragnehmers die nach § 11 Abs. 2 Satz 1 BDSG gebotene Sorgfalt anwendet.[181] Der Vertrag zwischen Auftrag-

---

176 Siehe unten Rn. 59 ff.

177 *Grentzenberg/Schreibauer/Schuppert*, K&R 2009, S. 535 (540); zweifelnd auch *Hoeren*, DuD 2010, S. 688 (690).

178 Ähnlich *Bierekoven*, Auftragsdatenverarbeitung, in: Redeker, Handbuch der IT-Verträge, Kap. 7.2 Rn. 72.

179 *Walz*, in: Simitis, BDSG, 6. Aufl. (2006), § 11 Rn. 52.

180 *Fischer/Steidle*, CR 2009, S. 632 (634).

181 *Petri*, in: Simitis, BDSG, § 11 Rn. 76.

nehmer und Unterauftragnehmer muss so ausgestaltet sein, dass auch der Unterauftragnehmer den im Verhältnis zwischen Auftraggeber und Auftragnehmer bestehenden Verpflichtungen, insbesondere in Bezug auf die vereinbarten Sicherheitsstandards, nachkommt. Damit der Auftraggeber seinen Kontrollpflichten nach § 11 Abs. 2 Satz 4 BDSG auch im Falle einer Unterauftragsvergabe genügen kann, fordern die Aufsichtsbehörden außerdem, dass ihm ein direktes Prüfrecht beim Unterauftragnehmer eingeräumt wird (sog. Durchgriffsprüfrecht).[182]

In § 11 Abs. 2 Satz 4 BDSG ist zwar vorgesehen, dass sich der Auftraggeber von   **48** der Einhaltung der durch den Auftragnehmer getroffenen technischen und organisatorischen Maßnahmen überzeugt. Das Gesetz enthält jedoch keine spezifischen Vorgaben in Bezug auf Art und Umfang der zu diesem Zweck vom Auftraggeber durchzuführenden Kontrollen und den damit verbundenen Duldungs- und Mitwirkungspflichten des Auftragnehmers. Daher bedarf es nach § 11 Abs. 2 Satz 2 Nr. 7 BDSG entsprechender vertraglicher Festlegungen. Diese haben sich an den zu § 11 Abs. 2 Satz 4 BDSG dargestellten Leitlinien zu orientieren: Während für die erstmalige Kontrolle vor Beginn der Datenverarbeitung in der Regel eine umfassende Prüfung der beim Auftragnehmer getroffenen technischen und organisatorischen Maßnahmen erforderlich ist, können Art und Umfang der laufenden Kontrollen durch den Auftraggeber je nach der Größe und Komplexität der Auftragsdatenverarbeitung variieren.[183] Generell kommen beispielsweise das Recht des Auftraggebers, die zur Kontrolle erforderlichen Auskünfte vom Auftragnehmer zu verlangen, die Vorlage des Sicherheitskonzepts des Auftragnehmers, die Offenlegung von Berichten der Wirtschaftsprüfer, der Internen Revision oder des betrieblichen Datenschutzbeauftragten des Auftragnehmers oder die Mitteilung der Ergebnisse von Datenschutzaudits oder Zertifizierungen durch den Auftragnehmer als Kontrollmaßnahmen in Betracht.[184] Eigene Prüfungen des Auftraggebers vor Ort (selbst oder durch einen Beauftragten wie z. B. einen Sachverständigen) sind zwar nicht zwingend erforderlich.[185] Bei der Festlegung der Kontrollmöglichkeiten ist jedoch der Schutzbedürftigkeit der betroffenen Daten Rechnung zu tragen, sodass sich der

---

182 23. Bericht der Landesregierung über die Tätigkeit der für den Datenschutz im nicht öffentlichen Bereich in Hessen zuständigen Aufsichtsbehörde, LT-Drs. 18/2942, S. 17 f.; Tätigkeitsbericht 2011/2012 des Bayerischen Landesamts für Datenschutzaufsicht (nicht-öffentlicher Bereich), S. 59.

183 Siehe oben Rn. 35 ff.

184 So schon zur früheren Rechtslage *Dolderer/von Garrel/Müthlein/Schlumberger*, RDV 2001, S. 223 (225); *Schaffland/Wiltfang*, BDSG, § 11 Rn. 9c; *Duhr/Naujok/Peter/Seiffert*, DuD 2002, S. 5 (36); siehe auch *Gola/Schomerus*, BDSG, § 11 Rn. 21; *Robrecht*, ZD 2011, S. 23 (25); *Bergt*, ITRB 2012, S. 45 (46).

185 BT-Drs. 16/13657, S. 29; siehe auch BT-Drs. 14/4329, S. 56, sowie BT-Drs. 14/5793, S. 64, unter Hinweis auf Auftragnehmer, die für eine Vielzahl von Auftraggebern tätig sind (z. B. Service-Rechenzentren) und bei denen sich lokale Prüfungen durch jeden Auftraggeber schnell nachteilig auf den Betrieb auswirken können.

Auftraggeber ggf. Ergänzungsprüfungen vorbehalten sollte.[186] Soweit Testate die Vor-Ort-Kontrolle ganz oder teilweise ersetzen sollen, muss der Auftraggeber nachvollziehen können, nach welchen Kriterien und mit welchem Ergebnis im Einzelnen die Prüfung des Auftrags erfolgt ist, sodass er auch selbst beurteilen kann, ob der Auftrag ordnungsgemäß durchgeführt wurde.[187] Im Hinblick auf die Häufigkeit der laufenden Kontrollen ist es aus Sicht des Auftraggebers ratsam, ein jederzeitiges Kontrollrecht zu vereinbaren, um flexibel auf alle Entwicklungen reagieren zu können. Die Duldungs- und Mitwirkungspflichten des Auftragnehmers gestalten sich meist spiegelbildlich zu den Kontrollrechten des Auftraggebers. Im Zweifel empfiehlt es sich, umfassende Duldungs- und Mitwirkungspflichten des Auftragnehmers in Bezug auf die Kontrollen des Auftraggebers vorzusehen.

49 § 11 Abs. 2 Satz 2 Nr. 8 BDSG verlangt eine Regelung in Bezug auf die Mitteilung von Verstößen des Auftragnehmers oder der bei ihm beschäftigten Personen gegen Vorschriften zum Schutz personenbezogener Daten oder gegen die im Auftrag getroffenen Festlegungen. Mit Blick auf die Sphäre, in der sich die fraglichen Verstöße abspielen, handelt es sich augenscheinlich um eine Mitteilung des Auftragnehmers gegenüber dem Auftraggeber. Zwar lässt der Wortlaut von § 11 Abs. 2 Satz 2 Nr. 8 BDSG die Interpretation zu, dass der Auftragnehmer dem Auftraggeber nicht unbedingt jeden Verstoß zu melden hat („… festzulegen sind: … mitzuteilende Verstöße …"). Da der Auftraggeber jedoch nach § 11 Abs. 1 BDSG im Außenverhältnis grundsätzlich allein für die Einhaltung des Datenschutzes verantwortlich bleibt und sich insbesondere die Pflichten aus §§ 6, 7, 8 und 42a BDSG gegen ihn richten,[188] ist im Rahmen der Vertragsgestaltung von einer umfassenden Mitteilungspflicht des Auftragnehmers in Bezug auf Unregelmäßigkeiten bei der Datenverarbeitung auszugehen. Insbesondere sollte geregelt werden, dass der Auftragnehmer den Auftraggeber unverzüglich bei Datenpannen im Sinne von § 42a BDSG zu unterrichten und den Auftraggeber bei der Erfüllung seiner daraus resultierenden Pflichten zu unterstützen hat.[189]

50 Nach § 11 Abs. 3 Satz 1 BDSG darf der Auftragnehmer die betroffenen Daten nur im Rahmen der Weisungen des Auftraggebers erheben, verarbeiten oder nutzen. Als solche Weisungen sind zunächst die im Auftrag enthaltenen Festlegungen in Bezug auf die vom Auftragnehmer zu erbringenden Leistungen einschließlich technischer und organisatorischer Schutzmaßnahmen anzusehen, § 11 Abs. 2 Satz 2 Nr. 2 und 3 BDSG. Darüber hinaus kann der Auftraggeber ein Interesse daran haben, dem Auftragnehmer im laufenden Auftragsverhältnis weitere Vorgaben in Be-

186 *Dolderer/von Garrel/Müthlein/Schlumberger*, RDV 2001, S. 223 (225); weitergehend *Petri*, in: Simitis, BDSG, § 11 Rn. 78 (effektive Kontrolle nur durch Vor-Ort-Prüfung); ausführlich zur Problematik der Ortskontrollen *Hallermann*, RDV 2012, S. 226.
187 Tätigkeitsbericht 2009/2010 des Bayerischen Landesamts für Datenschutzaufsicht (nicht-öffentlicher Bereich), S. 37.
188 Siehe oben Rn. 30.
189 *Gola/Schomerus*, BDSG, § 11 Rn. 18g; *Petri*, in: Simitis, BDSG, § 11 Rn. 80.

zug auf den Umgang mit den Daten zu machen (z.B. Erstellung zusätzlicher Auswertungen, Veränderung bestimmter Dateien).[190] Aus vertragsrechtlicher Sicht bedarf es hierzu freilich eines entsprechenden Vorbehalts zu Gunsten des Auftraggebers. Nach § 11 Abs. 2 Satz 2 Nr. 9 BDSG ist der Umfang der Weisungsrechte, die sich der Auftraggeber gegenüber dem Auftragnehmer vorbehält, deshalb im Auftrag festzulegen. Zwar erschiene es denkbar, ähnlich wie etwa im Bankaufsichtsrecht,[191] auf die Vereinbarung von Weisungsrechten zu Gunsten des Auftraggebers zu verzichten, wenn die vom Auftragnehmer zu erbringenden Leistungen hinreichend klar im Vertrag spezifiziert sind. Der Auftraggeber sollte sich aufgrund seiner Letztverantwortung nach § 11 Abs. 1 BDSG aber zumindest die Weisungsrechte vorbehalten, die erforderlich sind, um zu jeder Zeit die Ordnungsmäßigkeit der Datenverarbeitung beim Auftragnehmer zu gewährleisten. Die Vereinbarung eines solchen Einzelweisungsrechts ist grundsätzlich zu empfehlen.[192] Adressat etwaiger Weisungen nach § 11 Abs. 2 Satz 2 Nr. 9 BDSG ist der Auftragnehmer bzw. dessen Geschäftsleitung. Ein direktes Weisungsrecht gegenüber einzelnen Mitarbeitern des Auftragnehmers besteht aufgrund des Konflikts zum arbeitsvertraglichen Direktionsrecht des Auftragnehmers nicht.

Im Hinblick auf die Beendigung des Auftragsverhältnisses bedarf es nach § 11 **51** Abs. 2 Satz 2 Nr. 10 BDSG schließlich Regelungen zur Rückgabe überlassener Datenträger und der Löschung gespeicherter Daten durch den Auftragnehmer. Vorbehaltlich etwaiger gesetzlicher Speicherpflichten des Auftragnehmers gilt der Grundsatz, dass nach Beendigung des Auftragsverhältnisses keine Daten beim Auftragnehmer zurückbleiben dürfen, die ihm vom Auftraggeber zur Auftragserfüllung überlassen worden sind.[193] Dies greift allerdings insoweit zu kurz, als dass der Auftraggeber in der Regel ein Interesse daran hat, nicht nur die Daten zu erhalten, die er dem Auftragnehmer zur Auftragserfüllung überlassen hat, sondern auch die Daten, die vom Auftragnehmer im Rahmen der Auftragserfüllung geschaffen wurden und zur Fortsetzung der auftragsgegenständlichen Tätigkeit (durch den Auftraggeber selbst oder durch einen anderen Auftragnehmer) erforderlich sind. Der Umfang der Datenherausgabe sollte vertraglich entsprechend weit gefasst werden. Bestehen besondere Anforderungen hinsichtlich der Art der Datenherausgabe, wie dies z.B. im Outsourcing-Umfeld häufig der Fall ist, empfiehlt es sich, auch diese vorab vertraglich zu regeln.[194] Davon unbenommen bleibt das Recht des Auftraggebers als „Herrn der Daten", deren Herausgabe auch schon vor Vertragsbeendigung jederzeit

---

190 *Walz*, in: Simitis, BDSG, 6. Aufl. (2006), § 11 Rn. 57.
191 Siehe Erläuterungen zu den Mindestanforderungen an das Risikomanagement (MaRisk) von Banken in der Fassung vom 14.12.2012, AT9, Tz. 6.
192 *Petri*, in: Simitis, BDSG, § 11 Rn. 81; *Gola/Schomerus*, BDSG, § 11 Rn. 18h; zur Form von im laufenden Auftragsverhältnis erteilten Weisungen siehe unten Rn. 54.
193 *Gola/Schomerus*, BDSG, § 11 Rn. 18i; *Petri*, in: Simitis, BDSG, § 11 Rn. 82.
194 *Dieselhorst*, in: Büchner/Dreier, Von der Lochkarte zum globalen Netzwerk – 30 Jahre DGRI, S. 201 (205 f.); *Kotthoff/Gabel*, Outsourcing, S. 187.

vom Auftragnehmer zu verlangen.[195] Die Löschung der Daten nach Vertragsende und erfolgter Herausgabe an den Auftraggeber sollte der Auftragnehmer diesem auf Verlangen in geeigneter Form (z.B. Vorlage des Löschungsprotokolls, Audit) nachzuweisen haben.

52 Hinsichtlich der Regelungstiefe verlangt § 11 Abs. 2 Satz 2 BDSG eine Festlegung der vorgenannten Punkte „im Einzelnen". Dies ist jedoch nicht so zu verstehen, dass die Vorgaben des Auftraggebers in Bezug auf die Auftragserfüllung bis ins kleinste Detail reichen müssen. Ein solches Verständnis wäre praxisfremd und im Hinblick auf das beim Auftragnehmer vorhandene Datenschutz-Know-how, das bei der Auswahl des Auftragnehmers eine wichtige Rolle spielt, auch kontraproduktiv.[196] Mit der Formulierung „im Einzelnen" soll vielmehr zum Ausdruck gebracht werden, dass eine bloße Bezugnahme auf die gesetzlichen Regelungen oder deren bloße Wiedergabe im Auftrag nicht ausreicht. Vielmehr sind in Bezug auf den konkreten Auftrag jeweils nähere schriftliche Festlegungen zu den in § 11 Abs. 2 Satz 2 BDSG genannten Punkten zu treffen,[197] die eine ordnungsgemäße und datenschutzgerechte Auftragserfüllung gewährleisten.[198] Notwendig (aber auch ausreichend) ist eine „angemessen ausführliche Beschreibung der Aufgabe des Auftragsdatenverarbeiters".[199]

53 Neben den Mindestinhalten nach § 11 Abs. 2 Satz 2 BDSG werden zur weiteren Konkretisierung der wechselseitigen Rechte und Pflichten häufig noch andere Punkte bei der Auftragserteilung geregelt, wie etwa die Mitwirkung des Auftragnehmers bei der Übersicht nach § 4g Abs. 2 Satz 1 BDSG, für deren Erstellung die verantwortliche Stelle verantwortlich bleibt,[200] die Zulässigkeit der Datenübermitt-

---

195 Vgl. *Schneider*, Handbuch des EDV-Rechts, Teil M, Rn. 74 m.w.N.; eingehend zu vertraglichen und außervertraglichen Ansprüchen auf Herausgabe von Daten gegenüber Outsourcing-Anbietern *Grützmacher*, ITRB 2004, S. 260 bzw. S. 282; zum Anspruch auf Herausgabe von Daten gem. § 242 BGB OLG München CR 1999, 484; zur Pflicht der Datenherausgabe im Falle der Insolvenz des Dienstleisters OLG Düsseldorf ZD 2013, 28.

196 Deutlich *Schaffland/Wiltfang*, BDSG, § 11 Rn. 9a („[Der Auftragnehmer] ist nicht „Sklave" des Auftraggebers"); ähnlich *Reindl*, in: Taeger/Wiebe, Inside the Cloud – Neue Herausforderungen für das Informationsrecht, S. 441 (443 f.); *Sutschet*, RDV 2004, S. 97 (101).

197 Vgl. BT-Drs. 16/12011, S. 45; BT-Drs. 16/13657, S. 28.

198 Zur praktischen Umsetzung der Anforderungen des § 11 BDSG siehe z.B. Regierungspräsidium Darmstadt, Mustervereinbarung zum Datenschutz und zur Datensicherheit in Auftragsverhältnissen nach § 11 BDSG (online erhältlich unter www.datenschutz.hessen. de; Stand: 28.10.2010); GDD, Muster zur Auftragdatenverarbeitung gem. § 11 BDSG (online erhältlich unter www.gdd.de; Stand: 13.10.2009); BITKOM, Mustervertragsanlage zur Auftragsdatenverarbeitung (online erhältlich unter www.bitkom.de; Version 3.0); Mustervereinbarung zur Auftragsdatenverarbeitung nach § 11 BDSG für BMI und Geschäftsbereich (online erhältlich unter www.cio.bund.de; Stand: Juni 2010); *Bierekoven*, Auftragsdatenverarbeitung, in: Redeker, Handbuch der IT-Verträge, Kap. 7.2.

199 Arbeitspapier der Artikel 29-Datenschutzgruppe vom 16.2.2010, WP 169, S. 32.

200 *Duhr/Naujok/Peter/Seiffert*, DuD 2002, S. 5 (10).

lung in Drittländer oder der Ausschluss von Zurückbehaltungsrechten des Auftragnehmers bezüglich der vom Auftrag umfassten Daten. Darüber hinaus empfehlen sich Bestimmungen zu allgemeinen vertragsrechtlichen Themen wie Vertraulichkeit, Haftung, Freistellung und Vertragsstrafen.

b) Form des Auftrags

Die Auftragserteilung hat nach dem Gesetz schriftlich zu erfolgen. Fraglich ist, ob **54** es sich dabei um ein konstitutives Schriftformerfordernis handelt, dessen Verletzung nach den §§ 126, 125 Satz 1 BGB zur Nichtigkeit des Auftrags wegen Formmangels führt.[201] Denn nach Art. 17 Abs. 4 EG-DSRl hat die Dokumentation der datenschutzrelevanten Elemente des Vertrags oder Rechtsakts, in dessen Rahmen der Auftrag erteilt wird, nur zum Zwecke der Beweissicherung in schriftlicher oder gleichwertiger Form zu erfolgen.[202] Hierdurch sollte klargestellt werden, dass das Formerfordernis keine Gültigkeitsvoraussetzung darstellt, sondern nur die praktische Verbindlichkeit der betreffenden Elemente unterstreicht.[203] Im Hinblick auf § 43 Abs. 1 Nr. 2b BDSG ist den Vertragspartnern jedoch in jedem Fall zu einer schriftlichen Dokumentation des Auftragsverhältnisses zu raten. Nach einhelliger Meinung müssen im laufenden Auftragsverhältnis erteilte Weisungen zwar nicht schriftlich ergehen.[204] Aus Gründen der Revisionssicherheit ist es aber auch insoweit wieder empfehlenswert, diese ausreichend zu dokumentieren.

Hinsichtlich der Form der Auftragserteilung enthält das Gesetz im Übrigen keine **55** konkreten Vorgaben. Die notwendigen Festlegungen können isoliert in einem eigenständigen Vertrag oder auch im Rahmen eines größeren Vertragswerks (z. B. eines Outsourcing-Vertrags), im Hauptvertrag oder einer Anlage, erfolgen.[205] Zur Vermeidung möglicher Widersprüche sollten die datenschutzrechtlich relevanten sowie die übrigen Bestandteile des Vertrags sauber aufeinander abgestimmt werden. In der Praxis fehlt es hieran gelegentlich. Dies gilt vor allem dann, wenn mit gesonderten Datenschutzverträgen oder -anlagen gearbeitet wird, die von den eigentlichen Verträgen über die Leistungserbringung abweichende Regelungen zu zentralen Punkten wie Beendigungsmöglichkeiten, Haftung usw. enthalten. Bei einer Rahmen- und Einzelvertragsstruktur ist zu beachten, dass die gesetzlichen Vorgaben der Sache nach zum Teil auftragsindividuell, d. h. im jeweiligen Einzelvertrag, umgesetzt werden müssen (vgl. § 11 Abs. 2 Satz 2 Nr. 1–3 BDSG).

---

201 So *Gola/Schomerus*, BDSG, § 11 Rn. 17; *Petri*, in: Simitis, BDSG, § 11 Rn. 64; *Wedde*, in: Däubler/Klebe/Wedde/Weichert, BDSG, § 11 Rn. 32; *Müglich*, CR 2009, S. 479 (483).

202 Siehe oben Rn. 4.

203 *Dammann/Simitis*, EG-DSRl, Art. 17 Rn. 15; ebenso *Plath*, in: Plath, BDSG, § 11 Rn. 96.

204 *Plath*, in: Plath, BDSG, § 11 Rn. 97; *Schaffland/Wiltfang*, BDSG, § 11 Rn. 9a; *Müthlein*, RDV 1992, S. 63 (66).

205 *Eichler*, CI 2000, S. 145 (146 f.); siehe auch die unterschiedlich gestalteten, in Fn. 198 aufgeführten Mustervereinbarungen.

IV. Pflichten des Auftragnehmers (Abs. 3)

1. Weisungsgebundenheit des Auftragnehmers

56   Nach § 11 Abs. 3 Satz 1 BDSG darf der Auftragnehmer die betroffenen Daten nur im Rahmen der Weisungen des Auftraggebers erheben, verarbeiten oder nutzen.[206] Der Auftragnehmer muss deshalb intern durch geeignete Maßnahmen dafür Sorge tragen, dass die Auftragserfüllung den durch die Weisungen des Auftraggebers vorgegebenen Rahmen nicht verlässt.[207] Geschieht dies doch, hat der Auftraggeber aufgrund seiner Verantwortlichkeitsstellung nach § 11 Abs. 1 BDSG unverzüglich mit den gebotenen rechtlichen Mitteln auf eine ordnungsgemäße Auftragserfüllung hinzuwirken; in Betracht kommen insoweit etwa – abhängig von Art und Schwere der Verfehlung – das Fordern von Nachbesserungen, die Abmahnung des Auftragnehmers, die Geltendmachung vertraglicher Ansprüche wie Vertragsstrafen, die Einschaltung der Aufsichtsbehörde nach § 38 BDSG oder die (ggf. fristlose) Beendigung des Auftragsverhältnisses.[208]

2. Hinweispflicht bei Rechtsverstößen

57   Der Auftragnehmer ist gem. § 11 Abs. 3 Satz 2 BDSG verpflichtet, den Auftraggeber unverzüglich (vgl. § 121 BGB) darauf hinzuweisen, wenn er der Ansicht ist, dass eine Weisung des Auftraggebers gegen das BDSG oder gegen andere datenschutzrechtliche Vorschriften verstößt. Ein umfassendes Vier-Augen-Prinzip, bei dem sowohl Auftraggeber als auch Auftragnehmer die Zulässigkeit der Datenverarbeitung prüfen, wird hierdurch jedoch nicht begründet.[209] Denn der Auftragnehmer ist gesetzlich nicht verpflichtet, die ihm erteilten Weisungen auf ihre Vereinbarkeit mit dem Datenschutz zu prüfen.[210] Trotz der Angaben nach § 11 Abs. 2 Satz 2 BDSG wird ihm hierfür häufig auch die Kenntnis der näheren Hintergründe fehlen, ohne die sich die Zulässigkeit der Datenverarbeitung kaum verlässlich beurteilen lässt.[211] Die Hinweispflicht des Auftragnehmers dürfte daher in der Regel nur bei groben, unschwer zu erkennenden Datenschutzverstößen zum Tragen kommen.[212]

58   Der Auftraggeber hat eine vom Auftragnehmer beanstandete Weisung zu überprüfen und sie – je nach Ergebnis der Überprüfung – zurückzuziehen, zu ändern oder zu bestätigen. Mangels einer abweichenden vertraglichen Regelung[213] ist der Auftragnehmer im Rahmen allgemeiner zivil- bzw. öffentlich-rechtlicher Grundsätze

---

206 Siehe oben Rn. 50.
207 *Dolderer/von Garrel/Müthlein/Schlumberger*, RDV 2001, S. 223 (224).
208 *Petri*, in: Simitis, BDSG, § 11 Rn. 88.
209 A. A. *Sutschet*, RDV 2004, S. 97 (101).
210 *Petri*, in: Simitis, BDSG, § 11 Rn. 91.
211 *Müthlein*, RDV 1992, S. 63 (66).
212 *Wächter*, CR 1991, S. 333 (335); *Müthlein*, RDV 1992, S. 63 (66, dort Fn. 20).
213 Dazu *Müthlein*, RDV 1992, S. 63 (66).

berechtigt, die Ausführung von rechtswidrigen Weisungen zu verweigern. Dies gilt jedenfalls dann, wenn sich der Auftragnehmer ansonsten im Einzelfall selbst strafbar oder schadensersatzpflichtig machen würde.[214] Stellt sich später heraus, dass der Auftragnehmer die Ausführung der Weisung zu Unrecht verweigert hat, ist er dem Auftraggeber aber unter Umständen zum Ersatz des daraus entstandenen Schadens verpflichtet. Auf die Nichtigkeit einer dem BDSG widersprechenden Weisung nach § 134 BGB kann sich Auftragnehmer nicht berufen.[215]

V. Rechtsstellung des Auftragnehmers (Abs. 4)

1. Allgemein geltende Regelungen

Die Stellung des Auftragnehmers als Normadressat des BDSG wird durch § 11 Abs. 4 BDSG stark eingeschränkt. Danach gelten für ihn originär nur einzelne gesetzliche Pflichten und Gebote. Dies rechtfertigt sich durch seine grundsätzliche Abhängigkeit vom Auftraggeber sowie dessen Pflicht, für eine ordnungsgemäße Datenverarbeitung zu sorgen.[216] Die Vorschrift regelt ferner Fragen der Datenschutzaufsicht und -kontrolle in Bezug auf den Auftragnehmer, wobei sie eine Unterscheidung zwischen Auftragnehmern aus dem öffentlichen sowie dem nicht-öffentlichen Bereich trifft. Die Aufsicht über den Auftraggeber richtet sich nach den allgemein geltenden Vorschriften. **59**

Ungeachtet der Weisungen des Auftraggebers muss jeder Auftragnehmer bestimmte datenschutzrechtliche Regelungen beachten, die in § 11 Abs. 4 BDSG abschließend aufgeführt sind. Es handelt sich dabei um **60**

– die Bestimmungen über das Datengeheimnis in § 5 BDSG,

– die Bestimmungen über technische und organisatorische Maßnahmen in § 9 BDSG (einschließlich der Anlage zu Satz 1 dieser Vorschrift),

– die Bußgeldvorschriften in § 43 Abs. 1 Nr. 2, 10 und 11, Abs. 2 Nr. 1 bis 3 und Abs. 3 BDSG sowie

– die Strafvorschriften in § 44 BDSG.

Aus der Nennung von § 9 BDSG folgt, dass der Auftragnehmer selbst dann verpflichtet ist, angemessene technische und organisatorische Maßnahmen zum Schutz der betroffenen Daten zu ergreifen, wenn ihm der Auftraggeber insoweit keine oder **61**

---

214 *Gola/Schomerus*, BDSG, § 11 Rn. 25; differenzierend *Petri*, in: Simitis, BDSG, § 11 Rn. 95; a. A. insoweit *Müthlein*, RDV 1992, S. 63 (66 f.). Zur ähnlich gelagerten Problematik der Sperrung und Löschung von rechtswidrigen Inhalten durch Internet-Provider bei Verträgen mit Endkunden siehe *Spindler*, Vertragsrecht der Internet-Provider, 2. Aufl., S. 311 ff.

215 Zur mangelnden Qualität des BDSG als Verbotsgesetz BGH WM 2007, 643 (645 f.).

216 *Müthlein*, RDV 1992, S. 63 (65).

nur unzureichende Vorgaben machen sollte.[217] Der Auftragnehmer hat also in jedem Fall eine Art „Grundschutz" vorzusehen,[218] sodass das Angebot zusätzlicher, meist gesondert kostenpflichtiger Sicherheitsleistungen aus datenschutzrechtlicher Sicht nur als optionale und überobligatorische Ergänzung verstanden werden kann.

2. Öffentlicher Bereich

62 Für öffentliche Stellen sowie für diejenigen nicht-öffentlichen Stellen, die durch die öffentliche Hand durch Anteils- oder Stimmenmehrheit beherrscht werden und Auftragsdatenverarbeitung für öffentliche Stellen betreiben (z. B. privatwirtschaftlich organisierte Rechenzentren von Bund und Ländern), gilt gem. § 11 Abs. 4 Nr. 1 BDSG die Pflicht nach § 18 BDSG, durch geeignete Maßnahmen wie z. B. Erlasse und Durchführungsverordnungen die Ausführung des BDSG und anderer Datenschutzvorschriften zu gewährleisten und ein Verzeichnis der eingesetzten DV-Anlagen zu führen. Im Rahmen ihrer Tätigkeit unterliegen sie der Kontrolle durch den BfDI nach §§ 24 bis 26 BDSG bzw. die Landesdatenschutzbeauftragten nach den jeweiligen Datenschutzgesetzen der Länder. Nicht-öffentliche Stellen, die zwar durch die öffentliche Hand kontrolliert werden, aber auch Aufträge für nicht-öffentliche Stellen wahrnehmen, sind insoweit zusätzlich der allgemeinen Aufsicht nach § 38 BDSG unterworfen. Dies folgt aus dem Umkehrschluss zu § 11 Abs. 4 Nr. 1b) BDSG sowie aus § 11 Abs. 4 Nr. 2 BDSG.

3. Nicht-öffentlicher Bereich

63 Für die übrigen nicht-öffentlichen Stellen gelten nach § 11 Abs. 4 Nr. 2 BDSG
– die Bestimmungen über die Bestellung und die Aufgaben eines Beauftragten für den Datenschutz in §§ 4f, 4g BDSG sowie
– die Bestimmungen über die Aufsicht in § 38 BDSG.

64 Anders als noch im BDSG 1990 ist eine spezielle Meldepflicht für Auftragsdatenverarbeiter im Gesetz nicht mehr enthalten.[219]

VI. Prüfung und Wartung von DV-Anlagen (Abs. 5)

1. Allgemeines

65 Nach § 11 Abs. 5 BDSG gelten die Bestimmungen über die Auftragsdatenarbeitung entsprechend, wenn die Prüfung und Wartung von DV-Anlagen durch andere Stellen im Auftrag vorgenommen wird und dabei ein Zugriff des Auftragnehmers auf personenbezogene Daten nicht ausgeschlossen werden kann. Durch diese Regelung hat

---

217 *Walz*, in: Simitis, BDSG, 6. Aufl. (2006), § 11 Rn. 68.
218 *Dolderer/von Garrel/Müthlein/Schlumberger*, RDV 2001, S. 223 (225).
219 BT-Drs. 14/4329, S. 39.

sich der noch vor der Neufassung des BDSG zur Anpassung an die EG-DSRl geführte Meinungsstreit, ob die Prüfung und Wartung von DV-Anlagen als ein Fall der Datenübermittlung oder der Datenverarbeitung im Auftrag zu behandeln ist,[220] in dem letztgenannten Sinne erledigt. Anders als bei der klassischen Auftragsdatenverarbeitung liegt die Tätigkeit des Dienstleisters im Falle der Prüfung und Wartung von DV-Anlagen zwar nicht in der Erhebung, Verarbeitung oder Nutzung personenbezogener Daten. Es besteht jedoch die Möglichkeit, dass er solche Daten quasi „beiläufig" zur Kenntnis nimmt. Daraus resultiert eine ähnliche Gefährdungslage für das Persönlichkeitsrecht der Betroffenen wie bei der Auftragsdatenverarbeitung.[221]

2. Begriffsbestimmungen

Eine Legaldefinition der fraglichen Tätigkeiten enthält das BDSG nicht. Nach wohl allgemeiner Ansicht kann insoweit jedoch auf die Bestimmungen des BbgDSG zurückgegriffen werden, die als landesgesetzliches Vorbild für § 11 Abs. 5 BDSG gelten.[222] Nach § 3 Abs. 3 Nr. 5 BbgDSG ist unter dem Begriff „Wartung von DV-Anlagen" die Summe der Maßnahmen zur Sicherstellung der Verfügbarkeit und Integrität der verwendeten Hard- und Software zu verstehen. Dazu gehören die Installation, Pflege, Überprüfung und Korrektur von Software sowie die Überprüfung und Reparatur oder der Austausch von Hardware. Einen Unterfall der Wartung bildet die sog. Fernwartung.[223] Eine solche liegt nach § 3 Abs. 3 Nr. 6 BbgDSG vor, wenn die vorstehend genannten Tätigkeiten von einem Ort außerhalb der Stelle, bei der die Verarbeitung der personenbezogenen Daten erfolgt, mittels Einrichtungen der Datenübertragung vorgenommen werden. Angesichts dieser umfassenden Definitionen kommt dem in § 11 Abs. 5 BDSG zusätzlich aufgeführten Begriff „Prüfung von DV-Anlagen" praktisch keine eigenständige Bedeutung mehr zu. Er kann jedoch als Beleg dafür gewertet werden, dass der Vorschrift grundsätzlich sämtliche Formen der Systembetreuung unterfallen sollen.[224]

66

3. Anwendungsbereich

Ausgehend von diesem Begriffsverständnis ist § 11 Abs. 5 BDSG auf die Systembetreuung durch externe Dienstleister immer dann anwendbar, wenn seitens

67

220 Dazu näher *Müller/Wehrmann*, NJW-CoR 1993, S. 20 f.; *Büermann*, RDV 1994, S. 202 f.; *Dolderer/von Garrel/Müthlein/Schlumberger*, RDV 2001, S. 223 (227); Innenministerium Baden-Württemberg, Hinweise zum Datenschutz für die private Wirtschaft (Nr. 33), Ziff. 1.
221 *Gola/Schomerus*, BDSG, § 11 Rn. 14.
222 *Petri*, in: Simitis, BDSG, § 11 Rn. 99 f.; *Wedde*, in: Däubler/Klebe/Wedde/Weichert, BDSG, § 11 Rn. 77; *Dolderer/von Garrel/Müthlein/Schlumberger*, RDV 2001, S. 223 (227); *Müthlein/Heck*, Outsourcing und Datenschutz, S. 62.
223 *Müthlein/Heck*, Outsourcing und Datenschutz, S. 62; zur technischen Seite *Bohnstedt*, Fernwartung, S. 17 ff.
224 *Müthlein/Heck*, Outsourcing und Datenschutz, S. 62 f.

der Dienstleister die Möglichkeit eines Zugriffs auf personenbezogene Daten bei der verantwortlichen Stelle besteht. Dies ist nicht der Fall, sofern ein solcher Zugriff durch entsprechende Vorkehrungen wirksam verhindert oder ausschließlich mit anonymisierten Angaben oder reinen Testdaten gearbeitet wird.[225] Umgekehrt ist unerheblich, in welchem Umfang im Einzelfall tatsächlich ein Zugriff erfolgt. Entscheidend ist, dass die Möglichkeit des Zugriffs nicht von vornherein ausgeschlossen werden kann.[226] Vorbehaltlich etwaiger weitergehender Geheimhaltungspflichten[227] sind in einem solchen Fall die gleichen Voraussetzungen zu erfüllen, die für klassische Formen der Auftragsdatenverarbeitung gelten. Sie sind jedoch wartungsspezifisch auszulegen und anzuwenden.[228] Das bedeutet, dass sich die Vertragsanbahnung und -durchführung nach den Erfordernissen der geplanten Wartungsaktivitäten zu richten haben. Dies gilt insbesondere für die im konkreten Fall zu treffenden technischen und organisatorischen Maßnahmen (einschließlich einer möglichen revisionssicheren Protokollierung der Wartungszugriffe).[229]

68 In der Praxis erlangt vor allem die im Wege der Fernwartung (sog. Remote Access) vorgenommene Pflege von Software zunehmend an Bedeutung. Die Dienstleister operieren dabei häufig aus dem Ausland, sodass in diesen Fällen auch die Grundsätze der Auftragsdatenverarbeitung durch ausländische Stellen[230] zu berücksichtigen sind.[231]

69 Nicht abschließend geklärt ist bislang, ob § 11 Abs. 5 BDSG auch bei Wartungstätigkeiten im Rahmen der gesetzlichen Gewährleistung Anwendung findet. Hierfür scheint jedenfalls der Wortlaut der Regelung zu sprechen, der nicht nach dem Anlass der Wartung differenziert. Mit Blick auf § 43 Abs. 1 Nr. 2b BDSG wird daher im Zweifel empfohlen, vor Beginn der Wartung einen entsprechenden datenschutzkonformen Auftrag zu erteilen.[232]

---

225 *Wedde*, in: Däubler/Klebe/Wedde/Weichert, BDSG, § 11 Rn. 74; *Plath*, in: Plath, BDSG, § 11 Rn. 122.

226 *Bohnstedt*, Fernwartung, S. 105; *Wedde*, in: Däubler/Klebe/Wedde/Weichert, BDSG, § 11 Rn. 74.

227 Siehe oben Rn. 9; speziell zum Schutz von Amts- und Berufsgeheimnissen im Rahmen der Prüfung und Wartung von DV-Anlagen *Intveen*, ITRB 2001, S. 251.

228 *Roth*, ITRB 2001, S. 220 (221); *Dolderer/von Garrel/Müthlein/Schlumberger*, RDV 2001, S. 223 (228).

229 *Intveen*, ITRB 2001, S. 251 (252); ausführlich *Freise*, in: Taeger (Hrsg.), Digitale Evolution – Herausforderungen für das Informations- und Medienrecht, S. 161 (171 ff.); näher zu Tests und Fehlerbehebung mit Echtdaten 33. Tätigkeitsbericht LfD Schleswig-Holstein 2010, LT-Drs. 17/1220, S. 103 f.

230 Siehe oben Rn. 25 f.

231 *Wedde*, in: Däubler/Klebe/Wedde/Weichert, BDSG, § 11 Rn. 80.

232 Vgl. *Freise*, in: Taeger (Hrsg.), Digitale Evolution – Herausforderungen für das Informations- und Medienrecht, S. 161 (174 ff.); *Plath*, in: Plath, BDSG, § 11 Rn. 124.

Zweiter Abschnitt
Datenverarbeitung der öffentlichen Stellen

Erster Unterabschnitt
Rechtsgrundlagen der Datenverarbeitung

§ 12 Anwendungsbereich

(1) Die Vorschriften dieses Abschnittes gelten für öffentliche Stellen des Bundes, soweit sie nicht als öffentlich-rechtliche Unternehmen am Wettbewerb teilnehmen.

(2) Soweit der Datenschutz nicht durch Landesgesetz geregelt ist, gelten die §§ 12 bis 16, 19 bis 20 auch für die öffentlichen Stellen der Länder, soweit sie

1. Bundesrecht ausführen und nicht als öffentlich-rechtliche Unternehmen am Wettbewerb teilnehmen oder

2. als Organe der Rechtspflege tätig werden und es sich nicht um Verwaltungsangelegenheiten handelt.

(3) Für Landesbeauftragte für den Datenschutz gilt § 23 Abs. 4 entsprechend.

(4) Werden personenbezogene Daten für frühere, bestehende oder zukünftige Beschäftigungsverhältnisse erhoben, verarbeitet oder genutzt, gelten § 28 Abs. 2 Nummer 2 und die §§ 32 bis 35 anstelle der §§ 13 bis 16 und 19 bis 20.

Literatur: *Dolderer/von Garrel/Müthlein/Schlumberger*, Die Auftragsdatenverarbeitung im neuen BDSG, RDV 2001, S. 223; *Engelien-Schulz*, Erläuterungen zum teilweise neuen § 12 Abs. 4 Bundesdatenschutzgesetz – Betrachtung eines Regelungsgeflechts, BWV 2003, S. 27; *Gola*, Das neue Personalaktenrecht der Beamten und das Bundesdatenschutzgesetz, NVwZ 1993, S. 552; *Gola*, Die Erhebung und Verarbeitung „besonderer Arten personenbezogener Daten" im Arbeitsverhältnis, RDV 2001, S. 125; *Klar*, Der Rechtsrahmen des Datenschutzrechts für Visualisierungen des öffentlichen Raums. Ein Konzept zum Schutz der Betroffeneninteressen?, MMR 2012, S. 788; *Krempl*, Personalaktenrecht und allgemeines Datenschutzrecht, DuD 1993, S. 670; *Simitis*, Zur Mitbestimmung bei der Verarbeitung von Arbeitnehmerdaten – Eine Zwischenbilanz, RDV 1989, S. 49; *Simitis*, Verarbeitung von Arbeitnehmerdaten – Die Empfehlung des Europarates, CR 1991, S. 161; *Voßbein*, Sicherheit in Informationssystemen – eine unternehmerische Aufgabe?, RDV 1989, S. 60; *Zilkens*, Datenschutz in der Kommunalverwaltung: Recht – Technik – Organisation, 3. Aufl., Berlin 2011.

Übersicht

I. Allgemeines

1. Gesetzesnovellierungen von 2001 und von 2009

1   Die in 2001 erfolgte Reformierung des BDSG hat sich auf den die Datenverarbeitung öffentlicher Stellen regelnden zweiten Abschnitt des BDSG nur in wenigen Punkten ausgewirkt. Erhebliche Praxisrelevanz wird ausschließlich der im als Reaktion auf die Streichung des § 17 BDSG erfolgten Einführung von Übermittlungsregelungen in den §§ 4b und 4c BDSG beigemessen.[1] In Umsetzung der EG-DSRl wurden zudem die Benachrichtigungspflicht des § 19a BDSG und das Widerrufsrecht des Betroffenen gem. § 20 Abs. 5 BDSG in das Gesetz aufgenommen. Der das Kontrollrecht des Bundesdatenschutzbeauftragten einschränkende § 24 Abs. 1 Satz 2 BDSG wurde gestrichen.[2] § 12 BDSG wurde mit Ausnahme des Abs. 4 im Zuge der Einführung des BDSG 2001 lediglich redaktionell überarbeitet.[3]

2   Der mit dem BDSG 2001 eingeführte neue letzte Halbs. des Abs. 4, der klarstellen sollte, dass auch die in Personalakten enthaltenen Daten unter den Schutzbereich

---

1 *Gola/Schomerus*, BDSG, 10. Aufl. 2010, § 12 Rn. 1.
2 Vgl. *Gola/Schomerus*, BDSG, 10. Aufl. 2010, § 12 Rn. 1.
3 *Wedde*, in: Däubler/Klebe/Wedde/Weichert, BDSG, § 12 Rn. 2.

der Vorschrift fallen,[4] wurde mit dem Gesetz zur Änderung datenschutzrechtlicher Vorschriften[5] wieder gestrichen. Eine korrespondierende Regelung zur Verbesserung des Arbeitnehmerdatenschutzes findet sich nunmehr in § 32 Abs. 2 BDSG,[6] auf dessen entsprechende Anwendung § 12 Abs. 4 BDSG verweist.[7]

2. Gesetzessystematik, kritische Anmerkungen

§ 12 BDSG regelt die sog. Abschnittssystematik. Die Norm grenzt den Anwen- **3** dungsbereich des zweiten Abschnitts (§§ 12 ff. BDSG) von demjenigen des dritten Abschnitts (§§ 27 ff. BDSG) ab. Während ersterer Regelungen für die Datenverarbeitung durch öffentliche Stellen enthält, finden die Vorschriften des dritten Abschnitts auf die Datenverarbeitung durch nicht-öffentliche Stellen Anwendung.[8] Abweichungen von dieser Abschnittssystematik sind in den durch die Absätze 2 und 4 geregelten Ausnahmefällen vorgesehen.[9]

Das Verständnis und die Auslegung der Norm werden durch gravierende redaktio- **4** nelle und konzeptionelle Mängel erschwert,[10] auf die im Folgenden noch näher eingegangen wird.[11] Nicht nachvollziehbar ist zudem, dass die Regelung des Zeugnisverweigerungsrechts für die Landesdatenschutzbeauftragten in § 12 Abs. 3 BDSG aufgenommen wurde.[12] Systematisch wäre der diesbezügliche Verweis jedenfalls besser in § 23 BDSG aufgehoben.[13]

Kritisieren lässt sich weiter, dass nach dem Wortlaut des § 12 Abs. 1 BDSG die An- **5** wendung der Vorschriften des ersten Abschnitts für öffentlich-rechtliche Wettbewerbsunternehmen ausgeschlossen wird, während selbige mittels § 24 Abs. 1 BDSG wiederum dem Geltungsbereich des dritten Unterabschnitts unterworfen werden.[14] Schließlich ist auch die inkonsequente Wahl der Abschnittsüberschriften, die allerdings in der Praxis keine Anwendungsprobleme nach sich zieht, zu bemän-

---

4 *Wedde*, in: Däubler/Klebe/Wedde/Weichert, BDSG, § 12 Rn. 15; vgl. *Dammann*, in: Simitis, BDSG, § 12 Rn. 29; *Bergmann/Möhrle/Herb*, BDSG, § 12 Rn. 3.

5 In Kraft getreten am 1.9.2009; vgl. BT-Drs. 16/13657.

6 Vgl. *Engelien-Schulz*, BWV 2003, S. 27; BT-Drs. 16/13657, S. 37.

7 BT-Drs. 16/13657, S. 29.

8 *Dammann*, in: Simitis, BDSG, § 12 Rn. 1.

9 *Dammann*, in: Simitis, BDSG, § 12 Rn. 1.

10 *Dammann*, in: Simitis, BDSG, § 12 Rn. 2; *Wedde*, in: Däubler/Klebe/Wedde/Weichert, BDSG, § 12 Rn. 2; *Stender-Vorwachs*, in: BeckOK Datenschutzrecht, § 12 Rn. 1; zu den Mängeln der Verweisung in § 12 Abs. 4 BDSG vgl. *Thüsing*, NZA 2009, S. 865 (869); *Erfurth*, NJOZ 2009, S. 2914 (2925).

11 Vgl. Rn. 12 f., 44 ff.

12 Ebenfalls kritisch *Stender-Vorwachs*, in: BeckOK Datenschutzrecht, § 12 Rn. 1.

13 *Dammann*, in: Simitis, BDSG, § 12 Rn. 1; *Wedde*, in: Däubler/Klebe/Wedde/Weichert, BDSG, § 12 Rn. 2.

14 *Dammann*, in: Simitis, BDSG, § 12 Rn. 2; vgl. auch *Wedde*, in: Däubler/Klebe/Wedde/Weichert, BDSG, § 12 Rn. 2.

geln.[15] Grundsätzlich wäre mehr redaktionelle Sorgfalt des Gesetzgebers wünschenswert gewesen.

II. Geltung für öffentliche Stellen des Bundes (Abs. 1)

1. Öffentliche Stellen des Bundes (Abs. 1, 1. Halbsatz)

6   Aus der bereits thematisierten Abschnittssystematik des § 12 BDSG (vgl. hierzu Rn. 3) sowie dem Wortlaut des § 12 Abs. 1, 1. Halbsatz BDSG folgt, dass die Vorschriften des zweiten Abschnitts primär Anwendung auf öffentliche Stellen des Bundes finden.[16] Neben dieser positiven Festlegung des Anwendungsbereichs geht mit § 12 Abs. 1, 1. Halbsatz auch eine negative Festlegung dahingehend einher, dass die Geltung der Vorschriften des zweiten Abschnitts für andere Stellen ausgeschlossen ist.[17]

7   Der Begriff der öffentlichen Stellen des Bundes ist in § 2 Abs. 1 BDSG legaldefiniert.[18] Auf die Wahrnehmung einer öffentlich-rechtlichen Verwaltungtätigkeit ist in diesem Zusammenhang nicht abzustellen.[19] Der zweite Abschnitt erfasst vielmehr unmittelbar auch öffentliche Stellen, die innerhalb des öffentlichen Bereichs mit der Wahrnehmung atypischer Aufgaben betraut sind.[20] Sofern ein Sachverhalt außerhalb des öffentlichen Rechts liegende Schwerpunkte aufweist, kann seitens der Rechtsanwendung den hieraus folgenden Erfordernissen im Rahmen der Auslegung der Normen des zweiten Abschnitts ausreichend Rechnung getragen werden.[21]

8   Dem Anwendungsbereich des zweiten Abschnitts unterfallen zudem privatrechtlich organisierte Stellen, wenn sie vom Gesetz als öffentliche Stelle definiert werden[22] oder hoheitliche Aufgaben wahrnehmen.[23] Der Begriff der hoheitlichen Aufgabe

---

15 Diese besteht darin, dass die öffentlich-rechtlichen Wettbewerbsunternehmen in der Abschnittsüberschrift des zweiten Abschnitts nicht ausgeschlossen werden, obwohl sie in der Abschnittsüberschrift des dritten Abschnitts ausdrücklich aufgenommen sind; vgl. *Dammann*, in: Simitis, BDSG, § 12 Rn. 2.

16 *Gola/Schomerus*, BDSG, § 12 Rn. 2.

17 *Dammann*, in: Simitis, BDSG, § 12 Rn. 8.

18 Zur näheren Erläuterung wird auf die ausführliche Kommentierung zu § 2 Abs. 1 BDSG, dort Rn. 5 ff., verwiesen.

19 Das Gesetz zieht den institutionellen Ansatz einem funktionellen Ansatz vor. Vgl. *Bergmann/Möhrle/Herb*, BDSG, § 12 Rn. 9.

20 Z. B. Forschungsinstitute oder Presse- und Informationsämter. Vgl. *Dammann*, in: Simitis, BDSG, § 12 Rn. 13; *Wedde*, in: Däubler/Klebe/Wedde/Weichert, BDSG, § 12 Rn. 6.

21 Kritisch hierzu *Dammann*, in: Simitis, BDSG, § 12 Rn. 14. Für den Bereich der wissenschaftlichen Forschung hat der Gesetzgeber das Spannungsverhältnis durch die Einführung von Sonderregeln gelöst.

22 *Dammann*, in: Simitis, BDSG, § 12 Rn. 4.

23 Z. B. TÜV und DEKRA. Vgl. *Gola/Schomerus*, BDSG, § 12 Rn. 2; *Wedde*, in: Däubler/Klebe/Wedde/Weichert, BDSG, § 12 Rn. 9.

bezeichnet dabei alle Tätigkeiten, bei denen der Handelnde Dritten gegenüber Verwaltungszwang ohne gerichtliche Hilfe durchsetzen kann. Durch die Einbeziehung dieser Stellen in den Anwendungsbereich der Norm soll verhindert werden, dass sich öffentliche Stellen unter Verwendung privatrechtlicher Organisationsformen den strengeren Vorschriften des zweiten Abschnitts entziehen.[24]

Schließlich werden zu den öffentlichen Stellen des Bundes auch privatrechtliche **9** Vereinigungen hinzugerechnet, die sich aus öffentlichen Stellen des Bundes und der Länder zusammensetzen und die Voraussetzung des § 2 Abs. 3 BDSG erfüllen.[25]

2. Öffentlich-rechtliche Wettbewerbsunternehmen (Abs. 1, 2. Halbsatz)

Diejenigen öffentlichen Stellen des Bundes, die am Wettbewerb teilnehmen, sind **10** gem. § 12 Abs. 1, 2. Halbsatz BDSG von den Vorgaben des zweiten Abschnitts befreit.[26] Diese Ausnahmeregelung greift allerdings nur „soweit" eine Wettbewerbsteilnahme erfolgt.[27] Soweit diese öffentlichen Stellen hoheitlich handeln, ist wiederum der zweite Abschnitt einschlägig.[28]

Hintergrund der Regelung ist, dass der Gesetzgeber Wettbewerbsverzerrungen ver- **11** meiden möchte.[29] An die Zugehörigkeit zum öffentlichen Dienst gekoppelte Vor- oder Nachteile sollen im Interesse der Gewährleistung gleicher Bedingungen für im Konkurrenzkampf befindliche private und öffentlich-rechtliche Unternehmen weitestgehend vermieden werden.[30]

Eine uneingeschränkte Herausnahme der öffentlich-rechtlichen Wettbewerbsunter- **12** nehmen aus dem Regelungsbereich des dritten Abschnitts entspricht allerdings nicht dem Willen des Gesetzgebers,[31] der gleiche Wettbewerbsdingungen schaffen und zugleich den Besonderheiten öffentlich-rechtlicher Organisationsformen Rech-

---

24 *Wedde*, in: Däubler/Klebe/Wedde/Weichert, BDSG, § 12 Rn. 7; *Dammann*, in: Simitis, § 12 Rn. 13.
25 *Gola/Schomerus*, BDSG, § 12 Rn. 2; *Wedde*, in: Däubler/Klebe/Wedde/Weichert, BDSG, § 12 Rn. 9.
26 Nachdem der Umgang mit personenbezogenen Daten im Rahmen des zweiten Abschnitts des BDSG (§§ 12 ff. BDSG) weit strengeren Anforderungen unterliegt als im Rahmen des dritten Abschnitts (§§ 27 ff. BDSG), welcher die Datenverarbeitung durch nicht-öffentliche Stellen regelt, könnte bei Geltung unterschiedlicher Normenbereiche ein Ungleichgewicht zwischen öffentlich-rechtlich organisierten und privatrechtlich organisierten Unternehmen entstehen. Vgl. *Gola/Schomerus*, BDSG, § 12 Rn. 2; *Wedde*, in: Däubler/Klebe/Wedde/Weichert, BDSG, § 12 Rn. 7; *Roggenkamp*, in: Plath, BDSG, § 12 Rn. 5.
27 *Gola/Schomerus*, BDSG, § 12 Rn. 2.
28 *Gola/Schomerus*, BDSG, § 12 Rn. 2; *Dammann*, in: Simitis, BDSG, § 2 Rn. 13.
29 *Stender-Vorwachs*, in: BeckOK Datenschutzrecht, § 12 Rn. 4.
30 *Dammann*, in: Simitis, BDSG, § 27 Rn. 7; *Gola/Schomerus*, BDSG, § 12 Rn. 2; *Schaffland/Wiltfang*, BDSG, § 12 Rn. 4.
31 *Dammann*, in: Simitis, BDSG, § 12 Rn. 2; *Wedde*, in: Däubler/Klebe/Wedde/Weichert, BDSG, § 12 Rn. 2.

nung tragen wollte. Die Vorschrift ist daher nach ganz herrschender Auffassung so zu verstehen, dass hinsichtlich öffentlich-rechtlicher Wettbewerbsunternehmen lediglich der dritte Unterabschnitt des zweiten Abschnitts (§§ 22–26 BDSG) sowie der erste und zweite Unterabschnitt des dritten Abschnitts (§§ 27–35 BDSG) Anwendung finden sollen.[32]

13 Einer solchen Einschränkung steht auch nicht das gesteckte Ziel der Vermeidung von Wettbewerbsverzerrungen entgegen. Hierfür genügt es, die Rechtsverhältnisse zwischen „Kunden" und datenerhebender Stelle zu vereinheitlichen. Nicht erforderlich ist es hingegen, auch die Datenschutzkontrolle und die interne Organisation an privatrechtlichen Maßstäben auszurichten, da die §§ 22 und 23 BDSG die öffentlich-rechtlichen Wettbewerbsunternehmen ohnehin nicht zum Gesetzesadressaten haben.[33] Die §§ 22 und 23 BDSG sind vielmehr allein auf die Organisation der aufsichtführenden Stellen gerichtet.[34]

3. Ausnahmen und Sonderfälle

14 Werden öffentliche Stellen im Wege der Auftragsverwaltung tätig,[35] so finden nach § 11 Abs. 4 Nr. 1a BDSG nur die in § 11 Abs. 4 BDSG genannten Vorschriften des zweiten Abschnitts Anwendung. Diese Sonderregelung beinhaltet keine Abweichung von der durch § 12 BDSG vorgegebenen Abschnittssystematik, sondern lediglich eine Beschränkung des Anwendungsbereichs der §§ 12 ff. BDSG.[36] Erweitert wird der Anwendungsbereich des zweiten Abschnitts hingegen durch § 11 Abs. 4 Nr. 1b BDSG für den Bereich der Auftragsdatenverarbeitung durch nicht-öffentliche Stellen, soweit die öffentliche Hand Mehrheitseigner und Auftraggeber einer öffentlichen Stelle ist.[37]

15 Öffentlich-rechtlich organisierte Krankenhäuser oder kommunale Verkehrs- oder Versorgungsbetriebe sind nach der Regelung des § 12 Abs. 1 BDSG aus dem Anwendungsbereich des zweiten Abschnitts ausgenommen, selbst dann, wenn sie in ihrem Bereich tatsächlich konkurrenzlos agieren können.[38] Entscheidend ist diesbezüglich nicht, dass tatsächlich eine Wettbewerbssituation vorliegt, sondern vielmehr, dass grundsätzlich entsprechende Leistungen von privaten als auch öffentlich-rechtlichen Unternehmen angeboten werden können.[39] Die Mitgliedswerbung

---

32 *Wedde*, in: Däubler/Klebe/Wedde/Weichert, BDSG, § 12 Rn. 2; *Dammann*, in: Simitis, BDSG, § 12 Rn. 2.

33 *Dammann*, in: Simitis, BDSG, § 12 Rn. 9.

34 *Dammann*, in: Simitis, BDSG, § 12 Rn. 9.

35 Vgl. *Dolderer/von Garrel/Müthlein/Schlumberger*, RDV 2001, S. 223.

36 *Dammann*, in: Simitis, BDSG, § 12 Rn. 5.

37 *Dammann*, in: Simitis, BDSG, § 12 Rn. 3; *Wedde*, in: Däubler/Klebe/Wedde/Weichert, BDSG, § 12 Rn. 8.

38 *Gola/Schomerus*, BDSG, § 12 Rn. 2; *Roggenkamp*, in: Plath, BDSG, § 12 Rn. 6.

39 *Gola/Schomerus*, BDSG, § 12 Rn. 2.

von Krankenkassen unterfällt hingegen den Vorschriften des zweiten Abschnitts.[40] Außerdem sei noch hervorgehoben, dass die Erfüllung hoheitlicher Aufgaben durch öffentlich-rechtliche Unternehmen nicht unter die Ausnahme fällt, was zu datenschutzrechtlichen Problemen führt, wenn das Unternehmen sowohl hoheitlich als auch nicht-hoheitlich auftritt.[41]

Als Sonderfall wird von *Klar* die Bereitstellung von Satelliten- und Luftbildern durch Stellen des Bundes aus datenschutzrechtlicher Sicht behandelt.[42] Diese hat unter Berücksichtigung der bereichsspezifischen Vorgaben des GeoZG sowie der Bestimmungen der §§ 12 ff. BDSG zu erfolgen.[43]

III. Geltung für öffentliche Stellen der Länder (Abs. 2)

1. Allgemeines

Unter der Voraussetzung, dass im jeweiligen Einzelfall landesspezifische Datenschutzregelungen nicht vorhanden sind, eröffnet § 12 Abs. 2 BDSG den Anwendungsbereich der §§ 12 bis 16, 19 und 20 BDSG[44] auch für öffentliche Stellen der Länder.[45] Nachdem mittlerweile sämtliche Bundesländer über eigene Landesdatenschutzgesetze verfügen,[46] verfügt die Vorschrift über keinen eigenständigen Regelungsbereich mehr.[47] In der Praxis ist sie daher weitgehend bedeutungslos.[48] Hier findet ausschließlich das jeweilige Landesdatenschutzrecht Anwendung.[49] **16**

Mit Einführung der Landesdatenschutzgesetze ist ebenfalls die Fragestellung, ob die Ausnahmeregelung des § 12 Abs. 2 BDSG auch dann nicht greift, wenn zwar ein Landesdatenschutzgesetz fehlt, aber einzelne Bestimmungen mit Datenschutzcharakter in den Fachgesetzen vorhanden sind, obsolet geworden. **17**

---

40 Der werbenden Krankenkasse geht es in ihrer Funktion als Krankenkasse und Körperschaft des öffentlichen Rechts um die Gewinnung von Mitgliedern, denen ein gesetzliches Wahlrecht zusteht. Insoweit konkurriert sie nicht mit privaten Anbietern, BSGE 90, 162 = NJW 2003, 2932.
41 *Roggenkamp*, in: Plath, BDSG, § 12 Rn. 7 – als Beispiel wird die KfW aufgeführt.
42 *Klar*, MMR 2012, S. 788 (793).
43 *Klar*, MMR 2012, S. 788 (793).
44 Also der materiellen Datenschutzvorschriften.
45 Eine Legaldefinition befindet sich in § 2 Abs. 2 BDSG. Erfasst werden kommunale Gebietskörperschaften, Industrie- und Handelskammern, Handwerkskammern und Innungen, Universitäten, Rundfunkanstalten, Sozialversicherungsträger, deren Tätigkeitsbereich Landesgrenzen nicht überschreitet und öffentlich-rechtliche Verbände. Vgl. *Dammann*, in: Simitis, BDSG, § 2 Rn. 61.
46 *Gola/Schomerus*, BDSG, § 12 Rn. 5a.
47 *Gola/Schomerus*, BDSG, § 12 Rn. 5a; *Wedde*, in: Däubler/Klebe/Wedde/Weichert, BDSG, § 12 Rn. 10; *Dammann*, in: Simitis, BDSG, § 12 Rn. 15 ff.; *Bergmann/Möhrle/Herb*, BDSG, § 12 Rn. 13; *Roggenkamp*, in: Plath, BDSG, § 12 Rn. 9.
48 *Wedde*, in: Däubler/Klebe/Wedde/Weichert, BDSG, § 12 Rn. 10.
49 *Bergmann/Möhrle/Herb*, BDSG, § 12 Rn. 13.

18 Ein Vergleich der Vorschrift mit § 1 Abs. 2 BDSG zeigt, dass sich § 12 Abs. 2 BDSG im Wesentlichen auf eine Wiederholung des Wortlauts von § 1 Abs. 2 BDSG beschränkt. Zur Auslegung von § 12 Abs. 2 BDSG kann daher die Kommentierung des § 1 Abs. 2 BDSG herangezogen werden.[50]

2. Ausführung von Bundesrecht (Abs. 2 Nr. 1)

19 § 12 Abs. 2 Nr. 1 BDSG richtet sich an öffentliche Stellen der Länder, soweit diese Bundesrecht ausführen.[51] In diesem Fall soll unter Berücksichtigung der in § 12 Abs. 2 BDSG enthaltenen Einschränkungen das BDSG Anwendung finden. Hiervon ausgenommen sind öffentliche Stellen der Länder, die als öffentlich-rechtliche Unternehmen am Wettbewerb teilnehmen; für diese gelten die in § 12 Abs. 2 BDSG angeführten Normen des BDSG gem. § 12 Abs. 2 Nr. 1 BDSG nicht.[52]

20 Die Herausnahme der öffentlichen Wettbewerbsunternehmen der Länder aus dem durch § 12 Abs. 2 BDSG definierten Anwendungsbereich des BDSG entspricht der Systematik des § 12 Abs. 1 BDSG, dürfte aber auf Länderebene weitgehend bedeutungslos sein. Hier käme das BDSG ohnehin nur zur Anwendung, soweit Bundesrecht durch eine Landesstelle ausgeführt würde. In diesem Fall wäre die öffentliche Stelle des Landes dann aber auf dem Gebiet des Normenvollzugs tätig und würde – mangels Einflussnahme auf das Marktgeschehen – nicht in Konkurrenz zu anderen Unternehmen treten.[53]

3. Wahrnehmung von Rechtsprechungsangelegenheiten (Abs. 2 Nr. 2)

21 In seiner zweiten Variante erklärt § 12 Abs. 2 Nr. 2 BDSG das BDSG für öffentliche Stellen der Länder anwendbar, wenn diese als Organe der Rechtspflege tätig werden und soweit nicht Angelegenheiten der Justizverwaltung betroffen sind. Normadressaten sind sowohl die Gerichte des Bundes und der Länder als auch die Staatsanwaltschaften und die Strafvollzugsbehörden.[54]

22 Mittels dieser Regelung sollte ein einheitliches Datenschutzrecht auf dem Gebiet der Rechtspflege geschaffen werden. Die Verfolgung dieser Zielsetzung wurde je-

---

50 *Dammann*, in: Simitis, BDSG, § 12 Rn. 15.
51 Nach der in Art. 83 GG niedergelegten verfassungsrechtlichen Ordnung gilt insoweit zunächst eine Zuständigkeitsvermutung für die Länder. Diese führen die Bundesgesetze entweder als eigene Angelegenheit nach Art. 84 GG (Bundesaufsichtsverwaltung) oder im Auftrag des Bundes nach Art. 85 GG (Bundesauftragverwaltung) aus. Vgl. *Gola/Schomerus*, BDSG, § 12 Rn. 4. *Dammann*, in: Simitis, BDSG, § 12 Rn. 17; *Stender-Vorwachs*, in: BeckOK Datenschutzrecht, § 12 Rn. 7; *Dammann*, in: Simitis, BDSG, § 12 Rn. 17.
52 *Dammann*, in: Simitis, BDSG, § 12 Rn. 17.
53 *Dammann*, in: Simitis, BDSG, § 12 Rn. 17.
54 *Dammann*, in: Simitis, BDSG, § 1 Rn. 131; *Stender-Vorwachs*, in: BeckOK Datenschutzrecht, § 12 Rn. 8; ausführlich *Wedde*, Verantwortliche Stellen, in: Roßnagel, Hdb. DSR, S. 526 (531).

doch im Hinblick auf die Subsidiaritätsregelung des § 12 Abs. 2 BDSG zu Gunsten des Landesrechts aufgegeben.[55]

IV. Zeugnisverweigerungsrecht für Landesdatenschutzbeauftragte (Abs. 3)

1. Regelungssystematik

§ 12 Abs. 3 BDSG gewährt auch dem Landesbeauftragten für Datenschutz das **23** Zeugnisverweigerungsrecht des § 23 Abs. 4 BDSG. Abgesehen von der Maßgabe, dass an die Stelle des Bundesbeauftragten der Landesbeauftragte tritt, wird § 23 Abs. 4 BDSG ohne Modifikationen übernommen.[56] Die Aufnahme der Regelung in das BDSG erfolgte auf Vorschlag des Bundesrats.[57] Ursächlich hierfür war das Fehlen einer Gesetzgebungszuständigkeit der Länder zur Regelung von prozessrechtlichen Zeugnisverweigerungsrechten.[58]

§ 23 Abs. 4 BDSG kommt als datenschutzrechtliche Spezialnorm unabhängig von **24** etwaigen Regelungen in den Landesdatenschutzvorschriften zur Anwendung.[59] Die von der Vorschrift begünstigten Personen können sich also auch dann auf das Zeugnisverweigerungsrecht berufen, wenn ihnen nach den Landesdatenschutzgesetzen eine Aussagegenehmigung erteilt wurde.[60]

2. Geschützter Personenkreis

Der Anwendungsbereich des § 12 Abs. 3 BDSG ist nicht auf die Landesdaten- **25** schutzbeauftragten beschränkt. Auch dessen Mitarbeiter sollen im Geheimhaltungsinteresse der Hilfesuchenden vom Zeugnisverweigerungsrecht Gebrauch machen können,[61] wenn die von ihnen wahrgenommenen Aufgaben in einem sachlichen Zusammenhang mit dem Datenschutz stehen.[62] Aufgrund der verfassungs- und europarechtlich gebotenen Unabhängigkeit des Landesdatenschutzbeauftragten

---

55 *Gola/Schomerus*, BDSG, § 12 Rn. 5a; vgl. *Wedde*, in: Däubler/Klebe/Wedde/Weichert, BDSG, § 12 Rn. 10.

56 *Dammann*, in: Simitis, BDSG, § 12 Rn. 20.

57 *Gola/Schomerus*, BDSG, § 12 Rn. 6.

58 *Dammann*, in: Simitis, BDSG, § 12 Rn. 18; *Bergmann/Möhrle/Herb*, BDSG, § 12 Rn. 14.

59 *Roggenkamp*, in: Plath, BDSG, § 12 Rn. 10.

60 *Dammann*, in: Simitis, BDSG, § 12 Rn. 19; *Wedde*, in: Däubler/Klebe/Wedde/Weichert, BDSG, § 12 Rn. 12; wohl a. A. *Bergmann/Möhrle/Herb*, BDSG, § 12 Rn. 13; *Stender-Vorwachs*, in: BeckOK Datenschutzrecht, § 12 Rn. 10.

61 *Wedde*, in: Däubler/Klebe/Wedde/Weichert, BDSG, § 12 Rn. 11; *Dammann*, in: Simitis, BDSG, § 12 Rn. 20.

62 *Dammann*, in: Simitis, BDSG, § 12 Rn. 21; *Wedde*, in: Däubler/Klebe/Wedde/Weichert, BDSG, § 12 Rn. 13.

kann keine Instanz außer ihm selbst zur Entscheidung über die Ausübung des Zeugnisverweigerungsrechts seiner Mitarbeiter berufen werden.[63]

26 Soweit einem Landesdatenschutzbeauftragen nicht mit dem Schutz der informationellen Selbstbestimmung zusammenhängende Aufgaben, wie z. B. Untersuchungen für den Landtag und die kommunalen Vertretungsorgane im Falle unzureichender Datenauskünfte nach § 38 HDSG, übertragen sind, ist insoweit eine Berufung auf das Zeugnisverweigerungsrecht ausgeschlossen.[64] Von der offiziellen Amtsbezeichnung oder der gewählten Organisationsform der datenschützenden Stelle ist das Bestehen des Zeugnisverweigerungsrechts hingegen nicht abhängig.[65]

V. Anwendbares Datenschutzrecht bei Rechtsverhältnissen der Beschäftigten (Abs. 4)

1. Gesetzeszweck und -systematik

27 Gem. § 12 Abs. 4 BDSG soll für alle im öffentlichen Dienst Tätigen[66] ein einheitliches Datenschutzrecht gelten.[67] Zugleich soll mittels der Vorschrift dem Grundsatz der Gleichbehandlung von öffentlichen und nicht-öffentlichen Arbeitsverhältnissen Rechnung getragen werden.[68] Zu diesem Zweck trifft § 12 Abs. 4 BDSG eine Sonderregelung für frühere, bestehende und künftige Beschäftigungsverhältnisse.[69] Die Vorschrift stellt eine wichtige Ausnahme von der Abschnittssystematik dar, indem sie einige Vorschriften des zweiten Abschnitts (§§ 12 ff. BDSG) für unanwendbar erklärt und an ihrer Stelle auf bestimmte Vorschriften des dritten Abschnitts (§§ 27 ff. BDSG) verweist. Die Zulässigkeit der Datenverarbeitung und die Rechte des Betroffenen richten sich in den durch Abs. 4 bestimmten Fällen ausschließlich nach den für den nicht-öffentlichen Bereich geltenden Normen.[70]

28 Die Erforderlichkeit der Regelung gründet darin, dass die Vorschriften des zweiten Abschnitts (§§ 12 ff. BDSG) auf den Schutz von personenbezogenen Daten beim Vollzug von Gesetzen zugeschnitten sind.[71] Auf den Schutz der personenbezogenen Daten der im öffentlichen Dienst Tätigen sind sie hingegen nicht ausgelegt.[72]

---

63 *Dammann*, in: Simitis, BDSG, § 12 Rn. 20.
64 *Dammann*, in: Simitis, BDSG, § 12 Rn. 21.
65 Vgl. *Dammann*, in: Simitis, BDSG, § 12 Rn. 6.
66 Vgl. Rn. 30.
67 *Gola/Schomerus*, BDSG, § 12 Rn. 7.
68 *Wedde*, in: Däubler/Klebe/Wedde/Weichert, BDSG, § 12 Rn. 14.
69 *Wedde*, in: Däubler/Klebe/Wedde/Weichert, BDSG, § 12 Rn. 14; *Roggenkamp*, in: Plath, BDSG, § 12 Rn. 11.
70 *Dammann*, in: Simitis, BDSG, § 12 Rn. 22.
71 *Gola/Schomerus*, BDSG, § 12 Rn. 7.
72 *Gola/Schomerus*, BDSG, § 12 Rn. 7.

Kritisiert wird an der Regelung, dass die Gleichbehandlung im Ergebnis zu einem **29** niedrigeren Datenschutzniveau der im öffentlichen Dienst Beschäftigten führen kann.[73] Ob dies eine gesetzgeberische Absicht war, darf bezweifelt werden. Einige Landesdatenschutzgesetze haben daher in diesem Punkt abweichende Regelungen getroffen, sodass das Ziel der Vereinheitlichung nicht erreicht wird.[74] Zudem lässt sich in Frage stellen, dass die Vorschriften des dritten Abschnitts für eine Anwendung im Bereich der Arbeitsverhältnisse des öffentlichen Dienstes tatsächlich besser geeignet sind.[75] Der Bundesdatenschutzbeauftragte hat sich aus diesen Gründen bereits frühzeitig für die Aufhebung der Vorschrift ausgesprochen.[76]

2. Beschäftigungsverhältnisse

Hinsichtlich der dem Regelungsgehalt des § 12 Abs. 4 BDSG unterfallenden Begriffs der Beschäftigungsverhältnisse ist eine weite Auslegung geboten.[77] Der Begriff wurde mit dem Gesetz zur Änderung datenschutzrechtlicher Vorschriften in 2009 in das BDSG aufgenommen und ersetzt den zuvor in § 12 Abs. 3 BDSG verwendeten Begriff der dienst- und arbeitsrechtlichen Rechtsverhältnisse. Die Legaldefinition der Beschäftigten, deren Rechtsverhältnisse betroffen sind, findet sich in dem ebenfalls neu in das BDSG aufgenommenen § 3 Abs. 11 BDSG. **30**

Erfasst werden sämtliche Arbeitsverhältnisse von Arbeitern und Angestellten sowie **31** die Dienstverhältnisse von Beamten und Richtern, ebenso wie die besonderen Dienstverhältnisse, z. B. von Soldaten, Wehrpflichtigen, Zivildienstleistenden, Entwicklungshelfern, Volkszählern, Wahlhelfern und Helfern des technischen Hilfswerks.[78] Mit der Aufnahme der Legaldefinition der Beschäftigten in § 3 Abs. 11 BDSG wurde zudem klargestellt, „dass zum Begriff der Beschäftigten nicht nur Arbeitsnehmer im engeren Sinn gehören, sondern auch die zur Berufsausbildung Beschäftigten und Personen, denen, wie z. B. den Rehabilitanden, eine arbeitnehmerähnliche Stellung zukommt".[79] Auf die Beschäftigteneigenschaft nach § 4 Abs. 1 BPersVG[80] oder die zeitliche Dauer der Beschäftigung kommt es dabei generell nicht an.[81]

Von der grundsätzlichen Geltung des § 12 Abs. 4 BDSG ausgenommen sind solche **32** Rechtsverhältnisse, die nicht dem Arbeitsmarkt zugeordnet werden können, weil ihr Umfang enge Schranken aufweist und ihre Dauer keine Beständigkeit erkennen

---

73 *Dammann*, in: Simitis, BDSG, § 12 Rn. 22; *Simitis*, RDV 1989, S. 49 (52 f.).
74 *Dammann*, in: Simitis, BDSG, § 12 Rn. 22; im Einzelnen zur Gesetzeslage auf Landesebene *Gola/Schomerus*, BDSG, § 12 Rn. 11 ff.
75 *Gola*, NVwZ 1993, S. 552 (553).
76 *Dammann*, in: Simitis, BDSG, § 12 Rn. 22.
77 *Dammann*, in: Simitis, BDSG, § 12 Rn. 26.
78 *Bergmann/Möhrle/Herb*, BDSG, § 12 Rn. 20; *Wedde*, in: Däubler/Klebe/Wedde/Weichert, BDSG, § 12 Rn. 16.
79 BT-Drs. 16/13657, S. 27.
80 *Dammann*, in: Simitis, BDSG, § 12 Rn. 26.
81 *Wedde*, in: Däubler/Klebe/Wedde/Weichert, BDSG, § 12 Rn. 16.

lässt.[82] Solchen Tätigkeiten[83] mangelt es an dem Charakter von dienst- oder arbeitsrechtlichen Rechtsverhältnissen. Sie werden daher nicht vom Regelungsziel der Gleichbehandlung umfasst.[84]

33 Dies gilt insbesondere auch für auf Basis von Werkverträgen tätige Beschäftige, z. B. Dozenten und Berater.[85] In solchen Fällen sind die Regelungen des dritten Abschnitts unmittelbar anzuwenden.[86] Nicht erfasst von § 12 Abs. 4 BDSG werden zudem Bundestagsabgeordnete und Inhaber von anderen Wahlämtern im Bundestag.[87] Diese Berufsgruppen bedürfen eigenständiger Datenschutzregelungen.[88]

3. Ausgenommene personenbezogene Daten und Verwendungsschritte

34 Nach Wortlaut und Zweck sind von der Regelung des § 12 Abs. 4 BDSG allein diejenigen Datenverarbeitungsvorgänge erfasst, die das der Beschäftigung zugrunde liegende Rechtsverhältnis betreffen.[89] Insoweit bietet die Vorschrift weitgehenden Schutz. Sie bezieht sich auf alle personenbezogenen Daten, die im Rahmen der Anbahnung, Begründung, Ausgestaltung und Beendigung eines Beschäftigungsverhältnisses erhoben werden.[90]

35 Die Vorschrift ist insbesondere bei Datenerhebungsvorgängen im Rahmen der Personalverwaltung und Personalplanung zu beachten.[91] Sie schützt namentlich Informationen über Beihilfen, Zusatzversorgungen, Arbeitszeit, Telefonierverhalten sowie die besonders sensiblen Daten und Dateien aus der Lohn- und Gehaltsabrechnung.[92]

---

82 *Dammann*, in: Simitis, BDSG, § 12 Rn. 27.

83 Z. B. von Wahlvorständen, Wahlhelfern und Schöffen; vgl. *Dammann*, in: Simitis, BDSG, § 12 Rn. 27.

84 *Dammann*, in: Simitis, BDSG, § 12 Rn. 27; eine ausnahmsweise Anwendung der Vorschrift auf z. B. Schöffen, Mitglieder in Kuratorien und Wahlvorständen ist allenfalls bei längerer Dauer der Tätigkeit in Betracht zu ziehen vgl. *Wedde*, in: Däubler/Klebe/Wedde/Weichert, BDSG, § 12 Rn. 18.

85 *Dammann*, in: Simitis, BDSG, § 12 Rn. 27.

86 *Wedde*, in: Däubler/Klebe/Wedde/Weichert, BDSG, § 12 Rn. 17.

87 *Wedde*, in: Däubler/Klebe/Wedde/Weichert, BDSG, § 12 Rn. 17; *Dammann*, in: Simitis, BDSG, § 12 Rn. 27; *Gola/Schomerus*, BDSG, § 12 Rn. 8; *Roggenkamp*, in: Plath, BDSG, § 12 Rn. 12.

88 *Gola/Schomerus*, BDSG, § 12 Rn. 8.

89 *Dammann*, in: Simitis, BDSG, § 12 Rn. 28.

90 *Wedde*, in: Däubler/Klebe/Wedde/Weichert, BDSG, § 12 Rn. 20; *Dammann*, in: Simitis, BDSG, § 12 Rn. 28; zur Begründung, Durchführung und Beendigung des Beschäftigungsverhältnisses vgl. *Erfurth*, NJOZ 2009, S. 2914 (2917).

91 *Bergmann/Möhrle/Herb*, BDSG, § 12 Rn. 21; *Wedde*, in: Däubler/Klebe/Wedde/Weichert, BDSG, § 12 Rn. 20.

92 *Wedde*, in: Däubler/Klebe/Wedde/Weichert, BDSG, § 12 Rn. 20; *Bergmann/Möhrle/Herb*, BDSG, § 12 Rn. 21; *Gola/Schomerus*, BDSG, § 12 Rn. 8.

Ist im Einzelfall fraglich, ob personenbezogene Daten unter den Schutzbereich des **36** § 12 Abs. 4 BDSG fallen, sollte zugunsten der im Rahmen von Beschäftigungsverhältnissen besonders schutzbedürftigen Persönlichkeitsrechte eine Einbeziehung erfolgen. Die Vorschrift bedarf der weiten Auslegung.[93] Eine Differenzierung nach der jeweiligen Verwendung der betrieblichen Personaldaten[94] ist unpraktikabel[95] und wird dem Normzweck nicht gerecht. Ein solches Vorgehen würde dem Dienstherrn die missbrauchsanfällige Möglichkeit eröffnen, mittels Widmung grundsätzlich schützenswerte personenbezogene Daten aus dem Anwendungsbereich der Vorschrift herauszunehmen.

Nicht § 12 Abs. 4 BDSG unterfallen ausschließlich diejenigen personenbezogenen **37** Daten, die keinen direkten Bezug zu Beschäftigungsverhältnissen aufweisen und die nicht zur Kontrolle von Verhalten und Leistung eines Beschäftigten herangezogen werden können.[96] Hierbei kann es sich z. B. um Geschäftsverteilungspläne, Telefonverzeichnisse, Besprechungsprotokolle, Einsatzpläne, Inventardaten sowie Daten, die zur Kontrolle und wirtschaftlichen Planung des Einsatzes von Ressourcen erhoben werden, handeln.[97]

4. Zeitliche Dimension (früher, bestehend, zukünftig)

In zeitlicher Hinsicht greift die Vorschrift sowohl bei früheren als auch bestehenden **38** und künftigen Beschäftigungsverhältnissen. Hierdurch wird die Verarbeitung der Daten von Wehr- und Zivildienstleistenden auch vor und nach dem Wehr- bzw. Zivildienst erfasst.[98] Ebenfalls in den Regelungsbereich einbezogen sind die Daten von Stellenbewerbern im öffentlichen Dienst.[99]

5. Anwendbarkeit der §§ 28 Abs. 2 Nr. 2 und 32–35 BDSG

Liegt eine Erhebung, Verarbeitung oder Nutzung personenbezogener Daten für **39** Beschäftigungsverhältnisse vor, so ordnet § 12 Abs. 4 BDSG die Anwendbarkeit der §§ 28 Abs. 2 Nr. 2, 32 bis 35 BDSG an und erklärt insbesondere die Vorschriften über die Datenerhebung, -verwendung und -übermittlung (§§ 13–16 BDSG) für unanwendbar. Die Verweisung auf § 28 Abs. 2 Nr. 2 BDSG wirft einige Fragen

---

93 *Wedde*, in: Däubler/Klebe/Wedde/Weichert, BDSG, § 12 Rn. 21.
94 Hierfür *Dammann*, in: Simitis, BDSG, § 12 Rn. 28.
95 Im Ergebnis zustimmend *Wedde*, in: Däubler/Klebe/Wedde/Weichert, BDSG, § 12 Rn. 21.
96 *Wedde*, in: Däubler/Klebe/Wedde/Weichert, BDSG, § 12 Rn. 21.
97 *Wedde*, in: Däubler/Klebe/Wedde/Weichert, BDSG, § 12 Rn. 21; *Dammann*, in: Simitis, BDSG, § 12 Rn. 28.
98 *Schaffland/Wiltfang*, BDSG, § 12 Rn. 19; *Wedde*, in: Däubler/Klebe/Wedde/Weichert, BDSG, § 12 Rn. 16, 19; zum Beschäftigtenbegriff vgl. auch *Dammann*, in: Simitis, BDSG, § 12 Rn. 26, § 3 Rn. 291.
99 *Wedde*, in: Däubler/Klebe/Wedde/Weichert, BDSG, § 12 Rn. 16. Vertiefend zum Bewerberdatenschutz *Zilkens*, Datenschutz in der Kommunalverwaltung, Rn. 455 ff.

auf. Ungeklärt ist insbesondere, wieso nicht der vollständige § 28 Abs. 2 BDSG Anwendung finden soll.[100] Zudem stellt sich die Frage, ob ein Redaktionsversehen vorliegt, weil eine Verweisung auf § 28 Abs. 1 Satz 1 Nr. 2 BDSG naheliegender wäre.[101] Fest steht allerdings, dass § 28 Abs. 1 Satz 1 Nr. 1 BDSG künftig keine Anwendung mehr findet.[102] Insbesondere die Verweisung auf die in § 32 BDSG niedergelegte „kleine Lösung" des Arbeitnehmerdatenschutzes[103] soll zu einer einheitlichen Behandlung sämtlicher Arbeitsverhältnisse führen.[104] Auch insoweit dürften sich die aus der Vorschrift folgenden materiellrechtlichen Änderungen allerdings in Grenzen halten.[105] Hinsichtlich der Rechte des Betroffenen treten an Stelle der §§ 19 und 20 BDSG die §§ 33–35 BDSG.

6. Absehen vom Erfordernis der automatisierten Verarbeitung

40 Mit § 12 Abs. 4, 2. Halbsatz BDSG wurde bis zum 1.9.2009 klargestellt, dass unabhängig vom verwandten Speichermedium dieselben Datenschutzvorschriften gelten. Diese Klarstellung befindet sich nunmehr in § 32 Abs. 2 BDSG.[106] Unter den Schutzbereich der Norm fällt somit insbesondere auch die Verarbeitung personenbezogener Daten in Personalakten.[107]

41 Der Klarstellung in § 12 Abs. 4, 2. Halbsatz BDSG (alt) bzw. jetzt § 32 Abs. 2 BDSG bedarf es, weil die Vorschriften des dritten Abschnitts grundsätzlich nur zur Anwendung kommen, soweit Dateibezug i. S. d. § 27 Abs. 2 BDSG vorliegt. Die aktenmäßige Datenverarbeitung ist hingegen nur im zweiten Abschnitt in den §§ 15 Abs. 5, 19 Abs. 1 Satz 3, 20 Abs. 1 Satz 2 und Abs. 5 BDSG geregelt. Da die letztgenannten Vorschriften jedoch gerade aus dem Anwendungsbereich des zweiten Abschnitts durch die Regelung des § 12 Abs. 4 BDSG ausgenommen werden, entstünde so eine Regelungslücke für die aktenmäßige Datenverarbeitung. Dies hätte zudem zur Folge, dass die personenbezogenen Daten der eigenen Beschäftigten einem geringeren Schutz unterstellt wären als sonstige Daten der Bürger.[108] Der aufgezeigten Problematik trägt § 32 Abs. 2 BDSG Rech-

---

100 *Erfurth*, NJOZ 2009, S. 2914 (2925).
101 Von einem Redaktionsversehen ausgehend *Stender-Vorwachs*, in: BeckOK Datenschutzrecht, § 12 Rn. 17; *Thüsing*, NZA 2009, S. 865 (869); im Ergebnis auch *Erfurth*, NJOZ 2009, S. 2914 (2925).
102 Ob der gesamte § 28 Abs. 1 BDSG nicht mehr anwendbar ist, wovon BT-Drs. 16/13657, S. 29, ausgeht, ist hingegen fraglich; vgl. *Erfurth*, NJOZ 2009, S. 2914 (2925); *Thüsing*, NZA 2008, S. 865 (869).
103 Zur „kleinen Lösung" vgl. *Winteler*, in: Taeger/Wiebe, Inside the Cloud, 2009, S. 468 (471).
104 *Erfurth*, NJOZ 2009, S. 2914 (2925).
105 *Thüsing*, NZA 2009, S. 865 (869).
106 *Roggenkamp*, in: Plath, BDSG, § 12 Rn 14.
107 *Gola/Schomerus*, BDSG, § 12 Rn. 9; *Erfurth*, NJOZ 2009, S. 2914 (2924).
108 *Gola*, NVwZ 1993, S. 552 (553).

nung.[109] Dadurch, dass die personenbezogenen Daten unabhängig von der Art und Weise der Datenspeicherung geschützt werden, soll ein datenschutzrechtlicher Minimalstandard geschaffen werden.[110]

7. Verhältnis zum Personalaktenrecht

Gemäß § 1 Abs. 3 Satz 1 BDSG ist § 12 Abs. 4 BDSG im Verhältnis zu den bereichsspezifischen Regelungen des Bundes subsidiär.[111] Dies bedeutet, dass die bereichsspezifischen Normen bei einer Tatbestandskollision mit dem BDSG Vorrang genießen. Die Bestimmungen des BDSG finden lediglich beim Fehlen eigenständiger Spezialvorschriften Anwendung.[112]   **42**

Der Bundesgesetzgeber hat bereits zahlreiche bereichsspezifische Spezialnormen erlassen. Von besonderer Bedeutung ist insoweit das Bundesbeamtengesetz (BBG), welches das beamtenrechtliche Personalaktenrecht in seinen §§ 90 ff. regelt.[113] Diese Sondervorschriften beschränken den Anwendungsbereich des § 12 Abs. 4 BDSG für die öffentlich-rechtlich geregelten Dienstverhältnisse weitgehend.[114] § 32 BDSG bleibt allerdings dann anwendbar, soweit personenbezogene Daten in Sachakten[115] betroffen sind.[116] Dem steht die Rechtsprechung des BVerwG,[117] wonach die beamtenrechtlichen Vorschriften ein umfassendes und abschließendes Regelungssystem hinsichtlich des Umgangs mit Personalakten bilden, nicht entgegen. Für den Umgang mit personenbezogenen Daten in Sachakten sind beamtenrechtliche Spezialnormen nicht existent.[118]   **43**

8. Sensible Daten in Beschäftigungsverhältnissen (§ 28 Abs. 6)

Nachdem der in § 12 Abs. 4 BDSG enthaltene Normenverweis ausdrücklich nur auf § 28 Abs. 2 Nr. 2 BDSG Bezug nimmt, stellt sich die Frage, ob es sich hierbei um eine abschließende Regelung handelt. Dies hätte, nachdem auf § 28 Abs. 6 BDSG in § 12 Abs. 4 BDSG kein Bezug genommen wird, zur Folge, dass die Verarbeitung besonderer Arten personenbezogener Daten, also Angaben über rassische und ethnische Herkunft, politische Meinungen, religiöse und philosophische Überzeugun-   **44**

---

109 Vgl. *Wedde*, in: Däubler/Klebe/Wedde/Weichert, BDSG, § 12 Rn. 15; vgl. noch zu § 12 Abs. 4 2. Halbsatz *Dammann*, in: Simitis, BDSG, § 12 Rn. 29.
110 *Wedde*, in: Däubler/Klebe/Wedde/Weichert, BDSG, § 12 Rn. 15.
111 *Engelien-Schulz*, BWV 2003, S. 27 (28); *Gola/Schomerus*, BDSG, § 12 Rn. 7; *Bergmann/Möhrle/Herb*, BDSG, § 12 Rn. 26.
112 *Engelien-Schulz*, BWV 2003, S. 27 (28).
113 *Krempl*, DuD 1993, S. 670.
114 *Dammann*, in: Simitis, BDSG, § 12 Rn. 24.
115 Vertiefend *Zilkens*, Datenschutz in der Kommunalveraltung, Rn. 459.
116 BT-Drs. 16/13657, S. 29.
117 BVerwGE 118, 10 = NJW 2003, 3217.
118 BT-Drs. 16/13657, S. 29.

gen, Gewerkschaftszugehörigkeit, Gesundheit oder Sexualleben (§ 3 Abs. 9 BDSG), in öffentlich-rechtlichen Beschäftigungsverhältnissen nur lückenhaft geregelt wäre.[119] Besondere Arten personenbezogener Daten dürften dann nur noch mit Einwilligung des Beschäftigten oder aufgrund einer besonderen Erlaubnisnorm verarbeitet werden.[120]

45 Eine solche unbegründete Ungleichbehandlung gegenüber den Beschäftigten nicht-öffentlicher Stellen ließe sich mit der EG-DSRl nicht vereinbaren und wäre aus arbeitsrechtlicher Sicht vermutlich unzulässig.[121] Zudem entspräche eine derartig enge Auslegung nicht dem Telos der Norm und der Intention des Gesetzgebers: Regelungszweck ist es, die Gleichbehandlung aller Arbeitnehmer herbeizuführen.[122] Diesem Anspruch wird jedoch dann nicht genügt, wenn der Zugriff auf die besonderen personenbezogenen Daten privater Arbeitgeber einfacher möglich ist als der Zugriff auf die gleichen Daten der Beschäftigten der öffentlichen Hand.

46 Angesichts der vorstehenden Bedenken wird im Schrifttum[123] angezweifelt, dass der Gesetzgeber tatsächlich die Verarbeitung z. B. gesundheitsbezogener Daten soweit einschränken wollte, wie es der Wortlaut des § 12 Abs. 4 BDSG zulässt. Zutreffend wird davon ausgegangen, dass es sich bei der fehlenden Verweisung auf § 28 Abs. 6 BDSG um ein Redaktionsversehen handelt.[124]

9. Grundsatz der Zweckbindung (§§ 14 Abs. 4, 31 BDSG)

47 Problematisch an § 12 Abs. 4 BDSG ist weiterhin auch das Fehlen einer Verweisung auf den Zweckbindungsgrundsatz[125] gem. § 31 BDSG bzw. die Regelung der Fortgeltung des § 14 Abs. 4 BDSG. Sofern man hier ebenfalls strikt dem Wortlaut der Vorschrift folgt, wäre die Zweckbindung für Beschäftigte bei öffentlichen Stellen nicht geregelt. Die Verarbeitung personenbezogener Daten aus öffentlich-rechtlichen Dienstverhältnissen könnte somit unabhängig vom ursprünglichen Zweck erfolgen. Dies hätte eine gegen den allgemeinen Gleichbehandlungsgrundsatz verstoßende Benachteiligung von Personen, die in Beschäftigungsverhältnissen bei öffentlichen Stellen stehen, gegenüber Arbeitnehmern privater Stellen zur Folge.[126]

---

119 Vgl. *Gola*, RDV 2001, S. 125.

120 *Gola/Schomerus*, BDSG, § 12 Rn. 10.

121 *Dammann*, in: Simits, BDSG, § 12 Rn. 30; *Wedde*, in: Däubler/Klebe/Wedde/Weichert, BDSG, § 12 Rn. 5; vgl. *Simitis*, CR 1991, S. 161.

122 Vgl. BT-Drs. 16/13657, S. 35.

123 Eine anders lautende Rechtsprechung ist darüber hinaus nicht existent.

124 *Bergmann/Möhrle/Herb*, BDSG, § 12 Rn. 24; *Wedde*, in: Däubler/Klebe/Wedde/Weichert, BDSG, § 12 Rn. 5.

125 Vertiefend *Lübking/Zilkens*, Datenschutz in der Kommunalverwaltung, Rn. 102 ff.

126 *Wedde*, in: Däubler/Klebe/Wedde/Weichert, BDSG, § 12 Rn. 4; *Stender-Vorwachs*, in: BeckOK Datenschutzrecht, § 12 Rn. 20.

Aufgrund der nachträglichen Aufnahme der Regelung des § 31 in das BDSG ist da- **48**
von auszugehen, dass die diesbezügliche Ergänzungsbedürftigkeit des § 12 Abs. 4
BDSG schlichtweg übersehen wurde.[127] Die in § 12 Abs. 4 BDSG enthaltenen Nor-
menverweise sind auch insoweit unvollständig.[128]

---

127 *Wedde*, in: Däubler/Klebe/Wedde/Weichert, BDSG, § 12 Rn. 4.
128 *Wedde*, in: Däubler/Klebe/Wedde/Weichert, BDSG, § 12 Rn. 4 f.; *Dammann*, in: Simitis,
     BDSG, § 12 Rn. 30; zum diesbezüglichen Versäumnis des Gesetzgebers *Erfurth*, NJOZ
     2009, S. 2914 (2925).

§ 13 Datenerhebung

(1) Das Erheben personenbezogener Daten ist zulässig, wenn ihre Kenntnis zur Erfüllung der Aufgaben der verantwortlichen Stelle erforderlich ist.

(1a) Werden personenbezogene Daten statt beim Betroffenen bei einer nicht-öffentlichen Stelle erhoben, so ist die Stelle auf die Rechtsvorschrift, die zur Auskunft verpflichtet, sonst auf die Freiwilligkeit ihrer Angaben hinzuweisen.

(2) Das Erheben besonderer Arten personenbezogener Daten (§ 3 Abs. 9) ist nur zulässig, soweit

1. eine Rechtsvorschrift dies vorsieht oder aus Gründen eines wichtigen öffentlichen Interesses zwingend erfordert,

2. der Betroffene nach Maßgabe des § 4a Abs. 3 eingewilligt hat,

3. dies zum Schutz lebenswichtiger Interessen des Betroffenen oder eines Dritten erforderlich ist, sofern der Betroffene aus physischen oder rechtlichen Gründen außerstande ist, seine Einwilligung zu geben,

4. es sich um Daten handelt, die der Betroffene offenkundig öffentlich gemacht hat,

5. dies zur Abwehr einer erheblichen Gefahr für die öffentliche Sicherheit erforderlich ist,

6. dies zur Abwehr erheblicher Nachteile für das Gemeinwohl oder zur Wahrung erheblicher Belange des Gemeinwohls zwingend erforderlich ist,

7. dies zum Zweck der Gesundheitsvorsorge, der medizinischen Diagnostik, der Gesundheitsversorgung oder Behandlung oder für die Verwaltung von Gesundheitsdiensten erforderlich ist und die Verarbeitung dieser Daten durch ärztliches Personal oder durch sonstige Personen erfolgt, die einer entsprechenden Geheimhaltungspflicht unterliegen,

8. dies zur Durchführung wissenschaftlicher Forschung erforderlich ist, das wissenschaftliche Interesse an der Durchführung des Forschungsvorhabens das Interesse des Betroffenen an dem Ausschluss der Erhebung erheblich überwiegt und der Zweck der Forschung auf andere Weise nicht oder nur mit unverhältnismäßigem Aufwand erreicht werden kann oder

9. dies aus zwingenden Gründen der Verteidigung oder der Erfüllung über- oder zwischenstaatlicher Verpflichtungen einer öffentlichen Stelle des Bundes auf dem Gebiet der Krisenbewältigung oder Konfliktverhinderung oder für humanitäre Maßnahmen erforderlich ist.

Literatur: *Albrecht/Knabe*, Das Gesetz zur Verbesserung der Bekämpfung des Rechtsextremismus. Ein Kurzkommentar zur Entwurfsfassung vom 13.2.2013, jurPC Web-Dok. 43/2013; *Bull*, Aus aktuellem Anlass – Bemerkungen über Stil und Technik der Datenschutzgesetzgebung, RDV 1999, S. 148; *Engelien-Schulz*, Zur Bedeutung und

Ausgestaltung der datenschutzrechtlichen Einwilligungserklärung für öffentliche Stellen, VR 2009, S. 73; *Engelien-Schulz*, „Daten über die Gesundheit" als eine besondere Art personenbezogener Daten, RDV 2005, S. 201; *Engelien-Schulz*, Personenbezogene Daten sind nicht gleich personenbezogene Daten, UBWV 2011, S. 452; *Gola/Klug*, Die Entwicklung des Datenschutzrechts in den Jahren 2005/2006, NJW 2006, S. 2454; *Graulich*, Telekommunikationsgesetz und Vorratsdatenspeicherung, NVwZ 2008, S. 485; *Greb*, Der Anspruch der Wissenschaft auf Überlassung und Nutzung (steuer-) statistischer Daten, Die Verwaltung 44 (2011), S. 563; *Heckmann*, Staatliche Schutz- und Förderpflichten zur Gewährleistung von IT-Sicherheit, in: Rüßmann (Hrsg.), Festschrift für Gerhard Käfer, Saarbrücken 2009, S. 129; *Kissner*, Benutzung des Geburtseintrags durch kirchliche Stellen nach Eintragung eines Hinweises über die Verpartnerung, StAZ 2012, S. 213; *Kutzner*, Die Beschlagnahme von Daten bei Berufsgeheimnisträgern, NJW 2005, S. 2652; *Löffelmann*, Die Neuregelung der akustischen Wohnraumüberwachung, NJW 2005, S. 2033; *Mand*, Biobanken für die Forschung und informationelle Selbstbestimmung, MedR 2005, S. 565; *Meyer-Wieck*, Der große Lauschangriff – Anmerkungen aus empirischer Sicht, NJW 2005, S. 2037; *Riegel*, Zur Frage der Begründung einer Auskunftsverweigerung nach § 13 II BDSG, NVwZ 1983, S. 337; *Scholz/Pitschas*, Informationelle Selbstbestimmung als staatliche Informationsverantwortung, Berlin 1984; *Schütze*, Nutzung medizinischer Routinedaten außerhalb der Patientenversorgung – Königsweg Pseudonymisierung, DMW 2012, S. 844; *Tinnefeld*, Persönlichkeitsrecht und Modalitäten der Datenerhebung im Bundesdatenschutzgesetz, NJW 1993, S. 1117; *Woertge*, Die Prinzipien des Datenschutzrechts und ihre Realisierung im geltenden Recht, Heidelberg 1984; *Ziegler*, Datenschutzrechtliche Anforderungen an den klinischen Aufbau und Betrieb von Biomaterialbanken, GuP 2012, S. 172; *Zilkens*, Datenerhebung in der öffentlichen Verwaltung. Datenschutzgerechte Befragungen von Bürgern und Bediensteten, ZD 2012, S. 371; *Zilkens*, Datenschutz in der Kommunalverwaltung. Recht – Technik – Organisation, 3. Aufl. 2011.

Übersicht

I. Allgemeines

1. Gesetzeszweck und -systematik

1 Die Datenerhebung war lange Zeit gesetzlich ungeregelt. Mittels § 13 BDSG reagierte der Gesetzgeber auf das sog. Volkszählungsurteil vom 15.12.1983,[1] worin seitens des Bundesverfassungsgerichts das Recht auf informationelle Selbstbestimmung aus dem allgemeinen Persönlichkeitsrecht abgeleitet worden war.[2] Die Rechtsprechung hat seitdem den Persönlichkeitsschutz weiter fortentwickelt.[3] Die Norm soll dem Kontrollverlust begegnen, den ein Betroffener hinsichtlich seiner persönlichen Daten aufgrund der Datenerhebung als ersten Schritt der Verarbeitung erleidet.[4]

---

1 BVerfG 65 (1); *Wedde*, in: Däubler/Klebe/Wedde/Weichert, BDSG, § 13 Rn. 1; *Stender-Vorwachs*, in: BeckOK Datenschutzrecht, § 13 Rn. 1.

2 *Sokol*, in: Simitis, BDSG, § 13 Rn. 1; vertiefend *Scholz/Pitschas*, Informationelle Selbstbestimmung und staatliche Informationsverantwortung, S. 38 ff.

3 *Stender-Vorwachs*, in: BeckOK Datenschutzrecht, § 13 Rn. 1 – mit Verweis auf die Urteile BVerfG, NJW 2004, 999 („großer Lauschangriff"); NJW 2005, 2603 (präventive Telekommunikationsüberwachung); NJW 2006, 976 (Beschlagnahme von Telekommunikationsgeräten); NJW 2008, 1505 (automatisierte Kennzeichenerfassung).

4 *Wedde*, in: Däubler/Klebe/Wedde/Weichert, BDSG, § 13 Rn. 1; *Sokol*, in: Simitis, BDSG, § 13 Rn. 5.

Die Vorschrift ist im Zusammenhang mit § 4 BDSG zu lesen, der die Erhebung von   2
Daten unter Gesetzesvorbehalt stellt.[5] § 13 BDSG schafft insoweit die für eine Datenerhebung durch öffentliche Stellen erforderliche Rechtsgrundlage.[6]

2. Auswirkung der Gesetzesnovellierung von 2001

Durch die Gesetzesnovellierung von 2001 hat die Vorschrift geringfügige Änderun-   3
gen erfahren.[7] Inhaltlich unverändert geblieben ist § 13 Abs. 1 BDSG. Die früheren
Regelungen der Absätze 2 und 3 zu Direkterhebung, Zulässigkeitsvoraussetzungen,
Unterrichtungs-, Hinweis- und Aufklärungspflichten wurden in § 4 Abs. 2, 3 BDSG
verlegt. Mit dem neuen § 13 Abs. 2 BDSG wurden die Vorgaben von Art. 8 der EG-
DSRl umgesetzt.[8]

II. Zulässigkeit der Datenerhebung (Abs. 1)

1. Allgemeines

§ 13 Abs. 1 BDSG begründet keine eigenständige Verpflichtung von Betroffenen   4
zur Preisgabe von Daten und ebenso wenig einen Anspruch öffentlicher Stellen auf
die zu erhebenden Daten. Die Vorschrift regelt vielmehr ausschließlich die Zulässigkeit der Datenerhebung im öffentlichen Bereich.[9]

2. Erhebung personenbezogener Daten

Eine Legaldefinition des Begriffs „Erheben" findet sich in § 3 Abs. 3 BDSG. Hier-   5
nach handelt es sich um „das Beschaffen von Daten über den Betroffenen". Der Er-
hebungsvorgang findet zeitlich vor dem Erfassen und Aufnehmen von Daten, dem
sog. Speichern statt.[10] Die Datenerhebung setzt ein zielgerichtetes Handeln der erhebenden Stelle voraus, durch das sie Einblick in die Daten oder zumindest eine
Zugriffsmöglichkeit auf diese erhält.[11] Darauf, dass die öffentliche Stelle die personenbezogenen Daten tatsächlich zur Kenntnis nimmt, kommt es hingegen nicht

---

5 *Sokol*, in: Simitis, BDSG, § 13 Rn. 1; *Wedde*, in: Däubler/Klebe/Wedde/Weichert, BDSG,
  § 13 Rn. 6.
6 Vgl. *Sokol*, in: Simitis, BDSG, § 13 Rn. 1.
7 Zu Versäumnissen des Gesetzgebers siehe *Wedde*, in: Däubler/Klebe/Wedde/Weichert,
  BDSG, § 13 Rn. 2.
8 *Wedde*, in: Däubler/Klebe/Wedde/Weichert, BDSG, § 13 Rn. 23.
9 *Gola/Schomerus*, BDSG, § 13 Rn. 2.
10 *Sokol*, in: Simitis, BDSG, § 13 Rn. 11.
11 *Sokol*, in: Simitis, BDSG, § 13 Rn. 11; z.B. durch Befragung, Anforderung von Unterlagen, Anhörung, Beobachtung, Sammeln von Informationen zu einem konkreten Sachverhalt oder zu einer bestimmten Person; vgl. *Wedde*, in: Däubler/Klebe/Wedde/Weichert,
  BDSG, § 13 Rn. 3; *Schaffland/Wiltfang*, BDSG, § 13 Rn. 3.

an.[12] Ebensowenig ist entscheidend, dass die Daten für einen bestimmten Zweck gesammelt und weiterverarbeitet werden sollen.[13] Erhoben werden personenbezogene Daten u. a. im Rahmen von polizeilichen Ermittlungen (z. B. Vernehmungen und Befragungen) sowie gerichtlich und behördlich angeordneten medizinischen Untersuchungen.[14] Der Begriff der Datenerhebung umfasst zudem auch die zweckgerichtete Beobachtung.[15] In der Praxis findet die Datenerhebung am häufigsten im Rahmen des Ausfüllens von Formularen statt.[16] Der Begriff des Erhebens ist sehr weit und technikoffen zu verstehen.[17]

6 Ein Erheben von Daten liegt nicht vor, wenn die Daten der öffentlichen Stelle ohne deren Zutun, z. B. im Rahmen einer aufgedrängten Anzeige,[18] zugetragen werden.[19] Ebenso wenig handelt es sich demnach um eine Erhebung, wenn eine öffentliche Stelle Zugriff auf personenbezogene Daten mittels Eingaben, Berichten und Anträgen von Privaten erhält.[20] Auch außerdienstliche Kenntnisnahmen durch Mitarbeiter einer öffentlichen Stelle stellen keine Erhebung von Daten dar, sofern mit dem außerdienstlichen Tun nicht vorsätzlich Vorgaben des § 13 BDSG umgangen werden sollen.[21]

3. Zur Erfüllung der Aufgaben der verantwortlichen Stelle

7 Voraussetzung der Datenerhebung gem. § 13 Abs. 1 BDSG ist, dass die Kenntnisnahme der Daten zur Erfüllung der Aufgaben der verantwortlichen Stelle erforderlich ist.

a) Aufgaben der verantwortlichen Stelle

8 Die Legaldefinition der verantwortlichen Stelle findet sich in § 3 Abs. 7 BDSG. Dass das Gesetz insoweit nicht mehr von der „erhebenden" Stelle spricht, beruht auf der Anpassung des BDSG an die Begrifflichkeiten der EG-DSRl.[22] Der Gesetzeswortlaut, der die Datenerhebung ausdrücklich nur zur Erfüllung der Aufgaben

---

12 *Sokol*, in: Simitis, BDSG, § 13 Rn. 11.

13 *Zilkens*, Datenschutz in der Kommunalverwaltung, Rn. 55.

14 *Wedde*, in: Däubler/Klebe/Wedde/Weichert, BDSG, § 13 Rn. 4; sehr ausführlich *Gola/Schomerus*, BDSG, § 13 Rn. 6 ff.

15 *Zilkens*, Datenschutz in der Kommunalverwaltung, Rn. 55.

16 *Schaffland/Wiltfang*, BDSG, § 13 Rn. 3.

17 Dazu näher *Roggenkamp*, in: Plath, BDSG, § 13 Rn. 9 f. – mit Verweis auf die Online-Durchsuchung, BVerfGE 120, 274.

18 *Tinnefeld*, NJW 1993, S. 1117.

19 *Sokol*, in: Simitis, BDSG, § 13 Rn. 11; *Wedde*, in: Däubler/Klebe/Wedde/Weichert, BDSG, § 13 Rn. 5.

20 Mit weiteren Beispielen *Schaffland/Wiltfang*, BDSG, § 13 Rn. 3.

21 Vgl. *Wedde*, in: Däubler/Klebe/Wedde/Weichert, BDSG, § 13 Rn. 5; *Stender-Vorwachs*, in: BeckOK Datenschutzrecht, § 13 Rn. 10.

22 *Sokol*, in: Simitis, BDSG, § 13 Rn. 10.

der öffentlichen Stelle zulässt, zielt auf deren Zuständigkeit ab.[23] Die Datenerhebung darf dementsprechend nur dann erfolgen, wenn die Zuständigkeit der öffentlichen Stelle in örtlicher, sachlicher und verbandsmäßiger Hinsicht gegeben ist.[24] Bereits das Fehlen einer dieser Zuständigkeitsarten führt zur Unzulässigkeit der Datenerhebung gem. § 13 Abs. 1 BDSG.[25]

Anknüpfungspunkte für die örtliche Zuständigkeit finden sich in § 3 Abs. 1 **9** VwVfG. Bei öffentlichen Stellen dürfte sich diese häufig nach der geographischen Lage und dem zugewiesenen räumlichen Wirkungskreis richten.[26] Die sachliche Zuständigkeit wird zumeist durch Rechtsvorschrift festgelegt. Diesbezüglich kommt es auf die Einordnung in die Verwaltungsorganisation und die nach Geschäftsbereichen untergliederte Ressortzuständigkeit an.[27] Über die verbandsmäßige Zuständigkeit ist schließlich die Verwaltungshoheit der mit eigener Rechtsfähigkeit und Selbstverwaltungsrechten ausgestatteten juristischen Personen des öffentlichen Rechts von den eigenständigen Trägern der öffentlichen Verwaltung (Bund, Länder und Kommunen) abzugrenzen. Insoweit ist ein besonders Augenmerk auf Art. 83 GG zu richten.[28]

Eine rechtsstaatliche Selbstverständlichkeit ist es, dass die Erhebung personenbezo- **10** gener Daten durch öffentliche Stellen nur dann zulässig ist, wenn die Aufgabenerfüllung, zu deren Zweck die Daten erhoben werden sollen, ihrerseits rechtmäßig erfolgt.[29] Regelmäßig wird eine Datenerhebung also nur in dem Umfang legitim sein, in dem die Aufgabenerfüllung der öffentlichen Stelle durch eine Rechtsvorschrift übertragen ist und sich im rechtmäßigen Rahmen bewegt.[30] Ob dies der Fall ist, ist zumeist anhand von fachspezifischen Vorschriften zu prüfen, welche der öffentlichen Stelle Aufgaben übertragen, zu deren Erfüllung diese auf konkrete Informationen und Erkenntnisse angewiesen ist.[31] Diesbezüglich gibt es eine Fülle von Ein-

---

23 *Gola/Schomerus*, BDSG, § 13 Rn. 2; *Sokol*, in: Simitis, BDSG, § 13 Rn. 15; vgl. *Engelien-Schulz*, VR 2009, S. 73 (75); *Kissner*, StAZ 2012, S. 213 (214) stellt hinsichtlich der Aufgabenwahrnehmung auf „die Berechtigung auf Grund einer Kompetenz in der Sache" ab.

24 *Wedde*, in: Däubler/Klebe/Wedde/Weichert, BDSG, § 13 Rn. 7; *Sokol*, in: Simitis, BDSG, § 13 Rn. 16.

25 *Sokol*, in: Simitis, BDSG, § 13 Rn. 16.

26 *Wedde*, in: Däubler/Klebe/Wedde/Weichert, BDSG, § 13 Rn. 7; *Sokol*, in: Simitis, BDSG, § 13 Rn. 16.

27 *Wedde*, in: Däubler/Klebe/Wedde/Weichert, BDSG, § 13 Rn. 7; *Sokol*, in: Simitis, BDSG, § 13 Rn. 17.

28 *Sokol*, in: Simitis, BDSG, § 13 Rn. 18; *Wedde*, in: Däubler/Klebe/Wedde/Weichert, BDSG, § 13 Rn. 7.

29 *Sokol*, in: Simitis, BDSG, § 13 Rn. 19; *Wedde*, in: Däubler/Klebe/Wedde/Weichert, BDSG, § 13 Rn. 9; *Woertge*, Die Prinzipien des Datenschutzrechts und ihre Realisierung im geltenden Recht, S. 157 f.

30 *Sokol*, in: Simitis, BDSG, § 13 Rn. 19.

31 *Gola/Schomerus*, BDSG, § 13 Rn. 2; *Wedde*, in: Däubler/Klebe/Wedde/Weichert, BDSG, § 13 Rn. 9; mit einigen Beispielen *Schaffland/Wiltfang*, BDSG, § 13 Rn. 2.

zelfallentscheidungen der Gerichte, auf deren praxisrelevante Fallgruppen im Folgenden eingegangen wird.

b) Im Besonderen: Datenerhebung zur Wahrnehmung polizeilicher Aufgaben

11 Nachdem öffentliche Stellen personenbezogene Daten nur im Rahmen rechtmäßiger Aufgabenerfüllung erheben dürfen, ist das Ausmaß der Datenerhebungsmöglichkeit vom Umfang der dem Staat zugestandenen Befugnisse abhängig. Insbesondere im Zusammenhang mit der Terrorismusbekämpfung sind die Befugnisse des Staates stetig erweitert worden.[32] Den Ausweitungsbestrebungen des Gesetzgebers wurden seitens der Rechtsprechung[33] (insbesondere der des Bundesverfassungsgerichts) erhebliche Grenzen gesetzt.

12 Bereits im Urteil zum sog. großen Lauschangriff[34] hat das BVerfG entschieden, dass es einen Kernbereich privater Lebensgestaltung gibt, welcher der staatlichen Überwachung entzogen ist, ohne dass eine Abwägung nach dem Verhältnismäßigkeitsgrundsatz vorzunehmen sei. Dieser Kernbereich privater Lebensgestaltung umfasse die Möglichkeit, innere Vorgänge, wie Empfindungen und Gefühle, sowie Überlegungen, Ansichten und Erlebnisse höchstpersönlicher Art zum Ausdruck zu bringen. Dieser Kernbereich entzieht sich insbesondere auch der akustischen Überwachung des Wohnraums.[35]

13 Im Zusammenhang mit der Beschlagnahme von Telekommunikationsgeräten (PC und Mobiltelefon) hat das BVerfG festgestellt, dass die im Herrschaftsbereich des Kommunikationsteilnehmers gespeicherten Verbindungsdaten durch das Recht auf informationelle Selbstbestimmung und ggf. durch Art. 13 GG geschützt sind.[36] Mittlerweile hat das BVerfG in diesem Zusammenhang aus dem allgemeinen Persönlichkeitsrecht das Grundrecht auf Gewährleistung der Vertraulichkeit und Integrität informationstechnischer Systeme abgeleitet.[37] Der grundrechtliche Schutz wird hierdurch intensiviert.

14 Zum 1.1.2008 war das Gesetz über die sog. Vorratsdatenspeicherung in Kraft getreten. Nach § 113a Abs. 1 TKG war jeder Anbieter öffentlich zugänglicher Telekommunikationsdienste für einen Zeitraum von sechs Monaten zur Speicherung der

---

32 Die Ausweitungsbestrebungen des Gesetzgebers betreffen u. a. Maßnahmen der Wohnraumüberwachung, der Telekommunikationsüberwachung, der Aufenthaltsfeststellung sowie die Rasterfahndung und die Online-Durchsuchung.

33 Eine Rechtsprechungsübersicht zur Durchsuchungsproblematik geben *Gola/Klug*, NJW 2006, S. 2454.

34 BVerfGE 109, 279 = NJW 2004, 999; *Gola/Schomerus*, BDSG, § 13 Rn. 5a.

35 BVerfGE 109, 279 = NJW 2004, 999; *Gola/Schomerus*, BDSG, § 13 Rn. 5a; vertiefend *Löffelmann*, NJW 2005, S. 2033; *Meyer-Wieck*, NJW 2005, S. 2037.

36 BVerfGE 115, 166 = NJW 2006, 976.

37 BVerfGE 120, 274 = DÖV, 2008, 459; vertiefend *Heckmann*, in: Rüßmann, FS Käfer, 2009, S. 129.

Verkehrsdaten verpflichtet. Auf Grundlage des § 100g StPO war zudem vorgesehen, dass die Verkehrsdaten beim Telekommunikationsanbieter erhoben werden konnten. Dies hatte das BVerfG mit einstweiliger Anordnung vom 11.3.2008 insoweit eingeschränkt, als Daten nur dann an die ersuchende Behörde zu übermitteln waren, wenn Gegenstand des Ermittlungsverfahrens gemäß der Anordnung des Abrufs eine Katalogtat i.S.d. § 100a Abs. 2 StPO war und die Voraussetzungen des § 100a Abs. 1 StPO vorlagen. In sonstigen Fällen des § 100g Abs. 1 StPO hatte die Übermittlung der Daten einstweilen zu unterbleiben.[38] Diese einstweilige Anordnung wurde mit Beschluss vom 28.10.2008[39] dahingehend erweitert, dass auch von § 113b Satz 1 Nr. 2 und 3 TKG bis zur Hauptsacheentscheidung nur mit Einschränkung Gebrauch gemacht werden konnte. Mit Urteil des BVerfG vom 2.3.2010 wurden die §§ 113a und 113b TKG wegen Verstoßes gegen Art. 10 Abs. 1 GG für nichtig erklärt. In diesem Zuge und mit gleicher Begründung für nichtig erklärt wurde § 100g Abs. 1 Satz 1 StPO, soweit nach der Vorschrift Verkehrsdaten nach § 113a TKG erhoben werden durften.[40]

Im Zusammenhang mit der Mautdatenerhebung hat das BVerfG Vorschriften des **15** Hessischen Gesetzes über die öffentliche Sicherheit und Ordnung (HSOG) und des Allgemeinen Verwaltungsgesetzes für das Land Schleswig-Holstein (Landesverwaltungsgesetz – LVwG) für nichtig erklärt. Nach Feststellung des BVerfG greift die automatisierte Kennzeichenerfassung zur Mauterhebung in das Recht auf informationelle Selbstbestimmung ein, wenn die erhobenen Daten nicht unverzüglich abgeglichen und gelöscht werden.[41] Der Grundrechtseingriff wiegt besonders schwer, wenn die Kennzeichen gespeichert werden und ggf. für andere Maßnahmen verwandt werden können.[42] Besonders grundrechtsrelevant ist der Eingriff zudem, wenn durch die Kennzeichenerfassung mehr in Erfahrung gebracht wird als der bloße Aufenthaltsort. So kann beispielsweise die Nähe eines Fahrzeugs zu einem bestimmten Veranstaltungsort Rückschlüsse an der dort abgehaltenen Veranstaltung zulassen. Damit kann die Maßnahme verhaltenssteuernde Wirkung im Hinblick auf die Wahrnehmung von Kommunikationsfreiheiten entfalten.[43]

Grenzen setzt die höchstrichterliche Rechtsprechung der Überwachung auch durch **16** das Urteil zur sog. Online-Durchsuchung.[44] Das BVerfG hat in diesem Zusammenhang entschieden, dass das allgemeine Persönlichkeitsrecht (Art. 2 Abs. 1 GG i.V.m. Art. 1 Abs. 1 GG) auch das Recht auf Gewährleistung der Vertraulichkeit

---

38 BVerfGE 121, 1 = NStZ 2008, 290.
39 BVerfGE 122, 120.
40 BVerfG, Urt. v. 2.3.2010 – 1 BvR 256/08, 1 BvR 263/08, 1 BvR 586/08. Siehe dazu auch §§ 113a, 113b TKG Rn. 4 ff.
41 BVerfGE 120, 378 = MMR 2008, 308.
42 BVerfGE 120, 378 = MMR 2008, 308.
43 BVerfGE 120, 378 = MMR 2008, 308.
44 BVerfGE 120, 274 = MMR 2008, 315.

und Integrität informationstechnischer Systeme beinhaltet.[45] Das heimliche Infiltrieren eines informationstechnischen Systems sei nur zulässig, wenn tatsächliche Anhaltspunkte einer konkreten Gefahr für ein überragend wichtiges Rechtsgut bestünden. Als überragend wichtige Rechtsgüter gelten in diesem Zusammenhang Leib, Leben und Freiheit der Person sowie der Bestand des Staates und die Grundlagen der menschlichen Existenz.[46] Eingriffe in informationstechnische Systeme bedürfen der richterlichen Anordnung und eines Gesetzes, das Vorkehrungen zum Schutz des Kernbereichs privater Lebensführung trifft.[47]

17 Allerdings stellt das BVerfG im Zusammenhang mit der Online-Durchsuchung auch fest, dass nicht jedes informationstechnische System, das personenbezogene Daten erzeugen, verarbeiten oder speichern kann, eines besonderen persönlichkeitsrechtlichen Schutzes bedarf. Diese Schwelle ist erst überschritten, wenn die von der Eingriffsermächtigung erfassten informationstechnischen Systeme Daten in einem solchen Umfang oder in einer solchen Vielfalt enthalten können, dass die Möglichkeit besteht, wesentliche Teile der Lebensgestaltung einer Person zu erfassen oder sich ein aussagekräftiges Bild von der Persönlichkeit des Betroffenen abzeichnet.[48] Die polizeiliche Praxis zeigt jedoch, dass die Vorgaben des Bundesverfassungsgerichts oft nicht eingehalten werden. Hierzu sei auf den Einsatz sog. Staatstrojaner im Rahmen einer Quellen-Telekommunikationsüberwachung verwiesen.[49]

4. Erforderlichkeit der Kenntnis

18 Angesichts der technischen Möglichkeiten der Datenverarbeitung ist der Erforderlichkeitsgrundsatz neben dem Zweckbindungsgrundsatz zu einem prägenden Element des Datenschutzes geworden.[50] § 13 BDSG gestattet eine Datenerhebung nur, soweit die Daten seitens der erhebenden Stelle zur Erfüllung der ihr obliegenden Aufgaben zwingend benötigt werden.[51] Nachdem das Bundesverfassungsgericht in seinem „Volkszählungsurteil" festgestellt hat, dass es keine belanglosen Daten gibt, deren Erhebung rechtlich ohne Bedeutung ist,[52] ist der Erforderlichkeitsgrundsatz stets zu berücksichtigen.

a) Der Begriff der Erforderlichkeit

19 Aufgrund der grundsätzlichen datenschutzrechtlichen Intention, Datenerhebungen zu untersagen, bedarf der unbestimmte Rechtsbegriff der Erforderlichkeit der engen

---

45 BVerfGE 120, 274 = MMR 2008, 315.
46 BVerfGE 120, 274 = MMR 2008, 315.
47 BVerfGE 120, 274 = MMR 2008, 315.
48 BVerfGE 120, 274 = MMR 2008, 315.
49 *Roggenkamp*, in: Plath, BDSG, § 13 Rn. 11.
50 *Gola/Schomerus*, BDSG, § 13 Rn. 3.
51 *Wedde*, in: Däubler/Klebe/Wedde/Weichert, BDSG, § 13 Rn. 14.
52 BVerfGE 65, 1 (45).

Auslegung.[53] Die Erforderlichkeit bestimmt sich nicht nach alten, schon lang geübten und ggf. auch bewährten Verwaltungsabläufen. Maßstab ist vielmehr, was nach aktuellen Erkenntnissen im Rahmen einer „schlanken" Aufgabenerfüllung benötigt wird.[54] Öffentlichen Stellen sind genau die Daten zuzubilligen, die sie zur Aufgabenerfüllung benötigen, mithin das Minimum.[55]

Als conditio sine qua non muss die Datenerhebung die öffentliche Stelle in die **20** Lage versetzen, die ihr gestellten Aufgaben rechtmäßig, vollständig und in angemessener Zeit erfüllen zu können.[56] Voraussetzung ist, dass die Daten zu diesem Zweck im konkreten Einzelfall unverzichtbar sind.[57]

b) Grundsatz der Verhältnismäßigkeit

Die Erforderlichkeitsprüfung kann nicht unter Außerachtlassung des verfassungs- **21** rechtlich gebotenen Grundsatzes der Verhältnismäßigkeit durchgeführt werden; vielmehr sind schutzwürdige Interessen des Betroffenen stets zu berücksichtigen.[58] Von der Erforderlichkeit der Datenerhebung für die öffentliche Stelle kann also nicht automatisch auf deren Rechtmäßigkeit geschlossen werden.[59] Soweit die Datenerhebung in das allgemeine Persönlichkeitsrecht der betroffenen Person eingreift oder deren sonstige schutzwürdige Belange übermäßig beeinträchtigt, ist die Maßnahme möglicherweise schon aus diesem Grunde unzulässig.[60]

c) Entscheidung über die Erforderlichkeit

Die verantwortliche Stelle trifft die Entscheidung über die Erforderlichkeit der Da- **22** tenerhebung.[61] Ihre Entscheidung bleibt auch maßgeblich, wenn es in der Bewertung dessen, welche Daten zur Aufgabenerfüllung erforderlich sind, zu Meinungsverschiedenheiten zwischen der erhebenden Stelle und den Kontrollinstitutionen kommt. Dies hat bereits deshalb zu gelten, weil die erhebende Stelle ihre Ansicht später auch vor den Gerichten zu vertreten hat.

---

53 *Wedde*, in: Däubler/Klebe/Wedde/Weichert, BDSG, § 13 Rn. 15; *Bergmann/Möhrle/Herb*, BDSG, § 13 Rn. 22; *Sokol*, in: Simitis, BDSG, § 13 Rn. 25.
54 Vgl. *Engelien-Schulz*, VR 2009, S. 73 (75).
55 *Wedde*, in: Däubler/Klebe/Wedde/Weichert, BDSG, § 13 Rn. 15; *Sokol*, in: Simitis, BDSG, § 13 Rn. 25.
56 *Sokol*, in: Simitis, BDSG, § 13 Rn. 26; *Gola/Schomerus*, BDSG, § 13 Rn. 3.
57 *Sokol*, in: Simitis, BDSG, § 13 Rn. 26.
58 *Sokol*, in: Simitis, BDSG, § 13 Rn. 26; *Stender-Vorwachs*, in: BeckOK Datenschutzrecht, § 13 Rn 13.
59 *Sokol*, in: Simitis, BDSG, § 13 Rn. 24.
60 *Sokol*, in: Simitis, BDSG, § 13 Rn. 26; vgl. OLGR Köln 1994, 58 = DuD 1996, 38.
61 *Gola/Schomerus*, BDSG, § 13 Rn. 5.

d) Insbesondere: Zeitpunkt der Erforderlichkeit

23   Der Wortlaut des § 13 BDSG („erforderlich ist") spricht dafür, dass Daten nur erhoben werden dürfen, wenn sie zum Zeitpunkt der Erhebung benötigt werden. Unter diesem Gesichtspunkt ist die Datenerhebung auf Vorrat problematisch.[62] Nach der Rechtsprechung des Bundesverfassungsgerichts im Volkszählungsurteil ist das Sammeln nicht anonymisierter Daten zu unbestimmten oder noch nicht bestimmbaren Zwecken unzulässig, da es dem Gebot der notwendigen gesetzlichen Festlegung des Verwendungszwecks widerspricht.[63] Eine Datenerhebung zu unbestimmten oder erst künftig bestimmbaren Zwecken ist somit grundsätzlich verboten.[64]

24   Hiervon sind jedoch die gesetzlich geregelten Fälle der Vorratsspeicherung abzugrenzen.[65] Diese betreffen die Konstellation, dass die zuständige Stelle Daten für eine bestimmte Aufgabe erhebt und lediglich der Zeitpunkt noch nicht feststeht, zu dem die Daten benötigt werden.[66] Eine solche Datenerhebung auf Vorrat ist nicht per se abzulehnen,[67] sondern bedarf einer einzelfallgerechten Prüfung. Nach § 97 Abs. 3 TKG dürfen z. B. Verbindungsdaten über geführte Telefongespräche für Beweiszwecke in einem Gerichtsverfahren gespeichert werden.

5. Zweckbindungsgrundsatz

25   In engem Zusammenhang mit dem Erforderlichkeitsgrundsatz steht als weiteres Erfordernis die Festlegung des Verwendungszwecks. Der Gesetzgeber muss den Verwendungszweck bereichsspezifisch, präzise und für den Betroffenen erkennbar bestimmen.[68]

26   Unzureichend ist es, wenn in einer gesetzlichen Ermächtigungsnorm lediglich das Mittel zur Durchführung von Ermittlungen, nicht hingegen Anlass und Zweck der Maßnahme bestimmt werden. Die bloße Bezugnahme auf den Fahndungsbestand bewirkt z. B. für sich genommen noch nicht in jedem Fall eine hinreichende Einengung des Verwendungszwecks.[69]

---

62 Vgl. BVerfG, Urt. v. 2.3.2010 – 1 BvR 256/08, u. a.

63 BVerfGE 65, 1 (46); BVerfG, Urt. v. 2.3.2010 – 1 BvR 256/08, u. a.

64 BVerfGE 65, 1 (46); *Sokol*, in: Simitis, BDSG, § 13 Rn. 26; *Gola/Schomerus*, BDSG, § 13 Rn. 4.

65 Eine derartige Datenerhebung unterliegt aber im Hinblick auf das Recht auf informationelle Selbstbestimmung erhöhten Begründungsanforderungen. Ferner ist der Zweckbindungsgrundsatz strikt zu beachten; vgl. *Wedde*, in: Däubler/Klebe/Wedde/Weichert, BDSG, § 13 Rn. 16.

66 Zu diesem Aspekt siehe *Dammann*, in: Simitis, BDSG, § 14 Rn. 19.

67 *Dammann*, in: Simitis, BDSG, § 14 Rn. 19; a. A. *Sokol*, in: Simitis, BDSG, § 13 Rn. 26, der eine aktuelle Erforderlichkeit der Datenerhebung fordert.

68 BVerfGE 120, 378 = NJW 2008, 1505; BVerfG, Urt. v. 2.3.2010 – 1 BvR 256/08, u. a.

69 BVerfGE 120, 378 = NJW 2008, 1505.

6. Verhältnis zu anderen Grundsätzen

Im Hinblick auf die technischen Möglichkeiten der Datenverarbeitung stellen der 27
Grundsatz der Erforderlichkeit und der Zweckbindungsgrundsatz wesentliche Elemente des Datenschutzes dar.[70]

Ergänzt wird der Erforderlichkeitsgrundsatz durch das Gebot der Datenvermeidung 28
und Datensparsamkeit.[71] Nach Maßgabe des § 3a BDSG sollen technische Möglichkeiten bei der Datenerhebung genutzt werden, um durch Gestaltung und Auswahl von Datenverarbeitungssystemen so wenig personenbezogene Daten wie möglich und so viele Daten wie gerade noch erforderlich zu erheben. Damit ist im Rahmen der Erforderlichkeitsprüfung verstärkt danach zu fragen, ob die Aufgabe, zu deren Erfüllung die Daten benötigt werden, nicht auch mit pseudonymisierten oder gar anonymisierten Daten erledigt werden kann (vgl. § 3a Satz 2 BDSG).[72]

III. Hinweispflicht bei Erhebung von nicht-öffentlichen Stellen (Abs. 1a)

1. Allgemeines

§ 13 Abs. 1a BDSG begründet eine Hinweispflicht der Behörde, wenn sie Daten bei 29
einer nicht-öffentlichen Stelle erhebt. Die Vorschrift ergänzt insofern die Verfahrensregelungen des § 4 Abs. 2 und 3 BDSG.[73] Die erhebende öffentliche Stelle hat die nicht-öffentliche Stelle auf die Rechtsvorschrift, die zur Auskunft verpflichtet, hinzuweisen. Wenn keine gesetzliche Grundlage für eine Auskunftsverpflichtung gegenüber der öffentlichen Stelle besteht, kann die Auskunftserteilung nur auf freiwilliger Basis erfolgen.[74] Auch auf die Freiwilligkeit muss seitens der öffentlichen Stelle ausdrücklich hingewiesen werden.[75]

Sofern eine Übermittlungspflicht für die nicht-öffentliche Stelle besteht, handelt es 30
sich bei dem Datenabruf um einen Verwaltungsakt, der nach § 39 VwVfG zu begründen ist. Fehlt diese Begründung, ist der Verwaltungsakt rechtswidrig. Dieser rein formelle Fehler kann jedoch nach § 45 Abs. 1 Nr. 2 VwVfG geheilt werden.[76]

---

70 Siehe hierzu bereits oben *Gola/Schomerus*, BDSG, § 13 Rn. 3.
71 *Stender-Vorwachs*, in: BeckOK Datenschutzrecht, § 13 Rn. 14.
72 *Sokol*, in: Simitis, BDSG, § 13 Rn. 27.
73 *Stender-Vorwachs*, in: BeckOK Datenschutzrecht, § 13 Rn. 16.
74 *Wedde*, in: Däubler/Klebe/Wedde/Weichert, BDSG, § 13 Rn. 21.
75 In diesem Fall ist evtl. ein Hinweis auf den Erhebungszweck geboten, damit die nicht-öffentliche Stelle beurteilen kann, ob sie die Auskunft erteilen darf; vgl. *Wedde*, in: Däubler/Klebe/Wedde/Weichert, BDSG, § 13 Rn. 22.
76 *Bergmann/Möhrle/Herb*, BDSG, § 13 Rn. 42.

2. Datenerhebung bei nicht-öffentlicher Stelle

31 Die durch § 13 Abs. 1a BDSG angeordnete Hinweispflicht greift nur dann, wenn eine Datenerhebung[77] bei einer nicht-öffentlichen Stelle erfolgt.[78] Hier gleicht die Situation der Datenerhebung unmittelbar der bei dem Betroffenen.[79] Würden die Daten beim Betroffenen erhoben, hätte die erhebende Stelle diesen gem. § 4 Abs. 3 Satz 2 BDSG zu unterrichten.[80] Bei nicht-öffentlichen Stellen wird die Kenntnis der zur Auskunft verpflichtender Rechtsvorschriften nicht vorausgesetzt.[81] Konsequenterweise werden daher mit Abs. 1 entsprechende Hinweispflichten angeordnet.

3. Hinweispflicht

32 Die Hinweispflicht gegenüber der nicht-öffentlichen Stelle ist mit derjenigen identisch, die gegenüber dem Betroffenen im Falle der Direkterhebung bestünde.[82]

33 Grundsätzlich reicht es aus, wenn die öffentliche Stelle bei Bestehen einer Hinweispflicht in nachvollziehbarer Weise auf die Rechtsvorschrift hinweist, die zur Auskunft verpflichtet. Bezüglich des Umfangs der Hinweispflicht können sich jedoch je nach Adressat des Hinweises große Unterschiede ergeben. Entscheidend wird es darauf ankommen, ob es sich bei der betroffenen nicht-öffentlichen Stelle um ein Unternehmen oder eine Privatperson handelt. So dürfte etwa gegenüber Unternehmen mit eigener Rechtsabteilung ein kurzer Hinweis genügen, während gegenüber Privaten eingehende Erläuterungen erforderlich sind.[83] Eines gesonderten Hinweises bedarf es auch bei Auskunftsersuchen, deren Beantwortung nur in Teilen der Freiwilligkeit unterliegt.[84]

34 Soweit es sich bei der die Datenerhebung gestattenden Rechtsvorschrift um eine spezialgesetzliche Norm handelt, ist deren umgangssprachliche Bezeichnung zu wählen und die Fundstelle anzugeben. Lediglich bei allgemein gebräuchlichen Gesetzen kann die Abkürzung (z. B. BGB) verwendet und von der Angabe der Fundstelle abgesehen werden.[85]

35 § 13 Abs. 1a BDSG sieht die Angabe des Erhebungszwecks ausdrücklich nicht vor. Dieser betrifft primär das Rechtsverhältnis zwischen der öffentlichen Stelle und dem Betroffenen. Diesbezügliche Hinweise dürfen gegenüber der um Auskunft ersuchten Stelle nur dann erfolgen, wenn eine Verletzung schutzwürdiger Belange

---

77 Vgl. § 3 Abs. 3 BDSG.
78 Vgl. hierzu die Ausführungen bei § 2 BDSG.
79 *Gola/Schomerus*, BDSG, § 13 Rn. 9.
80 *Gola/Schomerus*, BDSG, § 13 Rn. 9.
81 *Sokol*, in: Simitis, BDSG, § 13 Rn. 29.
82 *Wedde*, in: Däubler/Klebe/Wedde/Weichert, BDSG, § 13 Rn. 20.
83 *Sokol*, in: Simitis, BDSG, § 13 Rn. 30.
84 *Gola/Schomerus*, BDSG, § 13 Rn. 12.
85 *Gola/Schomerus*, BDSG, § 13 Rn. 11; a. A. *Schaffland/Wiltfang*, BDSG, § 13 Rn. 16, die auf ein Nachfragerecht des Betroffenen verweisen.

des von der Erhebung Betroffenen ausgeschlossen ist.[86] Es bedarf also einer Einzelfallabwägung.[87]

IV. Erhebung sensibler Daten (Abs. 2)

1. Allgemeines

Mit § 13 Abs. 2 BDSG werden die Vorgaben von Art. 8 EG-DSRl umgesetzt, wonach die Verarbeitung bestimmter sensibler Daten grundsätzlich verboten ist[88] und nur in bestimmten Ausnahmefällen zugelassen werden darf.[89] Die in § 13 Abs. 2 enthaltenen Ausnahmetatbestände, welche öffentlichen Stellen die Möglichkeit zur Erhebung besonderer Arten personenbezogener Daten[90] eröffnen, sind wegen der besonderen Schutzbedürftigkeit dieser sensiblen Datenkategorien richtlinienkonform und damit restriktiv auszulegen.[91] Der Katalog von neun Ausnahmetatbeständen steht dem Rechtsanwender für eine Öffnung auf weitere ungeregelte Tatbestände nicht zur Verfügung.[92]   **36**

Die Vorschrift tritt neben § 4 BDSG, der bereits ein grundsätzliches Datenerhebungsverbot beinhaltet. Die eigentliche Bedeutung des § 13 Abs. 2 BDSG besteht darin, dass die Ausnahmemöglichkeiten vom Erhebungsverbot des § 4 BDSG für öffentliche Stellen noch weiter beschränkt werden.[93] Soweit nicht mindestens ein Tatbestand des § 13 Abs. 2 BDSG uneingeschränkt erfüllt wird, bleibt die Erhebung untersagt.[94]   **37**

2. Rechtsvorschrift (Nr. 1)

Nach § 13 Abs. 2 Nr. 1 BDSG ist die Datenerhebung zulässig, wenn eine Rechtsvorschrift diese vorsieht (Var. 1) oder sie aus Gründen eines wichtigen öffentlichen Interesses zwingend erfordert (Var. 2).[95]   **38**

---

86 *Sokol*, in: Simitis, BDSG, § 13 Rn. 32; *Roggenkamp*, in: Plath, BDSG, § 13 Rn. 11.
87 So auch *Stender-Vorwachs*, in: BeckOK Datenschutzrecht, § 13 Rn 17.
88 *Wedde*, in: Däubler/Klebe/Wedde/Weichert, BDSG, § 13 Rn. 23.
89 *Sokol*, in: Simitis, BDSG, § 13 Rn. 33; *Roggenkamp*, in: Plath, BDSG, § 13 Rn. 13.
90 Die Legaldefinition der besonderen Arten personenbezogener Daten befindet sich in § 3 Abs. 9 BDSG.
91 *Bergmann/Möhrle/Herb*, BDSG, § 13 Rn. 28; *Wedde*, in: Däubler/Klebe/Wedde/Weichert, BDSG, § 13 Rn. 23; *Sokol*, in: Simitis, BDSG, § 13 Rn. 34.
92 *Wedde*, in: Däubler/Klebe/Wedde/Weichert, BDSG, § 13 Rn. 24.
93 *Sokol*, in: Simitis, BDSG, § 13 Rn. 33.
94 *Wedde*, in: Däubler/Klebe/Wedde/Weichert, BDSG, § 13 Rn. 24.
95 Vgl. *Wedde*, in: Däubler/Klebe/Wedde/Weichert, BDSG, § 13 Rn. 25.

a) Vorsehen (Variante 1)

39   Die Ausnahmeregelung des § 13 Abs. 2 Nr. 1 BDSG gründet auf der in Art. 8 Abs. 4 der EG-DSRl enthaltenen Ermächtigung und stellt eine Art Generalvollmacht dar.[96] Voraussetzung ist, dass eine Rechtsvorschrift vorliegt, die den Anforderungen der EG-DSRl genügt. Insoweit geben die Erwägungsgründe 34 bis 36 der Richtlinie Anhaltspunkte dafür, in welchen Bereichen wichtige öffentliche Interessen zur Rechtfertigung von Ausnahmeregelungen herangezogen werden können.[97]

40   Soweit das Erheben besonders sensibler Daten in einer Rechtsvorschrift vorgesehen wird, ist davon auszugehen, dass eine Prüfung des besonderen öffentlichen Interesses an der Erhebung durch den Gesetzgeber ausführlich geprüft und schließlich bejaht wurde.[98] Auch die vorrangig anzuwendenden, bereichsspezifisch geregelten Befugnisse, die zur Erhebung besonderer Arten personenbezogener Daten ermächtigen, müssen den Richtlinienanforderungen genügen.[99]

b) Erforderlichkeit aus zwingenden Gründen des öffentlichen Interesses (Variante 2)

41   Daneben kann eine Rechtsvorschrift die Erhebung besonders sensibler Daten aus wichtigen öffentlichen Interessen zwingend erfordern. Dieser Fall ist von der erstgenannten Variante dadurch zu unterscheiden, dass die Rechtsvorschrift hier die Erhebung sensibler Daten nicht unmittelbar, sondern vielmehr erst durch Auslegung der Norm ermöglicht.

42   Die Tatbestandsmäßigkeit lässt sich anhand von drei Prüfungsschritten beurteilen.[100] Am Anfang der diesbezüglichen Überlegungen steht die Frage nach dem mildesten Mittel bzw. der Erforderlichkeit. Hierbei ist zu prüfen, ob der öffentlichen Stelle eine Möglichkeit zur Verfügung steht, die den Betroffenen weniger belastet und sich zugleich zur Wahrnehmung des zweckgerichteten öffentlichen Interesses eignet.[101] Steht ein solches milderes Mittel zur Verfügung, so darf eine Erhebung nach § 13 Abs. 2 BDSG nicht erfolgen.

43   Steht der öffentlichen Stelle hingegen keine andere Möglichkeit als die Erhebung zur Verfügung, so ist auf der zweiten Prüfungsstufe zu untersuchen, ob die Wichtigkeit des Interesses die Erhebung rechtfertigt.[102] Dies ist nur dann der Fall, wenn das öffentliche Interesse eine derartig hohe Bedeutung und Tragweite aufweist, dass ausnahmsweise eine Abweichung vom grundsätzlichen Erhebungsverbot geboten

---

96 *Gola/Schomerus*, BDSG, § 13 Rn. 14.
97 *Gola/Schomerus*, BDSG, § 13 Rn. 14; *Stender-Vorwachs*, in: BeckOK Datenschutzrecht, § 13 Rn 23.
98 *Gola/Schomerus*, BDSG, § 13 Rn. 14.
99 *Sokol*, in: Simitis, BDSG, § 13 Rn. 35.
100 *Wedde*, in: Däubler/Klebe/Wedde/Weichert, BDSG, § 13 Rn. 26.
101 *Wedde*, in: Däubler/Klebe/Wedde/Weichert, BDSG, § 13 Rn. 26.
102 *Wedde*, in: Däubler/Klebe/Wedde/Weichert, BDSG, § 13 Rn. 26.

ist.[103] Hinsichtlich des öffentlichen Erfordernisses muss es sich aufgrund der gebotenen engen Auslegung der Vorschrift um ein qualifiziertes öffentliches Interesse handeln, dessen Bedeutung und Wichtigkeit ein zwingendes Erfordernis der Datenerhebung begründet.[104]

Sofern auch diese Hürde genommen werden kann, stellt sich schließlich die Frage, **44** ob ein zwingendes Erfordernis für die Erhebung spricht, das keine anderen Alternativen zulässt.[105] Unter Berücksichtigung des qualifizierten öffentlichen Interesses muss die Erhebung der besonders sensiblen Daten im konkreten Einzelfall schlicht unverzichtbar sein.[106] Insoweit ist *Sokol* beizupflichten, der das Tatbestandsmerkmal als „Steigerung des Nicht-Steigerbaren" bezeichnet und schließlich zu Gunsten der Verdeutlichung des absoluten Ausnahmecharakters der Regelung für eine nochmalige besonders strenge Prüfung der Erforderlichkeit im konkreten Einzelfall votiert.[107]

3. Einwilligung (Nr. 2)

Mittels der Ausnahmeregelung des § 13 Abs. 2 Nr. 2 BDSG i.V.m. § 4a Abs. 3 **45** BDSG wird Art. 8 Abs. 2a der EG-DSRl umgesetzt.[108] Zulässig ist die Erhebung besonderer Arten personenbezogener Daten hiernach (bspw. im Rahmen einer Bürgerbefragung)[109] auch dann, wenn der Betroffene in die Erhebung ausdrücklich einwilligt.[110] Die Anforderung an die Einwilligung ergibt sich grundsätzlich aus § 4a BDSG. Diese muss sich nach dessen § 13 Abs. 3 BDSG ausdrücklich auf die besonderen Arten personenbezogener Daten erstrecken.[111] Eine missbräuchliche Verwendung der Einwilligung zur Erweiterung hoheitlicher Befugnisse ist unzulässig.[112]

---

103 *Wedde*, in: Däubler/Klebe/Wedde/Weichert, BDSG, § 13 Rn. 26; *Sokol*, in: Simitis, BDSG, § 13 Rn. 35.

104 *Sokol*, in: Simitis, BDSG, § 13 Rn. 35; *Engelien-Schulz*, UBWV 2011, S. 452 (456).

105 *Wedde*, in: Däubler/Klebe/Wedde/Weichert, BDSG, § 13 Rn. 26; *Gola/Schomerus*, BDSG, § 13 Rn. 15.

106 *Sokol*, in: Simitis, BDSG, § 13 Rn. 35.

107 *Sokol*, in: Simitis, BDSG, § 13 Rn. 35; vgl. auch *Wedde*, in: Däubler/Klebe/Wedde/Weichert, BDSG, § 13 Rn. 26; *Stender-Vorwachs*, in: BeckOK Datenschutzrecht, § 13 Rn. 25; *Roggenkamp*, in: Plath, BDSG, § 13 Rn. 14.

108 *Gola/Schomerus*, BDSG, § 13 Rn. 16; *Stender-Vorwachs*, in: BeckOK Datenschutzrecht, § 13 Rn. 26.

109 Vertiefend *Zilkens*, ZD 2012, S. 371 ff.

110 § 4a BDSG Rn. 2; *Gola/Schomerus*, BDSG, § 13 Rn. 16; *Wedde*, in: Däubler/Klebe/Wedde/Weichert, BDSG, § 13 Rn. 27; in der Verwaltungspraxis sollte von der Möglichkeit des Rückgriffs auf eine datenschutzrechtliche Einwilligungserklärung zurückhaltender Gebrauch gemacht werden, *Engelien-Schulz*, VR 2009, S. 73.

111 *Gola/Schomerus*, BDSG, § 13 Rn. 16.

112 *Wedde*, in: Däubler/Klebe/Wedde/Weichert, BDSG, § 13 Rn. 27; *Sokol*, in: Simitis, BDSG, § 13 Rn. 36; gleichwohl ist es öffentlichen Stellen nicht grundsätzlich untersagt, auf den Erlaubnistatbestand der datenschutzrechtlichen Einwilligung zurückzugreifen, *Engelien-Schulz*, VR 2009, S. 73 (76).

46 Der Tatbestand ist eng auszulegen. Eine konkludente Einwilligung ist daher unzureichend.[113] Vielmehr muss die betroffene Person freiwillig und ausdrücklich in die Verarbeitung der sensitiven Daten einwilligen. Sie muss wollen, dass sensitive Daten über sie erhoben und verarbeitet werden.[114] In diesem Zusammenhang ist die Inanspruchnahme von Leistungen der öffentlichen Hand oder sonstige Abhängigkeiten mit der Einwilligungserteilung des Bürgers zu verbinden (Koppelungsverbot).[115] Zudem wird durch die Einwilligung die Erforderlichkeitsprüfung nicht ersetzt.[116]

47 Hinsichtlich der Einwilligungslösung besteht in der Praxis die Problematik, dass das Erfordernis der Freiwilligkeit meist in Konflikt mit Nachteilen tritt, die der Betroffene bei Verweigerung der Einwilligung in Kauf nehmen muss (zum Kopplungsverbot vgl. § 13 Rn. 46). Insofern lässt sich über die Freiwilligkeit einer Einwilligung bspw. im Bereich der sozialen Daseinsfürsorge trefflich streiten.[117]

4. Schutz lebenswichtiger Interessen (Nr. 3)

48 Mit § 13 Abs. 2 Nr. 3 BDSG wird die Vorgabe des Art. 8 Abs. 2c der EG-DSRl umgesetzt. Die Vorschrift gestattet die Erhebung besonderer Arten personenbezogener Daten in Fällen, in denen grundsätzlich die Vermutung besteht, dass der Betroffene die erforderliche Einwilligung zur Datenerhebung erteilen würde, wenn er hierzu im Stande wäre.[118]

49 Der Tatbestand des § 13 Abs. 2 Nr. 3 BDSG ist von drei Voraussetzungen abhängig. Zunächst müssen lebenswichtige Interessen des Betroffenen oder eines Dritten tangiert sein. Weiterhin muss die Einwilligung zum Schutz dieser Interessen erforderlich sein und schließlich muss der Betroffene außerstande sein, die Einwilligungserklärung abzugeben.

a) Lebenswichtige Interessen des Betroffenen oder eines Dritten

50 Lebenswichtige Interessen dürften immer dann betroffen sein, wenn Gefahren für Leib und Leben begegnet wird, was insbesondere im Zusammenhang mit einer Datenerhebung zu Zwecken des Gesundheitsschutzes der Fall sein kann.[119] Gesund-

---

113 *Roggenkamp*, in: Plath, BDSG, § 13 Rn. 15.

114 *Gola/Schomerus*, BDSG, § 13 Rn. 16.

115 *Engelien-Schulz*, VR 2009, S. 73 (77). Zum Koppelungsverbot für nicht-öffentliche Stellen § 28 BDSG Rn. 180 ff., § 95 TKG Rn. 16.

116 *Gola/Schomerus*, BDSG, § 13 Rn. 16; *Engelien-Schulz*, RDV 2005, S. 201 (205).

117 *Gola/Schomerus*, BDSG, § 13 Rn. 16; *Wedde*, in: Däubler/Klebe/Wedde/Weichert, BDSG, § 13 Rn. 28; *Stender-Vorwachs*, in: BeckOK Datenschutzrecht, § 13 Rn. 27; vertiefend *Bull*, RDV 1999, S. 150. Zum Merkmal der Freiwilligkeit ausführlich § 4a BDSG Rn. 48 ff.

118 *Sokol*, in: Simitis, BDSG, § 13 Rn. 37.

119 *Wedde*, in: Däubler/Klebe/Wedde/Weichert, BDSG, § 13 Rn. 30.

heitsschutz i. S. d. Vorschrift ist regelmäßig der Schutz vor lebensgefährlichen Krankheiten[120] und Infektionsherden.

Soweit die Vorschrift auch lebenswichtige Interessen eines Dritten mit einbezieht, **51** geht sie über den Regelungsgehalt von Art. 7d der EG-DSRl hinaus.

b) Erforderlichkeit zum Schutz der Interessen

Hinsichtlich der Erforderlichkeit i. S. d. Vorschrift wird auf die Ausführungen zu **52** § 13 Abs. 1 (Rn. 18 ff.) verwiesen.

c) Außerstandesein zur Einwilligung

Weiterhin Tatbestandvoraussetzung des § 13 Abs. 2 Nr. 3 BDSG ist, dass der Be- **53** troffene, dessen Daten erhoben werden sollen, aus physischen oder rechtlichen Gründen nicht in der Lage ist, in die Datenerhebung einzuwilligen.[121] Umstritten ist, inwieweit im Rahmen der Vorschrift auf die mutmaßliche Einwilligung des Betroffenen abzustellen ist.

Simitis stellt entscheidend auf die mutmaßliche Einwilligung des Betroffenen ab. **54** Er geht davon aus, dass die Erhebung nur dann zulässig ist, wenn die betroffene Person bei Nichtvorliegen der Hinderungsgründe auch tatsächlich eingewilligt hätte.[122] Die diesbezügliche Prognoseentscheidung ist aus der Sicht eines verständigen Dritten zu treffen.[123] Soweit nach den Umständen des Einzelfalls anzunehmen sei, dass die betroffene Person im Falle ihrer Entscheidungsfähigkeit gerade keine Einwilligung erteilen wollen würde, spricht er sich gegen eine Anwendbarkeit der Vorschrift aus. Es sei widersinnig, den Verlust der Entscheidungsfähigkeit zur Hinwegsetzung über die Interessen der betroffenen Person zu nutzen.[124] Die Erhebung müsse demnach unterbleiben, wenn mit hinreichender Sicherheit davon auszugehen sei, dass der Betroffene die Einwilligung verweigert hätte, wenn er diesbezüglich zur freien Entscheidung befähigt gewesen wäre.[125]

Dem wird seitens *Gola/Schomerus* entgegengehalten, dass das BDSG eine mut- **55** maßliche Einwilligung nicht kennt.[126] Jedenfalls soweit nicht zu klären sei, ob der Betroffene die erforderliche ausdrückliche Einwilligung erteilen würde, müsse die Erhebung zur Wahrung lebenswichtiger Interessen erfolgen.[127] In diese Richtung argumentiert auch *Stender-Vorwachs*, die den Verhältnismäßigkeitsgrundsatz in

120 *Sokol*, in: Simitis, BDSG, § 13 Rn. 37; *Engelien-Schulz*, UBWV 2011, S. 452 (457).
121 *Sokol*, in: Simitis, BDSG, § 13 Rn. 37; *Wedde*, in: Däubler/Klebe/Wedde/Weichert, BDSG, § 13 Rn. 30; *Roggenkamp*, in: Plath, BDSG, § 13 Rn. 16.
122 Vgl. *Sokol*, in: Simitis, BDSG, § 12 Rn. 37.
123 *Wedde*, in: Däubler/Klebe/Wedde/Weichert, BDSG, § 13 Rn. 30.
124 Zur Problematik vertiefend *Sokol*, in: Simitis, BDSG, § 13 Rn. 37.
125 *Wedde*, in: Däubler/Klebe/Wedde/Weichert, BDSG, § 13 Rn. 30; *Roggenkamp*, in: Plath, BDSG, § 13 Rn. 17.
126 *Gola/Schomerus*, BDSG, § 13 Rn. 17. Siehe auch § 4a BDSG Rn. 45.
127 *Gola/Schomerus*, BDSG, § 13 Rn. 17.

Einzelfällen durch das öffentliche Gewicht der lebenswichtigen Interessen zurückgedrängt sieht.[128] Eine solche Interpretation widerspricht dem Gebot der restriktiven Auslegung des § 13 Abs. 2 BDSG und ist daher abzulehnen.

5. Offenkundig veröffentlichte Daten (Nr. 4)

56 § 13 Abs. 2 Nr. 4 BDSG gestattet die Erhebung von Daten, die der Betroffene selbst offenkundig öffentlich gemacht hat. Die Vorschrift ähnelt der Einwilligung von § 13 Abs. 2 Nr. 2 BDSG, weil auch hier eine freie Entscheidung über die Freigabe der Daten erfolgt ist. Im Gegensatz zur Einwilligung fehlt dem Betroffenen allerdings die genaue Information darüber, welche Daten tatsächlich von öffentlichen Stellen zur Kenntnis genommen werden. Er weiß bei § 13 Abs. 2 Nr. 4 BDSG lediglich von der Möglichkeit der Kenntnisnahme. Gerade dies schwächt das in die Veröffentlichung hineininterpretierte Einverständnis zur Datenerhebung deutlich ab. Die Vorschrift ist daher restriktiv zu verstehen.[129] Sie lässt eine Erhebung von Daten nur dann zu, wenn Einwände des Betroffenen gegen die Erfassung der Daten durch öffentliche Stellen bei sorgfältiger Bewertung offensichtlich nicht bestehen können.[130]

a) Offenkundigkeit

57 Die Veröffentlichung der Daten ist nur offenkundig, wenn sie auf einem eindeutigen Willen des Betroffenen beruht.[131] Der Betroffene muss gewusst und im Rahmen seiner Willensbildung berücksichtigt haben, dass die Daten von einer öffentlichen Stelle erhoben und weiter verwendet werden können.[132] Die Vorschrift bezieht sich demnach also nicht auf alle Informationen, die öffentlich bekannt sind. Vielmehr müssen die Daten bewusst zur Verwendung durch öffentliche Stellen freigegeben worden sein.[133]

58 Nicht offenkundig sind z. B. Daten, denen sich der Betroffene im Zusammenhang mit einer öffentlichen Kandidatur für den Kirchenvorstand,[134] der Teilnahme an einer Demonstration, in Internet-Chaträumen[135] oder in sozialen Netzwerken entäußert. Anwendung kann die Vorschrift hingegen auf öffentliche Register, Teilnehmerverzeichnisse und Auflistungen der Angehörigen bestimmter Gruppen finden.[136] Differenzierend sind soziale Netzwerke zu betrachten: Hierbei kommt es

---

128 *Stender-Vorwachs*, in: BeckOK Datenschutzrecht, § 13 Rn. 30.

129 *Sokol*, in: Simitis, BDSG, § 13 Rn. 38.

130 *Wedde*, in: Däubler/Klebe/Wedde/Weichert, BDSG, § 13 Rn. 32. Siehe auch § 28 BDSG Rn. 224.

131 *Gola/Schomerus*, BDSG, § 13 Rn. 18.

132 *Wedde*, in: Däubler/Klebe/Wedde/Weichert, BDSG, § 13 Rn. 31; *Gola/Schomerus*, § 13 Rn. 18.

133 *Wedde*, in: Däubler/Klebe/Wedde/Weichert, BDSG, § 13 Rn. 31.

134 *Wedde*, in: Däubler/Klebe/Wedde/Weichert, BDSG, § 13 Rn. 31.

135 *Sokol*, in: Simitis, BDSG, § 13 Rn. 38.

auf die Ausrichtung des Netzwerkes an.[137] Handelt es sich um ein Netzwerk, welches primär für berufliche Zwecke genutzt wird (z. B. Xing), so kann von einem Veröffentlichungswillen ausgegangen werden, während bei privaten sozialen Netzwerken (z. B. Facebook) dieser nicht unbedingt angenommen werden kann.[138]

b) Kriterium der Freiwilligkeit

Das Kriterium der Freiwilligkeit verbietet die Datenerhebung, wenn im Zusammenhang mit der Aufnahme in ein Verzeichnis ein indirekter oder direkter Zwang bestand.[139] Es muss sichergestellt sein, dass die Veröffentlichung aus eigenen Stücken erfolgt ist.[140]   **59**

c) Verfassungsrechtlich besonders relevante Daten

Bei verfassungsrechtlich sensiblen Daten ist ein besonders restriktiver Maßstab anzulegen. Nur wenn keine Zweifel bestehen, dass der Betroffene mit der Weitergabe der Daten einverstanden wäre, dürfen diese erhoben werden.[141] Besonders sensibel ist in diesem Zusammenhang etwa die Teilnahme an einer Demonstration, die Mitgliedschaft in einer Interessenvereinigung oder allgemein die Ausübung der Meinungsfreiheit.[142]   **60**

Besonders problematisch ist in diesem Zusammenhang die Überwachung des Fernmeldeverkehrs. Hier kann allein schon die Befürchtung der Überwachung zu einer Anpassung der Kommunikation und damit letzten Endes zu einer Beschränkung der Meinungsfreiheit führen.[143] Im Hinblick auf diese Gefahren hat das BVerfG dem Recht auf informationelle Selbstbestimmung einen „über das Individualinteresse hinausgehenden Gemeinwohlbezug" zuerkannt.[144] Deswegen ist gerade in diesem Bereich die Anwendung der Vorschrift äußerst problematisch.[145]   **61**

6. Abwehr erheblicher Gefahren (Nr. 5)

Der Bereich der öffentlichen Sicherheit ist gem. Art. 3 Abs. 2 der EG-DSRl von ihrem Anwendungsbereich ausgenommen.[146] Der deutsche Gesetzgeber kann also   **62**

---

136 *Gola/Schomerus*, BDSG, § 13 Rn. 18.
137 *Roggenkamp*, in: Plath, BDSG, § 13 Rn. 19.
138 Dazu ausführlich *Roggenkamp*, in: Plath, BDSG, § 13 Rn. 19; wohl grundsätzlich gegen einen Veröffentlichungswillen in sozialen Netzwerken *Stender-Vorwachs*, in: BeckOK Datenschutzrecht, § 13 Rn. 32.
139 *Wedde*, in: Däubler/Klebe/Wedde/Weichert, BDSG, § 13 Rn. 31.
140 *Wedde*, in: Däubler/Klebe/Wedde/Weichert, BDSG, § 13 Rn. 31.
141 *Wedde*, in: Däubler/Klebe/Wedde/Weichert, BDSG, § 13 Rn. 32.
142 *Wedde*, in: Däubler/Klebe/Wedde/Weichert, BDSG, § 13 Rn. 32; *Sokol*, in: Simitis, BDSG, § 13 Rn. 38.
143 *Sokol*, in: Simitis, BDSG, § 13 Rn. 38; BVerfG, Urt. v. 2.3.2010 – 1 BvR 256/08, u. a.
144 BVerfGE 100, 313 (381).
145 *Sokol*, in: Simitis, BDSG, § 13 Rn. 38.
146 *Gola/Schomerus*, BDSG, § 13 Rn. 19.

frei von europäischen Vorgaben die Materie regeln.[147] Dem trägt § 13 Abs. 2 Nr. 5 BDSG Rechnung, welche die Erhebung besonderer Arten personenbezogener Daten gestattet, wenn dies zur Abwehr einer erheblichen Gefahr für die öffentliche Sicherheit erforderlich ist. Die Vorschrift ist restriktiv auszulegen.[148]

a) Erhebliche Gefahr für die öffentliche Sicherheit

63 Voraussetzung dieser Gestattungsvorschrift ist das Bestehen einer Gefahr für die öffentliche Sicherheit im Sinne des Polizeirechts.[149] Eingriffsvoraussetzung wäre demnach eine konkrete Gefahr.[150] Aus dem zusätzlichen Erfordernis der Erheblichkeit wird zudem abgeleitet, dass die Gefahr einem qualifiziertes Rechtsgut wie dem Bestand des Staates, dem Leben, der Gesundheit oder der Freiheit drohen muss.[151]

b) Gefahrenabwehr

64 Die Erhebung der besonderen Arten personenbezogener Arten muss dazu dienen, die tatbestandsmäßige Gefahr für die öffentliche Sicherheit gerade durch die Datenerhebung zu beenden. Der öffentlichen Stelle darf insoweit keine andere Handlungsalternative zur Verfügung stehen.[152]

65 Insoweit lässt sich anzweifeln, ob eine konkrete erhebliche Gefahr überhaupt durch Datenerhebung abgewendet werden kann.[153] Die eher langfristig angelegte Datenerhebung scheint als gebotene Form des sofortigen Einschreitens untauglich.[154] In vielen Fällen dürften somit tatsächlich andere Formen des sofortigen Einschreitens geboten sein,[155] sodass eine Praxisrelevanz der Vorschrift weitgehend nicht gegeben ist.

7. Bewahrung des Gemeinwohls (Nr. 6)

66 Sollen erhebliche Nachteile für das Gemeinwohl abgewehrt oder erhebliche Belange des Gemeinwohls bewahrt werden, können besondere personenbezogene Daten erhoben werden, wenn die Erhebung in diesem Zusammenhang zwingend erforderlich ist.

---

147 *Stender-Vorwachs*, in: BeckOK Datenschutzrecht, § 13 Rn. 33.
148 *Wedde*, in: Däubler/Klebe/Wedde/Weichert, BDSG, § 13 Rn. 33; *Roggenkamp*, in: Plath, BDSG, § 13 Rn. 20.
149 Eine Gefahr für die öffentliche Ordnung genügt demnach nicht; vgl. *Sokol*, in: Simitis, BDSG, § 13 Rn. 39.
150 *Bergmann/Möhrle/Herb*, BDSG, § 13 Rn. 34.
151 *Wedde*, in: Däubler/Klebe/Wedde/Weichert, BDSG, § 13 Rn. 33; *Sokol*, in: Simitis, BDSG, § 13 Rn. 39.
152 *Wedde*, in: Däubler/Klebe/Wedde/Weichert, BDSG, § 13 Rn. 33; *Sokol*, in: Simitis, BDSG, § 13 Rn. 39.
153 *Albrecht/Knabe*, JurPC Web-Dok. 43/2012, Abs. 25.
154 *Albrecht/Knabe*, JurPC Web-Dok. 43/2012, Abs. 25.
155 *Sokol*, in: Simitis, BDSG, § 13 Rn. 39.

a) Abwehr erheblicher Nachteile für das Gemeinwohl

In ihrer ersten Variante stellt die Vorschrift auf die Abwehr erheblicher Gefahren **67** für das Gemeinwohl ab. Der Begriff des Gemeinwohls ist außerordentlich weit und wirft nicht unerhebliche Auslegungsprobleme auf. Der Gemeinwohlbegriff wurde noch nicht vom Bundesverfassungsgericht definiert, jedoch wird auf Gemeinwohlinteressen im Rahmen der Rechtsprechung des Gerichts eingegangen.[156] Diesbezüglich ist auf die Rechtsprechung des Bundesverfassungsgerichts zur Freiheit der Berufswahl[157] sowie den im Rahmen von § 13 Abs. 2 BDSG geltenden Grundsatz der restriktiven Auslegung zurückzugreifen. Hiernach ist eine Datenerhebung gem. Nr. 6 zulässig, wenn dies zur Abwehr schwerer Gefahren für ein überragend wichtiges Gemeinschaftsgut erforderlich ist.[158] Dieses hohe Erfordernis dürfte nur in den seltensten Fällen erfüllt werden.[159]

Der Begriff der Abwehr wird in Nr. 6 ergebnisorientiert definiert.[160] Voraussetzung **68** der Datenerhebung dürfte jedenfalls sein, dass der drohende Schaden noch nicht eingetreten ist. Die allgemeine Lebenserfahrung muss darauf schließen lassen, dass das Gemeinwohl erhebliche Nachteile erfährt, wenn die Datenerhebung nicht stattfindet.[161]

b) Wahrung erheblicher Belange

Die 2. Variante verlangt, dass erhebliche Belange des Allgemeinwohls gefährdet **69** sind, wenn die sensitiven Daten nicht erhoben werden. Auch diese Variante der Nr. 6 hat somit zuvorderst präventiven Charakter.[162] Vor dem Hintergrund der gebotenen restriktiven Bestimmung des Anwendungsbereichs[163] ist ein eigenständiger Regelungsgehalt der Variante 2 neben der Variante 1 nur schwer vorstellbar.

c) Gemeinsame Voraussetzung: Zwingende Erforderlichkeit

Beide Varianten verlangen, dass die Datenerhebung zwingend erforderlich ist, alter- **70** native Maßnahmen ohne Datenerhebung mithin untauglich sind.[164] Eine einfache Erforderlichkeit unter Beachtung des Verhältnismäßigkeitsgrundsatzes wäre dem-

---

156 *Stender-Vorwachs*, in: BeckOK Datenschutzrecht, § 13 Rn. 37.
157 Siehe hierzu BVerfGE 7, 405; BVerfGE 11, 183; vgl. *Bergmann/Möhrle/Herb*, BDSG, § 13 Rn. 35; *Gola/Schomerus*, BDSG, § 13 Rn. 35.
158 *Wedde*, in: Däubler/Klebe/Wedde/Weichert, BDSG, § 13 Rn. 35.
159 *Wedde*, in: Däubler/Klebe/Wedde/Weichert, BDSG, § 13 Rn. 35; *Sokol*, in: Simitis, BDSG, § 13 Rn. 40; a. A. vermutlich *Gola/Schomerus*, BDSG, § 13 Rn. 20.
160 Vgl. *Gola/Schomerus*, BDSG, § 13 Rn. 20.
161 *Gola/Schomerus*, BDSG, § 13 Rn. 20.
162 *Gola/Schomerus*, BDSG, § 13 Rn. 21.
163 Vgl. hierzu auch *Roggenkamp*, in: Plath, BDSG, § 13 Rn. 21.
164 *Wedde*, in: Däubler/Klebe/Wedde/Weichert, BDSG, § 13 Rn. 35.

nach nicht tatbestandsmäßig. Das angestrebte Ziel darf ausschließlich mit Hilfe der erhobenen sensitiven Daten erreichbar sein.[165]

8. Zwecke des Gesundheitsbereichs (Nr. 7)

71 § 13 Abs. 2 Nr. 7 BDSG sieht eine Ausnahme für die Datenerhebung im Gesundheitswesen vor. Die Vorschrift wurde in Anlehnung an Art. 8 Abs. 3 EG-DSRl erlassen, der die Verarbeitung personenbezogener Daten durch medizinisches Personal für zulässig erklärt.[166] Der geschützte Personenkreis und die Art der geschützten Tätigkeit sind aus dem Regelungszweck abzuleiten. Hiernach soll ohnehin Geheimhaltungspflichten unterliegendes ärztliches Personal davon befreit werden, eine Einwilligung des Betroffenen einholen zu müssen.[167]

72 Die Vorschrift privilegiert den gesamten medizinischen Bereich und alle hierin tätigen geheimhaltungspflichtigen Personen.[168] Hierzu gehört auch die Verwaltung der Daten durch ärztliches Personal. Krankenhausverwaltung und ärztliche Abrechnungsstellen sind in Art. 8 Abs. 3 EG-DSRl besonders aufgeführt. Apotheken sind ebenfalls privilegiert. Krankenkassen sind hingegen, so wie andere Finanzdienstleister auch, auf die ausdrückliche Einwilligung des Betroffenen angewiesen.[169]

73 Die Anwendbarkeit der Nr. 7 ist ausschließlich im Rahmen der Erhebung von gesundheitsbezogenen Daten gegeben. Hierbei kann es sich um Daten mit Bezügen zu präventiven, diagnostischen, kurativen oder nachsorgenden Dienstleistungen handeln.[170]

9. Wissenschaftliche Forschung (Nr. 8)

74 Nach § 13 Abs. 2 Nr. 8 BDSG können sensitive Daten erhoben werden, wenn dies für die wissenschaftliche Forschung erforderlich ist, das wissenschaftliche Interesse an der Durchführung der Forschung überwiegt und der Zweck der Forschung auf andere Weise nicht oder nur mit unverhältnismäßigem Aufwand erreicht werden kann.[171] Erfasst werden von der Vorschrift nicht nur öffentliche Forschungsvorhaben, sondern auch solche, deren Durchführung von der Gewährung von Zugang zu

---

165 *Gola/Schomerus*, BDSG, § 13 Rn. 21.

166 *Sokol*, in: Simitis, BDSG, § 13 Rn. 41.

167 *Bergmann/Möhrle/Herb*, BDSG, § 13 Rn. 37; *Roggenkamp*, in: Plath, BDSG, § 13 Rn. 22. Die Pflicht zur Wahrung des Arztgeheimnisses bleibt in vollem Umfang bestehen; vgl. *Gola/Schomerus*, BDSG, § 13 Rn. 22.

168 *Sokol*, in: Simitis, BDSG, § 13 Rn. 41; als zu weitreichend kritisiert wird die Vorschrift von *Wedde*, in: Däubler/Klebe/Wedde/Weichert, BDSG, § 13 Rn. 36.

169 *Gola/Schomerus*, BDSG, § 13 Rn. 22; *Wedde*, in: Däubler/Klebe/Wedde/Weichert, BDSG, § 13 Rn. 37; *Sokol*, in: Simitis, BDSG, § 13 Rn. 41.

170 *Sokol*, in: Simitis, BDSG, § 13 Rn. 41.

171 *Gola/Schomerus*, BDSG, § 13 Rn. 23; *Wedde*, in: Däubler/Klebe/Wedde/Weichert, BDSG, § 13 Rn. 38 f.

besonderen Arten personenbezogener Daten bei öffentlichen Stellen abhängt.[172] Erforderlich ist allerdings ein konkretes Forschungsvorhaben (bspw. des deutschen Krebsforschungszentrums).[173] Eine Datenerhebung quasi „auf Vorrat" für noch unbestimmte Forschungsvorhaben ist unzulässig.[174]

Die Vorschrift setzt eine Interessenabwägung zwischen dem Interesse des Betroffenen am Unterbleiben der Datenerhebung und dem wissenschaftlichen Interesse an der Erhebung der Daten voraus. Sofern diese Abwägung zu Gunsten des Interesses des Betroffen ausgeht, hat die Erhebung zu unterbleiben.[175] Indizwirkung für das Überwiegen des wissenschaftlichen Interesses besteht, wenn vom Ausgang des Forschungsvorhabens erhebliche Auswirkungen für die Gesundheit oder die Sicherheit der Bevölkerung erwartet werden.[176]   **75**

Die betroffene Forschungseinrichtung ist verpflichtet, ihren Untersuchungsverlauf so zu organisieren, dass ein unabhängiger wissenschaftlicher Erkenntnisgewinn[177] möglich ist.[178] Die gesetzliche Privilegierung ist nämlich nur denjenigen Einrichtungen zuzusprechen, die frei und unabhängig von Einflussnahmen Dritter arbeiten können.[179] Im Bereich der medizinischen Forschung ist bspw. vordergründig auf die Weiterentwicklung der Patientenbehandlung und den hieraus folgenden Nutzen der Datenverarbeitung für die Allgemeinheit abzustellen.[180] Eine abhängige Forschungseinrichtung wird den erforderlichen Allgemeinwohlbezug regelmäßig nicht aufweisen.[181]   **76**

In Erwägung zu ziehen ist auch stets, ob sich eine Anonymisierung oder Pseudonymisierung[182] der erhobenen Daten zur Wahrung der Interessen des Betroffenen eignet.[183] Der Zugriff auf nicht-anonymisierte Daten kann gegen den Willen des Betroffenen nur als letztes Mittel in Betracht kommen.[184]   **77**

---

172 *Wedde*, in: Däubler/Klebe/Wedde/Weichert, BDSG, § 13 Rn. 38; *Gola/Schomerus*, BDSG, § 13 Rn. 23; *Ziegler*, GuP 2012, S. 172 (174).

173 *Ziegler*, GuP 2012, S. 172 (174).

174 *Mand*, MedR 2005, S. 565 (574).

175 *Wedde*, in: Däubler/Klebe/Wedde/Weichert, BDSG, § 13 Rn. 39; *Roggenkamp*, in: Plath, BDSG, § 13 Rn. 23.

176 *Gola/Schomerus*, BDSG, § 13 Rn. 23.

177 Das Tatbestandsmerkmal der wissenschaftlichen Ausrichtung soll bspw. dann erfüllt sein, wenn „die Aufbereitung von Daten [...] auch Ärzten bei zukünftigen Therapieempfehlungen hilfreich sein kann"; *Ziegler*, GuP 2012, S. 172 (174).

178 *Ziegler*, GuP 2012, S. 172 (175).

179 *Ziegler*, GuP 2012, S. 172 (175); *Simitis*, in: Simitis, BDSG, § 40 Rn. 36.

180 *Schütze*, DMW 2012, S. 844 (848).

181 *Schütze*, DMW 2012, S. 844 (848).

182 *Engelien-Schulz*, UBWV 2011, S. 452 (459); zur Frage, ob pseudonymisierte Daten noch Personenbezug aufweisen vgl. *Mand*, MedR 2005, S. 565 (568).

183 *Wedde*, in: Däubler/Klebe/Wedde/Weichert, BDSG, § 13 Rn. 39.

184 *Mand*, MedR 2005, S. 565 (574).

Beachtet werden sollte in diesem Zusammenhang schließlich auch, dass der Zugang der Wissenschaft zu Daten öffentlicher Stellen auch in § 16 Abs. 6 BStatG bereichsspezifisch geregelt wurde.[185] Die Vorschrift besagt u. a., dass für die Durchführung wissenschaftlicher Vorhaben vom Statistischen Bundesamt und den statistischen Ämtern der Länder Einzelangaben an Hochschulen oder sonstige Einrichtungen mit der Aufgabe unabhängiger wissenschaftlicher Forchung übermittelt werden dürfen.

10. Verteidigungsbereich (Nr. 9)

78   § 13 Abs. 2 Nr. 9 BDSG betrifft schließlich die Erhebung von Daten, die aus zwingenden Gründen der Verteidigung, zur Krisenbewältigung oder Konfliktverhinderung oder für humanitäre Maßnahmen erforderlich ist. Nach Art. 3 Abs. 2 1. Spiegelstrich EG-DSRl sind diese Bereiche der inneren Sicherheit und internationaler Verpflichtungen von den Beschränkungen des Unionsrechts ausgenommen.[186] Nachdem die Vorschrift zwingende Gründe verlangt, sind hohe Anforderungen an die diesbezüglich von der öffentlichen Stelle zu erbringende Begründung zu stellen. Die Vorschrift bedarf der restriktiven Auslegung.[187]

---

185 Vertiefend *Greb*, Die Verwaltung 44 (2011), S. 563 (565 ff.).
186 *Gola/Schomerus*, BDSG, § 13 Rn. 24.
187 *Wedde*, in: Däubler/Klebe/Wedde/Weichert, BDSG, § 13 Rn. 40; *Sokol*, in: Simitis, BDSG, § 13 Rn. 43; *Stender-Vorwachs*, in: BeckOK Datenschutzrecht, § 13 Rn. 46.

§ 14 Datenspeicherung, -veränderung und -nutzung

(1) Das Speichern, Verändern oder Nutzen personenbezogener Daten ist zulässig, wenn es zur Erfüllung der in der Zuständigkeit der verantwortlichen Stelle liegenden Aufgaben erforderlich ist und es für die Zwecke erfolgt, für die die Daten erhoben worden sind. Ist keine Erhebung vorausgegangen, dürfen die Daten nur für die Zwecke geändert oder genutzt werden, für die sie gespeichert worden sind.

(2) Das Speichern, Verändern oder Nutzen für andere Zwecke ist nur zulässig, wenn

1. eine Rechtsvorschrift dies vorsieht oder zwingend voraussetzt,

2. der Betroffene eingewilligt hat,

3. offensichtlich ist, dass es im Interesse des Betroffenen liegt, und kein Grund zu der Annahme besteht, dass er in Kenntnis des anderen Zwecks seine Einwilligung verweigern würde,

4. Angaben des Betroffenen überprüft werden müssen, weil tatsächliche Anhaltspunkte für deren Unrichtigkeit bestehen,

5. die Daten allgemein zugänglich sind oder die verantwortliche Stelle sie veröffentlichen dürfte, es sei denn, dass das schutzwürdige Interesse des Betroffenen an dem Ausschluss der Zweckänderung offensichtlich überwiegt,

6. es zur Abwehr erheblicher Nachteile für das Gemeinwohl oder einer Gefahr für die öffentliche Sicherheit oder zur Wahrung erheblicher Belange des Gemeinwohls erforderlich ist,

7. es zur Verfolgung von Straftaten oder Ordnungswidrigkeiten, zur Vollstreckung oder zum Vollzug von Strafen oder Maßnahmen im Sinne des § 11 Abs. 1 Nr. 8 des Strafgesetzbuchs oder von Erziehungsmaßregeln oder Zuchtmitteln im Sinne des Jugendgerichtsgesetzes oder zur Vollstreckung von Bußgeldentscheidungen erforderlich ist,

8. es zur Abwehr einer schwerwiegenden Beeinträchtigung der Rechte einer anderen Person erforderlich ist oder

9. es zur Durchführung wissenschaftlicher Forschung erforderlich ist, das wissenschaftliche Interesse an der Durchführung des Forschungsvorhabens das Interesse des Betroffenen an dem Ausschluss der Zweckänderung erheblich überwiegt und der Zweck der Forschung auf andere Weise nicht oder nur mit unverhältnismäßigem Aufwand erreicht werden kann.

(3) Eine Verarbeitung oder Nutzung für andere Zwecke liegt nicht vor, wenn sie der Wahrnehmung von Aufsichts- und Kontrollbefugnissen, der Rechnungsprüfung oder der Durchführung von Organisationsuntersuchungen für die verantwortliche Stelle dient. Das gilt auch für die Verarbeitung oder Nut-

zung zu Ausbildungs- und Prüfungszwecken durch die verantwortliche Stelle, soweit nicht überwiegende schutzwürdige Interessen des Betroffenen entgegenstehen.

(4) Personenbezogene Daten, die ausschließlich zu Zwecken der Datenschutzkontrolle, der Datensicherung oder zur Sicherstellung eines ordnungsgemäßen Betriebes einer Datenverarbeitungsanlage gespeichert werden, dürfen nur für diese Zwecke verwendet werden.

(5) Das Speichern, Verändern oder Nutzen von besonderen Arten personenbezogener Daten (§ 3 Abs. 9) für andere Zwecke ist nur zulässig, wenn

1. **die Voraussetzungen vorliegen, die eine Erhebung nach § 13 Abs. 2 Nr. 1 bis 6 oder 9 zulassen würden oder**

2. **dies zur Durchführung wissenschaftlicher Forschung erforderlich ist, das öffentliche Interesse an der Durchführung des Forschungsvorhabens das Interesse des Betroffenen an dem Ausschluss der Zweckänderung erheblich überwiegt und der Zweck der Forschung auf andere Weise nicht oder nur mit unverhältnismäßigem Aufwand erreicht werden kann.**

Bei der Abwägung nach Satz 1 Nr. 2 ist im Rahmen des öffentlichen Interesses das wissenschaftliche Interesse an dem Forschungsvorhaben besonders zu berücksichtigen.

(6) Die Speicherung, Veränderung oder Nutzung von besonderen Arten personenbezogener Daten (§ 3 Abs. 9) zu den in § 13 Abs. 2 Nr. 7 genannten Zwecken richtet sich nach den für die in § 13 Abs. 2 Nr. 7 genannten Personen geltenden Geheimhaltungspflichten.

Literatur: *Bock/Meissner*, Datenschutz-Schutzziele im Recht, DuD 2012, S. 425; *Denninger*, Verfassungsrechtliche Grenzen polizeilicher Datenverarbeitung insbesondere durch das Bundeskriminalamt, CR 1988, S. 51; *Engelien-Schulz*, „Daten über die Gesundheit" als eine besondere Art personenbezogener Daten – Begriffsbestimmung und Bedeutung für öffentliche Stellen des Bundes, RDV 2005, S. 201; *Engelien-Schulz*, Praxishandbuch des Datenschutzes bei Bundesbehörden, Frechen 2004; *Forgó/Krügel*, Die Subjektivierung der Zweckbindung, DuD 2005, S. 732; *Gallwas*, Zum Prinzip der Erforderlichkeit im Datenschutzrecht, in: Haft/Hassemer/Neumann/Schild/Schroth (Hrsg.), Strafgerechtigkeit – Festschrift für Arthur Kaufmann zum 70. Geburtstag, Heidelberg 1993, S. 819; *Gerling*, Einwilligung und Datenweitergabe in der Forschung, DuD 2008, S. 733; *Gitter/Schnabel*, Die Richtlinie zur Vorratsspeicherung und ihre Umsetzung in das nationale Recht, MMR 2007, S. 411; *Gola/Klug/Reif*, Datenschutz- und presserechtliche Bewertung der „Vorratsdatenspeicherung", NJW 2007, S. 2599; *Göres*, Rechtmäßigkeit des Zugriffs der Strafverfolgungsbehörden auf die Daten der Mauterfassung, NJW 2004, S. 195; *Heckel*, Behördeninterne Geheimhaltung – Ein Beitrag zum amtsinternen Datenaustausch, NVwZ 1994, S. 224; *Heckmann*, Staatliche Schutz- und Förderpflichten zur Gewährleistung von IT-Sicherheit – Erste Folgerungen aus dem Urteil des Bundesverfassungsgerichts zur „Online-Durchsuchung", in: Rüßmann (Hrsg.), Festschrift für Gerhard Käfer, Saarbrücken 2009, S. 129; *Kluth*, Soziale Menschenrechte illegal aufhältiger Personen und behördliche Meldepflichten im Aufenthaltsrecht – ein systembedingter Anachronismus?, ZAR 2013, S. 182; *Laue*, Vorgangsbearbeitungssysteme in der öffentlichen Verwaltung, DSB 9/2011, S. 12; *Leutheuser-Schnarrenberger*, Vorratsdatenspeicherung – Ein vorprogrammierter Verfassungskonflikt, ZRP 2007, S. 9; *Stange*, Datenschutz: Recht und Praxis. Ein Leitfaden für den öffentlichen Dienst in Bund und Ländern, Berlin 1992; *Woertge*, Die Prinzipien des Datenschutzrechts und ihre Realisierung im geltenden Recht, Heidelberg 1984; *Zilkens*, Datenschutz in der Kommunalverwaltung: Recht – Technik – Organisation, 3. Aufl., Berlin 2011.

Übersicht

I. Allgemeines

1. Gesetzeszweck und -systematik

1   § 14 BDSG ist die zentrale Regelung zur Datenspeicherung, -verarbeitung und -nutzung für den öffentlichen Bereich und gehört damit zu den wichtigsten der im Jahr 1990 überarbeiteten Vorschriften des Bundesdatenschutzgesetzes.[1] Von besonders weitreichender Bedeutung ist die mit der Norm erfolgte Festschreibung des Zweckbindungsgrundsatzes, welcher den weiteren Umgang mit den Daten an den Erhebungs- (§ 14 Abs. 1 Satz 1 BDSG) bzw. Speicherzweck (§ 14 Abs. 2 BDSG) bindet.[2] Adressaten der Vorschrift sind in erster Linie die öffentlichen Stellen des Bundes.[3]

2   Die für die verantwortlichen Stellen verbindlichen Vorgaben zur Zweckbindung befinden sich im ersten Absatz. Die Absätze 2 und 3 der Vorschrift beinhalten Vorgaben zur ausnahmsweise zulässigen Zweckänderung. Mit Abs. 4 wird für be-

---

1 *Dammann*, in: Simitis, BDSG, § 14 Rn. 1; *Wedde*, in: Däubler/Klebe/Wedde/Weichert, BDSG, § 14 Rn. 1; *Auernhammer*, BDSG, § 14 Rn. 1.

2 *Gola/Schomerus*, BDSG, § 14 Rn. 1; *Dammann*, in: Simitis, BDSG, § 14 Rn. 1; hierbei handelt es sich um eine Maßnahme zur Sicherstellung des Rechts auf informationelle Selbstbestimmung; *Wedde*, in: Däubler/Klebe/Wedde/Weichert, BDSG, § 14 Rn. 1.

3 Und eingeschränkt auch öffentliche Stellen der Länder; *Dammann*, in: Simitis, BDSG, § 14 Rn. 3.

stimmte Daten eine spezifische Zweckbindung angeordnet. Die Absätze 5 und 6 stellen schließlich besondere Arten personenbezogener Daten i. S. v. § 3 Abs. 9 BDSG unter einen erweiterten Schutz vor zweckänderndem Speichern, Verändern oder Nutzen.[4]

§ 14 BDSG schränkt das Recht des Einzelnen auf informationelle Selbstbestimmung ein. Im Einzelfall ist deswegen zu berücksichtigen, dass sich bei besonderer Schwere des Eingriffs das Erfordernis einer bereichsspezifischen Regelung ergeben kann. Insoweit versagt die „Auffangfunktion" des Bundesdatenschutzgesetzes.[5]   **3**

2. Auswirkung der Gesetzesnovellierung von 2001

Die Absätze 1 bis 4 des § 14 BDSG blieben durch die Gesetzesreform von 2001 inhaltlich unangetastet. Eine redaktionelle Änderung hat lediglich zur Ersetzung des Begriffs der „speichernden Stelle" durch den der „verantwortlichen Stelle" geführt. Ergänzt wurde die Vorschrift um die Absätze 5 und 6, die in Umsetzung der Vorgaben von Art. 8 EG-DSRl einen gesteigerten Schutz für den Umgang mit besonders sensiblen Daten vorsehen.   **4**

II. Zulässigkeit der Datenspeicherung, -veränderung und -nutzung (Abs. 1)

1. Allgemeines

Die in § 14 Abs. 1 Satz 1 (ergänzt durch Satz 2) BDSG enthaltene Grundregel macht das Speichern, Verändern und Nutzen personenbezogener Daten[6] davon abhängig, dass der Dateninhalt zur Erfüllung der in der Zuständigkeit der handelnden Stelle liegenden Aufgaben erforderlich ist. Zudem muss der Umgang mit den Daten denselben Zweck verfolgen, zu dem die Datenerhebung betrieben wurde. § 14 Abs. 1 Satz 2 BDSG regelt die Fälle, in denen keine Erhebung stattgefunden hat.[7]   **5**

Soweit die Vorschrift das Speichern, Verändern und Nutzen personenbezogener Daten erfasst, schließt sie unmittelbar an § 13 BDSG an, der das vorgelagerte Beschaffen der Daten, die Erhebung, regelt. Die im Rahmen der Norm verwendeten Legaldefinitionen werden in § 3 Abs. 4 Nr. 1, Nr. 2, Abs. 5 BDSG erläutert. Hiernach beinhaltet das Speichern alternativ das Erfassen, Aufnehmen und Aufbewahren von   **6**

---

4 Vgl. *Dammann*, in: Simitis, BDSG, § 14 Rn. 1; *Wedde*, in: Däubler/Klebe/Wedde/Weichert, BDSG, § 14 Rn. 1; *Albers*, in: BeckOK Datenschutzrecht, § 14 Rn. 1.

5 *Dammann*, in: Simitis, BDSG, § 1 Rn. 23 und 111, § 14 Rn. 2. Siehe dazu die strengere Ansicht bei § 4 BDSG Rn. 15, 17 f., 23 ff.

6 Zu den Begriffen „Speichern", „Verändern" und „Nutzen" vertiefend *Zilkens*, Datenschutz in der Kommunalverwaltung, Rn. 57 ff.

7 In der Regel wird es sich hierbei um Fälle handeln, in denen die Daten der verantwortlichen Stelle unangefordert mitgeteilt wurden.

Daten.[8] Der Begriff des Veränderns bezieht sich in erster Linie auf das inhaltliche Umgestalten, welches durch (teilweise) Löschung oder Berichtigung erfolgen kann.[9] Der Tatbestand der Nutzung bezieht sich auf jede Form der Verwendung von Daten, die nicht unter die Definition der Verarbeitung fällt.[10]

7   Hinsichtlich des Grundsatzes der Erforderlichkeit bestehen zwischen § 14 Abs. 1 BDSG und § 13 Abs. 1 BDSG Parallelen, sodass an entsprechender Stelle auf die Ausführungen zu § 13 BDSG verwiesen wird.

2. Zur Erfüllung der in der Zuständigkeit der verantwortlichen Stelle liegenden Aufgaben

8   Voraussetzung des Speicherns, Veränderns und Nutzens ist gemäß Abs. 1, dass dieses Handeln zur Erfüllung der in der Zuständigkeit der verantwortlichen Stelle liegenden Aufgaben erforderlich ist.[11] Der in dieser Vorgabe enthaltene Verweis auf die Rechtmäßigkeit des Handelns und die Zuständigkeit der verantwortlichen Stelle hat allenfalls deklaratorische Bedeutung. Entsprechende Vorgaben können bereits dem unabhängig vom BDSG geltenden verfassungsrechtlichen Gebot der Rechtsstaatlichkeit entnommen werden.[12]

9   Soweit § 14 Abs. 1 BDSG voraussetzt, dass die verantwortliche Stelle im Rahmen ihrer Zuständigkeit tätig wird,[13] ist (im Zuge der Rechtmäßigkeitsprüfung) zu untersuchen, ob das Tätigwerden der verantwortlichen Stelle in deren örtliche, sachliche und verbandsmäßige Zuständigkeit fällt.[14] Hierbei ist ein objektiver Untersuchungsmaßstab heranzuziehen.[15] Ggf. muss die zuständige Stelle ihre Zuständigkeit nachvollziehbar begründen.[16] Sofern nur eine der Zuständigkeitsvoraussetzungen nicht erfüllt wird, ist die Datenverarbeitung nach § 14 Abs. 1 BDSG unzulässig. Unerheblich für die Zuständigkeit ist allerdings, ob interne Vorgaben der verantwortlichen Stelle zur Geschäftsverteilung eingehalten wurden. Ist dies nicht der Fall, so

---

8   § 3 BDSG Rn. 27; *Gola/Schomerus*, BDSG, § 3 Rn. 26.

9   *Gola/Schomerus*, BDSG, § 14 Rn. 3. Siehe auch § 3 BDSG Rn. 30 ff.

10 § 3 BDSG Rn. 41; *Gola/Schomerus*, BDSG, § 14 Rn. 4; zu den fünf Phasen der Verarbeitung siehe *Gola/Schomerus*, BDSG, § 3 Rn. 25 ff.

11 *Albers*, in: BeckOK Datenschutzrecht, § 14 Rn. 5; *Roggenkamp*, in: Plath, BDSG, § 14 Rn. 3.

12 *Dammann*, in: Simitis, BDSG, § 14 Rn. 5.

13 Die im Vergleich zu § 13 BDSG ausdrückliche Erwähnung des Zuständigkeitserfordernisses in § 14 BDSG ist materiell ohne Bedeutung. Auch die Erhebung ist aus rechtsstaatlichen Gesichtspunkten an die Voraussetzung der Zuständigkeit gebunden (vgl. § 13 Rn. 8 f.); *Gola/Schomerus*, BDSG, § 14 Rn. 5.

14 Vgl. zur örtlichen, sachlichen und verbandsmäßigen Zuständigkeit, § 13 Rn. 8 f.; *Gola/ Schomerus*, BDSG, § 14 Rn. 5; *Dammann*, in: Simitis, BDSG, § 14 Rn. 6 ff.

15 Vgl. *Wedde*, in: Däubler/Klebe/Wedde/Weichert, BDSG, § 14 Rn. 6.

16 *Wedde*, in: Däubler/Klebe/Wedde/Weichert, BDSG, § 14 Rn. 6.

kann zwar ein Verstoß gegen das Datengeheimnis gem. § 5 BDSG vorliegen,[17] die Zuständigkeit i. S. v. § 14 Abs. 1 BDSG bleibt hiervon dennoch unberührt.[18] Ein Tätigwerden außerhalb des Zuständigkeitsbereiches ist nicht nur eine Verletzung der Rechtmäßigkeitsanforderungen, sondern stellt zugleich eine Verletzung des Betroffenen in seinen Rechten dar.[19]

3. Erforderlichkeit

Die Speicherung, Veränderung bzw. Nutzung der Daten ist ausschließlich zur Aufgabenerfüllung gestattet und muss insoweit erforderlich sein. Diesbezüglich sind strenge Maßstäbe anzulegen.[20] Die Erforderlichkeitsprüfung entspricht im Wesentlichen den im Rahmen von § 13 Abs. 1 BDSG anzustellenden Überlegungen. Erforderlich ist die Speicherung, Veränderung oder Nutzung personenbezogener Daten nur dann, wenn es der Maßnahmen bedarf, weil sonst eine bestimmte Aufgabe nicht, nicht vollständig oder nicht in rechtmäßiger Weise erfüllt werden kann.[21] Erfasst werden vom Erforderlichkeitsgrundsatz auch die Dauer der Speicherung und der Umfang der Datenerhebung.[22]   **10**

a) Bestimmung des erforderlichen Datenumfangs

Der Umfang des erforderlichen Handelns bestimmt sich nach dem haushaltsrechtlichen Gebot zur wirtschaftlichen und sparsamen Aufgabenerledigung sowie den Umständen des Einzelfalls.[23] Das Speichern, Verändern oder Nutzen der Daten muss im konkreten Fall im angestrebten Maße erforderlich sein. Diesbezüglich darf nicht pauschal auf das, was bei der Mehrzahl der Fälle üblich ist, abgestellt werden.[24] Entscheidend sind vielmehr die jeweilige materielle Aufgabe sowie das für die Aufgabenerfüllung vorgegebene Verfahren.[25]   **11**

Diesem Verfahren müssen auch die zum Einsatz kommenden technischen Vorrichtungen gerecht werden. D. h., dass z. B. Bildschirmmasken so ausgerichtet werden müssen, dass die personenbezogenen Daten nur in dem erforderlichen Umfang zur   **12**

---

17 *Dammann*, in: Simitis, BDSG, § 14 Rn. 11.

18 *Dammann*, in: Simitis, BDSG, § 14 Rn. 11.

19 *Albers*, in: BeckOK Datenschutzrecht, § 14 Rn. 9.

20 *Dammann*, in: Simitis, BDSG, § 14 Rn. 12; *Roggenkamp*, in: Plath, BDSG, § 14 Rn. 3.

21 Vgl. die Kommentierung zu § 13 Rn. 20; *Dammann*, in: Simitis, BDSG, § 14 Rn. 15; *Wedde*, in: Däubler/Klebe/Wedde/Weichert, BDSG, § 14 Rn. 7; *Globig*, in: Roßnagel, Hdb. DSR , Kap. 4, Rn. 57.

22 *Gola/Schomerus*, BDSG, § 14 Rn. 7; *Dammann*, in: Simitis, BDSG, § 14 Rn. 17 und 19, siehe auch § 13 BDSG Rn. 18 ff.

23 § 6 HGrG; *Dammann*, in: Simitis, BDSG, § 14 Rn. 22.

24 Vgl. *Dammann*, in: Simitis, BDSG, § 14 Rn. 17.

25 Vgl. *Dammann*, in: Simitis, BDSG, § 14 Rn. 15; vgl. *Bergmann/Möhrle/Herb*, BDSG, § 14 Rn. 15; *Engelien-Schulz*, VR 2009, S. 73 (75).

Kenntnis genommen werden können.[26] Werden diese technischen Anforderungen nicht erfüllt, so kann der Umgang mit personenbezogenen Daten schon allein deswegen unzulässig sein.

13 Im Rahmen der Erforderlichkeitsprüfung sind die Besonderheiten der aktenmäßigen Datenverarbeitung zu berücksichtigen.[27] Diese unterscheidet sich von der elektronischen Datenverarbeitung dadurch, dass Speicherung und Nutzung häufig nur im Hinblick auf das ganze Dokument, nicht jedoch bezüglich bestimmter Daten getroffen werden können. Damit können z. B. beim Nachschlagen Informationen zur Kenntnis genommen werden, die an sich nicht zwingend zur Aufgabenerfüllung benötigt werden.[28] Auch dies ist erforderlich und somit zulässig. Eine gesonderte Behandlung einzelner Dateien[29] eines Gesamtdokuments kann bei aktenmäßiger Verarbeitung aus Praktikabilitätsgründen nicht gefordert werden.[30]

b) Zeitliche Begrenzung

14 In zeitlicher Hinsicht sind die Datenspeicherung, -verarbeitung und -nutzung erst dann und nur solange die Erfüllung der Aufgabe ansteht erforderlich.[31] Folglich sind Daten nach § 20 Abs. 2 Nr. 2 BDSG zu löschen, wenn sie zur Aufgabenerfüllung nicht mehr benötigt werden. Grundsätzlich ergibt sich somit ein Verbot der „Datensammlung auf Vorrat".[32] Hievon darf nur abgewichen werden, wenn Art und Umfang der Vorratsdatenspeicherung durch eine spezialgesetzliche Norm festgelegt sind.[33] Aus diesem Grund ist es auch geboten, in regelmäßigen Abständen zu überprüfen, ob bereits erhobene Daten noch benötigt werden, und diese, wenn sie für die Aufgabenerfüllung nicht mehr nötig sind, zu löschen (§ 20 Abs. 2 Nr. 2) oder zu sperren (§ 20 Abs. 3).[34] Dies gilt insbesondere im Bereich der Straftatenverhütung und Verfolgungsvorsorge, wo sich der Gesetzgeber zur Überprüfung festgelegter Fristen bedienen muss, die aber wiederum nicht davon entbinden, dass auch außerhalb dieser Fristen zu überprüfen ist, ob der Zweck für die Datenerhebung noch besteht.[35]

---

26 *Dammann*, in: Simitis, BDSG, § 14 Rn. 18.

27 *Dammann*, in: Simitis, BDSG, § 14 Rn. 26.

28 *Dammann*, in: Simitis, BDSG, § 14 Rn. 26.

29 Zum Begriff *Zilkens*, Datenschtz in der Kommunalverwaltung, Rn. 49.

30 So im Ergebnis auch *Dammann*, in: Simitis, BDSG, § 14 Rn. 26; vgl. *Bergmann/Möhrle/ Herb*, BDSG, § 14 Rn. 15.

31 *Dammann*, in: Simitis, BDSG, § 14 Rn. 19; *Wedde*, in: Däubler/Klebe/Wedde/Weichert, BDSG, § 14 Rn. 8.

32 *Bergmann/Möhrle/Herb*, BDSG, § 14 Rn. 16; *Dammann*, in: Simitis, BDSG, § 14 Rn. 19 f.; *Wedde*, in: Däubler/Klebe/Wedde/Weichert, BDSG, § 14 Rn. 9; *Globig*, in: Roßnagel, Hdb. DSR, Kap. 4, Rn. 62.

33 *Wedde*, in: Däubler/Klebe/Wedde/Weichert, BDSG, § 14 Rn. 9.

34 *Roggenkamp*, in: Plath, BDSG, § 14 Rn. 3.

35 *Albers*, in: BeckOK Datenschutzrecht, § 14 Rn. 16.1 mit Verweis auf VG Wiesbaden BeckRS 2010, 49010 = DuD 2010, 498.

Eine die Vorratsdatenspeicherung ermöglichende Umdeutung des Begriffs „erfor- **15** derlich" in „geeignet" ist mit der ständigen Rechtsprechung des Bundesverfassungsgerichts zum Recht auf informationelle Selbstbestimmung[36] nicht zu vereinbaren.[37] Das Bundesverfassungsgericht erkennt durchaus an, dass das Speichern schon von seiner sprachlichen Bedeutung her auf zukünftiges Handeln ausgelegt ist.[38] Ein ausnahmsloses Verbot der Vorratsdatenspeicherung postuliert es nicht. Die Datensammlung auf Vorrat ist allerdings dann grundsätzlich unzulässig, wenn sie (auf Grundlage einer Spezialnorm) zu einem unbestimmten oder noch nicht bestimmbaren Verwendungszweck erfolgen soll.[39]

Im Rahmen präventiver Aufgabenwahrnehmung gilt, dass eine verantwortliche **16** Stelle, die kraft Aufgabenzuweisung einer abstrakten oder konkreten Gefahr begegnen soll, die dazu erforderlichen Daten speichern, verändern oder nutzen darf, sobald und solange die jeweilige Gefahr besteht.[40]

c) Weitere Voraussetzungen der Erforderlichkeit

Als rechtsstaatliche Selbstverständlichkeit ist eine Maßnahme nicht erforderlich, **17** wenn ihre Realisierung gegen den Verhältnismäßigkeitsgrundsatz verstoßen würde. Ein Verstoß gegen das Verhältnismäßigkeitsprinzip kommt umso eher in Betracht, je stärker Sachverhalte der persönlichen Lebensgestaltung betroffen sind.[41]

Erforderlich ist zudem nur ein rechtmäßiges Speichern, Verändern oder Nutzen per- **18** sonenbezogener Daten. Soweit die verantwortliche Stelle Zuständigkeitsgrenzen überschreitet (vgl. Rn. 9) oder gegen materielles Recht verstößt, fehlt es der Maßnahme an der notwendigen Erforderlichkeit. Im letzteren Falle kommt es insoweit entscheidend auf einen sachlichen Zusammenhang zwischen Datenumgang und Rechtsverletzung an.[42]

Weiterhin zu berücksichtigen sind die Grundsätze der Datenvermeidung und Daten- **19** sparsamkeit.[43]

---

36 BVerfGE 65, 1.
37 *Dammann*, in: Simitis, BDSG, § 14 Rn. 19; *Wedde*, in: Däubler/Klebe/Wedde/Weichert, BDSG, § 14 Rn. 9; BVerfG, Urt. v. 2.3.2010 – 1 BvR 256/08, u.a.
38 *Dammann*, in: Simitis, BDSG, § 14 Rn. 19.
39 *Dammann*, in: Simitis, BDSG, § 14 Rn. 19; *Gola/Schomerus*, BDSG, § 14 Rn. 8; BVerfG, Urt. v. 2.3.2010 – 1 BvR 256/08, u.a.
40 *Dammann*, in: Simitis, BDSG, § 14 Rn. 20; vgl. *Globig*, in: Roßnagel, Hdb. DSR, Kap. 4, Rn. 62.
41 Vgl. § 14 BDSG Rn. 21; *Dammann*, in: Simitis, BDSG, § 14 Rn. 31.
42 Mit einem Beispiel *Dammann*, in: Simitis, BDSG, § 14 Rn. 33.
43 § 3a BDSG Rn. 6 ff.; *Wedde*, in: Däubler/Klebe/Wedde/Weichert, BDSG, § 14 Rn. 8.

d) Insbesondere: Aufgaben statistischer, wissenschaftlicher und planerischer Art

20 Besonderheiten ergeben sich im Umgang mit personenbezogenen Daten gem. § 14 Abs. 1 BDSG zu statistischen, wissenschaftlichen und planerischen Zwecken.[44] Das Gesetz erachtet die Datenverwendung für derartige Zwecke grundsätzlich für zulässig.[45] Dies ergibt sich auch aus der „Mikrozensus"-Entscheidung des Bundesverfassungsgerichts.[46]

21 In der Regel werden hier aber keine oder keine vollständigen Identifizierungsmerkmale zur Durchführung der Vorhaben benötigt. Mithin sind die zu untersuchenden Datensätze um diese Merkmale zu bereinigen, was bereits vor der Übernahme von Datenbeständen aus dem Verwaltungsvollzug erfolgen sollte.[47]

4. Zweckbindung

22 Personenbezogene Daten dürfen nach § 14 Abs. 1 BDSG grundsätzlich nur für die Zwecke gespeichert, verändert oder genutzt werden, für die sie zuvor erhoben worden sind.[48] Diese Regelung bezweckt, den Informationsfluss für die Betroffenen berechenbarer zu machen[49] und stellt den Kern der Regelung dar.[50] Es soll sichergestellt werden, dass der betroffene Bürger abschätzen kann, wer wann welche Informationen bei welcher Gelegenheit über ihn erhält.[51] Mit der Aufnahme des Zweckbindungsgrundsatzes in Abs. 1 kommt der Gesetzgeber verfassungsrechtlichen Vorgaben nach. Diese hatte das Bundesverfassungsgericht zuvor in seiner Entscheidung zum Volkszählungsgesetz ausformuliert.[52]

23 Neben den Vorgaben des Bundesverfassungsgerichts sind zur Auslegung der Vorschrift Art. 5 der Konvention 108 des Europarats und Art. 6 Abs. 1b EG-DSRl heranzuziehen.[53]

---

44 *Dammann*, in: Simitis, BDSG, § 14 Rn. 22; vgl. *Gerling*, DuD 2008, S. 11 ff.

45 Vgl. zum Beispiel § 14 Abs. 2 Nr. 9, Abs. 3 BDSG.

46 Das Gericht hielt das Gesetz über die Durchführung einer Repräsentativstatistik der Bevölkerung und des Erwerbslebens für mit dem GG vereinbar; BVerfGE 27, 1 = NJW 1969, 1707.

47 *Dammann*, in: Simitis, BDSG, § 14 Rn. 24.

48 Vgl. *Heckel*, NVwZ 1994, S. 224 (226 f.).

49 *Dammann*, in: Simitis, BDSG, § 14 Rn. 37.

50 *Roggenkamp*, in: Plath, BDSG, § 14 Rn. 4.

51 *Dammann*, in: Simitis, BDSG, § 14 Rn. 37.

52 BVerfGE 65, 1 (46); *Dammann*, in: Simitis, BDSG, § 14 Rn. 37; *Globig*, in: Roßnagel, Hdb. DSR, Kap. 4, Rn. 78. Siehe zu den europarechtlichen Vorgaben § 3a BDSG Rn. 11. Der Zweckbindungsgrundsatz ist seit 2001 auch im nicht-öffentlichen Bereich verankert, siehe § 27 BDSG Rn. 3 und § 28 BDSG Rn. 3, 109 ff., 204, 217.

53 *Forgó/Krügel*, DuD 2005, S. 732 (733); *Gola/Schomerus*, BDSG, § 14 Rn. 9; *Dammann*, in: Simitis, BDSG, § 14 Rn. 37; *Albers*, in: BeckOK Datenschutzrecht, § 14 Rn. 19.

Die Vorgaben der Zweckbindung verpflichten die verantwortlichen Stellen zur entsprechenden technischen Ausgestaltung der Datenverarbeitungsanlagen.[54] Es muss durch geeignete Maßnahmen gewährleistet werden, dass die zu unterschiedlichen Zwecken erhobenen Daten getrennt voneinander verarbeitet werden können.[55]

a) Zweckfestlegung

Die Wirkung des Zweckbindungsgrundsatzes hängt entscheidend davon ab, wie der **24** Erhebungs- bzw. Speicherungszweck festgelegt wird.[56] Zu weitgehend ist eine Auffassung, die insoweit darauf abstellt, welcher Zweck dem Betroffenen im Rahmen der Erhebung mitgeteilt wurde.[57] Dies würde den Missbrauch insoweit befördern, als dass öffentliche Stellen dazu eingeladen würden, den Zweck über die tatsächlichen Bedürfnisse hinaus sehr weit zu fassen.[58] Der Schutz des Rechts des Betroffenen auf informationelle Selbstbestimmung fordert vielmehr eine enge Auslegung.[59] Demnach kann die Festlegung des Verwendungszwecks durch die verantwortliche Stelle zunächst nur deren Selbstbindung bewirken.[60]

Der für den Zweckbindungsgrundsatz maßgebliche Zweck richtet sich primär nach **25** der Ermächtigungsnorm, die einer öffentliche Stelle das Erheben oder Speichen personenbezogener Daten gestattet. Neben einer gesetzlichen Grundlage kommt auch die Verfügung des Betroffenen, also insbesondere eine Einwilligung, in Betracht. Erst wenn eine derartige Legitimationsgrundlage keine hinreichenden Anhaltspunkte für den Verwendungszweck liefert, ist auf den tatsächlich verfolgten Handlungszweck abzustellen.[61]

Als selbstverständlich gilt in diesem Zusammenhang, dass der seitens der verant- **26** wortlichen Stelle verfolgte Zweck rechtmäßig sein muss. Er kann niemals weiter gefasst werden als die Aufgabe, deren Erfüllung er dient.[62]

b) Begriff der Zweckgleichheit, Mehrheit von Zwecken

Regelmäßig wird es so sein, dass Daten lediglich für einen bestimmten Zweck (und **27** nicht mehrere) erhoben werden. Der Wortlaut von § 14 Abs. 1 BDSG („die Zwe-

---

54 Mittels einer entsprechenden Technikgestaltung müssen Datenschutzverstöße aktiv verhindert werden; vgl. *Laue*, DSB 9/2011, S. 12.
55 *Bock/Meissner*, DuD 2012, S. 425 (429).
56 *Dammann*, in: Simitis, BDSG, § 14 Rn. 39.
57 *Tinnefeld/Ehmann/Gerling*, Datenschutzrecht, S. 511 ff.; a. A. *Bergmann/Möhrle/Herb*, BDSG, § 14 Rn. 19.
58 Für die Festlegung des Zwecks durch die verantwortliche Stelle *Schaffland/Wiltfang*, BDSG, § 14 Rn. 19.
59 *Wedde*, in: Däubler/Klebe/Wedde/Weichert, BDSG, § 14 Rn. 10; im Ergebnis auch *Dammann*, in: Simitis, BDSG, § 14 Rn. 39.
60 *Dammann*, in: Simitis, BDSG, § 14 Rn. 39.
61 *Dammann*, in: Simitis, BDSG, § 14 Rn. 40 f.
62 *Dammann*, in: Simitis, BDSG, § 14 Rn. 42.

cke") berücksichtigt lediglich, dass Daten in seltenen Fällen auch von vornherein zu mehreren Zwecken erhoben oder gespeichert werden können.[63] Die pluralische Formulierung steht nicht im Widerspruch zu der im Umgang mit der Vorschrift gebotenen restriktiven Auslegung.[64] Eine rein vorsorgliche Erstreckung der im Rahmen einer Aufgabenerfüllung vorgenommen Datenerhebung auf weitere (künftige) Zwecke ist auch wegen des Verbots der Datensammlung auf Vorrat unzulässig.[65]

28 Nachdem bei vorangegangener Datenerhebung Erhebungs- und Verwendungszweck übereinstimmen müssen, bereitet die Abgrenzung, wann zwei Datenverarbeitungen noch denselben Zweck verfolgen bzw. wann unterschiedliche Zwecke verfolgt werden, nicht unerhebliche Probleme.[66] Diesbezüglich vermag die vom Gesetzgeber in § 14 Abs. 3 BDSG niedergelegte Intention zu helfen, wonach die Wahrnehmung von Aufsichts- und Kontrollbefugnissen, die Rechnungsprüfung, die Durchführung von Organisationsuntersuchungen sowie Ausbildungs- und Prüfungsangelegenheiten keinen eigenständigen Zweck darstellen.[67] Grundsätzlich ist davon auszugehen, dass vom Hauptzweck abhängige Begleiterscheinungen und Hilfsfunktionen als zweckgleich einzuordnen sind.[68] Dies gilt auch für bereits im Hauptzweck notwendig angelegte Nebenzwecke, bspw. die Herstellung von Schriftstücken und deren Verwaltung, die Einweisung von Mitarbeitern und die Information von vorgesetzten Stellen.[69]

29 Nach der Feststellung des BVerfG ist es zudem in engen Grenzen zulässig, sog. Mischdateien zu unterhalten, deren Daten sowohl für präventive als auch für repressive Zwecke verwendet werden können. In der Rechtsgrundlage für den Zugriff auf die Dateien muss jedoch aus Gründen der Normenbestimmtheit und -klarheit zumindest festgelegt sein, ob der Zugriff präventiven, repressiven oder beiden Arten von Zwecken dient.[70]

c) Ohne vorherige Datenerhebung

30 § 14 Abs. 1 Satz 2 BDSG bindet die Datennutzung und -veränderung an den Zweck der Datenspeicherung, wenn eine Datenerhebung nicht erfolgt ist und somit hierbei auch keine Zweckbestimmung vorgenommen werden konnte. Der Zweck der Datenspeicherung ergibt sich aus § 14 Abs. 1 Satz 1, 1. Halbsatz BDSG und steht in

---

63 *Dammann*, in: Simitis, BDSG, § 14 Rn. 46; vgl. *Bergmann/Möhrle/Herb*, BDSG, § 14 Rn. 19.

64 Vgl. Rn. 22 und *Dammann*, in: Simitis, BDSG, § 14 Rn. 46; *Albers*, in: BeckOK Datenschutzrecht, § 14 Rn. 21.

65 Siehe Rn. 14 ff. und *Dammann*, in: Simitis, BDSG, § 14 Rn. 46; vgl. *Bergmann/Möhrle/Herb*, BDSG, § 14 Rn. 19; *Globig*, in: Roßnagel, Hdb. DSR, Kap. 4, Rn. 79.

66 *Dammann*, in: Simitis, BDSG, § 14 Rn. 47.

67 *Dammann*, in: Simitis, BDSG, § 14 Rn. 47; vgl. *Globig*, in: Roßnagel, Hdb. DSR, Kap. 4, Rn. 82.

68 *Dammann*, in: Simitis, BDSG, § 14 Rn. 47.

69 Mit weiteren Beispielen *Dammann*, in: Simitis, BDSG, § 14 Rn. 4.

70 BVerfGE 120, 378 = DuD 2008, 352.

unmittelbarem Zusammenhang mit der Aufgabe, zu deren Erfüllung die verantwortliche Stelle Kenntnis der zu speichernden Daten benötigt.[71] Die Vorschrift soll Lücken im Anwendungsbereich des Zweckbindungsgrundsatzes schließen.[72]

Relevant wird die Norm vor allem, wenn Daten unaufgefordert der verantwortlichen Stelle zugesandt wurden.[73] Solche Daten unterliegen zunächst der Bindung an den mit der Zusendung verfolgten Zweck. Nur hierfür dürfen sie gespeichert werden.[74] Entsprechendes gilt für Daten, die sich eine verantwortliche Stelle durch Auswertung oder Datenverarbeitung erarbeitet hat.[75]   **31**

III. Zulässigkeit zweckändernder Speicherung, Veränderung oder Nutzung (Abs. 2)

1. Allgemeines

§ 14 Abs. 2 BDSG enthält eine gesetzliche Regelung zur Durchbrechung des Zweckbindungsgrundsatzes. Die abschließende Aufzählung von neun Tatbeständen ermöglicht die Zweckänderung bei der Speicherung, Veränderung oder Nutzung personenbezogener Daten, wenn besondere Interessen des Betroffenen oder der Allgemeinheit dies erfordern. Insoweit kann eine Einschränkung des Rechts auf informationelle Selbstbestimmung gerechtfertigt sein.[76] Vor dem Hintergrund der Grundrechtsproblematik sind die Katalogtatbestände des § 14 Abs. 2 BDSG restriktiv auszulegen.[77] Sie rechtfertigen eine Ausnahme vom Zweckbindungsgrundsatz nur, wenn zusätzlich die Voraussetzungen der Erforderlichkeit gem. Abs. 1 gegeben sind.[78]   **32**

Aus der auch in diesem Zusammenhang gebotenen Anwendung des Grundsatzes der Verhältnismäßigkeit folgt, dass beim Vorliegen eines Ausnahmetatbestands des § 14 Abs. 2 BDSG nicht kumulativ das Speichern, Verändern und Nutzen für eine Vielzahl beliebiger Zwecke zulässig ist, sondern vielmehr nur die jeweils im konkreten Einzelfall zur Zweckerfüllung notwendige Handlungsalternative.[79]   **33**

Über § 14 Abs. 2 BDSG hinausgehend ist zu beachten, dass selbstverständlich auch bereichsspezifische Vorschriften existieren, die eine Zweckänderung ermöglichen

---

71 *Albers*, in: BeckOK Datenschutzrecht, § 14 Rn. 24.
72 *Dammann*, in: Simitis, BDSG, § 14 Rn. 50.
73 *Schaffland/Wiltfang*, BDSG, § 14 Rn. 22.
74 *Schaffland/Wiltfang*, BDSG, § 14 Rn. 22; *Dammann*, in: Simitis, BDSG, § 14 Rn. 50; *Globig*, in: Roßnagel, Hdb. DSR, Kap. 4, Rn. 96.
75 *Dammann*, in: Simitis, BDSG, § 14 Rn. 50; *Auernhammer*, BDSG, § 14 Rn. 8.
76 *Dammann*, in: Simitis, BDSG, § 14 Rn. 54.
77 *Wedde*, in: Däubler/Klebe/Wedde/Weichert, BDSG, § 14 Rn. 12, *Dammann*, in: Simitis, BDSG, § 14 Rn. 54; *Gola/Schomerus*, BDSG, § 14 Rn. 12.
78 *Schaffland/Wiltfang*, BDSG, § 14 Rn. 23; *Dammann*, in: Simitis, BDSG, § 14 Rn. 53.
79 *Dammann*, in: Simitis, BDSG, § 14 Rn. 55.

(bspw. § 87 Abs. 2 AufenthG).[80] Die Vorschrift ist demnach nur für den Regelungsbereich des BDSG abschließend.

2. Rechtsvorschrift (Nr. 1)

34   Nach § 14 Abs. 2 Nr. 1 BDSG ist eine zweckändernde Speicherung, Veränderung oder Nutzung zulässig, wenn eine Rechtsvorschrift dies vorsieht oder zwingend voraussetzt. Die Regelung entspricht insoweit § 4 Abs. 2 Nr. 1 BDSG.[81]

a) Vorsehen (Variante 1)

35   Nach Variante 1 ist eine Zweckänderung zulässig, wenn diese von einer Rechtsvorschrift vorgesehen wird. Eine Rechtsvorschrift sieht eine Zweckänderung dann vor, wenn sie diese ausdrücklich anordnet oder zulässt.[82] Rechtsvorschriften, die eine Zweckänderung i.d.S. regeln, sind allerdings eher selten zu finden.

36   Zu denken ist hier allerdings an § 76 Abs. 1 AuslG, der öffentlichen Stellen auferlegt, ihnen bekannt gewordene Umstände den Ausländerbehörden auf Ersuchen offenzulegen. § 76 Abs. 5 AuslG bestimmt, unter welchen Umständen eine Mitteilung an die Ausländerbehörde auch ohne Ersuchen möglich ist.[83] Der VGH Baden-Württemberg sieht auch in § 2 Abs. 7 StVG eine Rechtsnorm, die eine zweckändernde Datenverarbeitung gestattet.[84]

b) Zwingend voraussetzen (Variante 2)

37   Von größerer praktischer Bedeutung als die erste Variante[85] – aber auch verfassungsrechtlich bedenklicher[86] – ist die zweite Variante der Regelung, derzufolge eine Zweckänderung auch dann möglich ist, wenn eine gesetzliche Regelung diese zwingend voraussetzt. Diese Vorschrift ermöglicht es, die Datenerhebung auch auf Grundlage von Vorschriften vorzunehmen, die den Umgang mit personenbezogenen Daten nicht ausdrücklich regeln oder denen es insoweit an Normenklarheit fehlt.[87] Auch in diesen Bereichen sollen zweckändernde Datenverarbeitungen ermöglicht werden.[88]

---

80 Vertiefend *Kluth*, ZAR 2013, S. 182 (183).

81 *Wedde*, in: Däubler/Klebe/Wedde/Weichert, BDSG, § 14 Rn. 13; *Bergmann/Möhrle/Herb*, BDSG, § 14 Rn. 23; a. A. *Schaffland/Wiltfang*, BDSG, § 14 Rn. 24, die von einer Wiederholung des Inhalts des § 4 Abs. 1 ausgehen.

82 *Dammann*, in: Simitis, BDSG, § 14 Rn. 56; *Wedde*, in: Däubler/Klebe/Wedde/Weichert, BDSG, § 14 Rn. 13.

83 Vgl. *Wedde*, in: Däubler/Klebe/Wedde/Weichert, BDSG, § 14 Rn. 13, mit weiterem Beispiel.

84 VGH Mannheim NJW 2005, 234.

85 *Bergmann/Möhrle/Herb*, BDSG, § 14 Rn. 24; *Albers*, in: BeckOK Datenschutzrecht, § 14 Rn. 28.

86 *Dammann*, in: Simitis, BDSG, § 14 Rn. 56.

87 *Dammann*, in: Simitis, BDSG, § 14 Rn. 56.

88 *Dammann*, in: Simitis, BDSG, § 14 Rn. 56.

Aufgrund ihrer Weite ist die Vorschrift wohl als Übergangslösung für den Vollzug   **38**
älterer Gesetze zu verstehen, welche die Grundsätze des Volkszählungsurteils und
des BDSG noch nicht berücksichtigt haben.[89] Verfassungsrechtlich bedenklich ist
die Anwendung der Vorschrift im Hinblick auf Datenverarbeitungsvorgänge, die
eine erhebliche Eingriffswirkung entfalten, sodass hier grundsätzlich eine spezielle
Rechtsgrundlage gefordert werden muss.[90]

Auch ist die Zweckentfremdung nur als letztes Mittel in Betracht zu ziehen, wenn   **39**
sämtliche Alternativen, wie etwa eine erneute Datenerhebung oder der Verzicht auf
personenbezogene Daten, ausscheiden.[91] Sie muss folglich conditio sine qua non
der Aufgabenerfüllung sein.[92] Daten, die zunächst nur zur Erfüllung einer Aufgabe
herangezogen wurden, können auch zur Erfüllung einer anderen Aufgabe verwendet werden, wenn ein eindeutiger Sachzusammenhang erkennbar ist. Dies ist der
Fall, wenn ein Wille des Gesetzgebers erkennbar ist, die Daten so zusammenzufassen, dass sie für beide Zwecke genutzt werden können.[93]

Sofern die Voraussetzungen von § 14 Abs. 2 Nr. 1 BDSG nicht erfüllt sind, kann   **40**
auch nicht auf § 4 Abs. 1 BDSG zurückgegriffen werden.[94] Die Vorschriften sind
insoweit nicht deckungsgleich.[95]

3. Einwilligung (Nr. 2)

Die zweckändernde Verwendung personenbezogener Daten ist nach § 14 Abs. 2   **41**
Nr. 2 BDSG zulässig, wenn der Betroffene darin eingewilligt hat.[96] Die Einwilligung ist gemäß der in § 4a BDSG enthaltenen Grundsätze einzuholen und auszusprechen.[97] Sie muss sich ausdrücklich auch auf die Zweckänderung beziehen. Nur
so können Verletzungen des Rechts der Betroffenen auf informationelle Selbstbestimmung verhindert werden.[98]

---

89 *Wedde*, in: Däubler/Klebe/Wedde/Weichert, BDSG, § 14 Rn. 13; *Dammann*, in: Simitis,
   BDSG, § 14 Rn. 56; *Bergmann/Möhrle/Herb*, BDSG, § 14 Rn. 24.
90 *Dammann*, in: Simitis, BDSG, § 14 Rn. 56.
91 *Albers*, in: BeckOK Datenschutzrecht, § 14 Rn. 29; *Roggenkamp*, in: Plath, BDSG, § 14
   Rn. 9.
92 *Dammann*, in: Simitis, BDSG, § 14 Rn. 56; *Wedde*, in: Däubler/Klebe/Wedde/Weichert,
   BDSG, § 14 Rn. 13.
93 *Bergmann/Möhrle/Herb*, BDSG, § 14 Rn. 24.
94 *Dammann*, in: Simitis, BDSG, § 14 Rn. 56.
95 *Dammann*, in: Simitis, BDSG, § 14 Rn. 56; a. A. wohl *Schaffland/Wiltfang*, BDSG, § 14
   Rn. 24.
96 Zu den Zulässigkeitsvoraussetzungen des Rückgriffs öffentlicher Stellen auf die Einwilligungserklärung siehe *Engelien-Schulz*, VR 2009, S. 73.
97 Siehe dazu die Kommentierung zu § 4a BDSG Rn. 12 ff.
98 *Wedde*, in: Däubler/Klebe/Wedde/Weichert, BDSG, § 14 Rn. 14; *Bergmann/Möhrle/Herb*,
   BDSG, § 14 Rn. 25.

42 Auch hinsichtlich der durch die Nummern 3–9 tangierten Sachverhalte ist alternativ eine Einwilligung gem. § 14 Abs. 2 Nr. 2 BDSG denkbar. Eine enge Auslegung, die die Einwilligungsmöglichkeit insoweit auf nicht geregelte Ausnahmetatbestände reduzieren möchte, wäre vetretbar, verkennt jedoch den Willen des Gesetzgebers[99] und die befreiende Wirkung der Einwilligung. Eine zweckändernde Verwendung der Daten ist daher in jedem Fall der Einwilligung des Betroffenen möglich, solange diese den Anforderungen des § 4a BDSG genügt.[100]

43 Sofern absehbar ist, dass Daten auch für andere Zwecke benötigt werden, bietet es sich an, die Einwilligung bereits im Rahmen der Erhebung einzuholen. Hierdurch wird der Schutz der Rechte des Betroffenen frühzeitig intensiviert.[101]

4. Offensichtlich im Interesse des Betroffenen (Nr. 3)

44 Nach § 14 Abs. 2 Nr. 3 BDSG ist die Zweckänderung zulässig, wenn die Maßnahme im Interesse des Betroffenen liegt, dies offensichtlich ist und kein Grund zu der Annahme besteht, dass der Betroffene in Kenntnis des anderen Zwecks seine Einwilligung verweigern würde.

a) Interessen des Betroffenen

45 Soweit die Regelung auf das objektive Interesse des Betroffenen abstellt, knüpft sie an den Rechtsgedanken der qualifizierten Geschäftsführung ohne Auftrag an.[102] Die Anwendung der Vorschrift setzt einerseits einen Sachverhalt voraus, der eine zweckfremde Datenverarbeitung erfordert, für die die erforderliche Einwilligung des Betroffenen nicht oder nur mit unverhältnismäßigem Aufwand eingeholt werden könnte.[103] Dies ist z. B. dann der Fall, wenn der Betroffene unbekannten Aufenthalts ist und nicht ohne erheblichen Aufwand ausfindig gemacht werden kann.[104] Anderseits soll es bei offensichtlicher Interessenlage der verantwortlichen Stelle auch nicht verwehrt werden, etwas für den Betroffenen Günstiges zu veranlassen, wenn ungünstige Folgen vollständig ausgeschlossen sind und die Einholung eines Einverständnisses zum reinen Formalismus verkommen würde.[105]

46 Probleme wirft die Regelung auf, wenn eine Maßnahme sowohl Vor- als auch Nachteile für den Betroffenen bringt. Hier kommt es dann auf einen positiven Saldo an.[106]

---

99 *Gola/Schomerus*, BDSG, § 14 Rn. 16.

100 *Albers*, in: BeckOK Datenschutzrecht, § 14 Rn. 30.

101 *Gola/Schomerus*, BDSG, § 14 Rn. 16.

102 *Gola/Schomerus*, BDSG, § 14 Rn. 17; vgl. *Bergmann/Möhrle/Herb*, BDSG, § 14 Rn. 26.

103 *Gola/Schomerus*, BDSG, § 14 Rn. 17.

104 *Gola/Schomerus*, BDSG, § 14 Rn. 17; *Wedde*, in: Däubler/Klebe/Wedde/Weichert, BDSG, § 14 Rn. 15.

105 Vgl. *Dammann*, in: Simitis, BDSG, § 14 Rn. 61.

106 *Dammann*, in: Simitis, BDSG, § 14 Rn. 58; *Albers*, in: BeckOK Datenschutzrecht, § 14 Rn. 31.

b) Offensichtlichkeit des Interesses

Der begünstigende Charakter der Zweckänderung muss offensichtlich sein. Für die **47** öffentliche Stelle muss ohne besondere Schwierigkeit[107] zu erkennen sein,[108] dass entweder die Vorteile klar überwiegen oder eine überwiegende Wahrscheinlichkeit für den Eintritt günstiger Folgen spricht.[109] Ein Versagen der Einwilligung müsste sich aus objektiver Sicht gegen die Interessen des Betroffenen richten.[110]

c) Hypothetische Einwilligung

Weitere Voraussetzung des § 14 Abs. 2 Nr. 3 BDSG ist, dass sich keine Annahme **48** aufdrängt, wonach der Betroffene seine Einwilligung in Kenntnis der Zweckänderung verweigern würde.[111] Im Interesse des Rechts auf Selbstbestimmung darf sich eine öffentliche Stelle nicht auf ein lediglich von ihr unterstelltes objektives Interesse des Betroffenen berufen, soweit davon auszugehen ist, dass sich der Betroffene willentlich gegen die Maßnahme entscheiden würde.[112] Diesbezüglich ist eine Einzelfallbetrachtung unter Inbezugnahme der möglichen Verweigerungsgründe anzustellen.[113] Ausnahmen von diesem Grundsatz sind lediglich in Fällen einer rechtsmissbräuchlichen Verweigerungshaltung vorstellbar.[114]

5. Überprüfung von Angaben des Betroffenen (Nr. 4)

Unter den engen Voraussetzungen des § 14 Abs. 2 Nr. 4 BDSG ist eine Zweckände- **49** rung zulässig, wenn bereits vorhandene Daten zweckfremd genutzt werden sollen, um die Richtigkeit anderer Daten zu überprüfen. Von der Zweckänderung sind demnach nicht die auf Richtigkeit überprüften Daten, sondern die zum Zwecke der Überprüfung herangezogenen Daten betroffen.[115] Die Regelung soll verhindern, dass einer verantwortlichen Stellen mittels der Zweckbindung eine sachgerechte Aufgabenwahrnehmung verwehrt wird.[116] Eine Überprüfung sich widersprechender Angaben muss unter Funktionalitätsgesichtspunkten in jedem Fall möglich bleiben.[117]

---

107 Hierzu näher *Roggenkamp*, in: Plath, BDSG, § 14 Rn. 10.
108 *Wedde*, in: Däubler/Klebe/Wedde/Weichert, BDSG, § 14 Rn. 15; vgl. *Bergmann/Möhrle/ Herb*, BDSG, § 14 Rn. 26.
109 *Dammann*, in: Simitis, BDSG, § 14 Rn. 59.
110 *Wedde*, in: Däubler/Klebe/Wedde/Weichert, BDSG, § 14 Rn. 15.
111 *Dammann*, in: Simitis, BDSG, § 14 Rn. 60.
112 *Dammann*, in: Simitis, BDSG, § 14 Rn. 60.
113 Auf die Verweigerungsgründe müssen konkrete Anhaltspunkte hinweisen; *Wedde*, in: Däubler/Klebe/Wedde/Weichert, BDSG, § 14 Rn. 15.
114 *Gola/Schomerus*, BDSG, § 14 Rn. 17.
115 *Dammann*, in: Simitis, § 14 Rn. 62.
116 *Gola/Schomerus*, BDSG, § 14 Rn. 18.
117 *Gola/Schomerus*, BDSG, § 14 Rn. 18.

a) Überprüfung der Angaben

50 Voraussetzung der Zweckentfremdung gem. § 14 Abs. 2 Nr. 4 BDSG ist, dass die Angaben des Betroffenen wegen der Anhaltspunkte, die für die Unrichtigkeit sprechen, überprüft werden müssen.[118] Dies hängt maßgeblich davon ab, ob die verantwortliche Stelle überhaupt zur Sachverhaltsaufklärung verpflicht ist und diese ausschließlich anhand des Datenabgleichs erfolgen kann,[119] was jedenfalls nicht der Fall ist, wenn dem Betroffenen gleichsam die Berichtigung, Ergänzung oder Belegung seiner Angaben aufgegeben werden kann.[120]

51 Es steht der überprüfenden Stelle im Rahmen von § 14 Abs. 2 Nr. 4 BDSG frei, eigene oder Daten Dritter zum Zwecke der Überprüfung heranzuziehen. In letztgenanntem Fall stellt sich die Frage nach der Zulässigkeit der Übermittlung. Im Falle der Übermittlung durch öffentliche Stellen des Bundes findet § 14 Abs. 2 Nr. 4 BDSG auch auf die übermittelnde Stelle über die Verweisung des § 15 Abs. 1 Nr. 2 BDSG Anwendung.[121] Übermitteln hingegen öffentliche Stellen der Länder die Daten, so richtet sich die Zulässigkeit nach den einschlägigen Landesdatenschutzgesetzen.[122] Bei der Datenübermittlung durch nicht-öffentliche Stellen sind die Vorschriften des Dritten Abschnitts maßgeblich.[123]

52 Der für die Praxis bedeutsamste Regelungsgehalt der Vorschrift besteht in dem Verbot des präventiven Dateienabgleichs.[124] Der der Verdachtsschöpfung dienende Abgleich von Betroffenendaten ist grundsätzlich unzulässig und bedarf bei überwiegendem öffentlichen Interesse gesonderter gesetzlicher Ermächtigung nebst verfahrensmäßiger Vorkehrungen.[125] Derartige gesetzliche Grundlagen enthält z. B. das Steuer- und Sozialrecht.[126] Zu weitgehend dürfte in diesem Zusammenhang die Regelung des Art. 17 Abs. 2 Nr. 6 BayDSG sein, welche einen Datenabgleich in all den Fällen ermöglicht, in denen „Angaben des Betroffenen zur Erlangung von finanziellen Leistungen öffentlicher Stellen" getätigt wurden.[127]

53 Ein Datenabgleich ohne ausdrückliche Einwilligung des Betroffenen hat zu unterbleiben, wenn der Betroffene die zu überprüfenden Daten auf freiwilliger Basis,

---

118 *Dammann*, in: Simitis, BDSG, § 14 Rn. 68; vgl. *Bergmann/Möhrle/Herb*, BDSG, § 14 Rn. 27.

119 *Dammann*, in: Simitis, BDSG, § 14 Rn. 68.

120 *Dammann*, in: Simitis, BDSG, § 14 Rn. 68.

121 *Dammann*, in: Simitis, BDSG, § 14 Rn. 63.

122 *Dammann*, in: Simitis, BDSG, § 14 Rn. 63.

123 *Dammann*, in: Simitis, BDSG, § 14 Rn. 63.

124 *Dammann*, in: Simitis, BDSG, § 14 Rn. 66; vgl. *Wedde*, in: Däubler/Klebe/Wedde/Weichert, BDSG, § 14 Rn. 16.

125 Selbst der Abgleich von bei derselben verantwortlichen Stelle in unterschiedlichen Dateien geführten Angaben des Betroffen ist nur zulässig, wenn die Angaben demselben Zweck dienen; vgl. *Dammann*, in: Simitis, BDSG, § 14 Rn. 66.

126 *Dammann*, in: Simitis, BDSG, § 14 Rn. 66.

127 Ebenfalls kritisch *Dammann*, in: Simitis, BDSG, § 14 Rn. 66.

also ohne Rechtspflicht oder Obliegenheit, der verarbeitenden Stelle zur Verfügung gestellt hat.[128]

b) Tatsächliche Anhaltspunkte

Die Vorschrift ermöglicht eine Zweckänderung zur Überprüfung von Angaben eines Betroffenen nur in engen Grenzen. Insoweit ist es eine unverzichtbare Voraussetzung, dass tatsächliche Anhaltspunkte für die Unrichtigkeit der getätigten Angaben bestehen.[129] Die Formulierung „tatsächliche Anhaltspunkte" stammt ursprünglich aus dem Strafprozessrecht und zielt auf die Schwelle zur Begründung eines Anfangsverdachts ab (§ 152 Abs. 2 StPO).[130] Eine Überprüfung auf Verdacht lässt sich mit dem verfassungsrechtlich gewährleisteten Recht auf informationelle Selbstbestimmung nicht vereinbaren.[131] Subjektive Annahmen oder Vermutungen der verantwortlichen Stelle sind unzureichend. Es genügt daher nicht, wenn ein Betroffener in Kontakt zu anderen Betroffenen steht, bei denen bereits unrichtige Angaben aufgedeckt wurden.[132] Schreibfehler oder Fehler, die durch Nachlässigkeit oder Missverständnisse zustande gekommen sind, berechtigen lediglich zur Nachfrage, stellen jedoch keine tatsächlichen Anhaltspunkte für die Unrichtigkeit dar.[133]

54

Tatsächliche Anhaltspunkte, dass die gemachten Angaben falsch sind, sind gegeben, wenn der Betroffenen zum selben Sachverhalt widersprüchliche oder objektiv unzutreffende Angaben macht und dies nicht offensichtlich nur auf einem Versehen oder Irrtum beruht.[134] Ein bloßer Präventivverdacht ist nicht genug.[135] Soweit der Nachweis der Unrichtigkeit hinsichtlich eines Teils der Angaben des Betroffenen geführt wurde, kann dies je nach Zusammenhang auch hinsichtlich der weiteren Angaben ein tatsächlicher Anhaltspunkt für deren Unrichtigkeit sein.[136] Für die Unrichtigkeit der Angaben spricht zudem die Vorlage gefälschter Dokumente im Verwaltungsverfahren.[137]

55

c) Ungeschriebene Voraussetzungen

Nicht zulässig ist die Zweckänderung, wenn entweder die Behörde zur Sachverhaltsfeststellung nicht verpflichtet ist oder mildere Mittel zur Überprüfung der Angaben in Betracht kommen. Letzteres ist beispielsweise der Fall, wenn sich der

56

---

128 *Dammann*, in: Simitis, BDSG, § 14 Rn. 68.

129 Vgl. *Dammann*, in: Simitis, BDSG, § 14 Rn. 62; *Bergmann/Möhrle/Herb*, BDSG, § 14 Rn. 27.

130 *Albers*, in: BeckOK Datenschutzrecht, § 14 Rn. 35.

131 *Wedde*, in: Däubler/Klebe/Wedde/Weichert, BDSG, § 14 Rn. 16; *Dammann*, in: Simitis, BDSG, § 14 Rn. 66.

132 *Dammann*, in: Simitis, BDSG, § 14 Rn. 65.

133 *Dammann*, in: Simitis, BDSG, § 14 Rn. 67.

134 Vgl. *Wedde*, in: Däubler/Klebe/Wedde/Weichert, BDSG, § 14 Rn. 16.

135 *Roggenkamp*, in: Plath, BDSG, § 14 Rn. 12.

136 *Dammann*, in: Simitis, BDSG, § 14 Rn. 64; *Gola/Schomerus*, BDSG, § 14 Rn. 18.

137 *Dammann*, in: Simitis, BDSG, § 14 Rn. 64.

Sachverhalt anhand von ergänzenden Ausführungen oder nachzureichenden Unterlagen und Bescheinigungen zweifelsfrei feststellen lässt.[138]

57 Der allgemein gültige Grundsatz der Verhältnismäßigkeit ist zu berücksichtigen. So kann die Überprüfung der Angaben im Einzelfall auch wegen eines Missverhältnisses zwischen Mittel und Zweck unzulässig sein.[139]

6. Allgemein zugängliche oder veröffentlichungsfähige Daten (Nr. 5)

58 Sofern Daten eines Betroffenen allgemein zugänglich sind oder ein Recht der verantwortlichen Stelle zur Veröffentlichung besteht, gestattet § 14 Abs. 2 Nr. 5 BDSG die Zweckänderung. Hintergrund der Regelung ist, dass in diesen Fällen die Rechtsposition des Betroffenen bereits so stark eingeschränkt ist, dass ein Festhalten am Grundsatz der Zweckbindung unangemessen scheint.[140] Einen Verzicht auf das Kriterium der Erforderlichkeit sieht die Vorschrift hingegen nicht vor.[141]

a) Allgemeine Zugänglichkeit

59 Probleme wirft im Rahmen des § 14 Abs. 2 Nr. 5 BDSG die Auslegung des Begriffs der allgemeinen Zugänglichkeit auf. Soweit es um die Gewährleistung des Informationsrechts des Bürgers gem. Art. 5 GG geht, ist eine weite Auslegung geboten.[142] Der Begriff der allgemein zugänglichen Quellen umfasst hierbei alle Medien, die technisch geeignet und bestimmt sind, der Allgemeinheit, d. h. einem individuell nicht bestimmbaren Personenkreis, Informationen zu verschaffen.[143] Jedenfalls allgemein zugänglich sind Daten dann, wenn sie ohne großen Aufwand von einem nicht bestimmbaren Personenkreis zur Kenntnis genommen werden können.[144]

60 Problematisch ist die Übertragung dieses Grundsatzes auf § 14 Abs. 2 Nr. 5 BDSG, da hier nicht das Informationsrecht des Bürgers, sondern vielmehr das Informationsbedürfnis einer öffentlichen Stelle betroffen ist. Bei uneingeschränkter Übertragung des weiten Verständnisses auf § 14 Abs. 2 Nr. 5 BDSG stünde den verantwortlichen Stellen grundsätzlich alles, was einmal veröffentlich wurde, mit den aufgeführten Einschränkungen zur Verfügung und könnte zu jeglichem Zweck genutzt werden.

61 Dies stünde im Widerspruch zur Zielsetzung des Datenschutzrechts, da die verantwortliche Stelle in diesem Fall die Möglichkeit hätte, aus öffentlich zugänglichen Quellen ein umfassendes Personendossier zu erstellen und die so gewonnenen Da-

---

138 *Dammann*, in: Simitis, BDSG, § 14 Rn. 68.
139 *Dammann*, in: Simitis, BDSG, § 14 Rn. 68.
140 *Dammann*, in: Simitis, BDSG, § 14 Rn. 69.
141 *Dammann*, in: Simitis, BDSG, § 14 Rn. 69.
142 *Gola/Schomerus*, BDSG, § 14 Rn. 19.
143 BVerfGE 27, 83.
144 *Roggenkamp*, in: Plath, BDSG, § 14 Rn. 13; *Albers*, in: BeckOK Datenschutzrecht, § 14 Rn. 38.

ten zu Zwecken des Verwaltungsvollzugs zu verwenden.[145] Dieser Missbrauch wird durch den Grundsatz der Erforderlichkeit verhindert. Eine zweckändernde Verwendung kann lediglich hinsichtlich der für die Aufgabenerfüllung erforderlichen Daten in Betracht gezogen werden.[146]

b) Veröffentlichungsfähigkeit

Bei den veröffentlichungsfähigen Daten handelt es sich um Daten, die in öffentlichen Registern enthalten sind oder im Rahmen konkreter Aufgabenerfüllungen veröffentlicht werden.[147] Nachdem sich jedermann zu derartigen Daten mit relativ geringem Aufwand Zugang verschaffen kann, ist der Betroffene grundsätzlich nicht vor einer zweckfremden Nutzung durch Dritte gefeit. Derartige Daten sind gewissermaßen Allgemeingut geworden.[148] Dies rechtfertigt eine Loslösung vom Zweckbindungsgrundsatz.[149]   **62**

Die Voraussetzungen der die Veröffentlichung gestattenden Ermächtigungsgrundlage müssen im Zeitpunkt der zweckfremden Verwendung der Daten vorliegen. Sind Fristen für die Offenlegung bereits verstrichen oder dürften die Daten zum maßgeblichen Zeitpunkt nicht mehr öffentlich zugänglich gemacht werden, schließt dies auch die Befugnis zur zweckfremden Verwendung der Daten aus.[150]   **63**

c) Kein entgegenstehendes schutzwürdiges Interesse des Betroffenen

Eingeschränkt wird der Gestattungtatbestand des § 14 Abs. 2 Nr. 5 BDSG dann, wenn der Zweckänderung schutzwürdige Belange des Betroffenen entgegenstehen.[151] Es genügt kein einfaches Interesse, vielmehr muss ein schutzwürdiges Interesse vorliegen, das der Betroffene substantiert darzulegen hat.[152] Hierbei ist zu beachten, dass die Befugnis der Behörde zum Datenumgang nur insoweit beschränkt ist, als das schutzwürdige Interesse des Betroffenen an dem Ausschluss der Zweckänderung offensichtlich überwiegt. Damit trägt der Betroffene das Risiko, dass seine nicht-offensichtlichen Interessen ignoriert werden.[153]   **64**

---

145 *Gola/Schomerus*, BDSG, § 14 Rn. 19.
146 Vgl. *Dammann*, in: Simitis, BDSG, § 14 Rn. 69.
147 Die Befugnis zur Veröffentlichung personenbezogener Daten haben öffentliche Stellen immer dann, wenn ihnen dies durch eine entsprechende gesetzliche Grundlage erlaubt wird; vgl. *Gola/Schomerus*, BDSG, § 14 Rn. 19.
148 *Gola/Schomerus*, BDSG, § 14 Rn. 19.
149 *Gola/Schomerus*, BDSG, § 14 Rn. 19.
150 *Dammann*, in: Simitis, BDSG, § 14 Rn. 70.
151 *Gola/Schomerus*, BDSG, § 14 Rn. 19; *Bergmann/Möhrle/Herb*, BDSG, § 14 Rn. 28; *Albers*, in: BeckOK Datenschutzrecht, § 14 Rn. 39.
152 *Gola/Schomerus*, BDSG, § 14 Rn. 19.
153 *Dammann*, in: Simitis, BDSG, § 14 Rn. 71.

65 Ferner spielt es im Rahmen der Abwägung eine Rolle, wie stark die Information verbreitet war, ob sie dem Empfängerkreis noch präsent ist[154] sowie Zweck und Anlass der Veröffentlichung.[155] Die unter Zugrundelegung des Verhältnismäßigkeitsgrundsatzes erfolgende Abwägung mündet in einem Verwaltungsakt der verantwortlichen Stelle. Gegen diesen stehen dem Betroffenen Widerspruch und Klage zur Verfügung.

7. Gefahrenabwehr (Nr. 6)

66 Die Vorschrift des § 14 Abs. 2 Nr. 6 BDSG beinhaltet drei alternative Tatbestände, nämlich die Abwehr erheblicher Nachteile für das Gemeinwohl, die Abwehr drohender Gefahren für die öffentliche Sicherheit sowie die Wahrung erheblicher Belange des Allgemeinwohls. Die hoch angelegte Schwelle der Vorschrift wird nur in seltenen Fällen überschritten sein. Zudem sind vorhandene Handlungsalternativen zwingend vorzuziehen.[156] Die Praxisrelevanz der Norm ist daher äußerst gering.

67 Das Hauptanwendungsfeld der Vorschrift liegt auf dem Gebiet der öffentlichen Sicherheit und der akuten Notfälle.[157] Hier muss das Recht des Einzelnen auf informationelle Selbstbestimmung in besonders dringlichen Einzelfällen gegenüber dem Schutz von Rechtsgütern der Allgemeinheit zurücktreten.[158]

68 Soweit Spezialvorschriften greifen, findet § 14 Abs. 2 Nr. 6 BDSG keine Anwendung. Ein Rückgriff auf die Generalklauseln des BDSG soll verhindert werden.[159] § 14 Abs. 2 Nr. 6 BDSG tritt daher z.B. hinter § 18 Abs. 1 bis 3 BVerfSchG und § 30 Abs. 4 Nr. 5 AO zurück.[160] Die Norm findet auch keine Anwendung, wenn im Hinblick auf die Schwere des Eingriffs nach der Schwellentheorie eine bereichsspezifische Regelung erforderlich ist.[161] So bedarf etwa die Mitteilung körperlicher Mängel an die Führerscheinstelle einer bereichsspezifischen Rechtsgrundlage.[162]

a) Abwehr erheblicher Nachteile für das Gemeinwohl (Variante 1)

69 Die Anwendbarkeit der ersten Variante von § 14 Abs. 2 Nr. 6 BDSG setzt voraus, dass dem Gemeinwohl erhebliche Nachteile drohen. Der Begriff „Nachteile für das

---

154 So kann einem Betroffenen dann, wenn ein Sachverhalt so lange zurückliegt, dass er mit hieraus folgenden Nachteilen objektiv nicht mehr zu rechnen hat, eine nachteilige zweckändernde Nutzung nicht mehr zugemutet werden; vgl. *Gola/Schomerus*, BDSG, § 14 Rn. 19.
155 *Dammann*, in: Simitis, BDSG, § 14 Rn. 71.
156 *Wedde*, in: Däubler/Klebe/Wedde/Weichert, BDSG, § 14 Rn. 18.
157 *Wedde*, in: Däubler/Klebe/Wedde/Weichert, BDSG, § 14 Rn. 18.
158 *Wedde*, in: Däubler/Klebe/Wedde/Weichert, BDSG, § 14 Rn. 18.
159 *Dammann*, in: Simitis, BDSG, § 14 Rn. 76.
160 *Dammann*, in: Simitis, BDSG, § 14 Rn. 77.
161 *Dammann*, in: Simitis, BDSG, § 14 Rn. 2, 73 und 75.
162 BVerwG NJW 1988, 1863.

Gemeinwohl" ist äußerst weitreichend.[163] So kann das von der Vorschrift umfasste Wohl des Bundes oder eines Landes bereits dann tangiert sein, wenn die Funktionsfähigkeit einzelner Organe oder Behörden beeinträchtigt wird[164] und deswegen nachteilige Auswirkungen auf das Staatsganze befürchtet werden müssen.[165]

Um dem Grundrecht auf informationelle Selbstbestimmung Rechnung zu tragen, **70** ist der Begriff des „erheblichen Nachteils" im Rahmen der verfassungskonformen Auslegung restriktiv zu behandeln. Demnach liegt ein erheblicher Nachteil nur dann vor, wenn eine Abwägung nach dem Verhältnismäßigkeitsprinzip ergibt, dass das Recht auf informationelle Selbstbestimmung im konkreten Einzelfall hinter dem konkret betroffenen Gemeinwohl zurücktreten muss.[166] So soll eine Zweckänderung jedenfalls dann zulässig sein, wenn öffentliche Stellen erst dadurch in die Lage versetzt werden, Straftätern auf die Spur zu kommen.[167]

In zeitlicher Hinsicht muss der zur Zweckänderung berechtigende Nachteil für das **71** Gemeinwohl bereits drohen und, soweit die nachteilige Wirkung schon begonnen hat, zumindest noch teilweise abwendbar sein.[168] Andernfalls wäre die Abwehrhandlung mangels Erforderlichkeit unzulässig.[169] Weiterhin ist der Erforderlichkeitsgrundsatz zu beachten; die Abwehr der Gefährdung darf also nicht durch alternative Maßnahmen ohne zweckfremde Nutzung der personenbezogenen Daten möglich sein.[170]

b) Abwehr von Gefahren für die öffentliche Sicherheit (Variante 2)

In seiner zweiten Variante fordert § 14 Abs. 2 Nr. 6 BDSG eine Gefahr für die öf- **72** fentliche Sicherheit. Damit ist die Gefahrenabwehr im Sinne des Polizeirechts (ausgenommen Gefahren für die öffentliche Ordnung)[171] betroffen. Von der öffentlichen Sicherheit werden der Schutz der verfassungsmäßigen Ordnung, der Rechtsordnung im Allgemeinen sowie wesentliche Schutzgüter der Bürger beinhaltet. Im Unterschied zum Gemeinwohl wird bei dieser Variante primär die dem Individuum dienende Gefahrenabwehr ermöglicht.[172]

---

163 Vgl. *Albers*, in: BeckOK Datenschutzrecht, § 14 Rn. 41.
164 *Dammann*, in: Simitis, BDSG, § 14 Rn. 73; hierfür spricht, dass jede öffentliche Stelle in den Grenzen ihrer örtlichen Zuständigkeit dem Gemeinwohl verpflichtet ist; vgl. *Gola/ Schomerus*, BDSG, § 14 Rn. 20.
165 *Gola/Schomerus*, BDSG, § 14 Rn. 20.
166 *Dammann*, in: Simitis, BDSG, § 14 Rn. 73; vgl. *Bergmann/Möhrle/Herb*, BDSG, § 14 Rn. 29.
167 Vgl. *Gola/Schomerus*, BDSG, § 14 Rn. 20.
168 *Dammann*, in: Simitis, BDSG, § 14 Rn. 73.
169 *Dammann*, in: Simitis, BDSG, § 14 Rn. 73.
170 *Gola/Schomerus*, BDSG, § 14 Rn. 20.
171 Hierzu näher *Roggenkamp*, in: Plath, BDSG, § 14 Rn. 14.
172 *Gola/Schomerus*, BDSG, § 14 Rn. 20.

73 Soweit die Zweckänderung – und dies wird regelmäßig der Fall sein – Grundrechtseinschränkung nach sich zieht, ist die Schwellentheorie zu beachten.[173] Zudem ist im Rahmen der notwendigen Erforderlichkeitsprüfung zu berücksichtigen, dass ein Zugriff auf nicht polizeipflichtige Personen nur subsidiär erfolgen darf.[174]

c) Wahrung erheblicher Belange des Gemeinwohls (Variante 3)

74 Der verfassungskonformen Auslegung bedarf der ebenfalls sehr weit gefasste Tatbestand der dritten Variante. Auch dieser kann in Anwendung der Schwellentheorie nur zu relativ leichten Eingriffen in die informationelle Selbstbestimmung herangezogen werden.[175] Hinsichtlich der Voraussetzung der Erheblichkeit sind die entsprechenden Ausführungen zur ersten Variante heranzuziehen (Rn. 70).

8. Strafrechtspflege (Nr. 7)

75 § 14 Abs. 2 Nr. 7 BDSG ermöglicht eine Zweckänderung im Rahmen der Verfolgung von Straftaten oder Ordnungswidrigkeiten sowie der Vollstreckung staatlicher Straf- und Erziehungsmaßnahmen. Die Norm soll die Aufrechterhaltung des staatlichen Strafverfolgungs- und Vollstreckungsmonopols gewährleisten.[176]

76 Hinsichtlich der Anwendung der Vorschrift ist zu berücksichtigen, dass für Polizeibehörden und Staatsanwaltschaft vorrangig die fachspezifischen Reglungen (z. B. der StPO) gelten.[177] Mittels § 14 Abs. 2 Nr. 7 BDSG soll primär anderen öffentlichen Stellen eine Befugnis zur Unterrichtung der Strafverfolgungs- und Ordnungsbehörden verschafft werden.[178]

a) Verfolgung von Straftaten oder Ordnungswidrigkeiten (Variante 1)

77 Zur Verfolgung von Straftaten oder Ordnungswidrigkeiten dienen i. S. d. Vorschrift nicht nur verdachtsbegründende Informationen, sondern sämtliche Angaben, die im Rahmen der Verfolgung eine wesentliche Rolle spielen können. Demnach werden auch Hinweise auf Beweismittel oder Ermittlungsansätze von der Norm umfasst.[179] Voraussetzung ist allerdings, dass im konkreten Einzelfall aus Sicht der verantwortlichen Stelle die zweckfremde Nutzung oder Verarbeitung zur Verfolgung der Straftat oder Ordnungswidrigkeit erforderlich ist. Eine solche Annahme rechtfertigt ein auf tatsächliche Anhaltspunkte gestützter Verdacht.[180] Unter keinen Um-

---

173 *Dammann*, in: Simitis, BDSG, § 14 Rn. 73; *Dammann*, in: Simitis, BDSG, § 14 Rn. 75.
174 *Dammann*, in: Simitis, BDSG, § 14 Rn. 75.
175 *Dammann*, in: Simitis, BDSG, § 14 Rn. 73.
176 *Gola/Schomerus*, BDSG, § 14 Rn. 21.
177 *Gola/Schomerus*, BDSG, § 14 Rn. 21; *Dammann*, in: Simitis, BDSG, § 14 Rn. 82.
178 *Gola/Schomerus*, BDSG, § 14 Rn. 21; vgl. *Bergmann/Möhrle/Herb*, BDSG, § 14 Rn. 30; *Roggenkamp*, in: Plath, BDSG, § 14 Rn. 15.
179 *Dammann*, in: Simitis, BDSG, § 14 Rn. 79.
180 *Dammann*, in: Simitis, BDSG, § 14 Rn. 79.

ständen wird eine verantwortliche Stelle durch § 14 Abs. 2 Nr. 7 BDSG zur Durchführung eigener Ermittlungen, die einen Verdacht ausräumen oder erhärten sollen, ermächtigt.[181] Unklarheiten hinsichtlich der Beurteilung eines Sachverhalts als strafbewährt oder ordnungswidrig sind durch eine nicht personenbezogene Anfrage bei der zuständigen Strafverfolgungsbehörde auszuräumen.[182]

Schließlich darf auch im Zusammenhang mit § 14 Abs. 2 Nr. 7 BDSG der Grundsatz der Verhältnismäßigkeit nicht verletzt werden. Ergebnis der diesbezüglich anzustellenden Abwägung kann durchaus sein, dass Verfolgungsinteressen vor dem Hintergrund des Rechts auf informationelle Selbstbestimmung zurücktreten müssen.[183]   78

b) Vollstreckung oder Vollzug (Variante 2)

Alternativ können die personenbezogenen Daten auch zur Vollstreckung oder zum Vollzug von Strafen oder Maßnahmen im Sinne des § 11 Abs. 1 Nr. 8 des Strafgesetzbuchs oder von Erziehungsmaßregeln oder Zuchtmitteln im Sinne des Jugendgerichtsgesetzes oder zur Vollstreckung von Bußgeldentscheidungen herangezogen werden. Diese Variante soll insbesondere die Feststellung des aktuellen Aufenthalts zu Zustellungs- oder Festnahmezwecken ermöglichen.[184] Derartige Befugnisse enthalten allerdings auch die bereichsspezifischen Normen des Straf- und Ordnungswidrigkeitenrechts, die Nr. 7 vorgehen.[185]   79

9. Schutz privater Rechte (Nr. 8)

Eine zweckfremde Verwendung der Daten des Betroffenen ist nach § 14 Abs. 2 Nr. 8 BDSG dann zulässig, soweit sie zur Abwehr einer schwerwiegenden Beeinträchtigung der Rechte einer anderen Person erforderlich ist.[186]   80

Im Falle der Bedrohung privater Rechte kann häufig zugleich eine Gefahr für die öffentliche Sicherheit (§ 14 Abs. 2 Nr. 6 BDSG) vorliegen. Vermutlich war es die gesetzgeberische Intention, den Anwendungsbereich der Nr. 6 mittels Nr. 8 deutlich zu erweitern.[187] Dies gelingt nicht. Unter dem Gesichtspunkt, dass beim Schutz privater Interessen eine stärkere Zweckentfremdung vorliegt, als beim Schutz öffentlicher Interessen, dürfen die Voraussetzungen der Vorschrift unter dem Gesichts-   81

---

181 In den meisten Fällen wird es auch ausreichen, die zuständige Behörde auf vorhandene Datenbestände hinzuweisen, sodass diese in eigener Verantwortung über die weiteren Ermittlungsschritte entscheiden kann; vgl. *Dammann*, in: Simitis, BDSG, § 14 Rn. 80.

182 *Dammann*, in: Simitis, BDSG, § 14 Rn. 80.

183 *Dammann*, in: Simitis, BDSG, § 14 Rn. 80; vgl. *Schaffland/Wiltfang*, BDSG, § 14 Rn. 30; BVerfG, Urt. v. 2.3.2010 – 1 BvR 256/08, u. a.

184 Vgl. *Dammann*, in: Simitis, BDSG, § 14 Rn. 81; *Albers*, in: BeckOK Datenschutzrecht, § 14 Rn. 45.

185 *Dammann*, in: Simitis, BDSG, § 14 Rn. 82.

186 *Dammann*, in: Simitis, BDSG, § 14 Rn. 83.

187 Vgl. *Dammann*, in: Simitis, BDSG, § 14 Rn. 83.

punkt der verfassungskonformen Auslegung nicht niedriger angesetzt werden als die der Nr. 6.[188] Die Vorschrift bedarf der restriktiven Auslegung.[189]

a) Private Rechte

82 Private Rechte im Sinne der Vorschrift können nur absolute Rechte wie das Recht auf Leben, körperliche und geistige Unversehrtheit, Freiheit und der Schutz des Eigentums sein.[190] Reine Vermögensinteressen Dritter erfüllen die Voraussetzung nicht.[191] Ebenso wenig wird eine Zweckentfremdung der von einer öffentlichen Stelle gespeicherten Daten zur Verfolgung privater Ansprüche, bspw. zur Ermittlung der Anschrift oder des Aufenthaltsorts eines Schuldners, durch § 14 Abs. 2 Nr. 8 BDSG zugelassen.[192]

83 Die Vorschrift erfasst sowohl natürliche als auch juristische Personen und gilt unabhängig von deren Nationalität, Herkunft, Sitz usw.[193]

b) Abwehr einer schwerwiegenden Beeinträchtigung

84 Nr. 8 findet unabhängig davon Anwendung, woher die Gefahr der Beeinträchtigung droht. Sie setzt lediglich voraus, dass die privaten Rechte einer schweren Beeinträchtigung ausgesetzt sind.[194] Hinsichtlich des schwerwiegenden Charakters einer Gefahr kommt es auf die voraussichtlichen Folgen für die betroffene Person an.[195] Diesbezüglich reicht die bloße Annahme einer möglichen Gefahr und deren schwerer Folge nicht aus. Eine hierauf gestützte Zweckänderung ist unzulässig. Voraussetzungen einer zulässigen Zweckänderung sind vielmehr konkrete Anhaltspunkte von einigem Gewicht, die für das Drohen der Gefahr sprechen.[196]

c) Erforderlichkeit

85 Von der Erforderlichkeit ist auszugehen, wenn mittels der Zweckänderung ein wesentlicher Beitrag zur Abwehr der schweren Beeinträchtigung geleistet werden kann. Es genügt insoweit, dass die Gefahr zunächst eingedämmt und eine spätere Beseitigung erst ermöglicht wird.[197] Nicht erforderlich ist hingegen, dass die Beeinträchtigung in vollem Umfang und endgültig abgewendet werden kann.[198]

---

188 *Dammann*, in: Simitis, BDSG, § 14 Rn. 83.

189 *Dammann*, in: Simitis, BDSG, § 14 Rn. 83 f.

190 *Roggenkamp*, in: Plath, BDSG, § 14 Rn. 16.

191 *Wedde*, in: Däubler/Klebe/Wedde/Weichert, BDSG, § 14 Rn. 20; *Dammann*, in: Simitis, BDSG, § 14 Rn. 84.

192 *Dammann*, in: Simitis, BDSG, § 14 Rn. 84; *Gola/Schomerus*, BDSG, § 14 Rn. 22.

193 *Dammann*, in: Simitis, BDSG, § 14 Rn. 83; *Gola/Schomerus*, BDSG, § 14 Rn. 22.

194 Vgl. *Gola/Schomerus*, BDSG, § 14 Rn. 22; *Dammann*, in: Simitis, BDSG, § 14 Rn. 85.

195 *Dammann*, in: Simitis, BDSG, § 14 Rn. 85.

196 *Gola/Schomerus*, BDSG, § 14 Rn. 22; *Wedde*, in: Däubler/Klebe/Wedde/Weichert, BDSG, § 14 Rn. 20.

197 *Gola/Schomerus*, BDSG, § 14 Rn. 22.

198 *Dammann*, in: Simitis, BDSG, § 14 Rn. 86.

Im Rahmen der Erforderlichkeitsprüfung hat unter Anwendung des Verhältnismä- **86**
ßigkeitsgrundsatzes eine Güter- und Interessenabwägung stattzufinden. Der Datenverwendung zum Schutz privater Rechte ist hierbei stets ein hoher Grad an Zweckänderung zuzuweisen.[199] Ein Überwiegen der Gründe, die für die Zweckänderung
sprechen, wird sich daher nur in wenigen Ausnahmefällen feststellen lassen.

10. Wissenschaftliche Forschung (Nr. 9)

§ 14 Abs. 2 Nr. 9 BDSG kommt zur Anwendung, wenn die zweckfremde Verwen- **87**
dung der Daten zur Durchführung wissenschaftlicher Forschung erforderlich ist,
das wissenschaftliche Interesse an der Durchführung des Forschungsvorhabens das
Interesse des Betroffenen am Ausschluss der Zweckänderung erheblich überwiegt
und der Zweck der Forschung auf andere Weise nicht oder nur mit unverhältnismäßigem Aufwand erreicht werden kann.

Die Regelung ist somit im Wesentlichen wortgleich mit § 13 Abs. 2 Nr. 8 BDSG,[200] **88**
dessen Kommentierung ergänzend heranzuziehen ist.[201]

a) Durchführung wissenschaftlicher Forschung

Die Vorschrift begünstigt eigene Forschungsvorhaben öffentlicher Stellen des Bun- **89**
des und ermöglicht zudem auch externen Forschungseinrichtungen den Zugang zu
personenbezogenen Daten, die von öffentlichen Stellen des Bundes verarbeitet werden.[202] Das Thema, das Ziel der Forschung sowie die angewendeten wissenschaftlichen Methoden sind insoweit unerheblich.[203] Regelmäßig wird allerdings zu fordern sein, dass die erlangten Unterlagen ausschließlich für einen konkreten Forschungszweck verwendet und weder an Dritte weitergegeben noch veröffentlicht
werden.[204]

b) Erforderlichkeit (Subsidiarität)

Durch das Erfordernis, dass der Zweck der Forschung auf andere Weise nicht oder **90**
nur mit unverhältnismäßigem Aufwand erreicht werden kann, hebt das Gesetz den
Grundsatz der Subsidiarität besonders hervor.[205] Hierdurch kommt die gesetzgeberische Wertung zum Ausdruck, dass Forschungseinrichtungen nur ausnahmsweise auf personenbezogene Daten, welche die vollen Identifikationsmerkmale ei-

---

199 *Dammann*, in: Simitis, BDSG, § 14 Rn. 87.
200 Vgl. *Wedde*, in: Däubler/Klebe/Wedde/Weichert, BDSG, § 14 Rn. 21.
201 Siehe § 13 BDSG Rn. 74 ff.
202 *Gola/Schomerus*, BDSG, § 14 Rn. 23.
203 *Dammann*, in: Simitis, BDSG, § 14 Rn. 89.
204 BVerwGE 121, 115 = NJW 2004, 2462; *Bergmann/Möhrle/Herb*, BDSG, § 14 Rn. 32; re-
    gelmäßig wird sich der Forschungszweck auch durch die Verwendung anonymisierter
    Daten erreichen lassen; vgl. *Schaffland/Wiltfang*, BDSG, § 14 Rn. 32.
205 *Roggenkamp*, in: Plath, BDSG, § 14 Rn. 16.

nes Betroffenen enthalten, angewiesen sind. Soweit die Daten lediglich zur Auswertung oder Verknüpfung mit anderen Daten benötigt werden, bietet es sich an, die Identifikationsmerkmale vor der Übermittlung – soweit dies ohne Gefährdung des Forschungsvorhabens möglich ist – aus dem Datenbestand zu entfernen und für eine Anonymisierung[206] zu sorgen.[207] Ferner ist der Datenumfang nach Möglichkeit auf eine repräsentative Auswahl zu reduzieren.[208]

91 Unzulässig ist die Zweckänderung dann, wenn bereits bei der Planung des fraglichen Forschungsvorhabens in auffälliger Weise datenschutzrechtliche Aspekte außer Acht gelassen wurden. Die Verwendung personenbezogener Daten sollten Forschungsstellen daher nur in dem unbedingt erforderlichen Umfang in ihre Vorhabensplanung einfließen lassen.[209]

92 Eine besonders stringente Auslegung der Vorschrift ist zudem dann geboten, wenn ohne das Wissen des Betroffenen auf dessen personenbezogene Daten zugegriffen wird.[210]

c) Erhebliches Überwiegen des Forschungs- bzw. wissenschaftlichen Interesses

93 Ob das wissenschaftliche Interesse an der Durchführung des Vorhabens die Interessen des Betroffenen an der Zweckgebundenheit der Verwendung seiner Daten erheblich überwiegt, ist anhand eines einzelfallbezogenen Abwägungsvorgangs festzustellen.[211] Diesbezüglich ist zu berücksichtigen, welche Vorkehrungen die wissenschaftliche Stelle getroffen hat, um eine Preisgabe der Daten des Betroffenen zu verhindern, in welchem Umfang und unter welchen Sicherheitsvorkehrungen die Daten verarbeitet oder vorgehalten werden und welche Nachteile dem Betroffenen im Falle der Preisgabe seiner Daten entstehen könnten.[212]

94 Abwägungsrelevant ist ebenfalls, wenn aus dem Forschungsvorhaben ein Nutzen für die Allgemeinheit erwachsen kann, was z.B. bei pharmazeutischen Produkten oder umwelttechnischen Verfahren der Fall sein wird.[213] Gleichwohl ist der Begriff des „wissenschaftlichen Interesses" weit zu verstehen. Erfasst werden auch die Grundlagenforschung und Forschungsvorhaben in Bereichen der Geisteswissenschaften, denen zunächst kein praktischer Nutzen innewohnt.[214]

---

206 Zur Anonymisierung *Zilkens*, Datenschutz in der Kommunalverwaltung, Rn. 51.
207 Vgl. *Dammann*, in: Simitis, BDSG, § 14 Rn. 90; vgl. *Schaffland/Wiltfang*, BDSG, § 14 Rn. 32.
208 *Dammann*, in: Simitis, BDSG, § 14 Rn. 90.
209 Vgl. *Gola/Schomerus*, BDSG, § 14 Rn. 23.
210 *Gola/Schomerus*, BDSG, § 14 Rn. 23.
211 *Gola/Schomerus*, BDSG, § 14 Rn. 23; *Albers*, in: BeckOK Datenschutzrecht, § 14 Rn. 50.
212 *Gola/Schomerus*, BDSG, § 14 Rn. 23; vgl. *Wedde*, in: Däubler/Klebe/Wedde/Weichert, BDSG, § 14 Rn. 21.
213 *Dammann*, in: Simitis, BDSG, § 14 Rn. 91.
214 Vgl. *Dammann*, in: Simitis, BDSG, § 14 Rn. 91.

IV. Zulässigerweise verfolgte Nebenzwecke (Abs. 3)

1. Allgemeines

Nach § 14 Abs. 3 BDSG liegt eine Verarbeitung oder Nutzung für andere Zwecke **95** nicht vor, wenn sie der Wahrnehmung von Aufsichts- und Kontrollbefugnissen, der Rechnungsprüfung oder der Durchführung von Organisationsuntersuchungen für die verantwortliche Stelle dient. Dasselbe gilt auch für die Verarbeitung oder Nutzung zu Ausbildungs- und Prüfungszwecken durch die verantwortliche Stelle, soweit dieser nicht überwiegende, schutzwürdige Interessen des Betroffenen entgegenstehen. § 14 Abs. 3 BDSG enthält keine eigenständige Ermächtigung für die Verarbeitung oder Nutzung personenbezogener Daten; vielmehr beschränkt sich der Regelungsgehalt darauf, festzulegen, wann im Rahmen der Anwendung von § 14 Abs. 1 BDSG Zweckgleichheit besteht. Die Tatbestandsvoraussetzungen des § 14 Abs. 1 BDSG bleiben im Übrigen unberührt.[215]

Uneinigkeit besteht hinsichtlich der Rechtsnatur der Vorschrift (Fiktion oder Klar- **96** stellung).[216] Nach einer Auffassung dient § 14 Abs. 3 BDSG der Funktionsfähigkeit der Verwaltung.[217] Im Interesse des Betroffenen und der Allgemeinheit soll eine Kontrolle der Rechtmäßigkeit, Zweckmäßigkeit und Kostengerechtigkeit ermöglicht werden.[218] Hiernach soll es sich um eine gesetzliche Fiktion handeln,[219] weswegen eine analoge Anwendung der Vorschrift nicht in Betracht kommen kann. Nach anderer Ansicht dient § 14 Abs. 3 BDSG lediglich der Klarstellung[220] und bringt somit einen analogiefähigen Rechtsgedanken zum Ausdruck. Hierfür spricht, dass eine Einordnung als Fiktion stets eines triftigen Grundes bedarf.[221] Ein solcher ist im vorliegenden Fall nicht ersichtlich.

Nachdem auch ein umgangssprachlicher Sprachgebrauch, der in Zusammenhang **97** mit § 14 BDSG den Gesetzgeber zur Wahl der Fiktion veranlasst haben könnte, nicht erkennbar ist, scheint letztere Auffassung vorzugswürdig.[222] Allenfalls in den durch Satz 2 bestimmten Anwendungsbereichen (z.B. Ausbildungs- und Prü-

---

215 Vgl. *Dammann*, in: Simitis, BDSG, § 14 Rn. 93 und 95.

216 Vgl. *Dammann*, in: Simitis, BDSG, § 14 Rn. 93; wohl für eine Fiktion *Roggenkamp*, in: Plath, BDSG, § 14 Rn. 19; differenzierend *Albers*, in: BeckOK Datenschutzrecht, § 14 Rn. 52.

217 *Gola/Schomerus*, BDSG, § 14 Rn. 24; *Wedde*, in: Däubler/Klebe/Wedde/Weichert, BDSG, § 14 Rn. 23.

218 *Wedde*, in: Däubler/Klebe/Wedde/Weichert, BDSG, § 14 Rn. 23; *Gola/Schomerus*, BDSG, § 14 Rn. 24.

219 *Wedde*, in: Däubler/Klebe/Wedde/Weichert, BDSG, § 14 Rn. 23; *Auernhammer*, BDSG § 14 Rn. 21; *Bergmann/Möhrle/Herb*, BDSG, § 14 Rn. 33; *Schaffland/Wiltfang*, BDSG, § 14 Rn. 33.

220 *Stange*, Datenschutz, Rn. 113.

221 Ein solcher Grund wäre z.B. im Falle des Widerspruchs zu anderen gesetzlichen Regelungen gegeben; *Dammann*, in: Simitis, BDSG, § 14 Rn. 94.

222 *Dammann*, in: Simitis, BDSG, § 14 Rn. 94.

fungszwecke) kann, da hier der Rahmen der ursprünglichen Aufgabe überschritten wird, eine konstitutive Wirkung erblickt werden.[223] In diesen Fällen enthält § 14 Abs. 3 BDSG eine Fiktion der Beibehaltung der Zweckbestimmung.[224]

2. Wahrnehmung von Aufsichts- und Kontrollbefugnissen (Satz 1)

98   Die Regelung soll verdeutlichen, dass die datenschutzrechtliche Zweckbindung organisatorischen Vorkehrungen zur Sicherstellung der Rechtmäßigkeit des Verwaltungshandelns nicht entgegensteht. Auch wenn die Norm nach der Begründung des Regierungsentwurfs dem Zweck dient, die uneingeschränkte Wahrnehmung von Aufsichts-, Weisungs- und Kontrollrechten zu gewährleisten, werden auch diese Rechte nicht pauschal vom Datenschutz ausgenommen, sondern es wird vielmehr auch hier lediglich die Zweckbindung gelockert.[225]

99   Aufsicht i. S. d. Vorschrift sind zunächst die Fachaufsicht und die Dienstaufsicht über nachgeordnete Behörden sowie die Rechts- und Fachaufsicht gegenüber juristischen Personen des öffentlichen Rechts.[226] Anwendung findet die Regelung aber auch auf Beliehene sowie staatlich beherrschte Kapitalgesellschaften oder Stiftungen. Maßgeblich ist insoweit, dass eine Aufsicht durch staatliche Stellen stattfindet.[227] Ein weiterer Anwendungsbereich ist die Dienstaufsicht gegenüber Beamten und anderen Inhabern bestimmter öffentlicher Ämter.[228] Für Fachvorgesetzte, die Kontrollen innerhalb der für die Aufgabenerledigung zuständigen Organisationseinheit durchführen, ist § 14 Abs. 3 BDSG hingegen nicht einschlägig, da deren Tätigkeit der Erfüllung des Primärzwecks dient.[229]

100   Mit der Rechnungsprüfung wird vom Normgeber aus Klarstellungsgründen ein bedeutsamer Sonderfall einer spezialisierten Kontrolle angesprochen.[230] Soweit allerdings spezialgesetzliche Vorschriften bestehen, die aufsichtsführenden oder kontrollierenden Stellen Informationszugangs- und Verwertungsrechte ohne datenschutzrechtlichen Vorbehalt einräumen, sind diese ungeachtet des Grundsatzes der Zweckbindung vorrangig anzuwenden (§ 1 Abs. 3 BDSG).[231]

---

223 *Dammann*, in: Simitis, BDSG, § 14 Rn. 94.
224 Zu den Möglichkeiten der Annahme einer Fiktion in Fällen der Wahrnehmung von Aufsichts- und Kontrollbefugnissen sowie der Rechnungsprüfung vgl. *Dammann*, in: Simitis, BDSG, § 14 Rn. 94.
225 *Dammann*, in: Simitis, BDSG, § 14 Rn. 96; zu Zwecken der Fachaufsicht kann unter Beachtung des Grundsatzes der Verhältnismäßigkeit auch auf Unterlagen zugegriffen werden, die personenbezogene Daten enthalten und einem Berufs- oder Amtsgeheimnis unterliegen; *Albers*, in: BeckOK Datenschutzrecht, § 14 Rn. 53.
226 *Dammann*, in: Simitis, BDSG, § 14 Rn. 97; *Gola/Schomerus*, BDSG, § 14 Rn. 25.
227 *Dammann*, in: Simitis, BDSG, § 14 Rn. 97.
228 *Dammann*, in: Simitis, BDSG, § 14 Rn. 97.
229 *Dammann*, in: Simitis, BDSG, § 14 Rn. 97.
230 *Dammann*, in: Simitis, BDSG, § 14 Rn. 97.
231 *Dammann*, in: Simitis, BDSG, § 14 Rn. 97.

3. Organisationsuntersuchungen (Satz 1)

Umstritten ist, in welchem Umfang Organisationsuntersuchungen unter § 14 Abs. 3 **101** BDSG fallen. Dies soll unter Zugrundelegung einer restriktiven Auslegung der Vorschrift lediglich dann der Fall sein, wenn diese Untersuchungen der Wahrnehmung von Aufsichts- und Kontrollbefugnissen dienen.[232] Nach anderer Auffassung sind Organisationsuntersuchungen ausschließlich auf die Steigerung der Wirtschaftlichkeit ausgerichtet.[233] Untersuchungsgegenstand sind demnach die Art und Weise des Verwaltungsvollzugs, des Verwaltungsaufbaus und Fragen der Arbeitsorganisation.[234]

Dem Wortlaut der Vorschrift lässt sich entnehmen, dass auch derartige Handlungs- **102** weisen privilegiert werden sollen. Allerdings werden Organisationsuntersuchungen nur dann erfasst, wenn sie „für die verantwortliche Stelle" durchgeführt werden.[235] Nicht gedeckt wird durch die Vorschrift demnach die zweckändernde Verwendung für Organisationsuntersuchungen anderer Behörden oder Stellen oder für übergeordnete Zwecke.[236] In derartigen Fällen ist ausschließlich die Verwendung anonymisierter Daten zulässig.[237]

4. Ausbildungs- und Prüfungszwecke (Satz 2)

Mittels der in § 14 Abs. 3 Satz 2 BDSG enthaltenen Regelung soll eine auf realisti- **103** schen Lebenssachverhalten beruhende praxisnahe Ausbildung gewährleistet werden.[238] Die Vorschrift ermöglicht die Verwendung von Daten zu Ausbildungs- und Prüfungszwecken, soweit dies erforderlich ist und dem keine überwiegenden Interessen des Betroffenen entgegenstehen.[239] Ob Letzteres der Fall ist, ist anhand einer interessengerechten Abwägung festzustellen.[240] Sofern diese zu Gunsten des Interesses des Betroffenen ausfällt, müssen die fraglichen Unterlagen pseudonymisiert

---

232 In allen anderen Fällen soll eine unzulässige Zweckänderung vorliegen; *Wedde*, in: Däubler/Klebe/Wedde/Weichert, BDSG, § 14 Rn. 26; *Schaffland/Wiltfang*, BDSG, § 14 Rn. 33.

233 *Gola/Schomerus*, BDSG, § 14 Rn. 25.

234 *Gola/Schomerus*, BDSG, § 14 Rn. 25, wonach derartige Untersuchungen auch von externen Facheinrichtungen durchgeführt werden können.

235 *Dammann*, in: Simitis, BDSG, § 14 Rn. 101; restriktiver *Bergmann/Möhrle/Herb*, BDSG, § 14 Rn. 33.

236 Damit ist auch die Verwendung der Daten zu Vergleichszwecken durch eine andere Behörde unzulässig; *Dammann*, in: Simitis, BDSG, § 14 Rn. 101; *Gola/Schomerus*, BDSG, § 14 Rn. 25.

237 *Dammann*, in: Simitis, BDSG, § 14 Rn. 101.

238 *Dammann*, in: Simitis, BDSG, § 14 Rn. 102; *Albers*, in: BeckOK Datenschutzrecht, § 14 Rn. 55; ohnehin seien die Betroffenen den Auszubildenden i. d. R. nicht bekannt; vgl. *Gola/Schomerus*, BDSG, § 14 Rn. 26.

239 *Bergmann/Möhrle/Herb*, BDSG, § 14 Rn. 38.

240 *Bergmann/Möhrle/Herb*, BDSG, § 14 Rn. 38; vgl. *Wedde*, in: Däubler/Klebe/Wedde/Weichert, BDSG, § 14 Rn. 27.

oder besser noch anonymisiert werden.[241] Von einem Überwiegen des schutzwürdigen Interesses des Betroffenen wird regelmäßig dann auszugehen sein, wenn die Auswahl des konkreten Falles zur Bloßstellung der Beteiligten geeignet ist oder einen besonders tiefgehenden Einblick in deren persönliche Verhältnisse gewährt.[242]

104 Die Vorschrift findet nur auf die verantwortliche Stelle Anwendung. Eine Weitergabe von Daten und Originalakten an andere Behörden, Prüfungsämter und Ausbildungsstätten bleibt ausgeschlossen.[243] Zudem ist zu beachten, dass die Vorschrift lediglich den Grundsatz der Zweckbindung tangiert. Eine Einschränkung von Berufs- oder Amtsgeheimnissen ist nur möglich, wenn sie unter einem entsprechenden Vorbehalt steht.[244]

105 Im Bereich der Juristenausbildung gelten Spezialnormen, wonach Justiz- und Verwaltungsakte zu Ausbildungszwecken herangezogen und weitergegeben werden dürfen.[245] Wenngleich diesbezüglich eine ausdrückliche Datenschutzregelung fehlt, sind grundlegende Aspekte des Datenschutzes im Rahmen der durch den Verhältnismäßigkeitsgrundsatz vorgegebenen Interessenabwägung zu berücksichtigen.[246]

V. Ausschluss der Zweckänderung (Abs. 4)

106 § 14 Abs. 4 BDSG entspricht der für den nicht-öffentlichen Bereich geltenden Regelung des § 31 BDSG und ordnet für bestimmte Fälle der Verarbeitung personenbezogener Daten eine strikte Zweckbindung an.[247] Als Rechtsfolge der Vorschrift dürfen die für die aufgeführten Zwecke gespeicherten Daten „nur für diese Zwecke verwendet werden".[248] Im Gegenzug besteht allerdings nur eine eingeschränkte Auskunftpflicht gegenüber dem Betroffenen nach § 19 Abs. 2 BDSG.[249]

107 Die Vorschrift geht auf Forderungen von Datenschützern aus den 1970er und 1980er Jahren zurück, Zugriffe auf Datenbanken von Polizei und Verkehrsverwaltung zu kontrollieren. Eine systematische Protokollierung wurde jedoch gerade aus Gründen des Datenschutzes abgelehnt, da nach damaliger Rechtslage von Seiten der Polizei auf die Daten zugegriffen werden konnte. Um derartige Zugriffsmög-

---

241 *Wedde*, in: Däubler/Klebe/Wedde/Weichert, BDSG, § 14 Rn. 27; *Gola/Schomerus*, BDSG, § 14 Rn. 26.
242 *Dammann*, in: Simitis, BDSG, § 14 Rn. 102.
243 Vgl. *Dammann*, in: Simitis, BDSG, § 14 Rn. 104.
244 *Dammann*, in: Simitis, BDSG, § 14 Rn. 104.
245 Z. B. § 6 JAG M-V.
246 *Gola/Schomerus*, BDSG, § 14 Rn. 26; *Dammann*, in: Simitis, BDSG, § 14 Rn. 105.
247 *Dammann*, in: Simitis, BDSG, § 14 Rn. 106; *Roggenkamp*, in: Plath, BDSG, § 14 Rn. 20; *Wedde*, in: Däubler/Klebe/Wedde/Weichert, BDSG, § 14 Rn. 28. Siehe auch die Kommentierung zu § 31 BDSG Rn. 2 f.
248 *Dammann*, in: Simitis, BDSG, § 14 Rn. 106.
249 *Dammann*, in: Simitis, BDSG, § 14 Rn. 106.

lichkeiten zu unterbinden, hat sich der Bundestag zur Einführung des strikten Zweckbindungsgrundsatzes entschieden.[250]

Durch den strikten Zweckbindungsgrundsatz soll verhindert werden, dass Datenbestände, die zu Zwecken des Datenschutzes und der Datensicherheit angelegt wurden, als allgemeine Informationsgrundlage verwendet werden.[251] **108**

Bezugspunkt für die Zweckbindung sind nicht die in § 14 Abs. 4 BDSG genannten Zwecke in ihrer Gesamtheit, sondern der einzelne im konkreten Fall verfolgte Zweck. In der Praxis werden jedoch oftmals mehrere Speicherungszwecke gleichzeitig verfolgt.[252] So gehört beispielsweise die Sicherung von Datenbeständen zum ordnungsgemäßen Betrieb einer Datenverarbeitungsanlage, kann aber zugleich auch der Datensicherung sowie der Datenschutzkontrolle dienen.[253] **109**

Ausschlaggebend ist der von der verantwortlichen Stelle festgelegte Zweck.[254] Diese Festlegung muss im Voraus erfolgen. Wurde sie unterlassen, so ist der objektive Verwendungszweck maßgeblich, der sich nach dem erkennbar verfolgten Ziel bestimmt und im Zweifel eng festzulegen ist. Wurde der Verwendungszweck pflichtwidrig – etwa unter Missachtung des Mitbestimmungsrechts des Betriebsrats – festgelegt, so ist die Zweckbestimmung unbeachtlich und erweitert nicht die Verwendungsbefugnisse.[255] **110**

Auch diese Vorschrift steht gem. § 1 Abs. 3 BDSG unter dem Vorbehalt einer spezielleren Regelung durch Rechtsvorschriften des Bundes. Durchbrochen wird die Zweckbindung z.B. durch § 24 Abs. 4 BDSG, die Kontrollregelung für den Datenschutzbeauftragten des Bundes, und andere Informationszugangsrechte in bereichsspezifischen Gesetzen.[256] **111**

1. Datenschutzkontrolle (Variante 1)

In ihrer ersten Variante bezieht sich die strikte Zweckbindung des Abs. 4 auf die Datenschutzkontrolle. Hierzu zählen externe Kontrollen durch den Datenschutzbeauftragten des Bundes (§§ 24, 38 BDSG) und auch interne Datenschutzkontrollen durch den behördlichen Datenschutzbeauftragten sowie die durch übergeordnete Behörden wahrgenommene Datenschutzkontrolle.[257] Um keine Datenschutzkon **112**

---

250 *Dammann*, in: Simitis, BDSG, § 14 Rn. 106.
251 Vgl. *Bergmann/Möhrle/Herb*, BDSG, § 14 Rn. 39; *Dammann*, in: Simitis, BDSG, § 14 Rn. 115.
252 *Dammann*, in: Simitis, BDSG, § 14 Rn. 111.
253 *Dammann*, in: Simitis, BDSG, § 14 Rn. 112.
254 *Dammann*, in: Simitis, BDSG, § 14 Rn. 113.
255 *Dammann*, in: Simitis, BDSG, § 14 Rn. 113.
256 Z.B. im Bereich der Strafverfolgung oder des Steuerrechts; *Gola/Schomerus*, BDSG, § 14 Rn. 30.
257 *Dammann*, in: Simitis, BDSG, § 14 Rn. 108; *Gola/Schomerus*, BDSG, § 14 Rn. 27; *Albers*, in: BeckOK Datenschutzrecht, § 14 Rn. 57.

trolle handelt es sich bei der Wahrnehmung allgemeiner behördlicher Aufsichtsaufgaben, z. B. im Rahmen der Gewerbe- und Atomaufsicht.[258]

2. Datensicherung (Variante 2)

113   Der Begriff Datensicherung umfasst technische und organisatorische Maßnahmen nach § 9 BDSG, die die Ausführung des BDSG gewährleisten sollen.[259] Hierbei kann es sich insbesondere um Protokolldaten, Sicherungskopien und andere personenbezogene Daten handeln, deren Sicherung datenschutzrechtliche Ziele verfolgt.[260] Damit wird von Variante 2 die Datensicherung im EDV-technischen Sinne grundsätzlich nicht erfasst.[261]

3. Sicherung des ordnungsgemäßen Betriebs von Datenverarbeitungsanlagen (Variante 3)

114   In seiner dritten Variante erstreckt § 14 Abs. 4 BDSG die strikte Zweckbindung auf Daten, die zur Sicherstellung eines ordnungsgemäßen Betriebes einer Datenverarbeitungsanlage gespeichert werden. Neben der Wiedergewinnung verlorener Daten gehört auch die Korrektur des gesicherten Datenbestandes zu den i. S. v. § 14 Abs. 4 BDSG erlaubten Zwecken.[262] Dies beinhaltet z. B. den Schutz von Daten vor Verlust durch Fertigung von Sicherungskopien oder durch Protokollierung der Transaktionsdaten.[263] Dem ordnungsgemäßen Betrieb einer Datenverarbeitungsanlage dienen zudem die Rechenzentrumsorganisation und die Aufrechterhaltung der Funktionsfähigkeit der Kommunikations- und Netzsoftware.[264]

VI. Zweckändernde Datenspeicherung, -veränderung und -nutzung sensibler Daten (Abs. 5)

1. Allgemeines

115   § 14 Abs. 5 BDSG räumt den verantwortlichen Stellen unter engen Voraussetzungen ein Recht zur Zweckänderung hinsichtlich besonderer Arten personenbezogener Daten ein. Die Vorschrift betrifft das Speichern, Verändern und Nutzen. Hinsichtlich der verwendeten Begriffe kann die Kommentierung zu den Legaldefinitionen des § 3 BDSG herangezogen werden.

---

258 *Dammann*, in: Simitis, BDSG, § 14 Rn. 108.
259 *Dammann*, in: Simitis, BDSG, § 14 Rn. 109; *Albers*, in: BeckOK Datenschutzrecht, § 14 Rn. 58.
260 *Gola/Schomerus*, BDSG, § 14 Rn. 28.
261 Vgl. *Dammann*, in: Simitis, BDSG, § 14 Rn. 109.
262 *Dammann*, in: Simitis, BDSG, § 14 Rn. 112.
263 *Dammann*, in: Simitis, BDSG, § 14 Rn. 112.
264 *Dammann*, in: Simitis, BDSG, § 14 Rn. 110.

Im Gegensatz zu den entsprechenden Vorschriften des dritten Abschnitts[265] betrifft   **116**
§ 14 Abs. 5 BDSG seinem Wortlaut nach nur die Fälle, in denen eine Zweckänderung nach Erhebung der Daten stattgefunden hat. Nicht erfasst wären demnach die Fälle, in denen eine Erhebung nicht stattgefunden hat, etwa weil die Daten der Behörde unaufgefordert übermittelt wurden. In diesen Fällen würde auch der Schutz des § 13 Abs. 1, 2 BDSG nicht greifen. Um eine der EG-DSRl widersprechende Regelungslücke zu vermeiden, ist § 14 Abs. 5 BDSG dahingehend auszulegen, dass seine Voraussetzungen auch dann vorliegen müssen, wenn eine Zweckänderung mangels vorangegangener Erhebung nicht vorliegt.[266]

2. Zulässigkeit der Datenerhebung nach § 13 Abs. 2 Nr. 1–6, 9 BDSG (Nr. 1)

Weil Zulässigkeitsregeln für den Bereich der Datenerhebung bestehen, wäre es wi   **117**
dersprüchlich, dem keine entsprechenden Regeln im Bereich der zweckändernden Speicherung, Veränderung und Nutzung folgen zu lassen.[267] So lässt § 14 Abs. 5 Nr. 1 BDSG die Verwendung von Daten für den Fall zu, dass die Voraussetzungen der Erhebung besonderer Arten personenbezogener Daten gem. § 13 Abs. 2 Nr. 1–6, 9 BDSG vorliegen.[268] Insofern wird auf die entsprechende Kommentierung des § 13 BDSG verwiesen.[269] Lediglich die Tatbestände der § 13 Abs. 2 Nr. 7 und 8 BDSG wurden in § 14 Abs. 5 BDSG eigenständig geregelt.[270]

3. Wissenschaftliche Forschung (Nr. 2 und Satz 2)

§ 14 Abs. 5 Nr. 2 BDSG ermöglicht eine Zweckänderung, wenn diese zur Durch   **118**
führung wissenschaftlicher Forschung erforderlich ist. Diesbezüglich ist ergänzend die Kommentierung des nahezu wortgleichen § 14 Abs. 2 Nr. 9 BDSG heranzuziehen.[271] Im Interesse des Rechts des Betroffenen auf informationelle Selbstbestimmung ist die Vorschrift restriktiv auszulegen.[272]

Grundsätzlich kann vorausgesetzt werden, dass spätere zweckändernde Verarbei   **119**
tungsphasen bereits im Rahmen der Planung eines Forschungsvorhabens berücksichtigt werden. Insoweit handelt es sich bei der planerisch erfassten Zweckände

---

265 §§ 28 Abs. 6–9, 29 Abs. 4 BDSG.
266 *Dammann*, in: Simitis, BDSG, § 14 Rn. 118; a. A. *Auernhammer*, BDSG, § 14 Rn. 8.
267 *Gola/Schomerus*, BDSG, § 14 Rn. 31; der von *Engelien-Schulz*, RDV 2005, S. 201 (206), vorgeschlagenen Schaffung eigenständiger Zulässigkeitsvoraussetzungen bedarf es hingegen nicht; vgl. *Gola/Schomerus*, BDSG, § 14 Rn. 31.
268 Die Zulässigkeitsvoraussetzungen der Datenerhebung gelten unverändert auch für die Phase der Datenverarbeitung; *Gola/Schomerus*, BDSG, § 14 Rn. 31.
269 Siehe § 13 BDSG Rn. 38 ff.
270 *Dammann*, in: Simitis, BDSG, § 14 Rn. 119.
271 Siehe § 13 BDSG Rn. 87 ff.
272 *Wedde*, in: Däubler/Klebe/Wedde/Weichert, BDSG, § 14 Rn. 32.

rung nicht um eine echte Zweckänderung i. S. v. Nr. 2.[273] Die Vorschrift betrifft demnach ausschließlich Fälle, bei denen sich eine zweckändernde Speicherung, Veränderung oder Nutzung im Verlaufe eines wissenschaftlichen Forschungsvorhabens unvorhergesehen als erforderlich erweist.[274]

120 Wegen der besonderen Schutzbedürftigkeit besonderer personenbezogener Daten verlangt § 14 Abs. 5 Satz 1 Nr. 2 BDSG ein öffentliches und nicht nur ein wissenschaftliches Interesse an der Durchführung des Forschungsvorhabens. Im Umkehrschluss steht damit fest, dass ein wissenschaftliches Interesse nicht zwingend zugleich ein öffentliches Interesse darstellen muss.[275] Über Satz 2 der Vorschrift wird sichergestellt, dass im Rahmen des öffentlichen Interesses das wissenschaftliche Interesse in ausreichendem Maß berücksichtigt wird. Ein Vorhaben wird hiernach zumindest dann im öffentlichen Interesse liegen, wenn es von grundlegender wissenschaftlicher Bedeutung ist.[276] Voraussetzung hierfür ist, dass neben theoretischen Erkenntnissen auch ein praktischer Nutzen gezogen werden kann, was insbesondere im Medizin- und Umweltbereich häufig der Fall sein wird.[277]

121 Das wissenschaftliche Interesse an der Durchführung des Forschungsvorhabens muss das Interesse des Betroffenen wesentlich überwiegen. Diesbezüglich ist eine einzelfallbezogene Abwägung unter Einbeziehung der Risiken (insbesondere für den Betroffenen) und Chancen des Forschungsvorhabens (insbesondere für die Allgemeinheit) anzustellen.[278]

VII. Zweckändernde Datenspeicherung, -veränderung und -nutzung von Gesundheitsdaten (Abs. 6)

122 § 14 Abs. 6 ist eine datenschutzrechtliche Erlaubnisnorm.[279] Mittels der Vorschrift soll den bereichsspezifischen Regelungen im Sektor des Gesundheitswesens, insbesondere dem einschlägigen Berufsrecht,[280] vorrangig Geltung vor dem BDSG verschafft werden.[281] Dies kann selbstverständlich nur gelten, soweit entsprechende dem Datenschutz dienende Normen existieren. Soweit diese fehlen, verbleibt es bei der Anwendung des BDSG. Dies hat zur Folge, dass insbesondere die strikte

---

273 *Gola/Schomerus*, BDSG, § 14 Rn. 32.
274 *Gola/Schomerus*, BDSG, § 14 Rn. 32.
275 *Dammann*, in: Simitis, BDSG, § 14 Rn. 120.
276 Vgl. *Dammann*, in: Simitis, BDSG, § 14 Rn. 120.
277 *Dammann*, in: Simitis, BDSG, § 14 Rn. 120.
278 *Dammann*, in: Simitis, BDSG, § 14 Rn. 120; vgl. *Bergmann/Möhrle/Herb*, BDSG, § 14 Rn. 44; *Gola/Schomerus*, BDSG, § 14 Rn. 32.
279 *Wedde*, in: Däubler/Klebe/Wedde/Weichert, BDSG, § 14 Rn. 33; vgl. *Gola/Schomerus*, BDSG, § 14 Rn. 33.
280 Vgl. *Roggenkamp*, in: Plath, BDSG, § 14 Rn. 24.
281 An dem eigenständigen Regelungsgehalt lässt sich insoweit wegen § 1 Abs. 3 BDSG zweifeln; *Dammann*, in: Simitis, BDSG, § 14 Rn. 125.

Zweckbindung des § 14 Abs. 4 BDSG auch auf dem Sektor des Gesundheitswesens Anwendung findet, da entsprechende bereichsspezifische Regelungen fehlen.[282]

§ 14 Abs. 6 BDSG weist nur einen eingeschränkten eigenständigen Regelungsge- **123** halt auf und beschränkt sich darauf, auf die für die betroffenen Personengruppen geltenden Geheimhaltungspflichten zu verweisen. Nachdem es unmöglich scheint, Geheimhaltungspflichten auf Vorgänge der Speicherung, Veränderung und Nutzung zu übertragen, da diese Vorgänge die Geheimhaltung nicht wirklich tangieren, bedarf die Vorschrift diesbezüglicher Auslegung. Zustimmung verdient *Dammann*, der den in der Vorschrift enthaltenen Begriff der Geheimhaltungspflichten „als pars pro toto der spezifischen Berufspflichten auffasst, die den Umgang mit vertraulichen Daten der Empfänger von Gesundheitsdienstleistungen regeln".[283] Dies hat zur Folge, dass im Einzelfall etwa auf die ärztlichen Berufsordnungen und Krankenhausgesetze der Länder zurückgegriffen werden muss, welche datenschutzrechtliche Nutzungs-, Änderungs- und Verwertungsverbote aussprechen.[284]

Ob diese Vorschriften die Gesundheitsdaten in ausreichender Weise schützen, be- **124** darf der Einzelfallbetrachtung. Problematisch ist jedenfalls, dass die Speicherung, Veränderung und Nutzung von besonders sensiblen personenbezogenen Daten zu anderen als ausschließlich den in § 13 Abs. 2 Nr. 7 BDSG aufgeführten Zwecken ermöglicht wird. Dies sollte grundsätzlich nicht ohne Einwilligung des Betroffenen geschehen.[285]

VIII. Regelung der Zweckbindung durch Landesrecht

Die Landesdatenschutzgesetze entsprechen ihren Regelungen nach im Wesentli- **125** chen dem Bundesdatenschutzgesetz und der in § 14 BDSG enthaltenen Regelung der Zweckbindung. Auch sie verschaffen dem Grundsatz der Zweckbindung Geltung.[286] Allerdings sehen einige Länder weitergehende Ausnahmen vom Zweckbindungsgrundsatz vor, etwa bei Entscheidungen über öffentliche Auszeichnungen[287] oder bei Benennungen oder Berufungen von Wahlberechtigten für Wahlehrenämter.[288]

---

282 *Dammann*, in: Simitis, BDSG, § 14 Rn. 125; *Albers*, in: BeckOK Datenschutzrecht, § 14 Rn. 58.
283 *Dammann*, in: Simitis, BDSG, § 14 Rn. 123.
284 *Dammann*, in: Simitis, BDSG, § 14 Rn. 123.
285 Insoweit kritisch *Gola/Schomerus*, BDSG, § 14 Rn. 33; *Wedde*, in: Däubler/Klebe/Wedde/Weichert, BDSG, § 14 Rn. 33.
286 Vgl. hierzu Art. 17 BayDSG; § 11 BlnDSG; § 13 BbgDSG; § 15 LDSG BW; § 12 BremDSG; § 13 HmbDSG; § 11 Abs. 2 DSG M-V; § 10 NDSG; § 13 HDSG; § 13 LDSG NRW; § 13 LDSG RPf; § 13 SDSG; § 13 SächsDSG; § 10 DSG-LSA; § 13 Abs. 3 LDSG SH; § 20 ThürDSG.
287 Art. 17 Abs. 2 Nr. 7 BayDSG; § 13 Abs. 2g LDSG NW; § 24 LDSG SH.
288 Siehe auch vertiefend *Gola/Schomerus*, BDSG, § 14 Rn. 34.

IX. Folgen der Verletzung der Zulässigkeitsregelung

126 Unter Verletzung der Zulässigkeitsregelungen des § 14 BDSG gespeicherte oder nicht mehr erforderliche personenbezogene Daten sind grundsätzlich unverzüglich zu löschen.[289] Dieser Folgenbeseitigungsanspruch ist in § 20 Abs. 2 BDSG näher geregelt.[290] Unrichtige Daten, deren Speicherung regelmäßig nicht zur rechtmäßigen Aufgabenwahrnehmung erforderlich ist, sind nach § 20 Abs. 1 BDSG zu berichtigen.[291]

127 Die unberechtigte Verarbeitung kann die Straf- und Bußgeldtatbestände der §§ 43 f. BDSG erfüllen.[292] Zudem kann ein Verstoß gegen die Nutzungsregelungen des § 14 BDSG Schadensersatzansprüche des Betroffenen im Wege der Amtshaftung nach § 839 BGB i.V.m. Art. 34 GG begründen.[293]

---

289 *Auernhammer*, BDSG, § 14 Rn. 23; *Wedde*, in: Däubler/Klebe/Wedde/Weichert, BDSG, § 14 Rn. 34.

290 *Albers*, in: BeckOK Datenschutzrecht, § 14 Rn. 72.

291 *Auernhammer*, BDSG, § 14 Rn. 23; *Wedde*, in: Däubler/Klebe/Wedde/Weichert, BDSG, § 14 Rn. 34.

292 *Albers*, in: BeckOK Datenschutzrecht, § 14 Rn. 72; siehe dazu die Kommentierungen zu §§ 43 f. BDSG. Zur möglichen Verletzung weiterer Straftatbestände (des StGB) siehe *Auernhammer*, BDSG, § 14 Rn. 24.

293 *Albers*, in: BeckOK Datenschutzrecht, § 14 Rn. 72.

§ 15 Datenübermittlung an öffentliche Stellen

(1) Die Übermittlung personenbezogener Daten an öffentliche Stellen ist zulässig, wenn

1. sie zur Erfüllung der in der Zuständigkeit der übermittelnden Stelle oder des Dritten, an den die Daten übermittelt werden, liegenden Aufgaben erforderlich ist und

2. die Voraussetzungen vorliegen, die eine Nutzung nach § 14 zulassen würden.

(2) Die Verantwortung für die Zulässigkeit der Übermittlung trägt die übermittelnde Stelle. Erfolgt die Übermittlung auf Ersuchen des Dritten, an den die Daten übermittelt werden, trägt dieser die Verantwortung. In diesem Fall prüft die übermittelnde Stelle nur, ob das Übermittlungsersuchen im Rahmen der Aufgaben des Dritten, an den die Daten übermittelt werden, liegt, es sei denn, dass besonderer Anlass zur Prüfung der Zulässigkeit der Übermittlung besteht. § 10 Abs. 4 bleibt unberührt.

(3) Der Dritte, an den die Daten übermittelt werden, darf diese für den Zweck verarbeiten oder nutzen, zu dessen Erfüllung sie ihm übermittelt werden. Eine Verarbeitung oder Nutzung für andere Zwecke ist nur unter den Voraussetzungen des § 14 Abs. 2 zulässig.

(4) Für die Übermittlung personenbezogener Daten an Stellen der öffentlich-rechtlichen Religionsgesellschaften gelten die Absätze 1 bis 3 entsprechend, sofern sichergestellt ist, dass bei diesen ausreichende Datenschutzmaßnahmen getroffen werden.

(5) Sind mit personenbezogenen Daten, die nach Absatz 1 übermittelt werden dürfen, weitere personenbezogene Daten des Betroffenen oder eines Dritten so verbunden, dass eine Trennung nicht oder nur mit unvertretbarem Aufwand möglich ist, so ist die Übermittlung auch dieser Daten zulässig, soweit nicht berechtigte Interessen des Betroffenen oder eines Dritten an deren Geheimhaltung offensichtlich überwiegen; eine Nutzung dieser Daten ist unzulässig.

(6) Absatz 5 gilt entsprechend, wenn personenbezogene Daten innerhalb einer öffentlichen Stelle weitergegeben werden.

Literatur: *Albrecht*, Vereinsrechtliche Verbotsverfahren im Brennspiegel der informationellen Selbstbestimmung, JurPC Web-Dok. 47/2012; *Burkholz*, Müssen Abgeordnete alles wissen dürfen? Parlamentarische Fragebefugnisse und informationelle Selbstbestimmung, VerwArch 1993, S. 203; *Claessen*, Datenschutz in der evangelischen Kirche: Praxiskommentar zum Kirchengesetz über den Datenschutz in der EKD, Neuwied/Kriftel 1995; *Claessen*, Das neue Datenschutzgesetz der evangelischen Kirche, DuD 1995, S. 8; *Dammann*, Die Anwendung des neuen Bundesdatenschutzgesetzes auf die öffentlichrechtlichen Religionsgesellschaften, NVwZ 1992, S. 1147; *Engelien-Schulz*, Personenbezogene Daten sind nicht gleich personenbezogene Daten!, UBWV 2011, S. 452;

Evers, Probleme des Datenschutzes zwischen Staat und Kirche, ZevKR 1980, S. 173; *Gallwas*, Zum Verhältnis von staatlicher Aufsicht und kirchlichem Datenschutzrecht, BayVBl. 1980, S. 423; *Gola/Wronka*, Arbeitnehmerdatenverarbeitung beim Betriebs-/ Personalrat und der Datenschutz, NZA 1991, S. 793; *Hoeren*, Kirchen und Datenschutz – Zur Stellung der Kirchen im Novellierungsentwurf zum Bundesdatenschutzgesetz, DuD 1988, S. 286; *Hoeren*, Die Kirchen und das neue Bundesdatenschutzgesetz, NVwZ 1993, S. 650; *Hoeren*, Die Macht der Computer und die Ohnmacht der Kirchen, CR 1988, S. 60; *Hoeren*, Kirchen und Datenschutz – Kanonistische und staatskirchliche Probleme der automatisierten Datenverarbeitung, Essen 1986; *Lehnguth*, Kirchliche Einrichtungen und Datenschutz, DVBl. 1986, S. 1081; *Lorenz*, Die Stellung der Kirchen nach dem Bundesdatenschutzgesetz 1990, ZevKR 1992, S. 27; *Zilkens*, Datenschutz in der Kommunalverwaltung, 3. Aufl., Berlin 2011; *Schatzschneider*, Kirchenautonomie und Datenschutzrecht, Heidelberg 1984; *Schlink*, Datenschutz und Amtshilfe, NVwZ 1986, S. 249; *Simitis*, Datenschutz als Bürgerschutz, ÖVD 1979, S. 3; *Simitis*, Von der Amtshilfe zur Informationshilfe – Informationstausch und Datenschutzanforderungen in der öffentlichen Verwaltung, NJW 1986, S. 2795; *Zilkens*, Datenschutz in der Kommunalverwaltung, 3. Aufl., Berlin 2011.

Übersicht

I. Allgemeines

1. Das besondere Gefährdungspotenzial der Datenübermittlung

Die Datenübermittlung an öffentliche und nicht-öffentliche Stellen ist im Hinblick **1** auf die verfassungsrechtliche Gewährleistung des Rechts auf informationelle Selbstbestimmung nicht unproblematisch. Der aus Art. 2 Abs. 1 i.V.m. Art. 1 Abs. 1 GG abgeleitete Grundrechtsschutz umfasst das Interesse des Einzelnen, jederzeit überblicken zu können, wer was wann und bei welcher Gelegenheit über ihn weiß.[1] Aus diesem Grund sieht § 4 Abs. 2 Satz 1 BDSG vor, dass die Datenerhebung grundsätzlich beim Betroffenen zu erfolgen hat. Im Falle der Datenübermittlung wird ausnahmsweise gegen diesen Grundsatz verstoßen. Hier erlangt die empfangende Stelle durch die Übermittlung Kenntnis von den Daten, ohne dass der Betroffene in den Vorgang der Kenntniserlangung eingebunden ist. Unter Umgehung des Betroffenen verlassen seine personenbezogenen Daten den bisherigen Kontext und gelangen in die Hände einer anderen Stelle, die die Daten möglicherweise zu anderen Zwecken gebraucht. Informationen können in diesem Zusammenhang einen völlig neuen Gehalt bzw. eine völlig andere Bedeutung erlangen, ohne dass der Betroffene Einfluss darauf hätte.[2] Deswegen ist mit einer Datenübermittlung an Dritte potenziell eine stärkere Gefährdung für die personenbezogenen Daten verbunden.[3]

Um dem Grundrecht auf informationelle Selbstbestimmung dennoch weitestge- **2** hend Rechnung zu tragen, stellt das Gesetz besondere Anforderungen an die Datenübermittlung. Dabei unterscheidet es einerseits hinsichtlich der übermittelnden Stellen, andererseits hinsichtlich des Empfängers der Daten. Der zwischen beiden Stellen erfolgende Datenaustausch vollzieht sich durch die einander korrespondierenden Eingriffe von Abfrage und Übermittlung, die jeweils einer gesonderten Rechtsgrundlage bedürfen.[4] „Der Gesetzgeber muss, bildlich gesprochen, nicht nur die Tür zur Übermittlung von Daten öffnen, sondern auch die Tür zu deren Abfrage. Erst beide Rechtsgrundlagen gemeinsam, die wie eine Doppeltür zusammenwirken müssen, berechtigen zu einem Austausch personenbezogener Daten."[5] Zu-

---

1 BVerfGE 65, 1 = NJW 1984, 419 (422).
2 Vgl. *Albers*, in: BeckOK Datenschutzrecht, § 15 Rn. 4.
3 *Gola/Schomerus*, BDSG, § 15 Rn. 2.
4 BVerfG MMR 2012, 410 (412).
5 BVerfG MMR 2012, 410 (412).

dem ist den spezifischen Gefahren der Datenübermittlung Rechnung zu tragen. So ist die Datenübermittlung durch öffentliche und nicht-öffentliche Stellen unterschiedlich geregelt. Hinsichtlich des Empfängers der Daten differenzieren die Anwendungsbereiche der §§ 15 und 16 BDSG. An die Datenübermittlung an nicht-öffentliche Stellen werden z. B. besonders strenge Anforderungen gestellt, da diese nicht nach Art. 20 Abs. 3 GG an Recht und Gesetz gebunden sind.[6] Schließlich stellt § 4b BDSG besonders strenge Anforderungen an die Datenübermittlung ins Ausland.

2. Gesetzessystematik

3   Voraussetzung der Anwendung von § 15 BDSG ist zunächst, dass keine besonderen Rechtsvorschriften des Bundes existieren, die dem BDSG gem. § 1 Abs. 3 Satz 1 BDSG vorgehen.[7] Zudem ist die Vorschrift komplementär zu § 16 BDSG, was bedeutet, dass abhängig vom Adressaten der Übermittlung lediglich der Anwendungsbereich einer der beiden Vorschriften eröffnet sein kann.[8] Ein Konkurrenzverhältnis der Vorschrift zu § 14 BDSG besteht nicht, da sich der Begriff der Übermittlung mit den in § 14 BDSG verwendeten Begriffen der Speicherung, Veränderung und Nutzung nicht überschneidet.[9] Mittelbar kann allerdings ein Konkurrenzverhältnis zu § 13 BDSG auftreten, wenn sich die Datenübermittlung aus Sicht des Empfängers als Erhebung darstellt.[10]

4   Als spezielle Regelung geht § 4b BDSG dem § 15 BDSG vor, wenn die Datenübermittlung an einen im Ausland und damit außerhalb des Geltungsbereichs des BDSG befindlichen Empfänger erfolgen soll.[11]

3. Auswirkung der Gesetzesnovellierung in 2001

5   Das BDSG 2001 behält den Inhalt des § 15 BDSG bei. Redaktionelle Änderungen haben lediglich zur Ersetzung des Begriffs des „Empfängers" durch den auch nach dem Wortlaut weitergehenden Begriff des „Dritten, an den die Daten übermittelt werden" geführt.[12] Aus § 15 Abs. 5 BDSG wurde der Verweis auf Akten entfernt,

---

6 *Gola/Schomerus*, BDSG, § 15 Rn. 2; vgl. *Roggenkamp*, in: Plath, BDSG, § 15 Rn. 1.

7 *Dammann*, in: Simitis, BDSG, § 15 Rn. 1; mit dem Beispiel einer bereichsspezifischen Regelung *Gola/Schomerus*, BDSG, § 15 Rn. 2.

8 Nach dem Gesetzeswortlaut wird für die Abgrenzung zwischen den beiden Vorschriften auf die Organisationsform und nicht auf den Verwendungszweck des Empfängers abgestellt; vgl. *Dammann*, in: Simitis, BDSG, § 15 Rn. 1und 6.

9 *Dammann*, in: Simitis, BDSG, § 15 Rn. 1.

10 *Dammann*, in: Simitis, BDSG, § 15 Rn. 1.

11 *Dammann*, in: Simitis, BDSG, § 15 Rn. 1; vgl. *Roggenkamp*, in: Plath, BDSG, § 15 Rn. 3.

12 *Wedde*, in: Däubler/Klebe/Wedde/Weichert, BDSG, § 15 Rn. 2; hierdurch sollen Missverständnisse hinsichtlich des weitergehenden Begriffs des in § 3 Abs. 8 Satz 1 definierten Empfängers vermieden werden; *Roggenkamp*, in: Plath, BDSG, § 15 Rn. 4; BT-Drs. 14/4239, S. 40.

da der ehemals in § 3 Abs. 3 BDSG (1990) erläuterte Begriff der Akten im BDSG 2001 nicht mehr definiert wird.[13] Nachdem die Vorschrift auch für die Übermittlung von Daten in verbundenen Speichermedien Anwendung findet, sind die allgemeinen Übermittlungsvorgaben auch ohne deren ausdrückliche Nennung für Akten anwendbar.[14]

II. Zulässigkeit der Datenübermittlung an öffentliche Stellen (Abs. 1)

1. Allgemeines

§ 15 Abs. 1 BDSG regelt die Zulässigkeit der Datenübermittlung zwischen öffentli-   6
chen Stellen.[15] Die Norm gestattet die Übermittlung personenbezogener Daten, wenn sie zur Erfüllung der in der Zuständigkeit der übermittelnden Stelle oder des Übermittlungsempfängers liegenden Aufgaben erforderlich ist (§ 15 Abs. 1 Nr. 1 BDSG) und die Voraussetzungen für eine Nutzung nach § 14 BDSG vorliegen (§ 15 Abs. 1 Nr. 2 BDSG).[16]

Die Vorschrift ist eine generelle Befugnisnorm i. S. d. § 4 Abs. 1 BDSG. Die kon-   7
krete Befugnis ist mit Blick auf die die jeweilige Aufgabe regelnde, bereichsspezifische Norm zu bestimmen.[17] Hauptanwendungsfälle der Vorschrift sind der Abruf personenbezogener Daten aus öffentlichen Registern sowie der auf die Missbrauchsbekämpfung ausgerichtete „Datenabgleich" von Arbeits- und Sozialbehörden.[18] Die Übermittlung besonderer Arten personenbezogener Daten von einer öffentlichen Stelle an eine andere öffentliche Stelle ist auf Grundlage von § 15 Abs. 1 BDSG nicht möglich.[19] Im Interesse der gebotenen Normenklarheit wäre insoweit eine Klarstellung des Gesetzgebers erforderlich.[20]

---

13 *Bergmann/Möhrle/Herb*, BDSG, § 3 Rn. 2, § 15 Rn. 2.
14 *Bergmann/Möhrle/Herb*, BDSG, § 15 Rn. 2; *Wedde*, in: Däubler/Klebe/Wedde/Weichert, BDSG, § 15 Rn. 2.
15 *Gola/Schomerus*, BDSG, § 15 Rn. 4; wohl a. A. OVG Schleswig NVwZ 2012, 771 (774). Die Legaldefinition des Übermittelns findet sich in § 3 Abs. 4 Nr. 3 BDSG.
16 *Roggenkamp*, in: Plath, BDSG, § 15 Rn. 5.
17 Z. B. §§ 6 und 18 BVerfSchG; §§ 10 ff. MADG; §§ 8 f. BNDG; § 161 StPO; *Gola/Schomerus*, BDSG, § 15 Rn. 6.
18 Das Verfahren kann im Rahmen der Leistungsverwaltung nicht beanstandet werden, weil eine Prüfung der Bedürftigkeit der Leistungsempfänger zwingend erforderlich ist. Zudem muss der Einzelne verfassungsmäßig gerechtfertige Eingriffe in sein Recht auf informationelle Selbstbestimmung hinnehmen. Vgl. *Gola/Schomerus*, BDSG, § 15 Rn. 7a.
19 *Engelien-Schulz*, UBWV 2011, S. 452 (461).
20 Vgl. *Engelien-Schulz*, UBWV 2011, S. 452 (461).

2. Datenübermittlung

8 Eine Datenübermittlung ist jedes Bekanntgeben gespeicherter oder durch Datenverarbeitung gewonnener personenbezogener Daten an einen Dritten in der Weise, dass entweder die Daten an den Dritten weitergegeben werden oder dass der Dritte zur Einsicht oder zum Abruf bereitgehaltene Daten einsieht oder abruft, § 3 Abs. 4 Nr. 3 BDSG. Der Vorgang des Übermittelns ist tatsächliches Verwaltungshandeln und kein Verwaltungsakt.[21] Als Verwaltungsakt könnte der Übermittlungsvorgang lediglich dann qualifiziert werden, wenn mit jeder Übermittlung tatsächlich in die Rechte des Betroffenen eingegriffen würde, was ebenso wenig wie bei der Erhebung der Fall ist.[22]

9 Das Bereithalten der Daten zum Abruf oder zur Einsichtnahme erfüllt den Tatbestand des Übermittelns noch nicht. Vielmehr ist erforderlich, dass der Dritte tatsächlich auf die bereitgehaltenen Daten zugreift, was durch Einsichtnahme oder Abruf erfolgen kann.[23] Eine Übermittlung liegt somit immer dann vor, wenn die Daten in den Herrschaftsbereich eines Dritten gelangen.[24] Probleme bereite die Klärung der Fragestellung, ob von einer Übermittlung an Dritte bspw. auch dann auszugehen ist, wenn innerhalb einer bestimmten Stelle personenbezogene Daten von einer Fachabteilung an eine andere weitergegeben werden.[25] Die insoweit mögliche Anwendung des funktionalen Behördenbegriffs[26] würde dem zusätzlichen Informationseingriff Rechnung tragen, der bei Weitergabe an eine andere Abteilung oder sonstige organisatorische Untereinheit vollzogen wird.[27] Der Gesetzgeber scheint sich diesbezüglich allerdings gegen die Annahme einer rechtlich relevanten Datenübermittlung entschieden zu haben (vgl. § 15 Abs. 6 BDSG).[28]

10 Nach § 15 Abs. 1 Nr. 1 BDSG erforderliche Übermittlungen personenbezogener Daten haben stets unter Beachtung der aus § 3a BDSG folgenden Gebote der Datenvermeidung und Datensparsamkeit zu erfolgen. Sie haben sich auf das notwendige Minimum zu beschränken.[29] Die technischen Rahmenbedingungen sind an diesem Grundsatz auszurichten. Diesbezügliche Versäumnisse sind zu beseitigen und

---

21 *Schaffland/Wiltfang*, BDSG, § 15 Rn. 1; *Gola/Schomerus*, BDSG, § 15 Rn. 3; *Albers*, in: BeckOK Datenschutzrecht, § 15 Rn. 4.
22 *Gola/Schomerus*, BDSG, § 15 Rn. 3.
23 *Bergmann/Möhrle/Herb*, BDSG, § 15 Rn. 7.
24 Dritter ist nach der Legaldefinition des § 3 Abs. 8 Satz 2 BDSG jede Person oder Stelle außerhalb der verantwortlichen Stelle.
25 *Bergmann/Möhrle/Herb*, BDSG, § 15 Rn. 11; *Schaffland/Wiltfang*, BDSG, § 15 Rn. 2; *Wedde*, in: Däubler/Klebe/Wedde/Weichert, BDSG, § 15 Rn. 4; a. A. *Gola/Schomerus*, BDSG, § 15 Rn. 5.
26 Hierzu vertiefend *Bergmann/Möhrle/Herb*, BDSG, § 3 Rn. 151 ff.
27 Insoweit bedarf es erneut einer gesetzlichen Eingriffsermächtigung; *Schaffland/Wiltfang*, BDSG, § 15 Rn. 2.
28 Vgl. *Roggenkamp*, in: Plath, BDSG, § 15 Rn. 25.
29 *Wedde*, in: Däubler/Klebe/Wedde/Weichert, BDSG, § 15 Rn. 3.

können keinesfalls dazu führen, dass seitens des Betroffenen eine Datenverarbeitung geduldet werden muss, nur weil sie besonders bequem ist oder in dem erfolgenden Umgang seitens der Technik vorgegeben wird.[30]

3. Zwischen öffentlichen Stellen

Die Anwendung des § 15 Abs. 1 BDSG setzt voraus, dass der Empfänger der Übermittlung eine öffentliche Stelle ist. Insoweit ist wiederum auf die in § 2 BDSG enthaltene Legaldefinition der öffentlichen Stelle abzustellen.[31] Hinsichtlich der Reichweite der Vorschrift stellt das AG Duisburg fest, dass § 15 BDSG (und entsprechende Vorschriften der Landesdatenschutzgesetze) keinen Hinweis darauf enthalten, dass Gerichte, die als Rechtspflegeorgan handeln, nicht als Übermittlungsempfänger in Betracht kommen.[32]   **11**

Nicht unter den Anwendungsbereich der Vorschrift fallen Übermittlungsvorgänge an außerhalb der BRD befindliche öffentliche Stellen. Hier kommt § 4b BDSG zur Anwendung.[33] Gleiches gilt für staatliche Stellen anderer Staaten und Stellen überstaatlicher Organisationen, die bereits begrifflich nicht von der Legaldefinition der öffentlichen Stelle in § 2 BDSG erfasst werden.[34] Ebenfalls begrifflich vom Anwendungsbereich des § 15 Abs. 1 BDSG ausgeschlossen sind die Stellen der öffentlich-rechtlichen Religionsgemeinschaften. Auf diese sind die Vorschriften des § 15 Abs. 1–3 BDSG unter den Voraussetzungen des § 15 Abs. 4 BDSG aber entsprechend anzuwenden.[35]

Problematisch wird die Abgrenzung der Anwendungsbereiche von § 15 BDSG und § 16 BDSG dann, wenn eine öffentliche Stelle die Datenübermittlung für selbstgesetzte Handlungszwecke wünscht, zu deren Erfüllung keine normative Verpflichtung besteht. In diesen Fällen sind die öffentlichen Stellen wie nicht-öffentliche Stellen zu behandeln.[36] Gerade im Falle wirtschaftlicher Betätigung würde die Anwendung des § 15 BDSG für öffentlich-rechtliche Wettbewerbsunternehmen einen nicht gerechtfertigten Wettbewerbsvorteil bedeuten.[37] Die Übermittlung an öffent-   **12**

---

30 *Roggenkamp*, in: Plath, BDSG, § 15 Rn. 7 f.
31 *Dammann*, in: Simitis, BDSG, § 15 Rn. 5; *Roggenkamp*, in: Plath, BDSG, § 15 Rn. 6; vertiefend zum Begriff der „öffentlichen Stelle" *Albers*, in: BeckOK Datenschutzrecht, § 15 Rn. 10.
32 AG Duisburg, ZD 2012, 334.
33 Vgl. Rn. 4; *Wedde*, in: Däubler/Klebe/Wedde/Weichert, BDSG, § 15 Rn. 3 sowie die Kommentierung zu § 4b BDSG Rn. 7 ff.
34 *Dammann*, in: Simitis, BDSG, § 15 Rn. 5.
35 *Dammann*, in: Simitis, BDSG, § 15 Rn. 5.
36 *Dammann*, in: Simitis, BDSG, § 15 Rn. 7.
37 *Dammann*, in: Simitis, BDSG, § 15 Rn. 7. Die öffentlichen Stellen des Bundes und der Länder bleiben selbstverständlich auch dann, wenn sie als öffentlich-rechtliche Unternehmen am Wettbewerb teilnehmen, öffentliche Stellen. Soweit ihnen aber personenbezogene Daten zur Wahrnehmung ihrer wirtschaftlichen Tätigkeit übermittelt werden, sind sie vom

lich-rechtliche Unternehmen muss daher grundsätzlich nach § 16 BDSG analog erfolgen.[38] Öffentlich-rechtliche Unternehmen handeln überdies nicht „in Ausübung öffentlicher Gewalt".[39] Sie tragen nur mittelbar zur Erfüllung von Aufgaben bei, die im öffentlichen Interesse liegen.[40]

13 Entsprechendes gilt für Vereinigungen von Körperschaften, Anstalten und Stiftungen im Sinne von § 2 Abs. 3 Nr. 1 und 2 BDSG, sofern diese in Wettbewerb zu nicht-öffentlichen Stellen treten. Die Anwendung von § 15 BDSG würde auch hier ungewollte Wettbewerbsverzerrungen nach sich ziehen.[41] § 15 BDSG kommt allerdings dann zur Anwendung, wenn vorstehend erwähnte Stellen öffentliche Aufgaben wahrnehmen, ohne dass sie hierbei in Konkurrenz zu nicht-öffentlichen Stellen treten.[42]

14 § 16 BDSG findet auch dann entsprechende Anwendung, wenn öffentlichen Stellen im Zusammenhang mit der Wahrnehmung fiskalischer Aufgaben Daten übermittelt werden sollen.[43] Weil insoweit die öffentliche Stellen kennzeichnenden speziellen Rechte und Pflichten keine Rolle spielen dürfen, mangelt es an einer öffentlich-rechtlichen Legitimation, die Raum für die Anwendung des § 15 BDSG lassen würde.[44]

4. Datenübermittlung zur eigenen Aufgabenerfüllung (Abs. 1 Nr. 1 Var. 1)

15 Nach § 15 Abs. 1 Nr. 1 Var. 1 BDSG ist die Datenübermittlung zur eigenen Aufgabenerfüllung, also zur Erfüllung der Aufgaben der übermittelnden Stelle, zulässig. Hierbei wird die Rechtmäßigkeit der Aufgabenwahrnehmung vorausgesetzt.[45] Die Tatbestandsvoraussetzungen der Norm gleichen in wesentlichen Punkten denen des § 14 Abs. 1 Satz 1 BDSG;[46] auf die Kommentierung zu § 14 BDSG wird insoweit verwiesen. Zusätzlich ist im Bereich der Übermittlung personenbezogener Daten zu beachten, dass diese nur dann zulässig ist, wenn die übermittelnde Stelle für die Übermittlung bzw. der Übermittlungsempfänger für die Verarbeitung dieser Daten

---

Anwendungsbereich des § 15 BDSG ausgeschlossen. Die Übermittlungen richten sich dann nach § 16 BDSG (*Gola/Schomerus*, BDSG, § 15 Rn. 4).

38 *Dammann*, in: Simitis, BDSG, § 15 Rn. 8; *Roggenkamp*, in: Plath, BDSG, § 15 Rn. 6; Ausnahmen von diesem Grundsatz sind möglich, wenn die Datenübermittlung nicht zur Wahrnehmung der wirtschaftlichen Tätigkeit, sondern vielmehr zur Erfüllung vom Staat übertragener Aufgaben dient.

39 *Roggenkamp*, in: Plath, BDSG, § 15 Rn. 6.

40 *Roggenkamp*, in: Plath, BDSG, § 15 Rn. 6.

41 *Wedde*, in: Däubler/Klebe/Wedde/Weichert, BDSG, § 15 Rn. 3.

42 *Wedde*, in: Däubler/Klebe/Wedde/Weichert, BDSG, § 15 Rn. 3; weitergehend *Gola/Schomerus*, BDSG, § 15 Rn. 4.

43 *Dammann*, in: Simitis, BDSG, § 15 Rn. 8.

44 *Dammann*, in: Simitis, BDSG, § 15 Rn. 8.

45 *Albers*, in: BeckOK Datenschutzrecht, § 15 Rn. 14.

46 *Dammann*, in: Simitis, BDSG, § 15 Rn. 10.

zuständig ist.[47] Wenn die sachliche Zuständigkeit der übermittelnden Stelle nicht gegeben ist, liegt eine rechtswidrige Übermittlung und somit ein nicht gerechtfertigter Eingriff in das informationelle Selbstbestimmungsrecht des Betroffenen vor.[48]

Wie § 14 Abs. 1 BDSG macht auch § 15 Abs. 1 BDSG die Zulässigkeit der Über- **16** mittlung davon abhängig, dass diese zur Aufgabenerfüllung der übermittelnden Stelle oder des Dritten, an den die Daten übermittelt werden, erforderlich ist.[49] Diesbezüglich ist ein strenger Maßstab anzulegen.[50] Die Erforderlichkeit der Übermittlung i. S. v. § 15 Abs. 1 Nr. 1 Var. 1 BDSG ist gegeben, wenn die übermittelnde Behörde oder öffentliche Stelle bei Ausbleiben der Übermittlung außer Stande wäre, die ihr übertragene Aufgabe ordnungsgemäß zu erfüllen.[51] Dies ist etwa dann der Fall, wenn das Zugänglichmachen der personenbezogenen Daten gegenüber einem Dritten ein notwendiger Schritt zur Erfüllung eigener Aufgaben ist (notwendige Behördenbeteiligung)[52] oder wenn sich die Aufgabe ohne die Datenverarbeitung nicht mit einem verhältnismäßigen Aufwand erfüllen lassen würde.[53] Dies ist bspw. dann regelmäßig der Fall, wenn personenbezogene Daten in einem öffentlich-rechtlichen Gerichtsverfahren vorgetragen werden müssen.[54]

Auf eine möglichst bequeme oder weitreichend optimierte Aufgabenwahrnehmung kommt es hingegen nicht an.[55] Der Informationsfluss muss zudem stets einen zumindest mittelbaren Bezug zur Aufgabenwahrnehmung aufweisen.[56] Die Erforderlichkeitsprüfung setzt daher eine genaue Analyse der im Einzelfall maßgeblichen materiellen Aufgabe sowie der einschlägigen Verfahrensvorschriften voraus.[57] Beurteilungsmaßstab ist eine auf Wirtschaftlichkeit, Effizienz und Bürgerfreundlichkeit ausgerichtete Verfahrensweise.[58] Die Datenverarbeitung auf Vorrat ist mit diesen Anforderungen unvereinbar.[59]

---

47 *Gola/Schomerus*, BDSG, § 15 Rn. 5.

48 BVerfG NJW 2005, 2330; *Gola/Schomerus*, BDSG, § 15 Rn. 5.

49 *Dammann*, in: Simitis, BDSG, § 15 Rn. 15; *Gola/Schomerus*, BDSG, § 15 Rn. 5.

50 *Roggenkamp*, in: Plath, BDSG, § 15 Rn. 7; *Zilkens*, Datenschutz in der Kommunalverwaltung, Rn. 102.

51 Geeignetheit und Zweckmäßigkeit zur Aufgabenerfüllung sind somit nicht ausreichend. Entscheidend ist vielmehr, ob die Aufgabenerfüllung unmöglich würde (*Dammann*, in: Simitis, BDSG, § 15 Rn. 11).

52 *Dammann*, in: Simitis, BDSG, § 15 Rn. 11.

53 *Roggenkamp*, in: Plath, BDSG, § 15 Rn. 7; vgl. *Abel*, BDSG, S. 273.

54 Ausnahmsweise können dem allerdings Geheimhaltungsnormen entgegenstehen: *Brink/Wolff*, NVwZ 2011, S. 134 (136).

55 Vgl. *Roggenkamp*, in: Plath, BDSG, § 15 Rn. 7.

56 Soweit der Empfänger personenbezogene Daten „quasi als Zahlungsmittel für eine von ihm erbetene Maßnahme erhält", mangelt es an einer den Datenfluss legitimierenden Rechtsgrundlage (*Dammann*, in: Simitis, BDSG, § 15 Rn. 11).

57 *Dammann*, in: Simitis, BDSG, § 15 Rn. 11; siehe auch *Gola/Schomerus*, BDSG, § 15 Rn. 6.

58 *Dammann*, in: Simitis, BDSG, § 15 Rn. 11.

59 *Zilkens*, Datenschutz in der Kommunalverwaltung, Rn. 102.

17 In Anwendung des Verhältnismäßigkeitsgrundsatzes ist vor einer uneingeschränkten Datenübermittlung stets zu prüfen, ob nicht auch die Übermittlung in anonymisierter oder pseudonymisierter Form zur Aufgabenwahrnehmung ausreicht.[60] Zudem darf der Umfang einer Übermittlung personenbezogener Daten das im konkreten Fall zwingend benötigte Minimum an Daten nicht übersteigen.[61] Schließlich dürfen besonders sensible personenbezogene Daten von einer unzuständigen Stelle nur dann an die zuständige Stelle übermittelt werden, wenn eine hieraus folgende Verletzung schutzwürdiger Belange des Betroffenen ausgeschlossen werden kann.[62]

5. Datenübermittlung zur Erfüllung der Aufgaben des Übermittlungsempfängers (Abs. 1 Nr. 1 Var. 2)

18 Mit § 15 Abs. 1 Nr. 1 Var. 2 BDSG wird seitens des Gesetzgebers klargestellt, dass nicht nur die Aufgabenerfüllung der übermittelnden Stelle, sondern auch die des Empfängers eine Datenübermittlung legitimieren kann.[63] Nachdem es sich beim Übermittlungsempfänger um eine öffentliche Stelle handeln muss, handelt es sich um eine Vorschrift zur Amtshilfe in Form der Informationshilfe.[64] Die Vorschrift ist im Interesse der Gewährleistung eines möglichst umfassenden Rechts auf informationelle Selbstbestimmung restriktiv auszulegen.[65] Zudem hat die ersuchende Stelle im Rahmen der Verhältnismäßigkeitsprüfung vor dem Absetzen eines Amtshilfeersuchens zu prüfen, ob die erforderlichen Daten nicht unmittelbar beim Betroffenen erhoben werden können.[66]

19 Entgegen dem Wortlaut der Vorschrift ist hinsichtlich der Beurteilung der Erforderlichkeit der Übermittlung weniger auf die Übermittlung, die selbst nur Mittel zur Zweckerreichung ist, als auf die Kenntnisnahme der Daten abzustellen.[67] Eine Übermittlung von Daten ist demnach dann erforderlich und zulässig, wenn die betroffene Aufgabe ohne Kenntnis der Daten nicht, nicht vollständig oder nicht in

---

60 *Dammann*, in: Simitis, BDSG, § 15 Rn. 12; vgl. *Roggenkamp*, in: Plath, BDSG, § 15 Rn. 8.
61 Dies gilt selbst dann, wenn ein nicht unerheblicher Selektionsaufwand verursacht wird; vgl. *Dammann*, in: Simitis, BDSG, § 15 Rn. 12.
62 *Gola/Schomerus*, BDSG, § 15 Rn. 6; *Wedde*, in: Däubler/Klebe/Wedde/Weichert, BDSG, § 15 Rn. 6.
63 *Dammann*, in: Simitis, BDSG, § 15 Rn. 15.
64 *Wedde*, in: Däubler/Klebe/Wedde/Weichert, BDSG, § 15 Rn. 7; *Schaffland/Wiltfang*, BDSG, § 15 Rn. 15.
65 *Schaffland/Wiltfang*, BDSG, § 15 Rn. 17; ausführlich zum Konflikt zwischen Amtshilfe und informationeller Selbstbestimmung *Schlink*, NVwZ 1986, S. 249; siehe auch *Simitis*, NJW 1986, S. 2795.
66 Vgl. *Schaffland/Wiltfang*, BDSG, § 15 Rn. 17; *Wedde*, in: Däubler/Klebe/Wedde/Weichert, BDSG, § 15 Rn. 7; *Gola/Schomerus*, BDSG, § 15 Rn. 7; *Roggenkamp*, in: Plath, BDSG, § 15 Rn. 9.
67 *Dammann*, in: Simitis, BDSG, § 15 Rn. 15; *Schaffland/Wiltfang*, BDSG, § 15 Rn. 17; *Auernhammer*, BDSG, § 15 Rn. 10; *Roggenkamp*, in: Plath, BDSG, § 15 Rn. 9.

Heckmann

rechtmäßiger Weise ausgeführt werden könnte.[68] Diese Zulässigkeits- und Erforderlichkeitsprüfung folgt des Weiteren den bereits im Rahmen der Kommentierung von § 15 Abs. 1 Nr. 1 Var. 1 BDSG dargestellten Grundsätzen.[69] Von der Erforderlichkeit der Datenübermittlung ist insbesondere auch dann auszugehen, wenn die übermittelten Daten zur Überprüfung von unmittelbar beim Betroffenen erhobenen Daten benötigt werden.[70] Vorstellbar ist in anderen Fällen aber auch, dass die jeweilige Aufgabe unter Verwendung anonymisierter oder pseudonymisierter Daten erfüllt werden kann.[71] Dies bedarf einer Prüfung des Einzelfalles.[72]

6. Datenübermittlung bei Zulässigkeit der Datennutzung (Abs. 1 Nr. 2)

Beide Varianten des § 15 Abs. 1 Nr. 1 BDSG lassen eine Übermittlung personenbezogener Daten nur dann zu, wenn kumulativ die Vorgaben des § 15 Abs. 1 Nr. 2 BDSG erfüllt sind.[73] Es müssen also zusätzlich die Zulässigkeitsvoraussetzungen der Nutzung gem. § 14 BDSG gegeben sein.[74] Von Bedeutung ist in diesem Zusammenhang, dass § 15 Abs. 1 Nr. 2 BDSG auf § 14 BDSG insgesamt verweist. Dies hat zur Folge, dass eine Zweckänderung nur unter den Voraussetzungen von § 14 Abs. 2 BDSG zulässig ist. Zudem findet § 14 Abs. 4 BDSG Anwendung, der für bestimmte personenbezogene Daten eine besonders strenge Zweckbindung beinhaltet.[75] **20**

III. Verantwortungsverteilung (Abs. 2)

1. Allgemeines

Die Regelung des § 15 Abs. 2 BDSG ist als Erweiterung der aus § 7 Abs. 2 VwVfG folgenden Verantwortungsverteilung in Angelegenheiten der Amtshilfe zu verstehen.[76] Grundsätzlich soll diejenige öffentliche Stelle für den Übermittlungsvorgang verantwortlich sein, die der Aufgabe, zu deren Erfüllung persönliche Daten übermittelt werden, am nächsten steht.[77] Im Gegensatz zu § 7 Abs. 2 VwVfG ist § 15 Abs. 2 Satz 1 BDSG aber nicht auf die Abgrenzung im Innenverhältnis der beteiligten öffentlichen Stellen ausgerichtet.[78] Vielmehr geht es darum, die Verantwortlich- **21**

---

68 *Albers*, in: BeckOK Datenschutzrecht, § 15 Rn. 15.

69 Siehe § 15 BDSG Rn. 16 f. und *Dammann*, in: Simitis, BDSG, § 15 Rn. 15.

70 *Dammann*, in: Simitis, BDSG, § 15 Rn. 16.

71 *Albers*, in: BeckOK Datenschutzrecht, § 15 Rn. 16.

72 Vgl. *Albers*, in: BeckOK Datenschutzrecht, § 15 Rn. 16.

73 *Wedde*, in: Däubler/Klebe/Wedde/Weichert, BDSG, § 15 Rn. 9; *Roggenkamp*, in: Plath, BDSG, § 15 Rn. 10.

74 Siehe § 14 BDSG Rn. 5 ff.; *Dammann*, in: Simitis, BDSG, § 15 Rn. 18.

75 *Dammann*, in: Simitis, BDSG, § 15 Rn. 18; *Auernhammer*, BDSG, § 15 Rn. 12 f.

76 *Gola/Schomerus*, BDSG, § 15 Rn. 13.

77 *Gola/Schomerus*, BDSG, § 15 Rn. 13.

78 *Dammann*, in: Simitis, BDSG, § 15 Rn. 20; *Albers*, in: BeckOK Datenschutzrecht, § 15 Rn. 22.

keit im Außenverhältnis zum Betroffenen klarzustellen und diesem in Haftungsfällen einen Ansprechpartner zu liefern.[79] Aus der Verantwortungsverteilung folgen für die übermittelnde und empfangende Stelle Prüfungskompetenzen und -pflichten.[80]

22   Die Norm soll auch insoweit dem Schutz des Betroffenen dienen, als sie die übermittelnde Stelle im Falle des Ersuchens von der Prüfung der Zulässigkeit der Datenübermittlung weitgehend entbindet. Hierdurch werde verhindert, dass die übermittelnde Stelle erst Einsicht in den gesamten Sachverhalt erhalten muss, wodurch noch tiefgreifender in das Recht des Betroffenen auf informationelle Selbstbestimmung eingegriffen würde.[81]

2. Grundsatz: Verantwortlichkeit der übermittelnden Stelle (Abs. 2 Satz 1)

23   Wenn die Datenübermittlung zur Erfüllung der Aufgaben der übermittelnden öffentlichen Stelle erfolgt, kann letztlich nur sie die Entscheidung darüber treffen, ob die Zulässigkeitsvoraussetzungen nach § 15 Abs. 1 BDSG vorliegen.[82] Die in § 15 Abs. 2 Satz 1 BDSG niedergelegte Verantwortungszuweisung trägt dieser Gegebenheit Rechnung. Obwohl es sich insoweit um eine Selbstverständlichkeit handelt, ist die Regelung aus Klarstellungsgründen notwendig, um die in den Sätzen 2 und 3 für den Fall der Übermittlung auf Ersuchen normierte Ausnahmeregelung in sinngebenden Zusammenhang zu stellen.[83]

24   Die übermittelnde Stelle muss sich in vollem Umfang vom Vorliegen der Voraussetzungen einer zulässigen Übermittlung überzeugen.[84] Die Voraussetzungen müssen sowohl hinsichtlich des „Ob" der Übermittlung als auch bezüglich des Umfangs der Übermittlung erfüllt sein.[85] Dies gilt selbst dann, wenn keine Hinweise auf Umstände deuten, die einer an sich zulässigen Übermittlung entgegenstehen. Die Behörde kann sich insbesondere nicht auf ungeprüfte Informationen berufen, wenn sie ihre Entscheidung auf Basis falscher Tatsachen getroffen hat.[86]

---

79 *Dammann*, in: Simitis, BDSG, § 15 Rn. 20; *Albers*, in: BeckOK Datenschutzrecht, § 15 Rn. 22.

80 *Albers*, in: BeckOK Datenschutzrecht, § 15 Rn. 22.

81 *Dammann*, in: Simitis, BDSG, § 15 Rn. 19.

82 OVG Münster NJW 1995, 1979.

83 *Dammann*, in: Simitis, BDSG, § 15 Rn. 21.

84 Zu prüfen ist insbesondere, ob vor der Übermittlung weitere Vorkehrungen notwendig sind und ob ggf. eine Einwilligung des Betroffenen eingeholt werden muss. Weiterhin hat die übermittelnde Stelle abzuwägen, welche personenbezogenen Daten übermittelt werden können bzw. müssen (*Wedde*, in: Däubler/Klebe/Wedde/Weichert, BDSG, § 15 Rn. 10).

85 *Roggenkamp*, in: Plath, BDSG, § 15 Rn. 11.

86 *Dammann*, in: Simitis, BDSG, § 15 Rn. 21.

3. Übermittlung auf Ersuchen des Übermittlungsempfängers (Abs. 2 Sätze 2–4)

§ 15 Abs. 2 Sätze 2–4 BDSG enthalten eine Ausnahme von dem in § 15 Abs. 2   **25**
Satz 1 BDSG geregelten Grundsatz. Erfolgt die Übermittlung auf Ersuchen eines
Dritten, so sind Verantwortung und Prüfpflichten zwischen Empfänger und Über-
mittler aufgeteilt.[87] Wenngleich § 15 Abs. 2 Satz 2 BDSG dem Wortlaut nach so zu
verstehen ist, dass der Dritte, an den die Daten übermittelt werden, die Verantwortung trägt, so folgt doch aus § 15 Abs. 2 Satz 3 BDSG eine nicht unerhebliche Prüfpflicht der übermittelnden Stelle. Dies hat zur Folge, dass auch im Falle des Übermittlungsersuchens nicht von einer alleinigen Verantwortung des ersuchenden Dritten ausgegangen werden kann.[88]

Die Regelung versucht den Umständen, dass für die Datenerhebung grundsätzlich   **26**
mehrere Möglichkeiten zur Verfügung stehen und dass die Datenerhebung vorrangig beim Betroffenen zu erfolgen hat, gerecht zu werden. Ist eine Datenerhebung
beim Betroffenen nicht möglich, so hat die öffentliche Stelle Wege und Mittel der
Datenbeschaffung zu suchen, die zum Erreichen des Ziels am besten geeignet sind
und andererseits den Betroffenen am wenigsten beeinträchtigen. Diese Prüfung
kann nur sachgerecht von dem Dritten durchgeführt werden, der die Daten von der
übermittelnden Stelle erhalten möchte. Folglich ist ihm der wesentliche Teil der
Verantwortung hinsichtlich der Entscheidung über die Zulässigkeit der Übermittlung aufzuerlegen.[89] § 15 Abs. 2 Satz 2 BDSG bezieht sich insoweit auf die in der
Sphäre des Empfängers liegenden Zulässigkeitsvoraussetzungen.[90]

a) Ersuchen des Dritten (Satz 2)

§ 15 Abs. 2 Satz 2 BDSG verlagert die Verantwortung für die Zulässigkeit der   **27**
Übermittlung ausnahmsweise auf den Dritten, an den personenbezogene Daten
übermittelt werden. Die Norm setzt voraus, dass der Übermittlungsvorgang auf Ersuchen des Dritten erfolgt. Ersuchen ist jede ausdrückliche oder konkludente Be-
kundung des Interesses an der Übermittlung.[91] Diesem Erfordernis genügt bereits
der Wunsch, regelmäßig über bestimmte Umstände unterrichtet zu werden.[92] Der
Inhalt des Ersuchens ist für die übermittelnde Stelle von wesentlicher Bedeutung.
Soweit sie das Ersuchen überschreitet und mehr als die angeforderten Daten über-

---

87 *Dammann*, in: Simitis, BDSG, § 15 Rn. 22.
88 *Dammann*, in: Simitis, BDSG, § 15 Rn. 22; *Wedde*, in: Däubler/Klebe/Wedde/Weichert,
   BDSG, § 15 Rn. 11; *Roggenkamp*, in: Plath, BDSG, § 15 Rn. 12.
89 Vgl. *Gola/Schomerus*, BDSG, § 15 Rn. 14.
90 *Dammann*, in: Simitis, BDSG, § 15 Rn. 23.
91 Werden im Rahmen des Ersuchens personenbezogene Daten mitgeteilt, so handelt es sich
   auch bei dem Ersuchen um eine Datenübermittlung; *Albers*, in: BeckOK Datenschutzrecht, § 15 Rn. 25.
92 *Dammann*, in: Simitis, BDSG, § 15 Rn. 22.

mittelt, verbleibt es insoweit bei ihrer Alleinverantwortung (vgl. § 15 Abs. 2 Satz 1 BDSG).[93]

28 Die inhaltlichen Anforderungen an das Übermittlungsersuchen sind relativ hoch. Die ersuchende Stelle muss ihr Begehren substantiiert darlegen und ggf. mit Tatsachen untermauern.[94] Das Ersuchen muss insbesondere Angaben enthalten, die eine Identifizierung des Betroffenen ermöglichen (häufig werden insoweit bereits Vor- und Zuname des Betroffenen ausreichen) und sich zur Aufgabe äußern, für deren Erfüllung die Daten angefordert werden.[95] Die Umstände des Einzelfalles können es darüber hinaus erforderlich machen, die Rolle des Betroffenen zu erläutern, die dieser im Rahmen der seitens der öffentlichen Stelle zu erfüllenden Aufgabe einnimmt.[96] Fehlen diese Angaben, so hat die Übermittlung bereits mangels Prüfmöglichkeit der übermittelnden Stelle zu unterbleiben.[97] Die Richtigkeit der im Rahmen des Übermittlungsersuchens gemachten Angaben wird seit 1990 mittels §§ 43 Abs. 2 Nr. 4, 44 Abs. 1 BDSG straf- bzw. ordnungswidrigkeitenrechtlich abgesichert.[98]

29 Einer substantiierten Einlassung zum Einzelfall können indes Sicherheitserwägungen z. B. aus dem polizeilichen oder nachrichtendienstlichen Bereich entgegenstehen. Dies bedeutet aber nicht, dass die Geheimdienste unbeschränkten Zugriff auf die Daten der Bundes-, Landes- und Kommunalbehörden hätten. Auch sie unterliegen den Beschränkungen der Amtshilfe.[99]

30 Nachdem die Prüfung der Zulässigkeit der Datenübermittlung gem. § 15 Abs. 2 Satz 2 BDSG weitgehend auf die ersuchende Stelle übertragen wird, hat diese im eigenen Interesse dafür Sorge zu tragen, dass nachvollziehbar bleibt, wie sie ihrer Prüfverantwortung nachgekommen ist. Sie hat insbesondere zu protokollieren, welche Daten von welcher Behörde angefordert und welche Daten daraufhin übermittelt wurden.[100] Ggf. ist der Übermittlungsvorgang aktenkundig zu machen. Eine doppelte Dokumentation bei anfordernder und übermittelnder Stelle ist hingegen nicht erforderlich.[101]

31 Schwerpunkt der auf der empfangenden Stelle lastenden Prüfpflicht ist die Prüfung der Zulässigkeitsvoraussetzungen. Hierzu gehört insbesondere die Frage der Erfor-

93 *Dammann*, in: Simitis, BDSG, § 15 Rn. 23.
94 BVerfGE 27, 344 = NJW 1970, 555; *Gola/Schomerus*, BDSG, § 15 Rn. 16; *Albers*, in: BeckOK Datenschutzrecht, § 15 Rn. 26.
95 *Dammann*, in: Simitis, BDSG, § 15 Rn. 29.
96 *Dammann*, in: Simitis, BDSG, § 15 Rn. 29.
97 *Wedde*, in: Däubler/Klebe/Wedde/Weichert, BDSG, § 15 Rn. 11; *Bergmann/Möhrle/Herb*, BDSG, § 15 Rn. 20; *Albers*, in: BeckOK Datenschutzrecht, § 15 Rn. 26.
98 *Dammann*, in: Simitis, BDSG, § 15 Rn. 29; ausführlicher *Wedde*, in: Däubler/Klebe/Wedde/Weichert, BDSG, § 15 Rn. 16.
99 *Gola/Schomerus*, BDSG, § 15 Rn. 16.
100 *Dammann*, in: Simitis, BDSG, § 15 Rn. 30.
101 *Dammann*, in: Simitis, BDSG, § 15 Rn. 30.

derlichkeit der Daten nach § 14 Abs. 1 Satz 1 BDSG.[102] In diesem Zusammenhang hat die ersuchende Stelle auch den Grundsatz der vorrangigen Erhebung beim Betroffenen zu beachten.[103] Hinzu kommen im Rahmen des nach § 15 Abs. 1 Nr. 2 BDSG zu prüfenden § 14 Abs. 2 BDSG die Tatbestandsmerkmale der Zulässigkeit der Zweckänderung.[104]

b) Beschränkte Prüfungspflichten der übermittelnden Stelle (Satz 3)

Ursprünglich trug die übermittelnde Stelle auch im Rahmen der Aufgabenerfüllung **32** eines Dritten die volle Prüfungspflicht. Dies wurde mit § 15 Abs. 2 Satz 3 BDSG stark abgemildert.[105] § 15 Abs. 2 Satz 3 BDSG erlegt der übermittelnden Stelle nur noch eine abstrakte Zuständigkeitsprüfung auf.[106] Die ersuchte Stelle muss prüfen, ob die ersuchende Stelle grundsätzlich zur Wahrnehmung der im Übermittlungsersuchen bezeichneten Aufgabe berufen ist und ob das Ersuchen der Aufgabenerfüllung dienen kann.[107] Einer Prüfung des konkreten Einzelfalles bedarf es insoweit nicht.[108]

Die Datenübermittlung ist erst dann zulässig, wenn zur Überzeugung der ersuchten **33** Stelle abstrakt feststeht, dass die ersuchende Stelle für die Aufgabenwahrnehmung zuständig ist und dass nicht ausgeschlossen werden kann, dass die angeforderten Daten zur Aufgabenwahrnehmung benötigt werden.[109] Im Einzelfall kann dies für die ersuchende Stelle eine nicht unerhebliche Darlegungslast bedeuten. Die Annahme, die ersuchte Stelle sei lediglich zu einer summarischen Plausibilitätsprüfung verpflichtet, lässt sich dem Wortlaut der Norm nicht entnehmen.[110] Gleichwohl darf das Prüfungserfordernis nicht überdehnt werden.[111] Insoweit kommt es entscheidend darauf an, dass die ersuchte Stelle ihr Prüfungsergebnis auf eine sachgerecht geschaffene Tatsachenbasis und nicht nur auf vage Erwartungshaltungen stützt.

Zu einer umfassenden Prüfung ist die übermittelnde Behörde oder sonstige öffent- **34** liche Stelle hingegen verpflichtet, soweit die Übermittlungsvoraussetzungen[112] innerhalb ihrer Sphäre liegen oder Übermittlungsverbote[113] unmittelbar an sie gerichtet sind. Dies gilt insbesondere für die Beurteilung der Übereinstimmung des Übermittlungs- mit dem Speicher- oder Erhebungszweck, die Reichweite einer vorliegenden Einwilligung des Betroffenen, die nach § 14 Abs. 2 Nr. 9 BDSG

---

102 *Dammann*, in: Simitis, BDSG, § 15 Rn. 23.
103 *Dammann*, in: Simitis, BDSG, § 15 Rn. 28.
104 *Dammann*, in: Simitis, BDSG, § 15 Rn. 23.
105 *Bergmann/Möhrle/Herb*, BDSG, § 15 Rn. 21.
106 *Dammann*, in: Simitis, BDSG, § 15 Rn. 26.
107 *Roggenkamp*, in: Plath, BDSG, § 15 Rn. 12.
108 Insoweit handelt es sich lediglich um eine Schlüssigkeitsprüfung; *Dammann*, in: Simitis, BDSG, § 15 Rn. 26.
109 So auch *Dammann*, in: Simitis, BDSG, § 15 Rn. 26.
110 *Dammann*, in: Simitis, BDSG, § 15 Rn. 26.
111 *Schaffland/Wiltfang*, BDSG, § 15 Rn. 22.
112 *Dammann*, in: Simitis, BDSG, § 15 Rn. 23.
113 *Dammann*, in: Simitis, BDSG, § 15 Rn. 24.

durchzuführende Interessenabwägung und die Beachtung von Berufs- oder Amtsgeheimnissen.[114]

35 Eine weitergehende Prüfungspflicht ist nach § 15 Abs. 2 Satz 3 letzter Halbsatz BDSG nur vorgesehen, wenn ein besonderer Anlass dafür besteht. Die Regelung entlastet den Empfänger nicht von der Prüfung der in seiner Sphäre liegenden Zulässigkeitsvoraussetzungen (vgl. Rn. 34); es wird lediglich eine zusätzliche Verantwortung der übermittelnden Stelle begründet. Demnach hat die übermittelnde Stelle hier auch diejenigen Zulässigkeitsvoraussetzungen zu überprüfen, für die grundsätzlich der Empfänger allein verantwortlich ist.[115] Die Regelung wurde in das Gesetz aufgenommen, weil die Erfahrung gezeigt hat, dass es in der Praxis des Öfteren zu schwer nachvollziehbaren Übermittlungsersuchen kommt, die nach einer Rückfrage von Seiten der ersuchten Behörde zurückgezogen werden.[116]

36 Von besonderen Anlässen, die eine weitergehende Prüfpflicht der übermittelnden Stelle auslösen, ist auszugehen, wenn zwischen der angegebenen Verwaltungsaufgabe und den angeforderten Daten kein Sachzusammenhang erkennbar ist und wenn die Erkenntnisse der ersuchten Stelle gegen den Sachverhalt sprechen, wie er von der ersuchenden Stelle vorgetragen wurde.[117] Ein besonderer Anlass besteht zudem, wenn ein Bedarf für die Kenntnisnahme einzelner Datenfelder eines vollumfänglich angeforderten Datensatz nicht erkennbar ist oder wenn das Ersuchen sonstige Auffälligkeiten aufweist.[118] Auch der Umfang der angeforderten Daten kann Zweifel an der Erforderlichkeit ihrer Übermittlung begründen.[119]

37 Können sich die beteiligten Behörden nicht über die Zulässigkeit der Datenübermittlung einigen, so entscheidet entweder deren gemeinsame oder die zuständige Aufsichtsbehörde der ersuchten Behörde.[120]

c) Verantwortungsverteilung beim automatisierten Abruf (Satz 4)

38 Die Regelung des § 15 Abs. 2 Satz 4 BDSG betrifft die Datenübermittlung im Rahmen eines automatisierten Abrufverfahrens gem. § 10 BDSG. Die Abgrenzung der Verantwortungsbereiche ergibt sich hier ebenso wie die Dokumentationspflicht aus § 10 Abs. 4 BDSG, welchen § 15 Abs. 2 BDSG unberührt lässt.[121] Primär verantwortlich bleibt in diesen Fällen der Datenempfänger.[122]

---

114 *Dammann*, in: Simitis, BDSG, § 15 Rn. 23 f.
115 *Dammann*, in: Simitis, BDSG, § 15 Rn. 27.
116 *Dammann*, in: Simitis, BDSG, § 15 Rn. 27.
117 Letzteres ist etwa dann der Fall, wenn Daten für eine disziplinarische Untersuchung angefordert werden, die ersuchte Stelle jedoch Kenntnis vom Ausscheiden der betreffenden Person aus dem Beamtenverhältnis hat (*Dammann*, in: Simitis, BDSG, § 15 Rn. 27).
118 *Dammann*, in: Simitis, BDSG, § 15 Rn. 27.
119 *Gola/Schomerus*, BDSG, § 15 Rn. 16.
120 *Gola/Schomerus*, BDSG, § 15 Rn. 16.
121 *Dammann*, in: Simitis, BDSG, § 14 Rn. 33; *Gola/Schomerus*, BDSG, § 15 Rn. 16.
122 *Wedde*, in: Däubler/Klebe/Wedde/Weichert, BDSG, § 15 Rn. 15.

IV. Zweckbindung beim Übermittlungsempfänger (Abs. 3)

1. Allgemeines

§ 15 Abs. 3 BDSG beabsichtigt eine Verfestigung des Grundsatzes der Zweckbin- **39** dung, der mittels der Rechtsprechung des Bundesverfassungsgerichts als tragender Pfeiler der Sicherung des Rechts auf informationelle Selbstbestimmung festgeschrieben wurde.[123] Die Möglichkeit zur Verarbeitung und Nutzung personenbezogener Daten soll mit Hilfe der Vorschrift über die Vorgaben des § 15 Abs. 1 BDSG hinaus eingeschränkt werden.[124] Der Übermittlungsempfänger darf die Daten grundsätzlich nur im Rahmen des Übermittlungszwecks nutzen. Eine Zweckänderung ist nur unter den Voraussetzungen des § 14 Abs. 2 BDSG möglich.[125]

Kritisch ist hinsichtlich der Norm anzumerken, dass durch § 15 Abs. 3 Satz 2 **40** BDSG in der Praxis zusätzliche Nutzungs- und Verarbeitungsmöglichkeiten innerhalb der Übermittlungskette eröffnet werden, wodurch ein Eingriff in das Recht auf informationelle Selbstbestimmung erst ermöglicht wird.[126] Dem Gesetzgeber hätte es gut gestanden, wenn er auf die Aufnahme dieser Zweckänderungsmöglichkeit in den § 15 Abs. 3 BDSG verzichtet hätte.

2. Anwendungsbereich und Regelungsinhalt

Der Anwendungsbereich des § 15 Abs. 3 BDSG ist eröffnet, wenn die übermitteln- **41** de Stelle dem Anwendungsbereich des BDSG unterfällt. Für den Empfänger braucht das BDSG hingegen nicht zu gelten.[127] Auch im Falle der Weiterübermittlung der Daten von Seiten des Empfängers an einen nachfolgenden Empfänger (Zweitempfänger), bleibt es bei dem vorgenannten Grundsatz. § 15 Abs. 3 BDSG findet demnach auf den Zweitempfänger nur Anwendung, wenn der Erstempfänger dem Anwendungsbereich des BDSG unterfällt.[128] Ist der Erstempfänger hingegen eine Landesbehörde, so bestimmt sich die Zweckbindung des Zweitempfängers nach den einschlägigen Landesdatenschutzgesetzen.[129] Eine diesbezügliche Gegen-

---

123 BVerfGE 65, 1 = NJW 1984, 419; *Wedde*, in: Däubler/Klebe/Wedde/Weichert, BDSG, § 15 Rn. 17; *Bergmann/Möhrle/Herb*, BDSG, § 15 Rn. 28; der Grundsatz der Zweckbindung wurde im BDSG 1990 insoweit durchgehend verwirklicht; vertiefend hierzu *Dammann*, in: Simitis, BDSG, § 15 Rn. 34.
124 *Schaffland/Wiltfang*, BDSG, § 15 Rn. 29.
125 *Roggenkamp*, in: Plath, BDSG, § 15 Rn. 16.
126 *Wedde*, in: Däubler/Klebe/Wedde/Weichert, BDSG, § 15 Rn. 17; *Schaffland/Wiltfang*, BDSG, § 15 Rn. 29.
127 Die Regelung basiert auf der Annexkompetenz zur Übermittlungsregelung, die den Gesetzgeber befugt, die Zweckbindung beim Empfänger im Zusammenhang mit der Übermittlung zu regeln; *Dammann*, in: Simitis, BDSG, § 15 Rn. 36.
128 *Dammann*, in: Simitis, BDSG, § 15 Rn. 37.
129 *Dammann*, in: Simitis, BDSG, § 15 Rn. 37; *Wedde*, in: Däubler/Klebe/Wedde/Weichert, BDSG, § 15 Rn. 19; *Gola/Schomerus*, § 15 Rn. 18.

auffassung misst § 15 Abs. 3 BDSG einen quasi-sachlichrechtlichen Regelungsgehalt bei. Demnach findet § 15 Abs. 3 BDSG auf alle Empfänger in der Übermittlungskette Anwendung, wenn nur die erste übermittelnde Stelle dem Anwendungsbereich des BDSG unterfällt. Diese Auffassung fasst indes die Annexkompetenz des Bundesgesetzgebers zu weit und ist daher abzulehnen.[130]

42 Der Übermittlungszweck ist anhand von objektiven Gesichtspunkten zu bestimmen.[131] Maßgeblich sind sowohl der abstrakte Normzweck der Rechtsgrundlage (für die Übermittlung) als auch die Zielsetzung im konkreten Fall. Die konkrete Zielsetzung ist unter Berücksichtigung des Zeitpunktes und Anlasses der Übermittlung, des Empfängers und des von der Datenübermittlung Betroffenen zu bestimmen.[132]

43 Ein Abweichen vom Übermittlungszweck ist lediglich unter den eng auszulegenden Voraussetzungen des § 14 Abs. 2 BDSG gestattet.[133] Auf die entsprechende Kommentierung wird verwiesen. Spezielle Regelungen der Zweckbindung beim Übermittlungsempfänger haben Vorrang. Zu beachten ist insbesondere § 15 Abs. 5 BDSG, der ein absolutes Nutzungsverbot für lediglich aus praktischen Gründen mitübermittelte Daten begründet. Nach § 39 BDSG ist für Daten, die einem Berufs- oder Amtsgeheimnis unterliegen, eine besonders strenge Zweckbindung vorgesehen. Ferner sind in diesem Zusammenhang die §§ 68 Abs. 4 SGB VIII, 78 SGB X und § 16 Abs. 8 BStatG zu erwähnen.[134]

44 Die Übermittlung kann sich aus Sicht des Empfängers zudem auch als Erhebung darstellen, die in der Regel mit einer anschließenden Speicherung der Daten beim Empfänger einhergeht. In diesem Fall ist zusätzlich der Zweckbindungsgrundsatz des § 14 Abs. 1 BDSG zu beachten. Zumeist dürften Erhebungs- und Speicherungszweck deckungsgleich sein. Dennoch ist festzustellen, dass die Zweckbindung nach § 14 Abs. 1 BDSG neben § 15 Abs. 3 BDSG grundsätzlich eine eigenständige Bedeutung hat.[135]

3. Rechtsfolgen

45 § 15 Abs. 3 BDSG entfaltet immer dann Bindungswirkung, wenn Daten übermittelt wurden und insoweit die Verfolgung eines bestimmten Zwecks für den Empfänger erkennbar war.[136] Es kommt aber auch vor, dass die übermittelnde Stelle Daten le-

---

130 *Dammann*, in: Simitis, BDSG, § 15 Rn. 37; *Wedde*, in: Däubler/Klebe/Wedde/Weichert, BDSG, § 15 Rn. 19; *Schaffland/Wiltfang*, BDSG, § 15 Rn. 29.
131 *Dammann*, in: Simitis, BDSG, § 15 Rn. 40.
132 *Dammann*, in: Simitis, BDSG, § 15 Rn. 40.
133 *Dammann*, in: Simitis, BDSG, § 15 Rn. 42; *Wedde*, in: Däubler/Klebe/Wedde/Weichert, BDSG, § 15 Rn. 18.
134 *Dammann*, in: Simitis, BDSG, § 15 Rn. 43.
135 *Dammann*, in: Simitis, BDSG, § 15 Rn. 44.
136 *Auernhammer*, BDSG, § 15 Rn. 22.

diglich zur Begründung eines Übermittlungsersuchens übermittelt. In diesem Fall dient die Aufbewahrung durch den Empfänger nicht dessen eigenen Zwecken, sondern lediglich Zwecken der nachträglichen Kontrolle und damit der Sicherung des Datenschutzes. In diesem Fall findet der strenge Zweckbindungsgrundsatz des § 14 Abs. 4 BDSG Anwendung.[137]

Im Falle der Datenübermittlung an nicht-öffentliche Stellen ist eine Zweckänderung von Seiten des Empfängers zudem zulässig, wenn eine Übermittlung zu dem geänderten Zweck zulässig gewesen wäre und die übermittelnde Stelle der Zweckänderung zustimmt. Für den Bereich der Datenübermittlung an öffentliche Stellen fehlt es an einer derartigen Regelung zur Zweckänderung. Dies hat eigentlich zur Folge, dass die Daten noch einmal erneut übermittelt werden müssen. Es spricht jedoch nichts gegen eine Verkürzung des Verwaltungsverfahrens durch eine entsprechende Anwendung des § 16 Abs. 4 Satz 3 BDSG, soweit dies zu keinem zusätzlichen Eingriff in die Rechte des Betroffenen führt.[138] **46**

V. Übermittlung an öffentlich-rechtliche Religionsgemeinschaften (Abs. 4)

1. Allgemeines

§ 15 Abs. 4 BDSG ordnet hinsichtlich der Datenübermittlung an die öffentlichen Religionsgemeinschaften die entsprechende Anwendung der für öffentliche Stellen geltenden Regelung des § 15 Abs. 1 bis 3 BDSG an und macht die Übermittlung vom Vorhandensein ausreichender Datenschutzmaßnahmen bei den Empfängern abhängig.[139] Die Regelung begegnet im Hinblick auf die Autonomie der Religionsgemeinschaften und der insoweit fehlenden Staatsbindung gewissen verfassungsrechtlichen Bedenken.[140] Der mit der Datenübermittlung verbundene Eingriff in das Recht auf informationelle Selbstbestimmung lässt sich deswegen nur unter Zugrundelegung einer besonderen Interessenlage der Betroffenen, „etwa im Sinne eines mutmaßlichen Einverständnisses", rechtfertigen.[141] **47**

Ein Großteil des zwischen den öffentlichen Stellen und den Kirchen erfolgenden Datenaustausches richtet sich nach den Ländermeldegesetzen der einzelnen Bundesländer. Diese spezialgesetzlichen Normen finden vorrangig vor den Landesda- **48**

---

137 *Dammann*, in: Simitis, BDSG, § 15 Rn. 42.
138 *Dammann*, in: Simitis, BDSG, § 15 Rn. 42.
139 *Dammann*, in: Simitis, BDSG, § 15 Rn. 45.
140 *Dammann*, in: Simitis, BDSG, § 15 Rn. 46; *Dammann*, NVwZ 1992, S. 1147 (1150).
141 *Dammann*, in: Simitis, BDSG, § 15 Rn. 46. Das vom BVerfG aus Art. 2 Abs. 2 i.V.m. Art. 1 Abs. 1 GG abgeleitete Recht jedes Menschen auf informationelle Selbstbestimmung verpflichtet die Kirchen unmittelbar; vgl. *Hoeren*, DuD 1988, S. 286; s.a. *Hoeren*, Kirchen und Datenschutz, S. 47.

tenschutzgesetzen und dem BDSG Anwendung. Die Praxisrelevanz des § 15 Abs. 4 BDSG dürfte daher gering sein.[142]

49 Erfolgt die Datenübermittlung im Zusammenhang mit der Wahrnehmung staatlicher Befugnisse durch kirchliche Stellen, so ist die empfangende Stelle insoweit Behörde und der verleihenden Körperschaft zuzurechnen, sodass § 15 Abs. 1 bis 3 BDSG direkt zur Anwendung kommen.[143]

2. Stellen der öffentlich-rechtlichen Religionsgemeinschaften

50 Der Anwendungsbereich des § 15 Abs. 4 BDSG erfasst nur Religionsgemeinschaften, die den Status einer Körperschaft des öffentlichen Rechts nach Art. 140 GG i.V.m. Art. 137 WRV einnehmen.[144] Fehlt dieser Status, richtet sich die Datenübermittlung nach § 16 BDSG.[145] Zu den öffentlich-rechtlichen Religionsgemeinschaften i.S.v. § 15 Abs. 4 BDSG gehören z.B. die Katholischen Bistümer, das Bistum der Altkatholiken, die Evangelische Kirche in Deutschland (EKD), die evangelischen Landeskirchen, die Vereinigte Lutherische Kirche Deutschlands (VELKD), die Evangelische Kirche der Union (EKU), die Griechisch-Orthodoxe und die Russisch-Orthodoxe Kirche.[146] Privatrechtlich organisierte Religionsgemeinschaften werden vom Anwendungsbereich des § 15 Abs. 4 BDSG nicht erfasst.[147] Für sie gilt § 16 BDSG.[148]

51 Rechtlich gesehen ist die Körperschaft als solche Empfänger der übermittelten Daten.[149] Wenn § 15 Abs. 4 BDSG von einer Übermittlung an „Stellen" spricht, knüpft die Norm an den Grundsatz an, wonach Daten niemals einer juristischen Person als Ganzes, sondern nur der jeweils zuständigen Behörde oder Stelle zugänglich ge-

---

142 *Bergmann/Möhrle/Herb*, BDSG, § 15 Rn. 38.

143 *Dammann*, in: Simitis, BDSG, § 15 Rn. 50; zum Anwendungsbereich des BDSG vgl. auch *Evers*, ZevKR 1980, S. 173 (175 ff.).

144 *Roggenkamp*, in: Plath, BDSG, § 15 Rn. 20. Zur Ungleichbehandlung von privaten Religionsgemeinschaften gegenüber solchen mit Körperschaftsstatus und der sich daraus ergebenden verfassungsrechtlichen Problematik vgl. *Teschendorf*, AÖR 1978, S. 289; zu den Kriterien, welche eine Religionsgemeinschaft erfüllen muss, um den Status einer Körperschaft des öffentlichen Rechts zu erlangen, vgl. BVerfGE 102, 307 = NJW 2001, 429.

145 *Gola/Schomerus*, BDSG, § 15 Rn. 20.

146 *Gola/Schomerus*, BDSG, § 15 Rn. 20; *Wedde*, in: Däubler/Klebe/Wedde/Weichert, BDSG, § 15 Rn. 20.

147 *Wedde*, in: Däubler/Klebe/Wedde/Weichert, BDSG, § 15 Rn. 20; zu beachten ist, dass auch den Zeugen Jehovas zwischenzeitig in den meisten Bundesländern der Status einer Körperschaft des öffentlichen Rechts zugebilligt wurde, siehe auch BVerfGE 102, 307 = NJW 2001, 429.

148 *Roggenkamp*, in: Plath, BDSG, § 15 Rn. 19.

149 Nach a.A. ist hingegen nicht die Religionsgemeinschaft, sondern vielmehr „die jeweilige einzelne Stelle, die bestimmte Aufgaben wahrnimmt", Empfänger der Daten. So *Albers*, in: BeckOK Datenschutzrecht, § 15 Rn. 38.

macht werden dürfen.[150] Der Gesetzgeber wollte insoweit sicherstellen, dass lediglich organisationsrechtlich unselbstständige Stellen, die bestimmte Aufgaben wahrnehmen (z. B. Landeskirchenämter), von der Regelung des § 15 Abs. 4 BDSG profitieren können. Auf rechtlich selbstständige Stellen findet § 15 Abs. 4 BDSG keine Anwendung; hier richtet sich die Übermittlung nach § 16 BDSG.[151]

3. Zur Aufgabenerfüllung erforderlich

Die Übermittlung ist in entsprechender Anwendung des § 15 Abs. 1 BDSG nur zulässig, wenn die zu übermittelnden Daten zur Aufgabenerfüllung erforderlich sind und der Zweckbindungsgrundsatz Beachtung findet.[152] In diesem Zusammenhang ist der Grundsatz der Autonomie der Religionsgemeinschaften zu berücksichtigen.[153] Im Gegensatz zu staatlichen Behörden sind sie nicht verpflichtet, im Rahmen ihrer Befugnisse einen bestimmten Auftrag lückenlos zu erfüllen. Vielmehr können sie in einem verfassungsrechtlich garantierten Bereich freier Betätigung ihre eigenen Ziele verfolgen.[154] Dies erfordert eine enge Auslegung der Vorschrift.[155] **52**

Die Datenübermittlung ist nur erforderlich, wenn die betroffene Religionsgemeinschaft auf anderem Wege keine Kenntnis von den Daten erlangen kann. Hierbei ist insbesondere zu berücksichtigen, dass sich die Religionsgemeinschaften im Rahmen ihrer verfassungsrechtlich verbürgten Autonomie direkt an ihre Mitglieder wenden können.[156] Erst wenn die Aufgabenerfüllung unter vernünftigen Bedingungen unmöglich oder aussichtslos ist, ist die Datenübermittlung erforderlich.[157] Die Datenübermittlung dürfte unter diesen Voraussetzungen nur in seltenen Fällen erforderlich sein.[158] **53**

Zudem lässt sich § 15 Abs. 4 BDSG im Hinblick auf die Autonomie der Kirchen nur durch die Annahme einer generellen Interessengleichheit zwischen Kirchen und Mitgliedern oder eines Einverständnisses von Seiten des Betroffenen legitimieren (vgl. Rn. 47). Deswegen dürfen von der Datenübermittlung grundsätzlich nur **54**

---

150 *Dammann*, in: Simitis, BDSG, § 15 Rn. 48; siehe weiter *Lehnguth*, DVBl. 1986, S. 1081 (1086).
151 *Gola/Schomerus*, BDSG, § 15 Rn. 21; *Auernhammer*, BDSG, § 15 Rn. 24; *Wedde*, in: Däubler/Klebe/Wedde/Weichert, BDSG, § 15 Rn. 21; a. A. *Hoeren*, DuD 1988, S. 286.
152 *Wedde*, in: Däubler/Klebe/Wedde/Weichert, BDSG, § 15 Rn. 22.
153 Vgl. *Lorenz*, ZevKR 37 (1992), S. 27 (36).
154 *Dammann*, in: Simitis, BDSG, § 15 Rn. 53; näher zum Begriff der Aufgabe siehe *Burkholz*, VerwArch 1993, S. 203 (208); *Gallwas*, BayVBl. 1980, S. 423.
155 *Dammann*, in: Simitis, BDSG, § 15 Rn. 53.
156 *Dammann*, in: Simitis, BDSG, § 15 Rn. 55; *Albers*, in: BeckOK Datenschutzrecht, § 15 Rn. 40.
157 *Dammann*, in: Simitis, BDSG, § 15 Rn. 54; zum Informationsbedarf von Religionsgesellschaften *Schatzschneider*, Kirchenautonomie und Datenschutz, S. 43 ff.
158 Vgl. *Albers*, in: BeckOK Datenschutzrecht, § 15 Rn. 40.

Mitglieder der jeweiligen Religionsgemeinschaft betroffen sein. Ausnahmen von diesem Grundsatz bedürfen im Hinblick auf die negative Bekenntnisfreiheit nach Art. 4 GG einer verfassungsrechtlichen Grundlage. In diesem Zusammenhang ist § 19 Abs. 2 MRRG zu erwähnen, der in bestimmtem Umfang die Übermittlung der Daten von Nichtmitgliedern, die Angehörige eines Mitglieds sind, zulässt, wenn der Betroffene nicht widerspricht.[159]

4. Gewährleistung ausreichender Datenschutzmaßnahmen

55 Die Datenübermittlung an öffentlich-rechtliche Religionsgemeinschaften kann nach § 15 Abs. 5 BDSG nur erfolgen, wenn sichergestellt ist, dass auf Empfängerseite ein ausreichendes Datenschutzniveau gewährleistet ist. Ausreichend ist das Datenschutzniveau, wenn sein Schutzeffekt mindestens dem des BDSG gleichgestellt werden kann.[160] Diesbezüglich kommt es nicht auf die Übereinstimmung jeder einzelnen Regelung und organisatorisch-technischen Maßnahme, sondern auf die Gleichwertigkeit des Schutzes im Einzelfall an.[161] Unter „Datenschutzmaßnahmen" sind nicht nur Maßnahmen technischer und organisatorischer Art i. S. d. § 9 BDSG gemeint, sondern vielmehr alles, was zum Schutz der Betroffenen beim Umgang mit ihren personenbezogenen Daten im Sinne des in § 1 Abs. 1 BDSG niedergelegten Gesetzeszwecks erforderlich ist.[162]

56 Zu den rechtlichen Datenschutzmaßnahmen, die die öffentlich-rechtlichen Religionsgemeinschaften zum Schutz der Betroffenen getroffen haben, gehört z. B. das seitens der EKD erlassene Kirchengesetz über den Datenschutz der Evangelischen Kirchen in Deutschland[163] sowie die Anordnung über den kirchlichen Datenschutz – KDO – in den Diözesen der katholischen Kirche.[164] Personelle und technisch-organisatorische Vorkehrungen zur Sicherung der Daten sind hingegen den tatsächlichen Datenschutzmaßnahmen zuzurechnen.[165]

57 Nicht alle kirchenrechtlichen Datenschutzregelungen gewährleisten einen dem Maßstab des BDSG genügenden Datenschutz. Das Gesetz gewährt den Kirchen jedoch eine gewisse Anpassungsfrist, was dem Wortlaut des § 15 Abs. 4 BDSG ent

---

159 *Dammann*, in: Simitis, BDSG, § 15 Rn. 57, der weitergehende verfassungsrechtliche Bedenken äußert; weiter zur Problematik *Simitis*, ÖVD 1979, S. 6.

160 *Wedde*, in: Däubler/Klebe/Wedde/Weichert, BDSG, § 15 Rn. 23; *Claessen*, DuD 1995, S. 8.

161 *Dammann*, in: Simitis, BDSG, § 15 Rn. 63.

162 Vor allem auch allgemeine Regelungen, vgl. *Dammann*, in: Simitis, BDSG, § 15 Rn. 62.

163 Vom 12.11.1993, geändert durch Kirchengesetz vom 7.11.2002; noch zur alten Fassung *Hoeren*, NVwZ 1993, S. 650; vertiefend *Claessen*, Datenschutz in der evangelischen Kirche, S. 20.

164 *Gola/Schomerus*, BDSG, § 15 Rn. 25.

165 *Gola/Schomerus*, BDSG, § 15 Rn. 26.

nommen werden kann („getroffen werden" statt „getroffen sind").[166] Für unzureichend gehalten werden gegenwärtig die auf den Datenschutzstandards von 1977 verhafteten Regelungen der katholischen Kirche zum Datenschutz, die Daten außerhalb von Dateien keinen und dateigebundenen Daten nur einen sehr begrenzten Schutz gewähren.[167]

Die übermittelnde Stelle ist Garant hinsichtlich der Gewährleistung des erforderlichen Datenschutzes.[168] Sie muss die Datenschutzstandards des Empfängers vor der Übermittlung daher so eingehend überprüfen, bis sie sich davon überzeugt hat, dass ein ausreichendes Schutzniveau gewährleistet ist.[169] Das Vertrauen auf pauschale Aussagen und Beteuerungen genügt diesen Anforderungen nicht.[170] Dies kann auch durch ein Gutachten eines unabhängigen Sachverständigen erfolgen; pauschale Erklärungen des Empfängers reichen hingegen nicht aus.[171]   **58**

VI. Übermittlung weiterer, verbundener Daten (Abs. 5)

1. Allgemeines

Die Vorschrift des § 15 Abs. 5 BDSG ist eine Sonderregelung für die Übermittlung von nicht-dateigebundenen Daten, die im Zusammenhang mit der Novellierung von 1990 in das BDSG eingefügt wurde.[172] Nach § 15 Abs. 1 BDSG ist lediglich die Übermittlung der im konkreten Einzelfall zur Aufgabenerfüllung erforderlichen Daten zulässig. D.h., dass überschüssige Daten für den Empfänger unkenntlich gemacht oder relevante Daten bspw. herausgeschrieben werden müssen.[173]   **59**

Hauptanwendungsfall der Vorschrift sind Akten, die Dateienmerkmale i.S.v. § 3 Abs. 2 Satz 2 BDSG aufweisen.[174] Soweit hieraus Einzeldaten übermittelt werden sollen, kann sich ergeben, dass das Trennen oder Unkenntlichmachen von in verbundenen Dateien enthaltenen Einzeldaten häufig mit einem unverhältnismäßigen Aufwand verbunden oder gar nicht möglich ist.[175] Für diesen Fall enthält § 15 Abs. 5 BDSG Übermittlungsregeln.[176]   **60**

---

166 *Dammann*, in: Simitis, BDSG, § 15 Rn. 65; zu den älteren kirchlichen Datenschutzregelungen siehe *Hoeren*, NVwZ 1993, S. 650 (652); *Lorenz*, ZevKR 37 (1992), S. 27 (34).
167 *Dammann*, in: Simitis, BDSG, § 15 Rn. 65.
168 *Gallwass*, BayVBl. 1980, S. 423 (425); *Roggenkamp*, in: Plath, BDSG, § 15 Rn. 21.
169 *Albers*, in: BeckOK Datenschutzrecht, § 15 Rn. 43.
170 *Roggenkamp*, in: Plath, BDSG, § 15 Rn. 21.
171 *Dammann*, in: Simitis, BDSG, § 15 Rn. 66.
172 *Dammann*, in: Simitis, BDSG, § 15 Rn. 69.
173 *Dammann*, in: Simitis, BDSG, § 15 Rn. 70.
174 *Gola/Schomerus*, BDSG, § 15 Rn. 27.
175 *Dammann*, in: Simitis, BDSG, § 15 Rn. 70; *Gola/Schomerus*, BDSG, § 15 Rn. 27; *Wedde*, in: Däubler/Klebe/Wedde/Weichert, BDSG, § 15 Rn. 25.
176 *Wedde*, in: Däubler/Klebe/Wedde/Weichert, BDSG, § 15 Rn. 24.

61 Kein Anwendungsfall des § 15 Abs. 5 BDSG liegt hingegen vor, wenn das gesamte Dokument zum Erfassen des Gesamtzusammenhangs oder zur Überprüfung seiner Schlüssigkeit und Echtheit benötigt wird.[177] In diesem Fall richtet sich die Übermittlung nach § 15 Abs. 1 BDSG.[178] Eine über den Tatbestand des § 15 Abs. 5 BDSG hinausgehende Übermittlung von Daten ist unzulässig.

62 Ungeachtet der Gestattungsregelung des § 15 Abs. 5 BDSG haben speichernde Stellen darauf hinzuwirken, dass eine Übermittlung nicht benötigter Dateien weitestgehend unterbleibt. Dies kann beispielsweise dadurch geschehen, dass Akten bereits von Beginn an entsprechend gestaltet und besonders vertrauliche oder sonst besonders schutzwürdige Daten in Teilakten ausgegliedert werden.[179]

63 Nicht in § 15 Abs. 5 BDSG geregelt ist die Frage, ob eine Übermittlung von überschießenden Daten auf Grundlage einer nach Vorschrift des bereichsspezifischen Datenschutzrechts erfolgenden Primärübermittlung zulässig ist. § 15 Abs. 5 BDSG nimmt insoweit ausschließlich § 15 Abs. 1 BDSG in Bezug. Handelt es sich um Daten, die keinem besonderen Schutz unterliegen, wird die Übermittlung wegen der sich ähnelnden Interessenlage unbedenklich sein. Handelt es sich aber etwa um Personalaktendaten, Auskünfte aus dem Bundeszentralregister oder Daten, die der statistischen Geheimhaltung unterliegen, so steht der Übermittlung der Daten zumindest ein offensichtlich überwiegendes Geheimhaltungsinteresse des Betroffenen entgegen.[180]

2. Weitere, mit den zu übermittelnden Daten verbundene Daten

64 Eine Datenverbindung i. S. v. § 15 Abs. 5 BDSG liegt vor, wenn zu den nach § 15 Abs. 1 BDSG übermittlungsfähigen Daten weitere (überschießende) Daten hinzukommen, die mit den übermittlungsfähigen Daten physisch derart in einer Verbindung stehen, dass die Trennung einen nicht unerheblichen Aufwand erfordert.[181] Hierbei ist unerheblich, ob der Aufwand geistiger oder manuell-mechanischer Natur ist.[182]

65 Bei derartig verbundenen Daten ist im Falle der Übermittlung unvermeidbar, dass Daten übermittelt werden, die der Empfänger zur Wahrnehmung der ihm zugewiesenen Aufgabe nicht benötigt.[183] In manchen dieser Fälle würde es einen unverhältnismäßig hohen Aufwand bedeuten, wenn der erforderliche vom nicht erforderlichen Akteninhalt getrennt werden müsste. Zur Aufrechterhaltung der Funktionalität und

---

177 *Dammann*, in: Simitis, BDSG, § 15 Rn. 72.
178 *Dammann*, in: Simitis, BDSG, § 15 Rn. 72.
179 *Gola/Schomerus*, BDSG, § 15 Rn. 30; zur Problematik der Zusendung von Teilakten an einen Untersuchungsausschuss OVGE MüLü 40, 131 = NJW 1988, 2496.
180 *Dammann*, in: Simitis, BDSG, § 15 Rn. 84.
181 *Dammann*, in: Simitis, BDSG, § 15 Rn. 73.
182 *Dammann*, in: Simitis, BDSG, § 15 Rn. 73.
183 *Gola/Schomerus*, BDSG, § 15 Rn. 27.

aus Gründen der Verwaltungsvereinfachung erklärt das Gesetz die Übermittlung der an sich nicht erforderlichen Daten für zulässig, soweit nicht berechtigte Geheimhaltungsinteressen des Betroffenen oder eines Dritten offensichtlich entgegenstehen.[184]

3. Unverhältnismäßiger Aufwand

Voraussetzung der Zulässigkeit der Datenübermittlung nach § 15 Abs. 5 BDSG ist, **66** dass eine Trennung der Daten zumindest nur mit unvertretbarem Aufwand bewerkstelligt werden kann. Es ist also in jedem Einzelfall zu untersuchen, ob die Datentrennung einen unverhältnismäßig großen Aufwand an Zeit, Kosten oder Arbeitskraft erfordern würde.[185] Dies dürfte nur in seltenen Fällen vorkommen.[186] Regelmäßig wird sich vor der Übermittlung von Kopien die Schwärzung der relevanten Stellen anbieten.[187] Als unverhältnismäßig kann sich allerdings die handschriftliche Schwärzung eines mehrere hundert Seiten umfassenden Dokuments mit besonders komplexer und verwobener Struktur erweisen.[188] Des Weiteren kann eine Unmöglichkeit der Trennung gegeben sein, wenn die betroffenen Daten im Falle ihrer Trennung aus dem Zusammenhang gerissen werden und hierdurch ihre Aussagekraft verlieren.[189] In solchen Fällen greift § 15 Abs. 5 BDSG als Vorschrift zur Verwaltungsvereinfachung.[190]

Ob ein Aufwand unzumutbar ist, ist nicht aus Sicht der öffentlichen Stelle, sondern **67** vielmehr aus der Sicht eines objektiven Dritten zu beurteilen.[191]

4. Kein entgegenstehendes, berechtigtes Interesse

Selbst bei unvertretbarem Aufwand hat die Übermittlung miteinander verbundener **68** Daten zu unterbleiben, wenn dem berechtigte Geheimhaltungsinteressen des Betroffenen oder eines Dritten i.S.v. § 15 Abs. 5 letzter Halbsatz BDSG entgegenstehen, die das Übermittlungsinteresse offensichtlich überwiegen.[192]

---

184 *Gola/Schomerus*, BDSG, § 15 Rn. 27.
185 *Bergmann/Möhrle/Herb*, BDSG, § 15 Rn. 45.
186 *Dammann*, in: Simitis, BDSG, § 15 Rn. 75.
187 *Bergmann/Möhrle/Herb*, BDSG, § 15 Rn. 45; *Wedde*, in: Däubler/Klebe/Wedde/Weichert, BDSG, § 15 Rn. 25.
188 Zu berücksichtigen ist u.U. auch der Aufwand für das Wiedereinordnen von Dokumentenblättern, *Dammann*, in: Simitis, BDSG, § 15 Rn. 70 und 76.
189 *Roggenkamp*, in: Plath, BDSG, § 15 Rn. 22.
190 *Dammann*, in: Simitis, BDSG, § 15 Rn. 69.
191 *Wedde*, in: Däubler/Klebe/Wedde/Weichert, BDSG, § 15 Rn. 25.
192 *Dammann*, in: Simitis, BDSG, § 15 Rn. 78 und 80; *Wedde*, in: Däubler/Klebe/Wedde/Weichert, BDSG, § 15 Rn. 26.

a) Geheimhaltungsinteresse

69   Geheimhaltungsinteressen i. S. d. Vorschrift können sowohl auf dem Recht auf informationelle Selbstbestimmungen fußende, datenschutzrechtliche, als auch sonstige berechtigte Interessen des Betroffenen sein. Hierbei kann es sich um wirtschaftliche Interessen handeln, wie es beispielsweise bei der Wahrung von Geschäftsgeheimnissen der Fall ist.[193] Ein offenkundiges Geheimhaltungsinteresse wird jedenfalls dann bestehen, wenn die empfangende Stelle die übermittelten Informationen zum Nachteil des Betroffenen nutzen könnte.[194]

b) Offensichtliches Überwiegen des Geheimhaltungsinteresses

70   Die Übermittlung der Daten muss unterbleiben, wenn das Geheimhaltungsinteresse des Betroffenen oder eines Dritten das Übermittlungsinteresse der öffentlichen Stellen überwiegt. In zweifelhaften Fällen ist solange von einer Übermittlung abzusehen, bis eine abschließende Klärung hinsichtlich der Frage des offensichtlichen Überwiegens erfolgt ist.[195]

71   Ob das Geheimhaltungsinteresse überwiegt, ist im konkreten Kontext des jeweiligen Falles zu bewerten und muss auf der Basis des Ergebnisses einer kursorischen Datendurchsicht bestimmt werden.[196] Bei entsprechenden Hinweisen auf ein Überwiegen des Geheimhaltungsinteresses besteht für die öffentliche Stelle eine Aufklärungspflicht, der sie z. B. durch zielgerichtete Nachfragen oder durch Einholung einer Stellungnahme beim Betroffenen nachkommen kann.[197]

72   Von einem offensichtlichen Überwiegen des Geheimhaltungsinteresses ist auszugehen, wenn bei vernünftiger Würdigung kein Zweifel daran besteht, dass es schwerer als die Interessen der Behörde wiegt.[198] Das Überwiegen muss quasi „auf der Hand liegen"[199] und darf sich nicht erst als Ergebnis besonders komplexer Überlegungen ergeben.[200] In Zweifelsfällen sollte eine Unkenntlichmachung der betroffenen personenbezogenen Daten erfolgen.[201] Der hiermit verbundene zusätzliche Aufwand ist mit Hinblick auf die schützenswerten Belange des Betroffenen in Kauf zu nehmen.[202]

---

193 *Dammann*, in: Simitis, BDSG, § 15 Rn. 77; *Wedde*, in: Däubler/Klebe/Wedde/Weichert, BDSG, § 15 Rn. 26; *Roggenkamp*, in: Plath, BDSG, § 15 Rn. 23.

194 *Gola/Schomerus*, BDSG, § 15 Rn. 28.

195 *Wedde*, in: Däubler/Klebe/Wedde/Weichert, BDSG, § 15 Rn. 26.

196 *Dammann*, in: Simitis, BDSG, § 15 Rn. 79.

197 Vgl. *Dammann*, in: Simitis, BDSG, § 15 Rn. 79; vgl. *Roggenkamp*, in: Plath, BDSG, § 15 Rn. 23.

198 *Dammann*, in: Simitis, BDSG, § 15 Rn. 79.

199 *Bergmann/Möhrle/Herb*, BDSG, § 15 Rn. 46.

200 *Dammann*, in: Simitis, BDSG, § 15 Rn. 78.

201 *Roggenkamp*, in: Plath, BDSG, § 15 Rn. 23.

202 *Roggenkamp*, in: Plath, BDSG, § 15 Rn. 23.

5. Unzulässigkeit der Datennutzung

§ 15 Abs. 5 BDSG begründet ein vorbehaltsloses Nutzungsverbot.[203] Hiervon er- **73**
fasst sind jede Form des Datenabgleichs, der Datenauswertung und der Veröffentlichung.[204] Der Empfänger ist im Falle der Zulässigkeit der Übermittlung lediglich
zur Entgegennahme und Aufbewahrung bzw. Speicherung der überschießenden
personenbezogenen Daten befugt.[205]

Umstritten ist in diesem Zusammenhang, ob die Weiterübermittlung von überschie- **74**
ßenden Daten durch den Empfänger nach § 15 Abs. 5 BDSG zulässig ist. Nach einer Auffassung ist die Weiterübermittlung von einem Erstempfänger an einen
Zweitempfänger usw. unter den Voraussetzungen des § 15 Abs. 5 BDSG zulässig.
Begründet wird diese Auffassung mittels der Legaldefinition des § 3 Abs. 5 BDSG,
wonach Nutzung jede Verwendung darstellt, die nicht Verarbeitung ist. Die Weiterleitung unterliege demnach als Phase der Verarbeitung (vgl. § 3 Abs. 4 BDSG)
nicht dem Nutzungsverbot.[206] Die Gegenansicht hält im Hinblick auf die Tatsache,
dass die Übermittlungsnormen auf die Voraussetzungen einer zulässigen Nutzung
verweisen, eine Weiterübermittlung für unzulässig.[207] Letztere Meinung verdient
insbesondere vor dem Hintergrund des auf dem Recht auf informationelle Selbstbestimmung fußenden Gebots der restriktiven Auslegung datenschutzrechtlicher Ge-
stattungstatbestände den Vorzug. Ohnehin besteht für den Erstempfänger die Möglichkeit, einen potenziellen Zweitempfänger an den Erstübermittler zu verweisen.[208]

VII. Datenübermittlung innerhalb einer öffentlichen Stelle (Abs. 6)

§ 15 Abs. 6 BDSG ordnet die entsprechende Anwendung der in § 15 Abs. 5 BDSG **75**
niedergelegten Aktenübermittlungsregelung für den innerbehördlichen Datenverkehr an.[209] Der Gedanke der Verwaltungsvereinfachung soll auch dann gelten, wenn
Daten innerhalb einer öffentlichen Stelle weitergegeben und anderen Organisationseinheiten zur Verfügung gestellt werden.[210] In diesem Fall kann nicht auf § 15
Abs. 5 BDSG zurückgegriffen werden, weil der Datenaustausch innerhalb einer öffentlichen Stelle begrifflich keine Übermittlung darstellt.[211] Einerseits bedarf es in-

---

203 Vgl. *Roggenkamp*, in: Plath, BDSG, § 15 Rn. 24.
204 *Wedde*, in: Däubler/Klebe/Wedde/Weichert, BDSG, § 15 Rn. 27.
205 *Dammann*, in: Simitis, BDSG, § 15 Rn. 81.
206 *Gola/Schomerus*, BDSG, § 15 Rn. 29; im Ergebnis so auch *Auernhammer*, § 15 Rn. 31.
207 *Dammann*, in: Simitis, BDSG, § 15 Rn. 82; *Wedde*, in: Däubler/Klebe/Wedde/Weichert,
   BDSG, § 15 Rn. 27.
208 *Dammann*, in: Simitis, BDSG, § 15 Rn. 82.
209 *Auernhammer*, BDSG, § 15 Rn. 32; *Dammann*, in: Simitis, BDSG, § 15 Rn. 85.
210 *Dammann*, in: Simitis, BDSG, § 15 Rn. 85; *Wedde*, in: Däubler/Klebe/Wedde/Weichert,
   BDSG, § 15 Rn. 28.
211 *Dammann*, in: Simitis, BDSG, § 15 Rn. 85.

soweit auch keiner Übermittlungsbefugnis, andererseits besteht aber die Notwendigkeit einer gesetzlichen Regelung, weil eine interne Weitergabe als Nutzung unter die Zulässigkeitsregelungen der §§ 4 Abs. 1, 14 BDSG fällt.[212]

76 Von einer internen Weitergabe wird regelmäßig dann auszugehen sein, wenn die Daten den normalen Bearbeitungsweg verlassen.[213] Neben der Weitergabe findet die Norm auch auf die innerbehördliche Einsichtnahme gem. § 3 Abs. 4 Nr. 3b BDSG Anwendung.[214] Auch hierbei handelt es sich um eine Form des internen Datenflusses. Dessen unterschiedliche Behandlung wäre sachlich nicht zu rechtfertigen.[215]

77 Auch Daten, die dem Personalrat im Rahmen seiner Aufgabenerfüllung zugeleitet werden, unterliegen den Vorgaben des § 15 Abs. 6 BDSG.[216] Der Personalrat ist Teil der öffentlichen Stelle, bei der er eingerichtet ist.[217] Die Voraussetzungen des § 68 BPersVG ist zu beachten. Die übermittelten Informationen müssen in untrennbarer Beziehung zu den Aufgaben des Personalrats stehen.[218] Die Vorschrift sollte mit Rücksicht auf die kollektive Aufgabenwahrnehmung des Personalrats und seine Schweigepflicht nach § 10 Abs. 1 BPersVG nicht zu eng ausgelegt werden.[219] Im Interesse der Belegschaften soll eine Behinderung des Personalrats durch falsch verstandenen Datenschutz vermieden werden.[220]

---

212 *Dammann*, in: Simitis, BDSG, § 15 Rn. 85, der sich insoweit eine Regelung im Rahmen des § 14 BDSG gewünscht hätte. So auch *Roggenkamp*, in: Plath, BDSG, § 15 Rn. 25; a. A. *Albrecht*, JurPC Web-Dok. 47/2012, Abs. 15.
213 *Dammann*, in: Simitis, BDSG, § 15 Rn. 86.
214 So wohl auch *Dammann*, in: Simitis, BDSG, § 15 Rn. 85.
215 *Weyer*, DSG NW, § 14 Rn. 11.
216 *Wedde*, in: Däubler/Klebe/Wedde/Weichert, BDSG, § 15 Rn. 29.
217 *Gola/Schomerus*, BDSG, § 15 Rn. 31.
218 *Gola/Wronka*, NZA 1991, S. 793; BVerwGE 85, 36 = RDV 1990, 247.
219 *Wedde*, in: Däubler/Klebe/Wedde/Weichert, BDSG, § 15 Rn. 29.
220 *Wedde*, in: Däubler/Klebe/Wedde/Weichert, BDSG, § 15 Rn. 30.

§ 16 Datenübermittlung an nicht-öffentliche Stellen

(1) Die Übermittlung personenbezogener Daten an nicht-öffentliche Stellen ist zulässig, wenn

1. sie zur Erfüllung der in der Zuständigkeit der übermittelnden Stelle liegenden Aufgaben erforderlich ist und die Voraussetzungen vorliegen, die eine Nutzung nach § 14 zulassen würden, oder

2. der Dritte, an den die Daten übermittelt werden, ein berechtigtes Interesse an der Kenntnis der zu übermittelnden Daten glaubhaft darlegt und der Betroffene kein schutzwürdiges Interesse an dem Ausschluss der Übermittlung hat. Das Übermitteln von besonderen Arten personenbezogener Daten (§ 3 Abs. 9) ist abweichend von Satz 1 Nr. 2 nur zulässig, wenn die Voraussetzungen vorliegen, die eine Nutzung nach § 14 Abs. 5 und 6 zulassen würden oder soweit dies zur Geltendmachung, Ausübung oder Verteidigung rechtlicher Ansprüche erforderlich ist.

(2) Die Verantwortung für die Zulässigkeit der Übermittlung trägt die übermittelnde Stelle.

(3) In den Fällen der Übermittlung nach Absatz 1 Nr. 2 unterrichtet die übermittelnde Stelle den Betroffenen von der Übermittlung seiner Daten. Dies gilt nicht, wenn damit zu rechnen ist, dass er davon auf andere Weise Kenntnis erlangt, oder wenn die Unterrichtung die öffentliche Sicherheit gefährden oder sonst dem Wohle des Bundes oder eines Landes Nachteile bereiten würde.

(4) Der Dritte, an den die Daten übermittelt werden, darf diese nur für den Zweck verarbeiten oder nutzen, zu dessen Erfüllung sie ihm übermittelt werden. Die übermittelnde Stelle hat ihn darauf hinzuweisen. Eine Verarbeitung oder Nutzung für andere Zwecke ist zulässig, wenn eine Übermittlung nach Absatz 1 zulässig wäre und die übermittelnde Stelle zugestimmt hat.

Literatur: *Breidenbach*, Das berechtigte Interesse, DuD 1988, S. 61; *Durner*, Zur Einführung: Datenschutzrecht, JuS 2006, S. 213; *Engelien-Schulz*, „Schweigen von Amts wegen" – Zur Amtsverschwiegenheitspflicht aus einer anderen Perspektive, UBWV 2013, S. 45; *Engelien-Schulz*, Datenschutz in Bundesbehörden, Frechen 2004; *Knemeyer*, Geheimhaltungsanspruch und Offenbarungsbefugnis im Verwaltungsverfahren, NJW 1984, S. 2241; *Kühling*, Datenschutz gegenüber öffentlichen Stellen im digitalen Zeitalter, Die Verwaltung 44 (2011), S. 525; *Roßnagel*, Konflikte zwischen Informationsfreiheit und Datenschutz?, MMR 2007, S. 16; *Schoenemann*, Zur Zulässigkeit der Datenverarbeitung in der neueren Datenschutzgesetzgebung, DuD 1987, S. 175; *Simitis*, Von der Amtshilfe zur Informationshilfe – Informationsaustausch und Datenschutzanforderungen in der öffentlichen Verwaltung, NJW 1986, S. 2795.

I. Allgemeines

1   Regelungsgegenstand des § 16 BDSG ist die Übermittlung personenbezogener Daten durch öffentliche Stellen an nicht-öffentliche Stellen.[1] Die Anwendung der Vorschrift setzt voraus, dass keine anderen Rechtsvorschriften des Bundes existieren, die gem. § 1 Abs. 3 BDSG vorrangig anzuwenden sind. Die Vorschrift ergänzt § 15 BDSG, der die Übermittlung personenbezogener Daten an öffentliche Stellen regelt.[2] Der Anwendungsbereich des § 16 BDSG geht allerdings weiter. Im Gegensatz zu § 15 BDSG kann nach § 16 BDSG auch ein berechtigtes Interesse des Empfängers zur Grundlage einer (dann privatnützigen) Datenübermittlung werden.[3] Ange-

---

1 Im Rahmen der Datenverarbeitung privater Stellen kommt die Vorschrift nicht zur Anwendung; so auch *Roggenkamp*, in: Plath, BDSG, § 16 Rn. 1; verfehlt LG Düsseldorf BeckRS 2011, 17308. Zum Begriff der „Übermittlung" *Albers*, in: BeckOK Datenschutzrecht, § 16 Rn. 3.

2 *Dammann*, in: Simitis, BDSG, § 16 Rn. 1.

3 § 15 BDSG stellt insoweit nur auf die Erforderlichkeit zur Aufgabenerfüllung ab, *Dammann*, in: Simitis, BDSG, § 16 Rn. 3.

sichts des Wandels der Regierungs- und Verwaltungskommunikation im modernen Dienstleistungsstaat ist die Abgrenzung zwischen staatlicher Aufgabenerfüllung und berechtigtem Interesse privater Dritter nicht immer leicht zu treffen.[4]

Gemeinsam mit § 4b BDSG (Übermittlung personenbezogener Daten an ausländi- **2** sche Stellen) sollen die Vorschriften der §§ 15 und 16 BDSG sämtliche Formen der Übermittlung personenbezogener Daten regeln. In Zweifelsfällen ist daher die auf den konkreten Fall am besten passende Vorschrift anzuwenden.[5]

Durch das BDSG 2001 wurde die Vorschrift redaktionell angepasst.[6] Neu eingefügt **3** wurde § 16 Abs. 1 Satz 2 BDSG, der in Umsetzung von Art. 8 der EG-DSRl die Übermittlung von besonders sensiblen, personenbezogenen Daten (§ 3 Abs. 9 BDSG) regelt und den Schutz dieser Daten verstärkt.[7]

Nach § 16 Abs. 1 BDSG der Vorschrift wird die Übermittlung personenbezogener **4** Daten an nicht-öffentliche Stellen unter zwei Voraussetzungen gestattet. Entweder muss sie zur Aufgabenerfüllung der übermittelnden Stelle erforderlich sein oder das schützwürdige Interesse des Betroffenen am Ausschluss der Übermittlung muss als Ergebnis eines einzelfallbezogenen Abwägungsvorganges hinter dem Übermittlungsinteresse zurücktreten.[8] Die Absätze 3 und 4 des § 16 BDSG legen die verfahrensmäßigen Vorkehrungen zur Umsetzung der Grundsätze aus dem Volkszählungsurteil des Bundesverfassungsgerichts fest.[9]

II. Zulässigkeit der Datenübermittlung an nicht-öffentliche Stellen (Abs. 1)

1. Anwendungsbereich/Verhältnis zu anderen Vorschriften

Normadressaten sind die in § 12 Abs. 1 BDSG aufgeführten öffentlichen Stellen[10] **5** sowie nicht dem öffentlichen Bereich angehörige Dritte mit Übermittlungsinteresse.[11] Die entsprechenden Legaldefinitionen finden sich in § 2 Abs. 1, 2 BDSG, § 2 Abs. 4 BDSG und § 3 Abs. 8 Satz 2 BDSG, auf deren Kommentierung verwiesen wird.[12] Mit der Aufnahme der „nicht-öffentlichen Stellen" in den Wortlaut der Vorschrift hat der Gesetzgeber eine redaktionelle Änderung vollzogen und die früher

---

4 *Albers*, in: BeckOK Datenschutzrecht, § 16 Rn. 10.

5 *Dammann*, in: Simitis, BDSG, § 16 Rn. 3.

6 *Wedde*, in: Däubler/Klebe/Wedde/Weichert, BDSG, § 16 Rn. 2; mit ausführlicher Darstellung *Bergmann/Möhrle/Herb*, BDSG, § 13 Rn. 1.

7 *Bergmann/Möhrle/Herb*, BDSG, § 13 Rn. 2; *Wedde*, in: Däubler/Klebe/Wedde/Weichert, BDSG, § 16 Rn. 2.

8 Vgl. *Gola/Schomerus*, BDSG, § 16 Rn. 1.

9 *Dammann*, in: Simitis, BDSG, § 16 Rn. 2.

10 Vgl. § 12 BDSG Rn. 6 ff.

11 *Wedde*, in: Däubler/Klebe/Wedde/Weichert, BDSG, § 16 Rn. 4.

12 Vgl. auch *Durner*, JuS 2006, S. 213 (215).

verwendeten Begriffe der „Stellen außerhalb des öffentlichen Bereichs" und der „Personen und anderer Stellen als die in § 10 bezeichneten" den neuen Legaldefinitionen des § 2 BDSG angepasst.[13]

6 Hinsichtlich der Übermittlung personenbezogener Daten ins Ausland ist § 4b BDSG zu beachten. Sitz und Nationalität des Empfängers sind für die Anwendung von § 16 Abs. 1 BDSG allerdings grundsätzlich unerheblich.[14] Die Datenübermittlung zur Abwicklung von Beschäftigungsverhältnissen hat in Folge von § 12 Abs. 4 BDSG gemäß § 32 BDSG zu erfolgen.[15]

7 Die Zulässigkeit der Übermittlung personenbezogener Daten richtet sich in korrigierender Auslegung der Vorschrift auch dann nach § 16 BDSG (und nicht nach § 15 BDSG), wenn Daten an eine öffentliche Stelle übermittelt werden, die diese nicht zur Erfüllung der ihr übertragenen Aufgaben benötigt.[16] Dies wird regelmäßig im Rahmen der Datenübermittlung an öffentlich-rechtliche Unternehmen und an öffentliche Stellen im Zusammenhang mit deren fiskalischen Belangen der Fall sein.[17]

8 Die in § 16 Abs. 1 BDSG enthaltene Aufzählung alternativer Bedingungen ist der Erweiterung auf ungeregelte Beispiele nicht zugänglich.[18] Nach § 16 Abs. 1 Satz 1 Nr. 1 BDSG ist eine Übermittlung zulässig, wenn dies zur Erfüllung der in der Zuständigkeit der übermittelnden Stelle liegenden Aufgaben erforderlich ist und eine Nutzung der Daten zulässig wäre. § 16 Abs. 1 Satz 1 Nr. 2 BDSG fordert die Glaubhaftmachung eines berechtigten Interesses eines Dritten an der Kenntnis der zu übermittelnden Daten sowie eine Interessenabwägung. Beide Varianten erfüllen die Tatbestandsvoraussetzungen des § 4 Abs. 1 Var. 1 BDSG.[19]

2. Übermittlung zur eigenen Aufgabenerfüllung (Abs. 1 Nr. 1)

9 § 16 Abs. 1 Nr. 1 BDSG ist wortgleich zur Regelung des § 15 Abs. 1 BDSG. Grundsätzlich kann demnach zur Auslegung der Vorschrift die Kommentierung des § 15 BDSG (§ 15 Rn. 6 ff.) herangezogen werden.[20] Hinsichtlich der Zulässigkeit der Übermittlung ist auf deren Erforderlichkeit und das Vorliegen der Voraussetzungen

---

13 *Dammann*, in: Simitis, BDSG, § 16 Rn. 7.

14 Ebenso wenig kommt es darauf an, dass der Empfänger Adressat des BDSG ist, *Dammann*, in: Simitis, BDSG, § 16 Rn. 9.

15 Vgl. *Wedde*, in: Däubler/Klebe/Wedde/Weichert, BDSG, § 16 Rn. 3; vertiefend zu § 32 BDSG *Heckmann/Braun*, jurisPK-Internetrecht, 2. Aufl. 2009, Kap. 7, Rn. 62 ff.; *Albrecht*, jurisPR-ITR 20/2009, Anm. 2.

16 *Dammann*, in: Simitis, BDSG, § 16 Rn. 8.

17 *Dammann*, in: Simitis, BDSG, § 15 Rn. 8, § 16 Rn. 8.

18 *Wedde*, in: Däubler/Klebe/Wedde/Weichert, BDSG, § 16 Rn. 4.

19 Insoweit missverständlich *Wedde*, der von einem „zusätzlichen Vorbehalt" des § 4 Abs. 1 BDSG ausgeht, *Wedde*, in: Däubler/Klebe/Wedde/Weichert, BDSG, § 16 Rn. 4.

20 *Dammann*, in: Simitis, BDSG, § 16 Rn. 10; *Roggenkamp*, in: Plath, BDSG, § 16 Rn. 4.

einer Nutzung nach § 14 BDSG[21] abzustellen.[22] Am Anfang der Prüfung ist zudem die örtliche, sachliche und instanzielle Zuständigkeit der übermittelnden Stelle festzustellen (vgl. § 13 Rn. 8 ff.).[23]

a) Erforderlichkeit zur Erfüllung der Aufgaben der verantwortlichen Stelle

Im Rahmen der Erforderlichkeitsprüfung ist darüber zu entscheiden, welche Daten **10** an den anfordernden Dritten übermittelt werden dürfen.[24] Zulässig ist die Übermittlung nur, wenn sie zur Erfüllung der Aufgaben der verantwortlichen Stelle erforderlich ist.[25] Auf das Interesse des nicht-öffentlichen Empfängers oder den Nutzen der Übermittlung für diesen kommt es hingegen nicht an.[26] Eine rein im Interesse des Empfängers liegende Übermittlung wäre nach § 16 Abs. 1 Nr. 1 BDSG demnach unzulässig. Nicht erforderlich sind im Allgemeinen z. B. das Veröffentlichen von Geburtstags- und Jubiläumsdaten. Auch deren Bekanntgabe durch Meldeämter kann landesrechtlich gemäß § 22 Abs. 2 MRRG nur unter Einräumung eines Widerspruchsrechts zugelassen werden.[27] Von einer zulässigen Datenübermittlung ist hingegen bspw. dann auszugehen, wenn ohne Kenntnis der betroffenen Informationen ein Verwaltungsakt keinen Sinn machen würde.[28]

Die Frage der Erforderlichkeit wird irrelevant, wenn spezielle bundesrechtliche **11** Normen von der betreffenden öffentlichen Stelle die Veröffentlichung oder Aufnahme personenbezogener Daten in ein öffentliches Register fordern.[29] Gemäß § 1 Abs. 3 BDSG ist solchen Vorschriften der Vorzug zu geben.[30]

b) Zulässigkeit der Nutzung nach § 14 BDSG, insbesondere: Zweckbindungsgrundsatz

Neben der Anwendung des Erforderlichkeitsgrundsatzes fordert § 16 Abs. 1 Nr. 1 **12** BDSG, dass „die Voraussetzungen vorliegen, die eine Nutzung nach § 14 zulassen würden". Auch insoweit kann wegen des identischen Wortlautes ergänzend auf die Kommentierung des § 15 Abs. 1 Nr. 2 BDSG (§ 15 Rn. 20) verwiesen werden.[31]

---

21 Der Grundsatz der Zweckbindung ist somit zu beachten, *Dammann*, in: Simitis, BDSG, § 16 Rn. 10.
22 Vgl. *Roggenkamp*, in: Plath, BDSG, § 16 Rn. 2.
23 *Bergmann/Möhrle/Herb*, BDSG, § 13 Rn. 13.
24 *Bergmann/Möhrle/Herb*, BDSG, § 13 Rn. 14.
25 *Wedde*, in: Däubler/Klebe/Wedde/Weichert, BDSG, § 16 Rn. 4; *Gola/Schomerus*, BDSG, § 16 Rn. 7; *Schaffland/Wiltfang*, BDSG, § 16 Rn. 7; vertiefend *Albers*, in: BeckOK Datenschutzrecht, § 16 Rn. 13.
26 *Schaffland/Wiltfang*, BDSG, § 16 Rn. 7; *Gola/Schomerus*, BDSG, § 16 Rn. 7.
27 *Dammann*, in: Simitis, BDSG, § 16 Rn. 13.
28 *Roggenkamp*, in: Plath, BDSG, § 16 Rn. 4.
29 Mit zahlreichen Beispielen *Dammann*, in: Simitis, BDSG, § 16 Rn. 13.
30 Landesrechtliche Vorschriften können öffentliche Stellen gem. § 4 Abs. 2 Satz 1 Nr. 1 BDSG zur Übermittlung der Daten ermächtigen; *Dammann*, in: Simitis, BDSG, § 16 Rn. 15; vgl. *Wedde*, in: Däubler/Klebe/Wedde/Weichert, BDSG, § 16 Rn. 5.
31 *Dammann*, in: Simitis, BDSG, § 16 Rn. 13.

Grundsätzlich besteht Zweckbindung.[32] Der Betroffene muss sich darauf verlassen können, dass seine Daten regelmäßig nur im Rahmen des Erhebungs- (§ 13 Abs. 1 BDSG) oder Speicherungszwecks (§ 14 Abs. 1 Satz 2 BDSG) verwendet werden.[33] Eine zweckändernde Übermittlung ist nur unter den Voraussetzungen des § 14 BDSG zulässig.[34] Hierbei sind grundsätzlich die widerstreitenden Interessen der an der Datenverarbeitung Beteiligten angemessen zu berücksichtigen.[35] Es gilt das Übermaßverbot.[36]

13 Für zulässig gehalten wird unter Beachtung vorstehender Vorgaben beispielsweise der staatsanwaltschaftliche Hinweis an einen Belastungszeugen, dass ein diesen bedrohender Täter aus der Haft entlassen wurde.[37] Eine im Rahmen des originären Erhebungs- oder Speicherungszwecks zulässige Datenübermittlung liegt auch vor, wenn das Gesundheitsamt diejenigen Personen über eine ansteckende Krankheit einer dritten Person informiert, die mit dieser in Kontakt gekommen sind. Nur so wird es ihnen möglich, die erforderlichen Schutzmaßnahmen zu ergreifen.[38] Gleichfalls im Bereich des originären Zwecks liegt auch die Datenübermittlung zur weiteren Sachverhaltsaufklärung. Hierbei ist allerdings die Erforderlichkeit der Datenübermittlung besonders problematisch.[39]

14 Grundsätzlich unzulässig ist die Übermittlung von personenbezogenen Daten an die Presse und sonstige Medien, da dies in aller Regel nicht vom primären Erhebungs- und Speicherungszweck erfasst wird und § 14 Abs. 2 BDSG eine solche Zweckänderung nicht vorsieht.[40] Ausnahmen hiervon sind allenfalls im Rahmen eines offiziellen Fahndungsaufrufs denkbar.[41] Eine Sonderregelung für den Pressebereich enthält § 12 GBO, welcher der Presse die Einsichtnahme von Grundbüchern ermöglicht. Die Einsichtsmöglichkeit ist nach der Rechtsprechung des Bundesverfassungsgerichts von einer Abwägung der Pressefreiheit gegen das informationelle Selbstbestimmungsrecht des Betroffenen abhängig. Dabei genügt die Presse ihrer Darlegungslast, wenn sie vorträgt, „dass als Ergebnis der Einsichtnahme eine publizistisch geeignete Information erwartet werde".[42] Das Interesse der Presse an der Einsichtnahme gegenüber dem Recht des Betroffenen auf informationelle Selbstbe-

---

32 Vgl. hierzu BVerwG DÖV 1991, 510; BGH RDV 1994, 245; *Gola/Schomerus*, BDSG, § 16 Rn. 8; *Wedde*, in: Däubler/Klebe/Wedde/Weichert, BDSG, § 16 Rn. 6.

33 Vgl. hierzu BVerwG DÖV 1991, 510; BGH RDV 1994, 245; *Gola/Schomerus*, BDSG, § 16 Rn. 8.

34 *Roggenkamp*, in: Plath, BDSG, § 16 Rn. 4.

35 *Albers*, in: BeckOK Datenschutzrecht, § 16 Rn. 14.

36 *Albers*, in: BeckOK Datenschutzrecht, § 16 Rn. 14.

37 *Wedde*, in: Däubler/Klebe/Wedde/Weichert, BDSG, § 16 Rn. 6.

38 *Dammann*, in: Simitis, BDSG, § 16 Rn. 13.

39 Vertiefend *Dammann*, in: Simitis, BDSG, § 16 Rn. 13.

40 *Wedde*, in: Däubler/Klebe/Wedde/Weichert, BDSG, § 16 Rn. 6; *Dammann*, in: Simitis, BDSG, § 16 Rn. 13; vertiefend BVerwG DÖV 1991, 510; BGH RDV 1994, 245.

41 *Wedde*, in: Däubler/Klebe/Wedde/Weichert, BDSG, § 16 Rn. 6.

42 *Gola/Schomerus*, BDSG, § 16 Rn. 8.

stimmung genießt auch immer dann Vorrang, wenn Fragen erörtert werden sollen, die für die Öffentlichkeit von erheblichem Interesse sind und die beabsichtigte Recherche Grundlage einer sachlichen Auseinandersetzung werden kann.[43] Hingegen überwiegt ein Unterhaltungsinteresse das Interesse des Betroffenen niemals.[44]

c) Weitere Voraussetzungen, insbesondere: Verhältnismäßigkeit

Im Gegensatz zu § 16 Abs. 1 Nr. 2 BDSG erwähnt § 16 Abs. 1 Nr. 1 BDSG den Begriff des schutzwürdigen Interesses des Betroffenen nicht. Dieses stellt nur bei der Übermittlung im Interesse des Empfängers (§ 16 Abs. 1 Nr. 2 BDSG) ein absolutes Übermittlungshindernis dar.[45] Da jedoch der Verhältnismäßigkeitsgrundsatz auch im Rahmen der Übermittlung nach Nr. 1 angewendet werden muss, ist das schutzwürdige Interesse im Rahmen der diesbezüglichen Abwägung zu berücksichtigen.[46]   **15**

3. Übermittlung im Interesse des Empfängers (Abs. 1 Satz 1 Nr. 2)

Nach § 16 Abs. 1 Satz 1 Nr. 2 BDSG ist die Übermittlung dann zulässig, wenn ein Dritter ein berechtigtes Interesse an der Kenntnis der zu übermittelnden Daten glaubhaft darlegt und sich dieses mit dem Recht des Betroffenen auf informationelle Selbstbestimmung vereinbaren lässt.[47] Die Vorschrift, die die Datennutzung in den Dienst privater Interessen stellt,[48] verfügt in der Praxis über wesentlich mehr Relevanz als § 16 Abs. 1 Satz 1 Nr. 1 BDSG.[49] Wegen der grundsätzlichen Intention des Gesetzgebers, die Zulässigkeit der Datenverarbeitung restriktiv zu handhaben, ist eine enge Auslegung der Norm geboten.[50] Dies gilt insbesondere vor dem Hintergrund, dass der Gesetzgeber eine Regelung, welche den freien Zugang zu personenbezogenen Daten ermöglicht hätte, im Gesetzgebungsverfahren explizit verworfen hat. Diese eindeutige Entscheidung darf nicht umgangen werden.[51]   **16**

---

43 BVerfG NJW 2001, 20; vertiefend *Gola/Schomerus*, BDSG, § 16 Rn. 7.

44 *Gola/Schomerus*, BDSG, § 16 Rn. 8; vgl. KGR Berlin 2001, 320 = RDV 2002, 83.

45 *Dammann*, in: Simitis, BDSG, § 16 Rn. 11.

46 *Dammann*, in: Simitis, BDSG, § 16 Rn. 11; vgl. BVerfGE 44, 353 (373).

47 Die Voraussetzungen zum Zugang staatlicher Informationen aufgrund privaten Interesses an der Kenntnis sind gegenüber den Übermittlungsbefugnissen im staatlichen Bereich (§ 15 BDSG) verschärft. Dies liegt daran, dass die Daten im Falle des § 16 BDSG den geschützten staatlichen Bereich verlassen und in den ungeschützten privaten Bereich eindringen; *Bergmann/Möhrle/Herb*, BDSG, § 13 Rn. 16.

48 *Dammann*, in: Simitis, BDSG, § 16 Rn. 15; *Wedde*, in: Däubler/Klebe/Wedde/Weichert, BDSG, § 16 Rn. 7.

49 *Wedde*, in: Däubler/Klebe/Wedde/Weichert, BDSG, § 16 Rn. 7.

50 *Wedde*, in: Däubler/Klebe/Wedde/Weichert, BDSG, § 16 Rn. 7; *Gola/Schomerus*, BDSG, § 16 Rn. 9. Hierfür spricht auch, dass die Datenverarbeitung in dieser Konstellation den dem Rechtsstaatsprinzip unterworfenen Bereich verlässt; vgl. *Albers*, in: BeckOK Datenschutzrecht, § 16 Rn. 15.

51 *Dammann*, in: Simitis, BDSG, § 16 Rn. 15.

17 Bei der Auslegung der Vorschrift gilt es zudem zu berücksichtigen, dass § 16 Abs. 1 Nr. 2 BDSG die Zugangsmöglichkeit Privater zu staatlichen Informationen nicht abschließend regelt. Vielmehr ist der Informationszugriff in den wesentlichen Fällen spezialgesetzlich geregelt. Häufig kann das Übermittlungsinteresse auch bereits durch Einsichtnahme öffentlich zugänglicher Register und Publikationen befriedigt werden.[52]

a) Dritter, an den die Daten übermittelt werden

18 Tatbestandsvoraussetzung ist zunächst, dass personenbezogene Daten an einen nicht zur verantwortlichen Stelle gehörenden Dritten übermittelt werden sollen. Hierbei wird es sich in der Regel um natürliche und juristische Personen des Privatrechts sowie am Wettbewerb teilnehmende öffentliche Stellen handeln.[53] Nachdem die politischen Parteien nach dem Urteil des Bundesverfassungsgerichts zur Parteifinanzierung nicht Teil des Staatsorganismus sind, nehmen auch die Parteien die Rolle eines Dritten i. S. d. Norm ein.[54]

b) Berechtigtes Interesse des Empfängers

19 Weitere Voraussetzung der Datenübermittlung gem. § 16 Abs. 1 Satz 1 Nr. 2 BDSG ist, dass seitens des Empfängers ein berechtigtes Interesse an der Kenntnisnahme der Daten besteht. Der Begriff des berechtigten Interesses wird in unterschiedlichen Gesetzeswerken verwendet (bspw. § 5 IfG[55]). Es ist jedoch nicht sachgerecht, pauschal auf die dort gegebenen Definitionen zu verweisen. Die sehr unterschiedlichen Regelungszusammenhänge machen es erforderlich, eigene Interpretationsgrundsätze zu entwickeln, die die besondere Bedeutung des Begriffs in seinem spezifischen Zusammenhang berücksichtigen.[56]

20 Im Zusammenhang mit § 16 Abs. 1 Satz 1 Nr. 2 BDSG sind die Anforderungen, die an das Vorliegen des berechtigten Interesses zu stellen sind, gering.[57] Von einem berechtigten Interesse des empfangenden Dritten ist immer dann auszugehen, wenn die Zulassung der Datenübermittlung als Ergebnis vernünftiger Überlegungen nicht der Rechtsordnung widerspricht.[58] Ein von vernünftigen Erwägungen getragenes wirtschaftliches oder ideelles Interesse an der Übermittlung kann insoweit

---

52 *Dammann*, in: Simitis, BDSG, § 16 Rn. 15.
53 *Gola/Schomerus*, BDSG, § 16 Rn. 4.
54 *Gola/Schomerus*, BDSG, § 16 Rn. 4.
55 *Kühling*, Die Verwaltung 44 (2011), S. 525 (542 f.).
56 *Dammann*, in: Simitis, BDSG, § 16 Rn. 18.
57 *Wedde*, in: Däubler/Klebe/Wedde/Weichert, BDSG, § 16 Rn. 8; vgl. *Roggenkamp*, in: Plath, BDSG, § 16 Rn. 6.
58 Vgl. BGHZ 91, 233 = NJW 1984, 1887; *Dammann*, in: Simitis, BDSG, § 16 Rn. 17; *Wedde*, in: Däubler/Klebe/Wedde/Weichert, BDSG, § 16 Rn. 9; erforderlich ist eine Bewertung der widerstreitenden Interessen, *Kühling*, Die Verwaltung 44 (2011), S. 525 (542).

ausreichen.[59] Als nach § 16 Abs. 1 Nr. 2 BDSG zulässig wurde seitens des LG Düsseldorf bspw. die Einsichtnahme eines Gesellschafters in die Namen der Mitgesellschafter und Treugeber eines Immobilienfonds bei der Geschäftsführung desselben angesehen, um erforderliche Absprachen bereits im Vorfeld einer Gesellschafterversammlung durchführen zu können.[60]

Nicht erforderlich ist, dass ein rechtliches Interesse an der Übermittlung besteht[61] oder dass die Kenntnisnahme der Daten im Rahmen der eigenen Entscheidungsfindung benötigt wird.[62] Das Bestehen eines solchen qualifizierten Interesses wird allerdings im Rahmen der Interessenabwägung stärker zu berücksichtigen sein.[63] Reine Neugier kann die Übermittlung personenbezogener Daten hingegen nicht legitimieren.[64]

c) Glaubhafte Darlegung

Der an der Übermittlung interessierte Dritte muss sein berechtigtes Interesse glaubhaft machen.[65] Insoweit handelt es sich um eine abgeschwächte Form der Beweisführung, die den Nachweis nicht voraussetzt.[66] Ausreichend ist vielmehr, dass der Dritte schlüssig darlegt, weswegen er die Daten benötigt.[67] Die Angaben des Dritten werden seitens der verantwortlichen Stelle geprüft. Sie befindet darüber, ob die Voraussetzungen der Glaubhaftmachung erfüllt sind,[68] wobei eine für das berechtigte Interesse sprechende, überwiegende Wahrscheinlichkeit genügt.[69] Obwohl beson-

21

---

59 *Wedde*, in: Däubler/Klebe/Wedde/Weichert, BDSG, § 16 Rn. 8; *Gola/Schomerus*, BDSG, § 16 Rn. 10; *Dammann*, in: Simitis, BDSG, § 16 Rn. 17; *Roggenkamp*, in: Plath, BDSG, § 16 Rn. 6.

60 LG Düsseldorf, BeckRs 2011, 17308. Die Entscheidng geht wohl unzutreffend von der Anwendbarkeit der Bestimmungen des BDSG über die öffentlich-rechtliche Datenverarbeitung aus. Sie eignet sich gleichwohl zur Bestimmung der Anforderungen an ein „berechtigtes Interesse".

61 Ein solches wäre bei unmittelbarem Zusammenhang mit Rechtsverhältnissen des an der Übermittlung interessierten Dritten – etwa im Rahmen einer gerichtlichen Anspruchsdurchsetzung – gegeben; BGHZ 91, 233 = NJW 1984, 1887; *Bergmann/Möhrle/Herb*, BDSG, § 16 Rn. 17; *Wedde*, in: Däubler/Klebe/Wedde/Weichert, BDSG, § 16 Rn. 8; vertiefend *Albers*, in: BeckOK Datenschutzrecht, § 16 Rn. 18.

62 *Dammann*, in: Simitis, BDSG, § 16 Rn. 17.

63 *Dammann*, in: Simitis, BDSG, § 16 Rn. 17.

64 *Gola/Schomerus*, BDSG, § 16 Rn. 10; *Wedde*, in: Däubler/Klebe/Wedde/Weichert, BDSG, § 16 Rn. 8; *Roggenkamp*, in: Plath, BDSG, § 16 Rn. 6; *Albers*, in: BeckOK Datenschutzrecht, § 16 Rn. 18.

65 Zur Abgrenzung zwischen Glaubhaftmachung und Beweis *Gola/Schomerus*, BDSG, § 16 Rn. 10.

66 Der verwaltungsrechtliche Untersuchungsgrundsatz wird insoweit eingeschränkt, *Dammann*, in: Simitis, BDSG, § 16 Rn. 27.

67 *Gola/Schomerus*, BDSG, § 16 Rn. 10; *Roggenkamp*, in: Plath, BDSG, § 16 Rn. 7.

68 *Dammann*, in: Simitis, BDSG, § 16 Rn. 27.

69 *Gola/Schomerus*, BDSG, § 16 Rn. 10.

dere Formvorschriften nicht existieren,[70] bietet sich im Interesse der Nachvollzieh-barkeit und Dokumentation für die Glaubhaftmachung die Schriftform an. Gleich-wohl kann auch eine telefonische Erläuterung oder eine per E-Mail übermittelte Er-klärung, die mit einer kurzen Sachverhaltsschilderung verbunden ist, ausreichen.[71]

22 Nicht genügen wird eine einfache Erklärung bei der Anforderung von Daten, die den Informationsgehalt einfacher Grunddaten übersteigen.[72] In der Regel wird es hier erforderlich sein, dass der Empfänger eine Überprüfung seiner Identität zulässt und sich gegebenenfalls auch entsprechend legitimiert. Dazu kann auch der Nach-weis der Ausübung eines bestimmten Gewerbes oder Berufs erforderlich werden.[73] Gleichwohl stehen dem Empfänger sämtliche Beweismittel der ZPO offen.[74] Keine Pflicht zur Glaubhaftmachung besteht hinsichtlich offenkundiger oder der verant-wortlichen Stelle bekannter Tatsachen.[75]

d) Kein entgegenstehendes schutzwürdiges Interesse des Betroffenen

23 Die Schutzwirkung des § 16 Abs. 1 Satz 1 Nr. 2 BDSG ist wegen des geringen Dar-legungserfordernisses bezüglich des berechtigten Interesses gering,[76] wird aller-dings dadurch intensiviert, dass kumulativ zur Voraussetzung des berechtigten In-teresses des Empfängers der Ausschluss eines entgegenstehenden, schutzwürdigen Interesses des Betroffenen hinzutreten muss.[77] Diesbezüglich hat sich die verant-wortliche Stelle im Vorfeld einer jeden Übermittlung durch Prüfung der ihr bekann-ten Umstände zu vergewissern.[78] Der Begriff des schutzwürdigen Interesses ist weit zu fassen. Dies folgt zum einen aus der auch in § 1 Abs. 1 BDSG niedergelegten Absicht des Gesetzgebers[79] und dient zum anderen dem Schutz des Betroffenen vor Beeinträchtigungen seines Rechts auf informationelle Selbstbestimmung.[80] Vom Fehlen eines schutzwürdigen Interesses des Betroffenen kann die verantwortliche Stelle nur dann ausgehen, wenn dies zu ihrer festen Überzeugung feststeht.[81]

---

70 *Wedde*, in: Däubler/Klebe/Wedde/Weichert, BDSG, § 16 Rn. 9.

71 Vgl. *Roggenkamp*, in: Plath, BDSG, § 16 Rn. 7; vgl. *Gola/Schomerus*, BDSG, § 16 Rn. 10; vgl. *Wedde*, in: Däubler/Klebe/Wedde/Weichert, BDSG, § 16 Rn. 9.

72 *Dammann*, in: Simitis, BDSG, § 16 Rn. 28; vermutlich a. A. *Gola/Schomerus*, BDSG, § 16 Rn. 10.

73 *Dammann*, in: Simitis, BDSG, § 16 Rn. 28.

74 *Dammann*, in: Simitis, BDSG, § 16 Rn. 28.

75 *Dammann*, in: Simitis, BDSG, § 16 Rn. 27.

76 *Wedde*, in: Däubler/Klebe/Wedde/Weichert, BDSG, § 16 Rn. 10.

77 *Dammann*, in: Simitis, BDSG, § 16 Rn. 16. *Engelien-Schulz*, UBWV 2013, S. 45 (53 f.). Eine Übermittlung von personenbezogenen Daten, die schutzwürdige Interessen des Be-troffenen nicht berührt, gibt es nicht; vgl. *Dammann*, in: Simitis, BDSG, § 16 Rn. 23.

78 *Wedde*, in: Däubler/Klebe/Wedde/Weichert, BDSG, § 16 Rn. 10.

79 *Dammann*, in: Simitis, BDSG, § 16 Rn. 19; vgl. *Gola/Schomerus*, BDSG, § 16 Rn. 11.

80 *Dammann*, in: Simitis, BDSG, § 16 Rn. 19.

81 *Dammann*, in: Simitis, BDSG, § 16 Rn. 29.

Die Prüfung der schutzwürdigen Belange erfolgt von Amts wegen.[82] Der Umfang **24** der Aufklärungspflicht hängt dabei von den Folgen ab, die für den Betroffenen mit der Datenübermittlung verbunden sind. Insoweit ist auch die Empfindlichkeit der konkret betroffenen Daten zu berücksichtigen.[83] Die Einlassung des Betroffenen zum Vorliegen schutzwürdiger Interessen kann auch plausibel sein. Strengere Anforderungen als an die Begründung des berechtigten Interesses dürfen jedenfalls unter keinen Umständen aufgestellt werden.[84] Schutzwürdig ist auch das Interesse des Betroffenen, keine wirtschaftlichen, persönlichen oder sozialen Nachteile erleiden zu müssen.[85] Insoweit sind objektive aber auch subjektive Gesichtspunkte zu berücksichtigen.[86]

Erst die Abwägung der widerstreitenden Interessen gibt Aufschluss darüber, ob und **25** in welchem Umfang das Interesse des Betroffenen schutzwürdig ist.[87] Je spezifischer das Interesse des Empfängers ist, desto höher sind auch die Anforderungen, die an das Interesse des Betroffenen gestellt werden.[88] Besonders schwer ins Gewicht fällt, wenn mit der Kenntniserlangung ein Zweck verfolgt wird, der zumindest auch im öffentlichen Interesse liegt oder ein rechtliches Interesse[89] des Dritten gegeben ist.[90]

Im Rahmen des Abwägungsvorganges darf auch der Grundsatz der Zweckbindung **26** nicht unberücksichtigt bleiben.[91] Ggf. sind die Wertungen des § 14 Abs. 2 BDSG zu berücksichtigen.[92] Wenn als Ergebnis des Abwägungsvorganges nicht auszuschließen ist, dass der Schutz der Rechtsgüter des Betroffenen in der konkreten Situation Vorrang hat, muss die Übermittlung unterbleiben.[93] In Zweifelsfällen empfiehlt sich eine Lösung zu Gunsten des Rechts auf informationelle Selbstbestimmung.[94]

---

82 *Dammann*, in: Simitis, BDSG, § 16 Rn. 29; *Roggenkamp*, in: Plath, BDSG, § 16 Rn. 8 verweist insoweit insbesondere auf den zu einer Prüfung veranlassenden Widerspruch des Betroffenen.
83 *Dammann*, in: Simitis, BDSG, § 16 Rn. 29.
84 *Wedde*, in: Däubler/Klebe/Wedde/Weichert, BDSG, § 16 Rn. 11.
85 *Dammann*, in: Simitis, BDSG, § 16 Rn. 22.
86 *Dammann*, in: Simitis, BDSG, § 16 Rn. 21.
87 Schutzwürdig ist das Interesse des Betroffenen insbesondere dann, wenn er gegen die Übermittlung Widerspruch eingelegt hat. Hier kann eine Übermittlung erst dann erfolgen, wenn das Interesse des Empfängers überwiegt. Vgl. *Dammann*, in: Simitis, BDSG, § 16 Rn. 25; zur Abwägung vgl. BVerwG NVwZ-RR 2000, 760 (761).
88 *Dammann*, in: Simitis, BDSG, § 16 Rn. 26.
89 Hierzu *Roggenkamp*, in: Plath, BDSG, § 16 Rn. 9.
90 Vgl. Rn. 20; in diesen Fällen liegt ein qualifiziertes berechtigtes Interesse vor, das nur bei entsprechendem qualifiziertem Interesse des Betroffenen verdrängt werden kann, *Dammann*, in: Simitis, BDSG, § 16 Rn. 26.
91 *Dammann*, in: Simitis, BDSG, § 16 Rn. 20; *Gola/Schomerus*, BDSG, § 16 Rn. 11.
92 *Gola/Schomerus*, BDSG, § 16 Rn. 11; *Dammann*, in: Simitis, BDSG, § 16 Rn. 20.
93 *Dammann*, in: Simitis, BDSG, § 16 Rn. 24; *Wedde*, in: Däubler/Klebe/Wedde/Weichert, BDSG, § 16 Rn. 11.
94 *Wedde*, in: Däubler/Klebe/Wedde/Weichert, BDSG, § 16 Rn. 11.

27 Die in der Literatur vertretene Auffassung, dass bei der Anforderung von Daten über mehrere Personen eine Abwägung im Einzelfall unterbleiben kann,[95] lässt sich der Vorschrift nicht entnehmen. Auch hier dürfte i. d. R. eine einzelfallgerechte Prüfung möglich sein.[96] Eine abstrakte Prüfung, ob in Fällen dieser Art schutzwürdige Interessen der Betroffenen üblicherweise berührt werden, genügt dem Abwägungserfordernis daher nicht.[97]

e) Übermittlung besonderer Arten personenbezogener Daten (Abs. 1 Satz 2)

28 In Umsetzung von Art. 8 EG-DSRl wurde § 16 Abs. 1 Satz 2 BDSG in das BDSG 2001 aufgenommen. Die Vorschrift ist eine Sonderregelung für besondere Arten personenbezogener Daten. Für die Zulässigkeit der Übermittlung dieser sensitiven Daten an Dritte sind strengere Beschränkungen vorgesehen. Die in § 16 Abs. 1 Satz 2 BDSG aufgeführten Ausnahmetatbestände sind abschließend.[98]

29 Der erste Ausnahmetatbestand in § 16 Abs. 1 Satz 2 Var. 1 BDSG lässt eine Übermittlung an Dritte dann zu, wenn die Voraussetzungen gegeben sind, die eine Nutzung nach § 14 Abs. 5 und 6 BDSG zulassen würden.[99] Ob eine Nutzung zugelassen ist, wird aufgrund des Verweises in § 14 Abs. 5 Nr. 1 BDSG i. d. R. in Anwendung des § 13 Abs. 2 Nr. 1 bis 6 oder 9 BDSG zu bestimmen sein.[100] Die Übermittlung zu wissenschaftlichen Forschungszwecken richtet sich nach § 14 Abs. 5 Satz 1 Nr. 2 BDSG. Hinsichtlich der Übermittlung medizinischer Daten sind gemäß § 14 Abs. 6 BDSG die einschlägigen Geheimhaltungspflichten zu berücksichtigen.[101]

30 Hinzu kommt als zweite Tatbestandsvariante der Fall, dass die Übermittlung „zur Geltendmachung, Ausübung oder Verteidigung rechtlicher Ansprüche erforderlich ist".[102] Der Begriff der rechtlichen Ansprüche ist weit zu verstehen und erfasst sowohl öffentliche als auch private Rechtspositionen.[103] Die Verfolgung reiner Vermögensinteressen ist hingegen nicht ausreichend.[104] Die von der Vorschrift vorausgesetzte Erforderlichkeit ist nur dann gegeben, wenn die Durchsetzung der Ansprüche ohne die Übermittlung scheitern würde.[105] In diesem Zusammenhang ist auch

---

95 *Gola/Schomerus*, BDSG, § 16 Rn. 11.
96 A. A. *Gola/Schomerus*, BDSG, § 16 Rn. 11.
97 A. A. *Gola/Schomerus*, BDSG, § 16 Rn. 11.
98 *Wedde*, in: Däubler/Klebe/Wedde/Weichert, BDSG, § 16 Rn. 13.
99 Vgl. § 14 Rn. 115 ff.; zur Problematik der Nachvollziehbarkeit der Verweise *Wedde*, in: Däubler/Klebe/Wedde/Weichert, BDSG, § 16 Rn. 14.
100 Vgl. *Gola/Schomerus*, BDSG, § 16 Rn. 14.
101 *Wedde*, in: Däubler/Klebe/Wedde/Weichert, BDSG, § 16 Rn. 14.
102 Mit dieser Regelung wurde Art. 8 Abs. 2 Buchstabe e Halbsatz 2 der EG-DSRl umgesetzt; *Wedde*, in: Däubler/Klebe/Wedde/Weichert, BDSG, § 16 Rn. 15.
103 *Wedde*, in: Däubler/Klebe/Wedde/Weichert, BDSG, § 16 Rn. 15; *Dammann*, in: Simitis, BDSG, § 16 Rn. 33; *Albers*, in: BeckOK Datenschutzrecht, § 16 Rn. 26.
104 *Dammann*, in: Simitis, BDSG, § 16 Rn. 33.

zu prüfen, ob nicht bereits die Übermittlung anonymisierter Daten zielführend sein kann.[106]

Voraussetzung der Anwendung von § 16 Abs. 1 Satz 2 Var. 2 BDSG ist zudem, dass **31** die verfolgten rechtlichen Ansprüche der übermittelnden Stelle selbst zustehen.[107] Auf Dritte findet die Vorschrift keine Anwendung. Keine Bedenken bestehen hingegen, wenn die verantwortliche Stelle die geltend gemachten Ansprüche von einem Dritten erworben hat. In diesem Fall ist § 16 Abs. 1 Satz 2 Var. 2 BDSG einschlägig.[108]

III. Verantwortung für die Datenübermittlung (Abs. 2)

Mit § 16 Abs. 2 BDSG wird eine Selbstverständlichkeit klargestellt: Nachdem es **32** sich bei dem Übermittlungsempfänger um eine nicht-öffentlichen Stelle handelt, scheitert eine Verantwortungszuweisung bzw. -aufteilung (vgl. § 15 Abs. 2 BDSG) hinsichtlich des behördlichen Handelns.[109] Es verbleibt insoweit bei der alleinigen Verantwortung der übermittelnden Stelle.[110] Bedeutung erfährt die Vorschrift in Fällen der Verpflichtung zur Leistung von Schadensersatz gem. § 7 BDSG.[111]

IV. Unterrichtungspflichten der übermittelnden Stelle (Abs. 3)

1. Allgemeines

Die in § 16 Abs. 3 BDSG verortete Pflicht zur Unterrichtung verfolgt zwei Zwecke. **33** Zunächst soll der Betroffene jederzeit wissen, wer was, wann und bei welcher Gelegenheit über ihn in Erfahrung gebracht hat (Informationsfunktion).[112] Die Informationspflicht trägt der Gegebenheit Rechnung, dass Betroffene grundsätzlich nicht damit rechnen, dass öffentliche Stellen personenbezogene Daten an nicht-öffentliche Dritte weitergeben.[113] Weiterhin soll die verantwortliche Stelle auf ihre Recht-

---

105 *Dammann*, in: Simitis, BDSG, § 16 Rn. 35; *Wedde*, in: Däubler/Klebe/Wedde/Weichert, BDSG, § 16 Rn. 15.

106 Vgl. *Dammann*, in: Simitis, BDSG, § 16 Rn. 35.

107 *Dammann*, in: Simitis, BDSG, § 16 Rn. 34; *Wedde*, in: Däubler/Klebe/Wedde/Weichert, BDSG, § 16 Rn. 16.

108 *Dammann*, in: Simitis, BDSG, § 16 Rn. 34.

109 *Dammann*, in: Simitis, BDSG, § 16 Rn. 38; *Wedde*, in: Däubler/Klebe/Wedde/Weichert, BDSG, § 16 Rn. 17; *Albers*, in: BeckOK Datenschutzrecht, § 16 Rn. 27.

110 *Dammann*, in: Simitis, BDSG, § 16 Rn. 38; *Durner*, JuS 2006, S. 213 (217); *Roggenkamp*, in: Plath, BDSG, § 16 Rn. 10.

111 *Gola/Schomerus*, BDSG, § 16 Rn. 15; *Wedde*, in: Däubler/Klebe/Wedde/Weichert, BDSG, § 16 Rn. 14; *Bergmann/Möhrle/Herb*, BDSG, § 16 Rn. 27.

112 *Albers*, in: BeckOK Datenschutzrecht, § 16 Rn. 28.

113 *Wedde*, in: Däubler/Klebe/Wedde/Weichert, BDSG, § 16 Rn. 18.

fertigungspflicht hingewiesen werden (Warnfunktion).[114] Der Gesetzgeber setzt insoweit auf die präventive Wirkung, die dadurch erzielt werden soll, dass die verantwortliche Stelle den Unterrichtungsaufwand und die Reaktion des Betroffenen in ihre Entscheidungsfindung einbeziehen muss.[115]

34 Die Unterrichtungspflicht des § 16 Abs. 3 BDSG beschränkt sich auf die Fälle der Datenübermittlung gem. § 16 Abs. 1 Nr. 2 BDSG. Auf Fälle der eigenen Aufgabenwahrnehmung gem. § 16 Abs. 1 Satz 1 Nr. 1 findet die Vorschrift keine Anwendung.[116] Nach Sinn und Zweck besteht eine Unterrichtungspflicht gem. § 16 Abs. 3 BDSG aber auch dann, wenn die Datenübermittlung auf Grundlage einer bereichsspezifischen Rechtsnorm erfolgt, die der Regelung des § 16 Abs. 1 Nr. 2 BDSG entspricht, ihr gegenüber aber vorrangig ist.[117]

35 Nachdem nur in den seltensten Fällen Unterrichtungen Betroffener erfolgen, kann leider davon ausgegangen werden, dass die Praxis aus Gründen der Arbeitsentlastung und Verfahrensbeschleunigung zu einer rechtswidrigen Missachtung der Unterrichtungspflicht neigt.[118]

2. Umfang und Art der Unterrichtungspflicht

36 Der Umfang der Unterrichtungspflicht ist unter Beachtung von Zweckmäßigkeitsgesichtspunkten zu bestimmen. Zweckmäßig ist eine Unterrichtung dann, wenn sie den Betroffenen in die Lage versetzt, seine Rechte wahrzunehmen und die aus der Unterrichtung möglicherweise folgenden Nachteile abzuschätzen. Neben der grundsätzlichen Information, dass Daten übermittelt wurden, muss die Unterrichtung Aussagen darüber treffen, welche Daten zu welchem Zweck und in welchem Umfang an welchen Empfänger übermittelt wurden.[119] In der Regel wird es zweckmäßig sein, die übermittelten Daten zu benennen und (bei schriftlicher Übermittlung) eine Abschrift der Übermittlung beizufügen.[120] Hinsichtlich der Art der Unterrichtung enthält die Norm keine Vorgaben. Häufig wird sich allerdings die

---

114 *Dammann*, in: Simitis, BDSG, § 15 Rn. 39; *Albers*, in: BeckOK Datenschutzrecht, § 16 Rn. 28.
115 *Gola/Schomerus*, BDSG, § 16 Rn. 16; *Dammann*, in: Simitis, BDSG, § 15 Rn. 39; *Albers*, in: BeckOK Datenschutzrecht, § 16 Rn. 28; zu verfahrensrechtlichen Vorkehrungen zur Verstärkung des Datenschutzes vgl. *Schoenemann*, DuD 1987, S. 175 (178).
116 *Wedde*, in: Däubler/Klebe/Wedde/Weichert, BDSG, § 16 Rn. 19; *Gola/Schomerus*, BDSG, § 16 Rn. 16.
117 Ausführlich *Dammann*, in: Simitis, BDSG, § 16 Rn. 40.
118 Ebenfalls Bedenken äußernd *Wedde*, in: Däubler/Klebe/Wedde/Weichert, BDSG, § 16 Rn. 18; zum Verhältnis von Datenschutz und Wirksamkeit der Verwaltung *Simitis*, NJW 1986, S. 2795 (2797).
119 *Wedde*, in: Däubler/Klebe/Wedde/Weichert, BDSG, § 16 Rn. 19; zur Information des Betroffenen über verwendete Selektionskriterien vgl. *Dammann*, in: Simitis, BDSG, § 16 Rn. 41.
120 Vgl. *Dammann*, in: Simitis, BDSG, § 16 Rn. 41.

Schriftform als geeignetes Mittel anbieten. Gleichwohl ist auch eine mündliche oder auf elektronischem Wege erfolgende Unterrichtung möglich.[121] Welche Form der Unterrichtung letztendlich gewählt wird, steht im Ermessen der übermittelnden Stelle.[122]

3. Ausschluss der Unterrichtungspflicht

Der Betroffene ist nur dann zu unterrichten, wenn dies erforderlich ist und dem keine höherrangigen Interessen entgegenstehen. Die diesbezüglichen Ausnahmetatbestände in § 16 Abs. 3 Satz 2 BDSG sind abschließend und bedürfen der engen Auslegung.[123]   **37**

a) Kenntniserlangung auf andere Weise

Die Unterrichtung ist nicht erforderlich, wenn damit zu rechnen ist, dass der Betroffene auf andere Weise Kenntnis von der Übermittlung erlangt.[124] Eine überwiegende Wahrscheinlichkeit der Kenntniserlangung ist nicht ausreichend. Die Auslegung der Vorschrift hat sich vielmehr an der Intention des Gesetzgebers, wonach eine Unterrichtung des Betroffenen erfolgen muss, zu orientieren.[125] Von einer Unterrichtung kann danach nur dann abgesehen werden, wenn diese einen überflüssigen Aufwand darstellt und die öffentliche Stelle unnötig belasten würde.[126] Die verantwortliche Stelle muss die Vorkehrungen treffen, die notwendig sind, damit der Betroffene tatsächlich Kenntnis vom Übermittlungsvorgang erlangt.[127] Nicht ausreichend ist, dass er irgendwann einmal von der Übermittlung erfahren könnte.[128]   **38**

Zudem muss sich die Kenntnisnahme des Betroffenen auf sämtliche Informationen erstrecken, die Gegenstand der ordentlichen Benachrichtigung wären; nur dann erübrigt sich diese. Von praktischer Bedeutung ist in diesem Zusammenhang die Unterrichtung des Betroffenen durch den Empfänger. Regelmäßig wird hier seitens der verantwortlichen Stelle durch entsprechende Vereinbarungen oder Verpflichtungen sichergestellt sein, dass der Empfänger die Unterrichtung übernimmt.[129] Hierbei ist insbesondere zu beachten, dass die Kenntnisnahme zeitnah nach der Übermittlung erfolgen muss.[130] Auch hierfür hat die verantwortliche Stelle Sorge zu tragen.   **39**

---

121 *Wedde*, in: Däubler/Klebe/Wedde/Weichert, BDSG, § 16 Rn. 19.
122 *Albers*, in: BeckOK Datenschutzrecht, § 16 Rn. 30.
123 Vgl. *Wedde*, in: Däubler/Klebe/Wedde/Weichert, BDSG, § 16 Rn. 20.
124 *Gola/Schomerus*, BDSG, § 12 Rn. 17.
125 *Dammann*, in: Simitis, BDSG, § 16 Rn. 43; a. A. *Gola/Schomeruns*, BDSG, § 16 Rn. 13.
126 *Dammann*, in: Simitis, BDSG, § 16 Rn. 43; *Albers*, in: BeckOK Datenschutzrecht, § 16 Rn. 31.
127 *Dammann*, in: Simitis, BDSG, § 16 Rn. 43.
128 *Gola/Schomerus*, BDSG, § 16 Rn. 17.
129 *Dammann*, in: Simitis, BDSG, § 16 Rn. 42.

b) Gefährdung der öffentlichen Sicherheit

40 Eine Benachrichtigung darf dann nicht erfolgen, wenn dies aus Gründen der öffentlichen Sicherheit geboten ist.[131] Relevant wird diese restriktiv zu handhabende Vorschrift[132] i.d.R. dann, wenn eine öffentliche Stelle in sicherheitsrelevanten Bereichen tätige Unternehmen auf gegenüber Beschäftigten bestehende Sicherheitsbedenken hinweisen möchte.[133] Aber auch im Rahmen polizeilicher Ermittlungsverfahren könnte der Ermittlungserfolg und damit die öffentliche Sicherheit gefährdet werden, wenn der Betroffene frühzeitig Kenntnis von der Übermittlung erlangt.[134] In einem solchen Fall ist die Benachrichtigung sobald als möglich[135] nachzuholen.[136]

c) Nachteile für das Wohl des Bundes oder eines Landes

41 Die Unterrichtung des Betroffenen muss auch dann unterbleiben, wenn sie sich nachteilig auf das Wohl des Bundes oder eines Landes auswirken würde. Die Abgrenzung zur ersten Variante (Gefährdung der öffentlichen Sicherheit) ist mangels spezifischer Fallgestaltungen nicht unproblematisch.[137] Nicht ersichtlich ist zudem, wieso eine Unterrichtung des Betroffenen das Wohl des Bundes oder eines Landes gefährden soll.[138] Abseits von seltenen Spionage- und Sabotagefällen dürfte die Vorschrift keinerlei Praxisrelevanz aufweisen.[139]

V. Zweckbindung beim Übermittlungsempfänger (Abs. 4)

1. Allgemeines

42 Gemäß § 16 Abs. 4 Satz 1 BDSG darf der Empfänger die ihm übermittelten Daten nur zu dem Zweck nutzen oder verarbeiten, zu welchem er sie erhalten hat.[140] Der Zweckbindungsgrundsatz ist eine Auswirkung des Volkszählungsurteils des Bun-

---

130 *Wedde*, in: Däubler/Klebe/Wedde/Weichert, BDSG, § 16 Rn. 20; wohl a. A. *Gola/Schomerus*, BDSG, § 16 Rn. 17.

131 *Schaffland/Wiltfang*, BDSG, § 16 Rn. 33; zum Geheimhaltungsanspruch im Verwaltungsverfahren *Knemeyer*, NJW 1984, S. 2241 (2243 ff.).

132 Vgl. *Albers*, in: BeckOK Datenschutzrecht, § 16 Rn. 32.

133 *Gola/Schomerus*, BDSG, § 16 Rn. 17; *Wedde*, in: Däubler/Klebe/Wedde/Weichert, BDSG, § 16 Rn. 21.

134 *Gola/Schomerus*, BDSG, § 12 Rn. 17.

135 I. d. R. wird dies nach dem Abschluss eines Ermittlungsverfahrens der Fall sein.

136 *Wedde*, in: Däubler/Klebe/Wedde/Weichert, BDSG, § 16 Rn. 21.

137 Vgl. *Gola/Schomerus*, BDSG, § 16 Rn. 17.

138 *Bergmann/Möhrle/Herb*, BDSG, § 16 Rn. 30.

139 Vgl. *Bergmann/Möhrle/Herb*, BDSG, § 16 Rn. 30; *Dammann*, in: Simitis, BDSG, § 16 Rn. 45.

140 Vgl. *Schoenemann*, DuD 1987, S. 175 (177).

desverfassungsgerichts.[141] Er hat zur Folge, dass eine Übermittlung personenbezogener Daten immer zu einem bestimmten Zweck erfolgen muss.[142] Nachdem § 16 Abs. 4 Satz 2 BDSG eine Hinweispflicht der übermittelnden Stelle hinsichtlich der Zweckbindung beinhaltet, ist in § 16 Abs. 4 Satz 3 BDSG die Ausnahme von § 16 Abs. 4 Satz 1 BDSG geregelt. Vom Regelungsgehalt stellt § 16 Abs. 4 Satz 3 BDSG einen Verweis auf § 16 Abs. 1 BDSG dar und bringt die an sich selbstverständliche Tatsache zum Ausdruck, dass die übermittelnde Stelle der Zweckänderung zustimmen muss und dass dem Empfänger insofern eine materielle Entscheidungskompetenz fehlt.[143]

2. Bindung des Empfängers an den Übermittlungszweck (Satz 1)

Die Vorschrift des § 16 Abs. 4 Satz 1 BDSG entspricht der Regelung zur Übermittlung personenbezogener Daten an öffentliche Stellen (§ 15 Abs. 3 Satz 1 BDSG). Auf die Kommentierung des § 15 BDSG wird verwiesen.[144] Im Gegensatz zur Übermittlung an öffentliche Stellen, bei der der Übermittlungszweck in Anlehnung an die zu erfüllende Aufgabe zu bestimmen ist, kann dies im Rahmen von § 16 Abs. 4 Satz 1 BDSG nur für Übermittlungen nach § 16 Abs. 1 Satz 1 Nr. 1 BDSG gelten.[145] Übermittlungen nach § 16 Abs. 1 Satz 1 Nr. 2 BDSG wird es i. d. R. an einem normativen Bezugspunkt fehlen. Der Übermittlungszweck ist dann anhand des vom Empfänger geltend gemachten berechtigten Interesses zu bestimmen.[146] Ein von der verantwortlichen Stelle festgelegter Zweck ist stets bindend.[147] § 16 Abs. 4 Satz 3 BDSG ermöglicht eine Zweckänderung, wenn eine Übermittlung nach Abs. 1 zulässig wäre und die übermittelnde Stelle zugestimmt hat.

43

3. Hinweispflicht der übermittelnden Stelle (Satz 2)

Nach § 16 Abs. 1 Satz 2 BDSG muss die übermittelnde Stelle den Empfänger darauf hinweisen, dass eine zweckwidrige Verwendung der Daten unzulässig ist.[148] Hierdurch soll erreicht werden, dass der Empfänger die Zweckbindung beachtet. Im Hinblick auf die Bußgeldvorschrift des § 43 Abs. 2 Nr. 5 BDSG soll zudem verhindert werden, dass sich der Betroffene auf einen Verbotsirrtum berufen kann.[149]

44

---

141 BVerfGE 65, 1 = NJW 1984, 419, zu grundrechtlichen Aspekten vgl. auch *Breidenbach*, DuD 1988, S. 61 (62).
142 *Bergmann/Möhrle/Herb*, BDSG, § 16 Rn. 32.
143 *Dammann*, in: Simitis, BDSG, § 16 Rn. 50.
144 Siehe § 15 BDSG Rn. 39 ff.
145 *Dammann*, in: Simitis, BDSG, § 16 Rn. 48.
146 *Dammann*, in: Simitis, BDSG, § 16 Rn. 48.
147 *Wedde*, in: Däubler/Klebe/Wedde/Weichert, BDSG, § 16 Rn. 23.
148 *Dammann*, in: Simitis, BDSG, § 15 Rn. 49.
149 Im Falle eines fehlenden Hinweises liegt gleichwohl nicht automatisch ein unvermeidbarer Verbotsirrtum vor; *Dammann*, in: Simitis, BDSG, § 16 Rn. 49.

45 Der Hinweis soll zudem Unklarheiten beseitigen. Regelmäßig ist daher anzugeben, für welchen Zweck die Daten übermittelt werden und dass dieser verbindlich ist.[150] Zudem kann es bei der Übersendung von Datenkonvoluten erforderlich sein, mitzuteilen, auf welche Daten sich die Zweckbindung bezieht.[151] Der Verweis auf die Möglichkeit einer Verfolgung der zweckwidrigen Datenverwendung im Rahmen eines Bußgeldverfahrens (§ 43 Abs. 3 i.V.m. Abs. 2 Nr. 5 BDSG) wird angeraten.[152]

4. Verarbeitung und Nutzung für andere Zwecke (Satz 3)

46 Die Notwendigkeit einer zweckändernden Nutzung der übermittelten Daten kann nicht vollständig ausgeschlossen werden.[153] Diese wird nach § 16 Abs. 4 Satz 3 BDSG in die Verantwortung der übermittelnden Stelle gestellt[154] und ist von zwei Voraussetzungen abhängig. Zum einen muss die verantwortliche Stelle gem. § 16 Abs. 1 BDSG zur Übermittlung befugt sein und zum anderen muss sie dem zustimmen. Eine Zustimmung zur Zweckänderung darf nur dann erfolgen, wenn die zustimmende Stelle die betroffenen Daten auch aus rechtlicher Sicht erneut übermitteln dürfte und in tatsächlicher Hinsicht übermitteln könnte.[155] Hinsichtlich der Zulässigkeit der Datenübermittlung nach § 16 Abs. 1 BDSG trifft den Dritten die Darlegungspflicht.[156]

47 Die Entscheidung hinsichtlich der Zulässigkeit der Zweckänderung trifft allein die übermittelnde Stelle. Sie ist insoweit an die materiellen Vorgaben von § 16 Abs. 1 BDSG gebunden und darf dem Empfänger keine eigenständige Entscheidungsbefugnis einräumen.[157] Die Zustimmung entfaltet ihre Wirkung nur für die Zukunft. Die nachträgliche Rechtfertigung einer unzulässigen zweckändernden Verarbeitung oder Nutzung ist nicht möglich.[158]

§ 17 (weggefallen)

---

150 *Dammann*, in: Simitis, BDSG, § 15 Rn. 49.
151 *Dammann*, in: Simitis, BDSG, § 15 Rn. 49.
152 *Roggenkamp*, in: Plath, BDSG, § 16 Rn. 18.
153 *Gola/Schomerus*, BDSG, § 16 Rn. 19.
154 *Wedde*, in: Däubler/Klebe/Wedde/Weichert, BDSG, § 16 Rn. 25.
155 *Albers*, in: BeckOK Datenschutzrecht, § 16 Rn. 40.
156 *Gola/Schomerus*, BDSG, § 16 Rn. 19.
157 *Dammann*, in: Simitis, BDSG, § 15 Rn. 50.
158 *Dammann*, in: Simitis, BDSG, § 16 Rn. 52.

§ 18 Durchführung des Datenschutzes in der Bundesverwaltung

(1) Die obersten Bundesbehörden, der Präsident des Bundeseisenbahnvermögens sowie die bundesunmittelbaren Körperschaften, Anstalten und Stiftungen des öffentlichen Rechts, über die von der Bundesregierung oder einer obersten Bundesbehörde lediglich die Rechtsaufsicht ausgeübt wird, haben für ihren Geschäftsbereich die Ausführung dieses Gesetzes sowie anderer Rechtsvorschriften über den Datenschutz sicherzustellen. Das Gleiche gilt für die Vorstände der aus dem Sondervermögen Deutsche Bundespost durch Gesetz hervorgegangenen Unternehmen, solange diesen ein ausschließliches Recht nach dem Postgesetz zusteht.

(2) Die öffentlichen Stellen führen ein Verzeichnis der eingesetzten Datenverarbeitungsanlagen. Für ihre automatisierten Verarbeitungen haben sie die Angaben nach § 4e sowie die Rechtsgrundlage der Verarbeitung schriftlich festzulegen. Bei allgemeinen Verwaltungszwecken dienenden automatisierten Verarbeitungen, bei welchen das Auskunftsrecht des Betroffenen nicht nach § 19 Abs. 3 oder 4 eingeschränkt wird, kann hiervon abgesehen werden. Für automatisierte Verarbeitungen, die in gleicher oder ähnlicher Weise mehrfach geführt werden, können die Festlegungen zusammengefasst werden.

Literatur: *Abel/Schmölz*, Datensicherung für Betriebe und Verwaltung: Sicherungsmaßnahmen in der modernen Informationstechnik – Erfahrungen aus der Praxis, München 1986; *Bäumler*, Das TDDSG aus Sicht eines Datenschutzbeauftragten, DuD 1999, S. 258; *Breyer*, Bürgerrechte und TKG-Novelle – Datenschutzrechtliche Auswirkungen der Neufassung des Telekommunikationsgesetzes, RDV 2004, S. 147; *Bröhl*, Rechtliche Rahmenbedingungen für neue Informations- und Kommunikationsdienste, CR 1997, S. 72; *Büllesbach*, Das TDDSG aus Sicht der Wirtschaft, DuD 1999, S. 263; *Dammann*, Das Dateistatut nach § 18 Abs. 2 BDSG, DuD 1993, S. 547; *Engel-Flechsig*, Die datenschutzrechtlichen Vorschriften im neuen Informations- und Kommunikationsdienste-Gesetz, RDV 1997, S. 59; *Engelien-Schulz*, Die Aufgaben des Leiters einer Dienststelle aus datenschutzrechtlicher Sicht, VR 2006, S. 289; *Engelien-Schulz*, Muss man nicht haben, sollte man aber – Zum Ob und Wie eines dienststellenbezogenen Datenschutzkonzepts für öffentliche Stellen des Bundes, VR 2011, S. 185; *Engelien-Schulz*, Zum Verfahrensverzeichnis nach § 4e BDSG und seiner Bedeutung für den ordnungsgemäßen Umgang mit personenbezogenen Daten, VR 2012, S. 119; *Engelien-Schulz*, Praxishandbuch des Datenschutzes bei Bundesbehörden, Frechen 2004; *Gola/Müthlein*, Neuer Tele-Datenschutz – bei fehlender Koordination über das Ziel hinausgeschossen?, RDV 1997, S. 193; *Lübking/Zilkens*, Datenschutz in der Kommunalverwaltung, 2. Aufl., Berlin 2008; *Reimann*, Datenschutz im neuen TKG, DuD 2004, S. 421; *Roßnagel*, Datenschutz in globalen Netzen, DuD 1999, S. 253; *Ulmer/Schrief*, Datenschutz im neuen Telekommunikationsrecht – Bestandsaufnahme eines Telekommunikationsdienstleisters zum aktuellen Entwurf des Telekommunikationsgesetzes, RDV 2004, S. 3; *Vogelgesang*, Der behördliche Datenschutzbeauftragte, CR 1993, S. 378; *Walz*, Datenschutz und Telekommunikation (I), CR 1990, S. 56; *Walz*, Datenschutz und Telekommunikation (II), CR 1990, S. 138; *Zilkens*, Datenschutz in der Kommunalverwaltung, 3. Aufl., Berlin 2011.

Übersicht

I. Allgemeines

1. Auswirkungen der Novellierung und Umsetzung der EG-DSRl in 2001

1 § 18 BDSG wurde im Rahmen der in 2001 erfolgten Novellierung des BDSG in wesentlichen Punkten überarbeitet. Vollständig aus dem BDSG 1990 erhalten geblieben sind § 18 Abs. 1 BDSG und § 18 Abs. 2 Satz 1 BDSG. Neu hinzugekommen sind in § 18 Abs. 2 BDSG die Sätze 2 bis 4. § 18 Abs. 2 Satz 2 BDSG, der für die automatisierte Datenverarbeitung die Führung eines Verzeichnisses mit den Angaben des § 4e BDSG sowie die schriftliche Angabe der Rechtsgrundlage der Verarbeitung verlangt, setzt die Vorgaben von Art. 19 der EU-Datenschutzrichtlinie (95/46/EG) um.[1] Die in § 18 Abs. 2 BDSG enthaltenen Sätze 3 und 4 sehen Ausnahmen von Satz 2 vor.[2] Hierdurch wird die Streichung des § 18 Abs. 3 BDSG, welche möglich war, weil die EU-Datenschutzrichtlinie eine Privilegierung temporärer Dateien nicht mehr vorsieht, ausgeglichen.[3]

---

1 *Wedde*, in: Däubler/Klebe/Wedde/Weichert, BDSG, § 18 Rn. 2; *Gola/Schomerus*, BDSG, § 18 Rn. 1; *Bergmann/Möhrle/Herb*, BDSG, § 18 Rn. 2.

2 *Wedde*, in: Däubler/Klebe/Wedde/Weichert, BDSG, § 18 Rn. 2; *Gola/Schomerus*, BDSG, § 18 Rn. 1.

3 *Wedde*, in: Däubler/Klebe/Wedde/Weichert, BDSG, § 18 Rn. 2; *Bergmann/Möhrle/Herb*, BDSG, § 18 Rn. 5.

2. Gesetzeszweck

Regelungsinhalt des § 18 BDSG ist die Durchführung des gesetzlichen Datenschut-   **2**
zes innerhalb der Bundesverwaltung.[4] In diesem Zusammenhang dient die Vorschrift
zunächst der Klarstellung. Die Norm schreibt nämlich einen eigentlich selbstver-
ständlichen Grundsatz fest, wonach geltendes Recht auch die Bundesverwaltung bindet.[5] Nicht erst die Regelung des § 18 BDSG verpflichtet die Normadressaten, die
zur Gesetzesausführung erforderlichen Maßnahmen zu treffen. Diese Verpflichtung
folgt bereits unmittelbar aus den gesetzlichen Bestimmungen bzw. deren vorbehalt-
loser Anwendbarkeit.[6] § 18 BDSG zielt somit zunächst darauf ab, ihre Adressaten
zur Einhaltung des Datenschutzes zu motivieren und dessen systematische Durchführung und Einhaltung abzusichern.[7] Der Datenschutz soll im Bereich der Bundesverwaltung effizient und einheitlich ausgestaltet sein.[8] Rechtliche Bedeutung erlangt
§ 18 BDSG allerdings durch die Regelung der Kompetenzen in § 18 Abs. 1 BDSG
sowie durch die über § 18 Abs. 2 BDSG erfolgte Festlegung bestimmter Grundmaßnahmen, die zur Sicherung des Datenschutzes zwingend erforderlich sind.[9]

3. Verhältnis zu anderen Vorschriften

Die bisher in § 18 Abs. 2 Satz 3 BDSG geregelte Überwachung der Programme   **3**
wird nunmehr als Aufgabe des behördlichen Datenschutzbeauftragten über § 4g
Abs. 1 Satz 3 Nr. 1 BDSG geregelt. Eine wirksame Aufgabenwahrnehmung durch
den Datenschutzbeauftragten setzt voraus, dass diesem Mitspracherecht hinsichtlich der Erstellung des Sicherheitskonzepts für die gem. § 4e Satz 1 Nr. 9 BDSG erfolgende Datensicherung eingeräumt wird.[10]

Datenschutzrechtliche Bestimmungen im Telekommunikationsbereich finden sich   **4**
in §§ 91 ff. TKG.[11] Nachdem die Telekommunikation nur den Informationsfluss
mittels technischer Mittel über gewisse Entfernungen (nicht aber die Inhalte der
verarbeiteten Nachrichten) umfasst, dürften Überschneidungen mit dem Anwendungsbereich des § 18 BDSG gering ausfallen.[12]

---

4 *Wedde*, in: Däubler/Klebe/Wedde/Weichert, BDSG, § 18 Rn. 1; *Dammann*, in: Simitis,
   BDSG, § 18 Rn. 851; *Roggenkamp*, in: Plath, BDSG, § 18 Rn. 1.
5 Diese Verpflichtung folgt auch aus Art. 17 Abs. 1 der EU-Datenschutzrichtlinie, welche
   den Datenverarbeitern die Verantwortlichkeit für die Sicherheit der Verarbeitung zuweist;
   vgl. *Wedde*, in: Däubler/Klebe/Wedde/Weichert, BDSG, § 18 Rn. 1; *Bergmann/Möhrle/
   Herb*, BDSG, § 18 Rn. 6.
6 *Dammann*, in: Simitis, BDSG, § 18 Rn. 1; vgl. *Roggenkamp*, in: Plath, BDSG, § 18 Rn. 2.
7 *Dammann*, in: Simitis, BDSG, § 18 Rn. 1.
8 *Meltzian*, in: BeckOK Datenschutzrecht, § 18 Rn. 2.
9 *Dammann*, in: Simitis, BDSG, § 18 Rn. 1.
10 *Bergmann/Möhrle/Herb*, BDSG, § 18 Rn. 4.
11 Zum Datenschutz im TKG siehe die Kommentierung zu §§ 91 ff. TKG sowie *Reimann*,
   DuD 2004, S. 421.
12 Vgl. *Gola/Schomerus*, BDSG, § 18 Rn. 3.

II. Kompetenz zur Sicherstellung des Datenschutzes (Abs. 1)

1. Pflicht zur Sicherstellung der Einhaltung des Datenschutzes

5 § 18 Abs. 1 BDSG weist den Normadressaten, die personenbezogene Daten mit automatisierten Verfahren verarbeiten, die umfassende Pflicht zur Sicherstellung der Einhaltung des Datenschutzes in ihren jeweiligen Geschäftsbereichen zu.[13] Die verantwortlichen Stellen übernehmen dabei die Verantwortung für die Recht- und Zweckmäßigkeit ihrer Maßnahmen.[14]

a) Inhalt der Durchführungspflicht

6 Den Adressaten des § 18 BDSG obliegt die Pflicht, die Umsetzung der datenschutzrechtlichen Vorgaben zu gewährleisten. Zu diesem Zweck haben sie die lückenlose Einhaltung der nicht ausschließlich auf das BDSG beschränkten Datenschutzpflichten und der in den Datenschutzvorschriften enthaltenen Verbote sicherzustellen.[15]

7 Soweit die Ausführung des BDSG betroffen ist, gilt, dass eine als Normadressat in Frage kommende Behörde die Einhaltung sämtlicher Datenschutzvorschriften sicherzustellen hat.[16] Hierbei macht es keinen Unterschied, ob die Vorschriften dem Anwendungsbereich des BDSG oder dem bereichsspezifischen Datenschutzrecht unterfallen. Die Subsidiarität des BDSG ändert nichts an den Durchführungspflichten der obersten Behörden. Es gilt lediglich ein anderer rechtlicher Maßstab.[17] Die zur Anwendung kommenden Vorschriften müssen indes Datenschutzcharakter haben, also entweder den Datenschutz umsetzen oder sachlich begrenzen.[18] Verwaltungsvorschriften gehören nicht zu den Rechtsvorschriften des Datenschutzes.[19] Ihnen ist in diesem Zusammenhang vielmehr eine dienende Funktion zuzusprechen. Sie sind im Kontext des § 18 Abs. 1 BDSG ein „Mittel der Sicherstellungspflicht".[20]

8 Der Regelungsbereich des § 18 Abs. 1 BDSG bezieht auch „andere Rechtsvorschriften über den Datenschutz", also Normen außerhalb des BDSG, ein. Dies bedeutet für den Rechtsanwender, dass er tunlichst auch auf die Einhaltung der spezialgesetzlich vorgegebenen datenschutzrechtlichen Ge- und Verbote, welche als leges speciales dem gem. § 1 Abs. 3 BDSG subsidiären Bundesdatenschutzgesetz vorgehen, zu ach-

---

13 *Wedde,* in: Däubler/Klebe/Wedde/Weichert, BDSG, § 18 Rn. 1; *Bergmann/Möhrle/Herb,* BDSG, § 18 Rn. 21; *Roggenkamp,* in: Plath, BDSG, § 18 Rn. 2; *Engelien-Schulz,* VR 2011, S. 119 (120).

14 *Meltzian,* in: BeckOK Datenschutzrecht, § 18 Rn. 1; *Engelien-Schulz,* VR 2006, S. 289 (290).

15 *Dammann,* in: Simitis, BDSG, § 18 Rn. 5.

16 *Meltzian,* in: BeckOK Datenschutzrecht, § 18 Rn. 3.

17 *Dammann,* in: Simitis, BDSG, § 18 Rn. 6.

18 *Dammann,* in: Simitis, BDSG, § 18 Rn. 7.

19 *Meltzian,* in: BeckOK Datenschutzrecht, § 18 Rn. 4.

20 *Meltzian,* in: BeckOK Datenschutzrecht, § 18 Rn. 4.

ten hat.[21] Gemeint sind damit nicht nur formelle Gesetze, sondern alle geltenden Rechtsnormen sowie Grundrechte und anderweitig relevante Verfassungsbestimmungen. Auch normative Teile von Tarifverträgen und Betriebsvereinbarungen fallen hierunter.[22] Ausgenommen sind Vorschriften ohne datenschutzrechtlichen Charakter. Über datenschutzrechtlichen Charakter verfügt eine Vorschrift, wenn sie Zielsetzungen des BDSG verfolgt[23] oder unter datenschutzrechtlichen Vorgaben Rechte eines Betroffenen einschränkt.[24]

Umfassend in bereichsspezifischen Vorschriften geregelt ist der Datenschutz auf **9** dem Telekommunikationssektor. Die technische Seite der Telekommunikation wird einheitlich über das Telekommunikationsgesetz (TKG)[25] geregelt, welches nunmehr auch die ehemaligen Regelungen des TDSV enthält.[26] Vorgaben zur inhaltlichen Seite der Datenverarbeitung befanden sich hingegen im Teledienstedatenschutzgesetz (TDDSG), einer Vorschrift, welche Rechte und Pflichten der Diensteanbieter und Nutzer regelte.[27] Zum 1.3.2007 sind die Regelungen des TDDSG zusammen mit denen des Teledienstegesetzes (TDG) und des Medienstaatsvertrages (MDStV) durch das Telemediengesetz (TMG) ersetzt worden. Das Gesetz findet auf alle elektronischen Informations- und Kommunikationsdienste Anwendung, die nicht unter das TKG fallen oder dem Rundfunk zuzuordnen sind.[28] Am Erfordernis der Zweckbindung hält das TMG fest. Nutzerdaten dürfen demnach nicht generell, sondern immer nur zu einem bestimmten Zweck gesammelt werden.[29]

Die Vorschrift des § 18 Abs. 1 Satz 1 BDSG verpflichtet den jeweiligen Normadres- **10** saten zum Aufbau einer behördlichen Datenschutzorganisation.[30] Die verantwortlichen Stellen müssen konkrete Maßnahmen ergreifen, damit die Erfüllung der gesetzlichen Anforderungen ermöglicht und gewährleistet wird.[31] Diese Aufgabe ist von der Bestellung eines Datenschutzbeauftragten nach § 4f BDSG zu trennen.[32] Diese aus § 18 BDSG folgende Verpflichtung wirft die Frage auf, wie die Bereiche des Datenschutzbeauftragten und der behördlichen Datenschutzorganisation von-

---

21 *Dammann*, in: Simitis, BDSG, § 18 Rn. 6; *Bergmann/Möhrle/Herb*, BDSG, § 18 Rn. 24.
22 *Dammann*, in: Simitis, BDSG, § 18 Rn. 8.
23 Z.B. die Auskunftsregelungen des Bundeszentralregistergesetzes.
24 Z.B. § 12 GBO als Einschränkung der Einsichtnahme in Grundbücher; *Dammann*, in: Simitis, BDSG, § 18 Rn. 7.
25 Neufassung vom 22.6.2004, BGBl. I, S. 1190, zuletzt geändert durch Art. 2 des Gesetzes vom 17.2.2010 (BGBl. I, S. 78).
26 *Breyer*, RDV 2004, S. 147; *Reimann*, DuD 2004, S. 421; *Ulmer/Schrief*, RDV 2004, S. 3.
27 *Gola/Schomerus*, BDSG, § 18 Rn. 3; zur Vertiefung siehe *Bröhl*, CR 1997, S. 72; *Gola/Müthlein*, RDV 1997, S. 193; *Roßnagel*, DuD 1999, S. 253; *Bäumler*, DuD 1999, S. 258; *Büllesbach*, DuD 1999, S. 263.
28 *Gola/Schomerus*, BDSG, § 18 Rn. 3.
29 Siehe dazu § 12 TMG Rn. 19 ff.
30 Vgl. *Engelien-Schulz*, VR 2006, S. 289.
31 *Engelien-Schulz*, VR 2011, S. 119 (120).
32 *Engelien-Schulz*, BWV 2005, S. 217 (219).

einander abzugrenzen sind, sodass es nicht zu Redundanzen kommt.[33] Schwerpunktmäßig sollte diesbezüglich auf die konkret wahrgenommenen Aufgaben und Tätigkeiten abgestellt werden.[34]

b) Mittel der Sicherstellung

11 Wie die von § 18 BDSG geforderte Sicherstellung der Ausführung des BDSG sowie anderer Rechtsvorschriften über den Datenschutz zu erfolgen hat, erläutert die Norm – mit Ausnahme der Ausführungen zu den obligatorischen Maßnahmen in § 18 Abs. 2 BDSG – mit gutem Grund nicht.[35] Der Gesetzgeber hat ausdrücklich auf die Möglichkeit der Aufnahme eines starren Pflichtenkatalogs verzichtet, um so den jeweiligen Besonderheiten der einzelnen Verwaltungszweige gerecht werden zu können.[36] Die Sicherstellung der Ausführung der Datenschutzvorschriften bleibt somit im Einzelnen den Normadressaten belassen.[37] Die in Betracht zu ziehenden Möglichkeiten sind mannigfaltig. Neben Verwaltungsvorschriften, Dienstanweisungen[38], Richtlinien und Erlassen[39] kommen auch Einzelfallanweisungen, konkrete Auskünfte und Verbote in Frage.[40] Die Verbindlichkeit der Maßnahme ist kein zwingend erforderliches Kriterium.[41] Wichtig ist nur, dass ihre Zielsetzung auf die Einhaltung der Datenschutzbestimmungen ausgerichtet ist.[42] Zweckdienlich ist es daher auch, dass die Einhaltung von Geboten und Verboten im Rahmen stichprobenartiger Kontrollen, ggf. auch unter Einbeziehung externer Sachverständiger, überwacht wird.[43]

12 Auf Grundlage der aufgezeigten Flexibilität sind die öffentlichen Stellen des Bundes gehalten, im Rahmen der Weisungen der Aufsichtsbehörde und nach dem Grad der Schutzbedürftigkeit und Gefährdung der von ihr verarbeiteten Daten auf die Sicherstellung eines wirksamen Datenschutzes hinzuarbeiten.[44] Grundsätzlich er-

---

33 *Engelien-Schulz*, BWV 2005, S. 217 (219).

34 *Engelien-Schulz*, BWV 2005, S. 217 (219); zu den Befugnissen des behördlichen Datenschutzbeauftragten vgl. *Engelien-Schulz*, Praxishandbuch des Datenschutzes bei Bundesbehörden, 2004, S. 172 ff.

35 *Dammann*, in: Simitis, BDSG, § 18 Rn. 10; *Meltzian*, in: BeckOK Datenschutzrecht, § 18 Rn. 6.

36 *Dammann*, in: Simitis, BDSG, § 18 Rn. 10; *Bergmann/Möhrle/Herb*, BDSG, § 18 Rn. 19.

37 *Dammann*, in: Simitis, BDSG, § 18 Rn. 10; *Meltzian*, in: BeckOK Datenschutzrecht, § 18 Rn. 6.

38 Hinweise zur Erstellung einer Dienstanweisung im Bereich des Datenschutzes sind enthalten in *Lübking/Zilkens*, Datenschutz in der Kommunalverwaltung, S. 561 ff.

39 *Meltzian*, in: BeckOK Datenschutzrecht, § 18 Rn. 7.

40 Für weitere Beispiele vgl. *Dammann*, in: Simitis, BDSG, § 18 Rn. 10; für „interne Vorgaben" spricht sich *Engelien-Schulz*, VR 2011, S. 119 (120), aus.

41 Vgl. *Dammann*, in: Simitis, BDSG, § 18 Rn. 10.

42 Vgl. *Gola/Schomerus*, BDSG, § 18 Rn. 4.

43 Vgl. *Meltzian*, in: BeckOK Datenschutzrecht, § 18 Rn. 7.

44 *Gola/Schomerus*, BDSG, § 18 Rn. 4.

gibt sich hieraus das Gebot zur Bestellung eines Datenschutzbeauftragten[45] gem. §§ 4f, 4g BDSG.[46] In der Praxis empfiehlt sich aus Gründen der Effektivität darüber hinaus, die Verantwortlichkeit für den Bereich des Datenschutzes im Rahmen der Geschäftverteilung klar zuzuordnen.[47]

2. Träger der Sicherungspflicht

Primäre Normadressaten des § 18 BDSG sind die obersten Bundesbehörden und deren nachgeordnete Bereiche[48] sowie die in Fach- und Organisationsangelegenheiten autonomen Stellen.[49] Den öffentlichen Stellen des Bundes im Sinne von § 2 Abs. 1 und 3 BDSG sind auch die öffentlich-rechtlichen Wettbewerbsunternehmen zuzuordnen.[50] Oberste Bundesbehörden im Sinne der Vorschrift sind das Bundespräsidialamt, das Bundeskanzleramt, die Bundesministerien, der Bundesrechnungshof, die Bundestags- und Bundesratsverwaltung sowie die Verwaltung des Bundesverfassungsgerichts.[51] Diese Bundesbehörden können die Einhaltung der Datenschutzbestimmungen nur gegenüber denjenigen Behörden durchsetzen, die sowohl ihrer Rechts- als auch ihrer Fachaufsicht unterliegen. Gegenüber lediglich der Rechtsaufsicht unterliegenden Behörden trifft die oberste Behörde keine Datenschutzsicherungspflicht. Vielmehr sind solche Behörden selbst Adressaten des § 18 BDSG. So unterliegen etwa die Bundesagentur für Arbeit, die Deutsche Welle sowie die Bundesversicherungsanstalt für Angestellte den Verpflichtungen des § 18 Abs. 1 BDSG.[52] Auch die bundesunmittelbaren juristischen Personen des öffentlichen Rechts sind als Adressaten der Vorschrift direkt betroffen, da ihnen gegenüber die obersten Bundesbehörden ebenfalls über keine ausreichenden Direktionsbefugnisse verfügen.[53]

13

---

45 Vgl. *Engelien-Schulz*, BWV 2001, S. 241 ff. Die meisten Bundesländer haben bereits Durchführungsrichtlinien, die die Bestellung behördlicher Datenschutzbeauftragten regeln und vorschreiben, erlassen. So legt z. B. eine Verwaltungsvorschrift zum bayerischen Datenschutzgesetz die Dienststellen fest, die einen Datenschutzbeauftragten zu bestellen haben (Bekanntmachung des BayDSG MABl BayStMI Nr. 27/1978, S. 688, und Nr. 23/1979, S. 527 zu Art. 26 BayDSG). Zu weiteren landesspezifischen Regelungen siehe *Vogelsang*, CR 1993, S. 378 (380 f.).

46 Vgl. *Gola/Schomerus*, BDSG, § 18 Rn. 4; *Dammann*, in: Simitis, BDSG, § 18 Rn. 12; *Wedde*, in: Däubler/Klebe/Wedde/Weichert, BDSG, § 18 Rn. 6; *Meltzian*, in: BeckOK Datenschutzrecht, § 18 Rn. 8.

47 *Dammann*, in: Simitis, BDSG, § 18 Rn. 12; zur Organisation des Datenschutzes vgl. *Abel/Schmölz*, Datensicherung für Betriebe und Verwaltung, S. 361.

48 *Dammann*, in: Simitis, BDSG, § 18 Rn. 2 und 9; *Bergmann/Möhrle/Herb*, BDSG, § 18 Rn. 7.

49 *Gola/Schomerus*, BDSG, § 18 Rn. 3.

50 *Wedde*, in: Däubler/Klebe/Wedde/Weichert, BDSG, § 18 Rn. 3.

51 *Wedde*, in: Däubler/Klebe/Wedde/Weichert, BDSG, § 18 Rn. 3.

52 *Dammann*, in: Simitis, BDSG, § 18 Rn. 2 f.

53 *Dammann*, in: Simitis, BDSG, § 18 Rn. 4; *Bergmann/Möhrle/Herb*, BDSG, § 18 Rn. 18.

14 Auf privatrechtlich organisierte Vereinigungen findet § 18 BDSG entsprechende Anwendung, soweit diese nach § 2 Abs. 1 und 3 BDSG als öffentliche Stellen anzusehen sind.[54] Derartige Zusammenschlüsse sind gerade nicht Teil des Geschäftsbereichs der Bundesbehörde, der sie funktional zuzuordnen sind. Sie haben daher die Vorgaben des § 18 BDSG in eigener Verantwortung umzusetzen.[55]

15 Die Sicherstellung des Datenschutzes für den Bereich des Bundeseisenbahnvermögens obliegt dem Präsidenten beim Bundeseisenbahnvermögen. Das Eisenbahn-Bundesamt untersteht als selbstständige Bundesoberbehörde dem Bundesministerium für Verkehr, sodass die Vorschriften der §§ 12 ff. BDSG zur Anwendung kommen. Die Deutsche Bahn AG ist hingegen eine rechtlich selbstständige und daher nicht-öffentliche Stelle, sodass die Vorschriften der §§ 27 ff. BDSG Anwendung finden.[56]

16 Eine Sonderrolle nahmen aus datenschutzrechtlicher Sicht die Nachfolgeunternehmen der Deutschen Bundespost ein. Durch das Poststrukturgesetz vom 8.6.1989[57] wurde die Spartentrennung im Postbereich umgesetzt.[58] Diese wurde in § 18 Abs. 1 Satz 2 BDSG berücksichtigt. Gemäß § 18 Abs. 1 Satz 2 BDSG zählen zu den verantwortlichen Stellen auch die aus dem Sondervermögen der Deutsche Bundespost durch Gesetz hervorgegangenen Unternehmen. Jene Unternehmen galten nämlich nach § 2 Abs. 1 Satz 2 BDSG solange als öffentliche Stellen, wie ihnen ein ausschließliches Recht nach dem Postgesetz zusteht.[59] Neben der Deutsche Postbank AG und der Deutsche Telekom AG unterfällt seit Beginn 2008 auch die Deutsche Post AG nicht mehr dem Anwendungsbereich des § 18 Abs. 1 Satz 2 BDSG.[60] Nachdem das Briefmonopol gem. § 51 PostG zum 31.12.2007 ausgelaufen ist, ist für sämtliche dieser Unternehmen der dritte Abschnitt des BDSG anzuwenden. Der Regelungsgehalt des § 18 Abs. 1 Satz 2 BDSG ist damit weggefallen.[61]

17 Aus § 18 Abs. 1 BDSG wird zum einen für die verantwortlichen Stellen eine Verpflichtung zur gegenseitigen Unterstützung bei der Umsetzung datenschutzrechtlicher Vorgaben abgeleitet;[62] zum anderen müssen sie die Umsetzung der gesetzlichen Vorgaben mittels geeigneter Kontrollmaßnahmen überwachen und sicherstellen.[63] „Das ‚Abschieben' von Verantwortlichkeit unter Berufung auf Abs. 1 ist nicht zulässig."[64]

---

54 *Dammann*, in: Simitis, BDSG, § 18 Rn. 4.
55 *Dammann*, in: Simitis, BDSG, § 18 Rn. 9.
56 *Wedde*, in: Däubler/Klebe/Wedde/Weichert, BDSG, § 18 Rn. 4.
57 BGBl. I, S. 1026.
58 Zum Poststrukturgesetz vgl. *Walz*, CR 1990, S. 56 und S. 138.
59 Vgl. zur alten Rechtslage *Wedde*, in: Däubler/Klebe/Wedde/Weichert, BDSG, § 18 Rn. 5.
60 *Roggenkamp*, in: Plath, BDSG, § 18 Rn. 3.
61 *Roggenkamp*, in: Plath, BDSG, § 18 Rn. 3.
62 *Wedde*, in: Däubler/Klebe/Wedde/Weichert, BDSG, § 18 Rn. 7.
63 *Wedde*, in: Däubler/Klebe/Wedde/Weichert, BDSG, § 18 Rn. 7; *Dammann*, in: Simitis, BDSG, § 18 Rn. 10.
64 *Wedde*, in: Däubler/Klebe/Wedde/Weichert, BDSG, § 18 Rn. 8.

Heckmann

III. Pflicht zur Führung eines Verzeichnisses (Abs. 2)

1. Verzeichnis der eingesetzten Datenverarbeitungsanlagen (Satz 1)

§ 18 Abs. 2 Satz 1 BDSG gibt den über § 18 Abs. 1 BDSG angesprochenen öffentlichen Stellen des Bundes verpflichtend die Vornahme von Grundmaßnahmen zur Sicherung des Datenschutzes auf. Dabei fordert § 18 Abs. 2 Satz 1 BDSG zunächst die Führung eines Verzeichnisses der Datenverarbeitungsanlagen.[65]   **18**

Sinn der Norm ist die Schaffung einer Arbeitsgrundlage in Form des Verzeichnisses als Basis zur Durchführung der eigentlichen datenschützenden Maßnahmen.[66] Das Verzeichnis soll dem Rechtsanwender einen Überblick darüber ermöglichen, wo sensitive Daten verarbeitet werden oder potenziell verarbeitet werden können und potenziell datenschutzrechtliche Verstöße zu erwarten sind.[67] Hierdurch wird die Möglichkeit geschaffen, die tatsächlich stattfindende Datenverarbeitung in Einklang mit den datenschutzrechtlichen Vorgaben zu bringen.[68] Der Anwendungsbereich ist im Interesse eines effektiven Datenschutzes äußerst weit zu bestimmen.[69] Eine genaue Spezifizierung der in das Verzeichnis aufzunehmenden Anlagen wird daher bewusst vermieden.[70]   **19**

Zur Führung des Verzeichnisses verpflichtet ist jeweils die Stelle, welche die automatisierte Datenverarbeitung betreibt.[71] Das Verzeichnis ist stets aktuell zu halten[72] und sollte i. d. R. an einer zentralen Stelle geführt werden.[73]   **20**

Adressaten des § 18 Abs. 2 BDSG sind alle öffentlichen Stellen i. S. d. § 12 Abs. 1 BDSG. Somit greift die Vorschrift weiter als § 18 Abs. 1 BDSG, der nur die ausdrücklich bezeichneten öffentlichen Stellen erfasst.[74]   **21**

---

65 Allerdings kommt es nicht darauf an, dass mit den Anlagen auch tatsächlich personenbezogene Daten verarbeitet werden; selbst rein zu Programmierungszwecken vorhandene Hardware ist in das Verzeichnis aufzunehmen (*Wedde*, in: Däubler/Klebe/Wedde/Weichert, BDSG, § 18 Rn. 10).

66 *Dammann*, in: Simitis, BDSG, § 18 Rn. 14; *Meltzian*, in: BeckOK Datenschutzrecht, § 18 Rn. 15.

67 *Dammann*, in: Simitis, BDSG, § 18 Rn. 16.

68 *Roggenkamp*, in: Plath, BDSG, § 18 Rn. 8.

69 Vgl. *Dammann*, in: Simitis, BDSG, § 18 Rn. 17; *Wedde*, in: Däubler/Klebe/Wedde/Weichert, BDSG, § 18 Rn. 10; *Bergmann/Möhrle/Herb*, BDSG, § 18 Rn. 30.

70 Es kommt daher insbesondere auch nicht auf die Größe der Anlage oder deren Einsatzdauer an. Es ist vielmehr ausreichend, dass sich die Anlage objektiv zur Verarbeitung personenbezogener Daten eignet. Keine Rolle für die Erforderlichkeit der Listung spielen zudem zivilrechtliche Zuordnungen oder der Umfang vertraglicher Nutzungsbefugnisse. Vgl. *Dammann*, in: Simitis, BDSG, § 18 Rn. 17.

71 *Gola/Schomerus*, BDSG, § 18 Rn. 6.

72 *Dammann*, in: Simitis, BDSG, § 18 Rn. 23.

73 *Wedde*, in: Däubler/Klebe/Wedde/Weichert, BDSG, § 18 Rn. 12.

74 § 18 BDSG ist auf öffentliche Stellen entweder unmittelbar oder über § 27 Abs. 1 Satz 2 BDSG anwendbar; vgl. *Dammann*, in: Simitis, BDSG, § 18 Rn. 15.

a) Begriff der Datenverarbeitungsanlagen

22 Der Begriff der Datenverarbeitungsanlagen reicht weit.[75] Sachlich umfasst er neben den zentralen Datenverarbeitungsanlagen auch die stationären Rechner der öffentlichen Stellen sowie die privaten Rechner ihrer Bediensteten.[76] Von besonderer Bedeutung ist in diesem Zusammenhang auch die Aufnahme mobiler Datenverarbeitungsanlagen[77] in das Verzeichnis, da hier das Missbrauchspotenzial besonders hoch ist und daher überdurchschnittliche Risiken für den Datenschutz bestehen.[78] Mobile Speicher- und Verarbeitungsmedien wie Chipkarten und Funkchips sind hingegen nicht zu listen.[79]

23 Auch die Anlagen nicht-öffentlicher Stellen unterfallen dem sachlichen Anwendungsbereich, soweit diese im Auftrag einer öffentlichen Stelle tätig werden.[80] Werden Datenverarbeitungsanlagen im Rahmen der Auftragsdatenverarbeitung verwendet, so sind sie ausschließlich in das Verzeichnis des Auftragnehmers aufzunehmen.[81]

24 Für die Verpflichtung zur Aufnahme einer Anlage in das Verzeichnis reicht aus, dass die notwendigen Voraussetzungen zum möglichen Betrieb der Anlage objektiv vorliegen und mithin eine potenzielle Verarbeitung sensitiver Daten nicht auszuschließen ist. Nicht entscheidend ist hingegen, ob auf der Anlage tatsächlich personenbezogene Daten verarbeitet werden, oder ob dies beabsichtigt ist.[82]

b) Inhalt des Verzeichnisses

25 Gesetzlich normiert ist lediglich der Grundsatz, dass ein entsprechendes Verzeichnis zu führen ist. Von ausdrücklichen Vorgaben zur Beschaffenheit des Verzeichnisses hat der Gesetzgeber abgesehen.[83] Die Mindestvoraussetzungen, denen das Verzeichnis zu genügen hat, müssen daher aus dem Sinn und Zweck der Regelung abgeleitet werden. Hieraus folgt, dass das Verzeichnis als Kontroll- und Arbeitsmittel Angaben zur Art der gelisteten Anlage (Name des Herstellers, Fabrikatsbezeichnung, Produktklasse) und zum Standort der Anlage (Behörden-, Gebäude- und

---

75 *Roggenkamp*, in: Plath, BDSG, § 18 Rn. 5; *Meltzian*, in: BeckOK Datenschutzrecht, § 18 Rn. 18.
76 Dies gilt selbst dann, wenn die privaten Rechner verbotswidrig verwendet werden. Vgl. *Dammann*, in: Simitis, BDSG, § 18 Rn. 17; *Gola/Schomerus*, BDSG, § 18 Rn. 5; diesbezüglich eher kritisch *Roggenkamp*, in: Plath, BDSG, § 18 Rn. 6.
77 Z. B. Notebooks und Laptops; vgl. *Roggenkamp*, in: Plath, BDSG, § 18 Rn. 5.
78 *Dammann*, in: Simitis, BDSG, § 18 Rn. 18.
79 *Dammann*, in: Simitis, BDSG, § 18 Rn. 18.
80 *Gola/Schomerus*, BDSG, § 18 Rn. 6.
81 *Dammann*, in: Simitis, BDSG, § 18 Rn. 17.
82 *Dammann*, in: Simitis, BDSG, § 18 Rn. 17.
83 *Wedde*, in: Däubler/Klebe/Wedde/Weichert, BDSG, § 18 Rn. 11; *Bergmann/Möhrle/Herb*, BDSG, § 18 Rn. 31.

Raumbezeichnung) enthalten muss.[84] Darüber hinaus ist es erforderlich, Aussagen zur Anzahl der eingesetzten Anlagen zu treffen und die genaue Individualisierung[85] (bspw. über Inventar- oder Herstellernummern) zu ermöglichen. Jedenfalls sind diese Angaben als absolutes Minimum zu verstehen.[86] Für bestimmte Teilbereiche und Anwendungssituationen kann eine Erweiterung auf weitere Angaben erforderlich werden.[87] Aus praktischen Gesichtspunkten heraus ist im Interesse einer zweckorientierten Handhabbarkeit die Aufnahme weiterer Angaben zur zweckmäßigen Nutzung des Verzeichnisses grundsätzlich anzuraten. Sinnvoll sind z.B. Angaben über die verwendete Systemsoftware, die Peripherie sowie die eingesetzte Sicherheitssoftware.[88]

Aus der Funktion des Verzeichnisses als „zentrales Instrument zur Gewährleistung der Datensicherheit" folgt die Verpflichtung zur ständigen Aktualisierung, wobei eine tagesaktuelle Führung nicht zwingend erforderlich sein dürfte.[89] **26**

c) Zentralisierte Führung des Verzeichnisses

Der Wortlaut des § 18 Abs. 2 Satz 1 BDSG fordert die Führung „eines" Verzeichnisses. Im Regelfall dürfte daher die Führung des Verzeichnisses an einer zentralen Stelle geboten sein.[90] Bei geographischer Verteilung einer öffentlichen Stelle auf mehrere Standorte dürfte ausnahmsweise aber auch die Führung mehrerer Teilverzeichnisse nicht zu beanstanden sein.[91] Wesentlich ist in diesem Zusammenhang allerdings, dass die Gesamtheit der Teilverzeichnisse zur Erfüllung der gesetzlichen Anforderungen geeignet sein muss. Die Funktionsfähigkeit des Verzeichnisses als Kontroll- und Überwachungsinstrument darf durch eine Aufgliederung in Teilverzeichnisse nicht beeinträchtigt werden.[92] Die Führung des Verfahrensverzeichnisses obliegt nicht zwingend dem behördlichen Datenschutzbeauftragten.[93] **27**

Gegen eine Zusammenlegung des Verzeichnisses der Datenverarbeitungsanlagen mit anderen Verzeichnissen bestehen insoweit prinzipiell keine Bedenken, als dass **28**

---

84 *Wedde*, in: Däubler/Klebe/Wedde/Weichert, BDSG, § 18 Rn. 11; *Bergmann/Möhrle/Herb*, BDSG, § 18 Rn. 32.

85 Eine laxe Spezifizierung einzelner Anlagen ist insbesondere dann unzulässig, wenn damit ein Informationsverlust einhergehen kann; vgl. *Dammann*, in: Simitis, BDSG, § 18 Rn. 19.

86 *Wedde*, in: Däubler/Klebe/Wedde/Weichert, BDSG, § 18 Rn. 11.

87 *Wedde*, in: Däubler/Klebe/Wedde/Weichert, BDSG, § 18 Rn. 11.

88 *Dammann*, in: Simitis, BDSG, § 18 Rn. 22.

89 *Dammann*, in: Simitis, BDSG, § 18 Rn. 23.

90 *Wedde*, in: Däubler/Klebe/Wedde/Weichert, BDSG, § 18 Rn. 12; *Dammann*, in: Simitis, BDSG, § 18 Rn. 20.

91 *Wedde*, in: Däubler/Klebe/Wedde/Weichert, BDSG, § 18 Rn. 12; *Dammann*, in: Simitis, BDSG, § 18 Rn. 20; a. A. *Bergmann/Möhrle/Herb*, BDSG, § 18 Rn. 34.

92 *Dammann*, in: Simitis, BDSG, § 18 Rn. 20.

93 *Engelien-Schulz*, VR 2011, S. 185 (189); *Engelien-Schulz*, VR 2011, S. 119 (121).

die Anforderungen des § 18 Abs. 2 Satz 1 BDSG erfüllt sind und die Integrität der Inhalte gesichert ist.[94]

2. Schriftliche Fixierung bei automatisierten Verarbeitungen (Satz 2)

29   § 18 Abs. 2 Satz 2 BDSG fordert für die automatisierte Verarbeitung die schriftliche Festlegung der Angaben nach § 4e BDSG sowie der einschlägigen Rechtsgrundlagen der Verarbeitung. Dieses mit nicht unerheblichem Dokumentationsaufwand verbundene Erfordernis wird allgemein als Dateistatut bezeichnet.[95] Es muss für jeden automatisierten Verarbeitungsvorgang i. S. v. § 18 BDSG erstellt werden[96] und soll den betrieblichen Datenschutzbeauftragten sowie dem Bundesdatenschutzbeauftragten die Erfüllung ihrer Aufgaben erleichtern.[97]

a) Gesetzesänderungen

30   Während das BDSG ursprünglich nur eine „Übersicht über die Art der gespeicherten personenbezogenen Daten" forderte[98], wird seit 1990 als weitergehendes Erfordernis die Festlegung bestimmter Anforderungen an die Datenverarbeitung verlangt.[99] So müssen neben dem Zweck der automatisierten Datenverarbeitung auch die wichtigsten datenschutzrechtlichen Kriterien erfasst werden.[100] Seit der Novellierung des BDSG im Jahre 2001 und der hiermit verbundenen Anpassung an die EG-DSRl knüpft das Gesetz auch nicht mehr an den Begriff der Datei, sondern an die einzelnen Verarbeitungsschritte an. Unter Verarbeitungsschritten sind dabei die Datenkomplexe zu verstehen, die sich einer bestimmten Aufgabe zuordnen lassen.[101]

b) Schriftliche Fixierung der Angaben nach § 4e BDSG

31   Im Rahmen der automatisierten Verarbeitung ist die schriftliche Fixierung der Angaben nach § 4e BDSG sowie der Rechtsgrundlagen der Verarbeitung gefordert. Dem „Schriftformerfordernis" genügt grundsätzlich jede Verkörperung. Eine eigenhändige Unterschrift ist nicht erforderlich.[102]

---

94 Vgl. *Dammann*, in: Simitis, BDSG, § 18 Rn. 21, insbesondere auch zum Führen des Verzeichnisses in Form einer Datenbank.

95 *Dammann*, DuD 1993, S. 547; *Dammann*, in: Simitis, BDSG, § 18 Rn. 24; *Wedde*, in: Däubler/Klebe/Wedde/Weichert, BDSG, § 18 Rn. 14; *Gola/Schomerus*, BDSG, § 18 Rn. 7.

96 *Wedde*, in: Däubler/Klebe/Wedde/Weichert, BDSG, § 18 Rn. 15.

97 *Gola/Schomerus*, BDSG, § 18 Rn. 5.

98 BDSG 1977, § 15 Satz 2 Nr. 1.

99 *Dammann*, in: Simitis, BDSG, § 18 Rn. 24.

100 *Gola/Schomerus*, BDSG, § 18 Rn. 5.

101 *Dammann*, in: Simitis, BDSG, § 18 Rn. 30.

102 *Dammann*, in: Simitis, BDSG, § 18 Rn. 28; *Roggenkamp*, in: Plath, BDSG, § 18 Rn. 10.

Inhaltlich übersteigt der mit dem Dateistatut zu leistende Dokumentationsaufwand **32** den eines Verfahrensverzeichnisses nach § 4e BDSG, weil im Rahmen von § 18 BDSG die einschlägigen Datenschutznormen mit den tatsächlichen Gegebenheiten der Datenverarbeitung in Einklang zu bringen sind.[103]

In regelmäßigen Abständen sind Entscheidungen über die Anpassung des Dateista- **33** tuts zu treffen. Sowohl Art und Umfang der verarbeiteten Daten als auch die rechtlichen Rahmenbedingungen unterliegen einem steten Wandel, der eine regelmäßige Überarbeitung erforderlich macht.[104] Soweit das Dateistatut fortgeschrieben wird, dürfen die überholten Angaben aus Beweissicherungsgründen weder sofort gelöscht noch vernichtet werden.[105] Sie sind vielmehr so lange zu sichern, bis ihre Relevanz zur Überprüfung einer früheren Datenverarbeitung weggefallen ist.[106]

3. Ausnahmen (Sätze 3, 4)

In den Sätzen 3 und 4 des § 18 BDSG sind Erleichterungen hinsichtlich der Erstel- **34** lung des Verzeichnisses gem. § 18 Abs. 2 Satz 1 BDSG enthalten. Nach § 18 Abs. 2 Satz 3 BDSG müssen automatisierte Verarbeitungen, die lediglich der Erleichterung des Verwaltungsvollzugs dienen, nicht in das Verzeichnis aufgenommen werden.[107] Automatisierte Verarbeitungen und Dateien, die unter § 19 Abs. 3 und 4 BDSG fallen, sind allerdings in das Verzeichnis aufzunehmen. § 18 Abs. 2 Satz 3 BDSG beinhaltet insoweit eine Ausnahme von den Erleichterungstatbeständen für Daten, die einen nicht unerheblichen Sensibilitätsgrad aufweisen.[108]

4. Zusammenfassung gleicher oder ähnlicher automatisierter Verarbeitungen (Satz 4)

Nach § 18 Abs. 2 Satz 4 BDSG brauchen Verarbeitungen, die in gleicher oder ähnli- **35** cher Weise mehrfach durchgeführt werden (sog. Mehrfach-Verarbeitungen), nur einmal aufgeführt zu werden. Die Vorschrift dient der Entlastung der verantwortlichen Stelle.[109] Der Regelung unterfallen grundsätzlich nur triviale automatisierte Verarbeitungen, wie z.B. die Führung von Geburtstagslisten über Mitarbeiter einer

---

103 *Wedde*, in: Däubler/Klebe/Wedde/Weichert, BDSG, § 18 Rn. 14; mehr zu einem reinen Verfahrensverzeichnis tendierend *Bergmann/Möhrle/Herb*, BDSG, § 18 Rn. 35; *Schaffland/Wiltfang*, BDSG, § 18 Rn. 6.

104 *Dammann*, in: Simitis, BDSG, § 18 Rn. 25.

105 *Dammann*, in: Simitis, BDSG, § 18 Rn. 35.

106 *Dammann*, in: Simitis, BDSG, § 18 Rn. 35.

107 *Gola/Schomerus*, BDSG, § 18 Rn. 15.

108 Mit dieser Regelung soll den öffentlichen Stellen die Möglichkeit genommen werden, sensible Daten unter Hinweis auf § 18 Abs. 2 Satz 3 zu „verstecken". Vgl. *Gola/Schomerus*, BDSG, § 18 Rn. 15; *Wedde*, in: Däubler/Klebe/Wedde/Weichert, BDSG, § 18 Rn. 18.

109 *Bergmann/Möhrle/Herb*, BDSG, § 18 Rn. 41; *Roggenkamp*, in: Plath, BDSG, § 18 Rn. 12.

öffentlichen Stelle[110] und reine Adressverzeichnisse,[111] von deren Mehrfachverarbeitung keine zusätzliche Gefahr für die Rechte des Betroffenen ausgeht.[112]

---

110 *Gola/Schomerus*, BDSG, § 18 Rn. 15; *Bergmann/Möhrle/Herb*, BDSG, § 18 Rn. 41.
111 *Bergmann/Möhrle/Herb*, BDSG, § 18 Rn. 41.
112 *Bergmann/Möhrle/Herb*, BDSG, § 18 Rn. 41; vgl. auch *Wedde*, in: Däubler/Klebe/Wedde/Weichert, BDSG, § 18 Rn. 19.

Zweiter Unterabschnitt
Rechte des Betroffenen

§ 19 Auskunft an den Betroffenen

(1) Dem Betroffenen ist auf Antrag Auskunft zu erteilen über

1. die zu seiner Person gespeicherten Daten, auch soweit sie sich auf die Herkunft dieser Daten beziehen,

2. die Empfänger oder Kategorien von Empfängern, an die die Daten weitergegeben werden, und

3. den Zweck der Speicherung.

In dem Antrag soll die Art der personenbezogenen Daten, über die Auskunft erteilt werden soll, näher bezeichnet werden. Sind die personenbezogenen Daten weder automatisiert noch in nicht automatisierten Dateien gespeichert, wird die Auskunft nur erteilt, soweit der Betroffene Angaben macht, die das Auffinden der Daten ermöglichen, und der für die Erteilung der Auskunft erforderliche Aufwand nicht außer Verhältnis zu dem vom Betroffenen geltend gemachten Informationsinteresse steht. Die verantwortliche Stelle bestimmt das Verfahren, insbesondere die Form der Auskunftserteilung, nach pflichtgemäßem Ermessen.

(2) Absatz 1 gilt nicht für personenbezogene Daten, die nur deshalb gespeichert sind, weil sie aufgrund gesetzlicher, satzungsmäßiger oder vertraglicher Aufbewahrungsvorschriften nicht gelöscht werden dürfen, oder ausschließlich Zwecken der Datensicherung oder der Datenschutzkontrolle dienen und eine Auskunftserteilung einen unverhältnismäßigen Aufwand erfordern würde.

(3) Bezieht sich die Auskunftserteilung auf die Übermittlung personenbezogener Daten an Verfassungsschutzbehörden, den Bundesnachrichtendienst, den Militärischen Abschirmdienst und, soweit die Sicherheit des Bundes berührt wird, andere Behörden des Bundesministeriums der Verteidigung, ist sie nur mit Zustimmung dieser Stellen zulässig.

(4) Die Auskunftserteilung unterbleibt, soweit

1. die Auskunft die ordnungsgemäße Erfüllung der in der Zuständigkeit der verantwortlichen Stelle liegenden Aufgaben gefährden würde,

2. die Auskunft die öffentliche Sicherheit oder Ordnung gefährden oder sonst dem Wohle des Bundes oder eines Landes Nachteile bereiten würde oder

3. die Daten oder die Tatsache ihrer Speicherung nach einer Rechtsvorschrift oder ihrem Wesen nach, insbesondere wegen der überwiegenden berechtigten Interessen eines Dritten, geheim gehalten werden müssen

und deswegen das Interesse des Betroffenen an der Auskunftserteilung zurücktreten muss.

(5) Die Ablehnung der Auskunftserteilung bedarf einer Begründung nicht, soweit durch die Mitteilung der tatsächlichen und rechtlichen Gründe, auf die die Entscheidung gestützt wird, der mit der Auskunftsverweigerung verfolgte Zweck gefährdet würde. In diesem Fall ist der Betroffene darauf hinzuweisen, dass er sich an den Bundesbeauftragten für den Datenschutz und die Informationsfreiheit wenden kann.

(6) Wird dem Betroffenen keine Auskunft erteilt, so ist sie auf sein Verlangen dem Bundesbeauftragten für den Datenschutz und die Informationsfreiheit zu erteilen, soweit nicht die jeweils zuständige oberste Bundesbehörde im Einzelfall feststellt, dass dadurch die Sicherheit des Bundes oder eines Landes gefährdet würde. Die Mitteilung des Bundesbeauftragten an den Betroffenen darf keine Rückschlüsse auf den Erkenntnisstand der verantwortlichen Stelle zulassen, sofern diese nicht einer weitergehenden Auskunft zustimmt.

(7) Die Auskunft ist unentgeltlich.

Literatur: *Auernhammer*, Zum Einsichtsrecht des Patienten in seine Krankenunterlagen, DuD 1990, S. 5; *Bader/Ronellenfitsch* (Hrsg.), Kommentar zum VwVfG, München 2012; *Bäumler*, Der Auskunftsanspruch des Bürgers gegenüber den Nachrichtendiensten, NVwZ 1988, S. 199; *Bäumler*, Geheimhaltung und Transparenz bei der Datenverarbeitung der Geheimdienste, DuD 1996, S. 537; *Bieber*, Informationsrechte Dritter im Verwaltungsverfahren, DÖV 1991, S. 857; *Buchner*, Die Einwilligung im Datenschutzrecht, DuD 2010, S. 39; *Dix*, Akteneinsicht und Informationszugang in Brandenburg, DuD 2002, S. 291; *Ehmann*, Kriminalpolizeiliche Sammlung und Auskunftsanspruch des Betroffenen (II), CR 1988, S. 575; *Einwag/Schoen*, Bundesgrenzschutzgesetz, Loseblattsammlung, München, Stand 1987; *Gallwas*, Der allgemeine Konflikt zwischen dem Recht auf informationelle Selbstbestimmung und der Informationsfreiheit, NJW 1992, S. 2785; *Gather*, Bei unrichtiger Auskunft haftet die Gemeinde, ZMR 1987, S. 285; *Gola/Wronka*, Das neue BDSG und der Arbeitnehmerdatenschutz, RDV 1991, S. 165; *Gola/Wronka*, Handbuch zum Arbeitnehmerdatenschutz, 5. Aufl., Heidelberg 2009; *Gurlit*, Europa auf dem Weg zur gläsernen Verwaltung?, ZRP 1989, S. 253; *Hinne*, Das Einsichtsrecht in Patientenakten, NJW 2005, S. 2270; *Kersten*, Datenschutz in der Medizin, CR 1989, S. 1020; *Knemeyer*, Auskunftsanspruch und behördliche Auskunftsverweigerung, JZ 1992, S. 348; *Nordmann*, Das Informationsfreiheitsgesetz Schleswig-Holstein, RDV 2001, S. 71; *Schild*, Informationsfreiheitsgesetze – Eine Bestandsaufnahme derzeitiger Möglichkeiten des Informationszugangs mit einem Ausblick auf mögliche zukünftige Regelungen, RDV 2000, S. 96; *Schindel*, Datenschutz contra Umweltschutz, ZRP 1990, S. 135; *Seebode*, Einsicht in Personalakten Strafgefangener, NJW 1997, S. 1754; *Simitis/Fuckner*, Informationelle Selbstbestimmung und „staatliches Geheimhaltungsinteresse", NJW 1990, S. 2713; *Steinbach/Hochheim*, Das Informationsfreiheitsgesetz des Bundes unter besonderer Berücksichtigung der Auswirkungen im Organisationsbereich des Sozialrechts, NZS 2006, S. 517; *Vahle*, Medizinische Daten und Datenschutz, DuD 1991, S. 614; *Vogelgesang/Vogelgesang*, Die Rechtsprechung des Bundesverwaltungsgerichts zum Datenschutz, CR 1996, S. 752; *Weber*, Historische und verfassungsrechtliche Grundlagen eines öffentlichen Informationszugangsrechts, RDV 2005, S. 243; *Weichert*, Der Datenschutzanspruch auf Negativauskunft, NVwZ 2007, S. 1004; *Wohlgemuth/Gerloff*, Datenschutzrecht – Eine Einführung mit praktischen Fällen, 3. Aufl., München/Unterschleißheim 2005.

Übersicht

I. Allgemeines

1. Rechte der Betroffenen

Im zweiten Unterabschnitt des zweiten Abschnitts werden die Rechte der Betroffe- **1** nen geregelt. Beginnend mit dem Auskunftsrecht (§ 19 BDSG), folgen die Rechte auf Benachrichtigung (§ 19a BDSG), Berichtigung, Löschung und Sperrung von Daten (§ 20 BDSG) sowie die Anrufung des Bundesbeauftragten für den Datenschutz und die Informationsfreiheit (§ 21 BDSG). Aufgrund der Zusammenfassung der Betroffenenrechte wird nicht nur die Übersicht und die Lesbarkeit des Gesetzes verbessert, sondern außerdem deren gewachsene Bedeutung entscheidend verdeutlicht.[1] Die Vorschriften stehen im Einklang mit der EG-DSRl, die neben der Verpflichtung zur ausführlichen Information der Betroffenen (Art. 10, Art. 11), ein Auskunftsrecht in Art. 12 enthält.[2]

Das Auskunftsrecht war ursprünglich in § 13 BDSG 1977 geregelt.[3] Durch die im **2** BDSG 1990 vorgenommenen Änderungen beabsichtigte der Gesetzgeber eine Verstärkung der Rechte der Betroffenen.[4] Aus diesem Grund wurde in den ersten Absatz das Recht auf Auskunft über den Zweck der Speicherung sowie eine Klarstel-

---

1 Dazu ausführlich *Bergmann/Möhrle/Herb*, BDSG, § 19 Rn. 4 ff.; siehe auch *Mallmann*, in: Simitis, BDSG, § 19 Rn. 5.
2 Richtlinie 95/46/EG des Europäischen Parlaments und des Rates v. 24.10.1995, ABl. EG Nr. L 281/31 v. 23.11.1995; die Richtlinie enthält außerdem die ausdrückliche Verpflichtung, Betroffene über den Aufbau des jeweiligen Verarbeitungssystems sowie die konkret benutzten Aufnahme- und Verarbeitungskriterien zu informieren; darüber hinaus verlangt die Richtlinie, dass die verarbeitende Stelle sich in einer für den Betroffenen verständlichen Form äußert.
3 Zum Vergleich der Normen bei *Knemeyer*, JZ 1992, S. 348.
4 Vgl. die Amtl. Begründung, BT-Drs. 11/4306, 1, S. 37 (46).

lung, dass die Herkunft und Empfänger der personenbezogenen Daten ebenfalls mitzuteilen sind, und im sechsten Absatz ein Ersatzrecht der Betroffenen bei Ablehnung der Auskunft mit aufgenommen.[5] Gestrichen wurden hingegen: die Ausnahme für Nachrichtendienste und Polizeibehörden (die zuvor nicht zur Auskunftserteilung verpflichtet waren), die Beschränkung auf die in einer Datei gespeicherten Daten und die bisher bestehende, aber meistens nicht eingehaltene Gebührenpflicht.[6] Ebenfalls gestrichen wurden die zuvor in § 12 BDSG 1977 enthaltenen Veröffentlichungspflichten.[7] Während mit dem BDSG 2001 weitere, allerdings zumeist nur geringfügige redaktionelle Veränderungen vorgenommen wurden, erfolgte durch die Novelle des BDSG im Jahre 2009 keine Änderung der Vorschrift.[8]

3 Mit der Neufassung des BDSG 1990 und nochmals mit dem BDSG 2001 wurde das Recht der Betroffenen auf Auskunft nicht nur erleichtert, sondern gleichermaßen verbessert.[9] Die Bestrebung, die Akteneinsichts- und Informationsrechte zugunsten der Bürger zu modifizieren, beschränkt sich allerdings nicht auf das Bundesdatenschutzgesetz, vielmehr lässt sich allgemein eine Tendenz beobachten, die Öffentlichkeitsarbeit der Behörden zu verstärken und deren Arbeit für die Bevölkerung transparent zu gestalten, indem verbesserte Akteneinsichts- und Informationsrechte der Bürger statuiert werden.[10] Teilweise wird darin eine Förderung sowohl des politischen Engagements als auch der Ausübung von Grundrechten gesehen, wodurch die Sicherstellung eines freiheitlichen demokratischen Gemeinwesens erfolgt.[11] Hierauf deutet nicht zuletzt das Informationsfreiheitsgesetz (IFG) des Bundes vom

---

5 Insbesondere wurde das Auskunftsverweigerungsrecht zusätzlich an die Voraussetzung geknüpft, dass das Interesse des Betroffenen an der Auskunftserteilung zurücktreten muss, dazu *Knemeyer*, JZ 1992, S. 348.

6 Vgl. zur Entwicklung auch. *Gola/Schomerus*, BDSG, § 19 Rn. 3; *Mallmann*, in: Simitis, BDSG, § 19 Rn. 5.

7 Hierzu ausführlicher *Mallmann*, in: Simitis, BDSG, § 19 Rn. 7.

8 Der Begriff der „speichernden Stelle" in Abs. 1 Satz 4, Abs. 4 Nr. 1 und Abs. 6 Satz 2 wurde durch den Begriff der „verantwortlichen Stelle", der Aktenbegriff in Abs. 1 Satz 3 durch den Hinweis auf automatisierte und nicht automatisierte Dateien ersetzt; in den Absätzen 5 und 6 wurde beim Bundesbeauftragten für Datenschutz eine Ergänzung durch die Bezeichnung „und Informationsfreiheit" vorgenommen; der in Nr. 1 enthaltene Anspruch auf Auskunft über Empfänger von Daten wurde in Nr. 2 des ersten Absatzes übernommen und der Ausschluss von Auskunftsrechten in Abs. 2 unter den Vorbehalt gestellt, dass der Erteilung der Auskunft ein unverhältnismäßiger Aufwand verbunden ist.

9 Mehr Rechte und keine Kostenerfordernis mehr, vgl. *Gola/Schomerus*, BDSG, § 19 Rn. 3.

10 Vgl. *Bieber*, DÖV 1991, S. 857 (857 f.); zur Umweltinformation vgl. *Gurlit*, ZRP 1989, S. 253 (257); *Schindel*, ZRP 1990, S. 135 (137 ff.); u. a. auch diskutiert unter den Begriffen „Aktenöffentlichkeit" und „Informationsfreiheit", dazu *Mallmann*, in: Simitis, BDSG, § 19 Rn. 9.

11 Zu dieser Form von „Selbstdatenschutz" *Mallmann*, in: Simitis, BDSG, § 19 Rn. 3; *Bieber*, DÖV 1991, S. 857 (858).

5.9.2005 hin, wonach gemäß § 1 IFG jeder nach Maßgabe des Gesetzes Zugang zu amtlichen Informationen erhält.[12] Gleiches gilt für die auf Landesebene erlassenen Informationsfreiheitsgesetze.[13]

2. Auskunftsanspruch

Das Recht auf Auskunft kann nicht durch Rechtsgeschäft oder Nebenbestimmun- **4** gen in einem Verwaltungsakt (Bedingungen, Auflagen) ausgeschlossen bzw. eingeschränkt werden, da es zu den unabdingbaren Rechten gem. § 6 Abs. 1 BDSG gehört.[14] Eine Erweiterung oder Verstärkung in Form einer Verbesserung der Rechte ist allerdings möglich.[15] Hiermit wird nochmals die Wichtigkeit der in den §§ 19 ff. BDSG genannten Rechte dokumentiert, indem dem Betroffenen in seinem eigenen Interesse verboten wird, auf seine Rechte zu verzichten und sich dadurch möglicherweise „datenschutzrechtlich zu entmündigen".[16] Zu berücksichtigen ist, dass § 6 Abs. 2 BDSG außerdem Sondervorschriften enthält, sofern Daten eines Betroffenen in einer Datei gespeichert sind, bei der mehrere Stellen speicherberechtigt sind und der Betroffene deshalb nicht in der Lage ist festzustellen, welche Stelle die Daten verantwortlich gespeichert hat.[17]

3. Kenntnis der Datenverarbeitung

Durch die systematische Stellung des Auskunftsrechts gleich zu Anfang des zwei- **5** ten Unterabschnitts wird dessen besonderer Rang deutlich.[18] Das Recht auf Auskunft gehört nach dem Volkszählungsurteil zu den wesentlichen Voraussetzungen für Selbstbestimmung, weil jeder Bürger wissen muss, „wer was wann und bei welcher Gelegenheit über ihn weiß",[19] denn erst durch das Recht auf Auskunft ist es einem Bürger möglich, von seinen sonstigen Mitwirkungs- und Kontrollrechten

---

12 Gesetz zur Regelung des Zugangs zu Informationen des Bundes vom 5.9.2005, BGBl. I, S. 2722; dazu *Schild*, RDV 2000, S. 96; VGH München DVBl. 2009, 323; zum Anspruch auf Information außerdem das Umweltinformationsgesetz (UIG) vom 22.12.2004 (BGBl. I, S. 3704).

13 Vgl. z. B. Gesetz zur Regelung des Zugangs zu Informationen für das Land Mecklenburg-Vorpommern vom 10.7.2006, GVOBl. M-V 2006, S. 556; Gesetz über die Freiheit des Zugangs zu Informationen für das Land Schleswig-Holstein vom 9.2.2000, GVOBl. Schl.-H. 4/2000, S. 166; Gesetz zur Förderung der Informationsfreiheit im Land Berlin vom 15.10.1999, GVBl. 1999 S. 561; zum Gesetz über die Freiheit des Zugangs zu Informationen für das Land Nordrhein-Westfalen vgl. den LfD NRW, 16. TB 2003, S. 187 ff.

14 Hierzu näher bei *Gola/Schomerus*, BDSG, § 6 Rn. 4; *Bergmann/Möhrle/Herb*, BDSG, § 6 Rn. 32.

15 Vgl. *Gola/Schomerus*, BDSG, § 6 Rn. 4; *Wedde*, in: Roßnagel, Hdb. DSR, Kap. 4.4, Rn. 85.

16 *Wedde*, in: Däubler/Klebe/Wedde/Weichert, BDSG, § 19 Rn. 4.

17 Vgl. § 6 BDSG Rn. 12 ff.

18 Ebenso *Mallmann*, in: Simitis, BDSG, § 19 Rn. 5.

19 BVerfG NJW 1984, 419 (421).

Gebrauch zu machen und Rechtsschutz zu erwirken.[20] Dabei beschränkt sich das Schutzbedürfnis keinesfalls nur auf Fälle staatlicher Befragung und deren erzwungene Durchsetzung, sondern erstreckt sich vielmehr auf jegliche Form der personenbezogenen Datenspeicherung verantwortlicher Stellen.[21] Neben dem Anspruch auf Auskunft über den Inhalt enthält die Vorschrift außerdem das Recht des Betroffenen auf Angabe der Quelle sowie den Zweck der Datenspeicherung (Abs. 1 Nr. 2 u. Nr. 3).[22] Es ist einem Betroffenen demzufolge möglich, unabhängig von einem förmlichen Verfahren seine Informationsrechte geltend zu machen, weshalb es grundlegend zur Umsetzung des Gebotes aus Art. 19 Abs. 4 GG auf Gewährung effektiven Rechtschutzes beiträgt.[23] Das Auskunftsrecht ist damit zugleich Bestandteil und Voraussetzung des verfassungsrechtlich geschützten Rechts auf informationelle Selbstbestimmung i. S. d. Art. 2 Abs. 1 i. V. m. Art. 1 Abs. 1 GG.[24]

6   Der in sieben Absätze unterteilte § 19 BDSG beschreibt zunächst im Absatz 1 die Grundvoraussetzungen für einen Antrag auf Auskunft. Es folgen in den Absätzen 2 bis 5 eine Reihe von Ausnahmetatbeständen, nach denen eine Auskunftserteilung entbehrlich ist, bevor dann in Absatz 6 der Vorschrift die Möglichkeit der Einschaltung des Bundesbeauftragten für Datenschutz und Informationsfreiheit eröffnet und in Absatz 7 die Auskunftserteilung frei von einem Entgelt gestellt wird.

II. Auskunftserteilung (Abs. 1)

7   Der Anspruch auf Auskunft ergibt sich aus Absatz 1 der Vorschrift. Der in Abs. 1 Nr. 1–3 genannte Umfang der Auskunft sowie der Inhalt des zweiten Satzes entsprechen den Regelungen für den nicht-öffentlichen Bereich in § 34 Abs. 1 Satz 1 und 2 BDSG.[25] Das Auskunftsinteresse wird ohne Einschränkungen anerkannt, sodass ein Ermessensspielraum für die Entscheidung der Behörde über die Auskunftserteilung nicht besteht.[26] Zu berücksichtigen sind lediglich die allgemeinen Anwendungsvoraussetzungen der §§ 1–3, 11 und 12 BDSG sowie die in den Absätzen 2–5 geregelten Ausnahmetatbestände.[27] Normadressaten sind gem. § 12 BDSG

20 Vgl. OVG Bremen NJW 1987, 2393 (2394); VG Schleswig-Holstein RDV 1986, 93 (95); *Simitis/Fuckner*, NJW 1990, 2713 (2717).

21 Vgl. *Mallmann*, in: Simitis, BDSG, § 19 Rn. 1; BVerfG NJW 1984, 419 (421).

22 VerfGH RhPf CR 1999, 354 (355).

23 Dazu *Mallmann*, in: Simitis, BDSG, § 19 Rn. 2.

24 *Simitis/Fuckner*, NJW 1990, S. 2713 (2717); *Bäumler*, NVwZ 1988, S. 199; *Kneymeyer*, JZ 1992, S. 348; *Gallwas*, NJW 1992, S. 2785 (2789); VerfGH RhPf CR 1999, S. 354 (355); den unmittelbaren Bestandteil bejahend *Wedde*, in: Däubler/Klebe/Wedde/Weichert, BDSG, § 19 Rn. 1; zur Diskussion mit weiteren Nachweisen bei *Gola/Schomerus*, BDSG, § 19 Rn. 2; *Ehmann*, CR 1988, S. 575 (576).

25 Wegen der Änderungen des BDSG 2001 vgl. außerdem § 34 BDSG Rn. 5; zur Abgrenzung hoheitlichen Handelns das OLG Koblenz NJW-RR 2009, 920.

26 BVerwG NJW 1992, 451 (452).

27 Zur abschließenden Regelung bei *Knemeyer*, JZ 1992, S. 348 (349).

neben den öffentlichen Stellen des Bundes, die Länder und privatrechtlich organisierte Einrichtungen, soweit die in § 12 Abs. 2 BDSG genannten Voraussetzungen vorliegen. Darüber hinaus sind die in § 12 BDSG genannten Ausnahmen zu berücksichtigen, insbesondere gelangt § 19 BDSG nicht bei personenbezogenen Daten zur Anwendung, die im Rahmen eines Beschäftigungsverhältnisses erhoben, verarbeitet oder genutzt werden (§ 12 Abs. 4 BDSG), d. h. die Speicherung der Daten dem Zwecke eines Beschäftigungsverhältnisses dient (vgl. § 32 Abs. 1 BDSG).[28]

1. Antrag des Betroffenen (Abs. 1 Satz 1, 2)

Notwendig ist der Antrag durch den Betroffenen (Abs. 1 Satz 1).[29] Eine besondere Form ist nicht vorgeschrieben, sodass er sowohl mündlich als auch schriftlich gestellt werden kann.[30] Selbst fernmündliche oder per SMS bzw. E-Mail gestellte Anfragen sind möglich. Allerdings muss die verantwortliche Stelle die Identität des Betroffenen sicherstellen.[31] Das folgt schon aus der Verpflichtung nach § 4 Abs. 1 BDSG die Daten nicht unbefugt zu übermitteln. Darüber hinaus ist die vorzunehmende Identifizierung Bestandteil der einzuhaltenden Durchführungsmaßnahmen nach § 9 BDSG.[32] Die verantwortliche Stelle muss demzufolge feststellen, ob der Auskunftsuchende der Betroffene selbst oder zumindest ein zur Kenntnisnahme befugter Vertreter ist.[33] Die Identität ist bei mündlicher Vorsprache durch entsprechende Ausweispapiere und bei sonstigen Anfragen mithilfe von Unterschrift bzw. elektronischer Signatur nachzuweisen. Sofern bereits die Übereinstimmung mit der Anschrift zur Überprüfung der Identität als ausreichend erachtet wird, ist das abzulehnen, da die Anschrift einer Person ohne Einschränkung von anderen Personen genutzt werden kann.[34] In diesen Fällen muss die Angabe weiterer Daten, die nur dem Betroffenen bekannt sind (z. B. Aktenzeichen), verlangt werden. Insbesondere ist bei sensiblen Daten und jedenfalls bei Daten im Sinne von § 3 Abs. 9 BDSG usw. vor der Erteilung einer Auskunft entweder eine Rückfrage zum Sachverhalt geboten oder das Vorliegen einer behördlich bzw. notariell beglaubigten Unterschrift vorauszusetzen.[35] Zumindest bei den sensiblen Daten ist es außerdem erforderlich, bei der Versendung auf besondere Sicherheitsvorkehrungen zu achten

8

---

28 Zur früheren Regelung siehe VG Mannheim NJW 1984, 2429 (2430); vgl. Kommentierung zu § 12 BDSG Rn. 27 ff.

29 Spricht insofern von einer „Holschuld" im Unterschied zur „Bringschuld" des § 19a BDSG, *Mallmann*, in: Simitis, BDSG, § 19 Rn. 12.

30 Ebenso *Wedde*, in: Däubler/Klebe/Wedde/Weichert, BDSG, § 19 Rn. 5; *Gola/Schomerus*, BDSG, § 19 Rn. 13.

31 Ebenso *Bergmann/Möhrle/Herb*, BDSG, § 19 Rn. 9; *Mallmann*, in: Simitis, BDSG, § 19 Rn. 32; *Wedde*, in: Däubler/Klebe/Wedde/Weichert, BDSG, § 19 Rn. 6.

32 Vgl. *Mallmann*, in: Simitis, BDSG, § 19 Rn. 52; vgl. § 9 BDSG Rn. 20 ff.

33 Handeln durch Vertreter möglich, dazu *Schaffland/Wiltfang*, BDSG, § 19 Rn. 10.

34 So aber *Wedde*, in: Däubler/Klebe/Wedde/Weichert, BDSG, § 19 Rn. 6.

35 Vgl. *Bergmann/Möhrle/Herb*, BDSG, § 19 Rn. 9; *Wedde*, in: Däubler/Klebe/Wedde/Weichert, BDSG, § 19 Rn. 6.

und beispielsweise die Auskunft dem Betroffenen nur per eigenhändigem Einschreiben oder direkter Aushändigung zu erteilen.[36] Im Falle der unbefugten Übermittlung von Daten drohen der Auskunft erteilenden Stelle Sanktionen i. S. d. § 4 Abs. 1 BDSG i. V. m. §§ 3 Abs. 4 Nr. 3, 43 Abs. 2 Nr. 1 bzw. 44 Abs. 1 BDSG.[37]

9 Wiederholte Anträge eines Betroffenen sind zulässig, sofern nicht offenkundig ein Missbrauch des Auskunftsrechts vorliegt, der den Zweck verfolgt, die ordnungsgemäße Aufgabenerfüllung der Auskunft erteilenden Stelle zu beeinträchtigen.[38] Ansonsten ist dem Betroffenen nochmals vollständig Auskunft zu erteilen. Eine Beschränkung ausschließlich auf die Veränderung zum vorherigen Mal ist nur bei Vorliegen eines entsprechenden Einverständnisses des Betroffenen zulässig.[39]

10 Anders als bei einer der Behörde obliegenden Ermessensentscheidung ist bei der Auskunft nach § 19 BDSG die schlüssige Darlegung eines schützenswerten bzw. berechtigten Interesses durch den Betroffenen nicht notwendig.[40] Zur Beschleunigung des Verfahrens sind im Antrag vom Betroffenen lediglich die Art der Daten zu benennen (Abs. 1 Satz 2).[41] An dieses Erfordernis sind allerdings keine allzu großen Anforderungen zu stellen.[42] Es ist vielmehr als ausreichend zu erachten, wenn eine thematische, aufgaben- oder organisationsbezogene Bereichseingrenzung erfolgt (z. B. Gesundheitsdaten).[43] Ist die Substantiierungspflicht hingegen im konkreten Fall überflüssig oder dem Betroffenen unzumutbar, kann diese gänzlich unterbleiben, da es sich insoweit um eine „Soll-Vorschrift" handelt.[44]

11 Auskunftsberechtigte im Sinne der Vorschrift sind gem. § 3 Abs. 1 BDSG lediglich bestimmte oder bestimmbare Personen.[45] Die Bestimmbarkeit reicht aus, sodass Anträge ohne Angabe von Namen und Anschrift bearbeitet werden müssen und notfalls der Betroffene weitere Angaben machen muss, um identifiziert werden zu können.[46]

---

36 Ebenso *Gola/Schomerus*, BDSG, § 19 Rn. 15; *Mallmann*, in: Simitis, BDSG, § 19 Rn. 52.
37 Vgl. § 4 Abs. 1 BDSG Rn. 15 ff.
38 Dazu *Wedde*, in: Däubler/Klebe/Wedde/Weichert, BDSG, § 19 Rn. 5.
39 Auskunftserteilung in angemessenem Abstand ist nach Art. 12 EG-DSRl ausreichend, allerdings abhängig von den konkreten Umständen, vgl. *Mallmann*, in: Simitis, BDSG, § 19 Rn. 57.
40 Vgl. BVerwG NJW 1992, 451 (452); zum berechtigten Interesse außerdem BVerwGE 69, 278; anders bei Ermessensentscheidungen, vgl. § 29 Abs. 1 VwVfG, dazu *Herrmann*, in: Bader/Ronellenfitsch (Hrsg.), Kommentar zum VwVfG, § 29 Rn. 15.
41 Dazu *Tinnefeld/Ehmann/Gerling*, Einführung in das Datenschutzrecht, S. 590.
42 Wegen der Gefahr einer Akteneinsicht durch Strafgefangene allerdings anderer Ansicht LG Hamburg NStZ 2002, 55 (56); zur Einsicht von Strafgefangenen *Seebode*, NJW 1997, S. 1754.
43 Weitere Beispiele bei *Mallmann*, in: Simitis, BDSG, § 19 Rn. 37.
44 Zu den Hintergründen bei *Mallmann*, in: Simitis, BDSG, § 19 Rn. 37.
45 Nicht juristische Personen oder Handelsgesellschaften BFH NVwZ-RR 2004, S. 525; BAGE 52, 88 (100 f.); dazu *Mallmann*, in: Simitis, BDSG, § 19 Rn. 11.
46 *Bergmann/Möhrle/Herb*, BDSG, § 19 Rn. 12; *Mallmann*, in: Simitis, BDSG, § 19 Rn. 15, 49.

Erst wenn die sichere Zuordnung der Person zu Daten nicht mehr möglich ist, entfällt der Auskunftsanspruch.[47] Enthalten Daten Informationen zur Gesundheit, kann im Einzelfall die Beteiligung eines Arztes geboten sein.[48] Bei beschränkter Geschäftsfähigkeit i. S. d. § 106 BGB besteht ein Auskunftsrecht nur, sofern der Auskunftssuchende entweder durch die Vorschrift des bürgerlichen Rechts (z. B. §§ 112, 113 BGB) als geschäftsfähig oder nach öffentlich-rechtlichen Regelungen als handlungsfähig (vgl. § 12 Abs. 1 Nr. 2 VwVfG) anerkannt ist.[49] Bei Nichtvorliegen dieser Voraussetzungen ist der Antrag durch die gesetzlichen Vertreter zu stellen.[50] Darüber hinaus ist ein Antrag durch einen Bevollmächtigten möglich, der im Zweifel die Bevollmächtigung und dessen Umfang durch entsprechende Vollmacht schriftlich nachweisen muss.[51] Auskunftsanträge Dritter sind hingegen nicht aus § 19 BDSG zu begründen.[52]

Das Auskunftsrecht betrifft alle Einzelangaben über die persönlichen oder sachlichen Verhältnisse des Auskunftersuchenden, mit Ausnahme der in Abs. 2 genannten Daten. Ebenfalls kein Anspruch auf Auskunft besteht bei nicht gespeicherten (z. B. Bedienstete besitzen sonstige Kenntnisse über eine Person) und bereits gelöschten Daten.[53] Ansonsten gilt das Recht auf Auskunft uneingeschränkt, sodass eine Auskunft nur aus einer der in § 19 BDSG genannten Ausnahmen unterbleiben darf. Es sind daher sowohl gesperrte Daten (solange sie nicht in den Anwendungsbereich des Abs. 2 fallen), als auch vermeintlich unwesentliche Daten sowie unzulässig gespeicherte oder Daten der Vergangenheit mitzuteilen, sofern dies technisch zumutbar und verhältnismäßig zum Informationsinteresse des Betroffenen ist.[54] Für die notwendigen technischen und organisatorischen Vorkehrungen, um eine Auskunft rechtzeitig und vollständig erteilen zu können, hat die verantwortliche Stelle Sorge zu tragen.[55] **12**

Ist die Herkunft der Daten der verantwortlichen Stelle bekannt, muss diese mitgeteilt werden (Abs. 1 Satz 1 Nr. 1). Diese Verpflichtung besteht unabhängig davon, **13**

---

47 *Mallmann*, in: Simitis, BDSG, § 19 Rn. 15.
48 Siehe § 25 Abs. 2 SGB X; dazu *Mallmann*, in: Simitis, BDSG, 19 Rn. 59.
49 Dazu näher mit weiteren Beispielen bei *Mallmann*, in: Simitis, BDSG, § 19 Rn. 33; zu § 12 Abs. 1 Nr. 2 VwVfG siehe *Gerstner-Heck*, in: Bader/Ronellenfitsch, Kommentar zum VwVfG, § 12 Rn. 6 ff.
50 Vgl. *Gola/Schomerus*, BDSG, § 6 Rn. 3; ein höchstpersönliches Recht hingegen verneinend *Schaffland/Wiltfang*, BDSG, § 19 Rn. 10.
51 *Mallmann*, in: Simitis, BDSG, § 19 Rn. 34.
52 Möglicherweise nach § 16 Abs. 1 S. Nr. 2 BDSG, vgl. *Wedde*, in: Däubler/Klebe/Wedde/Weichert, BDSG, § 19 Rn. 7; vgl. § 16 Abs. 1 S. 1 Nr. 2 BDSG Rn. 16 ff.
53 Aber möglicherweise Anspruch auf Mitteilung, dass Daten gelöscht wurden, dazu bei *Mallmann*, in: Simitis, BDSG, § 19 Rn. 19 m. w. N.; VGH Bad.-Württ. DVBl. 1992, 1309 (1311); BVerwG DVBl. 1999, 332 (333).
54 Näher bei *Bergmann/Möhrle/Herb*, BDSG, § 19 Rn. 13 f.; *Mallmann*, in: Simitis, BDSG, § 19 Rn. 20; *Wedde*, in: Däubler/Klebe/Wedde/Weichert, BDSG, § 19 Rn. 5.
55 *Gola/Wronka*, Handbuch zum Arbeitnehmerdatenschutz, Rn. 298.

ob es sich bei der Quelle um eine natürliche Person oder Institution handelt.[56] Dadurch soll die Stellung des Betroffenen gestärkt und es ihm ermöglicht werden, ggf. weitere Nachforschungen zu betreiben.[57] Also bezieht sich die Verpflichtung nicht nur auf die gespeicherten Daten, sondern ebenso auf die in sonstiger Weise erlangten Kenntnisse über die Herkunft (z. B. sog. Beiakte, Speicherung aufgrund § 9 BDSG).[58] Es bestände sonst die Gefahr, dass bewusst auf eine Speicherung von Informationen verzichtet wird, um diese nicht mitteilen zu müssen.[59] Eine Verpflichtung der verantwortlichen Stelle, die Information über die Herkunft durch Speicherung generell vorzuhalten, besteht hingegen nicht.[60]

14 Darüber hinaus sind dem Betroffenen die Empfänger bzw. Kategorien der Empfänger mitzuteilen (Abs. 1 Satz 1 Nr. 2).[61] Soweit möglich, beinhaltet das gleichermaßen die Adressen der Empfänger.[62] Als Empfänger werden nicht nur Dritte, sondern ebenso die innerhalb der verantwortlichen Stelle tätigen Personen bzw. internen Stellen und Auftragnehmer bei der Datenverarbeitung angesehen (vgl. § 3 Abs. 8 Satz 1 BDSG), weshalb über interne Datenflüsse ebenso Auskunft zu erteilen ist.[63] Die Speicherung und damit Auskunft über die Empfänger ist für die verantwortliche Stelle verpflichtend und nicht davon abhängig, ob eine regelmäßige Übermittlung erfolgt.[64] Die Weitergabe dieser Information ist trotz des Eingriffs in das informationelle Selbstbestimmungsrecht der „natürlichen Empfänger" aufgrund der Sicherstellung der Transparenz von Datenverarbeitungsvorgängen gerechtfertigt.[65]

15 Weiterhin Gegenstand der Auskunftspflicht ist die Zweckbestimmung der Speicherung (Abs. 1 Satz 1 Nr. 3).[66] Bestehen verschiedene Zwecke, sind diese alle zu benennen.[67] Entscheidend für den Zweck ist vor allem die Legitimationsgrundla-

---

56 *Däubler*, in: Däubler/Klebe/Wedde/Weichert, BDSG, § 34 Rn. 12; OVG NW RDV 2002, 127; *Tinnefeld/Ehmann/Gerling*, Einführung in das Datenschutzrecht, S. 591; bezieht sich auch auf Informanten, vgl. BVerwG NJW 1992, 451 (452); BVerwG NJW 1965, 1450.

57 Vgl. *Mallmann*, in: Simitis, BDSG, § 19 Rn. 25; *Gola/Schomerus*, BDSG, § 19 Rn. 5; BDSG 1990, BT-Drs. 11/4306, S. 46.

58 Ebenso *Däubler*, in: Däubler/Klebe/Wedde/Weichert, BDSG, § 34 Rn. 13.

59 Vgl. *Gola/Schomerus*, BDSG, § 19 Rn. 5.

60 *Mallmann*, in: Simitis, BDSG, § 19 Rn. 28.

61 Diese Daten sind schon zumeist aufgrund § 18 Abs. 2 Satz 2 BDSG i.V.m. § 4e Nr. 6 BDSG in ein Verfahrenverzeichnis mit aufgenommen.

62 *Bergmann/Möhrle/Herb*, BDSG, § 34 Rn. 46.

63 *Däubler*, in: Däubler/Klebe/Wedde/Weichert, BDSG, § 34 Rn. 14; *Bergmann/Möhrle/Herb*, BDSG § 34 Rn. 44; *Tinnefeld/Ehmann/Gerling*, Einführung in das Datenschutzrecht, S. 308 (591); *Gola/Schomerus*, BDSG, § 3 Rn. 51; vgl. auch § 3 BDSG Rn. 55.

64 *Mallmann*, in: Simitis, BDSG, § 19 Rn. 26.

65 Dazu näher bei *Däubler*, in: Däubler/Klebe/Wedde/Weichert, BDSG, § 34 Rn. 15; zur Verpflichtung nach § 34 Abs. 1 BDSG, AG Berlin-Mitte MMR 2009, 292.

66 Eine Information, die aufgrund § 18 Abs. 2 BDSG i.V.m. § 4e Nr. 4 BDSG zumindest für die allgemeine Zweckbestimmung der gesamten Datei bereits in das Verfahrenverzeichnis mit aufzunehmen ist.

67 Ebenso *Bergmann/Möhrle/Herb*, BDSG, § 34 Rn. 50.

ge.[68] Zur Eingrenzung können die durch § 14 BDSG vorgeschriebenen Zweckbindungen dienen.[69] Wichtig ist jedoch, dass die anzugebende Zweckbestimmung sich auf die konkrete Person des Auskunftsuchenden beziehen muss und nicht auf den allgemeinen Zweck, den die gesamte Datei erfüllt und der damit Gegenstand des Verfahrensverzeichnisses ist.[70]

2. Aktenauskunft (Abs. 1 Satz 3)

Eine Sonderregelung enthält der Abs. 1 Satz 3 für Daten, die weder automatisiert   **16**
noch in nicht-automatisierten Dateien gespeichert sind. Im Allgemeinen wird hierbei von Daten in Akten ausgegangen,[71] bei denen aufgrund der erhöhten Schwierigkeit bei der Auffindung der jeweiligen Daten eine Mitwirkungspflicht des Betroffenen zwingend vorgeschrieben wird.[72] Doch selbst in diesem Fall ist die verantwortliche Stelle nicht von der Notwendigkeit der eigenen Recherche entbunden. Vielmehr muss sie sich notfalls mithilfe der Suche in automatisierten Dateien oder durch entsprechende Nachfrage beim Auskunftersuchenden die erforderlichen Kenntnisse verschaffen.[73] Der Betroffene muss daher lediglich die ihm bekannten Suchkriterien in Form von Aktenzeichen, Bearbeitungsvermerken, Sachbearbeitern, Grund des Vorgangs, Verbindung zu früheren Vorgängen, Datum etc. angeben.[74]

Auch bei der Aktenauskunft brauchen die Gründe des Antrages in diesem Zusam-   **17**
menhang nicht näher dargelegt zu werden.[75] Zu berücksichtigen ist jedoch, dass eine Auskunftserteilung unterbleiben kann, wenn der erforderliche Aufwand außer Verhältnis zu dem vom Betroffenen geltend gemachten Informationsinteresse steht. Die notwendige Interessenabwägung indiziert, dass eine Darlegung des Auskunftsinteresses stattfindet.[76] Fehlt die Angabe und wäre die Suche tatsächlich mit erheblichem Aufwand verbunden, muss vor Auskunftsverweigerung durch die Auskunft erteilende Stelle wiederum zunächst eine entsprechende Nachfrage beim Aus-

---

68 Vgl. *Däubler*, in: Däubler/Klebe/Wedde/Weichert, BDSG, § 34 Rn. 16.
69 Dazu näher *Mallmann*, in: Simitis, BDSG, § 19 Rn. 29.
70 *Däubler*, in: Däubler/Klebe/Wedde/Weichert, BDSG, § 34 Rn. 16.
71 Vgl. § 3 Abs. 2 Satz 2 BDSG; BVerwG NJW 1992, 451 (452); BFHE 202, 425; BFHE 202, 425, *Gola/Schomerus*, BDSG, § 19 Rn. 4.
72 Vgl. *Mallmann*, in: Simitis, BDSG, § 19 Rn. 40; *Wedde*, in: Däubler/Klebe/Wedde/Weichert, BDSG, § 19 Rn. 8.
73 Vgl. *Bergmann/Möhrle/Herb*, BDSG, § 19 Rn. 19; *Wedde*, in: Däubler/Klebe/Wedde/Weichert, BDSG, § 19 Rn. 8; *Mallmann*, in: Simitis, BDSG, § 19 Rn. 42.
74 Weitere Beispiele bei *Wedde*, in: Däubler/Klebe/Wedde/Weichert, BDSG, § 19 Rn. 8; *Mallmann*, in: Simitis, BDSG, § 19 Rn. 41.
75 Ebenso *Schaffland/Wiltfang*, BDSG, § 19 Rn. 15; *Wedde*, in: Däubler/Klebe/Wedde/Weichert, BDSG, § 19 Rn. 8.
76 Ebenso *Mallmann*, in: Simitis, BDSG, § 19 Rn. 44, 12; *Gallwas*, NJW 1992, S. 2785 (2789); zur Abwägung das BVerwGE 84, 375; *Knemeyer*, JZ 1992, S. 348 (350).

kunftsersuchenden erfolgen.[77] Ein überwiegendes Interesse des Betroffenen ist hingegen selbst bei sehr hohem Aufwand anzunehmen, sofern die Anfrage sich z. B. auf möglicherweise unrichtige oder unzulässigerweise verarbeitete Daten bezieht.[78]

18 Bereichsspezifische Regelungen können ebenfalls ein Akteneinsichtsrecht gewähren (z. B. § 29 VwVfG, § 25 SGB X, § 7 BNDG).[79] Liegen die jeweiligen Voraussetzungen vor, gelangen die spezielleren Vorschriften zur Anwendung.[80] Darüber hinaus besteht nach dem Informationsfreiheitsgesetz (IFG)[81] grundsätzlich ein Anspruch auf Zugang zu amtlichen Informationen der Behörden des Bundes,[82] entsprechende Regelungen finden sich außerdem in Landesgesetzen.[83]

3. Form und Verfahren (Abs. 1 Satz 4)

19 In welcher Form die Auskunft nach § 19 erteilt wird, ist für den öffentlichen Bereich nicht näher geregelt, sodass die Entscheidung darüber im Ermessen der öffentlichen Stelle liegt (Abs. 1 Satz 4).[84] Spezialgesetzliche Regelungen können demgegenüber Einschränkungen enthalten (vgl. StPO) und beispielsweise eine schriftliche Übermittlung ausschließen.[85] Fehlt es an speziellen Vorgaben, kommt sowohl die mündliche als auch die schriftliche Auskunft in Betracht.[86] Ebenso kann die Auskunft mithilfe elektronischer Informations- und Kommunikationstechnologie (z. B. E-Mail, SMS, Internet) erteilt werden, sofern der Übermittlungsvorgang durch entsprechende Schutzmaßnahmen gesichert ist.[87] Die Form der Auskunftser-

---

77 *Mallmann*, in: Simitis, BDSG, § 19 Rn. 42.

78 Ebenso *Bergmann/Möhrle/Herb*, BDSG, § 19 Rn. 19; *Gola/Schomerus*, BDSG, § 19 Rn. 10; *Mallmann*, in: Simitis, BDSG, § 19 Rn. 46; *Wedde*, in: Däubler/Klebe/Wedde/ Weichert, BDSG, § 19 Rn. 9.

79 Zur Auskunftspflicht des BND BVerwGE 130, 29; dazu Anm. von *Bier*, jurisPR-BVerwG 6/2008, Anm. 6.

80 Ebenso *Bergmann/Möhrle/Herb*, BDSG, § 19 Rn. 20; *Gola/Schomerus*, BDSG, § 19 Rn. 11; zu § 29 VwVfG bei *Herrmann*, in: Bader/Ronellenfitsch, Kommentar zum VwVfG, § 29 Rn. 8 ff.

81 IFG v. 5.9.2005, BGBl. I, S. 2722; zum Verhältnis untereinander näher *Steinbach/Hochheim*, NZS 2006, S. 517.

82 Dazu VG Frankfurt NVwZ 2008, 1384.

83 Dazu *Gola/Schomerus*, BDSG, § 19 Rn. 12; *Weber*, RDV 2005, S. 243 (248 ff.); zu Brandenburg vgl. *Dix*, DuD 2002, S. 291 (292 ff.); zu Schleswig-Holstein vgl. *Nordmann*, RDV 2001, S. 71.

84 Anders im nicht-öffentlichen Bereich, vgl. § 34 BDSG Rn. 37 f.

85 Z. B. § 42 BZRG, dazu näher bei *Schaffland/Wiltfang*, BDSG, § 19 Rn. 16a; BVerfG CR 1992, 693.

86 Dazu näher bei *Mallmann*, in: Simitis, BDSG, § 19 Rn. 53.

87 Z. B. Verschlüsselungsverfahren, elektronischer Signatur usw., vgl. bei *Wedde*, in: Däubler/Klebe/Wedde/Weichert, BDSG, § 19 Rn. 11; *Roßnagel/Pfitzmann/Garstka*, Modernisierung des Datenschutzrechts: Gutachten im Auftrag des Innern, S. 174 ff.; oder bei Übermittlung mit Faxgeräten, durch vorherigen Anruf, vgl. *Mallmann*, in: Simitis, BDSG, § 19 Rn. 58.

teilung muss sich allerdings zum einen an der Form des Antrags und zum anderen an der Art der Daten (bei sensiblen Daten z. B. ein Einschreiben) orientieren.[88] Darüber hinaus muss die Auskunft für den Betroffenen verständlich sein, sodass dieser ohne spezielle Vorkenntnisse, der Hilfe technischer Mittel oder fachlicher Beratung selbst feststellen kann, welche Daten über ihn gespeichert sind.[89] Soweit über Daten aus automatisierten Dateien bzw. verschlüsselten Informationen Auskunft erteilt wird, sind diese dem Betroffenen in einer für ihn nachvollziehbaren und lesbaren Form mitzuteilen.[90] Mangels entgegenstehender gesetzlicher Regelungen und fehlendem überwiegendem Schutzinteresse der Behörde kann der Betroffene verlangen, dass ihm die Auskunft schriftlich erteilt wird.[91]

Ebenfalls keine Regelung enthält § 19 BDSG zur Frist der Auskunftserteilung. Im Allgemeinen wird daher eine Bearbeitungsfrist von höchstens zwei Wochen angenommen.[92] In begründeten Ausnahmefällen kann hingegen durchaus sowohl eine längere als auch eine kürzere Frist geboten sein.[93]   **20**

Sind keine Daten des Betroffenen gespeichert, ist dieser darüber gleichermaßen zu informieren, sog. „Negativauskunft".[94] Das gilt jedoch nicht in dem Fall, dass die Daten zwar schon hätten gelöscht werden müssen, es aber noch nicht geschehen ist. Vielmehr ist dann Auskunft über den gegenwärtigen Zustand zu erteilen und der Betroffene über die „noch" gespeicherten Daten zu informieren.[95]   **21**

Wird die Auskunftserteilung ganz bzw. teilweise abgelehnt, ist dem Betroffenen hierzu, sofern nicht die Voraussetzungen des Abs. 5 vorliegen, ein Bescheid mit Begründung zu erteilen.[96] Eine Begründung muss die wesentlichen und tatsächlichen Gründe mitteilen, durch welche die verantwortliche Stelle zu ihrer Entscheidung bewogen wurde.[97]   **22**

---

88 Vgl. *Gola/Schomerus*, BDSG, § 19 Rn. 15; *Wedde*, in: Däubler/Klebe/Wedde/Weichert, BDSG, § 19 Rn. 10 f.

89 *Wedde*, in: Däubler/Klebe/Wedde/Weichert, BDSG, § 19 Rn. 11.

90 Ebenso *Mallmann*, in: Simitis, BDSG, § 19 Rn. 54.

91 Kein überwiegendes Interesse der öffentlichen Stellen, da die schriftliche Auskunft in der Regel weniger Aufwand bedeutet als eine mündliche, so jedenfalls *Wedde*, in: Däubler/Klebe/Wedde/Weichert, BDSG, § 19 Rn. 10.

92 Ausreichend für eine unverzügliche Auskunft, vgl. *Wedde*, in: Däubler/Klebe/Wedde/Weichert, BDSG, § 19 Rn. 12; *Schaffland/Wiltfang*, BDSG, § 19 Rn. 18.

93 Dazu näher bei *Mallmann*, in: Simitis, BDSG, § 19 Rn. 50; zur Notwendigkeit einer differenzierten Betrachtungsweise bezogen auf den Einzelfall OVG Berlin NVwZ 1987, 817.

94 Ebenso *Däubler*, in: Däubler/Klebe/Wedde/Weichert, BDSG, § 34 Rn. 17; *Wohlgemuth/Gerloff*, Datenschutzrecht – Eine Einführung mit praktischen Fällen, S. 134; zur fehlenden ausdrücklichen Regelungen *Weichert*, NVwZ 2007, S. 1004.

95 *Däubler*, in: Däubler/Klebe/Wedde/Weichert, BDSG, § 34 Rn. 17; *Wohlgemuth/Gerloff*, Datenschutzrecht – Eine Einführung mit praktischen Fällen, S. 134; *Bergmann/Möhrle/Herb*, BDSG, § 34 Rn. 28.

96 Vgl. *Mallmann*, in: Simitis, BDSG, § 19 Rn. 55.

97 Vgl. § 39 VwVfG.

III. Ausnahmen (Abs. 2)

23   In Abs. 2 sind Ausnahmen von der allgemeinen Auskunftspflicht vorgesehen, bei deren Vorliegen ein Recht auf Auskunft nicht besteht.[98] Hierbei handelt es sich um Daten, die eigentlich gem. § 20 BDSG gelöscht werden könnten, jedoch aufgrund anderer Aufbewahrungsvorschriften noch vorgehalten werden müssen. Wegen der damit verbundenen Einschränkung des Rechts auf informationelle Selbstbestimmung sind an das Vorliegen derartiger Ausnahmen strenge Maßstäbe anzulegen.[99]

24   Ein Recht auf Auskunft entfällt zunächst einmal dann, wenn aufgrund gesetzlicher, satzungsmäßiger oder vertraglicher Aufbewahrungsfristen Daten nicht gelöscht werden dürfen.[100] In Betracht kommt z. B. eine Aufbewahrungspflicht gemäß landesrechtlicher Meldegesetze oder satzungsmäßiger Vorschriften im kommunalen Bereich.[101] Der Abschluss eines Vorgangs und die damit verbundene Möglichkeit, die Daten zu löschen oder zur weiteren Speicherung einem anderen Zuständigkeitsbereich (z. B. Registratur) zuzuleiten, reicht hingegen noch nicht aus, da die Daten in diesem Fall weiterhin für nachfolgende Vorgänge und Entscheidungen verwendet werden könnten. Nur wenn die Daten nicht mehr für Verwaltungsvorgänge oder Entscheidungen zur Verfügung stehen und diese ausschließlich für Prüfungs- und Kontrollzwecke vorgehalten werden, entfällt das Recht auf Auskunft nach Abs. 2.[102]

25   Ein Auskunftsanspruch besteht weiterhin nicht bei Daten, die nur aus Gründen der Datensicherung vorgehalten werden. Die Sicherungsdaten dienen lediglich zur Rekonstruktion bei Verlust oder Zerstörung von Dateien (z. B. Sicherungskopien, Protokolldateien, Logfiles).[103] Es handelt sich hierbei um Informationen, die im aktuellen Bestand enthalten sind und die infolgedessen dem Auskunftsanspruch des Betroffenen bereits unterliegen.[104]

26   Eine Ausnahme besteht überdies bei Daten, die zum Zwecke der Datenschutzkontrolle gespeichert wurden und lediglich zur späteren Überprüfung dienen oder Unterlagen des Datenschutzbeauftragten bzw. der Aufsichtsbehörde darstellen. Die Originaldaten finden sich in diesem Fall ebenfalls im allgemeinen Bestand der ver-

---

98 Inhaltsgleich mit der Auskunft für den nicht-öffentlichen Bereich, vgl. § 34 Abs. 7 BDSG i. V. m. § 33 Abs. 2 S. 1 Nr. 2 BDSG.

99 Ebenso *Wedde*, in: Däubler/Klebe/Wedde/Weichert, BDSG, § 19 Rn. 13; *Gola/Schomerus*, BDSG, § 19 Rn. 16.

100 Z. B. vertragliche Aufbewahrungspflichten i. S. v. § 54 VwVfG bei öffentlich-rechtlichen Verträgen, dazu *Wedde*, in: Däubler/Klebe/Wedde/Weichert, BDSG, § 19 Rn. 14.

101 Dazu mit weiteren Beispielen bei *Bergmann/Möhrle/Herb*, BDSG, § 19 Rn. 25.

102 Soweit Daten an ein zuständiges Archiv abgegeben werden, ist das Archiv die verantwortliche Stelle, vgl. *Gola/Schomerus*, BDSG, § 19 Rn. 18.

103 *Wedde*, in: Däubler/Klebe/Wedde/Weichert, BDSG, § 19 Rn. 15.

104 Schutzwürdige Interessen werden nicht berührt, vgl. *Gola/Schomerus*, BDSG, § 19 Rn. 19.

antwortlichen Stelle, weshalb eine Beeinträchtigung schutzwürdiger Interessen des Betroffenen nicht zu erwarten ist.[105]

Die Auskunftserteilung darf allerdings nur unterbleiben, soweit deren Erteilung mit einem unverhältnismäßigen Aufwand verbunden ist. Aufgrund des besonderen Ausnahmecharakters der Vorschrift ist die Unverhältnismäßigkeit durch die Behörde darzulegen.[106] Kann die Auskunft offensichtlich ohne nennenswerten Aufwand erteilt werden oder kann die Ablehnung nicht substantiiert begründet werden, muss die Auskunft erfolgen.[107]   **27**

IV. Zustimmungspflicht (Abs. 3)

Die Verpflichtung zur Auskunft wird durch Abs. 3 eingeschränkt, sofern eine der dort genannten Sicherheitsbehörden (insbesondere Nachrichtendienste) diese Daten übermittelt bekommen hat. Insoweit wird die Mitteilung unter einen Zustimmungsvorbehalt gestellt.[108] Die Einschränkung bezieht sich ausschließlich auf die Angabe der Übermittlung, nicht auf die Daten selbst, über die weiterhin Auskunft zu erteilen ist.[109] Es soll auf diese Weise verhindert werden, dass Betroffene durch die Auskunft über Herkunft und Empfänger Kenntnis von der Speicherung der Daten bei Sicherheitsbehörden erhalten und dadurch möglicherweise eine negative Beeinflussung der Arbeit dieser Behörden eintritt.[110] Diese muss jedoch nach pflichtgemäßem Ermessen prüfen, inwieweit eine Zustimmung verweigert werden muss.[111] Bestehen vorrangige bereichsspezifische Regelungen zur Verweigerung der Auskunft, muss die Sicherheitsbehörde diese Vorschriften zur Grundlage ihrer Entscheidung machen.[112] Verweigert die Sicherheitsbehörde ihre Zustimmung, erhält der Betroffene keinerlei Hinweis auf die Übermittlung der Daten.[113]   **28**

---

105 Vgl. *Gola/Schomerus*, BDSG, § 19 Rn. 20.
106 Vgl. *Wedde*, in: Däubler/Klebe/Wedde/Weichert, BDSG, § 19 Rn. 16.
107 Ebenso *Gola/Schomerus*, BDSG, § 19 Rn. 21; *Bergmann/Möhrle/Herb*, BDSG, § 19 Rn. 28.
108 Art. 13 EG-DSRl lässt Ausnahmen und Einschränkungen der Auskunft zur Sicherheit des Staates und der öffentlichen Sicherheit ausdrücklich zu.
109 Vgl. *Wedde*, in: Däubler/Klebe/Wedde/Weichert, BDSG, § 19 Rn. 18; *Mallmann*, in: Simitis, BDSG, § 19 Rn. 73.
110 OVG Berlin NJW 1986, 2004 (2005); VG Stade CR 1988, 496 (497); dazu *Bergmann/Möhrle/Herb*, BDSG, § 19 Rn. 29; *Gola/Schomerus*, BDSG, § 19 Rn. 22; *Wedde*, in: Däubler/Klebe/Wedde/Weichert, BDSG, § 19 Rn. 19; *Mallmann*, in: Simitis, BDSG, § 19 Rn. 70.
111 So *Schaffland/Wiltfang*, BDSG, § 19 Rn. 19; *Wedde*, in: Däubler/Klebe/Wedde/Weichert, BDSG, § 19 Rn. 19; *Gola/Schomerus*, BDSG, § 19 Rn. 23; BVerwGE 84, 375; OVG Berlin CR 1987, 123; VG Stade CR 1988, 496.
112 *Mallmann*, in: Simitis, BDSG, § 19 Rn. 71.
113 *Wedde*, in: Däubler/Klebe/Wedde/Weichert, BDSG, § 19 Rn. 19.

29 Im umgekehrten Fall, in dem die verantwortliche Stelle die Daten von einer Sicherheitsbehörde erhalten hat, bestehen in der Regel keine Bedenken gegen die Auskunft, da dann davon auszugehen ist, dass kein besonderes Geheimhaltungsinteresse mehr besteht.[114]

V. Auskunftsverbot (Abs. 4)

30 Eine Auskunft durch öffentliche Stellen unterbleibt bei Vorliegen der Voraussetzungen des Abs. 4. Dazu muss einer der in den Nrn. 1 bis 3 genannten Tatbestände erfüllt sein, der so gewichtig ist, dass demgegenüber das Interesse des Betroffenen zurücktritt.[115] Die Ausnahmetatbestände sind abschließend, ein Ermessensspielraum der verantwortlichen Stelle verbleibt nicht.[116] Die mit dem Verbot der Auskunft verbundene Einschränkung des informationellen Selbstbestimmungsrechts erfordert, dass ein überwiegendes Allgemeininteresse die Einschränkung notwendig macht.[117]

31 Die Auskunft darf nur verweigert werden, sofern die in Abs. 4 genannten Voraussetzungen erfüllt sind. In einem derartigen Fall ist dem Betroffenen mitzuteilen, dass dem Antrag nicht stattgegeben werden kann.[118] Ansonsten ist die Auskunft zu erteilen, notfalls nachträglich, wenn die Voraussetzungen eines Verbotes erst zu einem späteren Zeitpunkt entfallen.[119] Auf Verlangen des Betroffenen muss die verantwortliche Stelle die Auskunftsverweigerung schriftlich erteilen und begründen.[120] Die Entscheidung stellt einen Verwaltungsakt dar, den der Betroffene gerichtlich prüfen lassen kann.[121]

---

114 *Gola/Schomerus*, BDSG, § 19 Rn. 22; *Wedde*, in: Däubler/Klebe/Wedde/Weichert, BDSG, § 19 Rn. 20; *Mallmann*, in: Simitis, BDSG, § 19 Rn. 74.

115 Zur Abwägung BVerfG MMR 2008, 450 (451 f.).

116 BVerwGE 89, 14; *Knemeyer*, JZ 1992, S. 348 (349); VerfG Rheinland-Pfalz NJW 1999, 2264 (2265); dazu *Bergmann/Möhrle/Herb*, BDSG, § 19 Rn. 40; BVerwG NJW 1992, 451 (452); *Vogelgesang/Vogelgesang*, CR 1996, S. 752 (754), BFHE 202, 425; BFHE 202, 425; zu § 17 LDSG VGH Bad.-Württ. DVBl. 1992, 1309 (1310).

117 So das BVerfG NJW 1984, 419 (421).

118 Ebenso *Schaffland/Wiltfang*, BDSG, § 19 Rn. 22; zur Notwendigkeit einer ausführlichen Begründung vgl. *Weichert*, NVwZ 2007, S. 1004 (1007).

119 *Wedde*, in: Däubler/Klebe/Wedde/Weichert, BDSG, § 19 Rn. 22; *Mallmann*, in: Simitis, BDSG, § 19 Rn. 81.

120 *Schaffland/Wiltfang*, BDSG, § 19 Rn. 22.

121 *Wedde*, in: Däubler/Klebe/Wedde/Weichert, BDSG, § 19 Rn. 22; *Gola/Schomerus*, BDSG, § 19 Rn. 24; *Simitis/Fuckner*, NJW 1990, S. 2713; BVerwG NJW 1992, 451 (452); zu § 17 LDSG VGH Bad.-Württ. DVBl. 1992, 1309; BFHE 202, 425.

Wird die ordnungsgemäße Aufgabenerfüllung der verantwortlichen Stelle durch **32** eine Auskunft gefährdet, unterbleibt die Auskunft (Abs. 4 Nr. 1).[122] Dieser Auskunftsverweigerungsgrund kommt vor allem im Sicherheitsbereich der Bundesverwaltung (z. B. Bundeskriminalamt, Staatsanwaltschaft, Polizei) und bei der Finanzverwaltung in Betracht.[123] Für die Nachrichtendienste sind hingegen die bereichsspezifischen Regelungen zu berücksichtigen.[124] Die Gefährdung muss gerade durch die Preisgabe der Daten, die vom Auskunftsersuchen des Betroffenen erfasst werden, eintreten.[125] Dabei darf nicht generell von einer Gefährdung bzw. Geheimhaltungspflicht ausgegangen werden, sondern es muss die konkrete Situation bezogen auf den Betroffenen und die jeweiligen Aufgaben der Behörde berücksichtigt werden.[126] Eine schlichte Arbeitsüberlastung, ohne dass zugleich die ordnungsgemäße Aufgabenerfüllung der verantwortlichen Stelle gefährdet wäre, reicht zur Verweigerung nicht aus, vielmehr ist diese verpflichtet, durch entsprechende organisatorische Maßnahmen die Auskunft zu ermöglichen.[127] Regelmäßig ist in diesem Sinne eine Auskunft zu verweigern, wenn der Betroffene sich im laufenden Ermittlungsverfahren informieren will, um weitere Untersuchungen zu vereiteln oder zu beeinflussen.[128] Gleiches gilt, sofern durch eine Auskunft Informationen mitgeteilt werden müssten, bei denen die verantwortliche Stelle Vertraulichkeit zugesichert hat.[129] Daher besteht z. B. keine allgemeine Verpflichtung auf Benennung eines Anrufers bei der Polizei,[130] es sei denn, es bestehen Anhaltspunkte, dass ein Informant der Behörde entgegen besseren Wissens bzw. leichtfertig über den Betroffen unrichtige Informationen herausgegeben hat.[131]

---

122 Damit wird an den in diversen anderen Vorschriften (z. B. §§ 14 ff. BDSG) ebenfalls verwendeten Begriff der Aufgabenerfüllung angeknüpft, vgl. *Mallmann*, in: Simitis, BDSG, § 19 Rn. 82.
123 BFHE 202, 425; dazu *Wedde*, in: Däubler/Klebe/Wedde/Weichert, BDSG, § 19 Rn. 23.
124 Vgl. § 7 BNDG (Bundesnachrichtendienst), § 15 BVerfSchG (Bundesamt für Verfassungsschutz), § 9 MADG (Militärischer Abschirmdienst) und Sicherheitsprüfung §§ 6, 23 SÜG zur Auskunftpflicht der Geheimdienste; dazu bei *Bäumler*, DuD 1996, S. 537 (539 f.); *Wedde*, in: Däubler/Klebe/Wedde/Weichert, BDSG, § 19 Rn. 23.
125 BVerwG NJW 1992, 451 (452); BFHE 202, 425.
126 Vgl. BVerwG NVwZ 1994, 72; BFH NVwZ-RR 2004, 525 (526); zur Abwägung BVerfG NVwZ 2001, 185 (186).
127 Vgl. *Gola/Wronka*, Handbuch zum Arbeitnehmerdatenschutz, Rn. 298; *Wedde*, in: Däubler/Klebe/Wedde/Weichert, BDSG, § 19 Rn. 24; *Schaffland/Wiltfang*, BDSG, § 19 Rn. 24; *Knemeyer*, JZ 1992, S. 348 (349).
128 *Wedde*, in: Däubler/Klebe/Wedde/Weichert, BDSG, § 19 Rn. 24; *Mallmann*, in: Simitis, BDSG, § 19 Rn. 85.
129 VerfG Rheinland-Pfalz RDV 1999, 71 (72 f.) zu § 18 Abs. 1 LDSG; *Schaffland/Wiltfang*, BDSG, § 19 Rn. 23.
130 BVerwG RDV 1994, 28.
131 Vgl. BVerwG DÖV 1992, 116 (118); *Schaffland/Wiltfang*, BDSG, § 19 Rn. 23; VerfG Rheinland-Pfalz RDV 1999, 71 (73) zu § 18 Abs. 1 LDSG.

33 Zum Schutz der öffentlichen Sicherheit oder Ordnung muss die Auskunft ebenfalls verweigert werden (Abs. 4 Nr. 2).[132] Ähnliche Formulierungen finden sich in anderen Vorschriften wieder (z. B. §§ 29 Abs. 2, 84 Abs. 3 VwVfG).[133] An diese unbestimmten Rechtsbegriffe müssen im Interesse der verfassungsrechtlich gebotenen Datentransparenz strenge Maßstäbe gesetzt und an deren Vorliegen hohe Anforderungen gestellt werden.[134] Eine Gefährdung der öffentlichen Sicherheit liegt vor, sofern der Bestand der verfassungsmäßigen Ordnung oder wesentliche Rechtsgüter der Bürger (Leben, Gesundheit, Freiheit und Eigentum) bedroht sind.[135] Bei der öffentlichen Ordnung soll hingegen das Funktionieren des Staates und seiner Einrichtungen sichergestellt werden.[136] Es muss allerdings dem Wohl des Bundes oder eines Landes insgesamt ein Nachteil drohen, damit die Ausnahmeregelung greift.[137] Lediglich fiskalische Nachteile oder Nachteile untergeordneter Bundesbehörden bzw. der Gemeinden reichen nicht aus.[138]

34 Nr. 3 der Vorschrift untergliedert sich noch einmal in zwei verschiedene Alternativen (Abs. 4 Nr. 3 Halbs. 1). So ist die Auskunft in dem Fall zu verweigern, dass aufgrund einer Rechtsvorschrift eine Geheimhaltungspflicht gegenüber dem Betroffenen besteht. In Betracht kommen alle materiellen Rechtsvorschriften mit unmittelbarer Außenwirkung.[139] Bei Vorschriften des Bundes ergibt sich hingegen deren Vorrang bereits aus § 1 Abs. 3 BDSG.[140] Da Geheimhaltungsvorschriften zumeist dem Schutz Betroffener dienen und nicht die Daten vor ihm geschützt werden, sind die Anwendungsbereiche selten. In Betracht kommt allenfalls z. B. das Auskunftsverweigerungsrecht gegenüber adoptierten und nichtehelichen Kindern, die das 16 Lebensjahr noch nicht vollendet haben (vgl. § 62 Abs. 1, 2 PStG).[141] Ferner besteht ein Auskunftsverweigerungsrecht gem. Abs. 4 Nr. 3 über Daten, die ihrem Wesen nach, insbesondere wegen der überwiegenden berechtigten Interessen eines Dritten,

---

132 Beide Begriffe sind dem Polizei- und Ordnungsrecht entnommen, dazu *Gola/Schomerus*, BDSG, § 19 Rn. 27.

133 Weitere Beispiele bei *Bergmann/Möhrle/Herb*, BDSG, § 19 Rn. 43.

134 *Wedde*, in: Däubler/Klebe/Wedde/Weichert, BDSG, § 19 Rn. 25; *Mallmann*, in: Simitis, BDSG, § 19 Rn. 89; *Wedde*, in: Roßnagel, Hdb. DSR, Kap 4.4, Rn. 44.

135 Vgl. *Gola/Schomerus*, BDSG, § 19 Rn. 27; zur Definition bei *Einwag/Schoen*, BundesgrenzschutzG, § 7 Rn. 7.

136 Beispiele weiterer Vorschriften, bei denen aus dem gleichen Grund Rechtsansprüche versagt werden, bei *Einwag/Schoen*, BundesgrenzschutzG, § 7 Rn. 7.

137 *Gola/Schomerus*, BDSG, § 19 Rn. 27.

138 *Wedde*, in: Däubler/Klebe/Wedde/Weichert, BDSG, § 19 Rn. 25; aber als ausreichend erachtend das BVerwG RDV 1993, 236.

139 Insbesondere Gesetze und Rechtsverordnungen, vgl. *Mallmann*, in: Simitis, BDSG, § 19 Rn. 92.

140 Ebenso *Mallmann*, in: Simitis, BDSG, § 19 Rn. 96.

141 Vgl. dazu und zu weiteren Beispielen bei *Mallmann*, in: Simitis, BDSG, § 19 Rn. 92; *Wedde*, in: Däubler/Klebe/Wedde/Weichert, BDSG, § 19 Rn. 27; zur Auskunft gegenüber Patienten BVerfG NJW 2006, 1116 (1117 f.); BVerfG NJW 1999, 1777; BGHZ 106, 146; dazu *Hinne*, NJW 2005, S. 2270.

geheim zu halten sind. Erforderlich ist eine Abwägung der Interessen.[142] Der durch die Geheimhaltung verfolgte Zweck muss sowohl von der Rechtsordnung als schutzbedürftig anerkannt als auch durch die Auskunft auf gravierende Weise beeinträchtigt werden.[143] Dabei müssen konkrete Tatsachen vorliegen, um ein berechtigtes Geheimhaltungsinteresse zu begründen (z.B. Gefahr für Leben, Gesundheit oder Freiheit einer Person).[144] Aus diesem Grund besteht selbst bei medizinischen Daten nicht schon von vornherein eine Geheimhaltungspflicht (allein aufgrund deren Wesens), sondern es müssen weitere Faktoren hinzutreten.[145] In Betracht kommen in diesem Sinne z.B. der Schutz eines Informanten, dem Vertraulichkeit zugesichert wurde, die durch die Auskunft verletzt werden würde,[146] oder Fälle, in denen bei einem akut selbstmordgefährdeten Menschen die Einweisung in eine psychiatrische Klinik durch den Ehe- oder Lebenspartner erfolgte.[147]

VI. Begründungspflicht (Abs. 5)

Die Verweigerung der Auskunft ist grundsätzlich zu begründen.[148] Eine Begrün-   **35**
dungspflicht kann nach Abs. 5 entfallen, sofern dadurch der mit der Auskunftsverweigerung verfolgte Zweck gefährdet würde (Abs. 5 Satz 1).[149] Dadurch soll verhindert werden, dass der Betroffene mithilfe der Begründung Hinweise auf den Inhalt der gespeicherten Daten erhält.[150] Eine allgemeine Informationspflicht besteht weiterhin, sodass auf jeden Fall eine Benachrichtigung an den Betroffenen erfolgen muss.[151] Damit der Betroffene jedoch generell keine Möglichkeit von Rückschlüssen auf Daten hat, wird im Allgemeinen, unabhängig davon, ob tatsächlich Daten

---

142 BVerwG NJW 1992, 451 (452); BVerwG NJW 1986, 2329 (2330); zur Abwägung bei anderen Vorschriften vgl. bspw. § 8 UIG, dazu VG Braunschweig ZUR 2009, 211.
143 Vgl. *Mallmann*, in: Simitis, BDSG, § 19 Rn. 98.
144 BVerfG NJW 1981, 1719 (1723 ff.); BVerwG NJW 1987, 202 (203 f.); *Auernhammer*, DuD 1990, S. 5 (8); BVerwG, NVwZ 1994, 72; dazu *Mallmann*, in: Simitis, BDSG, § 19 Rn. 101.
145 So bei *Gola/Schomerus*, BDSG, § 19 Rn. 28; *Auernhammer*, DuD 1990, S. 5 (8); *Vahle*, DuD 1991, S. 614 (618); *Kersten*, CR 1989, S. 1020 (1026); BayVGH NJW 1988, 1615.
146 VGH München NJW 1980, 198 (199); BVerwGE 89, 14; *Wedde*, in: Däubler/Klebe/Wedde/Weichert, BDSG, § 19 Rn. 28.
147 Vgl. *Wedde*, in: Däubler/Klebe/Wedde/Weichert, BDSG, § 19 Rn. 28.
148 Vgl. *Mallmann*, in: Simitis, BDSG, § 19 Rn. 104; *Wedde*, in: Däubler/Klebe/Wedde/Weichert, BDSG, § 19 Rn. 30; zur Reichweite OVG Bremen NJW 1987, 2393 (2396).
149 OVG Berlin CR 1987, 189; BVerwGE 84, 375; OVG NW DVBl. 1995, 372.
150 Z.B. während eines laufenden Ermittlungsverfahren, vgl. *Mallmann*, in: Simitis, BDSG, § 19 Rn. 105; *Gola/Schomerus*, BDSG, § 19 Rn. 31; OVG Berlin NVwZ 1987, 817 (820); BVerwGE 84, 375; BVerwG NJW 1990, 2765 (2766 ff.); BVerwG NVwZ 1994, 72.
151 Vgl. OVG Berlin NVwZ 1987, 817 (820); zum Schutze des Rechtes auf informationelle Selbstbestimmung siehe *Wedde*, in: Däubler/Klebe/Wedde/Weichert, BDSG, § 19 Rn. 31.

gespeichert sind oder nicht, der generelle Hinweis, es könne über laufende Ermittlungen keine Auskunft erteilt werden, als ausreichend zu erachten sein.[152]

36 Mit der Ablehnung ist der Betroffene darauf hinzuweisen, dass er den BfDI einschalten kann (Abs. 5 Satz 2).[153] Die Hinweispflicht besteht bei Vorliegen der Voraussetzungen des Abs. 5 Satz 1, unabhängig von Art und Umfang der Begründung.[154] Bezüglich Form und Verfahren sind mangels eigener Regelung die Grundsätze der Benachrichtigung (§ 19a BDSG) heranzuziehen.[155]

VII. Auskunft an den BfDI (Abs. 6)

37 Verweigert eine verantwortliche Stelle die Auskunft, kann der Betroffene nach Abs. 6 die Erteilung der Auskunft an den BfDI verlangen.[156] Vor der Übermittlung an den BfDI muss die Zustimmung der zuständigen obersten Bundesbehörde eingeholt werden, die diese nur für den Fall verweigern kann, dass aufgrund des Bekanntwerdens der Daten beim BfDI die Sicherheit des Bundes oder eines Landes gefährdet würde.[157] Hierbei handelt es sich allerdings um eine Art von Notstandregel, die eng auszulegen ist und nur in seltenen Fällen zur Anwendung gelangen kann.[158]

38 Soweit die verantwortliche Stelle die Auskunft an den BfDI nicht erteilt, muss sie die Gründe darlegen, ansonsten muss der BfDI die Angelegenheit datenschutzrechtlich prüfen sowie bei einem Verstoß auf Abhilfe hinwirken und mit der verantwortlichen Stelle deren Möglichkeiten diskutieren. Gegenüber dem Betroffenen darf der BfDI den Stand seiner Überprüfung lediglich in allgemeiner Form mitteilen, ohne dass Rückschlüsse auf Daten bei der verantwortlichen Stelle möglich sind.[159]

VIII. Kosten (Abs. 7)

39 Die im BDSG 1977 noch für eine Auskunftserteilung bestehende Gebührenpflicht wurde abgeschafft.[160] Damit wurde mit dem BDSG 1990 die im öffentlichen Bereich bereits vorher praktizierte unentgeltliche Auskunft ausdrücklich in das Gesetz

---

152 Vgl. bei *Gola/Schomerus*, BDSG, § 19 Rn. 32.
153 Vgl. dazu auch BGH NStZ-RR 2009, 145.
154 *Wedde*, in: Däubler/Klebe/Wedde/Weichert, BDSG, § 19 Rn. 32.
155 Vgl. *Mallmann*, in: Simitis, BDSG, § 19 Rn. 110.
156 Als Minderung der Belastung, siehe dazu das OVG NW DVBl. 1995, 372 (373).
157 *Gola/Schomerus*, BDSG, § 19 Rn. 33.
158 Vgl. *Wedde*, in: Däubler/Klebe/Wedde/Weichert, BDSG, § 19 Rn. 33; *Mallmann*, in: Simitis, BDSG, § 19 Rn. 113; *Bergmann/Möhrle/Herb*, BDSG, § 19 Rn. 54.
159 Zu den sich daraus ergebenden Formulierungsproblemen *Wedde*, in: Däubler/Klebe/Wedde/Weichert, BDSG, § 19 Rn. 34; *Gola/Schomerus*, BDSG, § 19 Rn. 33.
160 § 13 Abs. 4 a. F. BDSG, zu den Änderungen *Mallmann*, in: Simitis, BDSG, § 19 Rn. 5.

aufgenommen.[161] Durch diese Vorschrift soll den von der Datenverarbeitung betroffenen Bürgern deren Rechtswahrung erleichtert werden.[162] Aus diesem Grund dürfen weder Gebühren noch Kosten für Porto sowie Auslagen erhoben werden.[163] Sollen keine Kosten entstehen, muss die Behörde den Betroffenen Einsicht nehmen lassen.[164]

IX. Streitigkeiten

Bei der Auskunftserteilung handelt es sich um einen Verwaltungsakt, bei deren Verweigerung dem Betroffenen durch die Verpflichtungsklage der Weg vor das Verwaltungs-, Sozial- oder Finanzgericht eröffnet ist.[165] Ist dem Betroffenen hingegen ein Schaden entstanden, so hat er die Möglichkeit der Klage auf Schadensersatz gem. § 8 bzw. § 7 BDSG oder wegen Amtspflichtverletzung gem. Art. 34 GG i.V.m. § 839 BGB vor den ordentlichen Gerichten.[166] Bleibt eine Behörde auf ein Auskunftsersuchen hin vollständig untätig, kann der Betroffene die Entscheidung darüber, eine Auskunft zu erteilen mit einer Untätigkeitsklage erzwingen.[167]

40

---

161 Ebenso § 34 Abs. 8 Satz 1 BDSG, bereits vorher allgemeine Praxis, vgl. *Gola/Wronka*, RDV 1991, S. 165 (170).
162 So die Amtliche Begründung, BT-Drs. 11/4306, S. 47; zur Gebührenpflicht für Auskünfte aus dem Verkehrsregister vgl. BfD, 14. TB, S. 109; 15. TB, S. 105.
163 Ebenso *Wedde*, in: Däubler/Klebe/Wedde/Weichert, BDSG, § 19 Rn. 35.
164 So zu Recht feststellend *Bergmann/Möhrle/Herb*, BDSG, § 19 Rn. 60.
165 Je nach zugrunde liegendem Rechtsverhältnis, so *Bergmann/Möhrle/Herb*, BDSG, § 19 Rn. 62; vgl. dazu auch BVerwG NJW 1969, 1131 (1132 f.); VGH Bad.-Württ. DVBl. 1992, 1309.
166 Hierzu *Bergmann/Möhrle/Herb*, BDSG, § 19 Rn. 63 f.; zur Amtspflichtverletzung bei Auskunft allgemein *Gather*, ZMR 1987, S. 285.
167 Vgl. *Gola/Schomerus*, BDSG, § 19 Rn. 35, zustimmend *Bergmann/Möhrle/Herb*, BDSG, § 19 Rn. 62.

§ 19a Benachrichtigung

(1) Werden Daten ohne Kenntnis des Betroffenen erhoben, so ist er von der Speicherung, der Identität der verantwortlichen Stelle sowie über die Zweckbestimmungen der Erhebung, Verarbeitung oder Nutzung zu unterrichten. Der Betroffene ist auch über die Empfänger oder Kategorien von Empfängern von Daten zu unterrichten, soweit er nicht mit der Übermittlung an diese rechnen muss. Sofern eine Übermittlung vorgesehen ist, hat die Unterrichtung spätestens bei der ersten Übermittlung zu erfolgen.

(2) Eine Pflicht zur Benachrichtigung besteht nicht, wenn

1. der Betroffene auf andere Weise Kenntnis von der Speicherung oder der Übermittlung erlangt hat,

2. die Unterrichtung des Betroffenen einen unverhältnismäßigen Aufwand erfordert oder

3. die Speicherung oder Übermittlung der personenbezogenen Daten durch Gesetz ausdrücklich vorgesehen ist.

Die verantwortliche Stelle legt schriftlich fest, unter welchen Voraussetzungen von einer Benachrichtigung nach Nummer 2 oder 3 abgesehen wird.

(3) § 19 Abs. 2 bis 4 gilt entsprechend.

Literatur: *Buchner*, Die Einwilligung im Datenschutzrecht, DuD 2010, S. 39; *Dammann*, Transparenz der Datenverarbeitung, ZRP 1980, S. 81; *Koch*, Der betriebliche Datenschutzbeauftragte, 6. Aufl., Frechen 2006; *Roßnagel*, Modernisierung des Datenschutzrechts für eine Welt allgegenwärtiger Datenverarbeitung, MMR 2005, S. 71; *Schierbaum*, Personaldatenverarbeitung – Rechte der Arbeitnehmer nach dem BDSG, AiB 1993, S. 517; *Wächter*, Datenschutz im Unternehmen, 3. Aufl., München 2003; *Witt*, Datenschutz kompakt und verständlich, Wiesbaden 2008.

Übersicht

I. Allgemeines

Die Vorschrift wurde mit dem BDSG 2001 neu in das Gesetz aufgenommen.[1] Hintergrund war die Verbesserung des Transparenzgrundsatzes in der EG-Datenschutzrichtlinie (Art. 10 und 11 EG-DSRl).[2] Die Vorschrift trägt mit der Benachrichtigungspflicht zu der vom Bundesverfassungsgericht bereits im sog. „Volkszählungsurteil" geforderten Transparenz der Datenverarbeitung bei, wonach jeder wissen soll, wer was wann und bei welcher Gelegenheit über ihn weiß.[3] Darüber hinaus ist die Benachrichtigung wichtige Voraussetzung für die Ausübung des Auskunftsrechts nach § 19 BDSG oder der Korrekturrechte nach § 20 BDSG, denn nur bei Kenntnis der Datenverarbeitung können diese Rechte wirksam wahrgenommen werden.[4]

1

Bereits vor Aufnahme des § 19a BDSG bestand die Verpflichtung zur Benachrichtigung im nicht-öffentlichen Bereich durch § 33 BDSG,[5] mit dem § 19a BDSG in großen Teilen übereinstimmt. Während jedoch § 19a BDSG keinerlei Einschränkung vornimmt und damit jede weitere Erhebung eine erneute Benachrichtigung erfordert, stellt § 33 Abs. 1 Satz 1 BDSG allein auf die erstmalige Speicherung ab.[6]

2

Ergänzende allgemeine Vorschriften zur Benachrichtigungspflicht enthält § 4 Abs. 3 BDSG, wonach der Betroffene zu unterrichten ist, sofern Daten bei ihm erhoben werden. Dabei kommt es nicht darauf an, inwieweit der Betroffene von der Datenerhebung Kenntnis besitzt.[7] § 19a BDSG regelt demgegenüber die Fälle, in denen ohne Kenntnis des Betroffenen Daten bei Dritten erhoben bzw. abgerufen werden.[8] Darüber hinaus können andere Vorschriften ebenfalls Benachrichtigungspflichten enthalten (z. B. § 6c Abs. 1 BDSG).[9]

3

---

1 Zur vorherigen Vorgehensweise siehe *Wedde*, in: Roßnagel, Hdb. DSR, Kap. 4.4, Rn. 20 ff.

2 Richtlinie 95/46/EG des Europäischen Parlaments und des Rates v. 24.10.1995, ABl. EG Nr. L 281/31 v. 23.11.1995; dazu *Gola/Schomerus*, BDSG, § 19a Rn. 1.

3 BVerfG NJW 1984, 419 (421); vgl. LG Ulm MMR 2005, 265; zur Entwicklung und Bedeutung *Roßnagel*, MMR 2005, S. 71.

4 Zur Notwendigkeit der Benachrichtigung, um andere Rechte wahrnehmen zu können BVerfG NVwZ 2001, 1261 (1263); BVerfG NJW 2000, 55 (57); Gleiches gilt für § 33 BDSG, vgl. *Wedde*, in: Däubler/Klebe/Wedde/Weichert, BDSG, § 33 Rn. 1; zur Datentransparenz allgemein *Dammann*, ZRP 1980, S. 81.

5 Seit BDSG 1990, vgl. § 33 BDSG Rn. 6 ff.

6 Dazu *Mallmann*, in: Simitis, BDSG, § 19a Rn. 12; vgl. außerdem *Schaffland/Wiltfang*, BDSG, § 19a Rn. 2.

7 Bereits beim Setzen von sog. Cookies besteht eine Unterrichtungspflicht nach § 4 Abs. 3 Satz 1 BDSG, *Bergmann/Möhrle/Herb*, BDSG, § 4 Rn. 40.

8 Vgl. *Mallmann*, in: Simitis, BDSG, § 19a Rn. 10, hingegen nicht ganz eindeutig bei *Bergmann/Möhrle/Herb*, BDSG, § 19a Rn. 4.

9 Vgl. bspw. die landesrechtliche Regelung in Berlin über die Datenerhebung öffentlicher Verkehrseinrichtungen § 24b Abs. 2 i.V.m. § 24a ASOG (Allgemeines Sicherheits- und Ordnungsgesetz); weitere Beispiele bei *Bergmann/Möhrle/Herb*, BDSG, § 19a Rn. 5.

4 Normadressaten sind gem. § 12 BDSG neben den öffentlichen Stellen des Bundes landesunmittelbare öffentliche Stellen und privatrechtlich organisierte Einrichtungen, soweit die in § 12 Abs. 2 BDSG genannten Voraussetzungen vorliegen. Ebenso in die Verpflichtung einbezogen sind die Fälle der Auftragsdatenverarbeitung (§ 11 BDSG). Allerdings sind die in § 12 BDSG genannten Ausnahmen zu berücksichtigen, insbesondere gelangt § 19a BDSG nicht bei solchen Daten zur Anwendung, die im Rahmen eines Beschäftigungsverhältnisses (vgl. § 12 Abs. 4 BDSG) verarbeitet oder genutzt werden.[10]

5 Das Recht auf Benachrichtigung kann nicht durch Rechtsgeschäft oder z.B. Nebenabstimmungen in einem Verwaltungsakt (Bedingungen, Auflagen) ausgeschlossen werden, da es zu den unabdingbaren Rechten i.S.d. § 6 Abs. 1 BDSG gehört.[11] Obwohl das sich aus § 19a BDSG ergebende Recht nicht ausdrücklich genannt wird, handelt es sich hierbei ebenfalls um ein Individualrecht, welches gleichermaßen unabdingbar ist.[12] Insoweit ist die Aufzählung in § 6 Abs. 1 BDSG nicht abschließend.[13] Eine Erweiterung oder Verstärkung in Form einer Verbesserung der Betroffenenrechte ist theoretisch durch Rechtsgeschäft jederzeit möglich, wenn es auch im öffentlichen Bereich eher nicht vorkommen wird.[14]

6 § 19a BDSG ist in drei Absätze untergliedert. In Abs. 1 finden sich allgemeine Vorgaben zur Benachrichtigungspflicht, sofern Daten ohne die Kenntnis vom Betroffenen erhoben werden. In Abs. 2 werden die Ausnahmen genannt und durch Abs. 3 die entsprechende Anwendbarkeit der in § 19 Abs. 2 bis 4 BDSG genannten speziellen Ausnahmen geregelt.

II. Unterrichtungspflicht (Abs. 1)

7 Werden Daten ohne Kenntnis des Betroffenen erhoben, ist durch Abs. 1 Satz 1 die Benachrichtigung des Betroffenen über die Speicherung vorgeschrieben. Im Text des § 19a BDSG und den gleichartigen Regelungen in § 4 Abs. 3 BDSG sowie § 6c Abs. 1 BDSG wurde die Bezeichnung „Unterrichtung" gewählt, in § 33 BDSG hingegen das Wort „benachrichtigen" verwendet. Ein inhaltlicher Unterschied zwischen den Begriffen der „Unterrichtung" und der „Benachrichtigung" besteht nicht. Vielmehr handelt es sich nach allgemeiner Ansicht lediglich um eine redaktionelle Unstimmigkeit ohne materiellrechtliche Auswirkung, worauf vor allem die bei

---

10 Vgl. § 12 BDSG Rn. 27 ff.

11 Hierzu näher bei *Gola/Schomerus*, BDSG, § 6 Rn. 4.

12 Ebenso *Dix*, in: Simitis, BDSG, § 6 Rn. 20; *Wedde*, in: Roßnagel, Hdb. DSR, Kap. 4.4, Rn. 86; *Gola/Schomerus*, BDSG, § 6 Rn. 2, ohne allerdings § 19a BDSG ausdrücklich zu benennen; *Däubler*, Gläserne Belegschaften?, Rn. 570; siehe auch zur Benachrichtigung gem. § 33 BDSG, *Däubler*, CR 1991, S. 475 (476).

13 *Gola/Schomerus*, BDSG, § 6 Rn. 2.

14 Vgl. *Gola/Schomerus*, BDSG, § 6 Rn. 4 zu den Möglichkeiten des hoheitlichen Handelns; *Wedde*, in: Roßnagel, Hdb. DSR, Kap. 4.4, Rn. 85.

§ 19a BDSG und § 33 BDSG gleichlautend gewählte Überschrift: „Benachrichtigung" hinweist.[15]

Die Vorschrift setzt die Erhebung der Daten ohne Wissen des Betroffenen und deren Zulässigkeit i.S. von § 4 Abs. 2 Satz 2 BDSG voraus.[16] Erst die Speicherung löst die Benachrichtigungspflicht aus,[17] unabhängig davon, ob es sich um eine wiederholte oder erstmalige Speicherung handelt.[18] Eine erneute Benachrichtigung bei wiederholter Speicherung ist nur in den Fällen entbehrlich, in denen die nunmehr erneut zu speichernden Daten in engem sachlichem Zusammenhang mit einer bereits erfolgten Unterrichtung stehen.[19] Unterbleibt hingegen eine Speicherung, fehlt es an einer Pflicht zur Unterrichtung.[20] **8**

Informationen über Dritte, die in Zusammenhang mit den Daten des Betroffenen gespeichert werden, lösen ebenfalls eine Benachrichtigungspflicht gegenüber dem Dritten aus, es sei denn, eine der in Abs. 2 genannten Ausnahmen greift.[21] **9**

Voraussetzung einer Benachrichtigung ist, dass die verantwortliche Stelle die Anschrift des Betroffenen kennt.[22] Eine Verpflichtung der verantwortlichen Stelle, die Adresse eigens zu diesem Zweck zu speichern, besteht allerdings nicht, denn das würde die Risiken für den Betroffenen lediglich erhöhen und damit dem Schutzzweck der Vorschrift zuwiderlaufen.[23] Ist eine Anschrift hingegen ohne Schwierigkeiten zu ermitteln, sind die bereits gespeicherten Daten dem Betroffenen leicht zuzuordnen, sodass der Schutzzweck der Norm eine Ermittlung der Anschrift gebietet und die verantwortliche Stelle den hierzu notwendigen Aufwand betreiben muss.[24] Das gilt insbesondere bei der Speicherung sensibler Daten.[25] Erst bei einem nicht **10**

---

15 Ebenso *Wedde*, in: Däubler/Klebe/Wedde/Weichert, BDSG, § 19a Rn. 6; *Mallmann*, in: Simitis, BDSG, § 19a Rn. 9.

16 Vgl. *Bergmann/Möhrle/Herb*, BDSG, § 19a Rn. 4.

17 Ebenso *Mallmann*, in: Simitis, BDSG, § 19a Rn. 11; entgegen dem Wortlaut der Vorschrift erst von einem Gebot der Benachrichtigung bei Übermittlung ausgehend *Gola/Schomerus*, BDSG, § 19a Rn. 4.

18 Anders in § 33 BDSG für den nicht-öffentlichen Bereich, vgl. dazu § 33 BDSG Rn. 9 f.

19 Vgl. *Mallmann*, in: Simitis, BDSG, § 19a Rn. 12 f.; *Tinnefeld/Ehmann/Gerling*, Einführung in das Datenschutzrecht, S. 586.

20 Ebenso *Wedde*, in: Däubler/Klebe/Wedde/Weichert, BDSG, § 19a Rn. 7; *Mallmann*, in: Simitis, BDSG, § 19a Rn. 11; *Bergmann/Möhrle/Herb*, BDSG, § 19a Rn. 6.

21 Bei diesem handelt es sich um eine Person (§ 3 Abs. 1 BDSG), die ebenfalls nach § 19a Abs. 1 BDSG zu benachrichtigen ist, vgl. *Mallmann*, in: Simitis, BDSG, § 19a Rn. 14; a. A. bei Daten ohne praktische Bedeutung *Schaffland/Wiltfang*, BDSG, § 33 Rn. 10.

22 Vgl. BVerfG NJW 2009, 2431 ff.

23 Ebenso *Mallmann*, in: Simitis, BDSG, § 19a Rn. 18.

24 Zutreffend *Wedde*, in: Däubler/Klebe/Wedde/Weichert, BDSG, § 19a Rn. 20; jedoch keine Pflicht zur Ermittlung bei Daten, die die schutzwürdigen Interessen des Betroffenen nicht oder nur marginal berühren, so *Gola/Schomerus*, BDSG, § 19a Rn. 8.

25 *Mallmann*, in: Simitis, BDSG, § 19a Rn. 18; *Gola/Schomerus*, BDSG, § 19a Rn. 8.

mehr zumutbaren Aufwand für die verantwortliche Stelle kann die Benachrichtigung unterbleiben.[26]

1. Inhalt (Abs. 1 Satz 1)

11 Die Benachrichtigungspflicht beinhaltet zunächst einmal die Information des Betroffenen über die Tatsache der Datenspeicherung.[27] Die Benachrichtigung muss nicht die Auskunft nach § 19 BDSG ersetzen, sodass allgemeine Aussagen zur Art der gespeicherten Daten ausreichend sind.[28] Erforderlich sind lediglich eine Inhaltsbezeichnung und eine schematische Erläuterung einzelner Informationskategorien, nach denen die Verhältnisse der Betroffenen in der Datei bzw. Akte beschrieben werden, soweit dieses zum Verständnis notwendig ist.[29]

12 Darüber hinaus muss die Benachrichtigung an den Betroffenen die Identität der verantwortlichen Stelle (i. S. von § 12 BDSG), d. h. mindestens die Bezeichnung der öffentlichen Stelle (Name) und die genaue Anschrift, beinhalten.[30] Dem Betroffenen muss es ohne weitere Nachfrage möglich sein, schriftlich oder durch persönliche Ansprache von seinem Auskunftsrecht Gebrauch zu machen.[31] Aufgrund der sich ändernden Kommunikationsformen erscheint es zur erleichterten Möglichkeit der Nachfrage außerdem sinnvoll, die Telefonnummer, E-Mail-Adresse und die Internetseiten anzugeben.[32]

13 Damit der Betroffene beurteilen kann, ob aus seiner Sicht die Datenverarbeitung zur beschriebenen Zweckbestimmung überhaupt erforderlich ist, muss dieser außerdem über die Zweckbestimmung der Erhebung, Verarbeitung und Nutzung unterrichtet werden.[33] Anzuknüpfen ist an die nach § 14 BDSG durch die verantwortliche Stelle ohnehin vorzunehmende Zweckbestimmung.[34] Werden unterschiedliche Zwecke verfolgt, so sind diese von der verantwortlichen Stelle im Einzelnen aufzuführen.[35]

---

26 Vgl. *Wedde*, in: Däubler/Klebe/Wedde/Weichert, BDSG, § 19a Rn. 20; strengere Maßstäbe allerdings bei *Gola/Schomerus*, BDSG, § 19a Rn. 8.

27 Dazu *Tinnefeld/Ehmann/Gerling*, Einführung in das Datenschutzrecht, S. 586.

28 *Bergmann/Möhrle/Herb*, BDSG, § 19a Rn. 7; inwieweit diese jedoch freiwillig dennoch erfolgt, ist Sache der verantwortlichen Stelle, vgl. *Wedde*, in: Däubler/Klebe/Wedde/ Weichert, BDSG, § 19a Rn. 9; *Koch*, Der betriebliche Datenschutzbeauftragte, S. 122.

29 Vgl. *Mallmann*, in: Simitis, BDSG, § 19a Rn. 15.

30 *Gola/Schomerus*, BDSG, § 19a Rn. 5; die bloße Angabe der Postanschrift (Postfach) reicht nicht aus, vgl. *Wedde*, in: Däubler/Klebe/Wedde/Weichert, BDSG, § 19a Rn. 10.

31 Vgl. *Mallmann*, in: Simitis, BDSG, § 19a Rn. 17; *Bergmann/Möhrle/Herb*, BDSG, § 33 Rn. 51.

32 Ebenso *Wedde*, in: Däubler/Klebe/Wedde/Weichert, BDSG, § 19a Rn. 10; *Tinnefeld/Ehmann/Gerling*, Einführung in das Datenschutzrecht, S. 586.

33 *Mallmann*, in: Simitis, BDSG, § 19a Rn. 16.

34 Ebenfalls zu berücksichtigen sind die Zweckbestimmungen nach § 4e Satz 1 Nr. 4 BDSG, vgl. *Mallmann*, in: Simitis, BDSG, § 19a Rn. 16.

35 Ebenso *Wedde*, in: Däubler/Klebe/Wedde/Weichert, BDSG, § 19a Rn. 11; *Mallmann*, in: Simitis, BDSG, § 19a Rn. 16.

2. Empfängerkategorien (Abs. 1 Satz 2)

Der Betroffene ist außerdem über die Kategorien von Empfängern zu informieren **14** (Abs. 1 Satz 2), allerdings nur insoweit der Betroffene mit dieser Übermittlung nicht zu rechnen braucht. Deswegen müssen Empfänger oder Kategorien, die dem Betroffen bekannt oder aufgrund allgemeiner Information bekannt sein müssten, nicht mitgeteilt werden.[36] Bei der Beurteilung des jeweiligen Einzelfalls ist von einem Betroffenen mit durchschnittlichen Kenntnissen über Verwaltungsabläufe auszugehen.[37] Werden Daten jedoch zu einem anderen, darüber hinausgehenden Zweck verwendet, muss ein Betroffener nicht damit rechnen, sodass dessen Unterrichtung durch die verantwortliche Stelle erfolgen muss.[38]

3. Zeitpunkt (Abs. 1 Satz 3)

Spätestens mit der ersten Übermittlung muss eine Benachrichtigung stattfinden **15** (Abs. 1 Satz 3).[39] Eine verbindlichere Aussage zum Zeitpunkt bzw. eine konkrete Frist bietet das Gesetz nicht. Zu berücksichtigen ist aber, dass bei einer erst sehr späten Benachrichtigung des Betroffenen die von einer Übermittlung unrichtiger oder unzulässiger Daten ausgehenden Risiken für den Betroffenen ungleich höher sind. Eine Wahrnehmung seiner Rechte (insbesondere Auskunfts-, Korrektur- und Löschungsrechte) ist eventuell ab dem Zeitpunkt einer Übermittlung gar nicht oder nur unter erschwerten Bedingungen möglich. Damit individuelle Rechte vom Betroffenen ohne Einschränkungen wahrgenommen werden können, macht der Schutzzweck der Vorschrift es daher notwendig, dass die Benachrichtigung unverzüglich, d. h. ohne schuldhaftes Zögern erfolgt (unverzüglich i. S. v. § 121 BGB).[40] Eine Sammelbearbeitung mehrerer Benachrichtigungen ist infolgedessen nur zulässig, sofern diese Voraussetzung erfüllt ist und in kurzem Abstand vorgenommen wird.[41]

4. Form

Eine bestimmte Form der Benachrichtigung verlangt das Bundesdatenschutzgesetz **16** nicht, weshalb diese sowohl mündlich als auch schriftlich erfolgen kann.[42] Zur Ver-

---

36 Ebenso *Bergmann/Möhrle/Herb*, BDSG, § 19a Rn. 11.
37 *Wedde*, in: Däubler/Klebe/Wedde/Weichert, BDSG, § 19a Rn. 12.
38 *Mallmann*, in: Simitis, BDSG, § 19a Rn. 24.
39 Der Wortlaut knüpft an § 11 Abs. 1 der EG-DSRl (95/46/EG) an, vgl. *Mallmann*, in: Simitis, BDSG, § 19a Rn. 26.
40 So auch *Wedde*, in: Däubler/Klebe/Wedde/Weichert, BDSG, § 19a Rn. 13; *Tinnefeld/Ehmann/Gerling*, Einführung in das Datenschutzrecht, S. 586.
41 Zutreffend *Mallmann*, in: Simitis, BDSG, § 19a Rn. 27.
42 *Tinnefeld/Ehmann/Gerling*, Einführung in das Datenschutzrecht, S. 587; sinnvoll kann ein standardisiertes Verfahren sein, vgl. *Koch*, Der betriebliche Datenschutzbeauftragte, S. 122.

meidung von Missverständnissen und Beweissicherung erscheint die schriftliche Unterrichtung sinnvoll.[43] Ebenfalls möglich ist es, die Benachrichtigung zusammen mit anderen behördlichen Mitteilungen zuzustellen. In derartigen Fällen muss die Benachrichtigung aber deutlich hervorgehoben werden, sodass deren Erkennbarkeit für den Betroffenen gewährleistet ist.[44]

17 Darüber hinaus hat die verantwortliche Stelle sicherzustellen, dass die Benachrichtigung den Betroffenen erreicht (§ 130 BGB) und keinem Dritten zur Kenntnis gelangt.[45] Bei schriftlicher Zusendung muss die Benachrichtigung aus diesem Grund in einem verschlossenen Umschlag erfolgen, sodass die Unterrichtung in Form von Postkarten, Telefax und E-Mail von vornherein ausscheidet.[46] Diese Notwendigkeit ergibt sich bei automatisiert verarbeiteten Daten überdies aus Nr. 3 der Anlage zu § 9 Satz 1 BDSG, wonach eine verantwortliche Stelle verpflichtet ist, die unbefugte Kenntnisnahme durch Dritte zu verhindern.[47]

III. Ausnahmen von der Benachrichtigungspflicht (Abs. 2)

18 In Abs. 2 der Vorschrift werden die Ausnahmen aufgeführt bei denen eine Benachrichtigungspflicht entfällt. Die Ausnahmen wurden aus Art. 11 Abs. 2 EG-DSRl übernommen, deren Aufzählung abschließend ist.[48] Zu berücksichtigen ist, dass die Benachrichtigung von zentraler Bedeutung für die Ausübung des Auskunftsrechts ist, weshalb die Auslegung der Ausnahmetatbestände sowohl eng als auch im Zweifel zugunsten des Betroffenen erfolgen muss.[49] Liegt einer der Ausnahmetatbestände vor, darf nur für die davon konkret betroffenen Daten die Unterrichtung ausnahmsweise unterbleiben.[50] Für alle anderen Daten besteht weiterhin die Verpflichtung zur Benachrichtigung des Betroffenen.[51]

---

43 So *Wedde*, in: Däubler/Klebe/Wedde/Weichert, BDSG, § 19a Rn. 8.
44 Z. B. zusammen mit einem Abrechnungsnachweis durch die Besoldungsstelle, daran sind dann allerdings strenge Maßstäbe zu stellen, dazu vgl. *Mallmann*, in: Simitis, BDSG, § 19a Rn. 20.
45 *Wedde*, in: Däubler/Klebe/Wedde/Weichert, BDSG, § 19a Rn. 8.
46 Vgl. *Mallmann*, in: Simitis, BDSG, § 19a Rn. 23.
47 § 9 BDSG Rn. 20 ff.
48 Vgl. *Wedde*, in: Däubler/Klebe/Wedde/Weichert, BDSG, § 19a Rn. 15.
49 So für § 33 BDSG auch *Wächter*, Datenschutz im Unternehmen, Rn. 782; zur Gefahr, dass die Ausnahmen in der Praxis zumeist zur fehlenden Benachrichtigung führen vgl. *Witt*, Datenschutz kompakt und verständlich, S. 74 (82).
50 Vgl. *Mallmann*, in: Simitis, BDSG, § 19a Rn. 31.
51 Ebenso *Bergmann/Möhrle/Herb*, BDSG, § 19a Rn. 14; *Mallmann*, in: Simitis, BDSG, § 19a Rn. 31.

1. Kenntnisnahme auf andere Weise (Abs. 2 Nr. 1)

Eine Benachrichtigungspflicht besteht nicht, sofern der Betroffene auf andere Wei- **19**
se von der Speicherung oder Übermittlung Kenntnis erlangt hat (Abs. 2 Nr. 1).[52]
Die Ausnahme ist zwar nicht ausdrücklich in der EG-DSRl bei den Aufzählungen
mit aufgeführt, ergibt sich jedoch aus der Formulierung von Art. 11 Abs. 1 EG-
DSRl.[53] Eine überflüssige Unterrichtung soll dadurch vermieden werden.[54]

Die Kenntnis setzt voraus, dass dem Betroffenen sowohl die Tatsache der Speiche- **20**
rung bzw. Übermittlung als auch die Art der Daten bekannt ist.[55] Auf welche Weise,
durch wen und wann er die Informationen erhalten hat, ist unwesentlich; er muss
aber über den Namen und die Anschrift der verantwortlichen Stelle informiert
sein.[56] Es muss sich ferner um eine positive Kenntnis handeln, die bloße Möglichkeit einer Kenntniserlangung reicht nicht aus.[57] Die Kenntnis muss zweifelsfrei bestehen, anderenfalls muss die verantwortliche Stelle den Betroffenen benachrichtigen.[58] Kommt es zum Streitfall, muss die verantwortliche Stelle den Nachweis der
Kenntnis des Betroffenen erbringen.[59]

2. Unverhältnismäßiger Aufwand (Abs. 2 Nr. 2)

Eine weitere Ausnahme von der Benachrichtigungspflicht besteht, sofern die Unter- **21**
richtung des Betroffenen mit unverhältnismäßigem Aufwand verbunden ist (Abs. 2
Nr. 2).[60] Abzuwägen ist der Verwaltungsaufwand im Verhältnis zum Informationsinteresse des Betroffenen; je sensibler die Daten, umso zwingender ist die Benachrichtigung.[61] Als unverhältnismäßiger Aufwand im Sinne der Vorschrift ist zum
Beispiel die Benachrichtigung „unzähliger" Betroffener im Rahmen eines Massen-

---

52 Identisch mit der Formulierung in § 33 Abs. 2 Nr. 1 BDSG, vgl. § 33 BDSG Rn. 25 ff.
53 „... sofern diese ihr noch nicht vorliegen: ...", ebenso *Gola/Schomerus*, BDSG, § 19a
   Rn. 7.
54 Z.B. wenn der Betroffene die Angaben ohnehin selbst gemacht hat, vgl. *Tinnefeld/Eh-
   mann/Gerling*, Einführung in das Datenschutzrecht, S. 587.
55 Gemeint sind die nach Abs. 1 zu erteilenden Informationen, *Mallmann*, in: Simitis, BDSG,
   § 19a Rn. 34; *Wedde*, in: Däubler/Klebe/Wedde/Weichert, BDSG, § 19a Rn. 17; *Berg-
   mann/Möhrle/Herb*, BDSG, § 19a Rn. 15.
56 Es gelten die gleichen Anforderungen wie beim Inhalt einer Benachrichtigung, vgl. *Mallmann*, in: Simitis, BDSG, § 19a Rn. 38.
57 *Wedde*, in: Däubler/Klebe/Wedde/Weichert, BDSG, § 19a Rn. 17; *Schierbaum*, AiB 1993,
   S. 517 (520).
58 Ausreichend kann eine Einwilligung des Betroffenen sein, vgl. *Mallmann*, in: Simitis,
   BDSG, § 19a Rn. 40; zu den Voraussetzungen einer Einwilligung allgemein siehe bei
   Buchner, DuD 2010, S. 39.
59 *Bergmann/Möhrle/Herb*, BDSG, § 19a Rn. 15.
60 Sehr viel enger gefasst § 33 Abs. 2 Nr. 5 BDSG, dazu *Wedde*, in: Däubler/Klebe/Wedde/
   Weichert, BDSG, § 19a Rn. 18.
61 Auf diese Weise wird die Wahrnehmung seiner Rechte durch den Betroffenen sichergestellt, vgl. *Gola/Schomerus*, BDSG, § 19a Rn. 8.

verfahrens anzusehen, wenn es sich lediglich um historische oder statistische Daten handelt[62] bzw. die Speicherung oder Übermittlung nur zu wissenschaftlichen Zwecken erfolgt.[63] Dagegen kann bei der Gefahr bzw. dem Risiko eines Missbrauchs von Daten selbst ein sehr hoher Verwaltungsaufwand der verantwortlichen Stelle noch gerechtfertigt sein.[64]

3. Speicherung oder Übermittlung aufgrund gesetzlicher Vorgaben (Abs. 2 Nr. 3)

22   Ist eine Speicherung oder Übermittlung in einem Gesetz ausdrücklich vorgesehen, besteht ebenfalls keine Benachrichtigungspflicht (Abs. 2 Nr. 3).[65] Aufgrund der Anwendung geltender Vorschriften durch die verantwortliche Stelle wird die Gefährdung der Rechte des Betroffenen verneint.[66] Es wird davon ausgegangen, dass die gesetzlichen Regelungen dem Betroffenen entweder ohnehin bekannt oder leicht durch ihn in Erfahrung zu bringen sind und es dem Betroffen auf diese Weise ohne Benachrichtigung möglich ist zu prüfen, ob im Einzelnen tatsächlich eine Datenspeicherung bzw. -übermittlung erfolgt.[67]

4. Schriftliche Fixierung (Abs. 2 Satz 2)

23   Der Abs. 2 Satz 2 enthält eine Dokumentationspflicht. Die verantwortliche Stelle muss schriftlich festlegen, unter welchen Voraussetzungen von einer Benachrichtigung nach Abs. 2 Nr. 2 bis 3 abgesehen wird. Es handelt sich um die Umsetzung des Art. 11 Abs. 2 Satz 2 EG-DSRl, wonach geeignete Garantien vorzusehen sind, sofern eine Benachrichtigung unterbleibt.[68] Dadurch wird sichergestellt, dass die Möglichkeit der Anwendung des Abs. 2 Nr. 2 bis 3 ausschließlich Ausnahmesituationen vorbehalten bleibt.[69]

---

62 *Bergmann/Möhrle/Herb*, BDSG, § 19a Rn. 16.

63 Generell z.B. Marketingkampagnen auszunehmen ist daher nicht möglich, so aber wohl *Witt*, Datenschutz kompakt und verständlich, S. 160.

64 Vgl. *Wedde*, in: Däubler/Klebe/Wedde/Weichert, BDSG, § 19a Rn. 19; *Gola/Schomerus*, BDSG, § 19a Rn. 8; *Mallmann*, in: Simitis, BDSG, § 19a Rn. 44.

65 Wortgleich § 33 Abs. 2 Nr. 4 BDSG, vgl. § 33 BDSG Rn. 42 ff.; so sind z.B. die Kontrollmitteilungen an die Finanzbehörden durch die Abgabenordnung gedeckt, vgl. dazu *Bergmann/Möhrle/Herb*, BDSG, § 19a Rn. 17.

66 Vgl. *Gola/Schomerus*, BDSG, § 19a Rn. 9; sofern die verantwortliche Stelle die Vorgaben zum Schutze des Rechts auf informationelle Selbstbestimmung beachtet, darauf richtigerweise hinweisend *Wedde*, in: Däubler/Klebe/Wedde/Weichert, BDSG, § 19a Rn. 21.

67 Dazu *Gola/Schomerus*, BDSG, § 19a Rn. 9.

68 Vgl. *Wedde*, in: Däubler/Klebe/Wedde/Weichert, BDSG, § 19a Rn. 22.

69 Ebenso *Gola/Schomerus*, BDSG, § 19a Rn. 10.

IV. Anwendbarkeit von § 19 Abs. 2 bis 4 BDSG (Abs. 3)

Darüber hinaus finden die in § 19 Abs. 2 bis 4 BDSG genannten Ausnahmen für **24** die Benachrichtigung entsprechend Anwendung (Abs. 3). Liegt folglich einer der dort genannten Fälle vor, in denen keine Auskunft zu erteilen wäre, kann die Benachrichtigung unterbleiben.[70]

V. Verstöße/Rechtsweg

Ein Verstoß gegen die Benachrichtigungspflicht stellt (anders als bei einem Verstoß **25** nach § 33 BDSG durch nicht-öffentliche Stellen)[71] keine Ordnungswidrigkeit bzw. keinen Straftatbestand im Sinne der §§ 43 f. BDSG dar. Außerdem besteht aufgrund einer unterlassenen Unterrichtung kein Anspruch auf Berichtigung, Sperrung oder Löschung der Daten.[72] Bezüglich des zuständigen Gerichtes bei Rechtsstreitigkeiten kommt es auf die Zuordnung der jeweiligen öffentlichen Stelle an, weshalb sowohl die Finanz- als auch die Sozial- oder Verwaltungsgerichtsbarkeit in Betracht kommt.[73]

---

70 Vgl. § 19 BDSG Rn. 24 ff.
71 Vgl. § 43 Abs. 1 Nr. 8 BDSG.
72 Ebenso *Wedde*, in: Däubler/Klebe/Wedde/Weichert, BDSG, § 19a Rn. 24; *Mallmann*, in: Simitis, BDSG, § 19a Rn. 28; zu § 26 Abs. 1 BDSG 1977 BVerwGE 83, 323.
73 Vgl. *Bergmann/Möhrle/Herb*, BDSG, § 19a Rn. 22; *Wedde*, in: Däubler/Klebe/Wedde/Weichert, BDSG, § 19a Rn. 25.

§ 20 Berichtigung, Löschung und Sperrung von Daten

(1) Personenbezogene Daten sind zu berichtigen, wenn sie unrichtig sind. Wird festgestellt, dass personenbezogene Daten, die weder automatisiert verarbeitet noch in nicht automatisierten Dateien gespeichert sind, unrichtig sind, oder wird ihre Richtigkeit von dem Betroffenen bestritten, so ist dies in geeigneter Weise festzuhalten.

(2) Personenbezogene Daten, die automatisiert verarbeitet oder in nicht automatisierten Dateien gespeichert sind, sind zu löschen, wenn

1. ihre Speicherung unzulässig ist oder

2. ihre Kenntnis für die verantwortliche Stelle zur Erfüllung der in ihrer Zuständigkeit liegenden Aufgaben nicht mehr erforderlich ist.

(3) An die Stelle einer Löschung tritt eine Sperrung, soweit

1. einer Löschung gesetzliche, satzungsmäßige oder vertragliche Aufbewahrungsfristen entgegenstehen,

2. Grund zu der Annahme besteht, dass durch eine Löschung schutzwürdige Interessen des Betroffenen beeinträchtigt würden, oder

3. eine Löschung wegen der besonderen Art der Speicherung nicht oder nur mit unverhältnismäßig hohem Aufwand möglich ist.

(4) Personenbezogene Daten, die automatisiert verarbeitet oder in nicht automatisierten Dateien gespeichert sind, sind ferner zu sperren, soweit ihre Richtigkeit vom Betroffenen bestritten wird und sich weder die Richtigkeit noch die Unrichtigkeit feststellen lässt.

(5) Personenbezogene Daten dürfen nicht für eine automatisierte Verarbeitung oder Verarbeitung in nicht automatisierten Dateien erhoben, verarbeitet oder genutzt werden, soweit der Betroffene dieser bei der verantwortlichen Stelle widerspricht und eine Prüfung ergibt, dass das schutzwürdige Interesse des Betroffenen wegen seiner besonderen persönlichen Situation das Interesse der verantwortlichen Stelle an dieser Erhebung, Verarbeitung oder Nutzung überwiegt. Satz 1 gilt nicht, wenn eine Rechtsvorschrift zur Erhebung, Verarbeitung oder Nutzung verpflichtet.

(6) Personenbezogene Daten, die weder automatisiert verarbeitet noch in einer nicht automatisierten Datei gespeichert sind, sind zu sperren, wenn die Behörde im Einzelfall feststellt, dass ohne die Sperrung schutzwürdige Interessen des Betroffenen beeinträchtigt würden und die Daten für die Aufgabenerfüllung der Behörde nicht mehr erforderlich sind.

(7) Gesperrte Daten dürfen ohne Einwilligung des Betroffenen nur übermittelt oder genutzt werden, wenn

1. es zu wissenschaftlichen Zwecken, zur Behebung einer bestehenden Beweisnot oder aus sonstigen im überwiegenden Interesse der verantwortlichen Stelle oder eines Dritten liegenden Gründen unerlässlich ist und

2. die Daten hierfür übermittelt oder genutzt werden dürften, wenn sie nicht gesperrt wären.

(8) Von der Berichtigung unrichtiger Daten, der Sperrung bestrittener Daten sowie der Löschung oder Sperrung wegen Unzulässigkeit der Speicherung sind die Stellen zu verständigen, denen im Rahmen einer Datenübermittlung diese Daten zur Speicherung weitergegeben wurden, wenn dies keinen unverhältnismäßigen Aufwand erfordert und schutzwürdige Interessen des Betroffenen nicht entgegenstehen.

(9) § 2 Abs. 1 bis 6, 8 und 9 des Bundesarchivgesetzes ist anzuwenden.

Literatur: *Bader/Ronellenfitsch*, Kommentar zum VwVfG, München 2012; *Dix*, Mehr Bürgerrechte im Melderecht, DuD 2006, S. 678; *Gola*, Der Personalaktendatenschutz im öffentlichen Dienst, RiA 1994, S. 1; *Kopp/Ramsauer*, Verwaltungsverfahrensgesetz, 13. Aufl., München 2012; *Münch*, Technisch-organisatorischer Datenschutz, 3. Aufl., Frechen 2007; *Nolte*, Zum Recht auf Vergessen im Internet, ZRP 2011, S. 236; *Schönke/Schröder*, Strafgesetzbuch Kommentar, 28. Aufl., München 2010; *Weichert*, Der Datenschutzanspruch auf Negativauskunft, NVwZ 2007, S. 1004; *Wohlgemuth/Gerloff*, Datenschutzrecht – Eine Einführung mit praktischen Fällen, 3. Aufl., München 2005; *Zapatka*, Die Automatisierung der Sperrung nach dem BDSG, DuD 1977, S. 82.

I. Allgemeines

Die Vorschrift enthält sowohl Rechte des Betroffenen als auch Pflichten der verantwortlichen Stellen. Entsprechende Regelungen für den nicht-öffentlichen Bereich finden sich in § 35 BDSG.[1] Geregelt sind die Rechte des Betroffenen zur Berichtigung, Löschung und Sperrung von Daten sowie in Abs. 5 unter den dort genannten Voraussetzungen ein Widerspruchsrecht. Darüber hinaus werden in Abs. 9 die be-   1

---

1 Vgl. § 35 BDSG Rn. 5.

sonderen Belange des Archivwesens beachtet. Die Regelungen zur Berichtigung, Löschung und Sperrung stehen im Einklang mit Art. 12 Buchstabe b EG-DSRl.[2] Der Abs. 5 setzt die Vorgabe des Art. 14 Buchstabe a EG-DSRl um und wurde mit dem BDSG 2001 neu hinzugefügt. Durch die Novellierung des BDSG im Jahre 2009 wurden keine Änderungen vorgenommen.

2   Dem Betroffenen wird durch das Recht auf Berichtigung, Löschung und Sperrung von Daten die Möglichkeit gegeben, die aufgrund der Auskunft bzw. auf andere Weise erhaltenen Informationen zu nutzen, um eine rechtswidrige Verarbeitung zu unterbinden bzw. einer solchen zu widersprechen.[3] Diese Rechte sind nicht nur wesentlicher Bestandteil des Rechts auf informationelle Selbstbestimmung, sondern zu dessen Wahrnehmung zugleich eine notwendige verfahrensrechtliche Vorkehrung.[4] Ein Ausschluss bzw. eine Beschränkung der Rechte auf Berichtigung, Löschung und Sperrung durch Rechtsgeschäft oder z.B. Nebenbestimmungen in einem Verwaltungsakt (Bedingungen, Auflagen) ist nicht möglich, da diese zu den unabdingbaren Rechten gem. § 6 Abs. 1 BDSG gehören.[5] Eine Erweiterung oder Verstärkung in Form einer Verbesserung der Rechte ist allerdings möglich.[6]

3   Anspruchsgegner ist die verantwortliche Stelle i.S.d. § 3 Abs. 7 BDSG. Eine Wahrnehmung der Rechte durch einen Bevollmächtigten ist möglich.[7]

4   Der Ersatz der der verantwortlichen Stelle durch die Wahrnehmung der Rechte entstehenden Kosten darf nicht vom Betroffenen verlangt werden, selbst wenn die zu berichtigenden Daten vom Betroffenen stammen.[8] Entsprechendes gilt für die Länder, weil die gebührenfreie Auskunfterteilung nach dem BDSG bzw. den Landesdatenschutzgesetzen insoweit in Bezug auf die Verwaltungskostengesetze Sondervorschriften darstellen.[9]

II. Berichtigung (Abs. 1 Sätze 1 und 2)

5   Aufgrund von Abs. 1 Satz 1 besteht die Verpflichtung, unrichtige personenbezogene Daten zu berichtigen. Damit hat der Betroffene die Möglichkeit, gegenüber der

---

2 Richtlinie 95/46/EG des Europäischen Parlaments und des Rates vom 24.10.1995 zum Schutz natürlicher Personen bei der Verarbeitung personenbezogener Daten und zum freien Datenverkehr; Art. 12 Buchstabe b belässt den Mitgliedstaaten einen eigenen Gestaltungsspielraum, dazu *Mallmann*, in: Simitis, BDSG, § 20 Rn. 2.

3 Dazu *Weichert*, NVwZ 2007, S. 1004 (1005).

4 *Mallmann*, in: Simitis, BDSG, § 20 Rn. 2; direkten Anspruch bejahend VG Frankfurt NJW 1987, 2248; BVerwGE 120, 188; *Roßnagel*, in: Roßnagel, Hdb. DSR, Kap. 3.4, Rn. 74 f.

5 Hierzu näher bei *Gola/Schomerus*, BDSG, § 6 Rn. 4; *Bergmann/Möhrle/Herb*, BDSG, § 6 Rn. 32.

6 Vgl. *Gola/Schomerus*, BDSG, § 6 Rn. 4; *Wedde*, in: Roßnagel, Hdb. DSR, Kap. 4.4, Rn. 85.

7 Vgl. das Auskunftsrecht, dazu *Mallmann*, in: Simitis, BDSG, § 20 Rn. 8.

8 Zu Recht darauf hinweisend *Bergmann/Möhrle/Herb*, BDSG, § 20 Rn. 12.

9 Dazu näher *Mallmann*, in: Simitis, BDSG, § 20 Rn. 7.

verantwortlichen Stelle die Korrektur der unrichtigen Daten durchzusetzen. Die Korrekturverpflichtung besteht außerdem unabhängig von einem Antrag des Betroffenen bereits von Amts wegen.[10] Es wurde damit der Gefahr Rechnung getragen, dass unrichtige Informationen einen Betroffenen nicht nur von existenziell notwendigen Leistungen abschneiden, sondern ihn außerdem staatlichen Sanktionen aussetzen können.[11]

1. Unrichtige personenbezogene Daten (Abs. 1 Satz 1)

Ein Anspruch auf Berichtigung setzt voraus, dass es sich um unrichtige personen- **6** bezogene Daten handelt (Abs. 1 Satz 1). Ein Unterschied des Begriffs „unrichtig" zur Formulierung „der Wahrheit zuwider" (z. B. § 824 BGB) besteht nicht.[12] Unrichtig sind die Daten, sofern die Aussagen über persönliche oder sachliche Verhältnisse des Betroffenen nicht mit der Realität übereinstimmen.[13] In Betracht kommen daher nur Tatsachenangaben (z. B. über wirtschaftliche, familiäre oder gesundheitliche Verhältnisse bzw. politische oder weltanschauliche Auffassungen).[14] Unrichtig sind Daten auch im Falle dessen, dass sich aus den eigentlich zutreffenden Daten ein falscher Kontext ergibt.[15] Der Zeitpunkt, zu dem die Unrichtigkeit der Daten eintritt, und auf welche Weise diese entsteht, sind unwesentlich.[16] Ebenso kommt es nicht darauf an, ob die Unrichtigkeit nur geringfügig ist.[17] Gesperrte Daten müssen bei Unrichtigkeit ebenfalls berichtigt werden.[18]

Ein Berichtigungsanspruch besteht hingegen nicht, sofern die Daten nur gesammelt **7** wurden, um den Zustand zum Zeitpunkt der Speicherung zu ermitteln (Statistiken, Umfragen), da es dann auf die veränderten Verhältnisse nicht ankommt.[19] Außerdem besteht kein Anspruch auf Berichtigung in Form der Aufnahme weiterer kontextbezogener und nützlicher Daten, soweit die bereits vorhandenen Daten der Zweckbestimmung genügen.[20]

---

10 Vgl. *Wolgemuth/Gerloff*, Datenschutzrecht – Eine Einführung mit praktischen Fällen, S. 137; insoweit handelt es sich um eine Amtspflicht, vgl. BVerwGE 120, 188.

11 Dazu *Gola/Schomerus*, BDSG, § 20 Rn. 2; *Mallmann*, in: Simitis, BDSG, § 20 Rn. 9.

12 Gleiches gilt umgekehrt bei „richtig" zu dem Begriff „wahr" (§ 186 StGB, § 4 Nr. 8 UWG), siehe *Mallmann*, in: Simitis, BDSG, § 20 Rn. 11.

13 *Bergmann/Möhrle/Herb*, BDSG, § 20 Rn. 14.

14 Vgl. *Gola/Schomerus*, BDSG, § 20 Rn. 4 f.

15 *Wedde*, in: Däubler/Klebe/Wedde/Weichert, BDSG, § 20 Rn. 5; z. B. Anspruch auf Berichtigung der Anmerkung zum Familienstand („ledig"), weil inzwischen eine eingetragene Lebenspartnerschaft vorliegt, vgl. BVerwGE 120, 188; dazu *Wohlgemuth/Gerloff*, Datenschutzrecht – Eine Einführung mit praktischen Fällen, S. 66.

16 BVerwG RDV 2004, 268 (269).

17 *Mallmann*, in: Simitis, BDSG, § 20 Rn. 14; *Gola/Schomrus*, BDSG, § 20 Rn. 3.

18 *Wedde*, in: Däubler/Klebe/Wedde/Weichert, BDSG, § 20 Rn. 6.

19 Ebenso *Schaffland/Wiltfang*, BDSG, § 20 Rn. 7.

20 Vgl. *Gola/Schomerus*, BDSG, § 20 Rn. 3.

8 Nicht erfasst werden demgegenüber Werturteile, da diese als subjektive Einschätzung des Wertenden sich einer Einordnung als richtig oder falsch entziehen.[21] Nur wenn sie offensichtlich auf unzutreffenden Tatsachen beruhen oder objektiv falsch, weil unschlüssig sind, besteht ebenfalls ein Berichtigungsanspruch.[22]

9 Für die Berichtigung ist ein tatsächlicher Vorgang notwendig, der dazu dient, den Informationsgehalt der gespeicherten Daten wieder in Übereinstimmung mit der Realität zu bringen. Hierzu bedarf es keines Antrages des Betroffenen, vielmehr ist die verantwortliche Stelle bei Kenntniserlangung über die Unrichtigkeit der Daten zur Korrektur verpflichtet.[23]

10 Das Verfahren zu Berichtigung ist nicht gesetzlich geregelt, sodass es Sache der verantwortlichen Behörde ist, unter Berücksichtigung der Interessen des Betroffenen und der tatsächlichen Gegebenheiten, die sich aus der Art der Speicherung ergeben, die Vorgehensweise zu bestimmen.[24] Danach kann eine Berichtigung sowohl die Löschung als auch die Veränderung der vorhandenen Daten beinhalten, je nachdem, ob das unrichtige Datum gelöscht und dann ersetzt wird oder die unrichtigen Daten gekennzeichnet und die korrekten Daten hinzugefügt werden.[25]

11 Für die Zulässigkeit der Datenverarbeitung ist grundsätzlich die jeweilige Behörde verantwortlich, weshalb sie im Zweifelsfall die Richtigkeit der Daten beweisen muss.[26] Das gilt jedoch dann nicht, wenn die Daten der persönlichen Sphäre des Betroffenen zuzuordnen sind und deswegen nur durch ihn bewiesen werden können (z.B. Beruf, Familienverhältnisse).[27] Der Betroffene muss insoweit die Unrichtigkeit der Daten beweisen und diese im Einzelnen bezeichnen. Die richtigen Daten muss der Betroffene hingegen nicht nennen, sofern keine gesetzliche Verpflichtung hierzu besteht.[28] Bezüglich der erfolgten Benachrichtigung kann der Betroffene von der verantwortlichen Stelle eine Bestätigung verlangen.[29]

12 Eine konkrete Frist zur Berichtigung nennt das Gesetz nicht. Danach werden je nach Einzelfall Zeitspannen von ein bis zwei Wochen bis zu drei Monaten als ausreichend erachtet.[30] Lediglich bei schwerwiegender Unrichtigkeit (z.B. sensible

---

21 So *Wedde*, in: Däubler/Klebe/Wedde/Weichert, BDSG, § 20 Rn. 6.

22 BGHZ 3, 270 (273 ff.).

23 *Wedde*, in: Däubler/Klebe/Wedde/Weichert, BDSG, § 20 Rn. 7; dazu, dass die Behörde die Kenntnis zumeist durch den Betroffenen erhalten wird, siehe bei *Schaffland/Wiltfang*, BDSG, § 20 Rn. 12.

24 Vgl. *Gola/Schomerus*, BDSG, § 20 Rn. 6.

25 Zur Veränderung vgl. *Tinnefeld/Ehmann/Gerling*, Einführung in das Datenschutzrecht, S. 300.

26 Vgl. *Schaffland/Wiltfang*, BDSG, § 20 Rn. 19.

27 Ausführlicher *Bergmann/Möhrle/Herb*, BDSG, § 20 Rn. 19.

28 *Bergmann/Möhrle/Herb*, BDSG, § 20 Rn. 20.

29 *Wedde*, in: Däubler/Klebe/Wedde/Weichert, BDSG, § 20 Rn. 8; BVerwG DVBl. 1999, 332 (333).

30 Vgl. *Schaffland/Wiltfang*, BDSG, § 20 Rn. 15.

Mester

Daten i. S. v. § 3 Abs. 9 BDSG) oder grob entstellten Daten bzw. bei zu befürchtenden Nachteilen des Betroffenen oder schweren Persönlichkeitsverletzungen ist eine unverzügliche Berichtigung, d. h. ohne schuldhaftes Zögern, geboten.[31]

2. Akten (Abs. 1 Satz 2)

Bei nicht-automatisierter Verarbeitung außerhalb einer Datei ist die in Abs. 1 Satz 2 enthaltene Sonderregelung zu beachten. Diese findet vor allem bei Akten Anwendung, die den Dateibegriff des § 3 Abs. 2 Satz 2 BDSG nicht erfüllen.[32] Danach sind bei der Korrektur besondere Vorkehrungen zu treffen, damit den Grundsätzen auf Aktenvollständigkeit und Aktenklarheit Genüge getan wird.[33] Es dürfen aus diesem Grund Angaben weder gelöscht noch auf die Weise berichtigt werden, dass der ursprüngliche Text nicht mehr erkennbar ist.[34] Vielmehr ist die Tatsache der Berichtigung als deutlicher Hinweis oder Vermerk in die Akte oder an anderer geeigneter Stelle aufzuführen.[35] Auf jeden Fall muss sichergestellt sein, dass die Berichtigung auch im Nachhinein bei nochmaliger Durchsicht erkennbar ist.[36] Etwas anderes gilt allerdings, wenn die Wertungen, Mitteilungen usw. bereits zum Zeitpunkt der Aufnahme in eine Akte nach Kenntnis der Behörde fehlerhaft oder unhaltbar gewesen sind.[37]

13

Die Verpflichtung zur Berichtigung betrifft laufende Akten. Wird die Akte zur gegenwärtigen Aufgabenerfüllung nicht mehr genutzt und ist der Vorgang rechtskräftig abgeschlossen, soll keine Verpflichtung mehr zur Berichtigung bestehen.[38] Das kann jedoch dann nicht gelten, wenn Akten noch für spätere Nachweisverpflichtungen usw. benötigt werden, da dann der Vorgang noch nicht abgeschlossen ist. Die auf diese Weise vorgehaltenen Informationen unterliegen vielmehr weiterhin der Pflicht zur Berichtigung.

14

---

31 So *Bergmann/Möhrle/Herb*, BDSG, § 20 Rn. 22.

32 Zutreffend *Wedde*, in: Däubler/Klebe/Wedde/Weichert, BDSG, § 20 Rn. 9.

33 Vgl. *Gola/Schomerus*, BDSG, § 20 Rn. 7 f.

34 BVerfG NJW 1983, 2135; BVerwG RDV 1991, 79. Der Grundsatz gilt hingegen nicht für Personaldaten in Personalakten (vgl. § 112 BBG), noch zu § 90e BBG *Gola*, RiA 1994, S. 1 (8); siehe aber auch BVerwG RDV 1989, 235.

35 *Wedde*, in: Däubler/Klebe/Wedde/Weichert, BDSG, § 20 Rn. 9; z. B. Beifügung einer Gegendarstellung BVerwG RDV 1991, 79.

36 Als eigener Verfahrensschritt ist dieser festzuhalten, vgl. *Gola/Schomerus*, BDSG, § 20 Rn. 7 f.; im Dienstverhältnis kann es im Gegensatz dazu aber sinnvoll sein, den Inhalt vollständig zu löschen und diesen auch nicht mehr im Vermerk wiederzugeben, so VG Darmstadt NJW 1981, 69; BAG NJW 1989, 2562.

37 BVerfG NJW 1983, 2135; VG Frankfurt NJW 1988, 1613.

38 So jedenfalls *Bergmann/Möhrle/Herb*, BDSG, § 20 Rn. 26.

III. Löschung von Daten (Abs. 2)

15 Liegen die Voraussetzungen der Nrn. 1 und 2 vor, sind die Daten zu löschen (Abs. 2).[39] Die Löschungspflicht betrifft lediglich personenbezogene Daten, die automatisiert verarbeitet oder in nicht-automatisierten Dateien gespeichert sind (§ 3 Abs. 2 BDSG).[40] In Akten gespeicherte Daten werden von der Vorschrift nicht erfasst.[41] Diese sind gegebenenfalls nach Abs. 1 zu berichtigen.[42]

16 Die Löschung kann auf Antrag des Betroffenen oder von Amts wegen durch die verantwortliche Stelle erfolgen.[43] Eine Löschung der Daten erfolgt entweder durch Überschreiben der zu löschenden Daten oder durch Aufhebung der Verknüpfung,[44] soweit die Daten mit Informationswert getrennt von den Daten zur Identifikation der Person gespeichert sind.[45]

17 Voraussetzung für eine Löschung ist die unzulässige Speicherung zum Zeitpunkt der abschließenden Entscheidung, unabhängig davon, ob die Speicherung ursprünglich einmal zulässig war.[46] Eine unzulässige Speicherung liegt dann vor, wenn die Speicherung nicht durch eine Rechtsnorm oder die Einwilligung des Betroffenen gedeckt ist (§ 4 Abs. 1 BDSG). Entscheidend ist die unzulässige Speicherung in der Gegenwart. Allerdings reicht ein Rechtsverstoß in einer „früheren" Phase des Umgangs mit den Daten bereits aus.[47]

18 War die Speicherung ursprünglich rechtmäßig, sind die Daten aber jetzt nicht mehr zur Aufgabenerfüllung der verantwortlichen Stelle erforderlich, sind diese ebenfalls zu löschen (Abs. 2 Nr. 2). Nicht mehr erforderlich sind die betroffenen Daten, sobald die Aufgabe, zu deren Erfüllung sie gespeichert waren, sich endgültig erledigt hat.[48] Anhaltspunkt kann sein, wenn Daten keine praktische Bedeutung mehr haben und nichts dafür spricht, dass sie die Arbeit der zuständigen Behörde noch fördern

---

39 Zum Rückgriff auf diese allgemeine Regelung bei fehlender spezialgesetzlicher Regelung vgl. BPatG München GRUR 2009, 185.

40 Zum Problem der Löschung von Angaben im Internet vgl. OVG DVBl. 2009, 355; VG Wiesbaden DuD 2009, 251.

41 Vgl. *Gola/Schomerus*, BDSG, § 20 Rn. 9.

42 Vgl. *Wedde*, in: Däubler/Klebe/Wedde/Weichert, BDSG, § 20 Rn. 10.

43 Zur bestehenden Verpflichtung der Prüfung bei Antrag vgl. Thüringer OLG StV 2004, 68; zum Anspruch auf Löschung nach § 489 Abs. 2 Satz 1 StPO vgl. KG Berlin StraFo 2009, 337; dazu Anm. von *Lampe*, jurisPR-StrafR 12/2009 Anm. 2.

44 Zum Problem der Löschung digitaler Daten vgl. *Nolte*, ZRP 2011, S. 236 (237 f.).

45 Die Daten dürfen nicht mehr rekonstruierbar sein, vgl. *Tinnefeld/Ehmann/Gerling*, Einführung in das Datenschutzrecht, S. 303; *Schaffland/Wiltfang*, BDSG, § 20 Rn. 31; zu den zu ergreifenden Maßnahmen siehe *Münch*, Technisch-organisatorischer Datenschutz, S. 343.

46 *Gola/Schomerus*, BDSG, § 20 Rn. 10.

47 Vgl. *Wedde*, in: Däubler/Klebe/Wedde/Weichert, BDSG, § 35 Rn. 17.

48 Dies bedarf aber der Abwägung im Einzelfall, VGH Mannheim NJW 1984, 2429 (2431); ausführlich dazu *Bergmann/Möhrle/Herb*, BDSG, § 20 Rn. 39.

können.[49] An einer gesetzlichen Regelung zum Wegfall der Erforderlichkeit fehlt es hingegen.[50] Aufgrund des Rechtes auf informationelle Selbstbestimmung ist die Vorschrift jedoch eng auszulegen und eine Löschung so früh wie möglich vorzunehmen.[51] Das gilt bei der Eintragung einer Fahrerlaubnisentziehung ebenso, wie bei Daten eines strafrechtlichen Ermittlungsverfahrens.[52] Müssen die Daten zur Datensicherungs-, Beweissicherungs- oder anderen Dokumentationszwecken vorgehalten werden, besteht kein Anspruch auf Löschung.[53] Dabei kann es je nach Zweckbestimmung der Daten und Zuständigkeit der verantwortlichen Stellen zu unterschiedlichen Bewertungen kommen. So sind z. B. zwar die verfahrensbezogenen Daten nach einem Freispruch wegen erwiesener Unschuld in einem Strafverfahren zu löschen, bei Vorliegen weiterer Verdachtsmomente eine Speicherung in einer Kriminalakte jedoch nicht ausgeschlossen.[54] Bei Speicherung von Daten aufgrund des Einverständnisses des Betroffenen sind die Daten zu löschen, sobald die Speicherung nicht mehr durch die Einwilligung gedeckt ist.[55]

Bevor Daten endgültig gelöscht werden, ist die Notwendigkeit einer Sperrung **19** (Abs. 3) oder Archivierung (Abs. 9) zu prüfen. Im Falle einer Archivierung besteht kein Anspruch auf Vernichtung bzw. Löschung der Daten.[56]

IV. Sperrung von Daten (Abs. 3)

Liegt einer der in Abs. 3 aufgeführten Gründe vor, sind die gem. Abs. 2 Nr. 2 oder **20** anderen Regelungen eigentlich zu löschenden Daten lediglich zu sperren (Abs. 3 Nr. 1 bis 3). Durch die Pflicht Daten erst zu Sperren und nicht gleich zu löschen sollen zum einen die Interessen des Betroffenen gewahrt, zum anderen der Notwendigkeit einer ordnungsgemäßen, praxisorientierten und wirtschaftlichen Verwaltung genüge getan werden.[57] Die Vorschrift bezieht sich nicht auf in Akten enthaltene personenbezogene Daten, sondern nur auf solche, die automatisiert verarbeitet

---

49 Zur Fahrerlaubnisentziehung vgl. BGH RDV 1995, 27 (28).
50 Zum Problem unterschiedlicher gerichtlicher Einschätzung des zeitlichen Umfanges bei *Wedde*, in: Däubler/Klebe/Wedde/Weichert, BDSG, § 20 Rn. 12; VGH Mannheim NJW 1984, 2429 (2431).
51 Zutreffend *Wedde*, in: Däubler/Klebe/Wedde/Weichert, BDSG, § 20 Rn. 12.
52 Hierzu BGH RDV 1995, 27 (28); VG Bayreuth RDV 1999, 129; keine Speicherung auf Vorrat für zukünftige Zwecke, vgl. VG Gießen DuD 2002, 626 (627 f.).
53 Zweckänderung gem. § 14 Abs. 2 BDSG, VGH Mannheim NJW 1987, 2762; vgl. dazu *Gola/Schomerus*, BDSG, § 20 Rn. 12.
54 Vgl. BVerfG RDV 2003, 80; VGH Mannheim NJW 1987, 2763 (2764).
55 Dazu näher *Gola/Schomerus*, BDSG, § 20 Rn. 10.
56 VG Darmstadt DuD 2004, 369 (371 ff.).
57 Vgl. *Bergmann/Möhrle/Herb*, BDSG, § 20 Rn. 48.

oder in nicht-automatisierte Dateien gespeichert sind.[58] Für die in Akten enthaltenen Daten enthält Abs. 6 eine abschließende Sonderregelung.[59]

21 Die betroffenen Daten müssen im Sinne des § 3 Abs. 4 Nr. 4 BDSG in geeigneter Weise als gesperrt gekennzeichnet werden. Inwieweit dabei jedes einzelne Datum zu kennzeichnen oder ein genereller Hinweis als ausreichend zu erachten ist, muss nach den Umständen des Einzelfalls entschieden werden.[60] Auf jeden Fall sind entsprechende organisatorische und technische Maßnahmen zu ergreifen, damit außer in den nach Abs. 7 zugelassenen Fällen keine Übermittlung oder Nutzung mehr stattfindet. Als ausreichend wird bei automatisierter Datenverarbeitung insoweit eine programmtechnische Lösung erachtet.[61]

22 Eine Sperrung von Daten hat zu erfolgen, sofern diese aufgrund geltender Aufbewahrungsfristen nicht gelöscht werden dürfen (Nr. 1). Diese können sowohl gesetzlicher als auch satzungsmäßiger oder vertraglicher Art sein. Sofern allerdings bereichsspezifische Regelungen eine Löschung zu einer festgelegten Zeit vorsehen, erfolgt keine Sperrung, vielmehr ist unter Beachtung der jeweiligen Vorschrift die Löschung vorzunehmen.

23 Sind Gründe ersichtlich, die zur Annahme veranlassen, dass durch die Löschung schutzwürdige Interessen des Betroffenen beeinträchtigt würden, ist eine Sperrung der Daten vorzunehmen (Nr. 2). Das Vorliegen eines „berechtigten Interesses" ist weit zu fassen und zur Beurteilung der Beeinträchtigung alle Umstände des Einzelfalles heranzuziehen.[62] Eine Beeinträchtigung ist im Falle dessen anzunehmen, dass einem Betroffenen die Daten später noch einmal zur Verfügung stehen müssen oder diesem bei einer Löschung Beweismittel verloren gingen.[63]

24 Ist eine Löschung wegen der besonderen Art der Speicherung nicht oder nur mit unverhältnismäßig hohem Aufwand möglich, erfolgt ebenfalls eine Sperrung der Daten (Nr. 3). Entscheidend ist der für die Löschung notwendige Aufwand, nicht der Aufwand, der für die Einführung entsprechender organisatorischer oder technischer Voraussetzungen notwendig ist.[64] Die Bedeutung dieser Vorschrift ist folglich vor allem im Bereich von nicht-automatisierten Dateien zu sehen, da zu Zeiten fle-

---

58 Das ergibt sich aus dem Bezug auf die in Abs. 2 enthaltene Verpflichtung zur Löschung und dem Gesamtbezug des § 20 BDSG, vgl. *Wedde*, in: Däubler/Klebe/Wedde/Weichert, BDSG, § 20 Rn. 13 m. w. N.; *Gola/Schomerus*, BDSG, § 20 Rn. 13.

59 Vgl. *Bergmann/Möhrle/Herb*, BDSG, § 20 Rn. 48; *Schaffland/Wiltfang*, BDSG, § 20 Rn. 24; *Mallmann*, in: Simitis, BDSG, § 20 Rn. 48; jetzt auch *Gola/Schomerus*, BDSG, § 20 Rn. 13.

60 Dazu *Schaffland/Wiltfang*, BDSG, § 20 Rn. 26.

61 *Tinnefeld/Ehmann/Gerling*, Einführung in das Datenschutzrecht, S. 303; zu den zu ergreifenden Maßnahmen näher *Zapatka*, DuD 1977, S. 82.

62 Vgl. *Mallmann*, in: Simitis, BDSG, § 20 Rn. 50.

63 Weitere Beispiele bei *Bergmann/Möhrle/Herb*, BDSG, § 20 Rn. 55.

64 *Mallmann*, in: Simitis, BDSG, § 20 Rn. 54.

xibler und kostengünstiger Speichermedien deren Löschung bzw. Vernichtung bereits mit wenig Aufwand möglich ist.[65]

V. Zweifel an der Richtigkeit (Abs. 4)

Besteht zwischen verantwortlicher Stelle und Betroffenem Unklarheit bzw. Streit **25** über die Richtigkeit von Daten (sog. non-liquet-Fälle), sind diese Daten gleichermaßen zu sperren (Abs. 4).[66] Wesentlich ist, dass der Betroffene nicht den Nachweis der Unrichtigkeit erbringen muss, sondern vielmehr das einfache Bestreiten ausreicht, damit die Verpflichtung zur Sperrung nach Abs. 4 greift.[67] Zum späteren Beweis kann für den Fall weiterer Auseinandersetzungen jedoch die schriftliche Fixierung seines Bestreitens durch den Betroffenen sinnvoll sein.[68] Der verantwortlichen Stelle verbleibt insoweit nur die Möglichkeit, die Richtigkeit der Daten zu beweisen, um eine Sperrung zu verhindern.[69] Zwar soll der Betroffene gem. § 26 Abs. 2 Satz 1 VwVfG bei Ermittlung des Sachverhaltes mitwirken, unterlässt er es jedoch, so hat dies keine Auswirkung auf die Beweislastverteilung.[70]

VI. Widerspruch (Abs. 5)

Nach Abs. 5 hat der Betroffene ein Recht auf Widerspruch.[71] Von der Vorschrift er- **26** fasst wird nur die automatisierte Verarbeitung oder die Verarbeitung in nicht-automatisierten Dateien.[72] Eine Beschränkung in der Art und Weise des § 28 Abs. 4 Satz 1 BDSG enthält Abs. 5 nicht.[73] Das Widerspruchsrecht wird in § 6 Abs. 1 nicht ausdrücklich genannt, es ist jedoch in der Literatur allgemein anerkannt, dass es als ein weiteres wichtiges Individualrecht weder abbedungen noch eingeschränkt wer-

---

65 Z.B., indem eine CD-ROM, DVD zur Speicherung genutzt wird, die anschließend vernichtet wird, vgl. *Wedde*, in: Däubler/Klebe/Wedde/Weichert, BDSG, § 20 Rn. 17; *Schaffland/Wiltfang*, BDSG, § 20 Rn. 25a.
66 Inhaltlich identisch mit § 35 Abs. 4 BDSG, vgl. § 35 BDSG Rn. 36; zum mangelnden Anspruch auf Löschung vgl. BVerwGE 126, 365.
67 Dazu *Gola/Schomerus*, BDSG, § 20 Rn. 19; *Wedde*, in: Däubler/Klebe/Wedde/Weichert, BDSG, § 20 Rn. 18.
68 Ebenso *Bergmann/Möhrle/Herb*, BDSG, § 20 Rn. 58.
69 *Wedde*, in: Däubler/Klebe/Wedde/Weichert, BDSG, § 20 Rn. 18.
70 Dazu *Mallmann*, in: Simitis, BDSG, § 20 Rn. 56; *Kopp/Ramsauer*, Verwaltungsverfahrensgesetz, § 26 Rn. 43; *Herrmann*, in: Bader/Ronellenfitsch, Kommentar zum VwVfG, § 26 Rn. 37.
71 Das Widerspruchsrecht entspricht dem § 35 Abs. 5 BDSG, vgl. § 35 BDSG Rn. 43 ff.
72 Womit Akten ausgeschlossen sind, vgl. *Wedde*, in: Däubler/Klebe/Wedde/Weichert, BDSG, § 20 Rn. 20.
73 Vgl. § 28 BDSG Rn. 211 ff.

den kann.[74] Die Anwendbarkeit von Abs. 5 kann aber aufgrund gesetzlicher Regelung ausgeschlossen sein (vgl. § 91 Abs. 3 AufenthG).

27 Der Widerspruch muss an die verantwortliche Stelle gerichtet werden und ist an keine Form gebunden.[75] Das Einlegen des Widerspruches kann daher sowohl mündlich als auch schriftlich bzw. auf elektronischem Wege (SMS, E-Mail) erfolgen.[76] Selbst konkludentes Handeln reicht aus.[77] Zum späteren Nachweis ist die Schriftform jedoch zu bevorzugen.[78] Der Betroffene kann die von seinem Widerspruch betroffenen Daten, deren Art und/oder die Bereiche der Datenverarbeitung selbst bestimmen (sog. Teilwiderspruch).[79] Lediglich der Löschung und Sperrung von Daten kann er nicht widersprechen, da es sich dabei um alternative, grundsätzlich abschließend geregelte Schutzinstrumente handelt.[80]

28 Damit über den Widerspruch entschieden werden kann, ist es notwendig, dass der Betroffene seine persönliche Situation darlegt, aus dem sich sein überwiegendes schutzwürdiges Interesse ergibt. Mangels zwingender inhaltlicher Anforderungen an die Darlegung kann der Widerspruch mit allen dazu geeigneten Informationen begründet werden.[81] Nicht ausreichend ist allerdings die Darlegung eines Interesses an einer Nichtverwendung, vielmehr muss die Verwendung der Daten den Betroffenen in seiner besonderen persönlichen (gesellschaftlichen, sozialen, wirtschaftlichen, rechtlichen oder familiären) Situation nachteilig treffen oder berühren.[82]

29 Die verantwortliche Stelle trifft die Aufgabe, die jeweils im Einzelfall vorliegenden konkreten Umstände einschließlich der Art von Daten und der jeweiligen Konsequenz einer Erhebung, Verarbeitung oder Nutzung für den Betroffenen gegenüber etwaigen gegenläufigen öffentlichen Interessen oder privaten Interessen Dritter abzuwägen.[83] Sofern diesbezüglich teilweise für die Prüfung des überwiegenden In-

---

74 *Däubler*, in: Däubler/Klebe/Wedde/Weichert, BDSG, § 6 Rn. 9; *Mallmann*, in: Simitis, BDSG, § 20 Rn. 82; *Gola/Schomerus*, BDSG, § 6 Rn. 2; *Dix*, in: Simitis, BDSG, § 6 Rn. 18 ff.; *Wedde*, in: Roßnagel, Handbuch zum Datenschutzrecht, Kap. 4.4, Rn. 86; *Däubler*, Gläserne Belegschaften?, Rn. 570.

75 Vgl. *Bergmann/Möhrle/Herb*, BDSG, § 20 Rn. 84.

76 So auch *Wedde*, in: Däubler/Klebe/Wedde/Weichert, BDSG, § 20 Rn. 22.

77 *Mallmann*, in: Simitis, BDSG, § 20 Rn. 86.

78 Darauf zutreffend hinweisend *Wedde*, in: Däubler/Klebe/Wedde/Weichert, BDSG, § 20 Rn. 22.

79 Vgl. *Bergmann/Möhrle/Herb*, BDSG, § 20 Rn. 84; *Mallmann*, in: Simitis, BDSG, § 20 Rn. 84; *Wedde*, in: Däubler/Klebe/Wedde/Weichert, BDSG, § 20 Rn. 21.

80 Obwohl ebenfalls zur Datenverarbeitung gehörend (§ 3 Abs. 4 BDSG), vgl. *Mallmann*, in: Simitis, BDSG, § 20 Rn. 84.

81 Zutreffend *Wedde*, in: Däubler/Klebe/Wedde/Weichert, BDSG, § 20 Rn. 23; enger *Gola/Schomerus*, BDSG, § 20 Rn. 22.

82 Bloßes Missfallen der Datenverarbeitung reicht daher nicht aus, dazu näher *Gola/Schomerus*, BDSG, § 20 Rn. 23.

83 *Roßnagel/Pfitzmann/Garstka*, Modernisierung des Datenschutzrechts, S. 176 f.; dabei strengen Maßstab voraussetzend *Bergmann/Möhrle/Herb*, BDSG, § 20 Rn. 85; *Mallmann*, in: Simitis, BDSG, § 20 Rn. 87.

teresses des Betroffenen ein strenger Maßstab verlangt wird,[84] wird die Schutzfunktion der Vorschrift verkannt, die für eine wirksame Umsetzung der Betroffenenrechte notwendig ist.[85] Es ist daher vielmehr von einer weiten Auslegung des Begriffs der „persönlichen Situation" auszugehen, wonach z. B. Aspekte der gesellschaftlichen oder politischen Stellung von Betroffenen und besondere Sensibilität von Daten ebenfalls Berücksichtigung finden müssen.[86]

Bei berechtigtem Widerspruch dürfen die personenbezogenen Daten weder erhoben noch verarbeitet oder genutzt werden. Soweit die Daten bereits erhoben sind, müssen diese entweder gelöscht oder nach Maßgabe des Abs. 2 gesperrt werden. Weitere Erhebungen oder Übermittlungen sind unzulässig.[87]   **30**

Greift demgegenüber eine zur Erhebung, Verarbeitung oder Nutzung verpflichtende Rechtsvorschrift, besteht kein Widerspruchsrecht (Abs. 5 Satz 2). Voraussetzung ist allerdings, dass die Vorschrift eine entsprechende Verpflichtung der verantwortlichen Stelle enthält. Eine bloße Ermächtigung zur Erhebung, Verarbeitung oder Nutzung der Daten reicht nicht aus.[88]   **31**

Lehnt die verantwortliche Stelle den Widerspruch als unzulässig ab, handelt es sich bei dieser Entscheidung um einen Verwaltungsakt, der durch den Betroffenen mit einer Anfechtungsklage angegriffen werden kann.[89] Weiterhin besteht die Möglichkeit, den BfDI gem. § 21 BDSG anzurufen.[90]   **32**

VII. Sperrung in Akten (Abs. 6)

Eine Sonderregelung enthält Abs. 6 für die Sperrung von personenbezogenen Daten, die weder automatisiert verarbeitet, noch in einer nicht-automatisierten Datei (d. h. vor allem in Akten bzw. Aktenteilen) gespeichert sind (vgl. § 3 Abs. 2 Satz 2 BDSG). Zu berücksichtigen ist der Grundsatz der Aktenvollständigkeit,[91] weshalb nicht ganze Akten vernichtet, Teile einer Akte entfernt oder einzelne Angaben, die zu Recht in die Akte aufgenommen wurden, gelöscht werden dürfen.[92] Aus diesem Grund regelt die Vorschrift, dass die in Akten gespeicherten Daten zu sperren sind, wenn die genannten Voraussetzungen vorliegen. Die Verpflichtung trifft die verant-   **33**

---

84 Vgl. *Gola/Schomerus*, BDSG, § 20 Rn. 23; dazu näher *Mallmann*, in: Simitis, BDSG, § 20 Rn. 88.

85 Zutreffend *Wedde*, in: Däubler/Klebe/Wedde/Weichert, BDSG, § 20 Rn. 24.

86 Dazu mit weiteren Beispielen *Wedde*, in: Däubler/Klebe/Wedde/Weichert, BDSG, § 20 Rn. 24; vgl. außerdem BVerwG DuD 2006, 737 (738); *Dix*, DuD 2006, S. 678.

87 *Wedde*, in: Däubler/Klebe/Wedde/Weichert, BDSG, § 20 Rn. 25.

88 Dazu *Mallmann*, in: Simitis, BDSG, § 20 Rn. 90.

89 Vgl. *Bergmann/Möhrle/Herb*, BDSG, § 20 Rn. 87.

90 Ebenso *Wedde*, in: Däubler/Klebe/Wedde/Weichert, BDSG, § 20 Rn. 25.

91 BVerfG NJW 1983, 2135; BVerwG RDV 1989, 235.

92 *Gola/Schomerus*, BDSG, § 20 Rn. 25; a. A. bei erkennungsdienstlichen Unterlagen VG Frankfurt NJW 1987, 2248.

wortliche Stelle. Die Verwendung des Begriffs „Behörde" ist dabei als redaktionelles Versehen einzustufen.[93] Die verantwortliche Stelle muss die Daten sperren, sofern sie feststellt, dass sonst berechtigte Interessen des Betroffenen beeinträchtigt werden. Eine Verpflichtung, die Akten von Amts wegen regelmäßig darauf hin zu durchsuchen, besteht demgegenüber nicht.[94] Vielmehr werden entweder der Hinweis eines Betroffenen selbst oder entsprechende Anhaltspunkte eine Prüfung der Voraussetzungen des Abs. 6 auslösen.[95]

34 Eine Sperrung erfolgt nur insoweit, als die Daten für die aktuellen Verwaltungsvorgänge nicht mehr gebraucht werden. Liegen die Voraussetzungen nicht vor, kann der Betroffene aber sein Interesse an der Sperrung darlegen, sodass seine Angaben in die Akte mit aufgenommen und für spätere Entscheidungen zugrunde gelegt werden können.[96]

35 Die Sperrung erfolgt durch entsprechende Kennzeichnung (§ 3 Abs. 4 Nr. 4 BDSG), entweder der einzelnen Daten durch entsprechenden Hinweis auf dem Aktenblatt und dem Aktendeckel oder, soweit ein Datum mehrfach betroffen ist, nur durch Hinweis auf dem Aktendeckel.[97] Dabei sollte sowohl die Information der Sperrung nach § 20 Abs. 6 BDSG als auch die Rechtsfolge nach Abs. 7 enthalten sein. Dass eine Übermittlung oder Nutzung der gesperrten Daten nur noch unter Beachtung der in Abs. 7 genannten Voraussetzungen erfolgt, muss die verantwortliche Stelle mithilfe entsprechender organisatorischer und technischer Maßnahmen sicherstellen.[98]

36 Das Verlangen eines Betroffenen auf Entfernung oder Löschung bestimmter Aktenteile ist dadurch nicht vollständig ausgeschlossen.[99] Wurden Akten oder Teile rechtswidrig angelegt bzw. weitergeführt, kann ein Vernichtungs- oder Entfernungsanspruch bestehen.[100]

VIII. Verwendungsbeschränkung (Abs. 7)

37 Eine Übermittlung (§ 3 Abs. 4 Nr. 3 BDSG) oder Nutzung (§ 3 Abs. 5 BDSG) gesperrter Daten darf ohne Einwilligung des Betroffenen nur bei Vorliegen der in Abs. 7 genannten Voraussetzungen erfolgen. Sonstige Rechte bzw. Pflichten der verantwortlichen Stelle in Form der Auskunft, Berichtigung und Löschung bleiben

---

93 Vgl. *Wedde*, in: Däubler/Klebe/Wedde/Weichert, BDSG, § 20 Rn. 19.
94 Vgl. *Mallmann*, in: Simitis, BDSG, § 20 Rn. 62; *Gola/Schomerus*, BDSG, § 20 Rn. 26.
95 Dazu *Bergmann/Möhrle/Herb*, BDSG, § 20 Rn. 66.
96 Vgl. *Gola/Schomerus*, BDSG, § 20 Rn. 25 ff.
97 *Schaffland/Wiltfang*, BDSG, § 3 Rn. 73a.
98 Zutreffend *Gola/Schomerus*, BDSG, § 20 Rn. 28.
99 Vgl. VGH Mannheim NJW 1987, 2762 (2763); VGH Mannheim NJW 1987, 2764 (2765); VG Darmstadt NJW 1981, 69.
100 VG Frankfurt NJW 1988, 1613; BAG NJW 1989, 2562; VG Stuttgart RDV 1993, 250; *Gola/Schomerus*, BDSG, § 20 Rn. 25.

unberührt. Die Möglichkeit der Übermittlung oder Nutzung gesperrter Daten bei Vorliegen eines Einverständnisses des Betroffenen ergibt sich bereits aus § 4 Abs. 1 BDSG, wobei dann an das Einverständnis die sich aus § 4a BDSG ergebenden Anforderungen zu stellen sind. Darüber hinaus dürfen die gesperrten Daten trotz fehlenden Hinweises auf Abs. 3 Nr. 1 übermittelt oder genutzt werden, wenn diese aufgrund spezieller Aufbewahrungsvorschriften gesperrt sind und der Zweck der Aufbewahrung eintritt.[101]

Ein Ausnahmetatbestand im Sinne des Abs. 7 besteht zunächst einmal bei Vorliegen eines wissenschaftlichen Zweckes (Nr. 1 1. Alt.). Was als wissenschaftlicher Zweck in Betracht kommt, ist hingegen nicht näher geregelt.[102] Damit die schutzwürdigen Interessen des Betroffenen gewahrt bleiben, sind daher an die ausnahmsweise bestehende Zulässigkeit einer Übermittlung oder Nutzung gesperrter Daten zu wissenschaftlichen Zwecken strenge Maßstäbe anzulegen.[103] Nur in dem Falle, dass die Übermittlung oder Nutzung für die verfolgten wissenschaftlichen Zwecke unerlässlich ist, darf diese ausnahmsweise erfolgen. Ein bloßes Interesse an den Daten reicht nicht aus; vielmehr muss die verantwortliche Stelle darüber entscheiden, ob sich möglicherweise aus dem Forschungsziel oder den anzuwendenden Untersuchungsmethoden ein wissenschaftlicher Zweck ergibt.[104] Hierzu muss sie im Zweifel verlangen, dass der Zweck, sofern er nicht offenkundig ist, substantiiert dargelegt wird.[105] Wichtig ist, dass die Übermittlung oder Nutzung unerlässlich ist, d. h. ohne die Kenntnis der Daten oder auf andere Weise der wissenschaftliche Zweck nicht erreichbar wäre.[106] Damit werden besondere Anforderungen an deren Notwendigkeit gestellt.[107] **38**

Ferner dürfen bei einer bestehenden Beweisnot gesperrte Daten übermittelt oder genutzt werden (Abs. 7 Nr. 1 2. Alt.). Eine derartige Beweisnot liegt vor, wenn ohne Vorlage der gesperrten Daten entscheidungserhebliche Tatsachen nicht bewiesen werden können.[108] Ein förmliches Verfahren wird von der Regelung nicht verlangt, weshalb im Interesse des Betroffenen bereits im Vorfeld eines förmlichen Verfahrens die Daten genutzt werden dürfen.[109] Notwendig ist es allerdings, dass es sich **39**

---

101 Zutreffend *Gola/Schomerus*, BDSG, § 20 Rn. 30.

102 Daher bestehen vielfältige Möglichkeiten, vgl. *Gola/Schomerus*, BDSG, § 20 Rn. 31.

103 Zutreffend *Mallmann*, in: Simitis, BDSG, § 20 Rn. 68; *Bergmann/Möhrle/Herb*, BDSG, § 20 Rn. 72.

104 Näher bei *Bergmann/Möhrle/Herb*, BDSG, § 20 Rn. 74; weniger strenge Maßstäbe ansetzend *Schaffland/Wiltfang*, BDSG, § 35 Rn. 57.

105 Vgl. *Gola/Schomerus*, BDSG, § 20 Rn. 31.

106 OVG Münster NJW 1988, 90; ebenso *Gola/Schomerus*, BDSG, § 20 Rn. 31.

107 Schärfer als „erforderlich", vgl. *Däubler*, in: Däubler/Klebe/Wedde/Weichert, BDSG, § 35 Rn. 30.

108 OVG Münster NJW 1988, 90; dazu ausführlicher *Schaffland/Wiltfang*, BDSG, § 20 Rn. 28.

109 Zutreffend *Gola/Schomerus*, BDSG, § 20 Rn. 32; OVG Münster NJW 1988, 90; *Bergmann/Möhrle/Herb*, BDSG, § 20 Rn. 78; a. A. *Mallmann*, in: Simitis, BDSG, § 20 Rn. 73.

nicht erst um eine zukünftige, demnächst zu erwartende Situation, sondern um eine akute Beweisnot handelt.[110] Außerdem müssen die Daten zur Beweisführung wiederum unerlässlich sein. Wer hingegen Beweisschwierigkeiten hat, ist unerheblich, sodass die Beweisnot eines Dritten bereits ausreicht.[111]

40 Weiterhin ist bei einem im überwiegenden Interesse der verantwortlichen Stelle oder eines Dritten liegenden Grundes die Nutzung bzw. Übermittlung der gesperrten Daten erlaubt (Abs. 7 Nr. 1 3. Alt.). Notwendig ist eine Interessenabwägung, welche die jeweils im konkreten Einzelfall vorliegenden Besonderheiten berücksichtigt. Hierzu muss dem Betroffenen die Möglichkeit zur Stellungnahme gegeben werden, damit dieser auf alle schutzwürdigen Interessen hinweisen kann.[112] Außerdem muss die Nutzung unerlässlich sein, also das einzig verfügbare Mittel zur Wahrung der Interessen der verantwortlichen Stelle oder eines Dritten darstellen.[113]

41 Liegen die Ausnahmetatbestände bzw. einer davon vor, ist nach Abs. 7 Nr. 2 außerdem zu prüfen, ob die betroffenen Daten übermittelt und genutzt werden dürften, wenn sie nicht gesperrt wären. Vorliegen müssen die Voraussetzungen der allgemeinen Vorschriften (§§ 14 ff. BDSG). Dadurch soll sichergestellt werden, dass das Gebot der Zweckbindung eingehalten wird.[114]

IX. Nachberichtspflicht (Abs. 8)

42 Der Abs. 8 beinhaltet die Verpflichtung der verantwortlichen Stelle, andere Stellen über die Berichtigung unrichtiger Daten (Abs. 1 Satz 1), von der Sperrung bestrittener Daten (i. S. von Abs. 4) sowie der Löschung (Abs. 2 Nr. 1) oder Sperrung wegen unzulässiger Speicherung (Abs. 2 Nr. 1 bzw. Abs. 3 i.V.m. Abs. 2 Nr. 1) zu unterrichten (sog. Anschlussberichtigung oder Nachbenachrichtigungspflicht).[115] Die Überprüfung hat von Amts wegen zu erfolgen.[116] Davon nicht betroffen sind die Fälle, in denen die Daten nach Abs. 2 Nr. 2 gelöscht oder gem. Abs. 3 i.V.m. Abs. 2 Nr. 2 gesperrt werden, weil sie zur Aufgabenerfüllung nicht mehr notwendig sind, denn jede Stelle muss ohnehin prüfen, ob die Erforderlichkeit für ihren Bereich

---

110 Vgl. *Gola/Schomerus*, BDSG, § 20 Rn. 32; zur Beweislastverteilung vgl. *Schaffland/Wiltfang*, BDSG, § 35 Rn. 60.
111 Ebenso *Gola/Schomerus*, BDSG, § 20 Rn. 32.
112 Für eng begrenzte Ausnahmezustände, *Mallmann*, in: Simitis, BDSG, § 20 Rn. 76; *Schaffland/Wiltfang*, BDSG, § 35 Rn. 61.
113 Ebenso *Bergmann/Möhrle/Herb*, BDSG, § 20 Rn. 80; *Mallmann*, in: Simitis, BDSG, § 20 Rn. 77; z. B. zum Wiederaufbau einer zerstörten oder abhanden gekommenen Datei, vgl. *Gola/Schomerus*, BDSG, § 20 Rn. 33.
114 Dazu näher mit Beispielen *Mallmann*, in: Simitis, BDSG, § 20 Rn. 78 f.; *Gola/Schomerus*, BDSG, § 20 Rn. 34.
115 Die Regelung ist inhaltsgleich zu § 35 Abs. 7 BDSG, vgl. Kommentierung zu § 35 BDSG Rn. 50 f.
116 Zutreffend *Schaffland/Wiltfang*, BDSG, § 20 Rn. 32.

noch besteht.[117] Es müssen alle Stellen informiert werden, die zuvor die betroffenen Daten zum Zwecke der Speicherung erhalten haben. Eine regelmäßige Übermittlung ist nicht mehr erforderlich.[118]

Hintergrund der Unterrichtungspflicht ist, dass gerade aufgrund modernster Daten-   **43** verarbeitung innerhalb öffentlicher Stellen immer häufiger umfangreiche „Datenflüsse" stattfinden.[119] Außerdem stellt die Informationsverpflichtung eine wichtige Ergänzung der Rechte des Betroffenen dar, der sonst gezwungen wäre, bei jeder Stelle selbst vorzusprechen oder einen Folgenbeseitigungsanspruch nach allgemeinen Grundsätzen geltend machen müsste.[120]

Die Unterrichtung anderer Stellen hat unverzüglich zu erfolgen.[121] Eine derartige   **44** Nachberichtspflicht besteht jedoch bei einem damit verbundenen unverhältnismäßigen Aufwand nicht. Dieser wird vor allem bei nur belanglosen Korrekturen bejaht, soweit Missverständnisse zu Lasten des Betroffenen ausgeschlossen sind.[122] Die Nachberichtspflicht entfällt ferner bei einem entgegenstehenden schutzwürdigen Interesse der Betroffenen, wenn diese durch die neuen Daten ungünstiger gestellt werden würden.[123]

X. Bundesarchivgesetz (Abs. 9)

In Abs. 9 der Vorschrift wird die verantwortliche Stelle verpflichtet, Daten zunächst   **45** dem Bundes- bzw. Landesarchiv anzubieten und dadurch archivwürdige Daten im Sinne von § 3 BArchivG zu sichern.[124] Das Bundesarchivgesetz geht insoweit dem § 20 BDSG vor. Erst wenn das Bundes- bzw. Landesarchiv deren bleibenden Wert verneint, sind die Daten zu löschen.[125]

XI. Rechtsfolgen bei Zuwiderhandlungen

Bei Vorliegen der gesetzlichen Voraussetzungen besteht ein subjektives Recht des   **46** Betroffenen auf Berichtigung, Sperrung und Löschung. Bei Verletzung dieser Rechte kann ein Schadensersatzanspruch gemäß der §§ 7, 8 BDSG bestehen. Bei den Rechten aus § 20 BDSG handelt es sich außerdem gegenüber dem Betroffenen

---

117 Ebenso *Bergmann/Möhrle/Herb*, BDSG, § 20 Rn. 95; *Gola/Schomerus*, BDSG, § 20 Rn. 36; *Mallmann*, in: Simitis, BDSG, § 20 Rn. 95.

118 In Umsetzung von Art. 12 Buchstb. c EG-DSRl entfallen, vgl. *Mallmann*, in: Simitis, BDSG, § 20 Rn. 92.

119 *Wedde*, in: Däubler/Klebe/Wedde/Weichert, BDSG, § 20 Rn. 28.

120 Siehe *Mallmann*, in: Simitis, BDSG, § 20 Rn. 91.

121 Ebenso *Schaffland/Wiltfang*, BDSG, § 20 Rn. 32.

122 Vgl. *Mallmann*, in: Simitis, BDSG, § 20 Rn. 96.

123 Dazu *Gola/Schomerus*, BDSG, § 20 Rn. 38.

124 Zu den Anforderungen vgl. *Becker/Oldenhagen*, BArchG, § 3.

125 Vgl. *Mallmann*, in: Simitis, BDSG, § 20 Rn. 98; *Gola/Schomerus*, BDSG, § 20 Rn. 39.

um Amtspflichten, weshalb die Möglichkeit eines Schadensersatzanspruches gem. Art. 34 GG i. V. m. § 839 BGB besteht.[126] Voraussetzung ist, dass dem Betroffenen (z. B. durch verzögerte oder unterlassene Benachrichtigung, Sperrung oder Löschung) ein Schaden entstanden ist und der speichernden Stelle ein Verschulden nachzuweisen ist.[127] Bei schwerwiegenden Eingriffen kann außerdem ein Schmerzensgeldanspruch des Betroffenen in Betracht kommen, sofern die Beeinträchtigung nicht auf andere Weise befriedigend ausgeglichen werden kann.[128] Eine unbefugte Übermittlung kann außerdem den Straftatbestand des § 44 BDSG i. V. m. § 43 Abs. 2 Nr. 1 BDSG erfüllen.[129] Weiterhin können die Voraussetzungen einer Bestrafung nach § 303a StGB oder einer Ordnungswidrigkeit im Sinne des § 43 Abs. 2 Nr. 1 BDSG erfüllt sein.[130]

47 Zuständig für den Rechtsstreit ist, je nachdem welche Behörde oder Stelle die Daten verarbeitet, das Verwaltungsgericht, das Sozialgericht oder das Finanzgericht.[131] Wurde hingegen eine Pflicht aus § 20 BDSG in rechtwidriger Weise unterlassen bzw. zu Unrecht vorgenommen und wird damit eine Amtspflicht verletzt, besteht die Möglichkeit des Betroffenen, den ordentlichen Rechtsweg zu beschreiten, sofern ihm ein Schaden entstanden ist (Art. 34 GG i. V. m. § 839 BGB).[132] Soweit im Hauptverfahren die Löschung von Daten begehrt wird, kann ein Verfahren nach § 123 VwGO zur vorläufigen Sperrung der Daten in Betracht kommen.[133]

---

126 *Bergmann/Möhrle/Herb*, BDSG, § 20 Rn. 106.
127 *Wedde*, in: Däubler/Klebe/Wedde/Weichert, BDSG, § 20 Rn. 30.
128 Dazu näher *Bergmann/Möhrle/Herb*, BDSG, § 20 Rn. 108.
129 *Wedde*, in: Däubler/Klebe/Wedde/Weichert, BDSG, § 20 Rn. 30.
130 Zum Tatbestand vgl. *Schönke/Schröder*, StGB, § 303a Rn. 3; ebenso *Bergmann/Möhrle/Herb*, BDSG, § 20 Rn. 112 f.
131 *Mallmann*, in: Simitis, BDSG, § 20 Rn. 106.
132 *Bergmann/Möhrle/Herb*, BDSG, § 20 Rn. 114.
133 Vgl. Hess. VGH RDV 1991, 149; VG Frankfurt RDV 1997, 133; Hess. VGH RDV 1991, 149; ebenso *Gola/Schomerus*, BDSG, § 20 Rn. 40; *Mallmann*, in: Simitis, BDSG, § 20 Rn. 106.

§ 21 Anrufung des Bundesbeauftragten für den Datenschutz und die Informationsfreiheit

Jedermann kann sich an den Bundesbeauftragten für den Datenschutz und die Informationsfreiheit wenden, wenn er der Ansicht ist, bei der Erhebung, Verarbeitung oder Nutzung seiner personenbezogenen Daten durch öffentliche Stellen des Bundes in seinen Rechten verletzt worden zu sein. Für die Erhebung, Verarbeitung oder Nutzung von personenbezogenen Daten durch Gerichte des Bundes gilt dies nur, soweit diese in Verwaltungsangelegenheiten tätig werden.

Literatur: *Arlt/Piendl*, Zukünftige Organisation und Rechtsstellung der Datenschutzkontrolle in Deutschland, CR 1998, S. 713; *Baumann*, Stellungnahme zu den Auswirkungen des Urteils des BVerfG vom 15.12.1983 zum Volkszählungsgesetz 1983, DVBl. 1984, S. 612; *Bäumler*, Wahrung der Grundrechte durch Datenschutzbeauftragte, RDV 1996, S. 163; *Bizer*, Die angekündigte Datenschutzkontrolle, DuD 2000, S. 673; *Bull*, Öffentlichkeitsarbeit unter gerichtlicher Kontrolle – wie unabhängig sind die Datenschutzbeauftragten?, in: Arndt u.a. (Hrsg.), Festschrift für Rudolf, München 2001, S. 421; *Dammann*, Die Kontrolle des Datenschutzes, Frankfurt 1977; *Ehmann*, Urteilsbesprechung, CR 1999, S. 560; *Einwag*, Datenschutz und Datensicherung aus Sicht des Bundesbeauftragten für den Datenschutz, RDV 1989, S. 1; *Flanderka*, Der Bundesbeauftragte für den Datenschutz, Heidelberg 1988; *Garstka*, Datenschutzkontrolle: Das Berliner Modell, DuD 2000, S. 289; *Hellermann/Wieland*, Die Unabhängigkeit der Datenschutzkontrolle im nicht-öffentlichen Bereich, DuD 2000, S. 284; *Herb*, Die Struktur der Datenschutzkontrollstellen in der Bundesrepublik, ZUM 2004, S. 530; *Hertel*, Der Bundesbeauftragte für den Datenschutz, in: Das Bonner Innenministerium, Bonn 1997, S. 268; *Kröger*, Der Datenschutz im Bereich der öffentlichen Verwaltung nach dem Bundesdatenschutzgesetz, DÖV 1977, S. 301; *Mitrou*, Die Entwicklung der institutionellen Kontrolle des Datenschutzes, Baden-Baden 1993; *W. Müller*, Ministerialfreie Räume, JuS 1985, S. 497; *S. Müller*, Das Datenschutzpolitische Mandat des BfDI, RDV 2004, S. 211; *Paeffgen*, Amtsträgerbegriff und die Unabhängigkeit des Datenschutzbeauftragten, JZ 1997, S. 178; *Schild*, Die völlige Unabhängigkeit der Aufsichtsbehörden aus europarechtlicher Sicht, DuD 2010, S. 549; *Simitis*, Bundesdatenschutzgesetz – Ende der Diskussion oder Neubeginn?, NJW 1977, S. 729; *Tinnefeld*, Bundesbeauftragter für den Datenschutz, DuD 2003, S. 439; *Tinnefeld/Ehmann*, Externe Datenschutzbeauftragte im öffentlichen Bereich. Eine unabhängige Kontrollinstanz?, CR 1989, S. 637; *Vogelgesang*, Schutz für die Datenschützer oder vor den Datenschützern, VerwArch 1987, S. 81; *Vonderbeck*, Redemöglichkeit vor dem Deutschen Bundestag für den Bundesbeauftragten für den Datenschutz, DVBl. 1980, S. 439; *Weber*, EG-Datenschutzrichtlinie, CR 1995, S. 297; *Wippermann*, Zur Frage der Unabhängigkeit des Datenschutzbeauftragten, DÖV 1994, S. 929; *Zöllner*, Der Datenschutzbeauftragte im Verfassungssystem, Berlin 1995.

I. Allgemeines

1. Gesetzeszweck

1 Die Möglichkeit, sich jederzeit und unmittelbar, d.h. ohne das Dazwischenschalten irgendwelcher Instanzen, an den BfDI wenden zu können, soll einerseits das Vertrauen des Bürgers in die Beachtung seiner Rechte und Interessen stärken bzw. diese schützen und andererseits dem BfDI selbst wichtige Informationen zur Ausübung seiner Kontroll- und Beratungsfunktion zukommen lassen.[1] § 21 BDSG begründet eine Art Sonderpetitionsrecht des BDSG[2] und besitzt von den Vorschriften über Aufgaben und Stellung des BfDI die größte unmittelbare Bedeutung für den Bürger.[3] Das Anrufungsrecht zählt insbesondere zu den „Rechten des Betroffenen".[4]

2. Europarechtliche Grundlagen

2 Das Anrufungsrecht wurde zeitlich vor der EG-DSRl in das BDSG eingefügt und ist nicht durch europarechtliche Vorgaben veranlasst. Gleichwohl verwirklicht § 21 BDSG auch die Vorgaben des § 28 Abs. 4 EG-DSRl.

3. Verhältnis zu anderen Vorschriften

3 Das Anrufungsrecht des Bürgers nach § 21 BDSG besteht selbstständig neben dem Petitionsrecht des Art. 17 GG sowie neben dem gerichtlichen Rechtsschutz.[5] In Zweifelsfragen kann daher auf die zum Petitionsrecht entwickelten Grundsätze zurückgegriffen werden.

---

1 Zur Doppelfunktion etwa *Flanderka*, Der Bundesbeauftragte für den Datenschutz, S. 62 f.
2 So zutreffend *Heil*, Bundesbeauftragter für den Datenschutz, in: Roßnagel, Hdb. DSR, S. 745 (770).
3 *Dammann*, in: Simitis, BDSG, § 21 Rn. 1.
4 *Gola/Schomerus*, BDSG, § 21 Rn. 1.
5 *Gola/Schomerus*, BDSG, § 21 Rn. 1.

Grittmann

II. Jedermann-Recht

Anrufungsberechtigt ist jedermann, der seiner Ansicht nach bei der Erhebung, Ver- **4**
arbeitung oder Nutzung seiner personenbezogenen Daten in seinen Rechten verletzt
worden ist. Damit folgt § 21 BDSG dem Vorbild des Art. 17 GG, jedoch mit dem
Unterschied, dass im Gegensatz zum Petitionsrecht ausschließlich natürliche Personen Normadressaten sind.[6] Das Anrufungsrecht steht damit jedem Bürger zu, und
zwar unabhängig von dessen Wohnsitz und Staatsangehörigkeit. Das Anrufungsrecht besteht auch für Bedienstete öffentlicher Stellen.[7]

Natürliche Personen, die nicht Betroffene sind, können sich zwar ebenso an den **5**
BfDI wenden. Da ihnen jedoch nicht das Recht des § 21 BDSG zusteht und durch
den BfDI dementsprechend auch nicht ein Verfahren nach dieser Vorschrift eröffnet
werden kann, liegt die Entscheidung alleine beim BfDI, wie er mit der „Anrufung"
verfährt.[8] Gleiches gilt für Eingaben juristischer Personen. Insbesondere Personal-
vertretungen sind nicht Träger eines originären Anrufungsrechts. Sie unterliegen
zudem der Beschränkung des § 66 Abs. 3 BPersVG.[9]

III. Materielle Voraussetzungen der Anrufung

Der Betroffene muss eine Verletzung seiner Rechte „bei der Erhebung, Verarbei- **6**
tung oder Nutzung seiner personenbezogenen Daten" vorbringen. Eine mögliche
Verletzung der Rechte des Anrufenden liegt immer dann vor, wenn sich der Betroffene auf Vorschriften bezieht, die die Zulässigkeit der Datenverarbeitung im Interesse des Betroffenen begrenzen oder diesem Kontroll- und Einwirkungsrechte einräumen.[10] Gegenstand der Anrufung muss eine „Datenschutzposition" sein, d.h. es
muss sich um Verhaltensweisen oder Tatbestände handeln, die sich auf den Schutz
und die Sicherung der Daten, ihre Behandlung oder Verwendung oder die Verwirklichung der Kontrollrechte des Betroffenen beziehen.[11] Dabei kann es sich um Datenschutzvorschriften sowohl innerhalb als auch außerhalb des BDSG handeln. Insbesondere genügt auch der Hinweis auf die Verletzung des Rechts auf informationelle Selbstbestimmung. Nach dem eindeutigen Wortlaut des § 21 BDSG ist es
dabei ausreichend, wenn der Betroffene nur der „Ansicht" ist, in seinen Rechten
verletzt zu sein. Auf das tatsächliche Vorliegen einer Rechtsverletzung kommt es

6 *Heil*, Bundesbeauftragter für den Datenschutz, in: Roßnagel, Hdb. DSR, S. 745 (771) unter
  Hinweis auf den Schutzbereich des BDSG. Normadressaten des Art. 17 GG sind darüber
  hinaus auch juristische Personen des Privatrechts.
7 *Schaffland/Wiltfang*, BDSG, § 21 Rn. 3.
8 *Bergmann/Möhrle/Herb*, BDSG, § 21 Rn. 6.
9 *Gola/Schomerus*, BDSG, § 21 Rn. 2.
10 *Heil*, Bundesbeauftragter für den Datenschutz, in: Roßnagel, Hdb. DSR, S. 745 (771).
11 *Dammann*, in: Simitis, BDSG, § 21 Rn. 5.

nicht an.[12] Aufgrund der präventiven Zielrichtung des Datenschutzes genügt es zudem, wenn eine Rechtsverletzung nur droht.[13]

7 Die Anrufung des BfDI ist nur zulässig, solange er auch für die Überwachung der datenverarbeitenden Stelle zuständig ist. Zunächst kann der BfDI angerufen werden, wenn nach § 21 BDSG „öffentliche Stellen des Bundes" eine Verletzung begangen haben sollen.[14] Eine Ausnahme gilt nach § 21 Satz 2 BDSG für die Gerichte des Bundes: Eine hierauf bezogene Anrufung ist nur zulässig, soweit diese bei Erhebung, Verarbeitung oder Nutzung in Verwaltungsangelegenheiten tätig werden (Justizverwaltungsangelegenheiten).[15] Die Zuständigkeit des BfDI endet folglich dort, wo richterliche Rechtsprechungstätigkeit beginnt.[16] Weiterhin findet § 21 BDSG Anwendung auf öffentlich-rechtliche Unternehmen des Bundes, soweit sie am Wettbewerb teilnehmen (öffentlich-rechtliche Wettbewerbsunternehmen).[17]

8 Wenn der BfDI nicht zuständig ist,[18] werden die Eingaben zurückgegeben oder sollten, wenn vom Einverständnis des Betroffenen auszugehen ist, an die zuständige Aufsichtsbehörde weitergeleitet werden.[19] Die Weiterleitung ist dem Betroffenen mitzuteilen.

IV. Formelle Voraussetzungen der Anrufung

9 § 21 BDSG enthält keinerlei Vorgaben an Frist und Form der Anrufung. Sie ist daher frist- und formlos möglich. Die Anrufung kann schriftlich, mündlich, fernmündlich oder zu Protokoll der Dienststelle des BfDI erfolgen. Voraussetzung ist lediglich, dass die Person des Anrufenden erkennbar ist; anonymen Anrufen braucht der BfDI nicht nachzugehen.[20] Inhaltlich sollten Sachverhalt und Problemlage erkennbar sein. Es dürfen aber keine zu hohen Anforderungen an den Inhalt

---

12 *Gola/Schomerus*, BDSG, § 21 Rn. 5.
13 *Dammann*, in: Simitis, BDSG, § 21 Rn. 9; *Bergmann/Möhrle/Herb*, BDSG, § 21 Rn. 5.
14 Vgl. zum Begriff der „öffentlichen Stellen des Bundes" § 2 BDSG Rn. 5 ff.
15 Hierzu auch die Parallelvorschrift in § 24 Abs. 3 BDSG. Der verfassungsrechtlich garantierte Schutz der Unabhängigkeit der Richter (Art. 97 Abs. 1 GG) ließe keine weitergehende Kontrolle zu.
16 Vgl. die Beispiele bei *Bergmann/Möhrle/Herb*, BDSG, § 21 Rn. 22. Zulässig wäre danach etwa die Kontrolle der Einhaltung datenschutzrechtlich erforderlicher technischer Vorkehrungen bei der Einrichtung der Gerichtscomputer.
17 Vgl. § 27 Abs. 1 Satz 3 BDSG. Vgl. hierzu auch die dem BfDI etwa durch § 42 Abs. 3 PostG (für die geschäftsmäßige Erbringung von Postdiensten) sowie § 115 Abs. 4 TKG (für die geschäftsmäßige Erbringung von Telekommunikationsdienstleistungen) zugewiesenen Kontrollzuständigkeiten.
18 So etwa bei Zuständigkeit der nach Landesrecht zuständigen Aufsichtsbehörden, die ein entsprechendes Anrufungsrecht vorsehen, vgl. z. B. § 27 LDSG BW.
19 *Dammann*, in: Simitis, BDSG, § 21 Rn. 11. Vgl. zur Zulässigkeit der Weiterleitung § 38 BDSG Rn. 16.
20 *Dammann*, in: Simitis, BDSG, § 21 Rn. 13.

der Anrufung gestellt werden. So ist eine Angabe der Rechtsvorschriften, die der Betroffene als verletzt ansieht, nicht notwendig.[21] Auch wenn präzise Ausführungen wünschenswert sind und das Verfahren im Zweifel beschleunigen, muss lediglich „in Umrissen"[22] erkennbar sein, wodurch sich der Betroffene in welchen Interessen beeinträchtigt fühlt. Notfalls muss dem Betroffenen Gelegenheit gegeben werden, sein Anliegen nochmals zu erläutern.

V. Bearbeitungspflicht des BfDI

Der BfDI hat die Pflicht zur Entgegennahme und Bearbeitung der Anrufung sowie zur Unterrichtung des Anrufenden in geeigneter Weise.[23] Damit korrespondiert ein Bescheidungsanspruch des Betroffenen.[24] Weitergehende Ansprüche des Anrufenden bestehen nicht. Insbesondere besteht nach einhelliger Rechtsprechung kein Anspruch auf den Erlass einer Beanstandung[25] oder auf bestimmte tatsächliche oder rechtliche Feststellungen.[26] Auch hat der Anrufende keinen Anspruch darauf, dass dem Begehren in allen Einzelheiten entsprochen wird.[27] Keine Bearbeitungspflicht des BfDI besteht nach den Grundsätzen des Rechtsmissbrauchs, wenn die Anrufung offensichtlich beabsichtigte Beleidigungen oder Falschanschuldigungen enthält.[28]

10

VI. Verfahren und Akteneinsicht

Die Anrufung stellt eine öffentlich-rechtliche Verwaltungstätigkeit vor einer Behörde dar, sodass das Verwaltungsverfahrensgesetz des Bundes anwendbar ist, soweit das BDSG das Verfahren nicht spezieller regelt.[29] Der Anrufende hat zwar keinen Akteneinsichtsanspruch nach § 29 VwVfG bezüglich der im Zusammenhang mit seiner Eingabe geführten Akten, da die Tätigkeit des BfDI nicht auf den Abschluss eines Verwaltungsaktes oder eines öffentlich-rechtlichen Vertrages gerichtet ist (§ 9 VwVfG).[30]

11

---

21 *Gola/Schomerus*, BDSG, § 21 Rn. 5.
22 *Dammann*, in: Simitis, BDSG, § 21 Rn. 12.
23 *Gola/Schomerus*, BDSG, § 21 Rn. 6, unter Verweis auf die zum Petitionsrecht entwickelten Grundsätze und insoweit BVerwG NJW 1977, 118.
24 *Bergmann/Möhrle/Herb*, BDSG, § 21 Rn. 12.
25 OVG Münster RDV 1994, 139.
26 *Bergmann/Möhrle/Herb*, BDSG, § 21 Rn. 13.
27 OVG Münster RDV 1994, 139.
28 *Dammann*, in: Simitis, BDSG, § 21 Rn. 27; *Gola/Schomerus*, BDSG, § 21 Rn. 6.
29 Solche Regelungen finden sich insbesondere in §§ 21, 23 Abs. 4–6, 24 und 25 BDSG; vgl. *Dammann*, in: Simitis, BDSG, § 21 Rn. 25.
30 VGH München NJW 1989, 2643; hierzu auch *Bonk/Kallerhoff*, in: Stelken/Bonk/Sachs, VwVfG, § 29 Rn. 13; a.A. *Dammann*, in: Simitis, BDSG, § 21 Rn. 25; *Wedde*: in: Däubler/Klebe/Wedde/Weichert, BDSG, § 21 Rn. 9, will einen Auskunfts- und Akteneinsichtsanspruch aus § 19 BDSG herleiten. Nach *Gola/Schomerus*, BDSG, § 21 Rn. 6, kann eine ge-

Allerdings hat der BfDI über die Akteneinsicht nach pflichtgemäßem Ermessen zu entscheiden.[31]

12 Der BfDI hat den Sachverhalt in tatsächlicher und rechtlicher Hinsicht im Rahmen der ihm gegebenen Kompetenzen und Befugnisse zu ermitteln.[32] Die Wahl des Verfahrens steht dem BfDI jedoch überwiegend frei.[33] Stellt dieser – etwa bei einer Kontrolle nach § 24 Abs. 1 BDSG – einen Verstoß gegen das Datenschutzrecht fest, so kann er dies bei der entsprechenden Stelle des Bundes beanstanden (§ 25 Abs. 1 BDSG) und auf Abhilfe hinwirken. Mit der Beanstandung ist die Rechtsverletzung aber noch nicht beseitigt.[34] Stellt der BfDI keinen Verstoß fest, hat er dem Betroffenen das Ergebnis entsprechend mitzuteilen. Eine ins Einzelne gehende Begründung ist nicht vorgeschrieben.[35] Während des gesamten Verfahrens sind die Person des Anrufenden und die von ihm mitgeteilten Informationen stets vertraulich zu behandeln.[36]

VII. Rechtsschutz

13 Die Unterrichtung des Betroffenen durch den BfDI ist kein Verwaltungsakt, da sie weder auf unmittelbare Rechtswirkung nach außen gerichtet ist noch einen Einzelfall betrifft.[37] Der Bescheid des BfDI ist nicht mit Rechtsmitteln angreifbar.[38] Wird der BfDI jedoch trotz Anrufung nicht tätig, so kann Rechtsschutz über die Leistungsklage unter entsprechender Anwendung der Untätigkeitsklage verlangt werden, wobei die Klage an die Bundesrepublik Deutschland, vertreten durch den BfDI, zu richten ist.[39] Zudem steht dem Betroffenen unabhängig von den Feststellungen des BfDI gegen die verantwortliche öffentliche Stelle des Bundes der Rechtsweg zu den Verwaltungsgerichten offen.[40]

---

nerelle Ablehnung des Akteneinsichtsrechts wegen § 19 BDSG sowie dem IFG nicht mehr aufrechterhalten werden.

31 Davon unberührt bleibt im Übrigen die Möglichkeit des Zugangs zu Informationen unter Berufung auf das IFG; allerdings nur innerhalb der dort gesetzten Grenzen (§§ 3 ff. IFG).

32 *Gola/Schomerus*, BDSG, § 21 Rn. 6.

33 *Bergmann/Möhrle/Herb*, BDSG, § 21 Rn. 15; *Gola/Schomerus*, BDSG, § 21 Rn. 6.

34 *Bergmann/Möhrle/Herb*, BDSG, § 21 Rn. 16.

35 *Dammann*, in: Simitis, BDSG, § 21 Rn. 20.

36 *Dammann*, in: Simitis, BDSG, § 21 Rn. 23.

37 *Gola/Schomerus*, BDSG, § 21 Rn. 6.

38 *Dammann*, in: Simitis, BDSG, § 21 Rn. 28.

39 *Heil*, Bundesbeauftragter für den Datenschutz, in: Roßnagel, Hdb. DSR, S. 745 (783).

40 *Bergmann/Möhrle/Herb*, BDSG, § 21 Rn. 14. Zur Rolle des BfDI im Rahmen solcher Prozesse (etwa als Sachverständiger) *Bergmann/Möhrle/Herb*, BDSG, § 21 Rn. 20.

Dritter Unterabschnitt

Bundesbeauftragter für den Datenschutz und die Informationsfreiheit

§ 22 Wahl des Bundesbeauftragten für den Datenschutz und die Informationsfreiheit

(1) Der Deutsche Bundestag wählt auf Vorschlag der Bundesregierung den Bundesbeauftragten für den Datenschutz und die Informationsfreiheit mit mehr als der Hälfte der gesetzlichen Zahl seiner Mitglieder. Der Bundesbeauftragte muss bei seiner Wahl das 35. Lebensjahr vollendet haben. Der Gewählte ist vom Bundespräsidenten zu ernennen.

(2) Der Bundesbeauftragte leistet vor dem Bundesminister des Innern folgenden Eid:

„Ich schwöre, dass ich meine Kraft dem Wohle des deutschen Volkes widmen, seinen Nutzen mehren, Schaden von ihm wenden, das Grundgesetz und die Gesetze des Bundes wahren und verteidigen, meine Pflichten gewissenhaft erfüllen und Gerechtigkeit gegen jedermann üben werde. So wahr mir Gott helfe."

Der Eid kann auch ohne religiöse Beteuerung geleistet werden.

(3) Die Amtszeit des Bundesbeauftragten beträgt fünf Jahre. Einmalige Wiederwahl ist zulässig.

(4) Der Bundesbeauftragte steht nach Maßgabe dieses Gesetzes zum Bund in einem öffentlich-rechtlichen Amtsverhältnis. Er ist in Ausübung seines Amtes unabhängig und nur dem Gesetz unterworfen. Er untersteht der Rechtsaufsicht der Bundesregierung.

(5) Der Bundesbeauftragte wird beim Bundesministerium des Innern eingerichtet. Er untersteht der Dienstaufsicht des Bundesministeriums des Innern. Dem Bundesbeauftragten ist die für die Erfüllung seiner Aufgaben notwendige Personal- und Sachausstattung zur Verfügung zu stellen; sie ist im Einzelplan des Bundesministers des Innern in einem eigenen Kapitel auszuweisen. Die Stellen sind im Einvernehmen mit dem Bundesbeauftragten zu besetzen. Die Mitarbeiter können, falls sie mit der beabsichtigten Maßnahme nicht einverstanden sind, nur im Einvernehmen mit ihm versetzt, abgeordnet oder umgesetzt werden.

(6) Ist der Bundesbeauftragte vorübergehend an der Ausübung seines Amtes verhindert, kann der Bundesminister des Innern einen Vertreter mit der Wahrnehmung der Geschäfte beauftragen. Der Bundesbeauftragte soll dazu gehört werden.

Literatur: Siehe die Literaturangaben zu § 21.

I. Allgemeines

1 Der dritte Unterabschnitt (§§ 22–26 BDSG) enthält Vorschriften über Wahl, Stellung, Aufgaben und Befugnisse des BfDI. Lediglich die Aufgabe der Bearbeitung von Eingaben Betroffener (§ 21 BDSG) findet sich im zweiten Unterabschnitt.

1. Gesetzeszweck

2 Das BDSG trifft alle Entscheidungen, die zur äußeren „Errichtung" des Amtes des BfDI gehören.[1] Neben der Wahl und der Amtszeit des BfDI gibt § 22 BDSG dabei insbesondere den organisations- und dienstrechtlichen Status des BfDI vor. Zudem wird die Unabhängigkeit des BfDI statuiert. Das Bundesverfassungsgericht hat im Volkszählungsurteil die erhebliche Bedeutung eines unabhängigen Datenschutzbeauftragten für einen effektiven Schutz des Rechts auf informationelle Selbstbestimmung hervorgehoben.[2]

2. Europarechtliche Vorgaben

3 Auf europäischer Ebene verpflichtet Art. 28 Abs. 1 EG-DSRl die Mitgliedstaaten eine oder mehrere öffentliche Stellen zu beauftragen, die Anwendung der zur Umsetzung der Richtlinie erlassenen einzelstaatlichen Vorschriften zu überwachen. Die Aufgaben müssen dabei in „völliger Unabhängigkeit" wahrgenommen werden.[3]

---

1 *Zöllner*, Der Datenschutzbeauftragte im Verfassungssystem, S. 22.
2 BVerfGE 65, 1 (46). Zur streitigen Diskussion, ob damit eine verfassungsrechtliche Festschreibung des Bundesbeauftragten erfolgt ist, eingehend *Heil*, Bundesbeauftragter für den Datenschutz, in: Roßnagel, Hdb. DSR, S. 745 (753 ff.).
3 EuGH, MMR 2010, 352; vgl. zum Problem der Unabhängigkeit der Aufsichtsbehörden für den nicht-öffentlichen Bereich noch § 38 BDSG, Rn. 43 ff.

II. Wahl des Bundesbeauftragten (Abs. 1)

Die Wahl des BfDI durch den Deutschen Bundestag gehörte zu den markantesten   **4**
Neuerungen im BDSG 1990[4] und unterstreicht die politische Bedeutung des BfDI.
Der BfDI enthält dadurch zugleich seine demokratische Legitimation.[5] Die Bundesregierung schlägt zuvor einen Kandidaten für das Amt vor.[6] Wird der Vorgeschlagene nicht gewählt, so schlägt die Bundesregierung einen neuen Kandidaten vor. Abweichend vom Grundsatz des Art. 42 Abs. 2 Satz 1 GG ist für die Wahl des BfDI
die absolute Mehrheit des Bundestages notwendig (sog. Kanzlermehrheit). Darin
kommt der Wille des Gesetzgebers zum Ausdruck, die Position des BfDI nachhaltig
zu stärken.[7] Die Ernennung des Gewählten durch Aushändigung der Ernennungsurkunde erfolgt durch den Bundespräsidenten und ist lediglich formeller Vollzugsakt.
Ein Prüfungs- oder gar Verweigerungsrecht steht ihm nicht zu.[8]

Einzige subjektive Voraussetzung für die Bestellung als BfDI ist die Vollendung   **5**
des 35. Lebensjahres. Angesichts des in Abs. 4 angeordneten öffentlich-rechtlichen
Amtsverhältnisses versteht es sich allerdings von selbst, dass der Kandidat die Fähigkeit zur Bekleidung öffentlicher Ämter besitzen muss.[9] Die Befähigung zum
Richteramt ist dagegen nicht erforderlich.

III. Amtseid (Abs. 2)

Der ernannte BfDI hat vor dem Bundesminister des Innern einen Amtseid zu leis-   **6**
ten. Die Eidesformel ist dem Eid des Bundespräsidenten und der Mitglieder der
Bundesregierung entnommen (Art. 56 GG). Die Vereidigung hat keinerlei konstitutive Bedeutung für die Rechte und Pflichten des Ernannten.

IV. Amtszeit und Wiederbestellung (Abs. 3)

Die Amtszeit des BfDI beträgt zunächst fünf Jahre. Nach dieser Amtszeit kann er   **7**
einmal für weitere fünf Jahre wiedergewählt werden, sodass der BfDI sein Amt maximal für 10 Jahre ausüben kann.[10] Das BDSG folgt damit im Grundsatz der Rege-

---

4 *Heil*, Bundesbeauftragter für den Datenschutz, in: Roßnagel, Hdb. DSR, S. 745 (756); dort
   auch zur geschichtlichen Entwicklung der Kontrollfrage im BDSG.
5 *Wedde*, in: Däubler/Klebe/Wedde/Weichert, BDSG, § 22 Rn. 2.
6 *Wedde*, in: Däubler/Klebe/Wedde/Weichert, BDSG, § 22 Rn. 2, sieht darin bereits einen
   Verstoß gegen das Unabhängigkeitserfordernis.
7 *Gola/Schomerus*, BDSG, § 22 Rn. 3.
8 *Bergmann/Möhrle/Herb*, BDSG, § 22 Rn. 6.
9 *Dammann*, in: Simitis, BDSG, § 22 Rn. 9.
10 *Gola/Schomerus*, BDSG, § 22 Rn. 7. A. A. wohl *Dammann*, in: Simitis, BDSG, § 22
   Rn. 13, der unter Hinweis auf die von § 4 Abs. 2 BVerfGG abweichende Formulierung
   eine spätere Wiederwahl – nach absolvierter zehnjähriger Amtszeit – für möglich hält.

lung für den Bundespräsidenten (Art. 54 Abs. 2 GG). Der Verzicht auf die Formulierung „anschließende Wiederwahl" spricht allerdings dafür, dass die (einmalige) Wiederwahl nicht unmittelbar im Anschluss an die erste Amtsperiode erfolgen muss.[11] Die bewusste Vermeidung einer Verknüpfung mit der Legislaturperiode des Bundestages und der Amtszeit der Bundesregierung hebt die parteipolitische Neutralität und Unabhängigkeit des Amtes hervor.[12]

V. Amtsstellung (Abs. 4)

8   Der BfDI steht in einem öffentlich-rechtlichen Amtsverhältnis eigener Art.[13] Er ist damit kein Beamter oder Angestellter und nimmt insoweit eine rechtliche Sonderstellung ein.[14] Die Vorschriften des Beamtenrechts finden lediglich Anwendung, wenn auf diese ausdrücklich Bezug genommen wird (vgl. etwa § 23 Abs. 7 BDSG).

9   Nach Satz 2 ist der BfDI in der Ausübung seines Amtes unabhängig und nur dem Gesetz unterworfen. Die Unabhängigkeit kommt der eines Richters gleich, weshalb er nur aus Gründen entlassen werden kann, welche die Entlassung bei einem Richter rechtfertigen (§ 23 Abs. 1 Satz 3 BDSG).[15] Insbesondere kann niemand dem BfDI in Bezug auf seine Amtstätigkeit Weisungen erteilen.[16] Eine Fachaufsicht ist ausgeschlossen.

10   Satz 3 statuiert allerdings eine Rechtsaufsicht über den BfDI, welche durch die Bundesregierung ausgeübt wird. Wendet man die Maßstäbe des EuGH in seinem Urteil zur Unabhängigkeit der Aufsichtsbehörden im nicht-öffentlichen Bereich[17] auch auf den BfDI an, so ist eine Rechtsaufsicht über den BfDI nicht mehr haltbar.[18] Der Umstand, dass die Rechtsaufsicht durch die Bundesregierung und nicht durch den Bundesminister des Innern ausgeübt wird, ändert hieran nichts.[19]

Zum entsprechenden Streit bei Art. 54 Abs. 2 GG vgl. etwa *Nierhaus*, in: Sachs, GG, Art. 54 Rn. 21.

11 So im Ergebnis auch *Schaffland/Wiltfang*, BDSG, § 22 Rn. 4. Die Wiederwahl des Bundespräsidenten erfolgt zwingend unmittelbar im Anschluss an die erste Amtsperiode, *Fink*, in: Mangoldt/Klein/Starck, GG, Art. 54 Abs. 2 GG Rn. 32.

12 *Heil*, Bundesbeauftragter für den Datenschutz, in: Roßnagel, Hdb. DSR, S. 745 (762).

13 Hierzu ausführlich *Zöllner*, Der Datenschutzbeauftragte im Verfassungssystem, S. 33 ff.

14 *Paeffgen*, JZ 1997, S. 178 (184 ff.).

15 Zur Unabhängigkeit der Datenschutzbeauftragten ausführlich *Wippermann*, DÖV 1994, S. 929.

16 *Schaffland/Wiltfang*, BDSG, § 22 Rn. 6; *Gola/Schomerus*, BDSG, § 22 Rn. 10.

17 EuGH, MMR 2010, 352.

18 *Gola/Schomerus*, BDSG, § 22 Rn. 11; vgl. zur Frage der Unabhängigkeit der Aufsichtsbehörden und zur Entscheidung des EuGH ausführlich § 38 Rn. 43 ff.; dort auch zur noch nicht abschließend geklärten Frage, ob und inwieweit das Urteil des EuGH auf den öffentlichen Bereich übertragen werden kann (Rn. 49).

19 Vgl. zur Stärkung der Unabhängigkeit des BfDI auch die im 23.Tätigkeitsbericht (S. 26) hierauf bezogenen Forderungen.

VI. Organisation und Personal (Abs. 5)

Der BfDI ist beim Bundesministerium des Innern eingerichtet[20] und steht unter dessen Dienstaufsicht. Diese schwächste Form der Aufsicht hat zwar lediglich die Aufgabe, für einen einwandfreien „technischen Ablauf" zu sorgen.[21] Dennoch stellt sich auch die Dienstaufsicht im Hinblick auf die geforderte völlige Unabhängigkeit als äußerst problematisch dar, da der BfDI durch Satz 2 der Dienstaufsicht eines Ministeriums unterstellt wird, welches er selbst zu kontrollieren hat.[22] Nach Auffassung der Europäischen Kommission ist eine Dienstaufsicht unvereinbar mit dem Erfordernis einer völligen Unabhängigkeit, da nicht mit hinreichender Sicherheit ausgeschlossen werden könne, dass der jeweilige Dienstherr versucht „unbilligen Einfluss" auf die Entscheidungen der Kontrollstelle zu nehmen.[23] Obgleich Satz 2 nicht ausdrücklich eine Einschränkung der Dienstaufsicht im Hinblick auf die Unabhängigkeit des BfDI vorsieht,[24] muss die Dienstaufsicht aufgrund der europarechtlichen Vorgaben die Unabhängigkeit des BfDI stets respektieren.[25] Die Amtsführung des BfDI darf mithin niemals Gegenstand der Dienstaufsicht sein, auch nicht mittelbar.

11

Dem BfDI ist die für die Erfüllung seiner Aufgaben notwendige Personal- und Sachausstattung zur Verfügung zu stellen; sie ist im Einzelplan des Bundesministers des Innern in einem eigenen Kapitel auszuweisen (Satz 3).[26] Der Anspruch auf die notwendige Personal- und Sachausstattung ist damit als subjektives Recht gegenüber dem Bundestag ausgestaltet.[27] Die Ausweisung in einem gesonderten Kapitel soll sicherstellen, dass die Mittel nicht für andere Zwecke eingesetzt werden.

12

---

20 *Wedde*, in: Däubler/Klebe/Wedde/Weichert, BDSG, § 22 Rn. 5, hält diese Zuordnung wegen der geforderten Unabhängigkeit für unbefriedigend.

21 *Bergmann/Möhrle/Herb*, BDSG, § 22 Rn. 16 mit Beispielen zur Dienstaufsicht.

22 *Dammann*, in: Simitis, BDSG, § 22 Rn. 23, weist zu Recht darauf hin, dass auch die Dienstaufsicht „Einfallstor für Versuche einer mittelbaren Einflussnahme" bilden kann.

23 Stellungnahme der Kommission im Vertragsverletzungsverfahren Nr. 2003/4820, abgedruckt in DuD 2005, S. 607 (609). Vgl. zur Diskussion hinsichtlich der (Un)Zulässigkeit von Dienstaufsicht im Anschluss an das Urteil des EuGH zur Unabhängigkeit der Aufsichtsbehörden im nicht-öffentlichen Bereich noch § 38 Rn. 49.

24 Anders § 25 Abs. 3 LDSG-Saarland, wonach eine Dienstaufsicht nur dann besteht, soweit die „Unabhängigkeit nicht beeinträchtigt wird".

25 Nach *Dammann*, in: Simitis, BDSG, § 22 Rn. 23, ist die Regelung unanwendbar. Vgl. zur Dienstaufsicht des BfDI auch die im 23. Tätigkeitsbericht des BfDI (S. 26) hierauf bezogene Forderung („zu hinterfragen").

26 Die Regelung der Personalwirtschaft ist unter dem Gesichtspunkt der Unabhängigkeit ebenso als problematisch anzusehen; ausführlich hierzu *Dammann*, in: Simitis, BDSG, § 22 Rn. 25 ff. Vgl. dazu auch die Forderung im 23. Tätigkeitsbericht des BfDI (S. 26).

27 *Wedde*, in: Däubler/Klebe/Wedde/Weichert, BDSG, § 22 Rn. 5.

VII. Außenvertretung des Bundesbeauftragten (Abs. 6)

13 Abs. 6 enthält eine Vertretungsregelung für den Fall einer vorübergehenden Verhinderung der Amtsausübung. Bei dauerhafter Verhinderung oder gar Entlassung (§ 23 Abs. 1 BDSG) ist ein neuer Beauftragter zu wählen. Die Auswahl des Vertreters des BfDI obliegt dem Bundesminister des Innern. Der BfDI kann seinen Vertreter daher nicht selbst bestimmen; er soll lediglich gehört werden. Dies ist mit dem europarechtlichen Erfordernis der völligen Unabhängigkeit des BfDI ebenfalls unvereinbar.[28] Die Sollvorschrift hinsichtlich des Einvernehmens ist daher in eine „Mussvorschrift" umzudeuten.[29]

---

28 *Heil*, Bundesbeauftragter für den Datenschutz, in: Roßnagel, Hdb. DSR, S. 745 (761 f.); *Wedde*, in: Däubler/Klebe/Wedde/Weichert, BDSG, § 22 Rn. 5; *Dammann*, in: Simitis, BDSG, § 22 Rn. 32.

29 *Bergmann/Möhrle/Herb*, BDSG, § 22 Rn. 21.

Grittmann

§ 23 Rechtsstellung des Bundesbeauftragten für den Datenschutz und die Informationsfreiheit

(1) Das Amtsverhältnis des Bundesbeauftragten für den Datenschutz und die Informationsfreiheit beginnt mit der Aushändigung der Ernennungsurkunde. Es endet

1. mit Ablauf der Amtszeit,

2. mit der Entlassung.

Der Bundespräsident entlässt den Bundesbeauftragten, wenn dieser es verlangt oder auf Vorschlag der Bundesregierung, wenn Gründe vorliegen, die bei einem Richter auf Lebenszeit die Entlassung aus dem Dienst rechtfertigen. Im Falle der Beendigung des Amtsverhältnisses erhält der Bundesbeauftragte eine vom Bundespräsidenten vollzogene Urkunde. Eine Entlassung wird mit der Aushändigung der Urkunde wirksam. Auf Ersuchen des Bundesministers des Innern ist der Bundesbeauftragte verpflichtet, die Geschäfte bis zur Ernennung seines Nachfolgers weiterzuführen.

(2) Der Bundesbeauftragte darf neben seinem Amt kein anderes besoldetes Amt, kein Gewerbe und keinen Beruf ausüben und weder der Leitung oder dem Aufsichtsrat oder Verwaltungsrat eines auf Erwerb gerichteten Unternehmens noch einer Regierung oder einer gesetzgebenden Körperschaft des Bundes oder eines Landes angehören. Er darf nicht gegen Entgelt außergerichtliche Gutachten abgeben.

(3) Der Bundesbeauftragte hat dem Bundesministerium des Innern Mitteilung über Geschenke zu machen, die er in Bezug auf sein Amt erhält. Das Bundesministerium des Innern entscheidet über die Verwendung der Geschenke.

(4) Der Bundesbeauftragte ist berechtigt, über Personen, die ihm in seiner Eigenschaft als Bundesbeauftragter Tatsachen anvertraut haben, sowie über diese Tatsachen selbst das Zeugnis zu verweigern. Dies gilt auch für die Mitarbeiter des Bundesbeauftragten mit der Maßgabe, dass über die Ausübung dieses Rechts der Bundesbeauftragte entscheidet. Soweit das Zeugnisverweigerungsrecht des Bundesbeauftragten reicht, darf die Vorlegung oder Auslieferung von Akten oder anderen Schriftstücken von ihm nicht gefordert werden.

(5) Der Bundesbeauftragte ist, auch nach Beendigung seines Amtsverhältnisses, verpflichtet, über die ihm amtlich bekannt gewordenen Angelegenheiten Verschwiegenheit zu bewahren. Dies gilt nicht für Mitteilungen im dienstlichen Verkehr oder über Tatsachen, die offenkundig sind oder ihrer Bedeutung nach keiner Geheimhaltung bedürfen. Der Bundesbeauftragte darf, auch wenn er nicht mehr im Amt ist, über solche Angelegenheiten ohne Genehmigung des Bundesministeriums des Innern weder vor Gericht noch außergerichtlich aussagen oder Erklärungen abgeben. Unberührt bleibt die gesetzlich begründete

Pflicht, Straftaten anzuzeigen und bei Gefährdung der freiheitlichen demokratischen Grundordnung für deren Erhaltung einzutreten. Für den Bundesbeauftragten und seine Mitarbeiter gelten die §§ 93, 97, 105 Abs. 1, § 111 Abs. 5 in Verbindung mit § 105 Abs. 1 sowie § 116 Abs. 1 der Abgabenordnung nicht. Satz 5 findet keine Anwendung, soweit die Finanzbehörden die Kenntnis für die Durchführung eines Verfahrens wegen einer Steuerstraftat sowie eines damit zusammenhängenden Steuerverfahrens benötigen, an deren Verfolgung ein zwingendes öffentliches Interesse besteht, oder soweit es sich um vorsätzlich falsche Angaben des Auskunftspflichtigen oder der für ihn tätigen Personen handelt. Stellt der Bundesbeauftragte einen Datenschutzverstoß fest, ist er befugt, diesen anzuzeigen und den Betroffenen hierüber zu informieren.

(6) Die Genehmigung, als Zeuge auszusagen, soll nur versagt werden, wenn die Aussage dem Wohle des Bundes oder eines deutschen Landes Nachteile bereiten oder die Erfüllung öffentlicher Aufgaben ernstlich gefährden oder erheblich erschweren würde. Die Genehmigung, ein Gutachten zu erstatten, kann versagt werden, wenn die Erstattung den dienstlichen Interessen Nachteile bereiten würde. § 28 des Bundesverfassungsgerichtsgesetzes bleibt unberührt.

(7) Der Bundesbeauftragte erhält vom Beginn des Kalendermonats an, in dem das Amtsverhältnis beginnt, bis zum Schluss des Kalendermonats, in dem das Amtsverhältnis endet, im Falle des Absatzes 1 Satz 6 bis zum Ende des Monats, in dem die Geschäftsführung endet, Amtsbezüge in Höhe der einem Bundesbeamten der Besoldungsgruppe B 9 zustehenden Besoldung. Das Bundesreisekostengesetz und das Bundesumzugskostengesetz sind entsprechend anzuwenden. Im Übrigen sind die §§ 13 bis 20 und 21a Abs. 5 des Bundesministergesetzes mit den Maßgaben anzuwenden, dass an die Stelle der zweijährigen Amtszeit in § 15 Abs. 1 des Bundesministergesetzes eine Amtszeit von fünf Jahren und an die Stelle der Besoldungsgruppe B 11 in § 21a Abs. 5 des Bundesministergesetzes die Besoldungsgruppe B 9 tritt. Abweichend von Satz 3 in Verbindung mit den §§ 15 bis 17 und 21a Abs. 5 des Bundesministergesetzes berechnet sich das Ruhegehalt des Bundesbeauftragten unter Hinzurechnung der Amtszeit als ruhegehaltsfähige Dienstzeit in entsprechender Anwendung des Beamtenversorgungsgesetzes, wenn dies günstiger ist und der Bundesbeauftragte sich unmittelbar vor seiner Wahl zum Bundesbeauftragten als Beamter oder Richter mindestens in dem letzten gewöhnlich vor Erreichen der Besoldungsgruppe B 9 zu durchlaufenden Amt befunden hat.

(8) Absatz 5 Satz 5 bis 7 gilt entsprechend für die öffentlichen Stellen, die für die Kontrolle der Einhaltung der Vorschriften über den Datenschutz in den Ländern zuständig sind.

Literatur: Siehe die Literaturangaben zu § 21.

I. Allgemeines

1. Gesetzeszweck

§ 23 BDSG regelt zahlreiche Einzelaspekte der dienstrechtlichen Stellung des BfDI **1** im Rahmen des öffentlich-rechtlichen Amtsverhältnisses. Die inhaltliche – mitunter allerdings verunglückte[1] – Ausgestaltung der einzelnen Vorgaben ist dabei an den Regelungen zu anderen öffentlichen Amtsträgern (insbesondere den Mitgliedern der Bundesregierung) ausgerichtet.

2. Europarechtliche Grundlagen

Art. 28 Abs. 7 EG-DSRl enthält als dienstrechtliche Vorgabe die ausdrückliche Ver- **2** ankerung des Berufsgeheimnisses. Dem wird § 23 BDSG dadurch gerecht, dass dem BfDI ein Zeugnisverweigerungsrecht eingeräumt wird (Abs. 4). Mit dem An- zeigerecht in Abs. 5 Satz 7 wurde zudem Art. 28 Abs. 3 BDSG dritter Spiegelstrich EG-DSRl umgesetzt.

II. Beginn und Ende des Amtsverhältnisses (Abs. 1)

Das Amtsverhältnis des BfDI beginnt mit der Aushändigung der Ernennungsurkun- **3** de (§ 22 Abs. 1 BDSG). Es endet entweder mit Ablauf der Amtszeit (Satz 2 Nr. 1) oder mit der Entlassung (Satz 2 Nr. 1). Die Regelungen zur Entlassung des BfDI sind dabei vor dem Hintergrund des Unabhängigkeitserfordernisses zu verstehen.[2] Der BfDI kann seine Entlassung jederzeit selbst verlangen. Er braucht dabei keiner- lei Gründe anzugeben.[3] Der Bundespräsident hat den BfDI auf Vorschlag der Bun- desregierung darüber hinaus zu entlassen, wenn Gründe vorliegen, die bei einem Richter auf Lebenszeit die Entlassung aus dem Dienst rechtfertigen (z.B. Eintritt

---

1 So zu Recht *Wedde*, in: Däubler/Klebe/Wedde/Weichert, BDSG, § 23 Rn. 1.
2 *Schaffland/Wiltfang*, BDSG, § 23 Rn. 2; *Gola/Schomerus*, BDSG, § 23 Rn. 2.
3 *Gola/Schomerus*, BDSG, § 23 Rn. 2.

der Dienstunfähigkeit).[4] Der Vorschlag der Bundesregierung muss dabei auf einer Kabinettsentscheidung (Mehrheitsbeschluss) beruhen.[5] Die Entlassung wird mit der Aushändigung der vom Bundespräsidenten vollzogenen Urkunde wirksam (Sätze 4, 5). Dem BfDI steht gegen die Entlassung der Verwaltungsrechtsweg offen. Auf Ersuchen des Bundesministers des Innern ist der BfDI verpflichtet, die Geschäfte bis zur Ernennung seines Nachfolgers weiterzuführen (Satz 6).

III. Anderweitige Berufsausübung (Abs. 2)

4   Die Inkompatibilitätsregelung in Abs. 2 orientiert sich an § 5 Abs. 1 BMinG. Der BfDI darf neben seinem Amt kein anderes besoldetes Amt, kein Gewerbe und keinen Beruf ausüben. Zudem darf er weder der Leitung oder dem Aufsichtsrat oder Verwaltungsrat eines auf Erwerb gerichteten Unternehmens noch einer Regierung oder einer gesetzgebenden Körperschaft des Bundes oder eines Landes angehören. Spätestens mit der Ernennung sind solche Tätigkeiten zu beenden. Er darf weiterhin auch nicht gegen Entgelt außergerichtliche Gutachten abgeben. Zulässig ist dagegen die Übernahme eines unbezahlten Lehrauftrages, einer Honorarprofessur oder ehrenamtlicher Tätigkeiten.[6] Der BfDI ist zudem nicht daran gehindert, unentgeltlich wissenschaftliche Stellungnahmen abzugeben oder Vorträge zu halten.[7]

IV. Annahme von Geschenken (Abs. 3)

5   Der BfDI hat dem Bundesministerium des Innern als Dienstaufsichtsbehörde (§ 22 Abs. 5 BDSG) Mitteilung über Geschenke zu machen, die er in Bezug auf sein Amt erhält. Die Regelung ist § 5 Abs. 3 BMinG entlehnt. Geringwertige Aufmerksamkeiten liegen aber unterhalb der Relevanzschwelle.[8]

V. Zeugnisverweigerungsrecht (Abs. 4)

6   Der BfDI ist nach Abs. 4 Satz 1 berechtigt, über Personen, die ihm in seiner Eigenschaft als Bundesbeauftragter Tatsachen anvertraut haben, sowie über diese Tatsachen selbst, das Zeugnis zu verweigern. Das Zeugnisverweigerungsrecht soll dem Bürger garantieren, dass er sich dem Bundesbeauftragten anvertrauen kann, ohne befürchten zu müssen, dass dieser anderen staatlichen Stellen hierüber Auskunft

---

4 Dies gilt im Hinblick auf § 21 DRiG allerdings nur, soweit die Gründe entsprechend anwendbar sind; *Gola/Schomerus*, BDSG, § 23 Rn. 2.
5 *Dammann*, in: Simitis, BDSG, § 23 Rn. 4.
6 *Dammann*, in: Simitis, BDSG, § 23 Rn. 11.
7 *Wedde*, in: Däubler/Klebe/Wedde/Weichert, BDSG, § 23 Rn. 3.
8 *Dammann*, in: Simitis, BDSG, § 23 Rn. 13, der die Regelung wegen Gemeinschaftsrechtswidrigkeit jedoch als obsolet bewertet.

geben muss.[9] Es besteht unabhängig von den allgemeinen Zeugnisverweigerungsrechten (§§ 383 f. ZPO, §§ 52 f. StPO). Es wird im Übrigen auch auf europarechtlicher Ebene von Art. 28 Abs. 7 EG-DSRl als „Verankerung des Berufsgeheimnisses" gefordert.[10] Wird das Zeugnisverweigerungsrecht geltend gemacht, so darf die Vorlage oder Auslieferung von Akten oder anderen Schriftstücken vom BfDI nicht gefordert werden. Sie unterliegen damit auch nicht der Beschlagnahme.[11] Das Zeugnisverweigerungsrecht erstreckt sich auch auf Zufallsfunde.[12] Es gilt konsequenterweise auch für die Mitarbeiter des BfDI; allerdings verbunden mit der Maßgabe, dass über die Ausübung dieses Rechts der BfDI selbst entscheidet.

VI. Verpflichtung zur Verschwiegenheit (Abs. 5, 8)

Die Regelung des Abs. 5 ist erneut an die Vorgaben für die Mitglieder der Bundesregierung angelehnt (§§ 6, 7 BMinG). Der BfDI ist danach verpflichtet, über die ihm amtlich bekannt gewordenen Angelegenheiten Verschwiegenheit zu bewahren.[13] Ausdrücklich ausgenommen von der Pflicht zur Verschwiegenheit sind Mitteilungen im dienstlichen Verkehr, offenkundige Tatsachen oder Tatsachen, die wegen ihrer (geringen) Bedeutung keiner Geheimhaltung bedürfen.[14] Nach Satz 3 darf der BfDI über solche Angelegenheiten ohne Genehmigung des Bundesministeriums des Innern weder vor Gericht noch außergerichtlich aussagen oder Erklärungen abgeben. Die genannten Verpflichtungen gelten auch nach Beendigung des Amtsverhältnisses. Satz 5 entbindet den BfDI und seine Mitarbeiter[15] – mit Ausnahme der im Satz 6 genannten Fallgruppen – von Mitteilungs- und Vorlagepflichten gegenüber Finanzbehörden. Stellt der BfDI einen Datenschutzverstoß fest, ist er befugt, diesen anzuzeigen und den Betroffenen hierüber zu informieren. Mit diesem „Anzeigerecht" wird zugleich Art. 28 Abs. 3 dritter Spiegelstrich EG-DSRl umgesetzt.[16] Abs. 8 erweitert die Sätze 5 bis 7 auf öffentliche Stellen, die für die Kontrolle der Einhaltung des Datenschutzes in den Ländern zuständig sind.

7

---

9 So die Gesetzesbegründung zum BDSG 1990, BT-Drs. 11/4306, S. 47.

10 *Wedde*, in: Däubler/Klebe/Wedde/Weichert, BDSG, § 23 Rn. 4.

11 So die Gesetzesbegründung zum BDSG 1990, BT-Drs. 11/4306, S. 47.

12 *Bergmann/Möhrle/Herb*, BDSG, § 23 Rn. 18.

13 Ausführlich zur Verschwiegenheitspflicht sowie weiteren Geheimhaltungsvorschriften und Übermittlungsverboten *Dammann*, in: Simitis, BDSG, § 23 Rn. 25 ff.

14 Nach *Bergmann/Möhrle/Herb*, BDSG, § 23 Rn. 25, fallen hierunter jedenfalls nicht die vom BDSG geschützte Daten.

15 Für Mitarbeiter gelten im Übrigen die Vorschriften des § 61 BBG bzw. des Tarifrechts sowie vertragliche Regelungen bei freien Mitarbeitern; *Dammann*, in: Simitis, BDSG, § 23 Rn. 28.

16 Zur Bedeutung des Anzeigerechts ausführlich *Bergmann/Möhrle/Herb*, BDSG, § 23 Rn. 18.

VII. Versagung der Aussagegenehmigung (Abs. 6 Satz 1)

8   Die Genehmigung, als Zeuge auszusagen (Abs. 5 Satz 3), soll nur versagt werden, wenn die Aussage dem Wohle des Bundes oder eines deutschen Landes Nachteile bereiten oder die Erfüllung öffentlicher Aufgaben ernstlich gefährden oder erheblich erschweren würde.

VIII. Gutachtenerstellung (Abs. 6 Satz 2)

9   Der Bundesminister des Innern kann nach Abs. 6 Satz 2 die Erstattung eines Gutachtens untersagen, wenn die Erstattung den dienstlichen Interessen Nachteile bereiten würde. Die Regelung beschränkt sich dabei nach ihrem Wortlaut nicht auf gerichtliche Gutachten. Erfasst sind auch außergerichtliche Gutachten.[17] Nicht umfasst sind dagegen Gutachten, welche der BfDI auf Anforderung des Bundestages oder der Bundesregierung nach § 26 Abs. 2 Satz 1 BDSG zu erstellen hat.[18] Der Verweis auf § 28 BVerfGG betrifft schließlich die Aussage des BfDI als Zeuge vor dem Bundesverfassungsgericht.

IX. Besoldung (Abs. 7)

10   Abs. 7 enthält zahlreiche Vorgaben für die Besoldung des BfDI und greift dabei auf beamtenrechtliche Vorschriften und Regelungen des BMinG zurück; Letzteres mit der Maßgabe, dass an die Stelle der zweijährigen eine fünfjährige Amtszeit tritt.[19]

---

17 Es muss sich dabei stets um unentgeltliche Gutachten handeln (vgl. § 23 Abs. 2 BDSG). Im Licht der EuGH-Entscheidung zur Unabhängigkeit der Datenschutzaufsicht (siehe § 22 BDSG Fn. 17) wird auch diese Regelung des Abs. 6 zu überdenken sein; vgl. auch *Dammann*, in: Simitis, BDSG, § 23 Rn. 36, der die Regelung jedenfalls als obsolet betrachtet, soweit sie eine Genehmigung des Bundesministers des Innern vorsieht.

18 *Gola/Schomerus*, BDSG, § 23 Rn. 17.

19 Kritisch zur Bezugnahme auf beamtenrechtliche Regelungen unter dem Gesichtspunkt der Unabhängigkeit des BfDI *Dammann*, in: Simitis, BDSG, § 23 Rn. 38.

§ 24 Kontrolle durch den Bundesbeauftragten für den Datenschutz und die Informationsfreiheit

(1) Der Bundesbeauftragte für den Datenschutz und die Informationsfreiheit kontrolliert bei den öffentlichen Stellen des Bundes die Einhaltung der Vorschriften dieses Gesetzes und anderer Vorschriften über den Datenschutz.

(2) Die Kontrolle des Bundesbeauftragten erstreckt sich auch auf

1. von öffentlichen Stellen des Bundes erlangte personenbezogene Daten über den Inhalt und die näheren Umstände des Brief-, Post- und Fernmeldeverkehrs und

2. personenbezogene Daten, die einem Berufs- oder besonderen Amtsgeheimnis, insbesondere dem Steuergeheimnis nach § 30 der Abgabenordnung, unterliegen.

Das Grundrecht des Brief-, Post- und Fernmeldegeheimnisses des Artikels 10 des Grundgesetzes wird insoweit eingeschränkt. Personenbezogene Daten, die der Kontrolle durch die Kommission nach § 15 des Artikel 10-Gesetzes unterliegen, unterliegen nicht der Kontrolle durch den Bundesbeauftragten, es sei denn, die Kommission ersucht den Bundesbeauftragten, die Einhaltung der Vorschriften über den Datenschutz bei bestimmten Vorgängen oder in bestimmten Bereichen zu kontrollieren und ausschließlich ihr darüber zu berichten. Der Kontrolle durch den Bundesbeauftragten unterliegen auch nicht personenbezogene Daten in Akten über die Sicherheitsüberprüfung, wenn der Betroffene der Kontrolle der auf ihn bezogenen Daten im Einzelfall gegenüber dem Bundesbeauftragten widerspricht.

(3) Die Bundesgerichte unterliegen der Kontrolle des Bundesbeauftragten nur, soweit sie in Verwaltungsangelegenheiten tätig werden.

(4) Die öffentlichen Stellen des Bundes sind verpflichtet, den Bundesbeauftragten und seine Beauftragten bei der Erfüllung ihrer Aufgaben zu unterstützen. Ihnen ist dabei insbesondere

1. Auskunft zu ihren Fragen sowie Einsicht in alle Unterlagen, insbesondere in die gespeicherten Daten und in die Datenverarbeitungsprogramme, zu gewähren, die im Zusammenhang mit der Kontrolle nach Absatz 1 stehen,

2. jederzeit Zutritt in alle Diensträume zu gewähren.

Die in § 6 Abs. 2 und § 19 Abs. 3 genannten Behörden gewähren die Unterstützung nur dem Bundesbeauftragten selbst und den von ihm schriftlich besonders Beauftragten. Satz 2 gilt für diese Behörden nicht, soweit die oberste Bundesbehörde im Einzelfall feststellt, dass die Auskunft oder Einsicht die Sicherheit des Bundes oder eines Landes gefährden würde.

(5) Der Bundesbeauftragte teilt das Ergebnis seiner Kontrolle der öffentlichen Stelle mit. Damit kann er Vorschläge zur Verbesserung des Datenschutzes, ins-

besondere zur Beseitigung von festgestellten Mängeln bei der Verarbeitung oder Nutzung personenbezogener Daten, verbinden. § 25 bleibt unberührt.

(6) Absatz 2 gilt entsprechend für die öffentlichen Stellen, die für die Kontrolle der Einhaltung der Vorschriften über den Datenschutz in den Ländern zuständig sind.

Literatur: Siehe die Literaturangaben zu § 21.

I. Allgemeines

1. Gesetzeszweck

1 Die §§ 24 bis 26 BDSG bestimmen die Aufgaben und Befugnisse des BfDI.[1] In diesem Zusammenhang regelt § 24 BDSG die Kontrollaufgabe des BfDI näher und die ihm dabei zukommenden Rechte, insbesondere im Hinblick auf sensible Daten. Das BDSG geht zwar zunächst vom Grundsatz der Eigenkontrolle aus; so obliegt etwa gemäß § 18 Abs. 1 BDSG allen öffentlichen Stellen des Bundes der Datenschutz als Amtsaufgabe. Neben diese Eigenkontrolle tritt mit § 24 BDSG jedoch die Fremdkontrolle. Beide stehen nebeneinander und ergänzen sich.[2]

2. Europarechtliche Grundlagen

2 Die Vorschrift des § 24 BDSG musste nur geringfügig an die EG-DSRl angepasst werden. Die Beschränkung der Kontrolle von in Akten festgehaltenen Daten auf eine Anlasskontrolle (§ 24 Abs. 1 Satz 2 BDSG 90) wurde gestrichen, da Art. 28 EG-DSRl eine derartige Einschränkung nicht vorsieht. Aus entsprechenden Gründen sind auch die Beschränkungen des ehemaligen Abs. 2 bei der Kontrolle des

---

1 Nur das Bearbeiten von Eingaben Betroffener ist als § 21 BDSG im Unterabschnitt „Rechte des Betroffenen" geregelt.
2 *Bergmann/Möhrle/Herb*, BDSG, § 24 Rn. 1.

Brief-, Post- und Fernmeldegeheimnisses sowie der Ausschluss beim Arztgeheimnis entfallen; der Betroffene kann nunmehr nur noch der Kontrolle von über ihn geführten Sicherheitsakten widersprechen (Abs. 2 Satz 4).[3]

II. Kontrolle durch den BfDI (Abs. 1)

Der BfDI ist zur Kontrolle der Einhaltung der Datenschutzvorschriften verpflichtet;   **3**
wie er dieser Pflicht nachkommt, steht dagegen in seinem Ermessen. Er bestimmt,
welche öffentliche Stelle zu welchem Zeitpunkt und in welcher Weise kontrolliert
wird.[4] Das gilt auch für den Fall, dass ein Betroffener nach § 21 BDSG den Anstoß
zur Kontrolle gegeben hat.[5]

1. Kontrollbereich und -gegenstand

Als Kontrollbereich bestimmt Abs. 1 die „öffentlichen Stellen des Bundes". Die   **4**
Vorschrift nimmt mit dieser Formulierung Bezug auf § 2 BDSG und umfasst folglich auch privatrechtliche Vereinigungen, sofern diese nur nach § 2 Abs. 3 BDSG
als öffentliche Stellen gelten.[6] Zum Kontrollbereich zählen ferner auch nicht-öffentliche Stellen, wenn diese im Auftrag einer öffentlichen Stelle des Bundes tätig
sind.[7] Durch Gesetz können dem BfDI darüber hinaus weitere Kontrollzuständigkeiten übertragen werden.[8]

Der Kontrollbereich ist demnach umfassend. Eine öffentlich-rechtliche Stelle des   **5**
Bundes, die von vorneherein aus dem Kontrollbereich ausgenommen ist, gibt es
nicht.[9] Selbst die Verfassungsorgane Bundestag, Bundesrat, Bundespräsident und
Bundesregierung unterliegen als öffentliche Stelle des Bundes dem Kontrollbereich.[10] Einzige Ausnahme sind die Bundesgerichte, soweit sie nicht in Verwaltungsangelegenheiten, sondern als Organe der Rechtspflege tätig sind (vgl. Abs. 3).
Eingeschränkt wird der Kontrollbereich des BfDI damit einzig durch die Absätze 2
bis 4. Aufgrund ihres Ausnahmecharakters sind diese Einschränkungen aber als abschließend anzusehen und restriktiv auszulegen.[11]

Die Kontrolle erstreckt sich auf alle von den Vorschriften des BDSG und anderen   **6**
Datenschutzvorschriften erfassten Sachverhalte. Damit gelten die in §§ 2 und 3

---

3 *Bergmann/Möhrle/Herb*, BDSG, § 24 Rn. 1 und 2.
4 *Schaffland/Wiltfang*, BDSG, § 24 Rn. 4.
5 *Gola/Schomerus*, BDSG, § 24 Rn. 5.
6 Siehe hierzu auch § 2 BDSG Rn. 15.
7 Das folgt aus § 11 Abs. 4 Nr. 1b BDSG; so auch *Dammann*, in: Simitis, BDSG, § 24 Rn. 5.
8 Vgl. etwa § 42 Abs. 3 PostG für die geschäftsmäßige Erbringung von Postdiensten sowie
§ 115 Abs. 4 TKG für die geschäftsmäßige Erbringung von Telekommunikationsdiensten.
9 *Dammann*, in: Simitis, BDSG, § 24 Rn. 6.
10 *Gola/Schomerus*, BDSG, § 24 Rn. 2.
11 *Dammann*, in: Simitis, BDSG, § 24 Rn. 6.

BDSG bestimmten Grenzen des sachlichen Anwendungsbereichs des BDSG auch für den BfDI. Es ist somit nicht Aufgabe des BfDI, die Bundesverwaltung außerhalb des Bereiches des Datenschutzes zu kontrollieren.[12] Soweit nur ein Teil der Vorschriften des BDSG auf einen Vorgang anzuwenden ist, ist konsequenterweise auch der Gegenstand der Kontrolle auf den entsprechenden Teil begrenzt.[13] Der BfDI ist jedenfalls immer befugt zu prüfen, ob die sachlichen Voraussetzungen für die Anwendbarkeit des BDSG vorliegen.

2. Kontrollmaßstab

7　Maßstab der Kontrolle sind die Vorschriften des BDSG sowie andere Vorschriften über den Datenschutz. Dazu zählen gemäß § 1 Abs. 1 BDSG alle Vorschriften, die den Schutz des Einzelnen davor bezwecken, dass er durch den Umgang mit seinen personenbezogenen Daten in seinem Persönlichkeitsrecht beeinträchtigt wird.

8　Der Begriff der „Vorschrift" geht weit über den Begriff der „Rechtsvorschrift" hinaus. Er beinhaltet neben Gesetzen und Verordnungen etwa auch Verwaltungsvorschriften. Diese haben zwar keine allgemein bindende Wirkung, ihr Adressat kann aber eine personenbezogene Daten verarbeitende Stelle sein, die dann ihrerseits durch die Verwaltungsvorschrift gebunden ist (etwa Dienstanweisungen).[14] Anordnungen für den Einzelfall sind dagegen keine Vorschrift im Sinne von § 24 Abs. 1 BDSG. Schließlich zählen zu den maßgeblichen Vorschriften auch und vor allem die Grundrechte.

9　In der Praxis erlangen „andere Vorschriften" im Sinne der Regelung zunehmend an Bedeutung, da das BDSG als Rahmengesetz durch eine wachsende Zahl von Spezialgesetzen ergänzt wird.[15] Ist die speziellere Regelung indes unvollständig, greift für den nicht geregelten Teil das BDSG ein und bildet insoweit wieder den Maßstab der Kontrolle.

3. Kontrolldichte

10　Der BfDI kontrolliert die Einhaltung der Vorschriften, überdies aber auch die Beachtung deren präventiver Wirkung, die schon das Risiko eines Verstoßes verringern sollen; etwa Verpflichtungen zu technischen und organisatorischen Vorkehrungen (vgl. § 10 BDSG) sowie personeller Maßnahmen (vgl. § 5 Abs. 2 BDSG). Die Kontrolle bezieht sich mithin auf die volle Beachtung und Anwendung der Datenschutznormen im Interesse des Betroffenen.[16]

---

12 *Bergmann/Möhrle/Herb*, BDSG, § 24 Rn. 7.

13 *Dammann*, in: Simitis, BDSG, § 24 Rn. 11.

14 *Gola/Schomerus*, BDSG, § 24 Rn. 4.

15 Eine alphabetische Auflistung der bereichsspezifischen Bundesgesetze findet sich bei *Bergmann/Möhrle/Herb*, BDSG, § 24 Rn. 9.

16 Zum Ganzen *Dammann*, in: Simitis, BDSG, § 24 Rn. 10 f.

Hält sich die kontrollierte Stelle innerhalb des ihr zustehenden Ermessens- oder Beurteilungsspielraums, kann der BfDI einen Verstoß gegen die Datenschutzvorschriften nicht behaupten.[17] Er darf seine fachliche Beurteilung nicht an die Stelle der fachlichen Beurteilung der zuständigen Behörde setzen. Unbenommen aber bleibt die Möglichkeit, beratend auf eine andere Entscheidung hinzuwirken. Diese Beratung zielt dann nicht auf die Beachtung der Vorschriften, sondern darauf, dass bestehende Gestaltungsspielräume nicht zu Lasten der Betroffenen ausgenutzt werden. Andererseits kann auch die kontrollierte Stelle, außerhalb ihres Ermessens- oder Beurteilungsspielraums, dem BfDI nicht ihre gesteigerte Fachkompetenz oder ihre Verantwortung für die Aufgabenerfüllung entgegenhalten.[18] Vor allem besitzt die jeweilige Stelle kein Monopol für die Auslegung der Vorschriften. Ob der BfDI sich in Fragen, die eine gesteigerte Fachkompetenz erfordern, nicht oder nur zurückhaltend äußert, ist mithin allein eine Frage des jeweiligen Amtsverständnisses. Es gilt jedoch zu bedenken, dass es seine Rolle oftmals aber verlangt, gerade bei problematischen Fragen eine eigene Position zu beziehen und nicht vor einer vermeintlichen Beurteilungsprärogative der Fachbehörde zurückzuweichen.[19]

11

Die richtige Gesetzesanwendung ist nicht das einzige Kriterium der Kontrolle. Der BfDI prüft darüber hinaus auch, ob die geltenden Vorschriften den allgemeinen Zielen des Datenschutzes genügen oder ob gesetzgeberische Maßnahmen geboten sind. Adressat ist in diesen Fällen die Legislative. Kontrollmaßstäbe sind dann die grundlegenden Verfassungsnormen, insbesondere Art. 1 Abs. 1, Art. 2 Satz 1 GG und das daraus fließende Recht auf informationelle Selbstbestimmung. Dessen ungeachtet, handelt es sich nicht um eine verfassungsrechtliche Kontrolle, sondern um eine Funktion eigener Art, aus dem Bereich der institutionalisierten Politikberatung.[20]

12

III. Kontrolle in sensiblen Bereichen (Abs. 2)

Abs. 2 regelt die Kontrolle in den Bereichen, in denen Berufs- oder besondere Amtsgeheimnisse gelten. Es war lange Zeit umstritten, ob sich die Kontrollbefugnis des BfDI auch auf diese Bereiche erstreckt.[21] Diese Frage hat der Gesetzgeber zugunsten der Datenschutzkontrolle entschieden.

13

---

17 *Dammann*, in: Simitis, BDSG, § 24 Rn. 12.
18 Der Vermittlungsausschuss hat eine ursprünglich vorgesehene Klausel, wonach der BfDI die öffentlichen Stellen „unbeschadet der ihnen bei der Erfüllung ihrer Aufgaben obliegenden fachlichen Beurteilung und Verantwortlichkeit" kontrollieren sollte, gestrichen, BT-Drs. 11/7843, S. 2.
19 So zu Recht *Dammann*, in: Simitis, BDSG, § 24 Rn. 12.
20 *Dammann*, in: Simitis, BDSG, § 24 Rn. 13.
21 Vgl. zur Streitfrage *Gola/Schomerus*, BDSG, § 24 Rn. 6 m. w. N.

1. Berufs- und Amtsgeheimnisse (Sätze 1 bis 3)

14   Abs. 2 Satz 1 Nr. 2 unterwirft in allgemeiner Weise alle personenbezogenen Daten, die einem Berufs- oder besonderen Amtsgeheimnis unterliegen, der Kontrolle des BfDI. Der in § 1 Abs. 3 BDSG festgeschriebene Vorrang der Spezialvorschriften gilt in diesem Bereich ausdrücklich nicht. Beispielhaft („insbesondere") wird das Steuergeheimnis aufgeführt. Gleichermaßen erfasst werden aber auch alle anderen besonderen Amtsgeheimnisse, wie das Statistikgeheimnis (§ 16 BStatG) oder das Sozialgeheimnis (§ 35 SGB I). Unter das Berufsgeheimnis fallen etwa das Arztgeheimnis, die Verschwiegenheitspflicht der Rechtsanwälte und Notare sowie alle in § 203 StGB genannten Berufsangehörigen. Unerheblich ist, ob und inwieweit das Berufs- oder besondere Amtsgeheimnis rechtlich normiert ist.[22]

15   Abs. 2 Satz 1 Nr. 1 enthält eine gesonderte Regelung für Daten, die dem Brief-, Post- und Fernmeldegeheimnis unterliegen, obwohl diese begrifflich auch unter die Berufs- und besonderen Amtsgeheimnisse fallen. Aus diesem Bereich sollen nur von öffentlichen Stellen des Bundes „erlangte" personenbezogene Daten durch den BfDI kontrolliert werden. Das betrifft vor allem den praktisch bedeutsamen Fall, dass Erkenntnisse aus der Überwachung des Brief-, Post- oder Fernmeldeverkehrs an Strafverfolgungsbehörden oder Nachrichtendienste weitergegeben worden sind und dort zur fachlichen Nutzung zur Verfügung stehen. Da das BVerfG in jeder einer solchen weiteren Nutzung zugleich weitere Grundrechtseingriffe sieht,[23] war es erforderlich, die Kontrolle entsprechend anzupassen (Satz 2). Wo in das Kommunikationsgrundrecht (Art. 10 GG) eingegriffen wird, soll jedenfalls eine wirksame Kontrolle stattfinden.[24] Die Kontrolle des BfDI ist nicht auf die Situation begrenzt, in der das Geheimnis bereits gebrochen ist. Soweit öffentliche Stellen des Bundes Funktionen des Brief-, Post- oder Fernmeldeverkehrs erfüllen und dabei Daten über Inhalte oder nähere Umstände erlangen, kann der BfDI schon hier kontrollierend eingreifen.[25]

16   Satz 3 entzieht dem BfDI dagegen die Kontrolle derjenigen Daten, die nach § 15 des Gesetzes zu Artikel 10 (Artikel 10-Gesetz) schon der Kontrolle durch die – unabhängige und an keine Weisungen gebundene – sogenannte G 10-Kommission unterliegen.[26] Nach § 15 Abs. 5 Satz 4 Artikel 10-Gesetz kann die G 10-Kommission den BfDI gleichwohl um die Kontrolle der Einhaltung der Datenschutzvorschriften

---

22 *Dammann*, in: Simitis, BDSG, § 24 Rn. 18.
23 BVerfGE 100, 313.
24 *Dammann*, in: Simitis, BDSG, § 24 Rn. 19.
25 *Dammann*, in: Simitis, BDSG, § 24 Rn. 20.
26 Das BVerfG hat seinerzeit die Verfassungsmäßigkeit des § 3 Artikel 10-Gesetz aber gerade mit der Kontrolle auch durch den BfDI begründet, BVerfGE 67, 157 (185); *Bergmann/ Möhrle/Herb*, BDSG, § 24 Rn. 17, stellen daher zu Recht die Frage, ob mit dem jetzigen Ausschluss der Kontrollmöglichkeit § 3 Artikel 10-Gesetz überhaupt noch verfassungskonform ist; kritisch auch *Riegel*, DVBl. 1995, S. 311.

bei bestimmten Vorgängen oder in bestimmten Bereichen bitten.[27] Das Ergebnis hat der BfDI dann ausschließlich der G 10-Kommission mitzuteilen.

2. Widerspruchsrecht des Betroffenen (Satz 4)

Bei Akten über die Sicherheitsüberprüfung kann der Betroffene einer Kontrolle **17** durch den BfDI widersprechen (Satz 4), mit der Folge, dass dieser die personenbezogenen Daten in den entsprechenden Akten nicht zum Gegenstand einer Kontrolle machen darf. Akten in diesem Sinne sind solche, die im Zuge einer Sicherheitsüberprüfung nach dem Gesetz über die Voraussetzungen und das Verfahren von Sicherheitsüberprüfungen des Bundes (Sicherheitsüberprüfungsgesetz) angelegt wurden. Ein Widerspruchsrecht besteht nur für „Akten", da sich die besondere Empfindlichkeit typischerweise erst aus der systematischen Zusammenfassung einzelner Daten ergibt, etwa in Form eines Persönlichkeitsprofils. Die Ausnahmeregelung rechtfertigt sich aus dem Inhalt solcher Akten.[28] Kein Widerspruchsrecht besteht indessen für sonstige Unterlagen, auch dann nicht, wenn sich deren Inhalt ganz oder teilweise mit der Akte deckt.[29] Andernfalls wäre jede Systemüberprüfung unmöglich und die verfassungsrechtlich gebotene unabhängige Datenschutzkontrolle würde untergraben.

Der Widerspruch ist „im Einzelfall" gegenüber dem BfDI zu erklären. Mit Einzel- **18** fall ist nicht eine bevorstehende Kontrolle gemeint, sondern eine konkrete Akte, die der Betroffene von der Kontrolle ausgenommen wissen möchte.[30]

IV. Kontrolle der Gerichte (Abs. 3)

Die Kontrolle der Bundesgerichte wird in Abs. 3 auf diejenigen Bereiche begrenzt, **19** in denen die Gerichte in Verwaltungsangelegenheiten tätig werden. Abs. 3 nennt nur die Bundesgerichte, da die Gerichte der Länder ohnehin nicht der Kontrolle des BfDI unterliegen. Der Begriff der „Verwaltungsangelegenheiten" bestimmt sich in negativer Abgrenzung zu der rechtsprechenden Tätigkeit. Er erfasst mithin alle Justizverwaltungsangelegenheiten.[31] Darunter fallen neben der bloßen Eigenverwaltung der Gerichte auch alle anderen Tätigkeiten, soweit sie nicht zum Verfahren der Rechtspflege gehören, wie etwa die Erteilung von Auskünften aus Gerichtsakten an Dritte nach dem Justizmitteilungsgesetz oder zu Zwecken der wissenschaftlichen Forschung.[32] Eine darüber hinausgehende Kontrolle auch der rechtsprechenden Tä-

---

27 *Dammann*, in: Simitis, BDSG, § 24 Rn. 22.
28 *Gola/Schomerus*, BDSG, § 24 Rn. 10.
29 *Dammann*, in: Simitis, BDSG, § 24 Rn. 25.
30 So zu Recht *Dammann*, in: Simitis, BDSG, § 24 Rn. 26; für die andere Ansicht von *Dörr/Schmidt*, BDSG, § 24 zu Abs. 4 Satz 4 Nr. 2 findet sich im Gesetz keine Stütze.
31 *Heil*, Bundesbeauftragter für den Datenschutz, in: Roßnagel, Hdb. DSR, S. 745 (767).
32 *Dammann*, in: Simitis, BDSG, § 24 Rn. 30.

tigkeit wäre mit der verfassungsrechtlich garantierten richterlichen Unabhängigkeit (Art. 97 GG) nicht zu vereinbaren.[33]

20 Problematisch ist die Abgrenzung in den Fällen der zur rechtsprechenden Funktion akzessorischen praktischen Hilfstätigkeiten der Richter (wie die bürotechnische Vorbereitung der richterlichen Entscheidung mittels moderner IT-Einrichtungen). Obwohl der Richter diese Aufgaben regelmäßig selbst wahrnimmt, handelt es sich der Sache nach um Verwaltungsaufgaben, die als solche nicht der richterlichen Unabhängigkeit unterfallen.[34]

V. Pflicht zur Unterstützung (Abs. 4)

21 Zur Sicherstellung einer wirksamen Kontrolle durch den BfDI bedarf dieser der umfassenden Information. Um eine solche zu gewährleisten, verpflichtet Abs. 4 Satz 1 die der Kontrolle unterstehenden Stellen ganz allgemein und umfassend zur Unterstützung des BfDI. Die Unterstützung hat im Hinblick auf die Erfüllung der Aufgaben des BfDI (vgl. §§ 21, 24 und 26 BDSG) zu erfolgen. Keinesfalls kann aus der systematischen Stellung auf eine Einschränkung auf die in § 24 BDSG normierte Kontrollaufgabe geschlossen werden.[35] Im Unterschied zur bloßen Amtshilfe ist die Pflicht zur Unterstützung nicht nur ergänzend, sondern umfassend.[36]

VI. Mitteilungspflicht (Abs. 5)

22 Eine Mitteilungspflicht des BfDI war im BDSG 77 noch auf die Fälle begrenzt, in denen der BfDI eine Beanstandung aussprach. Tatsächlich hat der BfDI aber damals schon die öffentliche Stelle regelmäßig auch über das Ergebnis seiner Kontrolle unterrichtet.[37] Diese Praxis schlägt sich seit dem BDSG 1990 auch im Gesetz nieder. Gemäß Abs. 5 Satz 1 hat der BfDI der von ihm kontrollierten öffentlichen Stelle stets das Ergebnis seiner Kontrolle mitzuteilen.

23 Das Ergebnis enthält die tatsächlichen Feststellungen des BfDI sowie deren datenschutzrechtliche Beurteilung durch den BfDI. Möchte der BfDI ausnahmsweise von einer Beurteilung absehen – etwa weil sich keinerlei Auffälligkeiten ergeben haben, die eine vertiefte tatsächliche oder rechtliche Prüfung rechtfertigen könnten – sollte wenigstens dies ausdrücklich im Kontrollbericht vermerkt werden.[38] Der

---

33 Deshalb stellen einige Landesdatenschutzgesetze nicht auf „Verwaltungsangelegenheiten" ab, sondern darauf, ob die Gerichte „nicht in richterlicher Unabhängigkeit tätig werden".
34 *Dammann*, in: Simitis, BDSG, § 24 Rn. 31.
35 Das BDSG 1977 stellte dies noch ausdrücklich klar. Mit dem BDSG 1990 war eine sachliche Änderung nicht bezweckt; *Dammann*, in: Simitis, BDSG, § 24 Rn. 33.
36 *Flanderka*, Der Bundesbeauftragte für den Datenschutz, S. 44.
37 *Gola/Schomerus*, BDSG, § 24 Rn. 15.
38 *Dammann*, in: Simitis, BDSG, § 24 Rn. 43.

betroffenen öffentlichen Stelle bleibt es in diesem Falle aber unbenommen, den BfDI um eine weitergehende Prüfung zu bitten; verpflichten kann sie ihn gleichwohl nicht. Sofern tatsächliche Feststellungen des BfDI unzutreffend sind, hat die öffentliche Stelle ihn darauf hinzuweisen.

Abs. 5 Satz 2 ermutigt den BfDI, die Mitteilung des Kontrollergebnisses mit Vorschlägen zur Verbesserung des Datenschutzes zu verbinden. Solche Verbesserungsvorschläge kommen selbstverständlich besonders dann in Betracht, wenn der BfDI auch Mängel festgestellt hat.[39] Der BfDI kann darüber hinaus aber auch Vorschläge machen, die lediglich Maßnahmen zur Verbesserung des Datenschutzes zum Gegenstand haben.[40] Die Regelung ist Ausdruck des gesetzgeberischen Bildes vom BfDI als einem Partner der öffentlichen Verwaltung, der auch und vor allem durch das kooperative Mittel der Beratung auf diese einwirken soll.[41] Abs. 5 Satz 3 stellt klar, dass dem BfDI die Möglichkeit, eine Beanstandung auszusprechen, stets unbenommen bleibt. **24**

VII. Kontrollbefugnis des LfD (Abs. 6)

Abs. 6 bestimmt die entsprechende Anwendung des Abs. 2 für öffentliche Stellen, die in den Ländern für die Datenschutzkontrolle zuständig sind. Die Länder werden ermächtigt, bei personenbezogenen Daten, die nach Abs. 2 der Kontrolle des BfDI unterliegen, Kontrollen in ihrem Zuständigkeitsbereich durchzuführen.[42] Die Regelung ist angelegt auf den LfD, gilt aber auch für anders organisierte Datenschutzkontrollinstitutionen, sofern diese nur auf einer gesetzlichen Grundlage und unabhängig arbeiten.[43] Sie ist auf die Überwachungstätigkeit der Aufsichtsbehörden für den nicht-öffentlichen Bereich nach § 38 Abs. 4 Satz 3 BDSG entsprechend anzuwenden. **25**

---

39 Daher auch „insbesondere zur Beseitigung von festgestellten Mängeln bei der Verarbeitung und Nutzung personenbezogener Daten", die Nichterwähnung der „Erhebung" beruht auf einem Redaktionsversehen, *Dammann*, in: Simitis, BDSG, § 24 Rn. 44.
40 *Gola/Schomerus*, BDSG, § 24 Rn. 16.
41 *Dammann*, in: Simitis, BDSG, § 24 Rn. 44.
42 *Gola/Schomerus*, BDSG, § 24 Rn. 17.
43 *Dammann*, in: Simitis, BDSG, § 24 Rn. 28.

§ 25 Beanstandungen durch den Bundesbeauftragten für den Datenschutz und die Informationsfreiheit

(1) Stellt der Bundesbeauftragte für den Datenschutz und die Informationsfreiheit Verstöße gegen die Vorschriften dieses Gesetzes oder gegen andere Vorschriften über den Datenschutz oder sonstige Mängel bei der Verarbeitung oder Nutzung personenbezogener Daten fest, so beanstandet er dies

1. bei der Bundesverwaltung gegenüber der zuständigen obersten Bundesbehörde,

2. beim Bundeseisenbahnvermögen gegenüber dem Präsidenten,

3. bei den aus dem Sondervermögen Deutsche Bundespost durch Gesetz hervorgegangenen Unternehmen, solange ihnen ein ausschließliches Recht nach dem Postgesetz zusteht, gegenüber deren Vorständen,

4. bei den bundesunmittelbaren Körperschaften, Anstalten und Stiftungen des öffentlichen Rechts sowie bei Vereinigungen solcher Körperschaften, Anstalten und Stiftungen gegenüber dem Vorstand oder dem sonst vertretungsberechtigten Organ

und fordert zur Stellungnahme innerhalb einer von ihm zu bestimmenden Frist auf. In den Fällen von Satz 1 Nr. 4 unterrichtet der Bundesbeauftragte gleichzeitig die zuständige Aufsichtsbehörde.

(2) Der Bundesbeauftragte kann von einer Beanstandung absehen oder auf eine Stellungnahme der betroffenen Stelle verzichten, insbesondere wenn es sich um unerhebliche oder inzwischen beseitigte Mängel handelt.

(3) Die Stellungnahme soll auch eine Darstellung der Maßnahmen enthalten, die aufgrund der Beanstandung des Bundesbeauftragten getroffen worden sind. Die in Absatz 1 Satz 1 Nr. 4 genannten Stellen leiten der zuständigen Aufsichtsbehörde gleichzeitig eine Abschrift ihrer Stellungnahme an den Bundesbeauftragten zu.

Literatur: Siehe die Literaturangaben zu § 21 BDSG.

I. Allgemeines

1. Gesetzeszweck

§ 25 BDSG gibt dem BfDI als weiteres Handlungsinstrument neben der Empfeh- **1**
lung und der Beratung (§ 26 Abs. 2 BDSG) die Beanstandung an die Hand. Unter
diesen Instrumentarien stellt die Beanstandung das stärkste Mittel zur Durchsetzung des Datenschutzes dar. Durch sie kann der BfDI die betroffene Stelle veranlassen, aus seinen kritischen Feststellungen die notwendigen Konsequenzen zu ziehen.[1] Sie soll erst dann ausgesprochen werden, wenn die anderen Instrumentarien
nicht zum Erfolg geführt haben[2] und der BfDI entsprechende Maßnahmen zum
Schutz des Betroffenen als unerlässlich ansieht.[3] Die Beanstandung ist *ultima ratio*.[4] Die Befugnisse der Aufsichtsbehörden nach § 38 Abs. 5 BDSG (insbesondere
eine Anordnungs- und Untersagungsbefugnis) stehen dem BfDI nicht zu. Selbst
dort, wo dem BfDI die Aufsicht über Unternehmen ausnahmsweise übertragen wurde, sehen die gesetzlichen Regelungen derzeit vor, dass die §§ 21 ff. BDSG „an die
Stelle" des § 38 BDSG treten (vgl. etwa § 115 Abs. 4 Satz 1 TKG).[5]

2. Europarechtliche Grundlagen

Die Vorschrift des § 25 BDSG hat im Rahmen der Novellierung des BDSG im Jahr **2**
2001 keine Anpassung an die EG-DSRl erfahren. Eine solche war auch nicht zwingend. Die EG-DSRl erlaubt es den Mitgliedstaaten, die bestehenden Kontrollein-
richtungen und ihre Befugnisse beizubehalten.[6] Auch das Beanstandungsrecht kann
auf Art. 28 Abs. 3 EG-DSRl gestützt werden.[7]

---

1 *Dammann*, in: Simitis, BDSG, § 25 Rn. 1.
2 *Gola/Schomerus*, BDSG, § 25 Rn. 1 und 4.
3 *Schaffland/Wiltfang*, BDSG, § 25 Rn. 2.
4 *Gola/Schomerus*, BDSG, § 25 Rn. 6; *Heil*, Bundesbeauftragter für den Datenschutz, in:
  Roßnagel, Hdb. DSR, S. 745 (769); a. A. *Dammann*, in: Simitis, BDSG, § 25 Rn. 8, wonach
  das Gesetz nicht verlange, dass der BfDI zunächst erfolglos versucht haben müsse, die verantwortliche Stelle zur Behebung des Verstoßes zu veranlassen.
5 § 115 Abs. 4 Satz 2 TKG sieht eine Weitergabe von Beanstandungen an die Bundesnetzagentur vor. Dieser stehen sodann Untersagungsmöglichkeiten – auch hinsichtlich Datenschutzverstöße – zu (§ 115 Abs. 3 TKG). Die Aufteilung der Befugnisse seitens des Gesetzgebers ist insoweit als unglücklich zu bezeichnen und sollte überdacht werden. Kritisch im
  Hinblick auf die fehlende Anordnungs- und Untersagungsbefugnis des BfDI auch *Taeger*,
  K&R 2010, S. 330 (332); vgl. zu den fehlenden Durchsetzungsbefugnissen im Übrigen
  auch die Stellungnahme des BfDI in seinem 23. Tätigkeitsbericht (S. 26).
6 *Weber*, CR 1995, S. 279 (298).
7 *Weber*, CR 1995, S. 279 (298).

II. Beanstandung durch den BfDI (Abs. 1)

1. Anlass bzw. Gegenstand der Beanstandung

3 Stellt der BfDI Verstöße gegen die Vorschriften des BDSG oder gegen andere Vorschriften über den Datenschutz oder sonstige Mängel bei der Verarbeitung oder Nutzung personenbezogener Daten fest, so „beanstandet er dies". Ein Recht bzw. eine Pflicht des BfDI zur Beanstandung besteht damit zunächst für den Fall eines Verstoßes gegen eine Datenschutzvorschrift.[8] Ferner ist Anlass für eine Beanstandung auch der Fall eines sonstigen Mangels bei der Verarbeitung oder Nutzung personenbezogener Daten. Obgleich der Gesetzeswortlaut das „Erheben von Daten" nicht erwähnt, folgt hieraus nicht, dass die Datenerhebung aus den sonstigen Mängeln a priori auszunehmen ist. Es handelt sich insoweit lediglich um ein Redaktionsversehen.[9] Die Einbeziehung auch sonstiger Defizite ist Indiz dafür, dass die Kontrollbefugnis des BfDI umfassend und nicht auf die Kontrolle der Rechtsanwendung durch die öffentliche Stelle beschränkt sein soll.[10] Ein sonstiger Mangel liegt folglich schon dann vor, wenn der Vorgang, auch ohne eine Rechtsvorschrift zu verletzen, nur im Widerspruch zu den Zielen des Datenschutzes steht.[11] Bei Verstößen gegen andere Vorschriften als solche des Datenschutzes steht dem BfDI von vorneherein kein Beanstandungsrecht zu.

4 Mit der Beanstandung wird der verarbeitenden Stelle das Bestehen des datenschutzrechtlichen Missstandes in ihrem Verantwortungsbereich angezeigt. Der Vorwurf richtet sich dabei nicht gegen die einzelnen Beschäftigten der verarbeitenden Stelle, sondern gegen die verarbeitende Stelle selbst. Es ist daher unerheblich, ob sich der Verstoß oder ein sonstiger Mangel auf ein vorwerfbares Verhalten eines Einzelnen zurückführen lässt. Es genügt das Vorliegen des objektiven Tatbestandes und seine Zurechnung zum Verantwortungsbereich der verarbeitenden Stelle.[12] Ein so festgestellter Verstoß oder Mangel muss auch nicht zu einer Verletzung oder konkreten Gefährdung des Persönlichkeitsrechts geführt haben. Ausreichend ist, dass Rechte von Betroffenen beeinträchtigt werden können.[13]

---

8 Dazu zählen u. a. Verstöße gegen die nach § 9 BDSG und der Anlage zu § 9 BDSG geforderten technischen und organisatorischen Datensicherungsmaßnahmen, *Schaffland/Wiltfang*, BDSG, § 25 Rn. 3.

9 Vgl. nur *Bergmann/Möhrle/Herb*, BDSG, § 25 Rn. 4.

10 *Gola/Schomerus*, BDSG, § 25 Rn. 2.

11 *Schaffland/Wiltfang*, BDSG, § 25 Rn. 3; Beispiele bei *Dammann*, in: Simitis, BDSG, § 25 Rn. 4.

12 *Dammann*, in: Simitis, BDSG, § 25 Rn. 6.

13 *Bergmann/Möhrle/Herb*, BDSG, § 25 Rn. 5.

2. Adressaten einer Beanstandung

Adressat der Beanstandung datenschutzrechtlicher Missstände bei der Bundesver- **5**
waltung (Abs. 1 Satz 1 Nr. 1) ist die oberste Bundesbehörde und somit in der Regel
der jeweilige Bundesminister; in den Fällen des Abs. 1 Satz 1 Nr. 2–4 das jeweils
oberste weisungsberechtigte Organ. Im Falle des Abs. 1 Satz 1 Nr. 4 hat der BfDI
zusätzlich die jeweilige Aufsichtsbehörde zu unterrichten.

Ob auch der Betroffene zu informieren ist, lässt das Gesetz offen. Für eine Informa- **6**
tionspflicht spricht, dass auch die besondere institutionelle Kontrolle, wie schon
das BDSG als Ganzes (vgl. § 1 Abs. 1), schlussendlich dem Betroffenen verpflichtet ist. Die Kontrollinstitute sollen dort eingreifen, wo dem Betroffenen Mittel und
Möglichkeiten fehlen, seine Rechte selbst wirksam zu verteidigen. Eine Mitteilung
ist daher geboten, wenn der festgestellte Sachverhalt ergibt, dass der Betroffene ein
berechtigtes Interesse an der Information hat, etwa weil ihm ein Strafantragsrecht
oder ein Schadensersatzanspruch zusteht, oder weil seine datenschutzrechtliche Position, insbesondere seine Rechte nach §§ 4, 6 BDSG berührt werden.[14]

3. Form und Inhalt der Beanstandung

§ 25 BDSG nennt keine Formvorgaben für die Beanstandung. Sie kann daher form- **7**
los ausgesprochen werden, sollte aus Gründen der Rechtsklarheit aber jedenfalls
schriftlich erfolgen. Die Beanstandung hat durch den BfDI unverzüglich nach Feststellung des Verstoßes zu erfolgen.[15] Sie enthält die bei der betreffenden Stelle festgestellten Verstöße bzw. Mängel und die Rechtsauffassung des BfDI.[16] Mit der Beanstandung kann der BfDI unverbindliche Vorschläge koppeln, die darauf gerichtet
sind, festgestellte Mängel zu beseitigen oder auch den Datenschutz generell zu verbessern.[17]

4. Wirkung der Beanstandung

Kernpunkt der Beanstandung ist die Aufforderung an den Adressaten, im Zusam- **8**
menwirken mit der betroffenen Stelle die beanstandeten Missstände zu beseitigen.[18]
Damit wird der betroffenen Stelle im Wege der Fremdkontrolle ein bestimmtes Verhalten vorgegeben. Andererseits aber hat der BfDI keine Kassations-, Regelungs-
oder Anordnungskompetenz.[19] Es fehlt ihm mithin die rechtliche Handhabe, die
Beanstandung auch durchzusetzen. Mangels rechtlicher Regelung handelt es sich

---

14 Zum Ganzen *Dammann*, in: Simitis, BDSG, § 25 Rn. 16 ff.
15 *Schaffland/Wiltfang*, BDSG, § 25 Rn. 4.
16 *Bergmann/Möhrle/Herb*, BDSG, § 25 Rn. 25.
17 *Schaffland/Wiltfang*, BDSG, § 25 Rn. 4.
18 *Bergmann/Möhrle/Herb*, BDSG, § 25 Rn. 25 und 28.
19 OVG Münster RDV 1994, 139.

bei der Beanstandung daher auch nicht um einen Verwaltungsakt.[20] Die Beanstandung hat folglich, im Gegensatz zur aufsichtsrechtlichen Beanstandung, keine aufschiebende Wirkung.[21] Es handelt sich lediglich um die Rüge eines datenschutzrechtlichen Missstandes in Form der bloßen Meinungsäußerung.[22] Eine Pflicht zur Beseitigung des beanstandeten Verstoßes oder sonstigen Mangels ergibt sich für die betroffene Stelle bei Rechtsverstößen allenfalls aus dem Grundsatz der Gesetzmäßigkeit (Art. 20 Abs. 3 GG).[23]

9   Der Adressat der Beanstandung ist aber verpflichtet, binnen der ihm gesetzten Frist seine Stellungnahme abzugeben. Auch diese kann der BfDI indessen nicht erzwingen.

10   Im Konfliktfall kann der Adressat der Beanstandung dieser jedoch zu rechtlicher Geltung verhelfen, indem er seinerseits im Rahmen der Fach- oder Rechtsaufsicht die betroffene Stelle anweist, den beanstandeten Verstoß oder Mangel zu beseitigen.[24] Diesem Zweck dient auch die Unterrichtung der Aufsichtsbehörde nach Abs. 1 Satz 2 in den Fällen des Abs. 1 Satz 1 Nr. 4.

III. Verzicht auf eine Beanstandung (Abs. 2)

11   Aus Abs. 2 ergibt sich, dass eine Pflicht des BfDI zur Beanstandung nur bei erheblichen Verstößen oder Mängeln besteht. Dagegen hat der BfDI lediglich ein Recht (und keine Pflicht) zur Beanstandung, wenn die Belange des Datenschutzes auf andere Weise erfüllt werden können.[25] Beispielhaft („insbesondere") nennt die Vorschrift unerhebliche oder bereits beseitigte Mängel. Der BfDI kann darüber hinaus auch in anderen Fällen auf eine Beanstandung verzichten, sofern es sich nur um eine besondere Situationen handelt, die es rechtfertigt, von dem förmlichen Appell an die Verantwortung der verarbeitenden Stelle abzusehen.[26] Demnach wird es einer Beanstandung regelmäßig nicht bedürfen, wenn die verarbeitende Stelle den fraglichen Sachverhalt von sich aus dem BfDI mit der Bitte um Beratung vorgetragen hat oder wenn der Missstand zwar nicht beseitigt ist, aber alle dafür erforderlichen Maßnahmen in die Wege geleitet wurden.[27]

12   Bei der Entscheidung, welche Verstöße oder Mängel zu beanstanden sind, hat der BfDI einen Ermessensspielraum. Die Handhabung des Instruments der Beanstan-

---

20 BVerwG DÖV 1992, 536.
21 *Dammann*, in: Simitis, BDSG, § 25 Rn. 11.
22 *Bergmann/Möhrle/Herb*, BDSG, § 25 Rn. 26.
23 *Heil*, Bundesbeauftragter für den Datenschutz, in: Roßnagel, Hdb. DSR, S. 745 (769).
24 *Gola/Schomerus*, BDSG, § 25 Rn. 4.
25 *Schaffland/Wiltfang*, BDSG, § 25 Rn. 24.
26 *Dammann*, in: Simitis, BDSG, § 25 Rn. 7.
27 *Dammann*, in: Simitis, BDSG, § 25 Rn. 7.

dung ist mithin nicht einheitlich und hängt nicht zuletzt auch vom Amtsverständnis des jeweiligen Amtsinhabers ab.[28]

IV. Stellungnahme (Abs. 3)

Die Stellungnahme ist von der Stelle abzugeben, die Adressat der Beanstandung **13** war. Hierzu fordert diese ihrerseits die betroffene Stelle zur Äußerung auf und bewertet anschließend auf deren Grundlage die Beanstandung.[29] Die Stellungnahme muss zum Ausdruck bringen, ob und inwieweit die Beanstandung als gerechtfertigt anerkannt wird. Schließt sich die Stelle der Auffassung des BfDI an, kann sie mit den ihr zur Verfügung stehenden Aufsichtsmaßnahmen auf Abhilfe hinwirken.[30] Solche aufgrund der Beanstandung getroffenen Maßnahmen sind in der Stellungnahme darzulegen.[31] Wird die Beanstandung dagegen für ungerechtfertigt gehalten, ist auch dies in rechtlicher und tatsächlicher Hinsicht näher zu begründen.

Ergibt die Stellungnahme, dass der Missstand behoben ist, kann der BfDI seine Be- **14** anstandung für erledigt erklären. Andernfalls wird er mitteilen, inwieweit die Beanstandung fortbesteht und je nach Sachlage seine Beurteilung präzisieren und auf den Inhalt der Stellungnahme eingehen. Führt die Beanstandung endgültig nicht zur Beseitigung des Missstandes, so steht es dem BfDI frei, der Bundesregierung im Rahmen seiner Beratungsaufgabe nach § 26 Abs. 3 Satz 1 BDSG Empfehlungen zur Bereinigung der Angelegenheit zu geben.

Abs. 1 Satz 2 und Abs. 3 Satz 2 sichern die gleichzeitige Information der Aufsichts- **15** behörde. Diese kann ihr weiteres Vorgehen im Wege der Rechtsaufsicht unabhängig vom Gang des Beanstandungsverfahrens treffen.

In der Praxis hat es sich im Übrigen als wirksames Mittel gegen Datenschutzdefizi- **16** te bewährt, konkrete Verstöße in den Tätigkeitsbericht des BfDI aufzunehmen (§ 26 Abs. 1 BDSG), da dieser eingehend in den Ausschüssen des Deutschen Bundestages erläutert wird und erfahrungsgemäß vielfältige Beachtung in der Öffentlichkeit findet.[32]

V. Streitigkeiten

Zuständiges Gericht für Streitigkeiten im Zusammenhang mit Beanstandungen des **17** BfDI ist das Verwaltungsgericht. Für eine Klage gegen eine Beanstandung wird der

28 *Dammann*, in: Simitis, BDSG, § 25 Rn. 7.
29 *Gola/Schomerus*, BDSG, § 25 Rn. 7.
30 *Gola/Schomerus*, BDSG, § 25 Rn. 7.
31 *Dammann*, in: Simitis, BDSG, § 25 Rn. 12.
32 *Heil*, Bundesbeauftragter für den Datenschutz, in: Roßnagel, Hdb. DSR, S. 745 (769). Vgl. etwa den Überblick zu den Beanstandungen des BfDI in den Jahren 2009 und 2010, abgedruckt in Anlage 3 des 23.Tätigkeitsberichtes des BfDI.

betroffenen Stelle aber regelmäßig das Rechtsschutzinteresse fehlen, da der Beanstandung selbst keine materielle Rechtswirkung zukommt. Einer Klage gegen die rein formelle Pflicht zur Stellungnahme bedarf es nicht, da dem BfDI ohnehin rechtliche Maßnahmen zu deren Erzwingung fehlen. Die Beanstandung kann auch nicht im Wege der Rechtsaufsicht angegriffen werden.[33]

18   Eine Klage des BfDI auf Abgabe der Stellungnahme oder Durchführung bestimmter Maßnahmen ist unzulässig, weil das BDSG abschließend regelt, in welchem Verfahren die Kontrolle auszuüben ist. Das BDSG sieht vor, dass die Kontrolle des BfDI in Entscheidungen der obersten Bundesbehörden und des Bundestags mündet. Dieses Verfahren ist geradezu als Gegenmodell zur gerichtlichen Austragung ausgestaltet.[34]

---

33 *Dammann*, in: Simitis, BDSG, § 25 Rn. 20.
34 *Dammann*, in: Simitis, BDSG, § 25 Rn. 21.

§ 26 Weitere Aufgaben des Bundesbeauftragten für den Datenschutz und die Informationsfreiheit

(1) Der Bundesbeauftragte für den Datenschutz und die Informationsfreiheit erstattet dem Deutschen Bundestag alle zwei Jahre einen Tätigkeitsbericht. Er unterrichtet den Deutschen Bundestag und die Öffentlichkeit über wesentliche Entwicklungen des Datenschutzes.

(2) Auf Anforderung des Deutschen Bundestages oder der Bundesregierung hat der Bundesbeauftragte Gutachten zu erstellen und Berichte zu erstatten. Auf Ersuchen des Deutschen Bundestages, des Petitionsausschusses, des Innenausschusses oder der Bundesregierung geht der Bundesbeauftragte ferner Hinweisen auf Angelegenheiten und Vorgänge des Datenschutzes bei den öffentlichen Stellen des Bundes nach. Der Bundesbeauftragte kann sich jederzeit an den Deutschen Bundestag wenden.

(3) Der Bundesbeauftragte kann der Bundesregierung und den in § 12 Abs. 1 genannten Stellen des Bundes Empfehlungen zur Verbesserung des Datenschutzes geben und sie in Fragen des Datenschutzes beraten. Die in § 25 Abs. 1 Nr. 1 bis 4 genannten Stellen sind durch den Bundesbeauftragten zu unterrichten, wenn die Empfehlung oder Beratung sie nicht unmittelbar betrifft.

(4) Der Bundesbeauftragte wirkt auf die Zusammenarbeit mit den öffentlichen Stellen, die für die Kontrolle der Einhaltung der Vorschriften über den Datenschutz in den Ländern zuständig sind, sowie mit den Aufsichtsbehörden nach § 38 hin. § 38 Abs. 1 Satz 4 und 5 gilt entsprechend.

Literatur: Siehe die Literaturangaben zu § 21 BDSG. Speziell zu § 26 BDSG: *v. Lewinski*, Tätigkeitsberichte im Datenschutz, RDV 2004, S. 163; *Müller*, Das datenschutzpolitische Mandat des BfD, RDV 2004, S. 211; *Pohler*, 20 Jahre Datenschutzaufsicht im Düsseldorfer Kreis. Datenschutz im privaten Bereich auch in Zukunft eine gemeinsame Herausforderung, CR 1998, S. 309.

Übersicht

I. Allgemeines

1. Gesetzeszweck

1   Neben der Aufgabe der Kontrolle (§ 24 Abs. 1 BDSG) und der Bearbeitung von Eingaben im Sinne von § 21 hat der BfDI auch Aufgaben im Bereich des vorbeugenden Datenschutzes wahrzunehmen.[1] Diese Aufgaben werden in § 26 BDSG näher geregelt.[2]

2. Europarechtliche Grundlagen

2   § 26 wird dabei auch europarechtlichen Vorgaben gerecht. So ist die Erstellung eines regelmäßigen Berichtes durch die Kontrollstellen in Art. 28 Abs. 5 EG-DSRl vorgegeben. Zudem statuiert Art. 28 Abs. 6 EG-DSRl eine Zusammenarbeit der Kontrollstellen.

II. Tätigkeitsberichte und Unterrichtungspflicht (Abs. 1)

3   Der BfDI erstattet dem Deutschen Bundestag alle zwei Jahre einen Tätigkeitsbericht.[3] Auch der Tätigkeitsbericht ist als vorbeugende Maßnahme zu verstehen, durch den Verstöße gegen das Datenschutzrecht verhindert werden sollen. Er dient vorrangig dazu, dem Bundestag und der Öffentlichkeit die wichtigsten Ergebnisse seiner Tätigkeit zu präsentieren, auf besondere datenschutzrechtliche Problemfelder hinzuweisen und weiterführende Überlegungen zu unterbreiten.[4] Weder der Termin der Veröffentlichung noch Inhalt, Gewichtung oder Form des Tätigkeitsberichtes sind in Abs. 1 vorgegeben, sodass der BfDI insoweit einen Ermessensspielraum hat.[5] Die Erstellung eines Berichtes ist zudem durch Art. 28 Abs. 5 EG-DSRl vorgegeben. Gleichwohl existieren auch keine spezifischen europarechtlichen Vorgaben für den Inhalt des Tätigkeitsberichtes.

4   Satz 1 beinhaltet zudem eine ausdrückliche Befugnis des BfDI, sich auch außerhalb der Tätigkeitsberichte jederzeit an Parlament und Öffentlichkeit wenden zu dürfen, um diese über wichtige Entwicklungen des Datenschutzes zu unterrich-

---

1   *Auernhammer*, BDSG, § 26 Rn. 1. Zu den weiteren Aufgaben des BfDI nach dem BDSG und anderer Gesetze vgl. den Überblick bei *Bergmann/Möhrle/Herb*, BDSG, § 26 Rn. 21.

2   Dennoch sind die präventiven Instrumente im BDSG nur unzureichend abgebildet. Vgl. etwa die Kritik von *Weichert*, in: Däubler/Klebe/Wedde/Weichert, BDSG, § 26 Rn. 1.

3   Der Tätigkeitsbericht wird als BT-Drs. sowie auf der Internetseite des BfDI (www.bfdi. bund.de) veröffentlicht; zuletzt der 23. Tätigkeitsbericht für die Jahre 2009 und 2010.

4   *Dammann*, in: Simitis, BDSG, § 26 Rn. 3; *Gola/Schomerus*, BDSG, § 26 Rn. 2. Ausführlich zum Instrumentarium des Tätigkeitsberichtes *von Lewinski*, RDV 2004, S. 163.

5   *Heil*, Bundesbeauftragter für den Datenschutz, in: Roßnagel, Hdb. DSR, S. 745 (773).

ten,[6] und zwar sowohl im öffentlichen als auch im nicht-öffentlichen Bereich. Damit hat der Gesetzgeber auch die bisherige Praxis des BfDI bestätigt, der in den bisherigen Tätigkeitsberichten auch stets den nicht-öffentlichen Bereich dargestellt hat. Mit der Veröffentlichung von wesentlichen Rechtsverstößen nimmt der BfDI ein öffentliches Interesse war und verstößt nicht gegen seine Amtsverschwiegenheit.[7]

III. Gutachten, Berichte und Anrufung des Bundestages (Abs. 2)

Auf Anforderung des Deutschen Bundestages oder der Bundesregierung ist der BfDI verpflichtet, Gutachten zu erstellen und Berichte zu erstatten. Die Anforderung muss dabei stets einen Bezug zum Datenschutz aufweisen. Dem BfDI darf durch diese Aufgabe nicht die Erfüllung seiner Kontrollaufgaben unmöglich gemacht werden.[8] Daneben können der Bundestag, der Petitionsausschuss, der Innenausschuss oder die Bundesregierung den BfDI mittels Kontrollersuchen mit der Untersuchung bestimmter Angelegenheiten des Datenschutzes bei den öffentlichen Stellen des Bundes beauftragen. Besondere Relevanz kommt dabei dem Innenausschuss zu, da er zum einen die Zuständigkeit für wichtige Bereiche des Datenschutzes besitzt und zum anderen die Querschnittszuständigkeit für die allgemeinen Datenschutzfragen innehat.[9] Der BfDI kann sich schließlich jederzeit an den Bundestag wenden, was nochmals die starke Stellung des BfDI hervorhebt. Der BfDI hat indessen kein Rederecht im Plenum des Bundestages[10] und kein Recht, Themen auf die Tagesordnung des Bundestages oder seiner Ausschüsse zu bringen.[11]

IV. Empfehlungen und Beratung (Abs. 3)

Der BfDI kann der Bundesregierung und den öffentlichen Stellen des Bundes, soweit sie nicht am Wettbewerb teilnehmen (§ 12 Abs. 1 BDSG), Empfehlungen zur Verbesserung des Datenschutzes geben und sie in Fragen des Datenschutzes beraten. Die Beratung anderer Stellen ist dadurch aber nicht ausgeschlossen. Abs. 3 statuiert keine Pflicht zur Beratung. Er räumt dem BfDI vielmehr Ermessen ein

---

6 So ausdrücklich die Gesetzesbegründung, BT-Drs. 14/4329, S. 42. Die Neuregelung erfolgte aus Anlass eines Rechtsstreits; vgl. hierzu *Dammann*, in: Simitis, BDSG, § 26 Rn. 9, mit Hinweisen zu Rechtsprechung und Literatur.

7 BGH RDV 2003, 84.

8 *Gola/Schomerus*, BDSG, § 26 Rn. 4, der aber zu Recht darauf hinweist, dass die Regelung in der Praxis bislang keine große Bedeutung erlangt hat.

9 *Dammann*, in: Simitis, BDSG, § 26 Rn. 16; *Heil*, Bundesbeauftragter für den Datenschutz, in: Roßnagel, Hdb. DSR, S. 745 (776).

10 *Bergmann/Möhrle/Herb*, BDSG, § 26 Rn. 12.

11 *Wedde*, in: Däubler/Klebe/Wedde/Weichert, BDSG, § 26 Rn. 6.

("kann"). Dies gilt auch für die Form der Beratung, die schriftlich oder mündlich erfolgen kann.

7 Darüber hinaus bestimmt Satz 2 eine Unterrichtungspflicht des BfDI gegenüber den in § 25 Abs. 1 Nr. 1 bis 4 BDSG genannten Stellen, wenn die Empfehlung oder Beratung sie nicht unmittelbar betrifft. So ist der BfDI verpflichtet, insbesondere bei Tätigkeiten betreffend nachgeordneter Behörden die jeweils zuständige oberste Bundesbehörde zu unterrichten, sodass diese ggf. aufsichtsrechtliche Maßnahmen einleiten kann.[12] Form und Verfahren der Unterrichtung ist nicht vorgegeben und steht im Ermessen des BfDI. Eine Unterrichtungspflicht entfällt, wenn die betreffende Stelle vom Vorgang bereits Kenntnis erlangt hat.[13]

V. Kooperation mit anderen Stellen (Abs. 4)

8 Nach Abs. 4 Satz 1 hat der BfDI auf die Zusammenarbeit mit den öffentlichen Stellen, die für die Kontrolle der Einhaltung der Vorschriften über den Datenschutz in den Ländern zuständig sind, sowie mit den Aufsichtsbehörden nach § 38 BDSG hinzuwirken. Er hat somit eine Koordinierungsfunktion im Hinblick auf die Zusammenarbeit mit allen anderen Kontrollstellen im Sinne von Art. 28 EG-DSRl.[14] Ziel der Koordination ist nach dem Willen des Gesetzgebers zu einer möglichst einheitlichen Praktizierung des Datenschutzes auf Bundes- und auf Landesebene im öffentlichen sowie im privaten Bereich zu gelangen, sodass den Bürgern überall gleichmäßiger Schutz zuteil wird.[15]

9 Die Zusammenarbeit mit den Ländern wird über zwei Wege verwirklicht: Die Koordination mit den Landesdatenschutzbeauftragten als den Kontrollorganen im öffentlichen Bereich wird seit 1978 durch die ständige „Konferenz der Datenschutzbeauftragten des Bundes und der Länder" umgesetzt. Zudem sind ständige Arbeitskreise (z. B. Steuern, Technik, Verkehr) und ad-hoc-Arbeitsgruppen zu speziellen Themenbereichen eingerichtet. Zudem wird die Zusammenarbeit mit den Aufsichtsbehörden im nicht-öffentlichen Bereich (§ 38 BDSG) durch den sog. „Düsseldorfer Kreis" gewährleistet.[16] Beide Gremien agieren nach außen über Entschließungen[17] oder gemeinsame Stellungnahmen. Darüber hinaus wird ein einheitliches Vorgehen in bestimmten Kontroll- oder Beratungsaktivitäten abgestimmt. Rechtliche Bindungswirkung nach außen kommt den Beschlüssen, Entschließungen oder

---

12 *Wedde*, in: Däubler/Klebe/Wedde/Weichert, BDSG, § 26 Rn. 7.

13 *Dammann*, in: Simitis, BDSG, § 26 Rn. 22.

14 *Bergmann/Möhrle/Herb*, BDSG, § 26 Rn. 15.

15 BT-Drs. 7/1027, S. 20.

16 Vgl. zur Rolle des Düsseldorfer Kreises – auch nach dem Urteil des EuGH zur Unabhängigkeit der Aufsichtsbehörden im nicht-öffentlichen Bereich (dazu § 38 Rn. 43 ff.) – den 23. Tätigkeitsbericht des BfDI, S. 113 f.

17 Die jeweiligen Entschließungen der Konferenz und des Düsseldorfer Kreises sind abrufbar auf der Internetseite des BfDI (www.bfdi.bund.de).

Absprachen jedoch nicht zu;[18] auch nicht im Innenverhältnis zwischen den Kontrollbehörden.[19] Zur Behandlung von übergreifenden Fragestellungen kommt es gelegentlich auch zu gemeinsamen Sitzungen für den öffentlichen und den nicht-öffentlichen Bereich.

Durch Satz 2 wird die entsprechende Anwendung von § 38 Abs. 1 Satz 4 und 5 **10** BDSG erreicht. Mit der Verweisung wird klargestellt, dass die Zusammenarbeit mit anderen Aufsichtsbehörden, d. h. den Kontrollstellen nach Art. 28 EG-DSRl, innerhalb Deutschlands, aber auch der Mitgliedstaaten der Europäischen Union und des EWR nach den Grundsätzen der Amtshilfe stattfindet.[20] Hintergrund der im Zuge der Novellierung des Datenschutzrechtes im Jahre 2009 durchgeführten geringfügigen Änderung des Wortlautes war die Bereinigung eines Redaktionsversehens in Satz 2, welcher in seiner vorangegangenen Fassung fälschlicherweise auf § 38 Abs. 1 Satz 3 und 4 BDSG verwiesen hatte.

Der BfDI vertritt Deutschland schließlich auf europäischer Ebene in der sog. **11** Art. 29 Datenschutzgruppe. Die Gruppe ist unabhängig und hat beratende Funktion (Art. 29 Abs. 1 Satz 2 EG-DSRl). Nach Art. 30 EG-DSRl hat sie u. a. die Aufgabe, die einheitliche Anwendung der allgemeinen Grundsätze der Richtlinien in allen Mitgliedstaaten durch die Zusammenarbeit der Aufsichtsbehörden für den Datenschutz zu fördern.[21] Die detaillierten Stellungnahmen (*Working Paper*) der Art. 29 Datenschutzgruppe haben in der Praxis trotz ihrer fehlenden Bindungswirkung zwischenzeitlich erhebliche Bedeutung erlangt.[22] Die Art. 29 Datenschutzgruppe hat sich als eines der wichtigsten europäischen Kooperationsgremien auf dem Gebiet des Datenschutzes etabliert.[23]

---

18 *Heil*, Bundesbeauftragter für den Datenschutz, in: Roßnagel, Hdb. DSR, S. 745 (777).
19 *Dammann*, in: Simitis, BDSG, § 26 Rn. 25.
20 Vgl. hierzu auch § 38 BDSG, Rn. 18.
21 Hierzu ausführlich die Kommentierung zu Art. 29 f. bei *Dammann*, in: Simitis, EG-DSRl.
22 Etwa im Bereich des grenzüberschreitenden Datenverkehrs. Die Stellungnahmen der Art. 29 Gruppe sind im Internet veröffentlicht unter http://ec.europa.eu/justice_home/fsj/ privacy/workinggroup/index_en.htm.
23 21. Tätigkeitsbericht des BfDI, S. 31.

Dritter Abschnitt
Datenverarbeitung nicht-öffentlicher Stellen und öffentlich-rechtlicher Wettbewerbsunternehmen

Erster Unterabschnitt
Rechtsgrundlagen der Datenverarbeitung

§ 27 Anwendungsbereich

(1) Die Vorschriften dieses Abschnittes finden Anwendung, soweit personenbezogene Daten unter Einsatz von Datenverarbeitungsanlagen verarbeitet, genutzt oder dafür erhoben werden oder die Daten in oder aus nicht automatisierten Dateien verarbeitet, genutzt oder dafür erhoben werden durch

1. nicht-öffentliche Stellen,

2. a) öffentliche Stellen des Bundes, soweit sie als öffentlich-rechtliche Unternehmen am Wettbewerb teilnehmen,

b) öffentliche Stellen der Länder, soweit sie als öffentlich-rechtliche Unternehmen am Wettbewerb teilnehmen, Bundesrecht ausführen und der Datenschutz nicht durch Landesgesetz geregelt ist.

Dies gilt nicht, wenn die Erhebung, Verarbeitung oder Nutzung der Daten ausschließlich für persönliche oder familiäre Tätigkeiten erfolgt. In den Fällen der Nummer 2 Buchstabe a gelten anstelle des § 38 die §§ 18, 21 und 24 bis 26.

(2) Die Vorschriften dieses Abschnittes gelten nicht für die Verarbeitung und Nutzung personenbezogener Daten außerhalb von nicht automatisierten Dateien, soweit es sich nicht um personenbezogene Daten handelt, die offensichtlich aus einer automatisierten Verarbeitung entnommen worden sind.

Literatur: *Battis/Bleckmann*, Personaldatenverarbeitung durch den Personalrat, CR 1989, S. 532; *Breinlinger*, Kontrolle des IV-Outsourcing durch die Aufsichtsbehörden im Hinblick auf den Auftragnehmer, RDV 1995, S. 211; *Buchner*, Informationelle Selbstbestimmung im Privatrecht, Tübingen 2006; *Buchner*, Rechtliche Grundlagen, in: ders. (Hrsg.), Datenschutz im Gesundheitswesen, Remagen 2012, Kap. A; *Goldenbohm/Weise*, Erweiterter Datenschutz, DuD 1991, S. 447.

I. Allgemeines

1. Europarechtliche Grundlagen

Regelungsgegenstand des dritten Abschnitts des BDSG ist die Datenverarbeitung **1** durch nicht-öffentliche Stellen und durch öffentlich-rechtliche Wettbewerbsunternehmen. Anders als die EG-DSRl – und entgegen vielfacher Forderungen nach einem einheitlichen Datenschutz – hat der Gesetzgeber auch bei den letzten Novellierungen des BDSG dessen zweigeteilten Regelungsansatz mit einer Differenzierung nach staatlichen und privaten Datenverarbeitern beibehalten. Bei der Novellierung des BDSG 2001 war hierfür in erster Linie der zeitliche Druck bei der Umsetzung der Richtlinie ausschlaggebend. Aufgrund dessen beschränkte sich der Gesetzgeber auf die unabdingbaren Anpassungen an die Vorgaben der Richtlinie und verschob das ursprüngliche Ziel einer grundlegenden Neustrukturierung auf einen späteren Zeitpunkt. Auch bei der Novellierung des BDSG 2009 wurde diese grundlegende Überarbeitung des BDSG nicht vorgenommen. Stattdessen wurde das BDSG ein weiteres Mal nur punktuell verändert.

2. Vereinheitlichung des BDSG

In der Diskussion um eine zukünftige Novellierung des Bundesdatenschutzgesetzes **2** ist eine der zentralen Forderungen, die Aufteilung des BDSG in zwei getrennte Regelungskomplexe für staatliche und private Datenverarbeiter aufzugeben und einheitliche Regelungen für alle datenverarbeitenden Stellen zu normieren. Hauptzweck aller Forderungen nach einem einheitlichen Ansatz des Bundesdatenschutzgesetzes ist es, einen effektiven Schutz des informationellen Selbstbestimmungsrechts gerade auch gegenüber privaten Datenverarbeitern zu gewährleisten. Die bisherige Zweigeteiltheit datenschutzrechtlicher Regelungen wird demgegenüber mit dem Versuch gleichgesetzt, private Datenverarbeiter datenschutzrechtlich zu privilegieren und das Schutzniveau im Bereich der privaten Datenverarbeitung abzusenken.[1]

3 Ungeachtet dessen, dass bei den letzten beiden Novellierungen des BDSG der zweigeteilte Regelungsansatz beibehalten worden ist, ist mit dem BDSG 2001 die mit der Zweiteilung einhergehende Privilegierung privater Datenverarbeiter weiter abgebaut worden.[2] Erweitert wurde zunächst der Anwendungsbereich des BDSG, indem nunmehr auch der nichtkommerzielle Datenumgang privater Stellen in weitem Umfang vom BDSG erfasst ist.[3] Angeglichen wurden die datenschutzrechtlichen Vorgaben für private und staatliche Datenverarbeiter insbesondere hinsichtlich der Phase der Datenerhebung. Auch die Datenverarbeiter im nicht-öffentlichen Bereich müssen nunmehr bereits bei der Datenerhebung das grundsätzliche Verbot der Datenverarbeitung mit Erlaubnisvorbehalt beachten. Der Grundsatz der Direkterhebung beim Betroffenen – ursprünglich nur für die öffentliche Datenverarbeitung normiert – ist mit dem BDSG 2001 ebenfalls auch auf den Bereich der privaten Datenverarbeitung erstreckt worden (§ 4 Abs. 2 BDSG); gleiches gilt darüber hinaus für die bei der Direkterhebung bestehenden Unterrichtungs-, Hinweis- und Aufklärungspflichten (§ 4 Abs. 3 BDSG). Eine weitere wesentliche Angleichung der Regelungen für den öffentlichen und nicht-öffentlichen Bereich bedeutet schließlich die Ausweitung des Grundsatzes der Zweckbindung, der für öffentliche Stellen bereits in § 14 Abs. 1 BDSG 1990 eine Aufnahme gefunden hatte, seit dem BDSG 2001 aber nunmehr umfassend auch für den nicht-öffentlichen Bereich gilt.[4]

II. Normadressaten

1. Nicht-öffentliche Stellen (Abs. 1 Satz 1 Nr. 1)

4 Regelungsadressaten der §§ 28 ff. BDSG sind in erster Linie nicht-öffentliche Stellen. § 2 Abs. 4 BDSG definiert nicht-öffentliche Stellen als „natürliche und juristische Personen, Gesellschaften und andere Personenvereinigungen des privaten Rechts". Erfasst sind alle natürlichen Personen, egal ob sie sich wirtschaftlich, beruflich oder auch nur privat betätigen, alle juristischen Personen (AG, GmbH, eG, KGaA, VVaG, eingetragener Verein, Stiftung) sowie alle Gesellschaften und anderen Personenvereinigungen des privaten Rechts (BGB-Gesellschaft, nicht-rechtsfähiger Verein, OHG, Partnerschaftsgesellschaft).[5]

---

1 Siehe etwa *Dammann*, in: Simitis, BDSG, § 27 Rn. 2; ausführlich zur Diskussion um die Vereinheitlichung des Datenschutzrechts *Buchner*, Informationelle Selbstbestimmung im Privatrecht, 2006, S. 26 ff.

2 Vgl. *Buchner*, ebenda, S. 35 f.

3 Siehe im Einzelnen § 1 Abs. 2 Nr. 3 BDSG (dazu oben § 1 BDSG Rn. 27).

4 Vgl. §§ 28 Abs. 1 Satz 1 und Satz 2, Abs. 2, Abs. 3, Abs. 8, 29 Abs. 1 Satz 2 BDSG.

5 Siehe oben § 2 Rn. 17 BDSG.

Maßgebend für das Verständnis nicht-öffentlicher Stellen ist die juristische Be- **5** trachtungsweise. Regelungsadressat der §§ 28 ff. BDSG ist stets die juristische Einheit (die juristische Person, die Gesellschaft oder andere Personenvereinigung), nicht dagegen die einzelne Abteilung oder unselbstständige Zweigstelle eines Unternehmens.[6] Auch der Betriebsrat ist keine eigenständige „verantwortliche Stelle" im Sinne des BDSG.[7] Insbesondere ist er datenschutzrechtlich keine „andere Personenvereinigung des privaten Rechts", sondern vielmehr lediglich Teil eines Unternehmens.[8]

Auch bei Konzernen gilt ausschließlich die juristische Betrachtungsweise. Unab- **6** hängig von ihrer mehr oder weniger stark ausgeprägten wirtschaftlichen Verflechtung sind daher verbundene Unternehmen stets eigenständige Regelungsadressaten des BDSG, soweit sie nur rechtlich selbstständig sind. Eine Sonderbehandlung von Konzernen kennt das BDSG im Unterschied zu anderen Gesetzen nicht. Dies bedeutet insbesondere, dass personenbezogene Daten innerhalb verbundener Unternehmen stets nur im Rahmen der datenschutzrechtlichen Zulässigkeitsvoraussetzungen übermittelt werden dürfen.[9] Wird bei Konzernen die Datenverarbeitung zentral bei einem Konzernunternehmen durchgeführt, ist zu differenzieren: Wird nur die reine Datenverarbeitung und Datennutzung von diesem Konzernunternehmen erledigt, gelten die Bestimmungen des § 11 BDSG (Auftragsdatenverarbeitung). Ist hingegen mit der Übertragung der Datenverarbeitung auch eine „Funktionsübertragung" verbunden, wird also beispielsweise die ganze Personalverwaltung an ein Konzernunternehmen übertragen, gilt für die Übermittlung und Speicherung der Daten die Vorschrift des § 28 BDSG.[10]

Keine Regelungsadressaten der §§ 28 ff. BDSG sind Unternehmen des privaten **7** Rechts, die aufgrund besonderer Ermächtigung hoheitliche Aufgaben der öffentlichen Verwaltung wahrnehmen (sog. Beliehene wie z.B. TÜV-Sachverständige[11] oder Schornsteinfeger[12]). Beliehene sind gemäß § 2 Abs. 4 Satz 2 BDSG dem Kreis der öffentlichen Stellen zuzurechnen und unterfallen daher den Regelungen der §§ 12 ff. BDSG (Datenverarbeitung der öffentlichen Stellen). Letztere Einordnung gilt allerdings nur „insoweit", als diese Stellen hoheitliche Aufgaben der öffentlichen Verwaltung wahrnehmen. Ansonsten sind und bleiben sie statusmäßig nicht-

---

6 Siehe oben § 3 Rn. 53 BDSG.

7 Vgl. zur Frage der Normadressatenstellung des Personalrats *Battis/Bleckmann*, CR 1989, S. 532 (533).

8 Allgemeine Meinung; siehe BAG NJW 1998, 2466; *Gola/Wronka*, Handbuch zum Arbeitnehmerdatenschutz, Rn. 1175.

9 *Gola/Schomerus*, BDSG, § 27 Rn. 4; siehe auch bereits oben § 3 Rn. 53 BDSG.

10 Siehe zum Ganzen *Gola/Schomerus*, BDSG, § 27 Rn. 5; *Schaffland/Wiltfang*, BDSG, § 27 Rn. 24 ff.; für das Outsourcing mit Funktionsübertragung im Personalbereich *Breinlinger*, RDV 1995, S. 211 (213).

11 BGH NJW 1993, 1784.

12 BGH NJW 1974, 1507.

öffentliche Stellen, deren privatrechtliche Datenverarbeitungsvorgänge den datenschutzrechtlichen Vorschriften der §§ 28 ff. BDSG unterfallen.[13]

2. Öffentlich-rechtliche Wettbewerbsunternehmen des Bundes (Abs. 1 Satz 1 Nr. 2a)

8   Bereits § 12 Abs. 1 BDSG bestimmt, dass die Vorgaben der §§ 13 ff. BDSG für öffentliche Stellen nur gelten, soweit diese nicht als öffentlich-rechtliche Unternehmen am Wettbewerb teilnehmen. Damit korrespondierend bestimmt § 27 Abs. 1 Satz 1 Nr. 2 BDSG, dass öffentliche Stellen, die als Unternehmen am Wettbewerb teilnehmen, den Vorgaben der §§ 28 ff. BDSG unterfallen. Sinn und Zweck der §§ 12 Abs. 1 BDSG und 27 Abs. 1 Satz 1 Nr. 2 BDSG ist es, Wettbewerbsverzerrungen zwischen öffentlichen Unternehmen und Privatunternehmen zu vermeiden. Unternehmen, die miteinander konkurrieren, sollen nicht allein aufgrund ihrer Zugehörigkeit zum öffentlichen oder nicht-öffentlichen Bereich einen Wettbewerbsvorteil oder -nachteil haben.[14]

9   Am Wettbewerb nimmt ein öffentlich-rechtliches Unternehmen dann teil, wenn es keine rechtliche Monopolstellung einnimmt und die von ihm erbrachten Leistungen auch von privaten Stellen angeboten werden können.[15] Zum so verstandenen Kreis der öffentlich-rechtlichen Wettbewerbsunternehmen können etwa Unternehmen der Kredit- und Versicherungswirtschaft, Verkehrs- und Versorgungsunternehmen oder Krankenhäuser zählen.[16] Anders als im Falle des rechtlichen Monopols ist im Falle des tatsächlichen Monopols eines öffentlichen Unternehmens davon auszugehen, dass sich dieses Unternehmen ebenfalls im Wettbewerb befindet, da zumindest potenziell eine Konkurrensituation besteht und es nicht sachgerecht wäre, je nach Hinzukommen oder Wegfallen von Konkurrenten stets das anwendbare Recht wieder zu ändern.[17]

10   In welchem Umfang öffentlich-rechtliche Unternehmen mit ihren Leistungen am Wettbewerb teilnehmen, ist unerheblich. Nimmt allerdings ein öffentlich-rechtliches Unternehmen nur mit einem Teil seiner Leistungen am Wettbewerb teil, gelten nach dem Wortlaut des Abs. 1 Satz 1 Nr. 2 auch nur insoweit die §§ 28 ff. BDSG; im Übrigen gelten für das Unternehmen die Vorgaben der §§ 13 ff. BDSG („Zersplitterung des Datenschutzes"[18]).

11   § 27 BDSG verweist im Falle der öffentlich-rechtlichen Wettbewerbsunternehmen des Bundes nicht umfassend auf die Vorschriften des dritten Abschnitts. Für die Unternehmen sollen gemäß Abs. 1 Satz 3 zwar die Vorschriften zur Zulässigkeit der

---

13 Siehe oben § 2 Rn. 18 BDSG.
14 *Dammann*, in: Simitis, BDSG, § 27 Rn. 7.
15 *Bergmann/Möhrle/Herb*, BDSG, § 27 Rn. 10.
16 *Gola/Schomerus*, BDSG, § 27 Rn. 7; *Dammann*, in: Simitis, BDSG, § 27 Rn. 39.
17 *Tinnefeld/Ehmann/Gerling*, Einführung, S. 266.
18 *Dammann*, in: Simitis, BDSG, § 27 Rn. 12.

Datenverarbeitung und zu den Betroffenenrechten gelten, nicht aber die Vorschrift zur Aufsichtsbehörde (§ 38 BDSG). Statt des § 38 BDSG gelten hier die §§ 18, 21 und 24 bis 26 BDSG; zuständig für die Datenschutzkontrolle bleibt der BfDI.

3. Öffentlich-rechtliche Wettbewerbsunternehmen der Länder (Abs. 1 Satz 1 Nr. 2b)

Abs. 1 Satz 1 Nr. 2b ist ohne praktische Bedeutung. Nach dieser Vorschrift unterfal- **12** len die öffentlich-rechtlichen Wettbewerbsunternehmen der Länder dem dritten Abschnitt dann, wenn sie Bundesrecht ausführen und der Datenschutz nicht durch Landesgesetz geregelt ist. Letzteres ist jedoch nicht mehr der Fall, da mittlerweile alle Länder eigene Landesdatenschutzgesetze erlassen haben. Im Ergebnis gelten jedoch auch für öffentlich-rechtliche Wettbewerbsunternehmen in Trägerschaft der Länder und Kommunen die Vorgaben der §§ 28 ff. BDSG. Zwar sind für diese Stellen zunächst einmal die jeweiligen Landesdatenschutzgesetze einschlägig. Letztere verweisen aber regelmäßig für öffentlich-rechtliche Wettbewerbsunternehmen wieder auf die Regelungen des BDSG.[19]

III. Sonstige Voraussetzungen

1. Einsatz von Datenverarbeitungsanlagen; nicht-automatisierte Dateien (Abs. 1 Satz 1)

Die Geltung der Vorschriften des dritten Abschnitts setzt – neben den richtigen **13** Normadressaten – gemäß § 27 Abs. 1 Satz 1 BDSG voraus, dass personenbezogene Daten „unter Einsatz von Datenverarbeitungsanlagen verarbeitet, genutzt oder dafür erhoben werden oder die Daten in oder aus nicht automatisierten Dateien verarbeitet, genutzt oder dafür erhoben werden". Abs. 1 Satz 1 wiederholt insoweit wortgleich die bereits in § 1 Abs. 2 Nr. 3 BDSG normierten Voraussetzungen für die generelle Anwendbarkeit des BDSG.[20]

Unterschieden wird im Rahmen des § 27 Abs. 1 Satz 1 BDSG (ebenso wie im Rah- **14** men des § 1 Abs. 2 Nr. 3 BDSG) zwischen der Datenverarbeitung und -nutzung einerseits und der Datenerhebung andererseits.[21] Letztere muss selbst nicht notwendigerweise unter Einsatz einer Datenverarbeitungsanlage oder im Rahmen eines da-

---

19 Zu berücksichtigen ist darüber hinaus jedoch ein möglicher Vorrang bereichsspezifischer Regelungen, so etwa für Krankenhäuser die datenschutzrechtlichen Regelungen der Landeskrankenhausgesetze; s. dazu *Buchner*, in: ders., Datenschutz im Gesundheitswesen, A/1.4.2.
20 Dazu oben § 1 BDSG Rn. 26; zur Definition des Einsatzes von Datenverarbeitungsanlagen und der nicht-automatisierten Datei siehe auch oben § 3 Rn. 22 BDSG (§ 3 Abs. 2 Satz 1 BDSG – automatisierte Verarbeitung) und Rn. 23 (§ 3 Abs. 2 Satz 2 BDSG – nicht automatisierte Datei).
21 VG Osnabrück DuD 2007, 541 (542).

teigebundenen Verfahrens erfolgen. Erfasst ist vielmehr auch eine manuelle, datei-unabhängige Erhebung von Daten, wenn diese Daten nur später unter Einsatz einer Datenverarbeitungsanlage oder dateigebunden verarbeitet werden sollen.[22]

2. Verarbeitung und Nutzung personenbezogener Daten außerhalb von nicht-automatisierten Dateien (Abs. 2)

15   Aus § 27 Abs. 1 Satz 1 BDSG und § 1 Abs. 2 Nr. 3 BDSG folgt, dass das BDSG im nicht-öffentlichen Bereich nur dann Anwendung findet, wenn Daten automatisiert oder dateigebunden verarbeitet werden. § 27 Abs. 2 BDSG erweitert demgegenüber den Anwendungsbereich der §§ 28 ff. BDSG für den Fall, dass es sich um eine Ver-arbeitung oder Nutzung personenbezogener Daten handelt, die offensichtlich aus einer automatisierten Verarbeitung entnommen worden sind. Auch eine unstruktu-rierte Dokumentensammlung oder selbst eine einzelne Unterlage mit personenbe-zogenen Daten kann daher dem Anwendungsbereich des BDSG unterfallen, wenn die Herkunft der Daten mit einer automatisierten Verarbeitung verknüpft werden kann; nicht der Datenträger, sondern allein das für die Herkunft der Daten maßgeb-liche Verarbeitungsverfahren ist also entscheidend.[23]

16   Umstritten ist, wann davon auszugehen ist, dass Daten „offensichtlich" aus einer automatisierten Verarbeitung entnommen worden sind.[24] Generell kann sich eine „Offensichtlichkeit" etwa aus der Art der Datenaufbereitung, aus dem Verwen-dungszusammenhang oder auch aus dem äußeren Erscheinungsbild (Beispiel Com-puterausdruck) ergeben.[25] Unter Hinweis darauf, dass es sich bei Abs. 2 um eine Vorschrift handelt, die eine Umgehung der datenschutzrechtlichen Vorschriften ver-hindern soll, wird teilweise eine restriktive Auslegung gefordert. Vorausgesetzt wird für eine „Offensichtlichkeit" im Sinne des Abs. 2 daher nicht nur, dass die Herkunft der Daten aus einer automatisierten Verarbeitung ohne Weiteres erkenn-bar ist, sondern darüber hinaus auch, dass die Daten „unmittelbar" aus einer auto-matisierten Verarbeitung entnommen worden sein müssen (und nicht nur „irgend-wann einmal").[26]

17   Selbst wenn man jedoch den Gedanken aufnimmt, dass Abs. 2 eine Umgehung da-tenschutzrechtlicher Vorschriften verhindern soll, ist nicht ersichtlich, warum dies für das Kriterium „offensichtlich" eine restriktive Auslegung nach sich ziehen soll. Eine am Schutz der informationellen Selbstbestimmung ausgerichtete Auslegung erfordert vielmehr, mögliche datenschutzrechtliche Defizite soweit wie möglich auszuschließen und daher Abs. 2 in seiner Bedeutung gerade nicht zurückzudrän-gen. Auf eine „unmittelbare" Entnahme aus einer automatisierten Verarbeitung

---

22 *Dammann*, in: Simitis, BDSG, § 1 Rn. 141 und 146.
23 *Dammann*, in: Simitis, BDSG, § 27 Rn. 27 f.
24 Zu dem Begriff der Offensichtlichkeit vgl. auch *Goldenbohm/Weise*, DuD 1991, S. 447.
25 *Wedde*, in: Däubler/Klebe/Wedde/Weichert, BDSG, § 27 Rn. 21.
26 Siehe *Bergmann/Möhrle/Herb*, BDSG, § 27 Rn. 20.

kann es daher für die Anwendbarkeit des Abs. 2 nicht ankommen. Ebenso unerheblich ist es, ob die aus einer automatisierten Verarbeitung entnommenen Daten direkt verwendet oder nur indirekt wiedergegeben werden.[27]

3. Persönliche oder familiäre Tätigkeiten (Abs. 1 Satz 2)

Mit Umsetzung der EG-DSRl durch das BDSG 2001 ist der sachliche Anwendungsbereich des BDSG im Bereich der nicht-öffentlichen Datenverarbeitung erweitert worden. Während zuvor der nichtkommerzielle private Datenumgang nicht Regelungsgegenstand des Bundesdatenschutzgesetzes war, wird dieser nunmehr ebenfalls gemäß § 1 Abs. 2 Nr. 3 BDSG vom BDSG erfasst, wenn er unter Einsatz von Datenverarbeitungsanlagen oder dateigebunden erfolgt. Ausgenommen ist gemäß § 1 Abs. 2 Nr. 3 letzter Halbsatz BDSG nur ein Datenumgang, der ausschließlich für persönliche oder familiäre Tätigkeiten erfolgt.[28] § 27 Abs. 1 Satz 2 BDSG nimmt letztere Ausnahme, wie sie für den allgemeinen Anwendungsbereich des BDSG formuliert worden ist, nochmals auf und wiederholt sie wortgleich für die Anwendbarkeit der Vorschriften des dritten Abschnitts.

Voraussetzung für die Nicht-Anwendbarkeit der datenschutzrechtlichen Vorgaben der §§ 28 ff. BDSG ist, dass die personenbezogenen Daten „ausschließlich" für persönliche oder familiäre Zwecke erhoben, verarbeitet oder genutzt werden. Der Umstand allein, dass Daten mittels eines ausschließlich privat genutzten Computers, PDA o. Ä. genutzt werden, reicht hierfür noch nicht aus, soweit es sich nicht nur um rein privat oder familiär genutzte Daten, sondern etwa auch um dienstlich oder geschäftlich verwendete Daten handelt.[29] Bestehen Zweifel, ob es sich um einen ausschließlich persönlichen oder familiären Kontext der Datenverarbeitung handelt, greift die Ausnahme des Abs. 1 Satz 2 nicht.[30]

18

19

---

27 *Dammann*, in: Simitis, BDSG, § 27 Rn. 29 ff.; *Wedde*, in: Däubler/Klebe/Wedde/Weichert, BDSG, § 27 Rn. 22 f.

28 Dazu oben § 1 BDSG Rn. 28 f.

29 *Wedde*, in: Däubler/Klebe/Wedde/Weichert, BDSG, § 27 Rn. 17; a. A. *Gola/Schomerus*, BDSG, § 27 Rn. 11.

30 *Dammann*, in: Simitis, BDSG, § 27 Rn. 48; *Wedde*, in: Däubler/Klebe/Wedde/Weichert, BDSG, § 27 Rn. 17.

§ 28 Datenerhebung und -speicherung für eigene Geschäftszwecke

(1) Das Erheben, Speichern, Verändern oder Übermitteln personenbezogener Daten oder ihre Nutzung als Mittel für die Erfüllung eigener Geschäftszwecke ist zulässig

1. wenn es für die Begründung, Durchführung oder Beendigung eines rechtsgeschäftlichen oder rechtsgeschäftsähnlichen Schuldverhältnisses mit dem Betroffenen erforderlich ist,

2. soweit es zur Wahrung berechtigter Interessen der verantwortlichen Stelle erforderlich ist und kein Grund zu der Annahme besteht, dass das schutzwürdige Interesse des Betroffenen an dem Ausschluss der Verarbeitung oder Nutzung überwiegt, oder

3. wenn die Daten allgemein zugänglich sind oder die verantwortliche Stelle sie veröffentlichen dürfte, es sei denn, dass das schutzwürdige Interesse des Betroffenen an dem Ausschluss der Verarbeitung oder Nutzung gegenüber dem berechtigten Interesse der verantwortlichen Stelle offensichtlich überwiegt.

Bei der Erhebung personenbezogener Daten sind die Zwecke, für die die Daten verarbeitet oder genutzt werden sollen, konkret festzulegen.

(2) Die Übermittlung oder Nutzung für einen anderen Zweck ist zulässig

1. unter den Voraussetzungen des Absatzes 1 Satz 1 Nummer 2 oder Nummer 3,

2. soweit es erforderlich ist,
   a) zur Wahrung berechtigter Interessen eines Dritten oder
   b) zur Abwehr von Gefahren für die staatliche oder öffentliche Sicherheit oder zur Verfolgung von Straftaten

und kein Grund zu der Annahme besteht, dass der Betroffene ein schutzwürdiges Interesse an dem Ausschluss der Übermittlung oder Nutzung hat, oder

3. wenn es im Interesse einer Forschungseinrichtung zur Durchführung wissenschaftlicher Forschung erforderlich ist, das wissenschaftliche Interesse an der Durchführung des Forschungsvorhabens das Interesse des Betroffenen an dem Ausschluss der Zweckänderung erheblich überwiegt und der Zweck der Forschung auf andere Weise nicht oder nur mit unverhältnismäßigem Aufwand erreicht werden kann.

(3) Die Verarbeitung oder Nutzung personenbezogener Daten für Zwecke des Adresshandels oder der Werbung ist zulässig, soweit der Betroffene eingewilligt hat und im Falle einer nicht schriftlich erteilten Einwilligung die verantwortliche Stelle nach Absatz 3a verfährt. Darüber hinaus ist die Verarbeitung

oder Nutzung personenbezogener Daten zulässig, soweit es sich um listenmäßig oder sonst zusammengefasste Daten über Angehörige einer Personengruppe handelt, die sich auf die Zugehörigkeit des Betroffenen zu dieser Personengruppe, seine Berufs-, Branchen- oder Geschäftsbezeichnung, seinen Namen, Titel, akademischen Grad, seine Anschrift und sein Geburtsjahr beschränken, und die Verarbeitung oder Nutzung erforderlich ist

1. für Zwecke der Werbung für eigene Angebote der verantwortlichen Stelle, die diese Daten mit Ausnahme der Angaben zur Gruppenzugehörigkeit beim Betroffenen nach Absatz 1 Satz 1 Nummer 1 oder aus allgemein zugänglichen Adress-, Rufnummern-, Branchen- oder vergleichbaren Verzeichnissen erhoben hat,

2. für Zwecke der Werbung im Hinblick auf die berufliche Tätigkeit des Betroffenen und unter seiner beruflichen Anschrift oder

3. für Zwecke der Werbung für Spenden, die nach § 10b Absatz 1 und § 34g des Einkommensteuergesetzes steuerbegünstigt sind.

Für Zwecke nach Satz 2 Nummer 1 darf die verantwortliche Stelle zu den dort genannten Daten weitere Daten hinzuspeichern. Zusammengefasste personenbezogene Daten nach Satz 2 dürfen auch dann für Zwecke der Werbung übermittelt werden, wenn die Übermittlung nach Maßgabe des § 34 Absatz 1a Satz 1 gespeichert wird; in diesem Fall muss die Stelle, die die Daten erstmalig erhoben hat, aus der Werbung eindeutig hervorgehen. Unabhängig vom Vorliegen der Voraussetzungen des Satzes 2 dürfen personenbezogene Daten für Zwecke der Werbung für fremde Angebote genutzt werden, wenn für den Betroffenen bei der Ansprache zum Zwecke der Werbung die für die Nutzung der Daten verantwortliche Stelle eindeutig erkennbar ist. Eine Verarbeitung oder Nutzung nach den Sätzen 2 bis 4 ist nur zulässig, soweit schutzwürdige Interessen des Betroffenen nicht entgegenstehen. Nach den Sätzen 1, 2 und 4 übermittelte Daten dürfen nur für den Zweck verarbeitet oder genutzt werden, für den sie übermittelt worden sind.

(3a) Wird die Einwilligung nach § 4a Absatz 1 Satz 3 in anderer Form als der Schriftform erteilt, hat die verantwortliche Stelle dem Betroffenen den Inhalt der Einwilligung schriftlich zu bestätigen, es sei denn, dass die Einwilligung elektronisch erklärt wird und die verantwortliche Stelle sicherstellt, dass die Einwilligung protokolliert wird und der Betroffene deren Inhalt jederzeit abrufen und die Einwilligung jederzeit mit Wirkung für die Zukunft widerrufen kann. Soll die Einwilligung zusammen mit anderen Erklärungen schriftlich erteilt werden, ist sie in drucktechnisch deutlicher Gestaltung besonders hervorzuheben.

(3b) Die verantwortliche Stelle darf den Abschluss eines Vertrags nicht von einer Einwilligung des Betroffenen nach Absatz 3 Satz 1 abhängig machen, wenn dem Betroffenen ein anderer Zugang zu gleichwertigen vertraglichen

Taeger

Leistungen ohne die Einwilligung nicht oder nicht in zumutbarer Weise möglich ist. Eine unter solchen Umständen erteilte Einwilligung ist unwirksam.

(4) Widerspricht der Betroffene bei der verantwortlichen Stelle der Verarbeitung oder Nutzung seiner Daten für Zwecke der Werbung oder der Markt- oder Meinungsforschung, ist eine Verarbeitung oder Nutzung für diese Zwecke unzulässig. Der Betroffene ist bei der Ansprache zum Zweck der Werbung oder der Markt- oder Meinungsforschung und in den Fällen des Absatzes 1 Satz 1 Nummer 1 auch bei Begründung des rechtsgeschäftlichen oder rechtsgeschäftsähnlichen Schuldverhältnisses über die verantwortliche Stelle sowie über das Widerspruchsrecht nach Satz 1 zu unterrichten; soweit der Ansprechende personenbezogene Daten des Betroffenen nutzt, die bei einer ihm nicht bekannten Stelle gespeichert sind, hat er auch sicherzustellen, dass der Betroffene Kenntnis über die Herkunft der Daten erhalten kann. Widerspricht der Betroffene bei dem Dritten, dem die Daten im Rahmen der Zwecke nach Absatz 3 übermittelt worden sind, der Verarbeitung oder Nutzung für Zwecke der Werbung oder der Markt- oder Meinungsforschung, hat dieser die Daten für diese Zwecke zu sperren. In den Fällen des Absatzes 1 Satz 1 Nummer 1 darf für den Widerspruch keine strengere Form verlangt werden als für die Begründung des rechtsgeschäftlichen oder rechtsgeschäftsähnlichen Schuldverhältnisses.

(5) Der Dritte, dem die Daten übermittelt worden sind, darf diese nur für den Zweck verarbeiten oder nutzen, zu dessen Erfüllung sie ihm übermittelt werden. Eine Verarbeitung oder Nutzung für andere Zwecke ist nicht-öffentlichen Stellen nur unter den Voraussetzungen der Absätze 2 und 3 und öffentlichen Stellen nur unter den Voraussetzungen des § 14 Abs. 2 erlaubt. Die übermittelnde Stelle hat ihn darauf hinzuweisen.

(6) Das Erheben, Verarbeiten und Nutzen von besonderen Arten personenbezogener Daten (§ 3 Abs. 9) für eigene Geschäftszwecke ist zulässig, soweit nicht der Betroffene nach Maßgabe des § 4a Abs. 3 eingewilligt hat, wenn

1. dies zum Schutz lebenswichtiger Interessen des Betroffenen oder eines Dritten erforderlich ist, sofern der Betroffene aus physischen oder rechtlichen Gründen außerstande ist, seine Einwilligung zu geben,

2. es sich um Daten handelt, die der Betroffene offenkundig öffentlich gemacht hat,

3. dies zur Geltendmachung, Ausübung oder Verteidigung rechtlicher Ansprüche erforderlich ist und kein Grund zu der Annahme besteht, dass das schutzwürdige Interesse des Betroffenen an dem Ausschluss der Erhebung, Verarbeitung oder Nutzung überwiegt, oder

4. dies zur Durchführung wissenschaftlicher Forschung erforderlich ist, das wissenschaftliche Interesse an der Durchführung des Forschungsvorhabens

das Interesse des Betroffenen an dem Ausschluss der Erhebung, Verarbeitung und Nutzung erheblich überwiegt und der Zweck der Forschung auf andere Weise nicht oder nur mit unverhältnismäßigem Aufwand erreicht werden kann.

(7) Das Erheben von besonderen Arten personenbezogener Daten (§ 3 Abs. 9) ist ferner zulässig, wenn dies zum Zweck der Gesundheitsvorsorge, der medizinischen Diagnostik, der Gesundheitsversorgung oder Behandlung oder für die Verwaltung von Gesundheitsdiensten erforderlich ist und die Verarbeitung dieser Daten durch ärztliches Personal oder durch sonstige Personen erfolgt, die einer entsprechenden Geheimhaltungspflicht unterliegen. Die Verarbeitung und Nutzung von Daten zu den in Satz 1 genannten Zwecken richtet sich nach den für die in Satz 1 genannten Personen geltenden Geheimhaltungspflichten. Werden zu einem in Satz 1 genannten Zweck Daten über die Gesundheit von Personen durch Angehörige eines anderen als in § 203 Abs. 1 und 3 des Strafgesetzbuches genannten Berufes, dessen Ausübung die Feststellung, Heilung oder Linderung von Krankheiten oder die Herstellung oder den Vertrieb von Hilfsmitteln mit sich bringt, erhoben, verarbeitet oder genutzt, ist dies nur unter den Voraussetzungen zulässig, unter denen ein Arzt selbst hierzu befugt wäre.

(8) Für einen anderen Zweck dürfen die besonderen Arten personenbezogener Daten (§ 3 Abs. 9) nur unter den Voraussetzungen des Absatzes 6 Nr. 1 bis 4 oder des Absatzes 7 Satz 1 übermittelt oder genutzt werden. Eine Übermittlung oder Nutzung ist auch zulässig, wenn dies zur Abwehr von erheblichen Gefahren für die staatliche und öffentliche Sicherheit sowie zur Verfolgung von Straftaten von erheblicher Bedeutung erforderlich ist.

(9) Organisationen, die politisch, philosophisch, religiös oder gewerkschaftlich ausgerichtet sind und keinen Erwerbszweck verfolgen, dürfen besondere Arten personenbezogener Daten (§ 3 Abs. 9) erheben, verarbeiten oder nutzen, soweit dies für die Tätigkeit der Organisation erforderlich ist. Dies gilt nur für personenbezogene Daten ihrer Mitglieder oder von Personen, die im Zusammenhang mit deren Tätigkeitszweck regelmäßig Kontakte mit ihr unterhalten. Die Übermittlung dieser personenbezogenen Daten an Personen oder Stellen außerhalb der Organisation ist nur unter den Voraussetzungen des § 4a Abs. 3 zulässig. Absatz 2 Nummer 2 Buchstabe b gilt entsprechend.

Literatur: *Aalderks*, Virtuelle Unternehmen im arbeitsrechtlichen Kontext, Berlin 2006; *Abel*, Die Nutzung von Meldedaten in der Wirtschaft – Möglichkeiten und Grenzen, RDV 2008, S. 195; *Albrecht*, §§ 4, 28 BDSG sind Marktverhaltensregeln i. S. d. § 4 Nr. 11 UWG, jurisPR-ITR 16/2012 Anm. 4; *Ballhausen/Roggenkamp*, Personenbezogene Bewertungsplattformen, K&R 2008, S. 403; *Barthel/Huppertz*, Arbeitsrecht und Datenschutz bei „Whistleblower-Klauseln", AuA 2006, S. 204; *Baumgärtner et al.*, Customer Relationship Management und Datenschutz, DSB 2003, S. 9; *Becker*, Gemeinsamer Betrieb, jurisPR-ArbR 28/2004 Anm. 1; *Becker/Nikolaeva*, Das Dilemma der Cloud-

Anbieter zwischen US Patriot Act und BDSG, CR 2012, S. 170; *Behling*, Das ‚Opt-In'-Verfahren für den Adresshandel – eine Begutachtung der Auswirkungen auf die Unternehmenstransaktion, RDV 2010, S. 107; *Bergles/Eul*, Warndateien für international agierende Banken – vereinbar mit Datenschutz und Bankgeheimnis?, BKR 2003, S. 273; *Beucher/Räther/Stock*, Non-Performing Loans – Datenschutzrechtliche Aspekte der Veräußerung von risikobehafteten Krediten, AG 2006, S. 277; *Biewald*, Externe Dienstleister im Krankenhaus und ärztliche Schweigepflicht – eine rechtliche Unsicherheit, DuD 2011, S. 867; *Bitter*, Kreditverträge in Umwandlung und Umstrukturierung, ZHR 173 (2009), S. 379; *Bock*, Gläubiger sucht Schuldner: elektronisch und datenschutzkonform, DuD 2005, S. 360; *Braun/Wybitul*, Übermittlung von Arbeitnehmerdaten bei Due Diligence – Rechtliche Anforderungen und Gestaltungsmöglichkeiten, BB 2008, S. 782; *Breinlinger*, Abschaffung des Listenprivilegs, RDV 2008, S. 223; *Breinlinger/Scheuing*, Der Vorschlag für eine EU-Datenschutzverordnung und die Folgen für Verarbeitung und Nutzung von Daten für werbliche Zwecke, RDV 2012, S. 64; *Bull*, Aus aktuellem Anlass: Bemerkungen über Stil und Technik der Datenschutzgesetzgebung, RDV 1999, S. 148; *Büllesbach*, Konzeption und Funktion des Datenschutzbeauftragten vor dem Hintergrund der EG-Richtlinie und der Novellierung des BDSG, RDV 2001, S. 1; *Conrad*, Transfer von Mitarbeiterdaten zwischen verbundenen Unternehmen, ITRB 2005, S. 164; *Conrad*, Kundenkarten und Rabattsysteme, DuD 2006, S. 405; *Däubler*, Betriebsübergang, Personaldaten und Mandat des betrieblichen Datenschutzbeauftragten, RDV 2004, S. 55; *Derleder*, Das Outsourcing notleidender Bankkredite und seine rechtlichen Grenzen, VuR 2007, S. 81; *M. Deutsch*, Der Schutz der Kundendaten, in: Vahldiek (Hrsg.), Datenschutz in der Bankpraxis, S. 45; *Dietrich*, Wirksame Abtretung von Darlehensforderungen durch eine Sparkasse, NJ 2010, S. 206; *Diller/Deutsch*, Arbeitnehmer-Datenschutz contra Due Diligence, K&R 1998, S. 16; *Dorn*, Lehrerbenotung im Internet, DuD 2008, S. 98; *Drewes*, Adresshandel – Alles nur mit Einwilligung?, RDV 2011, S. 18; *Eisele*, Mehr Sicherheit für Häuslebauer?, ZIS 2011, S. 354; *Erfurth*, Der „neue" Arbeitnehmerdatenschutz im BDSG, NJW 2009, S. 2723; *Erfurth*, Der „neue" Arbeitnehmerdatenschutz im BDSG, NJOZ 2009, S. 2914; *Essers/Hartung*, Datenschutz bei Unternehmenstransaktionen, RDV 2002, S. 278; *Feldmann*, Datenschutz und Meinungsfreiheit: Regulierung ohne BDSG, AnwBl 2011, S. 250; *Gärtner/Tintemann*, Die Speicherung des Negativmerkmals ‚Restschuldbefreiung' in einer Auskunftei, VuR 2012, S. 54; *Gärtner/Heil*, Kodifizierter Rechtsbruchtatbestand und Generalklausel, WRP 2005, S. 20; *Gedert*, Wettbewerbswidrigkeit datenschutzrechtlicher Verstöße, in: Hammermeister/Reich/Rose (Hrsg.), Information/Wissen/Kompetenz, Oldenburg 2004, S. 17; *Geis*, Der Betroffene als Zahl – Wirtschaftsinteresse contra Betroffenenrechte?, RDV 2007, S. 1; *Gericke*, M&A und Datenschutz, SJZ 2003, S. 1; *Giesen*, Zum Begriff des Offenbarens nach § 203 StGB im Falle der Einschaltung privatärztlicher Verrechnungsstellen, NStZ 2012, S. 122; *Göpfert/Meyer*, Datenschutz bei Unternehmenskauf: Due Diligence und Betriebsübergang, NZA 2011, S. 486; *Gola*, Neuer Tele-Datenschutz für Arbeitnehmer?, MMR 1999, S. 322; *Götz*, Zulässigkeit der grenzüberschreitenden Datenübermittlung zwischen Konzernunternehmen gemäß BDSG und dem Entwurf der Europäischen Datenschutzgrundverordnung, in: Taeger (Hrsg.), Law as a Service (LaaS) – Recht im Internet- und Cloud-Zeitalter, Edewecht 2013, S. 21; *Gola*, Informationelle Selbstbestimmung in Form des Widerspruchsrechts, DuD 2001, S. 278; *Gola/Jaspers*, § 32 Abs. 1 BDSG – eine abschließende Regelung?, RDV 2009, S. 212; *Gola/Reif*, Datenschutzrelevante Aspekte des novellierten UWG, RDV 2009, S. 104; *Grentzenberg/Schreibauer/Schuppert*, Die Datenschutznovelle (Teil

I) K&R 2009, S. 368; *Härting*, „Prangerwirkung" und „Zeitfaktor", CR 2009, S. 21; *Harte-Bavendamm/Henning-Bodewig*, UWG, 2. Aufl., München 2009; *Heller*, Anm. zu OLG Köln ZUM 2008, 238, ZUM 2008, S. 243; *Hoeren*, Banken und Outsourcing, DuD 2002, S. 736; *Hoeren*, Risikoprüfung in der Versicherungswirtschaft – Datenschutz und wettbewerbsrechtliche Fragen beim Aufbau zentraler Hinweissysteme, VersR 2005, S. 1014; *Hoeren*, Die Vereinbarkeit der jüngsten BDSG-Novellierungspläne mit der Europäischen Datenschutzrichtlinie, RDV 2009, S. 89; *Hoeren*, Das neue BDSG und der Handel mit „non performing loans", ZBB 2010, S. 64; *Hoffmann*, Zweckbindung als Kernpunkt eines prozeduralen Datenschutzansatzes, Baden-Baden 1991; *Holznagel/Bonnekoh*, Radio Frequency Identification – Innovation vs. Datenschutz?, MMR 2006, S. 17; *Huppertz/Ohrmann*, Wettbewerbsvorteile durch Datenschutzverletzungen, CR 2011, S. 449; *Jaeger/Heinz*, Risikobegrenzungsgesetz untermauert Abtretbarkeit von Sparkassendarlehensforderungen, BKR 2009, 273; *Johannsen*, Beendete Insolvenzverfahren und keine „Gnade des Vergessens", ZVI 2013, S. 41; *Kamlah/Hoke*, Das SCHUFA-Verfahren im Lichte jüngerer obergerichtlicher Rechtsprechung, RDV 2007, S. 242; *Kamp*, Datenschutzkonformer Umgang mit staatlichen Auskunftsersuchen, RDV 2007, S. 236; *Kilian/Scheja*, Freier Datenfluss im Allfinanzkonzern?, RDV 2002, S. 177; *Koch*, Werbende Unternehmen zwischen Transparenzgebot und Werbewiderspruchsrecht, DSB 2/2011, S. 12; *Köhler/Bornkamm*, UWG, 31. Aufl., München 2013; *Körffer*, Datenschutzrechtliche Anforderungen an Kundenbindungssysteme, DuD 2004, S. 267; *Körner-Dammann*, Datenschutzprobleme beim Praxisverkauf, NJW 1992, S. 1543; *Kübler/Prütting/Bork*, Insolvenzordnung, Loseblatt, Köln, Stand April 2008; *Ladeur*, Die Zulässigkeit von Lehrerbewertungen im Internet (www-spickmich-de), RdJB 2008, S. 16; *Lambrich/Cahlik*, Austausch von Arbeitnehmerdaten in multinationalen Konzernen – Datenschutz- und betriebsverfassungsrechtliche Rahmenbedingungen, RDV 2002, S. 287; *von Lewinski*, Schweigepflicht von Arzt und Apotheker, Datenschutzrecht und aufsichtsrechtliche Kontrolle, MedR 2004, S. 95; *von Lewinski*, Persönlichkeitsprofile und Datenschutz bei CRM, RDV 2003, S. 122; *Libertus*, Determinanten der Störerhaftung für Inhalte in Online-Archiven, MMR 2007, S. 143; *Lindhorst*, Wettbewerbsrecht und Datenschutz, DuD 2010, S. 713; *Lisken/Denninger*, Handbuch des Polizeirechts, 4. Aufl., München 2007; *Lixfeld*, § 28 Abs. 3a S. 1 1. Alt. BDSG – Schriftform oder Textform?, RDV 2010, S. 163; *Lüth*, Mindestanforderungen an das Risikomanagement: Eine Herausforderung für Kreditinstitute und Bankenaufsicht, Edewecht 2010; *Lüttge*, Unternehmensumwandlungen und Datenschutz, NJW 2000, S. 2463; *Mackenthun*, Datenschutzrechtliche Voraussetzungen der Verarbeitung von Kundendaten beim zentralen Rating und Scoring im Bank-Konzern, WM 2004, S. 1713; *Menke/Witte*, Aktuelle Rechtsprobleme beim E-Mail-Marketing, K&R 2013, S. 25; *Mester*, Arbeitnehmerdatenschutz – Notwendigkeit und Inhalt einer gesetzlichen Regelung, Edewecht 2008; *Müller-Bonanni/Schell*, Datenschutzrechtliche Aspekte sog. „Whistleblower Hotlines", ArbRB 2006, S. 299; *Niedermeier/Schröcker*, Die „Homogene Datenschutzzelle", RDV 2001, S. 90; *Nobbe*, Bankgeheimnis, Datenschutz und Abtretung von Darlehensforderungen, WM 2005, S. 1537; *Nobbe*, Der Verkauf von Krediten, ZIP 2008, S. 97; *Nordemann/Dustmann*, To peer or not to peer, CR 2004, S. 380; *von Olenhusen/Crone*, Der Anspruch auf Auskunft gegenüber Internet-Providern bei Rechtsverletzungen nach Urheber- bzw. Wettbewerbsrecht, WRP 2002, S. 164; *Otto/Koch/Rüdlin*, Weitergabe von Explorationsdaten aus der Drogenberatung an Leistungsträger, DuD 2002, S. 484; *Pauly/Ritzer*, Datenschutz-Novellen: Herausforderungen für die Finanzbranche, WM 2010, S. 8; *von Petersdorff-Campen*, Persönlichkeitsrechte und digitale Archive, ZUM 2008,

S. 102; *Plog*, Anmerkung zu LG Köln CR 2007, 666, CR 2007, S. 668; *Reif*, Warnsysteme der Wirtschaft und Kundendatenschutz, RDV 2007, S. 4; *Reifner*, Der Verkauf notleidender Verbraucherdarlehen, BKR 2008, S. 142; *Reuter/Buschmann*, Sanierungsverhandlungen mit Krediterwerbern: Strategien „alternativer Investoren" auf dem rechtlichen Prüfstand, ZIP 2008, S. 1003; *Robrecht*, Vorzeitige Löschung des Schuldners im Schuldnerverzeichnis, KTS 2000, S. 529; *Rudolph*, E-Mails als Marketinginstrument im Rahmen neuer Geschäftskontakte, CR 2010, S. 257; Ruppmann, Der konzerninterne Austausch personenbezogener Daten, Baden-Baden 2000; *Schaffland*, Datenschutz und Bankgeheimnis bei Fusion (k)ein Thema?, NJW 2002, S. 1539; *Schafft/Ruoff*, Nutzung personenbezogener Daten für Werbezwecke zwischen Einwilligung und Vertragserfüllung, CR 2006, S. 499; *Schantz*, Die Vereinbarkeit der Abtretung von Darlehensforderungen mit Bankgeheimnis und Datenschutzrecht, VuR 2006, S. 464; *Schilde-Stenzel*, „Lehrevaluation" oder Prangerseite im Internet – www-meinprof-de – Eine datenschutzrechtliche Bewertung, RDV 2006, S. 104; *Schirmbacher*, UWG 2008 – Auswirkungen auf den eCommerce, K&R 2009, S. 433; *Schleifenbaum*, Datenschutz oder Tatenschutz in der Versicherungswirtschaft, Berlin 2009; *Schmidl*, Datenschutz für Whistleblowing-Hotlines, DuD 2006, S. 353; *B. Schmidt*, Arbeitnehmerdatenschutz gemäß § 32 BDSG – Eine Neuregelung (fast) ohne Veränderung der Rechtslage, RDV 2009, S. 193; *B. Schmidt*, Outssurcing im Versicherungssektor – Strategien zur strafrechtlichen Haftungsvermeidung, in: Taeger (Hrsg.), Law as a Service (Laas) – Recht im Internet- und Cloud-Zeitalter, Tagungsband DSRI-Herbstakademie 2013, Edewecht 2013, S. 1019; *Schröder*, Franchising als Auftragsdatenverarbeitung?, ZD 2012, S. 106; *Selk*, Kundendaten in der Hotellerie – Aktuelle Datenschutzprobleme vom Check-In bis zum CRM, RDV 2008, S. 187; *Simitis*, Umwandlungen: ein blinder Fleck im Datenschutz?, ZHR 165 (2001), S. 453; *Taeger*, Datenschutz bei der Verwendung von Apps, in: Solmecke/Taeger/Feldmann (Hrsg.), Mobile Apps – Rechtsfragen und rechtliche Rahmenbedingungen, Berlin 2013; *Taeger*, CRM und Datenschutz, in: Schubert/Reusch/Jesse (Hrsg.), Informatik bewegt, Bonn 2002, S. 537; *Taeger*, Risiken web-basierter Personalisierungsstrategien, in: Taeger/Wiebe (Hrsg.), Informatik – Wirtschaft – Recht – Regulierung in der Wissensgesellschaft, Festschrift für Wolfgang Kilian, Baden-Baden 2004, S. 241; *Taeger*, Verwertung von Standortdaten für Private, in: Taeger/Wiebe (Hrsg.), Mobilität Telematik Recht, Köln 2005, S. 95; *Taeger*, Datenschutzrechtliche Zulässigkeit der Übermittlung von Kundendaten mit positivem Bonitätswert, Edewecht 2007; *Taeger*, Datenschutz im Versandhandel: Übermittlung von Kundendaten mit positivem Bonitätswert, BB 2007, S. 785; *Taeger*, Gesellschaftsrechtliche Anforderungen an Risikomanagementsysteme, in: Freidank/Müller/Wulf (Hrsg.), Controlling und Rechnungslegung, Wiesbaden 2008, S. 207; *Taeger*, IT-Sicherheit im Unternehmen: was fordert das Recht?, in: Hoffmann/Kitz/Leible (Hrsg.), IT-Compliance – IT und öffentliche Sicherheit – Open Source, Stuttgart et al. 2009, S. 46; *Taeger*, Einbindung des betrieblichen Datenschutzbeauftragten in eine Compliance-Organisation, in: Conrad (Hrsg.), Inseln der Vernunft, Liber Amicorum für Jochen Schneider, Köln 2008, S. 149; *Taeger*, Datenschutz bei Direktmarketing und Bonitätsprüfung, in: Brunner/Seeger/Turturica (Hrsg.), Fremdfinanzierung von Gebrauchsgütern, Wiesbaden 2010, S. 51; *Taeger*, Informationspflicht über den Datenschutz im M-Commerce, DuD 2010, S. 246; *Taupitz*, Zur Bedeutung der ärztlichen Schweigepflicht beim Verkauf einer Arztpraxis, VersR 1992, S. 450; *Toth-Feher/Schick*, Distressed Opportunities – Rechtliche Probleme beim Erwerb notleidender Forderungen von Banken, ZIP 2004, S. 491; *Teichmann/Kiessling*, Datenschutz bei Umwandlungen, ZGR 2001, S. 33; *Trappehl/Schmidl*, Der Gemeinschaftsbetrieb als datenschutzrechtlicher „Erlaubnistatbestand", RDV 2005, S. 100; *Trybus/Uitz*, Datenschutz als Stolperstein für elektronische Due Diligence Prüfungen?, MuR 2007, S. 341; *Vander*, Weisungsgebundene Datenweitergabe nach der Rechtsprechung des EuGH – Allgemeine Auswirkungen auf den Geheimnisschutz, in: Taeger (Hrsg.), Law as a Service (Laas) – Recht im Internet- und Cloud-Zeitalter, Tagungsband DSRI-Herbstakademie 2013, Edewecht 2013, S. 105; *Verweyen/Schulz*, Die Rechtsprechung zu den „Onlinearchiven", AfP 2008, S. 133; *Vogel/Glas*, Datenschutzrechtliche Probleme unternehmensinterner Ermittlungen, DB 2009, S. 1747; *Weberling*, Rechtsfragen bei der Einführung von Kundenkarten, AfP 2004, S. 397; *Weichert*, Datenschutz als Verbraucherschutz, DuD 2001, S. 264; *Weichert*, Datenschutzrechtliche Anforderungen an Data-Warehouse-Anwendungen bei Finanzdienstleistern, RDV 2003, S. 113; *Weichert*, Kundenbindungssysteme – Verbraucherschutz oder der gläserne Konsument?, DuD 2003, S. 161; *Weichert*, Die datenschutzrechtlich bedingte Unwirksamkeit einer Forderungsabtretung, VuR 2007, S. 373; *Weichert*, Geodaten – datenschutzrechtliche Erfahrungen, Erwartungen und Empfehlungen, DuD 2009, S. 347; *Weller*, Bestätigungsaufforderung bei Anmeldung zum Newsletter als Werbung?, jurisPR-ITR 3/2013 Anm. 4; *Willershausen*, Voraussetzungen des Widerrufs von SCHUFA-Mitteilungen sowie des Aufwendungsersatzanspruches des Kreditkartenemittenten bei Girokontoüberziehung, jurisPR-BKR 1/2009 Anm. 3; *Wingendorf*, Risikopolitik öffentlich-rechtlicher Kreditinstitute – Risikobegrenzung durch Gesellschafts- und Aufsichtsrecht, Edewecht 2009; *Wisskirchen/Körber/Bissels*, „Whistleblowing" und „Ethikhotlines", BB 2006, S. 1567; *Wittern/Wichmann*, Dürfen soziale Netzwerke auf die Adressbücher ihrer Nutzer zugreifen?, ITRB 2012, S. 133; *Wronka*, Reglementierung des Adresshandels, RDV 2010, S. 159; *Wybitul*, BB-Forum: Wie sieht das nächste Bundesdatenschutzgesetz aus?, BB 2009, S. 2478; *Ziegler*, Datenschutzrechtliche Anforderungen an den klinischen Aufbau und Betrieb von Biomaterialbanken, GuP 2012, S. 172; *Zimmermann*, Geierfonds erwerben ungekündigte Darlehensverträge und Grundschulden ohne fiduziarische Zweckbindung, BKR 2008, S. 95; *von Zimmermann*, Whistleblowing und Datenschutz, RDV 2006, S. 242; *Zöllner*, Umwandlung und Datenschutz, ZHR 165 (2001), S. 440.

Übersicht

I. Gesetzeszweck

§ 4 BDSG macht die Zulässigkeit der Erhebung, Verarbeitung und Nutzung davon   **1**
abhängig, dass das BDSG oder ein andere Rechtsvorschrift dies erlaubt oder anordnet oder der Betroffene eingewilligt hat. Vor dem Hintergrund dieses einfachgesetzlichen Verbots der Datenverarbeitung, das auch als Ausfluss der mittelbaren Drittwirkung[1] des Grundrechts auf informationelle Selbstbestimmung zu sehen ist, erweist sich § 28 BDSG – neben dem § 29 BDSG, der die geschäftsmäßige
Datenerhebung und -speicherung zum Zweck der Übermittlung zulässt – als die
zentrale Erlaubnisnorm des allgemeinen Datenschutzrechts für die nichtöffentlichen Stellen mit überragender Bedeutung für die Wirtschaft. Jede nichtöffentliche
Stelle, die personenbezogene Daten für eigene Zwecke erhebt und verarbeitet, hat
die datenschutzrechtliche Zulässigkeit dieses Verhaltens zunächst an § 28 BDSG zu
prüfen.

Die seit Bestehen eines Bundesdatenschutzgesetzes mehrfach geänderte Vorschrift   **2**
erlaubt den in § 27 BDSG bezeichneten Stellen, personenbezogene Daten für eigene Geschäftszwecke unter den in der Vorschrift genannten Voraussetzungen zu erheben, zu verarbeiten und zu nutzen. Sie enthält ein gutes Dutzend verschiedene
Erlaubnistatbestände im engeren Sinn, die in ein Geflecht von Erlaubnisnormen,
ergänzenden Anforderungen und Voraussetzungen, Einschränkungen und Ausnahmen sowie Verhaltenspflichten eingebettet sind, die die Norm sehr komplex und
schwer verständlich machen. Die BDSG-Novelle II von 2009 hat die Komplexität
noch verstärkt und ihre Anwendbarkeit selbst für Sachkundige weiter erschwert.
Hinzu kommt, dass bereichsspezifische Datenschutzvorschriften – beispielsweise
aus dem TKG oder dem TMG – diese Norm weiter konkretisieren und die sich aus
ihr ergebenden möglichen Erlaubnisse für die verantwortliche Stelle wegen der der
Nutzung von Telekommunikationsdiensten und Telemedien innewohnenden besonderen Gefahren weiter einschränken.[2]

1. Europarechtliche Grundlagen

Mit Gesetz vom 18.5.2001 passte der Gesetzgeber das BDSG der EG-DSRl an.   **3**
§ 28 BDSG wurde in wesentlichen Punkten geändert und erweitert. Zu erwähnen
ist hier, dass das Erheben seitdem keine von der Verarbeitung und Nutzung losge-
löste Phase mit eigenem Erlaubnistatbestand in Abs. 1 Satz 1 a.F. (1990) mehr ist,
sondern neben den übrigen in Abs. 1 Satz 1 genannten Phasen steht, und die Zweckbindung – wenn auch erst im zweiten Satz von Abs. 1 – betont wurde. Das Widerspruchsrecht des Betroffenen gegen die Nutzung und Übermittlung für Zwecke der
Werbung oder der Markt- und Meinungsforschung und die Informationspflicht über

---

1 Siehe BVerfGE 84, 192 = CR 1992, 368 (369), und BGH RDV 1995, 172.
2 Näher dazu die Kommentierungen zu §§ 91 ff. TKG und §§ 12 ff. TMG.

dieses Widerspruchsrecht bei der Ansprache für die genannten Zwecke wurde 2001 als bußgeldbewehrtes Recht durch das Transformationsgesetz neu aufgenommen.

4   Die Zunahme des Umfangs und die Komplexität der Vorschrift mit Regeln und Ausnahmen in Verbindung mit rechtstechnischen Zumutungen, „Redaktionsversehen"[3] und verschiedenen Begriffen für den gleichen Inhalt[4] führten zu fundamentaler Kritik an einer Norm, die „für normale Rechtsanwender praktisch weder lesbar noch anwendbar" und „eine gesetzgeberische Zumutung" sei.[5]

5   Die BDSG-Novellen I–III von 2009 waren dagegen nicht durch umzusetzendes EU-Recht veranlasst, bereinigten allerdings einige sprachliche und redaktionelle Mängel aus der letzten, der Umsetzung der EG-DSRl dienenden Novelle von 2001. Sie gestalteten die Vorschrift jedoch noch komplexer und machten die Vorschrift für die Rechtsanwender kaum noch beherrschbar.[6] Nicht weiter nachgegangen und geprüft wurden seitens des Gesetzgebers Hinweise im Zuge der Beratungen des Entwurfs eines Gesetzes zur Änderung datenschutzrechtlicher Vorschriften, wonach dieser den Datenschutz aus der Perspektive des EU-Rechts zwar ständig weiterentwickeln dürfe, dabei aber den durch die EG-DSRl vorgegebenen Rahmen zu beachten habe, weil das Schutzniveau nicht wie bei einer Mindestharmonisierung beliebig nach oben erhöht werden dürfe, sondern die mit der EG-DSRl verfolgte Vollharmonisierung im Interesse gleichwertiger Bedingungen in den Mitgliedstaaten weiterer Regulierungen enge Spielräume setze.[7]

2. Gesetzesänderungen 2009 im Überblick

6   Neben den sprachlichen, zu keinen inhaltlichen Änderungen führenden Anpassungen in der Überschrift[8] und in Abs. 1, wonach die Datenverarbeitung nicht mehr „eigenen Zwecken dient", sondern als Mittel „für die Erfüllung eigener Geschäftszwecke" zulässig ist, und der Anpassung an die Terminologie nach der

---

3 In § 29 Abs. 2 Satz 1 und 2 BDSG war im Verweis auf § 28 Abs. 3 Satz 1 Nr. 3 BDSG a. F. der Normteil „Satz 1" vergessen worden.

4 „Datenerhebung für eigene Zwecke" in der Überschrift von § 28 BDSG a. F. und „Erheben personenbezogener Daten für die Erfüllung eigener Geschäftszwecke" in Abs. 1.

5 So *Bergmann/Möhrle/Herb*, BDSG, § 28 Rn. 1; ähnlich *Wybitul*, BB 2009, S. 2478 (2478).

6 Die Kritik von *Grentzenberg/Schreibauer/Schuppert*, K&R 2009, S. 535 (538), wonach die verabschiedete Gesetzesfassung in noch größerem Umfang als die vorherige Version handwerkliche Fehler enthalte, ist trotz vereinzelter Mängel in dieser Form überzogen.

7 *Brühann*, Mindestharmonisierung – welchem Regelungsansatz folgt die Datenschutzrichtlinie 95/46/EG, Stellungnahme bei der Sachverständigenanhörung im Innenausschuss am 23.3.2009 zur BDSG-Novelle, www.bundestag.de/bundestag/ausschuesse/a04/anhoerungen /Anhoerung_18/Stellungnahmen_SV/Stellungnahme_13.pdf. Siehe zum Spielraum des nationalen Gesetzgebers auch *Hoeren*, RDV 2009, S. 89, und zum Zweifel an der Europarechtskonformität *Breinlinger*, RDV 2008, S. 233; *Grentzenberg/Schreibauer/Schuppert*, K&R 2009, S. 368 (372).

8 Nach der Gesetzesbegründung BT-Drs. 16/12011, S. 31, soll eine Anpassung der Überschrift an die Normüberschrift des § 29 BDSG erfolgen.

Schuldrechtsreform fällt zunächst die Zusammenführung des bisher in den Absätzen 2 und 3 enthaltenen Erlaubnistatbestandes im erweiterten Absatz 2 auf. Die Zulässigkeit der Verwendung personenbezogener Daten für Zwecke der Werbung und des Adresshandels wird stärker an die Voraussetzung einer belegbaren schriftlichen und widerruflichen Einwilligung geknüpft. Von der Schriftform kann unter besonderen Umständen abgewichen werden, wobei der betroffenen Person dann die ausdrücklich zu erteilende Einwilligung schriftlich zu bestätigen ist, es sei denn, dass die Einwilligung elektronisch erfolgte und protokolliert wurde; außerdem muss der Betroffene dann den Protokollinhalt jederzeit abrufen und die Einwilligung mit Wirkung für die Zukunft widerrufen können. Die Regelung zur Einwilligung ist mit einem Koppelungsverbot verknüpft, mit dem verhindert werden soll, dass die Einwilligung vom Betroffenen nur deswegen erteilt wird, um auf diesem Weg zum Abschluss des Vertrags zu kommen.

Daneben sind weitere gesetzliche Erlaubnistatbestände für die Verwendung von **7** beim Betroffenen zu erhebenden sogenannten „Listendaten" abweichend von der bisherigen Rechtslage normiert worden. Die Daten dürfen danach für die Werbung für eigene Angebote verwendet und in diesem Fall auch um weitere, rechtmäßig gespeicherte Daten zur besseren Selektion ergänzt werden, ohne dass eine Einwilligung erforderlich wäre. Mit der gesetzlichen Erlaubnis korrespondiert ein Widerspruchsrecht des Betroffenen, auf das nun bereits bei der Begründung eines rechtsgeschäftlichen Schuldverhältnisses hinzuweisen ist.

Das Listenprivileg in der bisherigen Form wurde abgeschafft, in Abs. 3 aber in neuer **8** Form reaktiviert.[9] Erlaubt ist nun zudem die Übermittlung der gespeicherten Daten an Dritte für Zwecke der Werbung, wenn freiberuflich und gewerblich Tätige über ihre Geschäftsadresse angesprochen werden. Hier besteht ebenso ein Widerspruchsrecht, wie bei der weiterhin privilegierten Übermittlung von Daten für Zwecke der Werbung um steuerbegünstigte Spenden. Bei der erlaubten Eigenwerbung oder im Zuge der Abwicklung des rechtsgeschäftlichen Schuldverhältnisses darf auch eine Fremdwerbung zugunsten Dritter („Beipackwerbung") durchgeführt werden.

Listenmäßig oder sonst zusammengefasste Daten über Angehörige einer Personen- **9** gruppe dürfen weiterhin für Zwecke der Werbung übermittelt werden, wenn der Angesprochene erkennen kann, wer die Angaben zu seiner Person erstmals gespeichert hat (Herkunftskennzeichnung).

Bei der Inanspruchnahme einer gesetzlichen Erlaubnis ist weiterhin stets zu prüfen, **10** ob schutzwürdige Interessen des Betroffenen der Datenverwendung entgegenstehen; außerdem ist die Zweckbindung bei der Verwendung für Zwecke der Werbung und des Adresshandels besonders hervorgehoben (Abs. 3 Satz 7). Die Übermittlung von Daten für Zwecke der Markt- und Meinungsforschung wird nicht mehr durch § 28 BDSG, sondern nun durch eine eigene Erlaubnisnorm in § 30a BDSG geregelt.

---

9 Siehe dazu auch Rn. 152 ff.

3. Verhältnis zu anderen Erlaubnisnormen

11 Will eine nicht-öffentliche Stelle personenbezogene Daten ohne Einwilligung der betroffenen Person erheben, verarbeiten oder nutzen, wird sie angesichts des Verbots mit Erlaubnisvorbehalt (§ 4 BDSG: „soweit dieses Gesetz dies erlaubt") die Suche nach einem Erlaubnistatbestand bei § 28 BDSG beginnen, bevor zu prüfen ist, ob eine spezielle Regelung im BDSG oder eine bereichsspezifische Datenschutzvorschrift außerhalb des BDSG die nach § 28 BDSG gegebene Erlaubnis einschränkt oder aufhebt oder die nach § 28 BDSG fehlende Erlaubnis durch ein anderes Gesetz im materiellen Sinn gegeben sein kann.

12 Eine sich aus § 28 Abs. 1–3 BDSG ergebende Erlaubnis hat beispielsweise die einschränkenden Absätze 6–9 zu beachten, wenn besondere Arten personenbezogener Daten verwendet werden sollen. Abweichende Besonderheiten gilt es auch aufgrund der §§ 6a–6c BDSG (automatisierte Einzelentscheidung/Videoüberwachung/mobile Medien) zu beachten.

13 Auch wenn Arbeitsverhältnisse rechtsgeschäftliche Schuldverhältnisse sind, für deren Durchführung die Erhebung und Verwendung personenbezogener Daten des Arbeitnehmers erforderlich sind, und Anbahnungsverhältnisse aufgrund von Bewerbungen rechtsgeschäftsähnliche Schuldverhältnisse darstellen, für die eine Erhebung und Verarbeitung der Bewerberdaten ebenfalls erforderlich sind, kommt hierfür nicht § 28 Abs. 1 Satz 1 Nr. 1 BDSG als gesetzliche Erlaubnisnorm zur Anwendung,[10] sondern der neue, mit der BDSG-Novelle II eingeführte § 32 BDSG. Nach § 32 Abs. 1 BDSG dürfen personenbezogene Daten von Beschäftigten – auch aus öffentlichen Dienstverhältnissen – erhoben, verarbeitet und genutzt werden, wenn dies für die Entscheidung über die Begründung, für die Durchführung oder für die Beendigung des Beschäftigungsverhältnisses erforderlich ist (Satz 1) oder wenn Straftaten, für deren Begehung tatsächliche Anhaltspunkte einen Verdacht begründen, aufzudecken sind und dies verhältnismäßig ist (Satz 2).[11] Im Übrigen findet § 28 BDSG aber auch auf Arbeitnehmerdaten weiterhin Anwendung.[12]

14 Aus *bereichsspezifischen Vorschriften*, die den nicht-öffentlichen Stellen die Datenverarbeitung erlauben oder sie sogar anordnen, können sich weitere Erlaubnistatbestände ergeben, die eine Anwendung des § 28 BDSG ausschließen, einschränken oder ersetzen.[13]

15 § 28 BDSG enthält Erlaubnistatbestände für nicht-öffentliche Stellen im Sinne des § 27 BDSG, für die die Erhebung und Verwendung personenbezogener oder perso-

---

10 Zu Entwicklung und Stand des Arbeitnehmerdatenschutzrechts bis zur Einführung des § 32 BDSG ausführlich *Mester*, Arbeitnehmerdatenschutz – Notwendigkeit und Inhalt einer gesetzlichen Regelung, passim.

11 Ausführlich dazu § 32 BDSG Rn. 6 f.

12 Grundlegend *Schmidt*, RDV 2009, S. 193.

13 Eine umfangreiche Liste derartiger bereichsspezifischer Vorschriften findet sich bei *Bergmann/Möhrle/Herb*, BDSG, § 4 BDSG Rn. 16 ff.

nenbeziehbarer Daten als Mittel für die Erfüllung *eigener* Geschäftszwecke erforderlich sind. Die Datenverarbeitung für *fremde* Geschäftszwecke, beispielsweise
durch Adresshändler und Auskunfteien, kann nicht nach § 28 BDSG, wohl aber
nach § 29 BDSG erlaubt sein.

Öffentlich-rechtliche Stellen des Bundes, die nicht als öffentlich-rechtliche Wettbe- **16**
werbsunternehmen nach § 27 Abs. 1 Satz 1 Nr. 2 BDSG zu qualifizieren sind, dürfen personenbezogene Daten nur verarbeiten, wenn die §§ 13–16 BDSG dieses in
Verbindung mit einer bereichsspezifischen Norm, nach der die Datenerhebung und
-verarbeitung zur Aufgabenerfüllung erforderlich ist, erlauben. Landesunmittelbare
öffentlich-rechtliche Stellen finden eine den Eingriff in das informationelle Selbstbestimmungsrecht erlaubende Vorschrift in den jeweiligen Landesdatenschutzgesetzen oder bereichsspezifischen Vorschriften auf Landesebene.

Wer personenbezogene Daten im Auftrag für einen Dritten verarbeitet, ist nicht **17**
selbst verantwortliche Stelle; dies ist vielmehr der Auftraggeber, der grundsätzlich
allein für die Einhaltung datenschutzrechtlicher Vorschriften verantwortlich ist
(§§ 11 Abs. 1, 3 Abs. 7 BDSG).[14]

4. Verhältnis zur Einwilligung

Nach § 4 BDSG sind Datenerhebung, -verarbeitung und -nutzung bei fehlender **18**
Eingriffs- bzw. Erlaubnisnorm dennoch zulässig, wenn eine Einwilligung vorliegt.
Es gehört zum informationellen Selbstbestimmungsrecht des Individuums, über
den Umgang mit seinen Daten selbst frei entscheiden zu können. Regelungen wie
das Koppelungsverbot in Abs. 3b schränken das Selbstbestimmungsrecht dagegen
nicht ein, sondern sichern die Freiheit der Entscheidung ab.

Die allgemeinen Anforderungen an die Wirksamkeit einer Einwilligung ergeben **19**
sich aus § 4a BDSG, werden aber dann, wenn die Daten gem. § 28 Abs. 3 Satz 1
BDSG für Zwecke des Adresshandels oder der Werbung verarbeitet – also auch
übermittelt – oder genutzt werden sollen, durch § 28 Abs. 3a BDSG abweichend geregelt. Bei einer nicht schriftlich erteilten Einwilligung müssen über § 4a BDSG
hinausgehende Anforderungen gestellt werden: Die verantwortliche Stelle muss die
Einwilligung schriftlich bestätigen oder, wenn die Einwilligung elektronisch erfolgte, die Einwilligung so protokollieren, dass die betroffene Person den Inhalt der
Einwilligung jederzeit abrufen kann.[15]

Von der verbreiteten Praxis, eine Einwilligung von der betroffenen Person auch **20**
dann einzuholen, wenn sich die Zulässigkeit zur Erhebung und Verarbeitung schon
aus dem Gesetz ergibt, ist abzuraten, weil die Einwilligung widerruflich ist und im
Falle eines Widerrufs die Fortsetzung der Verarbeitung unter Hinweis auf einen gesetzlichen Erlaubnistatbestand zumindest vertrauensstörende Irritationen bei der

---

14 Siehe die Kommentierung zu § 11 BDSG.
15 Ausführlich dazu Rn. 163 ff.

betroffenen Person auslösen könnte. Unzulässig ist die Fortsetzung der Verarbeitung in einem solchen Fall jedoch nicht (arg e § 4 Abs. 1 BDSG).

5. Normadressaten

21 § 28 BDSG richtet sich an die gemäß § 27 BDSG in den Anwendungsbereich des Dritten Abschnitts fallenden verantwortlichen Stellen.[16] Das sind zunächst die nicht-öffentlichen Stellen, sofern sie die Daten nicht ausschließlich für persönliche oder familiäre Tätigkeiten erheben, verarbeiten oder nutzen (§ 27 Abs. 1 Satz 2 BDSG). Die EG-DSRl nennt als Beispiele für persönliche oder familiäre Tätigkeiten den persönlichen Schriftverkehr und das Führen von Adressverzeichnissen (Erwägungsgrund 12).

22 Außerdem gehören zu den Normadressaten die als öffentlich-rechtliche Stellen des Bundes am Wettbewerb teilnehmenden Unternehmen, wenn sie personenbezogene Daten entweder unter Einsatz von DV-Anlagen verarbeiten, nutzen oder dafür erheben oder wenn sie die Daten in oder aus nicht automatisierten Dateien verarbeiten, nutzen oder dafür erheben (§ 27 Abs. 1 Satz 1 Nr. 2a BDSG).

23 Auch für Arbeiter, Angestellte und Beamte öffentlicher Stellen des Bundes enthält der § 28 Abs. 2 Nr. 2 BDSG aufgrund der Verweisung in § 12 Abs. 4 BDSG eine – wegen des 2009 eingeführten § 32 BDSG[17] nunmehr nur noch eingeschränkt anwendbare – Zulässigkeitsvorschrift, soweit nicht bereichsspezifische Vorschriften – auch im Anwendungsbereich des BDSG wie § 32 BDSG – vorgehen.

24 Einzelpersonen oder juristische Personen des Privatrechts, die als Träger öffentlicher Verwaltung hoheitliche Aufgaben wahrnehmen und die hoheitlichen Befugnisse als Behörde ausüben, sind Beliehene.[18] Soweit sie im Rahmen der Beleihung als Behörde handeln und Befugnisse ausüben und in diesem Kontext personenbezogene Daten erheben, verarbeiten und nutzen, fallen sie unter den Zweiten Abschnitt des BDSG. Dazu zählen der „klassische Repräsentant",[19] der Sachverständige des TÜV (§ 29 Abs. 2 Satz 2 StVZO), Werkstätten, wenn sie Abgassonderuntersuchungen vornehmen (§ 47a StVZO), private Investoren oder Tiefbauunternehmen, die für die von ihnen gebauten und unterhaltenen Straßen eine Straßenbenutzungsgebühr erheben (§ 2 FStrPrivFinG) oder die Toll Collect GmbH bei der Erhebung der LKW-Maut (§ 4 AutobahnmautG), Privatbanken, die über die Bewilligung staatlicher Subventionen entscheiden, anerkannte (nicht die lediglich genehmigten) Privatschulen und Hochschulen, eine nach § 28 UmwAuditG zur Zertifizierung der

---

16 Die Legaldefinition der verantwortlichen Stelle findet sich in § 3 Abs. 7 BDSG.
17 Bei Anwendung des sich auf alle Beschäftigungsverhältnisse erstreckenden § 32 BDSG ist das Beamtenrecht mit den Sonderregelungen zur Personalaktenführung zu beachten (§§ 90 ff. BBG).
18 *Maurer*, Allgem. VerwR, § 23 Rn. 56 ff.; *Stelkens/Bonk/Sachs*, VwVfG, § 1 Rn. 256; *Burgi* et al., Allgem. VerwR, § 9 III 2 Rn. 23 ff.; *Burgi*, Der Beliehene, in: FS Maurer, S. 581 ff.
19 *Burgi*, Der Beliehene, in: FS Maurer, S. 581.

Umweltgutachter berufene Zulassungsstelle, die vom Bundesministerium der Justiz gem. § 9a Abs. 1 HGB zur Führung des Unternehmensregisters (§ 8a HGB) und zum Verwenden eines Dienstsiegels ermächtigte Stelle.

Sobald diese als Behörde tätigen Stellen des privaten Rechts den hoheitlichen **25** Pflichten- und Kompetenzkreis aber verlassen und faktisch oder aufgrund privatrechtlicher Verträge tätig werden, sind sie datenschutzrechtlich nach dem Dritten Abschnitt des BDSG zu behandeln. Der TÜV und die Autowerkstätten wirtschaften neben ihrer partiellen Beliehenentätigkeit ebenso privatrechtlich wie die Banken. In diesen Fällen ist der § 28 BDSG des Dritten Abschnitts als Erlaubnisnorm heranzuziehen. Auch für diese verantwortlichen Stellen hält § 28 BDSG in den Absätzen 1 bis 3 und 6 bis 9 Erlaubnistatbestände bereit. Soweit die verantwortliche Stelle eine Erlaubnis sowohl aus dem Zweiten Abschnitt (§ 13 BDSG) als auch aus dem Dritten Abschnitt (§ 28 BDSG) heranzieht – wie beispielsweise eine Autowerkstatt, die im Rahmen einer Fahrzeuginspektion auch eine Abgassonderuntersuchung (ASU) durchführt –, so müssen die erhobenen Daten deswegen nicht etwa in verschiedenen Dateien gespeichert werden. Es genügt, wenn sich aus der Verfahrensübersicht (internes Verfahrensverzeichnis) gem. § 4f Abs. 2 i.V.m. § 4e Satz 1 BDSG ergibt, für welchen Zweck die gespeicherten Daten erhoben und verarbeitet werden.[20] Das steht auch nicht im Widerspruch zum Trennungsgebot gem. Ziff. 8 der Anlage zu § 9 Satz 1 BDSG, wonach zu gewährleisten ist, dass zu unterschiedlichen Zwecken erhobene Daten getrennt verarbeitet werden, wenn es einen übergeordneten Zweck gibt, der zu der Datenverarbeitung führt (z.B. Durchführung einer Fahrzeuginspektion), bei der einzelne Daten aufgrund unterschiedlicher Erlaubnistatbestände erhoben und verarbeitet werden.

Die Vorschrift enthält aber nicht nur für die verantwortlichen Stellen Erlaubnistat- **26** bestände und detaillierte Anforderungen an die Zulässigkeit einer Datenerhebung und -verwendung für bestimmte Zwecke. Sie ist insofern auch an Betroffene adressiert, als diesen mit Absatz 4 ein Widerspruchsrecht eingeräumt wird, dessen Wahrnehmung zur Unzulässigkeit einer nach § 28 Abs. 3 Satz 2–5 BDSG erlaubten Übermittlung oder Nutzung für Zwecke des Adresshandels oder der Werbung führt.[21]

6. Phasen der Datenverarbeitung

§ 3 Abs. 3–5 BDSG definiert die Phasen des Umgangs mit personenbezogenen **27** Daten, die nur unter den Voraussetzungen des § 4 Abs. 1 BDSG zulässig sind. Von diesen Phasen regelt § 28 BDSG die Zulässigkeit des Erhebens,[22] Speicherns, Ver-

---

20 Siehe § 4g BDSG Rn. 32 ff.
21 Dazu näher unter Rn. 211 ff.
22 Das Erheben wird seit der Novelle von 2001, anders als noch im BDSG von 1990, mit einbezogen, um klarzustellen, dass die Zulässigkeit des Umgangs bereits bei der Erhebung als der Vorstufe zur Speicherung zu prüfen ist.

änderns, Übermittelns und Nutzens. Die 2009 mit der BDSG-Novelle II zum Zweck der sprachlichen Anpassung an die Überschrift des § 29 BDSG geänderte Normüberschrift nennt als Regelungsgegenstand nur die Datenerhebung und die Datenspeicherung. Das ist irreführend; denn damit wird nur ein Teil der tatsächlich durch die Vorschrift geregelten Phasen in der Normüberschrift angegeben. Anders als die bis 2009 geltende Fassung (Datenerhebung, -verarbeitung und -nutzung) ist nun an der Normüberschrift nicht mehr erkennbar, dass sich hier auch die Erlaubnistatbestände für die Veränderung und Übermittlung als weitere Teilphasen der Datenverarbeitung (§ 3 Abs. 4 BDSG) und die *Nutzung* der Daten als einer eigenständigen Phase, für die es ebenfalls einer Erlaubnis bedarf, befinden.

28   Zu begrüßen ist die ebenfalls 2009 erfolgte sprachliche Anpassung der Überschrift an den Wortlaut von § 28 Abs. 1 BDSG durch das Ersetzen des Wortes „Zweck" durch „Geschäftszweck", weil der in der Vorschrift mehrfach verwendete Begriff des „Zwecks" inhaltlich eine andere Bedeutung hat als der Begriff „eigener Geschäftszweck". Dieser bringt nämlich zum Ausdruck, dass die Datenerhebung und -verwendung in Abgrenzung zu § 29 BDSG als Hilfsmittel für die eigenen Geschäftszwecke erfolgt, wobei im Einzelnen dafür dann ganz unterschiedliche, jeweils sehr konkrete Zwecke verfolgt werden.

29   Mit den weiteren Formen des Verarbeitens, dem Sperren und der Löschung, die in der Legaldefinition des § 3 Abs. 4 Ziff. 4. und 5. BDSG genannt werden, befasst sich nicht § 28 BDSG, sondern § 35 BDSG (Sperrung und Löschung neben der Berichtigung als Betroffenenrechte). Zum Verarbeiten gehört das Verändern als inhaltliche Umgestaltung der Daten (§ 3 Abs. 4 Ziff. 2. BDSG), worunter auch das Anonymisieren und Pseudonymisieren fallen (§ 3 Abs. 6 und 6a BDSG). Nach § 3a Satz 2 BDSG sind das Gebot des Anonymisierens oder Pseudonymisierens zunächst als Zielvorgabe oder Programmsatz anzusehen; dessen Missachtung führt nicht zur Rechtswidrigkeit und bleibt sanktionslos.[23] Darüber hinaus ist die Pflicht zur Anonymisierung personenbezogener Daten Tatbestandsmerkmal der speziellen Erlaubnisse nach § 30 Abs. 1 BDSG und § 40 Abs. 2 BDSG.

II. Zulässigkeit als Mittel zur Erfüllung eigener Geschäftszwecke (Abs. 1)

1. Allgemeine Zulässigkeitsvoraussetzungen des § 28 Abs. 1 BDSG (Erfüllung eigener Geschäftszwecke)

30   Nach der durch das Gesetz zur Änderung datenschutzrechtlicher Vorschriften vom 14.8.2009[24] an die Überschrift von § 29 BDSG angepassten Normüberschrift behandelt § 28 BDSG die Zulässigkeit der Datenerhebung und -speicherung „für eige-

---

23 Dazu näher § 3a BDSG Rn. 63.
24 BGBl. I, S. 2814.

ne Geschäftszwecke". Das korrespondiert nun sprachlich besser mit dem Wortlaut des Abs. 1, wonach es in dieser Vorschrift um die Erlaubnis für die Datenverarbeitung „zur Erfüllung eigener Geschäftszwecke" geht. Eine inhaltliche Änderung ist damit nicht verbunden, weil die frühere Formulierung „für eigene Zwecke" in § 28 BDSG a. F. als inhaltsgleich mit „für eigene Geschäftszwecke" angesehen wurde;[25] eine eigenständige Bedeutung kam dem Wort *Geschäftszweck* gegenüber dem Wort *Zweck* im Kontext dieser Vorschrift auch bislang nicht zu.

Mit der tatbestandlichen Anforderung, dass die Datenerhebung und -speicherung   **31** nur als Mittel zur Erfüllung des Geschäftszwecks dient, wird zum Ausdruck gebracht, dass die Erhebung und Speicherung der Daten nicht selbst der Zweck der Tätigkeit der verantwortlichen Stelle ist, sondern dass sie vielmehr ihre eigentliche (Geschäfts-)Tätigkeit unterstützt, sie ein Hilfsmittel zur Zweckerreichung darstellt. Aus § 28 BDSG kann also dann bei Vorliegen der weiteren Tatbestandsvoraussetzungen eine Erlaubnis folgen, wenn die Datenverarbeitung Mittel zum (Geschäfts-) Zweck ist.[26] Fehlt es an diesem „akzessorischen Charakter" der Datenverarbeitung, kommt § 28 BDSG als Erlaubnistatbestand nicht in Betracht. Dann sind § 29 BDSG oder § 30 BDSG zu prüfen, ob mit ihnen eine Zulässigkeit begründet werden kann. Möglicherweise liegt aber auch eine privilegierte Auftragsdatenverarbeitung gemäß § 11 BDSG vor, bei der nicht die im tatsächlichen, physikalischen Sinne die Datenverarbeitung vornehmende Stelle, sondern die im juristischen Sinne verantwortliche Stelle die Zulässigkeitsprüfung nach § 28 BDSG vorzunehmen hat.

Gleichwohl ist mit der Änderung der Normüberschrift durch die BDSG-Novelle II   **32** immer noch nicht vollständig wiedergegeben, für welche Datenverarbeitungsvorgänge § 28 BDSG eine Erlaubnis enthält. Während die Normüberschrift Glauben macht, dass nur die Datenerhebung und die Datenspeicherung Gegenstand der Regelung sind, stellt Absatz 1 sogleich klar, dass neben der Datenspeicherung auch andere Phasen der Datenverarbeitung, nämlich auch das Verändern und die Übermittlung geregelt werden.

Im Zentrum der Erlaubnisnorm steht der Gedanke, dass zwischen der verantwortli-   **33** chen Stelle und der von der Erhebung und Verwendung der Daten betroffenen Person ein rechtsgeschäftliches oder ein rechtsgeschäftsähnliches Schuldverhältnis[27] besteht, in dessen Kontext eine Erhebung, Verarbeitung oder Nutzung von Daten über den Vertragspartner erfolgt. Die Daten werden benötigt, um das rechtsge-

---

25 So auch *Wedde*, in: Däubler/Klebe/Wedde/Weichert, BDSG, § 28 Rn. 8.

26 *Taeger*, BB 2007, S. 785 (786 f.); *Simitis*, in: Simitis, BDSG, § 28 Rn. 22; *Bergmann/ Möhrle/Herb*, BDSG, § 28 Rn. 14; *Gola/Schomerus*, BDSG, § 28 Rn. 4; *Schaffland/Wiltfang*, BDSG, § 28 Rn. 3; *Wedde*, in: Däubler/Klebe/Wedde/Weichert, BDSG, § 28 Rn. 10.

27 Die mit der BDSG-Novelle II eingeführten Begriffe „rechtsgeschäftliches Schuldverhältnis" und „rechtsgeschäftsähnliches Schuldverhältnis" passen das BDSG an die mit der Schuldrechtsnovelle von 2002 eingeführte Terminologie – siehe etwa § 311 BGB – an und ersetzen die bisher verwendeten Ausdrücke „Vertragsverhältnis" und „vertragsähnliches Vertrauensverhältnis".

schäftliche Schuldverhältnis mit dem Kunden möglich zu machen und sich aus ihm ergebende Verpflichtungen zu erfüllen, also das Geschäft abzuwickeln. Lediglich hierfür sind die personenbezogenen Daten interessant. Emanzipiert sich das Interesse der verarbeitenden Stelle aus diesem Vertragsverhältnis und werden die Daten des Kunden auch losgelöst vom Kontext der Vertragsbeziehung für die verarbeitende Stelle „interessant", beispielsweise für eine Vermarktung der Daten durch Übermittlung an Dritte, wird die verantwortliche Stelle nicht automatisch zu einer geschäftsmäßig zum Zweck der Übermittlung handelnden und deshalb nach § 29 BDSG zu beurteilenden Stelle. Es fehlt dann zwar an dem Merkmal der Verarbeitung „zur Erfüllung eigener Geschäftszwecke", dennoch ist diese Übermittlung nur eine Nebenfolge des ursprünglich mit der Erhebung und Speicherung verbundenen Zwecks, die eigenen Geschäfte möglich zu machen. Wegen dieses primären Anknüpfungsgesichtspunkts wird beispielsweise die Zulässigkeit der nachfolgenden Verwertung der Daten durch ihre Nutzung im Interesse Dritter oder durch Übermittlung an Dritte in § 28 BDSG in Abs. 2 Nr. 2 und 3, in Abs. 3 oder Abs. 9 Satz 3 als Konnex mitgeregelt.

34 Eine verantwortliche Stelle, die personenbezogene Daten als Mittel zur Erfüllung eigener Geschäftszwecke nach § 28 Abs. 1 BDSG in zulässiger Weise verarbeitet, kann daneben zugleich auch eine Datenverarbeitung ausführen, deren Zulässigkeit sich aus einem anderen Erlaubnistatbestand ergibt; neben der Einwilligung kommt hier insbesondere § 29 BDSG bei einer geschäftsmäßigen Erhebung und Speicherung zum Zwecke der Übermittlung in Betracht. So wird eine Auskunftei personenbezogene Daten aus rechtsgeschäftlichen Schuldverhältnissen mit Zulieferern, Handwerkern oder Kunden speichern, und zugleich personenbezogene Daten erheben und speichern, um diese Daten dann, entsprechend dem Geschäftszweck der Auskunftei, Dritten anzubieten. In einem Fall ergibt sich die Zulässigkeit aus § 28 Abs. 1 Nr. 1 BDSG, in dem anderen Fall aus § 29 BDSG, wobei die Zweckbestimmung zu beachten ist und die Daten, die nach § 28 BDSG erlaubterweise gespeichert werden, nicht zugleich genutzt werden dürfen, um sie an Dritte gemäß § 29 BDSG zu übermitteln.

35 Ein Versandhaus, das personenbezogene Daten seiner Kunden im Rahmen eines rechtsgeschäftsähnlichen Schuldverhältnisses – etwa in der Vertragsanbahnungsphase – oder bei Vertragsschluss über eine Warenbestellung aufgrund eines rechtsgeschäftlichen Schuldverhältnisses benötigt, speichert diese Daten nach § 28 Abs. 1 Satz 1 Nr. 1 BDSG, weil sie als Mittel für die Erfüllung eigener Geschäftszwecke erforderlich sind. Werden Daten von auf Rechnung belieferten Kunden, die die fällige Zahlung auch nach Mahnung nicht erbringen können oder wollen, in Einzelfällen an ein anderes, Waren oder Dienstleistungen anbietendes Unternehmen übermittelt, ist dieser Vorgang ebenfalls noch nach § 28 BDSG zu bewerten. Das Unternehmen wird dadurch noch nicht zur Auskunftei, die die Zulässigkeit der Übermittlung an § 29 BDSG zu messen hat. Es handelt sich um personenbezogene Daten, die im Rahmen der Geschäftstätigkeit des Versandhandelsunternehmens an-

gefallen sind und hier für die Erfüllung eigener Geschäftszwecke erforderlich waren. Im Einzelfall sich aus dem Schuldverhältnis ergebende besondere Situationen, die zu einer Übermittlung an Dritte führen, stehen noch im Kontext dieses eigenen Geschäftszweckes. Nochmals: Es ist nicht Geschäftszweck des Versandhauses, Daten an Dritte zu übermitteln, dessen Folge es wäre, dass die Anwendung etwa des § 28 Abs. 2 Nr. 1 Ziff. a) BDSG ausgeschlossen und der Zugang zu § 29 BDSG eröffnet würde.[28] Werden die Daten an eine Auskunftei übermittelt, ist dagegen § 28a BDSG anzuwenden.

Auch in anderen Fällen wird es Abgrenzungsschwierigkeiten geben können. So **36** wird die Speicherung von Daten über Heiratswillige durch einen Partnervermittler nach § 29 BDSG zu beurteilen sein, wenn die aufgrund eines rechtsgeschäftlichen Schuldverhältnisses oder aufgrund einer Einwilligung gespeicherten Daten der Kontaktsuchenden an die an einer Partnerschaft interessierten Kunden herausgegeben, also übermittelt werden. In Ausnahmefällen, etwa dann, wenn die Beratung der an sozialen Kontakten interessierten Kunden im Vordergrund steht, kann die Erhebung und Speicherung aber selbst dann nach § 28 Abs. 1 Satz 1 Nr. 1 BDSG zu bewerten sein, wenn im Einzelfall zum Zweck der Kontaktanbahnung auch eine Übermittlung an Dritte erfolgt.[29]

Soziale Netzwerke und Bewertungsportale speichern die Daten nicht, weil dies für **37** die Erfüllung eigener Geschäftszwecke erforderlich wäre; vielmehr erheben und speichern die Betreiber derartiger Portale die Daten geschäftsmäßig im Sinne des § 29 BDSG zur Übermittlung an Dritte,[30] wobei hier dahingestellt sein kann, ob § 29 BDSG als Erlaubnisnorm auf Bewertungsportale wegen der Anforderung aus § 29 Abs. 2 Satz 1 Nr. 1 BDSG, wonach der Dritte, dem die Daten übermittelt werden, ein berechtigtes Interesse an ihrer Kenntnis glaubhaft darzulegen hat, ohne Wertungswidersprüche anwendbar ist. Über diesen Widerspruch geht der BGH mit einer angreifbaren teleologischen Reduktion hinweg, sodass man insofern von

---

28 Siehe zu der Frage, unter welchen Voraussetzungen nicht § 28 BDSG, sondern § 29 BDSG zur Anwendung kommt, § 29 BDSG Rn. 13. Ausführlich zu diesem Beispiel *Taeger*, BB 2007, S. 785; *ders.*, Datenschutzrechtliche Zulässigkeit der Übermittlung von Kundendaten mit positivem Bonitätswert, S. 8 ff. Siehe auch *Simitis*, in: Simitis, BDSG, § 28 Rn. 74 m. w. N.
29 Siehe auch das Beispiel des Heiratsinstituts bei *Gola/Schomerus*, BDSG, § 28 Rn. 5.
30 BGHZ 181, 328 = NJW 2009, 2888 (2891) „spickmich.de" = K&R 2009, 565 (567), mit zustimmender Anm. *Roggenkamp*, ebenda, S. 571, und *Spickhoff*, LMK 2009, S. 287789. Ebenso *Schilde-Stenzel*, RDV 2006, S. 104; *Dorn*, DuD 2008, S. 98 (100); *Heller*, ZUM 2008, S. 243 (245); *Ballhausen/Roggenkamp*, K&R 2008, S. 403 (407); zu Recht skeptisch in einer Anm. zur erstinstanzlichen Entscheidung *Plog*, CR 2007, S. 668. Anders die Vorinstanz, die § 28 Abs. 1 Nr. 3 BDSG a. F. als Erlaubnisnorm zugrunde legte, OLG Köln K&R 2008, 40 (44), mit krit. Anm. von *Plog/Bandehzadeh*, K&R 2008, S. 45, die ebenfalls § 29 BDSG als die einschlägige Erlaubnisvorschrift ansehen, und wohl auch LG Berlin CR 2007, 742 „meinprof".

derogiertem Recht sprechen kann.[31] Die Erhebung der Daten erfolgt nach Ansicht des BGH jedenfalls im Informationsinteresse und für den Meinungsaustausch der Nutzer, sodass eine geschäftsmäßige Erhebung im Sinne des § 29 BDSG vorliege, weil die Tätigkeit auf Wiederholung gerichtet und auf eine gewisse Dauer angelegt sei.[32]

38 In denjenigen Fällen, in denen wie bei manchen Wirtschaftsauskunfteien mit einer angegliederten Inkassotätigkeit Daten von Personen sowohl für den einen (Inkassotätigkeit als eigener Geschäftszweck, § 28 BDSG), wie für den anderen Zweck (Wirtschaftsauskunftei für Zwecke der Übermittlung, § 29 BDSG) verarbeitet werden, ist die Verarbeitung technisch und organisatorisch so voneinander zu trennen, dass jeweils erkennbar wird, für welchen Zweck und nach welcher die Zulässigkeit regelnden Norm die Speicherung erfolgt.[33]

2. Zulässigkeit nach § 28 Abs. 1 Satz 1 Nr. 1 BDSG

a) Zweckbestimmung des rechtsgeschäftlichen Schuldverhältnisses

39 Vor der BDSG-Novelle II 2009 war das Erheben und Verarbeiten zulässig, wenn es der Zweckbestimmung eines Vertragsverhältnisses oder vertragsähnlichen Vertrauensverhältnisses mit dem Betroffenen diente. Diese Formulierung wurde zunächst insofern an die Terminologie der Schuldrechtsreform angepasst, als entsprechend § 311 Abs. 1 BGB[34] ein „rechtsgeschäftliches Schuldverhältnis" vorliegen muss, das durch Vertrag entsteht. Gleichgestellt damit wird wie bisher („vertragsähnlichen Vertrauensverhältnisses") das „rechtsgeschäftsähnliche Schuldverhältnis" im Sinne des § 311 Abs. 2 und 3 BGB.[35]

40 Jedes erlaubte zwei- oder mehrseitige Vertragsverhältnis, auch das nur einseitig verpflichtende, ist ein rechtsgeschäftliches Schuldverhältnis im Sinne der Vor-

---

31 Das mündet nach *Feldmann*, AnwBl 2011, S. 250 (252), „in einer kompletten Abschaffung des § 29 Abs. 2 BDSG".
32 BGHZ 181, 328 = NJW 2009, 2888 (2891) = K&R 2009, 565 (567) – „spickmich.de".
33 Siehe dazu auch *Gola/Schomerus*, BDSG, § 28 Rn. 6a.
34 § 311 Abs. 1 BGB lautet: „Zur Begründung eines Schuldverhältnisses durch Rechtsgeschäft sowie zur Änderung des Inhalts eines Schuldverhältnisses ist ein Vertrag zwischen den Beteiligten erforderlich, soweit nicht das Gesetz ein anderes vorschreibt."
35 § 311 Abs. 2 und 3 BGB lauten: „(2) Ein Schuldverhältnis mit Pflichten nach § 241 Abs. 2 entsteht auch durch
1. die Aufnahme von Vertragsverhandlungen,
2. die Anbahnung eines Vertrags, bei welcher der eine Teil im Hinblick auf eine etwaige rechtsgeschäftliche Beziehung dem anderen Teil die Möglichkeit zur Einwirkung auf seine Rechte, Rechtsgüter und Interessen gewährt oder ihm diese anvertraut, oder 3. ähnliche geschäftliche Kontakte.
(3) Ein Schuldverhältnis mit Pflichten nach § 241 Abs. 2 kann auch zu Personen entstehen, die nicht selbst Vertragspartei werden sollen. Ein solches Schuldverhältnis entsteht insbesondere, wenn der Dritte in besonderem Maße Vertrauen für sich in Anspruch nimmt und dadurch die Vertragsverhandlungen oder den Vertragsschluss erheblich beeinflusst."

schrift, zu dessen Zweckerfüllung personenbezogene Daten erhoben, verarbeitet und genutzt werden dürfen, soweit es für dessen Begründung, Durchführung oder Beendigung erforderlich ist.[36]

Aufgrund eines bestehenden Vertragsverhältnisses dürfen die zur Zweckerreichung **41** notwendigen Angaben über den Vertragspartner erhoben, gespeichert und genutzt werden. Müssen auch Daten Dritter erhoben und gespeichert werden, weil dieses im Kontext des rechtsgeschäftlichen Schuldverhältnisses erforderlich ist, folgt die Erlaubnis ebenfalls aus § 28 BDSG. Ist beispielsweise Bestandteil eines Vertrages, dass ein Dritter für Verbindlichkeiten des Vertragspartners bürgt (Bürgschaftsvertrag, § 765 BGB), so dürfen zu den Vertragsdaten über die Vertragspartei des Hauptgeschäftes auch die notwendigen Daten über den Bürgen erhoben und gespeichert werden, die für dieses Vertragsverhältnis notwendig sind. Insofern liegt eine Erlaubnis ebenfalls aus § 28 Abs. 1 Nr. 1 BDSG vor.

Bei einem Vertrag zugunsten Dritter ist die Speicherung der Daten des Vertrags- **42** partners nach § 28 Abs. 1 Nr. 1 BDSG zulässig, die der begünstigten Dritten nach § 28 Abs. 1 Nr. 2 BDSG.[37]

b) Zweckbestimmung des rechtsgeschäftsähnlichen Schuldverhältnisses

Ein rechtsgeschäftsähnliches Schuldverhältnis mit datenschutzrechtlicher Relevanz **43** liegt beispielsweise vor, wenn ein Vertragsverhältnis angebahnt wird. Kommt es aufgrund einer Kontaktaufnahme durch den Betroffenen unter den Beteiligten zu Vertragsverhandlungen, ist die Datenspeicherung im Rahmen und für den Zweck dieses rechtsgeschäftsähnlichen Schuldverhältnisses (Vertragsanbahnung) zulässig. Liegt bereits ein bindendes Angebot seitens der betroffenen Person vor, erfolgt die Datenerhebung oder -speicherung eventuell sogar bereits aufgrund der Begründung eines rechtsgeschäftlichen Schuldverhältnisses. Letztlich kann aber dahingestellt bleiben, wo die Abgrenzungslinie zwischen dem vorvertraglichen Schuldverhältnis als einer Variante des rechtsgeschäftsähnlichen Schuldverhältnisses und der Begründung des rechtsgeschäftlichen Schuldverhältnisses liegt.

Das nachvertragliche Vertrauensverhältnis wird dem vorvertraglichen gleichge- **44** stellt.[38] Ein rechtsgeschäftsähnliches Schuldverhältnis wird auch angenommen, wenn sich ein Vertragsverhältnis als nichtig erweist.

Unter den Begriff der „vertragsähnlichen Vertrauensverhältnisse" der alten Fassung **45** fielen auch die Beziehungen von Mitgliedern zu ihren Parteien, Vereinen, Verbänden, Gewerkschaften und vergleichbaren Organisationen, die nicht als rechtsge-

---

36 Zum Merkmal der Erforderlichkeit sogleich unter Rn. 50 ff.
37 A. A. *Deutsch*, in: Vahldiek, Datenschutz in der Bankpraxis, S. 45 (47), der die Speicherung der Daten Dritter, die Zugriff auf das Konto des Bankkunden haben, auch nach Nr. 1 für zulässig hält, weil auch der Dritte schuldrechtliche Ansprüche gegenüber der Bank habe.
38 *Wedde*, in: Däubler/Klebe/Wedde/Weichert, BDSG, § 28 Rn. 23 ff. m. w. N.

schäftliche oder rechtsgeschäftsähnliche Schuldverhältnisse im engen Sinne des § 311 BGB eingestuft werden können. Weil mit der terminologischen Anpassung aber keine inhaltliche Reduktion des Anwendungsbereichs der Norm beabsichtigt war, sind auch diese Rechtsverhältnisse weiterhin unter die „rechtsgeschäftsähnlichen Schuldverhältnisse" im Sinne des § 28 Abs. 1 Satz 1 Nr. 1 BDSG zu subsumieren.[39]

46 Für die Erhebung und Verwendung von Beschäftigtendaten zur Begründung, Durchführung und Beendigung des Beschäftigungsverhältnisses ist § 32 BDSG im Anwendungsbereich des BDSG lex specialis zu § 28 Abs. 1 Satz 1 Nr. 1 BDSG.[40] Nach den Gesetzgebungsmaterialien soll der 2009 neu eingefügte § 32 BDSG über die Datenverarbeitung in Beschäftigungsverhältnissen sowohl § 28 Abs. 1 Satz 1 BDSG als auch § 28 Abs. 1 Satz 2 und Satz 3 BDSG und damit § 28 Abs. 1 BDSG insgesamt verdrängen. Allerdings bleibt § 28 Abs. 1 BDSG – insbesondere die Nrn. 2 und 3 sowie für besondere Arten personenbezogener Daten die Abs. 6 bis 8[41] – in Fällen der Datenverarbeitung durch den Arbeitgeber zu Zwecken, die nicht im Zusammenhang mit dem Beschäftigungsverhältnis stehen, anwendbar.[42]

c) Erforderlichkeit zur Erfüllung des Geschäftszwecks

47 Sind das Erheben, Speichern, Verändern oder Übermitteln personenbezogener Daten oder ihre Nutzung für die Begründung, Durchführung oder Beendigung eines rechtsgeschäftlichen bzw. rechtsgeschäftsähnlichen Schuldverhältnisses *erforderlich*, dann sind diese zulässig, ohne dass es einer Abwägung mit Interessen des Betroffenen bedarf. Weder verpflichtet das Gesetz hier, anders als nach den Zulässigkeitsalternativen des § 28 Abs. 1 Satz 1 Nr. 2 oder 3 BDSG, zu einer Abwägung mit Betroffeneninteressen, noch ist eine Interessenabwägung im Rahmen einer Erforderlichkeitsprüfung vorzunehmen, wie sie § 13 BDSG als Voraussetzung für die Zulässigkeit einer Erhebung durch öffentliche Stellen, die wegen des Eingriffscharakters der Datenerhebung und -verarbeitung stets eine Verhältnismäßigkeitsprüfung vorzunehmen haben,[43] vorsieht. Vielmehr ist nach objektiven Kriterien festzustellen, ob die Daten benötigt werden, sie also in dem Sinne erforderlich sind, dass nur bei ihrer Kenntnis die sich aus einem Vertragsverhältnis ergebenden Rechte geltend gemacht und Pflichten erfüllt werden können. Lässt sich dieser Zweck der Datenerhebung und späteren Verwendung feststellen, so sind sie für die Zweckerfüllung eines Vertragsverhältnisses erforderlich.

---

39 Siehe auch die entsprechende Empfehlung des Bundesrates, BR-Drs. 4/1/09, S. 11.
40 Ausführlich § 32 BDSG Rn. 6 ff.; *B. Schmidt*, RDV 2009, S. 193 (195); *Wolf/Horn*, BB 24/ 2009, S. M1; *Winteler*, Betrugs- und Korruptionsbekämpfung vs. Arbeits- und Datenschutzrecht, in: Taeger/Wiebe, Inside the Cloud, S. 467 (469 ff.) m. w. N.; a. A. *Vogel/Glas*, DB 2009, S. 1747 (1750 ff.).
41 Vgl. *Erfurth*, NJW 2009, S. 2723.
42 BT-Drs. 16/13657, S. 35. Siehe auch *Gola/Jaspers*, RDV 2009, S. 212; *Däubler*, Gläserne Belegschaften?, Rn. 185 f.; *Erfurth*, NJOZ 2009, S. 2914 (2922).
43 Dazu § 13 BDSG Rn. 21.

Ein anderes Ergebnis wäre vor dem Hintergrund, dass die Datenverarbeitung der – **48** regelmäßigen wechselseitigen – Erfüllung der Vertragspflichten oder den Erwartungen aus einem rechtsgeschäftsähnlichen Schuldverhältnis dient und damit auch der Betroffene selbst ein Interesse an der effizienten und kostengünstigen Abwicklung hat, widersprüchlich. Die Erlaubnis nach Nr. 1 geht stillschweigend vom Einklang der Datenverarbeitung mit den Interessen des Betroffenen aus, sodass es der Überprüfung etwaiger entgegenstehender Interessen des Betroffenen nicht bedarf. Wer ein Vertragsverhältnis eingeht oder sich in ein rechtsgeschäftsähnliches Schuldverhältnis begibt, weiß, dass in der Informations- und Kommunikationsgesellschaft personenbezogene Daten zur Geschäftsabwicklung (Rechnungstellung, Lieferung) benötigt werden, weil hier eben keine anonymen Bargeschäfte des täglichen Lebens getätigt werden. Die Zweckbestimmung des rechtsgeschäftlichen Schuldverhältnisses bzw. des rechtsgeschäftsähnlichen Schuldverhältnisses ist insofern Legitimation, aber auch zugleich Grenze der Verarbeitung von Daten über den Vertragspartner bzw. über den in einem Vertrauensverhältnis mit der verantwortlichen Stelle verbundenen Betroffenen.

Geht der Umfang der gespeicherten und genutzten Daten hierüber nicht hinaus, ist **49** zugleich dem, dem BDSG ganz allgemein innewohnenden Grundsatz der Datensparsamkeit Genüge getan. Gegenüber der bis zur BDSG-Novelle II geltenden Anforderung, dass die Daten dem Zweck „dienen" müssen, sollte ebenfalls nur eine terminologische Anpassung an die im Gesetz ansonsten übliche Formulierung, dass die Daten zur Zweckerfüllung „erforderlich" sein müssen, erfolgen. Dadurch wird klargestellt, dass sog. überschießende Daten, die der Zweckerfüllung dienen könnten, aber nicht erforderlich sind, nicht erhoben und verarbeitet werden dürfen.

Das Merkmal „erforderlich" ist deshalb dahingehend zu verstehen, dass die Verar- **50** beitung personenbezogener Daten notwendig ist, um die eingegangenen Vertragspflichten erfüllen und eigene Rechte geltend machen zu können. Es dürfen danach diejenigen Daten erhoben, verarbeitet oder genutzt werden, die zur Geschäftsabwicklung oder im Rahmen des rechtsgeschäftsähnlichen Schuldverhältnisses benötigt werden. Würde man die Tatbestandsmerkmale der Norm algorithmisieren wollen, würde die Informatik die Anforderung so formulieren, dass ein minimales Set an Attributen notwendig ist, um eine Funktion, nämlich Pflichterfüllung und Rechtewahrnehmung, zu erfüllen. Ein Mehr an Information („überschießende Daten") würde nicht die Funktion verhindern, ihr Fehlen würde die Erfüllung der Funktion aber auch nicht gefährden.

Aus Informatik-Sicht wäre ein angemessenes Kriterium zur Feststellung der Zuläs- **51** sigkeit die Erfüllung einer Minimalitäts-Eigenschaft. Es geht hierbei um die Frage, welche Menge ein minimales Set an Attributen (Eigenschaften) bildet, um die in einem Vertrag vereinbarten Funktionen erfüllen zu können. D. h. diese minimale Menge erlaubt keine Streichung eines Attributes, wenn die geforderten Funktionen geleistet werden sollen, enthält andererseits auch kein überflüssiges Attribut, das fehlen könnte, ohne die Erfüllung der geforderten Funktion zu gefährden.

52 Beispiel: Bei einem Kauf im elektronischen Geschäftsverkehr wären der Name und die Anschrift des Käufers, die Art und Menge des gekauften Artikels, die Zahlungsweise, die Versandangaben und in diesem Zusammenhang ggf. die Kontoverbindung[44] erforderlich, um den Kauf abzuwickeln (Basisdaten). Wird die Gegenleistung per Nachnahme erbracht, bedarf es der Erhebung von Bankdaten nicht; ihre Erhebung und Speicherung wären für die Abwicklung des rechtsgeschäftlichen Schuldverhältnisses nicht erforderlich. Weiterer Attribute (personenbezogene Daten) bedarf es in der Regel nicht, um die Abwicklung vorzunehmen, wenn nicht besondere Umstände vorliegen (Altersverifikation, Abgabebedingungen). Insofern ist die Feststellung, was erforderlich ist, objektivierbar. Werden weitere Angaben über den Käufer erhoben und gespeichert, die im Zusammenhang mit dem Vertragsverhältnis nicht erforderlich sind, ergibt sich die Zulässigkeit nicht aus § 28 Abs. 1 S. 1 Nr. 2 BDSG, sondern kann allenfalls aus einer Einwilligung des Betroffenen oder aus einem anderen Erlaubnistatbestand – auch des § 28 BDSG – folgen.

53 Ein anderes Beispiel zeigt, dass dieses Kriterium in bestimmten Vertragskonstellationen, bei denen der Servicegedanke eine außerordentlich große Rolle spielt, auch das Anlegen eines Kundenprofils zu rechtfertigen vermag. In der gehobenen Hotellerie werden Wünsche, Bedarfe und Vorlieben von Hotelgästen auch über den Aufenthaltszeitraum hinaus gespeichert, um das Wohlbefinden der Gäste auch bei einem wiederholten Aufenthalt sicherstellen zu können und die Kunden auf diese Weise zu binden. Mit dieser hier klaren Ausrichtung an der Serviceorientierung ließe sich die Erlaubnis zur Datenspeicherung mit einer klar am Kundeninteresse – und mittelbar am Interesse des Hotels als der verantwortlichen Stelle – orientierten Speicherung der Daten in einem Customer Relationship Management-System (CRM) sogar aus Nr. 1 ableiten.[45]

3. Zulässigkeit nach § 28 Abs. 1 Satz 1 Nr. 2 BDSG

54 Personenbezogene Daten dürfen als Mittel für die Erfüllung eigener Geschäftszwecke auch dann erhoben, verarbeitet und genutzt werden, wenn keine rechtsgeschäftlichen oder rechtsgeschäftsähnlichen Schuldverhältnisse zu der betreffenden Person bestehen. Nach § 28 Abs. 1 Satz 1 Nr. 2 BDSG genügt als Zulässigkeitskrite-

---

44 Kreditkartenorganisationen – darunter MasterCard und VISA – gründeten 2006 die Organisation Payment Card Industry (PCI), die im Security Standards Council einen Datensicherheitsstandard (PCI DSS) entwickelte, der technische und organisatorische Maßnahmen empfiehlt, um eine unzulässige Verwendung von Kreditkartendaten auszuschließen und den Umfang der zu speichernden Kreditkartendaten zu begrenzen; Händler müssen ihre DSS-Konformität den Kreditkartenorganisationen nachweisen; siehe http://de.pcise curitystandards.org.

45 Siehe auch *Selk*, RDV 2008, S. 187. Anders der Landesbeauftragte für den Datenschutz Rheinland-Pfalz, Orientierungshilfe Datenschutz im Hotelgewerbe, 2013, S. 7, der auch bei der Speicherung von Daten, die keine besonderen Arten personenbezogener Daten sind, eine ausdrückliche Einwilligungserklärung des Gastes verlangt.

rium auch die *Wahrung berechtigter Interessen* der verantwortlichen Stelle an der Verarbeitung von Daten über Personen, zu denen keine vertraglichen oder vertragsähnlichen Beziehungen vorliegen, wenn die Verwendung der Daten zur Interessenwahrung *erforderlich* ist. Dieser Erlaubnisgrund kann auch herangezogen werden, wenn zwar ein rechtsgeschäftliches oder rechtsgeschäftsähnliches Schuldverhältnis besteht, die zur Erhebung und Verarbeitung vorgesehenen Daten aber nicht zur Begründung, Durchführung oder Beendigung dieses Schuldverhältnisses erforderlich sind. Das unbestimmte Merkmal des berechtigten Interesses ist allerdings streng zu prüfen, um diese Vorschrift nicht zum Einfallstor für eine in das Belieben der verantwortlichen Stelle gestellte Erlaubnisnorm werden zu lassen;[46] § 28 Abs. 1 Satz 1 Nr. 2 BDSG ist nicht die Generalklausel des Datenschutzrechts[47] und kein Auffangtatbestand.[48] Auch, dass eine Erlaubnis nach Nr. 1 die Regel und eine Erlaubnis nach Nr. 2 die Ausnahme darstellen soll,[49] ist aus dem Gesetz nicht ersichtlich.

a) Wahrung berechtigter Interessen

Das Merkmal des „berechtigten Interesses" wird vom Gesetz nicht definiert. Es **55** empfiehlt sich nicht, zu versuchen, Interpretationen des Begriffs aus anderen Gesetzen heranzuziehen.[50] Wenn etwa bei der Frage nach der Zulässigkeit einer Halterauskunft gem. § 26 Abs. 5 StVZO die berechtigten Interessen überprüft werden, erfolgt dies nach der Rechtsprechung mit einer „Abwägung zwischen diesen entgegengesetzten Belangen" – nämlich denen des Antragstellers und möglicherweise entgegenstehenden öffentlichen Interessen.[51] Eine Interessenabwägung erfolgt im BDSG allerdings nicht schon bei der Feststellung des „berechtigten Interesses", sondern erst bei der Prüfung, ob schutzwürdige Interessen entgegenstehen. Insofern bedarf es hier einer eigenständigen datenschutzrechtlichen Auslegung, die dahingeht, unter „berechtigt" nicht nur rechtliche Interessen, sondern jedes wirtschaftliche oder ideelle Interesse, das von der Rechtsordnung nicht missbilligt wird, als

---

46 *Simitis*, in: Simitis, BDSG, § 28 Rn. 98, will bei der Erlaubnisalternative aus Nr. 2 einer Interpretation den Vorzug geben, die zu einer restriktiven Auslegung führt. Siehe auch *Wedde*, in: Däubler/Klebe/Wedde/Weichert, BDSG, § 28 Rn. 47; *Bergmann/Möhrle/Herb*, BDSG, § 28 Rn. 1. Problematisch ist der Erlaubnistatbestand dann, wenn die Datenerhebung zur Zweckerfüllung eines Rechtsgeschäfts dient, um an Daten zu kommen, die nach § 28 Abs. 1 Satz 1 Nr. 2 BDSG (weiter-)verarbeitet werden sollen, wie das bei der Datenerhebung durch Apps der Fall sein kann; siehe dazu *Taeger*, in: Solmecke/Taeger/Feldmann, Mobile Apps, Kap. 5, Rn. 76 ff.
47 Anders *v. Lewinski*, RDV 2003, S. 122 (125).
48 So auch *Simitis*, in: Simitis, BDSG, § 28 Rn. 99.
49 So aber *Wedde*, in: Däubler/Klebe/Wedde/Weichert, BDSG, § 28 Rn. 47.
50 Vgl. *Simitis*, in: Simitis, BDSG, § 28 Rn. 103.
51 VGH Mannheim VBlBW 1984, 212; Parallelentscheidung in NJW 1984, 1911.

„berechtigt" anzuerkennen.[52] Soweit *Simitis*[53] mit Zustimmung von *Wedde*[54] darauf hinweist, dass es sich nicht um ein beliebiges Interesse handeln dürfe, ist dem insoweit zuzustimmen, als ein von der Rechtsordnung nicht gebilligtes Interesse nicht als berechtigt angesehen werden kann.[55]

56 Ein berechtigtes Interesse muss zudem auf einen *konkreten* Verarbeitungs- oder Nutzungszweck gerichtet sein. So kann von einem berechtigten Interesse ausgegangen werden, wenn eine Kreditkartenorganisation Zahlungsprofile erstellt, um Missbräuche zu verhindern.

57 Das Interesse eines Unternehmens, die Daten von Kunden etwa mittels Kundenkarten zu erheben und zu speichern, um zu einem späteren Zeitpunkt gezielt Auswertungen zur Feststellung von Kundeninteressen vornehmen zu können,[56] deren Ergebnisse für eine personalisierte Kundenansprache verwendet werden können (Customer Relationship Management/CRM), kann als berechtigtes Interesse anerkannt werden.[57] Deshalb scheitert die Zulässigkeit des Aufbaus eines Data Warehouse mit personenbezogenen, mit Methoden des Data Mining nach beliebigen Kriterien frei auswertbaren Kundendaten nicht schon an dem fehlenden berechtigten Interesse.[58] Bei jeden einzelnen Merkmal eines CRM wird aber durch Abwägung zu prüfen sein, ob schutzwürdige Interessen des Betroffenen entgegenstehen könnten.

---

52 *Gola/Schomerus*, BDSG, § 28 Rn. 24; *Simitis*, in: Simitis, BDSG, § 28 Rn. 104; *Taeger*, BB 2007, S. 785 (787); *Schleifenbaum*, Datenschutz oder Tatenschutz in der Versicherungswirtschaft, 2009, S. 64.

53 *Simitis*, in: Simitis, BDSG, § 28 Rn. 102.

54 *Wedde*, in: Däubler/Klebe/Wedde/Weichert, BDSG, § 28 Anm. 48. Kein von der Rechtsordnung gebilligtes Interesse wäre die Herausgabe personenbezogener, in einer Cloud gespeicherter Daten an eine US-Behörde nach US-Recht, so *Becker/Nikolaeva*, CR 2012, S. 170 (174).

55 Vgl. *Gola/Schomerus*, BDSG, § 28 Rn. 24, mit Hinweis auf *Schaffland/Wiltfang*, BDSG, § 28 Rn. 85.

56 Die Erstellung von Profilen stellt eine Datenänderung dar, die als Phase der Datenverarbeitung einer Erlaubnis bedarf, die sich ebenfalls aus § 28 Abs. 1 S. 1 Nr. 2 BDSG ergeben kann; siehe auch *Weberling*, AfP 2004, S. 397 (401).

57 Vgl. auch *v. Lewinski*, RDV 2003, S. 122, und *Baumgärtner* et al., DSB 2003, S. 9. Siehe aber *Gola/Schomerus*, BDSG, § 28 Rn. 11; *Weichert*, DuD 2001, S. 264 (268); *Weichert*, RDV 2003, S. 113; *Taeger*, Verwertung von Standortdaten für Private, in: Taeger/Wiebe, Mobilität – Telematik – Recht, S. 95 (99); *Taeger*, FS Kilian, S. 241 (246 ff.); *Taeger*, K&R 2003, S. 220; *Weberling*, AfP 2004, S. 397 (401). Siehe das Beispiel für ein zulässiges CRM bei Rn. 56.

58 Siehe aber *Conrad/Schneider*, Datenschutz, in: Schwarz/Peschel-Mehner, Recht im Internet, 15-G, Rn. 11 ff.; *Taeger*, FS Kilian, S. 241 (246 f.); *Taeger*, Datenschutz und CRM, in: Schubert et al., Informatik bewegt, S. 537; *Geis*, RDV 2007, S. 1; *Breinlinger*, in: Roßnagel, Hdb. DSR, Kap. 7.6; *Gola/Schomerus*, BDSG, § 28 Rn. 11; *Schaffland/Wiltfang*, BDSG, § 28 Rn. 132e; *Simitis*, in: Simitis, BDSG, § 28 Rn. 112 m. w. N.

b) Erforderlichkeit der Erhebung, Verarbeitung oder Nutzung zur Interessenwahrung

Das Merkmal der Erforderlichkeit ist seit der BDSG-Novelle II von 2009 nun auch **58** bereits in Nr. 1 verwendet worden, sodass die Diskussion darüber, ob mit der sprachlichen Differenzierung auch inhaltliche Unterschiede zwischen „dienen" und „erforderlich" bestehen, obsolet geworden ist.

Insofern kann auf die Auslegung des Begriffs verwiesen werden, wie sie zu Nr. 1 **59** erfolgte.[59] Besteht ein berechtigtes Interesse, kann die Zulässigkeit der Erhebung und Verarbeitung zu dem verfolgten konkreten Zweck aber schon daran scheitern, dass es an der Erforderlichkeit fehlt, sei es, weil die Daten von anderen Stelle zuläs-sigerweise zum Zweck (auch) der Übermittlung wie im vorgenannten Beispiel der Halterauskunft durch das Kraftfahrt-Bundesamt gespeichert werden, oder wenn der Zweck auch nach einer Anonymisierung oder Pseudonymisierung der zu übermit-telnden Daten wie bei einer Due Diligence, in die das Potential und Know-how von Führungskräften einbezogen werden soll, erfüllt werden kann.

Kreditinstitute sind zum Einsatz von Risikomanagementsystemen gem. § 25a **60** Abs. 1 Nr. 1–3 KWG und gem. § 25a Abs. 1 Nr. 4 KWG im Besonderen zur Imple-mentierung „adäquater interner Sicherungssysteme gegen Geldwäsche und gegen betrügerische Handlungen zu Lasten der Institute" verpflichtet. Die Mindestanfor-derungen an das Risikomanagement (MaRisk) der Bundesanstalt für Finanzdienst-leistungsaufsicht (BaFin) als zentralem Regelwerk der qualitativen Bankenaufsicht begleiten diese gesetzliche Pflicht durch aufsichtsrechtliche Regelungen. Aufgrund dieser Organisationsvorschrift unterhalten die Institute auch Warndateien, um Geldwäsche zu bekämpfen und Straftaten wie z. B. Betrug durch Identitätsdiebstahl vorzubeugen. Das Institut hat deswegen ein berechtigtes Interesse, derartige Warn-dateien mit personenbezogenen Angaben zum Zweck der Vorbeugung, Abwehr und Aufdeckung gegen das Institut gerichteter krimineller Handlungen anzulegen, wenn objektive Tatbestände oder Verhaltensweisen auf eine solche Handlung hin-deuten. Die Zulässigkeit der Erhebung und Verwendung personenbezogener Daten zum genannten Zweck ergibt sich jedoch ggf. nur aus § 28 Abs. 1 Satz 1 Nr. 2 BDSG, soweit nicht § 25c KWG als bereichsspezifische datenschutzrechtliche Er-laubnisnorm vorgeht.[60]

c) Vorliegen entgegenstehender schutzwürdiger Interessen

Sind ein berechtigtes Interesse und die Erforderlichkeit der Datenerhebung und **61** -verarbeitung zur Wahrung dieses Interesses im Lichte des Grundsatzes der Daten-sparsamkeit festgestellt worden, so ist von der verantwortlichen Stelle summarisch zu prüfen, ob auf den ersten Blick ein schutzwürdiges Interesse des Betroffenen er-

---

59 Siehe dazu oben Rn. 48 ff.
60 Siehe dazu § 4 BDSG Rn. 30.

kennbar ist, das gegenüber den berechtigten Interessen der verantwortlichen Stelle überwiegt.

62 So unbestimmt und vom Gesetz undefiniert wie die „berechtigten Interessen" und das Erforderlichkeitskriterium sind, so unbestimmt sind auch das Merkmal der „schutzwürdigen Interessen" und der Abwägungsmaßstab, mit dem von der verantwortlichen Stelle stets eine Abwägung vorzunehmen ist. Es wird demnach in jedem Einzelfall von der verantwortlichen Stelle festzustellen sein, ob ein Grund zu der Annahme besteht, dass schutzwürdige Interessen des Betroffenen vorliegen und diese gegenüber dem berechtigten Interesse der verantwortlichen Stelle überwiegen.

63 Wenn der Betroffene einen Widerspruch gegenüber der verantwortlichen Stelle gegen die Erhebung oder Verwendung seiner Daten eingelegt hat und damit zum Ausdruck brachte, dass er die von der verantwortlichen Stelle auf § 28 Abs. 1 Satz 1 Nr. 2 BDSG gestützte Speicherung und Nutzung der auf seine Person bezogenen Daten nicht wünscht, so macht dieser von seinem informationellen Selbstbestimmungsrecht Gebrauch und artikuliert seine als schutzwürdig einzustufenden Interessen. Eines Nachfragens beim Betroffenen, ob dieser seine schutzwürdigen Interessen berührt sieht, bedarf es aber nicht. Die Zulässigkeit der Datenverarbeitung hängt dann von der folgenden Abwägung der Interessen ab, bei der das berechtigte Interesse der verantwortlichen Stelle gegenüber dem schutzwürdigen Interesse des Betroffenen überwiegen müsste. Weil ein Abwägungsmaßstab fehlt, darf die verantwortliche und hier zugleich abwägende Stelle nicht automatisch das eigene Interesse höher bewerten als das auch grundrechtlich geschützte Interesse der betroffenen Person. Vielmehr muss die abwägende Stelle aus der Perspektive eines unabhängigen, objektiven Dritten entscheiden, ob sie die gewünschte Datenerhebung oder -verwendung wie beabsichtigt vornimmt bzw. wie erfolgt fortsetzt, oder ob sie die Interessen der betroffenen Person als überwiegend einstuft.

64 Die verantwortliche Stelle wird bei der Abwägung der Interessen den selbst verfolgten Verarbeitungszweck zum Maß des Eingriffs in die Persönlichkeitsrechte des Betroffenen (schutzwürdiges Interesse) oder in andere Interessen – wie das wirtschaftliche Interesse des Betroffenen[61] – in Beziehung setzen, wobei auch die Art und Sensibilität der Daten eine Rolle spielen werden. Liegen nach dieser Abwägung prima vista keine Anhaltspunkte dafür vor, dass schutzwürdige Interessen des Betroffenen gegenüber den berechtigten Interessen der verantwortlichen Stelle überwiegen, ist die Verarbeitung und Nutzung zulässig.

65 Im Beispiel der Überwachungssysteme bei Finanzdienstleistern, die sie aufgrund einer Rechtspflicht nach dem KWG und den MaRisk anlegen, zeigt sich, dass ein entgegenstehendes Interesse des Betroffenen, über den darin Daten gespeichert sind, gegenüber dem berechtigten Interesse des Finanzinstituts nicht überwiegt.[62]

---

61 Dazu oben Fn. 24, 70.
62 *Bergles/Eul*, BKR 2003, S. 273 (277). Zum Aufbau von zentralen Warndateien zur Beauskunftung siehe § 29 BDSG Rn. 16.

d) Praxisfälle

Soweit mit den Aufsichtsbehörden eine Auftragsdatenverarbeitung abgelehnt wird **66** und stattdessen eine sog. „Funktionsübertragung" angenommen wird, kommen die Aufsichtsbehörden regelmäßig doch zu einer datenschutzrechtlich zulässigen Weitergabe der Daten, indem sie die Erlaubnis für die Übermittlung dem § 28 Abs. 1 Satz 1 Nr. 2 BDSG entnehmen und eine Interessenabwägung zugunsten der übermittelnden Stelle vornehmen.[63]

Als berechtigtes Interesse werden die Werbung neuer Kunden,[64] die Vorsorge für **67** Rückrufaktionen,[65] die Feststellung der Bonität der Kunden,[66] die gem. § 25a KWG obligatorische Risikoanalyse einer Bank durch die Muttergesellschaft,[67] Marktanalysen oder ganz allgemein die Förderung der Belange der verantwortlichen Stelle angegeben, soweit es sich um ein von der Rechtsordnung gebilligtes Interesse handelt.[68]

Als berechtigt wird man auch das Interesse eines Arbeitgebers ansehen, im Unter- **68** nehmen begangene Straftaten und Vertragsverstöße zu entdecken und aufzuklären. Zahlreiche Vorschriften sehen die Pflicht des Unternehmens zur Implementierung von Überwachungssystemen vor, die auch die Compliance sicherstellen sollen.[69] Ob dafür durchgeführte präventive und repressive Maßnahmen wie beispielsweise systematische Datenabgleiche zur Korruptionsbekämpfung (Screening) oder Whistleblowing-Systeme[70] zulässig sind, richtet sich nun nach § 32 Abs. 1 Satz 1 BDSG bei der Ermittlung von Verdachtsfällen und der verdachtsunabhängigen Aufklärung von Straftaten und nach § 32 Abs. 1 Satz 2 BDSG bei der Aufdeckung ausschließlich von Straftaten, soweit dafür konkrete Anhaltspunkte vorliegen.[71] Erfolgen Erhebung und Verarbeitung nicht gem. § 32 Abs. 1 Satz 1 BDSG „für Zwecke des Beschäftigungsverhältnisses", sondern etwa zur Herstellung von Compliance, und auch nicht gem. § 32 Abs. 1 Satz 2 BDSG „zur Aufdeckung von

---

63 Siehe dazu ausführlich § 11 BDSG Rn. 16.

64 *v. Lewinski*, RDV 2003, S. 122 (125), mit weiteren Beispielen.

65 Ebenda, Rn. 77.

66 *Weichert*, DuD 2001, S. 264 (266); *Taeger*, BB 2007, S. 785 (787).

67 *Mackenthun*, WM 2004, S. 1713 (1715).

68 *Schaffland/Wiltfang*, BDSG, § 28 Rn. 85; *Gola/Schomerus*, BDSG, § 28 Rn. 24; *v. Olenhusen/Crone*, WRP 2002, S. 164.

69 Siehe *Taeger*, IT-Sicherheit im Unternehmen: was fordert das Recht?, in: Hoffmann/Kitz/Leible, IT-Compliance – IT und öffentliche Sicherheit – Open Source, S. 46; *Taeger*, Gesellschaftsrechtliche Anforderungen an Risikomanagementsysteme, in: Freidank/Müller/Wulf, Controlling und Rechnungslegung, S. 207; *Winteler*, Betrugs- und Korruptionsbekämpfung vs. Arbeits- und Datenschutzrecht, in: Taeger/Wiebe, Inside the Cloud, S. 467 (470).

70 Dazu *v. Zimmermann*, RDV 2006, S. 242; *Barthel/Huppertz*, AuA 2006, S. 204; *Müller-Bonanni/Schell*, ArbRB 2006, S. 299; *Schmidl*, DuD 2006, S. 353; *Wisskirchen/Körber/Bissels*, BB 2006, S. 1567.

71 Dazu näher *Däubler*, Gläserne Belegschaften?, Rn. 427a ff.; § 32 BDSG Fn. 43.

Straftaten", sondern etwa zur Aufdeckung von Kartellverstößen oder Vertragsverletzungen, bleibt § 28 BDSG anwendbar.[72]

69 Auch die Übermittlung personenbezogener Daten im Rahmen einer Due Diligence an ein Unternehmen, das die verantwortliche Stelle übernehmen oder sich an ihr beteiligen möchte, bzw. an dessen eingeschaltete, die Due Diligence durchführende Stellen (Wirtschaftsprüfungsgesellschaft, Rechtsanwälte) kann auf Nr. 2 gestützt werden.[73] Dann müssen die Daten zur Beurteilung von wesentlichen Aspekten, die bei einer Due Diligence zu berücksichtigen sind, erforderlich sein und gegenüber schutzwürdigen Interessen der Betroffenen überwiegen, was bei der Due Diligence der Fall sein wird.[74] Außerdem müsste die Anonymisierung oder Pseudonymisierung der Daten[75] dem mit einer Due Diligence verfolgten Zweck zuwiderlaufen.[76] Auch die Einschaltung eines zur Verschwiegenheit verpflichteten Datentreuhänders, der als Berufsträger zur Verschwiegenheit verpflichtet ist (Notar, Rechtsanwalt, Wirtschaftsprüfer) und die Bewertung im Rahmen einer Due Diligence ohne Offenbarung der Identität der Betroffenen vornehmen kann, ist als datenschutzrechtlich weniger einschneidende Maßnahme zu prüfen.[77] Das gilt in besonderem Maße dann, wenn es sich um Kundendaten einer Bank handelt, die vor einer Verschmelzung oder Übernahme durch eine andere Bank geprüft und bewertet werden sollen.[78]

70 Eine Due Diligence wird regelmäßig zur Vorbereitung und Entscheidung über eine Fusion oder Übertragung erfolgen. Findet die Umwandlung nach dem Umwandlungsgesetz statt, stellt sich regelmäßig bei allen Formen einer Umwandlung die Anschlussfrage, ob die Daten an das übernehmende Unternehmen bzw. den neuen Rechtsträger im Rechtssinne übermittelt werden (§ 3 Abs. 4 Satz 2 Nr. 3 Buchst. a) BDSG) und dementsprechend eine datenschutzrechtliche Würdigung erforderlich ist. In der Literatur wird die Frage von Gesellschaftsrechtlern und Teilen der Datenschutzliteratur sowie den Aufsichtsbehörden überzeugend verneint.[79] So hat auch

---

72 Siehe dazu ausführlich § 32 BDSG Rn. 7, sowie *Schmidt*, RDV 2009, S. 193 (195).

73 Geprüft werden kann auch eine Erlaubnis aus § 28 Abs. 2 Satz 2 BDSG, weil der Erwerber ein berechtigtes Interesse an der Durchführung der Due Diligence hat; dazu *Göpfert/Meyer*, NZA 2011, S. 486 (490).

74 Vgl. *Göpfert/Meyer*, NZA 2011, S. 486 (488).

75 Dazu *Braun/Wybitul*, BB 2008, S. 782 (783).

76 *Braun/Wybitul*, BB 2008, S. 782; *Däubler*, RDV 2004, S. 55; *Essers/Hartung*, RDV 2002, S. 278; *Diller/Deutsch*, K&R 1998, S. 16; *Däubler*, RDV 2004, S. 55 (56), mit Hinweisen auf die Grenzen der Übermittlung für Zwecke der Due Diligence. Dazu aus österreichischer Perspektive *Trybus/Uitz*, MuR 2007, S. 341, und aus schweizer Sicht *Gericke*, SJZ 2003, S. 1.

77 Siehe etwa *Beucher/Räther/Stock*, AG 2006, S. 277 (282).

78 Siehe dazu ausführlich *Behling*, RDV 2010, S. 107 (108) mit zahlr. Nachw. zum Meinungsstand, und die Hinweise zum Bundesdatenschutzgesetz für die private Wirtschaft (Nr. 38) vom 18.1.2000, StAnz für Baden-Württemberg Nr. 2 vom 24.1.2000, S. 12.

79 *Lüttge*, NJW 2000, S. 2463 (2465), der die Datenschutzdiskussion als „Scheinproblem" bezeichnet; *Schaffland*, NJW 2002, S. 1539 (1541). Siehe dazu auch *Teichmann/Kiessling*, ZGR 2001, S. 33, und *Göpfert/Meyer*, NZA 2011, S. 486 (490).

die baden-württembergische Aufsichtsbehörde für den sensiblen Bereich der Banken votiert und das Fehlen einer Datenübermittlung damit begründet, dass durch die Gesamtrechtsnachfolge das aufnehmende oder neu entstandene Kreditinstitut in die Verträge zu den Bankkunden eintrete, es damit nicht Dritter sei und eine Übermittlung im Rechtssinne folglich nicht stattfinde.[80]

Eine andere Auffassung sieht die Übermittlung als Phase der Datenverarbeitung **71** aufgrund der Erlaubnis aus § 28 Abs. 1 Satz 1 Nr. 1 BDSG als zulässig an, weil ohne eine Überlassung der Daten an den Nachfolger das Schuldverhältnis, dem die Datenverarbeitung diene, sonst nicht weiter bestünde. Der Dritte als übernehmendes Unternehmen trete für die verantwortliche Stelle in das Schuldverhältnis ein und setze es fort. Die Datenverarbeitung diene deshalb dem mit der betroffenen Person bestehenden und fortgesetzten Vertragsverhältnis.[81] Eine Abwägung ist hier nicht vorgesehen. Darin liegt aber gerade das Problem. Das Schuldverhältnis wäre möglicherweise gar nicht zustande gekommen, wenn dem Betroffenen bekannt gewesen wäre, wer einmal die andere Seite des Schuldverhältnisses sein könnte. Daher wird man – wenn man das BDSG bei der Gesamtrechtsnachfolge als anwendbar einordnet – auf § 28 Abs. 1 Satz 1 Nr. 2 BDSG abstellen[82] und eine pauschale Abwägung mit den schutzwürdigen Belangen der Betroffenen in toto vornehmen müssen. Nur dann, wenn Anhaltspunkte dafür vorliegen, dass in einem Einzelfall die Belange eines einzelnen Betroffenen gegenüber den Interessen der verantwortlichen Stelle überwiegen könnten, kann das Abwägungsergebnis anders ausfallen und eine Übermittlung der Daten ausschließen bzw. von der Einwilligung des Betroffenen abhängig gemacht werden; das kommt der Einräumung eines Widerspruchsrechts des Kunden gleich.[83] Dann bleibt nichts anderes übrig, als das Schuldverhältnis durch Kündigung oder Aufhebung zu beenden, bevor die Übermittlung erfolgt. § 20 Abs. 1 Nr. 1 UmwG ist nicht als bereichsspezifische Datenschutzvorschrift, als sonstige Rechtsvorschrift im Sinne des § 4 Abs. 1 BDSG, einzuordnen, aus der sich eine Erlaubnis zur Übertragung des datenschutzrechtlich geschützten Datenbestands ableiten ließe.[84]

Es gibt gute Gründe, hier aufgrund der Gesamtrechtsnachfolge davon auszugehen, **72** dass eine Übermittlung an einen Dritten bei bzw. nach der Umwandlung gar nicht

---

80 Innenministerium Baden-Württemberg, Hinweise zum Datenschutz für die private Wirtschaft Nr. 38 vom 18.1.2000.

81 Vgl. *Zöllner*, ZHR 165 (2001), S. 440 (447 f.). Siehe auch *Behling*, RDV 2010, S. 107, zum Asset Deal.

82 Dabei sind *Wengert/Widmann/Wengert*, NJW 2000, S. 1289, der Ansicht, dass die Belange der Betroffenen grundsätzlich überwiegen; a.A. *Schaffland*, NJW 2002, S. 1539 (1540). Siehe zu der Diskussion den Beitrag von *Bitter*, ZHR 173 (2009), S. 379, mit zahlreichen w.N.

83 *Gola/Schomerus*, BDSG, § 28 Rn. 37. A.A. *Schaffland*, NJW 2002, S. 1539 (1541).

84 So aber *Schaffland*, NJW 2002, S. 1539 (1541). Wie hier Hinweise zum Bundesdatenschutzgesetz für die private Wirtschaft (Nr. 38) vom 18.1.2000, StAnz für Baden-Württemberg Nr. 2 vom 24.1.2000, S. 12; *Simitis*, ZHR 165 (2001), S. 453 (455).

erfolgt. Gleichwohl ist nicht von der Hand zu weisen, dass die Belange der betroffenen Kunden durch die Umwandlung berührt werden[85] und eine datenschutzrechtliche Bewertung erfolgen muss, die wie bei einer Übermittlung oder einer zweckändernden Verwendung eine Abwägung entsprechend § 28 Abs. 1 Satz 1 Nr. 2 BDSG vorzunehmen hat. Eine klarstellende Regelung im Bundesdatenschutzgesetz, die auch die Rolle von Berufsgeheimnissen bei einer Umwandlung aufgreifen könnte,[86] oder besser – weil es im Kern eher um eine gesellschaftsrechtliche Fragestellung geht – im Umwandlungsgesetz wäre hilfreich.

73 Mit einer Forderungsabtretung (Veräußerung von Darlehensverträgen) werden dem Zessionar die Daten des Schuldners übermittelt.[87] Nach Ansicht des BGH[88] kommt es bei der Prüfung der dinglichen Wirksamkeit einer Forderungsabtretung nicht darauf an, ob das Bankgeheimnis oder das Datenschutzrecht verletzt wurden, weil sich weder aus dem einen noch dem anderen ein gesetzliches Abtretungsverbot herleiten lasse.[89] Die Verletzung der Verschwiegenheitspflicht vermag danach einen Schadensersatz des Darlehensnehmers auszulösen, führe aber nicht zur Unwirksamkeit der dinglichen Forderungsabtretung. Die Nichtberücksichtigung datenschutzrechtlicher Aspekte ist auf Kritik gestoßen. Gerade vor dem Hintergrund, dass in der aktuellen, auf die US-Immobilienkrise (Subprime-Krise) zurückgehende Wirtschaftskrise in großem Umfang notleidende Kredite (Non-Performing Loans/ NPL) – auch im Bundle mit gesunden Krediten – veräußert wurden (Abtretung gem. § 398 BGB) und die Aufkäufer häufig an Gewinnmaximierung interessierte und im Bankenjargon als sog. „Geierfonds" bezeichnete Finanzinvestoren aus dem Nicht-EU-Ausland sind, hat die datenschutzrechtliche Bewertung einen hohen Stellenwert. Die angestoßene Diskussion über die datenschutzrechtlichen Implikationen der Forderungsabtretung[90] wird noch anhand von Einzelfällen herausarbeiten

---

85 Vgl. *Simitis*, ZHR 165 (2001), S. 453 (455).
86 Geht es um eine Umwandlung einer Klinik oder einen Zusammenschluss von Rechtsanwaltskanzleien, sind bei der Überlassung von Gesundheits- bzw. Mandantendaten an den neuen Rechtsträger die gesetzlichen Verschwiegenheitspflichten zu berücksichtigen (§ 203 StGB).
87 Teilweise wird diese Übermittlung auch auf § 28 Abs. 2 Nr. 2 Buchst. a) BDSG gestützt und für zulässig gehalten, weil keine Abwägung mit den Belangen der Betroffenen erfolge, jedenfalls dann, wenn der Zessionar – wie eine Bank – zur Verschwiegenheit verpflichtet sei; *Schantz*, VuR 2006, S. 464 (467).
88 BGHZ 171, 180 = BGH NJW 2007, 2106 = BB 2007, 793 = RDV 2007, 118; im Ergebnis schon vor dem BGH ebenso *Toth-Feher/Schick*, ZIP 2004, S. 491 (494), die zudem die Abwägung des berechtigten Interesses der Bank mit den schutzwürdigen Belangen der Kreditnehmer in Nr. 1 verorten. Zustimmend auch *Nobbe*, ZIP 2008, S. 97 (100). Siehe auch die entsprechende Entscheidung für Abtretungen durch öffentlich-rechtliche Sparkassen BGH DB 2009, 2780, und *Jaeger/Heinz*, BKR 2009, 273.
89 Dazu ausführlich *Zimmermann*, BKR 2008, S. 95 (96).
90 Vgl. nur *Eisele*, ZIS 2011, S. 354; *Hoeren*, ZBB 2010, S. 64; *Dietrich*, NJ 2010, S. 206; *Derleder*, VuR 2007, S. 81 (85 f.); *Weichert*, VuR 2007, S. 373; *Reifner*, BKR 2008, S. 142 (146), der allerdings § 29 BDSG prüft.

müssen, unter welchen Bedingungen die Übermittlung personenbezogener Darlehensnehmerdaten vor oder bei einem Forderungsverkauf im Lichte von § 28 Abs. 1 Satz 1 Nr. 2 BDSG noch zulässig ist. Allerdings hat der BGH nun entschieden, dass ein Datenschutzverstoß nicht die dingliche Wirkung der Abtretung beeinflusst und über § 134 BGB keine Nichtigkeit der Abtretung erreicht werden kann, weil das BDSG kein Verbotsgesetz i.S.v. § 134 BGB darstellt.[91] Das sieht auch das BVerfG nicht anders, das in einem Nichtannahmebeschluss feststellte, dass die Abtretung keinen verfassungsrechtlichen Bedenken wegen einer Persönlichkeitsrechtsverletzung begegne.[92] Damit bewertet der BGH das BDSG im Kontext der Abtretung anders als etwa § 203 BGB; bei der Abtretung von Honorarforderungen von Ärzten und anderen Trägern von Berufsgeheimnissen – hier aufgrund der Nichtigkeit gem. § 134 BGB i.V.m. § 203 StGB – ging der BGH von einer Nichtigkeit der Abtretung aus.[93]

Das Abwägungsgebot wird auch in anderen Fällen der Forderungsabtretung zu berücksichtigen sein; stehen schutzwürdige Belange nicht entgegen, wird man bei berechtigtem Interesse des Zedenten eine Abtretung und damit eine Übermittlung personenbezogener Daten an einen Dritten, den Zessionar, als zulässig ansehen können.[94] **74**

Das angesprochene Abwägungsgebot besagt: Es darf kein Grund zu der Annahme bestehen, dass *schutzwürdige Interessen der Betroffenen* an dem Ausschluss der Verarbeitung oder der Nutzung *überwiegen*. Als schutzwürdig sind nicht nur das Interesse an der Wahrung der Privatsphäre oder am Schutz der informationellen Selbstbestimmung, sondern auch ideelle oder wirtschaftliche Interessen anerkannt.[95] Die übermittelnde Stelle hat danach im Einzelfall eine am Verhältnismä- **75**

---

91 BGH NJW 2007, 2106; ebenso jetzt auch das Bbg. OLG am 19.2.2010 – 4 U 149/08, im Anschluss an BGH NJW 2010, 361; siehe auch *Büttner/Tonner*, ZBB 2005, S. 165; a.A. *Weichert*, VuR 2007, S. 373 (375).

92 BVerfG NJW 2007, 3707: „Die Wertung des Gesetzes, dass die Abtretung ungeachtet einer persönlichkeitsrechtlichen Relevanz der nach § 402 BGB zu erteilenden Auskünfte wirksam ist, begegnet gleichwohl grundsätzlich keinen verfassungsrechtlichen Bedenken. Sie dient der Verkehrsfähigkeit von Forderungen und damit einem für die Privatrechtsordnung wesentlichen Allgemeinbelang." Siehe auch *Reuter/Buschmann*, ZIP 2008, S. 1003 (1005 f.).

93 BGH NJW 1996, 775.

94 Das gilt nicht ausnahmslos; zu beachten sind die schutzwürdigen Belange der Betroffenen bei der Abtretung von ärztlichen Honorarforderungen wegen des besonderen Schutz von Patientendaten. Werden aber durch die Abtretung Patientengeheimnisse nicht verletzt, ist die Abtretung nicht nichtig; siehe etwa den Fall der Abtretung einer ärztlichen Honorarforderung an die Kassenärztliche Vereinigung OLG Hamm OLGR Hamm 1999, 168. Zur Abtretung von Darlehensforderungen „mit Bankgeheimnis" *Schantz*, VuR 2006, S. 464 (467); von risikobehafteten Krediten *Beucher/Räther/Stock*, AG 2006, S. 277.

95 *Gola/Klug*, Grundzüge des Datenschutzes, S. 90; *Taeger*, BB 2007, S. 785 (787); a.A. *v. Lewinski*, RDV 2003, S. 122 (126), der die Interessen auf die Persönlichkeitsrechte reduziert. Siehe auch Rn. 71 ff.

ßigkeitsgrundsatz orientierte Abwägung zwischen ihren berechtigten Interessen auf der einen und den schutzwürdigen Interessen des Betroffenen auf der anderen Seite vorzunehmen.[96] Danach muss also a) seitens der verantwortlichen Stelle ein berechtigtes Interesse bestehen, zu dessen Wahrung die als Mittel zur Erfüllung eines eigenen Geschäftszwecks beabsichtigte Datenverarbeitung erforderlich ist, b) können schutzwürdige Interessen des Betroffenen zwar berührt sein, diese dürften aber c) gegenüber den berechtigten Interessen der verantwortlichen Stelle nicht überwiegen. Nach diesem Zulässigkeitstatbestand kann die Erhebung, Verarbeitung und Nutzung also selbst dann zulässig sein, wenn die Interessen des Betroffenen zwar berührt sind, eine Interessenabwägung aber ergibt, dass die Interessen der verantwortlichen Stelle überwiegen. Danach ist die Datenübermittlung regelmäßig zulässig, wenn den für eine Datenübermittlung sprechenden berechtigten Interessen ein solches Gewicht zukommt, dass die Belange des Betroffenen demgegenüber zurücktreten müssen. Bei der Übermittlung von Negativdaten durch eine Bank an die SCHUFA nahm die Rechtsprechung dieses überwiegende Interesse bei einer Abwägung auch bei der Übermittlung von sogenannten weichen Negativmerkmalen an.[97] War danach die Bank zur Übermittlung aus Sicht des BDSG berechtigt, verletzt sie auch nicht das Bankgeheimnis.[98]

76   Das Vorliegen eines berechtigten Interesses und das Erforderlichkeitskriterium sind zwei Merkmale, die getrennt voneinander zu prüfen sind, damit nicht Aspekte der Erforderlichkeit fälschlicherweise schon beim Tatbestandsmerkmal des berechtigten Interesses geprüft werden.[99]

77   Ist also das Interesse eines Unternehmens – insbesondere von Versicherungsunternehmen und Banken – berechtigt, ein *unternehmensinternes* Warnsystem aufzubauen, um Betrugsfällen vorzubeugen, und sprechen nicht besondere Umstände für vorgehende schutzwürdige Belangen der betroffenen Person, ist die Speicherung in

---

96 BGH NJW 1984, 436 = BB 1983, 2016; *Taeger*, BB 2007, S. 785 (787).

97 OLG Saarbrücken RDV 2006, 124; dazu *Kamlah/Hoke*, RDV 2007, S. 242. Siehe jetzt auch OLG Frankfurt RDV 2009, 30, mit Anm. *Willershausen*, jurisPR-BKR 1/2009 Anm. 3.

98 OLG Thüringen OLGR Jena 2006, 442, bestätigt durch BGH GuT 2006, 85, der bei der Abwägung nach § 28 Abs. 1 Nr. 2 BDSG a. F. nicht Gesichtspunkte des Persönlichkeitsschutzes und der informationellen Selbstbestimmung, sondern finanzielle Interessen des Betroffenen im Vordergrund sieht. „Schützenswerte wirtschaftliche Belange" und nicht etwa persönlichkeitsrechtliche Erwägungen prüft auch BGH NJW 1984, 436 = BB 1983, 2016. Damit sind also nicht nur persönlichkeitsrechtliche Interessen in die Abwägung einzubeziehen; siehe aber *Niedermeier/Schröcker*, RDV 2001, S. 90 (95); *Schaffland/Wiltfang*, BDSG, § 28 Rn. 85.

99 So bei *Wedde*, in: Däubler/Klebe/Wedde/Weichert, BDSG, § 28 Rn. 48 f., wo diese beiden Merkmale ineinanderlaufen: das Interesse, für den Fall einer Rückrufaktion bei Produktfehlern von PKW auf Halterdaten zugreifen zu können und sie deswegen zu speichern, berechtigt; die Speicherung ist aber nicht erforderlich, weil die Daten vom Kraftfahrt-Bundesamt vorgehalten werden.

einer internen[100] Warndatei zulässig. Auch ein ausgesprochenes Hausverbot oder das Fahren ohne gültigen Fahrschein (Beförderungserschleichung) kann zur Aufnahme in eine interne Warndatei (Schwarze Liste) führen.[101] Bei Mieterwarndateien verschiebt sich die Abwägung allerdings häufig zugunsten der Mieter, weil hier das Risiko besonders hoch ist, dass subjektive Kriterien maßgeblich für die Aufnahme sind (Lärm in der Mittagszeit, keine regelmäßige Treppenreinigung, Abstellen von Gegenständen im Hausflur) oder Mietrückstände nicht auf Zahlungsunwilligkeit oder -unfähigkeit, sondern auf berechtigte Mietminderungen zurückgeführt werden können. Derartige Mieterwarndateien eines Vermieters begegnen erheblichen datenschutzrechtlichen Bedenken, wenn nicht gefestigte, objektivierbare Kriterien der Abwägung zugrunde lagen.[102]

Danach darf die deutsche Versicherungswirtschaft ein Hinweis- und Informations-   **78**
system (HIS)[103] zur Identifizierung erhöhter Risiken und zur Bekämpfung von Versicherungsbetrug einrichten. So hat der Gesamtverband der Deutschen Versicherungswirtschaft (GDV) ein HIS in Abstimmung mit der AG Versicherungswirtschaft der Datenschutzaufsichtsbehörden als Auskunftei nach § 29 BDSG neu gestaltet. Betreiber und damit datenschutzrechtlich verantwortliche Stelle ist nun die informa Insurance Risk and Fraud Prevention GmbH in Baden-Baden. Versicherungsunternehmen können – getrennt nach Versicherungssparten – Daten über Personen, Fahrzeuge oder Immobilien an das HIS melden, wenn ein erhöhtes Risiko oder eine auf einen Versicherungsmissbrauch hindeutende Auffälligkeit vorliegt. Besondere Arten personenbezogener Daten (z.B. Gesundheitsdaten) werden nicht zum HIS gemeldet. An das HIS gemeldete Betroffene werden von der Versicherung über die Art der gemeldeten Daten, den Zweck der Meldung, den Datenempfänger und den möglichen Abruf der Daten benachrichtigt. Abfragende Versicherungsunternehmen werten die erlangten Informationen als Hinweis für einen näher zu prüfenden Sachverhalt. Im Leistungsfall können Daten zwischen dem einmeldenden und dem abrufenden Versicherungsunternehmen ausgetauscht werden, wenn kein Grund zu der Annahme besteht, dass die schutzwürdigen Interessen des Betroffenen am Ausschluss der Übermittlung überwiegen oder wenn eine Einwilligung vorliegt.

Unternehmen, insbesondere die Kreditwirtschaft, die gesetzlich zum Aufbau eines   **79**
Überwachungssystems verpflichtet sind, dürfen, wenn und solange dieses zur Erfüllung des gesetzlichen Auftrags erforderlich ist, in einem Risikomanagementsystem

---

100 Handelt es sich um eine Warndatei, die zum Zweck der Übermittlung an Dritte aufgebaut wird, ist § 29 BDSG anzuwenden.

101 So *Reif*, RDV 2007, S. 4 (5), mit weiteren Beispielen.

102 Siehe dazu auch *Reif*, RDV 2007, S. 4 (7 f.).

103 Eine Beschreibung des HIS findet sich unter http://www.gdv.de/wp-content/uploads/2012/08/Infoblatt_zum_HIS_2011nn.pdf. Zu Warndateien in der Versicherungswirtschaft *Hoeren*, VersR 2005, S. 1014 (1015); *Schwintowski*, VuR 2004, S. 242; *Schleifenbaum*, Datenschutz oder Tatenschutz in der Versicherungswirtschaft, 2009.

auch personenbezogene Daten verarbeiten und nutzen. Derartige Pflichten zur Implementierung eines Risikomanagementsystems ergeben sich etwa aus §§ 76 Abs. 1, 93 Abs. 1 Satz 1 und 91 Abs. 2 AktG, aus §§ 25a, 25c KWG i.V.m. den Mindestanforderungen an das Risikomanagement (MaRisk) der Bundesanstalt für die Finanzdienstleistungsaufsicht (BaFin) vom 14.8.2009,[104] § 33 WpHG und aus § 64a VAG i.V.m. den konkretisierenden Mindestanforderungen an das Risikomanagement in Versicherungsunternehmen, den MaRisk (VA).[105] Aus § 25c KWG als auch datenschutzrechtlicher Regelung kann sich eine bereichsspezifische Erlaubnis zur Erhebung und Verarbeitung personenbezogener Daten ergeben, aber nicht aus § 25a KWG.[106]

4. Zulässigkeit nach § 28 Abs. 1 Satz 1 Nr. 3 BDSG

80 Ein besonderes Privileg gewährt die Zulässigkeitsalternative der Nr. 3: Als selbstständige und ebenfalls gegenüber der Nr. 1 nicht nur nachrangige Erlaubnisnorm dürfen Daten erhoben, gespeichert, verändert, übermittelt und genutzt werden, wenn diese Daten entweder allgemein zugänglich sind oder wenn die verantwortliche Stelle diese Daten selbst veröffentlichen dürfte. Eine Einschränkung sieht die Norm nur insofern vor, als das schutzwürdige Interesse des Betroffenen an dem Ausschluss der Verarbeitung oder Nutzung gegenüber dem berechtigten Interesse der verantwortlichen Stelle nicht offensichtlich überwiegen darf.

a) Allgemein zugängliche Daten

81 Personenbezogene Daten sind dann allgemein zugänglich, wenn der Zugriff auf diese Daten für jeden rechtlich voraussetzungslos und ohne technische Zugangsbarrieren möglich ist. Insofern kann auf das Grundrecht der Informationsfreiheit (Art. 5 Abs. 1 Halbs. 2 GG) Bezug genommen werden, das ebenfalls an dem Merkmal der „allgemein zugänglichen" Informationsquellen anknüpft.[107] Dazu hat das BVerfG entschieden, dass Informationen dann allgemein zugänglich sind, wenn sie

---

104 Rundschreiben 15/2009 der BaFin. Dazu ausführlich *Lüth*, Mindestanforderungen an das Risikomanagement: Eine Herausforderung für Kreditinstitute und Bankenaufsicht; *Wingendorf*, Risikopolitik öffentlich-rechtlicher Kreditinstitute – Risikobegrenzung durch Gesellschafts- und Aufsichtsrecht; *Taeger*, IT-Sicherheit im Unternehmen: was fordert das Recht?, in: Hoffmann/Kitz/Leible, IT-Compliance – IT und öffentliche Sicherheit – Open Source, S. 46; *Taeger*, Einbindung des betrieblichen Datenschutzbeauftragten in eine Compliance-Organisation, in: Conrad, Inseln der Vernunft, S. 149 (153).
105 Rundschreiben 3/2009 (VA) der BaFin v. 22.1.2009, geändert durch Rundschreiben 23/2009 (VA) v. 21.12.2009.
106 *Hoeren*, DuD 2002, S. 736 (738); *Petri*, DuD 2003, S. 631; anders *Mackenthun*, WM 2004, S. 1713 (1715), und hier § 28b BDSG Rn. 41.
107 Von *Wendt*, in: Münch/Wendt, GG-Kommentar, Art. 5 Rn. 22 ff.; *Schulze-Fielitz*, in: Dreier, GG, Art. 5 Rn. 74 ff.; *Starck*, in: v. Mangoldt/Klein/Starck, GG I, Art. 5 Rn. 44 ff.

„technisch geeignet und bestimmt sind, der Allgemeinheit Informationen zu verschaffen".[108]

Zunächst zählen alle Daten aus frei zugänglichen Medien wie Rundfunk (Fernsehen, Hörfunk), Zeitungen und Zeitschriften, Büchern, Internet, Informationen aus Ausstellungen, Messen und Vorträgen dazu. Die Daten müssen nicht dauerhaft zugänglich oder archiviert sein; flüchtige Informationen aus einer öffentlich gehaltenen Rede sind ebenfalls allgemein zugängliche Informationen. Auch Autokennzeichen, die Personen zugeordnet werden können, sind ebenso öffentlich zugängliche Informationen wie Bauscheine, die an genehmigungspflichtigen Bauvorhaben angebracht werden müssen.[109]   **82**

Auch die vom Betroffenen nicht als für einen eingeschränkten Nutzerkreis kenntlich gemachten Daten in einer „social community" im world wide web (Bsp. schuelerVZ, studiVZ, Facebook, Xing) zählen ebenso dazu, wie die von yasni, 123people und anderen Personensuchmaschinen zusammengetragenen Daten. Wohlgemerkt: In Rede steht bei den Personensuchmaschinen nicht die Zulässigkeit derartiger Portale, die sich aus § 29 BDSG ergeben kann, sondern die Frage, ob die darin enthaltenen, nach der Eingabe von Suchbegriffen gefundenen Daten erhoben und gespeichert werden dürfen, weil sie öffentlich zugänglich sind.   **83**

Konsequenterweise wird man auch die Fotos von Wohngebäuden dazu zählen müssen, die über die Dienste von Googles „Street View" abrufbar sind. Mit Kontextwissen über Straße und Hausnummer sind diese Daten nämlich als personenbeziehbar zu qualifizieren.[110] Urheberrechtliche Beschränkungen, die einem Download entgegenstehen könnten, sind für die datenschutzrechtliche Beurteilung als *allgemein zugänglich* ohne Belang.[111]   **84**

Allgemein zugänglich sind auch solche bei privaten oder öffentlichen Stellen vorhandenen Informationen, über die jedermann Auskunft und in die jedermann Einsicht erhalten kann. Öffentliche Register gelten als allgemein zugänglich, weil und soweit sie ihre Allgemeinzugänglichkeit einer – revidierbaren – staatlichen Entscheidung verdanken, deren Zugang auf das Vorliegen eines berechtigten Interesses beschränkt werden kann.[112] So ist die Einsicht in das Grundbuch gem. § 12 Abs. 1 GBO vom Vorliegen eines berechtigten Interesses abhängig und damit nicht allgemein zugänglich, sondern nur sehr eingeschränkt für die einzelne, individuell bestimmbare Person, die ein berechtigtes Interesse vorweisen kann. Das gilt auch für   **85**

---

108 BVerfGE 27, 71 (83) – Leipziger Volkszeitung; BVerfGE 103, 44 (60) – Fernsehaufnahmen. Weitere Nachweise aus der Rechtsprechung und Literatur bei *Schulze-Fielitz*, in: Dreier, GG, Art. 5 Rn. 78.
109 So auch *Gola/Schomerus*, BDSG, § 28 Rn. 32.
110 Siehe zum Personenbezug von Geodaten *Weichert*, DuD 2009, S. 347; zu Gebäudefotos als personenbezogenes Datum LG Köln, Urteil v. 13.1.2010 – 28 O 578/09.
111 Angedeutet von *Jarass*, in: Jarass/Pieroth, GG, Art. 5 Rn. 16.
112 Vgl. *Starck*, in: v. Mangoldt/Klein/Starck, GG I, Art. 5 Rn. 46; *Schulze-Fielitz*, in: Dreier, GG, Art. 5 Rn. 79 m. w. N.

die Einsicht in andere Register, in die die Einsicht vom Vorliegen bestimmter Voraussetzungen abhängig gemacht wird (Verkehrszentralregister, Fahrzeugregister, Gewerbezentralregister, Bundeszentralregister, Personenstandsregister).

86 Allgemein zugänglich sind dagegen diejenigen personenbezogenen Daten aus Insolvenzverfahren, die gem. § 9 InsO in amtlichen Bekanntmachungen oder elektronisch unter www.insolvenzbekanntmachungen.de im Internet voraussetzungslos öffentlich bekannt gemacht werden; § 4 InsOBekV sieht zudem vor, dass jedermann von den öffentlichen Bekanntmachungen in angemessenem Umfang unentgeltlich Kenntnis nehmen kann. Diese Bekanntmachung genügt nach § 9 Abs. 3 InsO zum Nachweis der Zustellung an alle Beteiligten; die Gläubiger werden auf diese Weise wirksam in das Verfahren einbezogen, an dessen Ende mit der Restschuldbefreiung auch die Entschuldung des Schuldners stehen kann. Die elektronische Registerveröffentlichung erfolgt durch das Justizministerium des Landes Nordrhein-Westfalen im Auftrag der Länder gemäß Beschluss der 74. Justizministerkonferenz zu elektronischen Internetveröffentlichungen von Insolvenzmitteilungen. Die auf der Ermächtigungsgrundlage des § 9 Abs. 2 Satz 2 und 3 InsO ergangene Verordnung zu öffentlichen Bekanntmachungen in Insolvenzverfahren im Internet[113] enthält in seinem § 3 InsOBekV Löschungsfristen (1 Monat/6 Monate), die allerdings nur an die veröffentlichende Stellen – das sind hier die Insolvenzgerichte – gerichtet sind.[114]

87 Gleichwohl sollte daraus nicht geschlossen werden, dass die Speicherung und Nutzung der Daten und insbesondere ihre über die den veröffentlichenden Stellen aufgegebenen Löschungsfristen hinaus beliebig möglich sind.

88 Vor dem Hintergrund der besonderen Sensibilität dieser Daten kann sich niemand auf die öffentliche Zugänglichkeit berufen und die Daten zum Abruf über die Fristen hinaus, die die veröffentlichenden Stellen zu beachten haben, bereitstellen oder in anderer Weise weiter verarbeiten. Kreditinstitute und Wirtschaftsauskunfteien erheben aus den öffentlichen Registern diese Daten und verarbeiten sie mangels einer speziellen Löschungsfrist in der InsO bzw. der InsOBekV längstens drei Jahre ab dem Ende des Jahres, in dem die eidesstattliche Versicherung abgegeben, die Haft angeordnet oder die sechsmonatige Haftvollstreckung beendet worden ist. Dabei orientieren sie sich an der dreijährigen Löschungsfrist aus § 915a Abs. 1 ZPO, aus dem sich aber zudem keine Anhaltspunkte dafür finden lassen, zu welchem Zeitpunkt im Verfahren die Löschungsfrist zu laufen beginnt.

89 Zulässig ist diese lange Speicherfrist von über 3 Jahren nicht, zumal die Gerichte die Daten nach § 3 InsOBekV bereits nach spätestens 6 Monaten zu löschen haben.[115]

---

113 InsOBekV vom 12.2.2002 (BGBl. I, S. 677), zuletzt geändert durch Art. 2 des G. vom 13.4.2007 (BGBl. I, S. 509).

114 Ebenso *Kübler/Prütting/Borg*, InsO, § 9 Rn. 25.

115 Zu einer anderen Bewertung des § 29 Abs. 1 Satz 1 Nr. 2 BDSG für die Auskunfteien kommt das AG Wiesbaden DuD 2011, 364, m. zust. Anm. *Tetzlaff*, jurisPR-BKR 11/ 2011 Anm. 5.

Hinter dieser kürzeren Frist steht der Gedanke, die Betroffenen, im Jahre 2010 durchliefen immerhin etwa mehr als 108.000 Menschen das Verbraucherinsolvenzverfahren,[116] auch alsbald wieder kreditfähig zu machen. Es besteht hier dringender gesetzlicher Handlungsbedarf, um die Löschungsfrist auch bei denjenigen entsprechend § 3 InsOBekV zu regeln, denen die Daten öffentlich zugänglich gemacht werden und eine Erhebung und Verarbeitung auf § 28 Abs. 1 Satz 1 Nr. 3 BDSG stützen. Solange es an dieser Regelung fehlt, sollte das schutzwürdige Interesse der Betroffenen an dem Ausschluss der Verarbeitung oder Nutzung gegenüber dem berechtigten Interesse der verantwortlichen Stelle spätestens nach Ablauf der Fristen gem. § 3 InsOBekV als überwiegend angesehen werden. Für Kreditinstitute folgt damit entgegen einer verbreiteten Praxis eine Pflicht zur Löschung spätestens sechs Monate nach Beendigung des Insolvenz- bzw. Restschuldbefreiungsverfahrens. Kreditauskunfteien haben die Daten zu löschen, sobald die Insolvenzgerichte die Daten aus dem öffentlich zugänglichen Internet entfernt haben, also ebenfalls spätestens sechs Monate nach Verfahrensende. Eine diese sich aus dem Datenschutzrecht ergebende Speicherfrist sollte der Rechtsklarheit wegen auch in der Insolvenzordnung mit einer entsprechenden Löschungspflicht geregelt werden.[117]

Das schutzwürdige Interesse des Betroffenen überwiegt auch dann ganz offensichtlich, wenn auf einen Insolvenzantrag hin, den das Gericht als zulässig ansieht, eine vorläufige Verwaltung angeordnet wird, die öffentlich bekannt gemacht wird, also öffentlich zugänglich ist. Folgt aus dem eingeholten Sachverständigengutachten, dass gar keine Zahlungsunfähigkeit vorliegt, können sich Auskunfteien nicht auf § 28 Abs. 1 Satz 1 Nr. 3 BDSG stützen und dürfen auch solche Daten nicht drei Jahre verarbeiten, nur weil sie einmal für kurze Zeit – die Gerichte löschen dann sofort – öffentlich zugänglich waren. Hier überwiegen die schutzwürdigen Interessen des Betroffenen ebenfalls. **90**

Das gilt auch dann, wenn nach Eröffnung eine Einstellung wegen (nachträglichen) Wegfalls des Eröffnungsgrundes erfolgt (§ 212 InsO), weil der Schuldner wieder zahlungsfähig geworden ist und er alle Gläubiger befriedigt hat. Es erscheint nicht gerechtfertigt, hier den Gedanken des BVerfG[118] heranzuziehen, wonach der Schutz des Wirtschaftsverkehrs höher zu bewerten ist, als das Sanierungsinteresse des Schuldners. Auch wenn nach dem BVerfG der ehemalige Schuldner keinen Anspruch auf Löschung hat, steht dem Gericht die Löschung gleichwohl frei. Dritten, die die vorübergehend oder gar über die gesamte nach der BekInsOV im Lichte der BVerfG-Entscheidung zulässige Frist öffentlich gemachten Daten verar- **91**

---

116 *Gärtner/Tintemann*, VuR 2012, S. 54.
117 Ausführlich dazu *Johannsen*, ZVI 2013, S. 41. Im Ergebnis auch *Gärtner/Tintemann*, VuR 2012, S. 54, allerdings mit der falschen Begründung, dass die Daten nicht mehr gespeichert werden dürften, wenn sie nicht mehr öffentlich zugänglich seien; denn die öffentliche Zugänglichkeit braucht nur zum Zeitpunkt der Erhebung gegeben zu sein.
118 BVerfG CR 1989, 528 = RDV 1989, 77 = NJW 1988, 3009. Kritisch auch *Robrecht*, KTS 2000, S. 529.

beiten, sollte unter Beachtung der offensichtlich nun überwiegenden schutzwürdigen Belange eine fortdauernde Verarbeitung aus datenschutzrechtlicher Perspektive verwehrt sein.

92 Auch nicht allgemein zugänglich ist das Schuldnerverzeichnis nach § 915 ZPO, weil eine Auskunft über die darin enthaltenen personenbezogenen Informationen gem. § 915b Abs. 1 Satz ZPO nur erteilt werden darf, wenn dargelegt wird, dass die Auskunft für einen der in § 915 Abs. 3 ZPO bezeichneten Zwecke erforderlich ist. Diejenigen Personen, denen danach eine Auskunft erteilt werden kann, sind gesetzlich an den Zweck, zu dem sie die Informationen erhielten, gebunden (§ 915 Abs. 3 Satz 2 ZPO), nicht-öffentliche Stellen sind darauf bei der Übermittlung hinzuweisen. Gegen das Ergebnis, dass keine allgemeine Zugänglichkeit besteht, spricht auch nicht, dass die bloße Darlegung,[119] die Auskunft werde für einen der genannten Zwecke benötigt und sei auch erforderlich, bereits genügt, um die Auskunft – möglicherweise unberechtigt – zu erlangen.[120]

93 Die ausschließlich über das Internet gem. § 9a Abs. 2 und 3 HGB und § 9 Abs. 2 Satz 2 InsO im Unternehmensregister (www.unternehmensregister.de)[121] unmittelbar zugänglich gemachten oder über einen Zugang zu Dritten vermittelten Informationen, die auch personenbezogene Daten enthalten, sind allgemein zugänglich. Des Weiteren zählen zu den allgemein zugänglichen Registern das traditionelle Handelsregister (§ 8 HGB), dessen Daten als Teil des Unternehmensregisters gem. § 9a HGB elektronisch abrufbar sind, das Genossenschaftsregister, das Partnerschaftsregister und das Vereinsregister.

94 Daten aus einem Melderegister können zwar in Einzelfällen über die einfache Melderegisterauskunft (Vor- und Familienname, Doktorgrad, Anschrift) gem. § 21 Abs. 1 MRRG auch ohne Nachweis eines berechtigten Interesses – nach Ansicht des BVerwG allerdings aufgrund einer einfachen Ermessensentscheidung[122] – erfragt werden und sind danach für einfache Meldeauskünfte frei zugänglich.[123] Die hoheitlichen Melderegister sind gleichwohl keine allgemein zugänglichen Quellen, aus denen Datenbanken gespeist werden können,[124] weil sie im Sinne der BVerfG-Rechtsprechung nicht dazu bestimmt sind, der Allgemeinheit Informationen zu verschaffen. Zudem können sie Sperrvermerke gem. §§ 21, 22 MRRG enthalten, die

---

119 „Darlegen" ist ein schlüssiges, in sich widerspruchsfreies und überzeugendes Vortragen (BT-Drs. 12/193, S. 9).
120 Kritisch zur Regelung der Darlegung eines ausreichenden Verwendungszwecks *Hartmann*, in: Baumbach/Lauterbach/Albers/Hartmann, ZPO, § 915b Rn. 4. Nach § 915b ZPO ist demnach ein weniger als das Glaubhaftmachen eines berechtigten Interesses verlangt.
121 Verordnung über das Unternehmensregister (Unternehmensregisterverordnung – URV) v. 26.2.2007 (BGBl. I, S. 217).
122 BVerwG NJW 2006, 3367 (3368); a. A. *Abel*, RDV 2008, S. 195 (196).
123 So *Bock*, DuD 2005, S. 360 (362); *Abel*, RDV 2008, S. 195.
124 Vgl. auch *ULD*, 31. TB, 2009, Kap. 4.1.3.

der Auskunft bzw. Übermittlung an Dritte entgegenstehen. Es liefe der Funktion der Melderegister zuwider, wenn ihr Inhalt – seien es auch nur die über einfache Melderegisterauskünfte zu erlangenden Daten – über private Datenbanken eine Vermarktung erfahren würde.

Gedruckte Mitgliederverzeichnisse von Vereinen oder anderen Institutionen, die   **95**
nur den Mitgliedern ausgehändigt werden und satzungsmäßig nicht an Dritte weitergegeben werden dürfen, sind keine öffentlich zugänglichen Quellen. So dürfen Daten aus internen gedruckten Mitgliederverzeichnissen von Service-Clubs wie den Lions oder Rotary Clubs nach § 29 Abs. 1 Satz 1 Nr. 2 BDSG selbst dann nicht erhoben und gespeichert werden, wenn sie auf Flohmärkten oder Antiquariaten angeboten werden. Ungeklärt ist, ob im Internet veröffentlichte Daten mit einem Sperrvermerk versehen werden können, um dadurch als nicht öffentlich zugänglich eingestuft zu werden. Der Sperrvermerk ändert allerdings nichts an der Zugänglichkeit der Quelle; eher wird man Sperrvermerke so interpretieren müssen, dass die betroffenen Personen ein schutzwürdiges Interesse an dem Ausschluss der Erhebung, Speicherung und Veränderung ihrer Daten geltend machen. So könnten Schulen zwar die Namen und Kontaktdaten ihrer Lehrkräfte auf der Homepage ihrer Schule veröffentlichen, um Interessierten, insbesondere Eltern und Schülern, die Kontaktaufnahme zu erleichtern; mit einem Sperrvermerk würde der Übernahme in Lehrerdateien und Lehrerbewertungsportalen wie spickmich.de widersprochen. Bei der Abwägung gem. § 29 Abs. 1 Satz 1 Nr. 2 BDSG wäre dies zu berücksichtigen und in der Regel zu respektieren.

Aufgrund des Informationsfreiheitsgesetzes (IFG)[125] hat jeder nach Maßgabe des   **96**
Gesetzes, insbesondere des § 3 IFG, gegenüber den Behörden des Bundes einen Anspruch auf Zugang zu amtlichen Informationen, u. a. aus Akten, die auch personenbezogene Daten Dritter enthalten können. Allerdings enthält § 5 IFG eine Vorschrift zum Schutz personenbezogener Daten. Danach darf der Zugang zu personenbezogenen Daten nur gewährt werden, soweit das Informationsinteresse des Antragstellers das schutzwürdige Interesse des Dritten am Ausschluss des Informationszugangs überwiegt oder der Dritte eingewilligt hat. Besondere Arten personenbezogener Daten im Sinne des § 3 Abs. 9 BDSG dürfen nach dieser gegenüber § 28 Abs. 6 BDSG[126] speziellen Regelung überhaupt nur mit Einwilligung des Betroffenen übermittelt werden.

Ebenso stellt sich die Rechtslage bei einem Anspruch auf Informationszugang nach   **97**
§ 1 Umweltinformationsgesetz (UIG)[127] dar, der nach § 3 Abs. 1 UIG ebenfalls einen Informationszugang gegenüber informationspflichtigen Stellen des Bundes und der bundesunmittelbaren juristischen Personen des öffentlichen Rechts einräumt, ohne dass ein *rechtliches* Interesse geltend gemacht werden muss. Die Infor-

---

125 Gesetz zur Regelung des Zugangs zu Informationen des Bundes (Informationsfreiheitsgesetz – IFG) vom 5.9.2005 (BGBl. I, S. 2722).
126 Siehe Rn. 225 ff.
127 Vom 22.12.2004 (BGBl. I, S. 3704).

mation wird nach Maßgabe des Gesetzes erteilt, wobei insbesondere die Ablehnungsgründe der §§ 8 und 9 UIG von Bedeutung sind. § 9 UIG sieht vor, dass die informationspflichtige Stelle personenbezogene Daten enthaltende Auskünfte nur erteilen darf, wenn die Interessen der Betroffenen nicht erheblich beeinträchtigt werden oder diese eingewilligt haben, wobei die Betroffenen in jedem Fall vor einer Auskunftserteilung anzuhören sind. Im Übrigen besteht ein Anspruch auf Informationszugang nach § 3 Nr. 4 IFG dann nicht, wenn die Information einer durch Rechtsvorschrift geregelten Geheimhaltungs- oder Vertraulichkeitspflicht unterliegt, zu der etwa auch das Steuergeheimnis gem. § 30 AO 1977 gehört, dem auch die Namen von Anzeigeerstattern unterfallen.[128]

98   Vor diesem Hintergrund einer Prüfung des Auskunftsantrags unter Einbezug der schutzwürdigen Belange des Betroffenen wird man nicht von einer durch das IFG oder das UIG geschaffenen allgemeinen Zugänglichkeit sprechen können. Wenn das Grundbuch, dessen Einsicht von einem berechtigten Interesse abhängig gemacht wird, nicht als allgemein zugänglich angesehen wird, dann kann auch die Umweltinformation i. S. v. § 2 Abs. 3 UIG nicht als allgemein zugänglich betrachtet werden, wenn das Interesse des Auskunftssuchenden gegenüber dem des von einer Auskunft Betroffenen überwiegen muss, was nicht im Rahmen einer Abwägung nach § 28 Abs. 1 Nr. 3 BDSG, sondern von der auskunftspflichtigen Stelle gem. § 9 Abs. 1 UIG festzustellen ist. Soweit nach dem den Informationszugang regelnden Gesetz Einschränkungen beispielsweise zum Schutz der Persönlichkeitsrechte vorgesehen sind, können die Daten ebenfalls nicht als allgemein zugänglich im Sinne des § 28 Abs. 1 Satz 1 Nr. 3 BDSG qualifiziert werden.

99   Allgemein zugänglich sind die Daten aber dann, wenn erst ihre Weiterverwendung zum Schutz der Persönlichkeitsrechte der Betroffenen eingeschränkt wird. So ist das gedruckte Telekommunikationsverzeichnis (Telefonbuch) allgemein zugänglich; ein vor der Telefonnummer angebrachtes §-Zeichen weist darauf hin, dass es sich um einen Eintrag eines Kunden handelt, der der Veröffentlichung bzw. Verwendung der Daten für andere Zwecke nicht zugestimmt bzw. widersprochen hat, beispielsweise der Aufnahme in ein elektronisches Verzeichnis. Diese Einschränkung ändert nichts an der allgemeinen Zugänglichkeit der Daten, sondern ist erst bei der Abwägung, ob bei einer Erhebung und Verarbeitung die schutzwürdigen Belange des Betroffenen offensichtlich überwiegen, für die Prüfung einer Erlaubnis nach Nr. 3 von Bedeutung.[129] Berührt werden hier im Übrigen die §§ 47 TKG (Bereitstellen von Teilnehmerdaten), 91 ff. TKG (Datenschutz) und 104 TKG (Teilnehmerverzeichnisse) sowie § 29 Abs. 3 BDSG.

100   Der öffentlichen Zugänglichkeit steht nicht entgegen, dass die Informationen nur gegen Entgelt oder Gebühr erhältlich sind,[130] wie das bei Adressbüchern oder Datenbanken der Fall sein kann.

---

128 BFHE 216, 15 = NJW 2007, 1311 = BB 2007, 1096.
129 Vgl. auch § 29 Abs. 3 BDSG.
130 Siehe auch *Jarass*, in: Jarass/Pieroth, GG, Art. 5 Rn. 16.

Mit den zugänglichen Informationen stellt das Gesetz diejenigen Informationen **101** gleich, die die verantwortliche Stelle *veröffentlichen dürfte*. Anders als bei der entsprechenden Vorschrift des § 14 Abs. 2 Nr. 5 BDSG[131] im Zweiten Abschnitt des BDSG wird nicht-öffentlichen Stellen in der Regel keine gesetzliche Ermächtigung eingeräumt, Register mit personenbezogenen Angaben anzulegen und zugänglich zu machen.

Aus der Praxis lassen sich nur wenige Beispiele dafür finden, dass diese zweite Al- **102** ternative der Nr. 3 eine Bedeutung erlangen könnte, zumal sich in vielen Fällen eine Erlaubnis bereits aus Nr. 1 ergibt (z. B. die Eintragung der bibliografischen Angaben eines aufgrund eines Verlagsvertrags verlegten Werkes in das elektronische „Verzeichnis lieferbarer Bücher/VLB"). Eine gesetzliche Erlaubnis, personenbezogene Daten öffentlich zugänglich zu machen, kann sich aus § 103 UrhG ergeben, nach dem der in einem Urheberrechtsverletzungsverfahren obsiegenden Partei im Urteil die Befugnis zugesprochen werden kann, das Urteil öffentlich bekannt zu machen, wenn sie ein berechtigtes Interesse darlegt. Eine entsprechende Befugnis sieht § 12 Abs. 3 UWG für den Fall einer erfolgreichen Unterlassungsklage vor.

b) Schutzwürdige Interessen

Auch das Erheben und das Verwenden von allgemein zugänglichen Daten sind nach **103** § 28 Abs. 1 Nr. 3 BDSG nur dann zulässig, wenn das schutzwürdige Interesse der Betroffenen an dem Ausschluss der Verarbeitung oder Nutzung gegenüber dem berechtigten Interesse der verantwortlichen Stelle nicht offensichtlich überwiegt. Allein das Überwiegen des schutzwürdigen Interesses genügt danach nicht; es muss auch für einen verständigen Dritten ohne Weiteres (offensichtlich) erkennbar sein.

Ist für einen unvoreingenommenen verständigen Dritten erkennbar, dass ein schutz- **104** würdiges Interesse einer Person besteht, dass bestimmte Daten über diese selbst dann nicht gespeichert und übermittelt werden sollen, wenn die Daten an anderer Stelle allgemein zugänglich sind, dann wäre die Erhebung und sonstige Verarbeitung nach § 28 Abs. 1 Nr. 3 BDSG unzulässig. Darunter fallen einmal diejenigen „historischen" Daten, die über eine Person oder von der Person über sich in früheren Zeiten einmal veröffentlicht wurden oder in Registern zugänglich waren. So wie es mit § 42 UrhG ein Rückrufsrecht wegen gewandelter Überzeugung gibt, so sollte es auch im Informationszeitalter eine „Gnade des Vergessens" geben und das „Recht, in Ruhe gelassen" zu werden.[132] Unzulässig wäre es demnach, wenn Daten

---

131 Vgl. § 14 BDSG Rn. 58 ff.
132 Schön ist das Beispiel bei *Bergmann/Möhrle/Herb*, BDSG, § 28 Rn. 251, die mutmaßen, dass die Gewinnerin einer Miss-Wahl von 1957 dieses Recht in Anspruch nehmen würde und – im Zusammenhang der Kommentierung – hier bei einer Speicherung ein schutzwürdiges Interesse offensichtlich verletzt würde, aber übersehen, dass sich etwa die Miss Germany von 1957 heute mit Stolz auf ihrer eigenen Webseite im Internet präsentiert. Das zeigt die Schwierigkeit, in Grenzfällen die Sichtweise eines unvoreingenommen, verständigen Beobachters einzunehmen.

aus dem allgemein zugänglichen Cache einer Suchmaschine, einer frühere Webseiten archivierende sog. way-back-machine oder einem Online-Archiv[133] genommen und verarbeitet würden, obwohl die Ursprungsseite etwa aus Gründen des Persönlichkeitsschutzes aus dem Netz genommen wurde.

105   Aber selbst dann, wenn in Pressearchiven Medienberichte allgemein zugänglich sind und es sich um zulässige Berichterstattung über das Privatleben von Personen handelt, kann der Zeitablauf zu einem Erstarken der Persönlichkeitsrechte führen und eine erneute Bekanntmachung selbst unter dem Vorwand der historischen Dokumentation unzulässig werden lassen.[134] Das gilt wegen des Resozialisierungsgedankens in besonderer Weise für die Berichterstattung und (online-)Archiveinträge über Straftäter.[135] Bei Medienberichten, zu denen es eine presserechtliche Gegendarstellung oder gar einen Widerruf gab, überwiegt offensichtlich das schutzwürdige Interesse der Betroffenen.[136] Auch unter diesem, nicht nur unter presserechtlichen Gesichtspunkten, haben elektronische Pressearchive zumindest dafür zu sorgen, dass bei archivierten widerrufenen Pressemeldungen der Hinweis oder Link auf den Widerruf mit gespeichert wird. Bei politischen oder sonstigen „Jugendsünden" wird eine Abwägung im Einzelfall vorgenommen werden müssen.

106   Zuletzt nahm die Auseinandersetzung über die Frage der Persönlichkeitsrechtsverletzung von Bewertungsportalen im Internet zu, in der Personen (Lehrer, Hochschullehrer) bewertet wurden. Die Rechtsprechung sieht darin bislang keine Persönlichkeitsrechtsverletzung, wenn sich die Bewertung auf die Person im beruflichen Kontext bezieht, sich die Bewertungskategorien einer sachlichen Qualifizierung unterhalb der Diffamierungsgrenze bedienen[137] und vor allen Dingen die Daten über die bewerteten Personen von Schul- und Hochschulseiten im Internet frei zugänglich sind.[138] Diese Bewertungsportale stellen die Daten über die

---

133 „Audiovisuelles Gedächtnis der Informationsgesellschaft": *Libertus*, MMR 2007, S. 143.

134 Vgl. *Verweyen/Schulz*, AfP 2008, S. 133.

135 Siehe etwa die Lebach II-Entscheidung des BVerfG NJW 2000, 1859. Auch das LG Hamburg NJW-RR 2009, 120, hat nun entschieden, dass ein zum Zeitpunkt der Berichterstattung zulässiger Pressebericht (z. B. die volle Namensnennung von Straftätern) nach Verstreichen eines gewissen Zeitraumes unzulässig werden kann und in einem solchen Fall aus einem Online-Archiv nachträglich die unzulässigen Teile des Presseberichts entfernt werden müssen, ohne dass das „Archiv-Privileg" gilt nicht für Online-Archive (Urteil v. 18.1.2008 – 324 O 507/07). Anders allerdings noch das LG Hamburg und mit ihm das OLG Frankfurt AfP 2006, 568, das die Informationsfreiheit nach Art. 5 Satz 1 GG höher bewertet. Siehe dazu aus der medienrechtlichen Literatur *Petersdorff-Campen*, ZUM 2008, S. 102 (keine Löschungspflicht; Verlinkung führt aber zur unzulässigen Neuveröffentlichung); *Libertus*, MMR 2007, S. 143; eher im Sinne des BVerfG abwägend *Verweyen/Schulz*, AfP 2008, S. 133.

136 Allgemein zu den Risiken einer Prangerwirkung bei Online-Medien durch die unbegrenzte zeitlose Verfügbarkeit von Berichten über Personen *Härting*, CR 2009, S. 21.

137 Das LG Berlin (Urteil v. 31.5.2007 – 27 S 2/07) sah allerdings die Bewertung eines Hochschullehrers als „Psychopath" als noch zulässige Meinungsäußerung an.

138 OLG Köln NJW-RR 2008, 101; kritisch dazu *Heckmann*, jurisPR-ITR 1/2008 Anm. 5.

Bewertungsobjekte aus frei zugänglichen Quellen zusammen. Nutzer sollen die gespeicherten Daten über die in einem Bewertungskontext stehenden Personen qualifizieren (user generated content), um diese Daten dann zu dem Zweck zu speichern, sie zum Abruf durch Dritte bereit zu halten, sie also zu übermitteln. Damit handelt es sich um eine Datenerhebung und -verarbeitung durch die Betreiber des Bewertungsportals für fremde Zwecke. Der Rechtsprechung ist zuzustimmen, dass die von Webseiten der Schulen und Hochschulen stammenden Basisdaten, die der Portalbetreiber selbst zusammenstellt, im Sinne von § 28 Abs. 1 Nr. 3 BDSG frei zugänglich sind. Ihrer Erhebung stehen dann keine schutzwürdige Interesse gegenüber dem berechtigten Interesse des Portalbetreibers an der Gewährleistung der freien Meinungsäußerung durch die User dar, wenn diejenigen Kriterien beachtet werden, wie sie der BGH in der *spickmich.de*-Entscheidung aufgestellt hat.[139]

Noch nicht gerichtlich geklärt ist die Frage, wie es datenschutzrechtlich zu bewerten wäre, wenn die Schule oder Hochschule ihr Lehrpersonal zwar auf ihrer Webseite öffentlich vorstellt, dabei aber die Übernahme in andere Datenbanken untersagt oder von der Einwilligung der betroffenen Personen abhängig macht. Mit diesem im Interesse des informationellen Selbstbestimmungsrechts formulierten Hinweis wird für jedermann offensichtlich, dass schutzwürdige Interessen der Betroffenen im Sinne der Nr. 3 berührt sind. Weil auf diese Weise zwar keine schuldrechtliche Verpflichtung mit Dritten entstehen kann, die öffentlich zugänglich gemachten Informationen nicht weiter zu verbreiten, ließe sich aus diesem Hinweis nur ableiten, dass schutzwürdige Interessen „offensichtlich" berührt werden. Gleichwohl bleibt es Angelegenheit des Portalbetreibers, die eigenen berechtigten Interessen mit den ihm nun vor Augen geführten, offensichtlich gemachten schutzwürdigen Interessen der betroffenen Personen abzuwägen. In der Regel werden die schutzwürdigen Interessen der Betroffenen, die von ihnen ausdrücklich geltend gemacht werden, bei der Abwägung stärker als die Interessen der verantwortlichen Stelle zu gewichten sein, sodass § 28 Abs. 1 Satz 1 Alt. 3 BDSG die Übernahme der frei zugänglichen Daten nicht erlauben würde. Werden auf Webseiten von Schulen und Hochschulen Fotos von Lehrenden eingestellt, so sind sie zwar frei zugänglich; eine Speicherung mit dem Ziel der Einstellung in ein Bewertungsportal oder eine andere zugängliche Quelle stünde das Recht am eigenen Bild (§ 22 KunstUrhG) entgegen.[140] Eine datenschutzrechtlich angemessene Regelung der Bewertungsportale und Personensuchmaschinen steht aber noch aus.[141]

107

---

139 BGHZ 181, 328.
140 Das gilt nach einer Entscheidung des LG Köln K&R 2009, 820, auch ohne einen ausdrücklichen Hinweis, weil die öffentliche Zugänglichmachung eine Zustimmung des Rechteinhabers bedarf, die auch nicht konkludent schon durch die Einstellung eines Fotos auf der Webseite des Betroffenen erfolgt.
141 Siehe auch die kritische Analyse von *Ladeur*, RdJB 2008, S. 16.

5. Verhältnis der Zulässigkeitstatbestände des Abs. 1 zueinander

108   Eine Rangfolge der drei abschließend aufgezählten[142] Zulässigkeitsalternativen untereinander gibt es nicht. Jeder der drei durch ein alternatives „oder" miteinander verknüpften Erlaubnistatbestände kann für sich herangezogen werden, um die Zulässigkeit einer Datenerhebung, -verarbeitung oder -nutzung zur Erfüllung eigener Geschäftszwecke zu begründen. Umstritten ist allerdings, ob Daten, die aufgrund der Zulässigkeitsalternative der Nr. 1 (als Mittel zur Erfüllung des eigener Geschäftszwecke erforderlich, um ein rechtsgeschäftliches oder rechtsgeschäftsähnliches Schuldverhältnis zu begründen, zu erfüllen oder zu beenden) erhoben wurden und gespeichert werden, dann auch unter Berufung auf eine der beiden anderen Zulässigkeitsalternativen des § 28 Abs. 1 BDSG verarbeitet oder genutzt werden dürfen. Diese „kumulative Verwendung" wird teilweise prinzipiell abgelehnt, weil die „ergänzenden Tatbestände in den Nr. 2 und 3 … daneben nur außerhalb von Vertragsverhältnissen zur Anwendung kommen".[143] Diese Auslegung kann aus dem Gesetzeswortlaut nicht geschlossen werden. Eine Zweckänderung liegt nicht vor; es werden vom Gesetz zur Erfüllung des genannten Zwecks drei alternative Zulässigkeitsgründe normiert. Das schließt die Möglichkeit ein, die aufgrund der Erlaubnis nach Nr. 1 in zulässiger Weise erhobenen und gespeicherten Daten auch zu speichern und zu nutzen, um eigene berechtigte Interesse nach Nr. 2 zu wahren.[144]

6. Festlegung des Verarbeitungs- und Nutzungszwecks (Abs. 1 Satz 2)

109   Ergibt sich aus § 28 Abs. 1 Satz 1 BDSG eine Zulässigkeit für die Erhebung, Verarbeitung und Nutzung, so sind nach Abs. 1 Satz 2 BDSG die damit vorgesehenen Zwecke, die das berechtigte Interesse an der Erhebung oder Verwendung begründen, bei der Erhebung konkret festzulegen. Der sich aus der Vorschrift des Absatz 1 ergebende allgemein genannte „eigene Geschäftszweck" genügt nicht; es bedarf einer Beschreibung im Detail, für welches Schuldverhältnis das Erheben erforderlich ist (Nr. 1), welches berechtigte Interesse gewahrt werden soll (Nr. 2) und welches berechtigte Interesse das Erheben aus allgemein zugänglichen Quellen verfolgt (Nr. 3). Auch ohne eine ausdrückliche Normierung dieser Festlegungspflicht ergäbe sich diese aus dem Normzusammenhang des Satzes 1, weil ohne sie die Zulässigkeit nach Satz 1 gar nicht geprüft und eine Verfahrensübersicht gem. § 4g Abs. 2 Satz 1 BDSG gar nicht erstellt werden könnte.

110   Eine Bindung an diesen Zweck folgt aus der Verpflichtung von Satz 2 noch nicht. Diese ergibt sich erst aus den Absätzen 2, 3, 5 oder 8, weil dort jeweils Verpflichtungen zur Zweckbindung insofern normiert werden, als nur unter den dort im Tatbestand abschließend aufgeführten Voraussetzungen eine Verarbeitung und Nut-

---

142 Vgl. *Simitis*, in: Simitis, BDSG, § 28 Rn. 52.
143 *Wedde*, in: Däubler/Klebe/Wedde/Weichert, BDSG, § 28 Rn. 14, unter Berufung auf *Däubler*, Gläserne Belegschaften, S. 106, und *Simitis*, in: Simitis, BDSG, § 28 Rn. 54.
144 Zutreffend *Gola/Schomerus*, BDSG, § 28 Rn. 3.

zung auch zu anderen Zwecken zulässig ist. Die verantwortliche Stelle, die eine Änderung des Zwecks der Datenverwendung beabsichtigt, hat die Zulässigkeit einer Zweckänderung zu prüfen. Der Zweckbindungsgrundsatz ist im allgemeinen Teil des BDSG – abgesehen von einer Erwähnung im Zusammenhang mit der Meldepflicht nach § 4 BDSG – zwar nicht ausdrücklich normiert; der Zweckbindungsgrundsatz wohnt dem Gesetz aber seit jeher inne.[145] Er entspricht auch dem Art. 6 Abs. 1 Buchst. b der EG-DSRl, wonach personenbezogene Daten nur „für *festgelegte*, eindeutige und rechtmäßige Zwecke" erhoben und nur für diesen festgelegten Zweck weiterverarbeitet werden dürfen.

Die Zweckbindung geht von dem Gedanken aus, dass personenbezogene Daten nur zu dem Zweck verarbeitet und genutzt werden sollen, zu denen sie, tunlichst beim Betroffenen selbst (§ 4 Abs. 2 BDSG), erhoben wurden. Die Betroffenen sollen die Kontrolle über die Verarbeitung der über sie gespeicherten Daten dadurch behalten, dass sie wissen, welche erhobenen Daten von wem zu welchem Zweck verarbeitet und genutzt werden. Durch eine nicht transparente Zweckänderung könnte diese Kontrolle partiell verloren gehen.   **111**

Eine besondere Form, in der die Festlegung des Zwecks zu erfolgen hat, sieht das Gesetz nicht vor. Die schriftliche Festlegung wird im Hinblick auf die technisch-organisatorischen Maßnahmen aus der Anlage zu § 9 BDSG, auf die Überprüfbarkeit der Datenverarbeitung durch den bDSB und auf die Verpflichtung zur Erstellung eines Verfahrensverzeichnisses empfohlen.[146] Dabei bedarf es nicht der strengen Schriftform nach § 126 BGB; die Textform im Sinne des § 126b BGB ist ausreichend. Festzuhalten ist der *konkrete* Zweck; eine allgemeine Zweckbeschreibung, die mehrere Nutzungsmöglichkeiten eröffnet, entspricht nicht den Anforderungen. Zwar verlangt das Gesetz eine Festlegung nur vor der ersten, der Verarbeitung und Nutzung vorausgehenden Phase des Erhebens; sie ist aber auch bei einer zweckändernden Verarbeitung oder Nutzung nachzuholen, wenn die Daten zuvor bereits für einen anderen Zweck erhoben worden sind.   **112**

III. Zulässigkeit der Übermittlung oder Nutzung für andere Zwecke (Abs. 2)

In dem durch die BDSG-Novelle II 2009 geänderten Absatz 2 wurden die bisherigen Absätze 2 und 3 ohne inhaltliche Änderung zusammengeführt. Hier finden sich einige weitere Erlaubnistatbestände für die Übermittlung und Nutzung personenbe-   **113**

---

145 Siehe zur Zweckbindung *Gola/Schomerus*, BDSG, § 14 Rn. 9; *Simitis*, in: Simitis, BDSG, § 28 Rn. 38 ff.; *Wedde*, in: Däubler/Klebe/Wedde/Weichert, BDSG, § 14 Rn. 5 f.; *Bull*, RDV 1999, S. 151; siehe auch § 14 BDSG Rn. 22; *Hoffmann*, Zweckbindung als Kernpunkt eines prozeduralen Datenschutzansatzes, 1991.
146 Für eine schriftliche Festlegung *Wedde*, in: Däubler/Klebe/Wedde/Weichert, BDSG, § 28 Rn. 64; *Gola/Schomerus*, BDSG, § 28 Rn. 35.

zogener Daten, die für eigene Geschäftszwecke gespeichert werden, zu anderen als den in Abs. 1 bereits genannten Zwecken.[147] Der bisherige Absatz 2 findet sich nunmehr in § 28 Abs. 2 Nr. 1 BDSG wieder. Die vor der Novellierung von 2009 im Abs. 3 enthaltenen Erlaubnisse sind nun in Abs. 2 Nr. 2 Buchst. a und Buchstabe b enthalten. Schließlich wurde die frühere Nr. 4 des § 28 Abs. 3 Satz 1 BDSG a. F. in der neuen Nr. 3 von Absatz 2 aufgenommen.

114   Nach Absatz 2 ist lediglich eine *Übermittlung* oder eine *Nutzung* für einen anderen Zweck zulässig, wenn die Anforderungen erfüllt sind. Er enthält demnach keine weiteren Erlaubnistatbestände für die Erhebung und Speicherung. Die Speicherung der Daten muss also bereits aufgrund einer Erlaubnis entweder durch Einwilligung i. S. von § 4a BDSG für einen bestimmten Zweck der Datenverarbeitung oder aus § 28 Abs. 1 BDSG vorgenommen worden sein, um anschließend prüfen zu können, ob die Zweckbindung erlaubtermaßen gem. Absatz 2 durchbrochen und die Daten für einen anderen Zweck übermittelt oder genutzt werden dürfen. Danach ist auch ausgeschlossen, dass die in zulässiger Weise gespeicherten Daten, für die gem. § 28 Abs. 1 Satz 2 BDSG ein Zweck festgelegt wurde, unter Berufung auf Absatz 2 bei der verantwortlichen Stelle an anderem Ort zur Erfüllung eines anderen Zwecks gespeichert werden. Die Durchbrechung der Zweckbindung ist folglich einerseits begrenzt auf die in der Norm abschließend genannten neuen Zweckverfolgungen[148] und andererseits darauf, dass die Daten für einen anderen Zweck nur *übermittelt* oder *genutzt*, also nicht in anderem Kontext *gespeichert* werden dürfen.

115   In Absatz 2 sind nunmehr in drei Nummern Voraussetzungen für eine Übermittlung oder Nutzung zu einem anderen Zweck zusammengefasst, wobei die Nummern 1 und 2 sich wiederum in jeweils zwei Alternativen aufspalten. Nach der Nr. 1 ist eine Übermittlung oder Nutzung der gespeicherten Daten aufgrund der Verweisung auf § 28 Abs. 1 Satz 1 Nr. 1 und Nr. 2 BDSG zulässig, soweit es zur Wahrung berechtigter Interessen der verantwortlichen Stelle erforderlich ist und kein Grund zu der Annahme besteht, dass das schutzwürdige Interesse des Betroffenen an dem Ausschluss der Verarbeitung oder Nutzung überwiegt (Nr. 1 mit der Verweisung auf Absatz 1 Satz 1 Nr. 2).

116   Außerdem besteht eine Erlaubnis zur Übermittlung oder Nutzung zu einem anderen Zweck, wenn die Daten allgemein zugänglich sind oder die verantwortliche Stelle sie veröffentlichen dürfte, es sei denn, dass das schutzwürdige Interesse des Betroffenen an dem Ausschluss der Verarbeitung oder Nutzung gegenüber dem berechtigten Interesse der verantwortlichen Stelle offensichtlich überwiegt (Nr. 1 mit der Verweisung auf Absatz 1 Satz 1 Nr. 3). Von großer praktischer Relevanz ist die weitere Erlaubnisalternative nach § 28 Abs. 2 Nr. 2 Buchst. a) BDSG, weil danach die

---

147 Dass die Zweckänderung in diesem Sinne nicht etwa die Anwendung des § 28 BDSG voraussetzende Verarbeitung „für eigene Geschäftszwecke" berührt und es zu einer Datenverarbeitung für fremde Geschäftszwecke führt, betonen zu Recht auch *Kilian/Scheja*, RDV 2002, S. 177 (182).

148 *Simitis*, in: Simitis, BDSG, § 28 Rn. 2169.

als Mittel der Erfüllung eines eigenen Geschäftszwecks bereits gespeicherten Daten zur Wahrung berechtigter Interessen eines Dritten übermittelt oder genutzt werden dürfen (Nr. 2 Buchst. a)), wenn kein Grund zu der Annahme besteht, dass der Betroffene ein schutzwürdiges Interesse an dem Ausschluss der Übermittlung oder Nutzung hat.

Unter der gleichen einschränkenden Voraussetzung dürfen die Daten zudem zur Abwehr von Gefahren für die staatliche oder öffentliche Sicherheit oder zur Verfolgung von Straftaten übermittelt oder genutzt werden (Nr. 2 Buchst. b)). **117**

Die fünfte Erlaubnisalternative von Absatz 2 sieht mit der Nr. 3 eine Übermittlung oder Nutzung zu Forschungszwecken vor. Diese nun in § 28 Abs. 2 BDSG zusammenfassend vorgenommene Aufzählung der gesetzlichen Erlaubnisalternativen für eine aufgrund einer Zweckänderung vorgenommene Übermittlung oder Nutzung ist abschließend[149] und – außer über eine Einwilligung – nicht erweiterbar. Schon der Überblick zeigt, dass sich die neue Vorschrift des § 28 Abs. 2 BDSG als höchst komplex und für die Praxis sehr schwer handhabbar erweist. **118**

Dass die Ausnahmeregelungen im Lichte des grundrechtlich verbürgten informationellen Selbstbestimmungsrechts eng auszulegen sind und bei der Anwendung der Ausnahmeregelungen ein „restriktiver Maßstab" zu beachten ist, sodass hier kein „Auffangtatbestand" normiert wurde,[150] ändert nichts daran, dass der eigentlich enge Zweckbindungsgrundsatz weit durchbrochen wird. **119**

1. Zulässigkeit nach § 28 Abs. 2 Nr. 1 in Verbindung mit § 28 Abs. 1 Satz 1 Nr. 2 und Nr. 3 BDSG (zur Wahrung eigener Interessen oder bei allgemein zugänglichen Daten)

Die verantwortliche Stelle, die gespeicherte personenbezogene Daten abweichend von dem ursprünglich festgelegten Zweck (Abs. 1 Satz 2) übermitteln oder nutzen möchte, kann dies tun, wenn die Voraussetzungen des § 28 Abs. 1 Satz 1 Nr. 2 oder 3 BDSG erfüllt sind. **120**

Soweit darauf abgestellt wird, dass die Verwendung für einen „anderen Zweck" erfolgen soll, wird damit nicht Bezug auf „den eigenen Geschäftszweck" genommen, der verfolgt werden muss, um § 28 BDSG zur Anwendung zu bringen. Dabei handelt es sich um eine übergeordnete Anforderung, die klarstellt, dass alle in § 28 BDSG enthaltenen Erlaubnistatbestände voraussetzen, dass sich die zu prüfende Zulässigkeit auf solche personenbezogenen Daten bezieht, die als Mittel erhoben, verarbeitet oder genutzt werden, um eigene Geschäftszwecke zu verfolgen.[151] Der **121**

---

149 *Simitis*, in: Simitis, BDSG, § 28 Rn. 169.
150 Siehe *Wedde*, in: Däubler/Klebe/Wedde/Weichert, § 28 Rn. 69 m. w. N.; *Simitis*, in: Simitis, BDSG, § 28 Rn. 174.
151 Dazu näher oben bei Rn. 28.

„andere Zweck" nimmt vielmehr Bezug auf den nach Absatz 1 Satz 2 anzugeben-
den konkreten Zweck, der mit Erhebung, Verarbeitung oder Nutzung verfolgt wird.

122 Es darf kein Grund zu der Annahme bestehen, dass das schutzwürdige Interesse des
Betroffenen an dem Ausschluss der Übermittlung oder Nutzung überwiegt. Kann
kein berechtigtes Interesse an der Verwendung für den verfolgten anderen Zweck
nachgewiesen werden oder überwiegen gegenüber der beabsichtigten zweckent-
fremdenden Verwendung schutzwürdige Interessen der betroffenen Person, ist eine
Übermittlung oder eine Nutzung für einen anderen Zweck unzulässig.

123 Eine zulässige Verwendung kommt alternativ in Betracht, wenn die gespeicherten
Daten allgemein zugänglich sind oder von der verantwortlichen Stelle veröffentlicht werden dürften und schutzwürdige Interesse des Betroffenen an dem Ausschluss der Verarbeitung oder Nutzung gegenüber dem berechtigten Interesse der
verantwortlichen Stelle nicht offensichtlich überwiegen.

124 Die Berechtigung dieser beiden Erlaubnistatbestände aus der Nr. 1 von Absatz 2 neben denjenigen aus § 28 Abs. 1 Satz 1 Nr. 2 oder 3 BDSG erschließt sich nicht unmittelbar; denn die Tatbestandsmerkmale decken sich jeweils weitgehend: (1.)
muss die Übermittlung oder Nutzung wie nach Absatz 1 als Mittel zur Erfüllung
eigener Geschäftszwecke erforderlich sein, (2.) muss die Verwendung entweder zur
Wahrung berechtigter Interessen der verantwortlichen Stelle erforderlich sein oder
es müssen die Daten allgemein zugänglich sein und (3.) dürfen schutzwürdige Interesse des Betroffenen nicht entgegenstehen. Im Grunde könnte die angestrebte
Übermittlung oder Nutzung deshalb auch auf Abs. 1 Nr. 2 oder 3 gestützt werden.
Deshalb liegt die Bedeutung des Absatzes 2 Nr. 1 darin, der verantwortlichen Stelle
die in § 28 Abs. 1 Satz 2 BDSG zum Ausdruck gebrachte Zweckbindung vor Augen
zu halten und eine Verwendung der bereits gespeicherten Daten zu einem anderen
als zu dem bei der Erhebung oder erstmaligen Speicherung konkret festgelegten
Zweck davon abhängig zu machen, dass erneut geprüft wird, ob schutzwürdige Interessen des Betroffenen bei der nunmehr angestrebten Zweckänderung ebenfalls
nicht entgegen stehen. Es wäre ja denkbar, dass der bei der Erhebung der Daten
oder ihrer erstmaligen Speicherung eine Prüfung ergab, dass hinsichtlich des verfolgten konkreten Zwecks keine Interessen des Betroffenen entgegenstehen, aber
hinsichtlich des nunmehr mit einer Übermittlung oder Nutzung verfolgten *anderen*
Zwecks offensichtlich die schutzwürdige Interesse der betroffene Person verletzt
würden.

125 Nach alledem ist es möglich, dass personenbezogene Daten zur Begründung und
Durchführung eines rechtsgeschäftlichen Schuldverhältnisses erhoben und gespeichert werden (Abs. 1 Satz 1 Nr. 1), diese dann in eng begrenzten Ausnahmefällen[152]
auch zur Wahrung berechtigter Interessen gespeichert und übermittelt werden dürfen (Abs. 1 Satz 1 Nr. 2) und diese gespeicherten Daten dann auch noch zu einem
weiteren Zweck oder mehreren weiteren Zwecken nach Abs. 2 Nr. 1 übermittelt

---

152 Siehe dazu oben Rn. 108.

oder selbst genutzt werden dürfen, wenn jeweils schutzwürdige Belange nicht entgegenstehen. Der Sinn der Vorschrift erschöpft sich damit weitgehend darin, bei zweckändernder Übermittlung oder Nutzung jeweils erneut die schutzwürdigen Belange des Betroffenen in Bezug auf den neu verfolgten Zweck zu hinterfragen. Nur so lässt sich der Vorschrift noch eine eigenständige Bedeutung zuweisen, die ansonsten mit *Simitis* zutreffend als „überflüssig wie verwirrend" bezeichnet werden könnte.[153]

2. Zulässigkeit nach § 28 Abs. 2 Nr. 2 Buchst. a) BDSG (Wahrung berechtigter Interessen Dritter)

Der Absatz enthält in Nr. 2 weitere Voraussetzungen für die Durchbrechung der engen Grenzen der zulässigen Verwendung. Auch hier gilt wie bei Abs. 2 Nr. 1, dass die Zweckänderung seitens der verantwortlichen Stelle nur zu einer *Übermittlung* oder *Nutzung*, bei der verantwortlichen Stelle, nicht aber auch zu einer mit dem neuen Zweck verfolgten Speicherung führen darf. Eine solche bedürfte, soweit nicht eine wirksam erteilte Einwilligung vorliegt, einer gesetzlichen Erlaubnis etwa nach Abs. 1. **126**

Die Nr. 2 lässt eine Übermittlung oder Nutzung nicht nur zur Wahrung eigener Interessen zu, sondern ausdrücklich auch im Interesse eines Dritten (Buchst. a) oder im Interesse der Allgemeinheit an der Gefahrenabwehr und an der Strafverfolgung (Buchst. b). **127**

Eine Übermittlung oder Nutzung zu einem anderen als zu dem bei der Erhebung oder Speicherung ursprünglich festgelegten Zweck ist nach Nr. 1 dann zulässig, wenn dies dem berechtigten Interesse *eines Dritten* dient. Dritte sind auch die konzernverbundenen Unternehmen zueinander.[154] Allerdings ist zu beachten, dass es kein „allgemeines Konzerninteresse" an einem Datentransfer zwischen Konzernunternehmen gibt und nicht per se bei konzernverbundenen Unternehmen von einem „berechtigten Interesse" im Sinne des § 28 Abs. 1 Satz 1 Nr. 2 oder § 28 Abs. 2 Nr. 2a BDSG ausgegangen werden kann. Anderenfalls würde der Wille des Gesetzgebers, der ein Konzernprivileg nicht wollte, unterlaufen werden.[155] Ein Konzernprivileg, nach dem die im Konzern miteinander verbundenen Unternehmen zueinander nicht als Dritte angesehen werden, gibt es nicht. Auch die Konstruktion einer **128**

---

153 *Simitis*, in: Simitis, BDSG, § 28 Rn. 170.

154 *Trittin/Fischer*, NZA 2009, S. 343 (344, 346); *Conrad*, ITRB 2005, S. 164 (165); *Däubler*, RDV 2004, S. 55 (56); *Kilian/Scheja*, RDV 2002, S. 177 (179); *Lambrich/Cahlik*, RDV 2002, S. 287 (288); *Büllesbach*, RDV 2001, S. 1 (4 ff.); *Ruppmann*, Der konzerninterne Austausch personenbezogener Daten. Die datenschutzrechtliche Zulässigkeit intranet-basierter Datenbanken internationaler Konzerne beleuchtet *Hilber*, RDV 2005, S. 143 (147).

155 Dazu ausführlich *Götz*, Zulässigkeit der grenzüberschreitenden Datenübermittlung zwischen Konzernuntenehmen, in: Taeger, Law as a Service, S. 21.

„homogenen Datenschutzzelle"[156] ist untauglich, um die Tatsache der Übermittlung an einen *Dritten* zu negieren und sich einer Prüfung ihrer Rechtmäßigkeit zu entziehen. Der im Arbeitsrecht aus der Perspektive von § 1 Abs. 2 BetrVG anerkannte Gemeinschaftsbetrieb[157] führt aus datenschutzrechtlicher Perspektive ebenfalls selbst dann nicht zu einer einzigen anstatt mehrerer selbstständiger (verantwortlicher) Stellen,[158] wenn es beim Datenschutzbeauftragten – und/oder bei der der Geschäftsführung – eine Personenidentität gibt;[159] der gemeinsame Betrieb eines Rechenzentrums zur Personaldatenverarbeitung ließe sich über die Auftragsdatenverarbeitung (§ 11 BDSG) realisieren. Auch die in einem Virtuellen Unternehmen[160] kooperierenden Unternehmen sind zueinander Dritte. Die datenschutzrechtliche Zulässigkeit einer Datenübermittlung ist deshalb stets im Einzelfall zu prüfen.[161] Das gilt auch für die in einem Franchise-Netzwerk zusammengeschlossenen Unternehmen, für die die Auswertung von Kundendaten die maßgebliche Grundlage für das Marketing des Franchisesystems ist.[162]

129 Die Erlaubnis gem. Abs. 2 Nr. 2a) zur Übermittlung wird immer dann herangezogenen werden können, wenn der Dritte nicht selbst aufgrund eines Vertragsverhältnisses mit der betroffenen Person eine Erlaubnis zur Erhebung, Speicherung und Nutzung etwa aus § 28 Abs. 1 BDSG oder aufgrund einer Einwilligung des Betroffenen besitzt, dennoch ein von der Rechtsordnung nicht missbilligtes eigenes berechtigtes Interesse daran hat, personenbezogene Daten übermittelt zu bekommen. Derartige Situationen, in denen Dritte ein berechtigtes Interesse haben, von der verantwortlichen Stelle Daten übermittelt zu bekommen, liegen beispielsweise vor, wenn sie selbst diese Daten aus tatsächlichen Gründen nicht erheben können.

130 Dadurch, dass im Rahmen der Erlaubnis nach § 28 BDSG, der die Erhebung und Verwendung zu eigenen Geschäftszwecken regelt, auch eine Befugnis zur Übermittlung der gespeicherten Daten an Dritte im Interesse dieser Dritten erfolgt, kann nicht geschlossen werden, dass die Überschrift des § 28 BDSG unzutreffend gewählt wurde, weil ja auch eine Übermittlung in fremdem Geschäftsinteresse geregelt sei.[163] Die Norm geht nämlich von der Grundüberlegung aus, dass die Erhe-

---

156 *Niedermeier/Schröcker*, RDV 2001, S. 90 (90 f.).
157 BAG DB 1986, 1287 = NZA 1986, 600; BAGE 109, 332 = DB 2004, 1213 = NZA 2004, 618 m. Anm. *Becker*, jurisPR-ArbR 28/2004 Anm. 1.
158 Siehe dagegen *Trappehl/Schmidl*, RDV 2005, S. 100 (103).
159 BAGE 109, 332 = DB 2004, 1213 = NZA 2004, 618.
160 *Aalderks*, Virtuelle Unternehmen im arbeitsrechtlichen Kontext, S. 97, der den Datenfluss zwischen virtuellen Unternehmen aber noch nicht abschließend bewertet hat.
161 Beispiele, bei denen ein „berechtigtes Interesse" an einer Übermittlung im Konzern angenommen werden kann, finden sich bei *Götz*, Zulässigkeit der grenzüberschreitenden Datenübermittlung zwischen Konzernunternehmen, in: Taeger (Hrsg.), Law as a Service, S. 21.
162 *Böhner*, Datenschutz im Intranet von Franchisenetzwerken, in: Taeger/Wiebe, Inside the Cloud, S. 49; *Schröder*, ZD 2012, S. 106.
163 Siehe aber insofern *Kilian/Scheja*, RDV 2002, S. 177 (182).

bung, Verarbeitung und Nutzung der Daten als Mittel für die Erfüllung eigener Geschäftszwecke akzessorisch erfolgt. Ist das der Fall, kann diese die Daten für die eigenen Geschäftszwecke nach § 28 Abs. 1 BDSG speichernde Stelle damit konfrontiert werden, die Daten selbst für einen anderen Zweck verwenden zu wollen oder im Interesse von Dritten (andere öffentliche oder nicht-öffentliche Stellen) aus den im Gesetz aufgeführten Gründen zur Erfüllung berechtigter Interessen übermitteln zu wollen. Diese rechtlichen Überlegungen der Zulässigkeit einer zweckändernden Verarbeitung der Daten haben also vom Vorliegen der „als Mittel zur Erfüllung eigener Geschäftszwecke" gespeicherten Daten auszugehen.

Ein berechtigtes eigenes Interesse könnte auch daran bestehen, die Information, **131** dass ein Schuldner trotz Fälligkeit und Mahnung seiner Zahlungspflicht nicht nachkommen will oder kann, an eine Auskunftei wie die SCHUFA zu melden (Übermittlung von Negativmerkmalen). Mit der BDSG-Novelle I von 2009 hat der Gesetzgeber die Voraussetzungen einer Datenübermittlung nun in einer dem § 28 BDSG vorgehenden Vorschrift gesondert geregelt (§ 28a BDSG).[164] Die Anwendung des spezielleren § 28a BDSG vor dem § 28 Abs. 2 Nr. 2 Buchst. a) BDSG setzt allerdings voraus, dass das zu übermittelnde personenbezogene Merkmal forderungsbezogen ist. Ist das nicht der Fall, weil die übermittelnde Stelle belegbare Information über ein Verhalten besitzt, das nicht als Pflichtverletzung im Kontext eines rechtsgeschäftlichen Schuldverhältnisses angesehen werden kann, aber doch geeignet ist, die Vertrauenswürdigkeit der betreffenden Person zu erschüttern (Insolvenzverschleppung, Geldwäsche, Bankbetrug), so kann eine Übermittlung an eine Auskunftei auch weiterhin auf § 28 Abs. 2 Nr. 2 Buchst. a) BDSG gestützt werden. Nachrangig käme auch in Betracht, die Übermittlung auf § 28 Abs. 1 Satz 1 Nr. 2 BDSG zu stützen, weil die Übermittlung an eine Auskunftei stets auch das eigene Interesse an der Funktionstüchtigkeit des Auskunftssystems mit im Blick hat.[165]

Es liegt im berechtigten Interesse des Mieters, vom Vermieter Informationen über **132** die weiteren Mieter eines Objekts zu erhalten, beispielsweise zu dem Zweck, die Korrektheit einer Nebenkostenabrechnung zu überprüfen. Von Fluggesellschaften oder Hotels können Informationen über den Aufenthalt von Angehörigen, Nahestehenden oder Mitarbeitern erbeten werden, wenn diese aus privaten oder beruflichen Gründen dringend erreicht werden müssen.[166]

Wenn nach § 666 BGB der zur Auskunft verpflichtete Beauftragte dem Auftragge- **133** ber die erforderlichen Nachrichten gibt, auf Verlangen über den Stand des Geschäfts Auskunft erteilt und nach der Ausführung des Auftrags Rechenschaft ablegt, können – sofern erforderlich – auch personenbezogene Daten Gegenstand der

---

164 Siehe dazu § 28a BDSG Rn. 11 f.
165 Siehe OLG München MMR 2011, 209 m. Anm. *Müller-Christmann*, jurisPR-BKR 2/ 2011 Anm. 5.
166 *Simitis*, in: Simitis, BDSG, § 28 Rn. 176.

Auskunft sein. Der Treuhandkommanditist eines geschlossenen Immobilienfonds im Sinne einer atypischen stillen Gesellschaft hat, wie das LG Frankfurt feststellte,[167] den Gesellschaftern und Treugebern gemäß § 666 BGB Auskunft über die Namen und Adressen der weiteren Gesellschafter und Treugeber zu erteilen, wenn nach dem Gesellschaftsvertrag der Gesellschafter zur Wahrnehmung elementarer Gesellschaftsrechte ein Quorum bezogen auf Gesellschafter, die mindestens 10 % des Gesellschaftskapitals auf sich vereinigen, erbringen muss und dies die Kenntnis der Namen und Anschriften der Mitgesellschafter erfordert. Aus datenschutzrechtlicher Perspektive ist dann die Übermittlung nach § 28 Abs. 2 Nr. 2 Buchst. a) BDSG zulässig.

134 Aus der Vorschrift lässt sich jedoch kein Auskunfts*anspruch* eines Dritten ableiten, der ein berechtigtes Interesse hat, Informationen über eine bestimmte Person zu erhalten, etwa um eigene Rechtsansprüche zu verfolgen.[168] So kann ein Auskunftsanspruch des in seinen Rechten Verletzten gegenüber dem Provider nicht auf § 28 Abs. 2 Nr. 2 Buchst. a) BDSG gestützt werden, wenn es in einem Internetforum oder unter einer Subdomain zu einer Rechtsverletzung kommt und der Täter nur dem Provider bekannt ist. Andererseits wäre der Domaininhaber oder Provider *berechtigt*, Auskunft zu erteilen, um einen gegen ihn als Mittäter geltend gemachten Anspruch abzuwehren.

135 Die Übermittlung oder Nutzung im berechtigten Interesse eines Dritten können auch gegen den Willen der betroffenen Person erfolgen; eine Zustimmung ist schon deshalb nicht erforderlich, weil diese einer Einwilligung gleich käme, die einen selbstständigen Erlaubnistatbestand darstellt (§ 4 Abs. 1 BDSG).

136 Allerdings sind die schutzwürdigen Interessen des Betroffenen bei der Anwendung dieses Ausnahmetatbestands aufgrund der ausdrücklichen Verpflichtung des Wortlauts der Norm zu berücksichtigen und mit den berechtigten Belangen des Dritten abzuwägen. Der am Ende von § 28 Abs. 2 Nr. 2 BDSG mit dem Wort „und" folgende Halbsatz mit der Anforderung, dass „kein Grund zu der Annahme besteht, dass der Betroffene ein schutzwürdiges Interesse an dem Ausschluss der Übermittlung oder Nutzung hat", bezieht sich auf beide Ausnahmetatbestände der Nummer 2.

137 Die Berücksichtigung dieser schutzwürdigen Interessen durch die verantwortliche Stelle führt dazu, dass die Patientendaten bei der Übergabe einer Arztpraxis an einen Nachfolger („Praxisverkauf") wegen der Sensibilität der Daten unabhängig von der Verpflichtung des § 203 Abs. 1 Nr. 1 StGB zur Wahrung des Berufsgeheimnisses nicht an den Nachfolger weitergegeben (übermittelt) werden dürfen.[169] Das gilt

---

167 LG Frankfurt NZG 2009, 986.
168 Anders wohl *Nordemann/Dunstmann*, CR 2004, S. 380 (384), zu der Rechtslage vor der Änderung des UrhG durch den 2. Korb.
169 BGHZ 116, 268; BGH NJW 1996, 773; siehe auch *Körner-Dammann*, NJW 1992, S. 1543; *Taupitz*, VersR 1992, S. 450; *von Lewinski*, MedR 2004, S. 95 (99), mit Hinweisen auf organisatorische Lösungsmöglichkeiten.

entsprechend auch für andere Berufsgruppen, die einem Berufs- oder Amtsgeheimnis oder einer sonstigen gesetzlichen oder gewohnheitsrechtlich anerkannten Verschwiegenheitspflicht unterliegen (z. B. auch Rechtsanwälte, Steuerberater, Banken). Ist in diesen Fällen die Übermittlung nicht zulässig, bedarf es einer ausdrücklichen wirksamen Einwilligung gem. § 4a BDSG bzw. dem einschlägigen Geheimnistatbestand.

Gibt es für die verantwortliche Stelle aufgrund einer ihr zumutbaren Prüfungsintensität Grund zu der Annahme, dass der Betroffene ein schutzwürdiges Interesse an einem Ausschluss der Übermittlung oder Nutzung hat, so muss trotz eines berechtigten Interesses eines Dritten die Übermittlung oder Nutzung unterbleiben. Insofern kommt es also nicht zu einer Abwägung der beiden Interessen.[170]   **138**

Bei der Mitteilung eines Aufenthaltsortes sind die schutzwürdigen Interessen der Betroffenen auch dadurch zu berücksichtigen, dass in geeigneter Weise sichergestellt ist, dass die Übermittlung nicht an Journalisten, Privatdetektive, Versicherungsvertreter, GEZ-Beauftragte oder andere Personen gelangt.   **139**

Eine *Nutzung* der Daten durch die verantwortliche Stelle im berechtigten Interesse eines Dritten ist dagegen wohl nur in sehr seltenen Fällen denkbar. Man mag daran denken, dass eine Fluggesellschaft prüft, welchen Flug ein Passagier angetreten hat, um diesem eine wichtige Nachricht im Interesse eines Dritten mitzuteilen.   **140**

Ob es einen Grund zu der Annahme gibt, dass der Nutzung oder Übermittlung im berechtigten Interesse eines Dritten schutzwürdige Interessen des Betroffenen entgegenstehen, ist zu prüfen. Insbesondere ein Kreditinstitut hat vor der auf § 28 Abs. 2 Nr. 1 BDSG gestützte Übermittlung von Negativmerkmalen an eine Kreditauskunftei wie die Schufa zu prüfen, ob schutzwürdige Interesse entgegenstehen, was insbesondere bei der Übermittlung sog. ‚weicher' Negativmerkmale gilt.[171]   **141**

Werden die Daten übermittelt, so hat die empfangende Stelle vor einer Speicherung und Verwendung der Daten zu prüfen, ob ihr dafür eine Erlaubnis aufgrund einer Einwilligung oder gesetzlichen Erlaubnis, etwa aus § 28 Abs. 1 Satz 1 Nr. 2 BDSG, vorliegt.   **142**

3. Zulässigkeit nach § 28 Abs. 2 Nr. 2 Buchst. b) BDSG (Gefahrenabwehr und Strafverfolgung)

Eine Übermittlung oder Nutzung über den ursprünglichen Zweck hinaus ist nach § 28 Abs. 2 Nr. 2 Buchst. b) BDSG auch zulässig, wenn dieses zur Abwehr von Gefahren für die staatliche und öffentliche Sicherheit oder zur Verfolgung von Straftaten (im Unternehmen und zum Nachteil des Unternehmens) erforderlich ist und   **143**

---

170 Ebenso *Simitis*, in: Simitis, BDSG, § 28 Rn. 182; a. A. *Bergmann/Möhrle/Herb*, BDSG, § 28 Rn. 288.
171 OLG München MMR 2011, 209; m. Anm. *Müller-Christmann*, jurisPR-BKR 2/2011 Anm. 5.

schutzwürdige Belange des Betroffenen dem nicht entgegenstehen. Die Vorschrift ist neben § 32 BDSG anwendbar.[172] Die Vorschrift kann behutsam herangezogen werden, wenn es keine spezialgesetzliche Erlaubnis aus dem Gefahrenabwehrrecht oder der Strafprozessordnung, bei Steuerstraftatbeständen möglicherweise auch der Abgabenordnung gibt.

144 Die Übermittlung zur Gefahrenabwehr setzt voraus, dass die Gefahr hinreichend konkret ist und Hinweise oder Anhaltspunkte vorliegen, die eine Übermittlung oder Nutzung erforderlich erscheinen lassen. Eine abstrakte Gefahrenlage reicht nicht aus. Die Zulässigkeit wird allerdings nicht dadurch begrenzt, dass die Übermittlung oder Nutzung nur bei *erheblichen* Gefahren erfolgen dürfte. So darf ein im Fernabsatz tätiges Versandhaus der für die Gefahrenabwehr zuständigen Behörde die Namen und Anschriften aller Personen mitteilen, die eine bestimmte Ware gekauft haben, von dessen Nutzung eine konkrete Gefahr ausgeht (vergiftete oder hoch belastete Lebensmittel, explodierende Akkus, nicht isolierte Elektroartikel). Die Abgrenzung zu einer Erlaubnis nach § 28 Abs. 1 Satz 1 Nr. 2 BDSG dürfte in diesem Fall jedoch schwierig sein, da es auch im eigenen Interesse der übermittelnden Stelle liegen wird, dass ein Dritter vor den Gefahren eines bei ihm erworbenen Produkts gewarnt wird (Verkehrspflichten).

145 Die Zulässigkeit der Übermittlung zur Strafverfolgung schließt die Übermittlung von Daten zur Verfolgung jedweder Straftat unabhängig von ihrer Schwere ein, die Übermittlung zur Verfolgung von Ordnungswidrigkeiten allerdings aus.[173]

146 Die Vorschrift kann Gefahrenabwehr- und Strafverfolgungsbehörden bei Fehlen einer gesetzlichen Eingriffserlaubnis nicht auf dem Umweg doch noch zu einer Erlaubnis verhelfen, indem diese eine nicht-öffentliche Stelle auffordert, Daten gestützt auf Buchst. b) zu übermitteln. Die Vorschrift ordnet keine Übermittlung an.[174] Es ist deshalb klarzustellen, dass die Norm keineswegs einen Erlaubnistatbestand für *Empfänger* der Daten darstellt, mangels sonstiger Erlaubnis die Übermittlung verlangen zu dürfen. Sicherheits- und Strafverfolgungsbehörden verfügen über eigene bereichsspezifische Eingriffsbefugnisse aus der StPO, AO oder den Polizeigesetzen der Länder mit klaren, abschließend geregelten Tatbestandsvoraussetzungen,[175] die nicht beliebig unter Heranziehung des § 28 Abs. 2 Nr. 2 Buchst. b) BDSG erweitert werden können. Die hierin enthaltene Erlaubnis gibt allein der verantwortlichen Stelle die Legitimation, personenbezogene Daten unter den genannten, restriktiv anzuwendenden Voraussetzungen zu den genannten Zwecken nutzen oder übermitteln zu dürfen.

---

172 So auch die Gesetzesbegründung BT-Drs. 16/13657, S. 36. Siehe auch *Vogel/Glas*, DB 2009, S. 1747 (1751).

173 Ebenso *Bergmann/Möhrle/Herb*, BDSG, § 28 Rn. 296; *Simitis*, in: Simitis, BDSG, § 28 Rn. 193.

174 *Kamp*, RDV 2007, S. 236 (240).

175 Siehe auch *Petri*, in: Lisken/Denninger, Handbuch des Polizeirechts, Rn. 146, 173; *Simitis*, in: Simitis, BDSG, § 28 Rn. 192 ff.

Taeger

Auch hier gilt, dass kein Grund zu der Annahme bestehen darf, dass der Betroffene **147** ein schutzwürdiges Interesse an dem Ausschluss der Übermittlung oder Nutzung hat. Das Interesse, nicht der Strafverfolgung ausgesetzt zu werden oder eine der staatlichen oder öffentlichen Sicherheit drohende Gefahr nicht abzuwenden, ist allerdings nicht schutzwürdig. Es ist demnach kaum ein Einzelfall denkbar, in dem die Einschränkung der Übermittlung unter Hinweis auf schutzwürdige Interessen der Betroffenen eine sich auf die Erlaubnis nach Buchst. b) stützende Übermittlung oder Nutzung verhindern könnte.

4. Zulässigkeit nach § 28 Abs. 2 Nr. 3 BDSG (wissenschaftliche Forschung)

Nach § 28 Abs. 2 Nr. 3 BDSG sind die Übermittlung und die Nutzung personenbe- **148** zogener Daten zulässig, wenn dies zur Durchführung wissenschaftlicher Forschung[176] erforderlich ist, das wissenschaftliche Interesse an der Durchführung des Forschungsvorhabens das Interesse des Betroffenen an dem Ausschluss der Übermittlung und Nutzung erheblich überwiegt und der Zweck der Forschung auf andere Weise nicht oder nur mit unverhältnismäßigem Aufwand erreicht werden kann. Alle drei genannten Voraussetzungen müssen gegeben sein. Handelt es sich bei den zu übermittelnden Daten um besondere Arten personenbezogener Daten, kann die Erlaubnis nicht auf § 28 Abs. 2 Nr. 3 BDSG gestützt werden; vielmehr ist in diesem Fall zu prüfen, ob sich bei Fehlen einer Einwilligung eine Erlaubnis auf § 28 Abs. 6 Nr. 4 oder Abs. 7 BDSG stützen lässt.

Um eine *wissenschaftliche* Forschung handelt es sich dann, wenn sie die For- **149** schungsfreiheit aus Art. 5 Abs. 3 GG für sich in Anspruch nehmen kann.[177] Das bei der Anwendung der Norm zu prüfende wissenschaftliche Interesse der Forschungseinrichtung ist nur gegeben, wenn „das Forschungsvorhaben einen engen Bezug zu einem konkreten und bedeutenden Allgemeininteresse hat".[178] Dieses Merkmal bei der Feststellung, ob überhaupt ein irgendwie geartetes wissenschaftliches Interesse besteht, darf allerdings im Lichte des Art. 5 Abs. 3 GG nicht zu eng ausgelegt werden.

Des Weiteren ist zu prüfen, ob ein schutzwürdiges Interesse des Betroffenen vor- **150** liegt, das durch die Übermittlung oder Nutzung verletzt werden könnte. In diesem Fall muss das wissenschaftliche Interesse an der Übermittlung oder Nutzung gegenüber dem entgegenstehenden schutzwürdigen Interesse des Betroffenen aber *erheblich* überwiegen.[179] Hier wird zu prüfen sein, ob die Bedeutung des Forschungsvorhabens für das Allgemeininteresse im Verhältnis zu den schutzwürdigen Interessen

---

176 Siehe zum Begriff § 40 BDSG Rn. 5 f.
177 Vgl. *Bergmann/Möhrle/Herb*, BDSG, § 28 Rn. 303 m. w. N.
178 OLG Hamm NJW 1996, 940 (941) = RDV 1996, 189.
179 OLG Hamm NJW 1996, 940 (941) = RDV 1996, 189.

des Betroffenen an der Wahrung seiner Persönlichkeitsrechte deutlich höher einzuschätzen ist.

151   *Erforderlich* ist die Übermittlung oder Nutzung nur, wenn die Forschungsziele unter Beachtung des Verhältnismäßigkeitsgrundsatzes nicht auf anderem, wenn auch mühsamerem Wege erreicht werden kann, etwa durch Verwendung pseudonymisierter oder anonymisierter Daten. Wenn es im Rahmen der Erforderlichkeitsprüfung als zumutbar erscheint, die Einwilligung des Betroffenen einzuholen, soll die Berufung auf den Zulässigkeitstatbestand der Nr. 3 ausgeschlossen sein.[180]

IV. Zulässigkeit der Übermittlung oder Nutzung für weitere Zwecke gemäß Abs. 3

1. Überblick

152   Nur bei sehr formaler Betrachtung lässt sich die Aussage der Gesetzesbegründung zu der BDSG-Novelle II von 2009 „Der bisherige Absatz 3 Satz 1 Nummer 3, das sog. Listenprivileg, wurde gestrichen."[181] bestätigen. Entgegen der suggestiven Wirkung dieser Formulierung, damit sei der politischen Forderung nach Abschaffung des sog. Listenprivilegs nachgekommen, findet sich das Listenprivileg in neuer Form in Absatz 3 wieder. Dort lebt es in geänderter, teilweise erweiterter Form im neuen Absatz 3 Satz 2 weiter. Auf die vor dem 1.9.2009 erhobenen und gespeicherten Daten war das Listenprivileg des BDSG a. F. bis zum Ablauf der Übergangsfrist gem. § 47 BDSG bis zum 31.8.2010 (für Zwecke der Markt- und Meinungsforschung) bzw. bis zum 31.8.2012 (für Zwecke der Werbung) weiter anwendbar.[182] Nur hinsichtlich des Handels mit Adressen ist keine Übergangsfrist vorgesehen, sodass mit Inkrafttreten der Neuregelung bei einer Übermittlung für Zwecke des Adresshandels die neue Regelung anzuwenden ist.[183]

153   Der mit der Novellierung 2009 neu gefasste Absatz 3 ist hoch komplex und enthält ein Bündel von aufeinander bezogenen Regelungen.[184] Zunächst wird in Satz 1 festgestellt, dass die Verwendung personenbezogener Daten für Zwecke des Adresshandels und der Werbung unter der Voraussetzung zulässig ist, dass die betroffene Person dafür ihre Einwilligung erteilt hat. Sofern diese Einwilligung nicht entsprechend der allgemeinen Regelanforderung an eine wirksame Einwilligung gem. § 4a Abs. 1 Satz 3 BDSG schriftlich i. S. v. § 126 BGB erfolgt, sind die über § 4a BDSG hinausgehenden spezifischen Einwilligungsanforderungen aus Abs. 3a zu beachten. Entgegen der entsprechenden Vorschrift aus der novellierten Fassung (§ 28 Abs. 3

---

180 So *Bergmann/Möhrle/Herb*, BDSG, § 28 Rn. 308; *Simitis*, in: Simitis, BDSG, § 28
     Rn. 208.
181 BT-Drs. 16/12011, S. 31.
182 Siehe dazu § 47 BDSG Rn. 1 ff.
183 Vgl. § 47 BDSG Rn. 5.
184 Kritisch zu der Neuregelung *Wronka*, RDV 2010, S. 159.

Satz 1 Nr. 3 BDSG a. F.) ist die Übermittlung und Nutzung für Zwecke des Adresshandels nunmehr ausdrücklich aufgenommen und der Zweck der Markt- und Meinungsforschung gestrichen worden; die Übermittlung zu diesem Zweck ist nunmehr in § 30a BDSG gesondert geregelt.

Nach Satz 2 dürfen ohne Einwilligung die in der Norm aufgeführten Datenarten zu den **154** drei aufgeführten Zwecken verarbeitet und genutzt werden, wenn diese Daten über eine Personengruppe listenmäßig zusammengefasst werden (neues Listenprivileg).

Satz 3 erlaubt der verantwortlichen Stelle, zu den aufgeführten Daten weitere hin- **155** zuzufügen, wenn die Verarbeitung oder Nutzung zu dem im ersten Spiegelstrich des Satzes 2 aufgeführten Zweck erfolgen soll.

Die Übermittlung der zusammengefassten Daten an Dritte für deren Werbezwecke **156** ist nach Satz 4 zulässig, wenn die Herkunft und der Empfänger entsprechend § 34 Abs. 1a Satz 1 BDSG gespeichert werden.

Satz 5 sieht vor, dass die verantwortliche Stelle personenbezogene Daten für die **157** Bewerbung fremder Produkte nutzen darf, wenn für die angesprochene Personen erkennbar ist, wer die verantwortliche Stelle ist, die die Daten für Werbezwecke einsetzt.

Die schutzwürdigen Belange der Betroffenen sind gem. Satz 6 bei jeder nach **158** Abs. 3 zulässigen Verarbeitung oder Nutzung zu beachten, soweit nicht bereits eine Einwilligung in diese Verarbeitung oder Nutzung gegeben wurde, die die Prüfung entgegenstehender Interessen obsolet macht.

Die Zweckbindung der nach den Sätzen 1, 2 und 4 übermittelten Daten wird von **159** Satz 7 angeordnet.

2. Zulässigkeit für Zwecke des Adresshandels und der Werbung nach Abs. 3 Satz 1 (Einwilligung)

Es gehört zur Selbstbestimmung eines Kunden, wenn dieser der verantwortlichen **160** Stelle die Verwendung seiner Daten, die für die Begründung und Durchführung eines rechtsgeschäftlichen Schuldverhältnisses benötigt und nach § 28 Abs. 1 Satz 1 Nr. 1 BDSG verarbeitet werden dürfen, erlaubt, diese auch für Zwecke der werblichen Ansprache zu nutzen. Die Wirtschaft ist darauf angewiesen, Neukunden für ihre Produkte und Dienstleistungen zu gewinnen und bestehende Kundenbeziehungen – beispielsweise durch den Versand von Newslettern und von Informationen über Aktionsangebote – zu pflegen und gute Kunden zu halten. Ohne elektronisch aufbereitetes Adressmaterial ist diese Ansprache aber nicht möglich. Mit diesem Interesse können Interessen des Wettbewerbs und Erfordernisse des Persönlichkeitsschutzes in Konflikt geraten. Der Gesetzgeber hat deshalb im UWG, das diesbezüglich auch persönlichkeitsschützend wirkt,[185] und im BDSG den Rahmen der

---

185 Siehe noch Rn. 179 f.

zulässigen werblichen Ansprache vorgegeben. Danach dürfen erhobene Daten auch für Werbezwecke gespeichert, genutzt und an Dritte übermittelt werden. Voraussetzung dafür ist die wirksame Einwilligung des Betroffenen. Soweit dieser über den Zweck der Einwilligung informiert wird[186] und frei von Zwang entscheiden kann, vermag er mit der stets widerruflichen Einwilligung eine Erlaubnis zu erteilen, dass die gespeicherten Daten auch für den Adresshandel und die Werbung verarbeitet und genutzt werden.

161 Die verantwortliche Stelle kann auch Anreize geben, um die betroffene Person für die Einwilligungserklärung geneigt zu machen. Kundenkartensysteme arbeiten nach diesem Prinzip. Auch der Gesetzgeber der BDSG-Novelle II aus 2009 erkennt diese Anreizsysteme zur Gewinnung von Einwilligungserklärungen an: „Die verantwortliche Stelle muss insoweit in Zukunft an den Betroffenen herantreten und ihn, z.B. durch die Gewährung von Vorteilen, für eine Einwilligung gewinnen. Diese in einigen Wirtschaftsbereichen schon übliche Praxis, z.B. im Rahmen von Kundenbindungsprogrammen[187] durch Gewährung von Vorteilen (ggf. gewisser zusätzlicher Punktwerte) eine Gegenleistung des Kunden in Form einer Einwilligung zu erhalten, wird zu auf Einwilligung gegründeten kommerziellen Datenbeständen führen."[188] Solange die Betroffenen frei in ihrer Entscheidung bleiben und der Abschluss eines Rechtsgeschäfts nicht von der Einwilligung abhängig gemacht wird, steht diesem Vorgehen auch das Koppelungsverbot aus Absatz 3b nicht entgegen.[189]

162 Wenn die wirksame Einwilligung vorliegt, ist die in Absatz 3 Satz 1 enthaltene Zweckbindung zu beachten. Danach dürfen die Daten, die auf der Grundlage einer Erlaubnis nach Absatz 3 übermittelt werden, auch nur für den von der Einwilligung erfassten Zweck des Adresshandels und der Werbung verwendet werden.

a) Schriftlichkeit der Einwilligung (Abs. 3 Satz 1)

163 Die in Abs. 3 in Verbindung mit Abs. 3a in diesem Zusammenhang nunmehr gestellten Anforderungen an die Einwilligung sind allerdings hoch. Das Gesetz geht zunächst von der Regel aus, dass eine Einwilligung schriftlich erteilt wird, also die Schriftform aus § 126 BGB beachtet wird. Dabei ist es nicht erforderlich, dass die Einwilligungserklärung gesondert und getrennt von anderen Erklärungen abgegeben wird. Es genügt entsprechend den Anforderungen des BGH,[190] wenn die ver-

---

186 Dazu § 4 BDSG Rn. 73 ff.
187 Zu den datenschutzrechtlichen Grenzen des Einsatzes von Kundenbindungs- und Rabattkarten *Körffer*, DuD 2004, S. 267; *Holznagel/Bonnekoh*, MMR 2006, S. 17 (20); *Weichert*, DuD 2003, S. 161. Die älteren Beiträge zur kritischen Situation sind wegen der im Sinne des Datenschutzes positiven Veränderungen bei den Kundenbindungssystemen, worauf aus Sicht einer Aufsichtsbehörde auch *Conrad*, DuD 2006, S. 405 (409) hinweist, und dem payback-Urteil (BGHZ 177, 253 = K&R 2008, 678) allerdings nur noch beschränkt aktuell.
188 BT-Drs. 16/12011, S. 31. Siehe auch *Schafft/Ruoff*, CR 2006, S. 499.
189 Siehe dazu Rn. 184 ff.
190 BGHZ 177, 253 = K&R 2008, 678 – payback-Urteil.

wendete vorformulierte Einwilligung in die Speicherung und Nutzung von Daten für Zwecke der Werbung und/oder des Adresshandels mit dem formularmäßigen Hinweis auf die Widerspruchsmöglichkeit (Opt-out) deutlich sichtbar hervorgehoben wird (Abs. 3a Satz 2). Das entspricht auch den Vorgaben von Art. 2 lit. h EG-DSRl, die als Einwilligung jede Willensbekundung definiert, die ohne Zwang, für den konkreten Fall und in Kenntnis der Sachlage erfolgt und mit der die betroffene Person akzeptiert, dass personenbezogene Daten, die sie betreffen, verarbeitet werden.[191]

Die von § 126 Abs. 1 BGB zur Erfüllung des Schriftformerfordernisses geforderte **164** eigenhändige Namensunterschrift kann durch die elektronische Form gem. §§ 126 Abs. 3, 126a BGB substituiert werden. Ein Ausschluss der Substitution ist durch das BDSG nicht erfolgt. Diese Möglichkeit ist angesichts der geringen Verbreitung der qualifizierten elektronischen Signatur derzeit allerdings eher (noch) theoretischer Natur.

Eine Pflicht zur Kennzeichnung der Herkunft der Daten und des Datums und der **165** Form der Einwilligung sieht das Gesetz zwar nicht vor.[192] Im Falle einer Beanstandung des Betroffenen oder der Kontrolle durch die Aufsichtsbehörde obliegt der verantwortlichen Stelle der Nachweis, dass die Anforderungen der Norm erfüllt wurden. Eine entsprechende Datenbank, die die Herkunft der Daten, die Adressaten einer Übermittlung, Datum und die Nachweise der Erfüllung aller Anforderungen aus § 28 Abs. 3 Satz 1 i.V.m. Abs. 3a BDSG, ggf. in Form von Kennziffern, aufnimmt, erweist sich deshalb als unabdingbar.[193]

b) Anforderungen an die Einwilligung bei nicht schriftlicher Einwilligung (Abs. 3a)

Erfolgt die Einwilligung nicht in Schriftform, hängt ihre Wirksamkeit davon ab, **166** dass die besonderen, auf Abs. 3 Satz 1 bezogenen Anforderungen von Absatz 3a erfüllt sind. Insofern hätte der Inhalt von Absatz 3a systematisch mit den Absatz 3 – anschließend an Satz 1 – gehört, was wohl nur unterblieb, um ein Mindestmaß an Lesbarkeit und Übersichtlichkeit zu versuchen.

Der Hinweis auf § 4a Abs. 1 Satz 3 BDSG wiederholt lediglich den Grundsatz, dass **167** die datenschutzrechtliche Einwilligung in der Regel in Schriftform im Sinne des bürgerlichen Rechts (§ 126 BGB) erfolgen muss. Bereichsspezifische Abweichun-

---

191 Dazu auch § 4a BDSG Rn. 52.
192 Ausdrücklich die Gesetzesbegründung BT-Drs. 16/12011, S. 31.
193 Dazu die Gesetzesbegründung ebenda: „Da die Zulässigkeit der Datenverarbeitung auf der Einwilligung des Betroffenen beruht, ist diese von den verantwortlichen Stellen gegenüber ihren Vertragspartnern aber auch bei aufsichtsbehördlichen Kontrollen nachzuweisen. Die konkrete Umsetzung wird nicht vorgegeben und bleibt den individuellen Bedürfnissen der Wirtschaft entsprechend ihr überlassen, wird aber mit gewissen Kosten verbunden sein."

gen von dieser Regel sind zumeist an weitere Bedingungen geknüpft.[194] Nach § 4a Satz 3 2. Halbsatz BDSG kann eine Einwilligung bei Vorliegen besonderer Umstände auch in anderer Form angemessen und damit wirksam erteilt worden sein. Auf diesen Halbsatz erstreckt sich der Verweis in Absatz 3a Satz 1 zwar noch mit;[195] er belässt es aber nicht bei der Auslegung des Merkmals der „Angemessenheit der besonderen Form", die bei Anwendung von § 4a BDSG notwendig wäre, sondern formuliert abweichende Anforderungen an die Zulässigkeit der Ausnahme von der Schriftlichkeit. Hier wird für den Fall, dass die Schriftform bei der Einwilligung in die Verarbeitung und Nutzung für Zwecke des Adresshandels und der Werbung angestrebt wird, ausdrücklich eine Sonderregelung vorgenommen.

168   Diese Sonderregelung sieht vor, dass bei fehlender Schriftform der Einwilligungserklärung die beispielsweise mündlich oder in Textform (§ 126b BGB) erklärte Einwilligung „schriftlich" zu bestätigen ist. Nach dem Wortlaut der Norm hat auch die Bestätigung die Schriftform im Sinne vom § 126 Abs. 1 BGB zu wahren. Gesetze, die nach der Verabschiedung des Gesetzes zur Anpassung der Formvorschriften des Privatrechts und anderer Vorschriften an den modernen Rechtsgeschäftsverkehr vom 13.7.2001[196] verändert oder beschlossen wurden und in denen Schriftform verlangt wird, können nun nur noch so verstanden werden, dass die strenge Schriftform zwingend erforderlich ist. Der mit dem Formvorschriftenanpassungsgesetz erkennbare Wille des Gesetzgebers, anderenfalls die Textform zuzulassen, lässt eine andere Auslegung nicht zu und verhindert die Auslegung, nach der die Textform für die Bestätigung ausreicht.[197]

169   Dieses Ergebnis ist unbefriedigend. Das Schriftformerfordernis bezieht sich auf rechtsgeschäftliche Willenserklärungen. Bei einer gesetzlich vorgeschriebenen schriftlichen Form ist die rechtsgeschäftliche Erklärung mit einer eigenhändigen Unterschrift des Ausstellers einer Urkunde oder mit notariell beglaubigtem Handzeichen abzuschließen. Mit diesem Formerfordernis soll der Erklärende vor Abgabe seiner Willenserklärung vor unüberlegten und voreiligen vertraglichen Bindungen gewarnt werden. Diese Funktion ist der in Absatz 3a vorgesehenen Bestätigung der erfolgten Einwilligung dagegen nicht zuzuschreiben. Sie stellt auch keine rechtsgeschäftliche Erklärung dar, sondern der Schutzzweck liegt hier darin, dass Sicherheit darüber hergestellt wird, dass derjenige, in dessen Namen die Einwilligung erteilt wurde, mit dem Erklärenden identisch ist, und dass der Bestätigungsempfänger mit

---

194 So etwa in § 13 Abs. 2 TMG: „Die Einwilligung kann elektronisch erklärt werden, wenn der Diensteanbieter sicherstellt, dass …". Siehe dazu § 13 TMG Rn. 19 ff.

195 So jedenfalls die Gesetzesbegründung in BT-Drs. 16/12011, S. 33, ausdrücklich: „Nach Absatz 3a Satz 1 unterliegt die Einwilligung der allgemeinen Form des § 4a Absatz 1 Satz 3 des Bundesdatenschutzgesetzes, d.h. die Einwilligung bedarf der Schriftform, soweit nicht wegen besonderer Umstände eine andere Form angemessen ist."

196 BGBl. I, S. 1542.

197 Zu einem anderen Ergebnis gelangt durch eine gewagte teleologische Reduktion *Lixfeld*, RDV 2010, S. 163. Dass dies den „praktischen Bedürfnissen" nicht gerecht wird (*Rudolph*, CR 2010, S. 257 [262]), ist richtig.

der Bestätigung über den genauen Inhalt der Einwilligung und seine Widerrufsmöglichkeit informiert wird. Darin erschöpft sich der Schutzzweck. Die Bestätigung sollte dem Bestätigungsempfänger damit auch in Textform gem. § 126b BGB zugehen können; denn Schriftlichkeit im Sinne von § 126 Abs. 1 BGB zu fordern, erscheint überzogen und konfrontiert die verantwortliche Stelle mit einem bürokratischen, erhebliche Kosten verursachenden Aufwand. Die Kundenbetreuung eines Unternehmens, bei dem ein Kunde telefonisch um eine Produktinformation und sodann um regelmäßige Information an seine E-Mail-Adresse bittet, müsste zusätzlich seine postalische Anschrift erfragen, um in Schriftform die soeben erteilte Einwilligung zu bestätigen. Dieser in vielen Fällen kaum zumutbare Aufwand lässt sich dadurch vermeiden, dass dem Interessenten elektronisch die Bitte zugeschickt wird, den Inhalt der Einwilligung noch einmal elektronisch zu bestätigen und die daraufhin eingehende elektronische Bestätigung dann zu protokollieren, was eine schriftliche Bestätigung – worauf sogleich zurückzukommen ist – obsolet macht.

Dennoch: Eine Bestätigung mit allen erforderlichen Details zum Inhalt der Einwilligung einschließlich des Hinweises auf das Widerrufsrecht in Textform würde genügen, um die betroffene Person in die Lage zu versetzen, bei Bedarf durch einen sofort wirksamen Widerruf zu reagieren. Eine Gesetzesänderung, die die „schriftliche Bestätigung" durch „Bestätigung in Textform" ersetzt, würde den Bedürfnissen der Praxis entgegenkommen, ohne das Niveau des Verbraucherschutzes abzusenken. **170**

Der Gesetzgeber hat diese unbefriedigende Situation wohl auch gesehen, aber nicht konsequent bereinigt. Lediglich dann, wenn anstelle der Einwilligung in Schriftform eine elektronische Einwilligung erfolgte, sieht das Gesetz eine Ausnahmeregelung vor, die sich an entsprechenden Regelungen in § 94 TKG[198] und § 13 Abs. 2 TMG[199] orientiert. Danach hat die verantwortliche Stelle sicherzustellen, dass die Einwilligung protokolliert wird und der Betroffene deren Inhalt jederzeit abrufen und die Einwilligung mit Wirkung für die Zukunft widerrufen kann. Nach der Gesetzesbegründung hat die verantwortliche Stelle dem Betroffenen den Inhalt der Einwilligung deswegen schriftlich zu bestätigen, damit er kontrollieren kann, ob die verantwortliche Stelle die erteilte Einwilligung korrekt dokumentiert hat. Die verantwortliche Stelle hat der betroffenen Person Kenntnis darüber zu verschaffen, dass die Tatsache der Einwilligung und ihr Inhalt (Zeitpunkt und Form der Einwilligung, die für eine Verwendung zu Zwecken der Werbung oder des Adresshandels gespeicherten Daten, genauer Zweck der vorgesehenen Verwendung einschließlich der Angabe, ob die Daten nur selbst genutzt oder auch an Dritte übermittelt werden, Hinweis auf die Widerruflichkeit der Einwilligung) ausschließlich zum Zweck des Abrufes durch den Betroffenen und der etwaigen Kontrolle durch die Aufsichtsbehörde gespeichert werden. Diese Dokumentation erfüllt auch die Funktion des Be- **171**

---

198 Siehe dazu die Kommentierung bei § 94 TKG Rn. 7 ff.
199 Vgl. die Kommentierung bei § 13 TMG Rn. 17 ff.

legs, dass die Anforderungen des § 28 Abs. 3 i.V.m. Abs. 3a BDSG bei elektronisch erteilter Einwilligung erfüllt wurden.

172 Die betroffene Person muss die Möglichkeit des jederzeitigen Abrufes der protokollierten Informationen über den Inhalt, den Umfang, das Datum und die Form der erteilten Einwilligung haben. Dieser Abruf kann in der Weise erfolgen, dass sie als Kunde nach einem Log-in beispielsweise in dem passwortgeschützten Bereich „Mein Konto" neben änderbaren Angaben zur Person und zur Anschrift, zum Warenkorb und zum Bestellstatus auch einen Link zur „Einwilligung" findet, unter dem die betroffene Person diese abzurufenden Informationen einsehen kann, wo sie die Hinweise auf die jederzeitige Widerrufbarkeit wiederholt erhält und wo sie auch den Widerruf einer erteilten Einwilligung direkt vornehmen kann. Ist die betroffene Person (noch) nicht Kunde und kann sich dementsprechend noch nicht in „Mein Konto" einloggen, hat aber eine Einwilligung in die werbliche Ansprache erteilt, dann genügt es, wenn sie mit einer elektronischen Anfrage die protokollierten Daten über eine Einwilligung bei der verantwortlichen Stelle abruft, die ihr an die verifizierte E-Mail geschickt werden.

173 Es steht der verantwortlichen Stelle aber auch frei, anstelle der Protokollierung und der Einräumung eines Zugangs für den Betroffenen die schriftliche Bestätigung zu wählen. Die Einräumung eines Zugangs zum elektronischen Protokoll braucht dann nicht gewährt zu werden. Die schriftliche Bestätigung ist die für den Fall der nicht in Schriftform erteilten Einwilligung vorgesehene Regel, von der eine Erleichterung für den Fall der elektronischen Einwilligung eingeräumt wird. Insofern bietet sich bei elektronisch erfolgter Einwilligung für die verantwortliche Stelle eine Wahlmöglichkeit der für sie vorteilhafteren Folge bei einer nicht schriftlichen Einwilligung.

174 Die in Abs. 3a enthaltene Verpflichtung, sicherzustellen, dass die Einwilligung jederzeit mit Wirkung für die Zukunft widerrufen werden kann, ist eine Bekräftigung des allgemein anerkannten Grundsatzes, dass eine Einwilligung jederzeit mit Wirkung für die Zukunft widerrufbar ist. Der Widerruf hat zur Folge, dass die für Zwecke der Werbung oder des Adresshandels verwendeten Daten zu löschen sind. Dürfen sie noch für einen anderen Zweck verwendet werden, so sind sie für Zwecke der Werbung und des Adresshandels zu sperren.

175 Wenn die Einwilligungserklärung zusammen mit anderen Erklärungen abgegeben wird, ist die Einwilligungserklärung gegenüber dem übrigen Text in „drucktechnisch" deutlicher Gestaltung besonders hervorzuheben (Abs. 3a Satz 2). Damit wird die allgemeine Anforderung aus § 4a Abs. 1 Satz 4 BDSG, wonach die Erklärung besonders hervorzuheben ist, noch einmal für den hier geregelten Zusammenhang verstärkt. In Betracht kommen Einrahmungen der Einwilligungserklärung, Farb- oder Fettdruck oder andere typographischen Gestaltungen, die den Text deutlich vom übrigen Text abheben und sich für den Erklärenden aufdrängen. Soweit hier von „Druck" die Rede ist, gilt das auch für elektronische Texte, in denen die Hervorhebung entsprechend vorzunehmen ist.

Die von der allgemeinen Regelung in § 4a Abs. 1 Satz 4 BDSG abweichende For- **176** mulierung betont sprachlich die Notwendigkeit einer drucktechnischen Hervorhebung, entspricht inhaltlich aber den Anforderungen des § 4a Abs. 1 Satz 4 BDSG, ohne darüber hinauszugehen. Der Regierungsentwurf sah noch vor, dass der Betroffene durch Ankreuzen, durch eine gesonderte Unterschrift oder durch ein anderes, ausschließlich auf die Einwilligung bezogenes Tun zweifelsfrei zum Ausdruck bringt, dass er die Einwilligung bewusst erteilt.[200] Diesen Weg ist der Gesetzgeber nicht mitgegangen. Nach dem Wortlaut des Gesetzes kann die Einwilligung in Verbindung mit einer sonstigen rechtsgeschäftlichen Erklärung uno actu erteilt werden. Sie kann bei einem Vertragsschluss, dem die AGB der verantwortlichen Stelle zugrunde liegen, dadurch erteilt werden, dass dem gesamten Erklärungsinhalt der Urkunde, in den die Einwilligungserklärung drucktechnisch einbezogen ist, zugestimmt wird.[201]

Erweist sich eine zusammen mit anderen Erklärungen abgegebene Einwilligung als **177** unwirksam, so berührt das nicht das mit der weiteren Erklärung zustande gekommene Rechtsgeschäft.

Im Zusammenhang mit der Einwilligung in die Verwendung der Daten zu Zwecken **178** der Werbung oder des Adresshandels gilt in besonderer Weise, dass eine konkludente Einwilligung oder eine mutmaßliche Einwilligung nicht wirksam sein kann, sondern eine bewusste und eindeutige Erklärung erfolgen muss (ausdrückliche Einwilligung).[202]

c) Wettbewerbsrechtliche Aspekte (§ 7 UWG)

In einem engen sachlichen Zusammenhang mit § 28 Abs. 3 Satz 1 BDSG steht die **179** wettbewerbsrechtliche Vorschrift des § 7 UWG. Sie ist, wenn personenbezogene Daten für die Werbung verwendet werden sollen, mit zu beachten. Sie beinhaltet nicht nur eine Vorschrift, die der Lauterkeit des Verhaltens von Unternehmern im Wettbewerb zu dienen bestimmt ist, sondern der auch ein persönlichkeitsschützendes Element innewohnt und unzumutbare Belästigungen im privaten Umfeld der Verbraucher – allerdings auch im geschäftlichen Bereich anderer Marktteilnehmer[203] – abwehren soll.[204] Allerdings wird dem Betroffenen mit dem UWG kein Individualschutz gewährt.[205]

---

200 BT-Drs. 16/12011, S. 13, 33.
201 Zustimmend *Plath*, in: Plath, BDSG, § 4a Rn. 38.
202 Siehe auch die Kommentierung zu § 4a BDSG Rn. 41, 46.
203 Siehe etwa zum Eingriff in den Gewerbebetrieb OLG München K&R 2013, 57.
204 Näher zum Schutz unterschiedlicher Rechtsgüter durch § 28 Abs. 3 BDSG und § 7 Abs. 2 UWG *Hanloser*, DB 2009, S. 663 (664).
205 Siehe *Köhler* in: Köhler/Bornkamm, UWG, 2013, § 1 Rn. 39 und § 8 Rn. 3.4; *Bergmann*, in: Harte-Bavendamm/Henning-Bodewig, UWG, 2009, § 8 Rn. 258.

180   § 7 Abs. 2 Nr. 2–4 und Abs. 3 UWG dient insofern auch der Umsetzung des Art. 13 Abs. 1 der EG-Richtlinie für elektronische Kommunikation.[206] Aufsichtsbehörden für den Datenschutz prüfen daher bei ihren aufsichtsrechtlichen Maßnahmen auch, ob den Anforderungen des § 7 UWG genügt wurde. Gleichwohl ist fraglich, ob § 7 UWG eine „andere Vorschrift über den Datenschutz" i.S.d. § 38 Abs. 1 Satz 1 BDSG darstellt. Das wird man eher verneinen müssen, weil die wettbewerbsrechtliche Vorschrift zwar auch den Schutz der Privatsphäre im Blick hat, gleichwohl keine Norm ist, die gem. § 38 Abs. 1 Satz 1 BDSG „die automatisierte Verarbeitung personenbezogener Daten oder die Verarbeitung oder Nutzung personenbezogener Daten in oder aus nicht automatisierten Dateien" regelt.[207] Die Aufsichtsbehörden sind für die Überwachung der Einhaltung von § 7 UWG daher nicht zuständig. Ein Verstoß gegen § 7 UWG stellt auch keine Ordnungswidrigkeit nach § 43 Abs. 2 Satz 1 BDSG dar; das UWG enthält mit § 20 UWG einen eigenen Ordnungswidrigkeitentatbestand, nach dem ein Verstoß gegen § 7 Abs. 1 UWG (Telefonwerbung ohne Einwilligung) eine Ordnungswidrigkeit darstellt, deren Ahndung in die Zuständigkeit der Bundesnetzagentur fällt (§ 7 Abs. 3 UWG).

181   Das Gesetz gegen den unlauteren Wettbewerb (UWG) bezweckt den Schutz der Verbraucherinnen und Verbraucher und anderer Marktteilnehmer vor unlauteren geschäftlichen Handlungen (§ 1 UWG). Als unzulässig werden solche Handlungen angesehen, die geeignet sind, die Interessen der Marktteilnehmer spürbar zu beeinträchtigen (§ 3 Abs. 1 UWG). Unzulässig sind nach § 7 UWG auch die unzumutbaren Belästigungen insbesondere durch Werbung jedenfalls dann, wenn erkennbar ist, dass der angesprochene Marktteilnehmer diese Werbung nicht wünscht (§ 7 Abs. 1 UWG). Eine unzumutbare Belästigung ist nach Abs. 2 Nr. 3 stets bei Werbung unter Verwendung einer automatischen Anrufmaschine, eines Faxgerätes oder der elektronischen Post (E-Mail) anzunehmen, wenn keine vorherige ausdrückliche Einwilligung des Adressaten vorliegt. So war der bis 2011 konfigurierte „Freundefinder" von Facebook unzulässig, weil er die Adressverzeichnisse neu angemeldeter Nutzer danach durchsuchte, ob die Kontakte des Nutzers bereits bei Facebook registriert waren, und Facebook danach bei Anklicken des Buttons „Einladung verschicken" durch den Nutzer an die nicht bei Facebook registrierten Kontakte E-Mails mit Einladungen zur Mitgliedschaft bei Facebook verschickte.[208]

182   Während eine Bestätigungs-E-Mail in einem Doppel-opt-in-Verfahren nach einer Entscheidung des OLG München bereits eine unzulässige Werbung sein soll, wenn

---

206 Richtlinie v. 12.6.2002 über die Verarbeitung personenbezogener Daten und den Schutz der Privatsphäre in der elektronischen Kommunikation (Datenschutzrichtlinie für elektronische Kommunikation), ABl. EG Nr. L 201/37.

207 Anderer Ansicht *Breinlinger/Scheuing*, RDV 2012, S. 64 (66).

208 LG Berlin, Urt. v. 6.3.2012, CR 2012, 270. Siehe dazu *Wittern/Wichmann*, ITRB 2012, S. 133.

sie nicht von der Einwilligung gedeckt ist,[209] sieht das LG Coburg[210] eine Feedback-anfrage nach erfolgter Warenbestellung nicht als unzumutbare Belästigung an, obwohl der Kunde zuvor Werbung als unerwünscht abgelehnt hatte.[211]

Ohne ausdrückliche Einwilligung in eine unter der Nr. 3 aufgeführte Werbung ist **183** diese gem. Abs. 3 dann nicht als eine unzumutbare Belästigung durch eine Werbung unter Verwendung elektronischer Post (E-Mail, SMS, MMS) anzunehmen, wenn (1.) entweder ein Unternehmer im Zusammenhang mit dem Verkauf einer Ware oder Dienstleistung[212] von dem Kunden dessen elektronische Postadresse erhalten hat, (2.) der Unternehmer die Adresse zur Direktwerbung für eigene ähnliche Waren oder Dienstleistungen verwendet,[213] (3.) der Kunde der Verwendung nicht widersprochen hat[214] und (4.) der Kunde bei Erhebung der Adresse und bei jeder Verwendung klar und deutlich darauf hingewiesen wird, dass er der Verwendung jederzeit widersprechen kann, ohne dass hierfür andere als die Übermittlungskosten nach den Basistarifen entstehen. Alle Voraussetzungen müssen kumulativ vorliegen, anderenfalls ist die Werbung mittels elektronischer Post ohne Einwilligung unzulässig. Ohne dass sich das explizit aus dem Wortlaut des § 7 Abs. 2 UWG ergibt, ist aufgrund einer richtlinienkonformen Auslegung die Einwilligung gesondert, außerhalb von AGB ausdrücklich (opt-in) zu erklären.[215] Wird die Einwilligung im Double-Opt-In-Verfahren eingeholt, ist das Unternehmen auf der sicheren Seite und kann die Einwilligung durch den Betroffenen beweisen. Die Bestätigungs-E-Mail darf allerdings keine Werbung erhalten.[216] Absatz 3 UWG zeigt einen Weg auf, wie aus wettbewerbsrechtlicher Perspektive die Eigenwerbung für Eigenkunden auch ohne Einwilligung nicht per se als belästigend und unzulässig gestaltet werden kann.

---

209 OLG München K&R 2013, 57 = CR 2012, 799 = ZD 2013, 89 m. Anm. *Eckhardt* = RDV 2013, 45. Kritisch mit Hinweisen zum Meinungsstand *Weller*, jurisPR-ITR 3/2013 Anm. 4.

210 MMR 2012, 608.

211 Siehe zu beiden Entscheidungen *Menke/Witte*, K&R 2013, S. 25.

212 „Verkauf einer Dienstleistung" ist eine der Übersetzung geschuldete sprachliche Ungenauigkeit, die nicht zu der Annahme verleiten sollte, dass nur Kaufverträge gemeint seien; tatsächlich sind darunter alle Austauschverträge zu verstehen; siehe dazu auch *Fezer/Mankowski*, UWG, § 7 Rn. 131, und *Menebröcker*, in: Götting/Nordemann, UWG, § 7 Rn. 106.

213 Was „eigene ähnliche Waren oder Dienstleistungen" sind, ist eng auszulegen. So kann nach einer Buchung eines Fluges bei einem Reisebüro dieses sich nicht auf ähnliche Dienstleistung berufen, wenn für ein Hotel an einem ganz anderen Ort geworben wird; bei einem Kauf eines Jagdgewehres in einem Online-shop für Jäger ist ein Jagdhemd keine ähnliche Ware. Siehe zum Thema auch *Decker*, GRUR 2011, S. 774.

214 Die Eintragung in eine Robinson-Liste genügt nicht; siehe *Menebröcker*, in: Götting/Nordemann, UWG, § 7 Rn. 111; *Gola/Reif*, RDV 2009, S. 104 (108).

215 BGH, Urteil vom 16.7.2008 – VIII ZR 348/06, NJW 2008, 3055 = K&R 2008, 678 = MMR 2008, 731 = CR 2008, 720 = RDV 2008, 678 (payback); OLG Hamm K&R 2011, 411 = MMR 2011, 539 = CR 2011, 539.

216 *Schirmbacher*, K&R 2009, S. 433 (437 f.).

d) Koppelungsverbot (Abs. 3b)

184 Die Wirksamkeit der Einwilligung hängt nach § 28 Abs. 3b Satz 2 BDSG auch davon ab, dass das in Abs. 3b Satz 1 enthaltene Koppelungsverbot beachtet wird. Es besagt, dass die verantwortliche Stelle den Abschluss eines Vertrags nicht von einer Einwilligung des Betroffenen nach Absatz 3 Satz 1 abhängig machen darf, wenn dem Betroffenen ein anderer Zugang zu gleichwertigen vertraglichen Leistungen ohne die Einwilligung nicht oder nicht in zumutbarer Weise möglich ist.

185 Das erst durch die BDSG-Novelle II 2009 aufgenommene Koppelungsverbot geht auf Art. 2 lit. h) EG-DSRl nur insoweit zurück, als danach die Einwilligung „ohne Zwang" erfolgen muss; eine darüber hinaus gehende Ausformulierung des Koppelungsverbotes sieht die EG-DSRl nicht vor. Nach § 4a BDSG muss die Einwilligung auf der freien Entscheidung des Betroffenen beruhen.[217] Die Einwilligung ist also nicht allein dadurch unwirksam, dass der Einwilligende nur durch die Einwilligung in den Genuss einer Leistung kommt.[218] Voraussetzung ist, dass der Einwilligende sich gezwungen sieht, die Einwilligung zu erteilen und er keine Wahl darin sieht, die Einwilligung nicht zu erteilen. Ein solcher Zwang zur Abgabe einer Einwilligungserklärung könnte vorliegen, wenn ein Rechtsgeschäft von der Einwilligung in die Verwendung von Daten abhängig gemacht wird, die nicht zur Durchführung eines rechtsgeschäftlichen Schuldverhältnisses benötigt werden (Abs. 1 Satz 1 Nr. 1), und entweder auf dem Markt kein vergleichbares Vertragsangebot ohne Einwilligungsverlangen vorliegt, alle anderen Angebote ebenfalls eine entsprechende Einwilligungserklärung verlangen, die Kosten der anderen, nicht an eine Einwilligung geknüpften Verträge höher liegen oder sich der Kunden aus anderen Gründen veranlasst sieht, zur Vermeidung von Nachteilen die Einwilligung abzugeben, um auf diese Weise Zugang zu einer Leistung zu erhalten, die er ohne Einwilligung nicht bekäme.

186 Eine vergleichbare Regelung war auch in § 12 Abs. 3 TMG a. F. enthalten.[219] Die Vorschrift wurde durch Art. 2 des Gesetzes zur Änderung datenschutzrechtlicher Vorschriften aufgehoben; zugleich wurde das Koppelungsverbot in § 28 Abs. 3b BDG ausdrücklich aufgenommen, wo es als allgemeine Regelung anzusehen ist,

---

217 Vgl. zu dem daraus auch aus § 4a BDSG abgeleiteten Koppelungsverbot die Kommentierung bei § 4a BDSG Rn. 55 ff.

218 Zustimmend *Liedke*, Die Einwilligung im Datenschutzrecht, S. 27 f.; ebenso *Plath*, Plath, BDSG, § 4a Rn. 30. Ebenso *Hanloser*, Anm. zu BGH NJW2010, 864 = MMR 2010, 138, MMR 2010, 140; *Hanloser*, Anm. zu BGH MMR 2010, 138, MMR 2010, S. 140. Anders wohl *Däubler*, in: Däubler/Klebe/Wedde/Weichert, BDSG, § 4a Rn. 24, und *Simitis*, in: Simitis, BDSG, § 4a Rn. 63.

219 § 12 Abs. 3 TMG a. F.: „Der Diensteanbieter darf die Bereitstellung von Telemedien nicht von der Einwilligung des Nutzers in eine Verwendung seiner Daten für andere Zwecke abhängig machen, wenn dem Nutzer ein anderer Zugang zu diesen Telemedien nicht oder nicht in zumutbarer Weise möglich ist." Zu den Auslegungsmeinungen *Spindler/Nink*, in: Spindler/Schuster, Recht der elektronischen Medien, § 12 TMG Rn. 8 ff.

soweit nicht abweichende Vorschriften in bereichsspezifischen Datenschutzgesetzen vorgehen.[220] Mit Art. 3 des gleichen Gesetzes wurde das Koppelungsverbot in § 95 Abs. 5 TKG dahingehend neu gefasst, dass der neue Satz 2 nunmehr klarstellt, dass eine Einwilligung unwirksam ist, wenn sie erteilt wurde, obwohl dem Teilnehmer ein anderer Zugang zu diesen TK-Diensten nicht oder nicht in zumutbarer Weise möglich war.[221]

Das Koppelungsverbot untersagt es der verantwortlichen Stelle, einen Vertrags- **187** schluss von der Einwilligung des Betroffenen in die Verwendung seiner Daten für Zwecke des Adresshandels oder der Werbung dann abhängig zu machen, wenn der betroffene Kunde ansonsten keinen anderer Zugang zu gleichwertigen vertraglichen Leistungen oder diesen Zugang nicht in zumutbarer Weise hätte. Der Kunde, der in einem solchen Fall seine Einwilligung verweigert, wird aus § 28 Abs. 3b BDSG daraus aber keinen Kontrahierungszwang ableiten können, wie er für die Kreditwirtschaft für den Fall diskutiert wurde, dass ein Kunde nicht bereit ist, bei Eröffnung eines Girokontos in die sog. SCHUFA-Klausel einzuwilligen. Ein Kontrahierungszwang war hier abgelehnt worden, weil einige Kreditinstitute auch ohne Einwilligung in die SCHUFA-Klausel Girokonten anboten und der Zentrale Kreditausschuss eine Empfehlung zur Eröffnung eines „Girokontos für Jedermann" auf Guthabenbasis abgab, der die Kreditwirtschaft zur Abwendung eines gesetzlichen Kontrahierungszwangs mit einer Selbstverpflichtung folgt.[222] Gleichwohl empfiehlt es sich für die verantwortliche Stelle nicht, eine Einwilligung einzufordern, wenn der Kunde nicht oder nicht zu zumutbaren Bedingungen auf einen anderen Anbieter, der den Vertragsschluss nicht von einer Einwilligung abhängig macht, ausweichen kann. Immerhin muss er damit rechnen, dass der Kunde seine Einwilligung erteilt, der Vertragsschluss erfolgt und in der Folge die Einwilligung widerrufen wird, ohne dass dadurch die Wirksamkeit des Vertrags in Frage gestellt wird und zudem ein Bußgeld aufgrund der begangenen Ordnungswidrigkeit droht. Die verantwortliche Stelle wäre beweispflichtig, dass dem Betroffenen ein anderer Zugang zu gleichwertigen vertraglichen Leistungen ohne die Einwilligung in zumutbarer Weise möglich ist.

Wurde die Einwilligung erteilt, ohne dass der betroffenen Person ein anderer Zu- **188** gang offen stand, war die Einwilligung von Anfang an unwirksam, ohne dass es eines nur für die Zukunft wirkenden Widerrufs bedarf. Die Unzulässigkeit setzt nicht

---

220 BGBl. I, S. 2814 (BDSG-Novelle II); siehe auch § 12 TMG Rn. 3; siehe auch *Pauly/Ritzer*, WM 2010, S. 8 (13).

221 Dazu § 95 TKG Rn. 17.

222 Die im Zentralen Kreditausschuss (ZKA) zusammengeschlossenen Spitzenverbände sprachen 1996 die Empfehlung aus, dass die Kreditinstitute ein sog. „Girokonto für jedermann" auf Guthabenbasis bereithalten, ohne eine Einwilligung in die Übermittlung von Kontodaten abgeben zu müssen (SCHUFA-Klausel), woraufhin ein 1995 in die Diskussion gebrachtes Gesetzgebungsvorhaben der Bundesregierung zur Einführung von Girokonten für jedermann nicht weiter verfolgt wurde. Die Empfehlung findet sich etwa in: Die Bank 1995, S. 635.

voraus, dass sich jede betroffene Person auf die Unwirksamkeit gem. Satz 2 beruft. Die verantwortliche Stelle hat selbst zu prüfen, ob es für ihr Angebot einen anderen zumutbaren Zugang gibt, der keine Einwilligung voraussetzt. Wird sie erst von einem Betroffenen oder von dritter Seite darauf hingewiesen, hat sie von der Unwirksamkeit in allen vergleichbaren Fällen auszugehen und dafür Sorge zu tragen, dass die von der unwirksamen Einwilligung erfassten Daten nicht mehr für diesen Zweck verwendet werden.

189 Ist die Einwilligung unwirksam, ist eine Verarbeitung und Nutzung zum Zweck der Werbung oder des Adresshandels unzulässig. Im Falle einer bereits erfolgten Übermittlung hat die verantwortliche Stelle die Empfänger entsprechend zu informieren und die Löschung der übermittelten Daten zu veranlassen.

190 Wer entgegen § 28 Abs. 3b BDSG den Abschluss eines Vertrages von einer Einwilligung abhängig macht, begeht nach § 43 Abs. 2 Nr. 5a BDSG eine Ordnungswidrigkeit, die nach § 42 Abs. 3 Satz 1 BDSG mit einer Geldbuße in Höhe von bis zu dreihunderttausend Euro geahndet werden kann, die unter den Voraussetzungen von § 42 Abs. 3 Satz 2 und 3 BDSG aber auch höher ausfallen kann (Gewinnabschöpfung).

3. Zulässigkeit der Verarbeitung und Nutzung listenmäßig zusammengefasster Daten nach Abs. 3 Satz 2–4 (Neues Listenprivileg)

191 In § 28 Abs. 3 Satz 1 Nr. 3 BDSG a. F. war ein für die werbende Wirtschaft wichtiges Privileg zur Übermittlung von listenmäßig zusammengefassten Daten enthalten, das mit der BDSG-Novelle II 2009 gestrichen, aber in leicht modifizierter Form in § 28 Abs. 3 Satz 2–4 BDSG wieder aufgenommen wurde. Die für den Erlaubnistatbestand aus Abs. 3 Satz 2 bis 4 zutreffende Bezeichnung „Listenprivileg" deutet an, dass es sich hier um eine besondere Privilegierung der an der Verwendung für eigene Werbung interessierten verantwortlichen Stelle und der an einer listenmäßigen Übermittlung bestimmter Daten interessierten Dritten enthält, denen die verantwortliche Stelle Daten unter den Voraussetzungen des Absatz 3 Satz 4 übermitteln darf.

192 Nach Absatz 3 Satz 2 ist die Verarbeitung oder Nutzung personenbezogener Daten zunächst dann zulässig, soweit es sich um listenmäßig oder sonst zusammengefasste Daten über Angehörige einer Personengruppe handelt. Die Nutzung und Verarbeitung einschließlich der Übermittlung muss sich auf Daten über die Zugehörigkeit des Betroffenen zu dieser Personengruppe, seine Berufs-, Branchen- oder Geschäftsbezeichnung, seinen Namen, Titel, akademischen Grad, seine Anschrift und sein Geburtsjahr beschränken. Außerdem müssen die Verarbeitung oder Nutzung erforderlich sein.

193 Die Daten über die Angehörigen einer Personengruppe, die ein gemeinsames Merkmal verbindet, müssen listenmäßig oder sonst zusammengefasst sein. Alle Daten

sind nach dem gleichen Kriterium und in einheitlicher Struktur aufzuführen. Auf die verwendete Technik kommt es nicht an; verwendet werden kann eine Datei eines Textverarbeitungs-, eines Datenbank- oder eines Tabellenkalkulationsprogramms ebenso, wie die in einem Ordner oder einem Dateikasten sortieren Einzelblätter zu den Angehörigen dieser Personengruppe. Werden nur Daten zu einer einzigen Person, auf die ein bestimmtes Merkmal zutrifft, verwendet, so ist das Tatbestandsmerkmal der listenmäßigen Zusammenstellung mehrerer Personen als Angehörige einer durch ein gemeinsames Merkmal beschriebenen Personengruppe nicht erfüllt.

Die aufgeführten Daten über die zusammengefassten Personen dürfen nicht erweitert werden. Es dürfen in der Liste ausschließlich die folgenden Angaben enthalten sein: Berufs-, Branchen- oder Geschäftsbezeichnung, der Name und ggf. Titel sowie akademischer Grad, die Anschrift und das Geburtsjahr. Das genaue Geburtsdatum mit Tag und Monat darf nicht aufgenommen werden. Die Gefahr einer Erweiterung dieser Katalogdaten liegt einmal darin, dass schon in der Information, wer die verantwortliche Stelle ist, die die Daten listenmäßig zusammenfasst, ein weiteres, unter Umständen auch sehr sensibles Merkmal liegt.[223] Aus ihr könnte, wenn die Daten nicht aus allgemein zugänglichen Quellen entnommen sind, abgeleitet werden, dass es zwischen ihr und der betroffenen Person ein rechtsgeschäftliches oder rechtsgeschäftsähnliches Schuldverhältnis gibt. Ist die verantwortliche Stelle, die eine listenmäßige Übermittlung für Zwecke der Werbung auf die § 28 Abs. 3 Satz 2 und 4 BDSG gestützt vornehmen will, das Versandhaus V, so zeigt sich, dass sich in der Bezeichnung der übermittelnden Stelle ein weiteres Merkmal verbirgt, was bei der weiteren Prüfung der Zulässigkeit, insbesondere bei der Feststellung, ob ein Grund zu der Annahme besteht, dass der Betroffene ein schutzwürdiges Interesse an dem Ausschluss der Übermittlung oder Nutzung haben könnte, zu berücksichtigen ist. **194**

Zum anderen lassen sich in die Angabe über die Zugehörigkeit der Betroffenen zu dieser Personengruppe eine Menge weiterer Merkmale platzieren, die die Gruppe kennzeichnet. Schon die Gruppenbezeichnung „Mit Kreditkarte zahlende Käufer von Sportartikeln beim Versandhaus V" würde faktisch drei Merkmale und damit mehr als das vom Gesetzgeber vorgesehene „eine Merkmal" enthalten. Das wäre mit dem Gesetzeszweck unvereinbar.[224] Zulässig wäre allenfalls noch „Sportartikelkäufer", obwohl selbst hier nicht nur die Kundeneigenschaft, sondern auch noch das Produktinteresse enthalten ist. **195**

Es darf kein Grund zu der Annahme bestehen, dass die Verarbeitung, insbesondere die Übermittlung schutzwürdige Interessen der betroffenen Person verletzt. Eine solche Annahme könnte dann bestehen, wenn der Betroffene Vertragspartner eines **196**

---

223 Siehe auch *Simitis*, in: Simitis, BDSG, § 28 Rn. 232; *Gola/Schomers*, BDSG, § 28 Rn. 51.
224 Ebenso *Bergmann/Möhrle/Herb*, BDSG, § 28 Rn. 346; *Gola/Schomerus*, BDSG, § 28 Rn. 51.

solchen Unternehmens ist, mit dem er nicht öffentlich in Verbindung gebracht werden möchte (Kreditfinanzierer, Fachgeschäft für Ehehygiene, Partnervermittlungsagentur, Psychotherapeutische Einrichtung). In diesen Fällen ergäbe sich schon aus dem Charakter der verantwortlichen Stelle, dass ein Grund zu der Annahme eines schutzwürdigen Interesses jedenfalls am Ausschluss einer Übermittlung besteht. Das gilt entsprechend für das Merkmal der Gruppenzugehörigkeit. Selbst aus den Merkmalen Anschrift und Alter ließe sich mit Kontextwissen schließen, dass die in der Liste aufgeführten Personen Bewohner eines Seniorenheimes sind, selbst wenn das als Gruppenmerkmal nicht eingegeben wird; auch in diesem Fall wäre davon auszugehen, dass schutzwürdige Interessen der Betroffenen am Ausschluss der Übermittlung bestehen. Ergeben sich aus einem Merkmal oder über die übermittelnde Stelle Hinweise auf besondere Arten personenbezogener Daten im Sinne von § 3 Abs. 9 BDSG, wird regelmäßig von einer die Übermittlung verhindernden Annahme entgegenstehender schutzwürdiger Interessen der Betroffenen auszugehen sein. In Bezug auf das Erheben, Verarbeiten und Nutzen besonderer Arten personenbezogener Daten sehen die Absätze 6 bis 9 abschließende Sonderregelungen vor.

197 Das neue Listenprivileg ist auf den Zweck der Werbung beschränkt worden; die Privilegierung zur Verwendung der listenmäßig zusammengestellten Daten für den Adresshandel wurde mit der BDSG-Novelle II 2009 gestrichen.[225] Auch wenn der Adresshandel mittelbar eine „Vorstufe" für die Werbung darstellt, so handelt es sich nach dem BDSG aus sachlichen Erwägungen um eine eigenständige Kategorie, die durch die privilegierende Erlaubnisvorschrift zur Übermittlung von Listendaten nicht begünstigt wird. Der Adresshandel ist darauf angewiesen, dass die Betroffenen eine Einwilligung in die Verwendung für den Adresshandel gem. § 28 Abs. 3 Satz 1 BDSG erteilen. Für Adresshandel und Werbung hat der Gesetzgeber zum Vorteil der werbenden Wirtschaft eine Erlaubnis beibehalten, die auch schon im BDSG 77, im BDSG 90 und im BDSG 2001 enthalten war, also eine Tradition hat. Das Listenprivileg wurde schon vor der BDSG-Novelle II als „der letzte, immer wieder hartnäckig verteidigte Rest der vor allem in den Anfangsjahren des Datenschutzes ständig wiederholten Forderung, wenigstens einen Teil der personenbezogenen Daten ‚freizugeben'" bezeichnet.[226]

198 Die Verarbeitung und Nutzung der Daten muss für den Zweck der Werbung gem. Satz 2 auch erforderlich sein.[227] Eine entsprechende kursorische Erforderlichkeitsprüfung ist von der verantwortlichen Stelle folglich durchzuführen. Der Begriff der Werbung ist weit zu fassen. Er schließt die Unternehmenskommunikation mit dem Ziel der werblichen Ansprache zur Förderung des Absatzes von Waren und Dienst-

---

225 Ebenso *Wedde*, in: Däubler/Klebe/Wedde/Weichert, BDSG, § 28 Rn. 102; Simitis, in: Simitis, BDSG, § 28 Rn. 230, 237 f.; *Wronka*, RDV 2010, S. 159. A.A. *Plath*, in: Plath, BDSG, § 28 Rn. 107; *Drewes*, RDV 2011, S. 18.
226 *Simitis*, in: Simitis, BDSG, § 28 Rn. 226.
227 Siehe zum Begriff der Erforderlichkeit oben Rn. 47.

leistungen ebenso ein, wie die Ansprache zur Gewinnung von Mitgliedern in Vereinen und Parteien oder von Studierenden an Hochschulen zur Spende zugunsten humanitärer Organisationen oder zur Unterstützung politischer oder ideeller Ziele.[228]

Die Zulässigkeit der Verwendung für Zwecke der Werbung ist auf einen Katalog **199** weiter einschränkender bestimmter Zwecke beschränkt, die in Satz 2 Nr. 1 bis 3 abschließend aufgezählt sind. Nach Nr. 1 darf die listenmäßige Verwendung für Zwecke der Werbung für *eigene Angebote* der verantwortlichen Stelle erfolgen. Die Daten sind beim Betroffenen für die Begründung, Durchführung oder Beendigung eines rechtsgeschäftlichen oder rechtsgeschäftsähnlichen Schuldverhältnisses mit dem Betroffenen zu erheben oder müssen aus allgemein zugänglichen Adress-, Rufnummern-, Branchen- oder vergleichbaren Verzeichnissen stammen. Der Regierungsentwurf hatte ursprünglich vorgesehen, dass die für diesen Zweck zu verwendenden Daten ausschließlich beim Betroffenen zu erheben sind. Das hätte zur Konsequenz gehabt, dass nur die für die Begründung, Durchführung und Beendigung eines Schuldverhältnisses erhobenen Daten zur Verfügung gestanden hätten. Nun können die fehlenden Daten auch aus den genannten Verzeichnissen dazu erhoben werden. Sie können nach dem Wortlaut der Norm („oder") auch ganz aus den aufgeführten Verzeichnissen entnommen werden. Die vom Regierungsentwurf vorgesehene Legitimation, nach der „eine gesetzliche Erlaubnis ... insofern gerechtfertigt (ist), weil dem Betroffenen die verantwortliche Stelle durch die Erhebung der Daten im Rahmen der Zweckbestimmung eines rechtsgeschäftlichen Schuldverhältnisses oder rechts geschäftsähnlichen Schuldverhältnisses bekannt ist und der Betroffene auch damit rechnen kann, dass ihm die verantwortliche Stelle Werbung für weitere eigene Angebote der verantwortlichen Stelle zukommen lässt", ist folglich vom Gesetzgeber erweitert worden.[229]

Ob die Daten ehemaliger Kunden für Zwecke der Werbung verwendet werden dür- **200** fen, um sie zurückzugewinnen, ist in der Rechtsprechung umstritten. In einem vom LG Augsburg[230] entschiedenen und nicht beanstandeten Fall hatte ein Gasversorgungsunternehmen listenmäßig zusammengefasste Daten ehemaliger Kunden genutzt, um ehemalige Kunden anzuschreiben und die Informationen auch mit dem Merkmal ergänzt, zu welchem Anbieter sie gewechselt waren. Das OLG Köln[231] hält eine solche Praxis für nicht zulässig, u.a. deswegen, weil das zu den Listen-

---

228 VG Hannover ZUM 1996, 997.
229 BT-Drs. 16/21011, S. 31.
230 LG Augsburg ZD 2012, 476 m. Anm. *Höppner*, jurisPR-ITR 4/2012 Anm. 6. In dem Berufungsurteil des OLG München ZD 2012, 330, kam es auf die Bewertung dieser Rechtsfrage nicht an. Anderer Ansicht ist das OLG Karlsruhe ZD 2012, 432 = NJW 2012, 3312 m. kritischer Anm. von *Schneider*, das hier schwer nachvollziehbar von einer „Kombination der Informationen" des die Listendaten der ehemaligen Kunden ergänzenden zusätzlichen Merkmals und von einer fehlenden Erforderlichkeit der Datenspeicherung über ehemalige Kunden ausgeht.
231 OLG Köln CR 2011, 680 m. Anm. *Eckhardt*.

merkmalen hinzugenommene Merkmal, zu welchem Anbieter der Kunde wechselte, nicht aus öffentlich zugänglichen Quellen stamme.

201 Für diesen in Nr. 1 beschriebenen Zweck darf die verantwortliche Stelle zu den dort genannten Daten gem. § 28 Abs. 3 Satz 3 BDSG sogar noch weitere Daten hinzuspeichern und so die Kriterien für Auswahlentscheidungen erheblich erweitern. Eine Begrenzung auf eine bestimmte Anzahl von Daten gibt es in diesem besonderen Fall nicht.

202 Die Daten dürfen nach der Nr. 2 außerdem für Zwecke der Werbung im Hinblick auf die berufliche Tätigkeit des Betroffenen und unter seiner beruflichen Anschrift verwendet werden. Weil anders als nach Nr. 1 eine Beschränkung auf die Werbung für eigene Angebote in Nr. 2 nicht enthalten ist und allgemein die *Verarbeitung* listenmäßig zusammengefasster Daten für Zwecke der Werbung im Hinblick auf die berufliche Tätigkeit als zulässig erklärt wird, wenn die Verarbeitung dafür erforderlich ist, ist auch die Übermittlung dieser Daten unter den genannten Voraussetzungen zulässig. Die übermittelten Daten dürfen von der empfangenden Stelle ausschließlich zu dem Zweck gespeichert und genutzt werden, zu dem die Daten übermittelt wurden.

203 Dieses verdeutlicht auch Satz 4. Danach dürfen zusammengefasste personenbezogene Daten *auch dann* für Zwecke der Werbung übermittelt werden, wenn die Übermittlung „nach Maßgabe des § 34 Absatz 1a Satz 1 BDSG gespeichert wird". Dieser unglücklich formulierte Verweis führt zu dem mit der BDSG-Novelle II von 2009 neuen § 34 Abs. 1a BDSG, der die verantwortliche Stelle im Fall einer auf § 28 Abs. 3 Satz 2 Nr. 1 oder Nr. 2 oder Nr. 3 BDSG gestützten Übermittlung verpflichtet, die Herkunft der Daten und den Empfänger für die Dauer von zwei Jahren nach der Übermittlung zu speichern und dem Betroffenen auf Verlangen Auskunft über die Herkunft der Daten und den Empfänger zu erteilen. Diese Verpflichtung trifft dann nach § 34 Abs. 1a Satz 2 BDSG auch jeweils den Empfänger.

204 Weitere Voraussetzung für die Übermittlung für Zwecke der Werbung (Nr. 1–3) ist zudem nach dem 2. Halbsatz von Satz 4, dass für den Betroffenen die Stelle, die die Daten erstmalig erhoben hat, aus der Werbung eindeutig hervorgehen muss. In dieser Fallkonstellation der Werbung durch Nutzung von übermittelten Daten muss sichergestellt sein, dass die betroffene Person weiß, aus welcher Quelle die nicht von der werbenden Stelle selbst beim Betroffenen erhobenen Daten ursprünglich stammen.

205 Mit der in der Nr. 2 enthaltenen Erlaubnis will das Gesetz diejenigen freiberuflich oder gewerblich Tätigen, bei denen regelmäßig ein zur Anwendung des BDSG führender Personenbezug besteht, mit den Unternehmensadressen ohne Personenbezug, die nicht in den Anwendungsbereich des BDSG fallen, partiell gleichstellen. Die Werbung muss aber einen Bezug zu der beruflichen Tätigkeit des Betroffenen haben. Die auf eine berufliche Tätigkeit bezogene Erlaubnis zur Werbung darf nicht dadurch unterlaufen werden, dass die Werbung vorgeblich einen Bezug zum Beruf hat, dann aber doch an die Privatadresse versandt wird, unter der der Betroffene eher eine Belästigung durch die kommerzielle Ansprache empfindet als im beruflichen Umfeld. Diese Umgehungsmöglichkeit soll dadurch verhindert werden, dass die werbliche Ansprache nur an die Geschäftsadresse erfolgen darf. Auch das beworbene Produkt muss einen Bezug zur beruflichen Tätigkeit haben. Die Gesetzesbegründung geht davon aus, dass diese werbliche Ansprache bei gewerblich oder freiberuflich Tätigen beispielsweise die Marktorientierung hinsichtlich der Angebote und Preise von Wettbewerbern erleichtert und Marktchancen und Investitionsanreize eröffnet. Daher sei bei gewerblich oder freiberuflich Tätigen potenziell von einem größeren Interesse am Erhalt der mit der Werbung verbundenen Informationen auszugehen als allgemein bei Verbrauchern, die zueinander nicht in Konkurrenz stehen.[232]

Als dritten Zweck beschreibt die Nr. 3 die Werbung für Spenden, die nach § 10b **206** Abs. 1 EStG und § 34g EStG steuerbegünstigt sind. Wie schon vor der BDSG-Novelle II wird damit den Organisationen, die gemeinnützigen, mildtätigen oder kirchlichen Zwecken nach den §§ 52 bis 54 AO dienen, die Möglichkeit eingeräumt, personenbezogene Daten bestimmter sich aus den listenmäßig zusammengestellten Daten ergebenden Zielgruppen für Zwecke der Spendenwerbung zu verwenden. Damit soll der finanzielle Fortbestand der Organisationen gesichert werden.

4. Zulässigkeit der Nutzung für Zwecke der Werbung für fremde Angebote nach Abs. 3 Satz 5

Absatz 3 Satz 5 erlaubt es, unabhängig vom Vorliegen der Voraussetzungen des Sat- **207** zes 2 personenbezogene Daten für Zwecke der Werbung für *fremde* Angebote zu *nutzen*. Dabei ist neben den allgemeinen Anforderungen an die Erforderlichkeit und der Berücksichtigung schutzwürdiger Belange (Abs. 3 Satz 6) zu beachten, dass die verantwortliche Stelle für die Nutzung der Daten für den Betroffenen bei einer Ansprache zum Zwecke der Werbung für fremde Angebote eindeutig erkennbar ist. Die Regelung erlaubt nicht die Erhebung und nicht die Übermittlung von Daten zum Zweck der sog. Beipack-Werbung. Erlaubt ist nach Satz 5 nur die Nutzung der von der verantwortlichen Stelle gespeicherten Daten für die Werbung für Produkte und Dienstleistungen Dritter. Die Evaluation (§ 48 BDSG) wird zeigen, ob sich diese Werbemöglichkeit zugunsten Dritter zu neuen, signifikanten Belastungen der betroffenen Personen entwickeln wird. Immerhin kann die betroffene Person von ihrem Widerspruchsrecht (§ 28 Abs. 4 Satz 1 BDSG) Gebrauch machen und gezielt diese Beipack-Werbung unterbinden.

---

232 BT-Drs. 16/12011, S. 32.

5. Berücksichtigung schutzwürdiger Belange (Satz 6)

208 Wer sich bei der Verwendung personenbezogener Daten auf einen Erlaubnistatbestand der § 28 Abs. 3 Sätze 2 bis 4 BDSG stützen will, hat über die darin genannten Voraussetzungen nach Satz 6 stets zu prüfen, ob schutzwürdige Interessen des Betroffenen entgegenstehen. Dieses Anforderung nennen schon § 28 Abs. 1 Satz 1 Nr. 2 und 3 BDSG und § 28 Abs. 2 Nr. 2 BDSG. Aus der Pflicht zur Beachtung schutzwürdiger Interessen des Betroffenen wird in der Literatur vereinzelt abgeleitet, dass eine Eigenwerbung unter Heranziehung von Bestandskundendaten nur über einen gewissen Zeitraum möglich sei;[233] aus dem Gesetz lassen sich Gründe für eine solche Begrenzung allerdings nicht ableiten.[234] Schon aus ökonomischen Erwägungen wird der Werbende kein Adressmaterial verwenden, das mehrere Jahre alt ist und immer wieder vergeblich für die werbliche Ansprache verwendet wurde.

6. Zweckbindung (Satz 7)

209 Satz 7 gewährleistet, dass die aufgrund der in Satz 1, 2 und 4 erlaubten Übermittlung an Dritte gelangten Daten von diesen auch nur zu dem Zweck verarbeitet und genutzt werden dürfen, zu denen sie übermittelt worden sind. Der Zweck der Erhebung und Verwendung ist beispielsweise im Verfahrensverzeichnis im Detail festzulegen (§ 28 Abs. 1 Satz 2 BDSG). Der empfangende Dritte ist auf diese Zweckbindung hinzuweisen und sollte die zweckentsprechende Verwendung bestätigen.

V. Besondere Anforderungen an die Einwilligung und Koppelungsverbot (Abs. 3a und 3b)

210 Mit der BDSG-Novelle II von 2009 sind die Anforderungen an die Verarbeitung und Nutzung personenbezogener Daten für Zwecke der Werbung oder des Adresshandels verschärft worden. Mit der Ausnahme bei der listenmäßigen Verarbeitung darf sie nun nur noch erfolgen, wenn die betroffene Person ihre Einwilligung erteilt hat. Die Anforderungen an die Einwilligung gehen dabei in diesem Zusammenhang über die allgemein in § 4a BDSG geregelten Anforderungen hinaus; sie finden sich in dem neuen Abs. 3a. Außerdem ist nun auch ein ausdrückliches Koppelungsverbot nach dem Vorbild des TMG im BDSG in Absatz 3a aufgenommen worden. Beide Absätze stehen in unmittelbarem Zusammenhang mit der Erlaubnis nach § 28 Abs. 3 Satz 1 BDSG und sind deshalb dort im Zusammenhang behandelt worden.[235]

---

233 *Gola/Reif*, Kundendatenschutz, Rn. 312.
234 Zu sonstigen Erwägungen bei der Abwägung mit schutzwürdigen Interessen des Betroffenen (Alter; kompromittierende Produkte) *Plath*, in: Plath, BDSG, § 28 Rn. 149 ff.
235 Siehe Rn. 163 ff. und 169 ff.

VI. Widerspruchsrecht und Belehrungspflicht (Abs. 4)

Abs. 4 Satz 1 gewährt den betroffenen Personen das Recht, der Verarbeitung oder **211** Nutzung ihrer personenbezogenen Daten für Zwecke der Werbung bzw. der Markt- oder Meinungsforschung zu widersprechen. Machen sie von ihrem Widerspruchsrecht Gebrauch, ist die Datenverarbeitung unzulässig.

Das Widerspruchsrecht aus § 28 Abs. 4 BDSG ergänzt die in § 6 Abs. 1 BDSG auf- **212** geführten Rechte auf Auskunft, Berichtigung und Löschung. Es ist ebenso wie die dort aufgezählten Rechte unabdingbar und steht nicht zur Disposition.[236] Mit dem Widerspruchsrecht erhält der Betroffene in gewissem Umfang seine Autonomie vor dem Hintergrund zurück,[237] dass die verantwortliche Stelle durch § 28 BDSG die Möglichkeit erhält, bereits erhobene Daten auch für andere Zwecke, insbesondere der Werbung und des Adresshandels zu verwenden, wenn bei der verantwortlichen Stelle oder einem Dritten ein berechtigtes Interesse besteht. Zwar muss die Verwendung zur Zweckerfüllung erforderlich sein, und die schutzwürdigen Interessen der Betroffenen sind zu berücksichtigen. Das geschieht zumeist aufgrund einer pauschalen Prüfung, ohne den Betroffenen zu hören. Deshalb räumt das Widerspruchsrecht der betroffenen Person die Möglichkeit ein, einer zunächst durchaus zulässigen[238] Nutzung und Übermittlung seiner Daten für Zwecke der Werbung sowie der Markt- und Meinungsforschung zu widersprechen und für die Zukunft zu verhindern.

Das Widerspruchsrecht besteht unabhängig davon, wofür geworben wird[239] oder **213** was Gegenstand der Markt- oder Meinungsforschung ist. Auch auf die Form der Ansprache kommt es nicht an. Selbst der beiläufigen Beipack-Werbung bei der Zusendung einer Rechnung kann der Betroffene widersprechen.[240]

Gegenüber der alten Fassung des Absatzes 4 hat die BDSG-Novelle II redaktionelle **214** Anpassungen vorgenommen, um die richtigen Bezüge der in den Absätzen 1 bis 3 veränderten Struktur der Erlaubnistatbestände zu entsprechen. Darüber hinaus verfolgen materielle Rechtsänderungen das Ziel, die Widerspruchsrechte der Betroffenen weiter zu stärken. Während vor der Novellierung die betroffene Person der Verarbeitung oder Nutzung erst dann widersprechen konnte, wenn sie mit der werblichen Ansprache auf ihr Widerspruchsrecht hingewiesen wurde, wird diese Widerspruchsmöglichkeit nun vorgezogen. Schon bei der Begründung eines rechtsgeschäftlichen oder rechtsgeschäftsähnlichen Schuldverhältnisses ist der Betroffe-

---

236 Ebenso *Simitis*, in: Simitis, BDSG, § 28 Rn. 252; *Bergmann/Möhrle/Herb*, BDSG, § 28 Rn. 446.
237 Siehe auch *Gola*, DuD 2001, S. 278.
238 Das betont zutreffend *Simitis*, in: Simitis, BDSG, § 28 Rn. 248.
239 Auch bei Werbung für politische, religiöse, caritative oder „Meinungswerbung" besteht ein Widerspruchsrecht, so auch *Kühling/Seidel/Sivridis*, Datenschutzrecht, S. 151.
240 Ebenso *Simitis*, in: Simitis, BDSG, § 28 Rn. 250, und *Bergmann/Möhrle/Herb*, BDSG, § 28 Rn. 446. A. A. *Plath*, in: Plath, BDSG, § 28 Rn. 176.

ne auf sein Widerspruchsrecht hinzuweisen. Es ist ihm auch mitzuteilen, wer die verantwortliche Stelle ist, der gegenüber er sein Widerspruchsrecht geltend zu machen hat. Die schon bei der Begründung eines Schuldverhältnisses anknüpfende Informationspflicht versetzt den Betroffenen in die Lage, schon vor der Verarbeitung oder Nutzung zu Zwecken der Werbung bzw. der Markt- oder Meinungsforschung vom Widerspruchsrecht Gebrauch zu machen und es erst gar nicht zu einer Nutzung seiner Daten für Zwecke der Werbung oder Markt- oder Meinungsforschung kommen zu lassen. Die Information über das Widerspruchsrecht ist aber auch nach der Gesetzesänderung weiter bei jeder erneuten Ansprache für Zwecke der Werbung oder der Markt- und Meinungsforschung auf das Widerspruchsrecht mitzuteilen (Satz 2). Der Hinweis muss leicht und deutlich erkennbar sein,

215 Außerdem bezieht sich das Widerspruchsrecht nicht mehr nur auf die Untersagung von Nutzung und Übermittlung, sondern nun auf alle Phasen der Verarbeitung.[241]

216 Der Widerspruch wird üblicherweise gem. Satz 1 gegenüber der verantwortlichen Stelle erklärt. Dabei wird der Widerspruch auch wirksam, wenn er gegenüber einer beliebigen Niederlassung, Filiale oder sonstigen Organisationseinheit erklärt wird. Der Widerspruch kann auch gegenüber jedem Beauftragten, der in die Organisation in irgendeiner Weise als Beschäftigter im Sinne des § 32 BDSG eingebunden ist, erklärt werden, auch gegenüber der Stelle, die eine Liste im Rahmen des Listenprivilegs gem. Absatz 3 führt.[242] Der Widerspruch braucht nicht begründet zu werden. Sind die Daten im Rahmen der Zwecke nach Absatz 3 übermittelt worden, so sind die Daten gem. Satz 3 für diesen Zweck zu sperren, wenn der Betroffene bei dem Dritten der Verarbeitung oder Nutzung für Zwecke der Werbung oder der Markt- oder Meinungsforschung widerspricht.

217 Auf die Form der Erklärung kommt es nicht an. Sie kann auch mündlich, fernmündlich oder elektronisch und auch konkludent erklärt werden. Es muss nur der Wille klar erkennbar sein, nicht durch Werbung angesprochen oder in eine Markt- oder Meinungsforschung einbezogen zu werden. Allerdings heißt es nun mit der Gesetzesänderung von 2009 in Satz 4, dass in den Fällen des Absatzes 1 Satz 1 Nr. 1 für den Widerspruch keine strengere Form verlangt werden darf, als für die Begründung des rechtsgeschäftlichen oder rechtsgeschäftsähnlichen Schuldverhältnisses. Bezweckt ist ausweislich der Gesetzesbegründung[243] eine *Verbesserung* der Rechtslage für den Betroffenen; der neue Satz 4 soll verhindern, dass bei einem formfreien Vertragsschluss aufgrund einer entsprechenden Vertragsvereinbarung an die Widerspruchserklärung eine höhere Formanforderung als an den Vertragsschluss selbst

---

241 Hinsichtlich der vor dem 1.9.2009 erhobenen Daten ist § 47 BDSG zu beachten, sodass sich das Widerspruchsrecht in der Übergangszeit nur auf die Übermittlung und Nutzung bezieht. Die verantwortliche Stelle ist selbstverständlich frei, auf den Widerspruch hin auch eine Löschung vorzunehmen und die Verarbeitung zu beenden.

242 Der Listeneigner hat dafür Sorge zu tragen, dass die Empfänger der Listendaten den Widerspruch berücksichtigen; dazu *Koch*, DSB 2/2011, S. 12.

243 BT-Drs. 16/12011, S. 33 f.

gestellt wird. Aber auch dann, wenn die aufgrund eines formbedürftigen Rechtsge-schäfts erhobenen und gespeicherten Daten erlaubterweise für Werbezwecke ver-wendet werden, muss der Widerspruch nicht in der gleichen Form erfolgen, wie die zum Vertragsschluss führende rechtsgeschäftliche Erklärung, in die die Einwilli-gung eingebettet war; auch in diesem Fall genügt die Erkennbarkeit eines formfrei ausgedrückten Willens, der erteilten Einwilligung zu widersprechen.

Die Eintragung in eine „Robinson"-Liste stellt keinen Widerspruch im Sinne von Abs. 4 Satz 1 dar.[244] Von Verbraucherschutzorganisationen und Verbänden der Wer-bewirtschaft werden zahlreiche Robinson-Listen bereit gehalten, in die sich Per-sonen eintragen lassen können, um nach einem Datenabgleich von einer Werbe-ansprache ausgenommen zu werden. Bei den Robinson-Listen handelt es sich um freiwillige Initiativen, denen werbende Unternehmen aufgrund einer Selbstver-pflichtung beitreten.[245] Aus dem nationalen Recht ergibt sich keine Rechtspflicht der Unternehmen, einen Abgleich ihrer für werbliche Ansprachen genutzte Adress-daten mit Robinson-Listen vorzunehmen, obwohl Art. 7 Abs. 2 der E-Commerce-Rl[246] vorschreibt, dass Diensteanbieter, die nicht angeforderte kommerzielle Kom-munikation durch elektronische Post übermitteln, die Robinson-Listen regelmäßig konsultieren müssen. Auch wenn die Eintragung eine gewisse Filterwirkung haben kann, so ergibt sich aus einer Eintragung also keine Unzulässigkeit der Datennut-zung für Werbezwecke für jede verantwortliche Stelle.

218

Verlangt der Betroffene „Löschung" seiner aufgrund einer früheren Einwilligung für Werbezwecke verwendeten Daten, die im Übrigen nach § 28 Abs. 1 Satz 1 Nr. 1 BDSG verarbeitet und genutzt werden, so ist dies als Widerspruch gegen die Ver-wendung für Werbezwecke zu verstehen (falsa demonstratio non nocet).

219

Auf den ersten Blick erstaunt, die Regelung über den Widerspruch gegen die Ver-wendung der Daten für Zwecke der Werbung oder der Markt- und Meinungs-forschung innerhalb des § 28 BDSG zu finden, da doch mit der 2009 erfolgten Änderung des BDSG eine spezifische Regelung der Zulässigkeit über die ge-schäftsmäßige Datenerhebung und -verarbeitung für Zwecke der Markt- und Mei-nungsforschung nun in § 30a BDSG zu finden ist. Wegen der in § 30a Abs. 5

220

---

244 *Simitis*, in: Simitis, BDSG, § 28 Rn. 260, nimmt allerdings eine Nachforschungspflicht der verantwortlichen Stelle an, nach der direkt werbende Unternehmen zu einem Daten-abgleich mit der Robinson-Liste verpflichtet seien, verkennt aber, dass es inzwischen eine größere Zahl solcher Robinson-Listen gibt; dagegen *Bergmann/Möhrle/Herb*, BDSG, § 28 Rn. 454 (Eintrag ist kein Widerspruch); *Gola/Schomerus*, BDSG, § 28 Rn. 62 (ein Eintrag in die sog. Robinson-Liste genügt nicht). Ebenso zum Widerspruch gem. § 7 Abs. 3 Nr. 3 UWG *Menebröcker*, in: Götting/Nordemann, UWG, § 7 Rn. 111.
245 Zu den bekanntesten Robinson-Listen gehört die vom Deutschen Dialogmarketingver-band geführte Liste; www.ddv.de/index.php?id=380.
246 Richtlinie 2000/31/EG v. 8.6.2000 über bestimmte rechtliche Aspekte der Dienste der In-formationsgesellschaft, insbesondere des elektronischen Geschäftsverkehrs, im Binnen-markt („Richtlinie über den elektronischen Geschäftsverkehr"), ABl. EG Nr. L178/1 v. 17.7.2000.

BDSG enthaltenen Verweisung, dass § 28 Abs. 4 BDSG entsprechend auch für die Verarbeitung nach § 30a BDSG gelte, findet sich das Widerspruchsrecht nach der seit 2009 aufgespaltenen Erlaubnis von Werbung bzw. Markt- und Meinungsforschung übergreifend in § 28 Abs. 4 BDSG.[247] Ein entsprechender Verweis findet sich auch in § 29 Abs. 5 BDSG, sodass das Widerspruchsrecht auch besteht, um eine ansonsten nach § 29 BDSG zulässige Übermittlung, Verarbeitung oder Nutzung personenbezogener Daten für Zwecke der Werbung oder des Adresshandels zu unterbinden.

221   Auf den Widerspruch hin dürfen die Daten nicht mehr für Zwecke der Werbung und der Markt- und Meinungsforschung verwendet werden; sie sind zu sperren. Sie dürfen weiter für andere Zwecke verwendet werden, für die eine gesetzliche Erlaubnis oder Einwilligung vorliegt. Liegt ein anderer Erlaubnisgrund nicht vor, sind die Daten im Lichte des § 35 Abs. 2 Nr. 1 BDSG zu löschen.

VII. Zweckbindung (Abs. 5)

222   Werden auf der Grundlage einer Erlaubnis nach § 28 BDSG personenbezogene Daten an Dritte übermittelt, so sind diese nach § 28 Abs. 5 Satz 1 BDSG verpflichtet, diese Daten nur zu dem Zweck zu verwenden, zu dem sie ihnen übermittelt wurden. Empfänger von Daten können sowohl öffentliche Stellen nach § 12 BDSG oder den Landesdatenschutzgesetzen als auch nicht-öffentliche Stellen nach § 27 BDSG sein. Sie alle haben den besonderen Zweckbindungsgrundsatz nach § 28 Abs. 5 Satz 1 BDSG zu beachten. Die Vorschrift in Abs. 5, die bei den Gesetzesänderungen von 2009 unverändert blieb, wiederholt für die Fälle des § 28 BDSG den bereits in § 28 Abs. 3 Satz 7 BDSG für die Übermittlung für Zwecke der Werbung enthaltenen Zweckbindungsgrundsatz.

223   Die Zweckbindung besteht nicht ausnahmslos. Satz 2 weist selbst darauf hin, dass eine Verarbeitung oder Nutzung für andere Zwecke nicht-öffentlichen Stellen nur unter den Voraussetzungen der Absätze 2 und 3 und öffentlichen Stellen nur unter den Voraussetzungen des § 14 Abs. 2 erlaubt ist. Die Einschränkung „nur" relativiert sich schnell bei einem Blick auf die zahlreichen in den Absätzen 2 und 3 enthaltenen Verwendungsmöglichkeiten, die der empfangenden Stelle letztlich die gleichen Rechte einräumen, wie sie auch der übermittelnden, verantwortlichen Stelle zur Verfügung stehen. Die in Satz 3 enthaltene Pflicht, die empfangende Stelle auf die Zweckbindung, aber eben auch auf die weitgehenden Ausnahmemöglichkeiten hinzuweisen, erweist sich so als Hinweis auf weitere zulässige Verwendungsmöglichkeiten und verfehlt so ihren eigentlichen Zweck der Begrenzung der Datenverwendung und kehrt ihn gleichsam um.[248]

---

247 Vgl. dazu § 30a BDSG Rn. 23.

VIII. Zulässigkeitsvoraussetzungen der Erhebung und Verwendung besonderer Arten personenbezogener Daten

Der § 28 BDSG enthält in den Absätzen 6 bis 9 restriktive Beschränkungen der Ver- **224** wendung und Nutzung von in § 3 Abs. 9 BDSG (und in Art. 8 Abs. 1 EG-DSRl) definierten besonderen Arten personenbezogener Daten,[249] die als sensitive Daten besonders schutzwürdig sind.

1. Allgemeine Zulässigkeitsanforderungen nach § 28 Abs. 6 BDSG

Nach dem ersten Halbsatz von § 28 Abs. 6 BDSG ist das Erheben, Verarbeiten und **225** Nutzen von besonderen Arten personenbezogener Daten (§ 3 Abs. 9 BDSG) für eigene Geschäftszwecke aufgrund einer Einwilligung des Betroffenen zulässig. Diese Möglichkeit des Betroffenen zur Disposition selbst über sensible Daten als Ausfluss der auch grundrechtlich geschützten Selbstbestimmung findet sich in Bezug auf sensitive Daten bereits in § 4 Abs. 1 BDSG i.V.m. § 4a Abs. 3 BDSG.[250] Der wiederholende Hinweis ist unschädlich. Auch hier gilt, dass die Einwilligung freiwillig, ohne Zwang, erklärt werden muss und das Koppelungsverbot zu beachten ist.

Liegt eine Einwilligung nicht vor, dann kann das Erheben, Verarbeiten und Nutzen **226** von besonderen Arten personenbezogener Daten zulässig sein, wenn eine der in den Nummern 1 bis 4 abschließend aufgezählten Erlaubnismöglichkeiten greift.

a) Schutz lebenswichtiger Interessen (Nr. 1)

Aus der Nummer 1 folgt die Zulässigkeit dann, wenn dies zum Schutz lebenswich- **227** tiger Interessen des Betroffenen oder eines Dritten erforderlich ist, sofern der Betroffene aus physischen oder rechtlichen Gründen außerstande ist, seine Einwilligung zu geben. Auch hier steht der Gedanke im Vordergrund, durch eine Einwilligung selbst zu bestimmen, ob die sensiblen Daten erhoben und verwendet werden sollen. Sofern die Einwilligung beispielsweise wegen einer Krankheit oder wegen fehlender Geschäftsfähigkeit nicht erlangt werden kann, soll unter der weiteren Voraussetzung auf eine Einwilligung verzichtet werden können, dass mit der Datenverwendung der Schutz lebenswichtiger Interessen entweder für den Betroffenen selbst oder für einen Dritten verfolgt wird. Liegen aber Erkenntnisse darüber vor,

---

248 Siehe auch die berechtigte, scharfe Kritik von *Simitis*, in: Simitis, BDSG, § 28 Rn. 288 ff., und *Gola/Schomerus*, BDSG, § 28 Rn. 39 (grenzenlose Zweckentfremdung, mit der EG-DSRl nicht vereinbar).
249 Zur Definition s. § 3 BDSG Rn. 57–59.
250 Siehe dazu § 4a BDSG Rn. 2.

dass die betroffene Personen eine Einwilligung nicht erteilt hätte, wenn sie dazu physisch in der Lage wäre, hat die Verwendung zu unterbleiben.[251]

228 „Lebenswichtig" sind Interessen nicht nur, wenn eine Gefahr für Leib und Leben im physischen Sinne (Gesundheit, Tod) droht, sondern auch dann, wenn beispielsweise religiöse Wertvorstellungen tangiert werden und dadurch psychische Belastungen von erheblichem Ausmaß drohen.[252]

b) Öffentlich gemachte Daten (Nr. 2)

229 Wenn die betroffene Person die nach objektivem Verständnis sensitiven Daten nach § 3 Abs. 9 BDSG offenkundig selbst öffentlich macht, wird sie nicht als schutzwürdig angesehen (Nr. 2).[253] Es darf dabei keinem Zweifel unterliegen, dass die Daten vom Betroffenen selbst zugänglich gemacht wurden oder von ihr die Zugänglichkeit veranlasst oder bewusst akzeptiert wurde. Die Sensitivität der Daten gebietet eine enge Auslegung. Deshalb sind die Voraussetzungen nach Nummer 2 nur gegeben, wenn die Daten auch bewusst und freiwillig öffentlich zugänglich gemacht wurden, etwa durch Aufnahme in einem öffentlich zugänglichen Mitgliederverzeichnis einer Religionsgemeinschaft, in einem Verzeichnis der Angehörigen einer ethnischen Minderheit oder einem Manifest von HIV-Infizierten.

230 Eine eingeschränkte Öffentlichkeit genügt nicht. Wer sich also damit einverstanden erklärt, dass ein Teilnehmerverzeichnis einer Veranstaltung einer Selbsthilfegruppe im World Wide Web nach einem nur den Teilnehmern als Nutzergruppe möglichen Login zugänglich gemacht wird, stellt keine öffentliche Zugänglichkeit her.[254]

231 Sind aber die Bedingungen der Nummer 2 (willentliche öffentliche Zugänglichkeit) erfüllt, hat das zur Folge, dass dann die vom Betroffenen öffentlich zugänglich gemachten sensitiven Daten mit den sonstigen Daten gleichbehandelt werden und von der verantwortlichen Stelle für eigene Geschäftszwecke erhoben und verwendet werden dürfen.

c) Geltendmachung und Verteidigung rechtlicher Ansprüche (Nr. 3)

232 Nach der Nr. 3 ist das Erheben, Verarbeiten und Nutzen von besonderen Arten personenbezogener Daten zur Geltendmachung, Ausübung oder Verteidigung rechtlicher Ansprüche zulässig, soweit es erforderlich ist und kein Grund zu der Annahme besteht, dass das schutzwürdige Interesse des Betroffenen an dem Ausschluss der Erhebung, Verarbeitung oder Nutzung überwiegt. Voraussetzung ist hiernach zunächst, dass es um „rechtliche Ansprüche" (§ 194 Abs. 1 BGB) geht, die die verantwortliche Stelle geltend machen oder ausüben will bzw. abwehren möchte. Das ist nicht auf gerichtliche Geltendmachung oder Abwehr beschränkt, sondern bezieht

---

251 Siehe *Simitis*, in: Simitis, BDSG, § 28 Rn. 302.
252 Ähnlich *Bergmann/Möhrle/Herb*, BDSG, § 28 Rn. 514.
253 Dazu *Bergmann/Möhrle/Herb*, BDSG, § 28 Rn. 514.
254 Vgl. auch *Bergmann/Möhrle/Herb*, BDSG, § 28 Rn. 514.

auch die außergerichtliche oder vorprozessuale Sphäre mit ein.[255] Die Erhebung und Verwendung der sensitiven Daten muss hierfür erforderlich sein. Anders als bei nicht sensitiven Daten – etwa bei der Prüfung der Zulässigkeit der Datenverarbeitung im Kontext von Schuldverhältnissen nach § 28 Abs. 1 Satz 1 Nr. 1 BDSG – ist hier eine sehr sorgfältige Prüfung geboten, ob schutzwürdige Interessen des Betroffenen bestehen und gegenüber dem Interesse der verantwortlichen Stelle überwiegen.

d) Durchführung wissenschaftlicher Forschung (Nr. 4)

Besondere Arten personenbezogener Daten dürfen nach der Nr. 4 dann verarbeitet oder genutzt werden, wenn dies zur Durchführung wissenschaftlicher Eigenforschung erforderlich ist und das wissenschaftliche Interesse der verantwortlichen Stelle das Interesse des Betroffenen an dem Ausschluss der Erhebung, Verarbeitung oder Nutzung erheblich überwiegt und zudem der mit der wissenschaftlichen Forschung verfolgte Zweck nur bzw. nur mit vertretbarem Aufwand erreicht werden kann, wenn die sensitiven Daten verwendet werden. Bereits nach § 28 Abs. 2 Nr. 3 BDSG – und entsprechend nach § 14 Abs. 2 Nr. 9 BDSG[256] – ist die Verwendung personenbezogener Daten für die wissenschaftliche Forschung zulässig. Soweit es dabei aber um die Verwendung von besonderen Arten personenbezogener Daten geht, schränkt die Nr. 4 die Verwendung auf die eigene wissenschaftliche Forschung ein.[257] Das verfolgte wissenschaftliche Interesse muss gegenüber den Belangen des Betroffenen erheblich überwiegen. **233**

2. Zulässigkeit nach § 28 Abs. 7 BDSG (Gesundheitswesen)

In Abs. 7 Satz 1 werden die Voraussetzungen aufgeführt, nach denen das *Erheben* von besonderen Arten personenbezogener (Gesundheits-)Daten im Gesundheitswesen durch die in den Anwendungsbereich dieses Abschnitts (gem. § 27 BDSG) fallenden Stellen zulässig ist.[258] Abschließend werden hier die Zwecke aufgeführt, zu denen die Erhebung zulässig ist: zum Zweck der Gesundheitsvorsorge, der medizinischen Diagnostik, der Gesundheitsversorgung, der Behandlung oder für die Verwaltung von Gesundheitsdiensten. Der Begriff der „Gesundheitsvorsorge" ist allerdings nicht definiert, was angesichts des hohen Gefährdungspotenzials für die Persönlichkeitsrechte von Patienten problematisch ist. Ungeklärt ist etwa, ob die im Entstehen begriffenen „Biomaterialdatenbanken"[259] und die im Rahmen der Vorsor- **234**

---

255 Näher *Simitis*, in: Simitis, BDSG, § 28 Rn. 306; *Bergmann/Möhrle/Herb*, BDSG, § 28 Rn. 519.

256 Siehe dort, § 14 BDSG Rn. 87 ff., § 13 BDSG Rn. 74.

257 Vgl. *Simitis*, in: Simitis, BDSG, § 28 Rn. 198 ff.

258 Neben oder anstelle von Abs. 7 sind datenschutzrechtliche Regelungen über den Umgang mit Gesundheitsdaten im SGB I, SGB V, SGB X enthalten. Vgl. auch § 13 BDSG Rn. 71 ff., § 14 BDSG Rn. 87.

259 Dazu *Ziegler*, GuP 2012, S. 172.

geforschung entstehenden Datenbanken zum Zweck der „Gesundheitsvorsorge"
aufgebaut werden. Nicht mit aufgeführt und damit ausgeklammert bleiben trotz des
Anfalls sensitiver Daten auch hier und trotz der Einbeziehung in den Bereich der
Schweigepflicht nach § 203 StGB die sozialtherapeutischen Dienste (Drogenbera-
tung, Ehe- und Familienberatung), die Schwangerschaftskonfliktberatung sowie die
Sozialarbeit.[260]

235 Die Daten müssen für den hier genannten Zweck auch erforderlich sein. Um die
Risiken für die Betroffenen beim Umgang mit ihren Gesundheitsdaten näher einzuschränken, darf die sich an die Erhebung der Daten anschließende *Verarbeitung* dieser Daten nur durch ärztliches Personal oder durch sonstige Personen erfolgen,
etwa das medizinische Hilfspersonal oder die zur Geheimhaltung von Patientendaten besonders verpflichteten Verwaltungsmitarbeiter. Zu den gesetzlichen Geheimhaltungspflichten gehört zuvorderst § 203 Abs. 1 Nr. 1 StGB. Nach § 28 Abs. 7
Satz 2 BDSG darf die Verarbeitung nur zu solchen Zwecken erfolgen, die im Rahmen des Bereiches liegen, der auch von der Geheimhaltungspflicht erfasst ist.
Satz 3 erweitert den von § 203 Abs. 1 Nr. 1 StGB unmittelbar erfassten Personenkreis um diejenigen Personen, die einer Berufsgruppe im Umfeld ärztlicher Tätigkeit angehören und als „Hilfsunternehmen"[261] im Gesundheitsbereich im Gesundheitswesen mitwirken. Dazu zählen Apotheker genauso wie Mitarbeiter in orthopä-
dischen oder zahntechnischen Werkstätten, Krankengymnasten oder Heilpraktiker,
die sich an die Verhaltensregeln zu halten haben, wie sie auch für Ärzte gelten.[262]
Unfall- und Krankenversicherungen gehören nicht dazu.[263] Das Erheben und Verarbeiten von Gesundheitsdaten im Betrieb etwa durch den Betriebsarzt hat die arbeitsrechtlichen Grundsätze zu beachten.[264]

236 Unter welchen Voraussetzungen eine Auftragsdatenverarbeitung von unter § 28
Abs. 7 BDSG fallenden Daten möglich und zulässig ist, ist vor dem Hintergrund
des Geheimhaltungspflicht nach § 203 StGB nicht abschließend geklärt.[265] Rechtssicherheit sollte der Gesetzgeber durch eine gesetzliche Klarstellung in § 203 StGB
herstellen, um das Outsourcing auch hier bei Beachtung von Schutzmaßnahmen
rechtssicher möglich zu machen.[266]

---

260 Vgl. *Otto/Rüdlin/Koch*, DuD 2002, S. 484 (488).
261 *Bergmann/Möhrle/Herb*, BDSG, § 28 Rn. 530.
262 Dazu auch *Simitis*, in: Simitis, BDSG, § 28 Rn. 315; *Bergmann/Möhrle/Herb*, BDSG,
     § 28 Rn. 530.
263 Hamburger DuD-Kommentierung zum BDSG, DuD 2003, S. 5 (11).
264 Ausführlich und grundlegend dazu *Däubler*, Gläserne Belegschaften?, Rn. 272 ff.
265 Siehe dazu näher *Gabel* bei § 11 Rn. 9; vgl. auch *Paul/Gendelev*, ZD 2012, S. 315; *Bie-
     wald*, DuD 2011, S. 867.
266 Ausführlich *B. Schmidt*, Outsourcing in Versicherungssektor, in: Taeger, Law as a Servi-
     ce, S. 1019.

Ob entgegen der wohl noch herrschenden Ansicht[267] bei der Übermittlung von Ge-   **237**
sundheitsdaten zur Abrechnung an eine zur Geheimhaltung gesondert zu verpflichtende privatärztliche Verrechnungsstelle diese der Sphäre des Arztes so zuzurechnen
ist, dass gar keine Offenbarung von Patientengeheimnissen erfolgt und auch die Einschaltung privatärztlicher Verrechnungsstellen über eine Auftragsdatenverarbeitung
nach § 11 BDSG von der Erlaubnisnorm des § 28 Abs. 7 BDSG miterfasst ist, ist
demnach noch offen.[268] Solange diese Ansicht nicht gerichtlich bestätigt ist, empfiehlt es sich für die Ärzteschaft, zunächst weiterhin die Einwilligung der Betroffenen einzuholen.

3. Zulässigkeit nach § 28 Abs. 8 BDSG (Zweckänderung)

Besondere Arten personenbezogener Daten unterliegen einer strengen Zweckbin-   **238**
dung. Möglicherweise sollte Absatz 8 dies auch zum Ausdruck bringen, wenn dort
davon die Rede ist, dass gewissermaßen als streng zu beachtende Ausnahme „nur
unter den Voraussetzungen" der Vorschrift eine zweckändernde Verarbeitung oder
Nutzung vorgenommen werden darf. Tatsächlich erlaubt die Vorschrift nach Absatz 8 die Übermittlung und Nutzung, um einen anderen Zweck als den nach den
Absätzen 6 und 7 zu erfüllen, ohne auf „den anderen Zweck" näher einzugehen.
Soweit im 2. Halbsatz die Zweckänderung davon abhängig gemacht wird, dass dies
nur unter den Voraussetzungen des Absatzes 6 Nr. 1 bis 4 oder des Absatzes 7
Satz 1 erfolgen darf, verschließt sich die eigenständige Bedeutung der Vorschrift
neben den Normen, auf die verwiesen wird. Absatz 8 Satz 1 ist deswegen zu Recht
als kaum verständlich und widersprüchlich kritisiert worden.[269] Die Kritik hat den
Gesetzgeber aber nicht veranlasst, diese Vorschrift im Rahmen der 2009 erfolgten
Novellierungen normenklar und widerspruchsfrei zu fassen. Die Praxis ist deswegen gehalten, die Vorschrift sehr eng auszulegen und nicht der Versuchung zu unterliegen, die Übermittlung und Nutzung „für einen anderen Zweck" so auszulegen,
dass dieser Zweck auch außerhalb der von Absatz 6 Nr. 1 bis 4 oder Absatz 7 Satz 1
erfassten Bereiche liegen könnte.

Nach § 28 Abs. 8 Satz 2 BDSG legitimiert auch die Übermittlung oder Nutzung   **239**
sensitiver Daten zur Abwehr von *erheblichen* Gefahren für die staatliche und öffentliche Sicherheit sowie zur Verfolgung von Straftaten von *erheblicher* Bedeutung, wenn dies zur Erfüllung eines dieser Zwecke auch erforderlich ist. Einen Katalog erheblicher Straftaten sucht man vergeblich; auch im Bundeskriminalamtgesetz (BKAG) findet sich eine Legaldefinition des mehrfach in den dortigen

---

267 Siehe dazu *Plath*, in: Plath, BDSG, § 28 Rn. 216; *Simitis*, in: Simitis, BDSG, § 4a Rn. 10
    und 34 sowie § 28 Rn. 317; *Duhr/Naujok/Danker/Seiffert*, DuD 2003, S. 5 (11); Art.29-
    Gruppe, Entschließung v. 13.7.2011 (Opinion 15/2011) – 01197/11 EN); unklar *Gola/
    Schomerus*, BDSG, § 28 Rn. 80.
268 Überzeugend *Giesen*, NStZ 2012, S. 122. Siehe auch schon *Kilian*, NJW 1987, S. 695
    (697).
269 *Bergmann/Möhrle/Herb*, BDSG, § 28 Rn. 531; *Simitis*, in: Simitis, BDSG, § 28 Rn. 320.

Datenschutzvorschriften verwendeten Begriffs nicht.[270] Auch bei dieser Erlaubnisnorm ist im Umgang mit sensitiven Daten jeder Art eine enge Auslegung geboten.

4. Zulässigkeit nach § 28 Abs. 9 BDSG (Privilegierung von Organisationen ohne Erwerbszweck)

240 Die Funktionsfähigkeit von politisch, philosophisch, religiös oder gewerkschaftlich ausgerichteten Organisationen hängt häufig davon ab, dass eine gesetzliche Vorschrift die Verarbeitung und Nutzung sensitiver Daten erlaubt. Absatz 9 greift diesen Bedarf auf und erlaubt den genannten Organisationen, die besonderen Arten personenbezogener Daten ihrer Mitglieder oder in einem regelmäßigen Kontakt zu ihnen stehender Personen (Satz 2) zu erheben, zu verarbeiten und zu nutzen, wenn sie keinen Erwerbszweck verfolgen. Ein kommerzielles Unternehmen, das von einer der aufgeführten Organisationen betrieben wird (parteinahes Touristikunternehmen, gewerkschaftlicher Verlag, anthroposophisches Warenhaus, kirchlicher Buchhandel), darf keine sensitiven Daten auf der Grundlage von Abs. 9 verarbeiten, sondern ist auf eine andere Erlaubnisnorm oder die Einwilligung der betroffenen Person angewiesen.

241 Die Aufzählung der durch Absatz 9 erfassten verantwortlichen Stellen ist abschließend. Ob eine Organisation darunter fällt, ergibt sich in der Regel aus ihrer Satzung. Auf eine bestimmte Rechtsform kommt es nicht an. Die Ausrichtung muss sich deutlich überwiegend[271] auf eine politische, philosophische, religiöse oder gewerkschaftliche Aufgabe beziehen. Die mit Abs. 9 erlaubte Erhebung und Verwendung muss im Zusammenhang mit dieser Ausrichtung erfolgen und für ihre Tätigkeit erforderlich sein. Dabei dürfen nur diejenigen sensitiven Daten verarbeitet werden, die mit der Ausrichtung kompatibel sind. Gesundheitsdaten dürfte demnach keine der genannten Organisationen verarbeiten; eine Ausnahme kann sich allenfalls ergeben, wenn das Gesundheitsdatum in enger Beziehung mit der Ausrichtung der Organisation steht – etwa dann, wenn die gewerkschaftliche Organisation sich

---

270 Siehe § 8 Abs. 5 BKAG: „Personenbezogene Daten sonstiger Personen kann das Bundeskriminalamt in Dateien speichern, verändern und nutzen, soweit dies erforderlich ist, weil bestimmte Tatsachen die Annahme rechtfertigen, dass die Betroffenen Straftaten von erheblicher Bedeutung begehen werden." Eine Definition oder Auflistung abschließender Beispiele wie in § 129a StGB gibt es auch bei den in folgenden Vorschriften verwendeten Begriffen der Straftaten von erheblicher Bedeutung: § 9d AdoptionsvermittlungsG, §§ 23a, 25 AufenthaltsG; § 12 Gesetz über das Ausländerzentralregister (AZRG); § 8 AusführungsG zum Verbotsübereinkommen für Antipersonenminen (APMAG) u.a.m. Nach dem BVerfG liegt eine Straftat von erheblicher Bedeutung vor, „wenn sie mindestens der mittleren Kriminalität zuzurechnen ist, den Rechtsfrieden empfindlich stört und geeignet ist, das Gefühl der Rechtssicherheit der Bevölkerung erheblich zu beeinträchtigen"; BVerfG, Beschl. v. 16.6.2009 – 2 BvR 902/06, BVerfGE 124, 43 = K&R 2009, 559 m. Anm. *Szebrowski* = CR 2009, 584 m. Anm. *Brunst* = MMR 2009, 673 m. Anm. *Krüger*.
271 *Simitis*, in: Simitis, BDSG, § 28 Rn. 331: „dominierend".

in einem Arbeitskreis betroffener Personen um die Eingliederung von Behinderten in die Arbeitswelt einsetzt.

Zwar erfasst der in Satz 1 verwendete Begriff des Verarbeitens auch die Übermittlung; Satz 3 bestimmt aber einschränkend, dass die Daten nur dann übermittelt werden dürfen, wenn eine Einwilligung gem. § 4a Abs. 3 BDSG vorliegt. Eine Ausnahme von dieser Übermittlungsvoraussetzung sieht Satz 4 vor, nach dem die Daten übermittelt werden dürfen, wenn dies zur Abwehr von Gefahren für die staatliche oder öffentliche Sicherheit oder zur Verfolgung von Straftaten erforderlich ist und kein Grund zu der Annahme besteht, dass der Betroffene ein schutzwürdiges Interesse an dem Ausschluss der Übermittlung oder Nutzung (§ 28 Abs. 9 Satz 4 BDSG i.V.m. § 28 Abs. 2 Nr. 2 Buchst. b) BDSG) hat. Obwohl es sich um eine Erlaubnis zur Übermittlung von besonderen Arten personenbezogener Daten handelt, die unter einem besonderen Schutz stehen, schließt der Verweis des Satzes 4 erstaunlicherweise auch den Zweck der Gefahrenabwehr und der Strafverfolgung im Allgemeinen mit ein, ohne – anders als in Absatz 8 – eine Einschränkung auf erhebliche Gefahren und auf Straftaten von erheblicher Bedeutung vorzunehmen. Es ist deshalb geboten, die Zulässigkeit der Übermittlung wie in Abs. 8 Satz 2 verfassungskonform auf die dort genannten Zwecke zu beschränken. **242**

IX. Rechtsfolgen eines Verstoßes gegen § 28 BDSG

Wenn sich trotz der großzügig mit zahlreichen unbestimmten Rechtsbegriffen sowie vagen Geboten der Interessenabwägung arbeitenden Vorschrift ergibt, dass keiner der Erlaubnistatbestände des § 28 BDSG die Erhebung, Verarbeitung oder Nutzung personenbezogener Daten erlaubt und auch keine bereichsspezifische Erlaubnis aus einem bereichsspezifischen Datenschutzgesetz oder Einwilligung des Betroffenen vorliegt, sind die Erhebung, Verarbeitung und Nutzung unzulässig. Erfolgt sie dennoch, kann der Betroffene Beseitigung und Unterlassung verlangen (§ 823 Abs. 1 BGB i.V.m. § 1004 [analog] BGB). Sollten die Persönlichkeitsrechte etwa durch die unerlaubte Verarbeitung in schwerwiegender Weise verletzt worden sein, kommt ein Schadensersatz auch in Form eines Schmerzensgeldes in Betracht (§ 7 BDSG). In Betracht kommen auch zivilrechtliche Schadensersatzansprüche nach § 7 BDSG,[272] § 823 Abs. 1 BGB wegen Verletzung des allgemeinen Persönlichkeitsrechts, nach § 823 Abs. 2 BGB i.V.m. § 28 BDSG als Schutzgesetz. **243**

Ein Verstoß gegen § 28 BDSG kann die Verhängung eines Bußgeldes zur Folge haben (§ 43 Abs. 1 Nr. 3 und 4 BDSG, § 43 Abs. 2 BDSG; § 130 OWiG) oder mit Freiheits- oder Geldstrafe geahndet werden (§ 44 Abs. 1 BDSG). **244**

Wer gegen die Pflicht aus § 28 Abs. 4 Satz 2 BDSG verstößt, den Betroffenen zu unterrichten, und zwar richtig und rechtzeitig, oder nicht sicherstellt, dass der Betroffene Kenntnis über die Herkunft der Daten erhält oder erhalten kann, begeht **245**

---

272 Siehe § 7 BDSG Rn. 6 ff.

eine bußgeldbewehrte Ordnungswidrigkeit gem. § 43 Abs. 1 Nr. 3 BDSG. Das ist nach Nr. 4 auch der Fall, wenn entgegen § 28 Abs. 5 Satz 2 BDSG personenbezogene Daten übermittelt oder genutzt werden. Diese Ordnungswidrigkeit kann mit bis zu 50.000 Euro geahndet werden. In § 43 Abs. 2 BDSG ist ein umfassender Katalog mit Ordnungswidrigkeiten, die mit bis zu 300.000 Euro Bußgeld sanktioniert werden können, enthalten, in dem Tatbestände u. a. der unbefugten Erhebung, Verarbeitung, Nutzung oder unbefugte zweckändernde Übermittlung oder Nutzung aufgeführt werden.[273] Nach § 43 Abs. 3 Satz 3 BDSG kann es zudem zu einer Gewinnabschöpfung kommen. Nach § 44 BDSG stellt eine in § 43 Abs. 2 BDSG bezeichnete vorsätzliche Handlung eine auf Antrag zu verfolgende Straftat dar, wenn sie gegen Entgelt oder in der Absicht, sich oder einen anderen zu bereichern oder einen anderen zu schädigen, begangen wird.[274] Eine Strafverfolgung kann sich auch aus § 203 StGB ergeben.

246   Weil § 28 BDSG mit der hier vertretenen Meinung, zumindest im Bereich der Werbung, als Marktverhaltensregel einzustufen ist, sind auch lauterkeitsrechtliche Unterlassungsansprüche und Unterlassungsansprüche nach dem Unterlassungsklagengesetz möglich.[275]

X. Inkrafttreten und Übergangsfristen

247   Nach der BDSG-Novelle II von 2009 sind die Änderungen des § 28 BDSG am Tag nach der Verkündung, also am 1.9.2009, in Kraft getreten. Zu beachten sind aber die für § 28 BDSG wesentlichen Übergangsfristen nach § 47 BDSG.[276]

---

273 Siehe § 43 BDSG Rn. 50 ff.
274 § 44 BDSG Rn. 7 ff.
275 Ebenso, Wettbewerbswidrigkeit datenschutzrechtlicher Verstöße, in: Hammermeister/ Reich/Rose, Information/Wissen/Kompetenz, S. 17; *Albrecht*, jurisPR-ITR 16/2012 Anm. 4; *Köhler*, in: Köhler/Bornkamm, UWG, § 4 11.42; *Huppertz/Ohrmann*, CR 2011, S. 449; *Lindhorst*, DuD 2010, S. 713; *Taeger*, Verwertung von Standortdaten für Private, in: Taeger/Wiebe, Mobilität – Telematik – Recht, S. 95 (102 ff.); OLG Karlsruhe ZD 2012, 432 = K&R 2012, 762 = DuD 2012, 911 = RDV 2012, 305 m. zust. Anm. *Krell* = NJW 2012, 3313 m. zust. Anm. *Schneider*; OLG Köln CR 2011, 680; OLG Düsseldorf MMR 2007, 437; LG Augsburg ZD 2012, 476 = DuD 2012, 60 m. Anm. *Höppner*, jurisPR-ITR 4/2012 Anm. 6. Differenzierend, im Ergebnis wie hier *Gärtner/Heil*, Kodifizierter Rechtsbruchtatbestand und Generalklausel, WRP 2005, S. 20. A. A. OLG München ZD 2012, 330 m. abl. Anm. *Schröder*. Siehe auch § 7 BDSG Rn. 31, und *Gola/Reif*, RDV 2009, S. 104.
276 Siehe dazu die Kommentierung von § 47 BDSG.

§ 28a Datenübermittlung an Auskunfteien

(1) Die Übermittlung personenbezogener Daten über eine Forderung an Auskunfteien ist nur zulässig, soweit die geschuldete Leistung trotz Fälligkeit nicht erbracht worden ist, die Übermittlung zur Wahrung berechtigter Interessen der verantwortlichen Stelle oder eines Dritten erforderlich ist und

1. die Forderung durch ein rechtskräftiges oder für vorläufig vollstreckbares Urteil festgestellt worden ist oder ein Schuldtitel nach § 794 der Zivilprozessordnung vorliegt,

2. die Forderung nach § 178 der Insolvenzordnung festgestellt und nicht vom Schuldner im Prüfungstermin bestritten worden ist,

3. der Betroffene die Forderung ausdrücklich anerkannt hat,

4. a) der Betroffene nach Eintritt der Fälligkeit der Forderung mindestens zweimal schriftlich gemahnt worden ist,

   b) zwischen der ersten Mahnung und der Übermittlung mindestens vier Wochen liegen,

   c) die verantwortliche Stelle den Betroffenen rechtzeitig vor der Übermittlung der Angaben, jedoch frühestens bei der ersten Mahnung über die bevorstehende Übermittlung unterrichtet hat und

   d) der Betroffene die Forderung nicht bestritten hat oder

5. das der Forderung zugrunde liegende Vertragsverhältnis aufgrund von Zahlungsrückständen fristlos gekündigt werden kann und die verantwortliche Stelle den Betroffenen über die bevorstehende Übermittlung unterrichtet hat.

Satz 1 gilt entsprechend, wenn die verantwortliche Stelle selbst die Daten nach § 29 verwendet.

(2) Zur zukünftigen Übermittlung nach § 29 Abs. 2 dürfen Kreditinstitute personenbezogene Daten über die Begründung, ordnungsgemäße Durchführung und Beendigung eines Vertragsverhältnisses betreffend ein Bankgeschäft nach § 1 Abs. 1 Satz 2 Nr. 2, 8 oder Nr. 9 des Kreditwesengesetzes an Auskunfteien übermitteln, es sei denn, dass das schutzwürdige Interesse des Betroffenen an dem Ausschluss der Übermittlung gegenüber dem Interesse der Auskunftei an der Kenntnis der Daten offensichtlich überwiegt. Der Betroffene ist vor dem Abschluss des Vertrages hierüber zu unterrichten. Satz 1 gilt nicht für Giroverträge, die die Einrichtung eines Kontos ohne Überziehungsmöglichkeit zum Gegenstand haben. Zur zukünftigen Übermittlung nach § 29 Abs. 2 ist die Übermittlung von Daten über Verhaltensweisen des Betroffenen, die im Rahmen eines vorvertraglichen Vertrauensverhältnisses der Herstellung von Markttransparenz dienen, an Auskunfteien auch mit Einwilligung des Betroffenen unzulässig.

(3) Nachträgliche Änderungen der einer Übermittlung nach Absatz 1 oder Absatz 2 zugrunde liegenden Tatsachen hat die verantwortliche Stelle der Auskunftei innerhalb von einem Monat nach Kenntniserlangung mitzuteilen, solange die ursprünglich übermittelten Daten bei der Auskunftei gespeichert sind. Die Auskunftei hat die übermittelnde Stelle über die Löschung der ursprünglich übermittelten Daten zu unterrichten.

Literatur: *Abel*, Die neuen BDSG-Regelungen, RDV 2009, S. 147; *Abel*, Neuer Referentenentwurf zur BDSG-Novelle: Zu viel Brutto, zu wenig Netto, DSB 2008, Heft 6 und 7, S. 8; *Eichler/Weichert*, EC-Kartennutzung, elektronisches Lastschriftverfahren und Datenschutz, DuD 2011, S. 201; *Geiger*, BGH-Urteil zur Schufa-Klausel-Analyse und Konsequenzen, CR 1985, S. 72; *Gola/Klug*, Die Entwicklung des Datenschutzrechtes in den Jahren 2008/2009, NJW 2009, S. 2577; *Gola/Klug*, Die BDSG-Novellen 2009 – Ein Kurzüberblick, RDV 2009, Sonderbeilage zu Heft 4, 1; *Helfrich,* Kreditscoring und Scorewertbildung der SCHUFA, 2010; *Hofmann*, Die Pflicht zur Bewertung der Kreditwürdigkeit, NJW 2010, 1782; *Kamlah/Hoke*, Das SCHUFA-Verfahren im Lichte der jüngeren obergerichtlichen Rechtsprechung, RDV 2007, S. 243; *Kühling/Bohnen*, Zur Zukunft des Datenschutzrechtes – Nach der Reform ist vor der Reform, ZR 2010, S. 600; *Pauly/Ritzer*, Datenschutz-Novellen: Herausforderung für die Finanzbranche, WM 2010, S. 8; *Piltz/Holländer*, Scoring als modernes Orakel von Delphi – Wie die geplante Änderung des Bundesdatenschutzgesetzes (BDSG) Transparenz und Rechtssicherheit schaffen will, ZRP 2008, S. 143; *Ressmann/Serr*, Voraussetzungen und Rechtsrisiken der Übermittlungsunterrichtung nach § 28a Abs. 1 Nr. 4c BDSG, NJOZ 2013, S. 481; *Roßnagel*, Die Novellen zum Datenschutzrecht – Scoring und Adresshandel, NJW 2009, S. 2716; *Spickhoff*, Anmerkung zu BGH NJW 2009, 2888 („spickmich"), LMK 2009, 287789; *Weber*, Neuordnung des SCHUFA-Verfahrens für Kreditinstitute, WM 1986, S. 845.

Übersicht

I. Allgemeines

1. Gesetzeszweck

Die Vorschrift des § 28a Abs. 1 BDSG regelt die Voraussetzungen, unter denen **1** nicht-öffentliche Stellen Angaben über säumige Schuldner an Auskunfteien melden dürfen. Die frühere (bis April 2010) Güterabwägung zwischen den berechtigten Interessen des Gläubigers der Forderung, regelmäßig einem Unternehmen, oder eines Dritten, nämlich dem Auskunftsempfänger, der Allgemeinheit und dem Schuldner ist mit Inkrafttreten der Bestimmung am 1.4.2010 durch das Vorliegen der darin genannten gesetzlichen Voraussetzungen ersetzt worden. Die gesetzlichen Fallgruppen des spezifischen Erlaubnistatbestandes haben die Interessensabwägung abgelöst.[1]

§ 28a Abs. 2 BDSG enthält besondere Bedingungen für Kreditinstitute: Daten über **2** die Begründung, ordnungsgemäße Durchführung und Beendigung von Vertragsverhältnissen im Bereich des Kredit-, Garantie- und Girogeschäftes dürfen auf gesetzlicher Grundlage an Auskunfteien übermittelt werden. Zur Erfüllung der Pflicht der Kreditinstitute nach § 18 Abs. 2 KWG, vor Abschluss eines Verbraucherkreditvertrage die Kreditwürdigkeit zu prüfen, können die Auskünfte von Auskunfteien herangezogen werden.[2]

Insgesamt sollen durch § 28a BDSG einheitliche Voraussetzungen für die Übermitt- **3** lung von Daten über Forderungen an Auskunfteien aufgestellt und damit Rechtssicherheit geschaffen werden.[3]

2. Europarechtliche Grundlagen

Mit § 28a BDSG werden die Zulässigkeitsvoraussetzungen für die Datenübermittlung **4** an Auskunfteien geregelt und damit der Regelungsrahmen der Art. 5 und 7 lit a) und lit f) der EG-DSRl konkretisiert.[4]

Nach Art. 7 lit a) EG-DSRl ist die Datenverarbeitung zulässig, wenn die betroffene **5** Person ohne jeden Zweifel ihre Einwilligung gegeben hat. Nach Art. 7 lit f) der EG-DSRl ist Voraussetzung, dass die Datenverarbeitung zur Verwirklichung des berechtigten Interesses erforderlich ist, das von der verantwortlichen Stelle oder von dem Dritten wahrgenommen wird, dem die Daten übermittelt werden, sofern nicht das Interesse oder die Grundrechte und Grundfreiheiten der betroffenen Person

---

1 Gesetzbegründung BT-Drs. 16/10529, S. 1; OLG Frankfurt, Urteil vom 16.3.2011 – 19 U 291/10, DuD 2011, 494; *Pauly/Ritzer*, WM 2010, S. 8; *Gola/Schomerus*, BDSG, § 28a Rn. 6; *Kamp*, in: Wolff/Brink, Beck'scher Online-Kommentar Datenschutzrecht, § 28a Rn. 15.
2 *Hofmann*, NJW 2010, S. 1782.
3 Gesetzesbegründung, BT-Drs. 16/10529, S. 14; zu der Frage der Freiwilligkeit der Einwilligung siehe *Simitis*, in: Simitis, BDSG, § 4a Rn. 66.
4 Gesetzesbegründung, BT-Drs. 16/10529, S. 11.

überwiegen. § 28a BDSG soll in diesem Rahmen die Voraussetzungen für die Datenübermittlung von nicht-öffentlichen Stellen an Auskunfteien konkretisieren.

3. Verhältnis zu anderen Vorschriften

6 § 28a BDSG wird durch die entsprechende Speichererlaubnis der Auskunfteien in § 29 Abs. 1 Satz 1 Nr. 3 BDSG ergänzt. § 28a BDSG stellt eine Sonderregelung der Übermittlung von Daten über Forderungen dar, soweit die geschuldeten Leistungen trotz Fälligkeit nicht erbracht wurden. In anderem Zusammenhang erhobene Daten dürfen nach den allgemeinen Voraussetzungen des § 28 BDSG übermittelt werden.[5]

II. Zulässigkeit der Datenübermittlung nach § 28a Abs. 1 BDSG

1. Anwendungsbereich (Abs. 1 Satz 1)

7 § 28a Abs. 1 BDSG ist eine Sonderregelung für die Übermittlung von Daten über Forderungen, soweit die geschuldete Leistung trotz Fälligkeit nicht erbracht worden ist. Die Anforderungen an die Zulässigkeit der Übermittlung von Daten zu säumigen Schuldnern sollen gesetzlich festgelegt werden, und damit soll die zum Teil unterschiedliche Auslegungspraxis vereinheitlicht werden.[6] Den schutzwürdigen Interessen des Betroffenen wird dadurch Rechnung getragen, dass die Zahlungsunfähigkeit oder -unwilligkeit anhand der in § 28a Abs. 1 Nr. 1 bis 5 BDSG enthaltenen Kriterien festgestellt wird.[7]

2. Berechtigtes Interesse

8 Grundlegende Voraussetzung für die Übermittlung von Angaben über Forderungen an eine Auskunftei ist zunächst, dass die Übermittlung der Daten erforderlich ist, um die berechtigten Interessen der verantwortlichen Stelle oder eines Dritten zu wahren. Unter Auskunftei ist ein Unternehmen zu verstehen, das unabhängig vom Vorliegen einer konkreten Anfrage geschäftsmäßig bonitätsrelevante Daten über Unternehmen oder Privatpersonen sammelt, um sie bei Bedarf seinen Kunden für die Beurteilung der Kreditwürdigkeit der Betroffenen gegen Entgelt zugänglich zu machen.[8] Die Erforderlichkeit der Übermittlung ist gegeben, wenn die Daten eine eindeutige Aussagekraft hinsichtlich der Zahlungsfähigkeit oder -willigkeit des Betroffenen haben. Dabei kann es sich um forderungsbezogene Daten nach § 28a Abs. 1 BDSG oder das Vertragsverhältnis beschreibende Daten gemäß § 28a Abs. 2

---

5 *Hoeren*, VuR 2009, S. 363 (364).

6 Gesetzesbegründung, BT-Drs. 16/10529, S. 11

7 OLG Frankfurt DuD 2011, 494 (496); *Pauly/Ritzer*, WM 2010, S. 8 (11).

8 Gesetzbegründung BT-Drs. 16/10529, S. 9, s. § 29 Rn. 20 ff.; *Ehmann*, in: Simitis, BDSG, § 29 Rn. 71 ff.; zur Abgrenzung zu nicht „geschäftsmäßigen" Kreditschutzgemeinschaften siehe *Helfrich*, Kreditscoring, S. 138 ff.

Satz 1 BDSG handeln. Bei den Daten kann zwischen „Negativdaten", die Angaben über nichtvertragsgemäßes Verhalten darstellen, und „Positivdaten" über das vertragsgemäße Verhalten (z. B. Kreditrückführung) unterschieden werden.[9] Der BGH hat dies dahingehend konkretisiert, dass im Einzelfall eine Abwägung des Rechtes auf informationelle Selbstbestimmung des Betroffenen mit den Interessen der speichernden bzw. die Daten an die Auskunftei übermittelnden Stelle vorzunehmen ist.[10] Der bisherige Zulässigkeitsmaßstab für Datenübermittlungen zu Forderungen an Auskunfteien nach § 28 Abs. 1 Satz 1 Nr. 2 BDSG knüpfte an das Interesse der verantwortlichen Stelle an der Vermeidung von Forderungsausfällen an. Dieses Interesse war abzuwägen mit den Interessen der Betroffenen. Hierbei hatte der Betroffene, der das Vertrauen in seine Kreditwürdigkeit in Anspruch nehmen wollte, hinzunehmen, dass das Unternehmen, das Kredit einräumt oder in sonstiger Weise eine Vorleistung erbringt, Bonitätsdaten erhebt und an Auskunfteien übermittelt. Die Datenverarbeitung musste aber für die Krediteinräumung erforderlich sein und war an dem Verhältnismäßigkeitsgrundsatz auszurichten.[11] Bei Auskunfteien in Form von Warndateien hat die Rechtsprechung nach sogenannten „harten" und „weichen" Negativmerkmalen[12] für die Übermittlung der Daten an eine Auskunftei (insbesondere die SCHUFA) auf der Grundlage des § 28 Abs. 1 Satz 1 Nr. 2 BDSG differenziert: Bei weichen Merkmalen, die nicht gerichtlich festgestellte Sachverhalte betreffen, ist im Einzelfall abzuwägen. Dies gilt für die Angaben zur Kündigung des Vertrages, Mahnschreiben, Mahnbescheid, Klageerhebung. Ergibt sich bei der hier vorzunehmenden konkreten Einzelfallprüfung, dass schutzwürdige Interessen des Betroffenen entgegenstehen, weil er eine Gegenvorstellung geäußert, z. B. einem Mahnbescheid widersprochen hat, muss die Übermittlung unterbleiben. Bei harten Bonitätsdaten, denen gerichtliche Entscheidungen zugrunde liegen, z. B. Eröffnung eines Insolvenzverfahrens, Urteile, Abgabe der eidesstattlichen Versicherung oder Zwangsvollstreckungsmaßnahmen, kann die Datenübermittlung im Rahmen der Interessenabwägung regelmäßig als zulässig angesehen werden.[13] Die Interessenabwägung ist durch § 28a Abs. 1 Satz 1 Nr. 1–5 BDSG ersetzt worden.[14]

Im Bereich der Datenübermittlung zu Forderungen an Auskunfteien verdrängt die   **9** Sonderregelung des § 28a Abs. 1 BDSG die allgemeine Vorschrift des § 28 Abs. 1 Satz 1 Nr. 2 BDSG, was im Wortlaut der Vorschrift durch die Formulierung „… ist nur zulässig, wenn …" zum Ausdruck kommt.[15] Außerhalb dieses Anwendungsbereiches kann auf § 28 BDSG zurückgegriffen werden.

---

9 *Ehmann*, in: Simitis, BDSG, § 29 Rn. 176 ff.

10 BGH WM 1984, 1889 = WM 1986, 189 mit Anm. *Bruchner*, WuB I B 7.–3.86; zur Interessenabwägung nach § 29 Abs. 1 Nr. 1 BDSG siehe BGH NJW 2009, 2888 (Rn. 26) mit Anm. *Spickhoff*, LMK 2009, 287789.

11 *Weber*, WM 1986, S. 845.

12 *Geiger*, CR 1985, S. 72.

13 *Gola/Schomerus*, BDSG, § 28 Rn. 40.

14 OLG Frankfurt a. M. ZD 2011, 35.

15 *Hoeren*, VuR 2009, S. 363 (364).

10 § 28a Abs. 1 BDSG ersetzt die nach bisheriger Rechtslage vorzunehmende Prüfung und Abwägung der schutzwürdigen Interessen des Betroffenen durch die Prüfung der Tatbestandsvoraussetzungen der Nr. 1–5 der Vorschrift.[16]

3. Tatbestände Nr. 1–5

11 Die Übermittlung von Daten an die Auskunftei ist nur zulässig, wenn die aus dem vertraglichen Schuldverhältnis geschuldete Leistung trotz Fälligkeit durch den Betroffenen[17] nicht erbracht wurde. Für diesen Fall werden einzelne Tatbestände aufgeführt, bei deren Vorliegen es keiner Prüfung von schutzwürdigen Interessen des Betroffenen an einem Ausschluss der Übermittlung bedarf.[18]

(1) Titulierte Forderung

12 Nach § 28a Abs. 1 Nr. 1 BDSG ist die Übermittlung an die Auskunftei zulässig, wenn ein rechtskräftiges oder ein für vorläufig vollstreckbar erklärtes Urteil über die trotz Fälligkeit der Forderung nicht erbrachte Leistung vorliegt. Die Gleichstellung des rechtskräftigen Urteils mit dem vorläufig vollstreckbaren Urteil berücksichtigt nicht, dass der Betroffene bei einem vorläufig vollstreckbaren Urteil Rechtsmittel einlegen und die Aufhebung des Urteils erreichen oder die Vollstreckung durch Sicherheitsleistung abwenden kann. In diesen Fällen greift die Nachberichtigungspflicht nach § 28a Abs. 3 BDSG ein.[19] Der Einmeldung einer titulierten Forderung kann bereits eine Meldung an die Auskunftei vorausgegangen sein, wenn vor der gerichtlichen Geltendmachung zwei schriftliche Mahnungen unter den weiteren Voraussetzungen des § 28a Abs. 1 Nr. 4 BDSG erfolgt sind.

13 Ebenso kann eine Meldung an die Auskunftei erfolgen, wenn die rückständige Forderung durch einen Schuldtitel nach § 794 ZPO belegt ist, also beispielsweise durch einen gerichtlichen Vergleich, einen Vollstreckungsbescheid, ein notarielles Schuldanerkenntnis mit Unterwerfung unter die sofortige Zwangsvollstreckung, rechtskräftige oder vorläufig vollstreckbare Entscheidungen, die Schiedssprüche für vollstreckbar erklären, etc.

(2) Forderung nach § 178 InsO

14 Der Forderungsrückstand darf ebenso an die Auskunftei gemeldet werden, wenn die Forderung nach § 178 InsO festgestellt und vom Schuldner im Prüfungstermin nicht bestritten worden ist. Nach § 178 Abs. 1 Satz 1 InsO genügt für die Feststel-

---

16 Gesetzesbegründung, BT-Drs. 16/10529; *Abel*, RDV 2009, S. 147 (148); *Hoeren*, VuR 2009, S. 363 (364); *Roßnagel*, NJW 2009, S. 2716 (2717).

17 *Helfrich*, Kreditscoring, S. 143

18 Gesetzesbegründung, BT-Drs. 16/10529, S. 14.

19 A. A. *Helfrich*, Kreditscoring, S. 144 ff., mit einer teleologischen Reduktion auf diejenigen vorläufig vollstreckbaren Urteile, deren Vollstreckbarkeit nicht nach §§ 708 ff. ZPO abgewendet oder hergestellt werden kann (S. 146).

lung, dass im Prüfungstermin oder im schriftlichen Verfahren weder der Insolvenzverwalter noch ein Insolvenzgläubiger widersprochen hat. Der Widerspruch des Schuldners (außer bei der Eigenverwaltung, § 283 Abs. 1 Satz 2 InsO) entfaltet dagegen keine Wirkung im Insolvenzverfahren (§ 178 Abs. 1 Satz 1 InsO). Allerdings wird der Widerspruch des Schuldners in die Tabelle nach § 178 Abs. 2 Satz 2 InsO eingetragen, sodass nach Beendigung des Insolvenzverfahrens der Gläubiger den Feststellungseintrag nicht zu einer Einzelzwangsvollstreckung nutzen kann (§ 201 Abs. 2 InsO). Dies gilt sowohl für den Widerspruch im Prüfungstermin als auch im schriftlichen Verfahren (§ 184 Abs. 1 Satz 1 InsO). Der Grund, weshalb nur der Widerspruch des Schuldners im Prüfungstermin, nicht aber im schriftlichen Verfahren einer Meldung an die Auskunftei entgegensteht, mag in der besseren Überprüfungsmöglichkeit der Widerspruchgründe im Prüfungstermin liegen.[20]

(3) Anerkennung der Forderung

Eine Meldung ist zulässig, wenn der Betroffene, also der Schuldner, die Forderung   **15**
ausdrücklich anerkannt hat. Ein Schuldanerkenntnis kann in unterschiedlicher Form vorkommen. Beim abstrakten oder konstitutiven Schuldanerkenntnis soll unabhängig von dem zunächst bestehenden Schuldverhältnis eine neue selbstständige Verpflichtung geschaffen werden. Dieses konstitutive Schuldanerkenntnis bedarf zu seiner Wirksamkeit der Schriftform nach § 781 BGB. Aber auch bei dem deklaratorischen Schuldanerkenntnis ist die Meldung an die Auskunftei zulässig. Es liegt vor, wenn ein bestehendes Schuldverhältnis, insbesondere eine bestehende Forderung lediglich bestätigt werden soll. Hierbei können Streitpunkte über die Berechtigung und den Umfang der Forderung ausgeräumt werden. Insoweit kann auch ein Vergleich nach § 779 BGB als Anerkenntnis gewertet werden. Dasselbe gilt für das rein tatsächliche Anerkenntnis des Bestehens der Forderung nach § 212 Abs. 1 Nr. 1 BGB. Tatbestandlich ausreichend ist somit jede Forderungsbestätigung durch den Schuldner. Erkennt der Schuldner die Forderung an, beruft er sich aber z. B. auf die Möglichkeit zur Aufrechnung, entfällt das berechtigte Interesse des Gläubigers nach § 28a Abs. 1, 2. Halbsatz BDSG an der Übermittlung der Angaben.[21]

(4) Meldung von fälligen Forderungen

Wenn nicht gerichtlich festgestellte oder vom Schuldner anerkannte Forderungen an   **16**
die Auskunftei als rückständig gemeldet werden sollen, sind die Voraussetzungen der Nr. 4a) bis d) kumulativ zu erfüllen. Das heißt: (a) der betroffene Schuldner der zu meldenden Forderung muss zweimal nach Eintritt der Fälligkeit schriftlich gemahnt worden sein, (b) zwischen der ersten Mahnung und der Meldung müssen mindestens vier Wochen liegen, (c) der Betroffene wurde rechtzeitig vor der Übermittlung der Daten über den Forderungsrückstand an die Auskunftei durch die verantwortliche Stelle

---

20 Kritisch *Hoeren*, RuV 2009, S. 363 (364).
21 Gesetzesbegründung, BT-Drs. 16/10529, S. 14.

unterrichtet, wobei diese Unterrichtung frühestens bei der ersten Mahnung erfolgen darf, und (d) der Betroffene darf die Forderung nicht bestritten haben.[22]

(a) Zweimalige Mahnung

17 Das Erfordernis der zweimaligen Mahnung soll sicherstellen, dass der Meldung über den Forderungsrückstand tatsächlich eine Zahlungsunfähigkeit oder Zahlungsunwilligkeit des Schuldners zugrunde liegt, weil dies die datenschutzrechtliche Voraussetzung für die Berechtigung der Meldung an die Auskunftei ist.[23] Der Verzug allein, der auch auf Unachtsamkeit des Schuldners oder Urlaubsabwesenheit zurückzuführen sein kann, lässt keinen sicheren Schluss auf die Zahlungsunfähigkeit oder -unwilligkeit zu.[24] Daher steht die Regelung nicht in Widerspruch zu § 286 BGB. Dennoch ergibt sich in der Praxis die Notwendigkeit für den Gläubiger, zweimal zu mahnen, bevor er den Forderungsrückstand an die Auskunftei melden darf, obwohl der Verzug nach § 286 Abs. 2 Nr. 1 BGB durch Ablauf der für die Leistungserbringung vereinbarten Zeit eingetreten ist.[25] Da die Meldung an die Auskunftei frühestens nach vier Wochen seit der ersten Mahnung erfolgen darf und die verantwortliche Stelle die Unterrichtung des Betroffenen über die Meldung mit der ersten Mahnung verbinden wird, kann aus Sicht des Schuldners der Eindruck entstehen, dass ihm quasi eine Karenzfrist für die Zahlung eingeräumt wird.[26]

18 Bei der zweiten Mahnung als Voraussetzung der Meldung des Zahlungsverzuges an die Auskunftei fragt sich, ob § 286 Abs. 1 Satz 2 BDB angewendet werden kann. Nach dieser Vorschrift steht die Erhebung der Klage auf Leistung, hier Zahlung, oder die Zustellung eines Mahnbescheides im Mahnverfahren der Mahnung gleich. Dies kann auch für das Erfordernis nach § 28a Abs. 1 Nr. 4a BDSG gelten, weil der Schuldner auch durch die Klageschrift oder den Mahnbescheid an seine Zahlungspflicht erinnert wird und die Gelegenheit erhält, vor Meldung an die Auskunftei diese durch Zahlung abzuwenden.[27]

(b) Vier-Wochen-Frist

19 Der Zeitraum zwischen der ersten Mahnung und der Übermittlung der Informationen über die fällige Forderung soll mindestens vier Wochen betragen. Der Schuldner soll ausreichend Zeit haben, die Datenübermittlung durch Zahlung oder durch

---

22 Die Meldung nicht fälliger Forderungen an eine Auskunftei kann Persönlichkeitsrechte des Betroffenen verletzen und zum Schadensersatz verpflichten, LG Berlin ZD 2012, 41.
23 Gesetzesbegründung, BT-Drs. 16/10529, S. 14.
24 Gesetzesbegründung, BT-Drs. 16/10529, S. 14.
25 Kritisch *Hoeren*, VuR 2009, S. 363 (365); *Pilz/Holländer*, ZRP 2008, S. 143 (145).
26 *Abel*, DSB 2008, Heft 6 und 7, S. 8 (10), „faktische Verlängerung des Zahlungsziels".
27 Die Gesetzesbegründung, BT-Drs. 16/10529, S. 14, verweist darauf, dass § 286 BGB nicht in Widerspruch zu den Regelungen des § 28a Abs. 1 BDSG steht, sodass die Anwendung von § 286 Abs. 1 Satz 2 BGB zumindest nicht ausgeschlossen ist.

Bestreiten der Forderung zu verhindern.[28] Bei der Fristbemessung mag es eine Überlegung gewesen sein, bei einem Lohn- oder Gehaltsbezieher als Schuldner den nächsten Eingang der monatlichen Bezüge abzuwarten, sodass er Mittel für eine Zahlung oder Teilzahlung aufbringen kann.[29]

(c) Unterrichtung über die bevorstehende Übermittlung

Die Unterrichtung muss rechtzeitig, frühestens mit der ersten Mahnung erfolgen, **20** sodass der Betroffene die Konsequenzen seines Zahlungsverzuges erkennt und ihm abhelfen kann. Neben dieser Unterrichtungspflicht bleiben die Informationspflichten nach § 4 Abs. 3 BDSG unberührt bestehen.[30] § 4 Abs. 3 Nr. 3 BDSG verlangt lediglich einen Hinweis auf die Kategorien der Empfänger, nicht aber die Benennung der Empfänger. Fraglich ist, ob nach § 28a Abs. 1 Nr. 4c BDSG die Angaben wie bei § 4c Abs. 3 BDSG ausreichen oder die konkreten Auskunfteien, die über die offene Forderung informiert werden sollen, anzugeben sind, damit die Unterrichtung über die „bevorstehende Übermittlung" inhaltlich ausreichend ist. Da nach § 34 Abs. 1 Nr. 2 BDSG der Auskunftsanspruch des Betroffenen sich nur auf den Empfänger oder die Kategorien von Empfängern bezieht und der konkrete Empfänger nur im Falle der Übermittlung von Scorewerten nach § 34 Abs. 4 Nr. 1 BDSG mit Namen und Anschrift angegeben werden muss,[31] ist abzuleiten, dass im Rahmen des § 28a Abs. 1 Nr. 4c BDSG die Angabe der Kategorien der Empfänger ausreicht. Nach anderer Ansicht erfordern die Warnfunktion der Unterrichtung und das Interesse des Betroffenen sich gegenüber dem Empfänger gegen eine bevorstehende Eintragung zur Wehr setzen zu können, die Angabe der konkreten Auskunftei als Empfänger der Daten.[32]

(d) Forderung nicht bestritten

Nach § 28a Abs. 1 Nr. 4d BDSG ist die Meldung über die fällige Forderung bzw. **21** den Zahlungsverzug nicht zulässig, wenn der Betroffene die Forderung bestritten hat. Dies kann möglicherweise als Anreiz verstanden werden, durch pauschales Bestreiten der Forderung gegenüber der verantwortlichen Stelle eine Meldung an die Auskunftei zu verhindern.[33] Die Gesetzesbegründung führt aus, dass ein treuwidriges Bestreiten einer Forderung durch den Betroffenen einer Übermittlung an eine Auskunftei nicht entgegensteht.[34] Wann ein Bestreiten als treuwidrig, insbesondere als rechtsmissbräuchlich mit der Folge anzusehen ist, dass es von der verantwortlichen Stelle unbeachtet bleiben darf, ist der Regelung nicht zu entnehmen. Der Be-

---

28 Gesetzesbegründung, BT-Drs. 16/10529, S. 14.
29 *Abel*, DSB 2008, Heft 6 und 7, S. 8 (11).
30 Gesetzesbegründung, BT-Drs. 16/10529, S. 14.
31 Siehe § 34 BDSG Rn. 21 f.
32 *Ressmann/Serr*, NJOZ 2013, 481 (482).
33 So *Hoeren*, VuR 2009, S. 363 (365).
34 Gesetzesbegründung, BT-Drs. 16/10529, S. 14.

troffene muss berechtigte Zweifel an der Forderung darlegen; ein unsubstanziiertes Bestreiten mit dem alleinigen Ziel, die Meldung an die Auskunftei zu verhindern, kann als rechtsmissbräuchlich betrachtet werden.[35]

(5)Möglichkeit der fristlosen Kündigung

22 Nach der 5. Variante des § 28a Abs. 1 Satz 1 BDSG ist die Meldung an die Auskunftei zulässig, wenn das der Forderung zugrunde liegende Vertragsverhältnis aufgrund von Zahlungsrückständen fristlos gekündigt werden kann und die verantwortliche Stelle den Betroffenen über die bevorstehende Übermittlung an die Auskunftei unterrichtet hat.

23 Eine außerordentliche Kündigung wegen Zahlungsrückständen ist z.B. bei einem Mietvertrag nach § 543 Abs. 2 Nr. 2 BGB bei einem Rückstand mit zwei aufeinanderfolgenden Monatsmieten über einen Zeitraum, der sich über mehr als zwei Zahlungstermine erstreckt, möglich. Bei einem Darlehensvertrag berechtigt § 490 BGB zur außerordentlichen und fristlosen Kündigung nach Kreditauszahlung bei Verschlechterung der Vermögensverhältnisse oder der Werthaltigkeit der Sicherheiten, wenn hierdurch die Rückzahlung des Darlehens gefährdet ist. Diese Möglichkeit der fristlosen Kündigung beruht aber nicht auf Zahlungsrückständen, wie es von § 28a Abs. 1 Satz 1 Nr. 5 BDSG gefordert wird, sodass diese Kündigungsmöglichkeit alleine nicht zur Meldung an die Auskunftei berechtigt.

24 Bei Verbraucherdarlehen ergibt sich ein außerordentliches Kündigungsrecht nach § 498 BGB, das auf Zahlungsverzug mit mindestens zwei aufeinanderfolgenden Teilzahlungen und 10% des Darlehensbetrages bei einer Laufzeit des Darlehens über drei Jahre bzw. 5% bei einer Laufzeit unter drei Jahren beruht und zusätzlich voraussetzt, dass der Darlehensgeber eine Nachfrist zur Zahlung des fälligen Betrages von zwei Wochen mit der Ankündigung gesetzt hat, dass er danach die gesamte Restschuld verlangen wird. Bei dieser Regelung besteht die Möglichkeit zur fristlosen Kündigung bezüglich der gesamten Darlehensrestforderung erst nach Vorliegen der Voraussetzungen des § 498 Abs. 1 Nr. 1 und 2 BGB, sodass erst nach Ablauf der zweiwöchigen Nachfrist die Meldung an die Auskunftei erfolgen darf. Weitere Voraussetzung ist, dass die verantwortliche Stelle über die geplante Übermittlung zu unterrichten hat, was mit der Setzung der Nachfrist verbunden werden kann.

25 Bei unbefristeten Barkrediten, die kein Verbraucherdarlehen darstellen, unbefristeten Überziehungen, geduldeten Überziehungen und ungeregelten Inanspruchnahmen kommt ein Recht zur fristlosen Kündigung nach Nr. 19 Abs. 3 der Allgemeinen Geschäftsbedingungen des privaten Bankgewerbes in Betracht. Wenn diese Kündigungsmöglichkeit mit Zahlungsrückständen, insbesondere hinsichtlich der

---

35 So *Piltz/Holländer*, ZRP 2008, S. 143 (145 mit Fn. 17); AG Frankfurt a.M. ZD 2013, 350. *Helfrich*, Kreditscoring, S. 154 f., der das Bestreiten auf zivilprozessuales Bestreiten, z.B. Widerspruch gegen einen Mahnbescheid de lege lata reduzieren möchte.

Rückführung des Überziehungsbetrages, begründet ist, ist eine entsprechende Datenübermittlung an die Auskunftei gerechtfertigt.

4. Datenverwendung durch die verantwortliche Stelle

Nach § 28a Abs. 1 Satz 2 BDSG gelten die Regelung des Satzes 1 der Vorschrift **26** entsprechend, wenn die verantwortliche Stelle die Daten selbst nach § 29 BDSG verwendet. Dies meint den Fall, dass die verantwortliche Stelle über ihre säumigen Vertragspartner und Schuldner Auskünfte unter der Voraussetzung des § 29 BDSG erteilt. Da § 29 Abs. 1 Nr. 3 BDSG das Nutzen der Daten von der Erfüllung der Voraussetzungen des § 28a Abs. 1 BDSG abhängig macht, stellt § 28a Abs. 1 Satz 2 BDSG eine bloße Wiederholung oder Klarstellung dar.

III. Datenübermittlung zu Bankgeschäften durch Kreditinstitute (Abs. 2)

1. Anwendungsbereich

Während § 28a Abs. 1 BDSG Regelungen zur Datenübermittlung für alle verant- **27** wortlichen Stellen, insbesondere Handelsunternehmen, aber auch Banken, trifft, findet § 28a Abs. 2 BDSG zusätzliche Sonderregelungen für Kreditinstitute. Ein Kreditinstitut ist ein Unternehmen, das Bankgeschäfte gewerbsmäßig oder in einem Umfang betreibt, der einen in kaufmännischer Weise eingerichteten Geschäftsbetrieb erfordert (§ 1 Abs. 1 Satz 1 KWG). Was hierbei „Bankgeschäfte" sind, wird in § 1 Abs. 1 Nr. 1 bis 12 KWG definiert. Der Anwendungsbereich des § 28a Abs. 2 BDSG ist jedoch enger. Er umfasst nur drei Arten von Bankgeschäften:

Das Kreditgeschäft nach § 1 Abs. 1 Nr. 2 KWG, nämlich die Gewährung von Geld- **28** darlehen und Akzeptkrediten. Als Gelddarlehen sind Darlehen mit der erstmaligen Hingabe von Geld zu verstehen, die auch in Geld zurückgezahlt werden müssen. Andere Formen des Kredites im wirtschaftlichen Sinne, wie z.B. gesellschaftsrechtliche Beteiligungen, Leasing, Factoring, Kreditkartengeschäfte etc., scheiden aus.[36] Ein Akzeptkredit liegt vor, wenn sich das Kreditinstitut verpflichtet, einen Wechsel des Kunden aufzunehmen und bei Fälligkeit einzulösen, ohne in das der Wechselbegebung zugrunde liegende Geschäft einbezogen zu sein.[37]

Von der Regelung des § 28a Abs. 2 BDSG umfasste Bankgeschäfte sind auch die **29** Garantiegeschäfte nach § 1 Abs. 1 Nr. 8 KWG. Diese umfassen die Übernahme von Bürgschaften, Garantien oder andere Gewährleistungen durch das Kreditinstitut zugunsten Dritter als Begünstigte im Auftrag des Kunden. Das Kreditinstitut geht hierbei Eventualverbindlichkeiten gegenüber Dritten ein. Im Verhältnis zum Kun-

---

36 *Reischauer/Kleinhans*, KWG, § 1 Rn. 60 ff.; *Boos*, in: Boos/Fischer/Schulte-Mattler, KWG, § 1 Rn. 44 ff.
37 *Reischauer/Kleinhans*, KWG, § 1 Rn. 64 ff.

den liegt ein Avalkreditvertrag zugrunde, der festlegt, bis zu welcher Höhe und für welche Entgelte die Bank auftrags und auf Rechnung des Kunden als Avalauftraggeber Bürgschaften oder Garantien übernimmt.[38]

30 Das Girogeschäft (damals § 1 Abs. 1 Nr. 9 KWG, jetzt im Zahlungsdiensteaufsichtsgesetz – ZAG) umfasst die Durchführung des bargeldlosen Zahlungsverkehrs und des Abrechnungsverkehrs. Dies umfasst den Überweisungsverkehr, Lastschriften, Scheckeinzug.[39] Der in § 1 Abs. 1 Nr. 9 KWG angesprochene Abrechnungsverkehr betrifft dagegen die Abrechnung der Institute untereinander.[40] Daher spielt er bei der Datenübermittlung an Auskunfteien keine Rolle.

31 Daten mit Bezug zu den genannten Geschäftsarten über den Betroffenen darf das Kreditinstitut für Zwecke der zukünftigen Übermittlung nach § 29 BSDG an Auskunfteien übermitteln. Die Daten müssen sich auf die Begründung, ordnungsgemäße Durchführung und Beendigung des Vertragsverhältnisses mit dem Betroffenen zu den obigen Bankgeschäften beziehen. Das bedeutet, dass § 28a Abs. 2 BDSG sich auf sogenannte „Positivdaten" und Angaben über Vertragsverhältnisse bezieht, denen keine Warnfunktion zukommt, sondern die es erlauben, sich ein Bild von der bisherigen ordnungsgemäßen Eingehung und Erfüllung von Bankgeschäften des Betroffenen zu machen. Handelt es sich dagegen um Daten über Vertragsstörungen, z. B. Forderungsausfälle etc., richtet sich die Zulässigkeit der Datenübermittlung an die Auskunfteien nach § 28a Abs. 1 BDSG.

2. Voraussetzungen für die Übermittlung der Vertrags- und Positivdaten

32 Im obigen Anwendungsbereich dürfen alle Daten an die Auskunftei übermittelt werden, die das Vertragsverhältnis über das Bankgeschäft als solches betreffen. Hierzu zählen die Angaben über die Begründung, ordnungsgemäße Durchführung und Beendigung des Kreditvertrages, des Avalauftrages oder des Kontovertrages. Hierzu zählen die Angaben über den Zeitpunkt des Kreditantrages, den Abschluss des Vertrages, die Laufzeit, den Zeitpunkt der Kreditrückführung, Tag der Kontoeröffnung etc. Nach der Gesetzesbegründung sollen „inhaltliche Daten aus dem Vertrag (z. B. Einkommensangaben des Betroffenen)" nicht von § 28a Abs. 2 BDSG umfasst sein.[41] Das Beispiel zeigt, dass inhaltliche Angaben im Zusammenhang mit dem Kredit-, Aval- oder Kontovertrag, wie z. B. die Angaben zu Vermögens- und Einkommensverhältnissen im Kreditantrag, nicht an die Auskunftei übermittelt werden dürfen. Inhaltliche Angaben zu dem Bankgeschäft selbst, also zum Kredit- oder Bürgschaftsbetrag, zur Laufzeit etc., können sinnvollerweise nicht ausgeschlossen werden, weil ansonsten die Auskunft keine Aussagekraft besitzt, wenn

---

38 *Reischauer/Kleinhans*, KWG, § 1 Rn. 64.
39 *Reischauer/Kleinhans*, KWG, § 1 Rn. 148.
40 *Boos*, in: Boos/Fischer/Schulte-Mattler, KWG, § 1 Rn. 101 f.
41 Gesetzesbegründung, BT-Drs. 16/10529; *Pauly/Ritzer*, WM 2010, S. 8 (10).

ihr nicht entnommen werden kann, ob es sich bei einem Avalkredit um eine Mietbürgschaft in geringer Höhe oder um eine bedeutende Verpflichtung handelt. Daher kann der Betrag der Verbindlichkeit nicht ausgeblendet werden.

Die Übermittlung der Daten zu den Bankgeschäften ist in der Regel zulässig. Aus **33** der Formulierung „es sei denn" ist zu schließen, dass mangels entgegenstehender Anhaltspunkte nicht von einem überwiegenden Interesse des Betroffenen am Ausschluss der Übermittlung auszugehen ist.[42] Daher muss der Betroffene selbst sein Interesse am Ausschluss der Übermittlung substanziiert geltend machen, sodass die verantwortliche Stelle die Schutzwürdigkeit dieses Interesses beurteilen und mit dem Interesse der Auskunftei an der Kenntnis der Daten abwägen kann.

Die Unterrichtung des Betroffenen hat vor Vertragsabschluss und selbstverständlich **34** auch vor der Datenübermittlung an die Auskunftei stattzufinden. Sie kann auch in der Form einer Einwilligungsklausel vorgesehen sein, aus der der Betroffene die zu übermittelnden Datenkategorien ersehen kann.

Wie in der Gesetzesbegründung ausgeführt wird, bleibt die Möglichkeit der Einwil- **35** ligung nach §§ 4, 4a BDSG des Betroffenen in die Übermittlung von über § 28a Abs. 2 BDSG hinausgehender Daten unberührt.[43] Die Einwilligung ist bei Kreditinstituten ohnehin wegen des ansonsten entgegenstehenden Bankgeheimnisses nach Nr. 2 der Allgemeinen Geschäftsbedingungen der Banken erforderlich.[44] Zudem schreiben die Vertragsbedingungen z. B. der SCHUFA die Verwendung einer Einwilligungsklausel als Grundlage für das Auskunftsverfahren gegenüber den angeschlossenen kreditgebenden Unternehmen vor.

3. Guthabenkonten

Die Regelung zu den Voraussetzungen der Datenübermittlung an Auskunfteien **36** (§ 28a Abs. 2 Satz 1 BDSG) soll nicht gelten, wenn das Kreditinstitut ein Konto eröffnet und unterhält, das keine Überziehungsmöglichkeiten vorsieht. Solche Guthabenkonten für Privatkunden werden von Kreditinstituten im öffentlich-rechtlichen Bereich aufgrund eines Kontrahierungszwanges nach den Sparkassengesetzen einiger Bundesländer[45] und im Bereich der privaten Banken aufgrund der Selbstverpflichtung der im Zentralen Kreditausschuss zusammengeschlossenen Bankenverbände aus dem Jahr 1996 eröffnet und geführt. Da mit Guthabenkonten keine Kreditgewährung verbunden ist, besteht insoweit kein Anlass zur Einholung einer

---

42 *Hoeren*, VuR 2009, S. 363 (365).
43 BT-Drs. 16/10529 mit Hinweis auf Zweifel an der Freiwilligkeit der Einwilligung wegen angeblich mangelnder zumutbarer Alternativen, weil Kreditinstitute in der Praxis natürlichen Personen regelmäßig nicht mehr ohne Bonitätsprüfung anhand einer Auskunft einen Kredit gewähren; zu den Wirksamkeitsvoraussetzungen der Einwilligung: *Kamlah/Hoke*, RDV 2007, S. 242; *Eichler/Weichert*, DuD 2011, S. 201 (203).
44 *Kamp*, in: Beck'scher Onlinekommentar Datenschutzrecht, § 28a Rn. 26.
45 Sparkassengesetze in Bayern, NRW, Rheinland-Pfalz.

Auskunft. Aber es kann durchaus sinnvoll sein, Vertrags- und Positivdaten über Guthabenkonten an die Auskunftei zu übermitteln, weil mit diesen Meldungen die Grundlage einer positiven Auskunft über den Abschluss und die Durchführung eines Kontovertrages gelegt ist. In diesem Fall bedarf es einer Einwilligung des Kontoinhabers in das Auskunftsverfahren, was durch § 28a Abs. 2 Satz 3 BDSG nicht ausgeschlossen ist.[46]

4. Pfändungsschutzkonten

37 Besondere datenschutzrechtliche Regelungen gelten nach § 850k Abs. 8 ZPO für Pfändungsschutzkonten. Eine Person darf nur ein Pfändungsschutzkonto führen. Um dies überprüfen zu können, dürfen Kreditinstitute an Auskunfteien melden, dass sie ein Pfändungsschutzkonto für eine bestimmte Person führen. Die Auskunftei darf dann bei Anfragen von Kreditinstituten darüber Auskunft erteilen, ob für diese Person bereits ein Pfändungsschutzkonto besteht. Die Meldungen zum Pfändungsschutzkonto sind zweckgebunden und dürfen nicht für die Kreditwürdigkeitsprüfung genutzt werden.[47]

5. Ausschluss der Einwilligungsmöglichkeit bei Konditionenanfragen

38 In § 28a Abs. 2 Satz 4 BDSG wird klargestellt, dass Daten über Verhaltensweisen des Betroffenen, die der Herstellung von Markttransparenz in der Phase der Vertragsanbahnung dienen, nicht zum Zwecke der zukünftigen Übermittlung an Auskunfteien übermittelt werden dürfen, selbst wenn der Betroffene hierzu seine Einwilligung erteilt hat. Daher ist es unzulässig, Daten über Anfragen zu Konditionen an die Auskunftei als eine Information zu übermitteln, die für künftige Auskünfte verwendet werden kann. Das Übermittlungsverbot bei Konditionenanfragen betrifft daher alleine die Meldungen der Anfragen in den Auskunftsbestand. Zulässig bleibt es aber, das berechtigte Interesse an einer Auskunftseinholung durch Übermittlung der Daten zur Kreditanfrage zu belegen, wenn die Anfragedaten nicht für künftige Auskünfte genutzt werden.[48] Der Ausschluss der Einwilligungsmöglichkeit steht mit dem Grundsatz des informationellen Selbstbestimmungsrechtes der Bürger nicht in Einklang und begegnet insoweit verfassungsrechtlichen Bedenken auch unter dem Aspekt der Verhältnismäßigkeit des Eingriffes in das Grundrecht.[49]

---

46 *Hoeren*, VuR 2009, S. 363 (365 f.). Die Gesetzesbegründung, BT-Drs. 16/10529, S. 15, geht davon aus, dass bei einem Guthabenkonto die Interessen des Betroffenen an dem Ausschluss der Übermittlung grundsätzlich das berechtigte Interesse der Auskunftei an der Kenntnis der Daten überwiegt. Dies erscheint bei Positivdaten nicht zwingend und kann die Übermittlung aufgrund der gegebenen Einwilligung nicht hindern.

47 BT-Drs. 17/3356, S. 18 f.; BT-Drs. 16/12714, S. 21.

48 Gesetzesbegründung, BT-Drs. 16/10529, S. 15.

49 Siehe Volkszählungsurteil BVerfGE 65, 1 (42). Vgl. auch § 28b BDSG Rn. 26 und § 4 BDSG Rn. 43.

IV. Pflicht zur nachträglichen Berichtigung (Abs. 3)

§ 28a Abs. 3 BDSG verpflichtet die verantwortliche Stelle, Daten, die sie an eine   **39** Auskunftei übermittelt hat, zu berichtigen, wenn sich Änderungen ergeben haben. Durch diese Nachberichtigungspflicht soll gewährleistet werden, dass die Datenbestände der Auskunftei aktuell und richtig sind. Es muss sich um Änderungen der den Meldungen nach Abs. 1 oder Abs. 2 zugrunde liegenden Tatsachen handeln. Die verantwortliche Stelle hat innerhalb eines Monats nach Kenntniserlangung der Auskunftei die Veränderung mitzuteilen, solange die ursprünglich übermittelten Daten noch gespeichert sind. Die Auskunftei hat die übermittelnde Stelle über die Löschung der ursprünglich gespeicherten Daten zu unterrichten. Diese Bestimmung des § 28a Abs. 3 Satz 2 BDSG enthält selbst keine Löschungspflicht, sondern nur die Pflicht, wenn eine Löschung erfolgt, diese der verantwortlichen Stelle mitzuteilen. Ob eine Pflicht zur Löschung besteht, ergibt sich aus den allgemeinen Bestimmungen, insbesondere aus § 35 Abs. 2 Nr. 1 BDSG. Danach hat die Löschung zu erfolgen, wenn die Speicherung unzulässig ist. Hat z. B. die verantwortliche Stelle einen Forderungsrückstand auf der Grundlage des § 28a Abs. 1 Nr. 4 BDSG gemeldet und stellt sich nachträglich heraus, dass die Mahnungen dem Betroffenen nicht zugegangen waren, hat dies die verantwortliche Stelle an die Auskunftei zu melden, die dann die Daten über den Forderungsrückstand zu löschen hat, weil die Voraussetzungen für die Speicherung nach §§ 29 Abs. 1 Nr. 3, 28a Abs. 1 Nr. 4 BDSG nicht erfüllt sind.[50] Änderungen der einer Meldung zugrunde liegenden Tatsachen, z. B. Fehler in der Postanschrift des Betroffenen, die aber die Berechtigung der Meldungen nicht entfallen lassen, führen hingegen nicht zu einer Löschungspflicht.[51]

---

50 Siehe § 35 BDSG Rn. 30.
51 So auch *Hoeren*, VuR 2009, S. 363 (364).

§ 28b Scoring

Zum Zwecke der Entscheidung über die Begründung, Durchführung oder Beendigung eines Vertragsverhältnisses mit dem Betroffenen darf ein Wahrscheinlichkeitswert für ein bestimmtes zukünftiges Verhalten des Betroffenen erhoben oder verwendet werden, wenn

1. die zur Berechnung des Wahrscheinlichkeitswerts genutzten Daten unter Zugrundelegung eines wissenschaftlich anerkannten mathematisch-statistischen Verfahrens nachweisbar für die Berechnung der Wahrscheinlichkeit des bestimmten Verhaltens erheblich sind,

2. im Falle der Berechnung des Wahrscheinlichkeitswerts durch eine Auskunftei die Voraussetzungen für eine Übermittlung der genutzten Daten nach § 29, und in allen anderen Fällen die Voraussetzungen einer zulässigen Nutzung der Daten nach § 28 vorliegen,

3. für die Berechnung des Wahrscheinlichkeitswerts nicht ausschließlich Anschriftendaten genutzt werden,

4. im Falle der Nutzung von Anschriftendaten der Betroffene vor Berechnung des Wahrscheinlichkeitswerts über die vorgesehene Nutzung dieser Daten unterrichtet worden ist; die Unterrichtung ist zu dokumentieren.

Literatur: *Abel*, Die neuen BDSG-Regelungen, RDV 2009, S. 147; *Abel*, Rechtsfragen von Scoring und Rating, RDV 2006, S. 108; *Bachmeier*, EG-Datenschutzrichtlinie – Rechtliche Konsequenzen für die Datenschutzpraxis, RDV 1995, S. 49; *Bäumler/Gutsche*, Auswirkungen von Scoring und risikoorientiertem Pricing auf Verbraucher, VuR 2008, S. 81; *Beckhusen*, Das Scoring-Verfahren der SCHUFA im Wirkungsbereich des Datenschutzrechts, BKR 2005, S. 335; *Beckhusen*, Der Datenumgang innerhalb des Kreditinformationssystems der SCHUFA, Baden-Baden 2004; *Behm*, Datenschutzrechtliche Anforderungen an Scoringverfahren unter Einbeziehung von Geodaten, RDV 2010, S. 61; *Beule/Diergarten/Geis/Kötterheinrich/Kolb/Petersen/Stöhr*, Datenschutzrecht in Banken und Sparkassen, Heidelberg 2005; *Boos*, in: Boos/Fischer/Schulte-Mattler, Kommentar zum Kreditwesengesetz, 4. Aufl. 2012; *Braunfeld/Richter*, Bonitätsbeurteilung mittels DV-gestützter Verfahren, CR 1996, S. 775; *Bruchner/Krepold*, in: Schimansky/Bunte/Lwowski, Bankrechtshandbuch, 4. Aufl. 2011; *Bull*, Neue Bewegung im Datenschutz – Missbrauchsbekämpfung oder Ausbau, ZRP 2008, S. 233; *Eichler/Kamp*, in: Wolff/Brink, Beck'scher Online-Kommentar, Datenschutz im Versicherungswesen, Stand: 1.8.2012; *Gola/Klug*, Die Entwicklung des Datenschutzrechts in den Jahren 2008/2009, NJW 2009, S. 2577; *Gola/Klug*, Die Entwicklung des Datenschutzrechtes in den Jahren 2009/2010, NJW 2010, S. 2483; *Gola/Klug*, Die Entwicklung des Datenschutzrechtes in den Jahren 2009/2010, NJW 2010, S. 2483; *Grentzenberger/Schreibauer/Schuppert*, Die Datenschutznovelle (Teil I), K&R 2009, S. 368; *Gürtler/Kriese*, Zur Umsetzung der Scoringtransparenz bei Banken, RDV 2010, S. 47; *Helfrich*, Kreditscoring und Scorewertbildung der SCHUFA, 2010; *Hoeren*, Rechtliche Grundlagen des SCHUFA-Scoring-Verfahrens, RDV 2007, S. 93; *Hoeren*, Datenschutz und Scoring: Grundelemente der BDSG-Novelle I, VuR 2009, S. 363; *Hoeren/Sieber*, Multimedia-

Recht, 33. Ergänzungslieferung 2012; *Jungmichel*, Basel II und die möglichen Folgen (1. Teil: Entwicklungsstadien des Baseler Eigenkapitalakkords), WM 2003, S. 1201; *Klein*, Zur datenschutzrechtlichen Relevanz des Scoring von Kreditrisiken, BKR 2003, S. 488; *Koch*, Scoring-Systeme in der Kreditwirtschaft, MMR 1998, S. 458; *v. Lewinski*, in: Wolff/Brink, Beck'scher Online-Kommentar BDSG, Stand: 1.5.2013; *Mackenthun*, Datenschutzrechtliche Voraussetzungen der Verarbeitung von Kundendaten beim zentralen Rating und Scoring im Bank-Konzern, WM 2004, S. 1713; *Metz*, Scoring: Licht im Tunnel, VuR 2009, S. 403; *Mielk*, Die Neufassung des § 10 KWG durch die 7. KWG-Novelle, WM 2007, S. 52; *Möller/Florax*, Kreditwirtschaftliche Scoring-Verfahren, MMR 2002, S. 806; *Möller/Florax*, Datenschutzrechtliche Unbedenklichkeit des Scoring von Kreditrisiken, NJW 2003, S. 2724; *Nussbaum/Krienke*, Telefonwerbung gegenüber Verbrauchern nach dem Payback-Urteil, MMR 2009, S. 372; *Pauly/Ritzer*, Datenschutz-Novellen: Herausforderungen für die Finanzbranche, WM 2010, S. 8; *Petri*, Sind Scorewerte rechtswidrig?, DuD 2003, S. 631; *Roßnagel*, Die Novelle zum Datenschutzrecht – Scoring und Adresshandel, NJW 2009, S. 2716; *Scheja/Haag*, in: Leupold/Glossner, Münchner Anwaltshandbuch IT-Recht, Teil 4: Datenschutzrecht, 2. Aufl. 2011; *Spoerr*, in: Wolff/Brink, Beck'scher Online-Kommentar, Datenschutz im Finanzwesen, Stand: 1. 8. 2012; *Theewen*, Problemkredite und die „Mindestanforderungen an das Kreditgeschäft der Kreditinstitute" – Workout, Outsourcing oder Bad Bank?, WM 2004, S. 105; *Wäßle/Heinemann*, Scoring im Spannungsfeld von Datenschutz und Informationsfreiheit, CR 2010, S. 410; *Weichert*, Verbraucher-Scoring meets Datenschutz, DuD 2006, S. 399; *Weichert*, Datenschutzrechtliche Anforderungen an Verbraucher-Kredit-Scoring, DuD 2005, S. 582; *Weis*, Neuorganisation der Problemkreditbearbeitung aus Sicht von Kreditinstituten vor dem Hintergrund der MaK, BKR 2003, S. 183; *Wolber*, Datenschutzrechtliche Zulässigkeit automatisierter Kreditentscheidungen, CR 2003, S. 623; *Wuermeling*, Umsetzung der europäischen Datenschutzrichtlinie – Konsequenzen für die Privatwirtschaft, DB 1996, S. 663; *Wuermeling*, Scoring von Kreditrisiken, NJW 2002, S. 3508.

Übersicht

I. Allgemeines

1. Gesetzeszweck

1 Die Vorschrift enthält ebenso wie § 6a BDSG eine Regelung zu automatisierten Entscheidungen. § 28b BDSG legt die Voraussetzungen fest, unter denen ein Scorewert über das künftige wahrscheinliche Verhalten einer Person bei der Entscheidung über die Begründung, Durchführung und Beendigung eines konkreten Vertragsverhältnisses mit dem Betroffenen verwendet werden darf. Das Gesetz legt hierbei die Anforderungen an das statistisch-mathematische Verfahren und die Qualität der genutzten Daten nach Art und Herkunft fest: Bei der Berechnung des Scorewertes durch Auskunfteien müssen die allgemeinen Zulässigkeitsvoraussetzungen nach § 29 BDSG, bei Berechnungen durch die verantwortliche Stelle nach § 28 BDSG vorliegen. § 28b BDSG ist kein Erlaubnistatbestand für die Erhebung und Speicherung der Daten, auf deren Basis das Scoring erstellt wird.[1] Die Verwendung von Anschriftendaten ist gesondert geregelt. Der Anwendungsbereich umfasst nicht-öffentliche Stellen und öffentlich-rechtliche Wettbewerbsunternehmen.[2]

2 Man hat zwischen dem *internen Scoring* für eigene Zwecke der verantwortlichen Stelle und dem *externen Scoring* durch Dritte, z.B. durch Auskunfteien, zu unterscheiden. Das interne Scoring ist nach § 28 Abs. 1 Nr. 1 BDSG zulässig, wenn die entsprechende Datenverarbeitung für die Abwicklung des Vertragsverhältnisses erforderlich ist.[3] Soweit die Datenverarbeitung über den Zweck des betroffenen Verhältnisses hinaus gespeichert werden soll, beispielsweise Bonitätsdaten für künftige Bestellungen des Betroffenen im Versandhandel ohne Vorkasse, kommt § 28 Abs. 1 Nr. 2 BDSG als Erlaubnisnorm zur Anwendung, sodass eine Interessenabwägung zu erfolgen hat.[4] Beim externen Scoring werden die von der verantwortlichen Stelle erhobenen Daten an die Auskunftei unter den Voraussetzungen des § 28 Abs. 1 Nr. 2 BDSG übermittelt. Soweit die Daten auf Forderungen bezogen sind, richtet sich die Zulässigkeit der Übermittlung allein nach § 28a BDSG.[5] Die Zulässigkeit der Speicherung der Daten und der Scorewertberechnung durch die Auskunftei richtet sich nach § 29 Abs. 1 Nr. 1 oder Nr. 3 BDSG. Die Auskunftserteilung an den Anfragenden ist unter den Voraussetzungen des § 29 Abs. 2 BDSG zulässig.[6]

---

1 *v. Lewinski*, in: Wolff/Brink, Beck'scher Online-Kommentar Datenschutzrecht, § 28b BDSG Rn. 26; *Gola/Schonmerus*, BDSG, § 28b Rn. 2; *Hoeren*, RDV 2007, S. 93 (96); *Behm/Garz*, RDV 2010, S. 61 (69).

2 *Wäßle/Heinemann*, CR 2010, S. 410 (411); *Behm/Garz*, RDV 2010, S. 61.

3 *Wäßle/Heinemann*, CR 2010, S. 410 (414); *Taeger*, BB 2007, S. 785 (786).

4 *Taeger*, BB 2007, S. 785 (787); *Abel*, RDV 2006, S. 108; *Petri*, DUD 2003, S. 631.

5 *Helfrich*, Kreditscoring, S. 137 ff.; *Wäßle/Heinemann*, CR 2010, S. 410 (414).

6 Keine Übermittlung liegt vor, wenn der Scorwert im Rahmen einer Auftragsdatenverarbeitung von der Auskunftei für die verantwortliche Stelle errechnet wird, *Hoeren*, RDV 2007, S. 143 (144).

2. Europarechtliche Grundlagen

Die Regelung des § 28b BDSG legt die Zulässigkeitsvoraussetzungen für die Da- **3**
tenverarbeitung bzw. -nutzung beim Scoringverfahren fest. Damit bewegt sich die
Bestimmung im Rahmen der Art. 5 und 7 EG-DSRl. Nach Art. 5 EG-DSRl haben
die Mitgliedstaaten die Voraussetzungen festzulegen, unter denen die Verarbeitung
der Daten rechtmäßig erfolgen kann. Art. 7f EG-DSRl verlangt, dass die Datenverarbeitung zur Verwirklichung der berechtigten Interessen der verantwortlichen Stelle erforderlich ist und nicht die Interessen oder die Grundrechte und Grundfreiheiten der betroffenen Person überwiegen. § 28b BDSG konkretisiert diesen Abwä-
gungsrahmen für das Scoringverfahren.[7] Das Scoring unterfällt wie § 6a BDSG
dem Art. 15 Abs. 1 EG-DSRl, der ausdrücklich die Kreditwürdigkeit des Betroffenen nennt. Neben der Kreditwürdigkeit wird eine Prognose über das künftige Verhalten des Betroffenen, nämlich die Erfüllung seiner vertraglichen Zahlungsverpflichtungen erstellt.[8] Diese Betrachtung führt dazu, dass künftig Art. 20 des Entwurfes der Datenschutz-Grundverordnung einschlägig ist.[9]

3. Verhältnis zu anderen Vorschriften

§ 28b BDSG stellt eine Regelung für eine besondere Form der automatisierten Ent- **4**
scheidung dar, sodass auch § 6a BDSG Anwendung findet. Die Regelung zum Scoring wird von einer ausführlichen Regelung der Auskunftsansprüche des Betroffenen[10] nach § 34 Abs. 2 BDSG flankiert,[11] die ebenso wie § 28b BDSG und die Neuregelung innerhalb § 6a Abs. 1 Satz 2 und Abs. 2 Nr. 2 BDSG zum 1.4.2010 in
Kraft getreten sind. Nach § 35 Abs. 1 Satz 2 BDSG sind Schätzdaten ab April 2010
als solche deutlich zu kennzeichnen.[12]

Der Auskunftsanspruch erstreckt sich auf die genutzten Datenarten, das Zustande- **5**
kommen und die Bedeutung der Wahrscheinlichkeitswerte. Die Auskunft ist einzelfallbezogen und nachvollziehbar in allgemein verständlicher Form zu erteilen.[13]
Wird die Auskunft nicht, nicht richtig, nicht vollständig oder nicht rechtzeitig erteilt, kann eine Ordnungswidrigkeit nach § 43 Abs. 1 Nr. 8a BDSG vorliegen.

---

7 Gesetzesbegründung, BT-Drs. 16/10529, S. 16.
8 *Helfrich*, Kreditscoring, S. 234: „fallbezogenes Persönlichkeitsprofil"; *Hoeren*, RDV
 2007, S. 93 (98).
9 EU-Datenschutz-Grundverordnung 2012/11.
10 Ausführlich zum Auskunftsanspruch *Gürtler/Kriese*, RDV 2010, S. 47 (52 ff.), *Scheja/
 Haag*, in: Leupold/Glossner, Münchner Anwaltshandbuch IT-Recht, Teil 4, Rn. 159; *Pau-
 ly/Ritzer*, WM 2010, S. 8 (13 f.).
11 Siehe § 34 BDSG Rn. 31.
12 Siehe § 35 BDSG Rn. 12.
13 OLG Nürnberg ZD 2013, 26; LG Berlin ZD 2012, 74.

II. Scoring

6 Scoring stellt ein statistisch-mathematisches Verfahren dar, mit dem die Wahrscheinlichkeit, mit der eine bestimmte Person ein bestimmtes Verhalten zeigen wird, berechnet werden kann.[14] Bei Wirtschaftsunternehmen wird es eingesetzt, um das vermutliche Verhalten von Kunden oder potenziellen Kunden im Hinblick auf das mit einem beabsichtigten Vertragsabschluss oder einem bestehenden Vertrag einhergehende Zahlungsrisiko einschätzen zu können. Das Scoring ist typischerweise auf die Beurteilung der Frage gerichtet, ob der Interessent oder Kunde seine Zahlungsverpflichtungen vollständig und rechtzeitig erfüllen wird. Scoring wird überwiegend im Massengeschäft, z. B. bei Kredit-, Versicherungs-, Telekommunikations-, Leasing-, Mietverträgen[15] und ähnlichen Schuldverhältnissen eingesetzt.

7 Für den potenziellen Kunden ist das Scoring mit dem Nachteil verbunden, dass er die Ergebnisse nicht selbst nachvollziehen oder gar vorhersehen kann. Daher wird das Scoring wegen der meist fehlenden Transparenz beim Zustandekommen des Scorewertes kritisiert und die fehlenden Möglichkeiten zur Korrektur von Scorewerten durch die Betroffenen beklagt.[16] Diese Nachteile sind zum Teil durch das Verfahren zur Ermittlung der Ausfallwahrscheinlichkeit bzw. der Höhe des Risikos verbunden, das sich auf statistische Werte stützt, die der Einzelne nicht kennt und nicht beeinflussen kann.

8 Um einer Person einen Scorewert zuordnen zu können, erfolgt zunächst eine automatisierte Nutzung der Daten, d. h. der persönlichen Merkmale, wie z. B. Beruf, Geburtsjahr, Familienstand etc. Dies ermöglicht es, diese Person mittels eines statistischen-mathematisch Verfahrens einer Vergleichsgruppe zuzuordnen. Für diese Vergleichsgruppe liegen anonymisierte Informationen über das Verhalten in bestimmten Situationen, z. B. bei der Erfüllung von Zahlungsverpflichtungen, vor.[17] So mag beispielsweise die Zahlungsfähigkeit oder Zahlungsmoral bei Kunden, die seit mehreren Jahren im Beamtenverhältnis beschäftigt sind, höher sein als bei einem Arbeitnehmer mit kurzer Beschäftigungsdauer bei seinem jetzigen Arbeitgeber.

9 Das Ergebnis des Abgleiches der persönlichen Merkmale eines potenziellen Kunden mit den statistischen Erfahrungswerten der Vergleichsgruppen wird dann in der Punktanzahl (z. B. 850 von möglichen 1000 Punkten bei bester Bonität) verdichtet,

---

14 BT-Drs. 16/10529, S. 1 f.; *Helfrich*, Kreditscoring, S. 22; *Klein*, BKR 2003, S. 488; *Hoeren*, VuR 2009, S. 363 (366).

15 Beispiele bei *Wäßle/Heinemann*, CR 2010, S. 410 (411); *Gola/Schomerus*, BDSG, § 28b Rn. 7 zu Anwendungen im Arbeitsverhältnis, insbesondere dem Bewerberscoring; *Taeger*, BB 2007, S. 775 zum Scoring im Versandhandel, insbesondere zur Übermittlung von Positivdaten (786); *v. Lewinski*, in: Beck'scher Online-Kommentar Datenschutzrecht, § 28b Rn. 18 zum „Werbescoring"; *Klein*, BKR 2003, S. 488 zum „Kreditscoring".

16 *Metz*, VuR 2009, S. 403 (406 f.).

17 *Hoeren*, RDV 2007, S. 93; *Bäumler/Gutsche*, VuR 2008, S. 81 (81 f.).

die man als Scorewert bezeichnet. Der errechnete Punktwert gibt so den Grad der Wahrscheinlichkeit des bestimmten Zahlungsverhaltens der Person an. Hierbei können das herangezogene Merkmal und seine Bewertung von Unternehmen zu Unternehmen variieren. Diese Abweichungen spiegeln die Risikopolitik und Geschäftspolitik des Unternehmens wieder. So kann z.B. der Scorewert für Arbeitnehmer eines Großunternehmens am Ort bei dem dort ansässigen Händler, Kreditinstitut, Leasingunternehmen sinken, wenn der Händler bzw. das Unternehmen die Anhäufung von Arbeitsplatzrisiken in seinem Gesamtbestand der Schuldner und Zahlungsforderungen (Klumpenrisiko) vermindern möchte.[18]

Der Scorewert wird entweder intern von dem Unternehmen, das auch die Entscheidung über die Eingehung des Vertragsverhältnisses trifft, z.B. einem Versandhändler, selbst gebildet werden (internes Scoring oder Unternehmens-Scoring), oder es wird ein Scorewert zu dem Interessenten von einer externen Stelle (externes Scoring), wie z.B. einer Kreditauskunftei, insbesondere der SCHUFA, herangezogen. Es gibt auch Mischformen, bei denen das interne Scoring hinsichtlich seiner Punktvorgaben anhand von externen Scorewerten verglichen wird, um die Richtigkeit der Ergebnisse überprüfen und adjustieren zu können oder im Einzelfall bei größeren Abweichungen Zusatzprüfungen vorzunehmen. **10**

Bei der SCHUFA werden auf der Basis der vorhandenen Daten anonymisierte Auswertungen vorgenommen, wobei die einzelnen Verfahren und Vergleichsgruppen auf den konkreten Fall, z.B. Versandhandel oder Kreditanfragen etc. zugeschnitten sind.[19] **11**

Beim externen Scoring erfolgt die Errechnung des Scorewertes auf der Grundlage der Kunden- oder Interessentendaten durch ein darauf spezialisiertes externes Unternehmen, in der Regel eine Auskunftei. Dabei kann die Auswertung auf der Basis der dort bereits gespeicherten Daten erfolgen oder eine Datenübermittlung der Vertragsdaten an die auswertende Auskunftei vorangehen. Im ersten Fall kann es sich bei der Auswertung um eine Zweckänderung der üblicherweise für Auskunftszwecke gespeicherten Daten handeln. Dies ist zulässig, wenn ein berechtigtes Interesse der verantwortlichen Stelle an der Verarbeitung der Daten besteht (vgl. § 29 Abs. 1 Satz 1 Nr. 1 BDSG). **12**

Erfolgt jedoch eine Übermittlung der Interessentendaten von dem Unternehmen an die Auskunftei (zweite Alternative), muss bereits dieser Schritt zulässig sein. Die Zulässigkeit kann sich aus einer Einwilligung nach § 4a BDSG oder aus den berechtigten Interessen nach § 28 Abs. 1 Satz 1 Nr. 2 oder § 28 Abs. 3 Satz 1 Nr. 1 BDSG ergeben, wenn das übermittelnde Unternehmen die übermittelten anonymisierten Bewertungsgrundlagen auch für künftige Scoringverfahren benutzen darf.[20] **13**

---

18 Zur Scorwertbildung *Helfrich*, Kreditscoring, S. 26 ff.; *Spoer*, in: Wolff/Brink, Beck'scher Online-Kommentar Datenschutzrecht, Datenschutz im Finanzwesen Rn. 114.

19 *Helfrich*, Kreditscoring, S. 27 f., S. 108 f., S. 173; *Hoeren*, RDV 2007, S. 93; *Kamlah/Hoke*, RDV 2007, S. 243; *Bruchner/Krepold*, Bankrechtshandbuch, § 41, Rn. 24.

20 *Taeger*, BB 2007, S. 785 (786 ff.); *Wäßle/Heinemann*, CR 2010, S. 410 (413 ff.).

14 Die Zulässigkeit der Datenübermittlung ergibt sich aus § 28 Abs. 1 Satz 1 Nr. 1 BDSG, wenn das Scoring Voraussetzung für den Vertrag ist und das Unternehmen selbst nicht zur Durchführung des Scoringverfahrens in der Lage ist. Bei der nachfolgenden Berechnung des Scorewertes durch das externe Unternehmen, die Auskunftei, ergibt sich die Zulässigkeit der weiteren Datenverarbeitung aus § 29 BDSG. Das Scoring ist zulässig, wenn kein Grund zu der Annahme besteht, dass der Betroffene ein schutzwürdiges entgegenstehendes Interesse hat (§ 29 Abs. 1 Satz 1 Nr. 1 BDSG). Es besteht kein Grund zur Annahme entgegenstehender schutzwürdiger Interessen, wenn ein Kunde bei Vertragsantrag über die Einschaltung eines externen Scoring-Unternehmens informiert wurde und er sich damit durch Antragsunterzeichnung einverstanden erklärt hat.

15 Im Übrigen kann sich die Zulässigkeit des Scoring als Teil der automatisierten Entscheidung aus § 6a BDSG ergeben. Hierbei darf der Scorewert nicht zur ausschließlichen Grundlage der Entscheidung über den Vertragsabschluss gemacht werden, außer es wird dem Antrag des Betroffenen entsprochen. Ansonsten muss durch geeignete Maßnahmen gewährleistet werden, dass der Betroffene seine berechtigten Interessen wahren kann. Dies erfolgt insbesondere dadurch, dass dem Betroffenen die Möglichkeit gegeben wird, sich zu der Entscheidung zu äußern. Auf dieser Grundlage hat die verantwortliche Stelle ihre Entscheidung nochmals zu überprüfen.

16 Ansonsten kann sich die Zulässigkeit des Scorings aus einer Einwilligung des Betroffenen nach § 4a BDSG ergeben.

III. Voraussetzungen des § 28b BDSG

1. Anwendungsbereich (Abs. 1 1. Halbs.)

17 Art und Umfang des Scorings werden als Voraussetzung des Anwendungsbereiches des § 28b BDSG auf Scoringverfahrens dadurch festgelegt, dass der berechnete Scorewert für die Entscheidung über die Begründung, Durchführung oder Beendigung eines konkreten Vertragsverhältnisses dienen muss.[21] Erforderlich ist demnach, dass die Ergebnisse des Scoringverfahrens für die Entscheidung über ein Vertragsverhältnis verwendet werden.[22] Der zu der Person des Betroffenen errechnete Scorewert muss Eingang in die Entscheidung über die Eingehung, Durchführung oder Beendigung eines Vertragsverhältnisses mit dem Betroffenen finden. Andere Verfahren außerhalb dieses Anwendungsbereiches, z. B. für Werbung, sind damit nicht ausgeschlossen, sondern richten sich nach den allgemeinen Bestimmungen.[23]

---

21 *Helfrich*, in: Hoeren/Siebert, § 28b Rn. 79 ff., der eine besondere Zweckbindung der Daten sieht.
22 Gesetzesbegründung, BT-Drs. 16/10529, S. 15 f.
23 *Abel*, RDV 2009, S. 147 (149).

2. Wahrscheinlichkeitswert nach wissenschaftlich anerkanntem Verfahren

Die Zulässigkeit des Scoringverfahrens hängt nach § 28b Nr. 2 BDSG davon ab, ob 18 die Daten zur Berechnung der Wahrscheinlichkeit des bestimmten zu berechnenden Verhaltens erheblich sind.[24] Dies bedeutet, dass ein zu prognostizierendes Verhalten festzulegen ist, z. B. Zahlungsfähigkeit und Zahlungswilligkeit einer natürlichen Person, und diesem Verhalten einzelne oder mehrere Daten, d. h. Angaben über persönliche und sachliche Verhältnisse der betreffenden Person zuzuordnen und in ihrer Aussagekraft zu bestimmen sind. So kann z. B. das Sparverhalten eines Kreditantragstellers eine Aussage über die Zahlungsfähigkeit geben. Diese gedankliche Ableitung, dass der Kunde seine Sparquote reduzieren wird, um Verbindlichkeiten zu begleichen, kann die Erheblichkeit dieser Angabe beim Scoring logisch belegen. Aber ebenso kann die Erheblichkeit einer persönlichen Information für das Scoring daraus abgeleitet werden, dass ein bestimmtes Merkmal nach statistischen Auswertungen gehäuft bei Forderungsausfällen anzutreffen ist und daher erheblich für die Prognose der Ausfallwahrscheinlichkeit ist.[25] Werden z. B. bei Ratenzahlungsverkäufen von Möbeln an unverheiratete Paare häufiger Forderungsausfälle als bei verheirateten Ratenzahlungskäufern festgestellt, ist die Angabe zum Familienstand statistisch erheblich.

Die so festgelegten Daten müssen unter Zugrundelegung eines wissenschaftlich an- 19 erkannten mathematisch-statistischen Verfahrens zur Berechnung der Wahrscheinlichkeit des konkreten künftigen Verhaltens genutzt werden. Mathematisch-statistische Verfahren sind Methoden, bei denen statistische Werte zu dem empirisch festgestellten Verhalten bestimmter Personengruppen anhand der Datenübereinstimmung der betreffenden zu beurteilenden Person zugeordnet werden.[26] Die wissenschaftliche Anerkennung des Verfahrens beruht auf der Richtigkeit der Ergebnisse der durch das Scoring erzielten Wahrscheinlichkeitswerte. Daher ist eine Überprüfung des prognostizierten Verhaltens mit dem späteren tatsächlichen Verhalten erforderlich. Gegebenenfalls sind Adjustierungen oder Berichtigungen vorzusehen. Ergibt sich z. B., dass der häufige Umzug und Arbeitsplatzwechsel nicht wie prognostiziert auf eine schlechtere Bonität schließen lässt, sondern eine höhere Mobilität belegt und bei einem Arbeitsplatzverlust zu einer schnelleren Neuanstellung und damit statistisch zu geringerem Zahlungsverzug und zu niedrigeren Forderungsausfällen geführt hat, sind das Verfahren und die Bewertung des Merkmals zu

---

24 *Wäßle/Heinemann*, CR 2010, S. 410 (413), die nur Daten ausschließen wollen, die offensichtlich irrelevant sind und damit zu willkürlichen Ergebnissen führen, und für die Erheblichkeit ausreichen lassen, dass die Daten für die Bewertung eines künftigen Verhaltens aussagekräftig sein können.

25 Daten i. S. d. § 3 Abs. 9 BDSG und Angaben gemäß § 1 AGG scheiden nicht per se als nicht erhebliche Daten aus, s. *Wäßle/Heinemann*, CR 2010, S. 410 (413); *Gola/Klug*, NJW 2010, S. 2483 (2486).

26 *Helfrich*, Kreditscoring, S. 183 ff.

ändern. Das wissenschaftlich anerkannte Verfahren erfordert daher eine Validierung zur Gewährleistung einer möglichst hohen Übereinstimmung zwischen dem anhand der Daten durch das Scoring ermittelten wahrscheinlichen zukünftigen Verhalten und dem tatsächlich eingetreten Ergebnis der anhand der Daten herangezogenen Vergleichsgruppe.[27]

20   Die Nachweisbarkeit der Erheblichkeit der Daten beim Scoring ist anhand der Berechnung der Wahrscheinlichkeitswerte zu führen, sodass die Dokumentationspflicht die Relevanz der Datenkategorien und die Aussagekraft der Berechnungen nach dem wissenschaftlichen mathematisch-statistischen Verfahren umfasst. Die verantwortliche Stelle muss der Aufsichtsbehörde den nachgewiesenen Zusammenhang darlegen können.[28]

3. Voraussetzungen des § 29 BDSG für die Datenübermittlung

21   Wenn der Scoringwert durch eine Auskunftei errechnet wird (externes Scoring), müssen nach § 28b Nr. 2 BDSG die Voraussetzungen für eine Übermittlung der genutzten Daten nach § 29 BDSG vorliegen. Erforderlich ist, dass kein Grund zu der Annahme besteht, dass der Betroffene ein schutzwürdiges Interesse am Ausschluss der Erhebung, Speicherung oder Veränderung hat (§ 29 Abs. 1 Nr. 1 BDSG). Es müssen konkrete Anhaltspunkte vorliegen, die sich entweder aus einer entsprechenden Mitteilung des Betroffenen oder der besonderen Sensibilität der Daten und den möglichen negativen Auswirkungen bei einer Übermittlung, für den Betroffenen ergeben können.[29]

22   Erleichtert sind die Voraussetzungen, wenn die Daten aus allgemein zugänglichen Quellen entnommen werden können (z. B. Handelsregisterdaten) oder die verantwortliche Stelle sie veröffentlichen dürfte. Die Übermittlung ist dann nur untersagt, wenn das entgegenstehende Interesse des Betroffenen offensichtlich überwiegt.

23   Als lex specialis[30] regelt § 28a Abs. 1 BDSG die Voraussetzungen, unter denen personenbezogene Daten über Forderungen an Auskunfteien übermittelt werden dürfen. Dies ist nur zulässig, wenn die geschuldete Leistung trotz Fälligkeit nicht erbracht worden ist. Voraussetzung ist, dass die Übermittlung an die Auskunftei erforderlich ist, um die berechtigten Interessen der verantwortlichen Stelle oder eines Dritten zu wahren. Anstelle der bisherigen Interessenabwägung traten die gesetzlichen Anforderungen nach § 28a Abs. 1 Satz 1 Nr. 1–5 BDSG. Daher ist die Übermittlung nur zulässig, wenn

---

27 BR-Drs. 548/08, S. 9; *Helfrich*, Kreditscoring, S. 184 f., der die Darlegungslast bei dem Unternehmen sieht, das den Scorewert verwendet.
28 Gesetzesbegründung, BT-Drs. 16/10529, S. 16.
29 *Gola/Schomerus*, BDSG, § 29 Rn. 10 ff.; *Helfrich*, Kreditscoring, S. 222 ff.; *Wäßle/Heinemann*, CR 2010, S. 410 (413 f).
30 *Helfrich*, Kreditscoring, S. 142.

- die Forderung durch ein rechtskräftiges oder vorläufig vollstreckbar erklärtes Urteil festgestellt wurde oder ein Schuldtitel nach § 794 ZPO vorliegt (Nr. 1);
- die Forderung nach § 178 InsO festgestellt und vom Schuldner nicht im Prüfungstermin bestritten worden ist (Nr. 2);
- der Betroffen die Forderung ausdrücklich anerkannt hat (Nr. 3);
- der Betroffene nach Eintritt der Fälligkeit der Forderung zweimal schriftlich gemahnt worden ist und zwischen der ersten Mahnung und der Übermittlung der entsprechenden Information an die Auskunftei mindestens vier Wochen vergangen sind (Nr. 4a und b), die verantwortliche Stelle den Betroffenen vor der Übermittlung und frühestens bei der ersten Mahnung über die bevorstehende Übermittlung unterrichtet hat (Nr. 4c) und der Betroffene die Forderung nicht bestritten hat (Nr. 4d);
- das Vertragsverhältnis, auf dem die Forderung beruht, aufgrund von Zahlungsrückständen fristlos gekündigt werden kann und die verantwortliche Stelle den Betroffenen über die bevorstehende Übermittlung unterrichtet hat (Nr. 5).

§ 28b Nr. 2 i.V.m. § 29 Abs. 1 Nr. 3 BDSG verweist zudem auf die Bestimmung des **24** § 28a Abs. 2 BDSG über die Datenübermittlung durch Kreditinstitute insbesondere an Auskunfteien. Personenbezogene Daten über die Begründung, ordnungsgemäße Durchführung und Beendigung eines Vertrages über ein Kreditgeschäft (§ 1 Abs. 1 Satz 2 Nr. 2 KWG), ein Garantiegeschäft (§ 1 Abs. 1 Satz 2 Nr. 8 KWG) oder ein Girogeschäft (§ 1 Abs. 1 Satz 2 Nr. 9 KWG) dürfen übermittelt werden. Die bisher erforderliche Einwilligung des Betroffenen zur Übermittlung von Positivdaten ist datenschutzrechtlich nicht mehr erforderlich.[31] Der gesetzliche Erlaubnistatbestand gilt aber nicht für sogenannte Guthabenkonten, also Girokonten ohne Überziehungsmöglichkeiten (§ 28 Abs. 2 Satz 3 BDSG). Die gesetzliche Erlaubnis greift ausnahmsweise („es sei denn") nicht ein, wenn offensichtlich das schutzwürdige Interesse des Betroffenen an dem Ausschluss der Übermittlung gegenüber dem Interesse der Auskunftei an der Kenntnis der Daten überwiegt. Es geht hierbei um Einzelfälle.[32] Die Gesetzesbegründung nennt als Beispiel das Interesse einer bedrohten Person, dass ihre aktuelle Adresse durch die Meldung einer Kontoeröffnung über die Auskunftei nicht bekannt wird.[33]

Nach § 28a Abs. 2 Satz 2 BDSG ist der Betroffene vor Abschluss des Vertrages **25** über die Datenübermittlung zu unterrichten, was auch im Hinblick auf das Bankgeheimnis zu erfolgen hat.

§ 28a Abs. 2 Satz 4 BDSG verbietet die Übermittlung von Daten über Verhaltens- **26** weisen des Betroffenen, die im Rahmen eines vorvertraglichen Vertrauensverhältnisses zur Herstellung von Markttransparenz dienen. Damit soll verhindert werden, dass Konditionenanfragen, die durch Stellung eines förmlichen Kreditantrages er-

---

31 OLG Frankfurt – 11 U 291/10, DUD 2011, S. 494.
32 Gesetzesbegründung, BT-Drs. 16/10529, S. 15.
33 Gesetzesbegründung, BT-Drs. 16/10529, S. 15.

folgen, an die Auskunftei übermittelt werden und dort negativ, z. B. im Rahmen eines Scorings gewertet werden.[34] Die Übermittlung der „Konditionenanfragen" soll selbst dann unzulässig sein, wenn der Betroffene eingewilligt hat (§ 28a Abs. 2 Satz 4 BDSG). Dies erscheint als weitgehender Eingriff in den Grundsatz, dass der Datenschutz als Teil des Persönlichkeitsrechtes für das Individuum disponibel ist, d. h. er über sein Recht auf informationelle Selbstbestimmung frei verfügen kann. Ob ein solcher „Systemeingriff" in das Selbstbestimmungsrecht erforderlich ist, erscheint angesichts der Rechtsprechung zur Unwirksamkeit formularmäßiger benachteiligender Einwilligungsklauseln, z. B. bei der Telefonwerbung, als fraglich.[35]

4. Voraussetzungen des § 28 BDSG für die Datennutzung

27 Wenn das Scoring nicht extern über eine Auskunftei vorgenommen wird, richtet sich die Zulässigkeit des internen Scorings der verantwortlichen Stelle nach § 28b Nr. 2 BDSG, d. h. es müssen die Voraussetzungen einer zulässigen Nutzung der Daten nach § 28 BDSG vorliegen.

28 Nach der Neuregelung des § 28 Abs. 1 Nr. 1 BDSG kann sich die Rechtfertigung des Scoring daraus ergeben, dass das Scoring für die Begründung eines rechtsgeschäftlichen oder rechtsgeschäftsähnlichem Schuldverhältnis erforderlich ist. Die Erforderlichkeit ergibt sich aus dem Vertragsinhalt, der angesichts der Regelungen des § 6a BDSG und des § 28b BDSG ein Scoringverfahren in den Inhalt des Vertrages oder der Vertragsanbahnung einbeziehen kann. Dabei kann auch die Durchführung oder die Beendigung des Vertrages oder Vertragsanbahnungsverhältnisses ein Scoring rechtfertigen. Die Aufzählung der Phasen der Begründung, Durchführung und Beendigung sollen weitergehende, „überschießende" Datenerhebungen und -verarbeitungen verhindern.[36]

29 Ob ein Rückgriff auf § 28 Abs. 1 Nr. 2 BDSG zulässig ist, erscheint unklar, weil einerseits in § 28b Abs. 2 BDSG insgesamt auf § 28 BDSG verwiesen wird, aber andererseits § 28b Satz 1 BDSG den Anwendungsbereich der Bestimmung auf den Zweck der Entscheidung über die Begründung, Durchführung oder Beendigung eines Vertragsverhältnisses beschränkt, sodass es stets um Fälle geht, bei denen ein Vertrag zumindest angebahnt wird. Angesichts der von § 28 Abs. 1 Nr. 2 BDSG eröffneten Möglichkeit, dass geschäftsmäßig handelnde Unternehmen unabhängig von der Zweckerfüllung eines Vertragsverhältnisses die Daten verarbeiten können sollen, wenn dies zur Wahrung berechtigter Interessen der verantwortlichen Stelle erforderlich ist und kein Grund zu der Annahme besteht, dass schutzwürdige Inte-

---

34 Gesetzesbegründung, BT-Drs. 16/10529, S. 15; *Helfrich*, Kreditscoring, S. 165 f.; *Pauly/ Ritzer*, WM 2010, S. 8 (11 f.).

35 BGHZ 177, 253 = K&R 2008, S. 678 mit Anm. *Nussbaum/Krienke*, MMR 2009, S. 372 ff.; *Kamlah/Hoke*, RDV 2007, S. 242 f.

36 Gesetzesbegründung, BT-Drs. 16/13657, S. 18.

ressen des Betroffen dem entgegenstehen, ist von einem komplementären Verhältnis der beiden Tatbestände des § 28 Abs. 1 Nr. 1 und Nr. 2 BDSG auszugehen.[37]

§ 28 Abs. 1 Nr. 3 BDSG kommt dagegen als Erlaubnisnorm in Betracht, wenn die **30** genutzten Daten allgemein zugänglich sind oder die verantwortliche Stelle sie veröffentlichen dürfte, wenn kein Grund zu der Annahme besteht, dass schutzwürdige Interessen des Betroffenen überwiegen.

Auch andere Erlaubnistatbestände, insbesondere eine Einwilligung nach § 4 Abs. 1, **31** § 4a Abs. 1 BDSG kommen in Betracht.

5. Anschriftendaten (§ 28b Nr. 3 und 4 BDSG)

§ 28b Nr. 3 BDSG verbietet ein Scoring, wenn für die Berechnung des Wahrschein- **32** lichkeitswertes ausschließlich Anschriftendaten verwendet werden. Damit soll der Kritik in der Öffentlichkeit hinsichtlich der Verwendung von Anschriftendaten zur Berechnung des Scorewertes Rechnung getragen werden.[38] Die Vorschrift verbietet aber nicht, Anschriftendaten im Zusammenhang mit anderen Daten in einen Scorewert einfließen zu lassen. In diesem Fall ist der Betroffene vor Berechnung des Wahrscheinlichkeitswertes über die vorgesehene Nutzung der Adressdaten zu unterrichten. Die Unterrichtung ist zu dokumentieren. Hierbei reicht nach der Gesetzesbegründung aus, dass die Unterrichtung in allgemeinen Geschäftsbedingungen erfolgt.[39]

Das Gesetz nimmt keinen Bezug auf die bereits bestehenden Regelungen zur auto- **33** matisierten Ermittlung von Ausfallwahrscheinlichkeiten, insbesondere das Rating und Scoring von Kreditinstituten. Hierzu wird in der Begründung klargestellt, dass die entsprechenden Regelungen im Kreditwesengesetz unberührt bleiben.

IV. Scoring und Rating durch Kreditinstitute

1. § 10 Abs. 1 KWG

§ 6a BDSG und § 28b BDSG sowie generell alle Bestimmungen des BDSG sind **34** nach § 1 Abs. 3 BDSG insoweit subsidiär, wie eine anderweitige Rechtsvorschrift des Bundes den Sachverhalt, der auch Gegenstand der Regelung des BDSG ist, abweichend regelt.[40] Als eine solche vorrangige Bundesnorm und datenschutzrechtli-

---

37 *Taeger*, BB 2007, S. 785 (787).
38 Gesetzesbegründung, BT-Drs. 16/10529, S. 16; *Metz*, VuR 2009, S. 403 (404), mit dem Beispiel des Ausschlusskriteriums bestimmter Wohngebiete („Redlining"); *Wäßle/Heinemann*, CR 2009, S. 410 (415) zur Gesetzgebungsdebatte; *Behm*, RDV 2010, S. 61 (70); *Eichler/Kamp*, in: Wolff/Brink, Beck'scher Online-Kommentar Datenschutzrecht, Datenschutz im Versicherungswesen, Rn. 140.
39 Gesetzesbegründung, BT-Drs. 16/10529, S. 16.
40 *Gola/Schomerus*, BDSG, § 1 Rn. 24.

chen Erlaubsnistatbestand[41] regelt § 10 Abs. 1 Sätze 3 bis 8 KWG mit Inkrafttreten am 1.1.2007[42] die Datenverarbeitung zu Zwecken des Ratings und Scorings durch Kreditinstitute.[43] Damit wurde die EG-Bankenrichtlinie[44] in deutsches Recht umgesetzt. Erwägungsgrund 34 der Bankenrichtlinie stellt ausdrücklich das berechtigte Interesse der Kreditinstitute an der Erhebung und Verarbeitung der für den Betrieb interner Ratingsysteme erforderlichen personenbezogenen Daten fest, da nur so ein zuverlässiger Betrieb der internen Ratingsysteme mit aussagekräftigen Ergebnissen ermöglicht und sichergestellt werden kann. Die Rating- und Scoringsysteme dienen der Risikoerfassung und -bewertung als Grundlage für die Entscheidung über die Kreditvergabe und die jeweilige erforderliche Eigenkapitalunterlegung des Kreditrisikos durch das Institut.[45]

35 Kreditscoringverfahren sind standardisierte, auf statistisch-mathematischer Analyse von Erfahrungswerten basierende Verfahren zur Prognose der Ausfallwahrscheinlichkeit einer konkreten Person nach bestimmten Merkmalen. Hierbei werden zunächst anonyme Erfahrungswerte ermittelt und in sogenannten Scorekarten festgehalten. Bei der Kreditrisikoprüfung einer Einzelperson werden dann individuelle Merkmale der Person der Vergleichgruppe mit demselben Merkmal zugeordnet und der jeweilige Scorewert zur Ermittlung der Ausfallwahrscheinlichkeit erfasst.[46] In gleicher Weise wird aus statistischen Vergangenheitswerten beim Rating eine Ausfallwahrscheinlichkeit für Unternehmen als Kreditnehmer ermittelt und bewertet. Die Verfahren werden permanent überprüft, indem die prognostizierten Ausfallwahrscheinlichkeiten mit den tatsächlich eingetreten Ausfällen abgeglichen werden und so die Systeme entsprechend validiert werden.

36 § 10 Abs. 1 Satz 3 KWG erlaubt den Instituten, die Daten von Kunden und von Personen, mit denen sie in Vertragsverhandlungen über Geschäfte mit Ausfallrisiken stehen, sowie von Personen, die für entsprechende Risiken, z. B. als Bürge, einstehen sollen, zu erheben und zu verwenden, soweit die Daten unter Zugrundelegung wissenschaftlicher Maßstäbe für das Scoring bzw. Rating erheblich sind und für den Aufbau, den Betrieb und die Weiterentwicklung der Systeme für die Schätzung

---

41 *Helfrich*, in: Hoeren/Siebert, § 10 KWG Rn. 78.
42 Gesetz zur Umsetzung der neu gefassten Bankenrichtlinie und der neu gefassten Kapitaladäquanzrichtlinie BGBl. I Nr. 53 vom 22.11.2006, S. 2606 ff.
43 Siehe § 28 BDSG Rn. 78.
44 Richtlinie 2006/48/EG des Europäischen Parlamentes und des Rates vom 14.6.2006 über die Aufnahme und die Ausübung der Tätigkeit der Kreditinstitute.
45 Gesetzesbegründung, BT-Drs. 16/1335, S. 38. § 10 Abs. 1a KWG regelt die Zulassung von internen Ratingverfahren bei einer grenzüberschreitenden Institutsgruppe oder Finanzholding, dazu *Boos*, in: Boos/Fischer/Schulte-Mattler, KWG, § 10 Rn. 30.
46 *Hoeren*, RDV 2007, S. 93; *Klein*, BKR 2003, S. 488 (489); *Gürtler/Kriese*, RDV 2010, S. 47 (48); *Helfrich*, Kreditscoring, S. 57 ff.; *Boos*, in: Boos/Fischer/Schulte-Mattler, KWG, § 10 Rn. 12 ff.

von Risikoparametern des Adressausfallrisikos erforderlich sind. Ausgenommen werden Angaben zur Staatsangehörigkeit und Daten nach § 3 Abs. 9 BDSG.[47]

Für die Bestimmung von Adressausfallrisiken können nach § 10 Abs. 1 Satz 6 **37** KWG Daten aus den Kategorien der Einkommens-, Vermögens- und Beschäftigungsverhältnisse bzw. dem Geschäftsbetrieb, dem Zahlungsverhalten und der Vertragstreue, vollstreckbare Forderungen und Zwangsvollstreckungsmaßnahmen, Angaben über Insolvenzverfahren verarbeitet werden. Diese Aufzählung ist nicht abschließend, was durch das Wort „insbesondere" im Gesetzestext klargestellt wird.[48]

Die Datenerhebung wird in § 10 Abs. 1 Satz 7 KWG in der Weise beschränkt, dass **38** die Daten nur beim Betroffenen, bei Instituten derselben Institutsgruppe, bei Ratingagenturen und Auskunfteien oder aus allgemein zugänglichen Quellen beschafft werden dürfen.

Aufgrund der Verordnungsermächtigung in § 10 Abs. 1 Satz 9 KWG kann das Bundesministerium der Finanzen im Benehmen mit der deutschen Bundesbank nähere **39** Bestimmungen über die Erhebung und Verwendung der Daten, Höchstfristen für die Löschung oder Anonymisierung der Daten treffen (Nr. 4). Nach Nr. 5 der Bestimmung umfasst die Verordnungsermächtigung auch Regelungen der Zulassungsvoraussetzungen für Rating- und Scoringsysteme.

2. Verhältnis von § 10 Abs. 1 KWG zum BDSG

§ 10 KWG enthält zum Teil weitergehende Regelungen als § 28b BDSG. So dürfen **40** nach § 10 Abs. 1 Satz 3 KWG Daten über Personen, mit denen das Kreditinstitut in Verhandlungen über Geschäfte, mit denen Adressausfallrisiken verbunden sind, zur Risikobewertung auch dann verarbeitet oder verwendet werden, wenn dieses für die „Weiterentwicklung der Ratingsysteme" dient und dies bei nachvollziehbarer wirtschaftlicher Betrachtungsweise für die Bestimmung und Berücksichtigung des Adressausfallrisikos erheblich sein können (§ 10 Abs. 1 Satz 5 KWG).

§ 10 Abs. 1 Satz 8 KWG erlaubt den Instituten, die im Rahmen des Rating erhobe- **41** nen Daten an andere Institute derselben Institutsgruppe zu übermitteln, soweit dies zur Schätzung von Risikoparametern des Adressausfallrisikos erforderlich ist.

Die Datenerhebung darf nach § 10 Abs. 1 Satz 7 KWG beim Betroffenen, bei Insti- **42** tuten derselben Institutsgruppe, bei Ratingagenturen und Auskunfteien und aus allgemein zugänglichen Quellen erfolgen.

Andererseits ist § 10 KWG enger als die Regelungen des § 28b BDSG, wenn die **43** Angaben zur Staatsangehörigkeit des Kreditinteressenten oder Kreditnehmer bzw. Bürgen oder anderweitig Verpflichteten erhoben oder verwendet werden sollen (§ 10 Abs. 1 Satz 3 KWG).

---

47 *Helfrich*, Kreditscoring, S. 67; *Boos*, in: Boos/Fischer/Schulte-Mattler, KWG, § 10 Rn. 22.
48 Gesetzesbegründung, BT-Drs. 16/1335, S. 48; *Mielk*, WM 2007, S. 52; *Helfrich*, Kreditscoring, S. 73 f.

44 Im Ergebnis ist festzustellen, dass § 10 Abs. 1 KWG einerseits Erweiterungen der Scoring- und Ratingmöglichkeiten bietet, aber anderseits auch zusätzliche Beschränkungen, z. B. bei den Datenkategorien vorsieht. Daher ist § 10 Abs. 1 KWG als bereichsspezifische lex specialis anzusehen, sodass er für Institute im Anwendungsbereich des KWG vorgeht.[49] Dies gilt allerdings nur insoweit, wie § 10 Abs. 1 KWG Regelungen enthält. Auskunftsansprüche nach § 34 BDSG bleiben so bestehen.[50]

---

49 *Helfrich*, Kreditscoring, S. 88 f.; *Gürtler/Kriese*, RDV 2010, S. 47 (49).
50 Gesetzesbegründung, BT-Drs. 16/10529, S. 16; *Helfrich*, Kreditscoring, S. 70 f.; 251 f.

§ 29 Geschäftsmäßige Datenerhebung und -speicherung zum Zwecke der Übermittlung

(1) Das geschäftsmäßige Erheben, Speichern, Verändern oder Nutzen personenbezogener Daten zum Zweck der Übermittlung, insbesondere wenn dies der Werbung, der Tätigkeit von Auskunfteien oder dem Adresshandel dient, ist zulässig, wenn

1. kein Grund zu der Annahme besteht, dass der Betroffene ein schutzwürdiges Interesse an dem Ausschluss der Erhebung, Speicherung oder Veränderung hat, oder

2. die Daten aus allgemein zugänglichen Quellen entnommen werden können oder die verantwortliche Stelle sie veröffentlichen dürfte, es sei denn, dass das schutzwürdige Interesse des Betroffenen an dem Ausschluss der Erhebung, Speicherung oder Veränderung offensichtlich überwiegt, oder

3. die Voraussetzungen des § 28a Abs. 1 oder Abs. 2 erfüllt sind; Daten im Sinne von § 28a Abs. 2 Satz 4 dürfen nicht erhoben oder gespeichert werden.

§ 28 Abs. 1 Satz 2 und Absatz 3 bis 3b ist anzuwenden.

(2) Die Übermittlung im Rahmen der Zwecke nach Absatz 1 ist zulässig, wenn

1. der Dritte, dem die Daten übermittelt werden, ein berechtigtes Interesse an ihrer Kenntnis glaubhaft dargelegt hat und

2. kein Grund zu der Annahme besteht, dass der Betroffene ein schutzwürdiges Interesse an dem Ausschluss der Übermittlung hat.

§ 28 Abs. 3 bis 3b gilt entsprechend. Bei der Übermittlung nach Satz 1 Nr. 1 sind die Gründe für das Vorliegen eines berechtigten Interesses und die Art und Weise ihrer glaubhaften Darlegung von der übermittelnden Stelle aufzuzeichnen. Bei der Übermittlung im automatisierten Abrufverfahren obliegt die Aufzeichnungspflicht dem Dritten, dem die Daten übermittelt werden. Die übermittelnde Stelle hat Stichprobenverfahren nach § 10 Abs. 4 Satz 3 durchzuführen und dabei auch das Vorliegen eines berechtigten Interesses einzelfallbezogen festzustellen und zu überprüfen.

(3) Die Aufnahme personenbezogener Daten in elektronische oder gedruckte Adress-, Rufnummern-, Branchen- oder vergleichbare Verzeichnisse hat zu unterbleiben, wenn der entgegenstehende Wille des Betroffenen aus dem zugrunde liegenden elektronischen oder gedruckten Verzeichnis oder Register ersichtlich ist. Der Empfänger der Daten hat sicherzustellen, dass Kennzeichnungen aus elektronischen oder gedruckten Verzeichnissen oder Registern bei der Übernahme in Verzeichnisse oder Register übernommen werden.

(4) Für die Verarbeitung oder Nutzung der übermittelten Daten gilt § 28 Abs. 4 und 5.

(5) § 28 Abs. 6 bis 9 gilt entsprechend.

(6) Eine Stelle, die geschäftsmäßig personenbezogene Daten, die zur Bewertung der Kreditwürdigkeit von Verbrauchern genutzt werden dürfen, zum Zweck der Übermittlung erhebt, speichert oder verändert, hat Auskunftsverlangen von Darlehensgebern aus anderen Mitgliedstaaten der Europäischen Union oder anderen Vertragsstaaten des Abkommens über den Europäischen Wirtschaftsraum genauso zu behandeln wie Auskunftsverlangen inländischer Darlehensgeber.

(7) Wer den Abschluss eines Verbraucherdarlehensvertrags oder eines Vertrags über eine entgeltliche Finanzierungshilfe mit einem Verbraucher infolge einer Auskunft einer Stelle im Sinne des Absatzes 6 ablehnt, hat den Verbraucher unverzüglich hierüber sowie über die erhaltene Auskunft zu unterrichten. Die Unterrichtung unterbleibt, soweit hierdurch die öffentliche Sicherheit oder Ordnung gefährdet würde. § 6a bleibt unberührt.

Literatur: *Abel*, Rechtsfragen von Scoring und Rating, RDV 2006, S. 108; *Ballhausen/ Roggenkamp*, Personenbezogene Bewertungsplattformen, K&R 2008, S. 403; *Bergles/ Eul*, Warndateien für international agierende Banken – vereinbar mit Datenschutz und Bankgeheimnis?, BKR 2003, S. 273; *Bull*, Informationsrecht ohne Informationskultur, RDV 2008, S. 47; *Dix*, Testberichte über Hochschullehrer, DuD 2006, S. 330; *Dorn*, Lehrerbenotung im Internet, DuD 2008, S. 98; *Drewes*, Adresshandel – Alles nur mit Einwilligung?, RDV 2011, S. 18; *Feldmann*, Persönlichkeitsschutz in Bewertungsportalen, in: Taeger/Wiebe (Hrsg.), Inside the Cloud – Neue Herausforderungen für das Informationsrecht, Edewecht 2009, S. 245; *Feldmann*, Datenschutz und Meinungsfreiheit: Regulierung ohne BDSG, AnwBl 2011, S. 250; *Gärtner/Tintemann*, Die Speicherung des Negativmerkmals ‚Restschuldbefreiung' in einer Auskunftei, VuR 2012, S. 54; *Greve/Schärdel*, Der digitale Pranger – Bewertungsportale im Internet, MMR 2008, S. 644; *Gounalakis/Klein*, Zulässigkeit von personenbezogenen Bewertungsplattformen, NJW 2010, S. 566; *Heller*, Anmerkung zu BGH, ZUM 2008, S. 238 (spickmich.de), ZUM 2008, S. 243; *Iraschko-Luscher*, Der gläserne Schuldner, DuD 2005, S. 467; *Johannsen*, Beendete Insolvenzverfahren und keine „Gnade des Vergessens", ZVI 2013, S. 41; *Kamlah*, Das SCHUFA-Verfahren und seine datenschutzrechtliche Zulässigkeit, MMR 1999, S. 395; *Kilian/Scheja*, Freier Datenfluss im Allfinanzkonzern?, RDV 2002, S. 177; *Klein*, Zur datenschutzrechtlichen Relevanz des Scoring von Kreditrisiken, BKR 2003, S. 488; *Ladeur*, Die Zulässigkeit von Lehrerbewertungen im Internet, RdJB 2008, S. 16; *Lauber-Rönsberg*, Rechtliche Rahmenbedingungen für Personenbewertungsportale, in: Taeger (Hrsg.), Law as a Service (LaaS) – Recht im Internet- und Cloud-Zeitalter, Edewecht 2013, S. 181; *Möller/Florax*, Datenschutzrechtliche Unbedenklichkeit des Scoring von Kreditrisiken?, NJW 2003, S. 2724; *Moos*, Unzulässiger Handel mit Persönlichkeitsprofilen? – Erstellung und Vermarktung kommerzieller Datenbanken mit Personenbezug, MMR 2006, S. 718; *Paal*, Personenbezogene Bewertungsportale im Internet – Spickmich.de und die Folgen, RdJB 2010, S. 459; *Petri*, Vollzugsdefizite bei der Umsetzung des BDSG, DuD 2002, S. 726; *Plog*, Zur Zulässigkeit eines Bewertungsportals für Lehrer (spickmich.de), CR 2007, S. 668; *Reif*, Warnsysteme der Wirtschaft und Kundendatenschutz, RDV 2007, S. 4; *Roggenkamp*, Lehrerbewertung auf spickmich.de zulässig?, K&R 2009, S. 571; *Robrecht*, Soziale Netzwerke und Bewertungsportale, in: Taeger/Wiebe (Hrsg.), Inside the Cloud – Neue Herausforderungen für das Informationsrecht, Edewecht 2009, S. 7; *Spickhoff*, Zum Schutz personengebundener Daten in Bewertungsforen im Internet, LMK 2009, 287789; *Schilde-Stenzel*, „Lehrevaluation" oder Prangerseite im Internet – www.meinprof.de – Eine datenschutzrechtliche Bewertung, RDV 2006, S. 104; *Taeger*, Datenschutz bei Direktmarketing und Bonitätsprüfung, in: Brunner/Seeger/Turturica (Hrsg.), Kreditfinanzierung von Gebrauchsgütern: Das alltägliche Risiko, Wiesbaden 2010, S. 51; *Weichert*, Datenschutzrechtliche Anforderungen an Verbraucher-Kredit-Scoring, DuD 2005, S. 582.

Übersicht

I. Allgemeines

1. Europarechtliche Grundlagen

Nach der EG-DSRl ist die Erhebung und die Verarbeitung personenbezogener Daten auch zulässig, wenn die Daten an Dritte übermittelt werden sollen, um deren berechtigte Interessen befriedigen zu können (Art. 6 Abs. 2 Nr. 6 EG-DSRl). Umgesetzt werden durch § 29 BDSG auch Richtlinienvorgaben aus Art. 6 Abs. 1 lit. b und Art. 10 EG-DSRl. **1**

Mit der BDSG-Novelle III (in Kraft ab 11.6.2010) wurden die Absätze 6 und 7 angefügt, um Art. 9 Abs. 1 und 2 der EU-VerbrKredRl umzusetzen. **2**

2. Gesetzeszweck

3   § 29 BDSG enthält Erlaubnistatbestände im Sinne von § 4 BDSG und regelt das geschäftsmäßige Erheben, Speichern, Verändern und – seit 2009 – auch das Nutzen von personenbezogenen Daten zum Zweck ihrer Übermittlung. Es bedarf einer neben § 28 BDSG eigenständige Erlaubnisnorm, um auch die Phasen des Umgangs mit solchen personenbezogenen Daten zu regeln, die nicht *für eigene Geschäftszwecke*, sondern *zum Zweck der Übermittlung* erhoben und verwendet werden.

4   Die BDSG-Novelle I von 2009 fügte im einleitenden Satzteil neben dem Erheben, Speichern und Verändern auch das „Nutzen" als eine Phase der Datenverarbeitung ein, die einer Erlaubnis gem. § 29 BDSG bedarf. Der Gesetzentwurf begründet diese Ergänzung damit, dass das Nutzen als gegenüber dem Verändern schwächerer Eingriff von der Vorschrift schon bisher mit erfasst würde, was nun durch die Aufnahme dieser Phase klargestellt werden solle.[1] Damit wird eine von *Gola/Schomerus* vertretene Ansicht[2] übernommen, wonach ein das Persönlichkeitsrecht weniger gefährdendes Nutzen von § 29 BDSG mit umfasst ist.[3] Das wurde bis zur BDSG-Novelle 2009 weder vom Wortlaut noch der Gesetzesbegründung gestützt und von Teilen der Literatur auch abgelehnt.[4]

5   Die zur Untermauerung der von *Gola/Schomerus* vertretenen Ansicht genannten Beispiele einer Überprüfung der Datenbestände und der Zuordnung von Daten zueinander stellen aber gar keine Nutzungen, sondern eher Veränderungen dar, die im Interesse des in § 29 BDSG geregelten Zwecks der Übermittlung der Daten erfolgen und auf § 29 BDSG gestützt werden können. So erheben Adresshändler öffentlich zugängliche Daten im World Wide Web und verknüpfen die Daten bei Namensidentität zu einem Profil, was im Jargon des Dialogmarketings als eine von zahlreichen Methoden des Qualifizierens oder Veredelns beschrieben wird. Das stellt eine – wegen der bei Namensidentität nicht immer gegebenen Personenidentität – nicht unproblematische Veränderung dar. Auch die Tätigkeit eines zum Zweck der Übermittlung erhebenden und speichernden „Lettershops", der Adressdaten erhebt und verarbeitet und im Auftrag eines Kunden Werbeaussendungen vornimmt, stellt keine Nutzung dar. Die unter § 29 BDSG fallende Handlung des Lettershops ist eher als Übermittlungs-Surrogat zu bezeichnen, weil hier an die Stelle der Übermittlung zusätzlich eine Dienstleistung tritt, die in diesem Ausnahmefall eine Übermittlung überflüssig macht, aber den gleichen Erfolg eintreten lässt: die vom Dritten und in dessen Interesse erfolgende Versendung an Adressen, die ihm im Regelfall durch Übermittlung zufließen, aufgrund des ergänzenden Services aber direkt

---

1 Vgl. BT-Drs. 16/10529, S. 6 und 16.

2 *Gola/Schomerus*, BDSG, § 29 Rn. 9.

3 Im Ergebnis auch *Ehmann*, in: Simitis, BDSG, § 29 Rn. 209 ff., allerdings mit erklärtermaßen anderer Begründung als bei *Gola/Schomerus*, BDSG, § 29 Rn. 9.

4 *Bergmann/Möhrle/Herb*, BDSG, § 29 Rn. 23; *Hoeren*, in: Roßnagel, Hdb. DSR, Kap. 4.6, Rn. 71; *Iraschko-Luscher*, DuD 2005, S. 467 (471).

von der verantwortlichen Stelle verwendet werden. Ein Nutzen im hier verstandenen Sinn des dem eigenen Geschäftszweck Dienenden ist auch das nicht.

Der in § 3 BDSG definierte Begriff des Nutzens bezeichnet eine Verwendung, die **6** keine Verarbeitung darstellt; sofern der Gesetzgeber diese Phase regeln wollte, hat er das Nutzen auch ausdrücklich mit in den Erlaubnistatbestand einbezogen. Das Nutzen stellt vom Wortverständnis auch einen Umgang mit Daten im unmittelbaren eigenen Interesse, zum eigenen Nutzen, dar. Eine solche Zweckverfolgung ist nicht Gegenstand der Erlaubnis des § 29 BDSG. Dementsprechend sollte § 29 BDSG auch nicht die Nutzung der erhobenen Daten einbeziehen; wird die Nutzung für eigene Zwecke verfolgt, ist eine Erlaubnis in § 28 BDSG zu suchen.[5] Die Aufnahme des „Nutzens" ist eine bedauerliche Fehlleistung der BDSG-Novelle I.

Als Stellen, deren Tätigkeit durch § 29 BDSG erlaubt wird, nennt das Gesetz exem- **7** plarisch und nicht abschließend die Werbewirtschaft, die Auskunfteien und den Adresshandel. Der in § 29 BDSG 2001 noch aufgeführte Bereich der Markt- und Meinungsforschung ist mit der BDSG-Novelle II 2009 nun eigenständig in § 30a BDSG geregelt worden.

3. Verhältnis zu anderen Vorschriften

Eine Erlaubnis, gespeicherte Daten an Dritte übermitteln zu dürfen, enthält auch **8** § 28 BDSG in Abs. 2 Nr. 2 Buchst. a). Diese danach übermittelten Daten wurden allerdings bei der verantwortlichen Stelle für eigene Geschäftszwecke gespeichert, sodass die Übermittlung an Dritte nur ein Reflex der Speicherung für eigene Geschäftszwecke darstellt, nicht aber den Zweck der Datenerhebung und -speicherung.[6]

Werden Daten personenbezogen gespeichert, aber in nicht personenbezogener **9** Form – nach einer Anonymisierung – übermittelt, ist ebenfalls nicht § 29 BDSG, sondern § 30 BDSG anzuwenden. Die geschäftsmäßige Datenerhebung und -speicherung für Zwecke der Markt- und Meinungsforschung ist unter den Voraussetzungen des § 30a BDSG zulässig. Erhält ein Dritter als Dienstleister der verantwortlichen Stelle personenbezogene Daten im Wege der Auftragsdatenverarbeitung, ist nicht § 29 BDSG, sondern § 11 BDSG anzuwenden. Neben § 29 Abs. 7 BDSG, der eine Mitteilungs- und Begründungspflicht gegenüber einem Verbraucher vorsieht, wenn wegen einer übermittelten Auskunft über Einschränkungen der Kreditwürdigkeit ein Verbraucherdarlehensvertrag oder ein Finanzierungshilfevertrag nicht zu Stande kam, bleibt § 6a BDSG unberührt (§ 29 Abs. 7 Satz 2 BDSG).

§§ 104 f. TKG sind als vorrangige bereichsspezifische Vorschrift anzuwenden, **10** wenn Telekommunikationsverzeichnisse erstellt werden.

---

5 Ebenso *Bergmann/Möhrle/Herb*, BDSG, § 29 Rn. 10.
6 Siehe zur Abgrenzung auch § 28 BDSG Rn. 126.

11 Die aufgrund einer Erlaubnis nach § 29 BDSG Daten für Zwecke der Übermittlung erhebenden und verarbeitenden Stellen werden mit der Bestellung eines betrieblichen Datenschutzbeauftragten nicht von der Meldepflicht nach § 4d Abs. 1 und Abs. 4 Nr. 1 BDSG gegenüber der Aufsichtsbehörde befreit.[7]

4. Übermittlung als Zweckbestimmung der Erhebung und Speicherung

12 Die verantwortliche Stelle, an die sich § 29 BDSG wendet, hat in der Regel kein eigenes inhaltliches Interesse an den Daten und benötigt diese Daten nicht selbst als Hilfsmittel zur Erfüllung ihrer eigenen Geschäftszwecke. Während § 28 BDSG die Erhebung und die Verwendung personenbezogener Daten ausschließlich für eigene Geschäftszwecke erlaubt und auch eine etwaige Übermittlung der als Hilfsmittel zur Erfüllung der eigenen Geschäftszwecke benötigten Daten im Interesse Dritter zulässt,[8] normiert § 29 BDSG die Voraussetzung, nach denen die verantwortliche Stelle Daten geschäftsmäßig erheben, speichern und verändern darf, um diese Daten – regelmäßig, aber nicht zwingend gegen Entgelt – an Dritte zu übermitteln. Hier ist die Erhebung und Speicherung also nicht Hilfsmittel, sondern unmittelbar Zweck („Selbstzweck"[9]) der Tätigkeit, um die gespeicherten Daten durch Übermittlung an interessierte Dritte zu verwerten. Das Erheben und Speichern sowie bei Bedarf das Verändern personenbezogener Daten zu dem Zweck, diese Daten Dritten anzubieten, bilden den eigenständigen Geschäftsgegenstand.[10] Diese Tätigkeit kann als Berufsausübung selbst grundrechtlichen Schutz beanspruchen, sodass ein gesetzlicher Ausgleich mit den ebenfalls grundrechtlich geschützten Interessen der Betroffenen herbeizuführen ist.[11]

13 Es ist nicht ausgeschlossen, dass eine verantwortliche Stelle sowohl nach § 29 BDSG Daten zu dem Zweck der Übermittlung erhebt und verändert und zugleich nach § 28 BDSG Daten für eigene Zwecke erhebt, verarbeitet und nutzt.[12] So werden Adresshändler, die Daten zum Zweck der Übermittlung nach § 29 BDSG speichern, auch Lieferanten- und Kundendaten zur Verfolgung der eigenen geschäftlichen Tätigkeit speichern, was dann im Rahmen des Vertragsverhältnisses nach § 28 Abs. 1 Satz 1 Nr. 1 BDSG zulässig ist. Die Datenbestände, die aufgrund verschiedener Erlaubnistatbestände erhoben und gespeichert werden, sind auch physikalisch

---

7 Siehe hier § 4d BDSG Rn. 27.
8 Siehe zu dieser Abgrenzung einer Erlaubnis nach § 28 BDSG von der nach § 29 BDSG *Ehmann*, in: Simitis, BDSG, § 29 Rn. 20 ff.; *Schaffland/Wiltfang*, BDSG, § 29 Rn. 4; *Gola/Schomerus*, BDSG, § 29 Rn. 2.
9 *Moos*, MMR 2006, S. 718 (719).
10 Daten als „eigenständige Geschäftsobjekte": *Ehmann*, in: Simitis, BDSG, § 29 Rn. 4.
11 *Ehmann*, in: Simitis, BDSG, § 29 Rn. 1–5; *Bergmann/Möhrle/Herb*, BDSG, § 29 Rn. 16.
12 *Gola/Schomerus*, BDSG, § 29 Rn. 2; *Ehmann*, in: Simitis, BDSG, § 29 Rn. 23 f.; siehe auch § 28 BDSG Rn. 42.

und organisatorisch klar voneinander zu trennen (Nr. 8 der Anlage zu § 9 BDSG).[13] Auch die sozialen Netzwerke und Bewertungsportale speichern die Daten ihrer Nutzer bei der Registrierung zunächst auf der Grundlage von § 28 Abs. 1 Satz 1 Nr. 1 BDSG; die auf der Plattform gem. der Philosophie des Web 2.0 von Nutzern eingestellten Daten werden zum Abruf bereitgehalten und damit übermittelt. Die Zulässigkeit richtet sich hier nach § 29 BDSG, weil das zur Übermittlung zusammengetragene Datenmaterial nicht zur Erfüllung eigener Geschäftszwecke erforderlich ist.[14] Legitimationsprobleme entstehen dann nur bei der Begründung der Zulässigkeit der Übermittlung, weil § 29 Abs. 2 Satz 1 Nr. 1 BDSG als Zulässigkeitskriterium fordert, dass der Dritte, dem die Daten übermittelt werden, ein berechtigtes Interesse an ihrer Kenntnis glaubhaft darzulegen hat.[15] Nach Ansicht des BGH erfolgt jedenfalls die Erhebung der Daten im Informationsinteresse und für den Meinungsaustausch der Nutzer, sodass eine geschäftsmäßige Erhebung im Sinne des § 29 BDSG vorliege, weil die Tätigkeit auf Wiederholung gerichtet und auf eine gewisse Dauer angelegt und damit auch geschäftsmäßig sei.[16] Das Merkmal des ‚berechtigten Interesses‘ ist seit der BGH-Entscheidung demnach kein Prüfstein mehr, wenn Informationen zum Abruf in das Internet eingestellt werden. Nach *Feldmann* mündet die BGH-Entscheidung „in einer kompletten Abschaffung des § 29 Abs. 2 BDSG“.[17]

Allein die Tatsache, dass Daten, die eine Bank oder ein Versandhaus von Kunden **14** gem. § 28 Abs. 1 Satz 1 Nr. 1 BDSG speichert, auf Anfrage eines Dritten zur Prüfung der Bonität übermittelt werden, führt nicht schon zur Anwendung des § 29 BDSG auf diesen Übermittlungsvorgang.[18] Entscheidend ist, ob sich das Versandhaus darauf eingerichtet hat, die bei ihrer Kerntätigkeit als Versandhaus anfallenden Daten nicht nur zur Erfüllung des eigenen Geschäftszwecks nach § 28 Abs. 1 Satz 1 Nr. 1 BDSG zu verarbeiten, sondern aus diesen Daten auch solche auszusondern, die an Dritte übermittelt werden sollen, um weitere Einnahmen zu erschließen. Verselbstständigt sich dieser Bereich als eigener Geschäftsbereich zur geschäftsmäßigen Speicherung und Veränderung personenbezogener Daten zum Zwecke der Übermittlung, ist hierauf § 29 BDSG anzuwenden.[19] Sind die Daten ursprünglich gem. § 28 BDSG für die Erfüllung eigener Geschäftszwecke erlaubtermaßen erhoben worden, ist zunächst von der Zulässigkeit der Übermittlung dieser Daten an

---

13 *Gola/Schomerus*, BDSG, § 28 Rn. 6.

14 BGHZ 181, 328 = NJW 2009, 2888 (2891) „spickmich.de“ = K&R 2009, 565 (567), mit zustimmender Anm. *Roggenkamp*, ebenda, S. 571, und *Spickhoff*, LMK 2009, 287789. Ebenso *Gounalakis/Klein*, NJW 2010, S. 566; *Schilde-Stenzel*, RDV 2006, S. 104; *Dorn*, DuD 2008, S. 98 (100); *Heller*, ZUM 2008, S. 243 (245); *Ballhausen/Roggenkamp*, K&R 2008, S. 403 (407 f.); siehe dazu auch § 28 BDSG Rn. 37.

15 Siehe dazu näher § 29 BDSG Rn. 51 ff.

16 BGHZ 181, 328 = NJW 2009, 2888 (2891) = K&R 2009, 565 (567) „spickmich.de“.

17 *Feldmann*, AnwBl 2011, S. 250 (252).

18 Ebenso *Gola/Schomerus*, BDSG, § 29 Rn. 2; *Schaffland/Wiltfang*, BDSG, § 28 Rn. 9.

19 *Ehmann*, in: Simitis, BDSG, § 29 Rn. 20; *Gola/Schomerus*, BDSG, § 29 Rn. 6.

Dritte nach § 28 BDSG auszugehen. Nur dann, wenn das Datum schon für den Zweck der Übermittlung geschäftsmäßig erhoben wurde und es nicht zur Erfüllung eigener Geschäftszwecke dient, oder es zunächst nach § 28 BDSG zur Erfüllung des eigenen Geschäftszwecks erhoben und von einem eigenen Geschäftsbereich auch *geschäftsmäßig* zum Zweck der Übermittlung gespeichert wird, ist die Anwendung des § 28 BDSG ausgeschlossen, und die Feststellung der Zulässigkeit ist nach § 29 BDSG zu treffen. In diesen Fällen sind beide Erlaubnisnormen von einem Unternehmen heranzuziehen, wobei allerdings bei der Speicherung der Zweck einschließlich der Erlaubnisnorm überprüfbar feststehen muss.

5. Geschäftsmäßigkeit der Erhebung und Speicherung

15 Die Daten, deren Erhebung und Speicherung § 29 BDSG erlaubt, sind die „Handelsware",[20] das „verselbstständigte Informationskapital"[21] der verantwortlichen Stelle. Die speichernde, die Daten zur Übermittlung anbietende Stelle hat nicht an dem Inhalt des personenbezogenen Datums, an der Information, sondern an dem Wert der Daten für Dritte ein Interesse, um die Daten als Wirtschaftsgut gewinnbringend vermarkten zu können. Diese gewerbsmäßige, gewinnorientierte Tätigkeit der für die Datenspeicherung nach § 29 BDSG verantwortlichen Stelle ist zwar nicht tatbestandliche Voraussetzung – hier genügt die geschäftsmäßige, also auf eine gewisse Dauer angelegte Tätigkeit –; die kommerzielle Orientierung der verantwortlichen Stelle ist aber doch in der Regel die Praxis. Das zeigt auch die in Absatz 1 erfolgte Aufzählung der Dienstleister, denen die Erhebung und Speicherung typischerweise dient: der Werbung, den Auskunfteien sowie dem Adresshandel. Hinzuzufügen wären Detekteien, Warndienste und zunehmend Bewertungsportale und soziale Netzwerke.

16 Gleichwohl: Das Gesetz verlangt nur eine „geschäftsmäßige" Erhebung und Speicherung. Die Tätigkeit braucht also nur auf Nachhaltigkeit mit oder ohne Gewinnerzielungsabsicht ausgelegt zu sein; sie muss für eine gewisse Dauer angelegt sein. So speichern auch solche Institutionen personenbezogene Daten mit dem Zweck der Übermittlung, die nicht unmittelbar an einem Gewinn aus der Übermittlung interessiert sind. Zu denken ist etwa an die von Verbänden eingerichteten Warn- oder Sperrdateien, aus denen die Verbandsmitglieder Informationen abrufen können, um Geschäftsrisiken zu vermindern.[22]

17 Auch wenn die Daten dazu bestimmt sind, zu einem späteren Zeitpunkt und lediglich bei Bedarf und Nachfrage übermittelt zu werden, liegt hier keine verfassungswidrige „Vorratsdatenspeicherung" vor. Eine solche läge im Lichte des Volkszählungsurteils des Bundesverfassungsgerichts[23] nur dann vor, wenn die Daten ohne

---

20 *Bergmann/Möhrle/Herb*, BDSG, § 29 Rn. 16 und 24.
21 *Moos*, MMR 2006, S. 718.
22 Siehe dazu *Schaffland/Wiltfang*, BDSG, § 27 Rn. 33; *Gola/Schomerus*, BDSG, § 29 Rn. 17 m. w. N.; *Reif*, RDV 2007, S. 4; *Bergles/Eul*, BKR 2003, S. 273.
23 BVerfGE 65, 1.

einen präzise bestimmten Verwendungszweck gespeichert würden und zum Zeitpunkt der Erhebung der Daten unbestimmt ist, wer die Daten zu welchem Zweck zu einem unbestimmten späteren Zeitpunkt im Anschluss an eine Übermittlung verwenden könnte. In den von § 29 BDSG geregelten Fällen ist das dann nicht der Fall, wenn eine Marktanalyse ergibt, dass Interessenten zu einem bestimmten Zweck personenbezogene Daten anfordern werden oder daran bereits Interesse gezeigt haben. Die verantwortliche Stelle kann sich dann auf ihr schutzwürdiges Interesse berufen, den vorhandenen und potenziellen weiteren Interessenten Daten zu übermitteln.[24] Im Übrigen ist das Verbot der Datenspeicherung auf Vorrat im hoheitlichen Bereich streng zu behandeln, während es im nicht-öffentlichen Bereich keinen verfassungsrechtlichen Bedenken begegnet, wenn ein Geschäftsmodell vorsieht, Daten unter den Voraussetzungen des § 29 BDSG zu erheben und zu speichern, um dafür anschließend Kunden zu gewinnen.[25]

6. Adressaten

Zu den von § 29 BDSG angesprochenen Adressaten gehören einmal die beispielhaft im ersten Teilsatz genannten Stellen (Werbung, Auskunfteien, Adresshandel) sowie alle weiteren Stellen, die wie Detekteien, Warndienste, Bewertungsportale, Schuldtitelbörsen[26] oder soziale Netzwerke (Xing, studiVZ, Facebook und andere), die personenbezogene Daten zum Zweck der Übermittlung speichern oder zum Abruf bereithalten. **18**

Der Begriff der Werbung ist nicht legaldefiniert. Man wird darunter zunächst jede den Absatz von Waren oder Dienstleistungen fördernde Handlung verstehen, unter Werbung also eine kommerziellen Zwecken dienende Maßnahme. Daneben ist auch eine Werbung denkbar, die auf die Förderung ideeller Zwecke ausgerichtet ist und etwa humanitäre, religiöse, künstlerische, politische oder sportliche Ziele unterstützt. Der Begriff der Werbung im BDSG ist also weit auszulegen und erfasst jede auf die menschliche Willensbetätigung Einfluss nehmende werbliche Maßnahme. Sie muss sich allerdings an bestimmte oder bestimmbare Personen richten und sich mit ihrer (Einzel-)Ansprache an eine durch Name und Anschrift definierte Person wenden. Sie umfasst insbesondere das Dialog- oder Direktmarketing. **19**

Auskunfteien sind im Gesetz ebenfalls nicht definiert, obwohl mit der BDSG-Novelle I im Jahr 2009 mit §§ 28a und 28b BDSG zwei Vorschriften eingeführt wurden, die sich explizit an Auskunfteien wenden und ihnen besondere Pflichten auferlegen. Soweit eine Legaldefinition nicht vorliegt, bleibt es jedenfalls in Randbereichen ungewiss, welche Stellen zu den Auskunfteien zu zählen und von den Aufsichtsbehörden zu prüfen sind. **20**

---

24 Ausführlich *Ehmann*, in: Simitis, BDSG, § 29 Rn. 49 ff.; *Gola/Schomerus*, BDSG, § 29 Rn. 21.
25 So auch *Bergmann/Möhrle/Herb*, BDSG, § 29 Rn. 122.
26 LG Köln MMR 2010, 369, m. Anm. *Vierkötter*; dazu auch *Fuchs*, jurisPR-ITR 15/2010.

21 Mit dem Gesetz zur Umsetzung der Verbraucherkreditrichtlinie[27] wurde mit Wirkung zum 11.6.2010 ein Absatz 6 eingefügt, der eine Stelle, die geschäftsmäßig personenbezogene Daten, die zur Bewertung der Kreditwürdigkeit von Verbrauchern genutzt werden dürfen, als Auskunftei im Sinne von § 29 BDSG einordnet. Es besteht also kein Zweifel mehr daran, dass unter „Auskunfteien" solche gewerblich handelnden Unternehmen zu verstehen sind, die geschäftsmäßig typischerweise gegen Entgelt Auskünfte über persönliche, insbesondere materielle Verhältnisse von Personen sammeln und kontinuierlich oder auf Nachfrage bereitstellen, um sie Dritten zur Erfüllung ihrer berechtigten Interessen zu übermitteln.[28] Zu den Auskunfteien gehören auch Kreditauskunfteien wie die Schutzgemeinschaft für allgemeine Kreditsicherung (SCHUFA).[29]

22 Der Begriff Auskunftei wird also sehr weit gefasst, sodass die klassischen Auskunfteien wie Bürgel, Creditreform oder Dan & Bradstreet Schimmelpfeng ebenso dazu gehören wie der „Warndienst" SCHUFA (Kreditauskunftei). Die Gesetzesänderungen im Jahr 2009 machen das auch dadurch deutlich, dass §§ 28a und 28b BDSG ausdrücklich die Übermittlung personenbezogener Daten über Forderungen an eine Auskunftei und die Voraussetzungen für eine Bonitätsprüfung durch Auskunfteien regeln.

23 Der Adresshandel, ebenfalls nicht legaldefiniert, ist ein wirtschaftlich bedeutender Wirtschaftszweig, der entsprechend den vielfältigen Interessen anderer Unternehmen an Anschriften von Personen, die durch spezielle Merkmale filterbar sind, unterschiedlich ausgerichtet sein kann. Zu ihm zählen die Unternehmen, die lediglich Anschriften erheben und diese nach Merkmalen sortieren und übermitteln. Adressverlage reichern die Adressen häufig mit weiteren Merkmalen an und setzen sie selbst für Werbemaßnahmen ein oder übermitteln sie an andere Adresshändler. Adressmakler besorgen nach ihnen vom Auftraggeber vorgegebenen Merkmalen bei „Listeneigentümern" ausgewählte Anschriften und stellen sie Dritten für deren Direktmarketingaktivität zur Verfügung.[30] Je mehr Merkmale auf eine Anschrift bezogen werden können, umso teurer ist ihre Anmietung, aber auch umso geringer sind die Streuverluste bei der direkten Ansprache.

24 Soweit die Daten für Zwecke der Werbung gem. § 28 Abs. 3 Satz 2 BDSG (Listendaten) übermittelt worden sind, dürfen sie nicht für den Adresshandel verarbeitet

---

27 Gesetz vom 29.7.2009 (BGBl. I, S. 2355).

28 Ausführlich *Ehmann*, in: Simitis, BDSG, § 29 Rn. 81 ff.

29 So nun auch *Ehmann*, in: Simitis, BDSG, § 29 Rn. 91. Zu den Auskunfteien zählt *Robrecht*, in: Taeger/Wiebe, Inside the Cloud, S. 7 (13 f.), auch die Bewertungsportale als „gewerbliche Datenhändler"; ebenso *Ballhausen/Roggenkamp*, K&R 2008, S. 403 (407).

30 Siehe zu den verschiedenen Ausprägungen des Adresshandels *Breinlinger*, in: Roßnagel, Hdb. DSR, Kap. 7.6, und *Bergmann/Möhrle/Herb*, BDSG, § 29 Rn. 23 ff.

werden,[31] weil der Adresshandel zwar mittelbar der Werbung zuarbeitet, aber vom BDSG als eigenständige Unternehmung ausgewiesen wird.[32]

Neben diesen in § 29 BDSG beispielhaft aufgeführten Stellen sind weitere Norm- **25** adressaten wie Detekteien, Warndienste und soziale Netzwerke denkbar. Wissenschaft und Rechtsprechung setzten sich zunehmend mit Bewertungsportalen auseinander, von denen in den letzten Jahren zahlreiche entstanden sind.[33] Auf diesen web 2.0-Portalen bewerten Nutzer zumeist, was die Rechtsdurchsetzung der Betroffenen unmöglich macht oder erschwert,[34] anonym beispielsweise Institutionen (Hotels, Restaurants, Schulen),[35] häufig aber auch personenbezogen Angehörige von Berufsgruppen (Ärzte, Lehrer, Hochschullehrer)[36] oder Einzelpersonen in ihrer sozialen Rolle als Nachbar[37] oder Mieter.[38] Manche Bewertungsportale sind inzwischen wieder geschlossen worden, auch aufgrund der in diesen Bewertungsportalen enthaltenen unwahren Tatsachenbehauptungen, Schmähkritiken und Ausgrenzungen, die zur Rechtswidrigkeit des gesamten Angebots führen.

Die rechtlichen Bedenken stützen sich auf Datenschutzrecht; denn die Angaben **26** über die Betroffenen sind auch dann personenbezogene Daten, wenn es sich bei den Eintragungen zu einer Person um Werturteile handelt.[39] Der BGH hat die Frage nach der anzuwendenden Erlaubnisvorschrift dahingehend entschieden, dass sich für den Portalbetreiber die Erlaubnis für die zulässige Speicherung und die Bereit-

---

31 Dazu unter § 28 Rn. 191 ff.

32 Ebenso *Wedde*, in: Däubler/Klebe/Wedde/Weichert, BDSG, § 28 Rn. 102; *Wronka*, RDV 2010, S. 159. A. A. *Plath*, in: Plath, BDSG, § 28 Rn. 107; *Drewes*, RDV 2011, S. 18

33 Siehe die Übersichten bei *Greve/Schärdel*, MMR 2008, S. 644; *Ballhausen/Roggenkamp*, K&R 2008, S. 403; *Robrecht*, in: Taeger/Wiebe, Inside the Cloud, S. 7.

34 Kritisch m. w. N. auch *Lauber-Rönsberg*, Rechtliche Rahmenbedingungen für Personenbewertungsportale, in: Taeger, Law as a Serice, S. 181. Nach einem Urteil des LG München I v. 3. 7. 2013 (25 O 23782/12) haben Ärzte gegen den Betreiber einer Ärztebewertungsplattform weder aus § 242 BGB noch aus § 14 Abs. 2 TMG oder § 28 Abs. 2 Nr. 2 BDSG keinen Auskunftsanspruch über Kontaktdaten des Bewerters. Siehe auch schon OLG Hamm, Urt. v. 3. 8. 2011, I–3 U 196/10, K&R 2011, 733; anders dagegen OLG Dresden, nach dem ein Auskunftsanspruch auf Benennung des Urhebers einer persönlichkeitsrechtsverletzenden Äußerung aus § 242 BGB gegen einen Blogbetreiber besteht, Beschl. v. 8. 2. 2012 – 4 U 1850/11, K&R 2012, 626 = ZD 2012, 388. Für einen Auskunftsanspruch aus §§ 242, 259, 260 BGB, der auch auf Dritte als Nicht-Verletzer anwendbar ist, auch *Lauber-Rönsberg* (oben).

35 www.holidaycheck.de; www.tripadvisor.de; www.restaurant-kritik.de.

36 www.sanego.de; www.aerztebewertungen.com; www.spickmich.de; www.meinprof.de; www.schulradar.de. Zur Zulässigkeit von Bewertungen von Ärzten in einem Bewertungsportal OLG Frankfurt ZD 2012, 274, m. Anm. *Berger*, jurisPR-ITR 7/2012 Anm. 6.

37 www.rottenneighbor.com (inzwischen geschlossen).

38 www.mietprofil.com; www.demda.de.

39 BGHZ 181, 328 = NJW 2009, 2888 = K&R 2009, 565 (spickmich.de); *Dammann*, in: Simitis, BDSG, § 3 Rn. 12; *Gola/Schomerus*, BDSG, § 3 Rn. 6; *Robrecht*, in: Taeger/Wiebe, Inside the Cloud, S. 7 (8 f.); *Greve/Schärdel*, MMR 2008, S. 644.

stellung zum Abruf aus § 29 BDSG ergibt.[40] Auch die Aufsichtsbehörden wenden § 29 BDSG an. Soweit die Speicherung und Übermittlung dieser Daten an Dritte der eigentliche Geschäftszweck der Bewertungsportale darstellt, wird dem auch dann zuzustimmen sein, wenn daneben noch weitere Geschäftszwecke wie die Erzielung von Gewinnen aus Werbeeinnahmen verfolgt werden.[41] Auf die Daten von Nutzern, die sich anmelden müssen, ist allerdings § 28 Abs. 1 Satz 1 Nr. 1 BDSG anzuwenden.

II. Zulässigkeit der Erhebung, Speicherung, Veränderung und Nutzung

27 Die Vorschrift enthält zunächst in ihrem Absatz 1 drei verschiedene Erlaubnistatbestände, von denen der dritte Tatbestand erst durch die BDSG-Novelle I im Jahr 2009 dazu gekommen ist, weil die Übermittlung von Daten an Wirtschaftsauskunfteien (§ 28a BDSG) und die von ihnen durchgeführte Bonitätsprüfung (§ 28b BDSG) gesondert geregelt wurde.

1. nach Abwägung gemäß Nr. 1

28 Erlaubt sind die geschäftsmäßige Erhebung, Speicherung und Veränderung (sowie Nutzung) zum Zweck der Übermittlung nach § 29 Abs. 1 Nr. 1 BDSG zunächst dann, wenn kein Grund zu der Annahme besteht, dass der Betroffene ein schutzwürdiges Interesse an dem Ausschluss der Erhebung, Speicherung oder Veränderung hat. Das berechtigte Interesse der verantwortlichen Stelle wird danach als Tatbestandsmerkmal gar nicht aufgeführt; es wird bei den Stellen, die zum Zweck der Übermittlung speichern, stillschweigend als gegeben vorausgesetzt, zumal in vielen Fällen gar nicht im Einzelfall geprüft und antizipierend festgestellt werden kann, ob gerade das personenbezogene Datum im Einzelfall benötigt und übermittelt oder abgerufen werden wird. Die Sammlung dieser Art von Handelsware erfolgt demnach stets im unterstellten wirtschaftlichen Interesse der verantwortlichen Stelle. Als Interesse sind aber auch politische, religiöse, kulturelle, sportliche oder sonstige ideelle Beweggründe anzuerkennen. Zwar erfolgt noch keine Entscheidung über die Zulässigkeit anhand einer Überprüfung, ob ein berechtigtes Interesse der Empfänger vorliegt; es muss von der verantwortlichen Stelle aber definiert werden können, welche Daten gespeichert und zu welchem Zweck sie übermittelt werden, weil nur dann in einem späteren

---

40 BGHZ 181, 328 = NJW 2009, 2888 = K&R 2009, 565; so auch die Erstinstanz LG Köln MMR 2207, 729 (731); anders dagegen, § 28 BDSG heranziehend OLG Köln MMR 2008, 101 (105); OLG Köln MMR 2008, 672 (675); LG Duisburg MMR 2008, 691 (694).
41 *Robrecht*, in: Taeger/Wiebe, Inside the Cloud, S. 7 (12 f.); *Greve/Schärdel*, MMR 2008, S. 644 (647); *Dorn*, DuD 2008, S. 98 (100).

Schritt eine Abwägung mit einem möglicherweise entgegenstehenden schutzwürdigen Interesse vorgenommen werden kann.[42]

Liegen zu einem möglicherweise entgegenstehenden schutzwürdigen Interesse des **29** Betroffenen keine Anhaltspunkte vor, sind die Erhebung und Speicherung zulässig. Sind dagegen offensichtliche Anhaltspunkte gegeben, so ist nach dem Verhältnismäßigkeitsprinzip eine Abwägung vorzunehmen, bei dem dem Schutz der Persönlichkeitsrechte (§ 823 Abs. 1 BGB) im Lichte des Grundrechts auf informationelle Selbstbestimmung (Art. 2 Abs. 1 i.V.m. Art. 1 Abs. 1 GG) eine besondere Bedeutung, d.h. ein hoher Stellenwert bei der Abwägung zukommt. Es sind aber nicht nur die Persönlichkeitsrechte des Betroffenen, die bei der Abwägung zu beachten sind, sondern alle schutzwürdigen Interessen, zu denen auch materielle Interessen gehören.[43] Bei Gleichrangigkeit der Interessen sind Erhebung und Speicherung nach Nr. 1 ausgeschlossen.[44]

Einen offensichtlichen Anhaltspunkt dafür, dass schutzwürdige Interessen des Be- **30** troffenen berührt sind, gibt es für die verantwortliche Stelle, wenn es sich bei den Daten um besondere Arten personenbezogener Daten, um Daten über Minderjährige oder um Finanz- und Vermögensdaten[45] handelt. Das schließt die Erhebung und Speicherung nicht von vornherein aus, führt aber zu einer besonders gründlichen, niemals pauschalen Abwägung. Weitere Anhaltspunkte können darin liegen, dass die Daten möglicherweise nicht valide sind oder auf subjektive Bewertungen zurückgehen. Sind sie geeignet, eine Person zu diskriminieren oder ihren Kredit zu gefährden, würde schon die Abwägung zur Unzulässigkeit der Erhebung und Speicherung führen. Werden Daten verdeckt erhoben oder durch Ausforschungen bei Dritten, um den Betroffenen in Unkenntnis über die Erhebung zu lassen, sind diese Erhebung und die nachfolgende Speicherung unzulässig, weil bei der Abwägung von einem entgegenstehenden schutzwürdigen Interesse des Betroffenen ausgegangen werden kann.

Schließlich liegt ein entsprechender Anhaltspunkt vor, wenn die betroffene Person **31** der Aufnahme in die Datei widerspricht. Das verhindert zwar nicht die Aufnahme in die Datei in jedem Fall. Abhängig von dem mit der Datei verfolgten Zweck ist aber eine besonders sorgfältige Abwägung vorzunehmen. Der Widerspruch eines Verbrauchers, nicht in eine allgemeine Adressdatei eines Adresshändlers oder für Werbemaßnahmen aufgenommen zu werden, führt bei der Abwägung in aller Regel

---

42 So auch *Gola/Schomerus*, BDSG, § 29 Rn. 10. Auch *Weichert*, in: Däubler/Klebe/Wedde/ Weichert, BDSG, § 29 Rn. 13 f., geht stillschweigend davon aus, dass ein berechtigtes Interesse als ungeschriebenes Merkmal vorliegen muss.

43 A. A. *Bergmann/Möhrle/Herb*, BDSG, § 29 Rn. 53.

44 *Gola/Schomerus*, BDSG, § 29 Rn. 10. Anders *Moos*, MMR 2006, S. 718 (722), der bei Anwendung der Nr. 1 keinen Raum für eine Abwägung sieht und schon bei Bestehen eines schutzwürdigen Interesses des Betroffenen von der Unzulässigkeit der Erhebung und Speicherung ausgeht.

45 Dazu *Kilian/Scheja*, RDV 2002, S. 177 (187).

dazu, dass die Daten nicht gespeichert werden dürfen.[46] Hingegen überwiegen die Belange der verantwortlichen Stelle dann, wenn es um Informationen über ein Verhalten geht, das die Rechtsordnung nicht duldet oder einen Vertragsverstoß zum Gegenstand hat und die Warndatei, aus der übermittelt werden soll, im Interesse der Risikovermeidung gerade davor warnen soll.[47]

32 Die Abwägung ist bereits dann pauschal vorzunehmen, wenn die Einrichtung einer Datei mit personenbezogenen Daten erfolgt, die nach bestimmten Merkmalen der Person angelegt wird. Hier genügt zunächst die Prüfung, ob Anhaltspunkte für ein entgegenstehendes Interesse offensichtlich sind. Ist das der Fall, muss über die pauschale Einstiegsprüfung hinaus im Einzelfall eine Abwägung mit den schutzwürdigen Interessen der Betroffenen oder möglicherweise eines nur einzelnen Betroffenen erfolgen.

33 Werden die Daten direkt beim Betroffenen erhoben, so ist davon auszugehen, dass schutzwürdige Interessen nicht entgegenstehen, weil die betroffene Person von der Erhebung Kenntnis hat und die Datenpreisgabe verhindern oder sie von ihrem Widerspruchsrecht Gebrauch machen könnte. Trotz des Grundsatzes der Direkterhebung, der hier (z. B. bei Warndateien) schon aus der Natur der Sache nicht konsequent berücksichtigt werden kann, werden die Daten, die der Übermittlung dienen sollen, regelmäßig nicht direkt beim Betroffenen erlangt. In diesem Fall hat die verantwortliche Stelle sich bei der Abwägung in die Rolle eines „verständigen Durchschnittsbürgers" zu versetzen. Das Interesse des Betroffenen, nicht in der Datei erfasst zu werden, kann allein für die Abwägung zuungunsten der Speicherung nicht den Ausschlag geben, sondern nur einen Anhaltspunkt für eine Prüfung geben: Informationen über unstreitiges Fehlverhalten, festgestellte Zahlungsunwilligkeit oder -unfähigkeit oder andere dem Betroffenen unliebsame Tatsachen stehen der Speicherung nicht per se entgegen. Die Abwägung hat zu klären, ob das Interesse der verantwortlichen Stelle, gerade diese aus der Perspektive des Betroffenen unangenehmen Daten zu speichern, Vorrang hat.

34 Damit wird deutlich, dass ein schutzwürdiges Interesse des Betroffenen der Erhebung, Speicherung und Veränderung nach § 29 Abs. 1 Nr. 1 BDSG allein noch nicht entgegensteht. Das Interesse des Betroffenen muss in der Abwägung mit anderen Interessen, insbesondere der verantwortlichen Stelle, auch der Vorrang eingeräumt werden. Wird ein Portal eingerichtet, dass dazu dient, Betroffene an den Pranger zu stellen[48] oder sie unter Druck zu setzen,[49] wird die Abwägung unzweifelhaft gegen die Interessen des Portalbetreibers ausfallen. Bei den sogenannten Bewertungsportalen kann sich das Interesse dagegen nach höchstrichterlicher Rechtsprechung auf

---

46 *Weichert*, DuD 2005, S. 582 (586).

47 *Weichert*, in: Däubler/Klebe/Wedde/Weichert, BDSG, § 29 Rn. 18.

48 Siehe auch *Petri*, DuD 2002, S. 727; *Dorn*, DuD 2008, S. 98 (100); *Plog*, CR 2007, S. 668.

49 *Robrecht*, in: Taeger/Wiebe, Inside the Cloud, S. 7 (15); OLG Rostock RDV 2001, 285 = CR 2001, 618, und im Anschluss BVerfGE 104, 65 (Schuldnerspiegel), LG Koblenz MMR 2009, 144 (Schuldnerverzeichnis).

das Grundrecht auf Meinungsfreiheit (Art. 5 GG) der Portalbetreiber und der eine Bewertung vornehmenden Dritten stützen. Der BGH führte die Abwägung bereits auf der Grundrechtsebene durch und entschied, dass jedenfalls bei dem konkret zu beurteilenden Portal *spickmich.de* die Meinungsfreiheit höher als das Informationelle Selbstbestimmungsrecht zu bewerten sei.[50] Diese Einzelfallentscheidung ist kein Freibrief für Bewertungsportale schlechthin, sondern berücksichtigt nur die konkrete Ausgestaltung dieser „braven Variante"[51] eines Bewertungsportals, bei dem durch das Registrierungserfordernis, strikte Bewertungsvorgaben und Zugangsbeschränkung in geschlossenen Benutzergruppen ein Minimum an Betroffenenschutz beachtet wurde. Nach dieser Entscheidung sind die Interessen der Betroffenen im Fall des Portals *spickmich.de* im Lichte der verfassungsrechtlichen Abwägung, die Datenschutzrecht weitgehend ausblendete,[52] nicht als vorrangig zu bewerten.[53] Anders kann die Bewertung ausfallen, wenn – wie etwa bei *meinProf.de* oder *qype.de* – Freitextangaben erlaubt sind, die Einträge von Suchmaschinen direkt indiziert werden können und damit auch in das Profil von Personensuchmaschinen integriert werden. Im Übrigen ist zweifelhaft, ob der BGH gut beraten war, den Fall im Wesentlichen mit § 29 BDSG zu entscheiden; eine stärker zivilrechtliche, medienpersönlichkeitsrechtliche Betrachtung wäre unter Umständen überzeugender gewesen, als § 29 BDSG in dieser extensiven Weise zu strapazieren.[54]

2. bei Daten aus allgemein zugänglichen Quellen gemäß Nr. 2

Eine weitere Erlaubnis zur Erhebung und Speicherung solcher personenbezogenen Daten zum Zweck ihrer Übermittlung sieht § 29 Abs. 1 Satz 1 Nr. 2 BDSG vor, die aus allgemein zugänglichen Quellen stammen. Auch § 28 Abs. 1 Satz 1 Nr. 3 BDSG erlaubt es, Daten zu erheben und speichern, wenn diese Daten allgemein zugänglich sind; nach § 28 BDSG erfolgt dies aber als Mittel zur Erfüllung eigener Geschäftszwecke.[55] Die Daten müssen dabei nicht selbst aus der öffentlich zugänglichen Quelle erhoben werden; es genügt, wenn diese über Dritte erlangten Daten für jedermann aus frei zugänglichen Quellen stammen oder aus ihnen erhebbar sind. Der verantwortlichen Stelle muss diese freie Zugänglichkeit aber auch bekannt sein, wenn die Daten nicht aus diesen Quellen erhoben werden.[56]

35

---

50 Dazu auch *Paal*, RdJB 2010, S. 459 (466 ff.).

51 *Feldmann*, in: Taeger/Wiebe, Inside the Cloud, S. 245 (246).

52 Siehe dazu den vor Verkündung der BGH-Entscheidung verfassten kritischen Beitrag von *Ladeur*, RdJB 2008, S. 16; sowie *Dix*, DuD 2006, S. 330; *Schilde-Stenzel*, RDV 2006, S. 104.

53 Die Zulässigkeit der Übermittlung aus dem Portal wird gesondert zu prüfen sein; siehe dazu Rn. 56.

54 In dieser Hinsicht ebenfalls kritisch *Lauber-Rönsberg*, Rechtliche Rahmenbedingungen für Personenbewertungsportale, in: Taeger, Law as a Service, S. 181 (182).

55 Siehe § 28 BDSG Rn. 80.

56 Ebenso *Gola/Schomerus*, BDSG, § 29 Rn. 19.

36   Das Merkmal der „allgemein zugänglichen Daten" aus § 28 BDSG entspricht dem Merkmal der „allgemein zugänglichen Quellen" des § 29 Abs. 1 Satz 1 Nr. 2 BDSG. Informationen sind dann allgemein zugänglich, wenn sie „technisch geeignet und bestimmt sind, der Allgemeinheit Informationen zu verschaffen".[57] Allgemein zugängliche Quellen sind die Medien wie Rundfunk (Fernsehen, Hörfunk), Zeitungen und Zeitschriften, Bücher, Internet, aber auch die voraussetzungslos zugänglichen privaten und hoheitlichen Register.[58] Sofern ein „berechtigtes" oder sogar ein „rechtliches Interesse" für den Zugang zu staatlichen Registerdaten vorliegen muss, sind die Quellen nicht allgemein zugänglich.[59]

37   Der Entnahmemöglichkeit aus allgemein zugänglichen Quellen stünde es gleich, wenn die verantwortliche Stelle selbst die Daten veröffentlichen dürfte.[60]

38   Auch bei der Inanspruchnahme des Erlaubnistatbestands der Nr. 2 ist eine Abwägung des Interesses der speichernden Stelle an der Erhebung und Speicherung mit den schutzwürdigen Interessen der betroffenen Personen vorzunehmen. Hier sind die gleichen Abwägungskriterien zu beachten, wie sie auch nach der Nr. 1 zu beachten wären.

39   Bei Bewertungsportalen kommt die Nr. 2 insofern zum Tragen, als Bewertungsportale wie *spickmich.de* systematisch die zu bewertenden Personen erfassen und zur Bewertung aufbereiten, also etwa die Namen und Fächer von Lehrern von der Homepage der Schule nehmen und unter dem Namen der Schule in der ausgewählten Gemeinde einstellen.

40   Kreditauskunfteien dürfen aus den von den Insolvenzgerichten öffentlich bekannt gemachten Daten etwa über eröffnete Insolvenzverfahren und Restschuldbefreiungen aufgrund der Nr. 2 speichern und ihren Vertragspartnern Informationen beispielsweise für deren Kreditentscheidungen zur Verfügung stellen. Die Löschung der Daten unter „Insolvenzbekanntmachungen" erfolgt nach der Löschungsvorschrift der InsoBekV spätestens sechs Monate nach Abschluss des Verfahrens. Ab diesem Zeitpunkt überwiegt das schutzwürdige Interesse der Betroffenen gegenüber dem berechtigten Interesse der verantwortlichen Stelle mit der Folge, dass eine länger während Speicherung nicht mehr auf Nr. 2 gestützt werden kann.[61]

---

57 BVerfGE 27, 71 (83) – Leipziger Volkszeitung; E 103, 44 (60) – Fernsehaufnahmen. Weitere Nachweise aus der Rechtsprechung und Literatur bei *Schulze-Fielitz*, in: Dreier, GG, Art. 5 Rn. 78.
58 Ausführlich dazu § 28 BDSG Rn. 81 ff.; *Bergmann/Möhrle/Herb*, BDSG, § 28 Rn. 262 ff.
59 Dazu § 28 BDSG Rn. 85.
60 Vgl. dazu § 28 BDSG Rn. 101.
61 Ebenso *Johannsen*, ZVI 2013, S. 41 (44 f.), im Ergebnis ebenso, aber mit allein auf die nicht mehr bestehende öffentliche Zugänglichkeit abstellender Begründung *Gärtner/Tintemann*, VuR 2012, S. 54. A. A. AG Wiesbaden DuD 2011, 364. Siehe auch § 28 BDSG, Rn. 88.

3. durch Kreditauskunftei gemäß Nr. 3

Im Zuge der BDSG-Novelle I wurde 2009 eine Nr. 3 angefügt, die am 1.4.2010 in **41** Kraft trat. Danach dürfen personenbezogene Daten erhoben, gespeichert und verändert werden, wenn die Voraussetzungen des § 28a Abs. 1 oder Abs. 2 BDSG erfüllt sind. Mit diesem nicht sehr anwenderfreundlich formulierten Verweis wird Auskunfteien wie der Kreditauskunftei SCHUFA nunmehr die ausdrückliche gesetzliche Erlaubnis eingeräumt, solche personenbezogene Daten mit dem Ziel ihrer Übermittlung an ihre Vertragspartner zu speichern und – etwa durch die Bildung eines Scorewertes – zu verändern, die ihnen aufgrund des § 28a Abs. 1 und 2 BDSG in zulässiger Weise übermittelt wurden.

Mit dem zweiten Halbsatz der Nr. 3 wird lediglich klargestellt, dass Daten im Sinne **42** von § 28a Abs. 2 Satz 4 BDSG nicht erhoben oder gespeichert werden dürfen. Es geht hierbei um solche Daten über Verhaltensweisen von Betroffenen, die im Rahmen eines vorvertraglichen Vertrauensverhältnisses der Herstellung von Markttransparenz dienen, die weder nach § 28a BDSG an Auskunfteien übermittelt werden, noch gem. § 29 Abs. 1 Satz 1 Nr. 3 BDSG von Auskunfteien erhoben und gespeichert werden dürfen. Unzulässig ist diese Erhebung und Speicherung nach dem ausdrücklichen Gesetzesbefehl sogar dann, wenn eine Einwilligung des Betroffenen eingeholt wird. Gegen eine solche Einwilligung dürften eigentlich keine Bedenken bestehen, weil die Entscheidungsfreiheit der betroffenen Person in einem vorvertraglichen Vertrauensverhältnis, in dem er sich nach Konditionen beispielsweise für ein Darlehen erkundigt, nicht beeinträchtigt ist und an der Freiwilligkeit seiner Einwilligung kein Zweifel besteht. Allenfalls könnte es dann sinnvoll sein, ein Koppelungsverbot einzuführen, wenn alle Anbieter einer Ware oder Dienstleistung die Auskunft auf eine Konditionenanfrage von einer Einwilligung in die Speicherung dieser Anfrage abhängig machen würden.

Die Einwilligung als Ausdruck der verfassungsrechtlich gewährleisteten informa- **43** tionellen Selbstbestimmung in § 28a Abs. 2 Satz 4 BDSG und § 29 Abs. 1 Satz 1 Nr. 3 BDSG gesetzlich auszuschließen, begegnet verfassungsrechtlichen Bedenken.[62] In der Praxis der Kreditauskunfteien werden allerdings Daten über Konditionenanfragen ohnehin nicht mehr erfasst und berücksichtigt, sodass auch die Rechtsfrage der Verfassungswidrigkeit einer gesetzlichen Verweigerung der Einwilligung in die Übermittlung an eine Auskunftei und die Speicherung durch eine Auskunftei keine praktische Bedeutung hat.

Nach § 29 Abs. 1 Satz 2 BDSG ist § 28 Abs. 1 Satz 2 und Abs. 3 bis 3b BDSG anzu- **44** wenden. Die speichernde Stelle – hier in der Regel ein Adresshändler – hat sicherzustellen, dass bei der Erhebung personenbezogener Daten der Verarbeitungs- und Nutzungszweck konkret festgelegt[63] wird und in die Speicherung gemäß Absatz 3

---

62 Siehe auch § 28a BDSG Rn. 37.
63 Siehe § 28 BDSG Rn. 109.

und 3a wirksam eingewilligt wird,[64] wenn die Datenspeicherung zu dem Zweck erfolgt, die Daten für Werbezwecke zu übermitteln. Eine Speicherung auf Vorrat ohne Bindung an einen konkreten Zweck wäre unzulässig.[65] Mit der Festlegung eines Zwecks wird auch die Abwägung der berechtigten Interessen der verantwortlichen Stelle mit möglicherweise entgegenstehenden schutzwürdigen Interessen des Betroffenen erst ermöglicht, weil sich die Feststellung eines berechtigten Interesses an der Erhebung und Speicherung der Daten erst feststellen lässt, wenn der Zweck ihrer Speicherung festgelegt ist.

45   Es reicht nicht aus, als Zweck die „Übermittlung an Dritte" anzugeben. Dieser allgemeine (Geschäfts-)Zweck ist schon Voraussetzung für die Heranziehung eines Erlaubnistatbestands aus § 29 BDSG, genügt aber noch nicht der Anforderung von Satz 2, den Speicherungszweck konkreter im Hinblick beispielsweise auf etwaige Empfänger und den Verwendungszweck (z. B. Werbung, Bonitätsprüfung und Scoring[66] zur Verringerung kreditorischer Risiken, Feststellung sonstiger Risiken bei Versicherungsverträgen) zu benennen. Es können mit einem Datenbestand auch mehrere Zwecke kumulativ verfolgt werden; dann sind diese Zwecke auch alle festzulegen.

46   Es wird vom Gesetz zwar keine Form – etwa die Schriftform – verlangt; es empfiehlt sich aber, die Festlegung zumindest in Textform etwa im sog. Verfahrensverzeichnis – der Übersicht nach § 4g Abs. 2 Satz 1 BDSG – vorzunehmen.[67] Es muss belegt werden können, zu welchem Zweck die Speicherung erfolgte, weil die beabsichtigte anschließende Übermittlung nach Absatz 2 Satz 1 nur zulässig ist, wenn die Übermittlung dem festgelegten Zweck der Speicherung folgt.

47   Aufgrund der Verweisung in Satz 2 muss die verantwortliche Stelle bei einer Anlieferung der Daten durch Dritte, die sich dabei auf § 28 Abs. 2 Nr. 2 Buchst. a) BDSG stützen und dafür eine Einwilligung der Betroffenen unter Beachtung von Absatz 3 und Absatz 3a einholen mussten, belegen, dass der Speicherung eine wirksame Einwilligung des Betroffenen zugrunde liegt. Oder sie erhebt diese Daten selbst beim Betroffenen und hat dann die gleichen Anforderungen an die Wirksamkeit der Einwilligungserklärung, wozu insbesondere die Beachtung der Form der Erklärung gehört, zu beachten, wie diejenige Stelle, die die Daten für eigene Zwecke speichert, dann aber für eigene Werbung nutzt oder Dritten für den Adresshandeln oder die Werbung übermittelt.

---

64 Siehe § 28 BDSG Rn. 160 ff., 166 ff.

65 Hamburger DuD-Kommentierung zum BDSG, DuD 2003, S. 5 (7); *Ehmann*, in: Simitis, BDSG, § 29 Rn. 49 ff.; *Bergmann/Möhrle/Herb*, BDSG, § 29 Rn. 77 ff.

66 Ein Scorewert ist – inzwischen wohl unbestritten – ein personenbezogenes Datum, sobald eine natürliche Person dem Merkmal zugeordnet ist, das dem auf statistischer Berechnung zu erwartenden wahrscheinlichen Verhalten einer Gruppe zugeordnet wird; vgl. *Abel*, RDV 2006, S. 108 (110); *Klein*, BKR 2003, S. 488 (490); *Möller/Florax*, NJW 2003, S. 2724; *Ehmann*, in: Simitis, BDSG, § 29 Rn. 65; *Kamlah*, MMR 1999, S. 395 (401).

67 Vgl. auch *Gola/Schomerus*, BDSG, § 28 Rn. 35.

III. Zulässigkeit der Übermittlung

§ 29 Abs. 2 BDSG enthält die Voraussetzungen, nach denen die zulässigerweise **48** nach Absatz 1 erhobenen und gespeicherten Daten – dem Zweck der Speicherung entsprechend – an Dritte übermittelt werden dürfen. Nach Absatz 2 Satz 1 ist die Zulässigkeit an drei Voraussetzungen geknüpft: Die Übermittlung muss im Rahmen des nach Absatz 1 festgestellten Zwecks erfolgen. Ferner muss der Dritte, dem die Daten übermittelt werden, ein berechtigtes Interesse an ihrer Kenntnis glaubhaft dargelegt haben (Nr. 1). Und schließlich darf kein Grund zu der Annahme bestehen, dass der Betroffene ein schutzwürdiges Interesse an dem Ausschluss der Übermittlung hat (Nr. 2).

Eine Übermittlung listenmäßig zusammengefasster Daten ist nicht mehr zulässig; **49** die entsprechende Vorschrift aus § 29 Abs. 2 Satz 1 Nr. 1 lit. b BDSG 2001 wurde mit der BDSG-Novelle I 2009 gestrichen.

1. Übermittlung nur zu dem vorher festgelegten Zweck

Die Übermittlung darf nur erfolgen, wenn sie im Rahmen der vor der Speicherung **50** festgelegten Zweckbestimmung erfolgt. Um das überprüfen zu können, muss die vor Erhebung oder Speicherung erfolgte Festlegung des Zwecks belegt werden können.[68] Dieser Zweck muss sich mit dem Zweck decken, zu dem die Daten im berechtigten Interesse des Datenempfängers aktiv übermittelt oder abgerufen werden.

2. Übermittlung im berechtigten Interesse eines Dritten (Nr. 1)

Eine Übermittlung setzt nach Nr. 1 voraus, dass die Übermittlung im berechtigten **51** Interesse eines Dritten erfolgt. Ein solches berechtigtes Drittinteresse ist dann gegeben, wenn die Kenntnis der Daten „für die vom Empfänger beabsichtigten Ziele und Zwecke erforderlich ist".[69]

Auch hier ist als berechtigtes Interesse jedes von der Rechtsordnung nicht missbil- **52** ligte Interesse anerkannt. Es braucht kein wirtschaftliches Interesse zu sein, sondern kann auch ein ideelles, humanitäres oder sonstige Interesse sein.[70] Insbesondere ist es nicht erforderlich, dass ein rechtliches Interesse besteht und die Übermittlung zur Abwehr oder Durchsetzung von Ansprüchen erforderlich ist.[71]

Das Interesse eines in Vorleistung tretenden Unternehmens, das Ausfallrisiko durch **53** Informationen über einen künftigen Schuldner in Erfahrung zu bringen, ist als be-

---

68 Siehe § 28 BDSG Rn. 109.
69 BGHZ 91, 233 = NJW 1984, 1886.
70 *Bergmann/Möhrle/Herb*, BDSG, § 29 Rn. 87; *Weichert*, in: Däubler/Klebe/Wedde/Weichert, BDSG, § 29 Rn. 37.
71 Vgl. dazu § 28 BDSG Rn. 55.

rechtigt anerkannt.[72] Nicht berechtigt ist ein Interesse, wenn die zu übermittelnden Daten vom Empfänger zweckentfremdet, missbräuchlich oder unter Verletzung datenschutzrechtlicher oder wettbewerbsrechtlicher Vorschriften verwendet werden sollen.[73]

54 Das berechtigte Interesse ist nach dem Gesetzeswortlaut „glaubhaft darzulegen". In der Tat erweisen sich die Anforderungen an die Überprüfungsqualität auch ausweislich der Gesetzesbegründung[74] als niedriger, als es bei einer „Glaubhaftmachung" erwartet werden würde.[75] Unabhängig von dem zu fordernden Niveau der Überprüfungsqualität ist in jedem Fall zunächst eine Identitätsfeststellung der empfangenden Stelle erforderlich. Das ist schon deswegen erforderlich, um bei einem Auskunftsersuchen des Betroffenen nach § 34 Abs. 1 Nr. 2 BDSG den Empfänger, an den die Daten weitergegeben wurde, benennen zu können. Der Empfänger kann sich durch Vorlage von Ausweispapieren, Vollmachten, Angabe einer – beispielsweise in einem Rahmenvertrag – vereinbarten Kennung oder bei Abrufen durch die Angabe von Passwörtern identifizieren bzw. legitimieren.

55 Bei einer aktiven Übermittlung an einen Dritten in einem Einzelfall (§ 3 Abs. 5 Nr. 3a BDSG) wird der zur glaubhaften Darlegung erforderliche Vortrag über das berechtigte Interesse umfassender sein und die Plausibilität intensiver geprüft werden müssen, als bei einer über einen längeren Zeitraum und regelmäßig erfolgenden Übermittlung an einen Vertragspartner, dessen Geschäfte üblicherweise eine Bonitätsprüfung erforderlich machen (Bank, Telekommunikationsunternehmen, für den Fernabsatz organisiertes Kaufhaus, Wohnungsgesellschaft, Versicherungen u.a.m.). Bei wiederkehrenden Anfragen solcher Stellen, bei denen stets nur ein Übermittlungszweck besteht (z. B. Ausfallrisiko bei angestrebtem Mobilfunkvertrag), genügt eine kurz gefasste Angabe, unter Umständen auch nur in Form einer vereinbarten Kennziffer.[76] In anderen Fällen, bei denen der Zweck der Übermittlung nicht von vornherein feststeht, sind Detailangaben erforderlich; die Angabe „Vertrag" oder „Auskunft" genügen dann nicht.[77] Längere Ausführungen sind gleichwohl nicht erforderlich; stichwortartige Beschreibungen können den genauen Zweck verdeutlichen.[78] Einer investigativen Nachforschung der Richtigkeit des dargelegten berechtigten Interesses bedarf es ebenfalls nicht; das nach allgemeiner Lebenserfahrung glaubhafte Vorbringen reicht aus, wenn nicht aufgrund besonderer Umstände oder aufgrund früherer unzulässiger Anfragen der die Übermittlung erbittenden Stelle eine verifizierende Nachprüfung der Angaben angebracht ist.

---

72 Siehe etwa BGH CR 2003, 819; OLG Düsseldorf DuD 2006, 113.
73 Vgl. die Beispiele bei *Bergmann/Möhrle/Herb*, BDSG, § 29 Rn. 90 f.
74 Amtl Begründung zum RegEntw zum BDSG 1977, BT-Drs. 7/1027, S. 20.
75 *Ehmann*, in: Simitis, BDSG, § 29 Rn. 224–227; siehe auch schon *Auernhammer*, BDSG, § 29 Rn. 20.
76 *Gola/Schomerus*, BDSG, § 29 Rn. 27; kritisch *Ehmann*, in: Simitis, BDSG, § 29 Rn. 225.
77 *Bergmann/Möhrle/Herb*, BDSG, § 29 Rn. 92.
78 *Schaffland/Wiltfang*, BDSG, § 29 Rn. 48; *Bergmann/Möhrle/Herb*, BDSG, § 29 Rn. 104.

Umstritten ist die Annahme, Bewertungsportale dürften bei Beachtung gewisser **56** Anforderungen an die Sachlichkeit der Bewertungsinhalte (keine unwahren Tatsachenbehauptungen und Schmähkritiken; keine Stigmatisierung und soziale Ausgrenzung) Informationen über die im Fokus des Portals stehenden Personen (z. B. Lehrer, Professoren, Ärzte) erheben und speichern, um diese Daten dann zum Abruf bereit zu halten. Weil § 29 BDSG als Erlaubnisnorm identifiziert wurde, müssen nicht nur die gesetzlichen Anforderungen an das Erheben, Speichern und Verändern nach § 29 Abs. 1 BDSG, sondern dann, wenn es zur Übermittlung durch Abruf kommt, auch die Tatbestandsvoraussetzungen von § 29 Abs. 2 BDSG erfüllt sein. Danach ist die Übermittlung zulässig, wenn der abrufende Dritte ein berechtigtes Interesse an ihrer Kenntnis vor Vornahme des Abrufes glaubhaft dargelegt hat und kein Grund zu der Annahme besteht, dass der Betroffene ein schutzwürdiges Interesse an dem Ausschluss der Übermittlung hat. Der BGH hat in Bezug auf Bewertungsportale „den Anwendungsbereich insbesondere von § 29 Abs. 2 BDSG weit über die Grenzen des Wortlauts hinaus verfassungskonform ausgelegt und so erheblich in seinem Wirkungsbereich eingeschränkt, dass auf die Erfüllung ganzer Tatbestandsmerkmale einfach verzichtet wurde", was „einer vollständigen Außerkraftsetzung" gleichkommt.[79] Bei aller notwendigen Zurückhaltung beim Rufen nach dem Gesetzgeber scheint es in dieser Frage notwendig zu sein, Bewertungsportalen, Personensuchmaschinen und Sozialen Netzwerken Grenzen zu ziehen. Im Zuge umfangreicher Novellierungen im Jahr 2009 wäre dazu Gelegenheit gewesen; aber in der Öffentlichkeit wurden – um es pointiert mit *Bull* auszudrücken – „harmlose Praktiken des Marketing verteufelt, weil man glaubt, die Unternehmen wüssten „alles" über ihre Kunden",[80] sodass sich der Gesetzgeber anderer Datenschutzfragen, insbesondere des Scoring,[81] annahm und der gebotenen Regulierung von Bewertungsportalen nicht die notwendige Aufmerksamkeit schenkte.[82] Auch ist die Erforschung der Auswirkungen der web-2.0-Kultur, der Informationskultur und Informationsethik, noch nicht so weit, dass aus datenschutzrechtlicher Perspektive weiterführende Regelungen des Gesetzgebers erwartet werden können.[83]

Mit der BDSG-Novelle I wurde 2009 wegen der in der Praxis insbesondere bei au- **57** tomatisierten Abrufverfahren faktisch nicht mehr erfolgenden Prüfung des Vorliegens eines berechtigten Interesses der § 29 Abs. 2 BDSG um einen Satz 5 erweitert. Nunmehr sind verantwortliche Stellen, die einen automatisierten Abruf ihrer Vertragspartner ermöglichen, gesetzlich verpflichtet, Stichprobenverfahren nach § 10 Abs. 4 Satz 3 BDSG durchzuführen. Einzelfallbezogen soll dabei das Vorliegen ei-

---

79 *Feldmann*, in: Taeger/Wiebe, Inside the Cloud, S. 246 (257 f., 260 f.).
80 *Bull*, RDV 2008, S. 47.
81 Zur Notwendigkeit und Vorteilhaftigkeit des Scoring und der Bonitätsprüfung für Verbraucher *Taeger*, Datenschutz bei Direktmarketing und Bonitätsprüfung, in: Brunner/Seeger/Turturica, Kreditfinanzierung von Gebrauchsgütern, S. 51.
82 Kritisch auch *Robrecht*, in: Taeger/Wiebe, Inside the Cloud, S. 7 (16 ff.).
83 Ansätze etwa von *Bull*, RDV 2008, S. 47, und *Ladeur*, RdJB 2008, S. 16, wären weiter zu verfolgen.

nes berechtigten Interesses festgestellt werden. Damit ist der Gesetzgeber auch der Kritik gefolgt, die bemängelte, dass in der Praxis ein im Rahmen der glaubhaften Darlegung behauptetes Interesse im Einzelfall kaum überprüfbar ist und allenfalls Stichproben vorgenommen werden könnten.[84] Auch die Aufsichtsbehörden hatten schon vor der am 1.4.2010 in Kraft getretenen Gesetzesänderung eine solches Stichprobenverfahren „extra legem"[85] als ausreichend angesehen.[86]

58 Die Gründe für das Vorliegen eines berechtigten Interesses *und* die Art und Weise ihrer glaubhaften Darlegung sind von der übermittelnden Stelle aufzuzeichnen (§ 29 Abs. 2 Satz 3 BDSG). Wurden Urkunden vorgelegt, müssen diese Urkunden nicht kopiert oder digitalisiert aufbewahrt werden; es genügt festzuhalten, dass mit der Vorlage der Urkunde die glaubhafte Darlegung erfolgte.[87] Zwar haben sich die technischen Möglichkeiten des Digitalisierens durch Scannen gegenüber der Frühzeit des BDSG, in der schon aus technischen Gründen eine Aufzeichnung von Urkunden unpraktikabel war, deutlich verbessert. Das Anforderungsniveau bei der glaubhaften Darlegung ist anders als bei einer Glaubhaftmachung allerdings nicht so hoch, dass die Digitalisierung aller Unterlagen zwingend zu fordern wären. Im Fall einer Stichprobe, bei der in sehr seltenen Fällen einmal die Identität in Zweifel gezogen wird, müsste eine erneute Vorlage zumutbar sein.

59 Wird die Übermittlung nicht von der verantwortlichen Stelle selbst aktiv vorgenommen, sondern erfolgt sie im Wege eines automatisierten Abrufverfahrens im Sinne des § 3 Abs. 5 Nr. 3b BDSG, obliegt die Aufzeichnungspflicht dem Dritten, dem die Daten übermittelt werden (§ 29 Abs. 2 Satz 3 BDSG). Bei automatisierten Abrufverfahren trägt der Dritte, an den übermittelt wird, auch die Verantwortung für die Zulässigkeit des einzelnen Abrufs; die speichernde Stelle prüft die Zulässigkeit der Abrufe nach § 10 Abs. 4 Satz 2 BDSG nur, wenn dazu ein Anlass besteht.

60 Zur Aufbewahrungsdauer der Aufzeichnung äußert sich das Gesetz nicht. Schadensersatzansprüche verjähren nach § 7 BDSG innerhalb von drei Jahren. Es ist danach zur Abwehr von Forderungen keine längere Aufzeichnung erforderlich. Nach § 35 Abs. 2 Satz 2 Nr. 4 BDSG ist die Löschung von zur geschäftmäßigen Übermittlung vorgesehenen Daten nach Erledigung des Sachverhaltes spätestens zum Ende des auf das Kalenderjahr der Erledigung folgenden vierten Jahres, also im Extremfall nach fast fünf Jahren, vorzunehmen, wenn eine längere Aufbewahrungszeit nicht erforderlich ist. Demnach sollten die aufgezeichneten Daten über Empfänger, Zweck und Grund der Übermittlung spätestens nach fünf Jahren gelöscht werden dürfen.[88]

---

84 Siehe etwa *Ehmann*, in: Simitis, BDSG, § 29 Rn. 227.
85 *Ehmann*, in: Simitis, BDSG, § 29 Rn. 227.
86 Vgl. *Duhr*, in: Roßnagel, Hdb. DSR, Kap. 7.5, Rn. 58 ff.
87 Wie hier *Gola/Schomerus*, BDSG, § 29 Rn. 29; a. A. *Weichert*, in: Däubler/Klebe/Wedde/ Weichert, § 29 Rn. 42.
88 *Gola/Schomerus*, BDSG, § 29 Rn. 30: 3–5 Jahre; *Bergmann/Möhrle/Herb*, BDSG, § 29 Rn. 107: 3 Jahre; *Weichert*, in: Däubler/Klebe/Wedde/Weichert, BDSG, § 29 Rn. 42: 5 Jahre; *Duhr*, in: Roßnagel, Hdb. DSR, Kap. 7.5, Rn. 67: 1–4 Jahre.

Aus dem Umstand, dass die zur Übermittlung gespeicherten Daten selbst auch früher gelöscht wurden, kann nicht geschlossen werden, dass dann kein Bedürfnis für eine weitere Aufbewahrung der Aufzeichnung mehr bestünde;[89] schließlich dienen die Aufzeichnungen ja der ex post-Kontrolle, ob die erfolgte Übermittlung rechtmäßig war. An dieser Feststellung kann auch nach der Löschung der übermittelten Daten noch ein Feststellungsinteresse bestehen, dem sich die verantwortliche Stelle nicht durch Löschung der Daten entziehen kann. Da die aufgezeichneten Daten nicht für andere Zwecke verwendet werden dürfen und Speicherkapazitäten nicht als ein technisches oder wirtschaftliches Problem angesehen werden können, sollte die Aufbewahrungsfrist aber auch nicht kürzer sein. Besteht ein Bedürfnis nach kürzerer Aufbewahrungsdauer, sollte eine Löschung vor fünf Jahren nur im Einvernehmen mit der Aufsichtsbehörde erfolgen.

Die Aufzeichnungspflicht zwingt zunächst dazu, der Darlegungspflicht zu entsprechen, und ermöglicht eine nachträgliche Kontrolle durch den betrieblichen Datenschutzbeauftragten (§ 4g Abs. 1 BDSG) oder die Aufsichtsbehörde (§ 38 BDSG), ob die vorgebrachte Erklärung zutreffend war. Damit kommt der Aufzeichnungspflicht auch eine präventive Wirkung zu, weil die aktiv übermittelnde oder die abrufende Stelle mit einer Überwachungsmaßnahme rechnen muss, die eine – wegen des fehlenden berechtigten Interesses – unzulässige Übermittlung aufdecken könnte, die als Ordnungswidrigkeit nach § 43 Abs. 2 und 3 BDSG immerhin mit einem Bußgeld in Höhe von bis zu 300.000 € geahndet werden kann. Die schuldhaft unterlassene Aufzeichnung stellt nach § 43 Abs. 1 Nr. 5 und Abs. 3 BDSG eine Ordnungswidrigkeit dar, die mit einem Bußgeld in Höhe von bis zu 50.000 € belegt werden kann.

61

3. Übermittlung nur nach Abwägung der Interessen (Nr. 2)

Werden die Anforderungen aus Nr. 1 insoweit erfüllt, steht der Übermittlung nichts mehr im Weg, wenn nach der Nr. 2 kein Grund zu der Annahme besteht, dass der Betroffene ein schutzwürdiges Interesse an dem Ausschluss der Übermittlung hat.

62

IV. Aufnahme in Verzeichnissen

Teilnehmer von Telekommunikationsdiensten (§ 3 Nr. 20 TKG) werden nur dann in gedruckten oder elektronischen Verzeichnissen aufgenommen, wenn sie dies wünschen (§ 104 TKG).[90] Eine Telefonauskunft über die Eintragung darf nur dann erteilt werden, wenn der Teilnehmer informiert wurde, dass er der Weitergabe seiner Rufnummer widersprechen kann und der Teilnehmer von der Widerspruchsmög-

63

---

89 So aber *Gola/Schomerus*, BDSG, § 29 Rn. 30.
90 § 104 TKG folgt TK-DSRl 97/66/EG v. 15.12.1997, ABl. EG Nr. L 24/1 v. 30.1.1998, jetzt Art. 12 der EG-DSRl für elektronische Kommunikation vom v. 12.7.2002, ABl. EG Nr. L 201/37 vom 31.7.2002.

lichkeit keinen Gebrauch gemacht hat.[91] Was eine Telefonauskunft ist, wird im TKG nicht definiert.[92] Soweit ein elektronisches Register der TK-Teilnehmer online gestellt wird und darin nach der Teilnehmernummer gesucht werden kann, ist auch dies wie der fernmündliche Auskunftsservice als Telefonauskunft anzusehen. Jeder Form der Telefonauskunft kann der Teilnehmer widersprechen (§ 105 Abs. 2 Satz 1 und Abs. 3 TKG). Hat er von seinem Widerspruchsrecht Gebrauch gemacht, ist dies in den Verzeichnissen, die der Telefonauskunft zugrunde gelegt werden, zu vermerken (§ 105 Abs. 4 TKG). In den Telekom-Verzeichnissen geschieht dies durch ein §-Zeichen vor der Teilnehmernummer.

64 Diese Regelung aus dem TKG ist Vorbild für § 29 Abs. 3 BDSG gewesen, der insofern eine Lücke schließt, als der Regelungsinhalt nun auch für solche Verzeichnisse gilt, die nicht in den Anwendungsbereich des TKG fallen.[93] Nach § 29 Abs. 3 Satz 1 BDSG werden auch solche Anbieter von Verzeichnissen verpflichtet, die keine Telekommunikationsunternehmen sind. Nunmehr hat jeder Anbieter zu beachten, dass die Aufnahme personenbezogener Daten in elektronische (Webverzeichnis, CD-ROM) oder gedruckte Adress-, Rufnummern-, Branchen- oder vergleichbare Verzeichnisse zu unterbleiben hat, wenn der entgegenstehende Wille des Betroffenen aus dem zugrunde liegenden elektronischen oder gedruckten Verzeichnis oder Register ersichtlich ist. Der Empfänger der Daten hat dann sicherzustellen, dass Kennzeichnungen aus elektronischen oder gedruckten Verzeichnissen oder Registern bei der Übernahme in Verzeichnisse oder Register übernommen werden. Diese Pflicht besteht allerdings nur dann, wenn das zugrunde liegende Verzeichnis, aus dem der entgegenstehende Wille zu erkennen ist, ein Verzeichnis im Sinne des § 104 TKG ist;[94] ansonsten ist der Absatz 3 nicht anwendbar. Wird der entgegenstehende Wille aus einem anderen Verzeichnis ersichtlich, muss dies bei der Abwägung mit dem schutzwürdigen Interesse des Betroffenen gem. § 29 Abs. 1 Satz 1 Nr. 2 BDSG berücksichtigt werden.

65 Zu beachten ist dabei nicht nur der erkennbare Wille, nicht neben einem gedruckten Verzeichnis auch in einem elektronischen Verzeichnis geführt zu werden, sondern auch der Wille, dass der eingetragene Name nicht mit anderen Daten – etwa der Adresse oder dem ausgeschriebenen Vornamen – angereichert wird.[95]

V. Pflichten des Datenempfängers (Abs. 4)

66 Der Empfänger übermittelter Daten hat bei der Verarbeitung und Nutzung der Daten aufgrund des Verweises auf § 28 Abs. 4 und 5 BDSG die darin normierte

---

91 Siehe zum Widerspruchsrecht des TK-Teilnehmers VG Köln CR 2006, 337 (339).
92 Siehe auch § 105 TKG Rn. 9.
93 Vgl. auch *Ehmann*, in: Simitis, BDSG, § 29 Rn. 240 ff.; *Duhr/Naujok/Danker/Seiffert*, DuD 2003, S. 5 (14).
94 *Ehmann*, in: Simitis, BDSG, § 29 Rn. 242.
95 *Bergmann/Möhrle/Herb*, BDSG, § 29 Rn. 112.

Zweckbindung zu beachten und darf die Daten dementsprechend nur für den Zweck verarbeiten und nutzen, der bei der Prüfung der Zulässigkeit der Übermittlung zugrunde gelegt wurde. Auf die datenschutzrechtliche Zweckbindung muss die übermittelnde Stelle den Empfänger hinweisen (§ 28 Abs. 5 Satz 3 BDSG). Auch auf eine Sperrung der Daten ist hinzuweisen, wenn der Betroffene der Verwendung für Zwecke der Werbung oder Markt- oder Meinungsforschung widersprochen hat. Die Sperrung ist dann auch vom Empfänger der Daten zu beachten.

Es ist dem Empfänger allerdings gesetzlich nicht verwehrt, die Daten dann unter **67** Berufung auf einen anderen Zulässigkeitstatbestand (auch) für einen anderen Zweck zu verwenden. Eine Zulässigkeit könnte sich für diese zweckändernde Verwendung für die eigenen Geschäftszwecke aus § 28 Abs. 2 oder 3 BDSG ergeben, wobei aber stets zu prüfen ist, ob schutzwürdige Interessen des Betroffenen der zweckändernden Verwendung entgegenstehen. Allerdings können sich schuldrechtliche Beschränkungen der weiteren Verwendungsmöglichkeit aus dem Vertrag mit der übermittelnden Stelle ergeben, wenn diese die Daten nur für einen bestimmten Zweck, insbesondere für Werbezwecke, für die Übermittlung freigibt.[96]

VI. Verwendung sensibler Daten (Abs. 5)

Der in Absatz 5 enthaltene Verweis auf den entsprechend anzuwendenden § 28 **68** Abs. 6 bis 9 BDSG ordnet an, dass die besonderen Arten personenbezogener Daten (§ 3 Abs. 9 BDSG) für Werbezwecke nur mit ausdrücklicher und auf den verfolgten Zweck bezogener Einwilligung des Betroffenen erfolgen dürfen. Auch hier gilt aber, dass die sensitiven Daten dann ohne Einwilligung verwendet werden dürfen, wenn der Betroffene sie selbst öffentlich zugänglich gemacht hat (§ 28 Abs. 6 Nr. 2 BDSG) oder wenn die Verwendung der sensitiven Daten zur Geltendmachung, Ausübung oder Verteidigung rechtlicher Ansprüche erforderlich ist (§ 28 Abs. 6 Nr. 3 BDSG).

VII. Gleichbehandlung beim Zugang zu Auskunfteien innerhalb des EWR (Abs. 6)

Der Absatz wurde mit der BDSG-Novelle III 2009 angefügt.[97] Er soll in Umsetzung **69** von Artikel 9 der VerbrKredRl[98] gewährleisten, dass Darlehensgeber aus den EU- und EWR-Staaten ohne Diskriminierung Informationen auch von nationalen Auskunfteien über die Kreditwürdigung eines Verbrauchers erhalten. Danach muss

---

96 *Gola/Schomerus*, BDSG, § 29 Rn. 45.
97 In Kraft ab 11.6.2010. Damit wird Art. 9 Abs. 1 EU-VerbrKredRl umgesetzt.
98 Richtlinie 2008/48/EG des Europäischen Parlaments und des Rates vom 23.4.2008 über Verbraucherkreditverträge und zur Aufhebung der Richtlinie 87/102/EWG des Rates, ABl. EU Nr. L 133/66 v. 22.5.2008.

eine Stelle, die wie die SCHUFA geschäftsmäßig personenbezogene Daten, die zur Bewertung der Kreditwürdigkeit von Verbrauchern (§ 13 BGB) genutzt werden dürfen, zum Zweck der Übermittlung erhebt, speichert oder verändert, ein Auskunftsverlangen von Darlehensgebern aus anderen Mitgliedstaaten der Europäischen Union oder anderen Vertragsstaaten des Abkommens über den Europäischen Wirtschaftsraum genauso behandeln wie ein Auskunftsverlangen inländischer Darlehensgeber. Die Gegenleistung kann und muss in entsprechender, nicht diskriminierender Weise berechnet werden.[99] Die mit Absatz 6 in nationales Recht transformierte EU-Richtlinie verfolgt hiermit die Angleichung der Wettbewerbsbedingungen auch in dieser Hinsicht und gewährleistet, dass der Wettbewerb zwischen Kreditgebern nicht verzerrt wird.

70　Erwägungsgrund 28 der EU-VerbrKredRl erhellt, dass es als durchaus im Interesse des Verbrauchers liegend gesehen wird, dass der Kreditgeber zur Bewertung der Kreditsituation des Verbrauchers auch die einschlägigen Datenbanken konsultiert.

VIII. Unterrichtung bei Ablehnung eines Vertragsschlusses aufgrund einer negativen Bewertung der Kreditwürdigkeit (Abs. 7)

71　Auch Absatz 7 wurde in Umsetzung der EU-VerbrKredRl 2009 angefügt. Im Interesse der Herstellung von mehr Transparenz für den Verbraucher (§ 13 BGB) muss dieser im Fall der Ablehnung des Abschlusses eines Verbraucherdarlehensvertrags im Sinne von § 491 BGB oder eines Vertrags über eine entgeltliche Finanzierungshilfe im Sinne von § 506 BGB nur dann informiert werden, wenn die Ablehnung infolge einer Auskunft der die Kreditwürdigkeit berechnenden Stelle erfolgte. Der Verbraucher muss unverzüglich kostenlos Auskunft darüber erhalten, dass die Ablehnung des Vertragsschlusses auf eine entsprechende, negative Auskunft zurückgeht, und ist über den Inhalt der erhaltenen Auskunft, auf den sich die Ablehnung stützt, zu unterrichten.

72　Die Auskunft kann nach Satz 2 nur dann verweigert werden, wenn durch sie die öffentliche Sicherheit oder Ordnung gefährdet würde. Ausweislich des Erwägungsgrundes 29 der EU-VerbrKredRl soll der Kreditgeber zu einer Information nicht verpflichtet sein, wenn sie nach anderen Gemeinschaftsvorschriften nicht zulässig ist. Explizit erwähnt werden im Erwägungsgrund Rechtsvorschriften über Geldwäsche oder Terrorismusfinanzierung, die einer Information entgegenstehen können. Dem Ziel der Gewährleistung der öffentlichen Ordnung oder der öffentlichen Sicherheit liefe es auch zuwider, wenn durch die Mitteilung die Verhütung, Ermittlung, Feststellung und Verfolgung generell von Straftaten gefährdet würden.

---

99 Siehe auch Gesetzesbegründung in BT-Drs. 16/11643, S. 233.

Adressat ist nach dem Wortlaut von Absatz 7 nicht die von § 29 BDSG im Übrigen **73** angesprochene verantwortliche Stelle, die als Auskunftei die Informationen über die Kreditwürdigkeit übermittelt hat, sondern der Kreditgeber, der den Verbraucherdarlehensvertrag bzw. einen mit einer Finanzierungshilfe verbundenen Vertrag mit dem Verbraucher wegen aus seiner Sicht unzureichender Kreditwürdigkeit nicht eingegangen ist. Der Wortlaut ist hier eindeutig: „Wer … ablehnt, hat … zu unterrichten" (Abs. 7 Satz 1). Entsprechend heißt es auch in Art. 9 EU-Verbr-KredRl: „so unterrichtet der Kreditgeber … unverzüglich und unentgeltlich". Die Informationspflicht trifft also nicht die Auskunftei. Sie kann die Information allenfalls im Auftrag des Kreditgebers aufgrund einer entsprechenden Vereinbarung mit diesem erteilen.

Das Verbot einer automatisierten Einzelentscheidung gem. § 6a BDSG und die **74** Rechte des Verbrauchers aus § 34 i.V.m. § 6a BDSG werden durch die Verpflichtung zur Mitteilung und Begründung nach Abs. 7 nicht berührt (§ 29 Abs. 7 Satz 3 BDSG).

IX. Rechtsfolgen

Werden Daten unzulässig gespeichert, sind sie zu löschen (§ 35 Abs. 2 Satz 2 Nr. 1 **75** und Nr. 4 BDSG). Sind sie unrichtig, müssen sie berichtigt werden (§ 35 Abs. 1 Satz 1 BDSG). Kann die Richtigkeit besonderer Arten personenbezogener (sensitiver) Daten nicht bewiesen werden, sind sie zu löschen (§ 35 Abs. 2 Satz 2 Nr. 2 BDSG) bzw. unter den Voraussetzungen von § 35 Abs. 3 BDSG zu sperren. Zu sperren sind die Daten auch bei Bestreiten der Richtigkeit, wenn sich die Richtigkeit oder Unrichtigkeit nicht feststellen lassen (§ 35 Abs. 3 BDSG). Eine Sperrung, die die Übermittlung oder Nutzung ohne Einwilligung des Betroffenen ausschließt (§ 35 Abs. 8 BDSG), braucht – soweit es sich nicht um besondere Arten personenbezogener Daten handelt – nicht zu erfolgen, wenn die Daten aus einer allgemein zugänglichen Quellen stammen; dann hat der Betroffene aber einen Gegendarstellungsanspruch.

Schadensersatzansprüche können sich bei Verstoß gegen § 29 BDSG aus § 7 **76** BDSG[100] und bei einem schuldhaften Verstoß aus § 823 Abs. 1 BGB sowie aus § 823 Abs. 2 BGB i.V.m. mit der Schutzvorschrift des § 29 BDSG ergeben.

Verstöße werden als Ordnungswidrigkeiten gem. § 43 Abs. 1 Nr. 5 bis Nr. 7b BDSG **77** (Bußgeld bis 50.000 €) bzw. gem. § 43 Abs. 2 Nr. 1 bis Nr. 5 BDSG (Bußgeld bis 50.000 €) verfolgt.[101] Eine Ordnungswidrigkeit nach § 43 Abs. 2 BDSG kann auf Antrag auch als Straftat verfolgt werden, wenn die vorsätzliche Handlung gegen Entgelt oder in der Absicht, sich oder einen anderen zu bereichern oder einen anderen zu schädigen, erfolgte.[102]

---

100 Siehe § 7 BDSG Rn. 6 ff.
101 Siehe § 43 BDSG Rn. 25 ff.
102 Siehe § 44 BDSG Rn. 7 ff.

78 Die Aufsichtsbehörde kann bei Rechtsverletzungen die ihr gem. § 38 BDSG zur Verfügung stehenden Mittel einsetzen, seit der BDSG-Novelle II von 2009 gemäß § 38 Abs. 5 Satz 1 BDSG auch Maßnahmen anordnen und bei Nichtbeachtung der Anordnung ein Zwangsgeld verhängen und eine Untersagung aussprechen (Satz 2).

§ 30 Geschäftsmäßige Datenerhebung und -speicherung zum Zwecke der Übermittlung in anonymisierter Form

(1) Werden personenbezogene Daten geschäftsmäßig erhoben und gespeichert, um sie in anonymisierter Form zu übermitteln, sind die Merkmale gesondert zu speichern, mit denen Einzelangaben über persönliche oder sachliche Verhältnisse einer bestimmten oder bestimmbaren natürlichen Person zugeordnet werden können. Diese Merkmale dürfen mit den Einzelangaben nur zusammengeführt werden, soweit dies für die Erfüllung des Zwecks der Speicherung oder zu wissenschaftlichen Zwecken erforderlich ist.

(2) Die Veränderung personenbezogener Daten ist zulässig, wenn

1. kein Grund zu der Annahme besteht, dass der Betroffene ein schutzwürdiges Interesse an dem Ausschluss der Veränderung hat, oder

2. die Daten aus allgemein zugänglichen Quellen entnommen werden können oder die verantwortliche Stelle sie veröffentlichen dürfte, soweit nicht das schutzwürdige Interesse des Betroffenen an dem Ausschluss der Veränderung offensichtlich überwiegt.

(3) Die personenbezogenen Daten sind zu löschen, wenn ihre Speicherung unzulässig ist.

(4) § 29 gilt nicht.

(5) § 28 Abs. 6 bis 9 gilt entsprechend.

Literatur: *Abel*, Scoring, Datenschutz-Berater 9/2006, S. 12; *Bizer/Bleumer*, Pseudonym, DuD 1997, S. 46; *Borking*, Einsatz datenschutzfreundlicher Technologien in der Praxis, DuD 1998, S. 636; *Erbs/Kohlhaas*, Strafrechtliche Nebengesetze, Loseblattsammlung, München Stand 2009; *Geppert/Piepenbrock/Schütz/Schuster*, Beck'scher TKG-Kommentar, 3. Aufl., München 2006; *Münch*, Technisch-organisatorischer Datenschutz, 3. Aufl., Frechen 2007; *Pahlke/Koenig*, Abgabenordnung, 2. Aufl., München 2009; *Tinnefeld*, Freiheit der Forschung und europäischer Datenschutz, DuD 1999, S. 35; *Weichert*, Datenschutzrechtliche Anforderungen an Verbraucher-Kredit-Scoring, DuD 2005, S. 582; *Weichert*, BDSG-Novelle zum Schutz von Internet-Inhaltsdaten, DuD 2009, S. 7.

I. Allgemeines

1. Europarechtliche Grundlagen

1 § 30 BDSG folgt Art. 6 Abs. 1 lit. b Satz 2 EG-DSRl, wonach die Bearbeitung personenbezogener Daten u. a. zu statistischen Zwecken im Allgemeinen mit der vorausgegangenen Datenerhebung dann nicht unvereinbar ist, wenn die Mitgliedstaaten geeignete Garantien zum Schutz der Betroffenen gesetzlich vorsehen. Die Anknüpfung an „statistische Zwecke" ist hier insofern weit zu verstehen, als unter statistischen Daten nicht nur diejenigen einer amtlichen Statistik verstanden werden, sondern alle Daten, die aggregiert wurden und keinen Personenbezug mehr aufweisen, also im Sinne von § 3 Abs. 6 BDSG anonymisiert wurden.

2 Der Gesetzgeber wird durch Art. 6 Abs. 1 lit. b) Satz 2 EG-DSRl aufgefordert, Garantien zu geben, damit der Anonymisierungsvorgang auch wirksam ist und die Privilegierung der bezweckten Datenübermittlung legitimiert werden kann. Nähere Hinweise zu Anforderungen, die diese Garantien zu beachten hätten, nennt die EG-DSRl nicht,[1] sodass davon auszugehen ist, dass die in § 30 Abs. 1 Satz 1 BDSG enthaltenen Anforderung an die File-Trennung und die damit einhergehenden gesonderte Speicherung der identifizierenden Merkmale ausreichende Garantien darstellen.

2. Gesetzeszweck

3 Die Vorschrift enthält selbst keine Erlaubnis für die Erhebung oder Verarbeitung personenbezogener Daten, sondern setzt voraus, dass die geschäftsmäßig erfolgte Erhebung und Speicherung personenbezogener Daten in zulässiger Weise aufgrund einer Erlaubnis gem. § 4 BDSG erfolgt ist. Sie regelt auch nicht etwa eine Übermittlung personenbezogener Daten im Anschluss an § 29 BDSG. Vielmehr bezweckt die Vorschrift eine Regelung des Prozesses der Veränderung von in zulässiger Weise erhobenen und gespeicherten Daten in der Weise, dass nach der Veränderung nur noch Daten mit statistischen Aussagen über eine Personengruppe

---

1 Siehe auch *Tinnefeld*, DuD 1999, S. 35; *Ehmann*, in: Simitis, BDSG, § 30 Rn. 7.

vorliegen, die dann – ohne einen Personenbezug aufzuweisen – als anonyme Daten[2] Dritten zur Verfügung gestellt werden. Weil dieser Datentransfer mangels Personenbezug kein datenschutzrechtlich relevanter, nur auf Grund einer Erlaubnis zulässiger Übermittlungsvorgang ist, bleibt als Regelungszweck nur, die Veränderung als inhaltliche Umgestaltung personenbezogener Daten (§ 3 Abs. 4 Ziff. 2 BDSG) zum Zweck des Gewinnens statistischer, Dritten zur Verfügung zu stellender Aussagen datenschutzrechtlich auszugestalten.

Das strenge Zweckbindungsprinzip in Bezug auf die zulässigerweise erhobenen **4** und gespeicherten Daten soll dann gelockert werden, wenn die verändernde Weiterverarbeitung zu anonymisierten Datenbeständen führt, die geschäftsmäßig vermarktet oder genutzt werden sollen.[3] Insofern bedarf es einer Erlaubnis entsprechend § 29 BDSG, der nur bei einer Übermittlung *personenbezogener* Daten anzuwenden ist, nicht, was Abs. 4 auch ausdrücklich und lediglich klarstellend hervorhebt. Weil aber die übermittelnde Stelle den Personenbezug aufgrund der nach der Anonymisierung fortdauernden Speicherung identifizierender Merkmale wieder herstellen könnte, bleibt auch nach der Übermittlung der anonymisierten Daten ein gewisses „Restrisiko" für die Persönlichkeitsrechte der Betroffenen, die der Gesetzgeber mit dieser Vorschrift zu begrenzen sucht, indem er mit § 30 Abs. 1 Satz 1 BDSG Anforderungen an die Speicherung von Merkmalen regelt, mit denen die verantwortliche Stelle aus den aggregierten Daten unter Beachtung der Voraussetzungen des § 30 Abs. 1 Satz 2 BDSG wieder einen Personenbezug herstellen könnte, und indem er mit § 30 Abs. 2 BDSG die Zulässigkeitsvoraussetzung für eine Veränderung der Daten im Sinne einer Aggregierung normiert.

3. Verhältnis zu anderen Vorschriften

Werden die personenbezogenen Daten von der verantwortlichen Stelle in der Weise **5** aggregiert, dass statistische Aussagen für eigene Marketingaktivitäten oder andere unternehmensinterne Zwecke gewonnen werden, ist § 30 BDSG nicht anwendbar, weil es an der Intention der geschäftsmäßigen Überlassung der statistischen Daten an Dritte fehlt.[4] In diesem Fall ist die Veränderung der Daten ggf. anhand der Erlaubnisnorm des § 28 BDSG zu prüfen. Es muss demnach eine Bekanntgabe an Dritte (§ 3 Abs. 4 Nr. 3 BDSG) erfolgen, womit eine „innerbetriebliche" oder „unternehmensinterne" Weitergabe als Anwendungsfall von § 30 BDSG von vornherein ausscheidet.

Erfolgt die geschäftsmäßige Veränderung der Daten zum Zweck der Übermittlung, **6** ohne dass die übermittelten Daten anonym sind, ist § 29 BDSG anzuwenden; er-

---

2 Zum Begriff der Anonymität näher § 3 BDSG Rn. 43 ff. und § 3a BDSG Rn. 50 ff.
3 Siehe *Tinnefeld/Ehmann/Gerling*, Einführung in das Datenschutzrecht, S. 604.
4 So auch *Ehmann*, in: Simitis, BDSG, § 30 Rn. 9.

folgt aber eine Weitergabe[5] von anonymisierten Daten, so kommt § 29 BDSG nicht zur Anwendung, was § 30 Abs. 4 BDSG der Klarstellung halber ausdrücklich feststellt. Die Daten müssen derart verändert sein, dass einzelne Merkmale persönlicher oder sachlicher Verhältnisse nicht mehr oder nur mit einem unverhältnismäßig großen Aufwand auf Personen zurückgeführt werden können (§ 3 Abs. 6 BDSG).

7   Mit der Novellierung des BDSG mit Wirkung zum 1.9.2009 wurde auf Initiative des Bundesrates[6] der § 30a BDSG eingefügt; insbesondere wegen einer Beschränkung des Listenprivilegs sah der Gesetzgeber Anlass, der besonderen Rolle der Markt- und Meinungsforschung im Unterschied zur Werbung und zum Adresshandel entsprechen zu müssen.[7] Die besondere Regelung des § 30a BDSG geht daher der Anwendung des § 30 BDSG vor.[8]

8   Diese neue Regelung konkretisiert die bisherigen Regelungen zur geschäftsmäßigen Erhebung und Speicherung personenbezogener Daten für Zwecke der Markt- und Meinungsforschung, die bisher in § 30 BDSG bereits gut und ausreichend im Interesse der Markt- und Meinungsforschung aufgehoben schienen.[9] Der Bundesrat und mit ihm dann der Gesetzgeber sahen es allerdings als erforderlich an, die Tätigkeit der Markt- und Meinungsforschungseinrichtungen von der Werbung, vom Adresshandel und von Wirtschaftsauskunfteien abgrenzen zu müssen, weil sie für öffentliche und private Auftraggeber mittels wissenschaftlicher Methoden und Techniken notwendige Informationen als empirische Grundlage und zur Unterstützung wirtschaftlicher, gesellschaftlicher und politischer Entscheidungen bereitstellen und damit eine wichtige Voraussetzung für die nachhaltige demokratische und wirtschaftliche Entwicklung der Bundesrepublik Deutschland schaffen.[10] Die gleichlautende Regelung des Umgangs von Teilnehmerdaten für Zwecke der Werbung und der Marktforschung, wie sie § 95 Abs. 2 TKG enthält, ist dagegen beibehalten worden.

9   Anders als § 40 BDSG, in dem die Verarbeitung und Nutzung personenbezogener Daten durch wissenschaftliche Forschungseinrichtungen geregelt ist, setzt § 30

---

5 Für die Bezeichnung der Datenübermittlung an Dritte im physikalischen Sinne werden hier im Kontext von § 30 BDSG die Termini „Weitergabe" oder „Überlassung" verwendet, um Missverständnisse auszuschließen, die entstehen könnten, weil die § 3 Abs. 2 Ziff. 3 BDSG als „Übermittlung" im datenschutzrechtlichen Sinn nur das Bekanntgeben von personenbezogenen Daten definiert. Das Gesetz achtet auf diese Feinheit nicht und spricht in § 30 Abs. 1 Satz 1 BDSG von Übermittlung in anonymisierter Form.

6 BR-Drs. 4/1/09 vom 3.2.2009, Ausschussempfehlungen zum Entwurf eines Gesetzes zur Regelung des Datenschutzaudits und zur Änderung datenschutzrechtlicher Vorschriften, S. 18.

7 BR-Drs. 4/1/09 vom 3.2.2009, S. 18.

8 Siehe § 30a BDSG Rn. 4 ff.

9 Dazu *Roßnagel*, NJW 2009, S. 2716 (2721); vgl. dazu § 30a BDSG Rn. 2.

10 BT-Drs. 16/13657, S. 19 f.

BDSG voraus, dass es sich um eine *geschäftsmäßige* Erhebung und Speicherung von personenbezogenen Daten handelt.[11]

Was unter „geschäftsmäßig" zu verstehen ist, erläutert das BDSG nicht näher, auch   10
nicht im Kontext des § 29 BDSG.[12] Im Allgemeinen wird für die Geschäftsmäßigkeit eine „Wiederholungsabsicht", d. h. eine größere Anzahl von Fällen vorausgesetzt.[13] Geschäftsmäßigkeit liegt nach dem BGH vor, wenn die Tätigkeit auf Wiederholung gerichtet ist und auf eine gewisse Dauer angelegt ist.[14] Unter Umständen genügt bereits ein einmaliges Verändern aus, sofern organisatorische Vorkehrungen auf gleichartige Vorgehensweise für die Zukunft getroffen wurden.[15] Obwohl eine Gewinnerzielungsabsicht nicht notwendig ist,[16] wird es sich bei der von § 30 BDSG beschriebenen Verwendung der personenbezogenen Daten in der Regel um eine kommerzielle Tätigkeiten der jeweiligen Unternehmen handeln.[17] Es kann hier zudem auf die Rechtsprechung zu § 46 Abs. 4 Satz 1 AO[18] hingewiesen werden sowie auf die Formulierung des § 3 Nr. 10 TKG, wonach eine gewisse Nachhaltigkeit gefordert wird.[19]

Der § 30 BDSG ist dann, wenn die Datenveränderung von Forschungseinrichtungen   11
geschäftsmäßig vorgenommen wird, lex specialis zu § 40 BDSG.[20] Die Erhebung und Speicherung der Daten ist in diesem Fall nicht privilegiert, vielmehr gelten die allgemeinen Zulässigkeitsvoraussetzungen. Danach ist eine Erhebung und Speicherung personenbezogener Daten gemäß § 4 Abs. 1 BDSG zulässig, sofern das BDSG oder eine andere Rechtsvorschrift es erlaubt oder anordnet bzw. der Betroffene eingewilligt hat. Die Einwilligung muss den Anforderungen des § 4a BDSG bzw. § 28 Abs. 3a BDSG genügen.

---

11 Vgl. § 40 BDSG Rn. 4.
12 Siehe dort Rn. 15ff.
13 So *Schaffland/Wiltfang*, BDSG, § 30 Rn. 2; *Ehmann*, in: Simitis, BDSG § 29 Rn. 58 f.; *Bergmann/Möhrle/Herb*, BDSG, § 29 Rn. 17.
14 BGH K&R 2009, 565 (567) – spickmich.de.
15 Zutreffend *Ehmann*, in: Simitis, BDSG, § 29 Rn. 51.
16 BGH K&R 2009, 565 (567) – spickmich.de; anders OLG Düsseldorf MMR 2008, 682 (auf Dauer angelegte Tätigkeit mit Gewinnerzielungsabsicht). Es ist allerdings zweifelhaft, ob der Begriff der „Geschäftsmäßigkeit", wie er auch in § 5 Abs. 1 TMG verwendet wird, über alle Gesetze hinweg kongruent definiert werden kann.
17 *Tolzmann*, in: Roßnagel, Hdb. DSR, Kap. 7.5, Rn. 4 f.
18 Vgl. die Nachweise bei *Ehmann*, in: Simitis, BDSG, § 29 Rn. 60; *Koenig*, in: Pahlke/Koenig, AO, § 46 Rn. 35 m. w. N.
19 Zum nachhaltigen Angebot siehe *Robert*, in: Geppert/Piepenbrock/Schütz/Schuster, TKG, § 91 Rn. 9.
20 Ebenso *Gola/Schomerus*, BDSG, § 30 Rn. 2. Zur Unterscheidung zwischen kommerzieller und ideeller Forschung durch ein und dasselbe Unternehmen und die Folgen für die Anwendbarkeit von § 30 resp. § 40 BDSG *Weichert*, in: Däubler/Klebe/Wedde/Weichert, BDSG, § 30 Rn. 3; *Schaffland/Wiltfang*, BDSG, § 30 Rn. 2.

12   Sofern es weitere bereichsspezifische Regelungen zur Veränderung personenbezogener Daten zum Zweck der Überlassung an Dritte in anonymer Form gibt, gehen diese Rechtsvorschriften dem § 30 BDSG vor (§ 95 Abs. 2 TKG für Dienstanbieter bei Bestandsdaten).

4. Anwendungsbereich

13   Werden bei der Erhebung von Daten zur Gewinnung statistischer Aussagen über Meinungen, Gewohnheiten, Verhaltensweisen oder Ähnliches durch mündliche Interviews oder mittels den Bezug zu einer Person nicht erkennen lassende Fragebögen von vornherein anonym erhoben, finden das BDSG und somit auch sein § 30 BDSG keine Anwendung. Die Vorschrift setzt folglich voraus, dass *personenbezogene* Daten von einer in § 27 BDSG genannten Stelle erhoben und sodann *personenbezogen* gespeichert werden, um sie anschließend nach Auswertungen zur Generierung von Statistiken *anonym* als Teil eines Datenbestands Dritten zu überlassen. Bei den angesprochenen Stellen kann es sich sowohl um nicht-öffentliche Stellen als auch öffentlich-rechtliche Wettbewerbsunternehmen handeln. Für Stellen, die nicht nach § 27 BDSG in den Anwendungsbereich des Dritten Abschnitts des BDSG fallen, gibt es keine dem § 30 BDSG entsprechende Vorschrift im BDSG; sie werden bei Auswertungen personenbezogener Daten zur Erlangung statistischer Aussagen das Statistikrecht, für den Bund das BStatG beachten.

14   Angesprochen wurden von der Vorschrift traditionell Markt-, Meinungs- und Sozialforschungsinstitute,[21] für die seit der 2009 erfolgten Änderung des Gesetzes die Sonderregelung in § 30a BDSG zu beachten ist,[22] und die Auskunfteien und der Adresshandel, aber auch Verbände oder Konzernunternehmen, die die ihnen vorliegenden personenbezogenen Daten so auswerten, dass Aussagen etwa über Konsumgewohnheiten einer beispielsweise nach Alter, Geschlecht, Beruf oder Anschrift bestimmten Gruppe gewonnen werden, ohne dass nach der Aggregierung der Daten noch ein individueller Personenbezug möglich wäre. Diese typischerweise für Zwecke des Marketing statistisch ausgewerteten Daten werden von diesen Stellen sodann Dritten zur Verfügung gestellt.[23]

15   Bedeutung erlangt die Vorschrift auch in Zusammenhang mit Scoring-Verfahren, die mit Hilfe mathematisch-statistischer Analysemethoden für andere Unternehmen personenbezogene Daten zum Zwecke der unternehmerischen Planung bzw. der Risikoanalyse von Verbraucher- und Kreditverträgen die Risikobeurteilung hinsicht-

---

21 *Weichert*, in: Däubler/Klebe/Wedde/Weichert, BDSG, § 30 Rn. 1 („Regelung richtet sich insbesondere …“).

22 *Ehmann*, in: Simitis, BDSG, § 30 Rn. 8; *Gola/Schomerus*, BDSG, § 30 Rn. 3.

23 Vgl. *Weichert*, in: Däubler/Klebe/Wedde/Weichert, BDSG, § 30 Rn. 1; *Schaffland/Wiltfang*, BDSG, § 30 Rn. 1; *Bergmann/Möhrle/Herb*, BDSG, § 30 Rn. 3.

lich von Bewohnern eines geografisch eingegrenzten Raumes als statistisch betrachteter Teil der Gesamtheit vornehmen.[24]

II. Anforderungen an die Datentrennung (Abs. 1)

Im ersten Halbsatz setzt § 30 Abs. 1 Satz 1 BDSG zur Klärung des Anwendungsbereichs voraus, dass eine Übermittlung der personenbezogenen Daten nach der Auswertung in anonymisierter Form erfolgt, um dann mit dem Kern der Regelung fortzufahren, dass die Veränderung zu dem genannten Zweck eine File-Trennung von anonymen Daten und identifizierenden Daten, mit denen auch bei den aggregierten Daten wieder ein Personenbezug möglich wäre, herzustellen ist. Die Daten, mit denen eine Re-Identifizierung möglich ist, sind alsbald von den für sich genommen anonymen Daten räumlich, technisch und organisatorisch zu trennen.[25] Zunächst werden die identifizierenden Informationen bei den Einzelangaben durch auf den Betroffenen nicht referenzierbare Pseudonyme ersetzt.[26] Nur ein File darf dann noch Merkmale zum Betroffenen enthalten, die dazu dienen können, die nicht personenbezogenen Einzelangaben des anderen Teils dieser Person wieder zuzuordnen,[27] was technisch möglich ist[28] und bei Beachtung der rechtlichen Voraussetzung bei der verantwortlichen Stelle, an die § 30 BDSG adressiert ist, auch zulässig sein kann. **16**

Die beiden Teile sind gesondert zu speichern, durch Verwendung von Kennnummern und/oder Pseudonyme (erfundener Name bzw. Deckname) aber jederzeit wieder miteinander verknüpfbar (vgl. auch § 3 Abs. 6a BDSG). Nur der eine Datensatz muss demnach ohne Personenbezug und dem Betroffenen aus sich heraus nicht mehr zuzuordnen sein. Wichtig ist, dass die Pflicht zur räumlichen oder technischen Trennung der Dateien bereits bei der ersten Speicherung besteht.[29] Dabei sind die in § 9 BDSG und der Anlage zu § 9 BDSG aufgeführten technischen und **17**

---

24 Vgl. insbesondere *Roßnagel*, NJW 2009, S. 2716; aber auch schon *Weichert*, DuD 2005, S. 582 (583); *Weichert*, in: Däubler/Klebe/Wedde/Weichert, BDSG, § 30 Rn. 1; zum Begriff des „Scoring" *Abel*, Datenschutz-Berater 9/2006, S. 12; und hier § 28a BDSG Rn. 6 ff.

25 *Weichert*, in: Däubler/Klebe/Wedde/Weichert, BDSG, § 30 Rn. 7; vgl. zum Ablauf zur Vorbereitung der Anonymisierung *Erbs/Kohlhaas*, Strafrechtliche Nebengesetze, BDSG, § 30 Rn. 3.

26 Dazu im Einzelnen *Bizer/Bleumer*, DuD 1997, S. 46.

27 Im Einzelnen *Ehmann*, in: Simitis, BDSG, § 30 Rn. 49.

28 Zu den technischen Möglichkeiten siehe *Münch*, Technisch-organisatorischer Datenschutz, S. 414; zum Einsatz von Pseudonymen in Arztpraxen vgl. *Borking*, DuD 1998, S. 636 (638).

29 Ebenso *Gola/Schomerus*, BDSG, § 30 Rn. 7; Zumutbarkeitsaspekte prüft *Ehmann*, in: Simitis, BDSG, § 30 Rn. 55.

organisatorischen Maßnahmen streng zu beachten.[30] Bei dem Vorgang der File-Trennung handelt es sich demnach noch nicht um die vollständige Anonymisierung, sodass eine eventuell notwendige Zusammenführung der Daten im Sinne von Abs. 1 S. 2 möglich bleibt.[31]

18 Aufgrund der Erlaubnis von § 30 Abs. 1 Satz 2 BDSG bleibt die Zusammenführung der Dateien für Zwecke des § 30 BDSG oder für wissenschaftliche Zwecke erlaubt. So bleibt eine Zusammenführung der Daten in bestimmten Zeitabschnitten zum Beispiel für eine Langzeitstudie möglich, die ansonsten nicht erlaubt wäre.[32] Aufgrund der begrifflichen Verwendung von „soweit", ist davon auszugehen, dass die Zusammenführung immer nur vorübergehend erfolgen darf und die File-Trennung bei Erreichen des verfolgten Zwecks unverzüglich wieder vorzunehmen ist.[33] Die Aufzählung der genannten Zwecke ist abschließend. Da es sich aber nicht um ein unabdingbares Individualrecht im Sinne des § 6 BDSG handelt, kann diese abschließende Aufzählung unter den Voraussetzungen des § 4a BDSG durch eine Einwilligung des Betroffenen durchbrochen und erweitert werden.

19 Die Erlaubnis zur Zusammenführung der Daten gilt jedoch nur für die interne Verwendung der Daten. Demnach muss sich die Erforderlichkeit der Auswertung aufgrund wissenschaftlicher Forschung bei der verantwortlichen Stelle selbst ergeben.[34]

III. Zulässigkeit der Veränderung (Abs. 2)

20 Die Zulässigkeit der privilegierten Vorgehensweise nach § 30 Abs. 1 BDSG ist an die Beachtung der weiteren Voraussetzungen nach Abs. 2 BDSG geknüpft. Eine Veränderung der personenbezogenen Daten ist zur Auswertung in verschiedener Hinsicht möglich. So wird vor der File-Trennung die Aggregierung vorbereitet, z.B. durch Umsortieren, oder die Datensätze werden personenbezogen aktualisiert.[35] Zulässig kann sie aufgrund einer von zwei Zulässigkeitsalternativen sein. Zum einen darf sie erfolgen, wenn nach einer pauschalen Prüfung keine Anhaltspunkte vorliegen, die für die Annahme sprechen, dass ein entgegenstehendes Interesse des Betroffenen vorliegen könnte. Zum anderen ist sie schon dann zulässig, wenn die Daten aus allgemein zugänglichen Quellen stammen, weil dann die Schutzbedürftigkeit von vornherein gering sein dürfte. Aber auch bei dieser Alter-

---

30 Zu den technisch-organisatorischen Maßnahmen *Münch*, Technisch-organisatorischer Datenschutz, S. 414.
31 Zur damit verbundenen Kritik am Begriff der sog. Deanonymisierung vgl. bei *Ehmann*, in: Simitis, BDSG, § 30 Rn. 49 ff.
32 *Gola/Schomerus*, BDSG, § 30 Rn. 8; zur Notwendigkeit einer derartigen Ausnahme *Ehmann*, in: Simitis, BDSG, § 30 Rn. 62.
33 „Unverzüglich" im Sinne von § 121 BGB, vgl. *Ehmann*, in: Simitis, BDSG, § 30 Rn. 61.
34 Ebenso *Gola/Schomerus*, BDSG, § 30 Rn. 9.
35 Zu den Veränderungsprozessen *Ehmann*, in: Simitis, BDSG, § 30 Rn. 68.

native ist eine pauschale Prüfung vorzunehmen, ob Interessen des Betroffenen berührt sein können und gegenüber dem Interesse der verantwortlichen Stelle an der Datenveränderung überwiegen.

IV. Löschungsverpflichtung (Abs. 3)

In § 30 Abs. 3 BDSG wird die Verpflichtung zur Löschung unzulässig gespeicherter **21** Daten, die sich schon aus § 35 Abs. 2 Satz 2 Nr. 1 BDSG ergibt, noch einmal ausdrücklich hervorgehoben. Man kann den Abs. 3 als gut gemeinte Erinnerung ansehen, die letztlich aber überflüssig ist und keine zusätzliche Pflicht normiert, weil Ausnahmen von der allgemeinen Löschungspflicht im Kontext von § 30 BDSG nicht zum Tragen kommen.[36]

V. Nichtanwendbarkeit von § 29 BDSG (Abs. 4)

Durch Abs. 4 wird die Anwendbarkeit von § 29 BDSG ausdrücklich ausgeschlos- **22** sen.[37] Damit sind weder die für eine Erhebung der Daten in § 29 Abs. 1 BDSG enthaltenen Erlaubnistatbestände anwendbar, noch müssen die Voraussetzungen des § 29 Abs. 2 BDSG bei der Übermittlung erfüllt werden.[38]

VI. Anwendbarkeit von § 28 Abs. 6–9 BDSG (Abs. 5)

Ebenso wie in § 29 Abs. 5 BDSG wird nochmals ausdrücklich darauf hingewiesen, **23** dass die Regelungen zum Schutz besonderer Arten personenbezogener Daten in § 28 Abs. 6 bis 9 BDSG auch für den Fall der geschäftsmäßigen Erhebung und Speicherung der Daten zum Zwecke der Übermittlung in anonymisierter Form gelten. Hintergrund ist, dass die Erhebung und Speicherung der Daten, um diese dann anonymisiert zu übermitteln, gleichermaßen zunächst eine Verarbeitung zu eigenen Geschäftszwecken i. S. d. § 28 BDSG darstellt, weshalb die entsprechende Anwendung der dortigen Schutzvorschriften sachgerecht erscheint.[39]

---

36 *Ehmann*, in: Simitis, BDSG, § 30 Rn. 80, mutmaßt, dass es sich hier um vergessene Überreste des BDSG 1990 handelt, in dem die generelle Anwendbarkeit des § 35 noch nicht sichergestellt war.

37 Siehe dazu schon oben Rn. 6.

38 Ebenso *Weichert*, in: Däubler/Klebe/Wedde/Weichert, BDSG, § 30 Rn. 10.

39 Ebenso *Weichert*, in: Däubler/Klebe/Wedde/Weichert, BDSG, § 30 Rn. 11; kritisch aber *Ehmann*, in: Simitis, BDSG, § 30 Rn. 86–89.

VII. Sanktionen

24 Nach § 43 Abs. 2 Nr. 1 BDSG kommt bei unbefugter Erhebung bzw. Verarbeitung der ursprünglich personenbezogenen Daten ein Bußgeld in Betracht. Es stellt eine Ordnungswidrigkeit dar, wenn entgegen § 30 Abs. 1 Satz 2 BDSG durch Zusammenführung von Daten gegen die vorgeschriebene File-Trennung verstoßen wird (§ 43 Abs. 2 Nr. 6 BDSG). Bei Vorliegen der Voraussetzungen des § 44 Abs. 1 BDSG kommen außerdem Freiheits- sowie Geldstrafe in Betracht.

§ 30a Geschäftsmäßige Datenerhebung und -speicherung für Zwecke der Markt- und Meinungsforschung

(1) Das geschäftsmäßige Erheben, Verarbeiten oder Nutzen personenbezogener Daten für Zwecke der Markt- und Meinungsforschung ist zulässig, wenn

1. kein Grund zu der Annahme besteht, dass der Betroffene ein schutzwürdiges Interesse an dem Ausschluss der Erhebung, Verarbeitung oder Nutzung hat, oder

2. die Daten aus allgemein zugänglichen Quellen entnommen werden können oder die verantwortliche Stelle sie veröffentlichen dürfte und das schutzwürdige Interesse der Betroffenen an dem Ausschluss der Erhebung, Verarbeitung oder Nutzung gegenüber dem Interesse der verantwortlichen Stelle nicht offensichtlich überwiegt.

Besondere Arten personenbezogener Daten (§ 3 Abs. 9) dürfen nur für ein bestimmtes Forschungsvorhaben erhoben, verarbeitet oder genutzt werden.

(2) Für Zwecke der Markt- und Meinungsforschung erhobene oder gespeicherte personenbezogene Daten dürfen nur für diese Zwecke verarbeitet oder genutzt werden. Daten, die nicht aus allgemein zugänglichen Quellen entnommen worden sind und die die verantwortliche Stelle auch nicht veröffentlichen darf, dürfen nur für das Forschungsvorhaben verarbeitet oder genutzt werden, wenn sie zuvor so anonymisiert werden, dass ein Personenbezug nicht mehr hergestellt werden kann.

(3) Die personenbezogenen Daten sind zu anonymisieren, sobald dies nach dem Zweck des Forschungsvorhabens, für das die Daten erhoben worden sind, möglich ist. Bis dahin sind die Merkmale gesondert zu speichern, mit denen Einzelangaben über persönliche oder sachliche Verhältnisse einer bestimmten oder bestimmbaren Person zugeordnet werden können. Diese Merkmale dürfen mit den Einzelangaben nur zusammengeführt werden, soweit dies nach dem Zweck des Forschungsvorhabens erforderlich ist.

(4) § 29 gilt nicht.

(5) § 28 Absatz 4 und 6 bis 9 gilt entsprechend.

Literatur: *Grentzenberg/Schreibauer/Schuppert*, Die Datenschutznovelle (Teil 2). Ein Überblick zum „Gesetz zur Änderung datenschutzrechtlicher Vorschriften", K&R 2009, S. 535; *Greve/Schärdel*, Der digitale Pranger – Bewertungsportale im Internet, MMR 2008, S. 644; *Hug/Gaugenrieder*, Cold Calls in der Marktforschung? Rechtmäßigkeit von Telefonumfragen zu Zwecken der Marktforschung, WRP 2006, S. 1420; *Iraschko-Luscher/Kiekenbeck*, Internetbewertungen von Dienstleistern – praktisch oder kritisch? Meinungsäußerungen zu Lehrer, Arzt & Co. vor dem Hintergrund des § 30a BDSG, ZD

2012, S. 261; *Patzak/Beyerlein*, Adressdatenhandel unter dem neuen BDSG, MMR 2009, S. 525; *Pflüger*, Datenschutz in der Markt- und Meinungsforschung, RDV 2010, S. 101; *Roßnagel*, Die Novellen zum Datenschutzrecht – Scoring und Adresshandel, NJW 2009, S. 2716; *Schäfer-Newiger*, Die strikte Trennung von Direktmarketing und Marktforschung, WRP 2001, S. 782; *Schweizer*, Grundsätzlich keine Anwendbarkeit des UWG auf die Medien- und insgesamt auf die Markt- und Meinungsforschung, ZUM 2010, S. 400; *Tscherwinka*, § 30a BDSG – unsung hero oder Rohrkrepierer, www.markt forschung.de/information/marktforschungrecht/30-a-bdsg/.

I. Allgemeines

1 Die mit § 29 BDSG 2001 erfasste geschäftsmäßige Datenerhebung und -speicherung für Zwecke der Markt und Meinungsforschung hat mit dem neu ins Gesetz eingefügten § 30a BDSG im Rahmen der 2. Novelle zum Bundesdatenschutzgesetz 2009 eine eigenständige Regelung erfahren.[1]

1. Gesetzeszweck

2 Die Markt- und Meinungsforschung, darunter auch die Demoskopie, ermöglicht es öffentlichen und privaten Auftraggebern mittels wissenschaftlicher Methoden und Techniken, erforderliche Informationen als empirische Grundlage und zur Begründung wirtschaftlicher, gesellschaftlicher und politischer Entscheidungen zu nutzen.[2] Nach der Beschlussempfehlung des Innenausschusses vom 1.7.2009 schafft die Markt- und Meinungsforschung eine wichtige Voraussetzung für die nachhaltige demokratische und wirtschaftliche Entwicklung der Bundesrepublik Deutschland.[3] § 30a BDSG enthält daher Erleichterungen gegenüber den generell für geschäftsmäßige Datenverarbeitung geltenden Regelungen der §§ 29 und 30 BDSG 2009, die aufgrund der Änderungen der §§ 28 Abs. 3 und 29 BDSG nach der 2. Novelle 2009 erforderlich waren, um die Tätigkeit der Markt- und Meinungsforschungsinstitute nicht über Gebühr zu beschränken. Den Besonderheiten der

---

1 Gesetz vom 14.8.2009 (BGBl. I, S. 2814).
2 Vgl. *Hug/Gaugenrieder*, WRP 2006, S. 1420 (1422).
3 BT-Drs. 16/13657, S. 19 f.

Markt- und Meinungsforschung gegenüber der Werbung und der allgemeinen Datenverarbeitung für geschäftsmäßige Zwecke soll durch diese Regelung Rechnung getragen werden.[4]

2. Entwicklung der Vorschrift

In der vorbereitenden Phase der Gesetzgebung als auch im Gesetzgebungsverfahren **3** selbst wurden die Besonderheiten der Markt- und Meinungsforschung zunächst schlicht übersehen. So enthielten die Gesetzesentwürfe lange keine Sonderregelungen für die Markt- und Meinungsforschung,[5] wohl weil nach dem BDSG 2001 keine Sonderregelungen erforderlich waren. Im Herbst 2008 wurde den Markt- und Meinungsinstituten bewusst, dass die beabsichtigte Fassung des § 29 BDSG zu einer erheblichen Beschränkung ihrer Tätigkeiten führen könnte. Den Instituten gelang es schließlich, durch zahlreiche Eingaben[6] an die Länder und den Bundestag das Bewusstsein des Gesetzgebers zu schärfen. Erstmals forderte der Bundesrat mit seinen Empfehlungen der Ausschüsse vom 3.2.2009, die Besonderheiten der Markt- und Meinungsforschung zu berücksichtigen.[7] Der Bundestag hatte sich diesen Bedenken in letzter Minute angeschlossen, woraufhin es zur Einfügung des § 30a BDSG in die 2. Novelle kam.

3. Verhältnis zu anderen Vorschriften

Für den Bereich der Markt- und Meinungsforschung ersetzt § 30a BDSG den § 29 **4** BDSG, wie sich schon aus § 30a Abs. 4 BDSG ergibt. Zudem tritt § 30 BDSG hinter § 30a BDSG zurück.[8]

Allerdings ist das Verhältnis zu § 28 BDSG nicht eindeutig. Man wird aber anneh- **5** men müssen, dass – da § 30a BDSG die Regelung des § 29 BDSG ersetzen soll – eine Anwendung des § 28 BDSG in der Regel nicht in Betracht kommt, obwohl § 29 BDSG durchaus neben § 28 BDSG gelten kann.[9] Bei näherer Betrachtung dürfte sich an diesem Verhältnis nichts ändern, obwohl das in §§ 29 und 30 BDSG vorausgesetzte Tatbestandsmerkmal „Übermittlung" zwar einerseits fast immer – jedenfalls in anonymisierter Form der Daten – im Rahmen der Tätigkeit der Markt- und Meinungsforschungsinstitute erfüllt wird, dieses Tatbestandsmerkmal aber gerade nicht in § 30a BDSG erwähnt ist. Es kommt daher darauf an, ob das For-

---

4 BT-Drs. 16/13657, S. 19; vgl. *Hug/Gaugenrieder*, WRP 2006, S. 1420 f., die diese Unterscheidung bereits aufgrund §§ 28, 29 BDSG a. F. betonten.
5 Siehe § 29 des Gesetzesentwurfs der Bundesregierung, BT-Drs. 16/12011, S. 14.
6 Z. B. Stellungnahme des ADM Arbeitskreis Deutscher Markt- und Sozialforschungsinstitute e. V. vom 4.2.2009.
7 BR-Drs. 4/1/09, S. 18 f.
8 *Grentzenberg/Schreibauer/Schuppert*, K&R 2009, S. 535 (536); vgl. BT-Drs. 16/13657, S. 20.
9 *Gola/Schomerus*, BDSG, § 29 Rn. 2; *Ehmann*, in: Simitis, BDSG, § 29 Rn. 23 f.

schungsvorhaben einmalig ist oder ob die verantwortliche Stelle geschäftsmäßig Daten für mehrere Forschungsvorhaben i. S. des § 30a BDSG erhebt und verarbeitet. Man wird daher § 30a BDSG so lesen müssen, dass er die Bestimmungen des § 28 BDSG verdrängt, wenn es um die geschäftsmäßige Erhebung und Verarbeitung personenbezogener Daten im Rahmen von Forschungsvorhaben für Auftraggeber oder auch für eigene Zwecke geht. Ist hingegen Zweck der Erhebung und Verarbeitung *ein* Forschungsvorhaben für eigene Zwecke, so bleibt § 28 BDSG (ausschließlich) anwendbar. Damit unterscheidet sich das BDSG 2009 von den Regelungen des BDSG 2001 insoweit, als nicht mehr der Zweck der Übermittlung entscheidendes Kriterium für die Abgrenzung zu § 28 BDSG ist, sondern die Geschäftsmäßigkeit.[10] Wurde das Datenmaterial zunächst für einen anderen Zweck erhoben (bspw. zur Abwicklung von Kaufverträgen), bleibt es bei der Anwendung des § 28 BDSG, auch wenn die Daten im Anschluss für die Markt- und Meinungsforschung verwendet werden.[11] Entscheidend ist für die Anwendung des § 28 BDSG, ob geplant ist, die Daten an Dritte weiterzugeben.[12]

6 Auffällig ist der fehlende Hinweis auf § 28 Abs. 3a BDSG (Einwilligung) in § 30a BDSG, während in § 29 Abs. 2 Satz 2 BDSG dieser Verweis enthalten ist. Das sollte aber nicht bedeuten, dass trotz einer weitergehenden Einwilligung des Betroffenen die Erlaubnistatbestände des § 30a BDSG abschließend sind. § 30a BDSG schließt § 4a BDSG nicht aus, sodass man über diese Norm zur Zulässigkeit einer weitergehenden Verarbeitung von personenbezogenen Daten als nach § 30a BDSG kommen muss. Den Inkongruenzen zwischen §§ 28, 29, 30 und 30a BDSG sollte schon deshalb wenig Gewicht beigelegt werden, als insbesondere § 30a BDSG erst in letzter Minute in die 2. Datenschutznovelle 2009 aufgenommen wurde.

7 Die Markt- und Meinungsforschung steht aufgrund ihres Bedürfnisses, Verbraucher zur Ermittlung von Forschungsanalysen ansprechen zu müssen, auch im Fokus des Wettbewerbsrechts. Insbesondere die Kommunikationsverbote des § 7 Abs. 2 UWG sind zu beachten. Das gilt für diejenigen Unternehmen, die ein Forschungsvorhaben nur vortäuschen oder nutzen, um Verbraucher zu Werbezwecken ansprechen zu können.[13] Selbst wenn eine Umfrage im Interesse eines Unternehmens nach wissenschaftlichen Maßstäben durchgeführt wird, soll dies automatisch eine mittelbare Absatzförderung sein, womit es sich um Werbung im Sinne des UWG handelt, auf

---

10 Unter dem BDSG 2001 galt für die Markt- und Meinungsforschung für eigene Zwecke § 28 BDSG neben § 29 BDSG, siehe z. B. *Hug/Gaugenrieder*, WRP 2006, S. 1420 (1422); § 28 Abs. 4 BDSG 2009 erwähnt nach wie vor explizit die Markt- und Meinungsforschung.
11 *Ehmann*, in: Simitis, BDSG, § 30a Rn. 33 ff.
12 *Ehmann*, in: Simitis, BDSG, § 30a Rn. 35.
13 Siehe hierzu insbesondere auch *Hug/Gaugenrieder*, WRP 2006, S. 1420; *Schäfer-Newiger*, WRP 2001, S. 782; *Köhler*, in: Hefermehl/Köhler/Bornkamm, UWG, § 7 UWG Rn. 133, jeweils mit Nachw. aus der Rspr.

die § 7 Abs. 2 UWG anwendbar ist.[14] Erfolgt die Ansprache der Betroffenen nicht zur Absatzförderung (Werbung), sondern zur Durchführung eines Forschungsvorhabens i. S. des § 30a BDSG, so gilt § 7 Abs. 1 Satz 1 UWG.[15] Sind aber die Betroffenen nicht Marktteilnehmer i. S. des UWG, stehen diesen die Rechte aus § 823 Abs. 1, § 1004 BGB (Verletzung des Persönlichkeitsrechts)[16] bei einer belästigenden Ansprache zu.

§ 40 BDSG ist lex specialis zu § 30a BDSG. Voraussetzung für die Anwendung des **8** § 40 BDSG ist, dass ein Forschungsvorhaben durch eine Forschungseinrichtung durchgeführt wird, die nicht generell im Auftrag von Dritten gegen Entgelt tätig wird, sondern ihrem Auftrag zur Forschung nachkommt. Gelegentliche Fälle der Auftragsforschung ändern hieran nichts.[17]

Im Bereich der Marktforschung (nicht: Meinungsforschung) über das Internet ist **9** zudem § 15 Abs. 3 TMG für das Verwenden von Nutzungsdaten zur Marktforschung zu beachten. Er geht insoweit § 30a BDSG vor.[18]

II. Kommentierung

1. Anwendungsbereich

a) Adressaten der Regelung

§ 30a BDSG regelt ausschließlich die geschäftsmäßige Datenerhebung für Zwecke **10** der Markt- und Meinungsforschung. Eine Bestimmung des Begriffs der Markt- und Meinungsforschung findet sich indes weder im Gesetz selbst, noch in dessen Begründung, obwohl eine Definition des Begriffes in § 3 BDSG schon aufgrund der Sonderstellung der Markt- und Meinungsforschung nahe gelegen hätte. Offenbar ist der Verzicht auf eine Definition der Eile geschuldet, mit der § 30a BDSG als Ausnahmeregelung in die 2. Novelle zum BDSG 2009 aufgenommen wurde.

Aus der Gesetzesbegründung lässt sich lediglich entnehmen, dass es sich bei der **11** Markt- und Meinungsforschung um einen Vorgang handelt, mittels derer öffentlichen und privaten Auftraggebern unter Verwendung wissenschaftlicher Methoden und Techniken notwendige Informationen als empirische Grundlage und zur Unterstützung wirtschaftlicher und politischer Entscheidungen zur Verfügung gestellt

---

14 So (zweifelhaft) OLG Köln MMR 2009, S. 267; *Ohly*, in: Piper/Ohly/Sosnitza, UWG, § 7 Rn. 44; vgl. *Köhler*, in: Hefermehl/Köhler/Bornkamm, UWG, § 7 UWG Rn. 16; a. A. mit beachtlichen Gründen *Schweizer*, ZUM 2010, S. 400 (406); *Pflüger*, RDV 2010, S. 101 (103); *Tscherwinka*, www.marktforschung.de/information/marktforschungrecht/30-a-bdsg/.
15 *Köhler*, in: Hefermehl/Köhler/Bornkamm, UWG, § 7 UWG Rn. 16.
16 Vgl. hierzu zuletzt BGH GRUR 2009, S. 980; *Köhler*, in: Hefermehl/Köhler/Bornkamm, UWG, § 7 UWG Rn. 14; zum Verhältnis des § 7 Abs. 2 UWG zu § 823 Abs. 1 BGB siehe OLG Hamm, Urteil v. 26.3.2009 – 4 U 219/08 (unveröffentlicht).
17 Näher *Ehmann*, in: Simitis, § 30a Rn. 55 ff.
18 Vgl. *Kamlah*, in: Plath, § 30a Rn. 35.

werden.[19] Das deckt sich weitgehend mit dem Selbstverständnis der Marktteilnehmer,[20] erlaubt jedoch weder eine hinreichende Abgrenzung zu sonstigen geschäftsmäßigen Datenerhebungen und -speicherungen nach § 29 BDSG, noch eine exakte Bestimmung des Anwendungsbereichs, zumal es allgemein anerkannte Definitionen nicht gibt und die Definitionsversuche von hoher Unschärfe sind und sich überschneiden.[21]

12 Ausgehend von der Begründung des § 30a BDSG ist davon auszugehen, dass diese Vorschrift nicht nur auf Marktforschungsinstitute – also Unternehmen, die das Verhalten von Marktteilnehmern und der Märkte selbst erforschen[22] – und Meinungsforschungsinstitute als Unternehmen, die insbesondere demoskopische Umfragen betreiben,[23] anwendbar ist, sondern auch auf alle anderen Unternehmen, die vergleichbare Tätigkeiten für öffentliche oder private Auftraggeber erbringen. Hierzu dürfte z. B. die Sozialforschung gehören, die sich weder mit dem Markt noch mit Meinungen natürlicher Personen oder Personengruppen beschäftigt. Nicht zulässig wäre es auch, aus der Begründung des § 30a BDSG das Erfordernis der Verwendung wissenschaftlicher Methoden und Techniken[24] bei der Markt-, Sozial- und Meinungsforschung zu verlangen und hierdurch Untersuchungen mit zweifelhaften empirischen Grundlagen aus dem Anwendungsbereich auszuschließen.[25] Allerdings setzt § 30a BDSG voraus, dass es sich um eine geschäftsmäßige Tätigkeit handelt; die Erhebung und Verarbeitung personenbezogener Daten durch ein Unternehmen, das nur einmalig – z. B. im Rahmen der Prüfung einer Produktakzeptanz – eine Marktstudie vornimmt, fällt daher nicht unter § 30a BDSG, sondern unter § 28 BDSG.[26]

---

19 BT-Drs. 16/13657, S. 20.

20 Vgl. Stellungnahme des ADM Arbeitskreis Deutscher Markt- und Sozialforschungsinstitute e. V. vom 4.2.2009, S. 4. Bemerkenswert ist, dass sich die Marktteilnehmer lieber als Markt- und Sozialforschungsinstitute denn als „Markt- und Meinungsforschungsinstitute" bezeichnen.

21 So auch *Ehmann*, in: Simitis, § 30a Rn. 67 ff.; beispielhaft die Definitionsversuche in Gabler Wirtschaftslexikon, z. B. Stichwort „Marktforschung" (http://wirtschaftslexikon.gabler.de/ Archiv/1249/marktforschung-v6. html), „Meinungsforschung" (http://wirtschaftslexikon. gabler.de/Archiv/1568/meinungsforschung-v5.htm). Zum Stichwort „Sozialforschung" wird u. a. auf „Meinungsforschung" verwiesen.

22 Gabler Wirtschaftslexikon, Stichwort „Marktforschung" (http://wirtschaftslexikon.gabler. de/Archiv/1249/marktforschung-v6.html).

23 Gabler Wirtschaftslexikon, Stichwort „Meinungsforschung", http://wirtschaftslexikon.ga bler.de/Archiv/1568/meinungsforschung-v5.html.

24 Vgl. BT-Drs. 16/13657, S. 20.

25 Ob § 30a BDSG auch eine taugliche Rechtsgrundlage für Berwertungsportale im Internet darstellt, ist äußerst zweifelhaft. So aber *Iraschko-Luscher/Kiekenbeck*, ZD 2012, S. 261; a. A. BGH NJW 2009, 2888, 2891; *Gola/Schomerus*, BDSG, § 28 Rn. 5; *Greve/Schärdel*, MMR 2008, S. 644 ff.

26 Hierzu oben unter Rn. 3.

Munz

b) Zweck der Erhebung und Verarbeitung

Nur scheinbar offen ist die Frage, ob § 30a BDSG nur die Markt- und Meinungsfor- **13**
schung für fremde oder auch für eigene Zwecke erfasst. § 30a BDSG setzt schon
seinem Wortlaut nach nicht voraus, dass die personenbezogenen Daten für Zwecke
Dritter, also zur Übermittlung der Daten an Dritte, erhoben und verarbeitet werden.
Die Anwendung des § 29 BDSG ist deshalb folgerichtig nach § 30a Abs. 4 BDSG
ausgeschlossen. Die im Regierungsentwurf vom 18.2.2009 noch in § 28 Abs. 3 und
§ 29 Abs. 1 BDSG-E enthaltenen Regelungen[27] sind aufgrund der neuen Regelung
des § 30a BDSG für überflüssig gehalten worden, was zeigt, dass in § 30a BDSG
sowohl die Erhebung und Verarbeitung für eigene Zwecke als auch für fremde Zwecke geregelt werden soll.

c) Zusammenfassung

Unter Berücksichtigung des Zwecks des § 30a BDSG darf der Adressatenkreis so **14**
zusammengefasst werden: Es handelt sich um Stellen, die geschäftsmäßig personenbezogene Daten bei Betroffenen erheben, um empirische Aussagen über das
Verhalten von Bevölkerungsgruppen mittels demoskopischer Befragungen für eigene oder fremde Zwecke zu gewinnen. Die Befragung einzelner Personen und damit
das Erheben von Daten bei Betroffenen ist lediglich Mittel zum Zweck.

2. Überblick und Rechtsnatur

Die Norm gliedert sich in fünf Absätze. Zunächst wird in § 30a Abs. 1 BDSG eine **15**
zweckgebundene Befugnis zur geschäftsmäßigen Erhebung, Verarbeitung oder
Nutzung personenbezogener Daten erteilt, ähnlich § 29 Abs. 1 BDSG 2001. In
Abs. 2 wird diese Zweckbindung gestuft und damit korrelierend in Abs. 3 eine differenzierte Pflicht zur Anonymisierung und Pseudonymisierung geschaffen. Abs. 4
entspricht der Regelung des § 30 Abs. 5 BDSG, doch erklärt er darüber hinaus § 28
Abs. 4 BDSG für anwendbar.

Abs. 1 ist eine Erlaubnisnorm nach § 4 Abs. 1 BDSG. Abs. 2 schränkt die Erlaubnis **16**
nach Abs. 1 im Sinne einer strengen Zweckbindung ein. Abs. 3 ist ein korrektiv zu
der gegenüber §§ 28 Abs. 3 und 29 BDSG weitergehenden Zulässigkeit der Erhebung und Verarbeitung personenbezogener Daten auf der Folgenseite, d.h. eine Beschränkung der Speicherungsbefugnis für personenbezogene Daten nach § 28
Abs. 1 BDSG und § 29 Abs. 1 BDSG und zugleich eine Konkretisierung der Pflichten der verantwortlichen Stelle nach § 3a Satz 2 BDSG.

---

27 BT-Drs. 16/12011, S. 13 f.; vgl. *Patzak/Beyerlein*, MMR 2009, S. 525 f.

3. Erlaubnis nach Abs. 1

17 § 30a Abs. 1 Satz 1 BDSG erlaubt auch weiterhin die geschäftsmäßige Erhebung, Verarbeitung oder Nutzung personenbezogener Daten für Zwecke der Markt- und Meinungsforschung, doch führt die Norm zu einer weitergehenden Konkretisierung der Rechte und Pflichten der Beteiligten.[28] Indem dieser Bereich der geschäftsmäßigen Datenerhebung und -verarbeitung aus § 29 BDSG 2001 herausgenommen und eine von der Werbung gesonderte Regelung erfahren hat, soll den Besonderheiten der Markt- und Meinungsforschung gegenüber der Werbung Rechnung getragen werden. Denn nach dem Regierungsentwurf[29] wäre eine Datenerhebung bei den Betroffenen nur nach vorheriger Einwilligung der Betroffenen möglich gewesen, was aufgrund der Notwendigkeit, geeignete Personen für Befragungen aufgrund öffentlich zugänglicher Daten vorzuselektieren, den Markt- und Meinungsforschungsinstituten die Bestimmung neuer Personen für Befragungen nahezu unmöglich gemacht hätte. Zugleich ist die potenzielle Beeinträchtigung der Betroffenen durch entsprechende Erhebungen geringer, als typischerweise die personenbezogenen Daten durch die anerkannten Meinungsforschungsinstitute ohnehin nur für diese Zwecke erhoben und verarbeitet werden und eine Übermittlung der personenbezogenen Daten an die Kunden der Institute nicht stattfindet.[30] Was unter dem „Erheben", „Verarbeiten" und „Nutzen" personenbezogener Daten zu verstehen ist, bestimmt § 3 BDSG. Der Begriff des „geschäftsmäßigen" Handelns hat die gleiche Bedeutung wie in den §§ 29, 30 BDSG.[31] Demnach muss es sich um eine auf Wiederholung gerichtete Tätigkeit handeln, welche einen dauernden oder wiederkehrenden Bestandteil der Aktivitäten der die Daten verarbeitenden Stelle darstellt. Sofern es sich um eine erstmalige Tätigkeit handelt, ist eine Wiederholungsabsicht ausreichend.[32]

18 In materieller Hinsicht orientiert sich die Norm an den Anforderungen des § 30 Abs. 2 BDSG,[33] doch ist sie sprachlich klarer gefasst.[34] § 30a Abs. 1 BDSG enthält zwei Zulässigkeitstatbestände. Gemäß Abs. 1 Satz 1 Nr. 1 ist die Erhebung, Speicherung und Nutzung von Daten zum Zwecke der Markt- und Meinungsforschung zulässig, wenn kein Grund zu der Annahme besteht, dass der Betroffene ein schutzwürdiges Interesse an deren Ausschluss hat. Es darf für die verantwortliche Stelle mithin kein konkreter Anhaltspunkt für eine derartige Beeinträchtigung bestehen. Insoweit kann auf die Ausführungen zu § 28 Abs. 2 Nr. 2 BDSG, § 29 Abs. 1 Nr. 1 und § 30 Abs. 2 Nr. 1 BDSG verwiesen werden, nach deren Regelungen die Abwä-

---

28 *Roßnagel*, NJW 2009, S. 2716 (2721).
29 BT-Drs. 16/12011, S. 13 f.
30 Hierzu s. Stellungnahme des ADM Arbeitskreis Deutscher Markt- und Sozialforschungsinstitute e. V. vom 4.2.2009; vgl. BR-Drs. 4/1/09, S. 18.
31 Vgl. i.E. § 29 BDSG Rn. 15 ff.
32 *Gola/Schomerus*, BDSG, § 29 Rn. 6.
33 Vgl. § 30 BDSG Rn. 20.
34 Das hebt jedenfalls die Gesetzesbegründung hervor, BT-Drs. 16/13657, S. 20.

gung der Interessen von verantwortlicher Stelle und Betroffenen nachgebildet ist. Liegen dennoch derart konkrete Umstände vor, so ist im Einzelfall eine Abwägung vorzunehmen.[35] Allgemeine Aussagen darüber, wann schutzwürdige Interessen des Betroffenen durch eine Datenerhebung, -verarbeitung und -nutzung für Zwecke der Markt- und Meinungsforschung beeinträchtigt sind, lassen sich schwerlich aufstellen. Eindeutig ist insoweit, dass ein Widerspruch des Betroffenen immer die Erhebung und Verarbeitung unzulässig macht, wie sich schon aus § 30a Abs. 5 BDSG ergibt. Im Übrigen ist darauf zu achten, dass jedes schutzwürdige Interesse des Betroffenen die Erhebung und Verarbeitung sowie die Nutzung der Daten ausschließt, eines Überwiegens der Interessen des Betroffenen bedarf es gerade nicht. Die Abwägung bezieht sich also nicht auf eine Prüfung sich durchsetzender Interessen, sondern auf eine Prüfung des Bestehens entgegenstehender Interessen des Betroffenen.

Abs. 1 Satz 1 Nr. 2 enthält im Gegensatz zu Nr. 1 erleichterte Zulässigkeitsbedingungen für Daten, die zwar personenbezogen sind, jedoch allgemein zugänglich sind oder die von der verantwortlichen Stelle veröffentlicht werden dürften. Dies entspricht dem Sinn nach weitgehend § 28 Abs. 1 Nr. 3 und § 29 Abs. 1 Satz 1 Nr. 2 BDSG und wiederholt die Regelung des § 30 Abs. 2 Nr. 2 BDSG, sodass auf die dortigen Ausführungen verwiesen werden darf. Wie nach § 30 Abs. 2 Nr. 2 BDSG reicht es aus, wenn die Daten aus öffentlich zugänglichen Quellen „entnommen werden können", was darauf schließen lässt, dass die Daten nicht unmittelbar aus der allgemein zugänglichen Quelle stammen müssen. Es soll vielmehr ausreichen, dass sie auf diese Quellen rückführbar wären. Diese Möglichkeit muss der verantwortlichen Stelle jedoch zumindest im Zeitpunkt der Datenerhebung, -verarbeitung oder -nutzung bekannt sein. Eine Vermutung reicht nicht aus. Allgemein zugängliche Quellen stellen neben allen Massenmedien auch Bücher, öffentliche Plakatanschläge, Flugblätter und öffentlich zugängliche Register dar.[36] Als einschränkendes Kriterium bedarf es jedoch immer dann einer Interessenabwägung, wenn die schutzwürdigen Interessen des Betroffenen offensichtlich sind. Dies ist anzunehmen, wenn das Interesse deutlich erkennbar ist und gegenüber den Interessen der verantwortlichen Stelle überwiegt, wie dies beispielsweise bei einem Widerspruch des Betroffenen der Fall ist.

19

Abs. 1 Satz 2 stellt besondere Bedingungen für die Erhebung, Verarbeitung und Nutzung besonders sensitiver Daten nach § 3 Abs. 9 BDSG auf. Im Gegensatz zu den „allgemeinen" personenbezogenen Daten dürfen diese nicht auf Vorrat für zukünftige Forschungsvorhaben gespeichert werden, sondern müssen in jedem einzelnen Fall neu erhoben werden. Dies bringt allerdings erhebliche Nachteile mit sich, soweit Forschungsvorhaben betroffen sind, die genau jene Daten unerlässlich machen, so z. B. bei der Erforschung des politischen Meinungsbildes von Gewerkschaftsmitgliedern oder von Immigranten. Entscheidend wird daher sein, wie der

20

---

35 Vgl. BGH NJW 1986, 2505 (2506).
36 Siehe § 28 BDSG Rn. 82.

Begriff „bestimmtes Forschungsvorhaben" definiert werden kann. Sich über einen längeren Beobachtungszeitraum wiederholende Befragungen zu einem Thema können dabei durchaus unter ein (einheitliches) Forschungsvorhaben fallen, wohingegen die Nutzung der hierbei gespeicherten sensiblen Daten für ein anders Thema (z. B. politisches Meinungsbild statt Konsumverhalten) nicht zulässig ist. Hier wird es darauf ankommen, den Zweck des Forschungsvorhabens von Anfang an zu definieren und dennoch weit genug zu fassen, um auf entsprechende Datenbestände zurückgreifen zu können.[37]

4. Zweckbindung nach Abs. 2

21 § 30a Abs. 2 BDSG stuft die in § 30a Abs. 1 BDSG normierte Zweckbindung. Dementsprechend dürfen Daten, die aus allgemein zugänglichen Quellen stammen, nur für Zwecke der Markt- und Meinungsforschung genutzt werden, also z. B. nicht für Werbung, und sei es für eigene Zwecke der verantwortlichen Stelle. Im Gegensatz dazu sind Daten, die nicht aus allgemein zugänglichen Quellen entnommen wurden und die die verantwortliche Stelle auch nicht veröffentlichen darf, sogar nur für das Forschungsvorhaben zu verwenden, für das sie auch erhoben worden sind.[38] Für andere, der Markt- und Meinungsforschung fremde Zwecke dürfen die Daten nur verarbeitet oder genutzt werden, wenn sie zuvor anonymisiert worden sind, sodass ein Personenbezug nicht mehr herstellbar ist (§ 3 Abs. 6 Alt. 1 BDSG). Damit soll zu allererst vermieden werden, dass die Daten für forschungsfremde Werbezwecke übermittelt oder genutzt werden; denn hierfür ist stets ein Personenbezug notwendig.[39] Auf der anderen Seite sind solchermaßen anonymisierte Datenbestände durchaus nützlich, um diese in ein bestimmtes Forschungsvorhaben einfließen zu lassen. Probleme stellen sich dann, wenn der anonymisierte Datenbestand veraltet ist. Auch hier ist deshalb die Definition des Forschungsvorhabens von entscheidender Bedeutung. Unklar ist, ob die einmal erhobenen Daten von „Probanden" genutzt werden dürfen, um diese wiederum für andere Forschungsvorhaben zu befragen, denn gerade das Bestehen von Personengruppen, die zum Erreichen einer Repräsentativität vorselektiert sein müssen und wurden, ist eine wesentliche Grundlage der Meinungs- und Marktforschung. Der Rückgriff auf genau jenen „Pool" von Personen für vergleichbare Forschungsvorhaben ist aber nach Abs. 2 nicht erlaubt, soweit die Daten nicht aus allgemein zugänglichen Quellen stammen, z. B. weil Daten aus Fernsprechverzeichnissen oder aus listenmäßig zusammengefassten Daten nach § 28 Abs. 3 BDSG durch Befragungen des Instituts angereichert wurden. Trotz des Zwecks der Regelung, die unbeschränkte Verwendung von für ein Vorhaben erhobenen Daten für ganz andere Vorhaben zu verhindern, ist dieses Verbot nicht ganz nachvollziehbar, da Abs. 2 Satz 1 schon hinlänglich die erforder-

---

37 Zustimmend *Kamlah*, in: Plath, § 30a Rn. 19.
38 Vgl. *Roßnagel*, NJW 2009, S. 2716 (2721).
39 BT-Drs. 16/13657, S. 20.

liche Zweckbindung statuiert, sodass eine weitergehende „gestufte" Zweckbindung
für selbst erhobene Daten nicht erforderlich gewesen wäre.

5. Anonymisierung und Pseudonymisierung

§ 30a Abs. 3 BDSG regelt die Pflicht zur Anonymisierung und Pseudonymisierung. **22**
Demnach müssen die personenbezogenen Daten unmittelbar nach dem Erheben
oder Speichern pseudonymisiert werden. Eine Ausnahme ist nur insoweit zulässig,
als dies nach dem Zweck des jeweiligen Markt- und Meinungsforschungsvorhabens
notwendig ist, etwa bei einer wiederholten Befragung über einen längeren Zeitraum
hinweg. Sobald es der Zweck des Vorhabens der Markt- und Meinungsforschung
erlaubt, sind die personenbezogenen Daten zu anonymisieren (§ 3 Abs. 6 BDSG).[40]
Bis dahin sind die Forschungsdaten unter einem Pseudonym zu speichern, und eine
etwaige Zusammenführung der Forschungsdaten mit den Angaben zur Person unterliegt einer strengen Zweckbindung und Erforderlichkeitsprüfung (§ 30a Abs. 3
Satz 3 BDSG). Diese Voraussetzungen entsprechen den Vorgaben zur „File-Trennung" gem. § 30 Abs. 1 BDSG.[41] Verstöße gegen diese Pflicht sind ebenso wie bei
§ 30 BDSG bußgeldbewehrt (§ 43 Abs. 2 Nr. 6 BDSG). Eine frühzeitige Pseudonymisierung und Anonymisierung beugt daher einer unzulässigen Zweckentfremdung
der Daten bei der verantwortlichen Stelle vor.[42]

§ 30a Abs. 4 BDSG entspricht § 30 Abs. 4 BDSG. Damit wird die in Abs. 2 bereits **23**
getroffene Aussage bekräftigt, dass im Rahmen des § 30a BDSG aufgrund der
strengen Zweckbindung ein Rückgriff auf § 29 BDSG ausgeschlossen ist. § 30a
Abs. 5 BDSG entspricht ebenfalls § 30 Abs. 5 BDSG, sodass auch für Markt- und
Meinungsforschung die neuen Anforderungen an den Hinweis zum Widerrufsrecht
gelten. Jedoch erklärt Ersterer auch § 28 Abs. 4 BDSG für anwendbar, der dem Betroffenen ein Widerspruchsrecht einräumt, weil § 30a BDSG im Unterschied zu
§ 30 BDSG eine eigenständige Erhebungsbefugnis aufweist.[43]

In diesem Zusammenhang ist auf § 4f Abs. 1 Satz 6 BDSG zu verweisen, der nicht- **24**
öffentliche Stellen zukünftig verpflichtet, einen Datenschutzbeauftragten zu bestellen. Diese Verpflichtung trifft ausnahmslos alle Stellen, die Daten zum Zweck der
Markt- und Meinungsforschung verarbeiten, unabhängig von der Anzahl der Beschäftigten.

---

40 *Weichert*, in: Däubler/Klebe/Wedde/Weichert, § 30a Rn. 5.
41 *Ehmann*, in: Simitis, § 30 Rn. 119 ff.; *Grentzenberg/Schreibauer/Schuppert*, K&R 2009,
    S. 535 (537).
42 BT-Drs. 16/13657, S. 20; *Roßnagel*, NJW 2009, S. 2716 (2721).
43 BT-Drs. 16/13657, S. 20.

§ 31 Besondere Zweckbindung

Personenbezogene Daten, die ausschließlich zu Zwecken der Datenschutzkontrolle, der Datensicherung oder zur Sicherstellung eines ordnungsgemäßen Betriebes einer Datenverarbeitungsanlage gespeichert werden, dürfen nur für diese Zwecke verwendet werden.

Literatur: *Leopold*, Protokollierung und Mitarbeiterdatenschutz, DuD 2006, S. 274.

Übersicht

I. Allgemeines

1 § 31 BDSG normiert für den nicht-öffentlichen Bereich – ebenso wie der wortgleiche § 14 Abs. 4 BDSG für den öffentlichen Bereich – ein striktes Zweckbindungsgebot: Personenbezogene Daten, die ausschließlich für Zwecke der Datenschutzkontrolle, der Datensicherung oder zur Sicherstellung eines ordnungsgemäßen Betriebes einer Datenverarbeitungsanlage gespeichert worden sind, dürfen nur für diese Zwecke verwendet werden. Da mit diesem Gebot automatisch auch das Verbot einer Datenverarbeitung für andere Zwecke einhergeht, wird die Vorgabe des § 31 BDSG zugleich auch als absolutes Zweckentfremdungsverbot bezeichnet. § 31 BDSG ist ein Verbotsgesetz im Sinne des § 134 BGB und ein Schutzgesetz im Sinne des § 823 Abs. 2 BGB.[1]

II. Voraussetzungen der Zweckbindung

1. Zweckbestimmte Datenverarbeitung

2 § 31 BDSG zählt drei Arten einer zweckbestimmten Datenspeicherung auf, für die ein striktes Zweckbindungsgebot gilt: die Datenspeicherung zum Zweck der Datenschutzkontrolle, zum Zweck der Datensicherung oder zum Zweck der Sicherstellung eines ordnungsgemäßen Betriebes einer Datenverarbeitungsanlage. Oftmals werden sich diese Zweckbestimmungen bei der Datenspeicherung mehr oder weni-

---

1 *Weichert*, in: Däubler/Klebe/Wedde/Weichert, BDSG, § 31 Rn. 1.

ger überschneiden und sich daher nicht eindeutig trennen lassen.[2] Zur Datenschutzkontrolle im Sinne des § 31 BDSG zählt nicht nur die externe Kontrolle durch die Aufsichtsbehörde (§ 38 BDSG), sondern auch die interne Kontrolle durch den Datenschutzbeauftragten (§ 4f BDSG).[3] Personenbezogene Daten, die zum Zweck der Datensicherung gespeichert werden, sind u.a. Protokolldaten, Sicherungskopien und andere personenbezogene Daten, die in Ausführung der technischen und organisatorischen Maßnahmen nach § 9 BDSG gespeichert werden.[4] Zu den Daten, die zum Zweck der „Sicherstellung eines ordnungsgemäßen Betriebs einer Datenverarbeitungsanlage" gespeichert werden, zählen etwa die personenbezogenen Daten der Mitarbeiter im Bereich der Datenverarbeitungstechnik und die Angaben über Zugangs- und Verarbeitungsberechtigungen von Mitarbeitern oder externen Nutzern.[5]

2. Ausschließliche Zweckbestimmung

Das strikte Zweckbindungsgebot nach § 31 BDSG gilt nur dann, wenn personenbezogene Daten „ausschließlich" zu den oben genannten Zwecken gespeichert werden. Ob eine solche ausschließliche Zwecksetzung verfolgt wird oder aber personenbezogene Daten auch zu anderen Zwecken, etwa zur Leistungs- oder Verhaltenskontrolle, gespeichert werden, bestimmt – im Rahmen der datenschutzrechtlichen Zulässigkeitsvoraussetzungen – die datenverarbeitende Stelle selbst.[6] Sie kann im Rahmen ihrer Datenverarbeitungsbefugnisse auch mehrere Zweckbestimmungen verfolgen. Mangels „Ausschließlichkeit" der Zweckbestimmung greift in diesen Fällen das Zweckbindungsgebot nicht. **3**

Gemäß § 28 Abs. 1 Satz 2 BDSG müssen die Zwecke, für die Daten gespeichert werden, bereits bei der Erhebung der Daten festgelegt werden. Grundsätzlich ist eine nachträgliche Zweckänderung nach Maßgabe des § 28 Abs. 2 BDSG möglich. Dies gilt jedoch nicht für solche Datenspeicherungen, die ausschließlich zu den in § 31 BDSG genannten Zwecken erfolgt sind; eine nachträgliche Zweckänderung ist hier nicht zulässig.[7] **4**

III. Arbeitnehmerdaten

Datenspeicherungen zu den in § 31 BDSG genannten Zwecken betreffen vor allem Arbeitnehmer, die in der Datenverarbeitung tätig sind. Laufende Protokollierungen können hier zu einer umfassenden Erfassung des Arbeitnehmerverhaltens führen **5**

---

2 *Gola/Schomerus*, BDSG, § 31 Rn. 3; *Weichert*, in: Däubler/Klebe/Wedde/Weichert, BDSG, § 31 Rn. 1.
3 *Bergmann/Möhrle/Herb*, BDSG, § 31 Rn. 14; *Dammann*, in: Simitis, BDSG, § 14 Rn. 108.
4 *Gola/Schomerus*, BDSG, § 14 Rn. 28.
5 *Dammann*, in: Simitis, BDSG, § 14 Rn. 110.
6 OVG Berlin-Brandenburg BeckRS 2011, 52831.
7 *Gola/Schomerus*, BDSG, § 31 Rn. 5; *Leopold*, DuD 2006, S. 274 (275).

(Arbeitszeiten, Bewegungsprofile, Kommunikationsverhalten etc.).[8] Die automatisierte Verarbeitung solcher Daten unterliegt der Mitbestimmung des Betriebs- bzw. Personalrats (§ 87 Abs. 1 Nr. 6 BetrVG bzw. § 75 Abs. 3 Nr. 17 BPersVG). Nach der Rechtsprechung des BAG sind Datenverarbeitungssysteme bereits dann im Sinne des § 87 Abs. 1 Nr. 6 BetrVG „dazu bestimmt, das Verhalten oder die Leistung der Arbeitnehmer zu überwachen", wenn die Möglichkeit besteht, gespeicherte Verhaltens- und Leistungsdaten bestimmten Arbeitnehmern zuzuordnen, und zwar unabhängig davon, zu welchem Zweck diese Daten erfasst werden.[9] Im selben Sinne hat das BVerwG für § 75 Abs. 3 Nr. 17 BPersVG entschieden, dass sich das Mitbestimmungsrecht des Personalrats auch auf die Einführung und Anwendung solcher technischen Einrichtungen erstreckt, die zur Überwachung von Verhalten oder Leistung der Beschäftigten objektiv „geeignet" sind, ohne dass es auf die Absicht des Dienststellenleiters ankommt, sie zu diesem Zweck einzusetzen.[10]

6   Regelmäßig wird die Mitbestimmung durch den Abschluss einer Betriebs- bzw. Dienstvereinbarung (§ 77 BetrVG; § 73 BPersVG) ausgeübt. Aufgrund ihrer normativen Wirkung sind Betriebs- und Dienstvereinbarungen „andere Rechtsvorschriften" im Sinne des § 4 Abs. 1 BDSG;[11] sie begründen damit auch einen Erlaubnistatbestand für die Erhebung, Verarbeitung und Nutzung personenbezogener Daten.

---

8 *Leopold*, DuD 2006, S. 274 (275); *Weichert*, in: Däubler/Klebe/Wedde/Weichert, BDSG, § 31 Rn. 5.
9 BAG NJW 1984, 1476.
10 BVerwG NZA 1988, 513.
11 Siehe für die normativen Bestimmungen einer Betriebsvereinbarung BAG NJW 1987, 674 (677); allgemein *Gola/Schomerus*, BDSG, § 4 Rn. 10. Näher dazu § 4 BDSG Rn. 35 ff.

§ 32 Datenerhebung, -verarbeitung und -nutzung für Zwecke des Beschäftigungsverhältnisses

(1) Personenbezogene Daten eines Beschäftigten dürfen für Zwecke des Beschäftigungsverhältnisses erhoben, verarbeitet oder genutzt werden, wenn dies für die Entscheidung über die Begründung eines Beschäftigungsverhältnisses oder nach Begründung des Beschäftigungsverhältnisses für dessen Durchführung oder Beendigung erforderlich ist. Zur Aufdeckung von Straftaten dürfen personenbezogene Daten eines Beschäftigten nur dann erhoben, verarbeitet oder genutzt werden, wenn zu dokumentierende tatsächliche Anhaltspunkte den Verdacht begründen, dass der Betroffene im Beschäftigungsverhältnis eine Straftat begangen hat, die Erhebung, Verarbeitung oder Nutzung zur Aufdeckung erforderlich ist und das schutzwürdige Interesse des Beschäftigten an dem Ausschluss der Erhebung, Verarbeitung oder Nutzung nicht überwiegt, insbesondere Art und Ausmaß im Hinblick auf den Anlass nicht unverhältnismäßig sind.

(2) Absatz 1 ist auch anzuwenden, wenn personenbezogene Daten erhoben, verarbeitet oder genutzt werden, ohne dass sie automatisiert verarbeitet oder in oder aus einer nicht automatisierten Datei verarbeitet, genutzt oder für die Verarbeitung oder Nutzung in einer solchen Datei erhoben werden.

(3) Die Beteiligungsrechte der Interessenvertretung der Beschäftigten bleiben unberührt.

Literatur: *Abel*, Die neuen BDSG-Regelungen, RDV 2009, S. 147; *Bauer/Herzberg*, Arbeitsrechtliche Probleme in Konzernen mit Matrixstrukturen, NZA 2011, S. 731; *Beckschulze/Natzel*, Das neue Beschäftigtendatenschutzgesetz, BB 2010, S. 2368; *Bongers/Schümanns*, Mitarbeiterscreening zur Terrorbekämpfung, ArbRAktuell 2009, 81; *Braun/Wybitul*, Übermittlung von Arbeitnehmerdaten bei Due Diligence – Rechtliche Anforderungen und Gestaltungsmöglichkeiten, BB 2008, S. 782; *Deutsch/Diller*, Die geplante Neuregelung des Arbeitnehmerdatenschutzes in § 32 BDSG, DB 2009, S. 1462; *Diller*, „Konten-Ausspäh-Skandal" bei der Deutschen Bahn: Wo ist das Problem?, BB 2009, S. 438; *Diller/Deutsch*, Arbeitnehmer-Datenschutz contra Due Diligence, K&R 1998, S. 16; *Erfurth*, Der „neue" Arbeitnehmerdatenschutz im BDSG, NJOZ 2009, S. 2914; *Ernst*, Der Arbeitgeber, die E-Mail und das Internet, NZA 2002, S. 585; *Forst*, Beschäftigtendatenschutz im Kommissionsvorschlag einer EU-Datenschutzverordnung, NZA 2012, S. 364; *Forst*, Der Regierungsentwurf zur Regelung des Beschäftigtendatenschutzes, NZA 2010, S. 1043; *Gaul/Köhler*, Mitarbeiterdaten in der Computer Cloud: Datenschutzrechtliche Grenzen des Outsourcing, BB 2011, S. 2229; *Geschonneck/Meyer/Scheben*, Anonymisierung im Rahmen der forensischen Datenanalyse, BB 2011, S. 2677; *Giurgi*, Die Modernisierung des europäischen Datenschutzrechts – Was Unternehmen erwartet, CCZ 2012, S. 226; *Gola*, Die Ortung externer Beschäftigter – Abwägung zwischen Überwachungsinteresse und schutzwürdigem Arbeitnehmerinteresse, ZD 2012, S. 308; *Gola/Klug*, Die Entwicklung des Datenschutzrechts in den Jahren 2011/2012, NJW 2012, S. 2489; *Gola/Jaspers*, § 32 Abs. 1 BDSG –

eine abschließende Regelung?, RDV 2009, S. 212; *Härting*, Internetsurfen am Arbeitsplatz, ITRB 2008, S. 88; *Göpfert/Wilke*, Nutzung privater Smartphones für dienstliche Zwecke, NZA 2012, S. 765; *Heuchemer/Zöll*, Die Herz- und Nieren-Recherche, Personalmagazin 2008, S. 70; *Hoppe/Braun*, Vertrauen ist gut – Kontrolle ist schlecht, Auswirkungen der neuesten Rechtsprechung des BVerfG auf das Arbeitsverhältnis, MMR 2010, S. 80; *Hey/Linse*, Alkohol, Drogen und Sucht – Arbeitsrechtliche Anforderungen einer suchtbedingten Kündigung unter Berücksichtigung (auch zukünftiger) datenschutzrechtlicher Vorgaben, BB 2012, S. 2881; *Kania/Sansome*, Möglichkeiten und Grenzen des Pre-Employment-Screenings, NZA 2012, S. 360; *Kirsch*, Mitarbeiter-Screenings zur Terrorbekämpfung zulässig? Eine Zwickmühle zwischen AWG und Datenschutzvorschriften, ZD 2012, S. 519; *Kock*, Compliance im Unternehmen – Ethisch sei der Mensch, hilfreich und gut, ZIP 2009, S. 1406; *Kock/Francke*, Mitarbeiterkontrolle durch Datenabgleich zur Korruptionsbekämpfung, NZA 2009, S. 646; *Kort*, Einsatz von IT-Sicherheitsmaßnahmen durch Arbeitgeber: Konsequenzen einer Anwendung des Telekommunikationsgesetzes (TKG), DB 2011, S. 2092; *Kort*, Das Verhältnis von Datenschutz und Compliance im geplanten Beschäftigtendatenschutzgesetz, DB 2011, S. 651; *Kratz/Gubbels*, Beweisverwertungsverbote bei privater Internetnutzung am Arbeitsplatz, NZA 2009, S. 652; *Kursawe/Nebel*, Soziolübliche innerbetriebliche Kommunikation – zum Anwendungsbereich des Beschäftigtendatenschutzes, BB 2012, S. 516; *Lunk*, Prozessuale Verwertungsverbote im Arbeitsrecht, NZA 2009, S. 457; *Maschmann*, Compliance versus Datenschutz, NZA-Beil. 2012, S. 50; *Mester*, Arbeitnehmerdatenschutz – Notwendigkeit und Inhalt einer gesetzlichen Regelung, Edewecht 2009; *Meyer*, Mitarbeiterüberwachung: Kontrolle durch Ortung von Arbeitnehmern, K&R 2009, S. 14; *Neufels/Knitter*, Mitbestimmung des Betriebsrats bei Compliance Systemen, BB 2013, 821; *Nink/Müller*, Beschäftigtendatenschutz im Konzern – Wie die Mutter so die Tochter? Arbeits- und datenschutzrechtliche Aspekte der zentralen Personenverwaltung, ZD 2012, S. 505; *Ostmann/Kappel*, Arbeitnehmerdatenschutz – Reichweite der Rechte und Pflichten des Arbeitgebers, AuA 2008, S. 656; *Pröpper/Römermann*, Nutzung von Internet und E-Mail am Arbeitsplatz (Mustervereinbarung), MMR 2008, S. 514; *Roeder/Buhr*, Die unterschätze Pflicht zum Terrorlistenscreening von Mitarbeitern, BB 2011, 1333; *Roeder/Buhr*, Tatsächlich unterschätzt: Die Pflicht zum Terrorlistenscreening von Mitarbeitern, BB 2012, 193; *Riesenhuber*, Die Einwilligung des Arbeitnehmers im Datenschutzrecht, RdA 2011, S. 257; *Salvenmoser/Hauschka*, Korruption, Datenschutz und Compliance, NJW 2010, S. 331; *Sauer*, Neuregelungen Arbeitnehmerdatenschutz, AuA 2009, S. 514; *B. Schmidt*, Arbeitnehmerdatenschutz gemäß § 32 BDSG – Eine Neuregelung (fast) ohne Veränderung der Rechtslage, RDV 2009, S. 193; *B. Schmidt*, Vertrauen ist gut, Compliance ist besser!, BB 2009, S. 1295; *B. Schmidt*, Beschäftigtendatenschutz in § 32 BDSG, DuD 2010, S. 207; *Schrader/Dohnke*, Abmahnung und Datenschutz, NZA-RR 2012, S. 617; *Schultze-Melling*, Ein Datenschutzrecht für Europa – eine schöne Utopie oder irgendwann ein gelungenes europäisches Experiment?, ZD 2012, S. 97; *von Steinau-Steinrück/Mosch*, NJW-Spezial 2009, S. 450; *Steinkühler*, BB-Forum: Kein Datenproblem bei der Deutschen Bahn AG? Mitnichten!, BB 2009, S. 1294; *Thum*, Background Checks im Einstellungsverfahren: Zulässigkeit und Risiken für Arbeitgeber, BB 2007, S. 2405; *Thüsing*, Datenschutz im Arbeitsverhältnis – Kritische Gedanken zum neuen § 32 BDSG, NZA 2009, S. 865; *Trittin/Fischer*, Datenschutz und Mitbestimmung – Konzernweite Personaldatenverarbeitung und die Zuständigkeit der Arbeitnehmervertretung, NZA 2009, S. 343; *Waltermann*, Anspruch auf private Internetnutzung durch betriebliche Übung?, NZA 2007, S. 529; *Wellhöner/*

Byers, Datenschutz im Betrieb – Alltägliche Herausforderung für den Arbeitgeber?!, BB 2009, S. 2310; *Wiese*, Internet und Meinungsfreiheit des Arbeitgebers, Arbeitnehmers und Betriebsrats, NZA 2012, S. 1; *Wolf/Horn*, Arbeitnehmerdatenschutz im BDSG: Von den Tücken einer Klarstellung, BB 24/2009, S. M 1; *Wybitul/Fladung*, EU-Datenschutz-Grundverordnung – Überblick und arbeitsrechtliche Betrachtung des Entwurfs, BB 2012, S. 509; *Wybitul*, Wieviel Arbeitnehmerdatenschutz ist „erforderlich"?, BB 2010, S. 1085; *Wybitul*, Das neue Bundesdatenschutzgesetz: Verschärfte Regeln für Compliance und interne Ermittlungen, BB 2009, S. 1582; *Wybitul*, BB-Forum: Wie sieht das neue Bundesdatenschutzgesetz aus?, BB 2009, S. 2478; *Zöll/Kielkowski*, Arbeitsrechtliche Umsetzung von „Bring Your Own Device" (BYOD), BB 2012, S. 2625.

Übersicht

I. Allgemeines

1. Gesetzeszweck

§ 32 BDSG enthält Grundsatzregelungen des Arbeitnehmerdatenschutzes. Im Rahmen des nach dem BDSG geltenden Verbots mit Erlaubnisvorbehalt (§ 4 Abs. 1 BDSG) enthält die Regelung in Abs. 1 Erlaubnistatbestände für den Umgang mit Daten im Beschäftigungsverhältnis (d.h. Erhebung, Verarbeitung, Nutzung). Geregelt sind einerseits in Abs. 1 Satz 1 die Datenerhebung, -verarbeitung und -nutzung für Zwecke des Beschäftigungsverhältnisses und andererseits in Abs. 1 Satz 2 Details zum Umgang mit Daten bei der Aufdeckung von Straftaten. Im Übrigen werden Regelungen zum Anwendungsbereich (Abs. 2) und zum Verhältnis des Datenschutzes zur betrieblichen Mitbestimmung getroffen (Abs. 3). Damit ist erstmals **1** eine spezielle Regelung für den Arbeitnehmerdatenschutz in das BDSG aufgenommen worden, die aber laut Gesetzesbegründung die bisherigen Grundsätze des Arbeitnehmerdatenschutzes nicht ändern, sondern diese nur zusammenfassen soll.[1] Daran müssen alle Interpretationen des § 32 BDSG gemessen werden und deswegen gelten auch die bereits entwickelten Grundsätze des Arbeitnehmerdatenschutzes weiter.[2]

2   Die Regelung ist auf Grund des vom Gesetzgeber auch im Zusammenhang mit verschiedenen Datenskandalen von Großunternehmen[3] erkannten akuten Handlungsbedarfs für den Bereich des Arbeitsnehmerdatenschutzes eingeführt worden.[4] Die Regelung ist als Teil der Novelle II des BDSG zum 1.9.2009 in Kraft getreten.[5] Die Grundsatzregelung gilt als erster Schritt zu einem einheitlichen Arbeitnehmerdatenschutzrecht und soll in Zukunft präzisiert und ggf. durch ein Arbeitnehmerdatenschutzgesetz ersetzt werden.[6] In Bezug auf ein zukünftiges Arbeitnehmerdatenschutzgesetz soll § 32 BDSG weder ein solches entbehrlich machen noch dessen Inhalt präjudizieren.[7] Zu Recht wird § 32 BDSG daher als entsprechend unpräzise und in Bezug auf die Auswirkungen auf die Compliance-Anforderungen von Unternehmen als problematisch kritisiert; viele Fragen des Arbeitnehmerdatenschutzes, wie z.B. Übertragung von Daten im Konzern und die Mitarbeiterüberwachung bei Nutzung von E-Mail, Internet, Telefon etc. bleiben unbeantwortet.[8]

3   Ein ausführliches Beschäftigtendatenschutzgesetz ist von Anfang an parallel zum neuen § 32 BDSG diskutiert worden.[9] Der Koalitionsvertrag für die im Jahr 2013 endende 17. Legislaturperiode des Bundestages enthielt dazu bereits Eckdaten.[10] Der Stand des viel diskutierten Gesetzgebungsverfahrens ist wie folgt:[11] Nach der Veröffentlichung verschiedener Referentenentwürfe wurde am 25.08.2010 ein Re-

---

1 BT-Drs. 16/13657, S. 35.
2 Vgl. den Verweis auf die bisherige Rechtsprechung in BT-Drs. 16/13657, S. 21; vgl. auch *Wybitul*, BB 2009, S. 1582 (1583); *Wybitul*, Handbuch Datenschutz im Unternehmen, Rn. 173.
3 Zusammenfassend m.w.N. *Erfurth*, NJOZ 2009, S. 2914 f.; *B. Schmidt*, DuD 2010, S. 207 f.
4 BT-Drs. 16/13657, S. 34.
5 Pressemeldung des BMI v. 1.9.2009, www.bmi.bund.de; zur Entstehungsgeschichte: *Erfurth*, NJOZ 2009, S. 2914 f.; *B. Schmidt*, RDV 2009, S. 193 (200).
6 BT-Drs. 16/13657, S. 34.
7 BT-Drs. 16/13657, S. 35.
8 *Deutsch/Diller*, DB 2009, S. 1462 f.; *Wybitul*, BB 2009, S. 1582 (1585).
9 Vgl. § 32 Rn. 3 der Vorauflage zu der am Ende der 16. Legislaturperiode diskutierten Entwurfsfassung.
10 Abrufbar auf der Seite des Bundesministeriums für Arbeit und Soziales im Internet unter www.bmi.bund.de/SharedDocs/Downloads/DE/Ministerium/koalitionsvertrag.html?nn=109628.
11 Sehr gute Zusammenfassung mit allen nachfolgend genannten Dokumenten des Gesetzgebungsverfahrens etc. abrufbar unter www.aus-portal.de/gesetzgebung/16992.htm; erste Kommentierung des Entwurfs vom 25.8.2010 bei *Wybitul*, Handbuch Datenschutz im Un-

gierungsentwurf zur Regelung des Beschäftigtendatenschutzes (BDSG-E) vorgelegt, der die Regelungen §§ 32 bis 32l BDSG-E enthält. Diese Regelungen sollen nicht in einem separaten Gesetz, sondern in einem Unterabschnitt des BDSG eingefügt werden. Der BDSG-E wurde am 15.12.2010 in den Deutschen Bundestag eingebracht,[12] aber bislang nicht umgesetzt. Am 23.5.2011 fand eine öffentliche Anhörung von Sachverständigen im entsprechenden Ausschuss statt, deren Zwischenstand am 7.9.2011 als revidierter Entwurf in sog. Formulierungsvorschlägen zusammengefasst wurde. Es folgte eine Reaktion der Bundesregierung auf eine kleine Anfrage im Bundestag, in welcher sie am 12.9.2012 klarstellte, dass sie an dem Gesetzesentwurf festhalten wolle. Der BDSG-E ist umstritten und wird kontrovers diskutiert.[13] In der Unternehmenspraxis wird er unter anderem für seine schwierige Gesetzessprache und die Verengung der Einwilligungsmöglichkeiten, sowie die etwaige Einschränkung der Rechtfertigung mittels Betriebsvereinbarung kritisiert.[14] Während einige arbeitgeberseitige Kritikpunkte, wie z. B. die Einführung eines Konzernprivilegs in Form des neuen § 32m BDSG-E bereits in den Formulierungsvorschlägen vom 7.9.2011 korrigiert worden sind, stehen andere Fragen, wie z. B. die präventive Videoüberwachung und die Möglichkeit eines Datenscreenings auf Basis von anonymisierten oder pseudonymisierten Daten jedoch ohne konkreten Tatverdacht (§ 32 Abs. 3 BDSG-E) weiterhin stark in der Kritik, vor allem der Gewerkschaften.[15] Der aktuelle Stand des BDSG-E ergibt sich aus dem am 10.1.2013 von der Regierungsfraktion (CDU/FDP) im Innenausschuss gestellten Änderungsantrag.[16] Dieser wurde aus unbekannten Gründen wieder von der Agenda genommen. Die Änderungsvorschläge beinhalteten unter anderem ein Konzernprivileg, Einschränkung der Reichweite von Einwilligungen, Regelungen zur Datenerhebung von Dritten (vor allem bzgl. Social Media), geänderte Regelungen zur Videoüberwachung und wohl auch Einschränkungen der Rechtfertigungsmöglichkeit mittels Betriebsvereinbarung.[17] Unverändert bleibt es auch nach dem aktuellen BDSG-E dabei, dass es vielfach auf die heute schon relevanten Abwägungen im Rahmen der Erforderlichkeit ankommen wird, sodass ein großer Teil der jetzt bestehenden Kasuistik und damit gewisse Unsicherheiten in der konkreten Rechtsanwendung weiter existieren werden.

---

ternehmen, Anhang 3. Kommentierungen des Entwurfs auch bei *Seifert*, in: Simitis, BDSG, § 32 Rn. 1 f. (jeweils bei den entsprechenden Themen).

12 BT-Drs.17/4230, abrufbar unter www.bmi.bund.de/SharedDocs/Downloads/DE/Gesetzestexte/Entwuerfe/Entwurf_Beschaeftigtendatenschutz.pdf?__blob=publicationFile.

13 Übersichten bei *Gola/Schomerus*, BDSG, § 32 Rn. 1, und *Seifert*, in: Simitis, BDSG, § 32 Rn. 2 f.

14 *Heinson/Sörup/Wybitul*, CR 2010, S. 751 f. und 759.

15 Vgl. Formulierungshilfen vom 7.9.2011 abrufbar unter www.aus-portal.de/gesetzgebung/16992.htm und die aktuelle Übersicht bei *Maschmann*, NZA-Beil. 2012, S. 50 (51).

16 Änderungsanträge der CDU/CSU und der FDP-Fraktion vom 10.1.2013, Innenausschuss des BT, Ausschuss-Drs. 17(4)635.

17 Vgl. www.faz.net/aktuell/wirtschaft/gesetz-zum-datenschutz-in-unternehmen-arbeitnehmer-duerfen-nicht-mehr-heimlich-gefilmt-werden-12022216.html.

2. Europarechtliche Grundlagen

4 Eine Regelung, die ausschließlich den Arbeitnehmerdatenschutz behandelt, enthält die EG-DSRl (Richtlinie 95/46/EG) nicht. Die neue Regelung geht auch bei der Definition des Anwendungsbereichs in § 32 Abs. 2 BDSG über die Vorgabe der EG-DSRl in Nr. (15) der Vorbemerkung und in Art. 3 (1) hinaus.[18] Denn es werden nun auch Daten erfasst, die nicht unter dem Einsatz von Datenverarbeitungsanlagen oder nicht-automatisierten Dateien verarbeitet werden.[19] Unsicherheiten bezüglich der Zulässigkeit des deutschen Beschäftigtendatenschutzes, vor allem in der Form des BDSG-E, ergeben sich neuerdings im Hinblick auf die europäischen Vorgaben durch eine neue Rechsprechung des EuGH, wonach es sich bei den europarechtlichen Vorgaben der Richtlinie 95/46/EG nicht allein um einen Mindeststandard handeln, sondern eine umfassende Harmonisierung herbeigeführt werden soll.[20] Daraus wird zum Teil gefolgt, dass auch die Überschreitung des in der EG-DSRl vorgegebenen Schutzniveaus unzulässig ist; mithin die Regelungen des BDSG-E europarechtswidrig sein könnten.[21]

5 Am 25.1.2012 wurde von der Europäischen Kommission eine Datenschutz-Grundverordnung in Entwurfsform (DSGVO-E) veröffentlicht.[22] Die Einführung der Verordnung würde unmittelbare und direkte Geltung entfalten und so ggf. die Rechtsunsicherheit beseitigen, die durch die uneinheitliche Umsetzung der zur Zeit geltenden Datenschutzrichtlinie in den Mitgliedstaaten entstanden ist. Die DSGVO-E sieht eine Öffnungsklausel (Art. 82 DSGVO-E) im Bereich des Beschäftigtendatenschutzes vor, die es den Mitgliedstaaten ermöglichen würde, gesetzliche Regelungen zum Schutz von Arbeitnehmerrechten „in den Grenzen dieser Verordnung" zu treffen.[23] Allerdings führt diese Einschränkung zu Unsicherheiten inwiefern das deutsche Beschäftigtendatenschutzrecht mit der Verordnung vereinbar sein wird.[24] Nach einer Ansicht dürfte der deutsche Gesetzgeber die teilweise abstrakt formulierten Normen der DSGVO-E für einzelne Regelungsbereiche oder Datenverarbeitungen im Bereich von Beschäftigungsverhältnissen konkretisieren, jedoch wird dies kritisch gesehen, da Aussagen dazu, welche nationalen Regelungen zum Beschäftigtendatenschutz nach einer Umsetzung der Verordnung zulässig sein werden, ohne eine Konkretisierung durch die EU-Kommission nicht erfolgen können.[25] Problematisch erscheint unter anderem die erhebliche Unsicherheit in Bezug auf

---

18 *Wybitul*, BB 2009, S. 2478 f.
19 *Deutsch/Diller*, DB 2009, S. 1462 (1465).
20 EuGH NZA 2011, 1409.
21 *Wuermeling*, FAZ, Recht & Steuern vom 14.12.2011.
22 http://eur-lex.europa.eu/LexUri.S.erv/LexUri.S.erv.do?uri=COM:2012:0011:FIN:DE:PDF.
23 *Giurgiu*, CCZ 2012, S. 226 f.
24 *Ehmann*, juris-ITR 4/2012, hält das Gesetzesvorhaben (BDSG-E) deswegen für gescheitert.
25 Vgl. insgesamt: *Wybitul/Fladung*, BB 2012, S. 509 (514); *Forst*, NZA 2012, S. 364 f.

Kollektivvereinbarungen als Ermächtigungsgrundlage für Datenverarbeitung: Durch Art. 82 DSGV-E werden die Mitgliedstaaten zum Erlass spezieller Vorschriften ermächtigt. Allerdings geht daraus nicht hervor, ob sie diese Ermächtigung an Betriebs- oder Tarifparteien delegieren dürfen.[26]

3. Verhältnis zu anderen Vorschriften

§ 32 BDSG konkretisiert und verdrängt § 28 Abs. 1 Satz 1 Nr. 1 BDSG für Zwecke **6** des Arbeitsverhältnisses (*lex specialis*). Laut Gesetzesbegründung können für andere Zwecke die Vorschriften des BDSG und andere Gesetze für die Datenverarbeitung weiter Anwendung finden. Insoweit ausdrücklich als anwendbar benannt sind die Wahrung der berechtigten Interessen eines Dritten nach § 28 Abs. 2 Satz 1 Nr. 2a BDSG (entspricht § 28 Abs. 3 Satz 1 Nr. 1 a. F.) und Wahrung berechtigter Interessen des Arbeitgebers nach § 28 Abs. 1 Satz 1 Nr. 2 BDSG.[27] Dies ist jedoch nicht im Sinne einer abschließenden Aufzählung zu verstehen.[28]

Problematisiert wird die Anwendbarkeit des § 28 Abs. 1 BDSG neben § 32 BDSG, **7** soweit ein Bezug zum Beschäftigungsverhältnis besteht.[29] Das Konkurrenzverhältnis ist bisher nicht eindeutig geklärt[30] und es bleiben Fragen offen, wenn mehrere Verwendungszwecke zusammentreffen. Zum Teil wird vertreten, dass das Spezialitätsverhältnis dazu führt, dass eine Anwendung im Zusammenhang mit dem Beschäftigungsverhältnis vollständig ausgeschlossen sein könnte;[31] dies hätte aber bei konsequenter Anwendung erhebliche negative Folgen für die Praxis bei allen Sachverhalten bei welchen auch Beschäftigtendaten betroffen sind, z. B. bei einer Due Diligence beim Unternehmenskauf. Die überwiegende Ansicht in der Literatur wendet daher die Rechtfertigungstatbestände aus § 28 Abs. 1 BDSG (teilweise) neben dem § 32 BDSG an. Die Begründungen sind indes recht unterschiedlich: Teilweise wurde anfänglich wohl aus Zweckmäßigkeitserwägungen mit einer aus dem Gesetzeszweck sich so nicht ergebenden teilweisen Spezialität argumentiert.[32] Von Anderen wird durch eine Einschränkung der Definition der Zwecke des Beschäftigungsverhältnisses auf die Hauptleistungspflichten des Arbeitsvertrages der An-

---

26 *Forst*, NZA 2012, 364 (366).
27 Siehe unten Rn. 7.
28 *Schrader/Dohnke*, NZA-RR 2012, 617 (619).
29 Vgl. § 32 BDSG Rn. 6 der Vorauflage in Bezug auf die Rechtslage vor Einführung des § 32 BDSG (d. h. zum Streit über die Anwendbarkeit des § 28 Satz 1 Abs. 1 Nr. 2 BDSG neben § 28 Satz 1 Abs. 1 Nr. 1 BDSG).
30 *Franzen*, in: ErfK, BDSG, § 32 Rn. 3.
31 *Hilbrans*, in: Däubler/Hjort/Hummel/Wolmerath, Arbeitsrecht, § 32 BDSG Rn. 16; in: Däubler/Klebe/Wedde/Weichert, BDSG, § 32 Rn. 8, der die Anwendbarkeit nur bei beschäftigungsfremden Zwecken annimmt. Zur restriktiven parallelen Anwendbarkeit nach der alten Rechtlage vor Einführung des § 32 BDSG: *Gola/Wronka*, Handbuch Arbeitnehmerdatenschutz, 4. Aufl. 2007, Rn. 958 m. w. N. auch zu den Ausführungen der Datenschutzbehörde Baden Württemberg v. 1978.
32 *Deutsch/Diller*, DB 2009, S. 1462 (1465), *Vogel/Glas*, DB 2009, S. 1747 (1750 f.).

wendungsbereich des § 28 BDSG eröffnet.[33] Neuerdings wird mit Kritik an der Abgrenzung über die Beschäftigungszwecke mittels teleologischen Erwägungen eine Anwendung der Rechtfertigungstatbestände des § 28 Abs. 1 BDSG für die Fälle angenommen, für die § 32 BDSG keine speziellen Regelungen enthält.[34] Klar ist indes, dass sich aus der EG-DSRl kein Vorrangsverhältnis ergibt[35] und eine Einschränkung des Anwendungsbereichs des § 28 BSDG insgesamt mit Blick auf ein etwaig niedrigeres Schutzniveau der Beschäftigten abzulehnen ist.[36] In der Rechtsprechung finden sich zudem Hinweise, dass der Arbeitgeber gegenüber seinen Arbeitnehmern § 28 Abs. 1 Satz 1 Nr. 2 BDSG anwenden darf, wenn dafür sachliche Gründe vorliegen.[37] Geht man also korrekterweise von einer parallelen Anwendbarkeit der beiden Normen aus, stellt sich nur noch die Frage nach der richtigen Abgrenzung und Definition der Beschäftigungszwecke. Richtigerweise wird angenommen, dass der reine Bezug zum Beschäftigungsverhältnis nicht für die Annahme der exklusiven Anwendbarkeit des § 32 BDSG gegenüber § 28 Abs. 1 BDSG ausreicht und der Anknüpfungspunkt die Erfüllung von Pflichten ist, die unabhängig vom Beschäftigungsverhältnis sein sollen. Eine Rechtfertigung nach § 28 Abs. 1 Satz 1 Nr. 1 BDSG ist demnach bei der Erfüllung eigener Vertragsverhältnissen möglich, auch wenn diese mit dem Arbeitsverhältnis in gewisser Weise verbunden sind (Werkswohnung und Kauf eines Werkswagen)[38], sowie bei Arbeitgeberdarlehen. Eine Rechtfertigung jedenfalls nach § 28 Abs. 1 Satz 2 Nr. 1 BDSG soll für die Übermittlung von Daten im Vorfeld eines Unternehmenskaufs im Rahmen einer Due Diligence[39] und bei dessen Vollzug sowie bei konzerninternen Datenflüssen, bei einer Datennutzung im Rahmen von freiwilligen Leistungen (z.B. Kinderhortplätze) oder bei Aktien- oder Optionsprogrammen und bei der Erfüllung von (gesetzlichen) Compliance-Vorgaben.[40] Das Gleiche gilt für den Fall des Outsourcing von HR Funktionen. Allerdings bleiben auch bei der o.g. grundsätzlich richtigen Abgrenzung teilweise Fragen offen, wie z.B. bei Compliance Systemen. Dort stellt sich die Frage, ob diese Datennutzungen wirklich vom Beschäftigungsverhältnis unabhängig sind und nur oder hauptsächlich durch Gründe, die nicht diesem

---

33 *Joussen*, NZA 2010, S. 254 (258).

34 *Stamer/Kuhnke*, in: Plath, BDSG, § 32 Rn. 9; wobei dies ebenfalls zu Unschärfen in der Abgrenzung führt.

35 *Vogel/Glas*, DB 2009, S. 1747 (1750 f.).

36 *Gola/Jaspers*, RDV 2009, S. 212 f.; *Erfurth*, NJOZ 2009, S. 2914 (2921); *Schrader/Dohnke*, NZA-RR 2012, S. 617 (620).

37 Z.B. bei der Sicherheits- und Hintergrundprüfung von Bediensteten: FG Düsseldorf, Urt. v. 1.6.2011, DuD 2011, 735 (keine Rechtfertigung nach § 32 BDSG aber nach § 28 Abs. 1 Satz 2 Nr. 2 BDSG).

38 *Gola/Schomerus*, BDSG, § 32 Rn. 31 f.

39 *Beckschulze/Natzel*, BB 2010, S. 2368; *Forst*, NZA 2010, S. 1043 (1044); *Seifert*, in: Simitis, BDSG, § 32 Rn. 123; *Gola/Schomerus*, BDSG, § 32 Rn. 33 f.; vgl. auch Aufsichtsbehörden Hessen, TB 2007, LT-Drs. 18/1015 = RDV 2009, S. 291; vgl. unten Rn. 38.

40 *Gola/Schomerus*, BDSG, § 32 Rn. 33 f.; *B. Schmidt*, RDV 2009, S. 193 (195); *Gola/Jaspers*, RDV 2009, S. 212 f.

entspringen, motiviert sind und deswegen per se unter § 28 Abs. 1 BDSG gefasst werden dürfen. Denn einerseits ist der Arbeitgeber zu Compliance Maßnahmen verpflichtet, andererseits sind oft gerade auch Kontrollen der Beschäftigten gewollt (z. B. bei Whistleblower-Hotlines) und damit auch die Durchführung des Beschäftigungsverhältnisses betroffen. Konsequenterweise müsste dann § 32 BDSG angewendet werden; denkbar ist, für die Lösung dieser Konflikte darauf abzustellen, welcher Zweck der Datennutzung den Schwerpunkt der Maßnahme bildet.

Nicht explizit beschrieben ist in der Gesetzesbegründung das Verhältnis zu § 28 **8** Abs. 1 Satz 1 Nr. 3 BDSG. Für Beschäftigungszwecke müsste diese Regelung aber an sich ausgeschlossen sein, wobei es zum Teil für sinnvoller gehalten wird, die Anwendung für die Recherchen über Bewerber z. B. im Internet weiter zuzulassen;[41] konsequenterweise müsste das dann aber auch für Recherchen über die in einem Arbeitsverhältnis befindlichen Beschäftigten gelten. Allerdings könnte dieser Ansatz als eine Umgehung von § 32 Abs. 1 BDSG angesehen werden, da der Prüfungsmaßstab § 28 Abs. 1 Nr. 3 BDSG deutlich weniger Anforderungen stellt.[42] Da § 3 Abs. 11 Nr. 7 BDSG Bewerber als Beschäftigte definiert, kommt an sich nur die Anwendung des § 32 Abs. 1 BDSG in Frage; dabei muss jedoch die öffentliche Zugänglichkeit der Daten und damit die Berechtigung des Arbeitgebers mit deren Umgang in der Abwägung berücksichtigt werden (Rechtsgedanke des § 28 Abs. 1 Nr. 3 BDSG wird berücksichtigt). Als überzeugende Begründung für die nach derzeitiger Rechtslage mögliche Anwendung des § 28 Abs. 1 Nr. 3 BDSG neben dem § 32 Abs. 1 BDSG wird angenommen, dass der Gesetzgeber dadurch, dass er in § 32 Abs. 6 Satz 2 BDSG-E eine explizite Rechtsgrundlage zur Verarbeitung von „allgemein zugänglichen" Bewerberdaten schafft, nach geltendem Recht wohl von einer Anwendbarkeit des § 28 Abs. 1 Nr. 3 BDSG ausgeht.[43] Egal welcher Maßstab gilt, müssen die Daten „allgemein zugänglich" sein und zumindest schutzwürdige Interessen des Mitarbeiters beachtet werden.[44]

Laut der Gesetzesbegründung bleibt es bei einer Anwendbarkeit des § 28 Abs. 3 **9** Satz 1 Nr. 1 BDSG zur eine Datenübermittlung und Datennutzung zur Wahrung der berechtigten Interessen eines Dritten.[45]

Durch § 32 BDSG verdrängt wird § 28 Abs. 1 Satz 2 BDSG. Einer Festlegung kon- **10** kreter Zwecke durch den Arbeitgeber bedarf es im Beschäftigungsverhältnis nicht mehr, da § 32 BDSG diese Zwecke umfassend festgelegt hat, nämlich dessen Be-

---

41 *Ernst*, NJOZ 2011, S. 953 f., vor allem Fn. 8 zum Streitstand; *Gola/Schomerus*, BDSG, § 32 Rn. 35 f.; *Vogel/Glas*, DB 2009, S. 747 (1750); a. A. *Däubler/Klebe/Wedde/Weichert*, BDSG, § 32 Rn. 56; *Hilbrans*, in: Däubler/Hjort/Hummel/Wolmerath, Arbeitsrecht, § 32 BDSG Rn. 25.
42 *Von Steinau-Steinrück/Mosch*, NJW-Spezial 2009, S. 450 (451).
43 *Stamer/Kuhnke*, in: Plath, BDSG, § 32 Rn. 9.
44 Vgl. zum Umgang mit Bewerberdaten aus dem Internet unten Rn. 22.
45 BT-Drs. 16/13657, S. 35; zum anwendbaren Schutzniveau *Seifert*, in: Simitis, BDSG, § 28 Rn. 174 ff.

gründung, Durchführung und Beendigung.[46] Dies wird zum Teil kritisiert, da nach der bisherigen Rechtslage (die ja laut Gesetzesbegründung nur zusammengefasst werden soll) die Verwendungszwecke deutlich konkreter festgelegt werden mussten; insoweit wird eine weitere Dokumentation der Verwendungszwecke empfohlen, schon wegen der Informationspflicht aus § 4 Abs. 3 Satz 1 Nr. 2 BDSG.[47] Die Kritik basiert auf der Erwägung, dass sonst unter dem Deckmantel des Beschäftigungsverhältnisses Daten ggf. leichter „ins Blaue hinein" erhoben werden könnten, während dies außerhalb des Beschäftigungsverhältnisses strikter ist. Insoweit wird vertreten, dass § 28 Abs. 1 Satz 2 BDSG weiterhin gilt, schon weil § 32 BDSG den Fall der zweckfremden Nutzung nicht regelt.[48]

11 Weiterhin anwendbar bleiben laut Gesetzesbegründung bei der Erhebung, Verarbeitung und Nutzung von besonderen Arten von personenbezogenen Daten (§ 3 Abs. 9 BDSG) auch § 28 Abs. 2 BDSG und § 28 Abs. 3 BDSG[49], § 28 Abs. 6 bis 8 BDSG und die einschlägigen bereichsspezifischen Regelungen, sowie die gesetzlichen Benachteiligungsverbote, insbesondere § 75 Abs. 1 BetrVG, § 67 Abs. 1 BPersVG und §§ 6 ff. AGG.[50]

12 Allgemeine und bereichsspezifische Rechtfertigungen für den Umgang mit Daten bleiben ebenfalls unberührt. Insbesondere sind ausweislich der Gesetzesbegründung Einwilligungen der Beschäftigten (§ 4a BDSG, § 22 Kunsturhebergesetz) nicht ausgeschlossen. Der Gesetzgeber lässt hier anlässlich der Abgrenzung von § 32 BDSG zu anderen Normen die Wertung erkennen, dass er die freiwillige Einwilligung im Arbeitsverhältnis grundsätzlich als möglich ansieht und nicht praktisch für ausgeschlossen hält.[51] Die Möglichkeit einer Einwilligung im Beschäftigungsverhältnis wurde bisher wegen der angenommenen „strukturellen Überlegenheit" des Arbeitgebers teilweise bezweifelt.[52] Die Gesetzesbegründung macht auch klar, dass die Rechtfertigung auf Grund von Betriebsvereinbarungen und Tarifverträgen möglich bleibt (§ 4 BDSG).

II. Grundtatbestand (Abs. 1 Satz 1)

13 Nach dem Erlaubnistatbestand § 32 Abs. 1 Satz 1 BDSG ist die Erhebung, Verarbeitung oder Nutzung von personenbezogenen Daten eines Beschäftigten zulässig, soweit dies für die Zwecke der Entscheidung über die Begründung des Beschäftigungsverhältnisses (Alternative 1) oder dessen Durchführung (Alternative 2) oder

---

46 BT-Drs. 16/13657, S. 35.
47 BT-Drs. 16/13657.
48 *Erfurth*, NJOZ 2009, S. 2914 (2923); *Stamer/Kuhnke*, in: Plath, BDSG, § 32 Rn. 10. m. w. N.
49 Näher zu diesen Themenkomplexen: *Gola/Schomerus*, BDSG, § 32 Rn. 36 f. und 42.
50 *Erfurth*, NJOZ 2009, S. 2914 (2924).
51 BT-Drs. 16/13657, S. 35; vgl. detailliert zur Möglichkeit der Rechtfertigung § 4 BDSG.
52 Vgl. *Abel*, RDV 2009, S. 147 (153).

dessen Beendigung (Alternative 3) erforderlich ist. Der persönliche Anwendungsbereich ist für Beschäftigte eröffnet. Sachlich bezieht sich der Anwendungsbereich auf die Daten, wie sie in § 32 Abs. 2 BDSG definiert sind.

1. Beschäftigte

Der Begriff des Beschäftigten, der im Rahmen von § 32 BDSG Anwendung findet,   **14**
wird in § 3 Abs. 11 BDSG – der ebenfalls neu in die seit 1.9.2009 in Kraft getretene BDSG-Novelle aufgenommen wurde – legaldefiniert. Er ist weit gefasst, deckt sich nicht mit dem sozialversicherungsrechtlichen Begriff des Beschäftigten und umfasst deswegen nicht nur Arbeitnehmer, sondern unter anderem auch zur Berufsbildung beschäftigte Personen, arbeitnehmerähnliche Personen und Bewerber, sowie Personen, deren Beschäftigungsverhältnis beendet ist (Pensionäre).[53] Nicht umfasst sind laut des Gesetzeswortlauts Organmitglieder von Gesellschaften (Vorstände, Geschäftsführer, Aufsichtsräte), da diese nicht in den Schutzbereich des Beschäftigtendatenschutzes fallen.[54] Dennoch sind die allgemeinen Regelungen des BDSG anwendbar, sodass auch hier keine Schutzlücke entsteht. In bestimmten Situationen – z. B. bei Due Diligence – muss aber die Weitergabe personenbezogener Daten dieser Personen einfacher als derjenigen von Beschäftigten möglich sein, da in der Interessenabwägung zur Rechtfertigung des Eingriffs die enge Verknüpfung ihrer Ämter mit den Unternehmensinteressen entscheidend berücksichtigt werden muss.[55]

2. Prüfungsmaßstab

Das auslegungsbedürftige Kriterium der Erforderlichkeit zu Beschäftigungszwe   **15**
cken gibt den Prüfungsmaßstab hinsichtlich der Zulässigkeit des Umgangs mit personenbezogenen Daten im Grundtatbestand vor.

Als Beschäftigungszwecke legt § 32 Abs. 1 Satz 1 BDSG die verschiedenen Varian **16**
ten des Umgangs mit personenbezogenen Daten anlässlich der Begründung, der Durchführung und der Beendigung des Beschäftigungsverhältnisses fest.[56] Mit dem Beschäftigungszweck wird der Bezug für die Erforderlichkeitsprüfung festgesetzt. Die Beschäftigungszwecke ergeben sich aus den Vorgaben, die durch gesetzliche Vorschriften (z. B. Steuerrecht, Sozialversicherungsrecht), Kollektivvereinbarungen (Tarifverträge und Betriebsvereinbarungen) und dem Arbeitsvertrag gemacht werden.[57] In der Praxis erleichtert diese Gesetzesänderung auf der einen Seite die Handhabung von Arbeitnehmerdaten im Rahmen von Beschäftigungsverhältnissen,

---

53 BT-Drs. 16/13657, S. 27.
54 *Stamer/Kuhnke*, in: Plath, BDSG, § 32 Rn. 4; *Wybitul*, BB 2009, S. 1582 Fn. 9; eine Ausnahme gilt nur, wenn diese Personen ausnahmsweise Arbeitnehmer sind.
55 Vgl. unten Rn. 38.
56 BT-Drs. 16/13657, S. 35.
57 *Lembke*, in: HWK, Einf. BDSG Rn. 41; *Gola/Schomerus*, BDSG, § 32 Rn. 11.

da damit die bisher notwendige konkrete Festlegung der Zwecke (i.d.R. durch schriftliche Dokumentation) seitens des Arbeitgebers und damit auch die Hinweispflicht an die Beschäftigten bei deren Änderung im Sinne von § 28 Abs. 1 Satz 2 BDSG entfallen, soweit nach der Nutzungsänderung weiterhin Beschäftigungszwecke betroffen sind.[58] Auf der anderen Seite wird die Benennung konkreter Zwecke im Gesetz – also Begründung, Durchführung und Beendigung – wegen einer im Gegensatz zur bisher geltenden Regelung (§ 28 Abs. 1 Satz Nr. 1 BDSG umfasste jeglichen Zweck des Beschäftigungsverhältnisses) jetzt möglichen engeren Auslegung als kritisch angesehen. Im Ergebnis soll aber entgegen des Wortlauts weiter jeglicher Zweck des Beschäftigungsverhältnisses als Bezugspunkt dienen, da dies in der Gesetzesbegründung so ausgeführt ist[59] und die Benennung der Zwecke nur als beispielhafte Oberkategorie zu verstehen sei.[60]

17   Laut Gesetzesbegründung sollen bei der Anwendung des § 32 Abs. 1 Satz 1 BDSG die Vorgaben der Rechtsprechung zu den allgemeinen Grundsätzen zum Datenschutz im Beschäftigungsverhältnis entsprechen.[61] Ausgehend von dieser vom Gesetzgeber in Bezug genommenen Rechtsprechung ergibt sich, dass ein unmittelbarer Zusammenhang zwischen dem beabsichtigten Umgang mit den Daten und dem konkreten Verwendungszweck bestehen muss, kurz gesagt, dass die Daten zur Erfüllung der konkreten Beschäftigungszwecke erforderlich sein müssen. Diese Erforderlichkeit bedeutet laut der Rechtsprechung, dass in die Privatsphäre des Arbeitnehmers nicht tiefer eingegriffen werden darf, als zur Erfüllung der Zwecke des Beschäftigungsverhältnisses notwendig. Dazu ist eine Interessenabwägung nach den Grundsätzen der Verhältnismäßigkeit vorzunehmen.[62] Die Rechtsprechung verlangt insoweit eine verhältnismäßige Abwägung zwischen den Interessen des Beschäftigten einerseits und den schutzwürdigen Belangen des Arbeitgebers andererseits, wobei sich die Grenze der Datenverarbeitung aus dieser Abwägung ergibt.[63] Dieser aus der Rechtsprechung zu § 28 BDSG bekannte notwendige Ausgleich dieser beiden Grundpositionen ist für den Arbeitnehmerdatenschutz bestimmend, was durch die Verwendung allein des Begriffs der Erforderlichkeit nicht ganz transparent wird.[64]

18   Im Ergebnis entspricht diese Vorgabe der bislang h.M., wonach bereits für § 28 Abs. 1 Satz 1 Nr. 1 BDSG das dortige Merkmal „der Zweckbestimmung des Ver-

---

58 Vgl. oben Rn. 10; *Lembke*, HWK, Einf. BDSG Rn. 37.
59 *Thüsing*, NZA 2009, S. 865 (867).
60 *Erfurth*, NJOZ 2009, S. 2914 (2918).
61 BT-Drs. 16/13657, S. 35 und 36, zitiert folgende Rechtsprechung BAGE 46, 98 = NZA 1984, 321; BAG NZA 1985, 57; BAGE 81, 15 = NZA 1996, 637; BAGE 53, 226 = DB 1987, 1048.
62 BAGE 53, 226 = NZA 1987, 415; BAGE 51, 217 = NZA 1986, 526 (528); vgl. zur weiterhin bestehenden Analogie der zu § 28 BDSG entwickelten Grundsätze: *Gola/Schomerus*, BDSG, § 32 Rn. 12.
63 Vgl. *Wybitul*, BB 2010, S. 1085 f.
64 *Thüsing*, NZA 2009, S. 865 (867).

tragsverhältnisses dienen" im Sinne des Maßstabs der Erforderlichkeit verstanden wurde.[65] Obwohl der Wortlaut von § 32 Abs. 1 BDSG (anders als in § 32 Abs. 1 Satz 2 BDSG) eine Interessenabwägung nicht ausdrücklich vorsieht, kann wegen des Verweises auf die oben dargestellte Rechtsprechung in der Gesetzesbegründung und mit Blick auf die gesetzliche Regelungsintention (d. h. Zusammenfassung der derzeitigen Rechtslage) die Erforderlichkeit nur im Sinne der Prüfung einer Verhältnismäßigkeitsprüfung zu verstehen sein,[66] sodass die folgende Prüfung anzuwenden ist:[67]

– Geeignetheit: Die Maßnahme müsste zunächst geeignet sein, den vom Arbeitgeber angestrebten Zweck, der auf die Begründung, Durchführung oder Beendigung eines Beschäftigungsverhältnisses gerichtet ist, zu fördern. Der Zweck muss zudem von der Rechtsprechung gebilligt sein.

– Erforderlichkeit: Auf der nächsten Stufe wird geprüft, ob nicht ein Verzicht auf den Umgang mit den personenbezogenen Daten möglich ist oder jedenfalls ein weniger eingriffsintensives Mittel zur Verfügung steht, welches in gleicher Weise für die Zweckerreichung geeignet ist; dabei ist aber beachtlich, dass Abstriche bei der Qualität der Zweckerfüllung grundsätzlich nicht hingenommen werden müssen.

– Angemessenheit (schutzwürdige Interessen der Betroffenen): Sodann findet auf der darauf folgenden Stufe eine Angemessenheitsprüfung statt, d. h. es wird geprüft, inwiefern der Umgang mit Arbeitnehmerdaten nach Abwägung der Interessen beider Seiten für den Beschäftigungszweck angemessen ist. Dabei erfolgt die Interessenabwägung zwischen den Interessen des Arbeitgebers (vor allem Eigentumsrecht und das Recht am eingerichteten und ausgeübten Gewerbebetrieb) einerseits und denen des Arbeitnehmers (vor allem Persönlichkeitsrecht und informationelle Selbstbestimmung) andererseits. Im Rahmen der Abwägung sind unter anderem die Grundsätze der Spährentheorie zu beachten, sodass Daten aus der Privatsphäre nur ausnahmsweise und solche aus der Intimsphäre der Arbeitnehmer grundsätzlich nicht genutzt werden dürfen.[68] Entscheidend ist auch die

---

65 *Lembke*, HWK, Einf. BDSG Rn. 40; *Franzen*, in: ErfK, BDSG, § 32 Rn. 7; kritisch: *Thüsing*, NZA 2009, S. 865 (867); vgl. zum Maßstab des § 28 BDSG: *Simitis*, in: Simitis, BDSG, § 28 Rn. 98 f., *Gola/Schomerus*, BDSG, § 28 Rn. 17 und § 28 BDSG.

66 A. A. *Vogel/Glas*, BB 2009, S. 1747 (1751), halten eine Interessenabwägung im Rahmen von § 32 Abs. 1 Satz 1 BDSG aufgrund des Wortlauts nicht für notwendig.

67 Ausführlich und m. w. N. für den hier dargestellten Prüfungsmaßstab *B. Schmidt*, RDV 2009, S. 193 (198 f.); sehr anschauliche Darstellung der drei Prüfungsstufen und w. N. bei *Wybitul*, BB 2010, S. 1085 f.; *Wybitul*, Handbuch Datenschutz im Unternehmen, Rn. 175–185; ebenfalls diesem Prüfungsmaßstab folgend *Franzen*, in: ErfK, BDSG, § 32 Rn. 6; *Stamer/Kuhnke*, in: Plath, BDSG, § 32 Rn. 16 f.; vertieft zum Maßstab der Erforderlichkeit: *Seifert*, in: Simitis, BDSG, § 32 BDSG Rn. 9.

68 BAG v. 7.9.1995, NZA 1996, 637: „Ein unantastbarer Bereich privater Lebensgestaltung muss in jedem Fall gewahrt bleiben"; BAG v. 6.6.1984, NZA 1984, 321 zur Intimsphäre; vgl. insgesamt auch: *Wybitul*, Handbuch Datenschutz im Unternehmen, Rn. 208.

Dauer und Intensität der Datennutzung. Insoweit sind auch gesetzliche Verwendungsbeschränkungen beachtlich (z.B. § 203 Abs. 1 StGB; §§ 51, 53 BZRG, § 8 Abs. 1 AGG),[69] eine totale, unbegrenzte Überwachung und Erfassung der Daten der Beschäftigten ist unzulässig.[70] Andererseits ist aber auch die Intensität der Betroffenheit des Arbeitgebers zu berücksichtigen: Der Arbeitgeber darf Daten nutzen, wenn ein hohes Schadenspotenzial für sein Eigentum besteht oder die Verwirklichung des Arbeitsvertrages selbst gefährdet ist.[71] Zu Gunsten des Arbeitgebers ist auch zu werten, dass Verstöße von Arbeitnehmern, die keine Straftatbestände darstellen, nur vom Arbeitgeber verfolgt werden können.[72]

19 Die Erforderlichkeitsprüfung ist an einem subjektiven Prüfungsmaßstab auszurichten, d.h. die gesamte Prüfung ist am konkreten Einzelfall und unter Beachtung der konkreten Gegebenheiten zu prüfen. Ein objektiver Maßstab, z.B. an Hand von typisierten Berufsgruppen, würde die Interessen des Arbeitgebers vernachlässigen, da sich aus dessen individuellen unternehmerischen Konzept auch der Zweck ergeben kann, an dem sich die Erforderlichkeitsprüfung zu messen hat.[73] Wobei aber abgelehnt wird, dass das unternehmerische Konzept alleine die Erforderlichkeit bestimmt.[74]

3. Begründung des Beschäftigungsverhältnisses (Abs. 1 Satz 1 Alt. 1)

20 Die Begründung des Beschäftigungsverhältnisses gilt als Teil des Beschäftigungsverhältnisses. Dabei ist eine Erhebung, Verarbeitung oder Nutzung von personenbezogenen Daten erforderlich, wenn ein berechtigtes Informationsinteresse des Arbeitgebers an diesen Bewerberdaten besteht, d.h. wenn zum Zweck der Begründung des Arbeitsverhältnisses dem Arbeitgeber ein Fragerecht zusteht,[75] z.B. Fragen nach Fähigkeiten, Kenntnissen und Erfahrungen und hinsichtlich privater Vermögensverhältnisse des Bewerbers, insofern es sich um eine Tätigkeit handelt, die die Vornahme von Vermögensverfügungen vorsieht oder bei der eine erhöhte Gefahr der Bestechung oder des Geheimnisverrats besteht.[76] Er darf ebenfalls nach Vorstra-

---

69 Analog zu § 28 Abs. 5 BDSG; vgl. *Hilbrands*, in: Däubler/Hjort/Hummel/Wolmerath, Arbeitsrecht, § 28 DBSG Rn. 8.

70 Vgl. zur Unzulässigkeit eines dauerhaften Überwachungsdrucks die Videoüberwachungs-Rspr. des BAG (s. unten Rn. 31) und BAG v. 29.6.2004, NZA 2004, 1284 (zur Verhältnismäßigkeit).

71 BVerfG NJW 2004, 999; *B. Schmidt*, BB 2009, S. 1295f., a. A. offenbar: *Diller*, BB 2009, S. 438 (439).

72 *Thüsing*, NZA 2009, S. 865 (868).

73 *Deutsch/Diller*, BB 2009, S. 1462f.

74 *Wank*, in: ErfK, 10. Aufl. 2010, BDSG, § 32 Rn. 5.

75 BT-Drs. 16/13657, S. 36 (Beispiel: Frage nach fachlichen Fähigkeiten, Kenntnissen und Erfahrungen); vgl. *Seifert*, in: Simitis, BDSG, § 32 Rn. 22f.; *Stamer/Kuhnke*, in: Plath, BDSG, § 32 Rn. 20f.; *Franzen*, in: ErfK, BDSG, § 32 Rn. 8 und zu den Fragerechten Rn. 9f.; ausführlich zu Pre-Employment Screenings: *Kania/Sansone*, NZA 2012, S. 360f.

76 BT-Drs. 16/13657, S. 36; *Kania/Sansone*, NZA 2012, S. 360 (361).

fen und laufende Ermittlungsverfahren fragen und ein Führungszeugnis anfordern, wenn ein Bezug zum Arbeitsverhältnis besteht, der dem Arbeitgeber ein berechtigtes Interesse an der Information einräumt.[77] Es besteht hingegen kein berechtigtes Interesse an der Beantwortung der Frage nach einem eingestellten Ermittlungsverfahren.[78] Ein berechtigtes Interesse fehlt jedenfalls, soweit dem Arbeitgeber kein Fragerecht hinsichtlich bestimmter Informationen über den Beschäftigten zusteht (d. h. ein sog. Recht zur Lüge des Arbeitnehmers besteht). Dies gilt z. B. bei Fragen nach Schwangerschaft, politischer Gesinnung oder Gewerkschaftszugehörigkeit; bei Krankheiten nur, soweit kein Bezug zur Tätigkeit oder eine erhöhte Ansteckungsgefahr besteht.[79] Bei krankhafter Alkoholabhängigkeit oder Sucht des Bewerbers, die sich negativ auf dessen Eignung zur Durchführung der Tätigkeit auswirken kann, ist dennoch grundsätzlich vom Fragerecht des Arbeitgebers erfasst.[80]

Auch der Umgang mit Daten, die vom Arbeitgeber nicht direkt beim Beschäftigten **21** sondern von Dritten bzw. anderen Quellen (Behörden, frühere Arbeitgeber[81] etc.) z. B. im Rahmen sog. Background Checks oder Pre-Employment Screenings erhoben werden, muss sich an den Maßstäben des Fragerechts messen lassen.[82] Bevor und soweit dieses die Datenerhebung nicht bereits begrenzt, gilt zusätzlich grundsätzlich vorrangig das Prinzip der Direkterhebung bei der betroffenen Person (§ 4 Abs. 2 BDSG). Erfolgt dennoch eine Erhebung aus diesen Quellen sollte aus praktischer Sicht in jedem Fall die Einwilligung des Bewerbers eingeholt werden;[83] deren Wirksamkeit wird wegen des auch hier denkbaren strukturellen Ungleichgewichts zwischen Bewerber und Arbeitgeber und dem daraus abgeleiteten Mangel an Freiwilligkeit kritisch gesehen,[84] jedoch zeigt die ausdrücklich vorgesehene Möglichkeit einer Einwilligung für die Erhebung von Daten bei sonstigen Dritten in § 32 Abs. 6 S. 3 BDSG-E den Willen des Gesetzgebers diese insoweit anzuerkennen.[85]

Diskutiert wird die Rechtfertigung für die Erhebung von Daten, die über das Inter- **22** net zugänglich sind. In § 32 BDSG fehlt eine mit § 28 Abs. 1 Satz 1 Nr. 3 BDSG vergleichbare Regelung, die den Umgang mit allgemein zugänglich Daten rechtfertigen kann.[86] Geprüft werden im Ergebnis die allgemeine Zugänglichkeit und das schutzwürdige Interesse des Bewerbers. Daten, die mittels Suchmaschinen (z. B.

---

77 *Kania/Sansone*, NZA 2012, S. 360 (361 f.).
78 BAG, Urt. v. 15.11.2012 – 6 AZR 339/11.
79 Vgl. Fallgruppen bei *Seifert*, in: Simitis, BDSG, § 32 Rn. 23 f.
80 Ausführlich m. w. N. zu diesem Themenkomplex: *Hey/Linse*, BB 2012, S. 2881 f.
81 Der frühere Arbeitgeber unterliegt dem Datengeheimnis nach § 5 BDSG und soll sich bei seiner Auskunft auf den Inhalt des Zeugnisses beschränken: *Stamer/Kuhnke*, in: Plath, BDSG, § 32 Rn. 29.
82 *Heuchemer/Zöll*, Personalmagazin 2008, S. 70 f., ausführlich *Thum/Szcensny*, BB 2007, S. 2405 f.
83 *Heuchemer/Zöll*, Personalmagazin 2008, S. 70 f.
84 *Kania/Sansone*, NZA 2012, S. 360 (364).
85 Vgl. BR-Drs. 535/10, S. 30.
86 Zum Streitstand s. oben Rn. 8.

Google, Yahoo etc.) erlangt werden können, gelten grundsätzlich als allgemein zugänglich.[87] Bezüglich sozialer Netzwerke differenziert die h. M. nach dem äußeren Zweck und dem Grad der Zugänglichmachung der Daten im Internet und Orientierung des Netzwerks, der z. B. über deren AGB feststellbar ist.[88] Daten von Netzwerken bei welchen die privaten Beziehungen im Vordergrund stehen (z. B. Facebook, Google+, studiVZ) dürfen demnach nicht genutzt werden (anders z. B. XING und LinkedIn). Diese Differenzierung ist vorzugswürdig, denn sie findet sich auch in der Gesetzesbegründung zu § 32 Abs. 6 BDSG-E, der die Nutzung von allgemein zugänglichen Daten für das Bewerbungsverfahren regelt, und damit den potenziellen Willen des Gesetzgebers zeigt.[89] Geht man davon aus, dass der Umgang mit den Daten insoweit möglich ist, stellt sich die Frage in welchem Umfang dies geschehen darf: Die Verwendung der erhobenen Daten muss auf das Bewerbungsverfahren beschränkt sein und darf erkennbar schutzwürdige Interessen des Bewerbers nicht verletzen, wobei zu beachten ist, ob die Veröffentlichung der Daten des Betroffenen im Internet erkennbar seinem Willen entsprach und nicht das Privat- oder Intimleben des Bewerbers betreffen.[90] Ausgehend vom Fragerecht des Arbeitgebers dürften jedenfalls bei einem berechtigten Interesse des Arbeitgebers (Vertrauens- und Schlüsselpositionen des Beschäftigten im Unternehmen) die Maßnahmen gerechtfertigt sein.[91]

23 Ärztliche Einstellungsuntersuchungen und psychologische Eignungstests sind zwar möglich, andere Details als die Tatsache, dass der Bewerber gesundheitlich geeignet oder ungeeignet ist, dürfen aber dem Arbeitgeber vom Arzt ohne Einwilligung des Untersuchten nicht mitgeteilt werden[92] bzw. werden üblicherweise nicht mitgeteilt.[93] Die Bewerber sind nach § 33 BDSG über die Speicherung von Bewerberdaten z. B. in Bewerberdatenbanken zu informieren.

24 Insgesamt erscheint es in der Praxis ratsam, für die Aufnahme der Daten in Bewerberdatenbanken sowie für alle anderen datenschutzrechtlich relevanten Maßnahmen im Bewerbungsprozess eine Einwilligung des Bewerbers einzuholen und die Bewerbungsprozesse innerbetrieblich durch eine Betriebsvereinbarung zu flankieren.[94] Die ohne Einwilligung gespeicherten Daten sind zu löschen, wenn der Arbeitgeber kein berechtigtes Interesse mehr daran hat.[95] Insoweit kommt als berechtigtes Interesse z. B. die Abwehr von Ansprüchen abgelehnter Bewerber in Frage. Diese

---

87 *Kania/Sansone*, NZA 2012, S. 360 (363).

88 *Kania/Sansone*, NZA 2012, S. 360 (363); a. A. *Ernst*, NJOZ, 2011, S. 953 (955 f.).

89 BR-Drs. 535/10, S. 30; *Wiese*, NZA 2012, S. 1 (3); *Stamer/Kuhnke*, in: Plath, BDSG, § 32 Rn. 9.

90 *Hilbrans*, in: Däubler/Hjort/Hummel/Wolmerath, Arbeitsrecht, § 32 BDSG Rn. 25.

91 Insoweit an der Erforderlichkeit zweifelnd *von Steinau-Steinrück/Mosch*, NJW-Spezial 2009, S. 450 (451).

92 *Hilbrans*, in: Däubler/Hjort/Hummel/Wolmerath, Arbeitsrecht, § 32 BDSG Rn. 34.

93 *Stamer/Kuhnke*, in: Plath, BDSG, § 32 Rn. 49.

94 *Heuchemer/Zöll*, Personalmagazin 2008, S. 70 f.

95 BAGE 46, 98 = NZA 1984, 321.

können z. B. Ansprüche nach dem AGG geltend machen. Daher dürfen die Daten wenigstens bis zum Ablauf der Ausschlussfristen bzgl. dieser Ansprüche (§ 15 Abs. 4 AGG, § 61b Abs. 1 ArbGG) und der regelmäßigen Verjährungsfristen (§ 195 BGB) für konkurrierende Ansprüche (z. B. aus § 280 BGB, § 823 BGB, § 1004 BGB [sog. quasinegatorischer Anspruch auf Löschung der Daten]) gespeichert und jedenfalls zur Abwehr der Ansprüche genutzt werden.[96]

Ein Mitbestimmungsrecht des Betriebsrats besteht jedenfalls gemäß § 94 Abs. 1   **25** BetrVG im Zusammenhang mit der Erfassung der Daten in Personalfragebögen.[97] § 87 Abs. 1 Satz 1 Nr. 6 BetrVG dürfte zwar unmittelbar nicht anwendbar sein, da die Bewerberdaten regelmäßig nicht zur Leistungs- und Verhaltskontrolle dienen; allerdings reicht nach der Rechtsprechung bereits die Möglichkeit der Überwachung aus, sodass im Zweifel oft auch dieses Mitbestimmungsrecht, z. b. bei der Speicherung von Daten in einer Bewerberdatenbank, betroffen sein wird. Die Einholung einer Information beim früheren Arbeitgeber ist nicht mitbestimmt.[98]

4. Durchführung des Beschäftigungsverhältnisses (Abs. 1 Satz 1 Alt. 2)

a) Grundlagen und allgemeine Beschäftigtendaten

Die Gesetzesbegründung bestätigt auch für diese Alternative, dass die Erforderlich-   **26** keit für den Umgang mit Daten gegeben ist, wenn die Grundsätze des Datenschutzes eingehalten werden.[99] Der Wortlaut „Durchführung des Arbeitsverhältnisses" ist weit zu verstehen; darunter soll letztlich alles fallen, was der Zweckbestimmung des Arbeitsverhältnisses dient.[100] Grundsätzlich ist auch der Umgang mit Daten erlaubt, wenn es um die Wahrnehmung von Arbeitgeberrechten durch den Arbeitgeber geht, z. B. wenn Letzterer sein Weisungsrecht ausübt oder durch Kontrollen die Leistungen und das Verhalten der Beschäftigten kontrolliert.[101]

Die Grenzen des Umgangs mit Daten auf Grundlage des Fragerechts des Arbeit-   **27** gebers, d. h. Beachtung der Privatsphäre,[102] Direkterhebung (§ 4 Abs. 2 Satz 1 BDSG), grundsätzliche Nichterfassung von diskriminierungsrelevanten Daten

---

96 Vgl. *Lembke*, HWK, Einf. BDSG Rn. 42 und 80 m. w. N.; a. A. *Gola/Schomerus*, BDSG, § 32 Rn. 43; *Däubler/Klebe/Wedde/Weichert*, BDSG, § 32 Rn. 62.

97 BAGE 53, 226 = DB 1987, 1048; *Kania*, in: ErfK, BetrVG, § 87 Rn. 55.

98 BAG v. 9.7.1991, AP BetrVG 1972 § 87 BetrVG, Ordnung des Betriebes Nr. 19; *Kania*, in: ErfK, § 94 BetrVG Rn. 3 m. w. N.

99 BT-Drs. 16/13657, S. 36; zitiert BAGE 53, 226 = DB 1987, 1048, und BAGE 81,15 = NZA 1996, S. 637.

100 *Thüsing*, NZA 2009, S. 865 (867); vgl. allgemein zu den Beschäftigungszwecken auch *Wybitul*, Handbuch Datenschutz im Unternehmen, Anhang 3, S. 428.

101 BT-Drs. 16/13657, S. 36; detailliert zu Leistungs- und Verhaltenskontrollen siehe unten Rn. 29 f.

102 Beispiele zu Daten aus der Privatsphäre (z. B. Konsumverhalten, Betreuungssituation, sexuelle Orientierung etc.): *Seifert*, in: Simitis, BDSG, § 32 Rn. 59 f., *Stamer/Kuhnke*, in: Plath, BDSG, § 32 Rn. 41 („verpönte Merkmale") und Rn. 56.

(nach AGG) und andere sensiblen Daten etc. gelten auch hier, insbesondere auch bei unternehmensinternen Beförderungen etc. (vgl. bzgl. des Verständnisses des Gesetzgebers den expliziten Verweis auf die Regelung der Bewerberdatenerhebung in § 32c Abs. 1 Satz 3 und Abs. 2 BDSG-E).[103] Zu beachten ist, dass sozialadäquate Konversationen im Arbeitsverhältnis (z.B. die Frage des Arbeitgebers, wie es dem Arbeitnehmer geht) i.d.R. nicht als Umgang mit personenbezogenen Daten im Beschäftigungsverhältnis qualifiziert werden können: Persönliche oder sozialübliche innerbetriebliche Konversationen zwischen Beschäftigten und Vorgesetzten finden nach wie vor außerhalb datenschutzrechtlicher Restriktionen statt.[104]

28 Der Arbeitgeber darf sich nach der Einstellung der Beschäftigten über Umstände informieren oder Daten verwenden, die zur Wahrnehmung seiner vertraglichen Pflichten als Arbeitgeber gegenüber den Beschäftigten erforderlich sind.[105] Diese Erlaubnis bezieht sich außerdem auf die gesetzlichen, sowie sonstigen Pflichten (z.B. aus Tarifvertrag), die bezüglich des Beschäftigungsverhältnisses bestehen und damit die Speicherung und den sonstigen Umgang mit den folgenden Daten in der Regel erlaubt:[106]

– Stammdaten der Arbeitnehmer, wie Name und Adresse, sowie Daten, die sich auf die Arbeitsbedingungen beziehen, da der Arbeitgeber insoweit nach § 2 Abs. 1 NachwG gesetzlich zum Nachweis dieser Informationen gegenüber dem Arbeitnehmer verpflichtet ist; Fragen nach Geburtsname, Geburtsort, Alter, Familienstand oder Nationalität können hingegen auf Diskriminierungen hindeuten;[107]

– Daten, die für die Personalplanung von Bedeutung sind (Ausbildung, Studium, Berufserfahrung, Sprachkenntnisse, ggf. Führungszeugnis und Eignungstest etc.);

– Daten im Zusammenhang mit der Personalverwaltung sowie Lohn- und Gehaltsabrechnung, insbesondere Daten zur Erfüllung der sozialversicherungsrechtlichen und steuerrechtlichen Pflichten;[108]

– Daten zur Erfüllung sonstiger gesetzlicher Pflichten (z.B. aus EFZG, § 84 Abs. 2 SGB IX, BEEG, MuSchG, Sozialauswahlkriterien nach § 1 Abs. 3 KSchG[109]), z.B. Details zu Behinderung oder Krankheit, um ggf. einen leidensgerechten Ar-

---

103 Vgl. für Nachweise zum BSDG-E oben Rn. 3, und zur Erhebung von Bewerberdaten oben Rn. 20 f.

104 Vgl. *Kursawe/Nebel*, BB 2012, S. 516 f. auch zu den Problemen der Regelung im BDSG-E.

105 BT-Drs. 16/13657, S. 36.

106 Vgl. dazu und im Einzelnen zu der folgenden Auflistung: *Lembke*, HWK, Einf. BDSG Rn. 41 m.w.N.; weitere gute Übersicht bei: *Stamer/Kuhnke*, in: Plath, BDSG, § 32 Rn. 32 f.

107 Vgl. zu den Stammdaten: *Seifert*, in: Simitis, BDSG, § 32 Rn. 61 f.; *Gola/Schomerus*, BDSG, § 32 Rn. 11 f.

108 BT-Drs. 16/13657, S. 36.

109 Einschränkend (keine Vorratsspeicherung): *Däubler/Klebe/Wedde/Weichert*, BDSG, § 32 Rn. 134.

beitsplatz zur Verfügung stellen zu können oder ein Eingliederungsmanagement durchzuführen oder auch bestimmte Gesundheitsdaten;[110]

– Daten, die zur Erfüllung der Arbeitsaufgabe notwendig sind, z.B. im Rahmen von bestimmten Veröffentlichungspflichten (Wertpapier-Prospekte, Veröffentlichungspflichten in Geschäftsberichten, Impressum der Internetseite des Arbeitgebers);[111]

– die Veröffentlichung von beschäftigungsbezogenen Personendaten (d.h. nicht private Adresse, Familienstand etc.) im Internet ohne Zustimmung der Beschäftigten gilt grundsätzlich nicht als erforderlich,[112] soweit nicht eine arbeitsvertragliche Notwendigkeit besteht (z.B. bei Vertriebsmitarbeitern oder Mitarbeitern, die Funktionen mit Außerwirkung bekleiden bzw. Öffentlichkeitsaufgaben) bzw. wenn die Veröffentlichung marktüblich ist;[113]

– das Datum über die Gewerkschaftszugehörigkeit eines Arbeitnehmers darf erst nach Begründung eines Arbeitsverhältnisses hinterfragt werden und wenn es wegen des Wegfalls der Tarifeinheit ein berechtigtes Interesse an diesen Informationen gibt;[114]

– private Telefonnummern und E-Mail-Adressen sind grundsätzlich nicht zu erfassen, außer es besteht ein dienstliches Interesse (z.B. Rufbereitschaft).[115] Unternehmens- und konzerninterne Mitarbeiterverzeichnisse sind grundsätzlich möglich, sollten aber auf die Kontaktdetails beschränkt werden;[116]

– Daten, die eine Beurteilung des Verhaltens und der Leistung im Arbeitsverhältnis ermöglichen (vgl. § 109 Abs. 1 Satz 3 GewO – Informationen, die für die Erstellung eines qualifizierten Zeugnisses notwendig sind), können grundsätzlich (in der Personalakte) gespeichert werden, wobei keine leistungsfremden Daten oder falsche verhaltensbezogene Daten (unrechtmäßige Abmahnung) gespeichert werden dürfen.[117]

---

110 Vgl. unten Rn. 42.
111 Vgl. *Gola/Schomerus*, BDSG, § 32 Rn. 22.
112 *Gola/Wronka*, Handbuch Arbeitnehmerdatenschutz, 4. Aufl. 2007, Rn. 1046; *Hilbrans*, in: Däubler/Hjort/Hummel/Wolmerath, Arbeitsrecht, § 32 BDSG Rn. 14.
113 *Gola/Schomerus*, BDSG, § 32 Rn. 22; *Däubler/Klebe/Wedde/Weichert*, BDSG, § 32 Rn. 72; *Wellenhöhner/Byers*, BB 2009, S. 2310 (2314); vgl. Hinweise zum Datenschutz für die private Wirtschaft, Staatsanzeiger Baden-Württemberg, 25.1.2001, S. 14 Punkt B. Das gleiche Prinzip muss z.B. auch bei Kunden-Feedback-Systemen im Internet gelten.
114 Vgl. BAG v. 23.6.2010, NZA 2010, S. 778; *Seifert*, in: Simitis, BDSG, § 32 Rn. 71.
115 *Gola/Schomerus*, BDSG, § 32 Rn. 14.
116 *Gola/Schomerus*, BDSG, § 4n Rn. 8 mit Verweis auf den 15. Bericht der Hessischen Landesregierung über die Tätigkeit der für den nicht öffentlichen Bereich zuständigen Aufsichtsbehörden – LT-Drs. 15/4659 vom 26.11.2002 – Ziff. 7.4.
117 *Franzen*, in: ErfK, BDSG, § 32 Rn. 18; *Lembke*, HWK, Einf. BDSG Rn. 41; *Nink/Müller*, ZD 2012, S. 505 (506); *Gola/Wronka*, Handbuch Arbeitnehmerdatenschutz, 4. Aufl. 2007, Rn. 602 f.

Zöll

Soweit der Umgang mit den o.g. Daten gerechtfertigt ist, darf auch eine Speicherung in Personalakten erfolgen. In Bezug auf die Personalakte sind noch andere arbeitsrechtliche Regelungen (§ 83 BetrVG, § 26 Abs. 2 Satz 1 SprAuG; § 3 Abs. 5 TVöD, § 3 Abs. 6 TV-L) und die Personalakten-Rechtsprechung des BAG beachtlich.

b) Verhaltens- und Leistungskontrollen im Beschäftigungsverhältnis

29 Mit Blick auf die Ausführungen in der Gesetzesbegründung, ist nach § 32 Abs. 1 Satz 1 Alt. 2 BDSG die Zulässigkeit solcher Maßnahmen zu beurteilen, welche zur Verhinderung von Straftaten und sonstigen Rechtsverstößen, die im Zusammenhang mit dem Beschäftigungsverhältnis stehen, erforderlich sind.[118] Das bedeutet konkret, dass insoweit sowohl die Aufdeckung von Vertragsverstößen im Arbeitsverhältnis (z. B. Minderleistungen, Verstöße gegen Wettbewerbsverbot oder Verschwiegenheitspflicht) sowie von Ordnungswidrigkeiten als auch grundsätzlich präventive Kontrollen zur Vermeidung von Straftaten im Sinne einer vorbeugenden Compliance zulässig sind.[119] Problematisch könnte auf Grund des Wortlauts der Norm jedoch die Abgrenzung zu dem an weitergehende Voraussetzungen anknüpfenden § 32 Abs. 1 Satz 2 BDSG sein, soweit durch den Umgang mit den Daten auch eine Aufdeckung von Straftaten möglich ist.[120] Regelmäßige Leistungs- und Verhaltenskontrollen sind ein wesentlicher Teil der Durchführung des Beschäftigungsverhältnisses und im Sinne eine ordnungsgemäßen unternehmerischen Compliance (z. B. § 130 OWiG) auch notwendig.[121] Unter solche Regelkontrollen, können neben der direkten Mitarbeiterbefragung[122] auch Telefondatenerfassung und die (eingeschränkte) Kontrolle von Callcenter-Mitarbeitern,[123] Tor- und Taschenkontrollen,[124] Testkäufe und Zuverlässigkeitstest,[125] sowie die Kontrolle geschäftlicher Korrespondenz fallen.[126] Hingegen sollen verdachtsunabhängige Routineunter-

---

118 BT-Drs. 16/13657, S. 36.
119 *B. Schmidt*, RDV 2009, S. 193 (196); *Wybitul*, BB 2009, S. 1582 (1583); *Thüsing*, NZA 2009, S. 865 (868); *Abel*, RDV 2009, S. 147 (153); *Erfurth*, NJOZ 2009, S. 2914 (2920); vgl. im Ergebnis auch *Deutsch/Diller*, DB 2009, S. 1462 (1465), *Maschmann*, NZA-Beil. 2012, 50 (58), *Gola/Schomerus*, BDSG, § 32 Rn. 24.
120 Zur Abgrenzung zu § 32 Abs. 1 Satz 2 BDSG siehe unten Rn. 48 f.
121 *Gola/Wronka*, Handbuch Arbeitnehmerdatenschutz, 5. Aufl. 2010, Rn. 849 f.
122 *Lembke*, HWK, Einf. BDSG Rn. 98.
123 Zu Callcentern und Telefondatenerfassung: BAG, Urt. v. 30.8.1995, NZA 1996, S. 218 (zum berechtigten Interesse des Arbeitgebers an Bedienplatzreports); *Gola/Wronka*, Handbuch Arbeitnehmerdatenschutz, 5. Aufl. 2010, Rn. 752 f. mit Hinweisen zum Datenschutzbericht des Innenministeriums Baden Württemberg 2007; *Gola/Schomerus*, BDSG, § 32 Rn. 19a; *Franzen*, in: ErfK, BDSG, § 32 Rn. 25.
124 Vgl. dazu *Joussen*, NZA 2010, S. 254 f., der aber nur § 28 BDSG zur Rechtfertigung für einschlägig hält.
125 *Seifert*, in: Simitis, BDSG, § 32 Rn. 100 m. w. N. zu Rspr.
126 Vgl. zur insoweit für die Praxis bedeutsamen Kontrolle von E-Mails unten Rn. 43 f.

suchungen in Bezug auf Alkohol- oder Drogensucht unzulässig sein.[127] In jedem Fall ist die Eingriffsintensität solcher Regelkontrollen begrenzt: In deren Rahmen darf eine totale Erfassung (Vollkontrolle) der Beschäftigten nicht erfolgen, z. B. sind dauerhafte Videoüberwachung, umfassende Datendurchsuchungen oder Datenabgleiche (Screenings) und auch die Anfertigung eingriffsintensiver Leistungsprofile unzulässig.[128] In der Praxis sollte zur Verhaltens- und Leistungsüberprüfung mit regelmäßigen, auf bestimmte Personenkreise begrenzten Stichproben gearbeitet werden,[129] deren Häufigkeit durch die abstrakt ermittelten Fehlentwicklungen (z. B. ermittelt durch eine Inventur in einem bestimmten Bereich) bestimmt ist.[130] Weiterhin sollte von dem gesetzlich in § 3a Satz 2 BDSG vorgesehenen vorrangigen Mittel der Anonymisierung und Pseudonymisierung von Daten[131] gerade auch bei präventiven Maßnahmen Gebrauch gemacht werden, da damit in geringerem Umfang in den Rechtskreis der betroffenen Personen eingegriffen wird.[132] Außerdem sind besondere Anforderungen an die Transparenz von Kontrollmaßnahmen zu stellen (vgl. dazu gleich beispielhaft die Ausführungen zu Whistleblower Hotlines); das soll die Dokumentation der Maßnahme und die etwaige Abklärung mit den Datenschutzbehörden umfassen.[133]

Eine Zeiterfassung und Zugangskontrolle ist regelmäßig ebenfalls zur Durchführung des Arbeitsverhältnisses erforderlich, da der Arbeitgeber ein berechtigtes Interesse hat, die Gegenleistung der Beschäftigten zu kontrollieren.[134] Das gilt nicht nur in Bezug auf die Lohnabrechung, sondern ist auch für die Feststellungen von Krankheits- und anderen Fehlzeiten (sog. „Krankenläufe") zulässig.[135] Eine Vollkontrolle und umfassende Bewegungsprofile, z. B. die dauerhafte Erfassung jeder

30

---

127 *Seifert*, in: Simitis, BDSG, § 32 Rn. 64; *Hey/Linse*, BB 2012, S. 2881 (2882), vgl. zu Gesundheitsdaten unten Rn. 42.

128 Vgl. Wertungen der Rechtsprechung: BAG, v. 29.6.2004, NZA 2004, S. 1278 f.; *Hilbrans*, in: Däubler/Hjort/Hummel/Wolmerath, Arbeitsrecht, § 32 BDSG Rn. 18; vgl. *Gola/Wronka*, Handbuch Arbeitnehmerdatenschutz, Rn. 859.

129 Das BDSG selbst kennt im anderen Zusammenhang ebenfalls Stichprobenverfahren (vgl. § 10 Abs. 4 BDSG). Zur allgemeinen Zulässigkeit im Beschäftigtendatenschutz: *Wybitul*, BB 2009, S. 1582 (1583) m. w. N.

130 *Gola/Wronka*, Handbuch Arbeitnehmerdatenschutz, 4. Aufl. 2007, Rn. 750.

131 Gute Darstellungen bei: *Wybitul*, Handbuch Datenschutz im Unternehmen, Rn. 83 f.; zur forensischen Datenanalyse *Geschonneck/Meyer/Scheben*, BB 2011, S. 2677 f.

132 *Geschonneck/Meyer/Scheben*, BB 2011, S. 2677.

133 Vgl. unten Rn. 32; *Wybitul*, BB 2010, S. 1085 (1089), zur Dokumentation Vorab-Klärung mit der Datenschutzbehörde, die er grundsätzlich zur Unterstützung und Beratung der verantwortlichen Stelle verpflichtet sieht.

134 *Däubler/Klebe/Wedde/Weichert*, BDSG, § 32 Rn. 74.

135 *Kock/Franke*, NZA 2009, S. 646 (648); *B. Schmidt*, RDV 2009, S. 193 (198); *Wybitul*, BB 2009, S. 1582 (1583), *Franzen*, in: ErfK, BDSG, § 32 Rn. 24; zu Gesundheitsdaten siehe unten Rn. 42.

Pause und jedes Toilettengangs, werden allerdings auch hier als unzulässig angesehen.[136]

31 Videoüberwachung ist diejenige Überwachungsmaßnahme, die den Beschäftigtendatenschutz berühmt gemacht hat. Das Gesetz legt die Videoüberwachungs-Rechtsprechung des BAG der Bewertung von Überwachungsmaßnahmen zu Grunde; dies ergibt sich aus der Gesetzesbegründung.[137] Zu differenzieren ist zwischen der Überwachung in (auch) öffentlichen Räumen, wie z. B. Bank-Schalter, Kaufhaus oder Außenbereich eines Gebäudes einerseits und der Überwachung in nicht öffentlichen Räumen andererseits. Für die Überwachung öffentlicher Räume ist § 6b BDSG einschlägig; ob dieser den § 32 BDSG verdrängt[138] oder daneben angewendet wird, ist ungeklärt.[139] In nicht öffentlichen Räumen (z. B. Werkshallen und Büros) erfolgt die Rechtfertigung nach § 32 Abs. 1 Satz 1 BDSG, wobei an die Überwachung, wegen der Intensität der Maßnahme für die Persönlichkeitsrechte der Beschäftigten, hohe Anforderungen zu stellen sind; verdeckte und präventive Videoüberwachungen sind außer für die Aufdeckung von Straftaten in der Regel unzulässig.[140] In der Praxis wird dieses Thema am besten mittels einer Betriebsvereinbarung geregelt.[141]

32 Whistleblower Hotlines: Zunächst motiviert durch Gesetze vor allem in den USA (z. B. Sarbanes-Oxley Act (SOX), Vorgaben der New York Stock Exchange für die bei ihr gelisteten Unternehmen) und mittlerweile auch auf Grund des vorwiegenden Verständnisses für unternehmerische Compliance in Deutschland (§ 130 OWiG etc.),[142] haben viele Unternehmen im Rahmen von aufzustellenden Ethik- und Verhaltensregeln („Code of Ethics") angeordnet, dass ein Fehlverhalten von Vorgesetzten oder Kollegen bei einer Telefon-Hotline oder bei einer sonstigen Stelle zu melden ist.[143] Der diesbezügliche Umgang mit Daten ist datenschutzrechtlich relevant und auf Grund des Charakters als Vorfeld Compliance Maßnahme an § 32 Abs. 1 Satz 1 BDSG zu messen.[144] Die Tatsache, dass innerhalb eines Konzerns die gesetz-

---

136 *Wellhöner/Byers*, BB 2009, S. 2310 (2315); *Gola/Schomerus*, BDSG, § 32 Rn. 19c.

137 BT-Drs. 16/13657, S. 36; zitiert folgende Rechtsprechung des BAG zur Videoüberwachung: BAG NZA 2008, S. 1187; BAGE 105, 356 = NZA 2003, S. 1193; BAG v. 29.6.2004, NJW 2005, S. 313.

138 *Seifert*, in: Simitis, BDSG, § 32 Rn. 79, der aber bei der Aufklärung von Straftaten den konkreten Tatverdacht des § 32 Abs. 1 Satz 2 BDSG als Maßstab nimmt.

139 Offengelassen: BAG v. 26.8.2008, NZA 2008, S. 1187; vgl. § 6b BDSG Rn. 27.

140 *Seifert*, in: Simitis, BDSG, § 32 Rn. 80 m. w. N.

141 Vgl. als Muster Sachverhalt in BAG v. 26.8.2008, NZA 2008, S. 1187; gutes Muster bei *Wybitul*, Handbuch Datenschutz im Unternehmen, Rn. 225.

142 *Wybitul*, Handbuch Datenschutz im Unternehmen, Rn. 186 f.; *Gola/Schomerus*, BDSG, § 32 Rn. 16.

143 Vgl. z. B. *Mengel/Hagmeister*, BB 2007, S. 1386; *Lembke*, HWK, Einf. BDSG Rn. 96.

144 BT-Drs. 16/13657, S. 36 „sonstige Rechtsverstöße"; a. A. *Gola/Schomerus*, BDSG, § 32 Rn. 16, wonach § 32 Abs. 1 Satz 2 BDSG mit seinen erhöhten Anforderungen für anwendbar gehalten wird.

liche Pflicht zur Einführung einer Whistleblower Hotline besteht, ist in jedem Fall in der Interessenabwägung zu Gunsten der datenverarbeitenden Stelle zu beachten.[145] Basierend auf der Stellungnahme der Art. 29-Gruppe[146] hat zur bisherigen Rechtslage in Deutschland der Düsseldorfer Kreis Empfehlungen für eine konkrete datenschutzrechtliche Umsetzung dieser Hotlines gegeben.[147] Danach ist bei der Einrichtung einer Hotline in der Praxis insbesondere das Folgende zu beachten: Die Einführung der Hotline und deren Anwendungsbereich sind allen betroffenen Arbeitnehmern bekannt zu machen (Transparenzprinzip) und auf die notwendigen Personen und Daten zu beschränken (Datensparsamkeit). Die Einwilligungen der Arbeitnehmer unterliegen den bekannten datenschutzrechtlichen Bedenken. Anonyme Anzeigen sollen grundsätzlich nicht möglich sein. Der Hinweisgeber ist vor disziplinarischen und diskriminierenden Maßnahmen zu schützen und auf diese Rechte hinzuweisen. Die Hinweisgeber müssen darüber aufgeklärt werden, dass ihre Angaben an Behörden im Rahmen offizieller Ermittlungen weitergegeben werden können; auch die geplante Weitergabe an Berater soll offengelegt werden. Die vom Hinweisgeber beschuldigte Person ist auf die Datenspeicherung hinzuweisen, soweit nicht eine Gefährdung der Beweislage besteht; eine dauerhafte Geheimhaltung ist aber insoweit nicht möglich. Zulässig (und in der Praxis häufig) ist die Abwicklung durch Dritte im Rahmen der Auftragsdatenverarbeitung (§ 11 BDSG), die sich dann aber nur auf die Entgegennahme der Meldungen begrenzt; die Auswertung sollte aber grundsätzlich intern erfolgen – dabei soll die Whistleblower Hotline aber nicht innerhalb der Personalverwaltung organisiert und betrieben werden. Die gesetzlichen Regelungen zur Löschung und Sperrung nach § 35 BDSG sind anwendbar. Neben der Geschäftsführung bzw. den von dieser beauftragten Personen (z.B. Compliance Officer) sind der Datenschutzbeauftragte einzubinden und der Betriebsrat zu beteiligen.[148] Explizit wird darauf hingewiesen, dass eine Betriebsvereinbarung, soweit sie das Schutzniveau des BDSG nicht unterschreitet, als eige-

---

145 Insoweit kritisch *Wank*, in: ErfK, 9. Aufl. 2009, BDSG, § 28 Rn. 14, der eine Rechtfertigung nur für denkbar hält, wenn die Pflicht für eine Whistleblower-Hotline aufgrund verbindlicher Pflichten in Deutschland oder der EU besteht. Vgl. ähnlich auch die Argumente für Rechtfertigung der Terrorlisten-Screenings, unten Rn. 35.

146 Stellungnahme 1/2006 der „Article 29 Data Protection Working Party", abrufbar im Internet unter: http://ec.europa.eu/justice_home/fsj/privacy/docs/wpdocs/2006/wp117_de.pdf.

147 Stellungnahme Arbeitsgruppe „Beschäftigtendatenschutz" des Düsseldorfer Kreises (informelle Vereinigung der obersten Datenschutzbehörden in Deutschland), April 2007, S. 1–7, abrufbar im Internet z.B. unter: www.ldi.nrw.de/mainmenu_Datenschutz/submenu_Datenschutzrecht/Inhalt/Personalwesen/Inhalt/6_Whistleblowing-Hotlines/Whistleblowing-Hotlines.pdf.

148 Letzteres gilt vor allem deswegen, weil ein Mitbestimmungsrecht des Betriebsrats wegen einer Leistungskontrolle mittels einer technischen Einrichtung (aus § 87 Abs. 1 Nr. 6 BetrVG) und in Bezug auf die Regelung der Betriebsordnung (aus § 87 Abs. 1 Nr. 1 BetrVG) besteht, vgl. LAG NZA 2006, S. 980 (984); BAG BB 2008, S. 2580.

ne Rechtsvorschrift die Hotline datenschutzrechtlich rechtfertigen kann.[149] Ein Mitbestimmungsrecht besteht jedenfalls nach § 87 Abs. 1 Nr. 1 BetrVG.[150]

33 An den Vorgaben zu Whistleblower Hotlines können grundsätzlich auch andere Compliance-Meldesysteme sowie die Verfahrensweisen bei internen Ermittlungen ausgerichtet werden. Der Arbeitgeber soll die eingesetzten Verfahren möglichst transparent gestalten, um den Betroffenen die Möglichkeit eines effektiven Rechtsschutzes zu geben und die Eingriffsintensität zu verringern, wobei die Grenze dort zu ziehen ist, wo der Erfolg der Maßnahme gefährdet wird. Dabei sind aber die Besonderheiten des Einzelfalls vor allem im Rahmen der Verhältnismäßigkeitsprüfung zu beachten.[151]

34 Datendurchsuchungen oder -abgleiche (Screenings) sind als Vorfeldmaßnahme grundsätzlich zulässig.[152]

35 Terrorlisten-Screenings: Die EG-Verordnungen VO 2580/2001 und VO 881/2002 zur Terrorbekämpfung, flankiert von Sanktionsvorschriften aus dem Außenwirtschaftsgesetz (AWG),[153] verlangen von Arbeitgebern, dass Terrorverdächtigen keine wirtschaftlichen Ressourcen zur Verfügung gestellt werden (d.h. hier Lohnzahlungen) und dass Informationen über die Beschäftigung solcher Personen an die Behörden weitergegeben werden müssen. Diese Pflichten treffen grundsätzlich jeden Arbeitgeber.[154] Ihnen kann ein Arbeitgeber nur nachkommen, wenn Mitarbeiterscreenings hinsichtlich terrorverdächtiger Personen durchgeführt werden[155] (mittels eines Abgleich der Beschäftigtendaten mit einer im Internet von der EU veröffentlichen Liste von Terrorverdächtigen[156]). Dieses Terrorlisten-Screening ist als nach dem BDSG relevanter Umgang mit personenbezogenen Daten zu qualifizieren, der einer datenschutzrechtlichen Rechtfertigung bedarf. Unternehmen befürchten insoweit Pflichtenkollisionen, wenn sie das AWG und die Verordnungen befolgen, ihnen jedoch eine datenschutzrechtliche Rechtfertigung fehlt. Denn die Rechtfertigungsgrundlage ist streitig, auch weil es keine spezialgesetzliche Grundlage nach nationalem Recht gibt (das AWG enthält dazu nichts). Die Verordnungen, die

---

149 Stellungnahme Düsseldorfer Kreis, April 2007, S. 1–7, abrufbar im Internet z.B. unter: www.ldi.nrw.de/mainmenu_Datenschutz/submenu_Datenschutzrecht/Inhalt/Personalwe sen/Inhalt/6_Whistleblowing-Hotlines/Whistleblowing-Hotlines.pdf, S. 3. Vgl. insgesamt unten Rn. 57.

150 *Fitting*, BetrVG, § 87 Rn. 71; *Neufels/Knitter*, BB 2013, S. 821 (822).

151 Vgl. insgesamt *B. Schmidt*, RDV 2009, S. 193 (199).

152 Vgl. unten Rn. 48 f.

153 § 34 Abs. 4 AWG (Strafandrohung bei Verstoß gegen das sog. Bereitstellungsverbot) und § 70 Abs. 5h–i AWV (Verordnung zur Durchführung des AWG), Geldbuße bis zu EUR 500.000 bei Verstoß gegen Mitteilungspflicht.

154 *Roeder/Buhr*, BB 2011, S. 1333 (1334) m.w.N; a.A. BFH v. 19.6.2012, BeckRS 2012, 95804, der wohl die Pflicht nur dann als gegeben ansieht, wenn der sog. AEO-Status (Authorized Economic Operator) erlangt werden soll.

155 *Roeder/Buhr*, BB 2011, S. 1333.

156 http://ec.europa.eu\external_relations\cfspanctionslist\consol-list.htm.

aufgrund der direkten Anwendbarkeit in Deutschland als gesetzliche Rechtfertigung nach § 4 Abs. 1 BDSG grundsätzlich in Betracht kommen, sollen mangels konkreter Regelung zum Umgang mit Daten (keine Bestimmtheit) ebenfalls als Rechtfertigungsgrundlage untauglich sein.[157] Fraglich ist die Rechtfertigung nach § 32 Abs. 1 BDSG. Schon mangels des Vorliegens einer Straftat bzw. eines konkreten Verdachts bzgl. einer solchen, soll § 32 Abs. 1 Satz 2 BDSG nicht anwendbar sein.[158] Eine Rechtfertigung nach § 32 Abs. 1 Satz 1 BDSG wird teilweise mit Hinblick auf den mangelnden Bezug zum Beschäftigungsverhältnis (das Screening sei für die Durchführung nicht notwendig),[159] zum Teil mit Blick auf die überwiegenden schutzwürdigen Interessen der Arbeitnehmer bzw. mangels „Erforderlichkeit"[160] abgelehnt. Nunmehr hat der BFH entschieden, dass der Abgleich der Daten eine grundsätzlich nach § 32 BDSG zulässige Datennutzung darstellt, da einerseits ein Bezug zum Beschäftigungsverhältnis bestehe (denn ohne Lohnzahlung kann kein Beschäftigungsverhältnis durchgeführt werden) und andererseits auch eine „Zumutbarkeit" – i. S. einer Rechtfertigung – dieser Maßnahmen gegeben sei, da lediglich die Stammdaten herangezogen werden müssten und so die Privatsphäre der Beschäftigten nur in geringem Umfang betroffen sei.[161] Diese Auffassung ist zwar für die Durchsetzung des AWG und bzgl. der Erteilung des AEO-Status relevant, aber für die im Hinblick auf den Datenschutz zuständigen Datenschutzbehörden nicht bindend und daher aus datenschutzrechtlicher Sicht problematisch, solange Letztere ein solches Screening nicht für erforderlich hält.[162] Im Ergebnis wird daher weiterhin jedenfalls parallel eine Rechtfertigung nach § 28 Abs. 2 Nr. 2 BDSG zu erwägen sein,[163] der konsequenter Weise bei der Ablehnung eines Bezugs zum Beschäftigungsverhältnis angewendet werden muss.[164] Allerding stellt sich auch hier mit Blick auf die gegenteilige Auffassung des Düsseldorfer Kreises weiterhin das Problem der Rechtfertigung; im Zweifel müssen die Datenschutzbehörden im Rahmen einer (Vor-)Anfrage aktiv eingebunden werden.[165] Es wäre drin-

---

157 *Kirsch*, ZD 2012 S. 519 (520 f.); so auch der Düsseldorfer Kreis, B. v. 23./24.4.2009.

158 *Kirsch*, ZD 2012, S. 519 (521); *Roeder/Buhr*, BB 2011, S. 1333 (1336).

159 FG Düsseldorf ZD 2012, 297; *Kisch*, ZD 2012, S. 519 (521); a. A. vgl. *Roeder/Buhr*, BB 2012, S. 193 (195 Fn. 11).

160 Düsseldorfer Kreis, B. v. 23./24.4.2009 mit Hinweis in Bezug auf Lohnzahlungen ohnehin durchzuführendes Screening der Banken nach § 25c KWG.

161 BFH v. 19.6.2012, BeckRS 2012, 95804; kritisch: *Roeder/Buhr*, BB 2011, S. 1333 f.; a. A. *Kirsch*, ZD 2012, S. 519 f.

162 Ablehnend zur Zulässigkeit des Screenings: Düsseldorfer Kreis, B. v. 23./24.4.2009; so auch: *Kirsch*, ZD 2012, S. 519 (521).

163 Für eine solche Rechtfertigung: FG Düsseldorf ZD 2012, 297; *Roeder/Buhr*, BB 2011, S. 1333 f.; *Roeder/Buhr*, BB 2012, S. 193 f., mit kritischer Bewertung dazu, ob nach § 28 Abs. 2 Nr. 2 b) BDSG die Gefahr konkret genug ist; a. A. *Kirsch*, ZD 2012, S. 519 f.

164 Vgl. *Bonger*, ArbRAktuell 2009, S. 81; *Roeder/Buhr*, BB 2012, S. 193 f.; allgemein zur Abgrenzung zwischen §§ 28 und 32 vgl. oben Rn. 6 f.

gend notwendig, dass eine spezialgesetzliche Rechtfertigungsgrundlage geschaffen wird.

36 Die Einschaltung von Dritten zur Durchführung von Kontroll-, Ermittlungs- und anderen Maßnahmen – vor allem die Übertragung der Daten an die Dritten – muss datenschutzrechtlich gerechtfertigt sein.[166] Grundsätzlich sind Dritte auch Konzernunternehmen, d. h. auch die Konzernmutter, da kein Konzernprivileg im Datenschutzrecht besteht.[167] Denkbar ist alternativ eine Auftragsdatenverarbeitung nach § 11 BDSG: Diese ist nach bislang h. M. aber nur zulässig, wenn sich die Tätigkeit des Dienstleisters auf die technische Durchführung der Maßnahme beschränkt, dieser weisungsgebunden ist und über den Umgang mit den Daten nicht eigenverantwortlich entscheiden darf.[168] Eine Einschaltung von Externen schließt ein Mitbestimmungsrecht des Betriebsrats nicht aus; der Arbeitgeber muss durch eine ordnungsgemäße Vertragsgestaltung mit dem Drittunternehmen dafür Sorge tragen, dass eine Wahrnehmung des Mitbestimmungsrechts gewährleistet ist.[169]

37 Mitbestimmungsrechte des Betriebsrats bei Kontrollmaßnahmen: Einschlägig ist in der Regel § 87 Abs. 1 Nr. 6 BetrVG, der die Einführung und Anwendung von technischen Einrichtungen betrifft (darunter fällt insbesondere auch Software), die zur Kontrolle des Verhaltens und der Leistung der Arbeitnehmer „bestimmt" (d. h. geeignet) sind.[170] In Bezug auf Datenabgleich mit vorhandenen Personaldaten wird meist vertreten, dass – weil sie mit technischen Hilfsmitteln durchgeführt werden, die zur Überwachung geeignet sind, z. B. mit Computern, die eine Such- oder Scan-Software enthalten – ein Mitbestimmungsrecht nach § 87 Abs. 1 Nr. 6 BetrVG besteht.[171] Zum Teil wird aber bezweifelt, dass hier eine technische Einrichtung vorliegt, die eine eigenständige, weitergehende Kontrollwirkung entfaltet, sodass der Datenabgleich daher mitbestimmungsfrei sein soll.[172] Ein Mitbestimmungsrecht fehlt jedenfalls in Bezug auf Anwendungen, die von einer Person zu Kontrollzwecken genutzt werden, ohne dass personalisierte Daten übertragen werden.[173] Ob-

---

165 Beachtlicher Fall zum Vergleich aus dem Diskriminierungsrecht: LAG Sachsen v. 17.9.2010, NZA-RR 2011, S. 72 f. (keine Diskriminierung bei Umsetzung von US-Exportbestimmungen).

166 Zur Stellung von Anwälten vgl. *Weichert*, NJW 2009, S. 550 f.

167 S. unten Rn. 39; *Nink/Müller*, ZD 2012, S. 505; *Simitis*, in: Simitis, BDSG, § 11 Rn. 22; *Hilbrans*, in: Däubler/Hjort/Hummel/Wolmerath, Arbeitsrecht, § 32 BDSG Rn. 15; *Nink/Müller*, ZD 2012, S. 505 (506).

168 *Kock/Franke*, NZA 2009, S. 646 (651); vgl. § 11 BDSG Rn. 12; vgl. zum Outsourcing von HR-Funktionen unten Rn. 33.

169 *Kania*, in: ErfK, BetrVG, § 87 Rn. 59 m. w. N. zur Rspr., allerdings nicht bei Einschaltung von Detektiv: BAG v. 9.7.1991, AP BetrVG 1972 § 87 Ordnung des Betriebes Nr. 19.

170 Umfassende Aufzählung von Beispielen: *Fitting*, BetrVG, § 87 Rn. 244 f.

171 *Clemenz*, HWK, BetrVG, § 87 Rn. 125; *Steinkühler*, BB 2009, S. 1294 f.

172 *Diller*, BB 2009, S. 438 f.

173 LAG Hamburg v. 2.5.2012, BeckRS 2012, 71635: Nutzung von Googlemaps zur Fahrtkostenkontrolle.

wohl dies denkbare Ansätze zur Einschränkung der Mitbestimmung sind, ist Vorsicht geboten, denn in der Praxis kann oft schon die Umwidmung (Umgang mit den Daten für einen anderen Zweck, also „Kontrolle") oder die andersartige automatische Verarbeitung der Daten ein Mitbestimmungsrecht auslösen. Eine Rechtfertigung kann sich ggf. auf Grund bestehender Betriebsvereinbarungen ergeben, soweit diese bereits Regelungen zum Umgang mit personenbezogenen Daten für Kontroll- und Compliance-Zwecke enthält.[174] Daneben besteht ein Mitbestimmungsrecht des Betriebsrats häufig auch in Bezug auf das Ordnungsverhalten (nicht aber bezüglich des Leistungsverhaltens) der Beschäftigten nach § 87 Abs. 1 Nr. 1 BetrVG, z.b. im Fall von Taschenkontrollen oder sonstigen Regelungen zum Ordnungsverhalten, z.B. Einführung von Compliance-Systemen, Ethikrichtlinien, Richtlinien zur E-Mail- und Internetbenutzung, Tätigkeitsberichte von Arbeitnehmern, Überstundennachweise, Einführung Zeiterfassungsysteme).[175] Außerdem ergibt sich bei Mitarbeiterbefragungen ein Mitbestimmungsrecht aus § 94 BetrVG; das gilt auch wenn die Befragung von der ausländischen Konzernmutter durchgeführt wird.[176]

c) Weitere Fallgruppen: Durchführung des Beschäftigtenverhältnisses

Der Umgang mit Daten im Rahmen von Unternehmenstransaktionen und Due Diligence ist nicht als Teil der Durchführung des Arbeitsverhältnisses anzusehen, der § 32 BDSG mithin nicht anwendbar. Insoweit werden Kaufinteressenten oftmals personenbezogene Daten von Arbeitnehmern im Rahmen einer Due Diligence zur Verfügung gestellt. Diese Daten fallen in der Regel unter das BDSG.[177] Der Vertragszweck eines Arbeitsverhältnisses ist in der Regel nicht auf die Weitergabe von Daten gerichtet, sodass eine Rechtfertigung nach § 32 BDSG nicht möglich sein soll.[178] Eine Rechtfertigung ist aber grundsätzlich auf Basis des § 28 Abs. 1 Nr. 2 BDSG möglich, da der Arbeitgeber ein berechtigtes Interesse am Verkauf seines Unternehmens hat.[179] Daneben kann auch die Einwilligung der Beschäftigten eingeholt werden, was aber in der Praxis oft nicht sachgerecht ist. Soweit kein erhöhtes Geheimhaltungsinteresse besteht, ist es empfehlenswert (aber nicht zwingend erforderlich) ggf. eine Betriebsvereinbarung zur Rechtfertigung der Datenübertragung

38

---

174 Vgl. zur Rechtfertigungswirkung der Betriebsvereinbarung ausführlicher unter § 4 BDSG Rn. 34 und unten § 32 Rn. 57.

175 Umfassende Aufzählung von Beispielen: *Fitting*, BetrVG, § 87 Rn. 71 f.

176 *Lembke*, HWK, Einf. BDSG Rn. 98.

177 Auch Ausdrucke, die aus einer automatisierten Datenverarbeitung stammen, sind grundsätzlich personenbezogene Daten i.S.d. § 3 Abs. 1 BDSG, *Braun/Wybitul*, BB 2008, S. 782 (783). Eine Anwendung von § 32 Abs. 2 BDSG analog wird im Rahmen von § 28 Abs. 1 BDSG abgelehnt, vgl. *Erfurth*, NJOZ 2009, S. 2914 (2924).

178 *Stamer/Kuhnke*, in: Plath, BDSG, § 32 Rn. 146; *Braun/Wybitul*, BB 2008, S. 782 (785); *Diller/Deutsch*, K&R 1998, S. 16 (18).

179 Vgl. 5. Tätigkeitsbericht des Innenministerium Baden Württemberg 2009 (Datenschutz im nichtöffentlichen Bereich), Ziffer 11.1., abrufbar unter www.baden-wuerttemberg.datenschutz.de/wp-content/uploads/2013/02/5.-T%C3%A4tigkeitsbericht-des-Innenministeriums-2009.pdf; *Stamer/Kuhnke*, in: Plath, BDSG, § 32 Rn. 146.

im Rahmen der Transaktion abzuschließen. Sofern eine Rechtfertigung nach § 28 Abs. 1 Nr. 2 BDSG erfolgt, orientiert sich der Umfang der Weitergabe der personenbezogenen Daten immer am Grundsatz der Erforderlichkeit. Grundsätzlich sollten nur anonymisierte, jedenfalls aber pseudonymisierte Daten im Rahmen der Due Diligence übergeben werden.[180] Weiterhin kann als Orientierung der Grundsatz gelten, dass der erlaubte Detailgrad der in der Due Diligence zur Verfügung gestellten Daten zum einen von der Wichtigkeit der Daten für den Erwerber (z. B. können Vertragsdaten von Führungspersonal in der Regel vollständig zur Verfügung gestellt werden, da diese zentral für die Kaufentscheidung sind[181]) und zum anderen vom Zeitpunkt, wann die Daten zur Verfügung gestellt werden (z. B. kann in einem Bieterverfahren mit vielen Kaufinteressenten anfangs nur wenig offen gelegt werden, jedoch kurz vor dem Signing oder zwischen Signing und Closing ist die Offenlegung in der Regel gerechtfertigt, da ja der Erwerber bestimmte Angaben prüfen muss oder auch für die Transition der Beschäftigten sorgen muss[182]), abhängt. Etwas praxisfern scheint die zum Teil von Datenschutzbehörden geäußerte Ansicht, dass eine Übermittlung von Mitarbeiterdaten erst nach Ablauf der Widerspruchsfrist des § 613a Abs. 6 BGB zulässig sein soll.[183] Dagegen spricht, dass auch der Erwerber eine gesetzliche Informationsverpflichtung nach § 613a Abs. 5 BGB hat (diese trifft Erwerber und Veräußerer), die es ggf. notwendig macht, dass dieser Beschäftigtendaten erhält; in der Praxis sollte dennoch aus datenschutzrechtlicher Sicht versucht werden, den Betriebsübergang möglichst durch den Veräußerer durchführen zu lassen. In jedem Fall sollte die Due Diligence durch Vereinbarungen zwischen den an der Due Diligence Beteiligten hinsichtlich der vertraulichen Behandlung der Daten und der Einhaltung der datenschutzrechtlichen Vorschriften flankiert werden.[184] Der Wechsel der für die Daten verantwortlichen Stelle nach dem Kontrollwechsel ist ebenfalls durch § 28 Abs. 1 Nr. 2 BDSG gerechtfertigt.[185]

---

180 Zur Rechtfertigung und ausführlich zu den im Folgenden dargestellten Anforderungen *Braun/Wybitul*, BB 2008, S. 782 (785); *Diller/Deutsch*, K&R 1998, S. 16 (19); *Lembke*, HWK, Einf. BDSG Rn. 91; strenger (auch bei Kleinunternehmen eine Erforderlichkeit annehmend): *Seifert*, in: Simitis, BDSG, § 32 Rn. 123.

181 22. Bericht der Hessischen Landesregierung über die Tätigkeit der für den Datenschutz im nicht öffentlichen Bereich in Hessen zuständigen Aufsichtsbehörden, S. 35, abrufbar unter http://starweb.hessen.de/cache/DRS/18/5/01015.pdf; *Hohenstatt*, in: Willemsen/ Hohenstatt/Schweibert/Seibt, Umstrukturierung und Übertragung von Unternehmen, Kapitel K Rn. 27 m. w. N.

182 Vgl. Hinweise zum Datenschutz für die private Wirtschaft, Staatsanzeiger Baden Württemberg, 18.1.2000, S. 13, zu Bankenfusionen: Nach der Fusionsentscheidung ist die Übertragung bestimmter Daten zum Zwecke der Vorbereitung und Durchführung der Fusion gerechtfertigt; *Stamer/Kuhnke*, in: Plath, BDSG, § 32 Rn. 146, zur Notwendigkeit von Mitarbeiterlisten im Zusammenhang mit Betriebsübergangs Szenarien (§ 613a BGB).

183 Vgl. Tätigkeitsberichte der Datenschutzbehörden oben Fn. 179 (Baden-Württemberg) und oben Fn. 181 (Hessen).

184 *Hohenstatt*, in: Willemsen/Hohenstatt/Schweibert/Seibt, Umstrukturierung und Übertragung von Unternehmen, Kapitel K, Rn. 26; *Diller/Deutsch*, K&R 1998, S. 16 (20).

185 *Hilbrans*, in: Däubler/Hjort/Hummel/Wolmerath, Arbeitsrecht, § 32 BDSG Rn. 16.

Mangels eines Konzernprivilegs für den Umgang mit Beschäftigtendaten im Kon- **39**
zern, bedarf es bei der Übertragung im Konzern einer eigenen datenschutzrechtlichen Rechtfertigung. Nur wenn das Arbeitsverhältnis selbst einen Konzernbezug
aufweist, z. B. wenn der Mitarbeiter konzernweit tätig wird oder eine Konzernver-
setzungsklausel im Arbeitsvertrag hat, kann eine Erforderlichkeit bezüglich der
Durchführung des Arbeitsverhältnisses gem. § 32 BDSG vorliegen, ansonsten muss
auf andere Rechtfertigungstatbestände zurückgegriffen werden.[186]

Das Outsourcing von Aufgaben und Funktionen im Bereich des Personalwesens **40**
(Human Resources, kurz: HR), welches in der Praxis vor allem bei Konzernen anzutreffen ist, ist nicht Teil der Durchführung des Arbeitsverhältnisses i. S. v. § 32
Abs. 1 Satz 1 BDSG, sodass sich die Zulässigkeit entsprechender Maßnahmen wie
bisher nach übrigen Vorschriften des BDSG, insbesondere § 11 BDSG und §§ 4, 28
BDSG, richtet. So kommt eine Auftragsdatenverarbeitung etwa bei der Beauftragung eines Konzernunternehmens mit dem technischen Betrieb einer Personaldatenbank in Betracht, wenn dieses an die Weisungen der übrigen Konzernunternehmen gebunden bleibt. Um eine Auftragsdatenverarbeitung kann es sich auch handeln, wenn die Personalverwaltung innerhalb des Konzerns bei einem
Unternehmen gebündelt und von diesem anhand feststehender Kriterien für die anderen Konzernunternehmen ausgeführt wird, die keinen inhaltlichen Bewertungs-
oder Ermessensspielraum zulassen. Werden einem anderen Unternehmen dagegen
Funktionen aus dem Bereich der Personalverwaltung zur eigenständigen Erledigung übertragen, scheidet eine Auftragsdatenverarbeitung aus.[187] Die mit der Übertragung verbundene Datenweitergabe kann jedoch nach § 28 Abs. 1 Satz 1 Nr. 2
BDSG gerechtfertigt sein. In diesem Zusammenhang sind freilich auch die Pflichten des Arbeitgebers aus dem Arbeitsvertrag zu berücksichtigen, was einerseits
eine Erweiterung des durch § 32 Abs. 1 Satz 1 BDSG vorgegebenen Verarbeitungs-
rahmen verbietet (das Auslagerungsunternehmen darf die betreffenden Daten nicht
in einer Weise nutzen, die dem Arbeitgeber selbst verwehrt wäre) und andererseits
Maßnahmen zur Gewährleistung und Durchsetzbarkeit der Rechte der betroffen
Arbeitnehmer, transparente Verarbeitungsabläufe und geeignete Datensicherungsmaßnahmen erfordert. Sind besondere Arten von personenbezogenen Daten betroffen, sind im Falle der Funktionsübertragung zusätzlich die sich durch die §§ 3
Abs. 9, 28 Abs. 6 bis 9 BDSG ergebenden Beschränkungen zu beachten.[188]

---

186 *Nink/Müller*, ZD 2012, S. 505 (506) zum Umgang mit Beschäftigtendaten im Konzern;
    Bauer/Herzberg, NZA 2011, S. 713 (715) zum Umgang mit Beschäftigtendaten bei Ma-
    trixstrukturen; vgl. oben Rn. 7 zur etwaigen zukünftigen Rechtslage.
187 Vgl. zu dieser Abgrenzung § 11 Rn. 11 f.
188 Ausführlicher Arbeitsbericht der ad-hoc-Arbeitsgruppe „Konzerninterner Datentransfer"
    des Düsseldorfer Kreises, S. 7 f.; *Kraus/Tiedemann*, ArbR 2007, S. 207 (208 f.); *Conrad*,
    ITRB 2005, S. 164 (166 f.).

Das Vorgesagte gilt in Bezug auf die Rechtfertigungsmöglichkeit nach § 32 BDSG grundsätzlich sinngemäß auch für (Outsourcing mittels) Cloud-Computing-Lösungen.

41 Ein aktueller Trend ist „Bring your own device" (BYOD), bei dem Beschäftigte ihre eigenen Geräte (wie z.B. Smartphones, Tablets, Laptops) als Arbeitsmittel für den Arbeitgeber einsetzten. Nach richtiger Ansicht bleiben die Beschäftigten Teil der verantwortlichen Stelle.[189] Ein Umgang mit Beschäftigtendaten, die sich auf dem Gerät des Beschäftigten befinden bzw. damit genutzt werden, richtet sich nach den allgemeinen Regelungen, d.h. grundsätzlich nach § 32 BDSG. Problematisch aus beschäftigtendatenschutzrechtlicher Sicht ist vor allem die (potenziell) permanente Ermittlung des Standorts des Mitarbeiters.[190] Zur Verhinderung datenschutzrechtlicher Probleme wird eine strikte Trennung der privaten und geschäftlichen Daten auf dem privaten Gerät empfohlen, z.B. mit einer technischen Lösung mittels sog. „Container Apps", die den Zugriff des Arbeitgebers nur auf seine geschäftlichen Daten erlauben.[191]

42 Daten zum Gesundheitszustand des Beschäftigten sind sensible Daten nach § 3 Abs. 9 BDSG und unterliegen deswegen einem besonderen Schutz. Obwohl diese Informationen einen erheblichen Einfluss auf das Beschäftigungsverhältnis haben können, ist nach der Rechtsprechung des BAG (zum betrieblichen Eingliederungsmanagement) der Umgang mit solchen Daten grundsätzlich nicht über § 32 BDSG sondern nur über § 28 Abs. 6 BDSG gerechtfertigt.[192] Es dürfte im Rahmen des § 32 Abs. 1 BDSG bereits an der Erforderlichkeit fehlen. Ausnahmen (erlaubter Umgang mit den Daten) können sich aus den arbeitsvertraglichen Treue- und Fürsorgepflichten und aus Gesetzen (spezialgesetzliche Rechtfertigungstatbestände) ergeben.[193] Für die Erfassung des Datums der Schwerbehinderteneigenschaft soll nach Ablauf der Probezeit ein berechtigtes Interesse des Arbeitgebers im Hinblick auf einen besonderen Kündigungsschutz bestehen.[194]

d) Telekommunikationsdienste und Ortung

43 Bei der Erfassung und der Kontrolle von Daten im Zusammenhang mit E-Mails, die von Beschäftigten versandt und empfangen werden, sowie bei der Nutzung des

---

189 *Zöll/Kielkowski*, BB 2012, S. 2625 (dort vor allem Fn. 7) zum Datenschutz. Außerdem insgesamt zur arbeitsrechtlichen Umsetzung und kurze Übersicht zu anderen rechtlichen Fragestellungen (IP, IT-Sicherheit, Aufbewahrungspflichten, Geheimschutz etc.).
190 *Zöll/Kielkowski*, BB 2012, S. 2625.
191 Vgl. dazu und allgemein zum Thema BYOD: *Imping/Pohle*, MMR 2012, S. 205 f.; *Göpfert/Wilke*, NZA 2012, S. 765 (766); *Zöll/Kielkowski*, BB 2012, S. 2625 f.
192 BAG ZD 2012, S. 481 mit Anm. von *Wybitul*.
193 Ausführlich *Seifert*, in: Simitis, BDSG, § 32 Rn. 63–69 (der ebenfalls Erforderlichkeit ablehnt) und *Stamer/Kuhnke*, in: Plath, BDSG, § 32 Rn. 59.
194 *Gola/Klug*, NJW 2012, S. 2489 (2491).

Internets durch Beschäftigte ist zwischen einer ausschließlich dienstlichen und einer erlaubten privaten Nutzung zu unterscheiden.

Dienstliche E-Mails dürfen grundsätzlich eingesehen werden, da sie grundsätzlich wie dienstlicher Briefverkehr zu bewerten sind;[195] wobei hier auch die Erforderlichkeit nach § 32 Abs. 1 Satz 1 BDSG beachtet werden muss.[196] Sachgerecht ist in diesem Zusammenhang auch die Differenzierung zwischen der Kontrolle von Verbindungsdaten, die generell kontrolliert werden dürfen und einer eingriffsintensiveren und mit höheren Hürden bei der Rechtfertigung verbundenen Inhaltskontrolle.[197]

Bei einer erlaubten privaten Nutzung des E-Mail-Systems des Arbeitgebers ist die Situation komplexer. Fraglich ist hier zunächst ob die oft unkritisch angenommene Duldung der Nutzung mittels betrieblicher Übung tatsächlich eine erlaubte Nutzung begründet;[198] im Ergebnis wird unter korrekter Anwendung der Rechtsprechung des BAG eine betriebliche Übung meist nicht vorliegen.[199] Erlaubt der Arbeitgeber die E-Mail-Nutzung, ist umstritten, ob der Arbeitgeber als Telekommunikationsdienstleister nach dem Telekommunikationsgesetz (TKG) anzusehen ist und damit das engere Datenschutzregime des TKG sowie das Fernmeldegeheimnis einschlägig ist.[200] Geht man von der Anwendbarkeit des TKG aus, wird es wegen des Vorrangverhältnisses regelmäßig nicht zu datenschutzrechtlichen Fragen unter dem Regime des BDSG kommen. Ansonsten gilt der Rechtfertigungsmaßstab für Kontrollmaßnahmen gemäß § 32 Abs. 1 BDSG.

Zur Vermeidung der o.g. Probleme wird aus rechtlicher Sicht ein komplettes Verbot der privaten E-Mail-Nutzung empfohlen. In der Praxis kann es empfehlenswert sein, privaten E-Mail-Verkehr lediglich über gesonderte Internetprovider zu erlau-

---

195 *Stamer/Kuhnke*, in: Plath, BDSG, § 32 Rn. 78; *Gola/Schomerus*, BDSG, § 32 Rn.18.

196 *Gola/Schomerus*, BDSG, § 32 Rn. 18 m. w. N. zu anderen Autoren, die z. T. auf § 28 Satz 1 Nr. 2 BDSG zurückgreifen. Ausführlich *Wellhöner/Byers*, BB 2009, S. 2310 (2310–2312); zum Internetsurfen am Arbeitsplatz; *Härting*, ITRB 2008, S. 88 f. Vgl. zum Umfang der Einschränkung des Zugriffs die derzeitigen Überlegungen des Gesetzgebers in § 32i BDSG-E (detailliert *Seifert*, in: Simitis, BDSG § 32 Rn. 95).

197 *Seifert*, in: Simitis, BDSG § 32 Rn. 90 f.

198 Nach einer im Vordringen befindlichen Ansicht wird die betriebliche Übung grundsätzlich abgelehnt: *Beckschulze*, DB 2009, S. 2097 f.; *Waltermann*, NZA 2007, S. 529 f.; a. A. z. B. bei „wissentlicher Duldung", Lembke, HWK, Einf. BDSG Rn. 92; *Barton*, NZA 2006, S. 460.

199 BAG NZA 2006, 98 (100), wonach aus dem Fehlen einer Gestattung der privaten Nutzung in der Regel von einem Verbot auszugehen ist. Sowie st. Rspr. zur betrieblichen Übung, z. B. BAG NZA 1998, 423 (424), wonach eine solche bei reinen Annehmlichkeiten ausscheidet; vom Vorliegen einer solchen ist mit Hinblick auf kostengünstige private Flatrates auszugehen.

200 Ausführlich dazu § 88 TKG Rn. 20 f. Beachtenswert ist vor allem die arbeitsrechtliche Instanz-Rechtsprechung, die so verstanden werden kann, dass die Telekommunikationsanbietereigenschaft im Arbeitsverhältnis generell nicht bestehen soll: LAG Berlin-Brandenburg v. 16.2.2011, NZA-RR 2011, S. 342; LAG Niedersachsen v. 31.5.2010, NZA-RR 2010, S. 406.

ben oder eine dauerhafte Anweisung an Arbeitnehmer zu erteilen, private E-Mails als solche zu kennzeichnen. Eine Erlaubnis zur privaten Nutzung sollte widerrufbar geregelt werden mit der Klarstellung, dass keine Rechtsansprüche auf künftige Nutzung entstehen. Strafbare oder ordnungswidrige Kommunikation sollte untersagt werden.[201] Ein Mitbestimmungsrecht nach § 87 Abs. 1 Nr. 6 BetrVG besteht bei der Einführung und Anwendung von Programmen, die Inhalte von E-Mails und Verbindungsdaten systematisch und automatisch durchsuchen.[202] Ein Mitbestimmungsrecht besteht auch, wenn bei einer erlaubten Nutzung bestimmte Vorschriften für den Umgang mit E-Mails etc. (§ 87 Abs. 1 Nr. 1 BetrVG) gemacht werden; das Verbot hingegen soll mitbestimmungsfrei sein.[203] Empfehlenswert ist, die E-Mail- und Internetnutzung mittels einer Betriebsvereinbarung zu regeln.[204]

Bei der Überwachung der Internetnutzung von Beschäftigten gelten grundsätzlich dieselben Prinzipien, wie bei der E-Mail-Überwachung.[205]

44 Bei einer Telefon- und Telefondatenüberwachung ist der Maßstab insgesamt strenger. Obwohl auch hier bei erlaubter privater Nutzung primär das TKG eingreift, ist jedenfalls auch aus datenschutzrechtlicher Sicht eine Inhaltskontrolle im Sinne des heimlichen Mithörens oder Mitschneidens von Telefonaten grundsätzlich unzulässig.[206] Die Maßnahme ist so eingriffsintensiv, dass dies wohl nur im Anwendungsbereich des § 32 Abs. 1 Satz 2 BDSG geschehen kann.[207] Etwas anderes gilt – hier ist i.d.R. § 32 Abs. 1 Satz 1 BDSG anwendbar – für das offene Mithören von Telefonaten, welches ausnahmsweise zu Kontroll- und Schulungszwecken (z.B. im Callcenter) möglich sein soll.[208] Grundsätzlich sind Verbindungsdaten von Telefonaten nicht für Leistungsüberprüfungszwecke, sondern nur zur Missbrauchskontrolle verwendbar; dennoch wird, wenn wie in einem Callcenter das Telefonat das Produkt ist, das Erfassen bestimmter begrenzter Daten zur Leistungsermittlung als zulässig angesehen (z.B. Festhalten der Aufschaltquote von Gesprächen aus der Warteschleife in sog. Bedienerreports).[209]

45 Ortung von Arbeitnehmern über RFID- oder GPS-Technik:[210] Dies soll i.d.R. nicht zulässig sein, außer in besonderen Fällen, z.B. dem Rundgang von Wachpersonal,

201 Vgl. *Wybitul*, Handbuch Datenschutz im Unternehmen, Rn. 194; *Wybitul*, ZD 2011, S. 69 f.
202 *Fitting*, BetrVG, § 87 Rn. 244 f.
203 *Wellhöner/Byers*, BB 2009, S. 2310 (2311); *Fitting*, BetrVG, § 87 Rn. 71.
204 *Stamer/Kuhnke*, in: Plath, BDSG, § 32 Rn. 114; Muster bei *Pröpper/Römmermann*, MMR 2008, S. 514.
205 *Stamer/Kuhnke*, in: Plath, BDSG, § 32 Rn. 113.
206 *Seifert*, in: Simitis, BDSG, § 32 Rn. 88; *Stamer/Kuhnke*, in: Plath, BDSG, § 32 Rn. 118.
207 *Wellhöner/Byers*, BB 2009, S. 2310 (2313).
208 *Lembke*, HWK, Einf. BDSG Rn. 105; *Franzen*, in: ErfK, BDSG, § 32 Rn. 19; *Wellhöner/Byers*, BB 2009, S. 2310 (2311); vgl. *Wellhöner/Byers*, BB 2009, S. 2310 (2313).
209 *Gola/Schomerus*, BDSG, § 32 Rn. 27.
210 Gute Zusammenfassung bei *Gola*, ZD 2012, S. 308 f.; vgl. auch: *Franzen*, in: ErfK, BDSG, § 32 Rn. 29, und *Meyer*, K&R 2009, S. 14 f.

Überwachung von Geldtransportern, Überwachung von Außendiensttätigkeiten, um die Abrechnung des Kunden zu gewährleisten etc. Ohne Einwilligung des Betroffenen kann sich eine Rechtfertigung aus arbeitsvertraglichen Kontrollrechten nach § 32 Abs. 1 Satz 1 BDSG oder aus anderen berechtigten Interessen gem. § 28 Abs. 1 Satz 1 Nr. 2 BDSG ergeben. Die Überwachung muss dem Betroffenen gegenüber transparent sein, sofern die Rechtfertigung des § 32 Abs. 1 Satz 2 BDSG nicht anwendbar ist. Bzgl. der Verarbeitung der aufgrund dieser Überwachungstechnik gewonnen Daten, ist § 6c BDSG beachtlich und eine datenschutzrechtliche Rechtfertigung notwendig.[211] Dabei ist zu berücksichtigen, dass eine Dauerüberwachung in der Regel ausgeschlossen ist, vor allem, wenn sie in den Privatbereich fortwirken kann.[212] In diesem Zusammenhang ist auch eine Ortung denkbar, sofern gewichtige betriebliche Interessen betroffen sind oder dies zum Schutz des Mitarbeiters selbst oder eine Sache von hohem Wert geschieht.[213] Eine allgemeine Kontrolle zur Überwachung des Verbots einer privaten Nutzung ist hingegen unzulässig; Orientierung bietet insoweit im Hinblick auf den potenziellen gesetzgeberischen Willen § 32g BDSG-E, der bestimmt, dass die Erfassung und Verwendung der Daten eines geografischen Standortes eines Beschäftigten mittels elektronischer Einrichtungen nur zur Sicherheit der Beschäftigten oder zur Koordination des Einsatzes der Beschäftigten erfolgen darf. Ein Mitbestimmungsrecht besteht hier in der Regel nach § 87 Abs. 1 Nr. 6 BetrVG.[214]

5. Beendigung des Beschäftigungsverhältnisses (Abs. 1 Satz 1 Alt. 3)

Diese Alternative beschäftigt sich mit der Beendigung des Beschäftigungsverhältnisses. Zulässig ist der Umgang mit Daten bei Maßnahmen, die im Zusammenhang mit der Beendigung des Beschäftigungsverhältnisses (Abmahnungen und Kündigungen) stehen; der Begriff der Beendigung umfasst auch die Abwicklung eines Beschäftigungsverhältnisses.[215]   **46**

Die Einschaltung eines Outplacementmanages im Zusammenhang mit einem Beendigungssachverhalt soll nicht der Beendigung des Arbeitsverhältnisses dienen, sondern richtet sich nach § 28 Abs. 1 Satz 1 Nr. BDSG.[216]

Scheidet ein Beschäftigter aus, hat er einen Löschungsanspruch bzgl. der von ihm auf der Homepage veröffentlichten Daten.[217] Hingegen darf der Arbeitgeber (die

---

211 *Gola*, ZD 2012, S. 308 (309).
212 *Stamer/Kuhnke*, in: Plath, BDSG, § 32 Rn. 130.
213 *Seifert*, in: Simitis, BDSG, § 32 Rn. 83; *Stamer/Kuhnke*, in: Plath, BDSG, § 32 Rn. 130.
214 *Stamer/Kuhnke*, in: Plath, BDSG, § 32 Rn. 130.
215 BT-Drs. 16/13657, S. 36.
216 Vgl. *Gola/Schomerus*, BDSG, § 32 Rn. 20, wobei die Übertragung an einen solchen Manager regelmäßig nicht im schutzwürdigen Interesse des Beschäftigten ist (Innenministerium Baden-Württemberg, Hinweis zum BDSG Nr. 33, Staatsanz. Nr. 1/2 vom 2.1.1995, S. 5).
217 LAG Hessen v. 24.1.2012 – 19 SaGa 1480/11, RDV 2012, S. 204.

verantwortliche Stelle) wohl einen zur Verfügung gestellten E-Mail-ccount solange nicht löschen, bis feststeht, dass der Nutzer für seine auf dem Account abgelegten Daten keine Verwendung hat.[218]

Der Begriff der Beschäftigung ist im Zusammenhang mit der Fallgruppe der Beendigung weit zu verstehen und umfasst auch den Umgang mit Daten von Personen, die einen Anspruch auf eine betriebliche Altersversorgung haben (z. B. Berechnung der Betriebsrente).[219] Für die Übertragung von Daten an externe Versorgungsträger wurde bisher eine Datenschutzklausel in den Regelungen der Versorgungszusage empfohlen.[220] Eine Rechtfertigung der Übertragung von Daten bei einer Ausgliederung von Pensionsverbindlichkeiten richtet sich nach den Prinzipien des Unternehmenskaufes (§ 28 Abs. 1 Satz 1 Nr. 2 BDSG).[221]

III. Aufdecken von Straftaten (Abs. 1 Satz 2)

47   § 32 Abs. 1 Satz 2 BDSG benennt die – über die Anforderung des Grundtatbestands hinausgehenden – Voraussetzungen für die Erhebung und Verwendung personenbezogener Daten eines Beschäftigten bei der Aufdeckung von Straftaten, die im Beschäftigungsverhältnis begangen worden sind.[222]

1. Anwendungsbereich

48   Viel diskutiert wurde nach der Einführung des Gesetzes im Zusammenhang mit § 32 Abs. 1 Satz 2 BDSG, in welchem Verhältnis diese Regelung zu präventiven Maßnahmen steht, die nicht unmittelbar auf die Aufdeckung einer konkreten Straftat gerichtet sind.

Soweit ausschließlich Vertragsbrüche von Beschäftigten, die keine Strafbarkeit zur Folge haben, vorliegen oder ausschließlich Ordnungswidrigkeiten betroffen sind, passt die Anwendung des § 32 Abs. 1 Satz 2 BDSG schon vom Wortlaut nicht, da es ja in diesen Fällen gerade nicht um die Aufdeckung von Straftaten geht, außerdem ist die Zuordnung dieser Fälle unter den Grundtatbestand des § 32 Abs. 1 Satz 1 BDSG durch die Gesetzesbegründung vorgegeben, welche diesen Tatbestand explizit für „sonstige Rechtsverstöße" für anwendbar erklärt.[223]

---

218 Vgl. OLG Dresden v. 5.9.2012 – 4 W 961/1. Es ist zu empfehlen, diese Frage in der Ausgleichquittung oder einem Aufhebungsvertrag zu regeln.

219 *Erfurth*, NJOZ 2009, S. 2918; zur bisherigen Rechtslage *Langohr-Plato*, Rechtshandbuch Betriebliche Altersversorgung, Rn. 1322 f.

220 Beispiel bei *Langohr-Plato*, Rechtshandbuch Betriebliche Altersversorgung, Rn. 1323.

221 Siehe oben Rn. 38 a. E.

222 BT-Drs. 16/13657, S. 36.

223 BT-Drs. 16/13657, S. 36; *Gola/Schomerus*, BDSG, § 32 Rn. 24; *Wybitul*, Handbuch Datenschutz im Unternehmen, Rn. 200 f.; *Schmidt*, RDV 2009, S. 193 (195); *Erfurth*, NJOZ 2009, S. 2914 (2920); im Ergebnis auch *Deutsch/Diller*, DB 2009, S. 1462 (1464 f.).

Bei präventiven Maßnahmen im Zusammenhang mit möglichen Straftaten ist die Unterscheidung wegen des Wortlauts der Regelung problematischer, da dieser und ein möglicher Erstrechtschluss von den repressiven auf die präventiven Maßnahmen, an sich der gesamte Ermittlungsprozess vom Merkmal „Aufdeckung einer Straftat" umfasst ist.[224] Wäre dieser Ansatz vom Gesetz so gewollt, würde dies zur misslichen Lage führen, dass verdachtsunabhängige Aufklärungen von Straftaten und präventive Maßnahmen (z.B. Taschenkontrollen etc.) im Sinne einer echten Compliance nicht möglich wären, was wiederum der Compliance-Pflicht der Unternehmen entgegenlaufen und zu Wertungswidersprüchen vor allem in Bezug auf den Willen des Gesetzgebers führen würde.[225] Um hier zu einer sachgerechten Lösung zu kommen, werden unterschiedliche systematische Ansätze diskutiert, die am Ende größtenteils darauf hinauslaufen, dass präventive Maßnahmen möglich sein sollen.[226] Richtigerweise[227] ist hier eine echte Unterscheidung der Tatbestände des § 32 Abs. 1 BDSG vorzunehmen, d.h. verdachtsunabhängige Ermittlungen fallen immer unter § 32 Abs. 1 Satz 1 BDSG, während die Weiterverfolgung von in dieser Weise ermittelten Verdachtsfällen, also die tatsächliche Aufdeckung der Straftat, am strengeren Maßstab des § 32 Abs. 1 Satz 2 BDSG zu messen ist. Dafür spricht die Gesetzesbegründung, welche Maßnahmen zur Verhinderung von Straftaten noch unter Satz 1 fasst und auch der Verweis in der Gesetzesbegründung auf die Parallelregelung in § 100 Abs. 3 TKG, der eine Verdachtsauswertung bei der Aufklärung eines Verstoßes zulässt, d.h. denklogisch in zwei Vorgänge unterscheidet.[228]

Nach der insoweit h.M. erfolgt dann eine Abgrenzung zwischen den Anwendungsbereichen des § 32 Abs. 1 Satz 1 und Satz 2 BDSG anhand der Ermittlung eines konkreten Tatverdachts im Sinne des Satz 2.[229] Die Probleme der Norm zeigen sich jedoch bei der Bestimmung des Prüfungsmaßstabes für eingriffsintensive Präventivmaßnahmen. Denn hier ist Satz 2 ebenfalls beachtlich, auch wenn diese Präventivmaßnahmen als an sich unter Satz 1 einzuordnende Maßnahme durchgeführt werden, da solche Maßnahmen in der Regel nur zulässig sind (vgl. die weiterhin anwendbare Rechtsprechung zur verdeckte Videoüberwachung), soweit als Voraussetzung ein konkreter Tatverdacht, wie auch in Satz 2 gefordert, vorliegt. Konsequenterweise muss sich der Prüfungsmaßstab für solche Maßnahmen daher (auch)

---

224 *B. Schmidt*, RDV 2009, S. 193 (195); *Thüsing*, NZA 2009, S. 865 (868).
225 *Deutsch/Diller*, DB 2009, S. 1462 (1464 f.); *B. Schmidt*, RDV 2009, S. 193 (195); *Thüsing*, NZA 2009, S. 865 (868); weitergehend zur Compliance-Pflicht *Schmidt*, BB 2009, S. 1295 f.; *Wybitul*, BB 2009, S. 1582 f.
226 Vgl. ausführlich § 32 Rn. 40 der Vorauflage.
227 A.A.: Sehr verbreitet ist die Lösung über § 28 Abs. 1 Nr. 2 BDSG; vgl. z.B. *Gola/Schomerus*, BDSG, § 32 Rn. 24; *Thüsing*, NZA 2009, S. 865 f.
228 *B. Schmidt*, DuD 2010, S. 207 (210 f.); *B. Schmidt*, RDV 2009, S. 193 (196 f.).
229 *Gola/Schomerus*, BDSG, § 32 Rn. 25; *Wybitul*, Handbuch Datenschutz im Unternehmen, Rn. 203.

an der Eingriffsintensität orientieren.[230] Teilweise wird hier wegen der Unklarheit der Norm der verantwortlichen Stelle auch ein gewisser Einschätzungsspielraum zugebilligt.[231]

49 Eine für die Praxis zu empfehlende Vorgehensweise ist daher, lediglich weniger eingriffsintensive Maßnahmen als Vorfeldmaßnahmen oder für verdachtsunabhängige Ermittlungen oder ähnliche Maßnahmen im Rahmen einer regelmäßigen Compliance zu nutzen, d.h es können keine Vollkontrollen stattfinden, z.B. Videoüberwachungen oder Datendurchsuchungen oder -abgleiche (Screenings) sind in der Regel nur begrenzt auf einen bestimmten Personenkreis und müssen stichprobenartig erfolgen.[232] Außerdem ist vom Mittel der Pseudonymisierung oder Anonymisierung Gebrauch zu machen (§ 3a BDSG; vgl. auch § 100 Abs. 3 Satz 3 TKG). Darüber hinaus sollten Vorgaben, die zu den Whistleblower-Systemen von den Datenschutzbehörden gemacht wurden, als Leitbild für die Vorfeldmaßnahmen genommen werden.[233] Damit sind im Ergebnis bestimmte Maßnahmen, z.B. Massenscreenings,[234] verdachtsunabhängig und als Vorfeldmaßnahme praktisch ausgeschlossen und können nur bei einem konkreten Tatverdacht im Rahmen des § 32 Abs. 1 Satz 2 BDSG benutzt werden.[235] Der Arbeitgeber sollte in der Praxis durch weniger eingriffsintensive Maßnahmen in der ersten Stufe die Verdachtsmomente ermitteln, die er dann unter Beachtung der Voraussetzungen des § 32 Abs. 1 Satz 2 BDSG in der zweiten Stufe aufklärt. Problematisch ist dieser Ansatz bei zeitkritischen Untersuchungen. In diesen Fällen muss dieser Umstand in die Abwägung der Interessen bei der einzigen Untersuchung einfließen. Diesen zweistufigen Ansatz hat der Gesetzgeber nunmehr aufgegriffen und für den automatisierten Abgleich von Beschäftigtendaten in § 32d Abs. 3 BDSG-E geregelt.

---

230 Vgl. ausführlich § 32 Rn. 41 der Vorauflage. Vgl. zur Eingriffsintensität: *Wybitul*, Handbuch Datenschutz im Unternehmen, Rn. 208.

231 *Wybitul*, Handbuch Datenschutz im Unternehmen, Rn. 203.

232 BAG NZA 2008, S. 1187; *Gola/Wronka*, Handbuch Arbeitnehmerdatenschutz, Rn. 372; *Kock/Francke*, NZA 2009, S. 646 (648); vgl. zu Präventionsstrategien auch *Salvenmoser/ Hauschka*, NJW 2010, S. 331.

233 Siehe oben unter Rn. 32.

234 Zur bisherigen Rechtslage *Kock/Francke*, NZA 2009, S. 646 (648); dafür *Diller*, BB 2009, S. 438 ff.; *Maschmann*, NZA-Beil. 2012, S. 50 (54); *Kort*, DB 211, S. 651 (653); dagegen (Replik) *Steinkühler*, BB 2009, S. 1294 f.

235 *Erfurth*, NJOZ 2009, S. 2914 (2921); *Wolf/Horn*, BB 2009, S. 1; *Wybitul*, BB 2009, S. 1582 (1584); insoweit ist auch die Rspr. des BVerfG (23.2.2007) beachtlich, wonach verdachtlose Eingriffe mit großer Streubreite, bei welchen zahlreiche Personen in den Wirkungsbereich einer Maßnahme einbezogen werden, die in keiner Beziehung zu einem konkreten Fehlverhalten stehen und die Eingriffe durch ihr Verhalten nicht veranlasst haben, grundsätzlich eine hohe Eingriffsintensität aufweisen.

2. Voraussetzungen und Prüfungsmaßstab

Das Gesetz verlangt, dass tatsächliche Anhaltspunkte den Verdacht begründen, **50** dass der von der Erhebung, Verarbeitung oder Nutzung der personenbezogenen Daten Betroffene eine Straftat im Beschäftigungsverhältnis begangen hat. Damit greift das Gesetz diese Vorgabe aus der in der Gesetzesbegründung in Bezug genommenen Rechtsprechung des BAG zur Videoüberwachung auf.[236] Die Formulierung erinnert an den Anfangsverdacht im Strafverfahren (§ 152 Abs. 2 StPO), wonach die Tatsachen zwar nicht selbst den Straftatbestand begründen, aber Indizien für die Begehung einer Straftat bilden; bloße, nicht durch konkrete Umstände belegte Vermutungen oder reine denktheoretische Möglichkeiten reichen nicht aus.[237]

In Bezug auf den unpräzise formulierten Zusammenhang von Straftat und Arbeits- **51** verhältnis („im Beschäftigungsverhältnis eine Straftat begangen") sind sowohl die im Zusammenhang mit der Arbeitsaufgabe begangenen Straftaten (z.B. Diebstahl, Untreue, Geheimverrat nach § 17 UWG und Korruptionsfälle), als auch solche, die nur bei Gelegenheit der Beschäftigung (z.B. Unterschlagung von Büromaterial) begangen werden, erfasst.[238] Auch außerdienstliche Delikte sollen bei Bezug zum Arbeitsverhältnis auch unter diesen Tatbestand gefasst werden können.[239]

Der Tatverdacht ist zu dokumentieren. Dabei müssen Schaden, Kreis der Verdächti- **52** gen und die Indizien, aus denen sich der Verdacht ergibt, schriftlich oder elektronisch fixiert werden.[240] Das wird für die Fälle, in welchen sich der Verdacht nicht erhärtet, als problematisch angesehen, da sich einerseits durch die Dokumentation die unbegründeten Verdachtsmomente perpetuieren aber andererseits die Aufbewahrung der Dokumentationen notwendig ist, um zu beweisen, dass die Ermittlungen ursprünglich rechtmäßig waren.[241] Zum Teil wird vertreten, dass die Daten zu löschen sind, wenn sich der Verdacht als unbegründet erweist.[242] Die Lösung dieses Dilemmas dürfte anstatt mit einer Löschung, durch eine Sperrung der Daten nach § 35 Abs. 3 BDSG erreichbar sein.

§ 32 Abs. 1 Satz 2 BDSG hat zwei Prüfungsstufen.[243] Die Regelung enthält anders **53** als Satz 1 eine explizite Abwägungsklausel. Dies ist zunächst aus Transparenzgründen zu begrüßen, da damit sozusagen die Anforderung für intensive Eingriffe defi-

---

236 BT-Drs. 16/13657, S. 36; vgl. oben Rn. 31.
237 *Erfurth*, NJOZ 2009, S. 2914 (2920); a.A. *Däubler/Klebe/Wedde/Weichert*, BDSG, § 32 Rn. 127; vgl. zum Streitstand *Seifert*, in: Simitis, BDSG, § 32 Rn. 104.
238 Vgl. *Wybitul*, Handbuch Datenschutz im Unternehmen, Rn. 173; zu Korruptionsfällen *Salvenmoser/Hauschka*, NJW 2010, S. 331 f.; vgl. *Deutsch/Diller*, DB 2009, S. 1462 (1464).
239 Z.B. Vermögensdelikte des Kassierers oder Sexualdelikte eines Jugendarbeiters: vgl. *Wybitul*, Handbuch Datenschutz im Unternehmen, Rn. 173.
240 *Franzen*, in: ErfK, BDSG, § 32 Rn. 32.
241 Vgl. *Deutsch/Diller*, DB 2009, S. 1462 (1464); *B. Schmidt*, RDV 2009, S. 193 (197).
242 *Erfurth*, NJOZ 2009, S. 2914 (2920).
243 *Seifert*, in: Simitis, BDSG, § 32 Rn. 105 f.

niert wird. Daraus ergibt sich, dass der Umgang mit den personenbezogenen Daten einerseits erforderlich sein muss und dass das schutzwürdige Interesse des Beschäftigten am Ausschluss des Umgangs mit den Daten nicht überwiegen darf. Damit wird deutlich gemacht, dass eine Verhältnismäßigkeitsprüfung stattzufinden hat, welche im Grundsatz dem Prüfungsmaßstab des Grundtatbestands (Geeignetheit, Erforderlichkeit und Angemessenheit) entspricht.[244] Darüber hinaus werden aber Abwägungsmaßstäbe und Bezugspunkte für die Interessenabwägung konkretisiert: Mit dem Anlass der Datenerhebung ist laut der Gesetzesbegründung zum einen Art und Schwere der Straftat und zum anderen die Intensität des Verdachts gemeint.[245] Das bedeutet, dass der Eingriff in das Persönlichkeitsrecht umso intensiver sein darf (z. B. Heimlichkeit der Überwachung; Betroffenheit vieler Unschuldiger anlässlich einer Ermittlung), je stärker der Verdacht wiegt und je schwerer die Rechtsgutverletzung oder Gefährdung des Rechtsguts ist. Dabei ist zu beachten, dass sehr eingriffsintensive Maßnahmen, z. B. die heimliche Videoüberwachung, nur ultima ratio sein können. An einer Verhältnismäßigkeit dieser „Zweck-Mittel-Relation" dürfte es fehlen, wenn die Straftat ein Bagatelldelikt ist, die Intensität des Eingriffs in die informationelle Selbstbestimmung hierzu außer Verhältnis steht.[246] Grundlage und Vorbild für die Verhältnismäßigkeitsprüfung ist die von der Gesetzesbegründung in Bezug genommene Rechtsprechung zur Videoüberwachung[247] und § 100 Abs. 3 Satz 1 TKG. Letztere Norm enthält auch eine Verhältnismäßigkeitsprüfung und erlaubt, wenn man sie in einer Gesamtschau auf die ganze Norm auslegt, bei tatsächlichen Anhaltspunkten für eine Straftat auch eine Nutzung und Auswertung der Verdachtsermittlungen, d. h. die in der ersten Stufe erlangten Daten dürfen hier noch genutzt werden.[248] In Bezug auf die Gewichtung der gegenläufigen Interessen im Rahmen der Abwägung wird es außerdem als hilfreich angesehen, auf die Rechtsprechung des BVerfG Bezug zu nehmen.[249] Bei einem Eingriff hängt danach dessen Gewicht unter anderem davon ab, welche Inhalte (Daten) vom Eingriff erfasst werden, insbesondere, welchen Grad an Persönlichkeitsrelevanz die betroffenen Personen je für sich und in ihrer Verknüpfung mit anderen Personen aufweisen und auf welchem Weg die Inhalte erlangt werden. Auch die Konsequenzen einer Datenerhebung fließen in die Bewertung des Eingriffs ein, d. h. das Gewicht des Eingriffs in das Persönlichkeitsrecht richtet sich nach den Nachteilen, die dem Betroffenen drohen oder die von ihm nicht ohne Grund befürchtet werden.[250]

---

244 Siehe oben Rn. 17 f.
245 BT-Drs. 16/13657, S. 36.
246 *Seifert*, in: Simitis, BDSG, § 32 Rn. 106 m. w. N.
247 Siehe oben unter Rn. 31.
248 Vgl. *B. Schmidt*, DuD 2010, S. 207 (211); *B. Schmidt*, RDV 2009, S. 193 (197).
249 *Thüsing*, NZA 2009, S. 865 (868).
250 BVerfGE 115, 320 = NJW 2006, S. 1939 f.

IV. Definition personenbezogener Daten (Abs. 2)

Nach dieser Vorschrift ist § 32 Abs. 1 BDSG auch anwendbar, wenn personenbezo- **54** gene Daten nicht automatisiert verarbeitet werden, insbesondere für die Verwendung von Daten in oder aus nicht automatisiert geführten Akten sowie für die Erhebung von Daten für ihre ausschließliche Verwendung in nicht automatisiert geführten Akten.[251] Damit ist jetzt im Beschäftigungsverhältnis kein Dateibezug (Legaldefinition in § 46 Abs. 1 BDSG) mehr notwendig, sodass auch eindimensional geordnete Personalakten, die bisher vom Anwendungsbereich ausgeschlossen waren, von § 32 Abs. 1 BDSG erfasst werden.[252] Die Gesetzesbegründung führt aus, dass § 32 Abs. 2 BDSG den Grundsätzen des Datenschutzes im Beschäftigungsverhältnis entspricht.[253] Durch die insoweit in Bezug genommene Rechtsprechung zu Personalakten soll wohl vor allem auch noch einmal klar gemacht werden, dass diese Datensammlung vor dem Zugriff Dritter zu schützen sind, gleich in welcher Form, und dass der Inhalt der Personalakten datenschutzrechtlich gerechtfertigt sein muss. Die Einbeziehung jedweder Datensammlung mit Beschäftigungsbezug in den Schutzbereich des § 32 Abs. 1 BDSG hat zur Folge, dass bisher nicht erfasste Daten in den Schutzbereich der Vorschrift fallen, z.B. Aufzeichnungen von Führungskräften und Interviewern aus Bewerbungs- und Jahresführungsgesprächen, alle Notizen zum Leistungsverhalten.[254] Die bisher oft vorgenommene Differenzierung zwischen Geschäftsunterlagen mit personenbezogenen Daten in ausgedruckter Form und elektronischer Form entfällt vollständig.[255] Problematisch ist, dass § 32 Abs. 2 BDSG nicht für § 28 Abs. 1 BDSG anwendbar ist, soweit dieser Tatbestand auch das Beschäftigungsverhältnis betrifft.[256]

V. Beteiligungsrecht der Interessenvertretungen der Beschäftigten (Abs. 3)

§ 32 Abs. 3 BDSG stellt klar, dass die Beteiligungsrechte der Interessenvertretun- **55** gen der Beschäftigten unberührt bleiben; als Beispiele werden das Mitbestimmungsrecht des Betriebsrats nach § 87 Abs. 1 Nr. 6 BetrVG oder das des Personalrats nach § 75 Abs. 3 Nr. 17 Bundespersonalvertretungsgesetz bei Einführung und Anwendung technischer Einrichtungen, die zur Überwachung der Beschäftigten

---

251 BT-Drs. 16/13657, S. 37.
252 *Erfurth*, NJOZ 2009, S. 2914 (2924).
253 BT-Drs. 16/13657, S. 37 zitiert BAGE 54, 365 = DB 1987, 2571, und BAGE 119, 238 = NZA 2007, S. 269.
254 Vgl. *Franzen*, in: ErfK, BDSG, § 32 Rn. 2.
255 *Vogel/Glas*, DB 2009, S. 1747 (1752).
256 *Gola/Schomerus*, BDSG, § 32 Rn. 9.

durch den Arbeitgeber geeignet sind, angesehen.[257] Die Regelung ist rein deklaratorisch.[258]

56 In Bezug auf die Mitbestimmung des Betriebsrats kommt meist § 87 Abs. 1 Nr. 6 BetrVG beim Einsatz von technischen Einrichtungen, die zu einer Überwachung geeignet sind, in Betracht.[259] Bei Regelung des Ordnungsverhaltens ist § 87 Abs. 1 Nr. 1 BetrVG anwendbar.[260] Beachtlich ist auch oft § 94 BetrVG.[261]

Betriebsrat und Personalrat sind Teil der datenverarbeitenden Stelle;[262] ihre Aufgabe dient Beschäftigungszwecken, sodass eine Rechtfertigung der innerbetrieblichen Datenverarbeitung sich insoweit aus § 32 Abs. 1 Satz 1 BDSG ergibt.[263]

57 Das Ergebnis der Mitbestimmung ist in der Regel der Abschluss von Betriebsvereinbarungen, welche rechtfertigende Wirkung haben.[264] Umstritten ist, inwiefern Betriebsvereinbarungen einen vom BDSG abweichenden Regelungsrahmen zulassen. Richtigerweise dürfen die Betriebsparteien auch Betriebsvereinbarungen schließen, die zu Lasten der Arbeitnehmer vom Schutzniveau des BDSG abweichen, solange die Persönlichkeitsrechte der Arbeitnehmer gewahrt bleiben. Insoweit hat das BAG bereits in einer Entscheidung aus dem Jahr 1986 klargestellt, dass es sich beim Bundesdatenschutzgesetz nicht um einen unabdingbaren Mindeststandard handelt.[265] Das hat sich auch durch die Einführung des § 32 BDSG nicht geändert.[266] In der Praxis wird der Schutzstandard allerdings auf Grund des Einflusses des Betriebsrats nicht allzu häufig unterschritten werden.[267] Sich auf die rechtfertigende Wirkung von Betriebsvereinbarungen zu verlassen, die vom Schutzstandard abweichen, ist aber vor dem Hintergrund des Wegfalls bzw. der Einschränkung dieser Wirkung nach dem BDSG-E problematisch. Die Alternative ist, in aktuelle Betriebsvereinbarungen bereits jetzt Regelungen aufzunehmen, die die Betriebsparteien zu einer neueren Vereinbarung nach Inkrafttreten der geänderten Gesetzeslage verpflichten.

---

257 BT-Drs. 16/13657, S. 37.
258 Treffend beschrieben bei *Gola/Schomerus*, BDSG, § 32 Rn. 43.
259 Siehe oben Rn. 25 und 33 (dort Fn. 148), 37, 43 und 45.
260 Siehe oben Rn. 25, 32, 37 und 43.
261 Siehe oben § 32 Rn. 25, 37.
262 *Gola/Schomerus*, BDSG, § 3 Rn. 48.
263 LAG Köln ZD 2011, S. 183; *Gola/Schomerus*, BDSG, § 3 Rn. 49.
264 *Nink/Müller*, ZD 2012, S. 505 (508); vgl. zur Rechtfertigung auch oben § 4 BDSG Rn. 34.
265 BAG v. 27.5.1986, BB 1986, S. 2333; vgl. die sehr gute Darstellung bei *Wybitul*, Handbuch Datenschutz im Unternehmen, Rn. 221 f.
266 *Wybitul*, Handbuch Datenschutz im Unternehmen, Rn. 223.
267 *Wybitul*, Handbuch Datenschutz im Unternehmen, Rn. 224.

VI. Rechtsfolgen

Neben den allgemeinen aufsichts-, ordungswidrigkeiten- und strafrechtlichen Fol- **58**
gen für den Arbeitgeber (§§ 38 Abs. 1, Abs. 5, 43 Abs. 2 und 44 BDSG, sowie
§§ 201 f. StGB) können gegen den Arbeitgeber als datenverarbeitende Stelle bei
Missachtung der Vorgaben des § 32 BDSG Schadensersatzforderungen geltend gemacht werden (§ 7 BDSG). Da § 28 BDSG bisher als Schutzgesetz qualifiziert wurde, muss das Gleiche auch für § 32 BDSG gelten; das bedeutet, dass auch zivilrechtlicher Schadensersatz beim Verschulden des Arbeitgebers möglich ist.[268] Außerdem können auch Unterlassungs- und Beseitigungsansprüche seitens der
Beschäftigten bestehen.

Aus arbeitsrechtlicher Sicht stellt sich vor allem die Frage nach einem Beweisver- **59**
wertungsverbot. Explizit ist ein solches in § 32 BDSG nicht geregelt.[269] Daher muss
weiterhin gelten, dass sich allein aus dem Verstoß gegen § 32 BDSG grundsätzlich
kein prozessuales Verwertungsverbot ergibt; denn auch im Übrigen BDSG sowie
im Prozessrecht, d. h. im ArbGG und in der ZPO, ist dazu nichts geregelt.[270] Werden
Beweismittel durch eine rechtswidrig vorgenommene Maßnahme erlangt, führt
dies nicht zu einem Beweisverwertungsverbot, sondern es kommt darauf an, ob die
Verwertung des Beweises im Prozess eine erneute Verletzung des Persönlichkeitsrechts des Beschäftigten darstellt.[271]

Grundsätzlich abgelehnt wird hingegen das Beweisverwertungsverbot, welches **60**
sich aus dem Verstoß gegen das Betriebsverfassungsrecht ergibt.[272]

---

268 Vgl. *Däubler/Klebe/Wedde/Weichert*, BDSG, § 28 Rn. 49 f.
269 Vgl. anders noch: Gesetzesentwürfe/Anträge vom 7.5.2008 (BÜNDNIS 90/Die GRÜ-
  NEN), BT-Drs. 16/9101, und vom 22.4.2009 (FDP), BT-Drs. 16/12670.
270 *Kock/Francke*, NZA 2009, S. 646 (651); *Lunk*, NZA 2009, S. 457 (463).
271 BAG v. 13.12.2007, NZA 2008, S. 1008, *Seifert*, in: Simitis, BDSG, § 32 Rn. 193; über-
  sichtlich dargestellt bei *Stamer/Kuhnke*, in: Plath, BDSG, § 32 Rn. 137 f. m. w. N. zur
  Fernwirkung: BAG v. 16.12.2010, NZA 2011, S. 571.
272 BAG v. 13.12.2007, NZA 2008, 1008; BAG NZA 2003, 1193; a. A. LAG Bremen Beck
  RS 2008, 54533; zum Streitstand s. *Fitting*, BetrVG, § 87 Rn. 256, 607; *Stamer/Kuhnke*,
  in: Plath, BDSG, § 32 Rn. 139.

Zweiter Unterabschnitt
Rechte des Betroffenen

§ 33 Benachrichtigung des Betroffenen

(1) Werden erstmals personenbezogene Daten für eigene Zwecke ohne Kenntnis des Betroffenen gespeichert, ist der Betroffene von der Speicherung, der Art der Daten, der Zweckbestimmung der Erhebung, Verarbeitung oder Nutzung und der Identität der verantwortlichen Stelle zu benachrichtigen. Werden personenbezogene Daten geschäftsmäßig zum Zweck der Übermittlung ohne Kenntnis des Betroffenen gespeichert, ist der Betroffene von der erstmaligen Übermittlung und der Art der übermittelten Daten zu benachrichtigen. Der Betroffene ist in den Fällen der Sätze 1 und 2 auch über die Kategorien von Empfängern zu unterrichten, soweit er nach den Umständen des Einzelfalles nicht mit der Übermittlung an diese rechnen muss.

(2) Eine Pflicht zur Benachrichtigung besteht nicht, wenn

1. der Betroffene auf andere Weise Kenntnis von der Speicherung oder der Übermittlung erlangt hat,

2. die Daten nur deshalb gespeichert sind, weil sie aufgrund gesetzlicher, satzungsmäßiger oder vertraglicher Aufbewahrungsvorschriften nicht gelöscht werden dürfen oder ausschließlich der Datensicherung oder der Datenschutzkontrolle dienen und eine Benachrichtigung einen unverhältnismäßigen Aufwand erfordern würde,

3. die Daten nach einer Rechtsvorschrift oder ihrem Wesen nach, namentlich wegen des überwiegenden rechtlichen Interesses eines Dritten, geheimgehalten werden müssen,

4. die Speicherung oder Übermittlung durch Gesetz ausdrücklich vorgesehen ist,

5. die Speicherung oder Übermittlung für Zwecke der wissenschaftlichen Forschung erforderlich ist und eine Benachrichtigung einen unverhältnismäßigen Aufwand erfordern würde,

6. die zuständige öffentliche Stelle gegenüber der verantwortlichen Stelle festgestellt hat, dass das Bekanntwerden der Daten die öffentliche Sicherheit oder Ordnung gefährden oder sonst dem Wohle des Bundes oder eines Landes Nachteile bereiten würde,

7. die Daten für eigene Zwecke gespeichert sind und

   a) aus allgemein zugänglichen Quellen entnommen sind und eine Benachrichtigung wegen der Vielzahl der betroffenen Fälle unverhältnismäßig ist, oder

b) die Benachrichtigung die Geschäftszwecke der verantwortlichen Stelle erheblich gefährden würde, es sei denn, dass das Interesse an der Benachrichtigung die Gefährdung überwiegt, oder

8. die Daten geschäftsmäßig zum Zweck der Übermittlung gespeichert sind und

a) aus allgemein zugänglichen Quellen entnommen sind, soweit sie sich auf diejenigen Personen beziehen, die diese Daten veröffentlicht haben, oder

b) es sich um listenmäßig oder sonst zusammengefasste Daten handelt (§ 29 Abs. 2 Satz 2)

und eine Benachrichtigung wegen der Vielzahl der betroffenen Fälle unverhältnismäßig ist.

9. aus allgemein zugänglichen Quellen entnommene Daten geschäftsmäßig für Zwecke der Markt- oder Meinungsforschung gespeichert sind und eine Benachrichtigung wegen der Vielzahl der betroffenen Fälle unverhältnismäßig ist.

Die verantwortliche Stelle legt schriftlich fest, unter welchen Voraussetzungen von einer Benachrichtigung nach Satz 1 Nr. 2 bis 7 abgesehen wird.

Literatur: *R. B. Abel*, Datenschutz in Anwaltschaft, Notariat und Justiz, 2. Aufl., München 2003; *Bizer*, Datenschutzrechtliche Informationspflichten, DuD 2005, S. 451; *Bizer*, Das Recht der Protokollierung, DuD 2006, S. 270; *Breilinger/Krader*, Whistleblowing – Chancen und Risiken bei der Umsetzung von anonym nutzbaren Hinweisgebersystemen im Rahmen des Compliance-Managements, RDV 2006, S. 60; *Däubler*, Individualrechte des Arbeitnehmers nach dem neuen BDSG, CR 1991, S. 475; *Duisberg*, Bleibt die Einwilligung zur konzerninternen Weitergabe von personenbezogenen Kundendaten im Unternehmenskauf bestehen?, RDV 2004, S. 104; *Eggersmann/Höhne*, Anwaltliche Verschwiegenheit kontra Benachrichtigungs- und Auskunftspflicht. Konflikt zwischen § 203 StGB und § 26 BDSG, CR 1990, S. 18; *Gallwas*, Die Abwehrrechte des Bürgers – Eine datenschutzrechtliche Zwischenbilanz, DSWR 1980, S. 215; *Geis*, Individualrechte der sich verändernden europäischen Datenschutzlandschaft, CR 1995, S. 171; *Goldenbohm/Weise*, Praxis der Benachrichtigung nach § 33 BDSG, CR 1991, S. 602; *Klein*, Zur datenschutzrechtlichen Relevanz des Scorings von Kreditrisiken, BKR 2003, S. 488; *Kunst*, Individualarbeitsrechtliche Informationsrechte des Arbeitnehmers, 2003; *Mallmann*, Zum datenschutzrechtlichen Auskunftsanspruch des Betroffenen, GewArch 2000, S. 354; *Rüpke*, Freie Advokatur, anwaltliche Informationsverarbeitung und Datenschutz, München 1995; *Wächter*, Die Entbehrlichkeit der Benachrichtigung nach § 33 Abs. 1 Nr. 1 BDSG, CR 1992, S. 558; *Wuermeling*, Scoring von Kreditrisiken, NJW 2002, S. 3508; *von Zimmermann*, Whistleblowing und Datenschutz, RDV 2006, S. 242.

Übersicht

I. Allgemeines

1   Die „Rechte des Betroffenen" bilden den dreistufigen Regelungsgegenstand der §§ 33–35 BDSG. Die Benachrichtigungspflicht nach § 33 BDSG stellt die Grundlage dieser Rechte dar und schafft die Voraussetzung dafür, dass der Betroffene seine übrigen Rechte auf Auskunft nach § 34 BDSG sowie Berichtigung, Löschung und Sperrung der Daten nach § 35 BDSG gegenüber der verantwortlichen Stelle überhaupt wahrnehmen kann. Nur derjenige, der weiß, dass Daten über ihn gespeichert sind, wird hierüber Auskunft oder Korrektur verlangen. Systematisch gliedert sich § 33 BDSG in Abs. 1, der eine generelle Pflicht zur Benachrichtigung des Betroffenen statuiert, und in Abs. 2, welcher eine Zahl von Ausnahmen hiervon vorsieht.

1. Europarechtliche Grundlagen

Europarechtlich basiert § 33 BDSG auf der Umsetzung von Art. 11 EG-DSRl. **2** Art. 10 EG-DSRl regelt den unabdingbaren Umfang, in dem ein Betroffener über eine Datenerhebung zu informieren ist. Art. 11 EG-DSRl findet Anwendung, wenn die Daten nicht direkt bei ihm erhoben wurden. Die Information des Berechtigten hat dann zu einem anderen Zeitpunkt – bei Beginn der Speicherung oder Weitergabe an Dritte – zu erfolgen. Die notwendige Reichweite der Information deckt sich mit Art. 10 EG-DSRl.[1] Art. 11 Abs. 2 EG-DSRl sieht eine Ausnahme von der Informationspflicht – insbesondere ein Wissenschafts- und Statistikprivileg[2] – vor; dies findet sich in § 33 Abs. 2 BDSG wieder.

2. Gesetzeszweck

Nach § 33 BDSG soll der Betroffene über die gespeicherten Daten unterrichtet wer- **3** den. Diese Benachrichtigung stellt die Grundlage der Betroffenenrechte dar. Die Vorschrift soll nach dem Willen des Gesetzgebers „für mehr Transparenz bei der Datenverarbeitung sorgen und dem Bürger die Ausübung seiner Rechte erleichtern".[3]

Das Auskunftsrecht ist wie die übrigen Betroffenenrechte ein Ausfluss des Grund- **4** rechts auf informationelle Selbstbestimmung gem. Art. 2 Abs. 1 i.V.m. Art. 1 Abs. 1 GG. Das Grundrecht gewährleistet die Befugnis des Einzelnen, grundsätzlich selbst über die Preisgabe und Verwendung seiner persönlichen Daten zu bestimmen. Eine Rechtsordnung, die mit dem Grundrecht auf informationelle Selbstbestimmung vereinbar ist, setzt nach der Vorgabe des Volkszählungsurteils[4] voraus, dass die Bürger wissen können, „wer was wann und bei welcher Gelegenheit über sie weiß". Dieses notwendige Recht stellt ein Gegengewicht des Einzelnen zu einer zunehmend technisierten und systematisierten Verarbeitung seiner Daten dar.[5]

Das Recht des Einzelnen, über die Preisgabe seiner Daten selbst entscheiden zu können, ist ein hochrangiges, aber zugleich kein absolutes Gut. Es wird durch andere Grundrechte oder Verfassungsziele begrenzt. So findet bspw. die informationelle Selbstbestimmung des Arbeitnehmers ihre Grenze in der Funktionsfähigkeit des Unternehmens und damit im Grundrecht des Arbeitgebers aus Art. 12 Abs. 1 GG.[6] Der dem Datenschutzrecht immanenten Abwägung zwischen den Interessen des Betroffenen und denen der verantwortlichen Stelle liegt somit das Prinzip der Abwägung im Wege der praktischen Konkordanz widerstreitender Grundrechte zugrunde.

---

1 Vgl. *Dammann/Simitis*, EG-Datenschutzrichtlinie, Art. 11 Rn. 2.
2 Vgl. *Ehmann/Helfrich*, EG-Datenschutzrichtlinie, Art. 11 Rn. 14 f.
3 BT-Drs. 11/4306, S. 51.
4 BVerfGE 65, 1.
5 So *Geis*, CR 1995, S. 171 m.w.N.
6 So *Däubler*, CR 1991, S. 476.

3. Verhältnis zu anderen Vorschriften

5 § 33 BDSG findet Anwendung, wenn Daten nicht bei der betroffenen Person selbst erhoben werden, und ergänzt somit § 4 Abs. 3 BDSG, der die Informationspflichten im Fall der Erhebung beim Betroffenen regelt. § 33 BDSG gewährleistet naturgemäß im Gegensatz zu § 4 Abs. 3 BDSG die Information des Betroffenen, wenn die Datenerhebung ohne dessen Kenntnis erfolgt.[7] Das Benachrichtigungsrecht gehört nicht zu den nach § 6 Abs. 1 BDSG unabdingbaren Rechten des Betroffenen.[8]

II. Benachrichtigung des Betroffenen (Abs. 1)

6 § 33 Abs. 1 BDSG regelt den Grundsatz der Benachrichtigungspflicht. Er differenziert zwischen verantwortlichen Stellen, die Daten für eigene Zwecke speichern (vgl. § 28 BDSG), und solchen, die dies geschäftsmäßig zum Zweck der Übermittlung tun (vgl. § 29 BDSG).[9]

1. Anwendungsbereich

7 Der persönliche Anwendungsbereich hinsichtlich des Betroffenen ergibt sich aus § 3 Abs. 1 BDSG.[10] Betroffener ist danach jede bestimmte oder bestimmbare natürliche Person. Sachlich anwendbar sind die §§ 33 ff. BDSG auf die Datenverarbeitung nicht-öffentlicher Stellen (§ 27 Abs. 1 Nr. 1 BDSG) sowie öffentlicher Stellen des Bundes, soweit sie als öffentlich-rechtliche Unternehmen am Wettbewerb teilnehmen (§ 27 Abs. 1 Nr. 2a BDSG) und öffentlicher Stellen der Länder, soweit sie als öffentlich-rechtliche Unternehmen am Wettbewerb teilnehmen, Bundesrecht ausführen und das Landesrecht keine datenschutzrechtliche Regelung enthält (§ 27 Abs. 1 Nr. 2b BDSG). Für den Bereich der übrigen öffentlichen Stellen normieren die §§ 19, 19a und 20 BDSG die Rechte des Betroffenen.[11]

2. Voraussetzungen der Benachrichtigungspflicht

a) Datenspeicherung für eigene Zwecke

8 Der Betroffene hat das Recht, benachrichtigt zu werden, wenn personenbezogene Daten von der verantwortlichen Stelle erstmals für eigene Zwecke und ohne Kenntnis des Betroffenen gespeichert werden.

---

7 Vgl. *Duhr/Naujok/Danker/Seiffert*, DuD 2003, S. 15.
8 Vgl. *Kloepfer*, Informationsrecht, § 8 Rn. 170.
9 Siehe zur entspr. Debatte des Gesetzgebers *Auernhammer*, BDSG, § 33 Rn. 4 f.
10 Vgl. *Wedde*, in: Roßnagel, Hdb. DSR, Kap. 4.4, Rn. 4.
11 Dort ist verglichen mit § 33 BDSG die entsprechende Benachrichtigungspflicht in § 19a BDSG erst später geregelt worden.

Nur die erstmalige Speicherung von Daten unter Einsatz von Datenverarbeitungs- **9**
anlagen (vgl. § 27 BDSG) löst eine Benachrichtigungspflicht aus. Werden später
weitere Daten zusätzlich aufgenommen und gespeichert, ergibt sich daraus keine
erneute Pflicht.[12] Dies wird von einer strengeren Ansicht bestritten. Der Betroffene
habe ein erneutes Benachrichtigungsrecht, wenn sich die Voraussetzungen der bereits erfolgten Benachrichtigung änderten. Dies sei etwa der Fall, wenn eine zusätzliche Art von Daten gespeichert oder übermittelt würde.[13] Nach der ersten Mitteilung über die Speicherung weiß der Betroffene, dass seine Daten überhaupt gespeichert sind. Hierin erschöpft sich der Zweck der Benachrichtigungspflicht. Weitere
Details später hinzugekommener Daten kann der Betroffene im Wege der Auskunft
(§ 34 BDSG) erlangen.

Durch eine Spaltung oder eine Fusion von Unternehmen wird nicht grundsätzlich **10**
eine erneute Informationspflicht ausgelöst.[14] Eine erneute Informationspflicht entsteht nur bei einem Wechsel der speichernden Rechtsperson, also wenn eine neue
Stelle Daten erstmals verarbeitet, die mit derjenigen Stelle, über die der Betroffene
informiert ist, nicht mehr übereinstimmt (z. B. im Fall des Unternehmenserwerbs
im Wege eines sogenannten Asset Deals), nicht jedoch, wenn die Rechtsperson des
Unternehmens die gleiche bleibt (z. B. im Fall des Unternehmenserwerbs im Wege
eines sogenannten Share Deals).

Die Benachrichtigungspflicht wird nur ausgelöst, wenn die Daten ohne Kenntnis **11**
des Betroffenen gespeichert werden. Dieses Tatbestandsmerkmal ist Folge der Umsetzung von Art. 11 Abs. 1 EG-DSRl, wonach eine Informationspflicht nur vorgesehen ist, wenn die Daten bei einem Dritten erhoben werden. Erhält der Betroffene
von der entsprechenden Stelle eine Information über die Speicherung, so sind die
Tatbestandsvoraussetzungen der Benachrichtigungspflicht nicht gegeben. Im Übrigen greift bei anderweitiger Kenntnisnahme die Ausnahme nach Abs. 2 Nr. 1. Das
Merkmal „ohne Kenntnis" in Abs. 1 ist vielmehr in Zusammenhang mit dem Erfordernis der erstmaligen Speicherung zu sehen. Werden Daten zunächst mit Kenntnis
des Betroffenen gespeichert, greift § 33 Abs. 1 BDSG noch nicht – kommen zu diesen Daten weitere ohne Kenntnis hinzu, so handelt es sich hierbei um eine *erstmalige Speicherung ohne Kenntnis*.[15]

Für eigene Zwecke werden Daten gespeichert, wenn die zuständige Stelle diese **12**
selbst verwenden möchte. Dieses Tatbestandsmerkmal ist von Satz 2 abzugrenzen,

---

12 So *Dörr/Schmidt*, BDSG, § 33 Rn. 8; *Kunst*, Individualarbeitsrechtliche Informationsrechte des Arbeitnehmers, S. 74; *Schaffland/Wiltfang*, BDSG, § 33 Rn. 7; *Auernhammer*,
BDSG, § 33 Rn. 6.
13 So *Däubler*, in: Däubler/Klebe/Wedde/Weichert, BDSG, § 33 Rn. 6.
14 So aber *Däubler*, in: Däubler/Klebe/Wedde/Weichert, BDSG, § 33 Rn. 9. Vgl. auch *Duisberg*, RDV 2004, S. 107, der auf den nicht zu bewältigenden Verwaltungsaufwand hinweist.
15 Vgl. *Gola/Schomerus*, BDSG, § 33 Rn. 5.

der die Fälle erfasst, in denen Daten zum Zweck der Übermittlung an eine andere Stelle gespeichert werden.

b) Geschäftsmäßige Speicherung zum Zweck der Übermittlung

13 Bei einer geschäftsmäßigen Speicherung zum Zweck der Übermittlung nach Abs. 1 Satz 2 wird die Benachrichtigungspflicht statt durch die erstmalige Speicherung durch die erstmalige Übermittlung ausgelöst.[16] Das Gesetz knüpft also in erster Linie an den Zweck der Datenverarbeitung an. Dies betrifft im Wesentlichen Auskunfteien, Kreditauskunfteien oder Adresshändler, die insoweit privilegiert werden, als sie in der ersten Phase der Datensammlung und -speicherung noch keine Informationspflicht trifft.[17]

Ein Übermitteln von Daten kann nach § 3 Abs. 4 Nr. 3 b) BDSG auch in dem Bereithalten von Daten zum Abruf oder zur Einsicht liegen. Werden Daten zum Abruf bereitgehalten, so kommt es für den Zeitpunkt der Benachrichtigungspflicht nach § 3 Abs. 4 Nr. 3 BDSG auf den konkreten Abruf oder die konkrete Einsichtnahme an. Die verantwortliche Stelle muss, um den Betroffenen entsprechend benachrichtigen zu können, Vorkehrungen treffen, die sicherstellen, dass sie selbst über den erstmaligen Abruf vom System oder über die erstmalige Einsichtnahme informiert wird.[18]

3. Umfang und Inhalt der Benachrichtigung

14 Inhaltlich muss die Benachrichtigung nicht nur die Tatsache der Speicherung oder Übermittlung als solche umfassen, sondern auch über die Art der Daten, die Zweckbestimmung der Erhebung, Verarbeitung oder Nutzung und die Identität der verantwortlichen Stelle informieren.

Unter Art der Daten versteht man den Lebensbereich, auf den sie sich bezieht (z. B. Name, Geburtstag, Adresse, Angaben zum Beschäftigungsverhältnis).[19] Eine Benachrichtigung ist in ihrem Inhalt weniger detailliert als eine Einzelauskunft nach § 34 BDSG, aber auch die Benachrichtigung muss eine schlagwortartige Beschreibung der Daten enthalten.[20] Über die Art der Daten muss so ausführlich informiert werden, dass der Betroffene auf der nächsten Stufe bei seinem Auskunftsverlangen nach § 34 Abs. 1 Satz 2 BDSG die Daten „näher bezeichnen" kann.[21]

---

16 Vgl. *Dix*, in: Simitis, BDSG, § 33 Rn. 24, der dies kritisch beurteilt. In diesem Fall habe der Betroffene keine Kenntnis, dass die Stelle Daten über ihn zum Zweck der Übermittlung an Dritte speichert. Hieraus folge eine besondere Schutzbedürftigkeit, die das Gesetz nicht ausreichend würdige.

17 Diese Stellen können sich „unkontrolliert einen großen Datenvorrat aufbauen", was wegen des hierdurch geschaffenen Transparenzdefizits von *Däubler*, in: Däubler/Klebe/Wedde/ Weichert, BDSG, § 33 Rn. 2, kritisiert wird.

18 *Däubler*, in: Däubler/Klebe/Wedde/Weichert, BDSG, § 33 Rn. 5.

19 *Däubler*, in: Däubler/Klebe/Wedde/Weichert, BDSG, § 33 Rn. 19.

20 *Wohlgemuth/Gerloff*, Datenschutzrecht, S. 132.

21 *Bizer*, DuD 2005, S. 453.

Die Benachrichtigung muss mit Blick auf § 4 Abs. 3 BDSG neben der Tatsache der **15** ersten Speicherung genaue Angaben zur Identität der verantwortlichen Stelle sowie über die Zweckbestimmung der Erhebung, Verarbeitung oder Nutzung enthalten.[22] Die Angabe der verantwortlichen Stelle ist für die Ausübung der Betroffenenrechte entscheidend, muss der Betroffene doch wissen, an wen er sich bezüglich Auskunft und ggf. Korrektur oder Löschung wenden kann. Hierbei ist die genaue Identität und Adresse der verantwortlichen Stelle mitzuteilen. Die Angabe eines Postfaches genügt nicht, da ihm sonst z. B. die persönliche Einsichtnahme nach § 34 Abs. 9 BDSG[23] nicht zur Verfügung steht.

Neben der Art der Daten ist der Betroffene über den Zweck der Erhebung zu be- **16** nachrichtigen. Durch die Erweiterung um die Zweckbestimmung infolge der Gesetzesanpassung 2001 sollte die Transparenz der Datenverarbeitung für Betroffene erhöht werden.[24] Der Zweck ist von der verantwortlichen Stelle nach § 28 Abs. 1 Satz 2 BDSG bzw. § 29 Abs. 1 Satz 2 BDSG festzulegen, wozu der Gesetzgeber die verantwortliche Stelle bereits im Vorfeld der Speicherung verpflichtet.[25]

Abs. 1 Satz 3 erweitert (korrespondierend mit § 4 Abs. 3 Nr. 3 BDSG) in Umset- **17** zung der EG-DSRl den Umfang der Benachrichtigungspflicht auf die Kategorien von Empfängern in den Fällen, in denen der Betroffene den Umständen nach nicht mit der Übermittlung an diese rechnen muss. Die Beschränkung auf diese Kategorien hat den Zweck, die verantwortliche Stelle zu entlasten und die Überschaubarkeit für den Betroffenen zu wahren.[26]

Die Benachrichtigung muss individuell jedem Betroffenen gegenüber erfolgen. **18** Auch Ehegatten sind gesondert zu benachrichtigen.

4. Form und Frist der Benachrichtigung

In § 33 BDSG wird keine bestimmte Form der Benachrichtigung vorgeschrieben. **19** Aus Gründen der Beweissicherung empfiehlt sich jedoch zumindest die Einhaltung der Textform (unter Beachtung der erforderlichen Datensicherheitsmaßnahmen). Die verantwortliche Stelle muss die Abgabe der Benachrichtigung (nicht den Zugang[27]) im Streitfall beweisen können. Wird der Betroffene mündlich benachrichtigt, so sollte der Mitarbeiter der verantwortlichen Stelle hierüber zumindest einen Vermerk anfertigen.

Die Benachrichtigung muss nach Sinn und Zweck der Vorschrift allgemein ver- **20** ständlich[28] sein und dem Betroffenen die Einschätzung seiner Rechte ermöglichen.

---

22 Siehe *Wedde*, in: Roßnagel, Hdb. DSR, Kap. 4.4, Rn. 31.
23 Vgl. hierzu unten § 34 BDSG Rn. 56.
24 Vgl. *Duhr/Naujok/Danker/Seiffert*, DuD 2003, S. 5 (15).
25 *Gola/Schomerus*, BDSG, § 33 Rn. 22.
26 *Däubler*, in: Däubler/Klebe/Wedde/Weichert, BDSG, § 33 Rn. 20.
27 So *Bergmann/Möhrle/Herb*, BDSG § 33 Rn. 34.
28 So auch die Vorgabe in Art. 12a) 2. SpStrich EG-DSRl.

Hierbei ist darauf zu achten, dass der Charakter einer Benachrichtigung auch formell im Vordergrund zu stehen hat. So ist das Benachrichtigungsschreiben neutral zu halten und nicht in einer Werbesendung zu verstecken.[29] Bei einer schriftlichen Benachrichtigung ist diese in einem verschlossenen Brief zu versenden, um Dritten gegenüber die Datenspeicherung vertraulich zu halten. Dies folgt schon aus der Anlage zu § 9 Satz 1 Nr. 4 BDSG (Zugriffskontrolle). Eine Benachrichtigung in Form einer unverschlüsselten E-Mail genügt damit nicht.

21 Eine breite Information der Öffentlichkeit durch eine Presserklärung, Onlineveröffentlichung oder Aushänge kann eine individuelle Benachrichtigung des Betroffenen nicht ersetzen und kommt auch aus Datensicherheitsgründen nicht in Betracht. Hierbei ist nicht sichergestellt, dass dieser tatsächlich diese Information erhält, und folglich seine weiteren Rechte, deren Grundlage § 33 BDSG bildet, ausüben kann.

22 Das Gesetz sieht keine ausdrückliche Frist für die Benachrichtigung vor. Aus dem Normzusammenhang mit der erstmaligen Speicherung der Daten kann man schließen, dass eine solche zeitnah nach der Speicherung, zu erfolgen hat. Diesbezüglich wird vertreten, die Benachrichtigung müsse unverzüglich,[30] spätestens nach zwei bis vier Wochen und nur im Ausnahmefall allerspätestens nach drei Monaten erfolgen.[31] Die wirksame Inanspruchnahme der Rechte des Betroffenen erfordere es insbesondere bei unrichtigen oder unzulässig gespeicherten Daten, dass dieser sofort präventiv hiergegen vorgehen kann.[32] Andere Ansichten sind hier großzügiger. Über eine quartalsweise Benachrichtigung als längstmögliche Frist ist jedenfalls auch nach weitergehenden Meinungen nicht hinauszugehen.[33]

23 Da das Gesetz selbst keine Frist setzt, sind an den zeitlichen Abstand zur Datenspeicherung keine zu hohen generellen Anforderungen zu stellen. Sinnvoll erscheint es, von einer im Einzelfall angemessenen Frist auszugehen. Somit ist jeweils z. B. zu berücksichtigen, wann die Daten nach Speicherung erstmals verwendet werden sollen. Der Betroffene ist jedenfalls so rechtzeitig zu informieren, dass er seine weiteren Rechte nach §§ 34 und 35 BDSG noch effektiv wahrnehmen kann, um dem Zweck des § 33 BDSG zu genügen. Die gleichen Maßstäbe gelten für die Benachrichtigung vor der erstmaligen Übermittlung im Sinne von Abs. 1 Satz 2.

24 Im Einzelfall kann die Benachrichtigungspflicht auch erst später greifen, wenn ein überwiegendes berechtigtes Interesse der verantwortlichen Stelle eine solche Verzögerung rechtfertigt. Diese Frage wird im Rahmen von sog. Whistleblowing-Hotlines relevant, bei denen Verstöße gegen geltendes Recht oder innerbetriebliche

---

29 Vgl. *Dix*, in: Simitis, BDSG, § 33 Rn. 36.
30 Für die entsprechende Anwendung des § 121 BGB *Däubler*, in: Däubler/Klebe/Wedde/ Weichert, BDSG, § 33 Rn. 15; *Auernhammer*, BDSG, § 33 Rn. 8. Zur ursprünglichen Rechtslage vgl. auch *Gallwas*, DSWR 1980, S. 219.
31 So *Bergmann/Möhrle/Herb*, BDSG, § 33 Rn. 39.
32 Vgl. *Dix*, in: Simitis, BDSG, § 33 Rn. 41.
33 So *Bergmann/Möhrle/Herb*, BDSG, § 33 Rn. 39.

Verhaltensrichtlinien von Kollegen gemeldet werden können. Werden bei einem solchen automatisierten Verfahren die Daten des „angezeigten" Beschuldigten gespeichert, ist dieser nach dem Grundsatz des Abs. 1 hierüber zu benachrichtigen. Das Risiko einer Vereitelung oder Behinderung der Aufklärung der Vorwürfe rechtfertigt es aber, die Benachrichtigung solange zu verzögern, solange diese die Aufklärung behindern kann.[34]

III. Ausnahmen von der Benachrichtigungspflicht (Abs. 2)

§ 33 Abs. 2 BDSG führt neun Ausnahmen von der Benachrichtigungspflicht auf. **25** Teilweise wird vertreten, diese Ausnahmen seien grundsätzlich restriktiv auszulegen.[35] Sinnvoller als eine solch generalisierende Sichtweise erscheint es, diese jeweils nach dem Sinn und Zweck auszulegen. Ist eine Ausnahme im Einzelfall zweifelhaft, so bleibt die Benachrichtigungspflicht grundsätzlich bestehen. Dies ergibt sich nicht aus einer generell restriktiven Auslegung, sondern bereits aus dem Regel-Ausnahme-Verhältnis des Gesetzes.

Die Ausnahmen in Abs. 2 teilen sich in zwei Gruppen: Bei Abs. 2 Nr. 1 wird auf die **26** Benachrichtigung verzichtet, weil deren Zweck anders erreicht wird. Die übrigen Ausnahmen sind Ergebnis einer Interessenabwägung, in der unter bestimmten Voraussetzungen das Interesse des Betroffenen hinter andere schützenswerte Interessen zurücktritt. Wobei die Ausnahme nach Abs. 2 Nr. 4 insofern eine Zwitterstellung einnimmt, als das Gesetz davon ausgeht, dass der Betroffene von der Speicherung oder Übermittlung auf andere Weise erfahren kann.

Die verantwortliche Stelle ist für das Vorliegen der Tatbestandsmerkmale der Ausnahmen grundsätzlich darlegungs- und beweispflichtig. **27**

1. Kenntniserlangung auf andere Weise (Abs. 2 Nr. 1)

Erlangt der Betroffene auf andere Weise Kenntnis von der Datenspeicherung, ist **28** der Zweck der Benachrichtigungspflicht anderweitig erfüllt. Der Betroffene kann in Abgrenzung zu den Ausnahmen nach Abs. 2 Nr. 2–9 infolge seiner Kenntnis seine weiteren Rechte nach §§ 34 und 35 BDSG ausüben. Eine weitere Benachrichtigung wäre also nicht erforderlich. Typischerweise wird ein solcher Fall vorliegen, wenn zwischen der verantwortlichen Stelle und dem Betroffenen vertragliche Beziehungen bestehen.[36]

Für die Kenntnis des Betroffenen ist es darüber hinaus unerheblich, wann und von **29** wem dieser von der Datenspeicherung erfahren hat. Die Kenntniserlangung kann

---

34 Vgl. *Breinlinger/Krader*, RDV 2006, S. 67 f.; *von Zimmermann*, RDV 2006, S. 246 f.
35 Vgl. *Dix*, in: Simitis, BDSG, § 33 Rn. 45; *Däubler*, in: Däubler/Klebe/Wedde/Weichert, BDSG, § 33 Rn. 22.
36 Vgl. *Wächter*, CR 1992, S. 559.

also vor oder nach der Erstspeicherung der Daten erfolgt sein. Liegt sie zeitlich deutlich davor, muss sich der Betroffene zum Zeitpunkt der Speicherung jedenfalls noch hierüber bewusst sein.[37]

30 Von Abs. 2 Nr. 1 ist jedenfalls die positive Kenntnis des Betroffenen über die Datenspeicherung umfasst. Umstritten ist, ob von der Ausnahme des Abs. 2 Nr. 1 auch die Fälle erfasst werden, in denen der Betroffene aufgrund der Umstände von einer Speicherung seiner Daten nicht positiv weiß, aber hiervon ausgehen muss, weil eine solche handelsüblich oder unvermeidbar ist.[38] Befürwortern dieser Ansicht wird das Argument entgegengebracht, dass an einer Kenntnisnahme durch den Betroffenen kein Zweifel bestehen dürfe. Notwendig sei, dass Umstände vorlägen, aus denen zwingend auf eine positive Kenntnis aller wesentlichen Umstände geschlossen werden könne. Der Persönlichkeitsschutz dürfe nicht von der individuellen Sorgfalt abhängen.[39] Wenn im Einzelfall unklar ist, ob der Betroffene tatsächlich Kenntnis davon hat, sei dieser im Zweifelsfall zu benachrichtigen.[40] Strittig ist insbesondere, ob im Arbeitsverhältnis davon ausgegangen werden kann, dass Angaben in Formularverträgen gespeichert würden.[41]

31 Der Betroffene muss nach der Ausnahme nur von der Tatsache der Datenspeicherung oder -übermittlung Kenntnis haben. Strittig ist, ob, wie in Abs. 1, die Kenntnis von der Art der Daten oder von der Zweckbestimmung der Erhebung vorliegen muss. Dem Wortlaut nach setzt die Ausnahme nach Abs. 2 Nr. 1 weniger voraus. D.h., dass für die Anwendung der Ausnahme die bloße Kenntnis von der Speicherung oder Übermittlung an sich ausreicht, während im Rahmen der Benachrichtigungspflicht der Betroffene eine wesentlich genauere Kenntnis über die Datenverarbeitung erlangen muss. Dies stellt einen gewissen systematischen Bruch dar. Trotz der Eindeutigkeit des Wortlauts wird teilweise[42] gefordert, die Kenntnis nach der Ausnahme des Abs. 2 Nr. 1 müsse „volles Äquivalent für die Informationspflicht" nach Abs. 1 sein.[43]

32 In der Praxis wird die anderweitige Kenntnis der Datenspeicherung in der Regel großzügig gesehen. So nehmen die Aufsichtsbehörden z.B. auch an, dass Familienangehörige auch davon ausgehen müssten, dass bestimmte Grunddaten in Zusam-

---

37 Vgl. *Dix*, in: Simitis, BDSG, § 33 Rn. 53; *Auernhammer*, BDSG, § 33 Rn. 12.
38 Vgl. *Schaffland/Wiltfang*, BDSG, § 33 Rn. 39; *Dörr/Schmidt*, BDSG, § 33 Rn. 19; a. A. *Wohlgemuth/Gerloff*, Datenschutzrecht, S. 133.
39 *Däubler*, in: Däubler/Klebe/Wedde/Weichert, BDSG, § 33 Rn. 25, wonach ein zwingender Rückschluss z.B. dann möglich sei, wenn der Betroffene ein maschinenlesbares Formular ausfülle.
40 Vgl. *Dix*, in: Simitis, BDSG, § 33 Rn. 55 f.
41 Dafür *Goldenbohm/Weise*, CR 1991, S. 604; dagegen *Däubler*, in: Däubler/Klebe/Wedde/Weichert, BDSG, § 33 Rn. 25.
42 Vgl. *Dörr/Schmidt*, BDSG, § 33 Rn. 19.
43 *Däubler*, in: Däubler/Klebe/Wedde/Weichert, BDSG, § 33 Rn. 24; *Wedde*, in: Roßnagel, Hdb. DSR, Kap. 4.4, Rn. 34, 26; enger *Abel*, Praxishandbuch, Teil 8/4.33, S. 4.

menhang mit einem Arbeitsverhältnis des Ehepartners oder Elternteils gespeichert werden.[44]

2. Datenspeicherung aufgrund von Aufbewahrungsvorschriften (Abs. 2 Nr. 2)

Die Ausnahmen nach Abs. 2 Nr. 2 erfassen in erster Alternative Fälle der Aufbe-   33
wahrungspflichten von Daten sowie in zweiter Alternative die Aufbewahrung zu Sicherheitszwecken. Abs. 2 Nr. 2 entspricht der Ausnahme in § 19 Abs. 2 BDSG, die
auf öffentliche Stellen Anwendung findet.

Erfasst werden zunächst Daten, die nur deshalb gespeichert sind, weil sie aufgrund   34
gesetzlicher, satzungsmäßiger oder vertraglicher Aufbewahrungsvorschriften nicht
gelöscht werden dürfen. Hierbei muss es sich für die verantwortliche Stelle um
zwingendes nationales Recht handeln.[45] Es handelt sich hierbei um solche Daten,
die normalerweise (§ 35 Abs. 2 Nr. 3 BDSG) gelöscht worden wären, weil sie nicht
mehr benötigt werden, jedoch wegen einer Archivierungsvorschrift nicht gelöscht
werden dürfen.[46] Eine solche *gesetzliche* Archivierungspflicht kann sich vor allem
aus dem HGB oder der AO ergeben. Nach § 257 HGB haben Kaufleute z. B. Han-
delsbücher, Inventare, Bilanzen oder Jahresabschlüsse sowie die empfangenen
Handelsbriefe zehn bzw. sechs Jahre aufzubewahren.[47] Weiterhin werden *satzungsmäßige* oder *vertragliche* Archivierungspflichten erfasst. „Satzungsmäßig" nimmt
auf Gesellschafts- oder Vereinssatzungen Bezug. Vertragliche Pflichten werden nur
soweit erfasst, wie die Parteien diese nicht zu Lasten Dritter oder entgegen zwingender gesetzlicher Vorschriften vereinbaren. Dies kann so z. B. über allgemeine
Geschäftsbedingungen nur sehr eingeschränkt erfolgen, da eine entsprechende
Klausel wegen unangemessener Benachteiligung des Betroffenen nach § 307
Abs. 1 oder Abs. 2 Nr. 1 BGB unwirksam sein kann.

Die Ausnahme des Abs. 2 Nr. 2 erfasst in zweiter Alternative auch Daten, die aus-   35
schließlich der Datensicherung oder der Datenschutzkontrolle dienen. Hierunter
fallen Sicherungskopien, bei denen hinsichtlich des Originals die Benachrichtigungspflicht aufrecht erhalten bliebe, soweit diese nicht bereits gelöscht wurden.
Weiterhin werden Protokoll-Dateien oder Log-Files erfasst.[48]

Beide Alternativen des Abs. 2 Nr. 2 greifen nur dann, wenn eine Benachrichtigung   36
des Betroffenen einen unverhältnismäßig hohen Aufwand erfordert.[49] Hiernach ist

---

44 Vgl. *Abel*, Praxishandbuch, Teil 8/4.33, S. 4 f.
45 Reine Aufbewahrungsbefugnisse reichen nicht aus. Vgl. *Dix*, in: Simitis, BDSG, § 33
Rn. 66.
46 So *Schaffland/Wiltfang*, BDSG, § 33 Rn. 57.
47 Beachte weiterhin z. B. § 147 Abs. 3 AO, § 273 Abs. 2 AktG, § 74 Abs. 2 GmbHG, § 93
GenG.
48 Vgl. *Dix*, in: Simitis, BDSG, § 33 Rn. 70; *Bizer*, DuD 2006, S. 272.
49 Diese zusätzliche Anforderung entstammt der Umsetzung von Art. 11 Abs. 2 EG-DSRl.

der Aufwand für die verantwortliche Stelle mit dem Informationsinteresse des Betroffenen abzuwägen. Die verantwortliche Stelle muss, wenn sie sich auf die Ausnahme beruft, auch zur Unverhältnismäßigkeit des Aufwands vortragen können.[50] Im Zweifel soll eine Benachrichtigung erfolgen.

3. Pflicht zur Geheimhaltung (Abs. 2 Nr. 3)

37 Die Ausnahme nach Abs. 2 Nr. 3 erfasst Daten, die nach einer Rechtsvorschrift oder ihrem Wesen nach, namentlich wegen des überwiegenden rechtlichen Interesses eines Dritten, geheim gehalten werden müssen.[51] Abs. 2 Nr. 3 entspricht der Ausnahme in § 19 Abs. 4 Nr. 3 BDSG, die auf öffentliche Stellen Anwendung findet.

38 Erfasst werden zunächst Geheimhaltungspflichten aufgrund von Rechtsvorschriften. Unter die Ausnahme von Abs. 2 Nr. 3 erste Alternative fallen bei der anwaltlichen Tätigkeit beispielsweise Daten über den Gegner des Mandanten. Hierüber hat der Anwalt nach Standesrecht (§ 43a Abs. 2 BRAO) bzw. nach § 203 StGB Stillschweigen zu bewahren. Diese Schweigepflicht soll den eigenen Mandanten schützen und stellt daher eine Ausnahme dar, nach der das Geheimhaltungsinteresse stets überwiegen wird. Darüber hinaus wird die anwaltliche Schweigepflicht auch von der Berufsfreiheit des Anwalts nach Art. 12 Abs. 1 GG erfasst.[52]

39 Die zweite Alternative erfasst Daten, die ihrem Wesen nach geheim zu halten sind. Hierbei ist auf die Art der Daten in Bezug auf ihren Verwendungszusammenhang abzustellen, da erst aus dem Zweck der Datenverarbeitung auf das Wesen zur Geheimhaltung geschlossen werden kann.[53] Hierbei ist eine Interessenabwägung im Einzelfall erforderlich. Zu Recht wird in der Literatur darauf hingewiesen, dass diese Interessenabwägung nicht im Hinblick auf die konkreten Daten, sondern im Hinblick auf die „Meta-Daten", d. h. die Tatsache der Speicherung, die Art der gespeicherten und übermittelten Daten, die Zweckbestimmung der Erhebung, Verarbeitung oder Nutzung, die Identität der verantwortlichen Stelle, die Tatsache der erstmaligen Übermittlung und die Empfängerkategorien, vorzunehmen ist.[54] Das Geheimhaltungsinteresse muss gerade hinsichtlich dieser übergeordneten Daten bestehen.

40 Im Zusammenhang mit Kreditinformationen ist nicht ohne weiteres davon auszugehen, dass Daten geheim zu halten sind, wenn bei Bonitätsdaten etwa auch der Name

---

50 Entsprechend zu Abs. 2 Nr. 5: LG Ulm MMR 2004, 265 (266).
51 In der Literatur wird diskutiert, ob bloße wirtschaftliche oder ideelle Interessen ein „rechtliches" oder bloß ein „berechtigtes" Interesse begründen können. Vgl. insoweit *Dix*, in: Simitis, BDSG, § 33 Rn. 77, gegen *Schaffland/Wiltfang*, BDSG, § 33 Rn. 63.
52 Vgl. *Eggersmann/Höhne*, CR 1990, S. 20 f.; *Rüpke*, Freie Advokatur, S. 126 ff.; *Redeker*, in: Abel, Datenschutz in Anwaltschaft, § 3 Rn. 61 ff.
53 So *Bergmann/Möhrle/Herb*, BDSG, § 33 Rn. 90.
54 Vgl. *Dix*, in: Simitis, BDSG, § 33 Rn. 73.

des Informanten mitgespeichert ist und ihm Vertraulichkeit zugesichert wurde oder der Informant bei Bekanntgabe sonst Nachteile zu befürchten hätte.[55]

Medizinische Daten des Betroffenen sind ihrem Wesen nach für den Betroffenen selbst nicht geheim. Der Arzt kann sich bei Auskunftsverweigerung nicht auf die Ausnahme nach § 34 Abs. 4 BDSG i.V.m. § 33 Abs. 2 Nr. 3 BDSG berufen.[56] Allerdings soll eine Offenlegung in extremen Ausnahmesituationen, etwa bei Selbstmordgefahr infolge Kenntnis ungünstiger medizinischer Befunde, ausscheiden.[57]   41

4. Ausdrückliche gesetzliche Regelung (Abs. 2 Nr. 4)

Von der Benachrichtigungspflicht werden nach Abs. 2 Nr. 4 solche Daten ausgenommen, deren Speicherung oder Übermittlung durch Gesetz ausdrücklich vorgesehen ist.[58] Diese Ausnahme resultiert aus der Umsetzung von Art. 11 Abs. 2 EG-DSRl. Bei solchen gesetzlich vorgesehenen Ermächtigungen geht das BDSG davon aus, dass der Betroffene über die Möglichkeit zur Datenspeicherung bzw. -weitergabe auf anderem Wege als durch die Benachrichtigung erfahren kann.[59] In der Begründung des Gesetzesentwurfes wird beispielhaft das Geldwäschegesetz genannt.[60]   42

Eine gesetzlich vorgesehene Regelung im Sinne von Abs. 2 Nr. 4 erfordert daher, dass der Betroffene auf Grundlage der entsprechenden Regelung die datenschutzrechtliche Situation berechenbar einschätzen kann. Er muss mit hinreichender Wahrscheinlichkeit vorhersehen können, wer ihn betreffende Daten speichert oder übermittelt. Somit muss das entsprechende Gesetz hinreichend klar ausgestaltet sein.[61]   43

5. Zwecke der wissenschaftlichen Forschung (Abs. 2 Nr. 5)

Die Ausnahme nach Abs. 2 Nr. 5 erfasst die Speicherung oder Übermittlung von Daten, die für Zwecke der wissenschaftlichen Forschung erforderlich sind, und setzt voraus, dass die Benachrichtigung hierüber einen unverhältnismäßig hohen Aufwand erfordern würde. Hinsichtlich der wissenschaftlichen Forschung sind keine speziellen Anforderungen an die zuständigen Einrichtungen oder den Forschungsbereich zu stellen. Erfasst werden gleichermaßen private und öffentliche Institute, soweit § 33 BDSG auf sie überhaupt anwendbar ist (vgl. § 27 BDSG). Hinter die-   44

---

55 LG Ulm MMR 2005, 265 (266).
56 *Mallmann*, GewArch 2000, S. 358; *Däubler*, in: Däubler/Klebe/Wedde/Weichert, BDSG, § 33 Rn. 32.
57 Vgl. auch BVerwG NJW 1989, 2960; BGH NJW 1983, 328 (329).
58 Diese Ausnahme zur Benachrichtigungspflicht wurde durch Umsetzung des Art. 11 Abs. 2 EG-DSRl in § 33 Abs. 2 BDSG eingefügt.
59 Vgl. *Dammann/Simitis*, EG-Datenschutzrichtlinie, Art. 11 Rn. 7.
60 BGBl. I 1993, S. 1770; vgl. *Eul*, in: Roßnagel, Hdb. DSR, Kap. 7.2, Rn. 27 ff.
61 So *Dix*, in: Simitis, BDSG, § 33 Rn. 87 f.

sem „Wissenschaftsprivileg"[62] steht die Überlegung, die Forschung nicht mit unzumutbarem Aufwand zu belasten. Dennoch ist auch hier eine Abwägung vorzunehmen und bei sensibleren Daten das Verhältnis zum Aufwand entsprechend zu berücksichtigen. Hinsichtlich des unverhältnismäßigen Aufwands gilt das zu Abs. 2 Nr. 2 oben Ausgeführte.[63]

6. Gefährdung der öffentlichen Sicherheit oder Ordnung (Abs. 2 Nr. 6)

45 Von der Benachrichtigungspflicht werden nach Abs. 2 Nr. 6 solche Daten ausgenommen, deren Bekanntwerden die öffentliche Sicherheit oder Ordnung gefährden oder sonst dem Wohle des Bundes oder eines Landes Nachteile bereiten würde.

46 Abs. 2 Nr. 6 entspricht im Wesentlichen der Ausnahme in § 19 Abs. 4 Nr. 2 BDSG, die auf öffentliche Stellen Anwendung findet, stellt jedoch zusätzlich die Voraussetzung auf, dass die zuständige öffentliche Stelle die Gefährdung gegenüber der verantwortlichen Stelle festgestellt hat.

47 Erfasst werden z.B. Betroffene, die mit geheimhaltungsbedürftigen Angelegenheiten beruflich oder privat befasst sind. Insbesondere sind hiervon Mitarbeiter von sicherheitsrelevanten öffentlichen Stellen betroffen. Die Ausnahme erfasst somit Fälle, in denen das staatliche Geheimhaltungsbedürfnis auf Privatunternehmen ausgedehnt wird.

48 Die zuständige öffentliche Stelle ergibt sich aus dem jeweils anwendbaren Sicherheits- oder Ordnungsrecht. Die Regeln der Sicherheitsüberprüfungsgesetze gehen als speziellere Normen dem § 33 BDSG vor.[64]

7. Daten für eigene Zwecke (Abs. 2 Nr. 7)

49 Die Ausnahme nach Abs. 2 Nr. 7 regelt zwei Fälle, in denen Daten für eigene Zwecke gespeichert sind. Hierbei steht jeweils das Eigeninteresse der verantwortlichen Stelle im Vordergrund.

a) Daten aus allgemein zugänglichen Quellen (Abs. 2 Nr. 7 Buchstabe a)

50 Abs. 2 Nr. 7 Buchstabe a) erfasst Daten aus allgemein zugänglichen Quellen. Diese Ausnahme korrespondiert mit § 28 Abs. 1 Nr. 3 BDSG, wonach bei solchen Daten ein Erheben, Speichern, Verändern oder Übermitteln von personenbezogenen Daten zulässig ist.[65] Für die Ausnahme von der Benachrichtigungspflicht müssen diese Daten aber nicht nur generell allgemein zugänglich sein, sondern auch tatsächlich

---

62 *Däubler*, in: Däubler/Klebe/Wedde/Weichert, BDSG, § 33 Rn. 40.
63 Vgl. hierzu Rn. 36.
64 So *Däubler*, in: Däubler/Klebe/Wedde/Weichert, BDSG, § 33 Rn. 43.
65 Vgl. hierzu oben § 28 BDSG Rn. 79.

aus solchen Quellen entnommen worden sein.[66] Diese gegenüber § 28 Abs. 1 Nr. 3 BDSG erhöhte Anforderung folgt daraus, dass im Rahmen von § 33 Abs. 2 Nr. 7 Buchstabe a) BDSG keine weitere Abwägung mit den Interessen des Betroffenen vorgenommen wird.

Öffentlich zugänglich sind insbesondere Informationen, die bereits in öffentlichen Verzeichnissen (Telefonbüchern) über die Medien oder online veröffentlicht wurden, oder die in einem öffentlichen Register (Handels-, Vereinsregister) publiziert sind. Personenbezogene Daten in sozialen Netzwerken sind nur dann öffentlich zugänglich, wenn sie nicht nur für einen eingeschränkten Nutzerkreis zugänglich sind, sondern von allen Mitgliedern des sozialen Netzwerkes abgerufen werden können.[67] Ist für den Einblick in ein Register der Nachweis eines rechtlichen oder berechtigten Interesses erforderlich (z. B. Grundbuch, Gewerbezentralregister), sind solche Daten dennoch allgemein zugänglich.[68]   **51**

Die Ausnahme nach Abs. 2 Nr. 7 Buchstabe a) greift nur, wenn eine Benachrichtigung wegen der Vielzahl der betroffenen Fälle unverhältnismäßig ist. Werden Daten nur über einzelne wenige Personen gesammelt, greift die Ausnahmevorschrift somit nicht.   **52**

b) Erhebliche Gefährdung der Geschäftszwecke (Abs. 2 Nr. 7 Buchstabe b)

Abs. 2 Nr. 7 Buchstabe b) erfasst die Fälle, in denen die Benachrichtigung die Geschäftszwecke der verantwortlichen Stelle erheblich gefährden würde, es sei denn, dass das Interesse des Betroffenen an der Benachrichtigung die Gefährdung überwiegt.   **53**

Eine einfache Gefährdung von Geschäftszwecken ist für die Ausnahme zur Benachrichtigungspflicht nicht ausreichend. Umstritten ist, ab wann eine solche als erheblich einzustufen ist. Die vorherrschende strenge Ansicht fordert, dass die Gefährdung soweit gehen müsse, dass eine Erfüllung der jeweiligen Geschäftszwecke insgesamt unmöglich zu werden drohe.[69] Die Gegenauffassung will hingegen ausreichen lassen, wenn einzelne Geschäfte scheitern könnten.[70] Um zu vermeiden, dass die in § 27 Abs. 2 BDSG geregelten Anwendungsvoraussetzungen der Benachrichtigungsflicht überhaupt eingreifen, wird auch vorgeschlagen, bewusst die Spei-   **54**

---

66 Umstritten ist in diesem Zusammenhang, ob die Daten „unmittelbar" aus solchen Quellen entnommen sein müssen (so *Schaffland/Wiltfang*, BDSG, § 33 Rn. 98), oder ob es genügt, dass die Daten von einer anderen Quelle übermittelt wurden, die erkennbar auf eine allgemein zugängliche Quelle zugegriffen hatte (so *Gola/Schomerus*, BDSG, § 33 Rn. 38).

67 S. o. § 28 BDSG Rn. 83; *Gola/Schomerus*, BDSG, § 33 Rn. 33a.

68 So ausdrücklich AG Bad Schwartau DuD 2005, 372 f.; a. A. *Dix*, in: Simitis, BDSG, § 33 Rn. 98; *Däubler*, in: Däubler/Klebe/Wedde/Weichert, BDSG, § 33 Rn. 43, der das AG Bad Schwartau unzutreffend zitiert.

69 So *Gola/Schomerus*, BDSG, § 33 Rn. 39; *Dix*, in: Simitis, BDSG, § 33 Rn. 102 ff.

70 Vgl. *Schaffland/Wiltfang*, BDSG, § 33 Rn. 78; differenzierend *Mallmann*, GewArch 2000, S. 360.

cherung in automatisierten Dateien zu unterlassen, und Daten nur mündlich oder handschriftlich aufzunehmen.[71] Allerdings dürfen die Daten auch nicht offensichtlich aus einer automatischen Verarbeitung stammen, was in der Praxis jedoch in der Regel der Fall sein wird.

8. Daten für geschäftsmäßige Zwecke (Abs. 2 Nr. 8)

55 Die Ausnahme nach Abs. 2 Nr. 8 erfasst Daten, die geschäftsmäßig zum Zweck der Übermittlung gespeichert wurden und bei denen eine Benachrichtigung wegen der Vielzahl der betroffenen Fälle unverhältnismäßig ist. Unter den geschäftsmäßigen Anwendungsbereich der Datenspeicherung fallen wie oben ausgeführt vor allem Auskunfteien oder Adresshändler. Hinsichtlich der Unverhältnismäßigkeit ist entsprechend auf die Ausführungen zu Abs. 2 Nr. 7 Buchstabe a) zu verweisen.

a) Daten aus allgemein zugänglichen Quellen (Abs. 2 Nr. 8 Buchstabe a)

56 Abs. 2 Nr. 8 Buchstabe a) bezieht sich auf solche Daten, die aus allgemein zugänglichen Quellen entnommen sind, soweit sie sich auf diejenigen Personen beziehen, die diese Daten veröffentlicht haben. Dies bezieht sich vor allem auf Autorendaten. Die Ausnahme nach Abs. 2 Nr. 8 Buchstabe a) soll nach der Begründung des zugrunde liegenden Gesetzentwurfes Bibliotheken und ähnliche Einrichtungen davon befreien, z. B. Buchautoren über ihre Aufnahme in Kataloge benachrichtigen zu müssen.[72] Hinsichtlich der allgemein zugänglichen Quellen gilt das zu Abs. 2 Nr. 7 Buchstabe a) Ausgeführte entsprechend. Bei Abs. 2 Nr. 8 Buchstabe a) ist jedoch zu beachten, dass für solche Daten die Befreiung von der Informationspflicht nur insoweit gilt, als sie sich auf diejenigen Personen bezieht, die genau diese Daten veröffentlicht haben.

b) Listenmäßig oder sonst zusammengefasste Daten (Abs. 2 Nr. 8 Buchstabe b)

57 Abs. 2 Nr. 8 Buchstabe b) erfasst listenmäßig oder sonst zusammengefasste Daten und verweist auf § 29 Abs. 2 Satz 2 BDSG und damit auf das in § 28 Abs. 3 niedergelegte „Listenprivileg" im Rahmen der Übermittlung. Die Ausnahme greift ebenfalls nur, wenn eine Benachrichtigung wegen der Vielzahl der betroffenen Fälle unverhältnismäßig ist. Sie dürfte vor allem bei Adresshändlern (unter den Bedingungen des § 29 Abs. 2 Nr. 1 BDSG) greifen.[73]

---

71 So *Däubler*, in: Däubler/Klebe/Wedde/Weichert, BDSG, § 33 Rn. 48.
72 BT-Drs. 11/4306, 51.
73 Vgl. *Abel*, Praxishandbuch, Teil 8/4.33, S. 10.

9. Daten für Zwecke der Markt- und Meinungsforschung aus allgemein zugänglichen Quellen (Abs. 2 Nr. 9)

Abs. 2 Nr. 9 bezieht sich auf Daten, die aus allgemein zugänglichen Quellen entnommen und für Zwecke der Markt- oder Meinungsforschung gespeichert werden. Diese Ausnahme flankiert die infolge der Datenschutznovelle II 2009 neu eingefügte Regelung in § 30a BDSG, wonach die geschäftsmäßige Datenerhebung und -speicherung für Zwecke der Markt- und Meinungsforschung unter bestimmten, dort festgelegten Voraussetzungen zulässig ist. Wie bei Abs. 2 Nr. 8 gilt auch diese Ausnahme nur, wenn eine Benachrichtigung wegen der Vielzahl der betroffen Fälle unverhältnismäßig ist.

58

10. Schriftliche Festlegung der Befreiungstatbestände (Abs. 2 Satz 2)

Für die Ausnahmen des Abs. 2 Nrn. 2 bis 7 hat die verantwortliche Stelle nach Abs. 2 Satz 2 schriftlich festzulegen, unter welchen Voraussetzungen von einer Benachrichtigung abgesehen wird. Durch diese Vorschrift wird das Erfordernis der „geeigneten Garantien" gem. Art. 11 Abs. 2 Satz 2 EG-DSRl umgesetzt. Hierbei ist zu berücksichtigen, dass sich die schriftliche Festlegung jeweils auf die einzelnen Ausnahmetatbestände des Abs. 2 Nrn. 2 bis 7 bezieht und die dort jeweils notwendige Abwägung transparent machen muss. Bei der genauen Festlegung wird sinnvollerweise der betriebliche Datenschutzbeauftragte heranzuziehen sein,[74] der in erster Linie diese Dokumentationspflichten zu überwachen hat.

59

IV. Rechtsfolgen bei unterlassener Benachrichtigung

Das vorsätzliche oder fahrlässige Unterlassen einer Benachrichtigung stellt eine Ordnungswidrigkeit nach § 43 Abs. 1 Nr. 8 BDSG dar. Unter diese Bußgeldandrohung von bis zu EUR 50.000 fällt auch die unrichtige oder unvollständige Benachrichtigung. Umstritten ist, ob eine zu spät abgegebene Benachrichtigung ebenfalls als Ordnungswidrigkeit einzustufen ist.[75] Dies ist abzulehnen, da das Gesetz selbst keine Frist in § 33 BDSG vorsieht. Der Tatbestand einer Ordnungswidrigkeit erfordert aber wegen des rechtsstaatlichen Bestimmtheitsgebotes eine handhabbare Vorgabe.

60

Eine schuldhaft unterlassene Benachrichtigung kann zu einem Schadensersatzanspruch nach § 823 Abs. 2 BGB i.V.m. § 33 BDSG führen, wenn z.B. ein Schaden dadurch verursacht wurde, dass der Betroffene mangels Kenntnis keinen Aus-

61

---

74 So *Duhr/Naujok/Danker/Seiffert*, DuD 2003, S. 5 (16).
75 Zustimmend *Dix*, in: Simitis, BDSG, § 33 Rn. 43, der ausführt, eine verspätete Benachrichtigung sei keine „richtige Benachrichtigung" im Sinne des § 33 BDSG; gegen eine Ordnungswidrigkeit *Schaffland/Wiltfang*, BDSG, § 33 Rn. 33.

kunfts- und Korrekturanspruch durchsetzen konnte.[76] Ein verschuldensunabhängiger Schadensersatzanspruch kann sich auch aus § 7 BDSG ergeben. Aus der unterlassenen Benachrichtigung folgt hingegen kein Anspruch auf Berichtigung, Sperrung oder Löschung der Daten.[77]

---

76 Vgl. *Gola/Schomerus*, BDSG, § 33 Rn. 44; *Dix*, in: Simitis, BDSG, § 33 Rn. 43. *Wohlgemuth/Gerloff*, Datenschutzrecht, S. 140, weisen kritisch darauf hin, dass in der Praxis die Prozessaussichten gering sind.
77 BVerwG NVwZ 1988, 156.

§ 34 Auskunft an den Betroffenen

(1) Die verantwortliche Stelle hat dem Betroffenen auf Verlangen Auskunft zu erteilen über

1. die zu seiner Person gespeicherten Daten, auch soweit sie sich auf die Herkunft dieser Daten beziehen,

2. den Empfänger oder die Kategorien von Empfängern, an die Daten weitergegeben werden, und

3. den Zweck der Speicherung.

Der Betroffene soll die Art der personenbezogenen Daten, über die Auskunft erteilt werden soll, näher bezeichnen. Werden die personenbezogenen Daten geschäftsmäßig zum Zweck der Übermittlung gespeichert, ist Auskunft über die Herkunft und die Empfänger auch dann zu erteilen, wenn diese Angaben nicht gespeichert sind. Die Auskunft über die Herkunft und die Empfänger kann verweigert werden, soweit das Interesse an der Wahrung des Geschäftsgeheimnisses gegenüber dem Informationsinteresse des Betroffenen überwiegt.

(1a) Im Fall des § 28 Absatz 3 Satz 4 hat die übermittelnde Stelle die Herkunft der Daten und den Empfänger für die Dauer von zwei Jahren nach der Übermittlung zu speichern und dem Betroffenen auf Verlangen Auskunft über die Herkunft der Daten und den Empfänger zu erteilen. Satz 1 gilt entsprechend für den Empfänger.

(2) Im Fall des § 28b hat die für die Entscheidung verantwortliche Stelle dem Betroffenen auf Verlangen Auskunft zu erteilen über

1. die innerhalb der letzten sechs Monate vor dem Zugang des Auskunftsverlangens erhobenen oder erstmalig gespeicherten Wahrscheinlichkeitswerte,

2. die zur Berechnung der Wahrscheinlichkeitswerte genutzten Datenarten und

3. das Zustandekommen und die Bedeutung der Wahrscheinlichkeitswerte einzelfallbezogen und nachvollziehbar in allgemein verständlicher Form.

Satz 1 gilt entsprechend, wenn die für die Entscheidung verantwortliche Stelle

1. die zur Berechnung der Wahrscheinlichkeitswerte genutzten Daten ohne Personenbezug speichert, den Personenbezug aber bei der Berechnung herstellt oder

2. bei einer anderen Stelle gespeicherte Daten nutzt.

Hat eine andere als die für die Entscheidung verantwortliche Stelle

1. den Wahrscheinlichkeitswert oder

2. einen Bestandteil des Wahrscheinlichkeitswerts

berechnet, hat sie die insoweit zur Erfüllung der Auskunftsansprüche nach den Sätzen 1 und 2 erforderlichen Angaben auf Verlangen der für die Entscheidung verantwortlichen Stelle an diese zu übermitteln. Im Fall des Satzes 3 Nr. 1 hat die für die Entscheidung verantwortliche Stelle den Betroffenen zur Geltendmachung seiner Auskunftsansprüche unter Angabe des Namens und der Anschrift der anderen Stelle sowie der zur Bezeichnung des Einzelfalls notwendigen Angaben unverzüglich an diese zu verweisen, soweit sie die Auskunft nicht selbst erteilt. In diesem Fall hat die andere Stelle, die den Wahrscheinlichkeitswert berechnet hat, die Auskunftsansprüche nach den Sätzen 1 und 2 gegenüber dem Betroffenen unentgeltlich zu erfüllen. Die Pflicht der für die Berechnung des Wahrscheinlichkeitswerts verantwortlichen Stelle nach Satz 3 entfällt, soweit die für die Entscheidung verantwortliche Stelle von ihrem Recht nach Satz 4 Gebrauch macht.

(3) Eine Stelle, die geschäftsmäßig personenbezogene Daten zum Zweck der Übermittlung speichert, hat dem Betroffenen auf Verlangen Auskunft über die zu seiner Person gespeicherten Daten zu erteilen, auch wenn sie weder automatisiert verarbeitet werden noch in einer nicht automatisierten Datei gespeichert sind. Dem Betroffenen ist auch Auskunft zu erteilen über Daten, die

1. gegenwärtig noch keinen Personenbezug aufweisen, bei denen ein solcher aber im Zusammenhang mit der Auskunftserteilung von der verantwortlichen Stelle hergestellt werden soll,

2. die verantwortliche Stelle nicht speichert, aber zum Zweck der Auskunftserteilung nutzt.

Die Auskunft über die Herkunft und die Empfänger kann verweigert werden, soweit das Interesse an der Wahrung des Geschäftsgeheimnisses gegenüber dem Informationsinteresse des Betroffenen überwiegt.

(4) Eine Stelle, die geschäftsmäßig personenbezogene Daten zum Zweck der Übermittlung erhebt, speichert oder verändert, hat dem Betroffenen auf Verlangen Auskunft zu erteilen über

1. die innerhalb der letzten zwölf Monate vor dem Zugang des Auskunftsverlangens übermittelten Wahrscheinlichkeitswerte für ein bestimmtes zukünftiges Verhalten des Betroffenen sowie die Namen und letztbekannten Anschriften der Dritten, an die die Werte übermittelt worden sind,

2. die Wahrscheinlichkeitswerte, die sich zum Zeitpunkt des Auskunftsverlangens nach den von der Stelle zur Berechnung angewandten Verfahren ergeben,

3. die zur Berechnung der Wahrscheinlichkeitswerte nach den Nummern 1 und 2 genutzten Datenarten sowie

4. das Zustandekommen und die Bedeutung der Wahrscheinlichkeitswerte einzelfallbezogen und nachvollziehbar in allgemein verständlicher Form.

Satz 1 gilt entsprechend, wenn die verantwortliche Stelle

1. die zur Berechnung des Wahrscheinlichkeitswerts genutzten Daten ohne Personenbezug speichert, den Personenbezug aber bei der Berechnung herstellt oder

2. bei einer anderen Stelle gespeicherte Daten nutzt.

(5) Die nach den Absätzen 1a bis 4 zum Zweck der Auskunftserteilung an den Betroffenen gespeicherten Daten dürfen nur für diesen Zweck sowie für Zwecke der Datenschutzkontrolle verwendet werden; für andere Zwecke sind sie zu sperren.

(6) Die Auskunft ist auf Verlangen in Textform zu erteilen, soweit nicht wegen der besonderen Umstände eine andere Form der Auskunftserteilung angemessen ist.

(7) Eine Pflicht zur Auskunftserteilung besteht nicht, wenn der Betroffene nach § 33 Abs. 2 Satz 1 Nr. 2, 3 und 5 bis 7 nicht zu benachrichtigen ist.

(8) Die Auskunft ist unentgeltlich. Werden die personenbezogenen Daten geschäftsmäßig zum Zweck der Übermittlung gespeichert, kann der Betroffene einmal je Kalenderjahr eine unentgeltliche Auskunft in Textform verlangen. Für jede weitere Auskunft kann ein Entgelt verlangt werden, wenn der Betroffene die Auskunft gegenüber Dritten zu wirtschaftlichen Zwecken nutzen kann. Das Entgelt darf über die durch die Auskunftserteilung entstandenen unmittelbar zurechenbaren Kosten nicht hinausgehen. Ein Entgelt kann nicht verlangt werden, wenn

1. besondere Umstände die Annahme rechtfertigen, dass Daten unrichtig oder unzulässig gespeichert werden, oder

2. die Auskunft ergibt, dass die Daten nach § 35 Abs. 1 zu berichtigen oder nach § 35 Abs. 2 Satz 2 Nr. 1 zu löschen sind.

(9) Ist die Auskunftserteilung nicht unentgeltlich, ist dem Betroffenen die Möglichkeit zu geben, sich im Rahmen seines Auskunftsanspruchs persönlich Kenntnis über die ihn betreffenden Daten zu verschaffen. Er ist hierauf hinzuweisen.

Literatur: *Beckhusen*, Das Scoring-Verfahren der SCHUFA im Wirkungsbereich des Datenschutzrechts, BKR 2005, S. 335; *Bizer*, Sieben Goldene Regeln des Datenschutzes, DuD 2007, S. 350; *Bizer*, Lex specialis: Auskunft nach TDDSG, DuD 2005, S. 297; *Breidenbach*, Auskunft nach BDSG und TDDSG, DuD 2005, S. 510; *Däubler*, Individualrechte des Arbeitnehmers nach dem neuen BDSG, CR 1991, S. 475; *Fischer*, Die zivilrechtliche Durchsetzung des Auskunftsanspruchs aus § 34 BDSG, RDV 2012, S. 230; *Fliesek*, Der datenschutzrechtliche Auskunftsanspruch nach TDDSG – Materielle und prozessuale Fragen bei der Anwendung des § 4 Abs. 7 TDDSG im nicht-öffentlichen Bereich, CR 2004, S. 949; *Gärtner*, Anm. zu einer Entscheidung des LG Berlin, Urt. v. 1.11.2011 (6 O 479/10, ZD 2012, 74) – Zur Frage der Reichweite des Auskunftsanspruchs bezüglich der Elemente des Scoring gem. § 34 Abs. 4 BDSG, ZD 2012, S. 76; *Gola/Klug*, Die Entwicklung des Datenschutzrechts in den Jahren 2011/2012, NJW

2012, S. 2489; *Heinemann/Wäßle*, Datenschutzrechtlicher Auskunftsanspruch bei Kreditscoring: Inhalt und Grenzen des Auskunftsanspruchs nach § 34 BDSG, MMR 2010, S. 600; *Heinemann/Wäßle*, Scoring im Spannungsfeld von Datenschutz und Informationsfreiheit, CR 2010, S. 410; *Hoss*, Auskunftsrecht des Betroffenen aus § 34 I BDSG in der Praxis: Wirksames Instrument oder zahnloser Tiger, RDV 2011, S. 6 ff.; *Klein*, Zur datenschutzrechtlichen Relevanz des Scorings von Kreditrisiken, BKR 2003, S. 488; *Kloepfer/Kutzschbach*, Schufa und Datenschutzrecht, MMR 1998, S. 650; *Kunst*, Individualarbeitsrechtliche Informationsrechte des Arbeitnehmers, Frankfurt/M. 2003; *Mallmann*, Zum datenschutzrechtlichen Auskunftsanspruch des Betroffenen, GewArch 2000, S. 354; *Schaar*, Datenschutz im Internet, Die Grundlagen, München 2002; *Taeger*, Schutz von Betriebs- und Geschäftsgeheimnissen im Regierungsentwurf zur Änderung des BDSG, K&R 2008, S. 513; *Wohlgemuth/Gerloff*, Datenschutzrecht. Eine Einführung mit praktischen Fällen, 3. Aufl., München 2005; *Wuermeling*, Scoring von Kreditrisiken, NJW 2002, S. 3508

Übersicht

I. Allgemeines

§ 34 BDSG stellt die zweite Stufe der Rechte des Betroffenen dar. Nachdem der **1** Betroffene auf der ersten Stufe über die Datenspeicherung informiert wurde, kann er auf Grundlage von § 34 BDSG nun Auskunft über die Details dieser Speicherung erlangen. Die Auskunft ihrerseits ist Voraussetzung für die wirksame Ausübung der Betroffenenrechte nach § 35 BDSG auf der dritten Stufe. § 34 BDSG wurde im Wege der BDSG-Novellen des Jahres 2009 umfänglich geändert. Zum einen ergänzte der Gesetzgeber mit den Abs. 2 und 4 Regelungen zur Herstellung von Transparenz im Rahmen von Scoring-Verfahren nach § 28b BDSG. Zum anderen wurden im Zusammenhang mit dem eingeschränkten Listenprivileg des § 28 Abs. 3 Satz 2 BDSG Transparenzanforderungen geregelt (Abs. 1a) und die Voraussetzungen der Form der Auskunftserteilung geändert (Abs. 6). Schließlich ist der Auskunftsanspruch nunmehr insgesamt breiter gefasst. Dieser erstreckt sich im Gegensatz zu der alten Fassung des § 34 BDSG auch auf Daten, die keinen Personenbezug aufweisen (Abs. 2 Satz 2 Nr. 1, Abs. 3 Satz 2 Nr. 1).

1. Europarechtliche Grundlagen

Ein Auskunftsrecht wird schon grundrechtlich durch Art. 8 Abs. 2 Satz 2 BDSG der **2** Charta der Grundrechte der Europäischen Union gewährleistet. § 34 BDSG stellt damit die Umsetzung von Art. 12 Buchstabe a) EG-DSRl dar. Die europarechtliche Bedeutung des Auskunftsrechts beschreibt Erwägungsgrund 41 der Richlinie. Zweck dieses Rechts ist es hiernach, dass sich der Betroffene insbesondere von der Richtigkeit der über ihn verarbeiteten Daten überzeugen kann. Die Ausnahmen in § 34 Abs. 2 BDSG ergeben sich auch aus der Umsetzung von Art. 13 EG-DSRl.

2. Gesetzeszweck

Das Auskunftsrecht nach § 34 BDSG stellt ein zentrales Element der individuellen **3** Datenschutzrechte dar. Die Auskunft ist eine wesentliche Voraussetzung für den Betroffenen, um seine Rechte auf Korrektur, Löschung oder Sperrung falscher oder fehlerhafter Daten durchzusetzen.[1] Nur dank der Auskunft weiß er, dass die gespeicherten oder übermittelten Daten überhaupt fehlerhaft sind. Aus dem Benachrichtigungsrecht nach § 33 BDSG wird dies alleine noch nicht klar, da die Benachrichtigung nur eine Auskunft zum *ob* der Datenerfassung gibt, nicht zum *wie*. Wegen seiner zentralen Bedeutung wird das Auskunftsrecht auch als „Magna Charta des Datenschutzrechts"[2] bezeichnet.

Das Auskunftsrecht erfordert im Gegensatz zu § 33 BDSG eine Mitwirkungshandlung **4** des Betroffenen. Während die verantwortliche Stelle gem. § 33 BDSG von

---

1 „Entscheidungsvorbereitendes Wissen", AG Hamburg-Altona DuD 2005, 170 (171).
2 So *Wedde*, in: Roßnagel, Hdb. DSR, Kap. 4.4, Rn. 2.

sich aus benachrichtigen muss, greifen die Informationspflichten nach § 34 BDSG nicht automatisch. Diese notwendig „aktive" Rolle des Betroffenen wird im Vergleich zu der „passiven" Rolle in § 33 BDSG auch als „Holschuld" im Gegensatz zur „Bringschuld" treffend beschrieben.[3]

3. Verhältnis zu anderen Vorschriften

5   § 93 TKG regelt Informationsrechte von Telekommunikationsteilnehmern. Diese Norm beinhaltet ein aktives Informationsrecht des Diensteanbieters und lässt nach Satz 4 das BDSG grundsätzlich unberührt.[4] D.h. § 93 TKG ist neben § 34 BDSG anwendbar.

6   Ein weiteres datenschutzrechtliches Auskunftsrecht ist in § 13 Abs. 7 TMG[5] geregelt. Dieses Auskunftsrecht ist spezieller und geht gem. § 1 Abs. 3 BDSG vor, soweit es auf personenbezogene Daten einschließlich deren Veröffentlichung anzuwenden ist.

7   Eine weitere Vorrangvorschrift stellt § 83 BetrVG dar, wonach ein betroffener Arbeitnehmer das Recht hat, in die über ihn gespeicherten Personalakten Einsicht zu nehmen. Unabhängig von der Spezialität des § 83 BetrVG hat diese Norm zudem einen inhaltlich weiter gefassten Anspruch zum Gegenstand als § 34 BDSG. Nach § 34 BDSG hat der Betroffene nämlich grundsätzlich kein Einsichtsrecht.[6] Von dieser Regelung werden alle Arbeitnehmer auch in Betrieben ohne Betriebsrat erfasst.[7] Leitende Angestellte haben entsprechende Rechte aus § 26 Abs. 2 SprAuG. Freie Mitarbeiter oder abgewiesene Bewerber können sich hingegen auf § 34 BDSG berufen.[8] Ein Rechtsanwalt hat nach § 58 BRAO das Recht, die über ihn geführten Personalakten einzusehen.

8   Das Zivilrecht kennt eine Reihe von Auskunftsansprüchen: Es geht gestützt auf den Grundsatz von Treu und Glauben (§ 242 BGB) insgesamt davon aus, dass, wenn in einer konkreten Rechtsbeziehung eine Partei gegenüber der anderen Partei in entschuldbarer Weise über den Umfang ihrer Rechte im Unklaren ist, ihr dann ein Auskunftsrecht als Vorstufe der Geltendmachung des jeweiligen Anspruchs zusteht, wenn und soweit die andere Partei diese Auskunft unschwer erteilen kann. Neben dem allgemeinen Grundsatz regelt das BGB eine ganze Reihe von speziellen Aus-

---

3 So *Dix*, in: Simitis, BDSG, § 34 Rn. 6.
4 Vgl. hierzu auch *Königshofen/Ulmer*, Datenschutz-Handbuch Telekommunikation, S. 29.
5 Vgl. *Bizer*, DuD 2005, S. 297, a. A. *Breidenbach*, DuD 2005, S. 510, eine Entscheidung der Aufsichtsbehörde in Brandenburg darstellend.
6 § 34 Abs. 9 BDSG sieht ausnahmsweise ein Einsichtsrecht vor Ort im Rahmen einer entgeltlichen Auskunft vor; zu Fragen des Auskunftsrechts des Arbeitnehmers vgl. *Gola/Klug*, NJW 2012, S. 2489 (2491) m.w.N.
7 Vgl. *Buschmann*, in: Däubler/Kittner/Klebe, BetrVG, § 83 Rn. 25.
8 Vgl. hierzu *Däubler*, in: Däubler/Klebe/Wedde/Weichert, BDSG, § 34 Rn. 52 ff. m.w.N., *Däubler*, CR 1991, S. 479.

kunftsrechten.[9] Die verschiedenen zivilrechtlichen Auskunftsansprüche stehen nebeneinander und schließen das datenschutzrechtliche Auskunftsrecht mangels Deckungsgleichheit regelmäßig nicht aus.[10] Teilweise ergänzen sich so die Anspruchsgrundlagen des BGB mit § 34 BDSG. So ergibt sich etwa der Auskunfts- und Einsichtnahmeanspruch des Patienten in seine Krankenunterlagen aus drei Rechtsgrundlagen: aus § 810 BGB, aus einer Nebenpflicht des Behandlungsvertrages sowie aus § 34 BDSG.[11]

Das Beamtenrecht regelt die Rechte der betroffenen Beamten gegenüber ihrem **9** Dienstherrn auch hinsichtlich des Datenschutzes abschließend, sodass kein Raum für die Anwendung des § 34 BDSG besteht. So hat der Beamte, der leichtfertig oder wider besseres Wissen der Korruption bezichtigt wird, ein beamtenrechtliches Recht gegenüber seinem Dienstherrn, ihm den Denunzianten zu nennen, auch wenn diesem Vertraulichkeit zugesichert worden war.[12]

II. Auskunftsanspruch des Betroffenen

Das Recht des Betroffenen auf Auskunft ist gemäß § 6 Abs. 1 BDSG unabdingbar. **10** Es kann vertraglich weder beschränkt noch ausgeschlossen werden. Das Auskunftsrecht selbst folgt indes nicht aus § 6 BDSG, sondern wird dort vorausgesetzt. Der Betroffene hat nach § 34 Abs. 1 BDSG grundsätzlich einen Anspruch gegenüber der verantwortlichen Stelle auf Auskunft über die zu seiner Person gespeicherten Daten einschließlich deren Herkunft, die Empfänger bzw. Empfängerkategorien der Daten sowie über den Zweck der Datenspeicherung. § 34 Abs. 1 BDSG wurde im Zuge der Datenschutznovelle als Bußgeldtatbestand im Sinne des § 43 Abs. 1 Nr. 8a BDSG neu gefasst.

1. Anwendungsbereich

Das Auskunftsrecht ergibt sich aus § 34 BDSG für den Bereich der Datenverarbei- **11** tung durch die nicht-öffentlichen Stellen (vgl. § 27 BDSG)[13] und aus der Schwestervorschrift § 19 BDSG für den Bereich der Datenverarbeitung durch die öffentlichen Stellen.[14] Von der Auskunftspflicht erfasst werden Daten, die im Regelungsbereich des dritten Abschnitts, wie in § 27 BDSG festgelegt, verarbeitet werden.

---

9 Vgl. hierzu insgesamt *Gola/Schomerus*, BDSG, § 34 Rn. 3.

10 So *Gola/Schomerus*, BDSG, § 34 Rn. 3.

11 *Sprau*, in: Palandt, BGB, § 810 Rn. 5; *Schaffland/Wiltfang*, BDSG, § 34 Rn. 10 und 32 jeweils m. w. N.; vgl. auch *Bergmann/Möhrle/Herb*, BDSG, § 34 Rn. 17.

12 Vgl. insgesamt BVerwG NJW 2003, 3217.

13 Für den Bereich der öffentlichen Stellen regeln §§ 19, 19a und 20 BDSG Entsprechendes.

14 Vgl. dort § 19 BDSG Rn. 4.

2. Voraussetzungen des Auskunftsanspruchs

a) Auskunftsverlangen des Betroffenen

12 Anders als bei der Benachrichtigung ist die verantwortliche Stelle nicht verpflichtet, von sich aus Auskünfte zu erteilen. Es bedarf eines Auskunftsverlangens durch den Betroffenen. An dieses Verlangen werden durch das Gesetz keine formalen Anforderungen gestellt.[15] Ein schriftlicher Antrag an die verantwortliche Stelle ist daher nicht erforderlich; diese darf einen solchen auch nicht als zwingende Auskunftsvoraussetzung fordern. Vielmehr kann der Betroffene sein Auskunftsverlangen auch mündlich oder in Textform (E-Mail) äußern.

13 Das Auskunftsverlangen kann nur der Betroffene selbst oder ein von ihm Bevollmächtigter äußern. Dritten steht dies grundsätzlich nicht zu. Für das Auskunftsverlangen wird nur die nötige Einsichtsfähigkeit, nicht aber die Geschäftsfähigkeit vorausgesetzt.[16]

b) Identifikation des Betroffenen

14 Probleme treten auf, wenn durch die Form des Verlangens die Identität des Betroffenen nicht hinreichend klar ist. Die Identifizierung des Betroffenen stellt eine Voraussetzung der Auskunft dar.[17] Der Auskunftsanspruch darf nicht ins Blaue hinein geltend gemacht werden.[18] Im Fall einer gerichtlichen Geltendmachung muss der Betroffene die Betroffeneneigenschaft darlegen.[19] Die Rechtsprechung stellt hieran recht hohe Anforderungen. So hat das Landgericht München II die Darlegung des Anspruchstellers, dass er Mandant einer Kanzlei gewesen sei und der in Anspruch genommene Daten über diese Kanzlei sammele, für die Begründung der Eigenschaft des Betroffenen nicht ausreichen lassen.[20] In der Literatur werden diese hohen Anforderungen teilweise als unzulässige Einschränkung des Auskunftsrechts angesehen. Das Auskunftsbegehren soll nur dann verweigert werden können, wenn der Antragsteller offensichtlich rechtsmissbräuchlich handelt.[21] Die Überprüfung der Identität kann grundsätzlich durch Vorlage amtlicher Ausweise oder Kopien hiervon erfolgen. Bei Vertretung durch Dritte ist eine Vollmacht zum Nachweis geeignet. Bei telefonischer Auskunft kann durch ein Passwort die Identität des Anrufers sichergestellt oder der Anrufer kann unter einer der verantwortlichen Stelle bekannten Nummer zurückgerufen werden. Anderenfalls hat diese weitere Details

---

15 Vgl. *Mallmann*, GewArch 2000, S. 355; *Schaffland/Wiltfang*, BDSG, § 34 Rn. 2.
16 Vgl. *Däubler*, in: *Däubler/Klebe/Wedde/Weichert*, BDSG, § 34 Rn. 9.
17 Eine (vorsätzliche oder fahrlässige) Auskunft an einen Unberechtigten wird nach § 43 Abs. 2 Nr. 4 BDSG ggf. als Ordnungswidrigkeit geahndet. Vgl. *Gola/Schomerus*, BDSG, § 34 Rn. 6. Gegen eine generelle Pflicht zur Identitätsprüfung hingegen *Schaffland/Wiltfang*, BDSG, § 34 Rn. 16.
18 *Gola/Schomerus*, BDSG, § 34 Rn. 5a.
19 *Fischer*, RDV 2012, S. 230.
20 Vgl. LG München II, Urteil vom 20.9.2005 – 2 S 3548/05, RDV 2006, 22.
21 *Fischer*, RDV 2012, S. 230 (231).

über den Anrufer wie Geburtsdatum o. Ä. zu erfragen, um dessen Identität mit den gespeicherten Daten abzugleichen.[22] Der Betroffene kann auch unter einem Pseudonym, das er im Geschäftsverkehr führt, Auskunft über Daten verlangen, die zu diesem Pseudonym gespeichert sind.[23] Hat die verantwortliche Stelle hingegen selbst die Daten pseudonymisiert, so hat der Betroffene auch einen Anspruch auf Rückübertragung der Daten in den Klarnamen. Insgesamt bestimmt die speichernde Stelle die Anforderungen an die Identifizierung des Betroffenen, wobei diese umso strenger zu sein haben, je sensibler die gespeicherten Daten sind.

c) Nähere Bezeichnung der Daten (Abs. 1 Satz 2)

Gemäß Abs. 1 Satz 2 soll der Betroffene die Art der personenbezogenen Daten, **15** über die Auskunft erteilt werden soll, näher bezeichnen. Dies stellt aber keine Voraussetzung für den Auskunftsanspruch insgesamt dar. Es handelt sich um eine Soll- und nicht um eine Mussvorschrift.[24] Der Betroffene weiß nämlich oft gar nicht, welche Art von Daten zu seiner Person gespeichert sind und kann sie deshalb nicht näher bezeichnen. Dies herauszufinden ist oft gerade Gegenstand des Auskunftsanspruchs. Gibt der Betroffene keine nähere Bezeichnung der Daten an, kann die zuständige Stelle nicht deshalb die Auskunft verweigern. Fragt sie bei pauschalen Anfragen allerdings nach, worauf sich das Auskunftsbegehr konkret bezieht, so führt die hierdurch eintretende Verzögerung nicht zur Rechtswidrigkeit für die zuständige Stelle.[25] Konkretisiert der Betroffene sein Auskunftsverlangen nicht, so wird das Begehren so auszulegen sein, dass es sich auf alle zu seiner Person gespeicherten Daten bezieht.[26] Dies kann jedoch bei sehr umfangreichen Daten aus einer langen Geschäftsbeziehung durchaus aufwändig und eventuell mit höheren Kosten[27] verbunden sein. Eine Konkretisierung dient also auch dem Interesse des Betroffenen, worauf er ggf. vom Datenschutzbeauftragten hinzuweisen ist.[28]

3. Umfang der Auskunft

Vom Auskunftsanspruch sind alle Daten erfasst, die zur Person des Betroffenen ge- **16** speichert sind. Hierbei ist es grundsätzlich unerheblich, wie wichtig oder sensibel diese Daten für ihn oder die verantwortliche Stelle sind. Sind keine Daten über den Auskunftsersuchenden vorhanden, so hat er dennoch einen Anspruch auf Negativ-

---

22 Vgl. *Däubler*, in: Däubler/Klebe/Wedde/Weichert, BDSG, § 34 Rn. 26 ff.
23 AG Hamburg-Altona DuD 2005, 170 f.
24 *Fischer*, RDV 2012, S. 230 (231).
25 Vgl. *Gola/Schomerus*, BDSG, § 34 Rn. 5; *Bergmann/Möhrle/Herb*, BDSG, § 34 Rn. 44, nennt hier eine Verlängerung der Regelfrist um zwei bis vier Wochen.
26 Vgl. *Fliesek*, CR 2004, S. 953.
27 Vgl. bezüglich der Kosten für die Auskunft unten Rn. 48 ff.
28 Vgl. *Mallmann*, GewArch 2000, S. 356; *Schaffland/Wiltfang*, BDSG, § 34 Rn. 11 ff.

auskunft.[29] Auch einem wiederholten Begehren des Betroffenen muss erneut entsprochen werden, solange dies keine rechtsmissbräuchliche Ausübung darstellt.[30] Wann ein solcher Rechtsmissbrauch vorliegt, kann nur nach Abwägung im Einzelfall festgestellt werden. Jedenfalls dürfte ein allwöchentliches wiederholtes Auskunftsbegehren missbräuchlich sein.[31] Der Anspruch umfasst Angaben zur Person des Betroffenen und zur Herkunft der Daten (Abs. 1 Nr. 1), zu Kategorien von Empfängern (Abs. 1 Nr. 2) sowie zum Zweck der Speicherung (Abs. 1 Nr. 3). Die um Auskunft ersuchte Stelle hat konkrete Angaben zu machen. Der Verweis auf abstrakte Datenkategorien (z. B. „Adressdaten") reicht nicht aus, um den Auskunftsanspruch zu erfüllen.[32]

a) Daten zur Person des Betroffenen, Herkunft der Daten (Abs. 1 Nr. 1)

17 Der Begriff *Daten zur Person des Betroffenen* ist deckungsgleich mit dem Begriff der *personenbezogenen Daten* nach § 3 Abs. 1 BDSG.[33] Nicht nur der Inhalt der Daten zur Person des Betroffenen, sondern auch deren logischer Aufbau wird vom Auskunftsanspruch umfasst. Dies lässt sich aus § 6a Abs. 3 BDSG folgern, der insoweit ein allgemeines Prinzip zum Ausdruck bringt. Hieraus kann der Betroffene auf die Verwendungsmöglichkeit der Daten rückschließen, was für mögliche Korrekturrechte entscheidend sein kann.[34] Von diesem logischen Aufbau ist auch die Bezeichnung der Datei und ihr Kontext umfasst.[35] Der Betroffene hat einen Anspruch auf eine umfassende Auskunft über alle Daten, die zu seiner Person gespeichert sind. So kann bei einem Arbeitnehmer beispielsweise die Mitteilung des Personalstammblattes nicht ausreichen, wenn dieser geltend macht, dass beim Arbeitgeber weitere Daten über ihn gespeichert sind.[36]

18 Der Anspruch auf Auskunft über die Herkunft der Daten besteht nur insoweit, als diese Angaben in den Daten mitgespeichert sind. Eine Pflicht zu solch einer Speicherung kann sich aus § 9 BDSG oder aus arbeitsrechtlichen Grundsätzen ergeben. Speichert die verantwortliche Stelle trotz entsprechender Vorschrift die Daten nicht,

---

29 § 12 Buchstabe a) 1. Spiegelstrich EG-DSRl, vgl. hierzu *Dammann/Simitis*, EG-DSRl, Art. 12 Rn. 4.
30 Dies ergibt sich schon aus gemeinschaftskonformer Auslegung angesichts Art. 12 EG-DSRl, der ein Recht auf Auskunft „in angemessenen Abständen" gewährleistet. Vgl. *Ehmann/Helfrich*, EG-Datenschutzrichtlinie, Art. 12 Rn. 18 f.; *Bergmann/Möhrle/Herb*, BDSG, § 34 Rn. 31. Zu den Kosten bei Rechtsmissbrauch vgl. unten Rn. 49.
31 Vgl. *Schaffland/Wiltfang*, BDSG, § 34 Rn. 21 a. E.
32 *Hoss*, RDV 2011, S. 6 (8), der der Erfüllung des Auskunftsanspruchs durch Unternehmen einem Praxistest unterzogen hat.
33 BGH NJW 1981, 1738.
34 So *Däubler*, in: *Däubler/Klebe/Wedde/Weichert*, BDSG, § 34 Rn. 10.
35 Eingehend VGH Kassel DÖV 1991, 806 mit weiteren Verweisen auf den Gesetzgeber.
36 Vgl. LAG Köln Urteil vom 29.8.2002 – 6 (3) Sa 1126/01.

Meents/Hinzpeter

so stellt dies ein rechtsmissbräuchliches Verhalten dar, aufgrund dessen der Betroffene dann unabhängig von der Mitspeicherung einen Anspruch herleiten kann.[37]

Unter die Daten zur Person des Betroffenen fällt auch der sog. SCHUFA-Score,[38] **19** der das Ergebnis eines mathematisch-statistischen Analyseverfahrens über die Kreditwürdigkeit des Betroffenen darstellt. Problematisch ist, dass dieser Wert bei jeder Auskunftsabfrage durch ein Unternehmen neu berechnet wird und bei der SCHUFA selbst nur die Daten zur dynamischen Berechnung im Einzelfall gespeichert sind, sodass der Betroffene sein Auskunftsverlangen nach einem konkreten Scorewert am Besten an den jeweiligen Übermittlungsempfänger richtet.[39] Soweit die Auskunft mit Hinweis darauf verweigert wird, dass zu keiner Zeit ein konkreter Scorewert abgerufen werden kann, wird dies in der Literatur sehr kritisch betrachtet.[40]

b) Empfänger oder Kategorien von Empfängern (Abs. 1 Nr. 2)

Bei Auskunft sind auch die Empfänger der Daten und die Kategorien der Empfänger mitzuteilen. Empfänger ist nach § 3 Abs. 8 BDSG jede Person oder Stelle, die **20** Daten erhält.[41] Ein solcher Empfänger muss nicht zwingend ein Dritter im Verhältnis zwischen Betroffenem und verantwortlicher Stelle sein, sondern kann auch eine Person innerhalb der Stelle sein.[42] Insofern umfasst der Auskunftsanspruch auch die Möglichkeit, interne Datenflüsse nachzuvollziehen.[43] Zu den Empfängern zählen auch Stellen, die die Daten im Auftrag verarbeiten, wie Callcenter oder Rechenzentren.[44]

Das Merkmal „Kategorien von Empfängern" entstammt Art. 11 Abs. 1 Buchstabe **21** c) EG-DSRl. Darunter fallen unter einem Oberbegriff zusammengefasste Empfängergruppen wie z. B. Adresshändler oder Kreditinstitute. Die Verwendung des Bindewortes „oder" führt nicht dazu, dass die verantwortliche Stelle ein Wahlrecht hat, ob sie den Datenempfänger oder nur dessen Kategorie angibt. Vielmehr hat der Betroffene ein Recht beides zu erfahren oder sein Auskunftsverlangen entsprechend zu begrenzen.[45]

---

37 So *Däubler*, in: Däubler/Klebe/Wedde/Weichert, BDSG, § 34 Rn. 13.
38 AG Wiesbaden ZVI 2004, 22.
39 Vgl. *Beckhusen*, BKR 2005, S. 343 f.; *Klein*, BKR 2003, S. 489 f.; a. A. *Wuermeling*, NJW 2002, S. 3509.
40 Vgl. etwa *Weichert*, DuD 2006, S. 403; *Kloepfer/Kutzschbach*, MMR 1998, S. 565 f.
41 Vgl. hierzu oben § 3 BDSG Rn. 55.
42 Vgl. *Duhr/Naujok/Danker/Seiffert*, DuD 2003, S. 5 (17).
43 Vgl. *Gola/Schomerus*, BDSG, § 34 Rn. 11; *Däubler*, in: Däubler/Klebe/Wedde/Weichert, BDSG, § 34 Rn. 14.
44 So *Schaffland/Wiltfang*, BDSG, § 34 Rn. 27.
45 So *Duhr/Naujok/Danker/Seiffert*, DuD 2003, S. 5 (17). Vgl. *Abel*, Praxishandbuch, Teil 8/ 4.34, S. 2.

c) Zweck der Speicherung (Abs. 1 Nr. 3)

22   Der Auskunftsanspruch umfasst neben den zum Betroffenen gespeicherten Daten auch die Angabe des Speicherzwecks. Dieser erschließt sich in der Regel aus dem zugrunde liegenden Erlaubnistatbestand der Speicherung (vgl. § 28 Abs. 1 BDSG).[46] Ausreichend ist für die Auskunft eine pauschale Umschreibung des Zwecks. Ein individueller Einzelzweck muss nicht mitgeteilt werden, insbesondere wenn dieser über den konkreten Auskunftsanspruch hinaus Geschäftsgeheimnisse der verantwortlichen Stelle preisgeben würde. Werden mehrere Zwecke verfolgt, sind alle anzugeben, da hieraus mögliche Rückschlüsse auf den Verwendungszusammenhang erkennbar sind.

d) Geschäftsmäßige Datenspeicherung zum Zweck der Übermittlung (Abs. 1, Sätze 3 u. 4, Abs. 2, Abs. 3 u. 4)

23   Abs. 1 Sätze 3 und 4 und Abs. 3 und 4 enthalten Sonderregelungen für die geschäftsmäßige Speicherung zum Zwecke der Übermittlung. Die Regelung zur geschäftsmäßigen Datenspeicherung zum Zweck der Übermittlung erweitert und begrenzt gleichzeitig den Auskunftsanspruch.

24   Die Erweiterung geht dahin, dass auch dann Auskunft über Daten zu erteilen ist, wenn diese nicht gespeichert sind (Abs. 1 Satz 3) oder nicht automatisiert verarbeitet bzw. in einer nicht automatisierten Datei gespeichert werden (Abs. 3 Satz 1). Für den Anspruch genügt es vielmehr, dass der verantwortlichen Stelle die Daten auch in anderer Form vorliegen, z.B. in nicht automatisierten Akten[47] (außerhalb von § 27 Abs. 2 BDSG) oder auch nur im Gedächtnis eines Mitarbeiters.[48]

25   Neben den zu der Person des Betroffenen gespeicherten Daten ist nach Abs. 3 Satz 2 Nr. 1 außerdem Auskunft zu erteilen über Daten, über die erst zukünftig ein Personenbezug hergestellt wird, sowie nach Abs. 3 Satz 2 Nr. 2 über Daten, die nicht gespeichert werden, aber dennoch für Auskünfte genutzt werden (z.B. in Fällen, in denen Daten jeweils aktuell bei anderen Stellen abgerufen werden). Der Betroffene soll über diese Regelungen davor geschützt werden, dass sein Auskunftsersuchen – wie auch bei der Regelung in Abs. 2 Satz 2 – in diesen Fällen ins Leere läuft.[49] Abs. 3 Satz 3 beschränkt auch für diese Fälle den Auskunftsanspruch hinsichtlich Herkunft und Empfänger.

26   Ferner ist der Betroffene im Rahmen des Kreditscorings nach Abs. 2 und 4 ausführlich über die Wahrscheinlichkeitswerte zu informieren.[50]

---

46 *Bergmann/Möhrle/Herb*, BDSG, § 34 Rn. 46.
47 Vgl. *Auernhammer*, BDSG, § 34 Rn. 9.
48 Vgl. *Schaar*, Datenschutz im Internet, Rn. 949.
49 Vgl. hierzu unten Rn. 35.
50 Vgl. hierzu ausführlich unten Rn. 31 ff.

Begrenzt wird der Auskunftsanspruch durch das Erfordernis einer einzelfallbezoge- **27** nen Interessenabwägung mit der Wahrung des Geschäftsgeheimnisses der verant- wortlichen Stelle.[51] Es wird argumentiert, Zweck dieser Begrenzung sei der Schutz der Auskunfteien vor Konkurrenzunternehmen, die bei zu einfacher Offenlegung der Datenquellen in ihrem Geschäftsmodell bedroht wären.[52] Demgegenüber hat das Landgericht Berlin entschieden, dass eine Auskunftei dem Auskunftsanspruch gerade nicht den Einwand des Geschäftsgeheimnisses entgegenhalten kann.[53] Das Geschäfts- geheimnis sei nur im Rahmen des Auskunftsanspruchs nach § 34 Abs. 1 BDSG zu be- rücksichtigen. In § 34 Abs. 4 BDSG sei diese Ausnahme gerade nicht erwähnt. Es han- dele sich auch nicht um eine planwidrige Regelungslücke.[54] Dafür spricht der Wort- laut des Gesetzes, das die Wahrung des Geschäftsgeheimnisses als Ausnahme von der Auskunftspflicht in Abs. 1 und 3 erwähnt, nicht aber in Abs. 2 und 4. Zudem könnte dem Auskunftsanspruch gegen eine Auskunftei immer die als Geschäftsgeheimnis zu schützende Berechnungsmethode entgegengehalten werden, mit der Folge, dass der Auskunftsanspruch gegen Auskunfteien im Ergebnis ins Leere laufen würde.[55] Auf Seiten des Betroffenen ist das Interesse immer dann als besonders hoch einzustufen, wenn begründete Zweifel an der Richtigkeit der gespeicherten Daten bestehen.[56]

In der Praxis haben sich die Datenschutzbehörden des Bundes und der Länder mit **28** dem Verband der Handelsauskunfteien auf Fallgruppen geeinigt, in denen der Vorrang der Betroffeneninteressen vermutet wird, und somit stets Auskunft zu erteilen ist:

– sofern der Betroffene begründete Zweifel an der Richtigkeit der Daten vorträgt;

– bei Vortrag des Betroffenen, wonach er Schadensersatz- oder Richtigstellungsan- sprüche geltend machen möchte, da einzelne Daten unzutreffend seien;

– bei Angabe des Betroffenen, wonach der Auskunftsempfänger den Auskunftsda- tensatz in unberechtigter Weise an Dritte weitergegeben bzw. den Datensatz in der Weise missbräuchlich verwendet habe;

– sofern der Betroffene vorträgt, dass der Auskunftsempfänger unter keinen Um- ständen ein berechtigtes Interesse an der Auskunft gehabt haben könne;

Darüber hinaus haben generell die folgenden Branchen Auskunft zu erteilen: Kre- ditversicherungen/Versicherungen, Versandhandel, Telekommunikation, Banken, Leasing-/Factoringgesellschaften, Konzerngesellschaften.[57]

---

51 Diese Ausnahme entstammt Art. 13 Abs. 1 Buchstabe g) EG-DSRl, der allgemein Ausnah- men für Schutz der Rechte und Freiheiten anderer Personen vorsieht.

52 Kritisch hierzu *Duhr/Naujok/Danker/Seiffert*, DuD 2003, S. 5 (17 f.).

53 LG Berlin, Teilurteil vom 1.11.2011 – 6 O 479/10 (nicht rechtskräftig); vgl. auch *Gärtner*, ZD 2012, S. 74.

54 LG Berlin, Teilurteil vom 1.11.2011 – 6 O 479/10 (nicht rechtskräftig), a. a. O.; a. A. LG Hannover, Urteil vom 16.9.2011 (nicht veröffentlicht).

55 *Gärtner*, ZD 2012, S. 74 (76).

56 *Däubler*, in: Däubler/Klebe/Wedde/Weichert, BDSG, § 34 Rn. 22 f.

57 Vgl. hierzu Hessischer Landtag, BT-Drs. 16/5892, S. 18 (19. Bericht der Landesregierung zur Datenschutzaufsicht), http://starweb.hessen.de/cache/DRS/16/2/05892.pdf.

29 In den übrigen Fällen muss eine Prüfung im Einzelfall stattfinden.

4. Auskunft bei listenmäßiger Übermittlung von Daten für Adresshandel und Werbung (Abs. 1a)

30 Flankierend zu der Übermittlungsbefugnis für Zwecke der Werbung in § 28 Abs. 3 Satz 4 BDSG ist in § 34 Abs. 1a BDSG ein Auskunftsrecht des Betroffenen gegenüber der erstmalig erhebenden Stelle und bei Übermittlungen auch gegenüber dem Empfänger der personenbezogenen Daten vorgesehen. Das Auskunftsrecht erstreckt sich auf die in § 34 Abs. 1 Satz 1 Nr. 1 bis 3 BDSG bezeichneten Daten. Die Speicherpflicht bezieht sich auf die Herkunft der Daten und den Empfänger und ist aufgrund der Charakteristika von personenbezogenen Datenbeständen und um eine übermäßige Belastung für die speichernden Stellen zu vermeiden, beginnend mit der Übermittlung, zeitlich auf die Dauer von zwei Jahren begrenzt.[58]

5. Auskunft über Scorewerte (Abs. 2 u. 4)

a) Auskunftsanspruch gegen den Nutzer von Scorewerten (Abs. 2)

31 § 34 Abs. 2 BDSG regelt den Auskunftsanspruch für den Fall, dass Entscheidungen auf einem Scorewert beruhen (vgl. § 28b BDSG). Der Begriff des Scoring selbst wird durch das BDSG nicht definiert. Aus der Systematik von § 28b BDSG ergibt sich jedoch, dass nicht jedes Verfahren, das auf Wahrscheinlichkeitswerten beruht, von der Neuregelung betroffen ist. Stattdessen sind nur solche Verfahren erfasst, die im Vorfeld eines Vertragsschlusses liegen und auf statistisch-mathematischen Methoden zur Prognose eines individuellen Verhaltens basieren.[59] Dies betrifft in der Praxis in erster Linie Bonitätsbewertungen im Zusammenhang mit der Vergabe von Krediten, also das sogenannte Kreditscoring.[60]

32 Der Auskunftsanspruch in Abs. 2 richtet sich nicht gegen Auskunfteien (siehe insoweit Abs. 4), sondern vielmehr gegen die „für die Entscheidung verantwortliche Stelle", also den Nutzer von Scorewerten.[61] Die Regelung wurde mit der Datenschutznovelle I neu in das BDSG eingefügt und ist zum 1.4.2010 in Kraft getreten. Sie trägt der Tatsache Rechnung, dass ein Betroffener bei Verwendung eines Scorewerts für eine Entscheidung über die Begründung, Durchführung oder Beendigung eines Vertragsverhältnisses mangels Offenlegung der Datengrundlage des Scoringverfahrens bislang häufig nicht oder nur schwer nachvollziehen konnte, wie sein

---

58 Vgl. zur Begründung BT-Drs. 16/13657, S. 22.
59 *Heinemann/Wäßle*, MMR 2010, 600.
60 *Heinemann/Wäßle*, CR 2010, S. 410 (411); a. A. *Weichert*, in: Däubler/Klebe/Wedde/Weichert, BDSG, § 28b Rn. 2, die den Anwendungsbereich auf weitere Formen des Scoring ausweiten wollen.
61 Vgl. *Heinemann/Wäßle*, MMR 2010, S. 600 (601).

konkreter Scorewert und damit die darauf beruhende Entscheidung zustande gekommen ist.

Die für die Entscheidung verantwortliche Stelle ist zur Offenlegung des verwendeten Scorewerts (Abs. 2 Satz 1 Nr. 1)[62] und der im konkreten Verfahren genutzten Datenarten (Abs. 2 Satz 1 Nr. 2) gegenüber dem Betroffenen verpflichtet. Hierbei können einzelne Datenfelder eines Datensatzes zusammengefasst werden,[63] solange der Betroffene nachvollziehen kann, welche Merkmale in das konkrete Berechnungsergebnis eingeflossen sind. Die für die Entscheidung verantwortliche Stelle hat außerdem das Zustandekommen des Wahrscheinlichkeitswerts einzelfallbezogen und nachvollziehbar in allgemein verständlicher Form darzulegen (Abs. 2 Satz 1 Nr. 3). Fraglich ist, ob eine Offenlegung der Scoreformel, an deren Geheimhaltung die Unternehmen ein schutzwürdiges Interesse haben können, erforderlich ist.[64] Hierfür spricht der § 34 BDSG insgesamt zugrunde liegende Transparenzgedanke. Als Mindestmaß sollen dem Betroffenen die der Wahrscheinlichkeitsberechnung zugrunde liegenden Lebenssachverhalte in einer für den Laien verständlichen Form dargelegt werden. Dass dabei komplexe mathematische Formeln nicht zu offenbaren sind, ergibt sich bereits daraus, dass diese in der Regel nicht allgemein verständlich sind. **33**

Dem Betroffenen soll durch Mitteilung der in Abs. 2 Satz 1 Nr. 1 bis 3 bezeichneten Werte aber die Möglichkeit gegeben werden, falsche Daten zu korrigieren oder den für ihn errechneten Wahrscheinlichkeitswert im konkreten Fall zu widerlegen; der Betroffene soll erkennen können, welche Umstände bei einer eventuell ablehnenden Entscheidung letztlich ausschlaggebend waren. Ihm soll dadurch ermöglicht werden, Kontakt zu seinem potenziellen Vertragspartner aufzunehmen und seine Interessen zu vertreten.[65] **34**

Nach Abs. 2 Satz 2 Nr. 1 hat der Betroffene auch dann ein Auskunftsrecht, wenn die zur Berechnung des Scorewerts verwendeten Daten von der verantwortlichen Stelle zunächst ohne Personenbezug gespeichert werden, der Personenbezug aber bei der Durchführung der Scoreverfahren von der verantwortlichen Stelle hergestellt wird. Das Gleiche gilt nach Abs. 2 Satz 2 Nr. 2, wenn die verantwortliche Stelle die Daten nicht selbst speichert, sondern bei einem Dritten abruft. Hierdurch soll vermieden werden, dass der Auskunftsanspruch ins Leere geht, wenn die relevanten Daten ohne Personenbezug gespeichert oder gar nicht mehr selbst vorgehalten werden **35**

---

62 Zum Begriff und der Bedeutung von Scorewerten vgl. § 28b BDSG Rn. 6 ff.

63 So kann etwa die Auskunft „Adressdaten" als eine offenbarte Datenart die Einzeldaten „Straße", „Hausnummer", „Postleitzahl" und „Ort" ersetzen, BT-Drs. 16/10529, S. 17.

64 So LG Berlin zu dem Auskunftsanspruch gegenüber einer Auskunftei, Teilurteil vom 1.11.2011 – 6 O 479/10 (nicht rechtskräftig); *Gola/Schomerus*, BDSG, § 34 Rn. 12d; zu den widerstreitenden Interessen zwischen Schutz von Betriebs- und Geschäftsgeheimnissen von Unternehmen einerseits und dem Bedürfnis nach Transparenz für den Betroffenen andererseits vgl. *Taeger*, K&R 2008, S. 513.

65 Vgl. insgesamt BT-Drs. 16/10529, S. 13.

und nur noch bei Bedarf automatisiert von Dritten bezogen und nach der Scorewertberechnung wieder gelöscht werden.

36 Die Regelungen in Abs. 2 Satz 3 bis 6 behandeln den Fall, dass eine andere als die für die Entscheidung verantwortliche Stelle (z. B. eine Auskunftei) den Wahrscheinlichkeitswert (Abs. 2 Satz 3 Nr. 1) oder einen Bestandteil des Wahrscheinlichkeitswerts (Abs. 2 Satz 3 Nr. 2) berechnet hat. In diesem Fall hat die andere Stelle auf Anforderung der für die Entscheidung verantwortlichen Stelle die Angaben an die für die Entscheidung verantwortliche Stelle (Abs. 2 Satz 3) oder an den Betroffenen (Abs. 2 Satz 4) zu übermitteln. Die für die Entscheidung verantwortliche Stelle darf den Betroffenen nur dann an die andere Stelle verweisen, wenn sie dem Betroffenen den Namen und die Anschrift der anderen Stelle offenlegt und dabei alle zur Identifikation des Einzelfalls erforderlichen Angaben mitteilt (Abs. 2 Satz 6 i. V. m. Abs. 2 Satz 4); hierzu zählen alle Angaben, die es der anderen Stelle ermöglichen, die zur Erfüllung des Auskunftsanspruchs des Betroffenen im konkreten Fall erforderlichen Daten in ihrem Datenbestand zu identifizieren. Die andere Stelle hat die Auskunft gegenüber dem Betroffenen unentgeltlich zu erteilen (Abs. 2 Satz 5). Ob die für die Entscheidung verantwortliche Stelle selbst Auskunft erteilt oder den Betroffenen an die andere Stelle verweist, bleibt ihr überlassen. Die für die Entscheidung verantwortliche Stelle soll das Recht haben, diese Entscheidung etwa danach zu entscheiden, welche Vorgehensweise für sie kostengünstiger ist.[66]

b) Auskunftsanspruch gegen Auskunfteien (Abs. 4)

37 Der Auskunftsanspruch in Abs. 4 richtet sich gegen „Stellen, die geschäftsmäßig personenbezogene Daten zum Zweck der Übermittlung erheben, speichern oder verändern," also Auskunfteien. Abs. 4 wurde mit der Datenschutznovelle I neu in das BDSG eingefügt und ist zum 1.4.2010 in Kraft getreten.

38 Im Hinblick auf Inhalt und Umfang der Auskunftspflicht kann im Wesentlichen auf die obigen Ausführungen zu Abs. 2 verwiesen werden.[67] In Abgrenzung zu dem Auskunftsanspruch gegen den Scoreanwender nach Abs. 2 ist der Zeitraum, über den Auskunft zu erteilen ist, nach Abs. 4 jedoch doppelt so lang wie in Abs. 2. Gemäß Abs. 4 Satz 1 Nr. 1 haben Auskunfteien Auskunft über die in einem Zeitraum von zwölf Monaten vor Zugang des Auskunftsverlangens erstellten Berechnungen zu erteilen. Weiterhin geht der Auskunftsanspruch gegen die Auskunftei inhaltlich insofern weiter, als Letztere zudem den zum Zeitpunkt der Anfrage aktuellen Wahrscheinlichkeitswert mitzuteilen hat (Abs. 4 Satz 1 Nr. 2).

39 Gemäß § 35 Abs. 2 Nr. 4 BDSG sind personenbezogene Daten, die geschäftsmäßig zum Zweck der Übermittlung verarbeitet werden, grundsätzlich am Ende des dritten auf die erstmalige Speicherung folgenden Kalenderjahrs zu löschen. An die

---

66 Vgl. BT-Drs. 16/10529, S. 18.
67 Rn. 31 ff.

Meents/Hinzpeter

Stelle der Löschung tritt gemäß § 35 Abs. 3 Nr. 2 BDSG die Sperrung der Daten, wenn Anlass zu der Annahme besteht, dass die Löschung schutzwürdige Interessen der Betroffenen beeinträchtigen würde. Da bei dem Auskunftsverlangen über einen Wahrscheinlichkeitswert nach Abs. 4 Satz 1 Nr. 2 ausdrücklich auch über die der Berechnung zugrunde liegenden Datenarten zu informieren ist, sind diese dementsprechend über die Höchstspeicherdauer in § 35 Abs. 2 Nr. 4 BDSG hinaus so lange zu speichern, wie mit der Geltendmachung eines Auskunftsanspruchs zu rechnen ist. Dadurch erhöht sich die Speicherdauer für Auskunfteien um zwölf Monate (Abs. 4 Satz 1 Nr. 1). Zu beachten ist indes die Zweckbegrenzung gemäß Abs. 5.[68]

6. Zweckbindung der gespeicherten Daten (Abs. 5)

Abs. 5 sieht eine strenge Zweckbindung der zum Zwecke der Auskunftserteilung gespeicherten Daten vor. Die Daten einer Anfrage dürfen nur für die Zwecke der Auskunftserteilung sowie für Kontrollzwecke genutzt werden. Die Regelung ist als solche nicht bußgeldbewehrt, allerdings kann sich eine Sanktion aus anderen bußgeldbewehrten Vorschriften ergeben, die eine unbefugte – weil etwa von Abs. 5 verbotene – Verarbeitung personenbezogener Daten untersagen. **40**

7. Form (Abs. 6) und Frist der Auskunft

Seit der Datenschutznovelle 2009 muss die Auskunft nicht mehr schriftlich erteilt werden. Abs. 6 regelt, dass die Auskunft regelmäßig der Textform (§ 126b BGB) bedarf. Der Textform genügt ein Telefax, ein Computerfax, ein maschinell erstellter Serienbrief, eine E-Mail oder eine SMS.[69] Das Einstellen der Auskunft auf einer Passwort geschützten Internetseite genügt dem Formerfordernis mangels dauerhafter Wiedergabe hingegen nicht.[70] Die verantwortliche Stelle hat die dauerhafte Wiedergabe selbst zu sichern. Diese kann nicht von dem Betroffenen abhängen (etwa durch Ausdruck oder Abspeichern). **41**

Bei der in der Praxis häufigen Auskunftserteilung durch E-Mail hat die verantwortliche Stelle auf den Einsatz entsprechender Verschlüsselungstechnologien zu achten, die sicherstellen, dass die Auskunft nicht in die Hände Unbefugter gelangt. Eine Auskunft per unverschlüsselter E-Mail[71] sollte wegen der Risiken, dass Dritte deren Inhalt mitlesen können, aus Gründen der Datensicherheit vermieden werden. Etwas anderes gilt, wenn der Betroffene diese Form der Auskunft trotz entsprechendem Hinweis wünscht.[72] Entsprechendes gilt auch bei der Auskunftserteilung mittels anderer Informationstechnologien. Wählt die verantwortliche Stelle die Auskunftserteilung per Fax, führen die Sicherheitsanforderungen dazu, dass sich diese **42**

---

68 Siehe Rn. 40.
69 *Dix*, in: Simitis, BDSG, § 34 Rn. 49.
70 KG, Beschluss vom 18.7.2006 – 5 W 156/06.
71 Zur Verschlüsselung im Datenschutz vgl. *Schaar*, Datenschutz im Internet, Rn. 909 ff.
72 *Abel*, Praxishandbuch, Teil 8/4.34, S. 4; *Wohlgemuth/Gerloff*, Datenschutzrecht, S. 135.

vor dem Absenden z. B. durch Anruf, davon überzeugen muss, dass der Betroffene und kein Dritter das Fax erhält.[73] Die verantwortliche Stelle muss für den Betroffenen erkennbar sein.

43 Die Daten sind dem Betroffenen im Klartext mitzuteilen. Verschlüsselte Daten müssen somit vor Auskunft entschlüsselt, interne Codes oder Abkürzungen der verantwortlichen Stelle offen gelegt werden.[74]

44 Liegen besondere Umstände vor, kann die Auskunft auch in anderer, diesen Umständen angemessener Form erteilt werden. Solche besonderen Umstände können sich zum Beispiel aus der Form des Auskunftsersuchens des Betroffenen ergeben, aus der ein konkludenter Verzicht auf die Textform abgeleitet werden kann. Ruft der Betroffene bei der verantwortlichen Stelle an, kann es durchaus angemessen sein, dem Betroffenen die Auskunft gleich telefonisch zu erteilen, wenn er nicht um textförmliche Mitteilung bittet.[75] Hierbei ist jedoch im Wege einer Identitätsprüfung sicherzustellen, dass die Auskunft tatsächlich nur dem Berechtigten gegenüber erteilt wird.

Für die Frist, innerhalb derer verantwortliche Stelle auf das Auskunftsersuchen zu antworten hat, sieht das Gesetz keine ausdrückliche Regelung vor. Teilweise wird wie zu § 33 BDSG die Ansicht vertreten, die Auskunft müsse „unverzüglich" im Sinne von § 121 BGB erfolgen.[76] Vom Sinn und Zweck der Vorschrift ausgehend darf kein so langer Zeitraum zwischen Antrag und Auskunft liegen, dass die Verwirklichung der Betroffenenrechte hierdurch wesentlich erschwert oder unmöglich gemacht würde. Dementsprechend sollte im Einzelfall eine Prüfung der Dringlichkeit erfolgen.[77] Die Frist kann auch je nach dem nötigen Aufwand für die Auskunft durchaus variieren.[78] Auch wenn § 34 BDSG selbst keine gesetzlichen Vorgaben zur Bearbeitungsfrist macht, so kann doch dessen europarechtliche Grundlage Art. 12 Buchstabe a) EG-DSRl zur Auslegung herangezogen werden: Hiernach hat die Auskunft „ohne unzumutbare Verzögerung" zu erfolgen. Eine richtlinienkonforme Auslegung fordert somit eine Abwägung, was im Einzelfall dem Betroffenen zuzumuten ist. Eine Pflicht zur Unverzüglichkeit sieht die EG-DSRl nicht vor.[79] Falls der Betroffene die Auskunft unter Fristsetzung verlangt, muss diese im Hinblick auf notwendige Prozessschritte des Verpflichteten angemessen sein.[80]

---

73 *Dix*, in: Simitis, BDSG, § 34 Rn. 49.

74 Vgl. *Kunst*, Informationsrechte, S. 65; *Schaffland/Wiltfang*, BDSG, § 34 Rn. 28.

75 A. A. *Dix*, in: Simitis, der die mündliche Auskunftserteilung wegen der damit verbundenen Gefahren grundsätzlich ausschließen will.

76 *Däubler*, in: Däubler/Klebe/Wedde/Weichert, BDSG, § 34 Rn. 25.

77 Nach *Mallmann*, GewArch 2000, S. 356, sollten drei Wochen nicht überschritten werden.

78 *Dörr/Schmidt*, BDSG, § 34 Rn. 16.

79 Vgl. *Ehmann/Helfrich*, EG-Datenschutzrichtlinie, Art. 12 Rn. 24 f., die bei Rn. 28 darauf hinweisen, dass es den Mitgliedstaaten überlassen bleibt, die Vorgaben der RL weiter zu konkretisieren. Hier ist im BDSG ein gewisses Umsetzungsdefizit zu verzeichnen.

80 *Heinemann/Wäßle*, MMR 2010, S. 600 (603).

III. Ausnahmen zum Auskunftsanspruch (Abs. 7)

Abs. 7 regelt die Ausnahmen von der Auskunftspflicht und verweist auf die Abs. 2 **45**
Satz 1 Nrn. 2, 3 und 5 bis 7 in § 33 BDSG. Dies bringt zum Ausdruck, dass bei Anwendung der Ausnahmevorschriften die Besonderheiten des Auskunftsanspruchs
zu berücksichtigen sind.[81]

Von der Verweisung in den Ausnahmen sind die Nrn. 1, 4 und 8 des § 33 Abs. 2 **46**
Satz 1 BDSG nicht erfasst. Soweit der Betroffene auf andere Weise Kenntnis von
der Speicherung oder Übermittlung (§ 33 Abs. 2 Nr. 1 BDSG) erhält, entfällt zwar
die Benachrichtigungspflicht, aber das Auskunftsrecht bleibt bestehen. Der Betroffene weiß auch bei Kenntnis von der Tatsache der Speicherung oder Übermittlung
noch nicht, welchen Inhalt die zu seiner Person gespeicherten Daten haben oder ob
sich der Datenbestand seit seiner letzten Kenntnisnahme geändert hat. Ist die Datenspeicherung bzw. -übermittlung durch Gesetz vorgesehen (§ 33 Abs. 2 Nr. 4
BDSG), so bleibt das Auskunftsrecht auch ohne Informationspflicht bestehen. Bei
der geschäftsmäßigen Speicherung von Daten zum Zweck der Übermittlung aus allgemein zugänglichen Quellen bzw. listenmäßig zusammengefassten Daten (§ 33
Abs. 2 Nr. 8 BDSG) gilt Entsprechendes.

Greift hingegen eine der Ausnahmen des § 33 BDSG, so hat die verantwortliche **47**
Stelle dennoch auf das Auskunftsbegehren des Betroffenen zu reagieren. Wird keine Auskunft erteilt, ist diese Entscheidung grundsätzlich zu begründen. Dies kann
durch Verweis auf die entsprechende Rechtsvorschrift geschehen. Hierbei ist konkret auch die Ausnahme des § 33 Abs. 2 BDSG zu beziffern, die jeweils in der Verweisung einschlägig ist. Hiervon ist nur abzusehen, wenn dadurch wiederum ein
Rückschluss auf die geschützten Daten möglich ist, der dem Zweck der Ausnahmevorschrift zuwider läuft. In solchen Fällen ist ein Verweis auf § 34 Abs. 4 BDSG
ausreichend. Die Begründung dient dem Zweck, dass der Betroffene seine weiteren
Rechte einschätzen kann, insbesondere, ob er sich an die Aufsichtsbehörde wenden
will.[82] Im Prozess trägt die auskunftsverweigernde Stelle die Darlegungslast im
Hinblick auf das Vorliegen der Voraussetzungen der Ausnahme(n).[83]

IV. Unentgeltlichkeit (Abs. 8)

Nach Abs. 8 hat die Auskunftserteilung grundsätzlich unentgeltlich zu erfolgen. **48**
Der hiermit verbundene Aufwand geht zu Lasten der verantwortlichen Stelle.

---

81 *Däubler*, in: Däubler/Klebe/Wedde/Weichert, BDSG, § 34 Rn. 39.
82 Vgl. *Schaffland/Wiltfang*, BDSG, § 34 Rn. 43.
83 Vgl. AG Düsseldorf, Urteil vom 7.1.2009 – 32 C 12779/08 zu §§ 34, 33 Abs. 2 Satz 1
   Nr. 7a und Nr. 8.

1. Ausnahmen von der Unentgeltlichkeit

49 Bei der ursprünglichen Normierung der Unentgeltlichkeit wurde auf eine Ausnahmevorschrift für missbräuchliche oder unmotivierte, mehrfache Auskunftsverlangen in kurzen Zeitabständen verzichtet. Dem lag die Erwägung zugrunde, dass im Fall des offensichtlichen Rechtsmissbrauchs bereits nach allgemeinen Grundsätzen eine Auskunft verweigert werden kann.[84]

50 Eine ausdrückliche Ausnahme ist für den Fall vorgesehen, in dem der Betroffene bei zum Zweck der Übermittlung gespeicherten Daten die Auskunft gegenüber Dritten zu wirtschaftlichen Zwecken nutzen kann (Abs. 8 Satz 2). In diesem Fall kann der Betroffene einmal je Kalenderjahr eine unentgeltliche Auskunft in Textform verlangen. Für jede weitere Auskunft kann ein Entgelt verlangt werden. Diese Regelung soll verhindern, dass insbesondere Auskunfteien durch eine Verpflichtung zur kostenlosen Selbstauskunft die wirtschaftliche Grundlage entzogen wird. Ansonsten könnte nämlich z. B. ein Kreditinstitut auf die Kosten einer Auskunft verzichten und den Kunden veranlassen, eine kostenfreie Selbstauskunft vorzulegen.[85]

51 Eine Ausnahme von der Ausnahme ist nach Abs. 8 Satz 5 für den Fall vorgesehen, dass besondere Umstände die Annahme rechtfertigen, dass Daten unrichtig oder unzulässig gespeichert werden, oder in dem die Auskunft ergibt, dass die Daten nach § 35 Abs. 1 BDSG zu berichtigen oder nach § 35 Abs. 2 Satz 2 Nr. 1 BDSG zu löschen sind. Ob ein solcher Fall vorliegt, ist objektiv zu bestimmen. Hierzu ist es nötig, dass der Betroffene einen konkreten Anlass seiner Zweifel an der Richtigkeit der Daten etc. vorträgt und dies nachvollziehbar begründet. Eine bloße Behauptung reicht für die Annahme besonderer Umstände nicht aus. Besondere Umstände liegen auch nicht vor, wenn sich die Unrichtigkeit nur auf Unwesentlichkeiten wie z. B. kleine Tippfehler in der Adresse bezieht.[86]

52 Entgegen der eindeutigen gesetzlichen Formulierung wird auch vertreten, neben Nr. 1 auch weitere Löschungspflichten nach § 35 Abs. 2 Satz 2 BDSG von der Kostenpflicht auszunehmen.[87]

2. Höhe des Entgeltes

53 Das zulässige Entgelt darf die Kosten nicht übersteigen, die der zuständigen Stelle durch die Auskunftserteilung selbst entstanden sind. Hierbei sind nach Abs. 5 Satz 3 nur solche Kosten zu berücksichtigen, die der einzelnen Auskunft unmittel-

---

84 Vgl. *Dörr/Schmidt*, BDSG, § 34 Rn. 21. Vgl. zum Rechtsmissbrauch oben Rn. 16.
85 Vgl. *Dörr/Schmidt*, BDSG, § 34 Rn. 22; *Bergmann/Möhrle/Herb*, BDSG, § 34 Rn. 86; kritisch *Bizer*, DuD 2007, S. 355.
86 A. A. *Bergmann/Möhrle/Herb*, BDSG, § 34 Rn. 105.
87 So z. B. *Däubler*, in: Däubler/Klebe/Wedde/Weichert, BDSG, § 34 Rn. 48, der dies mit dem Gleichheitsgrundrecht begründet.

Meents/Hinzpeter

bar zugerechnet werden können. Dies verbietet eine Umlage von Gemeinkosten (wie z. B. Raummiete oder Lizenzkosten für entsprechende Software[88]), die durch die Aufrechterhaltung der Auskunftsstelle selbst entstehen.[89] Erfasst werden hingegen insbesondere Porto- und Materialkosten; Kosten für Gerätenutzung nur, soweit sie dem einzelnen Auskunftsfall zugerechnet werden können und nicht auch ohne das konkrete Auskunftsverlangen bestehen würden. Weiterhin kann dies auch für Personalkosten greifen, soweit der genaue Zeitumfang bestimmbar ist, den der Mitarbeiter der verantwortlichen Stelle für die Identitätsfeststellung, das Heraussuchen, Kopieren und Versenden der Daten benötigt hat.[90] Ergibt die Suche, dass keine Daten vorhanden sind, greift die Kostenpflicht für den angefallenen Aufwand dennoch.[91]

Es wird vertreten, dass die verantwortliche Stelle aus Gründen der Verwaltungsvereinfachung für die Gebühren Pauschalsätze vorsehen kann, die aber nicht über den im Einzelfall dokumentierbaren Kosten liegen dürfen.[92]   **54**

Der Betroffene ist nicht zur Vorleistung der Kosten verpflichtet; die verantwortliche Stelle kann die Daten aber Zug um Zug herausgeben oder eine schriftliche Auskunft per Nachnahme versenden.[93]   **55**

3. Möglichkeit zur persönlichen Kenntnisnahme (Abs. 9)

An die Entgeltlichkeit knüpft Abs. 9 an und schafft einen Weg, um dem Betroffenen   **56** kostenfrei die Möglichkeit zur persönlichen Kenntnisnahme zu geben. Der Betroffene verzichtet in diesem Falle auf eine (schriftliche) Auskunft und nimmt selbst Einsicht in seine Daten. Dies kann bei der verantwortlichen Stelle vor Ort durch Einblick in die gedruckte Kartei oder durch eine Lesemöglichkeit am Bildschirm erfolgen. Entsprechende Einsicht kann aber auch ein gesicherter Online-Zugang mit Leserechten der entsprechenden Datenbank bieten.[94] Der Betroffene ist auf die kostenfreie Einsichtsmöglichkeit hinzuweisen.

---

88 Vgl. *Bergmann/Möhrle/Herb*, BDSG, § 34 Rn. 97.
89 „Allgemeine Verwaltungs- und Betriebskosten" werden nicht umfasst, so LG Berlin DuD 2000, 681 (SCHUFA-Auskunftskosten).
90 *Schaffland/Wiltfang*, BDSG, § 34 Rn. 47.
91 A. A. *Auernhammer*, BDSG, § 34 Rn. 20.
92 *Bergmann/Möhrle/Herb*, BDSG, § 34 Rn. 98. Allerdings bezieht sich diese Ansicht auf die Formulierung vor Inkrafttreten der Änderungen infolge der Datenschutznovelle, als im Gesetzestext von „direkt" (statt nunmehr unmittelbar) zuzurechnenden Kosten gesprochen wurde.
93 So auch *Däubler*, in: Däubler/Klebe/Wedde/Weichert, BDSG, § 34 Rn. 39; *Gola/Schomerus*, BDSG, § 34 Rn. 26a; a. A. *Bergmann/Möhrle/Herb*, BDSG, § 34 Rn. 101.
94 Vgl. auch *Schaar*, Datenschutz im Internet, Rn. 511.

V. Rechtsfolgen bei unterlassener oder fehlerhafter Auskunft

57 Die unterlassene, fehlerhafte, unvollständige oder nicht rechtzeitige Auskunft entgegen Abs. 1 Satz 1, auch in Verbindung mit Satz 3, entgegen Abs. 1a, entgegen Abs. 2 Satz 1, auch in Verbindung mit Satz 2, oder entgegen Abs. 2 Satz 5, Abs. 3 Satz 1 oder Satz 2 oder Abs. 4 Satz 1, auch in Verbindung mit Satz 2 gilt als Ordnungswidrigkeit (§ 43 Abs. 1 Nr. 8a BDSG) und kann mit einer Geldbuße von bis zu EUR 50.000 sanktioniert werden (§ 43 Abs. 3 Satz 1 BDSG). Die Geldbuße soll dabei den Vorteil, den der Täter aus der Ordnungswidrigkeit gezogen hat, übersteigen (§ 43 Abs. 3 Satz 2 BDSG). Gleiches gilt für den Fall, dass Daten entgegen Abs. 1a nicht gespeichert werden (§ 43 Abs. 1 Nr. 8a BDSG), Angaben entgegen Abs. 2 Satz 3 nicht, nicht richtig, nicht vollständig oder nicht rechtzeitig übermittelt werden (§ 43 Abs. 1 Nr. 8b BDSG) oder der Betroffene entgegen Abs. 2 Satz 4 nicht oder nicht rechtzeitig an die andere Stelle verwiesen wird (§ 43 Abs. 1 Nr. 8c BDSG).[95]

58 Der Betroffene kann sich an die zuständige Aufsichtsbehörde (§ 38 BDSG) wenden und diese um Einschreiten ersuchen. Der Aufsichtsbehörde gegenüber ist die verantwortliche Stelle nach § 38 Abs. 3 BDSG zur Auskunft verpflichtet.[96] Will der Betroffene den Auskunftsanspruch hingegen selbst durchsetzen, ist in der Regel der Zivilrechtsweg eröffnet und das Amtsgericht erstinstanzlich zuständig.[97] Die verantwortliche Stelle kann dann durch Festsetzung eines Zwangsgeldes zur Auskunftserteilung angehalten werden.[98]

59 Zudem kann der Betroffene unter Umständen einen Schadensersatzanspruch nach § 823 Abs. 2 BGB geltend machen, da § 34 BDSG die informationelle Selbstbestimmung schützt und als Schutzgesetz von dem Anwendungsbereich des § 823 BGB erfasst wird. Daneben kann ein Schadensersatzanspruch aus § 7 BDSG bestehen.[99]

60 Verweigert eine verantwortliche Stelle eine Auskunft mit dem Verweis, über die ersuchende Person seien keine Daten gespeichert, kann die Abgabe einer eidesstattlichen Versicherung hierüber entsprechend §§ 259 Abs. 2, 260 Abs. 2 BGB verlangt werden.[100]

---

95 Erst seit der Datenschutznovelle stellt die Verletzung der Auskunftspflichten in § 34 BDSG eine Ordnungswidrigkeit dar. Kritisch zur ursprünglichen Sanktionslosigkeit *Duhr/Naujok/Danker/Seiffert*, DuD 2003, S. 17.

96 Vgl. unten § 38 BDSG Rn. 42.

97 *Fischer*, RDV 2012, S. 231: Die Spannbreite bei der Festsetzung des Streitwerts in der Rechtsprechung beträgt 200 € bis 4.000 €.

98 *Fischer*, RDV 2012, S. 232, bemängelt, dass die Höhe des Zwangsgeldes regelmäßig zu niedrig bemessen sei.

99 Vgl. oben § 7 BDSG Rn. 6.

100 LG Ulm MMR 2005, 265.

§ 35 Berichtigung, Löschung und Sperrung von Daten

(1) Personenbezogene Daten sind zu berichtigen, wenn sie unrichtig sind. Geschätzte Daten sind als solche deutlich zu kennzeichnen.

(2) Personenbezogene Daten können außer in den Fällen des Absatzes 3 Nr. 1 und 2 jederzeit gelöscht werden. Personenbezogene Daten sind zu löschen, wenn

1. ihre Speicherung unzulässig ist,

2. es sich um Daten über die rassische oder ethnische Herkunft, politische Meinungen, religiöse oder philosophische Überzeugungen, Gewerkschaftszugehörigkeit, Gesundheit, Sexualleben, strafbare Handlungen oder Ordnungswidrigkeiten handelt und ihre Richtigkeit von der verantwortlichen Stelle nicht bewiesen werden kann,

3. sie für eigene Zwecke verarbeitet werden, sobald ihre Kenntnis für die Erfüllung des Zwecks der Speicherung nicht mehr erforderlich ist, oder

4. sie geschäftsmäßig zum Zweck der Übermittlung verarbeitet werden und eine Prüfung jeweils am Ende des vierten, soweit es sich um Daten über erledigte Sachverhalte handelt und der Betroffene der Löschung nicht widerspricht, am Ende des dritten Kalenderjahres beginnend mit dem Kalenderjahr, das der erstmaligen Speicherung folgt, ergibt, dass eine längerwährende Speicherung nicht erforderlich ist.

Personenbezogene Daten, die auf der Grundlage von § 28a Abs. 2 Satz 1 oder § 29 Abs. 1 Satz 1 Nr. 3 gespeichert werden, sind nach Beendigung des Vertrages auch zu löschen, wenn der Betroffene dies verlangt.

(3) An die Stelle einer Löschung tritt eine Sperrung, soweit

1. im Fall des Absatzes 2 Satz 2 Nr. 3 einer Löschung gesetzliche, satzungsmäßige oder vertragliche Aufbewahrungsfristen entgegenstehen,

2. Grund zu der Annahme besteht, dass durch eine Löschung schutzwürdige Interessen des Betroffenen beeinträchtigt würden, oder

3. eine Löschung wegen der besonderen Art der Speicherung nicht oder nur mit unverhältnismäßig hohem Aufwand möglich ist.

(4) Personenbezogene Daten sind ferner zu sperren, soweit ihre Richtigkeit vom Betroffenen bestritten wird und sich weder die Richtigkeit noch die Unrichtigkeit feststellen lässt.

(4a) Die Tatsache der Sperrung darf nicht übermittelt werden.

(5) Personenbezogene Daten dürfen nicht für eine automatisierte Verarbeitung oder Verarbeitung in nicht automatisierten Dateien erhoben, verarbeitet oder genutzt werden, soweit der Betroffene dieser bei der verantwortlichen Stelle

widerspricht und eine Prüfung ergibt, dass das schutzwürdige Interesse des Betroffenen wegen seiner besonderen persönlichen Situation das Interesse der verantwortlichen Stelle an dieser Erhebung, Verarbeitung oder Nutzung überwiegt. Satz 1 gilt nicht, wenn eine Rechtsvorschrift zur Erhebung, Verarbeitung oder Nutzung verpflichtet.

(6) Personenbezogene Daten, die unrichtig sind oder deren Richtigkeit bestritten wird, müssen bei der geschäftsmäßigen Datenspeicherung zum Zweck der Übermittlung außer in den Fällen des Absatzes 2 Nr. 2 nicht berichtigt, gesperrt oder gelöscht werden, wenn sie aus allgemein zugänglichen Quellen entnommen und zu Dokumentationszwecken gespeichert sind. Auf Verlangen des Betroffenen ist diesen Daten für die Dauer der Speicherung seine Gegendarstellung beizufügen. Die Daten dürfen nicht ohne diese Gegendarstellung übermittelt werden.

(7) Von der Berichtigung unrichtiger Daten, der Sperrung bestrittener Daten sowie der Löschung oder Sperrung wegen Unzulässigkeit der Speicherung sind die Stellen zu verständigen, denen im Rahmen einer Datenübermittlung diese Daten zur Speicherung weitergegeben wurden, wenn dies keinen unverhältnismäßigen Aufwand erfordert und schutzwürdige Interessen des Betroffenen nicht entgegenstehen.

(8) Gesperrte Daten dürfen ohne Einwilligung des Betroffenen nur übermittelt oder genutzt werden, wenn

1. es zu wissenschaftlichen Zwecken, zur Behebung einer bestehenden Beweisnot oder aus sonstigen im überwiegenden Interesse der verantwortlichen Stelle oder eines Dritten liegenden Gründen unerlässlich ist und

2. die Daten hierfür übermittelt oder genutzt werden dürften, wenn sie nicht gesperrt wären.

Literatur: *Beckhusen*, Das Scoring-Verfahren der SCHUFA im Wirkungsbereich des Datenschutzrechts, BKR 2005, S. 335; *Conrad*, Kundenkarten und Rabattsysteme, Datenschutzrechtliche Herausforderungen, DuD 2006, S. 405; *Conrad/Hausen*, Datenschutzgerechte Löschung personenbezogener Daten – Verschärfung durch den Gesetzentwurf zum BDSG, ITRB 2011, S. 35; *Däubler*, Individualrechte des Arbeitnehmers nach dem neuen BDSG, CR 1991, S. 475; *Gassner/Schmidt*, Datenschutzrechtliche Löschungsverpflichtungen und zivilrechtliche Verjährungsvorschriften, RDV 2004, S. 153; *Janal*, Abwehransprüche im elektronischen Markt der Meinungen, Zu den Erfolgschancen eines Vorgehens gegenüber den Betreibern von Bewertungsportalen, CR 2005, S. 873; *Klein*, Zur datenschutzrechtlichen Relevanz des Scorings von Kreditrisiken, BKR 2003, S. 488; *Kramer*, Sperrung statt Löschung von Daten, DSB 4/2006, S. 13; *Ladeur/Gostomzyk*, Der Schutz von Persönlichkeitsrechten gegen Meinungsäußerungen in Blogs, NJW 2012, S. 710; *Mattke*, Adressenhandel, das Geschäft mit Konsumentenadressen, Praktiken und Abwehrrechte, Frankfurt a. M. 1995; *Nolte*, Zum Recht auf Vergessen im Internet, ZRP 2011, S. 236; *Schaar*, Datenschutz im Internet: Die Grundlagen, München 2002; *Schmidl*, Dokumentationsdaten nach dem Allgemeinen

Meents/Hinzpeter

Gleichbehandlungsgesetz (AGG), DuD 2007, S. 11; *Simitis*, „Sensitive Daten" – Zur Geschichte und Wirkung einer Fiktion, in: Festschrift Pedrazzini, Bern 1990, S. 469; *Schriever*, Neue Löschungsfristen von Bewerberdaten – von der Interessenabwägung zur Einwilligung, BB 2011, S. 2680; *Tetzlaff*, Kein Löschungsanspruch des Schuldners hinsichtlich Schufa-Eintrag über Erteilung der Restschuldbefreiung, Anm. zu AG Wiesbaden, Beschluss vom 17.8.2010, juris PR-BKR 11/2011 Anm. 5; *Weichert*, Verbraucher-Scoring meets Datenschutz, DuD 2006, S. 399; *von Zimmermann*, Whistleblowing und Datenschutz, RDV 2006, S. 242.

Übersicht

I. Allgemeines

§ 35 BDSG stellt nach den Rechten auf Information (§ 33 BDSG) und Auskunft (§ 34 BDSG) die dritte Stufe der Rechte des Betroffenen dar. Hiernach kann dieser korrigierend auf den Datenbestand bei der verantwortlichen Stelle eingreifen. Die wenig übersichtliche Vorschrift regelt aber auch Pflichten der verantwortlichen Stelle unabhängig von der Geltendmachung durch den Betroffenen. Im Einzelnen sind vier Rechte des Betroffenen Gegenstand der Norm: Berichtigung (Abs. 1), Löschung (Abs. 2), Sperrung (Abs. 3 und 4) und Widerspruch (Abs. 5). **1**

1. Europarechtliche Grundlagen

2   Das Recht auf Berichtigung, Löschung oder Sperrung steht dogmatisch neben dem Auskunftsanspruch und ist auch europarechtlich ein unmittelbarer Ausfluss aus dem Recht auf informationelle Selbstbestimmung.[1] Konkretisiert wird diese Vorgabe durch Art. 12 Buchstabe b) EG-DSRl, dessen Vorgaben der Gesetzgeber in § 35 BDSG umgesetzt hat. Der Betroffene hat hiernach ein Recht auf Berichtigung, Löschung oder Sperrung der Daten, auch wenn deren Verarbeitung nicht den Vorgaben der Richtlinie entspricht. Es werden hierfür erläuternd die Fälle aufgeführt, dass Daten unvollständig oder unrichtig sind. Art. 14 EG-DSRl fordert weiterhin ein Widerspruchsrecht des Betroffenen, das in Abs. 5 umgesetzt wurde.

2. Gesetzeszweck

3   Durch § 35 BDSG kann der Betroffene in die Verarbeitungspraxis seiner Daten eingreifen.[2] Damit geht der Gesetzeszweck des § 35 BDSG über die Transparenzfunktion der §§ 33 und 34 BDSG hinaus.[3]

4   Jede Datenspeicherung berührt das Persönlichkeitsrecht des Betroffenen und bedarf seiner Einwilligung bzw. einer gesetzlichen Erlaubnis. Bei falschen oder unrechtmäßig gespeicherten Daten fehlt es gerade an dieser Voraussetzung, da sich sowohl eine Einwilligung als auch ein gesetzlicher Erlaubnistatbestand nur auf richtige Daten beziehen kann. Durch die Berichtigung wird somit das Persönlichkeitsrecht des Betroffenen geschützt, das durch die Speicherung unrichtiger Daten verletzt wurde. Das Verlangen nach Berichtigung bzw. Löschung falscher oder unrechtmäßig gespeicherter Daten stellt somit ein rechtliches Minus zur eigentlich nötigen Einwilligung dar. Ist die Tatsache der Unrichtigkeit bzw. der Unrechtmäßigkeit der Speicherung nicht objektiv nachweisbar, wandelt sich der Anspruch in einen Sperrungsbzw. Gegendarstellungsanspruch um.

3. Verhältnis zu anderen Vorschriften

5   Der Anwendungsbereich der §§ 33 ff. BDSG umfasst die Datenverarbeitung nichtöffentlicher Stellen (vgl. § 27 BDSG). Für den Bereich der öffentlichen Stellen regeln die §§ 19, 19a und 20 BDSG Entsprechendes. Ein spezieller Löschungsanspruch des Telemediennutzers gegenüber dem Diensteanbieter ist in § 13 Abs. 4 Nr. 2 TMG geregelt.

6   Im Übrigen hat der BGH entschieden, dass das BDSG in Bezug auf die Löschung personenbezogener Daten eine abschließende Regelung trifft, die einer Anwendung

---

1 So *Ehmann/Helfrich*, EG-Datenschutzrichtlinie, Art. 12 Rn. 7.
2 Vgl. *Wedde*, in: Roßnagel, Hdb. DSR, Kap. 4.4 Rn. 53.
3 Vgl. *Dix*, in: Simitis, BDSG, § 35 Rn. 2.

der §§ 823, 824 oder 1004 BGB entgegensteht,[4] soweit sie auf dieselbe Rechtsfolge zielen. Hinsichtlich der Berichtigung von Daten gilt Entsprechendes.[5] Auf Grund der Unterschiedlichkeit der Rechtsfolgen kann gegen den Betreiber eines Internetforums oder Bewertungsportals ein Unterlassungsanspruch gleichwohl aus § 1004 Abs. 1 Satz 2 BGB analog i.V.m. § 823 Abs. 1 bzw. § 823 Abs. 2 bestehen.[6] Die Sperrung ist ohnehin ein datenschutzrechtliches Spezifikum, das das allgemeine Zivilrecht nicht kennt.

Nach § 83 Abs. 2 BetrVG hat der Arbeitnehmer das Recht, Erklärungen zu seiner **7** Personalakte abzugeben, die dieser beizufügen sind. Strittig ist das Verhältnis zwischen dem Sperranspruch nach Abs. 4 und diesem Erklärungsrecht. Hierzu wurde vertreten, dass § 83 Abs. 2 BetrVG die speziellere Vorschrift sei. Das Recht auf Erklärungen nach dem BetrVG ist jedoch weitergehend ausgestaltet und inhaltlich nicht auf die schon vorhandenen Daten beschränkt, wie dies bei einer Sperrung der Fall ist. Gleichzeitig kann eine eigene Erklärung des Arbeitnehmers nicht die gleiche Wirkung entfalten wie die Sperrung durch die verantwortliche Stelle selbst. Die beiden Rechte sind zu unterschiedlich, um von einer generellen Spezialität ausgehen zu können. Sie stehen nebeneinander.[7] Gleiches gilt für Abs. 2 Nr. 2, dessen Anwendungsbereich neben § 1 AGG besteht: Bei Kenntnis oder Verwendung sensibler Daten besteht die besondere Gefahr, dass der Betroffene diskriminierendem Verhalten ausgesetzt wird. Daher decken sich die Merkmale von Abs. 2 Nr. 2 teilweise auch mit § 1 AGG. Die Löschpflicht sensibler Daten verstärkt die Schutzrichtung des AGG und schützt wie § 7 AGG den Betroffenen vor Benachteiligungen.[8]

II. Berichtigung (Abs. 1)

Nach Abs. 1 ist die verantwortliche Stelle verpflichtet, unrichtige Daten zu berich- **8** tigen. Die Berichtigung ist in § 6 Abs. 1 BDSG als Recht des Betroffenen aufgeführt. Dies ist jedoch nicht von einer aktiven Inanspruchnahme abhängig. Vielmehr muss die zuständige Stelle die Daten von sich aus berichtigen, sobald sie deren Unrichtigkeit feststellt.

1. Unrichtige Daten

Unrichtig sind Daten, wenn die darin aufgezeigten Tatsachen objektiv nicht der Wirk- **9** lichkeit entsprechen. Dies ist auch dann der Fall, wenn objektiv richtige Daten so ge-

---

4 BGH NJW 1986, 2505 (2507); a. A. *Bergmann/Möhrle/Herb*, BDSG, § 35 Rn. 78 ff.
5 *Däubler*, in: Däubler/Klebe/Wedde/Weichert, BDSG, § 35 Rn. 41.
6 *Ladeur/Gostomzyk*, NJW 2012, S. 710; Gola/Schomerus, BDSG, § 35 Rn. 2b.
7 Vgl. insgesamt *Däubler*, in: Däubler/Klebe/Wedde/Weichert, BDSG, § 35 Rn. 44, *Buschmann*, in: Däubler/Kittner/Klebe, BetrVG, § 83 Rn. 25 m. w. N.
8 Generell zum Verhältnis von AGG und § 35 BDSG vgl. *Schmidl*, DuD 2007, S. 15 f.

speichert sind, dass sie falsch oder missverständlich interpretiert werden können.[9] Unrichtigkeit liegt somit auch vor, wenn Daten aus dem Kontext gelöst werden und der Kontextverlust so gravierend ist, dass dies Fehlinterpretationen nahelegt.[10]

10 Ob die Daten von Anfang an unrichtig waren oder später unrichtig geworden sind, ist für den Berichtigungsanspruch unerheblich. Auch gesperrte Daten können unrichtig sein und sind entsprechend zu berichtigen. Dies gilt ebenso für Bagatellfälle, wie z. B. falsch geschriebene Straßennamen.[11] Technische Abweichungen hingegen wie die Schreibweise von Umlauten durch zwei Vokale („oe" statt „ö") sind nicht falsch und verletzten den Betroffenen nicht in seinem Persönlichkeitsrecht, wenn sie technisch unvermeidbar sind.[12] Historische Daten (z. B. frühere Telefonnummer) sind bei entsprechendem Ausweis in der Datei nicht unrichtig.[13]

11 Reine Werturteile sind hingegen einer Bewertung als richtig oder unrichtig nicht zugänglich.[14] Ein vom Betroffenen als unzutreffend eingeschätztes Werturteil unterfällt somit nicht der Korrekturpflicht, da es objektiv nicht als unrichtig gelten kann. Dies gilt nicht für Werturteile, die auf falschen Tatsachen beruhen. Hier greift bezüglich der einem Werturteil zugrunde liegenden Tatsachen durchaus eine Korrekturpflicht.[15] Die Bewertung des Anbieters bei Onlineauktionsseiten und der daraus errechnete Grad der durchschnittlichen Zufriedenheit der Käufer stellt eine Mischung aus Werturteilen und Tatsachen dar, deren wertender Anteil einer Korrektur entzogen ist.[16] Im Arbeitsverhältnis sind isolierte Werturteile ohne Tatsachenbezug schon aus arbeitsrechtlichen Gründen unzulässig.[17] Scorewerte der SCHUFA und anderer Auskunfteien drücken zwar nur eine Prognose aus, bei ihnen handelt es sich aber nicht um Werturteile, sondern um objektive Daten, da sie auf nachprüfbaren statistischen Werten errechnet werden.[18] Unrichtigkeit liegt auch vor bei drohenden Fehlinterpretationen auf Grund eines Herauslösens personenbezogener Daten aus ihrem Kontext.[19]

2. Schätzdaten

12 Soweit es sich bei den personenbezogenen Daten um Schätzdaten handelt (wie sie teilweise etwa bei Scoring-Instituten verwendet werden), sind diese gemäß Abs. 1

---

9 Vgl. OLG Düsseldorf DuD 2006, 113 (115), allgemein zur Unrichtigkeit der Daten bei fehlender Voreintragung bei der SCHUFA.
10 Vgl. *Gola/Schomerus*, BDSG, § 35 Rn. 5.
11 Vgl. *Däubler*, in: Däubler/Klebe/Wedde/Weichert, BDSG, § 35 Rn. 10.
12 BVerwGE 31, 236.
13 *Bergmann/Möhrle/Herb*, BDSG, § 35 Rn. 28.
14 Vgl. *Dörr/Schmidt*, BDSG, § 35 Rn. 2.
15 Vgl. *Gola/Schomerus*, BDSG, § 35 Rn. 5.
16 Vgl. *Janal*, CR 2005, S. 876 m. w. N.
17 So *Däubler*, in: Däubler/Klebe/Wedde/Weichert, BDSG, § 35 Rn. 8 a. E. m. w. N.
18 Vgl. *Weichert*, DuD 2006, S. 403 f.; *Klein*, BKR 2003, S. 489 f.
19 *Gola/Schomerus*, BDSG, § 35 Rn. 5.

Satz 2 als solche deutlich zu kennzeichnen. Durch die Kennzeichnung soll sowohl für den Betroffenen als auch für den Empfänger der Daten offensichtlich erkennbar sein, welche Daten belegt werden können und welche auf Erfahrungswerten beruhen; die Vorschrift dient damit dem Schutz des Rechtsverkehrs. Die bloße Kennzeichnung reicht jedoch nicht aus. Damit der Schutzzweck der Regelung nicht ins Leere läuft, muss die Kennzeichnung mit dem gespeicherten Datum so verbunden werden, dass die Kennzeichnung auch bei der Übermittlung des Datums mit übermittelt wird. Wenn das Datum nur im Datenbestand als Schätzwert gekennzeichnet wird, ohne dass diese Kennzeichnung an die Empfänger der Daten übermittelt würde, würde dies den Schutzzweck der Norm umgehen.[20]

3. Berichtigung durch Gegendarstellung (Abs. 6 Satz 2)

Eine Alternative zur Korrektur bietet die Gegendarstellung nach Abs. 6 Satz 2, **13** wenn die Daten aus allgemein zugänglichen Quellen entnommen und zu Dokumentationszwecken gespeichert werden.[21]

III. Löschung (Abs. 2)

Abs. 2 regelt zum einen das Recht der verantwortlichen Stelle, Daten selbstständig **14** zu löschen (Abs. 2 Satz 1). Zum anderen ist die verantwortliche Stelle in vier Fällen zu einer Löschung verpflichtet (Abs. 2 Satz 2 Nrn. 1 bis 4).

Löschen ist nach § 3 Abs. 4 Nr. 5 BDSG das Unkenntlichmachen gespeicherter per- **15** sonenbezogener Daten. Die Löschung von Daten führt im Gegensatz zur Sperrung zu einem absoluten Nutzungsverbot,[22] sodass auch jede Form der Datenwiederherstellung vom Löschgebot untersagt wird. Zwischen der Löschung und der Korrektur nach Abs. 1 besteht eine gewisse Konkurrenz, denn eine unzulässige Speicherung (Abs. 2 Nr. 1) kann auch vorliegen, wenn Daten unrichtig sind. Hier besteht für den Fall, dass der Korrekturanspruch aus Abs. 1 nicht greift, eine Pflicht zur Löschung. Ansonsten kann der Betroffene entscheiden, ob er verlangt, dass Angaben gelöscht oder berichtigt werden.

1. Selbstständige Löschung (Abs. 2 Satz 1)

Auch das Löschen von personenbezogenen Daten stellt eine Form der Verarbeitung **16** dar, die nach § 4 Abs. 1 BDSG grundsätzlich unter Einwilligungs- oder gesetzlichem Erlaubnisvorbehalt steht. Abs. 2 Satz 1 stellt eine solche gesetzliche Erlaubnis dar, Daten jederzeit zu löschen, soweit nicht gesetzliche, satzungsmäßige oder vertragliche Aufbewahrungsfristen (Abs. 3 Nr. 1) bzw. schutzwürdige Interessen

---

20 BT-Drs. 16/10529, S. 18.
21 Vgl. hierzu unten Rn. 42.
22 So *Schaffland/Wiltfang*, BDSG, § 35 Rn. 18.

des Betroffenen (Abs. 3 Nr. 2) entgegenstehen. In diesen Fällen tritt die Sperrung der betroffenen Daten an die Stelle der Löschung.

17 Anstatt einer Löschung kann der Betroffene auch verlangen, dass seine Daten anonymisiert oder pseudonymisiert werden, wenn die verantwortliche Stelle die Daten nicht ohnehin nach Abs. 2 Satz 1 von sich aus löschen möchte.[23]

2. Pflicht zur Löschung (Abs. 2 Satz 2)

18 In den Fällen des Abs. 2 Satz 2 Nrn. 1 bis 4 hat die verantwortliche Stelle nicht nur das Recht, sondern auch die Pflicht, personenbezogene Daten zu löschen.

a) Unzulässigkeit der Speicherung (Abs. 2 Nr. 1)

19 Die Löschpflicht nach Abs. 2 Nr. 1 greift ein, wenn die Speicherung der Daten unzulässig ist. Dies knüpft zunächst an § 4 Abs. 1 BDSG an; hiernach ist die Speicherung unzulässig, wenn der Betroffene nicht eingewilligt hat oder keine die Speicherung erlaubende Gesetzesgrundlage vorliegt.[24] Nach § 29 Abs. 1 Nr. 1 BDSG ist eine Speicherung zum Zwecke der späteren Übermittlung zulässig, wenn kein Grund zu der Annahme besteht, dass der Betroffene ein schutzwürdiges Interesse an dem Ausschluss der Speicherung hat. Die Interessen des Betroffenen sind mit denen der verantwortlichen Stelle abzuwägen. Im Fall eines SCHUFA-Eintrages über die Erteilung einer Restschuldbefreiung im Rahmen einer Privatinsolvenz ergibt die Abwägung, dass die Interessen der kreditgebenden Wirtschaft an der Speicherung der Restschuldbefreiung bis zum Ablauf der Drei-Jahres-Frist grundsätzlich überwiegen.[25] Eine Unzulässigkeit kann sich auch aus Vorschriften außerhalb des BDSG ergeben, z. B. aus dem betrieblichen Mitbestimmungsrecht, wenn die Speicherung von Personaldaten an eine Zustimmung der Mitarbeitervertretung geknüpft ist (§ 94 BetrVG).

20 Die Unzulässigkeit der Speicherung beurteilt sich zum jeweils gegenwärtigen Zeitpunkt (ex nunc). War eine Speicherung in der Vergangenheit zulässig, so kann sie unzulässig werden, genauso kann eine ursprünglich unzulässige Speicherung später geheilt werden. Die verantwortliche Stelle trägt die Beweislast für die Zulässigkeit der Speicherung.[26]

b) Sensible Daten (Abs. 2 Nr. 2)

21 Nach Abs. 2 Nr. 2 sind Daten über die rassische oder ethnische Herkunft, politische Meinungen, religiöse oder philosophische Überzeugungen oder die Gewerkschafts-

---

23 So *Däubler*, in: Däubler/Klebe/Wedde/Weichert, BDSG, § 35 Rn. 25 f.; vgl. *Schaar*, Datenschutz im Internet, Rn. 531.
24 Zur Prüfung der Zulässigkeit der Speicherung vgl. daher oben bei §§ 4, 28 f. BDSG.
25 AG Wiesbaden, Beschluss vom 17.8.2010 – 91 C 4018/10 mit Anmerkungen von *Tetzlaff*, juris PR-BKR 11/2011 Anm. 5; bestätigt durch LG Wiesbaden, 21.10.2010 – 5 T 9/10.
26 *Bergmann/Möhrle/Herb*, BDSG, § 35 Rn. 51.

zugehörigkeit, über Gesundheit oder das Sexualleben, strafbare Handlungen oder Ordnungswidrigkeiten zu löschen, wenn ihre Richtigkeit von der verantwortlichen Stelle nicht bewiesen werden kann. Nach dieser Vorgabe wird der verantwortlichen Stelle in Bezug auf diese Datenelemente die Beweispflicht für deren Richtigkeit auferlegt. Bei diesen Daten handelt es sich um Daten, die regelmäßig das Persönlichkeitsrecht des Betroffenen besonders betreffen, weil sie intimen oder besonders sensiblen Bezug haben.

Zu den sensiblen Daten[27] im Einzelnen: Daten zur rassischen oder ethnischen Herkunft sind solche, die den Betroffenen als zugehörig zu einer bestimmten Volksgruppe definieren. Der Schutz politischer Meinungen, der religiösen oder philosophischen Überzeugungen oder die Gewerkschaftszugehörigkeit umfasst auch in diesen Meinungen oder Überzeugungen wurzelnde Handlungsweisen. So fallen z. B. Daten über Demonstrationsteilnahmen, politische Spenden, aber auch das Tragen eines Kopftuches hierunter. Daten über Gesundheit schließen nicht nur solche über Krankheiten ein, sondern generell jede Beschreibung im Zusammenhang mit dem Gesundheitszustand des Betroffenen, auch wenn diese für den Betroffenen positiv zu werten ist. Daten über das Sexualleben meint auch solche über die sexuelle Orientierung (vgl. § 1 AGG), aber auch Daten zu Wahl und Wechsel des Intimpartners. Dies dürfte z. B. in Zusammenhang mit Daten zu betrieblichen Verhaltensrichtlinien relevant werden, die solche Beziehungen innerhalb eines Unternehmens zwischen verschiedenen Hierarchieebenen unterbinden wollen.[28] Weiterhin unterfallen Daten zu strafbaren Handlungen oder Ordnungswidrigkeiten Abs. 2 Nr. 2. **22**

Bei solch sensiblen Daten soll eine zweifelhafte Speicherung in jedem Fall vermieden werden. Stellen sich die Daten als unrichtig heraus, so sind sie nach Abs. 1 zu korrigieren, bleiben Zweifel an der Richtigkeit bestehen, sind sie jedenfalls zu löschen. Hierbei wird in Kauf genommen, dass im Zweifelsfall auch richtige Daten gelöscht werden müssen.[29] **23**

In der Literatur wird vertreten, den Anwendungsbereich von Abs. 2 Nr. 2 über die dort genannten Fälle hinaus auszudehnen. Auch Aufzeichnungen zu persönlichen Lebensverhältnissen[30] oder Daten, die den Einzelnen wegen ihres Verwendungszusammenhanges einer Benachteiligung aussetzten, seien zu löschen.[31] Dem steht entgegen, dass die Aufzählung in Abs. 2 Nr. 2 abschließend ist und nicht ausge- **24**

---

27 Grundlegend zur Dogmatik und Handhabung der „sensitiven Daten" im europäischen Vergleich *Simitis*, in: FS Pedrazzini, S. 469.
28 Zur Benachrichtigungspflicht bei sog. Whistleblowing-Hotlines § 33 BDSG Rn. 24.
29 Vgl. *Dix*, in: Simitis, BDSG, § 35 Rn. 28; *Auernhammer*, BDSG, § 35 Rn. 18.
30 Vgl. eingehend zum europäischen Vergleich z. B. bei Sozialdaten *Simitis*, in: FS Pedrazzini, S. 471.
31 *Däubler*, in: Däubler/Klebe/Wedde/Weichert, BDSG, § 35 Rn. 21; *Däubler*, CR 1991, S. 481.

dehnt werden kann, ohne die verantwortliche Stelle der Rechtsunsicherheit auszusetzen, welche Daten tatsächlich der Regelung unterfallen.[32]

c) Keine Erforderlichkeit (Abs. 2 Nr. 3)

25   Nach Abs. 2 Nr. 3 hat die verantwortliche Stelle Daten zu löschen, sobald deren Kenntnis für die Erfüllung des Zwecks der Speicherung nicht mehr erforderlich ist. Die Löschverpflichtung ist Ausfluss des allgemeinen datenschutzrechtlichen Prinzips der Datenvermeidung und -sparsamkeit. Der Maßstab der Erforderlichkeit ergibt sich aus dem Grundrecht auf informationelle Selbstbestimmung, aus dem wiederum folgt, dass ein unmittelbarer Zusammenhang zwischen Speicherung und konkretem Verwendungszweck bestehen muss.[33]

26   Die Löschverpflichtung wendet sich nur an Stellen, die Daten für eigene Zwecke verarbeiten. Unter den Zweck der Speicherung fällt zunächst der ursprüngliche Zweck der Datenspeicherung. Falls dieser wegfällt, sich jedoch ein neuer Zweck ergibt, kann auch dieser eine legitime Grundlage für die Datenspeicherung sein. Die Löschpflicht nach Abs. 2 Nr. 3 ist nur einschlägig, wenn die verantwortliche Stelle gar keinen die Speicherung rechtfertigenden Zweck hat. Dies hat sich an § 28 BDSG zu orientieren, der entsprechende Erforderlichkeitskriterien aufstellt.

27   Nachdem ein Vertrag abgewickelt oder gekündigt wurde, ist spätestens mit Eintritt der Verjährung[34] auch die Erforderlichkeit für eine weitere Speicherung entsprechender Daten entfallen, wenn keine dauernde Liefer-/Kundenbeziehung besteht oder keine handelsrechtlichen Aufbewahrungspflichten entgegenstehen.[35] Hat ein Kunde z.B. im Versandhandel persönliche Daten wie seine Adresse angegeben, ist zwar nach Versand der Ware der Zweck für die Zustellung der bestellten Ware entfallen. Gleichzeitig kann jedoch die weitere Kundenpflege einen ausreichenden Zweck zur weiteren Speicherung der Daten darstellen.[36]

28   Im Arbeitsrecht wurden die Anforderungen an die Erforderlichkeit durch die Rechtsprechung konkretisiert: Nach Abschluss eines Bewerbungsverfahrens sind die Unterlagen der abgewiesenen Bewerber in Regel nicht mehr erforderlich.[37] Allerdings eröffnet § 28 Abs. 2 Nr. 1 BDSG eine weitere Speicherung im Rahmen einer Zweckänderung. Danach ist die zweckändernde Nutzung gestattet, soweit diese zur Wahrung berechtigter Interessen des Unternehmens erforderlich ist und kein Grund zu der Annahme besteht, dass das schutzwürdige Interesse des Betroffenen an dem Ausschluss der Nutzung überwiegt. Nach Beendigung des Bewerbungsverfahrens stellt die Ermöglichung einer späteren erneuten Kontaktaufnahme durch

---

32 So auch *Schaffland/Wiltfang*, BDSG, § 35 Rn. 29 a.E.
33 Vgl. *Bergmann/Möhrle/Herb*, BDSG, § 35 Rn. 62.
34 Vgl. hierzu eingehend *Gassner/Schmidl*, RDV 2004, S. 153 ff.; *Dix*, in: Simitis, BDSG, § 35 Rn. 38; vgl. auch BGH NJW 1996, 2159 (2161).
35 Vgl. auch *Conrad*, DuD 2006, S. 409.
36 Vgl. *Schaffland/Wiltfang*, BDSG, § 35 Rn. 36.
37 BAG NJW 1984, 2910; hierzu *Bergmann/Möhrle/Herb*, BDSG, § 35 Rn. 64.

das Unternehmen eine Zweckänderung dar, mit der Folge, dass eine weitere Speicherung zumindest dann zulässig wäre, sofern dieser nicht die berechtigten Interessen des Bewerbers entgegenstehen.[38] Allerdings regelt der Gesetzesentwurf zum Beschäftigtendatenschutz in seiner Fassung vom 24.8.2010 konkrete Löschpflichten für verschiedene Bereiche des Beschäftigtendatenschutzes, darunter auch Löschpflichten in Bezug auf Bewerberdaten. Gemäß § 32b Abs. 3 BDSG-E sind Bewerberdaten nach § 35 Abs. 2 Nr. 2 BDSG zu löschen, wenn feststeht, dass kein Beschäftigungsverhältnis begründet wird.[39] Eine fortgesetzte Speicherung sollte dann nur noch mit der Einwilligung des Bewerbers möglich sein, und ein Rückgriff auf eine zweckändernde Nutzung scheidet nach dem Gesetzesentwurf aus. Nach zumindest vorläufigem Scheitern des Gesetzesentwurfs bleibt abzuwarten, welche Regeln für die Speicherung von Bewerberdaten in Zukunft gelten. Abmahnungen haben sich regelmäßig nach zwei bis drei Jahren erledigt, sodass dann mangels Erforderlichkeit diesbezüglich eine Löschungspflicht in Personalakten greift.[40] Im Bereich des Whistleblowing gespeicherte Daten sollen nach der Stellungnahme der Art. 29 Gruppe noch bis zu zwei Monate nach Abschluss der Ermittlungen des angezeigten Fehlverhaltens gespeichert werden dürfen.[41] Diese Frist verlängert sich dann, wenn im Einzelfall weiterer Bedarf besteht, z. B. im Rahmen eines erwarteten Gerichtsverfahrens.[42]

d) Keine Erforderlichkeit bei geschäftsmäßigen Daten nach Überprüfung (Abs. 2 Nr. 4)

Nach Abs. 2 Nr. 4 müssen Daten, die geschäftsmäßig zum Zweck der Übermittlung   **29**
verarbeitet werden, gelöscht werden, wenn eine Prüfung ergibt, dass eine längerwährende Speicherung nicht erforderlich ist. Dies wird im Zusammenhang mit der Speicherung von Daten durch soziale Netzwerke im Internet zumindest der Fall sein, wenn der Betroffene dem Dienstleister mitteilt, dass er die Speicherung seiner Daten nicht mehr wünscht.[43] Nach Abs. 7 hat der Dienstleister alle Stellen, an die dieser Daten zum Zweck der Speicherung weitergegeben hat, von der Datenlöschung zu verständigen. Eine Prüfung ist für erledigte Sachverhalte, bei denen der

---

38 Vgl. *Schriever*, BB 2011, S. 2680; das BAG erkennt zumindest ein berechtigtes Interesse des Arbeitgebers an, Stammdaten zu speichern, um im Fall einer nochmaligen Bewerbung Verwaltungs- und Vorstellungskosten zu sparen, vgl. Urteil vom 6.6.1984 – 5 AZR 268/81, BB 1984, 2130 = NZA 1984, 321.

39 Vgl. *Conrad/Hausen*, ITRB 2011, S. 35 (37).

40 Vgl. *Däubler*, in: Däubler/Klebe/Wedde/Weichert, BDSG, § 35 Rn. 23 m. w. N.

41 Vgl. zum Working Paper 117 vom 1.2.2006 http://ec.europa.eu/justice_home/fsj/privacy/docs/wpdocs/2006/wp117_de.pdf.

42 Vgl. *von Zimmermann*, RDV 2006, S. 247.

43 *Nolte*, ZRP 2011, S. 236 (238), fordert in diesem Zusammenhang dem Dienstleister in Anlehnung an die Fristen des § 35 Abs. 2 Satz 2 Nr. 4 BDSG die Pflicht aufzuerlegen, dem Betroffenen im Rahmen der ohnehin durchzuführenden Prüfung regelmäßig um die Weisung des Betroffenen zu bitten.

Betroffene einer Löschung nicht widerspricht, alle drei Jahre zum Jahresende durchzuführen. In allen anderen Fällen hat die Prüfung alle vier Jahre zum Jahresende zu erfolgen. Die Drei- bzw. Vierjahresfrist beginnt jeweils mit Beginn des Kalenderjahres zu laufen, das auf die erstmalige Speicherung folgt. Da nach drei bzw. vier Jahren lediglich eine Prüfung erfolgen muss, kann das Datum auch länger als drei bzw. vier Jahre gespeichert werden, wenn die Prüfung ergibt, dass die gespeicherten Daten weiter benötigt werden oder der Betroffene einer Löschung widersprochen hat.[44] Insbesondere bei Adresshändlern kommt eine längere Speicherdauer in Betracht, da deren Verzeichnisse ständig fortgeschrieben werden und sich damit der Löschzeitpunkt verschiebt.[45] Aus der regelmäßigen Überprüfungspflicht folgt auch eine Pflicht der verantwortlichen Stelle, diese Überprüfung regelmäßig zu dokumentieren.[46]

e) Löschung von Daten bei Auskunfteien (Abs. 2 Nr. 4 Satz 3)

30 Der mit der Datenschutznovelle I neu eingefügte Abs. 2 Nr. 4 Satz 3 stellt eine Spezialregelung für die Löschung von personenbezogenen Daten, die gemäß § 29 Abs. 1 Satz 1 Nr. 3 BDSG gespeichert wurden bzw. die Kreditinstitute gemäß § 28a Abs. 2 Satz 1 BDSG an Auskunfteien übermittelt haben, dar. Da personenbezogene Daten über die Begründung, die ordnungsgemäße Durchführung und die Beendigung eines Vertrages betreffend ein Bankgeschäft nach § 1 Abs. 1 Satz 2 Nr. 2, 8 oder 9 KWG (Kreditgeschäft, Garantiegeschäft, Scheck- und Wechseleinzugsgeschäft und Reisescheckgeschäft) grundsätzlich nur mit Einwilligung des Betroffenen an Auskunfteien übermittelt und dort gespeichert werden dürfen, ist die weitere Speicherung der Daten unzulässig, wenn der Betroffene seine Einwilligung widerruft. In diesem Fall sind die Daten zu löschen. Damit liegt es in der Hand des Betroffenen, durch einen Widerruf der Einwilligung eine Löschungspflicht hinsichtlich der auf Grundlage der Einwilligung gespeicherten Daten herbeizuführen.

IV. Sperrung (Abs. 3, 4, 4a und 8)

31 In Abs. 3 sind die Fälle dargelegt, in denen Daten, die eigentlich zu löschen wären, stattdessen gesperrt werden müssen, weil der Löschung ein Hindernis entgegensteht. Sperren ist nach § 3 Abs. 4 Nr. 4 BDSG das Kennzeichnen gespeicherter personenbezogener Daten, um ihre weitere Verarbeitung oder Nutzung einzuschränken.

---

44 BT-Drs. 16/10529, S. 18 f.
45 Vgl. insgesamt *Mattke*, Adressenhandel, S. 169 f.
46 Vgl. *Gola/Schomerus*, BDSG, § 35 Rn. 14; *Däubler*, in: Däubler/Klebe/Wedde/Weichert, BDSG, § 35 Rn. 13.

1. Sperrung statt Löschung (Abs. 3)

Abs. 3 Nr. 1 erfasst Daten, die für eigene Zwecke verarbeitet werden und deren **32** Speicherung für die Erfüllung des Zwecks eigentlich nicht mehr erforderlich ist (Abs. 2 Nr. 3), deren Löschung jedoch gesetzliche, satzungsmäßige oder vertragliche Aufbewahrungsfristen entgegenstehen.

Abs. 3 Nr. 2 erfasst Daten, bei denen Grund zu der Annahme besteht, dass durch **33** eine Löschung schutzwürdige Interessen des Betroffenen beeinträchtigt würden.[47] Solche liegen insbesondere vor, wenn die Daten für den Betroffenen positiv sind. Das kann sich aus den Daten selbst oder aus dem gespeicherten Kontext ergeben, der ohne die entsprechenden Daten ein für den Betroffenen negativeres Bild vermitteln oder zu Fehlschlüssen verleiten würde.[48] Ein Unternehmen kann also bei einer Datenrevision in einer Personalakte nicht nur die Auszeichnungen und Belobigungsvermerke des Mitarbeiters löschen und kritische Vermerke beibehalten.

Abs. 3 Nr. 3 erfasst schließlich Daten, bei denen eine Löschung wegen der besonde- **34** ren Art der Speicherung nicht oder nur mit unverhältnismäßig hohem Aufwand möglich ist. Dieser Aufwand war früher bei einer Vielzahl von Lochkarten oder anderen irreversiblen Datenträgern häufiger anzunehmen. Bei der Datenspeicherung auf modernen Speichermedien dürfte der Aufwand seltener unverhältnismäßig hoch sein.[49] In der Folge wird dieser Ausnahmetatbestand zur Löschung künftig seltener greifen.

2. Zweifel an der Richtigkeit (Abs. 4)

Abs. 4 verpflichtet zur Sperrung der Daten in dem Fall, dass Zweifel an der Richtig- **35** keit der Daten nicht ausgeräumt werden können, weil keine der beiden Seiten die Richtig- oder Unrichtigkeit positiv beweisen kann (non-liquet). Für den Sperranspruch ist es ausreichend, dass der Betroffene die Richtigkeit der gespeicherten Daten bestreitet. Er muss nicht die Unrichtigkeit beweisen oder die tatsächlich richtigen Daten mitteilen.[50] Es genügt, dass das Bestreiten des Betroffenen nicht offensichtlich fehlerhaft ist oder sich auf höchst unwahrscheinliche Konstellationen stützt.[51] Bestreitet ein Betroffener hingegen Daten, die von ihm selbst stammen, ist dies rechtsmissbräuchlich, was zur Ablehnung der Sperrung führt.[52]

---

47 Vgl. *Kramer*, DSB 4/2006, S. 13 f., der die Sperrung insbesondere auch der Löschung vorzieht, um ein Wiederanlegen der Daten nach Löschung zu verhindern.
48 Vgl. *Gola/Schomerus*, BDSG, § 35 Rn. 16.
49 *Dix*, in: Simitis, BDSG, § 35 Rn. 50; *Däubler*, in: Däubler/Klebe/Wedde/Weichert, BDSG, § 35 Rn. 27.
50 Zu den Anforderungen an das Maß der Konkretisierung der Zweifel an der Richtigkeit vgl. *Bergmann/Möhrle/Herb*, BDSG, § 35 Rn. 130 ff.
51 *Däubler*, in: Däubler/Klebe/Wedde/Weichert, BDSG, § 35 Rn. 28. Zum Dreipersonenverhältnis bei elektronischen Bewertungsportalen vgl. *Janal*, CR 2005, S. 878.
52 *Wedde*, in: Roßnagel, Hdb. DSR, Kap. 4.4, Rn. 76.

3. Verbot der Mitteilung der Sperrung von strittigen Daten (Abs. 4a)

36 Der infolge der Datenschutznovelle neu eingefügte Abs. 4a sieht vor, dass die Tatsache einer Sperrung, die auf ein strittiges Datum hinweist, nicht an Dritte übermittelt werden darf. Der Grund für diese Regelung liegt im Schutz des Betroffenen vor einer falschen Einschätzung durch Dritte, denen die Sperrung einer bestrittenen Forderung mitgeteilt wird. Nach Ansicht des Gesetzgebers soll der Gefahr begegnet werden, dass die Mitteilung einer Sperre vom empfangenden Dritten dahingehend missverstanden wird, dass der Betroffene nicht nur nicht zahlt, sondern auch noch ein schwieriger Kunde sei. Eine solche Mitteilung könne einen negativen Eindruck über den Betroffenen hinterlassen und deshalb zu einer für ihn negativen Entscheidung führen. Über den Wortlaut der Regelung hinaus soll der Betroffene auch davor geschützt werden, dass für die Sperrung eine Formulierung gewählt wird, aus der auf die Tatsache der Sperre bzw. das Vorliegen einer Unregelmäßigkeit geschlossen werden kann.[53]

4. Rechtsfolge, Übermittlung oder Nutzung gesperrter Daten (Abs. 8)

37 Abs. 8 ordnet als Rechtsfolge der Sperrung ein relatives Nutzungsverbot[54] an. Die Regelung ist deckungsgleich mit § 20 Abs. 7 BDSG im Bereich der öffentlichen Stellen.[55] Auch eine Übermittlung oder Nutzung gesperrter Daten darf nur mit Einwilligung des Betroffenen oder bei gesetzlicher Gestattung erfolgen (§ 4 Abs. 1 BDSG). § 35 Abs. 8 BDSG legt die Bedingungen fest, unter denen gesperrte Daten ohne Einwilligung des Betroffenen übermittelt oder genutzt werden dürfen (sog. Entsperrung). Die Voraussetzungen nach Abs. 8 Nrn. 1 und 2 müssen kumulativ erfüllt sein.

38 Nach Abs. 8 Nr. 1 ist eine Übermittlung oder Nutzung gesperrter Daten zu wissenschaftlichen Zwecken zulässig.

39 Ferner können gesperrte Daten zur Behebung einer bestehenden Beweisnot übermittelt oder genutzt werden. Die Art dieser Beweisnot wird vom Gesetz nicht näher konkretisiert. Hiervon wird eine solche in einem zivilrechtlichen Verfahren ebenso wie bei Strafverfolgung erfasst.[56]

40 Schließlich erfasst Abs. 8 Nr. 1 noch die Übermittlung oder Nutzung im überwiegenden Interesse der verantwortlichen Stelle oder eines Dritten, wenn eine solche zur Erreichung des Zwecks unerlässlich ist. Dieses Interesse der verantwortlichen Stelle bzw. des Dritten ist zunächst mit dem Interesse des Betroffenen abzuwägen. Aus der Wortbedeutung von „unerlässlich" wird geschlossen, dass der Begriff strenger als

---

53 BT-Drs. 16/10529, S. 19.
54 So *Däubler*, in: Däubler/Klebe/Wedde/Weichert, BDSG, § 35 Rn. 30.
55 Vgl. hierzu oben § 20 BDSG Rn. 37.
56 Vgl. *Dörr/Schmidt*, BDSG, § 35 Rn. 23.

Meents/Hinzpeter

„erforderlich" auszulegen ist. Es dürfe keinen nur halbwegs vergleichbaren anderen Weg geben, um zu demselben Ziel zu kommen.[57]

In jedem Fall dürfen Daten nach den vorstehenden Entsperrtatbeständen jedoch nur **41** dann ohne Einwilligung des Betroffenen übermittelt oder genutzt werden, wenn sie ohne Sperrung auch übermittelt oder genutzt werden dürften. Damit soll eine Umgehung von Übermittlungs- und Nutzungsverboten über den Umweg einer vorübergehenden Sperrung verhindert werden.

V. Ausnahme: Daten aus allgemein zugänglichen Quellen, Dokumentationszwecke (Abs. 6)

Abs. 6 regelt Ausnahmen bei geschäftsmäßiger Datenspeicherung zum Zweck der **42** Übermittlung, wie z.B. durch Auskunfteien. Soweit es sich nicht um sensible Daten handelt (Abs. 2 Nr. 2), müssen solche nicht berichtigt, gesperrt oder gelöscht werden, wenn sie allgemein zugänglichen Quellen entnommen und zu Dokumentationszwecken gespeichert sind. Stattdessen hat der Betroffene das Recht, diesen Daten für die Dauer der Speicherung eine Gegendarstellung beizufügen bzw. beifügen zu lassen, ohne die die Daten nicht an Dritte übermittelt werden dürfen. Eine solche Dokumentation gibt nur den Inhalt allgemein zugänglicher Quellen wieder, ihr zusätzlicher eigener Aussagegehalt darüber hinaus ist gering. Hierunter fallen z.B. Presseauswertungen durch Mediendienstleister.[58] Sammelt ein solcher im Auftrag eines Dritten Artikel über eine betroffene Person, können einzelne Presseartikel nicht korrigiert werden. Sonst wäre eine solche Auswertung nicht mehr aussagekräftig.[59]

VI. Widerspruch (Abs. 5)

Nach Abs. 5 hat der Betroffene ein Widerspruchsrecht gegen die Erhebung, Verar- **43** beitung oder Nutzung seiner Daten. Auf Widerspruch durch den Betroffenen bei der verantwortlichen Stelle muss die weitere Verarbeitung der Daten unterbleiben, wenn die schutzwürdigen Interessen des Betroffenen wegen seiner besonderen persönlichen Situation das Interesse der verantwortlichen Stelle überwiegen. Das Widerspruchsrecht greift im Gegensatz zu den anderen Betroffenenrechten in § 35 BDSG auch dann ein, wenn die Daten richtig sind oder an sich rechtmäßigerweise gespeichert werden.[60] Ein Widerspruch gegen rechtswidrige Datenverarbeitung ist nicht erforderlich, da der Bertoffene in diesem Fall ein Lösch- bzw. Sperrrecht hat.

---

57 So *Däubler*, in: Däubler/Klebe/Wedde/Weichert, BDSG, § 35 Rn. 30.
58 Geschäftszweck der verantwortlichen Stelle ist die Dokumentation von Ereignissen oder Entwicklungen, wie sie sich in allgemein zugänglichen Quellen widerspiegeln, so *Bergmann/Möhrle/Herb*, BDSG, § 35 Rn. 130.
59 Vgl. *Schaffland/Wiltfang*, BDSG, § 35 Rn. 48.
60 *Bergmann/Möhrle/Herb*, BDSG, § 35 Rn. 118.

44 Abs. 5 schafft bei den aufgeführten Verarbeitungsarten das Recht, den Daten ein zusätzliches widersprechendes Element hinzuzufügen, wenn der Betroffene ein überwiegendes Interesse daran hat. Dieser muss die der Speicherung entgegenstehenden Gründe präzise und umfangreich darlegen, um der verantwortlichen Stelle notweniges Abwägungsmaterial zur Verfügung zu stellen.[61]

45 Die sprachlich wenig geglückte Vorschrift setzt Art. 14 Buchstabe a) EG-DSRl um. Hiernach muss die betreffende Person „aus überwiegenden, schutzwürdigen, sich aus ihrer besonderen Situation ergebenden Gründen dagegen Widerspruch einlegen können, dass sie betreffende Daten verarbeitet werden". Solche sich aus einer besonderen Situation ergebenden Gründe können z. B. eine herausgehobene öffentliche Position oder eine wiederholte Verletzung von Datenschutzrechten sein.[62] In der Begründung zur parallelen Regelung in § 20 Abs. 5 BDSG hat der Gesetzgeber ausgeführt, dass in der Prüfung des Vorliegens einer besonderen persönlichen Situation ein besonders strenger Maßstab anzulegen ist, da dem Widerspruch eine rechtmäßige Verarbeitung und Nutzung zugrunde liegt.[63] Das Widerspruchsrecht greift nach Abs. 2 nicht, wenn eine Rechtsvorschrift zur Erhebung, Verarbeitung oder Nutzung verpflichtet.

46 Ein solcher Widerspruch wirkt für die Zukunft. Da hiernach eine weitere Verarbeitung der Daten untersagt ist, erfüllen diese für die verantwortliche Stelle keine Funktion mehr. Konsequenterweise sind sie somit nach Abs. 2 mangels fehlenden Speicherzwecks zu löschen. Somit führt das Widerspruchsrecht im Ergebnis zu einer Löschpflicht der entsprechenden Daten.[64]

VII. Form und Frist

1. Form

47 In formeller Hinsicht ist es empfehlenswert, den Betroffenen über die Berichtigung, Löschung, Sperrung oder das Widerspruchsrecht schriftlich zu unterrichten. Das Gesetz macht hierzu keine genauen Vorgaben. Dennoch lassen sich solche aus der richtlinienkonformen Auslegung des Art. 12 Buchstabe c) EG-DSRl ableiten. Diese fordert eine Dokumentation des Verarbeitungsvorganges selbst sowie der damit verbunden administrativen Vorgänge.[65] Eine Unterrichtungspflicht des Betroffenen kann auch aus § 34 BDSG abgeleitet werden.[66]

---

61 Vgl. *Duhr/Naujok/Danker/Seiffert*, DuD 2003, S. 19.
62 So *Däubler*, in: Däubler/Klebe/Wedde/Weichert, BDSG, § 35 Rn. 34.
63 BT-Drs. 14/4329, S. 41; vgl. auch den Erwägungsgrund 45 der EG-DSRl.
64 So auch *Däubler*, in: Däubler/Klebe/Wedde/Weichert, BDSG, § 35 Rn. 36.
65 Vgl. hierzu *Ehmann/Helfrich*, EG-Datenschutzrichtlinie, Art. 12 Rn. 60 ff.
66 *Dix*, in: Simitis, BDSG, § 35 Rn. 24 a. E.

Meents/Hinzpeter

2. Frist

Das Gesetz sieht keine ausdrückliche Frist zwischen Feststellung der Unrichtigkeit **48** und Korrekturverpflichtung nach Abs. 1 vor. Ebenso wenig sind Fristen für Löschung, Sperrung oder Widerspruch vorgesehen. Nach Sinn und Zweck der Vorschrift wird eine Korrektur oder andere Handlung der verantwortlichen Stelle innerhalb zumutbarer Zeit zu erfolgen haben. Dies muss so rechtzeitig geschehen, dass eine weitere Nutzung, Verarbeitung oder insbesondere Übermittlung der kritischen Daten nicht mehr erfolgt,[67] sodass der Betroffene aufgrund der Daten keinen weiteren Schaden zu erleiden hat. Zur Korrektur- oder Sperrfrist wird auch wie zu §§ 33 und 34 BDSG die Ansicht vertreten, die verantwortliche Stelle müsse bei Vorliegen der Anspruchsvoraussetzungen „unverzüglich" handeln;[68] teilweise wird dies nur für „schwerwiegende Unrichtigkeiten" gefordert.[69] Vertretbar erscheint ein Löschen der Daten ohne schuldhaftes Zögern. Nach der Rechtsprechung hat ein Kunde eines Internetzugangsproviders zur Aufnahme einer Internetverbindung gespeicherte dynamische IP-Adressen nicht sofort nach Beendigung der Verbindung zu löschen. Dieser handele ohne schuldhaftes Zögern, wenn er die Löschung erst nach sieben Tagen vornimmt.[70]

Bei sensiblen Daten (Abs. 2 Nr. 2) ist jedenfalls ein unverzügliches Handeln der **49** verantwortlichen Stelle geboten.[71]

VIII. Benachrichtigung anderer Stellen (Abs. 7)

Werden falsche, bestrittene oder unzulässig gespeicherte Daten übermittelt, liegen **50** nun neben der übermittelnden Stelle auch den anderen Stellen, an die diese Daten weitergegeben wurden, personenbezogene Daten über den Betroffenen vor. Nach Abs. 7 ist daher die verantwortliche Stelle verpflichtet, Stellen, an die Daten übermittelt wurden, über die Berichtigung, Sperrung und Löschung der Daten zu informieren, sofern dies keinen unverhältnismäßigen Aufwand bedeutet und schutzwürdige Interessen des Betroffenen nicht entgegenstehen. Die Benachrichtigungspflicht ergibt sich direkt aus der Umsetzung von Art. 12 Buchstabe c) EG-DSRl. Die Mitteilung an den Dritten ist dem Betroffenen zumindest nachrichtlich mitzuteilen.[72] Zweck der Vorschrift ist, die Betroffenenrechte zu wahren, indem der Empfänger der Daten in die Lage versetzt wird, entsprechend mit den Daten zu verfah-

---

67 Vgl. *Gola/Schomerus*, BDSG, § 35 Rn. 6 m. w. N.
68 Für die entsprechende Anwendung des § 121 BGB *Däubler*, in: Däubler/Klebe/Wedde/
   Weichert, BDSG, § 35 Rn. 11 und 31; vgl. auch *Abel*, Praxishandbuch, Teil 8/4.35, S. 3.
69 *Bergmann/Möhrle/Herb*, BDSG, § 35 Rn. 39; *Schaffland/Wiltfang*, BDSG, § 35 Rn. 10.
70 OLG Frankfurt a. M., Urteil vom 16.6.2010 – 13 U 105/07, MMR 2010, 645 (nicht rechtskräftig).
71 Vgl. *Auernhammer*, BDSG, § 35 Rn. 22.
72 *Ehmann/Helfrich*, EG-Datenschutzrichtlinie, Art. 12 Rn. 62.

ren. Der Wortlaut spricht von einer Übermittlung der Daten. Daraus folgt, dass die Benachrichtigungspflicht nur bei einer Weitergabe der Daten an Dritte greift. Im Fall einer Weitergabe an Abteilungen innerhalb derselben verantwortlichen Stelle, besteht folglich keine Benachrichtigungspflicht. Hinzukommen muss stets, dass die Übermittlung zum Zweck der automatisierten, datei- oder aktenmäßigen Speicherung erfolgt ist.[73]

IX. Rechtsfolgen bei Verstößen

51   Wird eine Berichtigung, Sperrung, Löschung oder die Berücksichtigung eines Widerspruchs vorsätzlich oder fahrlässig verzögert oder unterlassen, kann dies zu einem Schadensersatzanspruch nach § 823 Abs. 2 BGB i.V.m. § 35 BDSG führen. Ein Schadensersatzanspruch kann sich auch aus § 7 BDSG ergeben.[74]

52   Wer entgegen § 35 Abs. 6 Satz 3 BDSG Daten ohne Gegendarstellung übermittelt, verhält sich nach § 43 Abs. 1 Nr. 9 BDSG ordnungswidrig. Nach § 43 Abs. 2 Nr. 1 BDSG gilt dies auch für denjenigen, der unbefugt personenbezogene Daten, die nicht allgemein zugänglich sind, erhebt oder verarbeitet.[75] Auch die unberechtigte vorsätzliche oder fahrlässige Löschung oder Sperrung stellt eine Verarbeitung von Daten dar und kann somit geahndet werden. Eine Ordnungswidrigkeit nach § 43 Abs. 1 Nr. 9 BDSG kann mit einer Geldbuße von bis zu 50.000 EUR geahndet werden; eine Ordnungswidrigkeit nach § 43 Abs. 2 Nr. 1 BDSG mit einer Geldbuße von bis zu 300.000 EUR (§ 43 Abs. 3 Satz 1 BDSG). Eine Gewinnabschöpfung ist in § 43 Abs. 2 Satz 2 und 3 BDSG vorgesehen.

---

73 *Gola/Schomerus*, BDSG, § 35 Rn. 22.
74 Vgl. oben § 7 BDSG Rn. 12.
75 Siehe unten § 43 BDSG Rn. 51.

Dritter Unterabschnitt

Aufsichtsbehörde

§§ 36 und 37 (weggefallen)

§ 38 Aufsichtsbehörde

(1) Die Aufsichtsbehörde kontrolliert die Ausführung dieses Gesetzes sowie anderer Vorschriften über den Datenschutz, soweit diese die automatisierte Verarbeitung personenbezogener Daten oder die Verarbeitung oder Nutzung personenbezogener Daten in oder aus nicht automatisierten Dateien regeln einschließlich des Rechts der Mitgliedstaaten in den Fällen des § 1 Abs. 5. Sie berät und unterstützt die Beauftragten für den Datenschutz und die verantwortlichen Stellen mit Rücksicht auf deren typische Bedürfnisse. Die Aufsichtsbehörde darf die von ihr gespeicherten Daten nur für Zwecke der Aufsicht verarbeiten und nutzen; § 14 Abs. 2 Nr. 1 bis 3, 6 und 7 gilt entsprechend. Insbesondere darf die Aufsichtsbehörde zum Zweck der Aufsicht Daten an andere Aufsichtsbehörden übermitteln. Sie leistet den Aufsichtsbehörden anderer Mitgliedstaaten der Europäischen Union auf Ersuchen ergänzende Hilfe (Amtshilfe). Stellt die Aufsichtsbehörde einen Verstoß gegen dieses Gesetz oder andere Vorschriften über den Datenschutz fest, so ist sie befugt, die Betroffenen hierüber zu unterrichten, den Verstoß bei den für die Verfolgung oder Ahndung zuständigen Stellen anzuzeigen sowie bei schwerwiegenden Verstößen die Gewerbeaufsichtsbehörde zur Durchführung gewerberechtlicher Maßnahmen zu unterrichten. Sie veröffentlicht regelmäßig, spätestens alle zwei Jahre, einen Tätigkeitsbericht. § 21 Satz 1 und § 23 Abs. 5 Satz 4 bis 7 gelten entsprechend.

(2) Die Aufsichtsbehörde führt ein Register der nach § 4d meldepflichtigen automatisierten Verarbeitungen mit den Angaben nach § 4e Satz 1. Das Register kann von jedem eingesehen werden. Das Einsichtsrecht erstreckt sich nicht auf die Angaben nach § 4e Satz 1 Nr. 9 sowie auf die Angabe der zugriffsberechtigten Personen.

(3) Die der Kontrolle unterliegenden Stellen sowie die mit deren Leitung beauftragten Personen haben der Aufsichtsbehörde auf Verlangen die für die Erfüllung ihrer Aufgaben erforderlichen Auskünfte unverzüglich zu erteilen. Der Auskunftspflichtige kann die Auskunft auf solche Fragen verweigern, deren Beantwortung ihn selbst oder einen der in § 383 Abs. 1 Nr. 1 bis 3 der Zivilprozessordnung bezeichneten Angehörigen der Gefahr strafgerichtlicher Verfolgung oder eines Verfahrens nach dem Gesetz über Ordnungswidrigkeiten aussetzen würde. Der Auskunftspflichtige ist darauf hinzuweisen.

(4) Die von der Aufsichtsbehörde mit der Kontrolle beauftragten Personen sind befugt, soweit es zur Erfüllung der der Aufsichtsbehörde übertragenen

Aufgaben erforderlich ist, während der Betriebs- und Geschäftszeiten Grundstücke und Geschäftsräume der Stelle zu betreten und dort Prüfungen und Besichtigungen vorzunehmen. Sie können geschäftliche Unterlagen, insbesondere die Übersicht nach § 4g Abs. 2 Satz 1 sowie die gespeicherten personenbezogenen Daten und die Datenverarbeitungsprogramme, einsehen. § 24 Abs. 6 gilt entsprechend. Der Auskunftspflichtige hat diese Maßnahmen zu dulden.

(5) Zur Gewährleistung der Einhaltung dieses Gesetzes und anderer Vorschriften über den Datenschutz kann die Aufsichtsbehörde Maßnahmen zur Beseitigung festgestellter Verstöße bei der Erhebung, Verarbeitung oder Nutzung personenbezogener Daten oder technischer oder organisatorischer Mängel anordnen. Bei schwerwiegenden Verstößen oder Mängeln, insbesondere solchen, die mit einer besonderen Gefährdung des Persönlichkeitsrechts verbunden sind, kann sie die Erhebung, Verarbeitung oder Nutzung oder den Einsatz einzelner Verfahren untersagen, wenn die Verstöße oder Mängel entgegen der Anordnung nach Satz 1 und trotz der Verhängung eines Zwangsgeldes nicht in angemessener Zeit beseitigt werden. Sie kann die Abberufung des Beauftragten für den Datenschutz verlangen, wenn er die zur Erfüllung seiner Aufgaben erforderliche Fachkunde und Zuverlässigkeit nicht besitzt.

(6) Die Landesregierungen oder die von ihnen ermächtigten Stellen bestimmen die für die Kontrolle der Durchführung des Datenschutzes im Anwendungsbereich dieses Abschnittes zuständigen Aufsichtsbehörden.

(7) Die Anwendung der Gewerbeordnung auf die den Vorschriften dieses Abschnittes unterliegenden Gewerbebetriebe bleibt unberührt.

Literatur: *Abel*, Die neuen BDSG-Regelungen, RDV 2009, S. 147; *Arlt/Piendl*, Zukünftige Organisation und Rechtsstellung der Datenschutzkontrolle in Deutschland, CR 1998, S. 713; *Auernhammer*, Die Aufsichtsbehörde nach § 38 BDSG, DuD 1992, S. 621; *Bizer*, Unabhängige Datenschutzkontrolle, DuD 1997, S. 481; *Breinlinger*, Die Kontrolle des Datenschutzbeauftragten aus Sicht der Aufsichtsbehörden, RDV 1995, S. 7; *Bull*, Die „völlig unabhängige" Aufsichtsbehörde, EuZW 2010, S. 488; *Figgener*, Behördliche Beratungsrechte und Nachschaubefugnisse, Köln u. a. 2000; *Frenz*, Datenschutz bei Privaten und Unabhängigkeit der Überwachung, EWS 2008, S. 63; *Frenzel*, „Völlige Unabhängigkeit" im demokratischen Rechtsstaat, DÖV 2010, S. 925; *Garstka*, Datenschutzkontrolle: Das Berliner Modell, DuD 2000, S. 289; *Giesen*, Rechtsstellung, Aufgaben und Befugnisse der Datenschutzkontrollstellen nach Art. 28 der EG-Datenschutzrichtlinie RDV 1998, S. 15; *Giesen*, Unabhängigkeit und Rechtskontrolle der Kontrollstellen nach Art. 28 der EG-Datenschutzrichtlinie, DuD 1997, S. 529; *Gola/Klug*, Neuregelungen zur Bestellung betrieblicher Datenschutzbeauftragter, NJW 2007, S. 118; *Gola/Schomerus*, Die Organisation der staatlichen Datenschutzkontrolle in der Privatwirtschaft, ZRP 2000, S. 183; *Greib*, Kontrolle, Beratung, Multiplikatoreffekt, DuD 1992, S. 620; *Groß*, Unabhängigkeit der Datenschutzaufsicht, DuD 2002, S. 684; *Haslach*, Unabhängige Datenschutzkontrolle nach Art. 28 EG-Datenschutzrichtlinie, DuD 1999, S. 466; *Hellermann/Wieland*, Die Unabhängigkeit der Datenschutzkontrolle im nicht-öffentlichen Bereich, DuD 2000, S. 284; *Herb*, Die Struktur der Datenschutzkontrollstellen in der Bundesrepublik, ZUM

2004, S. 530; *Herb*, Eingriffsmöglichkeiten der Aufsichtsbehörden nach dem neuen BDSG, CR 1992, S. 110; *Herb*, Zufallsfunde bei behördlichen Datenschutzkontrollen, CR 1994, S. 642; *Kongehl*, Datenschutzkontrolle in der Arztpraxis, DuD 1997, S. 520; *Laubinger*, Die gewerberechtliche Unzuverlässigkeit und ihre Folgen, VerwArch Bd. 89 (1998), S. 145; *Lepper/Wilde*, Unabhängigkeit der Datenschutzkontrolle, CR 1997, S. 703; *v. Lewinski*, Formelles und informelles Handeln der datenschutzrechtlichen Aufsichtsbehörden, RDV 2001, S. 275; *v. Lewinski*, Tätigkeitsberichte im Datenschutz, RDV 2004, S. 163; *Mähring*, Institutionelle Datenschutzkontrolle in der Europäischen Gemeinschaft (1993); *Moos*, Datenschutzkontrolle bei Tele- und Mediendiensten, DuD 1998, S. 162; *Petri/Tinnefeld*, Völlige Unabhängigkeit der Datenschutzkontrolle, MMR 2010, S. 157; *Petri/Tinnefeld*, Urteilsanmerkung zu EuGH v. 9.3.2010, MMR 2010, S. 352; *Pohler*, 20 Jahre Düsseldorfer Kreis, CR 1998, S. 309; *Roßnagel*, Urteilsanmerkung zu EuGH v. 9.3.2010, EuZW 2010, S. 299; *Rudolf*, Die europäische Datenschutz-Richtlinie und die Organisation der Datenschutzkontrolle, DuD 1995, S. 446; *Rüpke*, Freie Advokatur, anwaltliches Berufsgeheimnis und datenschutzrechtliche Kontrollbefugnisse, RDV 2003, S. 72; *Schaar*, Die Möglichkeit der Aufsichtsbehörden, in: Bäumler (Hrsg.), E-Privacy, Wiesbaden 2000, S. 69; *Schild*, Die völlige Unabhängigkeit der Datenschutzaufsicht aus europarechtlicher Sicht, DuD 2010, S. 549; *v. Schmerling*, Datenschutz-Aufsicht: Vom Papierträger zur Sonderordnungsbehörde, DuD 2002, S. 351; *Seidel*, Datenschutzrechtliches Ungleichgewicht bei der Kontrolle privatwirtschaftlicher und öffentlicher Wettbewerbsunternehmen?, Frankfurt/M. u. a. 1997; *Spiecker gen. Döhmann*, Urteilsanmerkung zu EuGH v. 9.3.2010, JZ 2010, S. 787; *Taeger*, Vorschriften zur staatlichen Aufsicht bei Datenschutz-Kontrollstellen verstoßen gegen EU-Recht, K&R 2010, S. 330; *Tinnefeld/Buchner*, Die völlige Unabhängigkeit der Datenschutzkontrolle, DuD 2010, S. 581; *Walz*, Selbstkontrolle vs. Fremdkontrolle – Konzeptwechsel im deutschen Datenschutzrecht, in: Simon/Weiss (Hrsg.), Zur Autonomie des Individuums, Liber Amicorum Spiros Simitis, Baden-Baden 2000, S. 455; *Walz*, Die erweiterten Eingriffsmöglichkeiten der Aufsichtsbehörden nach dem neuen BDSG – Abschied vom zweistufigen Kontrollmodell?, RDV 1994, S. 173; *Wedler*, Überwachung des Datenschutzes durch Aufsichtsbehörden – Erfahrungen aus der Prüfpraxis in Bremen, RDV 1992, S. 221; *Wedler*, Berichte der Datenschutzaufsichtsbehörden für die Privatwirtschaft, CR 1992, S. 685; *Wedler*, Datenschutzaufsicht im Lande Bremen, CR 1993, S. 35; *Wedler*, Quo vadis Datenschutzaufsicht, RDV 1999, S. 251; *Weichert*, Regulierte Selbstregulierung – Plädoyer für eine etwas andere Datenschutzaufsicht, RDV 2005, S. 1; *Weichert*, Widerspruchsrecht gegen Datenschutzkontrollen, CR 1994, S. 174; *Wilde/Nawa*, Mitwirkung des TÜV bei der Datenschutzaufsicht über Private, DuD 1997, S. 516; *Wind*, Die Kontrolle des Datenschutzes im nicht-öffentlichen Bereich, Baden-Baden 1994; *Wolber*, Neue Rechte der Aufsichtsbehörden, DSB 6/2001, S. 12.

Übersicht

I. Allgemeines

1. Gesetzeszweck

1 § 38 BDSG regelt die Aufgabenzuweisung für die Aufsichtsbehörden und schafft die Ermächtigungsgrundlage für die hoheitlichen Befugnisse gegenüber den verantwortlichen nicht-öffentlichen Stellen. An die Stelle der früheren Anlassaufsicht ist durch das BDSG 2001 die Amtsaufsicht getreten. Die Aufsichtsbehörde kann somit tätig werden, ohne dass ein Betroffener sich im Einzelfall an sie wendet oder sonstige Anhaltspunkte für eine Datenschutzverletzung vorliegen. Es genügt auch die Behauptung einer Rechtsverletzung durch den Betroffenen.[1] Die Kontrollbefugnisse der Aufsichtsbehörde wurden damit ausgeweitet.

2. Europarechtliche Grundlagen

2 § 38 BDSG dient in vielen Teilen auch der Umsetzung europarechtlicher Vorgaben. Art. 28 Abs. 1 EG-DSRl verpflichtet die Mitgliedstaaten, durch eine oder mehrere öffentliche Stellen die Überwachung der einzuhaltenden (einzelstaatlichen) Datenschutzvorschriften sicherzustellen. Die Mitgliedstaaten haben als Folge hieraus entsprechende Kontrollstellen zu errichten. Diese haben die ihnen zugewiesenen Auf-

---

1 *Bergmann/Möhrle/Herb*, BDSG, § 38 Rn. 10. Enger *Gola/Schomerus*, BDSG, § 38 Rn. 15; *Schaffland/Wiltfang*, BDSG, § 38 Rn. 6 (begründete Behauptung einer Rechtsverletzung).

gaben in „völliger Unabhängigkeit" wahrzunehmen.[2] Durch die Umstellung der Anlassaufsicht auf eine Amtsaufsicht im BDSG 2001 sollte auch die Unabhängigkeit der Datenschutzkontrolle im Sinne der europarechtlichen Vorgaben betont werden.[3]

In Umsetzung der Vorgabe des Art. 28 Abs. 5 EG-DSRl enthält Abs. 1 Satz 7 zudem **3** die Verpflichtung spätestens alle zwei Jahre einen Tätigkeitsbericht zu veröffentlichen. Hierdurch wird auch die im Erwägungsgrund 63 der EG-DSRl geforderte Transparenz erreicht.[4] Über den Verweis auf § 21 BDSG (Anrufung des BfDI) wird in Abs. 1 Satz 8 darüber hinaus die Vorgabe des Art. 28 Abs. 4 Satz 1 EG-DSRl umgesetzt, wonach sich jedermann zum Schutz seiner Rechte und Freiheiten bei der Verarbeitung personenbezogener Daten an jede Kontrollstelle mit einer Eingabe wenden kann. Die Regelung zur Amtshilfe innerhalb der Europäischen Union (Abs. 1 Satz 5) dient schließlich der Umsetzung von Art. 28 Abs. 6 EG-DSRl.

3. Verhältnis zu anderen Vorschriften

Abgrenzungsfragen zu anderen Vorschriften ergeben sich insbesondere im Hinblick **4** auf gewerberechtliche Vorgaben. Dies hat der Gesetzgeber erkannt und in Abs. 1 Satz 6 sowie Abs. 7 entsprechende Regelungen aufgenommen.[5]

II. Gegenstand, Maßstab und Ablauf der Kontrolle (Abs. 1 Satz 1)

1. Gegenstand und Maßstab der Kontrolle

Die Aufsichtsbehörde kontrolliert nach Abs. 1 Satz 1 die Ausführung des BDSG so- **5** wie anderer Vorschriften über den Datenschutz einschließlich des Rechts der Mitgliedstaaten in den Fällen des § 1 Abs. 5 BDSG. Die Kontrollverpflichtung der Aufsichtsbehörde bezieht sich damit nur auf das BDSG und bereichsspezifische Regelungen,[6] wobei der Gegenstand der Kontrolle bei Letzteren darauf beschränkt ist, dass diese die automatisierte Verarbeitung personenbezogener Daten oder die Verarbeitung (§ 3 Abs. 4 BDSG) oder Nutzung (§ 3 Abs. 5 BDSG) personenbezogener Daten in oder aus nicht-automatisierten Dateien regeln. Ob in bereichsspezifischen Regelungen vorhandene Vorgaben über die Erhebung (§ 3 Abs. 3 BDSG) von Daten eingehalten werden, darf von der Aufsichtsbehörde hingegen nicht geprüft werden.[7] Der einschränkende Halbsatz in Abs. 1 Satz 1 bezieht sich dagegen nicht auf die

---

2 Vgl. ausführlich zur Problematik der Unabhängigkeit der Aufsichtsbehörden Rn. 43 ff.
3 *Schaffland/Wiltfang*, BDSG, § 38 Rn. 3.
4 *Dammann/Simitis*, EG-Datenschutzrichtlinie, Art. 28 Rn. 18.
5 Hierzu näher Rn. 49.
6 *Hillenbrand-Beck*, Aufsichtsbehörden, in: Roßnagel, Hdb. DSR, S. 816 (833).
7 *Bergmann/Möhrle/Herb*, BDSG, § 38 Rn. 13.

Einhaltung der Vorschriften des BDSG. Daher unterliegen im Anwendungsbereich des BDSG nicht nur die Verarbeitung, sondern entsprechend § 27 Abs. 1 Satz 1 BDSG auch die Erhebung und Nutzung sowie die in § 27 Abs. 2 BDSG genannten Aktendaten, die offensichtlich aus einer automatisierten Verarbeitung entnommen worden sind, der Kontrolle.[8]

6 Die Kontrollrechte bestehen darüber hinaus auch hinsichtlich der Feststellung bzw. Prüfung, ob das BDSG überhaupt auf einen Sachverhalt anwendbar ist.[9]

7 § 38 BDSG ist zudem kraft gesetzlicher Verweisung generell gegenüber Empfängern von Daten aus Schuldnerverzeichnissen anwendbar (vgl. § 915e ZPO). Die Anwendbarkeit gilt dabei nach § 915e Abs. 4 Satz 1 ZPO ausdrücklich mit der Maßgabe, dass die Aufsichtsbehörde auch die Verarbeitung und Nutzung dieser personenbezogenen Daten in oder aus Akten überwacht und auch überprüfen kann, wenn ihr keine hinreichenden Anhaltspunkte dafür vorliegen, dass eine Vorschrift über den Datenschutz verletzt ist. § 915e Abs. 4 Satz 2 ZPO weitet die Kontrolle auf die nicht-öffentlichen Stellen aus, die selbst wiederum von den Empfängern Daten erhalten haben.

8 Zu beachten ist zudem die besondere Regelung des § 115 Abs. 4 TKG für Unternehmen, die geschäftsmäßig Telekommunikationsdienste erbringen (vgl. hierzu die Legaldefinition in § 3 Abs. 10 TKG). An die Stelle der Kontrolle nach § 38 BDSG tritt hier eine Kontrolle durch den BfDI entsprechend den §§ 21 und 24 bis 26 Abs. 1 bis 4 BDSG.

9 Der Kontrollmaßstab des BDSG gilt schließlich gleichermaßen, wenn eine außerhalb der Europäischen Union gelegene Stelle personenbezogene Daten im Inland erhebt, verarbeitet oder nutzt (§ 1 Abs. 5 Satz 2 BDSG). Keine Anwendung findet das BDSG zwar, wenn eine in einem anderen Mitgliedstaat der Europäischen Union gelegene Stelle personenbezogene Daten in der Bundesrepublik erhebt, verarbeitet oder nutzt (§ 1 Abs. 5 Satz 1 BDSG). Die zuständige Aufsichtsbehörde hat in diesen Fällen aber gemäß § 38 Abs. 1 Satz 1 letzter Halbsatz BDSG aufgrund der ausdrücklichen Bezugnahme auf § 1 Abs. 5 BDSG das Recht des anderen Mitgliedstaates als Kontrollmaßstab zugrunde zu legen.[10]

2. Ablauf der Kontrolle

10 Über den konkreten Ablauf des Kontrollverfahrens enthält § 38 BDSG keine Vorgaben. Die jeweilige zuständige Aufsichtsbehörde kann daher nach pflichtgemäßem Ermessen bestimmen, auf welche Weise, in welchen Zeitabständen und in wel-

---

8 OLG Celle RDV 1995, 244; *Auernhammer*, BDSG, § 38 Rn. 3; *Petri*, in: Simitis, BDSG, § 38 Rn. 33. Vgl. zur früheren Rechtslage noch OVG Hamburg RDV 2006, 73.

9 *Bergmann/Möhrle/Herb*, BDSG, § 38 Rn. 15, unter Hinweis auf OLG Celle RDV 1995, 244 (245), sowie *Herb*, CR 1992, S. 111.

10 Zum Ganzen *Hillenbrand-Beck*, Aufsichtsbehörden, in: Roßnagel, Hdb. DSR, S. 816 (834); vgl. hierzu im Übrigen § 1 Abs. 5 BDSG, Rn. 57 ff.

Grittmann

cher Intensität welche verantwortlichen Stellen überwacht werden.[11] Die Behörde ist daher weitgehend frei in ihrer Entscheidung; sowohl Presseberichte als auch anonyme Eingaben können Grundlage für ein Tätigwerden sein.[12] Gleiches gilt für Eingaben nicht betroffener Bürger oder Hinweise anderer Behörden.[13] Die Kontrolltätigkeit ist dabei keinesfalls nur reaktiv, sondern kann von der zuständigen Aufsichtsbehörde auch initiativ (von Amts wegen) und mit präventiver Zielsetzung durchgeführt werden.[14] Zufallsstichproben sind ebenso möglich wie Überprüfungen nach systematischen Prüfplänen oder anlassfreie Prüfungen bestimmter Branchen oder Verarbeitungsarten, die sich als besonders risikoträchtig erwiesen haben.[15]

Der übliche Ablauf des Kontrollverfahrens aufgrund einer – in der Praxis häufigen **11** – Beschwerde eines Betroffenen, lässt sich mit den Hinweisen zum BDSG der Aufsichtsbehörde Baden-Württemberg[16] wie folgt umschreiben: Soweit nicht besondere Umstände andere Verfahrenweisen notwendig machen, wird die verarbeitende Stelle, gegen die sich die Beschwerde richtet, zunächst telefonisch oder – so wohl die Regel – schriftlich zu einer Stellungnahme aufgefordert und soweit notwendig und zielführend zur Vorlage einzelner Aktenstücke oder anderer Unterlagen aufgefordert. Mitunter wird die Aufforderung zur Stellungnahme auch bereits mit einem Katalog konkreter Fragen (z. B. zur Praxis der Datenerhebung und -verarbeitung im Unternehmen, zu unternehmensinternen Datenschutzrichtlinien, zu Bestellung und Fortbildung des Datenschutzbeauftragten, etc.) verbunden. Für die erbetene Stellungnahme wird seitens der Aufsichtsbehörde in der Regel eine Frist gesetzt. Nach weiterer Aufklärung und Prüfung und bzw. nach einem etwaigen Kontrollbesuch, teilt die Aufsichtsbehörde dem Beschwerdeführer und der verarbeitenden Stelle das endgültige Ergebnis ihrer Nachforschungen unter Beachtung von Geheimhaltungsgeboten (§ 30 VwVfG) mit. Es steht dem Betroffenen frei, hiernach selbstständig strafrechtliche oder zivilrechtliche Schritte einzuleiten.

Zur Durchführung der Kontrolle stellt § 38 Abs. 3 bis 5 BDSG den Aufsichtsbehör- **12** den verschiedene Befugnisse und Instrumentarien zur Verfügung.[17]

---

11 *Gola/Schomerus*, BDSG, § 38 Rn. 14; *Bergmann/Möhrle/Herb*, BDSG, § 38 Rn. 10.
12 *Bergmann/Möhrle/Herb*, BDSG, § 38 Rn. 10.
13 *Gola/Schomerus*, BDSG, § 38 Rn. 14.
14 *Hillenbrand-Beck*, Aufsichtsbehörden, in: Roßnagel, Hdb. DSR, S. 816 (833).
15 *Petri*, in: Simitis, BDSG, § 38 Rn. 32, mit Beispielen aus der Praxis der Aufsichtsbehörden.
16 Hinweise zum BDSG, Nr. 17, Staatsanzeiger 1982, Nr. 52.
17 Vgl. hierzu Rn. 25 ff.

III. Verhältnis zum Datenschutzbeauftragten und zur verantwortlichen Stelle (Abs. 1 Satz 2)

13   Durch Art. 1 Nr. 4 des Ersten Gesetzes zum Abbau bürokratischer Hemmnisse insbesondere in der mittelständischen Wirtschaft vom 22.8.2006 (Bürokratieabbaugesetz)[18] wurde in Abs. 1 ein neuer Satz 2 eingefügt, wonach die Aufsichtsbehörde die Beauftragten für den Datenschutz und die verantwortlichen Stellen mit Rücksicht auf deren typische Bedürfnisse berät und unterstützt. Dabei handelt es sich lediglich um eine gesetzgeberische Klarstellung der bislang schon geltenden Rechtslage und der gelebten Praxis. Die Aufsichtsbehörde hatte auch bisher schon den betrieblichen Datenschutzbeauftragten zu unterstützen, wenn er gemäß § 4g Abs. 1 Satz 2 BDSG oder § 4d Abs. 6 Satz 3 BDSG um ihren Rat nachsucht.[19] Mit ihrem Einblick in sämtliche verantwortliche Stellen einer Branche kann die Aufsichtsbehörde typische Datenschutzprobleme identifizieren und durch Beratung und Unterstützung präventiv und konstruktiv tätig werden. So soll die Aufsichtsbehörde nach der Intention des Gesetzgebers Datenschutzverstößen vorbeugen und einen Beitrag zur Entlastung der verantwortlichen Stellen leisten.[20]

IV. Datenverarbeitungen, Informationsverwendung und Amtshilfe durch die Aufsichtsbehörde (Abs. 1 Sätze 3 bis 6)

14   Abs. 1 enthält verschiedene Vorgaben darüber, ob und inwieweit die Aufsichtsbehörde ihrerseits die bei ihr gespeicherten Daten verarbeiten oder nutzen kann (Satz 3) sowie an andere Aufsichtsbehörden (Satz 4) oder – im Falle von Verstößen – an bestimmte Behörden und die Betroffenen übermitteln darf (Satz 6). Satz 5 regelt demgegenüber den speziellen Fall der Amtshilfe innerhalb der EU.

1. Datenverarbeitung und -nutzung (Abs. 1 Satz 3)

15   Abs. 1 Satz 3 stellt eine zweckgebundene Legitimationsgrundlage für die Datenverarbeitung und -nutzung durch die Aufsichtsbehörde dar. Sie darf die von ihr gespeicherten Daten nach dem Wortlaut der Regelung nur für Zwecke der Aufsicht verarbeiten und nutzen. Allerdings sind über die Verweisung zu § 14 Abs. 2 BDSG Zweckänderungen zugelassen und insoweit die Bindung an den Aufsichtszweck

---

18 BGBl. I, S. 1970.
19 Hierzu *Gola/Schomerus*, BDSG, § 38 Rn. 7.
20 BT-Drs. 16/1407, S. 10. Vgl. allgemein zum Verhältnis zwischen Aufsichtsbehörde und Datenschutzbeauftragten *Bergmann/Möhrle/Herb*, BDSG, § 38 Rn. 38a ff., sowie *Hillenbrand-Beck*, Aufsichtsbehörden, in: Roßnagel, Hdb. DSR, S. 816 (818).

durchbrochen.[21] Was unter aufsichtsbehördlichen Zwecken zu verstehen ist, ergibt sich nicht aus dem Gesetz, sondern muss aus den gesetzlich zugewiesenen Aufgaben der Aufsichtsbehörden geschlossen werden.[22]

2. Übermittlung an andere Aufsichtsbehörden (Abs. 1 Satz 4)

Als allgemein zulässig erachtet wird der Informationsaustausch mit den Aufsichtsbehörden anderer Bundesländer, d. h. die gegenseitige Übermittlung personenbezogener Daten zu Aufsichtszwecken.[23] Dies ergibt sich jedoch bereits aus der zweckgebundenen Legitimationsgrundlage des Abs. 1 Satz 3, sodass Abs. 1 Satz 4 lediglich als klarstellende Formulierung anzusehen ist.[24]   **16**

Nicht ausdrücklich geregelt ist die Übermittlung personenbezogener Daten an ausländische Kontrollstellen. Eine Legitimation lässt sich insoweit nicht aus §§ 4b, 4c BDSG herleiten, da diese nicht für die Verarbeitung personenbezogener Daten durch Aufsichtsbehörden gelten.[25] Auch die Verpflichtung zur Amtshilfe (Abs. 1 Satz 5) schafft noch keine datenschutzrechtliche Ermächtigungsgrundlage für die Übermittlung personenbezogener Daten an Aufsichtsbehörden außerhalb Deutschlands.[26] Eine Übermittlung an ausländische Kontrollstellen kann daher bei Vorliegen der Voraussetzungen allenfalls auf Grundlage des Abs. 1 Satz 3 erfolgen.   **17**

3. Amtshilfe innerhalb der EU (Abs. 1 Satz 5)

Die Aufsichtsbehörden haben den Kontrollbehörden anderer Mitgliedstaaten der Europäischen Union auf Ersuchen ergänzende Hilfestellung (Amtshilfe) zu leisten. Abs. 1 Satz 5 dient der Umsetzung von Art. 28 Abs. 6 EG-DSRl. Relevant wird die Vorschrift etwa bei grenzüberschreitenden Datenverarbeitungen und der Kontrolle von Unternehmen, die in mehreren Mitgliedstaaten tätig sind.[27] Die konkrete Amtshilfe ergänzt dabei die in der Praxis immer mehr an Bedeutung gewinnende Zusammenarbeit der Aufsichtsbehörden auf EU-Ebene in der Datenschutzgruppe nach Art. 29 EG-DSRl. Keinesfalls können – wie dargelegt – Übermittlungen personenbezogener Daten auf die Regelung zur Amtshilfe gestützt werden.   **18**

---

21 *Bergmann/Möhrle/Herb*, BDSG, § 38 Rn. 22. Vgl. zur Regelung des § 14 Abs. 2 BDSG auch § 14 BDSG Rn. 32 ff.

22 *Petri*, in: Simitis, BDSG, § 38 Rn. 38.

23 *Gola/Schomerus*, BDSG, § 38 Rn. 9; *Petri*, in: Simitis, BDSG, § 38 Rn. 38.

24 *Bergmann/Möhrle/Herb*, BDSG, § 38 Rn. 24 („eigentlich überflüssig").

25 *Petri*, in: Simitis, BDSG, § 38 Rn. 40, unter Hinweis auf systematische Erwägungen.

26 *Bergmann/Möhrle/Herb*, BDSG, § 38 Rn. 25; *Petri*, in: Simitis, BDSG, § 38 Rn. 40, der zu Recht auf die nicht ausreichende Normenbestimmtheit und Normenklarheit verweist.

27 *Duhr/Naujok/Danker/Seiffert*, DuD 2003, S. 5 (21).

4. Unterrichtungsbefugnisse bei Verstößen (Abs. 1 Satz 6)

19 Stellt die Aufsichtsbehörde einen Verstoß gegen das BDSG oder andere Vorschriften über den Datenschutz fest, so begründet Abs. 1 Satz 6 verschiedene Übermittlungsbefugnisse für die Aufsichtsbehörde. Zunächst ist die Behörde befugt, den Betroffenen zu unterrichten. Zwar benennt Satz 6 umgekehrt keine Unterrichtungspflicht der Behörde gegenüber dem Betroffenen, allerdings ergibt sich aus einer richtlinienkonformen Auslegung auf Grundlage des Art. 28 Abs. 4 EG-DSRl eine entsprechende Informationspflicht gegenüber dem Betroffenen.[28]

20 Abs. 1 Satz 6 begründet für die Aufsichtsbehörde zudem das Recht, den Verstoß bei den für die Verfolgung oder Ahndung zuständigen Stellen anzuzeigen sowie bei schwerwiegenden Verstößen die Gewerbeaufsichtsbehörde zur Durchführung gewerberechtlicher Maßnahmen zu unterrichten. Letztere Befugnis ergänzt zugleich die Regelung in Abs. 7, wonach die Vorschriften der Gewerbeordnung unberührt bleiben. Die Befugnis zur Anzeige bei den für die Verfolgung oder Ahndung zuständigen Stellen ist insbesondere dann relevant, wenn die Aufsichtsbehörde nicht selbst Bußgeldbehörde ist. Hinzuweisen ist in diesem Zusammenhang auch auf das Strafantragsrecht der Aufsichtsbehörde gemäß § 44 Abs. 2 Satz 2 BDSG.

V. Tätigkeitsberichte (Abs. 1 Satz 7)

21 Nach Abs. 1 Satz 7 ist die Aufsichtsbehörde verpflichtet, regelmäßig, spätestens jedoch alle zwei Jahre, einen Tätigkeitsbericht zu veröffentlichen. Damit wird zugleich Art. 28 Abs. 5 EG-DSRl umgesetzt. Die Tätigkeitsberichte dienen zum einen der Transparenz (vgl. Erwägungsgrund 63 EG-DSRl) und zum anderen aber auch der Öffentlichkeitsarbeit, dem vorbeugenden Schutz gegen Verstöße und der Sensibilisierung für Datenschutzfragen.[29] Besondere Sorgfalt ist bei der Nennung von Unternehmen anzubringen. Eine solche ist nur zulässig, wenn sie unvermeidbar oder zum Verständnis notwendig ist.[30]

VI. Anrufung der Aufsichtsbehörde (Abs. 1 Satz 8)

22 Durch den Verweis auf § 21 BDSG wird mit Abs. 1 Satz 8, 1. Halbsatz die Vorgabe des Art. 28 Abs. 4 EG-DSRl umgesetzt, wonach sich jedermann zum Schutz seiner

---

28 *Hillenbrand-Beck*, Aufsichtsbehörden, in: Roßnagel, Hdb. DSR, S. 816 (833). Auch *Gola/Schomerus*, BDSG, § 38 Rn. 10, bejahen eine Unterrichtungspflicht jedenfalls für den Fall, dass die Kontrolle durch den Betroffenen ausgelöst wurde oder dem Betroffenen Nachteile entstehen könnten.

29 *Bergmann/Möhrle/Herb*, BDSG, § 38 Rn. 28. Ausführlich zu den Tätigkeitsberichten *von Lewinski*, RDV 2004, S. 163.

30 Hierzu ausführlich *Petri*, in: Simitis, BDSG, § 38 Rn. 46.

Rechte und Freiheiten bei der Verarbeitung personenbezogener Daten an die Kontrollstellen wenden kann.[31]

Im Hinblick auf die sich aus Abs. 1 Satz 8, 2. Halbsatz ergebende Anwendbarkeit   **23**
des § 23 Abs. 5 Sätze 4 bis 7 BDSG wird auf die Kommentierung unter § 23 Rn. 7
verwiesen.

VII. Führung eines Registers und Einsichtsrecht (Abs. 2)

Als weitere Aufgabe hat die Aufsichtsbehörde nach Abs. 2 Satz 1 ein Register der   **24**
nach § 4d BDSG meldepflichtigen automatisierten Verarbeitungen mit den Angaben nach § 4e Satz 1 BDSG zu führen.[32] Das Register ist öffentlich und kann daher
von jedermann eingesehen werden. Ein berechtigtes Interesse muss hierzu nicht
dargelegt werden; insbesondere ist die Einsichtnahme nicht auf den oder die Betroffenen beschränkt. Das Einsichtsrecht erstreckt sich allerdings ausdrücklich nicht
auf die Angaben nach § 4e Satz 1 Nr. 9 BDSG sowie auf die Angabe der zugriffsberechtigten Personen (Abs. 2 Satz 3). Aufgrund der vollständigen Öffentlichkeit sind
die enthaltenen Daten als allgemein zugänglich im Sinne des BDSG anzusehen
(vgl. etwa § 28 Abs. 1 Satz 1 Nr. 3 BDSG, § 29 Abs. 1 Satz 1 Nr. 2 BDSG).[33]

VIII. Auskunftspflicht der verantwortlichen Stelle (Abs. 3)

Als wichtiges Element für eine effektive Kontrolle statuiert Abs. 3 Satz 1 eine Mit-   **25**
wirkungspflicht der verantwortlichen Stellen. Die der Kontrolle unterliegenden
Stellen sowie die mit deren Leitung beauftragten Personen haben der Aufsichtsbehörde auf Verlangen die für die Erfüllung ihrer Aufgaben erforderlichen Auskünfte
zu erteilen. Adressat der Auskunftspflicht ist damit zunächst nicht der betriebliche
Datenschutzbeauftragte. Gleichwohl ist es sinnvoll und zielführend, ihn jedenfalls
intern an der Abfassung von schriftlichen Auskünften und Stellungnahmen sowie
an Gesprächen mit der Aufsichtsbehörde zu beteiligen.[34] Die Auskunftspflicht setzt
nicht eine personenbezogene Datenverarbeitung voraus. Es genügt vielmehr bereits
schon der auf Grund von tatsächlichen Anhaltspunkten begründete Verdacht einer
solchen Verarbeitung.[35]

Die Auskunft ist unverzüglich, d. h. ohne schuldhaftes Zögern, zu erteilen (vgl.   **26**
§ 121 BGB). Die Aufsichtsbehörde ist jedoch nicht daran gehindert eine angemessene Frist zu setzen. Die Auskunft muss in Bezug auf die Anfrage der Aufsichtsbehörde vollständig und wahrheitsgemäß sein, wobei die Art und Weise der Auskunft

---

31 Zu Einzelheiten vgl. § 21 BDSG Rn. 4 ff.
32 Vgl. zum Inhalt des Registers § 4e BDSG Rn. 6 ff.
33 *Bergmann/Möhrle/Herb*, BDSG, § 38 Rn. 44.
34 *Hillenbrand-Beck*, Aufsichtsbehörden, in: Roßnagel, Hdb. DSR, S. 816 (835).
35 OLG Celle RDV 1995, 244; AG Kiel RDV 1988, 93; AG Trier RDV 1988, 154.

grundsätzlich durch die verantwortliche Stelle bestimmt werden kann.[36] Keinesfalls darf durch eine gewählte Art der Auskunft jedoch die Pflicht zur umfassenden Auskunftserteilung untergraben werden. Die verantwortliche Stelle muss im Rahmen der Auskunft auf Verlangen der Aufsichtsbehörde auch etwaige Datenquellen offen legen.[37] Zu einem Ersatz der Kosten für die Auskunft ist die Aufsichtsbehörde nicht verpflichtet.[38]

27 Die Verletzung der Verpflichtung zur Auskunftserteilung stellt eine Ordnungswidrigkeit dar (§ 43 Abs. 1 Nr. 10 BDSG). Eine ganz oder teilweise Verweigerung der Auskunft ist nach Abs. 3 Satz 2 lediglich dann möglich, wenn ein Auskunftsverweigerungsrecht eingreift. Der Auskunftspflichtige kann danach die Auskunft auf solche Fragen verweigern, deren Beantwortung ihn selbst oder einen der in § 383 Abs. 1 Nr. 1 bis 3 ZPO bezeichneten Angehörigen[39] der Gefahr strafgerichtlicher Verfolgung oder eines Verfahrens nach dem Gesetz über Ordnungswidrigkeiten aussetzen würde. So stehen einem Auskunftsanspruch der Datenschutzaufsichtsbehörde nach § 38 Abs. 3 BDSG auch die anwaltlichen Verschwiegenheitspflichten nach BRAO entgegen. Denn § 203 Abs. 1 Nr. 3 StGB stellt für den Rechtsanwalt die Verletzung von Privatgeheimnissen seines Mandanten unter Strafe.[40] Das Verweigerungsrecht ist höchstpersönlich, schließt es jedoch nicht aus, dass andere Auskunftspersonen zu dem betreffenden Vorgang befragt werden können.[41]

28 Darüber hinaus kommt die Verweigerung einer Auskunft nicht in Betracht; insbesondere erstreckt sich die Auskunftspflicht auch auf solche Umstände, die nach § 34 Abs. 4 BDSG dem Betroffenen nicht mitgeteilt werden müssen.[42]

29 Der Auskunftspflichtige ist auf sein Auskunftsverweigerungsrecht hinzuweisen (Abs. 3 Satz 3). Dies erfolgt seitens der Aufsichtsbehörden regelmäßig bereits im Rahmen der schriftlichen Aufforderung zur Auskunft. Versäumt die Aufsichtsbehörde die Belehrung, so besteht in einem gegen den Betroffenen gerichteten Bußgeldverfahren ein Verwertungsverbot.

---

36 *Weichert*, in: Däubler/Klebe/Wedde/Weichert, BDSG, § 38 Rn. 15.

37 AG Kiel RDV 1988, 93 f.; *Petri*, in: Simitis, BDSG, § 38 Rn. 55.

38 *Auernhammer*, BDSG, § 38 Rn. 16; *Gola/Schomerus*, BDSG, § 38 Rn. 19.

39 Zeugnisverweigerungsberechtigt sind der Verlobte, der Ehegatte und diejenigen, die mit dem Auskunftspflichtigen in gerader Linie verwandt oder verschwägert bzw. in Seitenlinie bis zum dritten Grad verwandt oder verschwägert sind.

40 KG DuD 2011, 366 u. a. unter Verweis darauf, dass § 38 Abs. 3 Satz 1 keine dem § 24 Abs. 2 Satz 1 Nr. 2 BDSG entsprechende Bestimmung enthält, nach der sich auch bei nicht-öffentlichen Stellen die Kontrolle auf diejenigen personenbezogenen Daten erstreckt, die der beruflichen Geheimhaltung unterliegen. Kritisch hierzu *Petri*, in: Simitis, BDSG, § 38 Rn. 25.

41 *Petri*, in: Simitis, BDSG, § 38 Rn. 58.

42 *Hillenbrand-Beck*, Aufsichtsbehörden, in: Roßnagel, Hdb. DSR, S. 816 (835).

IX. Zutritts- und Einsichtsrechte (Abs. 4)

Soweit es zur Erfüllung der der Aufsichtsbehörde übertragenen Aufgaben „erfor- **30**
derlich" ist, kann die Aufsichtsbehörde nach Abs. 4 Satz 1 Prüfbesuche vor Ort
durchführen und zu diesem Zweck auch Grundstücke und Geschäftsräume der verantwortlichen Stelle betreten. An die Erforderlichkeit dürfen dabei keine allzu hohen Anforderungen gestellt werden.[43] Oftmals wird das schriftliche Auskunftsverfahren schlichtweg nicht genügen, um ein umfassendes Bild über die Datenverarbeitung zu erhalten. Letztlich obliegt die Prüfung der Erforderlichkeit der
Einschätzung der Aufsichtsbehörde und ist daher von ihr zu prüfen. Eine Pflicht
zur vorherigen Ankündigung der Prüfung vor Ort sieht Abs. 4 nicht vor. Eine vorherige Ankündigung sollte von der Behörde aber allein schon aus praktischen Erwägungen heraus in Erwägung gezogen werden (z. B. im Hinblick auf die Verfügbarkeit von Mitarbeitern und Unterlagen); dies jedenfalls dann, wenn der Zweck der
Prüfung vor Ort durch die Vorankündigung im Einzelfall nicht gefährdet erscheint
(z. B. bei Verdeckungsgefahr).

Die Aufsichtsbehörde darf nach dem klaren Gesetzeswortlaut nur Grundstücke und **31**
Geschäftsräume der Daten verarbeitenden Stelle betreten, nicht jedoch Privatwoh-
nungen. Letzteres auch dann nicht, wenn in vorwiegend zu Wohnzwecken genutzten Privaträumen auch geschäftsmäßige Datenverarbeitung erfolgt.[44] Im Falle von
Teleheimarbeit bzw. Auftragsdatenverarbeitung in „Heimarbeit", hat der Arbeitgeber mit dem Arbeitnehmer ein Zugangsrecht für sich und die Aufsichtsbehörde
zu vereinbaren. Ohne eine solche Vereinbarung ist die Durchführung von Kontrollen in der Privatwohnung bzw. das Betreten derselben unzulässig.[45] Zu den Ge-
schäftsräumen zählen auch mobile Räume oder Geschäftsfahrzeuge, da sich auch
in diesen mobile Datenverarbeitungsanlagen befinden können.[46]

Die Grundstücke und Geschäftsräume dürfen grundsätzlich nur zu den branchenüb- **32**
lichen Geschäftszeiten betreten werden, da nur dann ein Eingriff in Art. 13 GG
nicht erfolgt.[47] Haben Unternehmen keine räumlichen Öffnungszeiten oder unterliegen diese einer individuellen Vereinbarung, so kann auf das Branchenübliche[48]
oder auf übliche Zeiten einer telefonischen Erreichbarkeit[49] abgestellt werden.

---

43 *Hillenbrand-Beck*, Aufsichtsbehörden, in: Roßnagel, Hdb. DSR, S. 816 (836).
44 *Petri*, in: Simitis, BDSG, § 38 Rn. 62; *Bergmann/Möhrle/Herb*, BDSG, § 38 Rn. 63;
   Schaffland/Wiltfang, BDSG, § 38 Rn. 19, bejahen bereits ein Betretungsrecht, wenn Privat-
   räume „auch unternehmerisch" genutzt werden.
45 *Hillenbrand-Beck*, Aufsichtsbehörden, in: Roßnagel, Hdb. DSR, S. 816 (836).
46 *Bergmann/Möhrle/Herb*, BDSG, § 38 Rn. 63.
47 BVerfGE 32, 54 (76 f.); BT-Drs. 11/4306, S. 53.
48 *Hillenbrand-Beck*, Aufsichtsbehörden, in: Roßnagel, Hdb. DSR, S. 816 (836); *Bergmann/
   Möhrle/Herb*, BDSG, § 38 Rn. 64.
49 *Bergmann/Möhrle/Herb*, BDSG, § 38 Rn. 64.

33 Nach Abs. 4 Satz 2 steht der Aufsichtsbehörde zudem ein Einsichtsrecht zu. Sie kann alle im Zusammenhang mit der konkreten Prüfung notwendigen geschäftliche Unterlagen, u. a. die Übersicht nach § 4g Abs. 2 Satz 1 BDSG sowie die gespeicherten personenbezogenen Daten und die Datenverarbeitungsprogramme, einsehen. Die Aufzählung in Abs. 4 Satz 2 BDSG ist keinesfalls abschließend („insbesondere").[50] Das Recht auf Einsicht ist vor Ort auszuüben.[51] Die Vertreter der Aufsichtsbehörde haben jedoch die Möglichkeit, sich Notizen und Fotokopien zu machen; keinesfalls kann eine Mitnahme von Originalunterlagen oder eine Übersendung von Originalen an die Dienststelle der Behörde verlangt werden.[52]

34 Nach Abs. 4 Satz 3 ist auf die Kontrolle durch die Aufsichtsbehörde § 24 Abs. 6 BDSG entsprechend anwendbar. Dieser wiederum verweist auf § 24 Abs. 2 BDSG. Damit entfällt das Prüfrecht der Behörde, wenn der Betroffene in den genannten Fällen der Kontrolle der auf ihn gerichteten Daten widerspricht. Das Widerspruchsrecht erstreckt sich allerdings nur noch auf Akten über die Sicherheitsüberprüfung.[53]

35 Der Auskunftspflichtige hat nach Abs. 4 Satz 4 die Maßnahmen der Aufsichtsbehörde zu dulden. Obgleich der Gesetzeswortlaut nur von Duldung spricht, können sich hieraus auch Mitwirkungspflichten der verantwortlichen Stelle ergeben (z. B. das Zugänglichmachen von Räumen, Zusammenstellen von Geschäftsunterlagen).[54] Weigert sich die verantwortliche Stelle, so kann die Aufsichtsbehörde nach Maßgabe des Verwaltungsvollstreckungsrechtes der jeweiligen Bundesländer die nach Abs. 4 einzuhaltenden Pflichten mit Mitteln des Verwaltungszwanges durchsetzen. Außerdem kann gemäß § 43 Abs. 1 Nr. 10 BDSG ein Bußgeldverfahren eingeleitet werden.

X. Anordnungs- und Untersagungsbefugnis (Abs. 5 Satz 1 und 2)

36 Nach Abs. 5 Satz 1 kann die Aufsichtsbehörde zur Gewährleistung des Datenschutzes nach dem BDSG und anderer Vorschriften über den Datenschutz, Maßnahmen zur Beseitigung festgestellter Verstöße bei der Erhebung, Verarbeitung oder Nutzung personenbezogener Daten oder technischer oder organisatorischer Mängel anordnen. Die im Rahmen der Novellierung im Jahr 2009 eingefügte Ermächtigung zur Anordnung von Maßnahmen zur Beseitigung stellt eine Erweiterung der Befug-

---

50 Vgl. hierzu auch AG Kiel RDV 1988, 93.
51 *Bergmann/Möhrle/Herb*, BDSG, § 38 Rn. 66.
52 *Hillenbrand-Beck*, Aufsichtsbehörden, in: Roßnagel, Hdb. DSR, S. 816 (836).
53 *Gola/Schomerus*, BDSG, § 38 Rn. 24. Kritisch zu § 24 Abs. 2 BDSG *Weichert*, CR 1994, S. 174, und im Zusammenhang mit § 38 Abs. 4 BDSG *Bergmann/Möhrle/Herb*, BDSG, § 38 Rn. 69.
54 *Hillenbrand-Beck*, Aufsichtsbehörden, in: Roßnagel, Hdb. DSR, S. 816 (837).

nisse der Aufsichtsbehörde im Vergleich zur früheren Regelung dar und leitet für die Aufsichtsbehörde einen Paradigmenwechsel ein.[55] Diese erhält erstmals Eingriffsbefugnisse zur effektiven Abwendung tatsächlicher oder vermeintlicher Verstöße auch gegen inhaltliche Bestimmungen des BDSG oder sonstiger Datenschutznormen.[56]

Eine Einschränkung ergibt sich daraus, dass gemäß Abs. 1 Satz 1 von der Anord-   37
nungsbefugnis nur Vorschriften erfasst werden, sofern diese die automatisierte Verarbeitung (§ 3 Abs. 2 Satz 1 BDSG) oder die Verarbeitung in oder aus Dateien regeln.[57] Dabei gelten die Befugnisse für den gesamten Anwendungsbereich des § 27 BDSG.[58]

Werden Datensicherungsmängel festgestellt, kann die Aufsichtsbehörde nach ihrem   38
pflichtgemäßen Ermessen eine Anordnung an die verantwortliche Stelle richten und mit dieser Anordnung konkrete technisch-organisatorische Maßnahmen vorschreiben, d. h. sie kann die konkreten Maßnahmen selbst bestimmen.[59] Dies wird in der Regel mittels eines Verwaltungsaktes geschehen. Die verarbeitende Stelle ist daher nach Maßgabe des entsprechenden Landesverwaltungsverfahrensgesetzes vorher anzuhören.

Bei schwerwiegenden Mängeln dieser Art (d. h. Mängeln im Rahmen des § 9   39
BDSG), insbesondere, wenn sie mit besonderer Gefährdung des Persönlichkeitsrechts verbunden sind, kann die Aufsichtsbehörde den Einsatz einzelner Verfahren untersagen (Abs. 5 Satz 2). Voraussetzung ist danach stets, dass die Mängel entgegen der Anordnung nach Satz 1 und trotz der Verhängung eines Zwangsgeldes nicht in angemessener Zeit beseitigt werden. Der Beginn der Beseitigung innerhalb der angemessenen Zeit nimmt der Aufsichtsbehörde bereits das Untersagungsrecht.[60] Hinsichtlich der Angemessenheit der Zeit lassen sich keine festen Angaben machen. Es ist vielmehr im Einzelfall eine Abwägung der drohenden Gefahren für das Persönlichkeitsrecht des oder der Betroffenen einerseits mit der Art der Maßnahme und den Folgen für die verantwortliche Stelle andererseits vorzunehmen.[61]

---

55 BT-Drucks. 16/13657, S. 38; vgl. auch *Abel*, RDV 2009, S. 147 (152).
56 *Abel*, RDV 2009, S. 147 (152).
57 Vgl. zu dieser Einschränkung und der Streichung der früheren – überflüssigen – Regelung in Abs. 5 Satz 1 auch BT-Drs. 16/13657, S. 38.
58 *Gola/Schomerus*, BDSG, § 38 Rn. 25a; vgl. hierzu bereits Rn. 5.
59 Wie hier *Bergmann/Möhrle/Herb*, BDSG, § 38 Rn. 77; *Petri*, in: Simitis, BDSG, § 38 Rn. 73.
60 *Schaffland/Wiltfang*, BDSG, § 38 Rn. 26.
61 *Bergmann/Möhrle/Herb*, BDSG, § 38 Rn. 88. So kann bei schwerwiegenden Mängeln auch eine Frist von wenigen Tagen angemessen sein.

XI. Abberufung des Datenschutzbeauftragten (Abs. 5 Satz 3)

40 Als weitere Anordnungsbefugnis räumt Abs. 5 Satz 3 der Aufsichtsbehörde das Recht ein, die Abberufung des Beauftragten für den Datenschutz zu verlangen, wenn dieser die zur Erfüllung seiner Aufgaben erforderliche Fachkunde und Zuverlässigkeit nicht besitzt. Das Abberufungsverlangen der Behörde führt allerdings nicht automatisch zum Erlöschen des Amts des betrieblichen Datenschutzbeauftragten. Es berechtigt vielmehr die speichernde Stelle gemäß § 4f Abs. 1 Satz 4 2. Halbsatz BDSG, die Bestellung zu widerrufen und begründet zugleich eine Rechtspflicht zum Widerruf.[62] Der Verwaltungsakt der Behörde richtet sich dabei zwar an die verantwortliche Stelle, betrifft aber mittelbar auch die rechtlichen Interessen des betrieblichen Datenschutzbeauftragten.[63] Beide können gegen den Verwaltungsakt daher auch Widerspruch einlegen.[64]

41 Eine Abberufung kommt nur dann in Betracht, wenn der Datenschutzbeauftragte die erforderliche Fachkunde und Zuverlässigkeit nicht besitzt.[65] Wird festgestellt, dass es an der erforderlichen Fachkunde fehlt, kommt die Pflicht zur Nachschulung als milderes Mittel in Betracht.[66] Da es sich bei einer Abberufung um einen schwerwiegenden Eingriff handelt, hat die Aufsichtsbehörde zunächst sorgfältig zu prüfen, ob etwaige Defizite darauf beruhen, dass der Arbeitgeber seiner Unterstützungspflicht gemäß § 4f Abs. 5 BDSG (etwa im Hinblick auf die erforderliche Zeit oder die erforderlichen Mittel) nicht nachgekommen ist. Dann sind vor einer Abberufung zunächst diese Defizite zu beheben.[67] Schließlich ist zu berücksichtigen, ob sich die Abberufung auf die berufliche Existenz des Datenschutzbeauftragten auswirken würde.[68]

XII. Zuständige Aufsichtsbehörden (Abs. 6) und Unabhängigkeit

1. Organisation der Aufsichtsbehörden in den Ländern

42 Abs. 6 überlässt es den Landesregierungen oder den von ihnen ermächtigten Stellen, die für die Kontrolle des Datenschutzes zuständigen Aufsichtsbehörden zu be-

---

62 *Petri*, in: Simitis, BDSG, § 38 Rn. 74; *Hillenbrand-Beck*, Aufsichtsbehörden, in: Roßnagel, Hdb. DSR, S. 816 (840).
63 Daher stellt das Abberufungsverlangen nach überwiegender Meinung keinen Verwaltungsakt mit Doppelwirkung dar; vgl. *Petri*, in: Simitis, BDSG, § 38 Rn. 74; *Hillenbrand-Beck*, Aufsichtsbehörden, in: Roßnagel, Hdb. DSR, S. 816 (840); *Weichert*, in: Däubler/Klebe/Wedde/Weichert, BDSG, § 38 Rn. 24; a. A. *Bergmann/Möhrle/Herb*, BDSG, § 38 Rn. 101.
64 *Gola/Schomerus*, BDSG, § 38 Rn. 28.
65 Vgl. hierzu eingehend §§ 4 f. BDSG Rn. 58 ff.
66 *Bergmann/Möhrle/Herb*, BDSG, § 38 Rn. 100.
67 *Hillenbrand-Beck*, Aufsichtsbehörden, in: Roßnagel, Hdb. DSR, S. 816 (840).
68 *Bergmann/Möhrle/Herb*, BDSG, § 38 Rn. 100.

stimmen. Konsequenterweise haben alle Länder entsprechende Behörden installiert.[69] Mit Ausnahme von Bayern ist in den Bundesländern die Aufsicht über den nicht-öffentlichen und den öffentlichen Bereich inzwischen in einer Behörde zusammengefasst, und zwar in der Mehrzahl der Länder beim Landesdatenschutzbeauftragten. Für die Einhaltung der datenschutzrechtlichen Vorschriften im öffentlichen Bereich ist in Bayern der Landesbeauftragte für den Datenschutz und für die Einhaltung im nicht-öffentlichen Bereich das Bayerische Landesamt für Datenschutzaufsicht zuständig. Hinsichtlich der Überprüfung der Einhaltung der Vorschriften über die Datensicherheit wird das Landesamt durch den Technischen Überwachungsverein (TÜV Süd) unterstützt.

2. Unabhängigkeit der Aufsichtsbehörden

Bereits seit Längerem streitig diskutiert wurde die Frage, ob und inwieweit die **43** deutsche Organisation der Datenschutzaufsicht mit Art. 28 Abs. 1 Satz 2 EG-DSRl vereinbar ist.[70] Die Überwachungsstellen haben danach die ihnen zugewiesenen Aufgaben in „völliger Unabhängigkeit" wahrzunehmen.

Die frühere Diskussion in der Literatur befasste sich im Wesentlichen mit der Fra- **44** ge, ob Art. 28 Abs. 1 Satz 2 EG-DSRl über die funktionelle Unabhängigkeit hinaus (insoweit unstreitig) auch eine institutionelle Unabhängigkeit fordert. Die Befürworter einer Beschränkung auf die funktionelle Unabhängigkeit[71] führten für ihre Auffassung insbesondere die Entstehungsgeschichte des Art. 28 Abs. 1 EG-DSRl, aber auch systematische Erwägungen[72] an. Hinsichtlich der Entstehungsgeschichte wurde darauf verwiesen, dass mit Rücksicht auf einige Mitgliedstaaten die Kommission und der Rat im gemeinsamen Standpunkt die in die Richtlinie aufgenommene Formulierung wählten, die das Merkmal der Unabhängigkeit nicht der Institution, sondern als ein Merkmal der Aufgabenwahrnehmung zuweise.[73] Außerdem habe sich die deutsche Delegation in der Gruppe „Wirtschaftsfragen/Datenschutz" des Europäischen Rates der EG dafür eingesetzt, dass das deutsche Kontrollsystem bei der Aufsicht im nicht-öffentlichen Bereich beibehalten werde.[74] Schließlich

---

69 Eine aktuelle Übersicht aller Aufsichtsbehörden für den nicht-öffentlichen Bereich (nebst Anschrift und weiteren Kontaktdaten) findet sich bei *Bergmann/Möhrle/Herb*, BDSG, Anlage 1 zu § 38 BDSG.

70 Einen guten Überblick über die früheren Diskussionsstand mit zahlreichen Nachweisen aus dem Schrifttum geben *Petri*, in: Simitis, BDSG, § 38 Rn. 11 ff., sowie *Hillenbrand-Beck*, Aufsichtsbehörden, in: Roßnagel, Hdb. DSR, S. 816 (824 ff.).

71 *Gola/Schomerus*, BDSG (Vorauflage), § 38 Rn. 32; *Lepper/Wilde*, CR 1997, S. 703; *Kopp*, DuD 1995, S. 204 (211); *Rudolf*, DuD 1995, S. 446; *Weber*, DuD 1995, S. 698.

72 *Gola/Schomerus*, BDSG (Vorauflage), § 38 Rn. 32, verweisen etwa auf Nr. 49 der Erwägungsgründe, wonach der interne Datenschutzbeauftragte, obgleich nicht institutionell unabhängig, seine Tätigkeit ebenso in völliger Unabhängigkeit ausüben solle.

73 *Hillenbrand-Beck*, Aufsichtsbehörden, in: Roßnagel, Hdb. DSR, S. 816 (823 f.).

74 Hierzu *Lepper/Wilde*, CR 1997, S. 703 (704); *Hillenbrand-Beck*, Aufsichtsbehörden, in: Roßnagel, Hdb. DSR, S. 816 (824). Es wird u. a. auf eine Protokollnotiz verwiesen, welche

wurde von den Befürwortern das Demokratieprinzip angeführt. Hieraus sei ein Verbot ministerialfreier Verwaltung herzuleiten; es müssten daher aufsichtsrechtliche Weisungen möglich sein.[75]

45 Die Gegenauffassung[76] sah durch Art. 28 Abs. 1 Satz 2 EG-DSRl auch die institutionelle Unabhängigkeit umfasst und verwies insbesondere auf den eindeutigen und weiten Wortlaut der Vorschrift, der keine einschränkende Auslegung zuließe. Zudem wurde Sinn und Zweck der Vorschrift (effektive Kontrolle) angeführt.[77] Überdies verlange auch das Grundgesetz keine Einordnung der Datenschutzkontrolle in die Verwaltungshierarchie.[78] Es sei zudem fraglich, ob das Verbot ministerialfreier Räume auf den Datenschutz überhaupt anwendbar sei;[79] jedenfalls würde aber das Verbot ohnehin nicht ausnahmslos gelten.[80]

46 Eine neue Dimension erlangte die Frage der Unabhängigkeit der deutschen Aufsichtsbehörden nachdem die Europäische Kommission im Anschluss an ein mehrjähriges Vertragsverletzungsverfahren[81] im November 2007 beim Europäischen Gerichtshof Klage gegen die Bundesrepublik Deutschland eingereicht hatte.[82] Die Kommission hatte die Bundesregierung zuvor aufgefordert, die Vorschriften über die damalige Organisation der für die Überwachung der Datenverarbeitung im nicht-öffentlichen Bereich zuständigen Kontrollstellen in sämtlichen Bundesländern zu ändern. Die Kommission hatte nach eigenen Angaben nach Ablauf der Frist keine zufriedenstellende Antwort erhalten und sich daher zu einer Klage entschieden.[83]

---

u. a. die deutsche Delegation hinterlegt habe und wonach die Unabhängigkeit der Kontrollstellen nach deutschem Verfassungsrecht lediglich funktional zu verstehen sei. Kritisch hierzu *Hellermann/Wieland*, DuD 2000, S. 284 (286).

75 Hierzu *Lepper/Wilde*, CR 1997, S. 703 (706), die zudem von der Gefahr einer „vierten Gewalt" sprechen.

76 *Arlt/Piendl*, CR 1998, S. 713 (719); *Bizer*, DuD 1997, S. 481; *Giesen*, DuD 1997, S. 529; *Groß*, DuD 2002, S. 684 (685); *Hellermann/Wieland*, DuD 2000, S. 284.

77 *Bizer*, DuD 1997, S. 481.

78 *Groß*, DuD 2002, S. 684 (686 f.); *Bizer*, DuD 1997, S. 481 (482).

79 *Petri*, in: Simitis, BDSG (Vorauflage), § 38 Rn. 10.

80 *Bizer*, DuD 1997, S. 481, nennt als Beispiele u. a. die Bundesbank und das Bundeskartellamt.

81 Vertragsverletzungsverfahren Nr. 2003/4820 C (2005) 2098; das entsprechende Schreiben der Europäischen Kommission vom 5.7.2005 ist abgedruckt in DuD 2005, S. 607.

82 Rechtssache C-518/07; Anträge, Klagegründe und wesentliche Argumente abgedruckt in ABl. EG Nr. 37/10 vom 9.2.2008.

83 Vgl. den Bericht in RDV 2007, S. 219. Deutschland war zuvor im Vertragsverletzungsverfahren der Auffassung der Kommission entgegengetreten (Schreiben der Bundesregierung vom 25.3.2004 und 13.9.2005); dies u. a. mit dem Argument, dass Art. 28 EG-DSRl keine organisatorische Unabhängigkeit verlange, sondern die Unabhängigkeit sich lediglich auf die Aufgabenwahrnehmung beziehe. Zudem sei eine von der Exekutive völlig unabhängige Institution mit deutschem Verfassungsrecht nicht vereinbar.

Die Kommission[84] sah in dem Umstand, dass die für die Überwachung der Daten- **47** verarbeitung im nicht-öffentlichen Bereich zuständigen Kontrollstellen in den 16 Bundesländern einer staatlichen Aufsicht unterworfen waren, einen Verstoß gegen die Verpflichtungen aus Art. 28 Abs. 1 Satz 2 EG-DSRl; die Vorgabe der „völligen Unabhängigkeit" sei fehlerhaft umgesetzt worden. Dem Wortlaut nach – so die weitere Begründung – werde bestimmt, dass die Kontrollstellen der Einflussnahme, sei es durch sonstige Behörden, sei es von außerhalb der Staatsverwaltung, entzogen sein sollen. Die mitgliedstaatlichen Regelungen müssten mithin eine Einflussnahme von außen auf die Entscheidungen der Kontrollstellen und deren Durchführungen ausschließen. Der Wortlaut „völlige" Unabhängigkeit impliziere, dass nicht nur von keiner Seite, sondern auch in keinerlei Hinsicht Abhängigkeit bestehen sollte. Damit sei unvereinbar, wenn die für die Überwachung der Datenverarbeitung im nicht-öffentlichen Bereich zuständigen Kontrollstellen einer staatlichen Fach-, Rechts- oder Dienstaufsicht unterstellt würden.

Der EuGH hat in seinem Urteil vom 9.3.2010 (Rs. C-518/07) der Kommission Recht gegeben und festgestellt, dass die Bundesrepublik Deutschland gegen ihre Verpflichtungen aus der EG-DSRl verstieß, indem sie die für die Überwachung zuständigen Kontrollstellen in den Bundesländern einer staatlichen Aufsicht unterstellt habe.[85] Damit habe sie das Erfordernis, dass Kontrollstellen ihre Aufgaben in völliger Unabhängigkeit wahrzunehmen haben, falsch umgesetzt. Der EuGH stellt insoweit klar, dass die Kontrollstellen keinerlei äußerlichen Einflussnahmen unterworfen sein dürften. Das Gericht führt in seiner Begründung zudem an, es lasse sich nicht ausschließen, dass die Kontrollstellen, die Teil der allgemeinen Staatsverwaltung und damit der Regierung des jeweiligen Landes unterstellt seien, nicht zu objektivem Vorgehen in der Lage seien, wenn sie die Vorschriften über die Verarbeitung personenbezogener Daten auslegen und anwenden. Die Regierung des betroffenen Landes habe möglicherweise sogar ein Interesse an der Nichteinhaltung der Vorschriften über den Schutz natürlicher Personen bei der Verarbeitung personenbezogener Daten, wenn es um die Verarbeitung solcher Daten im nicht-öffentlichen Bereich gehe.[86]

Das Urteil des EuGH hat in der Literatur weitgehend Zustimmung erfahren.[87] Tat- **48** sächlich ist die Entscheidung im Ergebnis zu begrüßen. Die klare Formulierung des Art. 28 Abs. 1 Satz 2 EG-DSRl („völlige") lässt keinen Raum für eine einengende Interpretation der Wortwahl. Hätte der Richtliniengeber eine differenziertere Rege-

---

84 Vgl. zur Klagebegründung ABl. EG Nr. 37/10 vom 9.2.2008.
85 EuGH MMR 2010, 352 ff.
86 Kritisch zu diesem Begründungsansatz *Taeger*, K&R 2010, S. 330, da der EuGH den Eindruck vermittelt, die Unabhängigkeit der Aufsichtsbehörden habe in der Praxis nicht bestanden und sei in Reaktion auf das Urteil erst noch herzustellen.
87 *Petri/Tinnefeld*, MMR 2010, S. 355; *Roßnagel*, EuZW 2010, S. 299; *Schild*, DuD 2010, S. 549; *Tinnefeld/Buchner*, DuD 2010, S. 581; kritisch dagegen *Bull*, EuZW 2010, S. 488; *Frenzel*, DÖV 2010, S. 925; *Spiecker gen. Döhmann*, JZ 2010, S. 787.

lung gewollt, hätten sich verschiedene andere Formulierungen angeboten. Eine weisungsgebundene Stelle kann ihre Aufgaben eben gerade nicht in „völliger" Unabhängigkeit wahrnehmen. Neben Art. 28 Abs. 1 Satz 2 EG- DSRl verlangt auch Art. 8 der Charta der Grundrechte der Europäischen Union, dass die Einhaltung personenbezogener Daten „von einer unabhängigen Stelle überwacht" wird. Auch der mitunter vorgebrachte Einwand des Verbots ministerialfreier Räume geht fehl. Ein sachlicher Grund für die Schaffung einer zulässigen Ausnahme liegt hier in dem Gebot eines effektiven Grundrechtsschutzes.[88] Der frühere Streitstand im Schrifttum dürfte durch die Entscheidung des EuGH im Grundsatz überholt sein.

49 Aufgrund der Feststellung der Europarechtswidrigkeit durch den EuGH war eine grundsätzliche Neuordnung der Datenschutzaufsicht geboten.[89] Als Konsequenz der Entscheidung wurden die Aufsichtsbehörden – mit Ausnahme von Bayern – inzwischen in einer Behörde gebündelt und insbesondere die Fach- und Rechtsaufsicht gestrichen.[90] Auch eine Dienstaufsicht dürfte nach der Entscheidung des EuGH allerdings nur noch in sehr engen Grenzen zulässig sein. Jedenfalls darf sie die Unabhängigkeit der Entscheidungsfindung nicht antasten.[91] Das Urteil des EuGH hatte zwar nur den nicht-öffentlichen Bereich zum Streitgegenstand; noch nicht abschließend geklärt ist, welche Auswirkungen es auf den öffentlichen Bereich hat.[92]

XIII. Anwendung der Gewerbeordnung (Abs. 7)

50 Abs. 7 stellt klar, dass die Anwendung der Gewerbeordnung auf die den Vorschriften dieses Abschnittes unterliegenden Gewerbebetriebe unberührt bleibt. Damit können die weitergehenden Kontrollbefugnisse der Gewerbeordnung zusätzlich zu denen des BDSG angewandt werden. In Betracht kommt dabei insbesondere § 35

---

88 So zu Recht *Hellermann/Wieland*, DuD 2000, S. 284 (287); zustimmend *Petri*, in: Simitis, BDSG, § 38 Rn. 12, der mit guten Gründen schon die Anwendbarkeit des Verbots ministerialer Räume auf die Datenschutzaufsicht in Frage stellt.

89 Vgl. die Entscheidung der 79. Konferenz der Datenschutzbeauftragten des Bundes und der Länder vom 17./18. März 2010; dort auch zu Kriterien der Neuordnung der Datenschutzaufsicht.

90 Vgl. zu den Vorteilen einer Bündelung der Aufsicht in einer Behörde *Taeger*, K&R 2010, S. 330.

91 *Petri*, in: Simitis, BDSG, § 38 Rn. 14. *Spiecker gen. Döhnemann*, JZ 2010, S. 787 (791), hält demgegenüber eine Dienstaufsicht auch nach dem Urteil des EuGH für uneingeschränkt zulässig.

92 *Roßnagel*, EuZW 2010, S. 299 (300), sieht offenbar keine Erstreckung auf den öffentlichen Bereich, da dort eine ausreichende Unabhängigkeit gewährleistet sei. *Petri/Tinnefels*, MMR 2010, S. 355, fordern als Konsequenz des Urteils, dass auch im öffentlichen Bereich bestehende Defizite behoben werden müssen. Auch *Frenzel*, DÖV 2010, S. 925, sieht den öffentlichen Bereich von der Entscheidung erfasst. Vgl. zur Unabhängigkeitsfrage unter Berücksichtigung der Besonderheiten der Deutschen Welle (anstaltsautonome Datenschutzkontrolle) § 41 Rn. 48.

GewO, der die Untersagung eines Gewerbes ermöglicht, wenn Tatsachen vorliegen, die die Unzuverlässigkeit des Gewerbetreibenden oder einer mit der Leitung des Betriebes beauftragten Person belegen. In der Praxis kann dies zur Folge haben, dass ein und derselbe datenschutzrechtliche Sachverhalt von zwei Aufsichtsbehörden gewürdigt wird; einerseits unter dem BDSG, andererseits unter der GewO.[93] Materiell kann ein Verstoß gegen datenschutzrechtliche Vorgaben so schwerwiegend sein, dass dies auch eine Unzuverlässigkeit im Sinne der GewO begründet.[94]

XIV. Streitigkeiten und Rechtsschutz

Streitigkeiten im Zusammenhang mit der Aufsichtstätigkeit können zwischen einem Betroffenen und der Aufsichtsbehörde sowie zwischen verantwortlichen Stellen und der Aufsichtsbehörde auftreten. Fragen des Rechtsschutzes stellen sich mithin in diesen Verhältnissen.   **51**

1. Verhältnis Betroffener – Aufsichtsbehörde

Abs. 1 Satz 7 bestimmt durch die Verweisung auf § 21 BDSG das Recht, die Aufsichtsbehörde anzurufen, falls eine natürliche Person der Ansicht ist, als Betroffener i. S. v. § 3 Abs. 1 BDSG in eigenen Rechten verletzt worden zu sein.[95] Bleibt die Aufsichtsbehörde, obgleich sie (in der Sache begründet) angerufen wurde, untätig, kann der Betroffene sie im Klagewege zum Tätigwerden zwingen.[96] Wird die Aufsichtsbehörde indes tätig, erfüllt ihre Pflichten aber schlecht (etwa weil Mängel bei der Pflichterfüllung auftreten oder die Aufsichtsbehörde zu dem fehlerhaften Ergebnis gelangt, dass eine Rechtsverletzung nicht vorliegt), stellt sich die Frage von Amtshaftungsansprüchen nach Art. 34 GG i.V.m. § 839 BGB. Das Bestehen eines Amtshaftungsanspruches dem Grunde nach, wird allgemein angenommen; lediglich die Frage des zu ersetzenden Schadens gestaltet sich problematisch.[97] Ein Ak-   **52**

93 Wegen der Gefahr sich widersprechender Anordnungen wollen *Bergmann/Möhrle/Herb*, BDSG, § 38 Rn. 117, aus Abs. 7 eine gegenseitige Abstimmungspflicht der Behörden herauslesen. Ablehnend hierzu *Petri*, in: Simitis, BDSG, § 38 Rn. 75.

94 Eingehend hierzu *Bergmann/Möhrle/Herb*, BDSG, § 38 Rn. 119.

95 Zu den Möglichkeiten, die einem Nichtbetroffenen zur Verfügung stehen, und zu dem Vorgehen der Aufsichtsbehörde, wenn sich ein Betroffener an sie wendet, *Bergmann/Möhrle/ Herb*, BDSG, § 38 Rn. 120 ff.

96 Ob es sich bei der statthaften Klageart um eine Untätigkeitsklage nach § 75 VwGO (so *Bergmann/Möhrle/Herb*, BDSG, § 38 Rn. 126) oder um eine allgemeine Leistungsklage nach § 43 Abs. 2 Satz 1 VwGO handelt (so *Gola/Schomerus*, BDSG, § 38 Rn. 17 u. a. unter Verweis auf VG Darmstadt, MMR 2011, 416), hängt nach zutreffender Ansicht davon ab, ob der Betroffene den Erlass eines Verwaltungsakts begehrt; für den Parallelfall des § 21 Satz 1 will *Dammann*, in: Simitis, BDSG, § 21 Rn. 28 (Fn. 30), die Leistungsklage in entsprechender Anwendung der Grundsätze der Untätigkeitsklage zur Anwendung bringen.

97 *Gola/Schomerus*, BDSG, § 38 Rn. 17; *Bergmann/Möhrle/Herb*, BDSG, § 38 Rn. 126, mit Ausführungen dazu, worin ein ersatzfähiger Schaden liegen kann.

teineinsichts- oder Auskunftsrecht des Betroffenen wird zu Recht mit Hinweis auf strafbewehrte Geheimhaltungspflichten, die den Mitarbeitern der Aufsichtsstelle obliegen, abgelehnt.[98]

2. Verhältnis verantwortliche Stelle – Aufsichtsbehörde

53 Streitigkeiten im Verhältnis zwischen der Aufsichtsbehörde und verantwortlichen Stellen können daraus folgen, dass die verantwortliche Stelle eine Maßnahme der Aufsichtsbehörde (beispielsweise eine Anordnung oder ein Informationsverlangen), das Ergebnis einer Prüfung, eine Unterrichtung (Abs. 1 Satz 6) oder einen Tätigkeitsbericht (Abs. 1 Satz 7) für rechtsfehlerhaft erachtet.[99] Der Rechtsschutz richtet sich nach der Rechtsnatur der Maßnahme, die in Streit steht.[100] Handelt es sich um schlicht-hoheitliches Handeln, kommt ein öffentlich-rechtlicher Unterlassungsanspruch Art. 20 Abs. 3 GG und eine Feststellungsklage § 43 VwGO in Betracht; liegt hingegen ein Verwaltungsakt vor, sind Widerspruch, Anfechtungsklage und Fortsetzungsfeststellungsklage statthaft §§ 68, 42, 113 Abs. 1 Satz 4 VwGO. Bei einem durch eine rechtswidrige Maßnahme veranlassten Eingriff in das Recht am eingerichteten und ausgeübten Gewerbebetrieb kommen ebenfalls Amtshaftungsansprüche in Betracht (Art. 34 GG i.V.m. § 839 BGB).

---

98 *Bergmann/Möhrle/Herb*, BDSG, § 38 Rn. 127, mit Darstellung der einschlägigen Bestimmungen; zu den Geheimhaltungspflichten auch *Petri*, in: Simitis, BDSG, § 38 Rn. 69 f.
99 *Bergmann/Möhrle/Herb*, BDSG, § 38 Rn. 128.
100 *Bergmann/Möhrle/Herb*, BDSG, § 38 Rn. 129.

§ 38a Verhaltensregeln zur Förderung der Durchführung datenschutzrechtlicher Regelungen

(1) Berufsverbände und andere Vereinigungen, die bestimmte Gruppen von verantwortlichen Stellen vertreten, können Entwürfe für Verhaltensregeln zur Förderung der Durchführung von datenschutzrechtlichen Regelungen der zuständigen Aufsichtsbehörde unterbreiten.

(2) Die Aufsichtsbehörde überprüft die Vereinbarkeit der ihr unterbreiteten Entwürfe mit dem geltenden Datenschutzrecht.

Literatur: *Abel*, Umsetzung der Selbstregulierung: Probleme und Lösungen, RDV 2003, S. 11; Arbeitskreis „Datenschutz in Recht und Praxis" im BvD e.V., Eine Frage der Erforderlichkeit – Zwischenruf von Praktikern zum § 32 BDSG, DuD 2010, S. 254; *Berghoff*, Selbstregulierung im Marketing, RDV 2002, S. 78; *Bizer*, Selbstregulierung des Datenschutzes, DuD 2001, S. 168; *Bizer*, Wozu Selbstregulierung in Deutschland?, DuD 2001, S. 126; *Brühann*, Richtlinie 95/46/EG zum Schutz natürlicher Personen bei der Verarbeitung personenbezogener Daten und zum freien Datenverkehr, in: Grabitz/ Hilf (Hrsg.), Das Recht der Europäischen Union, Teil IV: Sekundärrecht, 40. Aufl., München 2010; *Büllesbach/Höss-Löw*, Vertragslösung, Safe Harbor oder Privacy durch Code of Conducts, DuD 2001, S. 135; *Büllesbach*, Transnationalität und Datenschutz, Baden-Baden 2008; *Heil*, Datenschutz durch Selbstregulierung – Der europäische Ansatz, DuD 2001, S. 129; *Heil*, Privacy Policies, Binding Corporate Rules (BCR) und verbindliche Unternehmensregelungen, DuD 2009, S. 228; *Hoeren*, Prüfungsbescheide der Datenschutzaufsicht und ihre verwaltungsrechtliche Bindungswirkung, RDV 2011, S. 1; *Hustinx*, Co-regulation or self-regulation by public and private bodies – the case of data protection, in: Bizer/Lutterbeck/Rieß (Hrsg.), Umbruch von Regelungssystemen in der Informationsgesellschaft, Festgabe für Alfred Büllesbach, Stuttgart 2002, S. 283; *Jacob/ Heil*, Datenschutz im Spannungsfeld von staatlicher Kontrolle und Selbstregulierung, in: Bizer/Lutterbeck/Rieß (Hrsg.), Umbruch von Regelungssystemen in der Informationsgesellschaft, Festgabe für Alfred Büllesbach, Stuttgart 2002, S. 213; *Kahlert*, Unlautere Werbung mit Selbstverpflichtungen, DuD 2003, S. 412; *Karstedt-Merierrieks*, Selbstregulierung des Datenschutzes – Alibi oder Chance?, DuD 2001, S. 287; *Kinast/ Schröder*, Audit & Rating: Vorsprung durch Selbstregulierung. Datenschutz als Chance für den Wettbewerb, DuD 2012, S. 207; *Kranz*, Neue Aufgaben für den betrieblichen Datenschutzbeauftragten, DuD 1999, S. 463; *Schaar*, Selbstregulierung und Selbstkontrolle – Auswege aus dem Kontrolldilemma?, DuD 2003, S. 421; *Schröder*, Selbstregulierung im Datenschutzrecht – Notwehr oder Konzept? – Das Verhältnis zwischen Gesetzgebung und selbstregulatorischen Ansätzen, ZD 2012, S. 418; *Schröder*, Die Haftung für Verstöße gegen Privacy Policies und Codes of Conduct nach US-amerikanischem und deutschem Recht, Baden-Baden 2007; *Walz*, Selbstkontrolle versus Fremdkontrolle – Konzeptwechsel im deutschen Datenschutzrecht, in: Simon/Weiss (Hrsg.), Zur Autonomie des Individuums, Liber Amicorum für Spiros Simitis, Baden-Baden 2000, S. 455.

Übersicht

I. Allgemeines

1 § 38a BDSG gewährt Berufsverbänden und sonstigen Vertretern von Interessensgruppen die Möglichkeit, der zuständigen Aufsichtsbehörde Entwürfe für Verhaltensregeln zur Prüfung auf Vereinbarkeit mit dem Datenschutzrecht vorzulegen.

1. Gesetzeszweck

2 Zweck der Regelung ist laut Gesetzesbegründung die Vereinheitlichung interner Verhaltensregeln zur Förderung der Durchführung von datenschutzrechtlichen Regelungen.[1] Teleologisch ausgelegt kann damit nicht nur die Vereinheitlichung im Sinne der Nivellierung bestehender Regelungen gemeint sein. Vielmehr dürften gerade auch verbands- oder interessensvertreterseitig entworfene Verhaltensregeln, die für ihren Bereich erstmalig die Anwendung von Datenschutzregeln zu vereinheitlichen suchen, ebenfalls von der Regel umfasst sein.[2]

3 Die Verhaltensregeln[3] ersetzen die Vorschriften des BDSG nicht, sondern konkretisieren diese lediglich in Hinblick auf die gruppen-, etwa branchentypischen Datenverarbeitungen.[4] Sie sollen die Einhaltung von bestehendem Datenschutzrecht befördern. Die Aufsichtsbehörde prüft die Verhaltensregeln vorab (sog. Prinzip der regulierten Selbstregulierung)[5] und schafft damit Rechtssicherheit in Hinblick auf

---

1 BT-Drs. 14/4329, S. 3046; *Petri*, in: Simitis, BDSG, § 38a Rn. 1.
2 *Bizer*, in: Simitis, BDSG, 6. Aufl., § 38a Rn. 2.
3 Zum Begriff *Schröder*, Haftung für Verstöße gegen Privacy Policies und Codes of Conduct, S. 153.
4 *Bizer*, DuD 2001, S. 126.
5 *Petri*, in: Simitis, BDSG, § 38a Rn. 1; *Roßnagel*, Hdb. DSR, Kap. 3.6, Rn. 47 f., 68 ff.

branchentypische Datenflüsse.[6] Für die Betroffenen erhöht sich durch konkretisierte Regeln zur Datenverarbeitung die Transparenz hinsichtlich der Verwendung ihrer Daten. Durch das förmliche Prüfungsverfahren soll den Verhaltensregeln als amtlich anerkannte Interpretationshilfe größere Autorität und damit stärkere Aufmerksamkeit verliehen werden, nicht jedoch um sie gleichzeitig für verbindlich zu erklären.[7] Ziel des § 38a BDSG ist es demnach, durch Hilfestellung und amtliches Prüfsiegel die Entwicklung von Verhaltensregeln und damit die Selbstregulierung zu fördern. Gleichzeitig soll die Durchsetzung von nicht gesetzeskonformen Verhaltensregeln verhindert werden, bevor sie veröffentlicht werden.[8]

Normziel ist weiterhin die Flankierung des hoheitlichen Handelns als „zweite Säule   **4**
des Datenschutzes".[9] § 38a BDSG versteht sich damit als echtes Selbstregulierungsinstrument[10] und ist als solches grundsätzlich geeignet, das in Bezug auf den Datenschutz bestehende Vollzugsdefizit[11] zu lindern. Die Identifikation mit Regelungen, die Vertreter der Interessensgruppe entwickelt haben, dürfte höher sein als gegenüber staatlich oktroyierten.[12] Ferner ist private Regulierung dazu geeignet, einen wirtschaftlichen Vorteil gegenüber staatlichem Normenerlass nebst staatlicher Gerichtsbarkeit zu entfalten.[13]

2. Europarechtliche Grundlagen

Seine unmittelbare europarechtliche Grundlage findet § 38a BDSG in Art. 27 EG-   **5**
DSRl, der die Europäische Kommission und die Mitgliedstaaten zur Förderung derartiger Selbstregulierungsansätze verpflichtet. Art. 27 EG-DSRl baut auf entspre-

---

6 LT-Drs. Schleswig-Holstein 16/2439, S. 89; „Arbeitskreis Datenschutz in Recht und Praxis" im BvD e. V., DuD 2010, S. 256.
7 Siehe Rn. 29 f.
8 Vgl. Erläuterung des Gesetzesentwurfs zur Änderung des BDSG vom 18.8.2000 – BR-Drs. 461/00, S. 46.
9 Als eine solche erkennt die OECD Selbstregulierungsverfahren an, indem sie eine Gleichwertigkeit zwischen selbstregulativen Regelwerken und nationalen Regulierungen vorsieht, Nr. 19 der OECD „Leitlinien für den Schutz des Persönlichkeitsbereiches und des grenzüberschreitenden Verkehr personenbezogener Daten" vom 23.9.1980, OECD Dokument C(80)58(final), BAnz. Nr. 215 vom 14.11.1981.
10 Zu Typen der Selbstregulierung *Bizer*, DuD 2001, S. 168.
11 So auch der Bundesbeauftragte für den Datenschutz *Schaar* anlässlich seiner am 27.2.2004 gehaltenen Eröffnungsrede „Ansätze zur Stärkung der Selbstregulierung bei der Modernisierung des Datenschutzrechts" zum Symposium anlässlich des 65. Geburtstages von *Wolfgang Kilian*, abzurufen unter www.bfdi.bund.de/cae/servlet/contentblob/416342/publicationFile/24872/Rede7–04AnsaetzezurStaerkungderSelbstregulierung.pdf; *Walz*, Selbstkontrolle versus Fremdkontrolle – Konzeptwechsel im deutschen Datenschutzrecht, S. 455 (456); *Schröder*, Haftung für Verstöße gegen Privacy Policies und Codes of Conduct, S. 17.
12 *Bizer*, in: Simitis, BDSG, 6. Aufl., § 38a Rn. 9.
13 *Hullen*, in: Plath, BDSG, § 38a Rn. 4.

chenden Selbstregulierungsinstrumenten aus den Niederlanden,[14] Großbritannien und Irland auf.[15]

6 Die Vorschrift des § 38a BDSG wurde – wie auch die anderen auf die EG-DSRl zu-rückgehenden Vorschriften des BDSG – im Jahr 2000 mit großer Eile entworfen, da sich die Bundesrepublik Deutschland mit der Umsetzung erheblich in Verzug be-fand.[16] Ein Vertragsverletzungsverfahren vor dem EuGH war bereits anhängig, als die Bundesregierung ihren Gesetzesentwurf auf den parlamentarischen Weg brach-te.[17] Der Entwurf stützte sich weniger auf eigene Vorarbeiten zur Frage der Selbst-regulierung, sondern übernahm weitgehend die Vorstellungen des Richtlinien-gebers.[18] Mit der Einführung von § 38a BDSG zur aufsichtsbehördlichen Prüfung erfüllte die Bundesrepublik Deutschland ihre Förderungsverpflichtung zu mehr Rechtssicherheit und datenschutzrechtlicher Konformität.[19] Unterstrichen wird dies durch die Regel, dass die Aufsichtsbehörden den verantwortlichen Stellen auch be-ratend zur Seite stehen.[20]

7 § 38a BDSG transferiert allerdings ausschließlich Art. 27 Abs. 2 EG-DSRl in deut-sches Recht. Art. 27 Abs. 3 EG-DSRl sieht darüber hinaus vor, dass Entwürfe von Verhaltensregeln, deren Anwendungsbereich über einen einzelnen Mitgliedstaat hi-nausgeht, der Art. 29-Gruppe zur Prüfung unterbreitet werden können.[21] In Art. 38 des Entwurfs der geplanten Europäischen Datenschutz-Grundverordnung findet sich eine ähnliche Förderungsverpflichtung für die Mitgliedstaaten und die Kom-mission, die ergänzend auch die Aufsichtsbehörden in den Kreis der zur Förderung Verpflichteten einbezieht.[22]

8 Wie sich aus Erwägungsgrund 61 EG-DSRl ergibt, ist es weiterhin Ziel von Art. 27 EG-DSRl, sowohl auf nationaler wie auf europäischer Ebene die unterschiedlichen

---

14 *Hustinx*, Co-regulation or self-regulation by public and private bodies – the case of data protection, S. 283, (284 f.); *Petri*, in: Simitis, BDSG, § 38a Rn. 2.

15 *Jacob/Heil*, Datenschutz im Spannungsfeld von staatlicher Kontrolle und Selbstregulie-rung, S. 213 (217); *Heil*, DuD 2001, S. 129 (131).

16 Die Richtlinie 95/46/EG war gemäß deren Art. 32 Abs. 1 bis zum 24.10.1998 in deutsches Recht umzusetzen.

17 Rechtssache C-443/00, Kommission der Europäischen Gemeinschaften gegen Bundesre-publik Deutschland.

18 *Bizer*, in: Simitis, BDSG, 6. Aufl., § 38a Rn. 16; *Simitis*, in: Simitis, BDSG, Einl. Rn. 97.

19 *Heil*, DuD 2001, S. 129 (131).

20 *Petri*, in: Simitis, BDSG, § 38a Rn. 14, unter Verweis auf § 38 Abs. 1 Satz 2 BDSG.

21 *Petri*, in: Simitis, BDSG, § 38a Rn. 4; so wurde auf der Basis von Art. 27 Abs. 3 EG-DSRl ein Privacy Code of Conduct der Federation of European Direct Maketing (DEDMA) von der Europäischen Kommission entwickelt und für die europaweite Anwendung genehmigt, vgl. WP 77 der Art. 29-Gruppe vom 13.6.2003, nachdem ein erster Vorschlag der IATA im Jahre 2001 abgelehnt worden war, vgl. WP 49 der Art. 29-Gruppe vom 14.9.2001. Das Verfahren ist gesondert in WP 13 der Art. 29 Gruppe vom 10.8.1998 geregelt.

22 Entwurf abrufbar unter http://eur-lex.europa.eu/LexUri.S.erv/LexUri.S.erv.do?uri= COM:2012:0011:FIN:DE:PDF.

Wirtschaftskreise zu ermutigen, für ihren Bereich datenschutzrechtliche Verhaltensregeln auszuarbeiten. So soll die bereichsspezifische Relevanz der aufgrund der EG-DSRl erlassenen einzelstaatlichen Datenschutzvorschriften erhöht werden.[23] In Deutschland ließen Erfolge lange auf sich warten: Erst Ende 2012 gab es das erste Vorlageverfahren, das mit einem positiven Feststellungsbescheid endete. Antragsteller war der Gesamtverband der Deutschen Versicherungswirtschaft e. V., der für seine Mitglieder einen „Code of Conduct" ausgearbeitet und dem Berliner Beauftragten für Datenschutz und Informationssicherheit vorgelegt hatte. Vorausgegangen waren längere Verhandlungen zwischen dem Düsseldorfer Kreis und dem GDV e. V. zur Abstimmung der Verhaltensregeln. Seit Anfang 2013 können nun die 450 Mitgliedsunternehmen freiwillig den „Verhaltensregeln für den Umgang mit personenbezogenen Daten durch die Deutsche Versicherungswirtschaft" beitreten und sich so zu ihrer Einhaltung verpflichten. Vorschläge für Verhaltensregeln aus anderen Branchen sind bislang aber erfolglos geblieben.[24] Unverändert steht § 38a BDSG auch nicht nachhaltig auf der politischen Agenda.[25] Existent sind hingegen Datenschutz-Kodizes, die inhaltlich nicht auf das behördliche Prüfverfahren nach § 38a BDSG ausgerichtet sind[26] und dementsprechend ohne das amtliche „Gütesiegel"[27] auskommen müssen.

3. Verhältnis zu anderen Vorschriften

Ebenfalls selbstregulativ handeln Unternehmen im Falle der Implementierung von   **9**
sog. „Binding Corporate Rules" gem. § 4c Abs. 2 BDSG.[28] Während Verhaltensregeln im Sinne des § 38a BDSG von Berufsverbänden oder anderen Vertretern von Interessensgruppen entworfen werden, handelt es sich bei Binding Corporate Rules um verbindliche unternehmenseigene Regelungen, also um datenschutzrechtliche Regelwerke, die sich international tätige Unternehmen mit dem Ziel gegeben haben, personenbezogene Daten auch in Drittstaaten transferieren zu dürfen. Verhaltensregeln nach § 38a BDSG sind für sich genommen nicht geeignet, ausreichende verbindliche Garantien im Sinne des § 4c Abs. 2 BDSG zu schaffen.[29]

---

23 BT-Drs. 15/888, S. 29.
24 LT-Drs. Schleswig-Holstein 16/2439, S. 89; *Petri*, in: Simitis, BDSG, § 38a Rn. 6.
25 „Der Bundesregierung liegen keine näheren Erkenntnisse vor, in welchem Umfang Verbände von der Möglichkeit des § 38a BDSG Gebrauch machen", heißt es auf eine kleine Anfrage (BT-Drs. 16/8578) in der Antwort der Bundesregierung (BT-Drs. 16/8668, S. 6).
26 *Kinast/Schröder*, ZD 2012, S. 208, unter Verweis auf den Entwurf des Datenschutz-Kodex Geodatendienste, abrufbar unter www.bitkom.org/files/documents/Datenschutz_Ko dex.pdf und einen Verhaltenskodex für Betreiber von Diensten im Web 2.0 bei der FSM.
27 *Gola/Schomerus*, BDSG, § 38a Rn. 1.
28 Siehe § 4c BDSG Rn. 28 ff.
29 *Gola/Schomerus*, BDSG, § 38a Rn. 3; zur Abgrenzung von Verhaltensregeln zu verbindlichen Unternehmensregeln siehe *Abel*, RDV 2003, S. 11; *Büllesbach/Höss-Löw*, DuD 2001, S. 135 (137), *Schröder*, Haftung für Verstöße gegen Privacy Policies und Codes of Conduct, S. 171 ff. (insbesondere S. 179 f.).

10 Neben § 38a BDSG sind Verhaltensregeln ebenfalls in § 41 Abs. 1 BDSG geregelt. Das sog. Medienprivileg nimmt die ausschließlich journalistisch-redaktionelle und literarische Erhebung, Verarbeitung und Nutzung personenbezogener Daten weitgehend von den ansonsten einzuhaltenden Datenschutzbestimmungen aus. Die Länder sind jedoch nach der Rahmengesetzgebung des § 41 Abs. 1 BDSG[30] u.a. dazu verpflichtet, eine dem § 38a BDSG entsprechende Regelung in ihr Presserecht zu implementieren. Regelmäßig verweist das Landespresserecht lediglich auf die Geltung des § 38a BDSG.[31] Eine Verpflichtung für die Presse zur Schaffung von Verhaltensregeln ergibt sich daraus nicht. Ungeachtet dessen existiert eine Selbstregulierung des Deutschen Presserates,[32] die sich auch auf datenschutzrechtliche Standards bezieht und durch Ausführungsregeln konkretisiert wird.[33] Allerdings wurde der Kodex der zuständigen Aufsichtsbehörde nicht zur Überprüfung vorgelegt, eine wirksame Feststellung der Datenschutzkonformität im Sinne von § 38a BDSG ist nicht gegeben. Aus der Satzung des Trägervereins des Deutschen Presserats e.V. vom 13.2.2001 folgt für die Mitglieder unmittelbar die Verbindlichkeit dieser Regeln. Verlage von periodischen Druckwerken können sie mittels einer ausdrücklichen Selbstverpflichtung,[34] die § 10 der Satzung des Presserates anregt, freiwillig vornehmen. Der Betroffene hat jedoch keinen Anspruch auf Einhaltung dieser Satzung: Zum einen ist der Regelungsgehalt der Selbstregulierung nicht tiefer als der des BDSG und TMG, wodurch es bei der Geltung der gesetzlichen Standards bleibt. Zum anderen wirkt eine Satzung stets nur inter pares. Alles andere würde eine Regel außerhalb des Geschäftsbereichs darstellen und damit außerhalb der dem Verein aufgrund seiner Satzung gegebenen Kompetenz liegen.[35] Ein Verstoß gegen den Pressekodex zieht allenfalls verbandsrechtliche Konsequenzen nach sich. Nur wenn der Verstoß neben dem Pressekodex auch Regelungen des BDSG oder des TMG verletzt, drohen darüber hinausgehende Folgen. Ein Verstoß gegen solche Regelungen indiziert allerdings nicht auch regelmäßig einen Verstoß gegen den Pressekodex, dieser muss für den Einzelfall positiv festgestellt werden.[36]

---

30 Siehe § 41 BDSG Rn. 13.
31 Siehe nur § 5 Landesgesetz über die Presse des Landes Rheinland-Pfalz vom 14.6.1965 (GVBl. 1965, S. 107); § 12 Pressegesetz für das Land Nordrhein-Westfalen (Landespressegesetz NRW) vom 24.5.1966 (GVBl. 1966, S. 340).
32 *Bizer*, DuD 2002, S. 561 (561). sowie die Grundsätze zum Redaktionsdatenschutz des deutschen Presserates, vgl. *Bizer*, DuD 2002, S. 561 (561).
33 Ziff. 8 nimmt pauschal auf die Pflicht zur „Achtung der informationellen Selbstbestimmung" Bezug und gewährleistet auch den redaktionellen Datenschutz. Doch hat der Presserat zu Ziff. 8 des Pressekodexes entsprechende Richtlinien erlassen und einen besonderen Beschwerdeausschuss zum Redaktionsdatenschutz eingerichtet, vgl. *Schaar*, DuD 2003, S. 421 (423).
34 Siehe www.presserat.info/uploads/media/Selbstverpflichtungserklaerung.pdf.
35 Zur Vereinssatzung als Verhaltensregel im Sinne des § 38a BDSG *Schröder*, Haftung für Verstöße gegen Privacy Policies und Codes of Conduct, S. 180 f.
36 *Heil*, DuD 2009, S. 228 (229).

Das in § 9a BDSG vorgesehene Datenschutzaudit stellt wie die Verhaltensregeln **11** ein Instrument der Selbstregulierung dar. Doch während das Audit den Zweck erfüllt, Transparenz hinsichtlich der Verbesserung des Datenschutzes und der Datensicherheit einer einzelnen verantwortlichen Stelle oder eines einzelnen Dienstleisters[37] herzustellen, dient § 38a BDSG der Schaffung von rechtswirksamen Datenschutzregeln auf unternehmensübergreifender Ebene.

II. Unterbreiten von selbstregulatorischen Verhaltensregeln (Abs. 1)

§ 38a Abs. 1 BDSG bestimmt, dass Berufsverbände und andere Vereinigungen, die **12** bestimmte Gruppen von verantwortlichen Stellen vertreten, Entwürfe für Verhaltensregeln zur Förderung der Durchführung von datenschutzrechtlichen Regelungen der zuständigen Aufsichtsbehörde unterbreiten können.

1. Vorlageberechtigte

Die Entwürfe für Verhaltensregeln dürfen von Berufsverbänden und anderen Verei- **13** nigungen, die bestimmte Gruppen von verantwortlichen Stellen vertreten, zur behördlichen Prüfung auf Datenschutzkonformität vorgelegt werden. § 38a BDSG verpflichtet nicht zur Vorlage,[38] für Verbände und Vereinigungen besteht kein Zwang zur Ausarbeitung von Verhaltensregeln. Neben der expliziten Nennung der Berufsverbände deutet der Tatbestand der „bestimmten Gruppen von verantwortlichen Stellen" auf ein Homogenitätserfordernis[39] die Verbände und Vereinigungen betreffend hin, die die Verhaltensregeln anwenden wollen. Das ergibt sich auch aus dem § 38a BDSG zugrunde liegenden Konkretisierungserfordernis,[40] denn wenn das geltende Datenschutzrecht durch Verhaltensregeln näher ausgestaltet werden soll, müssen die Anwender bedeutende oder eine Mehrzahl von tatsächlichen oder rechtlichen Gemeinsamkeiten aufweisen, die eine gemeinsame Datenschutzpraxis nahe legen oder sogar erforderlich machen.

Solche Gemeinsamkeiten ergeben sich stets in Bezug auf die beispielhaft vom Ge- **14** setzgeber genannte Abgrenzung „Berufsgruppe". Ob die – unabdingbarer Weise selbst datenverarbeitenden[41] – Mitglieder bei verantwortlichen Stellen tätig sind oder selbst als solche agieren, ist für die Vorlageberechtigung der Berufsverbände unerheblich; denn Interessensvereinigungen treten sowohl als Verbände von natürlichen oder juristischen Personen in Erscheinung. Erstere sind häufig in Vereinsform organisiert. Voraussetzung ist nur, dass Mitglieder der Gruppe verantwortliche

---

37 Siehe § 9a BDSG Rn. 2 f.
38 *Petri*, in: Simitis, BDSG, § 38a Rn. 10.
39 *Petri*, in: Simitis, BDSG, § 38a Rn. 12; *Gola/Schomerus*, BDSG, § 38a Rn. 4.
40 Siehe Rn. 3.
41 *Petri*, in: Simitis, BDSG, § 38a Rn. 11; *Gola/Schomerus*, BDSG, § 38a Rn. 37.

Stellen und damit als Verarbeiter von Daten Adressaten datenschutzrechtlicher Pflichten sind.[42] Im Rahmen von § 38a BDSG ist keine Einstimmigkeit innerhalb der Vereinigung nötig, um eine Vorlage zu erwirken.[43] Ebenfalls müssen für die Vorlage von Verhaltensregeln einem Berufsverband nicht sämtliche Berufsträger angehören, weil praktisch nur bei Kammerzwang (Rechtsanwalts-, Architektenkammern usw.) eine geschlossene Mitgliedschaft vorliegt.[44] Vereinigungsinterne Regelungen wie zum Beispiel die Satzung können Abweichendes lediglich mit Wirkung im Innenverhältnis festlegen.

15 Gleiches gilt für „andere Vereinigungen" im Sinne von § 38a BDSG, die neben den berufsbezogenen Verbänden vorlageberechtigt sind, weil sie „bestimmte", also nach allgemeinen Merkmalen, etwa nach Sitz, Umsatzhöhe, Mitarbeiterzahl,[45] oder Branche abgrenzbare Gruppen vertreten, denen als verantwortliche Stellen Adressaten datenschutzrechtlicher Pflichten angehören. Dazu zählen insbesondere wirtschaftsbezogene Verbände, z. B. Gewerkschaften, Arbeitgeberverbände, Mietervereine, Sozialverbände, Haus- und Grundbesitzerverbände. Nicht darunter fallen Verbraucher- oder Datenschutzverbände,[46] wissenschafts- und forschungsbezogene Verbände, z. B. Deutsche Forschungsgemeinschaft; sozial- und gesellschaftsbezogene Verbände, z. B. Deutsches Rotes Kreuz, Weißer Ring oder Naturschutzbund, sowie kultur-, sport- und freizeitbezogene Verbände, z. B. Jugendverband, Deutscher Sportbund.

16 Auftragnehmer fallen über die Definition des § 3 Abs. 7 BDSG nicht in den unmittelbaren Anwendungsbereich, weil sie nicht als verantwortliche Stelle gelten. Für sie sind in erster Linie die im Vertrag zur Auftragsdatenverarbeitung vereinbarten Regeln maßgeblich, die zwingender Bestandteil sind und nicht von Verhaltensregeln der Auftragnehmer überlagert werden können. Auftragnehmer trifft jedoch nach § 11 Abs. 4 BDSG eine eigenständige Verpflichtung, für den Datenschutz Sorge zu tragen. Diesbezüglich ist ihnen die Abstimmung über Verhaltensregeln nach § 38a BDSG nicht zu versagen.[47] Zulässig ist weiterhin die Vorlage durch Vertreter von „im Verband" handelnden Konzernen.[48] Die erforderliche, im Sinne von § 38a BDSG identitätsstiftende Gemeinsamkeit besteht dabei in der Zugehörigkeit zu einem gesellschaftsrechtlichen Gebilde und dem damit bestehenden Interesse an gemeinsamen Regeln zur Verarbeitung von personenbezogenen Daten. Konzernweit gem. § 38a BDSG etablierte Verhaltensregeln stehen im Übrigen nicht in Konkurrenz zu Corporate Binding Rules, denn Letztere legitimieren den Datenverkehr auch in unsichere Drittländer, Erstere konkretisieren das bestehende nationale, al-

---

42 *Petri*, in: Simitis, BDSG, § 38a Rn. 11.
43 *Petri*, in: Simitis, BDSG, § 38a Rn. 11.
44 *Hullen*, in: Plath, BDSG, § 38a Rn. 11.
45 *Bizer*, in: Simitis, BDSG, 6. Aufl., § 38a Rn. 38.
46 *Petri*, in: Simitis, BDSG, § 38a Rn. 14.
47 *Petri*, in: Simitis, BDSG, § 38a Rn. 13.
48 *Petri*, in: Simitis, BDSG, § 38a Rn. 12; *Gola/Schomerus*, BDSG, § 38a Rn. 4.

lenfalls noch das innereuropäische Datenschutzniveau.[49] Neben Konzernen sind erst recht Joint Ventures, die als Gründungsmerkmal stets ein gleichgelagertes Interesse aufweisen, durch einen Vertreter gem. § 38a BDSG zur Vorlage von Verhaltensregeln berechtigt. Dies gilt insbesondere, wenn etwa die Muttergesellschaften der beteiligten Gesellschaften jeweils verschiedene Formen des praktischen Umganges mit Datenschutzfragen aufweisen oder allesamt oder teilweise selbst Verhaltensregeln gem. § 38a BDSG praktizieren. Dann ist es im Sinne der gesuchten Transparenz, eine Positionierung des Joint Ventures durch eigene Regeln vorzunehmen.

Nach zum Teil vertretener Ansicht müssen anders als der Berufsverband die anderen Vereinigungen eine Repräsentativität im Sinne einer Mehrheitsvertretung in der Vergleichsgruppe vorweisen können.[50] Die Gruppen sind jedoch nicht trennscharf genug definierbar und Mehrheiten nur schwer feststellbar. Zudem widerspräche diese Voraussetzung dem Schutzzweck der Norm, die nach Erwägungsgrund 61 EG-DSRl die Vorlage von Verhaltensregeln befördern soll. Der Gesetzeswortlaut verlangt nicht nach mehrheitlichem Handeln, sondern spricht schlicht von Vertretern bzw. Verbänden. Auf ein Repräsentativitätsmerkmal kommt es im Rahmen von § 38a BDSG nicht an.   **17**

2. Entwürfe für Verhaltensregeln

Regelungsgegenstand sind Verhaltensregeln zur Förderung der Durchführung von datenschutzrechtlichen Regelungen. Nach den Verhaltensregeln verpflichten sich die vertretenen Berufe und anderen Gruppen gemeinsam und freiwillig zur Einhaltung dieser Regelungen, soweit die Mitglieder der Vereinigung den Regeln beigetreten sind. Allein aus positiv beschiedenen Verhaltensregeln folgt nicht automatisch für sämtliche Mitglieder eines Verbands oder einer Vereinigung eine Verpflichtung gegenüber Betroffenen. Eine dahingehende Erklärungshaftung gegenüber Dritten wird im deutschen Recht zu Recht abgelehnt. Freiwillige Selbstverpflichtungen sind grundsätzlich nicht bindend[51] und begründen mithin als solche keinen Rechtsanspruch der Betroffenen. Zwar werden aus Selbstverpflichtungen immer wieder auch Ansprüche Dritter hergeleitet, die der in diesen Fällen als Willenserklärung verstandenen Selbstverpflichtung zur Geltendmachung dieser An-   **18**

---

49 Siehe Rn. 9 sowie § 4c BDSG Rn. 28 ff.; zu einer Kombination der verschiedenen Selbstregulierungsmöglichkeiten vgl. *Kranz*, DuD 1999, S. 463 (464).
50 *Dammann/Simitis*, EG-Datenschutzrichtlinie, Art. 28 Rn. 11.
51 Wie hier *Dammann/Simitis*, EG-Datenschutzrichtlinie, Art. 27 Rn. 1, die von „Softlaw zur Erzeugung von Softlaw" sprechen; a. A. wohl ULD, Tätigkeitsbericht 2009, LT-Drs. Schleswig-Holstein 16/2439, S. 89, der festhält: „Die Branche legt die Datenverarbeitung seiner Unternehmen in den Verhaltensregeln offen und verpflichtet sich hierauf verbindlich. So wird auch die Überprüfbarkeit der Datenverarbeitung verbessert. Die Betroffenen können auf die Festlegungen bauen, weil die Aufsichtsbehörde diese überprüft hat."

sprüche beitreten. Doch wird dies in den entsprechenden Einzelfällen[52] immer damit begründet, dass die Selbstverpflichtungen vorgenommen wurden, um damit eine – regelmäßig als nicht genehm befürchtete – gesetzliche Regelung zu verhindern. Streng genommen kann in diesen Fällen demnach von einer Freiwilligkeit der Selbstverpflichtung tatsächlich nicht ausgegangen werden. Bisher hat es für die Anwendung einer Selbstverpflichtung nach § 38a BDSG jedoch noch keinen staatlichen Druck gegeben. Diesbezüglich wäre auch in Zukunft bis auf Weiteres von einer Freiwilligkeit auszugehen, weil durch die Vorlage einer Verhaltensregel nach § 38a BDSG kein Recht in seiner Entstehung gehindert, sondern bestehendes Recht konkretisiert werden soll. Vereinigungen und Verbänden bleibt es unbenommen, in den Verhaltensregeln tatsächlich Ansprüche für Betroffene zu formulieren, die nach Beitritt zu den Regeln dann auch im Außenverhältnis durchsetzbar sind.[53] Zum Teil wird vertreten, dass Verhaltensregeln wirksame Mechanismen zwecks Durchsetzung und Sanktionierung benötigen, damit überhaupt von Regulierung gesprochen werden könne. Anderenfalls handele es sich um Regeln zur unverbindlichen Selbstverpflichtung ohne regulierenden Charakter.[54]

19 Nach dem Wortlaut der Vorschrift dürfen der Aufsichtsbehörde lediglich Entwürfe von Verhaltensregeln vorgelegt werden, nicht hingegen schon in Kraft gesetzte Verhaltensregeln. Eine nachträgliche Überprüfung ist vom Regelungsbereich des § 38a BDSG nicht umfasst, wohl aber nach § 38 BDSG möglich.[55] Doch spricht nichts dagegen, auch bereits bei einzelnen Mitgliedern der Interessensgruppe existierende Verhaltensregeln, die das Anerkennungsverfahren nach § 38a BDSG nicht durchlaufen haben, etwa zusammen mit neu ausgearbeiteten Verhaltensregeln, die sich noch im Entwurfsstadium befinden, aber mit den bereits bestehenden Verhaltensregeln nicht in Widerspruch stehen, in ihrer Gesamtheit der Aufsichtsbehörde zur Prüfung im Anerkennungsverfahren nach § 38a BDSG vorzulegen. Dies widerspricht auch nicht dem mit § 38a BDSG verfolgten präventiven Ansatz, der insofern mit der datenschutzrechtlichen Vorabkontrolle durch die Aufsichtsbehörde gem. § 4d Abs. 5 f. BDSG, zu vergleichen ist.[56] Hierdurch soll nach der Intention des Gesetzgebers lediglich verhindert werden, dass sich Berufsverbände und die sonstigen

---

52 So hinsichtlich der Selbstverpflichtung „Girokonto für jedermann" auf Grundlage der entsprechenden Empfehlung vom Zentralen Kreditausschuss der Banken, mit dem sich teilnehmende Banken nach Ansicht von LG Bremen WM 2005, 2137, LG Berlin WM 2003, 1895, rechtswirksam gegenüber jedem Dritten verpflichten, die Eröffnung und Führung eines Girokontos vorzunehmen.
53 So zum Beispiel in den „Verhaltensregeln für den Umgang mit personenbezogenen Daten durch die deutsche Versicherungswirtschaft", dort Art. 23 ff. „Rechte der Betroffenen" in Verbindung mit Art. 30 Abs. 1, der mit dem Beitritt zu den Verhaltensregeln gleichzeitig die Verpflichtung zur Einhaltung festlegt, abrufbar z.B. unter www.signal-iduna.de/9_Transfer/0369001_Nov12.pdf.
54 *Roßnagel*, Hdb. DSR, Teil 3.6 Rn. 3; vgl. auch *Hullen*, in: Plath, BDSG, § 38a Rn. 2.
55 *Bizer*, in: Simitis, BDSG, 6. Aufl., § 38a Rn. 46.
56 *Bizer*, in: Simitis, BDSG, 6. Aufl., § 38a Rn. 22.

Interessensvertreter interne Verhaltensregeln geben, die in Widerspruch zu den gesetzlichen Regelungen des BDSG stehen[57] und auf diese Weise nicht nur ein „falsches Signal" setzen, sondern womöglich zu einer Beschädigung des Instruments der datenschutzrechtlichen Selbstregulierung beitragen. Dieses Interesse wird auch durch eine gemeinsame Vorlage von bestehenden und neuen Klauseln gefördert. Nach der gegenteiligen Ansicht, die nur bisher nicht in Kraft getretene Verhaltensregeln zur Unterbreitung zulässt, könnte die zum Einreichungszeitpunkt bereits erfolgte Veröffentlichung von Verhaltensregeln von Branchenmitgliedern dazu führen, dass die dortigen nicht notwendigerweise illegitimen Regeln in einem Verfahren nach § 38a BDSG außer Betracht bleiben müssten.[58] Dagegen spricht auch die Intention der zugrunde liegenden EG-DSRl.[59] Lediglich Verhaltensregeln, die bereits Gegenstand eines Vorlageverfahrens waren, dürfen im Falle der Ablehnung nicht erneut unverändert vorgelegt werden.[60]

3. Verhaltensregeln zur Durchführung datenschutzrechtlicher Regelungen

Die vorgelegten Verhaltensregeln müssen der „Durchführung von datenschutz-   **20**
rechtlichen Regelungen" dienen. Art. 27 EG-DSRl verdeutlicht, dass mit Letzteren alle bestehenden „einzelstaatlichen Vorschriften" gemeint sind. Alle in einem Mitgliedstaat etablierten datenschutzrechtlichen Regelungen, ob gesetzliche oder diese konkretisierende untergesetzliche, sind damit vom Anwendungsbereich der Norm umfasst. Datenschutzrechtliche Regelungen sind alle Regeln über das Erheben, Verarbeiten und Nutzen personenbezogener Daten. Ein Durchführen liegt vor, wenn eine Anwendung der bestehenden Regelungen auf interessensgemeinschaftsspezifische Sachverhalte erfolgt.[61]

Die vorzulegenden Verhaltensregeln müssen die Durchführung von datenschutz-   **21**
rechtlichen Regelungen „fördern". Dieses Tatbestandsmerkmal wird gelegentlich aufsichtsbehördlich dahingehend interpretiert, dass von den Verhaltensmaßregeln ein datenschutzrechtlicher „Mehrwert" ausgehen muss, weil sonst die Verhaltensregel darauf beschränkbar wäre, die gesetzlichen Regeln wiederzugeben.[62] Von welcher Art ein solcher Mehrwert zu sein habe, ist nicht klar.[63] Zum Teil wird dieser

---

57 Vgl. BT-Drs. 14/4329 vom 13.10.2000, S. 46.
58 In diesem Sinne auch *Bizer*, in: Simitis, BDSG, 6. Aufl., § 38a Rn. 46.
59 Siehe oben Rn. 5 ff. (insbesondere Rn. 8) und Rn. 17.
60 *Petri*, in: Simitis, BDSG, § 38a Rn. 19.
61 *Bizer*, in: Simitis, BDSG, 6. Aufl., § 38a Rn. 43.
62 Vgl. umfassend *Abel*, RDV 2003, S. 11 (14).
63 So wird zum Teil „Mehrwert" mit dem Hinausgehen über die gesetzlichen Regelungen durch die Verhaltensregelungen gleichgesetzt, vgl. *Karstedt-Merierrieks*, DuD 2001, S. 287 (288), *Weichert*, in: Däubler/Klebe/Wedde/Weichert, BDSG, § 38a Rn. 2.

Mehrwert in einer erfolgenden Konkretisierung gesehen.[64] Im positiven Bescheid des Berliner Beauftragten für Datenschutz gegenüber dem GDV e. V. wird der datenschutzrechtliche Mehrwert darin gesehen, dass die gesetzlichen Anforderungen konkretisiert werden und die Unternehmen so leichter die gesetzlichen Vorgaben umsetzen können. In dieser Formulierung erschöpft sich der Bescheid, Konkretisierungen oder tatsächliche Anwendungshinweise werden nicht formuliert. Gelegentlich scheint jedoch aufsichtsbehördlich nicht nur die Überprüfung auf das Vorliegen einer irgendwie gearteten Konkretisierung vorgenommen zu werden. Vielmehr werden umfassende Forderungen in Hinblick auf verschiedene Teilregelungsbereiche gestellt.[65] Teilweise genügen die aufgestellten Forderungen der Aufsichtsbehörden kaum mehr dem der Idee der Selbstregulierung zwingend innewohnenden Merkmal der Freiwilligkeit auch in Bezug auf das „Wie". Sie stehen dann nicht in Einklang mit Erwägungsgrund 61 EG-DSRl, der eine Beförderung der Interessenverbände in ihrem Bemühen um die Einführung von Verhaltensregeln fordert.

22 So ist nicht ersichtlich, aufgrund welcher Kompetenz die Aufsichtsbehörde in einem Verfahren nach § 38a BDSG eine Konkretisierung des Schlichtungsverfahrens oder eine Spezifizierung der Rolle des Ombudsmannes verlangen dürfte. Den Anlass gab die Überprüfung der Verhaltensregeln des Bundesverbandes der Deutschen Inkasso-Unternehmen (BDIU) auf Datenschutzkonformität, bei der die Aufsichtsbehörden den materiellen Prüfungsmaßstab festlegten, ohne eine entsprechende gesetzliche Grundlage heranziehen zu können.[66] Selbst eine – nicht gegebene – Verbindlichkeit der Arbeitsunterlage der Art. 29-Gruppe zu deren eigenen Verfahren nach Art. 27 Abs. 3 EG-DSRl für die nationalen Aufsichtsbehörden unterstellt,[67] lässt eine solche weite Prüfungskompetenz nicht zu. Weder Art. 27 EG-DSRl noch § 38a BDSG ver-

---

64 So der Bundesbeauftragte für den Datenschutz *Schaar* anlässlich seiner am 27.2.2004 gehaltenen Eröffnungsrede „Ansätze zur Stärkung der Selbstregulierung bei der Modernisierung des Datenschutzrechts" zum Symposium anlässlich des 65. Geburtstages von *Wolfgang Kilian*, dem Gründer des Instituts für Rechtsinformatik (IRI) der Universität Hannover, abzurufen unter www.bfdi.bund.de/cae/servlet/contentblob/416342/publicationFile/24872/Re de7–04AnsaetzezurStaerkungderSelbstregulierung.pdf; WP 13 der Art. 29-Gruppe vom 10.8.1998 Ziff. 4.1 nimmt zum europäischen Verfahren gem. § 27 Abs. 3 EG-DSRl dahingehend Stellung, als sich die Art. 29-Gruppe vorbehält, ausreichende „Qualität und Kohärenz" zu überprüfen sowie ob er „ausreichend auf die spezifischen Fragen und Probleme des Datenschutzes in der Organisation oder dem Sektor ausgerichtet ist, für die er gelten soll, und für diese Fragen und Probleme ausreichend klare Lösungen bietet".

65 Zum Beispiel des Entwurfs von Verhaltensregeln des Bundesverbandes der Deutschen Inkasso-Unternehmen (BDIU) die Darstellung von *Abel*, RDV 2003, S. 11 (14).

66 So aber die Forderung von Vertretern des Düsseldorfer Kreises, vgl. *Abel*, RDV 2003, S. 11 (14).

67 WP 13 der Art. 29-Gruppe vom 10.8.1998 Ziff. 4.1 nimmt zum europäischen Verfahren gem. § 27 Abs. 3 EG-DSRl dahingehend Stellung, als sich die Art. 29-Gruppe vorbehält, ausreichende „Qualität und Kohäränz" zu überprüfen sowie ob „ausreichend auf die spezifischen Fragen und Probleme des Datenschutzes in der Organisation oder dem Sektor ausgerichtet ist, für die er gelten soll, und für diese Fragen und Probleme ausreichend klare Lösungen bietet".

langen mehr als eine Förderung der Durchführung der bestehenden Datenschutzregeln. Wie weit der Regelungsbereich von Verhaltensregeln oder wie hoch deren Regelungsdichte zu sein hat, gibt der europäische Gesetzgeber gerade nicht vor und steht außerhalb der Beurteilungskompetenz der Verwaltungsbehörde.[68] Andernfalls wäre die Prüfungskompetenz der Aufsichtsbehörden im Rahmen der Vorabprüfung nach § 38a BDSG tendenziell höher als bei einer ex-post-Prüfung gem. § 38 BDSG, was das Verhältnis zwischen beiden Normen gewissermaßen umkehren würde. Ein Mehr an Datenschutz, wie insbesondere in § 9a BDSG zu schaffen beabsichtigt ist, wird von den Verhaltensregeln nicht verlangt.[69] Einzig das nationale materielle Datenschutzniveau darf nicht unterschritten werden. Jede Spezifizierung des bestehenden Datenschutzes auf die Situation der betreffenden Gruppe von verantwortlichen Stellen genügt, um ein „Fördern" sowie ein „Durchführen" im Sinne von § 38a BDSG Abs. 1 BDSG anzunehmen. Nur dies festzustellen oder abzulehnen ist die Aufsichtsbehörde berechtigt und verpflichtet.[70] Ein Mehrwert liegt bereits in der Konkretisierung der gesetzlichen Bestimmungen und die dadurch erreichte erhöhte Transparenz; sonst würde der Anreiz hinsichtlich der Schaffung von Verhaltensregeln (weiter) schwinden.[71] Der im November 2012 ergangene Bescheid des Berliner Beauftragten für Datenschutz und Informationsfreiheit zu den vorgelegten Verhaltensregeln des GDV e. V. beschränkt sich folgerichtig auf die Feststellung, dass die gesetzliche Regelung konkretisiert und den Unternehmen die Anwendung erleichtert werde. Ein darüber hinaus gehender Zweck wird nicht gefordert.

4. Zuständige Aufsichtsbehörden

Die Entwürfe der Verhaltensregeln sind der zuständigen Aufsichtsbehörde vorzulegen. Die sachliche Zuständigkeit der Aufsichtsbehörde folgt aus § 38 Abs. 1 BDSG.[72] Die örtliche Zuständigkeit einer Aufsichtsbehörde richtet sich gemäß § 38 Abs. 6 BDSG nach den landesrechtlichen Zuständigkeitsregeln.[73] Abzustellen ist dabei auf den Sitz des jeweiligen Berufsverbandes oder der sonstigen Vereinigung, die einen Entwurf vorlegt. Sollte der Entwurf bei einer unzuständigen Behörde vorgelegt worden sein oder ändert sich die Zuständigkeit, finden die für diese Fälle geltenden Grundsätze des Verwaltungsverfahrens Anwendung.[74] Da die vorgelegten Verhaltensregeln in vielen Fällen bundesweite Geltung beanspruchen werden, ist

23

---

68 Zu den verwaltungsverfahrensrechtlichen Grenzen der Prüfungskompetenz der Aufsichtsbehörde im Rahmen von § 38a Abs. 2 BDSG s. unten Rn. 28 f.
69 *Gola/Schomerus*, BDSG, § 38a Rn. 5.
70 Siehe Rn. 30 zur verwaltungsrechtlichen Komponente dieses Aspektes.
71 Wie hier *Abel*, RDV 2003, S. 11 f.; *Schröder*, Haftung für Verstöße gegen Privacy Policies und Codes of Conduct, S. 173; für den praxisrelevanten Bereich des Marketings *Berghoff*, RDV 2002, S. 78 (80).
72 Siehe oben Rn. 5.
73 Vgl. § 3 (L)VwVfG.
74 Vgl. dazu: *Kopp/Ramsauer*, VwVfG, § 3 Rn. 13 (14).

im Interesse einer breiten Akzeptanz eine Abstimmung der verschiedenen Aufsichtsbehörden, z. B. im „Düsseldorfer Kreis" der bundesstaatlichen Datenschutz-Aufsichtsbehörden, sinnvoll und angezeigt.[75]

5. Vorlageverfahren

24 Der vorgelegte Entwurf ist – wie sich aus der Gesetzesbegründung ergibt – in rechtlicher, technischer und organisatorischer Hinsicht ausreichend zu begründen[76] und auf Verlangen der Aufsichtsbehörde zu erläutern. Die Notwendigkeit einer Begründung ergibt sich schon aus der Überprüfungspflicht der Aufsichtsbehörde. Welche Anforderungen an die Begründung zu stellen sind, wird dabei in der Regel nur im jeweiligen Einzelfall bestimmt werden können. Maßgeblich werden dabei stets die Ermöglichung der Aufgabenerfüllung der Aufsichtsbehörde und Sinn und Zweck der Vorschrift sein. Daher werden in der Begründung sowohl Ausführungen zum technischen und organisatorischen Aufbau und Ablauf z. B. eines Geschäftsbetriebs oder Geschäftsmodells enthalten sein müssen, als auch Angaben zum rechtlichen Rahmen und insbesondere zu Berührungspunkten mit dem Datenschutzrecht. Es ist auch angezeigt, typischerweise einlangende Beschwerden zu skizzieren und sonstige datenschutzrechtliche Schwachstellen vorhandener Prozesse offen zu adressieren, um so die Angemessenheit der gefundenen Verhaltensregeln überprüfbar zu machen. Eine dahingehende Pflicht besteht jedoch nicht. Wenn lediglich eine Begründung für die gefundenen Verhaltensregeln abgegeben wird, wird weder gegen das Erfordernis des „Förderns" der Durchführung der bestehenden Datenschutzregeln verstoßen,[77] noch darf dies zu einer Nichterteilung des begehrten feststellenden Verwaltungsaktes führen. Dennoch sollte beidseitig ein dialogorientiertes, konsensuales Verwaltungsverfahren praktiziert werden, in dem zwischen den vorlegenden Berufsverbänden und sonstigen Vereinigungen und der Aufsichtsbehörde ein offener Austausch stattfindet, an dessen Ende als Ergebnis im Falle der Datenschutzkonformität die bestätigende Annahme des Entwurfs durch die Aufsichtsbehörde steht. Nur so kann das Prinzip der regulierten Selbstregulierung realisiert und das bestehende Vollzugsdefizit aufgebrochen werden, wie es § 38a BDSG vorsieht.[78]

III. Überprüfung der eingereichten Verhaltensregeln (Abs. 2)

25 Gem. § 38a Abs. 2 BDSG überprüft die zuständige Aufsichtsbehörde[79] die Vereinbarkeit der vorgelegten Entwürfe mit dem geltenden Datenschutzrecht auf deren

---

75 *Gola/Schomerus*, BDSG, § 38a Rn. 8; *Petri*, in: Simitis, BDSG, § 38a Rn. 21; LT-Drs. Schleswig-Holstein 16/2439, S. 83.
76 BT-Drs. 14/4329, S. 46.
77 Siehe Rn. 21.
78 Siehe Rn. 4.
79 Siehe Rn. 22.

Förderung der Durchführung des geltenden Datenschutzrechts in einem förmlichen Verwaltungsverfahren.

1. Prüfpflicht der Aufsichtsbehörde

Prüfungsverpflichtet[80] ist die sachlich und örtlich zuständige Aufsichtsbehörde gem. § 38 Abs. 1 und Abs. 6 BDSG.[81]   **26**

Maßstab der Prüfung ist nach § 38a Abs. 2 BDSG das gesamte für die Anwendung der Verhaltensregeln einschlägige materielle Datenschutzrecht.[82] Die Überprüfung eines von den Aufsichtsbehörden immer wieder geforderten Mehrwerts im Sinne des Vorhandenseins einer materiellen Überlegenheit der Verhaltensregeln gegenüber dem gesetzlichen Regelungsstandard verbietet sich wegen Verstoßes gegen die EG-DSRl sowie nationales Verwaltungsverfahrensrecht.[83]   **27**

Gegenstand der Prüfung sind nicht nur Erstentwürfe von Verhaltensregeln, sondern auch Entwürfe für Änderungen bereits bestehender Verhaltensregeln.[84]   **28**

2. Verwaltungsverfahren

Nach § 38a Abs. 2 BDSG überprüft die Aufsichtsbehörde die ihr unterbreiteten Entwürfe. Diese Überprüfung erfolgt in einem regulären Verwaltungsverfahren.[85] Eingeleitet wird das Verfahren durch die Vorlage des Entwurfs der Verhaltensregeln durch die Berufsverbände und Interessensvertretungen bei der zuständigen Aufsichtsbehörde. Die Vorlage ist regelmäßig mit einem Antrag i. S. d. § 22 VwVfG verbunden, eine Überprüfung nach § 38a BDSG vorzunehmen und abschließend festzustellen, dass der Entwurf mit dem geltenden Datenschutzrecht vereinbar ist.   **29**

3. Feststellung der Vereinbarkeit mit dem Datenschutzrecht

Stellt die Aufsichtsbehörde in einem gem. § 39 VwVfG zu begründenden Bescheid die Vereinbarkeit des vorgelegten Entwurfs mit dem geltenden Datenschutzrecht fest, so handelt es sich hierbei um einen feststellenden Verwaltungsakt,[86] dessen Inhalt nicht nur für die Verfahrensbeteiligten, sondern nach den allgemeinen verwaltungsverfahrensrechtlichen Grundsätzen auch für andere Behörden bindend ist.[87]   **30**

---

80 Zur dahingehenden Verpflichtung der Aufsichtsbehörde vgl. BT Drs. 1/4329, S. 46.
81 Siehe § Rn. 22.
82 Siehe Rn. 20 f.; *Petri*, in: Simitis, BDSG, § 38a Rn. 15.
83 Siehe Rn. 21 (Verstoß gegen EG-DSRl) und Rn. 30 (Verwaltungsverfahrensrecht).
84 Siehe Rn. 19.
85 Vgl. BT-Drs. 14/4329, S. 46; *Gola/Schomerus*, BDSG, § 38a Rn. 6; *Petri*, in: Simitis, BDSG, § 38a Rn. 22.
86 *Petri*, in: Simitis, BDSG, § 38a Rn. 25; *Hoeren*, RDV 2011, S. 1; zum feststellenden Verwaltungsakt: BVerwG DVBl. 1986, 727; *Kopp/Ramsauer*, VwVfG, § 35 Rn. 52 (53).
87 *Kopp/Ramsauer*, VwVfG, § 43 Rn. 16 (18); *Petri*, in: Simitis, BDSG, § 38a Rn. 25.

Ein weitergehender Regelungsinhalt, etwa im Sinne einer „behördlichen Genehmigung" der Verhaltensregeln, liegt nicht in der Feststellung der Vereinbarkeit mit dem geltenden Datenschutzrecht. Für einen feststellenden Verwaltungsakt ist kennzeichnend, dass er sich mit seinem verfügenden Teil darauf beschränkt, das Ergebnis eines behördlichen Subsumtionsvorgangs verbindlich festzuschreiben.[88] Auch legt der Bescheid keine Verbindlichkeit der Verhaltensregeln fest.[89]

31 Ein negativer Bescheid, der die beantragte Feststellung der Vereinbarkeit mit dem geltenden Datenschutzrecht versagt, beinhaltet zugleich die Feststellung, dass die Verhaltensregeln nicht datenschutzrechtskonform sind;[90] die antragstellenden Vereinigungen haben einen Anspruch auf gesetzeskonformes Verwaltungshandeln. § 38a BDSG verlangt nur, dass die Verhaltensregeln dem geltenden Datenschutzrecht entsprechen.[91] Ist dies der Fall, wäre die Ablehnung des Antrags rechtswidrig. Gegen die Feststellung der Vereinbarkeit steht den Verfahrensbeteiligten gem. § 40 Abs. 1 VwGO der Rechtsweg offen.

32 Die positive Feststellung der Vereinbarkeit der vorgelegten Regelungen mit dem geltenden Datenschutzrecht ist für die Antragsteller ein begünstigender Verwaltungsakt. Er kann mit Nebenbestimmungen nach § 36 VwVfG versehen werden. Für Rücknahme und Widerruf gelten die allgemeinen Regeln.[92] Gem. § 41 Abs. 1 VwVfG ist die Feststellung der Vereinbarkeit mit dem Datenschutzrecht den Vereinigungen und sonstigen Beteiligten bekannt zu geben. Gegenüber anderen Aufsichtsbehörden ist die Bekanntgabe nach § 38 Abs. 1 Satz 3 BDSG zulässig.[93]

IV. Veröffentlichung der Verhaltensregeln

33 Vereinigungen, die das Verwaltungsverfahren erfolgreich durchlaufen, haben in der Regel ein Interesse, die Verhaltensregeln zu veröffentlichen. Die Verhaltensregeln der Versicherungswirtschaft[94] sehen zwar keine konkrete Veröffentlichung der Verhaltensregeln selbst vor, dafür aber die Information an die Kunden des Unternehmens, dass der Beitritt erfolgt ist. Außerdem plant der GDV e.V. die Bekanntgabe „in geeigneter Form" darüber, welche Mitgliedsunternehmen sich den Verhaltensregeln unterworfen haben. Eine Pflicht zur Veröffentlichung für die Beteiligten sehen weder § 38a BDSG noch Art. 27 EG-DSRl vor. Dies widerspricht dem gewünschten

88 BVerwG NVwZ 2004, 349; BVerwG, Urt. v. 5.11.2009 – 4 C 3/09, Rn. 15.
89 Begründung des zu Art. 28 EG-DSRl geänderten Kommissionsvorschlags, abgedruckt in *Dammann/Simitis*, EG-Datenschutzrichtlinie, Art. 27 Rn. 5.
90 *Dammann/Simitis*, EG-Datenschutzrichtlinie, Art. 27 Rn. 5; *Bizer*, in: Simitis, BDSG, 6. Aufl., § 38a Rn. 56.
91 Siehe aber Rn. 21.
92 *Bizer*, in: Simitis, BDSG, 6. Aufl., § 38a Rn. 57; *Tinnefeld/Ehmann/Gerling*, Einführung in das Datenschutzrecht, S. 436.
93 *Petri*, in: Simitis, BDSG, § 38a Rn. 27.
94 Siehe Rn. 8.

Transparenzeffekt.[95] Einen Vorschlag der EU-Kommission, die Aufsichtsbehörden zur Veröffentlichung zu verpflichten, hat der Rat der EU abgelehnt.[96] Die zuständige Aufsichtsbehörde ist nichtsdestotrotz gem. § 38 Abs. 1 Satz 6 BDSG dazu verpflichtet, in ihrem Tätigkeitsbericht über die Überprüfung der vorgelegten Verhaltensregeln zu berichten. Im Zuge dessen kommt auch eine Veröffentlichung des Inhalts in Betracht. Art. 27 Abs. 3 Satz 4 EG-DSRl stellt die Veröffentlichung der überprüften gemeinschaftsrechtlichen Verhaltensregeln in das Ermessen der Kommission.

V. Rechtsfolgen von Verstößen gegen Verhaltensregeln

Rechtsfolgen bei Verletzungen von Verhaltensregeln ergeben sich abschließend aus   **34** dem Grundverhältnis zwischen Verstoßendem und der übergeordneten Vereinigung. Maßgeblich ist etwa die Satzung des Vereins.[97] Verletzungen von Verhaltensregeln als solchen sind nach BDSG sanktionslos. Erst wenn gleichfalls gegen gesetzliches oder untergesetzliches Datenschutzrecht verstoßen wird, erlangt der Verstoß Außenwirkung und kann ggf. Sanktionen nach allgemeinen Regeln nach sich ziehen. Gleichwohl können in Verhaltensregeln Ansprüche der Betroffenen vereinbart werden, die im Falle des Verstoßes auch anspruchsweise geltend gemacht werden können, zum Beispiel auf Löschung, Berichtigung oder Auskunft.[98]

In Ausnahmefällen können Verhaltensregeln verbindlich werden und auch ohne   **35** Verstoß Unternehmen in die Haftung geraten. Ausgeschlossen ist die Verbindlichkeit der Verhaltensregeln immer dann, wenn sie nur vom Verband oder den sonstigen Interessensvertretern veröffentlicht wurden, der Marktteilnehmer sich die Verhaltensregeln aber ohne beizutreten nicht individuell zu Eigen gemacht hat.

Eine Verbindlichkeit und damit eine Haftung neben einer solchen aus BDSG   **36** kommt unter diesen Voraussetzungen etwa in Betracht, wenn gegen gegenüber Betroffenen wirksam in AGB einbezogene Verhaltensregeln verstoßen wird.[99]

Eine deliktische Haftung kommt gem. § 823 Abs. 2 BGB nur in Verbindung mit   **37** § 263 StGB bzw. gem. § 826 BGB bei Vorliegen einer erforderlichen Vorsatztat in Betracht, weil Verhaltensregeln keine Schutznorm im Sinne von § 823 Abs. 2 BGB darstellen.

Weiterhin ist an Ansprüche aus Wettbewerbsrecht zu denken. Veröffentlichte Ver-   **38** haltensregeln sind – insbesondere bei Veröffentlichungen gegenüber dem Betroffe-

---

95 *Schröder*, Haftung für Verstöße gegen Privacy Policies und Codes of Conduct, S. 172.
96 *Brühann*, in: Grabitz/Hilf, Das Recht der Europäischen Union, Art. 27 Rn. 12.
97 Siehe oben Rn. 10.
98 So in den Verhaltensregeln für den Umgang mit personenbezogenen Daten durch die Deutsche Versicherungswirtschaft Art. 23 f., abrufbar z. B. unter www.signal-iduna.de/9_Transfer/0369001_Nov12.pdf.
99 *Gola/Schomerus*, BDSG, § 38a Rn. 6.

nen und unterstelltem Werbecharakter – als Werbemaßnahmen im Sinne des UWG einzustufen.[100] Angesichts fehlender Rechtsnormenqualität ist die Missachtung von Verhaltensregeln nicht per se gem. §§ 3, 4 Nr. 11 UWG unlauter.[101] Jedoch könnte der Irreführungstatbestand der §§ 3, 5 UWG im Falle des Nichteinhaltens veröffentlichter Verhaltensregeln gegeben sein.

---

100 *Kahlert*, DuD 2003, S. 412 f.
101 *Schröder*, Haftung für Verstöße gegen Privacy Policies und Codes of Conduct, S. 284 f.

Vierter Abschnitt

Sondervorschriften

§ 39 Zweckbindung bei personenbezogenen Daten, die einem Berufs- oder besonderen Amtsgeheimnis unterliegen

(1) Personenbezogene Daten, die einem Berufs- oder besonderen Amtsgeheimnis unterliegen und die von der zur Verschwiegenheit verpflichteten Stelle in Ausübung ihrer Berufs- oder Amtspflicht zur Verfügung gestellt worden sind, dürfen von der verantwortlichen Stelle nur für den Zweck verarbeitet oder genutzt werden, für den sie sie erhalten hat. In die Übermittlung an eine nichtöffentliche Stelle muss die zur Verschwiegenheit verpflichtete Stelle einwilligen.

(2) Für einen anderen Zweck dürfen die Daten nur verarbeitet oder genutzt werden, wenn die Änderung des Zwecks durch besonderes Gesetz zugelassen ist.

Literatur: *Bräutigam*, § 203 StGB und der funktionale Unternehmensbegriff, CR 2011, S. 411; *Bruchner/Stützle*, Leitfaden zu Bankgeheimnis und Forderungsverwertung, Frankfurt/M., 1990; *Fisahn*, Bankgeheimnis und informationelle Selbstbestimmung, CR 1995, S. 632; *Geurts/Koch/Schebesta/Weber*, Bankgeheimnis und Bankauskunft in der Praxis, Köln 2000; *Henssler*, Das anwaltliche Berufsgeheimnis, NJW 1994, S. 1817; *Heyers/Heyers*, Artzhaftung – Schutz von digitalen Patientendaten, MDR 2001, S. 1209; *Huffer*, Schweigepflicht im Umbruch, NJW 2002, S. 1382; *Koberstein-Windpassinger*, Wahrung des Bankgeheimnisses bei Asset-Backed-Securities-Transaktionen, WM 1999, S. 473; *Koch*, Bankgeheimnis im Online- und Internet-Banking – Auswirkungen auf den Vertrieb von Bankprodukten, MMR 2002, S. 504; *Lensdorf/Mayer-Wengelin/Mantz*, Outsourcing unter Wahrung von Privatgeheimnissen, CR 2009, S. 62; *van Look/Stoltenberg*, Das Schuldbuchgeheimnis, WM 1994, S. 1785; *Musielak*, Die Bankauskunft nach dem Recht der Bundesrepublik Deutschland, in: Hadding/Schneider (Hrsg.), Bankgeheimnis und Bankauskunft in der Bundesrepublik Deutschland und in ausländischen Rechtsordnungen, Berlin 1986, S. 9; *Nobbe*, Bankgeheimnis, Datenschutz und Abtretung von Darlehensforderungen, WM 2005, S. 1537; *Paul/Gendelev*, Outsourcing von Krankenhausinformationssystemen – Praxishinweise zur rechtskonformen Umsetzung, ZD 2012, S. 315; *Rösler*, Kurzkommentar zu BGH NJW 2006, 830, EWiR 2006, S. 289; *Rüpke*, Freie Advokatur, anwaltliches Berufsgeheimnis und datenschutzrechtliche Kontrollbefugnisse, RDV 2003, S. 72; *Thilo*, Bankgeheimnis, Bankauskunft und Datenschutzgesetze, NJW 1984, S. 582; *Uwer*, in: Wolff/Brink, Beck'scher Online-Kommentar Datenschutzrecht, Stand: 1. 5. 2013; *Wüstenberg*, Argumente gegen die Rechtmäßigkeit der Vorratsdatenspeicherung, RDV 2006, S. 102.

I. Allgemeines

1   Die Vorschrift erweitert den Schutz von Daten, die einem Berufs- oder besonderen Amtsgeheimnis unterliegen, in der Weise, dass der Schutzbereich auf die Empfänger der Daten erstreckt wird. Die Berufs- oder Amtsgeheimnisse verpflichten jeweils nur einen bestimmten Personenkreis, z.B. das anwaltliche Berufsgeheimnis den Rechtsanwalt,[1] das Arztgeheimnis nur den Arzt. Die Verarbeitung der dem Berufs- oder besonderen Amtsgeheimnis unterliegenden Daten durch die zur Verschwiegenheit verpflichtete Stelle selbst richtet sich nicht nach § 39 BDSG, sondern nach den allgemeinen Bestimmungen der §§ 28 ff. BDSG für den nicht-öffentlichen Bereich und der §§ 14 ff. BDSG für Behörden und andere öffentliche Stellen. § 39 BDSG erweitert den Geheimnisschutz und die Zweckbindung der Daten auf die Empfänger der Daten, denen diese unmittelbar vom Amts- oder Berufsträger übermittelt wurden. Den Empfängern der Daten als verantwortliche Stelle im Sinne des § 39 BDSG ist nicht nur die weitere Übermittlung der Daten untersagt, sie unterliegen bei der Verwendung der Daten der Zweckbindung der Daten. Dieses Zweckbindungsgebot des § 39 BDSG schließt als Sondervorschrift die Anwendbarkeit von § 28 Abs. 5 Satz 2 bzw. § 14 Abs. 3 BDSG über die Verarbeitung oder Nutzung für andere Zwecke aus.[2]

1. Schutzumfang und Zweckbindung

2   § 39 BDSG regelt zwei Übermittlungsfälle: vom Träger des Berufs- oder besonderen Amtsgeheimnisses an die verantwortliche Stelle und von dieser verantwortlichen Stelle an einen Dritten als empfangende Stelle.[3] Diese Weiterübermittlung wird durch die in der Norm genannte Verarbeitung durch die verantwortliche Stelle umfasst (§ 3 Abs. 4 BDSG). Sie muss aber im Einklang mit der Zweckbindung der Daten stehen, die von der zur Verschwiegenheit verpflichteten Stelle vorgegeben wurde.[4] Sollen die Daten an eine nicht-öffentliche Stelle übermittelt werden, hat die verantwortliche Stelle nach § 39 Abs. 1 Satz 2 BDSG die zur Verschwiegenheit

---

1 *Henssler*, NJW 1994, S. 1817.
2 *Dammann*, in: Simitis, BDSG, § 39 Rn. 4; *Gola/Schomerus*, BDSG, § 39 Rn. 1.
3 *Schaffland/Wiltfang*, BDSG, § 39 Rn. 8.
4 *Gola/Schomerus*, BDSG, § 39 Rn. 1 und 5.

verpflichtete Stelle, von der sie die Daten erhalten hat, um die Einwilligung zu ersuchen. Die Einwilligung darf von der verpflichteten Stelle nur erteilt werden, wenn sie mit dem Berufs- oder Amtsgeheimnis und der besonderen Zweckbindung der Daten vereinbar ist.[5]

Die verantwortliche Stelle unterliegt nach § 39 BDSG der besonderen datenschutz-   3
rechtlichen Zweckbindung. Sie darf die Daten nur für den Zweck verarbeiten oder nutzen, für den sie die Daten von dem Amts- oder Berufsträger erhalten hat. Hierbei ist nicht Voraussetzung, dass eine Übermittlung der Daten im Sinne des § 3 Abs. 4 Nr. 3 BDSG vorliegt; es reicht jede Art der Zurverfügungstellung der dem Geheimnisschutz unterfallenden Daten, z. B. auch wenn die Informationen nicht gespeichert waren.[6] Bei der Festlegung des Inhaltes der Zwecke ist auf den von beiden Parteien vereinbarten oder vorausgesetzten Zweck, im Übrigen auf den objektiven Zweck, insbesondere den gesetzlichen Zweck und den konkreten Anlass, auf dem die Zurverfügungstellung beruht, abzustellen.[7]

Stellen die betroffen, dem Berufs- oder besonderen Amtsgeheimnis unterfallen-   4
den Daten gleichzeitig sensitive Daten nach § 3 Abs. 9 BDSG dar, gelten die Beschränkungen der §§ 13 Abs. 2, 14 Abs. 5 und 6, 28 Abs. 6 bis 8 und 29 Abs. 5 BDSG.[8] § 39 BDSG stellt in diesem Fall eine zusätzliche, das Berufs- oder besondere Amtsgeheimnis sicherstellende Datenschutzvorschrift dar.

Werden die Daten von der verantwortlichen Stelle an einen Dritten weitergeleitet,   5
so unterfällt der Dritte nicht dem Anwendungsbereich von § 39 BDSG, weil der klare Wortlaut sich auf die Fälle beschränkt, bei denen der Empfänger die Daten von der zur Geheimhaltung verpflichteten Stelle erhält.[9] Insofern entfaltet § 39 BDSG keine Kettenwirkung. Der Dritte unterliegt jedoch den allgemeinen datenschutzrechtlichen Bestimmungen über die Zweckbindung, insbesondere wenn es sich um sensitive Daten nach § 3 Abs. 9 BDSG handelt.

II. Anwendungsvoraussetzungen

1. Berufs- oder besonderes Amtsgeheimnis

Die Anwendbarkeit von § 39 BDSG setzt voraus, dass die Daten einem Berufs-   6
oder besonderen Amtsgeheimnis unterliegen. Ein solches Berufs- oder Amtsgeheimnis begründet eine rechtliche Verpflichtung zur Verschwiegenheit und Geheimhaltung des Geheimnisträgers im Hinblick auf die Ausübung seines Berufes oder Amtes. Die Geheimhaltungspflicht muss auf einem Gesetz beruhen. Bei den Amtspflichten reicht das allgemeine Amtsgeheimnis nach § 30 VwVfG und den

---

5 *Dammann*, in: Simitis, BDSG, § 39 Rn. 32; *Gola/Schomerus*, BDSG, § 39 Rn. 6.
6 *Gola/Schomerus*, BDSG, § 39 Rn. 12; *Dammann*, in: Simitis, BDSG, § 39 Rn. 14.
7 *Dammann*, in: Simitis, BDSG, § 39 Rn. 20 ff.
8 *Dammann*, in: Simitis, BDSG, § 39 Rn. 6.
9 *Dammann*, in: Simitis, BDSG, § 39 Rn. 26.

entsprechenden landesgesetzlichen Bestimmungen, die beamten- und arbeitsrechtlichen Verschwiegenheitspflichten oder das Datengeheimnis nach § 5 BDSG nicht aus. Ebenso stellen bloße Zeugnisverweigerungsrechte (§§ 53 ff. StPO) keine Geheimhaltungspflichten, sondern nur Schweigerechte dar. Einschlägig sind insbesondere die von § 203 StGB geschützten Geheimnisse.

7 Zu den Berufsgeheimnisträgern gehören:
- Berufsgeheimnis der Ärzte,[10] Zahnärzte, Apotheker, Heilberufe mit staatlich geregelter und erforderlicher Ausbildung,
- Berufspsychologen mit entsprechendem staatlich anerkannten Abschluss,
- Rechtsanwälte,[11] Patentanwälte, Notare, Strafverteidiger, Wirtschaftsprüfer, vereidigte Buchprüfer, Steuerberater,[12] Steuerbevollmächtigte, Organe und Mitglieder eines Organs einer Rechtsanwalts-, Patentanwalts-, Wirtschaftsprüfungs-, Buchprüfungs- oder Steuerberatungsgesellschaft,
- Ehe-, Familien-, Erziehungs- oder Jugendberater sowie Berater für Suchtfragen in einer Beratungsstelle, die von einer öffentlich rechtlichen Stelle anerkannt ist,
- Mitglieder oder Beauftragte einer Beratungsstelle nach den §§ 3 und 8 des Schwangerschaftskonfliktgesetzes,
- staatlich anerkannte Sozialarbeiter[13] oder Sozialpädagogen,
- Angehörige eines Unternehmens der privaten Kranken-, Unfall- oder Lebensversicherung oder einer privatrechtlichen Verrechnungsstelle.

8 Der Geheimnisschutz bei Amtsträgern ergibt sich aus § 203 Abs. 2 StGB; hier sind insbesondere zu nennen:
- Amtsträger,
- für den öffentlichen Dienst besonders Verpflichtete,
- Personen mit Aufgaben der Personalvertretung,
- Mitglieder von Untersuchungsausschüssen der Gesetzgebungsorgane des Bundes oder eines Landes,
- öffentlich bestellte Sachverständige, die aufgrund eines Gesetzes förmlich verpflichtet wurden,
- Personen, die im Rahmen wissenschaftlicher Forschungsvorhaben aufgrund eines Gesetzes förmlich verpflichtet wurden.

9 Nach § 203 Abs. 2a StGB stehen Beauftragte für den Datenschutz den Amtsträgern und Berufsgeheimnisträgern gleich, wenn sie ein fremdes Geheimnis im Sinne des § 203 StGB offenbaren, das einem der in § 203 Abs. 1 und 2 StGB genannten Perso-

---

10 BGH NJW 1991, 2955; NJW 1992, 737; NJW 1993, 2371.
11 Zu Kanzleiverkauf und Forderungsabtretung BGH NJW 1993, 1912 und 2795; NJW 1995, 2026; NJW 2001, 2462.
12 LG Kiel RDV 2004, 131; OLG Naumburg RDV 2003, 29.
13 OLG Dresden NJW 2004, 1464.

nen in deren beruflicher Eigenschaft anvertraut oder bekannt wurde und der Datenschutzbeauftragte hiervon in Ausübung seiner Tätigkeit Kenntnis erlangt hat.

Als gesetzliche Geheimhaltungspflichten sind ferner insbesondere zu nennen: **10**

- Statistikgeheimnis, § 16 BStG,
- Steuergeheimnis, § 30 AO,
- Sozialgeheimnis, § 35 SGB I,
- Fernmeldegeheimnis, § 88 TKG,
- Postgeheimnis, § 39 PostG,
- Amtsgeheimnis der Beschäftigten des Bundesaufsichtsamtes für das Kreditwesen, § 9 KWG,
- Amtsgeheimnis der beschäftigten der Deutschen Bundesbank, § 32 BBankG,
- Schuldbuchgeheimnis, § 3 Abs. 4 ReichsschuldbuchG,[14]
- Personalaktengeheimnis, §§ 90 ff. BBG, §§ 56 ff. BRRG.

Berufsgeheimnisse, die nicht von § 203 StGB erfasst sind und nicht auf einem Gesetz beruhen, werden von § 39 BDSG nicht erfasst.[15] Dies ergibt sich bereits aus § 1 Abs. 3 Satz 2 BDSG, wonach die Verpflichtung zur Wahrung von Berufsgeheimnissen, die nicht auf gesetzlicher Vorschrift beruhen, von den Bestimmungen des BDSG unberührt bleibt.[16] Die Gegenauffassung,[17] die auch vertraglich vereinbarte Geheimhaltungspflichten, insbesondere das Bankgeheimnis, in den Anwendungsbereich des § 39 DBSG mit Hinweis auf den Schutzzweck der Norm einbeziehen will, übersieht, dass eine über den Wortlaut der Norm hinausgehende, erweiternde Auslegung nicht mit der Strafandrohung in §§ 44 Abs. 1, 43 Abs. 2 Nr. 5 BDSG vereinbar ist. Zudem zeigt die besondere Aufführung der Bankdaten neben den Daten, die einem Berufsgeheimnis unterliegen, in § 42a Abs. 1 Nr. 2 und Nr. 4 BDSG, dass der Gesetzgeber gerade nicht davon ausgeht, dass die dem Bankgeheimnis unterliegenden Kundendaten der Bank dem Berufsgeheimnis unterfallen. Der BGH hat in seiner Grundsatzentscheidung[18] das Bankgeheimnis als eine Verschwiegenheitspflicht mit rein schuldrechtlichem Charakter angesehen.[19] Dieses verpflichte die Bank zur Verschwiegenheit über kundenbezogene Tatsachen und Wertungen, die ihr aufgrund, aus Anlass oder im Rahmen der Geschäftsverbindung zum Kunden **11**

---

14 *van Look/Stoltenberg*, WM 1994, S. 1785; a. A. *Paul/Gencletev*, ZD 2012, 315 (320), die bei einer Datenweitergabe unter Geltung von § 39 BDSG kein „Offenbaren" i. S. d. § 203 StGB sehen.

15 *Schaffland/Wiltfang*, BDSG, § 39 Rn. 7.

16 So für das Bankgeheimnis BGHE 2007, 109 = ZIP 2007, 620 (Rn. 30); *Fisahn*, CR 1995, S. 632; *Koberstein-Windpassinger*, WM 1999, S. 473; *Koch*, MMR 2002, S. 504; *Nobbe*, WM 2005, S. 1537.

17 *Uwer*, in: Wolff/Brink, Beck'scher Online-Kommentar Datenschutzrecht, § 39 Rn. 18 f.

18 BGH, Urt. v. 27.2.2007 – XI ZR 195/05, ZIP 2007, 620 = BB 2007, 793 = BKR 2007, 194 = NJW 2007, 2106 = RDV 2007, 118.

19 BGH, Urt. v. 27.2.2007 –XI ZR 195/05, Rn. 18.

bekannt geworden sind und die der Kunde geheim zu halten wünscht. Diese Verpflichtung ist eine besondere Ausprägung der allgemeinen Pflicht der Bank, die Vermögensinteressen des Vertragspartners zu schützen und nicht zu beeinträchtigen.[20] Die schuldrechtliche Grundlage ermöglicht, den Inhalt und Umfang der Verschwiegenheitspflicht durch Vereinbarung zwischen Kreditinstitut und Kunden einzuschränken oder zu erweitern.

2. Dateibezug

12   Normadressat von § 39 BDSG ist der Empfänger der einem Berufs- oder Amtsgeheimnis unterliegenden Daten. Daher kommt es nicht darauf an, ob auf die Stelle, die die Daten zur Verfügung gestellt hat, das BDSG nach § 1 Abs. 2 BDSG Anwendung findet.[21] Ist der Empfänger der dem Geheimnisschutz unterliegenden Daten eine öffentliche Stelle, findet § 39 BDSG unstreitig Anwendung, weil das BDSG nach § 1 Abs. 2 Nr. 1 und 2 BDSG ohne weitere Voraussetzungen Anwendung findet.[22] Auf nicht-öffentliche Stellen findet § 39 BDSG Anwendung, wenn der allgemeine Anwendungsbereich des BDSG nach § 1 Abs. 2 Nr. 3 BDSG geöffnet ist. Daher müssen die Daten vom Empfänger als verantwortlicher Stelle unter Einsatz von Datenverarbeitungsanlagen verarbeitet oder genutzt werden.[23] Die Gegenauffassung stellt auf den Schutzzweck des § 39 BDSG ab und hält es für widersinnig, bei der Übermittlung besonders geheimhaltungspflichtiger Daten zusätzlich besondere Verarbeitungsformen nach § 1 Abs. 2 Nr. 3 BDSG, d.h. einen Dateibezug zu fordern.[24] Diese Ansicht geht jedoch über den Gesetzeswortlaut hinaus, sodass ihr auch im Hinblick auf den an eine Verletzung anknüpfenden Ordnungswidrigkeitstatbestand des § 43 Abs. 2 Nr. 5 BDSG nicht gefolgt werden kann.

13   Eine weitere Meinung möchte § 39 BDSG auf nicht-öffentliche Stellen als Empfänger der Daten erweitern, wenn die Voraussetzungen des § 27 Abs. 2 BDSG erfüllt sind, wenn die Daten offensichtlich aus einer automatisierten Verarbeitung entnommen wurden.[25] Auch diese Auffassung geht über den Gesetzeswortlaut hinaus, weil § 27 Abs. 2 BDSG nur die Anwendbarkeit des Dritten Abschnittes (§§ 27 bis 38a

---

20 BGH, Urt. v. 27.2.2007 –XI ZR 195/05, Rn. 17, BGHZ 166, 84 = ZIP 2006, 317 = WM 2006, 380; *Rösler*, EWiR 2006, S. 289. Zum Bankgeheimnis *Bruchner*, in: Schimansky/Bunte/Lwowski, Bankrechts-Handbuch, § 39; *Weber*, Bankrecht und Bankpraxis I/25; *Bruchner/Stützle*, Leitfaden zu Bankgeheimnis und Forderungsverwertung, S. 4; *Geurts/Koch/Schebesta/Weber*, Bankgeheimnis und Bankauskunft in der Praxis, Rn. 7a; *Thilo*, NJW 1984, S. 582; *Musielak*, in: Hadding/Schneider, Bankgeheimnis und Bankauskunft, S. 9; *Bode*, Auskunftsanspruch, S. 13 ff.

21 *Dammann*, in: Simitis, BDSG, § 39 Rn. 14.

22 *Dammann*, in: Simitis, BDSG, § 39 Rn. 15; *Gola/Schomerus*, BDSG, § 39 Rn. 4; *Bergmann/Möhrle/Herb*, BDSG, § 39 Rn. 4.

23 *Bergmann/Möhrle/Herb*, BDSG, § 39 Rn. 4; *Gola/Schomerus*, BDSG, § 39 Rn. 4; *Auernhammer*, BDSG, § 39 Rn. 1.

24 *Dammann*, in: Simitis, BDSG, § 39 Rn. 16; *Paul/Gedelev*, ZD 2013, S. 315 (320).

25 *Gola/Schomerus*, BDSG, § 39 Rn. 4.

BDSG) regelt, während § 39 BDSG dem Vierten Abschnitt des Gesetzes unterfällt. Daher verbleibt es bei nicht-öffentlichen Stellen, die geheimnisgeschützte Daten erhalten, ohne dass ein Dateibezug gegeben ist, bei der allgemeinen Regelung der §§ 28 Abs. 5 und 29 Abs. 4 BDSG, sodass der Dritte die Daten nur im Rahmen dieser Zweckbindung verarbeiten oder nutzen darf[26] und die übermittelnde Stelle den Dritten als Empfänger auf die Zweckbindung hinzuweisen hat.

3. In Ausübung der Berufs- oder Amtspflicht zur Verfügung gestellte Daten

Die Daten müssen von der zur Verschwiegenheit verpflichteten Stelle in Ausübung **14** ihrer Berufs- oder Amtspflicht der verantwortlichen Stelle übermittelt bzw. „zur Verfügung gestellt" worden sein. Das heißt, dass die Weitergabe der Daten im Rahmen der Berufs- oder Amtspflichten erfolgt sein muss. § 39 BDSG setzt daher eine zulässige Übermittlung voraus. Wurden Amts- oder Berufpflichten verletzt, hat die verantwortliche Stelle die Daten nach §§ 20 Abs. 1 Nr. 1, 35 Abs. 2 Nr. 1 BDSG zu löschen.

Die Formulierung „zur Verfügung gestellt" deckt nicht nur Datenübermittlungen **15** ab, sondern erfasst jede Form der Kenntnisverschaffung. Die verantwortliche Stelle als Empfänger muss nicht Dritter im Sinne von § 3 Abs. 4 Nr. 3, Abs. 8 Satz 2 BDSG sein. Auch bei einer Datenweitergabe innerhalb einer Stelle erfolgt eine Zurverfügungstellung.[27]

III. Zweckänderung durch Gesetz

Nach § 39 Abs. 2 BDSG ist eine Verarbeitung oder Nutzung der Daten für andere **16** Zwecke als die von der verantwortlichen Stelle im Rahmen ihrer Berufs- oder besonderen Amtspflicht vorgegebenen zulässig, wenn diese Änderung des Zweckes durch ein besonderes Gesetz zugelassen ist. Die allgemeinen Bestimmungen über die Zweckänderung (§§ 14 Abs. 1 und 2; 28 Abs. 1 bis 3 und 8; 29 Abs. 1 und 5 BDSG) sind damit unanwendbar.[28] Ebenso wenig sind Gesetze ausreichend, die nur allgemeine Befugnisse der verantwortlichen Stelle beschreiben, z. B. das Recht auf Erstattung von Strafanzeigen nach § 158 Abs. 1 StPO. Als besondere Gesetze kommen Vorschriften über erzwingbare Ermittlungsbefugnisse der Strafverfolgungs- und Finanzbehörden in Betracht, wie etwa die gesetzliche Pflicht zur Erstattung von Verdachtsanzeigen nach § 11 GWG.[29] Dazu hätten auch die Regelungen zur Vorratsspeicherung von Telekommunikationsdaten und die Herausgabepflichten an

---

26 Siehe § 28 BDSG Rn. 217 f.
27 *Gola/Schomerus*, BDSG, § 39 Rn. 2; *Dammann*, in: Simitis, BDSG, § 39 Rn. 18; *Bergmann/Möhrle/Herb*, BDSG, § 39 Rn. 12.
28 *Dammann*, in: Simitis, BDSG, § 39 Rn. 35.
29 *Wüstenberg*, RDV 2006, S. 102; *Gola/Schomerus*, BDSG, § 39 Rn. 7.

Sicherheitsbehörden gemäß § 113a TKG in Umsetzung der EG-Richtlinie 2006/24 gehört, wenn sie nicht aufgrund der BVerfG-Entscheidung nichtig wären.[30]

IV. Auftragsdatenverarbeitung

17 § 39 BDSG steht datenschutzrechtlich einer Auftragsdatenverarbeitung nicht entgegen. Die besondere Zweckbindung bleibt unberührt, weil der Beauftragte bei der Auftragsdatenverarbeitung nur im Rahmen der Weisungen des Auftraggebers die Daten verarbeiten darf und keine eigenen Verarbeitungszwecke verfolgen darf (§ 11 Abs. 3 BDSG). Daher zählt § 39 BDSG nicht zu den Vorschriften, die nach § 11 Abs. 4 BDSG auf den Auftragnehmer anzuwenden sind.[31] Darüber hinaus liegt bei der Einschaltung des Auftragnehmers keine Zurverfügungstellung der Daten vor, weil für den Auftragnehmer bei Auftragsdatenverarbeiter die Vorschrift des § 3 Abs. 8 Satz 3 BDSG eingreift, sodass der Auftragnehmer nicht als Dritter im Verhältnis zur verantwortlichen Stelle anzusehen ist. Diese datenschutzrechtliche Fiktion ist aber auf den Anwendungsbereich des BDSG beschränkt und gilt nicht auf der Ebene der Normen über die Berufs- und Amtsgeheimnisse. Daher kann die Weiterleitung der Daten an einen Auftragsdatenverarbeiter, obwohl sie datenschutzrechtlich zulässig wäre, die Bestimmungen zum Schutz des Privatgeheimnisses nach § 203 StGB verletzten. Daher schließt der strafrechtliche Schutz des Berufsgeheimnisses nach § 203 StGB in den betroffenen Bereichen ein Outsourcing, das die geschützten Informationen betrifft, aus.[32] In diesen Fällen bleibt die Möglichkeit der Einwilligung des Betroffenen.

---

30 BVerfG, Urt. v. 2.3.2010 – 1 BvR 256/08, K&R 2010, 248.
31 *Dammann*, in: Simitis, BDSG, § 39 Rn. 41.
32 OLG Düsseldorf zur externen Archivierung bei Krankenhäusern, CR 1997, S. 536; *Bräutigam*, CR 2011, S. 411 zum IT-Outsourcing bei Versicherungsunternehmen; *Lensdorf/ Mayer-Wegelin/Mantz*, CR 2009, S. 62 ebenfall zum Outsourcing bei Versicherungen; *Heyers/Heyers*, MDR 2001, S. 1209 zu Patientendaten; *Huffer*, NJW 2002, S. 1382 zum Schutz des Berufsgeheimnisses beim Verkauf von Arzt- oder Anwaltspraxen.

§ 40 Verarbeitung und Nutzung personenbezogener Daten durch Forschungseinrichtungen

(1) Für Zwecke der wissenschaftlichen Forschung erhobene oder gespeicherte personenbezogene Daten dürfen nur für Zwecke der wissenschaftlichen Forschung verarbeitet oder genutzt werden.

(2) Die personenbezogenen Daten sind zu anonymisieren, sobald dies nach dem Forschungszweck möglich ist. Bis dahin sind die Merkmale gesondert zu speichern, mit denen Einzelangaben über persönliche oder sachliche Verhältnisse einer bestimmten oder bestimmbaren Person zugeordnet werden können. Sie dürfen mit den Einzelangaben nur zusammengeführt werden, soweit der Forschungszweck dies erfordert.

(3) Die wissenschaftliche Forschung betreibenden Stellen dürfen personenbezogene Daten nur veröffentlichen, wenn

1. der Betroffene eingewilligt hat oder

2. dies für die Darstellung von Forschungsergebnissen über Ereignisse der Zeitgeschichte unerlässlich ist.

Literatur: *Bamberger/Roth*, Beck'scher Online-Kommentar, Stand 1.8.2012, München; *Beisenherz/Tinnefeld*, Aspekte der Einwilligung, DuD 2011, S. 110; *Biewald*, Externe Dienstleister im Krankenhaus und ärztliche Schweigepflicht – eine rechtliche Unsicherheit, DuD 2011, S. 867; *Bochnik*, Ein „medizinisches Forschungsgeheimnis" im Datenschutzgesetz könnte deutsche Forschungsblockaden beseitigen, MedR 1994, S. 398; *ders.*, Bestehen Datenschützer auf Forschungsblockaden?, MedR 1996, S. 262; *Buchner*, Die Einwilligung im Datenschutzrecht, DuD 2010, S. 39; *Gerling*, Einwilligung und Datenweitergabe in der Forschung, DuD 2008, S. 733; *Hofmann/Hödl*, Open Source Biologie und Datenschutz, DuD 2013, S. 227; *Kilian*, Medizinische Forschung und Datenschutzrecht – Stand und Entwicklung in der Bundesrepublik Deutschland und in der Europäischen Union, NJW 1998, S. 787; *Graalmann-Scheerer*, Die Übermittlung personenbezogener Informationen zu Forschungszwecken, NStZ 2005, S. 434; *Luttenberger/Reischl/Schröder/Stürzebecher*, Datenschutz in der pharmakogenetischen Forschung – eine Fallstudie, DuD 2004, S. 256; *Mand*, Biobanken für die Forschung und informationelle Selbstbestimmung, MedR 2005, S. 565; *Mann*, Auswirkungen der Caroline-Entscheidung des EGMR auf die forensische Praxis, NJW 2004, S. 3220; *Möncke/Laeverenz*, Dezentrale Datensammlungen zur Fahrerlaubnis, DuD 2004, S. 348; *Simon/Vesting*, Direktmarketing durch pseudowissenschaftliche Erhebungen, CR 1992, S. 307; *Weichert*, Datenschutz und medizinische Forschung – Was nützt ein „medizinisches Forschungsgeheimnis"?, MedR 1996, S. 258; *Wellbrock*, Neugeborenen-Screening in Deutschland, DuD 2004, S. 350.

I. Allgemeines

1 § 40 BDSG enthält die Voraussetzungen, nach denen die von Forschungseinrichtungen erhobenen oder gespeicherten Daten verarbeitet werden dürfen. Die Vorschrift erteilt damit keine privilegierte Erlaubnis zur Datenverarbeitung im Rahmen der Forschung, sondern setzt vielmehr die zulässige Erhebung der Daten für Forschungszwecke bereits voraus.[1] Anders als einige landesrechtliche Datenschutzgesetze (§ 33 HDSG,[2] § 28 DSG NRW,[3] s. auch Formulierung von § 19 BremDSG[4]) hat das BDSG keine explizit für die wissenschaftliche Forschung geltende Spezialvorschrift geschaffen. Die Erlaubnis zur Datenerhebung richtet sich infolgedessen weiterhin nach den allgemeinen sowie speziellen Vorschriften (§§ 4, 4a Abs. 2, 13, 28 Abs. 1 Satz 2, Abs. 6 Nr. 4 BDSG). Gleichermaßen entscheidet sich die Zulässigkeit der weiteren Verarbeitung für die öffentlichen Stellen des Bundes nach § 14 Abs. 1, Abs. 2 Nr. 9 und Abs. 5 Satz 1 Nr. 2 BDSG und für nicht-öffentliche Stellen nach § 28 Abs. 2 Nr. 3, Abs. 6 Nr. 4 BDSG.[5]

2 Ferner können die jeweiligen Landesgesetze und bereichsspezifischen Vorschriften (z.B. § 75 SGB X für Sozialdaten, § 476 StPO für Verfahrensdaten, Archivgesetze der Länder und des Bundes)[6] eigene Regelungen für die Verarbeitung und Nutzung personenbezogener Daten im Rahmen wissenschaftlicher Forschung enthal-

---

1 Die Zulässigkeit der Übermittlung richtet sich wiederum danach, ob es sich sowohl beim Datenzulieferer als auch beim Datenempfänger um öffentliche Stellen, nicht-öffentliche Stellen oder um unterschiedlichen Bereichen angehörende Stellen handelt, hierzu *Tinnefeld/Ehmann/Gerling*, Einführung in das Datenschutzrecht, S. 609.

2 Hessisches Datenschutzgesetz vom 7.1.1999, zuletzt geändert durch das Gesetz zur Neuordnung des Datenschutzes und der Wahrung der Unabhängigkeit des Datenschutzbeauftragten in Hessen vom 20.5.2011 (GVBl. I S. 208).

3 Datenschutzgesetz Nordrhein-Westfalen in der seit dem 31.5.2000 geltenden Fassung (GV. NRW. S. 452).

4 Bremisches Datenschutzgesetz vom 4.3.2003 (Brem.GBl. S. 85), zuletzt geändert durch Art. 1 ÄndG vom 16.11.2010 (Brem.GBl. S. 573).

5 Zur Kritik an einer fehlenden Spezialregelung für den Forschungsbereich und der damit verbundenen „Zersplitterung" vgl. *Simitis*, in: Simitis, BDSG, § 40 Rn. 3 ff.; *Gerling*, in: Roßnagel, Hdb. DSR, Kap. 7.10, Rn. 14.

6 Zur Übermittlung von personenbezogenen Daten zu Forschungszwecken im Strafverfahren vgl. *Graalmann-Scheerer*, NStZ 2005, S. 434.

ten.[7] Die bereichsspezifischen Regelungen bieten vor allem den Vorteil, dass sie für bestimmte wissenschaftliche Bereiche Sonderregeln treffen können. Andererseits können sie lediglich Einzelaspekte der Verwendung personenbezogener Daten ansprechen und sind damit in ihrer Regelungstiefe begrenzt.[8] Hilfreich zur Reglementierung der Verarbeitung und Nutzung personenbezogener Daten durch Forschungseinrichtungen können daher außerdem selbstformulierte Regelungen der verschiedenen wissenschaftlichen Fachrichtungen sein, in denen die Vorgaben des § 40 BDSG aufgegriffen und näher präzisiert werden (eine Art verbandsspezifische Verhaltensvorschrift i. S. v. § 38a BDSG).[9]

Während § 40 BDSG für öffentliche Stellen unabhängig von der Verarbeitungsform **3** greift (vgl. § 1 Abs. 2 Nr. 1 und 2 BDSG), setzt die Anwendbarkeit für nicht-öffentliche Stellen die Verarbeitung der Daten unter Einsatz von Datenverarbeitungsanlagen oder in nicht-automatisierten Dateien voraus (§§ 1 Abs. 2 Nr. 3, 27 BDSG).

II. Forschungseinrichtung (Abs. 1)

Die Vorschrift richtet sich entsprechend der Überschrift an Forschungseinrichtun- **4** gen als verantwortliche Stellen (§ 3 Abs. 7 BDSG).[10] Voraussetzung ist daher, dass die Verarbeitung oder Nutzung der Daten durch eine Institution erfolgt, deren Aufgabe und Struktur der wissenschaftlichen Forschung gewidmet ist. Auf die privatrechtliche oder öffentlich-rechtliche Organisation, den Gegenstand der Forschung (Grundlagen- bzw. Anwendungsprobleme) sowie das konkrete wissenschaftliche Interesse kommt es nicht an.[11] Anders als in einigen landesrechtlichen Regelungen (§ 28 BbgDSG, § 33 HDSG, § 28 DSG NRW, § 22 LDSG SH),[12] erfasst § 40 BDSG nicht die Forschungsvorhaben einzelner Personen.[13] Das ergibt sich aus der Überschrift der Vorschrift, wird aber außerdem durch die Entstehungsgeschichte und die

---

7 Ausführlich zu dem dadurch nur noch eingeschränkt verbleibenden Anwendungsbereich des § 40 BDSG *Simitis*, in: Simitis, BDSG, § 40 Rn. 18 ff.

8 Weitere Beispiele bei *Weichert*, in: Däubler/Klebe/Wedde/Weichert, BDSG, § 40 Rn. 2; BfD, 15. TB, BT-Drs. 13/1150, S. 63 ff.; BfD, 17. TB, BT-Drs. 14/850, S. 148 f.; zur Forderung nach bereichspezifischen Regelungen vgl. BfD, 7. TB, BT-Drs. 10/2777, S. 59; zum Problem der bereichspezifischen Regelungen siehe *Simitis*, in: Simitis, BDSG, § 40 Rn. 18 ff.

9 *Simitis*, in: Simitis, BDSG, § 40 Rn. 27.

10 Womit die Datenzulieferer nicht vor allem von der Norm erfasst werden, vgl. *Tinnefeld/Ehmann/Gerling*, Einführung in das Datenschutzrecht, S. 608.

11 Allerdings ist das wissenschaftliche Interesse bei Änderung des ursprünglichen Verarbeitungs- und Nutzungszwecks von Belang, vgl. dazu *Simitis*: in Simitis, BDSG, § 40 Rn. 29.

12 Die landesrechtlichen Vorschriften beziehen sich zumeist auf eine Verarbeitung zu „wissenschaftlichen Zwecken" und machen damit die Anwendbarkeit von dem jeweiligen Vorhaben abhängig.

13 Ebenso *Simitis*, in: Simitis, BDSG, § 40 Rn. 32; *Gola/Schomerus*, BDSG, § 40 Rn. 7 f.; a. A. *Weichert*, in: Däubler/Klebe/Wedde/Weichert, BDSG, § 40 Rn. 4; *Wohlgemuth/Gerloff*, Datenschutzrecht – Eine Einführung mit praktischen Fällen, S. 92.

unterschiedlichen Formulierungen landesdatenschutzrechtlicher Regelungen (vgl. bspw. demgegenüber § 35 LDSG BW) bestätigt.[14]

5 Der Begriff „Forschung" wird vom BDSG nicht weiter erläutert. Das Bundesverfassungsgericht versteht unter wissenschaftlicher Forschung „alles, was nach Inhalt und Form als ernsthafter planmäßiger Versuch zur Ermittlung der Wahrheit anzusehen ist" bzw. „jede geistige Tätigkeit mit dem Ziel, in methodischer, systematischer und nachprüfbarer Weise neue Erkenntnisse zu gewinnen".[15] Diese wenig konkrete Eingrenzung wissenschaftlicher Forschungszwecke erscheint im Hinblick auf das zu schützende informationelle Selbstbestimmungsrecht (Art. 2 Abs. 1 GG i.V.m. Art. 1 Abs. 1 GG) nur ungenügend.[16] Auch fehlt es in § 40 BDSG an Einschränkungen, beispielsweise in Form einer Forderung nach unabhängigen Forschungseinrichtungen oder bestimmten Forschungsvorhaben.[17] Zum Schutz der Betroffenen wird daher zu Recht eine restriktive Interpretation des Forschungsbegriffs verlangt.[18]

6 Es muss sich um eine rechtlich und organisatorisch selbstständige Einrichtung handeln, d.h. die Institution muss in der Durchführung ihrer Forschung von anderen Aufgaben und Zwecken unbeeinflusst und unabhängig sein.[19] Ein eigenes Interesse einer das Forschungsvorhaben finanzierenden Stelle ist damit nicht ausgeschlossen, sofern sichergestellt ist, dass die drittmittelfinanzierte Forschungseinrichtung ihre Erkenntnisse unbeeinflusst und unabhängig erlangen kann.[20] Forschungsvorhaben von Markt- und Meinungsforschungsinstituten sowie Forschung zu Fragen der Entwicklung neuer Produkte (z.B. der Pharmaindustrie) können aufgrund der kommerziell ausgerichteten Unternehmenspolitik der Institutionen hingegen nicht dem § 40 BDSG unterliegen.[21]

III. Zweckbindung (Abs. 1)

7 Für die wissenschaftliche Forschung erhobene oder gespeicherte personenbezogene Daten dürfen nur zu diesem Zweck verwendet werden (Abs. 1). § 40 BDSG enthält

---

14 Vgl. *Simitis*, in: Simitis, BDSG, § 40 Rn. 30.
15 BVerfGE 25, 79 = NJW 1973, 1176; BVerfGE 47, 327= NJW 1978, 1621.
16 Zu den Anforderungen an die in das informationelle Selbstbestimmungsrecht eingreifenden Normen vgl. BVerfG NJW 1984, 422.
17 Einige landesrechtliche Regelungen verlangen demgegenüber „bestimmte" Forschungsvorhaben (z.B. § 30 Abs. 1 BlnDSG, § 19 Abs. 1 BremDSG, § 27 Abs. 1 HmbDSG, § 33 Abs. 1 HDSG, § 28 Abs. 2 DSG NRW), dazu *Gola/Schomerus*, BDSG, § 40 Rn. 7a.
18 Eine strikte Abschottung der zu Forschungszwecken verwendeten Daten ist vorauszusetzen, vgl. *Simitis*, in: Simitis, BDSG, § 40 Rn. 35.
19 Ebenso *Bergmann/Möhrle/Herb*, BDSG, § 40 Rn. 17.
20 Ebenso *Weichert*, in: Däubler/Klebe/Wedde/Weichert, BDSG, § 40 Rn. 5.
21 Vgl. *Simon/Vesting*, CR 1992, S. 307 (308); *Simitis*, in: Simitis, BDSG, § 40 Rn. 38; a.A. *Gola/Schomerus*, BDSG, § 40 Rn. 8 f.; *Bergmann/Möhrle/Herb*, BDSG, § 40 Rn. 17.

damit ein striktes Zweckentfremdungsverbot, welches bereits bei der Erhebung der Daten besteht, unabhängig davon, ob eine anschließende Speicherung der Daten erfolgt. Die Möglichkeit einer Zweckänderung in der Art des § 14 Abs. 2 BDSG oder verschiedene Verarbeitungsalternativen in der Form des § 28 Abs. 1 BDSG kennt § 40 BDSG für die Verwendung personenbezogener Daten durch Forschungseinrichtungen folglich nicht.[22] Vielmehr wird mit einer Verpflichtung zur konsequenten Zweckbindung sichergestellt, dass ein Eingriff in das informationelle Selbstbestimmungsrecht (Art. 1 Abs. 1 und Art. 2 Abs. 1 GG) der Betroffenen nur gerechtfertigt ist, solange es sich um einen wissenschaftlichen Forschungszweck handelt.[23] Die Privilegierung der Verarbeitung und Nutzung personenbezogener Daten für wissenschaftliche Forschung (verfassungsrechtlich in Art. 5 Abs. 3 GG geschützt) darf nicht dazu missbraucht werden, die Daten anschließend zu forschungsfremden Zwecken (z. B. Verwaltungs-, Polizei- oder Werbezwecken) zu verwenden.[24]

Demgegenüber nicht ausgeschlossen ist eine weiterreichende Verarbeitung und **8** Nutzung der Daten auf Grundlage eines Einverständnisses des Betroffenen.[25] Die Zulässigkeit und der Umfang der Verarbeitung zu nicht-wissenschaftlichen Zwecken ergibt sich in diesem Fall aus der schriftlich abzugebenden Einverständniserklärung i. S. d. § 4a Abs. 1 Satz 3 BDSG.[26] Ferner können spezielle gesetzliche Regelungen zur Zweckentfremdung berechtigen.[27] Spezialvorschriften in diesem Sinne stellen z. B. die Beschlagnahmevorschriften der StPO (§§ 94 ff. StPO) dar.[28]

Im Rahmen der wissenschaftlichen Forschung kann die Forschungseinrichtung die **9** Daten für jeden von ihr gewünschten Zweck verwenden, lediglich nicht-wissenschaftliche Zwecke scheiden aus.[29] Im Unterschied zu einigen landesrechtlichen Datenschutzgesetzen begrenzt das BDSG die Verarbeitung allerdings nicht auf bestimmte Forschungsprojekte (vgl. § 28 DSG NRW), sondern überlässt es der jewei-

---

22 Vgl. *Schaffland/Wiltfang*, BDSG, § 40 Rn. 5; *Simitis*, in: Simitis, BDSG, § 40 Rn. 43.

23 Dazu ebenfalls *Bergmann/Möhrle/Herb*, BDSG, § 40 Rn. 11.

24 Insoweit ist zu fordern, dass die Verwendung zu Forschungszwecken das Endstadium darstellt und nicht nur als Durchgangsstadium dient, so zu Recht *Simitis*, in: Simitis, BDSG, § 40 Rn. 12; zur Forderung nach einem Forschungsgeheimnis vgl. *Roßnagel*, in: Roßnagel, Hdb. DSR, Kap. 7.10, Rn. 7.

25 Das ergibt sich aus der Grundstruktur des BDSG, vgl. *Gola/Schomerus*, BDSG, § 40 Rn. 11.

26 *Bergmann/Möhrle/Herb*, BDSG, § 40 Rn. 16; wobei der dabei vom Betroffenen zu nehmende Einfluss jedoch als gering anzusehen ist, zutreffend darauf hinweisend *Simitis*, in: Simitis, BDSG, § 40 Rn. 45.

27 Zum Problem des fehlenden Forschungsgeheimnisses und den unterschiedlichen Interessen vgl. LfD Bbg, 4.TB 1995/1996, Pkt. 6.1.; LfD Nds., 14. TB 1997/1998, Pkt. 21.1; *Kilian*, NJW 1998, S. 787 (791); außerdem die Auseinandersetzung bei *Weichert*, MedR 1996, S. 258; *Bochnik*, MedR 1996, S. 262.

28 Zu den damit verbundenen gravierenden Eingriffen vgl. BfD, 16. TB, BT-Drs. 13/7500, S. 39; *Simitis*, in: Simitis, BDSG, § 40 Rn. 45.

29 *Simitis*, in: Simitis, BDSG, § 40 Rn. 47; *Gola/Schomerus*, BDSG, § 40 Rn. 11; *Bergmann/Möhrle/Herb*, BDSG, § 40 Rn. 13.

ligen Forschungseinrichtung, den jeweiligen Verwendungszusammenhang näher zu definieren.[30] Es fehlt insoweit sowohl an einer Beschränkung auf spezifizierte Wissenschaftsgebiete, als auch an einer Restriktion auf Forschungsvorhaben, die im öffentlichen Interesse liegen.[31]

10   Überdies enthält § 40 Abs. 1 BDSG kein generelles Übermittlungsverbot, weshalb die Übermittlung der Daten an ein anderes Forschungsinstitut für weitere wissenschaftliche Zwecke nicht ausgeschlossen ist.[32] Die Übermittlung richtet sich in diesem Fall wieder nach den allgemeinen Zulässigkeitstatbeständen des BDSG. Für die Übermittlung zwischen Forschungseinrichtungen, die beide öffentliche Stellen sind, gelten infolgedessen bei fehlender Zweckänderung wiederum § 15 Abs. 1 BDSG i.V.m. § 14 Abs. 1 BDSG sowie bei einer Zweckänderung § 15 Abs. 1 BDSG i.V.m. § 14 Abs. 2 Nr. 9 BDSG. Handelt es sich hingegen um eine Übermittlung einer öffentlichen Stelle an eine nicht-öffentliche Stelle, findet dann, wenn keine Zweckänderung damit verbunden ist, § 16 Abs. 1 BDSG i.V.m. § 14 Abs. 1 BDSG und bei einer Zweckänderung § 16 Abs. 1 BDSG i.V.m. § 14 Abs. 2 Nr. 9 BDSG Anwendung. Für die Zulässigkeit der Übermittlung zwischen nicht-öffentlichen Stellen ist demgegenüber § 28 Abs. 2 Nr. 3 BDSG bzw. § 28 Abs. 6 Nr. 4 BDSG heranzuziehen.[33] Sofern eine Übermittlung erfolgt, ist der Betroffene gemäß der §§ 19a, 33 BDSG zu benachrichtigen.[34]

IV. Anonymisierungs- und Pseudonymisierungspflicht (Abs. 2)

11   § 40 Abs. 2 BDSG enthält eine Verpflichtung der Forschungseinrichtungen, die personenbezogenen Daten zum frühestmöglichen Zeitpunkt zu anonymisieren, und konkretisiert damit die allgemeinen Gebote der Datenvermeidung und Datensparsamkeit (vgl. § 3a BDSG).[35] Für eine Anonymisierung ist es notwendig, dass die personenbezogenen Angaben in einer Art verändert werden, durch die Einzelanga-

---

30 Zur Kritik ausführlich *Simitis*, in: Simitis, BDSG, § 40 Rn. 47.

31 Anders z. B. § 29 BKAG, § 75 SGB X auf „Sozialleistungsbereich" oder § 7 Abs. 1 BremKRG „Einrichtungen mit der Aufgabe wissenschaftlich unabhängiger Forschung" mit Verweis auf § 1 BremKRG, dazu kritisch mit den Hintergründen bei *Simitis*, in: Simitis, BDSG, § 40 Rn. 47 ff.

32 *Bergmann/Möhrle/Herb*, BDSG, § 40 Rn. 14; *Gola/Schomerus*, BDSG, § 40 Rn. 11; zum Problem, dass bei medizinischen Daten eine Schweigepflicht bei den externen Stellen eventuell fehlt, vgl. *Biewald*, DuD 2011, S. 867.

33 Vgl. *Gola/Schomerus*, BDSG, § 40 Rn. 12; Abs. 2 a. F. wurde aufgehoben, dazu *Schaffland/Wiltfang*, BDSG, § 40 Rn. 6; zur Verpflichtung der Prüfung alternativer, weniger eingreifender Maßnahmen bzw. Verfahren vgl. *Wohlgemuth/Gerloff*, Datenschutzrecht – Einführung mit praktischen Fällen, S. 103.

34 Vgl. LG Ulm MMR 2005, 265 (266); zur Notwendigkeit einer rechtzeitigen und umfassenden Benachrichtigung vgl. *Simitis*, in: Simitis, BDSG, § 40 Rn. 58.

35 Ebenso *Bergmann/Möhrle/Herb*, BDSG, § 40 Rn. 19.

ben über persönliche oder sachliche Verhältnisse nicht mehr oder nur mit einem unverhältnismäßigen Aufwand an Zeit, Kosten und Arbeitskraft einer bestimmten oder bestimmbaren natürlichen Person zugeordnet werden können (§ 3 Abs. 6 BDSG).[36] Der Schwerpunkt wissenschaftlicher Forschung wird ohnehin zumeist eher in der Erkennung allgemeiner Gesetzmäßigkeiten und weniger in der Beschreibung einzelner Personen (außer in der historischen Forschung) gesehen,[37] sodass die Verwendung personenbezogener Daten in der Regel die Ausnahme darstellen wird.[38]

Bei Forschungsvorhaben, die eine spätere Zuordnung der Datensätze erfordern, **12** muss stattdessen eine Pseudonymisierung i. S. d. § 3 Abs. 6a BDSG erfolgen.[39] Die Notwendigkeit einer späteren Identifizierung kann z. B. bei wiederholter Befragung oder erneuter Erhebung bzw. Übermittlung personenbezogener Daten im Rahmen von Langzeitstudien bestehen.[40] Mithilfe der Pseudonymisierung kann verhindert werden, dass es aufgrund eines fehlenden Personenbezuges bei Langzeituntersuchungen zu falschen Datenzuordnungen und Verwechslungen kommt.[41]

Sichergestellt sein muss, dass im Rahmen der eigentlichen Forschungstätigkeit kei- **13** ne Rückschlüsse auf bestimmte Personen möglich sind.[42] Auf welche Art die Pseudonymisierung erreicht wird, schreibt das Gesetz nicht vor, sodass sowohl das manuelle Führen einer Pseudonymliste, sofern diese gesondert aufbewahrt wird, als auch technische Lösungen in Betracht kommen.[43] Zur technischen Umsetzung besteht z. B. die Möglichkeit des Aufbaus eines sogenannten Link-File-Systems, bei dem die Identifikation über drei Dateien erfolgt: Datei mit personenbezogenen Forschungsdaten, Datei mit Identifikatoren und Datei mit dem Schlüssel, mit dessen Hilfe erst die Zusammenführung der ersten beiden Dateien möglich wird. Notwen-

---

36 Zum Problem, dass bestimmte Informationen (z. B. genetische Daten) nicht anonymisiert werden können, *Luttenberger/Reischl/Schröder/Stürzebecher*, DuD 2004, S. 256 (257 f.); *Mand*, MedR 2005, S. 565 (566 f.); *Simitis*, in: Simitis, BDSG, § 40 Rn. 66; zur Möglichkeit der Analyse von Blut bei Neugeborenen-Screenings siehe außerdem *Wellbrock*, DuD 2004, S. 350; zur weltweiten Freigabe genetischer Daten siehe auch *Hofmann/Hödl*, DuD 2013, S. 227.

37 So *Weichert*, in: Däubler/Klebe/Wedde/Weichert, BDSG, § 40 Rn. 8; *Gola/Schomerus*, BDSG, § 40 Rn. 14; zur Kritik *Simitis*, in: Simitis, BDSG, § 40 Rn. 67 ff.

38 Notfalls muss eine Anonymisierung über mehrere Zwischenstufen erreicht werden, dazu *Tinnefeld/Ehmann/Gerling*, Einführung in das Datenschutzrecht, S. 610; zur Schwierigkeit der Anonymisierung z. B. bei Filmaufnahmen der Probanden im Rahmen psychologischer Forschungsprojekte vgl. *Gerling*, in: Roßnagel, Hdb. DSR, Kap. 7.10, Rn. 27.

39 Zum Problem der Rückverfolgung bei bestimmten Datensätzen siehe *Möncke/Laeverenz*, DuD 2004, S. 348 (351).

40 Ebenso *Bergmann/Möhrle/Herb*, BDSG, § 40 Rn. 23.

41 *Weichert*, in: Däubler/Klebe/Wedde/Weichert, BDSG, § 40 Rn. 9.

42 Die Trennung ist die grundlegende Voraussetzung einer Pseudonymisierung, vgl. XVI TB LfD Nds. 2001/2002, S. 160; zutreffend ebenso *Gola/Schomerus*, BDSG, § 40 Rn. 14.

43 Zum Vergleich mit Hilfs- und Erhebungsmerkmalen im Statistikrecht (§ 10 BStatG) siehe bei *Weichert*, in: Däubler/Klebe/Wedde/Weichert, BDSG, § 40 Rn. 10.

dig ist, dass dieser Schlüssel ausreichend gesichert und getrennt von den anderen Dateien aufbewahrt wird (Trennungsgebot).[44] Dabei ist sicherzustellen, dass zum Beispiel nicht durch Backup-Versionen Daten im System verbleiben.[45] Eine Re-identifizierung darf nur in den Ausnahmefällen erfolgen, in denen der Forschungszweck es erfordert (Abs. 2 Satz 3).

14 Das grundlegende Erfordernis zur Anonymisierung verpflichtet die Forschungseinrichtung, die identifizierenden Daten vollständig zu löschen, sobald eine Zuordnung nicht mehr notwendig ist (Abs. 2 Satz 1). Wann der Forschungszweck als erfüllt anzusehen ist, erläutert das BDSG nicht näher. Es kommt demzufolge auf den jeweiligen Forschungszweck an. Doch zumindest bei empirischen Studien kann in der Regel nach Abschluss der Erhebung von der Pflicht zur sofortigen Anonymisierung ausgegangen werden.[46]

V. Ergebnisveröffentlichung (Abs. 3)

15 § 40 BDSG geht zunächst einmal davon aus, dass eine Veröffentlichung von wissenschaftlichen Ergebnissen im Normalfall ausschließlich in anonymisierter Form erfolgt.[47] Soll hingegen durch die Veröffentlichung personenbezogener Daten an einen unbestimmten Empfängerkreis die intensivste Form einer Übermittlung genutzt werden, müssen die Voraussetzungen des § 40 Abs. 2 BDSG vorliegen.[48] Wurden Informationen schon einmal veröffentlicht, legitimiert das allein noch nicht die Veröffentlichung im Rahmen einer Forschungsarbeit.[49] Nur soweit die Darstellung von Forschungsergebnissen über Ereignisse der Zeitgeschichte eine Veröffentlichung unerlässlich macht, enthält § 40 Abs. 3 Nr. 2 BDSG die Erlaubnis der Forschungseinrichtung, personenbezogene Daten zu veröffentlichen. Mit der in § 40 Abs. 3 Nr. 2 BDSG enthaltenen Ausnahme wird vor allem der Forschungstätigkeit von Historikern und dem Informationsinteresse der Öffentlichkeit Rechnung getragen.[50] Hintergrund ist, dass eine korrekte zeitgeschichtliche Darstellung die Schilderung des Verhaltens und der Funktion von bestimmten Personen erforderlich machen kann.[51] Der Begriff der „Zeitgeschichte" wird im BDSG hingegen nicht näher definiert. Zur Auslegung kann allenfalls § 23 Abs. 1 Nr. 1 KunstUrhG dienen, wo-

---

44 Beispiel nach *Tinnefeld/Ehmann/Gerling*, Einführung in das Datenschutzrecht, S. 611, die außerdem die Deponierung des Schlüssels bei einem Treuhänder vorschlagen.

45 Darauf hinweisend *Gerling*, in: Roßnagel, Hdb. DSR, Kap. 7.10, Rn. 11.

46 So ebenfalls *Simitis*, in: Simitis, BDSG, § 40 Rn. 71.

47 Insoweit unterliegen diese keiner Restriktion, vgl. *Weichert*, in: Däubler/Klebe/Wedde/Weichert, BDSG, § 40 Rn. 11.

48 Zum Schutz der informationellen Selbstbestimmung im Rahmen einer Veröffentlichung vgl. BVerfG NVwZ 1990, 1162.

49 Ebenso *Weichert*, in: Däubler/Klebe/Wedde/Weichert, BDSG, § 40 Rn. 11.

50 *Gola/Schomerus*, BDSG, § 40 Rn. 17.

51 Eine Art von Erfahrungswert, so *Tinnefeld/Ehmann/Gerling*, Einführung in das Datenschutzrecht, S. 611; ferner können medizinische oder psychotherapeutische Forschungser-

nach Bildnisse aus dem Bereich der Zeitgeschichte ohne Einwilligung zur Schau gestellt werden dürfen.[52] Der Begriff wird in diesem Zusammenhang weit verstanden und zur Zeitgeschichte alles gezählt, woran gegenwärtig ein allgemeines Interesse besteht. Erfasst werden danach alle Erscheinungen im gegenwärtigen Leben (politisch, sozial, wirtschaftlich oder kulturell betrachtet), welche von der Öffentlichkeit beachtet werden bzw. Aufmerksamkeit erlangen, egal, ob es sich um aktuelle oder historische Geschehnisse handelt.[53]

Das informationelle Selbstbestimmungsrecht hat aber nur insoweit zurückzutreten, als eine Veröffentlichung von personenbezogenen Daten zur Darstellung und zum Verständnis des Forschungsergebnisses wirklich unerlässlich ist.[54] An einem konkreten Maßstab, wann die Interessen der Betroffenen hinter denen der Forschung zurückzutreten haben und damit eine Ausnahme im Sinne des Abs. 3 Nr. 2 vorliegt, fehlt es hingegen.[55] Eine Möglichkeit besteht darin, zunächst einmal eine Unterteilung in absolute und relative Personen der Zeitgeschichte vorzunehmen, wobei zur ersten Kategorie Personen gehören, die aufgrund ihres Status oder ihrer Bedeutung unabhängig von einem bestimmten zeitlichen Ereignis Aufmerksamkeit erlangen.[56] Relative Personen der Zeitgeschichte treten hingegen durch ihre eigenen Taten (z. B. Straftaten) in der Öffentlichkeit in Erscheinung und sind damit zumeist weniger schutzwürdig, als beispielsweise die Opfer.[57] Die Unterteilung hilft jedoch nur begrenzt weiter, ist doch weiterhin für jeden Einzelfall die verfassungsrechtlich gebotene Abwägung zwischen dem Persönlichkeitsinteresse des Betroffenen und dem Interesse der Öffentlichkeit bzw. Forschung vorzunehmen.[58] Zur Beurteilung ist infolgedessen auf jeden Fall weiterhin die jeweilige Situation der Person einzubeziehen, sodass die Entscheidung bei einer Person der Öffentlichkeit (z. B. Politiker) anders ausfallen kann als bei dessen Familienmitgliedern.[59] Darüber hinaus sind die Interessen auf den konkreten Einzelfall bezogen abzuwägen, sodass es entschei-

16

---

gebnisse gleichermaßen die Veröffentlichung personenbezogener Angaben erforderlich machen, darauf explizit noch einmal hinweisend *Simitis*, in: Simitis, BDSG, § 40 Rn. 85.

52 Beide Gesetze schützen das Persönlichkeitsrecht, vgl. *Bergmann/Möhrle/Herb*, BDSG, § 40 Rn. 30.

53 Vgl. *Fricke*, in: Wandtke/Bullinger, Urheberrecht, § 23 Rn. 3 ff.

54 Eine Abwägung der Interessen als notwendig erachtend *Bergmann/Möhrle/Herb*, BDSG, § 40 Rn. 29; *Gola/Schomerus*, BDSG, § 40 Rn. 17.

55 Damit wäre überdies eine unzulässige Steuerung der wissenschaftlichen Forschungsfreiheit zu befürchten, vgl. *Simitis*, in: Simitis, BDSG, § 40 Rn. 83.

56 Zum Begriff BVerfG NJW 2000, 1021 (1025).

57 Dazu *Weichert*, in: Däubler/Klebe/Wedde/Weichert, BDSG, § 40 Rn. 11; zu dieser Unterteilung im Rahmen des § 23 Abs. 1 Nr. 1 KunstUrhG vgl. *Bamberger*, in: Bamberger/Roth, Beck'scher Online-Kommentar, BGB, § 12 Rn. 113 ff.

58 *Bamberger*, in: Bamberger/Roth, Beck'scher Online-Kommentar, BGB, § 12 Rn. 113; zur Kritik *Mann*, NJW 2004, S. 3220 (3222).

59 Vgl. aber zur Veröffentlichung von Bildnissen der Begleitpersonen von absoluten Personen der Zeitgeschichte BVerfG NJW 2001, 1921 (1923).

dend auf das jeweilige Forschungsvorhaben ankommt.[60] Zum Schutz des Persönlichkeitsrechts sind aber selbst bei überwiegendem Interesse der Forschung lediglich die Daten zu veröffentlichen, die unmittelbar mit der konkreten Tätigkeit der zeitgeschichtlichen Person in Zusammenhang stehen und die für eine vollständige sowie korrekte Darstellung unverzichtbar sind.[61]

17 Eine Veröffentlichung ist ebenfalls zulässig, sofern der Betroffene seine Einwilligung erteilt, die den Anforderungen des § 4a Abs. 1 BDSG genügt. Die Verpflichtung zur Einholung des Einverständnisses besteht unabhängig von der konkreten Veröffentlichungsform (z. B. Forschungszeitschrift, Fernsehen, Tagespresse, Internet) oder dem Forschungsstand (z. B. Abschluss- oder Zwischenbericht).[62] Die Einwilligung muss in Kenntnis des Zieles und des Gegenstandes der Forschungsarbeit, der Art der Veröffentlichung sowie der davon betroffenen Daten erteilt werden.[63] Die Einwilligung muss schriftlich (§ 4a Abs. 1 Satz 3 BDSG) erfolgen.[64] Die in § 4a Abs. 2 BDSG für die Forschung enthaltene Ausnahme vom Schriftformerfordernis ist auf die Publikation der Forschungsergebnisse, wegen der mit einer Veröffentlichung einhergehenden besonderen Intensität des Eingriffs in das informationelle Selbstbestimmungsrecht, nicht anwendbar.[65] Vielmehr beschränkt sich die Erleichterung nach § 4a Abs. 2 BDSG allein auf die Erhebung von Forschungsdaten.[66]

VI. Sanktionen

18 Forschungsdaten für andere Zwecke zu nutzen ist absolut verboten und unterliegt den Sanktionen der §§ 43 Abs. 2 Nr. 5, 44 Abs. 1 BDSG. Auf die in Abs. 1 enthaltene Verwendungsbeschränkung wird teilweise durch andere Vorschriften verwiesen (vgl. § 180 Abs. 10 StVollzG, § 88 Abs. 1 AufenthG).[67] Die Verstöße einer Forschungseinrichtung gegen das Trennungsgebot (Abs. 2 Satz 3) können darüber hinaus nach § 43 Abs. 2 Nr. 6 eine Geldbuße oder nach § 44 Abs. 1 BDSG eine Frei-

---

60 Zur Abwägung OLG Hamm NJW 1996, 940.
61 Dazu *Tinnefeld/Ehmann/Gerling*, Einführung in das Datenschutzrecht, S. 612; *Simitis*, in: Simitis, BDSG, § 40 Rn. 82; insoweit kommt es auf den konkreten Forschungskontext an, vgl. *Schaffland/Wiltfang*, BDSG, § 40 Rn. 7.
62 *Simitis*, in: Simitis, BDSG, § 40 Rn. 79.
63 Vgl. *Bergmann/Möhrle/Herb*, BDSG, § 40 Rn. 27; zu den Anforderungen an eine Einwilligung vgl. AG Elmshorn MMR 2005, 870; LG München RDV 2006, 309; *Buchner*, DuD 2010, S. 39; zum Medizinrecht vgl. *Beisenherz/Tinnefeld*, DuD 2011, S. 110.
64 Zur Einwilligung in der Forschung vgl. *Gerling*, DuD 2008, S. 733.
65 Ebenso *Weichert*, in: Däubler/Klebe/Wedde/Weichert, BDSG, § 40 Rn. 12; sich hingegen nicht ausdrücklich dazu äußernd *Gola/Schomerus*, BDSG, § 40 Rn. 16.
66 *Simitis*, in: Simitis, BDSG, § 40 Rn. 80.
67 Insoweit kann das Verwendungsverbot als eine Art von Forschungsgeheimnis bezeichnet werden, so *Weichert*, in: Däubler/Klebe/Wedde/Weichert, BDSG, § 40 Rn. 7; zur Problematik vgl. aber die Diskussion zwischen *Weichert*, MedR 1996, S. 258; *Bochnik*, MedR 1994, S. 398; *ders.*, MedR 1996, S. 262.

heits- bzw. Geldstrafe zur Folge haben. Außerdem kann die Verletzung der Anonymisierungspflicht (Abs. 2) sowie die unzulässige Veröffentlichung von Daten (Abs. 3) eine Schadensersatzverpflichtung gem. der §§ 7, 8 BDSG auslösen, sofern dem Betroffenen infolgedessen ein Schaden entstanden ist.[68]

---

68 Dazu *Simitis*, in: Simitis, BDSG, § 40 Rn. 86.

§ 41 Erhebung, Verarbeitung oder Nutzung personenbezogener Daten durch die Medien

(1) Die Länder haben in ihrer Gesetzgebung vorzusehen, dass für die Erhebung, Verarbeitung und Nutzung personenbezogener Daten von Unternehmen und Hilfsunternehmen der Presse ausschließlich zu eigenen journalistisch-redaktionellen oder literarischen Zwecken den Vorschriften der §§ 5, 9 und 38a entsprechende Regelungen einschließlich einer hierauf bezogenen Haftungsregelung entsprechend § 7 zur Anwendung kommen.

(2) Führt die journalistisch-redaktionelle Erhebung, Verarbeitung oder Nutzung personenbezogener Daten durch die Deutsche Welle zur Veröffentlichung von Gegendarstellungen des Betroffenen, so sind diese Gegendarstellungen zu den gespeicherten Daten zu nehmen und für dieselbe Zeitdauer aufzubewahren wie die Daten selbst.

(3) Wird jemand durch eine Berichterstattung der Deutschen Welle in seinem Persönlichkeitsrecht beeinträchtigt, so kann er Auskunft über die der Berichterstattung zugrunde liegenden, zu seiner Person gespeicherten Daten verlangen. Die Auskunft kann nach Abwägung der schutzwürdigen Interessen der Beteiligten verweigert werden, soweit

1. aus den Daten auf Personen, die bei der Vorbereitung, Herstellung oder Verbreitung von Rundfunksendungen berufsmäßig journalistisch mitwirken oder mitgewirkt haben, geschlossen werden,

2. aus den Daten auf die Person des Einsenders oder des Gewährsträgers von Beiträgen, Unterlagen und Mitteilungen für den redaktionellen Teil geschlossen werden kann,

3. durch die Mitteilung der recherchierten oder sonst erlangten Daten die journalistische Aufgabe der Deutschen Welle durch Ausforschung des Informationsbestandes beeinträchtigt würde.

Der Betroffene kann die Berichtigung unrichtiger Daten verlangen.

(4) Im Übrigen gelten für die Deutsche Welle von den Vorschriften dieses Gesetzes die §§ 5, 7, 9 und 38a. Anstelle der §§ 24 bis 26 gilt § 42, auch soweit es sich um Verwaltungsangelegenheiten handelt.

Literatur: *Ballhausen/Roggenkamp*, Personenbezogene Bewertungsplattformen, K&R 2008, S. 403; *Binder*, Freie Rundfunkberichterstattung und Datenschutz, ZUM 1994, S. 257; *Bull*, Herstellung und Vertrieb von Fachzeitschriften als Gegenstand des Datenschutzrechts, AfP 1978, S. 111; *Bull*, Medienprivileg – offene Flanke des Datenschutzes?, FuR 1978, S. 395; *Bull/Zimmermann*, Das Medienprivileg – Kriterien der Abgrenzung und inhaltlichen Bestimmung, FuR 1979, S. 118; *Bruns*, Informationsansprüche gegen Medien, Tübingen 1997; *Caspar*, Datenschutz im Verlagswesen: Zwischen Kommunikationsfreiheit und informationeller Selbstbestimmung, NVwZ 2010, S. 1451; *Damm*, Datenschutz und Medien, AfP 1990, S. 7; *Degenhart*, Empfiehlt es sich, die Rechte und Pflichten der Medien präziser zu regeln und dabei den Rechtsschutz des einzelnen zu verbessern?, DVBl. 1990, S. 910; Deutscher Presserat, Bericht zum Redaktionsdatenschutz 2004, Bonn 2004; Deutscher Presserat, Bericht zum Redaktionsdatenschutz 2006, Bonn 2006; Deutscher Presserat, Bericht zum Redaktionsdatenschutz 2010 (Berichtszeitraum 2008–2010); Deutscher Presserat, Jahrbuch 2011 mit der Spruchpraxis des Jahres 2010; *Di Fabio*, Persönlichkeitsrechte im Kraftfeld der Medienwirkung, AfP 1999, S. 126; *Dix*, Testberichte über Hochschullehrer, DuD 2006, S. 330 f.; *Dorn*, Lehrerbenotung im Internet – Eine kritische Würdigung des Urteils des OLG Köln vom 27.11.2007, DuD 2008, S. 98; *Dörr*, Auskunftsansprüche gegen die Medien bei Persönlichkeitsrechtsbeeinträchtigungen, AfP 1993, S. 709; *Dörr/Schiedermair*, Rundfunk und Datenschutz – Die Stellung des Datenschutzbeauftragten des Norddeutschen Rundfunks, Frankfurt a. M. 2001; *Eberle*, Medien und Datenschutz – Antinomien und Antipathien, MMR 2008, S. 508; *Epiney/Hänni/Brülisauer*, Die Unabhängigkeit der Aufsichtsbehörden und weitere aktuelle Fragen des Datenschutzrechtes/L'indépendance des autorités de surveillance et autres questions actuelles en droit de la protection des données, Zürich 2012; *Gall*, Datenschutz im öffentlich-rechtlichen Rundfunk, DuD 1993, S. 383; *Garstka*, Diskussionsbeitrag, in: Möller/v. Zezschwitz (Hrsg.), Datenschutz und Medien, Baden-Baden 2003, S. 93; *Gounalakis/Klein*, Zulässigkeit von personenbezogenen Bewertungsplattformen – Die „Spickmich"-Entscheidung des BGH vom 23.6.2010, NJW 2010, S. 566; *Greve/Schärdel*, Der digitale Pranger – Bewertungsportale im Internet, MMR 2008, S. 644; *Heil*, Informationsansprüche gegenüber Medien, DuD 1999, S. 95; *Hein*, Rundfunkspezifische Aspekte des neuen Bundesdatenschutzgesetzes, NJW 1991, S. 2614; *Hendriks*, Das „Medienprivileg" im Rundfunk – Kontroverse Interpretationen des publizistischen Vorbehalts, FuR 1979, S. 407; *Hubert*, Das datenschutzrechtliche „Presseprivileg" im Spannungsfeld zwischen Pressefreiheit und Persönlichkeitsrecht, Baden-Baden 1993; *Jacob*, Journalismus im Spannungsfeld zwischen Pressefreiheit und Datenschutz, DuD 1998, S. 65; *Karger*, Freie Bahn für Bewertungsportale im Internet? – Die spickmich.de-Entscheidung des BGH, NJW 2009, S. XVI; *Kaufmann*, Für immer und ewig beschuldigt? Verdachtsberichterstattung im Internet und Onlinearchive, MMR 2010, S. 520 ; *Klee*, Pressedatenbanken und datenschutzrechtliches Medienprivileg, Baden-Baden 1992; *Kloepfer*, Pressefreiheit statt Datenschutz? – Datenschutz statt Pressefreiheit?, AfP 2000, S. 511; *Kloepfer*, Datenschutz in Redaktionen, AfP 2005, S. 118; *Kühling/Seidel/Sivridis*, Datenschutzrecht, 2. Aufl., Heidelberg 2011; *Kulow*, Die Spickmich-Entscheidung des BGH: roma locuta – causa infinita, K&R 2009, S. 678; *Ladeur*, Die Zulässigkeit von Lehrerbewertungen im Internet – Zugleich eine Anmerkung zum Urteil des OLG Köln vom 27.11.2007 (www.spickmich.de), RdJB 2008, S. 16; *Ladeur*, Zulässigkeit der Veröffentlichung personenbezogener Daten von Lehrern im Internetportal www.spickmich.de, JZ 2009, S. 966; *Lazarakos*, Das datenschutzrechtliche Medienprivileg, Berlin 2003; *Lenski*, Personenbezogene Massenkommunikation als verfassungsrechtliches Problem, Berlin 2007; *Lerche*, Medien und Persönlichkeitsschutz aus verfassungsrechtlicher Sicht, Universitas 1990, S. 670; *Michel*, Datenschutz und Medienprivileg, in: Rehbinder (Hrsg.), Festschrift für G. Herrmann zum 70. Geburtstag, Baden-Baden 2002, S. 109; *Müller-Gerbes*, Redaktionen nehmen Datenschutz zunehmend ernst, in: Deutscher Presserat (Hrsg.), Jahrbuch 2008, S. 53; *Münch*, Der Schutz der Privatsphäre in der Spruchpraxis des Deutschen Presserats, AfP 2002, S. 18; *Peifer/ Kamp*, Datenschutz und Persönlichkeitsrecht – Anwendung der Grundsätze über Produktkritik auf das Bewertungsportal „spickmich.de"?, ZUM 2009, S. 185; *Plog*, Zur Zulässigkeit eines Bewertungsportals für Lehrer (spickmich.de), CR 2007, S. 668; *Prinz*, Der Schutz der Persönlichkeitsrechtsrechte vor Verletzungen durch die Medien, NJW 1995, S. 817; *Roggenkamp*, Anmerkung zum Urteil des BGH vom 23.06.2009 (VI ZR 196/08, K&R 2009, 565) – Lehrerbewertung auf spickmich.de zulässig?, K&R 2009, S. 571; *Rosenhayn*, Umsetzung von § 41 Abs. 1 BDSG in Landesrecht, in: Deutscher Presserat (Hrsg.), Bericht zum Redaktionsdatenschutz, Bonn 2004, S. 89; *Rosenhayn*, FSK-Redaktionsdatenschutz – vom Modell zur festen Größe, in: Deutscher Presserat (Hrsg.), Bericht zum Redaktionsdatenschutz, Bonn 2006, S. 11; *Schaar*, Grußwort, in: Deutscher Presserat (Hrsg.), Bericht zum Redaktionsdatenschutz 2006, Bonn 2006, S. 7; *Schiedermair*, Datenschutz in den Medien, in: Dörr/Kreile/Cole (Hrsg.), Handbuch Medienrecht, 2. Aufl. 2011, S. 339; *Schilde-Stenzel*, „Lehrerevaluation" oder Prangerseite im Internet: www.meinprof.de – Eine datenschutzrechtliche Bewertung, RDV 2006, S. 104 ff.; *Schrader*, Datenschutz und Medienfreiheit, DuD 2000, S. 68; *Schweinoch/Weigert*, Das Medienprivileg in den Datenschutzgesetzen des Bundes und der Länder – erste Erfahrungen beim Vollzug dieser Gesetze, FuR 1979, S. 403; *Schweizer*, Selbstkontrolle der Printmedien, in: Rehbinder (Hrsg.), Festschrift für G. Herrmann zum 70. Geburtstag, Baden-Baden 2002, S. 121; *Seibel-Schwiedernoch*, Die verfassungsrechtliche Problematik des „Medienprivilegs" des § 1 Abs. 3 Bundesdatenschutzgesetz, München 1988; *Simitis*, Abschied vom „Medienprivileg" – Vorbemerkungen zu einer notwendigen Neuregelung, in: Stein/Faber (Hrsg.), Festschrift für H. Ridder zum 70. Geburtstag, Neuwied/Frankfurt 1989, S. 125; *Simitis*, Datenschutz und „Medienprivileg", AfP 1990, S. 14; *Stürner*, Empfiehlt es sich, die Rechte und Pflichten der Medien präziser zu regeln und dabei den Rechtsschutz des einzelnen zu verbessern?, Gutachten A zum 58. Deutschen Juristentag, München 1990; *Thomale*, Die Privilegierung der Medien im deutschen Datenschutzrecht, Wiesbaden 2006; *Thomale*, Die Datenverarbeitung zu journalistisch-redaktionellen Zwecken durch Telemedien, AfP 2009, S. 105; *Tillmans*, Diskussionsbeitrag, in: Möller/v. Zezschwitz (Hrsg.), Datenschutz und Medien, München 2003, S. 94; *Walz*, EG-Datenschutzrichtlinie und Selbstregulierung – Umsetzungsdefizite beim Medienprivileg, in: Bizer/Lutterbeck/Rieß (Hrsg.), Freundesgabe für Alfred Büllesbach, Stuttgart 2002, S. 301; *Weichert*, Datenschutz bei Internetveröffentlichungen, VuR 2009, S. 323; *Westphal*, Föderale Privatrundfunkaufsicht im demokratischen Verfassungsstaat, Berlin 2007; *Wronka*, Datenschutz und Medienprivileg – Eine Orientierungshilfe für den Bereich der Bundesrepublik, FuR 1979, S. 123.

Übersicht

I. Allgemeines

Die Vorschrift gehört zu den umstrittensten Regelungen des BDSG[1] – und hat auch **1** deshalb eine wechselvolle Geschichte hinter sich.[2] Auslöser der gemeinhin als „Medienprivileg" titulierten Norm ist das verfassungsvorgegebene Spannungsverhältnis zwischen den Kommunikationsgrundrechten des Art. 5 Abs. 1 GG und dem auf Art. 2 Abs. 1 in Verbindung mit Art. 1 Abs. 1 GG gestützten Recht auf informationelle Selbstbestimmung. In der modernen Informationsgesellschaft sind die Medien zwar wichtige Voraussetzung individueller Freiheit,[3] aber ihre Tätigkeit kann – aufgrund der ihnen eigenen „Sozialmacht"[4] – die freie Persönlichkeitsentfaltung im Hinblick auf die selbstbestimmte Positionierung des Einzelnen in Öffentlichkeit und Privatsphäre auch bedrohen.[5]

1. Genese

a) Ursprüngliche Fassung: § 1 Abs. 3 BDSG 1977

Bei Schaffung des BDSG herrschte allerdings eine allgemein medienfreundliche **2** Einschätzung des Konflikts vor: die Freiheit von Presse, Rundfunk und Film wurde als für mehr Information stehend – informationsextensiv – wahrgenommen, der Datenschutz dagegen für eher informationsvermindernd (informationsrestriktiv) ge-

---

1 Vgl. nur *Dix*, in: Simitis, BDSG, § 41 Rn. 3 m. w. N.
2 Ausführlich zur Geschichte des sog. „Medienprivilegs" etwa *Thomale*, Die Privilegierung der Medien im deutschen Datenschutzrecht, S. 61.
3 Statt vieler *Di Fabio*, AfP 1999, S. 126.
4 *Lerche*, Universitas 1990, S. 670. Siehe auch *Kloepfer*, AfP 2000, S. 511 (523): „private Informationsmacht".
5 Instruktive Beispiele aus der Rspr. liefern *Gola/Schomerus*, BDSG, § 41 Rn. 4 m. w. N.

halten.[6] Daher sah der ursprüngliche Regierungsentwurf von § 1 Abs. 3 BDSG 1977 vor, alle Aktivitäten von Unternehmen und Hilfsunternehmen der Presse, des Rundfunks und des Films zu jeglichen „publizistischen Zwecken" aus der Anwendung des BDSG herauszunehmen. Nach einschränkenden Interventionen von BT-Innenausschuss und Bundesrat einigte man sich schließlich jedoch auf die Formulierung „zu ausschließlich eigenen publizistischen Zwecken".[7]

b) Veränderungen durch § 41 BDSG 1990

3   Im Zuge der Überarbeitung des BDSG 1977 begann dann allerdings auch im deutschen Datenschutzrecht der „Abschied von der grundsätzlichen datenschutzrechtlichen Immunität der Medien".[8] Immer umfangreichere und detailliertere bereichsspezifischen Regelungen in BDSG, Rundfunkgesetzen- und -staatsverträgen sowie in einigen Landesdatenschutzgesetzen wurden geschaffen.[9] So beschränkte sich der neue § 41 Abs. 1 BDSG 1990 fortan im Bereich des Rundfunks auf „Hilfsunternehmen des Rundfunks", ordnete zusätzlich die Geltung des § 5 BDSG an und regelte – in ebenfalls einschränkender Manier – das Spezialproblem der „Adressen-, Telefon-, Branchen- oder vergleichbaren Verzeichnissen".

4   Im Hinblick auf die von den medialen Aktivitäten der Bundesrundfunkanstalten Betroffenen normierten § 41 Abs. 2 und 3 BDSG 1990 erstmals Bestimmungen über die Speicherung von Gegendarstellungen, über ein Auskunftsrecht hinsichtlich gespeicherter Daten und die Berichtigung unrichtiger Daten. Schließlich beendete § 41 Abs. 4 BDSG 1990 die Aufsichtszuständigkeit des Bundesbeauftragten für den Datenschutz für Bundesrundfunkanstalten und ordnet stattdessen – im Verbund mit dem ebenfalls neuen § 42 BDSG 1990 – die Schaffung eines eigenen, unabhängigen Datenschutzbeauftragten an.[10]

c) Aktuelle Fassung: § 41 BDSG 2001

5   Zu Beginn der vorläufig letzten[11] Reform des § 41 BDSG sah es zunächst so aus, als werde sich der Trend der datenschutzrechtlichen Erfassung medialer Aktivitäten spürbar fortsetzen und derart die sog. „offene Flanke"[12] des Datenschutzes geschlossen. Nachdem die 51. Datenschutzkonferenz vom 14./15. März 1996 allge-

---

6 Terminologie von *Kloepfer*, AfP 2000, S. 511 (512).

7 Näher *Bull*, AfP 1978, S. 111 (112 f.); *Bull/Zimmermann*, FuR 1979, S. 118 (119). Zu den ersten gesetzlichen Länderregelungen etwa *Wronka*, FuR 1979, S. 123. Zu den ersten Erfahrungen beim Vollzug der entsprechenden Datenschutzgesetze von Bund und Ländern *Schweinoch/Weigert*, FuR 1979, S. 403.

8 *Kloepfer*, AfP 2000, S. 511 (516). Diesen „Abschied" vehement einfordernd bereits *Simitis*, in: Festschrift für Ridder, S. 125.

9 Siehe beispielsweise *Binder*, ZUM 1994, S. 257 (261).

10 Näher *Hein*, NJW 1991, S. 2614 (2615); ausführlich *Damm*, AfP 1990, S. 7 (8 ff.).

11 Keine Veränderungen erfuhr § 41 BDSG durch die drei gesetzgeberischen Novellen aus dem Jahre 2009.

12 *Bull*, FuR 1979, S. 395.

mein eine stärkere Einbeziehung von Presse und Rundfunk in den Datenschutz gefordert hatte,[13] zielte auch der im Sommer 1999 vorgelegte Referentenentwurf des Bundesministeriums des Innern darauf ab, das BDSG – jedenfalls in inhaltlicher Hinsicht – deutlich intensiver als bislang auf Presse, Rundfunk und Film anzuwenden. Beispielsweise sollten die Länder verpflichtet werden, insoweit auch Regelungen über den betrieblichen Datenschutzbeauftragten (§§ 4f, 4g BDSG), über Auskunftsrechte bei Persönlichkeitsrechtsverletzungen (§ 41 Abs. 2 und 3 BDSG) und über die besondere Zweckbindung von Kontroll- und Sicherungsdaten (§ 31 BDSG) zu erlassen.[14]

Nach heftigen Protesten von Verleger- und Journalistenvereinigungen und deren **6** verstärkter Einbeziehung in die Gesetzgebungsarbeit verzichtete der am 9. Mai 2000 vorgelegte Gesetzesentwurf jedoch auf derartige bundesrechtliche Verschärfungen; nur Umsetzungsvorgaben bezüglich Haftung (§ 7 BDSG) und Verhaltensregeln (§ 38a BDSG) traten hinzu.[15] Die Bundesregierung sprach davon, dass fortan lediglich ein „Mindeststandard … datenschutzrechtlicher Regelungen im Bereich der Medien"[16] genüge. Für dessen Normierung wurden nun aber – im Einklang mit dem neuen Art. 75 Abs. 1 GG[17] – die Länder zuständig. Die bisherige – bundesrechtliche – Vollregelung mutierte damit zu einer bloßen Rahmenvorgabe für die Länder, und zwar nunmehr lediglich im Hinblick auf Unternehmen und Hilfsunternehmen der Presse, allerdings erweitert um literarische Zwecke.[18] Flankiert wurde dieser Kompromiss von der Zusage des Deutschen Presserats[19] , im Wege der Selbstregulierung ergänzende Verhaltensregeln, Empfehlungen und Vorschriften über ein Beschwerdeverfahren zu schaffen.[20] Die Presse hatte hiermit eine „essentielle Machtfrage für sich entschieden", staatliche Kontrolle zugunsten von Eigenkontrolle zurückgedrängt.[21]

---

13 DuD 1996, S. 425.
14 Einzelheiten etwa bei *Kloepfer*, AfP 2000, S. 511 (513); *Walz*, in: Freundesgabe für Büllesbach, S. 301 (306).
15 Vgl. *Kloepfer*, AfP 2000, S. 511 (513 f.); *Walz*, in: Freundesgabe für Büllesbach, S. 301 (306).
16 Gesetzesentwurf der Bundesregierung, BT-Drs. 14/4329, S. 46.
17 Dazu *Thomale*, Die Privilegierung der Medien im deutschen Datenschutzrecht, S. 142.
18 Zur mittlerweile abgeschlossenen Umsetzung in den Ländern *Rosenhayn*, in: Deutscher Presserat, Bericht zum Redaktionsdatenschutz 2006, S. 11 (19 f.); *Rosenhayn*, in: Deutscher Presserat, Bericht zum Redaktionsdatenschutz 2004, S. 89.
19 Einführend zu Geschichte, Struktur, Aufgaben und Arbeitsweise des Deutschen Presserats *Weyand*, in: Deutscher Presserat (Hrsg.), Jahrbuch 2011, S. 125 ff.; eine Chronik des Deutschen Presserats, die die Jahre 1956-2010 umfasst, findet sich in Deutscher Presserat, Jahrbuch 2011, S. 107 ff.
20 Vgl. Gesetzesentwurf der Bundesregierung, BT-Drs. 14/4329, S. 46. Näheres unten Rn. 28 ff.
21 *Kloepfer*, AfP 2005, S. 118 f.

2. Europarechtlicher Rahmen

7 Andererseits provozierte diese zentrale Rolle der Selbstregulierung europarechtliche Bedenken, die bis heute nicht vollständig ausgeräumt werden konnten. In Frage steht derzeit noch[22] die Vereinbarkeit von § 41 Abs. 1 BDSG mit Art. 9 Datenschutz-Richtlinie (EG-DSRl). Art. 9 EG-DSRl erlaubt den Mitgliedstaaten nur dann Abweichungen und Ausnahmen von den Kapiteln III, IV und VI der EG-DSRl, wenn die Verarbeitung personenbezogener Daten allein zu journalistischen, künstlerischen oder literarischen Zwecken erfolgt und notwendig ist, um das Recht auf Privatsphäre mit den für die Freiheit der Meinungsäußerung geltenden Vorschriften in Einklang zu bringen. Zwar ist der hierbei verwendete Begriff der Meinungsfreiheit orientiert an Art. 10 EMRK, der die Pressefreiheit nicht explizit aufführt. Jedoch ist die Pressefreiheit den Freiheitsverbürgungen des Art. 10 EMRK inhärent und Art. 9 EG-DSRl damit grundsätzlich auch auf § 41 Abs. 1 BDSG anwendbar.[23]

8 Auch wenn den Mitgliedstaaten zur Umsetzung des Art. 9 EG-DSRl Umsetzungsspielräume eröffnet sind und so eine Fülle von Zwischenlösungen auch für das deutsche Datenschutzrecht denkbar ist,[24] stellt sich (auch)[25] die Frage, ob und inwieweit Deutschland Selbstregulierungsinstrumente bei der Umsetzung verwenden durfte. Diese Frage wird im einschlägigen Schrifttum nicht häufig erkannt. Meist begnügen sich Autoren mit der Feststellung, § 41 Abs. 1 BDSG trage Art. 9 EG-DSRl Rechnung, indem er nunmehr mit § 7 BDSG eine Regelung über die Haftung und mit § 38a BDSG Verhaltensregeln für anwendbar erklärt.[26] Soweit aber das Problem der Richtlinienkonformität bloß freiwilliger und nicht sanktionenbewehrter Verpflichtungserklärungen erörtert wird, überwiegen die kritischen Stimmen.[27]

---

22 Der Entwurf der EU-Datenschutz-Grundverordnung (EU-DSGVO) ermöglicht den Mitgliedstaaten eine vergleichsweise weitgehende Regelungen der Bereiche Meinungs-, Presse- und Informationsfreiheit, vgl. Art. 80 und Erwägungsgrund 121 EU-DSGVO (näher unten Rn. 10).

23 Artikel 29-Datenschutzgruppe, Empfehlung 1/97. Eine andere Frage ist, ob nicht die Charta der Grundrechte der Europäischen Union (vgl. Art. 6 Abs. 2 Vertrag über die Europäische Union) zu einer einschränkenden Auslegung bereits der Datenschutz-Richtlinie zwingt.

24 Vgl. *Heil*, DuD 1999, S. 95.

25 Anders als Art. 9 EG-DSRl erwähnt § 41 Abs. 1 BDSG nicht künstlerische Zwecke. Soweit sich diese nicht mit den von § 41 Abs. 1 BDSG aufgeführten literarischen Zwecken decken (dazu unten Rn. 26; Beispiel für Deckungsgleichheit bei *Dix*, in: Simitis, BDSG, § 41 Rn. 14), steht allerdings die Frage nach einem legislativen Umsetzungsdefizit im Raum.

26 *Gola/Schomerus*, BDSG, § 41 Rn. 2; *Blüm*, in: Abel, BDSG u. IFG, S. 515. Generell für Richtlinienkonformität *Wedde*, in: Däubler/Klebe/Wedde/Weichert, BDSG, § 41 Rn. 1.

27 *Kloepfer*, AfP 2000, S. 511 (517); *Simitis*, in: Simitis, BDSG, Einl. Rn. 102; *Thomale*, Die Privilegierung der Medien im deutschen Datenschutzrecht, S. 120 ff.; *Walz*, in: Freundesgabe für Büllesbach, S. 301 (304 ff.).

In der Tat weckt der Vergleich von europäischem Umsetzungsanspruch und der vor- **9**
beschriebenen deutschen Konzeption zumindest Zweifel. Wortlaut und Intention
der Datenschutzrichtlinie lassen nicht ohne Weiteres erkennen, dass ausgerechnet
im besonders grundrechtsrelevanten Medienbereich die kraft Europarecht geforderte wirksame Umsetzung (effet utile) der engen Ausnahmemöglichkeit des Art. 9
EG-DSRl ohne Implementationskontrollen und ohne eine Not- und Auffangzuständigkeit der staatlichen Rechtsordnung gelingen könnte. Gegen eine solche These
können auch Aussagen des EuGH ins Feld geführt werden, die im Hinblick auf freiwillige Verhaltensregeln fordern, dass die vollständige Anwendung der betreffenden Richtlinie durch sämtliche Normadressaten sichergestellt sein muss.[28] Denn
dies ist in Deutschland bislang schon deshalb nicht gewährleistet, weil keineswegs
alle fraglichen Presseunternehmen sich zur Beachtung von Pressekodex und Beschwerdeordnung des Deutschen Presserats verpflichtet haben.[29]

Eine grundlegende Änderung des europarechtlichen Rahmens verspricht der bishe- **10**
rige Entwurf der Datenschutz-Grundverordnung der EU vom 25. Januar 2012[30]
nicht ohne Weiteres. Dessen Artikel 80 ist ebenso betitelt wie der aktuell geltende
Artikel 9 der EU-DS-RL und hat sich semantisch nur unwesentlich geändert. Die
derzeitige Formulierung der Richtlinie erscheint zwar etwas strikter („Die Mitgliedstaaten sehen … Abweichungen und Ausnahmen … nur insofern vor …, als sich
dies als notwendig erweist …") als die nunmehr vorgeschlagene des Verordnungsentwurfs („sehen … vor"), sodass man daraus einen größeren Spielraum für den
nationalen Gesetzgeber folgern könnte. Die Bundesregierung hält den insofern eine
prioritäre Frage betreffenden Vorschlag aber für „verbesserungsfähig". Aus ihrer
Sicht bedarf es gerade unter den Bedingungen einer globalisierten Informationsgesellschaft „klarer Regelungen" im Verhältnis zwischen dem Grundrecht auf Datenschutz und kollidierenden Grundrechten, wie insbesondere der Meinungs-, Infor-
mations- und Pressefreiheit.[31] Es bleibt abzuwarten, ob und ggf. inwieweit dieser

---

28 Vgl. *Walz*, in: Freundesgabe für Büllesbach, S. 301 (306 f.) m. w. N. zur Rspr. des EuGH.
29 Laut einer Pressemitteilung des Presserats vom 22.10.2009, S. 3, haben bislang über 90 %
   aller Verlage Verpflichtungserklärungen abgegeben. Weiteres Zahlenmaterial findet sich
   bei *Rosenhayn*, in: Deutscher Presserat, Bericht zum Redaktionsdatenschutz 2006, S. 11
   (14 ff.). Von einer nicht richtlinienkonformen Umsetzung gehen *Kloepfer*, AfP 2000,
   S. 511 (518), und *Thomale*, Die Privilegierung der Medien im deutschen Datenschutzrecht,
   S. 120, aus.
30 KOM(2012) 11 endgültig. Ausführlich Einführung Rn. 6, 56 ff. Der Bundesrat hat mit Beschluss vom 30.3.2012 Subsidiaritätsrüge gegen den Verordnungsvorschlag der Kommission erhoben (BR-Drs. 52/12). Es sei nicht dargelegt, warum es einer verbindlichen Vollregelung des Datenschutzes auf europäischer Ebene bedürfe. Der vorgeschlagene
   Rechtsakt gehe weit über die Kompetenzzuweisung der EU hinaus und widerspreche so
   den Prinzipien der Subsidiarität und der Verhältnismäßigkeit. Im Ergebnis würde der mitgliedstaatliche Datenschutz nahezu vollständig zurückgedrängt.
31 Antwort der Bundesregierung auf eine Kleine Anfrage der Fraktion DIE LINKE zur „Reform des EU-Datenschutzrechts" mit Blick auf den Entwurf der Datenschutz-Grundverordnung, BT-Drs. 17/10452, S. 2, 8.

deutschen Forderung Rechnung getragen werden wird. Die Zielrichtung des derzeitigen Verordnungsentwurfs der Kommission verdeutlicht der Erwägungsgrund 121 ohnehin viel mehr als der operative Normtext. In Erwägungsgrund 121 heißt es, dass Begriffe wie Journalismus, die sich auf das Recht der freien Meinungsäußerung beziehen, weit ausgelegt werden müssten. Eine Tätigkeit sei dann als journalistisch einzustufen, wenn ihr Ziel in der Weitergabe von Informationen, Meinungen und Vorstellungen an die Öffentlichkeit bestehe, unabhängig davon, auf welchem Wege dies geschehe. Ob ein Erwerbszweck verfolgt werde, sei nicht entscheidend, ebenso wenig seien journalistische Tätigkeiten auf Medienunternehmen beschränkt. Die mitgliedstaatliche Ausgestaltung des Verhältnisses zwischen dem Recht auf Schutz der Privatsphäre einerseits und der Meinungsfreiheit, der Informationsfreiheit und der Pressefreiheit andererseits sei insbesondere mit Blick auf die Verarbeitung personenbezogener Daten im audiovisuellen Bereich sowie in Nachrichten- und Pressearchiven von Bedeutung. Sollten diese konkreten Erwägungen Eingang in die endgültige Fassung der Datenschutz-Grundverordnung finden, lägen darin starke Impulse für die Auslegung und Anwendung des nationalen Rechts.

3. Konsequenzen der Föderalismusreform 2006

11 Aus kompetenzrechtlichen Gründen verzichtet § 41 Abs. 1 BDSG 2001 auf die Erfassung von Rundfunk (Rundfunkhoheit der Länder, Art. 30, 70 Abs. 1 GG)[32] und Film (Wegfall von Art. 75 Abs. 1 Nr. 2 GG infolge der Verfassungsreform 1994).[33] Für den Pressesektor wirkt der durch die Föderalismusreform I 2006 aufgehobene Art. 75 Abs. 1 Satz 1 Nr. 2 GG a. F. allerdings nach. Denn diese Norm gilt wegen Art. 125a Abs. 1 Satz 1 GG als Bundesrecht fort. Zwar können die Länder nach Art. 125a Abs. 1 Satz 2 GG solchermaßen fortwirkendes Bundesrecht durch Landesrecht ersetzen. Solange und soweit dies nicht geschieht, stellt jedoch Art. 75 Abs. 1 Satz 1 Nr. 2 GG a. F. die taugliche Rechtsgrundlage für § 41 Abs. 1 BDSG 2001 dar.

12 Soweit ersichtlich, haben die Länder bislang von ihrem Ersetzungsrecht keinen Gebrauch gemacht. Ob und ggf. inwieweit der Bund insoweit § 41 Abs. 1 BDSG fortentwickeln darf, ist verfassungsrechtlich noch nicht abschließend geklärt. Einiges spricht dafür, dass die Anpassungs- und Änderungskompetenz für fortgeltendes Bundesrecht beim Bund verbleibt.[34] Macht ein Land oder machen mehrere Länder von der Ersetzungskompetenz nach Art. 125a Abs. 1 Satz 2 GG Gebrauch, so gilt § 41 Abs. 1 BDSG 2001 in den übrigen Ländern als partikulares Bundesrecht fort.[35]

---

32 Näher etwa *Westphal*, Föderale Privatrundfunkaufsicht im demokratischen Verfassungsstaat, S. 592 f.

33 Gesetz zur Änderung des GG vom 27.10.1994, BGBl. 1994 I, S. 3146.

34 Eingehend *Uhle*, in: Maunz/Dürig, GG, Art. 125a Rn. 27.

35 So etwa *Jarass*, in: Jarass/Pieroth, GG, Art. 125a GG Rn. 8 m. w. N. Unzutreffender Rekurs auf Art. 125b GG und Art. 72 Abs. 3 GG bei *Spindler/Nink*, in: Spindler/Schuster, Recht

4. Struktur

§ 41 BDSG ist einfach strukturiert. Absatz 1 entfaltet pressespezifische Rahmenvorgaben für die Länder (dazu unter II.). Die Absätze 2 bis 4 betreffen demgegenüber allein den Auslandssender Deutsche Welle (dazu unter III.).   **13**

II. Pressespezifische Rahmenvorgaben (Abs. 1)

1. Regelungsfunktion: „Medienprivileg" oder Konkordanzregel?

Bis zum heutigen Tage wird die Wortkombination „Medienprivileg" verwendet, um Regelungsziel und -funktion von § 41 Abs. 1 BDSG zu charakterisieren.[36] Mitunter hat es gar den Anschein, als werde diese Wortkombination gleichsam stellvertretend für inhaltliche Argumente zugunsten der jeweils gewollten Privilegierung bestimmter Medien und zu Lasten des widerstreitenden Rechts auf informationelle Selbstbestimmung ins Feld geführt. Dieser Befund fordert dazu auf, begrifflich möglichst präzise zu arbeiten, die Regelungsfunktion der Vorschrift exakt zu bestimmen und die gemeinhin unter der Chiffre „Medienprivileg" abgehandelten verfassungsrechtlichen Fragen zu klären.   **14**

a) Begriffliches

Die schillernde Wortschöpfung „Medienprivileg" hat offenbar ihren Ursprung in den Beratungen des Innenausschusses des Bundestages;[37] sie ging vom Primat des Datenschutzes aus.[38] Letzteres entsprach ursprünglich durchaus Standort und Wortlaut des § 1 Abs. 3 BDSG 1977.[39] Gleichwohl offenbaren die im Zuge des Volkszählungsurteils vorgenommenen bereichsspezifischen gesetzlichen Regelungen der „Verarbeitung und Nutzung personenbezogener Daten durch die Medien" bald, dass die pauschale Privilegierung des § 1 Abs. 3 BDSG 1977 nicht mehr passte. Auch regte sich im Schrifttum Kritik an der Ungenauigkeit bzw. Missverständlichkeit der Wortkombination „Medienprivileg". Die Umschreibung „publizistischer Vorbehalt" bzw. „bereichsspezifischer Datenschutz für Rundfunk und Presse" sei genauer.[40]   **15**

---

der elektronischen Medien, § 41 BDSG Rn. 2. Ansatzweise Auseinandersetzung mit der verfassungsrechtlichen Problematik bei *Dix*, in: Simitis, BDSG, § 41 Rn. 20; aber unzutreffende Kritik durch *dens.*, ebd., in Fn. 101.

36 Beispielhaft *Lazarakos*, Das datenschutzrechtliche Medienprivileg.

37 *Hendriks*, FuR 1979, S. 407 i.V.m. Fn. 3.

38 *Binder*, ZUM 1994, S. 257 (260).

39 Monographisch *Seibel-Schwiedernoch*, Die verfassungsrechtliche Problematik des „Medienprivilegs" des § 1 Abs. 3 Bundesdatenschutzgesetz.

40 *Hendriks*, FuR 1979, S. 407, bzw. *Michel*, Festschrift für Herrmann, S. 109 (110); siehe auch *Bruns*, Informationsansprüche, S. 1 (53) und (67).

16 Diese Kritik überzeugt. Eine nähere begriffsjuristische Auseinandersetzung kann angesichts der aktuellen Fassung des § 41 Abs. 1 BDSG jedoch unterbleiben. Wie gesehen, beschränkt sich die Vorschrift nunmehr auf den Pressebereich. Deshalb könnte es sich anbieten, lediglich von einem „Presseprivileg" zu sprechen.[41] Da § 41 Abs. 1 BDSG allerdings nur Rahmenvorgaben macht, d.h. anders als § 1 Abs. 3 BDSG 1977 nicht unmittelbar privilegiert, könnte man die Vorschrift allenfalls als „pressespezifische Sonderregelung" bezeichnen. Die eigentliche Privilegierung des Pressebereichs liegt heutzutage aber in der eher außerrechtlichen Absprache zwischen dem Bund, den Ländern sowie dem Deutschen Presserat über die Einführung der Selbstregulierung.

b) Regelungsfunktion

17 Demgegenüber können belastbare Aussagen über Regelungsziel und -funktion nur gewonnen werden, wenn auch die verfassungsrechtliche Dimension in den Blick genommen wird. Tatsächlich sehen einige Autoren den Gesetzgeber aufgrund Art. 5 Abs. 1 Satz 2 GG gezwungen, die Medien bzw. die Presse aus dem Anwendungsbereich der allgemeinen staatlichen Datenschutzgesetze vollständig herauszunehmen.[42]

18 Dem kann nicht gefolgt werden. Da die Kommunikationsgrundrechte und das Grundrecht auf Datenschutz nicht zuletzt aufgrund ihrer gleichermaßen freiheitssichernden[43] Normzwecke gleichwertig nebeneinander stehen,[44] kann es insoweit bloß um angemessenen Ausgleich, d.h. die Herstellung praktischer Konkordanz gehen.[45] Dementsprechend zielt § 41 Abs. 1 BDSG nur auf die datenschutzrechtliche Verteilung von Informationsrisiken zwischen Privaten;[46] von einer einfachgesetzlichen Exemtion der Presse kann nicht (mehr) die Rede sein, allenfalls von der verfassungsrechtlich induzierten bundesrechtlichen Anordnung einer partiellen Ab-

---

41 So *Hubert*, Das datenschutzrechtliche „Presseprivileg" im Spannungsfeld zwischen Pressefreiheit und Persönlichkeitsrecht.

42 So insb. *Gall*, DuD 1993, S. 393 (384). Ähnlich *Dörr*, AfP 1993, S. 709 (711); *Degenhart*, DVBl. 1990, S. 910 (919). Zumindest missverständlich *Globig*, in: Roßnagel, Hdb. DSR, S. 627 (640) mit Fn. 48. *Lerche*, Universitas 1990, S. 670 (678), plädiert nur für ein „gewisses Medienprivileg" zur Gewährleistung der Funktionsfähigkeit der Medien.

43 Ander Meinung offenbar *Schiedermair*, in: Dörr/Kreile/Cole, Handbuch Medienrecht, 2. Aufl. 2011, S. 383, die von einem angeblichen „datenschutzrechtlichen Grundsatz in dubio pro securitate" ausgeht.

44 *Lenski*, Personenbezogene Massenkommunikation als verfassungsrechtliches Problem, S. 295; *Thomale*, Die Privilegierung der Medien im deutschen Datenschutzrecht, S. 59. Zuspitzende Darstellung der „widerstreitenden Interessenlagen von Medien und Datenschutz" durch *Eberle*, MMR 2008, S. 508 f.

45 *Schrader*, AfP 1993, S. 114; *Walz*, Freundesgabe für Büllesbach, S. 301 (303). Dahingehend auch *Gola/Schomerus*, BDSG, § 41 Rn. 4 a.E.

46 *Kloepfer*, AfP 2000, S. 511.

senkung des allgemeinen Datenschutzstandards.[47] Nach alledem handelt es sich bei
§ 41 Abs. 1 BDSG (nur) um eine *Konkordanzregel.*

c) Verfassungsrechtliche Fragen

Damit ist die erste verfassungsrechtliche Frage bereits geklärt: Ein wie auch immer   19
geartetes „Medienprivileg" im Sinne einer institutionellen Bereichsausnahme für
die Medien ist nicht verfassungsgeboten.[48] Andererseits ist ein Sonderrecht für bestimmte Medien – wie es § 41 Abs. 1 BDSG 1990 noch vorsah – auch nicht automatisch verfassungswidrig.[49] Hauptgrund hierfür ist, dass den von einer Erhebung
bzw. Verwendung ihrer persönlichen Daten durch die Medien Betroffenen grundsätzlich ausreichende Abwehrmöglichkeiten – wenn auch nur gegenüber den eigentlichen Geheimnisträgern – im Zivil-, Straf- und Geheimnisrecht verbleiben.[50]

Fraglich bleibt, ob die datenschutzrechtliche Ungleichbehandlung von Presse und   20
Rundfunk vor der Verfassung Bestand haben kann. Beispielsweise sieht das einfache Recht betriebliche Datenschutzbeauftragte und Auskunftsansprüche für den
Bereich des Rundfunks vor, nicht aber für den Pressesektor. Dies sei, so wird ein-
gewandt, jedenfalls unter den Bedingungen der modernen Informationsgesellschaft
nicht mehr begründbar.[51] Dem ist grundsätzlich zu folgen. Ein Grund hierfür ist,
dass sich die Tätigkeitsfelder der Presse nunmehr auf den Onlinebereich und die
multimedialen Dienste erweitert haben – hier stellt sich das Gefährdungspotenzial
und somit auch das Schutzbedürfnis des Einzelnen durchaus vergleichbar dar.[52]
Den im Schrifttum geäußerten Vorschlägen zur Schließung dieser Datenschutzlü-
cke de lege ferenda sollte daher nachgegangen werden.[53]

---

47 In diese Richtung wohl auch *Caspar*, NVwZ 2010, S. 1451, 1452.
48 Ergebnisgleich *Kloepfer*, AfP 2000, S. 511 (514 f.), bzgl. § 41 BDSG 1990; *Bull/Zimmer-
    mann*, FuR 1979, S. 118, und *Bull*, FuR 1979, S. 395 (397) bzgl. § 1 Abs. 3 BDSG 1977.
    A. A. auch heute noch *Blüm*, in: Abel, BDSG u. IFG, § 41 BDSG, S. 512.
49 *Kloepfer*, AfP 2000, S. 511 (515 f.) und (522).
50 Im Ergebnis ebenso *Kloepfer*, AfP 2000, S. 511 (515 f.) und (522) m. w. N.; *Herb*, DuD
    1993, S. 380. Ausführlich zum zivilrechtlichen Schutz von Persönlichkeitsrechten vor Ver-
    letzungen durch die Medien *Prinz*, NJW 1995, S. 817 ff. Zum Informantenschutz *Gola/
    Schomerus*, BDSG, § 41 Rn. 3a.
51 *Michel*, Festschrift für Herrmann, S. 109 (118); *Thomale*, Die Privilegierung der Medien
    im deutschen Datenschutzrecht, S. 131 ff. („Rechtsgefälle zwischen Rundfunk und Pres-
    se"). Siehe auch *Dix*, in: Simitis, BDSG, § 41 Rn. 29 („Schutzgefälle"), der insoweit auch
    Zweifel an der Richtlinienkonformität des § 42 Abs. 1 BDSG ausdrückt.
52 Überzeugend *Michel*, Festschrift für Herrmann, S. 109 (118 f.); *Thomale*, Die Privilegie-
    rung der Medien im deutschen Datenschutzrecht, S. 131 ff. Ähnlich *Kloepfer*, AfP 2000,
    S. 511 (516 und 522 f.), („verfassungsrechtliches Unbehagen"); *Kloepfer*, AfP 2005,
    S. 118 (127).
53 *Lerche*, Universitas 1990, S. 670 (678): Auskunftsanspruch und Löschungsanspruch bzgl.
    erwiesenermaßen unrichtiger Daten; *Thomale*, Die Privilegierung der Medien im deut-
    schen Datenschutzrecht, S. 121 (147 und 153): Ergänzung § 41 Abs. 1 BDSG um eine Auf-
    fangregelung (näher dazu unten Rn. 34).

2. Weitere pressespezifische Sonderregeln

21 Die pressespezifische Sonderregelung des § 41 Abs. 1 BDSG erfasst nicht Daten, die nicht in Dateien verarbeitet oder genutzt werden (vgl. § 1 Abs. 3 BDSG). Auf private Veranstalter von bundesweitem Hörfunk und Fernsehen findet § 47 RStV in Verbindung mit den §§ 11 ff. TMG Anwendung. Für Anbieter von Telemedien im Sinne von § 1 Abs. 1 Satz 1 TMG gelten die §§ 11 ff. TMG unmittelbar[54]. Soweit Unternehmen oder Hilfsunternehmen der Presse als Anbieter von Telemedien personenbezogene Daten ausschließlich zu eigenen journalistisch-redaktionellen oder literarischen Zwecken erheben oder verwenden (Angebote der Presse in Telemedien), gelten gem. § 57 Abs. 1 RStV lediglich die §§ 7, 9 BDSG und § 38a BDSG und § 5 BDSG nur mit bestimmten Maßgaben,[55] aber auch in Bezug auf die Datenverarbeitung und -nutzung außerhalb von Dateien;[56] besondere staatsvertragliche oder landesrechtliche Regelungen bleiben allerdings unberührt. Mit Blick auf journalistisch-redaktionelle Onlineangebote ermöglicht § 57 Abs. 2 RStV unter Umständen einen Auskunfts- und Berichtigungsanspruch[57], während Telemedienanbieter nach § 57 Abs. 3 RStV unter bestimmten Voraussetzungen zur Zuspeicherung von Gegendarstellungen bzgl. der über Betroffene gespeicherten Daten verpflichtet sind.[58]

3. Unternehmen und Hilfsunternehmen der Presse

22 Wie gesehen, beschränkt sich § 41 Abs. 1 BDSG mittlerweile auf die Datenerhebung und -verwendung durch „Unternehmen und Hilfsunternehmen der Presse". Der entwicklungsoffene Begriff der Presse ist in seinem Kern verfassungsvorgegeben;[59] eine nähere Definition durch § 41 Abs. 1 BDSG erübrigt sich daher. Als Presse sind alle zur Verbreitung geeigneten und bestimmten Druckerzeugnisse und sonstige audio-visuelle Träger anzusehen.[60] Auf den Inhalt und die Qualität kommt es nicht an.[61] Deshalb sind die Berichterstattung und die Verbreitung eigener Meinungen ebenso vom Schutzbereich des Art. 5 Abs. 1 Satz 2 Alt. 1 GG erfasst wie die Unterhaltung.[62] Da die Rahmenvorgaben des § 41 Abs. 1 BDSG jedoch stets die Pressefreiheit im Konflikt mit dem Grundrecht auf Datenschutz betreffen, kann es

---

54 Zu Bestands- und Nutzungsdaten s. § 13 Abs. 7 TMG.
55 Ausführlich *Thomale*, AfP 2009, S. 105 (106 f.).
56 Vgl. *Dix*, in: Simitis, BDSG, § 41 Rn. 8.
57 Einzelheiten bei *Thomale*, AfP 2009, S. 105 (107 f.).
58 Näher *Weichert*, RuV 2009, S. 323 (329), dort auch Hinweise auf einschlägige Ziffern des Pressekodex; *Thomale*, AfP 2009, S. 105 (108).
59 Siehe nur *Jarass*, in: Jarass/Pieroth, GG, Art. 5 Rn. 25; *Degenhart*, BK, Art. 5 Rn. 401.
60 Vgl. BVerfGE 95, 28 (35); *Schulze-Fielitz*, in: Dreier, GG, Art. 5 Rn. 68; *Dix*, in: Simitis, BDSG, § 41 Rn. 9.
61 Siehe etwa *Bergmann/Möhrle/Herb*, BDSG, § 41 Rn. 15; *Herzog*, in: Maunz/Dürig, GG, Art. 5 Rn. 128.
62 BVerfGE 10, 118 (121); BVerfGE 62, 230 (243); BVerfGE 101, 361 (389 f.).

im Einzelfall durchaus eine Rolle spielen, ob es – erstens – um einen „Beitrag zum geistigen Meinungskampf in einer die Öffentlichkeit wesentlich berührenden Frage"[63] geht und ob – zweitens – Mindestanforderungen an Auflagenhöhe und Verbreitungsgrad erfüllt werden.[64]

Zu den Unternehmen der Presse zählen zunächst Zeitungs-, Zeitschriften- und   23
Buchverlage.[65] Aus europarechtlichen Gründen sind zudem Journalisten, d. h. Reporter, Fotografen und Autoren, einzubeziehen.[66] Gibt eine publizistische Einheit Werks-, Betriebs-, Partei-, Vereins-, Mitglieder- oder Kundenzeitungen heraus, so muss sie gegenüber der übrigen Unternehmensverwaltung organisatorisch verselbstständigt sein.[67] Als *Hilfsunternehmen* der Presse sind solche Betriebe einzuordnen, deren Geschäft die permanente Unterstützung der vorgenannten Presseunternehmen bezweckt, zum Beispiel Nachrichtenagenturen, Materndienste und Pressekorrespondenten.[68]

4. Ausschließlich eigene journalistisch-redaktionelle oder literarische Zwecke

Die von § 41 Abs. 1 BDSG erfassten Daten müssen zu ausschließlich eigenen jour-   24
nalistisch-redaktionellen oder literarischen Zwecken erhoben oder verwendet werden. Das Begriffspaar *journalistisch-redaktionell* bezeichnet eine Tätigkeit, die vom bereits dargelegten Schutzbereich des Art. 5 Abs. 1 Satz 2 Alt. 1 GG erfasst wird, d. h. Meinungsrelevanz besitzt. Die Formulierung will allerdings desweiteren einschränkend verdeutlichen, dass sich die fragliche Datenerhebung bzw. -verwendung durch eine gewisse schöpferische Leistung auszeichnet, damit von einer redaktionellen Bearbeitung die Rede sein kann.[69]

---

63 BVerfGE 71, 206 (220); BVerfGE 85, 1 (16); BVerfGE 90, 241 (249); BVerfGE 93, 266 (294 f.).
64 Vgl. *Gola/Schomerus*, BDSG, § 41 Rn. 10.
65 Statt vieler *Bergmann/Möhrle/Herb*, BDSG, § 41 Rn. 16 .
66 Siehe Begründung zu Art. 9 EG-DSRl, abgedruckt bei *Dammann/Simitis*, EG-DSRl, S. 175. Enger („selbständige Journalisten") *Bergmann/Möhrle/Herb*, BDSG, § 41 Rn. 16 ; *Dix*, in: Simitis, BDSG, § 41 Rn. 11. Noch enger *Walz*, in: Simitis, BDSG, 6. Aufl., § 41 Rn. 11 (soweit „in irgendeiner Form in redaktionelle Strukturen … eingebunden").
67 *Klee*, Pressedatenbanken und datenschutzrechtliches Medienprivileg, S. 60; § 41 Rn. 16; *Dix*, in: Simitis, BDSG, § 41 Rn. 11. Für die einer Kurverwaltung herausgegebene Kurzeitung gilt dies nicht, BWHinwBDSG vom 4.1.1989, abgedruckt in RDV 1989, S. 142; dargestellt von *Schaffland/Wiltfang*, BDSG, § 41 Rn. 6.
68 *Bergmann/Möhrle/Herb*, BDSG, § 41 Rn. 17; *Dix*, in: Simitis, BDSG, § 41 Rn. 11.
69 *Bergmann/Möhrle/Herb*, BDSG, § 41 Rn. 25. Wohl zu weit geht – in ihrer derzeitigen begründungslosen Absolutheit – die Schlussfolgerung von Walz, in: Simitis, 6. Aufl., BDSG, § 41 Rn. 10 (übernommen von *Dix* in der aktuellen, 7. Aufl.), fehlten „Elemente redaktioneller Bearbeitung", so fehle auch der „verfassungsrechtliche Bezug zu Art. 5 Abs. 1 Satz 2 GG". Der Verweis auf *Klee*, Pressedatenbanken, S. 59, trägt insoweit jedenfalls nicht. Auch gibt die bundesverfassungsgerichtliche Judikatur bislang keinen dahingehen-

25 Deshalb scheiden Adress-, Telefon- oder Branchenverzeichnisse – auch soweit sie Werbung enthalten – aus,[70] ebenso Druckwerke mit unverändert übernommenen amtlichen Mitteilungen.[71] Zudem fehlt den im Zusammenhang mit dem Gebühreneinzug erhobenen und verwendeten Daten der Rundfunkteilnehmer die journalistisch-redaktionelle Zweckrichtung.[72] Anzeigen- und Offertenblätter weisen diese nur auf, falls eine redaktionelle Informationsaufbereitung für den Durchschnittsleser deutlich erkennbar ist.[73] Auch zu kommerziellen oder verwaltungstechnischen Zwecken erhobene bzw. verwendete Daten scheiden grundsätzlich aus.[74] Das ist zwar bei Lieferantendaten oder Daten des technischen oder des Verwaltungspersonals leicht einsehbar.[75] In anderen Fällen können sich jedoch erhebliche praktische Abgrenzungsfragen stellen. Erwähnt seien Honorardaten von freien Mitarbeitern, Ausleihdaten, Daten über recherchebedingte (Reise-)Kostenabrechnungen und Daten im Zusammenhang mit Abonnenten- und Leseranalysen. Ob in diesen Fällen § 41 Abs. 1 BDSG einschlägig ist, kann nur mit Blick auf den Einzelfall und im Wege einer Schwerpunktbetrachtung geklärt werden. Auch wenn in den genannten Fällen eine gewisse Vermutung für das Überwiegen kommerzieller, administrativer bzw. vertriebstechnischer Interessen streitet, muss dies in concreto doch jeweils eindeutig festgestellt werden. Dies ist etwa dann zu fordern, wenn ein Honorar mit einer spezifischen journalistisch-redaktionellen Aktivität untrennbar verbunden ist.[76]

26 Ebenso scheitert die Subsumtion des Lehrerbewertungsportals „spickmich.de".[77] Der hier fraglichen Datenverarbeitung fehlt die schöpferische, der öffentlichen

---

den Hinweis. Gerade wegen ihres grundrechtlich-freiheitssichernden Bezugs ist die Zweckbestimmung weit auszulegen (zutreffend insoweit *Dix*, in: Simitis, BDSG, § 41 Rn. 12).

70 Ebenso *Bergmann/Möhrle/Herb*, BDSG, § 41 Rn. 34; *Gola/Schomerus*, BDSG, § 41 Rn. 10. A. A. *Dörr/Schmidt*, BDSG 1990, § 41 Rn. 5, falls Werbung enthalten ist.

71 *Bergmann/Möhrle/Herb*, BDSG, § 41 Rn. 25; *Dix*, in: Simitis, BDSG, § 41 Rn. 10 und 13.

72 Statt vieler *Gola/Schomerus*, BDSG, § 41 Rn. 12a m. w. N.

73 Ähnlich *Dix*, in: Simitis, BDSG, § 41 Rn. 13, der beispielhaft Ratgeber- und Servicemitteilungen, Veranstaltungshinweise oder kommunalpolitische Nachrichten erwähnt. Ohne Beispiel dagegen *Gola/Schomerus*, BDSG, § 41 Rn. 10 a. E.

74 Teilweise anders *Dix*, in: Simitis, BDSG, § 41 Rn. 12 (Gewinnerzielungsabsicht schließe journalistisch-redaktionelle Zwecke „nicht von vornherein aus"), unter Berufung auf EuGH, Urteil vom 16.12.2008 – Satamedia, Rn. 59. Demgegenüber will *Dix*, ebd., Rn. 15, Maßnahmen der Kundenbindung (z. B. Gewinnauslobungen, insoweit Verweis auf Presserat, Jahrbuch 2009, S. 45 ff.) ohne journalistisch-redaktionellen Gehalt selbst dann nicht unter § 41 Abs. 1 BDSG fassen, wenn diese im redaktionellen Teil einer Zeitung erscheinen.

75 *Bergmann/Möhrle/Herb*, BDSG, § 41 Rn. 29; *Gola/Schomerus*, BDSG, § 41 Rn. 11.

76 Skeptisch auch *Gola/Schomerus*, BDSG, § 41 Rn. 11.

77 Zum Problemkontext tiefschürfende Ausführungen bei *Ladeur*, RdJB 2008, S. 16 ff. Eine Typologie von Bewertungsplattformen („Social Scoring Plattformen") unterbreiten *Ballhausen/Roggenkamp*, K&R 2008, S. 403 f.; weitere Beispiele bei *Dorn*, DuD 2008, S. 98, 99.

Meinungsbildung dienende Leistung des Redakteurs, die für § 41 Abs. 1 BDSG wegen seiner Ausrichtung an der verfassungsfundierten Pressefreiheit[78] konstitutiv ist. Deshalb ist dem BGH beizupflichten, dass die lediglich automatisierte Auflistung von Bewertungen Dritter (sog. User Generated Content) keine journalistisch-redaktionelle Verarbeitung im Sinne von § 41 Abs. 1 BDSG[79] bzw. im Sinne von § 57 Abs. 1 RStV[80] darstellt. Anders liegt es nach der Rechtsprechung, wenn sich ein Online-Angebot nicht lediglich auf die Zurverfügungstellung von Fotos und Geodaten beschränkt, sondern darüber hinaus das Informationsinteresse einer breiten Öffentlichkeit befriedigt, indem es Informationen zu Hintergründen von Stadtgeschichte und Architektur liefert und damit eine meinungsbildende Wirkung entfaltet („Bilderbuch-Köln").[81] Hier ist § 41 Abs. 1 BDSG bzw. § 57 Abs. 1 RStV ebenso

---

78 Siehe oben Rn. 22.
79 BGHZ 181, 328 = MMR 2009, 608. Zustimmend etwa *Gounalakis/Klein*, NJW 2010, S. 566; *Heckmann*, jurisPR-ITR 13/2009 Anm. 1; *Roggenkamp*, K&R 2009, S. 571 ff.; anderer Ansicht *Dix*, in: Simitis, BDSG, § 41 Rn. 11 mit Fn. 64 (§ 41 Abs. 1 BDSG enthalte kein „allgemeines" Medienprivileg und sei daher nicht auf „alle" Bewertungsportale im Internet anwendbar – unklar bleiben hierbei die verwendeten Abgrenzungskriterien, anhand derer in concreto festgestellt werden soll, ob das fragliche Bewertungsportal oder Forum § 41 Abs. 1 BDSG unterfällt oder nicht; die Sorge vor „Umgehung" des Datenschutzrechtes kann die Außerachtlassung von § 41 Abs. 1 BDSG nicht rechtfertigen); *Kulow*, K&R 2009, S. 678; *Ladeur*, JZ 2009, S. 966 ff.;. Bedenken äußert *Karger*, NJW 2009, S. XVI-XVII; uneindeutig *Gola/Schomerus*, BDSG, 11. Aufl., § 41 Rn. 10a. Kritisch zur vorhergehenden, die Zulässigkeit der Lehrerbewertung im Internet bejahenden Judikatur insb. des OLG Köln *Dorn*, DuD 2008, S. 98 ff.; *Greve/Schärdel*, MMR 2008, S. 644.; *Ladeur*, RdJB 2008, S. 16 ff.; *Peifer/Kamp*, ZUM 2009, S. 185 ff.; *Plog*, CR 2007, S. 668 ff.; dagegen in der Tendenz zustimmend *Ballhausen/Roggenkamp*, K&R 2008, S. 403, 406 ff. Die von der betroffenen Lehrerin gegen das BGH-Urteil am 20.7.2009 eingelegte Verfassungsbeschwerde (vgl. *Haensle/Reichold*, DVBl. 2009, S. 1329 (1332) mit Fn. 20), wurde von einer Kammer des Ersten Senats des BVerfG nicht zur Entscheidung angenommen (Beschluss vom 16.8.2010 – 2 BvR 1750/09). Da der Trend zu Internet-Bewertungsportalen als einem erfolgreichen Geschäftsmodell des Web 2.0 ungebrochen erscheint, bleibt die Sache spannend und ist mit weiteren Gerichtsprozessen zu rechnen. Bei den betroffenen Berufsgruppen geht es bislang v.a. um Professoren (generell kritisch zu „Testberichten über Hochschullehrer" *Dix*, DuD 2006, 330 f., der in seiner Eigenschaft als Berliner LfDI laut Pressemitteilung vom 22.4.2008 gegen den Betreiber der Website ein Bußgeld wegen Verletzung datenschutzrechtlicher Bestimmungen verhängte; gleichsinnig *Schilde-Stenzel*, RDV 2006, S. 104 ff. –), Richter, Staatsanwälte, Rechtsanwälte, Ärzte (vgl. den sog. Arzt-Navigator der AOK: „weisse-liste.arzt-versichertenbefragung.aok-arztnavi.de") und Handwerker – es handelt sich bei der transnationalen Struktur des Internets entsprechend nicht um ein rein deutsches Problem (instruktiv *Greve/Schärdel*, MMR 2008, S. 644; näher zur französischen Judikatur bzgl. Lehrerbewertungen *Kulow*, K&R 2009, S. 678, 681; *Peifer/Kamp*, ZUM 2009, S. 185). Zur Frage der datenschutzrechtlichen Zulässigkeit von Datenerhebung und -übermittlung durch Bewertungsportale siehe § 29 Rn. 13, 33, 38 und 50 mit entsprechenden Differenzierungen, etwa zwischen spickmich.de einerseits und qype.de andererseits (ebd., Rn. 33).
80 *Kühling/Seidel/Sivridis*, Datenschutzrecht, 2. Aufl., S. 224 mit Fn. 21.
81 LG Köln CR 2010, 198 ff.; ebenso *Gola/Schomerus*, BDSG, 11. Aufl., § 41 Rn. 10a.

anzuwenden wie bei der Bereithaltung von Altmeldungen in Online-Archiven, die die weltweite Abrufbarkeit einer namensidentifizierenden Berichterstattung ermöglichen (Verdachtsberichterstattung in Online-Archiven).[82]

27 Weiter einschränkend – und tendenziell realitätsfern[83] – fordert § 41 Abs. 1 BDSG schließlich, dass die Datenerhebung und -verwendung ausschließlich zu *eigenen* Zwecken erfolgen muss. Das ist allerdings nicht schon dann zu verneinen, wenn die journalistisch-redaktionelle Leistung vollständig oder teilweise für andere Medien erbracht wird; andernfalls würden Hilfsunternehmen der Presse wie Nachrichtenagenturen, Pressearchive und -datenbanken ohne Weiteres wieder aus § 41 Abs. 1 BDSG herausfallen.[84] Auch ist das Zurverfügungstellen von journalistischen Inhalten nicht an Aktualität gebunden. Wenn und soweit jedoch Presseunternehmen bzw. ihre vorgenannten Hilfsunternehmen ihre personenbezogenen Informationsbestände kommerziell verwerten, indem sie Dritten die Nutzung von Datenbanken zu pressefremden Zwecken ermöglichen, ist die Sonderregelung des § 41 Abs. 1 BDSG nicht mehr einschlägig und gilt BDSG.[85]

28 Die Einbeziehung der literarischen Zweckbestimmung entspricht Art. 9 EG-DSRl. Gemeint sind sowohl Belletristik als auch Sachliteratur.[86] Ob ein Beitrag für das Feuilleton einer Zeitung[87] nun literarischen oder journalistisch-redaktionellen Zwecken dient, kann allerdings dahinstehen. Denn § 41 Abs. 1 BDSG fordert kein kumulatives Vorliegen beider Zweckbestimmungen.

5. Vorgaben für die Landesgesetzgebung

29 § 41 Abs. 1 BDSG verpflichtet die Länder dazu, dafür Sorge zu tragen, dass den Vorschriften des § 5 BDSG (Datengeheimnis), des § 9 BDSG (Datensicherung) und des § 38a BDSG (Verhaltensregeln) entsprechende Regelungen einschließlich einer hierauf bezogenen Haftungsregelung entsprechend § 7 BDSG zur Anwendung kommen.[88] Dem sind die Länder bisher grundsätzlich nachgekommen. Jedoch liegen mit Pressekodex und Beschwerdeordnung seit 2001 Verhaltensregeln im Sinne von § 38a BDSG vor, die bis heute nicht entsprechend § 38a BDSG der zuständigen Landesbeauftragten für Datenschutz und Informationsfreiheit Nordrhein-Westfalen vorgelegt und von dieser überprüft worden sind.[89] Diskutiert wird, ob dies (europa-)

---

82 BHG MMR 2010, 438 ff.; dazu *Kaufmann*, MMR 2010, S. 520 ff.

83 Überzeugend *Bergmann/Möhrle/Herb*, BDSG, § 41 Rn. 30.

84 *Gola/Schomerus*, BDSG, § 41 Rn. 12b; *Dix*, in: Simitis, BDSG, § 41 Rn. 16.

85 Ausführlich *Dix*, in: Simitis, BDSG, § 41 Rn. 17 f., mit zahlreichen Praxisbeispielen.

86 Statt vieler *Gola/Schomerus*, BDSG, § 41 Rn. 12.

87 Beispiel von *Dix*, in: Simitis, BDSG, § 41 Rn. 14.

88 Einzelheiten bei *Dix*, in: Simitis, BDSG, § 41 Rn. 24–28.

89 Diese nach wie vor zutreffende Feststellung findet sich nun auch bei *Dix*, in: Simitis, BDSG, § 41 Rn. 27. Bemerkenswert ist, worauf *Dix*, ebd., Fn. 119, zutreffend hinweist, dass der Pressekodex in dem vom Presserat herausgegebenen Bericht zum Redaktionsdatenschutz 2004, S. 89, 91 f., durch Rosenhayn explizit als Verhaltensregel im Sinne des

rechtlich zulässig ist.[90] Für die Rechtskonformität des Status Quo spricht, dass sowohl § 38a BDSG als auch Art. 27 EG-DSRl ihrem klaren Wortlaut nach die Vorlage von Verhaltensregeln und deren Überprüfung lediglich als Option vorsehen. Das steht allerdings einer innerstaatlichen Regelung, die daraus eine Pflicht macht, nicht entgegen.[91]

6. Selbstregulierung durch den Deutschen Presserat

a) Allgemeines

Wie gesehen, optierten Bund und Länder im Jahre 2000 für eine „freiwillige" **30** Selbstregulierung durch den Deutschen Presserat. Ausweislich der Begründung zum Entwurf von § 41 Abs. 1 BDSG begrüßt der Bund dieses Regelungskonzept, weil es „in besonderer Weise geeignet erscheint, den Datenschutz im Medienbereich weiter zu verstärken".[92] Sodann äußerten sich auch Bundesdatenschutzbeauftragte sowie Stimmen im Schrifttum positiv.[93]

In Folge des politischen und gesetzgeberischen Kompromiss überarbeitete und er- **31** gänzte der Deutsche Presserat seinen Pressekodex, erarbeitete eine Beschwerdeordnung und schuf den dazugehörigen Beschwerdeausschuss zum Redaktionsdatenschutz. Hinter dem Kürzel „Pressekodex" verbergen sich zahlreiche und teilweise ausführliche „Richtlinien für die publizistische Arbeit nach den Empfehlungen des Deutschen Presserats", die sog. „publizistischen Grundsätze".[94] Der Beschwerdeausschuss beurteilt Beschwerdefälle mit einem spezifischen Datenschutzinteres-

---

§ 38a BDSG eingeordnet wird. Gleichwohl sieht sich der Presserat dem Vernehmen nach aufgrund seines verfassungsrechtlichen Selbstverständnisses (Staatsferne der Presse) nicht zur Vorlage des Pressekodex nach § 38a BDSG verpflichtet und hat ihn lediglich (im Nachgang zu vorgängigen dialogischen Abstimmungen einer datenschutzspezifischen Überarbeitung) dem BfDI und dem Bundesministerium des Innern im Jahre 2001 zur Kenntnis gegeben.

90 Dagegen *Garstka*, in: Möller/v. Zezschwitz, Datenschutz und Medien, S. 93 f. Dafür *Tillmanns*, ebd., S. 94; *Walz*, in: Simitis, BDSG, 6. Aufl., § 41 Rn. 27. *Walz*, ebd., bringt das pauschale Argument, Vorlage und Überprüfung i. S. v. § 38a BDSG seien wegen des „Medienprivileg(s) des § 41 Abs. 1 BDSG … nicht einschlägig" – anderer Ansicht nun *Dix*, in: Simitis, BDSG, 7. Aufl., § 41 Rn. 27.

91 Vgl. *Dammann/Simitis*, EU-Datenschutzrichtlinie, Art. 27 Rn. 6.

92 BT-Drs. 14/4329, S. 46.

93 *Jacob*, DuD 1998, S. 65: „gutes Zeichen für eine liberale Gesellschaft"; *Schaar*, in: Deutscher Presserat, Bericht zum redaktionellen Datenschutz 2006, S. 7 (8): „funktionierendes und überzeugendes Organ der datenschutzrechtlichen Selbstkontrolle", „echte Alternative"; *Kloepfer*, AfP 2005, S. 118 (124 f.): „Freiheitsgewinn". Allgemein zu den Vorteilen von Selbstkontrolle *Di Fabio*, AfP 1999, S. 126 ff., insb. S. 130 f. Laut Presserat wächst die Nachfrage nach Selbstregulierung, vgl. Deutscher Presserat, Jahrbuch 2009, S. 19 f.

94 Abgedruckt in Deutscher Presserat, Jahrbuch 2009, S. 132 ff. (Fassung vom 3.12.2008).

se.[95] Seine Zuständigkeit beschränkte sich zunächst allerdings auf Verlagsunternehmen, die eine – freiwillige – „Verpflichtungserklärung" gegenüber dem Deutschen Presserat abgegeben haben.[96] Ende 2008 erweiterte der Trägerverein die Zuständigkeit des Presserats auf journalistisch-redaktionellen Inhalte im Internet (ohne Rundfunk) mit Geltung ab dem 1. Januar 2009.[97] Seit dem 15. September 2010 sieht sich der Presserat ausdrücklich auch für sog. moderierte Foren als zuständig an.[98]

b) Verfassungsrechtliche Problematik

32   An dieser Freiwilligkeit der sog. Selbstverpflichtungserklärung und ihren Folgen in der Praxis entzünden sich allerdings diverse verfassungsrechtliche Fragen. Denn diese Form der Selbstregulierung trägt zwar den Belangen der Pressefreiheit weitgehend Rechnung, nicht aber garantiert sie den in ihren Grundrechten auf Datenschutz betroffenen Bürgern, dass sich alle Presseunternehmen an die publizistischen Grundsätze des Pressekodex halten.[99] Dies ist insbesondere grundrechtlich, rechtsstaatlich und demokratierechtlich problematisch.

33   Der Rechtsstaat ist zum effektiven Schutz der Grundrechte verpflichtet. Die Beachtung dieser Schutzpflicht im Bereich des Datenschutzes impliziert[100], dass das verfassungsrechtlich notwendige Schutzniveau mit hinreichender Sicherheit erreicht

---

95 Seit Oktober 2010 ist über www.presserat.de eine Datenbank mit Fallsammlung (Spruchpraxis des Presserats seit 1985) online zugänglich, näher Deutscher Presserat, Jahrbuch 2011, S. 42. Allgemeinere Darstellungen zum Redaktionsdatenschutz finden sich in den entsprechenden Tätigkeitsberichten des Presserats, zuletzt der 4. Tätigkeitsbericht zum Redaktionsdatenschutz 2010 (Berichtszeitraum 2008–2010), abrufbar über www.presserat.info/uploads/media/4._Bericht_z._RedDS.pdf (28.7.2012).

96 Die Beschwerdeordnung ist abgedruckt in Deutscher Presserat, Jahrbuch 2009, S. 157 ff. (Fassung vom 19. November 2008), die „Verpflichtungserklärung" findet sich in: Deutscher Presserat, Bericht zum Redaktionsdatenschutz 2006, S. 76. Eingehend zur Selbstkontrolle der Printmedien Schweizer, in: Rehbinder, Festschrift für Herrmann, S. 121 ff.

97 Die entsprechende Änderung betrifft insb. § 1 der Beschwerdeordnung. Zum Ganzen Deutscher Presserat, Jahrbuch 2009, S. 21 ff.; ders. Jahrbuch 2011, S. 19. Aufgrund dieser Zuständigkeitserweiterung befasst sich der Beschwerdeausschuss des Presserats seither auch mit dem datenschutzrechtlich besonders schwierigen Thema der sog. Online-Archive, Näheres bei Bechthold, in: Deutscher Presserat, Jahrbuch 2011, S. 49 ff. Zur Erweiterung der Beschwerdeordnung um rundfunkrechtliche Elemente Thomale, AfP 2009, 107 f. Alle Presseverlage, die die Selbstverpflichtungserklärung unterzeichnet haben, erhalten eine erweiterte Fassung mit der Aufforderung, sich auch der Selbstregulierung im Bereich der elektronischen Presse anzuschließen. Die übrigen Verlage wurden seitens des Presserats im Laufe des Jahres 2009 aufgefordert, eine erweiterte Erklärung zu unterschreiben.

98 Deutscher Presserat, Jahrbuch 2011, S. 21.

99 Jacob, DuD 1998, S. 65 (66).

100 Dies gilt selbstverständlich auch bei Beachtung der gegenläufigen Schutzpflichten für das allgemeine Persönlichkeitsrecht sowie für die Meinungsfreiheit im Speziellen – – zum Gebot, sämtliche Grundrechte und Schutzpflichten im Wege der praktischen Konkordanz in einen angemessenen Ausgleich zu bringen, vgl. Rn. 18.

wird, was adäquate Beschwerdemechanismen einschließt.[101] Das derzeitige Modell der freiwilligen Selbstverpflichtung ermöglicht es allerdings „Trittbrettfahrern" und „Dauerverweigern", sich bereits der Geltung des Pressekodex zu entziehen, da dieser weder rechtsverbindlich noch rechtlich hinreichend messbar ist.[102] Auch soweit die – große – Mehrheit der übrigen Presseunternehmen betroffen ist, fehlt es an echter Sanktionierung von Verstößen; Maßnahmen des Beschwerdeausschusses stellen keine rechtlichen Sanktionen mit nachteiligen Rechtsfolgen dar.[103] Schließlich wurden bzw. werden die publizistischen Grundsätze von Presseverbänden und -unternehmen geschaffen bzw. umgesetzt, nicht von gewählten und dadurch demokratisch legitimierten Vertretern der Allgemeinheit.[104]

c) Lösungsansätze

All dies ruft nach Bewältigung. In der Praxis hat bislang allerdings lediglich Hamburg reagiert, das mit § 11a Satz 2 HambPresseG eine gesetzliche Auffangregelung getroffen hat. Dagegen reicht die Verweisung auf § 41 Abs. 1 BDSG durch Landesrecht nicht aus.[105] In der juristischen Literatur werden weitere Lösungen diskutiert. Diese reichen von einer Allgemeinverbindlichkeitserklärung des Pressekodex durch den Staat[106] bis zu einer Ergänzung des § 41 Abs. 1 BDSG, die „Trittbrettfahrer" durch eine entsprechende Anwendung des § 41 Abs. 2 bis 4 Satz 1 BDSG einfängt und auf diesem Wege auch solche Presseunternehmen sanktioniert, die Maßnahmen des Beschwerdeausschusses nicht nachkommen.[107]   **34**

d) Zwischenbilanz und Perspektiven

Auch unter Weglassung der europa- und verfassungsrechtlichen Probleme ist die bisherige Bilanz der Selbstregulierung durch den Deutschen Presserat wohl ambivalent zu nennen. Zwar enthalten die presserechtlichen Grundsätze des Pressekodex teilweise sehr detaillierte Vorgaben, die bei ihrer Beachtung den Datenschutz in inhaltlicher Hinsicht durchaus fördern können. Auch zeigt die Spruchpraxis des   **35**

---

101 *Trute*, in: Roßnagel, Hdb. DSR, S. 182.
102 Siehe *Kloepfer*, AfP 2005, S. 118 (124); *Münch*, AfP 2002, S. 18 (21).
103 Vgl. *Kloepfer*, AfP 2005, S. 118 (124).
104 *Kloepfer*, AfP 2005, S. 118 (127); siehe auch *Kloepfer*, AfP 2000, S. 511 (518).
105 Vgl. *Kloepfer*, AfP 2005, S. 118 (124); *Dix*, in: Simitis, BDSG, § 41 Rn. 20; i.E. wohl auch *Bergmann/Möhrle/Herb*, BDSG, § 41 Rn. 38; für eine „Not- und Auffangzuständigkeit" bereits *Kloepfer*, AfP 2000, S. 511 (518). Beispiele für Verweisungen auf § 41 Abs. 1 BDSG etwa in § 12 LPrG Baden-Württemberg, Art. 10a BayLPrG, § 22a BerlPrG, § 12 LPrG NRW. Für diese eher minimalistische Lösung LfD Rheinland-Pfalz, 19. TB, LT-Drs. 14/2617, S. 88.
106 Vgl. *Kloepfer*, AfP 2005, S. 118 (127). Dagegen *Roßnagel/Pfitzmann/Garstka*, Modernisierung des Datenschutzes, BMI-Gutachten, S. 165.
107 *Thomale*, Die Privilegierung der Medien im deutschen Datenschutzrecht, S. 153. Weiterer Vorschlag von *Roßnagel/Pfitzmann/Garstka*, Modernisierung des Datenschutzes, BMI-Gutachten, S. 161.

Beschwerdeausschusses eine beachtliche Übereinstimmung mit der einschlägigen staatlichen Judikatur.[108] Eine Untersuchung von *Michael Kloepfer* kommt jedoch zu dem Ergebnis, dass Pressekodex und Spruchpraxis jedenfalls in inhaltlicher Hinsicht bislang keine nachhaltige Verbesserung gebracht haben.[109] Demgegenüber ist – so *Kloepfer* weiter – die institutionelle Perspektive des Modells deutlich positiver. Die Effektivität des Datenschutzes habe sich durch den zusätzlichen Spruchkörper und das neue Verfahren erhöht und die Möglichkeiten der Betroffenen haben sich im repressiven Bereich verdoppelt.[110]

36 Vor diesem Hintergrund bleibt vorerst die weitere Entwicklung abzuwarten. Da bisher die vorgenannten verfassungsrechtlichen Probleme nicht zu offenkundigen Missständen in der Praxis geführt haben,[111] besteht jedenfalls insoweit derzeit kein dringender Handlungsbedarf. Im Übrigen dürften die Einwände gegen das Modell der Selbstregulierung durch den Deutschen Presserat an Stärke verlieren, je mehr der Datenschutz im Rahmen dieses Konzepts an Effektivität gewönne.[112]

III. Deutsche Welle (Abs. 2 bis 4)

37 Die gesamtstaatliche Repräsentation im Ausland einschließlich der Ausstrahlung von Rundfunksendungen in das Ausland gehört zu den auswärtigen Angelegenheiten,[113] für die der Bund naturgemäß die ausschließliche Gesetzgebungskompetenz besitzt (Art. 73 Abs. 1 Nr. 1 Alt. 1 GG). Aufgrund dieser Kompetenz konnte der Bund nicht nur den Auslandssender „Deutsche Welle" errichten, sondern auch die dazugehörigen rundfunkspezifischen Datenschutzinstrumente und -verfahren in § 41 Abs. 2 bis 4 BDSG und § 42 BDSG schaffen. Hierbei ragen die Absätze 2 und 3 des § 41 BDSG heraus, weil sie eine „Sonderrechtsordnung für Individualrechte"[114] statuieren.

---

108 Vgl. *Kloepfer*, AfP 2005, S. 118 (126).
109 *Kloepfer*, AfP 2005, S. 118 (125).
110 *Kloepfer*, AfP 2005, S. 118 (126).
111 *Kloepfer*, AfP 2005, S. 118 (126).
112 Überzeugend *Kloepfer*, AfP 2005, S. 118 (126). Der Presserat selbst meint, der „Ausgleich zwischen Pressefreiheit und dem persönlichen Grundrecht" scheine „auf dem Wege der Selbstkontrolle" zu gelingen, siehe *Müller-Gerbes*, in: Deutscher Presserat, Jahrbuch 2008, S. 53 (54). Eine ähnlich positive Selbstbeschreibung („Zur Zukunftsfähigkeit des Presserats") findet sich bei *Tillmanns*, in: Deutscher Presserat (Hrsg.), Jahrbuch 2011, S. 25 ff., der gar meint, die „freiwillige Selbstregulierung" sei das wegen Art. 5 Abs. 1 Satz 2 GG „verfassungsrechtlich einzig zulässige Regulierungssystem", weshalb eine „regulierte Selbstregulierung … nicht zielführend" sei (ebd., S. 29).
113 BVerwGE 75, 79 (81). Aus dem Schrifttum siehe nur *Pieroth*, in: Jarass/Pieroth, GG, Art. 73 Rn. 3.
114 *Dix*, in: Simitis, BDSG, § 41 Rn. 29.

1. Anwendungsbereich

Die Deutsche Welle ist eine Anstalt des öffentlichen Rechts mit Sitz in Berlin und **38** Bonn; ihre Verwaltung befindet sich in Bonn (§§ 1 Abs. 1, 2 Abs. 1 Deutsche-Welle-Gesetz, DWG). Dementsprechend handelt es sich bei der Deutschen Welle um eine öffentliche Stelle des Bundes im Sinne von § 1 Abs. 2 Nr. 1 BDSG und § 2 Abs. 1 BDSG. Im Unterschied zu den von § 41 Abs. 1 BDSG erfassten nicht-öffentlichen Presseunternehmen ist die durch die Deutsche Welle erfolgende Datenerhebung und -verwendung deshalb ohne den einschränkenden Dateibezug geregelt. Somit erfasst § 41 Abs. 2 bis 4 BDSG auch die in Akten, Tonträgern und Bildträgern gespeicherten personenbezogenen Daten.[115]

2. Speicherung von Gegendarstellungen (Abs. 2)

Absatz 2 normiert lediglich die Konsequenzen einer bereits durchgesetzten Gegen- **39** darstellung, nicht den materiellen Gegendarstellungsanspruch.[116] Dieser folgt aus § 18 DWG. Ist die Deutsche Welle danach zur Veröffentlichung einer Gegendarstellung verpflichtet, so muss sie diese zu den gespeicherten Daten nehmen und für dieselbe Zeitdauer aufbewahren wie die Daten selbst. Ziel der Regelung ist die Ermöglichung „kommunikativer Chancengleichheit" zwischen der eine Tatsachenbehauptung verbreitenden Deutschen Welle und der dadurch betroffenen Person.[117] Deshalb muss die Zuspeicherung ohne schuldhaftes Zögern technisch umgesetzt werden, was je nach Speichermedium und Zeitpunkt auch die Zuspeicherung bzw. Anbringung von (Warn-)Hinweisen erfordern kann.[118] Ist ein Widerruf erfolgt oder ein Unterlassungsanspruch gegen die Deutsche Welle durchgesetzt worden, muss § 42 Abs. 2 BDSG erst recht Anwendung finden; in beiden Fällen sind nämlich die anspruchsbegründenden Voraussetzungen signifikant strenger als bei der Gegendarstellung.[119]

3. Auskunftsrecht und Verweigerungsgründe (Abs. 3 Sätze 1 und 2)

Im Unterschied zum allgemeinen Auskunftsanspruch (§ 19 BDSG) entsteht der be- **40** reichsspezifische, kostenlose[120] Auskunftsanspruch einer natürlichen Person („jemand") gegenüber der Deutschen Welle – dem Wortlaut nach – erst in Folge einer persönlichkeitsrechtsverletzenden Berichterstattung (Abs. 3 Satz 1). Unter Bericht-

---

115 Statt vieler *Dix*, in: Simitis, BDSG, § 41 Rn. 32.
116 Vgl. nur *Bergmann/Möhrle/Herb*, BDSG, § 41 Rn. 39.
117 *Dix*, in: Simitis, BDSG, § 41 Rn. 33. Instruktiv auch *Bergmann/Möhrle/Herb*, BDSG, § 41 Rn. 40.
118 Einzelheiten bei *Bergmann/Möhrle/Herb*, BDSG, § 41 Rn. 44–49.
119 *Bergmann/Möhrle/Herb*, BDSG, § 41 Rn. 43; *Dix*, in: Simitis, BDSG, § 41 Rn. 36. Ebenso für den Fall des erfolgten Widerrufs *Gola/Schomerus*, BDSG, § 41 Rn. 14.
120 *Bergmann/Möhrle/Herb*, BDSG, § 41 Rn. 60; *Dörr*, AfP 1993, S. 709; *Gola/Schomerus*, BDSG, § 41 Rn. 15; auch *Dix*, in: Simitis, BDSG, § 41 Rn. 37.

erstattung ist grundsätzlich die Ausstrahlung der fraglichen Sendung zu verstehen. Dem müssen allerdings öffentlichkeitswirksame Ankündigungen (etwa in Programmvorschauen, Programmzeitschriften, Presseerklärungen) oder vorab ausgestrahlte Trailer bzw. Kurzbeiträge gleichgestellt werden.[121] Die Folgenabwägung im Lichte der konfligierenden Grundrechte ergibt, dass dem Betroffenen in diesen Fällen ein Zuwarten auf die weitere Vertiefung seiner Persönlichkeitsverletzung unzumutbar ist, der Deutschen Welle die bloße Auskunftserteilung dagegen schon. Ohnehin muss der Betroffene Beweis dafür führen, dass er durch die fragliche (Vorab-) Berichterstattung in seinem Persönlichkeitsrecht beeinträchtigt wird.[122]

41 Im Schrifttum sehr umstritten ist, ob bereits vor Berichterstattung eine analoge Anwendung der Vorschrift in Betracht kommt, wenn konkrete Anhaltspunkte dafür sprechen, dass die Persönlichkeitsrechtsbeeinträchtigung unmittelbar bevorsteht. Dagegen lässt sich natürlich der Wortlaut der Norm ins Feld führen.[123] Diese rigorose Haltung berücksichtigt jedoch nicht die Realität der modernen Medienlandschaft. Gerade die kommunikative Macht des Mediums Fernsehen (insb. Suggestivwirkung, Reichweite), die im Falle der Deutschen Welle noch durch deren globale Empfangbarkeit verstärkt wird, kann für den nachteilig betroffenen Bürger besonders erdrückende Wirkung haben. Zudem ist es nicht ohne Widerspruch, dem Betroffenen bei Aktualisierung des rechtswidrigen Eingriffs (sogar) die vorbeugende Unterlassungsklage zuzugestehen, gleichzeitig aber das Wissen (nur) um die Hintergründe zu verwehren.[124] All dies verlangt hier nach Bejahung des präventiven, über den Wortlaut des § 41 Abs. 3 Satz 1 BDSG ausnahmsweise hinausgehenden Rechtsschutzes.[125] Die Funktionsfähigkeit der Deutschen Welle beeinträchtigt das nicht, zumal der Auskunftsanspruch ohnehin nur die zur Person des nachteilig Betroffenen in den Akten und Dateien des Senders bzw. dessen Redakteuren gespeicherte Daten beinhaltet, also – im Gegensatz zu § 19 Abs. 1 Satz 1 BDSG – keine Kenntnis von Herkunft und Empfänger der Daten erlaubt.[126]

42 Trotz Vorliegens der Voraussetzungen des Abs. 3 Satz 1 kann die Deutsche Welle die Auskunft unter Umständen verweigern. Dies setzt zunächst voraus, dass einer der in Abs. 3 Satz 2 Nr. 1 bis 3 aufgeführten Gründe vorliegt. Der erste Verweige-

---

121 Ebenso *Bergmann/Möhrle/Herb*, BDSG, § 41 Rn. 53 m.w. Fallgestaltungen; *Schrader*, AfP 1994, S. 112 (115); *Dix*, in: Simitis, § 41 Rn. 37. A.A. *Binder*, ZUM 1994, S. 257 (266).

122 *Dix*, in: Simitis, BDSG, § 41 Rn. 37.

123 Dahingehend *Gola/Schomerus*, BDSG, § 41 Rn. 15.

124 *Stürner*, Gutachten A zum 58. DJT, S. 88 f.

125 Ergebnisgleich *Bergmann/Möhrle/Herb*, BDSG, § 41 Rn. 57; *Wedde*, in: Däubler/Klebe/ Wedde/Weichert, BDSG, § 41 Rn. 12; *Stürner*, Gutachten A zum 58. DJT, S. 88 f. (106); *Dix*, in: Simitis, BDSG, § 41 Rn. 37.

126 *Dix*, in: Simitis, BDSG, § 41 Rn. 38 m.w. Einzelheiten. Dagegen kann der Betroffene nach § 21 Abs. 3 DWG Einsicht in die Aufzeichnung einer Sendung der Deutschen Welle verlangen, falls er glaubhaft macht, durch diese Sendung in seinen Rechten betroffen zu sein.

rungsgrund dient dem Schutz der an der fraglichen Sendung mitwirkenden Personen, gleich ob es sich um Mitarbeiter der Deutschen Welle oder von ihr beauftragten Journalisten handelt (Nr. 1 – sog. Eigensicherung). Der zweite Verweigerungsgrund beinhaltet den Schutz aller Personen, die Informationen liefern (Nr. 2 – sog.
Informantenschutz). Den dritten Verweigerungsgrund macht die Deutsche Welle
geltend, wenn sie der Ausforschung ihres Informationsbestandes begegnen will
(Nr. 3 – sog. Ausforschungsschutz).[127] Ob einer der drei Verweigerungsgründe vorliegt, ist anhand der Einzelfallumstände zu beurteilen, und zwar aus Sicht des die
Auskunft begehrenden und ggf. über Zusatzwissen verfügenden Betroffenen.[128]

Die Auskunftsverweigerung unterliegt allerdings zwei Einschränkungen. Zum ei-   **43**
nen setzt sie die Abwägung der schutzwürdigen Interessen des Auskunftsuchenden
und der Deutschen Welle voraus. Je gewichtiger die Persönlichkeitsrechtsbeeinträchtigung ist, desto eher muss die Ausübung des Verweigerungsrechts unterbleiben.[129] Zum anderen fordert das Wort „soweit" die Deutsche Welle auf, die Möglichkeit einer Teilauskunft zu prüfen und diese ggf. zu erteilen. Andererseits muss
es der Deutschen Welle unter strengen Voraussetzungen möglich sein, über den
Wortlaut des Abs. 3 Satz 2 hinaus eine Auskunft zu verweigern, wenn das Auskunftsverlangen offenkundig rechtsmissbräuchlich ist oder ein nachweislich unverhältnismäßiger Aufwand entstünde.[130]

Betroffene können die praktische Geltendmachung des Auskunftsanspruchs gegen-   **44**
über der Deutschen Welle mit einer Anrufung des Beauftragten für den Datenschutz
der Deutschen Welle nach § 20 DWG verbinden, mit dessen Einschaltung in jedem
Fall zu rechnen sein dürfte.[131]

---

127 *Bergmann/Möhrle/Herb*, BDSG, § 41 Rn. 68, folgern daraus, dass das IFG des Bundes
auf die journalistische Tätigkeit der Deutschen Welle keine Anwendung finde. Dafür
lässt sich der Grundsatz „lex specialis derogat lex generalis" anführen. Ob im Übrigen
ein Auskunftsanspruch nach dem IFG im Hinblick auf die Verwaltungstätigkeit der Deutschen Welle besteht, ist dagegen noch ungeklärt. § 1 Abs. 1 Satz 2 Alt. 2 IFG deutet darauf hin, dass das IFG insoweit auf die Deutsche Welle Anwendung findet.

128 Näher *Bergmann/Möhrle/Herb*, BDSG, § 41 Rn. 67.

129 Siehe *Dix*, in: Simitis, BDSG, § 41 Rn. 39.

130 Ähnlich *Bergmann/Möhrle/Herb*, BDSG, § 41 Rn. 63 m.w. Beispielen. Allerdings ist
fraglich, ob auch der Eingang „massenhaft gleichartiger Auskunftsansprüche" ein außerordentliches Verweigerungsrecht begründen kann, wenn diesen entweder durch eine Auskunft an dieselbe Person oder durch eine gleichartige Auskunft an alle Betroffenen abge-
holfen werden kann. *Dix*, in: Simitis, BDSG, § 41 Rn. 39, hält die Regelung des § 41
Abs. 3 Satz 2 BDSG für abschließend.

131 Weitere Überlegungen zum praktischen Verfahren (Auskunftsverlangen, Widerspruchs-
verfahren, verwaltungsgerichtliches Verfahren) bei *Bergmann/Möhrle/Herb*, BDSG, § 41
Rn. 69–71. Hinzuzufügen ist, dass sich gem. § 2 Abs. 1 Satz 2 DWG der für den Gerichts-
stand maßgebliche Sitz der Deutschen Welle in Bonn befindet.

4. Berichtigungsanspruch (Abs. 3 Satz 3)

45 Abs. 3 Satz 3 sieht schließlich vor, dass Betroffene von der Deutschen Welle die Berichtigung unrichtiger Daten verlangen können. Was darunter zu verstehen ist, erschließt sich allerdings nicht ohne Weiteres. Zum Zeitpunkt der Geltendmachung des Berichtigungsanspruchs etwa verhält sich Abs. 3 Satz 3 nicht; eine vorherige Geltendmachung des Auskunftsrechts wird auch nicht vorausgesetzt. Dementsprechend muss der Betroffene die Ausstrahlung der Sendung mit den unrichtigen Daten zu seiner Person keineswegs abwarten; es genügt, wenn er davon auf anderem Wege erfährt.[132] Was den Anspruchsinhalt angeht, besteht eine Parallele zu Abs. 3 Satz 1. Der Berichtigungsanspruch erfasst nicht nur das ausgestrahlte, sondern das gesamte der Sendung zugrunde liegende Datenmaterial, unabhängig davon, ob dieses in einem Informationssystem der Deutschen Welle gespeichert ist.[133] Darin liegt kein Widerspruch zur Aufzeichnungspflicht nach § 21 Abs. 1 DWG, soweit auf Veranlassung und nach Weisung des Betroffenen eine berichtigende Darstellung in angemessenem Umfang lediglich beigefügt wird; die Originalsendung bleibt so unverändert erhalten.[134] Diese Lösung legt schließlich auch die allgemeine Regelung des § 20 Abs. 1 Satz 2 BDSG nahe.

46 Im Streitfall liegt die Beweislast für die Richtigkeit der Daten bei der Deutschen Welle;[135] das entspricht der allgemeinen Regel des § 20 Abs. 4 BDSG in Verbindung mit § 24 VwVfG. Einem unmittelbar auf § 20 Abs. 2 BDSG gestützten Löschungs- sowie einem gem. § 20 Abs. 4 BDSG vorgebrachten Sperrungsbegehren muss allerdings entgegengehalten werden, dass § 41 Abs. 3 BDSG dem Betroffenen lediglich ein Berichtigungsrecht einräumt und damit eine abschließende Regelung trifft.[136]

5. Weitere anwendbare BDSG-Vorschriften (Abs. 4 Satz 1)

47 Abs. 4 Satz 1 normiert, welche materiellen Vorschriften des BDSG – ergänzend zum DWG – die Deutsche Welle über die Regelungen der Absätze 3 und 4 hinaus unmittelbar anzuwenden hat. Dies sind – in gewisser Parallele zu Abs. 1 – § 5 BDSG (Datengeheimnis), § 7 BDSG (Schadensersatz), § 9 BDSG (Datensicherung) und § 38a BDSG (Verhaltensregeln).

---

132 *Dix*, in: Simitis, BDSG, § 41 Rn. 40.
133 *Dix*, in: Simitis, BDSG, § 41 Rn. 40. A. A. *Bergmann/Möhrle/Herb*, BDSG, § 41 Rn. 76; *Binder*, ZUM 1994, S. 257 (268).
134 So überzeugend *Dix*, in: Simitis, BDSG, § 41 Rn. 40 („Berichtigungshinweis"); *Schrader*, AfP 1994, S. 114 (115). Anders *Bergmann/Möhrle/Herb*, BDSG, § 41 Rn. 73 f.
135 Vgl. *Auernhammer*, BDSG, § 41 Rn. 19; zustimmend *Dix*, in: Simitis, BDSG, § 41 Rn. 40. Anders offenbar *Gola/Schomerus*, BDSG, § 41 Rn. 16.
136 Vgl. *Dix*, in: Simitis, BDSG, § 41 Rn. 40.

6. Anstaltsautonome Datenschutzkontrolle (Abs. 4 Satz 2)

Mit Abs. 4 Satz 2 hat der Bundesgesetzgeber 1990 die Kontrollzuständigkeit des **48** Bundesbeauftragten für den Datenschutz für die Deutsche Welle beendet. An dessen Stelle trat der Datenschutzbeauftragte der Deutschen Welle (§ 42 BDSG) und verantwortet seitdem sowohl den journalistisch-redaktionellen als auch den Verwaltungsbereich. Damit hat sich insoweit der Bund – wie die meisten Länder – vollständig für das Konzept der anstaltsautonomen Datenschutzkontrolle entschieden. Einiges spricht dafür, dass dieses Konzept dem auf Art. 5 Abs. 1 Satz 2 GG fußenden Gebot der Staatsferne des Rundfunks[137] besonders entspricht. Ob das Staatsfernegebot allerdings auch zu einer Freistellung der Rundfunkanstalten von jeglicher externer Datenschutzkontrolle – und sei es nur im Hinblick auf Verwaltungsangelegenheiten[138] – zwingt, ist bislang ungeklärt.[139]

Aus europarechtlicher Sicht stellte sich nach dem Urteil des EuGH vom 9.3.2010[140] **49** die Frage, ob das von der Deutschen Welle praktizierte Modell anstaltsautonomer Datenschutzkontrolle mit Art. 28 Abs. 1 Satz 2 EG-DSRl vereinbar ist. Tatsächlich entnimmt eine dezidierte Kommentatorenstimme dem Urteil die unionsrechtliche Rechtswidrigkeit der anstaltsinternen Datenschutzkontrolle der Deutschen Welle und fordert insofern in Verwaltungsangelegenheiten de lege ferenda die Kontrollbefugnis des BfDI.[141] Demgegenüber ist bei einer nicht von institutionellen Eigenin-

---

137 Eingehend dazu *Westphal*, Föderale Privatrundfunkaufsicht im demokratischen Verfassungsstaat, S. 452 ff.

138 So das Modell in den Datenschutzgesetzen von Bremen (§§ 1 Abs. 6, 7, 36 BremDSG) und Hessen (§§ 3 Abs. 5, 10, 37 HDSG) und im Staatsvertrag über die Errichtung einer gemeinsamen Rundfunkanstalt der Länder Berlin und Brandenburg (§§ 36–38 BDSG).

139 Bejahend insb. Datenschutzbeauftragte und Justitiare aus dem Rundfunksektor sowie Rundfunkrechtler, explizit etwa *Binder*, ZUM 1994, S. 257 (261) mit Fn. 34; *Dörr*, AfP 1993, S. 709 (711); *Dörr/Schiedermair*, Rundfunk und Datenschutz, S. 1 (49 f.); *Herb*, in: Bergmann/Möhrle/Herb, BDSG, § 41 Rn. 79; *Schiedermair*, in: Dörr/Kreile/Cole (Hrsg.), Handbuch Medienrecht, S. 339, 386 f.; vorsichtiger *Michel*, Festschrift für Herrmann, S. 109 (113). Verneinend etwa *Simitis*, AfP 1990, S. 14 (20); *Dix*, in: Simitis, BDSG, § 41 Rn. 42.

140 EuGH – Rs. C-518/07, abgedruckt in NJW 2010, 1265 ff. Näher zu Hintergründen, Vertragsverletzungsverfahren und Entscheidungsinhalten § 38 Rn. 44 ff.

141 *Dix*, in: Simitis, BDSG, § 41 Rn. 42, der diese Konsequenz darüber hinaus für die in 12 Ländern praktizierte interne Datenschutzkontrolle der öffentlich-rechtlichen Rundfunkanstalten in Verwaltungsangelegenheiten sowie mit Blick auf ZDF und Deutschlandradio zieht. Dies entspricht der (unter Mitwirkung von *Dix* zustande gekommenen) Entschließung der 79. Konferenz der Datenschutzbeauftragten des Bundes und der Länder vom 17./18. März 2010, nach der das Urteil nicht nur für den nicht-öffentlichen, sondern auch für den öffentlichen Bereich der Datenschutzaufsicht Konsequenzen habe und insb. jegliche Fach- und Rechtsaufsicht untersage. Letztlich haben 15 Länder die Aufgaben der Aufsichtsbehörden für den nicht-öffentlichen Bereich dem jeweiligen Landesbeauftragten übertragen, während Bayern eine differenzierte Regelung schuf. Für die Aufsicht über den nicht-öffentlichen Bereich ist in Bayern das Bayerische Landesamt als unabhängige Datenschutzaufsichtsbehörde zuständig, für den öffentlichen Bereich dagegen der

teressen beeinflussten Betrachtung festzuhalten, dass die EG-DSRl eine organisationelle Verselbstständigung der Datenschutzaufsicht im öffentlichen Bereich nicht zwingend fordert.[142] Bereits der Wortlaut der EG-DSRl selbst gibt das nicht ohne Weiteres her.[143] Das in Art. 28 Abs. 1 Satz 2 EG-DSRl enthaltene Beiwort „völlig" ist einem politischen Kompromiss geschuldet[144] und sollte daher nicht im Sinne von absolut verstanden werden. Denn Regelungen der Unabhängigkeit von Aufsichtsinstitutionen geraten zwangsläufig in Konflikt etwa mit der Finanzhoheit der betroffenen Parlamente[145] und mit rechtsstaatlichen Prinzipien (z. B. Gesetzmäßigkeit öffentlichen Handelns, die mittels Rechtsaufsicht sichergestellt werden soll). Es kann bei der Konzeption von Aufsichtsinstitutionen demnach stets nur um eine insgesamt verhältnismäßige Ausgestaltung der Unabhängigkeit von DSB gehen. Auch ist zu beachten, dass eine rigide verstandene kategorische Unabhängigkeit von Eingriffsverwaltung praktisch gar nicht möglich ist.[146] Ebenso wenig kann es eine völlige persönliche Unabhängigkeit von Amtsträger oder Amtswaltern geben.[147] Schließlich streiten für ein maßvolles, der Komplexität moderner Verwaltungswirklichkeit entsprechendes Verständnis von Unabhängigkeit auch demokratieverfassungsrechtliche Postulate des Art. 20 Abs. 2 Satz 1 GG.[148] Diesen Gesichtspunkten wird das zwischenzeitlich ergangene Urteils des EuGH vom 16.10.2012 nicht gerech, mit dem der EuGH dem (neuen) Petitum des Generalanwalts *Mazák*[149] gefolgt ist und so dem Vertragsverletzungsverfahren der Kommission gegen Österreich stattgegeben hat.[150] In diesem Verfahren ging es um die Frage der Unabhängigkeit der österreichischen Datenschutzkommission, die auch für den öffentlichen Bereich zuständig ist und deren Mitglieder ihr Amt als Nebentätigkeit ausüben. Da die fraglichen Bundesbediensteten der Dienstaufsicht ihres Vorgesetzten ausgesetzt seien, liege lediglich eine funktionelle, nicht aber eine institutionelle Unabhängigkeit der Datenschutzkommission vor. Auch kritisiert der EuGH die Eingliederung der Datenschutzkommission in das Bundeskanzleramt und das Unterrichtungsrecht des Bundeskanzlers.

---

bayerische Landesbeauftragte. Zum Ganzen *Kranig*, Datenschutz-Praxis 2012, Ausgabe 7, S. 1, 14 f.

142 Ebenso *Epiney*, in: Epiney/Hänni/Brülisauer, Die Unabhängigkeit der Aufsichtsbehörden, S. 13, 17; *v. Lewinski*, in: Auernhammer/Abel, 4. Aufl. 2012, § 22 Rn. 33 (i. E.).

143 Ausführlich GA Mazák, Schlussanträge vom 12.11.2009 - Rs. C-518/07, Rn. 15–30.

144 Vgl. *Dammann/Simitis*, EG-Datenschutzrichtlinie, Art. 28 Rn. 5.

145 Dies markiert die Grenze für die materiale Unabhängigkeit eines DSB, vgl. *Ehmann/ Helfrich*, EG-DSRl, Art. 28 Rn. 6.

146 Instruktiv und überzeugend von Lewinski, DVBl. 2013, S. 339, 342 f. m. w. N.

147 von Lewinski, DVBl. 2013, S. 339, 343.

148 Näher von Lewinski, DVBl. 2013, S. 339, 340 f.

149 Schlussantrag vom 3.7.2012 - Rs. C-614/10, Kommission/Österreich. Deutschland hatte Österreich in dem Verfahren als Streithelferin unterstützt.

150 EuGH, Urteil vom 16.10.2012 - Rs. C-614/10, Kommission/Österreich, Beck RS 2012, 82023.

§ 42 Datenschutzbeauftragter der Deutschen Welle

(1) Die Deutsche Welle bestellt einen Beauftragten für den Datenschutz, der an die Stelle des Bundesbeauftragten für den Datenschutz und die Informationsfreiheit tritt. Die Bestellung erfolgt auf Vorschlag des Intendanten durch den Verwaltungsrat für die Dauer von vier Jahren, wobei Wiederbestellungen zulässig sind. Das Amt eines Beauftragten für den Datenschutz kann neben anderen Aufgaben innerhalb der Rundfunkanstalt wahrgenommen werden.

(2) Der Beauftragte für den Datenschutz kontrolliert die Einhaltung der Vorschriften dieses Gesetzes sowie anderer Vorschriften über den Datenschutz. Er ist in Ausübung dieses Amtes unabhängig und nur dem Gesetz unterworfen. Im Übrigen untersteht er der Dienst- und Rechtsaufsicht des Verwaltungsrates.

(3) Jedermann kann sich entsprechend § 21 Satz 1 an den Beauftragten für den Datenschutz wenden.

(4) Der Beauftragte für den Datenschutz erstattet den Organen der Deutschen Welle alle zwei Jahre, erstmals zum 1. Januar 1994 einen Tätigkeitsbericht. Er erstattet darüber hinaus besondere Berichte auf Beschluss eines Organes der Deutschen Welle. Die Tätigkeitsberichte übermittelt der Beauftragte auch an den Bundesbeauftragten für den Datenschutz und die Informationsfreiheit.

(5) Weitere Regelungen entsprechend den §§ 23 bis 26 trifft die Deutsche Welle für ihren Bereich. Die §§ 4f und 4g bleiben unberührt.

Literatur: Siehe die Literaturangaben zu § 41 BDSG. Zehnter Tätigkeitsbericht des Datenschutzbeauftragten der Deutschen Welle, Berichtszeitraum: 1.1.2010–31.12.2011; *Gall*, Datenschutz im öffentlich-rechtlichen Rundfunk, DuD 1993, S. 383; *Herb*, Aufgaben und Stellung der Datenschutzbeauftragten bei den öffentlich-rechtlichen Rundfunkanstalten, DuD 1993, S. 380; *von Lewinski*, Tätigkeitsberichte im Datenschutz, RDV 2004, S. 163; *ders./Köppen*, Tätigkeitsberichte der Datenschutzbehörden – Neuer Zugang zu sprudelnden Quellen, RDV 2009, S. 267.

I. Funktion und Genese der Regelung

1   § 42 BDSG bekräftigt und führt näher aus, was § 41 Abs. 4 Satz 2 BDSG bereits im Grundsatz entscheidet: Die Ersetzung der Aufsichtszuständigkeit des Bundesdatenschutzbeauftragten durch einen eigenständigen Datenschutzbeauftragten der Deutschen Welle.[1]

2   Dies verdeutlicht § 42 Abs. 1 Satz 1 BDSG gleich zu Beginn der Regelung: Die Deutsche Welle bestellt einen eigenen Datenschutzbeauftragten, der „an die Stelle des Bundesbeauftragten für den Datenschutz und die Informationsfreiheit tritt". Im Hinblick auf die einzig verbleibende Bundesrundfunkanstalt, den Auslandssender Deutsche Welle, hat sich damit der Bundesgesetzgeber für das Prinzip der internen Datenschutzkontrolle entschieden.[2] Für dieses Prinzip lässt sich hier nicht nur das aus der Rundfunkfreiheit fließende Gebot der Staatsferne des Rundfunks ins Feld führen.[3] Es entspricht auch dem heutigen Kontrollsystem der meisten öffentlich-rechtlichen Rundfunkanstalten, die über einen eigenständigen Datenschutzbeauftragten mit umfassender Aufsichtskompetenz verfügen.[4]

3   Ebenso wie § 41 Abs. 4 Satz 2 BDSG stellt § 42 BDSG eine relativ junge Vorschrift dar, die im Gefüge des BDSG seit der Novellierung 1990 eine gewisse Exklusivität beansprucht.[5] In der Fassung des BDSG 1990 bezog sie sich allerdings zunächst noch auf sämtliche „Rundfunkanstalten des Bundesrechts", worunter auch der Deutschlandfunk fiel. Im Gefolge der Wiedervereinigung Deutschlands wurden dessen Aufgaben allerdings beendet und das Deutschlandradio als ländergetragene Körperschaft des öffentlichen Rechts geschaffen.[6] Dem Umstand, dass fortan nur noch die Deutsche Welle „Rundfunkanstalt des Bundesrechts" war, entsprach der Bundesgesetzgeber mit dem BDSG 2001 auch semantisch.[7] In inhaltlicher Hinsicht stellt Absatz 5 Satz 2 mit der Inbezugnahme der §§ 4f und 4g BDSG die einzige Neuerung im Vergleich zur ursprünglichen Fassung dar.

---

1 Im Folgenden wird zwar nur die männliche Form gebraucht, dies dient jedoch allein der besseren Lesbarkeit. Gemeint ist stets auch die weibliche Form.
2 Siehe nur *Gola/Schomerus*, BDSG, § 42 Rn. 1.
3 Dazu bereits Rn. 48 zu § 41 BDSG. Siehe auch *Bergmann/Möhrle/Herb*, BDSG, § 42 Rn. 14; *Herb*, DuD 1993, S. 380 (381).
4 Vgl. *Bergmann/Möhrle/Herb*, BDSG, § 42 Rn. 43.
5 *Wedde*, in: Däubler/Klebe/Wedde/Weichert, BDSG, § 42 Rn. 1.
6 Näher *Bergmann/Möhrle/Herb*, BDSG, § 42 Rn. 2 und 11 f.
7 Ebenso berücksichtigt die aktuelle Fassung des § 42 BDSG, dass der Bundesdatenschutzbeauftragte aufgrund § 13 Abs. 1 IFG (Bund) vom 5.9.2005, BGBl. I S. 2722, seitdem auch der Bundesbeauftragte *für die Informationsfreiheit* ist.

II. Bestellung, Amtszeit, Tätigkeitsumfang (Abs. 1)

1. Bestellung (Abs. 1 Sätze 1 und 2)

Während es zu Beginn nur allgemein heißt, die Deutsche Welle bestellt einen Be- **4** auftragten für den Datenschutz, entfaltet Abs. 1 Satz 2 das nähere Prozedere. Hiernach erfolgt die Bestellung „auf Vorschlag des Intendanten durch den Verwaltungsrat". Nähere Ausführungen zur Beschlussfassung des Verwaltungsrats enthält § 39 Deutsche-Welle-Gesetz (DWG). Daraus folgt, dass für die Bestellung des Datenschutzbeauftragten der Deutschen Welle (DSB-DW) keine qualifizierte Mehrheit erforderlich ist (§ 39 Abs. 2 DWG). Dasselbe gilt für dessen Abberufung, die § 37 Abs. 2 Nr. 2 Alt. 2 DWG vorsieht, nicht aber § 42 BDSG.

2. Amtszeit (Abs. 1 Satz 2)

Die reguläre Amtszeit des DSB-DW beträgt vier Jahre. Da Abs. 1 Satz 2 explizit **5** „Wiederbestellungen" erlaubt, ist die Amtszeit des DSB-DW letztlich beliebig oft verlängerbar (anders die Regelung des § 22 Abs. 3 Satz 2 BDSG im Hinblick auf den BfDI).

3. Tätigkeitsumfang (Abs. 1 Satz 3)

Nach Abs. 1 Satz 3 kann das „Amt" des DSB-DW „neben anderen Aufgaben inner- **6** halb der Rundfunkanstalt wahrgenommen werden". Das Wort „Amt" ist hier allerdings untechnisch zu verstehen, ein öffentlich-rechtliches Amtsverhältnis – wie es § 22 Abs. 4 Satz 1 BDSG für den BfDI vorsieht – ist nicht gemeint.[8] Vielmehr ist der DSB-DW ein Angestellter, dessen Arbeitsbeziehung durch die Vorgaben des § 42 BDSG modifiziert und überlagert wird.[9] Dementsprechend kann das Amt des DSB nicht einfach in Ausübung des Direktionsrechts übertragen werden; dafür bedarf es der Zustimmung des Betroffenen.[10]

Soweit die Deutsche Welle von der Möglichkeit des Abs. 1 Satz 3 Gebrauch macht **7** und das „Amt" des DSB lediglich als Teilzeittätigkeit ausgestaltet, müssen Interessenkonflikte vermieden und die Vereinbarkeit mit Art. 28 EG-DSRl sichergestellt werden. Dies impliziert für das in der Praxis besonders virulente Problem der Zeitknappheit, dass die datenschutzrechtlichen Tätigkeiten nach § 42 BDSG im Kon-

---

8 *Bergmann/Möhrle/Herb*, BDSG, § 42 Rn. 17; *Dix*, in: Simitis, BDSG, § 42 Rn. 4 mit Fn. 7.

9 *Herb*, in: Roßnagel, Hdb. DSR, Kap. 5.3, Rn. 19. Dies schreibt § 42 BDSG zwar nicht explizit vor, sodass auch die Bestellung eines externen DSB auf der Grundlage eines Geschäftsbesorgungsvertrages denkbar wäre, so *Gola/Schomerus*, BDSG, § 42 Rn. 3. Allerdings deutet der Wortlaut des Abs. 1 Satz 3 („innerhalb ...") an, dass der Gesetzgeber von der Bestellung eines Mitarbeiters der Deutschen Welle ausgeht.

10 *Herb*, in: Roßnagel, Hdb. DSR, Kap. 5.3, Rn. 19.

fliktfall strikten Vorrang haben vor den übrigen arbeitsvertraglichen Aufgaben.[11] Dieser Vorrang folgt sowohl aus Sinn und Zweck des § 42 BDSG wie auch des Art. 28 EG-DSRl.[12]

8 Auch strukturell vorprogrammierte Interessenkonflikte muss die Deutsche Welle ihrem DSB ersparen, etwa indem sie ihn nicht gleichzeitig mit Leitungsaufgaben im Personalbereich und in der EDV betraut.[13] Als generelle Marschroute gilt: Soweit und solange Organisation und Umfang der Arbeitsbelastung des DSB-DW eine Kontrolltätigkeit tatsächlich erlauben, die die vom BDSG verlangte Intensitätsstufe erreicht, ist in der übrigen Arbeitszeit die Wahrnehmung anderer – redaktioneller oder administrativer – Aufgaben zulässig.[14] Im Übrigen gibt Abs. 5 Satz 1 durch seinen Verweis auf die §§ 23 bis 26 BDSG einen versteckten Hinweis, wie das Problem in der Praxis angegangen werden kann: Indem die Deutsche Welle den zeitlichen, sachlichen und finanziellen Umfang des Amtes des DSB konkret festlegt.[15]

III. Aufgaben und Rechtsstatus (Abs. 2)

1. Aufgaben (Abs. 2 Satz 1)

9 Gemäß Abs. 2 Satz 1 kontrolliert der DSB-DW die Einhaltung der Regelungen des BDSG sowie anderer Vorschriften über den Datenschutz, und zwar sowohl im journalistisch-redaktionellem als auch im Verwaltungsbereich (vgl. § 41 Abs. 4 Satz 2 BDSG).[16] Genannt seien an dieser Stelle aus den Bereichen der Datenverarbeitung zu journalistisch-redaktionellen Zwecken die §§ 5, 7, 9, 38a, 41, 42 BDSG, und aus der Personaldatenverarbeitung – über § 12 Abs. 4 – die §§ 28, 33, 34, 35 BDSG;

---

11 *Dix*, in: Simitis, BDSG, § 42 Rn. 2; *Bergmann/Möhrle/Herb*, BDSG, § 42 Rn. 17–20; *Herb*, in: Roßnagel, Hdb. DSR, Kap. 5.3, Rn. 20. Zu weiteren mit einer Teilzeittätigkeit des DSB zusammenhängenden Fragen unten Rn. 14.

12 Ähnlich *Herb*, in: Roßnagel, Hdb. DSR, Kap. 5.3, Rn. 20.

13 Zustimmungswürdig *Bergmann/Möhrle/Herb*, BDSG, § 42 Rn. 18. In praxi stellen sich allerdings diese Probleme bislang nicht, da der DSB-DW derzeit gleichzeitig Mitarbeiter der Rechtsabteilung ist.

14 *Herb*, in: Roßnagel, Hdb. DSR, Kap. 5.3, Rn. 20; *Dix*, in: Simitis, BDSG, § 42 Rn. 2.

15 Näher *Bergmann/Möhrle/Herb*, BDSG, § 42 Rn. 20.

16 Wie sonst auch im Bereich der Datenschutzkontrolle umfasst der Kontrollbegriff die Beratung als „vorbeugende Kontrolle", vgl. *Bergmann/Möhrle/Herb*, BDSG, § 42 Rn. 25. Tatsächlich liegt der Schwerpunkt der Tätigkeit des DSB-DW in der datenschutzrechtlichen Beratung, siehe 10. Tätigkeitsbericht des DSB-DW (im Folgenden zitiert als DSB-DW, 10. Tätigkeitsbericht), S. 9. Darstellung der Aktivitäten des DSB-DW „außerhalb" und „innerhalb der Deutschen Welle" in den Jahren 2010 und 2011 im 10. Tätigkeitsbericht, S. 6–13. Für die „Einzelheiten der Amtsführung des Datenschutzbeauftragten unter Berücksichtigung der rundfunkspezifischen Besonderheiten" hat der Verwaltungsrat der Deutschen Welle neun „Grundsätze" aufgestellt, die im 10. Tätigkeitsbericht des DSB-DW aufgeführt werden (S. 5 f.).

hinzu kommen bereichsspezifische Vorschriften etwa aus dem Bereich der Telekommunikation (TKG) und der Telemedien (TMG[17]) sowie aus dem Arbeits- und
Dienstrecht.[18] Schließlich gehört auch die Kontrolle der Erhebungsvorschriften und
der Akten zu den Aufgaben des DSB-DW.[19]

2. Rechtsstatus (Abs. 2 Sätze 2 und 3)

Abs. 2 Sätze 2 und 3 statuieren die „funktionsbezogene Sonderstellung"[20] des DSB-
DW. Nach Satz 2 ist er – ebenso wie der BfDI[21] – in Ausübung seines Amtes „unabhängig und nur dem Gesetz unterworfen". Satz 3 unterstellt den DSB-DW gleichwohl „im Übrigen … der Dienst- und Rechtsaufsicht des Verwaltungsrates".   **10**

Zur Gewährleistung der Unabhängigkeit ihres DSB muss die Deutsche Welle dessen persönliche Stellung sicherstellen, ihn in personeller, sachlich-finanzieller und
organisatorischer Hinsicht hinreichend unterstützen und jegliche aufgabenbezogenen Behinderungen und Benachteiligungen verhindern.[22] Dass der DSB-DW „nur
dem Gesetz unterworfen" ist, impliziert seine Weisungsfreiheit in Datenschutzan-
gelegenheiten.[23] Insgesamt weist Abs. 2 Satz 2 dem DSB-DW damit eine richter-
ähnliche Stellung zu.[24] Für sich genommen dürfte dies grundsätzlich den Vorgaben
des Art. 28 EG-DSRl, der die „völlige Unabhängigkeit" der Kontrollstelle fordert
(Abs. 1 Satz 2), durchaus entsprechen.   **11**

Dieser Befund könnte allerdings zu revidieren sein, weil der DSB-DW sein Amt   **12**
nur in Teilzeit versieht und gemäß Abs. 2 Satz 3 immerhin der Dienst- und Rechtsaufsicht des Verwaltungsrates der Deutschen Welle unterliegt. Diese Frage ist im
Schrifttum umstritten und nicht zuletzt seit dem Urteil des EuGH vom 9.3.2010
von praktischer Relevanz. Besonders weit geht die Position, Art. 28 Abs. 1 Satz 2
EG-DSRl fordere eine institutionelle, d.h. organisatorische Unabhängigkeit der
Kontrollstelle. Diese sei, so eine Stimme, beim DSB-DW wegen des Festhaltens
von § 42 Abs. 2 Satz 3 BDSG an der Dienst- und Rechtsaufsicht des Verwaltungsrats nicht gegeben; aus der Entscheidung des EuGH folge die Rechtswidrigkeit des

---

17 Etwa §§ 11 TMG.
18 *Bergmann/Möhrle/Herb*, BDSG, § 42 Rn. 23 m.w. Beispielen.
19 *Bergmann/Möhrle/Herb*, BDSG, § 42 Rn. 24. Zu Berichtspflichten unten Rn. 16.
20 *Dix*, in: Simitis, BDSG, § 42 Rn. 4.
21 § 22 Abs. 4 Satz 2 BDSG. Enger dagegen § 4f Abs. 3 Satz 2 BDSG.
22 Vgl. *Bergmann/Möhrle/Herb*, BDSG, § 42 Rn. 27; *Dörr/Schiedermair*, Rundfunk und Datenschutz, S. 44 f.; *Herb*, in: Roßnagel, Hdb. DSR, Kap. 5.3, Rn. 16; *Gall*, DuD 1993,
   S. 383 (384), der zudem eine „besondere Funktionszulage" bei nebenamtlicher Tätigkeit
   für notwendig hält. Dass der effektive Schutz des Rechts auf informationelle Selbstbestimmung von der Einschaltung unabhängiger Datenschutzbeauftragter abhängig ist, themati-
   sierte bereits BVerfGE 65, 1, 46. Zur „Unabhängigkeits-Diskussion" siehe m.w.N. *Herb*,
   ebd., Rn. 15.
23 Eingehend *Bergmann/Möhrle/Herb*, BDSG, § 42 Rn. 28; *Herb*, in: Roßnagel, Hdb. DSR,
   Kap. 5.3, Rn. 17.
24 Näher *Herb*, in: Roßnagel, Hdb. DSR, Kap. 5.3, Rn. 14 und 15.

status quo.[25] Andere geben sich mit funktioneller Unabhängigkeit zufrieden, die dann vorliegen soll, wenn die fragliche datenschutzrechtliche Kontrollstelle keinerlei Weisungen im Hinblick auf Inhalt und Umfang ihrer Tätigkeit unterliegt.[26]

13 Richtig ist zwar, dass nationale Datenschutzregelungen aus europarechtlichen Gründen richtlinienkonform ausgelegt werden müssen. Dies führt jedoch in Bezug auf § 42 Abs. 2 Satz 3 BDSG, d. h. die Deutsche Welle, nicht zwingend zu einem negativen Befund. Erstens sind Rundfunkanstalten in Deutschland nicht Teil der Staatsorganisation.[27] Eine Herauslösung der Deutschen Welle aus der sonstigen Staatsorganisation, wie sie die Europäische Kommission und ihr folgend der EuGH im Hinblick auf die Aufsichtsbehörden der Länder für den nicht-öffentlichen Bereich fordern,[28] ist also bereits gegeben. Zweitens bezweckt die nicht delegierbare Dienstaufsicht lediglich die Sicherstellung eines einwandfreien technischen Ablaufs;[29] die Unabhängigkeit der Aufgabenwahrnehmung durch den DSB-DW tangiert sie demnach nicht. Zudem wird vorliegend die Dienstaufsicht durch ein Gremium der Deutschen Welle selbst, den Verwaltungsrat, d. h. nicht etwa durch eine externe Stelle, wahrgenommen. Dieser abschwächende Gesichtspunkt ist – drittens – auch bei der Beurteilung der Zulässigkeit von Rechtsaufsicht zu beachten. Rechtsaufsicht meint lediglich die Beurteilung der Gesetzmäßigkeit von Verwaltungstätigkeiten,[30] hier also des hoheitlich relevanten Handelns des DSB-DW durch das interne Gremium Verwaltungsrat. Die Rechtsaufsicht muss vorliegend zudem aus Gründen der Rundfunkfreiheit (Staatsfernegebot) und der dem DSB-DW zustehenden Unabhängigkeit auf eine Evidenzkontrolle beschränkt werden.[31] Soweit und solange diese Vorgaben beachtet werden, ist ein Konflikt mit der von der EG-DSRl geforderten aufgabenbezogenen Unabhängigkeit nicht ersichtlich;[32] nichts anderes folgt aus dem auf den nicht-öf-

---

25 *Dix*, in: Simitis, BDSG, § 42 Rn. 4; *ders.*, ebd., § 41 Rn. 42. Ebenso gegen die Richtlinienkonformität von § 42 Abs. 2 Satz 3 BDSG, *Wedde*, in: Däubler/Klebe/Wedde/Weichert, BDSG, § 42 Rn. 4.

26 So *Ehmann/Helfrich*, EG-DSRl, Art. 28 Rn. 4 und zunächst auch Rn. 6; die sodann unmittelbar angeschlossene Feststellung, jegliche „Form der Fach-, Rechts- und Dienstaufsicht ist unzulässig", geht allerdings weiter. „Funktionale" Unabhängigkeit genügt wohl auch *Dörr/Schiedermair*, Rundfunk und Datenschutz, S. 65. Siehe auch – mit Blick auf den BfDI – *Gola/Schomerus*, BDSG, § 22 Rn. 10. Näher § 41 Rn. 49.

27 Vgl. *Westphal*, Föderale Privatrundfunkaufsicht im demokratischen Verfassungsstaat, S. 290 ff. m. w. N.

28 Siehe Klageschrift der Europäischen Kommission vom 22.11.2007 (C-518/07); EuGH, Urteil vom 9.3.2010 – C-518/07, NJW 2010, 1265 ff.

29 *Herb*, in: Roßnagel, Hdb. DSR, Kap. 5.3, Rn. 22.

30 Rechtsaufsicht wird herkömmlich als staatliche Rechtsaufsicht verstanden, siehe *Westphal*, Föderale Privatrundfunkaufsicht im demokratischen Verfassungsstaat, S. 439 ff. m. w. N.

31 Dies schließt z. B. eine systematische Kontrolle des Post-, Telefon- oder E-Mail-Verkehrs aus. So im Ergebnis auch *Bergmann/Möhrle/Herb*, BDSG, § 42 Rn. 29.

32 Das in Art. 28 Abs. 1 Satz 2 EG-DSRl enthaltene Beiwort „völlig" ist einem politischen Kompromiss geschuldet (vgl. *Dammann/Simitis*, EG-Datenschutzrichtlinie, Art. 28 Rn. 5) und darf keinesfalls im Sinne von absolut verstanden werden. Denn Regelungen der Unabhängigkeit von Aufsichtsinstitutionen geraten zwangsläufig in Konflikt etwa mit der Fi-

fentlichen Bereich beschränkten Urteil des EuGH vom 9. März 2010.[33] Daran ist trotz der zwischenzeitlich ergangenen Entscheidung des EuGH zur österreichischen Datenschutzkommission vom 16. Oktober 2012 festzuhalten.[34]

Soweit das Amt des DSB-DW allerdings lediglich in Teilzeit wahrgenommen   **14**
wird,[35] stellen sich im Hinblick auf die Dienstaufsicht praxisrelevante Fragen im Zusammenhang mit Dienstreise- und Urlaubsanträgen. Derzeit genehmigt sich der DSB-DW seine Dienstreisen selbst, da die dafür notwendigen Mittel aus einem gesonderten Etat stammen, für den der DSB-DW Kostenstellenverantwortlicher ist. Diese Regelung wird dem Unabhängigkeitspostulat durchaus gerecht; sie darf jedoch nicht durch dienstaufsichtsrechtliche Maßnahmen des Verwaltungsrates konterkariert werden. Die Urlaubsanträge des DSB-DW genehmigt momentan nicht der Verwaltungsrat, sondern der Vorgesetzte im „übrigen" Tätigkeitsbereich, d. h. der Justitiar. Diese Regelung erscheint suboptimal, weil die – von Urlaubszeiten zwangsläufig betroffene – Tätigkeit als DSB-DW im Zweifel Vorrang hat vor sonstigen Tätigkeiten.[36] Um der bereits gesetzlich vorgegebenen Sonderstellung des DSB-DW gerecht zu werden, empfiehlt sich für die Deutsche Welle daher ein Verfahren, das die Genehmigung von Urlaubsanträgen des DSB-DW ausschließlich durch den Verwaltungsrat bzw. dessen Vorsitzenden vorsieht.

IV. Anrufung (Abs. 3)

Nach Abs. 3 kann sich jedermann entsprechend § 21 Satz 1 BDSG an den DSB-DW   **15**
wenden; für Mitarbeiter der Deutschen Welle impliziert dies den Verzicht auf den Dienstweg.[37] Aus § 21 Satz 1 BDSG ergibt sich einschränkend, dass der Anrufende behaupten muss, in seinen (Datenschutz-)Rechten betroffen zu sein. Der DSB-DW ist seinerseits in der Pflicht, einer ordnungsgemäßen Anrufung nachzugehen und ihr nach Möglichkeit abzuhelfen.[38] Eine (gegenüber § 21 BDSG spezialgesetzliche)[39] Parallelvorschrift enthält § 20 Abs. 1 DWG. § 20 Abs. 2 und 3 DWG regeln demgegenüber den Fall, dass mit einer Anrufung des DSB-DW eine Programmbeschwerde (§ 19 DWG) verbunden wird (und umgekehrt).

---

nanzheit der betroffenen Parlamente (Grenze für die materiale Unabhängigkeit eines DSB, vgl. *Ehmann/Helfrich*, EG-DSRl, Art. 28 Rn. 6) und mit rechtsstaatlichen Prinzipien (z. B. Gesetzmäßigkeit öffentlichen Handelns, die mittels Rechtsaufsicht sichergestellt werden soll). Es kann bei der Konzeption von Aufsichtsinstitutionen demnach stets nur um eine insgesamt verhältnismäßige Ausgestaltung der Unabhängigkeit von DSB gehen.

33 A. A. *Dix*, in: Simitis, BDSG, § 41 Rn. 42, § 42 Rn. 4. Dazu eingehend bereits § 41 Rn. 49.
34 Näher § 41 Rn. 49 m. w. N.
35 Dazu oben Rn. 7 f.
36 Näher oben Rn. 7.
37 *Bergmann/Möhrle/Herb*, BDSG, § 42 Rn. 30.
38 *Gola/Schomerus*, BDSG, § 42 Rn. 6; *Wedde*, in: Däubler/Klebe/Wedde/Weichert, BDSG, § 42 Rn. 5.
39 *Bergmann/Möhrle/Herb*, BDSG, § 42 Rn. 30.

V. Berichtspflichten (Abs. 4)

16   Gemäß Abs. 4 ist der DSB-DW zur regelmäßigen Erstattung von Tätigkeitsberichten und ggf. von Sonderberichten verpflichtet. Als Adressaten des alle zwei Jahre, erstmals zum 1. Januar 1994, abzufassenden Tätigkeitsberichts nennt Abs. 4 Satz 1 die Organe der Deutschen Welle, zu denen nach § 24 Abs. 1 DWG der Rundfunkrat, der Verwaltungsrat und der Intendant zählen. Von einer Veröffentlichung der Tätigkeitsberichte ist in Abs. 4 allerdings nicht die Rede, nur davon, dass der DSB-DW die Tätigkeitsberichte an den BfDI gleichsam informatorisch übermittelt (Satz 3).[40]

17   Dieses Schweigen des Gesetzes entspricht nicht Art. 28 Abs. 5 Satz 2 EG-DSRl.[41] Hiernach sind alle nationalen datenschutzrechtlichen Kontrollstellen verpflichtet, ihre Tätigkeitsberichte zu veröffentlichen. Nach europarechtlichen Grundsätzen über die direkte Anwendbarkeit nicht umgesetzten Richtlinienrechts war bzw. ist die Deutsche Welle daher unmittelbar aufgrund Art. 28 Abs. 5 Satz 2 EG-DSRl zur Veröffentlichung verpflichtet. Diese Position hat die Europäische Kommission auch gegenüber den Datenschutzbeauftragten von ARD, ZDF und DLR vertreten. Man einigte sich schließlich darauf, die Tätigkeitsberichte im Internetangebot der jeweiligen Rundfunkanstalt zu veröffentlichen und daneben auf konkrete Anfrage in schriftlicher Form zur Verfügung zu stellen,[42] woran sich auch die Deutsche Welle hält.[43]

18   Im Übrigen hat der DSB-DW „besondere Berichte auf Beschluss eines Organs der Deutschen Welle" zu erstatten (Satz 2). Zu Recht wird im Schrifttum unter Hinweis auf die Weisungsfreiheit des DSB-DW nach Abs. 2 Satz 2 einschränkend gefordert, dass das berichtsanfordernde Organ dem DSB-DW lediglich Gegenstand und Umfang, nicht aber das Ergebnis vorgeben darf.[44]

VI. Regelungspflicht der Deutschen Welle (Abs. 5 Satz 1)

19   Abs. 5 Satz 1 verpflichtet die Deutsche Welle, interne Regelungen für den Datenschutzbereich zu treffen, die den §§ 23 bis 26 BDSG entsprechen. Derartige Rege-

---

40 Insoweit sehr restriktiv *Bergmann/Möhrle/Herb*, BDSG, § 42 Rn. 34, die jegliche Form der Mitteilung von Inhalt(en) des Tätigkeitsberichts durch den BfDI, auch in Gestalt einer Zusammenfassung, als unzulässig ansehen. Großzügiger *Dix*, in: Simitis, BDSG, § 42 Rn. 6. Ausführungen zum Inhalt von Tätigkeitsberichte des DSB-DW bei *Bergmann/Möhrle/Herb*, ebd., Rn. 32. Allgemein zu Tätigkeitsberichten im Datenschutzsektor *v. Lewinski*, RDV 2004, S. 163 ff.; *ders./Köppen*, Tätigkeitsberichte der Datenschutzbehörden – Neuer Zugang zu sprudelnden Quellen, RDV 2009, S. 267 ff.

41 Ergebnisgleich *Bergmann/Möhrle/Herb*, BDSG, § 42 Rn. 35; abschwächend *Dix*, in: Simitis, BDSG, § 42 Rn. 6 „Zweifel an der Richtlinienkonformität".

42 Zum Ganzen vgl. DSB-DW, 10. Tätigkeitsbericht, S. 4.

43 Siehe Veröffentlichung des derzeit aktuellen 10. Tätigkeitsberichts (Berichtszeitraum 1.1.2010–31.12.2011) im Internet unter www.dw.de/popups/popup_pdf/ 0,16234795,00.pdf (29.9.2012).

44 *Bergmann/Möhrle/Herb*, BDSG, § 42 Rn. 34.

lungen betreffen insbesondere den Rechtsstatus des DSB-DW, seine Verschwiegenheitspflicht, Einzelheiten zu seinen Tätigkeitsbereichen, seiner Entlassung und
seiner Besoldung (vgl. § 23 BDSG). Zudem ist die Reichweite seiner Kontrollbefugnisse zu bestimmen und sind hinreichende Unterstützungspflichten vorzusehen;
beides sollte den Standard des § 24 BDSG nicht unterschreiten.[45] Im Übrigen bedarf
es Regeln zur Beanstandung (§ 25 BDSG) und zu weiteren Aufgaben (§ 26 BDSG).

VII. Inbezugnahme der §§ 4f und 4g BDSG (Abs. 5 Satz 2)

Der neue Abs. 5 Satz 2 wirft nicht unerhebliche interpretatorische und praktische   **20**
Fragen auf. Hier heißt es lapidar: „Die §§ 4f und 4g bleiben unberührt". Aufgrund
dieser Wortwahl ist fraglich, ob der Gesetzgeber das Aufgaben-, Rechte- und
Pflichtenspektrum des DSB-DW erweitern oder der Deutschen Welle die zusätzliche Möglichkeit der Bestellung eines internen Beauftragten für den Datenschutz –
neben dem DSB-DW – einräumen will. Die Gesetzesbegründung[46] gibt darauf keine klare Antwort. Soweit im Schrifttum das Problem thematisiert wird, halten sich
beide Positionen in etwa die Waage.[47]

Die Deutsche Welle hat sich für die letztgenannte Option entschieden. Bereits 2001   **21**
ernannte sie – zusätzlich – einen gesonderten betrieblichen Datenschutzbeauftragten, der dem Intendanten unterstellt ist (vgl. § 4f Abs. 3 Satz 1 BDSG) und die Aufgaben nach § 4g BDSG wahrnimmt.

Diese Interpretation und Vorgehensweise erlaubt der Wortlaut des Abs. 5 Satz 2   **22**
durchaus. Dass die §§ 4f und 4g BDSG „unberührt" bleiben, bedeutet schließlich,
dass sie ihre Gültigkeit behalten – und damit insbesondere auch der Auftrag des
§ 4f Abs. 1 Satz 1 an die öffentliche Stelle „Deutsche Welle", einen Datenschutzbeauftragten zu bestellen, weiter Wirkung entfalten kann. Andererseits ist zu beachten, dass diese personelle Verdoppelung der internen Datenschutzaufsicht mit den
allgemeinen politischen Zielen von Bürokratieabbau und Haushaltskonsolidierung
nicht harmoniert. Auch der Umstand, dass die Gesetzesbegründung mit Abs. 5
Satz 2 eine „deutliche Aufwertung" des Datenschutzbeauftragten der Deutschen
Welle (d. h. i. S. v. § 42 BDSG) einhergehen sieht, lässt sich gegen die Doppellösung
anführen. Gleichwohl bleibt einstweilen festzuhalten, dass es sich hierbei um keine
juristisch durchschlagenden Gründe handelt. Auch sind bislang keine praktischen
Erfahrungen bekannt, die klar gegen die „Doppellösung" sprächen.

---

45 Siehe *Bergmann/Möhrle/Herb*, BDSG, § 42 Rn. 40.
46 BT-Drs. 14/4329, S. 47.
47 Einerseits *Dix*, in: Simitis, BDSG, § 42 Rn. 8 f., andererseits *Bergmann/Möhrle/Herb*,
   BDSG, § 42 Rn. 41; *Wedde*, in: Däubler/Klebe/Wedde/Weichert, BDSG, § 42 Rn. 7; allerdings jeweils noch ohne Eingehen auf die Gegenansicht.

§ 42a Informationspflicht bei unrechtmäßiger Kenntniserlangung von Daten

Stellt eine nichtöffentliche Stelle im Sinne des § 2 Absatz 4 oder eine öffentliche Stelle nach § 27 Absatz 1 Satz 1 Nummer 2 fest, dass bei ihr gespeicherte

1. besondere Arten personenbezogener Daten (§ 3 Absatz 9),
2. personenbezogene Daten, die einem Berufsgeheimnis unterliegen,
3. personenbezogene Daten, die sich auf strafbare Handlungen oder Ordnungswidrigkeiten oder den Verdacht strafbarer Handlungen oder Ordnungswidrigkeiten beziehen oder
4. personenbezogene Daten zu Bank- oder Kreditkartenkonten

unrechtmäßig übermittelt oder auf sonstige Weise Dritten unrechtmäßig zur Kenntnis gelangt sind, und drohen schwerwiegende Beeinträchtigungen für die Rechte oder schutzwürdigen Interessen der Betroffenen, hat sie dies nach den Sätzen 2 bis 5 unverzüglich der zuständigen Aufsichtsbehörde sowie den Betroffenen mitzuteilen. Die Benachrichtigung des Betroffenen muss unverzüglich erfolgen, sobald angemessene Maßnahmen zur Sicherung der Daten ergriffen worden oder nicht unverzüglich erfolgt sind und die Strafverfolgung nicht mehr gefährdet wird. Die Benachrichtigung der Betroffenen muss eine Darlegung der Art der unrechtmäßigen Kenntniserlangung und Empfehlungen für Maßnahmen zur Minderung möglicher nachteiliger Folgen enthalten. Die Benachrichtigung der zuständigen Aufsichtsbehörde muss zusätzlich eine Darlegung möglicher nachteiliger Folgen der unrechtmäßigen Kenntniserlangung und der von der Stelle daraufhin ergriffenen Maßnahmen enthalten. Soweit die Benachrichtigung der Betroffenen einen unverhältnismäßigen Aufwand erfordern würde, insbesondere aufgrund der Vielzahl der betroffenen Fälle, tritt an ihre Stelle die Information der Öffentlichkeit durch Anzeigen, die mindestens eine halbe Seite umfassen, in mindestens zwei bundesweit erscheinenden Tageszeitungen oder durch eine andere, in ihrer Wirksamkeit hinsichtlich der Information der Betroffenen gleich geeigneten Maßnahme. Eine Benachrichtigung, die der Benachrichtigungspflichtige erteilt hat, darf in einem Strafverfahren oder in einem Verfahren nach dem Gesetz über Ordnungswidrigkeiten gegen ihn oder einen in § 52 Absatz 1 der Strafprozessordnung bezeichneten Angehörigen des Benachrichtigungspflichtigen nur mit Zustimmung des Benachrichtigungspflichtigen verwendet werden.

Literatur: *Albrecht*, Informationspflicht öffentlicher Stellen bei Datenpannen?, DSB 9/2010, S. 15; *Bierekoven*, Schadensersatzansprüche bei Verletzungen von Datenschutzanforderungen nach der BDSG-Novelle, ITRB 2010, S. 88; *Bizer*, Datenschutzrechtliche Informationspflichten, DuD 2005, S. 8; *Dorn*, Informationspflicht bei Datenschutzpannen: Wie geht man mit § 42a BDSG um?, DSB 7–8/2011, S. 16; *Duisberg/Picot*, Rechtsfolgen von Pannen in der Datensicherheit, CR 2009, S. 823; *Eckhard/Schmitz*, Informationspflicht bei „Datenpannen", DuD 2010, S. 390; *Ernst*, Datenverlust und die Pflicht zur Öffentlichkeit, DuD 2010, S. 472; *Gabel*, Informationspflicht bei unrechtmäßiger Kenntniserlangung von Daten, BB 2009, S. 2045; *Gabel/Asmussen/Wieczorek*, Das novellierte Telekommunikationsrecht – Überblick und Auswirkungen auf Verbraucher- und Datenschutz, JurPC Web-Dok. 58/2012; *Gola/Klug*, Die Entwicklung des Datenschutzrechts in den Jahren 2008/2009, NJW 2009, S. 2577; *Hanloser*, BMI: Referentenentwurf für ein „Gesetz zur Änderung des Bundesdatenschutzgesetzes und zur Regelung des Datenschutzaudits", MMR 2008, Heft 12, S. XIII; *Hanloser*, Europäische Security Breach Notification, MMR 2010, S. 300; *Höhne*, Benachrichtigungspflichten bei unrechtmäßiger Kenntniserlangung von Daten durch Dritte – Informationspflichten bei Datenpannen nach der BDSG-Novelle II gemäß § 42a BDSG, § 15a TMG und § 93 Abs. 3 TKG, jurisPR-ITR 20/2009 Anm. 3; *Holländer*, Datensündern auf der Spur – Bußgeldverfahren ungeliebtes Instrument der Datenschutzaufsichtsbehörden, RDV 2009, S. 215; *Hornung*, Informationen über „Datenpannen" – Neue Pflichten für datenverarbeitende Unternehmen, NJW 2010, S. 1841; *Karger*, Informationen bei Data Breach, ITRB 2010, S. 161; *Koch*, Datenpannen müssen öffentlich gemacht werden – § 42a BDSG, DSB 9/2009, S. 9; *Kühling/Bohnen*, Zur Zukunft des Datenschutzrechts – Nach der Reform ist vor der Reform, JZ 2010, S. 600; *Regnery*, Datenleck beim Zoll: Forderung nach Security Breach Notice für Behörden, ZD Fokus 1/2011, S. VIII; *Robrecht*, Überblick über wesentliche Neuerungen der BDSG-Novelle II, ZD 2011, S. 23; *Roßnagel*, Die Novellen zum Datenschutzrecht – Scoring und Adresshandel, NJW 2009, S. 2716; *Schierbaum*, „Datenschutzpanne" – Was ist zu tun?, CuA 2/2011, S. 28; *Spies*, USA: Pflichtmitteilungen bei einem Bruch der Datensicherheit, MMR 2008, Heft 5, S. XIX; *Taupitz*, Die zivilrechtliche Pflicht zur unaufgeforderten Offenbarung eigenen Fehlverhaltens, Tübingen 1989; *Wanagas*, Ein Jahr BDSG-Novelle II – Rückblick unter besonderer Berücksichtigung der Fragen der Auftragsdatenverarbeitung und der Informationspflichten, DStR 2010, S. 1908.

Übersicht

I. Allgemeines

1. Gesetzeszweck

1 Die Vorschrift statuiert eine Informationspflicht nicht-öffentlicher Stellen und öffentlicher Wettbewerbsunternehmen gegenüber den Betroffenen[1] und der zuständigen Aufsichtsbehörde[2] für den Fall der unrechtmäßigen Kenntniserlangung von bei diesen Stellen bzw. Unternehmen gespeicherten sensiblen personenbezogenen Daten[3] durch Dritte. Sie wurde mit dem „Gesetz zur Änderung datenschutzrechtlicher Vorschriften" als Reaktion auf verschiedene, in jüngerer Vergangenheit bekannt gewordene Datenschutzskandale in der Wirtschaft neu in das BDSG eingefügt und ist zum 1.9.2009 in Kraft getreten. Sie ist angelehnt an einen Ende 2007 vorgelegten Vorschlag der Kommission der Europäischen Gemeinschaften zur Änderung der Richtlinie 2002/58/EG über die Verarbeitung personenbezogener Daten und den Schutz der Privatsphäre in der elektronischen Kommunikation (sog. E-Privacy-Richtlinie),[4] der mittlerweile verabschiedet wurde,[5] sowie an entsprechende Regelungen im US-Recht (sog. Data Breach Notification oder Security Breach Notification Laws).[6] Ziel der Vorschrift ist es, die Betroffenen bei Datenschutzverletzungen vor möglichen Beeinträchtigungen ihrer Rechte und Interessen zu schützen sowie für eine effektivere Durchsetzung datenschutzrechtlicher Regelungen zu sorgen.[7] Nach § 43 Abs. 2 Nr. 7 BDSG stellt es eine Ordnungswidrigkeit dar, wenn die nach § 42a Satz 1 BDSG erforderliche Mitteilung vorsätzlich oder fahrlässig nicht, nicht richtig, nicht vollständig oder nicht rechtzeitig erfolgt.[8] Über die Erfahrungen mit § 42a BDSG hatte die Bundesregierung dem Bundestag nach § 48 Nr. 1 BDSG bis zum 31.12.2012 zu berichten. Änderungen der Vorschrift sind danach bis auf Weiteres nicht zu erwarten.[9]

---

1 Siehe die Legaldefinition in § 3 Abs. 1 BDSG.
2 Siehe § 38 Abs. 6 BDSG.
3 Siehe die Legaldefinition in § 3 Abs. 1 BDSG.
4 KOM (2007) 698 endg.
5 Richtlinie 2009/136/EG des Europäischen Parlaments und des Rates vom 25. November 2009, ABl. Nr. L 337/11 vom 18.12.2009.
6 Begründung des Entwurfs der Bundesregierung für ein Gesetz zur Regelung des Datenschutzaudits und zur Änderung datenschutzrechtlicher Vorschriften, BT-Drs. 16/12011, S. 31; zum US-Recht siehe *Spies*, MMR 2008, Heft 5, S. XIX; *Dix*, in: Simitis, BDSG, § 42a Rn. 1 (dort Fn. 6); kritisch zur Übertragbarkeit ins deutsche Recht *Abel*, Modernisierung des Datenschutzes, Drs. des Innenausschusses Nr. 16(4)176, S. 21.
7 BT-Drs. 16/12011, S. 73.
8 Zur Möglichkeit der Ersatzvornahme einer unterlassenen Mitteilung nach § 42a BDSG durch die zuständige Aufsichtsbehörde siehe *Dix*, in: Simitis, BDSG, § 42a Rn. 21 m. w. N.
9 Siehe dazu die Kommentierung zu § 48 BDSG Rn. 7 ff.; zu Empfehlungen in Bezug auf eine Weiterentwicklung der EU-Regeln für den Umgang mit Datenschutzverletzungen siehe Arbeitspapier der Artikel 29-Datenschutzgruppe vom 5.4.2011, WP 184, S. 10 ff.

2. Europarechtliche Grundlagen

Die EG-DSRl enthält keine konkreten Vorgaben in Bezug auf die Offenlegung von **2** Datenschutzverletzungen. Über den vorerwähnten Vorschlag der Kommission zur Änderung der E-Privacy-Richtlinie geht die Vorschrift insoweit hinaus, als dieser lediglich vorsah, dass Netzbetreiber Endnutzern unter bestimmten Voraussetzungen Sicherheitsverletzungen mitteilen müssen.[10]

3. Verhältnis zu anderen Vorschriften

Parallelregelungen zu § 42a BDSG wurden für Anbieter öffentlich zugänglicher **3** Telekommunikationsdienste in Bezug auf die unrechtmäßige Kenntniserlangung von bei diesen gespeicherten personenbezogenen Daten, für Anbieter von Telemediendiensten in Bezug auf die unrechtmäßige Kenntniserlangung von bei diesen gespeicherten Bestands- und Nutzungsdaten sowie für Sozialleistungsträger in Bezug auf die unrechtmäßige Kenntniserlangung von bei diesen gespeicherten besonderen Arten personenbezogener Daten in § 109a TKG, § 15a TMG bzw. § 83a SGB X geschaffen.[11] Während § 15a TMG und § 83a SGB X hinsichtlich der Einzelheiten der Informationspflicht jeweils auf § 42a BDSG verweisen, handelt es sich bei § 109a TKG um eine sektorspezifisch ausgestaltete Informationspflicht, die auf der Umsetzung der geänderten E-Privacy-Richtlinie beruht und den zunächst gemeinsam mit § 42a BDSG eingeführten § 93 Abs. 3 TKG a.F. abgelöst hat.[12] Verstöße gegen § 109a TKG oder § 83a SGB X sind bußgeldbewehrt (vgl. § 149 Abs. 1 Nr. 21a und Nr. 21b TKG, § 85 Abs. 2 Nr. 6 SGB X). Dies gilt jedoch nicht für Verstöße gegen § 15a TMG (vgl. § 16 TMG). Zwar handelt es sich dabei vermutlich um ein gesetzgeberisches Versehen. Die Ahndung von Verstößen gegen die im TMG geregelte Informationspflicht ist dennoch ausgeschlossen (§ 3 OWiG).[13]

Im BDSG selbst sind bereits verschiedene Benachrichtigungs- und Auskunfts- **4** pflichten der verantwortlichen Stelle gegenüber dem Betroffenen normiert (vgl. §§ 19, 19a, 33, 34 BDSG), die in ihrem Anwendungsbereich jedoch auf spezifische Umstände wie z. B. die Speicherung personenbezogener Daten ohne Kenntnis des Betroffenen oder ein ausdrückliches Auskunftsverlangen des Betroffenen über die zu seiner Person gespeicherten Daten begrenzt sind. Diese Regelungen werden durch die Pflicht der verantwortlichen Stelle nach § 42a BDSG zur unaufgeforderten Mitteilung bestimmter Arten von Datenschutzverletzungen ergänzt.

---

10 Vgl. Art. 4 Abs. 3 des Kommissionsvorschlags; kritisch zu dieser Begrenzung Arbeitspapier der Artikel 29-Datenschutzgruppe vom 10.2.2009, WP 159, S. 4 ff.
11 Siehe *Regnery*, ZD Fokus 1/2011, S. VIII f., auch zu den bislang auf Ebene der Landesdatenschutzgesetze eingeführten Informationspflichten bei Datenschutzverletzungen.
12 *Gabel/Asmussen/Wieczorek*, JurPC Web-Dok. 58/2012, Abs. 48 ff.; zu den Unterschieden der geänderten E-Privacy-Richtlinie und § 93 Abs. 3 TKG a.F. siehe *Hanloser*, MMR 2010, S. 300; *Hornung*, NJW 2010, S. 1841 (1844).
13 Ebenso *Höhne*, jurisPR-ITR 20/2009 Anm. 3, C.I.2.; *Holländer*, RDV 2009, S. 215 (221).

5   Unabhängig von § 42a BDSG kann im Einzelfall eine Informationspflicht bei Datenschutzverletzungen nach allgemeinen zivilrechtlichen Grundsätzen bestehen. Zu denken ist dabei zunächst an die allgemeine Schadensminderungspflicht.[14] Diese ist jedoch auf Fälle beschränkt, in denen die verantwortliche Stelle zum Schadensersatz verpflichtet ist, was grundsätzlich deren Verschulden voraussetzt. Eine Informationspflicht kann zudem unter dem Aspekt des Rechtsgüterschutzes des Betroffenen aus (quasi-)vertraglichen Nebenpflichten (§§ 241 Abs. 2, 242 BGB) resultieren.[15] Im Bereich des Beschäftigtendatenschutzes kann sie sich auch aus der Fürsorgepflicht des Arbeitgebers ergeben.[16]

6   Eingedenk des Gesetzeszwecks (Schutz der Betroffenen vor möglichen Beeinträchtigungen ihrer Rechte und Interessen bei Datenschutzverletzungen) ist § 42a BDSG als Schutzgesetz i. S. d. § 823 Abs. 2 BGB anzusehen, sodass ein Verstoß ggf. Schadensersatzansprüche gegenüber den Betroffenen begründen kann.[17] Der Anspruch umfasst dann allerdings nur etwaige Schäden, die auf die nicht oder nicht ordnungsgemäß erfolgte Mitteilung zurückzuführen sind, nicht auch Schäden aufgrund der die Benachrichtigungspflicht auslösenden Datenschutzverletzung. Diese ist unabhängig von § 42a BDSG nach den allgemeinen datenschutz- und zivilrechtlichen Regelungen zu beurteilen.[18] Ein Anspruch auf Ersatz des durch eine unterbliebene oder unrichtige Unterrichtung entstandenen Schadens kann sich ferner aus § 7 BDSG ergeben.

II. Voraussetzungen für die Informationspflicht (Satz 2)

1. Überblick

7   Eine Informationspflicht nach § 42a BDSG besteht, wenn eine benachrichtigungspflichtige Stelle feststellt, dass eine bestimmte Art von bei ihr gespeicherten Daten Dritten unrechtmäßig zur Kenntnis gelangt ist, und aufgrund dessen schwerwiegende Beeinträchtigungen der Rechte oder Interessen des Betroffenen drohen. Ein Verschulden der betreffenden Stelle in Bezug auf die Kenntniserlangung durch unbe-

---

14 *Dix*, Stellungnahme zur Anhörung „Modernisierung des Datenschutzes", Drucksache des Innenausschusses Nr. 16(4)176 D, S. 15; allgemein *Taupitz*, Die zivilrechtliche Pflicht zur unaufgeforderten Offenbarung eigenen Fehlverhaltens, S. 24 ff.

15 *Abel*, Stellungnahme zur Anhörung „Modernisierung des Datenschutzes", Drucksache des Innenausschusses Nr. 16(4)176, S. 21; allgemein *Taupitz*, Die zivilrechtliche Pflicht zur unaufgeforderten Offenbarung eigenen Fehlverhaltens, S. 70 ff.

16 *Gola/Schomerus*, BDSG, § 42a Rn. 1.

17 Ebenso *Höhne*, jurisPR-ITR 20/2009 Anm. 3, C.I.2.; *Duisberg/Picot*, CR 2009, S. 823 (825); *Dix*, in: Simitis, BDSG, § 42a Rn. 21; *Bergmann/Möhrle/Herb*, BDSG, § 42a Rn. 21; ähnlich auch *Roßnagel*, NJW 2009, S. 2716 (2722), der allerdings davon ausgeht, dass § 42a BDSG eine Verkehrssicherungspflicht begründet, deren Verletzung eine Schadensersatzpflicht nach § 823 Abs. 1 BGB nach sich ziehen kann.

18 Näher dazu Kommentierung zu § 7 BDSG Rn. 6 ff. und Rn. 23 ff.

fugte Dritte ist nicht erforderlich. Im Zusammenhang mit § 42a BDSG ist daher auch häufig von einer Informationspflicht bei „Datenpannen" die Rede. Mit Blick auf die Rechtsfolgen einer unterlassenen oder unzureichenden Information sind bei einer möglichen Datenschutzverletzung Bestehen und Umfang einer Informationspflicht nach § 42a BDSG sorgfältig zu prüfen.[19] In der Praxis empfiehlt sich in Zweifelsfällen eine Vorabkonsultation der zuständigen Aufsichtsbehörden.[20]

2. Benachrichtigungspflichtige Stellen

Adressaten der Regelung sind nach § 42a Satz 1 BDSG nicht-öffentliche Stellen **8**
i. S. d. § 2 Abs. 4 BDSG sowie öffentliche Stellen nach § 27 Abs. 1 Satz 1 Nr. 2 BDSG, also öffentlich-rechtliche Wettbewerbsunternehmen.

Die betreffenden Stellen unterliegen ohne Zweifel der Informationspflicht, wenn **9**
sie als verantwortliche Stelle i. S. d. § 3 Abs. 7 BDSG einzuordnen sind. Fraglich ist jedoch, ob sie die Informationspflicht auch dann trifft, wenn sie im konkreten Fall lediglich als Auftragsdatenverarbeiter fungieren. Der Gesetzestext trifft dazu keine eindeutige Aussage.[21] Neben der Gesetzesbegründung, in der der Benachrichtigungspflichtige mit der verantwortlichen Stelle gleichgesetzt wird,[22] spricht gegen die Einbeziehung von Auftragsdatenverarbeitern in den Anwendungsbereich von § 42a BDSG der Umstand, dass die Vorschrift in § 11 Abs. 4 BDSG, der eine Aufzählung derjenigen datenschutzrechtlichen Pflichten enthält, die unmittelbar für Auftragsdatenverarbeiter gelten, nicht aufgeführt wird. Die im Gesetzgebungsverfahren seitens des Bundesrates gemachte Anregung, § 42a BDSG in den Katalog des § 11 Abs. 4 BDSG aufzunehmen,[23] wurde nicht aufgegriffen. Die Schaffung einer eigenständigen, vom jeweiligen Auftraggeber unabhängigen Informationspflicht für Auftragsdatenverarbeiter war dementsprechend nicht bezweckt. Dies korrespondiert mit der Regelung in § 11 Abs. 1 BDSG, wonach der Auftraggeber im Außenverhältnis grundsätzlich allein für die Einhaltung datenschutzrechtlicher Vorschriften verantwortlich ist. Damit der Auftraggeber seinen Pflichten aus § 42a BDSG nachkommen kann, hat der Auftragsdatenverarbeiter diesen aber über mögliche Datenschutzverletzungen zu informieren. Eine entsprechende Verpflichtung

---

19 Siehe dazu BlnBDI, FAQs zur Informationspflicht bei unrechtmäßiger Kenntniserlangung von Daten nach § 42a Bundesdatenschutzgesetz (BDSG) (Stand: Juli 2011), abrufbar unter www.datenschutz-berlin.de/attachments/809/535.4.7.pdf?1311923219.
20 Eine Übersicht über Meldungen nach § 42a BDSG (Stand: 31.12.2011) mit Angabe, ob eine Informationspflicht bejaht wurde, enthält der Vierzigste Tätigkeitsbericht des Hessischen Datenschutzbeauftragten, LT-Drs. 18/5409, S. 164 ff.; zu weiteren Praxisfällen siehe Bayerisches Landesamt für Datenschutzaufsicht, Tätigkeitsbericht 2009/2010, S. 96 f.; XX. Tätigkeitsbericht des Landesbeauftragten für den Datenschutz Niedersachsen für die Jahre 2009/2010, LT-Drs. 16/4240, S. 34 f.; Jahresbericht BlnBDI 2010, S. 169 ff.
21 *Hanloser*, MMR 2008, Heft 12, S. XIV; *Duisberg/Picot*, CR 2009, S. 823 (825).
22 BT-Drs. 16/12011, S. 31 ff., passim.
23 BT-Drs. 16/12011, S. 47.

ist, wie § 11 Abs. 2 Satz 2 Nr. 8 BDSG zeigt, ausdrücklich im Auftrag vorzuse-hen.[24]

10 Andere öffentliche Stellen als die in § 27 Abs. 1 Satz 1 Nr. 2 BDSG genannten öf-fentlich-rechtlichen Wettbewerbsunternehmen werden von der Informationspflicht nicht erfasst. Ein Grund dafür ist in Anbetracht der identischen Interessenlage bei Datenschutzverletzungen im öffentlichen Bereich nicht ersichtlich.[25] Die Gesetzes-begründung stellt insoweit lapidar fest, dass sonstige öffentliche Stellen nicht ein-bezogen werden.[26] Eine Informationspflicht öffentlicher Stellen bei Datenschutz-verletzungen lässt sich aber unter Umständen aus dem Rechtsstaatsprinzip in Ver-bindung mit den Grundrechten der Betroffenen ableiten.[27]

3. Erfasste Daten

11 Die Informationspflicht besteht nur hinsichtlich bestimmter Arten personenbezoge-ner Daten (sog. Risikodaten[28]), die vom Gesetzgeber als besonders sensibel angese-hen und in § 42a BDSG abschließend aufgezählt werden.[29] Es handelt sich hierbei um

– besondere Arten personenbezogener Daten (vgl. § 3 Abs. 9 BDSG), wie z. B. Ge-sundheitsdaten (medizinische Daten, Krankschreibungen o. Ä.);

– personenbezogene Daten, die einem Berufsgeheimnis unterliegen (vgl. §§ 1 Abs. 3, 39 BDSG), wie z. B. Patienten- oder Mandantendaten;[30]

– personenbezogene Daten, die sich auf strafbare Handlungen oder Ordnungswid-rigkeiten oder einen entsprechenden Verdacht (siehe auch § 32 Abs. 1 Satz 2 BDSG) beziehen;

– personenbezogene Daten zu Bank- oder Kreditkartenkonten, die sich z. B. aus Kontoauszügen, Kreditkartenbelegen oder ausgefüllten Vordrucken ergeben kön-nen.[31]

---

24 Wie hier *Dix*, in: Simitis, BDSG, § 42a Rn. 3; *Gola/Schomerus*, BDSG, § 42a Rn. 2; *Berg-mann/Möhrle/Herb*, BDSG, § 42a Rn. 5; Vierzigster Tätigkeitsbericht des Hessischen Da-tenschutzbeauftragten, LT-Drs. 18/5409, S. 160; näher zu § 11 Abs. 2 Satz 2 Nr. 8 BDSG siehe Kommentierung zu § 11 BDSG Rn. 49.

25 Kritisch z. B. *Regnery*, ZD Fokus 1/2011, S. VIII (XII f.), aus Anlass eines Datenlecks beim Deutschen Zoll; ferner *Kühling/Bohnen*, JZ 2010, S. 600 (604).

26 Vgl. BT-Drs. 16/12011, S. 31; kritisch *Schaar*, Stellungnahme des Bundesbeauftragten für den Datenschutz und die Informationsfreiheit zum Gesetzentwurf, Drs. des Innenaus-schusses Nr. 16(4)560 I, S. 11; *Höhne*, jurisPR-ITR 20/2009 Anm. 3, C.I.1.

27 Ausführlich *Albrecht*, DSB 9/2010, S. 15 f.

28 So die treffende Umschreibung von *Hanloser*, MMR 2008, Heft 12, S. XIII.

29 Vgl. BT-Drs. 16/12011, S. 31; kritisch zur Einschränkung auf bestimmte Arten von Daten *Schaar*, Stellungnahme des Bundesbeauftragten für den Datenschutz und die Informati-onsfreiheit zum Gesetzentwurf, Drs. des Innenausschusses Nr. 16(4)560 I, S. 11.

30 *Gola/Klug*, NJW 2009, S. 2577 (2580); speziell zur Informationspflicht von Steuerbera-tern nach § 42a BDSG siehe *Wanagas*, DStR 2010, S. 1908 (1910).

31 Ausführlich BlnBDI (siehe oben Fn. 19), Teil A, Ziff. 3.

Die Umschreibung der relevanten Daten ist zum Teil recht allgemein gehalten. So **12**
wird z. B. von den Daten zu Bank- oder Kreditkartenkonten bereits die bloße Information über die kontoführende Bank des Betroffenen umfasst, obwohl das Missbrauchspotenzial dieser Information für sich genommen gering ist. Als Korrektiv für die tatbestandliche Weite der Aufzählung ist das in § 42a Satz 1 BDSG geregelte Erfordernis einer „schwerwiegenden Beeinträchtigung" des Betroffenen anzusehen.[32]

Die Daten müssen zum Zeitpunkt der unrechtmäßigen Kenntniserlangung durch **13**
Dritte bei der benachrichtigungspflichtigen Stelle i. S. d. § 3 Abs. 4 Nr. 1 BDSG auf einem Datenträger gespeichert sein.[33] Wenn die Daten beim Betroffenen selbst abhandenkommen (z. B. Verlust von PIN- und TAN-Nummer für das Onlinebanking aufgrund einer Phishing-Attacke), findet § 42a BDSG keine Anwendung.[34]

Zur Vermeidung der mit einer Benachrichtigung nach § 42a BDSG typischerweise **14**
verbundenen Reputationsschäden und Kosten empfiehlt es sich, dem Verlust von Risikodaten von vornherein durch geeignete – im Sinne einer wirksamen Datenschutz-Compliance ohnehin unabdingbare – Maßnahmen wie Verschlüsselungen, Beschränkung von Zugriffsrechten auf das jeweils erforderliche Maß und Sensibilisierung der Mitarbeiter aktiv entgegenzuwirken.[35]

4. Feststellung einer unrechtmäßigen Kenntniserlangung

Die Informationspflicht knüpft an die Feststellung der benachrichtigungspflichti- **15**
gen Stelle an, dass bei ihr gespeicherte Risikodaten unrechtmäßig übermittelt oder auf sonstige Weise Dritten, d. h. Personen oder Stellen außerhalb der verantwortlichen Stelle (mit Ausnahme von Auftragsdatenverarbeitern mit Sitz im Inland oder in EU-/EWR-Staaten),[36] unrechtmäßig zur Kenntnis gelangt sind.

Voraussetzung für ein Übermitteln von Daten ist nach der Legaldefinition des § 3 **16**
Abs. 4 Nr. 3 BDSG deren Bekanntgabe an Dritte, also ein entsprechendes zielgerichtetes Verhalten der handelnden Stelle.[37] Durch den Auffangtatbestand der Kenntniserlangung auf sonstige Weise werden Konstellationen erfasst, in denen die Kenntnisnahme gegen oder ohne den Willen des Benachrichtigungspflichtigen erfolgt. Werden Daten durch Dritte entwendet (z. B. durch Eindringen in ein Computersystem) oder gehen diese verloren und werden durch Dritte aufgefunden (z. B. bei Verlust eines USB-Speicher-Sticks oder Laptops), so fehlt es zwar an einem

---

32 Ebenso *Bergmann/Möhrle/Herb*, BDSG, § 42a Rn. 9.
33 Siehe die Kommentierung zu § 3 BDSG Rn. 28 f.
34 *Hornung*, NJW 2010, S. 1841 (1843); *Dix*, in: Simitis, BDSG, § 42a Rn. 4; a. A. *Schaffland/Wiltfang*, BDSG, § 42a Rn. 4.
35 *Höhne*, jurisPR-ITR 20/2009 Anm. 3, D.
36 Siehe die Legaldefinition in § 3 Abs. 8 Satz 2 und 3 BDSG.
37 Siehe die Kommentierung zu § 3 BDSG Rn. 34 ff.

Übermitteln, es liegt jedoch eine Form der sonstigen Kenntniserlangung vor. Auch das Handeln eines Insiders, wie z. B. die „tätigkeitsfremde" Verwendung von Daten durch einen grundsätzlich zugriffsberechtigten Mitarbeiter, kann eine solche Kenntniserlangung darstellen.[38] In jedem Fall ist erforderlich, dass die Kenntniserlangung unrechtmäßig erfolgt. Unrechtmäßig ist die Kenntniserlangung dann, wenn diese weder durch eine Rechtsvorschrift noch durch die Einwilligung der Betroffenen gedeckt ist (arg e § 4 Abs. 1 BDSG). Soweit nach dem Gesetz eine Interessenabwägung (z. B. nach §§ 28, 29 BDSG) vorzunehmen ist, genügt jedoch für die Annahme der Rechtmäßigkeit, wenn die verantwortliche Stelle keine offensichtlich unhaltbare Abwägung getroffen hat.[39] Rechtmäßige Zugriffe staatlicher Behörden sind nicht nach § 42a BDSG informationspflichtig.[40]

17   Für die Feststellung, dass die Daten Dritten unrechtmäßig zur Kenntnis gelangt sind, bedarf es keiner absoluten Gewissheit. Vielmehr genügen tatsächliche Anhaltspunkte, dass Dritte mit hoher Wahrscheinlichkeit von den Daten Kenntnis nehmen konnten. Solche Anhaltspunkte können sich z. B. aus dem eigenen Sicherheitsmanagement (Log-Dateien etc.) der benachrichtigungspflichtigen Stelle, aus Hinweisen von Strafverfolgungsbehörden oder aus sonstigen konkreten Hinweisen von dritter Seite (Betroffene, Presse, Blogs etc.) ergeben.[41] Bloße Vermutungen, fahrlässige Unkenntnis[42] oder der Gewahrsam von Dritten an Datenträgern ohne die Möglichkeit zur Kenntnisnahme der hierauf gespeicherten Daten (z. B. aufgrund einer hinreichend sicheren Verschlüsselung)[43] sind dagegen unerheblich. Von der Person des Dritten muss die benachrichtigungspflichtige Stelle keine nähere Kenntnis haben, sondern es genügt, dass irgendein Dritter Kenntnis erlangt hat. Im Falle einer Übermittlung, d. h. einer zielgerichteten Datenweitergabe, wird eine Kenntnisnahme durch den Dritten regelmäßig zu bejahen sein.[44] Von einer Kenntniserlangung auf sonstige Weise wird man etwa dann ausgehen müssen, wenn Daten nach dem Erscheinungsbild offensichtlich gezielt abgerufen oder ausgespäht[45] oder diese versehentlich zum allgemeinen Abruf ins Internet gestellt wurden.[46]

---

38 *Eckhardt/Schmitz*, DuD 2010, S. 390 (391).
39 *Eckhardt/Schmitz*, DuD 2010, S. 390 (391); zustimmend *Dix*, in: Simitis, BDSG, § 42a Rn. 7.
40 *Hornung*, NJW 2010, S. 1841 (1842).
41 BT-Drs. 16/12011, S. 32; *Höhne*, jurisPR-ITR 20/2009 Anm. 3, C.I.4; *Weichert*, in: Däubler/Klebe/Wedde/Weichert, BDSG, § 42a Rn. 5.
42 *Hanloser*, MMR 2008, Heft 12, S. XIV.
43 *Hanloser*, MMR 2008, Heft 12, S. XIV; *Holländer*, RDV 2009, S. 215 (220); *Hornung*, NJW 2010, S. 1841 (1842); *Dix*, in: Simitis, BDSG, § 42a Rn. 8; kritisch *Ernst*, DuD 2010, S. 472 (473).
44 *Robrecht*, ZD 2011, S. 23 (26).
45 *Robrecht*, ZD 2011, S. 23 (26).
46 *Dix*, in: Simitis, BDSG, § 42a Rn. 8.

5. Schwerwiegende Beeinträchtigung

Die Kenntniserlangung durch Dritte ist für sich genommen nicht ausreichend, um **18** die Informationspflicht nach § 42a BDSG zu begründen. Diese besteht vielmehr nur dann, wenn in der Folge schwerwiegende Beeinträchtigungen für die Rechte oder schutzwürdigen Interessen des Betroffenen drohen.[47]

Ob dies der Fall ist, bestimmt sich nach der Gesetzesbegründung anhand von objek- **19** tiven Kriterien wie der Art der betroffenen Daten und der potenziellen Auswirkungen der Kenntniserlangung durch Dritte (z.B. materielle Schäden bei Kreditkarteninformationen oder soziale Nachteile einschließlich des Identitätsbetrugs).[48] Ähnlich wie bei § 14 Abs. 2 Nr. 8 BDSG, der im öffentlichen Bereich das Speichern, Verändern oder Nutzen von personenbezogenen Daten zulässt, wenn dies zur Abwehr einer schwerwiegenden Beeinträchtigung der Rechte einer anderen Person erforderlich ist, kommt es hinsichtlich der Schwere der Beeinträchtigung auf die voraussichtlichen Folgen für die betroffene Person an. Da anders als in § 14 Abs. 2 Nr. 8 BDSG auch auf Beeinträchtigungen der schutzwürdigen Interessen der Betroffenen abgestellt wird, sind im Rahmen von § 42a BDSG auch reine Vermögensinteressen in die Betrachtung einzubeziehen.[49]

Aus der Benutzung des Wortes „drohen" ergibt sich, dass die benachrichtigungs- **20** pflichtige Stelle eine Gefahrenprognose über den zukünftigen hypothetischen Geschehensablauf zu treffen hat. Hinsichtlich des maßgeblichen Entscheidungshorizonts bietet sich ein Rückgriff auf die Grundsätze des Gefahrenabwehrrechts an. Danach ist auf die anhand objektiver Anhaltspunkte und Tatsachen vorzunehmende Einschätzung einer verständigen und besonnenen Durchschnittsperson abzustellen. Auf subjektive Ängste kommt es ebenso wenig an wie auf subjektive Sorglosigkeit. Im Rahmen der Prognoseentscheidung sind das gefährdete Rechtsgut und die Wahrscheinlichkeit eines Schadenseintritts in Relation zu sehen. Je größer die mögliche Beeinträchtigung der Rechte oder Interessen des Betroffenen ist, desto geringere Anforderungen sind deshalb an die Eintrittswahrscheinlichkeit zu stellen.[50] Die Prognoseentscheidung ist auf der Grundlage der im Zeitpunkt der Entscheidung zur Verfügung stehenden Erkenntnismöglichkeiten zu treffen (sog. ex-ante-Sicht).[51] Später bekannt werdende Tatsachen haben außer Betracht zu bleiben, können jedoch ggf. zu einer Informationspflicht zu diesem späteren Zeitpunkt führen.

---

47 Kritisch zu dieser Formulierung im Hinblick auf mögliche Auslegungsschwierigkeiten Stellungnahme des Bundesrats zum Gesetzentwurf, BT-Drs. 16/12011, S. 56.
48 BT-Drs. 16/12011, S. 32.
49 Siehe zu § 14 Abs. 2 Nr. 8 BDSG *Dammann*, in: Simitis, BDSG, § 14 Rn. 84f.; *Gola/Schomerus*, BDSG, § 14 Rn. 22; wie hier *Hornung*, NJW 2010, S. 1841 (1843); *Dix*, in: Simitis, BDSG, § 42a Rn. 9; *Gola/Schomerus*, BDSG, § 42a Rn. 4; a.A. *Holländer*, RDV 2009, S. 215 (220); *Bergmann/Möhrle/Herb*, BDSG, § 42a Rn. 12.
50 Ebenso *Dix*, in: Simitis, BDSG, § 42a Rn. 10; *Gola/Schomerus*, BDSG, § 42a Rn. 4.
51 Ähnlich *Höhne*, jurisPR-ITR 20/2009 Anm. 3, C.I.5; vgl. zum allgemeinen Polizeirecht *Würtenberger/Heckmann*, Polizeirecht in Baden-Württemberg, Rn. 416ff.

Als unvereinbar mit dem durch § 42a BDSG beabsichtigten Schutz der Betroffenen und daher als unbeachtlich bei der Prognoseentscheidung werden ferner Möglichkeiten angesehen, durch die der Betroffene einen etwaigen Schaden kompensieren kann (z. B. durch Widerspruch, Rückbuchung oder Versicherung).[52]

III. Art und Umfang der Informationspflicht (Sätze 2 bis 5)

1. Überblick

21   Liegen die Voraussetzungen des § 42a Satz 1 BDSG vor, hat die benachrichtigungspflichtige Stelle den Betroffenen sowie die zuständige Aufsichtsbehörde über die unrechtmäßige Kenntniserlangung zu informieren. Konkretisiert wird diese Pflicht in Bezug auf den Betroffenen durch § 42a Satz 2, 3 und 5 BDSG, in Bezug auf die zuständige Aufsichtsbehörde durch § 42a Satz 4 BDSG. Dabei zeigt sich eine gewisse Stufung der Informationspflicht. So hat die Benachrichtigung der Aufsichtsbehörde inhaltlich umfangreicher und zeitlich früher zu erfolgen als die des Betroffenen. Begründet wird diese Differenzierung mit einer möglichen Gefährdung der Strafverfolgung bei einer frühzeitigen Information der Öffentlichkeit sowie der Verschwiegenheitspflicht der Aufsichtsbehörde.[53]

22   Die Benachrichtigung des Betroffenen und der zuständigen Aufsichtsbehörde hat grundsätzlich „unverzüglich" zu erfolgen. Damit ist nach der Legaldefinition in § 121 BGB ein Handeln ohne schuldhaftes Zögern gemeint.[54] Der Benachrichtigungspflichtige hat demnach nicht zwingend sofort Mitteilung zu machen, sondern ihm steht eine nach den Umständen des Einzelfalls zu bemessende Prüfungs- und Überlegungsfrist zu. Dies schließt die Möglichkeit ein, bei Bedarf Rechtsrat einzuholen[55] oder die zuständige Aufsichtsbehörde informell zur Frage des Bestehens einer Informationspflicht zu konsultieren.[56] Im Hinblick auf den engen Zeitrahmen sollten Unternehmen durch geeignete Maßnahmen wie z. B. vorab festgelegte Verfahrensanweisungen sicherstellen, dass sie ihrer Informationspflicht im Ernstfall ordnungsgemäß nachkommen können.[57]

---

52 *Hornung*, NJW 2010, S. 1841 (1843); *Weichert*, in: Däubler/Klebe/Wedde/Weichert, BDSG, § 42a Rn. 6; *Dix*, in: Simitis, BDSG, § 42a Rn. 9; a. A. *Schaffland/Wiltfang*, BDSG, § 42a Rn. 5; *Bergmann/Möhrle/Herb*, BDSG, § 42a Rn. 12.
53 BT-Drs. 16/12011, S. 32.
54 BT-Drs. 16/12011, S. 32.
55 *Ellenberger*, in: Palandt, BGB, § 121 Rn. 3 m. w. N.
56 Siehe oben Rn. 7 a. E.; *Dix*, in: Simitis, BDSG, § 42a Rn. 10.
57 *Holländer*, RDV 2009, S. 215 (220); siehe hierzu die Musterrichtlinie zum Umgang mit Datenpannen in DSB 12/2009, S. 11 ff., und die Empfehlungen des BlnBDI (siehe oben Fn. 19), Teil B, Ziff. 6; zur Pflicht der Information des Betriebsrats beim Verlust von Beschäftigtendaten *Schierbaum*, CuA 2/2011, S. 28 (30); *Gola/Schomerus*, BDSG, § 42a Rn. 10.

2. Benachrichtigung des Betroffenen

Hinsichtlich der Benachrichtigung des Betroffenen schränkt § 42a Satz 2 BDSG **23** den Grundsatz der unverzüglichen Benachrichtigung weiter dahingehend ein, dass die Benachrichtigung erst dann erfolgen muss, wenn angemessene Maßnahmen zur Sicherung der Daten ergriffen worden oder nicht unverzüglich erfolgt sind und die Strafverfolgung nicht mehr gefährdet wird. Dadurch soll klargestellt werden, dass ein schuldhaftes Zögern auch solange nicht vorliegt, wie Datensicherungspflichten nach § 9 BDSG oder Interessen der Strafverfolgung dem Öffentlichmachen der Datenschutzverletzung noch entgegenstehen.[58] Die benachrichtigungspflichtige Stelle darf somit zunächst die Sicherheitslücke in ihren Systemen oder Prozessen, die zu der Datenschutzverletzung geführt hat, analysieren und soweit wie möglich schließen, bevor breitere Kreise davon Kenntnis erlangen, und kann so der Gefahr einer erneuten Ausnutzung der Sicherheitslücke vorbeugen (sog. Responsible Disclosure).[59] Bei einem kriminellen Hintergrund sollen darüber hinaus die Ermittlungen der Strafverfolgungsbehörden durch die Offenlegung nicht gefährdet werden.[60] Die Offenlegung setzt in einem solchen Fall eine entsprechende Abstimmung mit den Strafverfolgungsbehörden voraus.

§ 42a Satz 3 BDSG enthält bestimmte inhaltliche Anforderungen an die Benach- **24** richtigung des Betroffenen. Danach muss diese zum einen eine Darlegung der Art der unrechtmäßigen Kenntniserlangung umfassen (z. B. unerlaubte Weitergabe von Daten durch eine bei der betreffenden Stelle beschäftigte Person, Verlust von Datenträgern, Hackerangriff). Zum anderen sind dem Betroffenen Empfehlungen zu geben, welche Maßnahmen er zur Minderung möglicher nachteiliger Folgen treffen kann (z. B. regelmäßige Kontrolle seiner Kontoauszüge auf unrechtmäßige Abbuchungen bei Kenntniserlangung Dritter von seinen Kontodaten, Änderung von Passwörtern, Austausch von Chipkarten, Information von Kommunikationspartnern[61]). Im Idealfall erhält der Betroffene so die Möglichkeit, sich rechtzeitig selbst vor möglichen Schäden zu sichern.[62] Nicht in § 42a Satz 3 BDSG erwähnt, aber nach Sinn und Zweck erforderlich, ist auch eine Information des Betroffenen über die Art der Daten, die Dritten zur Kenntnis gelangt sind.

Wie die Benachrichtigung des Betroffenen im Normalfall zu erfolgen hat, ist im Ge- **25** setz nicht geregelt. § 42a Satz 5 BDSG enthält lediglich Vorgaben für eine Information der Öffentlichkeit, falls die Benachrichtigung der Betroffenen, insbesondere aufgrund der Vielzahl der Fälle, einen unverhältnismäßigen Aufwand erfordern würde. Daher ist davon auszugehen, dass die Benachrichtigung des Betroffenen auf alle denkbaren Arten erfolgen kann. Schon aus Dokumentations- und Nachweis-

---

58 BT-Drs. 16/12011, S. 32.
59 BT-Drs. 16/12011, S. 32.
60 BT-Drs. 16/12011, S. 32.
61 *Hornung*, NJW 2010, S. 1841 (1843).
62 *Höhne*, jurisPR-ITR 20/2009 Anm. 3, C.II.1.

gründen ist aber in der Regel eine Benachrichtigung in Schrift-, wenigstens aber in Textform zu empfehlen.[63] Die mit der Benachrichtigung verbundene Nutzung der personenbezogenen Daten des Betroffenen wird zwar nicht explizit durch § 42a BDSG erlaubt. Sie wird jedoch stillschweigend vorausgesetzt und ist damit zulässig.

26 Soweit die Benachrichtigung der Betroffenen einen unverhältnismäßigen Aufwand erfordern würde, gestattet § 42a Satz 5 BDSG eine Abkehr von der unmittelbaren Information des Betroffenen. Neben der Existenz einer großen Anzahl an Betroffenen kommt dies z. B. in Fällen in Betracht, in denen die benachrichtigungspflichtige Stelle nicht über die Adressdaten der Betroffenen verfügt und sie diese erst mit einem hohen Aufwand an Zeit und Kosten ermitteln müsste.[64] An die Stelle der direkten Benachrichtigung der Betroffenen tritt dann die Information der Öffentlichkeit durch Anzeigen, die mindestens eine halbe Seite umfassen, in mindestens zwei bundesweiten Tageszeitungen oder durch eine andere, hinsichtlich der Information der Betroffenen gleich geeigneten Maßnahme. Letzteres ist freilich nicht so zu verstehen, dass eine solche Maßnahme der Wirksamkeit von Anzeigen in bundesweiten Tageszeitungen entsprechen muss. Vielmehr soll diese Alternative das Erfordernis der – zumeist mit erheblichen Kosten verbundenen – Veröffentlichung in bundesweiten Tageszeitungen abmildern und dient somit der Wahrung der Verhältnismäßigkeit. Entsprechend können im konkreten Fall auch Anzeigen in regionalen oder branchenspezifischen Publikationen genügen, wenn die Gruppe der Betroffenen regional oder branchenspezifisch eingrenzbar ist.[65] Denkbar ist auch eine Veröffentlichung in elektronischen Medien wie dem Internet, sofern die jeweilige Plattform eine hinreichende Erreichbarkeit der Betroffenengruppe ermöglicht.[66] Im Beschäftigungsverhältnis kann ggf. auch eine Benachrichtigung mittels Rundschreiben oder Mitarbeiterzeitung erfolgen.[67]

3. Benachrichtigung der Aufsichtsbehörde

27 Im Gegensatz zur Benachrichtigung des Betroffenen hat die Benachrichtigung der zuständigen Aufsichtsbehörde (vgl. §§ 24, 38 BDSG) ohne weitergehende Ein-

---

63 *Hornung*, NJW 2010, S. 1841 (1843); *Eckhardt/Schmitz*, DuD 2010, S. 390 (394); *Karger*, ITRB 2010, S. 161 (163); *Dix*, in: Simitis, BDSG, § 42a Rn. 15.
64 BT-Drs. 16/12011, S. 32. Nach *Dorn*, DSB 7–8/2011, S. 16, soll § 42a Satz 5 BDSG analog gelten, wenn die Benachrichtigung nicht nur mit einem unverhältnismäßigen Aufwand verbunden, sondern mangels Kenntnis der Betroffenen insgesamt unmöglich ist (z. B. Verlust eines Laptops, ohne dass klar ist, wessen Daten sich darauf befinden), der dabei aber übersieht, dass sich in einem solchen Fall auch die Benachrichtigungsvoraussetzungen des § 42a Satz 1 BDSG nicht mit der erforderlichen Sicherheit feststellen lassen werden. Eine Benachrichtigung aller denkbaren Betroffenen „mit der Gießkanne" wäre zudem unverhältnismäßig.
65 Beschlussempfehlung und Bericht des Innenausschusses, BT-Drs. 16/13657, S. 38.
66 Ebenso *Höhne*, jurisPR-ITR 20/2009 Anm. 3, C.II.1; *Dix*, in: Simitis, BDSG, § 42a Rn. 17.
67 *Gola/Schomerus*, BDSG, § 42a Rn. 7.

schränkungen unverzüglich zu erfolgen und kann nicht durch eine Information der Öffentlichkeit ersetzt werden.

Inhaltlich verlangt § 42a Satz 4 BDSG über die gegenüber dem Betroffenen gefor-   **28**
derten Angaben hinaus („... zusätzlich ...") eine Darlegung möglicher nachteiliger
Folgen der Datenschutzverletzung und der von der betreffenden Stelle nach Feststellung der Datenschutzverletzung ergriffenen Maßnahmen. Hierdurch soll die
Aufsichtsbehörde in die Lage versetzt werden, zu prüfen, ob der Verstoß beseitigt
wurde.[68]

4. Geheimnisschutz

Anders als in den Vorschriften des BDSG über Auskunft und Benachrichtigung   **29**
(§§ 19, 19a, 33, 34 BDSG) ist in § 42a BDSG keine Regelung enthalten, wonach die
Informationspflicht entfällt, wenn die zu erteilenden Informationen nach einer
Rechtsvorschrift oder ihrem Wesen nach geheim gehalten werden müssen. Eine Einschränkung in diese Richtung ergibt sich jedoch aus § 1 Abs. 3 Satz 2 BDSG. Danach
lassen die Vorschriften des BDSG die Verpflichtung zur Wahrung gesetzlicher Geheimhaltungspflichten oder von Berufs- oder besonderen Amtsgeheimnissen, die
nicht auf gesetzlichen Vorschriften beruhen, unberührt. Das bedeutet, dass eine Offenbarung von Informationen, die einem speziellen Geheimnisschutz unterliegen,
nur zulässig ist, wenn sowohl der betreffende Geheimhaltungstatbestand als auch das
BDSG die Offenbarung erlauben.[69] Konsequenz ist vorliegend, dass die Benachrichtigung ggf. so ausgestaltet werden muss, dass bestehende Geheimhaltungspflichten
nicht verletzt werden. Dies gilt vor allem bei einer Information der Öffentlichkeit.
Mit Blick auf die grundrechtliche Gewährleistung von Betriebs- und Geschäftsgeheimnissen wird man eine solche Reduktion der Informationspflicht außerdem dann
vornehmen müssen, wenn die Informationspflicht im Einzelfall Betriebs- oder Geschäftsgeheimnisse der benachrichtigungspflichtigen Stelle tangiert.[70]

IV. Verwendungsverbot (Satz 6)

§ 42a Satz 6 BDSG enthält ein an § 97 Abs. 1 Satz 3 InsO orientiertes Verbot der   **30**
Verwendung der Benachrichtigung in Straf- und Ordnungswidrigkeitsverfahren.[71]

---

68 BT-Drs. 16/12011, S. 32.
69 Allgemein zur Parallelgeltung besonderer Geheimhaltungspflichten nach § 1 Abs. 3 Satz 2
   BDSG *Dix*, in: Simitis, BDSG, § 1 Rn. 175 ff.
70 Wie hier *Bergmann/Möhrle/Herb*, BDSG, § 42a Rn. 19; ähnlich zum Schutz von Betriebs-
   und Geschäftsgeheimnissen beim Auskunftsanspruch über das Zustandekommen von Scorewerten *Taeger*, K&R 2008, S. 513 (517); a. A. *Dix*, in: Simitis, BDSG, § 42a Rn. 11 (unproblematisch, da sich die Benachrichtigung nicht auf technische Einzelheiten beziehen
   müsse).
71 BT-Drs. 16/12011, S. 33.

Das Verbot gilt nach dem Gesetzeswortlaut für Verfahren gegen den Benachrichtigungspflichtigen selbst oder dessen Angehörige i. S. d. § 52 Abs. 1 StPO. Eine Verwendung der Benachrichtigung ist nur mit Zustimmung des Benachrichtigungspflichtigen zulässig. Auf diese Weise soll das Spannungsverhältnis aufgelöst werden, dass der Benachrichtigungspflichtige entweder sich selbst bezichtigt oder nach § 43 Abs. 2 Nr. 7 BDSG eine Ordnungswidrigkeit begeht.[72] Da das Gesetz ebenso wie in § 97 Abs. 1 Satz 3 InsO nicht nur die „Verwertung", sondern die „Verwendung" der Benachrichtigung untersagt,[73] sind auch sog. Fernwirkungen ausgeschlossen. Das heißt, dass die Benachrichtigung auch nicht als Grundlage für weitere Ermittlungen mit dem Ziel der Beschaffung selbstständiger Beweismittel genutzt werden darf. Auf der anderen Seite bleiben die Strafverfolgungsbehörden zur Verwendung von Tatsachen berechtigt, die ihnen zum Zeitpunkt der Benachrichtigung bereits bekannt waren.[74]

31 Bei juristischen Personen kommt eine Selbstbezichtigung und damit die Anwendung von § 42a Satz 6 BDSG tatbestandlich nur im Ausnahmefall (z. B. Ein-Mann-GmbH) in Betracht.[75] Um insoweit ein Leerlaufen der Regelung zu vermeiden, ist zu erwägen, sie auch auf solche natürlichen Personen innerhalb der jeweiligen Gesellschaft anzuwenden, die i. S. d. §§ 43, 44 BDSG taugliche Täter von Datenschutzverstößen sein können und denen gleichzeitig die Einhaltung der Informationspflicht nach § 42a BDSG obliegt. Dies betrifft in erster Linie die vertretungsberechtigten Organe der Gesellschaft (§ 9 Abs. 1 Nr. 1 OWiG) und die von diesen mit der eigenverantwortlichen Aufgabenwahrnehmung beauftragten Personen (§ 9 Abs. 2 OWiG).[76] Maßgeblich ist die interne Zuständigkeitsverteilung.[77] Auf den Beauftragten für den Datenschutz nach § 4f BDSG ist das Verwendungsverbot nicht anwendbar, da er im Allgemeinen nicht als Täter i. S. d. §§ 43, 44 BDSG in Betracht kommt[78] und auch nicht Normadressat des § 42a BDSG ist.

32 Für Zivilverfahren gilt das in § 42a Satz 6 BDSG geregelte Verwendungsverbot nicht. Hier stellt sich die Frage, welche Bedeutung der Benachrichtigung beizumessen ist, wenn der Betroffene z. B. aufgrund der Datenschutzverletzung Schadensersatz verlangt und sich zur Begründung seines Anspruchs auf die Mitteilung des Benachrichtigungspflichtigen beruft. Mangels eines Streits zwischen den Parteien über Bestehen oder Umfang eines Schuldverhältnisses im Zeitpunkt der Benachrichtigung dürfte diese in materiell-rechtlicher Hinsicht als bloße Wissenserklärung

---

72 BT-Drs. 16/12011, S. 33; kritisch in Bezug auf die Verfassungsmäßigkeit der Regelung *Eckhardt/Schmitz*, DuD 2010, S. 390 (396 f.).

73 Unscharf insoweit die Gesetzesbegründung (BT-Drs. 16/12011, S. 33), in der von einem Verwertungsverbot die Rede ist.

74 Zu § 97 Abs. 1 Satz 3 InsO siehe *Passauer/Stephan*, MünchKommInsO, § 97 Rn. 16 f.

75 BT-Drs. 16/12011, S. 33.

76 Ebenso *Dix*, in: Simitis, BDSG, § 42a Rn. 19; *Gola/Schomerus*, BDSG, § 42a Rn. 9.

77 Allgemein zur Tauglichkeit von Unternehmensangehörigen als Täter von Datenschutzverstößen *Ehmann*, in: Simitis, BDSG, § 43 Rn. 22 ff.

78 *Ehmann*, in: Simitis, BDSG, § 43 Rn. 25.

einzuordnen sein und kein Schuldanerkenntnis darstellen.[79] Solche Erklärungen können in verfahrensrechtlicher Hinsicht indes eine Umkehr der Beweislast bewirken und bilden ein Indiz für ein bestimmtes Geschehen, das das Gericht – mit der Möglichkeit zur Entkräftung durch den Erklärenden – bei seiner Beweiswürdigung (§ 286 ZPO) verwerten kann.[80]

Das Verwendungsverbot des § 42a Satz 6 BDSG steht schließlich rein aufsichtli-   33
chen Maßnahmen nach § 38 BDSG, insbesondere Anordnungen nach § 38 Abs. 5 BDSG in Reaktion auf die erfolgte Datenschutzverletzung, nicht entgegen.[81]

---

79 Zur Abgrenzung BGH CR 2009, 210.
80 BGH CR 2009, 210 m. w. N.; ähnlich *Bierekoven*, ITRB 2010, S. 88 (89).
81 *Dix*, in: Simitis, BDSG, § 42a Rn. 20.

Fünfter Abschnitt

Schlussvorschriften

§ 43 Bußgeldvorschriften

(1) Ordnungswidrig handelt, wer vorsätzlich oder fahrlässig

1. entgegen § 4d Abs. 1, auch in Verbindung mit § 4e Satz 2, eine Meldung nicht, nicht richtig, nicht vollständig oder nicht rechtzeitig macht,

2. entgegen § 4f Abs. 1 Satz 1 oder 2, jeweils auch in Verbindung mit Satz 3 und 6, einen Beauftragten für den Datenschutz nicht, nicht in der vorgeschriebenen Weise oder nicht rechtzeitig bestellt,

2a. entgegen § 10 Absatz 4 Satz 3 nicht gewährleistet, dass die Datenübermittlung festgestellt und überprüft werden kann,

2b. entgegen § 11 Absatz 2 Satz 2 einen Auftrag nicht richtig, nicht vollständig oder nicht in der vorgeschriebenen Weise erteilt oder entgegen § 11 Absatz 2 Satz 4 sich nicht vor Beginn der Datenverarbeitung über die Einhaltung der beim Auftragnehmer getroffenen technischen und organisatorischen Maßnahmen überzeugt,

3. entgegen § 28 Abs. 4 Satz 2 den Betroffenen nicht, nicht richtig oder nicht rechtzeitig unterrichtet oder nicht sicherstellt, dass der Betroffene Kenntnis erhalten kann,

3a. entgegen § 28 Absatz 2 Satz 4 eine strenge Form verlangt,

4. entgegen § 28 Abs. 5 Satz 2 personenbezogene Daten übermittelt oder nutzt,

4a. entgegen § 28a Absatz 3 Satz 1 eine Mitteilung nicht, nicht richtig, nicht vollständig oder nicht rechtzeitig macht,

5. entgegen § 29 Abs. 2 Satz 3 oder 4 die dort bezeichneten Gründe oder die Art und Weise ihrer glaubhaften Darlegung nicht aufzeichnet,

6. entgegen § 29 Abs. 3 Satz 1 personenbezogene Daten in elektronische oder gedruckte Adress-, Rufnummern-, Branchen- oder vergleichbare Verzeichnisse aufnimmt,

7. entgegen § 29 Abs. 3 Satz 2 die Übernahme von Kennzeichnungen nicht sicherstellt,

7a. entgegen § 29 Absatz 6 ein Auskunftsverlangen nicht richtig behandelt,

7b. entgegen § 29 Absatz 7 Satz 1 einen Verbraucher nicht, nicht richtig, nicht vollständig oder nicht rechtzeitig unterrichtet,

8. entgegen § 33 Abs. 1 den Betroffenen nicht, nicht richtig oder nicht vollständig benachrichtigt,

8a. entgegen § 34 Absatz 1 Satz 1, auch in Verbindung mit Satz 3, entgegen § 34 Absatz 1a, entgegen § 34 Absatz 2 Satz 1, auch in Verbindung mit Satz 2, oder entgegen § 34 Absatz 2 Satz 5, Absatz 3 Satz 1 oder Satz 2 oder Absatz 4 Satz 1, auch in Verbindung mit Satz 2, eine Auskunft nicht, nicht richtig, nicht vollständig oder nicht rechtzeitig erteilt oder entgegen § 34 Absatz 1a Daten nicht speichert,

8b. entgegen § 34 Absatz 2 Satz 3 Angaben nicht, nicht richtig oder nicht rechtzeitig übermittelt,

8c. entgegen § 34 Absatz 2 Satz 2 den Betroffenen nicht oder nicht rechtzeitig an die andere Stelle verweist,

9. entgegen § 35 Abs. 6 Satz 3 Daten ohne Gegendarstellung übermittelt,

10. entgegen § 38 Abs. 3 Satz 1 oder Abs. 4 Satz 1 eine Auskunft nicht, nicht richtig, nicht vollständig oder nicht rechtzeitig erteilt oder eine Maßnahme nicht duldet oder

11. einer vollziehbaren Anordnung nach § 38 Abs. 5 Satz 1 zuwiderhandelt.

(2) Ordnungswidrig handelt, wer vorsätzlich oder fahrlässig

1. unbefugt personenbezogene Daten, die nicht allgemein zugänglich sind, erhebt oder verarbeitet,

2. unbefugt personenbezogene Daten, die nicht allgemein zugänglich sind, zum Abruf mittels automatisierten Verfahrens bereithält,

3. unbefugt personenbezogene Daten, die nicht allgemein zugänglich sind, abruft oder sich oder einem anderen aus automatisierten Verarbeitungen oder nicht automatisierten Dateien verschafft,

4. die Übermittlung von personenbezogenen Daten, die nicht allgemein zugänglich sind, durch unrichtige Angaben erschleicht,

5. entgegen § 16 Abs. 4 Satz 1, § 28 Abs. 5 Satz 1, auch in Verbindung mit § 29 Abs. 4, § 39 Abs. 1 Satz 1 oder § 40 Abs. 1, die übermittelten Daten für andere Zwecke nutzt, indem er sie an Dritte weitergibt,

5a. entgegen § 28 Absatz 3b den Abschluss eines Vertrages von der Einwilligung des Betroffenen abhängig macht,

5b. entgegen § 28 Absatz 4 Satz 1 Daten für Zwecke der Werbung oder der Markt- oder Meinungsforschung verarbeitet oder nutzt,

6. entgegen § 30 Abs. 1 Satz 2, § 30a Absatz 3 Satz 3 oder § 40 Absatz 2 Satz 3 ein dort genanntes Merkmal mit einer Einzelangabe zusammenführt,

7. entgegen § 42a Satz 1 eine Mitteilung nicht, nicht richtig, nicht vollständig oder nicht rechtzeitig macht.

(3) Die Ordnungswidrigkeit kann im Fall des Absatzes 1 mit einer Geldbuße bis zu fünfzigtausend Euro, in den Fällen des Absatzes 2 mit einer Geldbuße bis zu dreihunderttausend Euro geahndet werden. Die Geldbuße soll den wirtschaftlichen Vorteil, den der Täter aus der Ordnungswidrigkeit gezogen hat, übersteigen. Reichen die in Satz 1 genannten Beträge hierfür nicht aus, so können sie überschritten werden.

Literatur: *Barton*, Beihilfe durch Unterlassen? – Zur strafrechtlichen Verantwortung des betrieblichen Datenschutzbeauftragten i. S. d. §§ 13, 27 StGB bei Nichterfüllung seiner gesetzlichen Pflichten, RDV 2010, S. 245; *Bestmann*, Und wer muss zahlen?, Datenschutzrecht im Internet – die Bußgeldvorschriften, K&R 2003, S. 496; *Binder*, Computerkriminalität und Datenfernübertragung, RDV 1995, S. 57 und S. 116; *Brink*, Videoüberwachung in Wohnungseigentums-Anlagen, ZWE 2013, S. 73; *Eckhardt/ Schmitz*, Informationspflicht bei Datenpannen, DuD 2010, S. 390; *Forst*, Grundlagen der Datenschutz-Complicance, DuD 2010, S. 160; *Gabel*, Informationspflicht bei unrechtmäßiger Kenntniserlangung von Daten, BB 2009, S. 2045; *Gola*, Der neue strafrechtliche Schutz vor unbefugten Bildaufnahmen im Lichte der Zulässigkeit- und Straftatbestände des BDSG, RDV 2004, S. 215; *Heghmanns*, Strafbarkeit des „Phishing" von Bankkontendaten und ihrer Verwertung, Wistra 2007, S. 167; *Hoeren/Sieber*, Handbuch Multimedia-Recht, Loseblatt, Stand 2009; *Höflinger*, Zur Straflosigkeit des „Schwarz-Surfens", ZUM 2011, S. 212; *Holländer*, Datensündern auf der Spur – Bußgeldverfahren ungeliebtes Instrument der Datenschutzaufsichtsbehörden?, RDV 2009, S. 215; *Hornung*, Informationen über „Datenpannen" – Neue Pflichten für datenverarbeitende Unternehmen, NJW 2010, S. 1841; *Löwisch/Mysliwiec*, Datenschutz bei Anforderung und Nutzung erweiterter Führungszeugnisse, NJW 2012, S. 2389; *Weichert*, Datenschutzstrafrecht – ein zahnloser Tiger?, NStZ 1999, S. 490; *Wybitul*, BGH verurteilt Detektive wegen Überwachungsmaßnahmen zu Haftstrafen, ZD-Aktuell 2013, 03606.

Übersicht

I. Allgemeines

1. Regelungszusammenhang der Bußgeldtatbestände

Mit den §§ 43 und 44 BDSG setzt der Gesetzgeber die Vorgaben des Art. 24 der **1** EG-DSRl 95/46 um. § 43 Abs. 2 BDSG enthält hierbei die Bußgeldtatbestände, die durch das Hinzutreten der weiteren Merkmale des Handelns gegen Entgelt oder in Bereicherungs- oder Schädigungsabsicht den Straftatbestand des § 44 BDSG bilden.

Die §§ 43 und 44 BDSG sind im Zusammenhang mit den Strafgesetzen zum Schutz **2** des persönlichen Lebens- und Geheimnisbereiches der §§ 201 bis 206 StGB sowie mit den Vorschriften der §§ 263a, 269, 270 StGB zu sehen. Wenn gleichzeitig durch dieselbe Tat einer dieser Straftatbestände verwirklicht wird, besteht Tateinheit mit dem Straftatbestand des § 44 StGB.[1] Soweit bundesgesetzliche Regelungen zum Datenschutz eigene Bußgeldtatbestände enthalten, z.B. § 149 TKG, § 21 SigG, § 16 TMG, gehen diese im Rahmen ihres Anwendungsbereiches vor.[2]

Die Verwirklichung eines Ordnungswidrigkeitentatbestandes erfordert stets die Tat- **3** bestandsmäßigkeit, die Rechtswidrigkeit und die Verantwortlichkeit des Betroffenen.

---

1 *Bär*, in: Roßnagel, Hdb. DSR, Kap. 5.7, Rn. 12.
2 *Ehmann*, in: Simitis, BDSG, § 43 Rn. 18; *Bergmann/Möhrle/Herb*, BDSG, § 43 Rn. 7 f.; *Bär*, in: Roßnagel, Hdb. DSR, Kap. 5.7, Rn. 22 f.

4 Die Rechtswidrigkeit wird durch die Tatbestandsverwirklichung indiziert, was durch den Hinweis im Gesetz auf das „unbefugte" Handeln zum Ausdruck gebracht wird. Da nach § 4 Abs. 1 BDSG die Datenverarbeitung grundsätzlich verboten ist, wenn kein Erlaubnistatbestand eingreift, lassen die Erlaubnisnormen den Tatbestand entfallen oder bilden Rechtfertigungsgründe.

5 Verantwortlichkeit verlangt grundsätzlich vorsätzliches Handeln, wenn das Gesetz nicht ausdrücklich das fahrlässige Handeln mit Geldbuße bedroht (§ 10 OWiG). Nach § 8 OWiG steht das Unterlassen dem aktiven Handeln unter den dort genannten Voraussetzungen gleich.[3]

6 Zuständige Behörde für das Ordnungswidrigkeitenverfahren ist nach § 36 Abs. 2 Nr. 2 Buchstabe b) OWiG das fachlich zuständige Bundesministerium. In den Ländern sind die jeweils obersten Landesbehörden zuständig. Die Landesregierungen einiger Bundesländer haben die Zuständigkeit per Rechtsverordnung auf die Datenschutzaufsichtsbehörden übertragen.

7 Ein Verstoß gegen einen Tatbestand des § 43 BDSG bildet eine Schutzgesetzverletzung und kann über § 823 Abs. 2 BGB zu einem Schadensersatzanspruch führen.

2. Normadressat

8 Täter kann nach der Formulierung „wer" jede Person sein, mit Ausnahme des Betroffenen hinsichtlich seiner persönlichen Daten.[4] In Betracht kommen die verantwortliche Stelle nach § 3 Abs. 7 BDSG, aber auch der Auftragsdatenverarbeiter,[5] öffentliche und nicht-öffentliche Stellen, wobei allerdings die Ordnungswidrigkeitentatbestände in der Mehrzahl der Fälle an Verstöße gegen Normen anknüpfen, die zum dritten Abschnitt über die Datenverarbeitung nicht-öffentlicher Stellen gehören.

9 Normadressat ist derjenige, dem die tatsächliche Entscheidungsbefugnis und Verantwortung bei dem Verletzungstatbestand zugestanden hat (§ 9 OWiG). Dies ist bei Unternehmen des nicht-öffentlichen Bereiches und bei öffentlichen Stellen der konkret tätige Mitarbeiter.[6] Der Beauftragte für den Datenschutz ist regelmäßig nicht selbst verantwortlich für die Abwicklung der konkreten Datenverarbeitung und hat insoweit für die einzelnen Tätigkeiten der Datenverarbeitung keine Weisungs- und Leitungsrechte; er kommt insoweit allenfalls als Beteiligter in der Form der Beihilfe oder Anstiftung (§ 14 OWiG) in Betracht.[7] Die Pflicht zur Vorabkon-

---

3 *Bohnert*, OWiG, § 1 Rn. 11 und § 8 Rn. 2 ff.
4 *Ehmann*, in: Simitis, BDSG, § 43 Rn. 23.
5 *Gola/Schomerus*, BDSG, § 11 Rn. 25.
6 OLG Celle NJW 1995, 3265 zur Auskunftspflicht eines Vorstandsmitgliedes nach § 38 BDSG bei Verdacht auf Datenschutzverstoß.
7 Vgl. Kommentierung zu § 4g BDSG Rn. 34 ff.; zur Frage einer Garantenstellung nach § 13 StGB des Datenschutzbeauftragten: *Barton*, RDV 2010, S. 247 ff.

trolle ist nicht bußgeldbewehrt, sodass bei Unterlassen der Vorabkontrolle keine Ordnungswidrigkeit gegeben ist.[8]

Unter den Voraussetzungen des § 30 OWiG kann die Geldbuße gegen die juristische   **10** Person oder die Personenvereinigung festgesetzt werden, wenn der Täter in einer Organ-, Vertreter- oder in einer anderen besonderen Verantwortungsposition stand, und diese durch die Verletzung einer Pflicht, die die juristische Person oder Personenvereinigung treffen, bereichert wurde oder werden sollte.[9]

II. Ordnungswidrigkeitentatbestände nach § 43 Abs. 1 BDSG

1. § 43 Abs. 1 Nr. 1 BDSG – Meldepflichten

Eine automatisierte Datenverarbeitung ist vor ihrer Inbetriebnahme nach § 4d Abs. 1   **11** BDSG der zuständigen Aufsichtsbehörde zu melden. Damit soll der Aufsichtsbehörde im nicht-öffentlichen Bereich bzw. dem Bundesbeauftragten für den Datenschutz im öffentlichen Bereich des Bundes sowie der Post- und Telekommunikationsunternehmen ein Überblick über die vorhandenen Datenverarbeitungen als Grundlage für die Ausübung der Aufsicht gegeben werden. Der Inhalt der Meldung ergibt sich aus § 4e BDSG.[10] Die Meldepflicht entfällt, wenn die verantwortliche Stelle einen Beauftragten für den Datenschutz bestellt hat (§ 4d Abs. 2 i. V. m. § 4f BDSG).

2. § 43 Abs. 1 Nr. 2 BDSG – Mangelnde Bestellung des Datenschutzbeauftragten

Nach § 4f Abs. 1 BDSG haben öffentliche und nicht-öffentliche Stellen, wenn die   **12** jeweiligen Schwellenwerte der mit der Datenverarbeitung beschäftigten Personen erreicht sind, einen Beauftragten für den Datenschutz zu bestellen. Ordnungswidrig handelt, wer den Datenschutzbeauftragten nicht oder nicht rechtzeitig (bei nicht-öffentlichen Stellen innerhalb eines Monats nach Aufnahme der Datenverarbeitung mit der erforderlichen Anzahl der mit der Datenverarbeitung Beschäftigten oder bei automatisierten Verarbeitungen, die einer Vorabkontrolle unterliegen) bestellt oder entgegen § 4f Abs. 1 Satz 1 BDSG die Bestellung nicht schriftlich vornimmt.[11] Das Tatbestandsmerkmal der Bestellung des Datenschutzbeauftragten „nicht in der vorgesehen Weise" erfasst die Fälle der fehlenden Qualifikation oder mangelnden Gewährung der faktischen Möglichkeiten, die gesetzlichen Aufgaben wahrzunehmen oder für eine kürzere Periode als die erforderliche Mindestdauer von fünf Jahren.[12]

---

8 *Ehmann*, in: Simitis, BDSG, § 43 Rn. 26.
9 Siehe im Einzelnen *Bohnert*, OWiG, § 30 Rn. 6 ff.; *Schaffland/Wiltfang*, BDSG, § 43 Rn. 6; *Forst*, DuD 2010, S. 160 ff.
10 Siehe dazu die Kommentierung zu § 4e BDSG; zu den meldepflichtigen Stellen § 4d BDSG Rn. 11 ff.
11 Siehe § 4f BDSG Rn. 11 ff.
12 *Gola/Schomerus*, BDSG, § 43 Rn. 6; *Bergmann/Möhrle/Herb*, BDSG, § 43 Rn. 31; a. A. *Schaffland/Wiltfang*, BDSG, § 43 Rn. 12 ff.

2a. § 43 Abs. 1 Nr. 2a BDSG – Unterlassene Stichproben

13 Der neue Tatbestand ist am 1.9.2009 in Kraft getreten. Er stellt Verstöße gegen die Pflicht der speichernden Stelle, bei automatischen Abrufverfahren die Überprüfbarkeit der Rechtmäßigkeit der Einzelabrufe durch ein geeignetes Stichprobenverfahren nach § 10 Abs. 4 Satz 3 BDSG zu gewährleisten,[13] unter Bußgeldandrohung. Der Gesetzgeber geht davon aus, dass die Datenabrufeinrichtung zur Übermittlung größerer Mengen von Daten eingesetzt wird, sodass die Abrufmöglichkeit an sich für das Recht auf informationelle Selbstbestimmung gefahrgeneigt ist.[14] Dies gilt auch deshalb weil die verantwortliche Stelle die Daten nur zum Abruf bereitstellt, aber bei dem Abruf selbst im Regelfall keinerlei weitere Prüfung der Zulässigkeit vornimmt. Diese fehlende Vorabprüfung soll durch das Stichprobenverfahren ersetzt werden. Hier seien jedoch von den Aufsichtsbehörden Defizite in der Praxis festgestellt worden, denen durch die Schaffung einer Bußgeldbewehrung entgegengewirkt werden soll.[15]

2b. § 43 Abs. 1 Nr. 2b BDSG – Mangelnde Erfüllung der Anforderungen an die Auftragsdatenverarbeitung

14 Bei der Auftragsdatenverarbeitung sind der Auftrag und sein wesentlicher Inhalt schriftlich festzulegen, wobei § 11 Abs. 2 Nr. 1 bis 10 BDSG die zu regelnden Einzelheiten ausdrücklich aufzählt und beschreibt.[16] Wird diese Pflicht nicht, nicht vollständig oder nicht in der richtigen Weise erfüllt, liegt ein Bußgeldtatbestand vor.

15 Nach § 11 Abs. 2 Satz 4 BDSG hat sich der Auftraggeber vor Beginn der Datenverarbeitung von den getroffenen technischen und organisatorischen Maßnahmen und deren Einhaltung zu überzeugen. Die Verletzung dieser Pflicht zur vorgelagerten Kontrolle ist bußgeldbewehrt. Die weitere Verpflichtung des Auftraggebers der Datenverarbeitung, die Einhaltung der Sicherungsmaßnahmen regelmäßig während der Dauer der Auftragsdatenverarbeitung zu überprüfen, wird von § 43 Abs. 1 Nr. 2b BDSG nicht erfasst. Der Gesetzgeber sieht die Vorabkontrolle, bei der Unzulänglichkeiten abgestellt oder ansonsten die Durchführung der Auftragsdatenverarbeitung unterbleiben kann, als besonders wichtig an. Nicht vom Bußgeldtatbestand werden dagegen die späteren „regelmäßigen Kontrollen" erfasst, weil ihr notwendiger Umfang für einen Bußgeldtatbestand zu unbestimmt sei und diese laufende Überwachung auf der Vorabkontrolle aufbaue.[17] Bei Verträgen über die Auftragsdatenverarbeitung, die vor dem Inkrafttreten der Norm am 1.9.2009 abgeschlossen wurden, kommt ein Verstoß in Betracht, wenn bei einer Vertragsanpassung die er-

---

13 Siehe § 10 BDSG Rn. 19.
14 Gesetzesbegründung BT-Drs. 16/12011, S. 35.
15 Gesetzesbegründung BT-Drs. 16/12011, S. 36; *Holländer*, RDV 2009, S. 216.
16 Siehe § 11 BDSG Rn. 31 ff.
17 BT-Drs. 16/13657, S. 39; Kritik hierzu bei *Holländer*, RDV 2009, S. 217.

forderlichen Regelungen nach dem Inkrafttreten des Bußgeldtatbestandes nicht aufgenommen werden.[18]

3. § 43 Abs. 1 Nr. 3 BDSG – Unterrichtungspflicht bei der Ansprache zu Werbungs-, Markt- oder Meinungsforschungszwecken

§ 28 Abs. 4 Satz 2 BDSG enthält zwei Regelungsgebote[19] für die Ansprache des Betroffenen für Zwecke der Werbung oder der Markt- oder Meinungsforschung, die bußgeldbewehrt sind: **16**

(1) Die Ansprache erfolgt unter Nutzung von Daten, die bei der verantwortlichen Stelle vorhanden sind.   **17**

Hier ist der Betroffene über die Identität der verantwortlichen Stelle zu unterrichten und auf sein Widerspruchsrecht hinzuweisen.   **18**

(2) Die Ansprache erfolgt unter Nutzung von Daten, die bei einer anderen, dem Betroffenen nicht bekannten Stelle gespeichert sind.   **19**

Hier ist der Betroffene über sein Widerspruchsrecht, die verantwortliche Stelle und die Möglichkeiten, die Herkunft seiner Daten festzustellen, zu unterrichten.   **20**

Die Ordnungswidrigkeit ist gegeben, wenn die Unterrichtung unterlassen wird oder wenn sie unrichtig, insbesondere unvollständig ist, weil z. B. die Anschrift der verantwortlichen Stelle nicht ersichtlich ist. Die Unterrichtung kann schriftlich, z. B. bei einer Werbung per Brief, oder mündlich, z. B. bei einer telefonischen Marktforschungsbefragung, erfolgen. Hierbei ist die mündliche Unterrichtung dann rechtzeitig, wenn ihr Zweck, der Nutzung der Daten für die Werbung, Markt- oder Meinungsforschung widersprechen zu können, noch erreicht wird. Daher ist die Unterrichtung nicht mehr rechtzeitig, wenn die Daten bereits erhoben und verarbeitet sind, sodass nach Widerspruch dies nicht rückgängig gemacht werden kann.[20]   **21**

3a. § 43 Abs. 1 Nr. 3a BDSG – Unzulässiges Formerfordernis für den Widerspruch

Wer entgegen der Bestimmung des § 28 Abs. 4 Satz 4 BDSG für den Widerspruch des Betroffenen gegen die Verarbeitung oder Nutzung seiner Daten zu Zwecken der Werbung oder der Markt- und Meinungsforschung[21] eine strengere Form vorsieht bzw. verlangt, als sie für die Begründung des rechtsgeschäftlichen oder rechtsgeschäftsähnlichen Schuldverhältnisses gilt, kann mit Bußgeld belegt werden. Betrof-   **22**

---

18 Weitergehend *Gola/Schomerus*, BDSG, § 43 Rn. 6b und § 11 Rn. 17 und 28, der eine sukzessive Überprüfung und Anpassung empfiehlt.
19 Dazu § 28 BDSG Rn. 206 ff.
20 *Gola/Schomerus*, BDSG, § 43 Rn. 7; *Bär*, in: Roßnagel, Hdb. DSR, Kap. 5.7, Rn. 34; *Bergmann/Möhrle/Herb*, BDSG, § 43 Rn. 39 ff.
21 Siehe § 28 BDSG Rn. 212.

fen sind die Fälle der Datenerhebung und -speicherung für eigene Geschäftszwecke nach § 28 Abs. 1 Nr. 1 BDSG, also für die Begründung, Durchführung oder Beendigung eines rechtsgeschäftlichen oder rechtsgeschäftsähnlichen Schuldverhältnisses. Ist hierbei Schriftform vorgesehen, kann dies auch für den Widerruf gefordert werden. Kann dagegen der Vertrag auch mit geringeren Formanforderungen, z. B. durch elektronische Erklärung im Internet, abgeschlossen werden, darf für den Widerruf kein strengeres Formerfordernis gefordert werden.[22] Es ist daher hinsichtlich des Formerfordernisses auf das Schuldverhältnis abzustellen, in dessen Zusammenhang die Daten erhoben oder gespeichert werden. Diese gesetzlichen oder gewillkürten Formerfordernisse dürfen auch für den Widerspruch gefordert werden, aber keine strengeren. Daher ist bei einem Vertragsangebot im Internet auch die Möglichkeit, das Widerspruchsrecht über das Internet auszuüben, vorzusehen.[23]

4. § 43 Abs. 1 Nr. 4 BDSG – Zweckbindung der Daten

23 Ordnungswidrig handelt, wer zweckgebundene Daten entgegen § 28 Abs. 5 Satz 2 BDSG unter Verletzung der Zweckbindung übermittelt oder nutzt. Normadressat ist also der Dritte, der die Daten mit einem Hinweis auf die Zwecke, für die er die Daten verarbeiten oder nutzen darf (§ 28 Abs. 5 Satz 3 BDSG), von der speichernden Stelle erhalten hat.[24] War dagegen schon die Übermittlung an den Dritten unzulässig, ist § 43 Abs. 1 Nr. 4 BDSG mangels wirksamer Zweckbindung nicht einschlägig.[25]

4a. § 43 Abs. 1 Nr. 4a BDSG – Verletzung der Benachrichtigungspflicht

24 Der Bußgeldtatbestand knüpft an die Verletzung der Pflicht nach § 28a Abs. 3 Satz 1 BDSG an, die zum 1.4.2010 in Kraft trat. Danach hat die verantwortliche Stelle, die die Daten an eine Auskunftei übermittelt hat, die Auskunftei von der Veränderung eines gemeldeten Umstandes innerhalb von einem Monat seit Kenntniserlangung zu benachrichtigen. Wurden z. B. an eine Auskunftei die Information über das Bestehen von Zahlungsrückständen gemeldet, so ist die verantwortliche Stelle verpflichtet, die Auskunftei zu benachrichtigen, wenn durch Zahlung die fällige Forderung beglichen wurde.[26] Geschieht dies nicht, nicht richtig oder unvollständig oder nicht innerhalb der Monatsfrist, so kann der Bußgeldtatbestand eingreifen. In der Praxis entspricht die Benachrichtigungspflicht den vertraglichen Regelungen und Bedingungen der Auskunfteien.

---

22 Gesetzesbegründung BT-Drs. 16/12011, S. 33 f.
23 *Holländer*, RDV 2009, S. 215 (218).
24 Siehe § 28 BDSG Rn. 222 f.
25 *Ehmann*, in: Simitis, BDSG, § 43 Rn. 36.
26 Siehe § 28a BDSG Rn. 39.

5. § 43 Abs. 1 Nr. 5 BDSG – Aufzeichnungspflichten

§ 29 Abs. 2 Satz 3 BDSG verlangt, dass bei der geschäftsmäßigen Datenverarbei-   25
tung zum Zwecke der Übermittlung die Gründe für das Vorliegen der berechtigten
Interessen des Dritten als Empfänger und die Art und Weise ihrer glaubhaften Darlegung von der übermittelnden Stelle aufzuzeichnen sind.[27] Beim Abrufverfahren
ist der Empfänger aufzeichnungspflichtig. Mit der Bußgeldandrohung soll sichergestellt werden, dass die Aufzeichnungen erstellt werden, sodass die Aufsichtsbehörde die Rechtmäßigkeit der Übermittlungen anhand der Aufzeichnungen prüfen
kann. Als tatbestandlich ist nur das Unterlassen der Aufzeichnung erfasst; die mangelnde Rechtzeitigkeit, Fehlerfreiheit oder Vollständigkeit der Aufzeichnung ist
nicht in dem Ordnungswidrigkeitentatbestand erwähnt.[28]

6. § 43 Abs. 1 Nr. 6 BDSG – Kommunikationsverzeichnis

Durch die Vorschrift kann ein Verstoß gegen die Pflicht nach § 29 Abs. 3 Satz 1   26
BDSG mit Bußgeld geahndet werden. Verboten ist es, gegen den ersichtlichen entgegenstehenden Willen des Betroffenen seine personenbezogenen Daten aus im
Umlauf befindlichen elektronischen oder gedruckten Verzeichnissen oder Registern in Adress-, Telefon-, Branchen- oder vergleichbaren Verzeichnissen zu übernehmen. Damit wird das Recht des Betroffenen nach § 104 TKG geschützt, zu bestimmen, welche Angaben über den Teilnehmer veröffentlicht werden. Täter ist
derjenige, der das Verzeichnis unter Verstoß gegen § 29 Abs. 3 Satz 1 BDSG erstellt, z. B. der Adressbuchverlag, nicht aber der Auftragsdatenverarbeiter.[29]

7. § 43 Abs. 1 Nr. 7 BDSG – Übernahme von Kennzeichen

Die Norm ergänzt die vorangehende Bestimmung der Nr. 6 in der Weise, dass die   27
Kennzeichnung des Betroffenen über den Umfang der über ihn veröffentlichten Daten (z. B. keine Angabe von Berufsbezeichnung und Anschrift) bei Übernahme in
ein anderes Register oder Verzeichnis übernommen wird,[30] damit die getroffene
Entscheidung über die Begrenzung der persönlichen Angaben des Betroffenen erhalten bleibt.[31] Sanktioniert wird damit der Verstoß gegen § 29 Abs. 3 Satz 2
BDSG.

---

27 Siehe § 29 BDSG Rn. 58.
28 *Bergmann/Möhrle/Herb*, BDSG, § 43 Rn. 51 und 53 f.; *Bär*, in: Roßnagel, Hdb. DSR,
    Kap. 5.7, Rn. 36.
29 *Ehmann*, in: Simitis, BDSG, § 43 Rn. 38.
30 Siehe § 29 BDSG Rn. 64.
31 *Gola/Schomerus*, BDSG, § 29 Rn. 33 ff.

7a. § 43 Abs. 2 Nr. 7a BDSG – Mangelnde Erfüllung von Auskunftsverlangen ausländischer Verbraucherkreditgeber

28 Der seit 11.6.2010 geltende Bußgeldtatbestand bedroht einen Verstoß gegen den ebenfalls an dem genannten Datum in Kraft getretenen § 29 Abs. 6 BDSG. Nach dieser Vorschrift müssen Auskunfteien an Darlehensgeber in anderen Mitgliedstaaten der Europäischen Union oder Vertragsstaaten des Abkommens über den Europäischen Wirtschaftsraum Auskünfte über die Bewertung der Kreditwürdigkeit von Verbrauchern in gleicher Weise behandeln wie Auskunftsverlangen inländischer Darlehensgeber.[32] Damit soll einer Diskriminierung ausländischer Anbieter von Verbraucherkrediten im europäischen Wirtschaftsraum entgegengewirkt werden und die Entwicklung des grenzüberschreitenden Verbraucherkreditmarktes gefördert werden.[33]

7b. § 43 Abs. 1 Nr. 7b BDSG – Mangelnde Unterrichtung des Verbrauchers bei Kreditablehnung wegen erhaltener Auskunft

29 Seit 11.6.2010 gilt nach § 29 Abs. 7 Satz 1 BDSG die Pflicht, bei Ablehnung eines Antrages auf Gewährung eines Verbraucherdarlehens aufgrund der eingezogenen Auskunft den betroffenen Verbraucher unverzüglich über die erhaltene Auskunft zu unterrichten.[34] Wird diese Unterrichtung nicht, nicht richtig oder nicht vollständig oder nicht rechtzeitig vorgenommen, kann nach § 43 Abs. 1 Nr. 7b BDSG ein Bußgeld verhängt werden.[35]

30 Die Unterrichtungspflicht besteht nach § 29 Abs. 7 BDSG nicht, wenn durch sie die öffentliche Sicherheit oder Ordnung gefährdet würde. Als Beispiele können Hinweise auf Terrorismusfinanzierung, Geldwäsche oder Straftaten dienen.[36]

8. § 43 Abs. 1 Nr. 8 BDSG – Benachrichtigung des Betroffenen

31 Die Bestimmung bedroht die Verletzung der Pflicht der verantwortlichen Stelle nach § 33 Abs. 1 BDSG, den Betroffenen von der erstmaligen Speicherung seiner Daten zu benachrichtigen, mit Bußgeld. Tatbestandlich ist nicht nur das Unterlassen der Benachrichtigung, sondern auch die nicht richtig oder nicht vollständige Unterrichtung.[37] Voraussetzung ist, dass die Daten ohne Kenntnis des Betroffenen gespeichert werden, sodass überhaupt eine Benachrichtigungspflicht besteht, und keine der Ausnahmen nach § 33 Abs. 2 BDSG vorliegt, sodass die Benachrichtigungspflicht wieder entfällt.[38] Wegen der zahlreichen Ausnahmen von der Benach-

---

32 Siehe § 29 BDSG Rn. 69.
33 Zweifelnd *Holländer*, RDV 2009, S. 215 (218).
34 Siehe § 29 BDSG Rn. 71.
35 *Holländer*, RDV 2009, S. 215 (218).
36 Gesetzesbegründung BT-Drs. 16/11643, S. 233.
37 Siehe § 33 BDSG Rn. 14 ff.

Mackenthun

richtigungspflicht ist der praktische Anwendungsbereich gering.[39] Wird der Umfang des Ausnahmetatbestandes des § 33 Abs. 2 BDSG verkannt, kann es im Einzelfall an einem schuldhaften Verhalten fehlen, sodass die Verhängung eines Bußgeldes ausscheidet.[40]

8a. § 43 Abs. 1 Nr. 8a BDSG – Mangelnde Auskunft an den Betroffenen

Die nicht ordnungsgemäße Erfüllung des Auskunftsanspruches des Betroffenen   **32** wird seit 1.4.2010 durch drei neue Bußgeldbestimmungen sanktioniert (§ 43 Abs. 1 Nr. 8a bis c BDSG). Mit Bußgeld bedroht wird, wer eine Auskunft nicht, nicht richtig, nicht vollständig oder nicht rechtzeitig erteilt.

§ 43 Abs. 1 Nr. 8a BDSG erfasst eine Reihe von Verstößen gegen einzelne Pflichten,   **33** die sich aus § 34 BDSG hinsichtlich der Erfüllung des Auskunftsanspruches ergeben.

§ 34 Abs. 1 Satz 1 BDSG verpflichtet die verantwortliche Stelle, dem Betroffenen   **34** auf Verlangen Auskunft über die zu seiner Person gespeicherten Daten einschließlich der Angaben über deren Herkunft, den Empfänger oder die Kategorien von Empfängern und den Zweck der Speicherung zu erteilen.[41]

§ 34 Abs. 1 Satz 3 BDSG erstreckt den Auskunftsanspruch gegenüber Auskunfteien   **35** auch dann auf die Angaben zur Herkunft der Daten, wenn diese Herkunftsangaben nicht gespeichert sind.[42]

§ 34 Abs. 1a BDSG, der bereits ab 1.9.2009 gilt, bezieht sich auf listenmäßige oder   **36** sonst zusammengefasste Daten nach § 28 Abs. 3 Satz 2 BDSG, die für Zwecke der Werbung übermittelt werden.[43] Hierbei besteht die Pflicht der verantwortlichen Stelle, die Übermittlung an Dritte und die Angaben über die Stelle, die die Daten erstmals erhoben hat, zu speichern (§ 28 Abs. 3 Satz 4 BDSG). Die Dauer der Speicherung der Daten über Herkunft und Empfänger ist auf zwei Jahre begrenzt (§ 34 Abs. 1a BDSG). Das Nichtspeichern der Herkunfts- und Empfängerdaten ist nach § 43 Abs. 8a letzter Halbsatz BDSG bereits bußgeldbewehrt.

§ 34 Abs. 2 Satz 1 BDSG verpflichtet die für die Entscheidung beim Scoringverfah-   **37** ren nach § 28b BDSG verantwortliche Stelle zur Auskunft auf Verlangen des Betroffenen über die Wahrscheinlichkeitswerte der letzten sechs Monate, die zur Berechnung des Scorewertes genutzten Datenarten, das Zustandekommen und die Bedeutung des Scorewertes in allgemein verständlicher Form.[44]

---

38 *Gola/Schomerus*, BDSG, § 33 Rn. 27 ff.
39 *Bär*, in: Roßnagel, Hdb. DSR, Kap. 5.7, Rn. 39.
40 *Bergmann/Möhrle/Herb*, BDSG, § 43 Rn. 58.
41 Siehe § 34 BDSG Rn. 16 ff.
42 Siehe § 34 BDSG Rn. 23 ff.
43 Siehe § 34 BDSG Rn. 30.
44 Siehe § 34 BDSG Rn. 31 ff.

38   § 34 Abs. 2 Satz 1 i.V. m. Satz 2 BDSG erstreckt den Auskunftsanspruch auch auf den Fall, dass die für die Entscheidung verantwortliche Stelle den Scorewert ohne Personenbezug speichert, den Personenbezug aber bei der Berechnung herstellt oder bei einer anderen Stelle entsprechende gespeicherte Daten nutzt.[45]

39   § 34 Abs. 2 Satz 5 BDSG betrifft den Fall des externen Scorings z.B. durch eine Auskunftei. Hierbei hat die Auskunftei als die „andere", nicht für die Entscheidung gegenüber dem Betroffenen verantwortliche Stelle, die Auskünfte über den Wahrscheinlichkeitswert zu erteilen.[46] Erfüllt sie dies nicht ordnungsgemäß oder nicht rechtzeitig, kann sie mit Bußgeld belegt werden.

40   § 34 Abs. 3 Satz 1 BDSG gibt dem Betroffenen einen Auskunftsanspruch gegen die Auskunftei, „eine Stelle, die geschäftsmäßig personenbezogene Daten zum Zwecke der Übermittlung speichert", über die zu seiner Person gespeicherten Daten, auch wenn die Daten in einer nicht automatisierten Datei gespeichert sind.[47] Wird der Auskunftsanspruch nicht, nicht richtig, nicht vollständig oder nicht rechtzeitig erfüllt, kann ein Bußgeld verhängt werden.

41   § 34 Abs. 3 Satz 2 BDSG verpflichtet die Auskunftei, dem Betroffenen auch Auskunft über Daten zu erteilen, die noch keinen Personenbezug aufweisen, aber dieser bei einer Auskunftsanfrage hergestellt werden soll, und über Daten die nicht gespeichert sind, aber zum Zwecke der Auskunftserteilung genutzt werden sollen.

42   § 34 Abs. 4 Satz 1 BDSG regelt den Inhalt der von einer Auskunftei, die geschäftsmäßig Daten zum Zwecke der Übermittlung erhebt, speichert oder verändert, zu erteilenden Auskunft. Sie hat die in den letzten zwölf Monaten vor dem Zugang des Auskunftsverlangens übermittelten Wahrscheinlichkeitswerte für das künftige Verhalten des Betroffenen und die Namen und Anschriften der Dritten, an die diese Scorewerte übermittelt wurden, zu umfassen. Darüber hinaus sind der im Zeitpunkt des Auskunftsverlangens sich ergebende aktuelle Scorewert und die zur Berechnung der Scorewerte (aktuelle und historische Wahrscheinlichkeitswerte) genutzten Datenarten anzugeben und das Zustandekommen und die Bedeutung der Scorewerte einzelfallbezogen, nachvollziehbar und in allgemein verständlicher Form zu erläutern.[48]

43   § 34 Abs. 4 Satz 2 BDSG erweitert den Auskunftsanspruch auf Fälle, in denen die verantwortliche Stelle die zur Berechnung des Scorewertes benutzten Daten ohne Personenbezug speichert, den Personenbezug aber im Einzelfall zur Berechnung des Wahrscheinlichkeitswertes herstellt oder bei einer anderen Stelle gespeicherte Daten nutzt.[49] Inhalt und Umfang der zu erteilenden Auskunft ergibt sich aus § 34 Abs. 4 Satz 1 BDSG.

---

45 Siehe § 34 BDSG Rn. 35.
46 Siehe § 34 BDSG Rn. 36.
47 Siehe § 34 BDSG Rn. 31 ff.
48 Siehe § 34 BDSG Rn. 23 ff.
49 Siehe § 34 BDSG Rn. 35.

8b. § 43 Abs. 1 Nr. 8b BDSG – Mangelnde Auskunft an die verantwortliche Stelle

Der Bußgeldtatbestand erfasst die nicht erteilte oder nicht richtige, nicht vollständi-   **44**
ge oder nicht rechtzeitige Auskunftserteilung des externen Scoring-Unternehmens
an die verantwortliche Stelle nach § 34 Abs. 2 Satz 3 BDSG. Damit die für die Entscheidung verantwortliche Stelle die gesetzlich vorgesehenen Auskünfte vollständig an die Betroffenen erteilen kann, ist das Unternehmen, das als Dritter den Scorewert oder Bestandteile des Wahrscheinlichkeitswertes berechnet und übermittelt
hat, verpflichtet, auf Verlangen die Angaben nach § 34 Abs. 2 Satz 1 und 2 BDSG
an die verantwortliche Stelle zu übermitteln.[50] Vernachlässigt sie diese Auskunftspflicht, kann ein Bußgeld verhängt werden.

8c. § 43 Abs. 1 Nr. 8c BDSG – Mangelnde Verweisung des Betroffenen

Nach § 34 Abs. 2 Satz 4 BDSG hat die verantwortliche Stelle dem Betroffenen, der   **45**
eine Auskunft über das Scoring und die zu seiner Person gespeicherten Daten verlangt, an das Unternehmen zu verweisen, das den Wahrscheinlichkeitswert berechnet hat, wenn die verantwortliche Stelle insoweit die Auskunft nicht selbst erteilt.
Dem Betroffenen sind der Name und die Anschrift sowie die Angaben zur Bezeichnung des Einzelfalles zu übermitteln, sodass er seinen Auskunftsanspruch gegenüber der anderen Stelle geltend machen kann.[51]

9. § 43 Abs. 1 Nr. 9 BDSG – Datenübermittlung ohne Gegendarstellung

Sanktioniert wird die Pflicht nach § 35 Abs. 6 Satz 2 BDSG, die Daten nicht ohne   **46**
die Gegendarstellung zu übermitteln, die der Betroffene von dem geschäftsmäßigen
Datenverarbeiter verlangt hat.[52] Hierbei sind personenbezogene Daten betroffen,
die aus allgemein zugänglichen Quellen entnommen wurden und zu Dokumentationszwecken gespeichert sind. Diese müssen, wenn es sich nicht um sensible Daten
nach § 35 Abs. 2 Nr. 2 BDSG handelt, bei Unrichtigkeit oder bei Bestreiten der
Richtigkeit nicht gelöscht, gesperrt oder berichtigt werden, sondern es genügt, auf
Verlangen des Betroffenen eine Gegendarstellung anzubringen. Diese ist bei einer
Übermittlung der Daten mitzuliefern. Wenn es zu einer Kette von Übermittlungen
kommt, ist jeder übermittelnde geschäftliche Datenverarbeiter zur Weitergabe der
Gegendarstellung verpflichtet und damit selbst Normadressat.[53]

---

50 Siehe § 34 BDSG Rn. 31.
51 Siehe § 34 BDSG Rn. 36.
52 Siehe § 34 BDSG Rn. 13.
53 *Dammann*, in: Simitis, BDSG, § 43 Rn. 41.

10. § 43 Abs. 1 Nr. 10 BDSG – Auskünfte an die Aufsichtsbehörde

47 Der Bußgeldtatbestand knüpft an die Pflicht der nicht-öffentlichen Stellen und der mit ihrer Leitung beauftragten Personen an, der Aufsichtsbehörde nach § 38 Abs. 3 Satz 1 BDSG auf Verlangen die erforderlichen Auskünfte unverzüglich zu erteilen und während der Betriebs- und Geschäftszeiten das Betreten des Betriebes und die Prüfung und Besichtigung nach § 38 Abs. 4 Satz 1 BDSG zu dulden.[54] Der Umfang der Auskunftspflicht kann nach § 38 Abs. 3 Satz 2 BDSG beschränkt sein, wenn der Auskunftspflichtige sich selbst oder einen Angehörigen strafrechtlich belasten würde.[55]

48 Der Auskunftspflicht unterfallen auch Angaben zu der Datenorganisation und den Namen von Informanten.[56]

11. § 43 Abs. 1 Nr. 11 BDSG – Anordnungen der Aufsichtsbehörde

49 Nach § 38 Abs. 5 Satz 1 BDSG stehen der Aufsichtsbehörde Anordnungs- und Untersagungsbefugnisse zur Abstellung technischer und organisatorischer Mängel hinsichtlich der Anforderungen nach § 9 BDSG nebst seiner Anlage im sachlichen Anwendungsbereich der Kontrollbefugnisse gemäß § 38 Abs. 1 BDSG zu.[57] § 43 Abs. 1 Nr. 11 BDSG stellt Zuwiderhandlungen gegen die vollziehbaren Anordnungen, also bestandskräftige Verwaltungsakte (Ablauf der Widerspruchfrist oder Anordnung der sofortigen Vollziehung) unter Bußgeldandrohung. Die Zuwiderhandlung kann auch im Unterlassen der angeordneten Maßnahme bestehen.

III. § 43 Abs. 2 BDSG – Unrechtmäßige Datenverarbeitung

50 Abs. 2 regelt die Verstöße gegen materielle Schutzvorschriften, die den Umgang mit Daten, insbesondere die Datenverarbeitung und das Sich-Verschaffen und Erschleichen von Daten betreffen. Tathandlung ist daher die unbefugte Datenverarbeitung oder der Verstoß gegen bestimmte materielle Verbote beim Umgang mit Daten. Letztlich wird damit das grundsätzliche Verbot der Datenverarbeitung nach § 4 Abs. 1 BDSG abgesichert, das besteht, soweit kein Erlaubnistatbestand eingreift. Die Tatbestände des § 43 Abs. 2 BDSG sind gleichzeitig Grundlage der Strafnorm des § 44 BDSG. Geschützt sind personenbeziehbare Daten, es sei denn sie sind allgemein zugänglich im Sinne von § 10 Abs. 5 Satz 2 BDSG.[58]

---

54 Zum Umfang der Duldungspflicht AG Kiel RDV 1988, 93; AG Trier RDV 1998, 154; OLG Celle NJW 1995, 3265; siehe auch § 38 BDSG Rn. 35 ff.

55 KG NStZ 2012, 219 zur Duldungspflicht bei Datenschutzkontrollen der Aufsichtsbehörden; OLG Celle NJW 1995, 3265; KG NJW 2011, 324 – keine Auskunftspflicht des Rechtsanwaltes soweit mandantenbezogene Informationen betroffen sind.

56 OLG Celle NJW 1995, 3265.

57 OVG Hamburg RDV 2006, 73 zur Datenerhebung ohne Einsatz von Datenverarbeitungsanlagen; siehe auch § 38 BDSG Rn. 36 ff.

58 BayOLGSt 1999, 15 zu „offenkundigen Daten".

1. § 43 Abs. 2 Nr. 1 BDSG – Unbefugte Erhebung oder Verarbeitung

Der Wortlaut erfasst nur die unbefugte Verarbeitung von Daten, d.h. nach der De- **51**
finition des § 3 Abs. 4 BDSG das Speichern, Verändern, Übermitteln, Sperren und
Löschen von Daten. Nicht erfasst ist die Nutzung der Daten nach § 3 Abs. 5
BDSG.

Erhebung von Daten bedeutet nach § 3 Abs. 3 BDSG das Beschaffen von Daten **52**
über den Betroffenen.[59] Unbefugt ist die Datenerhebung dann, wenn im nicht-öffentlichen Bereich gegen die §§ 28 bis 30 BDSG, im öffentlichen Bereich gegen
§ 13 BDSG verstoßen wurde. Ebenso kann die unberechtigte Forderung nach einem
erweiterten Führungszeugnis unter schuldhafter Verletzung von § 32 BDSG den
Bußgeldtatbestand erfüllen.[60] Das „Phishing" von Daten zu Bankkonten bildet eine
unerlaubte Datenerhebung und kann auch als Fälschung beweiserheblicher Daten strafbar sein.[61] Die Daten des Fahrzeugregisters nach § 39 StVG zum Fahrzeughalter
werden nicht als öffentlich zugänglich betrachtet, weil sie nur bei berechtigtem Interesse herausgegeben werden.[62] Das Ausspähen von Personen durch Anbringung
eines GPS-Senders am Fahrzeug stellt unzulässige Datenerhebung dar.[63] Eine gegen
§ 6b BDSG verstoßende heimliche Videoüberwachung kann geahndet werden und
eine Straftat nach § 201a StGB bilden.[64] Die Speicherung ist in § 3 Abs. 4 Satz 2
BDSG definiert. Das Speichern ist unzulässig, wenn gegen §§ 28, 29 BDSG im
nicht-öffentlichen Bereich oder gegen § 14 BDSG im öffentlichen Bereich verstoßen wird. Die Zulässigkeit der Veränderung von Daten (§ 3 Abs. 4 Satz 2 Nr. 2
BDSG) richtet sich ebenfalls nach §§ 14 bzw. 28, 29 BDSG. Die Übermittlung (§ 3
Abs. 4 Satz 2 Nr. 3 BDSG) ist zulässig, wenn sie nach den Bestimmungen der
§§ 15–17 BDSG im öffentlichen Bereich bzw. § 28 BDSG im privaten Sektor erlaubt ist.[65] Die Tathandlungen des unbefugten Löschens (§ 3 Abs. 4 Nr. 5 BDSG)
und des Sperrens (§ 3 Abs. 4 Satz 2 Nr. 4 BDSG) deckt sich mit der Tathandlung
der unbefugten Datenveränderung nach § 303a StGB.[66]

---

59 LG Aachen, Urteil vom 18.2.2011 – 71 Ns 504 JF 506/09-129/10 – Montieren eines GPS-
   Trackers unter dem Pkw eines Dritten; LG Lüneburg NZV 2011, 360 – Erstellen von Bewegungsprofilen über heimlich installierten GPS-Sender.
60 *Löwisch/Mysliwiec*, NJW 2012, S. 2389 (2392).
61 *Heghmanns*, wistra 2007, S. 167.
62 BGH NStZ 2003, 148; zur instanzgerichtlichen Entscheidung: *Weichert*, NStZ 1999,
   S. 490 ff.
63 *Wybitul*, ZD-Aktuell 2013, 03606.
64 *Brink*, ZWE 2013, S. 73 (79).
65 *Reimer*. DuD 2011, 825 (827), zur unzulässigen Übermittlung von Daten durch Zahlungs-
   verkehrsdienstleister an ein Schwesterunternehmen für ein Kunden- und Bonusprogramm;
   siehe § 4 BDSG Rn. 15 ff.
66 *Bär*, in: Roßnagel, Hdb. DSR, Kap. 5.7, Rn. 49 ff.

2. § 43 Abs. 2 Nr. 2 BDSG – Bereithalten zum Abruf

53 Die Vorschrift sanktioniert das unbefugte Bereithalten von Daten, die nicht allgemein zugänglich sind, zum Abruf mittels automatisierter Verfahren. Wie § 3 Abs. 4 Nr. 3b BDSG zeigt, ist der tatsächliche Abruf der Daten oder die Kenntnisnahme von den Daten nicht erforderlich, weil damit bereits der Tatbestand der Übermittlung und nicht das bloße Bereithalten gegeben wäre.[67] Tatbestandlich ist bereits das Vorhandensein der automatischen Datenabrufeinrichtung (§ 10 BDSG) und der unbefugten Schaffung der Möglichkeit zum Abruf der Daten durch Dritte. Die Tat ist mit dem unbefugten Bereithalten der Daten zum Abruf beendet, sodass ein abstraktes Gefährdungsdelikt vorliegt.

3. § 43 Abs. 2 Nr. 3 BDSG – Unbefugter Abruf

54 Der Tatbestand enthält zwei Fälle, (1) den unbefugten Abruf und (2) das unbefugte Beschaffen von Daten, die nicht allgemein zugänglich sind, aus automatisierten Verarbeitungen oder nicht automatisierten Dateien.

55 Der Abruf bezieht sich definitionsgemäß immer auf automatisierte Dateien; das Vorliegen einer Abrufeinrichtung ist aber nicht erforderlich. Es reicht vielmehr jeder, auch nicht organisatorisch vorgesehene Datenabruf, auch wenn die Daten nicht hierfür bereitgehalten werden, z. B. Online-Übergriffe, ohne Täuschungselement, von einem Hacker, Datenabruf aus behördlicher Datenbank für außerdienstliche Zwecke,[68] nicht aber die unberechtigte Nutzung des unverschlüsselten WLAN Routers.[69] Die Entwendung des physischen Datenträgers ist hingegen nicht als Abruf erfasst.[70] Der Abruf ist unbefugt, wenn der Täter nicht abrufberechtigt ist oder seine Abrufberechtigung überschreitet.

56 Das unbefugte Verschaffen von Daten (Fall 2) ist gegeben, wenn der Täter die Daten sich oder einem Dritten in der Weise verfügbar macht, dass er oder der Dritte sie ohne Einfluss der verarbeitenden Stelle zur Kenntnis nehmen, sie nutzen oder in sonstiger Weise über sie verfügen kann.[71]

---

67 Siehe § 3 BDSG Rn. 34 ff.
68 OLG Bamberg DuD 2010, 661 – Abruf von Daten aus polizeilicher Datenbank; BGH RDV 2003, 139 zu Halterermittlung aus Polizeidatenbank zu Erpressungszwecken; ArbG Bielefeld ZD 2011, 86 – Abruf von Gehaltsdaten zahlreicher Mitarbeiter durch Betriebsratsmitglied als Organisationsprogrammierer.
69 LG Wuppertal MMR, 2011, 65; *Höflinger*, ZUM 2011, S. 212 ff.; anders noch AG Wuppertal NStZ 2008, 161 für Strafbarkeit des „Schwarz-Surfens"; siehe auch § 10 BDSG Rn. 7 f.
70 *Bär*, in: Roßnagel, Hdb. DSR, Kap. 5.7, Rn. 58.
71 *Binder*, RDV 1995, S. 57.

4. § 43 Abs. 2 Nr. 4 BDSG – Erschleichen von Daten

Die Norm erfasst die Fälle, bei denen durch Täuschung die Übermittlung nicht all- **57** gemein zugänglicher personenbezogener Daten veranlasst wird. Die Täuschung kann durch falsche Angaben über die Zugriffsberechtigung, die Aufgabenerfüllung des Dritten (§ 15 BDSG), das berechtigte Interesse (§ 16 bzw. § 29 BDSG) oder sonstige Voraussetzungen für die Zulässigkeit der Datenübermittlung bewirkt werden.[72] Der Hackerangriff, auf den die Vorschrift nach der Gesetzesbegründung abzielt, wird nur dann erfasst, wenn eine Täuschung, z.B. über eine unberechtigte Benutzung von Zugangsmedien wie z.B. Passwörter, vorliegt und somit eine Täuschung über die Berechtigung erfolgt. Wenn der Hacker z.B. eine Datenleitung anzapft, liegt keine Täuschung vor.[73] Hier kommt aber ein Verstoß gegen § 43 Abs. 2 Nr. 3 BDSG in Betracht.

5. § 43 Abs. 2 Nr. 5 BDSG – Zweckwidrige Weitergabe

Die Vorschrift schützt die Zweckbindung der Daten in den folgenden drei Fallge- **58** staltungen:

Bei der Zweckbindung der Daten im öffentlichen Bereich (§ 16 Abs. 4 Satz 1 **59** BDSG) und im nicht-öffentlichen Bereich (§§ 28 Abs. 5 Satz 1 und 29 Abs. 4 BDSG) muss die übermittelnde Stelle den Empfänger auf die Zwecke, für die er die Daten verarbeiten oder nutzen darf, hinweisen oder ihm dies in sonstiger Weise erkennbar machen.[74] Diese Zweckbindung muss verletzt werden und zwar nicht durch die Verwendung der Daten durch den Empfänger selbst, sondern indem er die Daten an einen Dritten weitergibt. Ist die Zweckänderung dagegen durch besondere Bestimmungen, z.B. nach § 28 Abs. 3 BDSG, gerechtfertigt, ist die Ordnungswidrigkeit nicht gegeben.

Daten, die durch ein Berufs- oder besonderes Amtsgeheimnis geschützt sind (§ 39 **60** BDSG), unterliegen einem Schutz der Zweckbindung bei demjenigen, der diese Daten rechtmäßig erhalten hat. Die Daten unterfallen nämlich bei diesem Empfänger nicht mehr dem Schutz des Berufsgeheimnisses, weil der Empfänger selbst nicht der Berufsgruppe angehört oder Amtsträger ist. Die Fortsetzung des Schutzes durch die datenschutzrechtliche Bestimmung des § 39 BDSG wird durch § 43 Abs. 2 Nr. 5 BDSG in der Weise verstärkt, dass die Verletzung der Zweckbindung durch Weitergabe der Daten an Dritte als Ordnungswidrigkeit geahndet werden kann.

---

72 LG Münster, Urteil vom 14.9.2011 – 016 O 150/10, BeckRS 2012, 00825 zum Erschleichen von Provisionsdaten durch Vorspiegelung einer falschen Identität.
73 *Bergmann/Möhrle/Herb*, BDSG, § 43 Rn. 99.
74 Siehe § 16 BDSG Rn. 43 ff., § 28 BDSG Rn. 222, § 29 BDSG Rn. 50.

61   Die nach § 40 BDSG für Zwecke der wissenschaftlichen Forschung erhobenen oder gespeicherten personenbezogenen Daten dürfen von dem Empfänger nicht zweckwidrig genutzt werden, indem er die Daten an Dritte weitergibt.

5a. § 43 Abs. 2 Nr. 5a BDSG – Verstoß gegen das Koppelungsverbot

62   § 28 Abs. 3b BDSG verbietet der verantwortlichen Stelle, den Abschluss eines Vertrages von der Einwilligung des Betroffenen in die Nutzung seiner Daten für die Zwecke des Adresshandels oder der Werbung abhängig zu machen, wenn der Betroffene keinen Zugang zu gleichwertigen vertraglichen Leistungen ohne die Einwilligung hat oder ihm die Erlangung dieser Leistungen nicht in zumutbarer Weise möglich ist. Das Koppelungsverbot[75] knüpft damit an die marktbeherrschende Stellung der verantwortlichen Stelle hinsichtlich der Leistungen an, die mit der Einwilligung verkoppelt ist. Vorbild der Regelung sind die bereichsspezifischen Koppelungsverbote in § 12 Abs. 3 TMG a. F. und § 95 Abs. 5 TKG für Telemedien- und Telekommunikationsmedien.[76]

5b. § 43 Abs. 2 Nr. 5b BDSG – Werbung trotz Widerspruches

63   Wenn der Betroffene bei der verantwortlichen Stelle der Verarbeitung oder Nutzung seiner Daten für die Markt- oder Meinungsforschung oder für Werbezwecke[77] widersprochen hat, ist eine Verarbeitung oder Nutzung unzulässig (§ 28 Abs. 4 Satz 1 BDSG). Setzt sich die verantwortliche Stelle über dieses Nutzungs- und Verarbeitungsverbot hinweg, kann ein Bußgeld verhängt werden.[78]

6. § 43 Abs. 2 Nr. 6 BDSG – Unzulässige De-Anonymisierung

64   Die nach § 30 Abs. 1 BDSG geschäftsmäßig erhobenen Daten werden zu bestimmten Zwecken ausgewertet und als statistische Daten ohne Personenbezug an Dritte übermittelt. Dies gilt auch bei Daten der Markt- oder Meinungsforschung nach § 30a Abs. 2 BDSG. In gleicher Weise sind nach § 40 Abs. 2 BDSG die Daten, die für Zwecke der Forschung erhoben wurden, zu anonymisieren, indem die Merkmale, mit denen die Einzelangaben über persönliche oder sachliche Verhältnisse einer bestimmten oder bestimmbaren Person zugeordnet werden können, getrennt gespeichert werden. Die Zusammenführung der getrennten Dateien, d. h. die Wiederherstellung des Personenbezuges, darf nur unter den Voraussetzungen der §§ 30 Abs. 1

---

75 Siehe zum Koppelungsverbot § 28 BDSG Rn. 184 ff.
76 Gesetzesbegründung BT-Drs. 16/12011, S. 33; zur Marktbeherrschung bei Medienunternehmen OLG Brandenburg DuD 2006, 372. § 12 Abs. 3 TMG wurde 2009 aufgehoben; siehe § 28 BDSG Rn. 186 und § 12 TMG Rn. 3.
77 Siehe § 28 BDSG Rn. 211 ff.
78 Zu der zu erwartenden Praxis der Datenschutzaufsichtsbehörden bei der Verfolgung des Bußgeldtatbestandes *Holländer*, RDV 2009, S. 215 (219).

Satz 2, 30a Abs. 2 Satz 3 oder 40 Abs. 3 Satz 2 BDSG, also zur Erfüllung des Zweckes der Speicherung oder Forschungsvorhaben oder zu wissenschaftlichen Zwecken erfolgen.[79] Wer die getrennten Dateien außerhalb der drei Erlaubnistatbestände und Zwecke zusammenführt und somit unberechtigt die De-Anonymisierung bewirkt, hat den Bußgeldtatbestand verwirkt. Auf der subjektiven Tatbestandsseite ist erforderlich, dass der Täter die ursprünglichen Zwecke der Datenverarbeitung kennt.[80]

7. § 43 Abs. 2 Nr. 7 BDSG – Verletzung der Informationspflicht

Die Vorschrift stellt einen Verstoß gegen die Informationspflichten bei unrechtmä- **65**
ßiger Kenntniserlangung von bestimmten Datenarten durch Dritte gegenüber der Datenschutzaufsichtsbehörde und dem Betroffenen unter Bußgeldandrohung. Wird die Mitteilungspflicht nach § 42a Satz 1 BDSG nicht, nicht richtig, nicht vollständig oder nicht rechtzeitig erfüllt,[81] kann ein Bußgeldbescheid erlassen werden.

Die Bußgeldvorschrift richtet sich an nicht-öffentliche Stellen und öffentlich recht- **66**
liche Wettbewerbsunternehmen (§ 27 Abs. 1 Nr. 2 BDSG) als die für die Datenverarbeitung verantwortlichen Stellen. Der Auftragsdatenverarbeiter ist nicht Normadressat.[82] Der Verstoß gegen § 42a BDSG muss schuldhaft, d. h. vorsätzlich oder fahrlässig begangen worden sein (§ 10 OWiG). Daher ist zu prüfen, ob die verantwortliche Stelle bei einer ex ante Betrachtung unter sorgfältiger Abwägung gehandelt hat. Eine ex post Betrachtung ist unzulässig. Im Hinblick auf die in § 42a BDSG enthaltenen unbestimmten Rechtsbegriffe ist eine restriktive Auslegung geboten.[83]

§ 42a BDSG verlangt eine Information für den Fall, dass besondere Arten von Da- **67**
ten unberechtigt zur Kenntnis Dritter gelangen und schwerwiegende Beeinträchtigungen für die Rechte oder schutzwürdigen Interessen der Betroffenen drohen. Die relevanten „Risikodaten"[84] sind die sog. sensiblen Daten nach § 3 Abs. 9 BDSG, die Daten, die einem Berufsgeheimnis nach § 203 StGB unterliegen, Angaben, die sich auf strafbare Handlungen, Ordnungswidrigkeiten oder den Verdacht dieser Handlungen beziehen oder personenbezogene Daten zu Bank- und Kreditkartenkonten.

Keine Kenntniserlangung liegt vor, wenn lediglich der Datenträger, z. B. ein durch **68**
Passwort gesperrter Laptop, abhanden gekommen ist. Ebenso ist keine Möglichkeit der Kenntnisnahme gegeben, wenn die Daten, wie von der Anlage zu § 9 Satz 1 BDSG nunmehr ausdrücklich erwähnt, verschlüsselt sind oder durch andere Techniken gegen unberechtigte Kenntnisnahme geschützt sind.[85]

---

79 Siehe § 30 BDSG Rn. 18, § 40 BDSG Rn. 11 ff.
80 *Gola/Schomerus*, BDSG, § 43 Rn. 25.
81 Siehe § 42a BDSG Rn. 21 ff.
82 *Gabel*, BB 2009, S. 2045 (2046).
83 *Eckhardt/Schmitz*, DuD 2010, S. 390 (395).
84 *Gabel*, BB 2009, S. 2045 (2046).
85 *Holländer*, RDV 2009, S. 215 (220); *Gabel*, BB 2009, S. 2045 (2047).

69 Sind diese Daten unrechtmäßig übermittelt oder sonst zur unberechtigten Kenntnis Dritter gelangt, besteht die Benachrichtigungspflicht nach § 42a Satz 1 BDSG nur dann, wenn „schwerwiegende Beeinträchtigungen für die Rechte oder schutzwürdigen Interessen der Betroffenen" drohen.[86] Es bedarf dabei einer Analyse der möglichen Auswirkungen der unrechtmäßigen Kenntniserlangung und der rechtswidrigen Verwendung der Daten durch den Dritten. Die verantwortliche Stelle hat – unter Einbeziehung ihres Datenschutzbeauftragten – nach der Art der betroffenen Daten und den potenziellen Auswirkungen für die Betroffenen eine Prognose-Entscheidung zu treffen. Als Auswirkungen werden in der Gesetzesbegründung beispielhaft die materiellen Schäden bei Kreditkarteninformationen oder soziale Nachteile einschließlich des Identitätsbetruges genannt.[87] In diesen Fällen hat die verantwortliche Stelle sowohl die Datenschutzaufsichtsbehörde als auch die Betroffenen zu benachrichtigen. Die für den Betroffenen leicht abwendbare Gefährdung von Vermögensinteressen reicht nicht aus.[88] Eine Benachrichtigungspflicht besteht insoweit nicht, wenn durch die Benachrichtigung Geheimhaltungspflichten, z. B. Berufsgeheimnisse, verletzt würden.[89]

70 Die Benachrichtigung hat unverzüglich, also ohne schuldhaftes Zögern (§ 121 BGB) zu erfolgen.[90] Zur Ermittlung der Frage, ob die Information an die Betroffenen und die Aufsichtsbehörde unverzüglich erfolgt ist oder „nicht rechtzeitig" im Sinne von § 43 Abs. 2 Nr. 7 BDSG war, kann § 42a Satz 2 BDSG herangezogen werden. An die Benachrichtigungspflicht im Sinne des mit Bußgeldsanktion versehenen § 42a Satz 1 BDSG dürfen keine strengeren Anforderungen gestellt werden, als sie in Satz 2 der Vorschrift vorgesehen sind. Diese Bestimmung sieht eine Differenzierung vor: Die Aufsichtsbehörde soll bereits vor der Beseitigung der Sicherheitslücke, infolge derer die Daten unberechtigt zur Kenntnis Dritter gelangten, und auch im laufenden Strafverfahren unterrichtet werden, weil sie einer Verschwiegenheitspflicht unterliegt. Für die Benachrichtigungspflicht gegenüber den Betroffenen gilt dagegen, dass sie erst erfolgen muss, wenn angemessene Maßnahmen zur Sicherung der Daten ergriffen worden sind und die Strafverfolgung nicht mehr gefährdet wird.[91] Die verantwortliche Stelle soll zunächst Gelegenheit haben, etwaige technische Sicherheitslücken zu analysieren und soweit wie möglich zu schließen, bevor breitere Kreise von der Schwachstelle Kenntnis erhalten. Diese

---

86 Siehe dazu die Kommentierung zu § 42a BDSG Rn. 18 ff.

87 Gesetzesbegründung BT-Drs. 16/12011, S. 34.

88 *Holländer*, RDV 2009, S. 1215 (1220), mit Hinweis auf den Maßstab des § 14 Abs. 2 Nr. 8 BDSG für die „schwerwiegende Beeinträchtigung für Rechte oder schutzwürdige Interessen des Betroffenen". Als Beispiel wird die unberechtigte Abbuchung von Lastschriften genannt, die angesichts der Widerrufsmöglichkeiten gegenüber der Bank keine schwerwiegenden Beeinträchtigungen darstellen können.

89 *Gabel*, BB 2009, S. 2045 (2046).

90 *Hornung*, NJW 2010, S. 184 mit Hinweisen auf die Verschwiegenheitspflicht der Aufsichtsbehörde bei Meldungen.

91 Gesetzesbegründung BT-Drs. 16/12011, S. 34.

„Responsible Disclosure" soll auch die Interessen des Herstellers der Datenverarbeitungseinrichtung einbeziehen, der vor einem Bekanntwerden der Sicherheitsmängel die Probleme beheben und eine neue Version einer Software erstellen kann. Zudem ist zu berücksichtigen, dass die Ermittlungen der Strafverfolgungsbehörden durch die Offenlegung nicht gefährdet werden dürfen.[92] Soweit also § 42a Satz 2 BDSG Einschränkungen bei der Benachrichtigungspflicht erlaubt, ist dies auch bei der Frage eines Verstoßes gegen Bußgeldvorschrift des § 43 Abs. 2 Nr. 7 BDSG zu berücksichtigen.

Bei der Prüfung, ob die Benachrichtigung nicht richtig oder nicht vollständig im Sinne des § 43 Abs. 2 Nr. 7 BDSG erfolgte, kann § 42a Satz 3 BDSG zur Abgrenzung herangezogen werden, um zu klären, was zu der richtigen und vollständigen Information nach § 42a Satz 1 BDSG gehört und was darüber hinaus geht. Nach § 42a Satz 3 BDSG muss die Benachrichtigung der Aufsichtsbehörde zusätzlich eine Darlegung möglicher nachteiliger Folgen der unrechtmäßigen Kenntniserlangung und der von der verantwortlichen Stelle daraufhin ergriffenen Maßnahmen enthalten. Dies soll die Aufsichtsbehörde in die Lage versetzen, beurteilen zu können, ob die Gefährdung beseitigt ist. Da sich die Bußgeldbedrohung nur auf § 42a Satz 1 BDSG bezieht, kann das Fehlen der Informationsbestandteile nach Satz 3 nicht mit Bußgeld belegt werden. Die Information der Betroffenen muss nach § 42a Satz 3 BDSG eine für die Empfänger verständliche Darlegung der Art der Verletzung und Empfehlungen für Maßnahmen zur Minderung möglicher nachteiliger Folgen enthalten. Auch diese Elemente der Unterrichtung sind nicht vom Bußgeldtatbestand umfasst. **71**

Mit der Benachrichtigungspflicht soll der verantwortlichen Stelle nicht die Verpflichtung auferlegt werden, sich selbst strafrechtlich zu belasten.[93] Daher sieht § 42a Satz 6 BDSG ein Verwendung- und Verwertungsverbot vor. Dieses ist § 97 Abs. 1 Satz 2 InsO nachgebildet.[94] Danach dürfen die in der Benachrichtigung enthalten Informationen in einem Straf- oder Ordnungswidrigkeitenverfahren gegen den Benachrichtigungspflichtigen und seine Angehörigen (§ 52 Abs. 1 StPO) nur mit Zustimmung des Benachrichtigungspflichtigen verwendet werden. Ebenso wie in § 97 Abs. 1 Satz 3 InsO sieht die Vorschrift nicht nur ein „Verwertungs-", sondern ein „Verwendungsverbot" vor. Daher sind auch sog. Fernwirkungen ausgeschlossen. Der Inhalt der Benachrichtigung darf nicht für weitere Ermittlungen mit dem Ziel der Beschaffung weiterer Beweismittel herangezogen werden. Bereits vor der Benachrichtigung bekannte Tatsachen dürfen aber von den Ermittlungsbehörden verwendet werden.[95] Bei juristischen Personen kommt die Anwendung von § 42a Satz 6 BDSG nur in Beziehung auf natürliche Personen, so beispielsweise auf **72**

---

92 Gesetzesbegründung BT-Drs. 16/12011, S. 34; *Holländer*, RDV 2009, S. 215 (220).
93 Siehe § 42a BDSG Rn. 31.
94 Gesetzesbegründung BT-Drs. 16/12011, S. 35.
95 *Gabel*, BB 2009, S. 2045 (2049).

den Gesellschafter der Ein-Mann-GmbH[96] in Betracht. Das heißt, dass die Vorschrift auf Mitglieder der vertretungsberechtigten Organe (§ 9 Abs. 1 Nr. 1 OWiG) oder die mit der eigenverantwortlichen Wahrnehmung der entsprechenden Aufgaben betreuten Personen Anwendung findet.[97]

IV. Ahndung der Ordnungswidrigkeit

73 Das BDSG legt nicht fest, welche Behörde für die Verfolgung der Ordnungswidrigkeitentatbestände zuständig ist. Daher gilt die allgemeine Bestimmung des § 36 Abs. 1 Nr. 2b OWiG, wonach für den Bund das fachlich zuständige Bundesministerium und nach § 36 Abs. 1 Nr. 2a OWiG in den Ländern die fachlich zuständige oberste Landesbehörde zuständig ist. Sie können nach § 36 Abs. 2 OWiG die Zuständigkeit auf eine andere Behörde oder sonstige Stellen übertragen. So ist beispielsweise in Hessen das Innenministerium, in Bayern die Bezirksregierung, in Schleswig-Holstein das Unabhängige Zentrum für Datenschutz und in Sachsen der Regierungspräsident zuständig.[98]

74 Die Festsetzung des Bußgeldes soll nach § 43 Abs. 3 Satz 2 BDSG so erfolgen, dass die Höhe des Bußgeldes den wirtschaftlichen Vorteil, den der Täter aus der Ordnungswidrigkeit gezogen hat, übersteigt. Reichen die Höchstsätze von Euro 50.000,– und Euro 300.000,– hierzu nicht aus, so können sie überschritten werden. Diese Regelung entspricht § 17 Abs. 4 OWiG. Es soll der wirtschaftliche Vorteil abgeschöpft werden, den der Täter aus dem Pflichtenverstoß gezogen hat. Der wirtschaftliche Vorteil ist in der Regel der Gewinn. Aber auch sonstige Vorteile, z.B. die Ersparung von Kosten, kommen in Betracht. Die Höhe richtet sich nach der Nettoberechnung, d.h. Kosten des Täters sind in Abzug zu bringen.[99]

---

96 Gesetzesbegründung BT-Drs. 16/12011, S. 35.
97 *Gabel*, BB 2009, S. 2045 (2049).
98 *Gola/Schomerus*, BDSG, § 43 Rn. 30 f.
99 *Göhler*, OWiG, § 17 Rn. 41 ff.

§ 44 Strafvorschriften

(1) Wer eine in § 43 Abs. 2 bezeichnete vorsätzliche Handlung gegen Entgelt oder in der Absicht, sich oder einen anderen zu bereichern oder einen anderen zu schädigen, begeht, wird mit Freiheitsstrafe bis zu zwei Jahren oder mit Geldstrafe bestraft.

(2) Die Tat wird nur auf Antrag verfolgt. Antragsberechtigt sind der Betroffene, die verantwortliche Stelle, der Bundesbeauftragte für den Datenschutz und die Informationsfreiheit und die Aufsichtsbehörde.

Literatur: *Bär*, in: Roßnagel (Hrsg.), Handbuch Datenschutzrecht, Straftaten und Ordnungswidrigkeiten gegen den Datenschutz, Kapitel 5.7, München 2003; *Binder*, Computerkriminalität und Datenfernübertragung, RDV 1995, S. 116; *Böse*, Die Garantenstellung des Betriebsbeauftragten, NStZ 2003, S. 636; *Gola*, Der neue strafrechtliche Schutz unbefugter Bildaufnahmen im Lichte der Zulässigkeits- und der Straftatbestände des BDSG, RDV 2004, S. 215; *Pätzel*, Zur Offenkundigkeit der Halterdaten, NJW 1999, S. 3246; *Weichert*, Datenschutzstrafrecht – ein zahnloser Tiger?, NStZ 1999, S. 490; *Wybitul/Reuling*, Umgang mit § 44 BDSG im Unternehmen, CR 2010, S. 829.

I. Allgemeines

Die Strafnorm des § 44 BDSG enthält nur wenige eigene Tatbestandsmerkmale und verweist im Übrigen auf einzelne Tatbestände des § 43 Abs. 2 BDSG. Daher wird insoweit auf die Kommentierung zu den einzelnen Fällen des § 43 Abs. 2 BDSG verwiesen. Die Straftaten des § 44 BDSG können auch durch Unterlassen verwirklicht werden, wenn dem Täter eine Garantenstellung nach § 13 StGB zukommt und er daher rechtlich dafür einzutreten hat, dass es nicht zu Datenschutzverletzungen kommt.[1]

Die Ordnungswidrigkeiten des § 43 Abs. 2 BDSG werden bei vorsätzlicher Begehung zu Straftatbeständen erhoben, wenn eines der folgenden Qualifikationsmerkmale hinzukommt:

– Handlung gegen Entgelt oder
– in der Absicht, sich zu bereichern oder

1

---

1 BGH WM 2009, 1882 (Leiter Innenrevision/Compliance Officer); OLG Frankfurt NJW 1987, 2753 (Gewässerschutzbeauftragter); *Böse*, NStZ 2003, S. 636, mit der Erörterung der fehlenden Entscheidungsbefugnis des Betriebsbeauftragten und der Reduzierung der Garantenpflicht auf die Weitergabe der Informationen an die Entscheidungsträger (S. 639 f.).

– in der Absicht, einen anderen zu bereichern oder

– in der Absicht, einen anderen zu schädigen.

2 Diese Merkmale entsprechen den Qualifikationen bei der Verletzung von Privatgeheimnissen in § 203 Abs. 5 StGB. Ein Handeln gegen Entgelt ist daher unter den Voraussetzungen des § 11 Abs. 1 Nr. 9 StGB gegeben, sodass jede Gegenleistung in Form eines Vermögensvorteils ausreicht. Entscheidend ist, dass eine Vereinbarung über die Zuwendung des Vermögensvorteils für die Verletzung des Datenschutzes getroffen wurde.[2]

3 Die Absicht, sich oder einen anderen zu bereichern, ist in gleicher Weise wie bei den Vermögensdelikten zu beurteilen. Es ist daher ein zielgerichtetes Handeln erforderlich, um den angestrebten Vermögensvorteil zu erreichen.[3] Es wird weder eine Stoffgleichheit zwischen dem Datenschutzverstoß und dem Vermögensvorteil noch ein unmittelbarer wirtschaftlicher Vorteil vorausgesetzt. Die Bereicherungsabsicht erfordert ein auf den Vermögensvorteil abzielendes Verhalten, ohne dass es auf den tatsächlichen Eintritt des Vorteils ankommt.[4] Der beabsichtigte Vermögensvorteil muss rechtswidrig sein, sodass die Bereicherungsabsicht ausscheidet, wenn der Täter einen Anspruch auf die Vermögensmehrung hat.[5]

4 Die Absicht, einen anderen zu schädigen, liegt bei jedem gewollten Nachteil für eine andere Person als den Täter vor. Es muss sich nicht um einen materiellen Vermögensnachteil handeln, sondern es kommen auch Ehrverletzungen in Betracht.[6] Allerdings reichen die Schäden, die als zwingende und direkte Folge der Ordnungswidrigkeit nach § 43 Abs. 2 BDSG eintreten, nicht aus, weil sonst jede Verletzung von Persönlichkeitsrechten nach § 43 Abs. 2 BDSG gleichzeitig den Straftatbestand nach § 44 Abs. 1 BDSG erfüllen würde.[7]

5 Bei der Konkurrenz von § 44 BDSG zu bereichsspezifischen Strafnormen zum Schutz vor Persönlichkeitsrechtsverletzungen (z.B. § 201a StGB) sind diese Strafnormen wegen der Subsidiarität nach § 1 Abs. 4 BDSG vorrangig.[8] Soweit sich die Taten auf personenbezogene Daten beziehen, sind insbesondere die Datenveränderung nach § 303a StGB, die Computersabotage nach § 303b StGB, die Verletzung des höchstpersönlichen Lebensbereiches durch Bildaufnahmen nach § 201a StGB,

---

2 *Weichert*, NStZ 1999, S. 490.
3 *Fischer*, StGB, § 263 Rn. 107.
4 *Wybitul/Reuling*, CR 2010, S. 829 (831) – sich für die Ordnungswidrigkeit nach § 43 Abs. 2 BDSG bezahlen lassen.
5 *Fischer*, StGB, § 263 Rn. 111.
6 *Bär*, in: Roßnagel, Hdb. DSR, Kap. 5.7, Rn. 74.
7 *Wybitul/Reuling*, CR 2010, S. 829 (831); BGH RDV 2003, 139 (141), der wegen § 1 Abs. 4 SächsDSG einen Verstoß gegen § 32 Abs. 1 Nr. 1c SächsDSG als subsidiär gegenüber § 203 StGB ansieht, was überzeugt, weil die Subsidiarität des Datenschutzgesetzes gegenüber bundesgesetzlichen Regelungen auch strafrechtliche Regelungen betrifft.
8 *Gola*, RDV 2004, S. 215.

das Ausspähen von Daten nach § 202a StGB und die Verletzung von Privatgeheimnissen nach § 203 StGB vorrangig.[9]

II. Rechtswidrigkeit

Die Strafvorschriften der §§ 44, 43 Abs. 2 BDSG verlangen, dass ein unbefugtes **6** Handeln vorliegt oder die Tat entgegen einer bestimmten Datenschutzvorschrift erfolgt. Unbefugt ist das Handeln, wenn es weder durch eine einschlägige Norm des BDSG erlaubt ist, noch eine Einwilligung des Betroffenen vorliegt oder durch einen Rechtfertigungstatbestand gedeckt ist.[10]

III. Subjektiver Tatbestand

§ 44 BDSG setzt neben den obigen besonderen Absichten im Übrigen die vorsätz- **7** liche Tatbegehung voraus. Dies ist dann gegeben, wenn der Täter die tatsächlichen, den Tatbestand verwirklichenden, Umstände kennt. Hierzu gehört auch, dass er die tatsächlichen Voraussetzungen kennt, die zur Einbeziehung der personenbeziehbaren Informationen in den Datenschutz führen und ihm ebenso die weiteren Tatsachen bewusst sind, die den Tatbestand bilden. Ein bedingter Vorsatz reicht hierbei aus. Bei Fehlvorstellungen des Täters gelten die strafrechtlichen Regelungen über den Tatirrtum nach § 16 StGB oder den Verbotsirrtum nach § 17 StGB.[11]

IV. Strafantrag

Nach § 44 Abs. 2 Satz 1 BDSG wird die Tat nur auf Antrag verfolgt.[12] **8**

Antragsberechtigt ist der Betroffene, auf dessen Daten sich die Tat nach § 44 Abs. 1 **9** StGB bezieht. Sind mehrere Personen in ihrem Datenschutz verletzt, ist jeder einzelne selbstständig antragsberechtigt. Nach § 77b Abs. 1 StGB ist der Antrag bis zum Ablauf von 3 Monaten ab der Kenntnis von der Tat zu stellen.

Nach § 44 Abs. 2 Satz 2 BDSG sind die verantwortliche Stelle, der Bundesbeauf- **10** tragte für den Datenschutz und die Informationsfreiheit und die Datenschutzaufsichtsbehörde antragsberechtigt. Ein fehlender Strafantrag stellt ein Verfahrenshindernis dar.[13]

---

9 BGH RDV 2003, 139.
10 *Bär*, in: Roßnagel, Hdb. DSR, Kap. 5.7, Rn. 28, insbesondere auch zu den Fragen des Irrtums über die Befugnis.
11 *Fischer*, StGB, § 16 Rn. 2; *Dammann*, in: Simitis, BDSG, § 44 Rn. 11.
12 BGH RDV 2001, 99.
13 BGH RDV 2001, 99.

V. Strafbestimmungen der Landesdatenschutzgesetze

11   Die Datenschutzgesetze der Bundesländer enthalten Sanktionsnormen in Form von Strafgesetzen und Ordnungswidrigkeitsbestimmungen. Ihre Geltung setzt voraus, dass es bei der Erhebung, Verarbeitung und Nutzung personenbezogener Daten zu Verstößen gegen die Landesdatenschutzgesetze kommt.[14] § 44 BDSG setzt die vorsätzliche Tatbegehung voraus. Diese ist dann gegeben, wenn der Täter die tatsächlichen, den Tatbestand verwirklichenden Umstände kennt. Hierzu gehört auch, dass er die tatsächlichen Voraussetzungen kennt, die zur Einbeziehung der personenbeziehbaren Informationen in den Datenschutz führen, und ihm ebenso die weiteren Tatsachen bewusst sind, die den Tatbestand bilden. Bedingter Vorsatz reicht hierbei aus. Bei Fehlvorstellungen des Täters gelten die strafrechtlichen Regelungen über den Tatirrtum nach § 16 StGB oder den Verbotsirrtum nach § 17 StGB.[15]

---

14 Vgl. Übersicht bei *Bär*, in: Roßnagel, Hdb. DSR, Kap. 5.7, Rn. 79, mit tabellarischer Übersicht.

15 *Fischer*, StGB, § 16 Rn. 2; *Dammann*, in: Simitis, BDSG, § 44 Rn. 11.

Übergangsvorschriften

§ 45 Laufende Verwendungen

Erhebungen, Verarbeitungen oder Nutzungen personenbezogener Daten, die am 23. Mai 2001 bereits begonnen haben, sind binnen drei Jahren nach diesem Zeitpunkt mit den Vorschriften dieses Gesetzes in Übereinstimmung zu bringen. Soweit Vorschriften dieses Gesetzes in Rechtsvorschriften außerhalb des Anwendungsbereichs der Richtlinie 95/46/EG des Europäischen Parlaments und des Rates vom 24. Oktober 1995 zum Schutz natürlicher Personen bei der Verarbeitung personenbezogener Daten und zum freien Datenverkehr zur Anwendung gelangen, sind Erhebungen, Verarbeitungen oder Nutzungen personenbezogener Daten, die am 23. Mai 2001 bereits begonnen haben, binnen fünf Jahren nach diesem Zeitpunkt mit den Vorschriften dieses Gesetzes in Übereinstimmung zu bringen.

§ 45 BDSG hat Datenverarbeitern eine Übergangsfrist gewährt, um den technischen 1 und organisatorischen Schwierigkeiten Rechnung zu tragen, die sich aus der Umstellung der Datenverarbeitung auf die veränderten rechtlichen Rahmenbedingungen des BDSG 2001 ergeben konnten. Aufgrund des Ablaufs der Übergangsfristen in den Jahren 2004 und 2006 hat die Vorschrift mittlerweile keine praktische Bedeutung mehr.

§ 46 Weitergeltung von Begriffsbestimmungen

(1) Wird in besonderen Rechtsvorschriften des Bundes der Begriff Datei verwendet, ist Datei

1. **eine Sammlung personenbezogener Daten, die durch automatisierte Verfahren nach bestimmten Merkmalen ausgewertet werden kann (automatisierte Datei), oder**

2. **jede sonstige Sammlung personenbezogener Daten, die gleichartig aufgebaut ist und nach bestimmten Merkmalen geordnet, umgeordnet und ausgewertet werden kann (nicht automatisierte Datei).**

Nicht hierzu gehören Akten und Aktensammlungen, es sei denn, dass sie durch automatisierte Verfahren umgeordnet und ausgewertet werden können.

(2) Wird in besonderen Rechtsvorschriften des Bundes der Begriff Akte verwendet, ist Akte jede amtlichen oder dienstlichen Zwecken dienende Unterlage, die nicht dem Dateibegriff des Absatzes 1 unterfällt; dazu zählen auch Bild- und Tonträger. Nicht hierunter fallen Vorentwürfe und Notizen, die nicht Bestandteil eines Vorgangs werden sollen.

(3) Wird in besonderen Rechtsvorschriften des Bundes der Begriff Empfänger verwendet, ist Empfänger jede Person oder Stelle außerhalb der verantwortlichen Stelle. Empfänger sind nicht der Betroffene sowie Personen und Stellen, die im Inland, in einem anderen Mitgliedstaat der Europäischen Union oder in einem anderen Vertragsstaat des Abkommens über den Europäischen Wirtschaftsraum personenbezogene Daten im Auftrag erheben, verarbeiten oder nutzen.

Literatur: *Ramm*, § 46 BDSG – Eine Übergangsvorschrift?, DuD 2007, S. 431; siehe im Übrigen die Literatur zu § 3 BDSG.

Übersicht

I. Allgemeines

1. Europarechtliche Grundlagen

Bei der Umsetzung der EG-Datenschutzrichtlinie hat sich der Gesetzgeber auf eine **1**
Novellierung des BDSG beschränkt und davon abgesehen, auch das sonstige, bereichsspezifische Datenschutzrecht der Terminologie der Richtlinie anzupassen.
Soweit dort noch die dem „alten" BDSG entnommenen Begriffe Datei, Akte oder
Empfänger Verwendung finden, ist für deren Definition auf die bis zur Novellierung 2001 geltenden Begriffsbestimmungen des BDSG zurückzugreifen, wie sie
nunmehr in § 46 BDSG normiert sind. Der Rückgriff auf die Begriffsbestimmungen
des § 46 BDSG darf allerdings nicht dazu führen, dass die Anwendung bereichsspezifischer Datenschutzregelungen gegen die Vorgaben der EG-Datenschutzrichtlinie
verstößt. Insoweit ist der Vorrang der Richtlinie zu beachten und diese gegebenenfalls direkt anzuwenden.[1]

2. Gesetzeszweck

§ 46 BDSG ordnet für ältere, vor der Novellierung des BDSG existente bereichs- **2**
spezifische Datenschutzregelungen an, dass dort die datenschutzrechtlichen Definitionen der Begriffe „Datei", „Akte" und „Empfänger" so fortgelten, wie sie in § 3
BDSG 1990 normiert waren. Für Gesetze, die nach der Novellierung des BDSG erlassen worden sind, gelten dagegen grundsätzlich die neuen Definitionen des
BDSG.[2] „Besondere Rechtsvorschriften des Bundes" im Sinne des § 46 BDSG sind
alle Vorschriften außerhalb des BDSG, die einen eigenständigen, speziellen Regelungsgehalt zum Umgang mit personenbezogenen Daten aufweisen.[3]

II. Datei (Abs. 1)

1. Automatisierte Datei (Abs. 1 Satz 1 Nr. 1)

Voraussetzung für die Anwendung des BDSG 1990 war im Falle einer Datenverar- **3**
beitung durch nicht-öffentliche Stellen die Verarbeitung personenbezogener Daten
„in oder aus Dateien" (§ 1 Abs. 2 Nr. 3 BDSG 1990). § 3 Abs. 2 Satz 1 BDSG 1990
unterschied zwischen automatisierter Datei (Nr. 1) und nicht automatisierter Datei
(Nr. 2). Mit dem BDSG 2001 ist der Begriff der automatisierten Datei als Kriterium
für die Anwendbarkeit des BDSG und daher auch die Notwendigkeit einer Definition dieses Begriffs entfallen. § 3 Abs. 2 BDSG 2001 definiert stattdessen die Begriffe „automatisierte Datenverarbeitung" und „nicht automatisierte Datei".[4]

---

1 *Gola/Schomerus*, BDSG, § 46 Rn. 2; *Weichert*, in: Däubler/Klebe/Wedde/Weichert, BDSG,
§ 46 Rn. 2.
2 *Ramm*, DuD 2007, S. 431 (432).
3 *Ramm*, DuD 2007, S. 431 (432).
4 Vgl. oben § 3 BDSG, Rn. 21 f. und 23.

4 Eine automatisierte Datei ist gemäß Abs. 1 Satz 1 Nr. 1 eine Sammlung personenbezogener Daten, die durch automatisierte Verfahren nach bestimmten Merkmalen ausgewertet werden kann. Unter einer Datensammlung ist jede planmäßige Zusammenstellung von Daten zu verstehen, wenn diese Daten in einem inneren Zusammenhang zueinander stehen.[5] Die Sammlung muss bestimmte Merkmale enthalten, um nach diesen ausgewertet werden zu können. Merkmale können sowohl reine Identifikationsmerkmale wie Namen oder Kennzeichen als auch Angaben über Eigenschaften oder Verhältnisse sein; die Merkmale müssen personenbezogen sein.[6] Das Kriterium des „Auswertens" setzt eine gewisse Komplexität des Datennutzungsvorgangs voraus, etwa in Form einer Selektion oder eines Vergleichs verschiedener Daten.[7] Die Auswertung muss durch ein automatisiertes Verfahren erfolgen können.

2. Nicht automatisierte Datei (Abs. 1 Satz 1 Nr. 2)

5 Abs. 1 Satz 1 Nr. 2 fasst unter den Begriff der Datei neben der automatisierten Datei auch jede sonstige Sammlung personenbezogener Daten, wenn diese gleichartig aufgebaut ist und nach bestimmten Merkmalen geordnet, umgeordnet oder ausgewertet werden kann. Gleichartig aufgebaut ist eine Datensammlung, wenn alle Merkmale in einer einheitlichen Ordnung gespeichert werden.[8] Damit eine Datensammlung nach bestimmten Merkmalen geordnet und umgeordnet (und damit auch ausgewertet) werden kann, muss diese mindestens zwei verschiedene Datenkategorien enthalten.[9]

3. Akten und Aktensammlungen, die durch automatisierte Verfahren umgeordnet und ausgewertet werden können (Abs. 1 Satz 2)

6 Die Definition der Datei in Abs. 1 schließt Akten und Aktensammlungen zunächst einmal aus, nimmt hiervon aber wiederum solche Akten und Aktensammlungen aus, die durch automatisierte Verfahren umgeordnet und ausgewertet werden können. Entscheidend ist, dass der Inhalt der Akten automatisch umgeordnet und ausgewertet werden kann, sodass gesuchte Informationen leichter als bei manuellem Suchen gefunden werden können.[10]

---

5 Näher oben § 3 BDSG Rn. 24.
6 Ausführlich *Dammann*, in: Simitis, BDSG, § 46 Rn. 17 f.
7 *Dammann*, in: Simitis, BDSG, § 46 Rn. 19.
8 Vgl. oben zur Definition der nicht automatisierten Datei im BDSG 2001, § 3 BDSG Rn. 24.
9 Ausführlich *Dammann*, in: Simitis, BDSG, § 46 Rn. 28 f.
10 *Dammann*, in: Simitis, BDSG, § 46 Rn. 37.

III. Akte (Abs. 2)

Der Begriff der Akte wird seit dem BDSG 2001 nicht mehr definiert. Gemäß **7**
Abs. 2 ist Akte „jede amtlichen oder dienstlichen Zwecken dienende Unterlage, die
nicht dem Dateibegriff des Absatzes 1 unterfällt". Die Definition ist weit zu verstehen. Um welche Art von Informationsträger es sich handelt, ist grundsätzlich unerheblich. Ungeachtet der Formulierung „amtliche oder dienstliche Zwecke" sollen
auch Unterlagen im nicht-öffentlichen Bereich erfasst sein und allein Unterlagen
für rein privat-persönliche Zwecke nicht unter den Aktenbegriff des Abs. 2 fallen.[11]

IV. Empfänger (Abs. 3)

Abs. 3 definiert als Empfänger „jede Person oder Stelle außerhalb der verantwortli- **8**
chen Stelle". Die Definition entspricht der des Dritten nach § 3 Abs. 8 Satz 2
BDSG 2001.[12]

---

11 *Dammann*, in: Simitis, BDSG, § 46 Rn. 44.
12 Siehe oben § 3 BDSG Rn. 55.

§ 47 Übergangsregelung

Für die Verarbeitung und Nutzung vor dem 1. September 2009 erhobener oder gespeicherter Daten ist § 28 in der bis dahin geltenden Fassung weiter anzuwenden

1. für Zwecke der Markt- oder Meinungsforschung bis zum 31. August 2010,

2. für Zwecke der Werbung bis zum 31. August 2012.

Literatur: Ehmann, BDSG am 3.7.2009 in letzter Minute geändert, Datenschutz-PRA-XIS 08/2009, S. 1, 12; *Grentzenberg/Schreibauer/Schuppert*, Die Datenschutznovelle (Teil II), K&R 2009, S. 535; *Meltzian*, Die Neugestaltung des Listenprivilegs, DB 2009, S. 2643; *Patzak/Beyerlein*, Adresshandel unter dem neuen BDSG, MMR 2009, S. 525; *Plath/Frey*, Direktmarketing nach der BDSG-Novelle: Grenzen erkennen, Spielräume optimal nutzen, BB 2009, S. 1762; *Westerwelle/Kahl*, Die Novellierung des Bundesdatenschutzgesetzes, ITRB 2009, S. 273; *Wronka*, Reglementierung des Adressenhandels im novellierten BDSG, RDV 2010, S. 159.

I. Inkrafttreten der BDSG-Änderungen

1   Die 2009 kurz vor der Bundestagswahl verabschiedeten Änderungen des BDSG erfolgten durch drei Gesetze, die in der Literatur auch als BDSG-Novellen I–III[1] bezeichnet werden.[2] Das Gesetz zur Änderung des Bundesdatenschutzgesetzes (BDSG-Novelle I, „Scoring") vom 29.7.2009[3] trat zum 1.4.2010 in Kraft. Das Gesetz vom 29.7.2009 zur Umsetzung der Verbraucherkreditrichtlinie, des zivilrechtlichen Teils der Zahlungsdiensterichtlinie sowie zur Neuordnung der Vorschriften über das Widerrufs- und Rückgaberecht,[4] dessen Art. 5 das BDSG änderte (BDSG-Novelle III, „Verbraucherkredit"), ordnet das Inkrafttreten zum 11.6.2010 an. Und das Gesetz zur Änderung datenschutzrechtlicher Vorschriften vom 14.8.2009[5] (BDSG-Novelle II) sieht ein Inkrafttreten der verschiedenen durch dieses Gesetz erfolgten Gesetzes-

---

1 Die Zählweise variiert in der Praxis allerdings; teilweise wird nach der Reihenfolge der Ausfertigung des Gesetzes gezählt, teilweise – wie hier – nach dem Zeitpunkt der Vorlage des Gesetzesentwurfs im Bundestag.
2 Ausführlich Einführung BDSG Rn. 11 ff.
3 BGBl. I, S. 2254.
4 BGBl. I, S. 2355.
5 BGBl. I, S. 2814.

änderungen im Wesentlichen zum 1.9.2009 vor, abweichend davon traten die Änderung von § 34 BDSG und von § 43 Abs. 1 Nr. 8a BDSG allerdings erst zum 1.4.2010 in Kraft.[6]

Die Übergangsfristen sollten der werbenden Wirtschaft die Möglichkeit geben, sich   2
auf die neue Rechtslage bei der Verwendung von Daten zu Zwecken der Markt- und Meinungsforschung und zu Werbezwecken einzustellen. Die Zeit war für die Anpassung der Datenverarbeitung, insbesondere der CRM-Systeme, an die neue Rechtslage knapp bemessen.[7] Die Übergangsfristen sind inzwischen abgelaufen, sodass die Vorschrift nur noch für die Beurteilung von Sachverhalten heranzuziehen ist, die sich vor dem Ablauf der Fristen ereigneten.

II. Übergangsregelungen für § 28 BDSG a. F.[8]

Der durch das Gesetz zur Änderung datenschutzrechtlicher Vorschriften im Hinblick   3
auf die Erhebung und Verarbeitung personenbezogener Daten für Zwecke der Werbung und der Markt- und Meinungsforschung erheblich geänderte § 28 BDSG n. F. war entgegen der Regelung zum Inkrafttreten noch nicht auf diejenigen Daten anzuwenden, die vor dem 1.9.2009 erhoben oder gespeichert wurden. Wurden die Daten vor dem Stichtag 1.9.2009 für Zwecke der Markt- und Meinungsforschung erhoben, war der neue § 28 BDSG erst ab dem 1.9.2010, also nach einer einjährigen Übergangszeit, auf die Verwendung dieser Daten anzuwenden. Erfolgte die Erhebung oder Speicherung für Zwecke der Werbung, so war § 28 BDSG n. F. bei der Prüfung der Zulässigkeit der Verwendung der Daten gar erst ab dem 1.9.2012 zu beachten.

Eine Übergangszeit auch für eine *Übermittlung* von vor dem Stichtag erhobenen   4
und gespeicherten Daten für Zwecke der Werbung oder der Markt- und Meinungsforschung auf der Grundlage von § 29 BDSG wurde nach dem klaren Wortlaut des § 47 BDSG nicht eingeräumt.[9] Auch wenn hier ein „zumindest gleichrangiger Anpassungsbedarf"[10] bestand und die Versagung einer kurzen Übergangsfrist für den

---

6 Eine hilfreiche Übersicht darüber, welche Änderungen zu welchem Zeitpunkt in Kraft traten, findet sich unter www.gdd.de/nachrichten/arbeitshilfen/BDSG-Gesetzestext%20 mit%20Novelle%20I-III.pdf.

7 Insofern kann die Übergangsregelung nicht als großzügig angesehen werden; so aber *Westerwelle/Kahl*, ITRB 2009, S. 273.

8 Der Wortlaut des übergangsweise gem. § 47 BDSG weiter geltenden § 28 BDSG a. F. findet sich hier unter Rn. 6.

9 Ebenso *Patzak/Beyerlein*, MMR 2009, S. 525 (529); *Grentzenberg/Schreibauer/Schuppert*, Die Datenschutznovelle (Teil II), K&R 2009, S. 535 (538).

10 So *Meltzian*, DB 2009, S. 2643 (2649), der eine Übergangszeit annimmt, wenn die Daten vor dem Stichtag für den Zweck der Übermittlung erhoben und gespeichert wurden. Ebenso auch *Plath/Frey*, BB 2009, S. 1762 (1768), die eine andere Beurteilung als „unsinnig und gleichheitswidrig" einstufen, deren nachfolgende Argumentation aber nur den gegenteiligen Schluss zulässt, dass eine Übergangsfrist für nach § 29 BDSG für Zwecke der Übermittlung speichernde Unternehmen nicht besteht.

Adresshandel nicht nachvollziehbar ist, lässt der klare Wortlaut eine andere Auslegung nicht zu.[11]

5   Soweit in § 29 BDSG auf Regelungen des § 28 BDSG verwiesen wird, sind damit ausnahmslos die des § 28 BDSG n. F. gemeint. Verantwortlichen Stellen, die wie der Adresshandel personenbezogene Daten zum Zweck der späteren Übermittlung an solche Empfänger speichern, die sie für Werbezwecke oder für Zwecke der Markt- und Meinungsforschung verwenden wollen, kamen nicht in den Vorzug einer Übergangsfrist.

Anhang zur Kommentierung (§ 28 BDSG a. F.)

6   § 28 BDSG a. F., der innerhalb der von § 47 BDSG genannten Fristen übergangsweise noch angewendet wird.

§ 28 Datenerhebung, -verarbeitung und -nutzung für eigene Zwecke

(1) Das Erheben, Speichern, Verändern oder Übermitteln personenbezogener Daten oder ihre Nutzung als Mittel für die Erfüllung eigener Geschäftszwecke ist zulässig,

1. wenn es der Zweckbestimmung eines Vertragsverhältnisses oder vertragsähnlichen Vertrauensverhältnisses mit dem Betroffenen dient,

2. soweit es zur Wahrung berechtigter Interessen der verantwortlichen Stelle erforderlich ist und kein Grund zu der Annahme besteht, dass das schutzwürdige Interesse des Betroffenen an dem Ausschluss der Verarbeitung oder Nutzung überwiegt oder

3. wenn die Daten allgemein zugänglich sind oder die verantwortliche Stelle sie veröffentlichen dürfte, es sei denn, dass das schutzwürdige Interesse des Betroffenen an dem Ausschluss der Verarbeitung oder Nutzung gegenüber dem berechtigten Interesse der verantwortlichen Stelle offensichtlich überwiegt.

Bei der Erhebung personenbezogener Daten sind die Zwecke, für die die Daten verarbeitet oder genutzt werden sollen, konkret festzulegen.

(2) Für einen anderen Zweck dürfen sie nur unter den Voraussetzungen des Abs. 1 Satz 1 Nr. 2 und 3 übermittelt oder genutzt werden.

(3) Die Übermittlung oder Nutzung für einen anderen Zweck ist auch zulässig:

1. soweit es zur Wahrung berechtigter Interessen eines Dritten oder

2. zur Abwehr von Gefahren für die staatliche und öffentliche Sicherheit sowie zur Verfolgung von Straftaten erforderlich ist, oder

---

11 A. A. *Plath*, in: Plath, BDSG, § 47 Rn. 6. Wie hier *Ehmann*, in: Simitis, BDSG, § 47 Rn. 11 ff.; *Wronka*, RDV 2010, S. 159 (162).

3. für Zwecke der Werbung, der Markt- und Meinungsforschung, wenn es sich um listenmäßig oder sonst zusammengefasste Daten über Angehörige einer Personengruppe handelt, die sich auf

a) eine Angabe über die Zugehörigkeit des Betroffenen zu dieser Personengruppe,

b) Berufs-, Branchen- oder Geschäftsbezeichnung,

c) Namen,

d) Titel,

e) akademische Grade,

f) Anschrift und

g) Geburtsjahr

beschränken und kein Grund zu der Annahme besteht, dass der Betroffene ein schutzwürdiges Interesse an dem Ausschluss der Übermittlung oder Nutzung hat, oder

4. wenn es im Interesse einer Forschungseinrichtung zur Durchführung wissenschaftlicher Forschung erforderlich ist, das wissenschaftliche Interesse an der Durchführung des Forschungsvorhabens das Interesse des Betroffenen an dem Ausschluss der Zweckänderung erheblich überwiegt und der Zweck der Forschung auf andere Weise nicht oder nur mit unverhältnismäßigem Aufwand erreicht werden kann.

In den Fällen des Satzes 1 Nr. 3 ist anzunehmen, dass dieses Interesse besteht, wenn im Rahmen der Zweckbestimmung eines Vertragsverhältnisses oder vertragsähnlichen Vertrauensverhältnisses gespeicherte Daten übermittelt werden sollen, die sich

1. auf strafbare Handlungen,

2. auf Ordnungswidrigkeiten sowie

3. bei Übermittlung durch den Arbeitgeber auf arbeitsrechtliche Rechtsverhältnisse

beziehen.

(4) Widerspricht der Betroffene bei der verantwortlichen Stelle der Nutzung oder Übermittlung seiner Daten für Zwecke der Werbung oder der Markt- oder Meinungsforschung, ist eine Nutzung oder Übermittlung für diese Zwecke unzulässig. Der Betroffene ist bei der Ansprache zum Zweck der Werbung oder der Markt- oder Meinungsforschung über die verantwortliche Stelle sowie über das Widerspruchsrecht nach Satz 1 zu unterrichten; soweit der Ansprechende personenbezogene Daten des Betroffenen nutzt, die bei einer ihm nicht bekannten Stelle gespeichert sind, hat er auch sicherzustellen, dass der Betroffene Kenntnis über die Herkunft der Daten erhalten kann. Widerspricht der Betroffene bei dem Dritten, dem die Daten nach Absatz 3 übermittelt werden, der Verarbeitung oder Nutzung zum

Zwecke der Werbung oder der Markt- oder Meinungsforschung, hat dieser die Daten für diese Zwecke zu sperren.

(5) Der Dritte, dem die Daten übermittelt worden sind, darf diese nur für den Zweck verarbeiten oder nutzen, zu dessen Erfüllung sie ihm übermittelt werden. Eine Verarbeitung oder Nutzung für andere Zwecke ist nicht-öffentlichen Stellen nur unter den Voraussetzungen der Absätze 2 und 3 und öffentlichen Stellen nur unter den Voraussetzungen des § 14 Abs. 2 erlaubt. Die übermittelnde Stelle hat ihn darauf hinzuweisen.

(6) Das Erheben, Verarbeiten und Nutzen von besonderen Arten personenbezogener Daten (§ 3 Abs. 9) für eigene Geschäftszwecke ist zulässig, soweit nicht der Betroffene nach Maßgabe des § 4a Abs. 3 eingewilligt hat, wenn

1. dies zum Schutz lebenswichtiger Interessen des Betroffenen oder eines Dritten erforderlich ist, sofern der Betroffene aus physischen oder rechtlichen Gründen außerstande ist, seine Einwilligung zu geben,

2. es sich um Daten handelt, die der Betroffene offenkundig öffentlich gemacht hat,

3. dies zur Geltendmachung, Ausübung oder Verteidigung rechtlicher Ansprüche erforderlich ist und kein Grund zu der Annahme besteht, dass das schutzwürdige Interesse des Betroffenen an dem Ausschluss der Erhebung, Verarbeitung oder Nutzung überwiegt, oder

4. dies zur Durchführung wissenschaftlicher Forschung erforderlich ist, das wissenschaftliche Interesse an der Durchführung des Forschungsvorhabens das Interesse des Betroffenen an dem Ausschluss der Erhebung, Verarbeitung und Nutzung erheblich überwiegt und der Zweck der Forschung auf andere Weise nicht oder nur mit unverhältnismäßigem Aufwand erreicht werden kann.

(7) Das Erheben von besonderen Arten personenbezogener Daten (§ 3 Abs. 9) ist ferner zulässig, wenn dies zum Zweck der Gesundheitsvorsorge, der medizinischen Diagnostik, der Gesundheitsversorgung oder Behandlung oder für die Verwaltung von Gesundheitsdiensten erforderlich ist und die Verarbeitung dieser Daten durch ärztliches Personal oder durch sonstige Personen erfolgt, die einer entsprechenden Geheimhaltungspflicht unterliegen. Die Verarbeitung und Nutzung von Daten zu den in Satz 1 genannten Zwecken richtet sich nach den für die in Satz 1 genannten Personen geltenden Geheimhaltungspflichten. Werden zu einem in Satz 1 genannten Zweck Daten über die Gesundheit von Personen durch Angehörige eines anderen als in § 203 Abs. 1 und 3 des Strafgesetzbuchs genannten Berufes, dessen Ausübung die Feststellung, Heilung oder Linderung von Krankheiten oder die Herstellung oder den Vertrieb von Hilfsmitteln mit sich bringt, erhoben, verarbeitet oder genutzt, ist dies nur unter den Voraussetzungen zulässig, unter denen ein Arzt selbst hierzu befugt wäre.

(8) Für einen anderen Zweck dürfen die besonderen Arten personenbezogener Daten (§ 3 Abs. 9) nur unter den Voraussetzungen des Absatzes 6 Nr. 1 bis 4 oder des

Absatzes 7 Satz 1 übermittelt oder genutzt werden. Eine Übermittlung oder Nutzung ist auch zulässig, wenn dies zur Abwehr von erheblichen Gefahren für die staatliche und öffentliche Sicherheit sowie zur Verfolgung von Straftaten von erheblicher Bedeutung erforderlich ist.

(9) Organisationen, die politisch, philosophisch, religiös oder gewerkschaftlich ausgerichtet sind und keinen Erwerbszweck verfolgen, dürfen besondere Arten personenbezogener Daten (§ 3 Abs. 9) erheben, verarbeiten oder nutzen, soweit dies für die Tätigkeit der Organisation erforderlich ist. Dies gilt nur für personenbezogene Daten ihrer Mitglieder oder von Personen, die im Zusammenhang mit deren Tätigkeitszweck regelmäßig Kontakte mit ihr unterhalten. Die Übermittlung dieser personenbezogenen Daten an Personen oder Stellen außerhalb der Organisation ist nur unter den Voraussetzungen des § 4a Abs. 3 zulässig. Abs. 3 Nr. 2 gilt entsprechend.

§ 48 Bericht der Bundesregierung

Die Bundesregierung berichtet dem Bundestag
1. **bis zum 31. Dezember 2012 über die Auswirkungen der §§ 30a und 42a,**
2. **bis zum 31. Dezember 2014 über die Auswirkungen der Änderungen der §§ 28 und 29.**

Sofern sich aus Sicht der Bundesregierung gesetzgeberische Maßnahmen empfehlen, soll der Bericht einen Vorschlag enthalten.

Literatur: *Gabel*, Informationspflicht bei unrechtmäßiger Kenntniserlangung von Daten, BB 2009, S. 2045.

I. Allgemeines

1. Regelungszweck

1   Die Bundesregierung musste dem Bundestag bis spätestens zum 31.12.2012 einen Bericht zu den Auswirkungen des § 30a BDSG und des § 42a BDSG übergeben und muss bis spätestens zum 31.12.2014 einen Bericht zu den Auswirkungen der jeweils durch die Novellierung 2009 nicht unerheblich veränderten §§ 28 und 29 BDSG zur Verfügung gestellt haben. Dieser Bericht muss die zu diesem Zeitpunkt erkennbaren oder dann zumindest abschätzbaren rechtlichen, wirtschaftlichen und politischen Konsequenzen der aufgelisteten Normen beschreiben und ggf. gesetzgeberische Maßnahmen empfehlen. Maßstab wird dabei sein müssen, ob die Neuregelungen die jeweils in sie gesteckten Erwartungen erfüllen konnten oder ob dies seitens des Gesetzgebers gegebenenfalls durch eine Ergänzung oder Umformulierung unterstützt werden kann.

2   Die Norm ist eine Anerkennung der Tatsache, dass es sich speziell bei den §§ 30a und 42a BDSG um Neuregelungen und nicht nur um ergänzte oder erweiterte Altregelungen handelt. Gerade die mit § 42a BDSG eingeführten neuen Informationspflichten werfen eine ganze Reihe von Fragen im Hinblick auf ihre Umsetzung auf und für die europäischen Rechtsentwicklungen bleibt ohnehin abzuwarten, ob die

Norm zum Stichtag 31.12.2012 noch in dieser Form erhalten bleiben kann.[1] Daher rechtfertigt sich hier die kürzere Berichtsfrist.

Bei den Regelungen der Nummer 2 hingegen spielten wahrscheinlich die in § 47 **3** BDSG geregelten Übergangsfristen im Hinblick auf die die Verarbeitung und Nutzung von vor dem 1.9.2009 erhobenen oder gespeicherten Daten bis zum 31.8.2010 (für Zwecke der Markt- oder Meinungsforschung) und bis zum 31.8.2012 (für Zwecke der Werbung) eine Rolle für die Verlängerung der Berichtsfrist, da aussagekräftige Erkenntnisse erst nach Ablauf der Übergangsregelungen gewonnen werden können. Angesichts der Bedeutung der Neuregelungen in den §§ 28a und 28b BDSG hätte man sich jedoch gewünscht, dass auch diese in die Berichtspflicht der Bundesregierung aufgenommen worden wären.

2. Erfüllung der Berichtspflicht durch die Bundesregierung

Mit Datum vom 31.12.2012 hat das Bundesinnenministerium dem Innenausschuss **4** des Deutschen Bundestages ein zwölfseitiges Schreiben[2] geschickt, mit dem die Bundesregierung am letztmöglichen Tag ihrer Berichtspflicht aus § 48 BDSG nachkam. Die Bundesregierung hat dafür Stellungnahmen bei verschiedenen Verbänden der Markt- und Meinungsforschung (für § 30a BDSG) bzw. von den Aufsichtsbehörden der Länder (für § 42a BDSG) eingeholt und in dem Bericht zusammengefasst.

II. Der Bericht Bundesregierung zum 31.12.2012

1. Der Bericht der Bundesregierung zu § 30a BDSG

Der Bericht der Bundesregierung zu § 30a BDSG kommt zu einem positiven Ergeb- **5** nis. Auf Grundlage der Stellungnahmen des Arbeitskreises Deutscher Markt- und Meinungsforschungsinstitute (ADM), der Arbeitsgemeinschaft Sozialwissenschaftlicher Institute e. V. (ASI), des Berufsverbandes Deutscher Markt- und Sozialforscher e. V. (BVM) und der Deutschen Gesellschaft für Online-Forschung e. V. (DGOF) kommt das Bundesinnenministerium zu der Erkenntnis, dass kein gesetzgeberischer Handlungsbedarf bestünde.

Der Bericht legt dar, dass die Verbände in ihren Stellungnahmen begrüßten, dass **6** mit dem § 30a BDSG die unzutreffende Gleichsetzung mit der Werbung, der Arbeit der Auskunfteien und dem Adresshandel aufgehoben würde. Darüber hinaus erwähnt der Bericht lediglich aufgeworfene Abgrenzungsfragen zwischen der Eigen-Marktforschung der Unternehmen nach § 28 BDSG, der geschäftsmäßigen Markt- und Meinungsforschung nach § 30a BDSG sowie der wissenschaftlichen Forschung nach § 40 BDSG. Diese sind aber nach Ansicht der Bundesregierung Fragestellun-

---

1 Vgl. *Gabel*, BB 2009, S. 2045 (2049).
2 Ausschussdrs. 17(4)633

gen, die typischerweise mit der praktischen Anwendung einer abstrakten Norm einhergehen und somit offenbar letztendlich eher Sache der Gerichte als des Gesetzgebers.

2. Der Bericht der Bundesregierung zu § 42a BDSG

7   Der Bericht der Bundesregierung zu § 42a BDSG kommt ebenfalls zu einem positiven Ergebnis. Im Wesentlichen auf Grundlage der eingeholten Berichte der Aufsichtsbehörden der Bundesländer, die zwar grundsätzlich unabhängig sind, aber dem Bund dennoch ihre Zahlen zur Verfügung gestellt haben, geht das Bundesinnenministerium davon aus, dass auch im Hinblick auf § 42a BDSG kein Handlungsbedarf seitens des Bundesgesetzgebers besteht. Von den insgesamt 305 gemeldeten Fällen, bei denen es einerseits um den Verlust von gespeicherten Daten und andererseits um fehlerhaft versendete oder von Dritten erschlichene Daten ging, wurde bei lediglich knapp der Hälfte ein Vorliegen der Tatbestandsvoraussetzungen des § 42a BDSG durch die Aufsichtsbehörden bejaht.

8   Im Rahmen ihrer Berichte haben einige Aufsichtsbehörden offenbar auch kritische Punkte angemerkt. So erwähnt der Bericht, dass der Landesbeauftragte für Datenschutz und Informationsfreiheit (LDI) Nordrhein-Westfalen auf die Schwierigkeiten der unterschiedlichen Auslegung der Tatbestandsvoraussetzung der schwerwiegenden Rechts- und Interessenvertretung durch Unternehmen einerseits und die Aufsichtsbehörden andererseits hingewiesen und bemängelt hätte, dass es keine Richtlinien für die Gefahrenprognose gäbe, die in der Praxis eine einheitliche Entscheidungsfindung unterstützen würden. Die Bundesregierung sieht jedoch hierzu mangels gravierender praktischer Probleme keinen Änderungsbedarf, und verweist damit erneut eine Thematik faktisch an die Gerichte.

9   Ein weiterer beachtenswerter im Bericht beschriebener Kritikpunkt wird von den Aufsichtsbehörden der Länder Bremen, Berlin und Bayern vorgebracht, die gegenüber der Bundesregierung darauf hinweisen, dass die tatbestandliche Notwendigkeit der tatsächlichen Feststellung eines Datenverlustes durch die verantwortliche Stelle für die Praxis zu eng sei. Besser sei es, wenn es bereits ausreichen würde, dass die betreffenden Daten einem Dritten zur Kenntnis gelangt sein könnten. Hierauf geht die Bundesregierung zwar ein, verweist aber auf Meinungen in der Literatur, die zumindest eine hochwahrscheinliche Kenntniserlangung voraussetzen,[3] und verneint für sich ebenfalls einen Handlungsbedarf.

10   Die von der Aufsicht des Landes Bremen zusätzlich geforderte Streichung der Voraussetzung einer schwerwiegenden Beeinträchtigung weist die Bundesregierung mit Verweis auf den nicht unerheblichen Eingriff in die Grundrechte der verantwortlichen Stelle und die damit verbundene Notwendigkeit einer restriktiven Eingrenzung dieser Pflicht zur Selbstanzeige zurück.

---

3 Mit ausdrücklichem Verweis auf *Dix*, in: Simitis, BDSG, § 42a Rn. 8.

Zusätzlich zu den Aufsichtsbehörden der Länder haben auch einige Wirtschaftsver- **11**
bände, insbesondere der BITKOM, Stellungnahmen beigesteuert, die in dem Bericht eine Erwähnung finden. Auch diese veranlassen die Bundesregierung aber
nicht zu einer Änderung der Norm. Stattdessen betont der Bericht abschließend,
dass nach Ansicht der Bundesregierung die Norm in der Praxis angenommen wird
und zu einer erhöhten Transparenz führe, weshalb die Bundesregierung die vergleichbare Regelung im derzeit diskutierten Entwurf der Datenschutz-Grundverordnung für sinnvoll halte.

Zusätzlich zu den Arbeitsschaften der Länder haben auch einige Wirtschaftsverbände, insbesondere der BITKOM, Stellungnahmen beigesteuert, die in dem Bericht eine Erwähnung finden. Auch diese veranlassen die Bundesregierung aber nicht zu einer Änderung der Norm. Stattdessen betont der Bericht ausdrücklich, dass nach der Bundesregierung die Norm in der Praxis angenommen wird und zu einer effektiven Transparenz führt, weshalb die Bundesregierung die vergleichbare Regelung in dem zu diskutierenden Entwurf der Datenschutz-Grundverordnung für sinnvoll halte.

Teil 2:
Kommentierung TMG
(Auszug)

Einführung

Literatur: *Erkeling*, Datenschutz in Online-Spielen und anderen virtuellen Welten, DuD 2001, S. 116; *Heidrich/Wegener*, Sichere Datenwolken – Cloud Computing und Datenschutz, MMR 2010, S. 803; *Hoeren*, Das Telemediengesetz, NJW 2007, S. 801; *Holzner*, Private Nutzung von E-Mail und Internet am Arbeitsplatz, BB 2009, S. 2148; *Jotzo*, Gilt deutsches Datenschutzrecht auch für Google, Facebook & Co. bei grenzüberschreitendem Datenverkehr?, MMR 2009, S. 232; *Karg/Fahl*, Rechtsgrundlagen für den Datenschutz in sozialen Netzwerken, K&R 2011, S. 453; *Kremer*, Datenschutz bei Entwicklung und Nutzung von Apps und Smart Devices, CR 2012, S. 438; *Lober/Falker*, Datenschutz bei mobilen Endgeräten, K&R 2013, S. 357; *Nägele/Jacobs*, Rechtsfragen des Cloud Computing, ZUM 2010, S. 281; *Ott*, Das Internet vergisst nicht – Rechtsschutz für Suchobjekte, MMR 2009, S. 158; *Ott*, Schutz der Nutzerdaten bei Suchmaschinen – Oder: Ich weiß, wonach du letzten Sommer gesucht hast ..., MMR 2009, S. 448; *Piltz*, Rechtswahlfreiheit im Datenschutzrecht?, K&R 2012, S. 640; *Rössel*, Telemediengesetz, ITRB 2007, S. 158; *Roßnagel*, Das Telemediengesetz – Neuordnung für Informations- und Kommunikationsdienste, NVwZ 2007, S. 743; *Schuster/Reichl*, Cloud Computing & SaaS: Was sind die wirklich neuen Fragen?, CR 2010, S. 38; *Voigt*, Datenschutz bei Google, MMR 2009, S. 377; *Weichert*, BDSG-Novelle zum Schutz von Internet-Inhaltsdaten, DuD 2009, S. 7.

I. Allgemeines

1. Entstehung und Ziel des TMG

Das TMG fasst die wirtschaftsbezogenen Regelungen für Telemedien in einem Gesetz zusammen, die ehemals gesondert für sogenannte Teledienste im Teledienste-   **1**

gesetz (TDG)[1] und im Teledienstedatenschutzgesetz (TDDSG)[2] sowie für sogenannte Mediendienste im Mediendienstestaatsvertrag (MDStV)[3] enthalten waren.[4]
Vorausgegangen war eine Einigung zwischen Bund und Ländern über die Vereinheitlichung des Rechtsrahmens für elektronische Medien, die auch die Zusammenfassung der Jugendschutzvorschriften in dem Jugendmedienschutz-Staatsvertrag
der Länder umfasste.[5] Die Zielsetzung des TMG besteht deshalb in der Schaffung
einheitlicher, wirtschaftlicher Rahmenbedingungen für die Erbringung von Telemediendiensten.[6]

2 Das TMG dient in teilweiser Ersetzung des TDG, TDDSG und MDStV dabei auch
der Umsetzung der EG-Richtlinie über den elektronischen Geschäftsverkehr[7] und –
im Hinblick auf die bereichsspezifischen Datenschutzregeln in §§ 11 ff. TMG – der
EG-Richtlinie 95/46/EG[8] sowie in Teilen auch der Richtlinie 2002/58/EG.[9]

2. Inhalt des TMG im Überblick

3 Das TMG beinhaltet neben den Bestimmungen zur Festlegung des Anwendungsbe-
reichs einschließlich der Begriffsbestimmungen (§§ 1–3 TMG) im Wesentlichen
Vorschriften zu folgenden Regelungsbereichen:
– allgemeine und besondere Informationspflichten der Anbieter von Telemedien
  (§§ 5, 6 TMG);
– Verantwortlichkeit und Haftung der Diensteanbieter (§§ 7–10 TMG);
– Schutz der personenbezogenen Daten der Nutzer von Telemedien (§§ 11–15a
  TMG) und
– Bußgeldregelungen (§ 16 TMG).

---

1 Teledienstegesetz v. 22.7.1997; BGBl. I, S. 1870; zuletzt geändert durch das Elektronische-
  Geschäftsverkehr-Vereinheitlichungs-Gesetz v. 26.2.2007; BGBl. I, S. 179.
2 Teledienstedatenschutzgesetz v. 22.7.1997; BGBl. I, S. 1871; zuletzt geändert durch das
  Elektronische-Geschäftsverkehr-Vereinheitlichungs-Gesetz v. 26.2.2007; BGBl. I, S. 179.
3 Mediendienstestaatsvertrag v. 20.1.1997, BayGVBl. 1997, S. 225; zuletzt geändert durch
  den 9. Rundfunkänderungsstaatsvertrag v. 31.7.2006, BayGVBl. 2007, S. 239.
4 *Rössel*, ITRB 2007, S. 158 (158); zur historischen Entwicklung des TMG *Hoeren*, NJW
  2007, S. 801 (801); *Roßnagel*, NVwZ 2007, S. 743 (744).
5 Vgl. dazu im Einzelnen *Heckmann*, jurisPK-Internetrecht, Kap. 1.11, Rn. 2 f.
6 In diesem Sinne auch der ehemals in § 1 TDG niedergelegte Gesetzeszweck; dazu *Spindler*,
  in: Spindler/Schmitz/Geis, TDG, § 1 Rn. 1 ff.
7 Richtlinie 2000/31/EG des Europäischen Parlaments und des Rates vom 8.6.2000 über bestimmte rechtliche Aspekte der Dienste der Informationsgesellschaft, insbesondere des
  elektronischen Geschäftsverkehrs, im Binnenmarkt; ABl. EG Nr. L 278/1 vom 17.7.2000.
8 Richtlinie 95/46/EG des Europäischen Parlaments und des Rates vom 24.10.1995 zum
  Schutz natürlicher Personen bei der Verarbeitung personenbezogener Daten und zum freien
  Datenverkehr; ABl. EG Nr. L 281/31.
9 Richtlinie 2002/58/EG des Europäischen Parlaments und des Rates vom 12.7.2002 über die
  Verarbeitung personenbezogener Daten und den Schutz der Privatsphäre in der elektronischen Kommunikation; ABl. EG Nr. L 201/37.

II. Anwendungsbereich und Begriffsbestimmungen

1. Der Begriff der Telemedien

Der Begriff der „Telemedien" ist in § 1 Abs. 1 Satz 1 TMG indirekt definiert als 4
„elektronische Informations- und Kommunikationsdienste, soweit sie nicht Telekommunikationsdienste nach § 3 Nr. 24 TKG, telekommunikationsgestützte Dienste nach § 3 Nr. 25 TKG oder Rundfunk nach § 2 des Rundfunkstaatsvertrages sind".
Elektronische Informations- und Kommunikationsdienste im Sinne dieser Definition sind elektronisch erbrachte Dienste, mit denen Inhalte jeglicher Art (u. a. Bild-,
Text- oder Toninhalte) bereitgestellt und die durch Telekommunikation übermittelt
werden.[10]

Dem TMG unterfallende Telemediendienste stellen deshalb insbesondere Websites 5
und andere Internet-Angebote dar,[11] auch in spezifischen Ausgestaltungen als Mei-
nungsforen,[12] Weblogs, Wikis, Online-Spielen einschließlich virtuellen Welten[13]
etc. Erfasst sind auch Onlineshops einschließlich sog. App-Stores[14] und andere
elektronische Bestell- und Buchungsdienste, Handelsplattformen, Internetauktio-
nen sowie Erscheinungsformen der elektronischen Presse und andere Informations-
angebote.[15] Auch **Cloud Services** können Telemediendienste darstellen mit der Folge, dass im Verhältnis zu dem Auftraggeber die Datenschutzvorschriften des TMG
anwendbar wären.[16] **Soziale Netzwerke** setzen sich typischerweise aus einer Vielzahl einzelner Dienstelemente zusammen, sodass eine einheitliche Einordnung
nicht möglich ist.[17] Viele Dienstelemente werden aber als Telemedium einzustufen
sein. Das gilt auch für sogenannte Fanpages, die Personen oder Unternehmen als
Unterseite eines sozialen Netzwerks betreiben.[18]

2. Abgrenzung zu TKG und RfStV

Ein Telemediendienst liegt gemäß § 1 Abs. 1 Nr. 1 TMG nicht vor, soweit es sich 6
bei dem elektronischen Informations- oder Kommunikationsdienst um einen „reinen" Telekommunikationsdienst handelt, der ganz in der Übertragung von Signalen
über Telekommunikation gemäß § 3 Nr. 24 TMG besteht. Zu Letzteren gehören die

---

10 *Holznagel/Ricke*, in: Spindler/Schuster, Recht der elektronischen Medien, § 1 TMG Rn. 4.
11 *Holznagel/Ricke*, in: Spindler/Schuster, Recht der elektronischen Medien, § 1 TMG
   Rn. 10.
12 *Heckmann*, jurisPK-Internetrecht, Kap. 1.1, Rn. 54.
13 *Erkeling*, DuD 2001, S. 116 (118).
14 *Lober/Falker*, K&R 2013, S. 357 (359).
15 *Heckmann*, jurisPK-Internetrecht, Kap. 1.1, Rn. 55 f.
16 *Heidrich/Wegener*, MMR 2010, S. 803 (805); a. A.: *Schuster/Reichl*, CR 2010, S. 38 (42);
   Nägele/Jacobs, ZUM 2010, S. 281 (290).
17 *Karg/Fahl*, K&R 2011, S. 453 (456).
18 LG Aschaffenburg K&R 2011, 809 (810); *Hullen/Roggenkamp*, in: Plath, BDSG, § 11
   TMG Rn. 7.

„klassischen Telekommunikationsdienste" der Bereitstellung von Teilnehmeranschlüssen und der Übertragung von Sprache und Daten.[19] Uneinigkeit besteht darüber, ob aus dem Anwendungsbereich des TMG auch das Access-Providing und E-Mail-Dienste ausgeklammert sind.[20] Unter telekommunikationsgestützte Dienste im Sinne von § 3 Nr. 25 TKG, die ebenfalls vom Anwendungsbereich des TMG ausgeklammert sind, fallen insbesondere Telefonmehrwertdienste wie etwa die Vermittlung zu Mehrwertdiensten z.B. über 0900-Nummern und Internet-Dialer.[21] Nicht unter das TMG fällt die Internet-Telefonie (VoIP).[22] Bei sogenannten Apps kommt es auf die konkreten Funktionalitäten an: Stellt eine App z.B. über VoIP Telefonfunktionen bereit oder übernimmt die App für den Nutzer das Veröffentlichen oder Teilen von Inhalten, kann ein Telekommunikationsdienst i.S.v. § 3 Nr. 24 TKG vorliegen.[23]

7 Soweit ein Telemediendienst jedoch nicht ganz, sondern nur „überwiegend" in der Übertragung von Signalen über Telekommunikationsnetze besteht, findet das TMG grundsätzlich Anwendung; § 11 Abs. 3 TMG erklärt für diesen Fall jedoch explizit einige der Datenschutzvorschriften des TMG für unanwendbar.[24]

8 Keinen Telemediendienst im Sinne von § 1 Abs. 1 Nr. 1 TMG stellen außerdem solche Informations- und Kommunikationsdienste dar, die als Rundfunk anzusehen sind. Gemäß § 2 Abs. 1 Satz 1 und 2 Rundfunkstaatsvertrag ist Rundfunk ein linearer Informations- und Kommunikationsdienst im Sinne einer für die Allgemeinheit und zum zeitgleichen Empfang bestimmten Veranstaltung und Verbreitung von Angeboten in Bewegtbild oder Ton entlang eines Sendeplans unter Benutzung elektromagnetischer Schwingungen. Der Begriff schließt Angebote ein, die verschlüsselt verbreitet werden oder gegen besonderes Entgelt empfangbar sind. Alle Dienste, die in besonderem Maße zur öffentlichen Meinungsbildung geeignet und bestimmt sind, was auch eine „massenmediale" Wirkung voraussetzt, sind dabei als Rundfunk einzustufen. Dies gilt grundsätzlich unabhängig von der Form der technischen Verbreitung, sodass auch über das Internet verbreitete Inhalte „Rundfunk" darstellen können, etwa in der Form von Live-Streaming- und Web-Casting-Angeboten.[25]

9 In datenschutzrechtlicher Hinsicht ist die Abgrenzung zu Telekommunikationsdiensten und Rundfunk deshalb relevant, weil das TKG und auch der RfStV von den §§ 11 ff. TMG abweichende Datenschutzvorschriften enthalten; und zwar in §§ 91 ff. TKG und §§ 47 und 57 RfStV.

---

19 *Schmitz*, in: Spindler/Schuster, Recht der elektronischen Medien, § 1 TMG Rn. 16.
20 Vgl. dazu die Kommentierung zu § 11 TMG Rn. 35.
21 *Holznagel/Ricke*, in: Spindler/Schuster, Recht der elektronischen Medien, § 1 TMG Rn. 8.
22 *Holzner*, BB 2009, S. 2148 (2148); *Rössel*, ITRB 2007, S. 158 (159).
23 *Kremer*, CR 2012, S. 438 (441).
24 Vgl. die Kommentierung zu § 11 TMG Rn. 33.
25 *Roßnagel*, NVwZ 2007, S. 743 (745); *Holznagel/Ricke*, in: Spindler/Schuster, Recht der elektronischen Medien, § 1 TMG Rn. 19.

Moos

3. Herkunftslandprinzip und internationale Anwendbarkeit

Zu der Frage der internationalen Anwendbarkeit des TMG enthält § 3 TMG das so **10** genannte Herkunftslandprinzip. In Umsetzung von Art. 3 der EG-Richtlinie über den elektronischen Geschäftsverkehr[26] bestimmt diese Vorschrift, dass die Diensteanbieter im Regelungsbereich des Herkunftslandprinzips (dem sog. koordinierten Bereich) auch bei einer grenzüberschreitenden Tätigkeit grundsätzlich nur den gesetzlichen Anforderungen desjenigen Mitgliedstaates unterliegen sollen, in dem sie niedergelassen sind.[27] Das Verhältnis des Herkunftslandprinzips zum Kollisionsrecht ist dabei nach wie vor nicht geklärt und im Einzelnen umstritten.[28] § 3 TMG ist besonders für Diensteanbieter mit Sitz in einem anderen EG-Mitgliedstaat relevant, die ihre Dienste nach Deutschland hinein erbringen. Gemäß § 3 Abs. 2 TMG verdrängt das Sachrecht des Niederlassungsstaates in diesem Fall das deutsche materielle Recht,[29] sodass die betroffenen ausländischen Telemedienanbieter nur den Anforderungen ihres Herkunftsstaates genügen müssen.

In Umsetzung der Richtlinienvorgaben sind in § 3 Abs. 3 und 4 TMG jedoch zahl- **11** reiche generelle Ausnahmen von der Geltung des Herkunftslandprinzips verankert. Insgesamt ausgenommen vom Herkunftslandprinzip ist gemäß § 3 Abs. 3 Nr. 4 TMG unter anderem das gesamte Datenschutzrecht.[30] Damit bestimmt sich die Anwendung der in §§ 11 ff. TMG enthaltenen Datenschutzvorschriften nicht nach dem Herkunftslandprinzip, sondern – mangels bereichsspezifischer Sondervorschriften – nach den allgemeinen Kollisionsvorschriften des BDSG.[31]

Gemäß § 1 Abs. 5 BDSG ist für die Bestimmung der Anwendbarkeit des deutschen **12** Datenschutzrechts – einschließlich der Datenschutzvorschriften des TMG – innerhalb des EWR, also den EU-Mitgliedstaaten zuzüglich Norwegen, Island und Liechtenstein, auf den Sitz der verantwortlichen Stelle abzustellen (Sitzprinzip).[32] §§ 11 ff. TMG finden somit grundsätzlich keine Anwendung, wenn die verantwortliche Stelle ihren Sitz in einem anderen EWR-Mitgliedstaat hat.[33] Es ist in diesen Fällen vielmehr das Datenschutzrecht des jeweiligen Sitzstaates anzuwenden.

---

26 Richtlinie 2000/31/EG des Europäischen Parlaments und des Rates vom 8.6.2000 über bestimmte rechtliche Aspekte der Dienste der Informationsgesellschaft, insbesondere des elektronischen Geschäftsverkehrs, im Binnenmarkt; ABl. EG Nr. L 278/1 vom 17.7.2000.

27 Vgl. dazu ausführlich *Pfeiffer/Weller/Nordmeier*, in: Spindler/Schuster, Recht der elektronischen Medien, § 3 TMG Rn. 2 ff.; *Heckmann*, jurisPK-Internetrecht, Kap. 1.3, Rn. 3.

28 Vgl. *Spindler*, in: Spindler/Schmitz/Geis, TDG, § 4 Rn. 17 ff.; *Heckmann*, jurisPK-Internetrecht, Kap. 1.3, Rn. 7.

29 *Heckmann*, jurisPK-Internetrecht, Kap. 1.3, Rn. 12; *Pfeiffer/Weller/Nordmeier*, in: Spindler/Schuster, Recht der elektronischen Medien, § 3 TMG Rn. 7; s. auch § 1 Rn. 47 ff.

30 *Spindler*, in: Spindler/Schmitz/Geis, TDG, § 4 Rn. 44.

31 *Jotzo*, MMR 2009, S. 232 (234).

32 *Gola/Schomerus*, BDSG, § 1 Rn. 27.

33 So im Ergebnis auch *Weichert*, in: Däubler/Klebe/Wedde/Weichert, BDSG, § 1 Rn. 19.

13 Das deutsche Datenschutzrecht ist in diesen Fällen nur ausnahmsweise dann anzuwenden, wenn die (ausländische) verantwortliche Stelle eine Niederlassung in der Bundesrepublik besitzt. Für die Datenerhebungen, -verarbeitungen und -nutzungen durch diese deutsche Niederlassung gilt dann deutsches Datenschutzrecht. Eine solche Niederlassung im Sinne von § 1 Abs. 5 Satz 1 BDSG erfordert keine bestimmte Rechtsform, sondern gemäß Erwägungsgrund 19 der EG-DSRl lediglich, dass eine Tätigkeit mittels einer festen Einrichtung effektiv und tatsächlich ausgeübt wird. Insoweit kann auf die Definition in § 4 Abs. 3 Gewerbordnung (GewO) zurückgegriffen werden, wonach eine Niederlassung vorhanden ist, wenn der Gewerbetreibende einen zum dauernden Gebrauch eingerichteten, ständig oder in regelmäßiger Wiederkehr von ihm benutzten Raum für den Betrieb seines Gewerbes besitzt.[34]

14 Ein Unternehmen, das Dienstleistungen über das Internet anbietet, gilt dort als niedergelassen, wo es seine wirtschaftliche Tätigkeit ausübt, und nicht dort, wo sich die technischen Einrichtungen für diese Website befinden oder wo auf die Website zugegriffen werden kann.[35] Ein Direktmarketingunternehmen, welches in London registriert ist und dort seine EU-weiten Kampagnen entwickelt, ist deshalb selbst dann nicht in Deutschland niedergelassen, wenn es im Inland einen Webserver betreiben würde.[36]

15 In Bezug auf Diensteanbieter, die in Drittstaaten (also allen Nicht-EWR-Mitgliedstaaten) niedergelassen sind, gilt das sogenannte Territorialitätsprinzip, wonach es für die Anwendbarkeit des deutschen Datenschutzrechts auf den Ort der Datenverarbeitung ankommt.[37] Entgegen anderslautender Stimmen in der Literatur[38] wird eine Anwendbarkeit der Datenschutzvorschriften des TMG deshalb nicht allein dadurch begründet, dass sich der Telemediendienst an Nutzer in Deutschland richtet.[39] Auch die Rechtsprechung,[40] nach der die bestimmungsgemäße Veröffentlichung personenbezogener Daten eines Betroffenen in Deutschland als eine Übermittlung dieser Daten innerhalb Deutschlands eingestuft wird, für die deutsches Datenschutzrecht gelte, steht nicht im Einklang mit den gesetzlichen Vorschriften. Auf Datenverarbeitungsvorgänge von Unternehmen, die nicht im EWR niedergelassen sind, kann das deutsche Datenschutzrecht nur angewandt werden, wenn sich im deutschen Hoheitsgebiet automatisierte oder nicht automatisierte Mittel befinden,

---

34 *Gola/Schomerus*, BDSG, § 1 Rn. 28; *Dammann*, in: Simitis, BDSG, § 1 Rn. 203.

35 Richtlinie 2000/31/EG, Erwägungsgrund 19, ABl. EG Nr. L 278/1 vom 17.7.2000.

36 Beispiel nach *Art. 29-Datenschutzgruppe*, Arbeitspapier über die Frage der internationalen Anwendbarkeit des EU-Datenschutzrechts bei der Verarbeitung personenbezogener Daten im Internet durch Websites außerhalb der EU, WP 56, angenommen am 30.5.2002, S. 9; http://ec.europa.eu/justice_home/fsj/privacy/docs/wpdocs/2002/wp56_de.pdf.

37 *Gola/Schomerus*, BDSG, § 1 Rn. 29.

38 *Erkeling*, DuD 2001, S. 116 (120).

39 Für eine entsprechende Änderung der Datenschutzvorschriften: *Nägele/Jacobs*, ZUM 2010, S. 281 (290); die Ausrichtung des Angebots auf deutsche Nutzer als zusätzliches Kriterium annehmend: *Hullen/Roggenkamp*, in: Plath, BDSG, § 11 TMG Rn. 24.

40 OLG Hamburg ZD 2011, 138 m. Anm. *Arning*.

auf die bei der Datenverarbeitung zurückgegriffen wird. Dafür kann die Platzierung eines Daten verarbeitenden Server-Rechners,[41] der Betrieb von Übertragungsleitungen oder eines Modems im deutsche Hoheitsgebiet und ggf. schon der Einsatz von Cookies[42] sowie von Java-Scripts, Bannern und Spyware-Programmen[43] ausreichen, die Daten unter Einsatz eines in Deutschland befindlichen Client-Rechners erheben. Die Verwendung solcher Technologien allein reicht freilich nicht aus. Entscheidend ist darauf abzustellen, ob die automatisierten Mittel durch die ausländische Stelle gesteuert bzw. administriert werden, also Einfluss auf die Datenerhebung ausgeübt wird oder werden kann. Das kann abzulehnen sein, wenn die Kontrolle beim Nutzer liegt.

Einer Rechtswahl ist das Datenschutzrecht nicht zugänglich,[44] sodass die Geltung der Datenschutzvorschriften des TMG auch nicht durch Wahl eines anderen Rechtsstatuts abbedungen werden kann.   **16**

III. Verantwortlichkeit und Haftung

1. Grundlagen der Haftungsprivilegierung gemäß §§ 7 ff. TMG

Die §§ 7–10 TMG enthalten ein ausdifferenziertes System von Verantwortlichkeitsprivilegierungen, durch das die europarechtlichen Vorgaben der Art. 12–15 der Richtlinie über elektronischen Geschäftsverkehr umgesetzt wird. Nach herrschender Meinung fungieren die §§ 7 ff. TMG dabei als „Filter", der eine Verantwortlichkeit des Diensteanbieters aufgrund der allgemeinen Gesetze in bestimmten Fallgestaltungen abmildert bzw. entfallen lässt.[45] So regelt § 7 Abs. 1 TMG die Haftung des Diensteanbieters für eigene Inhalte; § 8 TMG betrifft die Haftung (des Access-Providers) für die Zugangsgewährung zu fremden Inhalten, § 9 TMG regelt den Sonderfall des „Caching" und § 10 TMG hat die Haftung (des Host-Providers) für fremde Inhalte zum Gegenstand.   **17**

Für eigene Informationen sind Anbieter danach voll verantwortlich (§ 7 Abs. 1 TMG), für fremde Informationen, die sie nur in einem Kommunikationsnetz über-   **18**

---

41 *Voigt*, MMR 2009, S. 377 (378).
42 *Ott*, MMR 2009, S. 158 (160); *Ott*, MMR 2009, S. 448 (459); *Weichert*, in: Däubler/Klebe/ Wedde/Weichert, BDSG, § 1 Rn. 19; Art. 29-Datenschutzgruppe, Stellungnahme 1/2008 zu Datenschutzfragen im Zusammenhang mit Suchmaschinen, WP 148, angenommen am 4.4.2008, S. 12; http://ec.europa.eu/justice_home/fsj/privacy/docs/wpdocs/2008/wp148_ de.pdf.
43 Art. 29-Datenschutzgruppe, Arbeitspapier über die Frage der internationalen Anwendbarkeit des EU-Datenschutzrechts bei der Verarbeitung personenbezogener Daten im Internet durch Websites außerhalb der EU, WP 56, angenommen am 30.5.2002, S. 13 f.; http:// ec.europa.eu/justice_home/fsj/privacy/docs/wpdocs/2002/wp56_de.pdf.
44 *Piltz*, K&R 2012, S, 640 (645); a. A. wohl LG Berlin K&R 2012, 300 (302).
45 Vgl. dazu im Einzelnen *Hoffmann*, in: Spindler/Schuster, Recht der elektronischen Medien, Vorbem. §§ 7 ff. TMG Rn. 26 ff.

mitteln oder zu denen sie nur den Zugang zur Nutzung vermitteln, tragen sie keine Verantwortung (§ 8 Abs. 1 TMG). Soweit sie Informationen nur automatisch und zeitlich begrenzt zwischenspeichern, gilt die gleiche Rechtsfolge, wenn sie die Informationen unverzüglich entfernen oder sperren, sobald sie erfahren, dass sie am Ursprungsort entfernt oder gesperrt wurden oder dies gerichtlich angeordnet wurde (§ 9 TMG). Soweit Anbieter fremde Informationen für einen Nutzer speichern, trifft sie keine Mitverantwortung, wenn sie keine Kenntnis vom rechtswidrigen Inhalt dieser Informationen haben oder sie nach Kenntniserlangung unverzüglich tätig geworden sind, um die Informationen zu sperren oder zu entfernen (§ 10 TMG). Die Anbieter sind nach § 7 Abs. 2 Satz 1 TMG nicht verpflichtet, die Informationen zu überwachen oder nach Umständen zu forschen, die auf eine rechtswidrige Tätigkeit hinweisen.

19 Die Reichweite der Haftungsprivilegierung ist dabei im Einzelnen umstritten. Nach der Rechtsprechung des BGH gelten die §§ 7 ff. TMG nicht für zivilrechtliche Unterlassungsansprüche, sodass es insoweit bei einer Haftung der Diensteanbieter nach den allgemeinen Gesetzen (also einer Verantwortlichkeit als Täter oder Teilnehmer) bleibt.[46] Das hat zur Folge, dass auch die Grundsätze der sogenannten Störerhaftung für Anbieter von Telemedien uneingeschränkt greifen. Danach haftet als Störer derjenige auf Unterlassung, der – ohne Täter oder Teilnehmer zu sein – in irgendeiner Weise willentlich und adäquat kausal zur Verletzung eines geschützten Gutes beiträgt, wobei die Haftung des Störers nach der Rechtsprechung des BGH die Verletzung von Prüfungspflichten voraussetzt, deren Umfang sich danach bestimmt, ob und inwieweit dem als Störer in Anspruch Genommenen nach den Umständen eine Prüfung zuzumuten ist.[47]

20 Nach der Lesart des BGH betreffen die Haftungsprivilegierung in §§ 7 ff. TMG nur die strafrechtliche Verantwortlichkeit und die Haftung auf Schadensersatz.[48] Keine Einigkeit besteht zu der Frage, inwieweit auch die polizeirechtliche bzw. ordnungsbehördliche Verantwortlichkeit durch die §§ 7 ff. TMG eingeschränkt wird. Überwiegend wird vertreten, dass es sich bei den Haftungsprivilegierungen um Spezialregelungen zum Straf-, Zivil-, Verwaltungs- und Jugendschutzrecht handelt.[49]

2. Geltung im Bereich des Datenschutzes

21 Im Bereich des Datenschutzrechts finden die Regelungen zur Verantwortlichkeit gemäß §§ 7 ff. TMG jedoch keine Anwendung.[50] Das ergibt sich aus Art. 1 Abs. 5b

---

46 BGHZ 158, 236 = MMR 2004, 668; BGHZ 172, 119 = NJW 2007, 2636; BGH NJW 2008, 758.
47 BGH NJW 1997, 2180; BGH NJW 2004, 3102.
48 BGHZ 158, 236 = NJW 2004, 3102 (3104).
49 Vgl. *Roßnagel*, NVwZ 2007, S. 243 (747).
50 So im Ergebnis auch *Weichert*, DuD 2009, S. 7 (9); a. A. wohl *Spindler*, in: Spindler/Schmitz/Geis, TDG, § 8 Rn. 19 f.

i.V.m. Erwägungsgrund Nr. 14 der EG-Richtlinie über den elektronischen Geschäftsverkehr, wonach die Datenschutzrichtlinien 95/46/EG und 97/66/EG von deren Anwendungsbereich explizit ausgenommen sind. Dies begründet sich damit, dass die Datenschutzrichtlinien per se uneingeschränkt auf Telemedien bzw. – in der Terminologie der Richtlinie – auf die Dienste der Informationsgesellschaft anwendbar sind und der Richtliniengeber deshalb von weiteren Datenschutzregeln innerhalb der Richtlinie über den elektronischen Geschäftsverkehr gerade abgesehen hat.[51] Daraus folgt, dass die Verantwortlichkeitsregeln der §§ 7 ff. TMG weder die datenschutzrechtliche Haftung in Bezug auf Bestands- oder Nutzungsdaten nach TMG, noch in Bezug auf sogenannte Inhaltsdaten[52] betreffen. Die datenschutzrechtliche Verantwortlichkeit der Anbieter von Telemediendiensten bestimmt sich allein nach § 3 Abs. 7 BDSG,[53] wobei die trennscharfe Zuweisung und Abgrenzung datenschutzrechtlicher Verantwortlichkeiten im Bereich der Telemediendienste aufgrund verteilter Datenverarbeitungen zunehmend schwierig wird.[54]

---

51 *Hoffmann*, in: Spindler/Schuster, Recht der elektronischen Medien, Vorbem. §§ 7 ff. TMG Rn. 14.
52 *Weichert*, DuD 2009, S. 7 (11).
53 *Weichert*, in: Däubler/Klebe/Wedde/Weichert, BDSG, § 3 Rn. 57.
54 § 11 TMG Rn. 28.

Datenschutz

§ 11 Anbieter-Nutzer-Verhältnis

(1) Die Vorschriften dieses Abschnitts gelten nicht für die Erhebung und Verwendung personenbezogener Daten der Nutzer von Telemedien, soweit die Bereitstellung solcher Dienste

1. im Dienst- und Arbeitsverhältnis zu ausschließlich beruflichen oder dienstlichen Zwecken oder

2. innerhalb von oder zwischen nicht öffentlichen Stellen oder öffentlichen Stellen ausschließlich zur Steuerung von Arbeits- oder Geschäftsprozessen erfolgt.

(2) Nutzer im Sinne dieses Abschnitts ist jede natürliche Person, die Telemedien nutzt, insbesondere um Informationen zu erlangen oder zugänglich zu machen.

(3) Bei Telemedien, die überwiegend in der Übertragung von Signalen über Telekommunikationsnetze bestehen, gelten für die Erhebung und Verwendung personenbezogener Daten der Nutzer nur § 15 Absatz 8 und § 16 Absatz 2 Nummer 4.

Literatur: *Alich/Voigt,* Facebook-Like-Button und Co. – Datenschutzrechtliche Verantwortlichkeit der Webseitenbetreiber, NJW 2011, S. 3541; *Altenburg/Reinersdorff/Leister,* Telekommunikation am Arbeitsplatz, MMR 2005, S. 135; *Beckschulze/Henkel,* Der Einfluss des Internets auf das Arbeitsrecht, DB 2001, S. 1491; *Blömer/Moos,* Datenschutz und Datensicherheit, in: Kaminski/Henßler/Kolaschnik/Papathoma-Baetge, Rechtshandbuch E-Business, Köln 2001, S. 199; *Breyer,* Vorratsdatenspeicherung von IP-Adressen durch Access-Provider, DuD 2003, S. 491; *Erkeling,* Datenschutz in Online-Spielen und anderen virtuellen Welten, DuD 2011, S. 116; *Ernst,* Social Plugins: Der „Like-Button" als datenschutzrechtliches Problem, NJOZ 2010, S. 1917; *Fetzer,* Internet und Datenschutz im Telemediengesetz, DRiZ 2007, S. 206; *Flisek,* Datenschutzrechtliche Fragen des E-Learning an Hochschulen, CR 2004, S. 62; *Gola,* Neuer Tele-Datenschutz für Arbeitnehmer? – Die Anwendung von TKG und TDDSG im Arbeitsverhältnis, MMR 1999, S. 322; *Holzner,* Private Nutzung von E-Mail und Internet am Arbeitsplatz, BB 2009, S. 2148; *Imhof,* One-to-One-Marketing im Internet – Das TDDSG als Marketinghindernis, CR 2000, S. 110; *Jandt,* Das neue TMG – Nachbesserungsbedarf für den Datenschutz im Mehrpersonenverhältnis, MMR 2006, S. 652; *Jandt/Roßnagel,* Datenschutz in Social Networks – Kollektive Verantwortlichkeit für die Datenverarbeitung, ZD 2011, S. 160; *Kamps,* in: Lehmann/Meents, Handbuch des Fachanwalts für Informationstechnologierecht, Köln 2008, S. 929; *Kremer,* Datenschutz bei Entwicklung und Nutzung von Apps und Smart Devices, CR 2012, S. 438; *Kühling/Klar,* Datenschutz bei Mehrwertdiensten – Abgrenzungsschwierigkeiten am Beispiel des „Handyparkens", RDV 2011, S. 71; *Lindemann/Simon,* Betriebsvereinbarungen zur E-Mail-, Internet- und Intranet-Nutzung, BB 2001, S. 1950; *Mengel*, Kontrolle der Telefonkommunikation am Arbeitsplatz, BB 2004, S. 1445; *Mengel*, Kontrolle der E-Mail- und Internetkommunikation am Arbeitsplatz, BB 2004, 2014; *Mester*, Arbeitnehmerdatenschutz, Edewecht 2008; *Moos*, Share this – geteilte oder gemeinsame Verantwortung für Datenschutzkonformität in sozialen Netzwerken, ITRB 2012, S. 226; *Moos*, Die Entwicklung des Datenschutzrechts im Jahr 2011, K&R 2012, S. 151; *Moos*, Dürfen Access-Provider IP-Nummern speichern?, CR 2003, S. 385; *Moos*, Datenschutz im E-Government, in: Kröger/Hoffmann (Hrsg.), Rechtshandbuch zum E-Government, Köln 2005, S. 328; *Moritz*, Zur Zulässigkeit von Google StreetView unter dem Aspekt des Deutschen Datenschutzrechts, K&R Beihefter 2/2010; *Piltz*, Der Like-Button von Facebook, CR 2011, S. 657; *Rammos*, Datenschutzrechtliche Aspekte verschiedener Arten „verhaltensbezogener" Onlinewerbung, K&R 2011, S. 692; *Rieß*, TK-Dienste im Unternehmen, DuD 2001, S. 740; *Schmidl*, E-Mail-Filterung am Arbeitsplatz, MMR 2005, S. 343; *Schmitz*, Telefonanlagenfunktionen „im Netz" des TK-Providers, ZD 2012, S. 104; *Schulz*, Datenschutz beim E-Postbrief, DuD 2011, S. 263; *Schüßler*, Datenschutzrechtliche Verantwortlichkeit des Websitebetreibers in Bezug auf den Like-Button, AnwZert ITR 24/2011, Anm. 2; *Seffer/Schneider*, Behandlung des E-Mail-Accounts ausgeschiedener Organmitglieder, ITRB 2007, S. 264; *Spindler*, Das neue Telemediengesetz – Konvergenz in sachten Schritten, CR 2007, S. 239; *Steidle*, Datenschutz bei Nutzung von Location Based Services im Unternehmen, MMR 2009, S. 167; *Vogel/Glas*, Datenschutzrechtliche Probleme unternehmensinterner Ermittlungen, DB 2009, S. 1747; *Weißnicht*, Die Nutzung des Internet am Arbeitsplatz, MMR 2003, S. 448.

Übersicht

I. Allgemeines

1. Europarechtliche Grundlagen

§ 11 TMG hat keine Entsprechung im europäischen Recht. Es handelt sich um eine **1** rein nationale Vorschrift.

2. Gesetzeszweck und Verhältnis zu anderen Vorschriften

2 § 11 TMG dient der Bestimmung des Anwendungsbereichs der Datenschutzvorschriften gemäß Abschnitt 4 des TMG (§§ 11–15a TMG). Es handelt sich insoweit um eine Sonderregelung zu § 1 TMG. Die Regelung in Abs. 1 entspricht inhaltlich weitestgehend dem früheren § 1 Abs. 1 Satz 2 TDDSG in der Fassung des EGG.[1] Sie dient vor dem Hintergrund der weiten Begriffsdefinition der Telemedien in § 1 Abs. 1 Satz 1 TMG der Klarstellung, dass die Datenschutzvorschriften in bestimmten Bereichen nicht gelten sollen.

3 Die Legaldefinition des „Nutzers" in § 11 Abs. 2 TMG dient angesichts der Regelung in § 2 Nr. 3 TMG, wonach „Nutzer" von Telemedien sowohl natürliche als auch juristische Personen sein können, der Klarstellung, dass die Datenschutzvorschriften jedenfalls nur in Bezug auf Informationen über natürliche Personen gelten.

4 Die Regelung in Abs. 3 ist eine Neuregelung des TMG, mit der die Vorschriften zur Bestimmung des Anwendungsbereichs der Datenschutzvorschriften ergänzt werden, soweit Anbieter von Telemedien zugleich dem Telekommunikationsdatenschutz unterliegen. Sie stellt eine Sonderregelung zu § 1 Abs. 2 TMG dar, die von dem Anwendungsbereich des Gesetzes insgesamt nur solche Telekommunikationsdienste nach § 3 Nr. 24 TKG ausnimmt, die ganz in der Übertragung von Signalen über Telekommunikationsnetze bestehen.[2]

II. Ausgenommene Telemedien-Nutzungen (Abs. 1)

1. Erfasste Datenverarbeitungsschritte

5 Nach dem Wortlaut der Vorschrift soll die in Abs. 1 normierte Ausnahme vom Anwendungsbereich der Datenschutzvorschriften für die „Erhebung" und „Verwendung" personenbezogener Nutzerdaten gelten. Der Begriff der „Erhebung" ist legal definiert in § 3 Abs. 3 BDSG als „das Beschaffen von Daten über den Betroffenen".[3]

6 Derzeit nicht legal definiert ist der Begriff der „Verwendung" personenbezogener Daten. Sowohl in § 3 Abs. 4 BDSG als auch in Art. 2 lit. b) EG-Datenschutzrichtlinie wird als Oberbegriff für verschiedene gesetzlich erfasste Vorgänge des Umgangs mit Daten der Terminus der „Verarbeitung" verwendet. Allerdings findet sich der Begriff „Verwenden" auch in § 3 Abs. 5 BDSG und in § 91 Abs. 1 Satz 1 TKG.[4] Insbesondere im Umkehrschluss aus § 3 Abs. 5 BDSG ergibt sich, dass der

---

1 Gesetz über rechtliche Rahmenbedingungen für den Elektronischen Geschäftsverkehr vom 14.12.2001; BGBl. I, 3721.
2 Vgl. Einführung zum TMG Rn. 6.
3 Vgl. § 3 BDSG Rn. 25.
4 Vgl. § 91 TKG Rn. 13.

Begriff des Verwendens weiter ist als derjenige der Verarbeitung, indem er zusätzlich das „Nutzen" personenbezogener Daten umfasst.[5] Dieses Begriffsverständnis lag auch dem Referentenentwurf eines Gesetzes zur Änderung des Bundesdatenschutzgesetzes in der Fassung vom 10.9.2007 zugrunde,[6] der in Art. 1 Nr. 1 die Ergänzung von § 3 BDSG um einen neuen Absatz 5a vorsah, wonach der Begriff „Verwenden" legal definiert werden sollte als „das Verarbeiten und Nutzen personenbezogener Daten". Diese Klarstellung ist allerdings später aus dem Gesetzentwurf wieder gestrichen worden. Im Ergebnis gilt die Ausnahmevorschrift in Abs. 1 gleichwohl für alle denkbaren Datenverarbeitungsschritte.

2. Zwecke der Dienstebereitstellung

In § 11 Abs. 1 TMG sind zwei Konstellationen genannt, in denen die Datenschutzvorschriften des TMG keine Anwendung finden: bei der Nutzung von Telemedien in Dienst- und Arbeitsverhältnissen zu rein beruflichen bzw. dienstlichen Zwecken und bei der Nutzung von Telemedien zur Steuerung von Arbeits- oder Geschäftsprozessen innerhalb oder zwischen öffentlichen oder nicht-öffentlichen Stellen. Die Aufzählung in § 11 Abs. 1 TMG ist abschließend.   **7**

Der Grund für die Ausnahme dieser Konstellationen vom Anwendungsbereich der Datenvorschriften des TMG besteht darin, dass in beiden Fällen zwischen den Beteiligten besondere Interessen bestehen, für die eine Anwendung der über das BDSG hinausgehenden speziellen Regelungen des TMG nicht sachgerecht ist.[7]   **8**

a) Nutzung im Dienst- oder Arbeitsverhältnis

Die Vorschriften im 4. Abschnitt des TMG sind nicht anwendbar, soweit die Bereitstellung der Telemedien im Dienst- und Arbeitsverhältnis zu ausschließlich beruflichen oder dienstlichen Zwecken erfolgt.   **9**

(1) Begriff des Arbeits- bzw. Dienstverhältnisses

Die Definition des Arbeitsverhältnisses folgt den arbeitsrechtlichen Grundsätzen.[8] Die Regelung betrifft daher alle abhängig Beschäftigten. Dienstverhältnisse im Sinne der Vorschrift sind öffentlich-rechtliche Dienstverhältnisse der Beamten, Richter, Soldaten und sonstiger, in einem öffentlich-rechtlichen Dienstverhältnis stehender Personen; nicht aber rein privatrechtliche Dienstverhältnisse im Sinne von § 611 BGB.   **10**

---

5 *Gola/Schomerus*, BDSG, § 3 Rn. 41.
6 Referentenentwurf des BMI vom 10.9.2007, im Internet abrufbar unter: www.voeb.de/de/themen/recht/bundesdatenschutzgesetz_artikel/.
7 Begründung zum EGG, BT-Drs. 14/6098 vom 17.5.2001, S. 27.
8 BAG, Urt. v. 15.3.1978 EzA Nr. 16, 17 zu § 611 BGB; *Reiserer*, in: Moll, Münchner Anwaltshandbuch Arbeitsrecht, § 4 Rn. 2.

11   Dem Wortlaut nach werden somit freie Mitarbeiter und Leiharbeiter nicht von der Regelung erfasst. Die Interessenlage bezüglich der dienstlichen Gebrauchsüberlassung von Telemedien an freie Mitarbeiter und Leiharbeiter ist aber dieselbe wie bei abhängig Beschäftigten. Eine Anwendung der über das BDSG hinausgehenden, dem Schutz von Endverbrauchern dienenden Datenschutzregelungen des TMG[9] ist deshalb auch in diesen Fällen nicht sachgerecht. Die Privilegierung des § 11 Abs. 1 Nr. 1 TMG ist deshalb auf die dienstliche Gebrauchsüberlassung an freie Mitarbeiter und Leiharbeiter zu erstrecken.[10]

(2) Bereitstellung zu ausschließlich beruflichen oder dienstlichen Zwecken

12   In jedem Fall gilt die Ausnahme nur, soweit die Bereitstellung der Telemedien ausschließlich zu dienstlichen oder beruflichen Zwecken erfolgt. Indem das TMG nunmehr im Unterschied zu § 1 Abs. 1 Nr. 1 TDDSG auf die „Bereitstellung" der Telemedien abhebt, ist klargestellt, dass es dabei auf die Festlegung des Dienstherrn ankommt[11] und nicht auf die tatsächliche Nutzung durch die Mitarbeiter. Hat der Dienstherr also nur eine rein dienstliche bzw. berufliche Nutzung von Telemedien gestattet, führt auch eine verbotswidrige Privatnutzung nicht zur Anwendung des 4. Abschnitts des TMG.[12]

13   Die Privilegierung gilt auch, wenn ein anderes, gegebenenfalls outgesourctes Unternehmen den Telemediendienst bereitstellt, da in diesem Fall nicht die Mitarbeiter, sondern das jeweilige Unternehmen Nutzer ist.[13]

14   Gestattet der Dienstherr neben der dienstlichen bzw. beruflichen Nutzung aber auch eine Privatnutzung, so greift die Ausnahmevorschrift in § 11 Abs. 1 Nr. 1 BDSG nicht mit der Folge, dass der Dienstherr im Hinblick auf die bei der Privatnutzung anfallenden personenbezogenen Daten an die Datenschutzvorschriften des TMG gebunden ist. Auf den Umfang der gestatteten Privatnutzung kommt es dabei nicht an. Eine Bereitstellung zu ausschließlich beruflichen oder dienstlichen Zwecken liegt deshalb auch dann nicht vor, wenn die Privatnutzung auf bestimmte Telemedien oder auf Pausenzeiten begrenzt ist.

15   Um rein zu beruflichen Zwecken bereitgestellte Telemedien kann es sich z.B. bei E-Learning-Plattformen, Online-Umfragesystemen oder Bewertungstools handeln. Praxisrelevant wird die Ausnahmeregelung auch bei der Internet- und E-Mail-Nut-

---

9 *Bitkom*, Die Nutzung von E-Mail und Internet im Unternehmen, S. 23.

10 In diesem Sinne auch: Bundesbeauftragter für den Datenschutz, Leitfaden: Datenschutzrechtliche Grundsätze bei der dienstlichen/privaten Internet- und E-Mail-Nutzung am Arbeitsplatz, Stand: September 2005, S. 4; *Schmitz*, in: Spindler/Schmitz/Geis, TDDSG, § 1 Rn. 32; *Gola/Müthlein*, TDDSG, § 1 Rn. 1.6; *Bitkom*, Die Nutzung von E-Mail und Internet im Unternehmen, S. 23.

11 So zum TDDSG auch schon *Schmitz*, in: Spindler/Schmitz/Geis, TDDSG, § 1 Rn. 32.

12 So schon zum TDDSG: *Altenburg/Reinersdorff/Leister*, MMR 2005, S. 135 (136).

13 *Beckschulze/Henkel*, DB 2001, S. 1491 (1495); *Gola*, MMR 1999, S. 322 (328).

zung durch Beschäftigte im Unternehmen oder in Behörden. Bietet ein Unternehmen etwa ein sogenanntes „Mitarbeiter-Portal" im Intranet für die Inanspruchnahme verschiedener Angebote an (z.B. interne Stellenausschreibungen, schwarzes Brett, Unternehmensinformationen, Dokumentenvorlagen etc.), greift das TMG grundsätzlich nicht ein.[14]

Das gilt jedoch nur, wenn ausschließlich eine dienstliche Nutzung zugelassen ist.   **16**
Grundsätzlich ist dies der Fall und eine Privatnutzung verboten.[15] Die Privatnutzung kann aber ausdrücklich, etwa im Arbeitsvertrag oder durch eine Betriebs- oder Dienstvereinbarung gestattet sein. Ob auch eine konkludente im Wege einer sogenannten „betrieblichen Übung" – gestattete Privatnutzung möglich ist, ist umstritten.[16] Durch die Gestattung der privaten Nutzung seiner Kommunikationssysteme wird der Arbeitgeber zum Diensteanbieter sowohl im Sinne des TMG,[17] als auch im Sinne des TKG, sodass er grundsätzlich die Datenschutzbestimmungen beider Gesetze sowie das Fernmeldegeheimnis gemäß § 88 TKG zu beachten hat.[18] Das hat unter anderem zur Folge, dass der Arbeitgeber Nutzungsdaten über die Erbringung des Dienstes hinaus gemäß § 15 TMG nur erheben und verwenden darf, soweit sie für Abrechnungszwecke erforderlich sind.[19] Für den Fall, dass der Arbeitgeber die Privatnutzung – wie zumeist – unentgeltlich gestattet, sind die Daten folglich mit Abschluss des Nutzungsvorgangs zu löschen. Sofern es sich bei den bereitgestellten Telemedien allerdings um Dienste handelt, die ganz oder überwiegend in der Übertragung von Signalen über Telekommunikationsnetze bestehen, gelten die Datenschutzvorschriften des TMG nicht (§ 1 Abs. 1 Satz 1 TMG) oder nur eingeschränkt (§ 11 Abs. 3 TMG).[20] Nutzt ein Mitarbeiter beruflich zur Verfügung gestellte Internet- oder E-Mail-Dienste verbotswidrig zu privaten Zwecken, bleibt es bei einer Anwendung des BDSG; TMG und TKG gelten nicht.[21]

Durch die Verwendung des Begriffs „soweit" in § 11 Abs. 1 TMG ist klargestellt,   **17**
dass die Datenschutzregeln des 4. Abschnitts im Falle der Gestattung privater Nut-

---

14 *Gola*, Datenschutz und Multimedia am Arbeitsplatz, Rn. 142.

15 *Mengel*, BB 2004, S. 2014 (2014); *Kramer*, NZA 2004, S. 457 (461); *Lindemann/Simon*, BB 2001, S. 1950 (1953).

16 Dafür wohl *Schmidl*, MMR 2005, S. 343 (343); *Altenburg/Reinersdorff/Leister*, MMR 2005, S. 135 (135); *Weißnicht*, MMR 2003, S. 448 (448); *Mengel*, BB 2004, S. 2014 (2015); *Beckschulze/Henkel*, DB 2001, S. 1491 (1492); a. A. VG Karlsruhe, BeckRS 2013, 51537.

17 Dies übersehen *Vogel/Glas*, DB 2009, S. 1747 (1752).

18 Arbeitskreis Medien des Düsseldorfer Kreises, Orientierungshilfe zur datenschutzgerechten Nutzung von E-Mail und anderen Internetdiensten am Arbeitsplatz, Stand: 24.9.2007, S. 4; *Scherp/Stief*, BKR 2009, S. 404 (408); *Holzner*, BB 2009, S. 2148 (2149); *Altenburg/Reinersdorff/Leister*, MMR 2005, S. 135 (137); *Gola*, MMR 1999, S. 322 (329); *Mester*, S. 67; a. A.: LAG Berlin-Brandenburg ZD 2011, 43 m. Anm. *Tiedemann*.

19 § 14 TMG Rn. 27.

20 Siehe dazu sogleich § 11 TMG Rn. 33.

21 *Hullen/Roggenkamp*, in: Plath, BDSG § 11 TMG Rn. 18.

zungen nur in Bezug auf solche Nutzungen zu privaten Zwecken anzuwenden sind. Nach einer vereinzelt vertretenen Auffassung[22] sollen die Datenschutzregelungen des TMG und auch des TKG allerdings auch dann für die dienstlichen Nutzungen gelten, wenn eine logische oder physische Trennung zwischen privater und dienstlicher Kommunikation nicht möglich ist. In der Praxis wird bei automatisierten Durchsuchungen „gemischter" Mail-Accounts eine Aussonderung privater Mails häufig durch die Eingrenzung der Suchparameter auf solche Begriffe vorgenommen, die – allein oder in Kombination – nur in dienstlichen E-Mails vorhanden sein können. In jedem Fall ist es geboten, insbesondere bzgl. des E-Mail-Verkehrs Maßnahmen zur Realisierung einer solchen Trennung zu ergreifen, wie etwa die Zuweisung eines separaten E-Mail-Accounts für Privatnutzungen, die Zulassung nur von Webmail-Accounts oder auch die Verpflichtung zur Kennzeichnung privater Mails im Header.

b) Steuerung von Arbeits- oder Geschäftsprozessen

18   Der 4. Abschnitt des TMG gilt außerdem nicht, soweit die Bereitstellung von Telemedien innerhalb von oder zwischen öffentlichen oder nicht-öffentlichen Stellen ausschließlich der Steuerung von Arbeits- oder Geschäftsprozessen dient.

(1) Öffentliche und nicht-öffentliche Stellen

19   Die Ausnahmevorschrift gemäß § 11 Abs. 1 Nr. 2 TMG setzt zunächst voraus, dass die Telemedien innerhalb von oder zwischen öffentlichen oder nicht-öffentlichen Stellen bereitgestellt werden. Die Unterscheidung zwischen öffentlichen und nicht-öffentlichen Stellen erklärt sich aus dem Aufbau des BDSG, welches die Datenverarbeitung durch öffentliche Stellen einerseits und nicht-öffentliche Stellen andererseits in separaten Abschnitten regelt. Öffentliche Stellen sind solche im Sinne von § 2 Abs. 1–3 BDSG, also insbesondere Behörden und andere öffentlich-rechtlich organisierte Einrichtungen. Nicht-öffentliche Stellen sind in § 2 Abs. 4 BDSG definiert als natürliche und juristische Personen, Gesellschaften und andere Personenvereinigungen des privaten Rechts. Jede Daten verarbeitende Stelle ist dabei entweder als öffentliche oder als nicht-öffentliche Stelle einzustufen, sodass sich aus dieser Unterscheidung im Kontext von § 11 Abs. 1 Nr. 2 TMG keine Einschränkung des Anwendungsbereichs ergibt.[23]

20   Die Bereitstellung kann innerhalb einer oder zwischen den entsprechenden Stellen erfolgen. Die Ausnahmevorschrift greift somit zum einen bei unternehmens- bzw. behördeninternen Systemen, wie auch bei Systemen, die zwischen verschiedenen

---

22 Bekanntmachung des Innenministeriums über Hinweise (Nummer 37) zum Bundesdatenschutzgesetz für die private Wirtschaft vom 11.1.1999, Staatsanzeiger für Baden-Württemberg Nr. 2 vom 19.1.1998, S. 8 (10); offenbar auch *Scherp/Stief*, BKR 2009, S. 404 (408).

23 *Taeger*, K&R 2003, S. 220 (222).

Stellen – etwa zwischen Vertragspartnern oder verschiedenen Gesellschaften eines Konzerns – eingerichtet sind.[24]

(2) Bereitstellung zur Steuerung von Arbeits- oder Geschäftsprozessen

Arbeits- und Geschäftsprozesse im Sinne der Vorschrift sind alle Prozesse, die dazu **21** beitragen, ein Arbeits- bzw. Geschäftsziel zu erreichen. Entsprechende Dienste zur Steuerung dieser Arbeits- und Geschäftsprozesse sind z.B. Systeme zur Erfassung und Abrechnung erbrachter Dienstleistungen, Systeme zur Realisierung von Enterprise Application Integration – EAI oder Electronic Data Interchange – EDI (wozu auch Internet- und E-Mail-Applikationen zählen können), Enterprise Resource Planning (ERP)-Systeme, Bankenbuchungssysteme, Produktionsplanungs- und -steuerungssysteme (PPS),[25] Lagerverwaltungssysteme, Verkaufs- oder Einkaufssysteme, Vertriebs- oder Führungsinformationssysteme, Telefon- und Mitarbeiterverzeichnisse[26] etc. Auch Location Based Services zur Steuerung einer Fahrzeugflotte oder zur Koordinierung von Außendienstmitarbeitern unterfallen deshalb ebenso wenig den Datenschutzvorschriften des TMG[27] wie sog. Manufacturing Execution Systems (MES) und andere z.B. mittels RFID-Technik überwachte oder gesteuerte Produktions- und Transportprozesse.[28]

3. Rechtsfolgen

Ist eine der normierten Ausnahmen einschlägig, richtet sich die Erhebung und Ver- **22** wendung von Daten der Beschäftigten im Zusammenhang mit der Nutzung von Internet, E-Mail und anderen Telemedien nach den Vorschriften des BDSG[29] (insbesondere § 32 BDSG), bzw. bei öffentlichen Stellen der Länder nach den Bestimmungen des jeweiligen LDSG;[30] ergänzend ist im Arbeitsverhältnis bei der Verwendung personenbezogener Informationen das allgemeine Persönlichkeitsrecht der Beschäftigten zu beachten.[31] Letzteres verbietet insbesondere eine automatisierte Vollkontrolle des Internet- oder E-Mail-Verkehrs. Bei konkretem Missbrauchsverdacht sowie zu Zwecken der Datenschutzkontrolle, der Datensicherung

---

24 *Rieß*, DuD 2001, S. 740 (741).
25 Die Gesetzesbegründung nennt beispielhaft Systeme, die der Verknüpfung von Produktionsprozessen dienen, z.B. zwischen Herstellern und Zulieferern in der Automobilbranche; Begründung zum EGG, BT-Drs. 14/6098 vom 17.5.2001, S. 27.
26 *Rieß*, DuD 2001, S. 740 (740).
27 *Steidle*, MMR 2009, S. 167 (170): *Hallaschka/Jandt*, MMR 2006, S. 436 (438).
28 *Mester*, Arbeitnehmerdatenschutz, S. 69.
29 *Spindler/Nink*, in: Spindler/Schuster, TMG, § 11 Rn. 10.
30 *Moos*, Datenschutz im E-Government, in: Kröger/Hoffmann, Rechtshandbuch zum E-Government, S. 328 (340).
31 *Altenburg/Reinersdorff/Leister*, MMR 2005, S. 135 (136); *Mengel*, BB 2004, S. 2014 (2015); *Beckschulze/Henkel*, DB 2001, S. 1491 (1493).

und zur Sicherung des ordnungsgemäßen Betriebs der Verfahren sind Protokollierungen aber regelmäßig zulässig.[32]

III. Begriffe des Nutzers und des Anbieters (Abs. 2)

1. Begriffsdefinition

23   In § 11 Abs. 2 TMG wird der Begriff des „Nutzers" im Sinne der Datenschutzvorschriften des TMG legal definiert als eine natürliche Person, die Telemedien nutzt, insbesondere um Informationen zu erlangen oder zugänglich zu machen. Die Regelung entspricht weitgehend § 2 Nr. 2 TDDSG, welcher seinerzeit nachträglich durch das EGG in das Gesetz eingefügt worden war. Sie dient angesichts der Regelung in § 2 Nr. 3 TMG, wonach „Nutzer" von Telemedien sowohl natürliche als auch juristische Personen sein können, der Klarstellung, dass die Datenschutzvorschriften des TMG jedenfalls nur in Bezug auf Informationen über natürliche Personen, nicht aber über juristische Personen[33] gelten. Sie bestätigt insofern den Regelungsgehalt von § 3 Abs. 1 BDSG.

24   Für die Bestimmung des persönlichen Anwendungsbereichs der Datenschutzvorschriften des TMG wird somit nicht auf den Begriff des „Betroffenen" gemäß § 3 Abs. 1 BDSG zurückgegriffen. Betroffener i. S. v. § 3 Abs. 11 BDSG ist jede natürliche Person, auf die sich Daten beziehen.[34] Aufgrund des Fehlens einer funktionalen Eingrenzung ist der Begriff des Betroffenen somit weiter als derjenige des Nutzers. Es ist zwar grundsätzlich denkbar, dass ein Telemediendienst Bezug zu mehreren Personen als Nutzer hat. Die Inkongruenz des Nutzerbegriffs mit demjenigen des Betroffenen kann allerdings zur Folge haben, dass Personen, zu denen im Rahmen der Erbringung von Telemedien Daten erhoben und verwendet werden, nicht mehr als Nutzer i. S. d. TMG, wohl aber als Betroffene i. S. d. BDSG einzustufen sind. Dies hat zur Folge, dass auf die entsprechenden Datenverwendungen ausschließlich die allgemeinen Vorschriften des BDSG anwendbar sind.[35] Das gilt zum Beispiel für Aufnahmen von Personen, die dann über Panorama- oder Bilderdienste im Internet abrufbar gemacht werden.[36] Als weitere Beispiele werden in der Literatur etwa der Beschenkte eines Internet-Geschenkeservice sowie eine mittels Location Based Service überwachte Person genannt.[37] In dieselbe Kategorie könnten auch Empfehlungsempfänger von Web-Mail-basierten Tell-a-Friend-Systemen fallen.

---

32 Bundesbeauftragter für den Datenschutz, Leitfaden: Datenschutzrechtliche Grundsätze bei der dienstlichen/privaten Internet- und E-Mail-Nutzung am Arbeitsplatz, Stand: September 2005, S. 4.
33 *Schaar*, Datenschutz im Internet, Rn. 149.
34 Vgl. § 3 BSDG Rn. 14.
35 *Jandt*, MMR 2006, S. 652 (655); *Heckmann*, jurisPK-Internetrecht, Kap. 1.11, Rn. 31.
36 *Moritz*, K&R Beihefter 2/2010, S. 9.
37 *Jandt*, MMR 2006, S. 652 (653).

Der Abschluss eines Vertrages ist für die Begründung eines Nutzungsverhältnisses **25** im Sinne der Vorschrift nicht erforderlich;[38] auch Nutzungen im vorvertraglichen Bereich werden erfasst.[39] Vielmehr ist die rein faktische Inanspruchnahme des Dienstes notwendige, aber auch hinreichende Voraussetzung, um die jeweilige Person als Nutzer zu qualifizieren. Ein Nutzungsverhältnis wird deshalb auch zu einer Person begründet, die auf Betreiben eines Dritten Telemedien in Anspruch nimmt, sei es auch ohne oder gegen den Willen der betreffenden Person.[40] So ist etwa auch Nutzer eines Telemediendienstes, wer von einem Dritten zu einem Brancheninformationsdienst im Internet angemeldet wurde und sodann von diesem Dienst als Teilnehmer geführt wird.[41]

2. Einzelfälle

Nutzungen im Sinne der Vorschrift können gemäß der beispielhaften Aufzählung **26** insbesondere dem Erlangen oder der Zugänglichmachung von Informationen dienen. Mit dieser Formulierung lehnt sich der Gesetzeswortlaut – wie auch § 2 Nr. 3 TMG – an die Nutzerdefinition in Art. 2 lit. d) ECRL[42] an.

Eine Nutzung zur Erlangung von Informationen besteht etwa in dem Abruf von **27** Webseiten aus dem WWW oder auch in dem Download von Programmen oder Dateien.[43] Der Zugänglichmachung von Informationen kann z.B. die Einstellung eines Beitrages in einem Blog oder eines Versteigerungsangebots bei einer Online-Auktionsseite sowie auch die Erstellung einer persönlichen Seite in einem sozialen Netzwerk dienen. Indem die Definition allein auf die Rolle des Beteiligten abstellt, nicht aber auf seinen Status, etwa als Unternehmer oder Verbraucher, bezieht sie in den Nutzerbegriff auch Diensteanbieter ein, die ihrerseits für ihr eigenes Angebot Telemediendienste eines Anderen nutzen; z.B. ein Content-Provider im Verhältnis zu seinem Host-Provider.[44]

3. Der Anbieter als verantwortliche Stelle

Auch wenn die Überschrift der Vorschrift etwas anderes suggeriert, ist die daten- **28** schutzrechtliche Verantwortlichkeit des Anbieters in § 11 TMG nicht näher konkre-

---

38 *Heckmann*, jurisPK-Internetrecht, Kap. 1.11, Rn. 29.
39 Begründung zum IuKDG, BT-Drs. 13/7385, S. 22.
40 *Heckmann*, jurisPK-Internetrecht, Kap. 1.11, Rn. 30; *Schulz*, in: Roßnagel, Recht der Multimedia-Dienste, TDDSG, § 2 Rn. 22.
41 OLG Bamberg MMR 2006, 481 (482).
42 Richtlinie 2000/31/EG des Europäischen Parlaments und des Rates vom 8.6.2000 über bestimmte rechtliche Aspekte der Dienste der Informationsgesellschaft, insbesondere des elektronischen Geschäftsverkehrs, im Binnenmarkt („Richtlinie über den elektronischen Geschäftsverkehr"), ABl. EG Nr. L 178/1 vom 17.7.2000.
43 Vgl. OLG Düsseldorf K&R 2004, 591.
44 Begründung zum EGG, BT-Drs. 14/6098 vom 17.5.2001, S. 16; *Spindler*, in: Spindler/Schmitz/Geis, TDG, § 3 Rn. 18.

tisiert. Sie bestimmt sich deshalb – parallel zum BDSG – danach, ob und inwieweit der Anbieter „verantwortliche Stelle" im Sinne von § 3 Abs. 7 BDSG ist.

29   Bei verteilten Datenverarbeitungen über das Internet, die durch Technologien wie Social Media und Cloud Computing noch gefördert und verstärkt werden, fällt eine trennscharfe Einordnung der an der Verarbeitung personenbezogener Daten bei der Erbringung von Telemediendiensten beteiligten Stellen teilweise schwer.[45] Kontrovers wird die datenschutzrechtliche Verantwortlichkeit der Anbieter von Telemedien etwa im Hinblick auf die Integration von Dienstelementen von sozialen oder Werbe-Netzwerken in den Internetauftritt (z. B. die sogenannten „Gefällt-Mir"-Schaltflächen und Third-Party-Werbe-Cookies) diskutiert. Einige deutsche Datenschutzaufsichtsbehörden – allen voran das ULD – scheinen in diesem Zusammenhang die Rolle des Diensteanbieters als verantwortlicher Stelle extensiv zu interpretieren. Diensteanbieter würden eine eigene datenschutzrechtliche Verantwortlichkeit begründen, *„soweit und solange sie nach Würdigung aller Gesamtumstände aufgrund des tatsächlichen Einflusses den Prozess der Datenverarbeitung steuern".*[46] Das ULD lässt hierfür bereits die Einbindung „fremder" Verarbeitungsprozesse in das eigene Angebot durch eine entsprechende Konfiguration der Webseite ausreichen, auch wenn eine direkte Datenerhebung und -verwendung durch den Webseitenbetreiber gar nicht erfolgt.[47] Es solle ausreichen, wenn der Webseitenbetreiber die Datenverarbeitung (durch eine andere Stelle) initiiere.[48] Vom Grundsatz her entspricht es auch der Auffassung des Düsseldorfer Kreises, dass Webseitenbetreiber, die Social Plugins eines Netzwerkes einbinden oder Fanpages in einem Netzwerk unterhalten, eine eigene Verantwortung hinsichtlich der Daten von Nutzerinnen und Nutzern ihres Angebots haben.[49]

30   Fragwürdig ist an dieser Einstufung, dass sich die **Initiierung** einer Datenverarbeitung durch andere Stellen nicht den im BDSG legal definierten, dem Gesetz unterfallenden Datenverarbeitungsschritten zuordnen lässt.[50] Nach der vorzugswürdigen Ansicht kann es ein direkter Datenaustausch zwischen dem Nutzer und dem Anbieter des Drittinhalts deshalb ausschließen, diesen technischen Vorgang als eine „Übermittlung" dieser Daten durch den Seitenbetreiber aufzufassen, für den er

---

45 *Moos*, ITRB 2012, S. 226 (226); *Jandt/Roßnagel*, ZD 2011, S. 160 (160 f.)

46 ULD, Datenschutzrechtliche Bewertung der Reichweitenanalyse durch Facebook, Version 1.0 v. 19.8.2011, S. 17, abrufbar unter www.datenschutzzentrum.de.

47 ULD, Datenschutzrechtliche Bewertung der Reichweitenanalyse durch Facebook, Version 1.0 v. 19.8.2011, S. 17.

48 So auch *Ernst*, NJOZ 2010, S. 1917 (1918).

49 Beschluss der obersten Aufsichtsbehörden für den Datenschutz im nicht-öffentlichen Bereich (Düsseldorfer Kreis) vom 8.12.2011.

50 So auch *Piltz*, CR 2011, S. 657 (662); *Alich/Voigt*, NJW 2011, S. 3541 (3543); *Moos*, K&R 2012, S. 151 (154); *Schüßler*, AnwZert ITR 24/2011, Anm. 2; Wissenschaftlicher Dienst des Schleswig-Holsteinischen Landtages, Stellungnahme v. 24.10.2011, LT-Drs. 17/2988, S. 17.

überhaupt zur Verantwortung zu ziehen wäre.[51] Das kann z. B. gelten bei der Weitergabe von Nutzerdaten durch Inhaber eines Profils bei einem sozialen Netzwerk an den Betreiber einer Drittapplikation. Das soziale Netzwerk wäre für eine solche Weitergabe nicht verantwortlich i. S. d. § 3 Abs. 7 BDSG, sofern der Netzwerkbetreiber lediglich den technischen Zugang zu den Nutzerdaten (zum Beispiel über eine API) zur Verfügung stellt und der Nutzer die Datenübertragung letztlich selbst auslöst. Dasselbe kann auch für die Datenerhebung durch die Betreiber von Werbenetzwerken im Rahmen des sogenannten **Online Behavioural Advertising** gelten: Erhebt der Netzwerkbetreiber die Daten direkt bei dem Nutzer, scheidet der Webseitenbetreiber grundsätzlich als verantwortliche Stelle für diesen Datenumgang aus, auch wenn die direkte Datenerhebung nur durch eine entsprechende Konfiguration der Website ermöglicht worden ist.

Einen Mittelweg beschreitet die Art. 29-Datenschutzgruppe in einer Stellungnahme **31** v. 16.2.2010,[52] wonach u. a. im Fall der Zusammenarbeit durch Webseitenbetreiber und Werbenetzwerkbetreiber bei der Ausspielung interessenbasierter Werbung von einer **gemeinsamen Verantwortlichkeit der beteiligten Stellen** auszugehen sei.[53] Durch die Implementierung des Quelltexts in seine Webseite, die eine Kommunikation mit anderen Servern auslöst, entscheide der Webseitenbetreiber mit darüber, dass die IP-Adressen der Nutzer an den Server des Werbenetzwerkbetreibers übertragen werden. Wie sich aus den weiteren Ausführungen der Art. 29-Datenschutzgruppe in ihrer Stellungnahme 2/2010 ergibt, erkennt sie im Gegenzug aber auch Einschränkungen der aus der datenschutzrechtlichen Verantwortlichkeit folgenden Verpflichtungen eines Webseiten-Betreibers an. Hierin bringt das Gremium zum Ausdruck, dass die datenschutzrechtliche Verantwortlichkeit in jedem Fall beschränkt ist:[54] Selbst wenn man eine Datenübermittlung durch den Webseitenbetreiber annimmt, bedeutet das nicht, dass ihn deshalb zwingend sämtliche datenschutzrechtlichen Verpflichtungen in Bezug auf diese „Übermittlung" treffen. Z. B. kann die Verantwortlichkeit – je nach Datenverarbeitungsbeitrag – auf eine ausreichende Information der Betroffenen beschränkt sein.

Bei **sozialen Netzwerken** und ähnlichen Telemedien, bei denen Nutzer Daten über **32** Dritte veröffentlichen oder anderweitig verwenden können, ist der Nutzer teilweise selbst als datenschutzrechtlich verantwortliche Stelle einzustufen.[55]

---

51 *Moos*, ITRB 2012, S. 226 (228); a. A.: *Paterna*, in: Taeger (Hrsg.), Die Welt im Netz, 2011, S. 545 (551).

52 Art. 29-Datenschutzgruppe, Stellungnahme 1/2010 zu den Begriffen „für die Verarbeitung Verantwortlicher" und „Auftragsverarbeiter" v. 16.2.2010, WP 169.

53 Art. 29-Datenschutzgruppe, Stellungnahme 1/2010 zu den Begriffen „für die Verarbeitung Verantwortlicher" und „Auftragsverarbeiter" v. 16.2.2010, WP 169, S. 28.

54 Art. 29-Datenschutzgruppe, Stellungnahme 2/2010 zur Werbung auf Basis von Behavioural Targeting v. 22.6.2010, WP 171, S. 14.

55 *Jandt/Roßnagel*, ZD 2011, S. 160 (161); Art. 29-Datenschutzgruppe, Stellungnahme 1/2010 zu den Begriffen „für die Verarbeitung Verantwortlicher" und „Auftragsverarbeiter" v. 16.2.2010, WP 169, S. 26.

IV. Abgrenzung zum Telekommunikationsdatenschutz (Abs. 3)

1. Anwendungsbereich

33   Die Ausnahmevorschrift des § 11 Abs. 3 TMG ist durch das ElGVG[56] neu im TMG verankert und durch die sog. „BDSG-Novelle II"[57] leicht modifiziert[58] worden. Die Regelung ergänzt die Bestimmungen zum Anwendungsbereich der Datenschutzvorschriften bei Telemedien, die zugleich dem TKG und den darin enthaltenen Datenschutzvorschriften (§§ 91 ff. TKG) unterliegen. Danach gelten bei Telemedien, die überwiegend in der Übertragung von Signalen über Telekommunikationsnetze bestehen, für die Erhebung und Verwendung personenbezogener Daten der Nutzer nur die explizit aufgeführten Datenschutzvorschriften des TMG; im Übrigen aber die Regelungen des TKG. Dienste, die ganz in der Übertragung von Signalen über Telekommunikationsnetze bestehen, sind gemäß § 1 Abs. 1 Satz 1 TMG generell vom Anwendungsbereich des TMG ausgenommen.[59] Das Merkmal der überwiegenden Übertragung von Signalen über Telekommunikationsnetze ist der Legaldefinition des Telekommunikationsdienstes gemäß § 3 Nr. 24 TKG entlehnt. „Überwiegend" soll dabei mehr als 50 % bedeuten,[60] wobei es schwer sein dürfte, bei „gemischten Diensten", die also Telemedien- und Telekommunikationsdienstanteile beinhalten, den Anteil des Telekommunikationsdienstes prozentual zu gewichten.

2. Einzelfälle

34   Ausweislich der Gesetzesbegründung sollen von der Ausnahmeregelung in § 11 Abs. 3 TMG insbesondere Access-Provider und Anbieter von E-Mail-Diensten[61] erfasst werden.[62] Für Erstgenannte ist streitig, ob sie überhaupt den Regelungen des TMG (bzw. den Vorgängerregelungen des TDG und des TDDSG) unterfallen. Die herrschende Auffassung[63] hat das reine Access-Providing bislang dem Bereich der

---

56 Gesetz zur Vereinheitlichung von Vorschriften über bestimmte elektronische Informations- und Kommunikationsdienste (ElGVG) vom 26.2.2007, BGBl. I, 179.

57 Gesetz zur Änderung datenschutzrechtlicher Vorschriften vom 14.8.2009, BGBl. I, 2814.

58 Aufgrund der Übernahme des Koppelungsverbots in § 28 Abs. 3b BDSG und dessen ersatzloser Streichung im TMG sind die Bezugnahmen auf §§ 12 Abs. 3 und 16 Abs. 2 Nr. 2 TMG-alt entfallen.

59 Zu den gleichwohl bestehenden Abgrenzungsproblemen zwischen TMG und TKG vgl. *Kamps*, in: Lehmann/Meents, Handbuch des Fachanwalts für Informationstechnologierecht, Kap. 20, Rn. 135 ff.

60 *Wittern/Schuster*, in: Beckscher TKG-Kommentar, § 3 Rn. 48.

61 So auch *Heidrich*, CR 2009, S. 168 (172).

62 Begründung zum ElGVG, BT-Drs. 16/3078 vom 23.10.2006, S. 15.

63 *Lammich*, in: Moritz/Dreier, Rechtshandbuch zum E-Commerce, Rn. 243; *Moos*, in: Kröger/Gimmy, Handbuch zum Internetrecht, S. 497 (510); *Moos*, CR 2003, S. 385 (386); *Gottschalk*, in: Kaminski/Henßler/Kolaschnik/Papathoma-Baetge, Rechtshandbuch E-Business, S. 695 (713); *Stadler*, MMR 2002, S. 343 (344); *Felixberger*, CR 1998, S. 143

Telekommunikationsdienstleistungen im Sinne von § 3 Nr. 24 TKG zugeordnet, für die die Vorschriften des TMG gemäß § 1 Abs. 1 TMG ausdrücklich nicht gelten. Die Gegenauffassung subsummierte das Access-Providing als ein „Angebot zur Nutzung des Internet" bisher unter § 2 Abs. 2 Nr. 3 TDG.[64] Letztgenannte Auffassung ist im Ergebnis auch unter Zugrundelegung des TMG abzulehnen: Bei der Zugangsvermittlung zum Internet handelt es sich um eine rein technische Transportleistung, die keinen Bezug zur Dienstebene aufweist und die deshalb ganz in der Übertragung von Signalen über Telekommunikationsnetze im Sinne von § 1 Abs. 1 Satz 1 TMG besteht.[65] Nur wenn der Provider zusätzlich zu der reinen Zugangsgewährung auch Inhalte anbietet oder aufbereitet – etwa in Gestalt von Portalseiten, kann eine Einstufung als Telemediendienst in Betracht kommen.[66]

Nach vorzugswürdiger Ansicht ist deshalb die Datenverwendung im Rahmen des Access-Providing – darunter etwa auch die Speicherung von IP-Adressen durch Access-Provider[67] – nach wie vor ausschließlich anhand der telekommunikationsrechtlichen Vorschriften, nicht aber anhand des TMG zu beurteilen, sodass selbst die in § 11 Abs. 3 TMG genannten TMG-Regelungen in diesem Fall unanwendbar sind. Etwas Anderes gilt nur, wenn und insoweit Access-Provider neben der reinen Zugangsgewährung weitere Dienstleistungen anbieten, die als Telemediendienst zu qualifizieren sind; in diesem Fall muss eine funktionsbezogene Differenzierung erfolgen, in deren Rahmen jeder Dienst gesondert datenschutzrechtlich einzuordnen ist.[68] Nicht in den Anwendungsbereich des TMG, sondern in denjenigen des TKG fällt deshalb auch die Bereitstellung von Mail- oder Voice-basierten Chat-Funktionen innerhalb von Telemedien, wie dies z.B. bei Multiplayer Online-Spielen[69] oder bei sozialen Netzwerken üblich ist. Umgekehrt unterfällt beispielsweise die Bereitstellung eines Internetportals mit Servicefunktionen (wie z.B. Adressverwaltung) für den E-Postbrief dem TMG, auch wenn das Dienstangebot des E-Postbriefs selbst dem TKG unterliegt.[70]

35

---

(144); im Ergebnis auch *Manssen*, in: Manssen, Telekommunikations- und Multimediarecht, § 3 TKG Rn. 37; *Köhler/Arndt*, Recht des Internet, Rn. 490; RegTP, MMR 1999, S. 557 (565); OLG Hamburg MMR 2000, 611 (613); AG Darmstadt MMR 2005, 634.

64 VG Köln CR 2003, 680; *Tettenborn*, in: Engel-Flechsig/Maennel/Tettenborn, Beck'scher IuKDG-Kommentar, TDG, § 2 Rn. 77; *Schaar*, Datenschutz im Internet, Rn. 262; *Rasmussen*, CR 2002, S. 36 (38); dagegen *Gola/Müthlein*, TDG, § 2 Rn. 4.4.2.

65 *Spindler*, CR 2007, S. 239 (242); *Wittern/Schuster*, in: Beckscher TKG-Kommentar, § 3 Rn. 49; Arbeitskreis Medien der Konferenz der Datenschutzbeauftragten des Bundes und der Länder, Orientierungshilfe zum Umgang mit personenbezogenen Daten bei Internetdiensten, S. 5; *Breyer*, DuD 2003, S. 491.

66 *Schulz*, DuD 2011, S. 263 (265).

67 Dazu *Fetzer*, DRiZ 2007, S. 206 (207); LG Darmstadt K&R 2006, 291 (292).

68 OLG Hamburg MMR 2000, 611 (613); *Heckmann*, jurisPK-Internetrecht, Kap. 1.11, Rn. 37; *Wittern/Schuster*, in: Beckscher TKG-Kommentar, § 3 Rn. 49.

69 *Erkeling*, DuD 2011, S. 116 (119).

70 *Schulz*, DuD 2011, S, 263 (265).

36 Als Telemedien, die überwiegend in der Übertragung von Signalen über Telekommunikationsnetze bestehen, werden regelmäßig auch Angebote von Unternehmen zur Privatnutzung von E-Mail- und anderen Internet-Anwendungen durch ihre Mitarbeiter[71] sowie von TK-Diensteanbietern netzseitig realisierte Mailboxen[72] zu gelten haben. Bei komplexen Interactive Voice Response-Diensten mit intelligenter Sprach- oder Menüsteuerung, wie sie z. B. bei Gewinnspielen, Kundenbefragungen oder Service-Hotlines zum Einsatz kommen, können jedoch die Inhalte im Vordergrund stehen, sodass das TMG anwendbar ist.[73]

37 Auch die sogenannten telekommunikationsgestützten Dienste nach § 3 Nr. 25 TKG, die keinen räumlich und zeitlich trennbaren Leistungsfluss auslösen, sondern bei denen die Inhaltsleistung noch während der Telekommunikationsverbindung erfüllt wird, liegen im Schnittbereich zwischen der reinen Signalübertragung und der Übermittlung von Inhalten, sind aber den Datenschutzregelungen des TKG unterworfen. Anwendungsbeispiele sind das **Mobile Ticketing**[74] und **Smartphone-Apps** zur Nutzerlokalisierung,[75] bzw. solche Apps, die neben anderen Funktionalitäten auch das selbstständige Veröffentlichen und Verbreiten von Nutzerinhalten ermöglichen, wie es z. B. über soziale Netzwerke erfolgen kann.[76]

3. Rechtsfolgen

38 Für die Anbieter der genannten Telemedien, die „überwiegend" in der Übertragung von Signalen über Telekommunikationsnetze bestehen, gelten nur noch die ausdrücklich genannten Datenschutzvorschriften des TMG; nämlich die Möglichkeiten der Datenverarbeitung zur Bekämpfung missbräuchlicher Nutzungen (§ 15 Abs. 8 TMG) und die dazugehörige Sanktion (§ 16 Abs. 2 Nr. 4 TMG).

---

71 *Heidrich*, CR 2009, S. 168 (173); *Gola*, Datenschutz und Multimedia am Arbeitsplatz, Rn. 146; aus diesen Gründen schon für eine Unanwendbarkeit des TDDSG: *Mengel*, BB 2004, S. 1445 (1450); wohl auch *Seffer/Schneider*, ITRB 2007, S. 264 (266).
72 *Schmitz*, ZD 2012, S. 104 (105).
73 *Schmitz*, ZD 2012, S. 104 (106).
74 *Kühling/Klar*, RDV 2011, S. 71 (72).
75 *Rammos*, K&R 2011, S. 692 (696).
76 *Kremer*, CR 2012, S. 438 (440).

§ 12 Grundsätze

(1) Der Diensteanbieter darf personenbezogene Daten zur Bereitstellung von Telemedien nur erheben und verwenden, soweit dieses Gesetz oder eine andere Rechtsvorschrift, die sich ausdrücklich auf Telemedien bezieht, es erlaubt oder der Nutzer eingewilligt hat.

(2) Der Diensteanbieter darf für die Bereitstellung von Telemedien erhobene personenbezogene Daten für andere Zwecke nur verwenden, soweit dieses Gesetz oder eine andere Rechtsvorschrift, die sich ausdrücklich auf Telemedien bezieht, es erlaubt oder der Nutzer eingewilligt hat.

(3) Soweit nichts anderes bestimmt ist, sind die jeweils geltenden Vorschriften für den Schutz personenbezogener Daten anzuwenden, auch wenn die Daten nicht automatisiert verarbeitet werden.

Literatur: *Barnitzke*, Herausgabe von IP-Adressen, DuD 2010, S. 482; *Bauer*, Personalisierte Werbung auf Social Community Websites – Datenschutzrechtliche Zulässigkeit der Verwendung von Bestandsdaten und Nutzungsprofilen, MMR 2008, S. 435; *Bergt*, Schutz personenbezogener Daten bei der E-Mail-Bestätigung von Online-Bestellungen, NJW 2011, S. 3752; *Bizer*, Wer steckt hinter der IP-Adresse?, DuD 2004, S. 627; *Drewes*, Werbliche Nutzung von Daten, ZD 2012, S. 115; *Eckhardt*, IP-Adresse als personenbezogenes Datum – neues Öl ins Feuer, CR 2011, S. 339; *Feldmann*, Persönlichkeitsschutz in Bewertungsportalen, in: Taeger/Wiebe (Hrsg.), Inside the Cloud, Edewecht 2009, S. 245; *Greve/Schärdel*, Der digitale Pranger – Bewertungsportale im Internet, MMR 2009, S. 644; *Heidrich*, Rechtliche Fragen bei der Verwendung von DNS-Blacklisting zur Spam-Filterung, CR 2009, S. 168; *Heidrich/Wegener*, Datenschutzrechtliche Aspekte bei der Weitergabe von IP-Adressen, DuD 2010, S. 172; *Imhof*, One-to-One-Marketing im Internet – Das TDDSG als Marketinghindernis, CR 2000, S. 110; *Iraschko-Luscher/Kiekenbeck*, Internetbewertungen von Dienstleistern – praktisch oder kritisch?, ZD 2012, S. 261; *Krüger/Maucher*, Ist die IP-Adresse wirklich ein personenbezogenes Datum?, MMR 2011, S. 43; *Lang*, Reform des EU-Datenschutzrechts, K&R 2012, S. 145; *Maisch*, Personenbezug von IP-Adresse, Cookie und Browser Fingerprint, ITRB 2011, S. 13; *Meyerdierks*, Sind IP-Adressen personenbezogene Daten?, MMR 2009, S. 8; *Moos*, Dürfen Access-Provider IP-Nummern speichern?, CR 2003, S. 385; *Nebel/Richter*, Datenschutz bei Internetdiensten nach der DS-GVO, ZD 2012, S. 407; *Ott*, Schutz der Nutzerdaten bei Suchmaschinen – Oder: Ich weiß, wonach Du letzten Sommer gesucht hast ..., MMR 2009, S. 448; *Pfeifer/Kamp*, Datenschutz und Persönlichkeitsrecht, ZUM 2009, S. 185; *Plath/Frey*, Online-Marketing nach der BDSG-Novelle, CR 2009, S. 613; *Robrecht*, Soziale Netzwerke und Bewertungsportale, in: Taeger/Wiebe (Hrsg.), Inside the Cloud, Edewecht 2009, S. 7; *Rolf/Rötting*, Google, Facebook & Co als Bewerberdatenbank für Arbeitgeber, RDV 2009, S. 263; *Sachs*, Datenschutzrechtliche Bestimmbarkeit von IP-Adressen, CR 2010, S. 547; *Schafft/Ruoff*, Nutzung personenbezogener Daten zwischen Einwilligung und Vertragserfüllung, CR 2006, S. 499; *Schmitz*, Datenschutzgerechte Gestaltung von AGB für Telemedia-Dienste, DuD 2001, S. 395; *Schmitz/Eckhardt*, AGB-Einwilligung in Werbung, CR 2006, S. 533; *Schmitz/Laun*, Die Haftung kommerzieller Meinungsportale im Internet, MMR 2005,

S. 208; *Schmoll*, Die Einwilligung im Datenschutz- und Wettbewerbsrecht, in: Taeger/ Wiebe (Hrsg.), Aktuelle Entwicklungen im Informationstechnologierecht, Edewecht 2007, S. 143; *Schneider/Härting*, Wird der Datenschutz nun internettauglich?, ZD 2012, S. 199; *Seidel/Nink*, Personensuchmaschinen, CR 2009, S. 666; *Sieber/Höfinger*, Drittauskunftsansprüche nach § 101a UrhG gegen Internetprovider zur Verfolgung von Urheberrechtsverletzungen, MMR 2004, S. 575; *Spindler/Dorschel*, Auskunftsansprüche gegen Internet-Service-Provider, CR 2005, S. 45; *Voigt*, Datenschutz bei Google, MMR 2009, S. 377; *Zscherpe*, Anforderungen an die datenschutzrechtliche Einwilligung im Internet, MMR 2004, S. 723.

Übersicht

I. Allgemeines

1. Europarechtliche Grundlagen

1 § 12 Abs. 1 TMG enthält das auch in Art. 7 der EG-DSRl verankerte Datenverarbeitungsverbot mit Erlaubnisvorbehalt. § 12 Abs. 2 TMG ist Ausdruck des Zweckbindungsgrundsatzes, wie er in Art. 6 EG-DSRl niedergelegt ist.

2. Gesetzeszweck und Verhältnis zu anderen Vorschriften

2 In § 12 TMG sind einzelne allgemeine Grundsätze für die Erhebung und Verwendung personenbezogener Daten bei der Bereitstellung von Telemedien verankert, die überwiegend bereits aus dem allgemeinen Datenschutzrecht bekannt sind. Das gilt insbesondere für das Datenverarbeitungsverbot mit Erlaubnisvorbehalt (§ 4 Abs. 1 BDSG) und den Zweckbindungsgrundsatz (vgl. etwa § 28 Abs. 2 BDSG). § 12 Abs. 3 TMG ist Ausdruck der Spezialität des Gesetzes und legt fest, dass (ergänzend) die Datenschutzbestimmungen anderer einschlägiger Gesetze unabhängig davon Anwendung finden, ob die Datenverarbeitung automatisiert erfolgt.

§ 12 Abs. 1 und 2 TMG entsprechen weitgehend dem früheren § 3 Abs. 1 und 2   **3**
TDDSG.[1] Insoweit sind sowohl durch das EGG[2] als auch durch das ElGVG[3] nur
redaktionelle Änderungen erfolgt, die der Vereinfachung oder Klarstellung bzw.
der Vereinheitlichung der verwendeten Rechtsbegriffe dienten.[4] Das ehemals in § 3
Abs. 3 TDDSG bzw. § 12 Abs. 3 TMG-alt enthaltene Koppelungsverbot ist im
Zuge der BDSG-Novelle II[5] in § 28 Abs. 3b BDSG überführt worden. Die Regelung
in § 12 Abs. 3 TMG war ursprünglich nahezu gleichlautend in § 1 Abs. 2 TDDSG
enthalten. Sie stellt eine Sonderregelung zu § 1 Abs. 2 Nr. 3 und § 27 Abs. 1 Satz 1
BDSG dar, indem sie das darin enthaltene Kriterium des Einsatzes von Datenverarbeitungsanlagen für die Anwendung der Datenschutzvorschriften bei nicht-öffentlichen Stellen im Bereich der Telemedien für unanwendbar erklärt.

II. Datenverarbeitungsverbot mit Erlaubnisvorbehalt (Abs. 1)

§ 12 Abs. 1 TMG enthält ein grundsätzliches Datenverarbeitungsverbot bei Teleme-   **4**
dien und lässt davon in Parallelität zu § 4 Abs. 1 BDSG drei abschließend normierte
Ausnahmen zu:
– Das TMG selbst gestattet die Datenerhebung oder -verwendung;
– eine andere Rechtsvorschrift, die sich ausdrücklich auf Telemedien bezieht, gestattet die Datenerhebung oder -verwendung oder
– der Nutzer hat in die Datenerhebung bzw. -verwendung eingewilligt.

1. Geltung für personenbezogene Daten

Das grundsätzliche Datenverarbeitungsverbot gilt – wie die Datenschutzvorschrif-   **5**
ten insgesamt – nur für „personenbezogene Daten" im Sinne von § 3 Abs. 1 BDSG,
also für Einzelangaben über persönliche oder sachliche Verhältnisse einer bestimmten oder bestimmbaren natürlichen Person.[6] Bezogen auf Telemedien sind personenbezogene Daten alle Daten, die bei der Bereitstellung der Dienste auf irgendei-

---

1 Vgl. Artikel 2 (Gesetz über den Datenschutz bei Telediensten – Teledienstedatenschutzgesetz) des Gesetzes zur Regelung der Rahmenbedingungen für Informations- und Kommunikationsdienste (IuKDG), BGBl. I 1997, S. 1870.
2 Gesetz über rechtliche Rahmenbedingungen für den Elektronischen Geschäftsverkehr vom
  14.12.2001; BGBl. I 2001, S. 3721.
3 Gesetz zur Vereinheitlichung von Vorschriften über bestimmte elektronische Informations-
  und Kommunikationsdienste (ElGVG) vom 26.2.2007, BGBl. I 2007, S. 179.
4 Begründung zum EGG, BT-Drs. 14/6098 vom 17.5.2001, S. 27; Begründung zum ElGVG,
  BT-Drs. 16/3078 vom 23.10.2006, S. 16.
5 Gesetz zur Änderung datenschutzrechtlicher Vorschriften vom 14.8.2009, BGBl. I 2009,
  S. 2814.
6 Vgl. § 3 BDSG Rn. 3.

ne Weise anfallen und die den Bezug auf eine bestimmte oder bestimmbare (natürliche) Person ermöglichen.[7]

6 So sind etwa auch E-Mail-Adressen personenbezogen, wenn sie Vor- und Nachnamen des Inhabers beinhalten,[8] oder der Absender eine eigene Domain nutzt, sodass der Name über die Whois-Abfrage ermittelt werden kann.[9] Die E-Mail-Adresse verkörpert wie eine Postanschrift eine Adresse, unter der die betroffene Person im E-Mail-Verkehr erreichbar ist, sodass es sich um eine Einzelgabe über sachliche Verhältnisse des Nutzers handelt.

7 Nach wie vor umstritten ist der Personenbezug von IP-Adressen.[10] Nach einer Ansicht, die unter anderem der Düsseldorfer Kreis[11] und die in der Art. 29-Datenschutzgruppe zusammengeschlossenen Vertreter der obersten Datenschutzaufsichtsbehörden der EU-Mitgliedstaaten[12] vertreten, soll es sich auch bei einer dynamischen IP-Adresse generell um ein personenbezogenes Datum handeln.[13] Dies gelte auch für die Datenerhebung und -verwendung des Betreibers eines Internet-Portals, auch wenn nicht der Internet-Service-Provider selbst, sondern nur irgendein Dritter (etwa der Access-Provider) eine Zuordnung der IP-Adresse zu dem Nutzer vornehmen könne.

8 Diese Auffassung ist mit den gegenläufigen Entscheidung des OLG Hamburg,[14] des LG Wuppertal,[15] des VG Düsseldorf[16] und des AG München[17] im Ergebnis abzulehnen. Die IP-Adresse ist für sich genommen nur eine rechnerbezogene Information (eine Nummernfolge), sodass sie sich nicht auf eine „bestimmte", sondern allenfalls eine „bestimmbare" Person bezieht.[18] Jede pauschale Bejahung oder Verneinung der Personenbeziehbarkeit eines bestimmten Datums verbietet sich, denn die Bestimmbarkeit der Person, auf die sich die Information bezieht, ist relativ und

---

7 *Spindler/Nink*, in: Spindler/Schuster, TMG, § 11 Rn. 6.
8 OLG Bamberg CR 2006, 274 (276); *Heckmann*, jurisPK-Internetrecht, Kap. 1.12, Rn. 27; *Rolf/Rötting*, RDV 2009, S. 263 (263); *Bauer*, MMR 2008, S. 435 (436).
9 *Bergt*, NJW 2011, S. 3752 (3756).
10 Vgl. den Überblick über den Streitstand bei *Krüger/Maucher*, MMR 2011, S. 433 (434); *Barnitzke*, DuD 2010, S. 482 (482); *Sachs*, CR 2010, S. 547 (548); *Meyerdierks*, MMR 2009, S. 8 (9); *Voigt*, MMR 2009, S. 377 sowie *Plath/Frey*, CR 2009, S. 613 (615).
11 Beschluss der obersten Aufsichtsbehörden für den Datenschutz im nicht-öffentlichen Bereich am 26./27.11.2009 über die datenschutzkonforme Ausgestaltung von Analyseverfahren zur Reichweitenmessung bei Internet-Angeboten.
12 Art. 29-Datenschutzgruppe, Stellungnahme 4/2007 zum Begriff „personenbezogene Daten", WP 136, 20. Juni 2007, S. 19.
13 AG Berlin Mitte K&R 2007, 600; *Heidrich*, CR 2009, S. 168 (171); *Pahlen-Brandt*, K&R 2008, S. 288 (291); *Köhler/Arndt/Fetzer*, Recht des Internet, S. 297.
14 OLG Hamburg MMR 2011, S. 281 (282).
15 LG Wuppertal MMR 2011, S. 65 (66).
16 VG Düsseldorf, Urt. v. 21.6.2011 – 27 K 6586/08.
17 AG München RDV 2009, 76 mit Anmerkung *Klug*.
18 *Heckmann*, jurisPK-Internetrecht, Kap. 1.12, Rn. 25; *Meyerdierks*, MMR 2009, S. 8 (9).

hängt von den individuellen Kenntnissen, Mitteln und Möglichkeiten der jeweiligen Person ab: Sie muss den Personenbezug mit den ihr normalerweise zur Verfügung stehenden Kenntnissen und Hilfsmitteln und – wie in § 3 Abs. 6 BDSG ausdrücklich geregelt – ohne unverhältnismäßigen Aufwand an Zeit, Kosten und Arbeitskraft herstellen können.[19]

Von der Relativität des Personenbezugs scheint auch der Entwurf der EG-DSGVO in Erwägungsgrund 24 auszugehen:[20] Danach sollen IP-Adressen ausdrücklich nicht generell als personenbezogene Daten anzusehen sein, sondern es sollen weitere Informationen notwendig sein, um eine Identifizierung des Nutzers durchzuführen. **9**

Für die Frage der Personenbeziehbarkeit von IP-Adressen ist deshalb im Sinne des relativen Begriffs des Personenbezugs danach zu differenzieren, für wen dieses Datum personenbeziehbar sein soll. Für den Access-Provider gilt unstreitig Personenbezug;[21] er weist ja den Nutzern in der Regel selbst die IP-Adresse zu, sodass er leicht – unter Einblick in seine eigenen Systeme – herausfinden kann, welcher natürlichen Person eine bestimmte IP-Adresse zugeordnet war.[22] Für den Internetzugangsanbieter – und nur für diesen – hat folgerichtig auch der EuGH jüngst den Personenbezug der IP-Adresse in der Entscheidung **Scarlet Extended** bejaht.[23] **10**

Differenzierter ist aber der Personenbezug für den Internet-Diensteanbieter zu beurteilen. Über statische IP-Adressen, d. h. IP-Adressen, die dauerhaft einem bestimmten Anschluss zugeordnet sind, kann der Inhaber des Anschlusses mit Hilfe einer öffentlich zugänglichen Adressdatenbank ermittelt werden, bei dem es sich regelmäßig aber um eine juristische Person handelt.[24] Nur wenn es sich um eine natürliche Person handeln würde, käme aber ein Personenbezug in Betracht. Soweit der Nutzer sich nicht namentlich registriert hat,[25] kann der Diensteanbieter eine dynamische IP-Adresse einer bestimmten Person ohne Rückgriff auf fremde Hilfsmittel nicht zuordnen. Es kommt deshalb darauf an, ob er mit den ihm normalerweise zur Verfügung stehenden Hilfsmitteln und ohne unverhältnismäßigen Aufwand den Personenbezug herstellen kann.[26] Das kann man für den reinen Internet-Dienstean- **11**

---

19 *Barnitzke*, DuD 2010, S. 482 (483); *Hullen/Roggenkamp*, in: Plath, BDSG § 12 TMG Rn. 8; *Gola/Schomerus*, BDSG, § 3 Rn. 10; *Köcher*, MMR 2007, S. 800 (801).

20 So auch *Nebel/Richter*, ZD 2012, S. 407 (410); *Lang*, K&R 2012, S. 145 (146); *Schneider/ Härting*, ZD 2012, S. 199 (200).

21 *Eckhardt*, CR 2011, 339 (340); *Sachs*, CR 2010, 547 (548); LG Darmstadt CR 2006, 249.

22 *Meyerdierks*, MMR 2009, S. 8 (9).

23 EuGH GRUR 2012, 265 (268).

24 KG Berlin MMR 2011, S. 464 (464).

25 Zur Personenbeziehbarkeit in diesen Fällen: *Maisch*, ITRB 2011, S. 13 (14); *Heidrich/Wegener*, DuD 2010, S. 172 (174).

26 *Gola/Schomerus*, BDSG, § 3 Rn. 10; *Spindler/Nink*, in: Spindler/Schuster, TMG, § 11 Rn. 8.

bieter mit guten Argumenten verneinen,[27] sofern er nicht selbst – etwa im Rahmen eines Registrierungsverfahrens – auch den Namen des Nutzers oder dessen E-Mail-Adresse mit Namenbestandteilen erfahren hat, denn es ist ihm aus datenschutzrechtlichen Gründen regelmäßig versagt, den hinter einer IP-Adresse stehenden Namen des Nutzers von dem Access-Provider zu erfragen.[28] Die in der Praxis bedeutsamen Auskunftsansprüche nach § 101 Abs. 2 und 9 UrhG werden allein im Verhältnis des Rechteinhabers zu dem Access-Provider abgewickelt, sodass sich auch hieraus keine Personenbeziehbarkeit für den Telemedienanbieter ergibt. Insoweit hat auch die Neuregelung in § 14 Abs. 2 TMG keine Rechtsänderung gebracht: diese Vorschrift gestattet nur die Übermittlung von Bestandsdaten; für den Telemedienanbieter handelt es sich bei der IP-Adresse – wenn man denn von einem Personenbezug ausginge – jedoch um ein Nutzungsdatum nach § 15 TMG,[29] sodass deren Übermittlung nach § 14 Abs. 2 TMG und ein dadurch etwa zu bewirkender Personenbezug ausscheidet.

12   Aufgrund der Ausschöpfung des IPv4-Adresspools wird in Kürze der IPv6-Standard eingeführt werden. Manche Stimmen in der Literatur gehen von einer grundsätzlichen Personenbezogenheit von IPv6-Adressen aus,[30] weil neue Identifikationsmöglichkeiten durch den sogenannten Interface Identifier[31] entstünden, der die MAC-Adresse des jeweiligen Rechners enthält und deshalb wie statische Adressen zu bewerten seien. Die Kriterien für die Beurteilung der Personenbeziehbarkeit von IP-Adressen bleiben freilich dieselben.[32] Soweit die IP-Adressen deshalb weiterhin dynamisch vergeben werden, kann der Personenbezug nach der hier vertretenen relativen Theorie für den Telemedienanbieter auch für IPv6-Adressen abzulehnen sein.[33] Da eine IPv6-Adresse aus zwei Teilen besteht, der Network-ID (welche durch den Provider zugeteilt wird) und der Interface-ID (die anhand der Kundenhardware festlegt wird), müssten beide Teile dynamisch vergeben werden.[34] Zusätz-

---

27 *Schaar*, Datenschutz im Internet, Rn. 168; *Schmitz*, in: Spindler/Schmitz/Geis, TDDSG, § 1 Rn. 25; *Heckmann*, Juris-PK-Internetrecht, Kap. 1.12, Rn. 26; *Voigt*, MMR 2009, S. 377 (379); *Köcher*, MMR 2007, S. 800; *Eckhardt*, K&R 2007, S. 602; *Moos*, K&R 2008, S. 137 (139); *Rasmussen*, CR 2002, S. 36 (37); *Gundermann*, K&R 2000, S. 225 (226); für Suchmaschinenbetreiber: *Ott*, MMR 2009, S. 448 (451); *Vivell*, in: Taeger/Wiebe, Inside the Cloud, 2009, S. 21 (25).

28 OLG München MMR 2006, 739; OLG Frankfurt MMR 2005, 241; OLG Hamburg MMR 2005, 453; *Sieber/Höfinger*, MMR 2004, S. 575.

29 *Sachs*, CR 2010, S. 547 (552); *Barnitzke*, DuD 2010, S. 482 (484).

30 *Freund/Schnabel*, MMR 2011, S. 495 (497); *Wegener/Heidrich*, CR 2011, S. 479 (484).

31 *Wegener/Heidrich*, CR 2011, S. 479.

32 *Eckhardt*, CR 2011, S. 339 (344).

33 So auch *Nietsch*, CR 2011, S. 763 (768); *Hullen/Roggenkamp*, in: Plath, BDSG, § 12 TMG Rn. 17.

34 Realisierungsmöglichkeiten werden erläutert in: Ständige Konferenz der Datenschutzbeauftragten des Bundes und der Länder – Arbeitskreis Technische und organisatorische Datenschutzfragen, Orientierungshilfe Datenschutz bei IPv6 – Hinweise für Hersteller und Provider im Privatkundengeschäft, Version 1.01, Stand: 26. Oktober 2012, im Internet abrufbar

lich kann der Nutzer durch Aktivierung der sogenannten Privacy Extensions für seinen Teil der IPv6-Adresse Anonymität erzeugen.

2. Datenverwendung zur Bereitstellung von Telemedien

§ 12 Abs. 1 TMG wiederholt das bereits in § 4 Abs. 1 BDSG enthaltene Datenverar- **13**
beitungsverbot mit Erlaubnisvorbehalt für den konkreten Fall der „Bereitstellung
von Telemedien". Der Begriff der „Telemedien" ist legal definiert in § 1 Abs. 1
Satz 1 TMG als „alle elektronischen Informations- und Kommunikationsdienste,
soweit sie nicht Telekommunikationsdienste nach § 3 Nr. 24 des Telekommunikationsgesetzes, die ganz in der Übertragung von Signalen über Telekommunikationsnetze bestehen, telekommunikationsgestützte Dienste nach § 3 Nr. 25 Telekommunikationsgesetz oder Rundfunk nach § 2 des Rundfunkstaatsvertrages sind".

Der Begriff der „Bereitstellung" hat den noch in § 3 Abs. 1 TDDSG verwendeten **14**
Terminus der „Durchführung" ersetzt. Damit ist klar gestellt, dass die bereichsspe-
zifischen Datenschutzregeln für Telemedien unabhängig davon gelten, ob der
Dienst tatsächlich in Anspruch genommen wird.

3. Erlaubnis durch das TMG

Im TMG selbst sind verschiedene Erlaubnisvorschriften für die Erhebung und Ver- **15**
wendung personenbezogener Daten der Nutzer enthalten. Die Erlaubnisvorschriften
differenzieren dabei zwischen Bestandsdaten (§ 14 Abs. 1 Satz 1 TMG), Nutzungsdaten (§ 15 Abs. 1 Satz 1 TMG) und Abrechnungsdaten (§ 15 Abs. 4 Satz 1 TMG).
Die Erlaubnisvorschriften sind im Einzelnen:

– § 14 Abs. 1 TMG bezüglich der Erhebung und Verwendung von Bestandsdaten
   für die Begründung und inhaltliche Ausgestaltung des Vertragsverhältnisses;

– § 15 Abs. 1 TMG bezüglich der Erhebung und Verwendung von Nutzungsdaten
   zur Ermöglichung der Inanspruchnahme von Telemedien;

– § 15 Abs. 2 TMG bezüglich der Zusammenführung von Nutzungsdaten für Abrechnungszwecke;

– § 15 Abs. 3 TMG bezüglich der Erstellung von Nutzungsprofilen unter Verwendung von Pseudonymen zu Zwecken der Werbung, Marktforschung und der bedarfsgerechten Gestaltung von Telemedien;

– § 15 Abs. 4 TMG bezüglich der Verwendung von Nutzungsdaten für Abrechnungszwecke;

– § 15 Abs. 5 TMG bezüglich der Übermittlung von Abrechnungsdaten zwecks Ermittlung oder Abrechnung des Nutzungsentgelts;

– § 15 Abs. 7 TMG bezüglich der Speicherung von Abrechnungsdaten für die Erstellung von Einzelnachweisen.

---

unter: www.sachsen-anhalt.de/fileadmin/Elementbibliothek/Bibliothek_Politik_und_Ver
waltung/Bibliothek_LFD/PDF/binary/Service/orientierungshilfen/oh-ipv6-v1.01.pdf.

16 Keine Regelung haben im TMG die sogenannten Inhaltsdaten erfahren.[35] Dabei handelt es sich um solche Informationen, die mithilfe eines Telemediendienstes erhoben werden und die sich auf das mithilfe des Telemediendienstes begründete Leistungs- bzw. Vertragsverhältnis beziehen; also etwa auf den mittels Telemediendienst zustande gekommenen Kaufvertrag.[36] Als Inhaltsdaten sind auch solche Informationen einzustufen, die Nutzer z. B. über soziale Netzwerke oder Bewertungsportale im Internet öffentlich zugänglich machen,[37] einschließlich Meinungsäußerungen.[38] Es ist deshalb umstritten, ob und mit welcher Maßgabe die Datenschutzvorschriften des TMG oder diejenigen des BDSG[39] auf solche Inhaltsdaten anzuwenden sind.[40]

4. Erlaubnis durch eine andere Rechtsvorschrift

17 Gemäß § 12 Abs. 1 TMG kann eine Erlaubnis zur Erhebung und Verwendung personenbezogener Daten zur Bereitstellung von Telemedien grundsätzlich auch aus einer anderweitigen Rechtsvorschrift folgen. Dabei gilt jedoch die Besonderheit, dass gesetzliche Erlaubnistatbestände außerhalb des TMG nur dann eingreifen, wenn sie sich explizit auf Telemedien beziehen. Mit diesem Zitiergebot wollte der Gesetzgeber das Spezialitätsverhältnis des TMG gegenüber den allgemeinen Datenschutzvorschriften (insbesondere denjenigen des BDSG) deutlicher herausstellen.[41]

18 In der Rechtsprechung und Literatur zum TDDSG ist insoweit teilweise vertreten worden, dass sich die datenschutzrechtliche Befugnis eines Internet-Service-Providers zur Bekanntgabe personenbezogener Daten seiner Kunden an Dritte im Rahmen der Verfolgung von Schutzrechtsverletzungen aus § 28 Abs. 3 Nr. 1 BDSG ergeben kann.[42] Insbesondere § 3 Abs. 1 TDDSG (jetzt § 12 Abs. 1 TMG) habe die parallele Anwendbarkeit dieser Vorschrift nicht ausgeschlossen, da das TDDSG

---

35 *Plath/Frey*, CR 2009, S. 613 (614).

36 Vgl. dazu schon ausführlich *Imhof*, CR 2000, S. 110 (113).

37 *Iraschko-Luscher/Kiekenbeck*, ZD 2012, S. 261 (262); *Karg/Fahl*, K&R 2011, S. 453 (458); *Bauer*, MMR 2008, S. 435 (436); wohl auch *Seidel/Nink*, CR 2009, S. 666 (669); *Greve/Schärdel*, MMR 2008, S. 644 (648).

38 BGH MMR 2009, 608 (609); *Robrecht*, in: Taeger/Wiebe, Inside the Cloud, 2009, S. 7 (8); *Weichert*, DuD 2009, S. 7 (11); a. A.: *Härting*, CR 2009, S. 21 (26); kritisch auch *Pfeifer/Kamp*, ZUM 2009, S. 185 (186); *Feldmann*, in: Tager/Wiebe, Inside the Cloud, 2009, S. 245 (258).

39 So etwa *Nebel/Richter*, ZD 2012, S. 407 (407); *Karg/Fahl*, K&R 2010, S. 453 (458); OLG Hamburg MMR 2005, 617 (619); OLG Frankfurt MMR 2005, 696 (697); LG Dortmund JurPC Web-Dok. 94/2008, Abs. 38.

40 Siehe dazu im Einzelnen § 14 TMG Rn. 19.

41 Begründung zum ElGVG, BT-Drs. 16/3078 vom 23.10.2006, S. 16.

42 LG München MMR 2006, 332 (336); LG Hamburg MMR 2005, 55 (58 f.); *Czychowski*, MMR 2004, S. 514 (518).

keine Regelungen zur Frage der Datenübermittlung im berechtigten Drittinteresse oder zur Abwehr von Gefahren für die staatliche und öffentliche Sicherheit beinhaltete. Unter der Geltung des TMG und insbesondere der insoweit neu aufgenommenen Regelungen in § 14 Abs. 2 und § 15 Abs. 5 Satz 4 TMG scheidet eine Anwendung von § 28 Abs. 3 Nr. 1 BDSG in diesem Zusammenhang aber nunmehr jedenfalls aus.[43] Ein genereller Rückgriff auf die Erlaubnistatbestände des BDSG wäre freilich denkbar, wenn man mit einer in der Literatur[44] vertretenen Ansicht die Entscheidung des EuGH in Sachen ASNEF/FECEMD[45] so versteht, dass die Regelungen in den §§ 14 und 15 TMG aufgrund des Ausschlusses der Verwendung von Bestands- und Nutzungsdaten auf Basis einer Interessenabwägung nicht mit den verbindlichen Vorgaben des Art. 7f EG-DSRl im Einklang stehen und deshalb insoweit unwirksam sind. Dem steht jedenfalls nicht etwa die Spezialität der Vorgaben der EG-DSRl entgegen, weil diese nur für Dienste gilt, die ganz oder überwiegend in der Übertragung von Signalen besteht, und insoweit aufgrund der Regelung in § 11 Abs. 3 TMG nur § 15 Abs. 8 und § 16 Abs. 2 Nr. 4 TKG gelten, nicht aber die sonstigen Erlaubnistatbestände in den §§ 14 und 15 TMG, die folglich unionsrechtlich in den Geltungsbereich der EG-DSRl fallen.[46]

Die Gegenansicht ging seit jeher von einer abschließenden Regelung der Erlaubnistatbestände des TDDSG aus, sodass ein subsidiärer Rückgriff auf die Regelung des § 28 BDSG insgesamt ausscheide.[47] Mit der Aufnahme des Erfordernisses, dass sich anderweitige Erlaubnistatbestände nunmehr explizit auf Telemedien beziehen müssen, ist dies nun gesetzlich festgeschrieben. Bislang existieren in anderen Gesetzen keine diesen Anforderungen genügende Rechtsvorschriften, sodass die Erlaubnistatbestände des TMG derzeit abschließend sind. Insbesondere ist danach weder § 101a UrhG noch § 242 BGB als eine andere, die Bekanntgabe von Nutzerdaten gestattende Rechtsvorschrift[48] anzusehen.[49]   **19**

Damit ist aber nicht jeglicher subsidiäre Rückgriff auf Vorschriften des BDSG ausgeschlossen. Allgemein gilt, dass der Vorrang der Erlaubnisvorschriften des TMG nur besteht, wenn und soweit die bereichsspezifischen Regelungen auch genau den   **20**

43 So auch *Voigt*, MMR 2009, S. 377 (381); *Steidle/Pordesch*, DuD 2008, S. 324 (327).
44 *Drewes*, ZD 2012, S. 115 (118).
45 EuGH ZD 2012, S. 33.
46 *Nebel/Richter*, ZD 2012, S. 407 (408).
47 BT-Drs. 14/6098, S. 14; OLG München CR 2006, 739 (743); KG Berlin CR 2007, 261 (261); *Wiebe*, jurisPR-ITR 10/2006, Anm. 4; *Spindler/Dorschel*, CR 2005, S. 45 f.; *Schmitz/Laun*, MMR 2005, S. 208 (213); *Linke*, MMR 2005, S. 453 (458); *Sieber/Höfinger*, MMR 2004, S. 575; *Hoeren*, WM 2004, S. 2461 (2466); *Schaar*, Datenschutz im Internet, Rn. 372.
48 So noch zu § 3 Abs. 2 TDDSG: OLG München MMR 2006, 739; LG Hamburg MMR 2005, 55; LG Hamburg CR 2005, 66; LG München, InstGE 4, 198; a. A.: *Bizer*, DuD 2004, S. 627.
49 *Heckmann*, jurisPK-Internetrecht, Kap. 1.12, Rn. 60; KG Berlin CR 2007, 261.

Sachverhalt erfassen, der Gegenstand der BDSG-Regelung ist; d. h. die Subsidiaritätswirkung tritt nur bei Tatbestandskonkurrenz ein.[50] Nach dem Wortlaut von § 12 Abs. 1 TMG sind deshalb die Erlaubnisvorschriften des BDSG und anderer Gesetze nur gesperrt, wenn sie die Erhebung und Verwendung von Daten „zur Bereitstellung von Telemedien" regeln.

21 Unklar ist deshalb, ob im Rahmen von Telemedien weiterhin die Ausnahmevorschrift des § 7 Abs. 3 UWG Geltung beanspruchen kann, die bei E-Mail-Werbung für eigene ähnliche Waren oder Dienstleistungen im Rahmen bestehender Kundenbeziehungen anstelle einer Einwilligung eine Widerspruchslösung genügen lässt.[51] Der von § 12 Abs. 1 TMG geforderte ausdrückliche Bezug auf Telemedien lässt sich im Ergebnis dadurch begründen, dass § 7 Abs. 3 UWG explizit die E-Mail-Werbung regelt, welche zwanglos als kommerzielle Kommunikation im Sinne von § 6 Abs. 1 TMG einen Telemediendienst darstellt. Eine gegenteilige Auslegung von § 12 Abs. 1 TMG wäre mit höherrangigem Recht auch unvereinbar, da eine entsprechende Ausnahme für Telemediendienste in Art. 13 Abs. 2 der Richtlinie 2002/58/EG, der durch § 7 Abs. 3 UWG in nationales Recht umgesetzt wurde, nicht vorgesehen ist.[52]

22 Nicht gesperrt sind überdies diejenigen Erlaubnisvorschriften im BDSG, die eine Erhebung und Verwendung personenbezogener Daten in anderen Spezialfällen regeln; etwa die Übermittlung von Daten ins Ausland (§§ 4b f. BDSG),[53] automatisierte Einzelentscheidungen (§ 6a BDSG), die Verwendung mobiler personenbezogener Speicher- und Verarbeitungsmedien (§ 6b BDSG) und die Verarbeitung besonderer Arten personenbezogener Daten (§ 28 Abs. 6–9 BDSG).

23 § 12 Abs. 1 TMG regelt nur das Spezialitätsverhältnis der Erlaubnisvorschriften, nicht aber das Verhältnis anderer im TMG zu in sonstigen Gesetzen enthaltenen Datenschutzregeln wie z. B. Informations- oder andere Nebenpflichten. Insofern ist die generelle Subsidiaritätsklausel in § 1 Abs. 3 BDSG anzuwenden. Mangels entsprechender Vorschriften im TMG folgt daraus, dass auch im Anwendungsbereich des TMG z. B. für die Begriffsbestimmungen (§ 3 BDSG),[54] die Auftragsdatenverarbeitung (§ 11 BDSG) und die Betroffenenrechte (§§ 34 f. BDSG) auf die Regelungen im BDSG zurückzugreifen ist.[55] Das Zitiergebot in § 12 Abs. 1 TMG gilt hier nicht. Angesichts der nur punktuellen Regelung technischer und organisatorischer Vorkehrungen in § 13 Abs. 4 TMG[56] und der beschränkten Sperrungsregelung in

50 *Gola/Schomerus*, BDSG, § 1 Rn. 24; *Simitis*, in: Simitis, BDSG, § 1 Rn. 170.
51 Dafür: *Schmoll*, in: Taeger/Wiebe, Aktuelle Entwicklungen im Informationstechnologierecht, S. 143 (151); *Plath/Frey*, CR 2009, S. 613 (617).
52 So im Ergebnis auch *Plath/Frey*, CR 2009, S. 613 (617).
53 *Spindler/Nink*, in: Spindler/Schuster, TMG, § 11 Rn. 15.
54 KG Berlin MMR 2011, S. 464 (464).
55 *Simitis*, in: Simitis, BDSG, § 1 Rn. 170.
56 So zum TDDSG auch *Heidrich*, DuD 2003, S. 237.

§ 13 Abs. 4 Nr. 2 TMG ist deshalb auch ein Rückgriff auf § 9 BDSG[57] oder auf § 35 Abs. 3 BDSG[58] im Anwendungsbereich des TMG nicht ausgeschlossen.[59]

5. Einwilligung des Nutzers

Die Einwilligung des Nutzers ist gemäß § 12 Abs. 1 TMG generell eine gleichbe-   **24**
rechtigte Zulässigkeitsalternative zu den gesetzlichen Erlaubnisvorschriften.[60] Dies gilt unabhängig davon, ob die Möglichkeit der Einwilligung in den jeweiligen Erlaubnisvorschriften nochmals explizit genannt ist. Es ist deshalb insbesondere zulässig, neben Nutzungs- und Abrechnungsdaten weitere Daten aufgrund einer Einwilligung zu erheben und auch Nutzungs- und Abrechnungsdaten aufgrund einer Einwilligung über das in §§ 14, 15 TMG bestimmte Maß hinaus zu verwenden.[61] Die Anforderungen an eine wirksame Einwilligungserklärung gemäß § 4a BDSG[62] gelten auch im Rahmen des TMG,[63] wobei § 13 Abs. 2 TMG in Abweichung von der grundsätzlich vorgeschriebenen Schriftform auch eine elektronische Einwilligung zulässt. Da die Einwilligungserklärungen bei Telemedien zumeist formularmäßig ausgestaltet sind, sind zusätzlich die AGB-Vorschriften gemäß §§ 305 ff. BGB zu beachten,[64] wobei nach der jüngsten Rechtsprechung des BGH die datenschutzrechtlichen Vorschriften des BDSG (und etwaige bereichsspezifische Datenschutznormen) den alleinigen Prüfungsmaßstab für die Frage bilden, ob durch eine Einwilligung Regelungen vereinbart worden sind, die im Sinne von § 307 Abs. 3 Satz 1 BGB von Rechtsvorschriften abweichen oder diese ergänzen.[65]

---

57 AG Berlin K&R 2007, 600 (601); a. A.: *Köcher*, MMR 2007, S. 800 (801).
58 So zum TDDSG aber OLG Bamberg MMR 2006, 481 (483).
59 *Bergt*, NJW 2011, S. 3752 (3754); ebenso zu der Rechtslage unter dem TDDSG: AG Darmstadt CR 2006, 38 (41); *Moos*, CR 2003, S. 385 (386); *Gola/Müthlein*, TDDSG, § 1 S. 205; Hinweise des Innenministeriums zum Datenschutz für private Unternehmen und Organisationen (Nr. 41); Bekanntmachung des Innenministeriums vom 28.6.2004, Az. 2–0552.1/18, S. 9.
60 *Schaffland/Ruoff*, CR 2006, S. 499 (503); Evaluierungsbericht der Bundesregierung, BT-Drs. 14/1191 vom 18.6.1999, S. 16.
61 Evaluierungsbericht der Bundesregierung, BT-Drs. 14/1191 vom 18.6.1999, S. 16.
62 Vgl. § 4a BDSG Rn. 32.
63 *Spindler/Nink*, in: Spindler/Schuster, TMG, § 12 Rn. 3; *Zscherpe*, MMR 2004, S. 723 (724).
64 *Heckmann*, jurisPK-Internetrecht, Kap. 1.12, Rn. 54; *Schmitz*, in: Spindler/Schmitz/Geis, TDDSG, § 3 Rn. 18; *Zscherpe*, MMR 2004, S. 723 (725); *Schmitz*, DuD 2001, S. 395 (397).
65 BGH MMR 2008, 731 (732).

III. Zweckbindungsgrundsatz (Abs. 2)

1. Zweckbindung an die Bereitstellung von Telemedien

25 § 12 Abs. 2 TMG normiert den Grundsatz der Zweckbindung. Personenbezogene Daten, die für die Bereitstellung von Telemedien erhoben worden sind, dürfen grundsätzlich nicht für andere Zwecke verwendet werden. Zu den Daten, die für die Bereitstellung von Telemedien erhoben werden, zählen insbesondere die Bestands-, Nutzungs- und Abrechnungsdaten gemäß §§ 14, 15 TMG, sowie ggf. weitere Daten, in deren Erhebung der Nutzer eingewilligt hat. Eine zweckfremde Verwendung ist – entsprechend den auch für die Zulässigkeit der Erhebung geltenden Voraussetzungen – zulässig, wenn das TMG oder eine andere Rechtsvorschrift dies erlaubt oder der Nutzer eingewilligt hat.

2. Erlaubte Zweckänderungen

26 Als Erlaubnisvorschriften, die eine entsprechende Zweckänderung gestatten, sind
- § 14 Abs. 2 und § 15 Abs. 5 Satz 4 TMG über die Mitteilung von Bestands- und Nutzungsdaten an zuständige Stellen zu Zwecken der Strafverfolgung, Gefahrenabwehr oder zur Durchsetzung geistiger Eigentumsrechte und
- § 15 Abs. 4 Satz 2 TMG über die Sperrung zur Erfüllung gesetzlicher, satzungsmäßiger oder vertraglicher Aufbewahrungspflichten;
- § 15 Abs. 8 TMG bezüglich der Speicherung personenbezogener Daten der Nutzer zum Zweck der Rechtsverfolgung

anzusehen. Außerhalb des TMG finden sich derzeit keine Rechtsvorschriften, die sich ausdrücklich auf Telemedien beziehen und eine Zweckänderung gestatten würden. Soweit zu den Bestimmungen des TDDSG vertreten worden ist, dass eine zweckändernde Verwendung von Daten auf § 28 Abs. 3 Nr. 1 BDSG gestützt werden könne,[66] ist diese Ansicht nunmehr aufgrund der Neufassung des Wortlautes der Vorschrift im TMG überholt.[67]

3. Einwilligung des Nutzers in eine Zweckänderung

27 Entsprechend dem Grundsatz, dass eine Einwilligung des Nutzers eine vollwertige und eigenständige Alternative zu den gesetzlichen Erlaubnistatbeständen darstellt, kann eine Zweckänderung darüber hinaus auch auf eine entsprechende Einwilligungserklärung des Nutzers gestützt werden.[68]

---

66 LG München MMR 2006, 332 (336); LG Hamburg MMR 2005, 55 (58 f.); *Czychowski*, MMR 2004, S. 514 (518); vgl. dazu § 12 TMG Rn. 12.
67 *Heckmann*, jurisPK-Internetrecht, Kap. 1.12, Rn. 59.
68 S. o. Rn. 24.

IV. Nicht automatisierte Datenverarbeitungen (Abs. 3)

1. Anwendung auf nicht automatisierte Datenverarbeitungen

§ 12 Abs. 3 TMG erklärt das u. a. in § 1 Abs. 2 Nr. 3 und § 27 Abs. 1 Satz 1 BDSG **28** normierte Kriterium des Einsatzes von Datenverarbeitungsanlagen für die Anwendung der Datenschutzvorschriften bei nicht-öffentlichen Stellen im Bereich der Telemedien für unanwendbar. Eine weitgehend gleichlautende Vorschrift war bereits in § 1 Abs. 2 TDDSG enthalten.

Die Datenschutzbestimmungen des TMG gelten damit grundsätzlich auch für den **29** Fall, dass eine nicht-automatisierte, also im wesentlichen papiergestützte Datenverarbeitung erfolgt. Aufgrund der fortgeschrittenen Technisierung – auch und gerade bei der Bereitstellung von Telemedien – ist diese Vorschrift kaum von praktischer Relevanz, da solche Datenverarbeitungen in aller Regel automatisiert erfolgen.

2. Ausnahmen

Die Anwendbarkeit der Datenschutzvorschriften des TMG auch für nicht-automati- **30** sierte Datenverarbeitungen gilt nach dem Wortlaut der Vorschrift nur, „soweit nichts anderes bestimmt ist". Im TMG ist jedoch insoweit keine abweichende Regelung getroffen, sodass die Ausnahmevorschrift bislang keine praktische Anwendung besitzt.

§ 13 Pflichten des Diensteanbieters

(1) Der Diensteanbieter hat den Nutzer zu Beginn des Nutzungsvorgangs über Art, Umfang und Zwecke der Erhebung und Verwendung personenbezogener Daten sowie über die Verarbeitung seiner Daten in Staaten außerhalb des Anwendungsbereichs der Richtlinie 95/46/EG des Europäischen Parlaments und des Rates vom 24. Oktober 1995 zum Schutz natürlicher Personen bei der Verarbeitung personenbezogener Daten und zum freien Datenverkehr (ABl. EG Nr. L 281 S. 31) in allgemein verständlicher Form zu unterrichten, sofern eine solche Unterrichtung nicht bereits erfolgt ist. Bei einem automatisierten Verfahren, das eine spätere Identifizierung des Nutzers ermöglicht und eine Erhebung oder Verwendung personenbezogener Daten vorbereitet, ist der Nutzer zu Beginn dieses Verfahrens zu unterrichten. Der Inhalt der Unterrichtung muss für den Nutzer jederzeit abrufbar sein.

(2) Die Einwilligung kann elektronisch erklärt werden, wenn der Diensteanbieter sicherstellt, dass

1. der Nutzer seine Einwilligung bewusst und eindeutig erteilt hat,

2. die Einwilligung protokolliert wird,

3. der Nutzer den Inhalt der Einwilligung jederzeit abrufen kann und

4. der Nutzer die Einwilligung jederzeit mit Wirkung für die Zukunft widerrufen kann.

(3) Der Diensteanbieter hat den Nutzer vor Erklärung der Einwilligung auf das Recht nach Absatz 2 Nr. 4 hinzuweisen. Absatz 1 Satz 3 gilt entsprechend.

(4) Der Diensteanbieter hat durch technische und organisatorische Vorkehrungen sicherzustellen, dass

1. der Nutzer die Nutzung des Dienstes jederzeit beenden kann,

2. die anfallenden personenbezogenen Daten über den Ablauf des Zugriffs oder der sonstigen Nutzung unmittelbar nach deren Beendigung gelöscht oder in den Fällen des Satzes 2 gesperrt werden,

3. der Nutzer Telemedien gegen Kenntnisnahme Dritter geschützt in Anspruch nehmen kann,

4. die personenbezogenen Daten über die Nutzung verschiedener Telemedien durch denselben Nutzer getrennt verwendet werden können,

5. Daten nach § 15 Abs. 2 nur für Abrechnungszwecke zusammengeführt werden können und

6. Nutzungsprofile nach § 15 Abs. 3 nicht mit Angaben zur Identifikation des Trägers des Pseudonyms zusammengeführt werden können.

An die Stelle der Löschung nach Satz 1 Nr. 2 tritt eine Sperrung, soweit einer Löschung gesetzliche, satzungsmäßige oder vertragliche Aufbewahrungsfristen entgegenstehen.

(5) Die Weitervermittlung zu einem anderen Diensteanbieter ist dem Nutzer anzuzeigen.

(6) Der Diensteanbieter hat die Nutzung von Telemedien und ihre Bezahlung anonym oder unter Pseudonym zu ermöglichen, soweit dies technisch möglich und zumutbar ist. Der Nutzer ist über diese Möglichkeit zu informieren.

(7) Der Diensteanbieter hat dem Nutzer nach Maßgabe von § 34 des Bundesdatenschutzgesetzes auf Verlangen Auskunft über die zu seiner Person oder zu seinem Pseudonym gespeicherten Daten zu erteilen. Die Auskunft kann auf Verlangen des Nutzers auch elektronisch erteilt werden.

Literatur: *Flisek*, Der Datenschutzrechtliche Auskunftsanspruch nach TDDSG, CR 2004, S. 949; *Fritsch/Roßnagel/Schwenke/Stadler*, Die Pflicht zum Angebot anonym nutzbarer Dienste, DuD 2005, S. 592; *Gennen/Kremer*, Social Networks und der Datenschutz, ITRB 2011, S. 59; *Gerhartinger*, Die Google-Datenschutzerklärung auf dem Prüfstand, ZD 2012, S. 303; *Golembiewski*, Das Recht auf Anonymität im Internet, DuD 2003, S. 129; *Gundermann*, E-Commerce trotz oder durch Datenschutz?, K&R 2000, S. 225; *Härting*, Kommunikationsfreiheit und Datenschutz, AnwBl 2011, S. 246; *Hillenbrand-Beck/Greß*, Datengewinnung im Internet, DuD 2001, S. 389; *Hoeren*, Informationspflichten im Internet im Lichte des neuen UWG, WM 2004, 2461; *Ihde*, Cookies – Datenschutz als Rahmenbedingung der Internetökonomie, CR 2000, S. 413; *Iraschko-Luscher/Kiekenbeck*, Datenschutz im Internet – Widerspruch oder Herausforderung?, RDV 2010, S. 261; *Kamps*, in: Lehmann/Meents, Handbuch des Fachanwalts für Informationstechnologierecht, Köln 2008, S. 929, 1008; *Knopp*, Datenschutzherausforderung Webtracking, DuD 2010, S. 783; *von Lewinski*, Privacy Policies: Unterrichtungen und Einwilligung im Internet, DuD 2002, S. 395; *Lienemann*, What's the way the Cookie Crumbles?, K&R 2011, S. 609; *Moos*, Share this – geteilte oder gemeinsame Verantwortung für Datenschutzkonformität in sozialen Netzwerken, ITRB 2012, S. 226; *Moos*, Unmittelbare Anwendbarkeit der Cookie-Richtlinie – Mythos oder Wirklichkeit?, K&R 2012, S. 635; *Nord/Manzel*, „Datenschutzerklärungen" – misslungene Erlaubnisklauseln zur Datennutzung, NJW 2010, S. 3756; *Nussbaum/Krienke*, Telefonwerbung gegenüber Verbrauchern nach dem Payback-Urteil, MMR 2009, S. 372; *Ohlenburg*, Die neue EU-Datenschutzrichtlinie 2002/58/EG – Auswirkungen und Neuerungen für elektronische Kommunikation, MMR 2008, 82; *Polenz*, die Datenverarbeitung durch und via Facebook auf dem Prüfstand, VuR 2012, S. 207; *Raabe*, Die rechtliche Einordnung zweier Web-Anonymisierungsdienste, DuD 2003, S. 134; *Rasmussen*, Die elektronische Einwilligung im TDDSG, DuD 2002, S. 406; *Rose/Taeger*, Reduzierte Informationspflichten für den M-Commerce, K&R 2010, S. 159; *Roßnagel*, Datenschutz durch Anonymität und Pseudonymität – Rechtsfolgen der Verwendung anonymer und pseudonymer Daten, MMR 2000, S. 721; *Schaar*, Datenschutzrechtliche Einwilligung im Internet, MMR 2001, S. 644; *Schafft/Ruoff*, Nutzung personenbezogener Daten für Werbezwecke zwischen Einwilligung und Vertragserfüllung, CR 2006, S. 499; *Schmitz/Eckhardt*, AGB-Einwilligung in Werbung, CR 2006, S. 533; *Schmoll*, Die Einwilligung im Datenschutz- und Wettbewerbsrecht, in Taeger/Wiebe (Hrsg.), Aktuelle Entwicklungen im Informationstechnologierecht, Edewecht 2007, S. 147; *Schnabel/Freund*, „Ach wie gut, dass niemand weiß…" – Selbstdatenschutz bei der Nutzung von Telemedienangeboten, CR 2011, S. 718; *Schröder*, SPD-Entwurf zur Umsetzung der E-Privacy-Richtlinie, ZD aktuell 2012, 02761; *Spindler*, Das neue Telemediengesetz – Konvergenz in sachten Schritten, CR 2007, S. 239; *Stadler*, Verstoßen Facebook und Google gegen deutsches Recht?, ZD 2011, S. 57; *Taeger*, Informationspflicht über den Datenschutz im M-Commerce, DuD 2010, S. 246; *Zscherpe*, Anforderungen an die datenschutzrechtliche Einwilligung im Internet, MMR 2004, S. 723.

Übersicht

I. Allgemeines

1. Europarechtliche Grundlagen

1   Die Verpflichtung zur Information des Nutzers über die Datenerhebung und -verwendung gemäß § 13 Abs. 1 TMG ergibt sich teilweise aus Art. 10 EG-DSRl. Die spezifische Informationspflicht gemäß § 13 Abs. 1 Satz 2 TMG fußt auf Art. 5 Abs. 3 EG-DSRl.[1] Die in § 13 Abs. 2 TMG normierten Anforderungen an die Wirk-

---

1 An einer vollständig richtlinienkonformen Umsetzung zweifelnd *Ohlenburg*, MMR 2003, S. 82 (85).

samkeit einer elektronischen Einwilligung gestalten das Erfordernis gemäß Art. 7 lit. a) EG-DSRl näher aus, wonach eine Einwilligung „ohne jeden Zweifel" zu erteilen ist. Die europarechtliche Grundlage für die technischen und organisatorischen Vorkehrungen gemäß § 13 Abs. 4 TMG bildet Art. 17 Abs. 1 EG-DSRl, der eine entsprechende Verpflichtung in allgemeinerer Form vorsieht. Die Verpflichtungen gemäß § 13 Abs. 5 und 6 haben keine unmittelbare Entsprechung im europäischen Recht. § 13 Abs. 7 TMG wiederum verankert das von Art. 12 EG-DSRl geforderte Auskunftsrecht explizit auch für Daten, die unter einem Pseudonym gespeichert werden.

2. Gesetzeszweck

Die zahlreichen in § 13 TMG normierten Informations- und Unterrichtungspflichten (etwa gemäß § 13 Abs. 1, Abs. 3, Abs. 5 und Abs. 6 Satz 2 TMG) sollen sicherstellen, dass der Nutzer sich einen umfassenden Überblick über die Erhebung und Verwendung seiner personenbezogenen Daten sowie mögliche Alternativen und Gestaltungsrechte verschaffen kann.[2] Sie sind Ausfluss des Transparenzgebotes. Die Regelung zur elektronischen Einwilligung in § 13 Abs. 2 TMG soll angesichts der Abbedingung der ansonsten erforderlichen Schriftform Verlässlichkeit und Transparenz der Einwilligungserklärung sicherstellen. Technische Gestaltungsanforderungen an Telemedien mit dem Ziel einer möglichst datensparsamen Gestaltung und einer möglichst auch technischen Umsetzung der gesetzlichen Datenverarbeitungsregeln enthalten § 13 Abs. 4 und 6 TMG. § 13 Abs. 7 TMG schließlich soll den grundsätzlich bereits in § 34 BDSG niedergelegten Auskunftsanspruch des Nutzers auf solche Daten erstrecken, die über ihn unter einem Pseudonym gespeichert werden.

2

3. Verhältnis zu anderen Vorschriften

Die Informationspflicht gemäß § 13 Abs. 1 TMG ist eine bereichsspezifische Sonderregelung zu § 4 Abs. 3 BDSG. Die Regelungen zur elektronischen Einwilligung in § 13 Abs. 2 und 3 TMG sind lex specialis zu § 4a Abs. 1 BDSG. Die Vorgaben zu technischen und organisatorischen Maßnahmen in § 13 Abs. 4 TMG und zur anonymen und pseudonymen Nutzung in § 13 Abs. 6 TMG stellen spezifische Ausformungen des Systemdatenschutzgrundsatzes gemäß § 3a BDSG sowie zu § 9 BDSG dar. Die Regelung zur Auskunftspflicht in § 13 Abs. 7 TMG ist eine Sondervorschrift zu § 34 BDSG.

3

---

2 Begründung zum IuKDG, BT-Drs. 13/7385, S. 22.

II. Unterrichtungspflicht (Abs. 1)

1. Allgemeine Unterrichtungspflicht

4 Gemäß § 13 Abs. 1 TMG ist der Nutzer über Art, Umfang und Zwecke der Erhebung und Verwendung seiner personenbezogenen Daten sowie eine etwaige Verarbeitung außerhalb des EWR zu unterrichten. Umfang, Form und Zeitpunkt der Unterrichtung sollen den besonderen Risiken einer Datenverarbeitung „im Netz" Rechnung tragen.[3]

a) Inhalt der Unterrichtung

5 Grundanforderung an die Unterrichtung ist, dass sie wahr und vollständig sein muss.[4] Es muss also erschöpfend über die Art, den Umfang und die Zwecke der Erhebung und Verwendung personenbezogener Daten informiert werden. Sinnvoll ist es dabei, abschließend sowohl die Datenarten zu bezeichnen (einschließlich zumindest beispielhafter Nennungen einzelner Datenfelder) und auch die konkreten Verwendungsschritte, wie sie in § 3 Abs. 3–6a BDSG definiert sind. Die Verarbeitungszwecke sind dabei jeweils konkret für die verschiedenen Datenarten anzugeben. Der Inhalt der Unterrichtung wird also je nach Art und Umfang des Umgangs mit personenbezogenen Daten variieren. Sind Art und Umfang der Datenerhebungen oder -verwendungen von dem individuellen Nutzungsverhalten abhängig, genügt eine generell abstrakte Information den Anforderungen nach § 13 Abs. 1 TMG. Weitergehende, nutzerspezifische Informationen sind dann allenfalls im Rahmen der Auskunft nach § 34 BDSG bzw. § 13 Abs. 7 TMG geschuldet.

6 Werden auf der Webseite z. B. sogenannte **Social Plugins** (wie etwa der Facebook Like-Button) eingesetzt, so ist es angezeigt, über die damit einhergehenden Datenerhebungen und -verwendungen zu informieren.[5] Das stellt die Anbieter von Telemedien regelmäßig dort vor Probleme, wo es um Datenverwendungen durch Dritte geht, über die der Anbieter selbst keine ausreichende Kenntnis besitzt. Im Falle des sogenannten Facebook Like-Buttons tolerieren die Aufsichtsbehörden bisher eine Gestaltung, bei der der Nutzer (vor Erteilung einer entsprechenden Einwilligung) darüber aufgeklärt wird, dass mit Aufruf des Social-Plugins personenbeziehbare Daten (mindestens IP-Adresse und Cookie-ID) an Facebook übertragen werden, die Datenverarbeitung hierbei in den USA erfolgt und die genauen Datenverarbeitungsvorgänge bzw. Speicherfristen und Zwecke unklar sind.[6] Keinesfalls ausreichend ist es, pauschal auf eine „Verarbeitung im Rahmen der bestehenden Gesetze" zu ver-

---

3 Begründung zum IuKDG, BT-Drs. 13/7385, S. 22.
4 *von Lewinski*, DuD 2002, S. 395 (397).
5 KG Berlin MMR 2011, 464; *Gennen/Kremer*, ITRB 2011, 59 (61).
6 Unabhängiges Landeszentrum für Datenschutz in Schleswig-Holstein, Fragen und Antworten zu Facebook, Stand: 7.9.2011, 10:00 Uhr, Version 1.0, im Internet abrufbar unter: www.datenschutzzentrum.de/facebook/faq_de.html#6.

weisen.[7] Nach einer Entscheidung des KG Berlin soll eine wettbewerbsrechtliche Sanktionierung der unterlassenen Unterrichtung mangels Unlauterkeit aber ausscheiden.[8] Anderer Ansicht ist das OLG Hamburg: in einem Urteil vom 27. Juni 2013[9] haben die Richter entschieden, dass § 13 TMG eine das Marktverhalten regelnde Norm i. S. v. § 4 Nr. 11 UWG darstelle.

Durch das EGG ist seinerzeit die Verpflichtung ergänzt worden, den Nutzer auch explizit über etwaige Datenverarbeitungen außerhalb des Geltungsbereichs der EG-DSRl (also des EWR) zu unterrichten. Der Grund dafür besteht darin, dass bei solchen Staaten nicht ohne Weiteres von einem vergleichbaren Datenschutzniveau ausgegangen werden könne,[10] wobei kein Grund ersichtlich ist, weshalb diese Informationspflicht nur in den bereichsspezifischen Vorschriften des TMG, nicht aber im BDSG verankert worden ist. Inhaltlich ist es insoweit nach dem Wortlaut der Vorschrift ausreichend, diejenigen Nicht-EWR-Staaten anzugeben, in welchen die Verarbeitung stattfindet. Informationen über das tatsächliche Datenschutzniveau im Verarbeitungsstaat oder auch über konkrete Datenschutzgarantien bei dem entsprechenden Datenempfänger sind nicht geschuldet. **7**

b) Form der Unterrichtung

Als einzige formelle Anforderung an die Unterrichtung sieht § 13 Abs. 1 TMG vor, dass diese „in allgemein verständlicher Form" zu erfolgen hat. Die konkrete Form und Gestaltung der Unterrichtung liegt im Ermessen des Diensteanbieters. Die geforderte Verständlichkeit setzt in jedem Fall die reine Lesbarkeit sowie eine Form der Visualisierung voraus, die es dem Nutzer ermöglicht, den Sinnzusammenhang des Textes bei üblicher Konzentration zu erfassen.[11] Diese Anforderungen können auch dann noch erfüllt sein, wenn der gesamte Text nur durch Scrollen sichtbar wird, solange der jeweils sichtbare Textausschnitt hinreichend dimensioniert ist.[12] Begrenzte Darstellungskapazitäten auf mobilen Geräten rechtfertigen keine Ausnahme von den gesetzlichen Anforderungen an eine hinreichende Unterrichtung.[13] Die Formulierung der Unterrichtung sollte sich an dem Zweck orientieren, dem Nutzer die Datenverwendung transparent zu machen. Eine übermäßige Verwendung technischer oder fachjuristischer Begrifflichkeiten ist deshalb möglichst zu vermeiden.[14] **8**

In der Praxis hat sich die Formulierung einer „Datenschutzerklärung/Privacy Policy" zur Erfüllung der Unterrichtungspflicht bei Internet-Angeboten durchgesetzt.[15] **9**

---

7 *Heckmann*, jurisPK-Internetrecht, Kap. 1.13, Rn. 3; *von Lewinski*, DuD 2002, S. 395 (397).
8 KG Berlin MMR 2011, 464 (465).
9 OLG Hamburg, Urteil v. 27.6.2013, Az. 3 U 26/12.
10 Begründung zum EGG, BT-Drs. 14/6098, S. 28.
11 *Rose/Taeger*, K&R 2010, S. 159 (161).
12 So für Einwilligungserklärungen: OLG Brandenburg CR 2006, 490 (492).
13 *Taeger*, DuD 2010, S. 246 (249).
14 *Heckmann*, jurisPK-Internetrecht, Kap. 1.13, Rn. 12.
15 Dazu *von Lewinski*, DuD 2002, S. 395.

Dabei ist es ausreichend, einen Link auf eine solche Unterrichtung auf der Homepage des Dienstes vorzuhalten,[16] der zweckmäßig mit dem Begriff „Datenschutzerklärung" oder „Datenschutzhinweise" betitelt werden kann. Eine Verpflichtung zu einem Datenschutzhinweis auf jeder Unterseite eines Internet-Angebotes besteht nicht.[17] Um dem Erfordernis der jederzeitigen Abrufbarkeit zu genügen, sollte dann aber auf jeder Unterseite ein Link auf die Homepage enthalten sein, auf der die Datenschutzerklärung abrufbar ist.

c) Zeitpunkt der Unterrichtung

10   Die Unterrichtung hat „zu Beginn des Nutzungsvorgangs" zu erfolgen. Eine gleichzeitige Unterrichtung mit der Erhebung der Daten ist also ausreichend. Dies ist auch sachgerecht, da bereits bei der Inanspruchnahme eines Dienstes eine automatisierte Erhebung von Nutzungsdaten erfolgen kann und eine Unterrichtung vor der Erhebung dann nicht möglich ist. Die Unterrichtung des Nutzers muss nicht bei jeder neuen Inanspruchnahme wiederholt werden, da der Diensteanbieter diese nach § 13 Abs. 1 Satz 3 TMG ohnehin für den jederzeitigen Abruf bereitzuhalten hat.[18]

2. Unterrichtungspflicht bezüglich späterer Identifikation

11   In § 13 Abs. 1 Satz 2 TMG findet sich darüber hinaus eine Spezialregelung, die zur Unterrichtung über (noch) nicht personenbezogene Daten verpflichtet. Diese Unterrichtungspflicht bezieht sich auf Datenerhebungen und -speicherungen mittels sog. Cookies, Web-Bugs und ähnlicher Verfahren, wenn und soweit sie selbst noch keine personenbezogenen Daten enthalten,[19] sondern erst eine spätere Identifizierung des Nutzers ermöglichen und damit eine Erhebung und Verwendung personenbezogener Daten unmittelbar vorbereiten.[20] Auf die Zwecke, für die die Cookies eingesetzt werden, kommt es dabei nicht an; Unterrichtungspflichten bestehen deshalb z. B. auch für Cookies im Zusammenhang mit Webtracking[21] oder Online Behavioural Advertising.

12   Solche zunächst anonymen Cookies werden oftmals dadurch später personenbezogen, dass der Nutzer, auf dessen Rechner das (persistente) Cookie abgespeichert ist, im späteren Verlauf der Dienstenutzung oder bei einer späteren Session seinen Namen oder ein anderes Identifizierungsmerkmal (z. B. seine E-Mail-Adresse) angibt.[22] Aufgrund der Vergabe einer einheitlichen Cookie-ID können dabei auch frü-

---

16 *Spindler/Nink*, in: Spindler/Schuster, TMG, § 13 Rn. 5; *von Lewinski*, DuD 2002, S. 395 (398); *Hillenbrand-Beck/Greß*, DuD 2001, S. 389 (393).

17 LG Essen DuD 2004, 312 (313), a. A.: *Taeger*, DuD 2010, S. 246 (249).

18 *Hoeren*, WM 2004, S. 2461 (2466).

19 Dazu ausführlich *Schmitz*, in: Spindler/Schmitz/Geis, TDDSG, § 4 Rn. 5 ff.; *Ihde*, CR 2000, S. 413.

20 Vgl. zur Funktionsweise von Cookies *Bizer*, in: Roßnagel, TDDSG, § 3 Rn. 212.

21 *Knopp*, DuD 2010, S. 783 (786).

22 Vgl. *Hillenbrand-Beck/Greß*, DuD 2001, S. 389 (391).

here Nutzungen ggf. dem sich später identifizierenden Nutzer zugeordnet werden.[23] Die Speicherung der (dynamischen) IP-Adresse in dem Cookie-Text oder deren spätere Zusammenführung führt mangels Personenbezug der IP-Adresse nach richtiger Ansicht regelmäßig noch nicht zum Personenbezug des Cookies.[24]

Einen Personenbezug und eine daraus folgende Unterrichtungspflicht des Webseitenbetreibers nimmt die Art. 29-Datenschutzgruppe in ihrer Stellungnahme vom 22.6.2010 zur verhaltensorientierten Werbung im Internet jedoch im Falle des Einsatzes von Third Party Cookies (in diesem Fall des Werbenetzwerkbetreibers) zur Einblendung von Online Behavioural Advertising an.[25] Die Art. 29-Datenschutzgruppe ist insbesondere der Ansicht, dass die Anbieter von Online-Inhalten wegen ihrer datenschutzrechtlichen Mitverantwortung[26] verpflichtet sind, die Nutzer – ggf. in Zusammenarbeit mit dem Werbenetzwerkbetreiber – über die Datenverarbeitung zu informieren, die aufgrund des direkten Verbindungsaufbaus zwischen dem Browser des Nutzers und dem Server des Werbenetzwerkbetreibers erfolgt, sowie über die Zwecke, für die diese Information durch die Betreiber des Werbenetzwerks verwendet werden.[27] Die Information solle sich nicht nur auf die Übermittlung der IP-Adresse für die Zwecke der Einblendung von Werbung beziehen, sondern auch auf die weitere Datenverarbeitung, die durch die Betreiber von Online-Werbenetzwerken vorgenommen wird. Hierzu zählt auch das Speichern von Cookies.

Nach einem Gesetzentwurf des Bundesrates[28] soll in § 13 Abs. 8 TMG die von Art. 5 Abs. 3 der RL 2002/58/EG in der Fassung der Richtlinie 2009/136/EG vorgebene Opt-in-Pflicht für Cookies etabliert werden.[29] Danach soll eine Speicherung von Daten auf dem Endgerät des Nutzers eine vorherige Information und eine Einwilligung des Nutzers voraussetzen. Eine Ausnahme soll im Einklang mit den Richtlinienvorgaben nur dann gelten, wenn der alleinige Zweck der Datenspeicherung die Übertragung einer Nachricht ist oder wenn dies unbedingt erforderlich ist, um einen ausdrücklich vom Nutzer gewünschten Dienst zur Verfügung stellen zu können. Konkretere Regelungen dazu, in welchen Fallkonstellationen die Ausnahmen greifen sollten, sind nicht geplant. Auch der Gesetzesbegründung lassen sich hierzu keine weiteren Hinweise entnehmen. Dieser Regelungsversuch steht jedoch augenscheinlich im Konflikt mit dem Bestreben der Bundesregierung, wie sich der Begründung zu dem Entwurf eines Gesetzes zur Änderung telekommunikations-

13

14

---

23 *Moos*, K&R 2012, S. 635 (635).
24 A. A. *Hillenbrand-Beck/Greß*, DuD 2001, S. 389 (391); vgl. dazu auch § 12 TMG Rn. 8.
25 Art. 29-Datenschutzgruppe, Stellungnahme 2/2010 zur Werbung auf Basis von Behavioural Targeting, 22. Juni 2010, WP 171, im Internet abrufbar unter: http://ec.europa.eu/justi ce_home/fsj/privacy/docs/wpdocs/2010/wp171_en.pdf.
26 Hierzu *Moos*, ITRB 2012, 226 (228).
27 Art. 29-Datenschutzgruppe, Stellungnahme 2/2010 zur Werbung auf Basis von Behavioural Targeting, 22. Juni 2010, WP 171, S. 23.
28 BR-Drs. 156/11.
29 Hierzu: *Schröder*, ZD aktuell 2012, 02761; *Lienemann*, K&R 2011, S. 609 (612).

rechtlicher Regelungen vom 4.5.2011 entnehmen lässt.[30] Darin gab die Bundesregierung an, dass Einzelfragen der Umsetzung der Änderung von Art. 5 Abs. 3 EG-DSRl Gegenstand umfangreicher Konsultationen auf europäischer Ebene seien, die auch Selbstregulierungsansätze der betroffenen Werbewirtschaft umfassen, weshalb das Ergebnis dieses Prozesses vor einer Entscheidung über weitergehenden gesetzgeberischen Handlungsbedarf zunächst abgewartet werden solle.[31] Die Bundesregierung misst dem Gesetzentwurf des Bundesrates keine Erfolgschancen bei.[32] Es dürfte deshalb vorerst bei der richtlinienwidrigen Opt-out-Regelung in § 15 Abs. 3 im TMG bleiben. Gegenüber öffentlichen Stellen, nicht aber privaten Telemedienanbietern[33] ist jedoch von einer unmittelbaren Anwendbarkeit der Opt-in-Regelung in Art. 5 Abs. 3 RL 2002/58/EG auszugehen.[34]

3. Jederzeitige Abrufbarkeit der Unterrichtung

15   Gemäß § 13 Abs. 1 Satz 3 TMG muss der Inhalt der Unterrichtung für den Nutzer jederzeit abrufbar sein. Dies ist bei der Ausgestaltung als Hyperlink im Diensteangebot regelmäßig der Fall. „Jederzeit" bedeutet dabei während der Dauer des Nutzungsverhältnisses. Eine darüber hinausgehende, dauerhafte Protokollierung ist nicht erforderlich.[35]

III. Elektronische Einwilligung (Abs. 2 und 3)

1. Zulässigkeit der elektronischen Einwilligung (Abs. 2)

16   Der Einwilligung des Betroffenen kommt im Rahmen der alltäglichen Nutzung von Telemedien eine erhebliche praktische Bedeutung zu, insbesondere aufgrund der eng gefassten Erlaubnistatbestände für Bestands-, Nutzungs- und Abrechnungsdaten sowie des bisher faktisch weitgehend wirkungslosen Koppelungsverbots gemäß § 12 Abs. 3 TMG-alt bzw. § 28 Abs. 3b BDSG.

a) Grundlagen

17   § 13 Abs. 2 TMG normiert für den Online-Bereich eine Erleichterung gegenüber § 4a Abs. 1 Satz 3 BDSG: Statt der danach grundsätzlich vorgeschriebenen Schriftform für eine Einwilligungserklärung lässt § 13 Abs. 2 TMG eine elektronische Erklärung – unter den in Ziffer 1–4 im Einzelnen normierten Voraussetzungen – ausreichen. Abstand genommen hat der Gesetzgeber mittlerweile von den ursprünglich im TDDSG (in der Fassung des IuKDG) enthaltenen, weiteren Zulässigkeitsvoraus-

---

30 BT-Drs. 17/5707.
31 Gesetzentwurf der Bundesregierung, BT-Drs. 17/5707, S. 3.
32 Gegenäußerung der Bundesregierung vom 3.8.2011.
33 A. A.: *Polenz*, VuR 2012, S. 207 (212).
34 *Moos*, K&R 2012, S. 635 (639).
35 *Schmitz*, in: Spindler/Schmitz/Geis, TDDSG, § 4 Rn. 8.

setzungen, dass die Einwilligung nicht unerkennbar verändert und ihr Urheber erkannt werden kann, die zum Nachweis entsprechender Authentizität und Urheberschaft seinerzeit die Verwendung eines elektronischen Signaturverfahrens erforderlich machten.[36]

Die Privilegierung des § 13 Abs. 2 TMG ist allerdings auf den Anwendungsbereich **18** des TMG beschränkt; sie gilt deshalb nicht unmittelbar für sogenannte Inhaltsdaten,[37] die den Regelungen des BDSG unterfallen. Dies wirft in der Praxis insbesondere dort Probleme auf, wo dieselbe Information zugleich Nutzungsdatum i. S. d. TMG und Inhaltsdatum ist; z. B. der Zeitpunkt einer Order beim Internet-Wertpapierhandel.[38] Würde man aus diesem Grunde aber unter Berufung auf § 4a Abs. 1 Satz 3 BDSG eine Einwilligung in Schriftform verlangen, würde dies praktisch zu einem Leerlaufen von § 13 Abs. 2 TMG führen. Für eine Einwilligungserklärung in Bezug auf Inhaltsdaten, die im Rahmen der Inanspruchnahme von Telemedien erfolgt, liegen deshalb immer dann besondere Umstände vor, die auch im Anwendungsbereich des BDSG eine andere (elektronische) Form ausreichen lassen, wenn es sich bei den Inhaltsdaten zugleich um Bestands- oder Nutzungsdaten im Sinne des TMG handelt. In aller Regel wird dies auch für solche Inhaltsdaten zu gelten haben, bei denen zwar keine Überschneidung mit TMG-Daten gegeben ist, die aber bei der Inanspruchnahme von Telemedien erhoben werden.[39]

b) Zulässigkeitsvoraussetzungen

Mit dem ElGVG sind die Pflichten bei der elektronischen Einwilligung an den **19** Wortlaut der in § 94 TKG enthaltenen, entsprechenden Vorschrift angepasst worden. § 13 Abs. 2 TMG normiert verschiedene Voraussetzungen für die Wirksamkeit einer elektronischen Einwilligung, die kumulativ vorliegen müssen. Der Diensteanbieter ist dabei für die wirksame Erteilung einer elektronischen Einwilligung – und die Erfüllung der nachstehend im Einzelnen genannten Voraussetzungen – nachweispflichtig, da er aus der Einwilligung ein Recht zur Nutzung der Daten herleiten möchte.[40] Liegt eine der Voraussetzungen gemäß § 13 Abs. 4 Nr. 1–4 TMG nicht vor, ist die Einwilligung unwirksam.

(1) Bewusste und eindeutige Erteilung

Gemäß § 13 Abs. 2 Nr. 1 TMG ist Wirksamkeitsvoraussetzung für die elektronische **20** Einwilligung, dass der Nutzer seine Einwilligung bewusst und eindeutig erteilt hat. Diese Voraussetzung soll den Schutz der Nutzer vor einer übereilten Einwilligung – etwa durch eine unbewusste Erklärung beim Anklicken einer Schaltfläche – sicherstellen. Eine bewusste und eindeutige Handlung im Sinne der Vorschrift ist gege-

---

36 Begründung zum IuKDG, BT-Drs. 13/7385, S. 22; *Rasmussen*, DuD 2002, S. 406 (408).
37 Siehe dazu ausführlich § 14 TMG Rn. 19.
38 *Spindler*, CR 2007, S. 239 (243).
39 Vgl. auch *Ihde*, CR 2000, S. 413 (420 f.).
40 OLG Bamberg MMR 2006, 481 (482).

ben, wenn ein durchschnittlich verständiger Nutzer erkennen kann und muss, dass er rechtsverbindlich einer Verarbeitung seiner personenbezogenen Daten zustimmt.[41] Daran kann es fehlen, wenn sich die Formulierungen der abzugebenden Erklärungen eher wie schlichte Informationen an den Nutzer lesen und sie den Eindruck erwecken, die beschriebene Datenverwendung sei ohnehin zulässig.[42]

21   Bei der Frage, welche konkreten Gestaltungsanforderungen der Übereilungsschutz notwendig macht, sind die besonderen technikspezifischen Gefahren der elektronischen Einwilligung, nämlich die Anwendung eines flüchtigen Mediums (Bildschirm) und das Handeln durch einfachen Tastendruck oder Mausklick, das nicht zwischen wichtigen oder unwichtigen Handlungen unterscheidet, zu berücksichtigen.[43] In diesem Sinne autorisiert ist eine elektronische Einwilligung jedenfalls bei bestätigender Wiederholung des Übermittlungsbefehls.[44] Eine bewusste und eindeutige Erklärung i. S. d. Vorschrift liegt deshalb jedenfalls vor, wenn der Nutzer zunächst aktiv ein Häkchen neben der von ihm akzeptierten Einwilligungserklärung setzen und anschließend eine Schaltfläche zur Bestätigung anklicken muss. Teilweise wird auch eine einmalige Handlung ohne bestätigende Wiederholung – etwa in Gestalt des Setzens eines Häkchens in einer Checkbox – für ausreichend gehalten.[45] Soweit nach § 4a BDSG auch eine Auskreuzlösung (Opt-out) zulässig ist,[46] ist diese Ansicht auf den Bereich der elektronischen Einwilligung nicht übertragbar: Es genügt den gesetzlichen Anforderungen des TMG an eine bewusste und eindeutige Handlung nicht, vorangekreuzte Einwilligungsklauseln zu verwenden.[47] Dasselbe gilt für den Fall, dass das aktive Ankreuzen einer Checkbox verlangt wird, um eine Einwilligung nicht zu erteilen.[48] Ebenso scheidet eine konkludente Einwilligung im Anwendungsbereich des TMG aus, sodass z. B. Datenverarbeitungen infolge des Anklickens eines „Like-Buttons" nicht auf eine solche konkludente Einwilligung gestützt werden können;[49] es ist eine ausdrückliche Einwilligung notwendig, die etwa in Form der sogenannten Zwei-Klick-Lösung[50] eingeholt werden kann.

---

41 OLG Brandenburg CR 2006, 490 (492); *Spindler/Schmitz/Geis*, TDDSG, § 4 Rn. 17.
42 *Gerhartinger*, ZD 2012, S. 303 (305).
43 Begründung zum IuKDG, BT-Drs. 13/7385, S. 23.
44 OLG Brandenburg CR 2006, 490 (492); LG Potsdam DuD 2005, 302; *Zscherpe*, MMR 2004, S. 723 (726); *Rasmussen*, DuD 2002, S. 406 (408).
45 *Nussbaum/Krienke*, MMR 2009, S. 372 (373); *Spindler/Nink*, in: Spindler/Schuster, TMG, § 13 Rn. 6; *Schmitz/Eckhardt*, CR 2006, S. 533 (534); a. A.: *Rasmussen*, DUD 2002, S. 406 (408); *Gundermann*, K&R 2000, S. 225 (231).
46 BGH MMR 2009, 731 (733).
47 *Härting*, AnwBl 2011, S. 246 (248); *Iraschko-Luscher/Kiekenbeck*, RDV 2010, S. 261 (262); OLG München CR 2007, 179 (180); *Schmoll*, in: Taeger/Wiebe, Aktuelle Entwicklungen im Informationstechnologierecht, S. 143 (147); *Schafft/Ruoff*, CR 2006, S. 499 (502); *Zscherpe*, MMR 2004, S. 723 (726).
48 A. A.: *Hullen/Roggenkamp*, in: Plath, BDSG, § 13 TMG Rn. 33.
49 A. A.: *Maisch*, ITRB 2011, S. 13 (15).
50 § 13 TMG Rn. 33.

Im Hinblick auf die Darstellung der Einwilligungserklärung ist es nicht erforder- **22**
lich, das entsprechende Textfenster so zu dimensionieren, dass der gesamte Erklä-
rungstext gleichzeitig sichtbar ist; vielmehr reicht es aus, wenn ein Scrollbalken die
Kenntnisnahme des gesamten Textes ermöglicht.[51]

Ebenso wenig verlangt § 13 Abs. 2 Nr. 1 TMG allerdings generell, dass die Einwil- **23**
ligungserklärung separat zu erteilen wäre. Wie im Rahmen von § 4a BDSG ist auch
eine Erteilung gemeinsam mit anderen Erklärungen (also etwa eine Integration in
Allgemeine Geschäftsbedingungen oder eine Kombination mit einer Registrierung)
bei einer ausreichend transparenten Gestaltung möglich.[52] Der Nutzer muss dann
aber deutlich darauf hingewiesen werden, dass er zugleich mit dem Akzeptieren
der AGB bzw. der Registrierung auch eine Einwilligung in die Erhebung und Verwendung personenbezogener Daten erklärt, wobei der Gegenstand der Einwilligung
per Direktlink zu der entsprechenden Passage der AGB abrufbar zu halten ist. Unzureichend ist es, die Einwilligungserklärung ohne besondere Hervorhebung in die
Allgemeinen Geschäftsbedingungen aufzunehmen, ohne dass ein gesonderter Hinweis auf diese Einwilligungserklärung gegeben wird.[53] In Nutzungsbedingungen
versteckte Einwilligungserklärungen sind unwirksam.[54] Von einer bewussten Erteilung kann auch dann keine Rede sein, wenn die Einwilligungserklärung missverständlich bezeichnet oder überschrieben ist, etwa mit der Bezeichnung „Datenschutz" oder „Datenschutzerklärung", weil diese Formulierungen gerade nicht zum
Ausdruck bringen, dass der Nutzer dem Diensteanbieter bestimmte Datenerhebungen und -verwendungen gestatten will, die über das gesetzlich zugelassene Maß
hinausgehen.[55] Die Nutzererwartung richtet sich bei dem Wort „Datenschutz" aber
gerade nicht auf eine solche weitergehende Rechteeinräumung.[56]

Eine separate Einwilligungserklärung ist allerdings nach der Rechtsprechung des **24**
BGH dann erforderlich, wenn sich die Einwilligungserklärung auf Datenverarbeitungen bezieht, die der Datenschutzrichtlinie über elektronische Kommunikation
2002/58/EG unterliegen.[57] Eine solche Einwilligung im Sinne der RL 2002/58/EG
muss nach Ansicht des BGH den Anforderungen in Erwägungsgrund 17 der Richtlinie genügen, wonach die Einwilligung in jeder geeigneten Weise gegeben werden
kann, wodurch der Wunsch des Nutzers in einer spezifischen Angabe zum Ausdruck kommt, die sachkundig und in freier Entscheidung erfolgt; hierzu zählt auch
das Markieren eines Feldes auf einer Internet-Website. In einer Entscheidung vom

---

51 OLG Brandenburg CR 2006, 490 (492); LG Potsdam DuD 2005, 302.
52 *Schmoll*, in: Taeger/Wiebe, Aktuelle Entwicklungen im Informationstechnologierecht,
    S. 143 (148).
53 LG Dortmund JurPC Web-Dok. 94/2008, Abs. 42.
54 So für die von Facebook im Rahmen der Registrierung für das soziale Netzwerk abverlang-
    te Einwilligungserklärung: *Gennen/Kremer*, ITRB 2011, 59 (62).
55 *Nord/Manzel*, NJW 2010, S. 3756 (3758).
56 AG Elmshorn MMR 2005, S. 870 (871).
57 BGH MMR 2009, 731 (733).

14.4.2011[58] hat sich der BGH erneut zu den Anforderungen an eine wirksame Einwilligung in eine Datenverwendung zu Werbezwecken geäußert. Nach dem Urteil des BGH setze eine Einwilligung in Werbung mit einem Telefonanruf eine gesonderte – nur auf die Einwilligung in die Werbung mit einem Telefonanruf bezogene – Zustimmungserklärung des Betroffenen voraus. Eine Erklärung, die sich auch auf die telefonische Benachrichtigung über einen Gewinn bezieht, genüge diesen Anforderungen nicht. Soll deshalb im Rahmen einer elektronischen Einwilligung etwa in den Erhalt eines E-Mail-Newsletters oder in andere Formen elektronischer Werbung eingewilligt werden, muss hierfür eine – auch von anderen datenschutzrechtlichen Einwilligungen – gesonderte Erklärung vorgesehen werden.

(2) Protokollierung der Einwilligung

25 Weitere Wirksamkeitsvoraussetzung ist gemäß § 13 Abs. 2 Nr. 2 TMG, dass die Einwilligung protokolliert wird. Diese Anforderung dient der Transparenz und Nachvollziehbarkeit der von dem Nutzer erlaubten Datenverwendungen.

26 Es besteht Uneinigkeit darüber, welche Informationen konkret zu protokollieren sind. In der älteren datenschutzrechtlichen Literatur wurde es im Sinne der Praktikabilität für ausreichend gehalten, lediglich den standardisierten Einwilligungstext vorzuhalten.[59] Zunehmend wird allerdings vertreten, dass der Diensteanbieter die individuelle Einwilligung des jeweiligen Nutzers protokollieren und neben dem Einwilligungstext auch den Zeitpunkt der Erteilung und die Identität des Nutzers erfassen muss.[60] Dem ist zuzustimmen, anders würde der Begriff der „Protokollierung" sinnentleert.

(3) Jederzeitige Abrufbarkeit des Inhalts der Einwilligung

27 Darüber hinaus ist der Inhalt der Einwilligung nach § 13 Abs. 2 Nr. 3 TMG für den Nutzer jederzeit abrufbar zu halten. „Jederzeitige Abrufbarkeit" im Sinne der Vorschrift verlangt keine zeitlich unbegrenzte Speicherung und Zugänglichmachung der Einwilligung. Der Begriff „jederzeit" ist vielmehr so auszulegen, dass er sich (nur) auf den gesamten Zeitraum des Bestehens des Vertragsverhältnisses über die Inanspruchnahme des Dienstes bezieht.[61] Ebenso wenig verlangt die Vorschrift zwingend die Möglichkeit eines Online-Abrufs. Gemeint ist vielmehr eine jederzeitige Abforderbarkeit. Es genügt deshalb den gesetzlichen Anforderungen auch, wenn die jederzeitige Abrufbarkeit durch ein E-Mail-gestütztes Verfahren realisiert wird.[62]

---

58 BGH K&R 2011, 400.
59 *Heckmann*, jurisPK-Internetrecht, Kap. 1.13, Rn. 32; *Schaar*, MMR 2001, S. 644 (646); *Rasmussen*, DuD 2002, S. 406 (409).
60 *Hullen/Roggenkamp*, in: Plath, BDSG, § 13 TMG Rn. 25.
61 *Schmitz*, in: Spindler/Schmitz/Geis, TDDSG, § 4 Rn. 22.
62 *Kühling/Klar*, RDV 2011, S. 71 (78); *Schmitz*, in: Spindler/Schmitz/Geis, TDDSG, § 4 Rn. 21; Begründung zum EGG, BT-Drs. 14/6098, S. 28; *Rasmussen*, DuD 2002, S. 406 (408).

Im Hinblick auf die Abrufbarkeit des Inhalts der Einwilligung ist es freilich ausrei- **28**
chend, den standardisierten Einwilligungstext bereitzuhalten. Wenn der Nutzer z. B.
den konkreten Zeitpunkt und die Umstände der Erteilung der Einwilligungserklärung erfahren will, muss er dies über sein Auskunftsrecht gemäß § 13 Abs. 7 TMG
beim Diensteanbieter geltend machen. Erfolgen über die Zeit Änderungen an dem
Einwilligungstext, müssen neben der aktuellen auch die historischen Einwilligungserklärungen zum Abruf vorgehalten werden, solange es noch Nutzer gibt, deren Daten auf Basis dieser Erklärungen gespeichert werden.[63]

(4) Jederzeitige Widerrufbarkeit der Einwilligung

Schließlich hat der Diensteanbieter gemäß § 13 Abs. 2 Nr. 4 TMG sicher zu stellen, **29**
dass der Nutzer die Einwilligung jederzeit mit Wirkung für die Zukunft widerrufen
kann. Das generelle Recht des Nutzers, eine einmal erteilte Einwilligung jederzeit
zu widerrufen, welches dieser Gestaltungsanforderung zugrunde liegt, ist allerdings
weder im BDSG[64] noch im TMG ausdrücklich normiert. Nach der wohl herrschenden, aber nicht zweifelsfreien Meinung ist dieses Widerrufsrechts gleichwohl allgemein anerkannt, wobei gewisse Ausnahmen bezüglich der freien Widerruflichkeit
bestehen.[65] Der Widerruf ist an keine bestimmte Form gebunden und kann unabhängig davon, wie die Einwilligung erteilt worden ist, auch elektronisch erfolgen.[66]

(5) Vorherige Information

Aus § 4a Abs. 1 Satz 2 BDSG ergibt sich im Übrigen, dass auch eine elektronische **30**
Einwilligung nur wirksam ist, wenn der Nutzer vorher auf Art, Umfang und Zwecke der vorgesehenen Datenerhebung und -verwendung hingewiesen worden ist.
Fehlt es an einer solchen Information oder ist diese unvollständig, ist die elektronische Einwilligung unwirksam.[67]

c) Beweislast

Die Beweislast für das Vorliegen einer wirksamen Einwilligungserklärung liegt bei **31**
dem Diensteanbieter.[68] Er hat deshalb im Zweifel insbesondere nachzuweisen, dass
eine erteilte Einwilligung auch tatsächlich von dem namentlich benannten Nutzer
abgegeben worden ist (und nicht etwa durch einen Dritten unter missbräuchlicher
Angabe des Namens und der Mail-Adresse einer anderen Person). Vor diesem Hintergrund hat sich insbesondere bei Online-Registrierungen und dabei erklärten Einwilligungen in bestimmte Werbemaßnahmen (vor allem E-Mail-Newsletter etc.)

---

63 *Schaar*, MMR 2001, S. 644 (646).
64 §§ 28 Abs. 3 und 29 Abs. 3 BDSG sehen insoweit nur ein bereichsspezifischen Widerspruchsrecht bei gesetzlich zugelassenen Datenverwendungen zu.
65 Vgl. *Gerhartinger*, ZD 2012, S. 303 (306); *Gola/Schomerus*, BDSG, § 4a Rn. 18.
66 *Spindler/Nink*, in: Spindler/Schuster, TMG, § 13 Rn. 7.
67 OLG Düsseldorf DuD 2005, 171.
68 *Zscherpe*, MMR 2004, S. 723 (725).

das sogenannte **Double-Opt-in**-Verfahren durchgesetzt. Dabei muss die online erklärte Einwilligung nochmals ausdrücklich bestätigt werden. Zu diesem Zweck sendet der Diensteanbieter eine automatisch generierte E-Mail an die bei der Erklärung angegebene E-Mail-Adresse, in der ein Bestätigungslink enthalten ist. Erst nach Anklicken dieses Bestätigungslinks ist die Einwilligung dann wirksam abgegeben. Die Gerichte halten dieses Double-Opt-in-Verfahren für ausreichend, um die Urheberschaft an einer Einwilligungserklärung nachzuweisen.[69] Ungeeignet ist das E-Mail-gestützte Double-Opt-in-Verfahren für den Nachweis einer Einwilligung in Werbung per Telefon.[70]

32   Das OLG München hat in einem Aufsehen erregenden Urteil allerdings entschieden, dass das Double-Opt-in-Verfahren nicht rechtskonform sei. Das Gericht hat die E-Mail, mit der die Bestätigung erfragt wird, selbst als eine den Anforderungen des § 7 UWG unterliegende Werbe-E-Mail eingestuft. Für diese E-Mail, durch die die Einwilligung in den Erhalt werblicher E-Mails aber gerade eingeholt werden soll, kann denklogisch eine entsprechende Einwilligung noch nicht vorliegen und auch die Voraussetzungen nach § 7 Abs. 3 UWG sind regelmäßig nicht erfüllt. Die Entscheidung wird in der Literatur deshalb zu Recht kritisiert,[71] nicht zuletzt, weil sie mit der Rechtsansicht des BGH[72] nicht im Einklang stehen dürfte.

d) Inhaltliche Anforderungen an die Einwilligung

33   Das TMG macht keine Vorgaben zu der inhaltlichen Gestaltung der Einwilligungserklärung. Es gelten die Anforderungen nach § 4a BDSG. Aufgrund der teilweise technisch komplexen und zudem umfangreichen Datenverarbeitungen bei Telemedien ist eine hinreichende Information des Nutzers über Art, Umfang und Zwecke der Datenverarbeitung essenziell. In der Praxis bestehen hier oft Defizite.[73] Zweifel bestehen z. B. daran, ob ein Webseitenbetreiber überhaupt eine wirksame Einwilligung in die mit der Einbindung von Social Plugins einhergehenden Datenverarbeitungen einholen kann. Problematisch ist insbesondere sein Wissensdefizit hinsichtlich der bei dem jeweiligen sozialen Netzwerk erfolgenden Datenverwendungen. Jedenfalls so lange die vom ULD angestrengten Mustergerichtsverfahren bezüglich des Facebook Like-Buttons noch andauern, akzeptieren die Aufsichtsbehörden eine explizit nicht als datenschutzkonforme sondern als „datensparame Einbindung" bezeichnete Lösung, nach der diese Social-Plugins nur dann geladen werden dürfen, wenn der Nutzer gegenüber dem Webseitenbetreiber in die mit der Einbindung von Social-Plugins verbundene Übertragung personenbezogener Daten an Facebook mittels der sogenannten „**Zwei-Klick-Lösung**" eingewilligt hat. In diesem Zusammenhang geben sich die Aufsichtsbehörden derzeit auch noch damit zufrie-

---

69 AG München MMR 2007, 473; LG Berlin K&R 2007, 430.
70 BGH CR 2011, 581.
71 *Heidrich*, MMR 2013, S. 39; *Hühner*, GRUR-Prax 2012, 339896.
72 BGH MMR 2011, 662.
73 Vgl. LG Hamburg K&R 2009, 735 (739); LG Berlin ZD 2012, 276.

den, dass dem Nutzer genaue Informationen über Datenverarbeitungsvorgänge, Speicherfristen und Zwecke nicht gegeben werden können.[74]

Weitere Gestaltungsanforderungen ergeben sich aus dem AGB-Recht. Formularmä- **34** ßig erklärte Einwilligungen sind der AGB-rechtlichen Inhaltskontrolle unterworfen, soweit durch die verwendete Klauselgestaltung eine von Rechtsvorschriften abweichende Regelung vereinbart wird,[75] d. h. sofern durch sie Datenerhebungen und -verwendungen gerechtfertigt werden sollen, die nicht bereits auf eine gesetzliche Erlaubnisvorschrift gestützt werden können.[76]

2. Hinweispflicht (Abs. 3)

In § 13 Abs. 3 TMG wird der Diensteanbieter verpflichtet, den Nutzer bei Erteilung **35** seiner Einwilligung explizit auf sein Recht hinzuweisen, die Einwilligung jederzeit mit Wirkung für die Zukunft zu widerrufen.[77] Diese Informationspflicht geht über das nach § 4a BDSG Erforderliche hinaus.

IV. Technische und organisatorische Vorkehrungen (Abs. 4)

§ 13 Abs. 4 TMG konkretisiert die ehemals in § 3 Abs. 4 TDDSG und nunmehr in **36** § 3a BDSG festgelegten Grundsätze des Systemdatenschutzes und der Datenvermeidung sowie auch die Vorgaben gemäß § 9 BDSG. Der Diensteanbieter ist verpflichtet, die praktische Umsetzung dieser Grundsätze durch die im Einzelnen normierten technischen und organisatorischen Maßnahmen sicherzustellen. Dies kann im Einzelfall etwa durch dateneinsparende Organisation der Übermittlung, Abrechnung und Bezahlung sowie durch die Abschottung von Verarbeitungsbereichen erfolgen.

1. Beendigung der Dienstenutzung

Durch die Anforderung nach § 13 Abs. 4 Nr. 1 TMG wird der Diensteanbieter ver- **37** pflichtet, technische und organisatorische Maßnahmen zu treffen, damit der Nutzer die Inanspruchnahme eines Dienstes jederzeit beenden kann. Die technische Möglichkeit des Abbruchs eines konkreten Nutzungsvorgangs ist der Interaktivität des Internets und seiner Funktionen immanent (z. B. durch Schließen des entsprechen-

---

74 Unabhängiges Landeszentrum für Datenschutz in Schleswig-Holstein, Fragen und Antworten zu Facebook, Stand: 7.9.2011, 10:00 Uhr, Version 1.0, im Internet abrufbar unter: www.datenschutzzentrum.de/facebook/faq_de.html#6.
75 BGH, NJW 2008, 3055 (3057).
76 Zur Unwirksamkeit verschiedener Regelungen in der Google-Datenschutzerklärung: LG Hamburg, K&R 2009, 735 (739).
77 Siehe dazu schon oben Rn. 29.

den Browser-Fensters), sodass es hierfür keiner besonderen Vorkehrungen des Diensteanbieters bedarf.[78]

2. Löschung oder Sperrung von Zugriffsdaten

38   Nach § 13 Abs. 4 Nr. 2 TMG ist der Diensteanbieter verpflichtet, die technischen und organisatorischen Maßnahmen zu treffen, damit die personenbezogenen Daten über die Inanspruchnahme von Telemedien unmittelbar gelöscht werden. Diese Anforderung flankiert die rechtliche Verpflichtung zur Löschung von Nutzungs- und Abrechnungsdaten gemäß § 15 Abs. 8 Satz 2 TMG.

39   Nachträglich mit dem EGG in das TDDSG eingeführt worden ist in Nr. 2 die Möglichkeit der Datensperrung. Der Begriff der Sperrung ist legal definiert in § 3 Nr. 4 BDSG. Danach ist „Sperren" das Kennzeichnen gespeicherter personenbezogener Daten, um ihre weitere Verarbeitung oder Nutzung einzuschränken. In der Praxis wird zu diesem Zweck entweder mit dem Datum ein „Sperrvermerk" gespeichert, oder die Information in eine „Sperrdatei" aufgenommen. Mit der Gestattung der Datensperrung anstelle einer Löschung wird der Möglichkeit besonderer Aufbewahrungspflichten Rechnung getragen. So können beispielsweise Bestands- und Abrechnungsdaten im Rahmen der kaufmännischen Buchführung gemäß § 257 HGB für bis zu 10 Jahre aufzubewahren sein.

3. Geschützte Inanspruchnahme von Telemedien

40   Gemäß § 13 Abs. 4 Nr. 3 TMG muss der Diensteanbieter auch durch technische und organisatorische Vorkehrungen sicherstellen, dass der Nutzer Telemedien in Anspruch nehmen kann, ohne dass Dritte davon Kenntnis nehmen können. Auf diese Weise soll das Fernmeldegeheimnis im Bereich der Telemedien zusätzlich abgesichert werden.[79] Im Wesentlichen müssen Diensteanbieter deshalb ihre interne Datenverarbeitung vor einem unbefugten Zugriff durch Dritte schützen. Diese Verpflichtung ergibt sich freilich schon aus § 9 BDSG, sodass aufgrund von § 13 Abs. 4 Nr. 3 TMG regelmäßig keine zusätzlichen Sicherungsmaßnahmen ergriffen werden müssen.

4. Trennung von Nutzungsdaten

41   § 13 Abs. 4 Nr. 4 TMG statuiert die Verpflichtung zur Vorsehung einer technisch und organisatorisch abzubildenden Trennungsmöglichkeit. Dadurch soll u. a. die in § 15 Abs. 3 TMG außer für Abrechnungszwecke untersagte Zusammenführung von Nutzungsdaten technisch umgesetzt werden.

---

78 *Heckmann*, jurisPK-Internetrecht, Kap. 1.13, Rn. 47.
79 Begründung zum IuKDG, BT-Drs. 13/7385, S. 23.

Die Regelung etabliert aber keine absolute Trennungsverpflichtung. Nach dem **42** Wortlaut der Regelung muss eine getrennte Verwendung nur möglich sein; eine grundsätzlich gemeinsame Speicherung und Verarbeitung der einen Nutzer betreffenden Daten über die Verwendung verschiedener Telemedien ist danach nicht ausgeschlossen. Ein Trennungsgebot besteht nur, soweit die Nutzung verschiedener Telemedien zu unterschiedlichen Zwecken erfolgt und der gemeinsamen Verarbeitung keine rechtmäßigen Zwecke zugrunde liegen.[80] Die Vorschrift verlangt keine räumliche Trennbarkeit der Daten; eine logische Separierung, die Software-seitig realisiert wird, ist ausreichend.

5. Zusammenführung nur für Abrechnungszwecke

Dem Interesse der Diensteanbieter an einer Zusammenführung von Abrechnungs- **43** daten wird durch § 15 Abs. 2 TMG Rechnung getragen. Gemäß § 13 Abs. 4 Nr. 5 TMG ist jedoch auch insoweit durch technisch-organisatorische Maßnahmen zu gewährleisten, dass eine solche Zusammenführung ausschließlich für Abrechnungszwecke möglich ist.

6. Separierung von Nutzungsprofilen

Nutzungsprofile dürfen nach § 15 Abs. 3 Satz 3 TMG nicht mit Angaben zur Identi- **44** fikation des Trägers des Pseudonyms zusammengeführt werden. § 13 Abs. 4 Nr. 6 TMG weitet den Systemdatenschutz auch auf diese materielle Verarbeitungsvorgabe aus.

Durch die nachträgliche Aufnahme der Regelungen in § 13 Abs. 4 Nr. 5 und 6 **45** TMG (seinerzeit als § 4 Abs. 4 Nr. 5 und 6 TDDSG) wurde einer Anregung der EG-Kommission im Hinblick auf die Umsetzung von Art. 17 der EG-DSRl gefolgt.[81]

V. Anzeige der Weitervermittlung (Abs. 5)

1. Anzeigepflicht

§ 13 Abs. 5 TMG verpflichtet den Diensteanbieter, dem Nutzer die Weitervermitt- **46** lung zu einem anderen Diensteanbieter anzuzeigen. Zweck dieser Anzeigepflicht ist wiederum die Transparenz der Datenverarbeitung für den Nutzer: Die Anzeige der Weitervermittlung soll den Nutzer in die Lage versetzen, effektiv von seinem Auskunftsrecht Gebrauch zu machen, sowie eine wirksame behördliche Kontrolle ermöglichen. Nicht anzeigepflichtig nach dieser Vorschrift ist die reine Übermittlung von Daten an einen anderen Diensteanbieter; insoweit greift nur die allgemeine Unterrichtungspflicht nach § 13 Abs. 1 TMG.

---

80 Zur Parallelregelung in Ziffer 8 der Anlage zu § 9 BDSG so auch *Ernestus*, in: Simitis, BDSG, § 9 Rn. 162.
81 Begründung zum EGG, BT-Drs. 14/6098, S. 28.

2. Gestaltungsmöglichkeiten

47 Dieser Anforderung ist regelmäßig schon dadurch genügt, dass sich mit dem Wechsel des Diensteanbieters (etwa durch das Anklicken eines externen Links) die im Browser angezeigte URL ändert.[82] Dadurch ist dem Nutzer bewusst, dass nunmehr ein anderer Diensteanbieter für das Angebot und damit auch die entsprechende Datenverarbeitung verantwortlich ist. Unterbleibt eine solche Änderung der URL, z. B. weil das Angebot des anderen Diensteanbieters mittels Framing eingebunden wird, ist ein gesonderter Hinweis erforderlich.[83]

VI. Datenvermeidungsgrundsatz (Abs. 6)

1. Ermöglichung einer anonymen oder pseudonymen Nutzung

48 § 13 Abs. 6 TMG konkretisiert das allgemeine Ziel der Datenvermeidung: Diensteanbieter haben den Nutzern im Rahmen des technisch und wirtschaftlich Möglichen anonymes oder pseudonymes Handeln zu ermöglichen. Dadurch wird das allgemein im Datenschutzrecht geltende Erforderlichkeitsgebot präzisiert und dessen Berücksichtigung bereits präventiv auf der Ebene der Gestaltung und Auswahl technischer Einrichtungen vorgeschrieben.[84] Dieses Gebot der Datenvermeidung gilt für den gesamten Nutzungsvorgang[85] und den Bezahlvorgang. § 13 Abs. 6 TMG gestattet und fordert es somit ausdrücklich, dass Nutzer etwa ihre Beiträge in Internet-Foren anonym einstellen können. Die Ausnutzung dieser datenschutzrechtlich ausdrücklich erwünschten Möglichkeit führt auch nicht zu einer verschärften Haftung der Diensteanbieter für diese anonymen Inhalte.[86]

49 Es ist umstritten, ob sich die Verpflichtung auch darauf bezieht, ein anonymes oder pseudonymes Vertragsverhältnis mit einem Nutzer zu begründen. Nach der zutreffenden Meinung ist das nicht der Fall.[87] Durch die explizite Anknüpfung an die „Nutzung" und „Bezahlung" zielt die Regelung nur darauf ab, möglichst die Generierung von personenbezogenen Nutzungs- und Abrechnungsdaten nicht aber von Bestandsdaten zu vermeiden. Dieses Verständnis vermittelt auch die Gesetzesbegründung, nach der diese Regelung zur Datenvermeidung nur „auf den Nutzungsvorgang" bezogen sei und etwaige Pseudonyme über eine Referenzliste beim Diensteanbieter mit der Identität des Nutzers zusammengeführt werden könnten.[88]

---

82 *Schmitz*, in: Spindler/Schmitz/Geis, TDDSG, § 4 Rn. 37.
83 *Hullen/Roggenkamp*, in: Plath, BDSG, § 13 TMG Rn. 39.
84 *Roßnagel*, MMR 2000, S. 721 (722).
85 Begründung zum IuKDG, BT-Drs. 13/7385, S. 23.
86 OLG Hamburg ZUM 2009, 417 (420).
87 OLG Hamburg ZUM 2009, 417 (429); LG Köln MMR 2007, 665; OLG Düsseldorf MMR 2006, 618 (620); *Stadler*, ZD 2011, S. 57 (58); *Hullen/Roggenkamp*, in: Plath, BDSG, § 13 Rn. 43 TMG; *Schmitz*, in: Spindler/Schmitz/Geis, TDDSG, § 4 Rn. 39.
88 BT-Drs. 13/7385, S. 23.

Diensteanbieter können deshalb die Nutzung ihres Telemediendienstes von einer (namentlichen) Registrierung abhängig machen, ohne mit dieser Anforderung in Konflikt zu geraten. Es kann deshalb auch bei kostenfreien Diensten nicht mit § 13 Abs. 6 TMG unvereinbar sein, generell eine Personalisierung vorzusehen. Nach der Gegenauffassung betreffe die Verpflichtung aus § 13 Abs. 6 TMG auch die Ausgestaltung der Nutzerbeziehung.[89] Das ULD in Schleswig-Holstein hat jüngst wegen des Klarnamenzwangs bei der Registrierung eine Anordnung gegenüber Facebook erlassen, die Registrierung für das soziale Netzwerk unter Eingabe eines Pseudonyms zu ermöglichen.[90] Die Vorschrift sei nach dieser Ansicht so auszulegen, dass bei solchen Diensten personenbezogene Angaben (insbesondere der Name) grundsätzlich nur auf freiwilliger Basis erhoben werden dürften.

Für das Erfordernis der Anonymität ist die faktische Anonymität i. S. v. § 3 Abs. 6, **50** 2. Alt. BDSG ausreichend.[91] Pseudonymisieren bedeutet gemäß § 3 Abs. 6a BDSG das Ersetzen des Namens und anderer Identifikationsmerkmale durch ein Kennzeichen zu dem Zweck, die Bestimmung des Betroffenen auszuschließen oder wesentlich zu erschweren. Ein Pseudonym kann ein sogenannter „Nickname" oder eine Kurzbezeichnung sein, die aus sich heraus die Identität des Nutzers nicht preisgibt, aber über eine Referenzliste beim Diensteanbieter einem identifizierbaren Nutzer zugeordnet werden kann.[92] Anonyme Daten sind per se nicht personenbezogen und unterfallen damit nicht den Datenschutzvorschriften des TMG.[93]

Nach streitiger Ansicht ermöglicht auch die Vergabe wechselnder (dynamischer) **51** IP-Adressen durch die Access-Provider eine zumindest teilweise pseudonyme Nutzung von Telemedien.[94] Ob es sich bei einer solchen dynamischen IP-Adresse aber lediglich um ein Pseudonym oder aber selbst um ein personenbezogenes Datum handelt, ist höchst umstritten.[95]

2. Vorbehalte

Die Verpflichtung, eine anonyme oder pseudonyme Nutzung von Telemedien zu er- **52** möglichen, steht unter den Vorbehalten der technischen Möglichkeit und der Zumutbarkeit. Soweit bei sozialen Netzwerken grundsätzlich eine Pflicht zur Ermöglichung einer anonymen oder pseudonymen Nutzung angenommen wird, sei dies allenfalls dann unzumutbar, wenn das gesamte Geschäftsmodell auf der Offenlegung

---

89 *Feldmann*, K&R 2012, S. 113 (115); *Schnabel/Freund*, CR 2010, S. 718 (720); LG Kassel BeckRS 2010, 20171; wohl auch *Flisek*, CR 2004, S. 62 (68).
90 Unabhängiges Landeszentrum für Datenschutz Schleswig-Holstein, Anordnung vom 14. Dezember 2012, im Internet abrufbar unter: www.datenschutzzentrum.de/.
91 *Roßnagel*, MMR 2000, S. 721 (724), vgl. auch Kommentierung zu § 3 BDSG Rn. 45.
92 LG Düsseldorf CR 2003, 211 (213 f.).
93 *Roßnagel*, MMR 2000, S. 721 (726 f.).
94 *Rasmussen*, CR 2002, S. 36 (39); *Roßnagel*, MMR 2000, S. 721 (725); Evaluierungsbericht zum IuKDG, BT-Drs. 14/1191, S. 13.
95 Vgl. § 12 TMG Rn. 7.

der Identität beruhe, was bei sozialen Netzwerken mit berufsbezogener Prägung bejaht wird.[96] In Bezug auf Hostinganbieter für nutzergenerierte Inhalte wird die Unzumutbarkeit einer anonymen Nutzungsbeziehung teilweise damit begründet, dass der Diensteanbieter die Urheber etwaiger rechtswidriger Inhalte identifizieren können muss.[97] Mit den in seiner Blogspot-Entscheidung aufgestellten Verhaltenspflichten des Hostproviders leistet der BGH[98] solchen Identifizierungsnotwendigkeiten Vorschub.[99]

53 Im Rahmen ihrer Kontrollaufgabe obliegt den Datenschutzaufsichtsbehörden die Darlegungs- und Beweislast dafür, dass dem Diensteanbieter bestimmte Anonymisierungs- oder Pseudonymisierungsmaßnahmen möglich und zumutbar sind.[100]

a) Technische Möglichkeit

54 Welche technischen Möglichkeiten dabei in Betracht kommen, ist aufgrund einer generell-objektiven Sichtweise zu bestimmen.[101] Bestimmte technische Verfahren wurden im Hinblick auf die Entwicklungsdynamik in diesem Bereich nicht vorgeschrieben. Denkbar ist etwa, die Registrierung unter einem Alias zu ermöglichen. Bei bezahlpflichtigen Diensten kann an vorbezahlte Wertkarten oder Chipkarten und andere elektronische Zahlungssysteme gedacht werden, bei denen der Kunde gegenüber dem Händler anonym oder zumindest pseudonym bleibt.[102] Die Aufsichtsbehörden für den Datenschutz im nicht-öffentlichen Bereich haben die Anbieter von Telemedien angesichts in der Praxis festgestellter Defizite im November 2011 explizit aufgefordert, ihren diesbezüglichen gesetzlichen Verpflichtungen nachzukommen.[103]

b) Zumutbarkeit

55 Etwaige Einschränkungen, die sich aus den individuell von dem Diensteanbieter eingesetzten technischen Systemen ergeben, bleiben bei der Frage der technischen Möglichkeit entsprechender Anonymisierungen oder Pseudonymisierungen außer Betracht. Weil der Diensteanbieter aber nicht dazu verpflichtet werden soll, jede abstrakt mögliche, technische Lösung zur Anonymisierung zu realisieren, besteht die Verpflichtung nur im Rahmen des Zumutbaren. Das Kriterium der Zumutbarkeit ist umfassend zu verstehen und schließt technische, wirtschaftliche und recht-

---

96 *Hullen/Roggenkamp*, in: Plath, BDSG, § 13 Rn. 42 TMG.
97 *Gabriel/Albrecht*, ZUM 2010, S. 392 (394).
98 BGH K&R 2012, 110 (113).
99 *Feldmann*, K&R 2012, S. 113 (115).
100 *Fritsch/Roßnagel/Schwenke/Stadler*, DuD 2005, S. 592 (593).
101 *Rasmussen*, CR 2002, S. 36 (39); Begründung zum IuKDG, BT-Drs. 13/7385, S. 23.
102 Begründung zum IuKDG, BT-Drs. 13/7385, S. 23; zu den Möglichkeiten des Einsatzes von sog. Anon-Proxies oder MIXes vgl. *Fritsch/Roßnagel/Schwenke/Stadler*, DuD 2005, S. 592 (594).
103 Entschließung vom 22./23. November 2011: Anonymes und pseudonymes elektronisches Bezahlen von Internet-Angeboten ermöglichen!

liche Erwägungen ein. Die Zumutbarkeit ist grundsätzlich anbieterbezogen und nicht branchenbezogen festzustellen.[104] Im Rahmen der Zumutbarkeit können insbesondere die Größe und die Leistungsfähigkeit des Anbieters berücksichtigt werden.[105]

3. Informationspflicht

Der Nutzer muss über die Möglichkeiten einer anonymen oder pseudonymen Nutzung informiert werden. Diese Verpflichtung greift jedoch nach dem Sinn und Zweck der Vorschrift nur dann, wenn die Dienstenutzung ansonsten personenbezogen erfolgt. Keine Unterrichtung hat zu erfolgen, wenn ein Telemediendienst gänzlich anonym angeboten wird, etwa ein Informationsangebot im Internet, für das keine namentliche Registrierung zu erfolgen hat.[106]
56

VII. Auskunftspflicht (Abs. 7)

1. Inhalt der Auskunft

§ 13 Abs. 7 TMG stellt sicher, dass der Nutzer über das sich aus § 34 BDSG ergebende Auskunftsrecht hinaus auch Auskunft zu den über ihn unter seinem Pseudonym gespeicherten Daten erhalten kann. Die Auskunftsverpflichtung war ursprünglich in § 7 TDDSG bzw. in der Fassung des EGG in § 4 Abs. 7 TDDSG enthalten. Das Auskunftsrecht kann gemäß § 6 Abs. 1 BDSG nicht vertraglich ausgeschlossen werden.
57

Nach einer Entscheidung des OLG Hamm berechtigt § 13 Abs. 7 TMG jedoch nicht einen Dritten dazu, Auskunft von einem Dienstanbieter über einen unter einem Pseudonym agierenden Nutzer zu verlangen, da diese Norm ausschließlich das Anbieter-Nutzer-Verhältnis betrifft.[107] Einem solchen Auskunftsanspruch stehe nach Ansicht des Gerichts im Übrigen die Wertung des Gesetzgebers in § 13 Abs. 6 Satz 1 TMG entgegen, wonach ein Dienstanbieter die Nutzung von Telemedien anonym oder unter Pseudonym zu ermöglichen hat, soweit dies technisch möglich und zumutbar ist.
58

2. Form der Auskunft

Für die Form der Auskunft gilt grundsätzlich dasselbe wie im Rahmen von § 34 BDSG. Ergänzend normiert § 13 Abs. 7 TMG die Verpflichtung, die Auskunft auf
59

---

104 *Fritsch/Roßnagel/Schwenke/Stadler*, DuD 2005, S. 592 (594); A.A. offenbar *Kamps*, in: Lehmann/Meents, Handbuch des Fachanwalts für Informationstechnologierecht, Kap. 20, Rn. 165.
105 *Rasmussen*, CR 2002, S. 36 (39); Begründung zum IuKDG, BT-Drs. 13/7385, S. 23.
106 *Heckmann*, jurisPK-Internetrecht, Kap. 1.13, Rn. 88.
107 OLG Hamm ZUM-RD 2011, 684 (685).

Verlangen des Nutzers elektronisch zu erteilen. Die Regelung ergänzt den Grundsatz des § 34 Abs. 3 BDSG, wonach eine Auskunft in der Regel schriftlich zu erteilen ist. Sie lässt deshalb für Telemedien insbesondere auch eine Auskunft per E-Mail zu. Denkbar wäre auch, dem Nutzer Zugang zu einem geschützten Bereich zu gewähren (etwa nach individuellem Login oder durch Zusenden eines individuellen Links), in dem er die über ihn gespeicherten Informationen einsehen kann. Übt der Nutzer das ihm gewährte Wahlrecht bezüglich der Form der Auskunft nicht aus, steht es dem Diensteanbieter frei, die Auskunft schriftlich oder elektronisch zu erteilen.[108]

60   In zeitlicher Hinsicht hat die Auskunft „unverzüglich", also ohne schuldhaftes Zögern zu erfolgen.

3. Anspruchsvoraussetzungen

61   Die Auskunftsrechte nach §§ 34 BDSG und 13 Abs. 7 TMG sollen es dem Betroffenen ermöglichen, sich über eine Verwendung seiner personenbezogenen Daten die gebotene Information zu verschaffen. Nach § 34 BDSG ist der Nutzer zwar zu bestimmten Mitwirkungshandlungen verpflichtet (etwa einer Bezeichnung der Art der Daten, über die er Auskunft verlangt), es kann aber nicht zur Voraussetzung des Auskunftsrechts gemacht werden, dass der Betroffene dartut, dass, wie oder wozu persönliche Daten von ihm gespeichert sind. Dies bestimmt zwar den Gegenstand einer positiven Auskunft, gehört aber nicht schon zu den Voraussetzungen des Auskunftsanspruchs. Anspruchsvoraussetzung ist nur, dass auf Grund konkreter Umstände in Betracht kommt, dass einschlägige Daten vorhanden sind.[109] Liegen solche tatsächlich nicht vor, erfolgt eine Fehlmeldung des Diensteanbieters. Die Geltendmachung eines Auskunftsanspruchs „ins Blaue hinein" ist allerdings unzulässig.[110] Das Auskunftsbegehren bedarf selbst keiner bestimmten Form.

---

108 *Flisek*, CR 2004, S. 949 (952).
109 LG Ulm MMR 2005, 265 (266).
110 A. A. *Flisek*, CR 2004, S. 949 (952).

§ 14 Bestandsdaten

(1) Der Diensteanbieter darf personenbezogene Daten eines Nutzers nur erheben und verwenden, soweit sie für die Begründung, inhaltliche Ausgestaltung oder Änderung eines Vertragsverhältnisses zwischen dem Diensteanbieter und dem Nutzer über die Nutzung von Telemedien erforderlich sind (Bestandsdaten).

(2) Auf Anordnung der zuständigen Stellen darf der Diensteanbieter im Einzelfall Auskunft über Bestandsdaten erteilen, soweit dies für Zwecke der Strafverfolgung, zur Gefahrenabwehr durch die Polizeibehörden der Länder, zur Erfüllung der gesetzlichen Aufgaben der Verfassungsschutzbehörden des Bundes und der Länder, des Bundesnachrichtendienstes oder des Militärischen Abschirmdienstes oder zur Durchsetzung der Rechte am geistigen Eigentum erforderlich ist.

Literatur: *Bauer*, Personalisierte Werbung auf Social Community-Websites, MMR 2008, S. 435; *Bizer*, Auskunftspflichten über Bestandsdaten, DuD 2002, S. 429; *Engel-Flechsig*, Teledienstedatenschutz, DuD 1997, S. 8; *Gabel*, Neue Rahmenbedingungen für den Datenschutz im Internet, ZUM 2002, S. 607; *Hamburgischer Datenschutzbeauftragter*, Orientierungshilfe Tele- und Mediendienste (Stand: 1. Juni 2002); *Hoffmann*, Das Auskunftsverfahren nach § 101 Abs. 9 UrhG, MMR 2009, S. 655; *Karg*, Rechtsgrundlagen für den Datenschutz in sozialen Netzwerken, K&R 2011, S. 453; *Kaufmann*, Teure Überraschungen – Deckelung vom Abmahnkosten kommt Tauschbörsennutzern nicht immer zugute, c't 9/2009, S. 156; *Maaßen*, Urheberrechtlicher Auskunftsanspruch und Vorratsdatenspeicherung, MMR 2009, S. 511; *Mantz*, Die Rechtsprechung zum neuen Auskunftsanspruch nach § 101 UrhG, K&R 2009, S. 21; *Rammos*, Datenschutzrechtliche Aspekte verschiedener Arten „verhaltensbezogener" Onlinewerbung, K&R 2011, S. 692; *Redecker*, Datenschutz und Internethandel, ITRB 2009, S. 204; *Roßnagel*, Das Telemediengesetz – Neuordnung für Informations- und Kommunikationsdienste, NVwZ 2007, S. 743; *Schaar*, Datenschutz im Internet, München 2002; *Schaar*, Datenschutz bei Web-Services, RDV 2003, S. 59; *Scholz*, Datenschutz beim Internet-Einkauf, Baden-Baden 2002; *Selk*, Datenschutz im Internet, Osnabrück 2003; *Spindler/Doschel*, Vereinbarkeit der geplanten Auskunftsansprüche gegen Internet-Provider mit EU-Recht, CR 2006, S. 341; *Voigt*, Datenschutz bei Google, MMR 2009, S. 377.

I. Allgemeines

1. Gesetzeszweck

1 § 14 TMG ist ein Erlaubnistatbestand im Sinne von § 12 Abs. 1 TMG[1] und regelt – ebenso wie die Vorgängervorschriften in § 5 TDDSG und § 19 Abs. 1 MDStV – die materiell-rechtlichen Voraussetzungen für die Erhebung, Verarbeitung und Nutzung von Bestandsdaten durch den Telemedienanbieter. Allerdings enthält die Vorschrift keinen generellen Zulässigkeitskatalog,[2] sondern erlaubt die Erhebung und Verwendung von Bestandsdaten ausschließlich zur Erfüllung des entsprechenden Telemedien-Nutzungsvertrages (Abs. 1) sowie zur Auskunftserteilung gegenüber bestimmten Behörden (Abs. 2). Damit verfolgt der Gesetzgeber zum Schutz des informationellen Selbstbestimmungsrechts der Betroffenen bewusst einen restriktiven Ansatz.[3] Grund hierfür sind die technischen Gefahren, die mit der Nutzung von Telemedien verbunden sind,[4] insbesondere der Umstand, dass Daten blitzschnell kopiert und weitergegeben werden können.

2 Entsprechend kommt eine Verwendung von Bestandsdaten für andere als die genannten Zwecke nur in Frage, wenn die Betroffenen hierin eingewilligt haben (§ 12 Abs. 1 TMG).[5] Ein Rückgriff auf „andere Rechtsvorschriften" im Sinne von § 12

---

1 Hierzu ausführlich § 12 TMG Rn. 12 ff.
2 Ebenso *Schmitz*, in: Hoeren/Sieber, Handbuch Multimedia, Kap. 16.4, Rn. 112.
3 So auch *Spindler/Nink*, in: Spindler/Schuster, Recht der elektronischen Medien, § 11 TMG Rn. 2. Grundlegend zum Recht auf informationelle Selbstbestimmung BVerfGE 65, 1 ff.
4 BT-Drs. 13/7385, S. 21.
5 Ebenso nun *Hullen/Roggenkamp*, in: Plath, BDSG, § 14 TMG Rn. 1.

Abs. 1 TMG scheidet hingegen aus,[6] weil dies nach dem Gesetzeszweck erfordern würde, dass darin konkret auf Telemedien-Bestandsdaten Bezug genommen wird, aber solche Rechtsvorschriften bisher nicht erlassen wurden. § 14 TMG ist insofern für die Verwendung von Bestandsdaten abschließend.

2. Verhältnis zu anderen Vorschriften

§ 14 TMG ist eine Spezialregelung für die Erhebung, Verarbeitung und Nutzung **3** von Bestandsdaten bei Telemedien und geht damit sowohl den Vorschriften des BDSG (vgl. § 1 Abs. 3 Satz 1 BDSG) als auch § 12 Abs. 1 TMG vor.

Da jeder Nutzung eines Telemediendienstes begriffsinhaltlich eine Übermittlung **4** von Informationen mittels Telekommunikation zugrunde liegt, ist ferner das Verhältnis zum TKG zu bestimmen. Dabei ist mit Blick auf § 11 Abs. 3 TMG[7] danach abzugrenzen,[8] ob es um den Vertrag zur Übertragung der Signale bzw. Informationen (also die Transportebene) geht (dann TKG) oder ob die Dienstinhalte (also die Inhaltsebene) im Vordergrund stehen (dann TMG).[9]

3. Europarechtliche Grundlagen

Die aktuelle Fassung von § 14 TMG hat ihre Wurzeln in verschiedenen europa- **5** rechtlichen Normen. Zu nennen sind hier vor allem die Datenschutzrichtlinie 1995/46/EG[10] sowie die Richtlinie 2002/58/EG über die Verarbeitung personenbezogener Daten in der elektronischen Kommunikation.[11] Obwohl beide Richtlinien keine

---

6 In diese Richtung auch die Gesetzesbegründung zum Elektronischen Geschäftsverkehr-Gesetz (und zum TDDSG 2001), BT-Drs. 14/6098, S. 29; ihr folgend *Spindler/Nink*, in: Spindler/Schuster, Recht der elektronischen Medien, § 14 TMG Rn. 1; ebenso *Dix*, in: Roßnagel, Recht der Multimedia-Dienste, § 5 TDDSG Rn. 1.

7 Dazu ausführlich § 11 TMG Rn. 28 ff.

8 Ausführlich zur Abgrenzung von Telemedien und Rundfunk sowie Telekommunikationsdiensten *Schmitz*, in: Spindler/Schuster, Recht der elektronischen Medien, § 1 TMG Rn. 5 ff.

9 Ebenso *Hullen/Roggenkamp*, in: Plath, BDSG, § 14 TMG Rn. 6; im Ergebnis ebenso, aber in der Abgrenzung ungenau *Dix*, in: Roßnagel, Recht der Multimedia-Dienste, § 5 TDDSG Rn. 25.

10 Richtlinie 95/46/EG des europäischen Parlaments und des Rates vom 24.10.1995 zum Schutz natürlicher Personen bei der Verarbeitung personenbezogener Daten und zum freien Datenverkehr, ABl. EG Nr. L 281 vom 23.11.1995, S. 31 ff., abrufbar unter http://eur-lex.europa.eu/LexUriServ/LexUriServ.do?uri=OJ:L:1995:281:0031:0050:DE:PDF (Stand: Juni 2013).

11 Richtlinie 2002/58/EG des Europäischen Parlaments und des Rates vom 12.7.2002 über die Verarbeitung personenbezogener Daten und den Schutz der Privatsphäre in der elektronischen Kommunikation (Datenschutzrichtlinie für elektronische Kommunikation), ABl. EG Nr. L 201 vom 31.7.2002, S. 37 ff., abrufbar unter http://eur-lex.europa.eu/Lex Ur-iS.erv/LexUriServ.do?uri=OJ:L:2002:201:0037:0047:DE:PDF (Stand: Juni 2013).

Vorgaben zur Verarbeitung von Bestandsdaten machen, können ihren Leitgedanken die vom Gesetzgeber in § 14 TMG statuierten Grundsätze entnommen werden.[12]

II. Erhebung, Verarbeitung und Nutzung von Bestandsdaten (Abs. 1)

1. Regelungsgehalt der Vorschrift

6 § 14 Abs. 1 TMG gestattet dem Diensteanbieter, personenbezogene Daten eines Nutzers zu erheben, zu verarbeiten und zu nutzen, soweit dies für die Begründung, inhaltliche Ausgestaltung oder Änderung eines Vertragsverhältnisses zwischen dem Diensteanbieter und dem Nutzer über die Nutzung von Telemedien erforderlich ist; die entsprechenden Daten werden vom Gesetz im Wege einer Klammerdefinition „Bestandsdaten" genannt.

7 Inhaltlich entspricht § 14 Abs. 1 TMG der Regelung in § 28 Abs. 1 Satz 1 Nr. 1 BDSG, wonach allgemein die Erhebung, Verarbeitung und Nutzung personenbezogener Daten gestattet ist, wenn dies für ein Vertragsverhältnis erforderlich ist.[13]

8 Allerdings hat der Gesetzgeber in § 14 Abs. 1 TMG sowohl die Definition der Bestandsdaten als auch die Voraussetzung für ihre rechtmäßige Erhebung und Verwendung statuiert. Diese Vermischung von Begriffsbestimmung und Rechtmäßigkeitsvoraussetzungen,[14] die im sonstigen Datenschutzrecht nicht angelegt ist, macht die Abgrenzung der beiden Regelungsbereiche von § 14 Abs. 1 TMG schwierig.

2. Normadressat

9 Adressat der Regelung in § 14 Abs. 1 TMG ist jeder Diensteanbieter (§ 2 Nr. 1 TMG),[15] der die Erbringung (s)eines Telemediendienstes vertraglich mit dem Nutzer geregelt hat.[16] Das bedeutet, dass § 14 TMG nicht generell für alle Telemedien-Diensteanbieter gilt, sondern nur für solche, die mit ihren Nutzern ein Vertragsverhältnis haben.

10 Der entsprechende Vertrag muss nach dem Gesetzeszweck von § 14 TMG für die Nutzung des Telemediendienstes notwendig sein. Ausschlaggebend kann also nicht sein, ob der Diensteanbieter seinen Nutzern überhaupt einen Vertrag anbietet oder ihnen einen solchen gar „aufdrängt" (sog. „Scheinvertrag"). Vielmehr muss die Er-

---

12 Ebenso nun *Hullen/Roggenkamp*, in: Plath, BDSG, § 14 TMG Rn. 1.
13 Ausführlich dazu § 28 BDSG Rn. 39 ff.; ebenso nun *Hullen/Roggenkamp*, in: Plath, BDSG, § 14 TMG Rn. 1.
14 Ebenso *Spindler/Nink*, in: Spindler/Schuster, Recht der elektronischen Medien, § 14 TMG Rn. 2.
15 Ausführlich zum Begriff des Diensteanbieters *Schmitz*, in: Spindler/Schuster, Recht der elektronischen Medien, § 2 TMG Rn. 2.
16 So schon *Gola/Müthlein*, TDG/TDDSG, § 5 TDDSG Anm. 1.2.

bringung des jeweiligen Telemediendienstes ohne den betreffenden Vertrag nicht möglich oder mit wesentlichen, vor allem rechtlichen Nachteilen für den Diensteanbieter verbunden sein. Daher ist ein Vertragsschluss nicht nur bei entgeltlichen Angeboten geboten (schließlich muss der Diensteanbieter hier wissen, wer sein Kunde ist), sondern auch bei unentgeltlichen Angeboten, bei denen der Diensteanbieter ein berechtigtes Interesse am Abschluss eines solchen Vertrages hat.[17] Dies wird regelmäßig der Fall sein, wenn durch das Verhalten des Nutzers Rechte Dritter beeinträchtigt werden könnten[18] und der Diensteanbieter hierfür ggf. zur Verantwortung gezogen werden könnte, wie dies die Rechtsprechung z. B. für bei soziale Netzwerke, Foren und ähnlichen Portale annimmt. Wenn der Diensteanbieter den Nutzer also vertraglich zur Einhaltung bestimmter Verhaltensregeln für die Nutzung des kostenfreien Telemediendienstes verpflichten will (und aus rechtlichen Gründen in der Regel auch muss), ist dies zulässig.

Damit scheiden aber umgekehrt bereits auf der Ebene des Normadressaten solche **11** Telemediendienste von vornherein aus, bei denen die Diensteanbieter keinen Vertrag mit dem Nutzer geschlossen haben und einen solchen auch nicht beabsichtigen.[19] Hierzu gehören beispielsweise Nachrichten-, Wetter- oder andere Informationsportale.

3. Einzelheiten

a) Begriff der Bestandsdaten

Bestandsdaten sind nach der gesetzlichen Definition – und in Anlehnung an die **12** entsprechende Regelung in § 95 TKG[20] – personenbezogene Daten eines Nutzers, die für die Begründung, inhaltliche Ausgestaltung oder Änderung eines Vertragsverhältnisses über die Nutzung von Telemedien erforderlich sind. Bestandsdaten sind also diejenigen Daten, deren Verarbeitung für den Abschluss und die Abwicklung eines Telemedien-Nutzungsvertrages notwendig sind;[21] entsprechend könnten sie auch einfach Grund- oder Vertragsdaten genannt werden.

Eine katalogartige Aufzählung möglicher Bestandsdaten enthält das Gesetz – an- **13** ders als in § 15 Abs. 1 Satz 2 TMG – nicht,[22] sondern der Gesetzgeber wollte im

---

17 Ähnlich *Heckmann*, in: Heckmann, Internetrecht, Kap. 9 Rn. 305 („legitimes Interesse"); ihm folgend *Hullen/Roggenkamp*, in: Plath, BDSG, § 14 TMG Rn. 3 f.; enger (nämlich für einen Ausschluss der „Erforderlichkeit" bei kostenlosen Angeboten) *Geis*, in: Abel, Praxiskommentar, § 14 TMG Anm. 1.
18 Bis hierher ebenso *Hullen/Roggenkamp*, in: Plath, BDSG, § 14 TMG Rn. 4.
19 Ähnlich zum „Anwendungsbereich" der Vorschrift *Hullen/Roggenkamp*, in: Plath, BDSG, § 14 TMG Rn. 4.
20 Vgl. auch § 95 TKG Rn. 5.
21 Ebenso *Dix*, in: Roßnagel, Recht der Multimedia-Dienste, § 5 TDDSG Rn. 25 ff.; *Gola/Müthlein*, TDG/TDDSG, § 5 TDDSG Anm. 2.2; *Schaar*, RDV 2003, S. 59 (61); *Bäumler*, DuD 1999, S. 258 (261).
22 Ebenso *Geis*, in: Abel, Praxiskommentar, § 14 TMG Anm. 1.

Hinblicke auf die Vielfalt der möglichen Diensteangebote sicherstellen, dass im jeweiligen Einzelfall individuell bestimmt wird, welche einzelnen Daten(-kategorien) als Bestandsdaten im Sinne des § 14 TMG anzusehen sind.[23]

14   Nach dem Wortlaut von Abs. 1 und der Gesetzesbegründung[24] sollen Bestandsdaten nur solche Daten sein, die zur Durchführung des Nutzungsvertrages erforderlich bzw. unerlässlich sind.[25] Allerdings würde dies aufgrund der vom Gesetzgeber vorgenommenen Vermischung von Begriffsbestimmung und Rechtmäßigkeitsvoraussetzungen in § 14 Abs. 1 TMG einen Zirkelschluss ergeben: Denn wenn man als Bestandsdaten nur diejenigen Daten ansehen würde, die auch für das Vertragsverhältnis „erforderlich" sind, würde man den Maßstab der Erforderlichkeit schon bei der Definition der Bestandsdaten heranziehen, sodass danach aber kein geeignetes Abgrenzungskriterium mehr für die Bestimmung der zulässigen Datenverwendung bliebe. Dies kann nach dem Sinn und Zweck von § 14 Abs. 1 TMG als Parallelvorschrift zu § 28 Abs. 1 Satz 1 Nr. 1 BDSG jedoch nicht gewollt sein.

15   Daher sollte der Begriff der Bestandsdaten so verstanden werden, dass er alle für die Anbahnung, den Abschluss und die Durchführung eines Telemedien-Nutzungsvertrages abstrakt geeigneten Daten erfasst.[26] Die Erforderlichkeit der Daten für den konkreten Vertrag stellt dann das entscheidende Kriterium für die in einem zweiten Schritt zu klärende Frage dar, ob die betreffenden Daten vom Diensteanbieter verarbeitet werden dürfen.[27]

16   Wenn die Bestandsdaten als diejenigen Daten zu verstehen sind, die das Vertragsverhältnis über die Erbringung des Telemediendienstes betreffen, hängt die Frage, welche Daten als Bestandsdaten anzusehen sind, maßgeblich von dem jeweiligen Vertrag mit dem Diensteanbieter ab.[28] Klassische Bestands- oder Vertragsdaten können demnach folgende Arten von Daten sein:[29]

– Personalien des Nutzers (Name, Anschrift, ggf. Telefonnummer und E-Mail-Adresse),

---

23 BT-Drs. 13/7385, S. 24.

24 Gesetzesbegründung zum TDDSG 2001, BT-Drs. 13/7385, S. 24, die für das TMG aufgrund Verweisung in der Gesetzesbegründung ebenso gilt, vgl. BT-Drs. 16/3078, S. 15.

25 So auch *Schmitz*, in: Hoeren/Sieber, Hdb. Multimedia, Kap. 16.4, Rn. 111; *ders.*, in: Schuster, Vertragshandbuch Telemedia, Kap. I. C, Rn. 178.

26 Ebenso *Dix*, in: Roßnagel, Recht der Multimedia-Dienste, § 5 TDDSG Rn. 28; ähnlich – allerdings ohne auf die aufgezeigte Problematik einzugehen – *Spindler/Nink*, in: Spindler/Schuster, Recht der elektronischen Medien, § 14 TMG Rn. 3 f.; in diese Richtung auch *Roßnagel*, in: Roßnagel, Hdb. DSR, Kap. 7.9, Rn. 54; a. A. (Vermischung „unproblematisch") *Hullen/Roggenkamp*, in: Plath, BDSG, § 14 TMG Rn. 10.

27 Dazu sogleich unter Rn. 28 ff.

28 Ebenso *Roßnagel*, in: Roßnagel, Hdb. DSR, Kap. 7.9, Rn. 54.

29 Vgl. *Geis*, in: Abel, Praxiskommentar, § 14 TMG Anm. 1; ausführlicher die Aufzählungen bei *Dix*, in: Roßnagel, Recht der Multimedia-Dienste, § 5 TDDSG Rn. 29; *Schmitz*, in: Hoeren/Sieber, Hdb. Multimedia, Kap. 16.4, Rn. 113.

- Log-In Daten und andere computerrelevante Informationen (Nutzername, Passwort, ggf. IP-Adresse[30]),
- Informationen über den vereinbarten Abrechnungsmodus (z.B. nach Nutzungsintensität oder nach Flatrate),
- konkrete Zahlungsmodalitäten (Festlegung der Abrechnungszeiträume, Art der Zahlung, z.B. Rechnung, Lastschrift, Kreditkarte), sowie
- ggf. weitere, vertragliche Vereinbarungen, z.B. über den Leistungsgegenstand oder vereinbarte Nutzungsmodalitäten.

Keine Bestands- oder Vertragsdaten sind Daten, die nicht unmittelbar für das Vertragsverhältnis zwischen Nutzer und Diensteanbieter relevant sind. Dazu gehören insbesondere Daten über die Nutzung und Abrechnung der Telemedien, die § 15 TMG unterfallen und in der Regel nach Beendigung des Nutzungsvorgangs gelöscht werden müssen (vgl. § 15 Abs. 4 Satz 1 TMG). Bestandsdaten werden hingegen über einen längeren Zeitraum und unabhängig von den einzelnen Nutzungsvorgängen gespeichert.[31]   **17**

Allerdings sind auch Fälle denkbar, in denen dieselben Daten gleichzeitig Bestands- und Nutzungsdaten sein können. Dies gilt beispielsweise für Merkmale zur Identifikation des Nutzers (wie Nutzername und Passwort), die als Bestandsdaten einerseits dauerhaft gespeichert, als Nutzungsdaten andererseits nur während des jeweiligen Nutzungsvorgangs erfasst werden.   **18**

b) Inhaltsdaten

Ebenfalls keine Bestandsdaten sind die sogenannten „Inhaltsdaten". Unter „Inhaltsdaten" sind diejenigen personenbezogenen Daten zu verstehen, die der Anbieter vom Nutzer erhält, wenn zwischen diesen beiden Parteien bei der Nutzung des Telemediendienstes eine zweite vertragliche Beziehung über die Lieferung oder Leistung einer Ware oder Dienstleistung begründet wird.[32] Klassische Beispiele hier sind der Internet-Versandhandel, online gebuchte Reiseleistungen oder der Erwerb von Download-Inhalten.[33]   **19**

---

30 Siehe hierzu LG Berlin CR 2006, 418 (420); ausführlich zu der Frage, wann eine IP-Adresse ein Bestandsdatum ist *Hullen/Roggenkamp*, in: Plath, BDSG, § 14 TMG Rn. 11.

31 *Zscherpe*, K&R 2005, S. 264 (265 f.) m.w.N.

32 So die ganz h.M., vgl. nur *Spindler/Nink*, in: Spindler/Schuster, Recht der elektronischen Medien, § 12 TMG Rn. 4; *Hullen/Roggenkamp*, in: Plath, BDSG, § 14 TMG Rn. 5; *Heckmann*, in: Heckmann, Internetrecht, Kap. 9 Rn. 303; *Roßnagel*, in: Roßnagel, Hdb. DSR, Kap. 7.9, Rn. 59; *Gola/Müthlein*, TDG/TDDSG, § 5 TDDSG Anm. 2.5; *Dix*, in: Roßnagel, Recht der Multimedia-Dienste, § 5 TDDSG Rn. 24 f.; *Redeker*, ITRB 2009, S. 204 (204); *Zscherpe*, K&R 2005, S. 264 (266); *Bäumler*, DuD 1999, S. 258 (259).

33 Beispiele nach *Roßnagel*, in: Roßnagel, Hdb. DSR, Kap. 7.9, Rn. 59; *Bäumler*, DuD 1999, S. 258 (259).

20 Es handelt sich also um Daten, die den *Inhalt* der Interaktion zwischen Nutzer und Anbieter betreffen[34] und mit dem eigentlichen Telemediendienst nur insofern im Zusammenhang stehen, als dieser die Interaktion ermöglicht. Tatsächlich notwendig ist der Telemediendienst hingegen nicht, weil der Vertrag, der aus der Interaktion resultiert, theoretisch auch ohne die Nutzung von Telemedien, also z. B. per Telefon oder Schriftverkehr, geschlossen werden könnte.[35]

21 Zu klären ist allerdings, welche Regelungen für die Erhebung, Verarbeitung und Nutzung solcher Inhaltsdaten gelten, da das TMG hierfür keine Spezialnorm vorsieht.[36]

22 Nach dem Wortlaut von § 11 Abs. 1 TMG gelten die datenschutzrechtlichen Vorschriften des TMG für „personenbezogene Daten der Nutzer von Telemedien". Demnach wären grundsätzlich auch solche Daten eines Telemedien-Nutzers erfasst, die nicht unmittelbar im Zusammenhang mit den genutzten Telemedien stehen, sondern für andere Rechtsverhältnisse anfallen, die durch oder mit Hilfe der Telemedien begründet wurden. Entsprechend würden auch Inhaltsdaten dem TMG unterfallen und dürften gemäß § 12 Abs. 1 TMG nur mit Einwilligung des Nutzers erhoben, verarbeitet und genutzt werden.[37]

23 Diese Interpretation würde allerdings zu Ergebnissen führen, die nicht sinnvoll sind. Dies zeigt sich insbesondere am Beispiel einer über das Internet (also mittels Telemedien) getätigten Bestellung, die dann anschließend durch Übersendung der Ware erfüllt wird. Würde man hier eine ausdrückliche Einwilligung des Nutzers für die Verwendung der Daten fordern, obwohl klar ist, dass der Nutzer die ordnungsgemäße Vertragserfüllung und die Verwendung seiner Daten hierzu wünscht, würde man dem Nutzer sein informationelles Selbstbestimmungsrecht nehmen. Denn es ist keinesfalls in seinem Interesse, dass er eine zusätzliche datenschutzrechtliche Einwilligungserklärung abgeben muss, nur damit der Vertrag erfüllt wird.

24 Außerdem kann es für die Zulässigkeit der Datenverarbeitung zu der vom Nutzer gewollten Leistungserbringung nicht darauf ankommen, ob der Nutzer seine Bestellung über das Internet oder per Telefon oder Brief getätigt hat.[38] Vielmehr erscheint

---

34 *Schaar*, Datenschutz im Internet, Rn. 247 ff.; ihm folgend *Zscherpe*, K&R 2005, S. 264 (266).

35 In diese Richtung auch *Redeker*, ITRB 2009, S. 204 (204).

36 Der Gesetzgeber hat es bei Erlass des TMG auch bewusst unterlassen, diese Frage zu regeln, obwohl die Problematik bereits aus dem Vorgängergesetz TDDSG bekannt war, vgl. insofern auch *Redeker*, ITRB 2009, S. 204 (205).

37 *Schmitz*, in: Hoeren/Sieber, Hdb. Multimedia, Kap 16.4, Rn. 143 ff.; ähnlich auch *Redeker*, ITRB 2009, S. 204 (205), der diese Lösung aber nur als eine mögliche Lösungsalternative vorstellt; *Engel-Flechsig*, DuD 1997, S. 8 (11).

38 Ebenso *Dix*, in: Roßnagel, Recht der Multimedia-Dienste, § 5 TDDSG Rn. 52; *Redeker*, ITRB 2009, S. 204 (205); grundsätzlich zustimmend aber mit abweichendem Ergebnis (Anwendung des TMG), *Schmitz*, in: Hoeren/Sieber, Hdb. Multimedia, Kap 16.4, Rn. 143; *ders.*, in: Schuster, Vertragshandbuch Telemedia, Rn. 193 ff.

es lebensfremd und praxisfern, einen einheitlichen Vorgang (Bestellung) je nach genutztem Medium (Internet vs. Telefon, Brief und Fax) unterschiedlich zu behandeln.

Der Nutzer steht auch nicht schutzlos da, wenn § 14 TMG keine Anwendung findet. **25** Denn mit § 28 Abs. 1 Satz 1 Nr. 1 BDSG steht für die entsprechende Datenverarbeitung eine mögliche Erlaubnisnorm zur Verfügung, die ähnliche Voraussetzungen statuiert wie § 14 Abs. 1 TMG und damit den Nutzer vor einer exzessiven Verwendung seiner Daten effektiv schützen kann.[39]

Entsprechend ist also davon auszugehen, dass Inhaltsdaten grundsätzlich nicht **26** nach dem TMG, sondern nach dem BDSG zu behandeln sind.[40] Hierfür spricht nicht zuletzt auch der Umstand, dass das TMG keine Regelung zur Verarbeitung von Inhaltsdaten enthält, obwohl dem Gesetzgeber das Problem und die damit verbundene Diskussion bei Erlass des TMG bewusst waren.[41]

Eine Ausnahme muss nach dem Vorgesagten allerdings dann gelten, wenn das **27** durch den Telemediendienst begründete Leistungsverhältnis wiederum ausschließlich einen Telemediendienst darstellt, wie z. B. bei der Bestellung von Inhalten für elektronische Bücher. Hier gilt nach dem Sinn und Zweck des TMG wiederum § 14 Abs. 1 TMG,[42] weil die Vertragserfüllung auch auf der Ebene des Telemediendienstes erfolgt.

---

39 *Schmitz*, in: Schuster, Vertragshandbuch Telemedia, Kap. I.C, Rn. 193, und *Redeker*, ITRB 2009, S. 204 (205), gehen davon aus, dass § 14 TMG entsprechend anzuwenden wäre. Dies erscheint allerdings wenig sinnvoll, da § 14 TMG eine eng auszulegende Spezialvorschrift ist und insbesondere die „offline" erfolgende Abwicklung eines Vertrages nicht zur nach § 14 TMG nötigen Erfüllung des Telemediennutzungsvertrages erforderlich ist. Letztlich würde aber auch eine entsprechende Anwendung von § 14 TMG zu denselben Ergebnissen wie bei einer direkten Anwendung von § 28 Abs. 1 Satz 1 Nr. 1 BDSG führen (dies gibt auch *Schmitz*, a. a. O. Rn. 198 ff., zu).

40 So die ganz h. Lit., vgl. nur *Spindler/Nink*, in: Spindler/Schuster, Recht der elektronischen Medien, § 12 TMG Rn. 4; *Roßnagel*, in: Roßnagel, Hdb. DSR, Kap. 7.9, Rn. 37 und 59; *Bizer*, in: Roßnagel, Recht der Multimedia-Dienste, § 3 TDDSG Rn. 61; *Gola/Müthlein*, TDG/TDDSG, § 3 TDDSG Anm. 2.5; *Redeker*, ITRB 2009, S. 204 (205 f.); *Zscherpe*, K&R 2005, S. 264 (265); *Bäumler*, DuD 1999, S. 258 (259); so im Ergebnis auch *Schmitz*, in: Hoeren/Sieber, Hdb. Multimedia, Kap. 16.4, Rn. 143 ff., der für die Inhaltsdaten zwar zunächst zwingend als Nutzungsdaten ansieht, dann aber mit zweifelhafter Begründung ebenfalls zu einer Anwendung des BDSG kommt.

41 Zur Diskussion unter Geltung des TDDSG siehe z. B. *Imhof*, CR 2000, S. 110 ff.; *Wölber*, CR 2003, S. 859 ff.

42 Ebenso *Spindler/Nink*, in: Spindler/Schuster, Recht der elektronischen Medien, § 12 TMG Rn. 4 (Fn. 9); *Schaar*, Datenschutz im Internet, Rn. 247 ff. und 464 ff.; *Bauer*, MMR 2008, S. 435 (436).

c) Zulässigkeit der Erhebung, Verarbeitung und Nutzung
von Bestandsdaten

28 Zentraler Bestandteil der Erlaubnisnorm nach § 14 Abs. 1 TMG ist das Kriterium der Erforderlichkeit: Bestandsdaten dürfen vom Diensteanbieter nur erhoben und weiterverwendet werden, wenn dies für den Telemedien-Nutzungsvertrag erforderlich ist; umgekehrt dürfen Daten, die hierfür nicht erforderlich sind, nicht verwendet werden. § 14 Abs. 1 TMG ist insofern ebenso streng wie § 28 Abs. 1 Satz 1 Nr. 1 BDSG.

29 Wann die Erhebung und Verwendung von Bestandsdaten (noch) „erforderlich" ist, wird unterschiedlich beurteilt: Eine stark nutzerschützende Ansicht legt den Begriff eng aus und fordert, dass die Datenverwendung unerlässlich für die Erbringung des jeweiligen Telemediendienstes sein muss.[43] Demnach müssten die betreffenden Daten immer unmittelbar und zwingend notwendig sein, um den Nutzungsvertrag durchzuführen. Daten, die dieses Ziel nur fördern könnten, ohne deren Erhebung und Verarbeitung der Vertrag – bei kritischer Betrachtung und unter Beachtung der Grundsätze der Datenvermeidung und -sparsamkeit[44] – aber unverändert durchgeführt werden kann, dürften somit nicht erhoben und verwendet werden. Klassische Beispiele für solche „nur nützlichen" Daten wären die Telefonnummer oder die E-Mail-Adresse des Nutzers, die von Anbietern häufig erhoben wird, aber für den Vertrag nicht zwingend notwendig ist.

30 Diese enge Interpretation wird allerdings nicht vom Gesetzeswortlaut von § 14 Abs. 1 TMG gedeckt. „Erforderlich" bedeutet nach dem allgemeinen Sprachgebrauch gerade nicht „unerlässlich" oder „zwingend notwendig"; entsprechend ist das auch im Gesetz nicht so statuiert.[45] Darüber hinaus hat der Gesetzgeber auch kein zusätzliches Merkmal der „Zweckmäßigkeit" der Daten für die Vertragsdurchführung oder gar eine Pflicht zu Datensparsamkeit in § 14 Abs. 1 TMG festgeschrieben.[46] Schließlich ist auch nicht ersichtlich, warum der Begriff „erforderlich" an dieser Stelle strenger interpretiert werden sollte als sonst im BDSG oder TMG,[47] wo erforderliche Daten regelmäßig so verstanden werden, dass sie im sachlichen Zusammenhang mit dem Vertragszweck stehen und kein milderes Mittel geboten ist.[48]

---

43 *Dix*, in: Roßnagel, Recht der Multimedia-Dienste, § 5 TDDSG Rn. 36; *Roßnagel*, in: Roßnagel, Hdb. DSR, Kap. 7.9, Rn. 69; in diese Richtung auch die Gesetzesbegründung zum TDDSG (2001), vgl. BT-Drs. 13/7385, S. 24; a. A. *Gola/Müthlein*, TDG/TDDSG, § 5 TDDSG Anm. 3.3.

44 Siehe dazu § 3a BDSG Rn. 20 ff.

45 Missverständlich insofern die Gesetzesbegründung zum TDDSG, die von „unerlässlich" sprach, vgl. BT-Drs. 13/7385, S. 24.

46 *Spindler/Nink*, in: Spindler/Schuster, Recht der elektronischen Medien, § 14 TMG Rn. 4.

47 In diese Richtung auch *Gola/Müthlein*, TDG/TDDSG, § 5 TDDSG Anm. 3.3.

48 Vgl. hier beispielsweise § 28 BDSG Rn. 47.

Daher ist die Frage der Erforderlichkeit besser anhand des jeweils konkreten Ver-   **31**
tragszwecks zu bestimmen.[49] Erforderlich für die Vertragsdurchführung sind dann
alle diejenigen Daten, die sicherstellen sollen, dass die ordnungsgemäße Durchführung des Vertrages erfolgen kann. Hierzu gehören dann neben den „unerlässlichen"
Daten auch solche Daten, die sicherstellen sollen, dass die Durchführung des Vertrages nicht gefährdet wird.[50] Ein Beispiel für solche Daten wäre die Sicherheits-
nummer von Kreditkarten, die sicherstellen soll, dass der Nutzer die zur Bezahlung
verwendete Kreditkarte vorliegen hat. Umgekehrt würden Informationen, die der
Überprüfung der Kreditwürdigkeit des Nutzers dienen sollen, nicht mehr zu den
„erforderlichen" Daten gehören.

Aus dem Erforderlichkeitsprinzip ergibt sich zwingend, dass in Fällen, in denen gar   **32**
kein Vertragsverhältnis mit dem Kunden vorliegt oder notwendig ist, auch keine
Bestandsdaten erhoben und verwendet werden dürfen. Dies gilt insbesondere für
reine Informationsdienste, wie z.B. Zeitungen, Wetterdienste oder Börsennachrich-
ten sowie für andere kostenlos angebotene Dienste.[51] Eine Berechtigung für die Erhebung und Speicherung von Bestandsdaten lässt sich in solchen Fällen auch nicht
daraus herleiten, dass der Anbieter ggf. für die Richtigkeit der zur Verfügung gestellten Informationen haftet.[52]

Umgekehrt kann von einer erforderlichen Erhebung und Verwendung von Be-   **33**
standsdaten ausgegangen werden, wenn die bloße Sichtung des Angebots des
Diensteanbieters entgeltpflichtig ist, wie z.B. bei einem online zur Verfügung gestellten Zeitungsarchiv oder einer Datenbank mit detaillierten Unternehmensinformationen oder wenn für den Diensteanbieter eine Vermittlungsgebühr für eine getä-
tigte Bestellung (in der Regel bei einer dritten Partei) anfällt.[53] Denn in diesen Fällen ist es für die finanzielle Abwicklung der jeweiligen Vertragsbeziehung
zwischen Nutzer und Anbieter notwendig, dass der Anbieter bestimmte Daten vom
Nutzer erhält.

Ebenfalls häufig nicht „erforderlich" ist die Erhebung und Verwendung von Be-   **34**
standsdaten bei Waren- und Dienstleistungsangeboten mit unmittelbarer Bestell-
möglichkeit.[54] Zwar soll hier im Ergebnis ein Kaufvertrag zwischen Anbieter und

---

49 So auch *Spindler/Nink*, in: Spindler/Schuster, Recht der elektronischen Medien, § 14 TMG
   Rn. 4; *Schmitz*, in: Schuster, Vertragshandbuch Telemedia, Kap. I.C., Rn. 178; *Hullen/Rog-
   genkamp*, in: Plath, BDSG, § 14 TMG Rn. 12, sprechen folgerichtig von einem „Gestaltungsspielraum", den der Diensteanbieter bei der Vertragsgestaltung hätte.
50 In diese Richtung wohl auch *Spindler/Nink*, in: Spindler/Schuster, Recht der elektronischen Medien, § 14 TMG Rn. 4, sowie *Gola/Müthlein*, TDG/TDDSG, § 5 TDDSG
   Anm. 3.3 (die aber im Ergebnis zu weitgehend auch Daten, die der Beratung des Kunden
   dienen, als „erforderlich" ansehen).
51 *Dix*, in: Roßnagel, Recht der Multimedia-Dienste, § 5 TDDSG Rn. 38; *Schaar*, Datenschutz im Internet, Rn. 374; *Zscherpe*, K&R 2005, S. 264 (266).
52 *Gola/Müthlein*, TDG/TDDSG, § 5 TDDSG Anm. 1.2.
53 Vgl. auch *Roßnagel*, in: Roßnagel, Hdb. DSR, Kap. 7.9, Rn. 70.
54 Ebenso *Roßnagel*, in: Roßnagel, Hdb. DSR, Kap. 7.9, Rn. 70.

Nutzer geschlossen werden, inhaltlich betrifft dieser Vertrag in der Regel aber nicht den Telemediendienst, sondern eine mittels dieses Dienstes zu erwerbende andere Ware oder Dienstleistung. Folglich handelt es sich bei den betreffenden Vertragsdaten um Inhaltsdaten, die – außer im Falle, dass die Vertragserfüllung ebenfalls mittels Telemediendienst erfolgt – den Regelungen des BDSG unterfallen.[55]

35   Ob Bestandsdaten bereits dann zulässig erhoben und verwendet werden können, wenn der Diensteanbieter eine Registrierung des Nutzers verlangt, nur damit dieser den Telemediendienst nutzen kann, hängt von den Umständen der Einzelfalles ab.[56] Grundsätzlich steht ein solches Vorgehen im Widerspruch mit dem durch § 14 Abs. 1 TMG bezweckten Schutz des Nutzers vor einem unnötigen „Ausforschen" von Daten, die für die Nutzung des Telemediendienstes nicht notwendig sind.

36   Allerdings sind Konstellationen denkbar, bei denen vom Anbieter bestimmte „Spielregeln" verbindlich vorgegeben werden müssen, damit der Telemediendienst sinnvoll erbracht werden kann. Dies muss insbesondere bei der Interaktion einer Vielzahl von Nutzern auf einer vom Anbieter zur Verfügung gestellten Plattform, wie z. B. eBay oder Facebook, gelten. Hier ist die Erhebung und Verarbeitung von einem Minimum an Bestandsdaten (Name, Adresse, E-Mail oder ID und Passwort) erforderlich, um den eigentlichen Telemediendienst geordnet erbringen zu können und ggf. Rechtsverletzungen der Nutzer untereinander verfolgen zu können.

37   Die weitere Verwendung von einmal zulässig erhobenen Bestandsdaten unterliegt einer strengen Zweckbindung:[57] Sie dürfen nur dann weiter verwendet werden, wenn ihre weitere Verwendung auch wieder für das Vertragsverhältnis mit dem Nutzer erforderlich ist; jede andere Verwendung erfordert die Einwilligung des Nutzers (§ 12 Abs. 1 TMG). Dies gilt insbesondere für die häufig von Diensteanbietern ohne Einwilligung der Nutzer durchgeführte Markt- und Meinungsforschung[58] und die – an sich „vertragsnahe", aber das Nutzerverhalten erfassende – bedarfsgerechte Gestaltung der Telemediendienste.[59]

38   Aus dem Grundsatz der Erforderlichkeit und der Zweckbindung ergibt sich ferner die Verpflichtung, Bestandsdaten zu löschen, wenn sie nicht mehr zur Vertragserfüllung – einschließlich der Regelung möglicher nachvertraglichen Ansprüche – benötigt werden[60] und kein anderer Erlaubnistatbestand eingreift. Dies gilt insbesondere für Bestandsdaten, die in der Phase der Anbahnung eines möglichen Ver-

---

55 Siehe dazu bereits oben Rn. 19 ff.

56 Insofern undifferenziert *Roßnagel*, in: Roßnagel, Hdb. DSR, Kap. 7.9, Rn. 70 (Fn. 174).

57 *Roßnagel*, in: Roßnagel, Hdb. DSR, Kap. 7.9, Rn. 71.

58 Anders insofern § 28 Abs. 4 BDSG, wonach der Betroffene einer Verwendung seiner Daten zu Markt- und Meinungsforschungszwecken erst widersprechen muss, damit die Datenverwendung unzulässig wird; ausführlich hierzu § 28 BDSG Rn. 206 ff.

59 Vgl. insofern auch § 15 Abs. 3 TMG, der auch die Verwendung von Nutzerdaten nur unter Pseudonym erlaubt, ausführlich dazu § 15 TMG Rn. 66 ff.

60 *Heckmann*, in: Heckmann, Internetrecht, Kap. 1.14 Rn. 14; *Hullen/Roggenkamp*, in: Plath, BDSG, § 14 Rn. 15.

trages erhoben wurden, der dann allerdings nicht zustande gekommen ist.[61] Da die Verwendung von Bestandsdaten im TMG abschließend geregelt ist, verbietet sich insofern auch ein Rückgriff auf die allgemeinen Erlaubnistatbestände des BDSG, und es kommen lediglich handels- und steuerrechtliche Pflichten in Betracht, die den Anbieter zur weitergehenden Aufbewahrung der Daten verpflichten; in diesem Fall sind die Bestandsdaten allerdings zu sperren (§ 35 Abs. 3 BDSG).

III. Auskunftserteilung über Bestandsdaten (Abs. 2)

1. Regelungsgehalt der Vorschrift

§ 14 Abs. 2 TMG schreibt vor, dass der Dienstanbieter auf Anordnung der zuständigen Stellen im Einzelfall Auskunft über Bestandsdaten erteilen darf, soweit dies für Zwecke der Strafverfolgung und verwandte Zwecke erforderlich ist. Über die Regelung in § 15 Abs. 5 TMG gilt diese Regelung entsprechend auch für Nutzungsdaten.   **39**

Nach ihrem Wortlaut („der Dienstanbieter darf [...] Auskunft über Bestandsdaten erteilen, soweit dies [...] erforderlich ist") scheint § 14 Abs. 2 TMG eine Ermächtigungsnorm zur Weitergabe von Bestandsdaten zu sein.   **40**

Insofern wäre zur Vorgängerregelung in § 5 Satz 2 TDDSG eine Änderung der Rechtslage eingetreten: Hatte dieser doch explizit bestimmt, dass eine Datenweitergabe an die Strafverfolgungsbehörden nur „nach Maßgabe der hierfür geltenden Bestimmungen" erfolgen darf. Somit war schon nach dem Wortlaut der Vorschrift klar, dass keine Ermächtigung zur Datenweitergabe gegeben,[62] sondern nur deutlich gemacht werden sollte, dass die Bestimmungen des TDDSG der Tätigkeit der Strafverfolgungsbehörden nicht entgegenstehen.[63]   **41**

Trotz des nunmehr anderen Wortlauts stellt § 14 Abs. 2 TMG nach der Gesetzesbegründung zum TMG allerdings ebenfalls keine besondere Ermächtigung des Diensteanbieters dar.[64] Die entsprechenden Auskunftsanordnungen müssen vielmehr nach Maßgabe der dafür geltenden Bestimmungen erfolgen, während § 14 Abs. 2 TMG – ebenso wie vorher § 5 Satz 2 TDDSG – nur sicherstellen will, dass der Diensteanbieter rechtmäßig an ihn herangetragene Auskunftsansprüche nicht aus datenschutzrechtlichen Erwägungen zurückweist.[65] Insofern gibt § 14 Abs. 2 TMG lediglich die datenschutzrechtliche Erlaubnis zur Weitergabe von Bestandsdaten, stellt aber keine Ermächtigung für eine solche Weitergabe dar.[66] Dies ist   **42**

---

61 Ausführlich dazu *Geis*, in: Abel, Praxiskommentar, § 14 TMG Anm. 1.
62 *Schmitz*, in: Hoeren/Sieber, Hdb. Multimedia, Kap. 16.4, Rn. 113; *Bäumler*, DuD 1999, S. 258 (261).
63 Gesetzesbegründung zum TDDSG 2001, BT-Drs. 14/6098, S. 30.
64 BT-Drs. 16/3078, S. 16.
65 BT-Drs. 16/3078, S. 16.
66 So auch *Hullen/Roggenkamp*, in: Plath, BDSG, § 14 TMG Rn. 16.

auch sachgerecht, weil die Zulässigkeit der Datenweitergabe sich dann nach den für die Strafverfolgungsbehörden und andere Stellen relevanten Rechtsvorschriften richtet, in denen für den jeweiligen Einzelfall bereits eine entsprechende Wertung getroffen wurde.[67]

43 Eine Erweiterung hat die Vorschrift jedoch insofern erfahren, als die Befugnis zur Datenweitergabe nicht – wie noch unter § 5 Satz 2 TDDSG – auf die Strafverfolgungsbehörden beschränkt blieb, sondern in zweifacher Hinsicht ausgeweitet wurde: zum einen auf andere Bundes- und Landesbehörden, namentlich die Polizei- und Verfassungsschutzbehörden des Bundes und der Länder, den Bundesnachrichtendienst und den Militärischen Abschirmdienst, zum anderen auf Personen, deren Rechte am geistigen Eigentum betroffen sind.

44 Grund für die Ausdehnung des Anwendungsbereichs im behördlichen Bereich war im Wesentlichen der Gedanke der (präventiven) Terrorismusbekämpfung. So sollte insbesondere ermöglicht werden, im Einzelfall herauszufinden, wer Anleitungen zum Bau von Sprengsätzen oder Lage- und Detailpläne von Flughafengeländen anbietet bzw. abruft.[68] Problematisch könnte hier allerdings im Einzelfall sein, entsprechende Ermächtigungsgrundlagen für ein Auskunftsverlangen zu finden, wenn die angebotenen oder abgerufenen Inhalte (noch) legal und nicht im Bereich von strafbaren Handlungen angesiedelt sind.[69]

45 Die Einbeziehung von Privaten zur Durchsetzung von Rechten des geistigen Eigentums in § 14 Abs. 2 TMG[70] resultiert aus der sog. Enforcement-Richtlinie 2004/48/EG[71] und sollte die – damals noch zu schaffende und heute vor allem in § 101 UrhG statuierten – Auskunftsansprüche gegen Provider[72] gegen datenschutzrechtliche Einwände absichern. Die Erweiterung der Norm wird insofern auch als „Öffnungsklausel" bezeichnet.

---

67 *Spindler*, CR 2007, S. 239 (243), spricht insofern zutreffend von § 14 Abs. 2 TMG als „datenschutzrechtliches Gegenstück" zum Auskunftsanspruch.

68 So die Begründung des für die Erweiterung verantwortlichen Bundesrats und des Ausschusses für Wirtschaft und Technologie, vgl. BR-Drs. 16/556, S. 14.

69 In diese Richtung, aber weitergehend auch *Spindler/Nink*, in: Spindler/Schuster, Recht der elektronischen Medien, § 14 TMG Rn. 6.

70 Kritisch zu dieser Einbeziehung im Vergleich zu Opfern von Persönlichkeitsverletzungen, deren Auskunftsverlangen der Datenschutz entgegensteht, *Spindler*, CR 2007, S. 239 (243).

71 Richtlinie des Europäischen Parlament und des Rates zur Durchsetzung der Rechte am geistigen Eigentum vom 29.4.2004, ABl. EG Nr. L 157 vom 30.4.2004, S. 45 ff., abrufbar unter http://eur-lex.europa.eu/LexUriServ/LexUriServ.do?uri=OJ: L:2004 : 157 : 0045 : 0086 : DE : PDF (Stand: Juni 2013).

72 Die Rechtsprechung war vorher zum überwiegenden Teil davon ausgegangen, dass solche Auskunftsansprüche abzulehnen seien, vgl. insofern die Nachweise bei *Spindler*, CR 2007, S. 239 (243), dort Fn. 51.

2. Normadressat

Adressat der Regelung in § 14 Abs. 2 TMG scheint nach seinem Wortlaut zunächst **46**
jeder Diensteanbieter (§ 2 Nr. 1 TMG) zu sein, der Bestandsdaten seiner Nutzer gespeichert hat.

Beim näheren Hinsehen richtet sich die Vorschrift in der Praxis allerding vorwie- **47**
gend an Host-Provider gemäß § 10 TMG,[73] also Dienstanbieter, die Inhalte für Nutzer speichern. Dies trifft nicht nur auf „klassische" Host-Provider zu, die Speicherplatz für Nutzer (und ihre Webseiten) vermieten, sondern vor allem auch auf alle
Betreiber von User-Generated-Content-Plattformen, insbesondere Internetforen,
sozialen Netzwerken, Blogplattformen, Bewertungsportalen, Foto- und Video-
Plattformen, aber auch anderen nutzergenerierten Informationsplattformen, wie
z. B. Wikipedia.[74]

Für Access- und E-Mail-Provider, die als Adressaten entsprechender Auskunftsver- **48**
langen eigentlich viel interessanter wären – insbesondere für Privatpersonen, die
eine Verletzung von Rechten am geistigen Eigentum geltend machen wollen –, gilt
§ 14 Abs. 2 TMG hingegen nicht. Denn die für diese Provider einschlägige Regelung in § 11 Abs. 3 TMG verweist lediglich auf §§ 15 Abs. 8, 16 Abs. 2 Nr. 4 TMG
– und damit gerade nicht auf § 14 Abs. 2 TMG (oder auch § 15 Abs. 5 TMG) – und
statuiert damit letztlich einen Vorrang der datenschutzrechtlichen Regelungen des
TKG vor den Datenschutzvorschriften des TMG für Telemediendienste, die zugleich und überwiegend als Telekommunikationsdienste anzusehen sind.[75]

Damit hat der Gesetzgeber klar gemacht, dass Auskunftsersuchen gegenüber Ac- **49**
cess- und E-Mail-Providern nach dem TMG unzulässig sind.[76] Diese unterfallen
nach der gesetzlichen Wertung vielmehr als (auch bzw. überwiegende) Telekommunikationsdiensteanbieter der Vorschrift des § 113 TKG, der nach seinem eindeutigen Wortlaut keine Auskunftserteilung an Privatpersonen vorsieht. Damit sind Auskunftsersuchen von Privatpersonen hinsichtlich Bestandsdaten gegenüber Access-
und E-Mail-Providern generell unzulässig.

3. Einzelheiten

a) Kreis der Auskunftsberechtigten

Der Kreis der Stellen bzw. Personen, denen der Diensteanbieter ggf. Auskunft über **50**
Bestandsdaten zu erteilen hat, umfasst:

---

73 Ebenso *Hullen/Rogenkamp*, in: Plath, BDSG, § 14 TMG Rn. 18; *Spindler*, CR 2007,
   S. 239 (243); *Moos*, K&R 2008, S. 137 (141).
74 *Hullen/Rogenkamp*, in: Plath, BDSG, § 14 TMG Rn. 18.
75 Vgl. insofern die Gesetzesbegründung zu § 11 Abs. 3 TMG, BT-Drs. 16/3078, S. 25.
76 So die ganz h. M., vgl. nur *Hullen/Rogenkamp*, in: Plath, BDSG, § 14 TMG Rn. 18; *Spindler*, CR 2007, S. 239 (243); *Moos*, K&R 2008, S. 137 (141).

- Strafverfolgungs- und Polizeibehörden von Bund und Ländern,
- Verfassungsschutz von Bund und Ländern,
- Bundesnachrichtendienst,
- Militärischen Abschirmdienst und
- Personen, deren Rechte am geistigen Eigentum betroffen sind.

b) Auskunftszwecke und Auskunftsverlangen

51 § 14 Abs. 2 TMG enthält eine abschließende Aufzählung der von dieser Vorschrift gedeckten Auskunftszwecke.[77] Die darüber hinaus erforderliche Befugnis der jeweiligen Stelle bzw. Person zur Anordnung der Auskunft über Bestandsdaten, der der Diensteanbieter dann Folge zu leisten hat, ergibt sich aus den hierfür jeweils geltenden Ermächtigungsvorschriften.[78]

52 Diese sind im Einzelnen:

- §§ 100, 100a sowie § 161 Abs. 1 Satz 1, § 163 Abs. 1 StPO und die Polizeigesetze des Bundes oder der Länder für Polizei und Staatsanwaltschaft,
- § 8a Abs. 1 und 7 BVerfSchG bzw. die entsprechenden Vorschriften der Landesverfassungsschutzgesetze für den Verfassungsschutz,
- § 2a Satz 1 BNDG für den Bundesnachrichtendienst,
- § 4a Satz 1 MADG für den Militärischen Abschirmdienst und
- §§ 140b PatG, 24b GebrMG, 19 MarkenG, 101 UrhG, 46 GeschmMG und 37b SortenschG (jeweils Abs. 2 Nr. 3, Abs. 3 ff.)[79] für Personen, deren Rechte am geistigen Eigentum betroffen sind.

53 Wenn der Diensteanbieter entsprechend aufgefordert wird, Auskunft zu erteilen, so ist er – außer bei augenfälliger Rechtswidrigkeit – nicht verpflichtet, die Rechtmäßigkeit der an ihn gerichteten Aufforderung zu überprüfen.[80] Vielmehr liegt die alleinige datenschutzrechtliche Verantwortung für die Zulässigkeit der Datenweitergabe bei der öffentlichen Stelle bzw. Person, die die Übermittlung angeordnet hat.[81]

54 Dabei ergibt sich die datenschutzrechtliche Zulässigkeit der Weitergabe regelmäßig dann, wenn die entsprechende Anordnung nach den anwendbaren Ermächtigungs-

---

77 Zur (richtigerweise bejahenden) Frage, ob eine analoge Anwendung von § 14 Abs. 2 TMG zum Zwecke der zivilrechtlichen Verfolgung von Rechtsverletzungen, die nicht dem geistigen Eigentum zuzurechnen sind, geboten ist, siehe *Hullen/Roggenkamp*, in: Plath, BDSG, § 14 TMG Rn. 21 f.
78 BT-Drs. 16/3078, S. 16.
79 Im Folgenden wird beim Eingehen auf die Ermächtigungsgrundlage lediglich die in der Praxis wichtigste Vorschrift des § 101 UrhG zitiert; die Vorschriften des PatG, GebrMG, MarkenG, GeschmMG und SortenschG sind allerdings im Wesentlichen inhaltsidentisch.
80 *Hullen/Roggenkamp*, in: Plath, BDSG, § 14 TMG Rn. 25.
81 BT-Drs. 16/3078, S. 16.

normen rechtmäßig war. Entsprechend sind die bisher in diesem Zusammenhang ergangenen Gerichtsurteile auch nicht auf der Grundlage von § 14 Abs. 2 TMG gefällt worden, sondern auf der Grundlage der entsprechenden Ermächtigungsnormen.

Die datenschutzrechtliche Verantwortung für die Zulässigkeit der Datenweitergabe **55** liegt bei einem Auskunftsverlangen einer Privatperson[82] im Zusammenhang mit der Verletzung ihrer Rechte am geistigen Eigentum ebenfalls bei der auskunftsverlangenden Stelle,[83] also der Privatperson.

Spindler/Nink[84] hatten diesbezüglich während des Gesetzgebungsprozesses zur **56** Umsetzung der Enforcement-Richtlinie 2004/48/EG vorgeschlagen, das Auskunftsverlangen und die nachfolgende Übermittlung von Bestandsdaten aufgrund des verfassungsrechtlichen Stellenwerts des Datenschutzes einem Richtervorbehalt zu unterstellen.[85]

Der Gesetzgeber ist dem allerdings nicht gefolgt, sondern hat die gesetzliche Ver- **57** pflichtung zur Auskunftserteilung von Diensteanbietern gegenüber Privatpersonen lediglich insofern begrenzt, als sie die Auskunft verweigern können, wenn eine „offensichtliche Rechtsverletzung" gegeben ist (vgl. § 101 Abs. 2 Nr. 3 UrhG). Um dem Diensteanbieter eine entsprechende Beurteilung zu ermöglichen, muss die Privatperson die ihrem Auskunftsersuchen zugrunde liegenden Tatsachen allerdings hinreichend substanziiert vortragen, damit der Diensteanbieter missbräuchlich vorgebrachte Auskunftsbegehren identifizieren kann.[86] Für eine zwangsweise Durchsetzung eines Auskunftsrechts muss der Auskunftsverlangende dann jedoch bei Gericht eine einstweilige Verfügung beantragen (§ 101 Abs. 7 UrhG).

c) Exkurs: Voraussetzung für ein Auskunftsverlangen von Privatpersonen wegen Verletzung ihrer Rechte am geistigen Eigentum

Durch die im Rahmen der Umsetzung der Enforcement-Richtlinie 2004/48/EG ge- **58** schaffenen Auskunftsansprüche – relevant in der Praxis ist hier vor allem § 101 UrhG – sollte den jeweiligen Rechtsinhabern die Möglichkeit verschafft werden, Verletzter ihrer Rechte mit zivilrechtlichen Mitteln zu ermitteln, um so ihre Schutzrechte besser gegen den Verletzer durchsetzen zu können.[87] Die entsprechenden ge-

---

82 Zu der (richtigerweise zu bejahenden, aber rein akademischen) Frage, ob eine Privatperson eine Auskunft „anordnen" kann, vgl. *Hullen/Roggenkamp*, in: Plath, BDSG, § 14 TMG Rn. 24; ebenso *Spindler/Nink*, in: Spindler/Schuster, Recht der elektronischen Medien, § 14 TMG Rn. 6.
83 Die Gesetzesbegründung spricht insofern lapidar davon, dass „Entsprechendes" gelte, vgl. BT-Drs. 16/3078, S. 16.
84 *Spindler/Nink*, in: Spindler/Schuster, Recht der elektronischen Medien, § 14 TMG Rn. 8.
85 Kritisch zum fehlenden Richtervorbehalt schon *Spindler*, CR 2007, S. 239 (243).
86 Weitergehend für eine generelle Einschränkung des Auskunftsverlangens von Privatpersonen *Hullen/Roggenkamp*, in: Plath, BDSG, § 14 TMG Rn. 26 f.
87 Vgl. *Czychowski*, in: Fromm/Nordemann, Urheberrecht, § 101 Rn. 3.

setzlichen Regelungen zielen maßgeblich auf Urheberrechtverletzungen im Internet, vor allem bei Tauschbörsen, ab.

59 Vor Schaffung der entsprechenden Auskunftsansprüche hatten Gerichte vereinzelt eine Auskunftspflicht der betreffenden Provider angenommen. Überwiegend war eine entsprechende Verpflichtung aber – ohne gleichzeitiges Strafverfahren nach §§ 106, 108 UrhG – abgelehnt worden;[88] maßgeblich dabei war das Argument der fehlenden datenschutzrechtlichen Ermächtigung, die nun mit § 14 Abs. 2 Satz 2 TMG vorliegt.

60 Wann Name und Anschrift von Providerkunden nach § 101 UrhG i.V.m. § 14 Abs. 2 TMG herauszugeben sind, ist allerdings umstritten. Hierbei geht es vor allem um den Begriff des „gewerblichen Ausmaßes" und die Frage, ob hierfür wiederholte Handlungen erforderlich sind oder bereits eine einmalige, umfassende Rechtsstörung ausreichen kann.[89]

61 So hält das LG Köln[90] das einmalige Einstellen einer „umfangreichen" Datei für ausreichend, und das LG Oldenburg[91] meint sogar, es genügt, wenn ein Musikalbum eingestellt wird, das erst eine Woche im Geschäft zu kaufen ist. Andere Gerichte haben auf die Zahl der zur Verfügung gestellten Titel abgestellt.[92]

62 Diese Ansicht ist allerdings zu streng, da es nicht gerechtfertigt erscheint, eine gewerbliche Absicht zu unterstellen, wenn eine Privatperson nur einmal einen rechtwidrigen Upload vornimmt. Daher ist besser an den Gewerbebegriff aus dem Handelsrecht anzuknüpfen[93] und zu fordern, dass eine dauerhafte Tätigkeit mit Gewinnerzielungsabsicht ausgeübt wird.

IV. Rechtsfolge

63 Wenn ein Telemedien-Anbieter Bestandsdaten entgegen § 14 Abs. 1 TMG erhebt oder verwendet oder zunächst rechtmäßig erhobene Bestandsdaten nicht oder nicht rechtzeitig löscht, so begeht er eine Ordnungswidrigkeit gemäß § 16 Abs. 2 Nr. 5 TMG.[94] Diese kann mit einer Geldbuße von bis zu EUR 50.000 geahndet werden (§ 16 Abs. 2 TMG).[95]

---

88 Vgl. nur LG Darmstadt MMR 2009, 53 (53) m. Anm. *Bär*; *Kindt*, MMR 2009, S. 147 (151).

89 Eine gute Übersicht über die Rechtsprechung gibt *Hoffmann*, MMR 2009, S. 655 (658 f.).

90 LG Köln, Beschl. v. 2.9.2008, Az. 28 AR 4/08, abzurufen unter http://webhosting-und-recht.de/urteile/Landgericht-Koeln_20080902.html (Stand: Juni 2013).

91 LG Oldenburg MMR 2008, 832.

92 Vgl. insofern die Nachweise bei *Kaufmann*, c't 9/2009, S. 156 (156) in Fn. 5 f.

93 So zuerst LG Frankenthal MMR 2008, 687 (688 f.) m. Anm. *Ernst/Spoenle*; aus der neueren Rechtsprechung vgl. nur OLG Oldenburg MMR 2009, 188 (189 f.); OLG Zweibrücken MMR 2009, 43 (44 f.).

94 Ausführlich dazu unter § 16 TMG Rn. 12 ff.

95 Zu den Details siehe § 16 TMG Rn. 15 ff.

§ 15 Nutzungsdaten

(1) Der Diensteanbieter darf personenbezogene Daten eines Nutzers nur erheben und verwenden, soweit dies erforderlich ist, um die Inanspruchnahme von Telemedien zu ermöglichen und abzurechnen (Nutzungsdaten). Nutzungsdaten sind insbesondere

1. Merkmale zur Identifikation des Nutzers,

2. Angaben über Beginn und Ende sowie des Umfangs der jeweiligen Nutzung, und

3. Angaben über die vom Nutzer in Anspruch genommenen Telemedien.

(2) Der Diensteanbieter darf Nutzungsdaten eines Nutzers über die Inanspruchnahme verschiedener Telemedien zusammenführen, soweit dies für Abrechnungszwecke mit dem Nutzer erforderlich ist.

(3) Der Diensteanbieter darf für Zwecke der Werbung, der Marktforschung oder zur bedarfsgerechten Gestaltung der Telemedien Nutzungsprofile bei Verwendung von Pseudonymen erstellen, sofern der Nutzer dem nicht widerspricht. Der Diensteanbieter hat den Nutzer auf sein Widerspruchsrecht im Rahmen der Unterrichtung nach § 13 Abs. 1 hinzuweisen. Diese Nutzungsprofile dürfen nicht mit Daten über den Träger des Pseudonyms zusammengeführt werden.

(4) Der Diensteanbieter darf Nutzungsdaten über das Ende des Nutzungsvorgangs hinaus verwenden, soweit sie für Zwecke der Abrechnung mit dem Nutzer erforderlich sind (Abrechnungsdaten). Zur Erfüllung bestehender gesetzlicher, satzungsmäßiger oder vertraglicher Aufbewahrungsfristen darf der Diensteanbieter die Daten sperren.

(5) Der Diensteanbieter darf an andere Diensteanbieter oder Dritte Abrechnungsdaten übermitteln, soweit dies zur Ermittlung des Entgelts und zur Abrechnung mit dem Nutzer erforderlich ist. Hat der Diensteanbieter mit einem Dritten einen Vertrag über den Einzug des Entgelts geschlossen, so darf er diesem Dritten Abrechnungsdaten übermitteln, soweit es für diesen Zweck erforderlich ist. Zum Zwecke der Marktforschung anderer Diensteanbieter dürfen anonymisierte Nutzungsdaten übermittelt werden. § 14 Abs. 2 findet entsprechende Anwendung.

(6) Die Abrechnung über die Inanspruchnahme von Telemedien darf Anbieter, Zeitpunkt, Dauer, Art, Inhalt und Häufigkeit bestimmter von einem Nutzer in Anspruch genommener Telemedien nicht erkennen lassen, es sei denn, der Nutzer verlangt einen Einzelnachweis.

(7) Der Diensteanbieter darf Abrechnungsdaten, die für die Erstellung von Einzelnachweisen über die Inanspruchnahme bestimmter Angebote auf Ver-

langen des Nutzers verarbeitet werden, höchstens bis zum Ablauf des sechsten Monats nach Versendung der Rechnung speichern. Werden gegen die Entgelt-forderung innerhalb dieser Frist Einwendungen erhoben oder diese trotz Zahlungsaufforderung nicht beglichen, dürfen die Abrechnungsdaten weiter gespeichert werden, bis die Einwendungen abschließend geklärt sind oder die Entgeltforderung beglichen ist.

(8) Liegen dem Diensteanbieter zu dokumentierende tatsächliche Anhalts-punkte vor, dass seine Dienste von bestimmten Nutzern in der Absicht in An-spruch genommen werden, das Entgelt nicht oder nicht vollständig zu entrich-ten, darf er die personenbezogenen Daten dieser Nutzer über das Ende des Nutzungsvorgangs sowie die in Absatz 7 genannte Speicherfrist hinaus nur ver-wenden, soweit dies für Zwecke der Rechtsverfolgung erforderlich ist. Der Diensteanbieter hat die Daten unverzüglich zu löschen, wenn die Vorausset-zungen nach Satz 1 nicht mehr vorliegen oder die Daten für die Rechtsverfol-gung nicht mehr benötigt werden. Der betroffene Nutzer ist zu unterrichten, sobald dies ohne Gefährdung des mit der Maßnahme verfolgten Zweckes mög-lich ist.

Literatur: *Backu*, Geolokalisation und Datenschutz, ITRB 2009, S. 88; *Bauer*, Persona-lisierte Werbung auf Social Community-Websites, MMR 2008, S. 435; *Dix/Schaar*, in: Roßnagel (Hrsg.), Recht der Multimedia-Dienste (Stand: 7. EL, April 2005), Kommen-tierung zu § 6 TDDSG; *Engel/Flechsig*, Teledienstedatenschutz, DuD 1997, S. 8; *Ham-burgischer Datenschutzbeauftragter*, Orientierungshilfe Tele- und Mediendienste (Stand: 1. Juni 2002); *Härting*, Schutz von IP-Adressen, ITRB 2009, S. 35; *Härting*, Da-tenschutz im Internet – Gesetzgeberischer Handlungsbedarf, BB 2010, S. 839; *Jandt/ Laue*, Profilbildung bei Location Based Services, K&R 2006, S. 316; *Meyerdierks*, Sind IP-Adressen personenbezogene Daten?, MMR 2009, S. 8; *Moos*, Dürfen Access-Provi-der IP-Nummern speichern?, CR 2003, S. 385; *Ott*, Schutz der Nutzerdaten bei Suchma-schinen, MMR 2009, S. 448; *Schaar*, Datenschutz im Internet, München 2002; *Schmitz*, Teledienstedatenschutz nach dem TDDSG, in: Hoeren/Sieber (Hrsg.), Handbuch Multi-media-Recht (Stand: 2009), Kapitel 16.4; *Scholz*, Datenschutz beim Internet-Einkauf, Baden-Baden 2002; *Selk*, Datenschutz im Internet, Osnabrück 2003; *Spindler*, Das neue Telemediengesetz – Konvergenz in sachten Schritten, CR 2007, S. 239; *Taeger*, Kunden-profile im Internet, K&R 2003, S. 220; *Venzke*, Socal Media Marketing – Eine daten-schutzrechtliche Orientierungshilfe, DuD 2011, S. 387; *Zscherpe*, Datenschutz im Inter-net – Grundsätze und Gestaltungsmöglichkeiten für Datenschutzerklärungen, K&R 2005, S. 264.

Übersicht

I. Allgemeines

1. Gesetzeszweck

§ 15 TMG ist ein Erlaubnistatbestand im Sinne von § 12 Abs. 1 TMG[1] und regelt – **1** ebenso wie die Vorgängervorschriften in § 6 TDDSG und § 19 Abs. 2 bis 9 MDStV – die materiell-rechtlichen Voraussetzungen für die Erhebung, Verwendung und Weitergabe von Nutzungsdaten durch den Diensteanbieter. Wie § 14 TMG für Bestandsdaten enthält auch § 15 TMG für Nutzungsdaten einen abschließenden Erlaubnistatbestand,[2] der den Diensteanbieter verpflichtet, nur diejenigen Daten zu erheben und zu verwenden, die für die Erbringung des Dienstes bzw. seine Abrechnung erforderlich sind. Eine darüber hinausgehende Datenverwendung ist im Wesentlichen nur erlaubt, soweit aufgrund konkreter tatsächlicher Verdachtsmo-

---

1 Hierzu ausführlich § 12 TMG Rn. 12 ff.
2 *Bäumler*, DuD 1999, S. 258 (261).

mente eine missbräuchliche Inanspruchnahme des Dienstes zu befürchten ist (§ 15 Abs. 8 TMG).[3]

2   Damit verfolgt der Gesetzgeber auch hier – ebenso wie bei § 14 TMG – einen restriktiven Ansatz, um das informationelle Selbstbestimmungsrecht[4] der Betroffenen möglichst umfassend vor den mit den heutigen technischen Möglichkeiten zusammenhängenden Gefahren zu schützen.[5]

3   Entsprechend trifft § 15 TMG auch eine abschließende Regelung über die gesetzlich zulässige Verwendung von Nutzungs- und Abrechnungsdaten; jede Verwendung für andere Zwecke ist gemäß § 12 Abs. 2 TMG nur zulässig, wenn eine „andere Rechtsvorschrift, die sich ausdrücklich auf Telemedien bezieht", dies erlaubt oder der Nutzer eingewilligt hat. Damit ist hinsichtlich der Verwendung von Nutzungs- und Abrechnungsdaten ein Rückgriff auf allgemeine Erlaubnistatbestände außerhalb des TMG, die keinen Verweis auf Telemedien beinhalten, wegen des speziellen Regelungsgehalts von § 15 TMG i.V.m. § 12 Abs. 2 TMG ausgeschlossen.[6]

4   Ähnlich wie bei § 14 TMG hat der Gesetzgeber in § 15 TMG sowohl die Definition der Nutzungs- und Abrechnungsdaten (in Abs. 1 und 4) als auch die Voraussetzung für ihre rechtmäßige Erhebung und weitere Verwendung statuiert.

2. Verhältnis zu anderen Vorschriften

5   § 15 TMG ist lex specialis für die Erhebung und Verwendung von Nutzungs- und Abrechnungsdaten und geht damit sowohl den Vorschriften des BDSG (vgl. insofern § 1 Abs. 3 Satz 1 BDSG) als auch § 12 Abs. 1 TMG vor.

6   Die Abgrenzung der Vorschrift zu den Vorschriften des TKG ist erforderlich, weil letztlich jeder Nutzung eines Telemediendienstes begriffsinhaltlich eine Übermittlung von Informationen mittels Telekommunikation zugrunde liegt. Hier hilft § 11 Abs. 3 TMG,[7] der bestimmt, dass Telemedien, die überwiegend in der Übertragung von Signalen über Telekommunikationsnetze bestehen, nur einigen bestimmten Datenschutzvorschriften des TMG unterliegen. Entsprechend ist zwischen Telemedien- und Telekommunikationsdiensten danach abzugrenzen,[8] ob es um die bloße Übertragung der Signale bzw. Informationen (sog. Transportebene) geht (dann

---

3 So zur Vorgängervorschrift § 6 TDDSG *Schaar*, RDV 2003, S. 59 (62).

4 Grundlegend zum Recht auf informationelle Selbstbestimmung BVerfGE 65, 1.

5 In diesem Sinne zum TDDSG BT-Drs. 13/7385, S. 21; vgl. ansonsten auch *Spindler/Nink*, in: Spindler/Schuster, Recht der elektronischen Medien, § 11 TMG Rn. 2.

6 So auch BT-Drs. 14/6098, Gesetzesbegründung zum Elektronischen Geschäftsverkehr-Gesetz (und zum TDDSG 2001), S. 29.

7 Dazu ausführlich § 11 TMG Rn 28 ff.

8 Ausführlich zur Abgrenzung von Telemedien und Rundfunk sowie Telekommunikationsdiensten *Schmitz*, in: Spindler/Schuster, Recht der elektronischen Medien, § 1 TMG Rn. 5 ff.

TKG) oder ob die Dienstinhalte (sog. Inhaltsebene) im Vordergrund stehen (dann TMG).[9]

3. Europarechtliche Grundlagen

Ebenso wie bei § 14 TMG enthält auch § 15 TMG Grundgedanken aus verschiede- **7** nen europäischen Richtlinien, insbesondere der Datenschutzrichtlinie 1995/46/ EG[10] und der Richtlinie 2002/58/EG über die Verarbeitung personenbezogener Daten in der elektronischen Kommunikation.[11]

II. Erhebung und Verwendung von Nutzungsdaten (Abs. 1)

1. Regelungsgehalt der Vorschrift

§ 15 Abs. 1 TMG regelt, wann ein Diensteanbieter sog. Nutzungsdaten ohne vorhe- **8** rige Einwilligung der Nutzers verwenden darf:[12] Demnach ist der Diensteanbieter berechtigt, personenbezogene Daten eines Nutzers zu erheben und zu verwenden, soweit dies erforderlich ist, um die Inanspruchnahme von Telemedien zu ermöglichen und abzurechnen; die betreffenden Daten werden im Wege einer Klammerdefinition am Ende der Vorschrift als „Nutzungsdaten" bezeichnet.

Damit vermischt § 15 TMG – ebenso wie § 14 TMG – die Definition der Nutzungs- **9** daten mit den Zulässigkeitsvoraussetzungen für ihre Erhebung und weitere Verwendung und erschwert im Einzelfall die Abgrenzung der beiden Regelungsbereiche.

2. Normadressat

Adressat der Regelung in § 15 Abs. 1 TMG ist jeder Diensteanbieter (§ 2 Nr. 1 **10** TMG),[13] der einen Telemediendienst erbringt; ob zwischen Nutzer und Dienstean-

---

9 Vgl. *Schaar*, RDV 2002, S. 4 (5 f., insbesondere die Tabelle auf S. 6).
10 Richtlinie 95/46/EG des europäischen Parlaments und des Rates vom 24.10.1995 zum Schutz natürlicher Personen bei der Verarbeitung personenbezogener Daten und zum freien Datenverkehr, ABl. EG Nr. L 281 vom 23.11.1995, S. 31 ff., abrufbar unter http://eur-lex.europa.eu/LexUri. S.erv/LexUri. S.erv.do?uri=OJ:L:1995:281:0031:0050:DE:PDF (Stand: Juni 2013).
11 Richtlinie 2002/58/EG des Europäischen Parlaments und des Rates vom 12.7.2002 über die Verarbeitung personenbezogener Daten und den Schutz der Privatsphäre in der elektronischen Kommunikation (Datenschutzrichtlinie für elektronische Kommunikation), ABl. EG Nr. L 201 vom 31.7.2002, S. 37 ff., abrufbar unter http://eur-lex.europa.eu/LexUri. S.erv/LexUri.S.erv.do?uri=OJ:L:2002:201:0037:0047:DE:PDF (Stand: Juni 2013).
12 Ebenso *Hullen/Roggenkamp*, in: Plath, BDSG, § 15 TMG Rn. 2.
13 Ausführlich zum Begriff des Diensteanbieters *Schmitz*, in: Spindler/Schuster, Recht der elektronischen Medien, § 2 TMG Rn. 2.

bieter ein Vertragsverhältnis besteht ist – anders als bei § 14 TMG – nicht relevant.[14]

3. Einzelheiten

11 § 15 Abs. 1 TMG hat – ebenso wie § 14 Abs. 1 TMG – eine Doppelfunktion: Zum einen definiert die Vorschrift den Begriff der Nutzungsdaten, zum anderen schreibt sie die generellen Voraussetzungen für deren Erhebung und weitere Verwendung fest.

a) Nutzungsdaten

12 Der Gesetzgeber hat Nutzungsdaten als diejenigen Daten definiert, die erforderlich sind, um die Inanspruchnahme von Telemedien zu ermöglichen und abzurechnen; es geht also um die Nutzung an sich und die ggf. notwendige Abrechnung der Nutzung.

13 Dabei kann es für die Bestimmung der relevanten Nutzungsdaten – ebenso wie bei den Bestandsdaten nach § 14 Abs. 1 TMG – nicht entscheidend sein, ob sie für die Erbringung des Telemediendienstes „erforderlich" sind, weil sonst kein geeignetes Abgrenzungskriterium mehr für die Beurteilung verbliebe, ob die Erhebung und Verwendung der Daten zulässig ist.[15]

14 Entsprechend bildet der in § 15 Abs. 1 TMG verwandte Begriff der „Nutzungsdaten" (im weiteren Sinne) den Oberbegriff für:

– Nutzungsdaten im engeren Sinne, also die Daten, die die Inanspruchnahme der Telemedien ermöglichen sollen, und

– Abrechnungsdaten, d.h. die Daten, die der Abrechnung der Inanspruchnahme der Telemedien dienen.

15 Dies wird aus § 15 Abs. 4 TMG deutlich, wonach der Diensteanbieter Nutzungsdaten über das Ende des Nutzungsvorgangs hinaus verwenden darf, soweit sie für Zwecke der Abrechnung mit dem Nutzer erforderlich sind; demnach sind die Abrechnungsdaten keine eigene Kategorie von Daten, sondern stellen lediglich einen Unterfall der Nutzungsdaten dar.

16 Nutzungsdaten im engeren Sinne sind also diejenigen Daten, die während der Nutzung eines Telemediendienstes anfallen; sie bilden die Interaktion zwischen dem Nutzer und dem Anbieter während der konkreten Nutzung des betreffenden Telemediendienstes ab[16] und unterscheiden sich insofern von den Bestandsdaten, die die Grundlage der abstrakten Nutzungsmöglichkeit (aufgrund des geschlossenen

---

14 *Hullen/Roggenkamp*, in: Plath, BDSG, § 15 TMG Rn. 3; ebenso *Spindler/Nink*, in: Spindler/Schuster, Recht der elektronischen Medien, § 15 TMG Rn. 2.

15 Vgl. ausführlich hierzu § 14 TMG Rn. 28 ff.; so jetzt auch *Hullen/Roggenkamp*, in: Plath, BDSG, § 15 TMG Rn. 4.

16 *Roßnagel*, in: Roßnagel, Hdb. DSR, Kap. 7.9, Rn. 55; *Schaar*, Recht im Internet, Rn. 423; *ders.*, RDV 2003, S. 59 (61); *Engel-Flechsig*, DuD 1997, S. 8 (14); ähnlich auch *Spindler/*

Vertrages) bilden.[17] Allerdings lassen sich beide Datengruppen nicht immer klar voneinander abgrenzen bzw. überschneiden sich,[18] so insbesondere, wenn Daten der Identifikation des Nutzers dienen.

Zu den Nutzungsdaten gehören nach dem Willen des Gesetzgebers[19] gemäß § 15   **17**
Abs. 1 Satz 2 Nr. 1 bis 3 TMG mindestens folgende, katalogartige Beispiele:

– Merkmale zur Identifikation des Nutzers, insbesondere Nutzer-ID und Passwort, E-Mail-Adresse oder (statische) IP-Adresse, ggf. aber auch andere Angaben, wie z.B. Geburtsdatum oder Personalausweisdaten (zur Altersverifikation), Kundennummer oder Adresse;

– Angaben über Beginn und Ende sowie Umfang der jeweiligen Nutzung (beispielsweise Angaben über die Verweildauer auf bestimmten Seiten oder den Umfang der vom Nutzer getätigten Downloads); und

– Angaben über die vom Nutzer in Anspruch genommenen Telemedien, z.B. aufgerufene Seiten.

Als Nutzungsdaten kommen darüber hinaus vor allem technische Steuerungsinfor-   **18**
mationen infrage, wie insbesondere die (dynamische) IP-Adresse des Nutzers, in Cookies gespeicherte Daten oder ein sog. Clickstream, also die Aufzeichnung über den Verlauf des Besuchs einer Webseite.

Während offensichtlich ist, dass statische IP-Adressen Personenbezug aufweisen,[20]   **19**
ist es hinsichtlich dynamischer IP-Adressen[21] nicht unbedingt nachzuvollziehen, dass diese von den deutschen Datenschutzbehörden als personenbezogene Daten (und nicht als Pseudonyme) angesehen werden.[22]

Nink, in: Spindler/Schuster, Recht der elektronischen Medien, § 15 TMG Rn. 2; *Gola/ Müthlein*, TDG/TDDSG, § 6 TDDSG Anm. 2.1.

17 In diese Richtung auch *Spindler/Nink*, in: Spindler/Schuster, Recht der elektronischen Medien, § 15 TMG Rn. 2.

18 Ausführlich hierzu z.B. *Jandt/Laue*, K&R 2006, S. 316 (320); ebenso *Spindler/Nink*, in: Spindler/Schuster, Recht der elektronischen Medien, § 15 TMG Rn. 2; *Heckmann*, in: Heckmann, Internetrecht, Kap. 9, Rn. 343; *Hullen/Roggenkamp*, in: Plath, BDSG, § 15 TMG Rn. 5.

19 Vgl. BT-Drs. 14/6098, S. 29.

20 So die ganz h.M., vgl. nur *Spindler/Nink*, in: Spindler/Schuster, Recht der elektronischen Medien, § 15 TMG Rn. 2; *Roßnagel*, in: Roßnagel, Hdb. DSR, Kap. 7.9, Rn. 56; *Meyerdierk*, MMR 2009, S. 8 (9); a.A. *Härting*, ITRB 2009, S. 35 (37), der allgemein keinen Personenbezug von IP-Adressen annimmt und sie stattdessen dem Schutz des Grundrechts auf Gewährleistung der Integrität und Vertraulichkeit informationstechnischer Systeme (vgl. BVerfG NJW 2008, 822) unterstellt.

21 Zur Unterscheidung von statischen und dynamischen IP-Adressen *Härting*, ITRB 2009, S. 35 (35 f.); zum technischen Hintergrund von IP-Adressen vgl. *Meyerdierks*, MMR 2009, S. 8 (8 f.).

22 Beschluss der obersten Aufsichtsbehörden für den Datenschutz im nicht-öffentlichen Bereich vom 26./27. November 2009, zu finden unter www.bfdi.bund.de/SharedDocs/Publi kationen/Entschliessungssammlung/DuesseldorferKreis/Nov09Reichweitenmessung.pdf? __blob=publicationFile (Stand: Juni 2013).

20 Statische IP-Adressen werden weltweit nur ein einziges Mal vergeben und damit eindeutig und auf Dauer einem bestimmten Nutzer-Rechner zugeordnet. Damit wirken statische IP-Adressen wie eine „Post-Adresse" im Internet, deren Personenbezug als unstreitig angesehen werden kann.

21 Bei dynamischen IP-Adressen[23] gehen die deutschen Datenschutzbehörden generell davon aus, dass sie als personenbezogene Nutzungsdaten nach § 15 Abs. 1 TMG anzusehen sind, weil auch hier die Möglichkeit einer – ggf. mit einem gewissen Aufwand verbundenen – Zuordnung der IP-Adresse zu einem Nutzer besteht.[24]

22 Dieser Ansicht kann allerdings entgegen gehalten werden,[25] dass es für die Annahme eines personenbezogenen Datums ausweislich der in § 3 Abs. 6 BDSG (Definition des Begriffs „Anonymisieren")[26] getroffenen Wertung nur darauf ankommen kann, ob einem konkreten Telemediendiensteanbieter eine Zuordnung der IP-Adresse zu einem bestimmten Nutzer mit nicht unverhältnismäßigem Aufwand möglich ist (sog. relativer Personenbezug[27]). Müsste also der Diensteanbieter unverhältnismäßige Anstrengungen unternehmen, um einen Personenbezug der dynamischen IP-Adresse herzustellen, wäre diese für ihn nach dem ausdrücklichen Willen des Gesetzebers als anonymes Datum anzusehen, das nicht mehr dem BDSG bzw. TMG unterfällt.[28]

23 Entsprechend ist richtigerweise bei der Frage, ob eine dynamische IP-Adresse ein Nutzungsdatum darstellt, auf den jeweiligen Diensteanbieter und seine Möglichkeit der Zuordnung der dynamischen IP-Adresse zu einem konkreten Nutzer abzustellen. Demnach wären dynamische IP-Adressen für Content-Provider keine personenbezogenen Daten, für Access-Provider hingegen schon.[29] Dies ist auch gerechtfertigt, denn der Content-Provider könnte eine Zuordnung der IP-Adresse nur mit

---

23 Korrekterweise müsste man hier von der „IP-Adresse und die dazugehörige Zeitangabe" sprechen, denn ohne eine solche Zeitangabe kann selbst der Access-Provider keine Zuordnung vornehmen, vgl. *Meyerdierks*, MMR 2009, S. 8 (9), Fn. 8.

24 Vgl. z.B. aus der Rechtsprechung LG Berlin K&R 2007, 601 (602); AG Berlin Mitte K&R 2007, 600 (601).

25 Zu den Auswirkungen eines generellen Personenbezugs von IP-Adressen auch ausführlich *Meyerdierks*, MMR 2009, S. 8 (9); *Härting*, ITRB 2009, S. 35 (36).

26 Ausführlich zum Thema „Anonymisieren" und seinen Folgen § 3 BDSG Rn. 43 ff.

27 So die h.M., vgl. statt aller nur *Dammann*, in: Simitis, BDSG, § 3 Rn. 33 und 35; *Gola/Schomerus*, BDSG, § 3 Rn. 10; *Tinnefeld*, in: Roßnagel, Hdb. DSR, Kap. 4.1, Rn. 22; *Roßnagel/Scholz*, MMR 2000, S. 722 (723); aus der Rechtsprechung z.B. LG Frankenthal MMR 2008, 687, m. Anm. *Ernst/Spoenle*; dezidiert a.A. und für eine objektive Personenbeziehbarkeit *Däubler/Klebe/Wedde/Weichert*, BDSG, § 3 Rn. 3; *Schaar*, Datenschutz im Internet, Rn. 175; *Pahlen-Brandt*, K&R 2009, S. 288 (290).

28 So die h.M., vgl. statt aller nur *Gola/Schomerus*, BDSG, § 3 Rn. 43 f.; *Tinnefeld/Ehmann/Gerling*, Einführung in das Datenschutzrecht, S. 287; *Roßnagel/Scholz*, MMR 2000, S. 722 (726); differenzierend wohl *Dammann*, in: Simitis, BDSG, § 3 Rn. 197.

29 Ebenso aus der Rechtsprechung AG München K&R 2008, 767.

Hilfe des Access-Providers herbeiführen, welcher wiederum nicht berechtigt wäre, die entsprechenden Informationen an den Content-Provider weiterzugeben.[30]
Cookies, also kleine Datenpakete mit Visitenkartenfunktion,[31] können ebenfalls personenbezogene Daten beinhalten.[32] Falls in den Cookies die IP-Adresse des Nutzers gespeichert wird, ergibt sich dies bereits aus dem Vorgesagten. Aber auch in anderen Fällen wird ein Personenbezug häufig gegeben sein, so beispielsweise, wenn im Cookie die E-Mail-Adresse des Nutzers oder sonstige Identifikationsmerkmale gespeichert werden[33] oder wenn Cookies bei einem wiederholten Besuch des betreffenden Telemediendienstes durch einen bestimmten Nutzer zu einer Rückmeldung beim Dienstebetreiber führen.[34]   **24**

Die vorgenannten Daten sind allerdings alle dann nicht (mehr) als Nutzungsdaten anzusehen, wenn sie keinen (ausreichenden) Personenbezug mehr aufweisen. Sofern der Diensteanbieter also eine Personenbeziehbarkeit durch entsprechende technische Maßnahmen von vorherin ausscheidet, findet auch § 15 TMG keine Anwendung.[35]   **25**

Tracking-Tools, wie z. B. GoogleAnalytics, unterfallen der vorgesagten Unterscheidung:[36] Sofern sie personenbezogene Daten verwenden, gilt § 15 TMG (vor allem Abs. 1 und Abs. 3) bzw. das Einwilligungserfordernis nach § 12 Abs. 1 TMG, ansonsten – also wenn sie nur anonyme Daten enthalten – unterfallen sie nicht dem Geltungsbereich des TMG.   **26**

Nicht zu den Nutzungsdaten gehören die Inhaltsdaten, also personenbezogene Daten, die sich auf eine über das Nutzungsverhältnis hinausgehende Lieferung oder Leistung einer Ware oder Dienstleistung beziehen.[37]   **27**

Ob nutzergenerierte Inhalte im Social Media-Bereich als Nutzungs- oder Inhaltsdaten anzusehen sind, ist umstritten.[38] Richtigerweise sind diese Daten nach der hier vertretenen Auffassung zur Abgrenzung von Bestands-, Inhalts- und Nutzungsda-   **28**

---

30 Vgl. hierzu § 14 TMG Rn. 58 ff.
31 Ausführlich zu den technischen Grundlagen von Cookies *Eichler*, K&R 1999, S. 76 (76 f.).
32 Zu der Frage, welche Daten Cookies enthalten müssen, um keine personenbezogenen Daten aufzuweisen, siehe *Eichler*, K&R 1999, S. 76 (80), (Ziffer 1).
33 Ausführlich *Eichler*, K&R 1999, S. 76 (78).
34 So auch *Roßnagel*, in: Roßnagel, Hdb. DSR, Kap. 7.9, Rn. 57 m. w. N.
35 Ebenso *Hullen/Roggenkamp*, in: Plath, BDSG, § 15 TMG Rn. 9.
36 Ausführlich zur Thematik *Hullen/Roggenkamp*, in: Plath, BDSG, § 15 TMG Rn. 10 f.
37 Zur Frage der Einordnung der Inhaltsdaten und der hierauf anzuwendenden rechtlichen Vorschriften vgl. ausführlich § 14 Rn. 13 ff.
38 Für Inhaltsdaten (und damit die Anwendung des BDSG): *Hullen/Roggenkamp*, in: Plath, BDSG, § 15 TMG Rn. 13; *Karg/Fahl*, K&R 2011, S. 453 (458); *Jandt/Roßnagel*, MMR 2011, S. 637 (639); a. A., also für Nutzungsdaten (und damit die Anwendung des TMG): *Spindler/Nink*, in: Spindler/Schuster, Recht der elektronischen Medien, § 15 TMG Rn. 5a; *Bauer*, MMR 2008, S. 435 (436).

ten[39] als Nutzungsdaten anzusehen, weil sie im Rahmen der Nutzung von Telemediendiensten anfallen.

29 Ebenfalls keine Nutzungsdaten sind die sog. Verbindungsdaten, also die personenbezogenen Daten, die bei der Bereitstellung und Erbringung von Telekommunikationsdiensten anfallen. Diese werden nach §§ 95 ff. TKG beurteilt.[40]

b) Zulässigkeit der Erhebung und Verwendung

30 Nutzungsdaten dürfen vom Diensteanbieter nur erhoben und verwendet werden, wenn dies erforderlich ist, um die Inanspruchnahme des jeweiligen Telemediendienstes zu ermöglichen (§ 15 Abs. 1 TMG). Eine Verarbeitung der Nutzungsdaten zu anderen Zwecken, insbesondere zu Abrechnungszwecken, und die Weitergabe von Nutzungsdaten an Dritte ist umgekehrt nur dann zulässig, wenn dies nach § 15 Abs. 2 bis 8 TMG erlaubt ist oder der Nutzer hierzu seine Einwilligung erteilt hat (§ 12 Abs. 1 und 2 TMG).

31 Nutzungsdaten dürfen nach Abs. 1 nur verwendet werden, wenn dies erforderlich ist, um die Inanspruchnahme des Dienstes zu ermöglichen. Damit ist zwar grundsätzlich das Kriterium der Erforderlichkeit – ebenso wie bei § 14 TMG – maßgeblich für die Zulässigkeit der Datenverarbeitung. Allerdings ist der Maßstab ein anderer, weil die Datenverarbeitung nach dem Wortlaut des Gesetzes nicht für die Inanspruchnahme des Dienstes erforderlich sein muss, sondern nur um diese Inanspruchnahme zu ermöglichen. Man könnte auch sagen: Es geht um die Erforderlichkeit der Ermöglichung des Dienstes.

32 Entsprechend ist der Erforderlichkeitsmaßstab bei § 15 TMG weniger streng als bei § 14 TMG und es muss genügen, dass die Inanspruchnahme des Telemediendienstes durch die Datenverarbeitung unmittelbar gefördert wird;[41] abzustellen ist dabei – wie bei § 14 TMG – auf das konkrete Nutzungsverhältnis.[42] Diese weite Interpretation ist insbesondere vor dem Hintergrund sinnvoll, dass Nutzungsdaten – im Gegensatz zu Bestandsdaten – unmittelbar nach dem Ende des Nutzungsvorganges zu löschen sind, sofern sie nicht ausnahmsweise zu Abrechnungszwecken verwendet werden dürfen (Umkehrschluss aus § 15 Abs. 4 Satz 1 TMG i.V.m. § 35 Abs. 3 Nr. BDSG).

33 Die Bedingung der Erforderlichkeit umfasst den gesamten Vorgang der Datenverwendung.[43] Dies bedeutet insbesondere, dass Daten, die für die Erbringung des Dienstes zunächst erforderlich waren, später umgehend zu löschen sind, wenn der

---

39 Vgl. hierzu ausführlich § 14 TMG Rn. 21 ff.
40 Dazu ausführlich die Kommentierung zu §§ 95 ff. TKG.
41 Enger wohl die h.M., vgl. *Schmitz*, in: Hoeren/Sieber, Hdb. Multimedia, Kap. 16.4, Rn. 120; *Roßnagel*, in: Roßnagel, Hdb. DSR, Kap. 7.9, Rn. 73.
42 Ebenso nun *Hullen/Roggenkamp*, in: Plath, BDSG, § 15 TMG Rn. 15; ähnlich auch *Spindler/Nink*, in: Spindler/Schuster, Recht der elektronischen Medien, § 15 TMG Rn. 5.
43 So auch *Spindler/Nink*, in: Spindler/Schuster, Recht der elektronischen Medien, § 15 TMG Rn. 5.

Dienst später auch ohne diese Daten erbracht werden kann. So ist beispielsweise die Speicherung von Nutzer-ID und Passwort erforderlich, um dem Nutzer Zugang zu einem bestimmten Webportal zu geben. Ist der Nutzer aber in den registrierten Bereich gelangt, so ist eine weitere Speicherung seines Passworts nicht mehr erforderlich.[44]

Die Erhebung und weitere Verwendung der IP-Adresse eines Nutzers ist in der Regel für die Ermöglichung von Telemediendiensten erforderlich. Da die zu übertragenden Informationen in Datenpaketen zusammengefasst und dann verschickt werden,[45] fungiert die IP-Adresse des Nutzers insofern wie eine Postadresse, die die beteiligten Systeme anweisen kann, an wen die entsprechenden Datenpakete zu adressieren sind.[46]   **34**

Umgekehrt ist es für die erfolgreiche Erbringung von Telemediendiensten grundsätzlich nicht erforderlich, den Clickstream einzelner Nutzer zu protokollieren und auszuwerten (sofern dies nicht unter Pseudonym erfolgt, vgl. § 15 Abs. 3 TMG).[47] Hierfür wäre vielmehr gemäß § 12 Abs. 1 TMG eine Einwilligung der Nutzer notwendig.   **35**

Cookies, die Rückschlüsse auf die Identität der Nutzer zulassen – sei es von Anfang an oder nach Verknüpfung mit anderweitig erhobenen Daten –, dürfen nur dann auf dem Computer des Nutzers abgelegt werden, wenn sie benötigt werden oder sonst sinnvoll sind, um den Telemediendienst zu ermöglichen. Ist dies nicht der Fall, muss entsprechend der Wertung in § 15 Abs. 4 TMG, wonach Nutzungsdaten nach dem Ende des Nutzungsvorgangs grundsätzlich zu löschen sind, der Nutzer für das Setzen, Nutzen und Auswerten des Cookies seine Einwilligung erteilen (§ 12 Abs. 1 TMG).   **36**

Damit sind Session-Cookies (oder temporäre Cookies), die beim Ende des Nutzungsvorgangs gelöscht werden und nicht auf dem Computer des Nutzers zurückbleiben, in der Regel von § 15 Abs. 1 TMG gedeckt. Dies werden vor allem Cookies sein, die der Verbindungssteuerung während des Nutzungsvorganges dienen.[48] So sind beispielsweise Cookies erlaubt, in denen anlässlich eines Einkaufs bei einem Telemediendienst die Angaben über die bereits in den Warenkorb gelegten Artikel enthalten sind.[49] Gleiches muss für Cookies gelten, die speichern, dass ein Nutzer bereits bestimmte Informationen heruntergeladen hat (und diese daher nicht ein zweites Mal heruntergeladen werden müssen).[50]   **37**

---

44 Ebenso nun auch *Hullen/Roggenkamp*, in: Plath, BDSG, § 15 TMG Rn. 16.
45 Ausführlicher hierzu *Eichler*, K&R 1999, S. 76 (76).
46 *Heckmann*, in: Heckmann, Internetrecht, Kap. 9 Rn. 348; ebenso *Roßnagel*, in: Roßnagel, Hdb. DSR, Kap. 7.9, Rn. 73.
47 So auch *Roßnagel*, in: Roßnagel, Hdb. DSR, Kap. 7.9, Rn. 73; zustimmend *Hullen/Roggenkamp*, in: Plath, BDSG, § 15 TMG Rn. 17.
48 Vgl. *Roßnagel*, in: Roßnagel, Hdb. DSR, Kap. 7.9, Rn. 75.
49 Beispiel nach *Enzmann/Roßnagel*, CR 2002, S. 141 (148 f.).
50 Vgl. *Dix/Schaar*, in: Roßnagel, Recht der Multimediadienste, § 6 TDDSG Rn. 105.

38   Permanent Cookies, die ihrem Namen nach dauerhaft gespeichert werden, sind hingegen nur mit Einwilligung des Nutzers zulässig. Hierzu gehören alle Cookies, die dazu verwendet werden, das Verhalten des einzelnen Nutzers aufzuzeichnen oder personalisierte Nutzerprofile zu bilden,[51] ebenso Cookies, die dazu dienen sollen, dass ein Nutzer bei einem nochmaligen Besuch einer Webseite „wiedererkannt" wird.

39   Dies ist insofern unglücklich, als es gerade bei kostenfrei angebotenen Diensten aus Sicht des Diensteanbieters sinnvoll sein kann, seine Nutzer zu kennen, um die Werbung – die ja gerade dazu genutzt wird, um den Dienst zu finanzieren – dann „zielgerichtet" auf den jeweiligen Nutzer auszurichten. Hier wäre seitens des Gesetzgebers zu überlegen, ob nicht entsprechende Sonderregelungen geschaffen werden könnten.

c) Löschung von Nutzungsdaten

40   Nutzungsdaten sind nach dem Ende der jeweiligen Nutzung zu löschen, soweit sie nicht zu Abrechnungszwecken benötigt werden oder sonst eine Berechtigung zur weiteren Aufbewahrung vorliegt (§ 15 Abs. 4 TMG). Entsprechend sind in dem Moment, in dem der Nutzer den Telemediendienst verlässt, alle Daten, die (lediglich) sein Nutzerverhalten betreffen, umgehend zu löschen, so z. B. Informationen über besuchte Seiten, angesehene Waren und Dienstleistungen.

III. Weitere Verwendung von Nutzungsdaten (Abs. 2 bis 8)

41   § 15 Abs. 2 bis 8 TMG bestimmen, unter welchen Voraussetzungen der Diensteanbieter Nutzungsdaten auch über das Ende des Nutzungsvorgangs hinaus speichern, verwenden und weitergeben darf. Dabei geht es um folgende Themenkomplexe:
– Abrechnung der Telemedien-Nutzung (§ 15 Abs. 2, 4, 6 und 7 TMG),
– Erstellung von Nutzerprofilen (§ 15 Abs. 3 TMG),
– Weitergabe von Nutzungs- und Abrechnungsdaten an Dritte (§ 15 Abs. 4 TMG),
– Missbrauchsverfolgung (Abs. 8).

1. Verwendung von Abrechnungsdaten (Abs. 2, 4, 6 und 7)

42   Der Diensteanbieter darf Nutzungsdaten gemäß § 15 Abs. 4 TMG über das Ende des Nutzungsvorgangs hinaus verwenden, soweit sie für Zwecke der Abrechnung mit dem Nutzer erforderlich sind (Abrechnungsdaten); zu diesem Zweck dürfen Nutzungsdaten eines Nutzers über die Inanspruchnahme verschiedener Telemedien auch vom Diensteanbieter zusammengeführt werden (§ 15 Abs. 2 TMG).

---

51 In diese Richtung auch *Dix/Schaar*, in: Roßnagel, Recht der Multimediadienste, § 6 TDDSG Rn. 103; ihnen folgend *Roßnagel*, in: Roßnagel, Hdb. DSR, Kap. 7.9, Rn. 74.

a) Begriff der Abrechnungsdaten

Der Gesetzgeber hat in § 15 Abs. 4 TMG – wie schon zuvor bei § 14 TMG und § 15   43
Abs. 1 TMG – die Zulässigkeitsvoraussetzungen und die Definition der Abrechnungsdaten miteinander vermischt.

Nach dem hier vertretenen Ansatz sind daher unter „Abrechnungsdaten" diejenigen   44
Nutzungsdaten zu verstehen, die für die Abrechnung der vom Diensteanbieter erbrachten Leistungen verwendet werden (können),[52] so z.B. Datum und Dauer einer
Internetverbindung.

Entsprechend können Abrechnungsdaten – ähnlich wie Bestandsdaten – regelmä-   45
ßig nur bei kostenpflichtigen Telemediendiensten anfallen,[53] weil nur bei einer solchen entgeltlichen Inanspruchnahme eine Abrechnung denkbar und sinnvoll ist.

b) Verwendung von Abrechnungsdaten (Abs. 2 und 4)

Abrechnungsdaten dürfen verwendet oder zusammengeführt werden, wenn dies für   46
Abrechnungszwecke „erforderlich" ist (§ 15 Abs. 4 und 2 TMG) – wobei die entsprechende Abrechnung tatsächlich wohl durch eine Kombination von Bestands-
und Abrechnungsdaten erstellt wird.[54]

Anders als bei § 14 Abs. 1 TMG und § 15 Abs. 1 TMG muss hier ein strenger Er-   47
forderlichkeitsmaßstab angelegt werden, da es um Zahlungsvorgänge geht, die ihrer
Natur nach besonders sensibel sind. Die Daten müssen also für die Abrechnung des
konkreten Nutzungsvorganges zwingend notwendig sein, andernfalls dürfen sie
nicht weiter gespeichert und verwendet werden.

Dabei ist zunächst das Gebot der Datenvermeidung nach § 3a BDSG zu beachten,[55]   48
das in der Anforderung nach § 13 Abs. 6 TMG, die Bezahlung von Telemediendiensten möglichst unter Pseudonym zu ermöglichen,[56] seinen Niederschlag gefunden
hat. Entsprechend sind Abrechnungsdaten soweit wie möglich zu pseudonymisieren.

Die enge Zweckbindung in § 15 Abs. 4 TMG unterstreicht auch § 15 Abs. 6 TMG,   49
der eine „Gesamtabrechnung" – und nicht eine detaillierte Einzelaufstellung – vorschreibt, indem er verlangt, dass Anbieter, Zeitpunkt, Dauer, Art, Inhalt und Häufigkeit bestimmter von einem Nutzer in Anspruch genommener Telemedien in der

---

52 Ebenso *Spindler/Nink*, in: Spindler/Schuster, Recht der elektronischen Medien, § 15 TMG
   Rn. 9.; *Roßnagel*, in: Roßnagel, Hdb. DSR, Kap. 7.9, Rn. 58; zustimmend auch *Hullen/
   Roggenkamp*, in: Plath, BDSG, § 15 TMG Rn. 31.
53 So auch *Roßnagel*, in: Roßnagel, Hdb. DSR, Kap. 7.9, Rn. 79; ihm folgend *Spindler/Nink*,
   in: Spindler/Schuster, Recht der elektronischen Medien, § 15 TMG Rn. 9.
54 *Roßnagel*, in: Roßnagel, Hdb. DSR, Kap. 7.9, Rn. 58.
55 Dazu im Detail § 3a BDSG Rn. 20 ff.
56 Ausführlich dazu § 13 TMG Rn. 40 ff.

Abrechnung nicht erkennbar sein dürfen, außer wenn der Nutzer einen solchen Einzelnachweis ausdrücklich verlangt.

50 Damit hat der Gesetzgeber dem Erfassen von Nutzerdaten, die ggf. dazu genutzt werden könnten, das Nutzverhalten systematisch zu erfassen und Nutzerprofile zu erstellen, eine klare Absage erteilt: Der Nutzer alleine soll – mittels des Verlangens eines entsprechenden Einzelnachweises – entscheiden können, ob die betreffenden Daten vom Diensteanbieter gespeichert und verarbeitet werden dürfen oder nicht.

51 Bei kostenlosen Diensten liegt es in der Natur der Sache, dass eine Abrechnung nicht erforderlich ist. Allerdings kann im Einzelfall auch bei kostenpflichtigen Diensten eine Erforderlichkeit fehlen, so insbesondere bei kostenpflichtigen Diensten, die zu einer sog. Flatrate angeboten werden.[57] Denn sofern der Nutzer hier keinen Einzelnachweis gemäß § 15 Abs. 6 TMG angefordert hat, besteht keine Notwendigkeit, Details der Nutzung zu Abrechnungszwecken zu speichern.

52 Entsprechend ergeben sich auch enge Zulässigkeitsbeschränkungen für Telemediendienste, die nach der genutzten Zeit oder dem abgerufenen Datenvolumen abgerechnet werden: Während im ersten Fall lediglich die Dauer der Nutzung (nicht aber z. B. die übertragenen Datenmengen) gespeichert und verwendet werden dürfen, werden umgekehrt im zweiten Fall nur die übertragenen Datenmengen (und z. B. nicht die Dauer der Nutzung) zur Abrechnung benötigt.[58]

53 Eine Erforderlichkeit nach § 15 Abs. 4 TMG scheidet schließlich auch dann aus, wenn es um die Abrechnung von (inhaltlichen) Leistungen geht, die mit Hilfe des Telemediendienstes erbracht wurden oder werden. Denn diese unterliegen in den meisten Fällen den Vorschriften des BDSG.[59]

c) Verwendung von Abrechnungsdaten für Einzelnachweise (Abs. 6 und 7)

54 Sofern der Nutzer einen Einzelnachweis verlangt hat, dürfen bestimmte Abrechnungsdaten – nämlich die Informationen über Anbieter, Zeitpunkt, Dauer, Art, Inhalt und Häufigkeit bestimmter, von einem Nutzer in Anspruch genommener Telemediendienste – ausnahmsweise weiter gespeichert und in der Rechnung ausgewiesen werden (§ 15 Abs. 6 und 7 TMG).

---

57 LG Darmstadt CR 2006, 38 (39); ebenso *Spindler/Nink*, in: Spindler/Schuster, Recht der elektronischen Medien, § 15 TMG Rn. 9; *Roßnagel*, in: Roßnagel, Hdb. DSR, Kap. 7.9, Rn. 79; *Schaar*, Recht im Internet, Rn. 444; a. A. *Regierungspräsidium Darmstadt*, MMR 2003, S. 213 f., das die Speicherung dynamischer IP-Adressen zu Abrechnungszwecken bei einer Flatrate damit begründete, dass nur dann „die Fehlersicherheit der Datenverarbeitung sowie die Nachweisbarkeit und Durchsetzbarkeit von Forderungen" gewährleistet werden könne.

58 *Spindler/Nink*, in: Spindler/Schuster, Recht der elektronischen Medien, § 15 TMG Rn. 9; so bereits früher *Dix/Schaar*, in: Roßnagel, Recht der Multimediadienste, § 6 TDDSG Rn. 156; *Roßnagel*, in: Roßnagel, Hdb. DSR, Kap. 7.9, Rn. 79.

59 *Roßnagel*, in: Roßnagel, Hdb. DSR, Kap. 7.9, Rn. 58.

Die betreffenden Daten sind spätestens sechs Monate nach Versendung der jeweili- **55**
gen Rechnung zu löschen (§ 15 Abs. 7 Satz 1 TMG). Sie dürfen nur dann ausnahmsweise länger gespeichert werden, wenn der Nutzer fristgerecht Einwendungen gegen die Rechnung erhebt oder die Rechnung trotz Zahlungsaufforderung
nicht begleicht; in diesem Fall darf der Diensteanbieter die Daten so lange speichern, bis die Einwendungen abschließend geklärt sind oder die Entgeltforderung
beglichen ist (§ 15 Abs. 7 Satz 2 TMG).

Eine längere Speicherung der Einzelnachweisdaten, z. B. aufgrund handels- oder **56**
steuerrechtlicher Vorschriften, ist nicht zulässig; insofern ist § 15 Abs. 7 TMG abschließend.[60]

Rechnungen ohne Einzelnachweise unterliegen hingegen nicht der strengen Lösch- **57**
ungspflicht nach § 15 Abs. 7 TMG. Auf sie finden vielmehr gemäß §§ 14 Satz 2
TMG die länger geltenden Aufbewahrungspflichten nach Handels- und Steuerrecht
(vgl. §§ 257 HGB bzw. 140, 147 AO) Anwendung,[61] auch wenn die Daten zu sperren sind.

2. Erstellung von Nutzerprofilen (Abs. 3)

Die Erstellung von Nutzungsprofilen ohne vorherige Einwilligung des Nutzers soll **58**
nach dem Willen des Gesetzgebers zum Schutz des Nutzers[62] nur in engen Grenzen
erlaubt sein: § 15 Abs. 3 TMG gestattet die Erstellung von pseudonymisierten Nutzungsprofilen zum Zwecke der Werbung und Marktforschung sowie zur bedarfsgerechten Gestaltung der Telemediendienste, sofern der Nutzer dem nicht widerspricht. Damit soll das Recht auf informationelle Selbstbestimmung des Nutzers
mit dem Interesse des Dienstanbieters an der Auswertung der Inanspruchnahme seines Dienstes in Einklang gebracht werden.[63]

Da der Nutzer über sein Widerspruchsrecht zu Anfang des Nutzungsvorganges auf- **59**
geklärt werden muss (Abs. 3 Satz 2), kann man insofern auch von einer „Opt-out-
Regelung" des Gesetzes[64] sprechen. Dem Dienstanbieter ist das Erstellen pseudonymisierter Nutzungsprofile nach der gesetzlichen Wertung also so lange gestattet,
bis der Nutzer erklärt, hiermit zukünftig nicht mehr einverstanden zu sein. Der Widerspruch des Nutzers berührt die Wirksamkeit der zuvor vorgenommenen Verwen-

---

60 Begründung zum TDDSG 1997, BR-Drs. 966/96, S. 26; ebenso *Gola/Müthlein*, TDG/
   TDDSG, § 6 TDDSG Anm. 4.2.
61 Ebenso *Spindler/Nink*, in: Spindler/Schuster, Recht der elektronischen Medien, § 15 TMG
   Rn. 11.
62 Vgl. ausführlich hierzu *Hullen/Roggenkamp*, in: Plath, BDSG, § 15 TMG Rn. 20.
63 BT-Drs. 13/7385, S. 24.
64 Vgl. *Spindler/Nink*, in: Spindler/Schuster, Recht der elektronischen Medien, § 15 TMG
   Rn. 8.

dungen des Nutzungsprofils allerdings nicht, sondern wirkt nur für die Zukunft („ex nunc").[65]

a) Begriff des Nutzerprofils

60 Eine Definition des Begriffs „Nutzerprofil" findet sich weder im TMG (einschließlich Gesetzesbegründung) noch seinen Vorgängergesetzen TDDSG 2001 und TDDSG 1997.

61 Unter einem Nutzerprofil wird teilweise ein Datensatz über einen Nutzer verstanden, der zumindest ein Teilabbild seiner Persönlichkeit gibt.[66] Diese Begriffsbestimmung ist jedoch sehr formalistisch-streng und wenig aussagekräftig. Daher sollte der Begriff lieber „offener" und unter Nutzerprofil jede Art von systematisch zusammengefassten Nutzungsdaten[67] verstanden werden,[68] die Aussagen über das Verhalten und die Gewohnheiten eines Nutzer bei seiner konkreten Nutzung des jeweiligen Telemediendienstes enthalten.

62 Nutzungsprofile werden im Regelfall durch Speicherung der Besuche bestimmter Subsites einer Website sowie der Folge der Clicks innerhalb einer Webseite erstellt.[69] Dadurch kann der Anbieter genau ermitteln, wie sich der Nutzer im Netz bewegt hat, welche Bereiche einer Webseite er angesehen hat, ob er Werbung und Pop-Ups angeklickt hat und vieles mehr, er kann also eine Analyse des „Surf-Verhaltens" des Nutzers vornehmen.

63 Ein Nutzerprofil ist im Wesentlichen in zwei Varianten denkbar:[70]

– ein Momentprofil entsteht bei der Analyse einzelner Nutzungen;

– bei einem Langzeitprofil werden über einen bestimmten Zeitraum hinweg alle Arten von Nutzungen erfasst und ausgewertet.

64 Interessant für die Diensteanbieter sind vor allem die Langzeitprofile. Denn nur sie geben detailliert Aufschluss über Zeitpunkt und Dauer der Nutzungen, die genutzten Adressen, Seiten und Foren sowie mögliche Kommunikationspartner des Nutzers, die ihrerseits wieder nützliche Rückschlüsse auf das Nutzerverhalten zulassen.

65 Insofern ist auch kritisiert worden, dass damit letztlich ein umfassendes Nutzungsprofil von einem Nutzer erstellt werden kann – wenn auch unter Pseudonym.[71] Da

---

65 Ebenso *Heckmann*, in: Heckmann, Internetrecht, Kap. 9 Rn. 367; *Hullen/Roggenkamp*, in: Plath, BDSG, § 15 TMG Rn. 30.

66 So eine starke Meinung, vgl. nur *Jandt/Laue*, K&R 2006, S. 316 (317).

67 Zu der – zu verneinenden – Frage, ob auch andere als Nutzungsdaten im Nutzerprofil erfasst werden dürfen vgl. *Schmitz*, in: Hoeren/Sieber, Hdb. Multimedia, Kap. 16.4, Rn. 165.

68 Ähnlich *Bauer*, MMR 2008, S. 435 (437).

69 *Bauer*, MMR 2008, S. 435 (437).

70 Unterscheidung nach *Schmitz*, in: Hoeren/Sieber, Hdb. Multimedia, Kap. 16.4, Rn. 166.

71 Ausführlich hierzu bereits *Damker/Federrath/Schneider*, DuD 1996, S. 286 (293).

§ 15 Abs. 3 TMG aber keine Unterscheidung zwischen verschiedenen Arten von Nutzerprofilen trifft, werden von der Vorschrift auch Langzeitprofile erfasst. Die damit grundsätzlich verbundene Missbrauchsgefahr wird durch die bußgeldbewehrte[72] Regelung in § 15 Abs. 3 Satz 3 TMG abgefedert, die untersagt, dass Nutzungsprofile später wieder mit den Daten über den Träger des Pseudonyms zusammengeführt werden. Außerdem gilt die Regelung nur für Nutzungsdaten, sodass für Nutzungsprofile über Bestands- oder Inhaltsdaten grundsätzlich eine Einwilligung des Nutzers erforderlich ist.

b) Erstellung unter Pseudonym

Ein zulässiges Nutzungsprofil muss nach dem Willen des Gesetzgebers von Anfang an unter Pseudonym erstellt werden (vgl. Wortlaut „Nutzungsprofile bei Verwendung von Pseudonymen erstellen").   **66**

Die Anforderungen an die Pseudonymisierung können § 3 Abs. 6a BDSG entnommen werden.[73] Demnach kann das entsprechende Nutzungsprofil umfassende personenbezogene Informationen über einen bestimmten Nutzer enthalten, sofern dessen Name oder andere Identifikationsmerkmale durch ein Pseudonym ersetzt wurden, sodass dieser Nutzer – ohne Kenntnis der entsprechenden Zuordnungsvorschrift – nicht mehr identifizierbar ist.   **67**

Der Diensteanbieter, der die Zuordnungsregel bestimmt hat, verfügt allerdings über die – theoretische – Möglichkeit, den Rückschluss auf die Identität des Nutzers durchzuführen. Dies erscheint vor dem Hintergrund, dass Nutzungsprofile üblicherweise über einen längeren Zeitraum erstellt werden, grundsätzlich sinnvoll, um sicherzustellen, dass bei einer erneuten Nutzung die nun wiederum anfallenden Nutzerdaten dem Nutzerprofil zugefügt werden.[74] Einer nachträglichen, missbräuchlichen Identitätsfeststellung des Nutzers aufgrund dieser beim Anbieter bestehenden Zuordungsmöglichkeit beugt wiederum § 15 Abs. 3 Satz 3 TMG vor, wonach einmal erstellte Nutzungsprofile später nicht mehr mit den Daten über den Träger des Pseudonyms zusammengeführt werden dürfen (sog. Verbot der Re-Identifizierung).   **68**

Flankiert wird dieses Verbot der Re-Identifizierung von der Regelung in § 13 Abs. 4 Satz 1 Nr. 6 TMG, wonach Diensteanbieter technische und organisatorische Maßnahmen zu treffen haben, dass solche Nutzungsprofile nicht (mehr) mit Angaben zur Identifikation des Nutzers zusammengeführt werden können.[75]   **69**

---

72 Siehe dazu unten Rn. 106.
73 Ausführlich zu den Begriffen Pseudonym und Pseudonymisieren § 3 BDSG Rn. 43 ff. und 46 ff.
74 Vgl. auch *Schmitz*, in: Hoeren/Sieber, Hdb. Multimedia, Kap. 16.4, Rn. 162.
75 Ausführlich dazu § 13 Rn. 43 ff.

c) Verwendungszwecke

70 Die Erstellung und weitere Verwendung[76] von pseudonymisierten Nutzungsprofilen unterliegt einer strengen Zweckbindung:[77] Lediglich zu Zwecken der Werbung, der Marktforschung und der bedarfsgerechten Gestaltung von Telemediendiensten dürfen die Nutzungsprofile nach § 15 Abs. 3 Satz 1 TMG verwendet werden.

71 Mangels gesetzlicher Begriffsbestimmung sind die Begriffe „Werbung", „Marktforschung" und „bedarfsgerechte Gestaltung der Telemediendienste" nach ihrem allgemeinen Wortsinn und dessen Verständnis durch den Durchschnittsdiensteanbieter auszulegen.

72 Hinsichtlich der Begriffe „Werbung" und „Marktforschung" kann insofern auf die zu § 28 BDSG entwickelten Begriffsbestimmungen verwiesen werden.[78]

73 Die „bedarfsgerechte Gestaltung" ist im Hinblick auf das jeweilige Nutzungsverhältnis zu sehen und – auch im Interesse der Nutzer und vor dem Hintergrund, dass sie einer nicht gewollten Profilbildung widersprechen können – generell weit zu fassen. Somit fallen hierunter nicht nur allgemeine, für alle Nutzer anerkannte Nutzungsbedürfnisse, z.B. die Erleichterung der Navigation. Vielmehr müssen hier auch und insbesondere auf das spezifische Nutzerinteresse zugeschnittene Gestaltungen erfasst sein, die der Nutzer beispielsweise durch eine entsprechende Konfiguration des Dienstes kenntlich gemacht hat.

d) Kein Widerspruch

74 Der Nutzer kann der Nutzung seiner Daten in Form von Nutzerprofilen grundsätzlich widersprechen,[79] daher ist er gemäß § 15 Abs. 3 Satz 2 TMG auch vorab auf sein Widerspruchsrecht hinzuweisen. Ein Widerspruch des Nutzers wirkt allerdings erst „ex nunc", d.h. vorher erstellt Nutzerprofile werden davon nicht berührt.

75 Dem Nutzer muss vom Diensteanbieter jeweils eine angemessene Möglichkeit zur Ausübung seines Widerspruchsrechts gegeben werden.[80] Der Diensteanbieter darf also dem Nutzer nicht unfaire oder sonstige „Hürden" in den Weg legen, um ihn an der Ausübung seines Widerspruchsrechts zu hindern.

76 Technisch umgesetzt werden kann ein erfolgter Widerspruch sehr gut durch ein sog. Opt-out-Cookie, das mit dem Einverständnis des Nutzers auf dessen Festplatte

---

76 Entgegen dem Gesetzeswortlaut von § 15 Abs. 3 Satz 1 TMG, der nur von „erstellen" spricht, ist anzunehmen, dass bei Einhaltung der Zweckbindung auch die weitere Verwendung von Nutzungsprofilen unter den gesetzlich statuierten Voraussetzungen zulässig ist. Andernfalls würde die Regelung ins Leere laufen, weil einmal (zulässig) erstellte Nutzungsprofile sofort wieder gelöscht werden müssten.
77 Anders noch § 4 Abs. 4 TDDSG 1997, der Nutzungsprofile allgemein zugelassen hat.
78 Siehe dazu § 28 BDSG Rn. 159 ff.
79 Anders noch § 4 Abs. 4 TDDSG 1997.
80 *Schmitz*, in: Hoeren/Sieber, Hdb. Multimedia, Kap. 16.4, Rn. 168.

gespeichert wird und dem Diensteanbieter beim nächsten Besuch des Nutzers meldet, dass dieser keine Nutzungsprofile wünscht.[81]

e) Verbot der Wiederzusammenführung des Nutzerprofils mit Nutzerdaten (Satz 3)

Die gespeicherten Nutzungsprofile dürfen später nicht mehr mit den Daten über   77
den Träger des Pseudonyms zusammengeführt werden (Satz 3); dies ist mittels technischer und organisatorischer Maßnahmen sicherzustellen (§ 13 Abs. 4 Nr. 6 TMG).[82] Dadurch wird einer nachträglichen, missbräuchlichen Identitätsfeststellung des Nutzers aufgrund der beim Anbieter generell bestehenden Zuordungsmöglichkeit eine klare Absage erteilt.

Eine Ausnahme zu diesem Grundsatz statuiert allerdings § 13 Abs. 7 TMG, der   78
eine Auskunftspflicht des Diensteanbieters entsprechend § 34 BDSG auch für zu dem Pseudonym eines Nutzers gespeicherte Daten enthält.[83]

3. Weitergabe von Nutzungs- und Abrechnungsdaten an Dritte (Abs. 5)

Nach dem Willen des Gesetzgebers sollen Nutzungs- und Abrechnungsdaten wegen   79
ihrer spezifischen Sensitivität beim jeweiligen Diensteanbieter verbleiben und nur ausnahmsweise an Dritte weitergegeben werden.[84]

Entsprechend statuiert § 15 Abs. 5 TMG folgende enge Ausnahmefälle, in denen   80
eine Weitergabe von Nutzungs- und Abrechnungsdaten an Dritte zulässig ist:
– Weitergabe von Abrechnungsdaten für Zwecke der Abrechnung (Satz 1 und 2);
– Weitergabe anonymisierter Nutzungs- und Abrechnungsdaten zu Marktforschungszwecken (Satz 3);
– Weitergabe von Nutzungs- und Abrechnungsdaten an bestimmte Behörden und Personen in entsprechender Anwendung von § 14 Abs. 2 TMG (Satz 4).

a) Übermittlung von Abrechnungsdaten (Satz 1 und 2)

Eine Weitergabe von Abrechnungsdaten an andere Diensteanbieter oder Dritte ist   81
zunächst zulässig, wenn dies zur Ermittlung des Entgelts und zur Abrechnung mit dem Nutzer erforderlich ist (§ 15 Abs. 5 Satz 1 TMG). Das Kriterium der „Erforder-

---

81 *Schaar*, Recht im Internet, Rn. 718; hierzu durchaus kritisch *Schmitz*, in: Hoeren/Sieber, Hdb. Multimedia, Kap. 16.4, Rn. 168.
82 Dazu im Detail § 13 TMG Rn. 36 ff.
83 Anders die wohl h. M., die hier einen Konflikt sieht. So sehen z. B. *Spindler/Nink*, in: Spindler/Schuster, Recht der elektronischen Medien, § 15 TMG Rn. 6 m. w. N., hier von einem Widerspruch im Gesetz, weil § 13 Abs. 7 TMG das Verbot des § 15 Abs. 3 Satz 3 TMG konterkariere. Und *Schmitz*, in: Hoeren/Sieber, Hdb. Multimedia, Kap. 16.4, Rn. 160, spricht sogar von „verfassungsrechtlichen Bedenken".
84 Begründung zum TDDSG von 1997, vgl. BR-Drs. 966/96, S. 27.

lichkeit" ist hier ebenso zu interpretieren wie bei Abs. 1[85] und bestimmt sich nach der Vereinbarung, die Nutzer und Diensteanbieter im jeweiligen Einzelfall getroffen haben.[86]

82 Praktisch relevant wird diese Vorschrift im Wesentlichen in den Fällen sein, in denen der Nutzer die in Anspruch genommene Leistung nicht gegenüber dem Content-Provider, sondern bei seinem Access-Provider bezahlt.[87] In diesem Fall muss der Content-Provider befugt sein, die relevanten Abrechnungsdaten an den Access-Provider weitergeben zu dürfen.

83 Allerdings ist hier, wie auch ansonsten bei der Beurteilung der Erforderlichkeit, wiederum die Wertung des § 15 Abs. 6 TMG zu beachten, wonach ohne Verlangen des Nutzers nach einem Einzelnachweis nur die für die Abrechnung relevanten Summen, nicht aber die Einzelwerte übertragen werden dürfen.

84 Weiterhin dürfen Abrechnungsdaten an einen Dritten übermittelt werden, wenn der Diensteanbieter mit diesem einen Vertrag über den Einzug des Entgelts geschlossen hat und die Übermittlung für diesen Zweck erforderlich ist (§ 15 Abs. 5 Satz 2 TMG).

85 Anders als man auf den ersten Blick vermuten könnte, rechtfertigt diese Vorschrift allerdings nicht die Weitergabe an einen Dienstleister, der die Abrechnung im Namen des Diensteanbieters vornimmt. Denn dieser Dienstleister handelt im Namen und im Auftrag des Diensteanbieters und stellt somit einen Auftragsdatenverarbeiter nach § 11 BDSG dar,[88] der kein „Dritter" i.S.v. § 3 Abs. 8 Satz 3 BDSG ist.[89] Daher stellt eine Weitergabe von Daten an ihn auch keine „Übermittlung" gemäß § 3 Abs. 4 Nr. 3 BDSG dar, sondern er wird als „verlängerter Arm" des Diensteanbieters gesehen.[90]

86 Vielmehr soll die Vorschrift es dem Diensteanbieter ermöglichen, seinen Entgeltforderungsanspruch gegen den Nutzer vollumfänglich an einen Dritten abzutreten. Damit soll insbesondere die Fakturierung und das Inkasso der Abrechnungsforderung ermöglicht werden.[91]

---

85 Vgl. oben Rn. 28 ff.
86 So *Spindler/Nink*, in: Spindler/Schuster, Recht der elektronischen Medien, § 15 TMG Rn. 12; ebenso wohl *Schmitz*, in: Hoeren/Sieber, Hdb. Multimedia, Kap. 16.4, Rn. 138.
87 *Schmitz*, in: Hoeren/Sieber, Hdb. Multimedia, Kap. 16.4, Rn. 139.
88 Ausführlich zur Auftragsdatenverarbeitung § 11 BDSG Rn. 12 ff.
89 Zum Begriff der „Dritten" in § 3 Abs. 8 BDSG vgl. § 3 BDSG Rn. 56.
90 So für die Vorgängervorschrift in § 6 Abs. 4 TDDSG *Gola/Müthlein*, TDG/TDDSG, § 6 TDDSG Anm. 6.1; a.A. wohl *Schmitz*, in: Hoeren/Sieber, Hdb. Multimedia, Kap. 16.4, Rn. 134, der davon ausgeht, dass im Vertrag mit dem Dienstleister festgelegt werden muss, ob es sich um eine Auftragsdatenverarbeitung oder eine Funktionsübertragung (zur Abgrenzung siehe § 11 BDSG Rn. 14 ff.) handelt.
91 Vgl. *Spindler/Nink*, in: Spindler/Schuster, Recht der elektronischen Medien, § 15 TMG Rn. 12; *Schmitz*, in: Hoeren/Sieber, Hdb. Multimedia, Kap. 16.4, Rn. 133.

Räumlich gesehen ist diese Befugnis des Diensteanbieters nach dem Wortlaut der 87 Vorschrift nicht begrenzt, sodass Rechnungsstellung und Forderungsmanagement auch an eine Stelle außerhalb der Europäischen Union bzw. des Europäischen Wirtschaftsraumes[92] übertragen werden darf.[93] Insofern stellt § 15 Abs. 5 Satz 2 TMG eine Spezialvorschrift i. S. v. § 12 Abs. 1 TMG und § 4 Abs. 1 BDSG dar, die § 4c Abs. BDSG[94] vorgeht.

b) Weitergabe von Nutzungs- und Abrechnungsdaten für Marktforschungszwecke (Satz 3)

§ 15 Abs. 5 Satz 3 TMG erlaubt die Weitergabe von anonymisierten Nutzungsdaten 88 zum Zwecke der Marktforschung, also der „Erkundung der Marktes", einschließlich der Evaluierung von Entwicklungsmöglichkeiten und ihren Grenzen sowie der Chancen bestimmter Angebote.[95]

Da anonymisierte Daten mangels Personenbezug allerdings weder dem BDSG 89 noch dem TMG unterfallen,[96] scheint die Vorschrift auf den ersten Blick überflüssig zu sein.[97]

Nach dem Grundsatz der Relativität des Personenbezugs[98] können die anonymisier- 90 ten Daten für den Diensteanbieter allerdings durchaus (noch) personenbezogene Daten sein. Denn da die Daten für ihn in der Regel zunächst einmal Nutzungsdaten nach § 15 Abs. 1 TMG waren,[99] hätte er grundsätzlich die (technische) Möglichkeit, diese Daten wieder dem jeweiligen Nutzer zuzuordnen. Eine entsprechende Erlaubnisnorm ist also erforderlich.

Was für die Anonymisierung notwendig ist, bestimmt sich nach § 3 Abs. 6 91 BDSG.[100] Im Ergebnis werden daher vor allem Informationen statistischer Art, nicht aber Angaben über das Verhalten bestimmter Nutzer übermittelt werden dürfen.

---

92 Zur Problematik des zulässigen Transfers von personenbezogenen Daten in Länder außerhalb der Europäischen Union bzw. des Europäischen Wirtschaftsraumes siehe § 4b BDSG Rn. 14 ff.
93 Ebenso *Schmitz*, in: Hoeren/Sieber, Hdb. Multimedia, Kap. 16.4, Rn. 133.
94 Ausführlich hierzu § 4b BDSG Rn. 7.
95 *Dix/Schaar*, in: Roßnagel, Recht der Multimediadienste, § 6 TDDSG Rn. 193; ihnen folgend *Spindler/Nink*, in: Spindler/Schuster, Recht der elektronischen Medien, § 15 TMG Rn. 12.
96 Vgl. dazu § 3 BDSG Rn. 44.
97 So für die Parallelvorschrift in § 6 Abs. 3 Satz 3 Nr. 1 TDDSG bereits *Gola/Müthlein*, TDG/TDDSG, § 6 TDDSG Anm. 5.1.
98 Vgl. dazu § 3 BDSG Rn. 13.
99 Zu eng insofern *Spindler/Nink*, in: Spindler/Schuster, Recht der elektronischen Medien, § 15 TMG Rn. 12, die – vermutlich im Einklang mit § 15 Abs. 3 Satz 1, der eine Pseudonymisierung mit Erstellung des Nutzungsprofils verlangt – fordern, dass die Daten bereits bei ihrer Erhebung anonymisiert sein müssten.
100 Siehe dazu ausführlich § 3 BDSG Rn. 43 ff.

c) Weitergabe von Nutzungs- und Abrechnungsdaten in entsprechender Anwendung von § 14 Abs. 2 TMG (Satz 4)

92 Satz 4 berechtigt den Diensteanbieter, den in § 14 Abs. 2 TMG genannten Behörden und Personen[101] Auskunft über Nutzungsdaten zu geben. Dabei muss sich – wie bei § 14 Abs. 2 TMG – die Berechtigung der Behörden und Personen aus den jeweiligen Spezialvorschriften ergeben.[102]

4. Verwendung von Nutzungs- und Abrechnungsdaten zur Missbrauchsverfolgung (Abs. 8)

93 § 15 Abs. 8 TMG gewährleistet dem Diensteanbieter einen gewissen Schutz gegen Missbrauch und erlaubt ihm, soweit es für Rechtsverfolgungszwecke im Zusammenhang mit der Abrechnung notwendig ist, Nutzungs- und Abrechnungsdaten – auch über die strenge Löschungspflicht nach Abs. 7 hinaus – zu speichern.

94 Die Regelung wurde vom Gesetzgeber auf Bitten von Unternehmen und Verbänden eingeführt, um Dienstanbieter effektiver vor Abrechnungsbetrug zu schützen und ihnen eine entsprechende Rechtsverfolgung datenschutzrechtlich zu ermöglichen.[103] Die praktische Relevanz der Vorschrift ist – bisher – allerdings eher gering.[104]

a) Konkreter Tatverdacht

95 § 15 Abs. 8 Satz 1 TMG fordert „zu dokumentierende, tatsächliche Anhaltspunkte" für eine Abrechnungsbetrugsabsicht des Nutzers.

96 Notwendig ist also ein konkreter, auf Tatsachen gestützter Tatverdacht,[105] der die Annahme des Missbrauchs nahelegt.[106] Bloße Vermutungen oder ein vager Verdacht (wie z. B. die Denunziation durch einen anderen Nutzer) sind hingegen regelmäßig nicht ausreichend. Vielmehr müssen hier weitere Anhaltspunkte für eine konkrete Missbrauchsabsicht vorliegen.

97 Ein solcher konkreter Tatverdacht kann sich vor allem aus dem Verhalten des Nutzers ergeben.[107] Allerdings gibt weder die Gesetzesbegründung noch die bisherige Praxis konkrete Anhaltspunkte, wann ein solcher Tatverdacht vorliegen kann. Ausreichend muss nach Sinn und Zweck der Vorschrift beispielsweise sein, wenn der

---

101 Dazu im Detail § 14 TMG Rn. 50.
102 Siehe § 14 TMG Rn. 51 f.
103 Vgl. BT-Drs. 14/1191, S. 15, sowie BT-Drs. 14/9068, S. 30.
104 *Hullen/Roggenkamp*, in: Plath, BDSG, § 15 TMG Rn. 44.
105 *Roßnagel*, in: Roßnagel, Hdb. DSR, Kap. 7.9, Rn. 82.
106 BT-Drs. 14/9068, S. 30.
107 Nicht-autorisierte Nutzer können, wie *Schmitz*, in: Hoeren/Sieber, Hdb. Multimedia, Kap. 16.4, Rn. 155, zutreffend anmerkt, bereits mit technischen Vorkehrungen von einer unberechtigten Nutzung des Telemediendienstes abgehalten werden.

Anbieter bei der Abrechnung der Nutzung konkrete Anhaltspunkte für unregelmäßige oder ausbleibende Zahlungen erhält. Denkbar ist darüber hinaus, dass der Dienstanbieter auch Telekommunikationsdiensteanbieter ist und aufgrund § 100 Abs. 3 TKG berechtigt ist, einem Missbrauchsverdacht nachzugehen; denn dann können die so rechtmäßig erhobenen Daten auch einen Anfangsverdacht i. S. v. § 15 Abs. 8 Satz 1 TMG begründen.[108]

Die konkreten Verdachtsmomente müssen „dokumentierbar" sein. Sie müssen also vom Diensteanbieter – zusammen mit ggf. weiteren erforderlichen Angaben – schriftlich oder auf andere Weise verlässlich festgehalten werden, damit er sie im Streitfall vorlegen oder den Aufsichtsbehörden zur Verfügung stellen kann. **98**

Der Tatverdacht muss zum Zeitpunkt der Speicherung bereits vorliegen.[109] Damit erlaubt die Vorschrift lediglich die Verfolgung von bereits bekannten Missbrauchsfällen und das entsprechend repressiv begründete Speichern von Nutzerdaten.[110] **99**

Unzulässig ist daher insbesondere eine präventive Speicherung von Nutzerdaten,[111] insbesondere Log-Files, sodass jede vorbeugende, stichprobenartige oder regelmäßige Kontrolle nicht erlaubt ist. **100**

Somit läuft die Vorschrift in der Praxis letztlich weitgehend leer,[112] weil sie – entgegen der Gesetzesbegründung – den Diensteanbietern gerade nicht ermöglicht, sich – unter vorgegebenen und im Interesse des Datenschutzes engen Voraussetzungen – vorbeugend gegen möglichen Missbrauch zu wehren. **101**

b) Information des Nutzers

Der Nutzer ist von der Maßnahme grundsätzlich zu informieren, allerdings erst dann, wenn diese Information den mit der Speicherung verfolgten Zweck nicht mehr gefährdet (§ 15 Abs. 8 Satz 3 TMG). Je nach Fallgestaltung kann daher eine sofortige Information notwendig sein oder sich die Informationspflicht aber auch bis zum Abschluss der Überprüfung des Tatverdachts verschieben. **102**

c) Löschung der Daten

Stellt der Diensteanbieter bei einer genaueren Überprüfung fest, dass sich der Tatverdacht nicht bestätigt hat oder dass von Anfang an kein konkreter Tatverdacht be- **103**

---

108 Ebenso zu § 6 Abs. 8 TDDSG und § 8 Abs. 2 TDSV *Schmitz*, in: Hoeren/Sieber, Hdb. Multimedia, Kap. 16.4, Rn. 155.

109 BT-Drs. 14/9068, S. 30.

110 *Schmitz*, in: Hoeren/Sieber, Hdb. Multimedia, Kap. 16.4, Rn. 153; *Roßnagel*, in: Roßnagel, Hdb. DSR, Kap. 7.9, Rn. 82; weiter wohl *Schaar*, Recht im Internet, Rn. 457, der auch eine „Aufklärung" von § 6 Abs. 8 TDDSG – der Vorgängervorschrift von § 15 Abs. 8 TMG – gedeckt ansieht.

111 Ebenso *Roßnagel*, in: Roßnagel, Hdb. DSR, Kap. 7.9, Rn. 82.

112 Ausführlich zur Kritik an der gleichlautenden Vorgängervorschrift in § 6 Abs. 8 TDDSG *Schmitz*, in: Hoeren/Sieber, Hdb. Multimedia, Kap. 16.4, Rn. 153–155.

steht, sind die entsprechenden Daten umgehend zu löschen (§ 15 Abs. 8 Satz 2 Alt. 1 TMG).

104 Ansonsten sind die Daten zu löschen, wenn die Rechtsverfolgung abgeschlossen ist (§ 15 Abs. 8 Satz 2 Alt. 2 TMG). Dies erfasst nicht nur die gerichtliche Klärung der Angelegenheit, sondern auch jeden außergerichtlichen Vergleich oder einen Verzicht des Diensteanbieters auf die betreffenden Entgelte.[113]

105 Umgekehrt dürfen die Daten so lange gespeichert werden, bis beispielsweise eine Berufungsverhandlung über die Entgeltzahlungspflicht des Nutzers abgeschlossen ist.

IV. Rechtsfolge

106 Wenn ein Telemedien-Anbieter entgegen § 15 Abs. 1 Satz 1 oder Abs. 8 Satz 1 TMG Nutzungsdaten erhebt oder verwendet oder zunächst rechtmäßig erhobene Nutzungsdaten nicht oder nicht rechtzeitig löscht, begeht er eine Ordnungswidrigkeit, die mit einer Geldbuße von bis zu EUR 50.000 geahndet werden kann (§ 16 Abs. 1 Nr. 5 i.V.m. Abs. 2 TMG).[114]

107 Darüber hinaus wird es ebenfalls als Ordnungswidrigkeit gemäß § 16 Abs. 1 Nr. 5 i.V.m. Abs. 2 TMG[115] geahndet, wenn ein Nutzungsprofil entgegen § 15 Abs. 3 TMG mit den Daten über den Träger des Pseudonyms zusammengeführt wird.

---

113 Zu der Frage, ob auch Unterlassungsansprüche auf zukünftigen Entgeltmissbrauch unter § 6 Abs. 8 TDDSG (also jetzt § 15 Abs. 8 TMG) fallen, siehe *Schmitz*, in: Hoeren/Sieber, Hdb. Mulimedia, Kap. 16.4, Rn. 156.
114 Zu den Details siehe § 16 TMG Rn. 12 ff.
115 Zu den Details siehe § 16 TMG Rn. 15 ff.

§ 15a Informationspflicht bei unrechtmäßiger Kenntniserlangung von Daten

Stellt der Diensteanbieter fest, dass bei ihm gespeicherte Bestands- oder Nutzungsdaten unrechtmäßig übermittelt worden oder auf sonstige Weise Dritten unrechtmäßig zur Kenntnis gelangt sind, und drohen schwerwiegende Beeinträchtigungen für die Rechte oder schutzwürdigen Interessen des betroffenen Nutzers, gilt § 42a des Bundesdatenschutzgesetzes entsprechend.

Literatur: *Gabel,* Informationspflicht bei unrechtmäßiger Kenntniserlangung von Daten, BB 2009, S. 2045; *Gola/Klug,* Die Entwicklung des Datenschutzrechts in den Jahren 2008/2009, NJW 2009, S. 2577; *Hanloser,* Die BDSG-Novelle II – Neuregelungen zum Kunden- und Arbeitnehmerdatenschutz, MMR 2009, S. 594; *Höhne,* Benachrichtigungspflichten bei unrechtmäßiger Kenntniserlangung von Daten durch Dritte – Informationspflichten bei Datenpannen nach der BDSG-Novelle II gemäß § 42a BDSG, § 15a TMG und § 93 Abs. 3 TKG, jurisPR-ITR 20/2009 Anm. 3; *Hornung,* Informationen über „Datenpannen" – Neue Pflichten für datenverarbeitende Unternehmen, NJW 2010, S. 1841; *Moos,* Die Entwicklung des Datenschutzrechts im Jahr 2008, K&R 2009, S. 154; *Moos,* Update Datenschutzrecht, in: Taeger/Wiebe (Hrsg.), Inside the Cloud – Neue Herausforderungen für das Informationsrecht, Edewecht 2009, S. 79; *Roßnagel,* Die Novellen zum Datenschutzrecht – Scoring und Adresshandel, NJW 2009, S. 2716.

I. Allgemeines

1. Europarechtliche Grundlagen

Die Informationspflicht gemäß § 15a TMG hat bislang noch keine direkte Entsprechung im Europarecht. Am 19.12.2009 ist die Richtlinie 2009/136/EG[1] in Kraft getreten, die in Art. 2 Nr. 1 und 4 eine Ergänzung von Art. 4 RL 2002/58/EG um eine Informationspflicht im Falle einer „Verletzung des Schutzes personenbezogener **1**

---

1 Richtlinie 2009/136/EG des Europäischen Parlaments und des Rates vom 25.11.2009 zur Änderung der Richtlinie 2002/22/EG über den Universaldienst und Nutzerrechte bei elektronischen Kommunikationsnetzen und -diensten, der Richtlinie 2002/58/EG über die Verarbeitung personenbezogener Daten und den Schutz der Privatsphäre in der elektronischen Kommunikation und der Verordnung (EG) Nr. 2006/2004 über die Zusammenarbeit im Verbraucherschutz, ABl. EG Nr. L 337/11 vom 18.12.2009.

Daten" vorsieht und die mittlerweile in § 109a TKG umgesetzt worden ist. Die Informationspflicht gemäß der Richtlinie und § 109a TKG ist in mehreren Belangen weitergehend als diejenige gemäß § 15a TMG. So greift sie etwa nicht nur bei einer unrechtmäßigen Übermittlung von Daten, sondern darüber hinaus auch bei jeder Art von Sicherheitsverletzung, die auf unbeabsichtigte oder unrechtmäßige Weise zur Vernichtung, zum Verlust oder zur Veränderung der Daten führt. Außerdem wird grundsätzlich von dem Qualifikationsmerkmal einer „schwerwiegenden Beeinträchtigung" abgesehen. Schließlich werden die Diensteanbieter zusätzlich verpflichtet, ein Verzeichnis der Verletzungen des Schutzes personenbezogener Daten zu führen.

2. Gesetzeszweck und Verhältnis zu anderen Vorschriften

2 § 15a TMG soll den Anwendungsbereich des § 42a BDSG bereichsspezifisch auch auf Bestands- und Nutzungsdaten nach den §§ 14, 15 TMG erstrecken. Die Regelung ist damit eine Spezialregelung zu und enthält einen Rechtsfolgenverweis[2] auf § 42a BDSG. Die ursprünglich in § 93 Abs. 3 TKG enthaltene Parallelregelung für den Bereich der Telekommunikation ist im Zuge der Umsetzung der Richtlinie 2009/136/EG durch § 109a TKG ersetzt worden. Im Übrigen ergänzt § 15a TMG die übrigen datenschutzrechtlichen Informationspflichten gemäß §§ 13 Abs. 1, 3, 5 und 6; 15 Abs. 3 TMG.

II. Voraussetzungen der Informationspflicht

3 Eine Informationspflicht des Diensteanbieters besteht, wenn dieser feststellt, dass bei ihm gespeicherte Bestands- oder Nutzungsdaten unrechtmäßig übermittelt worden oder auf sonstige Weise Dritten unrechtmäßig zur Kenntnis gelangt sind, und daraus schwerwiegende Beeinträchtigungen für die Rechte oder schutzwürdigen Interessen des betroffenen Nutzers drohen. Soweit die in § 15a TMG geregelten Voraussetzungen der Informationspflicht gleichlautend sind mit den in § 42a BDSG normierten, kann auf die dortige Kommentierung verwiesen werden.[3] Nachfolgend wird dementsprechend nur auf die telemedienrechtlichen Besonderheiten eingegangen.

1. Diensteanbieter

4 Die Informationspflicht trifft alle Diensteanbieter. Dieser Begriff ist in § 2 Nr. 1 TMG gesetzlich definiert als jede natürliche oder juristische Person, die eigene oder fremde Telemedien zur Nutzung bereithält oder den Zugang zur Nutzung ver-

---

2 *Gabel*, BB 2009, S. 2045 (2046); *Höhne*, jurisPR-ITR 20/2009 Anm. 3, A.
3 Vgl. die Kommentierung zu § 42a BDSG Rn. 5 ff.

mittelt.[4] Anerkanntermaßen unterfallen diesem Begriff des Diensteanbieters auch öffentlich-rechtliche Körperschaften und andere rechtsfähige öffentlich-rechtliche Einrichtungen,[5] etwa Universitäten[6] und Fachhochschulen.[7] Dies ergibt sich auch aus § 1 Abs. 1 Satz 2 TMG, wonach dieses Gesetz für alle Anbieter „einschließlich der öffentlichen Stellen" gilt. Deshalb sind sowohl Bundes- als auch Landesbehörden durch die bereichsspezifischen Datenschutzvorschriften des TMG gebunden.[8] Der Anwendungsbereich der Informationspflicht gemäß § 15a TMG ist somit weiter als derjenige nach § 42a BDSG, der als öffentliche Stellen nur die in § 27 Abs. 1 Satz 1 Nr. 2 BDSG genannten öffentlich-rechtlichen Wettbewerbsunternehmen erfasst.

2. Bestands- und Nutzungsdaten

Nach dem Wortlaut der Vorschrift unterliegt der Diensteanbieter einer Informationspflicht nur in Bezug auf bei ihm gespeicherten Bestands- und Nutzungsdaten. Diese Datenarten sind legaldefiniert in § 14 Abs. 1 TMG (Bestandsdaten)[9] und § 15 Abs. 1 Satz 1 TMG (Nutzungsdaten).[10] Beachtenswert ist der sich daraus ergebende, weite Anwendungsbereich der Informationspflicht: Aufgrund der undifferenzierten Einbeziehung sämtlicher Bestands- und Nutzungsdaten im Sinne des TMG hält wohl jedes Unternehmen, welches einen Internetauftritt betreibt, entsprechende Daten vor und kann potenziell von der Informationspflicht betroffen sein.[11] Keine ausdrückliche Erwähnung finden Abrechnungsdaten, für die das TMG in § 15 Abs. 4 Satz 1 ebenfalls eine Legaldefinition vorsieht. Eine Schutzlücke entsteht dadurch aber nicht, da Abrechnungsdaten eine Unterkategorie der Nutzungsdaten im Sinne von § 15 Abs. 1 Satz 1 TMG darstellen.[12] Für Inhaltsdaten, die nicht den Regelungen des TMG unterfallen, besteht eine Informationspflicht nur nach Maßgabe von § 42a BDSG. 5

3. Schwerwiegende Beeinträchtigungen

Weiterhin setzt die Informationspflicht nach § 15a TMG eine schwerwiegende Beeinträchtigung für die Rechte oder schutzwürdigen Interessen des betroffenen Nut- 6

---

4 Vgl. hierzu näher *Spindler*, in: Spindler/Schmitz/Geis, TDG, § 2 Rn. 3 ff.; *Heckmann*, jurisPK-Internetrecht, Kap. 1.2, Rn. 2 ff.

5 *Heckmann*, jurisPK-Internetrecht, Kap. 1.2, Rn. 3; *Holznagel/Ricke*, in: Spindler/Schuster, Recht der elektronischen Medien, § 2 TMG Rn. 4.

6 OLG München MMR 2000, 617 (618).

7 OLG Braunschweig MMR 2001, 608 (609).

8 *Hornung*, NJW 2010, S. 1841 (1842); *Roßnagel*, NVwZ 2007, S. 743 (745); *Holznagel/Ricke*, in: Spindler/Schuster, Recht der elektronischen Medien, § 1 TMG Rn. 13.

9 Näher dazu Kommentierung zu § 14 TMG Rn. 12.

10 Näher dazu Kommentierung zu § 15 TMG Rn. 12.

11 *Moos*, in: Taeger/Wiebe, Inside the Cloud, S. 79 (84).

12 *Heckmann*, jurisPK-Internetrecht, Kap. 1.15, Rn. 34.

zers voraus. Wegen des Begriffs der „schwerwiegenden Beeinträchtigungen" gilt grundsätzlich dasselbe wie zu § 42a BDSG.[13] Telemedienrechtliche Besonderheiten können sich aber im Rahmen der Feststellung ergeben, ob im Einzelfall eine solche schwerwiegende Beeinträchtigung vorliegt. Nach der Gesetzesbegründung soll es hierbei unter anderem auch auf die Art der betroffenen Daten ankommen.[14] Während die in § 42a BDSG genannten, eine Informationspflicht auslösenden Datenarten jedoch per se eine besondere Sensibilität aufweisen,[15] ist dies für Bestands- und Nutzungsdaten nach dem TMG nicht der Fall.[16] Vor allem reine Bestandsdaten, wie etwa der Name oder die Anschrift eines Nutzers, weisen eine erheblich geringere Sensibilität auf als die von § 42a BDSG erfassten Datenarten. Im Anwendungsbereich von § 15a TMG dürfte deshalb in Bezug auf die Art der betroffenen Daten ein größerer Spielraum bestehen, eine Informationspflicht im Ergebnis mangels einer schwerwiegenden Beeinträchtigung für die Rechte oder schutzwürdigen Interessen des betroffenen Nutzers abzulehnen.

7 Eine Abweichung vom Wortlaut des § 42a BDSG ergibt sich in Bezug auf den Kreis der von der unrechtmäßigen Kenntniserlangung betroffenen Personen. Während sich die gesetzlich vorausgesetzte schwerwiegende Beeinträchtigung gemäß § 42a BDSG auf die Rechte oder schutzwürdigen Interessen sämtlicher von der Datenpanne Betroffenen bezieht, rekurriert der Wortlaut von § 15a TMG auf den einzelnen Nutzer. Jedenfalls im Anwendungsbereich von § 15a TMG dürfte es deshalb ausgeschlossen sein, eine schwerwiegende Beeinträchtigung für die Rechte und schutzwürdigen Interessen etwa aus der großen Anzahl der betroffenen Nutzer oder einer anderen „Gesamtschau" in Bezug auf alle betroffenen Nutzer herzuleiten; es ist vielmehr auf die Folgen für den jeweils Einzelnen abzustellen.[17]

III. Rechtsfolgen

8 Wegen der Rechtsfolgen verweist § 15a TMG auf § 42a BDSG. Wenn die entsprechenden Voraussetzungen vorliegen, trifft den Diensteanbieter somit eine Pflicht, die unrechtmäßige Kenntniserlangung der Daten unverzüglich nach genauerer Maßgabe von § 42a Satz 2–5 BDSG[18] der zuständigen Aufsichtsbehörde und den betroffenen Nutzern mitzuteilen. Für den Fall, dass die Benachrichtigung der betroffenen Nutzer einen unverhältnismäßigen Aufwand erfordert, dürfte gerade für Anbieter von Internetdiensten eine Veröffentlichung im Internet anstelle einer Ta-

---

13 Kommentierung zu § 42a BDSG Rn. 9.
14 BT-Drs. 16/12011, S. 32.
15 Davon ist ausweislich der Gesetzesbegründung auch der Gesetzgeber ausgegangen; vgl. BT-Drs. 16/12011, S. 34. Ebenso *Gabel*, BB 2009, S. 2045 (2046); *Hanloser*, MMR 2009, S. 594 (598); *Höhne*, jurisPR-ITR 20/2009 Anm. 3, C.I.2.
16 Anders wohl *Höhne*, jurisPR-ITR 20/2009 Anm. 3, C.I.2.
17 So schon zu § 42a BDSG *Roßnagel*, NJW 2009, S. 2716 (2722).
18 Siehe hierzu Kommentierung zu § 42a BDSG Rn. 10 ff.

geszeitung in Betracht kommen, wie in § 42a Satz 5 BDSG vorgesehen. Aufgrund des Umstandes, dass die Betroffenen per se Nutzer eines Telemediendienstes sind, kann davon ausgegangen werden, dass sie jedenfalls grundsätzlich auch über eine Internet-Veröffentlichung erreichbar sind. Auch das Verwendungsverbot gemäß § 42a Satz 6 BDSG gilt für Anbieter von Telemediendiensten entsprechend.[19]

Im Unterschied zu § 42a BDSG ist ein Verstoß gegen die Informationspflicht gemäß § 15a TMG nicht bußgeldbewehrt. Es spricht viel dafür, dass dies ein gesetzgeberisches Versehen ist,[20] da noch im Regierungsentwurf die Informationspflicht auch in Bezug auf Bestands- und Nutzungsdaten im Sinne des TMG unmittelbar in § 42a BDSG (seinerzeit noch § 44a des Kabinettsentwurfs) enthalten war[21] und erst später im Gesetzgebungsverfahren eine Ausgliederung in eine eigenständige TMG-Vorschrift erfolgt ist. Aufgrund des Analogieverbots gemäß § 3 OWiG ist eine Ahndung von Verstößen gegen § 15a TMG gleichwohl ausgeschlossen.[22]

9

---

19 Siehe hierzu Kommentierung zu § 42a BDSG Rn. 13.
20 So auch *Gabel*, BB 2009, S. 2045 (2046).
21 Dazu *Moos*, K&R 2009, S. 154 (160).
22 Ebenso *Höhne*, jurisPR-ITR 20/2009 Anm. 3, C.I.2; *Gabel*, BB 2009, S. 2045 (2046).

Bußgeldvorschriften

§ 16 Bußgeldvorschriften

(1) Ordnungswidrig handelt, wer absichtlich entgegen § 6 Abs. 2 Satz 1 den Absender oder den kommerziellen Charakter der Nachricht verschleiert oder verheimlicht.

(2) Ordnungswidrig handelt, wer vorsätzlich oder fahrlässig

1. entgegen § 5 Abs. 1 eine Information nicht, nicht richtig oder nicht vollständig verfügbar hält,

2. entgegen § 13 Abs. 1 Satz 1 oder 2 den Nutzer nicht, nicht richtig, nicht vollständig oder nicht rechtzeitig unterrichtet,

3. einer Vorschrift des § 13 Abs. 4 Satz 1 Nr. 4 oder 5 über eine dort genannte Pflicht zur Sicherstellung zuwiderhandelt,

4. entgegen § 14 Abs. 1 oder § 15 Abs. 1 Satz 1 oder Abs. 8 Satz 1 oder 2 personenbezogene Daten erhebt oder verwendet oder nicht oder nicht rechtzeitig löscht oder

5. entgegen § 15 Abs. 3 Satz 3 ein Nutzungsprofil mit Daten über den Träger des Pseudonyms zusammenführt.

(3) Die Ordnungswidrigkeit kann mit einer Geldbuße bis zu fünfzigtausend Euro geahndet werden.

Literatur: Vgl. die Literaturangaben zu §§ 11–15 TMG.

Übersicht

I. Allgemeines

1. Europarechtliche Grundlagen

Die Bußgeldvorschrift des § 16 TMG hat keine direkte Entsprechung im Europa- **1**
recht. Letztlich soll § 16 TMG den Anforderungen von Artikel 15 Abs. 2 RL 2002/
58/EG und Art. 24 EG-DSRl genügen, wonach die Mitgliedstaaten geeignete Maßnahmen zu ergreifen haben, um die volle Anwendung der Bestimmungen dieser
Richtlinien sicherzustellen, und insbesondere die Sanktionen festzulegen haben,
die bei Verstößen gegen die zur Umsetzung dieser Richtlinien erlassenen Vorschriften anzuwenden sind. Die gemäß Art. 20 der E-Commerce-Richtlinie sanktionierten Rechtverletzungen beziehen sich nicht auf datenschutzrechtliche Pflichten, sodass jedenfalls die Tatbestände des § 16 Abs. 2 Nr. 2–6 TMG nicht der Umsetzung
dieser Vorgaben dienen.[1]

2. Gesetzeszweck

Die Ursprungsfassung des TDDSG enthielt noch keine Bußgeldvorschriften. Die **2**
Datenschutzbeauftragten von Bund und Ländern machten sich jedoch im Rahmen
des IuKDG-Evaluierungsberichts für eine Ergänzung des TDDSG um einen Bußgeldkatalog entsprechend den Regelungen des § 20 MDStV stark,[2] um den Datenschutz bei Telediensten wirksam durchsetzen zu können. Begründet wurde dies mit
den zum Teil offenkundigen Mängeln bei der Umsetzung des TDDSG. Daneben bestand in der Prüfpraxis der Aufsichtsbehörden Unklarheit darüber, inwieweit ein
Rückgriff auf die allgemeinen Bußgeldvorschriften des BDSG möglich war.

Als Reaktion darauf ist durch das EGG seinerzeit ein Bußgeldkatalog in § 9 **3**
TDDSG aufgenommen worden, der im Wesentlichen die nunmehr in § 16 Abs. 2
Nr. 2–6 TMG enthaltenen Ordnungswidrigkeiten enthielt. Durch das ElGVG[3] ist
der Ordnungswidrigkeitentatbestand gemäß § 16 Abs. 1 TMG (wie auch der zugrunde liegende § 6 Abs. 2 Satz 1 TMG) ergänzt worden.

3. Verhältnis zu anderen Vorschriften

Die Anwendbarkeit der Sanktionsregelungen des BDSG zur Ahndung von Verstö- **4**
ßen gegen die bereichsspezifischen Datenschutzvorschriften war bereits für das
TDDSG in der Fassung des IuKDG vom 13.6.1997 umstritten.[4] In der damaligen

---

1 A. A. *Heckmann*, jurisPK-Internetrecht, Kap. 1.16, Rn. 2.
2 Bericht der Bundesregierung über die Erfahrungen und Entwicklungen bei den neuen Infor-
mations- und Kommunikationsdiensten im Zusammenhang mit der Umsetzung des Infor-
mations- und Kommunikationsdienste-Gesetzes (IuKDG), BT-Drs. 14/1191, S. 16.
3 Gesetz zur Vereinheitlichung von Vorschriften über bestimmte elektronische Informations-
und Kommunikationsdienste (ElGVG) vom 26.2.2007, BGBl. I, S. 179.
4 Für eine Anwendbarkeit von §§ 43, 44 BDSG *Simitis*, in: Simitis, BDSG, § 43 Rn. 19; dagegen *Bergmann/Möhrle/Herb*, BDSG, § 43 Rn. 6.

Gesetzesfassung enthielt das TDDSG jedoch auch noch keine eigenen Sanktionsregelungen.

5 Nach Einführung des Bußgeldkatalogs gemäß § 16 Abs. 2 TMG ist nunmehr ein Rückgriff auf § 43 BDSG wegen der Spezialität des TMG insoweit gesperrt, als auch die Rechtsvorschriften, deren Verletzung in § 43 BDSG sanktioniert wird, durch die TMG-Vorschriften verdrängt sind. Ein pauschaler Anwendungsausschluss von § 43 BDSG bei Telemedien kommt allerdings nicht in Betracht,[5] da die bereichsspezifischen Vorschriften den allgemeinen Vorschriften gemäß § 1 Abs. 3 Satz 1 BDSG nur vorgehen, soweit ihr Anwendungsbereich reicht. Z.B. enthält das TMG keine der Auskunftspflicht nach § 38 Abs. 3 Satz 1 BDSG entsprechende Regelung, sodass § 38 Abs. 3 Satz 1 BDSG auch für Anbieter von Telemedien gilt. Insoweit kann deshalb gegenüber Anbietern von Telemedien auch auf den Bußgeldtatbestand gemäß § 43 Abs. 1 Nr. 10 BDSG zurückgegriffen werden, der Verstöße gegen diese Auskunftspflicht mit einem Bußgeld belegt. So hat etwa der BlnDSB ein Bußgeld in Höhe von EUR 1.000 gegen ein Internet-Bewertungsportal wegen einer mit § 29 Abs. 2 Satz 3 und § 33 Abs. 1 BDSG unvereinbaren Verwendung von Inhaltsdaten verhängt.[6] Die Grenze eines Rückgriffs auf Bußgeldtatbestände des BDSG bildet jedoch das Analogieverbot gemäß § 3 OWiG.

6 Unberührt lässt die Vorschrift die Möglichkeit von Wettbewerbern, Verstöße gegen die Datenschutzvorschriften des TMG nach Maßgabe der Vorschriften des Gesetzes gegen unlauteren Wettbewerb (UWG) zu ahnden. Hierbei ist jedoch zu bedenken, dass die Datenschutzvorschriften in der Rechtsprechung wohl überwiegend als wertneutrale Ordnungsvorschriften (und nicht als Marktverhaltensregelung im Sinne von § 4 Nr. 11 UWG) angesehen werden,[7] deren Verletzung nur dann nach den UWG-Vorschriften wettbewerbswidrig ist, wenn der Verletzer bewusst und planmäßig vorgeht, um sich durch den Rechtsbruch einen Wettbewerbsvorteil zu verschaffen.[8] Umstritten ist die Marktbezogenheit bisher etwa für die Unterrichtungspflicht gemäß § 13 Abs. 1 TMG.[9]

II. Ordnungswidrigkeitenkatalog (Abs. 1 und 2)

1. Verschleierung oder Verheimlichung

7 Nicht kommentiert.

---

5 So aber wohl *Schmitz*, in: Spindler/Schmitz/Geis, TDDSG, § 9 Rn. 2.

6 Vgl. die Meldung bei Heise-Online am 28.4.2008, abrufbar unter: www.heise.de/newsticker/meldung/107123.

7 *Taeger*, K&R 2003, S. 220 (224); OLG Frankfurt RDV 2001, 131; OLG Frankfurt CR 2001, 294. Offengelassen von OLG Hamburg MMR 2005, 617 (619). A.A. für § 28 Abs. 3 BDSG, OLG Stuttgart MMR 2007, 437.

8 LG München DuD 2004, 53; LG Essen DuD 2004, 312.

9 Dagegen KG Berlin MMR 2011, S. 464 (465); LG München DuD 2004, 53; LG Essen DuD 2004, 312; dafür OLG Hamburg, Urteil v. 27.6.2013, Az. 3 U 26/12.

2. Mangelnde Verfügbarkeit von Informationen

Nicht kommentiert. **8**

3. Unzureichende Unterrichtung

§ 16 Abs. 2 Nr. 2 TMG belegt einen Verstoß gegen die Verpflichtung gemäß § 13 **9**
Abs. 1 Satz 1 oder 2 TMG mit einem Bußgeld. Danach ist der Diensteanbieter
grundsätzlich verpflichtet, den Nutzer zu Beginn des Nutzungsvorgangs über Art,
Umfang und Zwecke der Erhebung und Verwendung personenbezogener Daten sowie über die Verarbeitung seiner Daten außerhalb des EWR zu unterrichten, bzw.
den Nutzer zu Beginn eines automatisierten Verfahrens, das eine spätere Identifizierung des Nutzers ermöglicht und eine Erhebung oder Verwendung personenbezogener Daten vorbereitet, darüber zu unterrichten.

Nach den Feststellungen einiger Aufsichtsbehörden sind in diesem Bereich zahlrei- **10**
che Verstöße festzustellen.[10] Doch auch wenn oftmals keine gesetzeskonformen
Online-Datenschutzerklärungen vorhanden sind, wird von der Möglichkeit, ein
Bußgeld zu verhängen, bisher so gut wie nie Gebrauch gemacht.[11]

4. Verstoß gegen Sicherstellungspflichten

Gemäß § 16 Abs. 2 Nr. 3 TMG begeht eine Ordnungswidrigkeit, wer gegen eine in **11**
§ 13 Abs. 4 Satz 1 Nr. 1–4 oder 5 TMG normierte Sicherstellungspflicht verstößt.
Danach hat der Diensteanbieter namentlich technische und organisatorische Vorkehrungen zu treffen, sodass:

1. der Nutzer die Nutzung des Dienstes jederzeit beenden kann,

2. die anfallenden personenbezogenen Daten über den Ablauf des Zugriffs oder der
   sonstigen Nutzung unmittelbar nach deren Beendigung gelöscht oder in den Fällen des Satzes 2 gesperrt werden,

3. der Nutzer Telemedien gegen Kenntnisnahme Dritter geschützt in Anspruch nehmen kann,

4. die personenbezogenen Daten über die Nutzung verschiedener Telemedien durch
   denselben Nutzer getrennt verwendet werden können,

5. Daten nach § 15 Abs. 2 TMG nur für Abrechnungszwecke zusammengeführt
   werden können.

---

10 21. Tätigkeitsbericht des Bayerischen Landesdatenschutzbeauftragten, LT-Drs. 15/2074,
   S. 135.
11 Vgl. § 16 TMG Rn. 23.

5. Unzulässige Datenverarbeitungen

12 § 16 Abs. 2 Nr. 4 TMG sanktioniert materielle Datenschutzverstöße, nämlich Datenerhebungen und -verwendungen, die nicht von den Erlaubnistatbeständen des § 14 Abs. 1 TMG oder § 15 Abs. 1 Satz 1 oder Abs. 8 Satz 1 oder 2 TMG gedeckt sind:

– § 14 Abs. 1 TMG gestattet die Erhebung und Verwendung von Bestandsdaten;

– § 15 Abs. 1 Satz 1 TMG stellt die Erlaubnisvorschrift für die Erhebung und Verwendung von Nutzungsdaten dar;

– § 15 Abs. 8 Satz 1 und 2 TMG beziehen sich auf die Verwendung von Nutzungsdaten über das Ende des Nutzungsvorgangs hinaus zu Zwecken der Rechtsverfolgung und die Löschung dieser Daten mit Wegfall dieses Zwecks.

6. Generierung von Nutzerprofilen

13 § 16 Abs. 2 Nr. 5 TMG sanktioniert schließlich eine Zuwiderhandlung gegen das in § 15 Abs. 3 Satz 3 TMG enthaltene Verbot, ein Nutzungsprofil mit Daten über den Träger des Pseudonyms zusammenzuführen.

III. Verschulden (Abs. 1 und 2)

14 § 16 TMG belegt sowohl vorsätzliche als auch fahrlässige Verstöße gegen die im Einzelnen genannten Verbotsvorschriften mit einem Bußgeld. Die Vorschrift stellt deshalb eine Sondervorschrift zu § 10 OWiG dar, nach der grundsätzlich nur vorsätzliche Verstöße Ordnungswidrigkeiten begründen. Vorsatz und Fahrlässigkeit sind dabei im Ordnungswidrigkeitenrecht genauso definiert wie im Strafrecht. Vorsatz ist die Kenntnis des Täters vom Vorliegen der objektiven Tatumstände und der Wille, diese durch seine Tat zu verwirklichen, kurz: Wissen und Wollen der Tatbestandsverwirklichung.[12] Fahrlässigkeit ist die unbewusste oder ungewollte, aber pflichtwidrige Tatbestandsverwirklichung.[13]

IV. Rechtsfolgen (Abs. 3)

1. Bußgeldrahmen

15 Der Bußgeldrahmen für die Ordnungswidrigkeiten gemäß Abs. 1 sollte sich nach dem Willen des Gesetzgebers grundsätzlich an demjenigen des BDSG orientieren, wobei für den Bereich der Telemedien (bzw. seinerzeit Teledienste) ursprünglich der doppelte Betrag angesetzt wurde – also DM 100.000 (jetzt EUR 50.000) gegen-

---

12 *Bohnert*, OWiG, § 10 Rn. 2.
13 *Bohnert*, OWiG, § 10 Rn. 16.

Moos

über DM 50.000 nach § 44 Abs. 2 BDSG 1990.[14] Mit dem höheren Bußgeldrahmen sollte sowohl der erhöhten Gefährdung von personenbezogenen Daten der Verbraucher in offenen Netzen als auch der teilweise sehr hohen Wirtschaftskraft der Diensteanbieter Rechnung getragen werden.

Diese Zielsetzung findet sich angesichts der zwischenzeitlichen Novellierungen der Straf- und Bußgeldvorschriften des BDSG in der aktuellen Ausprägung des § 16 TMG nur noch eingeschränkt wieder. Die seinerzeit in das BDSG aufgenommene Differenzierung nach Verstößen gegen Verfahrensvorschriften (§ 43 Abs. 1 BDSG) und Verstößen gegen materielle Datenschutzbestimmungen (§ 43 Abs. 2 BDSG) und die dementsprechende Unterscheidung beim Bußgeldrahmen (EUR 50.000 für Verfahrensverstöße und EUR 300.000 für Verstöße gegen materielle Schutzvorschriften), ist weder im TDDSG noch im TMG nachvollzogen worden. Dasselbe gilt für die Möglichkeit einer Überschreitung dieser Bußgeldrahmen, um etwaige wirtschaftliche Vorteile des Verantwortlichen abzuschöpfen, wie sie durch die BDSG-Novelle II in § 43 Abs. 3 Satz 2 BDSG eingeführt worden ist. Der Bußgeldrahmen des § 16 Abs. 2 TMG rekurriert mit der Obergrenze von EUR 50.000 deshalb nach wie vor ausschließlich auf die im BDSG für Verfahrensverstöße vorgesehene Sanktion. Bei den in § 16 Abs. 2 Nr. 4 und 5 TMG enthaltenen Ordnungswidrigkeiten handelt es sich jedoch um Verstöße gegen materielle Datenschutzverpflichtungen, sodass die der Höhe nach richtige Bezugsgröße für den Bußgeldrahmen § 43 Abs. 3, 2. Alt. BDSG (mittlerweile EUR 300.000) gewesen wäre.

Aufgrund der Spezialität der Sanktionsregelungen des TMG ist jedoch für eine parallele Anwendung der Ordnungswidrigkeitentatbestände des § 43 Abs. 2 BDSG kein Raum, sodass der danach gegebene, wesentlich höhere Bußgeldrahmen im Anwendungsbereich des TMG nicht eröffnet ist.[15]

2. Praxis der Bußgeldverhängung

In der Aufsichtspraxis der Datenschutzbehörden spielten Bußgelder lange Zeit nur eine sehr untergeordnete Rolle. Von der Möglichkeit, Verstöße gegen die Datenschutzvorschriften des TMG mittels Bußgeldern zu sanktionieren, machen die Aufsichtsbehörden – wie auch auf Basis des § 43 BDSG[16] – bisher in sehr zurückhaltender Weise Gebrauch. So hat etwa der Bayerische Landesdatenschutzbeauftragte trotz der Feststellung, dass kaum eine der von ihm geprüften Stellen eine gesetzeskonforme Online-Datenschutzerklärung erstellt hatte (wodurch der Bußgeldtatbestand des § 16 Abs. 2 Nr. 3 TMG verwirklicht wäre), offenbar keine Bußgelder zur Ahndung dieser Verstöße verhängt.[17]

16

17

18

---

14 Vgl. Begründung zum EGG, BT-Drs. 14/6098 vom 17.5.2001, S. 31.
15 Siehe dazu § 16 TMG Rn. 18.
16 *Simitis*, in: Simitis, BDSG, § 43 Rn. 82 ff.
17 21. Tätigkeitsbericht, LT-Drs. 15/2074, S. 135.

19 In den meisten Fällen wird einer einvernehmlichen Beseitigung der festgestellten Datenschutzverstöße mit der Daten verarbeitenden Stelle der Vorzug gegeben. Bußgeldverfahren werden in der Regel nur eingeleitet bei wiederholten, hartnäckigen Verstößen gegen die Datenschutzvorschriften, die eine große Anzahl von Eingaben Betroffener ausgelöst haben oder bei denen der Verdacht auf ein unlauteres Gewinnstreben besteht. So wurde von der Aufsichtsbehörde für Datenschutz in Rheinland-Pfalz z. B. ein Bußgeld wegen nicht ordnungsgemäßer Unterrichtung der Nutzer nach § 4 Abs. 1 TDDSG (nunmehr § 13 Abs. 1 TMG) erst verhängt, nachdem die verantwortliche Stelle Aufforderungen der Aufsichtsbehörde mehrfach ignoriert hatte.[18]

20 Außerdem werden in der Praxis Bußgeldverfahren dann eingeleitet, wenn die durch den Datenschutzverstoß eingetretene Persönlichkeitsrechtsverletzung von dem Betroffenen als besonders gravierend empfunden wurde oder wenn die verantwortliche Stelle schon die gesetzlich geschuldeten Auskünfte an die Aufsichtsbehörde verweigert.[19] In den letztgenannten Fällen bewegen sich die Bußgelder üblicherweise in einem Rahmen von ca. EUR 500–1.000.[20]

21 Selbst wenn Bußgelder verhängt wurden, bewegten sich diese zumeist im unteren Rahmen und überstiegen selten den Betrag von EUR 1.000. Bußgeldmindernd wirkt sich meistens aus, wenn die verantwortliche Stelle unverzüglich nach Erteilung eines rechtlichen Hinweises durch die Aufsichtsbehörde freiwillig den Datenschutzrechtsverstoß beseitigt.

22 Als Reaktion auf die sog. „Datenschutzskandale" der Jahre 2008/2009 sind jedoch – im Anwendungsbereich des BDSG – in Einzelfällen auch signifikant höhere Bußgelder verhängt worden, die teilweise (aufgrund der Sanktionierung durch mehrere zuständige Landesdatenschutzbehörden) Gesamtbeträge in 7-stelliger Höhe erreicht haben. Auch wenn es sich dabei um Einzelfälle gehandelt hat, deuten diese Fälle durchaus auf einen Umschwung in der Behördenpraxis hin. Umgekehrt ist aber auch zu berücksichtigen, dass den Aufsichtsbehörden durch die Novellierung des § 38 Abs. 5 BDSG nunmehr auch eine bisher fehlende Anordnungsbefugnis als Reaktionsmöglichkeit auf datenschutzrechtliche Missstände verliehen ist. Solche Anordnungen nach § 38 Abs. 5 BDSG sind auch bei Verstößen gegen die Datenschutzvorschriften des TMG möglich und sind im Sinne eines Stufenverhältnisses sogar zwingend vor Verhängung eines Bußgeldes vorzusehen.

---

18 Aufsichts- und Dienstleistungsdirektion Rheinland-Pfalz, 2. Tätigkeitsbericht, S. 36, im Internet abrufbar unter: www.add.rlp.de.
19 Vgl. § 38 Abs. 3 BDSG Rn. 27.
20 Vgl. exemplarisch die Bußgeldtabelle im 23. Tätigkeitsbericht des 23. Tätigkeitsbericht Datenschutz des Hamburgischen Beauftragten für Datenschutz und Informationsfreiheit (HmbBfDI), 2012, S. 198.

3. Rechtsweg

Während Anordnungen der Datenschutzbehörden Verwaltungsakte darstellen, für **23** die gemäß § 40 VwGO der Verwaltungsrechtsweg eröffnet ist, sind Einsprüche gegen einen Bußgeldbescheid gemäß § 68 OWiG an das zuständige Amtsgericht zu richten.

Teil 3:

Kommentierung TKG

(Auszug)

Einführung

Literatur: *Beine*, Anbieterwechsel und Umzug nach der TKG-Novelle 2012 – Wichtige Neuerungen für Kunden und Wettbewerb, MMR 2012, S. 718; *Bender/Kahlen*, Neues Telemediengesetz verbessert den Rechtsrahmen für Neue Dienste und Schutz vor Spam-Mails, MMR 2006, S. 590; *Geppert/Ruhle/Schuster*, Handbuch Recht und Praxis der Telekommunikation, 2. Aufl., Baden-Baden 2002; *Lanfermann*, Datenschutzgesetzgebung – gesetzliche Rahmenbedingungen einer liberalen Informationsgesellschaft, RDV 1998, S. 1; *Roßnagel/Johannes/Kartal*, Die TKG-Novelle 2012, K&R 2012, S. 244.

Übersicht

I. Allgemeines

1. Entstehung und Ziel des Teil 7 des TKG

Mit der Einführung der Liberalisierung des Telekommunikationsmarktes bedurfte 1 es zum Schutz der Kunden der nunmehr privatrechtlich organisierten Telekommunikationsanbieter umfangreicher Regelungen. Wesentlicher Bestandteil des Kundenschutzes sind die bereichsspezifischen Vorschriften über den Datenschutz und den Schutz des Fernmeldegeheimnisses. Der Gesetzgeber musste hierbei wesentliche Anforderungen beachten: den Grundrechtsschutz des Fernmeldegeheimnisses (Art. 10 GG) und des Rechts auf informationelle Selbstbestimmung,[1] wie es vom BVerfG aus Art. 2 Abs. 1 i.V.m. Art. 1 Abs. 1 GG entwickelt wurde, und die Umsetzung der europarechtlichen Richtlinien zum Datenschutz.[2] Wesentliches Ziel des Gesetzgebers war zudem, den spezifischen Gefahren zu begegnen, die sich aus der

---

[1] BVerfGE 65, 1 (41 f.) – Volkszählung; BVerfGE 67, 157 (172 ff.) – G 10.

[2] DatenschutzRL 2002/58/EG für elektronische Kommunikation vom 12.7.2002; RahmenRL 2002/21/EG vom 7.3.2002; GenehmigungsRL 2002/20/EG vom 7.3.2002; ZugangsRL 2002/19/EG vom 7.3.2002; UniversalRL 2002/22/EG vom 7.3.2002.

Verwendung von Telekommunikationsdaten insbesondere für kommerzielle Zwecke ergeben.[3]

2   Bis zum TKG 2004[4] waren die telekommunikationsspezifischen Vorschriften über das Fernmeldegeheimnis und den Datenschutz zersplittert. In § 85 TKG 1996 war zwar das Fernmeldegeheimnis nahezu identisch mit dem heutigen § 88 TKG geregelt, die datenschutzrechtlichen Regelungen fanden sich in § 89 TKG 1996, der die Bundesregierung zwar zum Erlass der TDSV 2000[5] ermächtigte, jedoch mussten, um dem Parlamentsvorbehalt zu genügen, alle grundrechtsrelevanten Regelungen im TKG selbst getroffen werden. In der Folge hatte § 89 TKG 1996 zehn umfangreiche Absätze und das Verhältnis von TDSV und TKG blieb unübersichtlich. Mit dem TKG 2004 hat der Gesetzgeber alle Vorschriften in den 7. Teil des TKG übernommen.

3   Durch die TKG-Novelle 2012[6] wurden zwei europäische Änderungsrichtlinien umgesetzt.[7] Neuerungen gab es u. a. zum Anbieterwechsel und Umzug, welche den Wettbewerb und den Verbraucherschutz fördern sollen.[8] Neue Regelungen zu Warteschleifen schränken deren Missbrauch ein.[9]

4   Obwohl Fernmeldegeheimnis und Datenschutz unterschiedlichen Grundrechten entspringen, sind beide Rechte und die sie betreffenden Vorschriften des TKG eng miteinander verzahnt. Besonders deutlich wird dies aus § 91 Abs. 1 Satz 2 TKG, wonach die dem Fernmeldegeheimnis unterliegenden Daten auch den datenschutzrechtlichen Vorschriften der §§ 91 ff. TKG unterliegen, selbst wenn es sich nicht um personenbezogene Daten i. S. des § 3 Abs. 1 BDSG handelt, und ferner aus den Bestimmungen der §§ 96 f. TKG, die grundsätzlich dem Fernmeldegeheimnis unterliegende Daten behandeln.

5   Der Datenschutz im Telekommunikationsbereich ist sog. „sektorspezifischer Datenschutz", für den § 1 Abs. 3 BDSG bestimmt, dass er in seinem Anwendungsbereich den Regelungen des BDSG vorgeht. Daneben gelangt das BDSG weiter subsidiär zur Anwendung, auch wenn dies nicht mehr (anders noch in § 1 Abs. 2 Satz 1 TDSV) explizit geregelt ist.[10] Die gegenüber dem BDSG engeren Erlaubnistatbe-

---

3 Siehe schon *Lanfermann*, RDV 1998, S. 1 (3).
4 Telekommunikationsgesetz vom 22.6.2004, BGBl. I 2004, S. 1190, in Kraft getreten am 25.6.2004.
5 Vom 18.12.2000, BGBl. I, S. 1740.
6 BGBl. I S. 958. Die meisten Regelungen sind am 10.5.2012 in Kraft getreten, die neuen Regelungen für Notrufverbindungen am 11.5.2012.
7 Richtlinien „Bessere Regulierung" (2009/140/EG) und „Rechte der Bürger" (2009/136/EG); vgl. *Beine*, MMR 2012, S. 718.
8 *Roßnagel/Johannes/Kartal*, K&R 2012, S. 244 (249).
9 *Roßnagel/Johannes/Kartal*, K&R 2012, S. 244 (248).
10 *Tinnefeld*, in: Roßnagel, Hdb. DSR, Teil 4, Rn. 36; *Robert*, in: Geppert/Piepenbrock/Schütz/Schuster, TKG, § 91 Rn. 4.

stände zur Datenerhebung und -verwendung im TKG verdrängen daher in ihrem Anwendungsbereich die des BDSG.[11]

2. Inhalt des Teil 7 des TKG im Überblick

Teil 7 des TKG gliedert sich in drei Abschnitte. Die das Fernmeldegeheimnis be- **6** treffenden Regelungen sind als 1. Abschnitt (§§ 88–90 TKG) vorangestellt. Im 2. Abschnitt finden sich in den §§ 91–107 TKG die datenschutzrechtlichen Vorschriften und im 3. Abschnitt Vorschriften über die öffentliche Sicherheit (§§ 108–115 TKG). Freilich sind die Übergänge fließend, wie die Regelungen der §§ 96 f. TKG zeigen, die die Verarbeitung von weitgehend dem Fernmeldegeheimnis unterliegenden Verkehrsdaten betreffen. Wesentliche Vorschriften des 3. Abschnittes haben unmittelbare Auswirkungen auf den Datenschutz, wie die Diskussion über die Vorratsdatenspeicherung nach § 113a TKG zeigt.

3. Besondere Probleme des TK-Datenschutzes

Obwohl die Regelungen der §§ 88 ff. TKG teilweise sehr ausdifferenziert sind, ha- **7** ben sich eine Reihe von besonderen Problemen herausgestellt, die seit Jahren Gegenstand heftiger Diskussionen und gerichtlicher (auch verfassungsrechtlicher) Entscheidungen sind. Verwiesen sei hier nur auf die nach wie vor nicht beendete Diskussion über die Vorratsdatenspeicherung nach § 113a TKG[12] sowie über die Herausgabe von dynamischen IP-Adressen zur Verfolgung von Urheberrechtsverstößen.[13] Aufgrund der fortschreitenden technischen Möglichkeiten werden zudem immer neue Dienste angeboten, die einschneidende Beschränkungen des Rechtes auf informationelle Selbstbestimmungen für den Nutzer und Dritte zur Folge haben können. Weiterhin ungelöst ist auch der Schutz von Telekommunikationsdaten, namentlich E-Mails im Beschäftigtenverhältnis.[14] Der Gesetzgeber muss jeweils auf diese neuen Dienste reagieren und den Schutz der Betroffenen sicherstellen, ohne zugleich durchaus nützliche Dienste unmöglich zu machen. Beispielhaft seien hier die Bestimmungen über Standortdaten nach § 98 TKG genannt. Bis zum Zeitpunkt der Drucklegung ist es dem Gesetzgeber nicht gelungen, die sich aus dem Telekommunikationsdatenschutz und dem Beschäftigtendatenschutz[15] ergebenden Fragen zu klären.

---

11 Hierzu näher § 91 TKG Rn. 4.
12 Hierzu siehe § 113a TKG und § 96 TKG Rn. 12 ff.
13 Hierzu § 96 TKG Rn. 14 ff.
14 Hierzu § 88 TKG Rn. 20 ff.
15 Hierzu § 32 BDSG und § 88 TKG Rn. 20 ff.

II. Anwendungsbereich

1. Der Begriff der Telekommunikation

8   Die Vorschriften der §§ 88 ff. TKG gelten für die Telekommunikation. Der Begriff ist in § 3 Nr. 22 TKG legaldefiniert. Danach handelt es sich um den technischen Vorgang des Aussendens, Übermittelns und Empfangens von Signalen mittels Telekommunikationsanlagen. Telekommunikationsanlagen sind nach § 3 Nr. 23 TKG alle Einrichtungen und Systeme, die als Nachrichten identifizierbare elektromagnetische oder optische Signale be- oder verarbeiten können. Daraus ergibt sich eine erhebliche Reichweite des Anwendungsbereichs der §§ 88 ff. TKG, da jede moderne Form der Kommunikation hierunter subsumiert werden kann.[16]

2. Normadressaten

9   §§ 88 ff. wie 91 ff. TKG richten sich vornehmlich an Diensteanbieter nach § 3 Nr. 6 TKG. Diensteanbieter ist jeder, der ganz oder teilweise geschäftsmäßig Telekommunikationsdienste erbringt oder hieran mitwirkt. Bei Telekommunikationsdiensten i. S. des § 3 Nr. 24 TKG handelt es sich um „in der Regel" gegen Entgelt erbrachte Dienste, die ganz oder überwiegend in der Übertragung von Signalen über Telekommunikationsnetze bestehen, einschließlich Übertragungsdienste in Rundfunknetze. Schwierigkeiten bereitet das Wort „überwiegend", aufgrund dessen eine klare Abgrenzung von Telemediendiensten und Telekommunikationsdiensten erschwert ist, obwohl der Gesetzgeber nicht beabsichtigte, vor 2004 dem TDG (jetzt TMG) unterliegende Dienste dem TKG zu unterstellen.[17]

3. Abgrenzung zum TMG

10   Die Abgrenzung zu den Telemediendiensten bereitet deshalb mitunter erhebliche Schwierigkeiten. Die Trennlinie zwischen Telekommunikations- und Telemediendiensten verläuft zwischen dem technischen Vorgang der Telekommunikation und den lediglich mit Hilfe der Telekommunikation angebotenen Dienstleistungen.[18] Die angebotenen Dienstleistungen, wie beispielsweise Videotext, Video-on-demand, im Internet direkt bestell- und abrufbare Börsen-, Verkehrs- oder Wetterdaten,[19] sind als vom TKG nicht erfasste Telemedien zu definieren. Telekommunikationsdienste, die „überwiegend" Signale übertragen, daneben aber auch inhaltliche

---

16 Vgl. *Zerres*, in: Scheurle/Mayen, TKG, § 88 Rn. 6.

17 BT-Drs. 15/2345, S. 1; siehe ausführlich *Gersdorf*, in: Geppert/Piepenbrock/Schütz/Schuster, TKG, Einl C, Rn. 7 ff.

18 *Robert*, in: Geppert/Piepenbrock/Schütz/Schuster, TKG, § 91 Rn. 7; *Geppert/Ruhle/Schuster*, Hdb. Recht und Praxis der Telekommunikation, Rn. 761; *Eckhardt*, in: Heun, Hdb. Telekommunikationsrecht, S. 1473 Rn. 126 ff.

19 Für weitere Beispiele zu Telemedien und zur Abgrenzung zu Telekommunikationsdiensten siehe *Bender/Kahlen*, MMR 2006, S. 590 (591).

Dienste anbieten, unterfallen entsprechend beiden Gesetzen (§ 11 Abs. 3 TMG). Im Bereich des Datenschutzes bedeutet das in diesen Fällen, dass nur die in § 11 Abs. 3 TMG genannten Bestimmungen zum Datenschutz und ansonsten die Regelungen des TKG gelten.[20] Die Einzelheiten – einschließlich der Abgrenzung zum RfStV – sind in der Kommentierung zu § 91 TKG[21] und in der Einführung zum TMG[22] näher dargestellt.

---

20 *Klesczewski*, in: Säcker, TKG, § 91 Rn. 18; vgl. auch *Büttgen*, in: Scheurle/Mayen, TKG, § 91 Rn. 23 und 25.
21 § 91 TKG Rn. 7.
22 Dort Rn. 4 ff.

Fernmeldegeheimnis, Datenschutz, Öffentliche Sicherheit

Abschnitt 1

Fernmeldegeheimnis

§ 88 Fernmeldegeheimnis

(1) Dem Fernmeldegeheimnis unterliegen der Inhalt der Telekommunikation und ihre näheren Umstände, insbesondere die Tatsache, ob jemand an einem Telekommunikationsvorgang beteiligt ist oder war. Das Fernmeldegeheimnis erstreckt sich auch auf die näheren Umstände erfolgloser Verbindungsversuche.

(2) Zur Wahrung des Fernmeldegeheimnisses ist jeder Diensteanbieter verpflichtet. Die Pflicht zur Geheimhaltung besteht auch nach dem Ende der Tätigkeit fort, durch die sie begründet worden ist.

(3) Den nach Absatz 2 Verpflichteten ist es untersagt, sich oder anderen über das für die geschäftsmäßige Erbringung der Telekommunikationsdienste einschließlich des Schutzes ihrer technischen Systeme erforderliche Maß hinaus Kenntnis vom Inhalt oder den näheren Umständen der Telekommunikation zu verschaffen. Sie dürfen Kenntnisse über Tatsachen, die dem Fernmeldegeheimnis unterliegen, nur für den in Satz 1 genannten Zweck verwenden. Eine Verwendung dieser Kenntnisse für andere Zwecke, insbesondere die Weitergabe an andere, ist nur zulässig, soweit dieses Gesetz oder eine andere gesetzliche Vorschrift dies vorsieht und sich dabei ausdrücklich auf Telekommunikationsvorgänge bezieht. Die Anzeigepflicht nach § 138 des Strafgesetzbuches hat Vorrang.

(4) Befindet sich die Telekommunikationsanlage an Bord eines Wasser- oder Luftfahrzeugs, so besteht die Pflicht zur Wahrung des Geheimnisses nicht gegenüber der Person, die das Fahrzeug führt oder gegenüber ihrer Stellvertretung.

Literatur: *Arndt*, Zum Abhörurteil des BVerfG, NJW 2000, S. 47; *Büllesbach/Rieß*, Outsourcing in der öffentlichen Verwaltung, NVwZ 1995, S. 444; *Cornelius/Tschoepe*, Strafrechtliche Grenzen der zentralen E-Mail-Filterung und -Blockade, K&R 2005, S. 269; *Deiters*, Betriebsvereinbarung Kommunikation, ZD 2012, S. 109; *de Wolf*, Kollidierende Pflichten: zwischen Schutz von E-Mails und „Compliance" im Unternehmen, NZA 2010, S. 1026; *Fischer*, Arbeitnehmerschutz beim E-Mail-Verkehr, ZD 2012, S. 265; *Fülbier/Splittgerber*, Keine (Fernmelde-)Geheimnisse vor dem Arbeitgeber?,

NJW 2012, S.1995; *Hanebeck/Neunhoeffer*, Anwendungsbereich und Reichweite des telekommunikationsrechtlichen Fernmeldegeheimnisses, K&R 2006, S. 112; *Härting*, Beschlagnahme und Archivierung von Mails, CR 2009, S. 581; *Hoppe/Braun*, Arbeitnehmer-E-Mails: Vertrauen ist gut – Kontrolle ist schlecht – Auswirkungen der neuesten Rechtsprechung des BVerfG auf das Arbeitsverhältnis, MMR 2010, S. 80; *Jandt*, Fernmeldegeheimnis im Arbeitsverhältnis bei erlaubter E-Mail-Nutzung zu privaten Zwecken, K&R 2011, S. 631; *Köcher*, Zentrale Spam- und Virenfilterung, DuD 2004, S. 272; *Köcher*, Strafbarkeit der Ausfilterung von E-Mails, DUD 2005, S. 163; *Kramer/ Herrmannm*, Auftragsdatenverarbeitung – Zur Reichweite der Privilegierung durch den Tatbestand des § 11 Bundesdatenschutzgesetz –, CR 2003, S. 938; *Lehnhardt*, Löschung virenbehafteter Emails, DuD 2003, S. 487; *Löwisch*, Fernmeldegeheimnis und Datenschutz bei der Mitarbeiterkontrolle, DB 2009, S. 2782; *Lunk*, Prozessuale Verwertungsverbote im Arbeitsrecht, NZA 2009, S. 457; *Meister/Laun*, Fernmeldegeheimnis, Datenschutz, Überwachung, in: Wissmann, Telekommunikationsrecht, 2. Aufl., Frankfurt/M. 2006, S. 773; *Mengel*, Kontrolle der E-Mail- und Internetkommunikation am Arbeitsplatz, BB 2004, S. 2014; *Nachbaur*, Standortfeststellung und Art. 10 GG – Der Kammerbeschluss des BVerfG zum Einsatz des „IMSI-Catchers", NJW 2007, S. 335; *Rübenstahl/Debus*, Strafbarkeit verdachtsabhängiger E-Mail- und EDV-Kontrollen bei Internal Investigations?, NZWi.S.t 2012, S. 129; *Schimmelpfennig/Wenning*, Arbeitgeber als Telekommunikationsdienste-Anbieter?, DB 2006, S. 2290; *Schmidl*, E-Mail-Filterung am Arbeitsplatz, MMR 2005, S. 343; *Schmitz*, Telefonanlagenfunktionen „im Netz" des TK-Providers – Vertragsgestaltung unter einer datenschutzrechtlichen Gemengelage nach TKG, TMG und BDSG, ZD 2011, S. 104; *Spindler/Schuster*, Recht der elektronischen Medien, 2. Aufl. 2011; *Thüsing*, Arbeitnehmerdatenschutz und Compliance, 2010; *Tiedemann*, Anmerkung zum LAG Berlin-Brandenburg, ZD 2011, S. 45; *Tinnefeld/Petri/Brink*, Aktuelle Fragen zur Reform des Beschäftigtendatenschutzes – Ein Update, MMR 2011, S. 427; *Vietmeyer/Byers*, Der Arbeitgeber als TK-Anbieter im Arbeitsverhältnis – Geplante BDSG-Novelle lässt Anwendbarkeit des TKG im Arbeitsverhältnis unangetastet, MMR 2010, S. 807; *Weßlau*, Verwertung von Raumgesprächen im Strafprozess bei Telefonüberwachung, StV 2003, S. 483; *Wolf/Mulert*, Die Zulässigkeit der Überwachung von E-Mail-Korrespondenz am Arbeitsplatz, BB 2008, S. 442; *Wybitul*, Neue Spielregeln bei E-Mail-Kontrollen durch den Arbeitgeber – Überblick über den aktuellen Meinungsstand und die Folgen für die Praxis, ZD 2011, S. 69.

Übersicht

I. Allgemeines

1. Gesetzeszweck

1   § 88 TKG ist die einfachgesetzliche Ausprägung des Fernmeldegeheimnisses nach Art. 10 GG.[1] Er verpflichtet nicht – wie das Grundgesetz – Staatsorgane, sondern die Anbieter von Telekommunikationsdienstleistungen. § 88 TKG erfüllt damit den sich aus dem Grundgesetz ergebenden Auftrag an den Staat, vor Eingriffen privater Dritter in das Fernmeldegeheimnis zu schützen.[2]

2. Europarechtliche Grundlagen/Geschichte

2   Auf europäischer Ebene ist das Fernmeldegeheimnis in Art. 8 Abs. 1 EMRK verankert. Das Recht auf Achtung der Privatsphäre bei der Telekommunikation ist ferner in Art. 7 der Grundrechtecharta der EU niedergelegt.[3]

3   Gem. Art. 5 EG-DSRl für elektronische Kommunikation[4] sind die Mitgliedstaaten verpflichtet, die Vertraulichkeit der mit öffentlichen Kommunikationsnetzen und öffentlich zugänglichen Kommunikationsdiensten übertragenen Nachrichten und der damit verbundenen Verkehrsdaten durch innerstaatliche Vorschriften sicherzustellen. Sie dürfen jedoch gleichzeitig nach Art. 15 der Richtlinie Vorschriften erlassen, die Art. 5 beschränken, etwa aus Gründen der Sicherheit eines Staates.

4   § 88 TKG ist mit dem Wortlaut des § 85 TKG 1996 nahezu identisch. Mit dem Ende des staatlichen Fernmeldemonopols musste mit § 85 TKG 1996 eine Norm geschaffen werden, mittels derer der Staat seiner Pflicht zum Schutz des nach Art. 10 Abs. 1 GG garantierten Fernmeldegeheimnisses gegen Eingriffe Dritter, nämlich privater Diensteanbieter, nachkam.

3. Verhältnis zu anderen Vorschriften

5   Die Verpflichtung zur Wahrung des Fernmeldegeheimnisses ergibt sich für staatliche Stellen und Behörden direkt aus Art. 10 Abs. 1 GG.[5] Der Grundrechtsschutz gilt für jede Art der über Fernmeldetechnik übermittelten Kommunikation[6] und ist unabhängig von dem Inhalt der Kommunikation. Deshalb unterliegen grundsätzlich

---

1 BR-Drs. 80/89, S. 53.
2 Statt Aller *Zerres*, in: Scheurle/Mayen, TKG, § 88 Rn. 1 f. m. w. N.
3 Umgesetzt durch den Vertrag von Lissabon vom 13.12.2007, ABl. EG Nr. C 306, 1, in Kraft getreten am 1.12.2009.
4 „Richtlinie des Europäischen Parlaments und des Rates vom 12.7.2002 über die Verarbeitung personenbezogener Daten und den Schutz der Privatsphäre in der elektronischen Kommunikation", 2002/58/EG, ABl. EG Nr. L 201/37 v. 31.7.2002.
5 *Zerres*, in: Scheurle/Mayen, TKG, § 88 Rn. 15; *Hofmann*, in: Schmidt-Bleibtreu/Hofmann/Hopfauf, GG, Art. 10 Rn. 4a.
6 BVerfGE 100, 313 (358) = NJW 2000, 55 (56 ff.); m. Anm. *Arndt*, NJW 2000, S. 47.

auch dienstliche Gespräche von Mitarbeitern staatlicher Stellen dem Fernmeldege-heimnis.[7] § 88 TKG wendet sich an private Telekommunikationsdienstanbieter (§ 88 Abs. 2 TKG i.V.m. § 3 Nr. 6 TKG), die nicht direkt an Art. 10 Abs. 1 GG ge-bunden sind. Aufgrund der Verpflichtung des Staates, die grundrechtlich geschütz-ten Rechte vor Eingriffen privater Dritte zu schützen, sind bei der Interpretation des Schutzzwecks des § 88 TKG – wie auch des gesamten 7. Teils des TKG – die sich aus Art. 10 Abs. 1 GG und Art. 1 Abs. 1 GG i.V.m. Art. 2 Abs. 1 GG („Recht auf informationelle Selbstbestimmung") ergebenden Vorgaben zu berücksichtigen.[8]

Flankiert und ergänzt wird § 88 TKG durch die strafrechtlichen Vorschriften der **6** §§ 206 (Verletzung des Post- oder Fernmeldegeheimnisses) und 201 (Verletzung der Vertraulichkeit des Wortes) StGB. Während § 88 TKG allein den Schutz vor Eingriffen in das Fernmeldegeheimnis zum Gegenstand hat, schützt § 206 StGB da-rüber hinaus das Vertrauen der Öffentlichkeit in die Telekommunikation an sich. Zudem verbietet § 206 StGB auch die Unterdrückung von Kommunikationsinhalten (§ 206 Abs. 2 Nr. 2 StGB), ohne dass es auf eine Kenntnisnahme des Inhalts an-kommt.[9] § 206 StGB ist nach allgemeiner Auffassung auch dann erfüllt, wenn Mit-arbeiter innerhalb eines Diensteanbieters Kenntnis von dem Inhalt der Kommunika-tion bzw. der dem Fernmeldegeheimnis unterliegenden Daten erhalten.[10] § 201 StGB kann indes erfüllt sein, ohne dass eine Verletzung des Fernmeldegeheimnis-ses vorliegt; denn § 201 StGB schützt die Vertraulichkeit des Wortes auch nach Be-endigung des eigentlichen Telekommunikationsvorgangs.[11]

Die dem Fernmeldegeheimnis unterliegenden Informationen und Daten sind ihrer **7** Natur nach zugleich immer auch personenbezogene Daten i.S. der §§ 91 ff. TKG und des BDSG. Freilich stellt § 91 Abs. 1 Satz 2 TKG klar, dass die dem Fernmel-degeheimnis unterliegenden Daten stets den datenschutzrechtlichen Vorschriften der §§ 91 ff. TKG unterliegen, auch wenn es sich hierbei nicht um personenbezoge-ne Daten i.S. des § 3 Abs. 1 BDSG handelt, soweit es sich um Daten einer juristi-schen Person oder einer Personengesellschaft, die Rechte erwerben oder Verbind-lichkeiten eingehen kann, handelt. Die subsidiäre Anwendung des BDSG ist dann von Bedeutung, soweit der 7. Abschnitt des TKG keine speziellen Regelungen ent-hält. Während daher die Erlaubnistatbestände der §§ 28 ff. BDSG von den speziel-leren Normen des TKG verdrängt werden, gelten insbesondere die §§ 1 bis 11 BDSG.[12] Aus der Bestimmung des § 91 Abs. 1 TKG lässt sich auch entnehmen,

---

7 *Klesczewski*, in: Säcker, TKG, § 88 Rn. 5, unter Verweis auf BVerfGE 100, 313 (358); *Bock*, in: Geppert/Piepenbrock/Schütz/Schuster, TKG, § 88 Rn. 2; vgl. *Zerres*, in: Scheur-le/Mayen, TKG, § 88 Rn. 15
8 *Klesczewski*, in: Säcker, TKG, § 88 Rn. 9.
9 Zur Strafbarkeit des Herausfilterns von E-Mails siehe OLG Karlsruhe MMR 2005, 178; *Cornelius/Tschoepe*, K&R 2005, S. 269; *Köcher*, DuD 2005, S. 163.
10 *Lenckner*, in: Schönke/Schröder, StGB, § 206 Rn. 3 ff.
11 BVerfGE 106, 28 (37 und 40); *Leibholz/Rinck*, GG, Art. 10 Rn. 32; *Samson*, in: Rudolphi/Horn/Günther/Samson/Hoyer, SK-StGB, § 201 Rn. 2.
12 *Klesczewski*, in: Säcker, TKG, § 91 Rn. 15; *Büttgen*, in: Scheurle/Mayen, TKG, § 91 Rn. 5.

dass etwa eine Auftragsdatenverarbeitung (§ 11 BDSG) und ein Outsourcing von Vorgängen, die dem Fernmeldegeheimnis unterliegende Daten zum Gegenstand haben, grundsätzlich zulässig ist, soweit das Fernmeldegeheimnis gewahrt bleibt.

II. Kommentierung

1. Anwendungsbereich (Abs. 1)

8   § 88 TKG schützt „Inhalt und nähere Umstände der Telekommunikation" und definiert so den Schutzbereich des Fernmeldegeheimnisses. Was unter „Telekommunikation" zu verstehen ist, sagt § 3 Nr. 22 TKG: Der „technische Vorgang des Aussendens, Übermittelns und Empfangens von Signalen mittels Telekommunikationsanlagen". Dies erfasst nicht nur die Sprachtelefonie, sondern auch alle modernen Datenübertragungsformen wie das Internettelefonieren („Voice-over-IP-Dienste"). Zum Inhalt der Telekommunikation gehört bereits die Betreffzeile einer E-Mail. Weiter versteht es sich nach h. M., dass die Datenübertragung dem individuellen Nachrichtenverkehr dienen muss und sich nicht, wie etwa Radio und Fernsehen, von vornherein an die Öffentlichkeit richten darf.[13] Ebenso wenig unterfällt dem Fernmeldegeheimnis, was der Öffentlichkeit aufgrund mangelnder technischer Ausgereiftheit regelmäßig quasi „versehentlich" zugänglich ist.[14]

9   Wer an einem Telekommunikationsvorgang beteiligt ist oder war, unterliegt ebenfalls dem Fernmeldegeheimnis: Konkret betrifft das vor allem die bei der Telekommunikation anfallenden Verkehrsdaten und alle anderen Daten, die Kommunikation individualisierbar machen.[15] Hier zeigt sich auch die Verzahnung der §§ 88 und 96 TKG. § 88 Abs. 1 Satz 2 TKG stellt darüber hinaus klar, dass auch die näheren Umstände erfolgloser Verbindungsversuche dem Fernmeldegeheimnis unterliegen.

10   Sog. Bestandsdaten werden nicht vom Fernmeldegeheimnis erfasst. Dies sind solche Daten, die lediglich das Vertragsverhältnis des Kunden zu seinem Diensteanbieter, nicht aber konkrete Telekommunikationsvorgänge betreffen.[16] Bestandsdaten können aber zugleich Verkehrsdaten sein, wenn sie im Zusammenhang mit einem konkreten Telekommunikationsvorgang erhoben werden, wie dies beispielsweise bei der Erfassung der Telefonnummer der Fall ist. Die Telefonnummer unterliegt dann dem Fernmeldegeheimnis. Passworte und ähnliche Schutzmechanismen (PIN, PUK etc.) enthalten keine Informationen über den Telekommunikationsvorgang an sich, sodass sie nicht § 88 TKG unterfallen.[17]

---

13 Vgl. *Jenny*, in: Plath, BDSG, § 88 TKG Rn. 7 m. w. N.
14 *Bock*, in: Geppert/Piepenbrock/Schütz/Schuster, TKG, § 88 Rn. 12; *Zerres*, in: Scheurle/Mayen, TKG, § 88 Rn. 7; zum Sonderproblem des Mithörens des analogen Polizeifunks siehe *Bock*, in: Geppert/Piepenbrock/Schütz/Schuster, TKG, § 89 Rn. 3; *Zerres*, in: Scheurle/Mayen, TKG, § 89 Rn. 2.
15 Vgl. *Klesczewski*, in: Säcker, TKG, § 88 Rn. 14.
16 *Klesczewski*, in: Säcker, TKG, § 88 Rn. 14 m. w. N.
17 Hierzu siehe näher *Klesczewski*, in: Säcker, TKG, § 88 Rn. 16.

Das Fernmeldegeheimnis erstreckt sich jeweils auf den Anrufer sowie auf den An- **11**
gerufenen – vor etwaigem „Mithören" auf einer dieser Seiten schützt es jedoch
nicht. Sobald hier nur einer der Teilnehmer mit dem „Mithören" – etwa mittels eines eingeschalteten Lautsprechers – einverstanden ist (einwilligt), soll nach der
Rechtsprechung[18] und nach einem Teil der Literatur[19] auch dann das Fernmeldegeheimnis nicht betroffen sein, wenn der jeweils andere Teilnehmer darüber nicht informiert wurde. Richtigerweise wird man zwischen Eingriffen staatlicher und privater Stellen in die Übermittlung von geschützten Mitteilungen, welche grundsätzlich der Einwilligung aller mit dem Telekommunikationsvorgang Betroffenen
bedarf und der „freiwilligen" Preisgabe des Inhalts des Vorgangs durch einen der
geschützten Subjekte (Absender und Empfänger) unterscheiden müssen. Denn
Schutzziel des §88 TKG ist nicht etwa die Vertraulichkeit der Telekommunikation,
sondern der Schutz vor unbefugten Eingriffen der (privaten) Telekommunikationsanbieter in den Übermittlungsvorgang.[20] Ein jeder der Teilnehmer (Absender und
Empfänger) an einem Telekommunikationsvorgang hat es daher in der Hand, die
ihm zugänglichen Informationen an Dritte weiterzuleiten, ohne dass die anderen
Teilnehmer dem zustimmen müssten.[21] Eine Verletzung des allgemeinen Persönlichkeitsrechts in der Gestalt des Rechts am gesprochenen Wort und des Rechts auf
personelle Selbstbestimmung kommt aber in Betracht, ohne dass vorher Vertraulichkeit abgesprochen gewesen sein muss.[22]

Insbesondere im Rahmen der Diskussion bei Eingriffen in E-Mail-Inhalte durch **12**
Strafverfolgungsbehörden stellt sich die Frage, an welchen technischen Schnittstellen das Fernmeldegeheimnis beginnt und endet. In zwei Entscheidungen hat das
BVerfG bestimmt, dass das Fernmeldegeheimnis nach Art. 10 Abs. 1 GG nur für
den laufenden Telekommunikationsvorgang gelte, aber dort beginne und dort ende,
wo der Nutzer keinen unmittelbaren Zugriff auf den Inhalt habe.[23] Infolgedessen
sind die beim E-Mail-Provider gespeicherten Mails durch das Fernmeldegeheimnis
geschützt, während die sich im Einflussbereich des Nutzers befindenden Mails lediglich dem Schutz des Rechts auf informationelle Selbstbestimmung unterliegen.[24] Das Gleiche gilt für die dem Fernmeldegeheimnis unterliegenden Telefonie-

18 BGH JZ 1997, 163 (166); OLG Düsseldorf NJW 2000, 1578f; s. aber BVerfGE 85, 388.
19 *Jenny*, in: Plath, BDSG, §88 TKG Rn.11; *Eckardt*, in: Spindler/Schuster, §88 TKG
   Rn. 28ff. gegen z.B. *Durner*, in: Maunz/Dürig, Art 10 GG Rn. 127.
20 Oben Rn. 1; *Eckardt*, in: Spindler/Schuster, §88 TKG Rn. 12, 32.
21 Z.B. durch Einrichten einer automatischen Weiterleitungsfunktion; Versand von Kopien
   von E-Mail-Inhalten an für den Empfänger nicht erkennbare Adressaten; Mithörer eines
   Telefonats.
22 BVerfGE 106, 28 (37); *Leibholz/Rinck*, GG, Art. 10 Rn. 32.
23 BVerfGE 115, 166 = CR 2006, 383 – „Handy-Daten"; BVerfG 120, 274 = CR 2008, 306
   – „Online-Durchsuchung"; BVerfG CR 2009, 584 – Mails auf E-Mail-Server – m. Anm.
   Brunst; zusammenfassend *Härting*, CR 2009, S. 581ff.
24 Der BGH CR 2009, 446, war auf der Grundlage der Entscheidungen „Handy-Daten" und
   „Online-Durchsuchung" des BVerfG noch davon ausgegangen, dass die beim Provider gespeicherten Daten nicht dem Fernmeldegeheimnis unterliegen. Der VGH Hessen CR

Daten. Fehlt es an einer Verkörperung, wie etwa bei Voice-Mail-Systemen, so kommt es allein auf den Abschluss des Kommunikationsvorgangs an.[25]

2. Verpflichtete (Abs. 2)

13 Zur Wahrung des Fernmeldegeheimnisses verpflichtet sind gem. § 88 Abs. 2 TKG alle Diensteanbieter, also alle, die i. S. d. § 3 Nr. 6 TKG ganz oder teilweise geschäftsmäßig Telekommunikationsdienste erbringen oder daran mitwirken. Adressaten sind neben Festnetz- und Mobilfunknetzbetreibern die Servicebetreiber sowie die Internet-Service-Provider, die Kommunikationsdienste (Internettelefonie, E-Mail-Dienste, SMS etc.) anbieten. Geschäftsmäßig arbeitet, wer gemäß § 3 Nr. 10 TKG ein „nachhaltiges Angebot von Telekommunikation für Dritte mit oder ohne Gewinnerzielungsabsicht" bereithält. Daraus folgt, dass auch Corporate Networks Telekommunikationsdienstleistungen geschäftsmäßig erbringen können, wenn die Dienste Dritten angeboten werden (Drittbezogenheit).[26] Folglich sind auch Hotels, die den Gästen Telefon- oder Internetanschlüsse zur Verfügung stellen, Adressaten des § 88 TKG.[27] Gleichermaßen Verpflichtete i. S. d. § 3 Nr. 6 TKG sind sowohl Personen, die Telekommunikationsdienste erbringen, als auch solche, die daran mitwirken. Wie diese beiden Handlungsmerkmale voneinander abzugrenzen sind, ist weitgehend ungeklärt, im Ergebnis aber für § 88 TKG nicht von entscheidender Bedeutung, da beide Handlungsformen vom Begriff des Diensteanbieters erfasst sind. Durch den Tatbestand des Mitwirkens sollen sämtliche an der Diensteerbringung tatsächlich beteiligten Personen in den Kreis der nach dem TKG Verpflichteten einbezogen werden. Dazu gehören nicht nur die Mitarbeiter bzw. Bediensteten des diensteerbringenden Unternehmens, sondern auch alle sonstigen „Erfüllungsgehilfen", derer sich der Anbieter zur Erbringung des Dienstes bedient. Mitwirkende sind so insbesondere die „Betreiber" eines Telekommunikationsnetzes, etwa im Rahmen eines Outsourcings von Telekommunikationsdiensten, soweit sie nicht ohnehin den Dienst selbst erbringen.

14 In den Kreis der Verpflichteten sind allerdings nur solche Mitarbeiter oder Bedienstete öffentlicher Stellen einzubeziehen, die tatsächlich mit dem Betrieb des Tele-

---

2009, 605, entschied daher, dass einer Anforderung der BaFin an den Arbeitgeber, archivierte E-Mails herauszugeben, nicht das Fernmeldegeheimnis entgegensteht.

25 *Spindler/Schuster*, TKG, § 88 Rn. 13.

26 *Eckardt*, in: Spindler/Schuster, § 88 TKG Rn. 18.

27 *Hanebeck/Neunhoeffer*, K&R 2006, S. 112, unter Berufung auf die amtl. Begründung zu § 89 Abs. 2 TKG, BT-Drs. 13/3609, S. 53, wonach dem Fernmeldegeheimnis auch Nebenstellenanlagen in Betrieben und Behörden unterliegen, soweit sie den Beschäftigten zur privaten Nutzung zur Verfügung gestellt werden; *Bock*, in: Geppert/Piepenbrock/Schütz/Schuster, TKG, § 88 Rn. 9; *Büttgen*, in: Scheurle/Mayen, TKG, § 91 Rn. 21; differenzierend *Zerres*, in: Scheurle/Mayen, TKG, § 88 Rn. 20; vgl. *Robert*, in: Geppert/Piepenbrock/Schütz/Schuster, TKG, § 91 Rn. 9; vgl. auch BVerfGE 115, 166 = NJW 2006, 976 (978): „Art. 10 GG schützt die private Telekommunikation"; OLG Karlsruhe CR 2005, 288 zu § 206 StGB.

kommunikationsnetzes betraut sind, also z. B. das technische Personal. Beschäftigte, die nicht direkt in die Erbringung des Telekommunikationsdienstes einbezogen sind, sind gerade nicht Verpflichtete, sondern Begünstigte der datenschutzrechtlichen Regeln im TKG, denn sie nehmen die Dienste als Teilnehmer oder Nutzer in Anspruch. Ob den Begriffen „Erbringen" und „Mitwirken" eine lediglich technische Definition zugrunde liegt, ist zweifelhaft. Zwar spricht die ebenfalls nur auf technische Zusammenhänge abstellende Definition der Telekommunikation (§ 3 Nr. 22 TKG) systematisch dafür, jedoch griffe eine solche Auffassung sehr kurz: Der vom TKG intendierte Datenschutz sowie der Schutz des Fernmeldegeheimnisses fordern eine weiterreichende Definition, um Teilnehmer und Nutzer vor Eingriffen in ihre Rechte zu schützen. Denn Gefahren für dieses Recht können von sämtlichen Personen ausgehen, die an dem Angebot der Telekommunikationsdienstleistungen tatsächlich beteiligt sind, sei es im technischen Betrieb als eben auch in der administrativen Steuerung. Somit ist für die Begriffe des „Erbringens" und „Mitwirkens" in erster Linie auf die Funktionsherrschaft im technischen und administrativen Sinne abzustellen.

3. Verhaltenspflichten (Abs. 3)

Das Fernmeldegeheimnis legt den Verpflichteten konkrete Verhaltenspflichten auf. **15** Demnach ist jede Kenntnisnahme des Inhalts oder der näheren Umstände der Telekommunikation verboten, so dies nicht zur Erbringung eines Telekommunikationsdienstes oder zum Schutz eines technischen Systems erforderlich ist. Der in § 88 Abs. 3 TKG statuierte Erforderlichkeitsgrundsatz ist jedoch nicht starr. Vielmehr geben die datenschutzrechtlichen Regelungen der §§ 91 ff. TKG Anhaltspunkte, was der Diensteanbieter für erforderlich halten darf.[28] Darüber hinaus muss aber die Erforderlichkeit in jedem Einzelfall anhand einer konkreten Betrachtung beurteilt werden.[29] So soll die Einrichtung eines Viren- oder Spamschutzes (die bis zu einem gewissen Grad Kenntnisnahme von Kommunikationsinhalten verlangt) erforderlich sein, da alles andere bedeuten würde, dass ein Diensteanbieter nicht gegen etwaige Schädigungen seiner Kunden und Überlastung seines Netzes vorgehen könnte.[30]

Werden Kenntnisse von dem Fernmeldegeheimnis unterfallenden Sachverhalten er- **16** langt, dürfen diese gem. § 88 Abs. 3 Satz 2 TKG nur für die Zwecke verwendet werden, die § 88 Abs. 3 Satz 1 TKG vorgibt (Zweckbindungsgrundsatz): Auch hier muss sich die Verwendung der Kenntnisse also im Rahmen dessen halten, was zur Erbringung des Telekommunikationsdienstes oder zum Schutz des technischen Systems erforderlich ist. Das ist beispielsweise die Fehlerbehebung, die elektroni-

---

28 *Eckardt*, in: Spindler/Schuster, § 88 TKG Rn. 23.
29 *Bock*, in: Geppert/Piepenbrock/Schütz/Schuster, TKG, § 88 Rn. 26.
30 So *Bock*, in: Geppert/Piepenbrock/Schütz/Schuster, TKG, § 88 Rn. 26; *Eckardt*, in: Spindler/Schuster, § 88 TKG Rn. 24; a. A. *Lenhardt*, DuD 2003, S. 487.

sche Erfassung von Telefonaten zu Entgeltermittlungszwecken und die Verarbeitung und Weitergabe dieser Verkehrsdaten (vgl. § 91 TKG) sowie eine Überprüfung, um eine missbräuchliche Nutzung des Telekommunikationsdienstes zu verhindern (vgl. § 100 TKG).[31]

17   Über den Grundsatz der Zweckbindung hinaus gibt es umfangreiche gesetzliche Ausnahmevorschriften, die die Verarbeitung von dem Fernmeldegeheimnis unterliegenden Inhalten unter bestimmten Voraussetzungen erlauben. Vor allem muss die Verarbeitung im TKG oder in einem anderen Gesetz vorgesehen werden und sich ausdrücklich auch auf Telekommunikationsvorgänge beziehen. Daher ist eine Berufung auf § 34 StGB oder das allgemeine Gefahrenabwehrrecht zur Rechtfertigung eines Eingriffes in das Fernmeldegeheimnis wohl nicht ausreichend. Solche gesetzlichen Ausnahmevorschriften finden sich im Gesetz zu Art. 10 GG, im Zollfahndungsdienstgesetz/Außenwirtschaftsgesetz, in den §§ 100a, 100b, 100g, 100h, 100i StPO sowie in einigen Gesetzen zur präventiven Telekommunikationsüberwachung.[32] § 138 StGB genießt gem. § 88 Abs. 3 Satz 4 TKG Vorrang vor dem Fernmeldegeheimnis, obwohl sich § 138 StGB nicht auf Telekommunikation bezieht. Dies beinhaltet die Verpflichtung des Diensteanbieters, beim Verdacht auf eine Katalogstraftat des § 138 StGB auch tatsächlich Anzeige zu erstatten.[33] Keinesfalls aber ist der Anbieter aus §§ 88 Abs. 3 Satz 4 TKG, 138 StGB berechtigt, die über ihn abgewickelte Kommunikation systematisch auf Katalogstraftaten zu überprüfen.

18   Nicht abschließend geklärt ist, ob der Schutz des Fernmeldegeheimnisses verzichtbar ist, ein Eingriff also durch vorherige Einwilligung gerechtfertigt werden kann. Es ist davon auszugehen, dass eine Rechtfertigung für einen Eingriff in das Fernmeldegeheimnis immer dann vorliegt, wenn beide Gesprächsteilnehmer bzw. Kommunikationsteilnehmer eingewilligt haben und ihnen der Umfang der Datenpreisgabe bekannt ist.[34] Allerdings sind in den §§ 91 ff. TKG Konstellationen vorgesehen, die die Einwilligung nur eines Teilnehmers ausreichen lassen: etwa die Fangschaltung (§ 101 TKG) oder die Regelung zum Einzelverbindungsnachweis (§ 99 TKG). Dabei handelt es sich aber um enge und abschließende Ausnahmen. Auch die mutmaßliche Einwilligung soll unter bestimmten Umständen eine Rechtfertigung darstellen: Besteht eine gegenwärtige Gefahrensituation – meist akute Lebensgefahr – geben die Netzbetreiber Standortdaten ihrer Kunden an die Polizei weiter. Dies betrifft vor allem den Fall eines angekündigten Suizids.[35] Es versteht sich zwar, dass eine Einwilligung den Vorgaben von § 4a Abs. 1 BDSG und § 84 TKG entsprechen muss, nach der hier vertretenen Auffassung reicht aber die Ein-

---

31 *Bock*, in: Geppert/Piepenbrock/Schütz/Schuster, TKG, § 88 Rn. 27 m. w. N.
32 Eine umfassende Aufzählung findet sich bei *Bock*, in: Geppert/Piepenbrock/Schütz/Schuster, TKG, § 88 Rn. 28 ff.; s. auch *Eckardt*, in: Spindler/Schuster, § 88 TKG Rn. 26 ff.
33 VG Darmstadt NJW 2001, 2273.
34 *Klesczewski*, in: Säcker, TKG, § 88 Rn. 33.
35 *Bock*, in: Geppert/Piepenbrock/Schütz/Schuster, TKG, § 88 Rn. 56.

willigung eines Teilnehmers aus.[36] Die Möglichkeit, über Betriebsvereinbarungen eine Einwilligung herbeizuführen, ist umstritten.[37] Richtigerweise wird man Kollektivorgane für nicht befugt halten dürfen, über das höchstpersönliche Recht des Betroffenen zu disponieren.

4. Ausnahmen für Wasser- und Luftfahrzeuge (Abs. 4)

Der Kapitän eines Wasser- oder Luftfahrzeugs hat über die Besatzung und die Passagiere die Kommandogewalt. Ziel ist, Konflikte zwischen dem Bordfunker und dem Kapitän zu vermeiden. Die Vorschrift ist aufgrund ihres grundrechtseinschränkenden Inhaltes eng auszulegen.[38]　　　　　　　　　　　　　　　　　　　19

5. Einzelfälle

a) E-Mail-Kommunikation im Unternehmen

Ob die E-Mail-Kommunikation in einem Unternehmen vom Schutzbereich des § 88 TKG erfasst ist, wurde bisher höchstrichterlich nicht entschieden und ist nach wie vor stark umstritten. Wenn der Arbeitgeber die private Nutzung des E-Mail-Accounts durch die Mitarbeiter nicht zulässt,[39] kommt eine Anwendbarkeit der Regeln des TKG unbestritten nicht in Betracht.[40] Erlaubt er die private Nutzung, sieht die noch herrschende Meinung ihn als Diensteanbieter i. S. des § 3 Nr. 6 TKG.[41] Dieser Auffassung folgen insbesondere die Datenschutzbehörden des Bundes und der Länder.[42] Auch der Gesetzgeber scheint nach wie vor dieser Auf-　　20

---

36 Rn. 11.
37 Vgl. *Walz*, in: Simitis, BDSG, § 4 Rn. 16.
38 *Klesczewski*, in: Säcker, TKG, § 88 Rn. 37; *Bock*, in: Geppert/Piepenbrock/Schütz/Schuster, TKG, § 88 Rn. 60.
39 Unter welchen Umständen ein „Zulassen" der privaten Nutzung vorliegt, ist umstritten. In Betracht kommt eine ausdrückliche Erlaubnis, vgl. *Mengel*, BB 2004, S. 2014 (2015); aber auch ein bloßes Dulden und das Unterlassen von geeigneten Überprüfungsmaßnahmen soll nach a. A. bereits reichen, so *Seifert* in: Simitis, BDSG, § 32 Rn. 93; vgl. *Schmidl*, MMR 2005, S. 343 (343) und *Riesenhuber*, in: BeckOK BDSG, § 32 Rn. 147; *Thüsing*, Arbeitnehmerdatenschutz und Compliance, Rn. 112; § 32 BDSG Rn. 43 ff.
40 *Löwisch*, DB 2009, S. 2782; *Riesenhuber*, in: BeckOK BDSG, § 32 Rn. 147; *Jenny*, in: Plath, BDSG, § 88 TKG Rn. 15.
41 U. a. *Elschner*, in: Hoeren/Sieber, Teil 22.1, Rn. 72 ff.; *Fischer*, ZD 2012, S. 265; *Hoppe/Braun*, MMR 2010, S. 80; *Jandt*, K&R 2011, S. 631; *Lunk*, NZA 2009, S. 457; *Tiedemann*, ZD 2011, S. 45; *Vietmeyer/Byers*, MMR 2010, S. 807; *Wolf/Mulert*, BB 2008, S. 442; *de Wolf*, NZA 2010, S. 1026 f.
42 Z. B. Bundesbeauftragte für den Datenschutz und die Informationsfreiheit, Leitfaden: Internet am Arbeitsplatz (2009), S. 4; ders. unter www.bfdi.bund.de/DE/Themen/Arbeit/Arbeitnehmerdatenschutz/Artikel/InternetnutzungArbeitsplatz.html?nn=409756 (2013); ULD Schleswig-Holstein, „Private oder dienstliche Internet- und E-Mail-Nutzung" (2011); Bayerischer Landesbeauftragte für den Datenschutz: www.datenschutz-bayern.de/technik/orient/privmail.html (2013).

fassung zu sein.[43] Eine Gewinnerzielungsabsicht verlange § 3 Nr. 10 TKG nicht und der Mitarbeiter sei auch als Dritter i.S. des § 3 Nr. 10 TKG anzusehen, da er bei der privaten Nutzung die betrieblichen Kommunikationsmittel nicht in der Funktion als Arbeitnehmer sondern als Privater nutze.[44] Der Arbeitgeber kann sich damit auch nach § 206 StGB strafbar machen, wenn er sich Kenntnis von den Inhalten und begleitenden geschützten Daten von E-Mail-Korrespondenz seiner Mitarbeiter verschafft. Die E-Mail-Korrespondenz der Mitarbeiter unterliegt dann dem Fernmeldegeheimnis, und zwar auch die dienstlich veranlasste Kommunikation, weil sich das vom Arbeitgeber zur Verfügung gestellte Kommunikationssystem nicht virtuell in einen Dienst für Dritte und einen Dienst nur für das Unternehmen aufteilen lässt. Faktisch ist die rein geschäftliche Kommunikation nur durch Einsichtnahme auch der privaten Kommunikation identifizierbar, sodass auch bei beabsichtigter Nutzung nur der geschäftlichen Korrespondenz eine Einsichtnahme zumindest der „Header" der privaten E-Mails nicht zu vermeiden ist.[45]

21 Das Problem ist seit langem bekannt; dennoch tendieren die meisten Arbeitgeber dazu, die private Nutzung der dienstlichen Kommunikationsmittel zumindest eingeschränkt zu gestatten, weil diese zum einen ein Vorteil für die Arbeitnehmer ist, welche dem Arbeitgeber aufgrund der heute vorherrschenden Flatrates keine hohen Kosten verursacht und zum anderen der Verweis der Arbeitnehmer auf die Nutzung externer Dienste über die Telekommunikationsmittel des Arbeitgebers mit Sicherheitsrisiken verbunden ist. Das allenthalben vorgeschlagene Verbot der privaten Nutzung der dienstlichen Kommunikationssysteme geht an der Interessenlage und den offensichtlich bestehenden Bedürfnissen der Beteiligten (Arbeitgeber und Arbeitnehmer) vorbei.

22 Das unbefriedigende Ergebnis der Geltung des Fernmeldegeheimnisses wird daher in jüngerer Zeit vielfach angezweifelt. Eine im Vordringen befindliche Ansicht qualifiziert den Arbeitgeber nicht als Diensteanbieter,[46] weil die Mitarbeiter in die Unternehmensorganisation integriert und damit keine Dritten seien.[47] § 3 Nr. 24

---

43 Eindeutig zum Vorläufer des § 88 TKG, § 85 TKG 1996, BT-Drs. 13/3609, S. 53 zu § 82 E-TKG; Entwurf des Gesetzes zur Regelung des Beschäftigtendatenschutzes, BT-Drs. 17/4230, S. 42.

44 Vgl. *Fischer*, ZD 2012, S. 265 (266).

45 Sucht der Arbeitgeber nach E-Mails bestimmten geschäftlichen Inhalts, so ist es allerdings denkbar, dass die betroffenen E-Mails durch entsprechend programmierte Maschinen herausgefiltert werden können. Geschieht dies ohne Einsicht menschlicher Mitarbeiter, so ist die Filterung selbst generell zulässig. Die Einsichtnahme in die herausgefilterten Mails unterliegt indes immer noch den Restriktionen des § 32 BDSG und bei erlaubter Nutzung des E-Mail-Systems zu privaten Zwecken des Fernmeldegeheimnisses.

46 LAG Niedersachsen, MMR 2010, 639; nach *Jandt* hat das LAG Niedersachsen jedoch nicht grundsätzlich die Eigenschaft des Arbeitgebers als Diensteanbieter verneint, sondern lediglich in Bezug auf die Dienstleistung der E-Mail-Speicherung auf dem betrieblichen Server, K&R 2011, S. 631 (632); LAG Berlin-Brandenburg ZD 2011, 43 mit unzutreffender Begründung; *Deiters*, ZD 2012, S. 109; *Rübenstahl/Debus*, NZWi.S.t 2012, S. 129 (133); *Wybitul*, ZD 2011, S. 29.

TKG verlange, dass es sich um Dienste handele, die in der Regel gegen Entgelt erbracht werden. Ein Arbeitgeber verlange in der Regel aber gerade kein Entgelt für die private Nutzung.[48] Schließlich sei Sinn und Zweck des TKG nach § 1 TKG die Förderung des privaten Wettbewerbs im Bereich der Kommunikation, nicht aber die unternehmensinternen Rechtsbeziehungen zwischen Arbeitgeber und Arbeitnehmer zu regeln.[49] Die private E-Mail-Nutzung unterliegt dann „nur" dem Schutz des BDSG.[50]

Über die Auffassung des Gesetzgebers wird man sich – bei allem Grund zur Unzufriedenheit – nicht hinwegsetzen können, zumal der Gesetzgeber – jedenfalls nach dem Stand des Entwurfes zum Beschäftigtendatenschutzgesetz – nach wie vor auf seiner „Ansicht" zu beharren scheint.[51] Die Lösung ist daher nicht in einer Interpretation des TKG zu suchen, welche der Intention des Gesetzgebers widerspricht, sondern in einer praxisnahen Öffnung der vom Arbeitgeber betriebenen bzw. angebotenen Telekommunikationsdienste zur Nutzung zu privaten Zwecken unter dem Vorbehalt der Ausübung der Arbeitgeberrechte und Unternehmenspflichten zur Erfüllung der Aufgaben des Unternehmens, also namentlich der Compliance einschließlich einer ordnungsgemäßen Archivierung der geschäftsbezogenen Kommunikation nach den handelsrechtlichen und steuerrechtlichen Anforderungen, der Aufklärung von Straftaten und Ordnungswidrigkeiten, sowie zum Schutz des Arbeitgebers vor der Inanspruchnahme durch Dritte.[52] Die Lösung liegt in klaren Bedingungen zur Nutzung der Kommunikationssysteme zu privaten Zwecken, die den Mitarbeitern zu vermitteln und ggf. mit den Mitarbeitern zu vereinbaren sind. Da – nach ganz herrschender Auffassung – der Arbeitgeber die private Nutzung grundsätzlich verbieten kann, muss es ihm auch möglich sein, die private Nutzung zu gestatten unter der Bedingung, dass ihm gleichzeitig die Rechte zustehen, welche er hätte, wenn nur die dienstliche Nutzung erlaubt wäre.

23

---

47 *Deiters*, ZD 2012, S. 109 (110); problematisch ist die Bestimmung des Dritten auch, weil es an einer expliziten Regelung im TKG fehlt; vgl. auch *Thüsing*, Rn. 231, der auf die Auslegung des „Dritten" in § 123 Abs. 2 BGB hinweist, und *Wybitul*, ZD 2011, S. 29 (71), der Rückgriff auf die Regeln des BDSG nimmt.

48 *Schimmelpfennig/Wenning*, DB 2006, S. 2290 (2292).

49 *Fühlbier/Splittgerber*, NJW 2012, S. 1995 (1999).

50 Kritisch hierzu *Riesenhuber*, in: BeckOK BDSG, § 32 Rn. 146; *Jenny*, in: Plath, BDSG, § 88 TKG Rn. 15.

51 S. § 32i Abs. 5 EBDSG nach dem Stand gemäß Änderungsanträgen der CDU/CSU und der FDP-Fraktion vom 10.1.2013, Innenausschuss des BT, Ausschussdrs. 17(4)635. Die Behandlung von Kommunikation bei erlaubter privater Nutzung wird bewusst nicht geregelt, ein absichtliches „Versagen" des Gesetzgebers.

52 Ist der Adressat einer geschäftsbezogenen E-Mail im Unternehmen nicht verfügbar, so muss der Arbeitgeber Zugriff auf die Korrespondenz nehmen können, weil sich aus der Korrespondenz Ansprüche des Absenders z. B. auf Erfüllung gegen das Unternehmen ergeben können.

24 Geht man davon aus, dass ohne anderweitige Regelung zwischen dem Arbeitgeber als Dienstleister und den Beschäftigten das Fernmeldegeheimnis zu beachten ist, wenn die private Nutzung erlaubt ist, so stellt sich die Frage, wie weit der Schutz des Fernmeldegeheimnisses reicht. Der Schutzbereich ist eröffnet, solange die E-Mail auf dem Server des Providers ist.[53] Übertragen auf den Arbeitgeber ist das der sog. Exchange-Server für aus- und eingehende E-Mail-Kommunikation. Wurde die E-Mail von dem Mitarbeiter selbst vom E-Mail-Server auf einen anderen Ort verschoben, ist der Telekommunikationsvorgang beendet und das Fernmeldegeheimnis nicht mehr einschlägig.[54] Daraus folgt, dass das Heraussuchen geschäftlicher Kommunikation durch den Arbeitgeber ohne Einwilligung des betroffenen Mitarbeiters grundsätzlich nicht möglich ist, soweit sich die Kommunikation auf dem Server befindet.[55] Gleiches muss im Ergebnis für E-Mails gelten, die auf einem Ausgangsserver zum Zwecke des Versendens gespeichert sind. Unklar ist, ob die Daten, die auf dem Exchange-Server vorhanden sind, noch dem Fernmeldegeheimnis unterliegen, wenn sie von dem Mitarbeiter hätten verschoben werden können oder sogar – z. B. nach einer internen Richtlinie – in bestimmte Ordner hätten verschoben werden müssen. Da das Fernmeldegeheimnis den Telekommunikationsvorgang selbst schützt und demgemäß nicht mehr anwendbar ist, wenn dieser beendet ist, ist der Schutz nicht mehr eröffnet, wenn der Mitarbeiter eine Kopie der E-Mail erhält, im Übrigen aber die E-Mail auch noch auf dem Exchange-Server vorhanden ist. Es ist daran zu denken, dass der Übermittlungsvorgang mit dem Erreichen des Adressaten abgeschlossen sein müsste und es auf einen Abruf durch den Mitarbeiter eigentlich nicht einmal ankommen müsste, sofern ihm der Eingang der Mail angezeigt wird. Allerdings ist anerkannt, dass das Briefgeheimnis nicht mit der Hinterlegung der Sendung im Postfach des Empfängers endet.[56] Mithin ist erforderlich, dass der Mitarbeiter den Inhalt der E-Mail aufruft oder selbst in einen anderen Ordner verschiebt.

25 Bei der Internetnutzung sind die Probleme nahezu identisch mit denen der E-Mail-Kommunikation. Ist die private Nutzung verboten, stellen sich telekommunikationsdatenschutzrechtliche Probleme nicht. Ist sie erlaubt, so gelten die Erwägungen zur Nutzung betrieblicher E-Mail-Systeme.[57] Folgt man der Auffassung, das die §§ 88, 91 ff. TKG bei erlaubter privater Nutzung anwendbar sind, so ist die Einsichtnahme des Arbeitnehmers in den Browserverlauf, die angewählten und besuchten Adressen (Websites), die Dauer der Nutzung etc. grundsätzlich verboten, sofern nicht eine Rechtfertigung nach den §§ 91 ff. TKG für die Erhebung, Speicherung und Einsichtnahme der Daten ersichtlich ist. Zur Überprüfung des Verhaltens des Arbeitnehmers dürfen die Daten jedenfalls nicht verwendet werden.[58]

---

53 Vgl. BVerfG MMR 2009, 673.
54 LAG Hamm BeckRS 2012, 71605; vgl. VGH Kassel MDR 2009, 714.
55 Näher oben Rn. 12.
56 *Baldus*, in: BeckOK GG, Art 10 Rn. 6; BVerwG 79, 110, 115.
57 Oben Rn. 20 ff.
58 *Hegewald*, in: Münchener Anwaltshandbuch IT-Recht, Teil 7 Rn. 91.

b) Sprachtelefonie im Unternehmen

Ähnliche Probleme stellen sich bei der Sprachtelefonie im Unternehmen, soweit **26** die private Nutzung erlaubt ist.[59] Aufzeichnungen von Telefonaten – gleich, ob die private Nutzung erlaubt oder verboten ist – kommen zwar nur ausnahmsweise in Betracht, etwa, wenn die Sprachtelefonie gerade Gegenstand des Dienstverhältnisses ist und der Anrufer eingewilligt hat,[60] aber neuere Telefonanlagen erlauben eine Reihe von Funktionen, welche, soweit die private Nutzung erlaubt ist, telekommunikationsdatenschutzrechtlich bedenklich sind. So erlauben sie beispielsweise die Einrichtung von sog. Gruppenschaltungen im Betrieb. Dabei erkennen die Mitglieder einer Gruppe – je nach Einstellung – nicht nur, ob einer der Gruppenmitglieder angerufen wird, sondern auch die Nummer des Anrufers, sofern dieser sich nicht der Rufnummernunterdrückung bedient. Mitglieder der Gruppe können den eingehenden Anruf jederzeit annehmen, um dem Anrufer bestmöglich zu betreuen. Hier stellt sich die Frage, ob der Anrufer, welcher evtl. den Angerufenen privat sprechen will, mit einer Kenntnis der Gruppenmitglieder von seinem Anruf einverstanden ist. Das ist allerdings unerheblich, wenn das angerufene Mitglied der Gruppe einverstanden ist,[61] zumal der Anrufer ohnehin damit rechnen muss, dass seine Anrufe in einem Unternehmen nicht vertraulich bleiben.[62]

Das bedeutet jedoch nicht, dass der Angerufene mit der Rufnummernanzeige priva- **27** ter Anrufe einverstanden ist. Diesem steht grundsätzlich der Schutz des Fernmeldegeheimnisses zu, weil in diesem Fall die Anzeige der Rufnummer Teil der vom Fernmeldegeheimnis geschützten Daten ist.[63] Damit ist die Einrichtung solcher Gruppenschaltungen, welche die Rufnummer des Anrufers anderen Gruppenmitgliedern anzeigen, ohne Zustimmung des Gruppenmitglieds unzulässig.

Probleme mit dem Fernmeldegeheimnis und dem Telekommunikationsdatenschutz **28** ergeben sich auch bei TK-Anlagenfunktionen, die bislang beim Endnutzer erbracht wurden (z. B. Anrufbeantworter, Mailboxdienste),[64] jetzt aber vom Dienstanbieter in seinem eigenen Netz betrieben werden. Denn der TK-Diensteanbieter dürfte manche der dort von den Nutzern erhobenen Daten (insbesondere Protokolldaten) weder speichern noch nutzen, weil die §§ 91 ff. TKG keine Rechtfertigung hierfür

---

59 Die Problematik ist identisch mit der Problematik bei der E-Mail-Kommunikation, vgl. Rn. 20 ff.; s. auch *Riesenhuber*, in: BeckOK BDSG, § 32 Rn. 148 f.

60 Vgl. *Riesenhuber*, in: BeckOK BDSG, § 32 Rn. 149; typische Fälle: Call-Center und telefonische Auftragsannahmen.

61 Die Rufnummer des Anrufers ist jedenfalls ein personenbezogenes Datum i. S. des § 3 Abs. 1 BDSG, da sie einer bestimmten Person zugeordnet werden kann. Nach mehrmaligen Anrufen ist es den Mitgliedern der Gruppe oft erkennbar, wer anruft. Die Einwilligung des Angerufenen sollte nach dem unter Rn. 11 Gesagtem ausreichend sein.

62 Vgl. *Elschner*, in: Hoeren/Sieber, Teil 22.1, Rn. 88; *Jenny*, in: Plath, BDSG, § 88 TKG Rn. 10 f.

63 Rn. 10.

64 Zu weiteren Ausformungen *Schmitz*, ZD 2011, S. 104, 105, 108.

vorsehen. Das gilt insbesondere für Verkehrsdaten nach § 96 TKG. Teilweise kann man hier durch eine Auftragsdatenverarbeitung nach § 11 BDSG Abhilfe schaffen.[65]

c) Ermittlung des Standorts

29 Insbesondere im Mobilfunk wird unabhängig von den normalen Telekommunikationsvorgängen oftmals der Standort des Endgerätes ermittelt, z.B., um dem Nutzer bestimmte auf den Standort zugeschnittene Informationen zukommen zu lassen.[66]

30 Zum einen fallen dabei über sog. „Location-Updates" Informationen über den lokalen Bereich innerhalb eines Mobilfunknetzes an, anhand derer im Falle eines Verbindungsaufbaus ermittelt werden kann, über welche Netzelemente der Nutzer jeweils zu erreichen ist. Diese Informationen werden automatisch ohne Veranlassung des Nutzers ausgetauscht. Da der Besitzer in diesem Stadium aber dennoch auf den Empfang von Nachrichten und Anrufen vorbereitet ist, soll es sich um einen bereits eingeleiteten Kommunikationsvorgang handeln, sodass die mitgeteilten Daten dem Fernmeldegeheimnis unterfallen.[67] Der BGH hat dies damit begründet, dass gemäß § 96 Abs. 1 TKG auch solche Daten Verbindungsdaten seien, die bereits bei der Bereitstellung von Telekommunikationsdienstleistungen erhoben werden.[68]

31 Darüber hinaus werden Standortdaten ermittelt, um Dienste im Rahmen der „Location-Based-Services" (LBS) anbieten zu können. Die so anfallenden Standortdaten des Nutzers sind jedenfalls personenbezogene Daten; ob sie aber unter den Schutz des Fernmeldegeheimnisses fallen, ist fraglich, denn der Betroffene hat auch hier zum Zeitpunkt des Datenaustausches keinen Telekommunikationsvorgang eingeleitet. Sofern die betroffenen Daten gleichzeitig Verkehrsdaten sind, ist der Anwendungsbereich des § 88 TKG jedenfalls eröffnet. Es gibt jedoch Standortdaten, die keine Verkehrsdaten sind: das ergibt sich bereits daraus, dass die EG-DSRl 2002/58/EG zwischen Verkehrsdaten i.S.d. Art. 6 und den „anderen Standortdaten als Verkehrsdaten" in Art. 9 unterscheidet. Insoweit ist für die Frage nach dem Anwendungsbereich des § 88 TKG hier eine Trennung von Telekommunikations- und Telemediendiensten erforderlich, die aber gerade im Zeitalter der modernen Telekommunikation oftmals kaum durchzuführen ist.[69]

32 Das BVerfG hält bei der Standortermittlung eines Mobilfunkendgerätes mithilfe eines IMSI-Catchers das Fernmeldegeheimnis für nicht berührt.[70] Die Privatheit der

65 *Schmitz*, ZD 2011, S. 104 ff.
66 „Stand-by-Standortdaten", siehe *Klesczewski*, in: Säcker, TKG, § 88 Rn. 15 und § 98 TKG.
67 VG Darmstadt NJW 2001, 2273.
68 BGH NJW 2003, 2034 (2035) m. Anm. *Weßlau*, StV 2003, S. 370; BGH NJW 2001, 1587 (1588), zustimmend mit Übersicht über den Stand der Diskussion *Klesczewski*, in: Säcker, TKG, § 88 Rn. 15; zweifelnd *Zerres*, in: Scheurle/Mayen, TKG, § 88 Rn. 13.
69 Vgl. *Bock*, in: Geppert/Piepenbrock/Schütz/Schuster, TKG, § 88 Rn. 16.
70 BVerfG NJW 2007, 351.

Kommunikation könne durch das Ausspähen der Kommunikationsbereitschaft nicht gefährdet werden.[71] Daraus lässt sich folgern, dass die Ermittlung von Standortdaten nicht unter das Fernmeldegeheimnis fällt, solange ein Kommunikationsvorgang nicht eingeleitet wurde.[72] Anders wäre dies mithin zu sehen, wenn während eines Telefonats oder der Nutzung des Browsers der Standort aus *diesem* Vorgang ermittelt wird.

Für die Zulässigkeit einer Standortermittlung durch den Arbeitgeber, sollte mit dem Beschäftigtendatenschutzgesetz eine spezielle Regelung geschaffen werden.[73] Die Bundesregierung hat die Pläne für ein Beschäftigtendatenschutzgesetz aufgrund starker Kritik im Februar 2013 zurückgestellt. Da die Ortung danach nur zulässig wäre, wenn sie aus betrieblichen Gründen zur Sicherheit des Beschäftigten oder zur Koordinierung seines Einsatzes erforderlich ist und schutzwürdige Interessen des Beschäftigten am Ausschluss der Datenerhebung, -verarbeitung oder -nutzung nicht überwiegen, würde es auf die Geltung des Fernmeldegeheimnisses insoweit de facto nicht mehr ankommen. **33**

c) Outsourcing

Auch im TK-Bereich werden oft einzelne Aufgabenfelder auf andere Unternehmen übertragen – das reicht bis zur Übertragung des gesamten Netzbetriebes an Dritte. Dazu ist es vielfach erforderlich, dass der Outsourcing-Geber seinem Outsourcing-Nehmer Daten überträgt, welche dem Fernmeldegeheimnis unterliegen. Ohne Einwilligung der Betroffenen ist das aber nur zulässig, wenn ein Fall der Auftragsdatenverarbeitung und damit des § 11 BDSG vorliegt. Dieser findet Anwendung, wenn ein auftragsähnliches Verhältnis zwischen Oursourcing-Geber und -Nehmer besteht: Der Outsourcing-Nehmer muss verpflichtet sein, ausschließlich den Weisungen des Auftraggebers zu folgen. Außerhalb von Weisungen darf der Outsourcing-Nehmer die ihm zur Verarbeitung oder Nutzung überlassenen Daten weder für seine eigenen Zwecke noch für Zwecke Dritter verwenden. Der Auftraggeber ist berechtigt (und sollte dies auch tun), die Ausführung der Bestimmungen des Bundesdatenschutzgesetzes und der Datensicherungsmaßnahmen hinsichtlich der Verarbeitung seiner Daten jederzeit zu kontrollieren.[74] Nach außen muss der Outsourcing-Nehmer quasi wie eine rechtlich und organisatorisch unselbstständige Abteilung des Outsourcing-Gebers fungieren.[75] Problematisch im Rahmen des Outsourcings von TK-Leistungen ist, ab welchem Punkt es sich nicht mehr um bloße Auftragsdatenverarbeitung, sondern um eine Funktionsübertragung handelt, sodass § 11 BDSG aufgrund der Selbstständigkeit des Outsourcing-Nehmers nicht **34**

---

71 A.A: wohl *Jarass*, in: Jarass/Pieroth, GG Kommentar, Art. 10 Rn. 9; *Nachbaur*, NJW 2007, S. 335 (337).

72 Allerdings ist in jedem Fall das Recht auf informationelle Selbstbestimmung tangiert.

73 Siehe den Entwurf zum Beschäftigtendatenschutzgesetz: BT-Drs. 17/4230, § 32g EBDSG.

74 Vgl. § 11 BDSG Rn. 35 ff.; *Büllesbach/Rieß*, NVwZ 1995, S. 444 (446).

75 *Kramer/Herrmann*, CR 2003, S. 938 (941).

mehr eingreift. Eine Weitergabe der dem Fernmeldegeheimnis unterliegenden Daten an den Outsourcing-Nehmer wäre dann mangels einer anderen Rechtfertigung
strafbar nach §§ 201, 206 StGB.[76] Die Beurteilung muss immer im Wege einer Einzelfallbetrachtung erfolgen, wobei wichtigstes Abgrenzungskriterium die Entscheidungsbefugnis über die Daten und damit die datenschutzrechtliche Verantwortlichkeit ist.[77]

35   Telekommunikationsunternehmen bieten heute zunehmend Dienste wie etwa Leis-
tungen im Bereich IT-Sicherheit an.[78] Hier stellt sich zunächst die Frage, ob das
Fernmeldegeheimnis und die §§ 91 ff. TKG auf den jeweiligen Fall anwendbar sind,
oder ob diese Leistungen nicht dem TMG oder „nur" dem BDSG unterliegen.[79]
Erst dann stellt sich aus telekommunikationsrechtlicher Sicht die Frage, ob das TK-
Unternehmen als Auftragsdatenverarbeiter anzusehen ist. Entscheidend ist, ob der
TK-Diensteanbieter in gewissem Umfang Entscheidungen fällen kann, ob und wie
er Daten erhebt, ob er diese speichert und wie er mit diesen umgeht. So sind Help-
desks und Content Delivery Networks wohl keine Auftragsverarbeitung.[80] Bei
Helpdesks werden Störungen von Mitarbeitern gemeldet, eine Verarbeitung der
TK-Daten ist nach § 100 TKG gestattet.[81]

36   Der Auftragnehmer kann allerdings aufgrund seiner Tätigkeit nach dem TKG selbst
zum Telekommunikationsdienstleister werden, der dann nicht mehr Leistungen als
Auftragsdatenverarbeiter, sondern zwingend als Telekommunikationsdiensteanbieter erbringt. Insoweit ist er dann selbst verantwortliche Stelle.[82] Ein Content Delivery Network dient der Übermittlung von Inhalten. Der Austausch von Inhalten
zwischen Kunden und dessen Nutzern ist daher ebenfalls ein Telekommunikationsdienst und kann nicht im Wege der Auftragsdatenverarbeitung erbracht werden.[83]

III. Rechtsfolgen bei Verstößen gegen das Fernmeldegeheimnis

37   Das TKG kennt keine Strafvorschrift, die die Verletzung des Fernmeldegeheimnisses sanktioniert. § 148 TKG stellt lediglich bestimmte Verstöße gegen § 89 TKG
unter Strafe. Strafrechtliche Sanktionsvorschrift ist § 206 StGB. Da allerdings die
dem Fernmeldegeheimnis unterliegenden Daten zugleich nach § 91 TKG geschütz-

---

76 Vgl. *Jenny*, in: Plath, BDSG, § 91 TKG Rn. 14 ff.
77 § 11 BDSG Rn. 11 ff.; *Gola/Schomerus*, BDSG, § 11 Rn. 9.
78 *Jenny*, in: Plath, BDSG, § 91 TKG Rn. 15.
79 *Schmitz*, ZD 2011, S. 104, 106.
80 So auch *Jenny*, in: Plath, BDSG, § 91 TKG Rn. 17; wobei das ULD das Content Delivery
    Network von Facebook als Auftragsdatenverarbeiter ansieht: ULD, Datenschutzrechtliche
    Bewertung der Reichweitenanalyse durch Facebook (2012), S. 17.
81 So auch *Jenny*, in: Plath, BDSG, § 91 TKG Rn. 17.
82 *Schmitz*, ZD 2011, S. 104, 106 f.; *Jenny*, in: Plath, BDSG, § 91 TKG Rn. 16.
83 *Jenny*, in: Plath, BDSG, § 91 TKG Rn. 17.

te personenbezogene Daten sind, liegt bei einer Verletzung immer zugleich eine Ordnungswidrigkeit nach § 149 TKG vor. Die Bußgeldvorschriften des BDSG sind zu denen des TKG subsidiär.[84]

Schadens- und Unterlassungsansprüche bestehen nach § 44 TKG i.V.m. § 88 TKG, sowie nach §§ 823 Abs. 2 BGB i.V.m. § 88 Abs. 1, 2 TKG, da § 88 TKG Schutzgesetz i.S. des § 823 Abs. 2 BGB ist.[85] Da das Fernmeldegeheimnis wie die Vertraulichkeit des gesprochenen Wortes zum allgemeinen Persönlichkeitsrecht gehört, bestehen Ansprüche auch aus § 823 Abs. 1 BGB. Bei schweren Eingriffen kann Ersatz eins immateriellen Schadens nach § 253 Abs. 2 BGB geltend gemacht werden.   **38**

Nach § 115 Abs. 1 TKG wacht die Bundesnetzagentur über die Einhaltung des Fernmeldegeheimnisses und kann entsprechende Maßnahmen – bis zur Untersagung des Telekommunikationsdienstes – durchführen. Nach § 115 Abs. 4 TKG ist zudem der Bundesbeauftragte für den Datenschutz für die Aufsicht über geschäftsmäßig erbrachte Telekommunikationsdienste zuständig. Er berichtet an die Bundesnetzagentur.[86]   **39**

---

84 *Meister/Laun*, in: Wissmann, Telekommunikationsrecht, Kap. 14, Rn. 29.
85 *Meister/Laun*, in: Wissmann, Telekommunikationsrecht, Kap. 14, Rn. 33; *Klesczewski*, in: Säcker, TKG, § 88 Rn. 41.
86 Siehe im Einzelnen *Klesczewski*, in: Säcker, TKG, § 115 Rn. 26.

§ 89 Abhörverbot, Geheimhaltungspflicht der Betreiber von Empfangsanlagen

Mit einer Funkanlage dürfen nur Nachrichten, die für den Betreiber der Funkanlage, Funkamateure im Sinne des Gesetzes über den Amateurfunk vom 23. Juni 1997 (BGBl. I S. 1494), die Allgemeinheit oder einen unbestimmten Personenkreis bestimmt sind, abgehört werden. Der Inhalt anderer als in Satz 1 genannter Nachrichten sowie die Tatsache ihres Empfangs dürfen, auch wenn der Empfang unabsichtlich geschieht, auch von Personen, für die eine Pflicht zur Geheimhaltung nicht schon nach § 88 besteht, anderen nicht mitgeteilt werden. § 88 Abs. 4 gilt entsprechend. Das Abhören und die Weitergabe von Nachrichten auf Grund besonderer gesetzlicher Ermächtigung bleiben unberührt.

Literatur: *Bär*, Wardriver und andere Lauscher – Strafrechtliche Fragen im Zusammenhang mit WLAN, MMR 2005, S. 434; *Ernst/Spoenle*, Zur Strafbarkeit des Schwarzsurfens, CR 2008, S. 439; *Gröseling/Höfinger*, Hacking und Computerspionage – Auswirkungen des 41. StRÄndG zur Bekämpfung der Computerkriminalität, MMR 2007, S. 549; *Höfinger*, Zur Straflosigkeit des sogenannten »Schwarz-Surfens«, ZUM 2011, S. 212; *Popp*, Strafbarkeit des Schwarzsurfens, jurisPR-ITR 16/2008, Anm. 4.

I. Allgemeines

1. Gesetzeszweck

1   Die Vorschrift bezweckt den Schutz des nicht allgemein zugänglichen Funkverkehrs vor unbefugter Kenntnisnahme Dritter (also nicht der Diensteanbieter), die nicht Adressaten des § 88 TKG sind. In der Praxis gewinnt sie zunehmend an Bedeutung, da das „Mithören" mittlerweile aufgrund einfach zu bedienender Geräte auch technisch nicht versierten Personen möglich ist. Die Vorschrift verbietet auch das Abhören des Polizeifunks[1] – sie dient daher auch dem Schutz der Sicherheitsbehörden.[2] Da es um die Kenntnisnahme von Inhaltsdaten geht, die nicht für die Öffentlichkeit bestimmt sind, ist die Vorschrift zugleich datenschutzrechtlicher Natur.

---

1 Der bislang analog betriebene Polizeifunk (sog. BOS-Funk) ist bis zur Einführung digitaler Technik ohne Weiteres abhörbar.

2 *Zerres*, in: Scheurle/Mayen, TKG, § 89 Rn. 2.

2. Tatbestand

Bei Funkanlagen handelt es sich um elektrische Sende- und Empfangsanlagen, de- **2**
ren Informationsübertragung ohne Verbindungsleitung stattfinden kann.[3] Hierzu
gehören beispielsweise laser- und infrarotbasierte Übertragungstechniken, aber
auch CB-Funkanlagen, schnurlose Haustelefone und WLAN-Adapter.[4] Erfasst werden dabei aber nur Kommunikationsvorgänge. Geschützt wird demnach die Übermittlung bereits existierender Nachrichten,[5] nicht jedoch die Informationserzeu-
gung selbst, sodass Radargeräte und Radarwarner nicht unter die Vorschrift fallen.
Insoweit fehlt es an einem Zusammenspiel zweier Kommunikationspartner.[6] Ebenso fallen andere technische Einrichtungen als Funkanlagen nicht unter § 89 TKG,
auch wenn sie geeignet sind, Signale wiederzugegeben, wie z. B. Mikrophone.[7] Ab-
höreinrichtungen an leitungsgebundenen Anlagen dienen nicht dem Abhören von
Funkanlagen.

Nachricht ist jede Information, die zwischen zwei oder mehreren Kommunikations- **3**
partnern ausgetauscht wird. Dabei kann es sich um Sprache, Bilder, Töne, Zeichen,
Daten[8] und Ähnliches handeln.[9] Abhören meint die bewusste, absichtliche Kenntnisnahme der Nachrichten. Dabei kann es – trotz des Wortlautes – aber nicht nur
auf eine akustische Wahrnehmbarkeit[10] ankommen: Andernfalls würde ein großer
Teil der Nachrichten, deren Schutz die Vorschrift bezweckt, aus ihrem Anwendungsbereich fallen.[11] Das strafrechtliche Analogieverbot ist freilich im Hinblick
auf § 148 TKG zu beachten.

§ 89 Satz 2 TKG verbietet die Mitteilung des Inhalts und die Tatsache des Emp- **4**
fangs der Nachricht an Dritte und erfasst dabei insbesondere Nachrichten, die unbeabsichtigt mit- und daher nicht abgehört i. S. d. Satzes 1 wurden. Zur Geheimhaltung ist so auch derjenige verpflichtet, der den Inhalt einer Nachricht nicht selbst

---

3 Der Begriff „Funkanlage" war in § 3 Nr. 4 TKG 1996 noch entsprechend definiert.
4 *Bock*, in: Geppert/Piepenbrock/Schütz/Schuster, TKG, § 89 Rn. 6; *Klesczewski*, in: Säcker,
  TKG, § 89 Rn. 4; AG Wuppertal MMR 2008, 632 – zum WLAN; anders jetzt aber LG
  Wuppertal ZUM 2011, 190, und hierzu *Höfinger*, ZUM 2011, S. 212 ff.; s. auch VG Köln
  BeckRS 2008, 40264 zur Nichtanwendbarkeit von § 89 TKG auf Mitlesen von nicht akustisch hörbaren Signalen.
5 Vgl. die Legaldefinition in § 3 Nr. 4 TKG 1996.
6 *Zerres*, in: Scheurle/Mayen, TKG, § 89 Rn. 3.
7 Näher *Klesczewski*, in: Säcker, TKG, § 89 Rn. 4.
8 IP-Adressen sind keine Nachrichten, siehe LG Wuppertal ZUM 2011, 190; kritisch dazu
  Bär, MMR 2005, S. 434; *Ernst/Spoenle*, CR 2008, S. 439 f., und *Popp*, jurisPR-ITR 16/
  2008, Anm. 4.
9 Vgl. BayObLG MMR 1999, 359 (360).
10 A. A. VG Köln BeckRS 2008, 40264; OLG Zweibrücken NStZ 2004, 701; *Klesczewski*, in:
   Säcker, TKG, § 89 Rn. 12; *Bär*, MMR 2005, S. 434 (440); *Gröseling/Höfinger*, MMR
   2007, S. 549 (552 Fn. 38).
11 Im Ergebnis auch AG Wuppertal MMR 2008, 632 (633); *Altenhain*, in: MüKo zum StGB,
   § 148 TKG Rn. 24; wohl auch *Zerres*, in: Scheurle/Mayen, TKG, § 89 Rn. 2.

abhört, sondern lediglich über Dritte erfährt.[12] Die Ausnahmen entsprechen zum einen denen in § 88 Abs. 4 TKG, auf den § 89 Satz 3 TKG verweist, und betreffen Telekommunikationsanlagen an Bord eines Wasser- oder Luftfahrzeugs. Zum anderen erlaubt § 89 Satz 4 TKG das Abhören und Weitergeben von Inhalten, soweit hierzu eine gesetzliche Ermächtigung besteht: In Betracht kommen etwa § 88 Abs. 3 Satz 4 TKG, § 64 Abs. 1 Sätze 2–4 TKG, §§ 100 ff. StPO.[13]

3. Folgen einer Verletzung

5   § 148 TKG sanktioniert den Verstoß gegen § 89 TKG mit Strafe (Freiheitsstrafe bis zu zwei Jahren oder Geldstrafe). Möglich ist Tateinheit mit § 201 Abs. 2 StGB. Zivilrechtlich können sich bei Verstoß gegen § 89 TKG insbesondere Ansprüche aus § 823 Abs. 1 und Abs. 2 BGB ergeben.[14]

---

12 AG Potsdam ZUM 2000, 166.
13 Vgl. § 88 TKG Rn. 10. Nach § 64 TKG hat auch die Bundesnetzagentur Abhörbefugnisse.
14 *Klesczewski*, in: Säcker, TKG, § 89 Rn. 18 f.

§ 90 Missbrauch von Sende- oder sonstigen Telekommunikationsanlagen

(1) Es ist verboten, Sendeanlagen oder sonstige Telekommunikationsanlagen zu besitzen, herzustellen, zu vertreiben, einzuführen oder sonst in den Geltungsbereich dieses Gesetzes zu verbringen, die ihrer Form nach einen anderen Gegenstand vortäuschen oder die mit Gegenständen des täglichen Gebrauchs verkleidet sind und auf Grund dieser Umstände oder auf Grund ihrer Funktionsweise in besonderer Weise geeignet und dazu bestimmt sind, das nicht öffentlich gesprochene Wort eines anderen von diesem unbemerkt abzuhören oder das Bild eines anderen von diesem unbemerkt aufzunehmen. Das Verbot, solche Anlagen zu besitzen, gilt nicht für denjenigen, der die tatsächliche Gewalt über eine solche Anlage

1. als Organ, als Mitglied eines Organs, als gesetzlicher Vertreter oder als vertretungsberechtigter Gesellschafter eines Berechtigten nach Absatz 2 erlangt,

2. von einem anderen oder für einen anderen Berechtigten nach Absatz 2 erlangt, sofern und solange er die Weisungen des anderen über die Ausübung der tatsächlichen Gewalt über die Anlage auf Grund eines Dienst- oder Arbeitsverhältnisses zu befolgen hat oder die tatsächliche Gewalt auf Grund gerichtlichen oder behördlichen Auftrags ausübt,

3. als Gerichtsvollzieher oder Vollzugsbeamter in einem Vollstreckungsverfahren erwirbt,

4. von einem Berechtigten nach Absatz 2 vorübergehend zum Zwecke der sicheren Verwahrung oder der nicht gewerbsmäßigen Beförderung zu einem Berechtigten erlangt,

5. lediglich zur gewerbsmäßigen Beförderung oder gewerbsmäßigen Lagerung erlangt,

6. durch Fund erlangt, sofern er die Anlage unverzüglich dem Verlierer, dem Eigentümer, einem sonstigen Erwerbsberechtigten oder der für die Entgegennahme der Fundanzeige zuständigen Stelle abliefert,

7. von Todes wegen erwirbt, sofern er die Anlage unverzüglich einem Berechtigten überlässt oder sie für dauernd unbrauchbar macht,

8. erlangt, die durch Entfernen eines wesentlichen Bauteils dauernd unbrauchbar gemacht worden ist, sofern er den Erwerb unverzüglich der Bundesnetzagentur schriftlich anzeigt, dabei seine Personalien, die Art der Anlage, deren Hersteller- oder Warenzeichen und, wenn die Anlage eine Herstellungsnummer hat, auch diese angibt sowie glaubhaft macht, dass er die Anlage ausschließlich zu Sammlerzwecken erworben hat.

(2) Die zuständigen obersten Bundes- oder Landesbehörden lassen Ausnahmen zu, wenn es im öffentlichen Interesse, insbesondere aus Gründen der öffentlichen Sicherheit, erforderlich ist. Absatz 1 Satz 1 gilt nicht, soweit das Bundesamt für Wirtschaft und Ausfuhrkontrolle (BAFA) die Ausfuhr der Sendeanlagen oder sonstigen Telekommunikationsanlagen genehmigt hat.

(3) Es ist verboten, öffentlich oder in Mitteilungen, die für einen größeren Personenkreis bestimmt sind, für Sendeanlagen oder sonstige Telekommunikationsanlagen mit dem Hinweis zu werben, dass sie geeignet sind, das nicht öffentlich gesprochene Wort eines anderen von diesem unbemerkt abzuhören oder dessen Bild von diesem unbemerkt aufzunehmen.

Übersicht

I. Allgemeines

1 Die Vorschrift dient dem Schutz des Rechts auf informationelle Selbstbestimmung, des allgemeinen Persönlichkeitsrechts und des Fernmeldegeheimnisses.[1] Zwar ist nach § 201 Abs. 2 StGB das Abhören und nach § 201a StGB das heimliche Aufnehmen von Bildern mit den in § 90 TKG beschriebenen Geräten strafbar, jedoch sollen solche Geräte grundsätzlich die Vertraulichkeit des Gesprächs und das Privatleben in Frage stellen, womit es eines vorgelagerten, nach § 148 Abs. 2 TKG strafbewehrten Verbotes solcher Geräte bedürfen soll.[2] Die Vorschrift entspricht inhaltlich § 65 TKG 1996. Sie gilt gegenüber jedermann.

2 Den Entwicklungen in der Technik geschuldet, sind nach der TKG Novelle 2012 nicht mehr nur Sendeanlagen, sondern auch sonstige Telekommunikationsanlagen vom Tatbestand erfasst.[3]

II. Tatbestand

3 Sendeanlagen sind Einrichtungen zur Erzeugung und Abstrahlung von Funkwellen. Es sind Anlagen, die ohne körperliche Übersendung einer Nachricht Gedankengut so übermitteln, dass es an einem anderen Ort reproduziert werden kann.[4] Aber auch

---

1 Gesetzesbegründung, BT-Drs. 13/3609, S. 50; BT-Drs. 15/2316, S. 88; *Klesczeweski*, in: Säcker, TKG, § 90 Rn. 1; *Foderà-Pierangeli*, JurPC 2008, Abs. 20; *Zerres/Dierlamm*, in: Scheurle/Mayen, TKG, § 90 Rn. 1 f. jeweils m. w. N.
2 *Klesczeweski*, in: Säcker, TKG, § 90 Rn. 5.
3 BT-Drs. 17/5707, S. 78.
4 *Zerres/Dierlamm*, in: Scheurle/Mayen, TKG, § 90 Rn. 5.

sonstige Telekommunikationsanlagen fallen unter den Schutz des § 90 TKG. Abhöranlagen, die nicht mehr auf den Funktionen von Mikrofonen in Verbindung mit Sendeanlagen beruhen, sondern sich andere Funktionsprinzipien zunutze machen, sind seit der TKG Novelle 2012 erfasst.[5] Jedoch fallen ausschließlich solche Anlagen darunter, die zum Abhören bzw. Aufnehmen von Bildern geeignet und bestimmt sind, die also entsprechend der Definitionen in § 201 StGB geeignet sind, das gesprochene Wort über dessen normalen Klangbereich hinaus durch Verstärkung oder Übertragung unmittelbar wahrnehmbar zu machen bzw. nach § 201a StGB Bilder aufzunehmen.[6] Weiter muss es sich nach Abs. 1 Satz 1 um Anlagen handeln, die von vornherein dem *heimlichen* Abhören von Gesprächen oder dem heimlichen Anfertigen von Bildaufnahmen eines anderen dienen sollen.[7] Zugleich muss es sich um Anlagen handeln, deren wahrer Zweck verheimlicht wird. Das ergibt sich aus dem „vortäuschen" bzw. dem „verkleiden" aus Abs. 1 Satz 1 als Tatbestandsvoraussetzung. Erfasst sind also z.B. sog. „Wanzen" in Gebrauchsgegenständen wie Kugelschreiber und Aschenbecher, nicht aber Wanzen selbst.[8] Mobiltelefone sind ebenfalls geeignet, das gesprochene Wort im vertraulichen Kreis aufzunehmen. Sie sind aber gerade nicht dazu bestimmt und sollen nicht vom Verbotstatbestand erfasst sein.[9]

Verboten ist sowohl das Besitzen i.S. der Ausübung der tatsächlichen Gewalt,[10] das **4** Herstellen einschließlich der Reparatur solcher Geräte,[11] das Vertreiben, die Einfuhr nach Deutschland sowie das öffentliche oder gegenüber einem größeren Personenkreis[12] erfolgende Werben für solche Geräte, soweit ihre Eigenschaften zum unbemerkten Aufnehmen und Versenden beworben werden (Abs. 3).[13]

§ 90 Abs. 1 und 2 TKG sieht eine ganze Reihe von Ausnahmetatbeständen vor, die **5** hier nicht näher erläutert werden sollen.[14]

---

5 BT-Drs. 17/5707, S. 78; als Beispiel werden hier „Lasermikrofone" genannt.

6 *Lenckner*, in: Schönke/Schröder, StGB, § 201 Rn. 19.

7 BT-Drs. 17/5707, S. 78.

8 *Klesczewski*, in: Säcker, TKG, § 90 Rn. 9.

9 BT-Drs. 17/5707, S. 78 f.

10 *Bock/Piepenbrock*, in: Geppert/Piepenbrock/Schütz/Schuster, TKG, § 90 Rn. 15; *Klesczeweski*, in: Säcker, TKG, § 90 Rn. 11.

11 *Klesczewski*, in: Säcker, TKG, § 90 Rn. 12.

12 Gemeint ist das Werben durch Broschüren oder durch Aushang gegenüber einem nicht von vornherein individuell abgegrenzten Personenkreis, vgl. *Klesczewski*, in: Säcker, TKG, § 90 Rn. 24.

13 Näher *Klesczewski*, in: Säcker, TKG, § 90 Rn. 13 ff. und 22 ff.

14 Näher hierzu *Klesczewski*, in: Säcker, TKG, § 90 Rn. 16 ff.

III. Folgen einer Verletzung

6 Die vorsätzliche und fahrlässige Zuwiderhandlung ist nach § 148 Abs. 1 Nr. 2 und Abs. 2 TKG strafbar. Das Werben für solche Anlagen ist eine Ordnungswidrigkeit nach § 149 Abs. 1 Nr. 15 TKG. Da es aufgrund der nach § 90 TKG sanktionierten Tathandlungen noch nicht zu einer Verletzung der Persönlichkeitsrechte kommt, sind Schadensersatzansprüche Privater gegen den „Täter" ausgeschlossen.

Datenschutz

§ 91 Anwendungsbereich

(1) Dieser Abschnitt regelt den Schutz personenbezogener Daten der Teilnehmer und Nutzer von Telekommunikation bei der Erhebung und Verwendung dieser Daten durch Unternehmen und Personen, die geschäftsmäßig Telekommunikationsdienste in Telekommunikationsnetzen, einschließlich Telekommunikationsnetzen, die Datenerfassungs- und Identifizierungsgeräte unterstützen, erbringen oder anderen Erbringung mitwirken. Dem Fernmeldegeheimnis unterliegende Einzelangaben über Verhältnisse einer bestimmten oder bestimmbaren juristischen Person oder Personengesellschaft, sofern sie mit der Fähigkeit ausgestattet ist, Rechte zu erwerben oder Verbindlichkeiten einzugehen, stehen den personenbezogenen Daten gleich.

(2) Für geschlossene Benutzergruppen öffentlicher Stellen der Länder gilt dieser Abschnitt mit der Maßgabe, dass an die Stelle des Bundesdatenschutzgesetzes die jeweiligen Landesdatenschutzgesetze treten.

Literatur: *Bender/Kahlen*, Neues Telemediengesetz verbessert den Rechtsrahmen für Neue Dienste und Schutz vor Spam-Mails, MMR 2006, S. 590; *Büttgen*, Ein langer Weg – Telekommunikations-Datenschutzverordnung endlich in Kraft getreten, RDV 2001, S. 6; *Büttgen*, Neuer Datenschutz für neue Medien?, RDV 2003, S. 213; *Dolderer/von Garrel/Müthlein/Schlumberger*, Die Auftragsdatenverarbeitung im neuen BDSG, RDV 2001, S. 223; *Eckhardt*, Datenschutz und Überwachung im Regierungsentwurf zum TKG, CR 2003, S. 805; *Eckhardt/Schmitz*, Datenschutz in der TKG-Novelle, CR 2011, S. 436; *Geppert/Ruhle/Schuster*, Handbuch Recht und Praxis der Telekommunikation, 2. Aufl., Baden-Baden 2002; *Katko*, Voice-over-IP, CR 2005, S. 189; *Kömpf/Kunz*, Kontrolle der Nutzung von Internet und E-Mail am Arbeitsplatz in Frankreich und in Deutschland NZA 2007, S. 1341; *Königshofen*, Die Telekommunikations-Datenschutzverordnung – TDSV, DuD 2001, S. 85; *Lanfermann*, Datenschutzgesetzgebung – gesetzliche Rahmenbedingungen einer liberalen Informationsgesellschaft, RDV 1998, S. 1; *Nebel/Richter* Datenschutz bei Internetdiensten nach der DS-GVO – Vergleich der deutschen Rechtslage mit dem Kommissionsentwurf, ZD 2012, S. 407; *Ohlenburg*, Der neue Telekommunikationsdatenschutz – Eine Darstellung von Teil 7 Abschnitt 2 TKG, MMR 2004, S. 431; *Pokutnev/Schmid*, Die TKG-Novelle 2012 aus datenschutzrechtlicher Sicht, CR 2012, S. 360; *Reimann*, Datenschutz im neuen TKG, DuD 2004, S. 421; *Roßnagel*, Das Telemediengesetz, NVwZ 2007, S. 743; *Tinnefeld*, Die Novellierung des BDSG im Zeichen des Gemeinschaftsrechts, NJW 2001, S. 3078; *Ulmer/Schrief*, Datenschutz im neuen Telekommunikationsrecht – Bestandsaufnahme eines Telekommunikationsdienstleisters zum aktuellen Entwurf des Telekommunikationsgesetzes, RDV 2004, S. 3; *Wuermeling/Felixberger*, Fernmeldegeheimnis und Datenschutz im Telekommunikationsgesetz, CR 1997, S. 230.

I. Allgemeines

1. Gesetzeszweck

1 § 91 TKG bestimmt den Anwendungsbereich der datenschutzrechtlichen Vorschriften der §§ 93 bis 107 TKG und beschreibt den Schutzgegenstand im telekommunikationsrechtlichen Datenschutz. Übergeordnetes Ziel ist, den Nutzer vor Gefahren zu schützen, die durch die Digitalisierung der Telekommunikationsnetze entstehen und bereits entstanden sind.[1] So ermöglichen es die modernen Kommunikationsmittel, Nutzerdaten in erheblichem Umfang zu erheben und zu speichern: Schon die beim Telefonieren zwangsläufig anfallenden Daten ermöglichen es, individuelle Kommunikationsgewohnheiten oder den jeweiligen Aufenthaltsort eines Nutzers problemlos festzustellen.[2] Der Schutzbereich des telekommunikationsrechtlichen Datenschutzes muss daher personenbezogene Daten der Teilnehmer und Nutzer von Telekommunikation umfassen, soweit Diensteanbieter diese Daten erheben oder verwenden. Die §§ 91 ff. TKG schützen so in erster Linie das Recht auf informationelle Selbstbestimmung (Art. 2 Abs. 1 GG i.V.m. Art. 1 Abs. 1 GG). Diesem Grundrecht trägt bereits die Ausgestaltung des Datenschutzes als Verbot mit Erlaubnisvorbehalt, wie es in § 4 BDSG niedergelegt ist, Rechnung: Für die rechtmäßige Erhebung und Verwendung personenbezogener Daten bedarf es eines ausdrücklichen Erlaubnistatbestandes.[3] Die Regelungen des TKG sind neben dem BDSG jedoch erforderlich, um den spezifischen Gefahren zu begegnen, die sich aus der Verwendung von Telekommunikationsdaten insbesondere für kommerzielle Zwecke ergeben.[4]

2. Europarechtliche Grundlagen/Geschichte

2 Die datenschutzrechtlichen Regelungen des TKG beruhen weitgehend auf europarechtlichen Vorgaben.[5] Die Novellierung des Telekommunikationsdatenschutzes im

---

1 Vgl. statt vieler *Dolderer/von Garrel/Müthlein/Schlumberger*, RDV 2001, S. 223 (224).
2 *Klesczewski*, in: Säcker, TKG, § 91 Rn. 1.
3 *Robert*, in: Geppert/Piepenbrock/Schütz/Schuster, TKG, § 91 Rn. 2; *Trute*, in: Trute/Spoerr/ Bosch, TKG, § 89 Rn. 16.
4 Siehe schon *Lanfermann*, RDV 1998, S. 1 (3).
5 Vgl. Kommentierung zu § 88 TKG Rn. 2 f.

TKG 2004 erfolgte in Umsetzung der „Datenschutzrichtlinie für elektronische Kommunikation" (2002/58/EG),[6] die die sog. „DSRl" (97/66/EG)[7] fortschrieb und den Datenschutz des TKG maßgeblich prägt.[8] Die allgemeine Datenschutzrichtlinie 95/46/EG[9] bleibt jedoch weiter subsidiär anwendbar.[10] Letzte Änderungen der datenschutzrechtlichen Vorschriften erfolgten mit der TKG-Novelle 2012.[11]

Neben der Umsetzung der europäischen Richtlinien ergab sich die Notwendigkeit   **3**
bereichspezifischer Datenschutzregelungen schon aus dem Volkszählungsurteil und dem G-10-Urteil des BVerfG.[12] Das aufgrund der Liberalisierung des Telekommunikationsmarktes erforderliche TKG 1996 enthielt zwar selbst in § 89 TKG eine gesetzliche Vorschrift zum Telekommunikationsdatenschutz, die die Bundesregierung zwar zum Erlass der TDSV 1996[13] ermächtigte – jedoch mussten, um dem Parlamentsvorbehalt zu genügen, alle grundrechtsrelevanten Regelungen im Gesetz selbst getroffen werden.[14] In der Folge hatte § 89 TKG 1996 noch zehn umfangreiche Absätze, und das Verhältnis von TDSV und TKG blieb unübersichtlich. Erst durch das TKG 2004 wurden alle telekommunikationsdatenschutzrechtlichen Regelungen einschließlich der Erlaubnistatbestände in ein Gesetz überführt, was allgemein als Verbesserung der Rechtssicherheit und Aufwertung des Telekommunikationsdatenschutzes begrüßt wurde.[15] Weiter unübersichtlich bleibt das Verhältnis zum Telemediengesetz (TMG).[16]

3. Verhältnis zu anderen Vorschriften

Der Datenschutz im Telekommunikationsbereich ist sog. „sektorspezifischer Da-   **4**
tenschutz", für den § 1 Abs. 3 BDSG bestimmt, dass er in seinem Anwendungsbe-

---

6 „Richtlinie des Europäischen Parlaments und des Rates vom 12.7.2002 über die Verarbeitung personenbezogener Daten und den Schutz der Privatsphäre in der elektronischen Kommunikation", ABl. EG Nr. L 201/37 v. 31.7.2002.

7 „Richtlinie des Europäischen Parlaments und des Rates vom 15.12.1997 über die Verarbeitung personenbezogener Daten und den Schutz der Privatsphäre im Bereich der Telekommunikation", ABl, EG Nr. L 24/1 v. 30.1.1998.

8 Einzelheiten bei *Klesczewski*, in: Säcker, TKG, § 91 Rn. 5 ff.

9 „Richtlinie des Europäischen Parlaments und des Rates vom 24.10.1995 zum Schutz natürlicher Personen bei der Verarbeitung personenbezogener Daten und zum freien Datenverkehr", ABl. EG. Nr. L 281/31 v. 23.11.1995.

10 *Robert*, in: Geppert/Piepenbrock/Schütz/Schuster, TKG, § 91 Rn. 3; weitere Einzelheiten siehe *Klesczewski*, in: Säcker, TKG, § 91 Rn. 2 ff.

11 BGBl. I S. 958. Die Änderungen sind am 10.5.2012 in Kraft getreten.

12 BVerfGE 65, 1 (41 f.); BVerfGE 67, 157 (172 ff.).

13 Vom 18.12.2000, BGBl. I, S. 1740.

14 Vgl. BVerfGE 85, 386 = NJW 1992, 1875 – „Fangschaltung".

15 *Büttgen*, RDV 2003, S. 213 (215); *Reimann*, DuD 2004, S. 421; *Ulmer/Schrief*, RDV 2004, S. 3; *Robert*, in: Geppert/Piepenbrock/Schütz/Schuster, TKG, § 91 Rn. 2; *Meister/Laun*, in: Säcker, TKG, Kap. 14, Rn. 39.

16 Rn. 7; vgl. *Klesczewski*, in: Säcker, TKG, § 91 Rn. 18 ff.; Einl. TMG Rn. 6.

reich den Regelungen des BDSG vorgeht. Daneben gelangt das BDSG weiter subsidiär zur Anwendung, auch wenn dies nicht mehr (anders noch in § 1 Abs. 2 Satz 1 TDSV) explizit geregelt ist.[17] Die gegenüber dem BDSG engeren Erlaubnistatbestände zur Datenerhebung im TKG verdrängen daher in ihrem Anwendungsbereich die des BDSG. Mangels entsprechender Regelung im TKG anwendbar bleiben aber §§ 1–11 BDSG,[18] insbesondere auch § 11 BDSG über die Erhebung, Verarbeitung oder Nutzung personenbezogener Daten im Auftrag. Ebenso gilt § 7 BDSG über den Schadensersatzanspruch des Betroffenen. Außerdem stehen den Betroffenen die Auskunfts-, Berichtigungs-, Löschungs- und Sperrungsrechte nach den §§ 34 und 35 BDSG zu. Soweit Vorschriften des BDSG anwendbar sind, gelten auch die auf diese Vorschriften bezogenen Bußgeld- und Straftatbestände der §§ 43, 44 BDSG. Die §§ 93 ff. TKG i.V.m § 149 Abs. 1 TKG gelten insoweit als nicht abschließend.[19]

5 Mangels entsprechender Vorschriften im TKG ist auch der mit der II. BDSG-Novelle 2009 neu in das BDSG eingefügte 32 BDSG (Datenverarbeitung im Beschäftigungsverhältnis) subsidiär anwendbar,[20] soweit Mitarbeitern vom Arbeitgeber die private Nutzung von geschäftlichen Telekommunikationssystemen gestattet ist.[21] Soweit allerdings § 88 und §§ 91 ff. TKG die Nutzung von Kommunikationsdaten sperren, ändert sich hierdurch nichts durch die subsidiäre Anwendbarkeit des § 32 BDSG. § 93 Abs. 3 TKG verweist nunmehr auf den im Jahr 2009 aufgenommenen § 42a BDSG (Informationspflichten).

6 Unklar ist, ob die ergänzend heranzuziehenden Vorschriften des BDSG angewendet werden können, wenn es sich um Daten nach § 91 Abs. 1 Satz 2 TKG (dem Fernmeldegeheimnis unterliegende Daten juristischer Personen und Personengesellschaften) handelt. Weil *diese* Daten der Gesellschaften wie personenbezogene Daten nach dem TKG behandelt werden,[22] sollten für diese auch die Regelungen des BDSG subsidiär angewendet werden können, wobei allerdings zu unterscheiden ist: Die Gleichstellung kann nicht dazu führen, dass Nutzungsverbote aus dem BDSG auf solche Daten angewendet werden, obwohl das BDSG nur für personenbezogene Daten gilt (etwa § 3 Abs. 9 BDSG, § 28b BDSG), Definitionen (z.B. nach § 3 BDSG) und Erlaubnistatbestände des BDSG, welche nicht durch die Regelungen der §§ 91 ff. TKG gesperrt sind, sind jedoch zu beachten. Dies gilt insbesondere für die Auftragsdatenverarbeitung nach § 11 BDSG.[23]

---

17 *Jenny*, in: Plath, BDSG; § 91 TKG Rn. 12; *Tinnefeld*, in: Roßnagel, Hdb. DSR, Teil 4, Rn. 36; *Robert*, in: Geppert/Piepenbrock/Schütz/Schuster, TKG, § 91 Rn. 4.
18 *Klesczewski*, in: Säcker, TKG, § 91 Rn. 15.
19 *Klesczewski*, in: Säcker, TKG, § 91 Rn. 16 f.
20 A.A. *Jenny*, in: Plath, BDSG, § 91 TKG, Rn. 12, der § 32 BDSG nicht anwenden will, soweit im Beschäftigungsverhältnis die private Nutzung betrieblicher Kommunikationsanlagen gestattet ist.
21 Dazu ausf. § 88 TKG Rn. 20 ff.
22 Nicht aber die Vertragsdaten/Bestandsdaten, welche keinem Schutz unterliegen.
23 Dazu § 88 TKG Rn. 34.

Erforderlich ist weiter eine Abgrenzung des Anwendungsbereiches des TKG zu **7**
dem des Telemediengesetzes 2007 (TMG),[24] das das TDG und das TDDSG zusammengeführt hat. Das TMG fasst Tele- und Mediendienste als „Telemediendienste"
zusammen und trifft Regelungen, deren Zweck die Umsetzung der sog. „E-Commerce-Richtlinie"[25] (2000/31/EG) und die Ausgestaltung des Datenschutzes im Bereich der Telemedien ist. Das TMG definiert seinen Anwendungsbereich allerdings
nicht, was eine im Einzelfall schwierige Negativabgrenzung erforderlich macht.[26]
Die Vorgängervorschriften des § 2 TDG a. F. und § 2 MDStV a. F. definierten Telemedien noch als „elektronische Informations- und Kommunikationsdienste", die
„mittels Telekommunikation übermittelt werden" und „für eine individuelle Nutzung kombinierbarer Daten wie Zeichen, Bilder oder Töne bestimmt oder an die
Allgemeinheit gerichtet sind". § 1 Abs. 1 Satz 1 TMG definiert hingegen dessen
Anwendbarkeit auf „elektronische Informations- und Kommunikationsdienste", soweit diese „nicht Telekommunikationsdienste nach § 3 Nr. 24 TKG sind". Damit
gilt aber auch für das TMG, dass Telemedien alle Dienste sind, die elektronische
Text-, Bild- oder Toninhalte anbieten. Dass diese dann, um „Telemedien" zu sein,
mittels Telekommunikation übermittelt werden müssten, sieht das TMG – anders
als seine Vorgängernormen – ausdrücklich nicht mehr vor. Das aber soll nach allgemeiner Auffassung nicht eine Ausweitung des Anwendungsbereiches des TMG –
etwa auf Datenträgern gespeicherte Informationsdienste – nach sich ziehen, sondern lediglich eine bessere Abgrenzung gegenüber dem Anwendungsbereich des
TKG ermöglichen.[27] § 1 Abs. 1 TMG grenzt auch alle reinen Telekommunikationsdienste aus seinem Anwendungsbereich aus. Die Trennlinie zwischen Telekommunikations- und Telemediendiensten verläuft so zwischen dem technischen Vorgang
der Telekommunikation und den lediglich mit Hilfe der Telekommunikation angebotenen Dienstleistungen.[28] Die angebotenen Dienstleistungen, wie beispielsweise
Videotext, Video-on-demand, im Internet direkt bestell- und abrufbare Börsen-,
Verkehrs- oder Wetterdaten,[29] sind als vom TKG nicht erfasste Telemedien zu definieren. Mehrwertdienste gehören zu den telefongestützten Diensten (§ 3 Nr. 25
TKG) und werden damit nicht vom TMG erfasst. Telekommunikationsdienste, die

---

24 Zuletzt geändert am 31.5.2010, in Kraft getreten am 5.6.2010, BGBl. I S. 692.
25 „Richtlinie des Europäischen Parlaments und des Rates vom 8.6.2000 über bestimmte
   rechtliche Aspekte der Dienste der Informationsgesellschaft, insbesondere des elektronischen Geschäftsverkehrs, im Binnenmarkt", ABl EG Nr. L 178 v. 17.7.2000, S. 1.
26 Siehe auch *Roßnagel*, in: Beck'scher Kommentar zum Recht der Telemediendienste, Einl.
   TMG Rn. 27; *Roßnagel*, NVwZ 2007, S. 743 (744).
27 *Roßnagel*, NVwZ 2007, S. 743; *Eckhardt*, in: Heun, Hdb. Telekommunikationsrecht,
   S. 1475, Rn. 135; s. a. BT-Drs. 16/3078, S. 18.
28 *Robert*, in: Geppert/Piepenbrock/Schütz/Schuster, TKG, § 91 Rn. 7; *Geppert/Ruhle/Schuster*, Hdb. Recht und Praxis der Telekommunikation, Rn. 761; *Eckhardt*, in: Heun, Hdb. Telekommunikationsrecht, S. 1473, Rn. 126 ff.
29 Für weitere Beispiele Telemedien und zur Abgrenzung zu Telekommunikationsdiensten
   siehe *Bender/Kahlen*, MMR 2006, S. 590 (591); *Jenny*, in: Plath, BDSG, § 91 TKG
   Rn. 11; *Holznagel/Nolden*, in: Hdb. Multimedia-Recht.

„überwiegend" Signale übertragen, daneben aber auch inhaltliche Dienste anbieten, unterfallen entsprechend beiden Gesetzen (§ 11 Abs. 3 TMG). Im Bereich des Datenschutzes bedeutet das in diesen Fällen, dass nur die in § 11 Abs. 3 TMG genannten Bestimmungen zum Datenschutz und ansonsten die Regelungen des TKG gelten.[30] Das betrifft in der Praxis v. a. Access-Provider.[31] Bei E-Mail-Diensten ist nach einer funktionalen Betrachtung[32] danach zu unterscheiden, ob die Daten die Übertragung der E-Mail oder deren Inhalt bzw. die Bereitstellung zum Abruf betreffen. Für die Leistung der Übertragung der E-Mails soll entsprechend das TMG gelten. Das Schreiben, die Aufbereitung, die Darstellung und das Absenden der E-Mail hingegen unterfallen dem TKG.[33] Die gleiche Abgrenzung gilt im Verhältnis zu Diensten, die den Regelungen des RStV unterstehen.[34] Internettelefonie („Voice over IP") wird dem TKG zugeordnet.[35]

8   Unklar ist auch die Abgrenzung der telekommunikationsrechtlichen Datenschutz-vorschriften von den Regelungen des Entwurfs Datenschutz-Grundverordnung (DSGVO)[36] der Europäischen Kommission. Da die DSGVO „technikneutral" sein soll, werden mit ihrer Umsetzung auch einige der Bestimmungen der §§ 91 ff. TKG kaum noch anwendbar sein. Dies gilt insbesondere für solche Regelungen in den §§ 91 ff. TKG, welche über die Regelungen der Datenschutzrichtlinie für die Elektronische Kommunikation (EK-DS-RL)[37] hinausgehen, wie z.B. die Geltung der §§ 91 ff. TKG für nicht-öffentliche Anbieter von Telekommunikationsleistungen.[38]

II. Kommentierung

1. Anwendungsbereich

9   Der Anwendungsbereich des Teil 7 Abschnitt 2 – §§ 91 ff. TKG – über Telekommu-nikationsdatenschutz betrifft das geschäftsmäßige Erbringen von Telekommunika-

---

30 *Klesczewski*, in: Säcker, TKG, § 91 Rn. 18; vgl. auch *Büttgen*, in: Scheurle/Mayen, TKG, § 91 Rn. 23 und 25.

31 *Bender/Kahlen*, MMR 2006, S. 590 (592); *Schulz*, in: Beck'scher Kommentar zum Recht der Telemediendienste, TMG, § 11 TMG Rn. 41; *Spindler/Nink*, in: Spindler/Schuster, Recht der elektronischen Medien, § 11 TMG Rn. 14.

32 OLG Hamburg MMR 2000, 611.

33 *Eckhardt*, in: Heun, Hdb. Telekommunikationsrecht, S. 1477, Rn. 148; vgl. dazu auch *Kömpf/Kunz*, NZA 2007, S. 1341 (1345).

34 Rundfunkstaatsvertrag in der Fassung 1.1.2013 (GBl.BW 2011, S. 478); *Klesczewski*, in: Säcker, TKG,§ 91 Rn. 20.

35 *Eckhardt*, in: Heun, Hdb. Telekommunikationsrecht, S. 1478, Rn. 149; *Katko*, CR 2005, S. 189 (192).

36 Vorschlag für Verordnung des Europäischen Parlaments und des Rates zum Schutz natür-licher Personen bei der Verarbeitung personenbezogener Daten und zum freien Datenver-kehr (Datenschutz-Grundverordnung) v. 25.1.2012 KOM(2012)endg, S. 11.

37 RL 2002/58/EG v. 12.7.2002, ABl. L 201, S. 37.

38 S. insbes. *Nebel/Richter*, ZD 2012, S. 407, 408.

tionsdiensten.[39] Nach § 3 Nr. 24 TKG sind Telekommunikationsdienste „in der Regel gegen Entgelt erbrachte Dienste, die ganz oder überwiegend in der Übertragung von Signalen über Telekommunikationsnetze bestehen, einschließlich Übertragungsdienste in Rundfunknetzen". Telekommunikationsdienste sind also nicht auf Sprachtelefonie begrenzt; die jeweils verwendete Infrastruktur ist nicht entscheidend.[40] Erfasst werden so u. a. auch Datenübertragungsdienste, Datenbankdienste, Zusammenschaltungs- und Netzzugangsdienste sowie Internet- und Service-Provider. Telekommunikationsdienste werden „geschäftlich" erbracht, wenn sie ein „nachhaltiges Angebot von Telekommunikation für Dritte mit oder ohne Gewinnerzielungsabsicht" (§ 3 Nr. 10 TKG) darstellen. Dabei genügt es, wenn das Angebot auf eine gewisse Dauer angelegt und nicht auf Einzelfälle begrenzt ist.[41] Aus Sicht des anbietenden Unternehmens – nicht des einzelnen Nutzers – ist zusätzlich eine gewisse Regelmäßigkeit erforderlich.[42] Diese Definition erfasst nicht nur Telekommunikationsunternehmen: Geschäftliche Telekommunikationsdienste können demnach auch Hotels anbieten, die ihren Gästen über eine Nebenstellenanlage Zimmertelefone zur Verfügung stellen, ebenso wie Krankenhäuser.[43] Auch Firmen- und Behördennetze können in den von §§ 91 ff. TKG erfassten Anwendungsbereich fallen:[44] Ein geschäftsmäßiges Anbieten einer Telekommunikationsdienstleistung soll nach der noch herrschenden Ansicht bereits dann vorliegen, wenn es den Mitarbeitern gestattet ist, Privatgespräche zu führen. Sinn dieses weiten Adressatenkreises ist der möglichst lückenlose Schutz der informationellen Selbstbestimmung (Art. 2 Abs. 1 GG i.V.m. Art. 1 Abs. 1 GG) und des Fernmeldegeheimnisses (Art. 10 Abs. 1 GG i.V.m. § 88 TKG).[45]

Über die Anbieter der Telekommunikationsdienstleistungen hinaus binden die §§ 91 ff. TKG auch diejenigen, die „an der Erbringung mitwirken" (§ 91 Abs. 1 Satz 1 TKG). Dies gilt seitens des Diensteanbieters ebenso wie seitens des Betreibers einer Telekommunikationsanlage und erfasst unternehmensinterne Erfüllungsgehilfen (Arbeitnehmer) sowie externe Personen (etwa Subunternehmer).[46]   **10**

---

39 Siehe zu Einzelfällen auch § 88 TKG Rn. 20 ff.

40 *Robert*, in: Geppert/Piepenbrock/Schütz/Schuster, TKG, § 91 Rn. 7; *Eckhardt*, CR 2003, S. 805 (807); *Königshofen*, DuD 2001, S. 85 (86); *Wuermeling/Felixberger*, CR 1997, S. 230 (233).

41 Vgl. *Holznagel/Ricke*, in: Spindler/Schuster, Recht der elektronischen Medien, § 3 TKG Rn. 13; *Säcker*, in: Säcker, TKG, § 91 Rn. 25.

42 *Robert*, in: Geppert/Piepenbrock/Schütz/Schuster, TKG, § 91 Rn. 9; *Wuermeling*, in: Heun, Hdb. Telekommunikationsrecht, Teil 9, Rn. 20; *Ohlenburg*, MMR 2004, S. 431.

43 Siehe auch *Säcker*, in: Säcker, TKG, § 3 Rn. 21.

44 Siehe hierzu § 88 TKG Rn. 13 m.w. N. Im „Privatbereich" (Hausinterne Sprechanlagen) liegt hingegen kein geschäftsmäßiges Erbringen vor, siehe BT-Drs. 13/3609, S. 54 zu § 6 TDSV 2000.

45 *Robert*, in: Geppert/Piepenbrock/Schütz/Schuster, TKG, § 91 Rn. 9; *Büttgen*, RDV 2001, S. 6.

46 *Robert*, in: Geppert/Piepenbrock/Schütz/Schuster, TKG, § 91 Rn. 11; dazu auch § 88 TKG Rn. 13 f.

11 Teilnehmer sind nach § 3 Nr. 20 TKG natürliche oder juristische Personen, die mit einem Anbieter von öffentlich zugänglichen Telekommunikationsdiensten einen Vertrag über die Erbringung derartiger Dienste geschlossen haben. Der mit der TKG-Novelle 2012 aufgenommene Zusatz der „öffentlich zugänglichen" Telekommunikationsdienste sollte entgegen dem Wortlaut nicht einschränkend verstanden werden.[47] Versteht man „öffentlich zugänglich" als Einschränkung, ergibt sich innerhalb des § 91 Abs. 1 Satz 1 TKG ein Widerspruch. So muss der Verpflichtete nach §§ 91 ff. TKG keinen öffentlich zugänglichen Telekommunikationsdienst erbringen, der Teilnehmer muss aber gerade einen solchen in Anspruch nehmen.[48] Nutzer einer Telekommunikationseinrichtung sind solche Personen, denen ein Vertragsverhältnis fehlt: Nutzer ist nach § 3 Nr. 14 TKG jede natürliche oder juristische Person, die einen öffentlich zugänglichen Telekommunikationsdienst für private oder geschäftliche Zwecke in Anspruch nimmt oder beantragt, ohne notwendigerweise Teilnehmer zu sein. Auch hier sollte der Anwendungsbereich der §§ 91 ff. TKG durch die Erwähnung der „öffentlich zugänglichen Telekommunikationsdienste" nicht auf diese unter Ausschluss anderer Telekommunikationsdienste (z.B. Corporate Networks) eingeschränkt werden.[49] Das steht in Übereinstimmung mit § 91 Abs. 2 TKG, wonach für geschlossene Benutzergruppen die Vorschriften des 2. Abschnitts des TKG gerade gelten sollen.

12 Die Legaldefinition der personenbezogenen Daten findet sich in § 3 Abs. 1 BDSG. Personenbezogene Daten sind demnach „Einzelangaben über persönliche oder sachliche Verhältnisse einer bestimmten oder bestimmbaren natürlichen Person". „Einzelangaben" meint dabei jedwede Information über persönliche oder sachliche Verhältnisse, z.B. Name, Adresse, Familienstand, Einkommen, Geburtsdatum, Staatsangehörigkeit, Berufsbezeichnung, Kommunikationsverhalten, Personalausweisnummer sowie Werturteile, Planungs- und Prognosedaten.[50] Demgegenüber sind verkehrsbezogene Daten solche, die bei der Übermittlung und beim Empfang von Sendesignalen anfallen und beispielsweise Aufschluss geben über die beteiligten Personen und die Umstände der Kommunikation als solche, also Dauer, Zeit, Standorte etc. (vgl. §§ 96, 98 TKG).

13 Einzelangaben über juristische Personen, die dem Fernmeldegeheimnis unterliegen, stehen den personenbezogenen Daten gleich (Abs. 1 Satz 2). Erfasst werden hier etwa Angaben über die Beteiligung einer juristischen Person an einem Telekommunikationsvorgang und erfolglose Verbindungsversuche (vgl. § 88 Abs. 1 Satz 1 und 2 TKG).[51] So umreißt das Fernmeldegeheimnis auch den Schutzbereich der Einzel-

---

47 *Pokutnev/Schmid*, CR 2012, S. 360 (361); *Jenny*, in: Plath, BDSG, § 91 TKG, Rn. 7.
48 So auch *Eckhardt/Schmitz*, CR 2011, S. 436 (437).
49 Vgl. *Pokutnev/Schmid*, CR 2012, S. 360 (361); *Jenny*, in: Plath, BDSG, § 91 TKG, Rn. 7.
50 Siehe näher die Kommentierung zu § 3 BDSG Rn. 3 ff.; *Robert*, in: Geppert/Piepenbrock/ Schütz/Schuster, TKG, § 91 Rn. 12; *Tinnefeld*, in: Roßnagel, Hdb. DSR, Teil 4, Rn. 18.
51 *Robert*, in: Geppert/Piepenbrock/Schütz/Schuster, TKG, § 91 Rn. 15.

angaben juristischer Personen. Teilnehmerdaten, die im Zusammenhang mit dem Vertragsschluss über Telekommunikationsdienste erhoben werden, fallen nicht in diesen Schutzbereich.[52] Für Einzelangaben über juristische Personen gilt das Datenschutzrecht ansonsten grundsätzlich nicht.[53] Nach der Erweiterung der Nutzerdefinition auf juristische Personen und Personengesellschaften durch die TKG-Novelle 2012 sind über § 91 Abs. 1 Satz 2 TKG nunmehr auch diese im Hinblick auf die den personenbezogenen Daten gleichgestellten Daten erfasst, wenn sie bloße Nutzer sind. D.h. juristische Personen können sich nun auch als Nutzer auf die Regelungen des Satz 1 berufen, selbst wenn es sich nicht um Daten handelt, die dem Fernmeldegeheimnis unterliegen.[54] Soweit *Pokutnev* und *Schmid*[55] davon ausgehen, dass die Änderung der Definition ohne Auswirkung sei, vernachlässigen sie, dass Abs. 1 Satz 2 andere Daten den persönlichen Daten gleichstellt und juristische Personen als Nutzer bisher nicht vom Wortlaut erfasst waren. Nicht geschützt sind die Bestandsdaten (Vertragsdaten) juristischer Personen.

Durch die TKG-Novelle 2012 wurde durch die Einführung der Worte „einschließ- **14** lich Telekommunikationsnetzen, die Datenerfassungs- und Identifizierungsgeräte unterstützen" in Abs. 1 Satz 1 klargestellt, dass auch Telekommunikationsnetze, die Datenerfassungs- und Identifizierungsgeräte unterstützen, erfasst werden. Zu diesen Geräten zählen u.a. RFID Funkfrequenzerkennungsgeräte.[56] Eine Erweiterung des Anwendungsbereiches im Übrigen geht damit nicht einher. Auch der Betrieb dieser Telekommunikationsnetze muss nach § 3 Nr. 10 TKG ein nachhaltiges Angebot von Telekommunikation für Dritte sein.[57]

Die Begriffe „erheben" und „verwenden" haben mit der Übernahme der TDSV **15** 2000 Einzug in das TKG gehalten und sind über das BDSG zu definieren. „Erheben" bedeutet gem. § 3 Abs. 3 BDSG das „Beschaffen von Daten über den Betroffenen". Der Begriff der „Verwendung" wird mittelbar über § 3 Abs. 4, 5 BDSG definiert und erfasst das Speichern, Verändern, Übermitteln, Sperren und Löschen personenbezogener Daten.[58]

---

52 *Wuermeling/Felixberger*, CR 1997, S. 230 (234).
53 *Tinnefeld*, NJW 2001, S. 3078 (3079).
54 Früher waren juristische Personen nur als Teilnehmer geschützt, da § 3 Nr. 20 TKG schon
    vor der TKG-Novelle 2012 juristische Personen nannte. Zur subsidiären Anwendung des
    BDSG, s. oben Rn. 6.
55 *Pokutnev/Schmid*, CR 2012, S. 360 (361).
56 BT-Drs. 17/5707, S. 79.
57 *Eckhardt/Schmitz*, CR 2011, S. 436 (437); *Pokutnev/Schmid*, CR 2012, S. 360 (362); *Jenny*,
    in: Plath, BDSG, § 91 TKG Rn. 5.
58 Siehe die Kommentierung zu § 3 BDSG; *Klesczewski*, in: Säcker, TKG, § 91 Rn. 25.

2. Ausnahme nach § 91 Abs. 2 TKG

16 Eine Ausnahme im Verhältnis des Telekommunikationsdatenschutzes zum BDSG findet sich in § 91 Abs. 2 TKG für geschlossene Benutzergruppen[59] öffentlicher Stellen der Länder: Hier gelten die §§ 91 ff. TKG mit der Maßgabe, dass im Falle des Fehlens spezieller TKG-Regelungen anstatt des BDSG das jeweilige Landesdatenschutzgesetz heranzuziehen ist. Für öffentliche Stellen der Länder gilt im Übrigen gemäß § 1 Abs. 2 Nr. 3 BDSG das BDSG, weil die Länder im Bereich der Telekommunikation Bundesrecht ausführen. Die Ausnahme für geschlossene Benutzergruppen (insbesondere für eigene Behördennetze) ist auf Betreiben des Bundesrates eingeführt worden und soll der größeren Sachnähe der Landesdatenschutzgesetze in diesem Bereich Rechnung tragen.[60]

§ 92 (weggefallen)

---

59 Eine „geschlossene Benutzergruppe" ist, von vornherein anhand bestimmter Kriterien bestimmbarer Nutzerkreis; s. näher *Eckhardt*, in: Spindler/Schuster, Recht der elektronischen Medien, § 91 TKG Rn. 17 ff.
60 Dazu kritisch *Robert*, in: Geppert/Piepenbrock/Schütz/Schuster, TKG, § 91 Rn. 16.

§ 93 Informationspflichten

(1) Diensteanbieter haben ihre Teilnehmer bei Vertragsabschluss über Art, Umfang, Ort und Zweck der Erhebung und Verwendung personenbezogener Daten so zu unterrichten, dass die Teilnehmer in allgemein verständlicher Form Kenntnis von den grundlegenden Verarbeitungstatbeständen der Daten erhalten. Dabei sind die Teilnehmer auch auf die zulässigen Wahl- und Gestaltungsmöglichkeiten hinzuweisen. Die Nutzer sind vom Diensteanbieter durch allgemein zugängliche Informationen über die Erhebung und Verwendung personenbezogener Daten zu unterrichten. Das Auskunftsrecht nach dem Bundesdatenschutzgesetz bleibt davon unberührt.

(2) Unbeschadet des Absatzes 1 hat der Diensteanbieter in den Fällen, in denen ein besonderes Risiko der Verletzung der Netzsicherheit besteht, die Teilnehmer über dieses Risiko und, wenn das Risiko außerhalb des Anwendungsbereichs der vom Diensteanbieter zu treffenden Maßnahme liegt, über mögliche Abhilfen, einschließlich der für sie voraussichtlich entstehenden Kosten, zu unterrichten.

(3) Im Fall einer Verletzung des Schutzes personenbezogener Daten haben die betroffenen Teilnehmer oder Personen die Rechte aus § 109a Absatz 1 Satz 2 in Verbindung mit Absatz 2.

Literatur: *Bäcker*, Die Betroffenenauskunft im Telekommunikationsrecht, MMR 2009, S. 803; *Bergles/Eul*, Warndateien für international agierende Banken – vereinbar mit Datenschutz und Bankgeheimnis?, BKR 2003, S. 273; *Beule/Diergarten/Geis/Kötterheinrich/Kolb/Petersen/Stöhr*, Datenschutz in Banken und Sparkassen, Heidelberg 2005; *Bizer*, Datenschutzrechtliche Informationspflichten, DuD 2005, S. 451; *Dolderer/von Garrel/Müthlein/Schlumberger*, Die Auftragsdatenverarbeitung im neuen BDSG, RDV 2001, S. 223; *Eckhardt/Schmitz*, Datenschutz in der TKG-Novelle, CR 2011, S. 436; *Graf von Westphalen (Hrsg.)*, Vertragsrecht und AGB-Klauselwerke, München Losebl.-Ausgabe; *Pokutnev/Schmid*, Die TKG-Novelle aus datenschutzrechtlicher Sicht, CR 2012, S. 360.

Übersicht

I. Allgemeines

1. Gesetzeszweck

1 Die Transparenz der Datenverarbeitung ist eine verfassungsrechtlich geschützte Position des Betroffenen.[1] Dieser soll nach dem „Volkszählungs-Urteil" des Bundesverfassungsgerichtes „mit Sicherheit überschauen können, welche ihn betreffenden Informationen … bekannt sind und das Wissen möglicher Kommunikationspartner abschätzen können".[2] Erst durch das Zurverfügungstellen dieser Informationen werde er in die Lage versetzt, aus eigener Selbstbestimmung heraus Entscheidungen zu treffen. Auch die Geltendmachung von Korrektur-, Löschungs- oder Schadensersatzansprüchen hängt von der Kenntnis einzelner Datenverarbeitungsgänge ab.[3] Der Kunde soll in die Lage versetzt werden, seine Rechte aus §§ 34, 35 BDSG wahrzunehmen. Daher beziehen sich die Unterrichtungspflichten auch auf die Auskunftspflichten.[4]

2. Geschichte/Europarechtliche Grundlagen

2 § 93 Abs. 1 TKG entspricht beinahe wörtlich § 3 Abs. 5 TDSV 2000. Während § 3 Abs. 5 Satz 1 TDSV 2000 von „Erhebung, Verarbeitung und Nutzung personenbezogener Daten" sprach (und sich damit am BDSG orientierte), heißt es in § 93 Abs. 1 TKG „ Erhebung und Verwendung personenbezogener Daten". Damit sollen lediglich begriffliche Änderungen vorgenommen werden und keine inhaltlichen Änderungen einhergehen.[5] Durch das TKG-ÄndG 2007 ist § 93 Abs. 2 TKG neu eingefügt worden. Damit wird Art. 4 Abs. 2 DSRl umgesetzt.[6] Abs. 3 ist durch die TKG-Novelle 2012 neu gefasst worden, und enthält eine Verweisung auf den ebenfalls neu gefassten § 109a TKG.

3. Verhältnis zu anderen Vorschriften

3 § 93 TKG verdrängt als Spezialregelung die allgemeine Benachrichtigungspflicht des § 33 BDSG,[7] wonach der Betroffene bei erstmaliger Speicherung seiner personenbezogenen Daten umfassend hierüber zu informieren ist. § 33 BDSG ließe sich auch nicht mit den Gegebenheiten der Telekommunikation vereinbaren, müssten doch die Anbieter alle Personen informieren, die ihre Kunden angerufen haben und

---

1 Vgl. statt vieler *Dolderer/von Garrel/Müthlein/Schlumberger*, RDV 2001, S. 223 (224).
2 BVerfGE 65, 1 (44).
3 *Büttgen*, in: Geppert/Piepenbrock/Schütz/Schuster, TKG, § 93 Rn. 5.
4 *Klesczewski*, in: Säcker, TKG, § 93 Rn. 5.
5 *Büttgen*, in: Geppert/Piepenbrock/Schütz/Schuster, TKG, § 93 Rn. 24; BT-Drs. 15/2316, S. 88.
6 BT-Drs. 16/2581, S. 27.
7 *Büttgen*, in: Geppert/Piepenbrock/Schütz/Schuster, TKG, § 93 Rn. 7.

deren Rufnummern daher beim Diensteanbieter gespeichert sind.[8] Im Gegensatz zu § 33 BDSG verpflichtet § 93 TKG zwar die Diensteanbieter, ihre Teilnehmer bei Vertragsschluss über Art, Umfang, Ort und Zweck der Erhebung und Verwendung personenbezogener Daten (§ 93 Abs. 1 Satz 1 TKG) und ihre Wahl- und Gestaltungsmöglichkeiten (§ 93 Abs. 1 Satz 2 TKG) zu informieren, ansonsten ist es aber ausreichend, andere Nutzer durch „allgemein zugängliche Informationen" (etwa in Teilnehmerverzeichnissen oder im Internet[9]) zu unterrichten (§ 93 Abs. 1 Satz 3 TKG). Ausdrücklich unberührt bleibt allerdings das Auskunftsrecht nach § 34 BDSG (§ 93 Abs. 1 Satz 4 TKG). Dieser Auskunftsanspruch steht sowohl Teilnehmern (Vertragspartnern des Diensteanbieters) als auch Nutzern und sonstigen Betroffenen zu[10] und ist auch vertraglich nicht abdingbar.[11] Der Auskunftsanspruch ist erforderlich, um den Betroffenen die Möglichkeit zur Korrektur gespeicherter Daten zu geben.[12] Denn neben § 34 BDSG bleibt § 35 BDSG anwendbar, auch wenn ein Verweis in § 93 TKG fehlt.[13] Zu beachten ist, dass die entsprechenden Rechte auch juristischen Personen und Personengesellschaften zustehen, soweit nach § 91 Abs. 1 Satz 2 TKG Daten dem Fernmeldegeheimnis unterliegen.[14]

II. Kommentierung

1. Allgemeine Informationspflichten (Abs. 1)

Wie weit die Unterrichtungspflichten der Diensteanbieter nach § 93 TKG reichen, ergibt sich aus dem Sinn der Regelung als Grundlage für Entscheidungen im Rahmen der informationellen Selbstbestimmung der Betroffenen. Die Betroffenen müssen daher nicht über jedes Detail der eingesetzten Technik informiert werden; gleichzeitig reicht es aber auch nicht, sie nur über das zu informieren, was zur Wahrung des Fernmeldegeheimnisses und Datenschutzes gerade noch erforderlich ist.[15] Die Informationspflichten des Diensteanbieters gegenüber seinen Teilnehmern (Vertragskunden) bei Vertragsschluss (Satz 1 und 2) erstrecken sich daher auf die verschiedenen, das Vertragsverhältnis gestaltenden Personen- und Verkehrsdaten, die benannt und erläutert werden müssen. Weiter ist der Kunde darüber in Kenntnis zu setzen, dass es dem Anbieter nach § 95 TKG gestattet ist, „Bestandsdaten" seiner Kunden zu erheben,[16] also solche personenbezogenen Daten, die für die Be-

4

---

8 *Königshofen/Ulmer*, Datenschutz-Handbuch Telekommunikation, S. 27, Rn. 2.
9 *Königshofen/Ulmer*, Datenschutz-Handbuch Telekommunikation, S. 28, Rn. 6.
10 *Klesczewski*, in: Säcker, TKG, § 93 Rn. 8.
11 *Klesczewski*, in: Säcker, TKG, § 93 Rn. 9; *Büttgen*, in: Geppert/Piepenbrock/Schütz/ Schuster, TKG, § 93 Rn. 9.
12 *Büttgen*, in: Geppert/Piepenbrock/Schütz/Schuster, TKG, § 93 Rn. 8.
13 *Albers*, in: Scheurle/Mayen, TKG, § 93 Rn. 11, unter Verweis auf BT-Drs. 15/2316, S. 88.
14 *Klesczewski*, in: Säcker, TKG, § 93 Rn. 14.
15 *Büttgen*, in: Geppert/Piepenbrock/Schütz/Schuster, TKG, § 93 Rn. 25.
16 *Büttgen*, in: Geppert/Piepenbrock/Schütz/Schuster, TKG, § 93 Rn. 26.

gründung und Ausgestaltung des Vertragsverhältnisses benötigt werden (z.B. Name, Anschrift, Geburtsdatum).[17] Auch über die gesetzlich gebotene Löschung dieser Daten (§ 95 Abs. 3 TKG) ist der Kunde zu informieren. Wenn Standortdaten erhoben werden (§ 98 TKG), muss der Diensteanbieter auch darüber informieren, ob er diese Daten an Dritte weitergibt, etwa um Dienste mit Zusatznutzen anzubieten.[18] Auch auf die Speicherung und auf die verschiedenen Speicherfristen der für die Rechnungstellung erforderlichen Daten wie etwa die Rufnummern des Anrufers und des Angerufenen, die jeweils genutzte Dienstleistung und Beginn und Ende der Verbindung ist der Kunde hinzuweisen.

5   Die Vorschrift bestimmt explizit, dass der Teilnehmer darüber hinaus bei Vertragsschluss über seine zulässigen Wahl- und Gestaltungsmöglichkeiten informiert werden muss (Abs. 1 Satz 2). Das sind etwa die Einwilligung oder die Ablehnung in die Nutzung seiner Daten in den Bereichen Kundenberatung, Werbung für eigene Angebote und Marktforschung (siehe § 95 Abs. 2 Satz 1 TKG) einschließlich des Hinweises, dass die einmal erteilte Einwilligung jederzeit widerrufen werden kann, die Rufnummernspeicherung oder Löschung für die Endabrechnung (§ 97 Abs. 4 TKG), die Ausgestaltung des Einzelverbindungsnachweises (§ 99 TKG), die Rufnummernanzeige oder -unterdrückung (§ 102 TKG), die Möglichkeit der Eintragung und der Umfang der Eintragung in (elektronische) Teilnehmerverzeichnisse (§§ 104, 105 Abs. 2 TKG) und die Möglichkeiten der Inverssuche (§ 105 Abs. 3 TKG). Außerdem ist darüber zu informieren, dass die von Dritten veranlasste Weiterschaltung eines Anrufes – soweit technisch möglich – abgestellt werden kann (§ 103 TKG).

6   Teilnehmer, deren Vertrag eine „Flatrate" vorsieht, sind darüber zu informieren, dass keine Verkehrsdaten gespeichert werden, da diese zu Abrechnungszwecken nicht benötigt werden. Dies gilt auch, sofern dem Teilnehmer kostenlose Gespräche angeboten werden.[19]

7   Nutzer von Prepaid-Karten haben grundsätzlich einen Anspruch auf sofortige Löschung ihrer Daten. Der so häufig entstehende Konflikt zwischen dem Interesse des Kunden an einem hohen Datenschutzniveau und dem Interesse an der Kenntnis der Einzelverbindungen zur Beweisführung im Streitfall ist auch im Falle der Prepaid-Karten dahingehend zu lösen, dass die Entscheidung dem Kunden überlassen bleibt. Allerdings ist der Anbieter vom Nachweis der Inanspruchnahme der berechneten Verbindungen entlastet, wenn der Kunde die Löschung der Verkehrsdaten wünscht (vgl. § 97 Abs. 4 TKG).[20] Entsprechendes muss gelten, wenn dem Teilnehmer ein bestimmtes Kontingent an Freiminuten zusteht.

---

17 Vgl. Kommentierung zu § 95 TKG.
18 BT-Drs. 15/2316, S. 88.
19 *Büttgen*, in: Geppert/Piepenbrock/Schütz/Schuster, TKG, § 93 Rn. 28.
20 BVerfG, NJW 2007, 3055.

Problematisch gestalten sich die Hinweise zum Datenschutz im Rahmen der aller- **8** dings jetzt seltenen Call-by-Call-Dienste. Hier entscheidet sich der Kunde entweder gesondert für jeden Anruf durch Anwählen einer Vorwahl für einen Anbieter („offenes Call-by-Call"), oder er trifft eine Vorauswahl und nutzt in Zukunft nur noch die Dienste dieses Anbieters („Preselection"). Während bei der Vorauswahl der Anbieter seinen Kunden bei Vertragsschluss über alle wesentlichen datenschutzrechtlichen Sachverhalte informieren kann, ist eine solche Information beim „offenen" Call-by-Call praktisch nicht durchführbar. Es besteht zwischen Anbieter und Nutzer auch nicht das für die Telekommunikation eigentlich charakteristische Dauerschuldverhältnis.[21] Für die Allgemeinen Geschäftsbedingungen ist daher in § 305a Nr. 2b BGB festgelegt, dass die Anbieter der Call-by-Call-Dienste ihre Allgemeinen Geschäftsbedingungen im Amtsblatt der Bundesnetzagentur für Elektrizität, Gas, Telekommunikation, Post und Eisenbahnen veröffentlichen. Hier sollten auch die Hinweise zum Datenschutz hinterlegt werden. Wirbt der Diensteanbieter jedoch im Internet, sollten auch dort Datenschutzhinweise abrufbar sein.[22]

Bei Änderungen in der Sach- oder Rechtslage ist der Teilnehmer über datenschutz- **9** relevante Neuerungen und Änderungen aufzuklären. Dies soll auch für einen Wechsel der Wirtschaftsauskunftei des Diensteanbieters gelten.[23] Die – gerade von Mobilfunkanbietern häufig für den Vertragsschluss zwingend vorausgesetzte – Bonitätsprüfung des Kunden ist nur zulässig, wenn der Kunde darüber informiert wurde und eine entsprechende Einwilligung erteilt hat. Dazu gehört ein detaillierter Hinweis darauf, wie die übermittelten Daten genutzt werden und mit welcher Wirtschaftsauskunftei der Diensteanbieter zusammenarbeitet.[24]

Während die Auskunft nach § 34 BDSG grundsätzlich schriftlich zu erteilen ist, **10** gibt § 93 TKG keine bestimmte Form der Unterrichtungspflichten vor. Daher wird sowohl eine schriftliche wie eine mündliche oder eine Information in Textform nach § 126b BGB (Fax, E-Mail) für zulässig gehalten.[25] Alle wesentlichen Informationen sollten jedoch bereits in das Vertragsformular aufgenommen werden. Das gilt insbesondere für alle Wahl- und Gestaltungsmöglichkeiten des Kunden, denn diese prägen die konkrete Ausgestaltung des Vertragsverhältnisses ganz wesentlich.[26] Daher sollten die Entscheidungen des Kunden auf diesem Gebiet nachvollziehbar und beweisbar sein. Zu diesem Zweck wird eine Gestaltung des Vertragsformulars vorgeschlagen, bei der der Kunde durch Ankreuzen bzw. Anklicken von

---

21 Vgl. zur rechtlichen Einordnung von Telekommunikationsverträgen mit Teilnehmern, *Munz*, in: Graf von Westphalen, Vertragsrecht und AGB-Klauselwerke, Telekommunikationsverträge, Rn. 1 ff., 6.

22 *Büttgen*, in: Geppert/Piepenbrock/Schütz/Schuster, TKG, § 93 Rn. 53.

23 *Büttgen*, in: Geppert/Piepenbrock/Schütz/Schuster, TKG, § 93 Rn. 46 (fraglich).

24 *Büttgen*, in: Geppert/Piepenbrock/Schütz/Schuster, TKG, § 93 Rn. 34.

25 *Kleszewski*, in: Säcker, TKG, § 93 Rn. 6; *Büttgen*, in: Geppert/Piepenbrock/Schütz/ Schuster, TKG, § 93 Rn. 6.

26 *Büttgen*, in: Geppert/Piepenbrock/Schütz/Schuster, TKG, § 93 Rn. 47.

Leerfeldern seine Entscheidungsmöglichkeiten aktiv nutzt. Vorbelegungen einzelner Felder mit „Ja" bzw. „Nein" sind dabei grundsätzlich zu vermeiden, um späteren Beweisschwierigkeiten vorzubeugen.[27]

11 Die Informationen an Teilnehmer müssen so gestaltet sein, dass sie zur Kenntnis des Teilnehmers gelangen. Nach einer Ansicht soll die Aufnahme der Informationen in Allgemeinen Geschäftsbedingungen des Anbieters nicht ausreichend sein.[28] Das ist so nicht richtig: Wenn die Informationen hinreichend deutlich erteilt werden, um die Kenntnis des Teilnehmers sicherzustellen, können diese auch in AGB enthalten sein. Wo Telekommunikationsdienste nur über das Internet angeboten werden, müssen die Datenschutzhinweise auf der Internetseite des Anbieters während aller Schritte des Vertragsschlusses unproblematisch auffindbar und einsehbar sein. Die Informationen müssen zudem in allgemein verständlicher Form erteilt werden. Dies genügt dem Transparenzgebot nach § 307 Abs. 1 Satz 2 BGB. Unverständliche Begriffe sind deshalb zu vermeiden,[29] wobei aber Zweifel bestehen, ob aufgrund der Regelungsbegriffe des TKG tatsächlich die erforderliche Transparenz geschaffen werden kann, ohne den Informationsinhalt zu verkürzen.

12 Nutzern (Teilnehmer der Kommunikation, die nicht Kunden sind, § 3 Nr. 13 TKG) können Informationen bei Vertragsschluss nicht erteilt werden. Infolgedessen reicht hier eine Information über allgemein zugängliche Medien, zum Beispiel über die Website des Anbieters, aus. Im Übrigen ist auf Anfrage des Nutzers Auskunft zu erteilen.[30]

13 Die Auskunftsrechte der Betroffenen richten sich gemäß Abs. 1 Satz 4 nach § 34 BDSG. Auf die dortige Kommentierung kann daher verwiesen werden. Besonderheiten im Rahmen des TKG bestehen insoweit, als dieses außerhalb des Abschnitts 2 des TKG Beschränkungen der Auskunft vorsieht. Aus § 45e TKG ergibt sich, dass eine Auskunft über Einzelverbindungsnachweise erst ab dem Zeitpunkt möglich ist, ab dem der Teilnehmer sich für eine solche entschieden hat. Weitere Beschränkungen ergeben sich aus § 99 Abs. 1 Satz 7 TKG (Daten eingehender Anrufe). Nutzer haben überhaupt keinen Anspruch auf Auskunft über ihre Verkehrsdaten, wie sich aus § 93 Abs. 1 Satz 3 TKG ergibt. Diese Beschränkungen können auch nicht durch die Geltendmachung der Auskunftsrechte nach § 34 BDSG unterlaufen werden. Das TKG sperrt insoweit das BDSG.[31] Schließlich können juristische Personen Auskunftsrechte geltend machen, soweit deren Daten dem Fernmeldegeheimnis unterliegen. Dies ergibt sich aus § 91 Abs. 1 Satz 2 TKG.

---

27 *Büttgen*, in: Geppert/Piepenbrock/Schütz/Schuster, TKG, § 93 Rn. 48.

28 *Büttgen*, in: Geppert/Piepenbrock/Schütz/Schuster, TKG, § 93 Rn. 51.

29 *Albers*, in: Scheurle/Mayen, TKG, § 93 Rn. 6.

30 *Klesczewski*, in: Säcker, TKG, § 93 Rn. 8.

31 *Bäcker*, MMR 2009, S. 803; *Jenny*, in: Platz, § 93 TKG Rn. 7.

2. Informationspflicht über besondere Risiken (Abs. 2)

§ 93 Abs. 2 TKG, der durch das TKGÄndG 2007[32] in das Gesetz eingefügt wurde, **14** präzisiert die Informationspflichten des Diensteanbieters gegenüber Teilnehmern im Hinblick auf ein besonderes Risiko der Verletzung der Netzsicherheit. Dies dient der Aufklärung der Teilnehmer über besondere Gefahren der unbeabsichtigten Offenbarung personenbezogener und dem Fernmeldegeheimnis unterliegender Daten. Infolgedessen müssen die Diensteanbieter auch über solche Sicherheitsrisiken aufklären, die außerhalb ihres Einflussbereichs sind, wie etwa elektronische Kommunikationsdienste, die über ein offenes Netz wie das Internet oder den analogen – leicht abhörbaren – Mobilfunk bereitgestellt werden.[33] Die Informationspflicht wird durch das Merkmal des „besonderen Risikos" in ihrem Anwendungsbereich jedoch stark eingeschränkt. § 93 Abs. 2 TKG erfordert, dass die Ursache des Risikos ungewöhnlich, aber dennoch für den Diensteanbieter erkennbar ist, denn dann gebietet der Grundsatz der Verhältnismäßigkeit einen Hinweis seitens des Diensteanbieters. Damit besteht im Regelfall keine Hinweispflicht, was sich aber nach dem fortlaufenden Stand der Technik (z. B. Durchsetzung der digitalen und verschlüsselten Mobiltelefonie) für unsichere Verbindungstechniken ändern kann. Bei Risiken außerhalb der Sphäre des Diensteanbieters beschränkt sich die Verpflichtung auf allgemein gehaltene, pauschale Angaben über Abhilfemaßnahmen und deren Kosten.[34]

3. Verletzung des Schutzes personenbezogener Daten (Abs. 3)

Eine Verletzung des Schutzes personenbezogener Daten ist gem. § 3 Nr. 30a TKG **15** „eine Verletzung der Datensicherheit, die zum Verlust, zur unrechtmäßigen Löschung, Veränderung, Speicherung, Weitergabe oder sonstigen unrechtmäßigen Verwendung personenbezogener Daten führt, die übertragen, gespeichert oder auf andere Weise im Zusammenhang mit der Bereitstellung öffentlich zugänglicher Telekommunikationsdienste verarbeitet werden sowie der unrechtmäßige Zugang zu diesen." Wird der Schutz personenbezogener Daten verletzt, haben die Betroffenen nach Abs. 3 die Rechte aus § 109a TKG. Auch juristische Personen haben diese Rechte, wenn es sich um Angaben handelt, die dem Fernmeldegeheimnis unterliegen.[35] § 109a TKG gilt nur für Anbieter öffentlich zugänglicher Telekommunikationsdienste, § 93 Abs. 3 TKG enthält diese Beschränkung nicht. Damit ist für Diensteanbieter, die keinen öffentlich zugänglichen Telekommunikationsdienst betreiben, nur § 109a Abs. 1 Satz 2 i.V.m. Abs. 2 TKG anwendbar, auf den § 93 Abs. 3 TKG verweist.[36]

---

32 Gesetz zur Änderung telekommunikationsrechtlicher Vorschriften vom 18.2.2007, BGBl. I, S. 106 ff.

33 *Albers*, in: Scheurle/Mayen, TKG, § 93 Rn. 12.

34 *Eckhardt*, in: Spindler/Schuster, TKG, § 93 Rn. 15.

35 Vgl. auch § 91 TKG Rn. 16.

36 So auch *Pokutnev/Schmid*, CR 2012, S. 360 (364); *Jenny*, in: Plath, BDSG, § 93 TKG Rn. 9; a. A. *Eckhardt/Schmitz*, CR 2011, S. 436 (441), die § 109a TKG ausschließlich auf

III. Rechtsfolgen

16 Erfüllt der Diensteanbieter seine Informationsverpflichtungen nach Abs. 1 nicht, kann die Aufsichtsbehörde einschreiten. Möglich ist, dass Wettbewerber, Verbraucherschutzverbände und ggf. auch der Teilnehmer oder Nutzer das Fehlen der Informationen über § 44 TKG angreifen können. Erteilt der Diensteanbieter die Auskunft nach Abs. 1 Satz 4 nicht, kann dies nicht über § 43 Abs. 1 Nr. 8 BDSG als Ordnungswidrigkeit geahndet werden, da eine entsprechende Vorschrift im TKG fehlt. Jedenfalls kann der Auskunftsberechtigte seinen Auskunftsanspruch gerichtlich einklagen.

17 Bei einer Verletzung des Schutzes personenbezogener Daten i. S. d. Abs. 3 ist die Missachtung einzelner Pflichten des § 109a TKG gem. § 149 Abs. 1 Nr. 21 bis 21c TKG bußgeldbewehrt. Die BNetzA soll dadurch ausreichende Sanktionsmöglichkeiten erhalten.[37]

Anbieter öffentlich zugänglicher Telekommunikationsdienste anwenden wollen (systematisch sehr fragwürdig); vgl. im Übrigen auch die Kommentierung zu § 109a TKG.
37 BT-Drs. 17/5707, S. 90.

§ 94 Einwilligung im elektronischen Verfahren

Die Einwilligung kann auch elektronisch erklärt werden, wenn der Diensteanbieter sicherstellt, dass

1. der Teilnehmer oder Nutzer seine Einwilligung bewusst und eindeutig erteilt hat,

2. die Einwilligung protokolliert wird,

3. der Teilnehmer oder Nutzer den Inhalt der Einwilligung jederzeit abrufen kann und

4. der Teilnehmer oder Nutzer die Einwilligung jederzeit mit Wirkung für die Zukunft widerrufen kann.

Literatur: *Eisenberg*, Möglichkeiten des E-Mail-Direktmarketing ohne Einwilligung der Beworbenen BB 2012, S. 2963; *Munz*, Datenschutzklauseln, in: Graf von Westphalen, Vertragsrecht und AGB-Klauselwerke, München, Losebl.-Ausgabe, Stand: 2007; *Ohly*, Zwölf Thesen zur Einwilligung im Internet, GRUR 2012, S. 983; *Schnabel*, Datenschutz bei profilbasierten Location Based Services, 2009; *Artur-Axel Wandtke*, Medienrecht Praxishandbuch, Band 5: IT-Recht und Medienstrafrecht, 2011.

I. Allgemeines

1. Gesetzeszweck

§ 94 TKG ist die Nachfolgevorschrift des § 4 TDSV 2000. Aufgrund der Vertriebssysteme der Diensteanbieter hielt es der Gesetzgeber für notwendig, anstatt der in § 4a Abs. 1 Satz 3 BDSG grundsätzlich vorgesehenen Schriftform eine Einwilligung in bestimmte Datennutzungsvorgänge auf elektronischem Wege unter engen Voraussetzungen zuzulassen. Es soll bei einer elektronischen Einwilligung die gleiche Rechtssicherheit wie bei einer schriftlichen Einwilligung nach § 4a Abs. 1 BDSG erreicht werden.[1] Dies entspricht weitgehend den Regelungen in § 13 Abs. 2 TMG (früher § 4 TDDSG) für Telemediendienste, bei denen ebenfalls die Einho-   **1**

---

1 Amtl. Begr. zu § 4 TDSV 2000, BR-Drs. 300/00, S. 16.

lung von schriftlichen Einwilligungen der Betroffenen nicht mit dem Vertriebs-
system Internet korrespondiert.

2. Europarechtliche Grundlagen/Geschichte

2   Die DSRl[2] enthält keine Vorgaben für eine Einwilligung im Telekommunikationsbereich. Die Einwilligung setzt nach der Richtlinie aber voraus, dass der Betroffene
eine sachkundige und freie Entscheidung trifft.[3] Zur Geschichte der Norm sei auf
die ausführliche Darstellung von *Büttgen* verwiesen.[4]

3. Verhältnis zu anderen Vorschriften

3   Nach § 4a Abs. 1 Satz 3 BDSG bedarf die Einwilligung in die Datenerhebung, -ver-
arbeitung und -nutzung grundsätzlich der Schriftform. Entsprechend §§ 126 Abs. 3,
126a BGB kann die Einwilligung auch unter Verwendung einer qualifizierten elektronischen Signatur erklärt werden.[5] Der Markt für Telekommunikationsdienstleistungen erfordert aber wegen seiner besonderen Ausgestaltung – ähnlich den Telemediendiensten[6] – Ausnahmen von diesem Grundsatz: So werden beispielsweise
Telekommunikationsdienstleistungen oft nur über das Internet angeboten, sodass
eine Einholung einer schriftlichen Einwilligung nicht nur unpraktikabel ist, sondern
auch den Abschluss eines Vertrages verzögern und erschweren würde. § 94 TKG
stellt daher klar, dass eine Einwilligung *auch* elektronisch erklärt werden kann und
formuliert vier Voraussetzungen, bei deren kumulativem Vorliegen die elektronische Einwilligung wirksam ist. Da § 94 TKG somit lediglich eine zur grundsätzlich
gebotenen Schriftform nach § 4a Abs. 1 Satz 3 BDSG zusätzliche Form der Einwilligung schafft, bedeutet dies zugleich, dass die Erfordernisse nach § 4a Abs. 1
Satz 1 und 2 BDSG immer zusätzlich einzuhalten sind.[7] Das gilt namentlich für die
in § 94 TKG nicht genannte Freiwilligkeit der Einwilligung. Dementsprechend
muss der Teilnehmer (§ 3 Nr. 20 TKG) oder Nutzer (§ 3 Nr. 14 TKG) auch vor einer
„nur" elektronischen Einwilligung ausreichend über Art und Umfang der entsprechenden Datenverarbeitungstatbestände informiert worden sein und es muss ihm

---

2 2002/58/EG.
3 Erwägungsgrund Nr. 17 der DSRl.
4 *Büttgen*, in: Geppert/Piepenbrock/Schütz/Schuster, TKG, § 94 Rn. 1 ff.
5 *Simitis*, in: Simitis, BDSG, § 4a Rn. 37; *Schnabel*, Datenschutz bei profilbasierten Location
   Based Services, S. 299; *Munz*, in: Graf von Westphalen, Vertragsrecht und AGB-Klauselwerke, Datenschutzklauseln, Rn. 34.
6 Vgl. § 13 Abs. 2 TMG und die Kommentierung dort.
7 *Munz*, in: Graf von Westphalen, Vertragsrecht und AGB-Klauselwerke, Datenschutzklauseln, Rn. 86; für die vergleichbare Regelung in § 13 Abs. 2 TMG: *Jandt/Schaar/Schulz*, in:
   Beck'scher Kommentar zum Recht der Telemediendienste, §13 TMG Rn. 68.

die Tragweite und der Inhalt seiner Einwilligung jederzeit bewusst sein.[8] Andernfalls ist seine (elektronische) Einwilligung nach § 4a Abs. 1 BDSG unwirksam. Die Einhaltung der Voraussetzungen obliegt dem Diensteanbieter.

Eine Einwilligung ist immer nur dann erforderlich, wenn für den Diensteanbieter **4** kein gesetzlicher Erlaubnistatbestand für die Erhebung, Speicherung, Nutzung, Verarbeitung oder Übermittlung von Daten nach §§ 95 ff. TKG besteht. Da diese gesetzlichen Erlaubnistatbestände bewusst eng gefasst wurden, hat die Einwilligung nach § 4a Abs. 1 BDSG und § 94 TKG erhebliche Bedeutung für die Erlaubnis zur Nutzung der Daten für andere kommerzielle Zwecke durch die Diensteanbieter.

Nicht verwechselt werden darf die Einwilligung nach § 94 TKG mit der Einwilligung **5** in die telefonische und sonstige Kontaktaufnahme via Telekommunikation zu Werbezwecken. Die Anforderungen an eine solche zulässige Kontaktaufnahme ergeben sich vielmehr aus § 7 Abs. 2 UWG, § 823 Abs. 1 BGB (Verletzung des allgemeinen Persönlichkeitsrechts und Eingriff in das Recht am Unternehmen) und die hierzu ergangene umfangreiche Rechtsprechung.[9]

Da im Massengeschäft Einwilligungserklärungen immer vorformuliert und vom **6** Diensteanbieter „gestellt" sind – bei einer Einwilligung über eine vorgegebene Maske auf einer Website ist dies nicht anders denkbar – werden entsprechende Einwilligungsklauseln von den Gerichten auch nach AGB-Recht, namentlich § 307 BGB, streng überprüft.[10] Das ist an sich überflüssig, weil sich die Voraussetzungen einer wirksamen Einwilligung ohnehin aus § 94 TKG i.V.m. § 4a Abs. 1 BDSG ergeben. Ein Verstoß gegen § 307 BGB führt aber zwangsläufig ebenfalls zur Unwirksamkeit der Einwilligung des Betroffenen.

II. Kommentierung

1. Pflichten des Anbieters

Der Diensteanbieter hat sicherzustellen, dass die Einwilligung von Nutzer oder **7** Teilnehmer wirksam erfolgt: Im Einzelnen muss er dafür sorgen, dass Teilnehmer oder Nutzer ihre Einwilligung bewusst und eindeutig erteilen (§ 94 Nr. 1 TKG). Weiter muss er die Einwilligung protokollieren (§ 94 Nr. 2 TKG), und zwar derart, dass der Teilnehmer oder Nutzer jederzeit die Möglichkeit hat, den Inhalt seiner

---

8 Zu den Anforderungen an die Einwilligung nach § 4a Abs. 1 Satz 1 und 2 BDSG siehe die Kommentierung dort, Rn. 12 ff.
9 Hierzu im Einzelnen *Köhler*, in: Hefermehl/Köhler/Bornkamm, UWG, § 7 Rn. 31 ff. und 118 ff.; zuletzt *Eisenberg*, BB 2012, S. 2963 ff.
10 *Schmidt*, in: Ulmer/Brandner/Hensen, AGB-Recht, Anh. 310 BGB, Rn. 290 ff. m. w. N.; *Munz*, in: Graf von Westphalen, Vertragsrecht und AGB-Klauselwerke, Datenschutzklauseln, Rn. 12 ff. und 65.

Einwilligung abzurufen (§ 94 Nr. 3 TKG) und sie zu widerrufen (§ 94 Nr. 4 TKG).[11]

8   Um den Anforderungen des § 94 Nr. 1 TKG zu genügen, muss sich der Einwilligende über die Tragweite seines Tuns im Klaren sein, was Erklärungsbewusstsein und Handlungswillen voraussetzt.[12] Zuvor muss er vom Diensteanbieter über alle für die Einwilligung maßgebenden Umstände in unmittelbarem Zusammenhang zur Abgabe der Einwilligung hinreichend informiert worden sein. Es reicht daher nicht, wenn der Einwilligende erst nach Abgabe der Einwilligung hiervon Kenntnis erlangt.[13] Im Zuge dieser Belehrung ist auch darauf hinzuweisen, dass die Einwilligung verweigert werden kann. Ratsam ist es deshalb, den Vorgang der Einwilligungserteilung auf technischem Wege derart zu gestalten, dass der Betroffene gar nicht einwilligen kann, ohne die nötigen Informationen erhalten zu haben.[14] Auch liegt es im Verantwortungsbereich des Diensteanbieters sicherzustellen, dass der Beteiligte alle Informationen unabhängig von der von ihm verwendeten Technik (Browser etc.) jederzeit aufrufen kann.[15] Eine Pflicht, auf das Widerrufsrecht hinzuweisen, enthält § 94 TKG anders als § 13 Abs. 2 TMG nicht. Hieraus darf gefolgert werden, dass eine solche Pflicht nach § 94 TKG gerade nicht besteht.[16]

9   Bei der nach § 94 Nr. 2 TKG vorgeschriebenen Protokollierung obliegt es dem Diensteanbieter, nicht aber dem Betroffenen, die Einwilligung zu speichern. Sinn der Protokollierung ist, dem Betroffenen sein Recht auf informationelle Selbstbestimmung zu ermöglichen: Er soll jederzeit nachvollziehen können, wann, wofür und in welchem Umfang er elektronisch in die Verarbeitung seiner Daten eingewilligt hat.[17] Die protokollierte Einwilligung ist selbst ein personenbezogenes Datum. Ob sie unter die Bestandsdaten i. S. d. § 3 Nr. 3 TKG fällt, hängt von den Umständen des Einzelfalls ab: Ein Bestandsdatum ist die Einwilligung etwa dann, wenn sie die Verarbeitung personenbezogener Daten zwecks Durchführung einer Bonitätsprüfung betrifft („SCHUFA-Klausel"), oder zur Erteilung eines Einzelverbindungsnachweises oder zur Datenübermittlung an ein Teilnehmerverzeichnis dient.[18]

10 Die gemäß § 94 Nr. 3 TKG vorgeschriebene jederzeitige Abrufbarkeit der Einwilligung ist Ausfluss des Auskunftsanspruchs nach § 34 BDSG und dient der Transparenz.[19] Der Betroffene soll die Möglichkeit haben, einmal getroffene Entscheidun-

---

11 Vgl. zur grundsätzlichen Problematik der Einwilligung im Internet *Ohly*, GRUR 2012, S. 983 ff.
12 *Büttgen*, in: Geppert/Piepenbrock/Schütz/Schuster, TKG, § 94 Rn. 6.
13 *Eckhardt*, in: Spindler/Schuster, TKG, § 94 Rn. 3.
14 *Klesczewski*, in: Säcker, TKG, § 93 Rn. 9.
15 *Königshofen*, TDSV, § 4 Rn. 4.
16 So auch: *Jenny*, in: Plath, BDSG, §94 TKG Rn. 2; *Eckhardt*, in: Spindler/Schuster, TKG, § 94 Rn. 11.
17 *Königshofen*, TDSV, § 4 Rn. 5; vgl. auch *Pohle*, in: Wandtke, S. 169.
18 *Büttgen*, in: Geppert/Piepenbrock/Schütz/Schuster, TKG, § 94 Rn. 8; *Königshofen*, TDSV, § 4 Rn. 5.
19 *Eckhardt*, in: Spindler/Schuster, TKG, § 94 Rn. 9.

gen jederzeit überprüfen und ggf. revidieren zu können bzw. Fehlinformationen zu korrigieren. Liegen die erforderlichen Informationen dazu nicht vor, hat er dem Diensteanbieter gegenüber einen Auskunftsanspruch in Bezug auf die über ihn gespeicherten Daten aus § 34 BDSG.[20]

Nach § 94 Nr. 4 TKG schließlich muss der Diensteanbieter sicherstellen, dass die **11** Einwilligung jederzeit, aber mit Wirkung nur für die Zukunft widerrufen werden kann. § 4 TDSV verpflichtete den Anbieter hingegen, innerhalb einer Woche nach Zugang der Einwilligungserklärung bei ihm noch eine Rücknahme derselben mit Wirkung für die Vergangenheit zu ermöglichen. Diese Regelung war der Vergleichbarkeit der Lage mit derjenigen beim Haustürwiderrufsrecht geschuldet: Der Betroffene sollte jedenfalls für eine bestimmte Zeit ohne Folgen einwilligen und die Einwilligung dann wieder zurücknehmen können.[21] Eine derartige Rücknahmemöglichkeit sieht § 94 TKG nun nicht mehr vor. Die normierte Möglichkeit eines Widerrufs der Einwilligungserklärung für die Zukunft hat demgegenüber nur noch klarstellende Bedeutung.[22] Der Widerrufende kann nach erfolgter Widerrufserklärung eine Umsetzung des Widerrufs in angemessen gestalteten Geschäftsabläufen erwarten.[23]

2. Geltungsbereich

Unklar ist, ob die Einwilligung auf elektronischem Wege nur für solche Daten mög- **12** lich ist, die das Vertragsverhältnis zwischen Teilnehmer und Diensteanbieter bzw. das Verhältnis zwischen Nutzern und Diensteanbieter betreffen. Jedenfalls im Bereich des § 13 Abs. 2 TMG wird vertreten, dass in die Nutzung derjenigen Daten, die nicht das Nutzerverhältnis (den Telemediendienst selbst) betreffen, nur mittels einer schriftlichen Einwilligung nach § 4a Abs. 1 Satz 3 BDSG eingewilligt werden könne.[24] Für die nicht durch §§ 95 ff. TKG ausdrücklich zugelassene Nutzung von personenbezogenen Daten finden sich in § 95 Abs. 1, 2 TKG (für Bestandsdaten) und § 96 Abs. 3 TKG (Verkehrsdaten) Hinweise auf eine erforderliche Einwilligung der Betroffenen. Für diese Einwilligungen gilt gerade § 94 TKG. Im Übrigen wird man aber auch für die Einwilligung zur Erhebung, Nutzung und Übermittlung anderer Daten als Bestands- und Verkehrsdaten die elektronische Form für ausreichend halten müssen, da sich aus § 94 TKG nichts Gegenteiliges ergibt und im Übrigen auch § 4a Abs. 1 Satz 4 BDSG für eine anders als schriftlich zu erteilende Einwilligung Raum lässt.

---

20 *Büttgen*, in: Geppert/Piepenbrock/Schütz/Schuster, TKG, § 94 Rn. 11; *Königshofen*, TDSV, § 4 Rn. 7.
21 Siehe zur alten Rechtslage *Königshofen*, TDSV, § 4 Rn. 8.
22 *Büttgen*, in: Geppert/Piepenbrock/Schütz/Schuster, TKG, § 94 Rn. 12.
23 *Eckhardt*, in: Spindler/Schuster, TKG, § 94 Rn. 10.
24 Hamburgischer Datenschutzbeauftragter, Orientierungshilfe Tele- und Mediendienste, 2002, S. 17.

13   Auch eine Einwilligung in die Nutzung von dem Fernmeldegeheimnis unterliegenden Daten ist möglich und auch auf elektronischem Wege nach § 94 TKG zulässig.
Das ergibt sich schon daraus, dass jedenfalls Verkehrsdaten nach § 96 Abs. 1 TKG
dem Fernmeldegeheimnis unterliegen, und § 94 TKG aufgrund seiner systematischen Stellung für § 96 TKG unterliegende Daten gilt. Der Gesetzgeber hat deshalb
in § 98 Abs. 1 Satz 4 TKG ausdrücklich eine Ausnahme für die Geltung einer elektronischen Einwilligung vorgesehen. Im Übrigen ist nicht einzusehen, warum ein
voll informierter und freiwillig handelnder Betroffener nicht von seinem Recht auf
Entäußerung ihm zustehender subjektiver Rechte Gebrauch machen dürfte, soweit
es nicht um unveräußerbare Rechte geht. Anders wäre auch die Einsicht in dem
Fernmeldegeheimnis unterliegende E-Mails eines Mitarbeiters oftmals überhaupt
nicht möglich.[25] Freilich sind an eine solche wirksame Einwilligung besonders
hohe Anforderungen zu stellen.

3. Einwilligung durch Leistungsbeschreibung

14   Ungeklärt ist, ob eine gesonderte Einwilligung in die Nutzung von Daten über die
Erlaubnistatbestände hinaus dort erforderlich ist, wo die Nutzung dieser Daten Voraussetzung für die Erbringung des Dienstes ist. Beispielsweise kann der Diensteanbieter dem Teilnehmer anbieten, ihn jederzeit über seinen Standort zu informieren
(vgl. § 98 TKG) oder ihm jederzeit das für ihn günstigste Tarifangebot aufgrund
seines Nutzerverhaltens anzubieten.[26] Formulierungen im TKG, so z.B. in § 98
Abs. 1 TKG, sprechen gegen die Nutzung personenbezogener Daten ohne eine den
Erfordernissen der §§ 4a Abs. 1 BDSG, 94 TKG genügende Einwilligung. Im Rahmen einer Leistungsbeschreibung können jedenfalls § 94 Nr. 2 und Nr. 3 TKG nicht
erfüllt werden, sodass nur eine schriftliche Einwilligung nach § 4a Abs. 1 BDSG in
Betracht kommt. Eine hinreichend deutliche und transparente Leistungsbeschreibung kann aber den Anforderungen nach § 4a Abs. 1 BDSG genügen, sodass insoweit durch einen schriftlichen Vertragsabschluss eine entsprechende und ausreichende Einwilligung vorliegt. Zu beachten sind allerdings weitere unabdingbare
Voraussetzungen für eine Einwilligung nach dem TKG, wie z.B. das Koppelungsverbot nach § 95 Abs. 5 TKG oder die Verpflichtung zum Hinweis auf die jederzeitige Widerrufbarkeit einer Einwilligung nach § 96 Abs. 4 TKG.

III. Rechtsfolgen

15   Entspricht die Einwilligung inhaltlich oder förmlich nicht den Anforderungen, so
ist diese unwirksam. Der Dienstanbieter trägt somit das Risiko, dass die Datenverarbeitung, in die eingewilligt werden sollte, nicht legitimiert ist. Damit unterliegt er
sämtlichen Rechtsfolgen einer unerlaubten Erhebung und Verarbeitung von perso-

---

25 Vgl. § 88 TKG Rn. 20 ff.
26 Siehe hierzu § 95 TKG Rn. 18.

nenbezogenen Daten, die bei dem Fernmeldegeheimnis unterliegenden Daten bis zur Strafbarkeit nach § 206 StGB führen kann. Allerdings wird man nicht soweit gehen können, dass das Fehlen einer der Voraussetzungen nach Nr. 2–4 zu einer Unwirksamkeit der Einwilligung führt.[27]

---

27 Vgl. *Munz*, in: Graf von Westphalen, Vertragsrecht und AGB-Klauselwerke, Datenschutz-klauseln, Rn. 42, zur insoweit vergleichbaren Rechtslage nach § 4 Abs. 2 TDDSG, nun-mehr § 13 Abs. 2 TMG.

§ 95 Vertragsverhältnisse

(1) Der Diensteanbieter darf Bestandsdaten erheben und verwenden, soweit dieses zur Erreichung des in § 3 Nr. 3 genannten Zweckes erforderlich ist. Im Rahmen eines Vertragsverhältnisses mit einem anderen Diensteanbieter darf der Diensteanbieter Bestandsdaten seiner Teilnehmer und der Teilnehmer des anderen Diensteanbieters erheben und verwenden, soweit dies zur Erfüllung des Vertrages zwischen den Diensteanbietern erforderlich ist. Eine Übermittlung der Bestandsdaten an Dritte erfolgt, soweit nicht dieser Teil oder ein anderes Gesetz sie zulässt, nur mit Einwilligung des Teilnehmers.

(2) Der Diensteanbieter darf die Bestandsdaten der in Absatz 1 Satz 2 genannten Teilnehmer zur Beratung der Teilnehmer, zur Werbung für eigene Angebote, zur Marktforschung und zur Unterrichtung über einen individuellen Gesprächswunsch eines anderen Nutzers nur verwenden, soweit dies für diese Zwecke erforderlich ist und der Teilnehmer eingewilligt hat. Ein Diensteanbieter, der im Rahmen einer bestehenden Kundenbeziehung rechtmäßig Kenntnis von der Rufnummer oder der Postadresse, auch der elektronischen, eines Teilnehmers erhalten hat, darf diese für die Versendung von Text- oder Bildmitteilungen an ein Telefon oder an eine Postadresse zu den in Satz 1 genannten Zwecken verwenden, es sei denn, dass der Teilnehmer einer solchen Verwendung widersprochen hat. Die Verwendung der Rufnummer oder Adresse nach Satz 2 ist nur zulässig, wenn der Teilnehmer bei der Erhebung oder der erstmaligen Speicherung der Rufnummer oder Adresse und bei jeder Versendung einer Nachricht an diese Rufnummer oder Adresse zu einem der in Satz 1 genannten Zwecke deutlich sichtbar und gut lesbar darauf hingewiesen wird, dass er der Versendung weiterer Nachrichten jederzeit schriftlich oder elektronisch widersprechen kann.

(3) Endet das Vertragsverhältnis, sind die Bestandsdaten vom Diensteanbieter mit Ablauf des auf die Beendigung folgenden Kalenderjahres zu löschen. § 35 Abs. 3 des Bundesdatenschutzgesetzes gilt entsprechend.

(4) Der Diensteanbieter kann im Zusammenhang mit dem Begründen und dem Ändern des Vertragsverhältnisses sowie dem Erbringen von Telekommunikationsdiensten die Vorlage eines amtlichen Ausweises verlangen, wenn dies zur Überprüfung der Angaben des Teilnehmers erforderlich ist. Er kann von dem Ausweis eine Kopie erstellen. Die Kopie ist vom Diensteanbieter unverzüglich nach Feststellung der für den Vertragsabschluss erforderlichen Angaben des Teilnehmers zu vernichten. Andere als die nach Absatz 1 zulässigen Daten darf der Diensteanbieter dabei nicht verwenden.

(5) Die Erbringung von Telekommunikationsdiensten darf nicht von einer Einwilligung des Teilnehmers in eine Verwendung seiner Daten für andere Zwecke abhängig gemacht werden, wenn dem Teilnehmer ein anderer Zugang zu die-

sen Telekommunikationsdiensten ohne die Einwilligung nicht oder in nicht zumutbarer Weise möglich ist. Eine unter solchen Umständen erteilte Einwilligung ist unwirksam.

Literatur: *Arning/Moos*, Quick-Freeze als Alternative zur Vorratsdatenspeicherung?, ZD 2012, S. 153; *Ditscheid*, Die Novellierung des TKG 2009 – ein erster Überblick, MMR 2009, S. 367; *Ohlenburg*, Das neue Telekommunikationsdatenschutzgesetz, MMR 2004, S. 431; *Schulze zur Wiesche*, Die neue Zulässigkeitsgrenze im Direktmarketing, CR 2004, S. 742.

Übersicht

I. Allgemeines

1. Gesetzeszweck

Zweck der Vorschrift ist die Schaffung eines eng beschränkten Erlaubnistatbestandes für die Erhebung, Verwendung und Übermittlung von Bestandsdaten (Vertragsdaten) nach § 3 Nr. 3 TKG von Teilnehmern (§ 3 Nr. 20 TKG) durch den Diensteanbieter (§ 3 Nr. 6 TKG). Die Erhebung und Verwendung von Verkehrsdaten wird auf das Notwendige beschränkt.[1]   **1**

2. Geschichte/Europarechtliche Grundlagen

§ 95 TKG entspricht fast wortgleich § 5 TDSV 2002. § 95 Abs. 5 TKG beruht auf   **2**
§ 89 Abs. 10 Satz 1 TKG 1996, gleicht allerdings das Koppelungsverbot an die Regelung des § 12 Abs. 3 TMG 2007, vormals § 3 Abs. 4 TDDSG an. Geringfügige Änderungen hat die Norm durch das TK-Änderungsgesetz 2009 durch die Aufnahme eines innovativen Dienstes nach § 95 Abs. 2 Satz 1 TKG erfahren.[2] Mit § 95 Abs. 2 Satz 2 und 3 TKG wurden die europäischen Vorgaben des Art. 13 DSRl – wenn auch unvollständig – in nationales Recht umgesetzt.[3]

---

1 *Kannenberg*, in: Scheurle/Mayen, TKG, § 95 Rn. 5.
2 Gesetz vom 29.7.2009 (BGBl. I S. 2409); mit dem DSÄndG v. 14.8.2009 (BGBl I S. 2814) wurde § 12 Abs. 3 TMG ersatzlos aufgehoben.
3 *Eckhardt*, in: Spindler/Schuster, TKG, § 95 Rn. 1.

3. Verhältnis zu anderen Vorschriften

3   § 95 TKG enthält in seinem Abs. 2 Vorschriften, die an § 28 BDSG angeglichen wurden, so das Widerspruchsrecht nach Satz 3. Dennoch gilt § 28 BDSG grundsätzlich nicht, und zwar einschließlich der Änderungen durch die BDSG-Novellen 2009.[4]

4   Während sich der Regelungsgegenstand des § 95 Abs. 2 Satz 2 und 3 TKG in der datenschutzkonformen Erfassung und Nutzung von Daten erschöpft, regelt sich die Zulässigkeit der Kontaktaufnahme nach § 7 Abs. 2 UWG bzw. § 823 Abs. 1 BGB.[5] Aufgrund der unterschiedlichen Schutzrichtungen beider Gesetze besteht auch kein *lex specialis*-Verhältnis,[6] sodass Werbung über Telekommunikationsmittel den datenschutzrechtlichen und auch den wettbewerbsrechtlichen Anforderungen genügen muss.[7]

II. Kommentierung

1. Grundsatz und Anwendungsbereich (Abs. 1)

5   Der Grundsatz des § 95 TKG findet sich in Abs. 1 Satz 1: Eine Erhebung und Verwendung von Bestandsdaten ist nur erlaubt, soweit dies zur Erreichung des in § 3 Nr. 3 TKG genannten Zwecks erforderlich ist. Das ist etwas unglücklich formuliert, weil in § 3 Nr. 3 TKG zwar der Begriff Bestandsdaten definiert ist, sich dort jedoch keine Zweckbestimmung findet. Nach § 3 Nr. 3 TKG sind Bestandsdaten „Daten eines Teilnehmers, die für die Begründung, inhaltliche Ausgestaltung, Änderung oder Beendigung eines Vertragsverhältnisses über Telekommunikationsdienste erhoben werden". Daraus folgt, dass nach § 95 Abs. 1 Satz 1 TKG grundsätzlich nur Bestandsdaten erhoben und verwendet werden dürfen, wenn dies für die Erreichung des Vertragszweckes und Abwicklung des Vertragsverhältnisses unbedingt notwendig ist. Die Erforderlichkeit wird dabei verobjektiviert festgestellt.[8] Eine weitergehende Erhebung und Verwendung ist nur unter den Voraussetzungen der in § 95 TKG formulierten Ausnahmen vom Grundsatz des Abs. 1 Satz 1 erlaubt. Eine Pflicht zur Erhebung der Daten ist § 95 TKG nicht zu entnehmen.[9]

6   Mit dem Verweis auf § 3 Nr. 3 TKG ist allerdings nicht abschließend bestimmt, welche Daten unter die „Bestandsdaten" fallen. Schwierig ist im Einzelfall die Abgrenzung zu den Verkehrsdaten, die von § 95 TKG gerade nicht erfasst werden.

---

4 Siehe § 91 TKG Rn. 4.
5 Vgl. § 94 TKG Rn. 5.
6 Vgl. *Schulze zur Wiesche*, CR 2004, S. 742 ff.; *Eckhardt*, in: Spindler/Schuster, TKG, § 95 Rn. 18; a. A. *Königshofen/Ulmer*, Datenschutz-Handbuch Telekommunikation, § 95 TKG Rn. 15.
7 *Eckhardt*, in: Spindler/Schuster, TKG, § 95 Rn. 18 f.; siehe auch § 28 BDSG Rn. 179 ff.
8 *Eckhardt*, in: Spindler/Schuster, TKG, § 95 Rn. 3.
9 Vgl. LG München NJW 2012, 2740 (2741).

Ausschlaggebend für die Qualifikation eines Datums als Verkehrs- oder Bestandsdatum ist daher in erster Linie der Vertragszweck.[10] Die Literatur definiert Bestandsdaten als Daten, die erforderlich sind, damit der Diensteanbieter seine Rechte und Pflichten aus dem Vertragsverhältnis wahrnehmen und eine reibungslose Abwicklung des Vertrages von der Erbringung der Leistung bis hin zu ihrer Bezahlung gewährleisten kann.[11] Bestandsdaten sind daher zumeist Daten wie Anrede, Name, Vorname, Anschrift, Anschlussnummer, Geburtsdatum (zur Unterscheidung namensgleicher Personen), technische Daten des Anschlusses, die Art der Endeinrichtung, rechnungsrelevante Daten wie Bankverbindungen oder Einzugsermächtigungen, Tarifmerkmale, ggf. Rückrufnummern und die jeweils in Anspruch genommene Dienstleistung.[12] Auch das Vorliegen einer Einwilligung gehört zu den Bestandsdaten, da sie das Vertragsverhältnis mit definiert. Werden diese Daten jedoch für eine konkrete Kommunikation genutzt, so ist das Datum im konkreten Fall zugleich Verkehrsdatum, wie etwa im Fall der Erfassung der Anschlussnummer des Teilnehmers im Rahmen eines Kommunikationsvorgangs.[13]

IP-Adressen werden unter bestimmten Umständen zu den Bestandsdaten gerechnet: Diensteanbieter, die ihren Kunden den Zugang zum Internet ermöglichen, weisen ihnen IP-Nummern zum Zwecke der Adressierung zu. Die IP-Nummern sind meist dynamisch, d. h. sie ändern sich mit jeder Einwahl in das Internet und z. T. auch während der Onlinesitzung. Nur Inhaber einer Standleitung ins Internet erhalten (zumeist) feste IP-Nummern, die sich nicht ändern. Während feste IP-Nummern nach allgemeiner Ansicht den Bestandsdaten unterfallen, werden die stets wechselnden IP-Nummern als Verkehrsdaten qualifiziert:[14] Zu deren Ermittlung ist nämlich immer ein Rückgriff auf die dem Fernmeldegeheimnis unterliegenden Verkehrsdaten notwendig[15] und eine stets wechselnde Nummer dient nicht der inhaltlichen Ausgestaltung eines Telekommunikationsvertrags,[16] sondern lediglich der Organisation der zu erbringenden Leistung.[17]

7

---

10 *Königshofen/Ulmer*, Datenschutz-Handbuch Telekommunikation, S. 41, Rn. 3; *Büttgen*, in: Geppert/Piepenbrock/Schütz/Schuster, TKG, § 95 Rn. 3 f.

11 *Trute*, in: Trute/Spoerr/Bosch, TKG, § 89 Rn. 20; *Büttgen*, in: Geppert/Piepenbrock/Schütz/Schuster, TKG, § 95 Rn. 3.

12 Vgl. *Büttgen*, in: Geppert/Piepenbrock/Schütz/Schuster, TKG, § 95 Rn. 3; *Königshofen*, TDSV, § 4 Rn. 4.

13 *Klesczewski*, in: Säcker, TKG, § 95 Rn. 4.

14 ULD SH, FAQ IP-Adressen, Stand: 28.1.2011, www.datenschutzzentrum.de/ip-adres sen; vgl. auch BVerfG MMR 2012, 410 und BGH NJW 2012, 2958; *Arning/Moos*, ZD 2012, S. 153 (156), a. A. LG Köln BeckRS 2010, 17804; LG Offenburg ZUM 2008, 621.

15 So auch: *Jenny*, in: Plath, BDSG, § 95 TKG Rn. 2.

16 *Königshofen/Ulmer*, Datenschutz-Handbuch Telekommunikation, S. 43, Rn. 7; *Klesczewski*, in: Säcker, TKG, § 95 Rn. 3; § 113 TKG Rn. 6.

17 Zu den von der Qualifikation der IP-Adressen abhängigen straf- und zivilrechtlichen Ansprüchen bei Urheberrechtsverletzungen siehe § 96 TKG Rn. 14 f.

8   Ob Bestandsdaten unter das Fernmeldegeheimnis nach § 88 TKG fallen, ist umstritten. § 113 TKG verpflichtet die Diensteanbieter, den jeweils zuständigen Stellen über die gesammelten Bestandsdaten Auskunft zu geben, soweit dies für die Verfolgung von Straftaten oder Ordnungswidrigkeiten, zur Abwehr von Gefahren für die öffentliche Sicherheit oder Ordnung oder zur Erfüllung der gesetzlichen Aufgaben der Verfassungsschutzbehörden, des BND oder des MAD erforderlich ist. Da § 113 TKG dabei aber nicht den Anforderungen des Zitiergebotes der Art. 10, 19 GG genügt, wird im Wege eines Rückschlusses überwiegend davon ausgegangen, dass Bestandsdaten nach dem Willen des Gesetzgebers nicht vom Fernmeldegeheimnis erfasst werden.[18] Das entspricht im Ergebnis auch den Entscheidungen des BVerfG zur Reichweite des Fernmeldegeheimnisses.[19]

9   Die Diensteanbieter sind in vielerlei Hinsicht untereinander auf gegenseitige Unterstützung angewiesen, beispielsweise um bei Nutzung eines „offenen" Call-by-Call-Dienstes (d. h. der Teilnehmer wählt vor jedem Gespräch einen Anbieter aus) eine einheitliche Rechnung erstellen zu können. Das erfordert den Austausch bzw. die Erhebung von Bestandsdaten der Kunden anderer Anbieter. Entsprechend sieht § 95 Abs. 1 Satz 2 TKG vor, dass Diensteanbieter untereinander die Bestandsdaten ihrer Kunden weiterreichen dürfen. Entscheidend ist, dass nicht nur die Übermittlung von Bestandsdaten gestattet ist, sondern auch deren Erhebung.[20] Ausweislich § 95 Abs. 1 Satz 2 TKG gilt dies soweit, „wie es zur Erfüllung des Vertrages zwischen den Diensteanbietern erforderlich ist." Es wird nach dem Wortlaut also lediglich auf den zwischen den Diensteanbietern geschlossenen Vertrag abgestellt, um den Datenaustausch zu legitimieren. Allerdings ergibt sich schon aus dem Zweck des § 95 TKG, dass hiermit nur der Austausch von Bestandsdaten gemeint sein kann, wenn ein unmittelbarer Zusammenhang zu der Erbringung von Telekommunikationsdiensten besteht und der Austausch zur Erbringung der mit dem Teilnehmer vereinbarten Dienste erforderlich ist.[21] Die Zulässigkeit eines Austausches von Abrechnungsdaten richtet sich nach § 97 TKG.

10   Die Übermittlung der Bestandsdaten an sonstige Dritte ist nach Abs. 1 Satz 3 nur zulässig, wenn Teil 7 des TKG oder ein anderes Gesetz dies vorsieht oder wenn die Einwilligung des betroffenen Teilnehmers vorliegt. Diese Regelung stellt klar, dass eine Rechtsverordnung, Satzung oder sonstige untergesetzliche Regelung keine ausreichende Legitimation für eine Übermittlung von Bestandsdaten an Dritte ist.[22] Hierdurch wird der strenge Zweckbindungsgrundsatz des Abs. 1 und der be-

---

18 *Eckhardt*, in: Heun, Hdb. Telekommunikationsrecht, S. 1454, Rn. 37; *Bock*, in: Geppert/Piepenbrock/Schütz/Schuster, TKG, § 88 Rn. 14.

19 Siehe § 88 TKG Rn. 8 ff.

20 *Eckhardt*, in: Spindler/Schuster, TKG, § 95 Rn. 4.

21 *Büttgen*, in: Geppert/Piepenbrock/Schütz/Schuster, TKG, § 95 Rn. 9; *Klesczewski*, in: Säcker, TKG, § 95 Rn. 9.

22 *Büttgen*, in: Geppert/Piepenbrock/Schütz/Schuster, TKG, § 95 Rn. 11; a. A. *Eckhardt*, in: Spindler/Schuster, TKG, § 95 Rn. 6.

sondere Schutz, den der Gesetzgeber für Bestandsdaten vorsieht, nochmals hervorgehoben, auch wenn Bestandsdaten nicht dem Fernmeldegeheimnis unterliegen.

Zu beachten ist, dass juristische Personen nur insoweit geschützt sind, wie die Daten dem Fernmeldegeheimnis unterliegen. Bestandsdaten werden nicht vom Fernmeldegeheimnis erfasst, sodass die Vorschrift nur für natürliche Personen gilt.[23]   **11**

2. Weitere Erlaubnistatbestände (Abs. 2)

Abs. 2 sieht eine Reihe eng beschränkter Ausnahmen vom Grundsatz des Abs. 1   **12** vor, die dem Diensteanbieter die Nutzung („Verwendung") zu anderen Zwecken als der reinen Vertragserfüllung und Abwicklung gestatten. Zu Zwecken der Beratung, eigener Werbung oder Marktforschung dürfen die Bestandsdaten, einschließlich derjenigen, die der Diensteanbieter von einem anderen Diensteanbieter nach Abs. 1 Satz 2 erhalten hat, für diese Zwecke nur genutzt werden, soweit dies erforderlich ist und der Teilnehmer eingewilligt hat (§ 95 Abs. 2 Satz 1 TKG). Es handelt sich also um eine kumulative Voraussetzung.[24] . Die Pflichtinformationen des Diensteanbieters, wie z. B. nach § 93 TKG, bedürfen keiner Einwilligung des Teilnehmers.[25] Der Diensteanbieter hat auch die Möglichkeit, Bestandsdaten von Mobilfunkkunden zur Unterrichtung des Teilnehmers über einen individuellen Gesprächswunsch eines anderen Nutzers zu verwenden.[26] Im Unterschied zum Festnetzbereich werden Mobilfunknummern noch häufiger nicht in öffentlichen Teilnehmerverzeichnissen geführt. Durch den neu eingerichteten Dienst soll die Erreichbarkeit der Bürger auch im Mobilfunkbereich zeitgemäß gestaltet werden.[27] Das gilt jedoch auch für den Festnetzbereich, in dem immer weniger Teilnehmer bereit sind, ihre Anschlussnummer in öffentlich zugänglichen Verzeichnissen zu offenbaren. Zukünftig können auch solche Personen, deren Nummer nicht in öffentlichen Teilnehmerverzeichnissen hinterlegt ist, über einen Gesprächswunsch informiert werden, ohne dass eine eventuell erbetene Geheimhaltung in Gefahr ist. Denn eine unerwünschte Weitergabe einer Anschlussnummer wird dadurch vermieden, dass der Mobilfunkprovider die jeweilige Person per Kurznachricht darüber in Kenntnis setzt, dass eine andere namentlich zu benennende Person um einen Rückruf bittet. Der Empfänger der Nachricht kann dann frei entscheiden, ob er den Kontakt wünscht oder nicht. Diese Möglichkeit ist außerdem auf individuelle Gesprächswünsche beschränkt, sodass ein etwaiger Missbrauch durch anonyme Massenanfragen ausgeschlossen wird.[28]

---

23 So auch *Jenny*: in Plath, BDSG, § 95 TKG, Rn. 15.
24 *Kannenberg*, in: Scheurle/Mayen, TKG, § 95 Rn. 20.
25 *Klesczewski*, in: Säcker, TKG, § 95 Rn. 11; *Büttgen*, in: Geppert/Piepenbrock/Schütz/ Schuster, TKG, § 95 Rn. 13.
26 Gesetz vom 29.7.2009 (BGBl. I, S. 2409).
27 BT-Drs. 16/12405, S. 12.
28 *Ditscheid*, MMR 2009, S. 367 (370).

13 Da die zusätzlichen Möglichkeiten der Nutzung von Bestandsdaten dem Diensteanbieter mit Ausnahme der Pflichtinformationen nur eröffnet werden, wenn der Teilnehmer eingewilligt hat, stellt sich die Frage, ob eine Einwilligung des Teilnehmers über eine darüber hinausgehende Nutzung seiner Bestandsdaten unzulässig wäre. Zweck der Regelungen im Abs. 2 war jedoch die Klarstellung dessen, was ohne Einwilligung verboten ist.[29] Zugleich wird im Falle des Vorliegens der Einwilligung die durch diese erlaubte Nutzung auf das Notwendige beschränkt, einer Legitimation zur Verwendung von Bestandsdaten durch Auslegung der Einwilligungserklärung des Teilnehmers ist dadurch der Boden entzogen. Das heißt jedoch nicht, dass bei entsprechend genauer Fassung der Einwilligungserklärung und einer entsprechend genauen vorherigen Information über die Reichweite und Bedeutung einer darüber hinausgehenden Einwilligung eine solche unzulässig und damit unwirksam wäre.

14 Entbehrlich ist die Einwilligung hingegen für die Nutzung von Rufnummern oder Adressen des Teilnehmers zur Versendung von Text- und Bildmitteilungen für Beratung, Bewerbung eigener Produkte oder Markforschung (Adressdatennutzung), wenn ein Anbieter im Rahmen einer bestehenden Kundenbeziehung rechtmäßig Kenntnis dieser Daten erlangt und der Kunde dem nicht widersprochen hat (§ 95 Abs. 2 Satz 2 TKG). Eine „bestehende Kundenbeziehung" liegt vor, wenn zum einen ein Vertrag über Telekommunikationsdienstleistungen geschlossen wurde. Auf Teledienste findet § 95 Abs. 2 Satz 2 TKG damit keine Anwendung. Zum anderen muss die vertragliche Beziehung eine gewisse Dauer aufweisen,[30] sodass sich Anbieter eines „offenen Call-by-Call"-Dienstes nicht auf § 95 Abs. 2 Satz 2 TKG berufen können.[31] Die Kundenbeziehung muss bei Erhalt der Daten bestanden haben, ein Fortbestehen bei Verwendung der Daten ist nicht notwendig.[32] Das bloße Bestehen einer Vertragsanbahnung kann nicht ausreichen.[33] Das Gesetz erlaubt ausdrücklich auch die Nutzung von E-Mail-Adressen oder sonstigen Rufnummern und ermöglicht den Anbietern, von MMS bis zur E-Mail alle modernen Kommunikationsmittel zu nutzen.[34] Allerdings ist der Kunde schon bei der Erhebung seiner Kontaktdaten und später bei jeder Versendung der Beratungs-, Werbe- oder Marktforschungsnachrichten darauf hinzuweisen, dass er ein diesbezügliches Widerspruchsrecht hat (§ 95 Abs. 2 Satz 3 TKG). Dafür trägt der Diensteanbieter die Beweislast.[35] Der Hinweis muss deutlich sichtbar und gut lesbar sein.[36] Das Wider-

---

29 Vgl. *Büttgen*, in: Geppert/Piepenbrock/Schütz/Schuster, TKG, § 95 Rn. 12 ff.
30 A. A. *Eckhardt*, in: Spindler/Schuster, TKG, § 95 Rn. 13.
31 *Büttgen*, in: Geppert/Piepenbrock/Schütz/Schuster, TKG, § 95 Rn. 22.
32 So auch: *Eckhardt*, in: Spindler/Schuster, TKG, § 95 Rn. 13; wohl auch *Jenny*: in Plath, BDSG, § 95 TKG, Rn. 8.
33 So auch: *Eckhardt*, in: Spindler/Schuster, TKG, § 95 Rn. 13.
34 *Ohlenburg*, MMR 2004, S. 431 (433).
35 *Eckhardt*, in: Spindler/Schuster, TKG, § 95 Rn. 16.
36 So auch *Jenny*: in Plath, BDSG, § 95 TKG, Rn. 9.

spruchsrecht des Kunden findet sein Vorbild in § 28 Abs. 4 BDSG.[37] Im Gegensatz zum BDSG (das für den Widerspruch keine Form vorgibt) ist der Widerspruch des Kunden nach § 95 Abs. 2 Satz 3 TKG aber an die schriftliche oder elektronische Form gebunden.[38]

3. Löschung von Bestandsdaten (Abs. 3)

§ 95 Abs. 3 TKG regelt die Löschung der Bestandsdaten nach Ende des Vertrags-   **15** verhältnisses und erklärt § 35 Abs. 3 BDSG für entsprechend anwendbar. Demnach muss der Diensteanbieter Bestandsdaten mit Ablauf des auf die Beendigung folgenden Kalenderjahres löschen bzw. – wo das nicht möglich oder untersagt ist – sperren. Diese lange Löschungsfrist wird in der Literatur als „bedenklich" kritisiert:[39] Zwar erlaubt sie den Unternehmen, nicht allzu häufig unzählige Verträge auf Beendigung überprüfen zu müssen und stattdessen einen einzigen Suchvorgang zum Ende des Kalenderjahres vorzunehmen. Auf der anderen Seite aber führt ein Vertragsende im Januar zu einer Speicherung der Bestandsdaten für noch knapp zwei Jahre.

4. Vorlage eines amtlichen Ausweises (Abs. 4)

§ 95 Abs. 4 TKG gestattet den Diensteanbietern, zur Begründung oder Änderung   **16** eines Vertragsverhältnisses sowie zum Erbringen der Telekommunikationsdienste die Identität ihrer (potenziellen) Kunden zu überprüfen und die Vorlage eines amtlichen Ausweises zu verlangen (§ 95 Abs. 4 Satz 1 TKG). Auch dürfen die Anbieter diesen kopieren (§ 95 Abs. 4 Satz 2 TKG). Damit schützt das Gesetz das Interesse der – immerhin in Vorleistung gehenden – Anbieter und ermöglicht es ihnen, etwa zur Durchführung eines Bonitätsprüfungsverfahrens, die Identität eines potenziellen Kunden zweifelsfrei festzustellen. Dem gleichen Zweck dient auch die Kopie des Ausweises. Diese ist gem. § 95 Abs. 4 Satz 3 TKG nach Feststellung der für den Vertragsschluss erforderlichen Daten unverzüglich, also ohne schuldhaftes Zögern im Sinne von § 121 BGB,[40] zu vernichten. Die Aufbewahrung der Ausweiskopie ist damit auch nicht bis zur Freischaltung des Anschlusses oder als Beweismittel für einen Eingehungsbetrug erlaubt: Maßgeblicher Zeitpunkt für die Vernichtung der Papiere ist vielmehr der Entschluss des Anbieters, den Vertrag abzuschließen. Entsprechend darf eine Kopie erst gar nicht erstellt werden, wenn unter Verzicht auf eine Bonitätsprüfung schon sofort nach dem Verkaufsgespräch ein Vertrag zustande

---

37 Siehe § 28 BDSG Rn. 211 ff.
38 A. A. *Jenny*: in Plath, BDSG, § 95 TKG, Rn. 9, der die Formulierung des § 95 TKG so versteht, dass der Hinweis auf die Widerspruchsmöglichkeit schriftlich oder elektronisch erfolgen muss, nicht aber der Widerspruch an sich.
39 *Büttgen*, in: Geppert/Piepenbrock/Schütz/Schuster, TKG, § 95 Rn. 24.
40 So auch: *Jenny*: in Plath, BDSG, § 95 TKG, Rn. 12; *Büttgen*, in: Geppert/Piepenbrock/Schütz/Schuster, TKG, § 95 Rn. 30.

kommt.[41] Gerade bei Prepaid-Produkten ist der Diensteanbieter oft gar nicht an der Identität des Kunden interessiert. Damit ist eine Ausweiskontrolle in diesen Fällen oft nicht zulässig.[42] Eine Pflicht zur Identitätsfeststellung besteht in jedem Fall nicht.[43]

5. Koppelungsverbot (Abs. 5)

17 Zweck des § 95 Abs. 5 TKG[44] ist, die tatsächliche Freiwilligkeit der Einwilligung zu sichern. Der Telekommunikationsdienst darf nicht von der Einwilligung in die Datenverwendung für andere Zwecke abhängig gemacht werden, wenn dem Teilnehmer ohne die Einwilligung ein anderer Zugang zu diesem Dienst nicht oder nicht zumutbar möglich ist. Bei den alternativen Zugangsmöglichkeiten ist auf den Markt insgesamt abzustellen.[45] Betrachtet werden muss, ob kein zumutbares Angebot auf dem Gesamtmarkt ohne Einwilligung verfügbar ist. Ist dies der Fall, so ist die erteilte Einwilligung nach Satz 2 unwirksam. Nimmt man eine Monopolstellung an, bedeutet das aber nicht automatisch ein Kopplungsverbot. Besteht neben einem kostenlosen, gekoppelten Angebot ein kostenpflichtiges Angebot, bestehen nämlich keine datenschutzrechtlichen Bedenken.[46]

6. Kundensegmentierung

18 Personenbezogene Daten dürfen ohne Einwilligung nicht zu Zwecken der Kundenberatung, Werbung oder Marktforschung verwendet werden, sie fallen insoweit nicht unter den Erlaubnistatbestand des § 95 Abs. 1 Satz 1 TKG.[47] Bedeutsam wird dies für die sog. „personenbezogene Kundensegmentierung", die viele Anbieter durchführen, etwa um eine Differenzierung ihrer Kunden nach deren Jahresumsätzen zu erreichen, um ihnen anschließend passgenaue Tarifangebote vorzulegen. Ob ein solches Vorgehen noch der inhaltlichen Ausgestaltung des Vertragsverhältnisses nach § 3 Nr. 3 TKG dient, ist mehr als zweifelhaft. Die Segmentierung könnte ebenso als Marketingmaßnahme zwecks Umsatzsteigerung eingestuft werden und den Abschluss eines neuen, geänderten Vertrags zum Ziel haben. In diesem Fall ist eine Einwilligung des Kunden in die Verarbeitung seiner Daten gem. § 95 Abs. 2 TKG erforderlich.[48] Dies soll sogar dann gelten, wenn dem Kunden aufgrund seines Umsatzes besondere Dienstleistungen angeboten werden sollen.[49] Wo an das Verhalten

---

41 *Büttgen*, in: Geppert/Piepenbrock/Schütz/Schuster, TKG, § 95 Rn. 30.
42 Vgl. auch *Jenny*: in Plath, BDSG, § 95 TKG, Rn. 13.
43 *Eckhardt*, in: Spindler/Schuster, TKG, § 95 Rn. 21.
44 Geändert durch BGBl. I 2009, S. 2814.
45 *Eckhardt*, in: Spindler/Schuster, TKG, § 95 Rn. 26.
46 *Eckhardt*, in: Spindler/Schuster, TKG, § 95 Rn. 27.
47 *Büttgen*, in: Geppert/Piepenbrock/Schütz/Schuster, TKG, § 95 Rn. 5.
48 *Büttgen*, in: Geppert/Piepenbrock/Schütz/Schuster, TKG, § 95 Rn. 6.
49 *Büttgen*, in: Geppert/Piepenbrock/Schütz/Schuster, TKG, § 95 Rn. 6; a. A. *Königshofen/ Ulmer*, Datenschutz-Handbuch Telekommunikation, S. 43, Rn. 8.

des Kunden besondere Dienstleistungen geknüpft werden, hat der Diensteanbieter jedoch die Möglichkeit, die Kundensegmentierung von vornherein zum Vertragsbestandteil zu erheben. Der Kunde erklärt sich dann mit Unterschrift des Vertrags auch mit der Verwendung seiner Daten zur Kundensegmentierung einverstanden.[50]

III. Rechtsfolgen

Die Verwendung von Daten über § 95 Abs. 2 TKG hinaus ist nach § 149 Abs. 1 **19** Nr. 16 TKG eine Ordnungswidrigkeit, die zu einer Geldbuße bis zu 300.000 Euro führen kann. Dieser Betrag kann jedoch auch höher festgelegt werden, wenn der wirtschaftliche Vorteil durch den Verstoß höher ist. Schadens- und Unterlassungsansprüche bestehen nach § 44 TKG i.V.m. §§ 95 TKG, 7 BDSG[51] sowie nach § 823 Abs. 2 BGB i.V.m. § 95 TKG, da § 95 TKG Schutzgesetz i.S. des § 823 Abs. 2 BGB sein dürfte. Zwar ist dies im Hinblick auf § 95 TKG noch nicht entschieden, jedoch spricht der hohe Stellenwert, den der Gesetzgeber den Bestandsdaten einräumt, hierfür. Bei schweren Eingriffen kann Ersatz eines immateriellen Schadens nach § 253 Abs. 2 BGB geltend gemacht werden.

---

50 § 94 TKG Rn. 14.
51 § 7 BDSG Rn. 6 ff.; *Simitis*, in: Simitis, BDSG, § 7 Rn. 16.

§ 96 Verkehrsdaten

(1) Der Diensteanbieter darf folgende Verkehrsdaten erheben und verwenden, soweit dies für die in diesem Abschnitt genannten Zwecke erforderlich ist:

1. die Nummer oder Kennung der beteiligten Anschlüsse oder der Endeinrichtung, personenbezogene Berechtigungskennungen, bei Verwendung von Kundenkarten auch die Kartennummer, bei mobilen Anschlüssen auch die Standortdaten,

2. den Beginn und das Ende der jeweiligen Verbindung nach Datum und Uhrzeit und, soweit die Entgelte davon abhängen, die übermittelten Datenmengen,

3. den vom Nutzer in Anspruch genommenen Telekommunikationsdienst,

4. die Endpunkte von festgeschalteten Verbindungen, ihren Beginn und ihr Ende nach Datum und Uhrzeit und, soweit die Entgelte davon abhängen, die übermittelten Datenmengen,

5. sonstige zum Aufbau und zur Aufrechterhaltung der Telekommunikation sowie zur Entgeltabrechnung notwendige Verkehrsdaten.

Diese Verkehrsdaten dürfen nur verwendet werden, soweit dies für die in Satz 1 genannten oder durch andere gesetzlichen Vorschriften begründeten Zwecke oder zum Aufbau weiterer Verbindungen erforderlich ist. Im Übrigen sind Verkehrsdaten vom Diensteanbieter nach Beendigung der Verbindung unverzüglich zu löschen.

(2) Eine über Abs. 1 hinausgehende Erhebung oder Verwendung der Verkehrsdaten ist unzulässig.

(3) Der Diensteanbieter darf teilnehmerbezogene Verkehrsdaten, die vom Anbieter eines öffentlich zugänglichen Telekommunikationsdienstes verwendet werden, zum Zwecke der Vermarktung von Telekommunikationsdiensten, zur bedarfsgerechten Gestaltung von Telekommunikationsdiensten oder zur Bereitstellung von Diensten mit Zusatznutzen im dazu erforderlichen Maß und im dazu erforderlichen Zeitraum nur verwenden, sofern der Betroffene in diese Verwendung eingewilligt hat. Die Daten der Angerufenen sind unverzüglich zu anonymisieren. Eine zielnummernbezogene Verwendung der Verkehrsdaten durch den Diensteanbieter zu den in Satz 1 genannten Zwecken ist nur mit Einwilligung der Angerufenen zulässig. Hierbei sind die Daten der Anrufenden unverzüglich zu anonymisieren.

(4) Bei der Einholung der Einwilligung ist dem Teilnehmer mitzuteilen, welche Datenarten für die in Absatz 3 Satz 1 genannten Zwecke verarbeitet werden sollen und wie lange sie gespeichert werden sollen. Außerdem ist der Teilnehmer darauf hinzuweisen, dass er die Einwilligung jederzeit widerrufen kann.

Munz

Literatur: *Bizer*, Vorratsdatenspeicherung: Ein Fundamentaler Verfassungsverstoß, DuD 2007, S. 586; *Breyer*, Korrigierter Leitfaden zur Speicherung von Verkehrsdaten veröffentlicht, ZD-Aktuell 2012, 03218; *Breyer*, (Un-)Zulässigkeit einer anlasslosen, siebentägigen Vorratsdatenspeicherung – Grenzen des Rechts auf Anonymität, MMR 2011, S 573; *Eckhardt*, Datenschutz und Überwachung im Regierungsentwurf zum TKG, CR 2003, S. 805; *Eckhardt*, Anmerkung zu LG Berlin, Vorratsdatenspeicherung von personenbezogenen Daten unzulässig II, K&R 2007, S. 602; *Freund/Schnabel*: Bedeutet IPv6 das Ende der Anonymität im Internet? – Technische Grundlagen und rechtliche Beurteilung des neuen Internet-Protokolls, MMR 2011, S. 495; *Gietl*, Die Einführung der Vorratsdatenspeicherung, K&R 2007, S. 545; *Gitter/Schnabel*, Die Richtlinie zur Vorratsdatenspeicherung und ihre Umsetzung in das nationale Recht, MMR 2007, S. 411; *Gola/Klug/Reif*, Datenschutz- und presserechtliche Bewertung der „Vorratsdatenspeicherung", NJW 2007, S. 2599; *Kindt*, Die grundrechtliche Überprüfung der Vorratsdatenspeicherung: EuGH oder BVerfG – Wer traut sich?, MMR 2009, S. 661; *Königshofen*, Die Telekommunikations-Datenschutzverordnung – TDSV, DuD 2001, S. 85; *Leutheusser-Schnarrenberger*, Vorratsdatenspeicherung – Ein vorprogrammierter Verfassungskonflikt, ZRP 2007, S. 9; *Ohlenburg*, Der neue Telekommunikationsdatenschutz – Eine Darstellung von Teil 7 Abschnitt 2 TKG, MMR 2004, S. 431; *Rössel*, Telemediengesetz, ITRB 2007, S. 158; *Spoenle*, Verbot der Verwertung einer unter Verwendung von Verkehrsdaten gewonnen Bestandsdatenauskunft im Zivilprozess, jurisPR-ITR 15/2009; *Westphal*, Die Richtlinie zur Vorratsdatenspeicherung von Verkehrsdaten – Brüsseler Stellungnahme zum Verhältnis von Freiheit und Sicherheit in der Post-911-Informationsgesellschaft, EuR 2006, S. 706; *Westphal*, Die neue EG-Richtlinie zur Vorratsdatenspeicherung, EuZW 2006, S. 555; *Wüstenberg*, Argumente gegen die Rechtmäßigkeit der Vorratsdatenspeicherung, RDV 2006, S. 102.

Übersicht

I. Allgemeines

1. Gesetzeszweck

Die Norm schränkt die Verwendung von Verkehrsdaten auf das Notwendigste ein. **1** Verkehrsdaten gehören zu den sensibelsten Daten, da diese eine genaue Verfolgung der Aktivitäten von Teilnehmern und Nutzern ermöglichen und die Verwendung dieser Daten daher in besonderem Maße in die Rechte der Betroffenen eingreift. Der Gesetzgeber muss den Umgang mit diesen Daten unter seinen besonderen Schutz stellen.

2. Europarechtliche Grundlagen

2 § 96 TKG setzt Art. 6 der DSRl (2002/58/EG) in nationales Recht um. Auch der Begriff „Verkehrsdaten" stammt aus Art. 2 lit. b DSRl (§ 6 TDSV sprach noch von „Verbindungsdaten") und ist im deutschen Recht in § 3 Nr. 30 TKG legaldefiniert.

3. Verhältnis zu anderen Vorschriften

3 Verkehrsdaten gehören zu den datenschutzrechtlich sensibelsten Daten, da sie darüber Auskunft geben, von welchem Anschluss aus wo, wann und wie lange mit einem anderen Anschluss kommuniziert wurde. Verkehrsdaten werden daher als nähere Umstände der Kommunikation durch das Fernmeldegeheimnis (Art. 10 Abs. 1 GG) sowie durch § 88 Abs. 2 TKG (Verpflichtung der Diensteanbieter zur Wahrung des Fernmeldegeheimnisses) geschützt.

II. Kommentierung

1. Grundsatz und Anwendungsbereich (Abs. 1)

4 Ähnlich § 95 Abs. 1 TKG formuliert § 96 Abs. 1 zusammen mit Abs. 2 den Grundsatz, dass nur bestimmte Verkehrsdaten erhoben und verwendet werden dürfen, und diese wiederum nur, soweit dies für die in Abschnitt 2 (Datenschutz) des TKG genannten Zwecke erforderlich ist.[1] Aufgrund der Sensibilität von Verkehrsdaten ist diese Vorgabe genauestens einzuhalten, zumal die Rechtsfolgen eines Verstoßes eingreifend sein können.

5 Verkehrsdaten sind nach der Definition in § 3 Nr. 30 TKG Daten, die bei Erbringung eines Telekommunikationsdienstes erhoben, verarbeitet oder genutzt werden. Im Unterschied zu den Bestandsdaten (§ 95 TKG), die im Rahmen der Anbahnung und des Abschlusses eines Vertrages auf zumeist willentlichen Angaben des Teilnehmers beruhen, fallen Verkehrsdaten jeweils erneut und weitgehend automatisch bei einem Telekommunikationsvorgang und oft ohne Willensäußerung des Teilnehmers und des Nutzers an. Im Gegensatz zu § 95 TKG nennt § 96 Abs. 1 TKG Beispiele für betroffene Daten, indem er abschließend vorgibt, welche Verkehrsdaten Diensteanbieter erheben und verwenden dürfen.

6 Nach Abs. 1 Nr. 1 darf der Anbieter nur die folgenden Verkehrsdaten erheben und verwenden: Nummern oder Kennungen der beteiligten Anschlüsse oder der Endeinrichtung, personenbezogene Berechtigungskennungen, Kartennummern bei der Verwendung von Kundenkarten und bei mobilen Anschlüssen die Standortdaten. Erfasst werden damit auch Dienste, die über die Sprachtelefonie hinausgehen, z.B. die Anschlusskennungen von Fax und Voice-Mail. Schon die TDSV benutzte aus diesem Grund den Begriff „Nummer" statt „Rufnummer".[2] Die zulässige Verwen-

---

1 Näher Rn. 10.

dung der Anschlussnummern erstreckt sich auch nicht nur auf den „angerufenen" Anschluss (so noch § 6 Abs. 1 Nr. 1 TDSV), sondern auf die „beteiligten" Anschlüsse. Dadurch ist auch eine Einbeziehung der IP-Adressen in den Anwendungsbereich des § 96 Abs. 1 Nr. 1 TKG erleichtert[3] – das betrifft allerdings nur IP-Adressen, die der Erbringung von Telekommunikationsdienstleistungen dienen.[4] Personenbezogene Berechtigungskennungen sind z. B. PINs, im Mobilfunk die Funkzelle, über die die Verbindung abgewickelt worden ist, oder die Kartennummer einer persönlichen Calling Card.[5]

Nach Abs. 1 Nr. 2 dürfen Daten über Beginn und Ende der jeweiligen Verbindung bzw. Verbindungsversuche nach Datum und Uhrzeit erhoben und verwendet werden. Gleiches gilt für übermittelte Datenmengen, wenn und soweit diese entgeltrelevant sind. Das ist insbesondere bei einem Abrechnungstarif der Fall, der nicht an die Zeitdauer einer Onlinesitzung, sondern an die Menge der übermittelten Daten anknüpft. Bei sog. „Flatrates" besteht zumeist keine Entgeltrelevanz, sodass hier weder die Zeitdaten der Verbindung noch die übermittelten Datenmengen erhoben werden dürfen, da es an einer Berechtigungsnorm zur Speicherung fehlt. Abs. 1 Nr. 3 gestattet Datenerhebung und -verwendung über den vom Nutzer in Anspruch genommenen Telekommunikationsdienst und berücksichtigt damit die Tatsache, dass die Vermittlungsstellen beispielsweise unterscheiden, ob es sich um Sprachtelefonie oder Datenübermittlung handelt.[6]

Soweit auch bei fest geschalteten Verbindungen Entgeltrelevanz besteht, dürfen auch hier nach Abs. 1 Nr. 4 Daten über die übermittelten Datenmengen erhoben und verarbeitet und Beginn und Ende der fest geschalteten Verbindung nach Datum und Uhrzeit festgehalten und verwendet werden.

Abs. 1 Nr. 5 ist ein Auffangtatbestand, der die Erhebung und Verwendung aller „sonstigen zum Aufbau und zur Aufrechterhaltung der Telekommunikation sowie zur Entgeltabrechnung notwendigen Verkehrsdaten" erlaubt. Das ermöglicht die Speicherung weiterer, sich aus neueren Technologien ergebenden und für die Entgeltberechnung erforderlichen Daten.[7] Gleichzeitig weicht die Vorschrift aber die Ausschließlichkeit des Verkehrsdatenkatalogs des Abs. 1 auf.

Die Erhebung und Verwendung aller Verkehrsdaten ist nur zulässig, soweit das für die in Teil 7 Abschnitt 2 TKG genannten Zwecke erforderlich ist. Rechtmäßige Zwecke sind damit die Erbringung eines Telekommunikationsdienstes und dessen Entgeltermittlung und Entgeltabrechnung, die Erstellung von Einzelverbindungs-

---

2 BR-Drs. 300/00, S. 17, zu § 6 TDSV.
3 *Robert*, in: Geppert/Piepenbrock/Schütz/Schuster, TKG, § 96 Rn. 3.
4 *Eckhardt*, CR 2003, S. 805; *Ohlenburg*, MMR 2004, S. 431 (434); *Robert*, in: Geppert/Piepenbrock/Schütz/Schuster, TKG, § 96 Rn. 3.
5 *Robert*, in: Geppert/Piepenbrock/Schütz/Schuster, TKG, § 96 Rn. 3.
6 *Robert*, in: Geppert/Piepenbrock/Schütz/Schuster, TKG, § 96 Rn. 5.
7 *Eckhardt*, CR 2003, S. 805 (807); *Robert*, in: Geppert/Piepenbrock/Schütz/Schuster, TKG, § 96 Rn. 7 m. w. N.; *Jenny*, in: Plath, BDSG, § 96 TKG Rn. 2.

nachweisen, die Erkennung bzw. Beseitigung von Störungen sowie Missbrauchs-
verhinderung. Ob eine konkrete Datenerhebung und -verwendung jeweils erforderlich war, ist im Einzelfall zu klären. Im Hinblick auf das Fernmeldegeheimnis und
die hohe Sensibilität von Verkehrsdaten ist die Vorschrift jedoch stets restriktiv auszulegen.[8]

11 Verpflichtete der Norm sind Diensteanbieter nach § 3 Nr. 6 TKG, also Anbieter, die
geschäftsmäßig TK-Dienste erbringen, einschließlich jener, die lediglich hieran
mitwirken. Der geschützte Personenkreis ist aufgrund der Sensibilität der Daten,
welche dem Fernmeldegeheimnis nach § 88 TKG unterliegen, nicht normativ beschränkt. Die Daten der Teilnehmer und Nutzer, einschließlich juristischer Personen und Personengesellschaften (§ 91 Abs. 1 Satz 2 TKG), sind geschützt.

2. Löschung von Verkehrsdaten (Abs. 1 Satz 2, Abs. 2)

12 Abs. 1 Satz 2 und 3 und Abs. 3 betreffen die Verwendung der gespeicherten Verkehrsdaten über das Ende der Einzelverbindung hinaus. Sie ist nur zulässig, soweit
sie zum Aufbau weiterer Verbindungen, oder für andere durch gesetzliche Vorschriften begründete Zwecke erforderlich ist. Der ausdrückliche Verweis auf die in
den §§ 97, 99, 100 und 101 TKG genannten Zwecke ist mit der Änderung des TKG
zum 23. Februar 2010[9] entfallen. Unter andere Zwecke fallen die Entgeltermittlung
und Abrechnung, Erstellung eines Einzelverbindungsnachweises, Störung und
Missbrauch sowie Mitteilungen über ankommende Verbindungen (Fangschaltungs-
verfahren). Die Erweiterung um „andere gesetzlich begründete Zwecke" sollte die
Aufzählung flexibilisieren und die Zulässigkeit der Verkehrsdatenverwendung für
Auskünfte an Strafverfolgungs- und Sicherheitsbehörden klarstellen.[10] Als gesetzliche Zwecke kommen in diesem Bereich die §§ 100g,[11] 100h StPO, §§ 8 Abs. 8, 10
BVerfSchG, § 10 Abs. 3 MADG, § 8 Abs. 3a BNDG und § 101 Abs. 2 und 9 UrhG
in Betracht. Die Erweiterung des Abs. 2 Satz 1 wird zum Teil scharf kritisiert: aufgrund ihrer Pauschalität ermögliche sie eine zu ausufernde Auslegung anhand jeweils aktueller Bedürfnisse über den Sicherheitsbereich hinaus und lasse so eine
schleichende Zweckentfremdung hochsensibler Daten befürchten.[12] Auch die Verfassungsmäßigkeit dieses Zusatzes ist aufgrund seiner Unbestimmtheit jedenfalls
zweifelhaft: ein Mangel an Bestimmtheit liegt nach der Kontenabruf-Entscheidung
des BVerfG[13] vor, wenn eine Norm den Kreis der zugriffsberechtigten Behörden

---

8 *Robert*, in: Geppert/Piepenbrock/Schütz/Schuster, TKG, § 96 Rn. 8.
9 Gesetz v. 17.2.2010, BGBl. I S. 78.
10 BT-Drs.15/5213, S. 23 f.; *Robert*, in: Geppert/Piepenbrock/Schütz/Schuster, TKG, § 96
Rn. 10; kritisch *Jenny*, in: Plath, BDSG, § 96 TKG Rn. 4; *Breyer*, MMR 2011, 573, 574.
11 Das BVerfG hat § 100g StPO a. F. mit Urteil vom 2.3.2010, MMR 2010, S. 356, insoweit
für nichtig erklärt, als danach Verkehrsdaten nach § 113a TKG a. F. erhoben werden durften.
12 *Gola/Klug/Reif*, NJW 2007, S. 2599 (2601); *Breyer*, MMR 2011, 573, 574.
13 BVerfGE 118, 168 = NJW 2007, 2464.

nicht hinreichend präzise festlegt und daher Zugriffe für eine unüberschaubare Vielzahl von Gesetzeszwecken ermöglicht. Aus der Formulierung „durch andere gesetzliche Vorschriften begründeten Zwecke" lässt sich aber gerade nicht erkennen, welche Behörden unter welchen Voraussetzungen Dateneinsicht nehmen dürfen.

Liegen die in Abs. 1 und 2 genannten Gründe für die Speicherung der Verkehrsda- **13** ten nicht (mehr) vor, sind diese vom Diensteanbieter nach Beendigung der Verbindung „unverzüglich" (ohne schuldhaftes Zögern i. S. von § 121 BGB) zu löschen. Dabei sind die Gegebenheiten des Einzelfalls zu berücksichtigen.[14] Nach § 6 Abs. 2 Satz 2 TDSV hatte auch die Löschung erst am Tag nach der Beendigung der Verbindung ausgereicht – eine Zeitspanne, die mit Art. 6 Abs. 1 DSRl nicht mehr vereinbar war,[15] denn der sieht die Löschungsverpflichtung vor, sobald die Verkehrsdaten nicht mehr für die Übertragung erforderlich sind. Dennoch scheint eine längere Speicherfrist auch der für die Rechnungserstellung nicht erforderlichen Verbindungsdaten nach der neueren Rechtsprechung offenbar über den „Umweg" des § 100 Abs. 1 TKG möglich: demnach soll die Speicherung zulässig sein, wenn es sich um eine vorsorgliche Speicherung zur Erkennung von Fehlern oder Störungen handelt. § 100 Abs. 1 TKG setze nämlich nicht mehr (wie noch § 9 Abs. 1 DSV 2000) voraus, dass im konkreten Einzelfall tatsächlich Anzeichen einer Störung vorliegen müssten.[16] Es reicht danach vielmehr aus, dass die in Rede stehende Datenerhebung und -verwendung geeignet, erforderlich und im engeren Sinn verhältnismäßig ist, um abstrakten Gefahren für die Funktionstüchtigkeit des Telekommunikationsbetriebes wie insbesondere der Versendung von Spam-Mails und Denial-of-Service-Attacken entgegenzuwirken.[17] Eine Speicherung dynamischer IP-Adressen für sieben Tage hat der BGH daher nicht beanstandet. Im Ergebnis wird man in jedem Einzelfall eine Interessenabwägung vornehmen, bei der das Fernmeldegeheimnis (Art. 10 GG) der Betroffenen und das Interesse des Anbieters und der Allgemeinheit am Schutz der Telekommunikationseinrichtungen (Art. 14 GG) gegeneinander abgewogen werden müssen.[18]

Gegenstand mehrerer Gerichtsentscheidungen war jüngst die Frage, ob § 101 **14** Abs. 2 UrhG die Speicherung von Verkehrsdaten (namentlich IP-Adressen) rechtfertigt, um Inhabern von Urhebernutzungsrechten die Geltendmachung von An-

---

14 *Eckhardt*, in: Spindler/Schuster, TKG, § 96 Rn. 6.
15 *Klesczewski*, in: Säcker, TKG, § 96 Rn. 12.
16 So auch der BGH NJW 2011, 1509.
17 BGH NJW 2011, 1509 = MMR 2011, 341 (343) m. krit. Anm. *Karg*; laut Leitfaden des BfDI und der BNetzA für eine datenschutzgerechte Speicherung von Verkehrsdaten (Stand: 13.9.2012) ist eine siebentägige Vorratsdatenspeicherung jeglicher Verkehrsdaten, um Störungen zu erkennen, nach § 100 TKG zulässig; zum gleichen Ergebnis kam bereits das AG Bonn CR 2007, 640; a. A. *Breyer*, ZD-Aktuell 2012, 03218; LG Darmstadt CR 2006, 249.
18 Vgl. schon AG Bonn CR 2007, 640; auch OLG Düsseldorf MMR 2011, 546, 547.

sprüchen gegen Verletze (insbesondere wegen der Nutzung illegaler Musik- und Filmtauschbörsen) zu ermöglichen. Umstritten war zunächst die Frage, ob die Zuordnung einer IP-Adresse zu einem bestimmten Anschluss zu einer bestimmten Zeit ein Bestands- oder ein Verkehrsdatum ist.[19] Von großer Bedeutung ist diese Definition vor allem dann, wenn von einem Access-Provider Auskünfte darüber eingeholt werden sollen, welcher Anschluss zu einem bestimmten Zeitpunkt eine IP-Adresse genutzt hat, denn die Rechteinhaber wissen zwar, unter Verwendung welcher IP-Adresse Urheberrechtsverletzungen stattgefunden haben. Sie wissen aber nicht, welcher Person bzw. welchem Anschluss die IP-Adresse zum fraglichen Zeitpunkt zugeteilt war. Wurde jemand in seinem Urheberrecht verletzt, kann er einen Auskunftsanspruch gegen den Erbringer von zur Verletzung von Urheberrechten genutzten Dienstleistungen gem. § 101 Abs. 2, 9 UrhG haben.[20] Sind von dem Auskunftsanspruch Verkehrsdaten nach § 3 Nr. 30 TKG erfasst, ist nach § 101 Abs. 9 UrhG die Erteilung einer richterlichen Anordnung konstitutiv. Entscheidende Frage ist daher, ob die IP-Adresse Verkehrs- oder Bestandsdatum ist. Die Rechtsprechung beantwortet diese Frage uneinheitlich. Die Tendenz der Rechtsprechung geht aber eindeutig dahin, in dynamischen IP-Adressen Verkehrsdaten und nicht Bestandsdaten zu sehen.[21] Dagegen werden statische IP-Adressen als Bestandsdaten angesehen.[22]

15 Die jüngere Rechtsprechung hat anerkannt, dass auch § 101 Abs. 2 und Abs. 9 UrhG eine Vorschrift ist, welche die Speicherung von Verkehrsdaten rechtfertigen kann.[23] Dies kann allerdings erst gelten, wenn eine richterliche Anordnung nach § 101 Abs. 9 UrhG vorliegt, denn § 101 Abs. 2 UrhG regelt lediglich den Auskunftsanspruch gegen den Provider, nicht aber dessen Pflicht zur Speicherung von Daten, welche nach § 96 Abs. 2 Satz 2 TKG unverzüglich gelöscht werden müssen. Daran ändert auch nichts, dass § 101 Abs. 10 UrhG ausdrücklich auf die Einschränkung des Fernmeldegeheimnisses durch § 101 Abs. 2 und Abs. 9 UrhG hinweist.

---

19 Kaum mehr haltbar ist die nicht differenzierende Ansicht des OLG Hamburg MMR 2011, S. 281 (282), bei IP-Adressen handele es sich nicht um personenbezogene Daten.

20 Auskunftsansprüche wie der aus § 101 UrhG sind auch in § 140b PatG, § 24b GebrMG, § 46 GeschmMG, § 37b SortSchG und § 19 MarkenG zu finden.

21 BVerfG NJW 2012, 1419; BGH MMR 2012, 689; OLG Karlsruhe MMR 2009, 412 mit Anm. *Spoenle*, jurisPR-ITR 15/2009, Anm. 3; LG Darmstadt GRUR-RR 2006, 173; AG Offenburg, Beschluss v. 20.7.2007 – 4 Gs 442/07; ebenso LG Berlin ITRB 2007, 246; LG Ulm MMR 2004, 187; LG Bonn DuD 2004, 628 ff.; LG Berlin K&R 2007, 601; a. A. LG Stuttgart NJW 2005, 614; ebenso LG Hamburg MMR 2005, 55 (aufgehoben durch OLG Hamburg MMR 2005, 453); LG Köln ITRB 2007, 247; Anm. *Eckhardt* zu LG Berlin K&R 2007, 601 (602).

22 LG München NJOZ 2012, 147; vgl. *Freund/Schnabel*, MMR 2011, S. 495 (497) mit dem Hinweis, dass die neuere Internet Protocol Version 6 (IPV6) weitgehend auf dynamische Adressen verzichten könne. Dies kann auch erhebliche Folgen für die Speicherfähigkeit der entsprechenden Daten haben.

23 OLG Hamm MMR 2011, 193; LG Hamburg CR 2011, 448; OLG Hamburg CR 2010, 363; OLG Düsseldorf MMR 2011, 546.

Eine Verpflichtung (anders als eine Berechtigung) zur Speicherung sonst löschungspflichtiger Verkehrsdaten lediglich aufgrund eines Herausgabeverlangens eines nach § 101 Abs. 2 UrhG Berechtigten besteht daher nicht.[24] Einigkeit besteht aber wohl immerhin insoweit, als dass die IP-Adresse nicht auf Verdacht gespeichert werden muss.[25]

Der Löschungspflicht des § 96 Abs. 2 TKG kommt auch nach, wer die Daten lediglich (faktisch) anonymisiert.[26] Anonymisieren bedeutet das „Verändern personenbezogener Daten derart, dass die Einzelangaben über persönliche und sachliche Verhältnisse nicht mehr oder nur mit einem unverhältnismäßig hohen Aufwand an Zeit, Kosten und Arbeitskraft einer bestimmten oder bestimmbaren natürlichen Person zugeordnet werden können" (§ 3 Abs. 6 BDSG).[27] Wo die Zuordnung nur noch mit einem unverhältnismäßigen Zeit- und Arbeitsaufwand möglich wäre, spricht man von einer „faktischen Anonymisierung".[28] Der Schutzzweck des Abs. 2 Satz 2 wird durch die Anonymisierung erreicht, weil die Daten dadurch „dem persönlichen Datenschutz entzogen werden".[29] **16**

Mindestspeicherfristen für Verkehrsdaten waren lange Zeit nicht vorgesehen und sind nach wie vor stark umstritten. Am 9.11.2007 hatte der Bundestag die Umsetzung der Richtlinie 2006/24/EG zur Vorratsdatenspeicherung in deutsches Recht beschlossen. Nach dem Regierungsentwurf[30] des Gesetzes zur Neuregelung der Telekommunikationsüberwachung und anderer verdeckter Ermittlungsmaßnahmen sollte durch die Festlegung verpflichtender Speicherfristen sichergestellt werden, dass die Daten zu Zwecken der Ermittlung, Feststellung und Verfolgung schwerer Straftaten verfügbar bleiben. Entsprechend wurden die § 113a TKG (Speicherpflicht) und § 113b TKG (Verwendungsmöglichkeiten) in das TKG eingefügt und traten zunächst am 1.1.2008[31] in Kraft. Insbesondere Kunden, die über Pauschalangebote telefonieren oder im Internet surfen, mussten mit einer erheblich längeren Speicherung ihrer Daten rechnen. Gespeichert werden sollten alle Verkehrsdaten, also Informationen über genutzte Rufnummern und Kennungen sowie Uhrzeit und Datum der Verbindung. Bei Mobilfunktelefonie kam der Standort (d.h. die angewählte Funkzelle) bei Beginn der Verbindung hinzu. Accessprovider sollten die zugewiesene IP-Adresse, Beginn und Ende der Internetnutzung und die Anschluss- **17**

---

24 OLG Frankfurt CR 2010, 99; vgl. OLG Düsseldorf MMR 2011, 546; OLG Düsseldorf GRUR-Prax 2013, 140 m. zust. Anm. von *Schulze zur Wiesche*, allerdings zu einem Fall, in dem der Provider die IP-Adressen überhaupt nicht speicherte; a.A. OLG Hamburg MMR 2010, 338 (339); *Jenny*, in: Plath, BDSG, § 96 TKG Rn. 8.
25 Vgl. LG Hamburg MMR 2011, 475; OLG Hamm MMR 2011, 193.
26 *Robert*, in: Geppert/Piepenbrock/Schütz/Schuster, TKG, § 96 Rn. 12.
27 Siehe zum Anonymisieren § 3 BDSG Rn. 43 ff.
28 *Dammann*, in: Simitis, BDSG, § 3 Rn. 196.
29 BR-Drs. 300/00, S. 15; siehe auch BVerfGE 65, 1 = NJW 1984, 419 (423).
30 BT-Drs. 16/5846.
31 Übergangsregelung in § 150 Abs. 12b TKG.

kennung (Rufnummer oder DSL-Kennung) speichern; E-Mail-Anbieter die Kennung elektronischer Postfächer und die IP-Adressen von Absender und Empfänger nebst Zeitangaben. „Voice over IP"-Dienste speicherten Rufnummern, Zeitpunkte der Kommunikation und die IP-Adressen. Gegen die Vorratsdatenspeicherung wurde Verfassungsbeschwerde eingelegt.[32] Das BVerfG erklärte am 2.3.2010 die §§ 113a, 113b TKG für verfassungswidrig und damit für nichtig.[33] Dabei betonte es, dass eine sechsmonatige, vorsorglich anlasslose Speicherung von Verkehrsdaten nicht per se mit Art 10 GG unvereinbar sei.[34] Bei der Ausgestaltung der gesetzlichen Regelung sei aber der Grundsatz der Verhältnismäßigkeit zu beachten und das erfordere eine anspruchsvolle und normenklare Regelung hinsichtlich der Datensicherheit, der Datenverwendung, der Transparenz und des Rechtsschutzes.[35] Der Abruf und die unmittelbare Nutzung der Daten sei nur verhältnismäßig, wenn sie überragend wichtigen Aufgaben des Rechtsgüterschutzes dienten.[36] Derzeit befinden sich die Neuregelungen zu § 113 TKG im Entwurfsstadium. § 113 TKG-E soll nur noch die datenschutzrechtliche Übermittlungsbefugnis für die Telekommunikationsanbieter sowie Verfahrensfragen regeln. Die eigentliche Erhebungsbefugnis soll in die Strafprozessordnung sowie in die Fachgesetze für die Strafverfolgungs- und Sicherheitsbehörden des Bundes eingefügt werden.[37]

18 Zweifelhaft ist auch die Vereinbarkeit der Richtlinie mit dem Unionsrecht. Zunächst war umstritten, ob die Richtlinie auf die Wirtschaftskompetenz gestützt werden durfte, oder im Rahmen der justiziellen Zusammenarbeit hätte ergehen müssen.[38] Irland hatte deshalb vor dem EuGH eine Nichtigkeitsklage erhoben.[39] In der Entscheidung vom 10.2.2009 hat der EuGH die Klage jedoch als unbegründet abgewiesen.[40] Er stützte die Vorratsdatenspeicherung auf Art. 95 Abs. 1 EG (heute Art. 114 Abs. 1 AEUV) als Rechtsgrundlage, denn die unterschiedlich hohe Kostenbelastung der Diensteanbieter durch die Verpflichtung zur Vorratsdatenspeicherung stelle eine Behinderung des Binnenmarktes dar. Dies erfordere eine europarechtliche Harmonisierung. Zu beachten ist jedoch, dass der EuGH die Richtlinie nicht am Maßstab der Gemeinschaftsgrundrechte gemessen hat, da Irland lediglich die Feststellung beantragt hatte, ob die Richtlinie zur Vorratsdatenspeicherung auf

---

32 *Eckhardt*, in: Spindler/Schuster, TKG, § 113a Rn. 21.
33 BVerfG, MMR 2010, S. 356.
34 BVerfG, MMR 2010, S. 356.
35 BVerfG, MMR 2010, S. 356.
36 BVerfG, MMR 2010, S. 356; vgl. auch die Kommentierung zu § 113a TKG.
37 Vgl. BT-Drs. 17/12034.
38 Vgl. *Gola/Krug/Reif*, NJW 2007, S. 2599; *Gietl*, K&R 2007, S. 545; *Rössel*, ITRB 2007, S. 247 (248); *Eckhardt*, in: Heun, Hdb. Telekommunikationsrecht, S. 116, Rn. 176; *Gitter/ Schnabel*, MMR 2007, S. 411; *Leutheusser-Schnarrenberger*, ZRP 2007, S. 9; *Wüstenberg*, RDV 2006, S. 102; *Westphal*, EuR 2006, S. 706; *Westphal*, EuZW 2006, S. 555; *Bizer*, DuD 2007, S. 586.
39 EuGRZ 2009, 17.
40 EuGRZ 2009, 17 = NJW 2009, 1801.

einer geeigneten Rechtsgrundlage beruht.[41] Die Frage, ob die Richtlinie mit den Grundrechten der EU vereinbar ist, bleibt somit unbeantwortet. Als verletzte Grundrechte auf EU-Ebene kommen Art. 7, 8, 15 und 16 GRCh in Betracht. Der irische High Court hat kürzlich den EuGH im Wege eines Vorabentscheidungsverfahrens angerufen, um klären zu lassen, ob die Richtlinie mit europäischem Recht, insbesondere der EU-Grundrechtecharta und der Europäischen Menschenrechtskonvention vereinbar ist.[42] Eine Entscheidung darüber steht aus.

3. Weitergehende Verwendung mit Einwilligung (Abs. 3 und 4)

Abs. 3 erlaubt eine Auswertung teilnehmerbezogener Verkehrsdaten zum Zwecke der Vermarktung und zur bedarfsgerechten Gestaltung von Telekommunikationsdiensten oder zur Bereitstellung von Diensten mit Zusatznutzen, allerdings nur, soweit eine Einwilligung des Teilnehmers vorliegt und die Verwendung erforderlich ist. Dies wirft eine Reihe von Fragen über die Erfordernisse einer Einwilligung und deren Reichweite auf, die denen zu § 95 Abs. 2 TKG gleichen und dort erörtert sind. Der Gesetzgeber erleichtert es den Diensteanbietern hierdurch, ökonomisch oder technisch bessere Leistungsangebote zu entwickeln. Die Anbieter sollen differenzierende Tarife einführen und die jeweils erforderlichen Netzkapazitäten bereitstellen können.[43] Auch für die Speicherung der Verkehrsdaten juristischer Personen und von Personengesellschaften ist hier deren Einwilligung erforderlich, da Daten betroffen sind, die dem Fernmeldegeheimnis unterliegen, wie sich aus § 91 Abs. 1 Satz 2 TKG ergibt. **19**

Für die Einwilligung gelten die für § 4a Abs. 1 BDSG geltenden Maßstäbe inklusive der Informationspflichten, die § 96 Abs. 4 TKG vorschreibt. § 94 TKG ermöglicht eine elektronische Einwilligung. Einwilligen muss der Vertragspartner (Teilnehmer i. S. d. § 3 Nr. 20 TKG), nicht der konkrete Nutzer.[44] **20**

Nach § 96 Abs. 4 TKG ist den Teilnehmern mitzuteilen, welche Datenarten für die in Abs. 3 Satz 1 genannten Zwecke verarbeitet werden und wie lange die Speicherfrist läuft. Diese Informationen können im Zusammenhang mit dem Vertragsschluss erteilt werden. Eine Information vor jeder einzelnen Anwendung ist nicht erforderlich, da die Informations- und Einwilligungserfordernisse nur gegenüber dem Teilnehmer und nicht gegenüber sonstigen Nutzern gelten. Außerdem ist der Teilnehmer nach Abs. 4 Satz 2 darauf hinzuweisen, dass er seine Einwilligung jederzeit widerrufen kann. Auch zur Erfüllung dieser Verpflichtung genügt ein einmaliger Hinweis bei Vertragsschluss. **21**

---

41 Kritisch dazu *Kindt*, MMR 2009, S. 661.
42 Rs. C-293/12.
43 *Ohlenburg*, MMR 2004, S. 431 (434); siehe schon BR-Drs. 300/00, S. 16, zu § 6 TDSV.
44 *Robert*, in: Geppert/Piepenbrock/Schütz/Schuster, TKG, § 96 Rn. 14; *Jenny*, in: Plath, BDSG, § 96 TKG Rn. 10.

22 Die Daten der Angerufenen (also die Zielrufnummern) sind unverzüglich zu anonymisieren, § 96 Abs. 3 Satz 2 TKG. § 96 Abs. 3 Satz 3 TKG erlaubt allerdings eine
zielnummernbezogene Verwendung der Verkehrsdaten, wenn der Angerufene eingewilligt hat. Auch für Verkehrsmessungen zur Prüfung der Netzauslastung dürfen
nur anonymisierte Verkehrsdaten verwendet werden.[45]

III. Rechtsfolgen

23 Verstöße gegen § 96 TKG sind nach § 149 Nr. 16 und 17 TKG Ordnungswidrigkeiten. Da Verkehrsdaten dem Fernmeldegeheimnis unterliegen (§ 88 TKG), kann auf
die dortigen Ausführungen verwiesen werden. Nicht bußgeldbewehrt ist die Verwendung von zielnummernbezogen Verkehrsdaten (§ 96 Abs. 3 Satz 3 TKG) und
eine unterlassene Anonymisierung (§ 96 Abs. 3 Satz 2 und 4 TKG).[46]

---

45 *Königshofen*, DuD 2001, S. 85 (88).
46 Ebenso *Jenny*, in: Plath, BDSG, § 96 TKG Rn. 11.

§ 97 Entgeltermittlung und Entgeltabrechnung

(1) Diensteanbieter dürfen die in § 96 Abs. 1 aufgeführten Verkehrsdaten verwenden, soweit die Daten zur Ermittlung des Entgelts und zur Abrechnung mit ihren Teilnehmern benötigt werden. Erbringt ein Diensteanbieter seine Dienste über ein öffentliches Telekommunikationsnetz eines fremden Betreibers, darf der Betreiber des öffentlichen Telekommunikationsnetzes dem Diensteanbieter die für die Erbringung von dessen Diensten erhobenen Verkehrsdaten übermitteln. Hat der Diensteanbieter mit einem Dritten einen Vertrag über den Einzug des Entgelts geschlossen, so darf er dem Dritten die in Absatz 2 genannten Daten übermitteln, soweit es zum Einzug des Entgelts und der Erstellung einer detaillierten Rechnung erforderlich ist. Der Dritte ist vertraglich zur Wahrung des Fernmeldegeheimnisses nach § 88 und des Datenschutzes nach den §§ 93 und 95 bis 97, 99 und 100 zu verpflichten. § 11 des Bundesdatenschutzgesetzes bleibt unberührt.

(2) Der Diensteanbieter darf zur ordnungsgemäßen Ermittlung und Abrechnung der Entgelte für Telekommunikationsdienste und zum Nachweis der Richtigkeit derselben folgende personenbezogene Daten nach Maßgabe der Absätze 3 bis 6 erheben und verwenden:

1. die Verkehrsdaten nach § 96 Abs. 1,

2. die Anschrift des Teilnehmers oder Rechnungsempfängers, die Art des Anschlusses, die Zahl der im Abrechnungszeitraum einer planmäßigen Entgeltabrechnung insgesamt aufgekommenen Entgelteinheiten, die übermittelten Datenmengen, das insgesamt zu entrichtende Entgelt,

3. sonstige für die Entgeltabrechnung erhebliche Umstände wie Vorschusszahlungen, Zahlungen mit Buchungsdatum, Zahlungsrückstände, Mahnungen, durchgeführte und aufgehobene Anschlusssperren, eingereichte und bearbeitete Reklamationen, beantragte und genehmigte Stundungen, Ratenzahlungen und Sicherheitsleistungen.

(3) Der Diensteanbieter hat nach Beendigung der Verbindung aus den Verkehrsdaten nach § 96 Abs. 1 Nr. 1 bis 3 und 5 unverzüglich die für die Berechnung des Entgelts erforderlichen Daten zu ermitteln. Diese Daten dürfen bis zu sechs Monate nach Versendung der Rechnung gespeichert werden. Für die Abrechnung nicht erforderliche Daten sind unverzüglich zu löschen. Hat der Teilnehmer gegen die Höhe der in Rechnung gestellten Verbindungsentgelte vor Ablauf der Frist nach Satz 2 Einwendungen erhoben, dürfen die Daten gespeichert werden, bis die Einwendungen abschließend geklärt sind.

(4) Soweit es für die Abrechnung des Diensteanbieters mit anderen Diensteanbietern oder mit deren Teilnehmern sowie anderer Diensteanbieter mit ihren Teilnehmern erforderlich ist, darf der Diensteanbieter Verkehrsdaten verwenden.

(5) Zieht der Diensteanbieter mit der Rechnung Entgelte für Leistungen eines Dritten ein, die dieser im Zusammenhang mit der Erbringung von Telekommunikationsdiensten erbracht hat, so darf er dem Dritten Bestands- und Verkehrsdaten übermitteln, soweit diese im Einzelfall für die Durchsetzung der Forderungen des Dritten gegenüber seinem Teilnehmer erforderlich sind.

Literatur: *Beine*, Neues TKG-Datenschutzrecht, ZD 2013, S. 8; *Geuer*, Das Fernmeldegeheimnis als gesetzliches Verbot – Rechtsprobleme bei Forderungsabtretung aus TK-Verträgen, ZD 2012, S. 215; *Vander*, Verwendung von Verkehrsdaten und mehrstufiges Forderungsinkasso bei Mehrwertdiensten, K&R 2012, S. 577.

I. Allgemeines

1. Gesetzeszweck

1 Die Vorschrift ergänzt § 96 TKG und regelt die Nutzung von Verkehrsdaten zu Abrechnungszwecken.

2. Europarechtliche Grundlagen/Geschichte

2 Wie § 96 TKG dient auch § 97 TKG der Umsetzung des Art. 6 der DSRl, wendet sich jedoch an einen größeren Adressatenkreis: Während sich Art. 6 DSRl lediglich auf Betreiber eines öffentlichen oder öffentlich zugänglichen Kommunikationsnetzes bezieht, erfasst § 97 TKG entsprechend der Definition des Diensteanbieters in § 3 Nr. 6 TKG auch die Betreiber eines Dienstes für geschlossene Benutzergruppen. Bis 2004 regelte § 89 Abs. 1 und 2 TKG 1996 i.V.m. § 7 TDSV 2000 die Datennutzung zur Entgeltermittlung und -abrechnung, wobei allerdings die materiellen Regelungen weitestgehend in der Verordnung festgeschrieben waren, was aufgrund des fehlenden Parlamentsvorbehaltes kritisiert wurde.[1] Nunmehr enthält § 97 TKG alle Regelungen zur Datenverwendung zwecks Entgeltermittlung und -abrechnung. Art. 6 Abs. 2 der DSRl sieht vor, dass Verkehrsdaten nur zum Zwecke der Entgeltabrechnung und nur so lange gespeichert werden dürfen, wie die Rechnung angefochten bzw. der Zahlungsanspruch geltend gemacht werden kann. Durch die TKG-Novelle 2012 sind nun Betreiber öffentlicher Telekommunikationsnetze erfasst und

---

1 *Wittern*, in: Geppert/Piepenbrock/Schütz/Schuster, TKG, § 97 Rn. 1; vgl. auch BVerfGE 85, 386.

nicht mehr nur Betreiber öffentlicher Telefonnetze. Damit wurde der Wortlaut weiter gefasst.[2]

II. Kommentierung

1. Überblick

§ 97 TKG regelt die Datenverarbeitung zu Zwecken der Entgeltermittlung und -abrechnung bei Diensteanbietern, Betreibern öffentlicher Telekommunikationsnetze und Dritten. Abs. 1 Satz 1 erlaubt es dem Diensteanbieter selbst, die in § 96 Abs. 1 TKG aufgeführten Verkehrsdaten zu verwenden, soweit dies für die Entgeltermittlung und -abrechnung erforderlich ist. Abs. 1 Satz 2 gestattet dem Betreiber eines öffentlichen Telekommunikationsnetzes, Verkehrsdaten an andere Diensteanbieter zu übermitteln, wenn diese ihre Dienste über sein Netz abwickeln. Nach § 3 Abs. 4 Nr. 3 BDSG ist ihm damit nur die Weitergabe der Daten oder ihre Bereithaltung zum Abruf, aber keine anderweitige Verwendung gestattet. § 97 Abs. 1 Satz 3 und 4 TKG schließlich beziehen sich auf Dritte, mit denen der Diensteanbieter einen Vertrag über den Einzug des Entgelts geschlossen hat: ihnen darf der Diensteanbieter die in § 95 Abs. 2 TKG genannten Bestandsdaten, die in § 96 Abs. 1 TKG genannten Verkehrsdaten und sonstige für die Entgeltabrechnung erforderliche Daten übermitteln.

Die Diensteanbieter sind nur berechtigt, die in § 96 Abs. 1 TKG aufgeführten Verkehrsdaten zu verwenden, und dies nur soweit, wie diese zur Entgeltermittlung und -abrechnung im Verhältnis zu den Teilnehmern erforderlich sind. Die Speicherung dynamischer IP-Adressen bei Verträgen, die eine „Flatrate" vorsehen, ist unzulässig, da sie in diesem Fall nicht der Abrechnung dienen.[3] Die in § 97 Abs. 2 TKG aufgeführten Verkehrsdaten darf der Diensteanbieter zur ordnungsgemäßen Ermittlung und Abrechnung der Entgelte für Telekommunikationsdienste und zum Nachweis ihrer Richtigkeit nach Maßgabe der Abs. 3 bis 5 erheben und verwenden. Die genauen Modalitäten regelt Abs. 3. Nach Beendigung der Verbindung muss der Diensteanbieter aus den Verkehrsdaten nach § 96 Abs. 1 Nr. 1 bis 3 und 5 TKG unverzüglich die für die Berechnung des Entgelts erforderlichen Daten ermitteln. Diese Daten dürfen dann bis zu sechs Monate nach Versendung der Rechnung gespeichert werden. Für die Abrechnung nicht erforderliche Daten sind unverzüglich zu löschen. Hat der Teilnehmer gegen die Höhe der in Rechnung gestellten Verbindungsentgelte vor Ablauf der Frist nach Satz 2 Einwendungen erhoben, dürfen die Daten gespeichert werden, bis die Einwendungen abschließend geklärt sind. Auch nach Ablauf der sechs Monate kann der Kunde noch Beanstandungen vorbringen.

3

4

---

2 *Beine*, ZD 2012, S. 8 (9).
3 LG Darmstadt MMR 2005, 634; LG Darmstadt MMR 2006, 330; BGH MMR 2007, 37; *Klesczewski*, in: Säcker, TKG, § 97 Rn. 4 m.w.N.; eine Speicherung der Daten nach § 100 TKG ist damit nicht ausgeschlossen, vgl. § 96 TKG Rn. 12.

Derart „verspätete" Einwendungen unterliegen allerdings, wenn dem Anbieter auch sonst keine Anhaltspunkte für Einwendungen seitens des Teilnehmers bekannt sind, nach pflichtgemäßer Löschung der gespeicherten Daten einer Beweislastumkehr. Die verspätete Rüge durch den Kunden stellt dann eine schuldhafte Beweisvereitelung dar, und der Teilnehmer muss die Unrichtigkeit seiner Abrechnung nun beweisen.[4] Der Diensteanbieter kann derlei Auseinandersetzungen allerdings von vornherein vermeiden, indem er in seine AGB einen Einwendungsausschluss nach Ablauf der sechs Monate aufnimmt, diese Möglichkeit bietet § 45i TKG.

5 Unklar ist, ob der Diensteanbieter Verkehrsdaten auf Wunsch des Kunden erheben darf. Hierbei geht es weniger um eine ohnehin grundsätzlich zulässige Einwilligung des Teilnehmers, sondern um den Wunsch des Kunden, z.B. einem Unternehmen, Telekommunikationskosten trotz Bestehens einer Flatrate internen Kostenstellen zuzuordnen. Wenn der Kunde dies wünscht, dann gehört dies zum Leistungsinhalt des angebotenen Dienstes, sodass die Erhebung und Nutzung der Verkehrsdaten zu diesen Zwecken zulässig ist.[5]

6 § 97 Abs. 4 TKG betrifft vor allem die Ermittlung der auf die verschiedenen Netzbetreiber entfallenden Leistungsanteile am Gesamtnutzungsvolumen eines Teilnehmers. Zu diesem Zweck wird es dem Diensteanbietern gestattet, auch Verkehrsdaten zu verwenden, die er nicht zur Abrechnung mit seinen eigenen Kunden, sondern zur Abrechnung mit anderen Anbietern oder mit deren Kunden benötigt.

7 § 97 Abs. 5 schließlich berechtigt den Diensteanbieter, einem Dritten, für dessen im Zusammenhang mit Kommunikationsdiensten erbrachte Leistungen er mit seiner Rechnung die Entgelte einzieht, Verkehrs- und Bestandsdaten zu übermitteln. Voraussetzung ist aber, dass dies für den Dritten im Einzelfall zur Durchsetzung seiner Forderungen gegenüber seinen Kunden erforderlich ist.[6]

2. Abtretung

8 Häufig treten Diensteanbieter ihre Forderungen an Inkasso-Unternehmen ab. Nach § 402 BGB muss der Zedent dem Zessionar dabei alle zur Geltendmachung der Forderung benötigten Auskünfte erteilen. Er muss dem Zessionar in diesem Rahmen auch die dafür erforderlichen und in seinem Besitz befindlichen Urkunden geben. Bei den Daten, die für eine detaillierte Rechnungsstellung über die Bestandsdaten hinaus nötig sind, handelt es sich aber um Verkehrsdaten i.S. von § 3 Nr. 30 TKG (z.B. Zeitpunkt und Dauer der Nutzung der TK-Dienste). Grundsätzlich dürfen diese Daten nicht an Dritte übermittelt werden, es sei denn, das Gesetz erlaubt dies. Eine solche Erlaubnis kann in § 97 Abs. 1 Satz 3 TKG gesehen werden. Nach dem Wortlaut der Vorschrift ist die Weitergabe der Daten erlaubt, wenn es zum „Einzug"

---

4 *Eckhardt*, in: Heun, Hdb. Telekommunikationsrecht, S. 1496, Rn. 228; *Klesczewski*, in: Säcker, TKG, § 97 Rn. 16.
5 Vgl. § 94 TKG Rn. 14.
6 Näher Rn. 9.

des Entgelts erforderlich ist. Entscheidend für die Zulässigkeit der Übermittlung der Daten an den Zessionar ist mithin, ob die Verwendung des Begriffs „Einzug" auch die Abtretung der Forderung erfasst. Es wird vertreten, dass eine Abtretung i. S. von § 398 BGB über den Einzug von Entgelten hinausgehe und deshalb nicht von § 97 Abs. 1 Satz 3 TKG erfasst sei.[7] Ansonsten bestehe die Gefahr, dass durch Abtretungsketten der Eingriff in das grundrechtlich geschützte Fernmeldegeheimnis perpetuiert werden würde.[8] Eine analoge Anwendung sei wegen einer möglichen unkontrollierten Datenweitergabe nicht zulässig.[9]

Dieser Ansicht ist jedoch nicht zu folgen. Zunächst ist der Wortlaut der Vorschrift nicht eindeutig. Auch eine Zession kann auf den Einzug einer Forderung gerichtet sein, wie z. B. beim Factoring. Eine unendliche Abtretungskette kann nicht entstehen, weil § 97 Abs. 1 Satz 3 TKG nur dem Diensteanbieter die Weitergabe an einen Dritten erlaubt. Der Dritte dagegen ist i. d. R. nicht Diensteanbieter und hat damit keine Erlaubnis zur Weitergabe der Verkehrsdaten an einen weiteren Zedenten.[10] Nach deutschem Recht ist daher auch eine Weitergabe der Daten im Rahmen einer Abtretung von § 97 Abs. 1 Satz 3 TKG gedeckt. Auf ein Vorabentscheidungsersuchen des BGH hatte der EuGH zu entscheiden, ob eine dementsprechende Auslegung gegen Art. 6 Abs. 2, 5 der Richtlinie 2002/58/EG verstoßen könnte.[11] Problematisch war in diesem Zusammenhang insbesondere, ob ein Zessionar noch „auf Weisung" des Diensteanbieters handelt. Der EuGH entschied, dass ein Zessionar dann auf Weisung des Diensteanbieters handelt, wenn er bei der Verarbeitung von Verkehrsdaten nur auf Anweisung des Diensteanbieters und unter dessen Kontrolle vorgeht. Der Vertrag zwischen Diensteanbieter und Zessionar muss deshalb Bestimmungen enthalten, die die rechtmäßige Verarbeitung der Verkehrsdaten durch den Zessionar gewährleisten, und es dem Diensteanbieter ermöglichen, sich jederzeit von der Einhaltung dieser Bestimmungen durch den Zessionar zu überzeugen.[12] Dies bedeutet, dass der Zedent sich recht umfassende Audit- und Prüfrechte analog einem § 11-BDSG-Vertrag vorbehalten sollte.

9

---

7 So das AG Meldorf NJW-RR 2012, 186; *Geuer*, ZD 2012, S. 215 (217).

8 Vgl. AG Berlin-Tempelhof-Kreuzberg CR 2012, 590 (591).

9 AG Bremen BeckRS 2011, 25953.

10 So auch zutreffend BGH ZD 2012, 229. Allerdings ist es möglich, dass ein TK-Diensteanbieter seinen Kundenstamm einschließlich laufender Forderungen auf einen anderen Diensteanbieter überträgt.

11 In Art. 6 Abs. 5 der Richtlinie heißt es: „(5) Die Verarbeitung von Verkehrsdaten gemäß den Absätzen 1, 2, 3 und 4 darf nur durch Personen erfolgen, die auf Weisung der Betreiber öffentlicher Kommunikationsnetze und öffentlich zugänglicher Kommunikationsdienste handeln und die für Gebührenabrechnungen oder Verkehrsabwicklung, Kundenanfragen, Betrugsermittlung, die Vermarktung der elektronischen Kommunikationsdienste oder für die Bereitstellung eines Dienstes mit Zusatznutzen zuständig sind; ferner ist sie auf das für diese Tätigkeiten erforderliche Maß zu beschränken." In der Prüfung stand ein Factoring der TK-Forderungen.

12 EuGH, Urteil vom 22.11.2012 – C-J011/12, Tz. 30, KR 2013, S. 31; hieran anschließend BGH NJW 2013, 1092.

3. Premiumdiensteanbieter

10 Bei Premium-Diensten hat der Erbringer dieser Leistungen ein berechtigtes Interesse, die notwendigen Daten für den Einzug des Entgelts von dem Diensteanbieter des Teilnehmers zu erhalten, wenn Letzterer den abgerechneten Dienst nicht bezahlt. Nach § 97 Abs. 5 TKG darf der Diensteanbieter die Daten übermitteln, die im Einzelfall für die Durchsetzung der Forderung des „Dritten", also des Erbringers der Leistungen, erforderlich sind. Wenn der Dritte diese Daten verwendet, so soll nach Auffassung des BGH § 97 TKG entsprechend gelten.[13] Die Vorschrift gilt sowohl zu Gunsten der Dritten, als auch zu deren Lasten, da auch sie die Maßgaben des § 97 TKG beachten müssen.[14] Die Erbringer von Premium-Diensten können die Forderungen daher auch gem. § 97 Abs. 1 Satz 3 TKG abtreten.[15] Eine weitere Abtretung ist aber auch hier nicht möglich.

III. Rechtsfolgen

11 Da es sich um die Verwendung von Verkehrsdaten handelt, kann auf die Ausführungen zu § 88 TKG verwiesen werden. Im Übrigen ist ein Verstoß gegen die Löschungsverpflichtung nach Abs. 3 Satz 2 eine Ordnungswidrigkeit nach § 149 Nr. 17 TKG.

---

13 BGH NJW 2012, 2582.
14 BGH NJW 2012, 2582 (2583).
15 BGH NJW 2012, 2582; *Vander*, K&R 2012, S. 577 (579).

§ 98 Standortdaten

(1) Standortdaten, die in Bezug auf die Nutzer von öffentlichen Telekommunikationsnetzen oder öffentlich zugänglichen Telekommunikationsdiensten verwendet werden, dürfen nur im zur Bereitstellung von Diensten mit Zusatznutzen erforderlichen Umfang und innerhalb des dafür erforderlichen Zeitraums verarbeitet werden, wenn sie anonymisiert wurden oder wenn der Teilnehmer dem Anbieter des Dienstes mit Zusatznutzen seine Einwilligung erteilt hat. In diesen Fällen hat der Anbieter des Dienstes mit Zusatznutzen bei jeder Feststellung des Standortes des Mobilfunkendgerätes den Nutzer durch eine Textmitteilung an das Endgerät, dessen Standortdaten ermittelt wurden, zu informieren. Dies gilt nicht, wenn der Standort nur auf dem Endgerät angezeigt wird, dessen Standortdaten ermittelt wurden. Werden die Standortdaten für einen Dienst mit Zusatznutzen verarbeitet, der die Übermittlung von Standortdaten eines Mobilfunkendgerätes an einen anderen Teilnehmer oder Dritte, die nicht Anbieter des Dienstes mit Zusatznutzen sind, zum Gegenstand hat, muss der Teilnehmer abweichend von § 94 seine Einwilligung ausdrücklich, gesondert und schriftlich gegenüber dem Anbieter des Dienstes mit Zusatznutzen erteilen. In diesem Fall gilt die Verpflichtung nach Satz 2 entsprechend für den Anbieter des Dienstes mit Zusatznutzen. Der Anbieter des Dienstes mit Zusatznutzen darf die erforderlichen Bestandsdaten zur Erfüllung seiner Verpflichtung aus Satz 2 nutzen. Der Teilnehmer muss Mitbenutzer über eine erteilte Einwilligung unterrichten. Eine Einwilligung kann jederzeit widerrufen werden.

(2) Haben die Teilnehmer ihre Einwilligung zur Verarbeitung von Standortdaten gegeben, müssen sie auch weiterhin die Möglichkeit haben, die Verarbeitung solcher Daten für jede Verbindung zum Netz oder für jede Übertragung einer Nachricht auf einfache Weise und unentgeltlich zeitweise zu untersagen.

(3) Bei Verbindungen zu Anschlüssen, die unter den Notrufnummern 112 oder 110 oder der Rufnummer 124 124 oder 116 117 erreicht werden, hat der Diensteanbieter sicherzustellen, dass nicht im Einzelfall oder dauernd die Übermittlung von Standortdaten ausgeschlossen wird.

(4) Die Verarbeitung von Standortdaten nach den Absätzen 1 und 2 muss auf das für die Bereitstellung des Dienstes mit Zusatznutzen erforderliche Maß sowie auf Personen beschränkt werden, die im Auftrag des Betreibers des öffentlichen Telekommunikationsnetzes oder öffentlich zugänglichen Telekommunikationsdienstes oder des Dritten, der den Dienst mit Zusatznutzen anbietet, handeln.

Literatur: *Beine*, Neues TKG-Datenschutzrecht, ZD 2013, S. 8; *Elbel*, Die datenschutzrechtlichen Vorschriften für Diensteanbieter im neuen Telekommunikationsgesetz auf dem Prüfstand des europäischen und deutschen Rechts, Berlin 2005, S. 205; *Gola*, Die

Ortung externer Beschäftigter – Abwägung zwischen Überwachungsinteresse und schutzwürdigen Arbeitnehmerinteressen, ZD 2012, S. 308; *Heun*, Der Referentenentwurf zur TKG-Novelle 2011, CR 2011, S. 152; *Königshofen/Ulmer*, Datenschutz-Handbuch Telekommunikation, Frechen 2006; *Munz*, Datenschutzklauseln, in: v. Westphalen, Vertragsrecht und AGB-Klauselwerke; *Ohlenburg*, Das neue Telekommunikationsdatenschutzgesetz, MMR 2004, S. 431; *Ohlenburg*, Die neue EU-Datenschutzrichtlinie 2002/58/EG-Auswirkungen und Neuerungen für elektronische Kommunikation, MMR 2003, S. 82; *Mantz*, Verwertung von Standortdaten und Bewegungsprofilen durch Telekommunikationsdiensteanbieter, K&R 2013, S. 7; *Pokutnev/Schmid*, Die TKG-Novelle 2012 aus datenschutzrechtlicher Sicht, CR 2012, S. 360; *Roßnagel/Johannes/Kartal*, Die TKG-Novelle 2012, K&R 2012, S. 244.

I. Allgemeines

1. Gesetzeszweck

1   Die Regelung in § 98 TKG soll der voranschreitenden Entwicklung der Telekommunikation Rechnung tragen, die die Nutzung von Telekommunikationsdiensten standortbezogen möglich macht (Location-Based-Services, LBS).[1] Die Möglichkeiten auf diesem Gebiet sind heute vielfältig und werden immer weiter ausgebaut: Es gibt individuell auf den Standort abgestimmte Werbung und Hinweise, Straßenverkehrstelematikdienste und Navigationshilfen, aber auch die Ortung von Kindern über deren Mobiltelefon.[2] Standortdaten werden jedoch als besonders sensibel eingestuft, da deren Missbrauchsgefahr nicht unerheblich ist. Mit der TKG-Novelle 2012[3] wurden erneut Änderungen vorgenommen, um diese Missbrauchsgefahr einzuschränken und außerdem die Transparenz für den Nutzer des Mobilfunkgerätes zu verbessern.[4]

---

1 Begründung zum Regierungsentwurf, BT-Drs. 15/2316, S. 89.
2 *Wittern*, in: Geppert/Piepenbrock/Schütz/Schuster, TKG, § 98 Rn. 2; *Ohlenburg*, MMR 2004, S. 431 (436).
3 BGBl. I S. 958.
4 BT-Drs. 17/5707, S. 79. Zur Lage nach dem geplanten Beschäftigtendatenschutzgesetz s. *Gola*, ZD 2012, S. 308 (310).

2. Europarechtliche Grundlagen

§ 98 TKG setzt die Vorgaben des Art. 9 der DSRl[5] um. Dort ist die Verarbeitung **2** von „anderen Standortdaten als Verkehrsdaten in Bezug auf die Nutzer oder Teilnehmer zur Bereitstellung von Diensten mit Zusatznutzen" geregelt. Eine Abgrenzung zwischen Standortdaten, die Verkehrsdaten sind, und solchen, die es nicht sind, ist also erforderlich. Denn nur für Standortdaten, die auch Verkehrsdaten sind, trifft die DSRl in Art. 6 Regelungen, die § 98 TKG umsetzt.

II. Kommentierung

Der Begriff der Standortdaten ist in § 3 Nr. 19 TKG definiert: Er meint alle Daten, **3** die in einem Telekommunikationsnetz oder von einem Telekommunikationsdienst erhoben oder verwendet werden und die den Standort des Endgeräts eines Endnutzers eines öffentlich zugänglichen Telekommunikationsdienstes angeben. Nicht erfasst sind Daten, die von Nutzern erhoben werden, die nicht der Öffentlichkeit, sondern beispielsweise Nutzergruppen angehören. Unter „Kommunikationsdienste" fallen nicht nur das Telefonnetz, sondern auch alle anderen Telekommunikationsdienste. So werden Standortdaten insbesondere beim Festnetz- und Mobiltelefonieren, aber auch bei der Nutzung des Internets erfasst. § 3 Nr. 19 TKG wurde durch die TKG-Novelle 2012 geändert und umfasst nun auch Daten, die „von einem Telekommunikationsdienst" erhoben werden.[6] Auch Daten, die direkt von einem Endgerät stammen, wie zum Beispiel GPS-Daten[7] und WLAN- Kennungen, können damit Standortdaten sein.[8] Es gibt unterschiedliche technische Möglichkeiten, den Standort eines Endgerätes zu bestimmen. Auf wenige Meter genaue Angaben lassen sich mittels eines GPS-Empfängers machen. Die Anmeldung in einer Mobilfunkzelle gibt weit ungenauere – für Werbezwecke und für die Bereitstellung gewisser Dienste jedoch noch hinreichende – Auskunft über den Standort. Erforderlich zur Qualifikation von Daten als Standortdaten ist ein wenigstens begrenzter regionaler Bezug – die Feststellung nur des Landes, indem sich ein Gerät befindet, fällt nicht mehr darunter.[9]

Zu beachten ist, dass nach § 98 TKG unklar ist, ob damit auch über einen GPS- **4** Empfänger übermittelte Standortdaten gemeint sind. Dafür spricht, dass die Übermittlung der Stadtortdaten über einen GPS-Empfänger ein Telekommunikationsinhalt ist und eben diese Daten durch einen Telekommunikationsdienst übermittelt

---

5 Zuletzt geändert durch Art. 2 ÄndRL 2009/136/ EG v. 25.11.2009.

6 Vor dem 10.5.2012 waren nur Daten erfasst, die „in einem Telekommunikationsdienst" erhoben werden.

7 *Heun*, CR 2011, S. 152 (160); a. A. *Jenny*, in: Plath, BDSG, § 98 TKG Rn. 3, der nur Angaben, die vom Anbieter eines Telekommunikationsdienstes erhoben und dann verwendet werden, als Standortdaten ansieht.

8 *Roßnagel/Johannes/Kartal*, K&R 2012, S. 244 (250).

9 *Wittern*, in: Geppert/Piepenbrock/Schütz/Schuster, TKG, § 98 Rn. 4.

werden (vgl. § 3 Nr. 19 TKG). Die hieran geäußerten Zweifel[10] sind nicht durchschlagend, als die Übermittlung von Standortdaten durch GPS-Empfänger in Smartphones „in Bezug auf die Nutzer von öffentlichen Telekommunikationsnetzen" erfolgen; eine Übermittlung der Standortdaten gerade durch den benutzten Telekommunikationsdienst scheint danach nicht erforderlich zu sein.[11]

5   Ausweislich seines Wortlautes erlaubt § 98 TKG nur die Verarbeitung, aber nicht die Erhebung der Standortdaten. Dies wird gemeinhin als fehlerhafte, ergänzend auszulegende Formulierung betrachtet, die sich aus einer unbedachten Übernahme des Richtlinientextes ergeben habe:[12] Die DSRl nämlich verwendet das Wort „Verarbeitung" – anders als das BDSG – als Oberbegriff, der die Datenerhebung einschließt, weil eine Verarbeitung ohne Erhebung gar nicht möglich ist. Deshalb muss § 98 TKG auch die Erhebung und Nutzung der Standortdaten erfassen.[13]

6   Die Erhebung und die Verwendung der Standortdaten sind nach § 98 Abs. 1 Satz 1 TKG erlaubt, wenn die Daten entweder anonymisiert wurden oder der Teilnehmer eingewilligt hat. Wann Daten hinreichend anonymisiert sind, ergibt sich aus § 3 Abs. 6 BDSG: Einzelangaben über persönliche oder sachliche Verhältnisse dürfen nicht mehr oder nur mit einem unverhältnismäßig hohen Aufwand an Zeit, Kosten und Arbeitskraft einer bestimmten oder bestimmbaren natürlichen Person zugeordnet werden können.[14]

7   Sowohl eine Eigen- als auch eine Fremdortung sind möglich. Eigenortung ist dabei die Ortung des eigenen Mobilfunkendgerätes, Fremdortung die Ortung eines fremden Mobilfunkendgerätes.[15] An die Eigenortung werden dabei geringere Anforderungen gestellt als an die Fremdortung.

1. Eigenortung

8   Zur Einwilligung in die Eigenortung genügt eine einmalige und grundsätzliche Einwilligung hinsichtlich der wiederholten Inanspruchnahme eines standortbezogenen Dienstes.[16] Mit der TKG-Novelle 2012 wurde klargestellt, dass die Einwilligung an den Anbieter des Dienstes mit Zusatznutzen zu richten ist.[17] An die Form der Einwilligung werden keine besonderen Anforderungen gestellt, eine SMS an den An-

---

10 *Jenny*, in: Plath, BDSG, § 98 TKG Rn. 2 f.
11 Vgl. *Pokutnev/Schmid*, CR 2012, 360 (365).
12 *Elbel*, Die datenschutzrechtlichen Vorschriften für Diensteanbieter im neuen Telekommunikationsgesetz auf dem Prüfstand des europäischen und deutschen Rechts, S. 205, Rn. 4; *Wittern*, in: Geppert/Piepenbrock/Schütz/Schuster, TKG, § 98 Rn. 6.
13 So auch *Jenny*, in: Plath, BDSG, § 98 TKG Rn. 7.
14 Zum Streitstand hinsichtlich der Voraussetzungen einer Anonymisierung s. § 3 BDSG Rn. 43 ff.
15 *Beine*, ZD 2013, S. 8 (10).
16 Reg.Begr. zu § 96 TKG, BT-Drs. 15/2316, S. 89; *Kleszcewski*, in: Säcker, TKG, § 98 Rn. 9.
17 *Beine*, ZD 2013, S. 8 (11).

bieter eines Dienstes mit Zusatznutzen ist demnach ausreichend.[18] Die Daten dürfen dabei nur in dem Maße verwendet werden, welches für die Bereitstellung von Diensten mit Zusatznutzen erforderlich ist und auch nur innerhalb des für diesen Dienst erforderlichen Zeitraumes. Bei den anonymisierten Daten ist die Verarbeitung gem. § 3 Abs. 4 BDSG zulässig: Speichern, Verändern, Übermitteln, Sperren und Löschen. Nachdem der Teilnehmer eingewilligt hat, muss er den Nutzer über seine Einwilligung informieren, § 98 Abs. 1 Satz 7 TKG. Ob ein Teilnehmer aber seine Mitbenutzer tatsächlich informiert hat, lässt sich kaum feststellen. Die Mitteilungspflicht wird daher z. T. als unsinnige und überflüssige Vorschrift bewertet, die mangels Kontrollmöglichkeit ins Leere gehe.[19] Dem wird entgegengehalten, dass der Teilnehmer der einzige sei, der die tatsächliche Kontrolle darüber habe, was mit seinem mobilen Endgerät geschähe. Insbesondere soll das für Arbeitgeber gelten, die ihre Arbeitnehmer mit Mobiltelefonen ausstatten: Hier muss darüber informiert werden, dass die Mobiltelefone jederzeit zu orten sind.[20] Eltern, die selbst einen Vertrag für das Mobiltelefon ihrer Kinder abgeschlossen haben, sollen ihre Kinder – deren Alter entsprechend – ebenfalls informieren müssen.[21] Auch bei Kindern und Jugendlichen, die selbst einen Telefonvertrag abgeschlossen haben, richtet sich die Frage, ob diese selbst einwilligen können bzw. müssen, nach den allgemeinen Grundsätzen für die Einwilligung Minderjähriger im Datenschutzrecht. Eine feste Altersgrenze für die eigene Einwilligung existiert danach nicht; die Eltern müssen aber die wachsenden Fähigkeiten und das wachsende Bedürfnis ihrer Kinder zu selbstständigem Handeln berücksichtigen.[22]

Werden Standortdaten festgestellt, so ist der Anbieter des Dienstes mit Zusatznutzen nach Abs. 1 Satz 2 dazu verpflichtet, den Nutzer durch eine Textmitteilung an das Endgerät, dessen Standort ermittelt wurde, zu informieren. Dadurch erfährt auch ein Mitbenutzer von der Ortung durch den Teilnehmer, womit einer möglichen Missbrauchsgefahr entgegen gewirkt wird.[23]   **9**

Die Informationspflicht entfällt nach Satz 3, wenn der Standort nur auf dem Endgerät angezeigt wird. Insbesondere bei der Eigenortung nimmt der Nutzer die Standortfeststellung selbst unmittelbar wahr, sodass die einfache Einwilligung genügt und weitere Informationspflichten des Anbieters unnötig sind.[24]   **10**

18 *Beine*, ZD 2013, S. 8 (10).
19 *Elbel*, Die datenschutzrechtlichen Vorschriften für Diensteanbieter im neuen Telekommunikationsgesetz auf dem Prüfstand des europäischen und deutschen Rechts, S. 204, Rn. 3.
20 *Königshofen/Ulmer*, Datenschutz-Hdb. Telekommunikation, S. 81, Rn. 3.
21 *Wittern*, in: Geppert/Piepenbrock/Schütz/Schuster, TKG, § 98 Rn. 14.
22 BT-Drs. 15/2319, S. 21; s. a. *Wittern*, in: Geppert/Piepenbrock/Schütz/Schuster, TKG, § 94 Rn. 12; § 4a BDSG Rn. 28.
23 *Beine*, ZD 2013, S. 8 (11).
24 BT-Drs. 17/5707, S. 80.

2. Fremdortung

11 Auch die Ortung eines fremden Mobilfunkendgerätes ist möglich. Diese unterliegt jedoch strengeren Voraussetzungen. Außer dem bereits bestehenden Erfordernis der Einwilligung soll dem Teilnehmer bzw. Nutzer klar gezeigt werden, dass er die Standortbestimmung seines Mobilfunkendgeräts gestattet hat.

12 Die Einwilligung in die Standortfeststellung eines Mobilfunkendgeräts zur Weiterleitung an einen anderen Teilnehmer oder einen Dritten muss deshalb ausdrücklich, gesondert und schriftlich erfolgen (§ 98 Abs. 1 Satz 4 TKG). Diese verschärften Anforderungen sollen dem Einwilligenden jedoch nicht nur eine Warnung sein. Darüber hinaus sollen auch Zweifel an dessen Identität ausgeräumt werden. Damit ist eine elektronische Einwilligung nach § 94 TKG aufgrund § 126 Abs. 1 BGB ebenso wenig möglich wie eine Einwilligung per SMS. Außerdem verbietet sich eine Einwilligung, die formularmäßig in Allgemeinen Geschäftsbedingungen enthalten ist, denn diese wäre keine „gesonderte" Einwilligung.[25] Das heißt allerdings nicht, dass seine vorformulierte Einwilligung, welche gesondert erteilt wird, unwirksam wäre, denn § 98 Abs. 1 Satz 4 TKG schreibt keine individuelle Einwilligung vor, die auch aufgrund der AGB-rechtlichen Anforderungen an individuelle Vertragsklauseln überhaupt nicht möglich ist.[26]

13 Zusätzlich hat der Gesetzgeber in Abs. 1 Satz 5 einen Verweis auf Abs. 1 Satz 2 eingefügt. Die Informationspflicht des Anbieters des Dienstes mit Zusatznutzen gegenüber dem Nutzer mittels Textmitteilung, besteht also auch im Falle einer Fremdortung. Damit sollen die Transparenz für den Nutzer verbessert und das Missbrauchsrisiko eingeschränkt werden.[27]

14 Die Informationsverpflichtung unterscheidet sich deutlich von derjenigen, die vor der TKG-Novelle 2012 bestand. Früher informierte der Diensteanbieter (nicht der Anbieter des Dienstes mit Zusatznutzen) den Teilnehmer (nicht den Nutzer) und das auch erst nach maximal fünfmaliger Standortfeststellung des Mobilfunkendgerätes. Die Widerspruchsmöglichkeit des Teilnehmers, wie sie § 98 Abs. 1 Satz 3 TKG a. F. vorsah, wurde aufgrund seiner erforderlichen Einwilligung folgerichtig gestrichen. Die neue Regelung ist wegen des Schutzes der Nutzer vor unerwünschten Standortfeststellungen zu begrüßen.

3. Allgemeines zur Eigen- und Fremdortung

15 Die Bestandsdaten, die der Anbieter des Dienstes mit Zusatznutzen sowohl bei der Fremd- als auch bei der Eigenortung erfahren hat, darf dieser nach § 98 Abs. 1 Satz 6 TKG für die Erfüllung seiner Pflicht aus Abs. 1 Satz 2 nutzen. Gem. § 98 Abs. 1 Satz 5 TKG kann eine einmal erteilte Einwilligung jederzeit widerrufen werden.

---

25 BT-Drs. 16/12405, S. 15.
26 Vgl. zum Problem *Munz*, in: v. Westphalen, Datenschutzklauseln, Rn. 37 ff.
27 BT-Drs. 17/5707, S. 79.

Zusätzlich zu der Möglichkeit, eine einmal erteilte Einwilligung zu widerrufen, **16** gibt Abs. 2 den Teilnehmern das Recht, die Verarbeitung der Standortdaten für jede Verbindung zum Netz oder für jede Übertragung einer Nachricht gesondert zu untersagen. Eine solche zeitweise Untersagung muss außerdem auf einfache Weise und unentgeltlich möglich sein. Der gleiche Rechtsgedanke liegt § 102 TKG zugrunde, wonach der Teilnehmer auch für jeden Anruf gesondert entscheiden muss, ob seine Rufnummer übertragen werden soll. Der Teilnehmer soll in der Lage sein, die Weiterleitung von Daten, in die er grundsätzlich eingewilligt hat, im Einzelfall doch noch zu verhindern.[28]

4. „Smart Steps"

Aus den Standort- und Bewegungsdaten von Kunden können durch die Telekom- **17** munikationsdiensteanbieter Bewegungsprofile erstellt werden. Dies reicht bis zu Informationen, wie z. B. wann und wie lange ein Kunde vor einem Schaufenster stand und aus welcher Richtung er dieses erreichte. Reichert man diese Daten mit Alter und Geschlecht an, ergibt sich ein klares Bild über die Gewohnheiten und Vorlieben der Betroffenen. Werden diese Daten vollständig anonymisiert, könnten sie an Datenhändler verkauft werden.[29] Die Erlaubnis hierzu könnte § 98 Abs. 1 TKG entnommen werden, was allerdings trotz Anonymisierung u. a. voraussetzt, dass die Daten zur Bereitstellung von Diensten mit Zusatznutzen verarbeitet werden. Nach § 3 Nr. 5 TKG ist ein solcher Dienst jeder, der die Erhebung und Verwendung von Verkehrsdaten oder Standortdaten in einem Maße erfordert, das über das für die Übermittlung einer Nachricht oder die Entgeltabrechnung dieses Vorganges erforderliche Maß hinausgeht. Verlangt werden muss aber weiter, dass der Dienst dem Kunden einen zusätzlichen Nutzen bringt, nicht aber dem Diensteanbieter.[30] An einem solchen zusätzlichen Nutzen (für den Betroffenen) bestehen erhebliche Zweifel, nützt der Verkauf der Bewegungsdaten doch viel mehr dem TK-Diensteanbieter als dem Kunden. Werden die Daten aggregiert und anschließend übermittelt, kann der Personenbezug i. S. von § 3 Abs. 6 BDSG jedoch in der Regel nicht mehr hergestellt werden. Die ausreichende Anonymisierung muss jedoch in jedem Einzelfall konkret ermittelt werden, was der generellen Zulässigkeit der Übermittlung entgegensteht.[31] Fehlt es an einer ausreichenden Anonymisierung, so kommt im Rahmen des § 98 TKG zwar eine Einwilligung als Rechtfertigung in Betracht. Eine

---

28 *Wittern*, in: Geppert/Piepenbrock/Schütz/Schuster, TKG, § 98 Rn. 15.
29 Diesen Plan verfolgte das spanische Unternehmen Telefónica, in Deutschland vertreten durch die Tochtergesellschaft O2, im Jahr 2012 unter dem Begriff „Smart Steps". Nach heftiger Kritik gab es das Vorhaben aber auf.
30 So *Mantz*, K&R 2013, S. 7 (8) – zweifelhaft, denn § 3 Nr. 5 TKG fordert dies nicht; vgl. schon *Ohlenburg*, MMR 2003, S. 82 (83).
31 *Mantz* problematisiert hier, dass bei der Übertragung von Informationen an Boutiquen, die Kundenkarten ausgeben, eine Identifizierung der Kunden anhand der Uhrzeit und der Kreditkartenabrechnung möglich ist: *Mantz*, K&R 2013, S. 7 (9). Insoweit ist in der Tat problematisch, ob die jeweils übermittelten Daten ausreichend anonymisiert sind.

Klausel in AGB, durch die der Kunde in den Verkauf seiner Bewegungsprofile einwilligt, wird oft überraschend sein und außerdem den Anforderungen an eine Einwilligung nach § 98 Abs. 1 Satz 3 TKG[32] nicht gerecht, weil diese „gesondert" erteilt werden muss.[33]

5. Notrufnummern

18   Der Diensteanbieter muss nach Abs. 3 sicherstellen, dass bei Verbindungen zu Anschlüssen, die unter den Notrufnummern 112 oder 110 oder der Rufnummer 124 124 oder 116 117 erreicht werden, nicht im Einzelfall oder dauernd die Übermittlung von Standortdaten ausgeschlossen wird. Die Rufnummer 116 117 wurde im parlamentarischen Verfahren zusätzlich aufgenommen, weil der ärztliche Bereitschaftsdienst auch gelegentlich in lebensbedrohlichen Situationen angerufen wird.[34] Die Standortfeststellung bedarf hier nicht der Einwilligung des Teilnehmers. Ein Einwilligungserfordernis würde dem Anliegen entgegenstehen, Rettungsdiensten schnelle und effektive Hilfeleistungen zu ermöglichen.[35]

III. Rechtsfolgen

19   Standortdaten unterliegen dem Fernmeldegeheimnis. Auf die Ausführungen zu § 88 TKG kann daher verwiesen werden. Außerdem sind die Verarbeitung von Standortdaten ohne Einwilligung nach § 149 Nr. 17a TKG und das Versäumnis, die nach Abs. 1 Satz 2 erforderlichen Informationen ordnungsgemäß zu erteilen, nach § 149 Nr. 17b TKG Ordnungswidrigkeiten. Allerdings hat der Gesetzgeber es versäumt, die Einwilligung in § 98 Abs. 1 Satz 4 TKG richtig zu verorten; in § 149 Abs. 1 Nr. 17a TKG ist die Einwilligung fälschlich in § 98 Abs. 1 Satz 2 TKG benannt, woraus Schwierigkeiten bei der Verhängung von Bußgeldern vorauszusehen sind.

---

32 Vgl. auch Rn. 8 ff.
33 Vgl. *Mantz*, K&R 2013, S. 7 (10); s. auch Rn. 10.
34 BT-Drs. 17/7521, S. 118.
35 *Beine*, ZD 2013, S. 8 (11).

§ 99 Einzelverbindungsnachweis

(1) Dem Teilnehmer sind die gespeicherten Daten derjenigen Verbindungen, für die er entgeltpflichtig ist, nur dann mitzuteilen, wenn er vor dem maßgeblichen Abrechnungszeitraum in Textform einen Einzelverbindungsnachweis verlangt hat; auf Wunsch dürfen ihm auch die Daten pauschal abgegoltener Verbindungen mitgeteilt werden. Dabei entscheidet der Teilnehmer, ob ihm die von ihm gewählten Rufnummern ungekürzt oder unter Kürzung um die letzten drei Ziffern mitgeteilt werden. Bei Anschlüssen im Haushalt ist die Mitteilung nur zulässig, wenn der Teilnehmer in Textform erklärt hat, dass er alle zum Haushalt gehörenden Mitbenutzer des Anschlusses darüber informiert hat und künftige Mitbenutzer unverzüglich darüber informieren wird, dass ihm die Verkehrsdaten zur Erteilung des Nachweises bekannt gegeben werden. Bei Anschlüssen in Betrieben und Behörden ist die Mitteilung nur zulässig, wenn der Teilnehmer in Textform erklärt hat, dass die Mitarbeiter informiert worden sind und künftige Mitarbeiter unverzüglich informiert werden und dass der Betriebsrat oder die Personalvertretung entsprechend den gesetzlichen Vorschriften beteiligt worden ist oder eine solche Beteiligung nicht erforderlich ist. Soweit die öffentlich-rechtlichen Religionsgesellschaften für ihren Bereich eigene Mitarbeitervertreterregelungen erlassen haben, findet Satz 4 mit der Maßgabe Anwendung, dass an die Stelle des Betriebsrates oder der Personalvertretung die jeweilige Mitarbeitervertretung tritt. Dem Teilnehmer dürfen darüber hinaus die gespeicherten Daten mitgeteilt werden, wenn er Einwendungen gegen die Höhe der Verbindungsentgelte erhoben hat. Soweit ein Teilnehmer zur vollständigen oder teilweisen Übernahme der Entgelte für Verbindungen verpflichtet ist, die bei seinem Anschluss ankommen, dürfen ihm in dem für ihn bestimmten Einzelverbindungsnachweis die Nummern der Anschlüsse, von denen die Anrufe ausgehen, nur unter Kürzung um die letzten drei Ziffern mitgeteilt werden. Die Sätze 2 und 7 gelten nicht für Diensteanbieter, die als Anbieter für geschlossene Benutzergruppen ihre Dienste nur ihren Teilnehmern anbieten.

(2) Der Einzelverbindungsnachweis nach Absatz 1 Satz 1 darf nicht Verbindungen zu Anschlüssen von Personen, Behörden und Organisationen in sozialen oder kirchlichen Bereichen erkennen lassen, die grundsätzlich anonym bleibenden Anrufern ganz oder überwiegend telefonische Beratung in seelischen oder sozialen Notlagen anbieten und die selbst oder deren Mitarbeiter insoweit besonderen Verschwiegenheitsverpflichtungen unterliegen. Dies gilt nur, soweit die Bundesnetzagentur die angerufenen Anschlüsse in eine Liste aufgenommen hat. Der Beratung im Sinne des Satzes 1 dienen neben den in § 203 Abs. 1 Nr. 4 und 4a des Strafgesetzbuches genannten Personengruppen insbesondere die Telefonseelsorge und die Gesundheitsberatung. Die Bundesnetzagentur nimmt die Inhaber der Anschlüsse auf Antrag in die Liste auf,

wenn sie ihre Aufgabenbestimmung nach Satz 1 durch Bescheinigung einer Behörde oder Körperschaft, Anstalt oder Stiftung des öffentlichen Rechts nachgewiesen haben. Die Liste wird zum Abruf im automatisierten Verfahren bereitgestellt. Der Diensteanbieter hat die Liste quartalsweise abzufragen und Änderungen unverzüglich in seinen Abrechnungsverfahren anzuwenden. Die Sätze 1 bis 6 gelten nicht für Diensteanbieter, die als Anbieter für geschlossene Benutzergruppen ihre Dienste nur ihren Teilnehmern anbieten.

(3) Bei Verwendung einer Kundenkarte muss auch auf der Karte ein deutlicher Hinweis auf die mögliche Mitteilung der gespeicherten Verkehrsdaten ersichtlich sein. Sofern ein solcher Hinweis auf der Karte aus technischen Gründen nicht möglich oder für den Kartenemittenten unzumutbar ist, muss der Teilnehmer eine Erklärung nach Absatz 1 Satz 3 oder Satz 4 abgegeben haben.

Literatur: *Elbel*, Die datenschutzrechtlichen Vorschriften für Diensteanbieter im neuen Telekommunikationsgesetz auf dem Prüfstand des europäischen und deutschen Rechts, Berlin 2005; *Schmitz*, Der Vertragspartner ohne Daten – Datenweitergabe an die Erbringer von telekommunikationsgestützten Diensten. ZD 2012, S. 8.

I. Allgemeines

1 Ein Einzelverbindungsnachweis ist eine besondere Form einer Abrechnung von Telekommunikationsdienstleistungen: eine nach Einzelverbindungen aufgeschlüsselte Rechnung. Dem Kunden soll so die Möglichkeit gegeben werden, das Zustandekommen der Gesamtsumme genau zu überprüfen. Entsprechend muss ein Einzelverbindungsnachweis die (ggf. gekürzte) Zielrufnummer sowie Datum und Uhrzeit des Gesprächs ausweisen. Auch über pauschal abgeltbare Verbindungen (etwa Flatrates) kann ein Teilnehmer einen Einzelverbindungsnachweis verlangen, § 99 Abs. 1 Satz 1 TKG. § 99 TKG bezieht sich aber nicht nur auf den Einzelverbindungsnachweis als solchen, sondern normiert auch Hinweis- und Informationspflichten. Sie sollen den Nutzer davor schützen, anderen ohne Wissen und Wollen Verkehrsdaten preiszugeben und es ihm ermöglichen, sein Kommunikationsverhalten anzupassen. Darüber hinaus soll § 99 Abs. 2 TKG die Offenlegung besonders vertraulicher Zielrufnummern verhindern: Anrufe bei Beratungsstellen, die anonymen Anrufern ihre Dienste anbieten, dürfen nicht im Einzelverbindungsnachweis wiedergegeben werden.

II. Kommentierung

§ 99 TKG gilt nicht nur für Sprachtelefonie, sondern erfasst z. B. auch Fax und Datenübertragung. Gespeicherte Verkehrsdaten werden übertragen, wenn der Teilnehmer dies in Textform (§ 126b BGB) verlangt hat. Dabei muss er auch angeben, ob ihm die von ihm gewählten Rufnummern ungekürzt oder unter Kürzung um die letzten drei Ziffern mitgeteilt werden. **2**

§ 99 Abs. 1 Satz 3 TKG will das datenschutzrechtliche Problem entschärfen, das sich daraus ergibt, dass der Nutzer eines Anschlusses nicht immer der Vertragspartner des Anbieters ist. Daher wird dem Teilnehmer gegenüber etwaigen Mitnutzern eines Telekommunikationsanschlusses eine Hinweispflicht auferlegt. Die Mitteilung der gespeicherten Daten ist nur zulässig, wenn der Teilnehmer in Textform erklärt hat, dass er alle bereits zum Haushalt gehörenden und alle künftigen Mitbenutzer des Anschlusses darüber informiert hat, dass ihm auch ihre Verkehrsdaten bekannt gegeben werden. Auch arbeitsrechtliche Mitbestimmungsgremien müssen informiert werden. **3**

Sobald ein Teilnehmer Einwendungen gegen eine Rechnung erhebt, können ihm allerdings die Zielrufnummern auch ohne vorherige Information der Mitbenutzer mitgeteilt werden, § 99 Abs. 1 Satz 6 TKG. Aus dem „darüber hinaus" ergibt sich, dass in diesen Fällen eine Information des Teilnehmers an die Mitbenutzer nicht vorliegen muss. Wenn ein Teilnehmer ankommende Verbindungen vollständig oder teilweise entgelten soll (z. B. Anbieter von entgeltfreien Mehrwertdiensten oder „Shared Cost-Dienste"), dürfen ihm in dem für ihn bestimmten Einzelverbindungsnachweis die Nummern der Anschlüsse, von denen die Anrufe kamen, nur unter Kürzung um die letzten drei Ziffern mitgeteilt werden (§ 99 Abs. 1 Satz 7 TKG).[1] Dadurch bleibt das Recht des Anrufers nach § 102 TKG gewahrt.[2] **4**

Der Einzelverbindungsnachweis darf gemäß Abs. 2 keine Verbindungen ausweisen, die Anschlüsse von Personen, Behörden und Organisationen erkennen lassen, die im sozialen oder kirchlichen Bereich anonym bleibende Anrufer (ganz oder überwiegend telefonisch) in sozialen oder seelischen Notlagen beraten. Ziel ist die Wahrung der Vertraulichkeit bei Anrufen zu den genannten Beratungsstellen. Eine Liste bei der Regulierungsbehörde gibt Auskunft darüber, welche Rufnummern dem Schutz des § 99 Abs. 2 TKG unterfallen. Die Beschränkung des Schutzbereiches des Abs. 2 auf Beratungsstellen, die jedenfalls überwiegend telefonisch beraten, wurde und wird als nicht sachgerecht kritisiert, da der gleiche Schutzzweck auch für Organisationen gilt, die nur zum Teil am Telefon beraten.[3] Die Bundesnetzagen- **5**

---

1 Zur Frage der Übermittlung der vollständigen Rufnummer des Teilnehmers an einen Premiumdiensteanbieter *Schmitz*, ZD 2012, S. 8 ff.
2 *Kleszcewski*, in: Säcker, TKG, § 99 Rn. 12.
3 *Wittern*, in: Geppert/Piepenbrock/Schütz/Schuster, TKG, § 99 Rn. 15; anders *Elbel*, Die datenschutzrechtlichen Vorschriften für Diensteanbieter im neuen TKG auf dem Prüfstand des europäischen und deutschen Rechts, S. 232.

tur nimmt die Inhaber der Anschlüsse auf Antrag in die Liste auf, wenn sie ihre Aufgabenbestimmung nach Satz 1 durch Bescheinigung einer Behörde oder Körperschaft, Anstalt oder Stiftung des öffentlichen Rechts nachgewiesen haben (Satz 4). Die Prüfungspflicht bzgl. der materiellen Voraussetzungen liegt bei diesen Stellen. Die Bundesnetzagentur hat keinerlei Ermessensspielraum. Die Verweigerung der Aufnahme in die Liste ist somit allenfalls bei Zweifeln an der Legitimität der Bescheinigung oder bei öffentlichem Missbrauch zulässig.[4]

6   § 99 Abs. 3 TKG verpflichtet die Anbieter einer Kundenkarte zu einem deutlichen Hinweis auf die eventuelle Mitteilung gespeicherter Verkehrsdaten. Kundenkarten sind gem. § 3 Nr. 11 TKG Karten, mit deren Hilfe Telekommunikationsverbindungen hergestellt und personenbezogene Daten erhoben werden können. Häufig handelt es sich dabei in der heutigen Praxis um SIM-Karten von Mobilfunkunternehmen.[5] Die Vorschrift soll den Mitbenutzern solcher Karten zugutekommen, die vor Ausspähung ihrer Verbindungen durch den Karteninhaber (etwa im Einzelverbindungsnachweis) geschützt werden sollen.[6] Ist ein entsprechender Hinweis aus technischen Gründen unmöglich bzw. unzumutbar, kann er durch eine entsprechende Information von Mitbenutzern nach § 99 Abs. 1 TKG ersetzt werden.

III. Rechtsfolgen

7   Die von § 99 TKG angesprochenen Einzelverbindungsnachweise sind Verkehrsdaten i. S. d. § 96 TKG und unterliegen dem Fernmeldegeheimnis. Auf die dortigen Ausführungen kann daher verwiesen werden.

---

4 *Wittern*, in: Geppert/Piepenbrock/Schütz/Schuster, TKG, § 99 Rn. 16.
5 *Jenny*, in: Plath, BDSG, § 99 TKG, Rn. 4.
6 *Büttgen*, in: Scheurle/Mayen, TKG, § 99 Rn. 15 ff.

§ 100 Störungen von Telekommunikationsanlagen und Missbrauch von Telekommunikationsdiensten

(1) Soweit erforderlich, darf der Diensteanbieter zum Erkennen, Eingrenzen oder Beseitigen von Störungen oder Fehlern an Telekommunikationsanlagen die Bestandsdaten und Verkehrsdaten der Teilnehmer und Nutzer erheben und verwenden.

(2) Zur Durchführung von Umschaltungen sowie zum Erkennen und Eingrenzen von Störungen im Netz ist dem Betreiber der Telekommunikationsanlage oder seinem Beauftragten das Aufschalten auf bestehende Verbindungen erlaubt, soweit dies betrieblich erforderlich ist. Eventuelle bei der Aufschaltung erstellte Aufzeichnungen sind unverzüglich zu löschen. Das Aufschalten muss den betroffenen Kommunikationsteilnehmern durch ein akustisches oder sonstiges Signal zeitgleich angezeigt und ausdrücklich mitgeteilt werden. Sofern dies technisch nicht möglich ist, muss der betriebliche Datenschutzbeauftragte unverzüglich detailliert über die Verfahren und Umstände jeder einzelnen Maßnahme informiert werden. Diese Informationen sind beim betrieblichen Datenschutzbeauftragten für zwei Jahre aufzubewahren.

(3) Wenn zu dokumentierende tatsächliche Anhaltspunkte für die rechtswidrige Inanspruchnahme eines Telekommunikationsnetzes oder -dienstes vorliegen, insbesondere für eine Leistungserschleichung oder einen Betrug, darf der Diensteanbieter zur Sicherung seines Entgeltanspruchs die Bestandsdaten und Verkehrsdaten verwenden, die erforderlich sind, um die rechtswidrige Inanspruchnahme des Telekommunikationsnetzes oder -dienstes aufzudecken und zu unterbinden. Der Diensteanbieter darf die nach § 96 erhobenen Verkehrsdaten in der Weise verwenden, dass aus dem Gesamtbestand aller Verkehrsdaten, die nicht älter als sechs Monate sind, die Daten derjenigen Verbindungen des Netzes ermittelt werden, für die tatsächliche Anhaltspunkte den Verdacht der rechtswidrigen Inanspruchnahme von Telekommunikationsnetzen und -diensten begründen. Der Diensteanbieter darf aus den Verkehrsdaten und Bestandsdaten nach Satz 1 einen pseudonymisierten Gesamtdatenbestand bilden, der Aufschluss über die von einzelnen Teilnehmern erzielten Umsätze gibt und unter Zugrundelegung geeigneter Kriterien das Auffinden solcher Verbindungen des Netzes ermöglicht, bei denen der Verdacht einer rechtswidrigen Inanspruchnahme besteht. Die Daten anderer Verbindungen sind unverzüglich zu löschen. Die Bundesnetzagentur und der Bundesbeauftragte für den Datenschutz sind über Einführung und Änderung eines Verfahrens nach Satz 1 unverzüglich in Kenntnis zu setzen.

(4) Unter den Voraussetzungen des Absatzes 3 Satz 1 darf der Diensteanbieter im Einzelfall Steuersignale erheben und verwenden, soweit dies zum Aufklären und Unterbinden der dort genannten Handlungen unerlässlich ist. Die Erhe-

bung und Verwendung von anderen Nachrichteninhalten ist unzulässig. Über Einzelmaßnahmen nach Satz 1 ist die Bundesnetzagentur in Kenntnis zu setzen. Die Betroffenen sind zu benachrichtigen, sobald dies ohne Gefährdung des Zwecks der Maßnahmen möglich ist.

Literatur: *Breyer*, Bürgerrechte und TKG-Novelle – Datenschutzrechtliche Auswirkungen der Neufassung des Telekommunikationsrechtes, RDV 2004, S. 147; *Breyer*, (Un-) Zulässigkeit einer anlasslosen, siebentägigen Vorratsdatenspeicherung – Grenzen des Rechts auf Anonymität, MMR 2011, 573 ff.; *Koch/Neumann*, Synopse zum TKG 2004/ 2012 mit Gesetzgebungsmaterialien, 2012; *Königshofen*, Die Umsetzung von TKG und TDSV durch Netzbetreiber, Service-Provider und Telekommunikationsanbieter, RDV 1997, S. 97; *Kratz/Gubbels*, Beweisverwertungsverbote bei privater Internetnutzung am Arbeitsplatz, NZA 2009, 652; *Vietmeyer/Byers*, Der Arbeitgeber als TK-Anbieter im Arbeitsverhältnis, MMR 2010, 807.

Übersicht

I. Allgemeines

1. Norminhalt

1 § 100 TKG enthält die datenschutzrechtlichen Voraussetzungen für die Bearbeitung von Störungen und Fehlern an Telekommunikationsanlagen (Abs. 1), das Aufschalten auf bestehende Verbindungen (Abs. 2) und das zulässige Verhalten bei Verdacht der missbräuchlichen Nutzung von Telekommunikationsdiensten (Abs. 3 und 4).

2. Entstehungsgeschichte und europarechtlicher Hintergrund

2 Die Vorschrift geht zurück auf § 9 TDSV 2000 i.V.m. § 89 Abs. 3 Satz 3 und 4, Abs. 4 und 5 TKG 1996 (bzw. bereits § 7 TDSV 1996). § 100 TKG wurde gegenüber den Vorgängervorschriften neu strukturiert. § 7 Abs. 4 TDSV 1996 erlaubte die Erhebung und Verwendung jeglicher Nachrichteninhalte, § 89 Abs. 3 TKG 1996 (und auch § 100 Abs. 4 TKG 1996) hingegen enthielt nur noch die Befugnis zur Erhebung und Verwendung von Steuersignalen.

Die Richtlinie 2002/58/EG enthält keine § 100 TKG entsprechende Regelung, aus   3
Art. 6 Abs. 5 der Richtlinie ergibt sich aber, dass die Mitgliedstaaten befugt sind,
Regelungen zur Betrugsermittlung und Störungsbeseitigung zu schaffen.[1]

§ 100 Abs. 2 und 3 TKG wurden im Zuge der Änderungsrichtlinien „Bessere Regu-   4
lierung" (2009/140/EG) und „Rechte der Bürger" (2009/136/EG) zum 10.5.2012
dergestalt in Kraft gesetzt, dass der Diensteanbieter sich zum Erkennen, Eingrenzen
oder beseitigen der Störungen auch in anderen Netzen als dem Telefonnetz aufschalten darf. Die Änderungen in § 100 Abs. 3 TKG durch die Aufnahme zweier
Regelbeispiele dienen lediglich der Klarstellung, indem sie den Anwendungsbereich konkretisieren, ohne den materiellen Gehalt der Vorschrift einzugrenzen.

3. Innerhalb des TKG definierte Tatbestandsmerkmale

Bestandsdaten: § 3 Nr. 3 TKG; Diensteanbieter: § 3 Nr. 6 TKG; Nutzer: § 3 Nr. 14   5
TKG; Teilnehmer: § 3 Nr. 20 TKG; Telekommunikationsanlage: § 3 Nr. 23 TKG;
Telekommunikationsdienst: § 3 Nr. 24 TKG; Telekommunikationsnetz: § 3 Nr. 27
TKG; Verkehrsdaten: § 3 Nr. 30 TKG, § 96 TKG.

4. Außerhalb des TKG definierte Tatbestandsmerkmale

Betroffener: § 3 Abs. 1 BDSG; Erheben: § 3 Abs. 3 BDSG.   6

5. Sanktionen

Verstöße gegen § 100 TKG sind in § 148 TKG (Strafvorschriften) und § 149 TKG   7
(Bußgeldvorschriften) nicht genannt. Denkbar ist aber eine Strafbarkeit nach § 206
StGB.

II. Datenerhebung und -verwendung zur Störungsbeseitigung (Abs. 1)

Störungen und Fehler sind Ereignisse oder Zustände, die den bestimmungsgemäßen   8
Gebrauch der Anlagen beeinträchtigen oder unmöglich machen können.[2] Selbst
wenn die Gesetzes- und Verordnungsbegründungen sich hierüber ausschweigen,
legt die Wahl der Termini eine Unterscheidung zwischen Einflüssen von innen (an
der Sachsubstanz der Anlage als Fehler) und von außen (Einwirkung auf die Anlage
als Störung) nahe.[3]

---

1 *Fetzer*, in: Arndt/Fetzer/Scherer, TKG, § 100 Rn. 1.
2 *Königshofen/Ulmer*, DS-Hdb. Telekommunikation, § 100 Rn. 3.
3 So auch *Klesczewski*, in: Säcker, Berliner Kommentar zum TKG, § 100 Rn. 6.

9   Verwenden von Daten ist der Gebrauch der selbigen (vgl. § 3 Abs. 5 BDSG). Zulässig ist die Verwendung lediglich, soweit diese erforderlich ist. Das betreffende Datum muss potenziell geeignet sein, eine Störung oder einen Fehler an Telekommunikationsanlagen zu unterbinden bzw. zu beseitigen.[4] Die Erhebung und Verwendung der Daten ist auch bereits zulässig, um Störungen oder Fehler zu erkennen.[5]

10   Eine kurzfristige Speicherung von dynamischen IP-Adressen kann durch sicherheitstechnische Gesichtspunkte wie u. a. Spam-Mails oder Schad- und Spionageprogramme, die die Telekommunikationsinfrastruktur erheblich beeinträchtigen könnten, gerechtfertigt sein. Bei der Speicherung müssen noch keine konkreten Anhaltspunkte für eine Störung vorliegen, ausreichend ist eine abstrakte Gefahr für die Funktionstüchtigkeit des Telekommunikationsbetriebes.[6] Dementgegen urteilte das AG Meldorf,[7] dass keine Befugnis von Internet-Zugangsanbietern zur anlasslosen und generellen Vorratsspeicherung sämtlicher zugewiesener IP-Adressen und Verbindungszeiten über die Verbindungsdauer hinaus bestehe.

III. Aufschalten auf bestehende Verbindungen (Abs. 2)

1. Normadressat

11   Während Abs. 1 sich an Diensteanbieter richtet, ist Adressat von Abs. 2 jeder Betreiber von Telekommunikationsanlagen. Umfasst sind damit auch Anbieter von nicht an die Allgemeinheit gerichteten Angeboten, nicht aber generell Diensteanbieter.[8]

2. Tatbestandsmerkmale

12   Der Begriff des Aufschaltens ist gesetzlich nicht definiert und umschreibt den technischen Vorgang des Zugreifens auf eine bestehende Verbindung.[9] Dies umfasst auch das Mithören des Gesprächs. Die Aufschaltung muss den betroffenen Gesprächsteilnehmern durch ein akustisches Signal angezeigt und ausdrücklich und unmissverständlich mitgeteilt werden.

13   Das Aufschalten ist nur zulässig, soweit betrieblich erforderlich. Da das Aufschalten das grundrechtlich geschützte Fernmeldegeheimnis berührt, muss der Begriff der betrieblichen Erforderlichkeit eng ausgelegt werden. Zu berücksichtigen ist insoweit auch § 88 Abs. 3 Satz 1 TKG.

---

4 *Breyer*, RDV 2004, S. 147, geht davon aus, dass dies immer der Fall ist.

5 *Fetzer*, in: Arndt/Fetzer/Scherer, TKG, § 100 Rn. 4.

6 BGH, Urteil vom 13.1.2011 – III ZR 146/10, NJW 2011, 1509; *Scherer/Heinickel*, Die Entwicklungen des Telekommunikationsrechts in den Jahren 2009–2011, NVwZ 2012, 142 (149).

7 Urteil vom 29.3.2011 – 81 C 1403/10.

8 *Fetzer*, in: Arndt/Fetzer/Scherer, TKG, § 100 Rn. 11.

9 *Fetzer*, in: Arndt/Fetzer/Scherer, TKG, § 100 Rn. 9, spricht von „Sich-Einblenden".

3. Datenschutzbeauftragter

Die Einbindung des betrieblichen Datenschutzbeauftragten ermöglicht eine Daten- **14**
schutzkontrolle, falls eine Mitteilung an die Kommunikationsteilnehmer technisch
nicht möglich ist, sowie eine gründliche Beantwortung der Fragen der Betroffenen
und der Datenschutz-Aufsichtsbehörden.[10]

IV. Missbrauchsbekämpfung (Abs. 3)

Der Begriff der Leistungserschleichung ist im technischen Sinne von § 265a StGB **15**
zu verstehen. Eine sonstige rechtswidrige Inanspruchnahme ist beispielsweise das
Aufbauen zahlreicher Verbindungen von Anschlüssen desselben Teilnehmers aus,
das eine Gebührenpflicht des Diensteanbieters gegenüber dritten Leistungserbrin-
gern auslöst, bei dem jedoch die Gebühren von dem Diensteanbieter gegenüber
dem Kunden nicht realisiert werden können (Verdacht des Gebührenbetrugs bei
kollusivem Zusammenwirken von Kunde und drittem Leistungserbringer).[11] Auch
eine lediglich zivilrechtlich rechtswidrige Inanspruchnahme ist ausreichend, das
Vorliegen einer strafbaren Handlung ist nicht erforderlich.[12]

Nach dem BGH[13] ist § 100 Abs. 3 TKG nicht als Rechtsgrundlage für eine anlassu- **16**
nabhängige Vorratsspeicherung von Verkehrsdaten anzusehen.

Tatsächliche Anhaltspunkte liegen vor, wenn sich der Verdacht einer tatbestandlich **17**
umfassten Tat hinreichend verdichtet hat.[14] Die Anhaltspunkte für das Tätigwerden
müssen dokumentiert werden. War unter § 9 Abs. 1 Nr. 2 TDSV 2000 noch die
schriftliche Dokumentation erforderlich, so ist mittlerweile ausreichend, wenn auch
auf andere Art dauerhaft auf die Anhaltspunkte zurückgegriffen werden kann.

Das Merkmal „zum Aufdecken sowie Unterbinden" stellt klar, dass nur restriktives, **18**
nicht präventives Tätigwerden von der Vorschrift gedeckt ist.

Wird eine TK-Verbindung zur Begehung einer Straftat hergestellt, jedoch technisch **19**
ordnungsgemäß und unter Bezahlung des hierfür geschuldeten Entgelts, so liegt
keine rechtswidrige Inanspruchnahme von TK-Netzen und -diensten im Sinn dieses
Absatzes vor.[15]

---

10 *Koch/Neumann*, Synopse zum TKG 2004/2012 mit Gesetzgebungsmaterialien, 2012,
   S. 387.
11 *Königshofen/Ulmer*, DS-Hdb. Telekommunikation, § 100 Rn. 15; *Königshofen*, RDV
   1997, S. 97 (104); weitere Beispiele im Gefährdungskatalog G 5.14 (abrufbar im Internet
   unter: www.bsi.bund.de/gshb/deutsch/g/g05.htm) des BSI.
12 *Fetzer*, in: Arndt/Fetzer/Scherer, TKG, § 100 Rn. 15.
13 Urteil vom 13.1.2011 – III ZR 146/10 (OLG Frankfurt/M., LG Darmstadt).
14 *Wittern*, in: Geppert/Piepenbrock/Schuster/Schütz, TKG, § 100 Rn. 9, spricht von Tatsachen, die einen Tatverdacht nahelegen.
15 LG Bonn, Urteil vom 30.11.2010 – 23 KLs 10/10.

V. Erhebung und Verwendung von Steuersignalen (Abs. 4)

20 Neben den Maßnahmen des Abs. 3 darf der Diensteanbieter bei Missbrauchsverdacht auch Steuersignale erheben und verwenden.

21 Steuersignale sind z. B. Mehrfrequenztöne zur Steuerung bestimmter Dienste über den Nutzkanal.[16] Ausdrücklich geregelt ist in Satz 2, dass nur diese Inhalte und gerade nicht andere Nachrichteninhalte erhoben oder verwendet werden dürfen.

---

16 *Fetzer*, in: Arndt/Fetzer/Scherer, TKG, § 100 Rn. 20.

§ 101 Mitteilen ankommender Verbindungen

(1) Trägt ein Teilnehmer in einem zu dokumentierenden Verfahren schlüssig vor, dass bei seinem Anschluss bedrohende oder belästigende Anrufe ankommen, hat der Diensteanbieter auf schriftlichen Antrag auch netzübergreifend Auskunft über die Inhaber der Anschlüsse zu erteilen, von denen die Anrufe ausgehen. Die Auskunft darf sich nur auf Anrufe beziehen, die nach Stellung des Antrags durchgeführt werden. Der Diensteanbieter darf die Rufnummern, Namen und Anschriften der Inhaber dieser Anschlüsse sowie Datum und Uhrzeit des Beginns der Verbindungen und der Verbindungsversuche erheben und verwenden sowie diese Daten seinem Teilnehmer mitteilen. Die Sätze 1 und 2 gelten nicht für Diensteanbieter, die ihre Dienste nur den Teilnehmern geschlossener Benutzergruppen anbieten.

(2) Die Bekanntgabe nach Absatz 1 Satz 3 darf nur erfolgen, wenn der Teilnehmer zuvor die Verbindungen nach Datum, Uhrzeit oder anderen geeigneten Kriterien eingrenzt, soweit ein Missbrauch dieses Verfahrens nicht auf andere Weise ausgeschlossen werden kann.

(3) Im Falle einer netzübergreifenden Auskunft sind die an der Verbindung mitwirkenden anderen Diensteanbieter verpflichtet, dem Diensteanbieter des bedrohten oder belästigten Teilnehmers die erforderlichen Auskünfte zu erteilen, sofern sie über diese Daten verfügen.

(4) Der Inhaber des Anschlusses, von dem die festgestellten Verbindungen ausgegangen sind, ist zu unterrichten, dass über diese Auskunft erteilt wurde. Davon kann abgesehen werden, wenn der Antragsteller schriftlich schlüssig vorgetragen hat, dass ihm aus dieser Mitteilung wesentliche Nachteile entstehen können, und diese Nachteile bei Abwägung mit den schutzwürdigen Interessen der Anrufenden als wesentlich schwerwiegender erscheinen. Erhält der Teilnehmer, von dessen Anschluss die als bedrohend oder belästigend bezeichneten Anrufe ausgegangen sind, auf andere Weise Kenntnis von der Auskunftserteilung, so ist er auf Verlangen über die Auskunftserteilung zu unterrichten.

(5) Die Bundesnetzagentur sowie der oder die Bundesbeauftragte für den Datenschutz sind über die Einführung und Änderung des Verfahrens zur Sicherstellung der Absätze 1 bis 4 unverzüglich in Kenntnis zu setzen.

Literatur: *Ohlenburg*, Datenschutz im Referentenentwurf zum TKG, K&R 2003, S. 265.

I. Allgemeines

1. Norminhalt

1 Die Vorschrift bezweckt den Schutz von Teilnehmern vor bedrohenden oder belästigenden Anrufen. Die Auskunftsverpflichtung des Diensteanbieters nach Abs. 1 erstreckt sich auf netzübergreifende, künftige Anrufe (einschließlich Faxsendungen). Aus Gründen der Verhältnismäßigkeit werden von der Verpflichtung zur netzübergreifenden Auskunft Anbieter von Diensten für geschlossene Benutzergruppen ausgenommen.[1]

2 § 101 TKG enthält keine Regelung zur Kostentragung, eine Unentgeltlichkeit der Auskunft ist daher nicht gefordert, sodass der Diensteanbieter die Erstattung der ihm entstandenen Kosten verlangen kann.[2]

2. Entstehungsgeschichte und europarechtlicher Hintergrund

3 Die Vorschrift entspricht weitgehend § 10 TDSV 2000 bzw. § 89 Abs. 2 Nr. 3b) TKG 1996 i.V.m. § 8 TDSV 1996. Die aktuelle Regelung, ist klarer gefasst, um Missbräuche des Verfahrens zu vermeiden.[3] Sie erlaubt in größerem Umfang die Herausgabe der Rufnummer des im Rahmen dieses Verfahrens festgestellten Teilnehmers. Die Vorschrift ist, wie der Begriff „Anrufe" zum Ausdruck bringt, primär auf Telefonie im herkömmlichen Sinne anwendbar (einschließlich Telefax), nicht aber auf Kurzmitteilungen oder E-Mails.[4] Die ursprünglich in § 10 TDSV 2000 enthaltene Beschränkung der Auskunft für den Fall, dass der ermittelte Teilnehmer nicht in einem öffentlichen Teilnehmerverzeichnis eingetragen ist, ist weggefallen.

4 Die Regelung setzt Art. 10 von Richtlinie 2002/58/EG um,[5] der die Mitgliedstaaten dazu verpflichtet, sicherzustellen, dass auf Antrag eines Teilnehmers böswillige

---

1 Begr. zum RegE zu § 99 TKG-E 2004, S. 90. Die Vorschrift entspricht der des TKG 2004, lediglich in Abs. 5 wurde der Begriff „Regulierungsbehörde" durch „Bundesnetzagentur" ersetzt.

2 *Fetzer*, in: Arndt/Fetzer/Scherer, TKG, § 101 Rn. 10.

3 *Ohlenburg*, K&R 2003, S. 265 (269).

4 *Kannenberg*, in: Scheurle/Mayen, TKG, § 101 Rn. 5.

5 Dazu näher *Hartung*, in: Wilms/Masing/Jochum, TKG, § 101 Rn. 2 ff.

oder belästigende Anrufe zurückverfolgt und dem Teilnehmer die Daten des Anrufers mitgeteilt werden können.

3. Innerhalb des TKG definierte Tatbestandsmerkmale

Teilnehmer: § 3 Nr. 20 TKG; Anruf: § 3 Nr. 1 TKG; Diensteanbieter: § 3 Nr. 6   5
TKG; Rufnummer: § 3 Nr. 18 TKG; Teilnehmer: § 3 Nr. 20 TKG; Teilnehmeranschluss: § 3 Nr. 21 TKG.

II. Auskunftspflicht (Abs. 1, 3)

Die geforderte schlüssige Dokumentation liegt vor, sofern der Teilnehmer die Be-   6
drohung oder Belästigung hinreichend darlegt. Dies kann in der Weise geschehen,
dass der vermutete Hintergrund der Anrufe mitgeteilt, oder die Häufigkeit listenmäßig zusammengestellt wird. Der Teilnehmer muss die Bedrohung oder Belästigung nicht glaubhaft machen. Erforderlich ist lediglich, dass sich aus dem Vortrag
ergibt, dass mit einer Fortsetzung des Verhaltens zu rechnen ist.

Der Antrag kann nur für die Zukunft gestellt werden, um einen Missbrauch dahin-   7
gehend zu verhindern, dass lediglich unbekannte Rufnummern herausgefunden
werden sollen. Auch dient diese Einschränkung der Verhältnismäßigkeit, da die Informationen bei zurückliegenden Anrufen sehr viel schwieriger zu generieren sind.
Die Schriftlichkeit beinhaltet hierbei nicht, dass sämtliche Antragsgründe schriftlich fixiert werden. Der schlüssige mündliche Vortrag ist jedoch zu dokumentieren,
was beispielsweise dadurch geschehen kann, dass ein Mitarbeiter des Diensteanbieters einen entsprechenden Vermerk verfasst.[6]

Drohend oder belästigend ist der Anruf nicht nur bei tatsächlicher Verbindung. Die   8
Belästigung oder Bedrohung kann sich auch daraus ergeben, dass nach kurzem
Läuten der Anruf wieder unterbrochen wird.

Der Diensteanbieter muss auch netzübergreifend Auskunft geben, sofern er dies   9
kann (Abs. 1 Satz 1).[7] Hieraus ergibt sich für den fremden Diensteanbieter aus
Abs. 3 die Pflicht, an den Diensteanbieter des Teilnehmers, an den der Antrag gestellt wurde, die erforderlichen Auskünfte in Bezug auf den bedrohenden oder
belästigenden Teilnehmer zu erteilen, sofern dieser über diese Daten verfügt.

Für Anbieter geschlossener Benutzergruppen gilt Abs. 1 Satz 1 und 2 ausdrücklich   10
nicht (vgl. Abs. 1 Satz 4), sodass hier eine erheblich erleichterte Auskunft möglich
ist.[8]

---

6 *Königshofen/Ulmer*, DS-Hdb. Telekommunikation, § 101 Rn. 18.
7 Mit dieser Regelung wurde zum damaligen Zeitpunkt eine Forderung des Bundesbeauftragten für Datenschutz aufgegriffen, die dieser wiederholt in seinen Tätigkeitsberichten erhoben hatte (vgl. z. B. 17. TB, Kapitel 10.2.7.1).
8 *Kannenberg*, in: Scheurle/Mayen, TKG, § 101 Rn. 21, mit Bedenken zur Vereinbarkeit mit Art. 10 Abs. 1 GG.

III. Eingrenzen der Verbindungen (Abs. 2)

11 Auch durch diese Regelung soll ein Missbrauch des Instruments verhindert werden. Eine solche Eingrenzung ist allerdings nicht unbedingt ausreichend,[9] da der Teilnehmer beispielsweise den Zeitraum sehr ausdehnen oder kurz nach dem ersten Antrag einen weiteren nachschieben kann. Bei ungenügender Eingrenzung droht allerdings eine Strafbarkeit gem. § 206 Abs. 1 StGB.

IV. Unterrichtungspflichten (Abs. 4)

12 Auch diese Regelung dient der Verhinderung von Missbräuchen. Dem Teilnehmer, der Inhaber des Anschlusses ist, von dem die festgestellte Verbindung ausgegangen ist, soll Kenntnis von der Maßnahme erlangen. Das Gesetz ordnet nicht an, dass über den Empfänger der Auskunft informiert werden muss.[10] Wie Satz 2 allerdings normiert, kann davon abgesehen werden, wenn der Antragsteller schriftlich schlüssig vorgetragen hat, dass ihm hieraus wesentliche Nachteile erwachsen können.[11] An dieser Stelle ist eine Interessenabwägung im Einzelfall vorzunehmen.

---

9 *Königshofen/Ulmer*, DS-Hdb. Telekommunikation, § 101 Rn. 24.
10 *Kannenberg*, Scheurle/Mayen, TKG, § 101 Rn. 35.
11 Zur Schlüssigkeit und Schriftlichkeit vgl. oben Rn. 6.

§ 102 Rufnummernanzeige und -unterdrückung

(1) Bietet der Diensteanbieter die Anzeige der Rufnummer der Anrufenden an, so müssen Anrufende und Angerufene die Möglichkeit haben, die Rufnummernanzeige dauernd oder für jeden Anruf einzeln auf einfache Weise und unentgeltlich zu unterdrücken. Angerufene müssen die Möglichkeit haben, eingehende Anrufe, bei denen die Rufnummernanzeige durch den Anrufenden unterdrückt wurde, auf einfache Weise und unentgeltlich abzuweisen.

(2) Abweichend von Absatz 1 Satz 1 dürfen Anrufende bei Werbung mit einem Telefonanruf ihre Rufnummernanzeige nicht unterdrücken oder bei dem Diensteanbieter veranlassen, dass diese unterdrückt wird; der Anrufer hat sicherzustellen, dass dem Angerufenen die dem Anrufer zugeteilte Rufnummer übermittelt wird.

(3) Die Absätze 1 und 2 gelten nicht für Diensteanbieter, die ihre Dienste nur den Teilnehmern geschlossener Benutzergruppen anbieten.

(4) Auf Antrag des Teilnehmers muss der Diensteanbieter Anschlüsse bereitstellen, bei denen die Übermittlung der Rufnummer des Anschlusses, von dem der Anruf ausgeht, an den angerufenen Anschluss unentgeltlich ausgeschlossen ist. Die Anschlüsse sind auf Antrag des Teilnehmers in dem öffentlichen Teilnehmerverzeichnis (§ 104) seines Diensteanbieters zu kennzeichnen. Ist eine Kennzeichnung nach Satz 2 erfolgt, so darf an den so gekennzeichneten Anschluss eine Übermittlung der Rufnummer des Anschlusses, von dem der Anruf ausgeht, erst dann erfolgen, wenn zuvor die Kennzeichnung in der aktualisierten Fassung des Teilnehmerverzeichnisses nicht mehr enthalten ist.

(5) Hat der Teilnehmer die Eintragung in das Teilnehmerverzeichnis nicht nach § 104 beantragt, unterbleibt die Anzeige seiner Rufnummer bei dem angerufenen Anschluss, es sei denn, dass der Teilnehmer die Übermittlung seiner Rufnummer ausdrücklich wünscht.

(6) Wird die Anzeige der Rufnummer von Angerufenen angeboten, so müssen Angerufene die Möglichkeit haben, die Anzeige ihrer Rufnummer beim Anrufenden auf einfache Weise und unentgeltlich zu unterdrücken. Absatz 3 gilt entsprechend.

(7) Die Absätze 1 bis 3 und 6 gelten auch für Anrufe in das Ausland und für aus dem Ausland kommende Anrufe, soweit sie Anrufende oder Angerufene im Inland betreffen.

(8) Bei Verbindungen zu Anschlüssen, die unter den Notrufnummern 112 oder 110 oder der Rufnummer 124 124 oder 116 117 erreicht werden, hat der Diensteanbieter sicherzustellen, dass nicht im Einzelfall oder dauernd die Anzeige von Nummern der Anrufenden ausgeschlossen wird.

Literatur: *Königshofen*, TDSV – Telekommunikations-Datenschutzverordnung – Kommentar, Heidelberg 2001; *Sassenberg*, Anzeige und Übermittlung der A-Rufnummer, CR 2011, 502.

Übersicht

I. Allgemeines

1. Norminhalt

1 § 102 TKG regelt die Anzeige-Unterdrückung von Rufnummern des Anrufers bzw. Angerufenen. Die Anzeige der Rufnummer des Anrufers kann generell oder im Einzelfall unterdrückt werden. Auch die Unterdrückung der Rufnummer des Angerufenen – z.B. einer internen Durchwahl – ist möglich und kann ausgeschlossen werden.

2. Entstehungsgeschichte und europarechtlicher Hintergrund

2 Die Vorschrift entspricht im Wesentlichen § 11 TDSV 2000. Aus Gründen der Verhältnismäßigkeit werden in Abs. 3 bestimmte Diensteanbieter von der Verpflichtung nach Abs. 1 und 2 ausgenommen. Die notrufspezifischen Verpflichtungen gelten entsprechend § 106 TKG nur für öffentlich zugängliche Telefondienste, sodass eine Ausnahmeregelung entbehrlich ist.[1] Die Norm bezieht sich lediglich auf „Anrufe" i.S.v. § 3 Nr. 1 TKG, somit auch auf auch Faxrufe, nicht aber auf z.B. SMS oder E-Mails.[2]

3 Durch das Gesetz zur Bekämpfung unerlaubter Telefonwerbung und zur Verbesserung des Verbraucherschutzes bei besonderen Vertriebsformen[3] wurden § 102 Abs. 1 bis 3 TKG im August 2009 als Ergänzung zu Änderungen bei § 312d und § 312f BGB und § 7 UWG neu gefasst. Verstöße können über § 149 Abs. 1 Nr. 17c und § 149 Abs. 2 Satz 1 TKG mit Bußgeld geahndet werden.

---

1 Begr. zum RegE zu § 100 TKG-E 2004, S. 90. Die Vorschrift entspricht der des TKG 2004.
2 *Kannenberg*, in: Scheurle/Mayen, TKG, § 101 Rn. 5.
3 BGBl. I, 2009, S. 2413.

Europarechtlich dient die Vorschrift zur Umsetzung der Vorgaben von Art. 8 der   **4**
Richtlinie 2002/58/EG.

Die 2012 vorgenommenen Änderungen dienen der sprachlichen Richtigstellung   **5**
und zielen darauf ab, in den Fällen, in denen bei einem Anruf bei der neuen bundeseinheitlichen Rufnummer des ärztlichen Bereitschaftsdienstes erkannt wird, dass
eine lebensbedrohliche Situation vorliegt, schnell die örtlich zuständige Notrufabfragestelle einschalten zu können.[4]

3. Innerhalb des TKG definierte Tatbestandsmerkmale

Anruf: § 3 Nr. 1 TKG; Diensteanbieter: § 3 Nr. 6 TKG; Rufnummer: § 3 Nr. 18   **6**
TKG; Teilnehmer: § 3 Nr. 20 TKG.

II. Anzeige der Rufnummer, Unterdrückung (Abs. 1–3)

1. Tatbestandsmerkmale

Der Diensteanbeiter muss die Möglichkeit der dauerhaften und fallweisen Unter-   **7**
drückung schaffen, sofern er die Rufnummernanzeige als solche anbietet. Aus der
Vorschrift ergibt sich dabei keine Verpflichtung des Diensteanbieters, die Rufnummernanzeige des Anrufers überhaupt oder ohne zusätzliches Entgelt einzurichten.[5]
Gleichwohl ist die Einhaltung der Vorschrift entgegen der Vorgängerregelung in
§ 11 TDSV 2000 nicht mehr von der technischen Umsetzbarkeit abhängig, sondern
gilt zwingend. Umgesetzt werden können die Anforderungen entweder durch Einrichtung eines vom Kunden zu bedienenden Kurzwahlmenüs, das dieser über sein
Endgerät steuert („Menülösung") oder durch Anruf bei dem Diensteanbieter, der
sodann die Umstellung technisch veranlasst („Operatorlösung"). Während die Unterdrückung der Anzeige unentgeltlich möglich sein muss, gilt dies nicht für das
Rückgängigmachen einer dauerhaft eingerichteten Rufnummernunterdrückung.

Ferner muss das Abweisen von anonymen Anrufen ohne Kosten möglich sein. Hier   **8**
differenziert das TKG nicht zwischen dauernder und fallweiser Sperre, praktische
Bedeutung dürfte aber nur das einzelfallbezogene Abweisen haben.[6]

Nach der Formulierung in Art. 8 Abs. 1 von Richtlinie 2002/21/EG muss die fall-   **9**
weise Unterdrückung für jeden anrufenden „Nutzer" möglich sein, wobei „Nutzer"
in Art. 2h) von Richtlinie 2002/21/EG als natürliche oder juristische Person definiert wird, die einen öffentlich zugänglichen elektronischen Kommunikationsdienst
in Anspruch nimmt oder beantragt. Die dauerhafte Unterdrückung hingegen muss
nur dem anrufenden „Teilnehmer" zur Verfügung stehen. „Teilnehmer" ist in

---

4 *Koch/Neumann*, Synopse zum Telekommunikationsgesetz 2004/2012 mit Gesetzgebungsmaterialien, 2012, S. 393.
5 *Büning/Weißenfels*, in: Geppert/Piepenbrock/Schuster/Schütz, TKG, § 102 Rn. 5.
6 *Kannenberg*, in: Scheurle/Mayen, TKG, § 102 Rn. 8.

Art. 2k) als jede natürliche oder juristische Person definiert, die mit einem Anbieter öffentlich zugänglicher elektronischer Kommunikationsdienste einen Vertrag über die Bereitstellung derartiger Dienste geschlossen hat; also der Anschlussinhaber.

2. Werbeanrufe

10 Gem. Abs. 2 dürfen Anrufende bei Werbung mit einem Telefonanruf ihre Rufnummernanzeige nicht unterdrücken oder bei dem Dienstleister veranlassen, dass diese unterdrückt wird. Damit soll unerwünschte Telefonwerbung bekämpft werden, indem der Angerufene auf einfache Weise feststellen kann, wer im konkreten Fall angerufen hat.[7]

11 Pressemitteilungen der BNetzA über Untersuchungen der Rechnungslegung und Inkassierung von Gebühren nach vorangegangen unverlangten Werbeanrufen sind bei zutreffender Tatsachendarstellung und Erläuterung der Rechtslage rechtmäßig. Dies gilt auch hinsichtlich einer Bitte an betroffene Verbraucher, sich bei der Behörde zu melden.[8]

3. Geschlossene Benutzergruppen

12 Abs. 1 und 2 gelten nicht für geschlossene Benutzergruppen (Abs. 3), also unternehmens- oder behördeninterne Netze und gesellschafts- oder schuldrechtliche Dauerbeziehungen, oder dauerhafte Verbindungen zur Verfolgung gemeinsamer beruflicher, wirtschaftlicher oder hoheitlicher Ziele.[9]

III. Sonderoption: Dauerhafte Nichtanzeige der Rufnummer des eingehenden Anrufes (Abs. 4)

13 Gegenüber Anrufern von Diensten mit besonders vertrauensvollen Inhalten (Telefonseelsorge, Suchtberatung) soll Anonymität gewährleistet sein. Die Bereitstellung eines solchen Anschlusses ist antragsabhängig[10] und muss unentgeltlich sein.

14 Ferner besteht (ebenfalls antragsabhängig) die Möglichkeit, dass solche Anschlüsse in dem öffentlichen Teilnehmerverzeichnis des Diensteanbieters besonders gekennzeichnet werden.

---

7 BT-Drs. 16/12406, S. 11 f.
8 OVG Nordrhein-Westfalen, Beschluss vom 8.4.2011 = MMR 2011, 771.
9 *Heun*, in: Heun, Hdb. TK-Recht, Teil A Rn. 57.
10 Wobei antragsberechtigt nur der Teilnehmer des Diensteanbieters ist, also derjenige, der technisch unmittelbar an eine Vermittlungsstelle des Netzbetreibers, mit dem der Diensteanbieter zusammenarbeitet, angeschlossen ist, vgl. *Königshofen/Ulmer*, DS-Hdb. Telekommunikation, § 102 Rn. 16.

Öffentliche Teilnehmerverzeichnisse sind hierbei zumindest gedruckte Verzeichnisse.[11] Die Einbeziehung von elektronischen Verzeichnissen erscheint in Anbetracht der u. U. täglichen Aktualisierung zumindest fraglich, allerdings spricht die Formulierung „aktualisierte Fassung des Teilnehmerverzeichnisses" dafür, dass § 102 TKG hier der Tatsache Rechnung trägt, dass Teilnehmerverzeichnisse nicht mehr notwendig in gedruckter Form herausgegeben werden.[12] **15**

IV. Unterbleiben der Anzeige bei Nichteintragung in Teilnehmerverzeichnis (Abs. 5)

Der Absatz normiert die Vermutung, dass derjenige, der eine Nichteintragung in den Verzeichnissen wünscht, auch nicht will, dass seine Rufnummer bei einem abgesetzten Anruf mitübermittelt wird.[13] Der Teilnehmer kann jedoch eine Übermittlung trotz Nichteintragung veranlassen. **16**

V. Anzeige der Rufnummer des Angerufenen (Abs. 6)

§ 102 Abs. 6 TKG betrifft z. B. den Fall der Weiterleitung von einem Anschluss mit bekannter Rufnummer an einen mit unbekannter Rufnummer oder die Anzeige einer Durchwahl. Die Regelung gilt nicht für geschlossene Benutzergruppen (vgl. Rn. 8). **17**

VI. Notrufdienste (Abs. 8)

Die Vorschrift dient dazu, Notrufe rückverfolgen zu können, selbst wenn der Anrufende die Anzeige seiner Rufnummer im Einzelfall oder dauerhaft unterdrückt; sie normiert also den zwingenden technischen Ausschluss der Rufnummernunterdrückung. Selbst wenn dies in Bezug auf den zu befürchtenden Rückgang von anonymen Anrufen beispielsweise bei der Polizei kritisch gesehen wird,[14] muss bei einer vorzunehmenden Interessenabwägung das Interesse des Anrufers an seiner Anonymität hinter dem Interesse an der effizienten Notfallhilfe und an einem störungsfreien Notrufsystem zurücktreten.[15] **18**

---

11 *Klesczewski*, in: Säcker, TKG, § 102 Rn. 10, der anmerkt, elektronische Verzeichnisse seien weder als neueste Fassung des jeweiligen Verzeichnisses zu verstehen, noch heutzutage als allgemein zugänglich anzusehen.

12 *Kannenberg*, in: Scheurle/Mayen, TKG, § 102 Rn. 13. Vgl. auch den Wortlaut von § 104 TKG.

13 *Königshofen*, TDSV, § 11 Rn. 22.

14 *Königshofen*, TDSV, § 1 Rn. 27 f.

15 *Büttgen*, in: Geppert/Piepenbrock/Schuster/Schütz, TKG, § 102 Rn. 30, mit Verweis auf Erwägungsgrund 36 von Richtlinie 2002/58/EG.

§ 103 Automatische Anrufweiterschaltung

Der Diensteanbieter ist verpflichtet, seinen Teilnehmern die Möglichkeit einzuräumen, eine von einem Dritten veranlasste automatische Weiterschaltung auf sein Endgerät auf einfache Weise und unentgeltlich abzustellen, soweit dies technisch möglich ist. Satz 1 gilt nicht für Diensteanbieter, die als Anbieter für geschlossene Benutzergruppen ihre Dienste nur ihren Teilnehmern anbieten.

I. Allgemeines

1. Norminhalt

1　Zweck der Vorschrift ist es, Belästigungen einer Weiterschaltung durch Dritte auf den Anschluss eines Teilnehmers (auch wenn sich der Wortlaut auf „Endgeräte" bezieht)[1] – ohne dessen Einverständnis – zu vermeiden. Aus Gründen der Verhältnismäßigkeit werden Anbieter von Diensten für geschlossene Benutzergruppen von der Verpflichtung nach Satz 1 ausgenommen.

2. Entstehungsgeschichte, europarechtlicher Hintergrund

2　Die Vorschrift entspricht mit begrifflichen Anpassungen § 12 TDSV 2000. Davor wurde dieser Bereich durch § 9 Abs. 3 TDSV 1996 geregelt.

3　Die Vorschrift beruht europarechtlich auf Art. 11 der Richtlinie 2002/58/EG; die Richtlinie kennt allerdings keinen Vorbehalt der technischen Realisierbarkeit.

3. Innerhalb des TKG definierte Tatbestandsmerkmale

4　Diensteanbieter: § 3 Nr. 6 TKG; Teilnehmer: § 3 Nr. 20 TKG.

---

1 *Kannenberg*, in: Scheurle/Mayen, TKG, § 103 Rn. 5.

II. Erläuterungen

Voraussetzung für die Anwendbarkeit ist, dass ein Dritter eine Weiterleitung auf 5
den Anschluss des sich auf den Schutz der Norm berufenden Teilnehmers veranlasst hat.

Die Verpflichtung zur Abstellung gilt vorbehaltlich der technischen Möglichkeit 6
und hat unentgeltlich zu erfolgen. Technisch sind die Möglichkeiten hier häufig
nach wie vor begrenzt, allenfalls bei in einer Vermittlungsstelle eingerichteten Weiterleitungen dürfe die Deaktivierung durch den Diensteanbieter möglich sein.[2]

Die Konfiguration von Endgeräten und ggf. Telefonanlagen, die an einen Anschluss 7
angeschlossen sind, unterfällt nicht dem TKG und damit auch nicht dem Anwendungsbereich von § 103 TKG.[3]

---

2 *Kannenberg*, in: Scheurle/Mayen, TKG, § 104 Rn. 4.
3 *Kannenberg*, in: Scheurle/Mayen, TKG, § 104 Rn. 5.

§ 104   Teilnehmerverzeichnisse

Teilnehmer können mit ihrem Namen, ihrer Anschrift und zusätzlichen Angaben wie Beruf, Branche und Art des Anschlusses in öffentliche gedruckte oder elektronische Verzeichnisse eingetragen werden, soweit sie dies beantragen. Dabei können die Teilnehmer bestimmen, welche Angaben in den Verzeichnissen veröffentlicht werden. Auf Verlangen des Teilnehmers dürfen Mitbenutzer eingetragen werden, soweit diese damit einverstanden sind.

Literatur: *Dietlein/Brandenberg*, Rechtsfragen der Auslegung des § TKG – § 47 TKG im Hinblick auf die Behandlung von sog. „Verlegerdaten", MMR 2008, 372.

I. Allgemeines

1. Norminhalt

1 § 104 TKG regelt die Aufnahme in Teilnehmerverzeichnisse. Die Teilnehmer können entscheiden, ob sie sich überhaupt in ein Teilnehmerverzeichnis eintragen lassen wollen und welche Angaben sie dort veröffentlichen möchten. Die Vorschrift berührt insoweit das informationelle Selbstbestimmungsrecht der Teilnehmer.

2 § 45m TKG regelt den Anspruch auf (unentgeltliche) Aufnahme in ein Teilnehmerverzeichnis. Zu beachten sind ferner § 47 TKG (Überlassung von Teilnehmerdaten an Dritte zum Zweck der Erstellung von Teilnehmerverzeichnissen) und § 78 Abs. 1 Nr. 2 TKG (Verfügbarkeit eines Teilnehmerverzeichnisses als Universaldienst). § 102 TKG (Rufnummernübermittlung) und § 105 TKG (Auskunftserteilung) verweisen auf § 104 TKG.

2. Entstehungsgeschichte und europarechtliche Grundlagen

3 Die Vorschrift geht zurück auf § 10 TDSV 1996 bzw. § 13 TDSV 2000 und wurde im Vergleich zur Vorgängervorschrift in der TDSV 2000 insoweit geändert, als keine unterschiedlichen Eintragungen in elektronischen und gedruckten Verzeichnissen mehr vorgesehen sind.

Europarechtliche Grundlage der Norm sind Art. 12 von Richtlinie 2002/58/EG und 4
Art. 5 von Richtlinie 2002/22/EG. Mit seinem Antragserfordernis geht § 104 TKG
über die europarechtliche Vorgabe hinaus.[1]

3. Innerhalb des TKG definierte Tatbestandsmerkmale

Teilnehmer: § 3 Nr. 20 TKG. 5

II. Anmerkungen

Gedruckte Verzeichnisse sind beispielsweise Telefonbücher, Branchenverzeichnis- 6
se und sonstige Auflistungen.

Elektronische Verzeichnisse sind insbesondere Verzeichnisse auf CD-ROM oder 7
DVD, aber auch Verzeichnisse im Internet.[2]

Öffentlich sind die Verzeichnisse, sofern sie für einen unbestimmten Personenkreis 8
zugänglich sind.

Der Umfang der Eintragung unterliegt dem Bestimmungsrecht des Teilnehmers 9
(vgl. auch § 93 Abs. 1 TKG). Mitbenutzer dürfen auf Verlangen eines Teilnehmers
ebenfalls eingetragen werden (Abs. 2). Gem. § 45m Abs. 1 Satz 3 TKG darf dafür
ein Entgelt erhoben werden.

Die Nutzung von Daten, die in öffentlichen Teilnehmerverzeichnissen enthalten 10
sind, durch Dritte ist in § 104 TKG nicht geregelt, hier gilt § 29 BDSG.[3]

Am 5.11.2009 entschied der BGH,[4] dass Teilnehmerdaten im Sinne von § 47 Abs. 2 11
TKG nur Daten sind, die dem Telekommunikationsdiensteanbieter aufgrund der
mit den Teilnehmern geschlossenen Telekommunikationsverträge bekannt sind und
die nach §§ 45m und 104 TKG zu veröffentlichen sind, nicht aber solche Daten, die
er durch eigenständige Ermittlungen erlangt, die unabhängig von den Zugriffsmöglichkeiten sind, die ihm als Teilnehmernetzbetreiber zur Verfügung stehen oder die
er durch die Veröffentlichung von Kundendaten für fremde Telefonanbieter hat.

Das BVerwG legte am 29.10.2009[5] dem EuGH die Frage vor, inwieweit Telekom- 12
munikationsunternehmen verpflichtet sind, anderen Unternehmen Teilnehmerdaten
zum Zweck der Bereitstellung von Teilnehmerverzeichnissen und Auskunftsdiens-
ten zur Verfügung zu stellen. Nach dem Urteil des EuGH[6] stehen die europäischen
Richtlinien 2002/22/EG und 2002/58/EG diesem Vorhaben nicht entgegen.

---

1 *Kleszczewski*, in: Säcker, TKG, § 104 Rn. 3.
2 *Fetzer*, in: Arndt/Fetzer/Scherer, TKG, § 104 Rn. 7; a. A. *Kleszczewski*, in: Säcker, TKG,
§ 104 Rn. 4.
3 *Fetzer*, in: Arndt/Fetzer/Scherer, TKG, § 104 Rn. 4.
4 BGH BB 2009, 2713.
5 BVerwG MMR 2010, 130.
6 Urteil vom 5.5.2011 – C-543/09 – Deutsche Telekom.

§ 105 Auskunftserteilung

(1) Über die in Teilnehmerverzeichnissen enthaltenen Rufnummern dürfen Auskünfte unter Beachtung der Beschränkungen des § 104 und der Absätze 2 und 3 erteilt werden.

(2) Die Telefonauskunft über Rufnummern von Teilnehmern darf nur erteilt werden, wenn diese in angemessener Weise darüber informiert worden sind, dass sie der Weitergabe ihrer Rufnummer widersprechen können und von ihrem Widerspruchsrecht keinen Gebrauch gemacht haben. Über Rufnummern hinausgehende Auskünfte über nach § 104 veröffentlichte Daten dürfen nur erteilt werden, wenn der Teilnehmer in eine weitergehende Auskunftserteilung eingewilligt hat.

(3) Die Telefonauskunft von Namen oder Namen und Anschrift eines Teilnehmers, von dem nur die Rufnummer bekannt ist, ist zulässig, wenn der Teilnehmer, der in ein Teilnehmerverzeichnis eingetragen ist, nach einem Hinweis seines Diensteanbieters auf seine Widerspruchsmöglichkeit nicht widersprochen hat.

(4) Ein Widerspruch nach Absatz 2 Satz 1 oder Absatz 3 oder eine Einwilligung nach Absatz 2 Satz 2 sind in den Kundendateien des Diensteanbieters und des Anbieters nach Absatz 1, die den Verzeichnissen zugrunde liegen, unverzüglich zu vermerken. Sie sind auch von den anderen Diensteanbietern zu beachten, sobald diese in zumutbarer Weise Kenntnis darüber erlangen konnten, dass der Widerspruch oder die Einwilligung in den Verzeichnissen des Diensteanbieters und des Anbieters nach Absatz 1 vermerkt ist.

Übersicht

I. Allgemeines

1. Norminhalt

1 Die Norm lässt Auskünfte über die in Teilnehmerverzeichnissen (§ 104 TKG) enthaltenen Rufnummern nur unter bestimmten Beschränkungen zu. Datenschutzrechtlich ist das Erteilen der Auskunft eine Übermittlung personenbezogener Daten (vgl. § 3 Abs. 4 Nr. 3 BDSG).

2. Entstehungsgeschichte und europarechtliche Grundlagen

Die Vorschrift beruht auf § 14 TDSV 2000, ist allerdings insofern neutraler gefasst,   **2**
als eine Auskunftserteilung durch jeden zulässig ist, der die Beschränkungen des
§ 104 TKG und § 105 Abs. 2 und 3 einhält.[1] Das noch in § 14 Abs. 4 TDSV 2000
enthaltene Verbot der Inverssuche gilt nicht mehr.[2]

Europarechtliche Grundlage der Vorschrift ist Art. 12 von Richtlinie 2002/58/EG.[3]   **3**

3. Innerhalb des TKG definierte Tatbestandsmerkmale

Rufnummer: § 3 Nr. 18 TKG; Teilnehmer: § 3 Nr. 20 TKG.   **4**

II. Grundsatz (Abs. 1)

Auskünfte dürfen nur unter Beachtung von § 104 TKG und der folgenden Abs. 2   **5**
und 3 erteilt werden.

Die Auskunftserteilung bezieht sich in allen Fällen ausschließlich auf in den Teil-   **6**
nehmerverzeichnissen i. S. v. § 104 TKG enthaltene Daten.

III. Umfang der Telefonauskunft (Abs. 2)

Über die Rufnummer eines Teilnehmers (Satz 1) darf Telefonauskunft nur erteilt   **7**
werden, wenn der Teilnehmer in angemessener Weise darüber informiert wurde,
dass er der Weitergabe seiner Rufnummer widersprechen kann („Opt-Out"), und
der Teilnehmer von der Widerspruchsmöglichkeit keinen Gebrauch gemacht hat.

Über Rufnummern hinausgehende Auskünfte (Satz 2) erfordern eine ausdrückliche   **8**
Einwilligung des Teilnehmers in die weitergehende Auskunfterteilung („Opt-In").
Auch hier ist erforderlich, dass die Daten überhaupt über § 104 TKG zulässig ver-
öffentlicht sind.

Der Begriff der Telefonauskunft ist im Gegensatz zu § 14 Abs. 1 Satz 1 TDSV 2000   **9**
nicht mehr legaldefiniert. Unverändert sind darunter Auskünfte über in öffentlichen
Kundenverzeichnissen enthaltene Rufnummern zu verstehen, unabhängig davon,
welches Medium für die Auskunft genutzt wird.[4]

---

1 Begr. zum RegE zu § 103 TKG-E 2004, S. 91. Die Vorschrift entspricht der des TKG 2004.
2 Begr. zum RegE zu § 103 TKG-E 2004, S. 91: „Eine Fortführung dieses Verbots würde zu
   einer erheblichen Wettbewerbsbeeinträchtigung führen, da in vielen europäischen Ländern
   die Inverssuche möglich ist."
3 Siehe auch EuGH, Urteil vom 5.5.2011 – C-543/09 – Deutsche Telekom.
4 *Fetzer*, in: Arndt/Fetzer/Scherer, TKG, § 105 Rn. 5.

IV. Inverssuche (Abs. 3)

10 Abs. 3 regelt die Zulässigkeit einer Auskunftserteilung hinsichtlich des Namens eines Teilnehmers, von dem nur die Rufnummer bekannt ist (sog. Inverssuche). Diese ist unter den in Abs. 3 genannten Voraussetzungen möglich.

11 Einer ausdrückliche Einwilligung des betroffenen Teilnehmers bedarf es nicht. Erforderlich ist lediglich, dass der Teilnehmer nach einem Hinweis seines Diensteanbieters auf seine Widerspruchsmöglichkeit nicht widersprochen hat.

12 Der BGH entschied 2007, dass der Teilnehmernetzbetreiber nicht berechtigt ist, die „Freigabe" der Inverssuche in gem. § 47 Abs. 1 TKG den Auskunftsdienstbetreibern zur Verfügung zu stellenden Datensätzen von der Einwilligung seiner Kunden abhängig zu machen. Er sei vielmehr im Verhältnis zu den Auskunftsdienstbetreibern zur Anwendung der Widerspruchslösung des § 105 Abs. 3 TKG verpflichtet.[5]

13 Das AG Bonn[6] urteilte in einem Fall, in welchem dem Kind lediglich die Telefonnummer seines leiblichen Vaters bekannt war, das verfassungsrechtlich geschützte Recht des Kindes auf Feststellung seiner Abstammung als vorrangig gegenüber dem Datenschutzrecht des Inhabers eines Mobilfunkanschlusses bezüglich seines Namens und seiner Adresse ein.

V. Vermerk über Widerspruch oder Einwilligung (Abs. 4)

14 Abs. 4 schreibt die Beachtung von Eintragungen in ein öffentliches Teilnehmerverzeichnis eines Diensteanbieters oder des Anbieters nach Abs. 1 durch andere Diensteanbieter und der Anbieter nach Abs. 1 vor. Dies ist angesichts der großen Anzahl öffentlicher Teilnehmerverzeichnisse vom Zeitpunkt der zumutbaren Kenntniserlangung abhängig. Kenntnis der anderen Diensteanbieter oder der Anbieter nach Abs. 1 ist spätestens zu dem Zeitpunkt anzunehmen, in dem der Widerspruch nach Abs. 2 Satz 1 oder die Einwilligung nach Abs. 2 Satz 2 oder Abs. 3 in dem Verzeichnis der Deutschen Telekom AG vermerkt ist, das jährlich erscheint und alle Teilnehmerinformationen erfasst.[7]

---

5 BGH MMR 2007, 641.
6 Urteil vom 8.2.2011 – 104 C 593/10, ZD 2011, 40.
7 *Fetzer*, in: Arndt/Fetzer/Scherer, TKG, § 105 Rn. 13.

§ 106 Telegrammdienst

(1) Daten und Belege über die betriebliche Bearbeitung und Zustellung von Telegrammen dürfen gespeichert werden, soweit es zum Nachweis einer ordnungsgemäßen Erbringung der Telegrammdienstleistung nach Maßgabe des mit dem Teilnehmer geschlossenen Vertrags erforderlich ist. Die Daten und Belege sind spätestens nach sechs Monaten vom Diensteanbieter zu löschen.

(2) Daten und Belege über den Inhalt von Telegrammen dürfen über den Zeitpunkt der Zustellung hinaus nur gespeichert werden, soweit der Diensteanbieter nach Maßgabe des mit dem Teilnehmer geschlossenen Vertrags für Übermittlungsfehler einzustehen hat. Bei Inlandstelegrammen sind die Daten und Belege spätestens nach drei Monaten, bei Auslandstelegrammen spätestens nach sechs Monaten vom Diensteanbieter zu löschen.

(3) Die Löschungsfristen beginnen mit dem ersten Tag des Monats, der auf den Monat der Telegrammaufgabe folgt. Die Löschung darf unterbleiben, solange die Verfolgung von Ansprüchen oder eine internationale Vereinbarung eine längere Speicherung erfordert.

I. Allgemeines

1. Norminhalt

Die Norm regelt die bei Betreiben (betriebliche Bearbeitung und Zustellung) im Rahmen des Telegrammdienstes zu berücksichtigenden datenschutzrechtlichen Belange, insbesondere die Löschung von Daten und Belegen. **1**

Telegramme haben in den vergangenen Jahren stark an Bedeutung eingebüßt. Die DTAG stellte Ende 2000 den Auslandstelegrammdienst ein. **2**

Der Gesamtvorgang des Telegrammverkehrs geht über den Begriff der Telekommunikation i. S. v. § 88 TKG hinaus, da dieser nur den technischen Vorgang der Übermittlung umfasst. § 106 TKG enthält die zur Gewährleistung eines angemessenen **3**

Schutzes des Gesamtvorgangs erforderlichen Regelungen,[1] auch vor dem Hintergrund der Anforderungen von Art. 10 Abs. 1 GG.[2]

2. Entstehungsgeschichte

4 Die Vorschrift entspricht, abgesehen von begrifflichen Anpassungen, § 15 TDSV 2000[3] bzw. § 12 TDSV 1996.

5 Europarechtliche Vorgaben, insbesondere aus Richtlinie 2002/58/EG, gibt es nicht.[4]

3. Innerhalb des TKG definierte Tatbestandsmerkmale

6 Diensteanbieter: § 3 Nr. 6 TKG; Teilnehmer: § 3 Nr. 20 TKG.

II. Speicherung, Löschung (Abs. 1)

7 Gespeichert werden dürfen Daten und Belege über die betriebliche Bearbeitung und Zustellung des Telegramms. Dies allerdings nur insoweit, als diese Daten erforderlich sind, um die ordnungsgemäße Erbringung der Dienstleistung dem Teilnehmer nach Maßgabe des mit ihm geschlossenen Vertrages gegenüber nachweisen zu können.

8 Daten und Belege dürfen grundsätzlich nur für einen Zeitraum von sechs Monaten ab dem ersten Tag des Monats, der auf den Monat der Telegrammaufgabe folgt, gespeichert werden; danach sind sie zu löschen. Von diesem Grundsatz macht Abs. 3 Satz 2 der Vorschrift eine Ausnahme, soweit erforderlich für die Verfolgung von Ansprüchen und soweit internationalen Vereinbarungen andere Regelungen vorsehen.

III. Datenspeicherung des Telegramminhalts (Abs. 2)

9 Im Gegensatz zu Abs. 1 bezieht sich Abs. 2 auf den Inhalt des Telegramms. Dem Grundsatz nach sind diese Daten und Belege nach der Übermittlung zu löschen.

10 Etwas anderes gilt, wenn der Diensteanbieter nach Maßgabe des mit dem Teilnehmer geschlossenen Vertrags für Übermittlungsfehler einzustehen hat.

11 Die maximale Länge der Frist zur Löschung richtet sich danach, ob die betroffenen Daten oder Belege Bestandteil eines In- (dann nach drei Monaten) oder Auslands-

---

1 *Kannenberg*, in: Scheurle/Mayen, TKG, § 106 Rn. 4.
2 *Kannenberg*, in: Scheurle/Mayen, TKG, § 106 Rn. 4.
3 Begründung zum Regierungsentwurf zu § 104 TKG-E 2004, BT-Drs. 15/2316, S. 91.
4 *Fetzer*, in: Arndt/Fetzer/Scherer, TKG, § 106 Rn. 3.

telegrammes (dann nach sechs Monaten) sind. Fristbeginn ist der erste Tag des Monates, der auf den Monat der Telegrammaufgabe folgt (Abs. 3 Satz 1).

IV. Berechnung, Ausnahme von der Löschungspflicht (Abs. 3)

Die Löschungsfristen beginnen mit dem ersten Tag des Monats, der auf den Monat **12** der Telegrammaufgabe folgt (Satz 1). Eine Ausnahme gilt nur dann, sofern die Verfolgung von Ansprüchen oder eine internationale Vereinbarung eine längere Speicherung erfordert (Satz 2). Darüber hinaus kann auch eine Einwilligung der das Telegramm aufgebenden Person eine längere Speicherdauer rechtfertigen.[5] In Frage kommen u. U. ferner auch andere Rechtsvorschriften, z. B. steuer- oder handelsrechtliche Regelungen.[6]

V. Folgen von Verstößen

Gem. § 149 Abs. 1 Nr. 18 TKG handelt ordnungswidrig, wer entgegen § 106 Abs. 2 **13** Satz 2 TKG Daten oder Belege nicht rechtzeitig löscht.

---

5 *Kannenberg*, in: Scheurle/Mayen, TKG § 106 Rn. 18.
6 *Fetzer*, in: Arndt/Fetzer/Scherer, TKG, § 107 Rn. 7, mit Hinweis darauf, dass in diesen Fällen die betreffenden Vorschriften ausdrücklich die Speicherung von Daten, die dem Fernmeldegeheimnis unterliegen, zulassen.

§ 107 Nachrichtenübermittlungssysteme mit Zwischenspeicherung

(1) Der Diensteanbieter darf bei Diensten, für deren Durchführung eine Zwischenspeicherung erforderlich ist, Nachrichteninhalte, insbesondere Sprach-, Ton-, Text- und Grafikmitteilungen von Teilnehmern, im Rahmen eines hierauf gerichteten Diensteangebots unter folgenden Voraussetzungen verarbeiten:

1. Die Verarbeitung erfolgt ausschließlich in Telekommunikationsanlagen des zwischenspeichernden Diensteanbieters, es sei denn, die Nachrichteninhalte werden im Auftrag des Teilnehmers oder durch Eingabe des Teilnehmers in Telekommunikationsanlagen anderer Diensteanbieter weitergeleitet.

2. Ausschließlich der Teilnehmer bestimmt durch seine Eingabe Inhalt, Umfang und Art der Verarbeitung.

3. Ausschließlich der Teilnehmer bestimmt, wer Nachrichteninhalte eingeben und darauf zugreifen darf (Zugriffsberechtigter).

4. Der Diensteanbieter darf dem Teilnehmer mitteilen, dass der Empfänger auf die Nachricht zugegriffen hat.

5. Der Diensteanbieter darf Nachrichteninhalte nur entsprechend dem mit dem Teilnehmer geschlossenen Vertrag löschen.

(2) Der Diensteanbieter hat die erforderlichen technischen und organisatorischen Maßnahmen zu treffen, um Fehlübermittlungen und das unbefugte Offenbaren von Nachrichteninhalten innerhalb seines Unternehmens oder an Dritte auszuschließen. Erforderlich sind Maßnahmen nur, wenn ihr Aufwand in einem angemessenen Verhältnis zu dem angestrebten Schutzzweck steht. Soweit es im Hinblick auf den angestrebten Schutzzweck erforderlich ist, sind die Maßnahmen dem jeweiligen Stand der Technik anzupassen.

Literatur: *Altenburg/v. Reinersdorff/Leister*, Telekommunikation am Arbeitsplatz, MMR 2005, S. 135; *Hassemer/Witzel*, Filterung und Kontrolle des Datenverkehrs, ITRB 2006, S. 139; *Schadow*, Telekommunikationsdienstunternehmen-Datenschutzverordnung (TDSV), RDV 1997, S. 51.

I. Allgemeines

1. Norminhalt und Entstehungsgeschichte

Zwischenspeicherung von Inhalten, soweit eine solche bei der Durchführung be-   1
stimmter Dienste erforderlich ist.

§ 107 TKG entspricht mit begrifflichen Anpassungen § 16 TDSV 2000 bzw. § 14   2
TDSV 1996 und enthält datenschutzrechtliche Mindestanforderungen für das Betreiben von Nachrichtenübermittlungssystemen mit Zwischenspeicherung.

§ 109 TKG verpflichtet die Dienstanbieter in umfassenderer Form zu technischen   3
Schutzmaßnahmen, § 107 TKG hat daneben wenig eigenständige Bedeutung.[1]

Weder § 148 TKG (Strafvorschriften) noch § 149 TKG (Bußgeldvorschriften) er-   4
wähnen § 107 TKG ausdrücklich.

2. Europarechtlicher Hintergrund

Art. 5 Abs. 1 von Richtlinie 2002/58/EG erlaubt die für die Weiterleitung einer   5
Nachricht erforderliche technische Speicherung.[2]

3. Innerhalb des TKG definierte Tatbestandsmerkmale

Diensteanbieter: § 3 Nr. 6 TKG; Teilnehmer: § 3 Nr. 20 TKG; Telekommunikati-   6
onsanlagen: § 3 Nr. 23 TKG.

4. Außerhalb des TKG definierte Tatbestandsmerkmale

Verarbeiten: § 3 Abs. 4 Satz 1 BDSG.   7

---

1 *Eckhardt*, in: Heun, Hdb. TK-Recht, Teil L, Rn. 1517.
2 Vgl. *Klesczewski*, in: Säcker, TKG, § 107 Rn. 1 sowie Fn. 2, mit Verweis auf Erwägungsgrund 22 von Richtlinie 2002/58/EG.

II. Verarbeitung von Nachrichteninhalten (Abs. 1)

1. Tatbestandsmerkmale

8 Unter Diensten im Sinne von Abs. 1 sind insbesondere E-Mail-Dienste, Anrufbe-antwortersysteme sowie SMS-Dienste zu verstehen, da hier der Nachrichteninhalt über den Übermittlungsvorgang hinaus beim Diensteanbieter oder bei Dritten ge-speichert wird.[3]

9 Diensteanbieter im Sinne der Vorschrift ist nach § 3 Nr. 6 TKG jeder, der ganz oder teilweise geschäftsmäßig Telekommunikationsdienste erbringt. Hierunter fallen auch Arbeitgeber, sofern sie Angestellten die private Nutzung der betrieblichen Te-lekommunikationsanlagen gestatten.[4]

10 Geschützt ist jeglicher Nachrichteninhalt, insbesondere die ausdrücklich erwähnten Sprach-, Ton-, Text- und Grafikmitteilungen. Es ist hierbei nicht erforderlich, dass es sich um Individualkommunikation im engeren Sinne handelt. Unter geschützten Inhalten sind demnach auch Werbeinformationen, Newsletter oder Software in Nachrichtenanhängen zu verstehen; all diese fallen unter das Fernmeldegeheimnis.

2. Voraussetzungen für die Zulässigkeit der Verarbeitung

11 (Nr. 1): Ein Hauptanwendungsfall ist die Zwischenspeicherung von E-Mails in den jeweiligen Postfächern auf den Servern des Diensteanbieters. Grundsätzlich dürfen die Nachrichteninhalte nur innerhalb der Telekommunikationsanlagen des Dienste-anbieters verarbeitet, also gespeichert oder auf andere Server weitergeleitet und/oder verteilt (im Sinne einer Übermittlung) werden. Eine Weiterleitung auf Tele-kommunikationsanlagen anderer Diensteanbieter ist ausnahmsweise zulässig, so-fern der Teilnehmer dies beauftragt oder selbst bewirkt hat.

12 (Nr. 2): Allein der Teilnehmer hat bei der Datenverarbeitung durch das Unterneh-men ein Verfügungsrecht an den Nachrichteninhalten.[5] Nur er kann durch Bedie-nung der entsprechenden Menüs die betreffenden Nachrichteninhalte zur Kenntnis nehmen, sie verschieben oder löschen.

13 (Nr. 3): Die Technik muss so eingerichtet sein, dass nur der Teilnehmer bestimmen kann, wer Nachrichteninhalte eingeben und auf diese zugreifen darf.

14 (Nr. 4): Der Diensteanbieter darf dem Teilnehmer mitteilen, dass ein Empfänger auf eine Nachricht zugegriffen hat.

---

3 *Fetzer*, in: Arndt/Fetzer/Scherer, TKG, § 107 Rn. 3.
4 *Hassemer/Witzel*, ITRB 2006, S. 139 (141); *Altenburg/v. Reinersdorff/Leister*, MMR 2005, S. 135 (136).
5 So auch *Schadow*, RDV 1997, S. 51 (58), zu § 14 TDSV 1996.

(Nr. 5): Das Löschen von Nachrichten ist nur entsprechend dem mit dem Teilneh- **15**
mer geschlossenen Vertrag zulässig. Damit sind auch Löschungen aus Kapazitäts-
gründen unzulässig, es sei denn, diese wurden vertraglich vereinbart.

III. Technische und organisatorische Maßnahmen (Abs. 2)

Abs. 2 verpflichtet zu den technischen und organisatorischen Maßnahmen, die er- **16**
forderlich sind, um auszuschließen, dass Fehlübermittlungen stattfinden oder Nachrichteninhalte unbefugt offenbart werden (Satz 1). Der Wortlaut lehnt sich an § 9
Satz 1 BDSG an.

Die Maßnahmen sind nur in dem Umfang erforderlich, in dem ihr Aufwand in ei- **17**
nem angemessenen Verhältnis zu dem angestrebten Schutzzweck steht (Satz 2).
Der Wortlaut ist identisch mit § 9 Satz 2 BDSG. Zu beachten ist, dass vor dem Hintergrund, dass sich § 107 TKG auf Inhaltsdaten bezieht, auch ein sehr hoher Aufwand angemessen ist.[6]

Die Maßnahmen sind dem jeweiligen Stand der Technik anzupassen (Satz 3). **18**

---

6 *Kannenberg*, in: Scheurle/Mayen, TKG, § 107 Rn. 27.

Abschnitt 3
Öffentliche Sicherheit

§§ 108 bis 109 sind nicht kommentiert
§ 108 Notruf

(1) Wer öffentlich zugängliche Telekommunikationsdienste für das Führen von ausgehenden Inlandsgesprächen zu einer oder mehreren Nummern des nationalen Telefonnummernplanes bereitstellt, hat Vorkehrungen zu treffen, damit Endnutzern unentgeltliche Verbindungen möglich sind, die entweder durch die Wahl der europaeinheitlichen Notrufnummer 112 oder der zusätzlichen nationalen Notrufnummer 110 oder durch das Aussenden entsprechender Signalisierungen eingeleitet werden (Notrufverbindungen). Wer derartige öffentlich zugängliche Telekommunikationsdienste erbringt, den Zugang zu solchen Diensten ermöglicht oder Telekommunikationsnetze betreibt, die für diese Dienste einschließlich der Durchleitung von Anrufen genutzt werden, hat gemäß Satz 4 sicherzustellen oder im notwendigen Umfang daran mitzuwirken, dass Notrufverbindungen unverzüglich zu der örtlich zuständigen Notrufabfragestelle hergestellt werden, und er hat alle erforderlichen Maßnahmen zu treffen, damit Notrufverbindungen jederzeit möglich sind. Die Diensteanbieter nach den Sätzen 1 und 2 haben gemäß Satz 6 sicherzustellen, dass der Notrufabfragestelle auch Folgendes mit der Notrufverbindung übermittelt wird:

1. die Rufnummer des Anschlusses, von dem die Notrufverbindung ausgeht, und

2. die Daten, die zur Ermittlung des Standortes erforderlich sind, von dem die Notrufverbindung ausgeht.

Notrufverbindungen sind vorrangig vor anderen Verbindungen herzustellen, sie stehen vorrangigen Verbindungen nach dem Post- und Telekommunikationssicherstellungsgesetz gleich. Daten, die nach Maßgabe der Rechtsverordnung nach Absatz 3 zur Verfolgung von Missbrauch des Notrufs erforderlich sind, dürfen auch verzögert an die Notrufabfragestelle übermittelt werden. Die Übermittlung der Daten nach den Sätzen 3 und 5 erfolgt unentgeltlich. Die für Notrufverbindungen entstehenden Kosten trägt jeder Diensteanbieter selbst; die Entgeltlichkeit von Vorleistungen bleibt unberührt.

(2) Im Hinblick auf Notrufverbindungen, die durch sprach- oder hörbehinderte Endnutzer unter Verwendung eines Telefaxgerätes eingeleitet werden, gilt Absatz 1 entsprechend.

(3) Das Bundesministerium für Wirtschaft und Technologie wird ermächtigt, im Einvernehmen mit dem Bundesministerium des Innern und dem Bundesmi-

nisterium für Arbeit und Soziales durch Rechtsverordnung mit Zustimmung des Bundesrates Regelungen zu treffen

1. zu den Grundsätzen der Festlegung von Einzugsgebieten von Notrufabfragestellen und deren Unterteilungen durch die für den Notruf zuständigen Landes- und Kommunalbehörden sowie zu den Grundsätzen des Abstimmungsverfahrens zwischen diesen Behörden und den betroffenen Teilnehmernetzbetreibern und Mobilfunknetzbetreibern, soweit diese Grundsätze für die Herstellung von Notrufverbindungen erforderlich sind,

2. zur Herstellung von Notrufverbindungen zur jeweils örtlich zuständigen Notrufabfragestelle oder Ersatznotrufabfragestelle,

3. zum Umfang der für Notrufverbindungen zu erbringenden Leistungsmerkmale, einschließlich
   a) der Übermittlung der Daten nach Absatz 1 Satz 3 und
   b) zulässiger Abweichungen hinsichtlich der nach Absatz 1 Satz 3 Nummer 1 zu übermittelnden Daten in unausweichlichen technisch bedingten Sonderfällen,

4. zur Bereitstellung und Übermittlung von Daten, die geeignet sind, der Notrufabfragestelle die Verfolgung von Missbrauch des Notrufs zu ermöglichen,

5. zum Herstellen von Notrufverbindungen mittels automatischer Wählgeräte und

6. zu den Aufgaben der Bundesnetzagentur auf den in den Nummern 1 bis 5 aufgeführten Gebieten, insbesondere im Hinblick auf die Festlegung von Kriterien für die Genauigkeit und Zuverlässigkeit der Daten, die zur Ermittlung des Standortes erforderlich sind, von dem die Notrufverbindung ausgeht.

Landesrechtliche Regelungen über Notrufabfragestellen bleiben von den Vorschriften dieses Absatzes insofern unberührt, als sie nicht Verpflichtungen im Sinne von Absatz 1 betreffen.

(4) Die technischen Einzelheiten zu den in Absatz 3 Satz 1 Nummer 1 bis 5 aufgeführten Gegenständen, insbesondere die Kriterien für die Genauigkeit und Zuverlässigkeit der Angaben zu dem Standort, von dem die Notrufverbindung ausgeht, legt die Bundesnetzagentur in einer Technischen Richtlinie fest; dabei berücksichtigt sie die Vorschriften der Verordnung nach Absatz 3. Die Bundesnetzagentur erstellt die Richtlinie unter Beteiligung

1. der Verbände der durch Absatz 1 Satz 1 und 2 und Absatz 2 betroffenen Diensteanbieter und Betreiber von Telekommunikationsnetzen,

2. der vom Bundesministerium des Innern benannten Vertreter der Betreiber von Notrufabfragestellen und

3. der Hersteller der in den Telekommunikationsnetzen und Notrufabfragestellen eingesetzten technischen Einrichtungen.

Bei den Festlegungen in der Technischen Richtlinie sind internationale Standards zu berücksichtigen; Abweichungen von den Standards sind zu begründen. Die Technische Richtlinie ist von der Bundesnetzagentur auf ihrer Internetseite zu veröffentlichen; die Veröffentlichung hat die Bundesnetzagentur in
ihrem Amtsblatt bekannt zu machen. Die Verpflichteten nach Absatz 1 Satz 1
bis 3 und Absatz 2 haben die Anforderungen der Technischen Richtlinie spätestens ein Jahr nach deren Bekanntmachung zu erfüllen, sofern dort für bestimmte Verpflichtungen kein längerer Übergangszeitraum festgelegt ist. Nach
dieser Richtlinie gestaltete mängelfreie technische Einrichtungen müssen im
Falle einer Änderung der Richtlinie spätestens drei Jahre nach deren Inkrafttreten die geänderten Anforderungen erfüllen.

§ 109 Technische Schutzmaßnahmen

(1) Jeder Diensteanbieter hat erforderliche technische Vorkehrungen und sonstige Maßnahmen zu treffen

1. zum Schutz des Fernmeldegeheimnisses und

2. gegen die Verletzung des Schutzes personenbezogener Daten.

Dabei ist der Stand der Technik zu berücksichtigen.

(2) Wer ein öffentliches Telekommunikationsnetz betreibt oder öffentlich zugängliche Telekommunikationsdienste erbringt, hat bei den hierfür betriebenen Telekommunikations- und Datenverarbeitungssystemen angemessene technische Vorkehrungen und sonstige Maßnahmen zu treffen

1. zum Schutz gegen Störungen, die zu erheblichen Beeinträchtigungen von Telekommunikationsnetzen und -diensten führen, auch soweit sie durch äußere Angriffe und Einwirkungen von Katastrophen bedingt sein können, und

2. zur Beherrschung der Risiken für die Sicherheit von Telekommunikationsnetzen und -diensten.

Insbesondere sind Maßnahmen zu treffen, um Telekommunikations- und Datenverarbeitungssysteme gegen unerlaubte Zugriffe zu sichern und Auswirkungen von Sicherheitsverletzungen für Nutzer oder für zusammengeschaltete Netze so gering wie möglich zu halten. Wer ein öffentliches Telekommunikationsnetz betreibt, hat Maßnahmen zu treffen, um den ordnungsgemäßen Betrieb seiner Netze zu gewährleisten und dadurch die fortlaufende Verfügbarkeit der über diese Netze erbrachten Dienste sicherzustellen. Technische Vorkehrungen und sonstige Schutzmaßnahmen sind angemessen, wenn der dafür erforderliche technische und wirtschaftliche Aufwand nicht außer Verhältnis zur Bedeutung der zu schützenden Telekommunikationsnetze oder -dienste steht. § 11 Absatz 1 des Bundesdatenschutzgesetzes gilt entsprechend.

(3) Bei gemeinsamer Nutzung eines Standortes oder technischer Einrichtungen hat jeder Beteiligte die Verpflichtungen nach den Absätzen 1 und 2 zu erfüllen, soweit bestimmte Verpflichtungen nicht einem bestimmten Beteiligten zugeordnet werden können.

(4) Wer ein öffentliches Telekommunikationsnetz betreibt oder öffentlich zugängliche Telekommunikationsdienste erbringt, hat einen Sicherheitsbeauftragten zu benennen und ein Sicherheitskonzept zu erstellen, aus dem hervorgeht,

1. welches öffentliche Telekommunikationsnetz betrieben und welche öffentlich zugänglichen Telekommunikationsdienste erbracht werden,

2. von welchen Gefährdungen auszugehen ist und

3. welche technischen Vorkehrungen oder sonstigen Schutzmaßnahmen zur Erfüllung der Verpflichtungen aus den Absätzen 1 und 2 getroffen oder geplant sind.

Wer ein öffentliches Telekommunikationsnetz betreibt, hat der Bundesnetzagentur das Sicherheitskonzept unverzüglich nach der Aufnahme des Netzbetriebs vorzulegen. Wer öffentlich zugängliche Telekommunikationsdienste erbringt, kann nach der Bereitstellung des Telekommunikationsdienstes von der Bundesnetzagentur verpflichtet werden, das Sicherheitskonzept vorzulegen. Mit dem Sicherheitskonzept ist eine Erklärung vorzulegen, dass die darin aufgezeigten technischen Vorkehrungen und sonstigen Schutzmaßnahmen umgesetzt sind oder unverzüglich umgesetzt werden. Stellt die Bundesnetzagentur im Sicherheitskonzept oder bei dessen Umsetzung Sicherheitsmängel fest, so kann sie deren unverzügliche Beseitigung verlangen. Sofern sich die dem Sicherheitskonzept zugrunde liegenden Gegebenheiten ändern, hat der nach Satz 2 oder 3 Verpflichtete das Konzept anzupassen und der Bundesnetzagentur unter Hinweis auf die Änderungen erneut vorzulegen. Die Bundesnetzagentur kann die Umsetzung des Sicherheitskonzeptes überprüfen.

(5) Wer ein öffentliches Telekommunikationsnetz betreibt oder öffentlich zugängliche Telekommunikationsdienste erbringt, hat der Bundesnetzagentur eine Sicherheitsverletzung einschließlich Störungen von Telekommunikationsnetzen oder -diensten unverzüglich mitzuteilen, sofern hierdurch beträchtliche Auswirkungen auf den Betrieb der Telekommunikationsnetze oder das Erbringen von Telekommunikationsdiensten entstehen. Die Bundesnetzagentur kann von dem nach Satz 1 Verpflichteten einen detaillierten Bericht über die Sicherheitsverletzung und die ergriffenen Abhilfemaßnahmen verlangen. Erforderlichenfalls unterrichtet die Bundesnetzagentur das Bundesamt für Sicherheit in der Informationstechnik, die nationalen Regulierungsbehörden der anderen Mitgliedstaaten der Europäischen Union und die Europäische Agentur für Netz- und Informationssicherheit über die Sicherheitsverletzungen. Die Bundesnetzagentur kann die Öffentlichkeit informieren oder die nach Satz 1 Verpflichteten zu dieser Unterrichtung auffordern, wenn sie zu dem Schluss gelangt, dass die Bekanntgabe der Sicherheitsverletzung im öffentlichen Interesse liegt. Die Bundesnetzagentur legt der Kommission, der Europäischen Agentur für Netz- und Informationssicherheit und dem Bundesamt für Sicherheit in der Informationstechnik einmal pro Jahr einen zusammenfassenden Bericht über die eingegangenen Mitteilungen und die ergriffenen Abhilfemaßnahmen vor.

(6) Die Bundesnetzagentur erstellt im Benehmen mit dem Bundesamt für Sicherheit in der Informationstechnik und dem Bundesbeauftragten für den Datenschutz und die Informationsfreiheit einen Katalog von Sicherheitsanforderungen für das Betreiben von Telekommunikations- und Datenverarbeitungssystemen sowie für die Verarbeitung personenbezogener Daten als Grundlage

für das Sicherheitskonzept nach Absatz 4 und für die zu treffenden technischen Vorkehrungen und sonstigen Maßnahmen nach den Absätzen 1 und 2. Sie gibt den Herstellern, den Verbänden der Betreiber öffentlicher Telekommunikationsnetze und den Verbänden der Anbieter öffentlich zugänglicher Telekommunikationsdienste Gelegenheit zur Stellungnahme. Der Katalog wird von der Bundesnetzagentur veröffentlicht.

(7) Die Bundesnetzagentur kann anordnen, dass sich die Betreiber öffentlicher Telekommunikationsnetze oder die Anbieter öffentlich zugänglicher Telekommunikationsdienste einer Überprüfung durch eine qualifizierte unabhängige Stelle oder eine zuständige nationale Behörde unterziehen, in der festgestellt wird, ob die Anforderungen nach den Absätzen 1 bis 3 erfüllt sind. Der nach Satz 1 Verpflichtete hat eine Kopie des Überprüfungsberichts unverzüglich an die Bundesnetzagentur zu übermitteln. Er trägt die Kosten dieser Überprüfung.

§ 109a Datensicherheit

(1) Wer öffentlich zugängliche Telekommunikationsdienste erbringt, hat im Fall einer Verletzung des Schutzes personenbezogener Daten unverzüglich die Bundesnetzagentur und den Bundesbeauftragten für den Datenschutz und die Informationsfreiheit von der Verletzung zu benachrichtigen. Ist anzunehmen, dass durch die Verletzung des Schutzes personenbezogener Daten Teilnehmer oder andere Personen schwerwiegend in ihren Rechten oder schutzwürdigen Interessen beeinträchtigt werden, hat der Anbieter des Telekommunikationsdienstes zusätzlich die Betroffenen unverzüglich von dieser Verletzung zu benachrichtigen. In Fällen, in denen in dem Sicherheitskonzept nachgewiesen wurde, dass die von der Verletzung betroffenen personenbezogenen Daten durch geeignete technische Vorkehrungen gesichert, insbesondere unter Anwendung eines als sicher anerkannten Verschlüsselungsverfahrens gespeichert wurden, ist eine Benachrichtigung nicht erforderlich. Unabhängig von Satz 3 kann die Bundesnetzagentur den Anbieter des Telekommunikationsdienstes unter Berücksichtigung der wahrscheinlichen nachteiligen Auswirkungen der Verletzung des Schutzes personenbezogener Daten zu einer Benachrichtigung der Betroffenen verpflichten. Im Übrigen gilt § 42a Satz 6 des Bundesdatenschutzgesetzes entsprechend.

(2) Die Benachrichtigung an die Betroffenen muss mindestens enthalten:

1. die Art der Verletzung des Schutzes personenbezogener Daten,

2. Angaben zu den Kontaktstellen, bei denen weitere Informationen erhältlich sind, und

3. Empfehlungen zu Maßnahmen, die mögliche nachteilige Auswirkungen der Verletzung des Schutzes personenbezogener Daten begrenzen.

In der Benachrichtigung an die Bundesnetzagentur und den Bundesbeauftragten für den Datenschutz und die Informationsfreiheit hat der Anbieter des Telekommunikationsdienstes zusätzlich zu den Angaben nach Satz 1 die Folgen der Verletzung des Schutzes personenbezogener Daten und die beabsichtigten oder ergriffenen Maßnahmen darzulegen.

(3) Die Anbieter der Telekommunikationsdienste haben ein Verzeichnis der Verletzungen des Schutzes personenbezogener Daten zu führen, das Angaben zu Folgendem enthält:

1. zu den Umständen der Verletzungen,

2. zu den Auswirkungen der Verletzungen und

3. zu den ergriffenen Abhilfemaßnahmen.

Diese Angaben müssen ausreichend sein, um der Bundesnetzagentur und dem Bundesbeauftragten für den Datenschutz und die Informationsfreiheit die

Prüfung zu ermöglichen, ob die Bestimmungen der Absätze 1 und 2 eingehalten wurden. Das Verzeichnis enthält nur die zu diesem Zweck erforderlichen Informationen und muss nicht Verletzungen berücksichtigen, die mehr als fünf Jahre zurückliegen.

(4) Vorbehaltlich technischer Durchführungsmaßnahmen der Europäischen Kommission nach Artikel 4 Absatz 5 der Richtlinie 2002/58/EG kann die Bundesnetzagentur Leitlinien vorgeben bezüglich des Formats, der Verfahrensweise und der Umstände, unter denen eine Benachrichtigung über eine Verletzung des Schutzes personenbezogener Daten erforderlich ist.

Literatur: *Beine*, Neues TKG-Datenschutzrecht – Maßgebliche Änderungen durch die TKG-Novelle 2012, ZD 2013, S. 8; *Eckhardt/Schmitz*, Datenschutz in der TKG-Novelle, CR 2011, S. 436; *Pokutnev/Schmid*, Die TKG-Novelle 2012 aus datenschutzrechtlicher Sicht, CR 2011, S. 360.

I. Allgemeines

1. Gesetzeszweck

§ 109a TKG wurde geschaffen, um einen einheitlichen Pflichtenkatalog für die Fälle einer Verletzung des Schutzes personenbezogener Daten zu erstellen.[1] Eine Benachrichtigung bei einer Verletzung des Schutzes an den Betroffenen soll die Möglichkeit geben, rechtzeitig und angemessen zu reagieren, da in einem solchen Fall erhebliche wirtschaftliche Schäden und soziale Nachteile, einschließlich des Identitätsbetrugs für die betroffene Person zu befürchten sein können.[2] Standort der Vorschrift unter dem Abschnitt 3 („Öffentliche Sicherheit") und die amtliche Überschrift zu § 109a TKG („Datensicherheit") sind insoweit etwas irreführend.[3] Seit dem 25. August 2013 gilt zudem die Verordnung 611/2013/EU mit weiteren Benachrichtigungspflichten.

1

---

1 So auch *Jenny*, in: Plath, BDSG, § 93 TKG, Rn. 1.
2 Erwägungsgrund 61 der Richtlinie 2009/136/EG, ABl. Nr. L 337/11 v. 18.12.2009.
3 *Beine*, ZD 2013, S. 13.

2. Geschichte/Europarechtliche Grundlagen

2 § 109a TKG setzt Art. 4 Abs. 3 der geänderten Datenschutzrichtlinie für die elektronische Kommunikation (2009/136/EG)[4] um und ist durch die TKG-Novelle 2012 neu eingefügt worden. Im Bereich der Telekommunikation ersetzt sie § 42a BDSG, auf den zuvor § 93 Abs. 3 TKG verwiesen hatte. Erst im Gesetzgebungsverfahren wurde Abs. 1 Satz 5 eingefügt, der einen Verweis auf § 42a Satz 6 BDSG enthält. Damit wird dem „nemo tenetur"-Grundsatz Rechnung getragen.[5] Ohne einen entsprechenden Verweis oder eine vergleichbare Regelung wäre die Norm verfassungsrechtlich nicht haltbar.[6]

II. Kommentierung

1. Benachrichtigungspflicht und Ausnahmen (Abs. 1)

3 Nach Abs. 1 Satz 1 hat derjenige, der öffentlich zugängliche Telekommunikationsdienste erbringt, eine Verletzung des Schutzes personenbezogener Daten der Bundesnetzagentur und dem Bundesbeauftragten für den Datenschutz und die Informationsfreiheit „unverzüglich" zu melden. Diensteanbieter, die keine öffentlich zugänglichen Telekommunikationsdienste erbringen, fallen nicht unter Abs. 1 Satz 1.[7] Eine Verletzung des Schutzes personenbezogener Daten ist nach § 3 Nr. 30a TKG eine Verletzung der Datensicherheit, die zum Verlust, zur unrechtmäßigen Löschung, Veränderung, Speicherung, Weitergabe oder sonstigen unrechtmäßigen Verwendung personenbezogener Daten führt, die übertragen, gespeichert oder auf andere Weise im Zusammenhang mit der Bereitstellung öffentlich zugänglicher Telekommunikationsdienste verarbeitet werden sowie der unrechtmäßige Zugang zu diesen. Damit sind nicht mehr nur Bestands- und Verkehrsdaten erfasst, sondern alle personenbezogenen Daten.[8] Die Verletzung der Datensicherheit wird im Gesetz nicht definiert. Die Benachrichtigung der BNetzA und des BfDI muss unverzüglich (§ 121 Abs. 1 Satz 1 BGB) erfolgen. Die Meldung soll nach Auffassung der BNetzA innerhalb von 24 Stunden nach Kenntnis des Umstandes gemeldet werden.[9] Wenn die datenverarbeitende Stelle erstmals hinreichende Anhaltspunkte für das Vorliegen des Vorfalls hat, soll von einer Kenntniserlangung ausgegangen wer-

---

4 ABl. Nr. L 337/11 v. 18.12.2009 zur Änderung der Richtlinie 2002/58/EG, ABl. Nr. L 201/37 v. 31.7.2002.

5 Vgl. Beschlussempfehlung und Bericht des Ausschusses für Wirtschaft und Technologie, BT-Drs. 17/7521, S. 119.

6 Vgl. *Eckhardt/Schmitz*, CR 2011, S. 436 (443).

7 *Pokutney/Schmid*, CR 2012, S. 364; gem. § 93 Abs. 3 TKG gilt für alle Diensteanbieter aber § 109a Abs. 1 Satz 2, Abs. 2 TKG.

8 Dazu gehören Standortdaten, die keine Verkehrsdaten sind.

9 Leitlinien zur Melde-, bzw. Benachrichtigungspflicht nach § 109a TKG von der BNetzA, S. 2. Weitergehend nunmehr Verordnung 611/2013/EU.

den.[10] Sind bei Meldung noch nicht alle Informationen vorhanden, müssen diese „so schnell wie möglich, jedenfalls innerhalb von drei Tagen nach der ersten Meldung"[11] nachgereicht werden. Ob derartig starre Vorgaben der BNetzA hilfreich sind, darf bezweifelt werden. Immerhin verdeutlichen die Richtlinien der BNetzA einem Ratsuchenden die besondere Gewichtigkeit des Schutzes der personenbezogenen Daten. Die Meldung kann in elektronischer Form via E-Mail erfolgen.[12]

Abs. 1 Satz 2 erlegt dem Telekommunikationsdiensteanbieter zusätzlich die Pflicht **4** auf, auch die Betroffenen von der Verletzung zu unterrichten, wenn anzunehmen ist, dass deren Rechte oder schutzwürdigen Interessen schwerwiegend beeinträchtigt werden. Für den Anbieter ist es meistens nur möglich, die Teilnehmer[13] zu informieren, andere Betroffene sind ihm überwiegend unbekannt. Kennt er die Betroffenen nicht, sollte er die Verletzung durch eine öffentliche Anzeige in entsprechend verbreiteten Medien kundtun.[14] Die Mitteilungspflicht des Satz 2 greift nur bei schwerwiegenden Beeinträchtigungen für die Betroffenen. Bei der Beurteilung, ob die Beeinträchtigung schwerwiegend ist, sind die Art der betroffenen Daten, die zu erwartenden Konsequenzen für die Betroffenen und die Umstände des Vorfalls zu berücksichtigen.[15] Als schwerwiegend muss eine Beeinträchtigung jedenfalls dann gewertet werden, wenn die Folge der Verletzung Identitätsdiebstahl oder -betrug, physische Schäden, erhebliche Demütigung oder Rufschaden sein kann.[16] Wegen des Verweises in § 93 Abs. 3 TKG auf § 109a Abs. 1 Satz 2 TKG gehört die Benachrichtigung der Betroffenen zu den Pflichten auch eines Diensteanbieters, der keine öffentlich zugänglichen Telekommunikationsdienste erbringt.[17]

Abs. 1 Satz 3 enthält eine Ausnahme von Satz 2. Die Betroffenen müssen nicht be- **5** nachrichtigt werden, wenn durch ein Sicherheitskonzept geeignete technische Vorkehrungen zur Sicherung der betroffenen Daten nachgewiesen wurden. Als Beispiel für eine geeignete technische Vorkehrung wird die Speicherung unter Anwendung eines anerkannten Verschlüsselungsverfahrens genannt. Eine genauere

---

10 Leitlinien zur Melde-, bzw. Benachrichtigungspflicht nach § 109a TKG von der BNetzA, S. 2.

11 Leitlinien zur Melde-, bzw. Benachrichtigungspflicht nach § 109a TKG von der BNetzA, S. 2.

12 Leitlinien zur Melde-, bzw. Benachrichtigungspflicht nach § 109a TKG von der BNetzA, S. 2; außerdem ist ein Meldebogen für derartige Fälle auf den Internetseiten des BfDI und der BNetzA abrufbar.

13 Gem. § 3 Nr. 20 TKG ist Teilnehmer jede natürliche oder juristische Person, die mit einem Anbieter von öffentlich zugänglichen Telekommunikationsdiensten einen Vertrag über die Erbringung derartiger Dienste geschlossen hat. S. jetzt VO 611/2013/EU.

14 Leitlinien zur Melde- bzw. Benachrichtigungspflicht nach § 109a TKG von der BNetzA, S. 3.

15 Leitlinien zur Melde- bzw. Benachrichtigungspflicht nach § 109a TKG von der BNetzA, S. 3.

16 Vgl. Erwägungsgrund 61 der Richtlinie 2009/136/EG, ABl. Nr. L 337/11 v. 18.12.2009.

17 Vgl. die Kommentierung zu § 93 TKG.

Erläuterung geeigneter technischer Vorkehrungen erfolgt in einem nach § 109 Abs. 6 TKG zu erstellenden Katalog.

6   Ungeachtet dessen, ob die Voraussetzungen des Abs. 1 Satz 2 vorliegen und damit keine Benachrichtigung der Betroffenen erfolgen muss, kann die BNetzA den Anbieter unter Berücksichtigung der wahrscheinlichen nachteiligen Auswirkungen der Verletzung zu einer Benachrichtigung der Betroffenen verpflichten. Die Verpflichtung ergeht in Form eines Verwaltungsakts. Vor Erlass ist der Anbieter anzuhören, wobei von einer Anhörung abgesehen werden kann, wenn i. S. des § 28 Abs. 2 Nr. 1 VwVfG Gefahr im Verzug ist. Der Bescheid ist zu begründen und mit einer Rechtsbehelfsbelehrung zu versehen. Der in Anspruch genommene Anbieter kann gegen die Verpflichtung mit den allgemeinen verwaltungsprozessualen Mitteln vorgehen, insbesondere also Widerspruch einlegen oder Anfechtungsklage erheben. Beide Rechtsbehelfe haben allerdings nach § 137 Abs. 1 TKG keine aufschiebende Wirkung, und zwar ohne, dass es der gesonderten Anordnung des Sofortvollzugs bedarf. Die Bundesnetzagentur ist eine Bundesoberbehörde, weshalb die Durchführung eines Widerspruchsverfahrens – abgesehen vom Fall einer Beschlusskammerentscheidung – grundsätzlich erforderlich ist. Gegen die von Gesetzes wegen eintretende sofortige Vollziehbarkeit kann Rechtsschutz nach § 80 Abs. 5 VwGO erreicht werden. Allerdings wird im Regelfall zum Nachteil des Anbieters zu beachten sein, dass die Anordnung der aufschiebenden Wirkung faktisch zu einer Erledigung der Benachrichtigungspflicht führen würde, da der mit der Benachrichtigung bezweckte Schutz der Betroffenen nach Durchführung eines Widerspruchs- und eines Klageverfahrens wegen des damit verbundenen Zeitablaufs kaum noch zu erreichen sein wird.

7   Nach Satz 4 gilt § 42a Satz 6 BDSG entsprechend. Demnach darf eine Benachrichtigung, die der Benachrichtigungspflichtige erteilt hat, in einem Strafverfahren oder in einem Verfahren nach dem Gesetz über Ordnungswidrigkeiten gegen ihn oder einen in § 52 Absatz 1 der Strafprozessordnung bezeichneten Angehörigen des Benachrichtigungspflichtigen nur mit Zustimmung des Benachrichtigungspflichtigen verwendet werden. Durch dieses Beweisverwertungsverbot kann der Grundsatz der Selbstbezichtigungsfreiheit gewahrt werden.[18] Das Beweisverwertungsverbot erstreckt sich, mit Ausnahme von Organvertretern,[19] nicht auf Mitarbeiter. Dies ist verfassungsrechtlich unbedenklich und entspricht dem strafprozessualen Normalfall, der einen Schutz von Angestellten weder über § 52 StPO noch über § 55 StPO vorsieht.

2. Mindestinhalt der Benachrichtigung (Abs. 2)

8   Die Mindestanforderungen an die Benachrichtigung sind in Abs. 2 geregelt. Sie muss die Art der Verletzung des Schutzes personenbezogener Daten, Angaben zu

---

18 Vgl. im Übrigen die Kommentierung zu § 42a BDSG.
19 Siehe auch die Kommentierung zu § 42a BDSG Rn. 31.

den Kontaktstellen, bei denen weitere Informationen erhältlich sind, und Empfehlungen zu Maßnahmen, die mögliche nachteilige Auswirkungen der Verletzung des Schutzes personenbezogener Daten begrenzen, enthalten. Die Mitteilung an die BNetzA und den BfDI muss zusätzlich noch die Folgen der Verletzung des Schutzes personenbezogener Daten und die beabsichtigten oder ergriffenen Maßnahmen enthalten. An diese Mindestanforderungen muss sich auch der Anbieter nicht öffentlich zugänglicher Telekommunikationsdienste halten, wenn er dem Betroffenen die Verletzung meldet.[20]

3. Verzeichnis über die Verletzungen des Schutzes personenbezogener Daten (Abs. 3)

Der Anbieter muss ein Verzeichnis über die Verletzungen des Schutzes personenbezogener Daten führen. Das Verzeichnis muss Angaben zu den Umständen der Verletzungen, den Auswirkungen und den ergriffenen Abhilfemaßnahmen enthalten. Der BfDI und die BNetzA sollen dadurch die Möglichkeit erhalten, zu prüfen, ob die Bestimmungen der Absätze 1 und 2 eingehalten wurden.   9

III. Bußgeld

Ein Verstoß gegen § 109a Abs. 1 Satz 1 und Satz 2 TKG ist nach § 149 Abs. 1   10
Nr. 21a, Abs. 2 TKG mit einem Bußgeld von bis zu 100.000 Euro bewehrt. Ein Verstoß gegen die Pflicht, ein Verzeichnis über die Verletzungen des Schutzes personenbezogener Daten zu führen, ist gem. § 149 Abs. 1 Nr. 21b, Abs. 2 TKG mit einem Bußgeld bis zu 50.000 Euro bedroht.

---

20 Vgl. § 93 Abs. 3 TKG.

§§ 110 bis 115 sind nicht kommentiert

§ 110 Umsetzung von Überwachungsmaßnahmen, Erteilung von Auskünften

(1) Wer eine Telekommunikationsanlage betreibt, mit der öffentlich zugängliche Telekommunikationsdienste erbracht werden, hat

1. ab dem Zeitpunkt der Betriebsaufnahme auf eigene Kosten technische Einrichtungen zur Umsetzung gesetzlich vorgesehener Maßnahmen zur Überwachung der Telekommunikation vorzuhalten und organisatorische Vorkehrungen für deren unverzügliche Umsetzung zu treffen,

1a. in Fällen, in denen die Überwachbarkeit nur durch das Zusammenwirken von zwei oder mehreren Telekommunikationsanlagen sichergestellt werden kann, die dazu erforderlichen automatischen Steuerungsmöglichkeiten zur Erfassung und Ausleitung der zu überwachenden Telekommunikation in seiner Telekommunikationsanlage bereitzustellen sowie eine derartige Steuerung zu ermöglichen,

2. der Bundesnetzagentur unverzüglich nach der Betriebsaufnahme
   a) zu erklären, dass er die Vorkehrungen nach Nummer 1 getroffen hat sowie
   b) eine im Inland gelegene Stelle zu benennen, die für ihn bestimmte Anordnungen zur Überwachung der Telekommunikation entgegennimmt,

3. der Bundesnetzagentur den unentgeltlichen Nachweis zu erbringen, dass seine technischen Einrichtungen und organisatorischen Vorkehrungen nach Nummer 1 mit den Vorschriften der Rechtsverordnung nach Absatz 2 und der Technischen Richtlinie nach Absatz 3 übereinstimmen; dazu hat er unverzüglich, spätestens nach einem Monat nach Betriebsaufnahme,
   a) der Bundesnetzagentur die Unterlagen zu übersenden, die dort für die Vorbereitung der im Rahmen des Nachweises von der Bundesnetzagentur durchzuführenden Prüfungen erforderlich sind, und
   b) mit der Bundesnetzagentur einen Prüftermin für die Erbringung dieses Nachweises zu vereinbaren;

bei den für den Nachweis erforderlichen Prüfungen hat er die Bundesnetzagentur zu unterstützen,

4. der Bundesnetzagentur auf deren besondere Aufforderung im begründeten Einzelfall eine erneute unentgeltliche Prüfung seiner technischen und organisatorischen Vorkehrungen zu gestatten sowie

5. die Aufstellung und den Betrieb von Geräten für die Durchführung von Maßnahmen nach den §§ 5 und 8 des Artikel 10-Gesetzes in seinen Räumen zu dulden und Bediensteten der für diese Maßnahmen zuständigen Stelle

sowie den Mitgliedern und Mitarbeitern der G 10-Kommission (§ 1 Abs. 2 des Artikel 10-Gesetzes) Zugang zu diesen Geräten zur Erfüllung ihrer gesetzlichen Aufgaben zu gewähren.

Wer öffentlich zugängliche Telekommunikationsdienste erbringt, ohne hierfür eine Telekommunikationsanlage zu betreiben, hat sich bei der Auswahl des Betreibers der dafür genutzten Telekommunikationsanlage zu vergewissern, dass dieser Anordnungen zur Überwachung der Telekommunikation unverzüglich nach Maßgabe der Rechtsverordnung nach Absatz 2 und der Technischen Richtlinie nach Absatz 3 umsetzen kann und der Bundesnetzagentur unverzüglich nach Aufnahme seines Dienstes mitzuteilen, welche Telekommunikationsdienste er erbringt, durch wen Überwachungsanordnungen, die seine Teilnehmer betreffen, umgesetzt werden und an welche im Inland gelegene Stelle Anordnungen zur Überwachung der Telekommunikation zu richten sind. Änderungen der den Mitteilungen nach Satz 1 Nr. 2 Buchstabe b und Satz 2 zugrunde liegenden Daten sind der Bundesnetzagentur unverzüglich mitzuteilen. In Fällen, in denen noch keine Vorschriften nach Absatz 3 vorhanden sind, hat der Verpflichtete die technischen Einrichtungen nach Satz 1 Nr. 1 und 1a in Absprache mit der Bundesnetzagentur zu gestalten, die entsprechende Festlegungen im Benehmen mit den berechtigten Stellen trifft. Die Sätze 1 bis 4 gelten nicht, soweit die Rechtsverordnung nach Absatz 2 Ausnahmen für die Telekommunikationsanlage vorsieht. § 100b Abs. 3 Satz 1 der Strafprozessordnung, § 2 Abs. 1 Satz 3 des Artikel 10-Gesetzes, § 20l Abs. 5 Satz 1 des Bundeskriminalamtgesetzes sowie entsprechende landesgesetzliche Regelungen zur polizeilich-präventiven Telekommunikationsüberwachung bleiben unberührt.

(2) Die Bundesregierung wird ermächtigt, durch Rechtsverordnung mit Zustimmung des Bundesrates

1. Regelungen zu treffen
    a) über die grundlegenden technischen Anforderungen und die organisatorischen Eckpunkte für die Umsetzung von Überwachungsmaßnahmen und die Erteilung von Auskünften einschließlich der Umsetzung von Überwachungsmaßnahmen und der Erteilung von Auskünften durch einen von dem Verpflichteten beauftragten Erfüllungsgehilfen,
    b) über den Regelungsrahmen für die Technische Richtlinie nach Absatz 3,
    c) für den Nachweis nach Absatz 1 Satz 1 Nr. 3 und 4 und
    d) für die nähere Ausgestaltung der Duldungsverpflichtung nach Absatz 1 Satz 1 Nr. 5 sowie

2. zu bestimmen,
    a) in welchen Fällen und unter welchen Bedingungen vorübergehend auf die Einhaltung bestimmter technischer Vorgaben verzichtet werden kann,

b) dass die Bundesnetzagentur aus technischen Gründen Ausnahmen von der Erfüllung einzelner technischer Anforderungen zulassen kann und

c) bei welchen Telekommunikationsanlagen und damit erbrachten Diensteangeboten aus grundlegenden technischen Erwägungen oder aus Gründen der Verhältnismäßigkeit abweichend von Absatz 1 Satz 1 Nr. 1 keine technischen Einrichtungen vorgehalten und keine organisatorischen Vorkehrungen getroffen werden müssen.

(3) Die Bundesnetzagentur legt technische Einzelheiten, die zur Sicherstellung einer vollständigen Erfassung der zu überwachenden Telekommunikation und zur Auskunftserteilung sowie zur Gestaltung des Übergabepunktes zu den berechtigten Stellen erforderlich sind, in einer im Benehmen mit den berechtigten Stellen und unter Beteiligung der Verbände und der Hersteller zu erstellenden Technischen Richtlinie fest. Dabei sind internationale technische Standards zu berücksichtigen; Abweichungen von den Standards sind zu begründen. Die Technische Richtlinie ist von der Bundesnetzagentur auf ihrer Internetseite zu veröffentlichen; die Veröffentlichung hat die Bundesnetzagentur in ihrem Amtsblatt bekannt zu machen.

(4) Wer technische Einrichtungen zur Umsetzung von Überwachungsmaßnahmen herstellt oder vertreibt, kann von der Bundesnetzagentur verlangen, dass sie diese Einrichtungen im Rahmen einer Typmusterprüfung im Zusammenwirken mit bestimmten Telekommunikationsanlagen daraufhin prüft, ob die rechtlichen und technischen Vorschriften der Rechtsverordnung nach Absatz 2 und der Technischen Richtlinie nach Absatz 3 erfüllt werden. Die Bundesnetzagentur kann nach pflichtgemäßem Ermessen vorübergehend Abweichungen von den technischen Vorgaben zulassen, sofern die Umsetzung von Überwachungsmaßnahmen grundsätzlich sichergestellt ist und sich ein nur unwesentlicher Anpassungsbedarf bei den Einrichtungen der berechtigten Stellen ergibt. Die Bundesnetzagentur hat dem Hersteller oder Vertreiber das Prüfergebnis schriftlich mitzuteilen. Die Prüfergebnisse werden von der Bundesnetzagentur bei dem Nachweis der Übereinstimmung der technischen Einrichtungen mit den anzuwendenden technischen Vorschriften beachtet, den der Verpflichtete nach Absatz 1 Satz 1 Nr. 3 oder 4 zu erbringen hat. Die vom Bundesministerium für Wirtschaft und Technologie vor Inkrafttreten dieser Vorschrift ausgesprochenen Zustimmungen zu den von Herstellern vorgestellten Rahmenkonzepten gelten als Mitteilungen im Sinne des Satzes 3.

(5) Wer nach Absatz 1 in Verbindung mit der Rechtsverordnung nach Absatz 2 verpflichtet ist, Vorkehrungen zu treffen, hat die Anforderungen der Rechtsverordnung und der Technischen Richtlinie nach Absatz 3 spätestens ein Jahr nach deren Bekanntmachung zu erfüllen, sofern dort für bestimmte Verpflichtungen kein längerer Zeitraum festgelegt ist. Nach dieser Richtlinie gestaltete mängelfreie technische Einrichtungen für bereits vom Verpflichteten angebotene Telekommunikationsdienste müssen im Falle einer Änderung der Richtlinie spätestens drei Jahre nach deren Inkrafttreten die geänderten Anforderungen erfüllen. Stellt sich bei dem Nachweis nach Absatz 1 Satz 1 Nr. 3 oder einer erneuten Prüfung nach Absatz 1 Satz 1 Nr. 4 ein Mangel bei den von dem Verpflichteten getroffenen technischen oder organisatorischen Vorkehrungen heraus, hat er diesen Mangel nach Vorgaben der Bundesnetzagentur in angemessener Frist zu beseitigen; stellt sich im Betrieb, insbesondere anlässlich durchzuführender Überwachungsmaßnahmen, ein Mangel heraus, hat er diesen unverzüglich zu beseitigen. Sofern für die technische Einrichtung eine Typmusterprüfung nach Absatz 4 durchgeführt worden ist und dabei Fristen für die Beseitigung von Mängeln festgelegt worden sind, hat die Bundesnetzagentur diese Fristen bei ihren Vorgaben zur Mängelbeseitigung nach Satz 3 zu berücksichtigen.

(6) Jeder Betreiber einer Telekommunikationsanlage, der anderen im Rahmen seines Angebotes für die Öffentlichkeit Netzabschlusspunkte seiner Telekommunikationsanlage überlässt, ist verpflichtet, den gesetzlich zur Überwachung der Telekommunikation berechtigten Stellen auf deren Anforderung Netzabschlusspunkte für die Übertragung der im Rahmen einer Überwachungsmaßnahme anfallenden Informationen unverzüglich und vorrangig bereitzustellen. Die technische Ausgestaltung derartiger Netzabschlusspunkte kann in einer Rechtsverordnung nach Absatz 2 geregelt werden. Für die Bereitstellung und Nutzung gelten mit Ausnahme besonderer Tarife oder Zuschläge für vorrangige oder vorzeitige Bereitstellung oder Entstörung die jeweils für die Allgemeinheit anzuwendenden Tarife. Besondere vertraglich vereinbarte Rabatte bleiben von Satz 3 unberührt.

(7) Telekommunikationsanlagen, die von den gesetzlich berechtigten Stellen betrieben werden und mittels derer in das Fernmeldegeheimnis oder in den Netzbetrieb eingegriffen werden soll, sind im Einvernehmen mit der Bundesnetzagentur technisch zu gestalten. Die Bundesnetzagentur hat sich zu der technischen Gestaltung innerhalb angemessener Frist zu äußern.

§ 111 Daten für Auskunftsersuchen der Sicherheitsbehörden

(1) Wer geschäftsmäßig Telekommunikationsdienste erbringt oder daran mitwirkt und dabei Rufnummern oder andere Anschlusskennungen vergibt oder Telekommunikationsanschlüsse für von anderen vergebene Rufnummern oder andere Anschlusskennungen bereitstellt, hat für die Auskunftsverfahren nach den §§ 112 und 113

1. die Rufnummern und anderen Anschlusskennungen,

2. den Namen und die Anschrift des Anschlussinhabers,

3. bei natürlichen Personen deren Geburtsdatum,

4. bei Festnetzanschlüssen auch die Anschrift des Anschlusses,

5. in Fällen, in denen neben einem Mobilfunkanschluss auch ein Mobilfunkendgerät überlassen wird, die Gerätenummer dieses Gerätes sowie

6. das Datum des Vertragsbeginns

vor der Freischaltung zu erheben und unverzüglich zu speichern, auch soweit diese Daten für betriebliche Zwecke nicht erforderlich sind; das Datum des Vertragsendes ist bei Bekanntwerden ebenfalls zu speichern. Satz 1 gilt auch, soweit die Daten nicht in Teilnehmerverzeichnisse (§ 104) eingetragen werden. Die Verpflichtung zur unverzüglichen Speicherung nach Satz 1 gilt hinsichtlich der Daten nach Satz 1 Nr. 1 und 2 entsprechend für denjenigen, der geschäftsmäßig einen öffentlich zugänglichen Dienst der elektronischen Post erbringt und dabei Daten nach Satz 1 Nr. 1 und 2 erhebt, wobei an die Stelle der Daten nach Satz 1 Nr. 1 die Kennungen der elektronischen Postfächer und an die Stelle des Anschlussinhabers nach Satz 1 Nr. 2 der Inhaber des elektronischen Postfachs tritt. Wird dem Verpflichteten nach Satz 1 oder Satz 3 eine Änderung bekannt, hat er die Daten unverzüglich zu berichtigen; in diesem Zusammenhang hat der nach Satz 1 Verpflichtete bisher noch nicht erhobene Daten zu erheben und zu speichern, sofern ihm eine Erhebung der Daten ohne besonderen Aufwand möglich ist. Für das Auskunftsverfahren nach § 113 ist die Form der Datenspeicherung freigestellt.

(2) Bedient sich der Diensteanbieter nach Absatz 1 Satz 1 oder Satz 3 eines Vertriebspartners, hat der Vertriebspartner die Daten nach Absatz 1 Satz 1 und 3 unter den dort genannten Voraussetzungen zu erheben und diese sowie die nach § 95 erhobenen Daten unverzüglich dem Diensteanbieter zu übermitteln; Absatz 1 Satz 2 gilt entsprechend. Satz 1 gilt auch für Daten über Änderungen, soweit sie dem Vertriebspartner im Rahmen der üblichen Geschäftsabwicklung zur Kenntnis gelangen.

(3) Für Vertragsverhältnisse, die am Tage des Inkrafttretens dieser Vorschrift bereits bestehen, müssen Daten im Sinne von Absatz 1 Satz 1 oder Satz 3 außer in den Fällen des Absatzes 1 Satz 4 nicht nachträglich erhoben werden.

(4) Die Daten sind mit Ablauf des auf die Beendigung des Vertragsverhältnisses folgenden Kalenderjahres zu löschen.

(5) Eine Entschädigung für die Datenerhebung und -speicherung wird nicht gewährt.

§ 112 Automatisiertes Auskunftsverfahren

(1) Wer öffentlich zugängliche Telekommunikationsdienste erbringt, hat die nach § 111 Abs. 1 Satz 1, 3 und 4 und Abs. 2 erhobenen Daten unverzüglich in Kundendateien zu speichern, in die auch Rufnummern und Rufnummernkontingente, die zur weiteren Vermarktung oder sonstigen Nutzung an andere Anbieter von Telekommunikationsdiensten vergeben werden, sowie bei portierten Rufnummern die aktuelle Portierungskennung aufzunehmen sind. Der Verpflichtete kann auch eine andere Stelle nach Maßgabe des § 11 des Bundesdatenschutzgesetzes beauftragen, die Kundendateien zu führen. Für die Berichtigung und Löschung der in den Kundendateien gespeicherten Daten gilt § 111 Abs. 1 Satz 4 und Abs. 4 entsprechend. In Fällen portierter Rufnummern sind die Rufnummer und die zugehörige Portierungskennung erst nach Ablauf des Jahres zu löschen, das dem Zeitpunkt folgt, zu dem die Rufnummer wieder an den Netzbetreiber zurückgegeben wurde, dem sie ursprünglich zugeteilt worden war. Der Verpflichtete hat zu gewährleisten, dass

1. die Bundesnetzagentur jederzeit Daten aus den Kundendateien automatisiert im Inland abrufen kann,

2. der Abruf von Daten unter Verwendung unvollständiger Abfragedaten oder die Suche mittels einer Ähnlichenfunktion erfolgen kann.

Der Verpflichtete und sein Beauftragter haben durch technische und organisatorische Maßnahmen sicherzustellen, dass ihnen Abrufe nicht zur Kenntnis gelangen können. Die Bundesnetzagentur darf Daten aus den Kundendateien nur abrufen, soweit die Kenntnis der Daten erforderlich ist

1. für die Verfolgung von Ordnungswidrigkeiten nach diesem Gesetz oder nach dem Gesetz gegen den unlauteren Wettbewerb,

2. für die Erledigung von Auskunftsersuchen der in Absatz 2 genannten Stellen.

Die ersuchende Stelle prüft unverzüglich, inwieweit sie die als Antwort übermittelten Daten benötigt, nicht benötigte Daten löscht sie unverzüglich; dies gilt auch für die Bundesnetzagentur für den Abruf von Daten nach Satz 7 Nummer 1.

(2) Auskünfte aus den Kundendateien nach Absatz 1 werden

1. den Gerichten und Strafverfolgungsbehörden,

2. den Polizeivollzugsbehörden des Bundes und der Länder für Zwecke der Gefahrenabwehr,

3. dem Zollkriminalamt und den Zollfahndungsämtern für Zwecke eines Strafverfahrens sowie dem Zollkriminalamt zur Vorbereitung und Durchführung von Maßnahmen nach § 23a des Zollfahndungsdienstgesetzes,

4. den Verfassungsschutzbehörden des Bundes und der Länder, dem Militärischen Abschirmdienst, dem Bundesnachrichtendienst,

5. den Notrufabfragestellen nach § 108 sowie der Abfragestelle für die Rufnummer 124 124,

6. der Bundesanstalt für Finanzdienstleistungsaufsicht sowie

7. den Behörden der Zollverwaltung für die in § 2 Abs. 1 des Schwarzarbeitsbekämpfungsgesetzes genannten Zwecke über zentrale Abfragestellen

nach Absatz 4 jederzeit erteilt, soweit die Auskünfte zur Erfüllung ihrer gesetzlichen Aufgaben erforderlich sind und die Ersuchen an die Bundesnetzagentur im automatisierten Verfahren vorgelegt werden.

(3) Das Bundesministerium für Wirtschaft und Technologie wird ermächtigt, im Einvernehmen mit dem Bundeskanzleramt, dem Bundesministerium des Innern, dem Bundesministerium der Justiz, dem Bundesministerium der Finanzen sowie dem Bundesministerium der Verteidigung eine Rechtsverordnung mit Zustimmung des Bundesrates zu erlassen, in der geregelt werden

1. die wesentlichen Anforderungen an die technischen Verfahren
   a) zur Übermittlung der Ersuchen an die Bundesnetzagentur,
   b) zum Abruf der Daten durch die Bundesnetzagentur von den Verpflichteten einschließlich der für die Abfrage zu verwendenden Datenarten und
   c) zur Übermittlung der Ergebnisse des Abrufs von der Bundesnetzagentur an die ersuchenden Stellen,

2. die zu beachtenden Sicherheitsanforderungen,

3. für Abrufe mit unvollständigen Abfragedaten und für die Suche mittels einer Ähnlichenfunktion
   a) die Mindestanforderungen an den Umfang der einzugebenden Daten zur möglichst genauen Bestimmung der gesuchten Person,
   b) die Zeichen, die in der Abfrage verwendet werden dürfen,
   c) Anforderungen an den Einsatz sprachwissenschaftlicher Verfahren, die gewährleisten, dass unterschiedliche Schreibweisen eines Personen-, Straßen- oder Ortsnamens sowie Abweichungen, die sich aus der Vertauschung, Auslassung oder Hinzufügung von Namensbestandteilen ergeben, in die Suche und das Suchergebnis einbezogen werden,
   d) die zulässige Menge der an die Bundesnetzagentur zu übermittelnden Antwortdatensätze sowie

4. wer abweichend von Absatz 1 Satz 1 aus Gründen der Verhältnismäßigkeit keine Kundendateien für das automatisierte Auskunftsverfahren vorhalten muss; in diesen Fällen gilt § 111 Abs. 1 Satz 5 entsprechend.

Im Übrigen können in der Verordnung auch Einschränkungen der Abfragemöglichkeit für die in Absatz 2 Nr. 5 bis 7 genannten Stellen auf den für diese

Stellen erforderlichen Umfang geregelt werden. Die technischen Einzelheiten des automatisierten Abrufverfahrens gibt die Bundesnetzagentur in einer unter Beteiligung der betroffenen Verbände und der berechtigten Stellen zu erarbeitenden Technischen Richtlinie vor, die bei Bedarf an den Stand der Technik anzupassen und von der Bundesnetzagentur in ihrem Amtsblatt bekannt zu machen ist. Der Verpflichtete nach Absatz 1 und die berechtigten Stellen haben die Anforderungen der Technischen Richtlinie spätestens ein Jahr nach deren Bekanntmachung zu erfüllen. Nach dieser Richtlinie gestaltete mängelfreie technische Einrichtungen müssen im Falle einer Änderung der Richtlinie spätestens drei Jahre nach deren Inkrafttreten die geänderten Anforderungen erfüllen.

(4) Auf Ersuchen der in Absatz 2 genannten Stellen hat die Bundesnetzagentur die entsprechenden Datensätze aus den Kundendateien nach Absatz 1 abzurufen und an die ersuchende Stelle zu übermitteln. Sie prüft die Zulässigkeit der Übermittlung nur, soweit hierzu ein besonderer Anlass besteht. Die Verantwortung für die Zulässigkeit der Übermittlung tragen

1. in den Fällen des Absatzes 1 Satz 7 Nummer 1 die Bundesnetzagentur und

2. in den Fällen des Absatzes 1 Satz 7 Nummer 2 die in Absatz 2 genannten Stellen.

Die Bundesnetzagentur protokolliert für Zwecke der Datenschutzkontrolle durch die jeweils zuständige Stelle bei jedem Abruf den Zeitpunkt, die bei der Durchführung des Abrufs verwendeten Daten, die abgerufenen.Daten, ein die abrufende Person eindeutig bezeichnendes Datum sowie die ersuchende Stelle, deren Aktenzeichen und ein die ersuchende Person eindeutig bezeichnendes Datum. Eine Verwendung der Protokolldaten für andere Zwecke ist unzulässig. Die Protokolldaten sind nach einem Jahr zu löschen.

(5) Der Verpflichtete nach Absatz 1 hat alle technischen Vorkehrungen in seinem Verantwortungsbereich auf seine Kosten zu treffen, die für die Erteilung der Auskünfte nach dieser Vorschrift erforderlich sind. Dazu gehören auch die Anschaffung der zur Sicherstellung der Vertraulichkeit und des Schutzes vor unberechtigten Zugriffen erforderlichen Geräte, die Einrichtung eines geeigneten Telekommunikationsanschlusses und die Teilnahme an dem geschlossenen Benutzersystem sowie die laufende Bereitstellung dieser Vorkehrungen nach Maßgaben der Rechtsverordnung und der Technischen Richtlinie nach Absatz 3. Eine Entschädigung für im automatisierten Verfahren erteilte Auskünfte wird den Verpflichteten nicht gewährt.

§ 113 Manuelles Auskunftsverfahren

(1) Wer geschäftsmäßig Telekommunikationsdienste erbringt oder daran mitwirkt, darf nach Maßgabe des Absatzes 2 die nach den §§ 95 und 111 erhobenen Daten nach Maßgabe dieser Vorschrift zur Erfüllung von Auskunftspflichten gegenüber den in Absatz 3 genannten Stellen verwenden. Dies gilt auch für Daten, mittels derer der Zugriff auf Endgeräte oder auf Speichereinrichtungen, die in diesen Endgeräten oder hiervon räumlich getrennt eingesetzt werden, geschützt wird. Die in eine Auskunft aufzunehmenden Daten dürfen auch anhand einer zu einem bestimmten Zeitpunkt zugewiesenen Internetprotokoll-Adresse bestimmt werden; hierfür dürfen Verkehrsdaten auch automatisiert ausgewertet werden. Für die Auskunftserteilung nach Satz 3 sind sämtliche unternehmensinternen Datenquellen zu berücksichtigen.

(2) Die Auskunft darf nur erteilt werden, soweit eine in Absatz 3 genannte Stelle dies in Textform im Einzelfall zum Zweck der Verfolgung von Straftaten oder Ordnungswidrigkeiten, zur Abwehr von Gefahren für die öffentliche Sicherheit oder Ordnung oder für die Erfüllung der gesetzlichen Aufgaben der in Absatz 3 Nummer 3 genannten Stellen unter Angabe einer gesetzliche Bestimmung verlangt, die ihr eine Erhebung der in Absatz 1 in Bezug genommenen Daten erlaubt; an andere öffentliche und nichtöffentliche Stellen dürfen Daten nach Absatz 1 nicht übermittelt werden. Bei Gefahr im Verzug darf die Auskunft auch erteilt werden, wenn das Verlangen in anderer Form gestellt wird. In diesem Fall ist das Verlangen unverzüglich nachträglich in Textform zu bestätigen. Die Verantwortung für die Zulässigkeit des Auskunftsverlangens tragen die in Absatz 3 genannten Stellen.

(3) Stellen im Sinne des Absatzes 1 sind

1. die für die Verfolgung von Straftaten oder Ordnungswidrigkeiten zuständigen Behörden;

2. die für die Abwehr von Gefahren für die öffentliche Sicherheit oder Ordnung zuständigen Behörden;

3. die Verfassungsschutzbehörden des Bundes und der Länder, der Militärische Abschirmdienst und der Bundesnachrichtendienst.

(4) Derjenige, der geschäftsmäßig Telekommunikationsdienste erbringt oder daran mitwirkt, hat die zu beauskunftenden Daten unverzüglich und vollständig zu übermitteln. Über das Auskunftsersuchen und die Auskunftserteilung haben die Verpflichteten gegenüber den Betroffenen sowie Dritten Stillschweigen zu wahren.

(5) Wer geschäftsmäßig Telekommunikationsdienste erbringt oder daran mitwirkt, hat die in seinem Verantwortungsbereich für die Auskunftserteilung erforderlichen Vorkehrungen auf seine Kosten zu treffen. Wer mehr als 100 000

Kunden hat, hat für die Entgegennahme der Auskunftsverlangen sowie für die Erteilung der zugehörigen Auskünfte eine gesicherte elektronische Schnittstelle nach Maßgabe der Technischen Richtlinie nach § 110 Absatz 3 bereitzuhalten, durch die auch die gegen die Kenntnisnahme der Daten durch Unbefugte gesicherte Übertragung gewährleistet ist. Dabei ist dafür Sorge zu tragen, dass jedes Auskunftsverlangen durch eine verantwortliche Fachkraft auf Einhaltung der in Absatz 2 genannten formalen Voraussetzungen geprüft und die weitere Bearbeitung des Verlangens erst nach einem positiven Prüfergebnis freigegeben wird.

§ 113a Speicherungspflichten für Daten

(1) Wer öffentlich zugängliche Telekommunikationsdienste für Endnutzer erbringt, ist verpflichtet, von ihm bei der Nutzung seines Dienstes erzeugte oder verarbeitete Verkehrsdaten nach Maßgabe der Absätze 2 bis 5 sechs Monate im Inland oder in einem anderen Mitgliedstaat der Europäischen Union zu speichern. Wer öffentlich zugängliche Telekommunikationsdienste für Endnutzer erbringt, ohne selbst Verkehrsdaten zu erzeugen oder zu verarbeiten, hat sicherzustellen, dass die Daten gemäß Satz 1 gespeichert werden, und der Bundesnetzagentur auf deren Verlangen mitzuteilen, wer diese Daten speichert.

(2) Die Anbieter von öffentlich zugänglichen Telefondiensten speichern:

1. *die Rufnummer oder andere Kennung des anrufenden und des angerufenen Anschlusses sowie im Falle von Um- oder Weiterschaltungen jedes Weiteren beteiligten Anschlusses,*

2. *den Beginn und das Ende der Verbindung nach Datum und Uhrzeit unter Angabe der zugrunde liegenden Zeitzone,*

3. *in Fällen, in denen im Rahmen des Telefondienstes unterschiedliche Dienste genutzt werden können, Angaben zu dem genutzten Dienst,*

4. *im Fall mobiler Telefondienste ferner:*
   a) *die internationale Kennung für mobile Teilnehmer für den anrufenden und den angerufenen Anschluss,*
   b) *die internationale Kennung des anrufenden und des angerufenen Endgerätes,*
   c) *die Bezeichnung der durch den anrufenden und den angerufenen Anschluss bei Beginn der Verbindung genutzten Funkzellen,*
   d) *im Fall im Voraus bezahlter anonymer Dienste auch die erste Aktivierung des Dienstes nach Datum, Uhrzeit und Bezeichnung der Funkzelle,*

5. *im Fall von Internet-Telefondiensten auch die Internetprotokoll-Adresse des anrufenden und des angerufenen Anschlusses.*

Satz 1 gilt entsprechend bei der Übermittlung einer Kurz-, Multimedia- oder ähnlichen Nachricht; hierbei sind anstelle der Angaben nach Satz 1 Nr. 2 die Zeitpunkte der Versendung und des Empfangs der Nachricht zu speichern.

(3) Die Anbieter von Diensten der elektronischen Post speichern:

1. *bei Versendung einer Nachricht die Kennung des elektronischen Postfachs und die Internetprotokoll-Adresse des Absenders sowie die Kennung des elektronischen Postfachs jedes Empfängers der Nachricht,*

2. *bei Eingang einer Nachricht in einem elektronischen Postfach die Kennung des elektronischen Postfachs des Absenders und des Empfängers der Nachricht sowie die Internetprotokoll-Adresse der absendenden Telekommunikationsanlage,*

3. *bei Zugriff auf das elektronische Postfach dessen Kennung und die Internetprotokoll-Adresse des Abrufenden,*

4. *die Zeitpunkte der in den Nummern 1 bis 3 genannten Nutzungen des Dienstes nach Datum und Uhrzeit unter Angabe der zugrunde liegenden Zeitzone.*

(4) Die Anbieter von Internetzugangsdiensten speichern:

1. *die dem Teilnehmer für eine Internetnutzung zugewiesene Internetprotokoll-Adresse,*

2. *eine eindeutige Kennung des Anschlusses, über den die Internetnutzung erfolgt,*

3. *den Beginn und das Ende der Internetnutzung unter der zugewiesenen Internetprotokoll-Adresse nach Datum und Uhrzeit unter Angabe der zugrunde liegenden Zeitzone.*

(5) Soweit Anbieter von Telefondiensten die in dieser Vorschrift genannten Verkehrsdaten für die in § 96 Abs. 2 genannten Zwecke auch dann speichern oder protokollieren, wenn der Anruf unbeantwortet bleibt oder wegen eines Eingriffs des Netzwerkmanagements erfolglos ist, sind die Verkehrsdaten auch nach Maßgabe dieser Vorschrift zu speichern.

(6) Wer Telekommunikationsdienste erbringt und hierbei die nach Maßgabe dieser Vorschrift zu speichernden Angaben verändert, ist zur Speicherung der ursprünglichen und der neuen Angabe sowie des Zeitpunktes der Umschreibung dieser Angaben nach Datum und Uhrzeit unter Angabe der zugrunde liegenden Zeitzone verpflichtet.

(7) Wer ein Mobilfunknetz für die Öffentlichkeit betreibt, ist verpflichtet, zu den nach Maßgabe dieser Vorschrift gespeicherten Bezeichnungen der Funkzellen auch Daten vorzuhalten, aus denen sich die geografischen Lagen der die jeweilige Funkzelle versorgenden Funkantennen sowie deren Hauptstrahlrichtungen ergeben.

(8) Der Inhalt der Kommunikation und Daten über aufgerufene Internetseiten dürfen auf Grund dieser Vorschrift nicht gespeichert werden.

(9) Die Speicherung der Daten nach den Absätzen 1 bis 7 hat so zu erfolgen, dass Auskunftsersuchen der berechtigten Stellen unverzüglich beantwortet werden können.

(10) Der nach dieser Vorschrift Verpflichtete hat betreffend die Qualität und den Schutz der gespeicherten Verkehrsdaten die im Bereich der Telekommunikation erforderliche Sorgfalt zu beachten. Im Rahmen dessen hat er durch technische und organisatorische Maßnahmen sicherzustellen, dass der Zugang zu den gespeicherten Daten ausschließlich hierzu von ihm besonders ermächtigten Personen möglich ist.

(11) Der nach dieser Vorschrift Verpflichtete hat die allein auf Grund dieser Vorschrift gespeicherten Daten innerhalb eines Monats nach Ablauf der in Absatz 1 genannten Frist zu löschen oder die Löschung sicherzustellen.

Fußnote

§ 113a: Verstößt nach Maßgabe der Entscheidungsformel gegen Art. 10 Abs. 1 GG und ist nichtig gem. BVerfGE v. 2.3.2010 I 272 – 1 BvR 256/08, 1 BvR 263/08, 1 BvR 586/08.

§ 113b   Verwendung der nach § 113a gespeicherten Daten

Der nach § 113a Verpflichtete darf die allein auf Grund der Speicherungsverpflichtung nach § 113a gespeicherten Daten

1. *zur Verfolgung von Straftaten,*

2. *zur Abwehr von erheblichen Gefahren für die öffentliche Sicherheit oder*

3. *zur Erfüllung der gesetzlichen Aufgaben der Verfassungsschutzbehörden des Bundes und der Länder, des Bundesnachrichtendienstes und des Militärischen Abschirmdienstes*

an die zuständigen Stellen auf deren Verlangen übermitteln, soweit dies in den jeweiligen gesetzlichen Bestimmungen unter Bezugnahme auf § 113a vorgesehen und die Übermittlung im Einzelfall angeordnet ist; für andere Zwecke mit Ausnahme einer Auskunftserteilung nach § 113 darf er die Daten nicht verwenden. § 113 Abs. 1 Satz 4 gilt entsprechend.

Fußnote

§ 113b: Verstößt nach Maßgabe der Entscheidungsformel gegen Art. 10 Abs. 1 GG und ist nichtig gem. BVerfGE v. 2.3.2010 I 272 – 1 BvR 256/08, 1 BvR 263/08, 1 BvR 586/08.

§ 114 Auskunftsersuchen des Bundesnachrichtendienstes

(1) Wer öffentlich zugängliche Telekommunikationsdienste erbringt oder Übertragungswege betreibt, die für öffentlich zugängliche Telekommunikationsdienste genutzt werden, hat dem Bundesministerium für Wirtschaft und Technologie auf Anfrage entgeltfrei Auskünfte über die Strukturen der Telekommunikationsdienste und -netze sowie bevorstehende Änderungen zu erteilen. Einzelne Telekommunikationsvorgänge und Bestandsdaten von Teilnehmern dürfen nicht Gegenstand einer Auskunft nach dieser Vorschrift sein.

(2) Anfragen nach Absatz 1 sind nur zulässig, wenn ein entsprechendes Ersuchen des Bundesnachrichtendienstes vorliegt und soweit die Auskunft zur Erfüllung der Aufgaben nach den §§ 5 und 8 des Artikel 10-Gesetzes erforderlich ist. Die Verwendung einer nach dieser Vorschrift erlangten Auskunft zu anderen Zwecken ist ausgeschlossen.

§ 115 Kontrolle und Durchsetzung von Verpflichtungen

(1) Die Bundesnetzagentur kann Anordnungen und andere Maßnahmen treffen, um die Einhaltung der Vorschriften des Teils 7 und der auf Grund dieses Teils ergangenen Rechtsverordnungen sowie der jeweils anzuwendenden Technischen Richtlinien sicherzustellen. Der Verpflichtete muss auf Anforderung der Bundesnetzagentur die hierzu erforderlichen Auskünfte erteilen. Die Bundesnetzagentur ist zur Überprüfung der Einhaltung der Verpflichtungen befugt, die Geschäfts- und Betriebsräume während der üblichen Betriebs- oder Geschäftszeiten zu betreten und zu besichtigen.

(2) Die Bundesnetzagentur kann nach Maßgabe des Verwaltungsvollstreckungsgesetzes Zwangsgelder wie folgt festsetzen:

1. bis zu 500 000 Euro zur Durchsetzung der Verpflichtungen nach § 108 Abs. 1, § 110 Abs. 1, 5 oder Abs. 6, einer Rechtsverordnung nach § 108 Abs. 3, einer Rechtsverordnung nach § 110 Abs. 2, einer Rechtsverordnung nach § 112 Abs. 3 Satz 1, der Technischen Richtlinie nach § 108 Abs. 4, der Technischen Richtlinie nach § 110 Abs. 3 oder der Technischen Richtlinie nach § 112 Abs. 3 Satz 3,

2. bis zu 100 000 Euro zur Durchsetzung der Verpflichtungen nach den §§ 109, 109a, 112 Abs. 1, 3 Satz 4, Abs. 5 Satz 1 und 2, § 113 Abs. 5 Satz 2 und 3 oder § 114 Abs. 1 und

3. bis zu 20 000 Euro zur Durchsetzung der Verpflichtungen nach § 111 Abs. 1, 2 und 4 oder § 113 Abs. 4 und 5 Satz 1.

Bei wiederholten Verstößen gegen § 111 Abs. 1, 2 oder Abs. 4, § 112 Abs. 1, 3 Satz 4, Abs. 5 Satz 1 und 2 oder § 113 Abs. 4 und 5 Satz 1 kann die Tätigkeit des Verpflichteten durch Anordnung der Bundesnetzagentur dahin gehend eingeschränkt werden, dass der Kundenstamm bis zur Erfüllung der sich aus diesen Vorschriften ergebenden Verpflichtungen außer durch Vertragsablauf oder Kündigung nicht verändert werden darf.

(3) Darüber hinaus kann die Bundesnetzagentur bei Nichterfüllung von Verpflichtungen des Teils 7 den Betrieb der betreffenden Telekommunikationsanlage oder das geschäftsmäßige Erbringen des betreffenden Telekommunikationsdienstes ganz oder teilweise untersagen, wenn mildere Eingriffe zur Durchsetzung rechtmäßigen Verhaltens nicht ausreichen.

(4) Soweit für die geschäftsmäßige Erbringung von Telekommunikationsdiensten Daten von natürlichen oder juristischen Personen erhoben, verarbeitet oder genutzt werden, tritt bei den Unternehmen an die Stelle der Kontrolle nach § 38 des Bundesdatenschutzgesetzes eine Kontrolle durch den Bundesbeauftragten für den Datenschutz entsprechend den §§ 21 und 24 bis 26 Abs. 1

bis 4 des Bundesdatenschutzgesetzes. Der Bundesbeauftragte für den Datenschutz richtet seine Beanstandungen an die Bundesnetzagentur und übermittelt dieser nach pflichtgemäßem Ermessen weitere Ergebnisse seiner Kontrolle.

(5) Das Fernmeldegeheimnis des Artikels 10 des Grundgesetzes wird eingeschränkt, soweit dies die Kontrollen nach Absatz 1 oder 4 erfordern.

Anhang

1. Richtlinie 95/46/EG des Europäischen Parlaments und des Rates vom 24. Oktober 1995 zum Schutz natürlicher Personen bei der Verarbeitung personenbezogener Daten und zum freien Datenverkehr

(Amtsblatt Nr. L 281 vom 23.11.1995, S. 31)

DAS EUROPÄISCHE PARLAMENT UND DER RAT DER EUROPÄISCHEN UNION –

gestützt auf den Vertrag zur Gründung der Europäischen Gemeinschaft, insbesondere auf Artikel 100a,

auf Vorschlag der Kommission,[1]

nach Stellungnahme des Wirtschafts- und Sozialausschusses,[2]

gemäß dem Verfahren des Artikels 189b des Vertrags,[3]

in Erwägung nachstehender Gründe:

(1) Die Ziele der Gemeinschaft, wie sie in dem durch den Vertrag über die Europäische Union geänderten Vertrag festgelegt sind, bestehen darin, einen immer engeren Zusammenschluss der europäischen Völker zu schaffen, engere Beziehungen zwischen den in der Gemeinschaft zusammengeschlossenen Staaten herzustellen, durch gemeinsames Handeln den wirtschaftlichen und sozialen Fortschritt zu sichern, indem die Europa trennenden Schranken beseitigt werden, die ständige Besserung der Lebensbedingungen ihrer Völker zu fördern, Frieden und Freiheit zu wahren und zu festigen und für die Demokratie einzutreten und sich dabei auf die in den Verfassungen und Gesetzen der Mitgliedstaaten sowie in der Europäischen Konvention zum Schutze der Menschenrechte und Grundfreiheiten anerkannten Grundrechte zu stützen.

(2) Die Datenverarbeitungssysteme stehen im Dienste des Menschen; sie haben, ungeachtet der Staatsangehörigkeit oder des Wohnorts der natürlichen Personen, deren Grundrechte und -freiheiten und insbesondere deren Privatsphäre zu achten und zum wirtschaftlichen und sozialen Fortschritt, zur Entwicklung des Handels sowie zum Wohlergehen der Menschen beizutragen.

---

1 ABl. Nr. C 277 vom 5.11.1990, S. 3, und ABl. Nr. C 311 vom 27.11.1992, S. 30.
2 ABl. Nr. C 159 vom 17.6.1991, S. 38.
3 Stellungnahme des Europäischen Parlaments vom 11. März 1992 (ABl. Nr. C 94 vom 13.4.1992, S. 198), bestätigt am 2. Dezember 1993 (ABl. Nr. C 342 vom 20.12.1993, S. 30). Gemeinsamer Standpunkt des Rates vom 20. Februar 1995 (ABl. Nr. C 93 vom 13.4.1995, S. 1) und Beschluss des Europäischen Parlaments vom 15. Juni 1995 (ABl. Nr. C 166 vom 3.7.1995).

(3) Für die Errichtung und das Funktionieren des Binnenmarktes, der gemäß Artikel 7a des Vertrags den freien Verkehr von Waren, Personen, Dienstleistungen und Kapital gewährleisten soll, ist es nicht nur erforderlich, dass personenbezogene Daten von einem Mitgliedstaat in einen anderen Mitgliedstaat übermittelt werden können, sondern auch, dass die Grundrechte der Personen gewahrt werden.

(4) Immer häufiger werden personenbezogene Daten in der Gemeinschaft in den verschiedenen Bereichen wirtschaftlicher und sozialer Tätigkeiten verarbeitet. Die Fortschritte der Informationstechnik erleichtern die Verarbeitung und den Austausch dieser Daten beträchtlich.

(5) Die wirtschaftliche und soziale Integration, die sich aus der Errichtung und dem Funktionieren des Binnenmarktes im Sinne von Artikel 7a des Vertrags ergibt, wird notwendigerweise zu einer spürbaren Zunahme der grenzüberschreitenden Ströme personenbezogener Daten zwischen allen am wirtschaftlichen und sozialen Leben der Mitgliedstaaten Beteiligten im öffentlichen wie im privaten Bereich führen. Der Austausch personenbezogener Daten zwischen in verschiedenen Mitgliedstaaten niedergelassenen Unternehmen wird zunehmen. Die Verwaltungen der Mitgliedstaaten sind aufgrund des Gemeinschaftsrechts gehalten, zusammenzuarbeiten und untereinander personenbezogene Daten auszutauschen, um im Rahmen des Raums ohne Grenzen, wie er durch den Binnenmarkt hergestellt wird, ihren Auftrag erfuellen oder Aufgaben anstelle der Behörden eines anderen Mitgliedstaats durchführen zu können.

(6) Die verstärkte wissenschaftliche und technische Zusammenarbeit sowie die koordinierte Einführung neuer Telekommunikationsnetze in der Gemeinschaft erfordern und erleichtern den grenzüberschreitenden Verkehr personenbezogener Daten.

(7) Das unterschiedliche Niveau des Schutzes der Rechte und Freiheiten von Personen, insbesondere der Privatsphäre, bei der Verarbeitung personenbezogener Daten in den Mitgliedstaaten kann die Übermittlung dieser Daten aus dem Gebiet eines Mitgliedstaats in das Gebiet eines anderen Mitgliedstaats verhindern. Dieses unterschiedliche Schutzniveau kann somit ein Hemmnis für die Ausübung einer Reihe von Wirtschaftstätigkeiten auf Gemeinschaftsebene darstellen, den Wettbewerb verfälschen und die Erfüllung des Auftrags der im Anwendungsbereich des Gemeinschaftsrechts tätigen Behörden verhindern. Dieses unterschiedliche Schutzniveau ergibt sich aus der Verschiedenartigkeit der einzelstaatlichen Rechts- und Verwaltungsvorschriften.

(8) Zur Beseitigung der Hemmnisse für den Verkehr personenbezogener Daten ist ein gleichwertiges Schutzniveau hinsichtlich der Rechte und Freiheiten von Personen bei der Verarbeitung dieser Daten in allen Mitgliedstaaten unerlässlich. Insbesondere unter Berücksichtigung der großen Unterschiede, die gegenwärtig zwischen den einschlägigen einzelstaatlichen Rechtsvorschriften bestehen, und der Notwendigkeit, die Rechtsvorschriften der Mitgliedstaaten zu koordinieren, damit der grenzüberschreitende Fluss personenbezogener Daten kohärent und in Überein-

stimmung mit dem Ziel des Binnenmarktes im Sinne des Artikels 7a des Vertrags geregelt wird, lässt sich dieses für den Binnenmarkt grundlegende Ziel nicht allein durch das Vorgehen der Mitgliedstaaten verwirklichen. Deshalb ist eine Maßnahme der Gemeinschaft zur Angleichung der Rechtsvorschriften erforderlich.

(9) Die Mitgliedstaaten dürfen aufgrund des gleichwertigen Schutzes, der sich aus der Angleichung der einzelstaatlichen Rechtsvorschriften ergibt, den freien Verkehr personenbezogener Daten zwischen ihnen nicht mehr aus Gründen behindern, die den Schutz der Rechte und Freiheiten natürlicher Personen und insbesondere das Recht auf die Privatsphäre betreffen. Die Mitgliedstaaten besitzen einen Spielraum, der im Rahmen der Durchführung der Richtlinie von den Wirtschafts- und Sozialpartnern genutzt werden kann. Sie können somit in ihrem einzelstaatlichen Recht allgemeine Bedingungen für die Rechtmäßigkeit der Verarbeitung festlegen. Hierbei streben sie eine Verbesserung des gegenwärtig durch ihre Rechtsvorschriften gewährten Schutzes an. Innerhalb dieses Spielraums können unter Beachtung des Gemeinschaftsrechts Unterschiede bei der Durchführung der Richtlinie auftreten, was Auswirkungen für den Datenverkehr sowohl innerhalb eines Mitgliedstaats als auch in der Gemeinschaft haben kann.

(10) Gegenstand der einzelstaatlichen Rechtsvorschriften über die Verarbeitung personenbezogener Daten ist die Gewährleistung der Achtung der Grundrechte und -freiheiten, insbesondere des auch in Artikel 8 der Europäischen Konvention zum Schutze der Menschenrechte und Grundfreiheiten und in den allgemeinen Grundsätzen des Gemeinschaftsrechts anerkannten Rechts auf die Privatsphäre. Die Angleichung dieser Rechtsvorschriften darf deshalb nicht zu einer Verringerung des durch diese Rechtsvorschriften garantierten Schutzes führen, sondern muss im Gegenteil darauf abzielen, in der Gemeinschaft ein hohes Schutzniveau sicherzustellen.

(11) Die in dieser Richtlinie enthaltenen Grundsätze zum Schutz der Rechte und Freiheiten der Personen, insbesondere der Achtung der Privatsphäre, konkretisieren und erweitern die in dem Übereinkommen des Europarats vom 28. Januar 1981 zum Schutze der Personen bei der automatischen Verarbeitung personenbezogener Daten enthaltenen Grundsätze.

(12) Die Schutzprinzipien müssen für alle Verarbeitungen personenbezogener Daten gelten, sobald die Tätigkeiten des für die Verarbeitung Verantwortlichen in den Anwendungsbereich des Gemeinschaftsrechts fallen. Auszunehmen ist die Datenverarbeitung, die von einer natürlichen Person in Ausübung ausschließlich persönlicher oder familiärer Tätigkeiten – wie zum Beispiel Schriftverkehr oder Führung von Anschriftenverzeichnissen – vorgenommen wird.

(13) Die in den Titeln V und VI des Vertrags über die Europäische Union genannten Tätigkeiten, die die öffentliche Sicherheit, die Landesverteidigung, die Sicherheit des Staates oder die Tätigkeiten des Staates im Bereich des Strafrechts betreffen, fallen unbeschadet der Verpflichtungen der Mitgliedstaaten gemäß Artikel 56 Ab-

satz 2 sowie gemäß den Artikeln 57 und 100a des Vertrags zur Gründung der Europäischen Gemeinschaft nicht in den Anwendungsbereich des Gemeinschaftsrechts. Die Verarbeitung personenbezogener Daten, die zum Schutz des wirtschaftlichen Wohls des Staates erforderlich ist, fällt nicht unter diese Richtlinie, wenn sie mit Fragen der Sicherheit des Staates zusammenhängt.

(14) In Anbetracht der Bedeutung der gegenwärtigen Entwicklung im Zusammenhang mit der Informationsgesellschaft bezüglich Techniken der Erfassung, Übermittlung, Veränderung, Speicherung, Aufbewahrung oder Weitergabe von personenbezogenen Ton- und Bilddaten muss diese Richtlinie auch auf die Verarbeitung dieser Daten Anwendung finden.

(15) Die Verarbeitung solcher Daten wird von dieser Richtlinie nur erfasst, wenn sie automatisiert erfolgt oder wenn die Daten, auf die sich die Verarbeitung bezieht, in Dateien enthalten oder für solche bestimmt sind, die nach bestimmten personenbezogenen Kriterien strukturiert sind, um einen leichten Zugriff auf die Daten zu ermöglichen.

(16) Die Verarbeitung von Ton- und Bilddaten, wie bei der Videoüberwachung, fällt nicht unter diese Richtlinie, wenn sie für Zwecke der öffentlichen Sicherheit, der Landesverteidigung, der Sicherheit des Staates oder der Tätigkeiten des Staates im Bereich des Strafrechts oder anderen Tätigkeiten erfolgt, die nicht unter das Gemeinschaftsrecht fallen.

(17) Bezüglich der Verarbeitung von Ton- und Bilddaten für journalistische, literarische oder künstlerische Zwecke, insbesondere im audiovisuellen Bereich, finden die Grundsätze dieser Richtlinie gemäß Artikel 9 eingeschränkt Anwendung.

(18) Um zu vermeiden, dass einer Person der gemäß dieser Richtlinie gewährleistete Schutz vorenthalten wird, müssen auf jede in der Gemeinschaft erfolgte Verarbeitung personenbezogener Daten die Rechtsvorschriften eines Mitgliedstaats angewandt werden. Es ist angebracht, auf die Verarbeitung, die von einer Person, die dem in dem Mitgliedstaat niedergelassenen für die Verarbeitung Verantwortlichen unterstellt ist, vorgenommen werden, die Rechtsvorschriften dieses Staates anzuwenden.

(19) Eine Niederlassung im Hoheitsgebiet eines Mitgliedstaats setzt die effektive und tatsächliche Ausübung einer Tätigkeit mittels einer festen Einrichtung voraus. Die Rechtsform einer solchen Niederlassung, die eine Agentur oder eine Zweigstelle sein kann, ist in dieser Hinsicht nicht maßgeblich. Wenn der Verantwortliche im Hoheitsgebiet mehrerer Mitgliedstaaten niedergelassen ist, insbesondere mit einer Filiale, muss er vor allem zu Vermeidung von Umgehungen sicherstellen, dass jede dieser Niederlassungen die Verpflichtungen einhält, die im jeweiligen einzelstaatlichen Recht vorgesehen sind, das auf ihre jeweiligen Tätigkeiten anwendbar ist.

(20) Die Niederlassung des für die Verarbeitung Verantwortlichen in einem Drittland darf dem Schutz der Personen gemäß dieser Richtlinie nicht entgegenstehen. In diesem Fall sind die Verarbeitungen dem Recht des Mitgliedstaats zu unterwer-

fen, in dem sich die für die betreffenden Verarbeitungen verwendeten Mittel befinden, und Vorkehrungen zu treffen, um sicherzustellen, dass die in dieser Richtlinie vorgesehenen Rechte und Pflichten tatsächlich eingehalten werden.

(21) Diese Richtlinie berührt nicht die im Strafrecht geltenden Territorialitätsregeln.

(22) Die Mitgliedstaaten können in ihren Rechtsvorschriften oder bei der Durchführung der Vorschriften zur Umsetzung dieser Richtlinie die allgemeinen Bedingungen präzisieren, unter denen die Verarbeitungen rechtmäßig sind. Insbesondere nach Artikel 5 in Verbindung mit den Artikeln 7 und 8 können die Mitgliedstaaten neben den allgemeinen Regeln besondere Bedingungen für die Datenverarbeitung in spezifischen Bereichen und für die verschiedenen Datenkategorien gemäß Artikel 8 vorsehen.

(23) Die Mitgliedstaaten können den Schutz von Personen sowohl durch ein allgemeines Gesetz zum Schutz von Personen bei der Verarbeitung personenbezogener Daten als auch durch gesetzliche Regelungen für bestimmte Bereiche, wie zum Beispiel die statistischen Ämter, sicherstellen.

(24) Diese Richtlinie berührt nicht die Rechtsvorschriften zum Schutz juristischer Personen bei der Verarbeitung von Daten, die sich auf sie beziehen.

(25) Die Schutzprinzipien finden zum einen ihren Niederschlag in den Pflichten, die den Personen, Behörden, Unternehmen, Geschäftsstellen oder anderen für die Verarbeitung verantwortlichen Stellen obliegen; diese Pflichten betreffen insbesondere die Datenqualität, die technische Sicherheit, die Meldung bei der Kontrollstelle und die Voraussetzungen, unter denen eine Verarbeitung vorgenommen werden kann. Zum anderen kommen sie zum Ausdruck in den Rechten der Personen, deren Daten Gegenstand von Verarbeitungen sind, über diese informiert zu werden, Zugang zu den Daten zu erhalten, ihre Berichtigung verlangen bzw. unter gewissen Voraussetzungen Widerspruch gegen die Verarbeitung einlegen zu können.

(26) Die Schutzprinzipien müssen für alle Informationen über eine bestimmte oder bestimmbare Person gelten. Bei der Entscheidung, ob eine Person bestimmbar ist, sollten alle Mittel berücksichtigt werden, die vernünftigerweise entweder von dem Verantwortlichen für die Verarbeitung oder von einem Dritten eingesetzt werden könnten, um die betreffende Person zu bestimmen. Die Schutzprinzipien finden keine Anwendung auf Daten, die derart anonymisiert sind, dass die betroffene Person nicht mehr identifizierbar ist. Die Verhaltensregeln im Sinne des Artikels 27 können ein nützliches Instrument sein, mit dem angegeben wird, wie sich die Daten in einer Form anonymisieren und aufbewahren lassen, die die Identifizierung der betroffenen Person unmöglich macht.

(27) Datenschutz muss sowohl für automatisierte als auch für nicht automatisierte Verarbeitungen gelten. In der Tat darf der Schutz nicht von den verwendeten Techniken abhängen, da andernfalls ernsthafte Risiken der Umgehung entstehen wür-

den. Bei manuellen Verarbeitungen erfaßt diese Richtlinie lediglich Dateien, nicht jedoch unstrukturierte Akten. Insbesondere muss der Inhalt einer Datei nach bestimmten personenbezogenen Kriterien strukturiert sein, die einen leichten Zugriff auf die Daten ermöglichen. Nach der Definition in Artikel 2 Buchstabe c) können die Mitgliedstaaten die Kriterien zur Bestimmung der Elemente einer strukturierten Sammlung personenbezogener Daten sowie die verschiedenen Kriterien zur Regelung des Zugriffs zu einer solchen Sammlung festlegen. Akten und Aktensammlungen sowie ihre Deckblätter, die nicht nach bestimmten Kriterien strukturiert sind, fallen unter keinen Umständen in den Anwendungsbereich dieser Richtlinie.

(28) Die Verarbeitung personenbezogener Daten muss gegenüber den betroffenen Personen nach Treu und Glauben erfolgen. Sie hat den angestrebten Zweck zu entsprechen, dafür erheblich zu sein und nicht darüber hinauszugehen. Die Zwecke müssen eindeutig und rechtmäßig sein und bei der Datenerhebung festgelegt werden. Die Zweckbestimmungen der Weiterverarbeitung nach der Erhebung dürfen nicht mit den ursprünglich festgelegten Zwecken unvereinbar sein.

(29) Die Weiterverarbeitung personenbezogener Daten für historische, statistische oder wissenschaftliche Zwecke ist im allgemeinen nicht als unvereinbar mit den Zwecken der vorausgegangenen Datenerhebung anzusehen, wenn der Mitgliedstaat geeignete Garantien vorsieht. Diese Garantien müssen insbesondere ausschließen, dass die Daten für Maßnahmen oder Entscheidungen gegenüber einzelnen Betroffenen verwendet werden.

(30) Die Verarbeitung personenbezogener Daten ist nur dann rechtmäßig, wenn sie auf der Einwilligung der betroffenen Person beruht oder notwendig ist im Hinblick auf den Abschluss oder die Erfüllung eines für die betroffene Person bindenden Vertrags, zur Erfüllung einer gesetzlichen Verpflichtung, zur Wahrnehmung einer Aufgabe im öffentlichen Interesse, in Ausübung hoheitlicher Gewalt oder wenn sie im Interesse einer anderen Person erforderlich ist, vorausgesetzt, dass die Interessen oder die Rechte und Freiheiten der betroffenen Person nicht überwiegen. Um den Ausgleich der in Frage stehenden Interessen unter Gewährleistung eines effektiven Wettbewerbs sicherzustellen, können die Mitgliedstaaten insbesondere die Bedingungen näher bestimmen, unter denen personenbezogene Daten bei rechtmäßigen Tätigkeiten im Rahmen laufender Geschäfte von Unternehmen und anderen Einrichtungen an Dritte weitergegeben werden können. Ebenso können sie die Bedingungen festlegen, unter denen personenbezogene Daten an Dritte zum Zweck der kommerziellen Werbung oder der Werbung von Wohltätigkeitsverbänden oder anderen Vereinigungen oder Stiftungen, z. B. mit politischer Ausrichtung, weitergegeben werden können, und zwar unter Berücksichtigung der Bestimmungen dieser Richtlinie, nach denen betroffene Personen ohne Angabe von Gründen und ohne Kosten Widerspruch gegen die Verarbeitung von Daten, die sie betreffen, erheben können.

(31) Die Verarbeitung personenbezogener Daten ist ebenfalls als rechtmäßig anzusehen, wenn sie erfolgt, um ein für das Leben der betroffenen Person wesentliches Interesse zu schützen.

(32) Es ist nach einzelstaatlichem Recht festzulegen, ob es sich bei dem für die Verarbeitung Verantwortlichen, der mit der Wahrnehmung einer Aufgabe betraut wurde, die im öffentlichen Interesse liegt oder in Ausübung hoheitlicher Gewalt erfolgt, um eine Behörde oder um eine andere unter das öffentliche Recht oder das Privatrecht fallende Person, wie beispielsweise eine Berufsvereinigung, handeln soll.

(33) Daten, die aufgrund ihrer Art geeignet sind, die Grundfreiheiten oder die Privatsphäre zu beeinträchtigen, dürfen nicht ohne ausdrückliche Einwilligung der betroffenen Person verarbeitet werden. Ausnahmen von diesem Verbot müssen ausdrücklich vorgesehen werden bei spezifischen Notwendigkeiten, insbesondere wenn die Verarbeitung dieser Daten für gewisse auf das Gesundheitswesen bezogene Zwecke von Personen vorgenommen wird, die nach dem einzelstaatlichen Recht dem Berufsgeheimnis unterliegen, oder wenn die Verarbeitung für berechtigte Tätigkeiten bestimmter Vereinigungen oder Stiftungen vorgenommen wird, deren Ziel es ist, die Ausübung von Grundfreiheiten zu ermöglichen.

(34) Die Mitgliedstaaten können, wenn dies durch ein wichtiges öffentliches Interesse gerechtfertigt ist, Ausnahmen vom Verbot der Verarbeitung sensibler Datenkategorien vorsehen in Bereichen wie dem öffentlichen Gesundheitswesen und der sozialen Sicherheit – insbesondere hinsichtlich der Sicherung von Qualität und Wirtschaftlichkeit der Verfahren zur Abrechnung von Leistungen in den sozialen Krankenversicherungssystemen –, der wissenschaftlichen Forschung und der öffentlichen Statistik. Die Mitgliedstaaten müssen jedoch geeignete besondere Garantien zum Schutz der Grundrechte und der Privatsphäre von Personen vorsehen.

(35) Die Verarbeitung personenbezogener Daten durch staatliche Stellen für verfassungsrechtlich oder im Völkerrecht niedergelegte Zwecke von staatlich anerkannten Religionsgesellschaften erfolgt ebenfalls im Hinblick auf ein wichtiges öffentliches Interesse.

(36) Wenn es in bestimmten Mitgliedstaaten zum Funktionieren des demokratischen Systems gehört, dass die politischen Parteien im Zusammenhang mit Wahlen Daten über die politische Einstellung von Personen sammeln, kann die Verarbeitung derartiger Daten aus Gründen eines wichtigen öffentlichen Interesses zugelassen werden, sofern angemessene Garantien vorgesehen werden.

(37) Für die Verarbeitung personenbezogener Daten zu journalistischen, literarischen oder künstlerischen Zwecken, insbesondere im audiovisuellen Bereich, sind Ausnahmen von bestimmten Vorschriften dieser Richtlinie vorzusehen, soweit sie erforderlich sind, um die Grundrechte der Person mit der Freiheit der Meinungsäußerung und insbesondere der Freiheit, Informationen zu erhalten oder weiterzugeben, die insbesondere in Artikel 10 der Europäischen Konvention zum Schutze der Menschenrechte und der Grundfreiheiten garantiert ist, in Einklang zu bringen. Es obliegt deshalb den Mitgliedstaaten, unter Abwägung der Grundrechte Ausnahmen und Einschränkungen festzulegen, die bei den allgemeinen Maßnahmen zur Rechtmäßigkeit der Verarbeitung von Daten, bei den Maßnahmen zur Übermittlung der

Daten in Drittländer sowie hinsichtlich der Zuständigkeiten der Kontrollstellen erforderlich sind, ohne dass jedoch Ausnahmen bei den Maßnahmen zur Gewährleistung der Sicherheit der Verarbeitung vorzusehen sind. Ferner sollte mindestens die in diesem Bereich zuständige Kontrollstelle bestimmte nachträgliche Zuständigkeiten erhalten, beispielsweise zur regelmäßigen Veröffentlichung eines Berichts oder zur Befassung der Justizbehörden.

(38) Datenverarbeitung nach Treu und Glauben setzt voraus, dass die betroffenen Personen in der Lage sind, das Vorhandensein einer Verarbeitung zu erfahren und ordnungsgemäß und umfassend über die Bedingungen der Erhebung informiert zu werden, wenn Daten bei ihnen erhoben werden.

(39) Bestimmte Verarbeitungen betreffen Daten, die der Verantwortliche nicht unmittelbar bei der betroffenen Person erhoben hat. Des weiteren können Daten rechtmäßig an Dritte weitergegeben werden, auch wenn die Weitergabe bei der Erhebung der Daten bei der betroffenen Person nicht vorgesehen war. In diesen Fällen muss die betroffene Person zum Zeitpunkt der Speicherung der Daten oder spätestens bei der erstmaligen Weitergabe der Daten an Dritte unterrichtet werden.

(40) Diese Verpflichtung erübrigt sich jedoch, wenn die betroffene Person bereits unterrichtet ist. Sie besteht auch nicht, wenn die Speicherung oder Weitergabe durch Gesetz ausdrücklich vorgesehen ist oder wenn die Unterrichtung der betroffenen Person unmöglich ist oder unverhältnismäßigen Aufwand erfordert, was bei Verarbeitungen für historische, statistische oder wissenschaftliche Zwecke der Fall sein kann. Diesbezüglich können die Zahl der betroffenen Personen, das Alter der Daten und etwaige Ausgleichsmaßnahmen in Betracht gezogen werden.

(41) Jede Person muss ein Auskunftsrecht hinsichtlich der sie betreffenden Daten, die Gegenstand einer Verarbeitung sind, haben, damit sie sich insbesondere von der Richtigkeit dieser Daten und der Zulässigkeit ihrer Verarbeitung überzeugen kann. Aus denselben Gründen muss jede Person außerdem das Recht auf Auskunft über den logischen Aufbau der automatisierten Verarbeitung der sie betreffenden Daten, zumindest im Fall automatisierter Entscheidungen im Sinne des Artikels 15 Absatz 1, besitzen. Dieses Recht darf weder das Geschäftsgeheimnis noch das Recht an geistigem Eigentum, insbesondere das Urheberrecht zum Schutz von Software, berühren. Dies darf allerdings nicht dazu führen, dass der betroffenen Person jegliche Auskunft verweigert wird.

(42) Die Mitgliedstaaten können die Auskunfts- und Informationsrechte im Interesse der betroffenen Person oder zum Schutz der Rechte und Freiheiten Dritter einschränken. Zum Beispiel können sie vorsehen, dass Auskunft über medizinische Daten nur über ärztliches Personal erhalten werden kann.

(43) Die Mitgliedstaaten können Beschränkungen des Auskunfts- und Informationsrechts sowie bestimmter Pflichten des für die Verarbeitung Verantwortlichen vorsehen, soweit dies beispielsweise für die Sicherheit des Staates, die Landesverteidigung, die öffentliche Sicherheit, für zwingende wirtschaftliche oder finanzielle

Interessen eines Mitgliedstaats oder der Union oder für die Ermittlung und Verfolgung von Straftaten oder von Verstößen gegen Standesregeln bei reglementierten Berufen erforderlich ist. Als Ausnahmen und Beschränkungen sind Kontroll-, Überwachungs- und Ordnungsfunktionen zu nennen, die in den drei letztgenannten Bereichen in bezug auf öffentliche Sicherheit, wirtschaftliches oder finanzielles Interesse und Strafverfolgung erforderlich sind. Die Erwähnung der Aufgaben in diesen drei Bereichen lässt die Zulässigkeit von Ausnahmen und Einschränkungen aus Gründen der Sicherheit des Staates und der Landesverteidigung unberührt.

(44) Die Mitgliedstaaten können aufgrund gemeinschaftlicher Vorschriften gehalten sein, von den das Auskunftsrecht, die Information der Personen und die Qualität der Daten betreffenden Bestimmungen dieser Richtlinie abzuweichen, um bestimmte der obengenannten Zweckbestimmungen zu schützen.

(45) Auch wenn die Daten Gegenstand einer rechtmäßigen Verarbeitung aufgrund eines öffentlichen Interesses, der Ausübung hoheitlicher Gewalt oder der Interessen eines einzelnen sein können, sollte doch jede betroffene Person das Recht besitzen, aus überwiegenden, schutzwürdigen, sich aus ihrer besonderen Situation ergebenden Gründen Widerspruch dagegen einzulegen, dass die sie betreffenden Daten verarbeitet werden. Die Mitgliedstaaten können allerdings innerstaatliche Bestimmungen vorsehen, die dem entgegenstehen.

(46) Für den Schutz der Rechte und Freiheiten der betroffenen Personen bei der Verarbeitung personenbezogener Daten müssen geeignete technische und organisatorische Maßnahmen getroffen werden, und zwar sowohl zum Zeitpunkt der Planung des Verarbeitungssystems als auch zum Zeitpunkt der eigentlichen Verarbeitung, um insbesondere deren Sicherheit zu gewährleisten und somit jede unrechtmäßige Verarbeitung zu verhindern. Die Mitgliedstaaten haben dafür Sorge zu tragen, dass der für die Verarbeitung Verantwortliche diese Maßnahmen einhält. Diese Maßnahmen müssen unter Berücksichtigung des Standes der Technik und der bei ihrer Durchführung entstehenden Kosten ein Schutzniveau gewährleisten, das den von der Verarbeitung ausgehenden Risiken und der Art der zu schützenden Daten angemessen ist.

(47) Wird eine Nachricht, die personenbezogene Daten enthält, über Telekommunikationsdienste oder durch elektronische Post übermittelt, deren einziger Zweck darin besteht, Nachrichten dieser Art zu übermitteln, so gilt in der Regel die Person, von der die Nachricht stammt, und nicht die Person, die den Übermittlungsdienst anbietet, als Verantwortlicher für die Verarbeitung der in der Nachricht enthaltenen personenbezogenen Daten. Jedoch gelten die Personen, die diese Dienste anbieten, in der Regel als Verantwortliche für die Verarbeitung der personenbezogenen Daten, die zusätzlich für den Betrieb des Dienstes erforderlich sind.

(48) Die Meldeverfahren dienen der Offenlegung der Zweckbestimmungen der Verarbeitungen sowie ihrer wichtigsten Merkmale mit dem Zweck der Überprüfung ihrer Vereinbarkeit mit den einzelstaatlichen Vorschriften zur Umsetzung dieser Richtlinie.

(49) Um unangemessene Verwaltungsformalitäten zu vermeiden, können die Mitgliedstaaten bei Verarbeitungen, bei denen eine Beeinträchtigung der Rechte und Freiheiten der Betroffenen nicht zu erwarten ist, von der Meldepflicht absehen oder sie vereinfachen, vorausgesetzt, dass diese Verarbeitungen den Bestimmungen entsprechen, mit denen der Mitgliedstaat die Grenzen solcher Verarbeitungen festgelegt hat. Eine Befreiung oder eine Vereinfachung kann ebenso vorgesehen werden, wenn ein vom für die Verarbeitung Verantwortlichen benannter Datenschutzbeauftragter sicherstellt, dass eine Beeinträchtigung der Rechte und Freiheiten der Betroffenen durch die Verarbeitung nicht zu erwarten ist. Ein solcher Beauftragter, ob Angestellter des für die Verarbeitung Verantwortlichen oder externer Beauftragter, muss seine Aufgaben in vollständiger Unabhängigkeit ausüben können.

(50) Die Befreiung oder Vereinfachung kann vorgesehen werden für Verarbeitungen, deren einziger Zweck das Führen eines Registers ist, das gemäß einzelstaatlichem Recht zur Information der Öffentlichkeit bestimmt ist und entweder der gesamten Öffentlichkeit oder allen Personen, die ein berechtigtes Interesse nachweisen können, zur Einsichtnahme offensteht.

(51) Die Vereinfachung oder Befreiung von der Meldepflicht entbindet jedoch den für die Verarbeitung Verantwortlichen von keiner der anderen sich aus dieser Richtlinie ergebenen Verpflichtungen.

(52) In diesem Zusammenhang ist die nachträgliche Kontrolle durch die zuständigen Stellen im allgemeinen als ausreichende Maßnahme anzusehen.

(53) Bestimmte Verarbeitungen können jedoch aufgrund ihrer Art, ihrer Tragweite oder ihrer Zweckbestimmung – wie beispielsweise derjenigen, betroffene Personen von der Inanspruchnahme eines Rechts, einer Leistung oder eines Vertrags auszuschließen – oder aufgrund der besonderen Verwendung einer neuen Technologie besondere Risiken im Hinblick auf die Rechte und Freiheiten der betroffenen Personen aufweisen. Es obliegt den Mitgliedstaaten, derartige Risiken in ihren Rechtsvorschriften aufzuführen, wenn sie dies wünschen.

(54) Bei allen in der Gesellschaft durchgeführten Verarbeitungen sollte die Zahl der Verarbeitungen mit solchen besonderen Risiken sehr beschränkt sein. Die Mitgliedstaaten müssen für diese Verarbeitungen vorsehen, dass vor ihrer Durchführung eine Vorabprüfung durch die Kontrollstelle oder in Zusammenarbeit mit ihr durch den Datenschutzbeauftragten vorgenommen wird. Als Ergebnis dieser Vorabprüfung kann die Kontrollstelle gemäß einzelstaatlichem Recht eine Stellungnahme abgeben oder die Verarbeitung genehmigen. Diese Prüfung kann auch bei der Ausarbeitung einer gesetzgeberischen Maßnahme des nationalen Parlaments oder einer auf eine solche gesetzgeberische Maßnahme gestützten Maßnahme erfolgen, die die Art der Verarbeitung und geeignete Garantien festlegt.

(55) Für den Fall der Mißachtung der Rechte der betroffenen Personen durch den für die Verarbeitung Verantwortlichen ist im nationalen Recht eine gerichtliche

Überprüfungsmöglichkeit vorzusehen. Mögliche Schäden, die den Personen aufgrund einer unzulässigen Verarbeitung entstehen, sind von dem für die Verarbeitung Verantwortlichen zu ersetzen, der von seiner Haftung befreit werden kann, wenn er nachweist, dass der Schaden ihm nicht angelastet werden kann, insbesondere weil ein Fehlverhalten der betroffenen Person oder ein Fall höherer Gewalt vorliegt. Unabhängig davon, ob es sich um eine Person des Privatrechts oder des öffentlichen Rechts handelt, müssen Sanktionen jede Person treffen, die die einzelstaatlichen Vorschriften zur Umsetzung dieser Richtlinie nicht einhält.

(56) Grenzüberschreitender Verkehr von personenbezogenen Daten ist für die Entwicklung des internationalen Handels notwendig. Der in der Gemeinschaft durch diese Richtlinie gewährte Schutz von Personen steht der Übermittlung personenbezogener Daten in Drittländer, die ein angemessenes Schutzniveau aufweisen, nicht entgegen. Die Angemessenheit des Schutzniveaus, das ein Drittland bietet, ist unter Berücksichtigung aller Umstände im Hinblick auf eine Übermittlung oder eine Kategorie von Übermittlungen zu beurteilen.

(57) Bietet hingegen ein Drittland kein angemessenes Schutzniveau, so ist die Übermittlung personenbezogener Daten in dieses Land zu untersagen.

(58) Ausnahmen von diesem Verbot sind unter bestimmten Voraussetzungen vorzusehen, wenn die betroffene Person ihre Einwilligung erteilt hat oder die Übermittlung im Rahmen eines Vertrags oder Gerichtsverfahrens oder zur Wahrung eines wichtigen öffentlichen Interesses erforderlich ist, wie zum Beispiel bei internationalem Datenaustausch zwischen Steuer- oder Zollverwaltungen oder zwischen Diensten, die für Angelegenheiten der sozialen Sicherheit zuständig sind. Ebenso kann eine Übermittlung aus einem gesetzlich vorgesehenen Register erfolgen, das der öffentlichen Einsichtnahme oder der Einsichtnahme durch Personen mit berechtigtem Interesse dient. In diesem Fall sollte eine solche Übermittlung nicht die Gesamtheit oder ganze Kategorien der im Register enthaltenen Daten umfassen. Ist ein Register zur Einsichtnahme durch Personen mit berechtigtem Interesse bestimmt, so sollte die Übermittlung nur auf Antrag dieser Person oder nur dann erfolgen, wenn diese Person die Adressaten der Übermittlung sind.

(59) Besondere Maßnahmen können getroffen werden, um das unzureichende Schutzniveau in einem Drittland auszugleichen, wenn der für die Verarbeitung Verantwortliche geeignete Sicherheiten nachweist. Außerdem sind Verfahren für die Verhandlungen zwischen der Gemeinschaft und den betreffenden Drittländern vorzusehen.

(60) Übermittlungen in Drittstaaten dürfen auf jeden Fall nur unter voller Einhaltung der Rechtsvorschriften erfolgen, die die Mitgliedstaaten gemäß dieser Richtlinie, insbesondere gemäß Artikel 8, erlassen haben.

(61) Die Mitgliedstaaten und die Kommission müssen in ihren jeweiligen Zuständigkeitsbereichen die betroffenen Wirtschaftskreise ermutigen, Verhaltensregeln auszuarbeiten, um unter Berücksichtigung der Besonderheiten der Verarbeitung in

bestimmten Bereichen die Durchführung dieser Richtlinie im Einklang mit den hierfür vorgesehenen einzelstaatlichen Bestimmungen zu fördern.

(62) Die Einrichtung unabhängiger Kontrollstellen in den Mitgliedstaaten ist ein wesentliches Element des Schutzes der Personen bei der Verarbeitung personenbezogener Daten.

(63) Diese Stellen sind mit den notwendigen Mitteln für die Erfuellung dieser Aufgabe auszustatten, d. h. Untersuchungs- und Einwirkungsbefugnissen, insbesondere bei Beschwerden, sowie Klagerecht. Die Kontrollstellen haben zur Transparenz der Verarbeitungen in dem Mitgliedstaat beizutragen, dem sie unterstehen.

(64) Die Behörden der verschiedenen Mitgliedstaaten werden einander bei der Wahrnehmung ihrer Aufgaben unterstützen müssen, um sicherzustellen, dass die Schutzregeln in der ganzen Europäischen Union beachtet werden.

(65) Auf Gemeinschaftsebene ist eine Arbeitsgruppe für den Schutz der Rechte von Personen bei der Verarbeitung personenbezogener Daten einzusetzen, die ihre Aufgaben in völliger Unabhängigkeit wahrzunehmen hat. Unter Berücksichtigung dieses besonderen Charakters hat sie die Kommission zu beraten und insbesondere zur einheitlichen Anwendung der zur Umsetzung dieser Richtlinie erlassenen einzelstaatlichen Vorschriften beizutragen.

(66) Für die Übermittlung von Daten in Drittländern ist es zur Anwendung dieser Richtlinie erforderlich, der Kommission Durchführungsbefugnisse zu übertragen und ein Verfahren gemäß den Bestimmungen des Beschlusses 87/373/EWG des Rates[4] festzulegen.

(67) Am 20. Dezember 1994 wurde zwischen dem Europäischen Parlament, dem Rat und der Kommission ein Modus vivendi betreffend die Maßnahmen zur Durchführung der nach dem Verfahren des Artikels 189b des EG-Vertrag erlassenen Rechtsakte vereinbart.

(68) Die in dieser Richtlinie enthaltenen Grundsätze des Schutzes der Rechte und Freiheiten der Personen und insbesondere der Achtung der Privatsphäre bei der Verarbeitung personenbezogener Daten können – besonders für bestimmte Bereiche – durch spezifische Regeln ergänzt oder präzisiert werden, die mit diesen Grundsätzen in Einklang stehen.

(69) Den Mitgliedstaaten sollte eine Frist von längstens drei Jahren ab Inkrafttreten ihrer Vorschriften zur Umsetzung dieser Richtlinie eingeräumt werden, damit sie die neuen einzelstaatlichen Vorschriften fortschreitend auf alle bereits laufenden Verarbeitungen anwenden können. Um eine kosteneffiziente Durchführung dieser Vorschriften zu erleichtern, wird den Mitgliedstaaten eine weitere Frist von zwölf Jahren nach Annahme dieser Richtlinie eingeräumt, um die Anpassung bestehender manueller Dateien an bestimmte Vorschriften dieser Richtlinie sicherzustellen.

---

4 ABl. Nr. L 197 vom 18. 7. 1987, S. 33.

Werden in solchen Dateien enthaltene Daten während dieser erweiterten Umsetzungsfrist manuell verarbeitet, so sollten die Dateien zum Zeitpunkt der Verarbeitung mit diesen Vorschriften in Einklang gebracht werden.

(70) Die betroffene Person braucht nicht erneut ihre Einwilligung zu geben, damit der Verantwortliche nach Inkrafttreten der einzelstaatlichen Vorschriften zur Umsetzung dieser Richtlinie eine Verarbeitung sensibler Daten fortführen kann, die für die Erfüllung eines in freier Willenserklärung geschlossenen Vertrags erforderlich ist und vor Inkrafttreten der genannten Vorschriften mitgeteilt wurde.

(71) Diese Richtlinie steht den gesetzlichen Regelungen eines Mitgliedstaats im Bereich der geschäftsmäßigen Werbung gegenüber in seinem Hoheitsgebiet ansässigen Verbrauchern nicht entgegen, sofern sich diese gesetzlichen Regelungen nicht auf den Schutz der Person bei der Verarbeitung personenbezogener Daten beziehen.

(72) Diese Richtlinie erlaubt bei der Umsetzung der mit ihr festgelegten Grundsätze die Berücksichtigung des Grundsatzes des öffentlichen Zugangs zu amtlichen Dokumenten –

HABEN FOLGENDE RICHTLINIE ERLASSEN:

Kapitel I Allgemeine Bestimmungen

Artikel 1 Gegenstand der Richtlinie

(1) Die Mitgliedstaaten gewährleisten nach den Bestimmungen dieser Richtlinie den Schutz der Grundrechte und Grundfreiheiten und insbesondere den Schutz der Privatsphäre natürlicher Personen bei der Verarbeitung personenbezogener Daten.

(2) Die Mitgliedstaaten beschränken oder untersagen nicht den freien Verkehr personenbezogener Daten zwischen Mitgliedstaaten aus Gründen des gemäß Absatz 1 gewährleisteten Schutzes.

Artikel 2 Begriffsbestimmungen

Im Sinne dieser Richtlinie bezeichnet der Ausdruck

a) „personenbezogene Daten" alle Informationen über eine bestimmte oder bestimmbare natürliche Person („betroffene Person"); als bestimmbar wird eine Person angesehen, die direkt oder indirekt identifiziert werden kann, insbesondere durch Zuordnung zu einer Kennnummer oder zu einem oder mehreren spezifischen Elementen, die Ausdruck ihrer physischen, physiologischen, psychischen, wirtschaftlichen, kulturellen oder sozialen Identität sind;

b) „Verarbeitung personenbezogener Daten" („Verarbeitung") jeden mit oder ohne Hilfe automatisierter Verfahren ausgeführten Vorgang oder jede Vorgangsreihe im Zusammenhang mit personenbezogenen Daten wie das Erheben, das Speichern, die Organisation, die Aufbewahrung, die Anpassung oder Veränderung, das Auslesen, das Abfragen, die Benutzung, die Weitergabe durch Übermittlung, Verbreitung oder jede andere Form der Bereitstellung, die Kombination oder die Verknüpfung sowie das Sperren, Löschen oder Vernichten;

c) „Datei mit personenbezogenen Daten" („Datei") jede strukturierte Sammlung personenbezogener Daten, die nach bestimmten Kriterien zugänglich sind, gleichgültig ob diese Sammlung zentral, dezentralisiert oder nach funktionalen oder geographischen Gesichtspunkten aufgeteilt geführt wird;

d) „für die Verarbeitung Verantwortlicher" die natürliche oder juristische Person, Behörde, Einrichtung oder jede andere Stelle, die allein oder gemeinsam mit anderen über die Zwecke und Mittel der Verarbeitung von personenbezogenen Daten entscheidet. Sind die Zwecke und Mittel der Verarbeitung von personenbezogenen Daten in einzelstaatlichen oder gemeinschaftlichen Rechts- und Verwaltungsvorschriften festgelegt, so können der für die Verarbeitung Verantwortliche bzw. die spezifischen Kriterien für seine Benennung durch einzelstaatliche oder gemeinschaftliche Rechtsvorschriften bestimmt werden;

e) „Auftragsverarbeiter" die natürliche oder juristische Person, Behörde, Einrichtung oder jede andere Stelle, die personenbezogene Daten im Auftrag des für die Verarbeitung Verantwortlichen verarbeitet;

f) „Dritter" die natürliche oder juristische Person, Behörde, Einrichtung oder jede andere Stelle, außer der betroffenen Person, dem für die Verarbeitung Verantwortlichen, dem Auftragsverarbeiter und den Personen, die unter der unmittelbaren Verantwortung des für die Verarbeitung Verantwortlichen oder des Auftragsverarbeiters befugt sind, die Daten zu verarbeiten;

g) „Empfänger" die natürliche oder juristische Person, Behörde, Einrichtung oder jede andere Stelle, die Daten erhält, gleichgültig, ob es sich bei ihr um einen Dritten handelt oder nicht. Behörden, die im Rahmen eines einzelnen Untersuchungsauftrags möglicherweise Daten erhalten, gelten jedoch nicht als Empfänger;

h) „Einwilligung der betroffenen Person" jede Willensbekundung, die ohne Zwang, für den konkreten Fall und in Kenntnis der Sachlage erfolgt und mit der die betroffene Person akzeptiert, dass personenbezogene Daten, die sie betreffen, verarbeitet werden.

Artikel 3 Anwendungsbereich

(1) Diese Richtlinie gilt für die ganz oder teilweise automatisierte Verarbeitung personenbezogener Daten sowie für die nicht automatisierte Verarbeitung personenbezogener Daten, die in einer Datei gespeichert sind oder gespeichert werden sollen.

(2) Diese Richtlinie findet keine Anwendung auf die Verarbeitung personenbezogener Daten,

– die für die Ausübung von Tätigkeiten erfolgt, die nicht in den Anwendungsbereich des Gemeinschaftsrechts fallen, beispielsweise Tätigkeiten gemäß den Titeln V und VI des Vertrags über die Europäische Union, und auf keinen Fall auf

Verarbeitungen betreffend die öffentliche Sicherheit, die Landesverteidigung, die Sicherheit des Staates (einschließlich seines wirtschaftlichen Wohls, wenn die Verarbeitung die Sicherheit des Staates berührt) und die Tätigkeiten des Staates im strafrechtlichen Bereich;

– die von einer natürlichen Person zur Ausübung ausschließlich persönlicher oder familiärer Tätigkeiten vorgenommen wird.

Artikel 4 Anwendbares einzelstaatliches Recht

(1) Jeder Mitgliedstaat wendet die Vorschriften, die er zur Umsetzung dieser Richtlinie erläßt, auf alle Verarbeitungen personenbezogener Daten an,

a) die im Rahmen der Tätigkeiten einer Niederlassung ausgeführt werden, die der für die Verarbeitung Verantwortliche im Hoheitsgebiet dieses Mitgliedstaats besitzt. Wenn der Verantwortliche eine Niederlassung im Hoheitsgebiet mehrerer Mitgliedstaaten besitzt, ergreift er die notwendigen Maßnahmen, damit jede dieser Niederlassungen die im jeweils anwendbaren einzelstaatlichen Recht festgelegten Verpflichtungen einhält;

b) die von einem für die Verarbeitung Verantwortlichen ausgeführt werden, der nicht in seinem Hoheitsgebiet, aber an einem Ort niedergelassen ist, an dem das einzelstaatliche Recht dieses Mitgliedstaats gemäß dem internationalen öffentlichen Recht Anwendung findet;

c) die von einem für die Verarbeitung Verantwortlichen ausgeführt werden, der nicht im Gebiet der Gemeinschaft niedergelassen ist und zum Zwecke der Verarbeitung personenbezogener Daten auf automatisierte oder nicht automatisierte Mittel zurückgreift, die im Hoheitsgebiet des betreffenden Mitgliedstaats belegen sind, es sei denn, dass diese Mittel nur zum Zweck der Durchfuhr durch das Gebiet der Europäischen Gemeinschaft verwendet werden.

(2) In dem in Absatz 1 Buchstabe c) genannten Fall hat der für die Verarbeitung Verantwortliche einen im Hoheitsgebiet des genannten Mitgliedstaats ansässigen Vertreter zu benennen, unbeschadet der Möglichkeit eines Vorgehens gegen den für die Verarbeitung Verantwortlichen selbst.

Kapitel II Allgemeine Bedingungen für die Rechtmäßigkeit der Verarbeitung personenbezogener Daten

Artikel 5

Die Mitgliedstaaten bestimmen nach Maßgabe dieses Kapitels die Voraussetzungen näher, unter denen die Verarbeitung personenbezogener Daten rechtmäßig ist.

Abschnitt I Grundsätze in Bezug auf die Qualität der Daten

Artikel 6

(1) Die Mitgliedstaaten sehen vor, dass personenbezogene Daten

a) nach Treu und Glauben und auf rechtmäßige Weise verarbeitet werden;

b) für festgelegte eindeutige und rechtmäßige Zwecke erhoben und nicht in einer mit diesen Zweckbestimmungen nicht zu vereinbarenden Weise weiterverarbeitet werden. Die Weiterverarbeitung von Daten zu historischen, statistischen oder wissenschaftlichen Zwecken ist im Allgemeinen nicht als unvereinbar mit den Zwecken der vorausgegangenen Datenerhebung anzusehen, sofern die Mitgliedstaaten geeignete Garantien vorsehen;

c) den Zwecken entsprechen, für die sie erhoben und/oder weiterverarbeitet werden, dafür erheblich sind und nicht darüber hinausgehen;

d) sachlich richtig und, wenn nötig, auf den neuesten Stand gebracht sind; es sind alle angemessenen Maßnahmen zu treffen, damit im Hinblick auf die Zwecke, für die sie erhoben oder weiterverarbeitet werden, nichtzutreffende oder unvollständige Daten gelöscht oder berichtigt werden;

e) nicht länger, als es für die Realisierung der Zwecke, für die sie erhoben oder weiterverarbeitet werden, erforderlich ist, in einer Form aufbewahrt werden, die die Identifizierung der betroffenen Personen ermöglicht. Die Mitgliedstaaten sehen geeignete Garantien für personenbezogene Daten vor, die über die vorgenannte Dauer hinaus für historische, statistische oder wissenschaftliche Zwecke aufbewahrt werden.

(2) Der für die Verarbeitung Verantwortliche hat für die Einhaltung des Absatzes 1 zu sorgen.

Abschnitt II Grundsätze in Bezug auf die Zulässigkeit der Verarbeitung von Daten

Artikel 7

Die Mitgliedstaaten sehen vor, dass die Verarbeitung personenbezogener Daten lediglich erfolgen darf, wenn eine der folgenden Voraussetzungen erfüllt ist:

a) Die betroffene Person hat ohne jeden Zweifel ihre Einwilligung gegeben;

b) die Verarbeitung ist erforderlich für die Erfuellung eines Vertrags, dessen Vertragspartei die betroffene Person ist, oder für die Durchführung vorvertraglicher Maßnahmen, die auf Antrag der betroffenen Person erfolgen;

c) die Verarbeitung ist für die Erfuellung einer rechtlichen Verpflichtung erforderlich, der der für die Verarbeitung Verantwortliche unterliegt;

d) die Verarbeitung ist erforderlich für die Wahrung lebenswichtiger Interessen der betroffenen Person;

e) die Verarbeitung ist erforderlich für die Wahrnehmung einer Aufgabe, die im öffentlichen Interesse liegt oder in Ausübung öffentlicher Gewalt erfolgt und dem für die Verarbeitung Verantwortlichen oder dem Dritten, dem die Daten übermittelt werden, übertragen wurde;

f) die Verarbeitung ist erforderlich zur Verwirklichung des berechtigten Interesses, das von dem für die Verarbeitung Verantwortlichen oder von dem bzw. den Dritten wahrgenommen wird, denen die Daten übermittelt werden, sofern nicht das Interesse oder die Grundrechte und Grundfreiheiten der betroffenen Person, die gemäß Artikel 1 Absatz 1 geschützt sind, überwiesen.

Abschnitt III Besondere Kategorien der Verarbeitung

Artikel 8 Verarbeitung besonderer Kategorien personenbezogener Daten

(1) Die Mitgliedstaaten untersagen die Verarbeitung personenbezogener Daten, aus denen die rassische und ethnische Herkunft, politische Meinungen, religiöse oder philosophische Überzeugungen oder die Gewerkschaftszugehörigkeit hervorgehen, sowie von Daten über Gesundheit oder Sexualleben.

(2) Absatz 1 findet in folgenden Fällen keine Anwendung:

a) Die betroffene Person hat ausdrücklich in die Verarbeitung der genannten Daten eingewilligt, es sei denn, nach den Rechtsvorschriften des Mitgliedstaats kann das Verbot nach Absatz 1 durch die Einwilligung der betroffenen Person nicht aufgehoben werden;

oder

b) die Verarbeitung ist erforderlich, um den Rechten und Pflichten des für die Verarbeitung Verantwortlichen auf dem Gebiet des Arbeitsrechts Rechnung zu tragen, sofern dies aufgrund von einzelstaatlichem Recht, das angemessene Garantien vorsieht, zulässig ist;

oder

c) die Verarbeitung ist zum Schutz lebenswichtiger Interessen der betroffenen Person oder eines Dritten erforderlich, sofern die Person aus physischen oder rechtlichen Gründen außerstande ist, ihre Einwilligung zu geben;

oder

d) die Verarbeitung erfolgt auf der Grundlage angemessener Garantien durch eine politisch, philosophisch, religiös oder gewerkschaftlich ausgerichtete Stiftung, Vereinigung oder sonstige Organisation, die keinen Erwerbszweck verfolgt, im Rahmen ihrer rechtmäßigen Tätigkeiten und unter der Voraussetzung, dass sich die Verarbeitung nur auf die Mitglieder der Organisation oder auf Personen, die im Zusammenhang mit deren Tätigkeitszweck regelmäßige Kontakte mit ihr unterhalten, bezieht und die Daten nicht ohne Einwilligung der betroffenen Personen an Dritte weitergegeben werden;

oder

e) die Verarbeitung bezieht sich auf Daten, die die betroffene Person offenkundig öffentlich gemacht hat, oder ist zur Geltendmachung, Ausübung oder Verteidigung rechtlicher Ansprüche vor Gericht erforderlich.

(3) Absatz 1 gilt nicht, wenn die Verarbeitung der Daten zum Zweck der Gesundheitsvorsorge, der medizinischen Diagnostik, der Gesundheitsversorgung oder Behandlung oder für die Verwaltung von Gesundheitsdiensten erforderlich ist und die Verarbeitung dieser Daten durch ärztliches Personal erfolgt, das nach dem einzelstaatlichen Recht, einschließlich der von den zuständigen einzelstaatlichen Stellen erlassenen Regelungen, dem Berufsgeheimnis unterliegt, oder durch sonstige Personen, die einer entsprechenden Geheimhaltungspflicht unterliegen.

(4) Die Mitgliedstaaten können vorbehaltlich angemessener Garantien aus Gründen eines wichtigen öffentlichen Interesses entweder im Wege einer nationalen Rechtsvorschrift oder im Wege einer Entscheidung der Kontrollstelle andere als die in Absatz 2 genannten Ausnahmen vorsehen.

(5) Die Verarbeitung von Daten, die Straftaten, strafrechtliche Verurteilungen oder Sicherungsmaßregeln betreffen, darf nur unter behördlicher Aufsicht oder aufgrund von einzelstaatlichem Recht, das angemessene Garantien vorsieht, erfolgen, wobei ein Mitgliedstaat jedoch Ausnahmen aufgrund innerstaatlicher Rechtsvorschriften, die geeignete besondere Garantien vorsehen, festlegen kann. Ein vollständiges Register der strafrechtlichen Verurteilungen darf allerdings nur unter behördlicher Aufsicht geführt werden.

Die Mitgliedstaaten können vorsehen, dass Daten, die administrative Strafen oder zivilrechtliche Urteile betreffen, ebenfalls unter behördlicher Aufsicht verarbeitet werden müssen.

(6) Die in den Absätzen 4 und 5 vorgesehenen Abweichungen von Absatz 1 sind der Kommission mitzuteilen.

(7) Die Mitgliedstaaten bestimmen, unter welchen Bedingungen eine nationale Kennziffer oder andere Kennzeichen allgemeiner Bedeutung Gegenstand einer Verarbeitung sein dürfen.

Artikel 9 Verarbeitung personenbezogener Daten und Meinungsfreiheit

Die Mitgliedstaaten sehen für die Verarbeitung personenbezogener Daten, die allein zu journalistischen, künstlerischen oder literarischen Zwecken erfolgt, Abweichungen und Ausnahmen von diesem Kapitel sowie von den Kapiteln IV und VI nur insofern vor, als sich dies als notwendig erweist, um das Recht auf Privatsphäre mit den für die Freiheit der Meinungsäußerung geltenden Vorschriften in Einklang zu bringen.

Abschnitt IV Information der betroffenen Person

Artikel 10 Information bei der Erhebung personenbezogener Daten bei der betroffenen Person

Die Mitgliedstaaten sehen vor, dass die Person, bei der die sie betreffenden Daten erhoben werden, vom für die Verarbeitung Verantwortlichen oder seinem Vertreter zumindest die nachstehenden Informationen erhält, sofern diese ihr noch nicht vorliegen:

a) Identität des für die Verarbeitung Verantwortlichen und gegebenenfalls seines Vertreters,

b) Zweckbestimmungen der Verarbeitung, für die die Daten bestimmt sind,

c) weitere Informationen, beispielsweise betreffend

– die Empfänger oder Kategorien der Empfänger der Daten,

– die Frage, ob die Beantwortung der Fragen obligatorisch oder freiwillig ist, sowie mögliche Folgen einer unterlassenen Beantwortung,

– das Bestehen von Auskunfts- und Berichtigungsrechten bezüglich sie betreffender Daten,

sofern sie unter Berücksichtigung der spezifischen Umstände, unter denen die Daten erhoben werden, notwendig sind, um gegenüber der betroffenen Person eine Verarbeitung nach Treu und Glauben zu gewährleisten.

Artikel 11 Informationen für den Fall, dass die Daten nicht bei der betroffenen Person erhoben wurden

(1) Für den Fall, dass die Daten nicht bei der betroffenen Person erhoben wurden, sehen die Mitgliedstaaten vor, dass die betroffene Person bei Beginn der Speicherung der Daten bzw. im Fall einer beabsichtigten Weitergabe der Daten an Dritte spätestens bei der ersten Übermittlung vom für die Verarbeitung Verantwortlichen oder seinem Vertreter zumindest die nachstehenden Informationen erhält, sofern diese ihr noch nicht vorliegen:

a) Identität des für die Verarbeitung Verantwortlichen und gegebenenfalls seines Vertreters,

b) Zweckbestimmungen der Verarbeitung,

c) weitere Informationen, beispielsweise betreffend

– die Datenkategorien, die verarbeitet werden,

– die Empfänger oder Kategorien der Empfänger der Daten,

– das Bestehen von Auskunfts- und Berichtigungsrechten bezüglich sie betreffender Daten, sofern sie unter Berücksichtigung der spezifischen Umstände, unter denen die Daten erhoben werden, notwendig sind, um gegenüber der betroffenen Person eine Verarbeitung nach Treu und Glauben zu gewährleisten.

(2) Absatz 1 findet – insbesondere bei Verarbeitungen für Zwecke der Statistik oder der historischen oder wissenschaftlichen Forschung – keine Anwendung, wenn die Information der betroffenen Person unmöglich ist, unverhältnismäßigen Aufwand erfordert oder die Speicherung oder Weitergabe durch Gesetz ausdrücklich vorgesehen ist. In diesen Fällen sehen die Mitgliedstaaten geeignete Garantien vor.

Abschnitt V Auskunftsrecht der betroffenen Person

Artikel 12 Auskunftsrecht

Die Mitgliedstaaten garantieren jeder betroffenen Person das Recht, vom für die Verarbeitung Verantwortlichen folgendes zu erhalten:

a) frei und ungehindert in angemessenen Abständen ohne unzumutbare Verzögerung oder übermäßige Kosten

– die Bestätigung, dass es Verarbeitungen sie betreffender Daten gibt oder nicht gibt, sowie zumindest Informationen über die Zweckbestimmungen dieser Verarbeitungen, die Kategorien der Daten, die Gegenstand der Verarbeitung sind, und die Empfänger oder Kategorien der Empfänger, an die die Daten übermittelt werden;

– eine Mitteilung in verständlicher Form über die Daten, die Gegenstand der Verarbeitung sind, sowie die verfügbaren Informationen über die Herkunft der Daten;

– Auskunft über den logischen Aufbau der automatisierten Verarbeitung der sie betreffenden Daten, zumindest im Fall automatisierter Entscheidungen im Sinne von Artikel 15 Absatz 1;

b) je nach Fall die Berichtigung, Löschung oder Sperrung von Daten, deren Verarbeitung nicht den Bestimmungen dieser Richtlinie entspricht, insbesondere wenn diese Daten unvollständig oder unrichtig sind;

c) die Gewähr, dass jede Berichtigung, Löschung oder Sperrung, die entsprechend Buchstabe b) durchgeführt wurde, den Dritten, denen die Daten übermittelt wurden, mitgeteilt wird, sofern sich dies nicht als unmöglich erweist oder kein unverhältnismäßiger Aufwand damit verbunden ist.

Abschnitt VI Ausnahmen und Einschränkungen

Artikel 13 Ausnahmen und Einschränkungen

(1) Die Mitgliedstaaten können Rechtsvorschriften erlassen, die die Pflichten und Rechte gemäß Artikel 6 Absatz 1, Artikel 10, Artikel 11 Absatz 1, Artikel 12 und Artikel 21 beschränken, sofern eine solche Beschränkung notwendig ist für

a) die Sicherheit des Staates;

b) die Landesverteidigung;

c) die öffentliche Sicherheit;

d) die Verhütung, Ermittlung, Feststellung und Verfolgung von Straftaten oder Verstößen gegen die berufsständischen Regeln bei reglementierten Berufen;

e) ein wichtiges wirtschaftliches oder finanzielles Interesse eines Mitgliedstaats oder der Europäischen Union einschließlich Währungs-, Haushalts- und Steuerangelegenheiten;

f) Kontroll-, Überwachungs- und Ordnungsfunktionen, die dauernd oder zeitweise mit der Ausübung öffentlicher Gewalt für die unter den Buchstaben c), d) und e) genannten Zwecke verbunden sind;

g) den Schutz der betroffenen Person und der Rechte und Freiheiten anderer Personen.

(2) Vorbehaltlich angemessener rechtlicher Garantien, mit denen insbesondere ausgeschlossen wird, dass die Daten für Maßnahmen oder Entscheidungen gegenüber bestimmten Personen verwendet werden, können die Mitgliedstaaten in Fällen, in denen offensichtlich keine Gefahr eines Eingriffs in die Privatsphäre der betroffenen Person besteht, die in Artikel 12 vorgesehenen Rechte gesetzlich einschränken, wenn die Daten ausschließlich für Zwecke der wissenschaftlichen Forschung verarbeitet werden oder personenbezogen nicht länger als erforderlich lediglich zur Erstellung von Statistiken aufbewahrt werden.

Abschnitt VII Widerspruchsrecht der betroffenen Person

Artikel 14 Widerspruchsrecht der betroffenen Person

Die Mitgliedstaaten erkennen das Recht der betroffenen Person an,

a) zumindest in den Fällen von Artikel 7 Buchstaben e) und f) jederzeit aus überwiegenden, schutzwürdigen, sich aus ihrer besonderen Situation ergebenden Gründen dagegen Widerspruch einlegen zu können, dass sie betreffende Daten verarbeitet werden; dies gilt nicht bei einer im einzelstaatlichen Recht vorgesehenen entgegenstehenden Bestimmung. Im Fall eines berechtigten Widerspruchs kann sich die vom für die Verarbeitung Verantwortlichen vorgenommene Verarbeitung nicht mehr auf diese Daten beziehen;

b) auf Antrag kostenfrei gegen eine vom für die Verarbeitung Verantwortlichen beabsichtigte Verarbeitung sie betreffender Daten für Zwecke der Direktwerbung Widerspruch einzulegen oder vor der ersten Weitergabe personenbezogener Daten an Dritte oder vor deren erstmaliger Nutzung im Auftrag Dritter zu Zwecken der Direktwerbung informiert zu werden und ausdrücklich auf das Recht hingewiesen zu werden, kostenfrei gegen eine solche Weitergabe oder Nutzung Widerspruch einlegen zu können.

Die Mitgliedstaaten ergreifen die erforderlichen Maßnahmen, um sicherzustellen, dass die betroffenen Personen vom Bestehen des unter Buchstabe b) Unterabsatz 1 vorgesehenen Rechts Kenntnis haben.

Artikel 15 Automatisierte Einzelentscheidungen

(1) Die Mitgliedstaaten räumen jeder Person das Recht ein, keiner für sie rechtliche Folgen nach sich ziehenden und keiner sie erheblich beeinträchtigenden Entscheidung unterworfen zu werden, die ausschließlich aufgrund einer automatisierten Verarbeitung von Daten zum Zwecke der Bewertung einzelner Aspekte ihrer Person ergeht, wie beispielsweise ihrer beruflichen Leistungsfähigkeit, ihrer Kreditwürdigkeit, ihrer Zuverlässigkeit oder ihres Verhaltens.

(2) Die Mitgliedstaaten sehen unbeschadet der sonstigen Bestimmungen dieser Richtlinie vor, dass eine Person einer Entscheidung nach Absatz 1 unterworfen werden kann, sofern diese

a) im Rahmen des Abschlusses oder der Erfüllung eines Vertrags ergeht und dem Ersuchen der betroffenen Person auf Abschluss oder Erfuellung des Vertrags stattgegeben wurde oder die Wahrung ihrer berechtigten Interessen durch geeignete Maßnahmen – beispielsweise die Möglichkeit, ihren Standpunkt geltend zu machen – garantiert wird oder

b) durch ein Gesetz zugelassen ist, das Garantien zur Wahrung der berechtigten Interessen der betroffenen Person festlegt.

Abschnitt VIII Vertraulichkeit und Sicherheit der Verarbeitung

Artikel 16 Vertraulichkeit der Verarbeitung

Personen, die dem für die Verarbeitung Verantwortlichen oder dem Auftragsverarbeiter unterstellt sind und Zugang zu personenbezogenen Daten haben, sowie der Auftragsverarbeiter selbst dürfen personenbezogene Daten nur auf Weisung des für die Verarbeitung Verantwortlichen verarbeiten, es sei denn, es bestehen gesetzliche Verpflichtungen.

Artikel 17 Sicherheit der Verarbeitung

(1) Die Mitgliedstaaten sehen vor, dass der für die Verarbeitung Verantwortliche die geeigneten technischen und organisatorischen Maßnahmen durchführen muss, die für den Schutz gegen die zufällige oder unrechtmäßige Zerstörung, den zufälligen Verlust, die unberechtigte Änderung, die unberechtigte Weitergabe oder den unberechtigten Zugang – insbesondere wenn im Rahmen der Verarbeitung Daten in einem Netz übertragen werden – und gegen jede andere Form der unrechtmäßigen Verarbeitung personenbezogener Daten erforderlich sind.

Diese Maßnahmen müssen unter Berücksichtigung des Standes der Technik und der bei ihrer Durchführung entstehenden Kosten ein Schutzniveau gewährleisten, das den von der Verarbeitung ausgehenden Risiken und der Art der zu schützenden Daten angemessen ist.

(2) Die Mitgliedstaaten sehen vor, dass der für die Verarbeitung Verantwortliche im Fall einer Verarbeitung in seinem Auftrag einen Auftragsverarbeiter auszuwählen hat, der hinsichtlich der für die Verarbeitung zu treffenden technischen Sicherheitsmaßnahmen und organisatorischen Vorkehrungen ausreichende Gewähr bietet; der für die Verarbeitung Verantwortliche überzeugt sich von der Einhaltung dieser Maßnahmen.

(3) Die Durchführung einer Verarbeitung im Auftrag erfolgt auf der Grundlage eines Vertrags oder Rechtsakts, durch den der Auftragsverarbeiter an den für die Verarbeitung Verantwortlichen gebunden ist und in dem insbesondere folgendes vorgesehen ist:

– Der Auftragsverarbeiter handelt nur auf Weisung des für die Verarbeitung Verantwortlichen;

– die in Absatz 1 genannten Verpflichtungen gelten auch für den Auftragsverarbeiter, und zwar nach Maßgabe der Rechtsvorschriften des Mitgliedstaats, in dem er seinen Sitz hat.

(4) Zum Zwecke der Beweissicherung sind die datenschutzrelevanten Elemente des Vertrags oder Rechtsakts und die Anforderungen in bezug auf Maßnahmen nach Absatz 1 schriftlich oder in einer anderen Form zu dokumentieren.

Abschnitt IX Meldung

Artikel 18 Pflicht zur Meldung bei der Kontrollstelle

(1) Die Mitgliedstaaten sehen eine Meldung durch den für die Verarbeitung Verantwortlichen oder gegebenenfalls seinen Vertreter bei der in Artikel 28 genannten Kontrollstelle vor, bevor eine vollständig oder teilweise automatisierte Verarbeitung oder eine Mehrzahl von Verarbeitungen zur Realisierung einer oder mehrerer verbundener Zweckbestimmungen durchgeführt wird.

(2) Die Mitgliedstaaten können eine Vereinfachung der Meldung oder eine Ausnahme von der Meldepflicht nur in den folgenden Fällen und unter folgenden Bedingungen vorsehen:

– Sie legen für Verarbeitungskategorien, bei denen unter Berücksichtigung der zu verarbeitenden Daten eine Beeinträchtigung der Rechte und Freiheiten der betroffenen Personen unwahrscheinlich ist, die Zweckbestimmungen der Verarbeitung, die Daten oder Kategorien der verarbeiteten Daten, die Kategorie(n) der betroffenen Personen, die Empfänger oder Kategorien der Empfänger, denen die Daten weitergegeben werden, und die Dauer der Aufbewahrung fest, und/oder

– der für die Verarbeitung Verantwortliche bestellt entsprechend dem einzelstaatlichen Recht, dem er unterliegt, einen Datenschutzbeauftragten, dem insbesondere folgendes obliegt:

– die unabhängige Überwachung der Anwendung der zur Umsetzung dieser Richtlinie erlassenen einzelstaatlichen Bestimmungen,

– die Führung eines Verzeichnisses mit den in Artikel 21 Absatz 2 vorgesehenen Informationen über die durch den für die Verarbeitung Verantwortlichen vorgenommene Verarbeitung,

um auf diese Weise sicherzustellen, dass die Rechte und Freiheiten der betroffenen Personen durch die Verarbeitung nicht beeinträchtigt werden.

(3) Die Mitgliedstaaten können vorsehen, dass Absatz 1 keine Anwendung auf Verarbeitungen findet, deren einziger Zweck das Führen eines Register ist, das gemäß den Rechts- oder Verwaltungsvorschriften zur Information der Öffentlichkeit bestimmt ist und entweder der gesamten Öffentlichkeit oder allen Personen, die ein berechtigtes Interesse nachweisen können, zur Einsichtnahme offensteht.

(4) Die Mitgliedstaaten können die in Artikel 8 Absatz 2 Buchstabe d) genannten Verarbeitungen von der Meldepflicht ausnehmen oder die Meldung vereinfachen.

(5) Die Mitgliedstaaten können die Meldepflicht für nicht automatisierte Verarbeitungen von personenbezogenen Daten generell oder in Einzelfällen vorsehen oder sie einer vereinfachten Meldung unterwerfen.

Artikel 19 Inhalt der Meldung

(1) Die Mitgliedstaaten legen fest, welche Angaben die Meldung zu enthalten hat. Hierzu gehört zumindest Folgendes:

a) Name und Anschrift des für die Verarbeitung Verantwortlichen und gegebenenfalls seines Vertreters;

b) die Zweckbestimmung(en) der Verarbeitung;

c) eine Beschreibung der Kategorie(n) der betroffenen Personen und der diesbezüglichen Daten oder Datenkategorien;

d) die Empfänger oder Kategorien von Empfängern, denen die Daten mitgeteilt werden können;

e) eine geplante Datenübermittlung in Drittländer;

f) eine allgemeine Beschreibung, die es ermöglicht, vorläufig zu beurteilen, ob die Maßnahmen nach Artikel 17 zur Gewährleistung der Sicherheit der Verarbeitung angemessen sind.

(2) Die Mitgliedstaaten legen die Verfahren fest, nach denen Änderungen der in Absatz 1 genannten Angaben der Kontrollstelle zu melden sind.

Artikel 20 Vorabkontrolle

(1) Die Mitgliedstaaten legen fest, welche Verarbeitungen spezifische Risiken für die Rechte und Freiheiten der Personen beinhalten können, und tragen dafür Sorge, dass diese Verarbeitungen vor ihrem Beginn geprüft werden.

(2) Solche Vorabprüfungen nimmt die Kontrollstelle nach Empfang der Meldung des für die Verarbeitung Verantwortlichen vor, oder sie erfolgen durch den Datenschutzbeauftragten, der im Zweifelsfall die Kontrollstelle konsultieren muss.

(3) Die Mitgliedstaaten können eine solche Prüfung auch im Zuge der Ausarbeitung einer Maßnahme ihres Parlaments oder einer auf eine solche gesetzgeberische Maßnahme gestützten Maßnahme durchführen, die die Art der Verarbeitung festlegt und geeignete Garantien vorsieht.

Artikel 21 Öffentlichkeit der Verarbeitungen

(1) Die Mitgliedstaaten erlassen Maßnahmen, mit denen die Öffentlichkeit der Verarbeitungen sichergestellt wird.

(2) Die Mitgliedstaaten sehen vor, dass die Kontrollstelle ein Register der gemäß Artikel 18 gemeldeten Verarbeitungen führt.

Das Register enthält mindestens die Angaben nach Artikel 19 Absatz 1 Buchstaben a) bis e).

Das Register kann von jedermann eingesehen werden.

(3) Die Mitgliedstaaten sehen vor, dass für Verarbeitungen, die von der Meldung ausgenommen sind, der für die Verarbeitung Verantwortliche oder eine andere von den Mitgliedstaaten benannte Stelle zumindest die in Artikel 19 Absatz 1 Buchstaben a) bis e) vorgesehenen Angaben auf Antrag jedermann in geeigneter Weise verfügbar macht.

Die Mitgliedstaaten können vorsehen, dass diese Bestimmungen keine Anwendung auf Verarbeitungen findet, deren einziger Zweck das Führen von Registern ist, die gemäß den Rechts- und Verwaltungsvorschriften zur Information der Öffentlichkeit bestimmt sind und die entweder der gesamten Öffentlichkeit oder allen Personen, die ein berechtigtes Interesse nachweisen können, zur Einsichtnahme offenstehen.

Kapitel III Rechtsbehelfe, Haftung und Sanktionen

Artikel 22 Rechtsbehelfe

Unbeschadet des verwaltungsrechtlichen Beschwerdeverfahrens, das vor Beschreiten des Rechtsweges insbesondere bei der in Artikel 28 genannten Kontrollstelle eingeleitet werden kann, sehen die Mitgliedstaaten vor, dass jede Person bei der Verletzung der Rechte, die ihr durch die für die betreffende Verarbeitung geltenden einzelstaatlichen Rechtsvorschriften garantiert sind, bei Gericht einen Rechtsbehelf einlegen kann.

Artikel 23 Haftung

(1) Die Mitgliedstaaten sehen vor, dass jede Person, der wegen einer rechtswidrigen Verarbeitung oder jeder anderen mit den einzelstaatlichen Vorschriften zur Umsetzung dieser Richtlinie nicht zu vereinbarenden Handlung ein Schaden entsteht, das Recht hat, von dem für die Verarbeitung Verantwortlichen Schadenersatz zu verlangen.

(2) Der für die Verarbeitung Verantwortliche kann teilweise oder vollständig von seiner Haftung befreit werden, wenn er nachweist, dass der Umstand, durch den der Schaden eingetreten ist, ihm nicht zur Last gelegt werden kann.

Artikel 24 Sanktionen

Die Mitgliedstaaten ergreifen geeignete Maßnahmen, um die volle Anwendung der Bestimmungen dieser Richtlinie sicherzustellen, und legen insbesondere die Sanktionen fest, die bei Verstößen gegen die zur Umsetzung dieser Richtlinie erlassenen Vorschriften anzuwenden sind.

Kapitel IV Übermittlung personenbezogener Daten in Drittländer

Artikel 25 Grundsätze

(1) Die Mitgliedstaaten sehen vor, dass die Übermittlung personenbezogener Daten, die Gegenstand einer Verarbeitung sind oder nach der Übermittlung verarbeitet werden sollen, in ein Drittland vorbehaltlich der Beachtung der aufgrund der anderen Bestimmungen dieser Richtlinie erlassenen einzelstaatlichen Vorschriften zulässig ist, wenn dieses Drittland ein angemessenes Schutzniveau gewährleistet.

(2) Die Angemessenheit des Schutzniveaus, das ein Drittland bietet, wird unter Berücksichtigung aller Umstände beurteilt, die bei einer Datenübermittlung oder einer Kategorie von Datenübermittlungen eine Rolle spielen; insbesondere werden die Art der Daten, die Zweckbestimmung sowie die Dauer der geplanten Verarbeitung, das Herkunfts- und das Endbestimmungsland, die in dem betreffenden Drittland geltenden allgemeinen oder sektoriellen Rechtsnormen sowie die dort geltenden Standesregeln und Sicherheitsmaßnahmen berücksichtigt.

(3) Die Mitgliedstaaten und die Kommission unterrichten einander über die Fälle, in denen ihres Erachtens ein Drittland kein angemessenes Schutzniveau im Sinne des Absatzes 2 gewährleistet.

(4) Stellt die Kommission nach dem Verfahren des Artikels 31 Absatz 2 fest, dass ein Drittland kein angemessenes Schutzniveau im Sinne des Absatzes 2 des vorliegenden Artikels aufweist, so treffen die Mitgliedstaaten die erforderlichen Maßnahmen, damit keine gleichartige Datenübermittlung in das Drittland erfolgt.

(5) Zum geeigneten Zeitpunkt leitet die Kommission Verhandlungen ein, um Abhilfe für die gemäß Absatz 4 festgestellte Lage zu schaffen.

(6) Die Kommission kann nach dem Verfahren des Artikels 31 Absatz 2 feststellen, dass ein Drittland aufgrund seiner innerstaatlichen Rechtsvorschriften oder internationaler Verpflichtungen, die es insbesondere infolge der Verhandlungen gemäß Absatz 5 eingegangen ist, hinsichtlich des Schutzes der Privatsphäre sowie der Freiheiten und Grundrechte von Personen ein angemessenes Schutzniveau im Sinne des Absatzes 2 gewährleistet.

Die Mitgliedstaaten treffen die aufgrund der Feststellung der Kommission gebotenen Maßnahmen.

Artikel 26 Ausnahmen

(1) Abweichend von Artikel 25 sehen die Mitgliedstaaten vorbehaltlich entgegenstehender Regelungen für bestimmte Fälle im innerstaatlichen Recht vor, dass eine Übermittlung oder eine Kategorie von Übermittlungen personenbezogener Daten in ein Drittland, das kein angemessenes Schutzniveau im Sinne des Artikels 25 Absatz 2 gewährleistet, vorgenommen werden kann, sofern

a) die betroffene Person ohne jeden Zweifel ihre Einwilligung gegeben hat oder

b) die Übermittlung für die Erfüllung eines Vertrags zwischen der betroffenen Person und dem für die Verarbeitung Verantwortlichen oder zur Durchführung von vorvertraglichen Maßnahmen auf Antrag der betroffenen Person erforderlich ist oder

c) die Übermittlung zum Abschluss oder zur Erfüllung eines Vertrags erforderlich ist, der im Interesse der betroffenen Person vom für die Verarbeitung Verantwortlichen mit einem Dritten geschlossen wurde oder geschlossen werden soll, oder

d) die Übermittlung entweder für die Wahrung eines wichtigen öffentlichen Interesses oder zur Geltendmachung, Ausübung oder Verteidigung von Rechtsansprüchen vor Gericht erforderlich oder gesetzlich vorgeschrieben ist oder

e) die Übermittlung für die Wahrung lebenswichtiger Interessen der betroffenen Person erforderlich ist oder

f) die Übermittlung aus einem Register erfolgt, das gemäß den Rechts- oder Verwaltungsvorschriften zur Information der Öffentlichkeit bestimmt ist und entweder der gesamten Öffentlichkeit oder allen Personen, die ein berechtigtes Interesse nachweisen können, zur Einsichtnahme offensteht, soweit die gesetzlichen Voraussetzungen für die Einsichtnahme im Einzelfall gegeben sind.

(2) Unbeschadet des Absatzes 1 kann ein Mitgliedstaat eine Übermittlung oder eine Kategorie von Übermittlungen personenbezogener Daten in ein Drittland genehmigen, das kein angemessenes Schutzniveau im Sinne des Artikels 25 Absatz 2 gewährleistet, wenn der für die Verarbeitung Verantwortliche ausreichende Garantien hinsichtlich des Schutzes der Privatsphäre, der Grundrechte und der Grundfreiheiten der Personen sowie hinsichtlich der Ausübung der damit verbundenen Rechte bietet; diese Garantien können sich insbesondere aus entsprechenden Vertragsklauseln ergeben.

(3) Der Mitgliedstaat unterrichtet die Kommission und die anderen Mitgliedstaaten über die von ihm nach Absatz 2 erteilten Genehmigungen.

Legt ein anderer Mitgliedstaat oder die Kommission einen in bezug auf den Schutz der Privatsphäre, der Grundrechte und der Personen hinreichend begründeten Widerspruch ein, so erläßt die Kommission die geeigneten Maßnahmen nach dem Verfahren des Artikels 31 Absatz 2.

Die Mitgliedstaaten treffen die aufgrund des Beschlusses der Kommission gebotenen Maßnahmen.

(4) Befindet die Kommission nach dem Verfahren des Artikels 31 Absatz 2, dass bestimmte Standardvertragsklauseln ausreichende Garantien gemäß Absatz 2 bieten, so treffen die Mitgliedstaaten die aufgrund der Feststellung der Kommission gebotenen Maßnahmen.

Kapitel V Verhaltensregeln

Artikel 27

(1) Die Mitgliedstaaten und die Kommission fördern die Ausarbeitung von Verhaltensregeln, die nach Maßgabe der Besonderheiten der einzelnen Bereiche zur ordnungsgemäßen Durchführung der einzelstaatlichen Vorschriften beitragen sollen, die die Mitgliedstaaten zur Umsetzung dieser Richtlinie erlassen.

(2) Die Mitgliedstaaten sehen vor, dass die Berufsverbände und andere Vereinigungen, die andere Kategorien von für die Verarbeitung Verantwortlichen vertreten, ihre Entwürfe für einzelstaatliche Verhaltensregeln oder ihre Vorschläge zur Änderung oder Verlängerung bestehender einzelstaatlicher Verhaltensregeln der zuständigen einzelstaatlichen Stelle unterbreiten können.

Die Mitgliedstaaten sehen vor, dass sich diese Stellen insbesondere davon überzeugt, dass die ihr unterbreiteten Entwürfe mit den zur Umsetzung dieser Richtlinie erlassenen einzelstaatlichen Vorschriften in Einklang stehen. Die Stelle holt die Stellungnahmen der betroffenen Personen oder ihrer Vertreter ein, falls ihr dies angebracht erscheint.

(3) Die Entwürfe für gemeinschaftliche Verhaltensregeln sowie Änderungen oder Verlängerungen bestehender gemeinschaftlicher Verhaltensregeln können der in Artikel 29 genannten Gruppe unterbreitet werden. Die Gruppe nimmt insbesondere dazu Stellung, ob die ihr unterbreiteten Entwürfe mit den zur Umsetzung dieser Richtlinie erlassenen einzelstaatlichen Vorschriften in Einklang stehen. Sie holt die Stellungnahmen der betroffenen Personen oder ihrer Vertreter ein, falls ihr dies angebracht erscheint. Die Kommission kann dafür Sorge tragen, dass die Verhaltensregeln, zu denen die Gruppe eine positive Stellungnahme abgegeben hat, in geeigneter Weise veröffentlicht werden.

Kapitel VI Kontrollstelle und Gruppe für den Schutz von Personen bei der Verarbeitung personenbezogener Daten

Artikel 28 Kontrollstelle

(1) Die Mitgliedstaaten sehen vor, dass eine oder mehrere öffentliche Stellen beauftragt werden, die Anwendung der von den Mitgliedstaaten zur Umsetzung dieser Richtlinie erlassenen einzelstaatlichen Vorschriften in ihrem Hoheitsgebiet zu überwachen.

Diese Stellen nehmen die ihnen zugewiesenen Aufgaben in völliger Unabhängigkeit wahr.

(2) Die Mitgliedstaaten sehen vor, dass die Kontrollstellen bei der Ausarbeitung von Rechtsverordnungen oder Verwaltungsvorschriften bezüglich des Schutzes der Rechte und Freiheiten von Personen bei der Verarbeitung personenbezogener Daten angehört werden.

(3) Jede Kontrollstelle verfügt insbesondere über:

– Untersuchungsbefugnisse, wie das Recht auf Zugang zu Daten, die Gegenstand von Verarbeitungen sind, und das Recht auf Einholung aller für die Erfüllung ihres Kontrollauftrags erforderlichen Informationen;

– wirksame Einwirkungsbefugnisse, wie beispielsweise die Möglichkeit, im Einklang mit Artikel 20 vor der Durchführung der Verarbeitungen Stellungnahmen abzugeben und für eine geeignete Veröffentlichung der Stellungnahmen zu sorgen, oder die Befugnis, die Sperrung, Löschung oder Vernichtung von Daten oder das vorläufige oder endgültige Verbot einer Verarbeitung anzuordnen, oder die Befugnis, eine Verwarnung oder eine Ermahnung an den für die Verarbeitung Verantwortlichen zu richten oder die Parlamente oder andere politische Institutionen zu befassen;

– das Klagerecht oder eine Anzeigebefugnis bei Verstößen gegen die einzelstaatlichen Vorschriften zur Umsetzung dieser Richtlinie.

Gegen beschwerende Entscheidungen der Kontrollstelle steht der Rechtsweg offen.

(4) Jede Person oder ein sie vertretender Verband kann sich zum Schutz der die Person betreffenden Rechte und Freiheiten bei der Verarbeitung personenbezogener Daten an jede Kontrollstelle mit einer Eingabe wenden. Die betroffene Person ist darüber zu informieren, wie mit der Eingabe verfahren wurde.

Jede Kontrollstelle kann insbesondere von jeder Person mit dem Antrag befasst werden, die Rechtmäßigkeit einer Verarbeitung zu überprüfen, wenn einzelstaatliche Vorschriften gemäß Artikel 13 Anwendung finden. Die Person ist unter allen Umständen darüber zu unterrichten, dass eine Überprüfung stattgefunden hat.

(5) Jede Kontrollstelle legt regelmäßig einen Bericht über ihre Tätigkeit vor. Dieser Bericht wird veröffentlicht.

(6) Jede Kontrollstelle ist im Hoheitsgebiet ihres Mitgliedstaats für die Ausübung der ihr gemäß Absatz 3 übertragenen Befugnisse zuständig, unabhängig vom einzelstaatlichen Recht, das auf die jeweilige Verarbeitung anwendbar ist. Jede Kontrollstelle kann von einer Kontrollstelle eines anderen Mitgliedstaats um die Ausübung ihrer Befugnisse ersucht werden.

Die Kontrollstellen sorgen für die zur Erfuellung ihrer Kontrollaufgaben notwendige gegenseitige Zusammenarbeit, insbesondere durch den Austausch sachdienlicher Informationen.

(7) Die Mitgliedstaaten sehen vor, dass die Mitglieder und Bediensteten der Kontrollstellen hinsichtlich der vertraulichen Informationen, zu denen sie Zugang haben, dem Berufsgeheimnis, auch nach Ausscheiden aus dem Dienst, unterliegen.

Artikel 29 Datenschutzgruppe

(1) Es wird eine Gruppe für den Schutz von Personen bei der Verarbeitung personenbezogener Daten eingesetzt (nachstehend „Gruppe" genannt).

Die Gruppe ist unabhängig und hat beratende Funktion.

(2) Die Gruppe besteht aus je einem Vertreter der von den einzelnen Mitgliedstaaten bestimmten Kontrollstellen und einem Vertreter der Stelle bzw. der Stellen, die für die Institutionen und Organe der Gemeinschaft eingerichtet sind, sowie einem Vertreter der Kommission.

Jedes Mitglied der Gruppe wird von der Institution, der Stelle oder den Stellen, die es vertritt, benannt. Hat ein Mitgliedstaat mehrere Kontrollstellen bestimmt, so ernennen diese einen gemeinsamen Vertreter. Gleiches gilt für die Stellen, die für die Institutionen und die Organe der Gemeinschaft eingerichtet sind.

(3) Die Gruppe beschließt mit der einfachen Mehrheit der Vertreter der Kontrollstellen.

(4) Die Gruppe wählt ihren Vorsitzenden. Die Dauer der Amtszeit des Vorsitzenden beträgt zwei Jahre. Wiederwahl ist möglich.

(5) Die Sekretariatsgeschäfte der Gruppe werden von der Kommission wahrgenommen.

(6) Die Gruppe gibt sich eine Geschäftsordnung.

(7) Die Gruppe prüft die Fragen, die der Vorsitzende von sich aus oder auf Antrag eines Vertreters der Kontrollstellen oder auf Antrag der Kommission auf die Tagesordnung gesetzt hat.

Artikel 30

(1) Die Gruppe hat die Aufgabe,

a) alle Fragen im Zusammenhang mit den zur Umsetzung dieser Richtlinie erlassenen einzelstaatlichen Vorschriften zu prüfen, um zu einer einheitlichen Anwendung beizutragen;

b) zum Schutzniveau in der Gemeinschaft und in Drittländern gegenüber der Kommission Stellung zu nehmen;

c) die Kommission bei jeder Vorlage zur Änderung dieser Richtlinie, zu allen Entwürfen zusätzlicher oder spezifischer Maßnahmen zur Wahrung der Rechte und Freiheiten natürlicher Personen bei der Verarbeitung personenbezogener Daten sowie zu allen anderen Entwürfen von Gemeinschaftsmaßnahmen zu beraten, die sich auf diese Rechte und Freiheiten auswirken;

d) Stellungnahmen zu den auf Gemeinschaftsebene erarbeiteten Verhaltensregeln abzugeben.

(2) Stellt die Gruppe fest, dass sich im Bereich des Schutzes von Personen bei der Verarbeitung personenbezogener Daten zwischen den Rechtsvorschriften oder der Praxis der Mitgliedstaaten Unterschiede ergeben, die die Gleichwertigkeit des Schutzes in der Gemeinschaft beeinträchtigen könnten, so teilt sie dies der Kommission mit.

(3) Die Gruppe kann von sich aus Empfehlungen zu allen Fragen abgeben, die den Schutz von Personen bei der Verarbeitung personenbezogener Daten in der Gemeinschaft betreffen.

(4) Die Stellungnahmen und Empfehlungen der Gruppe werden der Kommission und dem in Artikel 31 genannten Ausschuss übermittelt.

(5) Die Kommission teilt der Gruppe mit, welche Konsequenzen sie aus den Stellungnahmen und Empfehlungen gezogen hat. Sie erstellt hierzu einen Bericht, der auch dem Europäischen Parlament und dem Rat übermittelt wird. Dieser Bericht wird veröffentlicht.

(6) Die Gruppe erstellt jährlich einen Bericht über den Stand des Schutzes natürlicher Personen bei der Verarbeitung personenbezogener Daten in der Gemeinschaft und in Drittländern, den sie der Kommission, dem Europäischen Parlament und dem Rat übermittelt. Dieser Bericht wird veröffentlicht.

Kapitel VII Gemeinschaftliche Durchführungsmaßnahmen

Artikel 31 Ausschussverfahren

(1) Die Kommission wird von einem Ausschuss unterstützt, der sich aus Vertretern der Mitgliedstaaten zusammensetzt und in dem der Vertreter der Kommission den Vorsitz führt.

(2) Der Vertreter der Kommission unterbreitet dem Ausschuss einen Entwurf der zu treffenden Maßnahmen. Der Ausschuss gibt seine Stellungnahme zu diesem Entwurf innerhalb einer Frist ab, die der Vorsitzende unter Berücksichtigung der Dringlichkeit der betreffenden Frage festsetzen kann.

Die Stellungnahme wird mit der Mehrheit abgegeben, die in Artikel 148 Absatz 2 des Vertrags vorgesehen ist. Bei der Abstimmung im Ausschuss werden die Stimmen der Vertreter der Mitgliedstaaten gemäß dem vorgenannten Artikel gewogen. Der Vorsitzende nimmt an der Abstimmung nicht teil.

Die Kommission erlässt Maßnahmen, die unmittelbar gelten. Stimmen sie jedoch mit der Stellungnahme des Ausschusses nicht überein, werden sie von der Kommission unverzüglich dem Rat mitgeteilt. In diesem Fall gilt Folgendes:

– Die Kommission verschiebt die Durchführung der von ihr beschlossenen Maßnahmen um drei Monate vom Zeitpunkt der Mitteilung an;

– der Rat kann innerhalb des im ersten Gedankenstrich genannten Zeitraums mit qualifizierter Mehrheit einen anderslautenden Beschluss fassen.

Schlussbestimmungen

Artikel 32

(1) Die Mitgliedstaaten erlassen die erforderlichen Rechts- und Verwaltungsvorschriften, um dieser Richtlinie binnen drei Jahren nach ihrer Annahme nachzukommen.

Wenn die Mitgliedstaaten derartige Vorschriften erlassen, nehmen sie in den Vorschriften selbst oder durch einen Hinweis bei der amtlichen Veröffentlichung auf diese Richtlinie Bezug. Die Mitgliedstaaten regeln die Einzelheiten der Bezugnahme.

(2) Die Mitgliedstaaten tragen dafür Sorge, dass Verarbeitungen, die zum Zeitpunkt des Inkrafttretens der einzelstaatlichen Vorschriften zur Umsetzung dieser Richtlinie bereits begonnen wurden, binnen drei Jahren nach diesem Zeitpunkt mit diesen Bestimmungen in Einklang gebracht werden.

Abweichend von Unterabsatz 1 können die Mitgliedstaaten vorsehen, dass die Verarbeitungen von Daten, die zum Zeitpunkt des Inkrafttretens der einzelstaatlichen Vorschriften zur Umsetzung dieser Richtlinie bereits in manuellen Dateien enthalten sind, binnen zwölf Jahren nach Annahme dieser Richtlinie mit den Artikeln 6, 7 und 8 in Einklang zu bringen sind. Die Mitgliedstaaten gestatten jedoch, dass die betroffene Person auf Antrag und insbesondere bei Ausübung des Zugangsrechts die Berichtigung, Löschung oder Sperrung von Daten erreichen kann, die unvollständig, unzutreffend oder auf eine Art und Weise aufbewahrt sind, die mit den vom für die Verarbeitung Verantwortlichen verfolgten rechtmäßigen Zwecken unvereinbar ist.

(3) Abweichend von Absatz 2 können die Mitgliedstaaten vorbehaltlich geeigneter Garantien vorsehen, dass Daten, die ausschließlich zum Zwecke der historischen Forschung aufbewahrt werden, nicht mit den Artikeln 6, 7 und 8 in Einklang gebracht werden müssen.

(4) Die Mitgliedstaaten teilen der Kommission den Wortlaut der innerstaatlichen Vorschriften mit, die sie auf dem unter diese Richtlinie fallenden Gebiet erlassen.

Artikel 33

Die Kommission legt dem Europäischen Parlament und dem Rat regelmäßig, und zwar erstmals drei Jahre nach dem in Artikel 32 Absatz 1 genannten Zeitpunkt, einen Bericht über die Durchführung dieser Richtlinie vor und fügt ihm gegebenenfalls geeignete Änderungsvorschläge bei. Dieser Bericht wird veröffentlicht.

Die Kommission prüft insbesondere die Anwendung dieser Richtlinie auf die Verarbeitung personenbezogener Bild- und Tondaten und unterbreitet geeignete Vorschläge, die sich unter Berücksichtigung der Entwicklung der Informationstechnologie und der Arbeiten über die Informationsgesellschaft als notwendig erweisen könnten.

Artikel 34

Diese Richtlinie ist an die Mitgliedstaaten gerichtet.

Geschehen zu Luxemburg am 24. Oktober 1995.

2. Richtlinie 2002/58/EG des Europäischen Parlaments und des Rates vom 12. Juli 2002 über die Verarbeitung personenbezogener Daten und den Schutz der Privatsphäre in der elektronischen Kommunikation (Datenschutzrichtlinie für elektronische Kommunikation)

(Amtsblatt Nr. L 201 vom 31.7.2002, S. 37)

Geändert durch:

Richtlinie 2006/24/EG des Europäischen Parlaments und des Rates vom 15. März 2006 (L 105/54 v. 13.4.2006)

Richtlinie 2009/136/EG des Europäischen Parlaments und des Rates

vom 25. November 2009 (L 337/11 v. 18.12.2009)

DAS EUROPÄISCHE PARLAMENT UND DER RAT DER EUROPÄISCHEN UNION –

gestützt auf den Vertrag zur Gründung der Europäischen Gemeinschaft, insbesondere auf Artikel 95,

auf Vorschlag der Kommission,[1]

nach Stellungnahme des Wirtschafts- und Sozialausschusses,[2]

nach Anhörung des Ausschusses der Regionen,

gemäß dem Verfahren des Artikels 251 des Vertrags,[3]

in Erwägung nachstehender Gründe:

(1) Die Richtlinie 95/46/EG des Europäischen Parlaments und des Rates vom 24. Oktober 1995 zum Schutz natürlicher Personen bei der Verarbeitung personenbezogener Daten und zum freien Datenverkehr[4] schreibt vor, dass die Mitgliedstaaten die Rechte und Freiheiten natürlicher Personen bei der Verarbeitung personenbezogener Daten und insbesondere ihr Recht auf Privatsphäre sicherstellen, um in der Gemeinschaft den freien Verkehr personenbezogener Daten zu gewährleisten.

(2) Ziel dieser Richtlinie ist die Achtung der Grundrechte; sie steht insbesondere im Einklang mit den durch die Charta der Grundrechte der Europäischen Union anerkannten Grundsätzen. Insbesondere soll mit dieser Richtlinie gewährleistet wer-

---

1 ABl. C 365 E vom 19.12.2000, S. 223.

2 ABl. C 123 vom 25.4.2001, S. 53.

3 Stellungnahme des Europäischen Parlaments vom 13. November 2001 (noch nicht im Amtsblatt veröffentlicht), Gemeinsamer Standpunkt des Rates vom 28. Januar 2002 (ABl. C 113 E vom 14.5.2002, S. 39) und Beschluss des Europäischen Parlaments vom 30. Mai 2002 (noch nicht im Amtsblatt veröffentlicht). Beschluss des Rates vom 25. Juni 2002.

4 ABl. L 281 vom 23.11.1995, S. 31.

den, dass die in den Artikeln 7 und 8 jener Charta niedergelegten Rechte uneingeschränkt geachtet werden.

(3) Die Vertraulichkeit der Kommunikation wird nach den internationalen Menschenrechtsübereinkünften, insbesondere der Europäischen Konvention zum Schutze der Menschenrechte und Grundfreiheiten, und den Verfassungen der Mitgliedstaaten garantiert.

(4) Mit der Richtlinie 97/66/EG des Europäischen Parlaments und des Rates vom 15. Dezember 1997 über die Verarbeitung personenbezogener Daten und den Schutz der Privatsphäre im Bereich der Telekommunikation[5] wurden die Grundsätze der Richtlinie 95/46/EG in spezielle Vorschriften für den Telekommunikationssektor umgesetzt. Die Richtlinie 97/66/EG muss an die Entwicklungen der Märkte und Technologien für elektronische Kommunikationsdienste angepasst werden, um den Nutzern öffentlich zugänglicher elektronischer Kommunikationsdienste unabhängig von der zugrunde liegenden Technologie den gleichen Grad des Schutzes personenbezogener Daten und der Privatsphäre zu bieten. Jene Richtlinie ist daher aufzuheben und durch die vorliegende Richtlinie zu ersetzen.

(5) Gegenwärtig werden öffentliche Kommunikationsnetze in der Gemeinschaft mit fortschrittlichen neuen Digitaltechnologien ausgestattet, die besondere Anforderungen an den Schutz personenbezogener Daten und der Privatsphäre des Nutzers mit sich bringen. Die Entwicklung der Informationsgesellschaft ist durch die Einführung neuer elektronischer Kommunikationsdienste gekennzeichnet. Der Zugang zu digitalen Mobilfunknetzen ist für breite Kreise möglich und erschwinglich geworden. Diese digitalen Netze verfügen über große Kapazitäten und Möglichkeiten zur Datenverarbeitung. Die erfolgreiche grenzüberschreitende Entwicklung dieser Dienste hängt zum Teil davon ab, inwieweit die Nutzer darauf vertrauen, dass ihre Privatsphäre unangetastet bleibt.

(6) Das Internet revolutioniert die herkömmlichen Marktstrukturen, indem es eine gemeinsame, weltweite Infrastruktur für die Bereitstellung eines breiten Spektrums elektronischer Kommunikationsdienste bietet. Öffentlich zugängliche elektronische Kommunikationsdienste über das Internet eröffnen neue Möglichkeiten für die Nutzer, bilden aber auch neue Risiken in Bezug auf ihre personenbezogenen Daten und ihre Privatsphäre.

(7) Für öffentliche Kommunikationsnetze sollten besondere rechtliche, ordnungspolitische und technische Vorschriften zum Schutz der Grundrechte und Grundfreiheiten natürlicher Personen und der berechtigten Interessen juristischer Personen erlassen werden, insbesondere im Hinblick auf die zunehmenden Fähigkeiten zur automatischen Speicherung und Verarbeitung personenbezogener Daten über Teilnehmer und Nutzer.

---

5 ABl. L 24 vom 30.1.1998, S. 1.

(8) Die von den Mitgliedstaaten erlassenen rechtlichen, ordnungspolitischen und technischen Bestimmungen zum Schutz personenbezogener Daten, der Privatsphäre und der berechtigten Interessen juristischer Personen im Bereich der elektronischen Kommunikation sollten harmonisiert werden, um Behinderungen des Binnenmarktes der elektronischen Kommunikation nach Artikel 14 des Vertrags zu beseitigen. Die Harmonisierung sollte sich auf die Anforderungen beschränken, die notwendig sind, um zu gewährleisten, dass die Entstehung und die Weiterentwicklung neuer elektronischer Kommunikationsdienste und -netze zwischen Mitgliedstaaten nicht behindert werden.

(9) Die Mitgliedstaaten, die betroffenen Anbieter und Nutzer sowie die zuständigen Stellen der Gemeinschaft sollten bei der Einführung und Weiterentwicklung der entsprechenden Technologien zusammenarbeiten, soweit dies zur Anwendung der in dieser Richtlinie vorgesehenen Garantien erforderlich ist; als Ziele zu berücksichtigen sind dabei insbesondere die Beschränkung der Verarbeitung personenbezogener Daten auf das erforderliche Mindestmaß und die Verwendung anonymer oder pseudonymer Daten.

(10) Im Bereich der elektronischen Kommunikation gilt die Richtlinie 95/46/EG vor allem für alle Fragen des Schutzes der Grundrechte und Grundfreiheiten, die von der vorliegenden Richtlinie nicht spezifisch erfasst werden, einschließlich der Pflichten des für die Verarbeitung Verantwortlichen und der Rechte des Einzelnen. Die Richtlinie 95/46/EG gilt für nicht öffentliche Kommunikationsdienste.

(11) Wie die Richtlinie 95/46/EG gilt auch die vorliegende Richtlinie nicht für Fragen des Schutzes der Grundrechte und Grundfreiheiten in Bereichen, die nicht unter das Gemeinschaftsrecht fallen. Deshalb hat sie keine Auswirkungen auf das bestehende Gleichgewicht zwischen dem Recht des Einzelnen auf Privatsphäre und der Möglichkeit der Mitgliedstaaten, Maßnahmen nach Artikel 15 Absatz 1 dieser Richtlinie zu ergreifen, die für den Schutz der öffentlichen Sicherheit, für die Landesverteidigung, für die Sicherheit des Staates (einschließlich des wirtschaftlichen Wohls des Staates, soweit die Tätigkeiten die Sicherheit des Staates berühren) und für die Durchsetzung strafrechtlicher Bestimmungen erforderlich sind. Folglich betrifft diese Richtlinie nicht die Möglichkeit der Mitgliedstaaten zum rechtmäßigen Abfangen elektronischer Nachrichten oder zum Ergreifen anderer Maßnahmen, sofern dies erforderlich ist, um einen dieser Zwecke zu erreichen, und sofern dies im Einklang mit der Europäischen Konvention zum Schutze der Menschenrechte und Grundfreiheiten in ihrer Auslegung durch die Urteile des Europäischen Gerichtshofs für Menschenrechte erfolgt. Diese Maßnahmen müssen sowohl geeignet sein als auch in einem strikt angemessenen Verhältnis zum intendierten Zweck stehen und ferner innerhalb einer demokratischen Gesellschaft notwendig sein sowie angemessenen Garantien gemäß der Europäischen Konvention zum Schutze der Menschenrechte und Grundfreiheiten entsprechen.

(12) Bei den Teilnehmern eines öffentlich zugänglichen elektronischen Kommunikationsdienstes kann es sich um natürliche oder juristische Personen handeln. Diese Richtlinie zielt durch Ergänzung der Richtlinie 95/46/EG darauf ab, die Grundrechte natürlicher Personen, insbesondere ihr Recht auf Privatsphäre, sowie die berechtigten Interessen juristischer Personen zu schützen. Aus dieser Richtlinie ergibt sich keine Verpflichtung der Mitgliedstaaten, die Richtlinie 95/46/EG auf den Schutz der berechtigten Interessen juristischer Personen auszudehnen, der im Rahmen der geltenden gemeinschaftlichen und einzelstaatlichen Rechtsvorschriften sichergestellt ist.

(13) Das Vertragsverhältnis zwischen einem Teilnehmer und einem Diensteanbieter kann zu einer regelmäßigen oder einmaligen Zahlung für den erbrachten oder zu erbringenden Dienst führen. Auch vorbezahlte Karten gelten als eine Form des Vertrags.

(14) Standortdaten können sich beziehen auf den Standort des Endgeräts des Nutzers nach geografischer Länge, Breite und Höhe, die Übertragungsrichtung, den Grad der Genauigkeit der Standortinformationen, die Identifizierung des Netzpunktes, an dem sich das Endgerät zu einem bestimmten Zeitpunkt befindet, und den Zeitpunkt, zu dem die Standortinformationen erfasst wurden.

(15) Eine Nachricht kann alle Informationen über Namen, Nummern oder Adressen einschließen, die der Absender einer Nachricht oder der Nutzer einer Verbindung für die Zwecke der Übermittlung der Nachricht bereitstellt. Der Begriff „Verkehrsdaten" kann alle Formen einschließen, in die diese Informationen durch das Netz, über das die Nachricht übertragen wird, für die Zwecke der Übermittlung umgewandelt werden. Verkehrsdaten können sich unter anderem auf die Leitwege, die Dauer, den Zeitpunkt oder die Datenmenge einer Nachricht, das verwendete Protokoll, den Standort des Endgeräts des Absenders oder Empfängers, das Netz, von dem die Nachricht ausgeht bzw. an das es gesendet wird, oder den Beginn, das Ende oder die Dauer einer Verbindung beziehen. Sie können auch das Format betreffen, in dem die Nachricht über das Netz weitergeleitet wird.

(16) Eine Information, die als Teil eines Rundfunkdienstes über ein öffentliches Kommunikationsnetz weitergeleitet wird, ist für einen potenziell unbegrenzten Personenkreis bestimmt und stellt keine Nachricht im Sinne dieser Richtlinie dar. Kann jedoch ein einzelner Teilnehmer oder Nutzer, der eine derartige Information erhält, beispielsweise durch einen Videoabruf-Dienst identifiziert werden, so ist die weitergeleitete Information als Nachricht im Sinne dieser Richtlinie zu verstehen.

(17) Für die Zwecke dieser Richtlinie sollte die Einwilligung des Nutzers oder Teilnehmers unabhängig davon, ob es sich um eine natürliche oder eine juristische Person handelt, dieselbe Bedeutung haben wie der in der Richtlinie 95/46/EG definierte und dort weiter präzisierte Begriff „Einwilligung der betroffenen Person". Die Einwilligung kann in jeder geeigneten Weise gegeben werden, wodurch der Wunsch des Nutzers in einer spezifischen Angabe zum Ausdruck kommt, die sach-

kundig und in freier Entscheidung erfolgt; hierzu zählt auch das Markieren eines Feldes auf einer Internet-Website.

(18) Dienste mit Zusatznutzen können beispielsweise die Beratung hinsichtlich der billigsten Tarifpakete, Navigationshilfen, Verkehrsinformationen, Wettervorhersage oder touristische Informationen umfassen.

(19) Die Anwendung bestimmter Anforderungen für die Anzeige des rufenden und angerufenen Anschlusses sowie für die Einschränkung dieser Anzeige und für die automatische Weiterschaltung zu Teilnehmeranschlüssen, die an analoge Vermittlungen angeschlossen sind, sollte in besonderen Fällen nicht zwingend vorgeschrieben werden, wenn sich die Anwendung als technisch nicht machbar erweist oder einen unangemessen hohen wirtschaftlichen Aufwand erfordert. Für die Beteiligten ist es wichtig, in solchen Fällen in Kenntnis gesetzt zu werden, und die Mitgliedstaaten müssen sie deshalb der Kommission anzeigen.

(20) Diensteanbieter sollen geeignete Maßnahmen ergreifen, um die Sicherheit ihrer Dienste, erforderlichenfalls zusammen mit dem Netzbetreiber, zu gewährleisten, und die Teilnehmer über alle besonderen Risiken der Verletzung der Netzsicherheit unterrichten. Solche Risiken können vor allem bei elektronischen Kommunikationsdiensten auftreten, die über ein offenes Netz wie das Internet oder den analogen Mobilfunk bereitgestellt werden. Der Diensteanbieter muss die Teilnehmer und Nutzer solcher Dienste unbedingt vollständig über die Sicherheitsrisiken aufklären, gegen die er selbst keine Abhilfe bieten kann. Diensteanbieter, die öffentlich zugängliche elektronische Kommunikationsdienste über das Internet anbieten, sollten die Nutzer und Teilnehmer über Maßnahmen zum Schutz ihrer zu übertragenden Nachrichten informieren, wie z. B. den Einsatz spezieller Software oder von Verschlüsselungstechniken. Die Anforderung, die Teilnehmer über besondere Sicherheitsrisiken aufzuklären, entbindet einen Diensteanbieter nicht von der Verpflichtung, auf eigene Kosten unverzüglich geeignete Maßnahmen zu treffen, um einem neuen, unvorhergesehenen Sicherheitsrisiko vorzubeugen und den normalen Sicherheitsstandard des Dienstes wiederherzustellen. Abgesehen von den nominellen Kosten, die dem Teilnehmer bei Erhalt oder Abruf der Information entstehen, beispielsweise durch das Laden einer elektronischen Post, sollte die Bereitstellung der Informationen über Sicherheitsrisiken für die Teilnehmer kostenfrei sein. Die Bewertung der Sicherheit erfolgt unter Berücksichtigung des Artikels 17 der Richtlinie 95/46/EG.

(21) Es sollten Maßnahmen getroffen werden, um den unerlaubten Zugang zu Nachrichten – und zwar sowohl zu ihrem Inhalt als auch zu mit ihnen verbundenen Daten – zu verhindern und so die Vertraulichkeit der mit öffentlichen Kommunikationsnetzen und öffentlich zugänglichen elektronischen Kommunikationsdiensten erfolgenden Nachrichtenübertragung zu schützen. Nach dem Recht einiger Mitgliedstaaten ist nur der absichtliche unberechtigte Zugriff auf die Kommunikation untersagt.

(22) Mit dem Verbot der Speicherung von Nachrichten und zugehörigen Verkehrsdaten durch andere Personen als die Nutzer oder ohne deren Einwilligung soll die automatische, einstweilige und vorübergehende Speicherung dieser Informationen insoweit nicht untersagt werden, als diese Speicherung einzig und allein zum Zwecke der Durchführung der Übertragung in dem elektronischen Kommunikationsnetz erfolgt und als die Information nicht länger gespeichert wird, als dies für die Übertragung und zum Zwecke der Verkehrsabwicklung erforderlich ist, und die Vertraulichkeit der Nachrichten gewahrt bleibt. Wenn dies für eine effizientere Weiterleitung einer öffentlich zugänglichen Information an andere Empfänger des Dienstes auf ihr Ersuchen hin erforderlich ist, sollte diese Richtlinie dem nicht entgegenstehen, dass die Information länger gespeichert wird, sofern diese Information der Öffentlichkeit auf jeden Fall uneingeschränkt zugänglich wäre und Daten, die einzelne, die Information anfordernde Teilnehmer oder Nutzer betreffen, gelöscht würden.

(23) Die Vertraulichkeit von Nachrichten sollte auch im Rahmen einer rechtmäßigen Geschäftspraxis sichergestellt sein. Falls erforderlich und rechtlich zulässig, können Nachrichten zum Nachweis einer kommerziellen Transaktion aufgezeichnet werden. Diese Art der Verarbeitung fällt unter die Richtlinie 95/46/EG. Die von der Nachricht betroffenen Personen sollten vorab von der Absicht der Aufzeichnung, ihrem Zweck und der Dauer ihrer Speicherung in Kenntnis gesetzt werden. Die aufgezeichnete Nachricht sollte so schnell wie möglich und auf jeden Fall spätestens mit Ablauf der Frist gelöscht werden, innerhalb deren die Transaktion rechtmäßig angefochten werden kann.

(24) Die Endgeräte von Nutzern elektronischer Kommunikationsnetze und in diesen Geräten gespeicherte Informationen sind Teil der Privatsphäre der Nutzer, die dem Schutz aufgrund der Europäischen Konvention zum Schutze der Menschenrechte und Grundfreiheiten unterliegt. So genannte „Spyware", „Web-Bugs", „Hidden Identifiers" und ähnliche Instrumente können ohne das Wissen des Nutzers in dessen Endgerät eindringen, um Zugang zu Informationen zu erlangen, oder die Nutzeraktivität zurückzuverfolgen und können eine ernsthafte Verletzung der Privatsphäre dieser Nutzer darstellen. Die Verwendung solcher Instrumente sollte nur für rechtmäßige Zwecke mit dem Wissen der betreffenden Nutzer gestattet sein.

(25) Solche Instrumente, z. B. so genannte „Cookies", können ein legitimes und nützliches Hilfsmittel sein, um die Wirksamkeit von Website-Gestaltung und Werbung zu untersuchen und die Identität der an Online-Transaktionen beteiligten Nutzer zu überprüfen. Dienen solche Instrumente, z. B. „Cookies", einem rechtmäßigen Zweck, z. B. der Erleichterung der Bereitstellung von Diensten der Informationsgesellschaft, so sollte deren Einsatz unter der Bedingung zugelassen werden, dass die Nutzer gemäß der Richtlinie 95/46/EG klare und genaue Informationen über den Zweck von Cookies oder ähnlichen Instrumenten erhalten, d. h., der Nutzer muss wissen, dass bestimmte Informationen auf dem von ihm benutzten Endgerät platziert werden. Die Nutzer sollten die Gelegenheit haben, die Speicherung ei-

nes Cookies oder eines ähnlichen Instruments in ihrem Endgerät abzulehnen. Dies ist besonders bedeutsam, wenn auch andere Nutzer Zugang zu dem betreffenden Endgerät haben und damit auch zu dort gespeicherten Daten, die sensible Informationen privater Natur beinhalten. Die Auskunft und das Ablehnungsrecht können einmalig für die Nutzung verschiedener in dem Endgerät des Nutzers während derselben Verbindung zu installierender Instrumente angeboten werden und auch die künftige Verwendung derartiger Instrumente umfassen, die während nachfolgender Verbindungen vorgenommen werden können. Die Modalitäten für die Erteilung der Informationen oder für den Hinweis auf das Verweigerungsrecht und die Einholung der Zustimmung sollten so benutzerfreundlich wie möglich sein. Der Zugriff auf spezifische Website-Inhalte kann nach wie vor davon abhängig gemacht werden, dass ein Cookie oder ein ähnliches Instrument von einer in Kenntnis der Sachlage gegebenen Einwilligung abhängig gemacht wird, wenn der Einsatz zu einem rechtmäßigen Zweck erfolgt.

(26) Teilnehmerdaten, die in elektronischen Kommunikationsnetzen zum Verbindungsaufbau und zur Nachrichtenübertragung verarbeitet werden, enthalten Informationen über das Privatleben natürlicher Personen und betreffen ihr Recht auf Achtung ihrer Kommunikationsfreiheit, oder sie betreffen berechtigte Interessen juristischer Personen. Diese Daten dürfen nur für einen begrenzten Zeitraum und nur insoweit gespeichert werden, wie dies für die Erbringung des Dienstes, für die Gebührenabrechnung und für Zusammenschaltungszahlungen erforderlich ist. Jede weitere Verarbeitung solcher Daten, die der Betreiber des öffentlich zugänglichen elektronischen Kommunikationsdienstes zum Zwecke der Vermarktung elektronischer Kommunikationsdienste oder für die Bereitstellung von Diensten mit Zusatznutzen vornehmen möchte, darf nur unter der Bedingung gestattet werden, dass der Teilnehmer dieser Verarbeitung auf der Grundlage genauer, vollständiger Angaben des Betreibers des öffentlich zugänglichen elektronischen Kommunikationsdienstes über die Formen der von ihm beabsichtigten weiteren Verarbeitung und über das Recht des Teilnehmers, seine Einwilligung zu dieser Verarbeitung nicht zu erteilen oder zurückzuziehen, zugestimmt hat. Verkehrsdaten, die für die Vermarktung von Kommunikationsdiensten oder für die Bereitstellung von Diensten mit Zusatznutzen verwendet wurden, sollten ferner nach der Bereitstellung des Dienstes gelöscht oder anonymisiert werden. Diensteanbieter sollen die Teilnehmer stets darüber auf dem Laufenden halten, welche Art von Daten sie verarbeiten und für welche Zwecke und wie lange das geschieht.

(27) Der genaue Zeitpunkt des Abschlusses der Übermittlung einer Nachricht, nach dem die Verkehrsdaten außer zu Fakturierungszwecken gelöscht werden sollten, kann von der Art des bereitgestellten elektronischen Kommunikationsdienstes abhängen. Bei einem Sprach-Telefonanruf beispielsweise ist die Übermittlung abgeschlossen, sobald einer der Teilnehmer die Verbindung beendet. Bei der elektronischen Post ist die Übermittlung dann abgeschlossen, wenn der Adressat die Nachricht – üblicherweise vom Server seines Diensteanbieters – abruft.

(28) Die Verpflichtung, Verkehrsdaten zu löschen oder zu anonymisieren, sobald sie für die Übertragung einer Nachricht nicht mehr benötigt werden, steht nicht im Widerspruch zu im Internet angewandten Verfahren wie dem Caching von IP-Adressen im Domain-Namen-System oder dem Caching einer IP-Adresse, die einer physischen Adresse zugeordnet ist, oder der Verwendung von Informationen über den Nutzer zum Zwecke der Kontrolle des Rechts auf Zugang zu Netzen oder Diensten.

(29) Der Diensteanbieter kann Verkehrsdaten in Bezug auf Teilnehmer und Nutzer in Einzelfällen verarbeiten, um technische Versehen oder Fehler bei der Übertragung von Nachrichten zu ermitteln. Für Fakturierungszwecke notwendige Verkehrsdaten dürfen ebenfalls vom Diensteanbieter verarbeitet werden, um Fälle von Betrug, die darin bestehen, die elektronischen Kommunikationsdienste ohne entsprechende Bezahlung nutzen, ermitteln und abstellen zu können.

(30) Die Systeme für die Bereitstellung elektronischer Kommunikationsnetze und -dienste sollten so konzipiert werden, dass so wenig personenbezogene Daten wie möglich benötigt werden. Jedwede Tätigkeit im Zusammenhang mit der Bereitstellung elektronischer Kommunikationsdienste, die über die Übermittlung einer Nachricht und die Fakturierung dieses Vorgangs hinausgeht, sollte auf aggregierten Verkehrsdaten basieren, die nicht mit Teilnehmern oder Nutzern in Verbindung gebracht werden können. Können diese Tätigkeiten nicht auf aggregierte Daten gestützt werden, so sollten sie als Dienste mit Zusatznutzen angesehen werden, für die die Einwilligung des Teilnehmers erforderlich ist.

(31) Ob die Einwilligung in die Verarbeitung personenbezogener Daten im Hinblick auf die Erbringung eines speziellen Dienstes mit Zusatznutzen beim Nutzer oder beim Teilnehmer eingeholt werden muss, hängt von den zu verarbeitenden Daten, von der Art des zu erbringenden Dienstes und von der Frage ab, ob es technisch, verfahrenstechnisch und vertraglich möglich ist, zwischen der einen elektronischen Kommunikationsdienst in Anspruch nehmenden Einzelperson und der an diesem Dienst teilnehmenden juristischen oder natürlichen Person zu unterscheiden.

(32) Vergibt der Betreiber eines elektronischen Kommunikationsdienstes oder eines Dienstes mit Zusatznutzen die für die Bereitstellung dieser Dienste erforderliche Verarbeitung personenbezogener Daten an eine andere Stelle weiter, so sollten diese Weitervergabe und die anschließende Datenverarbeitung in vollem Umfang den Anforderungen in Bezug auf die für die Verarbeitung Verantwortlichen und die Auftragsverarbeiter im Sinne der Richtlinie 95/46/EG entsprechen. Erfordert die Bereitstellung eines Dienstes mit Zusatznutzen die Weitergabe von Verkehrsdaten oder Standortdaten von dem Betreiber eines elektronischen Kommunikationsdienstes an einen Betreiber eines Dienstes mit Zusatznutzen, so sollten die Teilnehmer oder Nutzer, auf die sich die Daten beziehen, ebenfalls in vollem Umfang über die-

se Weitergabe unterrichtet werden, bevor sie in die Verarbeitung der Daten einwilligen.

(33) Durch die Einführung des Einzelgebührennachweises hat der Teilnehmer mehr Möglichkeiten erhalten, die Richtigkeit der vom Diensteanbieter erhobenen Entgelte zu überprüfen, gleichzeitig kann dadurch aber eine Gefahr für die Privatsphäre der Nutzer öffentlich zugänglicher elektronischer Kommunikationsdienste entstehen. Um die Privatsphäre des Nutzers zu schützen, müssen die Mitgliedstaaten daher darauf hinwirken, dass bei den elektronischen Kommunikationsdiensten beispielsweise alternative Funktionen entwickelt werden, die den anonymen oder rein privaten Zugang zu öffentlich zugänglichen elektronischen Kommunikationsdiensten ermöglichen, beispielsweise Telefonkarten und Möglichkeiten der Zahlung per Kreditkarte. Zu dem gleichen Zweck können die Mitgliedstaaten die Anbieter auffordern, ihren Teilnehmern eine andere Art von ausführlicher Rechnung anzubieten, in der eine bestimmte Anzahl von Ziffern der Rufnummer unkenntlich gemacht ist.

(34) Im Hinblick auf die Rufnummernanzeige ist es erforderlich, das Recht des Anrufers zu wahren, die Anzeige der Rufnummer des Anschlusses, von dem aus der Anruf erfolgt, zu unterdrücken, ebenso wie das Recht des Angerufenen, Anrufe von nicht identifizierten Anschlüssen abzuweisen. Es ist gerechtfertigt, in Sonderfällen die Unterdrückung der Rufnummernanzeige aufzuheben. Bestimmte Teilnehmer, insbesondere telefonische Beratungsdienste und ähnliche Einrichtungen, haben ein Interesse daran, die Anonymität ihrer Anrufer zu gewährleisten. Im Hinblick auf die Anzeige der Rufnummer des Angerufenen ist es erforderlich, das Recht und das berechtigte Interesse des Angerufenen zu wahren, die Anzeige der Rufnummer des Anschlusses, mit dem der Anrufer tatsächlich verbunden ist, zu unterdrücken; dies gilt besonders für den Fall weitergeschalteter Anrufe. Die Betreiber öffentlich zugänglicher elektronischer Kommunikationsdienste sollten ihre Teilnehmer über die Möglichkeit der Anzeige der Rufnummer des Anrufenden und des Angerufenen, über alle Dienste, die auf der Grundlage der Anzeige der Rufnummer des Anrufenden und des Angerufenen angeboten werden, sowie über die verfügbaren Funktionen zur Wahrung der Vertraulichkeit unterrichten. Die Teilnehmer können dann sachkundig die Funktionen auswählen, die sie zur Wahrung der Vertraulichkeit nutzen möchten. Die Funktionen zur Wahrung der Vertraulichkeit, die anschlussbezogen angeboten werden, müssen nicht unbedingt als automatischer Netzdienst zur Verfügung stehen, sondern können von dem Betreiber des öffentlich zugänglichen elektronischen Kommunikationsdienstes auf einfachen Antrag bereitgestellt werden.

(35) In digitalen Mobilfunknetzen werden Standortdaten verarbeitet, die Aufschluss über den geografischen Standort des Endgeräts des mobilen Nutzers geben, um die Nachrichtenübertragung zu ermöglichen. Solche Daten sind Verkehrsdaten, die unter Artikel 6 dieser Richtlinie fallen. Doch können digitale Mobilfunknetze zusätzlich auch in der Lage sein, Standortdaten zu verarbeiten, die genauer sind als es für

die Nachrichtenübertragung erforderlich wäre und die für die Bereitstellung von Diensten mit Zusatznutzen verwendet werden, wie z. B. persönliche Verkehrsinformationen und Hilfen für den Fahrzeugführer. Die Verarbeitung solcher Daten für die Bereitstellung von Diensten mit Zusatznutzen soll nur dann gestattet werden, wenn die Teilnehmer darin eingewilligt haben. Selbst dann sollten sie die Möglichkeit haben, die Verarbeitung von Standortdaten auf einfache Weise und gebührenfrei zeitweise zu untersagen.

(36) Die Mitgliedstaaten können die Rechte der Nutzer und Teilnehmer auf Privatsphäre in Bezug auf die Rufnummernanzeige einschränken, wenn dies erforderlich ist, um belästigende Anrufe zurückzuverfolgen; in Bezug auf Rufnummernanzeige und Standortdaten kann dies geschehen, wenn es erforderlich ist, Notfalldiensten zu ermöglichen, ihre Aufgaben so effektiv wie möglich zu erfüllen. Hierzu können die Mitgliedstaaten besondere Vorschriften erlassen, um die Anbieter von elektronischen Kommunikationsdiensten zu ermächtigen, einen Zugang zur Rufnummernanzeige und zu Standortdaten ohne vorherige Einwilligung der betreffenden Nutzer oder Teilnehmer zu verschaffen.

(37) Es sollten Vorkehrungen getroffen werden, um die Teilnehmer vor eventueller Belästigung durch die automatische Weiterschaltung von Anrufen durch andere zu schützen. In derartigen Fällen muss der Teilnehmer durch einfachen Antrag beim Betreiber des öffentlich zugänglichen elektronischen Kommunikationsdienstes die Weiterschaltung von Anrufen auf sein Endgerät unterbinden können.

(38) Die Verzeichnisse der Teilnehmer elektronischer Kommunikationsdienste sind weit verbreitet und öffentlich. Das Recht auf Privatsphäre natürlicher Personen und das berechtigte Interesse juristischer Personen erfordern daher, dass die Teilnehmer bestimmen können, ob ihre persönlichen Daten – und gegebenenfalls welche – in einem Teilnehmerverzeichnis veröffentlicht werden. Die Anbieter öffentlicher Verzeichnisse sollten die darin aufzunehmenden Teilnehmer über die Zwecke des Verzeichnisses und eine eventuelle besondere Nutzung elektronischer Fassungen solcher Verzeichnisse informieren; dabei ist insbesondere an in die Software eingebettete Suchfunktionen gedacht, etwa die umgekehrte Suche, mit deren Hilfe Nutzer des Verzeichnisses den Namen und die Anschrift eines Teilnehmers allein aufgrund dessen Telefonnummer herausfinden können.

(39) Die Verpflichtung zur Unterrichtung der Teilnehmer über den Zweck bzw. die Zwecke öffentlicher Verzeichnisse, in die ihre personenbezogenen Daten aufzunehmen sind, sollte demjenigen auferlegt werden, der die Daten für die Aufnahme erhebt. Können die Daten an einen oder mehrere Dritte weitergegeben werden, so sollte der Teilnehmer über diese Möglichkeit und über den Empfänger oder die Kategorien möglicher Empfänger unterrichtet werden. Voraussetzung für die Weitergabe sollte sein, dass die Daten nicht für andere Zwecke als diejenigen verwendet werden, für die sie erhoben wurden. Wünscht derjenige, der die Daten beim Teilnehmer erhebt, oder ein Dritter, an den die Daten weitergegeben wurden, diese Da-

ten zu einem weiteren Zweck zu verwenden, so muss entweder der ursprüngliche Datenerheber oder der Dritte, an den die Daten weitergegeben wurden, die erneute Einwilligung des Teilnehmers einholen.

(40) Es sollten Vorkehrungen getroffen werden, um die Teilnehmer gegen die Verletzung ihrer Privatsphäre durch unerbetene Nachrichten für Zwecke der Direktwerbung, insbesondere durch automatische Anrufsysteme, Faxgeräte und elektronische Post, einschließlich SMS, zu schützen. Diese Formen von unerbetenen Werbenachrichten können zum einen relativ leicht und preiswert zu versenden sein und zum anderen eine Belastung und/oder einen Kostenaufwand für den Empfänger bedeuten. Darüber hinaus kann in einigen Fällen ihr Umfang auch Schwierigkeiten für die elektronischen Kommunikationsnetze und die Endgeräte verursachen. Bei solchen Formen unerbetener Nachrichten zum Zweck der Direktwerbung ist es gerechtfertigt, zu verlangen, die Einwilligung der Empfänger einzuholen, bevor ihnen solche Nachrichten gesandt werden. Der Binnenmarkt verlangt einen harmonisierten Ansatz, damit für die Unternehmen und die Nutzer einfache, gemeinschaftsweite Regeln gelten.

(41) Im Rahmen einer bestehenden Kundenbeziehung ist es vertretbar, die Nutzung elektronischer Kontaktinformationen zuzulassen, damit ähnliche Produkte oder Dienstleistungen angeboten werden; dies gilt jedoch nur für dasselbe Unternehmen, das auch die Kontaktinformationen gemäß der Richtlinie 95/46/EG erhalten hat. Bei der Erlangung der Kontaktinformationen sollte der Kunde über deren weitere Nutzung zum Zweck der Direktwerbung klar und eindeutig unterrichtet werden und die Möglichkeit erhalten, diese Verwendung abzulehnen. Diese Möglichkeit sollte ferner mit jeder weiteren als Direktwerbung gesendeten Nachricht gebührenfrei angeboten werden, wobei Kosten für die Übermittlung der Ablehnung nicht unter die Gebührenfreiheit fallen.

(42) Sonstige Formen der Direktwerbung, die für den Absender kostspieliger sind und für die Teilnehmer und Nutzer keine finanziellen Kosten mit sich bringen, wie Sprach-Telefonanrufe zwischen Einzelpersonen, können die Beibehaltung eines Systems rechtfertigen, bei dem die Teilnehmer oder Nutzer die Möglichkeit erhalten, zu erklären, dass sie solche Anrufe nicht erhalten möchten. Damit das bestehende Niveau des Schutzes der Privatsphäre nicht gesenkt wird, sollten die Mitgliedstaaten jedoch einzelstaatliche Systeme beibehalten können, bei denen solche an Teilnehmer und Nutzer gerichtete Anrufe nur gestattet werden, wenn diese vorher ihre Einwilligung gegeben haben.

(43) Zur Erleichterung der wirksamen Durchsetzung der Gemeinschaftsvorschriften für unerbetene Nachrichten zum Zweck der Direktwerbung ist es notwendig, die Verwendung falscher Identitäten oder falscher Absenderadressen oder Anrufernummern beim Versand unerbetener Nachrichten zum Zweck der Direktwerbung zu untersagen.

(44) Bei einigen elektronischen Postsystemen können die Teilnehmer Absender und Betreffzeile einer elektronischen Post sehen und darüber hinaus diese Post löschen, ohne die gesamte Post oder deren Anlagen herunterladen zu müssen; dadurch lassen sich die Kosten senken, die möglicherweise mit dem Herunterladen unerwünschter elektronischer Post oder deren Anlagen verbunden sind. Diese Verfahren können in bestimmten Fällen zusätzlich zu den in dieser Richtlinie festgelegten allgemeinen Verpflichtungen von Nutzen bleiben.

(45) Diese Richtlinie berührt nicht die Vorkehrungen der Mitgliedstaaten, mit denen die legitimen Interessen juristischer Personen gegen unerbetene Direktwerbungsnachrichten geschützt werden sollen. Errichten die Mitgliedstaaten ein Register der juristischen Personen – großenteils gewerbetreibende Nutzer –, die derartige Nachrichten nicht erhalten möchten („opt-out Register"), so gilt Artikel 7 der Richtlinie 2000/31/EG des Europäischen Parlaments und des Rates vom 8. Juni 2000 über bestimmte rechtliche Aspekte der Dienste der Informationsgesellschaft, insbesondere des elektronischen Geschäftsverkehrs, im Binnenmarkt („Richtlinie über den elektronischen Geschäftsverkehr")[6] in vollem Umfang.

(46) Die Funktion für die Bereitstellung elektronischer Kommunikationsdienste kann in das Netz oder in irgendeinen Teil des Endgeräts des Nutzers, auch in die Software, eingebaut sein. Der Schutz personenbezogener Daten und der Privatsphäre des Nutzers öffentlich zugänglicher elektronischer Kommunikationsdienste sollte nicht von der Konfiguration der für die Bereitstellung des Dienstes notwendigen Komponenten oder von der Verteilung der erforderlichen Funktionen auf diese Komponenten abhängen. Die Richtlinie 95/46/EG gilt unabhängig von der verwendeten Technologie für alle Formen der Verarbeitung personenbezogener Daten. Bestehen neben allgemeinen Vorschriften für die Komponenten, die für die Bereitstellung elektronischer Kommunikationsdienste notwendig sind, auch noch spezielle Vorschriften für solche Dienste, dann erleichtert dies nicht unbedingt den technologieunabhängigen Schutz personenbezogener Daten und der Privatsphäre. Daher könnten sich Maßnahmen als notwendig erweisen, mit denen die Hersteller bestimmter Arten von Geräten, die für elektronische Kommunikationsdienste benutzt werden, verpflichtet werden, in ihren Produkten von vornherein Sicherheitsfunktionen vorzusehen, die den Schutz personenbezogener Daten und der Privatsphäre des Nutzers und Teilnehmers gewährleisten. Der Erlass solcher Maßnahmen in Einklang mit der Richtlinie 1999/5/EG des Europäischen Parlaments und des Rates vom 9. März 1999 über Funkanlagen und Telekommunikationsendeinrichtungen und die gegenseitige Anerkennung ihrer Konformität[7] gewährleistet, dass die aus Gründen des Datenschutzes erforderliche Einführung von technischen Merkmalen elektronischer Kommunikationsgeräte einschließlich der Software harmonisiert wird, damit sie der Verwirklichung des Binnenmarktes nicht entgegensteht.

---

6 ABl. L 178 vom 17.7.2000, S. 1.
7 ABl. L 91 vom 7.4.1999, S. 10.

(47) Das innerstaatliche Recht sollte Rechtsbehelfe für den Fall vorsehen, dass die Rechte der Benutzer und Teilnehmer nicht respektiert werden. Gegen jede – privatem oder öffentlichem Recht unterliegende – Person, die den nach dieser Richtlinie getroffenen einzelstaatlichen Maßnahmen zuwiderhandelt, sollten Sanktionen verhängt werden.

(48) Bei der Anwendung dieser Richtlinie ist es sinnvoll, auf die Erfahrung der gemäß Artikel 29 der Richtlinie 95/46/EG eingesetzten Datenschutzgruppe aus Vertretern der für den Schutz personenbezogener Daten zuständigen Kontrollstellen der Mitgliedstaaten zurückzugreifen.

(49) Zur leichteren Einhaltung der Vorschriften dieser Richtlinie bedarf es einer Sonderregelung für die Datenverarbeitungen, die zum Zeitpunkt des Inkrafttretens der nach dieser Richtlinie erlassenen innerstaatlichen Vorschriften bereits durchgeführt werden –

HABEN FOLGENDE RICHTLINIE ERLASSEN:

Artikel 1 Geltungsbereich und Zielsetzung

(1) Diese Richtlinie sieht die Harmonisierung der Vorschriften der Mitgliedstaaten vor, die erforderlich sind, um einen gleichwertigen Schutz der Grundrechte und Grundfreiheiten, insbesondere des Rechts auf Privatsphäre und Vertraulichkeit, in Bezug auf die Verarbeitung personenbezogener Daten im Bereich der elektronischen Kommunikation sowie den freien Verkehr dieser Daten und von elektronischen Kommunikationsgeräten und -diensten in der Gemeinschaft zu gewährleisten.

(2) Die Bestimmungen dieser Richtlinie stellen eine Detaillierung und Ergänzung der Richtlinie 95/46/EG im Hinblick auf die in Absatz 1 genannten Zwecke dar. Darüber hinaus regeln sie den Schutz der berechtigten Interessen von Teilnehmern, bei denen es sich um juristische Personen handelt.

(3) Diese Richtlinie gilt nicht für Tätigkeiten, die nicht in den Anwendungsbereich des Vertrags zur Gründung der Europäischen Gemeinschaft fallen, beispielsweise Tätigkeiten gemäß den Titeln V und VI des Vertrags über die Europäische Union, und auf keinen Fall für Tätigkeiten betreffend die öffentliche Sicherheit, die Landesverteidigung, die Sicherheit des Staates (einschließlich seines wirtschaftlichen Wohls, wenn die Tätigkeit die Sicherheit des Staates berührt) und die Tätigkeiten des Staates im strafrechtlichen Bereich.

Artikel 2 Begriffsbestimmungen

Sofern nicht anders angegeben, gelten die Begriffsbestimmungen der Richtlinie 95/46/EG und der Richtlinie 2002/21/EG des Europäischen Parlaments und des Rates vom 7. März 2002 über einen gemeinsamen Rechtsrahmen für elektronische Kommunikationsnetze und -dienste („Rahmenrichtlinie")[8] auch für diese Richtlinie.

Weiterhin bezeichnet im Sinne dieser Richtlinie der Ausdruck

a) „Nutzer" eine natürliche Person, die einen öffentlich zugänglichen elektronischen Kommunikationsdienst für private oder geschäftliche Zwecke nutzt, ohne diesen Dienst notwendigerweise abonniert zu haben;

b) „Verkehrsdaten" Daten, die zum Zwecke der Weiterleitung einer Nachricht an ein elektronisches Kommunikationsnetz oder zum Zwecke der Fakturierung dieses Vorgangs verarbeitet werden;

c) „Standortdaten" Daten, die in einem elektronischen Kommunikationsnetz oder von einem elektronischen Kommunikationsdienst verarbeitet werden und die den geografischen Standort des Endgeräts eines Nutzers eines öffentlich zugänglichen elektronischen Kommunikationsdienstes angeben;

d) „Nachricht" jede Information, die zwischen einer endlichen Zahl von Beteiligten über einen öffentlich zugänglichen elektronischen Kommunikationsdienst ausgetauscht oder weitergeleitet wird. Dies schließt nicht Informationen ein, die als Teil eines Rundfunkdienstes über ein elektronisches Kommunikationsnetz an die Öffentlichkeit weitergeleitet werden, soweit die Informationen nicht mit dem identifizierbaren Teilnehmer oder Nutzer, der sie erhält, in Verbindung gebracht werden können;

f) „Einwilligung" eines Nutzers oder Teilnehmers die Einwilligung der betroffenen Person im Sinne von Richtlinie 95/46/EG;

g) „Dienst mit Zusatznutzen" jeden Dienst, der die Bearbeitung von Verkehrsdaten oder anderen Standortdaten als Verkehrsdaten in einem Maße erfordert, das über das für die Übermittlung einer Nachricht oder die Fakturierung dieses Vorgangs erforderliche Maß hinausgeht;

h) „elektronische Post" jede über ein öffentliches Kommunikationsnetz verschickte Text-, Sprach-, Ton- oder Bildnachricht, die im Netz oder im Endgerät des Empfängers gespeichert werden kann, bis sie von diesem abgerufen wird;

i) „Verletzung des Schutzes personenbezogener Daten" eine Verletzung der Sicherheit, die auf unbeabsichtigte oder unrechtmäßige Weise zur Vernichtung, zum Verlust, zur Veränderung und zur unbefugten Weitergabe von bzw. zum unbefugten Zugang zu personenbezogenen Daten führt, die übertragen, gespeichert oder auf andere Weise im Zusammenhang mit der Bereitstellung öffentlich zugänglicher elektronischer Kommunikationsdienste in der Gemeinschaft verarbeitet werden.

---

8 ABl. L 108 vom 24.4.2002, S. 33.

Anhang 2 Datenschutzrichtlinie für elektronische Kommunikation (TK-DSRl)

Artikel 3 Betroffene Dienste

Diese Richtlinie gilt für die Verarbeitung personenbezogener Daten in Verbindung mit der Bereitstellung öffentlich zugänglicher elektronischer Kommunikationsdienste in öffentlichen Kommunikationsnetzen in der Gemeinschaft, einschließlich öffentlicher Kommunikationsnetze, die Datenerfassungs- und Identifizierungsgeräte unterstützen.

Artikel 4 Sicherheit der Verarbeitung

(1) Der Betreiber eines öffentlich zugänglichen elektronischen Kommunikationsdienstes muss geeignete technische und organisatorische Maßnahmen ergreifen, um die Sicherheit seiner Dienste zu gewährleisten; die Netzsicherheit ist hierbei erforderlichenfalls zusammen mit dem Betreiber des öffentlichen Kommunikationsnetzes zu gewährleisten. Diese Maßnahmen müssen unter Berücksichtigung des Standes der Technik und der Kosten ihrer Durchführung ein Sicherheitsniveau gewährleisten, das angesichts des bestehenden Risikos angemessen ist.

(1a) Unbeschadet der Richtlinie 95/46/EG ist durch die in Absatz 1 genannten Maßnahmen zumindest Folgendes zu erreichen:

– Sicherstellung, dass nur ermächtigte Personen für rechtlich zulässige Zwecke Zugang zu personenbezogenen Daten erhalten,

– Schutz gespeicherter oder übermittelter personenbezogener Daten vor unbeabsichtigter oder unrechtmäßiger Zerstörung, unbeabsichtigtem Verlust oder unbeabsichtigter Veränderung und unbefugter oder unrechtmäßiger Speicherung oder Verarbeitung, unbefugtem oder unberechtigtem Zugang oder unbefugter oder unrechtmäßiger Weitergabe und

– Sicherstellung der Umsetzung eines Sicherheitskonzepts für die Verarbeitung personenbezogener Daten.

Die zuständigen nationalen Behörden haben die Möglichkeit, die von den Betreibern öffentlich zugänglicher elektronischer Kommunikationsdienste getroffenen Maßnahmen zu prüfen und Empfehlungen zu bewährten Verfahren im Zusammenhang mit dem mit Hilfe dieser Maßnahmen zu erreichenden Sicherheitsniveau zu abzugeben.

(2) Besteht ein besonderes Risiko der Verletzung der Netzsicherheit, muss der Betreiber eines öffentlich zugänglichen elektronischen Kommunikationsdienstes die Teilnehmer über dieses Risiko und – wenn das Risiko außerhalb des Anwendungsbereichs der vom Diensteanbieter zu treffenden Maßnahmen liegt – über mögliche Abhilfen, einschließlich der voraussichtlich entstehenden Kosten, unterrichten.

(3) Im Fall einer Verletzung des Schutzes personenbezogener Daten benachrichtigt der Betreiber der öffentlich zugänglichen elektronischen Kommunikationsdienste unverzüglich die zuständige nationale Behörde von der Verletzung.

Ist anzunehmen, dass durch die Verletzung personenbezogener Daten die personenbezogenen Daten, oder Teilnehmer oder Personen in ihrer Privatsphäre, beeinträchtigt werden, so benachrichtigt der Betreiber auch den Teilnehmer bzw. die Person unverzüglich von der Verletzung.

Der Anbieter braucht die betroffenen Teilnehmer oder Personen nicht von einer Verletzung des Schutzes personenbezogener Daten zu benachrichtigen, wenn er zur Zufriedenheit der zuständigen Behörde nachgewiesen hat, dass er geeignete technische Schutzmaßnahmen getroffen hat und dass diese Maßnahmen auf die von der Sicherheitsverletzung betroffenen Daten angewendet wurden. Diese technischen Schutzmaßnahmen verschlüsseln die Daten für alle Personen, die nicht befugt sind, Zugang zu den Daten zu haben.

Unbeschadet der Pflicht des Betreibers, den betroffenen Teilnehmer und die Person zu benachrichtigen, kann die zuständige nationale Behörde, wenn der Betreiber den Teilnehmer bzw. die Person noch nicht über die Verletzung des Schutzes personenbezogener Daten benachrichtigt hat, diesen nach Berücksichtigung der wahrscheinlichen nachteiligen Auswirkungen der Verletzung zur Benachrichtigung auffordern.

In der Benachrichtigung des Teilnehmers bzw. der Person werden mindestens die Art der Verletzung des Schutzes personenbezogener Daten und die Kontaktstellen, bei denen weitere Informationen erhältlich sind, genannt und Maßnahmen zur Begrenzung der möglichen nachteiligen Auswirkungen der Verletzung des Schutzes personenbezogener Daten empfohlen. In der Benachrichtigung der zuständigen nationalen Behörde werden zusätzlich die Folgen der Verletzung des Schutzes personenbezogener Daten und die vom Betreiber nach der Verletzung vorgeschlagenen oder ergriffenen Maßnahmen dargelegt.

(4) Vorbehaltlich technischer Durchführungsmaßnahmen nach Absatz 5 können die zuständigen nationalen Behörden Leitlinien annehmen und gegebenenfalls Anweisungen erteilen bezüglich der Umstände, unter denen die Benachrichtigung seitens der Betreiber über eine Verletzung des Schutzes personenbezogener Daten erforderlich ist, sowie bezüglich des Formates und der Verfahrensweise für die Benachrichtigung. Sie müssen auch in der Lage sein zu überwachen, ob die Betreiber ihre Pflichten zur Benachrichtigung nach diesem Absatz erfüllt haben, und verhängen, falls dies nicht der Fall ist, geeignete Sanktionen.

Die Betreiber führen ein Verzeichnis der Verletzungen des Schutzes personenbezogener Daten, das Angaben zu den Umständen der Verletzungen, zu deren Auswirkungen und zu den ergriffenen Abhilfemaßnahmen enthält, wobei diese Angaben ausreichend sein müssen, um den zuständigen nationalen Behörden die Prüfung der Einhaltung der Bestimmungen des Absatzes 3 zu ermöglichen. Das Verzeichnis enthält nur die zu diesem Zweck erforderlichen Informationen.

(5) Zur Gewährleistung einer einheitlichen Anwendung der in den Absätzen 2, 3 und 4 vorgesehenen Maßnahmen kann die Kommission nach Anhörung der Euro-

päischen Agentur für Netz- und Informationssicherheit (ENISA), der gemäß Artikel 29 der Richtlinie 95/46/EG eingesetzten Gruppe für den Schutz von Personen bei der Verarbeitung personenbezogener Daten und des Europäischen Datenschutzbeauftragten technische Durchführungsmaßnahmen in Bezug auf Umstände, Form und Verfahren der in diesem Artikel vorgeschriebenen Informationen und Benachrichtigungen erlassen. Beim Erlass dieser Maßnahmen bezieht die Kommission alle relevanten Interessengruppen mit ein, um sich insbesondere über die besten verfügbaren technischen und wirtschaftlichen Mittel zur Durchführung dieses Artikels zu informieren.

Diese Maßnahmen zur Änderung nicht wesentlicher Bestimmungen dieser Richtlinie durch Ergänzung werden nach dem in Artikel 14a Absatz 2 genannten Regelungsverfahren mit Kontrolle erlassen.

Artikel 5 Vertraulichkeit der Kommunikation

(1) Die Mitgliedstaaten stellen die Vertraulichkeit der mit öffentlichen Kommunikationsnetzen und öffentlich zugänglichen Kommunikationsdiensten übertragenen Nachrichten und der damit verbundenen Verkehrsdaten durch innerstaatliche Vorschriften sicher. Insbesondere untersagen sie das Mithören, Abhören und Speichern sowie andere Arten des Abfangens oder Überwachens von Nachrichten und der damit verbundenen Verkehrsdaten durch andere Personen als die Nutzer, wenn keine Einwilligung der betroffenen Nutzer vorliegt, es sei denn, dass diese Personen gemäß Artikel 15 Absatz 1 gesetzlich dazu ermächtigt sind. Diese Bestimmung steht – unbeschadet des Grundsatzes der Vertraulichkeit – der für die Weiterleitung einer Nachricht erforderlichen technischen Speicherung nicht entgegen.

(2) Absatz 1 betrifft nicht das rechtlich zulässige Aufzeichnen von Nachrichten und der damit verbundenen Verkehrsdaten, wenn dies im Rahmen einer rechtmäßigen Geschäftspraxis zum Nachweis einer kommerziellen Transaktion oder einer sonstigen geschäftlichen Nachricht geschieht.

(3) Die Mitgliedstaaten stellen sicher, dass die Speicherung von Informationen oder der Zugriff auf Informationen, die bereits im Endgerät eines Teilnehmers oder Nutzers gespeichert sind, nur gestattet ist, wenn der betreffende Teilnehmer oder Nutzer auf der Grundlage von klaren und umfassenden Informationen, die er gemäß der Richtlinie 95/46/EG u.a. über die Zwecke der Verarbeitung erhält, seine Einwilligung gegeben hat. Dies steht einer technischen Speicherung oder dem Zugang nicht entgegen, wenn der alleinige Zweck die Durchführung der Übertragung einer Nachricht über ein elektronisches Kommunikationsnetz ist oder wenn dies unbedingt erforderlich ist, damit der Anbieter eines Dienstes der Informationsgesellschaft, der vom Teilnehmer oder Nutzer ausdrücklich gewünscht wurde, diesen Dienst zur Verfügung stellen kann.

Artikel 6 Verkehrsdaten

(1) Verkehrsdaten, die sich auf Teilnehmer und Nutzer beziehen und vom Betreiber eines öffentlichen Kommunikationsnetzes oder eines öffentlich zugänglichen Kommunikationsdienstes verarbeitet und gespeichert werden, sind unbeschadet der Absätze 2, 3 und 5 des vorliegenden Artikels und des Artikels 15 Absatz 1 zu löschen oder zu anonymisieren, sobald sie für die Übertragung einer Nachricht nicht mehr benötigt werden.

(2) Verkehrsdaten, die zum Zwecke der Gebührenabrechnung und der Bezahlung von Zusammenschaltungen erforderlich sind, dürfen verarbeitet werden. Diese Verarbeitung ist nur bis zum Ablauf der Frist zulässig, innerhalb deren die Rechnung rechtlich angefochten oder der Anspruch auf Zahlung geltend gemacht werden kann.

(3) Der Betreiber eines öffentlich zugänglichen elektronischen Kommunikationsdienstes kann die in Absatz 1 genannten Daten zum Zwecke der Vermarktung elektronischer Kommunikationsdienste oder zur Bereitstellung von Diensten mit Zusatznutzen im dazu erforderlichen Maß und innerhalb des dazu oder zur Vermarktung erforderlichen Zeitraums verarbeiten, sofern der Teilnehmer oder der Nutzer, auf den sich die Daten beziehen, zuvor seine Einwilligung gegeben hat. Der Nutzer oder der Teilnehmer hat die Möglichkeit, seine Einwilligung zur Verarbeitung der Verkehrsdaten jederzeit zu widerrufen.

(4) Der Diensteanbieter muss dem Teilnehmer oder Nutzer mitteilen, welche Arten von Verkehrsdaten für die in Absatz 2 genannten Zwecke verarbeitet werden und wie lange das geschieht; bei einer Verarbeitung für die in Absatz 3 genannten Zwecke muss diese Mitteilung erfolgen, bevor um Einwilligung ersucht wird.

(5) Die Verarbeitung von Verkehrsdaten gemäß den Absätzen 1, 2, 3 und 4 darf nur durch Personen erfolgen, die auf Weisung der Betreiber öffentlicher Kommunikationsnetze und öffentlich zugänglicher Kommunikationsdienste handeln und die für Gebührenabrechnungen oder Verkehrsabwicklung, Kundenanfragen, Betrugsermittlung, die Vermarktung der elektronischen Kommunikationsdienste oder für die Bereitstellung eines Dienstes mit Zusatznutzen zuständig sind; ferner ist sie auf das für diese Tätigkeiten erforderliche Maß zu beschränken.

(6) Die Absätze 1, 2, 3 und 5 gelten unbeschadet der Möglichkeit der zuständigen Gremien, in Einklang mit den geltenden Rechtsvorschriften für die Beilegung von Streitigkeiten, insbesondere Zusammenschaltungs- oder Abrechnungsstreitigkeiten, von Verkehrsdaten Kenntnis zu erhalten.

Artikel 7 Einzelgebührennachweis

(1) Die Teilnehmer haben das Recht, Rechnungen ohne Einzelgebührennachweis zu erhalten.

(2) Die Mitgliedstaaten wenden innerstaatliche Vorschriften an, um das Recht der Teilnehmer, Einzelgebührennachweise zu erhalten, und das Recht anrufender Nutzer und angerufener Teilnehmer auf Vertraulichkeit miteinander in Einklang zu bringen, indem sie beispielsweise sicherstellen, dass diesen Nutzern und Teilnehmern genügend andere, den Schutz der Privatsphäre fördernde Methoden für die Kommunikation oder Zahlungen zur Verfügung stehen.

Artikel 8 Anzeige der Rufnummer des Anrufers und des Angerufenen und deren Unterdrückung

(1) Wird die Anzeige der Rufnummer des Anrufers angeboten, so muss der Diensteanbieter dem anrufenden Nutzer die Möglichkeit geben, die Rufnummernanzeige für jeden Anruf einzeln auf einfache Weise und gebührenfrei zu verhindern. Dem anrufenden Teilnehmer muss diese Möglichkeit anschlussbezogen zur Verfügung stehen.

(2) Wird die Anzeige der Rufnummer des Anrufers angeboten, so muss der Diensteanbieter dem angerufenen Teilnehmer die Möglichkeit geben, die Anzeige der Rufnummer eingehender Anrufe auf einfache Weise und für jede vertretbare Nutzung dieser Funktion gebührenfrei zu verhindern.

(3) Wird die Anzeige der Rufnummer des Anrufers angeboten und wird die Rufnummer vor der Herstellung der Verbindung angezeigt, so muss der Diensteanbieter dem angerufenen Teilnehmer die Möglichkeit geben, eingehende Anrufe, bei denen die Rufnummernanzeige durch den anrufenden Nutzer oder Teilnehmer verhindert wurde, auf einfache Weise und gebührenfrei abzuweisen.

(4) Wird die Anzeige der Rufnummer des Angerufenen angeboten, so muss der Diensteanbieter dem angerufenen Teilnehmer die Möglichkeit geben, die Anzeige seiner Rufnummer beim anrufenden Nutzer auf einfache Weise und gebührenfrei zu verhindern.

(5) Absatz 1 gilt auch für aus der Gemeinschaft kommende Anrufe in Drittländern. Die Absätze 2, 3 und 4 gelten auch für aus Drittländern kommende Anrufe.

(6) Wird die Anzeige der Rufnummer des Anrufers und/oder des Angerufenen angeboten, so stellen die Mitgliedstaaten sicher, dass die Betreiber öffentlich zugänglicher elektronischer Kommunikationsdienste die Öffentlichkeit hierüber und über die in den Absätzen 1, 2, 3 und 4 beschriebenen Möglichkeiten unterrichten.

Artikel 9 Andere Standortdaten als Verkehrsdaten

(1) Können andere Standortdaten als Verkehrsdaten in Bezug auf die Nutzer oder Teilnehmer von öffentlichen Kommunikationsnetzen oder öffentlich zugänglichen Kommunikationsdiensten verarbeitet werden, so dürfen diese Daten nur im zur Bereitstellung von Diensten mit Zusatznutzen erforderlichen Maß und innerhalb des dafür erforderlichen Zeitraums verarbeitet werden, wenn sie anonymisiert wurden oder wenn die Nutzer oder Teilnehmer ihre Einwilligung gegeben haben. Der

Diensteanbieter muss den Nutzern oder Teilnehmern vor Einholung ihrer Einwilligung mitteilen, welche Arten anderer Standortdaten als Verkehrsdaten verarbeitet werden, für welche Zwecke und wie lange das geschieht, und ob die Daten zum Zwecke der Bereitstellung des Dienstes mit Zusatznutzen an einen Dritten weitergegeben werden. Die Nutzer oder Teilnehmer können ihre Einwilligung zur Verarbeitung anderer Standortdaten als Verkehrsdaten jederzeit zurückziehen.

(2) Haben die Nutzer oder Teilnehmer ihre Einwilligung zur Verarbeitung von anderen Standortdaten als Verkehrsdaten gegeben, dann müssen sie auch weiterhin die Möglichkeit haben, die Verarbeitung solcher Daten für jede Verbindung zum Netz oder für jede Übertragung einer Nachricht auf einfache Weise und gebührenfrei zeitweise zu untersagen.

(3) Die Verarbeitung anderer Standortdaten als Verkehrsdaten gemäß den Absätzen 1 und 2 muss auf das für die Bereitstellung des Dienstes mit Zusatznutzen erforderliche Maß sowie auf Personen beschränkt werden, die im Auftrag des Betreibers des öffentlichen Kommunikationsnetzes oder öffentlich zugänglichen Kommunikationsdienstes oder des Dritten, der den Dienst mit Zusatznutzen anbietet, handeln.

Artikel 10 Ausnahmen

Die Mitgliedstaaten stellen sicher, dass es transparente Verfahren gibt, nach denen der Betreiber eines öffentlichen Kommunikationsnetzes und/oder eines öffentlich zugänglichen elektronischen Kommunikationsdienstes

a) die Unterdrückung der Anzeige der Rufnummer des Anrufers vorübergehend aufheben kann, wenn ein Teilnehmer beantragt hat, dass böswillige oder belästigende Anrufe zurückverfolgt werden; in diesem Fall werden nach innerstaatlichem Recht die Daten mit der Rufnummer des anrufenden Teilnehmers vom Betreiber des öffentlichen Kommunikationsnetzes und/oder des öffentlich zugänglichen elektronischen Kommunikationsdienstes gespeichert und zur Verfügung gestellt;

b) die Unterdrückung der Anzeige der Rufnummer des Anrufers aufheben und Standortdaten trotz der vorübergehenden Untersagung oder fehlenden Einwilligung durch den Teilnehmer oder Nutzer verarbeiten kann, und zwar anschlussbezogen für Einrichtungen, die Notrufe bearbeiten und dafür von einem Mitgliedstaat anerkannt sind, einschließlich Strafverfolgungsbehörden, Ambulanzdiensten und Feuerwehren, zum Zwecke der Beantwortung dieser Anrufe.

Artikel 11 Automatische Anrufweiterschaltung

Die Mitgliedstaaten stellen sicher, dass jeder Teilnehmer die Möglichkeit hat, auf einfache Weise und gebührenfrei die von einer dritten Partei veranlasste automatische Anrufweiterschaltung zum Endgerät des Teilnehmers abzustellen.

Artikel 12 Teilnehmerverzeichnisse

(1) Die Mitgliedstaaten stellen sicher, dass die Teilnehmer gebührenfrei und vor Aufnahme in das Teilnehmerverzeichnis über den Zweck bzw. die Zwecke von gedruckten oder elektronischen, der Öffentlichkeit unmittelbar oder über Auskunftsdienste zugänglichen Teilnehmerverzeichnissen, in die ihre personenbezogenen Daten aufgenommen werden können, sowie über weitere Nutzungsmöglichkeiten aufgrund der in elektronischen Fassungen der Verzeichnisse eingebetteten Suchfunktionen informiert werden.

(2) Die Mitgliedstaaten stellen sicher, dass die Teilnehmer Gelegenheit erhalten festzulegen, ob ihre personenbezogenen Daten – und ggf. welche – in ein öffentliches Verzeichnis aufgenommen werden, sofern diese Daten für den vom Anbieter des Verzeichnisses angegebenen Zweck relevant sind, und diese Daten prüfen, korrigieren oder löschen dürfen. Für die Nicht-Aufnahme in ein der Öffentlichkeit zugängliches Teilnehmerverzeichnis oder die Prüfung, Berichtigung oder Streichung personenbezogener Daten aus einem solchen Verzeichnis werden keine Gebühren erhoben.

(3) Die Mitgliedstaaten können verlangen, dass eine zusätzliche Einwilligung der Teilnehmer eingeholt wird, wenn ein öffentliches Verzeichnis anderen Zwecken als der Suche nach Einzelheiten betreffend die Kommunikation mit Personen anhand ihres Namens und gegebenenfalls eines Mindestbestands an anderen Kennzeichen dient.

(4) Die Absätze 1 und 2 gelten für Teilnehmer, die natürliche Personen sind. Die Mitgliedstaaten tragen im Rahmen des Gemeinschaftsrechts und der geltenden einzelstaatlichen Rechtsvorschriften außerdem dafür Sorge, dass die berechtigten Interessen anderer Teilnehmer als natürlicher Personen in Bezug auf ihre Aufnahme in öffentliche Verzeichnisse ausreichend geschützt werden.

Artikel 13 Unerbetene Nachrichten

(1) Die Verwendung von automatischen Anruf- und Kommunikationssystemen ohne menschlichen Eingriff (automatische Anrufmaschinen), Faxgeräten oder elektronischer Post für die Zwecke der Direktwerbung darf nur bei vorheriger Einwilligung der Teilnehmer oder Nutzer gestattet werden.

(2) Ungeachtet des Absatzes 1 kann eine natürliche oder juristische Person, wenn sie von ihren Kunden im Zusammenhang mit dem Verkauf eines Produkts oder einer Dienstleistung gemäß der Richtlinie 95/46/EG deren elektronische Kontaktinformationen für elektronische Post erhalten hat, diese zur Direktwerbung für eigene ähnliche Produkte oder Dienstleistungen verwenden, sofern die Kunden klar und deutlich die Möglichkeit erhalten, eine solche Nutzung ihrer elektronischen Kontaktinformationen zum Zeitpunkt ihrer Erhebung und bei jeder Übertragung gebührenfrei und problemlos abzulehnen, wenn der Kunde diese Nutzung nicht von vornherein abgelehnt hat.

(3) Die Mitgliedstaaten ergreifen geeignete Maßnahmen, um sicherzustellen, dass außer in den in den Absätzen 1 und 2 genannten Fällen unerbetene Nachrichten zum Zwecke der Direktwerbung, die entweder ohne die Einwilligung der betreffenden Teilnehmer oder Nutzer erfolgen oder an Teilnehmer oder Nutzer gerichtet sind, die keine solchen Nachrichten erhalten möchten, nicht gestattet sind; welche dieser Optionen gewählt wird, wird im innerstaatlichen Recht geregelt, wobei berücksichtigt wird, dass beide Optionen für den Teilnehmer oder Nutzer gebührenfrei sein müssen.

(4) Auf jeden Fall verboten ist die Praxis des Versendens elektronischer Nachrichten zu Zwecken der Direktwerbung, bei der die Identität des Absenders, in dessen Auftrag die Nachricht übermittelt wird, verschleiert oder verheimlicht wird, bei der gegen Artikel 6 der Richtlinie 2000/31/EG verstoßen wird oder bei der keine gültige Adresse vorhanden ist, an die der Empfänger eine Aufforderung zur Einstellung solcher Nachrichten richten kann, oder in denen der Empfänger aufgefordert wird, Websites zu besuchen, die gegen den genannten Artikel verstoßen.

(5) Die Absätze 1 und 3 gelten für Teilnehmer, die natürliche Personen sind. Die Mitgliedstaaten stellen im Rahmen des Gemeinschaftsrechts und der geltenden nationalen Rechtsvorschriften außerdem sicher, dass die berechtigten Interessen anderer Teilnehmer als natürlicher Personen in Bezug auf unerbetene Nachrichten ausreichend geschützt werden.

(6) Unbeschadet etwaiger Verwaltungsvorschriften, die unter anderem gemäß Artikel 15a Absatz 2 erlassen werden können, stellen die Mitgliedstaaten sicher, dass natürliche oder juristische Personen, die durch Verstöße gegen die aufgrund dieses Artikels erlassenen nationalen Vorschriften beeinträchtigt werden und ein berechtigtes Interesse an der Einstellung oder dem Verbot solcher Verstöße haben, einschließlich der Anbieter elektronischer Kommunikationsdienste, die ihre berechtigten Geschäftsinteressen schützen wollen, gegen solche Verstöße gerichtlich vorgehen können. Die Mitgliedstaaten können auch spezifische Vorschriften über Sanktionen festlegen, die gegen Betreiber elektronischer Kommunikationsdienste zu verhängen sind, die durch Fahrlässigkeit zu Verstößen gegen die aufgrund dieses Artikels erlassenen nationalen Vorschriften beitragen.

Artikel 14 Technische Merkmale und Normung

(1) Bei der Durchführung der Bestimmungen dieser Richtlinie stellen die Mitgliedstaaten vorbehaltlich der Absätze 2 und 3 sicher, dass keine zwingenden Anforderungen in Bezug auf spezifische technische Merkmale für Endgeräte oder sonstige elektronische Kommunikationsgeräte gestellt werden, die deren Inverkehrbringen und freien Vertrieb in und zwischen den Mitgliedstaaten behindern können.

(2) Soweit die Bestimmungen dieser Richtlinie nur mit Hilfe spezifischer technischer Merkmale elektronischer Kommunikationsnetze durchgeführt werden können, unterrichten die Mitgliedstaaten die Kommission darüber gemäß der Richtlinie

98/34/EG des Europäischen Parlaments und des Rates vom 22. Juni 1998 über ein Informationsverfahren auf dem Gebiet der Normen und technischen Vorschriften und der Vorschriften für die Dienste der Informationsgesellschaft.[9]

(3) Erforderlichenfalls können gemäß der Richtlinie 1999/5/EG und dem Beschluss 87/95/EWG des Rates vom 22. Dezember 1986 über die Normung auf dem Gebiet der Informationstechnik und der Telekommunikation[10] Maßnahmen getroffen werden, um sicherzustellen, dass Endgeräte in einer Weise gebaut sind, die mit dem Recht der Nutzer auf Schutz und Kontrolle der Verwendung ihrer personenbezogenen Daten vereinbar ist.

Artikel 14a Ausschussverfahren

(1) Die Kommission wird von dem durch Artikel 22 der Richtlinie 2002/21/EG (Rahmenrichtlinie) eingesetzten Kommunikationsausschuss unterstützt.

(2) Wird auf diesen Absatz Bezug genommen, so gelten Artikel 5a Absätze 1 bis 4 und Artikel 7 des Beschlusses 1999/468/EG unter Beachtung von dessen Artikel 8.

(3) Wird auf diesen Absatz Bezug genommen, so gelten Artikel 5a Absätze 1, 2, 4 und 6 und Artikel 7 des Beschlusses 1999/468/EG unter Beachtung von dessen Artikel 8.

Artikel 15 Anwendung einzelner Bestimmungen der Richtlinie 95/46/EG

(1) Die Mitgliedstaaten können Rechtsvorschriften erlassen, die die Rechte und Pflichten gemäß Artikel 5, Artikel 6, Artikel 8 Absätze 1, 2, 3 und 4 sowie Artikel 9 dieser Richtlinie beschränken, sofern eine solche Beschränkung gemäß Artikel 13 Absatz 1 der Richtlinie 95/46/EG für die nationale Sicherheit, (d. h. die Sicherheit des Staates), die Landesverteidigung, die öffentliche Sicherheit sowie die Verhütung, Ermittlung, Feststellung und Verfolgung von Straftaten oder des unzulässigen Gebrauchs von elektronischen Kommunikationssystemen in einer demokratischen Gesellschaft notwendig, angemessen und verhältnismäßig ist. Zu diesem Zweck können die Mitgliedstaaten unter anderem durch Rechtsvorschriften vorsehen, dass Daten aus den in diesem Absatz aufgeführten Gründen während einer begrenzten Zeit aufbewahrt werden. Alle in diesem Absatz genannten Maßnahmen müssen den allgemeinen Grundsätzen des Gemeinschaftsrechts einschließlich den in Artikel 6 Absätze 1 und 2 des Vertrags über die Europäische Union niedergelegten Grundsätzen entsprechen.

(1a) Absatz 1 gilt nicht für Daten, für die in der Richtlinie 2006/24/EG des Europäischen Parlaments und des Rates vom 15. März 2006 über die Vorratsspeicherung von Daten, die bei der Bereitstellung öffentlich zugänglicher elektronischer Kommunikationsdienste oder öffentlicher Kommunikationsnetze erzeugt oder verarbei-

---

9 ABl. L 204 vom 21.7.1998, S. 37. Richtlinie geändert durch die Richtlinie 98/48/EG (ABl. L 217 vom 5.8.1998, S. 18).
10 ABl. L 36 vom 7.2.1987. Beschluss zuletzt geändert durch die Beitrittsakte von 1994.

tet werden,[11] eine Vorratsspeicherung zu den in Artikel 1 Absatz 1 der genannten Richtlinie aufgeführten Zwecken ausdrücklich vorgeschrieben ist.

(1b) Die Anbieter richten nach den gemäß Absatz 1 eingeführten nationalen Vorschriften interne Verfahren zur Beantwortung von Anfragen über den Zugang zu den personenbezogenen Daten der Nutzer ein. Sie stellen den zuständigen nationalen Behörden auf Anfrage Informationen über diese Verfahren, die Zahl der eingegangenen Anfragen, die vorgebrachten rechtlichen Begründungen und ihrer Antworten zur Verfügung.

(2) Die Bestimmungen des Kapitels III der Richtlinie 95/46/EG über Rechtsbehelfe, Haftung und Sanktionen gelten im Hinblick auf innerstaatliche Vorschriften, die nach der vorliegenden Richtlinie erlassen werden, und im Hinblick auf die aus dieser Richtlinie resultierenden individuellen Rechte.

(3) Die gemäß Artikel 29 der Richtlinie 95/46/EG eingesetzte Datenschutzgruppe nimmt auch die in Artikel 30 jener Richtlinie festgelegten Aufgaben im Hinblick auf die von der vorliegenden Richtlinie abgedeckten Aspekte, nämlich den Schutz der Grundrechte und der Grundfreiheiten und der berechtigten Interessen im Bereich der elektronischen Kommunikation wahr.

Artikel 15a Umsetzung und Durchsetzung

(1) Die Mitgliedstaaten legen fest, welche Sanktionen, gegebenenfalls einschließlich strafrechtlicher Sanktionen, bei einem Verstoß gegen die innerstaatlichen Vorschriften zur Umsetzung dieser Richtlinie zu verhängen sind, und treffen die zu deren Durchsetzung erforderlichen Maßnahmen. Die vorgesehenen Sanktionen müssen wirksam, verhältnismäßig und abschreckend sein und können für den gesamten Zeitraum einer Verletzung angewendet werden, auch wenn die Verletzung in der Folge abgestellt wurde. Die Mitgliedstaaten teilen der Kommission diese Vorschriften bis zum 25. Mai 2011 mit und melden ihr unverzüglich etwaige spätere Änderungen, die diese Vorschriften betreffen.

(2) Unbeschadet etwaiger gerichtlicher Rechtsbehelfe stellen die Mitgliedstaaten sicher, dass die zuständige nationale Behörde und gegebenenfalls andere nationale Stellen befugt sind, die Einstellung der in Absatz 1 genannten Verstöße anzuordnen.

(3) Die Mitgliedstaaten stellen sicher, dass die zuständigen nationalen Regulierungsbehörden und gegebenenfalls andere nationale Stellen über die erforderlichen Untersuchungsbefugnisse und Mittel verfügen, einschließlich der Befugnis, sämtliche zweckdienliche Informationen zu erlangen, die sie benötigen, um die Einhaltung der gemäß dieser Richtlinie erlassenen innerstaatlichen Rechtsvorschriften zu überwachen und durchzusetzen.

---

11 ABl. L 105 vom 13.4.2006, S. 54.

(4) Zur Gewährleistung einer wirksamen grenzübergreifenden Koordinierung der Durchsetzung der gemäß dieser Richtlinie erlassenen innerstaatlichen Rechtsvorschriften und zur Schaffung harmonisierter Bedingungen für die Erbringung von Diensten, mit denen ein grenzüberschreitender Datenfluss verbunden ist, können die zuständigen nationalen Regulierungsbehörden Maßnahmen erlassen.

Die nationalen Regulierungsbehörden übermitteln der Kommission rechtzeitig vor dem Erlass solcher Maßnahmen eine Zusammenfassung der Gründe für ein Tätigwerden, der geplanten Maßnahmen und der vorgeschlagenen Vorgehensweise. Die Kommission kann hierzu nach Anhörung der ENISA und der gemäß Artikel 29 der Richtlinie 95/46/EG eingesetzten Gruppe für den Schutz von Personen bei der Verarbeitung personenbezogener Daten Kommentare oder Empfehlungen abgeben, insbesondere um sicherzustellen, dass die vorgesehenen Maßnahmen ein ordnungsmäßiges Funktionieren des Binnenmarktes nicht beeinträchtigen. Die nationalen Regulierungsbehörden tragen den Kommentaren oder Empfehlungen der Kommission weitestgehend Rechnung, wenn sie die Maßnahmen beschließen.

Artikel 16 Übergangsbestimmungen

(1) Artikel 12 gilt nicht für Ausgaben von Teilnehmerverzeichnissen, die vor dem Inkrafttreten der nach dieser Richtlinie erlassenen innerstaatlichen Vorschriften bereits in gedruckter oder in netzunabhängiger elektronischer Form produziert oder in Verkehr gebracht wurden.

(2) Sind die personenbezogenen Daten von Teilnehmern von Festnetz- oder Mobil-Sprachtelefondiensten in ein öffentliches Teilnehmerverzeichnis gemäß der Richtlinie 95/46/EG und gemäß Artikel 11 der Richtlinie 97/66/EG aufgenommen worden, bevor die nach der vorliegenden Richtlinie erlassenen innerstaatlichen Rechtsvorschriften in Kraft treten, so können die personenbezogenen Daten dieser Teilnehmer in der gedruckten oder elektronischen Fassung, einschließlich Fassungen mit Umkehrsuchfunktionen, in diesem öffentlichen Verzeichnis verbleiben, sofern die Teilnehmer nach Erhalt vollständiger Informationen über die Zwecke und Möglichkeiten gemäß Artikel 12 nicht etwas anderes wünschen.

Artikel 17 Umsetzung

(1) Die Mitgliedstaaten setzen vor dem 31. Oktober 2003 die Rechtsvorschriften in Kraft, die erforderlich sind, um dieser Richtlinie nachzukommen. Sie setzen die Kommission unverzüglich davon in Kenntnis.

Wenn die Mitgliedstaaten diese Vorschriften erlassen, nehmen sie in den Vorschriften selbst oder durch einen Hinweis bei der amtlichen Veröffentlichung auf diese Richtlinie Bezug. Die Mitgliedstaaten regeln die Einzelheiten der Bezugnahme.

(2) Die Mitgliedstaaten teilen der Kommission den Wortlaut der innerstaatlichen Rechts-Vorschriften mit, die sie auf dem unter diese Richtlinie fallenden Gebiet erlassen, sowie aller späteren Änderungen dieser Vorschriften.

Artikel 18 Überprüfung

Die Kommission unterbreitet dem Europäischen Parlament und dem Rat spätestens drei Jahre nach dem in Artikel 17 Absatz 1 genannten Zeitpunkt einen Bericht über die Durchführung dieser Richtlinie und ihre Auswirkungen auf die Wirtschaftsteilnehmer und Verbraucher, insbesondere in Bezug auf die Bestimmungen über unerbetene Nachrichten, unter Berücksichtigung des internationalen Umfelds. Hierzu kann die Kommission von den Mitgliedstaaten Informationen einholen, die ohne unangemessene Verzögerung zu liefern sind. Gegebenenfalls unterbreitet die Kommission unter Berücksichtigung der Ergebnisse des genannten Berichts, etwaiger Änderungen in dem betreffenden Sektor sowie etwaiger weiterer Vorschläge, die sie zur Verbesserung der Wirksamkeit dieser Richtlinie für erforderlich hält, Vorschläge zur Änderung dieser Richtlinie.

Artikel 19 Aufhebung

Die Richtlinie 97/66/EG wird mit Wirkung ab dem in Artikel 17 Absatz 1 genannten Zeitpunkt aufgehoben.

Verweisungen auf die aufgehobene Richtlinie gelten als Verweisungen auf die vorliegende Richtlinie.

Artikel 20 Inkrafttreten

Diese Richtlinie tritt am Tag ihrer Veröffentlichung im *Amtsblatt der Europäischen Gemeinschaften* in Kraft.

Artikel 21 Adressaten

Diese Richtlinie ist an alle Mitgliedstaaten gerichtet.

3. Bundesdatenschutzgesetz in der Fassung der Bekanntmachung vom 14. Januar 2003 (BGBl. I S. 66), das zuletzt durch Artikel 1 des Gesetzes vom 14. August 2009 (BGBl. I S. 2814) geändert worden ist

Erster Abschnitt Allgemeine und gemeinsame Bestimmungen

§ 1 Zweck und Anwendungsbereich des Gesetzes

(1) Zweck dieses Gesetzes ist es, den Einzelnen davor zu schützen, dass er durch den Umgang mit seinen personenbezogenen Daten in seinem Persönlichkeitsrecht beeinträchtigt wird.

(2) Dieses Gesetz gilt für die Erhebung, Verarbeitung und Nutzung personenbezogener Daten durch

1. öffentliche Stellen des Bundes,

2. öffentliche Stellen der Länder, soweit der Datenschutz nicht durch Landesgesetz geregelt ist und soweit sie
   a) Bundesrecht ausführen oder
   b) als Organe der Rechtspflege tätig werden und es sich nicht um Verwaltungsangelegenheiten handelt,

3. nicht-öffentliche Stellen, soweit sie die Daten unter Einsatz von Datenverarbeitungsanlagen verarbeiten, nutzen oder dafür erheben oder die Daten in oder aus nicht automatisierten Dateien verarbeiten, nutzen oder dafür erheben, es sei denn, die Erhebung, Verarbeitung oder Nutzung der Daten erfolgt ausschließlich für persönliche oder familiäre Tätigkeiten.

(3) Soweit andere Rechtsvorschriften des Bundes auf personenbezogene Daten einschließlich deren Veröffentlichung anzuwenden sind, gehen sie den Vorschriften dieses Gesetzes vor. Die Verpflichtung zur Wahrung gesetzlicher Geheimhaltungspflichten oder von Berufs- oder besonderen Amtsgeheimnissen, die nicht auf gesetzlichen Vorschriften beruhen, bleibt unberührt.

(4) Die Vorschriften dieses Gesetzes gehen denen des Verwaltungsverfahrensgesetzes vor, soweit bei der Ermittlung des Sachverhalts personenbezogene Daten verarbeitet werden.

(5) Dieses Gesetz findet keine Anwendung, sofern eine in einem anderen Mitgliedstaat der Europäischen Union oder in einem anderen Vertragsstaat des Abkommens über den Europäischen Wirtschaftsraum belegene verantwortliche Stelle personenbezogene Daten im Inland erhebt, verarbeitet oder nutzt, es sei denn, dies erfolgt durch eine Niederlassung im Inland. Dieses Gesetz findet Anwendung, sofern eine verantwortliche Stelle, die nicht in einem Mitgliedstaat der Europäischen Union oder in einem anderen Vertragsstaat des Abkommens über den Europäischen Wirtschaftsraum belegen ist, personenbezogene Daten im Inland erhebt, verarbeitet

oder nutzt. Soweit die verantwortliche Stelle nach diesem Gesetz zu nennen ist, sind auch Angaben über im Inland ansässige Vertreter zu machen. Die Sätze 2 und 3 gelten nicht, sofern Datenträger nur zum Zweck des Transits durch das Inland eingesetzt werden. § 38 Abs. 1 Satz 1 bleibt unberührt.

§ 2 Öffentliche und nicht-öffentliche Stellen

(1) Öffentliche Stellen des Bundes sind die Behörden, die Organe der Rechtspflege und andere öffentlich-rechtlich organisierte Einrichtungen des Bundes, der bundesunmittelbaren Körperschaften, Anstalten und Stiftungen des öffentlichen Rechts sowie deren Vereinigungen ungeachtet ihrer Rechtsform. Als öffentliche Stellen gelten die aus dem Sondervermögen Deutsche Bundespost durch Gesetz hervorgegangenen Unternehmen, solange ihnen ein ausschließliches Recht nach dem Postgesetz zusteht.

(2) Öffentliche Stellen der Länder sind die Behörden, die Organe der Rechtspflege und andere öffentlich-rechtlich organisierte Einrichtungen eines Landes, einer Gemeinde, eines Gemeindeverbandes und sonstiger der Aufsicht des Landes unterstehender juristischer Personen des öffentlichen Rechts sowie deren Vereinigungen ungeachtet ihrer Rechtsform.

(3) Vereinigungen des privaten Rechts von öffentlichen Stellen des Bundes und der Länder, die Aufgaben der öffentlichen Verwaltung wahrnehmen, gelten ungeachtet der Beteiligung nicht-öffentlicher Stellen als öffentliche Stellen des Bundes, wenn

1. sie über den Bereich eines Landes hinaus tätig werden oder

2. dem Bund die absolute Mehrheit der Anteile gehört oder die absolute Mehrheit der Stimmen zusteht.

Andernfalls gelten sie als öffentliche Stellen der Länder.

(4) Nicht-öffentliche Stellen sind natürliche und juristische Personen, Gesellschaften und andere Personenvereinigungen des privaten Rechts, soweit sie nicht unter die Absätze 1 bis 3 fallen. Nimmt eine nicht-öffentliche Stelle hoheitliche Aufgaben der öffentlichen Verwaltung wahr, ist sie insoweit öffentliche Stelle im Sinne dieses Gesetzes.

§ 3 Weitere Begriffsbestimmungen

(1) Personenbezogene Daten sind Einzelangaben über persönliche oder sachliche Verhältnisse einer bestimmten oder bestimmbaren natürlichen Person (Betroffener).

(2) Automatisierte Verarbeitung ist die Erhebung, Verarbeitung oder Nutzung personenbezogener Daten unter Einsatz von Datenverarbeitungsanlagen. Eine nicht automatisierte Datei ist jede nicht automatisierte Sammlung personenbezogener Daten, die gleichartig aufgebaut ist und nach bestimmten Merkmalen zugänglich ist und ausgewertet werden kann.

(3) Erheben ist das Beschaffen von Daten über den Betroffenen.

(4) Verarbeiten ist das Speichern, Verändern, Übermitteln, Sperren und Löschen personenbezogener Daten. Im Einzelnen ist, ungeachtet der dabei angewendeten Verfahren:

1. Speichern das Erfassen, Aufnehmen oder Aufbewahren personenbezogener Daten auf einem Datenträger zum Zwecke ihrer weiteren Verarbeitung oder Nutzung,

2. Verändern das inhaltliche Umgestalten gespeicherter personenbezogener Daten,

3. Übermitteln das Bekanntgeben gespeicherter oder durch Datenverarbeitung gewonnener personenbezogener Daten an einen Dritten in der Weise, dass
   a) die Daten an den Dritten weitergegeben werden oder
   b) der Dritte zur Einsicht oder zum Abruf bereitgehaltene Daten einsieht oder abruft,

4. Sperren das Kennzeichnen gespeicherter personenbezogener Daten, um ihre weitere Verarbeitung oder Nutzung einzuschränken,

5. Löschen das Unkenntlichmachen gespeicherter personenbezogener Daten.

(5) Nutzen ist jede Verwendung personenbezogener Daten, soweit es sich nicht um Verarbeitung handelt.

(6) Anonymisieren ist das Verändern personenbezogener Daten derart, dass die Einzelangaben über persönliche oder sachliche Verhältnisse nicht mehr oder nur mit einem unverhältnismäßig großen Aufwand an Zeit, Kosten und Arbeitskraft einer bestimmten oder bestimmbaren natürlichen Person zugeordnet werden können.

(6a) Pseudonymisieren ist das Ersetzen des Namens und anderer Identifikationsmerkmale durch ein Kennzeichen zu dem Zweck, die Bestimmung des Betroffenen auszuschließen oder wesentlich zu erschweren.

(7) Verantwortliche Stelle ist jede Person oder Stelle, die personenbezogene Daten für sich selbst erhebt, verarbeitet oder nutzt oder dies durch andere im Auftrag vornehmen lässt.

(8) Empfänger ist jede Person oder Stelle, die Daten erhält. Dritter ist jede Person oder Stelle außerhalb der verantwortlichen Stelle. Dritte sind nicht der Betroffene sowie Personen und Stellen, die im Inland, in einem anderen Mitgliedstaat der Europäischen Union oder in einem anderen Vertragsstaat des Abkommens über den Europäischen Wirtschaftsraum personenbezogene Daten im Auftrag erheben, verarbeiten oder nutzen.

(9) Besondere Arten personenbezogener Daten sind Angaben über die rassische und ethnische Herkunft, politische Meinungen, religiöse oder philosophische Überzeugungen, Gewerkschaftszugehörigkeit, Gesundheit oder Sexualleben.

(10) Mobile personenbezogene Speicher- und Verarbeitungsmedien sind Datenträger,

1. die an den Betroffenen ausgegeben werden,

2. auf denen personenbezogene Daten über die Speicherung hinaus durch die ausgebende oder eine andere Stelle automatisiert verarbeitet werden können und

3. bei denen der Betroffene diese Verarbeitung nur durch den Gebrauch des Mediums beeinflussen kann.

(11) Beschäftigte sind:

1. Arbeitnehmerinnen und Arbeitnehmer,

2. zu ihrer Berufsbildung Beschäftigte,

3. Teilnehmerinnen und Teilnehmer an Leistungen zur Teilhabe am Arbeitsleben sowie an Abklärungen der beruflichen Eignung oder Arbeitserprobung (Rehabilitandinnen und Rehabilitanden),

4. in anerkannten Werkstätten für behinderte Menschen Beschäftigte,

5. nach dem Jugendfreiwilligendienstegesetz Beschäftigte,

6. Personen, die wegen ihrer wirtschaftlichen Unselbständigkeit als arbeitnehmerähnliche Personen anzusehen sind; zu diesen gehören auch die in Heimarbeit Beschäftigten und die ihnen Gleichgestellten,

7. Bewerberinnen und Bewerber für ein Beschäftigungsverhältnis sowie Personen, deren Beschäftigungsverhältnis beendet ist,

8. Beamtinnen, Beamte, Richterinnen und Richter des Bundes, Soldatinnen und Soldaten sowie Zivildienstleistende.

§ 3a Datenvermeidung und Datensparsamkeit

Die Erhebung, Verarbeitung und Nutzung personenbezogener Daten und die Auswahl und Gestaltung von Datenverarbeitungssystemen sind an dem Ziel auszurichten, so wenig personenbezogene Daten wie möglich zu erheben, zu verarbeiten oder zu nutzen. Insbesondere sind personenbezogene Daten zu anonymisieren oder zu pseudonymisieren, soweit dies nach dem Verwendungszweck möglich ist und keinen im Verhältnis zu dem angestrebten Schutzzweck unverhältnismäßigen Aufwand erfordert.

§ 4 Zulässigkeit der Datenerhebung, -verarbeitung und -nutzung

(1) Die Erhebung, Verarbeitung und Nutzung personenbezogener Daten sind nur zulässig, soweit dieses Gesetz oder eine andere Rechtsvorschrift dies erlaubt oder anordnet oder der Betroffene eingewilligt hat.

(2) Personenbezogene Daten sind beim Betroffenen zu erheben. Ohne seine Mitwirkung dürfen sie nur erhoben werden, wenn

1. eine Rechtsvorschrift dies vorsieht oder zwingend voraussetzt oder

2. a) die zu erfüllende Verwaltungsaufgabe ihrer Art nach oder der Geschäftszweck eine Erhebung bei anderen Personen oder Stellen erforderlich macht oder

   b) die Erhebung beim Betroffenen einen unverhältnismäßigen Aufwand erfordern würde

und keine Anhaltspunkte dafür bestehen, dass überwiegende schutzwürdige Interessen des Betroffenen beeinträchtigt werden.

(3) Werden personenbezogene Daten beim Betroffenen erhoben, so ist er, sofern er nicht bereits auf andere Weise Kenntnis erlangt hat, von der verantwortlichen Stelle über

1. die Identität der verantwortlichen Stelle,

2. die Zweckbestimmungen der Erhebung, Verarbeitung oder Nutzung und

3. die Kategorien von Empfängern nur, soweit der Betroffene nach den Umständen des Einzelfalles nicht mit der Übermittlung an diese rechnen muss,

zu unterrichten. Werden personenbezogene Daten beim Betroffenen aufgrund einer Rechtsvorschrift erhoben, die zur Auskunft verpflichtet, oder ist die Erteilung der Auskunft Voraussetzung für die Gewährung von Rechtsvorteilen, so ist der Betroffene hierauf, sonst auf die Freiwilligkeit seiner Angaben hinzuweisen. Soweit nach den Umständen des Einzelfalles erforderlich oder auf Verlangen, ist er über die Rechtsvorschrift und über die Folgen der Verweigerung von Angaben aufzuklären.

§ 4a Einwilligung

(1) Die Einwilligung ist nur wirksam, wenn sie auf der freien Entscheidung des Betroffenen beruht. Er ist auf den vorgesehenen Zweck der Erhebung, Verarbeitung oder Nutzung sowie, soweit nach den Umständen des Einzelfalles erforderlich oder auf Verlangen, auf die Folgen der Verweigerung der Einwilligung hinzuweisen. Die Einwilligung bedarf der Schriftform, soweit nicht wegen besonderer Umstände eine andere Form angemessen ist. Soll die Einwilligung zusammen mit anderen Erklärungen schriftlich erteilt werden, ist sie besonders hervorzuheben.

(2) Im Bereich der wissenschaftlichen Forschung liegt ein besonderer Umstand im Sinne von Absatz 1 Satz 3 auch dann vor, wenn durch die Schriftform der bestimmte Forschungszweck erheblich beeinträchtigt würde. In diesem Fall sind der Hinweis nach Absatz 1 Satz 2 und die Gründe, aus denen sich die erhebliche Beeinträchtigung des bestimmten Forschungszwecks ergibt, schriftlich festzuhalten.

(3) Soweit besondere Arten personenbezogener Daten (§ 3 Abs. 9) erhoben, verarbeitet oder genutzt werden, muss sich die Einwilligung darüber hinaus ausdrücklich auf diese Daten beziehen.

§ 4b Übermittlung personenbezogener Daten ins Ausland sowie an über- oder zwischenstaatliche Stellen

(1) Für die Übermittlung personenbezogener Daten an Stellen

1. in anderen Mitgliedstaaten der Europäischen Union,

2. in anderen Vertragsstaaten des Abkommens über den Europäischen Wirtschaftsraum oder

3. der Organe und Einrichtungen der Europäischen Gemeinschaften

gelten § 15 Abs. 1, § 16 Abs. 1 und §§ 28 bis 30a nach Maßgabe der für diese Übermittlung geltenden Gesetze und Vereinbarungen, soweit die Übermittlung im Rahmen von Tätigkeiten erfolgt, die ganz oder teilweise in den Anwendungsbereich des Rechts der Europäischen Gemeinschaften fallen.

(2) Für die Übermittlung personenbezogener Daten an Stellen nach Absatz 1, die nicht im Rahmen von Tätigkeiten erfolgt, die ganz oder teilweise in den Anwendungsbereich des Rechts der Europäischen Gemeinschaften fallen, sowie an sonstige ausländische oder über- oder zwischenstaatliche Stellen gilt Absatz 1 entsprechend. Die Übermittlung unterbleibt, soweit der Betroffene ein schutzwürdiges Interesse an dem Ausschluss der Übermittlung hat, insbesondere wenn bei den in Satz 1 genannten Stellen ein angemessenes Datenschutzniveau nicht gewährleistet ist. Satz 2 gilt nicht, wenn die Übermittlung zur Erfüllung eigener Aufgaben einer öffentlichen Stelle des Bundes aus zwingenden Gründen der Verteidigung oder der Erfüllung über- oder zwischenstaatlicher Verpflichtungen auf dem Gebiet der Krisenbewältigung oder Konfliktverhinderung oder für humanitäre Maßnahmen erforderlich ist.

(3) Die Angemessenheit des Schutzniveaus wird unter Berücksichtigung aller Umstände beurteilt, die bei einer Datenübermittlung oder einer Kategorie von Datenübermittlungen von Bedeutung sind; insbesondere können die Art der Daten, die Zweckbestimmung, die Dauer der geplanten Verarbeitung, das Herkunfts- und das Endbestimmungsland, die für den betreffenden Empfänger geltenden Rechtsnormen sowie die für ihn geltenden Standesregeln und Sicherheitsmaßnahmen herangezogen werden.

(4) In den Fällen des § 16 Abs. 1 Nr. 2 unterrichtet die übermittelnde Stelle den Betroffenen von der Übermittlung seiner Daten. Dies gilt nicht, wenn damit zu rechnen ist, dass er davon auf andere Weise Kenntnis erlangt, oder wenn die Unterrichtung die öffentliche Sicherheit gefährden oder sonst dem Wohl des Bundes oder eines Landes Nachteile bereiten würde.

(5) Die Verantwortung für die Zulässigkeit der Übermittlung trägt die übermittelnde Stelle.

(6) Die Stelle, an die die Daten übermittelt werden, ist auf den Zweck hinzuweisen, zu dessen Erfüllung die Daten übermittelt werden.

§ 4c Ausnahmen

(1) Im Rahmen von Tätigkeiten, die ganz oder teilweise in den Anwendungsbereich des Rechts der Europäischen Gemeinschaften fallen, ist eine Übermittlung personenbezogener Daten an andere als die in § 4b Abs. 1 genannten Stellen, auch wenn bei ihnen ein angemessenes Datenschutzniveau nicht gewährleistet ist, zulässig, sofern

1. der Betroffene seine Einwilligung gegeben hat,

2. die Übermittlung für die Erfüllung eines Vertrags zwischen dem Betroffenen und der verantwortlichen Stelle oder zur Durchführung von vorvertraglichen Maßnahmen, die auf Veranlassung des Betroffenen getroffen worden sind, erforderlich ist,

3. die Übermittlung zum Abschluss oder zur Erfüllung eines Vertrags erforderlich ist, der im Interesse des Betroffenen von der verantwortlichen Stelle mit einem Dritten geschlossen wurde oder geschlossen werden soll,

4. die Übermittlung für die Wahrung eines wichtigen öffentlichen Interesses oder zur Geltendmachung, Ausübung oder Verteidigung von Rechtsansprüchen vor Gericht erforderlich ist,

5. die Übermittlung für die Wahrung lebenswichtiger Interessen des Betroffenen erforderlich ist oder

6. die Übermittlung aus einem Register erfolgt, das zur Information der Öffentlichkeit bestimmt ist und entweder der gesamten Öffentlichkeit oder allen Personen, die ein berechtigtes Interesse nachweisen können, zur Einsichtnahme offen steht, soweit die gesetzlichen Voraussetzungen im Einzelfall gegeben sind.

Die Stelle, an die die Daten übermittelt werden, ist darauf hinzuweisen, dass die übermittelten Daten nur zu dem Zweck verarbeitet oder genutzt werden dürfen, zu dessen Erfüllung sie übermittelt werden.

(2) Unbeschadet des Absatzes 1 Satz 1 kann die zuständige Aufsichtsbehörde einzelne Übermittlungen oder bestimmte Arten von Übermittlungen personenbezogener Daten an andere als die in § 4b Abs. 1 genannten Stellen genehmigen, wenn die verantwortliche Stelle ausreichende Garantien hinsichtlich des Schutzes des Persönlichkeitsrechts und der Ausübung der damit verbundenen Rechte vorweist; die Garantien können sich insbesondere aus Vertragsklauseln oder verbindlichen Unternehmensregelungen ergeben. Bei den Post- und Telekommunikationsunternehmen ist der Bundesbeauftragte für den Datenschutz und die Informationsfreiheit zuständig. Sofern die Übermittlung durch öffentliche Stellen erfolgen soll, nehmen diese die Prüfung nach Satz 1 vor.

(3) Die Länder teilen dem Bund die nach Absatz 2 Satz 1 ergangenen Entscheidungen mit.

§ 4d Meldepflicht

(1) Verfahren automatisierter Verarbeitungen sind vor ihrer Inbetriebnahme von nicht-öffentlichen verantwortlichen Stellen der zuständigen Aufsichtsbehörde und von öffentlichen verantwortlichen Stellen des Bundes sowie von den Post- und Telekommunikationsunternehmen dem Bundesbeauftragten für den Datenschutz und die Informationsfreiheit nach Maßgabe von § 4e zu melden.

(2) Die Meldepflicht entfällt, wenn die verantwortliche Stelle einen Beauftragten für den Datenschutz bestellt hat.

(3) Die Meldepflicht entfällt ferner, wenn die verantwortliche Stelle personenbezogene Daten für eigene Zwecke erhebt, verarbeitet oder nutzt, hierbei in der Regel höchstens neun Personen ständig mit der Erhebung, Verarbeitung oder Nutzung personenbezogener Daten beschäftigt und entweder eine Einwilligung des Betroffenen vorliegt oder die Erhebung, Verarbeitung oder Nutzung für die Begründung, Durchführung oder Beendigung eines rechtsgeschäftlichen oder rechtsgeschäftsähnlichen Schuldverhältnisses mit dem Betroffenen erforderlich ist.

(4) Die Absätze 2 und 3 gelten nicht, wenn es sich um automatisierte Verarbeitungen handelt, in denen geschäftsmäßig personenbezogene Daten von der jeweiligen Stelle

1. zum Zweck der Übermittlung,

2. zum Zweck der anonymisierten Übermittlung oder

3. für Zwecke der Markt- oder Meinungsforschung

gespeichert werden.

(5) Soweit automatisierte Verarbeitungen besondere Risiken für die Rechte und Freiheiten der Betroffenen aufweisen, unterliegen sie der Prüfung vor Beginn der Verarbeitung (Vorabkontrolle). Eine Vorabkontrolle ist insbesondere durchzuführen, wenn

1. besondere Arten personenbezogener Daten (§ 3 Abs. 9) verarbeitet werden oder

2. die Verarbeitung personenbezogener Daten dazu bestimmt ist, die Persönlichkeit des Betroffenen zu bewerten einschließlich seiner Fähigkeiten, seiner Leistung oder seines Verhaltens,

es sei denn, dass eine gesetzliche Verpflichtung oder eine Einwilligung des Betroffenen vorliegt oder die Erhebung, Verarbeitung oder Nutzung für die Begründung, Durchführung oder Beendigung eines rechtsgeschäftlichen oder rechtsgeschäftsähnlichen Schuldverhältnisses mit dem Betroffenen erforderlich ist.

(6) Zuständig für die Vorabkontrolle ist der Beauftragte für den Datenschutz. Dieser nimmt die Vorabkontrolle nach Empfang der Übersicht nach § 4g Abs. 2 Satz 1 vor. Er hat sich in Zweifelsfällen an die Aufsichtsbehörde oder bei den Post- und Tele-

kommunikationsunternehmen an den Bundesbeauftragten für den Datenschutz und die Informationsfreiheit zu wenden.

§ 4e Inhalt der Meldepflicht

Sofern Verfahren automatisierter Verarbeitungen meldepflichtig sind, sind folgende Angaben zu machen:

1. Name oder Firma der verantwortlichen Stelle,

2. Inhaber, Vorstände, Geschäftsführer oder sonstige gesetzliche oder nach der Verfassung des Unternehmens berufene Leiter und die mit der Leitung der Datenverarbeitung beauftragten Personen,

3. Anschrift der verantwortlichen Stelle,

4. Zweckbestimmungen der Datenerhebung, -verarbeitung oder -nutzung,

5. eine Beschreibung der betroffenen Personengruppen und der diesbezüglichen Daten oder Datenkategorien,

6. Empfänger oder Kategorien von Empfängern, denen die Daten mitgeteilt werden können,

7. Regelfristen für die Löschung der Daten,

8. eine geplante Datenübermittlung in Drittstaaten,

9. eine allgemeine Beschreibung, die es ermöglicht, vorläufig zu beurteilen, ob die Maßnahmen nach § 9 zur Gewährleistung der Sicherheit der Verarbeitung angemessen sind.

§ 4d Abs. 1 und 4 gilt für die Änderung der nach Satz 1 mitgeteilten Angaben sowie für den Zeitpunkt der Aufnahme und der Beendigung der meldepflichtigen Tätigkeit entsprechend.

§ 4f Beauftragter für den Datenschutz

(1) Öffentliche und nicht öffentliche Stellen, die personenbezogene Daten automatisiert verarbeiten, haben einen Beauftragten für den Datenschutz schriftlich zu bestellen. Nicht-öffentliche Stellen sind hierzu spätestens innerhalb eines Monats nach Aufnahme ihrer Tätigkeit verpflichtet. Das Gleiche gilt, wenn personenbezogene Daten auf andere Weise erhoben, verarbeitet oder genutzt werden und damit in der Regel mindestens 20 Personen beschäftigt sind. Die Sätze 1 und 2 gelten nicht für die nichtöffentlichen Stellen, die in der Regel höchstens neun Personen ständig mit der automatisierten Verarbeitung personenbezogener Daten beschäftigen. Soweit aufgrund der Struktur einer öffentlichen Stelle erforderlich, genügt die Bestellung eines Beauftragten für den Datenschutz für mehrere Bereiche. Soweit nicht-öffentliche Stellen automatisierte Verarbeitungen vornehmen, die einer Vorabkontrolle unterliegen, oder personenbezogene Daten geschäftsmäßig zum Zweck der Übermittlung, der anonymisierten Übermittlung oder für Zwecke der Markt-

oder Meinungsforschung automatisiert verarbeiten, haben sie unabhängig von der Anzahl der mit der automatisierten Verarbeitung beschäftigten Personen einen Beauftragten für den Datenschutz zu bestellen.

(2) Zum Beauftragten für den Datenschutz darf nur bestellt werden, wer die zur Erfüllung seiner Aufgaben erforderliche Fachkunde und Zuverlässigkeit besitzt. Das Maß der erforderlichen Fachkunde bestimmt sich insbesondere nach dem Umfang der Datenverarbeitung der verantwortlichen Stelle und dem Schutzbedarf der personenbezogenen Daten, die die verantwortliche Stelle erhebt oder verwendet. Zum Beauftragten für den Datenschutz kann auch eine Person außerhalb der verantwortlichen Stelle bestellt werden; die Kontrolle erstreckt sich auch auf personenbezogene Daten, die einem Berufs- oder besonderen Amtsgeheimnis, insbesondere dem Steuergeheimnis nach § 30 der Abgabenordnung, unterliegen. Öffentliche Stellen können mit Zustimmung ihrer Aufsichtsbehörde einen Bediensteten aus einer anderen öffentlichen Stelle zum Beauftragten für den Datenschutz bestellen.

(3) Der Beauftragte für den Datenschutz ist dem Leiter der öffentlichen oder nicht-öffentlichen Stelle unmittelbar zu unterstellen. Er ist in Ausübung seiner Fachkunde auf dem Gebiet des Datenschutzes weisungsfrei. Er darf wegen der Erfüllung seiner Aufgaben nicht benachteiligt werden. Die Bestellung zum Beauftragten für den Datenschutz kann in entsprechender Anwendung von § 626 des Bürgerlichen Gesetzbuches, bei nicht-öffentlichen Stellen auch auf Verlangen der Aufsichtsbehörde, widerrufen werden. Ist nach Absatz 1 ein Beauftragter für den Datenschutz zu bestellen, so ist die Kündigung des Arbeitsverhältnisses unzulässig, es sei denn, dass Tatsachen vorliegen, welche die verantwortliche Stelle zur Kündigung aus wichtigem Grund ohne Einhaltung einer Kündigungsfrist berechtigen. Nach der Abberufung als Beauftragter für den Datenschutz ist die Kündigung innerhalb eines Jahres nach der Beendigung der Bestellung unzulässig, es sei denn, dass die verantwortliche Stelle zur Kündigung aus wichtigem Grund ohne Einhaltung einer Kündigungsfrist berechtigt ist. Zur Erhaltung der zur Erfüllung seiner Aufgaben erforderlichen Fachkunde hat die verantwortliche Stelle dem Beauftragten für den Datenschutz die Teilnahme an Fort- und Weiterbildungsveranstaltungen zu ermöglichen und deren Kosten zu übernehmen.

(4) Der Beauftragte für den Datenschutz ist zur Verschwiegenheit über die Identität des Betroffenen sowie über Umstände, die Rückschlüsse auf den Betroffenen zulassen, verpflichtet, soweit er nicht davon durch den Betroffenen befreit wird.

(4a) Soweit der Beauftragte für den Datenschutz bei seiner Tätigkeit Kenntnis von Daten erhält, für die dem Leiter oder einer bei der öffentlichen oder nichtöffentlichen Stelle beschäftigten Person aus beruflichen Gründen ein Zeugnisverweigerungsrecht zusteht, steht dieses Recht auch dem Beauftragten für den Datenschutz und dessen Hilfspersonal zu. Über die Ausübung dieses Rechts entscheidet die Person, der das Zeugnisverweigerungsrecht aus beruflichen Gründen zusteht, es sei denn, dass diese Entscheidung in absehbarer Zeit nicht herbeigeführt werden kann.

Soweit das Zeugnisverweigerungsrecht des Beauftragten für den Datenschutz reicht, unterliegen seine Akten und andere Schriftstücke einem Beschlagnahmeverbot.

(5) Die öffentlichen und nicht-öffentlichen Stellen haben den Beauftragten für den Datenschutz bei der Erfüllung seiner Aufgaben zu unterstützen und ihm insbesondere, soweit dies zur Erfüllung seiner Aufgaben erforderlich ist, Hilfspersonal sowie Räume, Einrichtungen, Geräte und Mittel zur Verfügung zu stellen. Betroffene können sich jederzeit an den Beauftragten für den Datenschutz wenden.

§ 4g Aufgaben des Beauftragten für den Datenschutz

(1) Der Beauftragte für den Datenschutz wirkt auf die Einhaltung dieses Gesetzes und anderer Vorschriften über den Datenschutz hin. Zu diesem Zweck kann sich der Beauftragte für den Datenschutz in Zweifelsfällen an die für die Datenschutzkontrolle bei der verantwortlichen Stelle zuständige Behörde wenden. Er kann die Beratung nach § 38 Abs. 1 Satz 2 in Anspruch nehmen. Er hat insbesondere

1. die ordnungsgemäße Anwendung der Datenverarbeitungsprogramme, mit deren Hilfe personenbezogene Daten verarbeitet werden sollen, zu überwachen; zu diesem Zweck ist er über Vorhaben der automatisierten Verarbeitung personenbezogener Daten rechtzeitig zu unterrichten,

2. die bei der Verarbeitung personenbezogener Daten tätigen Personen durch geeignete Maßnahmen mit den Vorschriften dieses Gesetzes sowie anderen Vorschriften über den Datenschutz und mit den jeweiligen besonderen Erfordernissen des Datenschutzes vertraut zu machen.

(2) Dem Beauftragten für den Datenschutz ist von der verantwortlichen Stelle eine Übersicht über die in § 4e Satz 1 genannten Angaben sowie über zugriffsberechtigte Personen zur Verfügung zu stellen. Der Beauftragte für den Datenschutz macht die Angaben nach § 4e Satz 1 Nr. 1 bis 8 auf Antrag jedermann in geeigneter Weise verfügbar.

(2a) Soweit bei einer nichtöffentlichen Stelle keine Verpflichtung zur Bestellung eines Beauftragten für den Datenschutz besteht, hat der Leiter der nichtöffentlichen Stelle die Erfüllung der Aufgaben nach den Absätzen 1 und 2 in anderer Weise sicherzustellen.

(3) Auf die in § 6 Abs. 2 Satz 4 genannten Behörden findet Absatz 2 Satz 2 keine Anwendung. Absatz 1 Satz 2 findet mit der Maßgabe Anwendung, dass der behördliche Beauftragte für den Datenschutz das Benehmen mit dem Behördenleiter herstellt; bei Unstimmigkeiten zwischen dem behördlichen Beauftragten für den Datenschutz und dem Behördenleiter entscheidet die oberste Bundesbehörde.

§ 5 Datengeheimnis

Den bei der Datenverarbeitung beschäftigten Personen ist untersagt, personenbezogene Daten unbefugt zu erheben, zu verarbeiten oder zu nutzen (Datengeheimnis). Diese Personen sind, soweit sie bei nicht-öffentlichen Stellen beschäftigt werden, bei der Aufnahme ihrer Tätigkeit auf das Datengeheimnis zu verpflichten. Das Datengeheimnis besteht auch nach Beendigung ihrer Tätigkeit fort.

§ 6 Rechte des Betroffenen

(1) Die Rechte des Betroffenen auf Auskunft (§§ 19, 34) und auf Berichtigung, Löschung oder Sperrung (§§ 20, 35) können nicht durch Rechtsgeschäft ausgeschlossen oder beschränkt werden.

(2) Sind die Daten des Betroffenen automatisiert in der Weise gespeichert, dass mehrere Stellen speicherungsberechtigt sind, und ist der Betroffene nicht in der Lage festzustellen, welche Stelle die Daten gespeichert hat, so kann er sich an jede dieser Stellen wenden. Diese ist verpflichtet, das Vorbringen des Betroffenen an die Stelle, die die Daten gespeichert hat, weiterzuleiten. Der Betroffene ist über die Weiterleitung und jene Stelle zu unterrichten. Die in § 19 Abs. 3 genannten Stellen, die Behörden der Staatsanwaltschaft und der Polizei sowie öffentliche Stellen der Finanzverwaltung, soweit sie personenbezogene Daten in Erfüllung ihrer gesetzlichen Aufgaben im Anwendungsbereich der Abgabenordnung zur Überwachung und Prüfung speichern, können statt des Betroffenen den Bundesbeauftragten für den Datenschutz und die Informationsfreiheit unterrichten. In diesem Fall richtet sich das weitere Verfahren nach § 19 Abs. 6.

(3) Personenbezogene Daten über die Ausübung eines Rechts des Betroffenen, das sich aus diesem Gesetz oder aus einer anderen Vorschrift über den Datenschutz ergibt, dürfen nur zur Erfüllung der sich aus der Ausübung des Rechts ergebenden Pflichten der verantwortlichen Stelle verwendet werden.

§ 6a Automatisierte Einzelentscheidung

(1) Entscheidungen, die für den Betroffenen eine rechtliche Folge nach sich ziehen oder ihn erheblich beeinträchtigen, dürfen nicht ausschließlich auf eine automatisierte Verarbeitung personenbezogener Daten gestützt werden, die der Bewertung einzelner Persönlichkeitsmerkmale dienen. Eine ausschließlich auf eine automatisierte Verarbeitung gestützte Entscheidung liegt insbesondere dann vor, wenn keine inhaltliche Bewertung und darauf gestützte Entscheidung durch eine natürliche Person stattgefunden hat.

(2) Dies gilt nicht, wenn

1. die Entscheidung im Rahmen des Abschlusses oder der Erfüllung eines Vertragsverhältnisses oder eines sonstigen Rechtsverhältnisses ergeht und dem Begehren des Betroffenen stattgegeben wurde oder

2. die Wahrung der berechtigten Interessen des Betroffenen durch geeignete Maßnahmen gewährleistet ist und die verantwortliche Stelle dem Betroffenen die Tatsache des Vorliegens einer Entscheidung im Sinne des Absatzes 1 mitteilt sowie auf
Verlangen die wesentlichen Gründe dieser Entscheidung mitteilt und erläutert.

(3) Das Recht des Betroffenen auf Auskunft nach den §§ 19 und 34 erstreckt sich
auch auf den logischen Aufbau der automatisierten Verarbeitung der ihn betreffenden Daten.

§ 6b Beobachtung öffentlich zugänglicher Räume mit optisch-elektronischen Einrichtungen

(1) Die Beobachtung öffentlich zugänglicher Räume mit optisch-elektronischen
Einrichtungen (Videoüberwachung) ist nur zulässig, soweit sie

1. zur Aufgabenerfüllung öffentlicher Stellen,

2. zur Wahrnehmung des Hausrechts oder

3. zur Wahrnehmung berechtigter Interessen für konkret festgelegte Zwecke

erforderlich ist und keine Anhaltspunkte bestehen, dass schutzwürdige Interessen
der Betroffenen überwiegen.

(2) Der Umstand der Beobachtung und die verantwortliche Stelle sind durch geeignete Maßnahmen erkennbar zu machen.

(3) Die Verarbeitung oder Nutzung von nach Absatz 1 erhobenen Daten ist zulässig,
wenn sie zum Erreichen des verfolgten Zwecks erforderlich ist und keine Anhaltspunkte bestehen, dass schutzwürdige Interessen der Betroffenen überwiegen. Für
einen anderen Zweck dürfen sie nur verarbeitet oder genutzt werden, soweit dies
zur Abwehr von Gefahren für die staatliche und öffentliche Sicherheit sowie zur
Verfolgung von Straftaten erforderlich ist.

(4) Werden durch Videoüberwachung erhobene Daten einer bestimmten Person zugeordnet, ist diese über eine Verarbeitung oder Nutzung entsprechend den §§ 19a
und 33 zu benachrichtigen.

(5) Die Daten sind unverzüglich zu löschen, wenn sie zur Erreichung des Zwecks
nicht mehr erforderlich sind oder schutzwürdige Interessen der Betroffenen einer
weiteren Speicherung entgegenstehen.

§ 6c Mobile personenbezogene Speicher- und Verarbeitungsmedien

(1) Die Stelle, die ein mobiles personenbezogenes Speicher- und Verarbeitungsmedium ausgibt oder ein Verfahren zur automatisierten Verarbeitung personenbezogener Daten, das ganz oder teilweise auf einem solchen Medium abläuft, auf das Medium aufbringt, ändert oder hierzu bereithält, muss den Betroffenen

1. über ihre Identität und Anschrift,

2. in allgemein verständlicher Form über die Funktionsweise des Mediums einschließlich der Art der zu verarbeitenden personenbezogenen Daten,

3. darüber, wie er seine Rechte nach den §§ 19, 20, 34 und 35 ausüben kann, und

4. über die bei Verlust oder Zerstörung des Mediums zu treffenden Maßnahmen

unterrichten, soweit der Betroffene nicht bereits Kenntnis erlangt hat.

(2) Die nach Absatz 1 verpflichtete Stelle hat dafür Sorge zu tragen, dass die zur Wahrnehmung des Auskunftsrechts erforderlichen Geräte oder Einrichtungen in angemessenem Umfang zum unentgeltlichen Gebrauch zur Verfügung stehen.

(3) Kommunikationsvorgänge, die auf dem Medium eine Datenverarbeitung auslösen, müssen für den Betroffenen eindeutig erkennbar sein.

§ 7 Schadensersatz

Fügt eine verantwortliche Stelle dem Betroffenen durch eine nach diesem Gesetz oder nach anderen Vorschriften über den Datenschutz unzulässige oder unrichtige Erhebung, Verarbeitung oder Nutzung seiner personenbezogenen Daten einen Schaden zu, ist sie oder ihr Träger dem Betroffenen zum Schadensersatz verpflichtet. Die Ersatzpflicht entfällt, soweit die verantwortliche Stelle die nach den Umständen des Falles gebotene Sorgfalt beachtet hat.

§ 8 Schadensersatz bei automatisierter Datenverarbeitung durch öffentliche Stellen

(1) Fügt eine verantwortliche öffentliche Stelle dem Betroffenen durch eine nach diesem Gesetz oder nach anderen Vorschriften über den Datenschutz unzulässige oder unrichtige automatisierte Erhebung, Verarbeitung oder Nutzung seiner personenbezogenen Daten einen Schaden zu, ist ihr Träger dem Betroffenen unabhängig von einem Verschulden zum Schadensersatz verpflichtet.

(2) Bei einer schweren Verletzung des Persönlichkeitsrechts ist dem Betroffenen der Schaden, der nicht Vermögensschaden ist, angemessen in Geld zu ersetzen.

(3) Die Ansprüche nach den Absätzen 1 und 2 sind insgesamt auf einen Betrag von 130.000 Euro begrenzt. Ist auf Grund desselben Ereignisses an mehrere Personen Schadensersatz zu leisten, der insgesamt den Höchstbetrag von 130.000 Euro übersteigt, so verringern sich die einzelnen Schadensersatzleistungen in dem Verhältnis, in dem ihr Gesamtbetrag zu dem Höchstbetrag steht.

(4) Sind bei einer automatisierten Verarbeitung mehrere Stellen speicherungsberechtigt und ist der Geschädigte nicht in der Lage, die speichernde Stelle festzustellen, so haftet jede dieser Stellen.

(5) Hat bei der Entstehung des Schadens ein Verschulden des Betroffenen mitgewirkt, gilt § 254 des Bürgerlichen Gesetzbuchs.

(6) Auf die Verjährung finden die für unerlaubte Handlungen geltenden Verjährungsvorschriften des Bürgerlichen Gesetzbuchs entsprechende Anwendung.

§ 9 Technische und organisatorische Maßnahmen

Öffentliche und nicht-öffentliche Stellen, die selbst oder im Auftrag personenbezogene Daten erheben, verarbeiten oder nutzen, haben die technischen und organisatorischen Maßnahmen zu treffen, die erforderlich sind, um die Ausführung der Vorschriften dieses Gesetzes, insbesondere die in der Anlage zu diesem Gesetz genannten Anforderungen, zu gewährleisten. Erforderlich sind Maßnahmen nur, wenn ihr Aufwand in einem angemessenen Verhältnis zu dem angestrebten Schutzzweck steht.

§ 9a Datenschutzaudit

Zur Verbesserung des Datenschutzes und der Datensicherheit können Anbieter von Datenverarbeitungssystemen und -programmen und datenverarbeitende Stellen ihr Datenschutzkonzept sowie ihre technischen Einrichtungen durch unabhängige und zugelassene Gutachter prüfen und bewerten lassen sowie das Ergebnis der Prüfung veröffentlichen. Die näheren Anforderungen an die Prüfung und Bewertung, das Verfahren sowie die Auswahl und Zulassung der Gutachter werden durch besonderes Gesetz geregelt.

§ 10 Einrichtung automatisierter Abrufverfahren

(1) Die Einrichtung eines automatisierten Verfahrens, das die Übermittlung personenbezogener Daten durch Abruf ermöglicht, ist zulässig, soweit dieses Verfahren unter Berücksichtigung der schutzwürdigen Interessen der Betroffenen und der Aufgaben oder Geschäftszwecke der beteiligten Stellen angemessen ist. Die Vorschriften über die Zulässigkeit des einzelnen Abrufs bleiben unberührt.

(2) Die beteiligten Stellen haben zu gewährleisten, dass die Zulässigkeit des Abrufverfahrens kontrolliert werden kann. Hierzu haben sie schriftlich festzulegen:

1. Anlass und Zweck des Abrufverfahrens,

2. Dritte, an die übermittelt wird,

3. Art der zu übermittelnden Daten,

4. nach § 9 erforderliche technische und organisatorische Maßnahmen.

Im öffentlichen Bereich können die erforderlichen Festlegungen auch durch die Fachaufsichtsbehörden getroffen werden.

(3) Über die Einrichtung von Abrufverfahren ist in Fällen, in denen die in § 12 Abs. 1 genannten Stellen beteiligt sind, der Bundesbeauftragte für den Datenschutz und die Informationsfreiheit unter Mitteilung der Festlegungen nach Absatz 2 zu unterrichten. Die Einrichtung von Abrufverfahren, bei denen die in § 6 Abs. 2 und in § 19 Abs. 3 genannten Stellen beteiligt sind, ist nur zulässig, wenn das für die

speichernde und die abrufende Stelle jeweils zuständige Bundes- oder Landesministerium zugestimmt hat.

(4) Die Verantwortung für die Zulässigkeit des einzelnen Abrufs trägt der Dritte, an den übermittelt wird. Die speichernde Stelle prüft die Zulässigkeit der Abrufe nur, wenn dazu Anlass besteht. Die speichernde Stelle hat zu gewährleisten, dass die Übermittlung personenbezogener Daten zumindest durch geeignete Stichprobenverfahren festgestellt und überprüft werden kann. Wird ein Gesamtbestand personenbezogener Daten abgerufen oder übermittelt (Stapelverarbeitung), so bezieht sich die Gewährleistung der Feststellung und Überprüfung nur auf die Zulässigkeit des Abrufes oder der Übermittlung des Gesamtbestandes.

(5) Die Absätze 1 bis 4 gelten nicht für den Abruf allgemein zugänglicher Daten. Allgemein zugänglich sind Daten, die jedermann, sei es ohne oder nach vorheriger Anmeldung Zulassung oder Entrichtung eines Entgelts, nutzen kann.

§ 11 Erhebung, Verarbeitung oder Nutzung personenbezogener Daten im Auftrag

(1) Werden personenbezogene Daten im Auftrag durch andere Stellen erhoben, verarbeitet oder genutzt, ist der Auftraggeber für die Einhaltung der Vorschriften dieses Gesetzes und anderer Vorschriften über den Datenschutz verantwortlich. Die in den §§ 6, 7 und 8 genannten Rechte sind ihm gegenüber geltend zu machen.

(2) Der Auftragnehmer ist unter besonderer Berücksichtigung der Eignung der von ihm getroffenen technischen und organisatorischen Maßnahmen sorgfältig auszuwählen. Der Auftrag ist schriftlich zu erteilen, wobei insbesondere im Einzelnen festzulegen sind:

1. der Gegenstand und die Dauer des Auftrags,

2. der Umfang, die Art und der Zweck der vorgesehenen Erhebung, Verarbeitung oder Nutzung von Daten, die Art der Daten und der Kreis der Betroffenen,

3. die nach § 9 zu treffenden technischen und organisatorischen Maßnahmen,

4. die Berichtigung, Löschung und Sperrung von Daten,

5. die nach Absatz 4 bestehenden Pflichten des Auftragnehmers, insbesondere die von ihm vorzunehmenden Kontrollen,

6. die etwaige Berechtigung zur Begründung von Unterauftragsverhältnissen,

7. die Kontrollrechte des Auftraggebers und die entsprechenden Duldungs- und Mitwirkungspflichten des Auftragnehmers,

8. mitzuteilende Verstöße des Auftragnehmers oder der bei ihm beschäftigten Personen gegen Vorschriften zum Schutz personenbezogener Daten oder gegen die im Auftrag getroffenen Festlegungen,

9. der Umfang der Weisungsbefugnisse, die sich der Auftraggeber gegenüber dem Auftragnehmer vorbehält,

10. die Rückgabe überlassener Datenträger und die Löschung beim Auftragnehmer gespeicherter Daten nach Beendigung des Auftrags.

Er kann bei öffentlichen Stellen auch durch die Fachaufsichtsbehörde erteilt werden. Der Auftraggeber hat sich vor Beginn der Datenverarbeitung und sodann regelmäßig von der Einhaltung der beim Auftragnehmer getroffenen technischen und organisatorischen Maßnahmen zu überzeugen. Das Ergebnis ist zu dokumentieren.

(3) Der Auftragnehmer darf die Daten nur im Rahmen der Weisungen des Auftraggebers erheben, verarbeiten oder nutzen. Ist er der Ansicht, dass eine Weisung des Auftraggebers gegen dieses Gesetz oder andere Vorschriften über den Datenschutz verstößt, hat er den Auftraggeber unverzüglich darauf hinzuweisen.

(4) Für den Auftragnehmer gelten neben den §§ 5, 9, 43 Abs. 1 Nr. 2, 10 und 11, Abs. 2 Nr. 1 bis 3 und Abs. 3 sowie § 44 nur die Vorschriften über die Datenschutzkontrolle oder die Aufsicht, und zwar für

1. a) öffentliche Stellen,

  b) nicht-öffentliche Stellen, bei denen der öffentlichen Hand die Mehrheit der Anteile gehört oder die Mehrheit der Stimmen zusteht und der Auftraggeber eine öffentliche Stelle ist,

  die §§ 18, 24 bis 26 oder die entsprechenden Vorschriften der Datenschutzgesetze der Länder,

2. die übrigen nicht-öffentlichen Stellen, soweit sie personenbezogene Daten im Auftrag als Dienstleistungsunternehmen geschäftsmäßig erheben, verarbeiten oder nutzen, die §§ 4f, 4g und 38.

(5) Die Absätze 1 bis 4 gelten entsprechend, wenn die Prüfung oder Wartung automatisierter Verfahren oder von Datenverarbeitungsanlagen durch andere Stellen im Auftrag vorgenommen wird und dabei ein Zugriff auf personenbezogene Daten nicht ausgeschlossen werden kann.

Zweiter Abschnitt
Datenverarbeitung der öffentlichen Stellen

Erster Unterabschnitt
Rechtsgrundlagen der Datenverarbeitung

§ 12 Anwendungsbereich

(1) Die Vorschriften dieses Abschnittes gelten für öffentliche Stellen des Bundes, soweit sie nicht als öffentlich-rechtliche Unternehmen am Wettbewerb teilnehmen.

(2) Soweit der Datenschutz nicht durch Landesgesetz geregelt ist, gelten die §§ 12 bis 16, 19 bis 20 auch für die öffentlichen Stellen der Länder, soweit sie

1. Bundesrecht ausführen und nicht als öffentlich-rechtliche Unternehmen am Wettbewerb teilnehmen oder

2. als Organe der Rechtspflege tätig werden und es sich nicht um Verwaltungsangelegenheiten handelt.

(3) Für Landesbeauftragte für den Datenschutz gilt § 23 Abs. 4 entsprechend.

(4) Werden personenbezogene Daten für frühere, bestehende oder zukünftige Beschäftigungsverhältnisse erhoben, verarbeitet oder genutzt, gelten § 28 Absatz 2 Nummer 2 und die §§ 32 bis 35 anstelle der §§ 13 bis 16 und 19 bis 20.

§ 13 Datenerhebung

(1) Das Erheben personenbezogener Daten ist zulässig, wenn ihre Kenntnis zur Erfüllung der Aufgaben der verantwortlichen Stelle erforderlich ist.

(1a) Werden personenbezogene Daten statt beim Betroffenen bei einer nicht-öffentlichen Stelle erhoben, so ist die Stelle auf die Rechtsvorschrift, die zur Auskunft verpflichtet, sonst auf die Freiwilligkeit ihrer Angaben hinzuweisen.

(2) Das Erheben besonderer Arten personenbezogener Daten (§ 3 Abs. 9) ist nur zulässig, soweit

1. eine Rechtsvorschrift dies vorsieht oder aus Gründen eines wichtigen öffentlichen Interesses zwingend erfordert,

2. der Betroffene nach Maßgabe des § 4a Abs. 3 eingewilligt hat,

3. dies zum Schutz lebenswichtiger Interessen des Betroffenen oder eines Dritten erforderlich ist, sofern der Betroffene aus physischen oder rechtlichen Gründen außerstande ist, seine Einwilligung zu geben,

4. es sich um Daten handelt, die der Betroffene offenkundig öffentlich gemacht hat,

5. dies zur Abwehr einer erheblichen Gefahr für die öffentliche Sicherheit erforderlich ist,

6. dies zur Abwehr erheblicher Nachteile für das Gemeinwohl oder zur Wahrung erheblicher Belange des Gemeinwohls zwingend erforderlich ist,

7. dies zum Zweck der Gesundheitsvorsorge, der medizinischen Diagnostik, der Gesundheitsversorgung oder Behandlung oder für die Verwaltung von Gesundheitsdiensten erforderlich ist und die Verarbeitung dieser Daten durch ärztliches Personal oder durch sonstige Personen erfolgt, die einer entsprechenden Geheimhaltungspflicht unterliegen,

8. dies zur Durchführung wissenschaftlicher Forschung erforderlich ist, das wissenschaftliche Interesse an der Durchführung des Forschungsvorhabens das Interesse des Betroffenen an dem Ausschluss der Erhebung erheblich überwiegt und der Zweck der Forschung auf andere Weise nicht oder nur mit unverhältnismäßigem Aufwand erreicht werden kann oder

9. dies aus zwingenden Gründen der Verteidigung oder der Erfüllung über- oder zwischenstaatlicher Verpflichtungen einer öffentlichen Stelle des Bundes auf dem Gebiet der Krisenbewältigung oder Konfliktverhinderung oder für humanitäre Maßnahmen erforderlich ist.

§ 14 Datenspeicherung, -veränderung und -nutzung

(1) Das Speichern, Verändern oder Nutzen personenbezogener Daten ist zulässig, wenn es zur Erfüllung der in der Zuständigkeit der verantwortlichen Stelle liegenden Aufgaben erforderlich ist und es für die Zwecke erfolgt, für die die Daten erhoben worden sind. Ist keine Erhebung vorausgegangen, dürfen die Daten nur für die Zwecke geändert oder genutzt werden, für die sie gespeichert worden sind.

(2) Das Speichern, Verändern oder Nutzen für andere Zwecke ist nur zulässig, wenn

1. eine Rechtsvorschrift dies vorsieht oder zwingend voraussetzt,

2. der Betroffene eingewilligt hat,

3. offensichtlich ist, dass es im Interesse des Betroffenen liegt, und kein Grund zu der Annahme besteht, dass er in Kenntnis des anderen Zwecks seine Einwilligung verweigern würde,

4. Angaben des Betroffenen überprüft werden müssen, weil tatsächliche Anhaltspunkte für deren Unrichtigkeit bestehen,

5. die Daten allgemein zugänglich sind oder die verantwortliche Stelle sie veröffentlichen dürfte, es sei denn, dass das schutzwürdige Interesse des Betroffenen an dem Ausschluss der Zweckänderung offensichtlich überwiegt,

6. es zur Abwehr erheblicher Nachteile für das Gemeinwohl oder einer Gefahr für die öffentliche Sicherheit oder zur Wahrung erheblicher Belange des Gemeinwohls erforderlich ist,

7. es zur Verfolgung von Straftaten oder Ordnungswidrigkeiten, zur Vollstreckung oder zum Vollzug von Strafen oder Maßnahmen im Sinne des § 11 Abs. 1 Nr. 8 des Strafgesetzbuchs oder von Erziehungsmaßregeln oder Zuchtmitteln im Sinne des Jugendgerichtsgesetzes oder zur Vollstreckung von Bußgeldentscheidungen erforderlich ist,

8. es zur Abwehr einer schwerwiegenden Beeinträchtigung der Rechte einer anderen Person erforderlich ist oder

9. es zur Durchführung wissenschaftlicher Forschung erforderlich ist, das wissenschaftliche Interesse an der Durchführung des Forschungsvorhabens das Interesse des Betroffenen an dem Ausschluss der Zweckänderung erheblich überwiegt und der Zweck der Forschung auf andere Weise nicht oder nur mit unverhältnismäßigem Aufwand erreicht werden kann.

(3) Eine Verarbeitung oder Nutzung für andere Zwecke liegt nicht vor, wenn sie der Wahrnehmung von Aufsichts- und Kontrollbefugnissen, der Rechnungsprüfung oder der Durchführung von Organisationsuntersuchungen für die verantwortliche Stelle dient. Das gilt auch für die Verarbeitung oder Nutzung zu Ausbildungs- und Prüfungszwecken durch die verantwortliche Stelle, soweit nicht überwiegende schutzwürdige Interessen des Betroffenen entgegenstehen.

(4) Personenbezogene Daten, die ausschließlich zu Zwecken der Datenschutzkontrolle, der Datensicherung oder zur Sicherstellung eines ordnungsgemäßen Betriebes einer Datenverarbeitungsanlage gespeichert werden, dürfen nur für diese Zwecke verwendet werden.

(5) Das Speichern, Verändern oder Nutzen von besonderen Arten personenbezogener Daten (§ 3 Abs. 9) für andere Zwecke ist nur zulässig, wenn

1. die Voraussetzungen vorliegen, die eine Erhebung nach § 13 Abs. 2 Nr. 1 bis 6 oder 9 zulassen würden oder

2. dies zur Durchführung wissenschaftlicher Forschung erforderlich ist, das öffentliche Interesse an der Durchführung des Forschungsvorhabens das Interesse des Betroffenen an dem Ausschluss der Zweckänderung erheblich überwiegt und der Zweck der Forschung auf andere Weise nicht oder nur mit unverhältnismäßigem Aufwand erreicht werden kann.

Bei der Abwägung nach Satz 1 Nr. 2 ist im Rahmen des öffentlichen Interesses das wissenschaftliche Interesse an dem Forschungsvorhaben besonders zu berücksichtigen.

(6) Die Speicherung, Veränderung oder Nutzung von besonderen Arten personenbezogener Daten (§ 3 Abs. 9) zu den in § 13 Abs. 2 Nr. 7 genannten Zwecken richtet sich nach den für die in § 13 Abs. 2 Nr. 7 genannten Personen geltenden Geheimhaltungspflichten.

§ 15 Datenübermittlung an öffentliche Stellen

(1) Die Übermittlung personenbezogener Daten an öffentliche Stellen ist zulässig, wenn

1. sie zur Erfüllung der in der Zuständigkeit der übermittelnden Stelle oder des Dritten, an den die Daten übermittelt werden, liegenden Aufgaben erforderlich ist und

2. die Voraussetzungen vorliegen, die eine Nutzung nach § 14 zulassen würden.

(2) Die Verantwortung für die Zulässigkeit der Übermittlung trägt die übermittelnde Stelle. Erfolgt die Übermittlung auf Ersuchen des Dritten, an den die Daten übermittelt werden, trägt dieser die Verantwortung. In diesem Fall prüft die übermittelnde Stelle nur, ob das Übermittlungsersuchen im Rahmen der Aufgaben des Dritten, an den die Daten übermittelt werden, liegt, es sei denn, dass besonderer Anlass zur Prüfung der Zulässigkeit der Übermittlung besteht. § 10 Abs. 4 bleibt unberührt.

(3) Der Dritte, an den die Daten übermittelt werden, darf diese für den Zweck verarbeiten oder nutzen, zu dessen Erfüllung sie ihm übermittelt werden. Eine Verarbeitung oder Nutzung für andere Zwecke ist nur unter den Voraussetzungen des § 14 Abs. 2 zulässig.

(4) Für die Übermittlung personenbezogener Daten an Stellen der öffentlich-rechtlichen Religionsgesellschaften gelten die Absätze 1 bis 3 entsprechend, sofern sichergestellt ist, dass bei diesen ausreichende Datenschutzmaßnahmen getroffen werden.

(5) Sind mit personenbezogenen Daten, die nach Absatz 1 übermittelt werden dürfen, weitere personenbezogene Daten des Betroffenen oder eines Dritten so verbunden, dass eine Trennung nicht oder nur mit unvertretbarem Aufwand möglich ist, so ist die Übermittlung auch dieser Daten zulässig, soweit nicht berechtigte Interessen des Betroffenen oder eines Dritten an deren Geheimhaltung offensichtlich überwiegen; eine Nutzung dieser Daten ist unzulässig.

(6) Absatz 5 gilt entsprechend, wenn personenbezogene Daten innerhalb einer öffentlichen Stelle weitergegeben werden.

§ 16 Datenübermittlung an nicht-öffentliche Stellen

(1) Die Übermittlung personenbezogener Daten an nicht-öffentliche Stellen ist zulässig, wenn

1. sie zur Erfüllung der in der Zuständigkeit der übermittelnden Stelle liegenden Aufgaben erforderlich ist und die Voraussetzungen vorliegen, die eine Nutzung nach § 14 zulassen würden, oder

2. der Dritte, an den die Daten übermittelt werden, ein berechtigtes Interesse an der Kenntnis der zu übermittelnden Daten glaubhaft darlegt und der Betroffene kein schutzwürdiges Interesse an dem Ausschluss der Übermittlung hat. Das Übermitteln von besonderen Arten personenbezogener Daten (§ 3 Abs. 9) ist abweichend von Satz 1 Nr. 2 nur zulässig, wenn die Voraussetzungen vorliegen, die eine Nutzung nach § 14 Abs. 5 und 6 zulassen würden oder soweit dies zur Geltendmachung, Ausübung oder Verteidigung rechtlicher Ansprüche erforderlich ist.

(2) Die Verantwortung für die Zulässigkeit der Übermittlung trägt die übermittelnde Stelle.

(3) In den Fällen der Übermittlung nach Absatz 1 Nr. 2 unterrichtet die übermittelnde Stelle den Betroffenen von der Übermittlung seiner Daten. Dies gilt nicht, wenn damit zu rechnen ist, dass er davon auf andere Weise Kenntnis erlangt, oder wenn die Unterrichtung die öffentliche Sicherheit gefährden oder sonst dem Wohle des Bundes oder eines Landes Nachteile bereiten würde.

(4) Der Dritte, an den die Daten übermittelt werden, darf diese nur für den Zweck verarbeiten oder nutzen, zu dessen Erfüllung sie ihm übermittelt werden. Die übermittelnde Stelle hat ihn darauf hinzuweisen. Eine Verarbeitung oder Nutzung für andere Zwecke ist zulässig, wenn eine Übermittlung nach Absatz 1 zulässig wäre und die übermittelnde Stelle zugestimmt hat.

§ 17 (weggefallen)

§ 18 Durchführung des Datenschutzes in der Bundesverwaltung

(1) Die obersten Bundesbehörden, der Präsident des Bundeseisenbahnvermögens sowie die bundesunmittelbaren Körperschaften, Anstalten und Stiftungen des öffentlichen Rechts, über die von der Bundesregierung oder einer obersten Bundesbehörde lediglich die Rechtsaufsicht ausgeübt wird, haben für ihren Geschäftsbereich die Ausführung dieses Gesetzes sowie anderer Rechtsvorschriften über den Datenschutz sicherzustellen. Das Gleiche gilt für die Vorstände der aus dem Sondervermögen Deutsche Bundespost durch Gesetz hervorgegangenen Unternehmen, solange diesen ein ausschließliches Recht nach dem Postgesetz zusteht.

(2) Die öffentlichen Stellen führen ein Verzeichnis der eingesetzten Datenverarbeitungsanlagen. Für ihre automatisierten Verarbeitungen haben sie die Angaben nach § 4e sowie die Rechtsgrundlage der Verarbeitung schriftlich festzulegen. Bei allgemeinen Verwaltungszwecken dienenden automatisierten Verarbeitungen, bei welchen das Auskunftsrecht des Betroffenen nicht nach § 19 Abs. 3 oder 4 eingeschränkt wird, kann hiervon abgesehen werden. Für automatisierte Verarbeitungen, die in gleicher oder ähnlicher Weise mehrfach geführt werden, können die Festlegungen zusammengefasst werden.

Zweiter Unterabschnitt
Rechte des Betroffenen

§ 19 Auskunft an den Betroffenen

(1) Dem Betroffenen ist auf Antrag Auskunft zu erteilen über

1. die zu seiner Person gespeicherten Daten, auch soweit sie sich auf die Herkunft dieser Daten beziehen,

2. die Empfänger oder Kategorien von Empfängern, an die die Daten weitergegeben werden, und

3. den Zweck der Speicherung.

In dem Antrag soll die Art der personenbezogenen Daten, über die Auskunft erteilt werden soll, näher bezeichnet werden. Sind die personenbezogenen Daten weder automatisiert noch in nicht automatisierten Dateien gespeichert, wird die Auskunft nur erteilt, soweit der Betroffene Angaben macht, die das Auffinden der Daten ermöglichen, und der für die Erteilung der Auskunft erforderliche Aufwand nicht außer Verhältnis zu dem vom Betroffenen geltend gemachten Informationsinteresse steht. Die verantwortliche Stelle bestimmt das Verfahren, insbesondere die Form der Auskunftserteilung, nach pflichtgemäßem Ermessen.

(2) Absatz 1 gilt nicht für personenbezogene Daten, die nur deshalb gespeichert sind, weil sie aufgrund gesetzlicher, satzungsmäßiger oder vertraglicher Aufbewahrungsvorschriften nicht gelöscht werden dürfen, oder ausschließlich Zwecken der Datensicherung oder der Datenschutzkontrolle dienen und eine Auskunftserteilung einen unverhältnismäßigen Aufwand erfordern würde.

(3) Bezieht sich die Auskunftserteilung auf die Übermittlung personenbezogener Daten an Verfassungsschutzbehörden, den Bundesnachrichtendienst, den Militärischen Abschirmdienst und, soweit die Sicherheit des Bundes berührt wird, andere Behörden des Bundesministeriums der Verteidigung, ist sie nur mit Zustimmung dieser Stellen zulässig.

(4) Die Auskunftserteilung unterbleibt, soweit

1. die Auskunft die ordnungsgemäße Erfüllung der in der Zuständigkeit der verantwortlichen Stelle liegenden Aufgaben gefährden würde,

2. die Auskunft die öffentliche Sicherheit oder Ordnung gefährden oder sonst dem Wohle des Bundes oder eines Landes Nachteile bereiten würde oder

3. die Daten oder die Tatsache ihrer Speicherung nach einer Rechtsvorschrift oder ihrem Wesen nach, insbesondere wegen der überwiegenden berechtigten Interessen eines Dritten, geheim gehalten werden müssen

und deswegen das Interesse des Betroffenen an der Auskunftserteilung zurücktreten muss.

(5) Die Ablehnung der Auskunftserteilung bedarf einer Begründung nicht, soweit durch die Mitteilung der tatsächlichen und rechtlichen Gründe, auf die die Entscheidung gestützt wird, der mit der Auskunftsverweigerung verfolgte Zweck gefährdet würde. In diesem Fall ist der Betroffene darauf hinzuweisen, dass er sich an den Bundesbeauftragten für den Datenschutz und die Informationsfreiheit wenden kann.

(6) Wird dem Betroffenen keine Auskunft erteilt, so ist sie auf sein Verlangen dem Bundesbeauftragten für den Datenschutz und die Informationsfreiheit zu erteilen, soweit nicht die jeweils zuständige oberste Bundesbehörde im Einzelfall feststellt, dass dadurch die Sicherheit des Bundes oder eines Landes gefährdet würde. Die Mitteilung des Bundesbeauftragten an den Betroffenen darf keine Rückschlüsse auf

den Erkenntnisstand der verantwortlichen Stelle zulassen, sofern diese nicht einer weitergehenden Auskunft zustimmt.

(7) Die Auskunft ist unentgeltlich.

§ 19a Benachrichtigung

(1) Werden Daten ohne Kenntnis des Betroffenen erhoben, so ist er von der Speicherung, der Identität der verantwortlichen Stelle sowie über die Zweckbestimmungen der Erhebung, Verarbeitung oder Nutzung zu unterrichten. Der Betroffene ist auch über die Empfänger oder Kategorien von Empfängern von Daten zu unterrichten, soweit er nicht mit der Übermittlung an diese rechnen muss. Sofern eine Übermittlung vorgesehen ist, hat die Unterrichtung spätestens bei der ersten Übermittlung zu erfolgen.

(2) Eine Pflicht zur Benachrichtigung besteht nicht, wenn

1. der Betroffene auf andere Weise Kenntnis von der Speicherung oder der Übermittlung erlangt hat,

2. die Unterrichtung des Betroffenen einen unverhältnismäßigen Aufwand erfordert oder

3. die Speicherung oder Übermittlung der personenbezogenen Daten durch Gesetz ausdrücklich vorgesehen ist.

Die verantwortliche Stelle legt schriftlich fest, unter welchen Voraussetzungen von einer Benachrichtigung nach Nummer 2 oder 3 abgesehen wird.

(3) § 19 Abs. 2 bis 4 gilt entsprechend.

§ 20 Berichtigung, Löschung und Sperrung von Daten; Widerspruchsrecht

(1) Personenbezogene Daten sind zu berichtigen, wenn sie unrichtig sind. Wird festgestellt, dass personenbezogene Daten, die weder automatisiert verarbeitet noch in nicht automatisierten Dateien gespeichert sind, unrichtig sind, oder wird ihre Richtigkeit von dem Betroffenen bestritten, so ist dies in geeigneter Weise festzuhalten.

(2) Personenbezogene Daten, die automatisiert verarbeitet oder in nicht automatisierten Dateien gespeichert sind, sind zu löschen, wenn

1. ihre Speicherung unzulässig ist oder

2. ihre Kenntnis für die verantwortliche Stelle zur Erfüllung der in ihrer Zuständigkeit liegenden Aufgaben nicht mehr erforderlich ist.

(3) An die Stelle einer Löschung tritt eine Sperrung, soweit

1. einer Löschung gesetzliche, satzungsmäßige oder vertragliche Aufbewahrungsfristen entgegenstehen,

2. Grund zu der Annahme besteht, dass durch eine Löschung schutzwürdige Interessen des Betroffenen beeinträchtigt würden, oder

3. eine Löschung wegen der besonderen Art der Speicherung nicht oder nur mit unverhältnismäßig hohem Aufwand möglich ist.

(4) Personenbezogene Daten, die automatisiert verarbeitet oder in nicht automatisierten Dateien gespeichert sind, sind ferner zu sperren, soweit ihre Richtigkeit vom Betroffenen bestritten wird und sich weder die Richtigkeit noch die Unrichtigkeit feststellen lässt.

(5) Personenbezogene Daten dürfen nicht für eine automatisierte Verarbeitung oder Verarbeitung in nicht automatisierten Dateien erhoben, verarbeitet oder genutzt werden, soweit der Betroffene dieser bei der verantwortlichen Stelle widerspricht und eine Prüfung ergibt, dass das schutzwürdige Interesse des Betroffenen wegen seiner besonderen persönlichen Situation das Interesse der verantwortlichen Stelle an dieser Erhebung, Verarbeitung oder Nutzung überwiegt. Satz 1 gilt nicht, wenn eine Rechtsvorschrift zur Erhebung, Verarbeitung oder Nutzung verpflichtet.

(6) Personenbezogene Daten, die weder automatisiert verarbeitet noch in einer nicht automatisierten Datei gespeichert sind, sind zu sperren, wenn die Behörde im Einzelfall feststellt, dass ohne die Sperrung schutzwürdige Interessen des Betroffenen beeinträchtigt würden und die Daten für die Aufgabenerfüllung der Behörde nicht mehr erforderlich sind.

(7) Gesperrte Daten dürfen ohne Einwilligung des Betroffenen nur übermittelt oder genutzt werden, wenn

1. es zu wissenschaftlichen Zwecken, zur Behebung einer bestehenden Beweisnot oder aus sonstigen im überwiegenden Interesse der verantwortlichen Stelle oder eines Dritten liegenden Gründen unerlässlich ist und

2. die Daten hierfür übermittelt oder genutzt werden dürften, wenn sie nicht gesperrt wären.

(8) Von der Berichtigung unrichtiger Daten, der Sperrung bestrittener Daten sowie der Löschung oder Sperrung wegen Unzulässigkeit der Speicherung sind die Stellen zu verständigen, denen im Rahmen einer Datenübermittlung diese Daten zur Speicherung weitergegeben wurden, wenn dies keinen unverhältnismäßigen Aufwand erfordert und schutzwürdige Interessen des Betroffenen nicht entgegenstehen.

(9) § 2 Abs. 1 bis 6, 8 und 9 des Bundesarchivgesetzes ist anzuwenden.

§ 21 Anrufung des Bundesbeauftragten für den Datenschutz und die Informationsfreiheit

Jedermann kann sich an den Bundesbeauftragten für den Datenschutz und die Informationsfreiheit wenden, wenn er der Ansicht ist, bei der Erhebung, Verarbeitung oder Nutzung seiner personenbezogenen Daten durch öffentliche Stellen des Bundes in seinen Rechten verletzt worden zu sein. Für die Erhebung, Verarbeitung oder Nutzung von personenbezogenen Daten durch Gerichte des Bundes gilt dies nur, soweit diese in Verwaltungsangelegenheiten tätig werden.

Dritter Unterabschnitt
Bundesbeauftragter für den Datenschutz und die Informationsfreiheit

§ 22 Wahl des Bundesbeauftragten für den Datenschutz und die Informationsfreiheit

(1) Der Deutsche Bundestag wählt auf Vorschlag der Bundesregierung den Bundesbeauftragten für den Datenschutz und die Informationsfreiheit mit mehr als der Hälfte der gesetzlichen Zahl seiner Mitglieder. Der Bundesbeauftragte muss bei seiner Wahl das 35. Lebensjahr vollendet haben. Der Gewählte ist vom Bundespräsidenten zu ernennen.

(2) Der Bundesbeauftragte leistet vor dem Bundesminister des Innern folgenden Eid:

„Ich schwöre, dass ich meine Kraft dem Wohle des deutschen Volkes widmen, seinen Nutzen mehren, Schaden von ihm wenden, das Grundgesetz und die Gesetze des Bundes wahren und verteidigen, meine Pflichten gewissenhaft erfüllen und Gerechtigkeit gegen jedermann üben werde. So wahr mir Gott helfe."

Der Eid kann auch ohne religiöse Beteuerung geleistet werden.

(3) Die Amtszeit des Bundesbeauftragten beträgt fünf Jahre. Einmalige Wiederwahl ist zulässig.

(4) Der Bundesbeauftragte steht nach Maßgabe dieses Gesetzes zum Bund in einem öffentlich-rechtlichen Amtsverhältnis. Er ist in Ausübung seines Amtes unabhängig und nur dem Gesetz unterworfen. Er untersteht der Rechtsaufsicht der Bundesregierung.

(5) Der Bundesbeauftragte wird beim Bundesministerium des Innern eingerichtet. Er untersteht der Dienstaufsicht des Bundesministeriums des Innern. Dem Bundesbeauftragten ist die für die Erfüllung seiner Aufgaben notwendige Personal- und Sachausstattung zur Verfügung zu stellen; sie ist im Einzelplan des Bundesministers des Innern in einem eigenen Kapitel auszuweisen. Die Stellen sind im Einvernehmen mit dem Bundesbeauftragten zu besetzen. Die Mitarbeiter können, falls sie mit der beabsichtigten Maßnahme nicht einverstanden sind, nur im Einvernehmen mit ihm versetzt, abgeordnet oder umgesetzt werden.

(6) Ist der Bundesbeauftragte vorübergehend an der Ausübung seines Amtes verhindert, kann der Bundesminister des Innern einen Vertreter mit der Wahrnehmung der Geschäfte beauftragen. Der Bundesbeauftragte soll dazu gehört werden.

§ 23 Rechtsstellung des Bundesbeauftragten für den Datenschutz und die Informationsfreiheit

(1) Das Amtsverhältnis des Bundesbeauftragten für den Datenschutz und die Informationsfreiheit beginnt mit der Aushändigung der Ernennungsurkunde. Es endet

1. mit Ablauf der Amtszeit,

2. mit der Entlassung.

Der Bundespräsident entlässt den Bundesbeauftragten, wenn dieser es verlangt oder auf Vorschlag der Bundesregierung, wenn Gründe vorliegen, die bei einem Richter auf Lebenszeit die Entlassung aus dem Dienst rechtfertigen. Im Falle der Beendigung des Amtsverhältnisses erhält der Bundesbeauftragte eine vom Bundespräsidenten vollzogene Urkunde. Eine Entlassung wird mit der Aushändigung der Urkunde wirksam. Auf Ersuchen des Bundesministers des Innern ist der Bundesbeauftragte verpflichtet, die Geschäfte bis zur Ernennung seines Nachfolgers weiterzuführen.

(2) Der Bundesbeauftragte darf neben seinem Amt kein anderes besoldetes Amt, kein Gewerbe und keinen Beruf ausüben und weder der Leitung oder dem Aufsichtsrat oder Verwaltungsrat eines auf Erwerb gerichteten Unternehmens noch einer Regierung oder einer gesetzgebenden Körperschaft des Bundes oder eines Landes angehören. Er darf nicht gegen Entgelt außergerichtliche Gutachten abgeben.

(3) Der Bundesbeauftragte hat dem Bundesministerium des Innern Mitteilung über Geschenke zu machen, die er in Bezug auf sein Amt erhält. Das Bundesministerium des Innern entscheidet über die Verwendung der Geschenke.

(4) Der Bundesbeauftragte ist berechtigt, über Personen, die ihm in seiner Eigenschaft als Bundesbeauftragter Tatsachen anvertraut haben, sowie über diese Tatsachen selbst das Zeugnis zu verweigern. Dies gilt auch für die Mitarbeiter des Bundesbeauftragten mit der Maßgabe, dass über die Ausübung dieses Rechts der Bundesbeauftragte entscheidet. Soweit das Zeugnisverweigerungsrecht des Bundesbeauftragten reicht, darf die Vorlegung oder Auslieferung von Akten oder anderen Schriftstücken von ihm nicht gefordert werden.

(5) Der Bundesbeauftragte ist, auch nach Beendigung seines Amtsverhältnisses, verpflichtet, über die ihm amtlich bekanntgewordenen Angelegenheiten Verschwiegenheit zu bewahren. Dies gilt nicht für Mitteilungen im dienstlichen Verkehr oder über Tatsachen, die offenkundig sind oder ihrer Bedeutung nach keiner Geheimhaltung bedürfen. Der Bundesbeauftragte darf, auch wenn er nicht mehr im Amt ist, über solche Angelegenheiten ohne Genehmigung des Bundesministeriums des Innern weder vor Gericht noch außergerichtlich aussagen oder Erklärungen abgeben. Unberührt bleibt die gesetzlich begründete Pflicht, Straftaten anzuzeigen und bei Gefährdung der freiheitlichen demokratischen Grundordnung für deren Erhaltung einzutreten. Für den Bundesbeauftragten und seine Mitarbeiter gelten die §§ 93, 97, 105 Abs. 1, § 111 Abs. 5 in Verbindung mit § 105 Abs. 1 sowie § 116 Abs. 1 der Ab-

gabenordnung nicht. Satz 5 findet keine Anwendung, soweit die Finanzbehörden die Kenntnis für die Durchführung eines Verfahrens wegen einer Steuerstraftat sowie eines damit zusammenhängenden Steuerverfahrens benötigen, an deren Verfolgung ein zwingendes öffentliches Interesse besteht, oder soweit es sich um vorsätzlich falsche Angaben des Auskunftspflichtigen oder der für ihn tätigen Personen handelt. Stellt der Bundesbeauftragte einen Datenschutzverstoß fest, ist er befugt, diesen anzuzeigen und den Betroffenen hierüber zu informieren.

(6) Die Genehmigung, als Zeuge auszusagen, soll nur versagt werden, wenn die Aussage dem Wohle des Bundes oder eines deutschen Landes Nachteile bereiten oder die Erfüllung öffentlicher Aufgaben ernstlich gefährden oder erheblich erschweren würde. Die Genehmigung, ein Gutachten zu erstatten, kann versagt werden, wenn die Erstattung den dienstlichen Interessen Nachteile bereiten würde. § 28 des Bundesverfassungsgerichtsgesetzes bleibt unberührt.

(7) Der Bundesbeauftragte erhält vom Beginn des Kalendermonats an, in dem das Amtsverhältnis beginnt, bis zum Schluss des Kalendermonats, in dem das Amtsverhältnis endet, im Falle des Absatzes 1 Satz 6 bis zum Ende des Monats, in dem die Geschäftsführung endet, Amtsbezüge in Höhe der einem Bundesbeamten der Besoldungsgruppe B 9 zustehenden Besoldung. Das Bundesreisekostengesetz und das Bundesumzugskostengesetz sind entsprechend anzuwenden. Im Übrigen sind § 12 Abs. 6 sowie die §§ 13 bis 20 und 21a Abs. 5 des Bundesministergesetzes mit den Maßgaben anzuwenden, dass an die Stelle der vierjährigen Amtszeit in § 15 Abs. 1 des Bundesministergesetzes eine Amtszeit von fünf Jahren und an die Stelle der Besoldungsgruppe B 11 in § 21a Abs. 5 des Bundesministergesetzes die Besoldungsgruppe B 9 tritt. Abweichend von Satz 3 in Verbindung mit den §§ 15 bis 17 und 21a Abs. 5 des Bundesministergesetzes berechnet sich das Ruhegehalt des Bundesbeauftragten unter Hinzurechnung der Amtszeit als ruhegehaltsfähige Dienstzeit in entsprechender Anwendung des Beamtenversorgungsgesetzes, wenn dies günstiger ist und der Bundesbeauftragte sich unmittelbar vor seiner Wahl zum Bundesbeauftragten als Beamter oder Richter mindestens in dem letzten gewöhnlich vor Erreichen der Besoldungsgruppe B 9 zu durchlaufenden Amt befunden hat.

(8) Absatz 5 Satz 5 bis 7 gilt entsprechend für die öffentlichen Stellen, die für die Kontrolle der Einhaltung der Vorschriften über den Datenschutz in den Ländern zuständig sind.

§ 24 Kontrolle durch den Bundesbeauftragten für den Datenschutz und die Informationsfreiheit

(1) Der Bundesbeauftragte für den Datenschutz und die Informationsfreiheit kontrolliert bei den öffentlichen Stellen des Bundes die Einhaltung der Vorschriften dieses Gesetzes und anderer Vorschriften über den Datenschutz.

(2) Die Kontrolle des Bundesbeauftragten erstreckt sich auch auf

1. von öffentlichen Stellen des Bundes erlangte personenbezogene Daten über den Inhalt und die näheren Umstände des Brief-, Post- und Fernmeldeverkehrs, und

2. personenbezogene Daten, die einem Berufs- oder besonderen Amtsgeheimnis, insbesondere dem Steuergeheimnis nach § 30 der Abgabenordnung, unterliegen.

Das Grundrecht des Brief-, Post- und Fernmeldegeheimnisses des Artikels 10 des Grundgesetzes wird insoweit eingeschränkt. Personenbezogene Daten, die der Kontrolle durch die Kommission nach § 15 des Artikel 10-Gesetzes unterliegen, unterliegen nicht der Kontrolle durch den Bundesbeauftragten, es sei denn, die Kommission ersucht den Bundesbeauftragten, die Einhaltung der Vorschriften über den Datenschutz bei bestimmten Vorgängen oder in bestimmten Bereichen zu kontrollieren und ausschließlich ihr darüber zu berichten. Der Kontrolle durch den Bundesbeauftragten unterliegen auch nicht personenbezogene Daten in Akten über die Sicherheitsüberprüfung, wenn der Betroffene der Kontrolle der auf ihn bezogenen Daten im Einzelfall gegenüber dem Bundesbeauftragten widerspricht.

(3) Die Bundesgerichte unterliegen der Kontrolle des Bundesbeauftragten nur, soweit sie in Verwaltungsangelegenheiten tätig werden.

(4) Die öffentlichen Stellen des Bundes sind verpflichtet, den Bundesbeauftragten und seine Beauftragten bei der Erfüllung ihrer Aufgaben zu unterstützen. Ihnen ist dabei insbesondere

1. Auskunft zu ihren Fragen sowie Einsicht in alle Unterlagen, insbesondere in die gespeicherten Daten und in die Datenverarbeitungsprogramme, zu gewähren, die im Zusammenhang mit der Kontrolle nach Absatz 1 stehen,

2. jederzeit Zutritt in alle Diensträume zu gewähren.

Die in § 6 Abs. 2 und § 19 Abs. 3 genannten Behörden gewähren die Unterstützung nur dem Bundesbeauftragten selbst und den von ihm schriftlich besonders Beauftragten. Satz 2 gilt für diese Behörden nicht, soweit die oberste Bundesbehörde im Einzelfall feststellt, dass die Auskunft oder Einsicht die Sicherheit des Bundes oder eines Landes gefährden würde.

(5) Der Bundesbeauftragte teilt das Ergebnis seiner Kontrolle der öffentlichen Stelle mit. Damit kann er Vorschläge zur Verbesserung des Datenschutzes, insbesondere zur Beseitigung von festgestellten Mängeln bei der Verarbeitung oder Nutzung personenbezogener Daten, verbinden. § 25 bleibt unberührt.

(6) Absatz 2 gilt entsprechend für die öffentlichen Stellen, die für die Kontrolle der Einhaltung der Vorschriften über den Datenschutz in den Ländern zuständig sind.

§ 25 Beanstandungen durch den Bundesbeauftragten für den Datenschutz und die Informationsfreiheit

(1) Stellt der Bundesbeauftragte für den Datenschutz und die Informationsfreiheit Verstöße gegen die Vorschriften dieses Gesetzes oder gegen andere Vorschriften

über den Datenschutz oder sonstige Mängel bei der Verarbeitung oder Nutzung personenbezogener Daten fest, so beanstandet er dies

1. bei der Bundesverwaltung gegenüber der zuständigen obersten Bundesbehörde,

2. beim Bundeseisenbahnvermögen gegenüber dem Präsidenten,

3. bei den aus dem Sondervermögen Deutsche Bundespost durch Gesetz hervorgegangenen Unternehmen, solange ihnen ein ausschließliches Recht nach dem Postgesetz zusteht, gegenüber deren Vorständen,

4. bei den bundesunmittelbaren Körperschaften, Anstalten und Stiftungen des öffentlichen Rechts sowie bei Vereinigungen solcher Körperschaften, Anstalten und Stiftungen gegenüber dem Vorstand oder dem sonst vertretungsberechtigten Organ

und fordert zur Stellungnahme innerhalb einer von ihm zu bestimmenden Frist auf. In den Fällen von Satz 1 Nr. 4 unterrichtet der Bundesbeauftragte gleichzeitig die zuständige Aufsichtsbehörde.

(2) Der Bundesbeauftragte kann von einer Beanstandung absehen oder auf eine Stellungnahme der betroffenen Stelle verzichten, insbesondere wenn es sich um unerhebliche oder inzwischen beseitigte Mängel handelt.

(3) Die Stellungnahme soll auch eine Darstellung der Maßnahmen enthalten, die aufgrund der Beanstandung des Bundesbeauftragten getroffen worden sind. Die in Absatz 1 Satz 1 Nr. 4 genannten Stellen leiten der zuständigen Aufsichtsbehörde gleichzeitig eine Abschrift ihrer Stellungnahme an den Bundesbeauftragten zu.

§ 26 Weitere Aufgaben des Bundesbeauftragten für den Datenschutz und die Informationsfreiheit

(1) Der Bundesbeauftragte für den Datenschutz und die Informationsfreiheit erstattet dem Deutschen Bundestag alle zwei Jahre einen Tätigkeitsbericht. Er unterrichtet den Deutschen Bundestag und die Öffentlichkeit über wesentliche Entwicklungen des Datenschutzes.

(2) Auf Anforderung des Deutschen Bundestages oder der Bundesregierung hat der Bundesbeauftragte Gutachten zu erstellen und Berichte zu erstatten. Auf Ersuchen des Deutschen Bundestages, des Petitionsausschusses, des Innenausschusses oder der Bundesregierung geht der Bundesbeauftragte ferner Hinweisen auf Angelegenheiten und Vorgänge des Datenschutzes bei den öffentlichen Stellen des Bundes nach. Der Bundesbeauftragte kann sich jederzeit an den Deutschen Bundestag wenden.

(3) Der Bundesbeauftragte kann der Bundesregierung und den in § 12 Abs. 1 genannten Stellen des Bundes Empfehlungen zur Verbesserung des Datenschutzes geben und sie in Fragen des Datenschutzes beraten. Die in § 25 Abs. 1 Nr. 1 bis 4 ge-

nannten Stellen sind durch den Bundesbeauftragten zu unterrichten, wenn die Empfehlung oder Beratung sie nicht unmittelbar betrifft.

(4) Der Bundesbeauftragte wirkt auf die Zusammenarbeit mit den öffentlichen Stellen, die für die Kontrolle der Einhaltung der Vorschriften über den Datenschutz in den Ländern zuständig sind, sowie mit den Aufsichtsbehörden nach § 38 hin. § 38 Abs. 1 Satz 4 und 5 gilt entsprechend.

Dritter Abschnitt
Datenverarbeitung nicht-öffentlicher Stellen und öffentlich-rechtlicher Wettbewerbsunternehmen

Erster Unterabschnitt
Rechtsgrundlagen der Datenverarbeitung
§ 27 Anwendungsbereich

(1) Die Vorschriften dieses Abschnittes finden Anwendung, soweit personenbezogene Daten unter Einsatz von Datenverarbeitungsanlagen verarbeitet, genutzt oder dafür erhoben werden oder die Daten in oder aus nicht automatisierten Dateien verarbeitet, genutzt oder dafür erhoben werden durch

1. nicht-öffentliche Stellen,
2. a) öffentliche Stellen des Bundes, soweit sie als öffentlich-rechtliche Unternehmen am Wettbewerb teilnehmen,

   b) öffentliche Stellen der Länder, soweit sie als öffentlich-rechtliche Unternehmen am Wettbewerb teilnehmen, Bundesrecht ausführen und der Datenschutz nicht durch Landesgesetz geregelt ist.

Dies gilt nicht, wenn die Erhebung, Verarbeitung oder Nutzung der Daten ausschließlich für persönliche oder familiäre Tätigkeiten erfolgt. In den Fällen der Nummer 2 Buchstabe a gelten anstelle des § 38 die §§ 18, 21 und 24 bis 26.

(2) Die Vorschriften dieses Abschnittes gelten nicht für die Verarbeitung und Nutzung personenbezogener Daten außerhalb von nicht automatisierten Dateien, soweit es sich nicht um personenbezogene Daten handelt, die offensichtlich aus einer automatisierten Verarbeitung entnommen worden sind.

§ 28 Datenerhebung und -speicherung für eigene Geschäftszwecke

(1) Das Erheben, Speichern, Verändern oder Übermitteln personenbezogener Daten oder ihre Nutzung als Mittel für die Erfüllung eigener Geschäftszwecke ist zulässig

1. wenn es für die Begründung, Durchführung oder Beendigung eines rechtsgeschäftlichen oder rechtsgeschäftsähnlichen Schuldverhältnisses mit dem Betroffenen erforderlich ist,

2. soweit es zur Wahrung berechtigter Interessen der verantwortlichen Stelle erforderlich ist und kein Grund zu der Annahme besteht, dass das schutzwürdige Interesse des Betroffenen an dem Ausschluss der Verarbeitung oder Nutzung überwiegt, oder

3. wenn die Daten allgemein zugänglich sind oder die verantwortliche Stelle sie veröffentlichen dürfte, es sei denn, dass das schutzwürdige Interesse des Betroffenen an dem Ausschluss der Verarbeitung oder Nutzung gegenüber dem berechtigten Interesse der verantwortlichen Stelle offensichtlich überwiegt.

Bei der Erhebung personenbezogener Daten sind die Zwecke, für die die Daten verarbeitet oder genutzt werden sollen, konkret festzulegen.

(2) Die Übermittlung oder Nutzung für einen anderen Zweck ist zulässig

1. unter den Voraussetzungen des Absatzes 1 Satz 1 Nummer 2 oder Nummer 3,

2. soweit es erforderlich ist,
   a) zur Wahrung berechtigter Interessen eines Dritten oder
   b) zur Abwehr von Gefahren für die staatliche oder öffentliche Sicherheit oder zur Verfolgung von Straftaten

und kein Grund zu der Annahme besteht, dass der Betroffene ein schutzwürdiges Interesse an dem Ausschluss der Übermittlung oder Nutzung hat, oder

3. wenn es im Interesse einer Forschungseinrichtung zur Durchführung wissenschaftlicher Forschung erforderlich ist, das wissenschaftliche Interesse an der Durchführung des Forschungsvorhabens das Interesse des Betroffenen an dem Ausschluss der Zweckänderung erheblich überwiegt und der Zweck der Forschung auf andere Weise nicht oder nur mit unverhältnismäßigem Aufwand erreicht werden kann.

(3) Die Verarbeitung oder Nutzung personenbezogener Daten für Zwecke des Adresshandels oder der Werbung ist zulässig, soweit der Betroffene eingewilligt hat und im Falle einer nicht schriftlich erteilten Einwilligung die verantwortliche Stelle nach Absatz 3a verfährt. Darüber hinaus ist die Verarbeitung oder Nutzung personenbezogener Daten zulässig, soweit es sich um listenmäßig oder sonst zusammengefasste Daten über Angehörige einer Personengruppe handelt, die sich auf die Zugehörigkeit des Betroffenen zu dieser Personengruppe, seine Berufs-, Branchen- oder Geschäftsbezeichnung, seinen Namen, Titel, akademischen Grad, seine Anschrift und sein Geburtsjahr beschränken, und die Verarbeitung oder Nutzung erforderlich ist

1. für Zwecke der Werbung für eigene Angebote der verantwortlichen Stelle, die diese Daten mit Ausnahme der Angaben zur Gruppenzugehörigkeit beim Betroffenen nach Absatz 1 Satz 1 Nummer 1 oder aus allgemein zugänglichen Adress-, Rufnummern-, Branchen- oder vergleichbaren Verzeichnissen erhoben hat,

2. für Zwecke der Werbung im Hinblick auf die berufliche Tätigkeit des Betroffenen und unter seiner beruflichen Anschrift oder

3. für Zwecke der Werbung für Spenden, die nach § 10b Absatz 1 und § 34g des Einkommensteuergesetzes steuerbegünstigt sind.

Für Zwecke nach Satz 2 Nummer 1 darf die verantwortliche Stelle zu den dort genannten Daten weitere Daten hinzuspeichern. Zusammengefasste personenbezogene Daten nach Satz 2 dürfen auch dann für Zwecke der Werbung übermittelt werden, wenn die Übermittlung nach Maßgabe des § 34 Absatz 1a Satz 1 gespeichert wird; in diesem Fall muss die Stelle, die die Daten erstmalig erhoben hat, aus der Werbung eindeutig hervorgehen. Unabhängig vom Vorliegen der Voraussetzungen des Satzes 2 dürfen personenbezogene Daten für Zwecke der Werbung für fremde Angebote genutzt werden, wenn für den Betroffenen bei der Ansprache zum Zwecke der Werbung die für die Nutzung der Daten verantwortliche Stelle eindeutig erkennbar ist. Eine Verarbeitung oder Nutzung nach den Sätzen 2 bis 4 ist nur zulässig, soweit schutzwürdige Interessen des Betroffenen nicht entgegenstehen. Nach den Sätzen 1, 2 und 4 übermittelte Daten dürfen nur für den Zweck verarbeitet oder genutzt werden, für den sie übermittelt worden sind.

(3a) Wird die Einwilligung nach § 4a Absatz 1 Satz 3 in anderer Form als der Schriftform erteilt, hat die verantwortliche Stelle dem Betroffenen den Inhalt der Einwilligung schriftlich zu bestätigen, es sei denn, dass die Einwilligung elektronisch erklärt wird und die verantwortliche Stelle sicherstellt, dass die Einwilligung protokolliert wird und der Betroffene deren Inhalt jederzeit abrufen und die Einwilligung jederzeit mit Wirkung für die Zukunft widerrufen kann. Soll die Einwilligung zusammen mit anderen Erklärungen schriftlich erteilt werden, ist sie in drucktechnisch deutlicher Gestaltung besonders hervorzuheben.

(3b) Die verantwortliche Stelle darf den Abschluss eines Vertrags nicht von einer Einwilligung des Betroffenen nach Absatz 3 Satz 1 abhängig machen, wenn dem Betroffenen ein anderer Zugang zu gleichwertigen vertraglichen Leistungen ohne die Einwilligung nicht oder nicht in zumutbarer Weise möglich ist. Eine unter solchen Umständen erteilte Einwilligung ist unwirksam.

(4) Widerspricht der Betroffene bei der verantwortlichen Stelle der Verarbeitung oder Nutzung seiner Daten für Zwecke der Werbung oder der Markt- oder Meinungsforschung, ist eine Verarbeitung oder Nutzung für diese Zwecke unzulässig. Der Betroffene ist bei der Ansprache zum Zweck der Werbung oder der Markt- oder Meinungsforschung und in den Fällen des Absatzes 1 Satz 1 Nummer 1 auch bei Begründung des rechtsgeschäftlichen oder rechtsgeschäftsähnlichen Schuldverhältnisses über die verantwortliche Stelle sowie über das Widerspruchsrecht nach Satz 1 zu unterrichten; soweit der Ansprechende personenbezogene Daten des Betroffenen nutzt, die bei einer ihm nicht bekannten Stelle gespeichert sind, hat er auch sicherzustellen, dass der Betroffene Kenntnis über die Herkunft der Daten erhalten kann. Widerspricht der Betroffene bei dem Dritten, dem die Daten im Rah-

men der Zwecke nach Absatz 3 übermittelt worden sind, der Verarbeitung oder Nutzung für Zwecke der Werbung oder der Markt- oder Meinungsforschung, hat dieser die Daten für diese Zwecke zu sperren. In den Fällen des Absatzes 1 Satz 1 Nummer 1 darf für den Widerspruch keine strengere Form verlangt werden als für die Begründung des rechtsgeschäftlichen oder rechtsgeschäftsähnlichen Schuldverhältnisses.

(5) Der Dritte, dem die Daten übermittelt worden sind, darf diese nur für den Zweck verarbeiten oder nutzen, zu dessen Erfüllung sie ihm übermittelt werden. Eine Verarbeitung oder Nutzung für andere Zwecke ist nicht-öffentlichen Stellen nur unter den Voraussetzungen der Absätze 2 und 3 und öffentlichen Stellen nur unter den Voraussetzungen des § 14 Abs. 2 erlaubt. Die übermittelnde Stelle hat ihn darauf hinzuweisen.

(6) Das Erheben, Verarbeiten und Nutzen von besonderen Arten personenbezogener Daten (§ 3 Abs. 9) für eigene Geschäftszwecke ist zulässig, soweit nicht der Betroffene nach Maßgabe des § 4a Abs. 3 eingewilligt hat, wenn

1. dies zum Schutz lebenswichtiger Interessen des Betroffenen oder eines Dritten erforderlich ist, sofern der Betroffene aus physischen oder rechtlichen Gründen außerstande ist, seine Einwilligung zu geben,

2. es sich um Daten handelt, die der Betroffene offenkundig öffentlich gemacht hat,

3. dies zur Geltendmachung, Ausübung oder Verteidigung rechtlicher Ansprüche erforderlich ist und kein Grund zu der Annahme besteht, dass das schutzwürdige Interesse des Betroffenen an dem Ausschluss der Erhebung, Verarbeitung oder Nutzung überwiegt, oder

4. dies zur Durchführung wissenschaftlicher Forschung erforderlich ist, das wissenschaftliche Interesse an der Durchführung des Forschungsvorhabens das Interesse des Betroffenen an dem Ausschluss der Erhebung, Verarbeitung und Nutzung erheblich überwiegt und der Zweck der Forschung auf andere Weise nicht oder nur mit unverhältnismäßigem Aufwand erreicht werden kann.

(7) Das Erheben von besonderen Arten personenbezogener Daten (§ 3 Abs. 9) ist ferner zulässig, wenn dies zum Zweck der Gesundheitsvorsorge, der medizinischen Diagnostik, der Gesundheitsversorgung oder Behandlung oder für die Verwaltung von Gesundheitsdiensten erforderlich ist und die Verarbeitung dieser Daten durch ärztliches Personal oder durch sonstige Personen erfolgt, die einer entsprechenden Geheimhaltungspflicht unterliegen. Die Verarbeitung und Nutzung von Daten zu den in Satz 1 genannten Zwecken richtet sich nach den für die in Satz 1 genannten Personen geltenden Geheimhaltungspflichten. Werden zu einem in Satz 1 genannten Zweck Daten über die Gesundheit von Personen durch Angehörige eines anderen als in § 203 Abs. 1 und 3 des Strafgesetzbuches genannten Berufes, dessen Ausübung die Feststellung, Heilung oder Linderung von Krankheiten oder die Herstel-

lung oder den Vertrieb von Hilfsmitteln mit sich bringt, erhoben, verarbeitet oder genutzt, ist dies nur unter den Voraussetzungen zulässig, unter denen ein Arzt selbst hierzu befugt wäre.

(8) Für einen anderen Zweck dürfen die besonderen Arten personenbezogener Daten (§ 3 Abs. 9) nur unter den Voraussetzungen des Absatzes 6 Nr. 1 bis 4 oder des Absatzes 7 Satz 1 übermittelt oder genutzt werden. Eine Übermittlung oder Nutzung ist auch zulässig, wenn dies zur Abwehr von erheblichen Gefahren für die staatliche und öffentliche Sicherheit sowie zur Verfolgung von Straftaten von erheblicher Bedeutung erforderlich ist.

(9) Organisationen, die politisch, philosophisch, religiös oder gewerkschaftlich ausgerichtet sind und keinen Erwerbszweck verfolgen, dürfen besondere Arten personenbezogener Daten (§ 3 Abs. 9) erheben, verarbeiten oder nutzen, soweit dies für die Tätigkeit der Organisation erforderlich ist. Dies gilt nur für personenbezogene Daten ihrer Mitglieder oder von Personen, die im Zusammenhang mit deren Tätigkeitszweck regelmäßig Kontakte mit ihr unterhalten. Die Übermittlung dieser personenbezogenen Daten an Personen oder Stellen außerhalb der Organisation ist nur unter den Voraussetzungen des § 4a Abs. 3 zulässig. Absatz 2 Nummer 2 Buchstabe b gilt entsprechend.

§ 28a Datenübermittlung an Auskunfteien

(1) Die Übermittlung personenbezogener Daten über eine Forderung an Auskunfteien ist nur zulässig, soweit die geschuldete Leistung trotz Fälligkeit nicht erbracht worden ist, die Übermittlung zur Wahrung berechtigter Interessen der verantwortlichen Stelle oder eines Dritten erforderlich ist und

1. die Forderung durch ein rechtskräftiges oder für vorläufig vollstreckbar erklärtes Urteil festgestellt worden ist oder ein Schuldtitel nach § 794 der Zivilprozessordnung vorliegt,

2. die Forderung nach § 178 der Insolvenzordnung festgestellt und nicht vom Schuldner im Prüfungstermin bestritten worden ist,

3. der Betroffene die Forderung ausdrücklich anerkannt hat,

4. a) der Betroffene nach Eintritt der Fälligkeit der Forderung mindestens zweimal schriftlich gemahnt worden ist,

   b) zwischen der ersten Mahnung und der Übermittlung mindestens vier Wochen liegen,

   c) die verantwortliche Stelle den Betroffenen rechtzeitig vor der Übermittlung der Angaben, jedoch frühestens bei der ersten Mahnung über die bevorstehende Übermittlung unterrichtet hat und

   d) der Betroffene die Forderung nicht bestritten hat oder

5. das der Forderung zugrunde liegende Vertragsverhältnis aufgrund von Zahlungs-
    rückständen fristlos gekündigt werden kann und die verantwortliche Stelle den
    Betroffenen über die bevorstehende Übermittlung unterrichtet hat.

Satz 1 gilt entsprechend, wenn die verantwortliche Stelle selbst die Daten nach § 29
verwendet.

(2) Zur zukünftigen Übermittlung nach § 29 Abs. 2 dürfen Kreditinstitute personenbezogene Daten über die Begründung, ordnungsgemäße Durchführung und Beendigung eines Vertragsverhältnisses betreffend ein Bankgeschäft nach § 1 Abs. 1
Satz 2 Nr. 2, 8 oder Nr. 9 des Kreditwesengesetzes an Auskunfteien übermitteln, es
sei denn, dass das schutzwürdige Interesse des Betroffenen an dem Ausschluss der
Übermittlung gegenüber dem Interesse der Auskunftei an der Kenntnis der Daten
offensichtlich überwiegt. Der Betroffene ist vor Abschluss des Vertrages hierüber
zu unterrichten. Satz 1 gilt nicht für Giroverträge, die die Einrichtung eines Kontos
ohne Überziehungsmöglichkeit zum Gegenstand haben. Zur zukünftigen Übermittlung nach § 29 Abs. 2 ist die Übermittlung von Daten über Verhaltensweisen des
Betroffenen, die im Rahmen eines vorvertraglichen Vertrauensverhältnisses der
Herstellung von Markttransparenz dienen, an Auskunfteien auch mit Einwilligung
des Betroffenen unzulässig.

(3) Nachträgliche Änderungen der einer Übermittlung nach Absatz 1 oder Absatz 2
zugrunde liegenden Tatsachen hat die verantwortliche Stelle der Auskunftei innerhalb von einem Monat nach Kenntniserlangung mitzuteilen, solange die ursprünglich übermittelten Daten bei der Auskunftei gespeichert sind. Die Auskunftei hat
die übermittelnde Stelle über die Löschung der ursprünglich übermittelten Daten
zu unterrichten.

§ 28b Scoring

Zum Zweck der Entscheidung über die Begründung, Durchführung oder Beendigung eines Vertragsverhältnisses mit dem Betroffenen darf ein Wahrscheinlichkeitswert für ein bestimmtes zukünftiges Verhalten des Betroffenen erhoben oder
verwendet werden, wenn

1. die zur Berechnung des Wahrscheinlichkeitswerts genutzten Daten unter Zu-
    grundelegung eines wissenschaftlich anerkannten mathematisch-statistischen
    Verfahrens nachweisbar für die Berechnung der Wahrscheinlichkeit des be-
    stimmten Verhaltens erheblich sind,

2. im Fall der Berechnung des Wahrscheinlichkeitswerts durch eine Auskunftei die
    Voraussetzungen für eine Übermittlung der genutzten Daten nach § 29 und in
    allen anderen Fällen die Voraussetzungen einer zulässigen Nutzung der Daten
    nach § 28 vorliegen,

3. für die Berechnung des Wahrscheinlichkeitswerts nicht ausschließlich Anschrif-
    tendaten genutzt werden,

4. im Fall der Nutzung von Anschriftendaten der Betroffene vor Berechnung des Wahrscheinlichkeitswerts über die vorgesehene Nutzung dieser Daten unterrichtet worden ist; die Unterrichtung ist zu dokumentieren.

§ 29 Geschäftsmäßige Datenerhebung und -speicherung zum Zweck der Übermittlung

(1) Das geschäftsmäßige Erheben, Speichern, Verändern oder Nutzen personenbezogener Daten zum Zweck der Übermittlung, insbesondere wenn dies der Werbung, der Tätigkeit von Auskunfteien oder dem Adresshandel dient, ist zulässig, wenn

1. kein Grund zu der Annahme besteht, dass der Betroffene ein schutzwürdiges Interesse an dem Ausschluss der Erhebung, Speicherung oder Veränderung hat,

2. die Daten aus allgemein zugänglichen Quellen entnommen werden können oder die verantwortliche Stelle sie veröffentlichen dürfte, es sei denn, dass das schutzwürdige Interesse des Betroffenen an dem Ausschluss der Erhebung, Speicherung oder Veränderung offensichtlich überwiegt, oder

3. die Voraussetzungen des § 28a Abs. 1 oder Abs. 2 erfüllt sind; Daten im Sinne von § 28a Abs. 2 Satz 4 dürfen nicht erhoben oder gespeichert werden.

28 Absatz 1 Satz 2 und Absatz 3 bis 3b ist anzuwenden.

(2) Die Übermittlung im Rahmen der Zwecke nach Absatz 1 ist zulässig, wenn

1. der Dritte, dem die Daten übermittelt werden, ein berechtigtes Interesse an ihrer Kenntnis glaubhaft dargelegt hat und

2. kein Grund zu der Annahme besteht, dass der Betroffene ein schutzwürdiges Interesse an dem Ausschluss der Übermittlung hat.

§ 28 Absatz 3 bis 3b gilt entsprechend. Bei der Übermittlung nach Satz 1 Nr. 1 sind die Gründe für das Vorliegen eines berechtigten Interesses und die Art und Weise ihrer glaubhaften Darlegung von der übermittelnden Stelle aufzuzeichnen. Bei der Übermittlung im automatisierten Abrufverfahren obliegt die Aufzeichnungspflicht dem Dritten, dem die Daten übermittelt werden. Die übermittelnde Stelle hat Stichprobenverfahren nach § 10 Abs. 4 Satz 3 durchzuführen und dabei auch das Vorliegen eines berechtigten Interesses einzelfallbezogen festzustellen und zu überprüfen.

(3) Die Aufnahme personenbezogener Daten in elektronische oder gedruckte Adress-, Rufnummern-, Branchen- oder vergleichbare Verzeichnisse hat zu unterbleiben, wenn der entgegenstehende Wille des Betroffenen aus dem zugrunde liegenden elektronischen oder gedruckten Verzeichnis oder Register ersichtlich ist. Der Empfänger der Daten hat sicherzustellen, dass Kennzeichnungen aus elektronischen oder gedruckten Verzeichnissen oder Registern bei der Übernahme in Verzeichnisse oder Register übernommen werden.

(4) Für die Verarbeitung oder Nutzung der übermittelten Daten gilt § 28 Abs. 4 und 5.

(5) § 28 Abs. 6 bis 9 gilt entsprechend.

(6) Eine Stelle, die geschäftsmäßig personenbezogene Daten, die zur Bewertung der Kreditwürdigkeit von Verbrauchern genutzt werden dürfen, zum Zweck der Übermittlung erhebt, speichert oder verändert, hat Auskunftsverlangen von Darlehensgebern aus anderen Mitgliedstaaten der Europäischen Union oder anderen Vertragsstaaten des Abkommens über den Europäischen Wirtschaftsraum genauso zu behandeln wie Auskunftsverlangen inländischer Darlehensgeber.

(7) Wer den Abschluss eines Verbraucherdarlehensvertrags oder eines Vertrags über eine entgeltliche Finanzierungshilfe mit einem Verbraucher infolge einer Auskunft einer Stelle im Sinne des Absatzes 6 ablehnt, hat den Verbraucher unverzüglich hierüber sowie über die erhaltene Auskunft zu unterrichten. Die Unterrichtung unterbleibt, soweit hierdurch die öffentliche Sicherheit oder Ordnung gefährdet würde. § 6a bleibt unberührt.

§ 30 Geschäftsmäßige Datenerhebung und -speicherung zum Zweck der Übermittlung in anonymisierter Form

(1) Werden personenbezogene Daten geschäftsmäßig erhoben und gespeichert, um sie in anonymisierter Form zu übermitteln, sind die Merkmale gesondert zu speichern, mit denen Einzelangaben über persönliche oder sachliche Verhältnisse einer bestimmten oder bestimmbaren natürlichen Person zugeordnet werden können. Diese Merkmale dürfen mit den Einzelangaben nur zusammengeführt werden, soweit dies für die Erfüllung des Zwecks der Speicherung oder zu wissenschaftlichen Zwecken erforderlich ist.

(2) Die Veränderung personenbezogener Daten ist zulässig, wenn

1. kein Grund zu der Annahme besteht, dass der Betroffene ein schutzwürdiges Interesse an dem Ausschluss der Veränderung hat, oder

2. die Daten aus allgemein zugänglichen Quellen entnommen werden können oder die verantwortliche Stelle sie veröffentlichen dürfte, soweit nicht das schutzwürdige Interesse des Betroffenen an dem Ausschluss der Veränderung offensichtlich überwiegt.

(3) Die personenbezogenen Daten sind zu löschen, wenn ihre Speicherung unzulässig ist.

(4) § 29 gilt nicht.

(5) § 28 Abs. 6 bis 9 gilt entsprechend.

§ 30a Geschäftsmäßige Datenerhebung und -speicherung für Zwecke der Markt- oder Meinungsforschung

(1) Das geschäftsmäßige Erheben, Verarbeiten oder Nutzen personenbezogener Daten für Zwecke der Markt- oder Meinungsforschung ist zulässig, wenn

1. kein Grund zu der Annahme besteht, dass der Betroffene ein schutzwürdiges Interesse an dem Ausschluss der Erhebung, Verarbeitung oder Nutzung hat, oder

2. die Daten aus allgemein zugänglichen Quellen entnommen werden können oder die verantwortliche Stelle sie veröffentlichen dürfte und das schutzwürdige Interesse des Betroffenen an dem Ausschluss der Erhebung, Verarbeitung oder Nutzung gegenüber dem Interesse der verantwortlichen Stelle nicht offensichtlich überwiegt.

Besondere Arten personenbezogener Daten (§ 3 Absatz 9) dürfen nur für ein bestimmtes Forschungsvorhaben erhoben, verarbeitet oder genutzt werden.

(2) Für Zwecke der Markt- oder Meinungsforschung erhobene oder gespeicherte personenbezogene Daten dürfen nur für diese Zwecke verarbeitet oder genutzt werden. Daten, die nicht aus allgemein zugänglichen Quellen entnommen worden sind und die die verantwortliche Stelle auch nicht veröffentlichen darf, dürfen nur für das Forschungsvorhaben verarbeitet oder genutzt werden, für das sie erhoben worden sind. Für einen anderen Zweck dürfen sie nur verarbeitet oder genutzt werden, wenn sie zuvor so anonymisiert werden, dass ein Personenbezug nicht mehr hergestellt werden kann.

(3) Die personenbezogenen Daten sind zu anonymisieren, sobald dies nach dem Zweck des Forschungsvorhabens, für das die Daten erhoben worden sind, möglich ist. Bis dahin sind die Merkmale gesondert zu speichern, mit denen Einzelangaben über persönliche oder sachliche Verhältnisse einer bestimmten oder bestimmbaren Person zugeordnet werden können. Diese Merkmale dürfen mit den Einzelangaben nur zusammengeführt werden, soweit dies nach dem Zweck des Forschungsvorhabens erforderlich ist.

(4) § 29 gilt nicht.

(5) § 28 Absatz 4 und 6 bis 9 gilt entsprechend.

§ 31 Besondere Zweckbindung

Personenbezogene Daten, die ausschließlich zu Zwecken der Datenschutzkontrolle, der Datensicherung oder zur Sicherstellung eines ordnungsgemäßen Betriebes einer Datenverarbeitungsanlage gespeichert werden, dürfen nur für diese Zwecke verwendet werden.

§ 32 Datenerhebung, -verarbeitung und -nutzung für Zwecke des Beschäftigungsverhältnisses

(1) Personenbezogene Daten eines Beschäftigten dürfen für Zwecke des Beschäftigungsverhältnisses erhoben, verarbeitet oder genutzt werden, wenn dies für die Entscheidung über die Begründung eines Beschäftigungsverhältnisses oder nach Begründung des Beschäftigungsverhältnisses für dessen Durchführung oder Beendigung erforderlich ist. Zur Aufdeckung von Straftaten dürfen personenbezogene Daten eines Beschäftigten nur dann erhoben, verarbeitet oder genutzt werden, wenn zu dokumentierende tatsächliche Anhaltspunkte den Verdacht begründen, dass der Betroffene im Beschäftigungsverhältnis eine Straftat begangen hat, die Erhebung, Verarbeitung oder Nutzung zur Aufdeckung erforderlich ist und das schutzwürdige Interesse des Beschäftigten an dem Ausschluss der Erhebung, Verarbeitung oder Nutzung nicht überwiegt, insbesondere Art und Ausmaß im Hinblick auf den Anlass nicht unverhältnismäßig sind.

(2) Absatz 1 ist auch anzuwenden, wenn personenbezogene Daten erhoben, verarbeitet oder genutzt werden, ohne dass sie automatisiert verarbeitet oder in oder aus einer nicht automatisierten Datei verarbeitet, genutzt oder für die Verarbeitung oder Nutzung in einer solchen Datei erhoben werden.

(3) Die Beteiligungsrechte der Interessenvertretungen der Beschäftigten bleiben unberührt.

Zweiter Unterabschnitt
Rechte des Betroffenen
§ 33 Benachrichtigung des Betroffenen

(1) Werden erstmals personenbezogene Daten für eigene Zwecke ohne Kenntnis des Betroffenen gespeichert, ist der Betroffene von der Speicherung, der Art der Daten, der Zweckbestimmung der Erhebung, Verarbeitung oder Nutzung und der Identität der verantwortlichen Stelle zu benachrichtigen. Werden personenbezogene Daten geschäftsmäßig zum Zweck der Übermittlung ohne Kenntnis des Betroffenen gespeichert, ist der Betroffene von der erstmaligen Übermittlung und der Art der übermittelten Daten zu benachrichtigen. Der Betroffene ist in den Fällen der Sätze 1 und 2 auch über die Kategorien von Empfängern zu unterrichten, soweit er nach den Umständen des Einzelfalles nicht mit der Übermittlung an diese rechnen muss.

(2) Eine Pflicht zur Benachrichtigung besteht nicht, wenn

1. der Betroffene auf andere Weise Kenntnis von der Speicherung oder der Übermittlung erlangt hat,

2. die Daten nur deshalb gespeichert sind, weil sie aufgrund gesetzlicher, satzungsmäßiger oder vertraglicher Aufbewahrungsvorschriften nicht gelöscht werden dürfen oder ausschließlich der Datensicherung oder der Datenschutzkontrolle

dienen und eine Benachrichtigung einen unverhältnismäßigen Aufwand erfordern würde,

3. die Daten nach einer Rechtsvorschrift oder ihrem Wesen nach, namentlich wegen des überwiegenden rechtlichen Interesses eines Dritten, geheimgehalten werden müssen,

4. die Speicherung oder Übermittlung durch Gesetz ausdrücklich vorgesehen ist,

5. die Speicherung oder Übermittlung für Zwecke der wissenschaftlichen Forschung erforderlich ist und eine Benachrichtigung einen unverhältnismäßigen Aufwand erfordern würde,

6. die zuständige öffentliche Stelle gegenüber der verantwortlichen Stelle festgestellt hat, dass das Bekanntwerden der Daten die öffentliche Sicherheit oder Ordnung gefährden oder sonst dem Wohle des Bundes oder eines Landes Nachteile bereiten würde,

7. die Daten für eigene Zwecke gespeichert sind und

   a) aus allgemein zugänglichen Quellen entnommen sind und eine Benachrichtigung wegen der Vielzahl der betroffenen Fälle unverhältnismäßig ist, oder

   b) die Benachrichtigung die Geschäftszwecke der verantwortlichen Stelle erheblich gefährden würde, es sei denn, dass das Interesse an der Benachrichtigung die Gefährdung überwiegt,

8. die Daten geschäftsmäßig zum Zweck der Übermittlung gespeichert sind und

   a) aus allgemein zugänglichen Quellen entnommen sind, soweit sie sich auf diejenigen Personen beziehen, die diese Daten veröffentlicht haben, oder

   b) es sich um listenmäßig oder sonst zusammengefasste Daten handelt (§ 29 Absatz 2 Satz 2)

und eine Benachrichtigung wegen der Vielzahl der betroffenen Fälle unverhältnismäßig ist,

9. aus allgemein zugänglichen Quellen entnommene Daten geschäftsmäßig für Zwecke der Markt- oder Meinungsforschung gespeichert sind und eine Benachrichtigung wegen der Vielzahl der betroffenen Fälle unverhältnismäßig ist.

Die verantwortliche Stelle legt schriftlich fest, unter welchen Voraussetzungen von einer Benachrichtigung nach Satz 1 Nr. 2 bis 7 abgesehen wird.

§ 34 Auskunft an den Betroffenen

(1) Die verantwortliche Stelle hat dem Betroffenen auf Verlangen Auskunft zu erteilen über

1. die zu seiner Person gespeicherten Daten, auch soweit sie sich auf die Herkunft dieser Daten beziehen,

2. den Empfänger oder die Kategorien von Empfängern, an die Daten weitergegeben werden, und

3. den Zweck der Speicherung.

Der Betroffene soll die Art der personenbezogenen Daten, über die Auskunft erteilt werden soll, näher bezeichnen. Werden die personenbezogenen Daten geschäftsmäßig zum Zweck der Übermittlung gespeichert, ist Auskunft über die Herkunft und die Empfänger auch dann zu erteilen, wenn diese Angaben nicht gespeichert sind. Die Auskunft über die Herkunft und die Empfänger kann verweigert werden, soweit das Interesse an der Wahrung des Geschäftsgeheimnisses gegenüber dem Informationsinteresse des Betroffenen überwiegt.

(1a) Im Fall des § 28 Absatz 3 Satz 4 hat die übermittelnde Stelle die Herkunft der Daten und den Empfänger für die Dauer von zwei Jahren nach der Übermittlung zu speichern und dem Betroffenen auf Verlangen Auskunft über die Herkunft der Daten und den Empfänger zu erteilen. Satz 1 gilt entsprechend für den Empfänger.

(2) Im Fall des § 28b hat die für die Entscheidung verantwortliche Stelle dem Betroffenen auf Verlangen Auskunft zu erteilen über

1. die innerhalb der letzten sechs Monate vor dem Zugang des Auskunftsverlangens erhobenen oder erstmalig gespeicherten Wahrscheinlichkeitswerte,

2. die zur Berechnung der Wahrscheinlichkeitswerte genutzten Datenarten und

3. das Zustandekommen und die Bedeutung der Wahrscheinlichkeitswerte einzelfallbezogen und nachvollziehbar in allgemein verständlicher Form.

Satz 1 gilt entsprechend, wenn die für die Entscheidung verantwortliche Stelle

1. die zur Berechnung der Wahrscheinlichkeitswerte genutzten Daten ohne Personenbezug speichert, den Personenbezug aber bei der Berechnung herstellt oder

2. bei einer anderen Stelle gespeicherte Daten nutzt.

Hat eine andere als die für die Entscheidung verantwortliche Stelle

1. den Wahrscheinlichkeitswert oder

2. einen Bestandteil des Wahrscheinlichkeitswerts

berechnet, hat sie die insoweit zur Erfüllung der Auskunftsansprüche nach den Sätzen 1 und 2 erforderlichen Angaben auf Verlangen der für die Entscheidung verantwortlichen Stelle an diese zu übermitteln. Im Fall des Satzes 3 Nr. 1 hat die für die Entscheidung verantwortliche Stelle den Betroffenen zur Geltendmachung seiner Auskunftsansprüche unter Angabe des Namens und der Anschrift der anderen Stelle sowie der zur Bezeichnung des Einzelfalls notwendigen Angaben unverzüglich an diese zu verweisen, soweit sie die Auskunft nicht selbst erteilt. In diesem Fall hat die andere Stelle, die den Wahrscheinlichkeitswert berechnet hat, die Auskunftsansprüche nach den Sätzen 1 und 2 gegenüber dem Betroffenen unentgeltlich zu erfüllen. Die Pflicht der für die Berechnung des Wahrscheinlichkeitswerts verantwortlichen Stelle nach Satz 3 entfällt, soweit die für die Entscheidung verantwortliche Stelle von ihrem Recht nach Satz 4 Gebrauch macht.

(3) Eine Stelle, die geschäftsmäßig personenbezogene Daten zum Zweck der Übermittlung speichert, hat dem Betroffenen auf Verlangen Auskunft über die zu seiner Person gespeicherten Daten zu erteilen, auch wenn sie weder automatisiert verarbeitet werden noch in einer nicht automatisierten Datei gespeichert sind. Dem Betroffenen ist auch Auskunft zu erteilen über Daten, die

1. gegenwärtig noch keinen Personenbezug aufweisen, bei denen ein solcher aber im Zusammenhang mit der Auskunftserteilung von der verantwortlichen Stelle hergestellt werden soll,

2. die verantwortliche Stelle nicht speichert, aber zum Zweck der Auskunftserteilung nutzt.

Die Auskunft über die Herkunft und die Empfänger kann verweigert werden, soweit das Interesse an der Wahrung des Geschäftsgeheimnisses gegenüber dem Informationsinteresse des Betroffenen überwiegt.

(4) Eine Stelle, die geschäftsmäßig personenbezogene Daten zum Zweck der Übermittlung erhebt, speichert oder verändert, hat dem Betroffenen auf Verlangen Auskunft zu erteilen über

1. die innerhalb der letzten zwölf Monate vor dem Zugang des Auskunftsverlangens übermittelten Wahrscheinlichkeitswerte für ein bestimmtes zukünftiges Verhalten des Betroffenen sowie die Namen und letztbekannten Anschriften der Dritten, an die die Werte übermittelt worden sind,

2. die Wahrscheinlichkeitswerte, die sich zum Zeitpunkt des Auskunftsverlangens nach den von der Stelle zur Berechnung angewandten Verfahren ergeben,

3. die zur Berechnung der Wahrscheinlichkeitswerte nach den Nummern 1 und 2 genutzten Datenarten sowie

4. das Zustandekommen und die Bedeutung der Wahrscheinlichkeitswerte einzelfallbezogen und nachvollziehbar in allgemein verständlicher Form.

Satz 1 gilt entsprechend, wenn die verantwortliche Stelle

1. die zur Berechnung des Wahrscheinlichkeitswerts genutzten Daten ohne Personenbezug speichert, den Personenbezug aber bei der Berechnung herstellt oder

2. bei einer anderen Stelle gespeicherte Daten nutzt.

(5) Die nach den Absätzen 1a bis 4 zum Zweck der Auskunftserteilung an den Betroffenen gespeicherten Daten dürfen nur für diesen Zweck sowie für Zwecke der Datenschutzkontrolle verwendet werden; für andere Zwecke sind sie zu sperren.

(6) Die Auskunft ist auf Verlangen in Textform zu erteilen, soweit nicht wegen der besonderen Umstände eine andere Form der Auskunftserteilung angemessen ist.

(7) Eine Pflicht zur Auskunftserteilung besteht nicht, wenn der Betroffene nach § 33 Abs. 2 Satz 1 Nr. 2, 3 und 5 bis 7 nicht zu benachrichtigen ist.

(8) Die Auskunft ist unentgeltlich. Werden die personenbezogenen Daten geschäftsmäßig zum Zweck der Übermittlung gespeichert, kann der Betroffene einmal je Kalenderjahr eine unentgeltliche Auskunft in Textform verlangen. Für jede weitere Auskunft kann ein Entgelt verlangt werden, wenn der Betroffene die Auskunft gegenüber Dritten zu wirtschaftlichen Zwecken nutzen kann. Das Entgelt darf über die durch die Auskunftserteilung entstandenen unmittelbar zurechenbaren Kosten nicht hinausgehen. Ein Entgelt kann nicht verlangt werden, wenn

1. besondere Umstände die Annahme rechtfertigen, dass Daten unrichtig oder unzulässig gespeichert werden, oder

2. die Auskunft ergibt, dass die Daten nach § 35 Abs. 1 zu berichtigen oder nach § 35 Abs. 2 Satz 2 Nr. 1 zu löschen sind.

(9) Ist die Auskunftserteilung nicht unentgeltlich, ist dem Betroffenen die Möglichkeit zu geben, sich im Rahmen seines Auskunftsanspruchs persönlich Kenntnis über die ihn betreffenden Daten zu verschaffen. Er ist hierauf hinzuweisen.

§ 35 Berichtigung, Löschung und Sperrung von Daten

(1) Personenbezogene Daten sind zu berichtigen, wenn sie unrichtig sind. Geschätzte Daten sind als solche deutlich zu kennzeichnen.

(2) Personenbezogene Daten können außer in den Fällen des Absatzes 3 Nr. 1 und 2 jederzeit gelöscht werden. Personenbezogene Daten sind zu löschen, wenn

1. ihre Speicherung unzulässig ist,

2. es sich um Daten über die rassische oder ethnische Herkunft, politische Meinungen, religiöse oder philosophische Überzeugungen, Gewerkschaftszugehörigkeit, Gesundheit, Sexualleben, strafbare Handlungen oder Ordnungswidrigkeiten handelt und ihre Richtigkeit von der verantwortlichen Stelle nicht bewiesen werden kann,

3. sie für eigene Zwecke verarbeitet werden, sobald ihre Kenntnis für die Erfüllung des Zwecks der Speicherung nicht mehr erforderlich ist, oder

4. sie geschäftsmäßig zum Zweck der Übermittlung verarbeitet werden und eine Prüfung jeweils am Ende des vierten, soweit es sich um Daten über erledigte Sachverhalte handelt und der Betroffene der Löschung nicht widerspricht, am Ende des dritten Kalenderjahres beginnend mit dem Kalenderjahr, das der erstmaligen Speicherung folgt, ergibt, dass eine längerwährende Speicherung nicht erforderlich ist.

Personenbezogene Daten, die auf der Grundlage von § 28a Abs. 2 Satz 1 oder § 29 Abs. 1 Satz 1 Nr. 3 gespeichert werden, sind nach Beendigung des Vertrages auch zu löschen, wenn der Betroffene dies verlangt.

(3) An die Stelle einer Löschung tritt eine Sperrung, soweit

1. im Fall des Absatzes 2 Satz 2 Nr. 3 einer Löschung gesetzliche, satzungsmäßige oder vertragliche Aufbewahrungsfristen entgegenstehen,

2. Grund zu der Annahme besteht, dass durch eine Löschung schutzwürdige Interessen des Betroffenen beeinträchtigt würden, oder

3. eine Löschung wegen der besonderen Art der Speicherung nicht oder nur mit unverhältnismäßig hohem Aufwand möglich ist.

(4) Personenbezogene Daten sind ferner zu sperren, soweit ihre Richtigkeit vom Betroffenen bestritten wird und sich weder die Richtigkeit noch die Unrichtigkeit feststellen lässt.

(4a) Die Tatsache der Sperrung darf nicht übermittelt werden.

(5) Personenbezogene Daten dürfen nicht für eine automatisierte Verarbeitung oder Verarbeitung in nicht automatisierten Dateien erhoben, verarbeitet oder genutzt werden, soweit der Betroffene dieser bei der verantwortlichen Stelle widerspricht und eine Prüfung ergibt, dass das schutzwürdige Interesse des Betroffenen wegen seiner besonderen persönlichen Situation das Interesse der verantwortlichen Stelle an dieser Erhebung, Verarbeitung oder Nutzung überwiegt. Satz 1 gilt nicht, wenn eine Rechtsvorschrift zur Erhebung, Verarbeitung oder Nutzung verpflichtet.

(6) Personenbezogene Daten, die unrichtig sind oder deren Richtigkeit bestritten wird, müssen bei der geschäftsmäßigen Datenspeicherung zum Zweck der Übermittlung außer in den Fällen des Absatzes 2 Nr. 2 nicht berichtigt, gesperrt oder gelöscht werden, wenn sie aus allgemein zugänglichen Quellen entnommen und zu Dokumentationszwecken gespeichert sind. Auf Verlangen des Betroffenen ist diesen Daten für die Dauer der Speicherung seine Gegendarstellung beizufügen. Die Daten dürfen nicht ohne diese Gegendarstellung übermittelt werden.

(7) Von der Berichtigung unrichtiger Daten, der Sperrung bestrittener Daten sowie der Löschung oder Sperrung wegen Unzulässigkeit der Speicherung sind die Stellen zu verständigen, denen im Rahmen einer Datenübermittlung diese Daten zur Speicherung weitergegeben wurden, wenn dies keinen unverhältnismäßigen Aufwand erfordert und schutzwürdige Interessen des Betroffenen nicht entgegenstehen.

(8) Gesperrte Daten dürfen ohne Einwilligung des Betroffenen nur übermittelt oder genutzt werden, wenn

1. es zu wissenschaftlichen Zwecken, zur Behebung einer bestehenden Beweisnot oder aus sonstigen im überwiegenden Interesse der verantwortlichen Stelle oder eines Dritten liegenden Gründen unerläßlich ist und

2. die Daten hierfür übermittelt oder genutzt werden dürften, wenn sie nicht gesperrt wären.

Dritter Unterabschnitt
Aufsichtsbehörde

§§ 36 und 37 (weggefallen)

§ 38 Aufsichtsbehörde

(1) Die Aufsichtsbehörde kontrolliert die Ausführung dieses Gesetzes sowie anderer Vorschriften über den Datenschutz, soweit diese die automatisierte Verarbeitung personenbezogener Daten oder die Verarbeitung oder Nutzung personenbezogener Daten in oder aus nicht automatisierten Dateien regeln einschließlich des Rechts der Mitgliedstaaten in den Fällen des § 1 Abs. 5. Sie berät und unterstützt die Beauftragten für den Datenschutz und die verantwortlichen Stellen mit Rücksicht auf deren typische Bedürfnisse. Die Aufsichtsbehörde darf die von ihr gespeicherten Daten nur für Zwecke der Aufsicht verarbeiten und nutzen; § 14 Abs. 2 Nr. 1 bis 3, 6 und 7 gilt entsprechend. Insbesondere darf die Aufsichtsbehörde zum Zweck der Aufsicht Daten an andere Aufsichtsbehörden übermitteln. Sie leistet den Aufsichtsbehörden anderer Mitgliedstaaten der Europäischen Union auf Ersuchen ergänzende Hilfe (Amtshilfe). Stellt die Aufsichtsbehörde einen Verstoß gegen dieses Gesetz oder andere Vorschriften über den Datenschutz fest, so ist sie befugt, die Betroffenen hierüber zu unterrichten, den Verstoß bei den für die Verfolgung oder Ahndung zuständigen Stellen anzuzeigen sowie bei schwerwiegenden Verstößen die Gewerbeaufsichtsbehörde zur Durchführung gewerberechtlicher Maßnahmen zu unterrichten. Sie veröffentlicht regelmäßig, spätestens alle zwei Jahre, einen Tätigkeitsbericht. § 21 Satz 1 und § 23 Abs. 5 Satz 4 bis 7 gelten entsprechend.

(2) Die Aufsichtsbehörde führt ein Register der nach § 4d meldepflichtigen automatisierten Verarbeitungen mit den Angaben nach § 4e Satz 1. Das Register kann von jedem eingesehen werden. Das Einsichtsrecht erstreckt sich nicht auf die Angaben nach § 4e Satz 1 Nr. 9 sowie auf die Angabe der zugriffsberechtigten Personen.

(3) Die der Kontrolle unterliegenden Stellen sowie die mit deren Leitung beauftragten Personen haben der Aufsichtsbehörde auf Verlangen die für die Erfüllung ihrer Aufgaben erforderlichen Auskünfte unverzüglich zu erteilen. Der Auskunftspflichtige kann die Auskunft auf solche Fragen verweigern, deren Beantwortung ihn selbst oder einen der in § 383 Abs. 1 Nr. 1 bis 3 der Zivilprozessordnung bezeichneten Angehörigen der Gefahr strafgerichtlicher Verfolgung oder eines Verfahrens nach dem Gesetz über Ordnungswidrigkeiten aussetzen würde. Der Auskunftspflichtige ist darauf hinzuweisen.

(4) Die von der Aufsichtsbehörde mit der Kontrolle beauftragten Personen sind befugt, soweit es zur Erfüllung der der Aufsichtsbehörde übertragenen Aufgaben erforderlich ist, während der Betriebs- und Geschäftszeiten Grundstücke und Geschäftsräume der Stelle zu betreten und dort Prüfungen und Besichtigungen vorzunehmen. Sie können geschäftliche Unterlagen, insbesondere die Übersicht nach § 4g Abs. 2 Satz 1 sowie die gespeicherten personenbezogenen Daten und die Da-

tenverarbeitungsprogramme, einsehen. § 24 Abs. 6 gilt entsprechend. Der Auskunftspflichtige hat diese Maßnahmen zu dulden.

(5) Zur Gewährleistung der Einhaltung dieses Gesetzes und anderer Vorschriften über den Datenschutz kann die Aufsichtsbehörde Maßnahmen zur Beseitigung festgestellter Verstöße bei der Erhebung, Verarbeitung oder Nutzung personenbezogener Daten oder technischer oder organisatorischer Mängel anordnen. Bei schwerwiegenden Verstößen oder Mängeln, insbesondere solchen, die mit einer besonderen Gefährdung des Persönlichkeitsrechts verbunden sind, kann sie die Erhebung, Verarbeitung oder Nutzung oder den Einsatz einzelner Verfahren untersagen, wenn die Verstöße oder Mängel entgegen der Anordnung nach Satz 1 und trotz der Verhängung eines Zwangsgeldes nicht in angemessener Zeit beseitigt werden. Sie kann die Abberufung des Beauftragten für den Datenschutz verlangen, wenn er die zur Erfüllung seiner Aufgaben erforderliche Fachkunde und Zuverlässigkeit nicht besitzt.

(6) Die Landesregierungen oder die von ihnen ermächtigten Stellen bestimmen die für die Kontrolle der Durchführung des Datenschutzes im Anwendungsbereich dieses Abschnittes zuständigen Aufsichtsbehörden.

(7) Die Anwendung der Gewerbeordnung auf die den Vorschriften dieses Abschnittes unterliegenden Gewerbebetriebe bleibt unberührt.

§ 38a Verhaltensregeln zur Förderung der Durchführung datenschutzrechtlicher Regelungen

(1) Berufsverbände und andere Vereinigungen, die bestimmte Gruppen von verantwortlichen Stellen vertreten, können Entwürfe für Verhaltensregeln zur Förderung der Durchführung von datenschutzrechtlichen Regelungen der zuständigen Aufsichtsbehörde unterbreiten.

(2) Die Aufsichtsbehörde überprüft die Vereinbarkeit der ihr unterbreiteten Entwürfe mit dem geltenden Datenschutzrecht.

Vierter Abschnitt
Sondervorschriften

§ 39 Zweckbindung bei personenbezogenen Daten, die einem Berufs- oder besonderen Amtsgeheimnis unterliegen

(1) Personenbezogene Daten, die einem Berufs- oder besonderen Amtsgeheimnis unterliegen und die von der zur Verschwiegenheit verpflichteten Stelle in Ausübung ihrer Berufs- oder Amtspflicht zur Verfügung gestellt worden sind, dürfen von der verantwortlichen Stelle nur für den Zweck verarbeitet oder genutzt werden, für den sie sie erhalten hat. In die Übermittlung an eine nicht-öffentliche Stelle muss die zur Verschwiegenheit verpflichtete Stelle einwilligen.

(2) Für einen anderen Zweck dürfen die Daten nur verarbeitet oder genutzt werden, wenn die Änderung des Zwecks durch besonderes Gesetz zugelassen ist.

§ 40 Verarbeitung und Nutzung personenbezogener Daten durch Forschungseinrichtungen

(1) Für Zwecke der wissenschaftlichen Forschung erhobene oder gespeicherte personenbezogene Daten dürfen nur für Zwecke der wissenschaftlichen Forschung verarbeitet oder genutzt werden.

(2) Die personenbezogenen Daten sind zu anonymisieren, sobald dies nach dem Forschungszweck möglich ist. Bis dahin sind die Merkmale gesondert zu speichern, mit denen Einzelangaben über persönliche oder sachliche Verhältnisse einer bestimmten oder bestimmbaren Person zugeordnet werden können. Sie dürfen mit den Einzelangaben nur zusammengeführt werden, soweit der Forschungszweck dies erfordert.

(3) Die wissenschaftliche Forschung betreibenden Stellen dürfen personenbezogene Daten nur veröffentlichen, wenn

1. der Betroffene eingewilligt hat oder

2. dies für die Darstellung von Forschungsergebnissen über Ereignisse der Zeitgeschichte unerlässlich ist.

§ 41 Erhebung, Verarbeitung und Nutzung personenbezogener Daten durch die Medien

(1) Die Länder haben in ihrer Gesetzgebung vorzusehen, dass für die Erhebung, Verarbeitung und Nutzung personenbezogener Daten von Unternehmen und Hilfsunternehmen der Presse ausschließlich zu eigenen journalistisch-redaktionellen oder literarischen Zwecken den Vorschriften der §§ 5, 9 und 38a entsprechende Regelungen einschließlich einer hierauf bezogenen Haftungsregelung entsprechend § 7 zur Anwendung kommen.

(2) Führt die journalistisch-redaktionelle Erhebung, Verarbeitung oder Nutzung personenbezogener Daten durch die Deutsche Welle zur Veröffentlichung von Gegendarstellungen des Betroffenen, so sind diese Gegendarstellungen zu den gespeicherten Daten zu nehmen und für dieselbe Zeitdauer aufzubewahren wie die Daten selbst.

(3) Wird jemand durch eine Berichterstattung der Deutschen Welle in seinem Persönlichkeitsrecht beeinträchtigt, so kann er Auskunft über die der Berichterstattung zugrunde liegenden, zu seiner Person gespeicherten Daten verlangen. Die Auskunft kann nach Abwägung der schutzwürdigen Interessen der Beteiligten verweigert werden, soweit

1. aus den Daten auf Personen, die bei der Vorbereitung, Herstellung oder Verbreitung von Rundfunksendungen berufsmäßig journalistisch mitwirken oder mitgewirkt haben, geschlossen werden kann,

2. aus den Daten auf die Person des Einsenders oder des Gewährsträgers von Beiträgen, Unterlagen und Mitteilungen für den redaktionellen Teil geschlossen werden kann,

3. durch die Mitteilung der recherchierten oder sonst erlangten Daten die journalistische Aufgabe der Deutschen Welle durch Ausforschung des Informationsbestandes beeinträchtigt würde.

Der Betroffene kann die Berichtigung unrichtiger Daten verlangen.

(4) Im Übrigen gelten für die Deutsche Welle von den Vorschriften dieses Gesetzes die §§ 5, 7, 9 und 38a. Anstelle der §§ 24 bis 26 gilt § 42, auch soweit es sich um Verwaltungsangelegenheiten handelt.

§ 42 Datenschutzbeauftragter der Deutschen Welle

(1) Die Deutsche Welle bestellt einen Beauftragten für den Datenschutz, der an die Stelle des Bundesbeauftragten für den Datenschutz und die Informationsfreiheit tritt. Die Bestellung erfolgt auf Vorschlag des Intendanten durch den Verwaltungsrat für die Dauer von vier Jahren, wobei Wiederbestellungen zulässig sind. Das Amt eines Beauftragten für den Datenschutz kann neben anderen Aufgaben innerhalb der Rundfunkanstalt wahrgenommen werden.

(2) Der Beauftragte für den Datenschutz kontrolliert die Einhaltung der Vorschriften dieses Gesetzes sowie anderer Vorschriften über den Datenschutz. Er ist in Ausübung dieses Amtes unabhängig und nur dem Gesetz unterworfen. Im Übrigen untersteht er der Dienst- und Rechtsaufsicht des Verwaltungsrates.

(3) Jedermann kann sich entsprechend § 21 Satz 1 an den Beauftragten für den Datenschutz wenden.

(4) Der Beauftragte für den Datenschutz erstattet den Organen der Deutschen Welle alle zwei Jahre, erstmals zum 1. Januar 1994 einen Tätigkeitsbericht. Er erstattet darüber hinaus besondere Berichte auf Beschluss eines Organes der Deutschen Welle. Die Tätigkeitsberichte übermittelt der Beauftragte auch an den Bundesbeauftragten für den Datenschutz und die Informationsfreiheit.

(5) Weitere Regelungen entsprechend den §§ 23 bis 26 trifft die Deutsche Welle für ihren Bereich. Die §§ 4f und 4g bleiben unberührt.

§ 42a Informationspflicht bei unrechtmäßiger Kenntniserlangung von Daten

Stellt eine nichtöffentliche Stelle im Sinne des § 2 Absatz 4 oder eine öffentliche Stelle nach § 27 Absatz 1 Satz 1 Nummer 2 fest, dass bei ihr gespeicherte

1. besondere Arten personenbezogener Daten (§ 3 Absatz 9),

2. personenbezogene Daten, die einem Berufsgeheimnis unterliegen,

3. personenbezogene Daten, die sich auf strafbare Handlungen oder Ordnungswidrigkeiten oder den Verdacht strafbarer Handlungen oder Ordnungswidrigkeiten beziehen, oder

4. personenbezogene Daten zu Bank- oder Kreditkartenkonten

unrechtmäßig übermittelt oder auf sonstige Weise Dritten unrechtmäßig zur Kenntnis gelangt sind, und drohen schwerwiegende Beeinträchtigungen für die Rechte
oder schutzwürdigen Interessen der Betroffenen, hat sie dies nach den Sätzen 2 bis
5 unverzüglich der zuständigen Aufsichtsbehörde sowie den Betroffenen mitzuteilen. Die Benachrichtigung des Betroffenen muss unverzüglich erfolgen, sobald angemessene Maßnahmen zur Sicherung der Daten ergriffen worden oder nicht unverzüglich erfolgt sind und die Strafverfolgung nicht mehr gefährdet wird. Die Benachrichtigung der Betroffenen muss eine Darlegung der Art der unrechtmäßigen
Kenntniserlangung und Empfehlungen für Maßnahmen zur Minderung möglicher
nachteiliger Folgen enthalten. Die Benachrichtigung der zuständigen Aufsichtsbehörde muss zusätzlich eine Darlegung möglicher nachteiliger Folgen der unrechtmäßigen Kenntniserlangung und der von der Stelle daraufhin ergriffenen Maßnahmen enthalten. Soweit die Benachrichtigung der Betroffenen einen unverhältnismäßigen Aufwand erfordern würde, insbesondere aufgrund der Vielzahl der
betroffenen Fälle, tritt an ihre Stelle die Information der Öffentlichkeit durch Anzeigen, die mindestens eine halbe Seite umfassen, in mindestens zwei bundesweit
erscheinenden Tageszeitungen oder durch eine andere, in ihrer Wirksamkeit hinsichtlich der Information der Betroffenen gleich geeignete Maßnahme. Eine Benachrichtigung, die der Benachrichtigungspflichtige erteilt hat, darf in einem Strafverfahren oder in einem Verfahren nach dem Gesetz über Ordnungswidrigkeiten
gegen ihn oder einen in § 52 Absatz 1 der Strafprozessordnung bezeichneten Angehörigen des Benachrichtigungspflichtigen nur mit Zustimmung des Benachrichtigungspflichtigen verwendet werden.

Fünfter Abschnitt
Schlussvorschriften

§ 43 Bußgeldvorschriften

(1) Ordnungswidrig handelt, wer vorsätzlich oder fahrlässig

1. entgegen § 4d Abs. 1, auch in Verbindung mit § 4e Satz 2, eine Meldung nicht,
nicht richtig, nicht vollständig oder nicht rechtzeitig macht,

2. entgegen § 4f Abs. 1 Satz 1 oder 2, jeweils auch in Verbindung mit Satz 3 und 6,
einen Beauftragten für den Datenschutz nicht, nicht in der vorgeschriebenen
Weise oder nicht rechtzeitig bestellt,

2a. entgegen § 10 Absatz 4 Satz 3 nicht gewährleistet, dass die Datenübermittlung festgestellt und überprüft werden kann,

2b. entgegen § 11 Absatz 2 Satz 2 einen Auftrag nicht richtig, nicht vollständig oder nicht in der vorgeschriebenen Weise erteilt oder entgegen § 11 Absatz 2 Satz 4 sich nicht vor Beginn der Datenverarbeitung von der Einhaltung der beim Auftragnehmer getroffenen technischen und organisatorischen Maßnahmen überzeugt,

3. entgegen § 28 Abs. 4 Satz 2 den Betroffenen nicht, nicht richtig oder nicht rechtzeitig unterrichtet oder nicht sicherstellt, dass der Betroffene Kenntnis erhalten kann,

3a. entgegen § 28 Absatz 4 Satz 4 eine strengere Form verlangt,

4. entgegen § 28 Abs. 5 Satz 2 personenbezogene Daten übermittelt oder nutzt,

4a. entgegen § 28a Abs. 3 Satz 1 eine Mitteilung nicht, nicht richtig, nicht vollständig oder nicht rechtzeitig macht,

5. entgegen § 29 Abs. 2 Satz 3 oder 4 die dort bezeichneten Gründe oder die Art und Weise ihrer glaubhaften Darlegung nicht aufzeichnet,

6. entgegen § 29 Abs. 3 Satz 1 personenbezogene Daten in elektronische oder gedruckte Adress-, Rufnummern-, Branchen- oder vergleichbare Verzeichnisse aufnimmt,

7. entgegen § 29 Abs. 3 Satz 2 die Übernahme von Kennzeichnungen nicht sicherstellt,

7a. entgegen § 29 Abs. 6 ein Auskunftsverlangen nicht richtig behandelt,

7b. entgegen § 29 Abs. 7 Satz 1 einen Verbraucher nicht, nicht richtig, nicht vollständig oder nicht rechtzeitig unterrichtet,

8. entgegen § 33 Abs. 1 den Betroffenen nicht, nicht richtig oder nicht vollständig benachrichtigt,

8a. entgegen § 34 Absatz 1 Satz 1, auch in Verbindung mit Satz 3, entgegen § 34 Absatz 1a, entgegen § 34 Absatz 2 Satz 1, auch in Verbindung mit Satz 2, oder entgegen § 34 Absatz 2 Satz 5, Absatz 3 Satz 1 oder Satz 2 oder Absatz 4 Satz 1, auch in Verbindung mit Satz 2, eine Auskunft nicht, nicht richtig, nicht vollständig oder nicht rechtzeitig erteilt oder entgegen § 34 Absatz 1a Daten nicht speichert,

8b. entgegen § 34 Abs. 2 Satz 3 Angaben nicht, nicht richtig, nicht vollständig oder nicht rechtzeitig übermittelt,

8c. entgegen § 34 Abs. 2 Satz 4 den Betroffenen nicht oder nicht rechtzeitig an die andere Stelle verweist,

9. entgegen § 35 Abs. 6 Satz 3 Daten ohne Gegendarstellung übermittelt,

10. entgegen § 38 Abs. 3 Satz 1 oder Abs. 4 Satz 1 eine Auskunft nicht, nicht richtig, nicht vollständig oder nicht rechtzeitig erteilt oder eine Maßnahme nicht duldet oder

11. einer vollziehbaren Anordnung nach § 38 Abs. 5 Satz 1 zuwiderhandelt.

(2) Ordnungswidrig handelt, wer vorsätzlich oder fahrlässig

1. unbefugt personenbezogene Daten, die nicht allgemein zugänglich sind, erhebt oder verarbeitet,

2. unbefugt personenbezogene Daten, die nicht allgemein zugänglich sind, zum Abruf mittels automatisierten Verfahrens bereithält,

3. unbefugt personenbezogene Daten, die nicht allgemein zugänglich sind, abruft oder sich oder einem anderen aus automatisierten Verarbeitungen oder nicht automatisierten Dateien verschafft,

4. die Übermittlung von personenbezogenen Daten, die nicht allgemein zugänglich sind, durch unrichtige Angaben erschleicht,

5. entgegen § 16 Abs. 4 Satz 1, § 28 Abs. 5 Satz 1, auch in Verbindung mit § 29 Abs. 4, § 39 Abs. 1 Satz 1 oder § 40 Abs. 1, die übermittelten Daten für andere Zwecke nutzt,

5a. entgegen § 28 Absatz 3b den Abschluss eines Vertrages von der Einwilligung des Betroffenen abhängig macht,

5b. entgegen § 28 Absatz 4 Satz 1 Daten für Zwecke der Werbung oder der Markt- oder Meinungsforschung verarbeitet oder nutzt,

6. entgegen § 30 Absatz 1 Satz 2, § 30a Absatz 3 Satz 3 oder § 40 Absatz 2 Satz 3 ein dort genanntes Merkmal mit einer Einzelangabe zusammenführt oder

7. entgegen § 42a Satz 1 eine Mitteilung nicht, nicht richtig, nicht vollständig oder nicht rechtzeitig macht.

(3) Die Ordnungswidrigkeit kann im Fall des Absatzes 1 mit einer Geldbuße bis zu fünfzigtausend Euro, in den Fällen des Absatzes 2 mit einer Geldbuße bis zu dreihunderttausend Euro geahndet werden. Die Geldbuße soll den wirtschaftlichen Vorteil, den der Täter aus der Ordnungswidrigkeit gezogen hat, übersteigen. Reichen die in Satz 1 genannten Beträge hierfür nicht aus, so können sie überschritten werden.

§ 44 Strafvorschriften

(1) Wer eine in § 43 Abs. 2 bezeichnete vorsätzliche Handlung gegen Entgelt oder in der Absicht, sich oder einen anderen zu bereichern oder einen anderen zu schädigen, begeht, wird mit Freiheitsstrafe bis zu zwei Jahren oder mit Geldstrafe bestraft.

(2) Die Tat wird nur auf Antrag verfolgt. Antragsberechtigt sind der Betroffene, die verantwortliche Stelle, der Bundesbeauftragte für den Datenschutz und die Informationsfreiheit und die Aufsichtsbehörde.

Sechster Abschnitt
Übergangsvorschriften

§ 45 Laufende Verwendungen

Erhebungen, Verarbeitungen oder Nutzungen personenbezogener Daten, die am 23. Mai 2001 bereits begonnen haben, sind binnen drei Jahren nach diesem Zeitpunkt mit den Vorschriften dieses Gesetzes in Übereinstimmung zu bringen. Soweit Vorschriften dieses Gesetzes in Rechtsvorschriften außerhalb des Anwendungsbereichs der Richtlinie 95/46/EG des Europäischen Parlaments und des Rates vom 24. Oktober 1995 zum Schutz natürlicher Personen bei der Verarbeitung personenbezogener Daten und zum freien Datenverkehr zur Anwendung gelangen, sind Erhebungen, Verarbeitungen oder Nutzungen personenbezogener Daten, die am 23. Mai 2001 bereits begonnen haben, binnen fünf Jahren nach diesem Zeitpunkt mit den Vorschriften dieses Gesetzes in Übereinstimmung zu bringen.

§ 46 Weitergeltung von Begriffsbestimmungen

(1) Wird in besonderen Rechtsvorschriften des Bundes der Begriff Datei verwendet, ist Datei

1. eine Sammlung personenbezogener Daten, die durch automatisierte Verfahren nach bestimmten Merkmalen ausgewertet werden kann (automatisierte Datei), oder

2. jede sonstige Sammlung personenbezogener Daten, die gleichartig aufgebaut ist und nach bestimmten Merkmalen geordnet, umgeordnet und ausgewertet werden kann (nicht automatisierte Datei).

Nicht hierzu gehören Akten und Aktensammlungen, es sei denn, dass sie durch automatisierte Verfahren umgeordnet und ausgewertet werden können.

(2) Wird in besonderen Rechtsvorschriften des Bundes der Begriff Akte verwendet, ist Akte jede amtlichen oder dienstlichen Zwecken dienende Unterlage, die nicht dem Dateibegriff des Absatzes 1 unterfällt; dazu zählen auch Bild- und Tonträger. Nicht hierunter fallen Vorentwürfe und Notizen, die nicht Bestandteil eines Vorgangs werden sollen.

(3) Wird in besonderen Rechtsvorschriften des Bundes der Begriff Empfänger verwendet, ist Empfänger jede Person oder Stelle außerhalb der verantwortlichen Stelle. Empfänger sind nicht der Betroffene sowie Personen und Stellen, die im Inland, in einem anderen Mitgliedstaat der Europäischen Union oder in einem anderen Ver-

tragsstaat des Abkommens über den Europäischen Wirtschaftsraum personenbezogene Daten im Auftrag erheben, verarbeiten oder nutzen.

§ 47 Übergangsregelung

Für die Verarbeitung und Nutzung vor dem 1. September 2009 erhobener oder gespeicherter Daten ist § 28 in der bis dahin geltenden Fassung weiter anzuwenden

1. für Zwecke der Markt- oder Meinungsforschung bis zum 31. August 2010,

2. für Zwecke der Werbung bis zum 31. August 2012.

§ 48 Bericht der Bundesregierung

Die Bundesregierung berichtet dem Bundestag

1. bis zum 31. Dezember 2012 über die Auswirkungen der §§ 30a und 42a,

2. bis zum 31. Dezember 2014 über die Auswirkungen der Änderungen der §§ 28 und 29.

Sofern sich aus Sicht der Bundesregierung gesetzgeberische Maßnahmen empfehlen, soll der Bericht einen Vorschlag enthalten.

Anlage (zu § 9 Satz 1)
(Fundstelle des Originaltextes: BGBl. I 2003, 88)

Werden personenbezogene Daten automatisiert verarbeitet oder genutzt, ist die innerbehördliche oder innerbetriebliche Organisation so zu gestalten, dass sie den besonderen Anforderungen des Datenschutzes gerecht wird. Dabei sind insbesondere Maßnahmen zu treffen, die je nach der Art der zu schützenden personenbezogenen Daten oder Datenkategorien geeignet sind,

1. Unbefugten den Zutritt zu Datenverarbeitungsanlagen, mit denen personenbezogene Daten verarbeitet oder genutzt werden, zu verwehren (Zutrittskontrolle),

2. zu verhindern, dass Datenverarbeitungssysteme von Unbefugten genutzt werden können (Zugangskontrolle),

3. zu gewährleisten, dass die zur Benutzung eines Datenverarbeitungssystems Berechtigten ausschließlich auf die ihrer Zugriffsberechtigung unterliegenden Daten zugreifen können, und dass personenbezogene Daten bei der Verarbeitung, Nutzung und nach der Speicherung nicht unbefugt gelesen, kopiert, verändert oder entfernt werden können (Zugriffskontrolle),

4. zu gewährleisten, dass personenbezogene Daten bei der elektronischen Übertragung oder während ihres Transports oder ihrer Speicherung auf Datenträger nicht unbefugt gelesen, kopiert, verändert oder entfernt werden können, und dass überprüft und festgestellt werden kann, an welche Stellen eine Übermittlung personenbezogener Daten durch Einrichtungen zur Datenübertragung vorgesehen ist (Weitergabekontrolle),

5. zu gewährleisten, dass nachträglich überprüft und festgestellt werden kann, ob und von wem personenbezogene Daten in Datenverarbeitungssysteme eingegeben, verändert oder entfernt worden sind (Eingabekontrolle),

6. zu gewährleisten, dass personenbezogene Daten, die im Auftrag verarbeitet werden, nur entsprechend den Weisungen des Auftraggebers verarbeitet werden können (Auftragskontrolle),

7. zu gewährleisten, dass personenbezogene Daten gegen zufällige Zerstörung oder Verlust geschützt sind (Verfügbarkeitskontrolle),

8. zu gewährleisten, dass zu unterschiedlichen Zwecken erhobene Daten getrennt verarbeitet werden können.

Eine Maßnahme nach Satz 2 Nummer 2 bis 4 ist insbesondere die Verwendung von dem Stand der Technik entsprechenden Verschlüsselungsverfahren.

4. Telemediengesetz vom 26. Februar 2007 (BGBl. I S. 179), das zuletzt durch Artikel 1 des Gesetzes vom 31. Mai 2010 (BGBl. I S. 692) geändert worden ist (Auszug)

Abschnitt 4
Datenschutz

§ 11 Anbieter-Nutzer-Verhältnis

(1) Die Vorschriften dieses Abschnitts gelten nicht für die Erhebung und Verwendung personenbezogener Daten der Nutzer von Telemedien, soweit die Bereitstellung solcher Dienste

1. im Dienst- und Arbeitsverhältnis zu ausschließlich beruflichen oder dienstlichen Zwecken oder

2. innerhalb von oder zwischen nicht öffentlichen Stellen oder öffentlichen Stellen ausschließlich zur Steuerung von Arbeits- oder Geschäftsprozessen erfolgt.

(2) Nutzer im Sinne dieses Abschnitts ist jede natürliche Person, die Telemedien nutzt, insbesondere um Informationen zu erlangen oder zugänglich zu machen.

(3) Bei Telemedien, die überwiegend in der Übertragung von Signalen über Telekommunikationsnetze bestehen, gelten für die Erhebung und Verwendung personenbezogener Daten der Nutzer nur § 15 Absatz 8 und § 16 Absatz 2 Nummer 4.

§ 12 Grundsätze

(1) Der Diensteanbieter darf personenbezogene Daten zur Bereitstellung von Telemedien nur erheben und verwenden, soweit dieses Gesetz oder eine andere Rechtsvorschrift, die sich ausdrücklich auf Telemedien bezieht, es erlaubt oder der Nutzer eingewilligt hat.

(2) Der Diensteanbieter darf für die Bereitstellung von Telemedien erhobene personenbezogene Daten für andere Zwecke nur verwenden, soweit dieses Gesetz oder eine andere Rechtsvorschrift, die sich ausdrücklich auf Telemedien bezieht, es erlaubt oder der Nutzer eingewilligt hat.

(3) Soweit nichts anderes bestimmt ist, sind die jeweils geltenden Vorschriften für den Schutz personenbezogener Daten anzuwenden, auch wenn die Daten nicht automatisiert verarbeitet werden.

§ 13 Pflichten des Diensteanbieters

(1) Der Diensteanbieter hat den Nutzer zu Beginn des Nutzungsvorgangs über Art, Umfang und Zwecke der Erhebung und Verwendung personenbezogener Daten sowie über die Verarbeitung seiner Daten in Staaten außerhalb des Anwendungsbereichs der Richtlinie 95/46/EG des Europäischen Parlaments und des Rates vom

24. Oktober 1995 zum Schutz natürlicher Personen bei der Verarbeitung personenbezogener Daten und zum freien Datenverkehr (ABl. EG Nr. L 281 S. 31) in allgemein verständlicher Form zu unterrichten, sofern eine solche Unterrichtung nicht bereits erfolgt ist. Bei einem automatisierten Verfahren, das eine spätere Identifizierung des Nutzers ermöglicht und eine Erhebung oder Verwendung personenbezogener Daten vorbereitet, ist der Nutzer zu Beginn dieses Verfahrens zu unterrichten. Der Inhalt der Unterrichtung muss für den Nutzer jederzeit abrufbar sein.

(2) Die Einwilligung kann elektronisch erklärt werden, wenn der Diensteanbieter sicherstellt, dass

1. der Nutzer seine Einwilligung bewusst und eindeutig erteilt hat,

2. die Einwilligung protokolliert wird,

3. der Nutzer den Inhalt der Einwilligung jederzeit abrufen kann und

4. der Nutzer die Einwilligung jederzeit mit Wirkung für die Zukunft widerrufen kann.

(3) Der Diensteanbieter hat den Nutzer vor Erklärung der Einwilligung auf das Recht nach Absatz 2 Nr. 4 hinzuweisen. Absatz 1 Satz 3 gilt entsprechend.

(4) Der Diensteanbieter hat durch technische und organisatorische Vorkehrungen sicherzustellen, dass

1. der Nutzer die Nutzung des Dienstes jederzeit beenden kann,

2. die anfallenden personenbezogenen Daten über den Ablauf des Zugriffs oder der sonstigen Nutzung unmittelbar nach deren Beendigung gelöscht oder in den Fällen des Satzes 2 gesperrt werden,

3. der Nutzer Telemedien gegen Kenntnisnahme Dritter geschützt in Anspruch nehmen kann,

4. die personenbezogenen Daten über die Nutzung verschiedener Telemedien durch denselben Nutzer getrennt verwendet werden können,

5. Daten nach § 15 Abs. 2 nur für Abrechnungszwecke zusammengeführt werden können und

6. Nutzungsprofile nach § 15 Abs. 3 nicht mit Angaben zur Identifikation des Trägers des Pseudonyms zusammengeführt werden können.

An die Stelle der Löschung nach Satz 1 Nr. 2 tritt eine Sperrung, soweit einer Löschung gesetzliche, satzungsmäßige oder vertragliche Aufbewahrungsfristen entgegenstehen.

(5) Die Weitervermittlung zu einem anderen Diensteanbieter ist dem Nutzer anzuzeigen.

(6) Der Diensteanbieter hat die Nutzung von Telemedien und ihre Bezahlung anonym oder unter Pseudonym zu ermöglichen, soweit dies technisch möglich und zumutbar ist. Der Nutzer ist über diese Möglichkeit zu informieren.

(7) Der Diensteanbieter hat dem Nutzer nach Maßgabe von § 34 des Bundesdatenschutzgesetzes auf Verlangen Auskunft über die zu seiner Person oder zu seinem Pseudonym gespeicherten Daten zu erteilen. Die Auskunft kann auf Verlangen des Nutzers auch elektronisch erteilt werden.

§ 14 Bestandsdaten

(1) Der Diensteanbieter darf personenbezogene Daten eines Nutzers nur erheben und verwenden, soweit sie für die Begründung, inhaltliche Ausgestaltung oder Änderung eines Vertragsverhältnisses zwischen dem Diensteanbieter und dem Nutzer über die Nutzung von Telemedien erforderlich sind (Bestandsdaten).

(2) Auf Anordnung der zuständigen Stellen darf der Diensteanbieter im Einzelfall Auskunft über Bestandsdaten erteilen, soweit dies für Zwecke der Strafverfolgung, zur Gefahrenabwehr durch die Polizeibehörden der Länder, zur Erfüllung der gesetzlichen Aufgaben der Verfassungsschutzbehörden des Bundes und der Länder, des Bundesnachrichtendienstes oder des Militärischen Abschirmdienstes oder des Bundeskriminalamtes im Rahmen seiner Aufgabe zur Abwehr von Gefahren des internationalen Terrorismus oder zur Durchsetzung der Rechte am geistigen Eigentum erforderlich ist.

§ 15 Nutzungsdaten

(1) Der Diensteanbieter darf personenbezogene Daten eines Nutzers nur erheben und verwenden, soweit dies erforderlich ist, um die Inanspruchnahme von Telemedien zu ermöglichen und abzurechnen (Nutzungsdaten). Nutzungsdaten sind insbesondere

1. Merkmale zur Identifikation des Nutzers,

2. Angaben über Beginn und Ende sowie des Umfangs der jeweiligen Nutzung und

3. Angaben über die vom Nutzer in Anspruch genommenen Telemedien.

(2) Der Diensteanbieter darf Nutzungsdaten eines Nutzers über die Inanspruchnahme verschiedener Telemedien zusammenführen, soweit dies für Abrechnungszwecke mit dem Nutzer erforderlich ist.

(3) Der Diensteanbieter darf für Zwecke der Werbung, der Marktforschung oder zur bedarfsgerechten Gestaltung der Telemedien Nutzungsprofile bei Verwendung von Pseudonymen erstellen, sofern der Nutzer dem nicht widerspricht. Der Diensteanbieter hat den Nutzer auf sein Widerspruchsrecht im Rahmen der Unterrichtung nach § 13 Abs. 1 hinzuweisen. Diese Nutzungsprofile dürfen nicht mit Daten über den Träger des Pseudonyms zusammengeführt werden.

(4) Der Diensteanbieter darf Nutzungsdaten über das Ende des Nutzungsvorgangs hinaus verwenden, soweit sie für Zwecke der Abrechnung mit dem Nutzer erforderlich sind (Abrechnungsdaten). Zur Erfüllung bestehender gesetzlicher, satzungsmäßiger oder vertraglicher Aufbewahrungsfristen darf der Diensteanbieter die Daten sperren.

(5) Der Diensteanbieter darf an andere Diensteanbieter oder Dritte Abrechnungsdaten übermitteln, soweit dies zur Ermittlung des Entgelts und zur Abrechnung mit dem Nutzer erforderlich ist. Hat der Diensteanbieter mit einem Dritten einen Vertrag über den Einzug des Entgelts geschlossen, so darf er diesem Dritten Abrechnungsdaten übermitteln, soweit es für diesen Zweck erforderlich ist. Zum Zwecke der Marktforschung anderer Diensteanbieter dürfen anonymisierte Nutzungsdaten übermittelt werden. § 14 Abs. 2 findet entsprechende Anwendung.

(6) Die Abrechnung über die Inanspruchnahme von Telemedien darf Anbieter, Zeitpunkt, Dauer, Art, Inhalt und Häufigkeit bestimmter von einem Nutzer in Anspruch genommener Telemedien nicht erkennen lassen, es sei denn, der Nutzer verlangt einen Einzelnachweis.

(7) Der Diensteanbieter darf Abrechnungsdaten, die für die Erstellung von Einzelnachweisen über die Inanspruchnahme bestimmter Angebote auf Verlangen des Nutzers verarbeitet werden, höchstens bis zum Ablauf des sechsten Monats nach Versendung der Rechnung speichern. Werden gegen die Entgeltforderung innerhalb dieser Frist Einwendungen erhoben oder diese trotz Zahlungsaufforderung nicht beglichen, dürfen die Abrechnungsdaten weiter gespeichert werden, bis die Einwendungen abschließend geklärt sind oder die Entgeltforderung beglichen ist.

(8) Liegen dem Diensteanbieter zu dokumentierende tatsächliche Anhaltspunkte vor, dass seine Dienste von bestimmten Nutzern in der Absicht in Anspruch genommen werden, das Entgelt nicht oder nicht vollständig zu entrichten, darf er die personenbezogenen Daten dieser Nutzer über das Ende des Nutzungsvorgangs sowie die in Absatz 7 genannte Speicherfrist hinaus nur verwenden, soweit dies für Zwecke der Rechtsverfolgung erforderlich ist. Der Diensteanbieter hat die Daten unverzüglich zu löschen, wenn die Voraussetzungen nach Satz 1 nicht mehr vorliegen oder die Daten für die Rechtsverfolgung nicht mehr benötigt werden. Der betroffene Nutzer ist zu unterrichten, sobald dies ohne Gefährdung des mit der Maßnahme verfolgten Zweckes möglich ist.

§ 15a Informationspflicht bei unrechtmäßiger Kenntniserlangung von Daten

Stellt der Diensteanbieter fest, dass bei ihm gespeicherte Bestands- oder Nutzungsdaten unrechtmäßig übermittelt worden oder auf sonstige Weise Dritten unrechtmäßig zur Kenntnis gelangt sind, und drohen schwerwiegende Beeinträchtigungen für die Rechte oder schutzwürdigen Interessen des betroffenen Nutzers, gilt § 42a des Bundesdatenschutzgesetzes entsprechend.

Abschnitt 5
Bußgeldvorschriften

§ 16 Bußgeldvorschriften

(1) Ordnungswidrig handelt, wer absichtlich entgegen § 6 Abs. 2 Satz 1 den Absender oder den kommerziellen Charakter der Nachricht verschleiert oder verheimlicht.

(2) Ordnungswidrig handelt, wer vorsätzlich oder fahrlässig

1. entgegen § 5 Abs. 1 eine Information nicht, nicht richtig oder nicht vollständig verfügbar hält,

2. entgegen § 13 Abs. 1 Satz 1 oder 2 den Nutzer nicht, nicht richtig, nicht vollständig oder nicht rechtzeitig unterrichtet,

3. einer Vorschrift des § 13 Abs. 4 Satz 1 Nr. 1 bis 4 oder 5 über eine dort genannte Pflicht zur Sicherstellung zuwiderhandelt,

4. entgegen § 14 Abs. 1 oder § 15 Abs. 1 Satz 1 oder Abs. 8 Satz 1 oder 2 personenbezogene Daten erhebt oder verwendet oder nicht oder nicht rechtzeitig löscht oder

5. entgegen § 15 Abs. 3 Satz 3 ein Nutzungsprofil mit Daten über den Träger des Pseudonyms zusammenführt.

(3) Die Ordnungswidrigkeit kann mit einer Geldbuße bis zu fünfzigtausend Euro geahndet werden.

5. Telekommunikationsgesetz vom 22. Juni 2004 (BGBl. I S. 1190), das zuletzt durch Artikel 4 Absatz 108 des Gesetzes vom 7. August 2013 (BGBl. I S. 3154) geändert worden ist

(Auszug)

Teil 7 Fernmeldegeheimnis, Datenschutz, Öffentliche Sicherheit

Abschnitt 1 Fernmeldegeheimnis

§ 88 Fernmeldegeheimnis

(1) Dem Fernmeldegeheimnis unterliegen der Inhalt der Telekommunikation und ihre näheren Umstände, insbesondere die Tatsache, ob jemand an einem Telekommunikationsvorgang beteiligt ist oder war. Das Fernmeldegeheimnis erstreckt sich auch auf die näheren Umstände erfolgloser Verbindungsversuche.

(2) Zur Wahrung des Fernmeldegeheimnisses ist jeder Diensteanbieter verpflichtet. Die Pflicht zur Geheimhaltung besteht auch nach dem Ende der Tätigkeit fort, durch die sie begründet worden ist.

(3) Den nach Absatz 2 Verpflichteten ist es untersagt, sich oder anderen über das für die geschäftsmäßige Erbringung der Telekommunikationsdienste einschließlich des Schutzes ihrer technischen Systeme erforderliche Maß hinaus Kenntnis vom Inhalt oder den näheren Umständen der Telekommunikation zu verschaffen. Sie dürfen Kenntnisse über Tatsachen, die dem Fernmeldegeheimnis unterliegen, nur für den in Satz 1 genannten Zweck verwenden. Eine Verwendung dieser Kenntnisse für andere Zwecke, insbesondere die Weitergabe an andere, ist nur zulässig, soweit dieses Gesetz oder eine andere gesetzliche Vorschrift dies vorsieht und sich dabei ausdrücklich auf Telekommunikationsvorgänge bezieht. Die Anzeigepflicht nach § 138 des Strafgesetzbuches hat Vorrang.

(4) Befindet sich die Telekommunikationsanlage an Bord eines Wasser- oder Luftfahrzeugs, so besteht die Pflicht zur Wahrung des Geheimnisses nicht gegenüber der Person, die das Fahrzeug führt oder gegenüber ihrer Stellvertretung.

§ 89 Abhörverbot, Geheimhaltungspflicht der Betreiber von Empfangsanlagen

Mit einer Funkanlage dürfen nur Nachrichten, die für den Betreiber der Funkanlage, Funkamateure im Sinne des Gesetzes über den Amateurfunk vom 23. Juni 1997 (BGBl. I S. 1494), die Allgemeinheit oder einen unbestimmten Personenkreis bestimmt sind, abgehört werden. Der Inhalt anderer als in Satz 1 genannter Nachrichten sowie die Tatsache ihres Empfangs dürfen, auch wenn der Empfang unbeabsichtigt geschieht, auch von Personen, für die eine Pflicht zur Geheimhaltung nicht schon nach § 88 besteht, anderen nicht mitgeteilt werden. § 88 Abs. 4 gilt entsprechend. Das Abhören und die Weitergabe von Nachrichten auf Grund besonderer gesetzlicher Ermächtigung bleiben unberührt.

§ 90 Missbrauch von Sende- oder sonstigen Telekommunikationsanlagen

(1) Es ist verboten, Sendeanlagen oder sonstige Telekommunikationsanlagen zu besitzen, herzustellen, zu vertreiben, einzuführen oder sonst in den Geltungsbereich dieses Gesetzes zu verbringen, die ihrer Form nach einen anderen Gegenstand vortäuschen oder die mit Gegenständen des täglichen Gebrauchs verkleidet sind und auf Grund dieser Umstände oder auf Grund ihrer Funktionsweise in besonderer Weise geeignet und dazu bestimmt sind, das nicht öffentlich gesprochene Wort eines anderen von diesem unbemerkt abzuhören oder das Bild eines anderen von diesem unbemerkt aufzunehmen. Das Verbot, solche Anlagen zu besitzen, gilt nicht für denjenigen, der die tatsächliche Gewalt über eine solche Anlage

1. als Organ, als Mitglied eines Organs, als gesetzlicher Vertreter oder als vertretungsberechtigter Gesellschafter eines Berechtigten nach Absatz 2 erlangt,

2. von einem anderen oder für einen anderen Berechtigten nach Absatz 2 erlangt, sofern und solange er die Weisungen des anderen über die Ausübung der tatsächlichen Gewalt über die Anlage auf Grund eines Dienst- oder Arbeitsverhältnisses zu befolgen hat oder die tatsächliche Gewalt auf Grund gerichtlichen oder behördlichen Auftrags ausübt,

3. als Gerichtsvollzieher oder Vollzugsbeamter in einem Vollstreckungsverfahren erwirbt,

4. von einem Berechtigten nach Absatz 2 vorübergehend zum Zwecke der sicheren Verwahrung oder der nicht gewerbsmäßigen Beförderung zu einem Berechtigten erlangt,

5. lediglich zur gewerbsmäßigen Beförderung oder gewerbsmäßigen Lagerung erlangt,

6. durch Fund erlangt, sofern er die Anlage unverzüglich dem Verlierer, dem Eigentümer, einem sonstigen Erwerbsberechtigten oder der für die Entgegennahme der Fundanzeige zuständigen Stelle abliefert,

7. von Todes wegen erwirbt, sofern er die Anlage unverzüglich einem Berechtigten überlässt oder sie für dauernd unbrauchbar macht,

8. erlangt, die durch Entfernen eines wesentlichen Bauteils dauernd unbrauchbar gemacht worden ist, sofern er den Erwerb unverzüglich der Bundesnetzagentur schriftlich anzeigt, dabei seine Personalien, die Art der Anlage, deren Hersteller- oder Warenzeichen und, wenn die Anlage eine Herstellungsnummer hat, auch diese angibt sowie glaubhaft macht, dass er die Anlage ausschließlich zu Sammlerzwecken erworben hat.

(2) Die zuständigen obersten Bundes- oder Landesbehörden lassen Ausnahmen zu, wenn es im öffentlichen Interesse, insbesondere aus Gründen der öffentlichen Sicherheit, erforderlich ist. Absatz 1 Satz 1 gilt nicht, soweit das Bundesamt für Wirtschaft und Ausfuhrkontrolle (BAFA) die Ausfuhr der Sendeanlagen oder sonstigen Telekommunikationsanlagen genehmigt hat.

(3) Es ist verboten, öffentlich oder in Mitteilungen, die für einen größeren Personenkreis bestimmt sind, für Sendeanlagen oder sonstige Telekommunikationsanlagen mit dem Hinweis zu werben, dass sie geeignet sind, das nicht öffentlich gesprochene Wort eines anderen von diesem unbemerkt abzuhören oder dessen Bild von diesem unbemerkt aufzunehmen.

Abschnitt 2 Datenschutz

§ 91 Anwendungsbereich

(1) Dieser Abschnitt regelt den Schutz personenbezogener Daten der Teilnehmer und Nutzer von Telekommunikation bei der Erhebung und Verwendung dieser Daten durch Unternehmen und Personen, die geschäftsmäßig Telekommunikationsdienste in Telekommunikationsnetzen, einschließlich Telekommunikationsnetzen, die Datenerfassungs- und Identifizierungsgeräte unterstützen, erbringen oder an deren Erbringung mitwirken. Dem Fernmeldegeheimnis unterliegende Einzelangaben über Verhältnisse einer bestimmten oder bestimmbaren juristischen Person oder Personengesellschaft, sofern sie mit der Fähigkeit ausgestattet ist, Rechte zu erwerben oder Verbindlichkeiten einzugehen, stehen den personenbezogenen Daten gleich.

(2) Für geschlossene Benutzergruppen öffentlicher Stellen der Länder gilt dieser Abschnitt mit der Maßgabe, dass an die Stelle des Bundesdatenschutzgesetzes die jeweiligen Landesdatenschutzgesetze treten.

§ 92

(weggefallen)

§ 93 Informationspflichten

(1) Diensteanbieter haben ihre Teilnehmer bei Vertragsabschluss über Art, Umfang, Ort und Zweck der Erhebung und Verwendung personenbezogener Daten so zu unterrichten, dass die Teilnehmer in allgemein verständlicher Form Kenntnis von den grundlegenden Verarbeitungstatbeständen der Daten erhalten. Dabei sind die Teilnehmer auch auf die zulässigen Wahl- und Gestaltungsmöglichkeiten hinzuweisen. Die Nutzer sind vom Diensteanbieter durch allgemein zugängliche Informationen über die Erhebung und Verwendung personenbezogener Daten zu unterrichten. Das Auskunftsrecht nach dem Bundesdatenschutzgesetz bleibt davon unberührt.

(2) Unbeschadet des Absatzes 1 hat der Diensteanbieter in den Fällen, in denen ein besonderes Risiko der Verletzung der Netzsicherheit besteht, die Teilnehmer über

dieses Risiko und, wenn das Risiko außerhalb des Anwendungsbereichs der vom Diensteanbieter zu treffenden Maßnahme liegt, über mögliche Abhilfen, einschließlich der für sie voraussichtlich entstehenden Kosten, zu unterrichten.

(3) Im Fall einer Verletzung des Schutzes personenbezogener Daten haben die betroffenen Teilnehmer oder Personen die Rechte aus § 109a Absatz 1 Satz 2 in Verbindung mit Absatz 2.

§ 94 Einwilligung im elektronischen Verfahren

Die Einwilligung kann auch elektronisch erklärt werden, wenn der Diensteanbieter sicherstellt, dass

1. der Teilnehmer oder Nutzer seine Einwilligung bewusst und eindeutig erteilt hat,

2. die Einwilligung protokolliert wird,

3. der Teilnehmer oder Nutzer den Inhalt der Einwilligung jederzeit abrufen kann und

4. der Teilnehmer oder Nutzer die Einwilligung jederzeit mit Wirkung für die Zukunft widerrufen kann.

§ 95 Vertragsverhältnisse

(1) Der Diensteanbieter darf Bestandsdaten erheben und verwenden, soweit dieses zur Erreichung des in § 3 Nr. 3 genannten Zweckes erforderlich ist. Im Rahmen eines Vertragsverhältnisses mit einem anderen Diensteanbieter darf der Diensteanbieter Bestandsdaten seiner Teilnehmer und der Teilnehmer des anderen Diensteanbieters erheben und verwenden, soweit dies zur Erfüllung des Vertrages zwischen den Diensteanbietern erforderlich ist. Eine Übermittlung der Bestandsdaten an Dritte erfolgt, soweit nicht dieser Teil oder ein anderes Gesetz sie zulässt, nur mit Einwilligung des Teilnehmers.

(2) Der Diensteanbieter darf die Bestandsdaten der in Absatz 1 Satz 2 genannten Teilnehmer zur Beratung der Teilnehmer, zur Werbung für eigene Angebote, zur Marktforschung und zur Unterrichtung über einen individuellen Gesprächswunsch eines anderen Nutzers nur verwenden, soweit dies für diese Zwecke erforderlich ist und der Teilnehmer eingewilligt hat. Ein Diensteanbieter, der im Rahmen einer bestehenden Kundenbeziehung rechtmäßig Kenntnis von der Rufnummer oder der Postadresse, auch der elektronischen, eines Teilnehmers erhalten hat, darf diese für die Versendung von Text- oder Bildmitteilungen an ein Telefon oder an eine Postadresse zu den in Satz 1 genannten Zwecken verwenden, es sei denn, dass der Teilnehmer einer solchen Verwendung widersprochen hat. Die Verwendung der Rufnummer oder Adresse nach Satz 2 ist nur zulässig, wenn der Teilnehmer bei der Erhebung oder der erstmaligen Speicherung der Rufnummer oder Adresse und bei jeder Versendung einer Nachricht an diese Rufnummer oder Adresse zu einem der

in Satz 1 genannten Zwecke deutlich sichtbar und gut lesbar darauf hingewiesen wird, dass er der Versendung weiterer Nachrichten jederzeit schriftlich oder elektronisch widersprechen kann.

(3) Endet das Vertragsverhältnis, sind die Bestandsdaten vom Diensteanbieter mit Ablauf des auf die Beendigung folgenden Kalenderjahres zu löschen. § 35 Abs. 3 des Bundesdatenschutzgesetzes gilt entsprechend.

(4) Der Diensteanbieter kann im Zusammenhang mit dem Begründen und dem Ändern des Vertragsverhältnisses sowie dem Erbringen von Telekommunikationsdiensten die Vorlage eines amtlichen Ausweises verlangen, wenn dies zur Überprüfung der Angaben des Teilnehmers erforderlich ist. Er kann von dem Ausweis eine Kopie erstellen. Die Kopie ist vom Diensteanbieter unverzüglich nach Feststellung der für den Vertragsabschluss erforderlichen Angaben des Teilnehmers zu vernichten. Andere als die nach Absatz 1 zulässigen Daten darf der Diensteanbieter dabei nicht verwenden.

(5) Die Erbringung von Telekommunikationsdiensten darf nicht von einer Einwilligung des Teilnehmers in eine Verwendung seiner Daten für andere Zwecke abhängig gemacht werden, wenn dem Teilnehmer ein anderer Zugang zu diesen Telekommunikationsdiensten ohne die Einwilligung nicht oder in nicht zumutbarer Weise möglich ist. Eine unter solchen Umständen erteilte Einwilligung ist unwirksam.

§ 96 Verkehrsdaten

(1) Der Diensteanbieter darf folgende Verkehrsdaten erheben, soweit dies für die in diesem Abschnitt genannten Zwecke erforderlich ist:

1. die Nummer oder Kennung der beteiligten Anschlüsse oder der Endeinrichtung, personenbezogene Berechtigungskennungen, bei Verwendung von Kundenkarten auch die Kartennummer, bei mobilen Anschlüssen auch die Standortdaten,

2. den Beginn und das Ende der jeweiligen Verbindung nach Datum und Uhrzeit und, soweit die Entgelte davon abhängen, die übermittelten Datenmengen,

3. den vom Nutzer in Anspruch genommenen Telekommunikationsdienst,

4. die Endpunkte von festgeschalteten Verbindungen, ihren Beginn und ihr Ende nach Datum und Uhrzeit und, soweit die Entgelte davon abhängen, die übermittelten Datenmengen,

5. sonstige zum Aufbau und zur Aufrechterhaltung der Telekommunikation sowie zur Entgeltabrechnung notwendige Verkehrsdaten.

Diese Verkehrsdaten dürfen nur verwendet werden, soweit dies für die in Satz 1 genannten oder durch andere gesetzliche Vorschriften begründeten Zwecke oder zum Aufbau weiterer Verbindungen erforderlich ist. Im Übrigen sind Verkehrsdaten vom Diensteanbieter nach Beendigung der Verbindung unverzüglich zu löschen.

(2) Eine über Absatz 1 hinausgehende Erhebung oder Verwendung der Verkehrsdaten ist unzulässig.

(3) Der Diensteanbieter darf teilnehmerbezogene Verkehrsdaten, die vom Anbieter eines öffentlich zugänglichen Telekommunikationsdienstes verwendet werden, zum Zwecke der Vermarktung von Telekommunikationsdiensten, zur bedarfsgerechten Gestaltung von Telekommunikationsdiensten oder zur Bereitstellung von Diensten mit Zusatznutzen im dazu erforderlichen Maß und im dazu erforderlichen Zeitraum nur verwenden, sofern der Betroffene in diese Verwendung eingewilligt hat. Die Daten der Angerufenen sind unverzüglich zu anonymisieren. Eine zielnummernbezogene Verwendung der Verkehrsdaten durch den Diensteanbieter zu den in Satz 1 genannten Zwecken ist nur mit Einwilligung der Angerufenen zulässig. Hierbei sind die Daten der Anrufenden unverzüglich zu anonymisieren.

(4) Bei der Einholung der Einwilligung ist dem Teilnehmer mitzuteilen, welche Datenarten für die in Absatz 3 Satz 1 genannten Zwecke verarbeitet werden sollen und wie lange sie gespeichert werden sollen. Außerdem ist der Teilnehmer darauf hinzuweisen, dass er die Einwilligung jederzeit widerrufen kann.

§ 97 Entgeltermittlung und Entgeltabrechnung

(1) Diensteanbieter dürfen die in § 96 Abs. 1 aufgeführten Verkehrsdaten verwenden, soweit die Daten zur Ermittlung des Entgelts und zur Abrechnung mit ihren Teilnehmern benötigt werden. Erbringt ein Diensteanbieter seine Dienste über ein öffentliches Telekommunikationsnetz eines fremden Betreibers, darf der Betreiber des öffentlichen Telekommunikationsnetzes dem Diensteanbieter die für die Erbringung von dessen Diensten erhobenen Verkehrsdaten übermitteln. Hat der Diensteanbieter mit einem Dritten einen Vertrag über den Einzug des Entgelts geschlossen, so darf er dem Dritten die in Absatz 2 genannten Daten übermitteln, soweit es zum Einzug des Entgelts und der Erstellung einer detaillierten Rechnung erforderlich ist. Der Dritte ist vertraglich zur Wahrung des Fernmeldegeheimnisses nach § 88 und des Datenschutzes nach den §§ 93 und 95 bis 97, 99 und 100 zu verpflichten. § 11 des Bundesdatenschutzgesetzes bleibt unberührt.

(2) Der Diensteanbieter darf zur ordnungsgemäßen Ermittlung und Abrechnung der Entgelte für Telekommunikationsdienste und zum Nachweis der Richtigkeit derselben folgende personenbezogene Daten nach Maßgabe der Absätze 3 bis 6 erheben und verwenden:

1. die Verkehrsdaten nach § 96 Abs. 1,

2. die Anschrift des Teilnehmers oder Rechnungsempfängers, die Art des Anschlusses, die Zahl der im Abrechnungszeitraum einer planmäßigen Entgeltabrechnung insgesamt aufgekommenen Entgelteinheiten, die übermittelten Datenmengen, das insgesamt zu entrichtende Entgelt,

3. sonstige für die Entgeltabrechnung erhebliche Umstände wie Vorschusszahlungen, Zahlungen mit Buchungsdatum, Zahlungsrückstände, Mahnungen, durchgeführte und aufgehobene Anschlusssperren, eingereichte und bearbeitete Reklamationen, beantragte und genehmigte Stundungen, Ratenzahlungen und Sicherheitsleistungen.

(3) Der Diensteanbieter hat nach Beendigung der Verbindung aus den Verkehrsdaten nach § 96 Abs. 1 Nr. 1 bis 3 und 5 unverzüglich die für die Berechnung des Entgelts erforderlichen Daten zu ermitteln. Diese Daten dürfen bis zu sechs Monate nach Versendung der Rechnung gespeichert werden. Für die Abrechnung nicht erforderliche Daten sind unverzüglich zu löschen. Hat der Teilnehmer gegen die Höhe der in Rechnung gestellten Verbindungsentgelte vor Ablauf der Frist nach Satz 2 Einwendungen erhoben, dürfen die Daten gespeichert werden, bis die Einwendungen abschließend geklärt sind.

(4) Soweit es für die Abrechnung des Diensteanbieters mit anderen Diensteanbietern oder mit deren Teilnehmern sowie anderer Diensteanbieter mit ihren Teilnehmern erforderlich ist, darf der Diensteanbieter Verkehrsdaten verwenden.

(5) Zieht der Diensteanbieter mit der Rechnung Entgelte für Leistungen eines Dritten ein, die dieser im Zusammenhang mit der Erbringung von Telekommunikationsdiensten erbracht hat, so darf er dem Dritten Bestands- und Verkehrsdaten übermitteln, soweit diese im Einzelfall für die Durchsetzung der Forderungen des Dritten gegenüber seinem Teilnehmer erforderlich sind.

§ 98 Standortdaten

(1) Standortdaten, die in Bezug auf die Nutzer von öffentlichen Telekommunikationsnetzen oder öffentlich zugänglichen Telekommunikationsdiensten verwendet werden, dürfen nur im zur Bereitstellung von Diensten mit Zusatznutzen erforderlichen Umfang und innerhalb des dafür erforderlichen Zeitraums verarbeitet werden, wenn sie anonymisiert wurden oder wenn der Teilnehmer dem Anbieter des Dienstes mit Zusatznutzen seine Einwilligung erteilt hat. In diesen Fällen hat der Anbieter des Dienstes mit Zusatznutzen bei jeder Feststellung des Standortes des Mobilfunkendgerätes den Nutzer durch eine Textmitteilung an das Endgerät, dessen Standortdaten ermittelt wurden, zu informieren. Dies gilt nicht, wenn der Standort nur auf dem Endgerät angezeigt wird, dessen Standortdaten ermittelt wurden. Werden die Standortdaten für einen Dienst mit Zusatznutzen verarbeitet, der die Übermittlung von Standortdaten eines Mobilfunkendgerätes an einen anderen Teilnehmer oder Dritte, die nicht Anbieter des Dienstes mit Zusatznutzen sind, zum Gegenstand hat, muss der Teilnehmer abweichend von § 94 seine Einwilligung ausdrücklich, gesondert und schriftlich gegenüber dem Anbieter des Dienstes mit Zusatznutzen erteilen. In diesem Fall gilt die Verpflichtung nach Satz 2 entsprechend für den Anbieter des Dienstes mit Zusatznutzen. Der Anbieter des Dienstes mit Zusatznutzen darf die erforderlichen Bestandsdaten zur Erfüllung seiner Ver-

pflichtung aus Satz 2 nutzen. Der Teilnehmer muss Mitbenutzer über eine erteilte Einwilligung unterrichten. Eine Einwilligung kann jederzeit widerrufen werden.

(2) Haben die Teilnehmer ihre Einwilligung zur Verarbeitung von Standortdaten gegeben, müssen sie auch weiterhin die Möglichkeit haben, die Verarbeitung solcher Daten für jede Verbindung zum Netz oder für jede Übertragung einer Nachricht auf einfache Weise und unentgeltlich zeitweise zu untersagen.

(3) Bei Verbindungen zu Anschlüssen, die unter den Notrufnummern 112 oder 110 oder der Rufnummer 124 124 oder 116 117 erreicht werden, hat der Diensteanbieter sicherzustellen, dass nicht im Einzelfall oder dauernd die Übermittlung von Standortdaten ausgeschlossen wird.

(4) Die Verarbeitung von Standortdaten nach den Absätzen 1 und 2 muss auf das für die Bereitstellung des Dienstes mit Zusatznutzen erforderliche Maß sowie auf Personen beschränkt werden, die im Auftrag des Betreibers des öffentlichen Telekommunikationsnetzes oder öffentlich zugänglichen Telekommunikationsdienstes oder des Dritten, der den Dienst mit Zusatznutzen anbietet, handeln.

§ 99 Einzelverbindungsnachweis

(1) Dem Teilnehmer sind die gespeicherten Daten derjenigen Verbindungen, für die er entgeltpflichtig ist, nur dann mitzuteilen, wenn er vor dem maßgeblichen Abrechnungszeitraum in Textform einen Einzelverbindungsnachweis verlangt hat; auf Wunsch dürfen ihm auch die Daten pauschal abgegoltener Verbindungen mitgeteilt werden. Dabei entscheidet der Teilnehmer, ob ihm die von ihm gewählten Rufnummern ungekürzt oder unter Kürzung um die letzten drei Ziffern mitgeteilt werden. Bei Anschlüssen im Haushalt ist die Mitteilung nur zulässig, wenn der Teilnehmer in Textform erklärt hat, dass er alle zum Haushalt gehörenden Mitbenutzer des Anschlusses darüber informiert hat und künftige Mitbenutzer unverzüglich darüber informieren wird, dass ihm die Verkehrsdaten zur Erteilung des Nachweises bekannt gegeben werden. Bei Anschlüssen in Betrieben und Behörden ist die Mitteilung nur zulässig, wenn der Teilnehmer in Textform erklärt hat, dass die Mitarbeiter informiert worden sind und künftige Mitarbeiter unverzüglich informiert werden und dass der Betriebsrat oder die Personalvertretung entsprechend den gesetzlichen Vorschriften beteiligt worden ist oder eine solche Beteiligung nicht erforderlich ist. Soweit die öffentlich-rechtlichen Religionsgesellschaften für ihren Bereich eigene Mitarbeitervertreterregelungen erlassen haben, findet Satz 4 mit der Maßgabe Anwendung, dass an die Stelle des Betriebsrates oder der Personalvertretung die jeweilige Mitarbeitervertretung tritt. Dem Teilnehmer dürfen darüber hinaus die gespeicherten Daten mitgeteilt werden, wenn er Einwendungen gegen die Höhe der Verbindungsentgelte erhoben hat. Soweit ein Teilnehmer zur vollständigen oder teilweisen Übernahme der Entgelte für Verbindungen verpflichtet ist, die bei seinem Anschluss ankommen, dürfen ihm in dem für ihn bestimmten Einzelverbindungsnachweis die Nummern der Anschlüsse, von denen die Anrufe ausgehen, nur unter Kürzung um die letzten drei Ziffern mitgeteilt werden. Die Sätze 2 und 7 gel-

ten nicht für Diensteanbieter, die als Anbieter für geschlossene Benutzergruppen ihre Dienste nur ihren Teilnehmern anbieten.

(2) Der Einzelverbindungsnachweis nach Absatz 1 Satz 1 darf nicht Verbindungen zu Anschlüssen von Personen, Behörden und Organisationen in sozialen oder kirchlichen Bereichen erkennen lassen, die grundsätzlich anonym bleibenden Anrufern ganz oder überwiegend telefonische Beratung in seelischen oder sozialen Notlagen anbieten und die selbst oder deren Mitarbeiter insoweit besonderen Verschwiegenheitsverpflichtungen unterliegen. Dies gilt nur, soweit die Bundesnetzagentur die angerufenen Anschlüsse in eine Liste aufgenommen hat. Der Beratung im Sinne des Satzes 1 dienen neben den in § 203 Abs. 1 Nr. 4 und 4a des Strafgesetzbuches genannten Personengruppen insbesondere die Telefonseelsorge und die Gesundheitsberatung. Die Bundesnetzagentur nimmt die Inhaber der Anschlüsse auf Antrag in die Liste auf, wenn sie ihre Aufgabenbestimmung nach Satz 1 durch Bescheinigung einer Behörde oder Körperschaft, Anstalt oder Stiftung des öffentlichen Rechts nachgewiesen haben. Die Liste wird zum Abruf im automatisierten Verfahren bereitgestellt. Der Diensteanbieter hat die Liste quartalsweise abzufragen und Änderungen unverzüglich in seinen Abrechnungsverfahren anzuwenden. Die Sätze 1 bis 6 gelten nicht für Diensteanbieter, die als Anbieter für geschlossene Benutzergruppen ihre Dienste nur ihren Teilnehmern anbieten.

(3) Bei Verwendung einer Kundenkarte muss auch auf der Karte ein deutlicher Hinweis auf die mögliche Mitteilung der gespeicherten Verkehrsdaten ersichtlich sein. Sofern ein solcher Hinweis auf der Karte aus technischen Gründen nicht möglich oder für den Kartenemittenten unzumutbar ist, muss der Teilnehmer eine Erklärung nach Absatz 1 Satz 3 oder Satz 4 abgegeben haben.

§ 100 Störungen von Telekommunikationsanlagen und Missbrauch von Telekommunikationsdiensten

(1) Soweit erforderlich, darf der Diensteanbieter zum Erkennen, Eingrenzen oder Beseitigen von Störungen oder Fehlern an Telekommunikationsanlagen die Bestandsdaten und Verkehrsdaten der Teilnehmer und Nutzer erheben und verwenden.

(2) Zur Durchführung von Umschaltungen sowie zum Erkennen und Eingrenzen von Störungen im Netz ist dem Betreiber der Telekommunikationsanlage oder seinem Beauftragten das Aufschalten auf bestehende Verbindungen erlaubt, soweit dies betrieblich erforderlich ist. Eventuelle bei der Aufschaltung erstellte Aufzeichnungen sind unverzüglich zu löschen. Das Aufschalten muss den betroffenen Kommunikationsteilnehmern durch ein akustisches oder sonstiges Signal zeitgleich angezeigt und ausdrücklich mitgeteilt werden. Sofern dies technisch nicht möglich ist, muss der betriebliche Datenschutzbeauftragte unverzüglich detailliert über die Verfahren und Umstände jeder einzelnen Maßnahme informiert werden. Diese Informationen sind beim betrieblichen Datenschutzbeauftragten für zwei Jahre aufzubewahren.

(3) Wenn zu dokumentierende tatsächliche Anhaltspunkte für die rechtswidrige Inanspruchnahme eines Telekommunikationsnetzes oder -dienstes vorliegen, insbesondere für eine Leistungserschleichung oder einen Betrug, darf der Diensteanbieter zur Sicherung seines Entgeltanspruchs die Bestandsdaten und Verkehrsdaten verwenden, die erforderlich sind, um die rechtswidrige Inanspruchnahme des Telekommunikationsnetzes oder -dienstes aufzudecken und zu unterbinden. Der Diensteanbieter darf die nach § 96 erhobenen Verkehrsdaten in der Weise verwenden, dass aus dem Gesamtbestand aller Verkehrsdaten, die nicht älter als sechs Monate sind, die Daten derjenigen Verbindungen des Netzes ermittelt werden, für die tatsächliche Anhaltspunkte den Verdacht der rechtswidrigen Inanspruchnahme von Telekommunikationsnetzen und -diensten begründen. Der Diensteanbieter darf aus den Verkehrsdaten und Bestandsdaten nach Satz 1 einen pseudonymisierten Gesamtdatenbestand bilden, der Aufschluss über die von einzelnen Teilnehmern erzielten Umsätze gibt und unter Zugrundelegung geeigneter Kriterien das Auffinden solcher Verbindungen des Netzes ermöglicht, bei denen der Verdacht einer rechtswidrigen Inanspruchnahme besteht. Die Daten anderer Verbindungen sind unverzüglich zu löschen. Die Bundesnetzagentur und der Bundesbeauftragte für den Datenschutz sind über Einführung und Änderung eines Verfahrens nach Satz 1 unverzüglich in Kenntnis zu setzen.

(4) Unter den Voraussetzungen des Absatzes 3 Satz 1 darf der Diensteanbieter im Einzelfall Steuersignale erheben und verwenden, soweit dies zum Aufklären und Unterbinden der dort genannten Handlungen unerlässlich ist. Die Erhebung und Verwendung von anderen Nachrichteninhalten ist unzulässig. Über Einzelmaßnahmen nach Satz 1 ist die Bundesnetzagentur in Kenntnis zu setzen. Die Betroffenen sind zu benachrichtigen, sobald dies ohne Gefährdung des Zwecks der Maßnahmen möglich ist.

§ 101 Mitteilen ankommender Verbindungen

(1) Trägt ein Teilnehmer in einem zu dokumentierenden Verfahren schlüssig vor, dass bei seinem Anschluss bedrohende oder belästigende Anrufe ankommen, hat der Diensteanbieter auf schriftlichen Antrag auch netzübergreifend Auskunft über die Inhaber der Anschlüsse zu erteilen, von denen die Anrufe ausgehen. Die Auskunft darf sich nur auf Anrufe beziehen, die nach Stellung des Antrags durchgeführt werden. Der Diensteanbieter darf die Rufnummern, Namen und Anschriften der Inhaber dieser Anschlüsse sowie Datum und Uhrzeit des Beginns der Verbindungen und der Verbindungsversuche erheben und verwenden sowie diese Daten seinem Teilnehmer mitteilen. Die Sätze 1 und 2 gelten nicht für Diensteanbieter, die ihre Dienste nur den Teilnehmern geschlossener Benutzergruppen anbieten.

(2) Die Bekanntgabe nach Absatz 1 Satz 3 darf nur erfolgen, wenn der Teilnehmer zuvor die Verbindungen nach Datum, Uhrzeit oder anderen geeigneten Kriterien eingrenzt, soweit ein Missbrauch dieses Verfahrens nicht auf andere Weise ausgeschlossen werden kann.

(3) Im Falle einer netzübergreifenden Auskunft sind die an der Verbindung mitwirkenden anderen Diensteanbieter verpflichtet, dem Diensteanbieter des bedrohten oder belästigten Teilnehmers die erforderlichen Auskünfte zu erteilen, sofern sie über diese Daten verfügen.

(4) Der Inhaber des Anschlusses, von dem die festgestellten Verbindungen ausgegangen sind, ist zu unterrichten, dass über diese Auskunft erteilt wurde. Davon kann abgesehen werden, wenn der Antragsteller schriftlich schlüssig vorgetragen hat, dass ihm aus dieser Mitteilung wesentliche Nachteile entstehen können, und diese Nachteile bei Abwägung mit den schutzwürdigen Interessen der Anrufenden als wesentlich schwerwiegender erscheinen. Erhält der Teilnehmer, von dessen Anschluss die als bedrohend oder belästigend bezeichneten Anrufe ausgegangen sind, auf andere Weise Kenntnis von der Auskunftserteilung, so ist er auf Verlangen über die Auskunftserteilung zu unterrichten.

(5) Die Bundesnetzagentur sowie der oder die Bundesbeauftragte für den Datenschutz sind über die Einführung und Änderung des Verfahrens zur Sicherstellung der Absätze 1 bis 4 unverzüglich in Kenntnis zu setzen.

§ 102 Rufnummernanzeige und -unterdrückung

(1) Bietet der Diensteanbieter die Anzeige der Rufnummer der Anrufenden an, so müssen Anrufende und Angerufene die Möglichkeit haben, die Rufnummernanzeige dauernd oder für jeden Anruf einzeln auf einfache Weise und unentgeltlich zu unterdrücken. Angerufene müssen die Möglichkeit haben, eingehende Anrufe, bei denen die Rufnummernanzeige durch den Anrufenden unterdrückt wurde, auf einfache Weise und unentgeltlich abzuweisen.

(2) Abweichend von Absatz 1 Satz 1 dürfen Anrufende bei Werbung mit einem Telefonanruf ihre Rufnummernanzeige nicht unterdrücken oder bei dem Diensteanbieter veranlassen, dass diese unterdrückt wird; der Anrufer hat sicherzustellen, dass dem Angerufenen die dem Anrufer zugeteilte Rufnummer übermittelt wird.

(3) Die Absätze 1 und 2 gelten nicht für Diensteanbieter, die ihre Dienste nur den Teilnehmern geschlossener Benutzergruppen anbieten.

(4) Auf Antrag des Teilnehmers muss der Diensteanbieter Anschlüsse bereitstellen, bei denen die Übermittlung der Rufnummer des Anschlusses, von dem der Anruf ausgeht, an den angerufenen Anschluss unentgeltlich ausgeschlossen ist. Die Anschlüsse sind auf Antrag des Teilnehmers in dem öffentlichen Teilnehmerverzeichnis (§ 104) seines Diensteanbieters zu kennzeichnen. Ist eine Kennzeichnung nach Satz 2 erfolgt, so darf an den so gekennzeichneten Anschluss eine Übermittlung der Rufnummer des Anschlusses, von dem der Anruf ausgeht, erst dann erfolgen, wenn zuvor die Kennzeichnung in der aktualisierten Fassung des Teilnehmerverzeichnisses nicht mehr enthalten ist.

(5) Hat der Teilnehmer die Eintragung in das Teilnehmerverzeichnis nicht nach § 104 beantragt, unterbleibt die Anzeige seiner Rufnummer bei dem angerufenen Anschluss, es sei denn, dass der Teilnehmer die Übermittlung seiner Rufnummer ausdrücklich wünscht.

(6) Wird die Anzeige der Rufnummer von Angerufenen angeboten, so müssen Angerufene die Möglichkeit haben, die Anzeige ihrer Rufnummer beim Anrufenden auf einfache Weise und unentgeltlich zu unterdrücken. Absatz 3 gilt entsprechend.

(7) Die Absätze 1 bis 3 und 6 gelten auch für Anrufe in das Ausland und für aus dem Ausland kommende Anrufe, soweit sie Anrufende oder Angerufene im Inland betreffen.

(8) Bei Verbindungen zu Anschlüssen, die unter den Notrufnummern 112 oder 110 oder der Rufnummer 124 124 oder 116 117 erreicht werden, hat der Diensteanbieter sicherzustellen, dass nicht im Einzelfall oder dauernd die Anzeige von Nummern der Anrufenden ausgeschlossen wird.

§ 103 Automatische Anrufweiterschaltung

Der Diensteanbieter ist verpflichtet, seinen Teilnehmern die Möglichkeit einzuräumen, eine von einem Dritten veranlasste automatische Weiterschaltung auf sein Endgerät auf einfache Weise und unentgeltlich abzustellen, soweit dies technisch möglich ist. Satz 1 gilt nicht für Diensteanbieter, die als Anbieter für geschlossene Benutzergruppen ihre Dienste nur ihren Teilnehmern anbieten.

§ 104 Teilnehmerverzeichnisse

Teilnehmer können mit ihrem Namen, ihrer Anschrift und zusätzlichen Angaben wie Beruf, Branche und Art des Anschlusses in öffentliche gedruckte oder elektronische Verzeichnisse eingetragen werden, soweit sie dies beantragen. Dabei können die Teilnehmer bestimmen, welche Angaben in den Verzeichnissen veröffentlicht werden sollen. Auf Verlangen des Teilnehmers dürfen Mitbenutzer eingetragen werden, soweit diese damit einverstanden sind.

§ 105 Auskunftserteilung

(1) Über die in Teilnehmerverzeichnissen enthaltenen Rufnummern dürfen Auskünfte unter Beachtung der Beschränkungen des § 104 und der Absätze 2 und 3 erteilt werden.

(2) Die Telefonauskunft über Rufnummern von Teilnehmern darf nur erteilt werden, wenn diese in angemessener Weise darüber informiert worden sind, dass sie der Weitergabe ihrer Rufnummer widersprechen können und von ihrem Widerspruchsrecht keinen Gebrauch gemacht haben. Über Rufnummern hinausgehende Auskünfte über nach § 104 veröffentlichte Daten dürfen nur erteilt werden, wenn der Teilnehmer in eine weitergehende Auskunftserteilung eingewilligt hat.

(3) Die Telefonauskunft von Namen oder Namen und Anschrift eines Teilnehmers, von dem nur die Rufnummer bekannt ist, ist zulässig, wenn der Teilnehmer, der in ein Teilnehmerverzeichnis eingetragen ist, nach einem Hinweis seines Diensteanbieters auf seine Widerspruchsmöglichkeit nicht widersprochen hat.

(4) Ein Widerspruch nach Absatz 2 Satz 1 oder Absatz 3 oder eine Einwilligung nach Absatz 2 Satz 2 sind in den Kundendateien des Diensteanbieters und des Anbieters nach Absatz 1, die den Verzeichnissen zugrunde liegen, unverzüglich zu vermerken. Sie sind auch von den anderen Diensteanbietern zu beachten, sobald diese in zumutbarer Weise Kenntnis darüber erlangen konnten, dass der Widerspruch oder die Einwilligung in den Verzeichnissen des Diensteanbieters und des Anbieters nach Absatz 1 vermerkt ist.

§ 106 Telegrammdienst

(1) Daten und Belege über die betriebliche Bearbeitung und Zustellung von Telegrammen dürfen gespeichert werden, soweit es zum Nachweis einer ordnungsgemäßen Erbringung der Telegrammdienstleistung nach Maßgabe des mit dem Teilnehmer geschlossenen Vertrags erforderlich ist. Die Daten und Belege sind spätestens nach sechs Monaten vom Diensteanbieter zu löschen.

(2) Daten und Belege über den Inhalt von Telegrammen dürfen über den Zeitpunkt der Zustellung hinaus nur gespeichert werden, soweit der Diensteanbieter nach Maßgabe des mit dem Teilnehmer geschlossenen Vertrags für Übermittlungsfehler einzustehen hat. Bei Inlandstelegrammen sind die Daten und Belege spätestens nach drei Monaten, bei Auslandstelegrammen spätestens nach sechs Monaten vom Diensteanbieter zu löschen.

(3) Die Löschungsfristen beginnen mit dem ersten Tag des Monats, der auf den Monat der Telegrammaufgabe folgt. Die Löschung darf unterbleiben, solange die Verfolgung von Ansprüchen oder eine internationale Vereinbarung eine längere Speicherung erfordert.

§ 107 Nachrichtenübermittlungssysteme mit Zwischenspeicherung

(1) Der Diensteanbieter darf bei Diensten, für deren Durchführung eine Zwischenspeicherung erforderlich ist, Nachrichteninhalte, insbesondere Sprach-, Ton-, Text- und Grafikmitteilungen von Teilnehmern, im Rahmen eines hierauf gerichteten Diensteangebots unter folgenden Voraussetzungen verarbeiten:

1. Die Verarbeitung erfolgt ausschließlich in Telekommunikationsanlagen des zwischenspeichernden Diensteanbieters, es sei denn, die Nachrichteninhalte werden im Auftrag des Teilnehmers oder durch Eingabe des Teilnehmers in Telekommunikationsanlagen anderer Diensteanbieter weitergeleitet.

2. Ausschließlich der Teilnehmer bestimmt durch seine Eingabe Inhalt, Umfang und Art der Verarbeitung.

3. Ausschließlich der Teilnehmer bestimmt, wer Nachrichteninhalte eingeben und darauf zugreifen darf (Zugriffsberechtigter).

4. Der Diensteanbieter darf dem Teilnehmer mitteilen, dass der Empfänger auf die Nachricht zugegriffen hat.

5. Der Diensteanbieter darf Nachrichteninhalte nur entsprechend dem mit dem Teilnehmer geschlossenen Vertrag löschen.

(2) Der Diensteanbieter hat die erforderlichen technischen und organisatorischen Maßnahmen zu treffen, um Fehlübermittlungen und das unbefugte Offenbaren von Nachrichteninhalten innerhalb seines Unternehmens oder an Dritte auszuschließen. Erforderlich sind Maßnahmen nur, wenn ihr Aufwand in einem angemessenen Verhältnis zu dem angestrebten Schutzzweck steht. Soweit es im Hinblick auf den angestrebten Schutzzweck erforderlich ist, sind die Maßnahmen dem jeweiligen Stand der Technik anzupassen.

Abschnitt 3 Öffentliche Sicherheit

§ 108 Notruf

(1) Wer öffentlich zugängliche Telekommunikationsdienste für das Führen von ausgehenden Inlandsgesprächen zu einer oder mehreren Nummern des nationalen Telefonnummernplanes bereitstellt, hat Vorkehrungen zu treffen, damit Endnutzern unentgeltliche Verbindungen möglich sind, die entweder durch die Wahl der europaeinheitlichen Notrufnummer 112 oder der zusätzlichen nationalen Notrufnummer 110 oder durch das Aussenden entsprechender Signalisierungen eingeleitet werden (Notrufverbindungen). Wer derartige öffentlich zugängliche Telekommunikationsdienste erbringt, den Zugang zu solchen Diensten ermöglicht oder Telekommunikationsnetze betreibt, die für diese Dienste einschließlich der Durchleitung von Anrufen genutzt werden, hat gemäß Satz 4 sicherzustellen oder im notwendigen Umfang daran mitzuwirken, dass Notrufverbindungen unverzüglich zu der örtlich zuständigen Notrufabfragestelle hergestellt werden, und er hat alle erforderlichen Maßnahmen zu treffen, damit Notrufverbindungen jederzeit möglich sind. Die Diensteanbieter nach den Sätzen 1 und 2 haben gemäß Satz 6 sicherzustellen, dass der Notrufabfragestelle auch Folgendes mit der Notrufverbindung übermittelt wird:

1. die Rufnummer des Anschlusses, von dem die Notrufverbindung ausgeht, und

2. die Daten, die zur Ermittlung des Standortes erforderlich sind, von dem die Notrufverbindung ausgeht.

Notrufverbindungen sind vorrangig vor anderen Verbindungen herzustellen, sie stehen vorrangigen Verbindungen nach dem Post- und Telekommunikationssicherstellungsgesetz gleich. Daten, die nach Maßgabe der Rechtsverordnung nach Absatz 3 zur Verfolgung von Missbrauch des Notrufs erforderlich sind, dürfen auch verzögert an die Notrufabfragestelle übermittelt werden. Die Übermittlung der Daten nach den Sätzen 3 und 5 erfolgt unentgeltlich. Die für Notrufverbindungen entstehenden Kosten trägt jeder Diensteanbieter selbst; die Entgeltlichkeit von Vorleistungen bleibt unberührt.

(2) Im Hinblick auf Notrufverbindungen, die durch sprach- oder hörbehinderte Endnutzer unter Verwendung eines Telefaxgerätes eingeleitet werden, gilt Absatz 1 entsprechend.

(3) Das Bundesministerium für Wirtschaft und Technologie wird ermächtigt, im Einvernehmen mit dem Bundesministerium des Innern und dem Bundesministerium für Arbeit und Soziales durch Rechtsverordnung mit Zustimmung des Bundesrates Regelungen zu treffen

1. zu den Grundsätzen der Festlegung von Einzugsgebieten von Notrufabfragestellen und deren Unterteilungen durch die für den Notruf zuständigen Landes- und Kommunalbehörden sowie zu den Grundsätzen des Abstimmungsverfahrens zwischen diesen Behörden und den betroffenen Teilnehmernetzbetreibern und Mobilfunknetzbetreibern, soweit diese Grundsätze für die Herstellung von Notrufverbindungen erforderlich sind,

2. zur Herstellung von Notrufverbindungen zur jeweils örtlich zuständigen Notrufabfragestelle oder Ersatznotrufabfragestelle,

3. zum Umfang der für Notrufverbindungen zu erbringenden Leistungsmerkmale, einschließlich
   a) der Übermittlung der Daten nach Absatz 1 Satz 3 und
   b) zulässiger Abweichungen hinsichtlich der nach Absatz 1 Satz 3 Nummer 1 zu übermittelnden Daten in unausweichlichen technisch bedingten Sonderfällen,

4. zur Bereitstellung und Übermittlung von Daten, die geeignet sind, der Notrufabfragestelle die Verfolgung von Missbrauch des Notrufs zu ermöglichen,

5. zum Herstellen von Notrufverbindungen mittels automatischer Wählgeräte und

6. zu den Aufgaben der Bundesnetzagentur auf den in den Nummern 1 bis 5 aufgeführten Gebieten, insbesondere im Hinblick auf die Festlegung von Kriterien für die Genauigkeit und Zuverlässigkeit der Daten, die zur Ermittlung des Standortes erforderlich sind, von dem die Notrufverbindung ausgeht.

Landesrechtliche Regelungen über Notrufabfragestellen bleiben von den Vorschriften dieses Absatzes insofern unberührt, als sie nicht Verpflichtungen im Sinne von Absatz 1 betreffen.

(4) Die technischen Einzelheiten zu den in Absatz 3 Satz 1 Nummer 1 bis 5 aufgeführten Gegenständen, insbesondere die Kriterien für die Genauigkeit und Zuverlässigkeit der Angaben zu dem Standort, von dem die Notrufverbindung ausgeht, legt die Bundesnetzagentur in einer Technischen Richtlinie fest; dabei berücksich-

tigt sie die Vorschriften der Verordnung nach Absatz 3. Die Bundesnetzagentur erstellt die Richtlinie unter Beteiligung

1. der Verbände der durch Absatz 1 Satz 1 und 2 und Absatz 2 betroffenen Diensteanbieter und Betreiber von Telekommunikationsnetzen,

2. der vom Bundesministerium des Innern benannten Vertreter der Betreiber von Notrufabfragestellen und

3. der Hersteller der in den Telekommunikationsnetzen und Notrufabfragestellen eingesetzten technischen Einrichtungen.

Bei den Festlegungen in der Technischen Richtlinie sind internationale Standards zu berücksichtigen; Abweichungen von den Standards sind zu begründen. Die Technische Richtlinie ist von der Bundesnetzagentur auf ihrer Internetseite zu veröffentlichen; die Veröffentlichung hat die Bundesnetzagentur in ihrem Amtsblatt bekannt zu machen. Die Verpflichteten nach Absatz 1 Satz 1 bis 3 und Absatz 2 haben die Anforderungen der Technischen Richtlinie spätestens ein Jahr nach deren Bekanntmachung zu erfüllen, sofern dort für bestimmte Verpflichtungen kein längerer Übergangszeitraum festgelegt ist. Nach dieser Richtlinie gestaltete mängelfreie technische Einrichtungen müssen im Falle einer Änderung der Richtlinie spätestens drei Jahre nach deren Inkrafttreten die geänderten Anforderungen erfüllen.

§ 109 Technische Schutzmaßnahmen

(1) Jeder Diensteanbieter hat erforderliche technische Vorkehrungen und sonstige Maßnahmen zu treffen

1. zum Schutz des Fernmeldegeheimnisses und

2. gegen die Verletzung des Schutzes personenbezogener Daten.

Dabei ist der Stand der Technik zu berücksichtigen.

(2) Wer ein öffentliches Telekommunikationsnetz betreibt oder öffentlich zugängliche Telekommunikationsdienste erbringt, hat bei den hierfür betriebenen Telekommunikations- und Datenverarbeitungssystemen angemessene technische Vorkehrungen und sonstige Maßnahmen zu treffen

1. zum Schutz gegen Störungen, die zu erheblichen Beeinträchtigungen von Telekommunikationsnetzen und -diensten führen, auch soweit sie durch äußere Angriffe und Einwirkungen von Katastrophen bedingt sein können, und

2. zur Beherrschung der Risiken für die Sicherheit von Telekommunikationsnetzen und -diensten.

Insbesondere sind Maßnahmen zu treffen, um Telekommunikations- und Datenverarbeitungssysteme gegen unerlaubte Zugriffe zu sichern und Auswirkungen von Sicherheitsverletzungen für Nutzer oder für zusammengeschaltete Netze so gering wie möglich zu halten. Wer ein öffentliches Telekommunikationsnetz betreibt, hat

Maßnahmen zu treffen, um den ordnungsgemäßen Betrieb seiner Netze zu gewährleisten und dadurch die fortlaufende Verfügbarkeit der über diese Netze erbrachten Dienste sicherzustellen. Technische Vorkehrungen und sonstige Schutzmaßnahmen sind angemessen, wenn der dafür erforderliche technische und wirtschaftliche Aufwand nicht außer Verhältnis zur Bedeutung der zu schützenden Telekommunikationsnetze oder -dienste steht. § 11 Absatz 1 des Bundesdatenschutzgesetzes gilt entsprechend.

(3) Bei gemeinsamer Nutzung eines Standortes oder technischer Einrichtungen hat jeder Beteiligte die Verpflichtungen nach den Absätzen 1 und 2 zu erfüllen, soweit bestimmte Verpflichtungen nicht einem bestimmten Beteiligten zugeordnet werden können.

(4) Wer ein öffentliches Telekommunikationsnetz betreibt oder öffentlich zugängliche Telekommunikationsdienste erbringt, hat einen Sicherheitsbeauftragten zu benennen und ein Sicherheitskonzept zu erstellen, aus dem hervorgeht,

1. welches öffentliche Telekommunikationsnetz betrieben und welche öffentlich zugänglichen Telekommunikationsdienste erbracht werden,

2. von welchen Gefährdungen auszugehen ist und

3. welche technischen Vorkehrungen oder sonstigen Schutzmaßnahmen zur Erfüllung der Verpflichtungen aus den Absätzen 1 und 2 getroffen oder geplant sind.

Wer ein öffentliches Telekommunikationsnetz betreibt, hat der Bundesnetzagentur das Sicherheitskonzept unverzüglich nach der Aufnahme des Netzbetriebs vorzulegen. Wer öffentlich zugängliche Telekommunikationsdienste erbringt, kann nach der Bereitstellung des Telekommunikationsdienstes von der Bundesnetzagentur verpflichtet werden, das Sicherheitskonzept vorzulegen. Mit dem Sicherheitskonzept ist eine Erklärung vorzulegen, dass die darin aufgezeigten technischen Vorkehrungen und sonstigen Schutzmaßnahmen umgesetzt sind oder unverzüglich umgesetzt werden. Stellt die Bundesnetzagentur im Sicherheitskonzept oder bei dessen Umsetzung Sicherheitsmängel fest, so kann sie deren unverzügliche Beseitigung verlangen. Sofern sich die dem Sicherheitskonzept zugrunde liegenden Gegebenheiten ändern, hat der nach Satz 2 oder 3 Verpflichtete das Konzept anzupassen und der Bundesnetzagentur unter Hinweis auf die Änderungen erneut vorzulegen. Die Bundesnetzagentur kann die Umsetzung des Sicherheitskonzeptes überprüfen.

(5) Wer ein öffentliches Telekommunikationsnetz betreibt oder öffentlich zugängliche Telekommunikationsdienste erbringt, hat der Bundesnetzagentur eine Sicherheitsverletzung einschließlich Störungen von Telekommunikationsnetzen oder -diensten unverzüglich mitzuteilen, sofern hierdurch beträchtliche Auswirkungen auf den Betrieb der Telekommunikationsnetze oder das Erbringen von Telekommunikationsdiensten entstehen. Die Bundesnetzagentur kann von dem nach Satz 1 Verpflichteten einen detaillierten Bericht über die Sicherheitsverletzung und die ergriffenen Abhilfemaßnahmen verlangen. Erforderlichenfalls unterrichtet die Bun-

desnetzagentur das Bundesamt für Sicherheit in der Informationstechnik, die nationalen Regulierungsbehörden der anderen Mitgliedstaaten der Europäischen Union und die Europäische Agentur für Netz- und Informationssicherheit über die Sicherheitsverletzungen. Die Bundesnetzagentur kann die Öffentlichkeit informieren oder die nach Satz 1 Verpflichteten zu dieser Unterrichtung auffordern, wenn sie zu dem Schluss gelangt, dass die Bekanntgabe der Sicherheitsverletzung im öffentlichen Interesse liegt. Die Bundesnetzagentur legt der Kommission, der Europäischen Agentur für Netz- und Informationssicherheit und dem Bundesamt für Sicherheit in der Informationstechnik einmal pro Jahr einen zusammenfassenden Bericht über die eingegangenen Mitteilungen und die ergriffenen Abhilfemaßnahmen vor.

(6) Die Bundesnetzagentur erstellt im Benehmen mit dem Bundesamt für Sicherheit in der Informationstechnik und dem Bundesbeauftragten für den Datenschutz und die Informationsfreiheit einen Katalog von Sicherheitsanforderungen für das Betreiben von Telekommunikations- und Datenverarbeitungssystemen sowie für die Verarbeitung personenbezogener Daten als Grundlage für das Sicherheitskonzept nach Absatz 4 und für die zu treffenden technischen Vorkehrungen und sonstigen Maßnahmen nach den Absätzen 1 und 2. Sie gibt den Herstellern, den Verbänden der Betreiber öffentlicher Telekommunikationsnetze und den Verbänden der Anbieter öffentlich zugänglicher Telekommunikationsdienste Gelegenheit zur Stellungnahme. Der Katalog wird von der Bundesnetzagentur veröffentlicht.

(7) Die Bundesnetzagentur kann anordnen, dass sich die Betreiber öffentlicher Telekommunikationsnetze oder die Anbieter öffentlich zugänglicher Telekommunikationsdienste einer Überprüfung durch eine qualifizierte unabhängige Stelle oder eine zuständige nationale Behörde unterziehen, in der festgestellt wird, ob die Anforderungen nach den Absätzen 1 bis 3 erfüllt sind. Der nach Satz 1 Verpflichtete hat eine Kopie des Überprüfungsberichts unverzüglich an die Bundesnetzagentur zu übermitteln. Er trägt die Kosten dieser Überprüfung.

§ 109a Datensicherheit

(1) Wer öffentlich zugängliche Telekommunikationsdienste erbringt, hat im Fall einer Verletzung des Schutzes personenbezogener Daten unverzüglich die Bundesnetzagentur und den Bundesbeauftragten für den Datenschutz und die Informationsfreiheit von der Verletzung zu benachrichtigen. Ist anzunehmen, dass durch die Verletzung des Schutzes personenbezogener Daten Teilnehmer oder andere Personen schwerwiegend in ihren Rechten oder schutzwürdigen Interessen beeinträchtigt werden, hat der Anbieter des Telekommunikationsdienstes zusätzlich die Betroffenen unverzüglich von dieser Verletzung zu benachrichtigen. In Fällen, in denen in dem Sicherheitskonzept nachgewiesen wurde, dass die von der Verletzung betroffenen personenbezogenen Daten durch geeignete technische Vorkehrungen gesichert, insbesondere unter Anwendung eines als sicher anerkannten Verschlüsselungsverfahrens gespeichert wurden, ist eine Benachrichtigung nicht erforderlich. Unabhän-

gig von Satz 3 kann die Bundesnetzagentur den Anbieter des Telekommunikationsdienstes unter Berücksichtigung der wahrscheinlichen nachteiligen Auswirkungen der Verletzung des Schutzes personenbezogener Daten zu einer Benachrichtigung der Betroffenen verpflichten. Im Übrigen gilt § 42a Satz 6 des Bundesdatenschutzgesetzes entsprechend.

(2) Die Benachrichtigung an die Betroffenen muss mindestens enthalten:

1. die Art der Verletzung des Schutzes personenbezogener Daten,

2. Angaben zu den Kontaktstellen, bei denen weitere Informationen erhältlich sind, und

3. Empfehlungen zu Maßnahmen, die mögliche nachteilige Auswirkungen der Verletzung des Schutzes personenbezogener Daten begrenzen.

In der Benachrichtigung an die Bundesnetzagentur und den Bundesbeauftragten für den Datenschutz und die Informationsfreiheit hat der Anbieter des Telekommunikationsdienstes zusätzlich zu den Angaben nach Satz 1 die Folgen der Verletzung des Schutzes personenbezogener Daten und die beabsichtigten oder ergriffenen Maßnahmen darzulegen.

(3) Die Anbieter der Telekommunikationsdienste haben ein Verzeichnis der Verletzungen des Schutzes personenbezogener Daten zu führen, das Angaben zu Folgendem enthält:

1. zu den Umständen der Verletzungen,

2. zu den Auswirkungen der Verletzungen und

3. zu den ergriffenen Abhilfemaßnahmen.

Diese Angaben müssen ausreichend sein, um der Bundesnetzagentur und dem Bundesbeauftragten für den Datenschutz und die Informationsfreiheit die Prüfung zu ermöglichen, ob die Bestimmungen der Absätze 1 und 2 eingehalten wurden. Das Verzeichnis enthält nur die zu diesem Zweck erforderlichen Informationen und muss nicht Verletzungen berücksichtigen, die mehr als fünf Jahre zurückliegen.

(4) Vorbehaltlich technischer Durchführungsmaßnahmen der Europäischen Kommission nach Artikel 4 Absatz 5 der Richtlinie 2002/58/EG kann die Bundesnetzagentur Leitlinien vorgeben bezüglich des Formats, der Verfahrensweise und der Umstände, unter denen eine Benachrichtigung über eine Verletzung des Schutzes personenbezogener Daten erforderlich ist.

§ 110 Umsetzung von Überwachungsmaßnahmen, Erteilung von Auskünften

(1) Wer eine Telekommunikationsanlage betreibt, mit der öffentlich zugängliche Telekommunikationsdienste erbracht werden, hat

1. ab dem Zeitpunkt der Betriebsaufnahme auf eigene Kosten technische Einrichtungen zur Umsetzung gesetzlich vorgesehener Maßnahmen zur Überwachung

der Telekommunikation vorzuhalten und organisatorische Vorkehrungen für deren unverzügliche Umsetzung zu treffen,

1a. in Fällen, in denen die Überwachbarkeit nur durch das Zusammenwirken von zwei oder mehreren Telekommunikationsanlagen sichergestellt werden kann, die dazu erforderlichen automatischen Steuerungsmöglichkeiten zur Erfassung und Ausleitung der zu überwachenden Telekommunikation in seiner Telekommunikationsanlage bereitzustellen sowie eine derartige Steuerung zu ermöglichen,

2. der Bundesnetzagentur unverzüglich nach der Betriebsaufnahme

   a) zu erklären, dass er die Vorkehrungen nach Nummer 1 getroffen hat sowie

   b) eine im Inland gelegene Stelle zu benennen, die für ihn bestimmte Anordnungen zur Überwachung der Telekommunikation entgegennimmt,

3. der Bundesnetzagentur den unentgeltlichen Nachweis zu erbringen, dass seine technischen Einrichtungen und organisatorischen Vorkehrungen nach Nummer 1 mit den Vorschriften der Rechtsverordnung nach Absatz 2 und der Technischen Richtlinie nach Absatz 3 übereinstimmen; dazu hat er unverzüglich, spätestens nach einem Monat nach Betriebsaufnahme,

   a) der Bundesnetzagentur die Unterlagen zu übersenden, die dort für die Vorbereitung der im Rahmen des Nachweises von der Bundesnetzagentur durchzuführenden Prüfungen erforderlich sind, und

   b) mit der Bundesnetzagentur einen Prüftermin für die Erbringung dieses Nachweises zu vereinbaren;

   bei den für den Nachweis erforderlichen Prüfungen hat er die Bundesnetzagentur zu unterstützen,

4. der Bundesnetzagentur auf deren besondere Aufforderung im begründeten Einzelfall eine erneute unentgeltliche Prüfung seiner technischen und organisatorischen Vorkehrungen zu gestatten sowie

5. die Aufstellung und den Betrieb von Geräten für die Durchführung von Maßnahmen nach den §§ 5 und 8 des Artikel 10-Gesetzes in seinen Räumen zu dulden und Bediensteten der für diese Maßnahmen zuständigen Stelle sowie den Mitgliedern und Mitarbeitern der G 10-Kommission (§ 1 Abs. 2 des Artikel 10-Gesetzes) Zugang zu diesen Geräten zur Erfüllung ihrer gesetzlichen Aufgaben zu gewähren.

Wer öffentlich zugängliche Telekommunikationsdienste erbringt, ohne hierfür eine Telekommunikationsanlage zu betreiben, hat sich bei der Auswahl des Betreibers der dafür genutzten Telekommunikationsanlage zu vergewissern, dass dieser Anordnungen zur Überwachung der Telekommunikation unverzüglich nach Maßgabe der Rechtsverordnung nach Absatz 2 und der Technischen Richtlinie nach Absatz 3 umsetzen kann und der Bundesnetzagentur unverzüglich nach Aufnahme seines

Dienstes mitzuteilen, welche Telekommunikationsdienste er erbringt, durch wen Überwachungsanordnungen, die seine Teilnehmer betreffen, umgesetzt werden und an welche im Inland gelegene Stelle Anordnungen zur Überwachung der Telekommunikation zu richten sind. Änderungen der den Mitteilungen nach Satz 1 Nr. 2 Buchstabe b und Satz 2 zugrunde liegenden Daten sind der Bundesnetzagentur unverzüglich mitzuteilen. In Fällen, in denen noch keine Vorschriften nach Absatz 3 vorhanden sind, hat der Verpflichtete die technischen Einrichtungen nach Satz 1 Nr. 1 und 1a in Absprache mit der Bundesnetzagentur zu gestalten, die entsprechende Festlegungen im Benehmen mit den berechtigten Stellen trifft. Die Sätze 1 bis 4 gelten nicht, soweit die Rechtsverordnung nach Absatz 2 Ausnahmen für die Telekommunikationsanlage vorsieht. § 100b Abs. 3 Satz 1 der Strafprozessordnung, § 2 Abs. 1 Satz 3 des Artikel 10-Gesetzes, § 20l Abs. 5 Satz 1 des Bundeskriminalamtgesetzes sowie entsprechende landesgesetzliche Regelungen zur polizeilich-präventiven Telekommunikationsüberwachung bleiben unberührt.

(2) Die Bundesregierung wird ermächtigt, durch Rechtsverordnung mit Zustimmung des Bundesrates

1. Regelungen zu treffen

   a) über die grundlegenden technischen Anforderungen und die organisatorischen Eckpunkte für die Umsetzung von Überwachungsmaßnahmen und die Erteilung von Auskünften einschließlich der Umsetzung von Überwachungsmaßnahmen und der Erteilung von Auskünften durch einen von dem Verpflichteten beauftragten Erfüllungsgehilfen,

   b) über den Regelungsrahmen für die Technische Richtlinie nach Absatz 3,

   c) für den Nachweis nach Absatz 1 Satz 1 Nr. 3 und 4 und

   d) für die nähere Ausgestaltung der Duldungsverpflichtung nach Absatz 1 Satz 1 Nr. 5 sowie

2. zu bestimmen,

   a) in welchen Fällen und unter welchen Bedingungen vorübergehend auf die Einhaltung bestimmter technischer Vorgaben verzichtet werden kann,

   b) dass die Bundesnetzagentur aus technischen Gründen Ausnahmen von der Erfüllung einzelner technischer Anforderungen zulassen kann und

   c) bei welchen Telekommunikationsanlagen und damit erbrachten Diensteangeboten aus grundlegenden technischen Erwägungen oder aus Gründen der Verhältnismäßigkeit abweichend von Absatz 1 Satz 1 Nr. 1 keine technischen Einrichtungen vorgehalten und keine organisatorischen Vorkehrungen getroffen werden müssen.

(3) Die Bundesnetzagentur legt technische Einzelheiten, die zur Sicherstellung einer vollständigen Erfassung der zu überwachenden Telekommunikation und zur Auskunftserteilung sowie zur Gestaltung des Übergabepunktes zu den berechtigten

Stellen erforderlich sind, in einer im Benehmen mit den berechtigten Stellen und unter Beteiligung der Verbände und der Hersteller zu erstellenden Technischen Richtlinie fest. Dabei sind internationale technische Standards zu berücksichtigen; Abweichungen von den Standards sind zu begründen. Die Technische Richtlinie ist von der Bundesnetzagentur auf ihrer Internetseite zu veröffentlichen; die Veröffentlichung hat die Bundesnetzagentur in ihrem Amtsblatt bekannt zu machen.

(4) Wer technische Einrichtungen zur Umsetzung von Überwachungsmaßnahmen herstellt oder vertreibt, kann von der Bundesnetzagentur verlangen, dass sie diese Einrichtungen im Rahmen einer Typmusterprüfung im Zusammenwirken mit bestimmten Telekommunikationsanlagen daraufhin prüft, ob die rechtlichen und technischen Vorschriften der Rechtsverordnung nach Absatz 2 und der Technischen Richtlinie nach Absatz 3 erfüllt werden. Die Bundesnetzagentur kann nach pflichtgemäßem Ermessen vorübergehend Abweichungen von den technischen Vorgaben zulassen, sofern die Umsetzung von Überwachungsmaßnahmen grundsätzlich sichergestellt ist und sich ein nur unwesentlicher Anpassungsbedarf bei den Einrichtungen der berechtigten Stellen ergibt. Die Bundesnetzagentur hat dem Hersteller oder Vertreiber das Prüfergebnis schriftlich mitzuteilen. Die Prüfergebnisse werden von der Bundesnetzagentur bei dem Nachweis der Übereinstimmung der technischen Einrichtungen mit den anzuwendenden technischen Vorschriften beachtet, den der Verpflichtete nach Absatz 1 Satz 1 Nr. 3 oder 4 zu erbringen hat. Die vom Bundesministerium für Wirtschaft und Technologie vor Inkrafttreten dieser Vorschrift ausgesprochenen Zustimmungen zu den von Herstellern vorgestellten Rahmenkonzepten gelten als Mitteilungen im Sinne des Satzes 3.

(5) Wer nach Absatz 1 in Verbindung mit der Rechtsverordnung nach Absatz 2 verpflichtet ist, Vorkehrungen zu treffen, hat die Anforderungen der Rechtsverordnung und der Technischen Richtlinie nach Absatz 3 spätestens ein Jahr nach deren Bekanntmachung zu erfüllen, sofern dort für bestimmte Verpflichtungen kein längerer Zeitraum festgelegt ist. Nach dieser Richtlinie gestaltete mängelfreie technische Einrichtungen für bereits vom Verpflichteten angebotene Telekommunikationsdienste müssen im Falle einer Änderung der Richtlinie spätestens drei Jahre nach deren Inkrafttreten die geänderten Anforderungen erfüllen. Stellt sich bei dem Nachweis nach Absatz 1 Satz 1 Nr. 3 oder einer erneuten Prüfung nach Absatz 1 Satz 1 Nr. 4 ein Mangel bei den von dem Verpflichteten getroffenen technischen oder organisatorischen Vorkehrungen heraus, hat er diesen Mangel nach Vorgaben der Bundesnetzagentur in angemessener Frist zu beseitigen; stellt sich im Betrieb, insbesondere anlässlich durchzuführender Überwachungsmaßnahmen, ein Mangel heraus, hat er diesen unverzüglich zu beseitigen. Sofern für die technische Einrichtung eine Typmusterprüfung nach Absatz 4 durchgeführt worden ist und dabei Fristen für die Beseitigung von Mängeln festgelegt worden sind, hat die Bundesnetzagentur diese Fristen bei ihren Vorgaben zur Mängelbeseitigung nach Satz 3 zu berücksichtigen.

(6) Jeder Betreiber einer Telekommunikationsanlage, der anderen im Rahmen seines Angebotes für die Öffentlichkeit Netzabschlusspunkte seiner Telekommunikationsanlage überlässt, ist verpflichtet, den gesetzlich zur Überwachung der Telekommunikation berechtigten Stellen auf deren Anforderung Netzabschlusspunkte für die Übertragung der im Rahmen einer Überwachungsmaßnahme anfallenden Informationen unverzüglich und vorrangig bereitzustellen. Die technische Ausgestaltung derartiger Netzabschlusspunkte kann in einer Rechtsverordnung nach Absatz 2 geregelt werden. Für die Bereitstellung und Nutzung gelten mit Ausnahme besonderer Tarife oder Zuschläge für vorrangige oder vorzeitige Bereitstellung oder Entstörung die jeweils für die Allgemeinheit anzuwendenden Tarife. Besondere vertraglich vereinbarte Rabatte bleiben von Satz 3 unberührt.

(7) Telekommunikationsanlagen, die von den gesetzlich berechtigten Stellen betrieben werden und mittels derer in das Fernmeldegeheimnis oder in den Netzbetrieb eingegriffen werden soll, sind im Einvernehmen mit der Bundesnetzagentur technisch zu gestalten. Die Bundesnetzagentur hat sich zu der technischen Gestaltung innerhalb angemessener Frist zu äußern.

(8) (weggefallen)

(9) (weggefallen)

§ 111 Daten für Auskunftsersuchen der Sicherheitsbehörden

(1) Wer geschäftsmäßig Telekommunikationsdienste erbringt oder daran mitwirkt und dabei Rufnummern oder andere Anschlusskennungen vergibt oder Telekommunikationsanschlüsse für von anderen vergebene Rufnummern oder andere Anschlusskennungen bereitstellt, hat für die Auskunftsverfahren nach den §§ 112 und 113

1. die Rufnummern und anderen Anschlusskennungen,

2. den Namen und die Anschrift des Anschlussinhabers,

3. bei natürlichen Personen deren Geburtsdatum,

4. bei Festnetzanschlüssen auch die Anschrift des Anschlusses,

5. in Fällen, in denen neben einem Mobilfunkanschluss auch ein Mobilfunkendgerät überlassen wird, die Gerätenummer dieses Gerätes sowie

6. das Datum des Vertragsbeginns

vor der Freischaltung zu erheben und unverzüglich zu speichern, auch soweit diese Daten für betriebliche Zwecke nicht erforderlich sind; das Datum des Vertragsendes ist bei Bekanntwerden ebenfalls zu speichern. Satz 1 gilt auch, soweit die Daten nicht in Teilnehmerverzeichnisse (§ 104) eingetragen werden. Die Verpflichtung zur unverzüglichen Speicherung nach Satz 1 gilt hinsichtlich der Daten nach Satz 1 Nr. 1 und 2 entsprechend für denjenigen, der geschäftsmäßig einen öffentlich zugänglichen Dienst der elektronischen Post erbringt und dabei Daten nach Satz 1

Nr. 1 und 2 erhebt, wobei an die Stelle der Daten nach Satz 1 Nr. 1 die Kennungen der elektronischen Postfächer und an die Stelle des Anschlussinhabers nach Satz 1 Nr. 2 der Inhaber des elektronischen Postfachs tritt. Wird dem Verpflichteten nach Satz 1 oder Satz 3 eine Änderung bekannt, hat er die Daten unverzüglich zu berichtigen; in diesem Zusammenhang hat der nach Satz 1 Verpflichtete bisher noch nicht erhobene Daten zu erheben und zu speichern, sofern ihm eine Erhebung der Daten ohne besonderen Aufwand möglich ist. Für das Auskunftsverfahren nach § 113 ist die Form der Datenspeicherung freigestellt.

(2) Bedient sich der Diensteanbieter nach Absatz 1 Satz 1 oder Satz 3 eines Vertriebspartners, hat der Vertriebspartner die Daten nach Absatz 1 Satz 1 und 3 unter den dort genannten Voraussetzungen zu erheben und diese sowie die nach § 95 erhobenen Daten unverzüglich dem Diensteanbieter zu übermitteln; Absatz 1 Satz 2 gilt entsprechend. Satz 1 gilt auch für Daten über Änderungen, soweit sie dem Vertriebspartner im Rahmen der üblichen Geschäftsabwicklung zur Kenntnis gelangen.

(3) Für Vertragsverhältnisse, die am Tage des Inkrafttretens dieser Vorschrift bereits bestehen, müssen Daten im Sinne von Absatz 1 Satz 1 oder Satz 3 außer in den Fällen des Absatzes 1 Satz 4 nicht nachträglich erhoben werden.

(4) Die Daten sind mit Ablauf des auf die Beendigung des Vertragsverhältnisses folgenden Kalenderjahres zu löschen.

(5) Eine Entschädigung für die Datenerhebung und -speicherung wird nicht gewährt.

§ 112 Automatisiertes Auskunftsverfahren

(1) Wer öffentlich zugängliche Telekommunikationsdienste erbringt, hat die nach § 111 Abs. 1 Satz 1, 3 und 4 und Abs. 2 erhobenen Daten unverzüglich in Kundendateien zu speichern, in die auch Rufnummern und Rufnummernkontingente, die zur weiteren Vermarktung oder sonstigen Nutzung an andere Anbieter von Telekommunikationsdiensten vergeben werden, sowie bei portierten Rufnummern die aktuelle Portierungskennung aufzunehmen sind. Der Verpflichtete kann auch eine andere Stelle nach Maßgabe des § 11 des Bundesdatenschutzgesetzes beauftragen, die Kundendateien zu führen. Für die Berichtigung und Löschung der in den Kundendateien gespeicherten Daten gilt § 111 Abs. 1 Satz 4 und Abs. 4 entsprechend. In Fällen portierter Rufnummern sind die Rufnummer und die zugehörige Portierungskennung erst nach Ablauf des Jahres zu löschen, das dem Zeitpunkt folgt, zu dem die Rufnummer wieder an den Netzbetreiber zurückgegeben wurde, dem sie ursprünglich zugeteilt worden war. Der Verpflichtete hat zu gewährleisten, dass

1. die Bundesnetzagentur jederzeit Daten aus den Kundendateien automatisiert im Inland abrufen kann,

2. der Abruf von Daten unter Verwendung unvollständiger Abfragedaten oder die Suche mittels einer Ähnlichenfunktion erfolgen kann.

Der Verpflichtete und sein Beauftragter haben durch technische und organisatorische Maßnahmen sicherzustellen, dass ihnen Abrufe nicht zur Kenntnis gelangen können. Die Bundesnetzagentur darf Daten aus den Kundendateien nur abrufen, soweit die Kenntnis der Daten erforderlich ist

1. für die Verfolgung von Ordnungswidrigkeiten nach diesem Gesetz oder nach dem Gesetz gegen den unlauteren Wettbewerb,

2. für die Erledigung von Auskunftsersuchen der in Absatz 2 genannten Stellen.

Die ersuchende Stelle prüft unverzüglich, inwieweit sie die als Antwort übermittelten Daten benötigt, nicht benötigte Daten löscht sie unverzüglich; dies gilt auch für die Bundesnetzagentur für den Abruf von Daten nach Satz 7 Nummer 1.

(2) Auskünfte aus den Kundendateien nach Absatz 1 werden

1. den Gerichten und Strafverfolgungsbehörden,

2. den Polizeivollzugsbehörden des Bundes und der Länder für Zwecke der Gefahrenabwehr,

3. dem Zollkriminalamt und den Zollfahndungsämtern für Zwecke eines Strafverfahrens sowie dem Zollkriminalamt zur Vorbereitung und Durchführung von Maßnahmen nach § 23a des Zollfahndungsdienstgesetzes,

4. den Verfassungsschutzbehörden des Bundes und der Länder, dem Militärischen Abschirmdienst, dem Bundesnachrichtendienst,

5. den Notrufabfragestellen nach § 108 sowie der Abfragestelle für die Rufnummer 124 124,

6. der Bundesanstalt für Finanzdienstleistungsaufsicht sowie

7. den Behörden der Zollverwaltung für die in § 2 Abs. 1 des Schwarzarbeitsbekämpfungsgesetzes genannten Zwecke über zentrale Abfragestellen

nach Absatz 4 jederzeit erteilt, soweit die Auskünfte zur Erfüllung ihrer gesetzlichen Aufgaben erforderlich sind und die Ersuchen an die Bundesnetzagentur im automatisierten Verfahren vorgelegt werden.

(3) Das Bundesministerium für Wirtschaft und Technologie wird ermächtigt, im Einvernehmen mit dem Bundeskanzleramt, dem Bundesministerium des Innern, dem Bundesministerium der Justiz, dem Bundesministerium der Finanzen sowie dem Bundesministerium der Verteidigung eine Rechtsverordnung mit Zustimmung des Bundesrates zu erlassen, in der geregelt werden

1. die wesentlichen Anforderungen an die technischen Verfahren

   a) zur Übermittlung der Ersuchen an die Bundesnetzagentur,

b) zum Abruf der Daten durch die Bundesnetzagentur von den Verpflichteten einschließlich der für die Abfrage zu verwendenden Datenarten und

c) zur Übermittlung der Ergebnisse des Abrufs von der Bundesnetzagentur an die ersuchenden Stellen,

2. die zu beachtenden Sicherheitsanforderungen,

3. für Abrufe mit unvollständigen Abfragedaten und für die Suche mittels einer Ähnlichenfunktion

    a) die Mindestanforderungen an den Umfang der einzugebenden Daten zur möglichst genauen Bestimmung der gesuchten Person,

    b) die Zeichen, die in der Abfrage verwendet werden dürfen,

    c) Anforderungen an den Einsatz sprachwissenschaftlicher Verfahren, die gewährleisten, dass unterschiedliche Schreibweisen eines Personen-, Straßen- oder Ortsnamens sowie Abweichungen, die sich aus der Vertauschung, Auslassung oder Hinzufügung von Namensbestandteilen ergeben, in die Suche und das Suchergebnis einbezogen werden,

    d) die zulässige Menge der an die Bundesnetzagentur zu übermittelnden Antwortdatensätze sowie

4. wer abweichend von Absatz 1 Satz 1 aus Gründen der Verhältnismäßigkeit keine Kundendateien für das automatisierte Auskunftsverfahren vorhalten muss; in diesen Fällen gilt § 111 Abs. 1 Satz 5 entsprechend.

Im Übrigen können in der Verordnung auch Einschränkungen der Abfragemöglichkeit für die in Absatz 2 Nr. 5 bis 7 genannten Stellen auf den für diese Stellen erforderlichen Umfang geregelt werden. Die technischen Einzelheiten des automatisierten Abrufverfahrens gibt die Bundesnetzagentur in einer unter Beteiligung der betroffenen Verbände und der berechtigten Stellen zu erarbeitenden Technischen Richtlinie vor, die bei Bedarf an den Stand der Technik anzupassen und von der Bundesnetzagentur in ihrem Amtsblatt bekannt zu machen ist. Der Verpflichtete nach Absatz 1 und die berechtigten Stellen haben die Anforderungen der Technischen Richtlinie spätestens ein Jahr nach deren Bekanntmachung zu erfüllen. Nach dieser Richtlinie gestaltete mängelfreie technische Einrichtungen müssen im Falle einer Änderung der Richtlinie spätestens drei Jahre nach deren Inkrafttreten die geänderten Anforderungen erfüllen.

(4) Auf Ersuchen der in Absatz 2 genannten Stellen hat die Bundesnetzagentur die entsprechenden Datensätze aus den Kundendateien nach Absatz 1 abzurufen und an die ersuchende Stelle zu übermitteln. Sie prüft die Zulässigkeit der Übermittlung nur, soweit hierzu ein besonderer Anlass besteht. Die Verantwortung für die Zulässigkeit der Übermittlung tragen

1. in den Fällen des Absatzes 1 Satz 7 Nummer 1 die Bundesnetzagentur und

2. in den Fällen des Absatzes 1 Satz 7 Nummer 2 die in Absatz 2 genannten Stellen.

Die Bundesnetzagentur protokolliert für Zwecke der Datenschutzkontrolle durch die jeweils zuständige Stelle bei jedem Abruf den Zeitpunkt, die bei der Durchführung des Abrufs verwendeten Daten, die abgerufenen Daten, ein die abrufende Person eindeutig bezeichnendes Datum sowie die ersuchende Stelle, deren Aktenzeichen und ein die ersuchende Person eindeutig bezeichnendes Datum. Eine Verwendung der Protokolldaten für andere Zwecke ist unzulässig. Die Protokolldaten sind nach einem Jahr zu löschen.

(5) Der Verpflichtete nach Absatz 1 hat alle technischen Vorkehrungen in seinem Verantwortungsbereich auf seine Kosten zu treffen, die für die Erteilung der Auskünfte nach dieser Vorschrift erforderlich sind. Dazu gehören auch die Anschaffung der zur Sicherstellung der Vertraulichkeit und des Schutzes vor unberechtigten Zugriffen erforderlichen Geräte, die Einrichtung eines geeigneten Telekommunikationsanschlusses und die Teilnahme an dem geschlossenen Benutzersystem sowie die laufende Bereitstellung dieser Vorkehrungen nach Maßgaben der Rechtsverordnung und der Technischen Richtlinie nach Absatz 3. Eine Entschädigung für im automatisierten Verfahren erteilte Auskünfte wird den Verpflichteten nicht gewährt.

§ 113 Manuelles Auskunftsverfahren

(1) Wer geschäftsmäßig Telekommunikationsdienste erbringt oder daran mitwirkt, darf nach Maßgabe des Absatzes 2 die nach den §§ 95 und 111 erhobenen Daten nach Maßgabe dieser Vorschrift zur Erfüllung von Auskunftspflichten gegenüber den in Absatz 3 genannten Stellen verwenden. Dies gilt auch für Daten, mittels derer der Zugriff auf Endgeräte oder auf Speichereinrichtungen, die in diesen Endgeräten oder hiervon räumlich getrennt eingesetzt werden, geschützt wird. Die in eine Auskunft aufzunehmenden Daten dürfen auch anhand einer zu einem bestimmten Zeitpunkt zugewiesenen Internetprotokoll-Adresse bestimmt werden; hierfür dürfen Verkehrsdaten auch automatisiert ausgewertet werden. Für die Auskunftserteilung nach Satz 3 sind sämtliche unternehmensinternen Datenquellen zu berücksichtigen.

(2) Die Auskunft darf nur erteilt werden, soweit eine in Absatz 3 genannte Stelle dies in Textform im Einzelfall zum Zweck der Verfolgung von Straftaten oder Ordnungswidrigkeiten, zur Abwehr von Gefahren für die öffentliche Sicherheit oder Ordnung oder für die Erfüllung der gesetzlichen Aufgaben der in Absatz 3 Nummer 3 genannten Stellen unter Angabe einer gesetzliche Bestimmung verlangt, die ihr eine Erhebung der in Absatz 1 in Bezug genommenen Daten erlaubt; an andere öffentliche und nichtöffentliche Stellen dürfen Daten nach Absatz 1 nicht übermittelt werden. Bei Gefahr im Verzug darf die Auskunft auch erteilt werden, wenn das Verlangen in anderer Form gestellt wird. In diesem Fall ist das Verlangen unverzüglich nachträglich in Textform zu bestätigen. Die Verantwortung für die Zulässigkeit des Auskunftsverlangens tragen die in Absatz 3 genannten Stellen.

(3) Stellen im Sinne des Absatzes 1 sind

1. die für die Verfolgung von Straftaten oder Ordnungswidrigkeiten zuständigen Behörden;

2. die für die Abwehr von Gefahren für die öffentliche Sicherheit oder Ordnung zuständigen Behörden;

3. die Verfassungsschutzbehörden des Bundes und der Länder, der Militärische Abschirmdienst und der Bundesnachrichtendienst.

(4) Derjenige, der geschäftsmäßig Telekommunikationsdienste erbringt oder daran mitwirkt, hat die zu beauskunftenden Daten unverzüglich und vollständig zu übermitteln. Über das Auskunftsersuchen und die Auskunftserteilung haben die Verpflichteten gegenüber den Betroffenen sowie Dritten Stillschweigen zu wahren.

(5) Wer geschäftsmäßig Telekommunikationsdienste erbringt oder daran mitwirkt, hat die in seinem Verantwortungsbereich für die Auskunftserteilung erforderlichen Vorkehrungen auf seine Kosten zu treffen. Wer mehr als 100 000 Kunden hat, hat für die Entgegennahme der Auskunftsverlangen sowie für die Erteilung der zugehörigen Auskünfte eine gesicherte elektronische Schnittstelle nach Maßgabe der Technischen Richtlinie nach § 110 Absatz 3 bereitzuhalten, durch die auch die gegen die Kenntnisnahme der Daten durch Unbefugte gesicherte Übertragung gewährleistet ist. Dabei ist dafür Sorge zu tragen, dass jedes Auskunftsverlangen durch eine verantwortliche Fachkraft auf Einhaltung der in Absatz 2 genannten formalen Voraussetzungen geprüft und die weitere Bearbeitung des Verlangens erst nach einem positiven Prüfergebnis freigegeben wird.

§ 113a Speicherungspflichten für Daten[1]

(1) Wer öffentlich zugängliche Telekommunikationsdienste für Endnutzer erbringt, ist verpflichtet, von ihm bei der Nutzung seines Dienstes erzeugte oder verarbeitete Verkehrsdaten nach Maßgabe der Absätze 2 bis 5 sechs Monate im Inland oder in einem anderen Mitgliedstaat der Europäischen Union zu speichern. Wer öffentlich zugängliche Telekommunikationsdienste für Endnutzer erbringt, ohne selbst Verkehrsdaten zu erzeugen oder zu verarbeiten, hat sicherzustellen, dass die Daten gemäß Satz 1 gespeichert werden, und der Bundesnetzagentur auf deren Verlangen mitzuteilen, wer diese Daten speichert.

(2) Die Anbieter von öffentlich zugänglichen Telefondiensten speichern:

1. die Rufnummer oder andere Kennung des anrufenden und des angerufenen Anschlusses sowie im Falle von Um- oder Weiterschaltungen jedes Weiteren beteiligten Anschlusses,

---

1 § 113a wurde durch das BVerfG, Urteile vom 2.3.2010 – 1 BvR 256/08, 1 BvR 263/08, 1 BvR 586/08 – für nichtig erklärt.

2. *den Beginn und das Ende der Verbindung nach Datum und Uhrzeit unter Angabe der zugrunde liegenden Zeitzone,*

3. *in Fällen, in denen im Rahmen des Telefondienstes unterschiedliche Dienste genutzt werden können, Angaben zu dem genutzten Dienst,*

4. *im Fall mobiler Telefondienste ferner:*

    a) *die internationale Kennung für mobile Teilnehmer für den anrufenden und den angerufenen Anschluss,*

    b) *die internationale Kennung des anrufenden und des angerufenen Endgerätes,*

    c) *die Bezeichnung der durch den anrufenden und den angerufenen Anschluss bei Beginn der Verbindung genutzten Funkzellen,*

    d) *im Fall im Voraus bezahlter anonymer Dienste auch die erste Aktivierung des Dienstes nach Datum, Uhrzeit und Bezeichnung der Funkzelle,*

5. *im Fall von Internet-Telefondiensten auch die Internetprotokoll-Adresse des anrufenden und des angerufenen Anschlusses.*

Satz 1 gilt entsprechend bei der Übermittlung einer Kurz-, Multimedia- oder ähnlichen Nachricht; hierbei sind anstelle der Angaben nach Satz 1 Nr. 2 die Zeitpunkte der Versendung und des Empfangs der Nachricht zu speichern.

(3) Die Anbieter von Diensten der elektronischen Post speichern:

1. *bei Versendung einer Nachricht die Kennung des elektronischen Postfachs und die Internetprotokoll-Adresse des Absenders sowie die Kennung des elektronischen Postfachs jedes Empfängers der Nachricht,*

2. *bei Eingang einer Nachricht in einem elektronischen Postfach die Kennung des elektronischen Postfachs des Absenders und des Empfängers der Nachricht sowie die Internetprotokoll-Adresse der absendenden Telekommunikationsanlage,*

3. *bei Zugriff auf das elektronische Postfach dessen Kennung und die Internetprotokoll-Adresse des Abrufenden,*

4. *die Zeitpunkte der in den Nummern 1 bis 3 genannten Nutzungen des Dienstes nach Datum und Uhrzeit unter Angabe der zugrunde liegenden Zeitzone.*

(4) Die Anbieter von Internetzugangsdiensten speichern:

1. *die dem Teilnehmer für eine Internetnutzung zugewiesene Internetprotokoll-Adresse,*

2. *eine eindeutige Kennung des Anschlusses, über den die Internetnutzung erfolgt,*

3. *den Beginn und das Ende der Internetnutzung unter der zugewiesenen Internetprotokoll-Adresse nach Datum und Uhrzeit unter Angabe der zugrunde liegenden Zeitzone.*

(5) Soweit Anbieter von Telefondiensten die in dieser Vorschrift genannten Verkehrsdaten für die in § 96 Abs. 2 genannten Zwecke auch dann speichern oder protokollieren, wenn der Anruf unbeantwortet bleibt oder wegen eines Eingriffs des Netzwerkmanagements erfolglos ist, sind die Verkehrsdaten auch nach Maßgabe dieser Vorschrift zu speichern.

(6) Wer Telekommunikationsdienste erbringt und hierbei die nach Maßgabe dieser Vorschrift zu speichernden Angaben verändert, ist zur Speicherung der ursprünglichen und der neuen Angabe sowie des Zeitpunktes der Umschreibung dieser Angaben nach Datum und Uhrzeit unter Angabe der zugrunde liegenden Zeitzone verpflichtet.

(7) Wer ein Mobilfunknetz für die Öffentlichkeit betreibt, ist verpflichtet, zu den nach Maßgabe dieser Vorschrift gespeicherten Bezeichnungen der Funkzellen auch Daten vorzuhalten, aus denen sich die geografischen Lagen der die jeweilige Funkzelle versorgenden Funkantennen sowie deren Hauptstrahlrichtungen ergeben.

(8) Der Inhalt der Kommunikation und Daten über aufgerufene Internetseiten dürfen auf Grund dieser Vorschrift nicht gespeichert werden.

(9) Die Speicherung der Daten nach den Absätzen 1 bis 7 hat so zu erfolgen, dass Auskunftsersuchen der berechtigten Stellen unverzüglich beantwortet werden können.

(10) Der nach dieser Vorschrift Verpflichtete hat betreffend die Qualität und den Schutz der gespeicherten Verkehrsdaten die im Bereich der Telekommunikation erforderliche Sorgfalt zu beachten. Im Rahmen dessen hat er durch technische und organisatorische Maßnahmen sicherzustellen, dass der Zugang zu den gespeicherten Daten ausschließlich hierzu von ihm besonders ermächtigten Personen möglich ist.

(11) Der nach dieser Vorschrift Verpflichtete hat die allein auf Grund dieser Vorschrift gespeicherten Daten innerhalb eines Monats nach Ablauf der in Absatz 1 genannten Frist zu löschen oder die Löschung sicherzustellen.

§ 113b Verwendung der nach § 113a gespeicherten Daten[2]

Der nach § 113a Verpflichtete darf die allein auf Grund der Speicherungsverpflichtung nach § 113a gespeicherten Daten

1. zur Verfolgung von Straftaten,

2. zur Abwehr von erheblichen Gefahren für die öffentliche Sicherheit oder

3. zur Erfüllung der gesetzlichen Aufgaben der Verfassungsschutzbehörden des Bundes und der Länder, des Bundesnachrichtendienstes und des Militärischen Abschirmdienstes

---

2. § 113b wurde durch das BVerfG, Urteile v. 2.3.2010   1 BvR 256/08, 1 BvR 263/08, 1 BvR 586/08 – für nichtig erklärt.

an die zuständigen Stellen auf deren Verlangen übermitteln, soweit dies in den jeweiligen gesetzlichen Bestimmungen unter Bezugnahme auf § 113a vorgesehen und die Übermittlung im Einzelfall angeordnet ist; für andere Zwecke mit Ausnahme einer Auskunftserteilung nach § 113 darf er die Daten nicht verwenden. § 113 Abs. 1 Satz 4 gilt entsprechend.

§ 114 Auskunftsersuchen des Bundesnachrichtendienstes

(1) Wer öffentlich zugängliche Telekommunikationsdienste erbringt oder Übertragungswege betreibt, die für öffentlich zugängliche Telekommunikationsdienste genutzt werden, hat dem Bundesministerium für Wirtschaft und Technologie auf Anfrage entgeltfrei Auskünfte über die Strukturen der Telekommunikationsdienste und -netze sowie bevorstehende Änderungen zu erteilen. Einzelne Telekommunikationsvorgänge und Bestandsdaten von Teilnehmern dürfen nicht Gegenstand einer Auskunft nach dieser Vorschrift sein.

(2) Anfragen nach Absatz 1 sind nur zulässig, wenn ein entsprechendes Ersuchen des Bundesnachrichtendienstes vorliegt und soweit die Auskunft zur Erfüllung der Aufgaben nach den §§ 5 und 8 des Artikel 10-Gesetzes erforderlich ist. Die Verwendung einer nach dieser Vorschrift erlangten Auskunft zu anderen Zwecken ist ausgeschlossen.

§ 115 Kontrolle und Durchsetzung von Verpflichtungen

(1) Die Bundesnetzagentur kann Anordnungen und andere Maßnahmen treffen, um die Einhaltung der Vorschriften des Teils 7 und der auf Grund dieses Teils ergangenen Rechtsverordnungen sowie der jeweils anzuwendenden Technischen Richtlinien sicherzustellen. Der Verpflichtete muss auf Anforderung der Bundesnetzagentur die hierzu erforderlichen Auskünfte erteilen. Die Bundesnetzagentur ist zur Überprüfung der Einhaltung der Verpflichtungen befugt, die Geschäfts- und Betriebsräume während der üblichen Betriebs- oder Geschäftszeiten zu betreten und zu besichtigen.

(2) Die Bundesnetzagentur kann nach Maßgabe des Verwaltungsvollstreckungsgesetzes Zwangsgelder wie folgt festsetzen:

1. bis zu 500.000 Euro zur Durchsetzung der Verpflichtungen nach § 108 Abs. 1, § 110 Abs. 1, 5 oder Abs. 6, einer Rechtsverordnung nach § 108 Absatz 3, einer Rechtsverordnung nach § 110 Abs. 2, einer Rechtsverordnung nach § 112 Abs. 3 Satz 1, der Technischen Richtlinie nach § 108 Absatz 4, der Technischen Richtlinie nach § 110 Abs. 3 oder der Technischen Richtlinie nach § 112 Abs. 3 Satz 3,

2. bis zu 100.000 Euro zur Durchsetzung der Verpflichtungen nach den §§ 109, 109a, 112 Absatz 1, 3 Satz 4, Absatz 5 Satz 1 und 2 oder § 114 Absatz 1 und

3. bis zu 20.000 Euro zur Durchsetzung der Verpflichtungen nach § 111 Abs. 1, 2 und 4 oder § 113 Abs. 1 und 2 Satz 1.

Bei wiederholten Verstößen gegen § 111 Abs. 1, 2 oder Abs. 4, § 112 Abs. 1, 3 Satz 4, Abs. 5 Satz 1 und 2 oder § 113 Abs. 1 und 2 Satz 1 kann die Tätigkeit des Verpflichteten durch Anordnung der Bundesnetzagentur dahin gehend eingeschränkt werden, dass der Kundenstamm bis zur Erfüllung der sich aus diesen Vorschriften ergebenden Verpflichtungen außer durch Vertragsablauf oder Kündigung nicht verändert werden darf.

(3) Darüber hinaus kann die Bundesnetzagentur bei Nichterfüllung von Verpflichtungen des Teils 7 den Betrieb der betreffenden Telekommunikationsanlage oder das geschäftsmäßige Erbringen des betreffenden Telekommunikationsdienstes ganz oder teilweise untersagen, wenn mildere Eingriffe zur Durchsetzung rechtmäßigen Verhaltens nicht ausreichen.

(4) Soweit für die geschäftsmäßige Erbringung von Telekommunikationsdiensten Daten von natürlichen oder juristischen Personen erhoben, verarbeitet oder genutzt werden, tritt bei den Unternehmen an die Stelle der Kontrolle nach § 38 des Bundesdatenschutzgesetzes eine Kontrolle durch den Bundesbeauftragten für den Datenschutz entsprechend den §§ 21 und 24 bis 26 Abs. 1 bis 4 des Bundesdatenschutzgesetzes. Der Bundesbeauftragte für den Datenschutz richtet seine Beanstandungen an die Bundesnetzagentur und übermittelt dieser nach pflichtgemäßem Ermessen weitere Ergebnisse seiner Kontrolle.

(5) Das Fernmeldegeheimnis des Artikels 10 des Grundgesetzes wird eingeschränkt, soweit dies die Kontrollen nach Absatz 1 oder 4 erfordern.

Literaturverzeichnis

Im Folgenden ist nur die allgemeine, übergreifende Literatur aufgeführt. Spezialliteratur zu den einzelnen §§ ist jeweils vor den entsprechenden Kommentierungen angegeben.

Abel, Praxishandbuch Datenschutz, 100. EL, Kissing 2012

Abel, Praxiskommentar zum Bundesdatenschutzgesetz, 6. Aufl., Kissing 2012

Albers, Informationelle Selbstbestimmung, 2. Aufl., Tübingen 2013

Arndt/Fetzer/Scherer (Hrsg.), Telekommunikationsgesetz – Kommentar, Berlin 2008

Auernhammer, Bundesdatenschutzgesetz – Kommentar, 3. Aufl., Köln 1993

Bamberger/Roth (Hrsg.), Kommentar zum BGB, 6. Aufl., München 2013

Bauer/Reimer (Hrsg.), Handbuch Datenschutzrecht, Wien 2009

Bäumler/Breinlinger/Schrader (Hrsg.), Datenschutz von A–Z, Erg.-Lfg. 4, Neuwied 2001

Bausewein, Legitimationswirkung von Einwilligung und Betriebsvereinbarung im Beschäftigtendatenschutz, Edewecht 2011

Becker/Oldenhage, Kommentar zum Gesetz über die Sicherung und Nutzung von Archivgut des Bundes (BArchG), in: Das Deutsche Bundesrecht, 11. Aufl., Baden-Baden 2008

Bergmann/Möhrle/Herb, Datenschutzrecht, Kommentar zum Bundesdatenschutzgesetz, Stuttgart, Stand: 45. EL, 2012

Boos/Fischer/Schulte-Mattler (Hrsg.), Kreditwesengesetz – Kommentar, 4. Aufl., München 2012

Buchner (Hrsg.), Datenschutz im Gesundheitswesen, Remagen 2012

Buchner, Informationelle Selbstbestimmung im Privatrecht, Tübingen 2006

Buchner/Tinnefeld/Petri, Einführung in das Datenschutzrecht. Datenschutz und Informationsfreiheit in europäischer Sicht, München 2012

Dammann/Simitis, Datenschutzrecht, Texte zum Datenschutz, 9. Aufl., Baden-Baden 2005

Dammann/Simitis, EG-Datenschutzrichtlinie, Kommentar, Baden-Baden 1997

Däubler, Gläserne Belegschaften?, Datenschutz in Betrieb und Dienststelle, 5. Aufl., Frankfurt/M. 2010

Däubler/Hjort/Hummel/Wolmerath (Hrsg.), Arbeitsrecht, Individualarbeitsrecht mit kollektivrechtlichen Bezügen, Baden-Baden 2008

Däubler/Kittner/Klebe (Hrsg.), Betriebsverfassungsgesetz, 13. Aufl., Frankfurt/M. 2012

Däubler/Klebe/Wedde/Weichert, Kompaktkommentar zum Bundesdatenschutzgesetz, 3. Aufl., Frankfurt/M. 2010

Detterbeck, Allgemeines Verwaltungsrecht, 11. Aufl., München 2013

Dörr/Schmidt, Neues Bundesdatenschutzgesetz, 4. Aufl., Köln 2004

Dreier (Hrsg.), Grundgesetz, 6. Aufl., Tübingen 2011

Dreier/Schulze, Urheberrechtsgesetz – Kommentar, 4. Aufl., München 2013

Duhr/Naujok/Peter/Seiffert, Neues Datenschutzrecht für die Wirtschaft, Erläuterungen und praktische Hinweise zu §§ 1 bis 11 BDSG, Hamburger DuD-Kommentierung zum BDSG, DuD 2002, S. 5

Duhr/Naujok/Danker/Seiffert, Neues Datenschutzrecht für die Wirtschaft, Erläuterungen und praktische Hinweise zu §§ 27 bis 46 BDSG, Hamburger DuD-Kommentierung zum BDSG, DuD 2003, S. 5

Ehmann/Helfrich, EG-Datenschutzrichtlinie, Kurzkommentar, Köln 1999

Engel-Flechsig/Maennel/Tettenborn (Hrsg.), Beck'scher IuKDG-Kommentar, München 2001

Erbs/Kohlhaas, Strafrechtliche Nebengesetze, 193. EL, München 2013

Fromm/Nordemann (Hrsg.), Urheberrecht – Kommentar, 10. Aufl., Stuttgart 2008

Geppert/Piepenbrock/Schuster/Schütz (Hrsg.), Beck'scher TKG-Kommentar, 3. Aufl., München 2006

Geppert/Ruhle/Schuster, Handbuch Recht und Praxis der Telekommunikation, 2. Aufl., Baden-Baden 2002

Gloy/Loschelder (Hrsg.), Handbuch des Wettbewerbsrechts, 4. Aufl., München 2010

Gola/Klug, Grundzüge des Datenschutzrechts, München 2003

Gola/Müthlein, TDG/TDDSG – Kommentierung für die Praxis, Frechen 2000

Gola/Schomerus (Begr.), BDSG – Bundesdatenschutzgesetz Kommentar, 11. Aufl., München 2012

Gola/Wronka, Handbuch zum Arbeitnehmerdatenschutz, 6. Aufl., Frechen 2012

Götting/Nordemann (Hrsg.), UWG, Handkommentar, 2. Aufl., Baden-Baden 2013

Grönemeyer, Die Einwilligung im Beschäftigtendatenschutz, Edewecht 2012

Heckmann, Internetrecht, 3. Aufl., Saarbrücken 2011

Hefermehl/Köhler/Bornkamm, Gesetz gegen den unlauteren Wettbewerb, 31. Aufl., München 2013

Henssler/Willemsen/Kalb (Hrsg.), Arbeitsrecht Kommentar, 5. Aufl., Köln 2012

Heun (Hrsg.), Handbuch Telekommunikationsrecht, 2. Aufl., Köln 2007

Hoeren/Sieber (Hrsg.), Handbuch Multimedia-Recht, 27. EL, München 2011

Huber, Allgemeines Verwaltungsrecht, 2. Aufl., Heidelberg 1997

Kazemi/Leopold, Datenschutzrecht in der anwaltlichen Beratung, Bonn 2011

Klas, Grenzen der Erhebung und Speicherung allgemein zugänglicher Daten, Edewecht 2012

Kloepfer, Informationsrecht, München 2002

Knack (Hrsg.), Kommentar zum Verwaltungsverfahrensgesetz, 9. Aufl., Köln 2010

Köhler/Arndt/Fetzer, Recht des Internet, 7. Aufl., Heidelberg/München/Landsberg/ Berlin 2011

Königshofen/Ulmer, Datenschutz-Handbuch Telekommunikation, Frechen 2006

Kopp/Ramsauer, Kommentar zum Verwaltungsverfahrensgesetz, 13. Aufl., München 2012

Kröger/Gimmy, Handbuch zum Internetrecht, 2. Aufl., Berlin/Heidelberg/New York 2002

Kühling/Seidel/Sivridis, Datenschutzrecht, 2. Aufl., Frankfurt/M. 2011

Lehmann/Meents (Hrsg.), Handbuch des Fachanwalts für Informationstechnologierecht, 2. Aufl., Köln 2011

Leibholz/Rinck, Grundgesetz – Kommentar, 60. EL, Köln 2012

Liedke, Die Einwilligung im Datenschutzrecht, Edewecht 2012

Lingenberg/Hummel/Zuck/Eich, Kommentar zu den Grundsätzen des anwaltlichen Standesrechts, 2. Aufl., Köln 1988

Mester, Arbeitnehmerdatenschutz – Notwendigkeit und Inhalt einer gesetzlichen Regelung, Edewecht 2008

Moll (Hrsg.), Münchner Anwaltshandbuch Arbeitsrecht, 3. Aufl., München 2012

Moritz/Dreier (Hrsg.), Rechtshandbuch zum E-Commerce, 2. Aufl., Köln 2005

Müller-Glöge/Preis/Schmidt (Hrsg.), Erfurter Kommentar zum Arbeitsrecht, 13. Aufl., München 2013

Münchener Kommentar zur Insolvenzordnung, 2. Aufl., München 2008

Palandt, Bürgerliches Gesetzbuch – Kommentar, 72. Aufl., München 2013

Plath (Hrsg.), BDSG – Kommentar zum BDSG sowie den Datenschutzbestimmungen des TMG und TKG, Köln 2013

Rebmann/Säcker/Rixecker (Hrsg.), Münchener Kommentar zum Bürgerlichen Gesetzbuch, Bd. 4, 5. Aufl., München 2009

Redeker (Hrsg.), Handbuch der IT-Verträge, Stand: Dezember 2012

Reischauer/Kleinhans, Kreditwesengesetz – Kommentar, Berlin, Stand: 2013

Roßnagel (Hrsg.), Handbuch Datenschutzrecht, Die neuen Grundlagen für Wirtschaft und Verwaltung, München 2003

Roßnagel/Pfitzmann/Garstka, Modernisierung des Datenschutzrechts: Gutachten, Berlin 2001

Rudolphi/Horn/Günther/Samson (Hrsg.), Systematischer Kommentar zum Strafgesetzbuch (SK-StGB), Neuwied Stand: 20012

Sachs (Hrsg.), Kommentar zum Grundgesetz, 6. Aufl., München 2011

Säcker (Hrsg.), Berliner Kommentar zum TKG, 3. Aufl., Frankfurt a. M. 2012

Schaar, Datenschutz im Internet, München 2002

Schaffland/Wiltfang, Bundesdatenschutzgesetz (BDSG) – Kommentar, Berlin Stand: 5/2012

Scheja/Haag, Einführung in das Datenschutzrecht, 2. Aufl., Edewecht 2006

Scheurle/Mayen (Hrsg.), Telekommunikationsgesetz: TKG, 2. Aufl., München 2008

Schimansky/Bunte/Lwowski (Hrsg.), Bankrechts-Handbuch, Band I, 4. Aufl., München 2011

Schmidt-Bens, Cloud Computing Technologien und Datenschutz, Edewecht 2012

Schmidt-Bleibtreu/Hofmann/Hopfauf (Hrsg.), Kommentar zum Grundgesetz, 12. Aufl., Köln 2011

Schneider, Handbuch des EDV-Rechts, 4. Aufl., Köln 2009

Schönke/Schröder, Strafgesetzbuch-Kommentar, 28. Aufl., München 2010

Schulte (Hrsg.), Handbuch des Technikrechts, 2. Aufl., Berlin et al. 2011

Schwarz/Peschel-Mehner, Recht im Internet, Frankfurt/M., Stand: 2012

Simitis (Hrsg.), Bundesdatenschutzgesetz, 7. Aufl., Baden-Baden 2011

Spindler (Hrsg.), Vertragsrecht der Internet-Provider, 2. Aufl., Köln 2004

Spindler/Schmitz/Geis, Teledienstegesetz, Teledienstedatenschutzgesetz, Signaturgesetz, Kommentar, München 2004

Spindler/Schuster (Hrsg.), Recht der elektronischen Medien, 2. Aufl., München 2011

Taeger/Wiebe (Hrsg.), Inside the Cloud – Neue Herausforderungen für das Informationsrecht, Edewecht 2009

Taeger (Hrsg.), Digitale Evolution – Herausforderungen für das Informations- und Medienrecht, Edewecht 2010

Taeger (Hrsg.), Die Welt im Netz – Folgen für Wirtschaft und Gesellschaft, Edewecht 2011

Taeger (Hrsg.), IT und Internet – mit Recht gestalten, Edewecht 2012

Taeger (Hrsg.), Law as a Service (LaaS) – Recht im Internet- und Cloud-Zeitalter, Edewecht 2013

Tinnefeld/Buchner/Petri, Einführung in das Datenschutzrecht, 5. Aufl. München 2012

Trute/Spoerr/Bosch, Telekommunikationsgesetz mit FTEG – Kommentar, Berlin 2001

von Heintschel-Heinegg (Hrsg.), Strafgesetzbuch (StGB) – Kommentar, München 2012

von Mangoldt/Klein/Starck (Hrsg.), Kommentar zum Grundgesetz, Bd. 1, 6. Aufl., München 2010

von Münch/Kunig (Hrsg.), Grundgesetz-Kommentar, 6. Aufl., München 2012

Wandtke/Bullinger (Hrsg.), Praxiskommentar zum Urheberrecht, 3. Aufl., München 2009

Wilms/Masing/Jochum (Hrsg.), Telekommunikationsgesetz – Kommentar, Stuttgart, Stand: 2007

Wolf, Heinrich Amadeus/Brink, Stefan, Datenschutzrecht, Beck'scher Online-Kommentar, München, Stand: 2013

Wohlgemuth/Gerloff, Datenschutzrecht – Eine Einführung mit praktischen Fällen, 3. Aufl., München 2005

Wybitul, Datenschutz im Unternehmen, Frankfurt/M., 2011

Zilkens, Datenschutz in der Kommunalverwaltung, Berlin 2011

Zöller (Hrsg.), Zivilprozessordnung – Kommentar, 30. Aufl., Köln 2013

Sachverzeichnis

Fette Zahlen verweisen auf die Paragrafen, magere auf die Randnummer.
Paragrafen ohne Gesetzesangabe beziehen sich auf das BDSG.

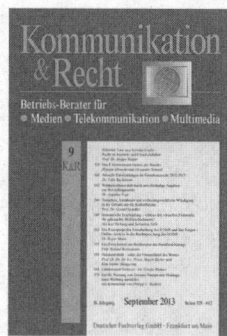